U0694731

〔漢〕許慎撰
〔清〕段玉裁注

說文解字注

上海古籍出版社

經韵樓藏版

總目

出版說明……一

王念孫序……一

分卷目録……一

說文解字注一——十五篇……一

江沅說文解字注後敘……七八八

陳煥跋……七八九

盧文弨說文解字讀序……七八九

陳煥說文部目分韻……七九一

段玉裁六書音均表附……八〇一

戴震序……八〇一

吴省欽序……八〇二

六書音均表目録……八〇三

錢大昕六書音均表序……八〇四
戴東原先生來書……八〇四
段玉裁寄戴東原先生書……八〇四
六書音均表五篇……八〇六

檢字表

一、筆畫檢字表……一
二、四角號碼通檢……一

出版說明

東漢許愼(字叔重)編撰的《說文解字》(下簡稱《說文》),是我國第一部以六書理論系統地分析字形、解釋字義的字典,是中國語言學史上的一部巨著。作者將九千三百五十三個篆文,歸納爲五百四十部,據形繫聯,始一終亥,「分别部居,不相雜厠」,創立了部首檢字法。書中保存了大量古文字資料,集中地反映了漢代學者對文字形音義的研究成果。雖然這部書存在着不少缺點和錯誤,但是直到今天,它對閱讀古籍,探討古代文化,仍然具有重大的參考價值;而研究文字學,特别是研究甲骨、金石等古文字資料,它更是必不可少的橋梁和鑰匙。

研究古文字,固然離不開《說文》,而要閱讀和研究《說文》,則又離不開清代學者段玉裁的《說文解字注》。

段玉裁(一七三五——一八一五),字若膺,號茂堂(曾字喬林、淳甫),又號硯北居士、長塘湖居士、僑吳老人),江蘇金壇縣人,乾隆舉人。嘗在貴州、四川等地任知縣。他早年師事戴震,是乾嘉學派中的著名學者,傑出的文字訓詁學家。段玉裁精通典籍,特别在音韻訓詁方面，有深刻的研究。一生著述甚富，計有《古文尚書撰異》、《毛詩故訓傳定本》、《詩經小學》、《周禮漢讀考》、《春秋左傳古經》、《汲古閣說文訂》、《六書音均表》、《說文解字注》、《經韻樓集》等三十餘種，其中《說文解字注》則是他的代表作，凝聚了他大半生的心血。據他自述，他之所以要注《說文》，是因爲「向來治《說文解字》者多不能通其條貫，考其文理」，未得許書要旨。爲了注解許書，他先於乾隆四十一年（一七七六）開始編纂長編性質的《說文解字讀》，歷時十九載，至乾隆五十九年告成，共五百四十卷。繼而以此爲基礎，加工精煉，又歷時十三載，於嘉慶十二年（一八〇七）終於寫成了這部《說文解字注》，以後又過了八年，直到嘉慶二十年（一八一五）才得以刊行。從屬稿到付印，前後達四十年之久。這部書問世後，很快就贏得了崇高的聲譽，被公認爲解釋《說文》的權威性著作。與段氏同時的小學家王念孫推許說，自許愼之後，「千七百年來無此作矣」。這樣的評語，《說文解字注》是當之無愧的。

《說文解字注》的學術價值是多方面的，主要有以下四點：

一、闡明許書體例。以許注許，訂譌正誤，使讀者能正確理解《說文》，領悟作者旨意。《說文》面世後，屢經傳寫，頗多譌誤。至唐代復爲李陽冰竄改，多失其眞。宋初徐鉉奉詔校定，其弟徐鍇在先又作《說文解字繫傳》，許書原貌漸明，世稱大徐本和小徐本，但大小徐本均只有簡單的校語和案語，對於讀者理解原著裨益不大。而段氏注《說文》，則廣蒐材料，先作長編，對於許慎著書之條例，寫作之旨意，融會貫通，從而發凡起例，進行闡述，詳於注中。例如一部，「一」下釋「凡一之屬皆从一」曰：「一之形於六書爲指事，凡云凡某之屬皆从某者，自序所謂分別部居，不相雜廁也。」「元」下釋「从一兀聲」曰：「凡言从某某聲者，謂於六書爲形聲也……《說文》，形書也，凡篆一字，先訓其義，若始也、顛也是；次釋其形，若从某、某聲是；次釋其音，若某聲及讀若某是，合三者以完一篆，故曰形書也。」「天」下釋「从一大」曰：「於六書爲會意，凡會意合二字以成語，如一大、人言、止戈皆是。」「吏」下釋「亦聲」曰：「凡言亦聲者，會意兼形聲也。」餘如「彖」下釋「讀若」，「祝」下釋「一曰」，「玫」下釋「某屬」，「中」下釋「或以爲」，「齋」下釋「省聲」，「蘇」下釋「引經說字形之例」，「靈」下說復舉隸字之例，「湔」下論「《說文》屬辭之法」，均是闡發許書蘊涵之體例，考定傳本譌誤之準繩，對讀通《說文》有極大的啓發和指導作用。

二、語言、文字學理論上的貢獻。《說文》是「形書」，但段氏作注，并不只着眼于形，就字論字，而是力求用語言學的觀點分析文字的形音義，以音韻爲骨幹進行訓詁。清代小學大盛，素有《說文》四大家之稱，段氏即其中之巨擘。其餘三家，王筠《說文釋例》、《說文句讀》重於形，桂馥《說文義證》偏於義，朱駿聲《說文通訓定聲》則側重於聲，獨段氏此書形音義三者并重，「能三者互推求」，非王、桂、朱三家所可及。段氏不僅將《六書音均表》附於全書之後，而且在分析字形字義和過錄徐鉉本切音之外，逐字注明古音在第幾部，或直言第幾部，「俾形聲相表裏，因耑推究，於古形、古音、古義可互求焉。」尤爲可貴的是，段氏此書除分別注明各字的形音義外，還能提高到語言學理論的高度加以闡說和概括。如「禛」下提出的「聲與義同原，故諧聲之偏旁多與字義相近」，便是從諸多錯綜複雜的現象中提煉出來的精闢見解。又如「屮」下謂「義存乎音」，「象」下論「於聲得義」，「緹」下謂「凡古語詞，皆取諸字音，不取字本義」等等，也都是他語言訓詁、因聲求義的理論結晶，對漢語語言學的貢獻。至于《說文敍》注中敍述文字源流，闡發六書原理，其對中國文字學的貢獻，更是衆所周知，毋庸贅言。

三、能提出許多新的看法修訂前說。特別令人欽佩的是，段氏雖未精研金石文字，更不可能見到甲骨文，但他的許多見解却能暗與甲骨文、金文相契。如上部論古文「上」「下」當作二二，改二爲部首，丄丅爲篆文，刪𠄞𠄟兩篆。徐承慶《說文解字注匡謬》譏之爲

「臆決專斷，詭更正文」可是甲骨文、金文「上」「下」即作二二或⼆⼆，足證段說不誤。又如火部「焚」下改篆文燓爲焚，改說解「从火棥」爲「从火林」，亦與甲骨文吻合。「丌」下注云「字亦作亓……亓與丌同也」，今湖北江陵望山一號墓、河南信陽長臺關兩地出土的楚竹簡，就都作亓，和段注相符。矛部改篆文矜爲矝，今傳世《詛楚文》「張矝悉怒」，正是從令作矝，廣西貴縣羅泊灣出土漢木牘也有矝字作矝，可證段注正確，考辨精當。

四、在詞匯學、詞義學上，《段注》也有不少獨到的見解，最顯著的是它關於同義詞的辨析。例如，許書原文，諷、誦兩字，互訓義無區別；段注則依據《周禮·大司樂》注，謂「倍（背）文曰諷，以聲節之曰誦」；「誦非直背文，又爲吟詠以聲節之。《周禮》經注析言之，諷、誦是二，許統言之，諷、誦是一也。」《說文》對諷、誦兩字沒有加以辨析，段注卻把它們分析出來了。又如盈、溢、滿三字，《說文》皿部「盈」下說：「滿器也」；水部「溢」下說：「器滿也」；「滿」下說：「盈溢也」；這三個字的辨析，單看《說文》，不易了解。段注於「盈，滿器也」解釋說：「謂人滿宁（貯）之」；於「溢，器滿也」解釋說：「謂器中已滿」；於「滿，盈溢也」解釋說：「兼滿之、已滿而言」。「盈」謂「滿之」，「溢」謂「已滿」，「滿」則兼有兩義。經過段氏這麽注解，這三個詞義就很清楚地分別開來了。可見他對詞義研究，卓有成就。

當然，段氏此書幷非十全十美，是有其缺點、錯誤的。除了一般的封建觀點外，段氏之病在於盲目尊許和過於自信。由於盲目尊許，就很難發現許愼本身的謬誤，除在個別地方略有微詞外（如「苗」下謂「艸生於田，皮傅字形爲說而已」），幾乎找不到一句眞正批評許愼，指摘其錯誤的話。相反，凡許氏錯解字形，誤釋字義者，段亦往往旁徵博引，詳爲之注，乃至一誤再誤，錯上加錯。如「爲」字甲骨文、金文均作象，是以手牽象令其服役之形，許據小篆說爲「母猴」，已是不倫不類，段又引《左傳》輾轉爲之解釋，並注「下腹爲母猴形」曰：「上既從爪矣，其下又全象母猴頭目身足之形也」，更屬臆說。又如「也」字，本與「它」同字，金文作[illegible]或[illegible]，象蛇虫之形，許據小篆釋爲「女陰」，純係無稽之談。段却強調說「此篆女陰是本義，假借爲語詞」，「許在當時必有所受之」，爲許愼開脫，實無必要。書中類此者不一而足。讀者倘能參考《甲骨文編》、《金文編》等書籍以讀此書，便可彌補這方面的缺陷。又由於自信過甚，也就難免主觀武斷，且信《韻會》等後出之書勝於信《說文》，以致增删篆文，改易說解，而多有未當。因此段氏之後，遂有《考證》、《注箋》、《訂補》、《匡謬》等諸作，對段說不無補正。當然也有攻其一點，不及其餘，把段注中正確的部分也作爲「謬」來批評，失之偏激的。好在段氏凡增删改易之處均有說明，其是非正誤，讀者可自行判斷。

《說文》原爲十四篇，又《敍目》一篇，許愼子冲以一篇爲一卷，故上書表中稱「凡十五卷」。徐鉉校定時，以其篇帙繁多，乃將每卷分爲上下，共三十卷。《說文解字注》卷數一仍其舊，但因十一篇上注文較多，遂將該篇一分爲二，實際有三十一篇。書後附有段氏古音學著作《六書音均表》五篇。《段注》刻本除經韻樓原刻外，餘均爲重刻。現以經韻樓原刻爲底本，合兩頁爲一頁縮小影印。爲了便於閲讀和使用，作了一些整理加工。

首先，在原本行間字距可能容納的情况下，對全書加以圈點斷句；凡可不加逗的盡量不加，以保持版面清晰。其次篆文有刊誤（如「濮」「消」次序顚倒，「厺」寫倒，「㞢」寫反等）及筆畫殘缺者，均作適當的改正。避諱字亦予改補。至於其他刊誤，因條件所限，沒有一一校正。再次，篆體正文俱用相應的楷字注明於書眉上，相互對照，便於檢認。最後，書末附檢字表（一、筆畫檢字表，二、四角號碼通檢），編例詳見表内所附說明。

這次整理由李聖傳同志負責，在工作過程中，曾得到范祥雍、王厚德等同志幫助。整理有錯誤和不足之處，希望讀者隨時指正。

上海古籍出版社

一九八一年六月

說文解字注序

說文之爲書以文字而兼聲音訓詁者也凡許氏形聲讀若皆與古音相準或爲古之正音或爲古之合音方以類聚物以羣分循而攷之各有條理不得其遠近分合之故則或執今音以疑古音或執古之正音以疑古之合音而聲音之學晦矣說文之訓首列製字之本意而亦不廢假借凡言一曰及所引經類多有之蓋以廣異聞備多識而不限於一隅也不明乎假借之指則或據說文本字以改書傳假借之字或據說文引經假借之字以改經之本字

而訓詁之學晦矣吾友段氏若膺於古音之條理察之精剖之密嘗爲六書音均表立十七部以綜核之因是爲說文注形聲讀若一以十七部之遠近分合求之而聲音之道大明於許氏之說正義借義知其典要觀其會通而引經與今本異者不以本字廢借字不以借字易本字揆諸經義例以本書若合符節而訓詁之道大明訓詁聲音明而小學明小學明而經學明蓋千七百年來無此作矣若夫辨點畫之正俗察篆隸之緐省沾沾自謂得之而於轉注假借之通例茫乎未之有聞是知有文字而不知有聲音訓詁也其視若膺之學淺深相去爲何如邪余交若膺久知若膺深而又皆從事於小學故敢舉其犖犖大者以告綴學之士云嘉慶戊辰五月高郵王念孫序

說文解字注分卷目錄

弟一卷
說文解字弟一篇注上
弟二卷
說文解字弟一篇注下
弟三卷
說文解字弟二篇注上
弟四卷
說文解字弟二篇注下

弟五卷
說文解字弟三篇注上
弟六卷
說文解字弟三篇注下
弟七卷
說文解字弟四篇注上
弟八卷
說文解字弟四篇注下
弟九卷
說文解字弟五篇注上
弟十卷
說文解字弟五篇注下
弟十一卷
說文解字弟六篇注上
弟十二卷
說文解字弟六篇注下
弟十三卷
說文解字弟七篇注上

弟十四卷
說文解字弟七篇注下
弟十五卷
說文解字弟八篇注上
說文解字弟八篇注下
弟十六卷
說文解字弟九篇注上
弟十七卷
說文解字弟九篇注下

弟十八卷
說文解字弟十篇注上
弟十九卷
說文解字弟十篇注下
弟二十卷
說文解字弟十一篇注上之一
弟二十一卷
說文解字弟十一篇注上之二
弟二十二卷
說文解字弟十一篇注下

說文注目　三

弟二十三卷
說文解字弟十二篇注上
弟二十四卷
說文解字弟十二篇注下
弟二十五卷
說文解字弟十三篇注上
弟二十六卷
說文解字弟十三篇注下

弟二十七卷
說文解字弟十四篇注上
弟二十八卷
說文解字弟十四篇注下
弟二十九卷
說文解字弟十五卷注上
弟三十卷
說文解字弟十五卷注下
後序　跋　說文解字讀序　附部目分韵

說文注目　四

弟三十一卷
六書音均表一
六書音均表二
六書音均表三
弟三十二卷
六書音均表四
六書音均表五

目錄終

金壇段玉裁注

一

一　惟初大極。道立於一。造分天地。化成萬物。漢書曰。元元本本。數始於一。**凡一之屬皆从一。**一之形。於六書爲指事。凡云凡某之屬皆从某者。自序所謂分別部居。不相襍廁也。爾雅、方言所以發明轉注假借。倉頡、訓纂、滂熹及凡將、急就、元尚、飛龍、聖皇諸篇。僅以四言七言成文。皆不言字形原委。以字形爲書。俾學者因形以考音與義。實始於許。功莫大焉。於悉切。古音第十二部。○凡注言一部、二部以至十七部者。謂古韵也。玉裁作六書音均表。識古韵凡十七部。自倉頡造字時至唐虞三代秦漢以及許叔重造說文曰某聲、曰讀若某者。皆條理合一不紊。故既用徐鉉切音矣。而又某字志之曰古音第幾部。又恐學者未見六書音均之書。不知其所謂。乃於說文十五篇之後。附六書音均表五篇。俾形聲相表裏。因耑推究。於古形、古音、古義。可互求焉。

元　天

弌　古文一。凡言古文者。謂倉頡所作古文也。此書法後王、尊漢制。以小篆爲質。而兼錄古文、籒文。所謂今敘篆文。合以古籒也。小篆之於古、籒。或仍之。或省改之。仍者十之八九。省改者十之一二而已。仍則小篆皆古、籒也。故不更出古、籒。省改則古、籒非小篆也。故更出之。一二三之本古文明矣。何以更出弌弍弎也。蓋所謂卽古文而異者。當謂之古文奇字。

元　始也。見爾雅釋詁。九家易曰。元者。氣之始也。**从一。兀聲。**徐氏鍇云。不當有聲字。以髡从兀聲、転从元聲例之。徐說非。古音元兀相爲平入也。凡言从某某聲者。謂於六書爲形聲也。凡文字有義有形有音。爾雅已下。義書也。聲類已下。音書也。說文。形書也。凡篆一字。先訓其義。若始也、顛也是。次釋其形。若从某、某聲是。次釋其音。若某聲及讀若某是。合三者以完一篆。故曰形書也。愚袁切。古音第十四部。

天　顛也。此以同部疊韵爲訓也。凡門聞也、戶護也、尾微也、髮拔也。皆此例。凡言元始也。天顛也。丕大也。吏治人者也。皆於六書爲轉注而微有差別。元始可互言之。天顛不可倒言之。葢求義則轉移皆是。舉物則定名難假。然其爲訓詁則一也。顛者。人之頂也。以爲凡高之偁。始者。女之初也。以爲凡起之偁。然則天亦可爲凡顛之偁。臣於君、子於父、妻於夫、民於食。皆曰天是也。**至高無上。从一大。**至高無上。是其大無有二也。故从一大。於六書爲會意。凡會意合二字以成語。如一大、人言、止戈皆是。他前切。十二部。

丕　吏

丕　大也。見釋詁。**从一。不聲。**敷悲切。古音在第一部。鋪怡切。丕與不音同。故古多用不爲丕。如不顯卽丕顯之類。於六書爲假借。凡假借必同部同音。○丕、隸書中直引長。故云丕之字不十。漢石經作丕。可證。非與丕殊字也。

吏　治人者也。治與吏同在第一部。此亦以同部疊韵爲訓也。**从一。从史。**此亦會意也。天下曰从一大。此不曰从一史者。吏必以一爲體。以史爲用。一與史二事。故異其詞也。史者。記事者也。**史亦聲。**凡言亦聲者。會意兼形聲也。凡字有用六書之一者。有兼六書之二者。力置切。一部。

文五　重一此葢許所記也。每部記之。以得其凡若干字也。凡部之先後。以形之相近爲次。凡每部中字之先後。以義之相引爲次。顏氏家訓所謂隱栝有條例也。說文每部自首至尾。次弟井井。如一篇文字。如一而元。元。始也。始而後有天。天莫大焉。故次以丕。而吏之从一終焉是也。雍熙校刊部首某字說解爲大字。已下說解皆爲夾行小字。絕非舊式。

二

丄　高也。此古文上。古文上作二。故帝下、旁下、示下皆云从古文上。可以證古文本作二。篆作丄。各本誤以丄爲古文。則不得不改篆文之丄爲上。而用上爲部首。使下文从二之字皆無所統。示次於二之恉亦晦矣。今正丄爲二。上爲丄。觀者勿疑怪可也。凡說文一書。以小篆爲質。必先舉小篆。後言古文作某。此獨先舉古文。後言小篆作某。變例也。以其屬皆从古文上。不从小篆上。故出變例而別白言之。**指事也。**凡指事之文絕少。故顯白言之。不於一下言之者。一之爲指事不待言也。象形者。實有其物。日月是也。指事者。不泥其物而言其事。丄丅是也。天地爲形。天在上。地在下。地在上。天在下。則皆爲事。**凡二之屬皆从二。**時掌、時亮二切。

帝　旁　二

古音第十部。

丄 篆文上。謂李斯小篆也。今各本篆作上。後人所改。

帝 諦也。見春秋元命苞、春秋運斗樞。毛詩故訓傳曰：審諦如帝。王天下之號。从二，朿聲。都計切。古音第十六部。

帝 古文帝。古文諸上字皆从一。篆文皆从二。二，古文上字。古文从一。小篆从古文上者。古今體異。必云二古上字者。明非二字也。徐鍇曰：古文上兩畫。上短下長。一、二之二則兩畫齊等。辛俗本辛下有言，非也。言从辛，舉辛可以包言。示辰龍童音章皆从古文上。古文示作⿱一川，古文禮作⿱一川，古文辰作⿸厂⿱一川，此古文从一之證。然則古文以一爲二，六書之假借也。

旁 溥也。司馬相如封禪文曰：旁魄四塞。張揖曰：旁，衍也。廣雅曰：旁，大也。按旁讀如滂，與溥雙聲。後人訓側，其義偏矣。从二，闕，闕謂从冂之說未聞也。李陽冰曰：冂象旁達之形也。按自序云：其於所不知，蓋闕如也。凡言闕者，或謂形，或謂音，或謂義，分別讀之。方聲。凡徐氏鉉、鍇二本不同，各从其長者。如此處鍇作方聲闕。闕字在方聲下。於未聞从冂之說不瞭。故不从之是也。後不悉注。步光切。十部。

旁 古文旁。以許說推之，亦小篆从二，古文从一也。

旁 亦古文旁。二，李斯改一爲二，則爲小篆。

雱 籀文。詩：雨雪其雱。故訓傳曰：雱，盛皃。即此字也。籀文从雨，眾多如雨意也。毛云盛，與許云溥正合。今人不知旁、雱同字，音讀各殊。古形古音古義皆廢矣。

一 底也。底當作氐。广部曰：底者，山尻也。一曰下也。許氏解字多用轉注。轉注者，互訓也。底云下也，故下云底也。此之謂轉注。全書皆當以此求之。抑此底字當作氐。广部一曰下也四字疑後人所綴。何者。許書無低字。日部昏下曰：从氐省。氐者，下也。正與此下者氐也爲轉注。上，高也。下，氐也。高氐亦正相反相對。今本氐篆解云至也。亦當本作下也。如是正之，乃見許氏發揮轉注之恉。有好學深思者，當能心知其意也。从反二爲二。有物在一之下也。此古文下本如此。如丙字从古文下是也。後人改二爲丅，謂之古文，則不得不改丅爲下，謂之小篆文矣。胡雅、胡駕二切。古音在第五部。

丅 篆文下。今各本篆文作下。後人所改。

文四　重六

示　祜　禮　禧　禛

示 天𡆥象，見吉凶，見周易毄辭。所㠯示人也。从二。古文上。三𡆥，謂川。日月星也。觀乎天文，㠯察時變。見周易賁象傳。示神事也。言天縣象箸明以示人，聖人因以神道設教。凡示之屬皆从示。神至切。古音第十五部。中庸、小雅以示爲寘。

示 古文示。所謂古文諸上字皆从一也。

祜 上諱。言上諱者五。禾部秀，漢世祖名也。艸部莊，顯宗名也。火部炟，肅宗名也。戈部肈，孝和帝名也。祜，恭宗名也。殤帝名隆，不與焉。伏侯古今注曰：隆之字曰盛。亦當言上諱明矣。而五經異義云：漢幼小諸帝皆不廟祭，而祭於陵。既不廟祭矣，則不諱可知。此許沖奏上時於隆字不曰上諱所由也。諱止於世祖者，記曰：既卒哭，宰夫執木鐸以徇於宮曰：舍故而諱新。故謂高祖之父當遷者。杜預亦言自父至高祖皆不敢斥言。許君卒於恭宗已後。自恭宗至世祖適五世。世祖已上雖高帝不諱。蓋漢制也。此書之例，當是不書其字，但書上諱二字。書其字則非諱也。今本有篆文者，後人補之。不書故其詁訓形聲俱不言。假令補之，則曰：祜，福也。从示，古聲。祜訓福，則當與祿禠等爲類。而列於首者，尊君也。古音第五部。

禮 履也。見禮記祭義、周易序卦傳。履，足所依也。引伸之凡所依皆曰履。此假借之法。屨，履也。禮，履也。履同而義不同。所㠯事神致福也。从示，从豐。禮有五經，莫重於祭，故禮字从示。豐者，行禮之器。豐亦聲。靈啓切。十五部。

禮 古文禮。

禧 禮吉也。行禮獲吉也。釋詁曰：禧，福也。从示，喜聲。許其切。一部。

禛 㠯眞受福也。从示，眞聲。此亦當云从示、从眞，眞亦聲。不言者，省也。聲與義同原，故諧聲之偏旁多與字義相近。此會意形聲兩兼之字致多也。說文或偁其會意，略其形聲；或偁其形聲，略其會意。雖則渻文，實欲互見。不知此則聲與義隔。又或如宋人字說，衹有會意，別無形聲。

祿褫禎祥祉福祐祺

其失均誣矣。側鄰切。十二部。

祿福也。詩言福祿多不別。商頌五篇。兩言福、三言祿。大恉不殊。釋詁、毛詩傳皆曰。祿、福也。此古義也。鄭旣醉箋始爲分別之詞。从示。彔聲。盧谷切。三部。

褫福也。見釋詁。張衡東京賦曰。祈褫禳災。从示。虒聲。息移切。字林弋爾反。十六部。

禎祥也。从示。貞聲。陟盈切。十一部。

祥福也。凡統言則災亦謂之祥。析言則善者謂之祥。从示。羊聲。似羊切。十部。鉉本此下有一云善三字。淺人所增。一書中此類不少。

祉福也。見釋詁。从示。止聲。敕里切。一部。

福備也。祭統曰。賢者之祭也。必受其福。非世所謂福也。福者備也。備者百順之名也。無所不順者之謂備。按福、備古音皆在第一部。疊韵也。鉉本作祐也。非。祐正世所謂福也。从示。畐聲。方六切。古音在一部。

祐助也。古祇作右。从示。右聲。于救切。古音在一部。

祺吉也。周頌曰。維周之祺。釋言曰。祺、祥也。祺、吉也。从示。其聲。渠之切。一部。

禥籒文从基。

一篇上　五

祗禔神祇

基聲也。古其基通用。如尚書丕丕基、伏生作丕丕其是也。

祗敬也。見釋詁。从示。氏聲。旨夷切。古音凡氐聲字在第十五部。凡氏聲字在第十六部。此廣韵祇入五支、祗入六脂所由分也。鉉所據唐韵祗旨移切。是孫愐祗入五支。遠遜於宋廣韵所改定矣。經典釋文於商頌上帝是祗、諸時反。則又闕入七之。於孔子閒居諸夷反。則固不誤。此等學者所當審定畫一也。

禔安也。本安下有福。今依李善文選注。从示。是聲。司馬貞引說文帀支反。此說文音隱所載也。唐韵切同。十六部。易曰。禔既平。周易坎九五。祇既平。釋文曰。祇、京作禔。按許自序所偁易孟氏、京房受易焦延壽。延壽嘗從孟喜問易。虞翻自言臣高祖光、曾祖成、祖鳳、父歆皆治孟氏易。至臣五世。翻注此爻云。祇、安也。然則孟易作禔。訓安甚明。翻本作祇。謂祇即禔之假借。與何人斯鄭箋正同。氏是同在第十六部。得相假借。

神天神引出萬物者也。天神引三字同在古音第十二部。从示。申聲。食鄰切。

祇地祇提出萬物者也。地祇提三字同

祕

在古音第十六部。地本在十七部。而多轉入十六部用。从示。氏聲。巨支切。古音十六部。凡假借必取諸同部。如周易无祇悔。釋文云。祇、辭也。馬同。音之是反。此讀祇爲語辭適也。五經文字、廣韵作祗者是也。又云。鄭云病也。此讀祇爲疷。與何人斯同也。又云。王肅作禔。時支反。陸云。安也。九家本作𢻱字。音支。韓伯祁支反。云大也。音讀皆在第十六部。通志堂刻作无祇悔。則誤。○又祇既平。唐石經作祇。釋文云。京作禔。說文同。音支。又上支反。安也。其讀亦皆在十六部。又云。鄭云。當爲坻。小丘也。此則改爲第十五部字。古人云當爲者。皆是改其形誤之字。云當爲者以音近之字易之。云讀如者。以同音之字擬之。此云當爲。則鄭謂祇爲字之誤也。○五經文字衣部曰。祇、止移切。適也。廣韵五支曰。祇、章移切。適也。唐石經祇既平、左傳祇見疏也、詩祇攪我心、詩論語亦祇以異、字皆从衣。正用張參字揉而張參以前、顏師古注實嬰傳曰。祇、適也。音支。其字从衣。豈師古、太宗朝刊定經籍皆用此說歟。宋類篇則祇祇皆云適也。不畫一。韵會則从示之祇訓適也。近日經典訓適者皆不从衣。與唐不合。

祕神也。魯頌閟宮有侐箋曰。閟、神也。此謂假借閟爲祕也。从示。必聲。兵媚切。古音在第十二部。質櫛韵。

一篇上　六

齋禋祭祀

齋戒絜也。祭統曰。齋之爲言齊也。齊不齊以致齊者也。齋戒或析言。如七日戒、三日齋是。此以戒訓齋者。統言則不別也。从示。齊省聲。謂減齊之二畫。使其字不𢿱重也。凡字有不知省聲。則昧其形聲者。如融蠅之類是。側皆切。十五部。

𩐁籒文齋。从𩏑省。凡籒文多𢿱重。

禋絜祀也。韋昭注周語同。一曰精意以享爲禋。凡義有兩岐者。出一曰之例。山海經、韓非子、故訓傳皆然。但說文多有淺人疑其不備而竄入者。周語。內史過曰。精意以享禋也。絜祀二字已苞之。何必更端傳引乎。舉此可以隅反。从示。垔聲。於眞切。古音在十三部。尚書大傳以湮爲禋。

𥛓籒文从宀。

祭祭祀也。統言則祭祀不別也。从示。以手持肉。此合三字會意也。子例切。十五部。

祀祭無已也。析言則祭無已曰祀。从巳而釋爲無已。此如治

祡　禷　祪

曰亂、徂曰存。終則有始。从示。巳聲。詳里切。一部。禩 祀或从異。周禮大宗伯、小祝注皆云故書祀作禩。按禩字見於故書。是古文也。篆隸有祀無禩。是以漢儒杜子春、鄭司農不識。但云當爲祀、讀爲祀。而不敢直言古文祀。蓋其愼也。至許乃定爲一字。至魏時乃入三體石經。古文巳聲異聲同在一部。故異形而同字也。祡 燒柴尞祭天也。此從爾雅音義。尞各本作燎。非也。火部曰。尞、柴祭天也。此曰。祡、尞祭天也。是爲轉注。𡨋較然者。柴與祡同此聲。故燒柴祭曰祡。釋天曰。祭天曰燔柴。祭法曰。燔柴於泰壇。祭天也。孝經說曰。封乎泰山。考績柴尞。郊特牲曰。天子適四方。先柴。注。所到必先燔柴。有事於上帝。从示。此聲。仕皆切。十五部。凡此聲亦多轉入十六部。虞書曰。虞書當爲唐書。說見七篇禾部。至于岱宗。祡。許自序偁書孔氏。知古文尚書作祡。不从木作柴也。王制、郊特牲、大傳同。𥛚 古文祡。从隋省。此蓋壁中尚書作𥛚也。既偁古文尚書作祡矣。何以云壁中作𥛚也。凡漢人云古文尚書者。猶言古本尚書。以別於夏矦、歐陽尚書。非其字皆倉頡古文也。儀禮有古文今文、亦猶言古本今本。非一皆倉頡古文、一皆隸書也。如此字壁中簡作𥛚。孔安國以今文讀之。知𥛚即小篆祡字。改从小篆作祡。是孔氏古文尚書出於壁中。云爾不必皆仍壁中字形也。綴𥛚於祡下者。猶周禮既从杜子春易字、乃綴之云故書作某也。隋聲古音在十七部。此聲古音在十六部。音轉冣近。𥛚之爲祡。猶玼瑳、柴傞皆同字。禷 以事類祭天神。五經異義曰。今尚書夏矦歐陽說。禷、祭天名也。以禷祭天者、以事類祭之。以事類祭之何。天位在南方、就南郊祭之是也。古尚書說。非時祭天謂之禷。言以事類告也。肆禷于上帝。時舜告攝。非常祭也。許君謹按。周禮郊天無言禷者。知禷非常祭。從古尚書說。玉裁按。郊天不言禷。而肆師類造上帝。王制天子將出。類於上帝。皆主軍旅言。凡經傳言禷者皆謂因事爲兆。依郊禮而爲之。說文亦从古尚書說。从示。類聲。此當曰从示類、類亦聲。省文也。方遂切。十五部。禮以禷。爲 祪 祔祪祖也。見釋詁。祔謂新廟。祪謂毀廟。皆祖也。說文併祔字連引之。故次之以祔。

祔　祖　鬃　祰　祏

从示。危聲。過委切。十六部。祔 後死者合食於先祖。士虞禮。卒哭。明日以其班祔。春秋左氏傳曰。凡君薨。卒哭而祔。祔而作主。特祀於主。蒸嘗禘於廟。春秋穀梁傳曰。作主壞廟有時日。於練焉。士虞禮注、與穀梁同。从示。付聲。符遇切。古音在第四部。祖 始廟也。始兼兩義。新廟爲始。遠廟亦爲始。故祔祪皆曰祖也。釋詁曰。祖、始也。詩毛傳曰。祖、爲也。皆引伸之義。如初爲衣始。引伸爲凡始也。从示。且聲。則古切。五部。鬃 門內祭先祖所彷皇也。舊所下有以。今依詩、爾雅音義。彷或作徬傍彷。皇或作徨。皆俗。詩毛傳曰。祊、門內也。郊特牲曰。索祭祝於祊。不知神之所在。於彼乎。於此乎。或諸遠人乎。祭於祊、尚曰求諸遠者與。此彷皇之說也。鬃彷皇三字疊韵。从示。彭聲。補盲切。古音在十部。詩曰。祝祭于鬃。小雅楚茨文。今作于祊。祊 鬃或从方。彭聲、方聲同部。祰 告祭也。自祪以下六字皆主言祖廟。故知告祭謂王制天子諸矦將出。造乎禰。曾子問諸矦適天子。必告於祖、奠於禰。諸矦相見。必告於禰。反必親告於祖禰。伏生尚書歸假於祖禰。皆是也。周禮六祈。二曰造。杜子春云。造祭於祖也。當許時。禮家造字容有作祰者。从示。告聲。苦浩切。古音在第三部。祏 宗廟主也。五經異義。今春秋公羊說。祭有主者。孝子以主繫心。夏后氏以松。殷人以柏。周人以栗。今論語說。哀公問主於宰我。宰我對曰。夏后氏以松。夏人都河東。河東宜松也。殷人以柏。殷人都亳。亳宜柏也。周人以栗。周人都豐鎬。豐鎬宜栗也。古周禮說。虞主用桑。練主用栗。無夏后氏以松爲主之事。許君謹按。從周禮說。論語所云。謂社主也。鄭君無駮。五經要義曰。木主之狀四方。穿中央以達四方。天子長尺二寸。諸矦長尺。皆刻謚於其背。春秋左氏傳。典司宗祏。又曰。使祝史徙主祏於周廟。又曰。反祏於西圃。皆謂木主也。主當同丶部作宔。宔字下曰。宗廟宔祏也。祏字下曰。宗廟宔也。是爲轉注。埶文類聚引作宗廟之木主曰祏。周禮有郊宗石室。五經異義。古春秋左氏說。古者日祭於祖考。月薦於高曾。時享及二祧。歲祫及壇墠。終禘及郊宗石室。終者、謂孝子三年喪終。則禘於大廟。以致新死者也。又春秋左氏曰。徙石主於周廟。言宗廟有郊宗石室。所以藏粟主也。玉裁按。郊宗石室。蓋謂天子有之。郊宗、蓋謂郊鯀宗禹、郊冥宗湯、郊稷宗武王之類。遠祖之宔爲石室藏之。至祭上帝於南郊、祭五帝於明堂。則奉其宔以配食。故謂之郊宗石室。祭法周語皆言禘郊祖宗。此舉郊宗以包禘祖也。其餘毀廟之主亦附藏焉。至禘祫而升。合食於大祖。故曰禘及郊宗石室。云周禮者、說左氏家謂成周之禮。非謂周官經有此也。**一曰大夫㠯石爲主。**五經異義。今春秋公羊說。卿大夫士非有土子民之君。不得祫享序昭穆。故無木主。大夫束帛依神。士結茅爲菆。許君謹按。春秋左氏傳曰。衛孔悝反祏於西圃。祏、石主也。言大夫以石爲主。今山陽民俗祭皆以石爲主。鄭君駁之曰。大夫士無昭穆。不得有主。少牢饋食、大夫禮也。束帛依神。特牲饋食、士祭禮也。結茅爲菆。大夫以石爲主。禮無明文。孔悝之反祏。有主者、祭其所出之君爲之主耳。玉裁按。異義先出。說文晚成。多所叓定。故說文之說多有異於異義、同於鄭駁者。祏以宗廟主爲本義。以大夫石主爲或義。是也。**从示石。**許言周禮有石室。言大夫以石爲主。皆證明从石會意之恉。玉裁謂宗廟本木宔。而字从石者、蓋取如石不可轉意。石室自別是一事。春秋之末、大夫僭侈作宔、不可知。云反祏者、猶言反宔耳。不必以石爲之也。摯虞決疑注曰。凡廟之主藏於戶外北牖下。有石函。故名宗祏。**石亦聲。**常隻切。古音在五部。

[祉] **㠯豚祠司命也。**鄭注周禮曰。求福曰禱。得求曰祠。此祠與春祭之祠異。祭法注曰。司命、小神。居人之閒。司察小過。作譴告者。主督察三命。今時民家或春秋祀司命。風俗通義曰。周禮司命、文昌也。今民閒祀司命。刻木長尺二寸爲人像。行者擔篋中。居者別作小屋。齊地大尊重之。汝南餘郡亦多有。皆祠以腊。率以春秋之月。按腊同豬。許所謂豚也。應說司命爲文昌。鄭說人閒小神。未知許意何居也。許君竈字下說周禮以竈祀祝融。用賈逵句芒祀於戶、祝融祀於竈、蓐收祀於門、玄冥祀於井、后土祀於中霤之說。鄭則云老婦之祭。報先炊之義。斷非祝融。然則許不必同鄭也。**从示比聲。**卑履切。初學記引俾利反。十五部。**漢律曰。祠祉司命。**高帝時蕭何攈摭秦法、取其宜於時者作律九章。至孝武時律令凡三百五十九章。

[祠] **春祭曰祠。品物少。多文辭也。**上言祠司命。故次以祠。辭與祠疊韵。周禮以祠春享先王。公羊傳曰。春曰祠。注。祠猶食也。猶繼嗣也。春物始生。孝子思親。繼嗣而食之。故曰祠。許與何異。**从示司聲。**似兹切。一部。**仲春之月。祠不用犧牲。用圭璧及皮幣。**此引月令證品物少多文辭也。禮記祠作祀。呂覽同。淮南作祭。及、禮記呂覽淮南皆作更。鄭曰。更猶易也。高誘曰。更、代也。以圭璧皮幣代犧牲也。說文祠及二字疑皆字之誤。或曰。漢時月令。鄭君謂之今月令。或與記不同。說文霝雨舺人皆今月令也。○江沅曰。言用不用、代義已瞭。或更字卽及字。義許據本作及也。鄭訓易、高訓代。寘圭璧皮幣中閒。似未妥。

[礿] **夏祭也。**周禮以禴夏享先王。公羊傳曰。夏曰礿。注。始熟可汋。故曰礿。釋天曰。春祭曰祠。夏祭曰礿。秋祭曰嘗。冬祭曰蒸。孫炎曰。祠之言食。礿、新菜可汋。嘗、嘗新穀。蒸、進品物也。汋與礿疊韵。汋卽說文鬻字。王制。春曰礿。夏曰禘。與周禮異。**从示勺聲。**以灼切。古音在第二部。礿亦作禴。勺龠同部。

[禘] **諦祭也。**言部曰。諦者、審也。諦祭者、祭之審諦者也。何言乎審諦。自來說者皆云審諦昭穆也。諦有三。有時諦。有殷禘。有大禘。時禘者、王制春曰礿、夏曰禘、秋曰嘗、冬曰蒸是也。夏商之禮也。殷禘者、周春祠、夏禴字卽礿、秋嘗、冬蒸。以禘爲殷祭。殷者、盛也。禘與祫皆合羣廟之主祭於大祖廟也。大禘者、大傳小記皆曰王者禘其祖之所自出。以其祖配之。謂王者之先祖皆感大微五帝之精以生。皆用正歲之正月郊祭之。孝經郊祀后稷以配天。配靈威仰也。毛詩言禘者二。曰雝禘大祖也。大祖謂文王。此言殷祭也。曰長發大禘也。此言商郊祭感生帝汁光紀。以玄王配也。云大禘者、蓋謂其事大於宗廟之禘。春秋經言諸侯之禮。僖八年禘于太廟。太廟謂周公廟。魯之太祖也。天子宗廟之禘。亦以尊太祖。此正禮也。其他經言吉禘于莊公。傳之禘於武公。禘於襄公。禘於僖公。皆專祭一公。僭用禘名。非成王賜魯重祭周公得用禘禮之意也。昭穆固有定。曷爲審諦而定之也。禘必羣廟之主皆合食。恐有如夏父弗忌之逆祀亂昭穆者。則順祀之也。天子諸侯之禮。兄弟或相爲後。諸父諸子或相爲後。祖行孫行或

祫　祼

相爲後。必後之者與所後者爲昭穆。所後者昭則後之者穆。所後者穆則後之者昭。而不與族人同昭穆。以重器授受爲昭穆也。不以世系蟬聯爲昭穆也。故曰宗廟之禮所以序昭穆也。宗廟之禮謂禘祭也。禘之說大亂於唐之陸淳趙匡、後儒襲之。不可以不正。从示。帝聲。特計切。十六部。周禮曰。五歲一禘。五經異義。今春秋公羊說。五年而再殷祭。古春秋左氏說。古者日祭於祖考。月祀於高曾。時享及二祧。歲祫及壇墠。終禘及郊宗石室。許君謹案。叔孫通宗廟有日祭月薦之禮。知自古而然也。三歲一祫。此周禮也。五歲一禘。疑先王之禮也。鄭君駁之曰。三年一祫。五年一禘。百王通義。以爲禮讖云殷之五年。殷祭亦名禘也。玉裁按。此與公羊五年而再殷祭說正合。今閩縣陳氏恭甫名壽祺云。初學記、藝文類聚引許異義文有譌脫。當作三歲一祫。五歲一禘。此周禮也。三歲一禘。疑先王之禮也。今脫四字、譌一字。陳說是也。

祫大合祭先祖親疏遠近也。春秋文二年八月丁卯大事于大廟。公羊傳曰。大事者何。大祫也。大祫者何。合祭也。毀廟之主陳於大祖。未毀廟之主皆升。句合食於大祖。兼上二者五年而再殷祭。鄭康成曰。魯禮三年喪畢而祫於大祖。明年春禘於羣廟。自此之後。五年而再殷祭。一祫一禘。春秋經書祫謂之大事。書禘謂之有事。商頌玄鳥祀高宗也。鄭云。祀當爲祫。高宗崩而始合祭於契之廟。歌是詩焉。曾子問祫祭於祖。則祝迎四廟之主。許言合祭先祖親疏遠近。正用公羊大事傳。禘之合食蓋同。而以審禘會合分別其名。亦分別其歲有三年五年之殊。分別其時有夏秋之殊。禘卽周禮之肆獻祼追亯。祫卽周禮之饋食朝亯。夏殷有時禘有時祫。周禮禘祫則皆爲殷祭。非四時祭。毛公傳曰。諸侯夏禘則不禴。秋祫則不嘗。謂周禮諸侯禘在夏。祫在秋。則皆廢時祭。天子則不廢時祭。从示合。會意。不云合亦聲者。省文。重會意也。侯夾切。古音弟七部。士虞禮今文祫爲合。周禮曰。三歲一祫。网云周禮者。以別於夏殷之禮。网曰字皆衍文也。

祼灌祭也。詩毛傳曰。祼灌鬯也。周禮注曰。祼之言灌。灌以鬱鬯。謂始獻尸求神時。周人先求諸陰也。从示。果聲。古玩切。按此字從果爲聲。古音在十七部。大宗伯玉人字作果。或作淉。注兩言祼之言灌。凡云之言者。皆通其音義以爲詁訓。非如讀爲之易其字。讀如之定其音。如載師載之言事。族師師之言帥。襢衣襢之言亶。翣柳柳之言聚。副編次副之言覆。禋祀禋之言煙。卝人卝之言礦。皆是。未嘗曰禋讀煙、副卽讀覆也。以是言之。祼之音本讀如果。卝之音本爲卵、讀如鯤。與灌礦爲雙聲。後人竟讀灌、讀礦。全失鄭意。古音有不見於周人有韵之文、而可意知者。此類是也。

⿱毳示　祝　福　祓　祈　禱　禜

⿱毳示數祭也。廣雅釋詁曰。⿱毳示謝也。釋天曰。⿱毳示祭也。數讀數罟之數。雙聲也。从示。毳聲。讀若春麥爲⿱毳示之⿱毳示。凡言讀若者。皆擬其音也。凡傳注言讀爲者。皆易其字也。注經必兼茲二者。故有讀爲。有讀若。讀爲亦言讀曰。讀若亦言讀如。字書但言其本字本音。故有讀若無讀爲也。讀爲讀若之分。唐人作正義已不能知。爲與若兩字。注中時有譌亂。爲⿱毳示之⿱毳示字从木。各本譌从示。不可解。廣雅。⿱毳示春也。楚芮反。說文無⿱毳示字。卽曰部舂去麥皮曰臿也。江氏聲云。說文解說內或用方言俗字。篆文則仍不載⿱毳示。此芮切。十五部。

祝祭主贊詈者。从示。从儿口。此以三字會意。謂以人口交神也。一曰从兌省。易曰。兌爲口、爲巫。此字形之別說也。凡一曰有言義者。有言形者。有言聲者。引易者。說卦文。兌爲口舌、爲巫。故祝从兌省。此可證虙羲先倉頡製字矣。凡引經傳。有證義者。有證形者。有證聲者。此引易證形也。之六切。三部。

福祝福也。惠氏士奇曰。素問黃帝曰。古之治病。可祝由而已。祝由、卽祝福也。已止也。玉裁按。玉篇曰。古文作䄂。从示。畱聲。力救切。玉篇除霤切。三部。

祓除惡祭也。从示。犮聲。敷勿切。十五部。

祈求福也。祈求雙聲。从示。斤聲。渠稀切。古音在十三部。音芹。此如旂字。古今音異。

禱告事求福也。禱告求三字疊韵。从示。壽聲。都浩切。古音在三部。禱或省。𥛷籀文禱。以眞致福意。疑下從夂。非從夊也。夊陟侈切。

禜設緜蕝爲營。吕禳風雨雪霜水旱厲疫于日月星辰山川也。史記漢書叔孫通傳皆云爲緜蕞。野外習之。韋昭云。引繩爲緜。立表

禳　禬

爲蕞。蕞卽蕝也。詳艸部。凡環帀爲營。禜營疊韵。左氏傳子產曰。山川之神。則水旱癘疫之災。於是乎禜之。日月星辰之神。則雪霜風雨之不時。於是乎禜之。許與鄭司農周禮注引皆先日月星辰。與今本不同也。从示。从營省聲。此字下从字、度他字下皆當有。後人刪之。爲命切。十一部。一曰禜、逗。衞使災不生。此字義之別說也。上言禜之於已至。此言禜之於未來。鉉本此下引禮記雩禜祭水旱。誤用錯語爲正文也。

禳　磔禳、逗。祀除厲殃也。厲殃、謂厲鬼凶害。各本作癘。誤。月令三月。命國難。九門磔禳。以畢春氣。注。此月之中。日行歷昴。昴有大陵積尸氣。佚則厲鬼隨而出行。命方相氏敺疫。又磔牲以禳於四方之神。所以畢止其災。又十二月。命有司大難旁磔。注。此月之中。日歷虛危。虛危有墳墓四司之氣。爲厲鬼。將隨強陰出害人也。旁磔於四方之門。磔禳也。按許與月令注合。周禮注曰。卻變異曰禳。禳、攘也。與許異。古者燧人禜子所造。未聞。禜子、爲其子禜災也。从示。襄聲。汝羊切。十部。

禬　會福祭也。周禮注曰。除災害曰禬。禬、刮去也。與許異。从示。會聲。此等皆舉形聲包會意。古外切。十五部。周禮曰。禬之祝號。周禮詛祝文。

禪　禦　𥘸　禖

禪　祭天也。从示。單聲。凡封土爲壇。除地爲墠。古封禪字蓋祇作墠。項威曰。除地爲墠。後改墠曰禪。神之矣。服虔曰。封者。增天之高。歸功於天。禪者。廣土地。應劭亦云。封爲增高。禪爲祀地。惟張晏云。天高不可及。於泰山上立封。又禪而祭之。冀近神靈也。元鼎二年紀云。望見泰一。修天文襢。襢卽古禪字。是可證禪亦祭天之名。但禪訓祭天。似當與祡爲伍。不當廁此。時戰切。十四部。

禦　祀也。从示。御聲。後人用此爲禁禦字。疑舉切。五部。古只用御字。

𥘸　祀也。从示。昏聲。古末切。周禮注。禬、刮去也。疑𥘸乃禬字之或體也。十五部。已上三篆疑後人所增。

禖　祭也。謂祭名也。商頌傳曰。春分玄鳥降。湯之先祖有娀氏女簡狄配高辛氏帝。帝率與之祈於郊禖而生契。故本其爲天所命。以玄鳥至而生焉。大雅傳曰。古者必立郊禖焉。玄鳥至之日。以大牢祀於郊禖。天子親往。后妃率九嬪御。乃禮天子所御。帶以弓韣。授以

稰　祳　祴

弓矢。於郊禖之前。玉裁按。據此則禖神之祀不始於高辛明矣。鄭注月令云。玄鳥。媒氏之官以爲候。高辛氏之世。玄鳥遺卵。娀簡吞之而生契。後王以爲媒官嘉祥而立其祠焉。變媒言禖。神之也。注禮記時未專信毛詩。故說鉏鋙爾。鄭志焦喬之荅。回護鄭公。殊爲詞費。从示。某聲。莫桮切。古音在一部。

稰　祭具也。山海經、離騷經皆作糈。王逸曰。糈、精米。所以享神。郭璞曰。糈、祭神之米名。疑許君所據二書作稰。从示。胥聲。私呂切。五部。

祳　社肉。盛之以蜃。故謂之祳。五經異義曰。古左氏說。脤、祭社之肉。盛之以蜃。鄭注掌蜃。杜注左傳。皆同。蜃祳疊韵。經典祳多从肉作脤。詩緜箋、掌蜃注、經用蜃爲祳字。天子所以親遺同姓。大宗伯以脤膰之禮。親兄弟之國。大行人歸脤以交諸侯之福。从示。辰聲。時忍切。古音在十三部。春秋傳曰。石尚來歸祳。春秋經定公十四年文。凡說文引春秋經。皆較諸傳。謂左氏春秋有此文也。

祴　宗廟奏祴樂。宗廟中賓醉而出。奏祴夏。故字從示。从示。戒

禡　禂

聲。古哀切。一部。

禡　師行所止。恐有慢其神。下而祀之曰禡。釋天曰。是禷是禡。師祭也。王制注云。爲兵禱。周禮肆師甸祝皆作貉。杜鄭讀貉爲十百之百。云爲師祭造軍法者。禱氣勢之十百增倍。許說不同者。許時古今說具在五經異義。今已亾。又賈氏周禮解詁亦亾。不詳其所本也。从示。馬聲。莫駕切。古音在五部。周禮。禡於所征之地。王制文。

禂　禱牲馬祭也。甸祝。禂牲禂馬。杜子春云。禂、禱也。爲馬禱無疾。爲田禱多獲禽牲。詩云。既伯既禱。爾雅曰。既伯既禱。馬祭也。玉裁按。此許說所本。杜引詩者。以伯證禱。毛傳云。伯、馬祖也。重物愼微。將用馬力。必先爲之禱其祖。此周禮之禂馬也。又云。禱、禱獲也。此釋既禱。周禮之禂牲也。杜本毛說。鄭君易杜說云。禂讀如伏誅之誅。今侏大字也。爲牲祭求肥充。爲馬祭求肥健。鄭以上文既有表貉。釋爲禱氣勢之十百而多獲。不當禂牲。又云禱多獲禽牲。故必易爲侏大而後安。今本爾雅、周禮注。馬祭之上皆脫伯字。从示。周聲。都晧切。五經文字直由反。又音誅。古音在三部。

社

○鍇引詩曰既禡既禂。詩無此語。鉉又誤入正文。鉉本作騳。或从馬。壽省聲。此字从馬。則不該云𢎘聲足矣。不當取省聲。

社　地主也。五經異義。今孝經說曰。社者土地之主。土地廣博。不可偏敬。封五土以爲社。古左氏說。共工爲后土。爲社。許君謹案曰。春秋稱公社。今人謂社神爲社公。故知社是上公。非地祇。鄭駁之云。社祭土而主陰氣。又云。社者神地之道。謂社神但言上公。失之矣。人亦謂雷曰雷公。天曰天公。豈上公也。宗伯以血祭祭社稷五祀五　稷之神若是句龍柱棄。不得先五嶽而食。又引司徒五土名。又引大司樂五變而致介物及土示。土示五土之總神。卽謂社也。六樂於五地無原隰而有土祇。則土祇與原隰同用樂也。玉裁按。許訓社爲地主。此用今孝經說。而以地主也从示土之云。先於左氏傳。則與異義从左氏說者不符。蓋許君異義先成。說文晚定。往往有說文之說早同於鄭君之駁者。如社稷昊天聖人感天而生三窓等皆是也。从示土。鍇土下本無聲字。韵會所引是也。地主爲社。故字从示土。春秋傳曰。共工之子句龍爲社神。左氏傳昭公廿九年。史墨曰。共工氏有子曰句龍。爲后土。后土爲社。許既从今孝經說矣。又引古左氏說者。此與心字云土藏也。象形。博士說以爲火藏一例。兼存異說也。鄭駁異義。以爲社者五土之神。能生萬物者。以古之有大功者配之。然則句龍配五土之神祭於社。周禮二十五家爲社。風俗通義曰。周禮說二十五家爲社。但爲田祖報求。許云周禮者。周禮說也。賈逵杜預注左傳。高誘注呂覽。薛瓚注五行志。皆同。晏子春秋桓公以書社五百里封管仲。呂覽越以書社三百里封墨子。史記將以書社七百里封孔子。皆謂二十五家爲里。里有社。故云書社若干里。鄭駁異義引州長職曰。以歲時祭祀州社。是二千五百家爲社也。祭法。大夫以下成羣立社曰置社。注云。大夫以下。謂下至庶人也。大夫不得特立社。與民族居。百家以上則共立一社。今時里社是也。引郊特牲。唯爲社事。單出里。是鄭不用周禮說。與許異。各樹其土所宜木。大司徒設其社稷之壝而樹之田主。各以其野之所宜木。遂以名其社與其野。注。所宜木謂若松柏栗也。若以松爲社者。則名松社。五經

禓　　祲

異義。許君謹案。論語所云。謂社主也。鄭無駁。注周禮從許義。按莊周書之櫟社。高祖所禱之枌榆社。皆以木名社之遺。韓非子云。社木者。樹木而塗之。鼠穿其閒。掘穴託其中。熏之則恐焚木。灌之則恐塗阤。此可見樹木爲主之制。○社爲地主。而尊天親地。二十五家得立之。故字不與柴𧮯爲伍。常者切。古音在五部。

社　古文社。各本從示。非古文也。今依夏氏竦古文四聲韵所引。從木者。各樹其土所宜木也。

禓　道上祭。史游急就篇曰。禓塞。王伯厚曰。周禮注。行祭羨之道中。如今祭殤。从示。易聲。與章切。十部。按郊特牲。鄉人禓。孔子朝服立於阼。卽論語鄉人難。朝服而立於阼階也。注。禓或爲獻。或爲儺。凡云或爲者。必此彼音讀有相通之理。易聲與獻儺音理遠隔。記當本是禓字。從示易聲。則與獻儺差近。徐仙民音禓爲儺。當由本是禓字。相傳讀儺也。

祲　精气感祥。气氣古今字。周禮眂祲注。祲陰陽氣相侵漸成祥者。魏志高堂隆傳。孔子曰。災者修類應行。精祲相感。从示。侵省聲。子林切。七部。春秋傳曰。見赤黑之祲。是。

禍　祟　祅　　祘

左氏傳昭公十五年。梓愼知爲喪氣。

禍　害也。禍害雙聲。神不福也。从示。咼聲。胡果切。十七部。

祟　神禍也。釋玄應衆經音義曰。謂鬼神作災禍也。从示出。按出亦聲。雖遂切。十五部。

祟　籀文祟。从𩙿省。瀆於鬼神則致祟。故从𩙿省。

祅　地反物爲祅也。左氏傳。伯宗曰。天反時爲災。地反物爲妖。民反德爲亂。亂則妖災生。釋例曰。此傳地反物。惟言妖耳。洪範五行傳則妖孽禍痾青祥。六者以積漸爲義。按虫部云。衣服歌䚻艸木之怪謂之祅。禽獸蟲蝗之怪謂之蠥。此蓋統言皆謂之祅。析言則祅蠥異也。祅省作祆。經傳通作妖。从示。芺聲。於喬切。二部。

祘　明視㠯筭之。从二示。示與視。筭與祘。皆疊韵也。明視故从二示。逸周書曰。藝文志。周書七十一篇。周史記也。劉向曰。蓋孔子所論百篇之餘。故許君謂之逸周書。亦以別於偁尚書之周書。免學者惑也。士分民之祘。今逸周書無此語。當在匕篇內。均分㠯祘之也。此釋逸周書語。或曰。本典解。均分以利之

禁

則民安。卽此句也。讀若笲。蘇貫切。十四部。禁吉凶之忌也。禁忌雙聲。忌古亦讀如記也。曲禮曰。入竟而問禁。从示林聲。居蔭切。七部。禁當次祘之前。

禫

禫除服祭也。士虞禮記曰。中月而禫。注。中猶閒也。禫祭名也。與大祥閒一月。自喪至此凡二十七月。禫之言澹澹然平安意也。从示覃聲。徒感切。古音在七部。玉裁按。說文一書。三言讀若三年導服之導。考士虞禮注曰。古文禫或爲導。喪大記注曰。禫或皆作道。許君蓋從古文。不錄今文禫字。且祘字重示。當居部末。如顛聑聶驫猋皆居部末是也。祘字下出禫字。疑是後人增益。鄭君从禫。許君从導。各有所受之也。

文六十三　重十三

六十三。鍇本作六十五。禫下有禰禮二字。云禰秋畋也。从示爾聲。禮祝也。从示虘聲。卽犬部之獮言部之詛也。用此知說文多爲淺人增竄。部末凡數多非原文。示部鉉六十三。鍇六十五。可證。又鉉新附有禰祧祆祚四字。禰訓親廟。泥米切。據五經文字序。若祧禰逍遙之類。說文漏略。今得之於字林。禰廟之字。許意蓋欲以爾邇槩之。周禮故書祧作濯。鄭司農濯讀爲祧。或許君意在別裁。謂祧字不古。當從故書。祆則後人杜撰。祚則胙之俗也。然則今可用乎。曰祆於經無所用之。祚則用胙。祧則鄭時禮經固爾。呂忱已補入字林。禰字自今文堯典早有此字。何休云。父死稱考。入廟稱禰。舊說云。雖入廟而猶取近於己。故从示旁爾。行之久遠。安可不用也。

三

三數名。天地人之道也。陳煥曰。數者、易數也。三兼陰陽之數言。一下曰道立於一。二下曰地之數。王下曰三者、天地人也。老子曰。一生二。二生三。三生萬物。此釋三之義。下釋三之形。故以於文二字別言之。於文一耦二爲三。成數也。此依韵會所引。韵會多據鍇本。今鍇本又非舊矣。耦各本作偶。今正。二下曰从一耦一。以一儷一也。此曰一耦二爲三。以一儷二也。今又皆脫一字。三畫而三才之道在焉。故謂之成數。又字下曰。手之列多、略不過三。凡三之屬皆从三。穌甘切。古音在七部。弎古文三。

文一　重一

王

王天下所歸往也。見白虎通。王往疊韵。董仲舒曰。古之造文者。三畫而連其中謂之王。三者、天地人也。而參通之者、王也。見春秋緐露。引之說字形也。韋昭注國語曰。參、三也。孔子曰。一貫三爲王。又引孔子語證董說。凡王之屬皆从王。雨方切。十部。王古文王。

閏

閏餘分之月。五歲再閏也。戴先生原象曰。日循黃道右旋。邪絡乎赤道而南北。凡三百六十五日。小餘不滿四分日之一。日發斂一終。月道邪交乎黃道。凡二十七日。小餘過日之半。月逡其道一終。日月之會。凡二十九日。小餘過日之半。以起朔。十二朔凡三百五十四日有奇分而近。歲終積其差數置閏月。然後時序之從乎日行發斂者以正。故堯典曰。朞三百有六旬有六日。以閏月正四時成歲。言六日者舉成數。玉裁按。五歲再閏而無餘日。告朔之禮。天子居宗廟。閏月居門中。从王在門中。周禮。閏月王居門中終月也。此說字形也。周禮大史。閏月詔王居門終月。注謂路寢門也。鄭司農云。月令十二月分在青陽明堂總章玄堂左右之位。惟閏月無所居。居於門。故於文王在門謂之閏。玉藻。天子玄端而朝日於東門之外。聽朔於南門之外。閏月則闔門左扉。立於其中。玉裁按。古路寢明堂大廟。異名而實一也。當云告朔之禮。天子居明堂。如順切。十三部。

皇

皇大也。見詩毛傳。从自王。依韵會補王字。自、始也。始王者、三皇。王各本譌皇。今正。先鄭注周禮云。四類三皇五帝九皇六十四民咸祀之。尚書大傳。燧人爲燧皇。伏羲爲羲皇。神農爲農皇。譙周說同。白虎通曰。三皇者何。伏羲神農燧人。則改燧人居第三。恐非舊也。鄭依春秋緯。伏羲女媧神農爲三皇。皇甫謐說同。大君也。始王天下。是大君也。故號之曰皇。因以爲凡大之稱。此說字形會意之恉。字

一篇上　七

一篇上　六

玉　璙　瓘　璥　琠　𤫊

義訓大之所由來也。皇本大君。因之凡大皆曰皇。假借之法準此矣。自讀若鼻。（自下曰鼻也。則自鼻二字爲轉注。此曰自讀若鼻。言皇字所从之自讀若鼻。其音同也。）今俗以作始生子爲鼻子是。（楊氏雄方言曰。鼻、始也。嘼之初生謂之鼻。人之初生謂之首。許謂始生子爲鼻子。字本作鼻。今俗乃以自字爲之。徑作自子。此可知自與鼻不但義同而且音同相假借也。今俗謂漢時也。鉉本無作字。誤。鍇本有。新刻刪之。胡光切。十部。）

文三　重一

玉　石之美有五德者。（者字新補。）潤澤以溫。仁之方也。䚡理自外。可以知中。義之方也。其聲舒揚。專以遠聞。（專、鍇作尃。音敷。布也。玉裁按。汲古閣毛氏刊鉉本。初作專。後改作尃。非也。管子曰。叩之其音清搏徹遠。純而不殺。搏古專壹字。今本作搏。葢非。此專謂專壹也。上云舒揚矣。則不必更云專。）智之方也。不撓而折。（謂雖折而不撓。管子、孫卿皆作折而不撓。）勇之方也。銳廉而不忮。（忮、很也。）絜之方也。（絜取圍轉之義。凡度直曰度。圍度曰絜。管子、孫卿皆作廉而不劌行也。已上禮記聘義、管子水地、孫卿法行辭皆不同。）象三玉之連。（謂三也。）丨其貫也。（貫謂如璧有紐、襍佩有組、聘圭有繫、瑑有五采絲繩、荀偃以朱絲係玉二瑴之類。）凡玉之屬皆从玉。（魚欲切。三部。）

玉　古文玉。

璙　玉也。（謂玉名也。如毛傳崑山也、繹山也之例。不言山名也。古傳注多不言名。）从王。尞聲。（洛蕭切。二部。）

瓘　玉也。（左氏傳、齊有陳瓘、字子玉。）从王。雚聲。（工玩切。十四部。）春秋傳曰。瓘斝。（左氏傳昭公十七年。裨竈曰。我用瓘斝玉瓚。鄭必不火。）

璥　玉也。从王。敬聲。（居領切。十一部。）

琠　玉也。从王。典聲。（多殄切。古音在十三部。玉篇曰。古文作瑌。）

𤫊　玉也。从王。夒聲。

一篇上　九

⿱毄玉　璠　瑾　瑜　玒　⿱來玉　瓊

讀若柔。（耳尤切。三部。）

⿱毄玉　玉也。从王。毄聲。讀若鬲。（郎擊切。十六部。）

璠　璠與、（逗。與各本作璵。鉉本有篆文璵字。云說文闕載。依注所有增爲十九文之一。鍇本則張次立補之。考左傳釋文曰。璵本又作與。音餘。此可證古本左傳、說文皆不从玉。後人輒加篆文之璵。可勿補也。又各本作璵璠。今依太平御覽所引作璠璵。法言亦作璠璵。）魯之寶玉。（左氏傳定公五年。季平子卒。陽虎將以與璠斂。今本左傳上與下璠。許君所據不同。）从王。番聲。（附袁切。十四部。）孔子曰。美哉璠與。遠而望之奐若也。（文采之皃。御覽作煥。）近而視之瑟若也。（瑟同璱。）一則理勝。（謂奐若。）二則孚勝。（謂瑟若。此葢出逸論語。御覽引正作逸論語。）

瑾　瑾瑜、（逗。）美玉也。（左氏傳曰。瑾瑜匿瑕。山海經。黃帝乃取密山之玉榮而投之鍾山之陽。瑾瑜之玉爲良。王逸注九章云。瑾瑜美玉也。）从王。堇聲。（居隱切。十三部。）

瑜　瑾瑜也。（凡合二字成文。如瑾瑜、玫瑰之類。其義既舉於上字。則下字例不復舉。俗本多亂之。此也字之上有美玉二字。是。）从王。俞聲。（羊朱切。古音在四部。）

玒　玉也。从王。工聲。（戶工切。九部。）

⿱來玉　⿱來玉瓄、（逗。）玉也。（廣雅玉類有⿱來玉瓄。按。說解有瓄而無篆文瓄者。葢古祇用賣。後人加偏旁。許君書或本說解內作賣。或說解內不妨從俗。而篆文則不錄也。）从王。來聲。（落哀切。一部。瓄、曹憲音瀆。）

瓊　亦玉也。（亦各本作赤。非。說文時有言亦者。如李賢所引診亦視也。鳥部鸞亦神靈之精也之類。此上下文皆云玉也。則瓊亦當爲玉名。倘是赤玉。當廁璊瑕二篆閒矣。離騷曰。折瓊枝以爲羞。廣雅玉類首瓊支。此瓊爲玉名之證也。唐人陸德明、張守節皆引作赤玉。則其誤已久。詩瓊琚、瓊瑤、瓊華、瓊瑩、瓊英、瓊瑰。毛傳云。瓊、玉之美者也。葢瓊支爲玉之最美者。故廣雅言玉首瓊支。因而引伸凡玉石之美皆謂之瓊。應劭曰。瓊、玉之華也。是其理也。）从王。夐聲。（渠營切。古音在十四部。招䰟與姦安軒山連寒湲蘭筵韻。）

璚　瓊或从矞。（矞聲也。矞爲夐之入聲。角部觼或作鐍。此十四部與十五部合音之理。）

一篇上　十

瓗 瓊或从巂。巂聲也。此十四部與十六部合音之理。虫部蠵亦作蝮。

珦 玉也。从王。向聲。許亮切。十部。

瓎 玉也。从王。剌聲。盧達切。十五部。

珣 醫無閭之珣玗璂。爾雅曰。東北之美者。有醫無閭之珣玗琪焉。璂琪同。醫無閭、山名。在今盛京錦州府廣寧縣西十里。屈原賦謂之於微閭。珣玗璂合三字爲玉名。玗璂二字又各有本義。故不連舉其篆也。蓋醫無閭珣玗璂皆東夷語。周書所謂夷玉也。夷玉、顧命文。鄭注云。東北之珣玗琪也。从王。旬聲。相倫切。十二部。一曰玉器。此字義別說也。周禮玉瑞玉器注曰。禮神曰器。爾雅。璧大六寸謂之宣。郊祀志有司奉瑄玉。詛楚文。殹用吉玉宣璧。皆即珣字。讀若宣。謂訓器則讀若宣也。音轉入十四部。如毛詩于嗟洵兮、韓詩洵作夐之比。

璐 玉也。九章。被明月兮佩寶璐。王逸注。寶璐、美玉也。从王。路聲。洛故切。五部。

瓚 三玉二石也。从王。贊聲。徂贊切。十四部。禮天子用全。純玉也。上公用駹。四玉一石。侯用瓚。伯用埒。玉石半相埒也。攷工記玉人曰。天子用全。上公用龍。侯用瓚。伯用將。注。鄭司農云。全、純色也。龍當爲尨。尨謂雜色。玄謂全、純玉也。瓚讀如饡餍之饡。龍、瓚、將皆雜名也。卑者下尊以輕重爲差。玉多則重。石多則輕。公侯四玉一石。伯子男三玉二石。按許君龍作駹。從先鄭易字也。埒、許鄭同。皆不作將。倘是將字。鄭不得釋爲雜。鄭已後傳寫失之。鄭云。公侯四玉一石。則記文不當公侯分別異名。許說爲長。戴先生曰。此蓋泛記用玉爲飾之等。玉裁謂此與祼圭之瓚異義。許不言祼圭之瓚者。葢其字古祇作贊。黃金爲勺、不用玉也。詩謂之玉贊。圭贊者、以贊助祼圭也。

瑛 玉光也。山海經言玉榮。離騷、孝經援神契、雒書皆言玉英。淮南鴻烈曰。龍淵有玉英。高注。英、精光也。从王。英聲。於京切。古音在十部。

璑 三采玉也。周禮故書。璑玉三采。注曰。璑、惡玉名。江沅曰。惡王者亞次之玉也。古惡亞字通。廣雅玉類有璑。玉裁按。天子純玉。公四玉一石。侯三玉二石。故書作璑。新書作珉。皆謂石之次玉者。諸公之冕、璑玉三采。謂以璑雜玉備三采。下於天子純玉備五采也。許云。三采玉謂之璑。誤矣。从王。無聲。武無切。徐堅引說文音舞。五部。

一篇上 圭

玊 杇玉也。从王有點。讀若畜牧之畜。各本篆文作珛。解云。从玉有聲。今訂正。史記公玉帶。索隱曰。三輔決錄注云。杜陵有玉氏。音肅。說文以爲从王。音畜牧之畜。此可證唐本但作玉、不作珛。廣韻一屋云。玉、音肅。杇玉。此說文本字。四十九宥云。珛、音齅。此從俗字。玉篇玉、欣救思六二切。此說文本字。珛、許救切。引說文杇玉也。此後人據俗本說文所增。佩觿曰。玉有欣救、魚錄、息足、相逐四翻。俗別爲王。郭云。別爲王者、謂玉石字點在三畫之側。欣救、息足、相逐三切。點在二畫之側也。葢後人以杇玉字爲王石字。以別於帝王字。復高其點爲杇玉、玉姓字。以別於玉石字。又或改說文从王加點爲从王有聲。作珛。亦以別於玉石字也。杇玉者、謂玉有瑕刮。故从玉加點以象形。淮南書云。夏后之璜、不能無考。考杇古音同。史記藺相如曰。璧有瑕、請指示王。从王加點。謂可指示也。畜牧字、依說文本作嘼。許救許六二切。玉音同之。杜陵玉姓音肅。雙聲也。三部。

璿 美玉也。山海經。西王母之山。有璿瑰瑤碧。郭傳。璿瑰、玉名。竹書穆天子傳。重䙐氏之所守曰枝斯璿瑰。郭注。璿瑰、玉名。引左傳贈我以璿瑰。按左傳成公十八年。今本作瓊瑰。僖公廿八年。璿弁。今本作瓊弁。張守節史記璿璣作瓊璣。璿與瓊、古書多相亂。璿瑰、郭音旋回。合二字爲美玉名。山海經單言璿者、亦美玉也。从王。睿聲。似沿切。十四部。春秋傳曰。璿弁玉纓。見上。張衡西京賦。璿弁玉纓。薛敬文解。弁、馬冠也。又髦以璿玉作之。纓、馬鞅也。以玉飾之。錯本弁作冠。諱李昪嫌名也。

琁 璿或从旋省。各本廁瓊璚瓗三字之下。解云。瓊或从旋省。考文選陶徵士誄。璿玉致美。李善注曰。山海經云。升山、黃酸之水出焉。其中多琁玉。說文云。琁亦璿字。李氏以琁注璿。引說文爲證。然則李所據說文云。不同今本。今據以訂正。楊倞注孫卿引說文。琁、赤玉。音瓊。則同今本矣。中山經、海內西經言琁者皆美玉也。郭云。琁、石次玉者也。又云。琁、玉類。又云。璿瑰亦玉名。是未知璿琁同字矣。

壡 籀文璿。奴部曰。叡、籀文叡。疑此籀當作壡。叡聲。小篆叡字省大篆爲之。

一篇上 圭

也。璿古文璿。疑當古文作璿、小篆作璿。球玉也。鋑本玉磬也、非。爾雅釋器曰：璆、美玉也。禹貢、禮器鄭注同。商頌小球大球傳曰：球、玉也。按磬以球爲之，故名球，非球之本訓爲玉磬。从王。求聲。巨鳩切。三部。璆球或从翏。求翏二聲同三部。琳美玉也。高注淮南、王注楚辭、李孫郭注爾雅皆曰：琳、美玉名。某氏注尚書曰：琳、玉名。从王。林聲。力尋切。七部。璧瑞玉圜也。瑞以玉爲信也。釋器：肉倍好謂之璧。邊大孔小也。鄭注周禮曰：璧圜象天。从王。辟聲。比激切。十六部。瑗大孔璧。釋器曰：好倍肉謂之瑗。孔大於邊也。人君上除陛以相引。未聞。瑗引雙聲。孫卿曰：聘人以珪，召人以瑗。爾雅曰：好倍肉謂之瑗，肉倍好謂之璧。釋器文。好謂孔，肉謂邊也。从王。爰聲。王眷切。十四部。環璧肉好若一謂之環。亦見釋器。古者還人以環，亦瑞玉也。鄭注經解曰：環取其無窮止。肉上舊衍也字。从王。睘聲。戶關切。十四部。環引伸爲圜繞無端之義。古祇用還。璜半璧也。鄭注周禮、高注淮南同。按大戴禮佩玉下有雙璜，皆半規，似璜而小。古者天子辟廱，築土雝水之外，圜如璧；諸侯泮宮，泮之言半也，蓋東西門以南通水，北無也。鄭箋詩云爾。然則辟廱似璧，泮宮似璜，此黌字之所由製歟。从王。黃聲。戶光切。十部。琮瑞玉。大八寸。似車釭。鄭注周禮曰：琮八方象地。玉人曰：大琮尺二寸，射四寸。注：射、其外鉏牙。疏云：大角各出二寸，兩相并四寸也。玉裁按：除去射四寸，則大琮八方之徑八寸。許云瑞玉大八寸者，謂大琮也。其他琮不言射，惟琢琮大八寸，如車釭者，蓋車轂空中不正圜，爲八觚形，琮似之。琮釭疊韻。从王。宗聲。藏宗切。九部。琥發兵瑞玉。周禮牙璋以起軍旅，以治兵守，不以琥也。漢與郡國守相爲銅虎符。銅虎符從第一至第五，國家當發兵，遣使者至郡國合符，符合乃聽受之，蓋以代牙璋也。許所云未聞。爲虎文。琢虎爲文也。鄭注周禮：琥猛象秋嚴。从王。虎聲。呼古切。五部。春秋傳曰：賜子家子雙琥。

是。昭公卅二年左傳文。瓏禱旱玉也。未聞。爲龍文。琢龍爲文也。左傳昭公使公衍獻龍輔於齊侯。正義引說文爲說。从王。龍聲。力鍾切。九部。琬圭有琬者。此當作圭首宛宛者。轉寫譌脫也。琬宛疊韻。先鄭云：琬圭無鋒芒，故以治德結好。後鄭云：琬猶圜也。王使之瑞節也。戴先生曰：凡圭剡上寸半，直剡之，倨句中矩。琬圭穹隆而起，宛然上見。玉裁謂圜剡之，故曰圭首宛宛者，與丠上有丠爲宛丠同義。爾雅又云：宛中宛丠。此與毛傳四方高中央下曰宛丠、釋名丠宛宛如偃器正同，謂宛其中宛宛然也。二義相反俱得。云宛，爾雅兼采異說。郭說宛中失之。从王。宛聲。於阮切。十四部。璋剡上爲圭。聘禮記曰：圭剡上寸半。雜記曰：剡上左右各半寸。半圭爲璋。見詩毛傳及公羊傳注、周禮注。从王。章聲。諸良切。十部。禮六幣：圭以馬，璋以皮，璧以帛，琮以錦，琥以繡，璜以黼。見周禮小行人注。六幣所以享也。享天子用璧，享后用琮，皆有庭實，以馬若皮。皮、虎豹皮也。用圭璋者，二王之後也。二王後尊，故享用圭璋而特之。其於諸侯亦用璧琮耳。子男於諸侯則享用琥璜，下其瑞也。按六玉皆見上文。圭見璋字下。故引禮總言其所用之幣。琰璧上起美色也。璧當爲圭。也當爲者。周禮注云：凡圭剡上寸半。琰圭剡半以上，又半爲瑑飾。許云起美色，蓋與鄭意同。或當作圭剡上起美飾者。若高注淮南、顏注司馬相如傳皆云：琬琰、美玉名。此當合二字爲一名，別是一物。尚書玉五重，琬琰亦是一物，非周禮之二圭也。从王。炎聲。以冄切。古音第八部。玠大圭也。攷工記：天子鎮圭，諸侯命圭。戴先生曰：二者皆謂之介圭。爾雅：圭大尺二寸爲玠。據鎮圭言也。詩：錫爾介圭，以作爾寶。據命圭言也。介者、大也。禮器：大圭不琢，以素爲貴。亦謂此也。从王。介聲。古拜切。十五部。周書曰：稱奉介圭。顧命曰：大保承介圭。又曰：賓稱奉圭兼幣。蓋許君偶誤合二爲一。如或簸或舀、竷竷舞我之類。韻會引介圭作玠玉。瑒圭尺二寸。有瓚。以祠宗廟者也。玉人曰：祼圭尺有二寸，有瓚，以祀廟。祼圭謂之瑒圭。瑒讀如暢。

瓛　珽　瑁　瑞　璬

魯語謂之鬯圭。用以灌鬯者也。祠玉篇作祀。从王。昜聲。丑亮切。十部。

瓛　桓圭。公所執。大宗伯曰。公執桓圭。注。公、二王之後及王之上公。雙植謂之桓。桓、宮室之象。所以安其上。桓圭蓋亦以桓爲瑑飾。玉裁按。鍇本作三公。韻會引亦無三。从王。獻聲。胡官切。十四部。

珽　大圭。長三尺。抒上。終葵首。見玉人。注曰。王所搢大圭也。或謂之珽。終葵、椎也。爲椎於其杼上。明無所屈也。杼、殺也。按玉藻謂之珽。注云。此亦笏也。珽之言挺然無所屈也。典瑞曰王晉大圭以朝日。魯語曰天子大采朝日。管子曰天子執玉笏以朝日。皆謂此。司馬相如賦有晁采。晁古朝字。朝采即朝日之大采也。長三尺。博三寸。葢自其中已上殺之。其殺六分而去一。至其首則仍博三寸而方之。鄭云。方如椎頭是也。珽王逸引相玉書作珵。抒今周禮作杼。玉藻注同。杼是也。从王。廷聲。他鼎切。十一部。

瑁　諸矦執圭朝天子。天子執玉以冒之。似犂冠。周禮曰。天子執瑁四寸。玉人曰。天子執冒四寸以朝諸矦。注。名玉曰冒者。言德能覆蓋天下也。四寸者方。以尊接卑。以小爲貴。尚書大傳曰。古者圭必有冒。不敢專達也。天子執冒以朝諸矦。見則覆之。故冒圭者。天子所與諸矦爲瑞也。諸矦執所受圭以朝於天子。瑞也者。屬也。犂冠、爾雅注作犂錧。謂耜也。周禮匠人。耜廣五寸。二耜之伐廣尺。耜刃方。瑁上下方似之。从王冒。冒亦聲。莫報切。古音在三部。考工記以冒爲瑁。

珇　古文从冃。各本篆作珇。云古文从目。惟玉篇不誤。此葢壁中顧命字。

瑞　以玉爲信也。典瑞。掌玉瑞玉器之藏。注云。人執以見曰瑞。禮神曰器。又云。瑞、節信也。說文卩下云。瑞信也。是瑞卩二字爲轉注。禮神之器亦瑞也。瑞爲圭璧璋琮之總偁。自璧至瑁十五字皆瑞也。故總言之。引伸爲祥瑞者。亦謂感召若符節也。从王。耑聲。耑聲在十四部。而瑞揣圖字音轉入十五部。唐韻是偽切。又入十六部。

璬　玉佩。璬珩玦三字、鉉本在玥下瑞上。鍇本則珩玦又綴於部末。皆非舊次。凡一書內舊次可考者訂正之。此自璬至璗九篆皆飾之類。古者雜佩謂之佩玉。見周禮玉府、大戴禮保傅篇、禮記玉藻。亦謂之玉佩。見詩秦風。璬之言皦也。玉石之白曰皦。从王。敫聲。古了切。二部。

珩　佩上玉也。詩毛傳曰。雜佩者、珩璜琚瑀衝牙之類。韓傳曰。佩玉上有蔥衡。下有雙璜、衝牙。蠙珠以納其閒。按衡卽珩字。晉語白玉之珩六雙。注。珩、佩上飾。楚語楚之白珩。注。珩佩上之橫者。玉藻曰。一命、再命幽衡。三命蔥衡。注。衡、佩上之衡也。其制珩上橫爲組三。繫於珩。繫於中組者曰衝牙。繫於左右組者曰璜。皆以玉。璜似半璧而小。亦謂之牙。繫於中者觸牙而成聲。故曰衝牙。蠙珠琚瑀貫於珩之下、璜衝牙之上。故毛、韓、大戴皆曰。以納其閒。云佩上玉者。謂此乃玉佩最上之玉也。統言曰佩玉。析言則珩居首。以玉爲之。依玉藻所言。則當天子白玉珩。公矦山玄玉珩。大夫水蒼玉珩。所謂三命蔥珩。士瓀玟。則以石。月令。春倉玉。夏赤玉。中央黃玉。秋白玉。冬玄玉。注。凡所服玉。謂冠飾及所佩之珩璜。則又隨時異色矣。从王行。所以節行止也。依韻會所引訂。从玉行者、會意。所以節行止也者、謂珩所以節行止。故字从玉行。發明會意之恉也。周語改玉改行。注。玉、佩玉。所以節行步也。此字行亦聲。戶庚切。古音在十部。

玦　玉佩也。九歌注曰。玦、玉佩也。先王所以命臣之瑞。故與環卽還。與玦卽去也。白虎通曰。君子能決斷則佩玦。韋昭曰。玦如環而缺。从王。夬聲。古穴切。古音在十五部。

珥　瑱也。戰國策。孟嘗君進五珥。以請立后。李斯上書曰。宛珠之簪。傅璣之珥。从王耳。耳亦聲。仍吏切。一部。

瑱　以玉充耳也。詩毛傳曰。瑱、塞耳也。又曰。充耳謂之瑱。天子玉瑱。諸矦以石。按瑱不皆以玉。許專云以玉者。爲其字之从玉也。凡字从某爲某之屬。許君必言其故。从王。眞聲。佗甸切。十二部。詩曰。玉之瑱兮。鄘君子偕老文。今詩兮作也。女部又引邦之媛兮。可知此篇也字古皆作兮。孫毓詩評亦引玉之瑱兮。

䏑　瑱或从耳。攷工記注引左傳。縛一如瑱。釋文曰。瑱本或作䏑。耳形眞聲。不入耳部者、爲其同字異處。且難定其正體或體。凡附見之例眡此。

琫　佩刀上飾也。小雅。鞞琫有珌。傳。鞞、容刀鞞也。琫、上飾。珌、下飾。大雅鞞琫容刀傳。下曰鞞。上曰琫。戴先生疑瞻彼洛矣之珌下飾、當爲鞞下飾。珌文飾皃。

玦　珥　瑱　琫

有珌。與首章有奭句法同。說文訓鞞爲刀室。誤也。玉裁按。鞞之言裨也。刀室所以裨護刀者。漢人曰削。俗作鞘。琫之言奉也。奉俗作捧。刀本曰環。人所捧握也。其飾曰琫。珌之言畢也。刀室之末。其飾曰珌。古文作蹕。傳云。鞞。容刀鞞也。謂刀削。其云琫上飾。珌下飾者。上下自全刀言之。琫在鞞上。鞞在琫下。珌在鞞末。公劉詩不言珌。故云下曰鞞。舉鞞以該珌。鞞琫有珌。言鞞琫而又加珌也。王莽傳。瑒琫瑒珌。孟康曰。佩刀之飾。上曰琫。下曰珌。若劉熙釋名曰。室口之飾曰琫。琫、捧也。捧束口也。下末之飾曰琕。琕、卑也。下末之言也。琕卽鞞之譌。劉意自一鞘言之。故雖襲毛上曰琫。下曰鞞之云。而大非毛意。至杜預本之注左傳云。鞞。佩刀削上飾。鞛下飾。又互譌上下字矣。凡訓詁必考其源流得失者。舉眡此。許云佩刀上飾。用毛說。謂一刀之上。非一削之上也。凡刀劍以手所執爲上。刀謂之穎。亦曰環。書刀謂之拊。劍謂之鐔。**天子以玉。諸侯以金。**毛傳曰。天子玉琫而珧珌。諸矦璗琫而璆珌。大夫鐐琫而鏐珌。士珕琫而珕珌。天子以玉。故其字从玉。**从王。奉聲。**邊孔切。九部。左傳作鞛。音奉合音。如棓字亦音

聲之比。

珌　佩刀下飾。天子以玉。毛傳云。天子以珧。說文珧字下亦云。天子珧珌。此當云。天子以珧。諸侯以玉。淺人妄竄改之。**从王。必聲。**卑吉切。十二部。**蹕　古文珌。**各本無。玉篇曰。珌古文作蹕。汗簡古文四聲韻皆曰。蹕見說文。今據補。必畢古通用。同在十二部。

璏　劍鼻玉也。各本篆文皆誤。今正。王莽傳。美玉可以滅瘢。欲獻其璏。服虔曰。璏音衞。蘇林曰。劍鼻玉也。俗本脫玉字。初學記、蓺文類聚引字林。劍鼻謂之璏。亦脫玉字。**从王。彘聲。**直例切。十五部。

瑵　車蓋玉瑵。司馬彪輿服志曰。乘輿金根安車、立車、羽蓋華蚤。劉昭注。徐廣云。翠羽蓋黃裏。所謂黃屋車也。金華施橑末有二十八枚。卽蓋弓也。又張衡東京賦。羽蓋威蕤。葩瑵曲莖。薛綜注曰。羽蓋以翠羽覆車蓋也。威蕤、羽貌。葩瑵、悉以金作華形。莖皆低曲。蔡邕獨斷云。凡乘輿車皆羽蓋金華爪。爪與瑵同。又王莽傳曰。造華蓋九重。高八丈一尺。金瑵。師古曰。瑵讀曰爪。玉裁按。瑵蚤爪三字一也。皆謂蓋橑末。說文指爪字作叉。當云車蓋玉叉也。瑵叉疊韻。他家云華瑵金瑵者。謂金華飾之。許云玉瑵者。謂玉飾之。故字从玉也。**从王。蚤聲。**側絞切。古音在三部。

瑑　圭璧上起兆瑑也。周禮先鄭注云。瑑、有圻鄂瑑起也。後鄭云。瑑文飾也。許云。起兆瑑。與先鄭說合。兆者、垗也。營域之象。先鄭所謂垠堮也。大圭不瑑者。以素爲貴也。**从王。彖聲。**彖聲、依韻會所引錯本。今錯本亦作篆省聲。又淺人改之也。直戀切。十四部。**周禮曰。瑑圭璧。**典瑞曰。瑑圭璋璧琮。疑此有脫誤。

珇　琮玉之瑑。玉人。駔琮五寸。宗后以爲權。駔琮七寸。天子以爲權。注。駔讀爲組。以組繫之。因名焉。許作珇。蓋杜子春讀故書之駔爲珇。鄭所不從。不載其說者也。記又云。瑑琮八寸。則駔琮非謂瑑明矣。似讀駔爲珇、訓琮玉之瑑、失之。方言曰。珇、好也。美也。許意謂兆瑑之美曰珇。**从王。且聲。**則古切。五部。

璂　弁飾也。往往冒玉也。上也字依詩音義補。弁師曰。王之皮弁會五采玉琪。鄭司農云。故書會作䯤。䯤讀如馬會之會。謂以五采束髮也。琪讀如綦車轂之綦。按許謂以玉飾弁曰琪。與司農說同。後鄭則易琪爲綦。綦、結也。皮弁之

縫中每貫結五采玉以爲飾。謂之綦。蓋後鄭謂經琪字乃玉名。故易爲綦字。曹風。其弁伊騏。箋亦云騏當作綦。自用其周禮說也。許同先鄭說。往往、歷歷也。鄭云皪皪而處是也。**从王。綦聲。**渠之切。一部。**[璂]　璂或从基。**

璪　玉飾。如水藻之文。謂彫飾玉之文。璪藻疊韻。**从王。喿聲。**子晧切。二部。**虞書曰。璪火粉米。**古文尚書咎繇謨文。按虞書璪字衣之文也。當从衣。而从玉者、假借也。衣文、玉文皆如水藻。聲義皆同。故相假借。非衣上爲玉文也。凡說文有引經言假借者例此。禮經文采之訓。古文多用繅字。今文多用璪、藻字。其實三字皆假借。

瑬　垂玉也。冕飾。弁師。掌王之五冕。五采繅十有二就。皆五采玉十有二。諸侯之繅斿九就。瑉玉三采。繅斿皆就。注。繅、雜文之名。合五采絲爲之繩。垂於延之前後。就、成也。繩之每一帀而貫五采玉。十二斿則十二玉也。繅不言皆。有不皆者。衮衣之冕十二斿。則用玉二百八十八。鷩衣之冕繅九斿。用玉二百一十六。毳衣之冕七斿。用玉百六十八。希衣之冕五斿。用玉百二十。玄衣之冕三斿。用玉

璹　瓃　玼　璱　瑮

七十二。矦當爲公。字之誤也。三采朱白蒼也。纓斿皆就皆三采也。每纓九成則九玉也。公之冕用玉百六十二。按弁師作斿。玉藻从俗字作旒。皆瑬之假借字。从王。流聲。力求切三部。

璹玉器也。徐鍇曰。爾雅。璋大八寸謂之琡。說文有璹無琡。宜同也。从王。𠷎聲。讀若淑。殊六切三部。

瓃玉器也。雋不疑傳帶櫑具劍。晉灼曰。古長劍首以玉作井鹿盧形。上刻木作山形。如蓮花初生未敷時。霍淸治書云。攷古圖有玉轆轤玉具劍。古樂府所云腰閒轆轤劍也。按古玉器爲鹿盧轉旋。蓋不獨劍具。先鄭注周禮云。駔外有捷盧也。捷盧亦謂鹿盧也。从王。畾聲。說文無畾字。而云畾聲者。畾卽靁之省也。靁字下曰。從雨畾象回轉形。木部櫑字下曰。刻木作雲靁象。施不窮。楊雄賦曰。轠轤不絕。凡從畾字。皆形聲兼會意。魯回切。十五部。

玼新玉色鮮也。各本無新。詩音義兩引皆作新色鮮也。今補。玼本新玉色。引伸爲凡新色。如詩玼兮玼兮。言衣之鮮盛。新臺有玼。言臺之鮮明。韻會引作玉色鮮絜也。从王。此聲。詩音義音此。又且禮反。十五部。古此聲之字多轉入十六部。十六部與十七部至近。是以劉昌宗云倉我反也。玼之或體作瑳。楚景瑳以爲名。詩君子偕老二章三章皆曰玼兮玼兮。是以二章毛、鄭有注。三章無注。或兩章皆作瑳。內司服注引瑳兮瑳兮。其之翟也。又引瑳兮瑳兮。其之展也。可證自淺人分別玼屬二章。瑳屬三章。畫爲二字二義。又於說文增瑳爲訓釋。今刪。詩曰。新臺有玼。詩邶風文。今本作泚。韓詩作漼。云鮮皃。卽今璀璨字也。

璱玉英華相帶如瑟弦也。左思吳都賦。符采彪炳。劉逵注曰。符采、玉之橫文也。郭璞引王子靈符應曰。赤如雞冠。黃如蒸栗。白如割肪。黑如純漆。玉之符采也。璱瑟疊韻。从王。瑟聲。所櫛切。十二部。詩曰。璱彼玉瓚。詩大雅作瑟。箋云。瑟、絜鮮皃。孔子曰。璠與近而視之瑟若也。韻會引作瑟。彼則引詩爲發明从瑟意。

瑮玉英華羅列秩秩。爾雅釋訓。秩秩、清也。毛傳。秩秩、有常也。瑮列雙聲。瑮秩疊韻。从王。㮚聲。力質切。十二部。聘義說玉云。縝密以栗。逸論語曰。玉粲之璱兮。其瑮猛也。藝文志曰。論語。漢興有齊魯之說。傳齊論者。惟王陽名家。傳魯論者。安昌矦張禹。最後而行於世。然則張禹魯論所無。則謂之逸論語。如十七篇之外爲逸禮。二十九篇之外爲逸尚書也。齊論多問王知道二篇。王伯厚云。問王疑當作問玉。按說文玉瑮瑩三字下所引。蓋卽問玉篇歟。

瑩　璊　瑕　琢　琱　理

瑩玉色也。謂玉光明之皃。引伸爲磨瑩。亦作鎣。从王。熒省聲。李善引說文烏明切。唐韻烏定切。十一部。一曰石之次玉者。此字義之別說也。齊風傳曰。瑩、石似玉也。衞風傳曰。瑩、美玉也。逸論語曰。如玉之瑩。此蓋引證玉色之義。

璊玉䞓色也。毛傳曰。璊、赬玉也。今本脫玉字。从王。㒼聲。莫奔切。古音在十四部。禾之赤苗謂之虋。各本从木作樠。今依毛詩釋文宋槧作虋。虋卽艸部虋字之或體。艸部不言或作樠。而此見之。亦可見或字不能悉載。言璊玉色如之。虋聲在十三部。與十四部璊聲最近。而又雙聲。此璊穈字皆於虋得義也。玧璊或从允。允聲在十三部。

瑕玉小赤也。子虛賦。赤瑕駁犖。張揖曰。赤瑕、赤玉也。揚雄蜀都賦。左思吳都賦皆云瑕英。劉逵曰。瑕、玉屬也。木華海賦。瑕石詭暉。廣雅玉屬有赤瑕。若聘義瑕不揜瑜注。瑕、玉之病也。高注淮南書曰。瑕猶釁也。此別一義。釁同璺。从王。叚聲。乎加切。古音在五部。

琢治玉也。釋器。玉謂之琢。石謂之摩。毛傳同。按琢琱字謂鐫鑿之事。理字謂分析之事。攷工記刮摩五工。玉人、記玉之用。楖人、雕人闕。楖人蓋理之。如楖之疏髮。雕人蓋琢之。如鳥之琢物。左思賦水鳥曰。彫琢蔓藻。是其意。从王。豖聲。竹角切。三部。

琱治玉也。釋器。玉謂之雕。按琱琢同部雙聲。相轉注。詩周禮之追、大雅之敦弓。皆與琱雙聲也。一曰石似玉。此字義之別說。从王。周聲。都僚切。古音在三部。經傳以雕彫爲琱。

理治玉也。戰國策。鄭人謂玉之未理者爲璞。是理爲剖析也。玉雖至堅。而治之得其䚡理以成器不難。謂之理。凡天下一事一物。必推其情至於無憾而後卽安。是之謂天理。是之謂善治。此引伸之義也。戴先生孟子字義疏證曰。理者、察之而幾微必區以別之名也。是故謂之分理。在

珍　玩　玲　瑲　玎

物之質曰肌理。曰腠理。曰文理。得其分則有條而不紊。謂之條理。鄭注樂記曰。理者、分也。許叔重曰。知分理之可相別異也。古人之言天理何謂也。曰理也者、情之不爽失也。未有情不得而理得者也。天理云者、言乎自然之分理也。自然之分理。以我之情絜人之情、而無不得其平是也。**从王。里聲。**良止切。一部。

珍　寶也。宀部曰。寶、珍也。是爲轉注。**从王。㐱聲。**陟鄰切。古音在十三部。

玩　弄也。廾部曰。弄、玩也。是爲轉注。周禮曰。玩好之用。**从王。元聲。**五換切。十四部。

貦　玩或从貝。

玲　玉聲也。甘泉賦。和氏瓏玲。大玄。亼彼瓏玲。皆謂玉聲。法言、廣雅作玲瓏。**从王。令聲。**郎丁切。古音在十二部。

瑲　玉聲也。小雅。有瑲蔥珩。毛傳。瑲、珩聲也。秦風佩玉將將。玉藻。然後玉鏘鳴。皆當作此字。**从王。倉聲。**七羊切。十部。**詩曰。攸革有瑲。**周頌載見文。攸各本作鞗。今正。說見鋚字下。有瑲今詩作有鶬。亦作鎗。按鸞鈴鑾飾之聲而字作瑲。玉聲而字作鏘。皆得謂之假借。

玎　玉聲也。以椓之丁丁、伐木丁丁例之、葢當疊字言玎玎。**从王。丁聲。**中莖當經二切。十二部。**齊大公子伋諡曰玎公。**齊世家。古今人表皆云。師尚父之子丁公。丁公之子乙公。乙公之子癸公。猶之魯禽父、晉燮父、衛康伯、宋微仲皆無諡。不聞諡玎也。此當云讀若齊大公子伋諡曰丁公。轉寫脫讀若字。因改丁爲玎。不直言讀若丁者。古音丁公之讀當與凡丁異也。丁乙癸皆非諡。明矣。而云諡丁公者。古者以字爲諡之義也。

琤　瑣　瑝　瑀

琤　玉聲也。从王。爭聲。楚耕切。十一部。按此字恐系瑲之俗。

瑣　玉聲。謂玉之小聲也。周易。旅瑣瑣。鄭君、陸績皆曰。瑣瑣、小也。**从王。𧴪聲。**蘇果切。十七部。

瑝　玉聲。謂玉之大聲也。**从王。皇聲。**廣韻云。說文音皇。十韻。

瑀　石之次玉者。次各本譌似。依詩音義正義引訂。鄭風傳曰。雜佩者、珩璜琚瑀衝牙之類。又曰。佩有琚瑀。所以納閒。納閒者、納於上珩下璜衝牙之中也。韓詩傳。蠙珠以納其閒。保傅篇曰。玭珠以納其閒。琚瑀以雜之。玭卽蠙。毛不言蠙珠。韓不言琚瑀。保傅篇兼言之。葢蠙珠居中。琚瑀皆美石。又貫於蠙珠之上下。故曰雜佩。雜、集也。集衆美也。盧辨曰。玭珠之赤者曰琚。白者曰瑀。誤矣。**从王。禹聲。**王矩切。五部。

玤　玪　𤩍　琚

玤　石之次玉者。目爲系璧。系璧、葢爲小璧系帶閒、縣左右佩物也。**从王。丰聲。讀若詩曰瓜瓞菶菶。**大雅生民文。此引經說字音也。補蠓切。九部。**一曰若盦蚌。**今音蚌在講韻。古音江講合於東董。

玪　玪𤩍、逗。**石之次玉者。**鄭本尚書。璆玪琅玕。鄭注。璆、美玉。玪、美石。子虛賦。玪玏玄厲。張揖曰。玪玏石之次玉者。中山經。葛山其下多玪石。郭傳。玪玏石似玉。廣雅。玪玏、石次玉也。按玪𤩍同字。𤩍玏同字。玪𤩍合二字爲石名。亦有單言玪者。如尚書、中山經及穆天子傳是。**从王。今聲。**古函切。古音在七部。廣韻玪音箴是。

𤩍　玪𤩍也。从王。勒聲。盧則切。一部。

琚　佩玉石也。各本作瓊琚也。今正。詩鄭風正義、釋文皆引說文。琚、佩玉名。衞風釋文又引琚、佩玉名。按雜佩謂之佩玉。見周禮、大戴禮、玉藻、詩鄭風秦風衞風、尚書大傳。贅以名字。語不可通。琚乃佩玉之一物。不得云佩玉名也。毛公、大戴皆云。琚瑀以納閒。許君以瑀字廁於石次玉之類。然則名字爲石之字。誤無疑。佩玉石者、謂佩玉納閒之石也。木瓜毛傳云。琚、佩玉石也。許君用之。今毛傳石譌爲名。莫能是正。瑀下不言佩玉石。琚下不言美石次玉。互見也。詩。佩玉瓊琚。謂佩玉之閒有美琚也。瓊瑰玉佩。謂美瑰在玉佩之閒也。**从王。居聲。**九魚切。五部。**詩曰。報之以瓊琚。**

琇　玖

琇　石之次玉者。衞風充耳琇瑩傳。琇瑩、美石也。按琇、瑩是二石名。故都人士傳曰。琇、美石也。著傳曰。瑩、石似玉也。**从王。莠聲。**陸德明引說文弋久反。唐韻息救切。三部。按說文从莠。隸从秀。猶从芺之多爲夭也。**詩曰。充耳琇瑩。**

玖　石之次玉黑色者。詩木瓜傳曰。玖、玉名。丘中有麻傳曰。玖、石次玉者。按不應同物異訓。葢木瓜傳本作玉石。漢書西域傳。于闐國多玉石。注曰。玉石、石之似玉者也。楊雄蜀都賦亦言玉石。轉寫石譌名耳。玖音近黝。故訓黑色。**从王。久聲。**陸德明引說文紀又反。唐韻舉友切。古音在一部。詩久字在一部。孔子易傳久在三部。**詩**

𤤾 珢 玴 璅 璡 瑨 璁 𤩭

曰:貽我佩玖。貽當作詒,王風文。讀若芑。此古音在一部之證。或曰若人句脊之句。此又一音也。上句音鉤,下句當作痀。疒部曰:痀,曲脊也。古讀如苟。句聲在四部,此一部三部四部合韻最近之理。𤤾 石之似玉者。似,玉篇作次。又引倉頡云五色石也。从王𦣞聲。讀若貽。與之切。一部。珢 石之似玉者。从王艮聲。語巾切。古音在十三部。玴 石之似玉者。从王曳聲。余制切。古音在十六部。曳从申,以象抴引之,丿為聲。按玉篇、廣韻皆兼有玴瑌字,訓釋同。瑌音臾,必有一誤。璅 石之似玉者。从王巢聲。子晧切。二部。璡 石之似玉者。从王進聲。讀若津。將鄰切。十二部。瑨 石之似玉者。从王晉聲。側岑切。七部。璁 石之似玉者。从王悤聲。讀若蔥。倉紅切。九部。𤩭 石之似玉者。从王號聲。讀若鎬。乎到切。二部。

𤩟 堅 瓕 玽 琂 璶 琟 瑦 瑂 璒 玜

𤩟 石之似玉者。从王𩏂聲。讀若曷。乎捌切。十五部。堅 石之似玉者。从王取聲。烏貫切。十四部。瓕 石之玉。鍇本如此。下有言次玉者四字,葢注釋語。自玴至玗十八字皆似玉者。鉉本作石之次玉者,與鍇本注皆非。玉篇、廣韻皆云瓕石似玉。从王䜌聲。穌叶切。七部。玽 石之似玉者。似,汲古原本作次,非。从王句聲。讀若苟。古厚切。四部。琂 石之似玉者。从王言聲。語軒切。十四部。璶 石之似玉者。从王盡聲。徐刃切。十二部。琟 石之似玉者。从王隹聲。讀若維。以追切。十五部。瑦 石之似玉者。从王烏聲。安古切。五部。瑂 石之似玉者。从王眉聲。讀若眉。武悲切。十五部。璒 石之似玉者。从王登聲。都騰切。六部。玜 石之似玉者。从王厶聲。讀與私同。凡言讀與某同者,亦即讀若某也。息夷切。十五部。

玗 琝 瑎 碧 琨

玗 石之似玉者。鍇釋以玽玗琪、非也。玽玗琪合三字為玉名。單言玽者、玉器也。單言璂者、弁飾也。單言玗者、美石也。齊風尚之以瓊華。傳曰:華、美石。華葢即玗。二字同于聲也。从王亏聲。羽俱切。五部。琝 玉屬也。玉篇引穆天子傳:采石之山有琝瑤。凡言某屬者,謂某之類。从王旻聲。讀若浸。莫悖切。十五部。瑎 黑石似玉者。从王皆聲。讀若諧。戶皆切。十五部。碧 石之青美者。西山經:高山其下多青碧。傳:碧亦玉類也。淮南書:崑崙有碧樹。注:碧,青石也。劉逵、常璩、郭樸皆曰:越巂會無縣東山出碧。从王石,白聲。从玉石者,似玉之石也。碧色青白。金尅木之色也。故从白。云白聲者,以形聲苞會意。兵彳切。古音在五部。琨 石之美者。王肅及某氏注禹貢皆曰:瑤琨皆美石。劉逵注吳都賦、顏師古注地理志皆曰:琨,美石。今本轉寫石多譌玉。穆天子傳:天子之珤玉昆。傳:石似美玉。今本昆譌果。招魂:昆蔽象棊。注:昆,玉也。當云昆同琨,石似玉。从王

珉 瑤 珠

昆聲。古渾切。十三部。夏書曰:夏各本譌虞。楊州貢瑤琨。瑻 琨或从貫。馬融尚書、漢地理志皆作瑻。貫聲在十四部,與十三部昆聲合韻最近,而又雙聲。如昆夷亦為串夷。韋昭瑻音貫。珉 石之美者。弁師:珉玉三采。从王民聲。武巾切。十二部。按凡民聲字在十二部,凡昏聲字在十三部。昏不以民為聲也。聘義注曰:碈或作玟。凡文聲昏聲同部。瑉碈字皆玟之或體,不與珉同字。其譌亂久矣。瑤 石之美者。各本石譌玉。今依詩音義正。衛風報之以瓊瑤。傳曰:瑤,美石。正義不誤。王肅、某氏注尚書,劉逵注吳都賦皆曰:瑤琨皆美石也。大雅曰:維玉及瑤。云及則瑤賤於玉。周禮享先王,大宰贊王玉爵,內宰贊后瑤爵。禮記:尸飲五,君洗玉爵獻卿;尸飲七,以瑤爵獻大夫。是玉與瑤等差明證。九歌注云:瑤,石之次玉者。凡謂瑤為玉者,非是。从王䍃聲。余招切。二部。詩曰:報之㠯瓊瑤。衛風木瓜。珠 蚌中陰精也。蚌、或蚌字。中各本作之。今依初學記。大戴禮曰:珠者、陰之陽也。故勝火。从王朱

玓　瓅　玭

聲。章俱切。古音在三部。春秋國語曰。珠足以御火災是也。足字依玉篇補。御各本作禦。今正。楚語。左史倚相曰。珠足以禦火災。則寶之。韋注。珠水精。故以禦火災。

玓　玓瓅、逗。明珠光也。光各本作色。今依李善所引史記司馬相如傳曰。明月珠子玓瓅江靡。應邵曰。靡、邊也。从王。勺聲。都歷切。古音在二部。

瓅　玓瓅也。从王。樂聲。郎擊切。古音在二部。二字疊韻。

玭　珠也。謂珠名也。从王。比聲。紕字下曰。讀若玭。韋昭薄迷反。十五部。宋宏曰。淮水中出玭珠。玭珠之有聲者。此宋宏說伏生尚書語也。宏字仲子。能薦桓譚。辟牟長者。伏生尚書。徐州之貢。淮夷玭珠臮魚。仲子謂淮水中出玭珠。與鄭古文尚書說合。玭珠之有聲者。七字當作玭蚌之有聲者。六字。玭本是蚌名。以爲珠名。韋昭曰。玭、蚌也。廣韻曰。蠙、珠母也。西山經。䱻魮之魚。其狀如覆銚。鳥首而翼。魚尾。音如磬之聲。是生珠玉。江賦所謂文魮磬鳴。郭傳云。蚌類。按玭蚌蓋類是。能鳴。故曰蚌之有聲者。

蠙　夏書玭从虫賓。謂古文夏書玭字如此作。从虫賓聲。古音在十二部。故唐韻步因切。其音變爲蒲邊扶堅二切。小篆从比。其雙聲也。玭字蓋亦古文。故伏生尚書作玭。夏本紀、地理志從之。非伏生依小篆。乃其壁藏本固爾也。

珕　珧

珕　蜃屬。謂蜃之類。其甲亦可飾物也。从王。劦聲。郎計切。十五部。禮記曰。記曰字依韻會所引補。土部禮記曰。天子赤墀。今本亦刪記曰字。藝文志曰。記百三十一篇。七十子後學者所記也。佩刀。士珕琫而珧珌。詩正義作珕琫而珕珌。

珧　蜃甲也。介物之殼。所以飾物也。釋器曰。以蜃者謂之珧。按爾雅。蜃小者珧。東山經。嶧皋之水多蜃珧。傳曰。蜃、蚌屬。珧、玉珧。亦蚌屬。然則蜃珧二物也。許云一物者、據爾雅言之。凡物統言不分。析言有別。蜃飾謂之珧。猶金飾謂之銑、玉飾謂之珧。金不必皆銑。玉不必皆珧也。从王。兆聲。余昭切。二部。禮記曰。二字補。佩刀、天子玉琫而珧珌。見毛傳。按天子玉琫珧珌。備物也。諸矦璗琫璆珌。讓於天子也。璆、美玉也。天子玉上諸矦玉下。故曰讓於天子也。大夫鐐琫鏐珌。銀上金下也。士珕琫珧珌。珧有玉珧之偁。貴於珕。自諸矦至士皆下美於上。惟天子上美於下。毛詩集注、定本、釋文皆作諸矦璆珌。惟正義作諸矦鏐珌。又集注、定本、釋文皆作大夫鏐珌。惟正義作大夫鐐珌。又說文作士珧珌。正義作士珕珌。與說文異。

玫　瑰

玫　玫瑰、逗。火齊珠。各本作火齊玫瑰也。今依韻會所引正。子虛賦晉灼注、呂靜韻集皆同。吳都賦注曰。火齊如雲母。重沓而可開。色黃赤似金。出日南。廣雅珠屬有玫瑰。一曰石之美者。謂石之美者名玫。此字義之別說也。釋玄應大唐衆經音義引石之美好曰玫。聘義。君子貴玉而賤碈。注。碈石似玉。或作玟。玉藻。士佩瓀玟。玟又作砇。按史記子虛賦。琳瑉琨珸。砇瑉瑉皆玫之或體。與珉各部。从王。文聲。二義古音皆讀如文。在十三部。今音則前義讀如枚。入十五部。後義讀如旻。入十二部。

瑰　玫瑰也。从王。鬼聲。公回切。十五部。玫瑰本雙聲。後人讀爲疊韻。一曰圜好。謂圜好曰瑰。此字義之別說也。衆經音義亦引圜好曰瑰。玉篇圜好上增珠字。誤。後義當音回。○按詩秦風傳曰。瑰石而次玉。疑許失載。

璣　琅　玕　珊

璣　珠不圜者。各本作也。今依尚書音義、後漢書注作者。凡經傳沂鄂謂之幾。門橜謂之機。故珠不圜之字从幾。从王。幾聲。居衣切。十五部。

琅　琅玕、逗。似珠者。尚書。璆琳琅玕。鄭注曰。琅玕、珠也。王充論衡曰。璆琳琅玕。土地所生眞玉珠也。魚蚌之珠、與禹貢琅玕皆眞珠也。本艸經。青琅玕。陶貞白謂即蜀都賦之青珠。而某氏注尚書、郭注爾雅山海經皆曰。琅玕、石似珠。玉裁按。出於蚌者爲珠。則出於地中者爲似珠。似珠亦非人爲之。故鄭王謂之眞珠也。从王。良聲。魯當切。十部。

玕　琅玕也。从王。干聲。古寒切。十四部。禹貢。雝州璆琳琅玕。

垾　古文玕。从王旱。蓋壁中尚書如此作。干聲旱聲一也。賈誼新書。上有蒠珩。下有雙璜。捍珠以納其間。琚瑀以雜之。捍必垾之誤。

珊　珊瑚、逗。色赤。生於海。廣韻引。生海中而色赤也。或生於山。廣雅。珊瑚爲珠類。故次於此。上林賦注曰。珊瑚生水底石邊。大者樹高三

瑚　琊　玪　𤪌　璗

尺餘。枝格交錯。無有葉。石部曰。上摘山巖空青珊瑚陊之。珊瑚有青色者。或云。赤爲珊瑚。青爲琅玕。**从王。删省聲。**穌干切。十四部。

瑚　珊瑚也。从王。胡聲。戶吳切。五部。

琊　石之有光者。璧琊也。者字依李善江賦注補。此當作璧琊石之有光者也。恐亦後人倒之。璧琊、卽璧流離也。地理志曰。入海市明珠、璧流離。西域傳曰。罽賓國出璧流離。璧流離三字爲名、胡語也。猶珣玗琪之爲夷語。漢武梁祠堂畫有璧流離曰。王者不隱過則至。吳國山碑紀符瑞亦有璧流離。梵書言吠瑠璃。吠與璧音相近。西域傳注。孟康曰。璧流離青色如玉。今本漢書注無璧字。讀者誤認正文璧與流離爲二物矣。今人省言之曰流離。改其字爲瑠璃。古人省言之曰璧琊。琊與流瑠音同。楊雄羽獵賦。椎夜光之流離。是古亦省作流離也。**出西胡中。**西胡、西域也。班固曰。西域三十六國皆在匈奴之西。故說文謂之西胡。凡三見。魏略云。大秦國出赤白黑黃青綠縹紺紅紫十種流離。師古曰。此蓋自然之物。采澤光潤。踰於衆玉。其色不恆。今俗所用。皆銷洽石汁。加以衆藥。灌而爲之。尤虛脃不貞實。**从王。丣聲。**廣韻引說文音畱。三部。玉裁按古音卯丣二聲同在三部爲疊韻。而畱琊茆聊騮駵劉等字皆與丣又疊韻中雙聲。昴貿茆等字與卯疊韻中雙聲。部分以疊韻爲重。字音以雙聲爲重。許君卯丣畫分。而从丣之字、俗多改爲从卯。自漢已然。卯金刀爲劉之說。緯書荒繆。正屈中、止句、馬頭人、人持十之類。許所不信也。凡俗字丣變卯者。今皆更定。學者勿持漢人繆字以疑之。

玪　送死口中玉也。典瑞曰。大喪共飯玉、含玉、贈玉。注。飯玉碎玉以雜米也。含玉柱左右顚及在口中者。雜記曰。含者執璧將命。則是璧形而小耳。穀梁傳曰。貝玉曰含。按玪士用貝。見士喪禮。諸侯用璧。見雜記。天子用玉。**从王含。含亦聲。**胡紺切。古音在七部。經傳多用含。或作唅。

𤪌　遺玉也。謂贈遺之玉也。蒙上送死言之。何休曰。知死者贈襚。襚猶遺也。大宰、典瑞皆言大喪贈玉。注云。蓋璧也。鍇說以山海經遺玉。儵是玉名。則當廁於璙已下十六字閒。**从王。歔聲。**以周切。三部。此字蓋在禮古經及記。

璗　金之美者。釋器。黃金謂之璗。其美者謂之鏐。許說小異。**與玉同色。从王。**謂光色如玉之符采。故其字从玉。**湯聲。**徒朗切。十部。**禮記曰。**二字依韻會補。**佩刀、諸侯璗琫而璆珌。**詩毛傳同。詩正義作璗琫而鏐珌也。王莽傳瑒琫瑒珌。瑒卽璗字。孟康云。玉名。非。

靈

靈　巫也。各本巫上有靈字。乃複舉篆文之未删者也。許君原書篆文之下以隸複寫其字。後人删之。時有未盡。此因巫下脫也字。以靈巫爲句。失之。今補也字。屈賦九歌。靈偃蹇兮姣服。又靈連蜷兮旣畱。又思靈保兮賢姱。王注皆云。靈、巫也。楚人名巫爲靈。許亦當云巫也。無疑矣。引伸之義如謚法曰極知鬼事曰靈。好祭鬼神曰靈。曾子曰。陽之精氣曰神。陰之精氣曰靈。毛公曰。神之精明者稱靈。皆是也。**以玉事神。**依韻會無也字。**从王。**巫能以玉事神。故其字从玉。**霝聲。**郎丁切。十一部。

靈　靈或从巫。

文百二十四依鍇本。

重十七鍇十六。今增瑆字。則十七。按自璙已下皆玉名也。瓚者、用玉之等級也。瑛、玉光也。璑已下五文記玉之惡與美也。璧至瑞皆言玉之成瑞器者也。璬珩玦珥至瑱皆以玉爲飾也。玼至瑕皆言玉色也。琢琱理三文言治玉也。珍玩二文言愛玉也。玲已下六文、玉聲也。瑀至玖、石之次玉者也。玊至瑎、石之似玉者也。琨珉瑤石之美者也。玓至琊皆珠類也。玪𤪌二文、送死玉也。璗異類而同玉色者。靈謂能用玉之巫也。通乎說文之條理次第。斯可以治小學。

玨　班

玨　二玉相合爲一玨。左傳正義曰。瑴、倉頡篇作玨。云雙玉爲玨。故字从雙玉。按淮南書曰。玄玉百工。注。二玉爲一工。工與玨雙聲。百工卽百玨也。不言从二玉者。義在於形。形見於義也。古岳切。三部。**凡玨之屬皆从玨。**因有班瑴字。故玨專列一部。不則綴於玉部末矣。凡說文通例如此。

瑴　玨或从㱿。㱿聲也。左傳納玉十瑴。魯語行玉廿瑴字皆如此作。韋昭杜預解同說文。

班　分瑞玉。堯典曰。班瑞于羣后。**从玨刀。**會意。刀所以分也。布還切。古音在十三部。讀如文質份份之份。周禮以頒爲班。

古頌班同部。

班　車笭閒皮匧也。也字依玉篇補。東京賦司馬彪輿服志皆曰。班弩。李善曰。班、車闌閒皮篋。置弩於班曰班弩。師古亦曰。班弩、皮篋盛弩也。今本輿服志班弩二字譌爲轓輣弩三字。古者使奉玉所以盛之。依玉篇補正。从車玨。謂此皮篋。漢時輕車以藏弩。輕車、古之戰車也。其制沿於古者人臣出使。奉圭璧璋琮諸玉。車笭閒皮篋所用盛之。此其字之所由从車玨會意也。聘禮。圭藏於櫝。然則櫝藏於皮篋。讀與服同。房六切。古音當在一部。以服古在一部也。

文三　重一

气　雲气也。气氣古今字。自以氣爲雲气字。乃又作餼爲廩氣字矣。气本雲气。引伸爲凡气之偁。象形。象雲起之皃。三之者、列多不過三之意也。是類乎從三者也。故其次在是。去既切。十五部。借爲气假於人之气。又省作乞。凡气之屬皆从气。

氛　祥气也。謂吉凶先見之氣。左傳曰。非祭祥也。喪氛也。杜注。氛、惡氣也。晉語曰。見翟柤之氛。注。氛、祲氣。凶象也。凶曰氛。吉曰祥。玉裁按。統言則祥氛二字皆兼吉凶。析言則祥吉氛凶耳。許意是統言。左傳又曰。楚氛甚惡。杜注。氛、氣也。可見不容分別。从气分聲。符分切。十三部。

雰　氛或从雨。按此爲小雅雨雪雰雰之字。月令。雰霧冥冥。釋名。氛、粉也。潤氣著艸木。因凍則凝。色白若粉也。皆當作此雰。與祥氣之氛各物。似不當混而一之。

文二　重一

士　事也。豳風、周頌傳凡三見。大雅武王豈不仕傳亦云。仕、事也。鄭注表記申之曰。仕之言事也。士事疊韻。引伸之、凡能事其事者偁士。白虎通曰。士者、事也。任事之稱也。故傳曰。通古今、辯然不、謂之士。數始於一。終於十。从一十。三字依廣韻。此說會意也。孔子曰。推十合一爲士。韻會、玉篇皆作推一合十。鉉本及廣韻皆作推十合一。似鉉本爲長。數始一終十。學者由博返約。故云推十合一。博學、審問、愼思、明辨、篤行、惟以求其至是也。若一以貫之。則聖人之極致矣。鉏里切。一部。凡士之屬皆从士。

壻　夫也。夫者、丈夫也。然則壻爲男子之美稱。因以爲女夫之稱。釋親曰。女子子之夫爲壻。从士胥。鉉本有聲字、誤。周禮注、詩箋皆曰。胥、有才知之稱。又曰。胥讀如諝。謂其有才知爲什長。說文言部曰。諝、知也。然則从胥者、从諝之省。詩曰。女也不爽。士貳其行。士者、夫也。此引衞風而釋之。明从士之意。讀與細同。穌計切。古音當在十六部。

壻或从女。以女配有才知者、爲會意。

壯　大也。方言曰。凡人之大謂之奘。或謂之壯。尋說文之例。當云大士也。故下云从士。此葢淺人刪士字。从士爿聲。側亮切。十部。

墫　士舞也。各本無士。依詩、爾雅音義補。周禮。大胥以學士合舞。小胥、巡學士舞列。故其字从士也。當爲皃。毛傳。墫墫、舞皃。古書也皃二字多互譌。从士尊聲。慈損切。十三部。詩曰。墫墫舞我。詩小雅文。爾雅。坎坎、墫墫、喜也。今詩作蹲。

文四　重一

丨　下上通也。依玉篇。引而上行讀若囟。囟之言進也。引而下行讀若退。可上可下。故曰下上通。竹部曰。篆、引書也。凡字之直。有引而上。引而下之不同。若至字當引而下、不字當引而上。又若才中木生字皆當引而上之類是也。分用之則音讀各異。讀若囟在十三部。讀若退在十五部。今音思二切。囟之雙聲也。又音古本切。凡丨之屬皆从丨。

中　內也。俗本和也。非是。當作內也。宋麻沙本作肉也。一本作而也。正皆內之譌。入部曰。內者、入也。入者、內也。然則中者、別於外之辭也。別於偏之辭也。亦合宜之辭也。作內則此字平聲去聲之義無不晐矣。許以和爲唱和字。龢爲諧龢字。龢和皆非中之訓也。周禮中失即得失。从口丨。下上通也。按中字會意之恉、必當从口。音圍。衞宏說。用字从卜中。則中之不从口明矣。俗皆从口。失之。云下上通者。謂中直或引而上。或引而下。皆入其內也。陟弓切。九部。

古

於文中。此字可疑。豈淺人誤以屈中之屮入此歟。㫃丨旌旗杠皃。釋天曰。素錦韜杠。杠謂旗之竿也。詩謂之干。从丨㫃。以丨象杠形。加㫃爲偏旁。會意。㫃亦聲。丑善切。十四部。

文三　重一　依鍇本。張次立依鉉本增𠁧字。云籀文中。

說文解字第一篇上

受業祁門胡文水校字

說文解字第一篇下

金壇段玉裁注

屮 屮 艸木初生也。象丨出形有枝莖也。丨讀若囟。引而上行也。枝謂兩旁莖枝。柱謂丨也。過乎屮則爲㞢。下垂根則爲𣎳。古文或㠯爲艸字。或之言有也。不盡爾也。凡云古文以爲某字者。此明六書之叚借。以用也。本非某字。古文用之爲某字也。如古文以洒爲灑埽字。以疋爲詩大雅字。以丂爲巧字。以臤爲賢字。以𠅹爲魯衞之魯。以哥爲歌字。以詖爲頗字。以㽕爲靦字。籀文以𠬝爲車轅字。皆因古時字少。依聲託事。至於古文以屮爲艸字。以疋爲足字。以丂爲亏字。以俟爲訓字。以臭爲澤字。此則非屬依聲。或因形近相借。上言以爲。且言或。則本非無容後人效尤者也。讀若徹。屮字當何讀也。讀若徹。徹通也。義存乎音。此尹形說。尹形見漢人艸木字多用此俗誤謂此卽艸字。故正之。言叚借必依聲託事。屮艸音類遠隔。古文叚借尚屬偶爾。今則更不當爾也。丑列切。十五部。凡屮之屬皆从屮。尹形說。三字當在凡屮上。轉寫者倒之。凡言某說者。所謂博采通人也。有說其義者。有說其形者。有說其音者。

屯 𡳾 難也。屯。會韵。有。象艸木之初生。屯然而難。从屮貫一。屈曲之也。一、地也。此依九經字樣衆經音義所引說文多說一爲地。或說爲天。象形也。屮貫一者。木剋土也。屈曲之者。未能申也。乙部曰。春艸木冤曲而出。陰气尚彊。其出乙乙。屯字从屮而象其形也。陟倫切。十三部。易曰。屯剛柔始交而難生。周易彖傳文。左傳曰。屯固比入。序卦傳曰。屯者盈也。不堅固。不盈滿。則不能出。

每 𣫭 艸盛上出也。左傳。輿人誦曰。原田每每。杜注。晉君美盛。若原田之艸每每然。魏都賦。蘭渚每每。是艸盛。引伸爲凡盛。如品庶每生。每用此。俗改爲莓。按每是艸盛。引伸爲凡盛。如品庶每生。貪也。每懷。懷私也。皆盛意。毛公曰。每。雖也。凡言雖者皆充類之辭。今俗語言每每。皆盛也。从屮。母聲。武罪切。古音在一部。梅對二反。左傳音義凶回反。者不一端之辭。

李善莫來反。厚也。毒厚疊韵。三部四部同入也。毒兼善惡之辭。猶祥兼吉凶。臭兼香臭也。易曰。聖人以此毒天下而民從之。列子書曰。亭之毒之。皆謂厚民也。毒與竺篤同音通用。微子篇。天毒降災。史記作天篤。害人之艸。往往而生。从屮。字義訓厚矣。字形何以从屮。蓋製字本意。因害人之艸往往而生。往往猶歷歷也。其生蕃多。則其害尤厚。故字从屮。引伸爲凡厚之義。毐聲。毐在一部。毒在三部。合韵至近。也。徒沃切。古文毒。从刀䈞。从刀者。刀所以害人也。从䈞爲聲。䈞、厚也。讀若篤。䈞字錯本及汗簡、古文四聲韵。上从竹不誤。而下譌从副。从副。鉉本則竹又誤爲艸矣。古文篆作䈞。亦䈞聲。艸初生其香分布也。衆經音義兩引說文。芬、芳也。其所據本不同。按艸部。芳、艸香也。詩說馨香多言苾芬。大雅毛傳曰。芬芬、香也。然則玄應所據正是古本。从屮。分聲。撫文切。十三部。芬或从艸。菌𡴀、逗地蕈。釋艸曰。中馗、菌。注。地蕈也。似蓋。今江東名爲土菌。亦曰馗廚。又出隧蘧蔬。注。蘧蔬似土菌。生菰草中。按馗廚、蘧蔬、菌𡴀三者。一音之轉語。菌𡴀玉篇作圂𡴀。叢生田中。陳藏器曰。地生者爲菌。木生者爲檽。按檽同䓴。許云。蕈、桑䓴也。故謂地生者爲地蕈。从屮。六聲。力竹切。三部。籀文𡴀从三𡴀。象叢生之狀也。籀文陸字从此。火煙上出也。豳風曰。穹窒熏鼠。从屮。象煙上出。此於六書爲叚借。从黑。屮黑熏象。此恐學者不達會意。故發明之曰。屮而繼之以黑。此煙上出而煙所到處成黑色之象也。合二體爲會意。單言上體則爲叚借。與遷本金而从玉同意。故居部末。許云切。十三部。

文七　重三

百芔也。芔下曰。艸之總名也。是謂轉注。二屮三屮一也。引伸爲艸稿。艸具之艸。从二屮。倉老切。古音在三部。俗以草爲艸。乃別以皁爲草。凡艸之屬皆从艸。上諱。見示

部。其說解當曰艸大也。从艸。壯聲。其次當在䓞薪二字之閒。此形聲兼會意字。壯訓大。故莊訓艸大。古書莊壯多通用。引伸爲凡壯盛精嚴之義。論語。臨之以莊。苞咸曰。莊、嚴也。是也。側羊切。十部。古文莊。莊字篆文本不書。今書之者。後人補也。然則錄古文注之曰古文莊。亦恐後人所加。且其形本非莊字。當是奘字之譌。古文士或作夫。譌爲卢也。凡古文經後人轉寫范昧難知者。舉以箭奘二字爲例求之。在木曰果。在艸曰蓏。各本作在地曰蓏。今正。考齊民要術引說文。在木曰果。在艸曰蓏。以別於許慎注淮南云。在樹曰果。在地曰蓏。然則賈氏所據未誤。後人用許淮南注臣瓚漢書注改之。惟在艸曰蓏。故蓏字从艸。凡爲傳注者主說大義。造字書者主說字形。此所以注淮南作說文出一手而互異也。應劭、宋衷云。木實曰果。艸實曰蓏。與說文合。若張晏云。有核曰果。無核曰蓏。臣瓚云。木上曰果。地上曰蓏。馬融、鄭康成云。果、桃李屬。蓏、瓜瓠屬。高注呂氏春秋云。有實曰果。無實曰蓏。沈約注春秋元命苞云。木實曰果。蓏、瓜瓠之屬。韓康伯注易傳云。果蓏者物之實。說各不同。皆無不合。高云有實無實。郎有核無核也。从艸㼌。此合二體會意。㼌者、本不勝末。微弱也。謂凡艸結實如瓜瓞下垂者、統謂之蓏。郎果切。十七部。鍇本作㼌聲。誤。㼌、窳聲。蓋在五部。此會意形聲之必當辨者也。神芝也。釋艸曰。茵芝。論衡曰。土氣和。故芝艸生。从艸。之聲。止而切。一部。萐莆、逗瑞艸也。堯時生於庖廚。扇暑而涼。白虎通曰。孝道至則萐莆生庖廚。萐莆者、樹名也。其葉大於門扇。不搖自扇。於飲食清涼助供養也。論衡作箑脯。言廚中自生肉脯。薄如箑。搖鼓生風。寒涼食物。从艸。疌聲。山洽切。八部。萐莆也。从艸。甫聲。方矩切。五部。鍇本苗莆二字在茀下荼上。赤苗。句嘉穀也。大雅曰。誕降嘉穀。維虋維芑。爾雅、毛傳皆曰。虋、赤苗。芑、白苗。按倉頡篇曰。苗者、禾之未秀者也。禾者今之小米。赤苗白苗謂禾莖有赤白之分。非謂粟。云嘉穀者、據生民詩言之。今詩作嘉種。許君引誕降嘉穀。維秬維秠。虋芑下皆曰嘉穀。从艸。虋聲。莫奔切。十三部。今詩作穈非。

小尗也。禮注有麻荅。廣雅云。小豆荅也。叚借爲酬荅。从艸。合聲。都合切。七部。萁豆莖也。當云尗而曰豆。從漢時語也。或後人改之。楊惲傳。種一頃豆。落而爲其。孫子兵法曰。惹秆一石。當吾二十石。曹操注。惹音忌。豆稭也。按惹卽其字。潘岳馬汧督誄曰。萁秆空虛。用惹秆字。从艸。其聲。渠之切。一部。藿尗之少也。少讀養幼少之少。毛詩傳曰。藿猶苗也。是也。李善引說文作豆之葉也。與士喪禮注合。从艸。靃聲。虛郭切。五部。莥鹿藿之實名也。見釋艸。从艸。狃聲。敕久切。三部。蓈禾粟之莠生而不成者謂之蕫蓈。莠各本作采。錯音穗。童各本作董。今依詩、爾雅音義。生而不成、謂不成莠也。不成謂之蕫蓈。已成謂之莠。此蓈莠二字連屬之義。云禾粟之莠者。惡其類禾而別之也。小雅曰。不稂不莠。爾雅、毛傳皆曰。稂、童粱也。童粱卽童蓈。陸璣疏云。禾莠爲穗而不成崱嶷然。謂之童粱。今本莠作秀。誤。从艸。郎聲。魯當切。十部。稂蓈或从禾。今詩爾雅皆作此字。非禾而從禾。非孔子惡莠意。

莠禾粟下揚生莠也。禾粟下猶言禾粟閒也。禾粟者今之小米。莠今之狗尾艸。莖葉采皆似禾。故曰惡莠恐其亂苗。苗者禾也。凡禾采下垂。故淮南書謂之向根。張衡賦美其顧本。莠則采同而揚起不下垂。故詩刺其驕驕桀桀。此君子小人之別也。七月傳曰。揚條揚也。从艸。秀聲。讀若酉。與久切。三部。古書多借爲秀字。萉枲實也。枲、麻也。枲實、麻子也。釋艸作黂。周禮籩人、艸人作蕡。喪服傳云。苴絰。苴麻之有蕡者也。按麻實名萉。因之麻亦名萉。艸人用蕡。說文枲下云。萉之總名。皆是。从艸。肥聲。房未切。十五部。黂萉或从麻賁。按賁聲本在十五部。音轉入十三部。故黂亦符刃、符分切。芓麻母也。見釋艸。今爾雅作荸。按釋艸云。黂、枲實。枲實猶言麻實耳。儀禮傳云。牡麻者、枲麻也。然則枲無實。芓乃有實。統言則皆偁枲。析言則有實者偁芓、無實者偁枲。麻母言麻子之母。喪服所謂苴。斬衰皃若苴。齊衰皃若枲。苴麤於枲矣。詩九月叔苴。則又謂麻子爲苴。从艸。子聲。疾吏切。一

部。一曰芓卽枲也。此字義之別說也。芓枲不分。故云枲實。⿱艹異芓也。从艸。異聲。羊吏切。一部。蘇桂荏也。桂上鍇本有蘇字。此複寫隸字刪之未盡者。蘇、桂荏。釋艸文。內則注曰。蘇、荏之屬也。方言曰。蘇亦荏也。關之東西或謂之蘇。或謂之荏。郭樸曰。蘇、荏類。是則析言之則蘇荏二物。統言則不別也。桂荏今之紫蘇。蘇之叚借爲樵蘇。从艸。穌聲。素孤切。五部。荏桂荏、逗蘇也。是之謂轉注。凡轉注有各部互見者。有同部類見者。荏之別義爲荏染。从艸。任聲。如甚切。七部。⿱艹矢菜也。从艸。矢聲。失匕切。十五部。⿱艹豈菜之美者。雲夢之⿱艹豈。呂氏春秋、伊尹對湯曰。菜之美者。雲夢之芹。高注。雲夢、楚澤。芹生水涯。許作⿱艹豈。⿱艹豈殷微二韵轉移取近。許君采自伊尹書。與呂覽字異、音義則同。廣韵曰。⿱艹豈菜似蕨。生水中。說者謂豐水有芑卽此。从艸。豈聲。廣韵祛豨切。是唐韵作驅喜。蓋謂⿱艹豈卽芑字也。十五部。葵菜也。崔寔曰。六月六日可種葵。中伏後可種冬葵。九月可作葵

葅。乾葵。齊民要術有種葵法、種冬葵法。从艸。癸聲。彊惟切。十五部。今作葵。薑御溼之菜也。御、鉉作禦。神農本艸經曰。乾薑主逐風溼痹、腸澼、匹闢切。下痢。生者尤良。久服去臭氣。通神明。按生者尤良、謂乾薑中之不孰而生者耳。今人謂不乾者爲生薑。失之矣。从艸。彊聲。居良切。十部。蓼辛菜。句。薔虞也。蓼爲辛菜。故內則用以和、用其莖葉。非用實也。薔虞見下文薔字下。此云蓼、薔虞也。下文云薔、虞蓼也。是爲轉注。正與蘇、桂荏也。桂荏、蘇也同。特以篆籀異其處耳。顏注急就篇乃云虞蓼一名薔叔、重云蓼一名薔虞。非也。夫釋艸一篇許君偁用異其讀者往往而是。其萌蘿蕍爲蘿灌渝也。鎬侯莎爲莎鎬侯也。蔡月爾爲蔡土夫也。蕦封蓯爲封須從也。何所疑於蓼謂薔虞哉。某氏孫炎郭樸皆薔爲句。虞蓼爲句。蓼借爲蓼蕭之蓼。長大皃。从艸。翏聲。盧鳥切。古音在三部。菹菜也。廣雅。菹、蕺也。崔豹古今注曰。荊楊人謂菹爲蕺。蜀都賦劉注曰。菹亦名土茄。葉覆地生。根可食。人饑則以繼糧。風土記曰。蘵香菜。根似茅根。蜀人所謂菹香。段

公路北戶錄曰。蕺、秦人謂之葅子。按蕺與蕺同。側立切。作蕺者誤。蒩作蒩葅皆誤。說文無蕺字。卽今魚腥艸也。凶年人掘食之。从艸。祖聲。則古切。五部。

⿱艹豦菜也。佀蘇者。此齊民要術蘘荷芹⿱艹豦之⿱艹豦。本艸新補之苦苣也。野生者名褊苣。人家常食爲白苣。江外嶺南吳人無白苣。嘗植野苣以供廚饌。字或作藘。俗譌作苣。廣雅云。蕒、藘也。曹憲云。白藘與苦蕒大異。恐非。廣韵曰。苦藘。江東呼爲苦蕒。賈思勰引詩義疏云。藘、苦蕒也。青州謂之苣。从艸。豦聲。其呂切。又彊魚切。五部。

薇菜也。見毛傳。佀藿。謂佀豆葉也。陸璣詩疏曰。薇、山菜也。莖葉皆似小豆。蔓生。其味亦如小豆。藿可作羹。亦可生食。今官園種之。以供宗廟祭祀。項安世曰。薇、今之野豌豆也。蜀人謂之大巢菜。按今四川人掐豌豆𡡉梢食之。謂之豌豆顛顛。古之采於山者。野生者也。釋艸云。垂水。薇之俗名耳。不當以生於水邊釋之。从艸。微聲。無非切。十五部。𦳸籒文薇省。

蓶菜也。齊民要術曰。蓶菜音唯。似烏韭而黃。从艸。唯聲。以水切。十五部。

⿱艹近菜類蒿。詩禮皆作芹。小雅箋曰。芹、菜也。可以爲菹。魯頌箋曰。芹、水菜也。釋艸及周禮注曰。芹、楚葵也。按卽今人所食芹菜。今說文各本於艾蕫二字之下又出芹字。訓楚葵也。从艸斤聲。此恐不知⿱艹近卽芹者妄用爾雅增之。攷周禮音義曰。芹、說文作⿱艹近。則說文之有⿱艹近無芹明矣。且詩箋引周禮芹菹。說文引周禮⿱艹近菹。豈得云二物也。从艸。近聲。周禮音義引說文音謹。唐韵巨巾切。古在十三部。本艸作靳。周禮有⿱艹近菹。見醢人。⿱艹近盖周禮故書字。

蘸菜也。方言曰。蘇、沅湘之南或謂之薔。音車轄。其小者謂之蘸菜。許所說未必此也。齊民要術以爲藏菹之蘸。人丈切。內則注菜蘸。不从艸。从艸。釀聲。玉篇引說文而丈切。唐韵女亮切。十部。

莧莧菜也。菜上莧字乃複寫隸字刪之僅存者也。尋說文之例。云芺菜、葵菜、蒩菜、⿱艹豦菜、薇菜、蓶菜、⿱艹近菜、蘸菜、莧菜以釋篆文。葵者字形。葵菜也者字義。如水部河者字形。河水也者字義。若云此篆文是葵菜也。此篆文是河水也。槩以爲複字而刪之。此不學之過。周易音義引宋衷云。莧莧菜也。此可以證矣。爾雅蕢、赤莧。郭注。今人莧赤莖者。按人莧名。从艸。見聲。侯澗切。十四部。

芋大葉實根駭人。故謂之芋也。口部曰。吁、驚也。毛傳曰。訏、大也。凡于聲字多訓大。芋之爲物。葉大根實。二者皆堪駭人。故謂之芋。其字从艸于聲也。小雅。君子攸芋。毛傳。芋、大也。謂居中以自光大。箋云。芋當作幠。从艸。亏聲。王遇切。五部。

莒齊謂芋爲莒。所謂別國方言也。借爲國名。从艸。呂聲。居許切。五部。顏氏家訓云。北人之音多以舉莒爲矩。唯李季節云。齊桓公與管仲於臺上謀伐莒。東郭牙望桓公口開而不閉。故知所言者莒也。然則莒矩必不同呼。此爲知音矣。按廣韵莒矩雖分語麌。然雙聲同呼。顏氏云。北人讀舉莒同矩者。唐韵矩其呂切。北人讀舉莒同之也。李季節音譜讀舉莒居許切。則與矩之其呂不同呼。合於管子所云口開而不閉。廣韵矩俱雨切。非唐韵之舊矣。又按孟子以遏徂莒。毛詩作徂旅。知莒从呂聲本讀如呂。是所以口開不閉。不第如李季節所云也。

蘧蘧麥也。三字一句。釋艸曰。大菊、蘧麥。本艸謂之瞿麥。一名巨句麥。廣雅謂之茈萋。一名麥句薑。俗謂之洛陽花。一名石竹。从艸。遽聲。彊魚切。五部。

菊大菊、逗。蘧麥。从艸。匊聲。居六切。三部。

葷臭菜也。謂有气之菜也。士相見禮。夜侍坐。問夜膳葷。請退可也。注。葷、辛物。葱薤之屬。食之以止臥。古文葷作薰。玉藻。膳於君有葷桃茢。注。葷、薑及辛菜也。葷或作焄。按儀禮注謂葱薤之屬爲辛物。卽禮記注所謂辛菜也。禮記注先以薑者。薑辛而不葷。金辛之臭腥。葱薤之屬皆辛而葷。實與薑同類也。葷古作薰。或作焄者。殠得名薰。猶治曰亂。祭義注。君謂香臭也。从艸。軍聲。許云切。十三部。

蘘蘘荷也。三字句。蘘荷見上林賦。劉向九歎。張衡南都賦。潘岳閒居賦。一名葍蒩。史記子虛賦作猼且。漢書作巴且。王逸作蓴菹。顏師古作蓴苴。名醫別錄作覆菹。皆字異音近。景瑳大招則倒之曰苴蓴。崔豹古今注曰。似薑。宜陰翳地。師古曰。根旁生笋。可以爲菹。又治蠱毒。宗懍荊楚歲時記云。仲冬以鹽藏蘘荷。以備冬儲。急就篇所云老菁蘘荷冬日藏也。从艸。襄聲。汝羊切。十部。

菁韭華也。周禮菁菹。先鄭曰。菁菹。韭華菹也。今各本脫華字。則何以別於上文之韭菹乎。廣雅曰。韭其華謂之菁。若南都賦曰秋韭冬菁。則是二物。史游所云老菁冬日藏也。从艸。青聲。子盈切。十一部。

蘆 蘆菔也。一曰薺根。此字義別說。謂薺根謂之蘆也。从艸。盧聲。落乎切。五部。

菔 蘆菔。佀蕪菁。實如小尗者。今之蘿蔔也。釋艸。葖蘆萉。郭云。萉當爲菔。蘆菔蕪菁屬。紫花大根。一名葖。俗呼雹葖。按實根駭人。故呼突。或加艸耳。蕪菁卽蔓菁。从艸。服聲。蒲北切。一部。

苹 蓱也。無根浮水而生者。小雅。呦呦鹿鳴。食野之苹。傳曰。苹、蓱也。釋草苹字兩出。一曰蓱。一曰藾蕭。鄭箋以水中之艸非鹿所食。易之曰苹、藾蕭也。於月令曰蓱、萍也。於周禮萍氏引爾雅萍蓱。似分別萍爲水艸。苹爲藾蕭。鄭所據爾雅自作萍蓱。而毛詩夏小正以苹爲萍。皆屬叚借。許君則苹蓱萍三字同物。不謂苹爲叚借。○李善注高唐賦引說文苹。苹、艸皃。音平。从艸。平聲。符兵切。十一部。

茞 艸也。謂艸名。从艸。臣聲。稹鄰切。十二部。

薲 大蓱也。釋艸曰。苹、蓱。其大者蘋。毛傳曰。蘋、大蓱也。薲蘋古今字。从艸。賓聲。符眞切。十二部。

一篇下 八

藍 染青艸也。小雅傳曰。藍、染艸也。从艸。監聲。魯甘切。八部。

蕿 令人忘憂之艸也。見毛傳。蕿之言諼也。諼、忘也。从艸。憲聲。況袁切。十四部。詩曰。安得蕿艸。衞風文。今詩作焉得諼草。

䕤 或从煖。煖聲。此字小徐無。張次立補。可刪。

萱 或从宣。宣聲。

營 營藭、逗。香艸也。左傳作鞠窮。賈逵云。所以禦溼。按今本左傳有山鞠窮乎。山字注疏皆不釋。疑衍。或本作鞠。而謂爲二字。从艸。宮聲。去弓切。九部。

芎 司馬相如說。營从弓。蓋凡將篇如此作。弓聲在六部。古音讀如肱。音轉入九部。如躬字亦或弓聲。

藭 營藭也。从艸。窮聲。渠弓切。九部。營藭疊韵。

蘭 香艸也。易曰。其臭如蘭。左傳曰。蘭有國香。說者謂似澤蘭也。从艸。闌聲。落干切。十四部。

蘔 香艸也。依衆經音義補二字。出吳林山。中山經曰。吳林之山。其中多蘔草。又云。蘔山有蘔水出焉。又云。有艸。其狀如蘔。郭云。蘔卽菅。誤。从艸。姦聲。古顏切。十四部。

蓌 薑屬。可目香口。既夕禮。實綏澤焉。注。綏、廉薑。澤、澤蘭也。皆取其香且禦溼。按綏者蓌之叚借字。一名山辣。今藥中三柰也。吳都賦謂之薑彙。从艸。俊聲。息遺切。十五部。

芄 芄蘭、逗。莞也。釋艸。雚、芄蘭。此莞當爲雚。說文莞與蘭蒲爲類。芄蘭與香艸爲類。割分異處。斷非一物。或曰莞衍字。鄭、陸、郭說芄蘭皆同。許君以芄蘭列於香艸。未審其意同否也。从艸。丸聲。胡官切。十四部。詩曰。芄蘭之枝。今詩作支。說苑亦作枝。

虈 楚謂之離。晉謂之虈。齊謂之茝。此一物而方俗異名也。茝本艸經謂之白芷。茝芷同字。𦣞聲止聲同在一部也。內則曰。佩帨茝蘭。掌禹錫曰。范子計然云。白芷出齊郡。王逸九思曰。芳虈兮挫枯。埤蒼曰。齊茝一曰虈。按屈原賦有茝有芷。又有葯。王注曰。葯、白芷也。廣雅曰。白芷其葉謂之葯。說文無葯字。虈聲約聲同在二部。疑虈葯同字耳。但又曰楚謂之離。下卽系以蘺篆。云江離蘪蕪。

一篇下 九

以茝江離、蘪蕪爲一物。殊不可曉。離騷曰。扈江離於辟芷兮。非一物明矣。从艸。嚻聲。許驕切。二部。

蘺 江蘺、逗。蘪蕪。相如賦云。芷若射干。穹窮昌蒲。江離蘪蕪。又云。被以江離。糅以蘪蕪。是各物明矣。而說者云。江離、蘪蕪皆芎藭苗也。有二種。似槀本者爲江離。似蛇牀而香者爲蘪蕪。則芎藭江離、蘪蕪爲一。徐之才藥對亦云。蘪蕪一名江離。芎藭苗也。而說文以蘪蕪釋江離。且以江離卽楚人謂茝者。但楚謂茝爲離。不云謂茝爲江離也。葢因釋艸有蘄茝蘪蕪之文而合之。茝與蘄茝又未必一物也。从艸。離聲。呂支切。古音在十六部。

茝 虈也。从艸。𦣞聲。昌改切。一部。

蘪 蘪蕪也。三字句。蘪蕪雙聲。从艸。麋聲。靡爲切。古音在十五部。

薰 香艸也。左傳曰。一薰一蕕。蜀都賦。劉注曰。葉曰蕙。根曰薰。張揖注上林賦曰。蕙、薰艸也。陳藏器曰。薰葉卽是零陵香也。郭注西山經曰。蕙、蘭屬也。非薰葉。从艸。熏聲。許云切。十三部。

蕅 水萹茿也。謂萹茿之生於水者。謂之蕅也。統言則曰萹茿。析言則有水陸之異。

萹　茿　藒　芞苺　茖　苷　芧　藎　蒁　荵

異其名因異其字。詩衞風綠竹猗猗。音義曰。竹、韓詩作藩。萹茿也。石經亦作薄。按石經者、蓋漢一字石經。魯詩也。西京賦李注引韓詩綠藩如簀。玉篇曰。藩同薄。从艸水毒聲。讀若督。徒沃切。三部。

萹 萹茿也。三字句。釋艸云。竹萹蓄。按竹者釋毛詩衞風之竹也。韓魯詩皆作藩。毛詩獨叚借作竹。爾雅與毛詩合。茿蓄疊韵通用。本艸經亦作萹蓄。从艸扁聲。方沔切。十二部。

茿 萹茿也。从艸巩省聲。陟玉切。三部。按此不云巩聲而云筑省聲者。以巩字、工聲。筑字、竹亦聲也。茿篆鍇本在後、菩下范上。

藒 藒車、逗芞輿也。各本無藒車二字。今依韵會所引補。藒芞車輿皆疊韵。爾雅本或無車字。不得以之改說文也。離騷、上林賦皆作揭車。廣志曰。黃葉白華。从艸揭聲。去謁切。十五部。玉篇作藒從木。

芞 芞輿也。三字句。从艸气聲。去訖切。十五部。

苺 馬苺也。苺篆不廁於此。則非山苺也。从艸母聲。母皐切。古音在一部。

茖 艸也。釋艸。茖、山葱。按爾雅雖有此字。然許君果用爾雅。何以不云山葱。而云艸也。凡所不知。寧從蓋闕。从艸各聲。古額切。古音在五部。

苷 甘艸也。所謂藥中國老。安和七十二種石。一千二百種艸者也。从艸甘聲。此以形聲包會意。古三切。八部。

芧 艸也。上林賦蔣芧青薠。張揖曰。芧三稜也。郭樸音杼。按三稜者蘇頌圖經所謂葉似莎艸極長、莖三稜如削。高五六尺。莖端開花是也。江蘇蘆灘中極多。呼爲馬芧。音同宁。莖可繫物。亦可辮之爲索。南都賦藨芧蘋莞。李注引說文。芧可以爲索。蓋賦文本作芧。文選上林賦亦作芧。芧者芧之別字。从艸予聲。直呂切。五部。可㠯爲繩。

藎 藎艸也。蘇恭、掌禹錫皆云。俗名菉蓐艸。爾雅所謂王芻。詩淇澳之菉也。按說文有藎。又別有菉。則許意藎非菉矣。从艸盡聲。徐刃切。十二部。大雅以爲進字。

蒁 蒁艸也。陳藏器本艸。蓬莪茂。旬律切。一名蓬莪。二名蒁。三名波殺。徐鍇引之。未知是否。从艸述聲。食聿切。十五部。

荵 荵冬艸。三字句。名醫別錄作忍冬。今之金銀藤也。其花曰金銀花。从艸忍聲。而軫切。十二部。

萇　薊　䓡　藋　芨　葥　蓩　蓡　虊

萇 萇楚、逗銚弋。見檜風。釋艸、毛傳。一曰羊桃。陸璣、張揖皆曰羊桃也。从艸長聲。直良切。十部。

薊 芺也。釋艸曰。芺、薊。其實荂。郭云。芺似薊。許以芺釋薊。則爲一物。而芺字又不類列於此。未聞。从艸魝聲。古詣切。十五部。

䓡 艸也。下文之苗也。本艸經曰羊蹄。小雅謂之蓫。蓫即苗字。亦作蓄。廣韵一屋䓡許竹丑六二切。羊蹄菜也。从艸里聲。讀若釐。里之切。一部。按廣韵䓡讀許竹丑六切者。因䓡蓄同物而誤讀䓡同蓄也。

藋 堇艸也。依集韵、類篇、李仁甫本作堇。廣雅。堇、謹音藋也。名醫別錄。蒴藋一名堇草。一名芨。按下籒文內有堇字。云根如薺。葉如細柳。未知是一否。○凡物有異名同實者。釋艸曰。芨、堇艸。陸德明謂即本艸之蒴藋。按郭釋以烏頭。烏頭名堇。見國語。而芨名無見。陸說爲長。鍇本堇作藋。一曰拜商藋。釋艸商作蔏。說文言一曰者有二例。一是兼採別說。一是同物二名。此一例。曰未詳何屬。疑堇艸爲蒴藋。拜商藋爲今之灰藋也。灰藋似藜。左傳斬之蓬蒿藜藋。李燾本商作啻。宋麻沙大徐本藋亦作啻。蓋許所據爾雅不同今本。从艸翟聲。徒弔切。二部。

芨 堇艸也。見上。从艸及聲。讀若急。居立切。七部。

葥 山莓也。見釋艸。从艸歬聲。子賤切。古音在十二部。

蓩 毒艸也。鉉、鍇本篆皆作蓩。從艸、務聲。鉉本蓩下無又出蓩篆。云卷耳也。從艸、務聲。鍇本注曰蓩。張次立依鉉補之。攷後漢書劉聖公傳戰於蓩鄉。注曰蓩音莫老反。字林云。毒艸也。因以爲地名。廣韵蓩、毒艸。武道切。又地名。據此則毒艸之字從力不從女明矣。玉篇云蓩莫屋莫老二切。毒艸也。此顧野王原本。而蓩下引說文卷耳也。又出蓩字。莫候切。引說文毒艸也。此孫強陳彭年輩據俗本說文增之。今改正篆文作蓩。毒艸也。而刪蓩卷耳也之云。卷耳果名蓩。則當與苓卷耳也同處矣。又按韵會引後漢書注作莪鄉。說文有莪字。云細艸叢生也。从艸務聲。古音在三部。

蓡 入蓡、逗藥艸。句出上黨。本艸經作入參。从艸浸聲。山林切。七部。

虊 鳧葵也。後又云。菲、鳧葵也。二字不同處者、以小篆籒文別之也。虊菲雙

莀　荍　蓖 萭　苐

聲。廣雅曰。虈、葞、莫葵也。按虈尊古今字。古作虈。今作尊。作蒓。从艸。虈聲。洛官切。曹憲力船、力眷二切。十四部。

莀 艸也。可㠯染留黃。糸部綟下曰。帛莀艸染色也。留黃、辭賦家多作流黃。皇侃禮記義疏作駵黃。土剋水。故中央駵黃。色黃黑也。漢諸矦王盭綬。晉灼曰。盭、艸名。出琅邪平昌縣。似艾。可染黃。因以爲綬名。玉裁按盭同音叚借字也。漢制盭綬在紫綬之上。其色黃而近綠。故徐廣云似綠。或云似紫。綬名綸綬者。非也。綸紫青色。與綟不同。从艸。戾聲。郎計切。十五部。

荍 蚍衃也。釋艸曰。荍、蚍衃。毛傳曰。荍、芘芣也。與說文皆字異音同。陸璣曰。一名荆葵。似蕪菁。華紫綠色。可食。微苦。蚍衃音毗浮。从艸。收聲。渠遙切。古音在三部。

蓖 蒿也。从艸。毗聲。房脂切。十五部。

萭 艸也。从艸。禹聲。王矩切。五部。攷工記故書禹之以眂其匡。先鄭讀爲萬。鄭云萬蔞。未詳何物。

苐 艸也。鍇本作萬夷聲。鉉本作苐。今鉉本篆體尚未全誤。攷廣韵、玉篇、類篇皆本說文云苐、艸也。知集韵合苐萬爲一字之誤矣。萬見詩。茅之始生也。从艸。弟聲。杜兮切。十五部。

薜　苦

薜 艸也。子虛賦。高燥生薜。張揖曰。薜、賴蒿也。按賴蒿蓋卽藾蕭。从艸。辥聲。私列切。十五部。

苦 大苦。逗。苓也。見邶風唐風毛傳。釋艸苓作蘦。孫炎注云。今甘艸也。按說文苷字解云。甘艸矣。倘甘艸又名大苦。又名苓。則何以不類列而割分異處乎。且此云大苦、苓也。中隔百數十字。又出蘦篆云大苦也。此苓必改爲蘦而後畫一。卽畫一之。又何以不類列也。攷周時音韵。凡令聲皆在十二部。今之眞臻先也。凡霝聲皆在十一部。今之庚耕清青也。簡兮苓與榛人韵。采苓苓與顚韵。倘改作蘦則爲合音而非本韵。然則釋艸作蘦。不若毛詩爲善。許君斷非於苦下襲毛詩。於蘦下襲爾雅。劃分兩處。前後不相顧也。後文蘦篆必淺人據爾雅妄增。而此大苦苓也固不誤。然則大苦卽卷耳與。曰非也。毛傳爾雅皆云卷耳、苓耳。說文苓篆下必當云苓耳。逗。卷耳也。今本必淺人删其苓耳字。卷耳自名苓耳。非名苓。凡合二字爲名者。不可删其一字以同於他物。如單云蘭非芄蘭。單云葵非鳧葵是也。此大苦斷非苓耳。而苦篆苓篆不類廁。又其證也。然則大苦何物。曰。沈括筆談云。爾雅蘦大苦。注云。蔓延生。葉似荷。青莖赤。此乃黃藥也。其味極苦。謂之大苦。郭云甘草。非也。甘草枝葉全不同。苦爲五味之一。引伸爲勞苦。从艸。古聲。康杜切。五部。

菩　薔　茅　菅

菩 艸也。周禮注犯軷以菩芻棘柏爲神主。郭樸注穆天子傳云。蓍、今菩字。按許書則菩、蓍各物各字也。从艸。音聲。步乃切。一部。易豐其蔀。鄭、薛作菩。云小席。

薔 薔虞。本艸經。艸部上品有薏苡人。陶隱居云。生交阯者子最大。彼土人呼爲䕡音幹珠。馬援大取將還。人讒以爲珍珠也。按䕡與薔雙聲。从艸。嗇聲。所力切。一部。一曰薔英。未詳。

茅 菅也。按統言則茅菅是一。析言則菅與茅殊。許菅茅互訓。此從統言也。陸璣曰。菅似茅而滑澤、無毛。根下當作上五寸中有白粉者。柔韌宜爲索。漚乃尤善矣。此析言也。从艸。矛聲。莫交切。古音在三部。可縮酒爲藉。各本無此五字。依韵會所引補。縮酒見左傳。爲藉見周易。此與葰可以香口、蒻可以爲苹席一例。

菅 茅也。詩白華菅兮。釋艸曰。白華野菅。毛傳足之曰。巳漚爲菅。按詩謂白華既漚爲菅。又以白茅收束之。菅別於茅。野菅又別於菅也。从艸。官聲。古顏切。十四部。

蘄　莞　藺

蘄 艸也。釋艸蘄字四見。不識許所指何物也。从艸。斳聲。說文無斳字。蘄當是從䓣斤聲。如虫部蠲字當是從蜀益聲。不立䓣部蜀部。是以傳於艸虫二部。而斳聲不可通。或曰當有從單斤聲之斳字。說文無單部。因無斳字也。陸德明曰。蘄古芹字。然說文有菦字。則非一字也。汪氏龍曰。斳字蓋失收。集韵渠希切。古音當在十三部。古鐘鼎款識多借爲祈字。江夏有蘄春縣。見地理志。縣各本作亭。今正。凡縣名系於郡。亭名鄉名系於某郡某縣。

莞 艸也。可㠯作席。小雅。下莞上簟。箋云。莞小蒲之席也。司几筵。蒲筵加莞席。正義。以莞加蒲。麤者在下。美者在上也。列子。老韭之爲莞。殷敬順曰。莞音官。似蒲而圓。今之爲席者是也。楊承慶字統音關。玉裁謂莞之言管也。凡莖中空者曰管。莞蓋卽今席子艸。細莖圓而中空。鄭謂之小蒲。實非蒲也。廣雅謂之葱蒲。从艸。完聲。胡官切。在十四部。

藺 莞屬。可爲席。依韵會所引補三字。急就篇有藺席。从艸。

蒢　蒲　蒻　蓡　蓷　茥　莙

闇聲。良刃切。十二部。蒢 黃蒢、職也。釋艸。職、黃除。从艸。除聲。直魚切。五部。按鍇本無蒢。莞、藺皆蒲屬。故次之以蒲也。鉉本有之。依郭注。藏似酸漿。未審亦蒲屬否。

蒲 水艸也。或目作席。周禮祭祀席有蒲筵。从艸。浦聲。此當云从艸水。甫聲。薄胡切。五部。

蒻 蒲子。句可目爲平席。蒲子者。蒲之少者也。凡物之少小者謂之子。或謂之女。周書蔑席。苜部曰。纖蒻席也。馬融同。王肅曰。纖蒻。苹席也。某氏尚書傳曰。底席。蒻苹也。鄭注閒傳曰。苄、今之蒲苹也。釋名曰。蒲苹。以蒲作之。其體平也。苹者、席安隱之偁。此用蒲之少者爲之。較蒲席爲細。攷工記注曰。今人謂蒲本在水中者爲弱。弱卽蒻。蒻必媆。故蒲子謂之蒻。非謂取水中之本爲席也。世謂蒲蒻。太平御覽有此四字。从艸。弱聲。而灼切。二部。

蓡 蓡蒲、逗。各本脫蓡字。今補。蒻之類也。此釋周禮也。加豆之實。深蒲醢。先鄭曰。深蒲。蒲蒻入水深。故曰深蒲。鄭曰。深蒲、蒲始生水中子。是則深蒲卽蒲蒻在水中者。許君以蒲子別於蒲。以蒻之類別於蒻。謂蒲有三種。似二鄭說爲長。从艸。深聲。此當云从艸水。罙聲。式箴切。七部。此字葢出故書。

蓷 萑也。隹各本作萑。誤。今正。王風中谷有蓷。釋艸。萑、蓷。毛傳曰。蓷、鵻。葢爾雅本作隹。與毛傳鵻字同。後人輒加卄頭耳。菼亦一名鵻。皆謂其色似夫不也。陸機云。舊說及魏周元明皆云。菴閭。韓詩及三蒼說苑云。益母。本艸云。益母。茺蔚也。劉歆云。蓷、臭穢。艸名臭穢卽茺蔚也。按臭茺雙聲。穢蔚疊韵。李、郭注爾雅亦云茺蔚。未知許意何屬。从艸。推聲。他回切。十五部。詩曰。中谷有蓷。按鉉本此下有萑篆。萑訓艸多皃。則鍇本在茸葏二篆閒是也。鉉乃移而類居之。必萑訓蓷也。則可矣。

茥 缺盆也。見釋艸。郭云。覆盆也。實可食。从艸。圭聲。苦圭切。古音在十六部。

莙 牛藻也。見釋艸。按藻之大者曰牛。凡艸類之大者多曰牛曰馬。郭云。江東呼馬藻矣。陸機云。藻二種。一種葉如雞蘇。莖大如箸。長四五尺。一種莖大如釵股。葉如蓬。謂之聚藻。扶風人謂之藻。聚爲發聲也。牛藻當是葉如雞蘇者。但析言則有別。統言則皆謂之藻。亦皆謂之莙。顏氏家訓云。莙

⿱艹睆　蒚　苢　蕁　⿱艹毄　蓲

艸細。細葉蓬茸水中。一節長數寸。細茸如絲。圓繞可愛。東宮舊事所云六色罽緌者。凡寸斷五色絲。橫著線股閒繞之。以象莙艸。用以飾物。卽名爲莙。於時當縛六色罽。作此莙以飾緄帶。張敞因造糸旁畏耳。據此則莖如釵股者亦謂之莙也。从艸。君聲。讀若威。渠殞切。十三部。按君聲而讀若威。此由十三部轉入十五部。張敞之變爲緄。緄音隈。說文音隱之音塢瑰反。字林窘亦音巨畏反。皆是也。唐韵渠殞切。則不違本部。地有南北。時有古今。語言不同之故。竊疑左傳蘊藻卽莙字。蘊與藻爲二。猶筐與筥、錡與釜。皆爲二也。

⿱艹睆 夫離也。見釋艸。⿱艹睆、釋艸亦作莞。夫作苻。从艸。睆聲。胡官切。十四部。

蒚 夫離上也。見釋艸。从艸。鬲聲。力的切。十六部。按前既有莞艸可以作席之文。復出⿱艹睆字。則爾雅⿱艹睆苻離非可以作席之莞也。

苢 芣苢、逗。一名馬舃。其實如李。令人宜子。釋艸。芣苢、馬舃。馬舃、車前。說文凡云一名者。皆後人所改竄。爾雅音義引作芣苢、馬舃也。可證。其實如李。徐鍇謂其子亦似李。但微而小耳。按韵會所引

李作麥。似近之。但未知其何本。陸德明、徐鍇所據已作李矣。令人宜子。陸機所謂治婦人產難也。从艸。㠯聲。羊止切。一部。周書所說。示部曰。逸周書。此不言逸。或詳或略。錯見也。王會篇曰。康民以桴苡。桴苡者。其實如李。食之宜子。詩音義云。山海經及周書皆云芣苡、木也。今山海經無芣苡之文。若周書正文未嘗言桴苡爲木。陶隱居又云。韓詩言芣苡是木。食其實宜子孫。此葢誤以說周書者語系之韓詩。德明引韓詩直曰車前瞿曰芣苡。李善引薛君曰。芣苡、澤瀉也。韓詩何嘗說是木哉。竊謂古者殊方之貢獻。自出其珍異以將其誠。不必知中國所無而後獻之。然則芣苢無二。不必致疑於許偁周書也。

蕁 芜藩也。今本篆文無彡。誤。芜當是本作无。俗加艸。本艸作沈直林切燔。說爾雅者謂卽今之知母。从艸。㝷聲。㝷各本作尋。誤。徒南切。古音在七部。

𦺈 蕁或从爻。

⿱艹毄 艸也。从艸。毄聲。古歷切。十六部。

蓲 烏蓲、逗。二字依爾雅音義補。艸也。廣韵曰。烏蓲、艸名。本說文。郭注爾雅菼薍云。江東呼爲烏蓲。音丘。許不與蒹薍剡薕

四字類廁。則許意不同郭也。从艸區聲。去鳩切。古音在四部。⿱艹固 艸也。从艸固聲。古慕切。五部。⿱艹榦 艸也。从艸榦聲。古案切。十四部。藷 藷蔗也。三字句。或作諸蔗。或都蔗。藷蔗二字疊韵也。或作竿蔗。或干蔗。象其形也。或作甘蔗。謂其味也。或作邯睹。服虔通俗文曰。荊州竿蔗。从艸諸聲。章魚切。五部。蔗 藷蔗也。从艸庶聲。之夜切。古音在三部。⿱艹毄 牂⿱艹毄、逗。可㠯作縻綆。縻、牛轡也。綆、汲井綆也。从艸毄聲。女庚切。古音在十部。牂⿱艹毄疊韵。藸 艸也。从艸豬聲。直魚切。五部。鉉本移此字於莖藸下。以莖藸二字當類列。而不知許意單呼藸者。別是一物也。⿱艹賜 艸也。从艸賜聲。斯義切。十六部。⿱艹中 艸也。从艸中聲。陟宮切。九部。萯 王萯也。夏小正。四月王萯秀。月令。四月王瓜生。注云。今月令云王萯秀。豳風。四月秀葽。箋疑葽卽王萯。管子地員有萯。有大萯、細萯。从艸負聲。房九切。古音在一部。芺 艸也。味苦。江南食之㠯下气。名醫別錄云。苦芺主桼瘡。不云可下氣。漢人謂豫章長沙爲江南。从艸夭聲。烏浩切。二部。茲 艸也。从艸茲聲。胡田切。十二部。⿱艹圝 艸也。从艸圝聲。于救切。古音在一部。圝 籒文囿。莩 艸也。从艸孚聲。芳無切。古音在三部。⿱艹寅 兔瓜也。見釋艸。从艸寅聲。翼眞切。十二部。荓 馬帚也。見釋艸。夏小正。七月荓秀。荓也者、馬帚也。廣雅曰。馬帚、屈馬荓也。从艸幷聲。薄經切。十一部。詩大雅。荓、使也。蕕 水邊艸也。漢書子虛賦音義曰。軒于、蕕艸也。生水中。楊州有之。釋艸。莤、蔓于。莤卽蕕。蔓于卽軒于。从艸猶聲。以周切。三部。荌 艸也。从艸安聲。烏旰切。十四部。藄 藄土夫也。各本作藄月爾也。今依爾雅音義攷。今本釋艸。芏、夫王。郭云。芏艸生海邊。綦、月爾。郭云。卽紫綦也。似蕨可食。陸德明曰。綦字亦作藄。紫藄、菜也。說文云。藄土夫也。其所據說文必與爾雅殊異而偁之。不則何容偁也。今本說文恐是據爾雅郭本注改者。但許君爾雅之讀今不可知矣。从艸綦聲。渠之切。一部。

莃 兔葵也。見釋艸。从艸希聲。香衣切。十五部。蘉 灌渝。今釋艸。葭、蘆。菼、薍。其萌虇。郭云。今江東呼蘆筍爲虇。音繾綣。下文蕍芛葟華榮。郭別爲一條。許君所據爾雅夢灌渝句。字皆與今本大乖。今不可得其讀矣。从艸夢聲。讀若萌。古音在六部。而讀若萌者、轉入十部也。今莫中切。蕧 盜庚也。見釋艸。从艸復聲。房六切。三部。苓 苓耳、逗。二字各本脫。今補。說見苦字下。卷耳艸。艸字各本作也。今依韵會所引。釋艸、毛傳皆曰。卷耳、苓耳也。从艸令聲。郎丁切。古音在十二部。⿱艹贛 艸也。从艸贛聲。古送切。又古禫切。古音在七八部。轉入九部。一曰薏苢。本艸曰。一名贛。音感。卽此字。陶隱居云。交阯實大者名幹珠。幹與贛雙聲字也。藑 藑茅、逗。各本無藑字。此淺人不知其不可刪而刪之。如巂周燕也。今本刪巂字。其誤正同。今補。葍也。釋艸曰。葍、藑茅。一名舜。舜字下曰。楚謂之葍。秦謂之藑。是也。今本作一名蕣。是以木堇爲葍矣。从艸夐聲。渠營切。古音在十四部。⿱艹富 葍也。从艸富聲。方布切。古音在一部。布字依宋刻。葍 葍也。見釋艸。郭云。大葉白華。根如指。正白。可啖。按邶風箋云。葑菲二菜。蔓菁與葍之類也。皆上下可食。此根可啖之證也。郭又云。葍華有赤者爲藑。藑葍一種耳。亦猶淩苕華黃白異名。陸機云。葍有兩種。一種莖葉細而香。一種莖赤有臭氣。按毛公云。葍、惡菜。殆因有臭氣與。从艸畐聲。方六切。古音在一部。蓨 苗也。釋艸曰。苗、蓨也。管子。黑埴。其草宜苹蓨。按苹蓨二艸名。从艸脩聲。徒聊切。又湯彫切。古三部。按小徐本無蓨。苗 蓨也。按小徐本苗字在後蒂下茶上。从艸由聲。徒歷切。又池六切。三部。⿱艹昜 艸也。也字各本無。今補。按說文凡艸名篆文之下。皆複舉篆文某字。曰某艸也。如葵篆下必云葵菜也。蓋篆下必云蓋艸也。篆文者其形。說解者其義。以義釋形。故說文爲小學家言形之書也。淺人不知。則盡以爲贅而刪之。不知葵

薁

菜也。藎艸也。河水也。江水也。皆三字句。首字不逗。今雖未復其舊。爲舉其例於此。此蕩篆之下本云蕩艸也。各本既刪蕩字。又去也字。則蕩篆不爲艸名。似爲凡枝枝相値葉葉相當之偁矣。玉篇蕩下引說文謂卽蓫蕩。馬尾。蔏陸也。蕩同募。攷本艸經曰。商陸一名蕩根。一名夜呼。陶隱居曰。其花名蕩。是則絫呼曰蓫蕩。單呼曰蕩。或謂其花蕩。或謂其莖葉蕩也。**枝枝相値。葉葉相當。从艸昜聲。**褚羊切。十部。

蘡　蘡薁也。嬰鍇本作蘡。俗加艸頭耳。豳風。六月食鬱及薁。傳曰。鬱。棣屬。薁。蘡薁也。正義曰。劉稹毛詩義問云。鬱樹高五六尺。其實大如李。本艸。鬱一名棣。則與棣相類。蘡薁亦是鬱類。晉宮閣銘。車下李三百一十四株。車下李卽鬱也。薁李一株。薁李卽薁也。二者相類而同時熟。玉裁按。說文李棣皆在木部。薁在艸部。毛公但云鬱棣屬。未嘗云薁鬱屬。廣雅釋艸。燕薁。蘡舌也。釋木云。山李。雀李。二字今正。未知是否鬱也。然則薁之非木實明矣。晉宮閣銘所謂車下李。薁李皆非毛許之蘡薁也。齊民要術引詩義疏曰。櫻薁實大如龍眼。黑色。今車鞅藤實是。按賈氏凡引詩艸木蟲魚疏皆謂之詩義疏。陸璣本有釋薁云云。今本脫之耳。魏王花木志引詩疏亦同。**从艸奧聲。**於六切。三部。

葴　蓾　𦸈

葴　馬藍也。見釋艸。郭云。今大葉冬藍也。釋艸又云。葴寒漿。郭云。今酸漿艸。江東呼曰苦葴。子虛賦葴析苞荔。張揖釋以馬藍。郭樸云。葴。酸漿。江東名烏葴。**从艸咸聲。**職深切。七部。

蓾　艸也。可㠯束。从艸魯聲。郎古切。五部。

蓾或从鹵。釋艸云。蓾蘆。郭云。作履苴艸。按說文云。苴。履中艸。謂以艸襯履底曰苴。賈子曰。冠雖敝不以苴履是也。許云可用束。郭云可苴履。大約是一物。

𦸈　艸也。左傳引詩曰。雖有絲麻。無棄菅蒯。李善引聲類曰。蒯艸中爲索。苦怪切。史記馬驪有一劒蒯緱。裴駰曰。蒯茅之類。可爲繩。其劒把無物可裝。以小繩纏之也。**从艸㪿聲。**按說文無㪿字。而爾雅有之。釋詁曰。㪿。息也。音義曰。㪿苦怪反。又墟季反。字林以爲喟。丘愧反。孫本作快。郭又作喟。按㪿字今不可得其左旁所從何等字之本訓何屬。但其古音在十五部甚明。說文聲𦸈皆以爲聲。而聲字亦作聵。𦸈字逸詩與萃匱爲韵。皆在十五部也。不知何時𦸈改作蒯。從朋從刀。殊不可曉。蓋本扶風𨛫鄉之字。𨛫讀若陪。在第一部。第六部。與十五部相隔絕遠。而誤其形作蒯。且用爲𦸈字。不可從也。玉篇引無棄菅𦸈。不作蒯。苦怪切。

蔞　藟

蔞　艸也。可㠯亨魚。召南言刈其蔞。陸璣云。蔞。蔞蒿也。爾雅購蔏蔞。郭云。蔞蒿也。江東用羹魚。楚辭曰。吳酸蒿蔞。按蔞蒿俗語耳。古祇呼蔞。釋艸古讀或於購蔏句絕。**从艸婁聲。**力朱切。古音在四部。

藟　艸也。詩七言葛藟。陸璣云。藟一名巨荒。似燕薁。亦延蔓生。葉如艾。白色。其子赤。可食。酢而不美。幽州謂之椎藟。開寶本艸及圖經皆謂卽千歲藟也。按凡藤者謂之藟。系之艸則有藟字。系之木則有櫐字。其實一也。戴先生詩補注說葛藟猶言葛藤。爾雅山櫐虎櫐。山海經卑一作畢山多櫐。古本從木皆是也。然鄭君周南箋云。葛也。藟也。分爲二物。與許合。葛與藟皆藤生。故詩多類舉之。左氏亦云。葛藟猶能庇其本根。藤古祇作滕。謂可用緘滕也。山海經傳曰。櫐一名滕。**从艸畾聲。**力軌切。十五部。**詩曰。莫莫葛藟。**大雅旱麓文。**一曰秬鬯也。**此字義之別說。秬鬯之酒鬱而後鬯。凡字從畾聲者。皆有鬱積之意。是以神名鬱壘。上林賦云。隱轔鬱壘。秬鬯得名藟者。義在乎是。其字從艸者。釀芳艸爲之也。

蒬　茈　藐　萴

蒬　棘蒬也。見釋艸。本艸經云。遠志一名棘蒬。一名細艸。**从艸冤聲。**於元切。十四部。

茈　茈艸也。茈艸三字句。茈字僅得免刪。可以證蒬下必云棘蒬也。藐下必云茈艸也。皆淺人刪之。周禮注云。染艸。茅蒐。橐盧。豕首。紫茢之屬。按紫茢卽紫莀也。紫莀卽茈艸也。廣雅云。茈莀。茈艸也。古列莀同音。茈紫同音。本艸經云。紫艸一名紫丹。一名紫芙。陶隱居云。卽是今染紫者。說文云。莀艸可以染留黃。之紫莀者。以染紫之莀。別於染騮黃之莀也。西山經曰。勞山多茈艸。司馬彪注上林賦曰。茈薑。紫色之薑。郭注南山經曰。茈嬴。紫色嬴。故知古紫茈通用。**从艸此聲。**將此切。古音在十五部。轉入十六部。

藐　茈艸也。見釋艸。**从艸䫉聲。**莫覺切。古音在二部。古多借用爲眇字。如說大人則藐之。及凡言藐藐者皆是。

萴　烏喙也。廣雅。䕘奚毒附子也。一歲爲萴子。二歲爲烏喙。三歲爲附子。四歲爲烏頭。五歲爲天雄。按

蒐　茜　蕼　薜　䒽　苞

本艸經有附子烏頭天雄三條。云烏頭一名奚毒。一名卽子。一名烏喙。卽子卽荝子、猶鯽鰂一字也。名醫別錄又沾側子一條。誤矣。从艸。則聲。阻力切。一部。按茈藐蒐茜等字皆染艸也。乃中隔以荝字。恐後人妄移。

蒐　茅蒐、逗茹藘。藘音閭。鉉本作藘。鄭風茹藘在阪。釋艸、毛傳皆云。茹藘、茅蒐也。陸璣云。茹藘、茅蒐、蒨艸也。一名地血。齊人謂之茜。徐州人謂之牛蔓。今圃人或作畦種蒔。故貨殖傳云。卮茜千石。亦比千乘之家。按本艸經有茜根。蜀本圖經言其狀甚悉。徐廣注史記云。茜一名紅藍。其花染繒赤黃。此卽今之紅花。張騫得諸西域者。非茜也。陳藏器云、茜與蘘荷皆周禮攻蠱嘉艸之冣。人皿所生可目染絳。云人皿所生者。釋此字所以從鬼也。从艸鬼。會意。所鳩切。三部。茅古音矛。茅蒐、茹藘皆疊韵也。經傳多以爲春獵字。

茜　茅蒐也。从艸。西聲。倉見切。古音在十三部。蒨卽茜字也。古音當在十一部。其音變適同耳。

蕼　赤蕼也。从艸。肆聲。息利切。十五部。

薜　牡贊也。見釋艸。从艸。辟聲。蒲計切。古音在十六部。

䒽　杜榮也。見釋艸。郭云。今芒艸也。似茅。皮可以爲繩索履屩也。按太平御覽引䙫字解詁。芒杜榮。而芒譌作芸。从艸。忘聲。武方切。十部。

苞　艸也。曲禮苞屨不入公門。注。苞、蘪也。齊衰蘪蔽之菲也。子虛賦。蔵析苞荔。張揖曰。苞、蘪也。玉裁按。當是蘪是正字。苞是叚借。故喪服作蘪蔽之菲。曲禮作苞屨。南都賦說艸有蘪。卽子虛之苞也。斯干、生民傳曰。苞、本也。此苞字之本義。凡詩云苞櫟、苞棣。書云艸木蘄苞者。皆此字。叚借爲包裹。凡詩言白茅苞之。書言厥苞橘柚。禮言苞苴。易言苞蒙、苞荒、苞承、苞羞、苞桑、苞瓜。春秋傳言苞茅不入。皆用此字。近時經典凡訓包裹者。皆徑改爲包字。郭忠恕之說誤之也。許君立文下當云苞、本也。從艸、包聲。若不謂爲叚借。則當云苞、蘪也。下文卽云蘪、蔽屬。使讀者知曲禮之苞卽喪服之蘪。葢艸木既難多識。文字古今屢變。雖曰至精。豈能無誤。善學古者不泥於古可也。南陽目爲䕯履。䕯各本不從艸。誤。䕯、艸屩也。見後。从艸。包聲。布交切。古音在三部。按曲禮音義曰。苞白表反。爲欲讀同蘪耳。

一篇下　卅

艾　蕫　芹　薽　蔦

艾　仌臺也。見釋艸。張華博物志曰。削冰令圓。舉以向日。以艾於後承其影。則得火。从艸。乂聲。五葢切。十五部。古多借爲乂字。治也。又訓養也。

蕫　艸也。玉篇曰。蕫、蓨根。卽蕮陸也。此非許意。从艸。章聲。諸良切。十部。

芹　楚葵也。从艸。斤聲。詳遴字下。巨巾切。古音在十三部。

薽　豕首也。釋艸曰。茢薽、豕首。許無茢字者。攷太平御覽引爾雅。黃、土瓜。孫炎曰。一名列也。按叔然以茢上屬。許君讀薽與孫同。鄭注周禮。豕首爲染艸之屬。呂氏春秋曰。豨首生而麥無葉。本艸經曰。天名精一名豕首。从艸。甄聲。側鄰切。古音在十三部。

蔦　寄生艸也。艸字各本脫。依毛詩音義及韵會補。小雅傳曰。蔦、寄生也。陸璣曰。蔦一名寄生。葉似當盧。子如覆盆子。本艸經。桑上寄生。一名寓木。一名宛童。按寓木、宛童見釋木。从艸。毛陸皆曰寄生耳。許獨云寄生艸者。爲其字之從艸也。鳥聲。詩音義云。說文音弔。唐韵都了切。二部。詩曰。蔦與女蘿。小雅頍弁文。

樢　蔦或從木。艸屬故從艸。寓木故從木。廣雅釋木作樢字。

一篇下　卅一

芸　蔌　葎　茦　苦

芸　艸也。佀目宿。夏小正。正月采芸。爲廟采也。二月榮芸。月令。仲冬芸始生。注。芸、香艸。高注淮南、呂覽皆曰。芸、蒿名也。呂覽曰。菜之美者。陽華之芸。注。芸、芳菜也。賈思勰引倉頡解詁曰。芸蒿似斜蒿。可食。沈括曰。今謂之七里香者是也。葉類豌豆。其葉極芬香。古人用以藏書辟蠹。採置席下。能去蚤蝨。从艸。云聲。王分切。十三部。淮南王說芸艸可目死復生。淮南王、劉安也。可以死復生。謂可以使死者復生。葢出萬畢術、鴻寶等書。今失其傳矣。

蔌　艸也。从艸。欶聲。麤最切。十五部。

葎　艸也。唐本艸曰。葛葎蔓。宋本艸曰。葛勒蔓。似葛有刺。从艸。律聲。呂戌切。十五部。

茦　莿也。茦刺見釋艸。刺不從艸。方言曰。凡艸木刺人北燕朝鮮之閒謂之茦。或謂之壯。按木朿曰朿。艸朿曰茦。因木朿之字爲義與聲也。但許君上下文皆係艸名。不當泛釋凡艸之刺。或因上文葎艸有刺聯及之。或自有艸名茦。一名莿。與方言異義。未可定也。从艸。朿聲。楚革切。古音在十六部。

苦　苦蔞、

葑　薺　莿　董　蘻　⿱艹婈　苄

逗。果蓏也。果蓏宋鉉本作果蓏。依鍇本。與詩合。豳風果蓏之實。亦施于宇。釋艸曰。果蓏之實栝樓也。毛傳同。李巡曰。栝樓子名也。本艸經栝樓一名地樓。玉裁按若果蔞蓏皆雙聲。藤生蔓於木。故今爾雅本艸字從木。艸屬也。故說文字從艸。从艸。昏聲。古活切。十五部。葑須從也。鄁風采葑采菲。毛傳曰。葑須也。釋艸曰。須。逗。葑蓯。說文曰。葑須從也。三家互異而皆不誤。葑須爲雙聲。葑從爲疊韵。單評之爲葑。絫評之爲葑從。單評之爲須。絫評之爲須從。語言之不同也。或許所據爾雅與今本異矣。坊記注云。葑。蔓菁也。陳宋之閒謂之葑。方言云。蘴蕘蕪菁也。陳楚之郊謂之蘴。郭注。蘴舊音蜂。今江東音嵩。字作菘也。玉裁按。蘴菘皆卽葑字。音讀稍異耳。須從正切。菘字。陸佃嚴粲羅願皆言在南爲菘。在北爲蕪菁蔓菁。若菘葑讀去聲。別是一物。从艸。封聲。府容切。九部。薺疾黎也。今詩鄘風小雅皆作茨。釋艸傳箋皆曰。茨。蒺藜也。易曰。據于蒺藜。陶隱居曰。子有刺。軍家鑄鐵作之。以布敵路。亦呼蒺藜。从艸。𠫓聲。疾咨切。十五部。詩曰。牆有薺。

茦也。按方言茦作刺。卽從艸亦當與茦篆相屬。恐後人增之。从艸。刺聲。七賜切。十六部。董鼎董也。釋艸曰。蘱。鼎董。郭云。似蒲而細。按說文無蘱字者。蓋許所據祇作類。从艸。童聲。多動切。九部。亦作董。古童重通用。或用爲童蓈字。誤。杜林曰。藕根。漢志有杜林倉頡訓纂一篇。杜林倉頡故一篇。此蓋二篇中語。藕當從後文作蕅。蕅根猶荷根也。郭樸曰。北方人以藕爲荷。用根爲母號也。然則杜林謂蕅爲董。蘻狗毒也。見釋艸。樊光云。俗語苦如蘻。从艸。繫聲。古詣切。十六部。⿱艹婈艸也。釋艸曰。蔜。⿱艹婈。蘡。未知許句如此否。从艸。婈聲。蘇老切。古音在三部。說文無蔜字者。蓋所據祇作敖。苄地黃也。見釋艸。本艸經謂之乾地黃。从艸。下聲。侯古切。五部。禮記。依宋本及韵會補記字。按下文公食大夫禮記文。鈃毛牛藿羊苄豕薇是。今儀禮毛作芼。與許所據不同。今儀禮曰。羊苦。注。苦。苦荼也。今文苦爲苄。然則許從今文。鄭從古文也。士虞禮。特牲饋食禮二記。鉶芼用苦若

蘞　荃　芩　藨

薇。注皆云今文苦爲苄。特牲又正之曰。苄乃地黃。非也。蘞白蘞也。本艸經作白斂。从艸。僉聲。良冉切。七部。蘞蘞或从斂。唐風蘞蔓于野。陸璣云。似栝樓。葉盛而細。其子正黑。如燕薁。不可食。陸疏廣要曰。本艸蘞有赤白黑三種。疑此是黑蘞也。荃黃荃也。本艸經廣雅皆作黃芩。今藥中黃芩也。从艸。金聲。巨今切。七部。芩艸也。小雅。呦呦鹿鳴。食野之芩。傳曰。芩。艸也。陸璣云。芩艸莖如釵股。葉如竹。蔓生澤中下地鹹處。爲艸眞實。牛馬皆喜食之。按如陸說。則非黃芩藥也。許君黃荃字從金聲。詩野芩字從今聲。截然分別。他書亂之。非也。毛詩音義引說文云。蒿也。以別於毛公之艸也。甚爲可據。但一訓蒿則與弟二章不別。且說文當以芩與蒿篆類廁。恐是一本作蒿屬。釋文也字或屬字之誤。又按集韵類篇皆曰。莕蘿芩三字同。魚音切。菜名。似蒜。生水中。攷字林。齊民要術皆云。莕似蒜。生水中。此則別是一物。从艸。今聲。巨今切。七部。詩曰。食野之芩。藨鹿藿也。前茹篆訓鹿藿之實。此藨訓鹿藿。則當類處。徐

鍇曰。釋艸。蔨鹿藿。藨麃。二者各物。疑字形之誤。以藨麃爲鹿藿也。玉裁按。蓋麃誤爲鹿。淺人因妄增藿字耳。从艸。麃聲。讀若剽。平表切。二部。一曰蔽之屬。此字義別說也。南都賦。其艸則藨苧薠莞。廣韵曰。可爲席。或作蔗苞。虉綬艸也。艸字依韵會補。陳風邛有旨鷊。傳曰。鷊。綬艸也。釋艸曰。虉。綬。按毛詩作鷊。段借字也。今爾雅作虉。與說文作虉不同者。鷊鶂同在十六部也。陸璣曰。鷊五色作綬文。故曰綬艸。从艸。鷊聲。五狄切。十六部。詩曰。邛有旨虉。是。蔆芰也。周禮加籩之實有蔆。注。蔆。芰也。子虛賦應劭注同。从艸。淩聲。力膺切。六部。楚謂之芰。楚語。屈到嗜芰。韋曰。芰。蔆也。秦謂之薢茩。釋艸曰。薢茩。芵光。郭云。芵明也。或曰蔆也。關西謂之薢茩。按景純兩解。後解與說文字林合。釋艸又曰。蔆。蕨攗。孫炎居郡反。郭云。今水中芰。按蕨攗芵光皆雙聲。爾雅薢茩芵光。或可以決明子釋之。不嫌異物同名也。而說文之芰薢茩。卽今蔆角。本無疑義。不知徐鍇何以淆惑。蓫司馬相如說蔆

芰　薢　茩　茨　蘜　蘥

从遾此當是凡將篇中字藝文志曰史游作急就篇李長作元尙篇皆倉頡中正字也司馬相如凡將篇則頗有出矣據是則倉頡篇正字作蔆凡將別作遾营芎同此淩聲古音在六部遾聲古音在十二部而合之者以雙聲合之也今史漢文選子虛賦祇作蔆華

芰蔆也是謂轉注从艸支聲奇寄切十六部

芰杜林說芰从多此蓋倉頡訓纂倉頡故二篇中語支聲在十六部多聲在十七部二部合音冣近古弟十七部中字多轉入弟十六部

薢薢茩也不云蔆也者巳見上矣王注離騷曰芰蔆也秦人曰薢茩按薢與芰同在十六部徐言之則云薢茩从艸解聲胡買切十六部

茩薢茩也从艸后聲蔆以角得名蔆之言棱也茩之言角也茩角雙聲同在第三部唐韵胡口切薢茩雙聲

茨雞頭也周禮加籩之實有芡注同此方言茷芡雞頭也北燕謂之茷青徐淮泗之閒謂之芡南楚江湘之閒謂之雞頭或謂之鴈頭或謂之烏頭从艸欠聲巨儉切古音在八部

蘜日精也

㠯秋華以各本作似今依宋本及韵會正本艸經菊花一名節花又曰一名日精按一名節花卽許所謂以秋華也一名日精與許合夏小正九月榮鞠鞠艸也鞠榮而樹麥時之急也月令鞠有黃華離騷夕餐秋菊之落英字或作菊或作鞠以說文繩之皆叚借也釋艸蘜治牆郭云今之秋華菊郭意蘜菊爲古今字玉裁謂許君剖析菊爲大菊蘧麥蘜爲治牆蘜爲日精分廁三所又恐學者以其同音易溷也著之曰以秋華言此蘜字乃小正月令之布華玄月者也然則許意治牆別是一物種類甚殊如大菊之非蘜郭注爾雅與許全乖攷郭氏所注小學三書今存者二有時涉及字林而絕未嘗偁用說文也本艸經名醫別錄秋華有九名而無治牆則治牆之非秋華亦略可見从艸𥻆省聲居六切三部

蘜蘜或省按米部𥻆從米籟省聲省竹則爲蘜又省米則爲執執卽㚔部之執之省聲也

蘥爵麥也見釋艸爵當依今釋艸作雀許君從所據耳郭云卽燕麥也生故墟野林下苗實俱似麥或云爵麥卽穱麥誤也招冤七發皆云穱麥穱卽糕字之異者古爵焦聲同在弟二部許云糕早取穀也招魂王注云擇麥中先熟者也義正同从艸龠聲以勺切二部

蓫　菘　蒹

遬牡茅也見釋艸此當與菅茅二篆類廁而不爾者葢其種類殊也从艸遬聲桑谷切三部

遬籒文速凡速聲字皆從速則牡茅字作蓫可矣而小篆偶從遬與他速聲字不畫一故箸之序曰小篆取史籒大篆或頗省改遬者大篆文應省改而不省改者也

菘茅秀也廣雅曰蒤菘茅穗也蒤卽荼字之變周禮儀禮注鄭風箋吳語注皆云荼茅秀當是荼爲茅之秀菘爲遬之秀統言之則曰茅秀而巳其色正白从艸松聲息夷切十五部

蒹雚之未秀者蒙上茅秀而及雚之秀與未秀也凡經言雚葦言蒹葭言葭菼皆竝舉二物蒹菼雚一也今人所謂荻也葭葦一也今人所謂蘆也雚一名薍一名鵻一名蒹葦一名華釋艸曰葭華蒹薕每二字爲一物又曰葭蘆菼薍亦每二字爲一物葭蘆卽葭華也菼薍卽蒹薕也夏小正傳毛公許君說皆同此舍人李巡樊光則云蘆薍爲一艸陸璣郭樸則又蒹葭菼爲三矣夏小正七月秀雚葦傳

薍　菿　薕薠

曰未秀則不爲雚葦秀然後爲雚葦又曰雚未秀爲菼葦未秀爲蘆按巳秀曰雚未秀則曰蒹曰薍曰菼也於此不列雚篆者以小篆大篆隔之也从艸兼聲古恬切七部

薍菿也从艸亂聲五患切十四部

八月薍爲雚葭爲葦各本脫雚葭爲三字今補正按此正申明未秀爲菿既秀爲雚之恉八月秀之時也言葭爲葦者類言之也豳詩八月雚葦傳云薍爲雚葭爲葦謂至是月而薍秀爲雚葭秀爲葦矣許正用毛語

菿雚之初生一曰薍一曰鵻鵻各本作雛今依爾雅兩一曰謂菿之一名也釋言云菼鵻也菼薍也王風傳云菼鵻也蘆之初生者也箋云菼薍也按毛釋爲鵻恐其與萑無別也故又申之曰蘆之初生者也菼別於蘆析言之也統言之則菼亦偁蘆鄭恐雚葦無別也故又申之曰薍也菿與鵻皆言其青色薍言其形細莖稹密許云雚之初生亦以正毛也从艸剡聲土敢切八部

菼菿或从炎經典皆作此字

薕蒹也二字疊韵从艸廉聲力鹽切七部

薠青

蘋

蘋。句。侶莎而大者。而大二字依韵會所引補。子虛賦薛莎青薠。張揖曰。青薠似莎而大。生江湖。鴈所食。按高注淮南曰。薠狀如葴。與張說不同。楚辭有白薠。殆與青薠一種。色少異耳。从艸。煩聲。附袁切。十四部。

茚

茚蒘、逗。二字各本脫。今依全書通例補之。昌蒲也。周禮朝事之豆實有昌本。注。昌本、昌蒲根。切之四寸爲菹。左氏謂之昌歜。本艸經。菖蒲一名昌陽。按或單呼曰昌。或曰堯韭。或曰荃。或曰蓀。茚蒘之名。今未見所出。从艸。卬聲。五剛切。十部。益州云。本艸經曰。生上洛池澤及蜀郡嚴道。云毛扆改生。

蒘

茚蒘也。从艸。邪聲。以遮切。古音在五部。

芀

葦華也。釋艸曰。葦醜芀。顏注漢書云。蒹錐者是也。取其脫穎秀出。故曰芀。方言。錐謂之錔。音苕。因此凡言芀秀者。多借苕字爲之。韓詩葦蔄字作蔄。釋艸。蔈、荂、荼。猋、藨、芀。皆謂艸之秀。豳風傳曰。荼、萑苕也。夏小正傳曰。荼、萑葦之秀。是與茅秀同名荼矣。葦華大於萑華。故葭一名華。从艸。刀聲。徒聊切。二部。

茢

芀也。檀弓。君臨臣喪以巫祝桃茢執戈。注。茢、萑苕。可埽不祥。玉藻。膳於君有葷桃茢。注。茢、菼帚也。按許云葦。鄭云萑菼者。此統言不別也。芀帚、花退用穎爲之。芀一名茢。故帚一名茢。从艸。列聲。良薛切。十五部。

菡

菡藺也。从艸。圅聲。胡感切。八部。

藺

菡藺、逗。扶渠華。句絕。扶渠各本作芙蓉。誤。今從釋玄應所引。許意扶渠爲華、葉、莖、實、本、根之總名。爾雅說此艸。以夫渠建首。毛公亦曰。荷、扶渠也。其華菡萏。扶渠一作夫渠。今爾雅作芙蕖。俗字也。未發爲菡藺。已發爲夫容。此就華析言之也。陳風。有蒲菡萏。爾雅、毛傳皆曰。其華菡萏。此統言之。不論其未發已發也。屈原、宋玉言芙蓉不言菡萏。亦猶是也。許意菡之言含也。夫之言敷也。故分別之。高誘曰。其華曰夫容。其秀曰菡萏。與許意合。華與秀散文則同。對文則別。夫容今本作芙蓉。俗字也。从艸。閻聲。徒感切。八部。

蓮

扶渠之實也。陳風。有蒲與藺。箋云。藺當作蓮。蓮、夫渠實也。鄭意欲合三章爲一物耳。本艸經謂之藕實。一名水芝丹。从艸。連聲。洛賢切。古音在十四部。

茄

扶渠莖。謂華與葉之莖皆名茄也。茄之言柯也。古與荷通用。陳風有蒲與荷。鄭箋。夫渠之莖曰荷。樊光注爾雅引詩有蒲與茄。屈原曰。製芰荷以爲衣。集芙蓉以爲裳。楊雄則曰衿芰茄之綠衣。被芙蓉之朱裳。漢樂府鷺何食。食茄下。亦謂葉下。从艸。加聲。古牙切。十七部。

荷

扶渠葉。今爾雅曰。其葉蕸。音義云。眾家無此句。惟郭有。就郭本中或復無此句。亦竝闕讀。玉裁按。無者是也。高注淮南云。荷、夫渠也。其莖曰茄。其本曰蔤。其根曰藕。其華曰夫容。其秀曰菡萏。其實蓮。蓮之藏者菂。菂之中心曰薏。大致與爾雅同。亦無其葉蕸三字。葢大葉駭人。故謂之荷。大葉扶搖而起。渠央寬大。故曰夫渠。爾雅假葉名其通體。故分別莖、華、實、根各名而冠以荷夫渠三字。則不必更言其葉也。荷夫渠之華爲菡萏。菡萏之葉爲荷。夫渠省文互見之法也。或疑闕葉而補之。亦必當曰其葉荷。不嫌重複。無庯肊造蕸字。又案屈原、宋玉、楊雄皆以芙蓉與芰荷對文。然則芰者蔆之葉。蔆者芰之實。蔆之言棱角也。芰之言支起也。从艸。何聲。胡哥切。十七部。

蔤

扶渠本。釋艸。其本蔤。郭云。莖下白蒻。在泥中者。按蔤之言入水深密也。蒲本亦偁蔤。周書蔑席。今作篾席。纖蒻席也。檀弓。子蒲卒。哭者呼滅。注曰。滅、蓋子蒲名。哭呼名。故子皋非之。蔑滅皆蔤之段借也。名蔤故字蒲。从艸。密聲。美必切。十二部。

蕅

扶渠根。釋艸。其根藕。按釋艸以其本蔤系於荷扶渠。其莖茄之下者。謂此乃全荷之本。今俗所謂藕者是也。蔤之言滅沒於泥中也。以其根藕系於其華菡藺其實蓮之下者。謂此乃花實之根。凡花實之莖必偕葉一莖同出。似有耦然。故下近蔤上近花莖之根曰藕。本言其全。根言其偏。本在下。根上於本。下文的薏仍冢花實言之。此作爾雅之精意也。叔重列字次弟。未得其解矣。从艸、水。會意。禺聲。五厚切。四部。今訂之乃從艸從耦。會意兼形聲。

蘢

天蘥也。見釋艸。从艸。龍聲。盧紅切。九部。

蓍

蒿屬。謂似蒿而非蒿也。陸機曰。似藾蕭。青色。生千歲三百莖。艸木疏、博物志說皆同。尚書大傳曰。蓍之爲言耆也。百年一本生百莖。易曰。爲數。數、筭也。謂占易者必以是計筭也。詳易毄辭。天子蓍九尺。諸侯七尺。大夫五尺。士三尺。此禮三正記文也。亦見白虎通。儀禮特牲饋食。筮者坐筮。少牢饋食。筮者立筮。鄭注。卿大夫著五尺。立筮。士之蓍短。坐筮。皆由便也。賈公彥曰。然則天子諸侯立筮可知。从艸。耆聲。式脂切。十五部。

菣　香蒿也。詩。食野之蒿。爾雅毛傳皆云。蒿。菣也。郭樸云。今人呼爲青蒿。香中炙啖者爲菣。从艸。臤聲。去刃切。十二部。

藍　菣或从堅。按陸德明曰。菣字林作藍。

莪　莪、逗蘿也。此三字舊作蘿莪二字。今正。莪系複舉。不當倒於蘿下。小雅菁菁者莪。蓼蓼者莪。釋艸曰。莪。蘿。以蘿釋莪。毛傳曰。莪。蘿蒿也。以蘿蒿釋莪。陸璣亦云。莪蒿一名蘿蒿。蒿屬。凡言屬則別在其中。故鄭注周禮每云屬別。从艸。我聲。五何切。十七部。

蘿　莪也。是謂轉注。从艸。羅聲。魯何切。十七部。

菻　蒿屬。郭樸曰。莪蒿亦曰藁蒿。按藁同菻。許不言莪菻一物也。从艸。林聲。力稔切。七部。

蔚　牡蒿也。小雅。匪莪伊蔚。釋艸毛傳皆云。牡菣。按牡菣猶牡蒿也。郭云。無子者。陸璣云。牡蒿七月華。八月角。一名馬薪蒿。與郭異。名醫別錄有牡蒿一條。唐人注曰。齊頭蒿也。从艸。尉聲。於胃切。十五部。古多借爲茂鬱字。

蕭　艾蒿也。大雅。取蕭祭脂。郊特牲。焫蕭合馨香。故毛公曰。蕭所以共祭祀。鄭君曰。蕭。薌蒿也。陸璣曰。今人所謂萩蒿也。或云牛尾蒿。許慎以爲艾蒿。非也。按陸語非是。此物蒿類而似艾。一名艾蒿。許非謂艾爲蕭也。齊高帝云。蕭卽艾也。乃爲誤耳。○又按曹風傳曰。蕭、蒿也。此統言之。諸家云薌蒿、艾蒿者。析言之。从艸。肅聲。蘇彫切。古音在三部。音修。亦與肅同音通用。甸師共肅茅。杜子春讀肅爲蕭。蕭牆、蕭斧皆訓肅。

萩　蕭也。从艸。秌聲。七由切。三部。古多以萩爲楸。如左氏傳伐雍門之萩。史漢河濟之閒千樹萩是也。

芍　鳧茈也。見釋艸。今人謂之葧臍。卽鳧茈之轉語。郭樸云。苗似龍須。根可食。黑色。是也。廣雅云。葃姑。水芋。烏芋也。名醫別錄云。烏芋一名藉姑。一名水萍。藉與葃同音。萍必芋之誤。此專謂茨菰。不必因烏字牽合鳧茈也。茈徂咨切。从艸。勺聲。胡了切。二部。古勺聲與弱聲同。芍之可食者其蒻也。

⿱艹湔　王蔧也。釋艸字作葥。郭云。似藜。可爲彗。按凡物呼王者皆謂大。从艸。湔聲。昨先切。十二部。

蔿　艸也。晉有士蔿。楚有蔿姓。从艸。爲聲。于委切。古音在十七部。大徐引唐韵于鬼切。鬼字恐誤。左傳蔿遠錯出。遠卽蔿字。

⿱艹冘　艸也。此與芁蓄各物。从艸。冘聲。直深切。古在八部。

蘜　治牆也。未詳何物。集韵七之曰。菭蘠。艸名。从艸。鞠聲。居六切。三部。

蘠　蘠蘼、逗虋冬也。見釋艸。按本艸經有天門冬。麥門冬。未知爾雅說文謂何品也。从艸。牆聲。賤羊切。十部。

芪　芪母也。三字一句。按前已有蕁。不與芪字爲伍。則說爾雅者謂蕁卽芪母。非許意也。从艸。氏聲。常支切。十六部。一名蝭母。一名知母。一名蚳母。皆同部同音。

菀　茈菀。句。本艸經作紫菀。古紫茈通用。茈見上。唐本艸注云。白菀謂之女菀。急就篇。牡蒙甘艸菀藜蘆。師古曰。菀謂紫菀女菀之屬也。出漢中房陵。本艸亦曰。生房陵山谷。从艸。宛聲。於阮切。十四部。詩菀彼北林。有菀者柳。假借爲鬱字也。

莔　貝母也。詩言采其蝱。毛傳曰。蝱。貝母。釋艸說文作莔。莔正字。蝱假借字也。根下子如聚小貝。韵會引作貝母艸。療蛇毒。六字。从艸。朙省聲。武庚切。古音在十部。不曰囧聲。而曰省聲者。取皆讀如茫也。

茉　山薊也。見釋艸。本艸經。从艸。朮聲。直律切。十五部。

蓂　析蓂、逗二字大薺也。此薺當作齊。許君薺爲蒺藜字。則薺菜必當作齊。如洛爲歸德水名。則知豫州水名必作雒也。說文字多與爾雅異。後人依爾雅改之。釋艸曰。菥蓂。大薺。郭云。似薺葉細。按此薺菜中之一種也。从艸。冥聲。莫歷切。古音在十一部。

菋　荎藸也。見釋艸。郭云。五味也。从艸。味聲。無沸切。十五部。

荎　荎藸艸也。四字句。釋艸有味荎藸。釋木有味荎著。實一物也。春初生苗。引赤蔓於高木。長六七尺。故又入釋木。从艸。至聲。直尼切。古音在十二部。

葛　絺綌艸也。周南葛之覃兮。爲絺爲綌。从艸。曷聲。古達切。十五部。

蔓　葛屬也。此專謂葛屬。則知滋蔓字古祇作曼。正如蔓延字多作莚。从艸。曼聲。

⿱艹皋　莕　菨　⿱艹⿱罒軍　芫　蘦　蕛　苵　艼　蔣　苽　⿱艹育

無販切。十四部。⿱艹皋葛屬也。白華。南山經。其名曰白䓘。廣雅曰。⿱艹皋蘇白䓘也。按未知卽此物與。否。从艸。皋聲。古勞切。古音在三部。䓘音同。

莕菨餘也。周南參差荇菜。毛傳。荇接余也。釋艸荇作莕。从艸。杏聲。何梗切。古音在十部。荇莕或从行。同。各本作荇注云或從行今依爾雅音義五經文字正。

菨菨餘也。三字句。毛傳、陸疏作接余。按荇菜今江浙池沼閒多有。葉不正圓。花黃。六出。北方以人莧當之。南方以蓴絲當之。皆非也。从艸。妾聲。子葉切。八部。

⿱艹⿱罒軍艸也。从艸。⿱罒軍聲。古渾切。十三部。

芫魚毒也。爾雅釋木。杬魚毒。郭云。大木。皮厚。汁赤。堪藏卵果。顏師古注急就篇芫華曰。景純所說乃左思吳都賦所謂緜杬杶櫨者耳。非魚毒也。芫草一名魚毒。煑之以投水中。魚則死而浮出。故以爲名。其華可以爲藥。芫字或作杬。玉裁按。爾雅杬字本或作芫。入於釋木。本艸及許君皆入艸部。从艸。元聲。愚袁切。十四部。

蘦大苦也。此與前大苦苓也相乖刺。說詳苦字下。从艸。霝聲。郎丁切。十一部。

蕛蕛苵也。見釋艸。郭云。蕛似稗。布地生。邵氏晉涵云。孟子之荑稗。莊子之蕛稗皆是也。从艸。梯聲。按今本篆作蕛。稊聲。從禾。考禾部無稊字。則稊聲乃梯聲之誤。蕛乃蕛之誤。大兮切。十五部。

苵蕛苵也。郭於蕛字逗。以苵釋蕛。許合蕛苵二字爲艸名。凡爾雅固有舉其名而無訓釋者。不當強爲句絕也。从艸。失聲。徒結切。十二部。

艼艼熒朐也。釋艸曰。葋艼熒。未知許於熒字逗。抑以艼逗。熒朐也句。與今爾雅異也。从艸。丁聲。天經切。十一部。

蔣苽也。各本作苽蔣也。此蔣苽也之誤倒耳。今依御覽正。蜀都賦曰。攢蔣叢蒲。从艸。將聲。子良切。十部。

苽雕胡。一名蔣。各本胡字作苽。今依御覽正。食醫、內則皆有苽食。鄭云。苽、彫胡也。廣雅曰。菰、蔣也。其米謂之彫胡。然則猶扶渠實名蓮。亦因以爲華葉名也。彫胡、枚乘七發謂之安胡。其葉曰苽。曰蔣。俗曰茭。其中臺如小兒臂。可食。曰苽手。其根曰葑。葑去聲。从艸。瓜聲。古胡切。五部。

⿱艹育艸也。从艸。育聲。

藣　⿱艹難　莨　葽　薖　菌　蕈　䓴　葚　蒟

余六切。三部。藣艸也。爾雅釋器。旄謂之藣作此字。假借爲麾字也。从艸。罷聲。符羈切。古音在十七部。

⿱艹難艸也。从艸。難聲。如延切。十四部。火部⿱難火以爲聲。

莨艸也。子虛賦。卑溼則生藏莨。漢書音義曰。莨、莨尾艸也。按釋艸曰。孟、狼尾。狼與莨同音。狼尾似狗尾而麤壯者也。孟作孟者譌。从艸。良聲。魯當切。十部。

葽艸也。从艸。要聲。於消切。二部。詩曰。四月秀葽。劉向說此味苦。苦葽也。四月秀葽。豳風文。毛曰。葽者、葽艸也。箋云。夏小正四月王萯秀。葽其是乎。物成自秀葽始。玉裁按。小正四月秀幽。葽一語之轉。必是一物。似鄭不當援王萯也。劉向說此味苦。苦葽也。苦葽當是漢人有此語。漢時目驗。今則不識其味苦則應夏令也。小徐按字書云。狗尾艸。夫狗尾卽莠。莠四月未秀。非莠明矣。

薖艸也。見衞風。碩人之薖。假借此字。毛云。寬大。鄭云。饑意。按毛鄭意謂薖爲款之假借。爾雅。款足者謂之鬲。漢志作空足曰鬲。楊王孫傳窾木爲匱。服虔曰。窾、空也。淮南書窾者主浮注。窾、空也。讀如科條之科。然則薖款古同音。許君亦曰。窾空也。毛、鄭說皆取空中之意。从艸。過聲。苦禾切。十七部。

菌地蕈也。屮部所謂菌先也。从艸。囷聲。渠殞切。十三部。

蕈桑䓴也。䓴之生於桑者曰蕈。蕈之生於田中者曰菌先。鄭司農注周禮云。深蒲或曰桑耳。从艸。覃聲。慈衽切。七部。

䓴木耳也。內則記燕食所加庶羞有芝栭。正義曰。盧植云。芝、木芝也。王肅云。無華而實者名栭。按芝栭猶攷工記之之而。鄭君謂芝栭爲一物。栭卽䓴字也。今人謂光滑者木耳。皺者蕈。許意謂蕈爲木耳。从艸。耎聲。而兗切。十四部。按耎從大而聲。內則作栭。又作楆。賀氏云。栭、輭棗。其所據本作楆也。釋文云。又作檽。檽字誤。一曰萮茈。未聞。說文亦無萮字。集韵一九麌。萮、勇主切。萮茈、木耳。是謂䓴之一名也。

葚桑實也。見詩。从艸。甚聲。常衽切。七部。

蒟果也。史記、漢書有枸醬。左思蜀都賦、常璩華陽國志作蒟。史記亦或作蒟。據劉逵、顧微、宋祁諸家說。卽扶留藤也。葉可用食檳榔。實如桑葚而長。名蒟。可爲醬。巴志曰樹有荔支蔓有辛蒟。然則此物賸生緣木。故作蒟從艸。亦作枸從木。要必一物也。許君木部有枸字。云可爲醬。於艸部又有蒟字。葢不能定而兩存之歟。於甚者。以其實似葚也。其實名蒟。故云果也。果木實也。當云蒟果也爲三字句。从艸竘聲。俱羽切。五部。

芘　艸也。一曰芘尗木。尗鉉作芣。芘尗木未聞。王氏念孫曰。芘芣木三字當是芘芣二字之譌。玉裁謂說文荍字下作蚍衃。不當此作芘芣。葢木名也。从艸比聲。房脂切。十五部。

蕣　木堇。句。朝華莫落者。鄭風顏如舜華。毛曰。舜木槿也。月令季夏木堇榮。釋艸云。椵木堇。櫬木堇。鄭君曰。木堇王蒸也。莊子朝菌不知晦朔。潘尼云。朝菌木槿也。从艸。陸機疏入木類。而爾雅說文皆入艸類者。樊光曰。其樹如李。其華朝生莫落。與艸同氣。故入艸中。舜聲。舒閏切。十三部。詩曰。顏如蕣華。今詩作舜。爲假借。

茱　茱萸。逗。茱屬。內則三牲用藙。注。藙煎茱萸也。漢律會稽獻焉。爾雅謂之榝。本艸經吳茱萸味辛溫。一名藙。从艸。本艸經廣雅入木類。鄭君曰。茱萸卽榝也。而爾雅椒榝在釋木。許君則茱萸與榝爲二物。木部曰。揚州有茱萸樹。正以見茱萸之本爲艸類也。朱聲。市朱切。古音在四部。

萸　茱萸也。从艸臾聲。羊朱切。古音在四部。

茮　茮莍也。此三字句。茮莍葢古語。猶詩之椒聊也。單呼曰茮。絫呼曰茮莍茮聊。唐風椒聊之實。毛曰。椒聊椒也。釋木曰。椒榝醜莍。榝大椒。神農本艸經有蜀椒。又有秦椒。从艸。爾雅本艸陸疏皆入木類。今驗實木也。而說文正從艸。此沿自古籒者。凡析言有艸木之分。統言則艸亦木也。故造字有不拘爾。尗聲。子寮切。古音在三部。

莍　榝茮實裹如裘也。依爾雅音義正。誤裘莍同音也。郭云。莍萸子聚生成房皃。詩箋作捄。釋木櫟其實梂。皆卽莍字也。从艸求聲。巨鳩切。三部。求卽裘之古文。亦會意也。

荆　楚木也。林部曰。楚叢木。一名荆。是爲轉注。从艸刑聲。舉卿切。十一部。荆　古文荆。

菭　水青衣也。依爾雅音義補青字。醢人菭菹。鄭司農曰。菭水中魚衣。玄謂菭箭萌。玉裁按。先後鄭異字。先鄭作菭。從艸。許說正同。後鄭作箈。從竹。郭注爾雅引箈菹鴈醢。從後鄭也。後鄭注當有菭當爲箈四字而佚。今本周禮作箈。混誤不成字。所當正者也。吳都賦注曰。海苔生海水中。正青。狀如亂髮。乾之赤。鹽藏有汁。名曰濡苔。从艸治聲。徒哀切。沈重云。北人丈之反。一部。今作苔。

芽　芽、逗。萌也。按此本作芽萌也。後人倒之。从艸牙聲。五加切。古音在五部。古多以牙爲芽。

萌　艸木芽也。木字依玉篇補。說文以艸木芽、艸木榦、艸木葉聯綴成文。萌芽析言則有別。尚書大傳。周以至動。殷以萌。夏以牙是也。統言則不別。故曰萌艸木芽也。月令。句者畢出。萌者盡達。注。句屈生者。芒而直曰萌。樂記作區萌。从艸朙聲。武庚切。古音在十部。

茁　艸初生地皃。从艸出。依韵會所引。鄒滑切。十五部。言會意以包形聲也。詩曰。彼茁者葭。召南文。毛曰。茁出也。按也當爲皃之譌。

莖　艸木榦也。依玉篇所引。此言艸而兼言木。今本作枝柱。考字林作枝主。謂爲衆枝之主也。葢或用字林改說文。而主又譌柱。从艸巠聲。戶耕切。十一部。

莛　莖也。說苑。建天下之鳴鐘。撞之以莛。从艸廷聲。特丁切。十一部。

葉　艸木之葉也。凡物之薄者。皆得以葉名。从艸枼聲。與涉切。古音在八部。

蔚　艸之小者。从艸㓹聲。㓹、古文銳字。按金部网部皆云㓹籒文銳。則此古字誤也。當改籒。讀若芮。今居例切。十五部。

芣　華盛。詩言江漢浮浮。雨雪浮浮。皆盛皃。芣與浮聲相近。从艸不聲。縛牟切。古音在一部。一曰芣苢。疑前苢字下祇作不苢。此於芣字下又明之曰。不苢之不亦作芣也。

葩　華也。古光華字與花實字同義同音。葩之訓華者。艸木花也。亦華麗也。艸木花冣麗。故凡物盛麗皆曰華。韓愈曰。詩正而葩。謂正而文也。葩亦散也。通作杷。靈樞經曰。紛紛杷杷。終而復始。从艸杷聲。普巴切。古音在五部。

芛　艸之皇榮也。皇當作葟。或騂字。釋艸曰。蕍芛葟華榮。郭曰。今俗呼艸木華初生者爲芛。音穧豬之穧。从艸尹聲。羊捶切。古音在十三部。

蘳　黃華。後漢書馬融傳曰。蘳扈蘳熒。蘳

或作蘳。从艸。蘳聲。此舉形聲見會意。讀若墮壞。此謂讀如墮壞之墮也。墮、隋聲在十七部。音轉許規切。入十六部。凡圭聲字在十六部。鉉本脫去墮字。廣韵蘳有壞音。誤矣。唐韵胡瓦切。十七部之音變也。

蔈 苕之黃華也。釋艸。苕、陵苕。黃華蔈。白華茇。郭云。苕華色異。名亦不同。玉裁按。許君茇字下云一曰艸之白華爲茇。不云苕之白華。則蔈字下亦當云艸之黃華。不當如郭說也。今本苕字。恐是後人用郭說改之。許於苕下云艸也。亦不云陵苕。从艸。票聲。方小切。二部。一曰末也。金部之鏢、木部之標。皆訓末。蔈當訓艸末。禾部曰。秒、禾芒也。秋分而秒定。按淮南天文訓作秋分蔈定。此蔈爲末之證也。

英 艸榮而不實者。見釋艸。一曰黃英。此別一義也。疑卽權黃華。从艸。央聲。於京切。古音在十部。

薾 華盛。㸚部曰。麗爾猶靡麗也。薾與爾音義同。从艸。爾聲。此於形聲見會意。薾爲華盛。濔爲水盛。兒氏切。十六部。詩曰。彼薾惟何。小雅文。今作爾。惟今作維。

萋 艸盛。从艸。妻聲。七稽切。十五部。詩曰。菶菶萋萋。大雅文。謂梧桐也。艸木同類。毛曰。菶菶萋萋。梧桐盛也。

菶 艸盛。从艸。奉聲。補蠓切。九部。說文兩引詩。瓜瓞菶菶。今生民作唪唪。假借。

薿 茂也。从艸。疑聲。魚己切。一部。詩曰。黍稷薿薿。小雅文。箋云。薿薿然而茂盛。廣雅釋訓。薿薿、茂也。

蕤 艸木華𠂹兒。引伸凡物之垂者皆曰蕤。冠緌系於纓而垂者也。禮家定爲蕤字。夏采建綏。王制大綏小綏。明堂位夏后氏之綏。襍記以其綏復。鄭君皆改爲緌字。謂旄牛尾之垂於杠者也。讀如冠蕤。蕤賓之蕤。白虎通說。蕤賓曰。蕤者、下也。賓者、敬也。从艸。甤聲。唐韵儒佳切。非也。當儒隨切。入五支。古音在十六部也。甤從生豕聲。豕聲在十六部。緌綏字亦皆同部。

葼 青齊兗冀謂木細枝曰葼。見方言。引傳曰。慈母之怒子也。雖折葼笞之。其惠存焉。从艸。㚇聲。子紅切。九部。

𦺗 艸萎𦺗。萎𦺗疊韵。萎平聲。从艸。移聲。弋支切。古音在十七部。

蒝 艸木形。从艸。原聲。愚袁切。十四部。

莢 艸實。周禮曰。墳衍植物宜莢物。按莢物兼艸木言。从艸。夾聲。古叶切。八部。

芒 艸耑也。說文無鋩字。此卽鋒鋩字也。从艸。亾聲。武方切。十部。

䕤 藍蓼秀。从艸。隋聲。羊捶切。古音在十七部。按䕤與芛字皆切羊捶。蓋卽芛字之異者。且當與芣葩芛蘳蔈英薾七字類列。此非其次。疑後人所沾也。

蔕 瓜當也。曲禮。削瓜士疐之。釋木。棗李曰疐之。疐者、蔕之假借字。聲類曰。蔕、果鼻也。瓜當果鼻正同類。老子。深根固柢。柢亦作蔕。西京賦。蔕倒茄於藻井。皆假借爲柢字。从艸。帶聲。都計切。十五部。

荄 艸根也。見釋艸及方言。郭曰。今俗謂韭根爲荄。从艸。亥聲。古哀切。一部。

荺 茇也。茅根也。荺見釋艸。荺者茇也。茇者艸根也。文相承。顧廣圻曰。依許君所說。是爾雅本云荺茇荄根。郭誤茇爲荄。遂以荺荄爲一義。荄根爲一義。茅根也之上當有一曰二字。此別一義。以荺專屬茅根也。从艸。均聲。于敏切。十二部。

茇 艸根也。从艸。犮聲。北末切。十五部。春艸根枯。引之而發土爲撥。故謂之茇。此申明艸根爲茇之義也。氾勝之書曰。春土長冒橛。陳根可拔。耕者急發。攷工記注曰。𡿨土曰伐。伐之言發也。詩駿發爾私。箋云。發、伐也。周語。王耕一墢。注。一墢、一耦之發也。引之而發土者。謂枱藉陳根。土易解散。其耕澤澤也。爲撥之撥。卽攷工記之伐。國語之墢。說文土部之坺。今韵書之垡。實一字也。其連根之土曰坺。故艸根曰茇。引伸爲詩禮艸舍之茇。一曰艸之白華爲茇。見釋艸。郭連上文謂苕之白華。許泛言艸。

芃 艸盛兒。兒字依韵會。鄘風。芃芃其麥。毛曰。芃芃然方盛長。从艸。凡聲。房戎切。古音在七部。衞彈碑。梵梵黍稷。隸變從林。而葛洪字苑始有梵字。潔也。凡泛切。詩曰。芃芃黍苗。曹風傳曰。美兒。小雅傳曰。長大兒。

蒪 華葉布也。與尃敷字義通。從艸。故訓華葉布。从艸。傅聲。讀若傅。方遇切。五部。

蓻 艸木不生也。蓻之言蟄也。與蒪反對成文。玉篇云。艸木生兒。未知孰是。一曰

⿱艹犷　茂　⿱艹暘　蔭　⿱艹造

茅根。此別一義也。从艸。⿰夲卂聲。姊入切。七部。

⿱艹犷　艸多皃。从艸。犷聲。語斤切。十三部。江夏平春見郡國志。有⿱艹犷亭。凡云有某亭、有某縣者，皆證其字形。不必名縣名亭取字義也。今說文艸部末有⿱艹狐篆，訓釋十四字全同此。今因⿱艹犷誤爲⿱艹狐，或妄附之部末也。

茂　艸木盛皃。依韵會訂。茂之引伸借爲懋勉字。从艸。戊聲。莫候切。古音在三部。

⿱艹暘　艸茂也。孟子、史記艸木暘茂字皆作暘。俗又作暢。从艸。暘聲。丑亮切。十部。

蔭　艸陰地。左氏傳曰。若去枝葉則本根無所庇蔭矣。楚語。玉足以庇蔭嘉穀。引伸爲凡覆庇之義也。釋言曰。庇。庥。蔭也。說文曰。庇。蔭也。休。止息也。从艸。陰聲。依韵會無聲字。此以會意包形聲。於禁切。七部。詩桑柔以陰爲蔭。

⿱艹造　艸皃。从艸。造聲。初救切。三部。玉裁按。左氏傳僖子使助薳氏之⿱艹造。杜注。⿱艹造。副倅也。釋文曰。說文⿱艹造從艸。五經文字艸部曰。⿱艹造倅也。春秋傳從竹。攷李善注長笛賦⿱艹造弄曰。說文⿱艹造倅字如此。注江淹詩步櫩⿱艹造瓊弁曰。說文⿱艹造襍字如此。然則左傳、文選從竹之簉。皆從艸之⿱艹造之譌。而說文艸皃之下本有一曰⿱艹造襍也五字。今人言集。漢人多言襍。倅。周禮作萃、作倅。亦湊集意也。小徐注⿱艹造字云。艸相次也。蓋識此意。

茲　⿱艹俶　⿱艹歊

茲　艸木多益。詩小雅。兄也永歎。毛曰。兄。茲也。戴先生毛鄭詩考正曰。茲今通用滋。說文茲字說云。艸木多益。滋字說云。益也。韋注國語云。兄。益也。詩之辭意言不能如兄弟相救。空滋之長歎而已。按大雅職兄斯引。傳亦云兄。茲也。从艸。絲省聲。絲宋本作玆。非也。玆從二玄。音玄。字或作滋。𢆶從絲省聲。韵會作𢆶聲。𢆶者、古文絲字。滋孳鶿皆茲聲。子之切。一部。經典茲此也。唐石經皆誤作玆。

⿱艹俶　艸旱盡也。此與艸木多益反對成文。从艸。俶聲。徒歷切。古音在三部。詩曰。⿱艹俶⿱艹俶山川。大雅文。今詩作滌滌。毛云。滌滌。旱氣也。山無木。川無水。按玉篇、廣韵皆作⿱艹俶。今疑當作蓧。艸木如盪滌無有也。叔聲、淑聲字多不轉爲徒歷切。詩踧踧周道。踧字亦疑誤。

⿱艹歊　艸皃。从艸。歊聲。許嬌切。二部。周禮曰。轂獘不⿱艹歊。攷工記文。獘字誤。當依本書作敝。鄭衆云。⿱艹歊當爲秏。康成云。⿱艹歊、⿱艹歊暴。陰柔後必橈減。幬革暴起。按此荀卿及漢人所謂槁暴也。橈減爲槁。木之槁與革之暴相因而致。木歉則革盈。旅人注云。暴者墳起也。先鄭謂之⿱艹歊當是秏字之誤。後鄭謂⿱艹歊爲槁之假借。其義則通。不言⿱艹歊讀爲槁者。從先鄭作秏亦得也。凡許君引經傳有證本義者。如⿱艹俶山川是。有證假借者。如轂敝不⿱艹歊。非關艸皃也。

蔇　薋　蓁　莦　芮　茬

蔇　艸多皃。木部。穊。稠也。音義同。从艸。既聲。居味切。十五部。

薋　艸多皃。離騷曰。薋菉葹以盈室。王注。薋、蒺藜也。菉、王芻也。葹、枲耳也。詩楚楚者薋。三者皆惡艸也。據許君說。正謂多積菉葹盈室。薋非艸名。禾部曰。穧。積禾也。音義同。蒺藜之字。說文作薺。今詩作茨。叔師所據詩作薋。皆假借字耳。从艸。資聲。疾茲切。古音在十五部。廣韵疾資切。

蓁　艸盛皃。毛詩傳曰。蓁蓁。至盛皃。从艸。秦聲。側詵切。十二部。

莦　惡艸皃。从艸。肖聲。所交切。二部。

芮　芮芮、疊字。艸生皃。芮芮與茙茙雙聲。柔細之狀。从艸。內聲。讀若汭。而銳切。十五部。

茬　艸皃。从艸。在聲。仕甾切。一部。濟北有茬平縣。茬俗作茌。地理志泰山郡茬縣。應劭曰。茬山在東北。音淄。東郡茬平縣。應劭曰。在茬山之平地者也。司馬彪郡國志。茬平屬濟北國。注曰。本屬東郡。

薈　⿱艹敄　芼

薈　艸多皃。引伸爲凡物會萃之義。从艸。會聲。烏外切。十五部。詩曰。薈兮蔚兮。曹風文。毛曰。薈蔚雲興皃。謂南山朝隮如艸木蒙茸也。

⿱艹敄　細艸叢生也。⿱艹敄與茂音義同。廣雅曰。務務茂也。務卽⿱艹敄之譌。从艸。敄聲。莫候切。古音三部。曹憲匕老反。音之轉也。

芼　艸覆蔓。覆地蔓莚。从艸。毛聲。莫抱切。二部。詩曰。左右芼之。周南文。毛鄭詩考正曰。芼。菜之烹於肉湆者也。禮羹芼菹醢凡四物。肉謂之羹。菜謂之芼。肉謂之醢。菜謂之菹。菹醢生爲之。是爲醢人豆實。芼則湆烹之。與羹相從。實諸鉶。儀禮鉶芼。牛藿。羊苦。豕薇。牲用魚。芼之以蘋藻。內則雉兔皆有芼是也。孔沖遠疑四豆之實無芼。不知詩明言芼。非菹也。玉裁按。芼字本義是艸覆蔓。故從艸毛會意。因之爾雅曰。搴也。毛公曰。擇也。皆於從毛得解。搴之而擇之。而以爲菜釀。

蒼　葻　萃　蒔　苗

義實相成詩禮本無不合。蒼艸色也。引伸爲凡青黑色之偁。从艸倉聲。七岡切十部。葻艸得風皃。从艸風。風亦聲。讀若婪。盧含切古音在七部。萃艸皃。易象傳曰萃聚也。此引伸之義。从艸卒聲。讀若瘁。秦醉切十五部。按錯本無萃。蒔更別種。方言曰蒔立也。蒔更也。堯典播時百穀。鄭讀時爲蒔。今江蘇人移秧插田中曰蒔秧。从艸時聲。時吏切一部。苗艸生於田者。从艸田。武鑣切二部。按苗之故訓禾也。禾者今之小米。詩誕降嘉穀維秬維秠維穈維芑。爾雅毛傳說文皆曰穈赤苗。芑白苗。魏風無食我苗。毛曰苗嘉穀也。此本生民詩首章言黍。二章言麥。三章則言禾。春秋經莊七年秋大水無麥苗。廿八年冬大無麥禾。麥苗即麥禾。秋言苗。冬言禾。何休曰苗者禾也。生曰苗。秀曰禾。倉頡篇曰苗者禾之未秀者也。孔子曰惡莠恐其亂苗。魏文矦曰幽莠似禾。明禾與苗同物。苗本禾未秀之名。因以爲凡艸木初生之名。詩言稷之苗。稷之穗。稷之實是也。說文立文當以苗字

苛　蕪　薉　荒　䔲　薴　落　蔽

次穈字之前。云禾也。嘉穀也。則穈爲赤苗籒文芑爲白苗。言之有序。艸生於田。皮傅字形爲說而已。○古或假苗爲茅。如士相見禮古文艸茅作艸苗。洛陽伽藍記所云魏時苗茨之碑。實即茅茨。取堯舜茅茨不翦也。苛小艸也。引伸爲凡瑣碎之稱。从艸可聲。乎哥切十七部。蕪薉也。从艸無聲。武扶切五部。薉蕪也。从艸歲聲。於廢切十五部。今作穢。荒蕪也。荒之言尨也。故爲蕪薉。从艸㠩聲。呼光切十部。一曰艸掩地也。周南魯頌毛鄭皆曰荒奄也。此艸掩地引伸之義也。一本掩作掩。䔲䔲薴、逗艸亂也。从艸爭聲。側莖切十一部。杜林說䔲薴艸皃。䔲薴疊韵。此蓋出蒼頡訓纂蒼頡故。薴䔲薴也。从艸寧聲。女庚切十一部。此二篆及解舊譌舛。今依全書通例正。落凡艸曰零。木曰落。零爾雅音義作苓。落亦爲籬落纏絡字。木部梐落也。系部縲落也是也。从艸洛聲。盧各切五部。蔽

蘀　蘊　蔫　菸

蔽、疊字。小艸也。也當作皃。召南蔽芾甘棠。毛云蔽芾小皃。此小艸皃之引伸也。按爾雅釋言芾小也。卷阿毛傳云芾小也。芾茀同字。說文有茀無芾。甘棠本作茀。或本作市。不可知。蔽芾疊韵。猶滭沷、滭沸。从艸敝聲。必袂切十五部。沈重音必。蘀艸木凡皮葉落陊地爲蘀。陊、落也。錯本作墮。从艸擇聲。他各切五部。詩曰十月殞蘀。豳風文。毛曰蘀落也。殞鉉作隕。蘊積也。左傳芟夷蘊崇。杜注蘊積也。又蘋蘩蘊藻之菜。注蘊藻聚藻也。小雅都人士、禮記禮運借菀字爲之。从艸溫聲。於粉切十三部。俗作藴。春秋傳曰蘊利生孽。左傳昭十年文。蔫菸也。不鮮也。从艸焉聲。於乾切十四部。菸鬱也。鬱各本作鬱誤。蔫菸鬱三字雙聲。鬱者如醲鬱也。王風中谷有蓷。暵其乾矣。毛曰暵菸皃。陸艸生於谷中。傷於水。玉裁按暵即蔫字之假借。故既云暵其乾。又云暵其溼。乾溼文互相足。从艸於聲。央居切五部。一曰㱩也。㱩病也。菸㱩雙聲。九辯曰葉菸

𧁒　蔡　茷　菜　芾　𦬊

邑而無色。按鬱㱩二義互相足。𧁒艸旋皃也。𧁒與縈音義同。从艸縈聲。於營切十一部。詩曰葛藟𧁒之。周南文。毛曰旋也。今詩作縈。陸德明作縈。蔡艸丰也。丰讀若介。丰字本無。今補。四篇曰丰艸蔡也。此曰蔡艸丰也。是爲轉注。艸生之散亂也。丰蔡疊韵。猶䔲薴。此無丰字。則蔡當爲艸名。不廁此處矣。从艸祭聲。蒼大切十五部。茷艸葉多。詩白旆央央。本又作茷。泮水之其旂茷茷。即出車之旟旐旆旆。采菽之其旂淠淠也。然則小弁萑葦淠淠亦當云萑葦茷茷。本言艸葉之多。而引伸之狀旐旗也。从艸伐聲。符發切十五部。春秋傳曰晉糴茷。見成十年左氏傳。菜艸之可食者。菜字當冠於芑葵等字之上。从艸采聲。此舉形聲包會意。古多以采爲菜。蒼代切一部。芾艸多葉皃。芾之言之而也。如鱗屬之之而。从艸而聲。如之切一部。沛城父見地理志。有楊芾亭。𦬊艸浮水中皃。𦬊與汜音義同。从艸乏聲。

薄　苑　藪

孚凡切。古音在七部。

薄 林薄也。吳都賦。傾藪薄。劉注曰。薄。不入之叢也。按林木相迫不可入曰薄。引伸凡相迫皆曰薄。如外薄四海、日月薄蝕皆是。傍各、補各二切。同也。相迫則無閒可入。凡物之單薄不厚者亦無閒可入。故引伸爲厚薄之薄。曹憲云。必當作薄。非也。一曰蠶薄。月令。季春。具曲植籧匡。注。時所以養蠶器也。曲、薄也。植、槌也。方言云。宋魏陳楚江淮之閒謂之苗。或謂之麴。自關而西謂之薄。周勃傳。勃以織薄曲爲生。从艸。溥聲。旁各切。五部。

苑 所㠯養禽獸也。周禮地官囿人注。囿今之苑。是古謂之囿。漢謂之苑也。西都賦。上囿禁苑。西京賦作上林禁苑。从艸。夗聲。於阮切。十四部。

藪 大澤也。地官澤虞曰。每大澤大藪。中澤中藪。小澤小藪。注。澤水所鍾也。水希曰藪。此析言則澤藪殊也。職方氏云。其澤藪曰某。毛詩傳曰。藪、澤。此統言則不別也。職方氏注曰。大澤曰藪。與說文合。葢藪實兼水鍾水希而言。爾雅十藪。毄釋地。不毄釋水。正謂地多水少。艸木所聚。从艸。數聲。蘇后切。四部。九州之藪。見職方氏。楊州具區。鄭曰。具區在吳南。謂漢吳縣南。屬會稽郡。禹貢謂之震澤。今謂之太湖。荊州雲夢。夢今周禮作瞢。鄭曰。雲瞢在華容。漢華容縣屬南郡。豫州甫田。甫今本作圃。汲古未改本、宋本、李燾五音韵譜本皆作甫。毛詩。東有甫草。毛云。甫、大也。箋云。甫草者。甫田之草也。鄭有甫田。俗本作圃田。釋文及吳應龍本不誤。葢鄭所據爾雅、許所據周禮皆作甫田。甫圃古通用。故毛詩甫艸韓詩作圃艸。詩箋說文作甫田。今他書皆作圃田。職方注曰。圃田在中牟。漢中牟屬河南郡。青州孟諸。孟今周禮作望。鄭曰。望諸明都也。在睢陽。漢睢陽縣屬梁國。兗州大野。鄭曰。大野在鉅野。漢鉅野屬山陽郡。雝州弦圃。今周禮作弦蒲。注曰。弦或爲汧。蒲或爲浦。按許所據葢卽鄭之或本。圃浦未知孰是。今本說文作蒲。汲古未改本、宋本、李燾本皆作圃。職方注曰。弦蒲在汧。漢汧縣屬右扶風。幽州奚養。周禮作貕養。杜子春讀貕爲奚。按說文。大部。奚、大腹也。豕部。貕、豚生三月腹奚奚皃也。杜葢說此藪名取大腹意。不取豕意。故易貕爲奚。而班、許從之。鄭曰。貕養在長廣。漢長廣縣屬琅邪郡。

一篇下　卌

菑　蘨　薙　䒳　菿

冀州楊紆。鄭曰。楊紆所在未聞。爾雅曰。秦有楊陓。呂氏春秋作陽華。注曰。陽華在鳳翔。或曰在華陰西。淮南作陽紆。注曰。在馮翊池陽。一名具圃。幷州昭餘祁是也。鄭曰。昭餘祁在鄔。漢鄔縣屬太原郡。徐鍇本餘作余。淮南作燕之昭余。無祁字。凡職方氏之川寖。說文散舉之。藪則彙舉之。

菑 不耕田也。海寧陳氏鱣曰。不、當爲才。才耕田謂始耕田也。才、財、材皆訓始。玉裁按。不、當爲反。字之誤也。爾雅。田一歲曰菑。毛詩傳、馬融、虞翻易注皆用之。韓詩董遇易章句皆曰菑。反艸也。與田一歲義相成。詩大田箋曰。俶載讀爲熾菑。時至民以其利耜熾菑。發所受之地。趨農急也。攷諸經傳。凡入之深而植立者皆曰菑。如攷工記輪人菑。訓建輻。弓人菑訓以鋸副析。公羊傳以人爲菑。漢書楗石菑。鄭仲師云。泰山平原所樹立物爲菑。聲如葴。博立梟棊亦爲菑。其他若毛傳木立死曰菑。漢書事刃公之腹中。急就篇分別部居不襍廁。漢太學石經以人爲側。皆此字之引伸假借。又假爲烖害字。从艸田。巛聲。鍇本原有聲字。惟田巛二字倒易。又誤合爲一字。鍇欲作從艸巛田。無聲字。非也。初耕反艸。故從艸田會意。以巛爲聲也。側詞切。一部。易曰。不菑畬。周易无妄六二爻辭。周禮注作不菑而畬。語較明。言爲之無漸也。畬、二歲田也。𤰈 菑或省艸。此取巛諧聲。鄭所云利耜熾發地之意也。

蘨 艸盛皃。从艸。䌛聲。此以形聲包會意。䌛、隨從也。他書凡䌛皆作繇。蘨作䔄。余招切。古音在三部。夏書曰。厥艸惟䌛。依鍇本及宋本作䌛。馬融注尚書曰。䌛、抽也。故合艸䌛爲蘨。此許君引禹貢明從艸䌛會意之恉。引經說字形之例。始見於此。詳後麓下。

薙 除艸也。明堂月令曰。季夏燒薙。从艸。雉聲。他計切。案周禮雉氏掌殺草。雉或作夷。古雉音同夷。故鄭云字從類。類謂聲類也。大鄭從夷。後鄭從雉。而讀爲鬀。作薙者乃俗字。猶稻人芟夷字俗作芟荑也。月令燒薙。蓋亦本作燒雉。許君說文本無薙字。淺人所羼入也。

䒳 耕多艸。从艸耒。耒所以耕也。從耒艸會意。耒亦聲。兼形聲。盧對切。十五部。

菿 艸大也。毛詩。倬彼甫田。韓詩作菿彼圃田。釋故曰。菿、大

一篇下　卌一

蔪　茀　苾　蔎

也。卓聲到聲古同在弟二部。从艸。到聲。都盜切。○案各本篆作菿。訓同。玉篇、廣韵皆無菿字。菿之誤也。後人檢菿字不得。則於艸部末綴菿篆。訓曰艸木倒。語不可通。今更正。爾雅釋文、廣韵四覺皆引說文。菿、艸大也。

蔪 艸相蔪苞也。蔪苞卽今禹貢之漸包。釋文曰。漸本又作蔪。字林才冄反。艸之相包裹也。包或作苞。叢生也。馬云。相苞裹也。按叢生之義。字作苞者是。从艸。斬聲。慈冄切。八部。今本有書曰艸木蔪苞六字。此誤以鍇語入正文。今依韵會訂。

蔪 蔪或从槧。此蓋兼從艸木也。

茀 道多艸不可行。周語。火朝覿矣。道茀不可行也。注。草穢塞路爲茀。从艸。弗聲。分勿切。十五部。毛詩借作蔽䣛字。

苾 馨香也。見小雅。韓詩作馥。許君香部無馥字。從毛不從韓也。从艸。必聲。毗必切。十二部。

蔎 香艸也。香艸當作艸香。前文營藭已下十字皆說香艸。蔎芳蕡不與同列。而廁苾下。是非艸名可知也。劉向九歎。懷椒聊之蔎蔎。王注。椒聊、香草也。蔎蔎、香貌。从艸。設聲。識列切。又桑葛切。十五部。

芳蕡　藥　䕻　蓆

芳 香艸也。香艸當作艸香。从艸。方聲。敷方切。十部。

蕡 襍香艸。當作襍艸香。蓋此字之本義。若有蕡其實。特假借爲墳大字耳。从艸。賁聲。浮分切。十三部。

藥 治病艸。玉篇引作治疾病之艸總名。从艸。樂聲。以勺切。二部。

䕻 艸木生箸土。箸、丈略切。此依韵會引。从艸。麗聲。此當云。從艸麗。麗亦聲。呂支、郎計二切。十六部。易曰。百穀艸木麗於地。此引易彖傳說從艸麗之意也。凡引經傳有證字義者。有證字形者。有證字音者。如艸木麗於地。說從艸麗。豐其屋。說從宀豐。皆論字形耳。陸氏易釋文乃云說文作蘺、作寷。不亦謬哉。他如蘱字之引夏書。刑字、相字、簪字、和字、莾字、庸字、去字之引易。䜌字之引詩。有字之引春秋傳。公字之引孝經說。罔字之引孟子。易字之引祕書。畜字之引淮南王。公字之引韓非。皆說字形會意之恉。而學者多誤會。

蓆 廣多也。鄭風。緇衣之蓆兮。釋故、毛傳皆云。蓆、大也。韓詩云。儲也。廣義與大近。多義與儲近。从艸。席聲。祥易切。古音在

芟　荐　藉　蒩

五部。

芟 刈艸也。見周頌。周禮、毛云。除艸曰芟。从艸殳。鍇有聲字。非。此會意。殳取殺意也。所銜切。八部。

荐 薦席也。薦、見廌部。艸也。不云艸席云薦席者。取音近也。席各本誤蓆。薦席爲承藉。與藉者爲二。故釋言云。荐、原、再也。如且爲俎几。故亦爲加增之詈。易作洊。从艸。存聲。在甸切。古音在十二十三部。荐與薦同音。是以承藉字多假借爲之。如節南山傳。薦、重也。說文云。且、薦也。皆作荐乃合。左傳云。戎狄荐居。外傳荐處。服云。荐、艸也。此謂荐同薦。韋云。荐、聚也。此與爾雅再訓近。

藉 祭藉也。稽字下。禾稾去其皮。祭天以爲藉也。引伸爲凡承藉、蘊藉之義。又爲假藉之義。一曰艸不編狼藉。此別一義。从艸。耤聲。慈夜、秦昔二切。古音在五部。

蒩 茅藉也。司巫。祭祀共蒩館。杜子春云。蒩讀爲蒩。蒩、藉也。玄謂蒩之言藉也。祭食有當藉者。館所以承蒩。士虞禮苴刌茅長五寸。實于筐。按鄭謂儀禮之苴卽周禮之蒩也。从艸。租聲。子余切。又子都切。五部。禮曰。此當云禮記曰。脫記字。記者、百三十一篇文也。封諸

蕝　茨　葺蓋

侯以土。蒩以白茅。白虎通、獨斷皆云。天子大社。以五色土爲壇。封諸侯。受天子社土以所封之方色。東方受青。南方受赤。他如其方色。皆苴以白茅授之。歸國立社。按班、蔡作苴。假借字。許作蒩。正字也。

蕝 朝會束茅表位曰蕝。晉語。昔成王盟諸侯於岐陽。置茅蕝。設望表。與鮮卑守燎。故不與盟。司馬貞引賈逵云。束茅以表位爲蕝。許用賈侍中說也。史記、漢書叔孫通傳字作蕞。如淳曰。蕞謂以茅翦樹地。爲纂位尊卑之次也。从艸。絕聲。子悅切。又茲會切。又音纂。此十四部十五部合音。何氏纂文云。蕝今之纂字。是也。鄭注樂記作蕞。作管切。今人編纂之語本此。春秋國語曰。致茅蕝表坐。

茨 茅蓋屋。俗本作以茅葦蓋屋。見甫田鄭箋。釋名曰。屋以艸蓋曰茨。茨、次也。次艸爲之也。从艸。次聲。此形聲包會意。疾資切。十五部。

葺 茨也。从艸。咠聲。七入切。七部。

蓋 苫也。引伸之爲發端語詞。又不知者不言。論語謂之蓋闕。漢書謂之丘蓋。从艸。盇聲。古太切。十五部。盇在八部。此合音也。

苫　藹　䓛　藩　菹　荃　⿱艹酤　藍　⿱艹泜　⿱艹橑　⿱艹顡

苫　蓋也。从艸。占聲。失廉切。今俗語舒贍切。古音在七部。藹　蓋也。今人靄字當用此。从艸。渴聲。於蓋切。十五部。䓛　㕞也。㕞當作刷。字之誤也。㕞、拭也。刷、捪杷也。䓛之言掘也。與捪杷義近。今人謂以鈍帚去薉物曰䓛。正是此字。廣雅釋器。䓛謂之刷。从艸。屈聲。區勿切。十五部。藩　屏也。屏、蔽也。从艸。潘聲。甫煩切。十四部。菹　酢菜也。酢、今之醋字。菹須醯成味。周禮七菹。韭菁茆葵芹箈筍也。鄭曰。凡醯醬所和細切爲齏。全物若䐑爲菹。少儀麋鹿爲菹。則菹之稱菜肉通。玉裁謂齏菹皆本菜稱。用爲肉稱也。从艸。沮聲。側魚切。五部。䔾　或从皿。䕭　或从缶。案二篆今本從皿。李燾本注或從血。五篇血部有䔾䕭二字。玉篇血部䔾字下引周禮醢人七䔾。䔾或從血者。鄭君菜肉通稱之說是也。從缶者謂罋諸器中乃成也。菹醢通稱。故血部云。䔾、醢也。此艸部䔾䕭二字蓋後人增之。荃　芥脃也。黑部曰。以芥爲䪢。名曰芥荃。云芥脃者、謂芥䪢鬆脃可口也。此字據上下文則非楚詞荃字也。从艸。全聲。晁說之云。唐本說文初劣切。按集韵猶存其音。全聲當在十四部。此十四十五二部合音也。⿱艹酤　韭鬱也。鬱同鬱。廣雅。寑醓鬱孱幽也。皆謂飲食也。此許君酤訓韭鬱、豉訓幽尗之證。从艸。酤聲。苦步切。五部。藍　瓜菹也。从艸。濫聲。各本篆作藍。解誤作監聲。今依廣韵集韵訂。魯甘切。八部。⿱艹泜　菹也。从艸。泜聲。纏伊切。十五部。⿱艹⿱泜皿　⿱艹泜或从皿。皿、器。⿱艹橑　乾梅之屬。鄭注周禮云。乾䕩、乾梅也。有桃諸梅諸。是其乾者。按鄭意周禮上文桃是濡者。此著乾以別之。从艸。橑聲。梅桃當從木而從艸者。艸亦木也。盧皓切。二部。周禮曰。饋食之籩。其實乾䕩。籩人文。後漢長沙王始煑艸爲䕩。謂周禮之䕩。後至漢長沙王始煑艸爲䕩。不用梅桃也。⿱艹潦　䕩或从潦。⿱艹顡　煎茱萸。內則。三牲用藙。鄭云。藙、煎茱萸也。漢律會稽獻焉。爾雅謂之椒。玉裁謂許君云椒似茱萸出淮南。則與鄭說異。皇侃義疏曰。煎茱萸。今蜀郡作

䔲　若　蓴　茜　⿱艹尊　莜　萆　⿱艹是

之。九月九日取茱萸。折其枝。連其實。廣長四五寸。一升實可和十升膏。名之藙也。本艸圖經曰。食茱萸。蜀人呼其子爲艾子。按艾即藙字。从艸。顡聲。魚既切。十五部。漢律。會稽獻藙一斗。䔲　羹菜也。謂取菜羹之也。集韵有宲字。亯也。即此字。从艸。宰聲。阻史、子亥二切。一部。若　擇菜也。晉語。秦穆公曰。夫晉國之亂。吾誰使先。若夫二公子而立之。以爲朝夕之急。此謂使誰先擇二公子而立之。若正訓擇。擇菜引伸之義也。从艸右。右、手也。此會意。毛傳曰。若、順也。於雙聲叚借也。又假借爲如也。然也。乃也。汝也。又兼及之詞。五部。一曰杜若、香艸。此別一義。此六字依韵會。恐是鉉用鍇語增。今人又用鉉本改鍇本耳。蓴　蒲叢也。本艸圖經引西京襍記曰。太液池邊皆是彫胡紫籜綠節蒲叢之類。廣雅釋艸曰。蒲穗謂之蓴。大丸切。謝靈運詩。新蒲含紫茸。亦謂蒲穗。从艸。專聲。當從集韵徒官切。十四部。鉉本常倫切。此蒓絲字。茜　㠯艸補缺。廣雅釋詁四。茜、補也。丈例反。从艸。西聲。讀若俠。或作陸。誤字也。或㠯爲綴。讀如俠。在八部。讀如綴。在十五部。古文西字亦沾誓兩讀。鉉直例切。一曰約空也。此別一義。約空未聞。⿱艹尊　叢艸也。⿱艹尊⿱艹尊見魏都賦。茂盛皃。从艸。尊聲。慈損切。十三部。莜　耘田器。舊作艸田器。今依韵會、論語疏作芸田器。毛傳曰。芸、除艸也。孔安國曰。除艸曰芸。故其字從艸。匸部有匧字。金部有銚字。皆云田器。疑皆此字之古文也。从艸。攸聲。舊作條省聲。乃淺人所改。條亦攸聲也。徒弔切。古音在三部。論語曰。以杖荷莜。見微子篇。謂子路見丈人。手用杖。莜加於肩。行來至田則置杖於地。用莜芸田。植杖者、置杖也。云以杖荷莜。置杖而芸。則莜爲芸田器明矣。集解包曰。莜、竹器。此有脫誤。萆　雨衣。一曰衰衣。謂萆一名衰也。韋昭注齊語曰。襏襫、蓑薜衣也。薜或作襞。皆卽萆字。廣雅釋器曰。萆謂之衰。从艸。卑聲。蒲歷切。十六部。一曰萆歷。佀烏韭。此別一義。艸名也。烏韭在本艸艸部下品之下。石衣也。青翠茸茸。長者可四五寸。⿱艹是　艸也。

苴　䕡　蕢　[艸𠬶]　茵　芻　茭　荹　茹　莝　萎　蔌　苖

前已見。則此非芪母也。从艸。是聲。是支切。十六部。案艸名之字。不當廁此。

苴履中艸。賈誼傳。冠雖敝。不以苴履。引伸爲苞苴。从艸。且聲。且、薦也。此形聲包會意。子余切。五部。

䕡艸履也。方言曰。以絲作之者謂之履。以麻作之者謂之不借。麤者謂之屨。東北朝鮮洌水之閒謂之鞅角。南楚江沔之閒總謂之麤。急就篇屐屩絜麤。儀禮喪服傳疏屨注云。疏猶麤也。按禮注、方言、急就之麤字皆䕡字之省。疏屨者、藨蒯之菲。則是艸爲之。从艸。麤聲。倉胡切。五部。

蕢艸器也。孟子曰。不知足而爲屨。我知其不爲蕢也。知蕢是盛物之器。从艸。貴聲。求位切。十五部。

臾古文蕢。象形。論語曰。有荷臾而過孔氏之門。此古文論語也。憲問篇。

[艸𠬶]覆也。从艸。侵省聲。七朕切。七部。

茵車重席也。秦風文茵。文虎皮也。以虎皮爲茵也。从艸。因聲。於眞切。十二部。

鞇司馬相如說茵从革。蓋亦凡將篇字。廣雅釋器曰。靯鞴謂之鞇。釋名曰。靯鞴、車中重薦也。

芻刈艸也。謂可飤牛馬者。象包束艸之形。叉愚切。古音在四部。

茭乾芻。柴誓曰。峙乃芻茭。鄭注同。从艸。交聲。古肴切。二部。一曰牛蘄艸。此別一義。見釋艸。蘄音祈。

荹亂艸。玉篇曰。牛馬艸亂稾也。从艸。步聲。薄故切。五部。

茹飤馬也。从艸。如聲。人庶切。五部。

莝斬芻。謂以鈇斬斷之芻。从艸。坐聲。麤臥切。十七部。小雅。秣之摧之。以摧爲莝。莝之者。以莝飤馬也。

萎食牛也。下文云。以穀萎馬。則牛馬通偁萎。从艸。委聲。於僞切。十六部。今字作餧。見月令。

蔌以穀萎馬置莝中。以穀曰餗。穀穙莝中曰蔌。从艸。敕聲。楚革切。古音十六部。

苖蠶薄也。幽風毛傳曰。豫畜萑葦。可以爲曲也。月令。季春具曲植筥筐。注曰。曲薄也。方言。薄宋魏陳楚江淮之閒謂之苖。或謂之麴。自關而西謂之薄。南楚謂之蓬薄。案曲與苖同。曲部云。或說曲。蠶薄也。是許兼用此二形。从艸。曲聲。邱玉切。三部。

蔟　苣　蕘　薪　蒸　蕉　𦳊　薶　葠　折　卉

蔟行蠶蓐。从艸。族聲。千木切。三部。引伸爲六律大蔟字。七豆切。

苣束葦燒也。後漢書皇甫嵩傳。束苣乘城。俗作炬。以此爲苣藤、萵苣字。从艸。巨聲。其呂切。五部。

蕘艸薪也。艸字依詩釋文補。大雅。詢于芻蕘。毛曰。芻蕘、薪采者。按說文謂物。詩義謂人。从艸。堯聲。如昭切。二部。

薪蕘也。从艸。新聲。息鄰切。十二部。

蒸析麻中榦也。析各本作折。誤。謂朩音匹刃切。其皮爲麻。其中莖謂之蒸。亦謂之菆。今俗所謂麻骨棓也。潘岳西征賦李注云。菆井、卽滑城。賣麻蒸市也。毛詩傳曰。粗曰薪。細曰蒸。周禮甸師注云。大曰薪。小曰蒸。是凡言薪蒸者。皆不必專謂麻骨。古凡燭用蒸。弟子職云。蒸閒容蒸。毛詩傳云。蒸、盡捬屋而繼之是也。从艸。烝聲。煑仍切。六部。

[艸丞]蒸或省火。丞聲烝聲一也。大射儀注、既夕禮注皆作此[艸丞]。張淳、葉林宗所見釋文皆爾。

蕉生枲也。枲麻也。生枲謂未漚治者。今俗以此爲芭蕉字。楚金引吳都賦。蕉葛竹越。按本艸圖經云。閩人灰理芭蕉皮令錫滑。緝以爲布。如古之錫衰焉。左賦之蕉。正謂芭蕉。非生枲也。从艸。焦聲。卽消切。二部。

𦳊糞也。从艸。胃省。會意也。式視切。十五部。左氏傳、史記假借矢字爲之。官溥說糞字之上佀米而非米者矢字。是漢人多用矢也。

薶瘞也。土部曰。瘞、幽薶也。从艸。貍聲。莫皆切。古音在一部。周禮假借貍字爲之。今俗作埋。

葠喪藉也。从艸。侵聲。按此字可疑。上文曰。[艸𠬶]、覆也。从艸、侵省聲。不得以一省一不省。畫爲二字。二義明矣。且鉉曰失廉切。則與苫音義同。苫、固凶服覆席也。且以次第求之。不當廁此。

折斷也。从斤斷艸。譚長說。會意也。食列切。十五部。周禮折瘍。劉昌宗本作斲。此漢人之舊也。

折籀文折。从艸在仌中。仌寒故折。廣雅釋器。斷字從此。

折篆文折。从手。按此唐後人所妄增。斤斷艸。小篆文也。艸在仌中。籀文也。從手從斤。隸字也。九經字樣云。說文作斷。隸省作折。類篇、集韵皆云隸從手。則折非篆文明矣。

卉艸之總名也。方言曰。卉、艸也。

艽　蒜　芥　蔥　雚

東越揚州之閒曰卉。从艸屮。三屮卽三艸也。會意。許偉切。十五部。

艽　遠荒也。艽之言究也。竆也。从艸。九聲。詩曰。至于艽野。巨鳩切。三部。

蒜　葷菜也。菜之美者。雲夢之葷菜。爾雅音義、齊民要術、太平御覽引皆作此九字。音義云。一本如是。今兩存之。大戴禮夏小正。十二月納卵蒜。卵蒜者何。本如卵者也。納者何。納之君也。案經之卵蒜。今之小蒜也。凡物之小者偁卵。禮之卵醬。卽鯤醬。詩之總角丱兮。謂幼稚也。丱者說文卵字也。陶貞白云。小蒜名葍子。葍音亂。卽小正卵字。其大蒜乃張騫始得自西域者。本艸。大蒜名葫。小蒜名蒜。蓋始以大蒜別於蒜。後復以小蒜別於大蒜。古祇有蒜而已。从艸。祘聲。蘇貫切。十四部。案蒜字當聯葷字之下。今在此者。寫者脫而補於此。或曰當下屬芥葱字。亦大篆從茻之一也。

左文五十三　重二大篆从茻　左當作ナ。蓋許時巳通用左。許從俗也。在左之字五十三皆小篆從艸、大篆從茻。如芥作莽、葱作䒽。餘同。省約其辭。總識於此。以目下文。是以芔與莽一物而不相屬。蒹薍莿薕與雚蕟一物而不相屬。蓼與薔一物而不相屬。蘻與茀一物而不相屬。蒸與敢一物而不相屬。皆由此分別。若汗簡古文四聲韵廣搜大篆。不知舉此五十三文。是爲疏矣。又案鍇本無此十一大字。而艽字之下繫以蘇字、芋字、萛字。乃後系以蒜芥葱字。蘇與荏一物不相屬。芓萛與葩同類不相屬。蒜與葷同類不相屬。又蓍下出萁字。苺下重出苗字。又出莆字。萁下出雚字。皆與鉉本不同。蓋改竄者多。莫能肊說。鉉本十一大字斷非繫空。故仍鉉舊。而刪菰葥之譌複。雚字從鍇本。得五十二文云。

芥　菜也。借爲艸芥、纖芥字。从艸。介聲。古拜切。十五部。籀文作莽。

蔥　菜也。爾雅。茖山葱。管子。冬葱。皆葱之屬。从艸。悤聲。倉紅切。九部。籀文作䒽。

雚　艸也。爾雅。雚。山韭。郭注謂山中多有此菜。如人家所種者。故許不謂之菜與。从艸。雈聲。余六切。古音在二部。籀文作蘿。詩曰。食鬱及雚。宋掌禹錫蘇頌皆云。韓詩六月食鬱及雚。許於詩主毛。而不廢三家也。

蕇　苟　蕨　莎　蓱　堇　菲　芴　虉　萑　葦

蕇　亭歷也。釋艸文。月令。靡艸之一也。从艸。單聲。多殄切。十四部。籀文作蕇。

苟　艸也。孔注論語云。苟。誠也。鄭注燕禮云。苟。且也。假也。皆假借也。从艸。句聲。古厚切。四部。籀文作茍。

蕨　鼈也。釋艸。毛傳同。陸機云。周秦曰蕨。齊魯曰鼈。鼈俗從艸。从艸。厥聲。居月切。十五部。籀文作蘮。

莎　鎬侯也。夏小正。正月緹縞。縞也者。莎隨也。緹也者。其實也。先言緹而後言縞者何也。緹先見者也。釋艸。蒿侯。莎。其實媞。按。縞蒿鎬同字。許讀爾雅鎬侯爲句。鎬侯雙聲。莎隨疊韵。皆絫呼也。單呼則曰縞曰莎。其根卽今香附子。从艸。沙聲。穌禾切。十七部。籀文作䔍。漢書地理志芯題。省水從尐。尐與少同也。俗誤作芯。

蓱　苹也。此與前苹字互訓。而不類廁者。以字體篆籀別之也。小正於七月言苹生。月令於三月言生蓱。郭璞云。江東謂之薸。从艸。水。荓聲。舊作從艸洴聲。說文無洴字。今改。同滿蕣藻字之例。薄經切。十一部。籀文作蕣。

堇　艸也。根如薺。葉如細柳。蒸食之甘。大雅。堇荼如飴。傳曰。堇。菜也。夏小正。二月榮堇。采蘇傳曰。皆豆實也。堇。采也。內則。堇荁。注曰。荁。堇類也。冬用堇。夏用荁。按。釋艸。堇有二。齧。苦堇。詩禮之堇也。芨。堇艸。晉語之寘堇於肉。卽今附子也。从艸。堇聲。居隱切。十三部。籀文作蓳。今經典通用堇字。

菲　芴也。釋艸。毛傳皆同。釋艸又云。菲。蒠菜也。从艸。非聲。芳尾切。十五部。籀文作䔋。

芴　菲也。音義皆同。从艸。勿聲。文弗切。十五部。籀文作䒿。

虉　艸也。从艸。鷊聲。呼旰切。十四部。籀文作蘻。按。鳥部鷊雞一字也。而艸部蘿鷊各字。恐有誤。

萑　薍也。薍之已秀者也。薍已見前。此以篆籀分別異處。从艸。雈聲。胡官切。十四部。籀文作蕣。今人多作萑者。蓋其始假雖屬之萑爲之。後又誤爲艸多皃之萑。

葦　大葭也。夏小正曰。未秀則不爲萑葦。秀然後爲萑葦。毛傳曰。八月薍爲萑。葭爲葦。許云大葭。

葭　萊　荔　蒙　藻　菉　蓸　蓾　菬　䓊　范　艿

猶言葭之已秀者。从艸。韋聲。于鬼切。十五部。籒文作⿳艹韋廾。**葭** 葦之未秀者。从艸。叚聲。古牙切。古音在五部。籒文作⿳艹叚廾。**萊** 蔓華也。今釋艸作釐、蔓華。許所見作萊。小雅北山有萊之萊。未知即此與不也。經典多用爲艸萊字。从艸。來聲。洛哀切。一部。籒文作⿳艹來廾。**荔** 艸也。佀蒲而小。根可作刷。月令。十一月、荔挺出。鄭云。荔挺、馬薤也。鄭以荔挺爲艸名。蔡邕章句云。荔佀挺。高注呂覽云。荔艸挺出。則以挺下屬。歙程氏瑤田曰。荔、今北方束其根以刮鍋。李時珍以馬帚之荓當之。誤也。按刷各本作㕞。今依顏氏家訓正。上文曰蕨、刷也。从艸。劦聲。郎計切。十五部。籒文作⿳艹劦廾。**蒙** 王女也。王或作玉、誤。釋艸云。蒙、王女。又云。唐蒙、女蘿。女蘿、兔絲。孫炎曰。別三名。按衞風爰采唐矣。傳云。唐蒙、菜名。小雅蔦與女蘿。傳云。女蘿、兔絲、松蘿也。疑爾雅毛傳此二條皆不謂一物。从艸。冡聲。莫紅切。九部。籒文作⿳艹冡廾。今人冡冒皆用蒙字爲之。**藻** 水艸也。今水中莖大如釵股、葉蒙茸深綠色、莖寸許有節者是。左氏謂之薀藻。从艸。水巢聲。子皓切。二部。籒文作⿳艹巢廾。禮經華采之字、古文用繅。今文用藻璪。詩曰。于以采藻。召南文。**薻** 藻或从澡。**菉** 王芻也。見釋艸。毛傳。从艸。彔聲。力玉切。三部。籒文作⿳艹彔廾。詩曰。菉竹猗猗。今毛詩作綠。大學引作菉。小雅終朝采綠。王逸引作菉。**蓸** 艸也。从艸。曹聲。昨牢切。古音在三部。籒文作⿳艹曹廾。**蓾** 艸也。从艸。鹵聲。以周切。三部。籒文作⿳艹鹵廾。**菬** 艸也。从艸。沼聲。昨焦切。二部。籒文作⿳艹沼廾。**䓊** 艸也。廣韵云。似艾。郭注方言云。今江東人呼荏爲䓊。音魚。从艸。吾聲。五乎切。五部。籒文作⿳艹吾廾。楚詞有䓊蕭艸。按今楚詞無䓊蕭。惟宋玉九辯云。白露既下百艸兮。奄離披此梧楸。梧楸蓋許所見作䓊蕭。正百艸之二也。**范** 艸也。从艸。氾聲。房𡖈切。八部。籒文作⿳艹氾廾。**艿** 艸也。按許謂艿爲艸名也。廣韵云。陳根艸不芟。新艸又生。相因仍。所謂燒火艿。此別一義。其字亦作芿。列子。趙襄子狩於中山。藉芿

⿱艹血　萄　芑　藚　苳　蘠　苕　⿱艹楙　萺　茆　荼　蘩

燔林是也。今玉篇以舊艸不芟、新艸又生曰艿。係之說文。此孫強、陳彭年輩之誤也。从艸。乃聲。如乘切。六部。乃在一部。仍艿在六部者。合韵取近也。籒文作⿳艹乃廾。**⿱艹血** 艸也。蒨或謂之地⿱艹血。許不云茜也。則許意非一物也。从艸。血聲。呼決切。十二部。籒文作⿳艹血廾。**萄** 艸也。今人爲蒲萄字。从艸。匋聲。徒刀切。古音在二部。籒文作⿳艹匋廾。**芑** 白苗。句嘉穀也。虋字下詳之矣。芑不類廁於虋者。以字有篆籒別之。管子。其種穋秠。字從禾。从艸。己聲。驅里切。一部。籒文作⿳艹己廾。詩曰。維虋維芑。今本無此六字。依韵會所據補。詩小雅采芑。毛云。菜也。大雅豐水有芑。毛云。艸也。**藚** 水舄也。魏風毛傳同。釋艸。藚、牛脣。从艸。賣聲。似足切。三部。按詩釋文引說文其或反。今本多改爲似足矣。籒文作⿳艹賣廾。詩曰。言采其藚。**苳** 艸也。从艸。冬聲。都宗切。九部。籒文作⿳艹冬廾。**蘠** 蘠虞。句蓼。當有也字。蓼下云。蘠虞也。故此云蘠虞蓼也。句絕。與郭樸異。蘠不與蓼類廁者。以字有篆籒別之。从

艸。嗇聲。所力切。一部。籒文作⿳艹嗇廾。**苕** 艸也。詩苕之華。从艸。召聲。徒聊切。二部。籒文作⿳艹召廾。**⿱艹楙** 艸也。从艸。楙聲。莫厚切。三部。籒文作⿳艹楙廾。**萺** 艸也。从艸。冒聲。莫報切。古音在三部。籒文作⿳艹冒廾。**茆** 鳧葵也。魯頌毛傳同。周禮醢人茆菹。鄭大夫讀爲茅。或曰茆、水艸。杜子春讀爲茆。後鄭曰。茆、鳧葵也。今周禮轉寫多譌誤。爲正之如此。漢時有茆、茆二字。經文作茆。兩鄭皆易字爲茆也。鳧葵名茆。亦名蘻。今之蒓菜也。茆不與蘻類廁者。以篆籒別之。从艸。丣聲。力久切。三部。俗作茆。音卯。非也。籒文作⿳艹丣廾。詩曰。言采其茆。今詩言作薄。**荼** 苦荼也。釋艸、邶毛傳皆云。荼、苦菜。唐風采苦采苦。傳云。苦、苦菜。然則苦與荼正一物也。儀禮鉶芼牛藿、羊苦、豕薇。記內則濡豚包苦。亦謂之苦。月令、本艸、易通卦驗皆謂之苦菜。从艸。余聲。同都切。五部。詩荼蓼、有女如荼。及後世茶荈皆用此字。籒文作⿳艹余廾。**蘩** 白蒿也。釋艸蘩、毛傳同。召南傳曰。皤蒿也。皤亦白也。夏小正曰。繁由胡。由胡者、繁母也。繁、旁勃也。

豆實也。故記之。从艸。緐聲。附袁切。十四部。儀禮采緐。假緐字爲之。籀文作蘩。

蒿 菣也。釋艸、小雅毛傳同。陸璣曰。青蒿也。从艸。高聲。呼毛切。二部。籀文作蒿。

蓬 蒿也。从艸。逢聲。薄紅切。九部。籀文作蓬。**𦺇** 籀文蓬省。按此籀文當作古文。䖵部蠭古文作𧖟。可比例也。

藜 艸也。左傳。斬之蓬蒿藜藋。藜初生可食。故曰蒸藜。不孰。小雅。北山有萊。陸機云。萊、兗州人蒸以爲茹。謂之萊蒸。按萊蒸蓋卽蒸藜。如詩駉牡訓驪牡也。从艸。黎聲。郎奚切。十五部。籀文作藜。

蘬 薺實也。今釋艸。紅、蘢古。其大者蘬。蒫、薺實。許所據絕不同。从艸。歸聲。驅歸切。十五部。籀文作蘬。歸、籀作歸也。

葆 艸盛皃。漢書武五子傳曰。當此之時。頭如蓬葆。師古曰。草叢生曰葆。引伸爲羽葆幢之葆。史記以爲寶字。从艸。保聲。博袌切。古音在三部。籀文作葆。

蕃 艸茂也。左氏傳曰。其必蕃昌。从艸。番聲。甫煩切。十四部。籀文作蕃。

茸 艸茸茸皃。茸之言茙也。召南毛傳曰。襛猶戎戎也。韓詩何彼茙矣。左氏傳狐裘尨茸。卽詩之狐裘蒙戎。从艸。耳聲。今本作聰省聲。此淺人所肊改。此形聲之取雙聲不取疊韵者。而容切。九部。籀文作茸。

萑 艸多皃。此從鍇本廁此。鉉本以萑廁蓷篆後。非也。詳蓷下。从艸。隹聲。職追切。十五部。籀文作萑。

葏 艸皃。集韵一先曰。詩葏葏者莪。李舟說。从艸。津聲。子僊切。古音十二部。籀文作葏。

叢 艸叢生皃。叢、聚也。槩言之。叢則專謂艸。今人但知用叢字而已。爾雅釋魚音義引說文。叢艸眾生也。从艸。叢聲。此形聲包會意。徂紅切。九部。籀文作叢。

草 草斗、逗櫟實也。一曰象斗。木部。栩、柔也。其皁一曰樣。又曰柔栩也。又曰樣、栩實也。按此言櫟者。卽栩也。陸璣云。栩、今柞櫟也。徐州人謂櫟爲杼。或謂之栩。其子爲皁。或言皁斗。其殼爲汁。可以染皁。今京洛及河內多言杼汁。或云橡斗。按草斗之字。俗作皁、作皂。於六書不可通。象斗字當從木部。作樣。俗作橡。从艸。早聲。自保切。古音在三部。周禮大司徒。其植物宜早物。假借早晚字爲之。籀文作草。

菆 麻蒸也。此不與上文蒸字類廁者。以篆籀別之。西征賦曰。感市閭之菆井。東方朔七諫曰。菎蕗襍於廢蒸。王逸注。枲翮曰廢。一作菆。按枲翮、枲莖也。麻部出廢字。云麻藍也。鍇本無之。俗添之耳。从艸。取聲。側鳩切。三部。籀文作菆。一曰蓐也。此別一義。蓐見下部。

蓄 積也。从艸。畜聲。丑六切。三部。籀文作蓄。

萅 推也。此於雙聲求之。鄉飲酒義曰。東方者春。春之爲言蠢也。尚書大傳曰。春、出也。萬物之出也。从日艸屯。日艸屯者。得時艸生也。屯字象艸木之初生。屯亦聲。會意兼形聲。此七字依韵會。今二徐本皆亂。以鍇語。昌純切。十三部。籀文作萅。

文四百四十五　重三十一　按鉉本文四百四十五。鍇本少莒蓩蔯蘾蓨萃六字。則爲四百三十九。今仍鉉本。惟復審定蔆菰菽三字。確是誤體。刪去。是爲四百四十二。其列字之次第。類聚羣分。皆有意義。雖少爲後人所亂。而大致可稽。如荎之非香艸。於上下文得之也。重三十一。鍇少蔆字。今亦仍鉉。

蓐 陳艸復生也。从艸。辱聲。而蜀切。三部。一曰蔟也。此別一義。艸部曰。蔟、行蠶蓐也。蓐訓陳艸復生。引伸爲薦席之蓐。故蠶蔟亦呼蓐。凡蓐之屬皆从蓐。**𦸗** 籀文蓐。从茻。此不與艸部五十三文爲類而別立蓐部者。以有薅字從蓐故也。

薅 拔田艸也。大徐作拔去田艸。眾經音義作除田艸。經典釋文、玉篇、五經文字作拔田艸。惟繫傳舊本作披。不誤。披者迫地削去之也。木部曰。槈、薅器也。从蓐。好省聲。呼毛切。古音在三部。**𦵵** 籀文薅省。**茠** 薅或从休。古好聲休聲同在三部。詩曰。既茠荼蓼。周頌文。今詩作以薅。

文二　重三

茻 眾艸也。按經傳艸莽字當用此。从四屮。凡茻之屬皆从茻。讀若與冈同。謂其讀若與冈之讀若同也。模朗切。十部。

莫

莫日且冥也。且冥者、將冥也。木部曰。杳者冥也。夕部曰。夕、莫也。引伸之義爲有無之無。从日在茻中。會意。茻亦聲。此於雙聲求之。莫故切。又慕各切。五部。

莽

莽南昌謂犬善逐兔艸中爲莽。从犬茻。此字犬在茻中。故偁南昌方言、說其會意之恉也。引伸爲鹵莽。茻亦聲。謀朗切。十部。古音讀如模上聲。在五部。取諸雙聲也。

葬

葬藏也。見檀弓。从死在茻中。一其中所㠯荐之。荐各本作薦。今正。荐、艸席也。有藉義。故凡藉於下者用此字。易曰。古者葬、厚衣之以薪。此引易毄辭說從死在茻中之意也。上古厚衣以薪。故其字上下皆艸。茻亦聲。此於疊韵得之。則浪切。十部。

文四　此部不與五十三文同類者。彼小篆從艸。此小篆從茻也。

十四部　文六百七十二　重八十　凡萬

六百三十九字　此第一篇部文、重文、解說字之都數也。每篇末識之。以得十四篇都數。識於敘目之後云。此十四篇五百四十部、九千三百五十三文、重一千一百六十三、解說凡十三萬三千四百四十一字是也。自二徐每篇分上下。乃移之冠篇首。非是。小徐書轉寫尤舛誤。今復其舊云。

說文解字第一篇下

元和顧廣圻校字

說文解字第二篇上

金壇段玉裁注

小

小物之微也。从八丨。見而八分之。八、別也。象分別之形。故解从八爲分之。丨才見而輒分之。會意也。凡椢物分之則小。私兆切。二部。凡小之屬皆从小。

少

少不多也。不多則小。故古少小互訓通用。从小丿聲。丿、右戾也。房密匹蔑二切。又於小切。按上二切近是。少之形聲、蓋於古雙聲求之。書沼切。二部。

𡮐

𡮐少也。方言曰。𡮐、杪、小也。孟子。力不能勝一𡮐雛。趙注𡮐爲小。與方言同。孫宣公音義得之。作匹者非。髟部曰。鬊束髮𡮐小也。廣韵十六屑曰。𡮐、𡮐小也。方言懱爵注言懱䘕也。懱䘕卽𡮐。从小。乀聲。乀、左戾也。讀若輟。子結切。十五部。今俗語說小往往言子結切之音。

文三

八

八別也。此以雙聲疊韵說其義。今江浙俗語以物與人謂之八。與人則分別矣。象分別相背之形。凡八之屬皆从八。博拔切。古音在十一部。

分

分別也。从八刀。會意。刀㠯分別物也。此釋从刀之意也。甫文切。十三部。

尒

尒䛐之必然也。䛐今作詞。說文字體本作䛐。尒之言如此也。後世多以爾字爲之。凡曰果爾、不爾、云爾、莞爾、鏗爾、卓爾、鼎鼎爾、猶猶爾、聊復爾耳。故人心尚爾、皆訓如此。亦有單訓此者。如公羊焉爾之爲於此、孟子然而無乎爾則亦有乎爾是也。語助有用耳者。與爾絕殊。三國志云生女耳是也。耳之言而已也。近人爾耳不分。如論語女得人焉爾乎。唐石經譌爲焉耳。詩陳風箋梅之樹善惡自爾。宋本譌爲善惡自耳。皆是也。古書尒字。淺人多改爲爾。如手部引論語鏗尒、考工記掔尒。小徐本不誤。是也。从丨八。八象气之分散。从丨八。與小同異。入聲。今本無此二字。上文作从入丨八。此依韵會所引小徐本訂正。入聲在七部。而尒在十五十六部閒者。於雙聲求之也。兒氏切。

曾　尚　家　詹　介　仌

曾䛐之舒也。曰部曰。朁曾也。詩朁不畏明。胡朁莫懲。毛鄭皆曰。朁曾也。按曾之言乃也。詩曾是不意。曾是在位。曾是在服。曾是莫聽。論語曾是以爲孝乎。曾謂泰山不如林放乎。孟子爾何曾比予於管仲。皆訓爲乃則合語氣。趙注孟子曰。何曾猶何乃也。是也。是以朁訓爲曾。朁不畏明者。乃不畏明也。皇侃論語疏曰。曾猶嘗也。嘗是以爲孝乎。絕非語氣。葢曾字古訓乃。子登切。後世用爲曾經之義。讀才登切。此今義今音非古義古音也。至如曾祖曾孫。取增益層絫之意。則曾層皆可讀矣。**从八。从曰。**从八者亦象氣之分散。**四聲。**四者囪古文。囪在九部。此合韵之理也。昨棱切。六部。昨當爲作。

尚曾也。尚之䛐亦舒。故釋尚爲曾。曾重也。尚上也。皆積絫加高之意。義亦相通也。**庶幾也。**釋言曰。庶幾尚也。**从八。**亦象氣之分散。**向聲。**時亮切。十部。

家从意也。从相聽也。家者聽从之意。司部曰。䛐者意內而言外也。凡全書說解或言䛐。或言意。義或錯見。言从意。則知家者从䛐也。言䛐之必然。則知介者必然意也。隨从字當作家。後世皆以遂爲家矣。**从**

八。有所从則有所背。故从八。**豕聲。**豕在十六部。家遂在十五部。合韵最近也。徐醉切。

詹多言也。莊子曰。小言詹詹。**从言。从八。**多故可分。**从产。**此當作产聲。淺人所改也。广部曰。屋梠。秦謂之楣。齊謂之产。木部曰。屋櫋聯。秦謂之楣。齊謂之檐。楚謂之梠。产與檐同字同音。詹产聲。職廉切。八部。

介畫也。畫部曰。畫畍也。按畍也當是本作介也。介與畫互訓。田部畍字葢後人增之耳。介畍古今字。分介則必有閒。故介又訓閒。禮擯介。左傳介人之寵。皆其引伸之義也。一則云介特。兩則云閒介。**从人。从八。**人各守其所分也。此依韵會所引。古拜切。十五部。

仌分也。此即今之兆字也。廣韵兆治小切。引說文分也。此可證孫恤以前仌即兆矣。又云。兆灼龜坼也。出文字指歸。文字指歸者。曹憲所作。此可證孫恤以前卜部無兆字矣。顧野王玉篇八部有仌。兵列切。卜部之後出兆部。又云。兆同兆。此可證顧氏始不謂仌即兆字矣。虞翻說尙書分北三苗云。北古別字。不知其所本。要與重八之仌無涉。豈希馮始牽合而岐誤與。治說文者乃於卜部增兆爲小篆。兆爲古文。於仌下增之云。八別也。亦聲。兵列切。以證其非兆字。而說文之面目全非矣。仌从重八者。分之甚也。龜兆其一也。凡言朕兆者。如舟之縫。如龜之坼。**从重八。**此下刪八別也亦聲五字。會意。治小切。二部。楚金云。或本音兆。按此相承古說也。**孝經說曰。**孝經說者。孝經緯也。後鄭注經引緯亦曰某經說。鄭志荅張逸曰。當爲注時。時在文網中。嫌引祕書。故諸所牽圖讖。皆謂之說。**故上下有別。**此引緯說字形重八之意也。上別下別。則二八矣。集韵改爲上下有仌。非也。

公　必　余　叅

公平分也。从八厶。八厶背私也。今本从八从厶。凡此等从字。皆淺人所增。**八猶背也。**鄭注堯典分北三苗云。北猶別也。證以韋昭吳語注云。北古之背字。然則許鄭之語正互相發明。分別之。乃相偝背。其義相因相足。故許不云八背也。而云猶背。鄭不云北別也。而云猶別。凡古訓故之言猶者。祇此。古紅切。九部。**韓非曰。背厶爲公。**五蠹篇。倉頡之作書也。自環者謂之私。背私者謂之公。自環爲厶。六書之指事也。八厶爲公。六書之會意也。

必分極也。極猶準也。木部棟極二字互訓。橦字下云。帳極也。凡高處謂之極。立表爲分判之準。故云分極。引伸爲䛐之必然。

从八弋。樹臬而分也。弋今字作杙。**八亦聲。**八各本誤弋。今正。古八與必同讀也。卑吉切。十二部。

余語之舒也。語、匡謬正俗引作䛐。左氏傳小白余敢貪天子之命。無下拜。此正䛐之舒。亏部曰。亏於也。象气之舒亏。然則余亏異字而同音義。釋詁云。余我也。余身也。孫炎曰。余舒遲之身也。然則余之引伸訓爲我。詩書用予不用余。左傳用余不用予。曲禮下篇。朝諸侯分職授政任功曰予一人。注云。覲禮曰。伯父寔來。余一人嘉之。余予古今字。凡言古今字者。主謂同音而古用彼今用此異字。若禮經古文用余一人。禮記用予一人。余予本異字異義。非謂予余本即一字也。顏師古匡謬正俗不達斯恉。且又以予上聲余平聲爲分別。又不知古音平上不甚區分。重悂貤繆。儀禮漢讀攷糾之詳矣。**从八。**象气之分散。**舍省聲。**以諸切。五部。

叅二余也。讀與余同。五部。按易困九四來徐徐。子夏作荼荼。王肅作余余。皆舒意也。許言叅之形。未言其義。舉此以補之。

文十二當云十三。　重一按此二字誤衍。㚇之音義同余。非即余字也。惟㚇從二余。則說文之例當別余爲一部。上篇蓐薅不入茻部是也。容有省併矣。

釆　辨別也。象獸指爪分別也。倉頡見鳥獸蹏迒之迹。知文理之可相別異也。遂造書契。釆字取獸指爪分別之形。凡釆之屬皆从釆。讀若辨。蒲莧切。十四部。古文釆。惠氏棟云。尚書平章平秩平字皆當作釆。與古文平相似而誤。按此肊測不可从。

番　獸足謂之番。从釆。田象其掌。下象掌。上象指爪。是爲象形。許意先有釆字。乃後从釆而象其形。則非獨體之象形。而爲合體之象形也。附袁切。十四部。番或从足从煩。此形聲也。古文番。按九歌。𦉪芳椒兮成堂。王注。布香椒於堂上也。𦉪一作播。丁度洪與祖皆云𦉪古播字。按播以番爲聲。此屈賦假番爲播也。

宷　悉也。知宷諦也。諦廣韵引作諟。古同部假借也。从宀釆。鍇曰。宀。覆也。釆。別也。能包覆而㴱別之也。按此與覈字从襾敫同意。式荏切。七部。篆文宷。从番。然則宷古文籒文也。不先篆文者。从部首也。

悉　詳盡也。从心釆。會意。息七切。十二部。古文悉。此亦會意。从心囧。囧者。窻牖麗廔闓明也。

釋　解也。廣韵曰。捨也。解也。散也。消也。廢也。服也。按其實一解字足以包之。從釆。釆取其分別。从睪聲。考工記以澤爲釋。史記以醳爲釋。皆同聲假借也。古音在五部。音轉則廣韵在二十二昔。施隻切。是也。徐鉉所引唐韵賞職切。

文五　重五鍇本作重四。今刊本改作重五。

半　物中分也。从八牛。牛爲物大。可㠯分也。故取牛會意。凡半之屬皆从半。博幔切。十四部。

胖　半體也。各本半體肉也。今依玄應訂。周官經腊人注曰。鄭大夫云。胖讀爲判。杜子春讀胖爲版。又云。膴胖皆謂夾脊肉。又云。禮家以胖爲半體。元謂胖宜如膴而腥。胖之言片也。析肉意也。按許用禮家說。一曰廣肉。此別一義。胖之言般也。般。大也。大學。心廣體胖。其引伸之義也。从肉半。半亦聲。普半切。十四部。

叛　半反也。反。覆也。反者叛之全。叛者反之半。以半反釋叛。如以是少釋尟。从半反。半亦聲。按各本云半也。从半反聲。轉寫者多奪字耳。薄半切。十四部。古多假畔爲叛。

文三

牛　事也。理也。事也者。謂能事其事也。牛任耕。理也者。謂其文理可分析也。庖丁解牛。依乎天理。批大郤。道大窾。牛事理三字同在古音第一部。此與羊祥也。馬怒也。武也。一例。自淺人不知此義。乃改之云大牲也。牛件也。件事理也。與吳字下妄增之曰姓也。亦郡也。同一紕繆。像角頭三、封尾之形也。角頭三者。謂上三岐者。象兩角與頭爲三也。牛角與頭而三。馬足與尾而五。封者。謂中畫象封也。封者。肩甲墳起之處。字亦作犎。尾者。謂直畫下垂像尾也。羊豕馬象皆像其四足。牛略之者。可思而得也。語求切。古音讀如疑。凡牛之屬皆从牛。

牡　畜父也。从牛。土聲。按土聲。求之疊韵雙聲皆非是。蓋當是从土。取土爲水牡之意。或曰。土當作士。士者夫也。之韵尤韵合音㝡近。从士則爲會意兼形聲。莫厚切。古音在三部。

犅　特也。今本作特牛也。依詩正義訂。公羊傳曰。魯祭周公。何以爲牲。周公用白牡。魯公用騂犅。羣公不毛。何休云。騂犅赤脊。按說文岡訓山脊。故何謂犅爲牛脊。但毛詩祇作剛。許說犅同特。與何異。从牛。岡聲。亦可云从剛省。會意。古郎切。十部。

特　特牛也。鉉本云。朴特。牛父也。按天問。焉得夫朴牛。洪氏引說文。特。牛父也。言其朴特。皆與鍇本異。蓋言其朴特乃注說文者語。鉉本改竄上移耳。王逸張揖皆云。朴。大也。玉篇樸訓特牛。廣韵樸訓牛未劇。此因古有朴特之語而製樸字。特本訓牡。陽數奇。引伸之爲凡單獨之偁。一與一爲耦。故實維我特。求爾新特。毛云。特。匹也。从牛。寺聲。徒得切。一部。亦作犆。

牝　畜母也。从牛。

犢　⿰牛市　犙　牭

匕聲。毗忍切。古音在十五部。經典舊音多云扶死反。是也。易曰畜牝牛吉。離卦辭也。牝爲凡畜母之偁。而牝牛取吉。故其字從牛也。按鍇本無牝篆。自是奪去耳。麀字下曰从牝省。則非無牝字也。犢牛子也。見釋嘼。从牛。賣聲。徒谷切。三部。⿰牛市二歲牛。⿰牛市字見爾雅釋畜。牛體長也。許君則曰二歲牛。按犙字从參。故爲三歲牛。牭字从四。故爲四歲牛。則⿰牛貳字从貳。當爲二歲牛矣。而謂⿰牛貳爲籒文牭字。二四既不同數。且四之籒文作亖。則牭之籒文當作⿰牛亖。凡此乖剌。當由轉寫脫繆。如鼎部鼏鼏。馬部鶩鶩。衣部袗袀。今皆奪其一。其明證也。宜易之曰⿰牛市、牛體長也。⿰牛貳、二歲牛。犙、三歲牛。牭、四歲牛。⿰牛亖、籒文牭。則可讀矣。而非可無徵專輒也。从牛。朩聲。博蓋切。十五部。犙三歲牛。从牛。參聲。穌含切。古音在七部。牭四歲牛。从牛四。四亦聲。息利切。十五部。⿰牛貳籒文牭从貳。按鍇本此下有仁至反三字。與十三篇二字反語同。是朱翺不謂⿰牛貳即牭字。而謂⿰牛貳乃二歲牛之正字也。疑鍇本本不誤。

二篇上　六

犗　牻　⿰牛京　犡　⿰牛余　犖

後人用鉉本改之。未刪朱氏切音耳。龍龕手鑑引玉篇直利反。顧野王亦不云籒文牭。犗騬牛也。馬部曰。騬、犗馬也。謂今之騸馬。从牛。害聲。古拜切。十五部。牻白黑襍毛牛。古謂襍色不純爲尨。亦作駹。古文假借作龍。亦作蒙。周易說卦傳、毛詩小戎、周禮牧人、巾車、玉人皆可證也。牻訓爲白黑襍毛。然則凡謂襍色不純亦可用牻字。从牛。尨聲。此以形聲包會意。莫江切。古音在九部。⿰牛京牻牛也。从牛。京聲。呂張切。十部。春秋傳曰牻⿰牛京。閔二年傳。本作尨涼。葢許引之證此二字所以從尨從京也。京者、涼之省也。牻⿰牛京同義。如尨涼一理相似。傳寫誤爲春秋傳曰牻⿰牛京。殊不可通。犡牛白脊也。从牛。厲聲。洛帶切。十五部。⿰牛余黃牛虎文。从牛。余聲。讀若塗。塗當作涂。同都切。五部。犖駁牛也。馬色不純曰駁。駁犖同部曡韵。廣雅牛屬。郭⿰牛丩、丁犖。桓譚新論作郭椒、丁櫟。⿰牛丩椒、犖櫟皆同韵也。从牛。勞省聲。呂角切。古音讀如遼。在二部。天官書。此其

⿰牛寽　⿰牛平　犥　犉　⿰牛隺　⿰牛畺　⿰牛攴

犖犖大者。謂寥寥甚少者也。又卓犖、超絕也。⿰牛寽牛白脊也。牛惟脊白。是亦駁屬。廣韵曰。⿰牛寽出字林。不言出說文。何也。从牛。寽聲。力輟切。十五部。⿰牛平牛駁如星。駁文似星點。从牛。平聲。普耕切。十一部。犥牛黃白色。黃馬發白色曰驃。票麃同聲。然則犥者、黃牛發白色也。內則鳥犥色。亦謂發白色。从牛。麃聲。補嬌切。二部。犉黃牛黑脣也。釋畜云。黑脣犉。毛傳云。黃牛黑脣曰犉。按爾雅不言黃牛者。牛以黃爲正色。凡不言何色皆謂黃牛也。从牛。𦎫聲。如勻切。十三部。詩曰。九十其犉。見小雅。⿰牛隺白牛也。白部曰。皠、鳥之白也。此同聲同義。从牛。隺聲。五角切。古音在二部。讀如堯。⿰牛畺牛長脊。廣韵。⿰牛畺、牛長脊。一曰白脊牛。按一曰五字疑亦出說文。今佚。从牛。畺聲。居良切。十部。⿰牛攴牛徐行也。俗謂舒遲曰⿰牛攴⿰牛攴。从牛。攴聲。讀若滔。土刀切。二部。按舀聲字。周時在尤幽部。漢時已讀入蕭豪部。故許云⿰牛攴讀若滔。

二篇上　七

犨　牟　⿰牛產　牲　牷

也。犨牛息聲。心部曰。息、喘也。从牛。雔聲。赤周切。三部。按今本皆作犫。雔聲。而經典釋文、唐石經作犫。玉篇、廣韵皆作犫。云犨同。五經文字且云犫作犨。訛。葢唐以前所據說文無不从言者。凡形聲多兼會意。讎从言。故牛息聲之字从之。鍇鉉本皆誤也。今正。一曰牛名。此別一義。廣韵、手鑑皆云白色牛。晉大夫郤犫。不知取何義也。初學記名作鳴。牟牛鳴也。从牛。乚象其聲气從口出。此合體象形。與羋同意。韓愈詩曰。椎肥牛呼牟。柳宗元賦曰。牟然而鳴。黃鍾滿脰。莫浮切。三部。⿰牛產畜⿰牛產、畜牲也。依廣韵、手鑑訂。左傳內則皆云名子不以畜牲。从牛。產聲。所簡切。十四部。牲牛完全也。引伸爲凡畜之偁。周禮庖人注。始養之曰畜。將用之曰牲。按如鼷鼠食郊牛角。則非完全。从牛。生聲。所庚切。十一部。牷牛純色。牧人注。鄭司農曰。牷、純也。按凡時事之牲。用牷物。凡外祭毀事用尨。以尨與牷對舉。則牷爲純色可知也。大鄭注釋牷爲純也。爲許所本。後鄭則訓犧爲純毛。牷爲體完具。與許異。

禮。上脫周字。祭祀牷牲。此是引牧人祭祀之牲牷。依韵會補。从牛。全聲。疾緣切。十四部。

引而前也。牽引疊韵。引伸之、輓牛之具曰牽。牛人牽傍是也。牲、腥曰餼。生曰牽。又凡聯貫之詞曰牽。从牛、冂象引牛之縻也。玄聲。苦堅切。十二部。

牛馬牢也。从牛。告聲。古屋切。三部。周書曰。今惟牿牛馬。柴誓。今惟淫舍牿牛馬。大小徐本皆無淫舍二字。今刊本妄增之。此許偶遺二字。非必許所據尙書少二字也。惟大放牿牢之牛馬。故令無以擭穽傷牛馬。若牛馬在牢中。擭穽安得傷之。周易僮牛之牿。許及九家作告。鄭作牿。劉陸作角。不訓牢也。

閑也。也字今補。養牛馬圈也。充人注曰。牢、閑也。必有閑者。防禽獸觸齧。牲繫於牢。故牲謂之牢。如柴誓呼牛馬爲牿。禮呼牲爲牢也。从牛。冬省。取其四周帀。从古文冬省也。冬取完固之意。亦取四周象形。引伸之爲牢不可破。魯刀切。古音在三部。

㠯芻莝養圈牛也。今本莝誤莖、脫圈字。依文選注訂。莝、斬芻也。趙岐注孟子曰。艸生曰芻。穀養曰豢。韋注國語曰。艸食曰芻。穀食曰豢。孟子正義引說文牛馬曰芻。犬豕曰豢。今說文無此語。經傳犓豢字。今皆作芻豢。从牛。芻。芻亦聲。測愚切。古音在四部。春秋國語曰。犓豢幾何。見楚語。

牛柔謹也。玉篇曰。尙書犪而毅字如此。按凡馴擾字當作此。犪作擾。廣雅。擾、柔也。善也。从牛。夒聲。而沼切。古音在三部。按此以貪獸之夒爲聲。爾雅注犪牛、以有角之夒爲聲。陸德明誤爲一字。

易曰。犕牛乘馬。此葢與革部之鞁同義。鞁車駕具也。故玉篇云。犕服也。以鞍裝馬也。从牛。葡聲。𣪠辭今作服。古音𠬝聲葡聲同在第一部。故服犕皆扶逼反。以車駕牛馬之字當作犕。作服者假借耳。左傳王使伯服如鄭請滑。史記鄭世家作伯犕。後漢書皇甫嵩傳義眞犕未乎。北史魏收嘲陽休之。義眞服未、正作服字。此皆通用之證也。今韵犕平祕切。

耕也。山海經曰。后稷之孫曰叔均。是始作牛耕。郭傳始用牛犂也。按耒部耕訓犂。是犂耕二字互訓。皆謂田器。今人分別。誤也。

二篇上　八

仲尼弟子列傳。冉耕字伯牛。司馬耕字子牛。論語。司馬牛。孔注曰。宋司馬犂也。此可證司馬牛名耕一名犂也。葢其始人耕者謂之耕。牛耕者謂之犂。其後互名之。从牛。黎聲。郎奚切。十五部。俗省作犂。論語。犂牛之子。皇注犂音貍。貍、襍文也。張參曰。犂洛西反。論語借以爲力之反。張謂借犂爲貍文也。犂貍異部而相借。如爾雅釋騋牝爲驪牝。

兩壁耕也。壁當作辟。辟是旁側之語。莊廿一年左傳。鄭伯享王于闕西辟。服虔云。西辟、西偏也。兩辟耕謂一田中兩牛耕。一從東往、一從西來也。此耕字自人牛言之。與木部六叉犂自器言之不同。从牛。非聲。此形聲包會意。非从飛下𧺆、取其相背。非尾切。十五部。廣韵入去聲。一曰覆耕種也。此別一義未聞。讀若匪。

牛羊無子也。从牛。𦎫聲。讀若糗糧之糗。糗糧見柴誓。徒刀切。古音在三部。

觸也。角部曰。觸、牴也。亦作抵觝。从牛。氐聲。都禮切。十五部。

牛踶衛也。廣韵曰。踶衛、牛展足。按展足二字乃蹷字之誤。蹷同跈。足部曰。踶者、躛也。衛與躛互訓。踶衛猶踐踶也。从牛。衛聲。于歲切。十五部。

牛很不從牽也。从牛。臤。臤者、堅也。故从牛臤會意。臤亦聲。喫善切。古音在十二部。一曰大皃。別一義。讀若賢。

牛厀下骨也。牛脛也。脛者、骹也。从牛。巠聲。口莖切。十一部。春秋傳宋司馬牼字牛。按仲尼弟子列傳。宋司馬耕字牛。左傳哀十四年兩書司馬牛。不偁其名。許云司馬牼、豈卽司馬耕與。外此昭廿年、廿一年宋有華牼。孟子書有宋牼。皆不傳其字。

牛舌病也。廣韵作牛舌下病。舌病則噤閉不成聲。亦作㾕。从牛。今聲。巨禁切。七部。

徼外牛。各本有南字。今依韵會。楚語曰。巴浦之犀犛兕象。其可盡乎。後漢章帝紀。蠻夷獻生犀白雉。一角在鼻。一角在頂。爾雅山海經郭注。劉欣期交州記皆云。有三角。一在頂上。一在額上。一在鼻上。鼻上角短小。按晉語。角犀豐盈。孟子注。頟角犀厥地。戰國策。眉目準頞權衡。犀角偃月。此皆謂人自鼻至頂豐滿。如相書所云伏犀貫頂。

二篇上　九

也。侶豕。見釋獸。劉欣期云。其毛如豕頭如馬。郭璞云。形似水牛。猪頭。說各不同也。从牛。尾聲。先稽切。十五部。

牣　牣、此複字刪之未盡者。滿也。見大雅毛傳。从牛。刃聲。而震切。古音在十三部。詩曰。於牣魚躍。於如字。

物　萬物也。牛爲大物。牛爲物之大者。故物从牛。與半同意。天地之數起於牽牛。戴先生原象曰。周人以斗牽牛爲紀首。命曰星紀。自周而上。日月之行不起於斗、牽牛也。按許說物从牛之故。又廣其義如此。故从牛。勿聲。文弗切。十五部。

犧　宗廟之牲也。魯頌。享以騂犧。毛傳。犧純也。曲禮。天子以犧牛。鄭云。犧純毛也。牧人。祭祀共其犧牲。鄭云。犧牲毛羽完具也。僞孔注微子云。色純曰犧。體完曰牷。杜注左傳又云。牷純色。完全也。說犧皆與許異。从牛。羲聲。許羈切。古音在十七部。賈侍中說。他皆偁名。獨賈逵偁官者。尊其師也。此非古字。魯頌毛傳曰。犧尊有沙羽飾也。明堂位注曰。犧尊以沙羽爲畫飾。鄭注荅張逸曰。刻畫鳳皇之象於尊。其形娑娑然。故曰沙。按沙娑義古音三字同在十七部。犧牲、犧尊。葢本衹假羲爲之。漢人乃加牛旁。故賈云非古字。許廁諸部末。

文四十五　鍇四十四。　重一　此部列字次第大致井井可玩。

犛　西南夷長髦牛也。今四川雅州府清谿縣大相嶺之外有地名旄牛。產旄牛。而清谿縣南抵寧遠府。西抵打箭鑪。古西南夷之地。皆產旄牛。如郭樸注山海經所云。背厀及胡尾皆有長毛者。小角。其體純黑。土俗用爲菜。其尾腊之可爲拂子。云長髦者。謂背厀胡尾皆有長毛。下文氂字乃專謂尾也。此牛名犛牛。音如貍。楚語。巴浦之犀犛。上林賦。獑旄貘犛。以其長髦也。故史記西南夷傳謂之髦牛。以其尾名氂也。故周禮樂師注謂之氂牛。以氂可飾旄也。故禮注爾雅注北山經上林賦注漢書西南夷傳皆謂之旄牛。氂髦旄三字音同。因之讀犛如毛。非也。據上林賦則旄犛異物。中山經。荊山多犛牛。郭曰。旄牛屬。从牛。𠩺聲。里之切。一部。按犛切里之。

氂切莫交。徐用唐韵不誤。而俗本誤易之。凡犛之屬皆从犛。

氂　犛牛尾也。凡經云干旄。建旄。設旄。右秉白旄。羽旄。齒革干戚羽旄。今字或有誤作毛者。古注皆云旄牛尾也。旄牛即犛牛。犛牛之尾名氂。以氂爲幢曰旄。因之呼氂爲旄。凡云注旄干首者是也。呼犛牛爲旄牛。凡云旄牛尾者是也。从犛省。从毛。莫交切。二部。按周禮樂師音義。氂舊音毛。但許不言毛亦聲。而左傳晏氂。外傳作晏萊。後漢書魏郡輿人歌。岑熙狗吠不驚。足下生氂。與災時茲三字韵。則是犛省亦聲。在弟一部也。

斄　彊曲毛也。也依廣韵補。可目箸起衣。箸同褚。裝衣也。王莽傳以氂裝衣。師古曰。毛之彊曲者曰氂。以裝褚衣。令其張起也。按此氂皆斄之誤。劉屈氂亦當本作屈斄。屈斄謂彊曲毛也。从犛省。來聲。洛哀切。舊音力之切。一部。古文斄省。

文三　重一

告　牛觸人角箸橫木所目告人也。从口。从牛。如許說則告即楅衡也。於牛之角寓人之口爲會意。然牛與人口非一體。牛口爲文。未見告義。且字形中無木。則告意未顯。且如所云是未嘗用口。是告可不用口也。何以爲一切告字見義哉。愚謂此許因童牛之告而曲爲之說。非字意。故木部楅下不與此爲轉注。此字當入口部。从口。牛聲。牛可入聲讀玉也。廣韵。告上曰告。發下曰誥。古沃切。三部。音轉古到切。○又汪氏龍曰。此因嚳字。故立告部。愚謂誠然。嚳从敩省。敩亦教也。教之故急。急告之告亦聲。然則當立敩部。嚳屬焉。不當有告部。易曰。僮牛之告。大畜爻辭。僮牛、僮昏之牛也。告九家同。王弼作牿。凡告之屬皆从告。

嚳　急告之甚也。急告猶告急也。告急之甚。謂急而又急也。釋玄應說嚳與酷音義皆同。按白虎通云。謂之帝嚳者何也。嚳者極也。教令窮極也。窮極、即急告引伸之義。从告。學省聲。苦沃切。三部。

文二

口　人所㠯言食也。言語飲食者口之兩大耑。舌下亦曰口。所以言別味也。頤象傳曰。君子以愼言語。節飲食。象形。苦厚切。四部。凡口之屬皆从口。

噭　口也。口俗本譌吼。今正。史漢貨殖傳皆云。馬蹏噭千。徐廣曰。噭。馬八髎也。小顏云。噭。口也。蹏與口共千則爲馬二百也。按以口釋噭。此必本說文。說文以口建首。下噭噣喙吻字皆與口字轉注相接。此全書之例也。通俗文。埤倉。皆曰尻骨謂之八髎。惟史記噭字从口。故徐以八髎釋之。尻亦得謂之口也。各本史記作躈。乃誤字耳。噭與竅音義相同。俗本說文作吼者。蓋或識孔字於口字之旁。因誤併爲一字。从口。敫聲。徐廣苦弔反。小顏江弔口釣二反。唐韵古弔切。二部。一曰噭呼也。此別一義。呼當作嘑。字之誤也。嘑。號也。曲禮。毋噭應。鄭曰。噭。號呼之聲也。呼亦當作嘑。俗寫通用耳。昭廿五年公羊傳曰。昭公於是噭然而哭。注。噭然。哭聲皃。釋文皆古弔反。

噣　喙也。曹風。不濡其咮。毛曰。咮。喙也。玉篇引不濡其噣。咮噣二同。朱聲蜀聲同部也。亦叚借作注。爾雅咮星。史記考工記注作注是也。亦作啄。詩韓奕傳。厄。烏噣也。厄同軶。烏噣。釋名。小爾雅作烏啄。从口。蜀聲。陟救切。三部。

喙　口也。說卦傳。爲黔喙。左傳。深目而豭喙。叚借爲困極之義。廣韵引昆夷瘃矣。今詩作喙矣。郭注方言引外傳余病瘃矣。今外傳作余病喙。郭云。江東呼極爲瘃。亦作瘃。从口。彖聲。許穢切。十五部。彖聲在十四部。合韵也。

吻　口邊也。曲禮注云。口旁曰咡。廣雅云。咡謂之吻。考工記。銳喙決吻。鄭曰。吻。口腃也。釋名曰。吻。免也。拔也。卷也。从口。勿聲。武粉切。十三部。勿聲在十五部。合韵也。

脗　吻或从肉从昏。昏聲也。凡昏皆从氏。不从民。字亦作脗。作脗。皆脗之俗也。凡言脗合。當用此。

嚨　喉也。釋鳥曰。亢。鳥嚨。郭曰。謂喉嚨。从口。龍聲。盧紅切。九部。

喉　咽也。从口。侯聲。乎鉤切。四部。

噲　咽也。噲者。會也。聲氣所會也。从口。會聲。或讀若快。苦夬切。十五部。小雅。噲噲其正。箋云。噲噲猶快快也。謂同音假借。盧氏文弨云。淮南精神訓。噲然得臥。宋書樂志吳鼓吹曲。我皇多噲事。皆與快同。一曰嚵噲也。此別一義。噲亦複舉字也。凡一曰之下多複舉本字。俗本作嚵噲也。非。集韵作一曰嚵也。

吞　咽也。今人以吞吐對舉。據此則咽喉本名吞。俗云喉吞是也。猶之喉本名咽。平聲。今人以爲下咽字。一見切。从口。天聲。土根切。古音在十二部。

咽　嗌也。咽者。因也。言食因於是以上下也。从口。因聲。烏前切。十二部。

嗌　咽也。嗌者。扼也。扼要之處也。咽嗌雙聲。漢書。昌邑王嗌痛。爾雅注云。江東名咽爲嗌。从口。益聲。伊昔切。十六部。

𦤝　籀文嗌。上象口。下象頸脈理也。此象形字。與亢略同。漢百官公卿表曰。𦤝作朕虞。應劭曰。𦤝。伯益也。師古曰。𦤝。古益字也。按此假借籀文嗌爲益。如九歌假借古文番爲播也。趙宋時古文尚書益作𦤝。此本諸漢表耳。○又按凡言頂領頸亢胡者。自外言之。言嚨喉噲吞咽嗌者。自內言之。故皆从口。自口而入也。

喗　大口也。从口。軍聲。牛殞切。十三部。

哆　張口也。小雅。哆兮侈兮。毛曰。哆。大皃。从口。多聲。釋玄應兩引說文殆可切。此本音隱。唐韵丁可切。十七部。

呱　小兒嗁聲。咎繇謨。啟呱呱而泣。从口。瓜聲。古乎切。五部。詩曰。后稷呱矣。大雅。

啾　小兒聲也。倉頡篇。啾。衆聲也。三年問。啁噍之頃。此假噍爲啾也。从口。秋聲。即由切。三部。

喤　小兒聲。啾謂小兒小聲。喤謂小兒大聲也。如離騷。鳴玉鑾之啾啾。詩。鍾鼓喤喤。喤喤厥聲。則泛謂小聲大聲。从口。皇聲。乎光切。十部。詩曰。其泣喤喤。

咺　朝鮮謂兒泣不止曰咺。方言。咺。痛也。凡哀泣而不止曰咺。朝鮮洌水之閒。少兒泣而不止曰咺。从口。亘聲。此依韵會。況晚切。十四部。

唴　秦晉謂兒泣不止曰唴。方言。自關而西秦晉之閒。凡大人少兒泣而不止謂之唴。哭極音絕亦謂之唴。平原謂啼極無聲謂之唴哴。从口。羌聲。丘尚切。十部。

咷　楚謂兒泣不止曰噭咷。方言。

喑　嶷　咳　嗛　咀　啜　㗱嚌　噍　吮

楚謂之嗷咷。按嗷字見上。从口。兆聲。徒刀切。二部。宋齊謂兒泣不止曰喑。方言。齊宋之閒謂之喑。或謂之惄。按喑之言瘖也。謂啼極無聲。从口。音聲。於今切。七部。小兒有知也。大雅。克岐克嶷。毛曰。岐。知意也。嶷。識也。按此由俗人不識嶷字。蒙上岐字改从山旁耳。高注淮南曰。軫軳之軳。讀如克岐克嶷之嶷。太玄作嶷。釋文嶷。牛力切。又音擬。擬擬然有所識別也。从口。疑聲。魚力切。一部。詩曰。克岐克嶷。小兒笑也。內則云。孩而名之。爲作小兒笑而名之也。从口。亥聲。戶來切。一部。古文咳。从子。內則孟子皆作此字。按亥部有古文亥。則右當作古文亥。而亦从亥者。亥亦古文也。於史趙之言知之。口有所銜也。夏小正曰。田鼠者。嗛鼠也。爾雅。鼸鼠。古本亦作嗛。故孫叔然云。嗛者頰裏也。廣韵曰。嗛。蝬藏食處也。嗛鼠食積於頰。人食似之。故頰車或曰鼸車。假借爲銜字。如佞幸傳大后由此嗛韓嫣是也。亦假借爲歉字。商銘。嗛嗛之食。嗛嗛之德是也。亦假借爲謙字。如子夏周易。漢藝文志謙卦作嗛。是也。志云。合於易之嗛嗛。一嗛而四益。轉寫下句从言。遂滋異說。从口。兼聲。戶監切。古音蓋在七部。含味也。含而味之。凡湯酒膏藥。舊方皆云㕮咀。廣韵九麌云。㕮咀。嚼也。按㕮卽哺字。古父甫通用。後人不知爲一字矣。含味之上似當有哺咀二字。从口。且聲。慈呂切。五部。嘗也。孟子。徒餔啜也。从口。叕聲。昌說切。十五部。一曰喙也。此別一義。噍也。也當作兒。从口。集聲。讀若集。𠍽省作集。子入切。七部。嘗也。見儀禮。从口。齊聲。在詣切。十五部。周書曰。大保受同祭嚌。顧命文。儀禮多言嚌肺啐酒。據周書則酒至齒亦云嚌也。齧也。少儀。侍食於君子。小飯而亟之。數噍。按數噍句絕。所謂亟之也。从口。焦聲。才肖切。二部。古讀平聲。如嚼復嚼今年尚可後年饒是也。噍或从爵。古焦爵同部同音。唐韵乃分噍切才笑。嚼切才爵矣。今北音去聲。南音入聲。欶也。欠部云。欶。吮也。从口。允聲。徂沇切。十四部。

啐　嚵𥮹　啗　嘰　噂　含　哺　味　嚛　竅噫

小歙也。士冠禮注曰。古文啐爲呼。按呼與啐音義皆隔。必是誤字。當是古文啐爲啐之誤。如古文酳作酌。今禮酌皆誤酌也。从口。卒聲。讀若叡。所劣切。十五部。小啐也。从口。毚聲。士咸切。八部。一曰喙也。此別一義。啗也。喙也。喙上當有一曰二字。各本作噬。今正。說文有𥳓無筮。則筮者𥳓變。不當用爲諧聲。周禮梓人攫殺援簭。正作簭。从𥳓聲而省卬也。又周禮卜筮字皆作簭。此則假借也。从口。𥳓聲。時制切。十五部。按詩噬肯適我。毛曰。噬。逮也。此謂噬爲逮之假借也。釋言作遾。方言亦作噬。食也。从口。臽聲。徒濫切。八部。讀與含同。與今音異。小食也。大人賦曰。嘰瓊華。按皀部有既字。云小食也。嘰與既音義皆同而各字。玉藻。進禨。少儀注曰。已沐飲曰禨。皆當作此嘰。从口。幾聲。居衣切。十五部。噍皃。按釋玄應書三引說文皆云。噂㗱噍皃也。廣韵十九鐸廿六緝皆云。噂㗱噍皃。釋行均書同。說文古本當先噂字。云噂㗱噍皃也。次㗱字。云噂㗱也。今噂字㗱字廁兩處。無噂㗱之語。葢口部脫誤多矣。从口。尃聲。補各切。五部。嗛也。从口。今聲。胡男切。古音在七部。禮樂志。吟青黃。以吟爲含。哺咀也。哺咀葢疊韵字。釋玄應引許淮南注曰。哺。口中嚼食也。又引字林。哺咀。食也。凡含物以飼曰哺。爾雅。生哺㝅。从口。甫聲。薄故切。五部。滋味也。滋言多也。从口。未聲。無沸切。十五部。食辛嚛也。嚛謂辛螫。火部引周書。味辛而不嫪。呂覽本味。味辛而不烈。嚛與嫪烈同義。玉篇云。伊尹曰。酸而不嚛。此古伊尹書之僅存者。酸疑當作辛。辛而不嚛。卽本味之辛而不烈也。从口。樂聲。火沃切。古音在二部。口滿食。从口。竅聲。丁滑切。十五部。飽出息也。各本作飽食。今依玉篇衆經音義訂。息。鼻息也。內則。在父母舅姑之所。不敢噦噫。莊子。大塊噫氣。其名曰風。靈樞經曰。五藏氣。心主噫。按噫字亦作餩。見廣雅。玉篇。廣韵於北烏克二反。高注淮南書曰。咳。讀如人飲食太多。

嘽　唾　咦　呬

以思下垓之垓。以思下垓之垓。乃以息上餘之餘之誤。高注多言心中滿該。亦謂此也。从口。意聲。於介切。古音在一部。論語子曰。噫。天喪予。鄭氏毛詩。噫此皇父。噫厥抯婦。皆爲有所痛傷之聲。

嘽　喘息也。小雅傳曰。嘽嘽喘息也。馬勞則喘息。一曰喜也。樂記其樂心感者。其聲嘽以緩。注。嘽。寬綽皃。从口。單聲。他干切。十四部。詩曰。嘽嘽駱馬。證前一義。

唾　口液也。曲禮讓食不唾。內則不敢唾洟。从口。垂聲。湯臥切。十七部。涶　唾或从水。

咦　南陽謂大呼曰咦。呼、外息也。大呼、大息也。从口。夷聲。以之切。古音在六脂。

呬　東夷謂息爲呬。方言。呬、息也。東齊曰呬。釋詁郭注亦云。今東齊謂息爲呬。疑許襲方言。東夷當作東齊。字之誤也。从口。四聲。虛器切。十五部。按大雅民之攸塈。毛曰。塈、息也。塈不訓息。此正謂塈卽呬之假借。爾雅。呬、息也。某氏引詩民之攸呬。蓋三家詩作呬。毛詩作塈。說文尸部有屓字。鼻部有齂字。皆臥息也。亦皆虛器切。凡古休息與鼻息同義。詩曰。犬夷呬矣。大雅。混夷駾矣。維其喙矣。合二句爲一句。與日部引東方昌矣相似。混作犬。喙作呬。蓋亦用三家詩。馬部引昆夷駾矣。則毛詩也。毛云。喙、困也。方言。餽、喙、呬、息也。按人之安寧與困極。皆驗諸息。故假樂、綿之呬。不嫌異義同偁。喙與呬。不嫌異字同義。

喘　呼　吸　噓　吹　喟　啍

喘　疾息也。此分別言之。息下曰喘也。渾言之也。从口。耑聲。昌沇切。十四部。

呼　外息也。外息、出其息也。从口。乎聲。荒烏切。五部。今人用此爲號嘑、評召字。非也。

吸　內息也。內息、納其息也。从口。及聲。許及切。七部。

噓　吹也。从口。虛聲。朽居切。五部。

吹　噓也。从口欠。口欠則气出。會意。昌垂切。古音在十七部。

喟　大息也。論語。喟然歎曰。謂大息而吟歎也。何晏云。喟然、歎聲也。殊非是。从口。胃聲。丘貴切。十五部。嘳　喟或从貴。胃貴聲同部。

啍　口气也。从口。𦎧聲。他昆切。十三部。詩曰。大車啍啍。王風。毛云。啍啍、重遲之皃。按啍言口气之緩。故引伸以爲重遲之皃。

嚏

嚏　悟解气也。悟解气者。欠字下云。張口气悟是也。悟、覺也。解、散也。通俗文曰。張口運气謂之欠㰦。鄭注周易。百果艸木皆甲坼曰。皆讀爲人倦解之解。郭注方言。蛤解曰。解讀解悟聲之解。皆是許意。嚏與欠異音同義。玉裁按許說嚏義非是。不必曲徇。嚏之見於月令、內則者各一。鄭氏終風箋曰。嚏讀當爲不敢嚏咳之嚏。今俗人嚏云人道我。此古之遺語也。月令。民多鼽嚏。謂鼻塞而妨嚏。說文嚏下一曰鼓鼻。而釋嚏爲欠。直以其字从口不从鼻故耳。殊不思內則既云不敢嚏。又云不敢欠。其爲二事憭然。素問說五气所病。腎爲欠爲嚏。亦分二事。倘云嚏卽是欠。則內則素問皆不可通矣。故嚏解當改云歕鼻也。爲安口與鼻同時气出。此字之所以从口也。至若詩願言則疐。毛傳云。疐、跲也。釋文疐作疌。跲作劫。自是古字通叚。觀狼跋傳疐跲也。而其疐本又作疌。疌可證。崔靈恩集注乃改劫爲㰦。訓以今俗人體倦則伸。志倦則㰦。音丘據反。是葢以附合許之嚏解。而不知許自解嚏。非解毛之疐也。改疐爲嚏。自鄭君始。許在鄭前。安得從鄭易毛。各本有詩曰願言則嚏六字。休寧汪氏龍以爲後人妄增者是也。今刪。學者可以知毛、許於詩本無㰦說。唐石經作嚏者。乃從鄭非從毛。从口。疐聲。都計切。古音在十二部。

嚽　唫　噤　名　吾

嚽　野人之言。論語曰。質勝文則野。此字會意兼形聲。从口。質聲。之日切。十二部。

唫　口急也。从口。金聲。巨錦切。七部。

噤　口閉也。史淮陰侯傳。雖有舜禹之智。吟而不言。此假吟爲噤也。吟噤義相似。从口。禁聲。巨禁切。七部。

名　自命也。祭統曰。夫鼎有銘。銘者、自名也。此許所本也。周禮小祝故書作銘。今書或作名。士喪禮古文作銘。今文皆爲名。按死者之銘。以緇長半幅。赬末長終幅。廣三寸。書名于末曰某氏某之柩。此正所謂自名。其作器刻銘。亦謂稱揚其先祖之德。著己名於下。皆祇云名已足。不必加金旁。故許君於金部不錄銘字。從周官今書、禮今文也。許意凡經傳銘字皆當作名矣。鄭君注經乃釋銘爲刻。劉熙乃云銘、名也。記名其功也。呂忱乃云銘、題勒也。不用許說。从口夕。夕者冥也。冥不相見。冥、幽也。故巳口自名。故从夕口會意。武幷切。十部。

吾　我

自侢也。侢各本作稱。誤。釋詁曰。吾我也。从口。五聲。五乎切。五部。

哲　知也。釋言曰。哲智也。方言曰。哲知也。古智知通用。从口。折聲。按凡从折之字皆當作斤斷艸。各本篆文皆作手旁。用隸改篆也。今悉正之。陟列切。十五部。

悊　哲或从心。韵會引說文古以此爲哲字。按心部云。悊敬也。疑敬是本義。以爲哲是假借。

嚞　古文哲。从三吉。或省之作喆。

君　尊也。此羊祥也。門聞也。戶護也。髮拔也之例。从尹口。尹、治也。口目發號。此依韵會。又補一口字。尹亦聲。舉云切。十三部。

古文象君坐形。小徐本作

命　使也。从口令。令者、發號也。君事也。非君而口使之。是亦令也。故曰。命者天之令也。眉病切。古音在十二部。令亦聲。

咨　謀事曰咨。左傳曰。訪問於善爲咨。毛傳同。从口。次聲。卽夷切。十五部。

召　評也。言部曰。評召也。从口。刀聲。直少切。二部。

問　訊也。言部曰。訊問也。引伸爲禮之聘問。从口。門聲。亾運切。十三部。

唯　諾也。此渾言之。玉藻曰。父命呼唯而不諾。析言之也。从口。隹聲。以水切。十五部。

唱　導也。鄭風曰。唱予和女。从口。昌聲。尺亮切。十部。古多以倡字爲之。

和　相應也。从口。禾聲。古唱和字不讀去聲。戶戈切。十七部。

咥　大笑也。衛風毛傳曰。咥咥然笑。周易履虎尾不咥人。馬云齕也。此別一義。从口。至聲。許既切。又直結切。古音在十二部。詩曰。咥其笑矣。

啞　笑也。馬融曰。啞啞、笑聲。鄭云。樂也。从口。亞聲。於革切。古音在五部。按字林云。謚、笑聲。呼益反。此由笑言啞啞字音形皆變而云然。啞俗訓爲瘖。幺下切。易曰。笑言啞啞。震卦辭。

噱　大笑也。从口。豦聲。其虐切。五部。

唏　笑也。廣雅。唏唏、笑也。从口。希聲。依韵會訂。虛豈切。十五部。一曰哀痛不泣曰唏。方言。唏、痛也。凡哀而不泣曰唏。於方則楚言哀曰唏。十二諸侯年表曰。紂爲象箸而箕子唏。

听　笑皃也。司馬相如賦。亾是公听然

而笑。从口。斤聲。宜引切。古音十三部。

呭　多言也。孟子毛傳皆曰。泄泄猶沓沓也。曰部云。沓、語多沓沓也。言部又云。詍、多言也。引詩無然詍詍。从口。世聲。余制切。十五部。詩曰。無然呭呭。大雅。今作泄泄。

噭　聲噭噭也。周禮大祝注。祈、噭也。謂爲有災變號呼告神以求福。噭陸音叫。从口。梟聲。古堯切。二部。按玉篇有嘄無噭。嘄古弔反。聲也。此以倒𥄉之県爲聲。卽噭字也。廣韵引漢刑法志県首。今志作梟首。地理志鉅鹿鄡縣。今說文作鄡縣。鄡與噭疑皆淺人改作。非許書本字。

咄　相謂也。謂欲相語而先驚之之䛐。凡言咄嗟、咄咄怪事者。皆取猝乍相驚之意。倉頡篇曰。咄、啐也。說文。啐、驚也。李善注曹植贈彪詩引說文。咄、叱也。从口。出聲。當沒切。十五部。

唉　應也。方言。欸、然也。南楚凡言然者曰欸。或曰譽。按廣雅。欸譽、然譍也。本方言。許以唉訓應。欠部欸訓訾。與方言異。蓋唉欸古通用也。玄應書引作譍聲也。从口。矣聲。讀若塵埃。烏開切。一部。

哉　言之閒也。釋詁。孔、魄、哉、延、虛、無、之、言、閒也。許分別釋之曰。哉爲言之閒。鍇云。若左傳遠哉遙遙、論語君子哉若人。是哉爲閒隔之䛐。按如鍇說則必句中乃爲言之閒。豈句末者非耶。句中哉字皆可斷句。凡兩者之際曰閒。一者之竟亦曰閒。一之竟卽兩之際也。言之閒歇多用哉字。若哉生明、初哉首基、則又訓哉爲始。凡竟卽爲始。从口。𢦔聲。將來切。一部。

噂　聚語也。小雅傳曰。噂猶噂噂。沓猶沓沓。从口。尊聲。子損切。十三部。詩曰。噂沓背憎。人部又引詩僔沓背憎。詩釋文曰。噂、說文作僔。五經文字亦云。僔、詩小雅作噂。陸、張皆不云說文有噂。則知淺人依詩增也。

咠　聶語也。耳部曰。聶、附耳私小語也。按聶取兩耳附一耳。咠取口附耳也。从口耳。七入切。七部。詩曰。咠咠幡幡。巷伯三章。緝緝翩翩。四章。捷捷幡幡。許引當云咠咠翩翩而云咠咠幡幡者。誤合二章爲一耳。咠咠、今詩作緝緝。毛云。緝緝、口舌聲。

呷　吸呷也。司馬相如賦曰。翕呷萃蔡。張揖曰。翕呷、衣起張也。海賦。猶尚呼呷。餘波獨湧。李善曰。呼呷、波相吞之皃。吳都賦曰。諠譁喤呷。廣韵。喤呷、衆聲也。从口甲聲。呼甲切。八部。

嘒　小聲也。小雅鳴蜩嘒嘒。毛曰：嘒嘒，聲也。按商頌嘒嘒管聲。毛曰：嘒嘒，和也。从口彗聲。呼惠切。十五部。詩曰：嘒彼小星。或从慧。

嘫　語聲也。方言：欸，然也。廣雅：欸、譻、然，譍也。按然卽嘫，應聲也。从口然聲。如延切。十四部。

唪　大笑也。玉篇、手鑑皆作大聲。从口奉聲。讀若詩曰瓜瓞菶菶。方蠓切。九部。按今生民作瓜瓞唪唪。而玉口二部兩引皆作菶菶。

嗔　盛气也。門部曰：闐，盛皃。聲義與此同。今毛詩振旅闐闐，許所據作嗔嗔。玉藻盛氣顚實，注云：顚讀爲闐，盛身中之氣使之闐滿。孟子塡然鼓之。是則聲同得相假借也。古音陳。今俗以爲謓恚字。从口眞聲。待年切。十二部。詩曰：振旅嗔嗔。

嘌　疾也。小雅。檜風匪車嘌兮。毛曰：嘌嘌，無節度也。按無節度者，卽上章所云疾驅非有道之車也。从口票聲。撫招切。二部。詩曰：匪車嘌兮。

嘑　號也。号部曰：號，嘑也。是爲轉注。雞人夜嘑旦以嘂百官。此嘑字之僅存者也。若銜枚氏嘂呼歎鳴、大雅式號式呼，以及諸書云叫呼者，其字皆當作嘑。不當用外息之字。嘑或作謼。崔靈恩毛詩式號式謼。从口虖聲。荒烏切。五部。

喅　音聲喅喅然。从口昱聲。余六切。古音在七部。

嘯　吹聲也。召南箋曰：嘯，蹙口而出聲也。从口肅聲。穌弔切。古音在三部。籒文嘯。从欠。欠部重出歗字。引詩其歗也謌。今詩惟條其歗矣作歗。

台　說也。台說者，今之怡悅字。說文怡訓和，無悅字。今文尚書舜讓于德不台，見漢書王莽傳、班固典引。而五帝本紀本之作舜讓于德不懌。自序曰：唐堯遜位，虞舜不台。惠之早霣，諸呂不台。皆謂不爲百姓所悅也。古文禹貢祗台德先，鄭注：敬悅天子之德既先。从口㠯聲。与之切。一部。按湯誓、高宗肜日、西伯戡黎皆云如台。殷本紀皆作柰何。釋詁台予同訓我。此皆以雙聲爲用。何予台三字雙聲也。

嗂　喜也。从口䍃聲。余招切。二部。此字與䚻義相近。

启　開也。按後人用啟字訓開，乃廢启不行矣。啟，敎也。玉篇引堯典：胤子朱启明。釋天：明星謂之启明。从戶口。會意。康禮切。十五部。此字不入戶部者，以口戶爲開戶也。

嗿　聲也。周頌傳曰：嗿，衆皃。按許以字从口，故釋與毛異。从口貪聲。他感切。古音在七部。詩曰：有嗿其饁。

咸　皆也。悉也。咸，皆也。見釋詁。从口从戌。會意。胡監切。古音在七部。戌，悉也。此从戌之故。戌爲悉者，同音假借之理。

呈　平也。今義云示也，見也。从口壬聲。直貞切。十一部。壬之言挺也，故訓平。

右　助也。从口又。又者手也。手不足，以口助之，故曰助也。今人以左右爲ナ又字，則又製佐佑爲左右字。于救切。古音在一部。

啻　語時不啻也。玄應引倉頡篇曰：不啻，多也。按不啻者，多之詞也。秦誓曰：不啻若自其口出。世說新語云：王文度弟阿智惡乃不啻。玉篇云：買賣云不啻也。可知爲市井常談矣。不啻如楚人言夥頤。啻亦作翅。支聲帝聲同部也。疒部疷下曰：病不翅。孟子曰：奚翅食重。从口帝聲。施智切。十六部。一曰啻，諟也。言部曰：諟，理也。亦用諟爲寀諦字。讀若䚦。疑此謂後一義之讀。

吉　善也。从士口。居質切。十二部。

周　密也。密，山部曰山如堂者。引伸訓爲周緻也。左傳晏子曰：清濁小大，短長疾徐，哀樂剛柔，遲速高下，出入周疏，以相濟也。以周與疏反對。又襄二十七年春，胥梁帶使諸喪邑者具車徒以受地，必周。杜皆云：周，密也。按忠信爲周，謂忠信之人無不周密者。从用口。善用其口則密，不密者皆由於口。職畱切。三部。古文周字。从古文及。及之者，周至之意。

唐　大言也。引伸爲大也。如說尚書者云：唐之爲言蕩蕩也。見論衡。又爲空也。如梵書云福不唐捐。凡陂塘字古皆作唐，取虛而多受之意。𨸏部曰：隄，唐也。从口庚聲。徒郎切。十部。古文唐。从口昜。亦形聲。

㬳　誰也。从口㬳又聲。㬳，古文疇。按此篆疑有誤。白部曰：㬳，詞也。从白㬳聲。引唐書：帝曰㬳咨。與此音義大同。但其字从口㬳聲足矣，不當兼从又聲。又在一部，非聲也。老部壽、酉部醻、巾部幬皆从㬳聲，竹部籌、火部燾、言部譸、邑部都皆从𦣞聲。絕無从𠷎聲之字。可知此正當作𠷎，爲𦣞之聲。直由切。三部。

嘾　嘾，含深也。莊子曰：大甘而嘾。从口覃聲。徒感切。古音在七部。

噎　噎，飯窒也。王風：中心如噎。毛曰：謂噎憂不能息也。噎憂雙聲。憂卽終日號而不嚘之嚘。氣逆也。今本毛傳譌脫。惟玉篇不誤。鄭風傳：憂不能息。憂亦讀爲嚘。欠部曰：欭、嚘也。欭嚘卽噎憂。劉氏台拱說。从口壹聲。烏結切。十二部。

嗢　嗢，咽也。咽當作噎。聲之誤也。欠部曰：欭，咽中息不利也。與嗢音義同。笑云嗢噱者，嗢在喉中，噱在口也。从口𥁑聲。烏沒切。𥁑聲在十三部。與十五部合音冣近也。

哯　哯，不歐而吐也。欠部曰：歐，吐也。渾言之。此云不歐而吐也者，析言之。歐以匈喉言。吐以出口言也。有匈喉不作惡而已吐出者謂之哯。玉篇、廣韵作不顧而唾，非也。从口見聲。胡典切。古音在十四部。

吐　吐，寫也。从口土聲。他魯切。五部。

噦　噦，气啎也。啎、逆也。通俗文曰：氣逆曰噦。內則曰：不敢噦噫。靈樞經說六府氣：胃爲氣逆噦。从口歲聲。於月切。十五部。

咈　咈，違也。違與韋同。相背也。从口弗聲。符弗切。十五部。周書曰：按說文引微子篇咈其耇長、我與受其退皆系周書。引子顚躋、則曰商書。未知孰是誤字。洪範一篇商周說異。微子則必是商書也。咈其耇長。玉篇引易：咈經于丘。今易作拂，蓋誤。

嚘　嚘，語未定皃。東方朔傳曰：伊憂亞者，辭未定也。集韵云：憂或作嚘。又老子：終日號而不嗄。玉篇作不嚘，云嚘氣逆也。太玄：柔兒于號，三日不嚘。傅奕校定老子作歔。歔同嚘。从口憂聲。於求切。三部。師古一侯反。

吃　吃，言蹇難也。从口气聲。居乙切。十五部。

嗜　嗜，喜欲之也。此依韵會本。喜當作憙。憙、悅也。經傳多假耆爲嗜。从口耆聲。常利切。十五部。

啖　啖，噍啖也。荀子王霸篇：啖啖常欲人之有。注：啖啖，并吞之皃。从口炎聲。徒敢切。八部。一曰噉。韵會無此三字，云或作噉。按口部無噉字。玉篇、廣韵皆正作噉，云啖同。以譬字例之，蓋說文本作噉。

哽　哽，語爲舌所介也。哽介雙聲。漢書：祝哽在前。从口更聲。讀若井汲綆。古杏切。十一部。

嘐　嘐，誇語也。孟子：何以謂之狂也？曰：其志嘐嘐然，曰古之人古之人。夷考其行而不掩焉者也。从口翏聲。古肴切。古音在三部。

啁　啁。啁、此複舉字未刪者。嘐也。楚語：鵾雞啁哳而悲鳴。啁，犬聲；哳，小聲也。从口周聲。陟交切。古音在三部。倉頡篇：啁，調也。謂相戲調也。今人啁作嘲。

哇　哇，諂聲也。淫哇也。王莽傳又假𪓰爲哇。从口圭聲。於佳切。古音十六部。讀若醫。醫在第一部，相隔遠甚。疑是翳字。翳在十六部。

啇　啇，語相訶歫也。歫，今之拒字。訶歫者，訶而拒之。从口辛。音愆。辛、惡聲也。口辛、以口拒惡聲也。讀若櫱。五葛切。十五部。

吺　吺，讘吺、逗。多言也。言部曰：讘，多言也。讘吺、玉篇作𠱃吺。从口殳聲。當侯切。四部。

呧　呧，苛也。苛者、訶之假借字。漢人多用荷爲訶，亦用苛爲訶。从口氐聲。都禮切。十五部。按言部有詆字，云訶也。口部呧似複出。集韵詆呧爲一字。

呰　呰，苛也。苛亦當作訶。玄應引作訶。凡言呰毀當用呰。喪服四制：呰者莫不知禮之所生也。鄭云：口毀曰呰。玄應引如此。今禮記作訾。按少儀注兩云訾、思也。从口此聲。將此切。十六部。

嗻　嗻，遮也。廣韵：嗻，多語之皃。然則遮者，謂多言遏遮人言也。从口庶聲。之夜切。古音在五部。

唊　唊，妄語也。廣韵：唊唊，多言也。从口夾聲。讀若莢。古叶切。八部。

嗑　嗑，多言也。从口盍聲。讀若甲。候榼切。八部。

嗙　嗙，訶聲。嗙喻也。从口旁聲。補盲切。十部。司馬相如說：淮南宋蔡舞嗙喻也。上林賦：巴渝宋蔡，淮南于遮。此所偁非賦文，蓋凡將之一句也。劉逵引黃潤纖美宜製襌，歐陽詢引鐘磬竽笙筑坎侯，知凡將七言爲句。

噧　噧，高气多言也。廣韵曰：高聲皃。又多言。从口蠆省聲。按篆文作蠆，此直云蠆聲可矣，不當云省。訶介切。十五部。春秋傳曰：噧言。未見所出。惟公羊襄十四年經鄭公孫囆，二傳作蠆。疑噧言二字有誤，當云鄭公孫囆。

叴　叴，高气也。从口九聲。巨鳩切。三部。詩：叴矛、

嘮　呶　叱　噴　吒　噊　啐　唇　吁　嘵

是此呫字。臨淮有呫猶縣。見地理志。按韓子智伯伐仇猶、非此縣地。嘮嘮呶、讙也。从口。勞聲。敕交切。二部。呶讙聲也。从口。奴聲。女交切。古音在五部。詩曰。載號載呶。見小雅。毛曰。號呼、呶讙也。叱訶也。訶大言而怒也。从口。七聲。昌栗切。十二部。噴吒也。从口。賁聲。普魂切。十三部。一曰鼓鼻。此別一義。許釋嚏爲欠。以鼓鼻繫之噴。吒噴也。叱怒也。此三字明叱噴吒三字互訓也。曲禮曰。毋吒食。謂當食而叱怒他事。嫌於怒食。故注云嫌薄之。淮陰侯傳曰。項王喑噁叱吒。千人皆廢。从口。乇聲。陟駕切。古音在五部。亦作咤。噊危也。見釋詁。从口。矞聲。余律切。十五部。啐驚也。从口。卒聲。七外切。十五部。儀禮今文以爲啐酒字。唇驚也。後人以震字爲之。从口。辰聲。側鄰切。十三部。吁驚也。从口。亏聲。況于切。五部。按此篆當刪。說見亏部。嘵懼聲也。豳風

二篇上　舌

嘖　嗸　唸　吚

毛傳曰。嘵嘵懼也。从口。堯聲。許幺切。二部。詩曰。予維音之嘵嘵。玉篇廣韵作予維音之嘵嘵。本說文也。今本說文作唯予音之嘵嘵。嘖大呼也。呼當作嘑。廣韵。嘖叫也。左傳定四年。嘖有煩言。从口。責聲。士革切。十六部。謮嘖或从言。百官公卿表。典客太初元年更名大鴻臚。應劭曰。郊廟行禮謮九賓。鴻聲臚傳之也。今漢書譌讚。嗸眾口愁也。董仲舒傳。嚻嚻苦不足。食貨志。天下謷謷。陳湯傳。敖敖苦之。皆同音假借字也。从口。敖聲。五牢切。二部。按此字五經文字、玉篇、廣韵、經典釋文皆下口上敖。本說文也。今說文作嗷。後人所妄改。詩曰。哀鳴嗸嗸。小雅。唸唸吚、逗。呻也。今本無唸者、淺人以爲複字而刪之。無呻者、淺人所改也。今依全書通例補正。从口。念聲。都見切。古音在七部。郭音坫。今切都見者、因詩作殿也。詩曰。民之方唸吚。大雅文。今作殿屎。吚唸吚也。釋訓。殿屎、呻也。毛傳。殿屎、呻吟也。陸氏詩、爾雅音義皆云。殿屎說文

㘙　呻　吟　嗞　哤　叫

作唸吚。从口。伊省聲。依詩、爾雅音義、五經文字云。屎說文作吚。然則今本說文作呎者、俗人妄改也。以虫部蛜字例之。亦爲伊省聲。馨伊切。十五部。㘙呻也。从口。嚴聲。五銜切。八部。廣韵作囐。呻吟也。按呻者吟之舒。吟者呻之急。渾言則不別也。从口。申聲。失人切。十二部。吟呻也。从口。今聲。魚音切。七部。吟吟或从音。嗞嗟也。嗟言部作䜺。云䜺嗞也。與此爲互訓。今本言部作咨也。淺人妄改耳。謀事曰咨。音義皆殊。戰國策秦策五。平原令見諸公。必爲言之曰。嗟嗞乎。司馬。詩綢繆。子兮子兮。如此良人何。毛傳。子兮者、嗟兹也。兹當作嗞。古言䜺嗞。今人作嗟咨。非也。廣韵。嗞嗟、憂聲也。从口。兹聲。子之切。一部。哤哤異之言。齊語曰。四民者勿使襍處。襍處則其言哤。其事易。韋注。哤、亂也。从口。尨聲。莫江切。九部。一曰襍語。漢人多用襍爲集字。集語猶聚語也。讀若尨。兩義讀同。叫嘑也。从口。丩聲。古弔切。古音在三部。按吅部嘂、言部

二篇上　圭

嘅　唌　嘆　喝　哨　吪

訆皆訓大嘑。與此音同義小異。疑叫字淺人所增。嘅嘆也。从口。既聲。苦蓋切。十五部。詩曰。嘅其嘆矣。王風。唌語唌嘆也。梁鴻傳。競舉枉兮措直。咸先佞兮唌唌。注。唌音延。讒言捷急之皃。郭注爾雅。假爲次字。夕連切。从口。延聲。十四部。嘆吞歎也。九經字樣作吞聲也。非。按嘆歎二字今人通用。毛詩中兩體錯出。依說文則義異。歎近於喜。嘆近於哀。故嘆訓吞歎。吞其歎而不能發。詳欠部。从口。歎省聲。他案切。十四部。一曰大息也。此別一義。與喟義同。喝㵣也。疑當作㵣音也。今脫音字耳。莊子庚桑楚。終日嗥而嗌不嗄。崔譔本作不喝。云啞也。子虛賦。榜人歌聲流喝。郭璞曰。言悲嘶也。又謝希逸文。喝邊簫於松霧。从口。曷聲。於介切。十五部。哨不容也。鄭注考工記曰。哨、頃小也。投壺曰。某有枉矢哨壺。从口。肖聲。才笑切。二部。吪動也。見釋詁、毛傳。从口。化聲。五禾切。十七部。詩曰。尚寐無吪。王風。又小雅或寢或吪。今各本作訛。非也。

噆　吝　各　否　唁　哀

詑卽譌字。

嗛也。玄應引作銜也。嗛銜音義同。从口。朁聲。子荅切。七部。

恨惜也。慳吝亦恨惜也。从口。文聲。按此字蓋从口文會意。凡恨惜者多文之以口。非文聲也。良刃切。十二部。易曰。吕往吝。蒙初六爻辭。按辵部引以往遴。不同者。許易偁孟氏。或兼偁他家。或孟易有或本。皆未可知也。

古文吝。从彣。

異䛐也。䛐者意內而言外。異爲意。各爲言也。从口夊。陟侈切。夊者。有行而止之。不相聽意。夊部曰。從後至也。象人兩脛後有致之者。致之止之義相反而相成也。古洛切。五部。

不也。从口不。按否字見不部。此誤增也。

弔生也。鄘風。歸唁衞侯。春秋。齊侯唁公于野井。穀梁傳。毛傳皆云。弔失國曰唁。此言弔生者。以弔生爲唁。別於弔死爲弔也。何注公羊云。弔亡國曰唁。弔死曰弔。與此相發明。今本公羊注弔死國曰弔。衍國字。从口。言聲。魚變切。十四部。詩曰。歸唁衞侯。

閔也。閔弔者在門也。引伸之凡哀皆曰閔。从口。衣聲。烏開切。古音在十五部。

嗁　嗀　咼　啾　嘆　𠯑

号也。号各本作號。今正。号下曰。痛聲也。此可證嗁号與嘑號不同字也。号。痛聲。哭。哀聲。痛在內。哀形於外。此嗁與哭之別也。喪大記。始卒。主人啼。兄弟哭。婦人哭踊。注。悲哀有淺深也。若嬰兒中路失母。能勿啼乎。按鄭用襍記語也。嗁俗作啼。士喪禮作諦。古多假諦爲嗁。从口。虒聲。杜兮切。十六部。

歐皃。今俗語如此。从口。殸聲。許角切。三部。春秋傳曰。君將嗀之。左哀廿五年文。之玉篇作焉。

口戾不正也。通俗文。斜戾曰咼。从口。冎聲。苦媧切。古音十七部。

啾嘆也。三字一句。俗本刪啾字。非也。宀部曰。寂。無人聲。从口。叔聲。前歷切。古音在三部。

啾嘆也。按夕部云。寂嗼義略同。爾雅釋詁曰。嘆定也。呂覽首時篇嘆然。高注。嘆然。無聲也。今毛詩求民之莫。毛曰。莫定也。又貊其德音。左傳韓詩貊皆作莫。韓云。莫定也。从口。莫聲。莫各切。五部。玉篇亾格切。

塞口也。廣雅釋詁曰。𠯑塞也。易巛六二。括囊无咎。括卽𠯑字也。从口。氐省聲。氐卽氏部氒字。隸變或作氒。或作牙。凡𠯑聲字。隸變皆爲舌。如括刮之類。古活切。十五部。

古文从甘。戴先生曰。古文氏不省。誤爲从甘。按汗簡古文四聲韵云。昏昬皆同厥。出古尚書。昏卽𠯑字不省者也。

嗾　吠　咆　嗥　喈

使犬聲。見左傳宣二年。使犬者作之噬也。方言曰。秦晉之西鄙自冀隴而西使犬曰哨。郭音騷。哨與嗾一聲之轉。公羊疏云。今呼犬謂之屬。从口。族聲。穌奏切。三部。釋文素口反。春秋傳曰。公嗾夫獒。按嗾服本作取。云取嗾也。嗾夫獒使之噬盾也。今本釋文正義皆譌亂。取誤爲嗽。

犬鳴也。从口犬。口犬者。動口之犬也。字林作吠。則爲形聲字。太玄曰。鴟鳩在林。吠彼衆經。文選注引戰國策作吠。亦是形聲字。符廢切。十五部。

嗥也。廣韵曰。咆嘷。熊虎聲。从口。包聲。薄交切。二部。

咆也。廣韵。嗥。熊虎聲。左傳曰。狐貍所居。豺狼所嗥。从口。皐聲。乎刀切。古音在三部。

譚長說嗥从犬。公羊春秋經。趙盾試其君夷獋。

哮　喔　呝　咮　嚶

鳥鳴聲也。从口。皆聲。古諧切。十五部。一曰鳳皇鳴聲喈喈。按此八字蓋後人所增。鳳皇亦鳥耳。詩風雨曰。雞鳴喈喈。卷阿曰。邕邕喈喈。

豕驚聲也。按哮亦作狗。許角切。吳都賦曰。封豨蔻。李云。蔻。豨聲。呼學切。亦卽哮字。但字形有譌耳。从口。孝聲。許交切。亦許角切。古音在三部。

雞聲也。从口。屋聲。於角切。三部。

喔也。呝喔雙聲。射雉賦。良遊呃喔。喔引之規裏。廣韵廿一麥曰。呝喔鳥聲。疑兩篆文下本皆云呝喔。後人亂之耳。从口。尼聲。烏格切。十六部。

鳥口也。今人噣咮啄三字同音通用。許分別甚明。人口不曰咮。从口。朱聲。章俱切。古音在四部。按廣韵十虞曰。譽咮。多言皃。四十九宥曰。咮。鳥口。然則大徐用章俱一切。誤也。

鳥鳴也。小雅。鳥鳴嚶嚶。毛曰。嚶嚶。驚懼也。釋訓曰。丁丁嚶嚶。相切直也。鄭曰。嚶嚶。兩鳥聲也。按詩鳥鳴嚶嚶。出自幽谷。本不言何鳥。昔人因嚶嚶似離黃之聲。出谷遷喬亦似離黃出蟄土而登樹。故就嚶改鷽爲倉庚之名。唐試士以鷽出谷

啄　唬

命題。本毛詩也。古者倉庚名離黃、名䳡黃、名楚雀、名黃栗留、黃鸝留。不名黃鸎。亦無鸎字也。惟高誘注呂覽曰。含桃鸎桃。鸎鳥所含。陸璣詩疏云。黃鸝留幽州人謂之黃鸎。鸎字始見。要因其聲製字耳。果名依高誘作鸎桃爲是。鄭注月令作櫻桃者。乃俗人所改。詩交交桑扈有鶯其羽。毛公云。鶯然有文章也。鶯絕非鸎。唐人耕韵鶯注鳥羽文也。鸎注。黃鸎也。一韵中可竝用。舊本唐詩黃鸎字皆如此。元明以後淺人乃謂古無鸎字。盡改爲鶯。而鶯失其本義。而昔人因嚶製鸎之理晦矣。玉篇鶯、鳥有文。鸎、黃鳥也。分別亦是。而謂倉庚爲黃鳥失詩之訓。毛詩黃鳥非倉庚也。至集韵、類篇乃皆合鶯鸎爲一字。斯謂不識字。**从口。嬰聲。**烏莖切。十一部。

啄　鳥食也。鳥咮銳。食物似琢。吳都賦說水鳥曰彫琢蔓藻。**从口。豕聲。**丁角切。三部。

唬　虎聲也。鍇本不誤。鉉本改爲嗁聲。誤甚。自吹篆已下。皆言鳥獸矣。通俗文曰。虎聲謂之哮。唬當讀呼去聲。亦讀如鏄字。从虎口、虎亦聲也。五部。**从口虎。**與吹意同主於說口。故不入犬虎部。○此下鍇有一曰虎聲四字。鉉本此四字在从口之上。皆淺人誤增。**讀若髇。**說文無此字。鉉用唐韵呼訝切。玉篇呼交切。與此讀合。

呦　噳　喁　局　谷

呦　鹿鳴聲也。見小雅。**从口。幼聲。**伊虯切。三部。**𡲇　呦或从欠。**

噳　麋鹿羣口相聚皃。大雅。麀鹿噳噳。毛曰。噳噳然眾也。小雅。麀鹿麌麌。毛曰。麌麌、眾多也。按毛意麌麌卽噳噳之假借也。說文無麌。**从口。虞聲。**魚矩切。五部。**詩曰。麀鹿噳噳。**

喁　魚口上見。師古、玄應皆作眾口。按魚是也。淮南書。水濁則魚噞喁。劉逵注吳都賦曰。噞喁、魚在水中羣出動口皃。喁本狀魚。引伸他用。如論語素王受命讖。莫不喁喁延頸歸德。淮南書。羣生莫不喁喁然仰其德。司馬相如傳。延頸舉踵。喁喁然皆是也。**从口。禺聲。**魚容切。蓋古音在四部。

局　促也。以疊韵爲訓。**从口在尺下復局之。**尺所以指斥規榘事也。口在尺下。三緘其口之意。**一曰博所㠯行棊象形。**博當作簙。簙、局戲也。六箸十二棊。簙有局以行十二棊。局之字象其形。此別一義。渠綠切。三部。

谷　山閒陷泥地。閒。玉篇作澗。陷當作臽。字之誤。水部曰。臽、泥水臽臽也。**从口。**謂山閒。**从水敗皃。**謂臽泥谷。字、㕣字皆从水半見。㕣亦从水半見出於口也。水敗土而臽泥多。是曰㕣。**讀若沇州之沇。**按漢隸沇州字已多作兗。以轉切。十四部。**九州之渥地也。**毛傳曰。渥、厚也。**故㠯沇名焉。**此釋州名之意。沇爲九州之渥地。如㕣爲山閒之渥地。其義同。其音亦同也。**𡆸　古文㕣。**按下蓋从谷。上从列骨之殘卢字。卢象水敗也。漢人作兗字者。蓋合和容沇二字爲之。

文一百八十　錯一百八十二。**重二十一**　張次立曰。重二十。補遺詩一字。

共重二十一。按詩字今不補。

凵

凵　張口也。象形。也廣韵作皃。口犯切。八部。**凡凵之屬皆从凵。**

文一

吅　𠷎　嚴　咢

吅　驚嘑也。玉篇云。吅與讙通。按言部讙譁二字互訓。與驚嘑義別。**从二口。凡吅之屬皆从吅。讀若讙。**況袁切。十四部。

𠷎　亂也。从爻工交吅。疑有譌脫。寸部㝷、繹理也。从口从工从又从寸。工口亂也。又寸分理之。彡聲。與𠷎同意。是則从吅从爻从工者亦亂也。从己分理之。𠷎不云理。㝷不云亂者。互見其義也。乙部曰。亂、治也。𡗜部曰。𤔔治也。幺子相亂。𡗜治之。凡言亂而治在焉。易窮則變也。莊子在宥傖囊。崔譔作戕囊。云戕囊猶搶攘。晉灼注漢書曰。搶攘、亂皃也。搶攘疊韵。本在陽唐韵。轉入庚韵攘卽𠷎之假借。凡髮亂曰鬡鬤。艸亂曰莩䔰。皆搶攘同意。**一曰窒𠷎。**𠷎玉篇作𡅅。蓋誤。窒𠷎蓋充塞之意。周、漢人語也。**讀若禳。**网義同讀在十部。唐韵女庚切。**𡅅　籒文𠷎。**

嚴　教命急也。嚴急疊韵。趙注孟子曰。事嚴、喪事急。**从吅。**敦促之意。**厰聲。**語杴切。八部。**𠪚　古文嚴。**

咢　譁訟也。引伸爲徒擊鼓曰咢。又韋賢傳。咢咢黃髮。**从吅屰。屰亦聲。**五各切。五部。

單　大也。當爲大言也。淺人刪言字。如誣加言也。淺人亦刪言字。爾雅、廣雅說大皆無單。引伸爲雙之反對。大雅。其軍三單。毛云。三單、相襲也。鄭云。丁夫適滿三軍之數。無羨卒也。从吅甲。大言故从吅。吅亦聲。都寒切。十四部。闕。當云甲闕。謂甲形未聞也。

㗊　呼雞重言之。當云㗊㗊、呼雞重言之也。淺人刪之耳。夏小正。正月雞桴粥。粥也者、相粥之時也。案相粥之時也、一本作相粥粥呼也。粥㗊古今字。雞聲㗊㗊。故人效其聲呼之。風俗通曰。呼雞曰朱朱。俗說雞本朱公化而爲之。今呼雞曰朱朱也。謹按說文解字㗊从二口。二口爲讙。州其聲也。讀若祝。祝者誘致禽畜和順之意。㗊與朱音相似耳。今按應仲遠似當引小正爲原本。从吅。从州聲。之六切。三部。讀若祝。依風俗通則祝當重。謂㗊㗊讀若祝祝也。左傳州吁。穀梁作祝吁。博物志云。祝雞翁善養雞。故呼祝祝。

文六　重二

二篇上　丰

哭　哀聲也。从吅。从獄省聲。苦屋切。三部。按許書言省聲多有可疑者。取一偏旁。不載全字。指爲某字之省。若家之爲豭省、哭之从獄省。皆不可信。獄固从犾。非从犬。而取犾之半。然則何不取穀獨倏俗之省乎。竊謂从犬之字、如狡獪狂默猝猥狦狠獷狀獳狎狃犯猜猛犺犮狟戾獨狩臭獘獻類猶卌字。皆从犬而移以言人。安見非哭本謂犬嘷、而移以言人也。凡造字之本意有不可得者、如禿之从禾。用字之本義亦有不可知者、如家之从豕、哭之从犬。愚以爲家入豕部从豕宀。哭入犬部从犬吅。皆會意、而移以言人。庶可正省聲之勉强皮傅乎。哭部當廁犬部之後。凡哭之屬皆从哭。

喪　亡也。亡部曰。亡、逃也。亡非死之謂。故中庸曰。事死如事生。事亡如事存。尙書大傳曰。王之於仁人也。死者封其墓。況於生者乎。王之於賢人也。亡者表其閭。況於在者乎。皆存亡與生死分別言之。凶禮謂之喪者。鄭禮經目錄云。不忍言死而言喪。喪者、棄亡之辭。若全居於彼焉。己失之耳。是則死曰喪之義也。公子重耳自偁身喪。魯昭公自偁喪人。此喪字之本義也。凡喪失字本皆平聲。俗讀去聲、以別於死喪平聲。非古也。从哭亡。亡亦聲。此從禮記奔喪之禮釋文所引息郎切。十部。

文二

走　趨也。釋名曰。徐行曰步。疾行曰趨。疾趨曰走。此析言之。許渾言不別也。今俗謂走徐、趨疾者、非。从夭止。夭者、屈也。依韵會訂。夭部曰。夭、屈也。止部曰。止爲足。从夭止者、安步則足胻較直。趨則屈多。子苟切。四部。大雅。假本奏爲奔走。凡走之屬皆从走。

趨　走也。曲禮注曰。行而張足曰趨。按張足過於布武。大雅。左右趣之。毛曰。趣、趨也。此謂假借趣爲趨也。从走芻聲。七逾切。古音在四部。

赴　趨也。聘禮。赴者未至。士喪禮赴曰君之臣某死。注皆云。今文赴作訃。按古文訃告字祇作赴者。取急疾之意。今文从言。急疾意轉隱矣。故言部不收訃字者。从古文不从今文也。凡許於禮經从今文則不收古文字。如口部有名、金部無銘是也。从古文則不收今文字。如赴是也。禮記作訃。不作赴者。禮記多用今文禮也。左傳作赴者。左丘明述春秋傳以古文。故與古文禮同也。从走卜聲。芳遇切。古音在三部。

二篇上　亖

趣　疾也。大雅。來朝趣馬。箋云。言其辟惡早且疾也。玉篇所引如是。獨爲不誤。早釋來朝。疾釋趣馬也。又濟濟辟王。左右趣之。箋云。左右之諸臣皆促疾於事。周禮趣馬。大鄭曰。趣馬、趣養馬者也。按趣養馬、謂督促養馬。古音七口反。音轉乃有清須七句二反。後人言歸趣、言趣者、乃引伸之義。輒讀爲七句、以別於七苟。非古義古音也。从走取聲。七句切。古音在四部。

超　跳也。跳一曰躍也。躍、迅也。迅、疾也。然則超與趣同義。从走召聲。敕宵切。二部。

趫　善緣木之士也。依二京賦注、衆經音義訂。吳都賦曰。趫材悍壯。此焉比廬。成公綏洛禊賦曰。趫才逸態。習水善浮。按張注列子說符篇。異伎云僑人。郭注山海經長股國言有喬國。今伎家僑人象此。僑人。今俗謂之踹僑。僑卽趫字。去䠛切。从走喬聲。去䠛切。二部。讀若王子蹻。王子蹻、蓋卽王子喬。周靈王太子晉也。又有王喬者。蜀武陽人也。淮南齊俗訓。王喬赤誦子。誦同松。師古注王褒傳僑松云王僑赤松子。凡辭賦言喬松者。皆謂王喬。非王子喬。

赳　輕勁有才力也。周南傳曰。赳赳。武皃。釋訓曰。洸洸赳赳武也。詩音義引爾雅武作勇。从走丩聲。居黝切。三部。讀若鐈。喬聲在二部。合韵冣近。

趌　緣大木也。與蚑音義略同。一曰行皃。此別一義。小雅鹿斯之奔。維足伎伎。玉篇作趌。从走支聲。巨之切。之當作支。十六部。

趮　疾也。考工記。羽豐則遲。羽殺則趮。鄭云。趮。旁掉也。按今字作躁。从走喿聲。則到切。二部。

趯　躍也。召南傳曰。趯趯躍也。足部曰。躍。迅也。从走翟聲。以灼切。古音在二部。平聲。

⿺走厤　蹠也。⿺走厤。跳起也。足部曰。楚人謂跳躍曰蹠。从走厥聲。居月切。十五部。

越　度也。與辵部𨒫字音義同。周頌對越在天。箋云。越。於也。此假借越爲粵也。尚書有越無粵。大誥。文侯之命越字。魏三體石經作粵。說文引粵三日丁亥。今召誥作越三日丁巳。从走戉聲。王伐切。十五部。

趁　⿺走亶也。从走㐱聲。讀若塵。丑忍切。十三部。按趁當平聲。同馬部駗。張人切。今人趁逐字作此。反語爲丑刃。非古義古音也。

⿺走亶　趁也。按趁⿺走亶即屯六二屯如亶如。馬融云。難行不進之皃。亶俗本作邅。葉林宗抄宋版釋文。呂祖謙音訓皆作亶。馬部作駗驙。駗驙。馬載重難也。皆雙聲疊韵。疑兩篆下本皆作趁⿺走亶也。从走亶聲。張連切。十四部。

趞　趬趞也。从走昔聲。七雀切。古音在五部。一曰行皃。

趬　行輕皃。今俗語輕趬。當用此字。从走堯聲。牽遙切。二部。一曰趬、舉足也。今俗語謂舉足正如此。按趬趞雙聲字。疑篆當先趬後趞。趬下曰。趬趞行輕皃。一曰趬舉足也。从走堯聲。趞下云。趬趞也。从走昔聲。今本蓋淺人所亂。

⿺走弦　急走也。从走弦聲。形聲包會意。从弦有急意也。胡田切。十二部。

趀　倉卒也。倉俗从廾。誤。夬九四。其行次且。次。鄭作趀。論語。造次必於是。造次。馬云急遽也。鄭云倉卒也。然則次者。趀之假借字。錢氏大昕說。从走朿聲。讀若資。取私切。十五部。

⿺走票　輕行也。从走票聲。撫招切。二部。

⿺走臤　行皃。从走臤聲。讀若菣。棄忍切。十二部。

⿺走酋　行皃。从走酋聲。千牛切。三部。

⿺走蜀　行皃。篇韵皆曰。小兒行。从走蜀聲。讀若燭。之欲切。三部。

⿺走匠　行皃。从走匠聲。讀若匠。疾亮切。十部。

⿺走叡　走皃。走疾於行。从走叡聲。讀若紃。詳遵切。十三部。按此字今篆作⿺走叡。說云叡聲。溝叡字讀若郝。部分絕遠。依廣韵十八諄作⿺走叡。則與玉部璿叡字同一諧聲。取韵詳遵與似沿分十三十四部。而冣近也。玉篇亦作⿺走叡。祀傳切。今改正。

⿺走薊　走意。廣韵。走皃。从走薊聲。讀若髻結之結。結者今之髻字。鄭注經少牢饋食追師。弁師。襍記用紒字。从禮今文也。許造說文。髟部四用結字。此一用結字。从禮古文也。士冠禮采衣紒注云。古文紒爲結。許不从今文故糸部無紒。⿺走薊古屑切。十五部。

⿺走困　走意。廣韵。走皃。从走困聲。丘忿切。十三部。

趖　走意。花間詞曰。荳蔻花間趖晚日。今京師人謂日跌爲晌午趖。从走坐聲。蘇和切。十七部。

⿺走憲　走意。石鼓詩。⿺走憲⿺走憲⿱髟夋⿱髟夋。从走憲聲。許建切。十四部。

⿺走臱　走意。从走臱聲。布賢切。十二部。按鍇本作臱省聲。而其篆文不省。

⿺走戠　走也。从走戠聲。讀若詩威儀秩秩。此偁假樂威儀抑抑德音秩秩。誤合二句爲一。如東方昌矣。昆夷呬矣亦然也。秩秩。李仁甫本作祑祑。少牢饋食禮注曰。古文替爲祑。祑或爲戴。與⿺走戠讀如秩相似。直質切。十一十二部。合韵冣近。

⿺走有　走也。篇韵皆作走皃。从走有聲。讀若又。于救切。古音在一部。

⿺走烏　走輕也。从走烏聲。讀若鄔。安古切。五部。

⿺走瞿　走顧皃。从走瞿聲。此形聲包會意。瞿。鷹隼之視也。記曰。見似目瞿。讀若劬。其俱切。五部。

⿺走寒　走皃。从走寒省聲。今本寒作蹇。誤。篇韵皆丘言虛言二切。鉉云九輦切。

⿺走才　疑之等⿺走才而去也。等讀若鱣。等⿺走才疊韵字。濡滯之皃。疑之故等⿺走才而去。

等在之止韵音變入哈海韵音轉入拯等韵从走才聲倉才切一部淺渡也从走此聲雌氏切十五十六部獨行也唐風獨行煢煢毛曰煢煢無所依也煢聲勻聲合音冣近故煢趋同義从走勻聲讀若煢渠營切十一部勻聲古在十二部安行也廣韵九魚趣趣安行皃按欠部歟安气也心部懙趣步懙懙也馬部鷽馬行徐而疾也論語曰與與如也漢書長倩懙懙从走與聲余呂切五部能立也起本發步之偁引伸之訓爲立又引伸之爲凡始事凡興作之偁从走巳聲五經文字云从辰巳之巳是字鑑从戊己之己非也墟里切十五部古文起从辵畱意也从走里聲讀若小兒咳咳今本作孩誤許用小篆也戶來切一部行也廣韵一送曰甍趟疲行皃大人賦說螭虯沛艾赳蝡仡以佁儗兮張揖曰赳蝡申頸低卬也按赳蝡猶甍趟从走臭聲香仲切古音在三部低頭

疾行也从走金聲牛錦切七部趌趨逗怒走也从走吉聲去吉切十二部趌趨也凡異部疊韵必部分相近从走曷聲居謁切十五部疾也齊風子之還兮毛曰還便捷之皃按毛以還爲趯之假借也或毛許所據詩本作趯从走睘聲讀若讙況袁切十四部直行也从走乞聲魚訖切十五部趨進趯如也有但引經文不釋字義者如此及詞之訐矣絬衣長短右袂是也又色艴如也又足躩如也从走翼聲與職切一部踶也足部曰踶躗也按踶蹋也从走叏聲各本作決省聲非古穴切十五部行聲也石鼓詩其來趩趩从走異聲讀若敕丑亦切一部一曰不行皃按趩字鍇本在部末疑趩趩本一字而二之如水部之潩瀷也趨也玉篇走皃廣韵趨走皃从走氏聲都禮切十五部篇韵皆去聲趍趙二字句夊

也夊行遲曳夊夊也楚危切各本皆譌久玉篇廣韵不誤趍趙雙聲字與峙䠧箎箸蹢躅字皆爲雙聲轉語从走多聲直离切古音在十七部趍趙也从走肖聲治小切行難也廣雅赾難也按今人靳固字當作此赾字从走斤聲讀若堇丘堇切十三部走意也从走負聲讀若繘居聿切十五部負古音在十四部合音冣近故鱊亦同字遠也辵部曰逴遠也音義同上林賦捷垂條逴希閒玄應引如是史記作踔郭璞曰踔懸擿也吳都賦犺䮾倮然騰趠飛超按許云遠者騰擲所到遠也从走卓聲敕角切李善吐教切今俗語如綽二部趠趲也三字一句趠趲疊韵字廣韵趠趲行皃方言蹻趲行也蹻即趲字从走龠聲以灼切二部大步也从走矍聲丘縛切五部超特也廣韵曰趯同跐按足部有跐字迣也迣踰也禮樂志體容與迣萬里迣迾也於義隔史記樂書作跐吳都賦跐踰竹柏李善引如淳

曰跐超踰也恥曳切趯與跐音義同从走契聲丑例切十五部走也从走幾聲居衣切十五部走也篇韵皆作𧺺云走皃从走弗聲敷勿切十五部狂走也東京賦捎魑魅斮獝狂薛曰獝狂惡戾之鬼按獝當作趫从走矞聲余律切十五部廣韵趫同遹行遲也今人通用慢字从走曼聲莫還切十四部走也玉篇曰卒起走也按今俗語有之从走出聲讀若無尾之屈尾部曰屈無尾也高注淮南云屈讀如秋雞無尾屈之屈方言隆屈郭音屈尾瞿勿切十五部窮也毛傳鞫窮也說文簐窮也鞫窮治辠人也皆於雙聲疊韵求之廣韵曰趜困人也从走匊聲居六切廣韵又巨竹切三部趑趄逗行不進也易其行次且釋文次本亦作趑或作跌馬云卻行不前也且本亦作趄或作跙馬云語助也王肅云趑趄行止之礙也按馬云卻行不前者於次本字得其義也云語助者王風毛傳所云且辭也馬鄭同用

費氏易、而馬㳄、鄭趑不同。趑者、後出俗字。趄又因趑而加走旁者也。許斷不錄。鉉之前已有趑字。注曰趑趄。鉉因又補趄篆爲十九文之一。今姑皆存之。俟好學者深思焉。从走。次聲。取私切。十五部。

趄　趑趄也。从走。且聲。七余切。五部。

⿺走虘　蹇行⿺走虘⿺走虘也。从走。虘聲。讀若㦤。去虘切。十四部。

⿺走雚　行⿺走雚趢也。廣韵⿺走雚、曲走皃。从走。雚聲。巨員切。十四部。一曰行曲脊皃。玉篇無行字。

趢　⿺走雚趢也。東京賦曰。狹三王之趢趗。薛云。趢趗、局小皃也。从走。录聲。力玉切。三部。

⿺走夋　行速⿺走夋⿺走夋也。錯本行速⿺走夋⿺走夋、⿺走夋者、行速皃。鉉本改下⿺走夋爲也字。非。夂部曰。夋、行夋夋也。廣雅釋室曰。⿺走夋蹲也。子⿺走夋反。今本⿺走夋譌⿺走夋。从走。夋聲。七倫切。十三部。

趚　側行也。側行者、謹畏也。从走。朿聲。資昔切。十六部。詩曰。謂地蓋厚。不敢不趚。小雅趚作蹐。毛曰。蹐、累足也。足部引不敢不蹐。此不同者。蓋三家文異也。朿聲脊聲同部。

⿺走圭　半步也。今字作跬。司馬法曰。一舉足曰跬。跬、三尺。兩舉足曰步。步、六尺。从走。圭聲。讀若跬同。丘弭切。十六部。讀若跬同。當作讀若圭。三字淺人所改也。伍被傳作窺。同部假借。祭義作頃。異部假借。支與淸轉移。㳄近也。荀卿子作蹞。

⿺走虒　⿺走虒隯、逗。輕薄也。⿺走虒隯、周漢人語。从走。虒聲。直离切。十六部。讀若池。錯本作地。

⿺走咅　僵也。僵僨也。此與足部之踣音義竝同。未審孰爲本字。孰爲後增。从走。咅聲。讀若匐。朋北切。一部。

⿺走斥　距也。距當作歫。歫、止也。一曰槍也。按蹶弩主於歫。故曰⿺走斥張。从走。㡿聲。錯本不曰省聲。五經文字㡿、蘇省作厈、㡿字林作厈。九經字樣㡿、蘇省作厈。又錯本譌、鉉作訴。是知今本篆作⿺走斥。云㡿省聲非也。今正。車者切。古音在五部。漢令曰。⿺走斥張百人。史漢申屠嘉傳。材官蹶張。如淳曰。材官之多力能腳蹋強弩張之。故曰蹶張。律有蹶張士。孟康曰。主張強弩。蹶音其月反。漢令蹶張士百人。考許書⿺走厥⿺走斥二字竝出。⿺走厥云蹠也。⿺走斥云距也。引漢令⿺走斥張百人。與如孟引作蹶張不合。今尋繹字義。⿺走厥者跳起也。⿺走斥者拓也。如孟二家作蹶張。皆由認蹶⿺走斥爲一字耳。讀說文者因㡿厥相似。合⿺走厥⿺走斥爲一字。篇韵皆云⿺走厥同⿺走斥。正誤合二爲一之證也。厥之省不得作㡿。

⿺走樂　動也。禮曰。騏驥一躒。不能千步。篇韵皆云躒同。大戴从走。樂聲。郎擊切。古音在二部。讀若春秋傳曰輔⿺走樂。當作春秋傳有輔⿺走樂六字。見襄廿四年。今傳作躒。又有荀躒。

趡　動也。楊雄河東賦曰。神騰鬼趡。師古子笑才笑二反。按說文有趡無趭。廣雅釋室。騰趭犇也。曹音子肖。今疑趭恐誤字。子肖恐誤音耳。然大人賦曰。騰而狂趭。師古音醮。吳都賦。狂趭獷猝。李子召反。則古非無趭字矣。从走。隹聲。千水切。十五部。春秋傳曰。盟于趡。見桓十七年。陸翠軌反。趡地名。此三字後人增。

⿺走亘　⿺走亘田、逗。易居也。周禮大司徒。不易之地家百晦。一易之地家二百晦。再易之地家三百晦。大鄭云。不易之地歲種之。地美。故家百晦。一易之地休一歲乃復種。地薄。故家二百晦。再易之地休二歲乃復種。故家三百晦。遂人辨其野之土。上地中地下地。以頒田里。上地夫一廛。田百晦。萊五十晦。中地夫一廛。田百晦。萊百晦。下地夫一廛。田百晦。萊二百晦。注。萊謂休不耕者。公羊何注曰。司空謹別田之高下美惡。分爲三品。上田一歲一墾。中田二歲一墾。下田三歲一墾。肥饒不得獨樂。墝埆不得獨苦。故三年一換主易居。財均力平。漢書食貨志曰。民受田。上田夫百晦。中田夫二百晦。下田夫三百晦。歲耕種者爲不易上田。休一歲者爲一易中田。休二歲者爲再易下田。三歲更耕自爰其處。地理志曰。秦孝公用商君。制轅田。張晏云。周制三年一易。以同美惡。商鞅始割列田地。開立仟伯。令民各有常制。孟康云。三年爰土易居。古制也。末世浸廢。商鞅相秦。復立爰田。上田不易。中田一易。下田再易。爰自在其田。不復易居也。按何云換主易居。班云更耕自爰其處。孟云爰土易居。許云⿺走亘田易居。爰轅⿺走亘換四字音義同也。古者每歲易其所耕。則田廬皆易。云三年者。三年而上中下田徧焉。三年後一年仍耕上田。故曰自爰其處。孟康說古制易居爲爰田。商鞅自在其田。不復易居爲轅田。名同實異。孟說是也。依孟則商鞅田分上中下而少多之。得上田者百畝。得中田者二百畝。得下田者三百畝。不令得田者彼此相易。其得中田二百畮者。每年耕百畮。二年而徧。得下田三百畮者。亦每年耕百畮。三年而徧。故曰上田不易。中田一易。下田再易。爰自在其田。不復易居。周禮之制。得三等田者。彼此相易。今年耕上田百畮。明年耕中田二百畮之百畮。又明年耕下田三百畮之百畮。又明年而仍耕上田百畮。如是乃得有休一歲休二歲之法。故曰三歲更耕。自爰其處。與商鞅法雖異而同也。鞅之害民在開仟伯。**从走亘聲。**羽元切。十四部。

走頓也。足部曰。蹎、跋也。此與音義同。**从走眞聲。讀若顚。**都年切。十二部。

喪擗⿺走甬。今禮經、禮記、皆作踊。足部曰。踊、跳也。是二字義殊也。左傳曲踊三百。三踊于幕庭之類。當从足。若卽位哭三踊而出之踊。當从走。擗、鉉作辟。詩邶風。爾雅。諸家本多作擗。撫心爲擗。跳躍爲⿺走甬。**从走甬聲。**余隴切。九部。

止行也。今禮經皆作蹕。惟大司寇釋文作趩。云本亦作蹕。是可見古經多後人改竄。亦有僅存古字也。五經文字曰。趩、止行也。梁孝王傳。出稱警。入言趩。**一曰竈上祭名也。**篇韵皆有禪字。云竈上祭。**从走畢聲。**卑吉切。十二部。

進也。按水部漸云漸水也。則訓進者當專作趣。許所見周易卦名。當如是矣。**从走斬聲。**藏濫切。八部。廣韵作蹔。慈染切。

趧婁。逗。**四夷之舞各自有曲。**趧婁。今周禮作鞮鞻。氏注云。鞻讀爲屨。鞮屨、四夷舞者屝也。今時倡蹋鼓沓行者自有屝。按今說文革部。鞮、革履也。無鞻字。釋文引說文鞮屨也。字林。鞮、革履也。鞻者、鞮屨。是則字林乃有鞻字。許鄭周禮所無。鄭注當本作婁。讀爲屨。革部之鞮。是常用之屨。走部之趧婁。乃四夷舞者之屨。曲當作屨。聲之誤也。四夷之舞各自有屨。正與鄭注說同。許意當亦婁讀爲屨。**从走。**屨也。故从走。**是聲。**都兮切。十六部。

雀行也。今人槩用跳字。**从走兆聲。**徒遼切。二部。

舉尾走也。从走干聲。巨言切。十四部。按此後人所增。非許書本有也。衆經音義曰。通俗文曰。舉尾走曰揵。律文作赶。馬走也。然則唐初說文無赶。卽有赶亦不訓舉尾走。都人士鄭箋。蠆、螫蟲也。尾末揵然。似婦人髮末上曲卷然。釋文引漢書音義。揵、舉也。此舉尾用揵不用赶之證。

文八十五　重一

下基也。與丌同部同義。**象艸木出有阯。**止象艸木生有阯。屮象艸木初生形。㞢象艸過屮。枝莖益大。出象艸木益滋。上出達也。**故以止爲足。**此引伸假借之法。凡以韋爲皮韋。以朋爲朋黨。以來爲行來之來。以西爲東西之西。以子爲人之偁。皆是也。以止爲人足之偁。與以子爲人之偁正同。許書無趾字。止卽趾也。詩麟之止。易賁其止。壯于前止。士昏禮北止。注曰。止、足也。古文止爲趾。許同鄭从今文。故不錄趾字。如从今文。名不錄古文銘也。或疑銘趾當爲今文。名止當爲古文。周尚文。自有委曲煩重之字。不合於倉頡者。故名止者古文也。銘趾者後出之古文也。古文禮今文禮者。猶言古本今本也。古本出於周。從後出之古文。今本行於漢。轉從取初之古文。猶隸楷之體。時或有捨小篆用古籀體者也。諸市切。一部。**凡止之屬皆从止。**

跟也。足部曰。跟、足踵也。跟歱雙聲。釋名曰。足後曰跟。或曰踵。踵、鍾也。上體之所鍾聚也。按劉熙作踵。許歱、踵義別。**从止重聲。**之隴切。九部。

歫也。今音丑庚切。古音堂。今俗語亦如堂。考工記。維角堂之。大鄭曰。堂讀如牚距之牚。牚距卽堂歫字之變體。車堂急就篇釋名作車牚。說文金部作車樘。木部曰。樘、衺柱也。今俗字堂作撐。**从止尙聲。**丑庚切。古音十部。

躇也。足部曰。躇者、歭躇不前也。歭躇爲雙聲字。此以躇釋歭者。雙聲互訓也。心部曰。篤箸。足部曰。蹢躅。毛詩曰。踟躕。廣雅曰。躊躇。跢跦。皆雙聲疊韵而同義。**从止寺聲。**直离切。按离當作釐。一部。假借以歭爲偫。以躇爲儲。費誓峙乃糗糧。峙卽歭。變止爲山。如岐作歧。變山爲止。非眞有从山之峙、从止之歧也。歭躇之歭平聲。峙具峻峙之峙亦作跱。上聲。

止也。許無拒字。歫卽拒也。此與彼相抵爲拒。相抵則止矣。書傳云。歫、至也。至則止矣。其義一也。漢石經論語其不可者距之。字作距。許歫與距義別。**从止巨聲。**其呂切。五部。**一曰槍也。**木部曰。槍、歫也。兩字互訓。

歬　歷　㞠　壁　歸　疌

槍者謂牴觸也。一曰超岠。史記投石超距。超一作拔。漢書甘延壽投石拔距。絕於等倫。張晏曰。拔距超距也。劉逵曰。拔拒謂兩人以手相按。能拔引之也。

歬　不行而進謂之歬。从止在舟上。昨先切。十二部。按後人以齊斷之前爲歬後字。又以羽生之翦爲前齊字。

歷　過也。傳也。引伸爲治曆明時之曆。从止厤聲。郎擊切。十六部。

㞠　至也。从止叔聲。昌六切。三部。

壁　人不能行也。王制瘖聾跛躃。按跛說文作彼。蹇也。蹇行越越是能行而蹣邪不正者也。躃說文作壁。有足而不能行者。如有牟子而無見曰矇也。荀卿書賈誼傳皆假辟字爲之。服虔曰。辟病躃不能行也。从止。辟聲。必益切。十六部。

歸　女嫁也。公羊傳毛傳皆云婦人謂嫁歸。此非婦人假歸名。乃凡還家者假婦嫁之名也。从止。婦省。當云从婦止、婦省。寫者奪之。婦止者。婦止於是也。自聲。舉韋切。十五部。林罕妄改爲追省聲。

帰　籀文省。會意。

疌　疾也。凡便捷之字當用此。捷。獵也。非其義。

[illegible]　𣥂　歰　癶　登　癹

豫九四。朋盍簪。子夏傳云。簪疾也。鄭云速也。晁說之云陰弘道按張揖古今字詁。寁作撍。埤倉云。撍疾也。說之案撍簪同一字。王原叔謂卽詩不寁字。祖感反。玉裁按釋詁寁速也。本或作疌。从又。又手也。从止。鍇曰。止、足也。手足共爲之。故疾。屮聲。疾葉切。按屮聲在十五部。疌在八部。合音也。

[illegible]　機下足所履者。[illegible]者。躡也。从止。从又。入聲。尼輒切。八部。

𣥂　蹈也。从反止。讀若撻。廣韻引文字音義同。他達切。十五部。

歰　不滑也。从四止。色立切。七部。

文十四　重一

癶　足剌癶也。剌癶疊韵字。剌盧達切。从止𣥂。凡癶之屬皆从癶。隸變作癶。讀若撥。北末切。十五部。

登　上車也。引伸之凡上陞曰登。从癶豆。象登車形。都滕切。六部。

𤼷　籀文登。从収。按籀文省𢍏之肉。小篆併肉収省之。

癹　㠯足蹋夷艸。周禮夷氏掌殺艸。一作雉氏。从癶从殳。从癶。謂以足蹋夷也。从殳。殺之省也。艸部芟亦从殳。癶亦聲。普活切。十五部。春秋傳曰。癹夷蘊崇之。隱六年左傳。今發作芟。音衫。又班固荅賓戲。夷險發荒。晉灼曰。發。開也。今諸本多作芟。按發亦癹之誤。

文三　重一

步　歲

步　行也。行部曰。人之步趨也。步徐。趨疾。釋名曰。徐行曰步。从止𣥂相背。止𣥂相並者。上登之象。止𣥂相隨者。行步之象。相背猶相隨也。薄故切。五部。凡步之屬皆从步。

歲　木星也。五星。水曰辰星。金曰太白。火曰熒惑。木曰歲星。土曰塡星。越歷二十八宿。歲越疊韵。宣徧陰陽。宣歲雙聲。此二句謂十二歲而周十二次也。十二月一次。釋天云。載。歲也。夏曰歲。商曰祀。周曰年。孫炎云。歲星行一次也。賈公彥引星備云。歲星一日行十二分度之一。十二歲而周天。从步。行於天有常。故从步。戌聲。戌悉也。亦是會意。相鋭切。十五部。律曆書名五星爲五步。此釋从步之意。漢書律歷志云五步。

文二

此　呰

此　止也。釋詁曰。已此也。正互相發明。於物爲止之処。於文爲止之言。从止匕。句。匕、相比次也。此釋从匕之故。相比次而止也。雌氏切。十五部。漢人入十六部。凡此之屬皆从此。

呰　窳也。闕。將此切。十五十六部。按此非許本文。史記貨殖傳云。呰窳偷生。無積聚。漢地理志。呰窳媮生而無積聚。應劭曰。呰弱也。晉灼曰。呰病也。窳惰也。徐廣曰。呰窳。苟且惰懶之謂也。師古曰。呰短也。窳弱也。言短力弱才不能勤作。是皆呰窳爲雙字。不以窳釋呰。小顏云呰短者。本方言。今說文以窳釋呰。非史漢文義。又凡云闕者。或闕其義。或闕其音。或闕其形。既釋爲窳。則義非闕也。其音則如淳音紫。其形則从此从吅。此亦聲。皆非葢闕。無可言者。許以訾入言部。以呰入口部。惟呰不入吅部、入此部。許必審知其說。今本葢許說亡、後淺人補之也。釋詁曰。茲斯咨呰已此也。疑呰本作呰、訓此。故許類諸此止也、而入此部歟。

𣦵 識也。从此。朿聲。遵誄切。古音在十六部。一曰藏也。藏今字也。古作臧。廣雅。石鍼謂之𣦵。與識訓相近。又𣦵聳也。與藏訓相近。聳同舒卷之卷。

文三

說文解字第二篇上

說文解字第二篇下

金壇段玉裁注

正 是也。从一。一㠯止。江沅曰。一所㠯止之也。如乍之止亡、毋之止姦。皆以一止之。之盛切。十一部。凡正之屬皆从正。古文正从二。二古文上字。此亦同辛示辰龍童音章皆从二。古文正从一足。足亦止也。止部曰。止為足。

乏 春秋傳曰。反正爲乏。左傳宣十五年文。此說字形而義在其中矣。不正則爲匱乏。二字相鄉背也。禮受矢者曰正。拒矢者曰乏。以其禦矢謂之乏。以獲者所容身謂之容。房法切。古音在七部。

文二　重二

是 直也。直部曰。正見也。从日正。十目燭隱則曰直。以日爲正則曰是。从日正會意。天下之物莫正於日也。左傳曰。正直爲正。正曲爲直。五經文字是入日部。則唐本从日也。恐非。承旨切。旨當作紙。十六部。凡是之屬皆从是。籒文是从古文正。按此知籒篆皆从日。

韙 是也。古文尚書曰。時五者來備。今文尚書作五是來備。李賢於李雲荀爽傳皆引史記五是來備。可證。凡史記多用今文尚書也。荀爽對策曰。五韙咸備。韙與是義同。六書之轉注也。李雲上書曰。五氏來備。氏與是音同在十六部。六書之叚借也。从是。韋聲。于鬼切。十五部。春秋傳曰。犯五不韙。左傳隱十一年文。

尟 籒文韙从心。玉篇云。愇、怨恨也。廣韵引字書。愇、恨也。皆不云同韙。是少也。易毄辭。故君子之道鮮矣。鄭本作尟。云少也。又尟不及矣。本亦作鮮。又釋詁。鮮、善也。本或作尠。尠者尟之俗。是少、逗。俱存也。是少二字。各本譌作尟字。此釋上文是少之意。是此也。俱存而獨少。此故曰是少。从是少。於其形得其義也。賈侍中說。此字說得諸侍中也。穌典切。十四部。

文三　重二

辵乍行乍止也。公食大夫禮注曰。不拾級而下曰辵。鄭意不拾級而上曰栗階。亦曰歷階。不拾級下曰辵階也。廣雅。辵、奔也。从彳止。彳者乍行。止者乍止。丑略切。古音葢在二部。讀如超。凡辵之屬皆从辵。讀若春秋傳曰辵階而走。讀若二字衍。春秋傳者公羊宣二年文。今公羊作躇。何休曰。躇猶超遽不暇以次。

迹步處也。莊子云。夫迹、履之所出。而迹豈履也。从辵。亦聲。迹本作速。束聲。故音在十六部。小篆改爲亦聲。則當入五部。而非本部之形聲矣。李陽冰云。李丞相持束作亦。謂此字也。資昔切。古音在十六部。蹟或从足責。責亦束聲也。小雅。不念彼不蹟。毛傳。不蹟。不循道也。速籒文迹。从朿。釋獸。鹿其跡速。釋文本又作䴥。素卜反。引字林。鹿跡也。按速正速字之誤。周時古本云其速速。速之名不嫌專繫鹿也。廣雅。躔、踈、解、亢、跡也。卽爾雅麋跡躔、鹿跡速、麕跡解、兔跡迒也。曹憲踈音四迹反。集韵云。迹或作踈。然則字林從鹿速聲素卜反之字。紕繆實甚。或以竄入爾雅。又或以麢入鹿部麤麕二字之間。其誤可不辯自明矣。

遳無違也。舛部曰。舝、車軸耑鍵也。兩相背。从舛。遳从舝而曰無違。猶祀從巳而曰祭無巳也。从辵舝聲。讀若害。胡葢切。十五部。廣韵音會。

達先道也。道今之導字。達經典假率字爲之。周禮燕射帥射夫以弓矢舞。故書帥爲率。鄭司農云。率當爲帥。大鄭以漢人帥領字通用帥。與周時用率不同故也。此所謂古今字。毛詩率時農夫。韓詩作帥時。許引周禮率都建旗。鄭周禮作帥都。聘禮注曰。古文帥皆爲率。皆是也。又釋詁毛傳皆云。率、循也。此引伸之義。有先導之者。乃有循而行者。亦謂之達也。从辵率聲。疏密切。十三部。

邁遠行也。釋言毛傳曰。邁、行也。从辵萬聲。莫話切。十五部。萬聲在十四部。合音也。邁或从蠆。按虫部蠆字上不从萬。而𠂆部厂部蠆皆从萬从虫。未聞其詳。

巡視行也。也各本作皃。今依篇韵訂。視行者。有所省視之行也。天子適諸矦曰巡狩。

巡所守也。視行一作延行。延巡雙聲。从辵川聲。詳遵切。十三部。

遚恭謹行也。从辵𣪘聲。讀若九。居又切。三部。

徒步行也。賁初九。舍車而徒。引伸爲徒搏、徒涉、徒歌、徒擊。从辵土聲。同都切。五部。辻隸變作徒。

遾行遾徑也。玉篇。遾、疾行也。按此當作行徑也。或作行由徑也。从辵䌛聲。以周切。三部。

延正行也。釋言毛傳皆曰。征、行也。許分別之。延爲正行。邁爲遠行。从辵正聲。形聲包會意。諸盈切。十一部。又部又有延字。征延或从彳。引伸爲征伐。孟子曰。征之爲言正也。

隨从也。迹、行可委曲從迹。謂之委隨。从辵。隋聲。旬爲切。古音在十七部。

迹行皃。从辵朮聲。按各本篆文作迹。从卽禮切之束。則非不得云朮聲。云蒲撥切矣。朮普活切。隸變作市。廣韵。迹北末切。急走也。跡蒲撥切。行皃。趆上同。此三字實一字。二音實一音也。許書言剌癶。癶與迹音義同。其自下字文迷誤爲迹。因改此迹爲速。而以蒲撥北末分隸之。其誤久矣。十五部。

迋往也。迋往疊韵。从辵王聲。于放切。十部。春秋傳曰。子無我迋。左傳昭廿一年文。鄭風。無信人之言。人實迋女。毛曰。迋、誑也。傳意謂迋爲誑之叚借。左氏此迋正同。迋本訓往。而經傳叚借爲誑。故傳之以明依聲託事。如敀本人姓。而無有作敀借爲好字。狟本訓犬行。而尚狟狟借爲桓桓。莫本訓火不明。而布重莫席本借爲蓍字。皆其理也。

逝往也。釋詁。方言皆曰。逝、往也。方言曰。逝、秦晉語也。从辵折聲。讀若誓。時制切。十五部。各本篆文不从斲艸。非也。

退往也。釋詁。方言皆曰。徂、往也。按鄭風。匪我思且。箋云。猶非我思存也。此謂且卽徂之叚借。釋詁又云。徂、存也。是也。从辵且聲。全徒切。五部。退齊語。方言文。徂退或从彳。𨖍籒文从虘。

述循也。述循疊韵。述或叚借術爲之。如詩報我不述。本作術。是也。古文多叚借遹爲之。如書祇遹乃文攷。詩遹駿有聲。遹追來孝。釋言毛傳皆曰。遹、述也。是也。孫炎曰。遹古述字。葢古文多以遹爲述。故孫云爾。謂今人用述。古人用遹也。凡言古今字者

遵 適 過 遦 䢙 進 造

視此。从辵朮聲。食聿切。十五部。遹籀文从秫。朮者秫之省。遵循也。遵循疊韻。見釋詁。从辵尊聲。將倫切。十三部。適之也。釋詁。適之往也。方言。逝徂適往也。適宋魯語也。按此不曰往而曰之。許意蓋以之與往稍別。逝徂往自發動言之。適自所到言之。故變卦曰之卦。女子嫁曰適人。从辵啻聲。施隻切。十六部。適宋魯語。過度也。引伸爲有過之過。釋言。郵過也。謂郵亭是人所過。愆郵是人之過。皆是。分別平去聲者。俗說也。从辵咼聲。古禾切。十七部。遦習也。此與手部摜音義同。从辵貫聲。工患切。十四部。亦假貫。或假串。左傳曰。貫瀆鬼神。釋詁。貫習也。毛詩曰。串夷載路。䢙媟䢙也。女部作媟嬻。黑部作黷。今經典作瀆。从辵賣聲。徒谷切。三部。進登也。从辵閵省聲。即刃切。十二部。造就也。造就疊韻。廣雅。造詣也。从辵告聲。七到切。古音在三部。譚長說造上士也。王制。升於司徒者不征於鄉。升於學者不征於司徒。曰造士。注。造成也。能習禮則爲成士。按依鄭則與就同義。艁古文造从舟。釋水。天子造舟。毛傳同。陸氏云。廣雅作船。按船者謂並舟成梁。後引伸爲凡成就之言。

逾 遝 迨 迮 逪

逾越進也。越進、有所超越而進也。从辵俞聲。羊朱切。四部。周書曰。無敢昏逾。顧命文。昏从民者誤。遝迨也。廣韻。迨遝行相及也。文賦。紛葳蕤以馺遝。方言。迨遝、及也。東齊曰迨。關之東西曰遝。或曰及。公羊傳。祖之所逮聞也。漢石經作遝聞。从辵眔聲。目部云。眔目相及也。是遝亦會意。徒合切。八部。按褱罤字皆眔聲。是合韻之理也。迨遝也。迨遝疊韻。从辵合聲。侯閤切。七部。迮迮迮。起也。此與人部作音義同。公羊傳。今若是迮而與季子國。何云。迮起也。倉卒意。按孟子。乍見孺子將入於井。乍者倉卒意。即迮之叚借也。引伸訓爲迫迮。即今之窄字也。从辵乍聲。阻革切。古音在五部。子各切。逪这遣也。这各本作迹。依廣韻、玉篇正。小雅。獻醻交錯。毛曰。東西爲交。邪行爲錯。儀禮。交錯以辯。旅

遄 速 迅 适 逆 迎

酬行禮。一这一遣也。从辵昔聲。倉各切。五部。遄往來數也。數。所角、桑谷二切。釋詁曰。遄疾也。速也。崧高蒸民傳同。从辵耑聲。市緣切。十四部。易曰。巳事遄往。巳依韻會、虞翻曰。祀舊作巳。是也。今本鉉作吕。錯作以。速疾也。見釋詁。从辵束聲。桑谷切。三部。遬籀文从敕。二傳作速。公羊作遬。如衞侯遬、仲孫遬是也。呂覽辨志注。遬疾也。玉藻見所尊者齊遬。假遬爲肅也。𧗠古文从敕从言。籀古皆敕聲。迅疾也。見釋詁。迅疾疊韻。从辵卂聲。息進切。十二部。适疾也。从辵昏聲。讀與括同。古活切。十五部。逆迎也。逆迎雙聲。二字通用。如禹貢逆河。今文尚書作迎河是也。今人假以爲順屰之屰。逆行而屰廢矣。从辵屰聲。宜戟切。古音在五部。關東曰逆。關西曰迎。方言。逢逆迎也。自關而西或曰迎。或曰逢。自關而東曰逆。迎逢也。逢、晤也。逢遇也。其理一也。从辵卬聲。疑卿切。古音在

这 遇 遭 遘 逢 遻 迪 遞 通

十部。这會也。東西正相值爲这。今人假交脛之交爲这會字。从辵交聲。古肴切。二部。遇逢也。从辵禺聲。牛具切。古音在四部。遭遇也。見釋詁。从辵曹聲。作曹切。古音三部。一曰邐行。俗云遇遭是也。遘遇也。見釋詁。易姤卦釋文曰。薛云。古文作遘。鄭同。按襍卦傳。遘遇也。柔遇剛也。可以證全經皆當作遘矣。遘遇疊韻。从辵冓聲。古候切。四部。逢遇也。見釋詁。从辵夆聲。符容切。九部。按夆啎也。啎逆也。此形聲包會意。各本改爲峯省聲。誤。說文本無峯。遻相遇驚也。釋詁。遇遻見也。从辵屰屰亦聲。五各切。五部。迪道也。見釋詁。按道兼道路引導二訓。方言。由迪正也。迪道疊韻。从辵由聲。徒歷切。古音在三部。遞更易也。招魂。二八侍宿。射遞代些。王云。遞更也。遞易疊韻。从辵虒聲。特計切。十六部。通達也。通達雙聲。達古音同闥。禹貢。達于河。今文尚書作通于河。按達之訓行不相遇也。通

𨑨　迻　遷　運　遁　遜　返　還　選

正相反。經傳中通達同訓者、正亂亦訓治、徂亦訓存之理。从辵甬聲。他紅切。九部。

迻也。从辵止。各本有聲字。非也。止在一部。徙在十六部。从辵止會意者、乍行乍止而竟止則移其所矣。斯氏切。

徙或从彳。彳者行也。

古文徙。未詳其形聲會意。韵會云說文古作征。集韵作粲、遷。然則此字不出說文也。集韵字體亦不同。

遷徙也。今人假禾相倚移之移爲遷迻字。从辵多聲。弋支切。古音在十七部。

登也。从辵䙴聲。七然切。十四部。

古文遷从手西。形聲。

迻徙也。釋詁遷運徙也。从辵軍聲。王問切。十三部。

遷也。此字古音同循。遷延之意。凡逡遁字如此。今之逡巡也。儀禮鄭注用逡遁十有一。一曰逃也。此別一義。以遁同遯。蓋淺人所增。从辵盾聲。徒困切。十三部。

遁也。从辵孫聲。蘇困切。十三部。按六經有孫無遜。大雅孫謀、聘禮孫而說、學記不陵節而施之謂孫、論語孫以出之、皆愻之叚借也。春秋夫人孫于齊、公孫于齊、詩公孫碩膚、尚書序將孫于位、皆逡遁遷延之意。故穀梁云孫之爲言猶孫也。公羊云孫猶孫也。何休云孫猶遁也。鄭箋云孫之言孫遁也。釋言云孫遁也。釋名曰孫遜也。遜遁在後生也。古就孫義引伸、卑下如兒孫、非別有遜字也。至部𡐦字下云從至至而復孫。孫、遁也。此亦有孫無遜之證。今尚書左氏經傳、爾雅釋言淺人改爲遜。許書遜遁也、蓋後人據今本爾雅增之、非本有也。

還也。返還疊韵。从辵反。反覆也。覆復同。反亦聲。扶版切。十四部。商書曰祖伊返。西伯戡黎文。各本作祖甲。今依集韵訂。

春秋傳返从彳。謂左氏傳也。漢書曰左氏多古字古言。許亦云左丘明述春秋傳以古文。今左氏無彶字者、轉寫改易盡矣。

復也。釋言還復返也。今人還繞字用環。古經傳衹用還字。从辵睘聲。戶關切。十四部。

遣也。選遣疊韵。左傳秦后子有寵於桓、如二君於景。其母曰、弗去懼選。鍼適晉、其車千乘。按此選字正訓遣。后子懼遣、故適晉、實非出奔也。从辵巽。句。巽、逗。遣之。巽爲風。故云遣之。巽亦聲。思沇切。十四部。一曰擇也。此別一義。邶風不可選也。毛曰、物有其容、不可數也。小雅選徒囂囂。毛云、維數車徒者爲有聲也。數與擇義通。選與算音同。周禮注曰、算車徒謂數擇之也。

送　遣　邐　逮　遲　邌　遰　遄　⿺辶䮚　逗　迟

遣也。从辵俟省。俟送也。是會意。蘇弄切。九部。

籒文不省。

縱也。糸部曰、縱緩也。一曰舍也。从辵䝿聲。去衍切。十四部。

行邐邐也。邐邐、縈紆皃。从辵麗聲。力紙切。十六部。

唐逮、逗。及也。唐逮雙聲。蓋古語也。釋言曰、遏遾逮也。方言曰、東齊曰蝎、北燕曰噬。逮、通語也。从辵隶聲。隶部曰、隶及也。此形聲包會意。徒耐切。古音在十五部。

徐行也。今人謂稽延爲遲、平聲。謂待之爲遲、去聲。从辵犀聲。直尼切。十五部。詩曰、行道遲遲。邶風文。毛曰、遲遲、舒行皃。

遲或从尸。按此字疑後人因揚雄傳而增也。甘泉賦曰、靈遟遲兮。說者皆云上音棲、下音遲。迟卽遲字也。然文選作迟迟、與漢書異。玉篇、汗簡亦皆作迟。集韵引尚書迟任。又未必眞壁中古文也。

籒文遲从屖。兼會意形聲也。五經文字曰、今从籒文。謂唐人經典用遟不用遲也。

徐也。或假黎爲之。史記衞霍傳遲明。遲、待也。一作黎。傅毅賦黎收而拜。李注、言舞將罷、徐收斂容態而拜。引倉頡篇邌徐也。又或假犂爲之。史記尉佗列傳犂旦、城中皆降伏。犂旦卽黎明。漢書犂旦爲遲旦。晉世家重耳妻笑曰、犂二十五年、吾家上柏大矣。益可見犂之爲遲也。从辵黎聲。郎奚切。十五部。

去也。夏小正九月遰鴻鴈。遰往也。从辵帶聲。特計切。十五部。

行皃。从辵耑聲。烏懸切。十二部。

不行也。不上有馬者誤。从辵䮚聲。按䮚、馬小皃。从馬、垂聲。讀若箠。則䮚不得讀若住。倘云會意、則又無取馬小也。疑此字當在十六十七部。下文讀若住三字當在从辵豆聲之下。豆、主同部。讀若住。按住當作侸。人部曰、侸立也。立部曰、立住也。住卽侸之俗也。中句切。四部。

止也。逗遛。从辵豆聲。田候切。四部。

曲行也。迟曲

逶 迆 遹 避 違 遴 逡 𨑬 達

雙聲乚部曰迟曲隱蔽孟康注子虛賦曰文理茀鬱迟曲軍法有逗留有迟橈光武紀不拘以逗留法如淳曰軍法行而逗留畏愞者要斬此謂止而不進者史漢韓安國傳廷尉當恢迟橈當斬服虔曰迟音企應劭曰迟曲行避敵也橈顧望也軍法語也此謂有意回遠避誤者淮南書云兩軍相當屈橈者要斬是也漢書一本作逗橈蘇林逗音豆小顏小司馬從之而改服應之注作逗不可通矣迟通作枳明堂位注枳椇謂曲橈之莊子吾行卻曲卻曲卽迟曲異部段借也**从辵只聲**綺戟切字林丘亦反服子愼音企十六部

逶　逶迆逗疊韵**衺去之皃从辵委聲**於爲切十六十七部

迆　衺行也从辵也聲移尒切十六十七部**夏書曰東迆北會于匯**禹貢

遹　回辟也依韵會作辟小雅謀猶回遹毛曰回邪遹辟也按辟僻古今字大雅兩言回遹箋皆云回邪韓詩遹作穴或作泬或作鴥皆叚借字也遹古多假爲述字釋言云遹述也言叚借也釋詁云遹遵率循釋訓云不遹不蹟也皆謂遹卽述字也言轉注也不遹者今邶風之報我不述也**从辵矞聲**余律切十五部

二篇下 八

避　回也上文回辟之回訓衺亹之叚借字也此回依本義訓轉俗作迴是也然其義實相近**从辵辟聲**毗義切十六部經傳多假辟爲避

違　離也邶風中心有違毛曰違離也**从辵韋聲**羽非切十五部

遴　行難也漢書遴柬布章遴簡謂難行封也引伸爲遴選遴選人必重難也**从辵粦聲**良刃切十二部**易曰以往遴**見口部吝下

逡　復也彳部曰復往來也方言躔逡循也日運爲躔月運爲逡**从辵夋聲**七倫切十三部

𨑬　怒不進也一曰鷙也惟鍇本有此四字而鷙从鳥則誤馬部曰騺馬重皃艸部曰蘻鷙不行也**从辵氐聲**都禮切十五部

達　行不相遇也此與水部滑泰字音義皆同讀如撻今俗說不相遇尚有此言乃古言也讀徒葛切訓通達者今言也**从辵羍聲**十五部**詩曰挑兮達兮**鄭風文挑當同又部作叏叏滑也

达　達或从大亦形聲也**或曰迭**下脫字字或曰此迭字之異體也鳥部隼一曰鶉字蚰部蠡一曰螟字彳部徲一曰此與駁同是其例也

逯 迵 迭 迷 連 逑

逯　行謹逯逯也張衡賦趞趞謂局小皃義與此同廣雅逯逯衆也女部婒隨從也蕭相國世家平原君列傳作錄錄義皆相近**从辵录聲**盧谷切三部

迵　迵此複舉字之未刪者**迭也**迭當作达玉篇云迵通達也是也水部洞疾流也馬部駧馳馬洞去也義皆相同倉公傳曰臣意診其脈曰迵風裴曰迵音洞言洞徹入四肢**从辵同聲**徒弄切九部

迭　更迭也或假佚字迭字載字爲之**从辵失聲**徒結切十二部**一曰达**下脫字字一曰此达字之異體也蓋达迭二字互相爲用

迷　惑也見釋言惑宋本作或心部曰惑亂也**从辵米聲**莫兮切十五部

連　負車也負車各本作負連今正連卽古文輦也周禮鄉師輂輦故書輦作連大鄭讀爲輦巾車連車本亦作輦車管子海王服連軺輂立政荆餘戮民不敢服絻不敢畜連負車者人輓車而行車在後如負也字从辵車會意猶輦从扶車會意也人與車相屬不絕故引伸爲連屬字耳部曰聯連也大宰注曰古書連作聯然則聯連爲古今字連輦爲古今字假連爲聯乃專用輦爲連大鄭當云連今之輦字而云讀爲輦者以今字易古字令學者易曉也許不於車部曰連古文輦而入之辵部者小篆連與輦殊用故云聯連也者今義也云連負車也者古義也**从辵車**

二篇下 九

會意依韵會訂力延切古力展切十四部

逑　斂聚也勹部曰勼聚也音義略同**从辵求聲**巨鳩切三部**虞書曰**虞書當本是唐書轉寫妄改之耳凡許偁堯典曰唐書說詳禾部**旁逑孱功**今堯典之方鳩僝功也人部僝下作旁救僝功凡儀禮古文作旁今文作方凡尚書古文作方今文作旁然則此所偁者今文尚書也今堯典述作鳩說者亦云鳩聚**又曰怨匹曰逑**又曰與一曰同別一義也桓二年左傳曰嘉耦曰妃怨耦曰仇古之命也謂古者命名之法如是述仇古多通用關雎君子好述亦作仇兔罝云好仇毛傳述匹也釋詁仇匹也孫炎曰相求之匹則孫本釋詁亦作述可知述爲怨匹而詩多以爲美詈者

退　逭　遯　逋　遺　遂　逃　追逐　迺　近　邋　迫　⿺辶臸

取匹不取怨也。渾言則不別。爾雅仇妃匹也是也。析言則別。左氏嘉耦怨耦異名是也。許所據左氏爾雅作逑。大玄方言之执郎逑字。數也。文部曰。數毀也。退與敗音義同。从辵貝聲。薄邁切。十五部。周書曰。我與受其退。微子文。云周書者。葢許所據不系於商書也。亦見口部咈下。逃也。緇衣引大甲曰。天作孽可違也。自作孽不可以⿰足官。⿰足官本又作逭。鄭注。逭逃也。亦見釋言。从辵官聲。胡玩切。十四部。逭或从雚从兆。从兆者。从逃省也。从雚者。雚聲也。逃也。鄭注周易曰。遯者逃去之名。从辵豚聲。徒困切。十三部。亡也。亡部曰。亡逃也。訟九二曰。歸而逋。从辵甫聲。博孤切。五部。籒文逋从捕。亦形聲。亡也。廣韵。失也。贈也。加也。按皆遺亡引伸之義也。从辵貴聲。以追切。十五部。亡也。廣韵。達也。進也。成也。安也。止也。往也。從志也。按皆引伸之義也。从辵㒸聲。徐醉切。十五部。古文遂。按不得其所從。疑是从艸木⿱叀廾字之⿱叀廾。

二篇下　十

亡也。亡逃互訓。从辵兆聲。徒刀切。二部。逐也。詩禮假爲治金玉之鎚。从辵𠂤聲。陟隹切。十五部。追也。从辵。豕省聲。按鉉本作从豚省。鍇本、韵會作豕省二字。正豕省聲三字之誤也。直六切。三部。迫也。大雅。似先公酋矣。正義。酋作遒。按酋者遒之段借字。釋詁毛傳皆曰。酋終也。終與迫義相成。遒與揫義略同也。从辵酉聲。字秋切。三部。迺或从酋。附也。許附爲附婁字。坿爲坿益字。疑附近當作坿也。經典釋文。遠近上聲。近之去聲。古無此分別。从辵斤聲。渠遴切。古音十三部。廣韵其謹、巨靳切。古文近。搚也。手部曰。搚、摺也。公羊傳曰。搚幹而殺之。邋搚疊韵。从辵巤聲。良涉切。八部。近也。釋言曰。逼迫也。逼本又作偪。許無逼偪字。葢祇用畐。从辵。白聲。博陌切。古音在五部。近也。釋言。馹傳也。郭云。本或作⿺辶臸。按此假⿺辶臸爲馹也。聲類云。⿺辶臸亦馹

邇　遏　遮　⿺辶羨　迣　迾　迀　⿺辶侃　遱　⿺辶枼　迦

字。則附會爾雅或本而合爲一字。从辵臸聲。按至部。臸、到也。重至與並至一也。人質切。十二部。近也。見釋詁、小雅毛傳。从辵爾聲。兒氏切。三百篇在十五部。漢人在十六部。古文邇。以尒形聲。微止也。釋詁。遏止也。按微者細密之意。从辵曷聲。讀若桑蟲之蝎。之字衍。烏割切。十五部。桑蟲蝎見虫部。蜀也。亦名蝤蠐。遏也。从辵庶聲。止車切。古音在五部。易用錫馬蕃庶。鄭讀爲蕃遮。遮⿺辶羨也。此當是⿺辶羨遮也之倒。刪複字之僅存者。从辵羨聲。于線切。十四部。迾也。晉趙曰迣。鮑宣傳。部落鼓鳴。男女遮迣。此其義也。禮樂志。體容與。迣萬里。孟康。迣音逝。此段借也。从辵世聲。讀若寘。按許有寘無寘。寘者。寘之誤。凡寘彼周行、寘諸河之干。皆當作寘。眞聲而入十五部者。合音也。迣征例切。十五部。遮也。周禮假厲爲之。山虞。澤虞。卝人。迹人。厲禁。大鄭云。遮列守之是也。禮記假列爲之。玉藻。山澤列而不賦。鄭云。列

二篇下　十一

之言遮列也。是也。漢書假迣爲之。禮樂志。鮑宣傳。晉灼云。迣古迾字是也。西京賦。迾卒清候。李引禮記注。迾遮也。此可證玉藻注本作列之言迾遮也。今本誤。从辵列聲。良辥切。十五部。進也。干求字當作迀。干犯字當作奸。从辵干聲。讀若干。古寒切。十四部。過也。本義。此爲經過之過。心部愆𡨦𠎝爲有過之過。然其義相引伸也。故漢書劉輔傳云。元首無失道之⿺辶侃。从辵侃聲。去虔切。十四部。連遱也。連遱雙聲。集韵。連遱謂不絕皃。从辵婁聲。洛侯切。四部。前頓也。从辵枼聲。各本篆作迊。汲古改本作迊。解說作巿聲。皆非也。今依玉篇正。廣韵八三十怗。先頰切云。⿺辶枼遱走也。賈侍中說。一讀若拾。一疑衍。鍇本作一曰。又若郅。手部。揲字。易音有時設息列、思頰三反。不同。此讀若拾則在七部。讀若郅則在十二部。猶西茜音皆岐也。玉篇口點竹季二切。則十五部。迦牙、逗。令不得行也。牙各本作互。今依玉篇正。迦牙今音疊韵。古音雙聲。行篇韵皆

𨒅　逞　遼　遠　逖　迥　逴　迂　⿺辶聿　邍

作進。从辵枷聲。古牙切。古音在十七部。𨒅踰也。足部曰。踰、𨒅也。踰與逾義小別。从辵戉聲。王伐切。十五部。易曰。襍而不𨒅。毄辭傳文。逞通也。方言曰。逞、快也。自山而東或曰逞。江淮陳楚之閒曰逞。又曰。逞、疾也。楚曰逞。又曰。逞、解也。从辵呈聲。丑郢切。十一部。楚謂疾行爲逞。本方言。春秋傳曰。何所不逞欲。左傳昭十四年文。遼遠也。小雅。山川悠遠。維其勞矣。箋云。其道里長遠。邦域又勞勞廣闊。勞者遼之叚借也。从辵尞聲。洛蕭切。二部。遠遼也。从辵袁聲。雲阮切。十四部。遠古文遠。逖遠也。釋詁。逷、遠也。按集韵云。說文引詩舍爾介逖。王伯厚詩攷因之。攷大雅作介狄。毛訓遠也。葢謂狄同逖。言叚借也。用逷蠻方。云逷遠也。則言轉注也。集韵所據不足信。从辵狄聲。他歷切。十六部。逷古文逖。大雅。用逷蠻方。牧誓。逷矣西土之人。郭樸注爾雅。顏之推觀我生賦。李善文選注引書皆作逷。衛包始改爲逖也。左傳古字。後人多妄改。如襄十四年豈敢離逷。用古文。僖廿八年糾逖王慝。則用小篆。豈非改之不畫一乎。易狄同部。迥遠也。見釋詁。大雅。洞酌彼行潦。毛曰。洞、遠也。謂洞爲迥之叚借也。从辵同聲。戶穎切。十一部。逴遠也。哀時命曰。處逴逴而日遠。九章曰。道逴遠而日忘。从辵卓聲。敕角切。古音在二部。一曰蹇也。此別一義。蹇、跛也。莊子。夔謂蚿曰。吾以一足踸踔而行。謂脚長短也。踸踔即逴字。今莊子作趻踔。讀若掉苕之掉。掉苕未聞。或曰。苕者末也。禽獸之趠於木杪曰掉苕。葢漢時語。迂避也。迂曲回避。其義一也。从辵于聲。憶俱切。五部。⿺辶聿自進極也。⿺辶聿進疊韵。埤倉云。⿺辶聿、至也。从辵聿聲。子僊切。古音在十二部。廣韵則前切。邍高平曰邍。此依韵會。各本作高平之野。非也。大司徒。山林川澤丘陵墳衍邍隰。鄭云。下平曰衍。高平曰原。下溼曰隰。釋地。廣平曰原。高平曰陸。此及鄭注皆以高平釋原者。謂大野廣平偁原。高而廣平亦偁原。下文所謂可食者曰原也。凡陸自陵阿皆高地。其可種

二篇下　十二

道　遽　迒　⿺辶弔　邊

穀給食之處皆曰原。是之謂高平曰原也。序官邍師注云。邍、地之廣平者。與大司徒注不同者。單言原則爲廣平。墳衍原隰並言則衍爲廣平。原爲高平也。邍字。後人以水泉本之原代之。惟見周禮。人所登。从辵备彔。闕。此八字疑有脫誤。當作从辵从略省从彔。人所登也。故从辵。十四字。今本淺人所亂耳。人所登。蒙高解。从辵之意也。略者土地可經略也。彔者土地如刻木彔彔然。西都賦。溝塍刻鏤是也。葢从三字會意。愚袁切。十四部。道所行道也。毛傳每云。行、道也。道者人所行。故亦謂之行。道之引伸爲道理。亦爲引道。从辵首。首者行所達也。首亦聲。徒皓切。古音在三部。一達謂之道。釋宮文。行部偁四達謂之衢。九部偁九達謂之馗。按許三偁當是一例。當作一達謂之道。从辵首。道人所行也。故从辵。此猶上文邍人所登。故从辵也。自邍以下字。皆不系於人。故發其例。如此。許書多經淺人改竄。遂不可讀矣。𨗨古文道。从首寸。从寸者。如九軌七軌五軌。遽傳也。釋言。馹、遽傳也。孫炎曰。傳車驛馬也。左傳僖卅三年。使遽告於鄭。遽興姜戎。昭二年。乘遽而至。傳中繼反。一曰窘也。窘、迫也。从辵豦聲。其倨切。五部。迒獸迹也。釋獸。兔迹迒。按序曰。黃帝之史倉頡見鳥獸蹏迒之迹。知分理之可相別異也。是凡獸迹皆偁迒。不專謂兔也。从辵亢聲。胡郎切。十部。𨃚迒或从足更。亦形聲。更亢同在十部。⿺辶弔至也。从辵弔聲。都歷切。古音在二部。小雅。盤庚皆作弔。釋詁。毛傳皆云。弔、至也。至者弔中引伸之義。加辵乃後人爲之。許葢本無此字。如本有之。則不當與邍道遽迒爲伍。邊行垂崖也。釋詁曰。邊、垂也。土部曰。垂、遠邊也。厂部曰。厓、山邊也。屵部曰。崖、高邊也。行於垂崖曰邊。因而垂崖謂之邊。然則邊不當廁於此。从辵臱聲。布賢切。十二部。

文一百一十八　重三十張次立注小徐本曰。重二十七。補遺蝸僯二字。

重二十九。

二篇下　十三

彳　德　徑　復　⿰彳柔

彳 小步也。象人脛三屬相連也。三屬者，上爲股，中爲脛，下爲足也。單舉脛者，舉中以該上下也。脛動而股與足隨之。丑亦切。李斯作彳，筆迹小變也。凡彳之屬皆从彳。德 升也。升當作登。辵部曰：遷，登也。此當同之。德訓登者，公羊傳：公曷爲遠而觀魚？登來之也。何曰：登讀言得。得來之者，齊人語。齊人名求得爲得來。作登來者，其言大而急。由口授也。唐人詩：千水千山得得來。得卽德也。登德雙聲。一部與六部合韵又取近。今俗謂用力徙前曰德，古語也。从彳。悳聲。多則切。一部。徑 步道也。周禮：夫間有遂，遂上有徑。鄭曰：徑容牛馬，畛容大車，涂容乘車一軌，道容二軌，路容三軌。此云步道，謂人及牛馬可步行而不容車也。从彳。巠聲。居正切。十一部。按辵部道、足部路皆廁部末，此廁部首，不同者，錯見之意。復 往來也。辵部曰：返，還也。還，復也。皆訓往而仍來。今人分別入聲去聲，古無是分別也。从彳。夏聲。房六切。三部。⿰彳柔 復也。此字引伸爲狃忕之義，故玉篇云：習也，忕也。或與狃同。按狃行而⿰彳柔廢矣。左傳有愎字，愎者狃忕之意，卽復字之變也。復之引伸之義亦爲狃忕。

徎　往　彼　忂　徼　循

从彳。柔聲。人九切。三部。按廣韵女久切。習也。从廣韵是。徎 徑行也。廣韵丈井切。雨後徑也。玉篇力整、丈井二切。徑也。从彳。呈聲。丑郢切。十一部。按依今本說文音義，則徎與逞同。往 之也。从彳。㞷聲。于兩切。十部。䢖 古文。从辵。按左辵右㞷。㞷，古文㞷也。汗簡云：䢖，尚書往字。甘泉賦曰：䢖䢖離宮。般以相燭。忂 行皃。此與足部躣音義同。走部又有趯。从彳。瞿聲。其俱切。五部。彼 往有所加也。彼加疊韵。从彳。皮聲。補委切。古音在十七部。徼 循也。百官表曰：中尉掌徼循京師。如淳曰：所謂游徼，徼循禁備盜賊也。按引伸爲徼求，爲邊徼。今人分平去，古無是也。从彳。敫聲。古堯切。二部。循 行也。各本作行順也。淺人妄增耳。依大誓正義、衆經音義所引訂。行，今音讀下孟反。如月令循行國邑，出行田原，循行縣鄙，周禮注行夜，皆是也。釋詁：遹、遵、率，循也。引伸爲撫循，爲循循有序。从

彶　㣯　微　徥　徐　𢓨

彳。盾聲。詳遵切。十二部。彶 急行也。急彶疊韵。凡用汲汲字，乃彶彶之叚借也。从彳。及聲。居立切。七部。㣯 行皃。吳都賦：㣯譶雧繆。㣯當从彳。廣韵：㣯，衆行皃。从彳。翌聲。穌合切。七部。一曰此與馺同。一說㣯卽馺字也。馺，馬行相及也。微 隱行也。𢼸訓眇，微从彳訓隱行，叚借通用微而𢼸不行。邶風：微我無酒。又假微爲非。从彳。𢼸聲。無非切。十五部。春秋傳曰：白公其徒微之。左傳哀十六年文。杜曰：微，匿也。與釋詁匿微也互訓。皆言隱不言行。𢼸之叚借字也。此偁傳說叚借。徥 徥徥行皃也。方言：徥，用，行也。郭曰：徥皆行皃。度揩反。集韵曰：往徥行皃。於佳、度皆二切。从彳。是聲。是支切。十六部。爾雅曰：徥，則也。今本釋言作是，則也。蓋古爾雅假徥爲是也。此偁爾雅說叚借。徐 安行也。从彳。余聲。似魚切。五部。𢓨 行平易也。廣雅：𢓨𢓨，行也。按凡平訓皆當作𢓨。今則夷行𢓨廢矣。从彳。夷聲。以脂切。十五部。

⿰彳甹　⿰彳夆　⿰彳戔　徬　徯　待

⿰彳甹 使也。疑使上當有⿰彳甹⿰彳夆二字。周頌：莫予荓蜂。蜂本又作夆。毛曰：荓夆，摩曳也。釋訓作甹夆，摩曳也。⿰彳甹⿰彳夆，蓋甹夆之正字。摩曳者，使之也。大雅傳曰：荓，使也。从彳。⿰言甹聲。按此疑誤。言部無⿰言甹。當作从彳、从言、甹聲。普丁切。十一部。玉篇云：俗作俜。⿰彳夆 使也。疑當作⿰彳甹⿰彳夆也三字。从彳。夆聲。敷容切。九部。讀若螽。各本作蠭，誤。螽者蠭之省。⿰彳戔 迹也。豳風：籩豆有踐。箋云：踐，行列皃。按踐同⿰彳戔，故云行列皃。从彳。戔聲。慈衍切。十四部。徬 附行也。牛人：共兵車之牛與其牽徬。注曰：牽徬在轅外輓牛也。人御之，居其前曰牽，居其旁曰徬。按傍，附也。从人。徬，附行也。从彳。此音同義微別也。从彳。旁聲。蒲浪切。十部。徯 待也。孟子引書：徯我后。趙曰：徯，待也。从彳。奚聲。胡計切。十六部。按書孟音義、廣韵、玉篇、集韵、說文篆韵譜皆上聲。疑胡計誤。蹊 徯或从足。左傳：牽牛以蹊人之田。孟子：山徑之蹊。月令：塞徯徑。凡始行之以待後行之徑曰蹊。引伸之義也。今人畫爲二字，音則徯上蹊平，誤矣。待 竢

徛

也。立部曰。竢待也。从彳寺聲。徒在切。一部。今人易其語曰等。

徂

行徂徂也。徂徂蓋與小弁踧踧同。行平易也。皆徒厤切。玉篇云。徂除又切。與宙同。古往今來無極之名。从彳由聲。古音在三部。

徧

帀也。帀部曰。帀、匊也。勹部曰。匊、帀徧也。从彳扁聲。比薦切。十二部。禮、禮記多假辯字爲之。

假

至也。方言曰。假、洛至也。邠唐冀兗之閒曰假。或曰洛。按洛古格字。假今本方言作假。非也。集韵四十禡可證。毛詩三頌假字或訓大也。或訓至也。訓至則爲假之假借。尚書古文作格。今文作假。如假于上下是也。亦假之假借。从彳叚聲。古雅切。五部。郭樸音駕。

復

卻也。从彳日夊。彳、行也。行而日日遲曳。是退也。夊、行遲曳夊夊也。他內切。十五部。一曰行遲。四字疑後增。

衲　復或从內。

復　古文从辵。今字多用古文。不用小篆。

後

遲也。从彳幺夊。幺夊者後也。各本奪二字。今補。幺者小也。小而行遲。後可知矣。故从幺夊會意。胡口切。四部。

古文後从辵。

徲

久也。久疑當作夊。从彳犀聲。讀若遲。杜兮切。十五部。按廣韵徲杜奚切。久待也。無徲字。玉篇集韵有徲無徲。未知孰是。廣雅。徲徲往來也。丈尸反。

很

不聽從也。一曰行難也。从彳皀聲。胡懇切。十三部。一曰盭也。盭、弼戾也。韵會無此四字。

徸

相迹也。後迹與前迹相繼也。玄應合踵徸爲一字。从彳重聲。之隴切。九部。

得

行有所㝵也。㝵各本作得。誤。今正。見部曰。㝵、取也。行而有所取。是曰得也。左傳曰。凡獲器用曰得。从彳㝵聲。多則切。一部。

古文省彳。按此字已見於見部。與得並爲小篆。義亦少異。

徛

舉脛有渡也。釋宮曰。石杠謂之徛。郭曰。聚石水中以爲步渡彴也。音居義反。从彳奇聲。去奇切。古音在十七部。

彴

行示也。大司馬斬牲以左右徇陳曰。不用命者斬之。小子。凡師田。斬牲以左右徇陳。陸德明引古今字詁曰。徇、巡也。按如項羽傳。徇廣陵。徇下縣。李奇曰。徇、略也。如淳曰。徇音撫循之循。此古用循巡字。漢用徇字之證。此古今字詁之義也。从彳勻聲。古勻旬同用。故亦作徇。詞閏切。十二部。司馬法。斬以徇。許引司馬法者凡八。

律

均布也。均律雙聲。均古音同勻也。易曰。師出以律。尚書。正日同律度量衡。爾雅。坎律銓也。律者所以笵天下之不一而歸於一。故曰均布也。从彳聿聲。呂戌切。十五部。

御

使馬也。周禮六藝。四曰五馭。大宰注曰。凡言馭者。所以敺之內之於善。此引伸之義也。从彳卸。按卸亦聲。牛據切。五部。

古文御从又馬。惟見周禮。

亍

步止也。魏都賦曰。澤馬亍阜。赭白馬賦曰。秀騏齊亍。从反彳。讀若畜。丑玉切。三部。

文三十七　重七

廴

長行也。玉篇曰。今作引。是引弓字行而廴廢也。从彳引之。引長之也。余忍切。十二部。凡廴之屬皆从廴。

廷

朝中也。朝中者。中於朝也。古外朝治朝燕朝皆不屋。在廷。故雨霑服失容則廢。从廴壬聲。特丁切。十一部。干祿字書佩觿音定。廣韵同。

延

行也。此與辵部延征字音義同。漢武帝年號延和字如此作。今漢書多誤爲以然切之延。又或改爲从辵之延。亦非也。从廴正聲。諸盈切。十一部。

建

立朝律也。今謂凡豎立爲建。許云。立朝律也。此必古義。今未攷出。从聿。律省也。从廴。延省也。居萬切。十四部。

文四

㢟

安步延延也。从廴止。引而復止。是安步延延也。丑連切。十四部。魏志鍾會兄子毅及峻延下獄。裴曰。延勑連反。按卽延字也。止之隸變作山。凡延之屬皆从延。

延

長行也。本義訓長行。引伸則專訓長。方言曰。延長也。凡施於年者謂之延。又曰。延偏也。从延厂聲。厂部曰。象抴引

行　術　街　衢

之形。余制切。虒延曳皆以爲聲。今篆體各異。非也。厂延虒曳古音在十六部。故大雅施於條枚。呂氏春秋、韓詩外傳、新序皆作延于條枚。延音讀如移也。今音以然切。則十四部。

文二

[seal] 人之步趨也。步、行也。趨、走也。二者一徐一疾。皆謂之行。統言之也。爾雅。室中謂之時。堂上謂之行。堂下謂之步。門外謂之趨。中庭謂之走。大路謂之奔。析言之也。引伸爲巡行、行列、行事、德行。从彳亍。彳、小步也。亍、步止也。戶庚切。古音在十部。凡行之屬皆从行。

[seal] 邑中道也。邑、國也。引伸爲技術。从行。朮聲。食聿切。十五部。

[seal] 四通道也。風俗通曰。街、攜也。離也。四出之路、攜離而別也。按此以疊韵爲訓。从行。圭聲。古膎切。十六部。

[seal] 四達謂之衢。釋宮文。釋名曰。四達曰衢。齊魯閒謂四齒杷爲欋。欋杷地則有四處。此道似之也。按中山經。宣山桑枝四衢。少室山木曰

衝　衕　𧗱　衙　衎　衒

帝休。枝五衢。天問。靡蓱九衢。淮南書。木大則根欋。皆謂这遣歧出。从行。瞿聲。其俱切。五部。

[seal] 通道也。衝通疊韵。引伸之義爲當也。向也。突也。从行。童聲。昌容切。九部。今作衝。春秋傳曰。及衝以擊之。左傳昭元年文。各本以下有戈字。李燾本無。按上云子南執戈逐之。則云以擊之。不再出戈是也。今傳作擊之以戈。戈亦是淺人所改。

[seal] 通街也。衕衕通疊韵。今京師衚衕字如此作。从行。同聲。徒弄切。九部。

[seal] 迹也。此與彳部徯音義同。从行。戔聲。才綫切。十四部。

[seal] 衙衙、依廣韵九魚補二字。行皃。九辯。導飛廉之衙衙。王注。風伯次且而埽塵也。按衙衙是行列之意。後人因以所治爲衙。从行。吾聲。魚舉切。又音牙。五部。

[seal] 行喜皃。小雅毛傳曰。衎、樂也。从行。干聲。空旱切。十四部。

[seal] 行且賣也。周禮。飾行儥慝。大鄭云。儥、賣也。慝、惡也。謂行且賣姦僞惡物者。後鄭云。謂使人行賣惡物於市。巧飾之令欺誑買者。从行言。黃絢切。十四部。言亦聲也。

衛　衞　齒

[seal] 衛或从玄。依或字諧聲。則在十二部。

[seal] 將衞也。衞也今本作衞也。誤。將、如鳥將雛之將。古不分平去也。衞、導也。循也。今之率字。率行而衞廢矣。率者、捕鳥畢也。將帥字古祇作將衞。帥行而衞又廢矣。帥者、佩巾也。衞與辵部達音義同。从行。率聲。所律切。十五部。

[seal] 宿衞也。宮正。夕擊柝而比之。注。暮行夜以比直宿者。宮伯。掌王宮之士庶子凡在版者。大鄭云。庶子宿衞之官。後鄭云。衞王宮者必居四角四中。於徼候便也。漢有衞尉。掌宮門衞屯兵。从韋帀行。韋者、圍之省。圍守也。帀、周也。韋亦聲。于歲切。十五部。行、逗。列也。依韵會訂。此釋从行之意。行者列也。今音讀如杭。別於步趨之行。衞从三字會意。

文十二　重一

[seal] 口齗骨也。鄭注周禮曰。人生齒而體備。男八月女七月而生齒。象口齒之形。众者、象齒。餘、凵字也。止聲。昌里切。一部。凡齒之屬皆从齒。

[seal] 从小徐也。大徐本誤。古

齗　齔

文齒字。古文獨體象形。不加聲旁。

[seal] 齒本肉也。各本無肉。玄應兩引作齒肉也。篇韵皆作齒根肉也。今補。齗爲肉。故上文齒爲齗骨。此骨出肉外。故肉爲骨本。魯世家。甚矣魯道之衰也。洙泗之閒齗齗如也。地理志云。魯濱洙泗。其民涉渡。幼者扶老者而代其任。俗既薄。長老不自安。與幼者相讓。故曰魯道衰。洙泗之閒齗齗如也。按彼此爭辭露其齒本。故曰齗齗。徐廣五鞎反。又按曲禮。笑不至矧。鄭云。齒本曰矧。大笑則見。矧正齗之近部叚借字也。从齒。斤聲。魚斤切。十三部。

[seal] 毀齒也。男八月生齒。八歲而齔。女七月生齒。七歲而齔。从齒匕。各本篆作齔。云从齒。从七。初忍初覲二音。殆傳會七聲爲之。今按其字从齒匕。匕、變也。今音呼跨切。古音如貨。本命曰。陰以陽化。陽以陰變。故男以八月生齒。八歲而毀。女七月生齒。七歲而毀。毀與化義同音近。玄應書卷五。齔舊音差貴切。卷十一舊音羌貴切。然則古讀如未韵之纍。蓋本从匕。匕亦聲。轉入寘至韵也。自誤从七旁。玄應云。初忍切。孫愐云。初堇切。廣韵乃初覲切。集韵乃初

䶢　齜　齘　齞

問恥問二切。其形唐宋人又譌齓从乚。絕不可通矣。今當依舊音差貴切。古音葢在十七部。䶢齒相值也。今左傳作幘。譌字也。古無幘。則逃傳時無此字也。杜云。齒上下相值也。按謂上下齒整齊相對。詩所云如瓠犀。从齒責聲。士革切。十六部。一曰齧也。別一義。春秋傳曰晳䶢。定九年文。按晳謂人色白與䶢二事。齜齒相齘也。齜各本誤齘。李本不誤。廣韵齜齷。齒不正。上士佳。下五佳切。玉篇曰。齜亦作[齒隹]。一曰開口見齒之皃。管子曰。東郭有狗嘊嘊。旦莫欲齧我猳。嘊嘊。露齒之皃。从齒此聲。各本作柴省聲。淺人改也。讀若柴。仕街切。十六部。齘齒相切也。謂上下齒緊相摩切也。相切則有聲。故三倉云。齘鳴齒也。函人爲甲。衣之欲其無齘也。大鄭云。齘謂如齒齘不齘則隨人身便利。方言。齘怒也。郭曰。言噤齘也。噤亦作類。篇韵皆云類齘切齒怒。从齒介聲。胡介切。十五部。齞張口見齒也。依文選注訂。登徒子好色賦。齞脣歷齒。从齒只聲。研繭切。古音在十六部。

[齒兼]　齺　齱　齵　齇

[齒兼]齒差也。差當作齹。从齒兼聲。五緘切。七部。廣韵語廉切。齺齒搚也。搚。今本作擸。手部曰。搚。一曰拉也。齒拉者。謂齒折也。一曰馬口中糜也。司馬相如傳。猶時有銜糜之變。張揖曰。銜。馬勒銜也。糜。騑馬口長銜也。司馬貞曰。周遷輿服志云。鉤逆上者爲糜。糜在銜中。以鐵爲之。大如雞子。鹽鐵論云。無銜糜而禦悍馬。是也。从齒芻聲。側鳩切。四部。廣雅、廣韵及管子注士角切。一曰齰也。廣雅。齺齧也。本此。按管子。車轂齺。騎連伍而行。荀卿子。齺然上下相信。而天下莫之敢當。二書於齰義差近。齧則齒近物。廣韵曰。齺。齒相近皃。齱齱齵、逗。疊韵。齒不正也。廣韵。齱下曰。齱齵。齒偏。齵下曰。齱齵。从齒取聲。側鳩切。四部。齵齱齵也。从齒禺聲。五婁切。四部。按二字各本譌亂。今依廣韵正之。齇齇齬、逗。疊韵。齒不相值也。廣韵曰。齟齬。不相當也。或作鉏鋙。上牀呂切。下魚巨切。按金部鉚下云。鉏鉚也。鉚或作鋙。周禮注作鉏牙。左傳西鉏吾以鉏吾爲名。牙吾古音皆在

齬　齹　齤

九魚。古齟字有單用者。東方朔傳曰。齟者。齒不正也。許書各本齇訓齬齒也。齬訓齒不相值也。二篆自當類廁。各本離之甚遠。又齇側加切。齬魚舉切。全失古語疊韵之理。葢由齇之字變爲齟。齬之字變爲齖。因以齇齖竝入麻韵。而與齬畫分異處耳。今从齱齵之例正之。不爲專輒也。从齒虘聲。大徐側加切。按古音在五部。當依廣韵牀呂切。篆韵謯鉏阻反。齬齇齬也。从齒吾聲。魚舉切。五部。齹齒差跌皃。差者不值也。跌者踼也。齒差跌謂參差踼跌不平正也。从齒佐聲。鉉曰。佐當是𢀩傳寫之誤。說文無佐字。昨何切。十七部。春秋傳鄭有子齹。見左傳昭十六年。今傳作齹。實一字也。釋文曰。齹字林才可士知二反。說文作齹。云齒差跌也。在河千多二反。是字林始有齹。各本說文乃以齹篆先齹而別爲音義。誤甚。今刪之。古人名字相應。或以相反爲相應。齹者不齊。故爲嬰齊之字也。齤缺齒也。一曰曲齒。鈌齒者齤也。曲齒者上云齒差跌。今俗云齒齙也。按淮南道應訓。若士齤然而笑。謂露其齒病而笑也。从齒

齳　齾　[齒巨]　齯　齮

弮聲。讀又若權。按云又者。謂弮讀若書卷。齤讀同。又讀若權也。大徐刪又。非。巨員切。十四部。齳無齒也。韓詩外傳。以爲姣好邪。則大公年七十二。齳然而齒墮矣。从齒軍聲。魚吻切。十三部。齾缺齒也。引伸凡缺皆曰齾。左傳曰。兩軍之士皆未憖也。杜曰。憖。缺也。釋文。憖。魚覲反。又魚轄反。按憖得有魚轄反者。正因本或作齾。陸氏失於不分別言之耳。正義曰。憖者缺之皃。今人猶謂缺爲憖。所據本必作齾。故如此云。下文葢有一本作憖之語。亦爲淺人刪之矣。从齒獻聲。五轄切。十五部。獻聲在十四部。合音也。[齒巨]齗腫也。从齒巨聲。巨主切。五部。廣韵其呂切。齯老人齒。魯頌黃髮兒齒。釋詁曰。黃髮齯齒。壽也。釋名曰。九十或曰齯齒。大齒落盡。更生細者。如小兒齒也。按毛詩作兒。古文。他書作齯。今文也。从齒兒聲。此形聲包會意。五雞切。十六部。齮齧也。史漢田儋傳。齮齕用事者墳墓。如淳曰。齮齕。猶齚齧也。齕。齧也。按凡從奇之字多訓偏。如掎訓偏引。齮訓側齧。索隱注高紀云。許愼以爲側齧。

从齒奇聲。魚綺切。古音在十七部。齰齒也。謂齰物而外露之齒也。故從齒出。从齒出聲。仕乙切。十五部。齧也。漢書灌夫傳。齰舌自殺。鄧通傳。使大子齰癰。从齒昔聲。側革切。古音在五部。齰或从乍。乍聲亦五部也。齧也。从齒咸聲。工咸切。廣韵苦洽切。古音在七部。齧也。此與豕部貇音義同。疑古祗作貇。齦者後出分別之字也。今人又用為齗字矣。从齒艮聲。康很切。十三部。齒見皃。廣韵曰。齗齒不正。从齒干聲。五版切。十四部。齚、此複舉字之未刪者。齚也。从齒卒聲。昨沒切。十五部。齒分骨聲。从齒列聲。篇韵皆作𪘾。讀若剌。盧達切。十五部。齧骨也。俗以鳥鳴之咬為齩齧。从齒交聲。五巧切。二部。齒差也。此與齱訓齒差義異。謂齒相摩切也。齒與齒相切。必參差上下之。差卽今磋磨字也。引伸之義。摩物曰齹。衛風。如切如瑳。如琢如磨。釋器曰。骨謂之切。象謂之瑳。玉謂之琢。石謂之摩。切亦作齹。瑳亦作磋。摩亦作磨。差者正字。瑳磋皆加偏旁字也。

从齒屑聲。讀若切。千結切。十二部。齧堅聲。齧各本作齒。今依玉篇訂。石部曰。硈、石堅也。皆於吉聲知之。从齒吉聲。赫鎋切。十五部。按自齮至齩九文。幷⿰齒吉十文。皆謂齧也。宜移廁齸文之上。齸牙也。齸牙猶差齒也。亦引伸為摩器之名。刀部曰。剴、一曰摩也。皆於豈聲知之。从齒豈聲。五來切。古音在十五部。吐而噍也。噍卽嚼字也。見口部。釋獸郭注曰。食之已久。復出嚼之。从齒台聲。丑之切。一部。爾雅曰。牛曰齝。釋獸文。齧也。淳如注漢書曰。齕、齧也。曲禮。庶人齕之。从齒气聲。戶骨切。十五部。齒見皃。从齒聯聲。力延切。十四部。噬也。口部曰。噬、啗也。釋名曰。鳥曰啄。獸曰齧。齧、齾也。所臨則禿齾也。从齒㓞聲。五結切。十五部。齒傷酢也。酢者今之醋字。酸澀也。从齒所聲。讀若

楚。創舉切。五部。亦作齼。凡言痛楚、齼澀。意皆同。老人齒如臼也。如臼者。齒坳。从齒臼。臼亦聲。其久切。三部。一曰馬八歲也。馬八歲曰馹。齒亦如臼。俗名之齨。亦作駒。羊粻也。釋獸曰。羊曰齛。郭曰。齛音漏泄。按唐人諱世。作齥。粻、米部無此字。食部引峙乃餱粻。从齒世聲。私列切。十五部。鹿麋粻。釋獸曰。麋鹿曰齸。釋文云。字或作嗌。按嗌、咽也。咽、喉也。郭云。齸食之所在。因名之。是也。然則齛與齸同。言其自喉出復嚼。故字从齒。嗌嗛則皆自其藏食之處言之。字祗从口。嗌或作齸者。蓋亦謂出嚼之也。从齒益聲。伊昔切。十六部。齧堅也。玉篇齧堅皃。廣韵齧聲。各本齧作齒。恐誤。从齒至聲。陟栗切。十二部。齧骨聲。曲禮曰。毋齧骨。鄭云。為有聲響不敬。从齒骨。骨亦聲。戶八切。十五部。噍聲。廣韵曰。骨端。从齒昏聲。古活切。十五部。噍堅也。廣韵曰。䶈同嚼。口部。嚼、噍噍皃。从齒尃聲。補莫切。五部。按此蓋嚼之或字。後人竄入者也。

文四十四。今刪䶈字。則四十三。　重二

牙。壯齒也。壯各本譌作牡。今本篇韵皆譌。惟石刻九經字樣不誤。而馬氏版本妄改之。士部曰。壯、大也。壯齒者。齒之大者也。統言之皆偁齒偁牙。析言之則前當脣者偁齒。後在輔車者偁牙。牙較大於齒。非有牝牡也。釋名。牙、樝牙也。隨形言之也。輔車或曰牙車。牙所載也。詩。誰謂雀無角。誰謂鼠無牙。謂雀本無角。鼠本無牙。而穿屋穿墉似有角牙者然。鼠齒不大。故謂無牙也。東方朔說騶牙曰。其齒前後若一。齊等無牙。此為齒小牙大之明證。象上下相錯之形。五加切。古音在五部。凡牙之屬皆从牙。古文牙。从齒而象其形也。古文齒。猗　虎牙也。虎一本作武。避唐諱耳。今俗謂門齒外出為虎牙。古語也。大招云。靨輔奇牙。宜笑嫣只。淮南云。奇牙出。䶜酺搖。高注。將笑故好齒出也。按奇牙所謂猗也。可部曰。奇、異也。

𤘘

一曰不耦笑而露其齒。獨好。故曰奇牙。从牙奇。奇亦聲。去奇切。古音在十七部。齒蠹也。釋名曰。齲、朽也。蟲齧之缺朽也。史記齊中大夫病齲齒。淮南。斲木愈齲。司馬彪五行志。桓帝元嘉中京都婦女作齲齒笑。从牙禹聲。邱禹切。五部。齲或从齒。

文三　重二

足

人之足也。在體下。从口止。依玉篇訂。口猶人也。舉口以包足已上者也。齒上止下口。次之以足。上口下止。次之以疋。似足者也。次之以品。从三口。今各本从口。非也。即玉切。三部。凡足之屬皆从足。

蹏

足也。俗作蹄。从足虒聲。杜兮切。十六部。

跟

足踵也。踵各本作踵。誤。止部曰。踵、跟也。釋名曰。足後曰跟。一體任之象本根也。从足艮聲。古痕切。十三部。跟或从止。

踝

足踝也。釋名曰。踝、确也。居足兩旁磽确然也。按踝者人足左右骨隆然圜者也。在外者謂之外踝。在內謂之內踝。丮部曰。𢇛、擊踝也。从足果聲。胡瓦切。十七部。

跖

足下也。今所謂腳掌也。史記曰。跖勁弩。按弩以足蹋張之。故曰跖。跖或借蹠爲之。又作蹶。賈誼傳曰。病非徒瘇也。又苦蹶盭。蹶、跖字之異者也。足跖反戾不可行。从足石聲。之石切。古音在五部。

踦

一足也。管子。告堯之時。一踦腓。一踦屨。而當死。謂一足刖一足屨當死罪也。引伸之。凡物單曰踦。方言。倚、踦、奇也。自關而西凡全物而體不具謂之倚。梁楚之閒謂之踦。雍梁之西郊凡嘼支體不具者謂之踦。公羊傳。匹馬隻輪無反者。何曰。匹馬、一馬也。隻、踦也。又相與踦閭而語。何云。閉一扇。開一扇。一人在內。一人在外。戰國策。必有踦重者矣。踦、偏重也。若衣部曰。䙅、袴踦也。毛傳曰。蟰蛸長踦也。則皆謂足。不必一足。从足奇聲。去奇切。古音在十七部。

跪

拜也。手部曰。𢷎首至手也。按跪與拜二事。不當一之。疑當云所以拜也。後人不達此書所以字往往刪之。釋名。跪、危也。兩膝隱地。體危陧也。从足危聲。去委切。十六部。

跽

長跽也。長跽各本作長跪。今正。按係於拜曰跪。不係於拜曰跽。范睢傳四言秦王跽。而後乃云秦王再拜。是也。長跽乃古語。長跽俗作䠙䠞。人安坐則形弛。敬則小跪聳體若加長焉。故曰長跽。方言。東齊海岱北燕之郊。跪謂之䠙䠞。郭曰。今東郡人亦呼長跽爲䠙䠞。釋名。跽、忌也。見所敬忌不敢自安也。徐廣注滑稽傳鞠䠦曰。䠦其紀反。與跽同。謂小跪也。廣雅。䠙䠞、跪拜也。此統言之。許跪跽析言之。从足忌聲。渠几切。古音在一部。徐廣音是也。

踧

行平易也。小雅毛傳曰。踧踧、平易也。从足叔聲。子六切。三部。詩曰。踧踧周道。小弁

躣

行皃。九辯。右蒼龍之躣躣。从足瞿聲。其俱切。五部。

踖

長脛行也。小雅。執爨踖踖。毛曰。踖踖、言爨竈有容也。从足昔聲。資昔切。古音在五部。一曰踧踖。見論語鄉黨。馬融曰。恭敬皃也。廣韵一屋曰。踧踖、行而謹敬。按左傳石碏。漢石經公羊作石踖。从石誤字也。

踽

疏行皃。唐風。獨行踽踽。毛曰。踽踽、無所親也。按許合經傳云爾。疏、通也。引伸爲親疏。孟子。行何爲踽踽涼涼。義同。从足禹聲。區主切。五部。詩曰。獨行踽踽。

蹡

行皃。聘禮。眾介北面蹌焉。鄭云。容皃舒揚。曲禮。天子穆穆。諸侯皇皇。大夫濟濟。士蹌蹌。鄭曰。皆行容止之皃也。按許蹡爲行皃。蹌訓動也。然則禮言行容者皆蹡爲正字。蹌爲叚借字。廣雅。蹡蹡、走也。从足將聲。七羊切。十部。詩曰。管磬蹡蹡。周頌文。今詩作磬筦將將。毛曰。將將、集也。

躖

踐處也。此與疃同義。田部曰。疃、禽獸所踐處也。王逸九思。鹿蹊兮躖躖。亦作斷。按祇云踐處。別於疃字專屬禽獸。从足。斷省聲。不云𢇍聲者。𢇍古文絕也。徒管切。十四部。

趴

趣越皃。趣、疾也。小徐作趨。趴與赴音義略同。从足卜聲。芳遇切。古音在三部。

踰

越也。越、度也。踰與逾音義略同。从足俞聲。羊朱切。四部。

跋

輕也。廣韵。娍、輕也。字从女。从足戉聲。王伐切。十五部。

蹻

舉足小高也。蹻高疊韵。各本作行高。晉灼注漢書高帝紀。作小高。玄應引文穎曰。蹻猶翹也。又引三蒼解詁云。蹻、舉足也。丘消切。按今俗語猶然。从足。喬

二篇下

跾　蹌踊　躋　躍跧

聲。丘消切。大徐居勺切。非也。二部。詩曰。小子蹻蹻。大雅文。毛曰。蹻蹻。驕皃。此引伸之義。跾疾也。長也。二義相反而相成。易其欲逐逐。薛云。速也。子夏傳作攸攸。荀作悠悠。劉作跾。云遠也。按方言。透驚也。式竹切。吳都賦。驚透沸亂。透卽跾字。音義正同。今人以爲透漏字。他候切。从足。攸聲。式竹切。三部。蹌動也。从足。倉聲。七羊切。十部。踊跳也。與走部趙別。从足。甬聲。余隴切。九部。躋登也。从足。齊聲。祖雞切。十五部。商書曰。按口部引咈其耇長。辵部引我興受其退。皆系之周書。此作商書。恐此爲是。予顛躋。微子篇文。今尚書作隮。注家云。顛隕。隮隊。按升降同謂之躋。猶治亂同謂之亂。俗作隮。顧命由賓階隮。毛詩朝隮于西南。山朝隮。周禮九曰隮。皆訓升。左傳知隮於溝壑矣。則訓降。躍迅也。迅。疾也。从足。翟聲。以灼切。二部。跧蹴也。蹴。躡也。从足。全聲。莊緣切。十四部。一曰卑也。絭也。絭當爲拳曲之拳。魯靈光殿賦。狡兔跧伏於柎側。注當引卑也。絭也。李善引蹴也。非。

蹴　蹋躡　跨

蹴躡也。玄應云。說文。蹴。蹋也。以足逆蹋之曰蹴。从足。就聲。七宿切。三部。蹋踐也。从足。𦐇聲。徒盍切。八部。俗作踏。躡蹈也。史記。張良陳平躡漢王足是也。耤田賦注引說文。躡。追也。不同。从足。聶聲。尼輒切。八部。跨渡也。謂大其兩股閒以有所越也。因之兩股閒謂之跨下。史記淮陰侯傳作胯下。夊部曰。𡕒。跨步也。苦瓦切。从足。夸聲。苦化切。按古音在五部。音轉入於十七部耳。五經文字云。說文作跨。經典相承隸省作跨。此實不然。夸聲在五部。𡕒聲在十七部。絕無夲字。至肉部云。說文胯隸省作胯。則更誤。說文有𡕒字。無跨、胯字。胯卽𡕒之俗。廣韵曰。兩股閒也。玉裁又按。蹴、蹋、躡、跨、蹈、躔、踐七字。一氣銜接。不當中絕以跨字。疑許書本無跨字。夊部之𡕒。釋曰跨步也。跨步當爲夸步。夸步者。大步也。大張其兩股曰𡕒。必云夸步不云大步者。𡕒夸雙聲也。後人改𡕒作跨。玉篇云。𡕒與跨同。其明證也。又專言兩股閒則作胯。𡕒字之訓則改之曰跨步。皆出後人增竄。此所以張參本與今本參差乖異而皆

踄蹈　躔　踐　踵踔　蹛　蹩　踶

不必是踧。踄蹈也。从足。步聲。旁各切。又音步。五部。蹈踐也。釋名。蹈。道也。以足踐之如道。从足。舀聲。徒到切。古音在三部。躔踐也。方言。躔。歷行也。日運爲躔。从足。廛聲。直連切。十四部。踐履也。履之箸地曰履。履足所依也。从足。戔聲。慈衍切。十四部。踵追也。與止部歱別。从足。重聲。之隴切。九部。一曰往來皃。踔踶也。許意踔與踶義同。从足。卓聲。知教切。二部。廣韵丑教切。蝯跳也。漢書上林賦。趠希閒。史記作踔希閒是也。又莊子一足踸踔而行。謂腳長短也。敕甚敕角切。蹛踶也。玄應曰。蹛。三蒼音帝。郭訓古文奇字。以爲古文逝字。漢書韋昭音徒計切。按蹛卽躉字。漢書躉惲作躉蹛。林作蹛。从足。帶聲。當蓋切。十五部。蹩踶也。集韵作蹩。云反足踶也。匹蔑切。莊子。蹩躠爲仁。亦作弊薛。从足。敝聲。蒲結切。十五部。一曰跛也。踶躛也。李軌曰。踶。蹋也。通俗文曰。小蹋謂之踶。从足。是聲。特計切。十

躛　躠　𧿹　蹢　躅踤

六部。躛衛也。按此必有脫誤。當云。躛。踶也。牛部。衛下云。牛踶衛也。然則躛衛義略同。从足。衛聲。于歲切。十五部。躠躠足也。案此三字一句。躠卽蹀字也。叚借作啑。作喋。文帝紀。新喋血京師。服虔曰。喋音蹀屣履之蹀。如淳曰。殺人流血滂沱爲喋血。司馬貞引廣雅。喋。履也。然則喋血者躠血也。謂流血滿地汚足下也。从足。執聲。徒叶切。七部。𧿹尌也。與峙㝵雙聲義略同。从足。氏聲。承旨切。按旨當作紙。十六部。蹢蹢躅、各本奪此二字。文選注四引皆有。逗足也。逗各本作住。今正。逗者。止足也。說文無住字。人部有侸。侸者立也。立者侸也。是爲轉注。侸非躊躅之義。易曰。贏豕孚蹢躅。三年問。鳴號焉。蹢躅焉。蹢躅之雙聲疊韵曰踟蹰、曰跢跦、曰峙躇、曰篙箸。俗用躊躇。从足。啻聲。俗本作適省聲。非是。直隻切。十六部。或曰。蹢躅。按四字衍文。賈侍中說。足垢也。賈謂足垢爲蹢躅。躅蹢躅也。蹢躅雙聲。从足。蜀聲。直錄切。三部。踤觸也。長楊賦。帥軍踤阹。漢

蹶 跳 ⿰⻊辰 ⿰⻊屠 ⿰⻊弗 蹠 踏 ⿰⻊䍃 ⿰⻊及 ⿰⻊貝 躓 跲 跇 蹎

書音義曰。踤、聚也。師古曰。踤、足蹴也。从足。卒聲。昨沒切。十五部。一曰駭也。一曰倉踤。今人多用蒼猝。古書多用倉卒。

蹶 僵也。僵、僨也。方言。跌、蹷也。左傳是謂蹷其本。从足。厥聲。居月切。十五部。一曰跳也。孟子。今夫蹶者趨者。是氣也。而反動其心。讀亦若蹷。亦者、謂讀若厥矣。又讀若蹷也。蹷、瞿月切。

蹷或从闕。

跳 蹷也。方言。自關而西。秦晉之閒曰跳。从足。兆聲。徒遼切。二部。一曰躍也。躍、迅也。

⿰⻊辰 動也。與口部脣、雨部震、手部振音義略同。从足。辰聲。側鄰切。十二部。

⿰⻊屠 峙⿰⻊屠、逗。不前也。峙見止部。云⿰⻊屠也。今按當云峙⿰⻊屠也。淺人删一字耳。从足。屠聲。直魚切。五部。

⿰⻊弗 跳也。方言。⿰⻊弗、⿰⻊䍃、⿰⻊弗跳也。从足。弗聲。敷勿切。十五部。

蹠 楚人謂跳躍曰蹠。見方言。从足。庶聲。之石切。古音在五部。

踏 ⿰⻊及也。按⿰⻊及當作跳。方言。踏、跳也。自關而西秦晉之閒曰跳。或曰踏。从足。荅聲。他合切。七部。

⿰⻊䍃 跳也。方言。⿰⻊䍃、跳也。陳鄭之閒曰⿰⻊䍃。从足。䍃聲。余招切。二部。

⿰⻊及 進足有所擷取也。爾雅毛傳皆云。執衽曰袺。扱衽曰襭。衣部云。以衣衽扱物謂之襭。襭或作擷。从足。及聲。穌合切。七部。爾雅曰。⿰⻊及謂之擷。按所據爾雅扱作⿰⻊及。無衽字。與今本異。亦與衣部說異。蓋衣部用毛傳。此據爾雅也。

⿰⻊貝 步行獵跋也。獵今之躐字。踐也。毛傳曰。跋、躐也。老狼進則躐其胡。獵跋猶踐踏也。从足。貝聲。博蓋切。十五部。

躓 跲也。釋言毛傳皆曰。疐、跲也。疐者躓之段借字。从足。質聲。陟利切。古音在十二部。詩正義引竹二反。詩曰。載躓其尾。豳風。載疐其尾。許所據作躓。

跲 躓也。中庸。言前定則不跲。从足。合聲。居怯切。七部。

跇 述也。述當作迣。字之誤也。樂書。騁容與兮跇萬里。裴引如淳曰。跇謂超踰也。吳都賦說田獵曰。跇踰竹柏。獼猴杞柟。从足。世聲。丑例切。十五部。鄒誕生云。跇一作世。

蹎 跋也。經傳多段借顚字爲之。如左傳子都自下躋之顚是也。貢禹傳。誠恐一旦蹎仆。氣竭。从足。眞聲。都年切。十二部。豳風正義引丁千反。

跋 蹐 跌 踢 蹲 ⿰⻊荂 躩 踣 蹇 蹁

跋 蹎也。依豳風正義訂。跋、經傳多段借沛字爲之。大雅論語顚沛皆卽蹎跋也。毛傳。顚、仆也。沛、拔也。拔同跋。豳風狼跋亦或作拔。馬融論語注曰。顚沛、僵仆也。按豳風狼跋其胡。謂躐也。躐則仆矣。引伸爲近人題跋字。題者標其前。跋者系其後也。邶風傳。艸行曰跋。別一義。从足。犮聲。北末切。廣韵蒲撥切。十五部。

蹐 小步也。毛傳。蹐、絫足也。按絫蹐疊韵。絫足者小步之至也。从足。脊聲。資昔切。十六部。詩曰。不敢不蹐。小雅。走部引作趚。

跌 踢也。从足。失聲。徒結切。十二部。一曰越也。別一義。

踢 跌也。今本作跌踢也。恐是誤倒。吳都賦。寃𧲶氣懾而自踢跌者。劉曰。踢跌、頓伏也。李引聲類。踢跌也。漢書音義。跌、崩也。从足。易聲。徒郎切。十部。一曰槍也。別一義。木部曰。槍、歫也。止部曰。歫、槍也。按踢與堂音義同。堂、歫也。

蹲 居也。尸部曰。居、蹲也。是爲轉注。各本作踞也。以俗改正。又增一踞篆於蹲後。今正而刪之。左傳。蹲甲而射之。蹲、居也。引伸爲居積之義。从足。尊聲。徂尊切。十三部。山海經作踆。

⿰⻊荂 居也。从足。荂聲。苦化切。按此恐又跨字之異體。

躩 足躩如也。論語苞氏曰。躩、盤辟皃也。从足。矍聲。丘縛切。五部。

踣 僵也。僵、卻偃也。从足。咅聲。蒲北切。按古音在四部。爾雅釋文音赴。或孚豆蒲侯二反。是也。然則踣與仆音義皆同。孫炎曰。前覆曰仆。左傳正義曰。前覆謂之踣。對文則偃與仆別。散文則通也。走部⿺走咅同。春秋傳曰。晉人踣之。左傳襄十四年文。

蹇 ⿺尢皮也。尢部曰。⿺尢皮、蹇也。是爲轉注。⿺尢皮、曲脛也。易曰。蹇、難也。行難謂之蹇。言難亦謂之蹇。俗作謇。非。从足。寒省聲。九輦切。十四部。按各本⿺尢皮作跛。又於蹇篆之上出跛篆。云行不正也。从足。皮聲。一曰足排之。讀若彼。此後人不知跛卽⿺尢皮之隸變而增之耳。今刪。曲禮立毋跛。鄭云。跛、偏任也。此謂形體偏任一邊。如⿺尢皮者然。凡經傳多作跛。

蹁 足不正也。南都賦說舞曰。蹴蹐蹁躚。卽上林賦之便姍蹩屑也。从足。扁

蹁　踒　跣　跔　𨂽

聲。部田切。十二部。一曰拖後足馬。拖俗字。當作拕。讀若苹。此十一部十二部合韵。或曰偏。讀如偏也。跭脛肉也。从足夅聲。一曰曲脛也。廣韵作左脛曲。讀若逵。渠追切。古音在三部。按一曰曲脛也。橫梗不貫。凡似此者疑皆後人所妄增。踒足跌也。跌當爲胅字之誤也。肉部曰。胅骨差也。踒者骨委屈失其常。故曰胅。亦曰差跌。从足委聲。烏過切。十七部。跣足親地也。親跣疊韵。古者坐必脫屨。燕坐必褫韈。皆謂之跣。如趙盾侍君燕。跣以下。此褫韈之跣也。如晉悼公跣而出。此不暇屨之跣也。喪大記。主人徒跣。亦謂褫韈。从足先聲。穌典切。十二部。跔天寒足跔也。周書大子晉解。師曠東躅其足曰。善哉善哉。大子曰。大師何舉足驟。師曠曰。天寒足跔。是以數也。此許所本。莊子音義亦引周書。天寒足跔。今本周書作足躅。誤也。跔者句曲不伸之意。从足。句聲。其俱切。四部。𨂽瘃足也。疒部曰。瘃中寒腫覈也。據趙充國傳。手足皆有皸瘃之患。此字从足。故訓爲瘃足。从足困聲。困聲。鍇本作困聲。非。古音由斂而侈。困聲字多轉入魂韵。苦本切。十三部。

距　躧　𨂫　䠊　跀

距雞距也。左傳。季氏介其雞。郈氏爲之金距。服曰。以金沓距也。按鳥距如人與獸之叉。此距與止部之歫異義。他家多以距爲歫。从足巨聲。求許切。五部。亦作鮔作艍。躧舞履也。鄭注周禮曰。鞮屨。四夷舞者屝也。史記貨殖傳。躧利屣。徐廣曰。舞屣也。躧一作跕。跕。吐協反。地理志。跕躧。臣瓚曰。蹋跟爲跕。按舞不納履。故凡不著跟曳之而行曰躧。履如雋不疑傳。長門賦。皆是也。西京賦說舞曰。振朱屣於盤樽。薛曰。朱屣。赤絲履也。从足麗聲。所綺切。十六部。�或从革。𨂫足所履也。从足叚聲。乎加切。凡叚聲古在五部。按跟疑踹之誤。篇韵有踹字。丁貫切。今俗謂語用力踏地曰踹跟。音同也。許書碫字譌碬。報報錯出。是其比矣。䠊跀也。字亦作剕。从足非聲。扶味切。十五部。跀斷足也。此與刀部刖異義。刖。絕也。經傳多以刖爲跀。周禮司刖注云。周改臏作刖。按唐虞夏刖用臏。去其厀頭骨也。周用跀。斷足也。凡於周言臏者。舉本名也。莊子。魯有兀者叔山無趾。踵見仲尼。崔譔云。無趾。故踵行。然則跀刖卽漢之斬趾。無足指。故以足跟行也。無足指不能行。故別爲刖足者之屨以助其行。左氏云。踊貴屨賤是也。髕則足廢不能行。跀則用踊尚可行。故跀輕於髕也。跀一名跳。跳一作剕。鄭駁異義云。臯陶改臏爲剕。呂刑有剕。周改剕爲刖。此恐誤與司刖注不合。从足月聲。魚厥切。十五部。𧿹跀或从兀。亦形聲。莊子養生主注曰。介。偏刖之名。崔本作兀。又作𧿹。云。斷足也。德充符。申徒嘉兀者也。李云。刖足曰兀。

趽　趹　趼

趽曲脛馬也。廣雅曰。趽蹄踤也。蹄見上。踤俱達切。从足方聲。讀與彭同。薄庚切。古音在十部。趹馬行皃。戰國策。史記云。秦馬之良。探前趹後。蹄間三尋。西都賦。要趹追蹤。廣雅。趹。奔也。从足。夬聲。各本作決省聲。淺人改也。古穴切。十五部。趼獸足企也。釋嘼。騉蹏趼。善陞甗。又騉駼。枝蹏趼。善陞甗。趼者謂其足企企。舉踵也。故善登高。趼本或作研。研。滑石也。舍人、李巡、孫炎、郭樸、顏師古皆以蹄下平正如研釋之。从足幵聲。五甸切。十四部。

路　蹸　跂　疋

路道也。釋宮。一達謂之道路。此統言也。周禮。澮上有道。川上有路。此析言也。爾雅毛傳。路大也。此引伸之義也。从足各聲。洛故切。五部。蹸轢也。車部曰。轢。車所踐也。从足粦聲。良忍切。十二部。跂足多指也。从足支聲。巨支切。十六部。按足部當終於路。蹸字跂字不當廁此。莊子。駢拇枝指。字只作枝。跂蓋俗體。

文八十五　按去蹸跂二字則八十三。　重四

疋足也。上象腓腸。肉部曰。腨。腓腸也。下从止。止。下基也。弟子職曰。弟子職。管子書篇名。漢藝文志以列於孝經十一家。是其單行久矣。問疋何止。謂問尊長之臥足當在何方也。內則曰。將衽。長者奉席請何止。止一作趾。足也。古文以爲詩大雅字。雅各本作疋。誤。此謂古文叚借疋爲雅字。古音同在五部也。亦以爲足字。此則以形相似而叚借。變例也。或曰胥字。

此亦謂同音叚借。如府史胥徒之胥徑作疋可也。一曰疋記也。記下云疋也。是爲轉注。後代改疋爲疏耳。疋疏古今字。此與足也別一義。凡疋之屬皆从疋。所菹切。五部。

𤴔　門戶青疏窗也。青字依篇韵補。於門戶刻鏤爲窗牖之形。而以青飾之也。厺部曰。疏。通也。薛注西京賦曰。疏。刻穿之也。招䰟網戶朱綴刻方連些。古詩曰。交疏結綺窗。从疋。從疋者。綺文相連如足迹相連也。疋亦聲。囱象𤴔形。囱部曰。在牆曰牖。在屋曰囱。囱則囱疋爲會意矣。而云象形者。正謂門戶刻文如囱牖也。讀若疏。所菹切。五部。

𤴡　通也。此與厺部疏音義皆同。玉篇引月令。其器𤴡以達。今月令作疏。諸書柣疏字。太玄作柣𤴡。太玄又有𤴡首。轉寫譌作疑。从爻疋。爻者。刻文相交也。疋亦聲。所菹切。五部。

文三

品　衆庶也。从三口。人三爲衆。故從三口。會意。丕飲切。七部。凡品之屬皆从品。

嵒　多言也。此與言部讘音義皆同。从品相連。會意。春秋傳曰。次于嵒北。僖元年左傳文。今左作聶北。邢地。杜氏說。讀與聶同。音同也。尼輒切。七部。

喿　鳥羣鳴也。此與譟同意。俗作噪。方言假喿爲鍬臿字。从品在木上。穌到切。二部。

文三

龠　樂之竹管。此與竹部籥異義。今經傳多用籥字。非也。三孔。孔同空。按周禮笙師。禮記少儀明堂位鄭注。爾雅郭注。應氏風俗通。皆云三孔。惟毛傳云六孔。廣雅云七孔。㠯和衆聲也。和衆聲。謂奏樂時也。萬舞時祇用龠以節舞。無他聲。从品侖。惟以和衆聲。故從品。侖、理也。亼部曰。侖。思也。按思猶䚡。䚡理一也。大雅。於論鼓鐘。毛傳曰。論。思也。鄭曰。論之言倫也。毛鄭意一也。從侖。謂得其倫理也。以灼切。二部。凡龠之屬皆从龠。

籥　籥音律管壎之樂也。八字一句。音律者。如王者行師。大師吹律合音是也。竽笙籥簫篪篴管皆竹屬。獨言管者。舉一以該六也。土屬則惟壎可吹。小師言鼓。瞽矇言播。笙師言歙者。各因其文也。以人氣作音曰吹。从龠炊聲。昌垂切。古音在十七部。

龥　管樂也。管猶箭也。故龠龥簫皆曰管樂。鄭司農注周禮云。篪七空。廣雅云八孔。賈公彥引禮圖云九孔。其言多轉寫錯亂。疑不能明也。世本云。暴辛公作塤。蘇成公作篪。譙周云二人善塤善篪。記者因以爲作。謬矣。按許於壎龥下皆不引世本。於鐘磬笙簧琴瑟則引之。其匡謬不在允南之前乎。从龠虒聲。直离切。十六部。

篪　龥或从竹。樂記作篪。又

龢　調也。言部曰。調。龢也。此與口部和音同義別。經傳多假和爲龢。从龠。禾聲。讀與咊同。禾各本作和。今正。此言其音同而已。戶戈切。十七部。

龤　樂龢也。龤訓龢。龢訓調。調訓龢。三字爲轉注。龤龢作諧和者皆古今字變。許說其未變之義。今本龤下調下作和也。則與龢下調也不爲轉注。龤與言部諧音同義異。各書多用諧爲龤。从龠皆聲。戶皆切。十五部。虞書曰。虞書當作唐書。八音克龤。堯典文。

文五　重一

冊　符命也。諸侯進受於王者也。者字依韵會補。尚書王命周公後作冊逸誥。左傳王命尹氏及王子虎內史叔興父策命晉侯爲侯伯。王使劉定公賜齊侯命。及三王世家策文皆是也。後人多假策爲之。象其札一長一短。謂五直有長短。中有二編謂二橫。之形。蔡邕獨斷曰。策。簡也。其制。長者一尺。短者半之。其次一長一短。兩編下附。札。牒也。亦曰簡。編。次簡也。次簡者。竹簡長短相閒排比之。以繩橫聯之。上下各一道。一簡容字無多。故必比次編之。乃容多字。聘禮記云。百名以上書於策是也。一簡可容書於簡。每簡一行而已。不及百名書於方。則合若干行書之。百名以上書於策。方。即牘也。牘。書版也。簡。冊。竹爲之。

嗣　扁

牘朮爲之。一冊不容則糸冊爲之。國史冊書葢如是。鄭注禮云。策簡也。此渾言之。不分別耳。冊字五直。象一長一短。象其意而已。其簡之若干未可肊定也。蔡氏云。長者一尺。短者半之。此漢法如是。鄭引鉤命決云。易詩書禮樂春秋策皆長二尺四寸。孝經謙半之。一尺二寸。論語策八寸。尺二寸者三分居二。又謙焉。此古制也。見於聘禮左傳序正義者乖異不同。今訂之如是。未知然否。鄭注尚書云。三十字一簡之文。服注左氏云。古文篆書一簡八字。漢志。劉向以中古文挍今文尚書。古文簡有二十五字者。有二十二字者。是簡之長短不同。而字數不同也。楚革切。十六部。

凡冊之屬皆从冊。古文冊。从竹。左傳。備物典策。釋文。筴本又作冊。亦作策。或作篇。按筴者。策之俗也。冊者正字也。策者叚借字也。篇者冊之古文也。左氏述春秋傳以古文。然則篇其是歟。

諸侯嗣國也。引伸爲凡繼嗣之偁。从冊口。小徐曰。冊必於廟。史讀其冊。故从口。按當是从口音圍。口者國象也。故曰諸侯嗣國。司聲。祥吏切。一部。古文嗣。从子。

署也。署者。部署有所网屬也。从戶冊。戶冊者。署門戶之文也。署門戶者。秦書八體。六曰署書。蕭子良云。署書。漢高六年蕭何所定。以題蒼龍白虎二闕。方沔切。古音在十二部。

文三　重二

三十部　文六百九十三三小徐作二。　重八十七宋本七作八。小徐作重七十九。

凡八千四百九十八字此第二篇都數。

說文解字第二篇下

受業長洲陳煥校字

㗊　嚚　囂　嘂　器　舌

說文解字第三篇上

金壇段玉裁注

眾口也。从四口。凡㗊之屬皆从㗊。讀若戢。阻立切。七部。一曰呶。鍇曰。呶讙也。鉉本作又讀若呶。集韵五肴不載此字。

語聲也。左傳曰。口不道忠信之言爲嚚。引伸之義也。从㗊臣聲。語巾切。十二部。古文嚚。

聲也。左傳。湫隘囂塵。杜曰。囂聲也。廣韵曰。喧也。气出頭上。欠部曰。歊歊气上出皃。歊與囂音同義近。孟子。人知之亦囂囂。人不知亦囂囂。言人自得無欲。如气上出悠閒也。从㗊頁。聲出而气隨之。故从㗊頁。會意。許嬌切。二部。頁亦首也。頁部曰。頁頭也。囂或省。

高聲也。此與口部叫嗷聲同義異。一曰大嘑也。嘑各本譌呼。今正。此與叫嗷義略同。小雅或不知嘂號。周禮。禁嘂呼歎鳴于國中者。夜嘑旦以嘂百官。从㗊丩聲。古弔切。古音在三部。春秋公羊傳曰。言公羊者以別於凡偁左氏徑云春秋傳也。序言其偁春秋左氏。葢主左氏而不廢公羊。魯昭公嘂然而哭。嘂各本作叫。譌。今正。昭廿五年傳文。今本昭公於是嗷然而哭。何云。嗷然。哭聲皃。

嘑也。嘑各本作呼。今正。嘑號也。廣雅。嚾鳴也。玉篇云。嚾荒貫切。與喚同。廣韵同。按說文無喚字。然則嚾喚古今字也。从㗊莧聲。讀若讙。呼官切。十四部。

皿也。皿部曰。皿。飯食之用器也。然則皿專謂食器。器乃凡器統偁。器下云皿也者。散文則不別也。木部曰。有所盛曰器。無所盛曰械。陸德明本如是。象器之口。謂㗊也。與上文从㗊字不同。犬所㠯守之。會意。去冀切。冀當作既。十五部。

文六　重二

在口所㠯言別味者也。言下各本有也。剩字。者依韵會補。口下曰。人所以言食也。

口云食。舌云別味。各依文爲義。舌后字有互譌者。如左傳舌庸譌后庸。周書美女破舌譌破后是也。**从干口。**干、犯也。言犯口而出。食犯口而入之。**干亦聲。**干在十四部。與十五部合韵。食列切。十五部。**凡舌之屬皆从舌。**

舚　**歠也。**歠、歠也。曲禮曰。毋嚃羹。廣韵。嚃、歠也。然則嚃卽舚也。羹之無菜者不用梜。直歠之而已。禮禁舚羹者何也。舚者流歠。許渾言之耳。**从舌沓聲。**他合切。八部。

舓　**舌取食也。从舌易聲。**神旨切。按旨當作紙。十六部。**舓或从也。**也聲。古在十七部。與十六部合韵冣近。或作舐。或作狧。漢書狧康及米。

文三　重一

干　**犯也。**犯、侵也。毛詩干旄、干旌假爲竿字。**从一。从反入。**反入者、上犯之意。古寒切。十四部。**凡干之屬皆从干。**

羊　**撖也。**撖、刺也。甘泉賦。洪臺崛其獨出兮。撖北極之嶟嶟。**从干入一。爲干入二。爲羊。**說會意之恉。**讀若飪。**同音也。如審切。七部。南从羊聲。**言稍甚也。**飪甚同音。入二甚於入一。故讀若飪。卽讀若甚也。

屰　**不順也。**後人多用逆。逆行而屰廢矣。**从干下凵。屰之也。**凵口犯切。凶下云。象地穿交陷其中也。方上干而下有陷之者、是爲不順。屰之也當作屰之意也。魚戟切。古音在五部。

文三

谷　**口上阿也。**大雅。有卷者阿。箋云。有大陵卷然而曲。口上阿謂口吻已上之肉隨口卷曲。毛傳。臄、函也。𢎘部函、谷也。與毛合。晉灼注羽獵賦曰。口之上下名爲㗘。按通俗文云。口上曰臄。口下曰函。服析言之。毛許、晉皆渾言之。許擧上以包下耳。今說文各本函下譌作舌也。古者舌無函名。特牲少牢禮肵俎用心舌。與加𦙍脾臄異用。陸釋文云。說文曰函舌也。又云口次肉也。似陸時說文已誤矣。單行釋文口次譌口裏。則義全非。讀書之難如是。**从口。上象其理。**文理。其虐切。五部。卻綌从谷聲。**凡谷之屬皆从谷。**

谷或如此。

谷或从𧆞肉。二皆形聲。臄見大雅。

西　**舌皃。**魯靈光殿賦。玄熊甜談以斷斷。善曰。甜談、吐舌皃。吐玷吐暫二切。按甜盝卽西之俗也。**从谷省。象形。**象形者、謂口象吐舌也。从谷省者、謂人也。舌出於谷外。故內谷外舌。他念切。七部。**古文西。讀若三年導服之導。**士虞禮注曰。古文禫或爲導。檀弓、喪大記注皆曰。禫或作道。是今文禮作禫。古文禮作導。鄭从今文。故見古文於注。許从古文。故此及木、穴部皆云三年導服。而示部無禫。今有者後人增也。導服者、導凶之吉也。棪、窔、西讀若導服。皆七八部與三部合韵之理。不於上文西下言之者。以舌皃之讀別下文竹上皮之讀。使人易了也。不云讀若導而云三年導服之導者。三年導服之導古語蓋讀如澹。故今文變爲禫字。是其音不與凡導同也。**一曰竹上皮。**此別一義。竹上青皮。顧命禮器、聘義皆謂之筍。筍筠古今字。**讀若沾。**沾古之添字。他兼切。**一曰讀若誓。**讀沾又讀誓。此七八部與十五部合韵之理。**弻字从此。**謂弻字从西爲聲也。弜部作弻。然則从西者小篆。从㐁作弼者古文也。

文二　重三

只　**語巳詞也。**巳止也。矣只皆語止之詞。庸風。母也天只、不諒人只。是也。亦借爲是字。小雅。樂只君子。箋云。只之言是也。王風。其樂只且。箋云。其且樂此而已。按以此釋只。與小雅箋同。宋人詩用只爲祇字。但也。今人仍之。讀如隻。**从口。象气下引之形。**語止則气下引也。諸氏切。十六部。**凡只之屬皆从只。**

䩗　**聲也。**謂語聲也。晉宋人多用馨字。若冷如鬼手馨。強來捉人臂。何物老嫗生此寧馨兒。是也。馨行而䩗廢矣。隨唐後則又無馨語。此古今之變也。**从只甹聲。讀若馨。**呼形切。十一部。

文二

㕯 言之訥也。檀弓作呐。同。其言呐呐然。如不出諸其口。注。呐呐、舒小皃。此與言部訥音義皆同。故以訥釋㕯。从口內。內、入也。會意。內亦聲。女滑切。十五部。凡㕯之屬皆从㕯。

矞 㠯錐有所穿也。从矛㕯。㕯者入意。小徐作㕯聲。會意兼形聲也。余律切。十五部。一曰滿有所出也。矞雲蓋取此義。

商 從外知內也。从㕯章省聲。漢律曆志云。商之爲言章也。物成孰可章度也。白虎通說商賈云。商之爲言章也。章其遠近。度其有亡。通四方之物。故謂之商也。按柴誓我商賚女。徐仙民音章。此古音也。從外知內。了了章箸曰商。今式陽切。十部。商古文商。商亦古文商。商籒文商。

文三　重三

句 曲也。凡曲折之物。侈爲倨。斂爲句。考工記多言倨句。樂記言倨中矩。句中鉤。淮南子說獸言句爪倨牙。凡地名有句字者。皆謂山川紆曲。如句容、句章、句餘、高句驪皆是也。凡章句之句亦取稽留可鉤乙之意。古音總如鉤。後人句曲音鉤。章句音屨。又改句曲字爲勾。此淺俗分別。不可與道古也。从口ㄐ聲。古矦切。古音也。四部。又九遇切。今音也。凡句之屬皆从句。

拘 止也。从手句。手句者、以手止之也。句亦聲。舉朱切。古音在四部。讀如鉤。

笱 曲竹捕魚笱也。邶風毛傳曰。笱所以捕魚也。周禮𩺰人掌以時𩺰爲梁。大鄭云。梁、水偃。偃水而爲關空。以笱承其空。偃堰空孔皆古今字。魚梁皆石絕水。笱、曲竹爲之。以承孔。使魚入其中不得去者。若以薄爲梁。以笱承之。則謂之寡婦之笱。从竹句。曲竹故从竹句。句亦聲。古厚切。四部。

鉤 曲鉤也。鉤字依韵會補。曲物曰鉤。因之以鉤取物亦曰鉤。从金句。句亦聲。鉤鑲吳鉤釣鉤皆金爲之。故从金。按句之屬三字皆會意兼形聲。不入手竹金部者。會意合二字爲一字。必以所重爲主。三字皆重句。故入句部。古矦切。四部。

文四

ㄐ 相糾繚也。ㄐ糾疊韵。糾繚亦疊韵字也。毛傳曰。糾糾猶繚繚也。繚、纏也。一曰瓜瓠結ㄐ起。謂瓜瓠之縢緣物纏結而上。如詩言南有樛木。甘瓠纍之。象形。象交結之形。居虯切。三部。眞誥一卷爲一弓。弓當卽是㔾字。一ㄐ猶言一縛。ㄐ卷雙聲。故謂卷爲ㄐ也。凡ㄐ之屬皆从ㄐ。

茻ㄐ 艸之相ㄐ者。艸相糾繚。故从茻ㄐ。不專謂秦艽也。从茻ㄐ。ㄐ亦聲。居虯切。三部。

糾 繩三合也。糸部曰。紉、單繩也。劉表易章句曰。网股曰纆。按李善引字林。糾、网合繩。纆、三合繩。與許不合。糸部綸下曰。糾、青絲繩也。凡交合之謂之糾。引伸爲糾合諸矦之糾。又爲糾責之糾。从糸ㄐ。ㄐ亦聲。ㄐ亦二字今補。居黝切。三部。詩音義引說文己小反。音之轉也。出音隱。按ㄐ之屬二字不入茻糸部者。說與句部同。

文三

古 故也。邶風、大雅毛傳曰。古、故也。攴部曰。故、使爲之也。按故者。凡事之所以然。而所以然皆備於古。故曰古、故也。逸周書。天爲古。地爲久。鄭注尚書稽古爲同天。从十口。識前言者也。識前言者口也。至於十則展轉因襲。是爲自古在昔矣。公戶切。五部。凡古之屬皆从古。古古文古。

嘏 大遠也。釋詁。小雅大雅傳。少牢禮注皆曰。嘏、大也。少牢祝嘏于主人。謂予主人以大福。許獨兼遠言之者。大則必遠。故郊特牲曰。嘏、長也。大也。此許所本也。經傳嘏字多謂祭祀致福。其本訓則謂大遠。爾雅、毛傳假大也。假蓋卽嘏之假借。从古叚聲。古雅切。古音在五部。

文二　重一

十 數之具也。漢志。協於十。一爲東西。丨爲南北。則四方中央

丈　千　肸　卙　博　协　廿　卙

備矣。是執切。七部。凡十之屬皆从十。

丈　十尺也。从又持十。夫部曰。周制八寸爲尺。十尺爲丈。人長八尺。故曰丈夫。然則伸臂一尋。周之丈也。故从又持十。直兩切。十部。

千　十百也。从十。人聲。此先切。十二部。

肸　肸蠁、逗布也。李善注上林賦甘泉賦皆引肸蠁布也。今據正。上林賦曰。肸蠁布寫。彪注曰。肸過也。芬芳之過若蠁之布寫也。甘泉賦薌呹肸以掍批。薌蒞同蠁。按虫部蠁知聲蟲也。肸蠁者。蓋如知聲之蟲一時雲集。蜀都賦翕響義同。春秋晉羊舌肸字叔向。向釋文許兩切。卽蠁字。知肸蠁之語甚古。从十。𦙶聲。羲乙切。十二部。

卙　卙卙、逗盛也。小徐曰。詩宜爾子孫蟄蟄兮。毛曰。蟄蟄和集也。與卙卙義近。从十。甚聲。子入切。七部。按廣韵昌入切。玉篇又充入切。汝南名蠶盛曰卙。此汝南方言也。今江蘇俗語多云密卙卙。音如蟄。

博　大通也。凡取於人易爲力曰博。陳風鄭箋交博好也。从十尃。會意。尃布也。亦聲。補各切。五部。

三篇上　六

协　材十人也。十倍於人也。十人爲协。千人爲俊。王制用數之仂。注。仂、什一也。按一當十爲协。故十取一亦爲仂。蓋仂本作协也。从十力。十人之材也。力亦聲。力亦二字今補。盧則切。一部。

廿　二十并也。古文省多。省多者。省作二十兩字爲一字也。考工記。桯長倍之。四尺者二十分寸之一。謂之枚。本於二字爲句絕。故書十與上二合爲廿。此可證周時凡言二十可作廿也。古文廿仍讀二十兩字。秦碑小篆則維廿六年、維廿九年、卅有七年。皆讀一字。以合四言。廿之讀如入。卅之讀如𢿌。皆自反也。至唐石經二十皆作廿。三十皆作卅。則仍讀爲二十、三十矣。入汁切。七部。

卙　詞之集也。此依廣韵玉篇訂。詞當作辭。此下當有詩曰辭之卙矣六字。蓋詩作卙。許以集解之。今毛詩作輯。傳作輯、和也。許所偁蓋三家詩。从十。咠聲。秦入切。七部。按十部當終於二十并之廿。卙字或寫者奪之而綴於末。

文九

卅　世　言　譻　謦　語　談　謂　諒

卅　三十并也。古文省。此亦當云省多。奪耳。古音當先立切。七部。今音蘇沓切。凡卅之屬皆从卅。

世　三十年爲一世。論語。如有王者。必世而後仁。孔曰。三十年曰世。按父子相繼曰世。其引伸之義也。从卅而曳長之。曳長之謂末筆也。亦取其聲。末筆曳長。卽爲十二篇之乁。从反厂。亦是抴引之義。世合卅乁會意。亦取乁聲爲聲。讀如曳也。許書言取其聲者二。禿取粟聲。世取曳聲也。曳从厂聲。厂乁一也。舒制切。十五部。毛詩世在十五部。而枼葉以爲聲。又可證八部與十五部合韵之理矣。

文二

言　直言曰言。論難曰語。大雅毛傳曰。直言曰言。論難曰語。論、正義作荅。鄭注大司樂曰。發端曰言。荅難曰語。注襍記曰。言言己事。爲人說爲語。按三注大略相同。下文語論也。論議也。議語也。則詩傳當從

三篇上　七

定本、集注矣。爾雅毛傳。言我也。此於雙聲得之。本方俗語言也。从口。䇂聲。語軒切。十四部。凡言之屬皆从言。

譻　聲也。思玄賦。鳴玉鸞之譻譻。原注。譻譻、聲也。按篆下當有譻譻二字。淺人刪之。从言。賏聲。烏莖切。十一部。

謦　欬也。欬、屰气也。通俗文曰。利喉謂之謦欬。按謦欬見莊子徐無鬼。从言。殸聲。去挺切。十一部。殸、籒文磬字。見石部。

語　論也。此卽毛鄭說也。語者。禦也。如毛說。一人辯論是非謂之語。如鄭說。與人相荅問辯難謂之語。从言。吾聲。魚舉切。五部。

談　語也。談者。淡也。平淡之語。从言。炎聲。徒甘切。八部。

謂　報也。卒部曰。報當罪人也。蓋刑與罪相當謂之報。引伸凡論人論事得其實謂之報。謂者。論人論事得其實也。如論語謂韶、謂武、子謂子賤、子謂仲弓、其斯之謂與、大學此謂身不脩不可以齊其家是也。亦有借爲曰字者。如左傳王謂叔父卽魯頌之王曰叔父也。亦有訓爲勤者。亦以合音冣近也。从言。胃聲。于貴切。十五部。

諒　信也。方言。衆信

曰諒。周南召南衞之語也。經傳或假亮爲諒。从言。京聲。力讓切。十部。

詵 致言也。从言。先。所謂先容也。先亦聲。所臻切。十三部。詩曰。螽斯羽。詵詵兮。此引周南說假借也。毛曰。詵詵、衆多也。按以衆多釋詵詵。謂卽辥辥之假借。陸氏詩音義云。詵詵、說文作辥。陸所據多部有辥字。引詩螽斯羽辥辥兮。葢三家詩。此引毛詩。或作駪駪、莘莘、侁侁、皆同。

請 謁也。周禮春朝秋覲。漢改爲春朝秋請。从言。青聲。七井切。又才性切。十一部。

謁 白也。廣韵曰。白、告也。按謁者、若後人書刺。自言爵里姓名。並列所白事。从言。曷聲。於歇切。十五部。

許 聽言也。聽從之言也。耳與聲相入曰聽。引伸之凡順從曰聽許。或假爲所。或假爲御。下武傳。許、進也。卽御進也。東平王蒼正作昭茲來御。又爲鄦之叚借字。从言。午聲。虛呂切。五部。

諾 譍也。譍者、應之俗字。說解中有此字。或偶爾从俗。或後人妄改。疑不能明也。大徐於此部增譍字。誤矣。口部曰。唯、諾也。唯諾有急緩之別。統言之則皆應也。从言。若聲。奴各切。五部。

讎 猶譍也。心部曰。應、當也。讎者、以言對之。詩云無言不讎是也。引伸之爲物價之讎。詩賈用不讎。高祖飮酒讎數倍是也。又引伸之爲讎怨。詩不我能慉、反以我爲讎、周禮父之讎、兄弟之讎是也。人部曰。仇、讎也。仇讎本皆兼善惡言之。後乃專謂怨爲讎矣。凡漢人作注云猶者、皆義隔而通之。如公穀皆云孫猶孫也。謂此子孫字同孫遁之孫。鄭風傳漂猶吹也。謂漂本訓浮。因吹而浮。故同首章之吹。凡鄭君、高誘等每言猶者皆同。此許造說文不比注經傳。故徑說字義。不言猶。惟𢍜字下云。𢍜猶齊也。此因𢍜之本義極巧視之。於𢍜从玨義隔。故通之曰猶齊也。此以應釋讎甚明。不當曰猶應。葢淺人但知讎爲怨譬。以爲不切。故加之耳。然則爾字下云麗爾猶靡麗也。此猶亦可刪與。曰此則通古今之語示人。麗爾古語。靡麗今語。魏風傳糾糾猶繚繚。摻摻猶纖纖之例也。○物價之讎。後人妄易其字作售。讀承臭切。竟以改易毛詩賈用不讎。此惡俗不可從也。从言。雔聲。此以聲苞意。市流切。三部。

諸 辯也。辯當作辨。判也。按辨下奪譽字。諸不訓辨。辨之譽也。譽者、意內而言外也。白部曰。者、別事譽也。諸與者音義皆同。釋魚前弇諸果後弇諸獵。諸卽者。郊特牲或諸遠人乎。亦作或者遠人乎。凡舉其一則其餘謂之諸。以別之。因之訓諸爲衆。或訓爲之。或訓爲之於。則於雙聲疊韵求之。从言。者聲。此以聲苞意。章魚切。五部。

詩 志也。毛詩序曰。詩者、志之所之也。在心爲志。發言爲詩。按許不云志之所之。徑云志也者。序析言之。許渾言之也。所以多渾言之者。欲使人因屬以求別也。又特牲禮、詩懷之注、詩猶承也。謂奉納之懷中。內則詩負之注。詩之言承也。按正義引含神霧云。詩、持也。假詩爲持。假持爲承。一部與六部合音冣近也。上林賦葴持。持音懲。从言。寺聲。書之切。一部。

𧦥 古文詩省。左从古文言。右从之、省寸。

讖 驗也。驗本馬名。葢卽譣之假借。讖驗疊韵。有徵驗之書。河雒所出書曰讖。十二字依李善鵩鳥、魏都二賦注補。釋名。讖、纖也。其義纖微也。从言。韱聲。楚蔭切。七部。

諷 誦也。大司樂以樂語教國子。興道諷誦言語。注。倍文曰諷。以聲節之曰誦。倍同背。謂不開讀也。誦則非直背文。又爲吟詠以聲節之。周禮經注析言之。諷誦是二。許統言之。諷誦是一也。从言。風聲。芳奉切。古音在七部。

誦 諷也。从言。甬聲。似用切。九部。

讀 籒書也。籒、各本作誦。此淺人改也。今正。竹部曰。籒、讀書也。讀與籒疊韵而互訓。庸風傳曰。讀、抽也。方言曰。抽、讀也。葢籒抽古通用。史記紬史記石室金匱之書。字亦作紬。抽繹其義蘊至於無窮。是之謂讀。故卜筮之辭曰籒。謂抽繹易義而爲之也。尉律。學僮十七已上始試。諷籒書九千字。乃得爲吏。諷謂背其文。籒謂能繹其義。太史公作史記。曰余讀高祖侯功臣。曰太史公讀列封至便侯。曰太史公讀秦楚之際。曰余讀諜記。曰太史公讀春秋曆譜諜。曰太史公讀秦記。皆謂紬繹其事以作表也。漢儒注經。斷其章句爲讀。如周禮注鄭司農讀火絕之、儀禮注舊讀昆弟在下、舊讀合大夫之妾爲君之庶子女子子嫁者未嫁者是也。擬其音曰讀。凡言讀如讀若皆是也。易其字以釋其義曰讀。凡言讀爲讀曰當爲皆是也。人所誦習曰讀。如禮記注云周田觀文王之德博士讀爲厥亂勸寧王之德是也。諷誦亦爲讀。如禮言讀賵、讀書、左

䜔 訓 誨 譔 譬 謜 訣 諭 詖 諄 謘

傳。公讀其書皆是也。諷誦亦可云讀。而讀之義不止於諷誦。諷誦止得其文辭。讀乃得其義蘊。自以誦書改籒書而讀書者尟矣。孟子云。誦其詩。讀其書。則互文見義也。**从言。賣聲。**徒谷切。三部。

䜔快也。快、喜也。**从言中。**會意。中之言得也。言而得故快。於力切。一部。

訓說教也。說教者、說釋而教之。必順其理。引伸之凡順皆曰訓。如五品不訓、聞六律五聲八音七始訓以出內五言是也。**从言。川聲。**許運切。十三部。

誨曉教也。曉教者、明曉而教之也。訓以柔克。誨以剛克。周書無逸胥訓告胥教誨是也。曉之以破其晦是曰誨。**从言。每聲。**荒內切。十五部。

譔專教也。專教者、專壹而教之也。鄭注論語異乎三子者之撰、撰讀曰譔、譔之言善也。廣韵曰譔、善言也。本鄭。**从言。巽聲。**此緣切。十四部。

譬諭也。諭、告也。譬與諭非一事。此亦統言之也。**从言。辟聲。**匹至切。十六部。

謜徐語也。从言。原聲。魚怨切。十四部。**孟子曰。故謜謜而來。**萬章篇文。趙曰。如流水之與源通。據此。謜本作源。源古作原。蓋許引孟原原而來證從原會意之恉。淺人加之言旁。如百穀艸木麗于地加艸頭之比。

訣早知也。从言。央聲。於亮切。十部。

諭告也。凡曉諭人者、皆舉其所易明也。周禮掌交注曰。諭、告曉也。曉之曰諭。其人因言而曉亦曰諭。諭或作喻。**从言。俞聲。**羊戍切。四部。

詖辯論也。此詖字正義。皮剝取獸革也。被析也。凡从皮之字皆有分析之意。故詖爲辯論也。**古文以爲頗字。**此古文同音假借也。頗、偏也。**从言。皮聲。**彼義切。古音在十五部。

諄告曉之孰也。大雅。誨爾諄諄。左傳年未盈五十。而諄諄如八九十者。孟子。諄諄然命之乎。大雅。諄諄鄭注中庸引作忳忳。云忳忳、懇誠皃也。按其中懇誠。其外乃告曉之孰。義相足也。方言曰。諄、辠也。又曰。宋魯凡相惡謂之諄憎。此則敦字之假借。攴部曰。敦、怒也。詆也。詩。王事敦我。**从言。𦎫聲。讀若庉。**章倫切。十三部。

謘語諄謘也。諄謘蓋猶鈍遲也。此諄字與上文不同。鍇本謘本在詑篆下。**从言。犀聲。**

詻 誾 謀 謨 訪 諏 論

讀若行道遲遲。直离切。古音在十五部。廣韵直利切。

詻論訟也。訟當作頌。論頌即言容也。玉藻曰。戎容暨暨。言容詻詻。注。詻詻、教令嚴也。周禮保氏六儀五曰軍旅之容。注。軍旅之容。暨暨詻詻。**傳曰。詻詻孔子容。**未聞。論語曰。子溫而厲。**从言。各聲。**五陌切。五部。

誾和說而諍也。論語鄉黨孔注。侃侃、和樂皃。誾誾、中正皃。先進侃亦云爾。按侃侃爲和樂者、謂侃侃即衎衎之假借也。誾誾爲中正者、謂和悅而諍、柔剛得中也。言居門中。亦有中正之意。**从言。門聲。**語巾切。按此字自來反語皆恐誤。凡齗齗爲辨爭。狺狺爲犬吠。皆於斤聲、言聲得語巾之音。若門聲字當讀莫奔切。或讀如瞞如蠻。斷不當反從言之雙聲切語巾也。楊子。何後世之訔訔也。司馬曰。爭辨皃。是訔訔同漢書之齗齗。自來字書韵書與門聲之誾同。又恐誤也。誾誾與穆穆、慔慔、勉勉、亹亹等爲雙聲。古音在十三部。

謀慮難曰謀。左傳叔孫豹說皇皇者華曰。訪問於善爲咨。咨難爲謀。魯語作咨事爲謀。韋曰。事當爲難。吳語大夫種曰。夫謀必素見成事焉而後履之。口部曰。圖、畫計難也。圖與謀同義。**从言。某聲。**莫浮切。古音在一部。**𠴫古文謀。**鍇本作[illegible]。不誤。从母非从毋也。母聲某聲同在一部。士冠禮古文某爲謀。蓋古文禮某作母也。**亦古文。**上从母。下古文言。

謨議謀也。釋詁曰。謨、謀也。許於雙聲釋爲議謀。詩巧言假莫爲謨。**从言。莫聲。**莫胡切。五部。**虞書曰。**曰當作有。**咎繇謨。**謂自曰若稽古咎繇至帝拜曰往欽哉一篇也。**𧦝古文謨。从口。**此蓋壁中尚書古文如此作也。上文言咎繇謨者。孔安國以隸寫之作謨也。

訪汎謀曰訪。汎與訪雙聲。方與旁古通用。溥也。洪範王訪于箕子。晉語文王諏於蔡原而訪於辛尹。韋曰。諏訪皆謀也。本釋詁。許於方聲別之曰汎謀。**从言。方聲。**敷亮切。十部。

諏聚謀也。左傳。咨事爲諏。魯語作咨才。韋曰。才當爲事。按釋詁。諏、謀也。許於取聲別之曰聚謀。儀禮今文假詛爲諏。大玄作諏。**从言。取聲。**子于切。古音在四部。

論議也。論以侖會意。亼部曰。侖、思也。侖部曰。侖、理也。此

議　訂　詳　諟

非㒳義。思如玉部䚡理自外可以知中之䚡。靈臺於論鼓鍾。毛曰。論、思也。此正許所本。詩於論正侖之假借。凡言語循其理、得其宜謂之論。故孔門師弟子之言謂之論語。皇侃依俗分去聲平聲異其解。不知古無異義。亦無平去之別也。王制。凡制五刑必即天論。周易。君子以經論。中庸。經論天下之大經。皆謂言之有倫有脊者。許云。論者、議也。議者、語也。似未盡。从言。侖聲。當云从言侖亦聲。盧昆切。十三部。議語也。上文云。論難曰語。又云語論也。是論議語三字爲與人言之稱。按許說未盡。議者、誼也。誼者、人所宜也。言得其宜之謂議。至於詩言出入風議。孟子言處士橫議。而天下亂矣。一曰謀也。韵會引有此四字。从言。義聲。當云从言義。義亦聲。宜寄切。古音在十七部。訂平議也。考工記注。參訂之而平。从言。丁聲。他頂切。十一部。詳審議也。審悉也。經傳多假爲祥字。又音羊。爲詳狂字。从言。羊聲。似羊切。十部。諟理也。左傳。君與大夫不善是也。國語作王弗是。韋曰。是理也。是者、諟之假借字。韋注與許合。理猶今

三篇上　十二

人言是正也。臣之行諧者。王不能是正也。大學引大甲。顧諟天之明命。注。諟猶正也。某氏僞大甲傳。諟是也。皆與許合。大學諟或爲題。从言。是聲。承旨切。按當作紙。十六部。諦審也。毛傳曰。審諦如帝。从言。帝聲。都計切。十六部。識常也。常當爲意。字之誤也。草書常意相似。六朝以草寫書。迨草變眞。譌誤往往如此。意者志也。志者心所之也。意與志志與識古皆通用。心之所存謂之意。所謂知識者此也。大學誠其意。卽實其識也。一曰知也。矢部曰。知、識䛐也。按凡知識記識標識。今人分入去二聲。古無入去分別。三者實一義也。从言。戠聲。賞職切。一部。訊問也。釋言曰。訊、言也。小雅。訊之占夢。毛曰。訊、問也。鄭箋。執訊皆兼言問爲訓。从言。卂聲。思晉切。十二部。𧦝古文訊从鹵。鹵、古文西。西古音詵。與十二部冣近。詧言微親察也。从言。祭省聲。鉉祭作察。誤。楚八切。十五部。謹愼也。心部曰。愼、謹也。从言。堇聲。居隱切。十三部。訒厚也。因仍則加厚。訒

謹
訒　詧　訊　識　諦

諶　信　訦　誠　誡
誋　誥

與仍音義略同。从言。乃聲。如乘切。六部。諶誠諦也。釋詁。諶、信也。許曰誠諦。未詳。疑諦乃締之誤。从言。甚聲。是吟切。七部。詩曰。天難諶斯。大雅文。今詩作忱。毛曰。忱、信也。按諶忱義同音近。古通用。今詩其命匪諶。心部作天命匪忱。信誠也。釋詁。誠、信也。从人言。序說會意曰。信武是也。人言則無不信者。故从人言。息晉切。十二部。古多以爲屈伸之伸。𠆣古文信省也。言必由衷之意。訦燕代東齊謂信訦也。方言。允訦悀展諒穆信也。燕代東齊曰訦。从言。冘聲。是吟切。古音在八部。誠信也。从言。成聲。氏征切。十一部。誡敕也。攴部曰。敕、誡也。从言。戒聲。古拜切。古音在一部。誋誡也。淮南繆稱注曰。誋、誡也。从言。忌聲。渠記切。一部。誥告也。見釋詁。按以言告人。古用此字。今則用告字。以此誥爲上告下之字。又秦造詔字。惟天子獨稱之。文選注卌五引獨斷曰。詔猶告也。三代無其文。秦漢有

三篇上　十三

也。據此可證秦已前無詔字。至倉頡篇乃有幼子承詔之語。故許書不錄詔字。鉉補之非也。从言。告聲。古到切。古音在三部。𧦧古文誥。按此从言肘聲。是古音在三部之證。誓約束也。周禮五戒。一曰誓。用之於軍旅。按凡自表不食言之辭皆曰誓。亦約束之意也。从言。折聲。時制切。十五部。譣問也。按言部譣驗也。竹部籤驗也。驗在馬部爲馬名。然則云徵驗者。於六書爲假借。莫詳其正字。今按譣其正字也。譣訓問。謂按問與試驗應驗義近。驗切魚窆。譣切息廉。二音迥異。匙識其關竅矣。从言。僉聲。息廉切。七部。周書曰。勿以譣人。立政文。按此偁周書說假借也。立政。勿用譣人。其惟吉士。此譣正憸之假借。心部曰。憸、詖也。憸利於上佞人也。依今音訓問則魚窆切。譣人則息廉切。詁訓故言也。故言者、舊言也。十口所識前言也。訓者、說教也。訓故言者、說釋故言以教人。是之謂詁。分之則如爾雅析故訓言爲三。三而實一也。漢人傳注多偁故者。故卽詁也。毛詩云故訓傳者。故訓猶故言也。謂取故言爲傳也。取故

詁　譣　誓

言爲傳。是亦詁也。賈誼爲左氏傳訓故。訓故者、順釋其故言也。从言。古聲。公戸切。五部。詩曰詁訓。此句或謂即大雅古訓是式。或謂即毛公詁訓傳。皆非是。按釋文於抑告之話言下云。戸快反。說文作詁。則此四字當爲詩曰告之詁言六字無疑。毛傳曰。詁言、古之善言也。以古釋詁。正同許以故釋詁。陸氏所見說文未誤也。自有淺人見詩無告之詁言。因改爲詩曰詁訓。不成語耳。

譪　臣盡力之美。釋訓曰。譪譪萋萋、臣盡力也。大雅毛傳曰。譪譪猶濟濟也。濟濟、多威儀也。詩曰。譪譪王多吉士。卷阿文。从言。葛聲。於害切。十五部。

諫　鋪旋促也。未聞。疑有誤字。廣雅。諫、促也。集韵。手鑑云。飾也。从言。柬聲。桑谷切。三部。

諝　知也。周禮、詩皆假胥爲之。天官胥十有二人注。胥讀爲諝。謂其有才知爲什長。秋官象胥注。胥其有才知者也。小雅君子樂胥箋云。胥有才知之名也。周易假須爲之。鄭云。須有才知之稱。天文有須女。屈原之姊名女須。按荀爽一名諝。从言。胥聲。私呂切。五部。

証　諫也。呂覽士尉以証靜郭君。高曰。証、諫也。今俗以証爲證驗字。遂改呂覽之証爲證。从言。正聲。讀若正月。之盛切。十一部。按古音凡正皆讀如征。獨言正月者、隨舉之耳。

諫　証也。从言。柬聲。古晏切。十四部。

諗　深諫也。諗深疊韵。深諫者、言人之所不能言也。小雅是用作歌。將母來諗。箋云。諗、告也。以養父母之志來告於君。左傳昔辛伯諗周桓公。此皆於深諫義近。毛曰。諗、念也。此則謂諗爲念之同音假借。从言。念聲。式荏切。七部。春秋傳曰。辛伯諗周桓公。左傳閔二年文。桓十八年諗作諫。

課　試也。廣韵。第也。稅也。皆課試引伸之義。从言。果聲。苦臥切。十七部。

試　用也。从言。式聲。式吏切。一部。虞書曰。明試以功。堯典、皋陶謨兩見。偁堯典則虞書。當爲唐書。

諴　和也。和當作龢。某氏注尚書同。从言。咸聲。胡毚切。七部。周書曰。不能諴于小民。洛誥文。不。今各本作丕。宋本說文、宋本集韵皆作不。詩書丕多通不也。能、鉉有鍇無。

䚻　徒歌。釋樂曰。徒歌曰謠。魏風毛傳曰。曲合樂曰歌。徒歌曰謠。又大雅傳曰。歌者比於琴瑟也。徒歌曰謠。徒擊鼓曰咢。今本或妄刪之。从言。肉聲。各本無聲字。缶部䍃从缶肉聲。然則此亦當曰肉聲無疑。肉聲則在弟三部。故䚻卽由字。音轉入弟二部。故䍃瑤繇傜皆讀如遙。䚻謠古今字也。謠行而䚻廢矣。凡經傳多經改竄。僅有存者。如漢五行志。女童䚻曰。檿弧其服。余招切。二部。篇韵皆曰。䚻、與周切。從也。此古音古義。

詮　具也。淮南書有詮言訓。高注曰。詮、就也。就萬物之指以言其徵事之所謂道之所依也。故曰詮言。欠部欭下曰。詮詞也。然則許意謂詮解。从言。全聲。此緣切。十四部。

訢　喜也。从言。斤聲。許斤切。十三部。按此與欠部欣音義皆同。萬石君傳。僮僕訢訢如也。晉灼引許愼曰。訢、古欣字。葢灼所據說文訢在欠部欣下。云古文欣從言。

說　說釋也。說釋卽悅懌。說悅、釋懌皆古今字。許書無悅懌二字也。說釋者、開解之意。故爲喜悅。采部曰。釋、解也。从言。兌聲。儿部曰。兌、說也。本周易。此從言兌會意。兌亦聲。弋雪切。十五部。一曰談說。

此本無二義二音。疑後增此四字。別音爲失爇切。

計　會也。筭也。會、合也。筭當作算。數也。舊書多假筭爲算。从言。十。會意。古詣切。十五部。

諧　詥也。此與龠部龤異用。龤專謂樂和。从言。皆聲。戸皆切。十五部。

詥　諧也。詥之言合也。从言。合聲。候閤切。七部。

調　龢也。龢各本作和。今正。龠部曰。龢、調也。與此互訓。和本係唱和字。故許云相應也。今則槩用和而龢廢矣。从言。周聲。徒遼切。古音葢在三部。

話　會合善言也。語會疊韵。大雅。愼爾出話。毛曰。話、善言也。从言。𠯑聲。胡快切。十五部。傳曰。告之話言。此當作春秋傳曰。箸之話言。見文六年左氏傳。淺人但知抑詩。故改之。刪春秋字。妄擬詩可稱傳也。抑詩作告之話言。於話下稱之。又妄改爲詩曰詁訓。

譮　籒文話。从言會。𠯑會同在十五部。故檜亦作栝。

諈　諈諉、絫也。絫、累正俗字。今人槩作累。而絫廢矣。見釋言。孫炎曰。楚人曰諈。齊人曰諉。郭璞曰。以事相屬累爲諈諉。从言。垂聲。竹寘切。音在十六十七部閒。諉 諈諉也。舊作絫也。今依全書通例正。从言委聲。女恚切。音在十六十七部閒。警 言之戒也。廾部曰。戒警也。小雅徒御不警。毛曰。不警警也。大雅以敬爲之。常武既敬既戒。箋云。敬之言警也。亦作儆。从言敬。敬亦聲。己皿切。十一部。謐 靜語也。今文尚書維刑之謐哉。周頌。誐以謐我。釋詁曰。謐。靜也。按周頌謐亦作溢。亦作恤。堯典謐亦作恤。釋詁。溢愼也。溢愼謐靜也。恤與謐同部。溢葢恤之譌。體愼靜二義相成。許云靜語者。爲其從言也。从言盜聲。彌必切。十二部。一曰無聲也。今多用此義。謙 敬也。敬肅也。謙與敬義相成。从言兼聲。苦兼切。七部。謙或假嗛爲之。誼 人所宜也。周禮肆師注。故書儀爲義。鄭司農云。義讀爲儀。古者書儀但爲義。今時所謂義爲誼。按此則誼義古今字。周時作誼。漢時作義。皆今之仁義字也。其威儀字。則周時作義。漢時作儀。凡讀經傳者。不可不知古今字。古今無定時。周爲古則漢爲今。漢爲古則晉宋爲今。隨時異用者謂之古今字。非如今人所言古文籀文爲古字。小篆隸書爲今字也。云誼者人所宜。則許謂誼爲仁義字。今俗分別爲恩誼字。乃野說也。中庸云。仁者人也。義者宜也。是古訓也。从言宜宜亦聲也。儀寄切。古音在十六部。詡 大言也。禮器。德發揚。詡萬物。注。詡猶普也。按詡之本義爲大言。故訓爲普。則曰猶。凡古注言猶者。視此。詡之引伸之義爲大。故周弁殷吁夏收。白虎通吁作詡。鄭注禮云。吁名出於幠。幠覆也。義可相發明。从言羽聲。況羽切。五部。諓 善言也。善上當有諓諓二字。古文秦誓戩戩善諞言。諞字下引之。今文秦誓戔戔。戈部戔字下引之。釋云。巧言也。戔戔。公羊傳作諓諓。云惟諓諓善竫言。劉向九歎。漢書李尋傳亦皆作諓諓。王逸注楚辭引尚書諓諓靖言。正皆今文尚書也。諸家作諓。許作戔者。同一今文而有異本。如同一古文而馬作偏。許作諞。不同也。戔下既引戔戔矣。而諓下又云善言者。此又用王逸所據諓諓靖言之本也。善言釋靖言。何休曰。靖猶撰也。撰同譔。譔言。善言也。廣雅釋訓曰。諓諓。善也。賈逵外傳注曰。諓諓。巧言也。韋昭注曰。諓諓。巧辨之言。然則此善言。謂善爲

言辭者。不同語下之善言也。从言戔聲。慈衍切。十四部。一曰謔也。別一義。誐 嘉善也。誐嘉疊韵。壴部嘉美也。从言我聲。五何切。十七部。詩曰。誐以謐我。周頌文。謐鉉本作溢。此用毛詩改竄也。廣韵引說文作謐。按毛詩假以溢我。傳曰。假嘉。溢愼。與誐謐字異義同。許所偁葢三家詩。誐謐皆本義。假溢皆假借也。然謐溢並見釋詁。可知周時已有此二本之殊矣。若左氏作何以恤我。何者誐之聲誤。恤與謐同部。堯典惟刑之謐哉。古文亦作恤。詷 共也。从言同聲。徒紅切。九部。周書曰。在后之詷。顧命文。某氏尚書作在後之侗。釋文曰。馬本作詷。共也。許葢用馬說。祭統。鋪筵設同几。注。詷之言同也。祭者以其妃配之。亦不特几也。按此經注本如是。假令經本作同几。又何煩以詷釋之哉。鄭必云之言者。鄭意詷本不訓同。於其疊韵訓爲同。非若馬許徑云共也。引書後作后者。儀禮注引孝經說云。后者後也。此依韵會用鍇本。一曰譀也。通俗文。言過謂之謏詷。讕痛徒痛二切。按言過者。言之太過也。與譀訓合。廣韵作言急。恐誤。設 施陳也。設施雙聲。㫃部曰。施旗旖施也。有布列之義。自部曰。敶列也。然則凡言陳設者。敶之假借字。陳行而敶廢矣。从言殳。會意。言殳者。以言使人也。凡設施必使人爲之。識列切。十五部。使人也。殳者。可運旋之物。故使人取意於殳。般字下曰。殳所以旋也。護 救視也。尚書中候握河紀。堯受河圖。伯禹進迎舜。契陪位。稷辨護。注云。辨護者供時用。相禮儀。周禮注亦云。辨護。蕭何世家。數以吏事護高祖。从言蒦聲。胡故切。五部。譞 譞。此複舉字之未刪者。慧也。與人部儇音義皆同。从言瞏聲。許緣切。十四部。誧 大也。廣雅同。从言甫聲。博孤切。五部。一曰人相助也。廣韵曰。誧諫也。讀若逋。諰 思之意。廣韵曰。言且思之。疑古本作言且思之意也。方言而又思之。故其字從言思。意者。言下意內言外之意也。荀卿曰。諰諰然常恐天下之一合而軋己也。漢書諰作鰓。蘇林曰。讀如愼而無禮則葸之葸。鰓懼皃也。按又作[illegible]。又作偲。皆訓懼。與思訓義近。从言思。會意。

託 記 譽 譒 謝 謳 詠 諍 評 謼 訖 諺

思亦聲。思亦二字今補。胥里切。一部。託 寄也。與人部侂音義皆同。从言乇聲。他各切。五部。記 疋也。疋各本作疏。今正。疋部曰。一曰疋記也。此疋記二字轉注也。疋今字作疏。謂分疏而識之也。廣雅曰。註紀疏記學栞志識也。按晉唐人作註記字。註從言不從水。不與傳注字同。从言己聲。居吏切。一部。譽 稱也。稱當作偁。偁轉寫失之也。偁、舉也。譽、偁美也。从言與聲。羊茹切。五部。譒 敷也。手部播一曰布也。此與音義同。从言番聲。補過切。十七部。番聲本在十四部。商書曰。王譒告之。般庚上篇文。今尚書作播。謝 辭去也。辭、不受也。曲禮。大夫七十而致事。若不得謝。則必賜之几杖。此謝之本義也。引伸爲凡去之偁。又爲衰退之偁。俗謂拜賜曰謝。从言䠶聲。辭夜切。古音在五部。按經典無榭字。祇作謝。釋宮。無室曰榭。轉寫俗字也。木部不錄。謳 齊歌也。師古注高帝紀曰。謳、齊歌也。謂齊聲而歌。或曰齊地之歌。按假令許意齊聲而歌。則當曰衆歌。不曰齊歌也。李善注吳都賦引曹植妾薄相行曰。齊謳楚舞紛紛。太平御覽引古樂志曰。齊歌曰謳。吳歌曰歈。楚歌曰豔。淫歌曰哇。若楚辭吳歈蔡謳。孟子河西善謳。則不限於齊也。从言區聲。烏侯切。四部。詠 歌也。堯典曰。歌永言。樂記曰。歌之爲言也。長言之也。說之故言之。言之不足。故長言之。从言永聲。爲命切。古音在十部。咏 詠或从口。諍 止也。經傳通作爭。从言爭聲。側迸切。十一部。評 召也。口部曰。召、評也。後人以呼代之。呼行而評廢矣。从言乎聲。荒烏切。五部。謼 評也。依韵會訂。此與口部嘑異義而通用。大雅。崔本。式號式謼。从言虖聲。荒故切。五部。訖 止也。見釋詁。穀梁傳。毋訖糴。范曰。訖、止也。按孟子謂之遏糴。从言气聲。居迄切。十五部。諺 傳言也。諺、傳疊韵。傳言者、古語也。古字從十口。識前言。凡經傳所偁之諺。無非前代故訓。而宋人作注。乃以俗語俗論當之。誤矣。玄應引此下有謂傳世常言也。蓋庾儼默注。从言彥聲。魚變切。十四部。按此與尚書乃逸乃

訝 詣 講 謄 訒 訥 謯 ⿱伿言 謷 譊 謍

喭。論語。由也喭。皆訓吸喭者各字。衛包改尚書之喭爲諺。大誤。訝 相迎也。周禮曰。諸侯有卿訝也。秋官掌訝職文。惟周禮作訝。他經皆作御。如詩百兩御之。毛曰。御、迎也。以御田祖。箋云。御、迎也。書予御續乃命于天。弗御克奔以役西土。御衛不迷。某氏皆訓迎。故衛包遂皆改爲迓。士昏禮。媵御。曲禮。大夫士必自御之。穀梁傳。跛者御跛者。眇者御眇者。列子。遇駭鹿御而擊之。皆訓迎。則皆訝之同音假借。从言。迎必有言。故從言。牙聲。吾駕切。古音在五部。此下鉉增迓字。云訝或從辵。爲十九文之一。按迓俗字。出於許後。衛包無識。用以改經。不必增也。詣 候至也。候至者。節候所至也。致下云送詣也。凡謹畏精微深造以道而至曰詣。關中記。建章宮有馺娑駘盪枍詣承光四殿。西京西都賦皆作枍詣。俗作栺誤。从言旨聲。五計切。十五部。講 和解也。和當作龢。不合者調龢之。紛紏者解釋之。是曰講。易曰。君子以朋友講習。史記虞卿甘茂二傳。漢書項羽傳皆假媾爲講。古音同也。从言冓聲。古項切。古音在四部。謄 迻書也。今人猶謂謄寫。从言朕聲。徒登切。六部。訒 頓也。訒頓疊韵。頓之言鈍也。从言。刃聲。而振切。十三部。論語曰。其言也訒。顏淵篇文。訥 言難也。與訒義同。與㕯音義皆同。論語。君子欲訥於言而敏於行。苞曰。訥、遲鈍也。从言內。內亦聲也。內骨切。十五部。謯 謯娽也。廣雅曰。謯、諑也。篇韵皆曰。謯、諑也。諑、謯也。按許書有娽無諑。故仍之。其義則未聞。謯娽當是古語。許當是三字句。从言虘聲。側加切。廣韵子邪切。古音在五部。⿱伿言 待也。小徐曰。此與俟字義相通。从言伿聲。讀若饕。胡禮切。古音在十六部。謷 痛嘑也。嘑作呼。誤。謷與嗷義略同。痛嘑若顏氏家訓所云。北人呼羽罪反之音。南人呼于來反之音也。从言敖聲。古弔切。二部。譊 恚嘑也。从言堯聲。女交切。二部。謍 小聲也。小上當奪謍謍二字。謍謍、小聲也。从言熒省聲。余傾切。十一部。詩曰。謍謍青蠅。小雅文。毛詩作營營。傳曰。營營、往來皃。許

諎　諛　讇　諼

所偁葢三家詩也。諎大聲也。爾雅。行扈唶唶。釋文曰。唶、說文云借字也。一云大聲也。按說文人部無借字。據陸則此大聲也之上今奪五字。但借字也三字語不完。且陸不分疏云唶說文作諎。今未敢輒補。要陸所據爲善本。許書叚下曰借也。耤下曰古者使民如借。序目曰六曰假借。人部未必無借字。而諎唶可以爲借字。固非無徵矣。借、資昔、資夜二切。孔沖遠曰。假借字在取者則假讀上聲。借讀入聲。在與者則皆讀去聲。聲類曰。嚄、大笑。唶、大呼。考工記。侈則柞。注。柞讀爲咋咋然之咋。聲大外也。按咋咋、諎諎同。皆大聲。从言。昔聲。讀若笮。莊革切。古音在五部。唶諎或从口。諛讇也。諛者所以爲讇。故渾言之。从言。臾聲。羊朱切。四部。讇諛也。讇者未有不諛。从言。閻聲。丑劒切。八部。諂讇或从臽。諼詐也。公羊傳。此伐楚也。其言救江何。爲諼也。何曰。諼、詐也。息夫躬傳。虛造詐諼之策。按師古注云。諼、詐辭也。辭當是譌。此葢小顏所據說文作詐譌也。淺人刪譌耳。衛風。終不可諼兮。傳曰。諼、忘也。此諼葢藼

謷　訹　詑

之假借。藼本令人忘憂之艸。引伸之凡忘皆曰藼。伯兮詩作諼艸。淇奧詩作不可諼。皆假借也。許偁安得藼艸。葢三家詩也。从言。爰聲。況袁切。十四部。謷不省人言也。省、各本作肖。今正。言字依韵會補。詩板。我卽爾謀。聽我囂囂。傳曰。囂囂猶謷謷也。箋云。女聽我言謷謷然不肎受。玉篇謷字下引廣雅。不入人語也。聱卽謷之俗。廣韵六豪曰。謷、不省人也。奪言字。五肴曰。謷、不肖也。則依誤本說文而又少二字。東方朔傳。聱謷謷。亦正謂其不省人言耳。此條得諸鈕非石。又按釋訓曰。囂囂、傲也。囂囂卽謷謷之叚借。从言。敖聲。五牢切。二部。一曰哭不止、悲聲謷謷。此亦用朔傳爲說。一說聲謷謷者、詆其不勝痛呼謈也。當許時朔傳已有二解矣。訹誘也。按晉語。里克、丕鄭告公子重耳曰。子盍入乎。吾請爲子鉥。此假鉥爲訹也。服鳥賦。怵迫之徒兮。或趨西東。孟康曰。怵、爲利所誘怵然。此假怵爲訹也。从言。术聲。思律切。十五部。詑沇州謂欺曰詑。此不見於方言。方言。秦謂之謾。郭云。言謾詑。詑音大和切。按戰國策曰寡

謾　譇　詐　謺　謰　謱　詒

人正不喜詑者言也。从言。它聲。託何切。十七部。謾欺也。宣帝詔。欺謾。季布傳。面謾。韋注漢書云。謾、相抵讕也。从言。曼聲。母官切。十四部。譇譇拏、逗。疊韵字。羞窮也。方言。嘮哰、謰謱、拏也。拏、楊州會稽之語也。或謂之惹。或謂之謰。郭曰。拏、謂譇拏也。奴加反。按譇拏出此。羞窮者、謂羞澀辭窮而支離牽引。是曰譇拏。从言。奢聲。陟加切。古音在五部。詐慙語也。與心部怍音同義近。論語。其言之不怍。則爲之也難。當作此詐。从言。作聲。鉏駕切。古音在五部。按玉篇云。慙語也。疑左傳定八年桓子咋謂林楚。杜云。咋、暫也。當作詐字。謺謺讘也。謺讘當是疊韵雙字。但不類列。而讘在後讘字下。葢後人亂之。从言。執聲。之涉切。七部。謰謰謱也。方言。嘮哰、謰謱、拏也。東齊周晉之鄙曰嘮哰。嘮哰亦通語也。南楚曰謰謱。或謂之支註。或謂之詀謕。按譇拏、謰謱皆雙聲。从言。連聲。力延切。十四部。謱謰謱也。从言。婁聲。洛侯切。四部。詒相欺詒也。金縢。公乃爲詩以詒

謲　誑　譺　⿰言⿱䀠大　訕

王。名之曰鴟鴞。鄭曰。詒、說也。周公恐其屬黨將死。恐其刑濫。又破其家。而不敢正言。故作鴟鴞之詩以詒王。按尚書字本作詒。鄭注說當讀輸芮切。正義改爲怡悅字。誤矣。周公善辭以誘王。故史臣目之曰詒。此鄭意也。穀梁傳曰。夫請者、非可詒託而往也。必親之者也。注。詒託、猶假寄。列子。狎侮欺詒。郭注方言云。汝南人呼欺亦曰詒。音殆。史漢多假紿爲之。一曰遺也。釋言、毛傳皆曰。詒、遺也。俗多假貽爲之。从言。台聲。與之切。按今音前義徒亥切。一部。謲相怒使也。从言。參聲。倉南切。七部。玉篇千紺切。誑欺也。从言。狂聲。居況切。十部。譺騃也。騃、馬行仡仡也。此騃之本義也。方言。癡、騃也。騃吾駭反。此騃之別義也。廣雅。譺、調也。謂相啁調也。謂相啁調。通俗文。大調曰譺。按大相啁調者如癡騃然也。从言。疑聲。五介切。古音在一部。⿰言⿱䀠大相誤也。⿰言⿱䀠大誤葢同詿誤。从言。⿱䀠大聲。古罵切。按䀠部作⿱䀠大。⿱䀠大舉朱切。不得⿱䀠大聲。讀古罵切。訕謗也。論語。惡居下而訕上者。訕與女部姍、誹也音義同。从言。山

譏　誣　誹　謗　譸

聲。所晏切。十四部。譏，誹也。譏誹疊韵。譏之言微也。以微言相摩切也。引伸爲關市譏而不征之譏。从言。幾聲。居衣切。十五部。誣，加也。玄應五引皆作加言。加言者架言也。古無架字。以加爲之。淮南時則訓鵲加巢。加巢者架巢也。毛詩箋曰。鵲之作巢。冬至加之。劉昌宗加音架。李善引呂氏春秋注曰。結交也。構架也。云加言者。謂憑空構架。聽者所當審愼也。按力部曰。加、語相增加也。从力口。然則加與誣同義互訓。可不增言字。加與誣皆兼毁譽言之。毁譽不以實皆曰誣也。方言。誣、淹與也。吳越曰誣。荆楚曰淹。與猶齊晉言阿與。表記受祿不誣。注曰。於事不信曰誣。从言。巫聲。武扶切。五部。誹，謗也。誹之言非也。言非其實。从言。非聲。敷尾切。十五部。謗，毁也。謗之言旁也。旁、溥也。大言之過其實。論語。子貢方人。假方爲謗。从言。旁聲。補浪切。十部。譸，詶也。按詶詛也。則譸亦詛也。从言。壽聲。讀若醻。張流切。三部。周書曰。無或譸張爲幻。無逸文。釋訓曰。侜張、誑也。毛詩作侜張。他

詶　詛　[言由]　誃

書或作侏張。或作輈張。皆本無正字。以雙聲爲形容語。此偁譸張訓誑。不訓詶。是亦假借之理也。詶，詛也。玉篇云。說文職又切。詛也。玄應六引曰。祝今作呪。說文作詶。詛也。之授切。今各本作譸也。乃因俗用詶爲酬應字、市流切。不欲釋以詛。遂改之耳。詶訓以言荅之。而詶詛作呪。此古今之變也。若經典則通用祝。不用詶。左傳雖其善祝。豈能勝億兆人之詛。此祝詛分言也。大雅。侯作侯祝。傳云。作祝、詛也。此祝讀呪。祝詛不分也。从言。州聲。三部。詛，詶也。从言。且聲。莊助切。五部。[言由]，詶也。祝褔字亦作袖。蓋與[言由]一字也。从言。由聲。直又切。三部。誃，離別也。釋言曰。斯誃離也。郭云。誃見詩。今毛詩未見誃字。疑析薪扡矣、容有作誃者。別兵列切。从言。多聲。尺氏切。古音在十七部。讀若論語跢予之足。泰伯篇云。啓予足。啓予手。鄭云。啓、開也。跢當是啓誤。或曰當作哆。予之足。哆猶開也。周景王作洛陽誃臺。東京賦曰。於南則誃門曲榭。薛曰。誃門、冰室門也。水經注穀水篇曰。洛陽諸宮名曰南宮。

誖　䜌　誤　詿

有誃臺、臨照臺。東京賦誃門即宣陽門也。門內有宣陽冰室。按誃臺蓋謂誃門之臺也。誃者誃之或體。李善直移反。周景王作大錢大鐘。則其作誃臺也。亦侈大之意。釋宮。連謂之簃。郭云。堂樓閣邊小屋。今呼之簃廚連觀也。鉉竹部新附有簃字。按陸雲與兄書曰。曹公所爲屋。坼其誃堂。不可壞。直以斧斫之。其字亦作誃。爾雅之簃蓋亦誃之異體。誖，亂也。从言。孛聲。蒲沒切。十五部。悖，誖或从心。𧦝，籒文誖。从二或。兩國相違。舉戈相向。亂之意也。角部觿以爲聲。䜌，亂也。一曰治也。與爪部𤔔、乙部亂音義皆同。一曰不絕也。別一義。从言絲。治絲易棼。絲亦不絕。故从絲。會意。呂員切。十四部。宋景公之名。左傳作欒。古今人表作兜欒。宋世家作頭曼。趙宋祕閣有宋公䜌餗鼎。與竹書宋景公䜌合。𢀩，古文䜌。誤，謬也。按謬當作繆。古繆誤字從糸。如綢繆相戾也。大傳五者一物紕繆是。謬訓狂者妄言。與誤義隔。从言。吳聲。五故切。五部。詿，誤也。詿謂有所挂牽而然也。史記吳

誒　譆　詯　謧　詍

王濞傳。詿亂天下。漢書景帝詔曰。吳王濞爲逆。詿誤吏民。从言。圭聲。古賣切。十六部。誒，可惡之詞。詞各本作辭。誤。今正。詞者。意內而言外也。韋孟詩。勤唉厥生。漢書唉作誒。師古曰。誒、歎聲。項羽本紀索隱曰。唉、歎恨發聲之詞。皆與許此義合。从言。矣聲。許其切。一部。一曰誒、逗。然。下當有也。方言。欸、醫、然也。南楚凡言然者曰欸。或曰醫。口部曰。唉、譍也。廣雅。欸、醫、然譍也。是則誒與欸唉音義皆同。通用也。春秋傳曰。誒誒出出。襄三十年文。此證前一義也。今傳作譆譆。譆，痛也。當作痛聲。左傳。或叫于宋大廟曰。譆譆出出。鳥鳴于亳社。如曰譆譆。甲午宋大災。按譆與熹同音。故云痛聲。从言。喜聲。火衣切。按火衣廣韵作許其。爲是。一部。詯，膽气滿。聲在人上。从言。自聲。蓋郎元曲所用咱字。讀若反目相睞。荒內切。十五部。謧，謧詍、逗。多言也。玉篇云。欺謾之言。廣韵云。弄言。从言。离聲。呂之切。按廣韵之作支。爲是。古音在十七部。詍，多言也。

與口部呭音義皆同。从言世聲。余制切。十五部。詩曰無然詍詍。口部偁詩作呭呭。此作詍詍。蓋四家之別也。訾訾訾、逗。二字今補。不思稱意也。釋訓云。翕翕訿訿、莫供職也。毛傳云。潝潝然患其上、訿訿然不思稱其上。不思稱其上者、謂不思報稱其上之恩也。大雅傳云。訿訿窳不供事也。二傳辭異義同。意者、意內言外之意。按禮記少儀注。訾、思也。凡二見。此別一義。从言此聲。將此切。十五十六部。按呰毀字古作呰。與訾別。後人混用。詩曰。翕翕訿訿。小雅文。詢往來言也。一曰小兒未能正言也。一曰祝也。从言匋聲。大牢切。古音在三部。詢或从包。匋聲包聲同在三部。詽詽詽、逗。多語也。从言冄聲。汝閻切。七部。樂浪有詽邯縣。地理志、郡國志同。孟康音男。⿰言遝⿰言遝誻、逗。語相及也。此依玉篇訂。隶、及也。眔、目相及也。然則此從遝訓語相及無疑。从言遝聲。此形聲包會意。他合

切。八部。誻⿰言遝誻也。與曰部沓字音義皆同。荀卿書。愚者之言。誻誻然而沸。注。誻誻、多言也。从言沓聲。徒合切。八部。訮諍語訮訮也。劉祥言事。蒙遜曰。汝聞劉裕入關。敢研研然也。斬之。魏書作妍妍。皆訮訮之同音也。匡謬正俗所謂殿研郎此。从言幵聲。呼堅切。十二部。讗言壯皃。一曰數相怒也。从言雟聲。讀若畫。呼麥切。十六部。訇駭言聲。駭各本作騃。依韵會訂。此本義也。引伸爲匉訇大聲。从言。勻省聲。虎橫切。古音在十二部。變爲圁字。則西河郡圁陰、圁陽皆音銀是也。西京賦。沸卉軿訇。與鶤溫門論韵。則入十三部。今入耕韵。非也。漢中西城有訇鄉。城俗本作域。誤。又讀若玄。謂讀若勻矣。其訇鄉則又讀若玄也。訇籒文不省。諞便巧言也。諞便疊韵。从言扁聲。部田切。十二部。周書曰。𢧵𢧵善諞言。古文尚書秦誓文。論語曰。友諞佞。季氏篇文。今作便。⿱頻言匹也。於疊

韵釋之。从言頻聲。符眞切。十二部。⿰言口扣也。扣叩古今字。說文有敂無叩。此扣當作敂。如求婦先⿰言口叕之。此蓋古語。論語。我叩其兩端而竭焉。孔曰。我則發事之始終以語之。公羊傳。吾爲子口隱矣。何曰。口猶口語發動也。按猶口當作猶叩。句絕。从言口。會意。口者、叩也。口亦聲。苦后切。四部。說說言相說司也。說司猶刺探。說之言葸也。司之言伺也。从言兒聲。女家切。古音在十六部。誂相評誘也。戰國策。楚人有兩妻。人誂其長者。長者詈之。誂其少者。少者許之。史記吳王濞傳。使中大夫應高誂膠西王。按後人多用挑字。从言兆聲。徒了切。二部。譄加也。加下曰。語相譄加也。按譄、加、誣三字互訓。从言曾聲。作滕切。六部。詄忘也。廣雅。誤也。从言失聲。徒結切。十二部。諅忌也。廣韵七之曰。謀也。七志曰。志也。从言其聲。渠記切。一部。周書曰。上不諅于凶德。多方文。上今書作爾尚二字。諅今書作忌。按宋本說文、篇、韵皆

作上不諅于凶德。譀誕也。東觀漢記曰。雖誇譀猶令人熱。按誕也當作誇也。譀與誇互訓。从言敢聲。下闞切。八部。譀俗譀从忘。誇譀也。从言夸聲。苦瓜切。古音在五部。誕詞誕也。此三字蓋有誤。釋詁、毛傳皆云。誕、大也。从言延聲。徒旱切。十四部。⿰言叚籒文誕省正。譪譀也。从言萬聲。莫話切。十五部。謔戲也。从言虐聲。虛約切。古音在二部。詩曰。善戲謔兮。衛風文。詪很戾也。廣韵。難語皃。从言皀聲。乎懇切。十三部。訌讃也。大雅召旻傳曰。訌、潰也。抑傳曰。虹、潰也。虹者訌之假借字。釋言。虹、潰也。亦作訌。郭云。謂潰敗。按許作讃者、許以讃與潰同也。詩。彼童而角。實虹小子。天降罪罟。蟊賊內訌。皆謂禍由中出。與中止之義合。从言工聲。戶工切。九部。詩曰。蟊賊內訌。讃中止也。中止者自中而止。猶云內亂。魏都賦李注引說文。讃列中止也。此依賦文

譏 謁 䜃 譟 訆 諕

衎列字。賦云。齊被練而銛戈。襲偏裻以讀列。非中止之訓也。**从言貴聲。**胡對切。十五部。**司馬法曰。師多則民讀。**民各本作人。今依廣韵所引。**讀止也。**此以止與中止義別也。凡偁經傳而又釋其義者。皆必其義與字本義不同。如壐讒說曰圍、蒖席皆是。**譏聲也。**廣韵。衆聲。**从言歲聲。**呼會切。十五部。**詩曰。有譏其聲。**毛詩雲漢。有嘒其星。毛曰。嘒、衆星皃。此有譏其聲。葢三家詩也。如史所云赤氣亙天、砰隱有聲是也。或曰。聲當是星之誤。有譏其星。如天官書天鼓有音、天狗有聲之類也。**謁疾言也。从言咼聲。**呼卦切。古音在十七部。**䜃譟也。从言魋聲。**杜回切。十五部。按許書無魋字。大徐據此補入鬼部。**譟擾也。**手部曰。擾、煩也。**从言喿聲。**穌到切。二部。**訆大嘑也。**與吅部嘂、口部叫音義皆同。**从言丩聲。**古弔切。三部。**春秋傳曰。或訆于宋大廟。**襄三十年文。今傳作叫。**諕號也。从言虎。**此與号部號音義皆同。口部唬從口虎。亦讀若暠。凡嘑號之聲。虎爲取猛。故皆從虎會意。乎刀切。二部。

讙 譁 謣 譌 謬 詤 謈

讙譁也。从言雚聲。呼官切。十四部。**譁讙也。从言𠌶聲。**呼瓜切。古音在五部。**謣妄言也。从言雩聲。**羽俱切。五部。**謣或从荂。**玉篇云。同謣。**譌譌言也。**疑當作僞言也。唐風。人之爲言。定本作僞言。箋云。爲、人爲善言以稱薦之。欲使見進用也。小雅。民之訛言。箋云。訛、僞也。人以僞言相陷入。按僞譌古同通用。尚書南譌。周禮注、漢書皆作南僞。**从言爲聲。**五禾切。十七部。**詩曰。民之譌言。**今小雅作訛。說文無訛有吪。吪、動也。訛者俗字。**謬狂者之妄言也。**古差繆多用從糸之字。與此謬義別。**从言翏聲。**靡幼切。三部。**詤夢言也。**夕部曰。夢、不明也。呂覽。無由接而言見詤。高曰。詤讀爲誣妄之誣。按讀詤爲誣者。正如亡無通用、荒幠通用也。**从言㠩聲。**呼光切。十部。**謈大嘑自冤也。**冤各本作勉。今依廣韵正。東方朔傳。舍人不勝痛。呼謈。鄧展曰。謈音瓜瓟之瓟。按自冤者自稱已冤枉也。田蚡疾。一身盡痛。若有擊者。謼服謝罪。晉灼曰。服音瓟。關西俗謂得杖呼及小兒啼呼爲呼瓟。然則謈亦作服、作瓟也。朔傳呼字亦音髐。蚡傳謼字亦音火交反。皆與下一字疊韵。廣韵曰。嗃謈、犬呼也。是也。謈古音讀如匏。**从言暴省聲。**蒲角切。古音在二部。

訬 諆 譎

訬訬、此複舉字。刪之未盡者。**擾也。**手部曰。擾、煩也。今俗語云炒炃者當作此字。**一曰訬獪。**犬部。獪、狡獪也。漢書曰。江都輕訬。吳都賦曰。輕訬之客。高注淮南曰。訬、輕利急疾也。李善音眇。**从言少聲。**楚交切。二部。按此當爲前一義之音。**讀若毚。**此未詳。葢纔亦作纔之比。顧氏炎武曰。毚當作㲋。**諆欺也。**諆欺疊韵。小徐引漢書詆諆。然漢書自作詆欺也。**从言其聲。**去其切。一部。**譎權詐也。益梁曰。謬欺天下曰譎。**方言。膠、譎、詐也。涼州西南之閒曰膠。自關而東西或曰譎。或曰膠。詐、通語也。按廣雅及爾雅釋文引方言皆有謬字。此欺天下曰譎。不可通。當爲關東西曰譎。**从言矞聲。**古穴切。十五部。

詐 訏 䛩 讋 謵 ⿰言亞 ⿰言隋

詐欺也。从言乍聲。測駕切。古五部。**訏詭譌也。从言亏聲。**況于切。五部。**一曰訏䛩。**今字作吁嗟。此別一義。**齊楚謂信曰訏。**按信當作大。釋詁。訏、大也。方言。訏、大也。中齊西楚之閒曰訏。許語本楊。**䛩嗞也。**口部曰。嗞、䛩也。此云䛩、嗞也。是爲異部互訓。各本改作咨者。淺人爲之耳。謀事曰咨。義不相涉。**从言差聲。**子邪切。古音在十七部。**一曰痛惜。**此與嗞䛩義別。**讋失气言。**此與慴音義同。此从言。故釋之曰失气言。東都賦。陸讋水慄。**一曰言不止也。**言字各本無。依玉篇補。謂詍詍沓沓也。**从言。龖省聲。傅毅讀若慴。**之涉切。七部。**籀文讋不省。謵言謵讋也。**疑上文失气言之上當有謵讋二字。疊韵字也。**从言習聲。**秦入切。七部。**⿰言亞相毀也。从言亞聲。**宛古切。五部。**一曰畏⿰言亞。**此與惡惡之惡略同。**⿰言隋相毀也。从言隋聲。**雖遂切。古音在十七部。篇韵皆

三篇上 美

三篇上 毛

虚規切。

⿰言闒　⿰言闒嗑也。口部曰。嗑多言也。玉篇曰。謵⿰言盍多言也。謵⿰言盍即⿰言闒嗑。从言。闒聲。徒盍切。八部。

詾　訟也。訟各本譌說。今依篇韵及六書故所據唐本正。爾雅釋言、小雅魯頌傳箋皆云。詾訟也。按下文系之云訟爭也。說文之通例如是。从言。匈聲。許容切。九部。訩　或省。今詩如是作。𧧒　詾或从兇。

訟　爭也。公言之也。漢書呂后紀。未敢訟言誅之。鄧展曰。訟言。公言也。从言。公聲。此形聲包會意。似用切。九部。一曰歌訟。訟頌古今字。古作訟。後人假頌皃字爲之。𧦮　古文訟。从谷聲。

謓　恚也。今人用嗔。古用謓。从言。眞聲。昌眞切。十二部。賈侍中說謓笑。別一義。一曰讀若振。

讘　多言也。从言。聶聲。之涉切。七部。河東有狐讘縣。見地理志。按史漢表皆有瓡讘矦。徐廣小顏瓡皆音狐。考漢志北海有瓡縣。小顏云瓡即執字。疑瓡讘二字疊韵。瓡當從爪作瓡。執之或體。不音狐。漢志說文作狐讘皆譌字也。

訶　大言而怒也。从言。可聲。虎何切。十七部。

⿰言臣　訐也。訐或作許。誤。从言。臣聲。讀若指。臣聲而讀若指。十二十五部合音也。職雉切。

訐　面相斥罪告訐也。依韵會訂。論語。惡訐以爲直者。从言。干聲。居謁切。十五部。

訴　告也。从言。㡿聲。桑故切。五部。凡從㡿之字隸變爲斥。俗又譌斥。論語曰。訴子路於季孫。憲問篇文。⿰言朔　訴或从言朔。愬　訴或从朔心。今論語作此。

譖　愬也。論語譖愬析言之。此統言之。从言。朁聲。莊蔭切。七部。

讒　譖也。从言。毚聲。士咸切。八部。

譴　謫問也。从言。遣聲。去戰切。十四部。

謫　罰也。从言。啻聲。陟革切。十六部。

諯　數也。謂數責也。今音讀上聲。一曰相讓也。相責讓。二義亦略同耳。从言。耑聲。讀若專。尺絹切。十四部。

讓　相責讓。經傳多以爲謙攘字。从言。襄聲。人漾切。十部。

譙　嬈譊也。嬈擾戲弄也。譊恚呼也。方言。譙讓也。齊楚宋衛荆陳之閒曰譙。自關而西秦晉之閒凡言相責讓曰譙讓。从言。焦聲。讀若嚼。才肖切。二部。誚　古文譙。从肖。周書曰。亦未敢誚公。漢人作譙。壁中作誚。實一字也。金縢文。

誎　數諫也。謂數其失而諫之。凡譏刺字當用此。从言。朿聲。七賜切。十六部。

誶　讓也。釋詁毛傳皆云。誶告也。許云讓也。釋詁毛傳泛言之。許專言之也。从言。卒聲。雖遂切。十五部。國語曰。誶申胥。吳語文。韋曰。誶告讓也。今國語毛詩爾雅及他書誶皆譌訊。皆由轉寫形近而誤。

詰　問也。从言。吉聲。去吉切。十二部。

⿰言望　責望也。太玄。寇⿰言望其戶。范曰。⿰言望責也。按望之古文作𦣠。故⿰言望之古文亦作⿰言𦣠。从言。望聲。巫放切。十部。

詭　責也。漢書。況自詭滅賊。孔融表云。昔賈誼求試屬國。詭係單于。从言。危聲。過委切。十六部。今人爲詭詐字。

證　告也。从言。登聲。諸應切。六部。今人爲證驗字。

詘　詰詘也。二字雙聲。屈曲之意。一曰屈襞。此謂衣襞積。見衣部。从言。出聲。區勿切。十五部。誳　詘或从屈。

⿰言夗　尉也。尉各本作慰。而集韵類篇及葉石君抄本說文皆作尉。則知大徐本作尉也。火部曰。尉者從上案下也。⿰言夗訓尉。未得其證。攷毛詩凱風傳。慰安也。車舝傳曰。慰怨也。二傳不同。車舝傳一本作尉安也。陸氏德明從怨謂作安。乃馬融義。今按此毛詩及傳正當作尉。⿰言夗也。爲許所本。後人以易識之字易之耳。⿰言夗者。以善言案其心。如火申繒然。⿰言夗尉雙聲。从言。夗聲。於願切。十四部。

詗　知處告言之。史漢淮南傳。王愛陵多予金錢爲中詗長安。孟康曰。詗音偵。西方人以反閒爲偵。王使其女爲偵於中也。服虔亦云偵何之也。如淳曰。詗音朽政反。按說文無偵字。則從服孟說。詗即偵是也。从言。冋聲。朽正切。十一部。

讂　流言也。从言。夐聲。火縣切。十四部。

詆　訶也。鉉本苛也。一曰訶也。從言氐聲。鍇本苛也。從言氐聲。一曰訶。今按二本皆誤。漢人訶多假苛爲之。如周禮宮正比長

誰　諽　讕　診　䜭　訧　誅討　諳　讄

注荷皆呼何反。宋槧周禮及釋文可證。淺人改爲苛。此亦其比也。不得其說。乃訶荷竝存矣。今依韵會刪正。从言。氐聲。都禮切。十五部。

誰　誰何也。三字爲句。各本少誰字。誤刪之也。敦字下云一曰誰何也。可證。李善引有謂責問之也五字。葢注家語。六韜。令我壘上。誰何不絕。賈誼書。陳厲兵而誰何。史記衞綰傳。歲餘不誰何綰。漢書作不孰何。韋注國語。彃弩注矢以誰何。有單云誰者。如五行志。大誰卒。易林。無敢誰者。楊雄。箴閽樂矯搜戟者不誰。藉田賦。靡誰督而常勤。有單云何者。如廣雅。何。問也。賈誼傳。大譴大何。从言。隹聲。示隹切。十五部。

諽　飾也。作飾誤。諽與悈音義同。从言。革聲。讀若戒。古覈切。一部。一曰更也。諽與革音義同。

讕　抵讕也。抵各本作詆。誤。文三王傳。王陽病抵讕置辭。師古曰。抵。距也。讕。誣讕也。文帝紀韋注曰。謾抵讕也。按抵讕猶今俗語云抵賴也。从言。闌聲。洛干切。十四部。

譋　讕或从閒。

診　視也。倉公傳。診脈。視脈也。從言者。醫家先問而後切也。从言。㐱聲。直刃切。又之刃切。十二部。

䜭　悲聲也。斯析也。澌水索也。凡同聲多同義。鍇曰。今謂馬悲鳴爲嘶。从言。斯省聲。先稽切。十六部。按釋詁。鮮善也。釋文曰。本或作䜭。

訧　罪也。邶風毛傳。訧過也。亦作郵。釋言。郵。過也。亦作尤。孟子引詩畜君何尤。从言。尤聲。羽求切。古音在一部。周書曰。報以庶訧。呂刑文。

誅　討也。凡殺戮糾責皆是。从言。朱聲。陟輸切。四部。

討　治也。發其紛糾而治之曰討。秦風傳曰。蒙討羽也。箋云。蒙尨也。討襍也。畫襍羽之文於伐。故曰尨伐。據鄭所言。則討者亂也。治討曰討。猶治亂曰亂也。論語世叔討論之。馬曰。討治也。學記古之學者。比物醜類。醜或作討。凡言討論。探討。皆謂理其不齊者而齊之也。从言寸。寸。法也。或曰從肘省聲。他晧切。古音在三部。

諳　悉也。此與宷義同。音近。从言。音聲。烏含切。七部。玄應書卷廿一云。說文諳。於禁切。大聲也。豈所據本異與。

讄　禱也。絫功德以求福也。讄絫雙聲。按讄施於生者以求福。誄施於死者以作謚。論語之讄曰。字當從畾。毛傳曰。絫紀能誄。字當從耒。周禮六辭。鄭司農注二字已不分矣。論語云。讄曰。禱尒于上下神祇。述而篇文。从言。畾聲。按本書無畾字。靁從雨象形作此。凡曰從畾聲者。皆從靁省聲也。力軌切。十五部。

𧬘　讄或从纍。論語釋文。或云作𧬘。

謚　誄　諱　謑　詬　諜　該　譯

謚　行之迹也。周書謚法解。檀弓。樂記。表記注皆云。謚者。行之迹也。謚迹疊韵。从言。益聲。按各本作從言兮皿。闕。此後人妄改也。玄應書引說文。謚。行之迹也。從言益聲。五經文字曰。謚。說文也。諡。字林也。字林以謚爲笑聲。音呼益反。廣韵曰。諡。說文作謚。六書故曰。唐本說文無諡。但有謚。行之迹也。據此四者。說文從言益無疑矣。自呂忱改爲諡。唐宋之閒。又或改爲諡。遂有改說文而依字林羼入謚笑皃於部末者。然唐開成石經。宋一代書版皆作諡。不作謚。知徐鉉之書不能易天下是非之公也。近宗說文者。不能攷知說文之舊。如汲古閣刊經典。依宋作謚矣。而覆改爲諡。可歎也。今正諡爲謚。而刪部末之謚笑皃。學者可以撥雲霧而覩青天矣。神至切。古音在十六部。

誄　謚也。當云所以爲謚也。曾子問注曰。誄。絫也。絫列生時行迹。讀之以作謚。从言。耒聲。力軌切。十五部。

諱　忌也。鉉本諱。誋也。在誡誋二字之下。淺人妄移也。鍇本廁此。是矣。而忌作誋。仍誤。誋。誡也。忌。憎惡也。故諱與謚誄爲類。从言。韋聲。許貴切。十五部。

謑　謑詬。二字今補。逗。恥也。漢書賈誼傳。頑鈍亡恥。奊詬亡節。師古曰。奊詬。謂無志分也。从言。奚聲。胡禮切。十六部。奚聲圭聲同部。是以或作奊。或作謑也。

䛩　謑或从奊。

詬　謑詬也。依全書例訂。从言。后聲。呼寇切。四部。

訽　詬或从句。后句同部。

諜　軍中反閒也。釋言。閒。俔也。郭云。左傳謂之諜。今之細作也。按左傳諜輅之。諜告曰楚幕有烏。皆是。大史公書借爲牒札字。从言。枼聲。徒叶切。七部。

該　軍中約也。凡俗云當該者皆本此。从言。亥聲。古哀切。一部。讀若心中滿該。該同餩。飽息也。詳口部噫下。

譯　傳四夷之語者。依李善、徐堅訂。方言。譯。傳

三篇上

三篇上

說文解字注　三篇上　言部

訄　譶　誩　譱

也。王制曰。東方曰寄。南方曰象。西方曰狄鞮。北方曰譯。从言睪聲。羊昔切。古音在五部。訄迫也。廣雅同。从言九聲。讀又若丘。謂九聲則讀如鳩矣，而又讀如丘也。今俗謂逼迫人有所爲曰訄。音正同丘。廣韵巨鳩去鳩二切。三部。譶疾言也。从三言。讀若沓。文選琴賦。紛𧮪譶以流漫。注。𧮪譶、聲多也。徒合切。吴都賦。𧮪譶澩㵿。交貿相競。注引倉頡篇。譶言不止也。佇立切。大徐引唐韵徒合切。

文二百四十七　七宋本作五。小徐作六。於此可定謚字系後增。今刪謚。則二百四十六。

重三十二　毛本卅三。小徐本卅四。

誩競言也。从二言。渠慶切。古音在十部。讀如彊。凡誩之屬皆从誩。讀若競。

譱吉也。口部曰。吉、譱也。从誩羊。此與義美同意。我部曰。義與善同意。

三篇上　圭

競　讟　音　響

羊部曰。美與善同意。按羊、祥也。故此三字從羊。常衍切。十四部。善篆文从言。據此則譱爲古文可知矣。此亦上部之例。先古後篆也。譱字今惟見於周禮。他皆作善。競彊語也。競彊疊韵。彊語謂相爭。从誩二人。從二人二言也。渠慶切。古音在十部。讀如彊。一曰逐也。別一義。讟痛怨也。方言。讟、謗也。讟、痛也。二義相足。从誩賣聲。徒谷切。三部。春秋傳曰。民無怨讟。左傳昭元年曰。民無謗讟。八年曰。怨讟動於民。疑相涉而誤。

文四　重一

音聲生於心有節於外謂之音。十一字一句。各本聲下衍也字。樂記曰。聲成文謂之音。宮商角徵羽、聲也。宋本無也。絲竹金石匏土革木、音也。从言含一。有節之意也。於今切。七部。凡音之屬皆从音。響聲也。渾言之也。天文

韽　韶　章　竟

志曰。鄉之應聲。析言之也。鄉者假借字。按玉篇曰。響、應聲也。从音鄉聲。許兩切。十部。韽下徹聲。周禮典同曰。微聲韽。此葢賈侍中周官解故說。杜子春、鄭康成說各異。从音酓聲。恩甘切。古音在七部。韶虞舜樂也。樂記曰。韶、繼也。公羊疏引宋均注樂說云。簫之言肅。舜時民樂其肅敬而紹堯道。故謂之簫韶。按部字葢舜時始製。書曰。書上當有虞字。誤衍於上句。簫韶九成。鳳皇來儀。咎繇謨文。从音召聲。市招切。二部。或作招。周禮作磬。皆假借。章樂竟爲一章。歌所止曰章。从音十。會意。諸良切。十部。十、數之終也。說從十之意。竟樂曲盡爲竟。曲之所止也。引伸之凡事之所止、土地之所止皆曰竟。毛傳曰。疆、竟也。俗別製境字。非。从音儿。此猶章從音十。會意。儿在人下。猶十爲數終也。故竟不入儿部。居慶切。古音在十部。讀如彊。

文六

三篇上　圭

辛　童　妾

辛辠也。辠、犯法也。从干二。會意。二、古文上字。干上是犯法也。凡辛之屬皆从辛。讀若愆。去虔切。十四部。廣韵曰。辛、古文愆。張林說。童男有辠曰奴。奴曰童。女曰妾。女部曰。奴婢皆古之辠人也。偁周禮。其奴男子入于辠隸。女子入于舂稾。从辛重省聲。徒紅切。九部。今人童僕字作僮。以此爲僮子字。葢經典皆漢以後所改。童籒文童。中與竊中同从廿。句。廿、逗。㠯爲古文疾字。當作古文以爲疾字。廿本二十幷也。古文假爲疾字。此亦不同音之假借也。竊字下曰。廿、古文疾。則不言以爲。童從疾者。亦取有辠之意。妾有辠女子給事之得接於君者。十二字一句。妾接疊韵。有罪女子給事若周禮女酒女漿女籩女醢女醯女鹽女冪女祝女史內司服女御縫人女御女工女舂抌女饎女稾各若干人、各有奚若干人是也。鄭注。女酒、女奴曉酒者。古者從坐男女沒入縣官爲奴。其少才知以爲奚。今之侍史官婢或曰奚宦

女。云得接於君者。如內司服縫人皆有女御。鄭云有女御者。以衣服進。或當於王。廣其禮。使無色過。是也。奚女部作媄。从辛女。辛女者、有罪之女也。七接切。八部。春秋傳云。女爲人妾。傳字今補。左傳僖十七年。卜招父曰。男爲人臣。女爲人妾。越王句踐亦云。身請爲臣。妻請爲妾。妾、逗 不娉也。此釋左傳妾字之義。別於上文有罪女子之得接者也。內則曰。聘則爲妻。奔則爲妾。不必有罪。故云爾。此與釋尚書莫席、曰圉一例。

文三　重一

丵　業

丵 叢生艸也。象丵嶽相並出也。謂此象形字也。丵嶽疊韵字。或作嶘嶽。吳語不經見者謂丵嶽。凡丵之屬皆从丵。讀若浞。士角切。三部。

業 大版也。見釋器。所㠯飾縣鐘鼓。捷業如鋸齒。㠯白畫之。周頌傳曰。業、大版也。所以設栒爲縣也。捷業如鋸齒。或曰畫之。植者爲虡。橫者爲栒。大雅箋云。虡也。栒也。所以縣鐘鼓也。設大版於上。刻畫以爲飾。按栒以縣鐘鼓。業以覆栒爲飾。其形刻之捷業然如鋸齒。又以白畫之分明可觀。故此大版名曰業。業之爲言齾也。許說本毛。毛傳或曰畫之。或曰二字乃以白二字之譌。未有正其誤者。凡程功積事言業者。如版上之刻。往往可計數也。象其鉏鋙相承也。从丵。鉏鋙相承、謂捷業如鋸齒也。象之故從丵。从巾。巾象版。巾版皆方正。丵巾會意也。魚怯切。八部。俗作㸣。詩曰。巨業維樅。大雅文。今詩作虡、上林賦虡作鉅。許作巨。蓋三家詩。巨與鉅同也。墨子貴義曰。鉅者白也。黔者黑也。鉅業者、蓋謂以白畫之與。𤼷 古文業。字形未詳其意。

叢　對

叢 聚也。於疊韵得之。从丵。取聲。徂紅切。按古音在四部。左傳僖三十年。取甞妻。公羊作鄹。亦作叢。

對 譍無方也。聘禮注曰。對、荅問也。按對荅古通用。云譍無方者。所謂善待問者如撞鐘。叩以大者則大鳴。叩以小者則小鳴也。無方故從丵口。从丵口。从寸。寸、法度也。丵口而一歸於法度也。都隊切。十五部。

𡭊 對或从士。漢文帝㠯爲責對而面言。依廣韵訂。多非誠對。故去其口㠯從士也。鍇曰。士、事也。取事實也。按篇韵皆作士。未知孰是。趙氏明誠曰。據古鐘鼎皆作對。是漢文亦從古耳。非肊更也。

文四　重二

菐　僕　㒒

菐 瀆菐也。瀆菐疊韵字。瀆、煩瀆也。菐、如孟子書之僕僕。趙云。煩猥皃。从丵。从廾。廾、竦手也。音卭。廾亦聲。蒲沃切。三部。凡菐之屬皆从菐。

僕 給事者。周禮注曰。僕、侍御於尊者之名。然則大僕、戎僕、以及易之童僕、詩之臣僕、左傳人有十等。僕第九。臺第十。皆是。大雅。景命有僕。毛傳。僕、附也。是其引伸之義也。大雅。芃芃棫樸。毛曰。樸、枹木也。考工記。僕屬此。皆取附箸之義。字當作僕。方言作樸。从人菐。人之供煩辱者也。菐亦聲。蒲沃切。三部。𦒏 古文从臣。

㒒 賦事也。賦者、布也。魯語曰。社而賦事。蒸而獻功。从菐八。以煩辱之事分責之人也。八、逗 分之也。釋從八之意。八亦聲。讀若頒。按八古音如必。平聲如賓。在十二部。音轉乃入十三部。讀如頒者。如頒首之頒也。再轉入十四部。讀布還切矣。一曰讀若非。周禮匪頒之式。先鄭云。匪、分也。凡從非之字皆有分背之意。讀頒又讀非者。十三十四部與十五部合韵之理。玉篇敷尾切。

文三　重一

廾　奉

廾 竦手也。竦、敬也。从𠂇又。按此字謂竦其兩手以有所奉也。故下云。奉、承也。手部曰。承、奉也。受也。五經文字其恭反。九經字樣音卭。廣韵引說文居竦切。以菐從廾聲求之。古音在三部。凡廾之屬皆从廾。𢪒 楊雄說。廾从兩手。蓋訓纂篇如此作。古文𢪒從二手。此以古文𢪒爲廾也。

奉 承也。手部曰。承、奉也。受也。从手廾。從手𠂇又。雙引也。丰聲。扶隴切。九部。

丞　丞翊也。翊當作翼。俗書以翊爲翼。翼猶輔也。哀十八年左傳曰。使帥師而行。請承。杜曰。承、佐也。承者丞之假借。文王世子引記曰。虞夏商周有師保。有疑丞。百官公卿表。丞相應劭曰。丞者承也。相者助也。按漢凡官多有丞者。皆以輔之。**从廾。从卩。从山。**四字當作從𡴀二字。山部曰。𡴀、高山之節。**山高、**逗。山高謂𡴀也。**奉承之義。**義當作意。字之誤也。凡高者在上。必竦手以承之。丞承疊韵。署陵切。六部。

奐　奐**取奐也。**未聞。**一曰大也。**大雅。伴奐爾游矣。毛曰。伴奐、廣大有文章也。檀弓。美哉輪焉。美哉奐焉。注。輪、輪囷。言高大。奐言衆多。**从廾。敻省聲。**鉉本去聲字而爲之說。不知古音故也。呼貫切。十四部。

弇　弇**蓋也。**釋言曰。弇、同也。弇、蓋也。此與奄、覆也音義同。釋器曰。圜弇上謂之鼒。謂斂其上不全蓋也。周禮說鐘弇聲鬱。弇、謂中央寬也。**从廾。合聲。**廾合錯誤倒。古南切。又一儉切。七部。皿部有盦字。蓋弇之別體。後人所增也。𠨷依玉篇、類篇作。毛刻初印本同。**古文弇。**

𢍏　𢍏**引繒也。**篇韵此字皆作睪。非也。睪與𢍏不得合爲一字。各本引給也。不可通。惟廣韵作引繒皃。似是隨唐相傳說文古本。引繒而長之。葢作偽之事。與斁、解也、殬、敗也音義相通。或曰。當作引給。給、絲勞也。**从廾。睪聲。**羊益切。古音在五部。

畀　畀**舉也。从廾。由聲。**各本作由聲。誤。或從鬼頭之由。亦非也。此從東楚名缶之由。故左傳作畀。今左作惎。糸部綥從畀聲。或字作綦。由聲、其聲皆在一部也。**春秋傳曰。晉人或以廣隊。楚人畀之。**左傳宣十二年文。今傳畀作惎。**黃顥說。廣車陷。楚人爲舉之。**此許偁古本古說。杜本作惎。云惎、教也。**杜林㠯爲騏驎字。**謂杜伯山謂畀爲騏字也。廣韵七志曰。畀、說文音其。是也。葢蒼頡訓纂、蒼頡故二篇中語。綥可作綦。則騏可作畀。其理一也。驎當作麐。

异　异**舉也。从廾。㠯聲。**羊吏切。一部。按篆從㠯。隸作异。不合。疑篆隸皆從己而誤也。**虞書曰。**虞書當作唐書。**嶽曰。异哉。**堯典文。釋文曰。鄭音異。於其音求其義。謂四嶽聞堯言。驚愕而曰。異哉也。謂异爲異之假借也。

弄　弄**玩也。**玉部曰。玩、弄也。小雅。載弄之璋。左傳曰。弱不好弄。又曰。君以弄馬之故。國語曰。還弄吳國於股掌之上。**从廾玉。**盧貢切。九部。

𢍷　𢍷**兩手盛也。从廾。𥸨聲。**余六切。三部。廣韵曰。說文音匊。

𢍶　𢍶**摶飯也。**𢍶摶疊韵。曲禮。毋摶飯。**从廾。釆聲。釆古文辨字。**釆下云。辨別也。此云釆古文辨。互相足。**讀若書卷。**俱券切。十四部。

𢍰　𢍰**持弩拊。**凡弓刀把処皆曰拊。今攷工記弓人作柎。从木。**从廾。肉聲。**按肉聲故讀如逵。逵古音同仇。足部䟮、頁部頯皆讀如仇也。小徐云。肉非聲。大徐徑刪聲字。誤矣。古音在三部。今渠追切。**讀若逵。**

戒　戒**警也。**言部曰。警、戒也。**从廾戈。**會意。居拜切。十五部。**持戈以戒不虞。**說從戈之意。

兵　兵**械也。**械者器之總名。器曰兵。用器之人亦曰兵。下文云從廾持斤。則製字兵與戒同意也。**从廾持斤。并力之皃。**補明切。古音在十部。𠈴**古文兵。从人廾干。**干與斤皆兵器。𢍰**籒文兵。**

龔　龔**慤也。**心部曰。慤、謹也。此與心部恭音義同。**从廾。龍聲。**紀庸切。九部。按紀庸似從廾得聲。未詳。

弈　弈**圍棊也。从廾。亦聲。**羊益切。古音在五部。**論語曰。不有博弈者乎。**陽貨篇文。博、說文作簙。

具　具**共置也。**共供古今字。當從人部作供。**从廾。貝省。**會意。其遇切。古音在四部。**古㠯貝爲貨。**說從貝之意。

文十七　重四

𠬜　𠬜**引也。**上林賦。仰𠬜橑而捫天。晉灼曰。𠬜、古攀字。按今字皆用攀。則𠬜爲古字。𠬜亦小篆也。**从反廾。**象引物於外。普班切。十四部。**凡𠬜之屬皆从𠬜。**𢪃**或从手从樊。**樊聲也。今作攀。公羊傳作扳。

樊　樊**騺不行也。**騺各本譌鷙。馬部曰。騺、馬重皃。騺不行、沈滯不行也。毛詩。折柳樊圃。借爲棥字。莊子。澤雉畜乎樊中。樊、籠也。亦是不行意。**从𠬜棥。**會意。**棥亦聲。**附袁切。十四部。

樊　樊也。此與手部攣音義皆同。玉篇云：攣，攣也。从𠬜，䜌聲。呂員切。十四部。

文三　重一

共　同也。从廿廾。廿，二十幷也。二十人皆竦手，是爲同也。渠用切。九部。周禮、尚書供給供奉字皆借共字爲之。衞包盡改尚書之共爲恭，非也。釋詁：供、峙、共，具也。郭云：皆謂備具。此古以共爲供之理也。尚書、毛詩、史記恭敬字皆作恭，不作共。漢石經之存者無逸一篇中徽柔懿共、惟正之共皆作共，嚴恭寅畏作恭。此可以知古之字例矣。毛詩溫溫恭人、敬恭明祀、溫恭朝夕，皆不作共。靖共爾位，箋云：共，具也。則非恭字也。虔共爾位，箋云：古之恭字或作共。云或，則僅見之事也。史記恭敬字亦無作共者。凡共之屬皆从共。

古文共。體從小徐本。按𠈌有順從之象，𠈌有睽異之象。古文四聲韵引說文誤以癸爲共。

龏　給也。糸部曰：給，相足也。此與人部供音義同。今供行而龏廢矣。尚書甘誓、牧誓：龏行天之罰。謂奉行也。漢魏晉唐引此無不作龏。與供給義相近。衞包作恭，非也。秦和鐘銘：龏𡩜天命，言奉敬天命也。从共，龍聲。俱容切。九部。按俱容於共得聲，未詳。

文二　重一

異　分也。分之則有彼此之異。从廾畀。畀，予也。竦手而予人則離異矣。羊吏切。一部。凡異之屬皆从異。

戴　分物得增益曰戴。釋訓曰：蓁蓁、孼孼，戴也。毛傳云：蓁蓁，至盛皃；孼孼，盛飾。是皆謂加多也。引伸之，凡加於上皆曰戴。如土山戴石曰崔嵬，石山戴土曰确是也。又與載通用。言其上曰戴，言其下曰載也。釋山或本石載土謂之崔嵬，土載石爲砠，謂石載於土，土載於石，則與毛傳不異也。周頌載弁俅俅，月令載青旂，皆同戴。从異，𢦔聲。都代切。一部。

籒文戴。弋聲、𢦔聲同在一部。蓋非从戈也。

舁　共舉也。从臼廾。謂有叉手者，有竦手者，皆共舉之人也。共舉則或休息更番，故有叉手者。以諸切。五部。凡舁之屬皆从舁。讀若余。

䙴　升高也。升之言登也。此與辵部遷、揭音義同。从舁，囟聲。囟音信。䙴音遷。合音也。七然切。十四部。

䙴或从卩。謂所登之階級也。郊祀志：湯伐桀，欲䙴夏社，不可。地理志、春秋經曰：衞䙴于帝丘。

古文䙴。

與　黨與也。黨當作攩。攩，朋群也。與當作与。与，賜予也。从舁与。會意。共舉而与之也。舁与皆亦聲。余呂切。五部。

古文與。

興　起也。廣韵曰：盛也，舉也，善也。周禮六詩：曰比，曰興。興者，託事於物。按古無平去之別也。从舁同。會意。同，逗。此字補。同力也。說从同之意。虛陵切。六部。

文四　重三

臼　叉手也。又部曰：叉，手指相錯也。此云叉手者，謂手指正相向也。从巨彐。此亦從𠂇又而變之也。居玉切。三部。凡臼之屬皆从臼。

要　身中也。象人要自臼之形。从臼。按各本篆作𦥔，從臼下有交省聲三字，淺人所妄改也。今依玉篇、九經字樣訂。顧氏、唐氏所據說文未誤也。漢地理志北地大要縣注：一遙反。上黨沾縣大要谷，清漳水所出。說文、水經注作大要谷，今志誤爲黽字矣。上象人首，下象人足，中象人要，而自臼持之，故從臼。必從臼者，象形猶未顯，人多護惜其要故也。於消切。二部。

古文要。按今人變爲要，以爲要約、簡要字。於消、於笑切。

文二　重一

晨　早昧爽也。日部曰：早，晨也。昧爽，旦明也。文王世子注曰：早昧爽擊鼓以召衆。亦三字絫言之。左傳僖五年正義解說文謂夜將旦雞鳴時也。从臼辰。會意。辰，逗。時也。辰亦聲。食鄰切。十

農

部二。晨夕爲夙。臼辰爲晨。皆同意。聖人以文字教天下之勤。凡晨之屬皆从晨。

耕人也。各本無人字。今依玄應書卷十一補。食貨志。四民有業。闢土植穀曰農。洪範八政。三曰農用八政。鄭云。農讀爲醲。易其字也。某氏因訓農爲厚矣。从晨。庶人明而動。晦而休。故從晨。囟聲。錯曰。當從囟。乃得聲。玉裁按此囟聲之誤。囟者明也。籀文農从林。古文農。亦古文農。小徐從艸。大徐從林。夏竦曰農見古尚書。

文二　重三

爨

齊謂炊爨。各本謂下衍之字。今正。火部曰。炊爨也。然則二字互相訓。孟子趙注曰。爨炊也。齊謂炊爨者。齊人謂炊曰爨。古言謂則不言曰。如毛傳婦人謂嫁歸是也。特牲少牢禮注皆曰。爨竈也。此因爨必於竈。故謂竈爲爨。禮器燔柴於爨。同。楚茨傳曰。爨饔爨廩爨也。此謂竈。又曰。踖踖爨竈有容也。此謂炊。𦥑象持甑。中似甑。臼持之。冂爲竈口。廾推林內火。林柴也。內同納。今本㸚譌臼。七亂切。十四部。凡爨之屬皆从爨。籀文爨省。然則爨本古文也。所吕枝鬲者。从爨省鬲省。渠容切。九部。

釁

血祭也。周禮大祝注云。隋釁。謂薦血也。凡血祭曰釁。孟子梁惠王趙注曰。新鑄鐘。殺牲以血塗其釁郄。因以祭之曰釁。漢書高帝紀釁鼓。應劭曰。釁祭也。殺牲以血塗鼓釁呼爲釁。呼同罅。按凡言釁廟。釁鐘。釁鼓。釁寶鎮寶器。釁龜策。釁宗廟名器。皆同。以血塗之。因薦而祭之也。凡坼罅謂之釁。方言作璺。音問。以血血其坼罅。亦曰釁。樂記作衅。象祭竈也。从爨省。祭竈亦血塗之。故從爨省。爨者竈也。从酉。酉所吕祭也。酉者酒之省。从分。取血布散之意。分亦聲。分聲故釁或爲薰。如齊語三釁三浴。或爲三薰。呂覽湯得伊尹。釁以犧猳。風俗通作熏以萑葦。漢書豫讓釁面吞炭。顏云。釁熏也。皆是也。釁又讀爲徽。如周禮女巫注。先鄭說是也。分聲讀徽。此即煇旂人微韵之比。古音十三部。在問韵。今韵虛振切。非也。

文三　重一

說文解字第三篇上

嘉興受業沈濤校字

說文解字第三篇下

金壇段玉裁注

革獸皮治去其毛曰革。各本獸皮治去其毛革更之象古文革之形。文義句讀皆不可通。今依召南、齊風、大雅、周禮掌皮四疏訂正。革與鞹二字轉注。皮與革二字對文則分別。如秋斂皮、冬斂革是也。散文則通用。如司裘之皮車卽革路、詩羔羊傳革猶皮也是也。革更也。二字雙聲。治去其毛。是更改之義。故引伸爲凡更新之用。褋卦傳曰。革、去故也。鄭注易曰。革、改也。公羊傳。革取淸者。何曰。革、更也。管子輕重革築室房注。革、更也。象古文革之形。凡字有依倣古文製爲小篆。非許言之。猝不得其於六書居何等者。如革曰象古文革之形。弟曰從古文之象。民曰從古文之象。西曰象古文西之形是也。易曰爲甘。葢省煩爲簡耳。而或云從卅從口。音韋。口爲國邑。卅年而法更。此葢楊承慶字統之肊說。古覈切。一部。凡革之屬皆從革。

革古文革從卅。上廿下十。是三十也。卅年爲一世而道更也。據此則革之本訓更。後以爲皮去毛之字。臼聲。臼居玉切。在三部。革在一部。合音㝡近。

鞹革也。各本作去毛皮也。今依載驅韓奕正義正。大雅傳云。鞹、革也。論語孔注云。皮去毛曰鞹。此恐人不省詳言之。若說文革字下已注明。何庯辭費。論語曰。虎豹之鞹。顏淵篇文。从革。郭聲。苦郭切。五部。

靬靬、此復舉字刪之未盡者。乾革也。乾古寒切。武威有麗靬縣。地理志。張掖郡驪靬。李奇曰。音遲虔。如淳曰。靬音弓鞬。郡國志。驪靬亦屬張掖。許系之武威。未詳。从革。干聲。苦旰切。十四部。

輅生革可以爲縷束也。小雅。約之閣閣。毛曰。約、束也。閣閣猶歷歷也。按閣讀如輅。秦風五楘傳曰。五束歷錄。生革縷束曰輅者。謂束之歷錄也。从革。各聲。盧各切。五部。

鞄柔革工也。从革。包聲。蒲角切。古音在二部。讀若朴。朴在三部。合音㝡近。劉昌宗音僕。周禮曰。柔皮之工鮑氏。鮑卽鞄也。鮑鞄字舊互譌。今正。考工記攻皮之工五。函鮑韗韋裘。先鄭云。鮑讀如鮑魚之鮑。書或爲鞄。蒼頡篇有鞄甏。又鮑人之事。後鄭云。鮑故書或作鞄。許云鮑卽鞄者。謂周禮之鮑卽蒼頡篇之鞄。鞄正字。鮑假借字。去部云。易曰。突如其來如。不孝子突出。不容於內也。𠫓卽易突字也。謂𠫓正字。突假借字。意正相似。

韗攻皮治鼓工也。考工記注。先鄭云。韗、書或爲鞠。皐陶。鼓木也。後鄭云。鞠者以皐陶名官也。鞠則陶字從革。按先後鄭韗鞠兩存。許從韗不從鞠也。从革。軍聲。讀若運。先鄭云。讀、如曆運之運。王問切。十三部。

韗韗或從韋。今周禮如此作。釋文曰。韗或作韗。

鞣耎也。耎同偄。弱也。从革柔。柔亦聲。耳由切。

靼柔革也。柔當作鞣。上文云柔皮之工。謂治之使柔。此云柔革、謂革之柔耎者也。从革。旦聲。旨熱切。十五部。旦聲在十四部。合音也。

𩏧古文靼从亶。

韇革繡也。齊語、管子曰。輕罪贖以韇盾一戟。韋曰。韇盾、綴革有文如績也。

後漢烏桓傳曰。婦人能刺韋作文繡。从革。賁聲。求位切。十五部。

鞶大帶也。易曰。或錫之鞶帶。訟上九。男子帶鞶。婦人帶絲。鞶、革帶也。故字從革。內則曰。男鞶革。女鞶絲。注云。鞶、小囊。盛帨巾者。男用韋。女用繒。有飾緣之。則是鞶裂與。詩云。垂帶如厲。紀子帛名裂繻。字雖今異。意實同。按小雅。垂帶而厲。箋云。而亦如也。而厲、如鞶厲也。鞶必垂厲以爲飾。厲字當作裂。說與禮記注同。而毛傳云。厲、帶之垂者。左傳。鞶厲。服云。鞶、大帶也。賈逵杜預說同。虞翻注易亦云。鞶帶、大帶。皆與鄭異。葢鄭以大帶用素。天子諸侯大夫同。士用練。皆不用革也。大帶所以申束衣。革帶以佩玉佩及事佩之等。故喪服以要絰象大帶。又有絞帶象革帶也。內則云。男鞶革。女鞶絲。則鞶非大帶明矣。周禮巾車疏引易注云。鞶帶、佩鞶之帶。此葢鄭注與詩、禮注同。而內則施鞶袠注云。鞶、小囊也。鞶袠言施。爲箴管線纊有之。則鞶亦與鞶同類。从革。此鄭知非大帶也。般聲。薄官切。十四部。

鞏以韋束也。大雅。藐藐昊天。無不克鞏。毛曰。鞏、固也。此引伸之義也。易曰。

鞔　靸　鞮　䩡　𩌦　鞵　靪　鞠

鞏用黃牛之革。革初九辭。王弼曰鞏固也。按从革巩聲。居竦切。古音在三部。見詩瞻卬。鞔履空也。小徐曰履空猶履殼也。按空腔古今字。履腔如今人言鞵幫也。趙旁切。呂氏春秋曰南家工人也爲鞔者也。高曰鞔履也。作履之工也。高不云履空者渾言之也。三蒼鞔覆也。考工記注飾車謂革鞔輿也。此鞔引伸之義。凡鞔皆如綴幫於底。从革免聲。母官切。十四部。靸小兒履也。急就篇有靸。釋名曰靸韋履深頭者之名也。从革及聲。蘇合切。七部。鞠角、逗。鞮屬。方言禪者謂之鞮。絲作之者謂之履。麻作之者謂之不借。麤者謂之屨。東北朝鮮洌水之閒謂之鞠角。南楚江沔之閒總謂之麤。西南梁益之閒或謂之屩、或謂之屝。履其通語也。徐土邳圻之閒大麤謂之鞠角。按末句郭注今漆履有齒者。顏注急就篇曰卬角、形若今之木履而下有齒。釋名則曰仰角、屐上施履之名也。當仰履角舉足乃行也。从革卬聲。五剛切。十部。鞮革履也。周禮釋文云許慎曰鞮履也。呂

三篇下　三

悅曰鞮革履也。與今本異。徐堅玄應引與今本同。曲禮鞮屨注無絇之菲也。周禮鞮鞻氏注鞮鞻四夷舞者所屝也。王制西方曰狄鞮注鞮之爲言知也。胡人履連脛謂之絡鞮。各本無此九字。韵會引有。釋名曰鞾本胡服趙武靈王所服也。从革是聲。都兮切。十六部。䩡鞮䩡沙也。謂鞮之名䩡沙者也。鞠角、䩡沙皆漢人語。廣雅之鞳鞁也。鞳古匣切。鞁音沙。鞳鞁、鞢鞻、鞁屧也。集韵屧與鞾同。廣韵鞳鞁、索鞻、胡履也。釋名鞢鞻、鞾之缺前壅者。胡中所名也。从革夾聲。古洽切。八部。𩌦鞮屬。从革徙聲。所綺切。十六部。鞵生革鞮也。生革各本作革生。今正。从革奚聲。戶佳切。十六部。靪補履下也。原思納履則踵決。故履下可補也。今俗謂補綴曰打補靪。當作此字。从革丁聲。當經切。十一部。鞠蹋鞠也。劉向別錄曰蹵鞠者傳言黃帝所作。或曰起戰國之時。蹋鞠、兵勢也。所以練武士、知有材也。皆因嬉戲而講練之。漢藝文志兵技巧十三家有蹵鞠二十五篇。郭樸注三蒼云毛丸可蹋

鞀　䩩　鞞　鞎　鞃　鞪　𩊱

戲者曰鞠。按鞠居六、求六二切。廣韵曰今通謂之毬子。巨鳩切。古今字也。从革匊聲。三部。𥷚鞠或从𥷚。籒或字。鞀鞀、此複字刪之未盡者。遼也。此門聞也、戶護也、鼓郭也、琴禁也之例。以疊韵說其義也。遼者、謂遼遠必聞其音也。周禮注曰鼗如鼓而小。持其柄搖之。旁耳還自擊。从革召聲。徒刀切。二部。鞉鞀或从兆聲。鼗鞀或从鼓兆。籒文鞀从殸召。周禮以爲鞀字。䩩量物之䩩。一曰抒井䩩。小徐曰抒井今言淘井。䩩、取泥之器。玉裁按依說文浚、抒也。則小徐說是。依手部抒、挹也。則汲井亦可云抒井。缶部曰罋、汲缾也。春秋傳言具綆缶。周易言羸其缾。是其物用缶久矣。而其始用革也。古㠯革。謂此二者古皆用革。故從革。从革冤聲。於袁切。十四部。𩌸䩩或从宛。宛者、下也。宛亦聲。鞞刀室也。刀部曰削、鞞也。削鞘古今字。音肖。小雅、大雅毛傳不同。說詳玉部。从革卑聲。并頂切。古音當在十六部。支清多合

三篇下　四

韵。故今音入迥韵。鞎車革前曰鞎。釋器曰輿革前謂之鞎。郭曰以韋鞔車軾。按李巡云輿革前、謂輿前以革爲車飾曰鞎。不言軾。依毛傳韋鞔軾自名鞃。不名鞎。疑李注是。从革艮聲。戶恩切。十三部。鞃車軾中把也。各本無中把二字。今補正。大雅傳曰鞹、革也。鞃、軾中也。此謂以去毛之皮鞔軾中人所凭處。篇韵皆云軾中靶。靶、轡革。不當以名軾。蓋許本作把。而俗譌從革。軾中把者、人把持之處也。較毛多一字。从革弘聲。丘弘切。六部。詩曰鞹鞃淺幭。讀若穹。穹從穴弓聲。弓古音讀如肱。故鞃亦作𩊁。又作鞑。鞪車軸束也。此與木部楘音同義近。楘謂輈束。鞪謂軸束。分析易明。而小戎音義曰楘本又作鞪。玉篇亦曰鞪亦作楘。曲轅束也。疑本一字。許書有楘無鞪。鞪後人補之。又改輈爲軸。从革敄聲。莫卜切。三部。𩊱車束也。考工記天子圭中必。注必、讀如鹿車縪之縪。謂以組約其中央。爲執之以備失隊。方言曰車下鐵。陳宋淮楚之閒謂之畢。大者謂之綦。郭注云鹿車也。按

⿰革旨　⿰革爨

鄭郭云鹿車者、非小車財容一鹿之謂。方言曰。維車、趙魏之間謂之轣轆車。東齊海岱之間謂之道軌。廣雅。維車謂之厤鹿。道軌謂之鹿車。本方言。蓋厤鹿卽毛詩傳之歷錄。鹿車卽周禮注之鹿車。鹿車與歷鹿義同。皆於其圍繞命名也。糸部。縪、止也。古畢必通用。故必、鞁、縪同。約圭與約車相類也。**从革必聲。**毗必切。十二部。

⿰革爨 車衡三束也。當作車。句衡五束也。秦風。五楘梁輈。毛曰。小戎、兵車也。五、五束也。楘、歷錄也。梁輈、輈上句衡也。一輈五束。束曰歷錄。句衡謂轅也。故下文言轅不言衡。**曲轅⿰革爨縛。直轅暈縛。**曲轅謂兵車、乘車、田車、皆小車也。直轅謂牛車。所謂大車也。小車人所乘欲其安。故暢轂梁輈。大車任載而已。故短轂直轅。曲轅車盡飾。⿰革爨之言欑也。以革縛之凡五。歷歷錄錄然。大鄭云。駟車之轅。率尺所一縛。是也。直轅車無飾。以革縛不必五也。暈之言暴也。暴、約也。**从革爨聲。**借官反。十四部。**讀若論語鑽燧之鑽。**見陽貨篇。按火部無燧。

⿰革贊 ⿰革爨或从革贊。

⿰革旨 蓋杠系也。蓋杠、考工記謂之桯。桯讀如楹。系各本作絲。今正。系、係也。係、絜束也。絜束者、圍而束之。⿰革旨用革。故字從革。**从革旨聲。**脂利切。十五部。

韅　靶　鞥　鞁

鞁 車駕具也。晉語。吾兩鞁將絕。吾能止之。韋曰。鞁、靷也。按韋以左傳作靷。故以靷釋之。其實鞁所包者多。靷其大者。封禪書言雍五畤路車各一乘。駕被具。西畤畦畤禺車各一乘。禺馬四匹。駕被具。被卽鞁字也。鞁與糸部紴縞各物。**从革皮聲。**平祕切。按當依廣韵平義切。古音在十七部。

鞥 轡鞥。轡鞥、蓋古語。轡亦名鞥也。**从革弇聲。**烏合切。七部。**讀若譍。**此蒸登與侵覃合韵之理。**一曰龓頭繞者。**龓各本作龍。玉篇作籠。而玉篇有部龓。下曰。馬龓頭。吳都賦云。馬龓則龓頭爲長籠。近之。龍非也。龓頭卽羈也。繞、纏也。者、當作也。鞥之言罨也。

靶 轡革也。王褒傳。王良執靶。音義或曰。靶音霸。謂轡也。吳都賦。迴靶乎行邪睨。劉曰。靶、轡革也。按云轡革者、毛傳云。革、轡首也。**从革巴聲。**必駕切。古音在五部。

韅 箸亦鞥也。亦鉉本作掖。非其物也。鍇作腋。俗字也。今正。亦、人之臂亦也。箸亦鞥、謂箸於馬兩亦之革也。箸亦、謂直者。當膺、謂橫者。鞥當作靼。左傳釋文。正義引皆作皮。作鞥非也。史記禮書。鮫韅。徐曰。韅者、當馬腋之革。若釋名云。橫經腹下、杜注左云。在背曰韅。皆異說也。**从革顯聲。**呼典切。十四部。按古假顯爲之。檀弓子顯、公子縶也。盧氏植云。古者名字相配。顯當作韅。

靷　⿰革蚩　靳

靳 當膺也。左傳曰。吾從子如驂之有靳。杜曰。靳、車中馬也。言己從晉。如驂馬之隨靳也。正義曰。驂馬之首當服馬之胸。胸上有靳。故云我從子如驂。當服之靳。按左傳。晉車七百乘。韅靷鞅靽。杜曰。在胸曰靷。此正在匈曰靳之誤。以秦風傳靳環或作靷環證之。其誤正同矣。游環在服馬背上。驂馬外轡貫之。以止驂之出。故謂之靳環。靳者、驂馬止而不過之處。故引伸之義爲靳固。左傳。宋公靳之。吝其寵也。**从革斤聲。**居近切。十三部。

⿰革蚩 驂具也。上二文當是服馬鞁具、此云驂具、互文見義也。**从革蚩聲。**丑郢切。十一部。**讀若騁蜃。**按虫部蚩讀若騁。則此蚩聲讀騁宜矣。不知何以多蜃字。騁蜃連文不可通。疑當爲又讀若蜃也。廣韵廿八獮有蚩⿰金蚩⿰革蚩三字。

靷 所㠯引軸者也。所以者字依楊倞注荀卿補。凡許書所以字。淺人往往刪之。秦風毛傳曰。靷所以引也。毛不言軸。許云軸以箸明之。轅載於軸。兩靷亦係於軸。左傳。兩靷將絕。吾能止之。駕而乘材。兩靷皆絕。此可見靷之任力幾與轅等。靷在輿下而見於軓前。乃設環以續靷而係諸衡。故詩云。陰靷鋈續。孔沖遠云。靷繫於陰版之上。令驂馬引之。此非是。驂在服外而後於服。與靷不正相當。且軓非能任力。不當係於軓也。許云所以引軸。說不可易。**从革引聲。**余忍切。十二部。

靷 籀文靷。

鞌 ⿰革叕　⿰革奄　⿰革專　⿰革亏　⿰革豆 ⿰革官

⿰革官 車鞁具也。从革官聲。古滿切。十四部。

⿰革豆 車鞁具也。从革豆聲。田候切。四部。

⿰革亏 ⿰革官內環靼也。⿰革官各本譌輨。今依玉篇。環靼者、環之以靼。**从革亏聲。**羽俱切。五部。

⿰革專 車下索也。釋名。縛在車下、與輿相連縛也。當作轉在車下。**从革專聲。**補各切。五部。

⿰革奄 車具也。从革奄聲。烏合切。八部。

⿰革叕 車具也。从革叕聲。陟劣切。十五部。

鞌 馬鞁具也。此爲跨馬設也。左傳。

趙旃以良馬二濟其兄與叔父。左師展將以公乘馬而歸。三代時非無跨馬者矣。春秋經有鞌字。从革安聲。烏寒切。十四部。䩸 鞌毳飾也。毳，獸細毛也。从革茸聲。而隴切。九部。玄應曰：三蒼而用切。鞊 鞌飾。篇韵皆曰鞌鞊。从革占聲。他叶切。七部。鞈 防汗也。此當作所以防捍也。轉寫奪誤。巾部曰：幩，馬纏鑣扇汗也。與此無涉。篇韵皆曰防捍。是相傳古本捍亦作扞。故譌汗。荀卿曰：犀兕鮫革，鞈如金石。管子：輕罪入蘭盾鞈革二戟。注曰：鞈革，重革，當心著之，可以禦矢。鼂錯曰：匈奴之革笥木薦，弗能支。孟康曰：革笥以皮作如鎧者被之。木薦以木版作如楯。一曰革笥若楯。木薦之以當人心也。此皆防捍之說。錯曰：今胡人扞胥。也知錯本故作扞。从革合聲。當云从革合，合亦聲。古洽切。七部。按鼓部鞈，古文鼙。而此作小篆，訓防扞，與上文鞌䩸鞊、下文勒皆爲馬具者不相貫。錯本篆體作鞥，獨從古文革，則恐好事者增之，仍从鼓部偏旁耳。勒 馬頭落銜也。落絡古今字。糸部繯下云：落也。絡其頭而引之。按网部罵，馬落頭也。金部銜，馬勒口中。此云落銜者，謂落其頭而銜其口，可控制也。引伸之爲抑勒之義。又爲物勒工名之義。廣韵云：石虎諱勒，呼馬勒爲轡。此之不正也。爾雅：轡首謂之革。革卽勒之省。馬絡頭者，轡所係也。故曰轡首。毛詩鞗革皆當依古金石作攸勒。鋚勒毛傳曰：攸，轡首飾也。革，轡首也。自來上句奪首飾二字，而莫得其解。从革力聲。盧則切。一部。鞙 大車縛軛靼。大車，牛車也。縛軛者，苞注論語云：輗者，轅端橫木以縛枙者也。皇曰：古作牛車，先取一橫木縛著兩轅頭，又別取曲木爲枙，縛著橫木，以駕牛脰也。然則軛縛於橫木，橫木縛於轅。縛於轅者，輗也。軛縛於輗用靼。鞙亦作䩭。釋名：鞙，縣也，所以縣縛軛也。从革肙聲。狂沇切。十四部。䩃 勒靼也。謂馬勒之靼也。勒在馬面，故從面。从革面聲。以此形聲包會意。彌沇切。十四部。靲 鞮也。鞮，革履也。玉篇靲下云：靲，鞻也。周禮鞮鞻氏音義：吕忱云：鞮者，革履也。鞻者，靲鞻。按鞮鞻，走部作趧婁。故革部無鞻。字林有鞻，釋之曰靲鞻。則靲字亦字林始有之。說文靲字殆後人所增。不與靿鞮鞅等爲伍。从革今聲。巨今切。七部。士喪禮：繫用靲。注：靲，竹䈼也。陸云：其闇反。按鄭以爲紟字。紟者，係也。鬲與重但當以竹䈼係之，因謂䈼爲紟。鞬 所㠯戢弓矢。左傳：左執鞭弭，右屬櫜鞬。杜曰：櫜以受箭，鞬以受弓。方言：弓謂之鞬。釋名：受矢之器，馬上曰鞬。鞬，建也。言弓矢並建立其中也。廣韵曰：馬上藏弓矢器。从革建聲。居言切。十四部。韇 弓矢韇也。方言：弓謂之鞬，或謂之韇丸。左傳服注云：冰，櫝丸蓋也。後書南匈奴傳引方言：藏弓爲鞬，藏箭爲韇丸。廣雅：鞬，弓藏也。韇皾，矢藏也。皆與今方言異。按枲呼之曰韇丸，單呼之曰韇。士冠禮：筮人執筴抽上韇。注：韇，藏策之器。今時藏弓矢者謂之韇丸也。亦疑說文本有丸，淺人刪之。从革賣聲。徒谷切。三部。𩍐 綏也。曡韵。糸部曰：綏，系冠纓也。引伸凡垂者謂之綏。廣雅：𩍐謂之鞘。鞘音梢。玉篇云：鞌邊帶是也。从革巂聲。山垂切。十六部。𩋙 急也。雙聲。此亦鼓郭琴禁之例。廣韵：𩋙，皮鞭皃。按𩋙鞭二字相屬，疑本作鞭急也，轉寫奪鞭。从革亟聲。紀力切。一部。

鞭 毆也。毆，各本作驅，淺人改也。今正。毆上仍當有所以二字。尚書：鞭作官刑。周禮條狼氏：掌執鞭以趨辟。凡誓，執鞭以趨於前，且命之。司市：凡市入，則胥執鞭度守門。左傳：誅屨於徒人費，弗得，鞭之，見血。又公怒，鞭師曹三百。皆謂鞭所以毆人之物。以之毆人亦曰鞭。經典之鞭皆施於人，不謂施於馬。曲禮：乘路馬，載鞭策。左傳：左執鞭弭。馬不出者，助之鞭之。皆是假借施人之用爲施馬之偁，非若今人竟謂以杖馬之物杖人也。蓋馬箠曰策，所以擊馬曰箠，以箠擊馬曰敇，本皆有正名，不曰鞭也。擊馬之箠用竹，毆人之鞭用革，故其字亦從竹從革不同。自唐以下毆變爲敺，與驅同音，謂鞭爲捶馬之物，因改此毆爲驅。不知絕非字義。毆，捶擊物也。驅，馬馳也。从革便聲。卑連切。十四部。㪗 古文鞭。從亼攴。鞅 頸靼也。釋名：鞅，嬰也。喉下稱嬰，言嬰絡之也。按劉與許合。杜云在腹曰鞅，恐未然也。小雅鞅掌，毛曰：失容也。从革央聲。於兩切。十部。韄 佩刀系也。系，各本作絲。今正。此蓋糸部所謂緱也。廣韵云：佩刀飾。莊子音義引三蒼云：韄，佩刀靶韋也。莊子外鞻內鞻。引伸之義也。李云縛也。从革蒦聲。乙白切。古音在五部。⿰革它馬尾⿰革它也。方言。車紂自關而東周雒汝潁而東謂之緻。或謂之曲綸。自關而西謂之紂。系部曰。緧馬紂也。紂馬緧也。考工記必緧其牛。後鄭云關東謂紂爲緧。按⿰革它鞠語相似。⿰革它䪌鞠之轉語。从革它聲。徒何切。十七部。今之般緧。四字疑後人沾注。⿰革見繫牛脛也。繫當作系。从革見聲。按篇韵皆呼結切。於見聲爲近。古音在十四部。鉉本作己彳切。

文五十九　宋本九作七。　重十一

鬲鼎屬也。釋器曰。鼎款足者謂之鬲。實五觳。考工記陶人爲鬲。實五觳。厚半寸。脣寸。斗二升曰觳。大鄭云觳受三豆。後鄭云觳受斗二升。按旊人職云豆實三而成觳。大鄭本之。今俗本譌爲觳受三斗。誤甚。許必言觳所受者。角部觳下無此義也。魏三體石經以鬲爲大誥嗣無疆大歷服之歷。同在十六部也。

象腹交文三足。上象其口。乂象腹交文。下象三足也。考工記圖曰款足。按款足郭云曲腳。漢郊祀志則云鼎空足曰鬲。釋款爲空。郎激切。十六部。凡鬲之屬皆从鬲。𤮼鬲或从瓦。楚世家。楚武公曰。居三代之傳器。登三翮六翼。以高世主。小司馬曰。翮亦作𤮼。同音歷。三翮六翼謂九鼎。空足曰翮。翼卽耳。事見爾雅。按翮者𤮼之假借字。翼者鈛之假借。九鼎款足者三。附耳於外者六也。爾雅曰。鼎款足謂之鬲。附耳外謂之鈛。𤮭漢令鬲。从瓦厤聲。謂載於令甲令乙之鬲字也。樂浪挈令織作絨。䰜三足鍑也。鍑如釜而大口。廣雅。䰜鬴也。一曰滫米器也。滫米猶浙米。浙之以得其泔也。从鬲支聲。魚綺切。十六部。鬵三足鬴也。廣雅。鬵鬴也。有柄喙。有柄可持。有喙可寫物。此其別於䰜者也。讀若嫣。嫣漢人已讀如規矣。从鬲規聲。居隨切。十六部。鬷鬴屬。廣雅。鍑鬲鬷也。陳風。越以鬷邁。商頌。鬷假無言。毛曰。鬷數也。又曰。鬷總也。數讀如數罟之數。數

罟。豳風作緵罟。魚麗作總罟。然則二傳皆謂鬷者。總之假借字也。从鬲㚇聲。子紅切。九部。䰝秦名土鬴曰䰝。今俗作鍋。土釜者。出於匋也。从鬲干聲。夂部。干夸步也。讀若過。古禾切。十七部。鬵大鬴也。檜風。誰能亨魚。溉之釜鬵。毛曰。鬵釜屬。按下文別一義。一曰鼎大上小下若甑曰鬵。釋器。鼎絕大謂之鼐。圜弇上謂之鼒。附耳外謂之鈛。款足者謂之鬲。⿰鬲曾謂之鬵。鬵鉹也。按此六句皆說鼎。故許以鼎大上小下若甑發明甑謂之鬵。金部云。鉹鬵鼎。亦所以發明鬵鉹也。釋爾雅者匙通此矣。从鬲兓聲。讀若岑。才林切。七部。⿰鬲曾籀文鬵。從鬵。⿰鬲曾鬵屬。从鬲曾聲。按此篆淺人妄增也。瓦部甑甗也。甗甑也。一穿。⿰鬲曾者甑之或體耳。爾雅音義云。⿰鬲曾本或作甑。篇韵皆云甑⿰鬲曾同字。可知古本說文不分入鬲瓦二部。至集韵乃據徐鉉之書截然爲二字矣。鬴鍑屬也。升四曰豆。豆四曰區。區四曰鬴。从鬲甫聲。扶雨切。五部。釜鬴或从金父

聲。今經典多作釜。惟周禮作鬴。鬳鬲屬。鬲鼎屬也。从鬲虍聲。牛建切。十四部。按戴氏侗引唐本虍省聲。似是。然獻尊卽犧尊。車轙亦作钀。歌元古通。魚歌古又通。虍聲卽魚歌之合也。融炊气上出也。釋詁。毛傳。方言皆曰。融長也。此其引伸之義也。通作肜。思玄賦。展泄泄以肜肜。廣成頌。豐肜薱蔚。从鬲蟲省聲。以戎切。九部。融籀文融不省。嚻炊气皃。㗊部曰。嚻聲也。气出頭上。從㗊頁。炊气亦上出。故從嚻。从鬲嚻聲。舉形聲包會意。許嬌切。二部。䰞鬺也。䰞亦作鬺。亦作鬺。韓詩。于以鬺之。惟錡及釜。封禪書。禹收九牧之金。鑄九鼎。皆嘗亨鬺上帝鬼神。郊祀志作鬺亨。亨、許兩切。謂煑而獻之上帝鬼神也。毛詩假湘爲之。毛曰。湘亨也。从鬲芉聲。式羊切。十部。⿰氵⿱弗鬲涫也。水部曰。涫⿰氵⿱弗鬲也。今俗字涫作滾。⿰氵⿱弗鬲作沸。非也。上林賦曰。洽濼鼎⿰氵⿱弗鬲。嚴夫子哀時命曰。氣涫⿰氵⿱弗鬲其若波。从鬲沸聲。芳未切。十五部。按此當云從水鬲。弗聲。非畢沸字也。

文十三按䰜宜刪。重五

歷也。二字淺人妄增。此云古文亦鬲字。卽介籀文大改古文之例。何取以漢令鬲爲訓釋乎。古文亦鬲字。鬲䰜皆古文也。象孰飪五味气上出也。謂弜也。鬲䰜本一字。鬲專象器形。故其屬多謂器。䰜兼象孰飪之气。故其屬皆謂孰飪。凡䰜之屬皆从䰜。鬻也。从䰜侃聲。諸延切。十四部。按此當去虔切。鬻或作餰。猶愆作諐也。淺人謂卽饘字。不分。故同切諸延耳。鬻或从食衍聲。荀卿書。酒醴餰鬻。內則曰。取稻米舉糔溲之。小切狼臅膏。以與稻米爲酏。注。此周禮酏食也。此酏當從䬧。周禮醢人酏食注曰。酏䬧也。引內則取稻米云云。正作䬧字。按襍問志曰。內則䬧次糝。周禮酏次糝。酏在六飲中。不合在豆。且內則有䬧無酏。周禮有酏無䬧。明酏䬧是一也。故破酏從䬧也。據此則內則本作䬧字。注中此酏當從䬧。謂周禮此酏字當從內則作䬧字。言此酏者。以別於六飲之酏也。今本內則作酏。淺人所改。

鬻或从食干聲。孟子曰。飦粥之食。趙曰。飦、糜粥也。糜同麋。鬻或从食建聲。韵會引左傳注。饘於是。鬻於是。今未詳所據。健也。从䰜米。會意。之六切。三部。按一音余六切。是以賣鬻字作此。賣之假借也。鉉本作米聲。武悲切。此因誤衍聲字而爲之切音。非眞唐韵有武悲切也。爾雅猶如麂之猶。舍人本作鬻。異文同部。是可以定其非形聲矣。廣韵集韵篆韵詣脂韵內皆無鬻。玉篇云。說文又音糜。廣韵云。說文本音糜者。乃陳彭年輩誤用鉉本也。玉篇糜字又糜之誤。類篇忙皮切之誤本此。鬻作粥者。俗字也。作鬻者。樂記假鬻爲育而轉寫致譌也。健也。釋言。餬、饘也。當作此字。今江蘇俗粉米麥爲粥曰餬。从䰜古聲。戶吳切。五部。五味盉鬻也。皿部曰。盉、調味也。內則注曰。凡羹齊宜五味之和。米屑之糝。晏子曰。和如羹焉。水火醯醢鹽梅以亨魚肉。宰夫和之。齊之以味。濟其不及以泄其過。凡魚肉必用菜。菜謂之芼。儀禮鉶芼。牛藿羊苦豕薇。芼及醯醢鹽梅。是之謂五味之和也。實於鉶。謂之鉶羹。肉

汁不和五味謂之大羹。从䰜。从羔。會意。凡從羔者。羔猶美也。古行切。古音在十部。詩曰。亦有和䰜。商頌文。鍇本䰜作羹。䰜或省。或从美䰜省。羔下從美。今各本作兩羔。非也。小篆从羔从美。此是小篆。則知上三字古文籀文也。不先小篆者。此亦上部之例。鼎實惟葦及蒲。此有奪。當云鼎實也。詩云其䰜維何。維筍及蒲。或曰筍作葦者。三家詩也。爾雅。其萌虇。今蘆筍可食者也。按詩其殽維何。炰鼈鮮魚。此謂鼎中肉也。其蔌維何。維筍及蒲。此謂鼎中菜也。菜謂之芼。釋器曰。肉謂之羹。菜謂之蔌。毛曰。蔌、菜殽也。殽對肉殽而言。凡禮經之藿苦薇。昏義之蘋藻。二南之荇、皆是。周易覆公餗。鄭曰。餗、菜也。凡肉謂之醢。菜謂之菹。皆主謂生物實於豆者。肉謂之羹。菜謂之芼。皆主謂孰物實於鼎者。說詳戴先生毛鄭詩考正。陳留謂健爲䰜。周易馬注。餗、健也。按鼎中有肉有菜有米。以米和羹曰糜。糜者。健之類。故古訓或舉菜爲言。或舉米爲言。正考父鼎銘。饘於是。鬻於是。以餬余口。亦單舉米言也。許

不以陳留語爲別一義。䰜至鬻共七文皆謂鬻也。分別之則有米和肉菜之鬻。有不和肉菜之鬻。从䰜。速聲。桑谷切。三部。鬻或从食束。束聲。鬻也。疊韵。从䰜。毓聲。余六切。三部。按此切余六。鬻切之六。本分別不同。後人以鬻之切爲鬻之切。而混誤日甚。鬻或省从米。涼州謂鬻爲䰜。按此鬻鍇本作糜爲長。糜鬻雙聲故也。从䰜。𥹋聲。莫結切。十五部。鬻或省从末。粉餅也。周禮糗餌粉餈。食部曰。餈、稻餅也。此曰鬻、粉餅也。蓋謂餈者。不粉之稻米爲餅。餌者。稻米粉之爲餅。文互相足。經云糗餌者。謂以熬米麥傅於餌。粉餈者。謂以他穀粉傅於餈。此許意與先後鄭說異。小徐云。許說最精。又內則注。餌、筋腱也。又莊子。以五十犗爲餌。餌釣啗魚者。从䰜。耳聲。仍吏切。一部。鬻或从食耳。耳聲。熬也。爾雅音義引三蒼。熬也。說文。火乾物也。與今本異。玄應再引與今本同。方言。熬。聚。煎。僃。鞏。火乾也。秦晉之閒或謂之聚。按聚卽鬻字。

鬻　鬻　鬻

或作䵴。玄應曰。崔寔四民月令作炒。古文奇字作𤍽。从鬻芻聲。尺沼切。廣韵初爪切。古音在四部。鬻內肉及菜湯中薄出之。內今之納字。薄音博。迫也。納肉及菜於鬻湯中而迫出之。今俗所謂㸙也。玄應曰。江東謂瀹爲㸙。㸙音助甲切。鬻今字作瀹。亦作汋。通俗文曰。以湯煮物曰瀹。廣雅曰。瀹湯也。孫炎說夏礿之義曰。新菜可汋。从鬻翟聲。以勺切。古音在二部。鬻亯也。亯普庚切。亯、鬻也。鬻下當云亯也。經傳用亯用烹。乃亯之假借字耳。亯部曰。獻也。不訓鬻。从鬻者聲。章與切。五部。按惟周禮作鬻。鬻鬻或从火。鬻鬻或从水。水在鬲中會意。鬻炊釜鬻溢也。炊各本作吹。今從類篇。釜鬻溢各本作釜溢。宋本作聲沸。今參合定爲釜鬻溢。今江蘇俗謂火盛水鬻溢出爲鋪出。鬻之轉語也。正當作鬻字。从鬻孛聲。蒲沒切。十五部。

文十三　重十二

爪　孚　爲

爪丮也。丮、持也。覆手曰爪。仰手曰掌。覆手曰爪。今人以此爲叉甲字。非是。叉甲字見又部。蚰部蝨字下云。叉古爪字。非許語也。象形。側狡切。二部。凡爪之屬皆从爪。孚卵即孚也。即字依玄應書補。通俗文。卵化曰孚。音方赴反。廣雅。孚、生也。謂子出於卵也。方言。雞卵伏而未孚。於此可得孚之解矣。卵因伏而孚。學者因即呼伏爲孚。凡伏卵曰抱。房奧反。亦曰蓲。央富反。从爪子。鍇曰。鳥裒恒以爪反覆其卵也。按反覆其卵者。恐煦嫗之不均。芳無切。古音在三部。一曰信也。此即卵即孚引伸之義也。雞卵之必爲雞。䳄卵之必爲䳄。人言之信如是矣。孚古文孚。从禾。禾、古文保。保亦聲。古音孚保同在三部。爲母猴也。左傳魯昭公子公爲亦稱公叔務人。檀弓作公叔禺人。由部曰。禺、母猴屬也。然則名爲字禺。所謂名字相應也。假借爲作爲之字。凡有所變化曰爲。其爲禽好爪。禸部曰。禽者、走獸總名。好爪。故其字從爪也。此下各本有爪母猴象也五字。衍文。下腹爲母猴形。腹當作復。上既從爪矣。其下又全象母猴頭目身足之形也。王育曰。爪象形也。此博異說。爪衍文。王說全字象母猴形也。薳支切。古音在十七部。爲古文爲。象兩母猴相對形。左傳。仲子生有文在其手曰爲魯夫人。手文必非若小篆爲魯。蓋作[illegible]容或相似也。

爪

爪亦丮也。亦者、亦上篆。此亦持也。从反爪。對覆手言。闕。謂闕其音也。其義其形皆可知。而其讀不傳。故曰闕。後人肊爲說曰。諸兩切。蓋以覆手反之即是掌也。楊雄河東賦。河靈矍踢。爪華蹈衰。蘇林曰。掌據之足蹈之也。云掌據之正合丮持之訓。而小顏云。爪古掌字。酈注水經河水篇李注西京賦皆引賦作掌。則自蘇林已後皆讀掌也。許曰。其於所不知。蓋闕如也。何必許所闕而強爲之辭乎。爪之變爲仉。見廣韵。

文四　重二

丮

丮持也。持、握也。象手有所丮據也。外象拳握形。凡丮之屬皆从丮。几劇切。按毛詩戟與澤作韵。丮古音當在五部。

埶　孰　䳄　巩

埶種也。齊風毛傳曰。埶猶樹也。樹種義同。从丮坴。會意。土部曰。坴、土塊坴坴也。丮字今補。丮持種之。說從丮之意。魚祭切。十五部。唐人樹埶字作蓺。六埶字作藝。說見經典釋文。然蓺藝字皆不見於說文。周時六藝字蓋亦作埶。儒者之於禮樂射御書數。猶農者之樹埶也。又說文無勢字。蓋古用埶爲之。如禮運在埶者去是也。詩曰。我埶黍稷。小雅文。孰食飪也。飪、大孰也。可食之物大孰。則丮持食之。从丮𦎫。亯部曰。𦎫、孰也。此會意。各本衍聲字。非也。殊六切。三部。孰與誰雙聲。故一曰誰也。後人乃分別孰爲生孰。孰爲誰孰矣。曹憲曰。顧野王玉篇始有孰字。易曰。孰飪。鼎彖傳曰。以木巽火。亯飪也。許所據作孰飪。䳄設飪也。宋本作食。玉篇同。廣雅釋言曰。䳄、設也。又釋詁四曰。飢、詞也。錢氏大昕定飢爲䳄字之誤。古用爲發語之載也。如石鼓詩載。作䳄。从丮食。才聲。讀若載。作代切。一部。巩褱也。手部曰。搴、攤也。攤、褱也。

谻　⿰丮戈　𠃛　鬥

从丮工聲。居竦切。九部。巩或加手。又見手部。相踦欲也。踦當作掎。欲玉篇作卻。从丮谷聲。其虐切。五部。擊踝也。从丮戈。疑奪聲字。讀若踝。胡瓦切。古音在十七部。亦持也。从反丮。此亦謂ナ又手之別。闕。亦謂音讀不傳也。後人讀居玉切。此因毛傳云拮据戟挶也。丮讀如戟。故反丮讀如挶。手部云挶戟持也。不云𠬞挶同字。然則寧從蓋闕。

文八　重一

兩士相對兵杖在後象鬥之形。按此非許語也。許之分部次弟。自云據形系聯。丮𠬞在前部。故受之以鬥。然則當云爭也。兩丮相對象形。謂兩人手持相對也。乃云兩士相對兵杖在後。與前部說自相戾。且文從兩手。非兩士也。此必他家異說。淺人取而竄改許書。雖孝經音義引之。未可信也。都豆切。四部。

鬭　鬨　⿵鬥翏　鬮

凡鬥之屬皆從鬥。遇也。疊韵。凡今人云鬭接者。是遇之理也。周語。穀雒鬭。將毀王宮。謂二水本異道而忽相接合爲一也。古凡鬭接用鬭字。鬥爭用鬥字。俗皆用鬭爲爭競而鬥廢矣。从鬥斲聲。都豆切。四部。鬥也。舊作鬭。今正。从鬥共聲。下降切。張鎰胡弄切。九部。孟子曰。鄒與魯鬨。梁惠王篇文。趙曰。鬨。鬭聲也。猶構兵而鬭也。劉熙曰。鬨。構也。構兵以鬭也。按趙注長。呂覽崔杼之子相與私鬨。高曰。鬨。鬭也。鬨讀近鴻。緩氣言之。經繆殺也。手部曰。摎。縛殺也。按縛殺若今以一繩勒死。經繆殺若今絞罪。以二繩絞死。故從鬥。从鬥翏聲。力求切。玉篇吉了、力求二切。三部。按此恐即摎之或體。俗增之。上下文皆言鬥。中梗非其次也。鬥取也。舊作鬮。今正。廣韵作鬮取。按力取是此字本義。今人以爲拈鬮字。殆古藏彄之譌。荊楚歲時記注曰。藏彄之戲。辛氏三秦記以爲鉤弋夫人所起。周處、成公綏竝作彄字。藝經、庾闡則作鉤字。其事同也。从鬥龜聲。讀若三合繩糾。見丩部。古

⿵鬥爾　⿵鬥賓　⿵鬥燹　鬩　⿵鬥戈

矦切。廣韵居求、居黝二切。三部。按龜古音如姬。漢人多讀如鳩。合音冣近也。智少力劣也。莊子。苶然疲役而不知其所歸。郭云。疲困苶然。釋文乃結反。按苶者⿵鬥爾之變也。諸韵書皆於薾韵作⿵鬥爾。屑怗韵作苶。是不知爲一字矣。从鬥爾聲。奴禮切。十五十六部。⿵鬥賓⿵鬥燹、逗。鬥連結繽紛相牽也。舊作鬭。今正。繽各本作閩。今按許云讀若繽。則許時非無繽字也。離騷時繽紛其變易。王曰。繽紛。亂也。从鬥賓省聲。讀若繽。繽大徐作賓。淺人以糸部所無改之也。匹賓切。十二部。⿵鬥賓⿵鬥燹也。从鬥燹聲。按此下當有讀若紛三字。撫文切。十三部。繽紛、⿵鬥賓⿵鬥燹皆合二部疊韵。各本譌舛。今依全書通例正之。恆訟也。恆、常也。故以小兒善訟。會意。詩曰。兄弟鬩于牆。小雅文。釋言、毛傳皆曰。鬩。很也。孫炎云。相很戾也。李巡本作恨。非。鄭注曲禮、韋注國語可證。从鬥兒。會意。兒亦聲。許激切。十六部。兒、逗。善訟者也。說從兒之意。試力士錘也。錘當作縋。以繩有所縣鎮也。下文云讀若縣。知正當作縋。錘非其義。葢轉寫失之。呂氏春秋云。硾之以石。硾鎮也。然則作錘亦可。左傳曰。主人縣布。堇父登之。及堞而絕之。隊則又縣之。蘇而復上者三。又曰。子占使師夜縋而登。登者六十人。縋絕。从鬥从戈。或从戰省。當作或曰从戰省聲六字。讀若縣。胡畎切。十四部。

文十

又　右

手也。象形。此即今之右字。不言又手者。本兼ナ又而言。以屮別之。而又專謂右。猶有古文尚書而後有今文尚書之名。有後漢書而後有前漢書之名。有下曲禮而後有上曲禮之名也。又作右而又爲更然之詞。穀梁傳曰。又、有繼之辭也。三指者、三岐象三指。手之列多略不過三也。以指記數者。或全用。或用三。略者言其大略。于救切。古音在一部。凡又之屬皆从又。助也。李燾本及集韵如是。今二徐本皆作手口相助也。从又口。按又下曰厷、曰叉、曰㕚。自臂指言之。以又下象

厷　叉　叉　父　叜　燮

臂上象指也。不當早廁從口之字。口部有此字。云助也。從口又。主謂以口助手。不當入此。謂手助口。宜刪。

臂上也。臂手上也。古假弓爲厷。二字古音同也。傳易者江東馯臂子弓。馯姓。臂名。子弓字。名臂故字厷。左穀梁邾黑肱。公羊作黑弓。鄭公孫黑肱字伯張。則肱卽弓也。从又。从古文厷。小篆以厶太古。故加又。古薨切。六部。古文厷。象形。象曲肱。左或从肉。今皆作此。

手措相錯也。謂手指與物相錯也。凡布指錯物閒而取之曰叉。因之凡岐頭皆曰叉。是以首笄曰叉。今字作釵。魚部鰸下云。大如叉股。譙周異物志曰。涪陵多大龜。其甲可以卜。其緣中叉似瑇瑁。俗名曰靈叉。劉逵注蜀都賦、常璩述華陽國志、郭樸注爾雅皆用其語。緣中叉謂緣可爲釵也。今爾雅注譌作緣中文似瑇瑁。俗呼爲靈龜。自賈公彥周禮疏所引已然矣。从又一。此字今補。象指閒有物也。象叉之形。初牙切。古音在十六部。

手足甲也。叉爪古今字。古作叉。今用爪。禮經假借作蚤。士喪禮蚤揃如他日。士虞禮浴沐櫛搔揃。搔或爲蚤。曲禮大夫士去國不蚤鬋。蚤皆卽叉字也。鄭注皆云。蚤讀爲爪。讀爲者。易其字也。不易爲叉而易爲爪。於此可見漢人固以爪爲手足甲之字矣。釋名曰。爪。紹也。筋極爲爪。紹續指端也。亦不作叉。从又。象叉形。側狡切。古音在三部。

巨也。以疊韵釋之。家長率教者。率同達。先導也。經傳亦借父爲甫。从又舉杖。學記曰。夏楚二物。收其威也。故從又舉杖。扶雨切。五部。

老也。疊韵。从又灾。方言曰。傁艾長老也。東齊魯衞之閒凡尊老謂之傁。或謂之艾。鉉本作從又從灾。闕。按此有義有音。則闕者。謂從又灾之意不傳也。玄應曰。又音手。手灾者衰惡也。言脈之大候在於寸口。老人寸口脈衰。故從又從灾。也。此說蓋有所受之。韵會引說文從又灾。灾者衰惡也。蓋古有此五字。而學者釋之。穌后切。三部。今字作叟。亦未聞其說。籀文从寸。叜或从人。今左傳如此作。

和也。見釋詁。从言又。會意也。言與手皆所以和之。炎聲。依小徐有聲字。穌叶切。八部。讀若溼。與今切音不同而雙聲。籀文燮。从羊。羊音飪。籀文燮如此作。按此重文也。舊不分別出之。殊誤。炎部有燮字。云大孰也。從炎從又持辛。辛者物孰味也。廣韵謂此爲曹憲文字指歸之說。然則炎部蓋本無燮字。俗用文字指歸說增之。因羊辛相似。羊音同飪。飪義訓孰。遂依又部之籀文加炎部之小篆。未爲典要。

曼　叓　尹　𤔔

引也。魯頌毛傳曰。曼。長也。从又冒聲。此以雙聲爲聲也。無販切。十四部。

伸也。依宋本。从又冒聲。失人切。十二部。冒古文申。按申部曰。古文申。冒籀文申。然則此古當作籀。

分決也。易彖傳曰。夬。決也。剛決柔也。从又。屮象決形。鍇曰。コ物也。丨所以決之。古賣切。十五部。

治也。伊下曰。尹治天下。廣韵曰。正也。進也。誠也。从又丿。句。握事者也。又爲握。丿爲事。余準切。十三部。古文尹。各本乖異。今姑從大徐。

叉卑也。各本作叉取。今依類篇作叉。宋本作卑正。叉卑者。用手自高取下也。今俗語讀如渣。若手部云籍者。以鉏物刺而取之也。方言

𢻻　㕞　及　秉

抯。摣取也。南楚之閒凡取物溝泥中謂之抯。或謂之摣。亦此字引伸之義。从又虘聲。側加切。古音在五部。

引也。从又𠩺聲。里之切。一部。

飾也。飾各本作拭。今依五經文字正。巾部曰。飾。㕞也。彼此互訓。手部無拭字。彡下云。毛飾畫文也。聿下云。聿飾也。皆卽今之拭字。獨於㕞下改拭。與全書矛盾矣。按拭圭雖見聘禮。然必系俗改古者拂拭字。只用飾以巾去其塵。故二字皆從巾。去塵而得光明。故引伸爲文飾之義。司尊彝涚酌。大鄭云。涚拭勺而酌也。拭釋文作飾。㕞亦通用刷。刀部云。禮有刷巾。卽㕞巾也。从又持巾在尸下。屋字下云。尸象屋形。所劣切。十五部。

逮也。辵部。逮。及也。从又人。及前人也。巨立切。七部。古文及。句。秦刻石及如此。今載史記者。瑯邪臺刻石云。澤及牛馬。碣石刻石云。惠論功勞。賞及牛馬。按李斯作小篆。而刻石仍不廢古文也。亦古文及。按凡字從此。亦古文及。左從辵。右蓋從筆。

禾束也。小雅。彼有遺秉。毛云。

反　𠬝　叏　㪿　叔　叟　取　彗

秉把也。聘禮記四秉曰筥。注。此秉謂刈禾盈手之秉也。左傳或取一秉秆焉。按經傳假秉爲柄字。从又持禾。兵永切。古音在十部。

反覆也。覆覂也。从又厂。必有覆之者。各本作厂反形。未允。韵會無反形字。然則當云厂聲而奪也。厂呼旱切。反府遠切。十四部。

反古文。

𠬝治也。从又卪。卪、事之節。手持節以治之。說从卪之意。房六切。古音在一部。

叏滑也。詩云。叏兮達兮。今鄭風挑兮達兮。辵部引亦作挑。毛云。挑達往來相見皃。按往來相見卽滑泰之意。達同泰。水部泰、滑也。从又中。土刀切。古音蓋在三部。按從中未詳其意。蓋從又肯省聲。肯、幬帳之象。從冂㞢其飾也。叏從肯省。而弢鼓字從之。云皆取垂飾意。則從叏亦卽從肯也。叏弢皆以肯爲聲。則謂肯苦江切者非也。一曰取也。別一義。

㪿楚人謂卜問吉凶曰㪿。與祝雙聲。从又持祟。讀若贅。之芮切。十五部。

叔拾也。豳風。九月叔苴。毛曰。叔、拾也。按釋名。仲父之弟曰叔父。叔、少也。於其雙聲疊韵假借之。假借既久。而叔之本義鮮知之者。惟見於毛詩而已。从又。於此知拾爲本義也。尗聲。式竹切。三部。汝南名收芌爲叔。言此者。箸商周故言猶存於漢之汝南也。

村叔或从寸。又寸皆手也。故多互用。

叟入水有所取也。从又在回下。莫勃切。十五部。回古文回。回淵水也。讀若沬。沬各本作沬。沬、荒內切。凡未聲近於十三部。凡末聲近於十四部。叟之平音在十三部。故知必讀若沬也。檀弓瓦不成味。鄭曰。味當作沬。沬、靧也。此沬亦荒內切。洒面也。恐人不了。故又以古今字釋之云沬卽今內則之靧字。謂瓦器之光澤如洒面然。今俗所謂釉也。釋文作沬亡葛反。與此沬作沬同誤。

取捕取也。幸部曰。執、捕罪人也。从又耳。七庾切。四部。周禮獲者取左耳。大司馬職。司馬法曰。載獻聝。聝者、耳也。偁周禮。又偁司馬法釋之。以說從耳之意。

彗埽竹也。从又持甡。甡、衆生竝立之皃。從甡者、取排比之意。祥歲切。十五部。

三篇下　十九

叚　友　度　ナ　卑　史　事

篲彗或从竹。凡帚柔者用茢。施於淨處。剛者用竹。施於蕆處。

𥮑古文彗。从竹習。蓋七部十五部合韵。

叚借也。人部假云非眞也。此叚云借也。然則凡云假借當作此字。古多借叚爲叚。晉士文伯名匃字伯瑕。楚陽匃、鄭駟乞皆字子瑕。古名字相應。則瑕卽叚也。禮記公肩假。古今人表作公肩瑕。左傳瑕嘉平戎於王。周禮注作叚嘉。皆同音叚借。闕。謂闕其形也。其從又可知。其餘則未解。故曰闕。古雅切。古音在五部。

𠬚古文叚。

叚譚長說叚如此。

友同志爲友。周禮注曰。同師曰朋。同志曰友。从二又相交。二又、二人也。善兄弟曰友。亦取二人而如左右手也。云久切。三部。

𦫳古文友。

𦬎亦古文友。未詳。

度法制也。論語曰。謹權量。審法度。中庸曰。非天子不制度。今天下車同軌。古者五度。分寸尺丈引謂之制。周禮。出其淳制。天子巡守禮。制幣丈八尺。純三咫。純謂幅廣。从又。周制寸尺咫尋常仞皆以人之體爲法。寸法人手之寸口。咫法中婦人手長八寸。仞法伸臂一尋。皆於手取法。故從又。庶省聲。徒故切。五部。

文二十八　重十六　今別出燮字。則十七。

ナ左手也。鉉本作ナ手也。非。左今之佐字。左部曰。左、ナ手相左也。是也。又手得ナ手則不孤。故曰左助之手。象形。反又爲ナ。故相戾曰ナ。臧可切。十七部。俗以左右爲ナ又字。乃以佐佑爲左右字。凡ナ之屬皆从ナ。

卑賤也。執事者。从ナ甲。古者尊又而卑ナ。故從ナ在甲下。甲象人頭。補移切。十六部。

文二

史記事者也。玉藻。動則左史書之。言則右史書之。不云記言者。以記事包之也。从又持中。中、正也。君舉必書。良史書法不隱。疏士切。一部。凡史之屬皆从史。

事職

三篇下　廿

也。疊韵。職記微也。古假借爲士字。鄭風曰。子不我思。豈無他事。毛曰。事。士也。今本依傳改經。又依經改傳。而此傳不可通矣。从史㞢省聲。鉏史切。一部。古文事。鍇曰。此則之不省。

文二　重一

支　去竹之枝也。从手持半竹。此於字形得其義也。章移切。十六部。凡支之屬皆从支。古文支。上下各分竹之半。手在其中。

攲　持去也。支有持義。故持去之攲從支。宗廟宥座之器曰攲器。按此攲當作𢻸。危部曰。𢻸。𢻸嶇也。竹部箸訓飯攲。此攲亦當作𢻸。箸必邪用之。故曰飯𢻸。廣韵。𢻸。不正也。玉篇曰。攲今作不正之𢻸。从支奇聲。去奇切。按廣韵曰。說文居宜切。此本音隱。蓋後人借爲𢻸字。從危讀去奇切也。攲奇聲。古在十七部。𢻸支聲。古在十六部。

文二　重一

聿　手之疌巧也。从又持巾。尼輒切。八部。凡聿之屬皆从聿。

肄　習也。从聿帬聲。羊至切。十五部。籒文肄。此依小徐。右從聿、左從籒文帬也。篆文肄。按此條先以古文。亦上部之例也。必先古文者、古文從聿。篆不從聿也。各本篆文右從聿。則何不以篆文居首哉。肆從隶而隸作肆。肆亦同也。類篇不誤。今正。矣古文矢字。𥏫疑二字從之。此亦從矣聲也。

肅　持事振敬也。廣韵。恭也。敬也。戒也。進也。疾也。按訓進者、羞之假借。訓疾者、速之假借。皆見禮。从聿在𣶒上。會意。戰戰兢兢也。引詩說從𣶒之意也。息逐切。三部。古文肅。从心卪。聖漨節。次守節。下失節。故從卪。

文三　重三

聿　所目書也。以用也。聿者、所用書之物也。凡言所以者視此。楚謂之聿。吳謂之不律。燕謂之弗。一語而聲字各異也。釋器曰。不律謂之筆。郭云。蜀人呼筆爲不律也。語之變轉。按郭云蜀語與許異。郭注爾雅、方言皆不偁說文。弗同拂拭之拂。从聿一。各本作一聲。今正。此從聿而象所書之牘也。余律切。十五部。凡聿之屬皆从聿。

筆　秦謂之筆。从聿竹。鄙密切。古音在十五部。

𦘕　聿飾也。飾、今之拭字。拭下詳之矣。彡下曰。毛飾畫文也。象形。謂以毛拭畫成文。彡象其文。形也。聿者、筆之所拭。文成彡形。故從聿從彡。楚金以妝飾解之。繆矣。從聿从彡。會意。俗語目書好爲𦘕。此別一義。今人所謂津津亹亹者蓋出此。歎羨其好則口流盡液。音義皆與盡通。讀若津也。將鄰切。十二部。

書　箸也。此琴禁、鼓郭之例。以疊韵釋之也。敘目曰。箸於竹帛謂之書。書者、如也。箸於竹帛。非筆末由矣。从聿者聲。商魚切。五部。

文四

畫　介也。介各本作畍。此不識字義者所改。今正。八部曰。介、畫也。從八從人。人各有介。從聿。二字今補。象田四介。田之外橫者二、直者二。今篆體省一橫。非也。聿所目畫之。說從聿之意。引伸爲繪畫之字。胡麥切。十六部。凡畫之屬皆从畫。古文畫。古文從聿田。此依鍇本。亦古文畫。依鍇本。按刀部有劃字。

晝　日之出入與夜爲介。从畫省。从日。按今篆體蓋亦少一橫。陟救切。四部。籒文晝。按省下一橫者。至夜則日在下。未嘗息也。

文二　重三

隶　及也。此與辵部逮音義皆同。逮專行而隶廢矣。从又、尾省。又持尾者從後及之也。徒耐切。古音在十五部。凡隶之屬皆从隶。

隸　及也。釋言、毛傳、方言

皆曰迨及也。此與歺部殆音義皆同。殆、危也。危猶及也。**从隶㠯聲。**徒耐切。一部。**詩曰。隸天之未陰雨。**豳風文。今詩作迨。俗字也。

隸　附箸也。附當是本作坿。淺人改也。周禮注。隸、給勞辱之役者。漢始置司隸。亦使將徒治道溝渠之役。後稍尊之。使主官府及近郊。左傳。人有十等。輿臣隸。按隸與僕義同。皆訓坿箸。故從隶。**从隶柰聲。**郎計切。十五部。

隸　篆文隸。从古文之體。此按。按此云篆文。則上古文也。先古後篆。亦丄部之例。但先古後篆。必古從隶。篆不從隶。乃合。各本隸隸俱從隶。則何取爾有以知篆文必非從隶矣。九經字樣云。隸字故從又持米。從柰聲。又象人手。經典相承作隸。已久不可改正。玄應書曰。字從米𣪠聲。𣪠從又。從祟。音之綃切。考楊君石門頌王純碑作隸。與字樣合。魯峻碑作隸。與玄應合。二人所謂蓋皆謂說文。而右旁皆作柰。玄應說似近是。蓋郎說文之篆文也。說文因小篆作隸。故不得先舉篆而系以古文。以其形與古文略相似也。故依革弟民酉之例云從古文之體。至玄應乃說之曰。從米𣪠聲。𣪠之芮切。從米。則唐玄度說以周禮曰奴男子入于罪隸。女子入于舂槀。

文三　重一

臤　堅也。从又臣聲。謂握之固也。故從又。**凡臤之屬皆从臤。讀若鏗鏘。**謂讀同鏗也。鏗從堅聲。堅從臤聲。古音在十二部。今音鏗在耕韵。非也。臤今音苦閑切。**古文㠯爲賢字。**凡言古文以爲者。皆言古文之假借也。例見屮部。漢校官碑。親臤寶智。又師臤作朋。國三老袁良碑。優臤之寵。按漢魏人用優賢字。皆本今文般庚優賢揚歷句。蓋今文般庚固以臤爲賢也。

緊　纏絲急也。緊急雙聲。此字別作絙。玉篇引成公四年鄭伯絙卒。古千古兩二切。考左作堅。公作臤。穀作賢。則別本作絙。切古千必矣。臣聲與臤聲一也。而顧書譌作絙。釋名云。絹、絙也。其絲絙厚而疏也。是其譌久矣。集韵養韵作絙。舉兩切。先韵作絙。緊也。絙堅同。經天切。是宋時故有絙字。特丁度等不能用正絙之譌。又不知卽是緊字耳。春秋鄭伯絙。釋文不載。考經字者所當知。**从臤絲省。**糾忍切。十二部。

堅　土剛也。土字今補。周禮草人。騂剛用牛。九章筭術。穿地四。爲壤五。爲堅三。引伸爲凡物之剛。如云臤堅也是也。**从臤土。**按緊堅不入糸土部者。說見句丩部下。古賢切。十二部。

豎　堅立也。堅立謂堅固立之也。豎與封音義同。而豎從臤。故知爲堅立。周禮內豎。鄭云。豎、未冠者之官名。蓋未冠者才能自立。故名之豎。因以爲官名。豎之言孺也。**从臤豆聲。**臣庾切。古音在四部。

豎　籒文豎从殳。

文四　重一

臣　牽也。以疊韵釋之。春秋說、廣雅皆曰。臣、堅也。白虎通曰。臣者、繵也。屬志自堅固也。**事君者。**者各本作也。今正。**象屈服之形。**植鄰切。十二部。按論語音義。恧植鄰切。古臣字。陸時武后字未出也。武后埊恧二字見戰國策。六朝俗字也。**凡臣之屬皆从臣。**

𦣞　乖也。从二臣相違。讀若誑。居況切。十部。按亣部臩以爲聲。

臧　善也。釋詁、毛傳同。按子郎才郎二反。本無二字。凡物善者必隱於內也。以從艸之藏爲臧匿字。始於漢末。改易經典。不可從也。又贓私字。古亦用臧。**从臣戕聲。**則郎切。十部。

臧　籒文。按宋本及集韵、類篇皆從二。今本下從土。非。

文三　重一

殳　㠯杖殊人也。杖各本作杸。依太平御覽正。云杖者。殳用積竹而無刃。毛傳。殳長丈二而無刃是也。殊、斷也。以杖殊人者。謂以杖隔遠之。釋名。殳、殊也。有所撞挃於車上。使殊離也。殳殊同音。故謂之殳。猶以近窮遠謂之弓也。**周禮。**周字今補。下文所說皆出於周禮也。**殳㠯積竹。**以積竹者。用積竹爲之。漢書昌邑王道買積竹杖。文穎曰。合竹作杖也。竹部曰。籚、積竹矛戟矜也。木部曰。欑、積竹杖也。柲、欑也。考工記注曰。籚謂矛戟柄。竹欑柲。凡戈矛柄皆積竹。而殳無金刃。故專積竹杖之名。盧人爲之。**八觚。**考工記注云。凡矜八觚。此無刃

祋　杸　毄

亦八觚也。長丈二尺建於兵車。考工記曰。廬人爲廬器。殳長尋有四尺。車有六等之數。車軫四尺。戈崇於軫四尺。人崇於戈四尺。殳崇於人四尺。車戟崇於殳四尺。酋矛崇於戟四尺。注云。此所謂兵車也。殳戟矛皆插車輢。旅賁㠯先驅。周禮旅賁氏掌執戈盾夾王車而趨。葢亦執殳矣。詩曰。伯也執殳。爲王前驅。从又几聲。市朱切。古音在四部。凡殳之屬皆从殳。

祋　殳也。見毛傳。从殳示聲。丁外切。十五部。或說城郭市里高縣羊皮有不當入而欲入者暫下㠯驚牛馬曰祋。此別一義。祋與咄義同。詩曰何戈與祋。曹風文。此證前一義。

杸　軍中士所持殳也。軍中士所持殳不必皆用積竹。故字从木。从木殳。市朱切。古音在四部。司馬法曰執羽從杸。從字依廣韵。

毄　相擊中也。考工記。毄兵同強。兼戈戟殳言之。和弓毄摩。注。毄。拂也。手部曰。拂。過擊也。惟記文用此字本義。若司門祭祀之牛牲毄焉。校人三皁爲毄。毄一馭夫。六毄爲廄。廄一僕夫。皆假借爲系字。今之繫也。易毄辭釋文作此字。故云系也。字從毄。若直作毄下系者。音口奚反。非此。謂繫乃說文繫𦃇字。毄辭不當作繫也。漢書。景帝詔農桑毄畜。注。食養之畜。如車相轚。故从殳軎也。轚本從手。今正。轚車轄相擊也。轄亦舝字。車軸耑鍵也。軎。車軸耑也。殳可用擊之物。故從殳軎。取意於車相轚也。古歷反。十六部。

㱿　從上擊下也。從上擊下。正中其物確然有聲。从殳𡉉聲。苦角切。三部。凡榖穀轂字以爲聲。大小徐皆云。𡉉口江切。今廣韵四江無𡉉。在三部。則𡉉古音亦在三部可知。音轉讀如貆土刀切。一曰素也。素謂物之質如土坏也。今人用腔字。說文多作空。空與㱿義同。俗作殼。或作㱿。吳會閒音哭。卵外堅也。

⿰冘殳　下擊上也。廣雅四曰。⿰冘殳禁也。謂禁上使不得下也。从殳冘聲。知朕切。八部。

豛　繇擊也。繇。說文作䌛。隨從也。說文無遙字。此卽其遙字。繇擊者。遠而擊之。如良與客狙擊秦皇帝博浪沙中也。从殳豆聲。度侯切。四部。古

⿰𠷎殳　毅　毆

文投如此。投各本譌作祋。今正。投殳聲。豛豆聲。殳豆同在古音四部也。此五字葢後人所註記語。假令果是古文投。則許之例當入手部投下重文矣。投下云。擿也。此云遙擊。則義固別。

⿰𠷎殳　縣物設擊也。此與手部擣音義同。擣。手推也。从殳𠷎聲。市流切。三部。

毅　椎毄物也。謂用椎擊中物。與攴部豥、木部椓音義略同。从殳豖聲。各毒切。廣韵竹角切。三部。

毆　捶毄物也。以捶、杖擊也。因謂杖爲捶。捶毄物者。謂用杖擊中人物也。按此字卽今經典之毆字。廣韵曰。俗作毆。是也。唐石經周禮射鳥氏以弓矢毆烏鳶。方相氏索室毆疫。入壙以戈擊四隅毆方良。冥氏以靈鼓毆之。庶氏凡毆蠱則令之比之。壺涿氏以炮土之鼓毆之。今版本皆作毆。唐刻獨不誤。張參五經文字殳部毆一口反。攴部無毆。殳部毆字正爲經典而出。特未嘗箸之曰。又起俱反。俗作毆耳。毆訓捶毄物。故以弓矢、以戈、以靈鼓、以炮土之鼓皆捶擊意也。區聲古音在四部。讀一口反。音轉入五部。釋文讀起俱、丘于反。淺人乃分析一口爲毆打之字。起俱、丘于爲驅逐之字。誤矣。又云。毆是馬部驅之古文。夫毆在馬部爲古文。驅在殳部爲俗毆字。無庸牽合。驅訓馬馳。毆訓捶毄。試思爲淵毆魚、爲叢毆爵之類。可改爲驅魚、驅爵乎。鄭注周禮曰。凡言毆者、所以毆之納之於善。豈可改爲驅之納之於善乎。卽古閒有假借通用。唐石經固不可易也。○又按此部自㱿而下。言擊者八。言毄者二。不應錯出不倫。葢擊字皆本作毄。淺人改之而未盡。擊、攴也。攴小毄也。與毄字義異。从殳區聲。烏后切。四部。

毃　殿　殹

毃　擊頭也。淮南書曰。以年之少。爲閒丈人說事。救敲不給。何道之能明也。高注。老人敲其頭。自救不暇。按敲當作毃。呂氏春秋曰。死而操金椎以葬。曰下見六王五伯。將毃其頭矣。按毃今本譌毃。从殳高聲。口卓切。二部。

殿　擊聲也。此字本義未見。假借爲宮殿字。燕禮注。人君爲殿屋。疏云。漢時殿屋四向流水。廣雅曰。堂堭。壂也。爾雅。無室曰榭。郭注。卽今堂堭。然則無室謂之殿矣。又假借爲軍後曰殿。从殳屍聲。堂練切。古音在十三部。

殹　擊中聲也。此字本義亦未見。酉部。醫從殹。王育說。殹、惡姿也。一曰殹病聲也。此與毄中聲義近。

秦人借爲語詞。詛楚文。禮使介老將之以自救殹。薛尙功所見秦權銘。其於久遠殹。石鼓文。汧殹沔沔。權銘殹字、瑯邪臺刻石及他秦權秦斤皆作也。然則周秦人以殹爲也可信。詩之兮字、偁詩者或用也爲之。三字通用也。从殳医聲。於計切。十五部。

段

段　椎物也。用椎曰椎。考工記段氏爲鎛器。徐丁亂反。劉徒亂反。徐音是也。鎛欲其段之堅。故官曰段氏。函人職曰。凡甲鍛不摯則不堅。鍛亦當作段。金部曰。鍛、小冶也。小冶、小鑄之竈也。後人以鍛爲段字。以段爲分段字。讀徒亂切。分段字自應作斷。葢古今字之不同如此。大雅。取厲取碫。毛曰。碫、段石也。鄭曰。段石所以爲段質也。古本當如是。石部碫、段石也。从石段。春秋傳鄭公孫段字子石。古本當如是。段石與厲石各物。說文訓詁多宗毛傳。从殳耑省聲。徒玩切。十四部。

㲉

㲉　擊空聲也。从殳宮聲。徒冬切。又火宮切。九部。按亦作㱿。枯公切。

殽

殽　相襍錯也。食貨志。鑄錢之情非殽襍爲巧則不可得贏。按殽謂襍以鉛鐵也。董仲舒傳。賢不肖混殽。經典借爲肴字。禮記借爲效字。从殳。取攪之意。肴聲。胡茅切。二部。

毅

毅　妄怒也。㞷下曰。妄生也。凡氣盛曰妄。一曰毅、有決也。中庸曰。發強剛毅。左傳曰。殺敵爲果。致果爲毅。苞注論語曰。毅、強而能決斷也。从殳。取用武之意。豙聲。按豙從辛。五經文字曰。從辛省。非也。豙省從辛省耳。魚既切。十五部。

𣪘

𣪘　揉屈也。說文有煣無揉。煣、屈申木也。煣屈、謂柔而屈之。廣韵曰。強擊正與柔屈相反。从殳𠂤。殳者有力之物。用有力之物而精謹也。叀、小謹也。居又切。三部。𠂤、古叀字。當云古文叀、斤部云𠂤古文叀字是也。㲄字从此。

役

役　戍也。依韵會訂。戍、守邊也。司馬法曰。弓矢圍。殳矛守。戈戟助。凡五兵長以衛短。短以救長。按圍古禦字。今周禮注作圉。誤。殳所以守也。故其字從殳。引伸之義凡事勞皆曰役。又生民詩。禾役穟穟。役者、穎之假借。禾部兩引詩皆作禾穎。从殳彳。彳、取巡行之意。營隻切。十六部。

𠎝　古文役。从人。與戍從人持戈同意。

𣪊

𣪊　𣪊改、逗。大剛卯也。以逐精鬽。鬽各本作鬼。今正。王莽傳。剛卯金刀之利皆不得行。服虔晉灼注、司馬彪輿服志言其制詳矣。按𣪊從殳者、謂其可擊鬼也。从殳亥聲。古哀切。廣韵音開。一部。

文二十　重一

殺

殺　戮也。戈部曰。戮、殺也。从殳杀聲。鉉等曰。說文無杀字。相傳音察。按張參曰。杀古殺字。張說似近是。此如本作朮、或加禾爲秫。所八切。十五部。凡殺之屬皆从殺。

𢼛　古文殺。按鉉本宋刻無此字。李燾本同。

𣀔　古文殺。

𢽼　古文殺。

𣏂　古文殺。按此葢卽杀字。轉寫譌變耳。加殳爲小篆之殺。此類甚多。古文四聲韵。𣏂爲崔希裕纂古。𣏂爲說文。則夏氏所據說文爲善本。正與張參說合。首字下當去從殳從杀。或譌爲杀聲也。

𢿡　籒文殺。按鉉本宋刻無此字。李燾本同。類篇云。史文殺作殺。臣光曰。說文失收。故集韵今不載。然則司馬公所據鉉本無殺信矣。今版本依錯本增之耳。考工記𦊧字不識何以從冈。今據殳部古文役、殺部籒文殺、殳皆作𠬛。求之。知𠬛譌爲冈。頓釋此疑。學者觸類而長之。可也。

弒

弒　臣殺君也。經傳殺弒二字轉寫既多譌亂。音家又或拘泥。中無定見。多有殺讀弒者。按述其實則曰殺君。正其名則曰弒君。春秋正名之書也。故言弒不言殺。三傳述實以釋經之書也。故或言殺或言弒。不必傳無殺君字也。許釋弒曰臣殺君。此可以證矣。殺在古音十五部。弒在一部。本不相通也。弒漢石經公羊作試。二字同式聲也。白虎通引春秋讖曰。弒者、試也。欲言臣子殺其君父不敢卒。候閒司事。可稍稍試之。釋名曰。弒、伺也。說同。皆本文言傳之意。易曰。臣弒其君。文言傳文。从殺省。式聲。式吏切。一部。

文二　重五　宋刻作重四。實重三。李燾作重三。錯本作重四。實重五。

几

几　鳥之短羽飛几几也。象形。凡几之屬皆从几。讀若殊。市朱切。按以殳從几聲求之。古音在四部。

𠘱

𠘱　新生羽而飛。此與彡部㐱音同形似而義殊。从九从彡。從九而象其形也。之忍切。十三部。

鳧 舒鳧、逗 鶩也。釋鳥曰。舒鴈、鵝。舒鳧、鶩。內則注同。舍人、李巡云。野曰鴈。家曰鵝。野曰鳧。家曰鶩。按野曰鴈、鳧。而畜於家者曰舒鴈、舒鳧。是爲鵝、鶩。舒者、謂其行舒遲不畏人也。詩弋鳧與鴈。以及他言鴻鴈鳧鷖。皆謂野鳥。非舒鳧舒鴈也。大雅傳曰。鳧、水鳥也。鷖、鳧屬也。然則說文於鳧下舉舒鳧。蓋謂統言可不別。但云舒鳧、則固析言之矣。尋許意不以鳧入鳥部而入九部。此句ㄐ二部之例。鳧之羽短不能飛。故其字從九。豈知野鳧亦短羽而能飛乎。从九鳥。九亦聲。各本作從鳥九聲。今補正。房無切。古音蓋在四部。

文三

寸 十分也。度別於分。忖於寸。禾部曰。十髮爲程。一程爲分。十分爲寸。人手卻一寸動𧖴謂之寸口。从又一。卻猶退也。距手十分動𧖴之處謂之寸口。故字從又一。會意也。周禮注云。脈之大候要在陽明寸口。倉困切。十三部。凡寸之屬皆从寸。

寺 廷也。廴部曰。廷、朝中也。漢書注曰。凡府庭所在皆謂之寺。釋名。寺、嗣也。治事者相嗣續於其內。廣韵。寺者、司也。官之所止有九寺。按經典假寺爲侍。詩瞻卬傳曰。寺、近也。周禮注曰。寺之言侍也。凡禮詩左傳言寺人皆同。若漢西域白馬駝經來初止於鴻臚寺。遂取寺名。初置白馬寺。此名之不正者也。有法度者也。从寸。考工記曰。市朝一夫。注云。方各百步。知天子三朝各方百步。其諸侯大夫之制未詳。步必積寸。爲之言法度字多從寸。又部曰。度、法制也。㞢聲。祥吏切。一部。

將 帥也。帥當作衛。行部曰。衛、將也。二字互訓。儀禮周禮古文衛多作率。今文多作帥。毛詩率時農夫。韓詩作帥。說詳周禮漢讀考。帥者佩巾。漢人假爲率字。率亦衛之假也。許造說文。當是本作將衛也。以自伸其說。經轉寫改竄而非舊矣。後人謂將帥二字去聲與平聲之將入聲之帥別者。古無是說也。毛詩將字故訓特多。大也。送也。行也。養也。齊也。側也。願也。請也。此等或見爾雅。或不見。皆各依文爲義。亦皆就疊韵雙聲得之。如願

請是一義。將讀七羊反。故釋爲請也。將讀卽羊反。故皇矣傳釋爲側。釋言及楚茨傳釋爲齊。齊、徐仙民周禮音蔣細反。皆雙聲也。釋言。將、齊也。郭云。謂分齊也。引詩或肆或將。此甚明畫。或肆蒙或剝言剝之。乃陳於互也。或將蒙或亯言亯之。必劑量其水火及五味之宜。故云齊其肉也。如是乃以祝祭于祊。詩爾雅疏皆不了。故箸之。从寸。必有法度而後可以主之先之。故從寸。醬省聲。卽諒切。十部。

㝷 繹理也。謂抽繹而治之。凡治亂必得其緒而後設法治之。引伸之義爲長。方言曰。尋、長也。海岱大野之閒曰尋。自關而西秦晉梁益之閒凡物長謂之尋。周官之法度廣爲尋。古文禮假尋爲燅。有司徹乃燅尸俎。注。燅、溫也。古文燅皆作尋。記或作尋。春秋傳若可尋也。亦可寒也。案左傳服注。尋之言重也。溫也。論語何注。溫、尋也。互相發明。俗本禮注作燖誤。从工口。从又寸。工口、亂也。又寸、分理之也。彡聲。徐林切。七部。此與𣪘同意。說見𣪘下。度人之兩臂爲尋。八尺也。此別一義。亦因从寸及之。考工記曰。澮廣二尋。

專 六寸簿也。說文無簿有薄。蓋後人易艸爲竹以分別其字耳。六寸薄、蓋笏也。曰部云。囘、佩也。無笏字。釋名曰。笏、忽也。君有命則書其上。備忽忘也。或曰薄可以簿疏物也。徐廣車服儀制曰。古者貴賤皆執笏。卽今手版也。杜注左傳珽、玉笏也。若今吏之持簿。蜀志秦宓見廣漢太守以簿擊頰。裴松之曰。簿、手版也。六寸未聞。疑上奪二尺字。玉藻曰。笏度二尺有六寸。此法度也。故其字從寸。从寸。叀聲。職緣切。十四部。一曰專、紡專。小雅。乃生女子。載弄之瓦。毛曰。瓦、紡專也。糸部紡、網絲也。網絲者、以專爲錘。廣韵曰。鏄、紡錘。是也。今專之俗字作甎塼。以專爲嫥壹之嫥。廣韵曰。擅也。單也。政也。誠也。獨也。自是也。

尃 布也。祭義。溥之而橫乎四海。釋文。溥本或作尃。同芳于反。今刻云或作敷。繆也。集韵韵會可證。說卦傳。震爲尃。鄭、虞、姚皆同。王肅、干寶作尃。干云。花之通名爲鋪。花皃謂之藪。漢書上林賦。布結縷。史記布作尃。徐廣曰。尃古布字。按尃訓布也。非一字。从寸。凡敷𢾕必有法度而後行。故从寸。甫聲。芳無切。五部。

導 導、引也。此複舉字未刪者。經傳

皮　皰　皯

多假道爲導。義本通也。从寸。引之必以法度。道聲。徒皓切。廣韵徒到切。古音在三部。

文七

剝取獸革者謂之皮。剝、裂也。謂使革與肉分裂也。云革者、析言則去毛曰革。統言則不別也。云者者、謂其人也。取獸革者謂之皮。皮、被。被、析也。見木部。因之所取謂之皮矣。引伸凡物之表皆曰皮。凡去物之表亦皆曰皮。戰國策言皮面抉眼。王褒僮約言落桑皮椶。釋名言皮瓠以爲蓄。皆是。从又。又、手也。所以剝取也。爲省聲。符羈切。古音爲皮皆在十七部。凡皮之屬皆从皮。古文皮。从竹者、葢用竹以離之。籒文皮。

面生气也。玉篇作面皮生氣也。玄應書一作面生熱氣也。淮南潰小皰而發痤疽。高曰。皰、面氣也。玄應引作皰。从皮包聲。旁教切。古音在三部。

面黑气也。列子曰。燋然肌色皯黣。从皮干聲。古旱切。十四部。

㼱　𤿺

文三　重二

柔韋也。柔者、治之使韖也。韋、可用之皮也。考工記注曰。蒼頡篇有鞄㼱。从北。鉉曰。從北者、反覆柔治之也。从皮省。謂𠬝也。非耳非瓦。今隸下皆作瓦矣。夐省聲。各本無聲。今補。夐古音在十四部。此省其上下。取冂爲聲也。而兖切。十四部。凡㼱之屬皆从㼱。讀若耎。一曰若雋。雋同俊。人部有俊無雋。古文㼱。从皮省。从人治之。籒文㼱。从夐省。下從皮省。上從夐省。

羽獵韋絝。羽獵見高唐賦、楊雄傳。服虔曰。士卒負羽也。从㼱。柔韋爲絝。灷聲。按火𠬞二部無灷字。而此部有𤿺、人部有倂、舟部有朕、皆從灷聲。然則今本說文奪灷字無疑。其義未聞。其音則倂賸勝騰黱縢幐滕皆在六部。𤿺本音葢在六部。轉入九部也。而隴切。虞書曰。虞書當作唐書。鳥獸褎毛。堯典文。今尚書作氄毛。毛部作䩸。云盛毛也。此作褎。豈彼古文此今文之異與。从朕。从衣。小徐本如是。而注之曰。此亦𤿺字。大徐因倒之云。或從衣從朕。虞書曰鳥獸褎毛。今依小徐者仍舊也。闕疑也。朕聲古在六部。轉入九部。

文二　鉉作文三。　重三　鉉作重二。

攴　啟　徹

小擊也。手部曰。擊、攴也。此云小擊也。同義而微有別。按此字從又卜聲。又者手也。經典隸變作扑。凡尚書、三禮鞭扑字皆作扑。又變爲手。卜聲不改。葢漢石經之體。此手部無扑之原也。唐石經初刻作朴、從木者。唐元度覆按正之、從手是也。豳風八月剝棗。假剝爲攴。毛曰。擊也。音義曰。普卜反。从又卜聲。普木切。三部。凡攴之屬皆从攴。

教也。从攴启聲。康禮切。十五部。論語曰。不憤不啟。述而篇文。

通也。孟子曰。徹者徹也。鄭注論語曰。徹、通也。爲天下通法也。按詩徹彼桑土。傳曰。裂也。徹我牆屋。曰毀也。天命不徹。曰道也。徹我疆土。曰治也。各隨文解之。而通字可以隱栝。古有徹無轍。

敏　敃　敄　敀

从彳。从攴。从育。葢合三字會意。攴之而養育之而行之則無不通矣。毛傳所謂治也。丑列切。十五部。一曰相臣。疑有譌。鉉本無此四字。古文徹。中從鬲。

疾也。釋詁。毛傳同。从攴每聲。眉殞切。古音在一部。生民詩履帝武敏。釋訓敏、拇也。謂敏爲拇之假借。拇、足大指也。古作母。

彊也。釋詁。昬、暋、強也。按說文暋作敃。冒也。則許所據爾雅作敃。強也。昬字從氐省。不從民聲。自俗寫譌。音韵亦亂。玉篇謂敃敃同字是也。从攴民聲。眉殞切。十二部。

彊也。从攴矛聲。亡遇切。古音在三部。

迮也。迮、起也。敀者、起之也。與迫音義同。从攴白聲。博陌切。古音在五部。周書曰。常敀常任。立政篇文。按漢人所用皆作常伯。今尚書作伯。許所據絕異者。壁中古文多假借字也。以敀爲伯。如洪範以玫爲好。顧命以莧爲蔑。牧誓以狟爲桓。皆壁中古文假借。今尚書作伯好蔑桓者。孔安國以今文字讀古文而易之。而漢世言古文尚書者因之。如杜子春、鄭司農讀周禮故書。往往易其

整　效　故　政　𢻫

字。而許叔重、鄭康成多因之。其理一也。杜子春巳改之周禮。其故書古字猶存於鄭注。孔安國巳改之尚書。其壁中古文之字猶存於說文。

整　齊也。齊者、禾麥吐𥝩上平也。引伸爲凡齊之偁。**从攴从束正。正亦聲。**之郢切。十一部。

效　象也。象當作像。人部曰。像、似也。毛詩。君子是則是傚。又民胥傚矣。皆效法字之或體。左傳引詩民胥效矣。是也。彼行之而此效之。故俗云報效、云效力、云效驗。廣韵云。俗字作効。今俗分別效力作効、效法效驗作效。尤爲鄙俚。效法之字亦作爻。繫辭爻法之謂坤。是。亦作殽。禮運殽以降命。是。亦作詨。儀禮注引詩君子是則是詨。是。皆假借也。**从攴交聲。**胡教切。二部。

故　使爲之也。今俗云原故是也。凡爲之必有使之者。使之而爲之則成故事矣。引伸之爲故舊。故曰古故也。墨子經上曰。故所得而後成也。許本之。**从攴。**取使之之意。**古聲。**古慕切。五部。

政　正也。論語孔子曰。政者正也。**从攴正。正亦聲。**之盛切。十一部。

𢻫　敷也。今字作施。施行而𢻫廢矣。施、旗旖施也。經傳多假借。**从攴也聲。讀與施同。**式支切。古音在十七部。

敷　敟　𢿱　數　潄

敷　𢻫也。此與寸部尃音義同。**从攴尃聲。**芳無切。五部。俗作敷。古寸與方多通用。**周書曰。用敷遺後人。**顧命文。

敟　主也。廣韵典字下曰。主也。常也。法也。經也。按凡典法典守字皆當作敟。經傳多作典。典行而敟廢矣。**从攴典聲。**多殄切。十二部。

𢿱　數也。大雅。其麗不億。毛曰。麗、數也。方言作𢿱。亦云數也。葢𢿱是正字。麗是假借字。從麗者麗网也。网网而數之也。**从攴麗聲。**力米切。古音在十六部。曹憲引說文李衣反。葢本音隱。

數　計也。六藝六曰九數。今九章筭術是也。今人謂在物者去聲。在人者上聲。昔人不盡然。又引伸之義分析之音甚多。大約速與密二義可包之。**从攴婁聲。**所矩切。古音在四部。

潄　辟潄鐵也。張協七命。乃鍊乃鑠。萬辟千灌。李注。辟謂疊之。灌謂鑄之。引典論魏太子丕造百辟寶劒。又引王粲刀銘。灌辟以數。質象以呈。按辟者、襞之假借也。潄者、段也。簡取精鐵。不計數摺疊段之。因名爲辟潄鐵也。**从攴**

孜　攽

湅。從攴者、取段意。湅者、瀾也。從湅、取簡擇之意。湅亦聲。郎電切。十四部。

孜　孜孜、二字今補。**汲汲也。**廣雅。孜孜、汲汲、劇也。按汲汲與彶彶同。急行也。**从攴子聲。**子之切。一部。**周書曰。孜孜無怠。**大誓篇文。見詩文王正義引。又見史記周本紀。字作孳孳。按伏生二十八篇本無大誓。民間後得大誓。博士習而讀之。合二十八篇爲二十九篇。司馬遷史記、董仲舒對策、劉向說苑及終軍、班伯、谷永、匡衡、平當奏對多用之。此今文大誓也。孔安國得壁中古文。有大誓三篇古文家馬、鄭、王皆作注。與今文字或異。如流爲雕。馬曰。雕、鷙鳥。此古文大誓作雕之證。尚書大傳、鄭所引禮說、周本紀、董仲舒傳皆作烏。此今文大誓作烏之證。鄭注云。雕當爲雅。雅、烏也。此據今文正古文也。說文此及㲋下所引皆古文大誓也。許作孜、史記作孳。葢亦古文今文之異也。唐孔穎達、賈公彥謂校顚本三篇爲眞古文。則不得不謂馬、鄭、王所注爲今文大誓。詳見古文尚書撰異。

攽　分也。从攴分聲。此形聲包會意。**周書曰。乃惟孺子攽。**雒誥文。今尚書作頒。葢孔安國以今文字易之。周禮亦作頒。當是攽爲正字。頒爲假借字。鄭司農云。頒讀爲班布之班。據許所偁古文則當云頒當爲攽。不爾者、漢時攽字不行也。馬注尚書。頒猶分也。云猶者、頒訓大。大則必分。非可徑訓分也。故云猶。**讀與虨同。**分聲彬聲本皆在十三部。徐仙民於周禮頒音墳。於書音甫云反。是也。音轉入十四部。布還切。

攼　敳　敞　敒

攼　止也。攼扞古今字。扞行而攼廢矣。毛詩傳曰。干、扞也。謂干爲扞之假借。實則干爲攼之假借也。手部曰。扞、忮也。**从攴旱聲。**侯旰切。十四部。**周書曰。攼我于艱。**文侯之命篇文。今作扞。

敳　有所治也。左傳八凱有隤敳。**从攴豈聲。讀若豤。**此十五部、十三部合音也。今音五來切。非是。豤鍇本作墾。

敞　平治高土可㠯遠望也。惟平治故字從攴。後人乃謂高土可以遠望爲敞而昧其本始矣。**从攴尚聲。**昌兩切。十部。

敒　理也。从攴。伸聲。直刃切。十二部。按直刃乃誤同敶音耳。東京賦。振天維。𢱧地絡。𢱧謂申布也。玉篇余忍切。𢱧當是敒之或體。

改 變 更 敕 取 斂 敹

更也。雙聲。从攴已聲。或無聲。誤。古亥切。一部。更也。从攴䜌聲。祕戀切。十四部。改也。更訓改。亦訓繼。不改爲繼。改之亦爲繼。故小雅毛傳曰。庚。續也。用部庸下曰。庚。更事也。列子云。五年之後。心庚念是非。口庚言利害。七年之後。從心之所念。庚無是非。從口之所言。庚無利害。皆假庚爲更。今人分別平去二音。非古也。从攴丙聲。古孟切。又古行切。古音在十部。誡也。言部曰。誡。敕也。二字互訓。小雅毛傳曰。敕。固也。此謂敕卽飭之假借。飭。致堅也。後人用勑爲敕。力部勑。勞也。洛代切。又或從力作勑。一曰。二字今補。臿地曰敕。此別一義。凡植物地中謂之菑。或作傳。事剚鍤。側吏初吏二切。敕與初吏一切正同部雙聲也。臿者今之插字。漢人祇作臿。从攴束。各本有聲。誤。今刪。攴而收束之。二義皆於此會意。非束聲也。恥力切。一部。使也。从攴耴省聲。而涉切。八部。收也。从攴僉聲。良冄切。七部。擇也。粊誓某氏注言當善簡汝甲冑。與許說合。鄭注敹謂穿徹之。从攴宷。各本有聲。誤。今刪。宷或罙字。冒也。從攴宷者。敹其冒昧而擇之。洛蕭切。依今音在二部。周書曰。敹乃甲冑。繫連也。繫當作系。粊誓某氏注云。施汝盾紛。王云。敿盾當有紛繫持之。鄭云。敿猶繫也。按鄭云猶者。鄭意敿是矯拂之僃。矯之而後繫之。非一事也。敿不訓繫。故云猶。許云繫連者。謂繫而連之。秦風龍盾之合。毛云。合而載之。左傳齊子淵捷從泄聲子。射之中盾瓦。繇朐汰輈。七入者三寸。詳傳文。盾正蔽車前。必聯合之以爲車蔽。故云繫連。凡字有專釋經者。敿敿是也。从攴喬聲。周書曰。敿乃干。讀若矯。居夭切。二部。

敿 敆 敶

合會也。見釋詁。今俗云敆縫。从攴合。合亦聲。古沓切。七部。列也。韓詩。信彼南山。惟禹敶之。爾雅。郊外謂之田。李巡云。田。敶也。謂敶列種穀之處。敶者。敶之省。素問注云。敶。古陳字。是也。此本敶列字。後人假借陳爲之。陳行而敶廢矣。亦本軍敶字。冄下云。讀若軍敶之敶是也。後人別製無理之陣字。陣行而敶又廢矣。从攴陳聲。直刃切。廣韵十七眞曰。敶者。陳之古文。古文當作古字。十二部。

敵 救 敓 斁

仇也。仇。讎也。左傳曰。怨耦曰仇。仇者兼好惡之詞。相等爲敵。因之相角爲敵。古多假借適爲敵。襍記。訃於適者。史記。適人開戶。適不及拒。荀卿子。天子四海之內無客禮。告無適也。文子曰。一也者。無敵之道也。按後人取文子注論語曰。敬者主一無適之謂。適讀如字。夫主一則有適矣。乃云無適乎。敬者持事振敬。非謂主一也。淮南書曰。一者。萬物之本也。無適之道也。與文子同。正作敵。从攴啻聲。徒歷切。十六部。止也。論語。子謂冄有曰。女弗能救與。馬曰。救猶止也。馬意救與止稍別。許謂凡止皆謂之救。从攴求聲。居又切。三部。彊取也。此是爭敓正字。後人假奪爲敓。奪行而敓廢矣。周書曰。敓攘矯虔。吕刑篇文。今尚書作奪。此唐天寶衞包所改。凡尚書之字。有古文家改壁中相沿已久者。有衞包肊改者。皆可分別考而知之。詳見古文尚書撰異。唐人尚用敓字。陸宣公集有敓斁是也。从攴兌聲。徒活切。十五部。解也。此與釋音義同。後人區別之。从攴睪聲。羊益切。古音在五部。詩曰。服之無斁。周南文。斁。厭也。見釋詁毛傳。按此三字釋所引詩之斁。以別於上文解訓。此全書之一例也。厭同猒。飽也。經典亦假射爲斁。一曰終也。此別一義。

赦 攸

置也。网部曰。置。赦也。二字互訓。赦與捨音義同。非專謂赦罪也。後捨行而赦廢。赦專爲赦罪矣。从攴赤聲。始夜切。古音在五部。赦或从亦。亦聲。古音在五部。行水也。戴侗曰。唐本作水行攸攸也。其中從巛。按當作行水攸攸也。行水順其性則安流攸攸而入於海。衞風傳。滺滺。流皃。是也。作滺者俗變也。左傳說火曰。鬱攸從之。蒙葺公屋。火之行如水之行。故曰鬱攸。大雅曰。爲韓姞相攸。釋言。攸。所也。水之安行爲攸。故凡可安爲攸。又借爲逌字。逌。气行皃。水行之攸。气行之逌。皆主和緩。故或用攸。或用逌。从攴。从人。取攴引導之意。人謂引導者。水省。以周切。三部。秦刻石嶧山。句。石文攸字如此。人省水。不省。嶧山石文。史記不載。其文曰。登于繹山。羣臣從者。咸思攸長。今作攸者。傳刻失眞也。又史記

攺　敉　侎　敡　敦

載會稽石文曰。皇帝休烈。平一海內。德惠脩長。小司馬云。王劭按張徽所錄會稽南山秦始皇碑文。脩作攸。葢其字亦作浟也。用此知小雅大雅毛傳皆云脩長也。經文脩字皆攸之假借。本作攸。後改耳。釋詁。永悠迥違遐也。悠當作攸。

攺　撫也。从攴亡聲。讀與撫同。亡在九部。無在五部。古借亡爲無。故改讀如撫也。芳武切。

敉　撫也。見釋言。从攴米聲。周書曰。亦未克敉公功。雒誥文。讀若弭。綿婢切。十六部。按米聲十五。弭十六。此合音也。

侎　敉或从人。

敡　侮也。此與人部傷義略同。从攴从易。易亦聲。以豉切。十六部。

⿰韋攴　戾也。王注離騷曰。緯繣、乖戾也。廣雅釋訓曰。緯繣、乖剌也。廣韵廿一麥曰。徽繣、乖違也。說文無繣。緯徽皆⿰韋攴之假借也。从攴韋聲。羽非切。十五部。

敦　怒也。詆也。一曰誰何也。皆責問之意。邶風。王事敦我。毛曰。敦、厚也。按心部惇、厚也。然則凡云敦厚者皆假敦爲惇。此字本義訓責問。故從攴。誰何見言部。从攴𦎫聲。

三篇下　卅七

⿰羣攴　敗　⿰𤔔攴　寇　⿰蚩攴　敷　敜

都昆切。十三部。

⿰羣攴　朋侵也。从羣攴。羣、朋也。攴、侵也。羣亦聲。渠云切。十三部。

敗　毀也。从攴貝。會意。貝亦聲。薄邁切。十五部。賊敗皆从貝。二字同意。古者貨貝。故從貝會意。戈部云。賊從戈則聲。與此不合。

𣀕　籒文敗从賏。從二貝也。老子曰。多藏必厚亡。

𢿢　煩也。煩、熱頭痛也。引伸爲煩亂。按𢿢與𤔔部𤔔、乙部亂、言部䜌音義皆同。煩曰𢿢。治其煩亦曰亂也。从攴𤔔聲。郎段切。十四部。

寇　暴也。暴當是夲部之暴。暴疾之字。引伸爲暴亂也。从攴完。此與敗賊同意。苦候切。四部。

⿰蚩攴　刺也。刺各本作刺。今按⿰蚩攴與擨雙聲。定作刺。七迹切。从攴蚩聲。豬几切。按几當作已。古音在一部。

敷　閉也。杜門字當作此。杜行而敷廢矣。丹部引周書。惟其敷丹雘。此假敷爲塗也。从攴度聲。讀若杜。徒古切。五部。

剫　敷或从刀。按刀部剫、判也。則此當刪。

敜　塞也。粊誓某氏注云。窒敜之。按士喪禮。綦人涅廁注。涅、塞也。葢敜其本字。涅其假借字也。

⿰畢攴　收　鼓

異部雙聲相假借。故敜亦音乃結反。从攴念聲。奴叶切。七部。周書曰。敜乃穽。

⿰畢攴　⿰畢攴、此複舉字之僅存者。盡也。事畢之字當作此。畢行而⿰畢攴廢矣。畢、田网也。从攴畢聲。卑吉切。十二部。

收　捕也。手部曰。捕、取也。从攴丩聲。式州切。三部。

鼓　擊鼓也。从攴壴。壴者鼓之省。攴者擊。壴亦聲。壴古音在四部。矦韵。尤矦之入聲爲屋沃燭。讀若屬。鉉本無此三字。非也。屬之欲切。故鼓讀如豰。與擊雙聲。大徐以其形似鼓。讀公戶切。刪此三字。其誤葢久矣。玉篇云之錄切。擊也。此顧氏原文。云又公戶切。此孫強所增也。佩觿云鼓之錄工五二切。沿孫之繆。至廣韵乃姥韵有鼓而燭韵無鼓。至集韵類篇乃以朱欲殊玉二切歸之從豈聲之鼓字。而不知二切皆本說文鼓讀如屬。鼓安得有此二切也。皆由沿襲徐鉉。遂舛誤至此。至乎南宋毛晃。又云鼓舞字從攴。與鐘鼓字不同。岳珂刊九經三傳。凡鼓瑟、鼓琴、鼓鐘于宮、弗鼓弗考、鼓之舞之皆分別作鼓。經典釋文、五經文字、九經字樣、開成石經皆無此例也。周禮小師掌教鼓鼗柷敔

三篇下　卅八

攷　敂　攻　敲　豛

塤簫管弦歌。注云。出音曰鼓。按鼓、郭也。故凡出其音皆曰鼓。若鼓訓擊也。鼗柷敔可云鼓。塤簫管弦歌可云鼓乎。亦由鼓切公戶。寖成異說。滅裂經字。以至於此。

攷　敂也。唐風。子有鐘鼓。弗擊弗考。毛曰。考亦擊也。攷引伸之義爲攷課。周禮多作攷。他經攷擊攷課皆作考。假借也。攷敂疊韵。从攴丂聲。苦浩切。古音在三部。

敂　擊也。周禮。凡四方之賓客敂關。宋書山居賦。敂弦郎江賦之叩舷也。舟底曲如弓。故其上曰弦。自扣叩行而敂廢矣。手部扣、牽馬也。無叩字。从攴句聲。讀若扣。苦候切。四部。

攻　擊也。考工記。攻木攻皮攻金注曰。攻猶治也。此引伸之義。从攴工聲。古洪切。九部。

敲　橫擿也。擿今之擲字。橫擿、橫投之也。左傳。奪之杖以敲之。釋文曰。說文作𣪘。此謂左字當作𣪘也。橫投不必以杖。又按公羊傳以斗摮而殺之。何云。摮猶擊也。摮謂旁擊頭項。摮卽敲字。摮卽敲字。其字義異。故云猶。擿或作樀。誤。从攴高聲。口交切。二部。

豛　擊也。此與木部椓音義皆同。从攴豖聲。竹角切。三部。

𢻮 𢼄 斀

𢻮放也。放部曰。逐也。廣韵曰。數曲侵。从攴𡉀聲。迂往切。十部。𢼄坼也。从攴。攴可剖物。故從攴。从厂。厂之性坼。山石之厓巖多坼裂。故從厂。果孰有味亦坼。故从未。各本故謂之𢼄、从未聲。衍四字。此說從未之意。非說形聲。未與𢼄不爲聲也。未下曰。味也。六月滋味也。制下曰。從刀從未。未、物成有滋味可裁斷也。未卽味。此云果孰有味亦坼故從未。正同。果坼者。如左思賦云𢾓栗罅發、石榴競裂也。此合三字會意。許其切。一部。斀去陰之刑也。斀、斲也。大雅。昏椓靡共。鄭云。昏、椓皆奄人也。昏其官名也。椓、毀陰者也。此假椓爲斀也。从攴蜀聲。竹角切。三部。周書曰。刖劓斀黥。呂刑篇文。刖當作刵。尚書正義曰。賈、馬、鄭古文尚書劓刵劅剠。大小夏侯歐陽尚書作臏宮劓割頭庶剠。按賈、馬、鄭皆作刵。許必同。釋文及正義卷二皆云劓刵。本篇正義作刵劓。唐初本固不同耳。斀黥據正義賈、馬、鄭作劅剠。劅同斀。剠同黥。衞包因正義云劅椓人陰乃易爲椓字。而不知斀、椓字義之不同。椓、擊也。去陰不可

敯 敔 敤

云椓。敯冒也。今本爾雅。昏、敯強也。般庚。不昏作勞。鄭注。昏讀爲敯。敯、勉也。似鄭所據爾雅與今本亦不同。康誥。敯不畏死。孟子作閔。立政。其在受德敯。心部作忞。昏聲文聲同部。从攴昏聲。眉殞切。十三部。按昏從氐省。不從民。凡昏旁作昏者誤。詳日部。周書曰。敯不畏死。敔禁也。與圉禦音同。釋言。禦、圉、禁也。說文。禦訓祀。圉訓囹圄所以拘罪人。則敔爲禁禦本字。禦行而敔廢矣。古假借作御、作圉。一曰樂器。椌楬也。形如木虎。按此十一字後人妄增也。樂記椌楬。注謂柷敔也。椌謂柷。楬謂敔。柷形如桼桶。敔狀如伏虎。不得併二爲一。木部椌云柷樂也。楬下不云敔。云樂者。敔取義於遏。楬爲遏之假借耳。敔者所以止樂。故以敔名。上云禁也。已包此物。無庸別舉。用此知凡言一曰者。或經淺人增竄。从攴吾聲。魚舉切。五部。敤研治也。从攴果聲。苦果切。十七部。舜女弟名敤首。古今人表上下等。敤手、舜妹。顏云。流俗本作擊者。合敤手二字譌爲一字也。按列女傳云。舜之女弟繫。則又擊之譌矣。首手古

鈙 𢿊 畋 攺 敘 𢽾 𢿁

同音通用。鈙持也。雙聲。此與捦義略同。从攴金聲。讀若琴。巨今切。七部。𢿊棄也。鄭風。毛傳曰。𢿊、棄也。許本毛也。鄭乃讀爲醜。从攴𠷎聲。𠷎口部作𠷎。誤。市流切。三部。周書吕爲討。此言假借也。今尚書周書中無討字。惟虞書咎繇謨云。天討有罪。疑周當作虞。討古音在三部。詩曰。無我𢿊兮。釋文曰。䰻本亦作𢿊。畋平田也。齊風。無田甫田。上田卽畋字。从攴田。田亦聲。待年切。十二部。周書曰。畋尒田。多方篇文。攺毅攺、逗。大剛卯吕逐鬼魅也。見殳部。从攴巳聲。讀若巳。余止切。一本作古亥、非。一部。巳小徐作㠯。敘次弟也。咎繇謨曰。天敘有典。釋詁曰。舒業順敘緒也。古或假序爲之。从攴余聲。徐呂切。五部。𢽾毀也。从攴卑聲。辟米切。十六部。𢿁戰也。按戰下當云戰𢿁毀也。𢿁下當云戰𢿁也。此全書之例。多爲淺人亂之。篇韵皆連舉戰𢿁字。知爲疊韵無疑。廣韵云。戰𢿁、擊聲也。从

牧 敕 𢿍 𢾂

攴兒聲。五計切。當依篇韵五禮切。十六部。牧養牛人也。左傳曰。馬有圉。牛有牧。引伸爲牧民之牧。从攴牛。會意。莫卜切。古音在一部。詩曰。牧人乃夢。小雅文。敕擊馬也。所以擊馬者曰箠。亦曰策。以策擊馬曰敕。策專行而敕廢矣。从攴朿聲。楚革切。十六部。𢿍小舂也。臼部言舂者三字。此云小舂。謂稍舂之。廣雅言舂者十一字。有𢿍字。𢿍亦作䴬。从攴算聲。初絭切。十四部。𢾂䊜田也。玄應書卷六曰。三蒼。𢾂、相擊也。卷十三曰。敲、蒼頡訓詁作𢾂。同苦交切。下擊也。說文。橫檛也。擊頭也。據此則說文本無𢾂字。後人增之。其訓蓋本作擊也。擊者。旁擊也。一譌爲𢾂。再譌又衍田。莫能通矣。李仁甫本尚無田字。篇韵皆云𢾂、擊也。从攴堯聲。牽遙切。廣韵苦幺切。二部。

文七十八宋本作七十七。按古無肇敳二字。敳者。土部壞之籀文。肇者。戈部肇之俗字。玉篇云。肇俗肇字。五經文字云。肇作肇譌。可證也。經典釋文開成石經。肇皆從戈。近經典皆改從攴。妄人竄入說

教　斆

文甚矣。此書攷正之不可緩也。今刪二字。以還古實七十六字。重六

教上所施下所效也。教效疊韵。**从攴孝。**孝見子部。效也。上施故从攴。下效故从孝。古孝切。二部。**凡教之屬皆从教。**𢼄**古文教。**右从古文言。𢼃**亦古文教。**從攴從爻。

斆覺悟也。斆覺疊韵。學記曰。學然後知不足。知不足然後能自反也。按知不足所謂覺悟也。記又曰。教然後知困。知困然後能自強也。故曰教學相長也。兌命曰。學學半。其此之謂乎。按兌命上學字謂教。言教人乃益己之學半。教人謂之學者。學所以自覺。下之效也。教人所以覺人。上之施也。故古統謂之學也。枚頤僞尚書說命上字作斆。下字作學。乃巳下同玉篇之分別矣。**从教冂。**會意。**冂**逗。**尚矇也。**冂下曰。覆也。尚童矇。故教而覺之。此說從冂之意。詳古之製字作斆从教。主於覺人。秦以來去攵作學。主於自覺。學記之文。學教分列。巳與兌命統名爲學者殊矣。**臼聲。**胡覺切。三部。後人分別斆胡孝反。學胡覺反。

學篆文斆省。此爲篆文。則斆古文也。亦丄部之例。

文二　**重三**鉉本作二。誤。

卜　卦　叶

卜灼剥龜也。火部。灼灸也。刀部。剥裂也。灼剥者。謂灸而裂之。灼雙聲。剥疊韵。**象灸龜之形。**直者象龜。橫者象楚焞之灼龜。**一曰象龜兆之縱衡也。**字形之別說也。博木切。三部。**凡卜之屬皆从卜。**卜**古文卜。**

卦所㠯筮也。所以二字各本刪之。今補。**从卜圭聲。**古壞切。按當從廣韵古賣切。十六部。

叶卜㠯問疑也。左傳曰。卜以決疑。不疑何卜。問疑故從口。俗作乩。**从口卜。**當作卜口。卜而以口問也。凡此等未能盡正。學者於此例之。可以三隅反矣。**讀與稽同。**古兮切。十六部。按小徐曰。尚書曰明用叶疑。今文借稽字。徐語肊說耳。尚書無作叶疑者。卽有之。亦陸氏所謂穿鑿之徒務欲立異者也。大徐乃於同下沾書云叶疑四字。疑惑後生。其亦妄矣。

貞　𠧩

貞卜問也。大卜。凡國大貞。大鄭云。貞問也。國有大疑問於蓍龜。後鄭云。貞之爲問。問於正者。必先正之。乃從問焉。易師貞丈人吉。**从卜貝。**會意。**貝**逗。此字今補。**㠯爲贄。**說從貝之意。**一曰鼎省聲。京房所說。**一說是鼎省聲。非貝字也。許說從貝。故鼎下曰貞省聲。京說古文以貝爲鼎。故云從卜鼎聲也。陟盈切。十一部。

𠧩易卦之上體也。今尚書左傳皆作悔。疑𠧩是壁中古文。孔安國以今文讀之。易爲悔也。或曰據許則小篆有此字。玉裁謂不然。許書以先小篆後古文爲正例。以先古文後小篆爲變例。昜爲先古文也。於其所從系之也。如斆者古文。學者小篆。斆從教則必先之。埶然也。然則𠧩本古文非小篆。因其從卜則系之卜部。亦埶然也。不曰篆文作悔。亦不於心部悔下列𠧩云古文悔者。本非一字也。小篆無𠧩。而壁中古文有𠧩。不可以不存之於卜部。凡其存尚書古文之例如此。鄭注尚書云。悔之言晦。晦猶終也。**商書曰。**曰字今補。**曰貞曰𠧩。**謂洪範也。按左傳三引洪範。說文五引。皆云商書。馬鄭本皆不如是。蓋今文尚書說與許。謂堯典唐書。咎繇謨虞書。禹貢夏書。皆今文說也。而三引微子。兩云周書。一云商書。疑商系周誤。蓋今文家以微子系周書。以洪範系商書。豈微子歸周故周之。箕子不臣。故商之。與春秋時卿大夫所習洪範皆商書。則今文家說。古說也。乃**从卜每聲。**荒內切。古音在一部。

占　卲　兆

占視兆問也。周禮占人注曰。占著龜之卦兆吉凶。又占人掌占龜注曰。占人亦占簭。言掌占龜者。簭短龜長。主於長者。此云視兆問。亦專謂龜卜。**从卜口。**職廉切。七部。按上文叶字疑占之變體。後人所竄入。

卲卜問也。疑此卽後人杯珓字。後人所增。**从卜召聲。**市沼切。廣韵又音照。二部。

𠧞灼龜坼也。周禮注曰。兆者。灼龜發於火。其形可占者。其象似玉瓦原之璺罅。是用名之焉。按凡曰朕兆者。朕者如舟之縫。兆者如龜之坼。皆引伸假借也。**从卜𠔁。象形。**治少切。二部。𠔁**古文𠧞省。**按古文祇爲象形之字。小篆加卜。非古文減卜也。廣韵曰。𠧞灼龜坼。出文字指歸。兆治小切。引說文分也。分也之訓見八部𠔁下。𠧞出說文。則不得云出文字指歸。

蓋古本說文卜部無𠂹兆字。八部𠔁字卽龜兆字。今𠔁音兵列切。卜部𠂹中多一筆以殊於𠂹。皆非古也。玉篇卜部之外。別爲兆部。云兆、事先見也。形也。𠂹同上。假令顧氏所據說文早同今本。何爲作此紛更乎。是必說文無兆而增此一部。曉然。據篇韵以正說文。可無疑矣。尋此字之原委。蓋由虞翻讀尚書分𠂹三苗爲𠂹。云𠂹古別字。由是信之者讀說文八部之𠂹爲兵列切。又增竄八亦聲於說解中。而說文乃無龜兆字矣。說文無龜兆字。梁顧氏作玉篇乃增兆部於卜部之後。隨曹憲作文字指歸。乃又收𠂹爲龜兆字。而改竄說文者。乃於卜部增𠂹爲篆文。兆爲古文。又恐其形之溷於八部也。乃加增一筆以殊之。紕繆之由。歷歷可見。前注八部未能了然。後之學者依此說而刪定可也。○又按集韵類篇皆引說文𠂹古省。或作𠂹。臣光曰。按𠂹兵列切。重八也。𠂹古當作𠂹。是則勉強區分。蓋由司馬公始。徐錯徐鉉丁度等皆作𠂹。司馬公所襲者夏竦輩之書也。

文八　重二

用　可施行也。从卜中。衞宏說。卜中則可施行。故取以會意。余訟切。九部。凡用之屬皆从用。用　古文用。

甫　男子之美偁也。春秋。公及邾儀父盟于蔑。穀梁傳曰。儀字也。父猶傅也。男子之美稱也。士冠禮字辭曰。伯某甫。仲叔季惟其所當。注。伯仲叔季。長幼之稱。甫是丈夫之美稱。按甫者男子美偁。某甫者。若言尼甫、嘉甫、孔甫。謂之且字。且者、薦也。五十以伯仲。乃謂之字。以下一字爲伯仲叔季之薦。故曰且字也。甫則非字。凡男子皆得偁之。以男子始冠之偁。引伸爲始也。又引伸爲大也。从用父。可爲人父也。父亦聲。錯本無。方矩切。五部。士冠禮甫作父。他經某甫之甫亦通用父。同音假借也。

庸　用也。疊韵。从用庚。會意。余封切。九部。庚、更事也。庚更同音。說從庚之意。易曰。先庚三日。巽九五爻辭。先庚三日者。先事而圖更也。引以證用庚爲庸。與䕻寷引易同意。說見艸部䕻下。

葡　具也。具供置也。人部曰。備、愼也。然則防備字當作備。全具字當作葡。義同而略有區別。今則專用備而葡廢矣。从用。苟省。苟、己力切。自急敕也。敕、誡也。此會意。平祕切。古音在一部。苟亦聲也。

甯　所願也。此與丂部寧音義皆同。許意寧爲願詞。甯爲所願。略區別耳。二字古皆平聲。故公孫寧儀行父。公羊作公孫甯也。漢郊祀歌。穰穰復正直往甯。師古曰。言獲福既多。歸於正道。克當往日所願也。甯音寧。从用。寧省聲。此不云寍省聲。云寧省聲者。以形聲包會意也。乃定切。十一部。隸變作寗非。

文五　重一

爻　交也。疊韵。繫辭曰。爻也者。效天下之動者也。象易六爻頭交也。胡茅切。二部。凡爻之屬皆从爻。

棥　藩也。艸部曰。藩、屏也。按齊風。折柳樊圃。毛曰。樊、藩也。棥者、樊之假借。藩今人謂之籬笆。籬說文作杝。通俗文曰。柴垣曰欐。木垣曰柵。字作欐。六朝人謂之援。謝靈運云。激流植援是也。从爻林。會意。附袁切。十四部。詩曰。營營青蠅。止于棥。小雅文。營營、言部引作謍謍。棥今詩作樊。毛曰。樊、藩也。三章曰榛。所以爲藩也。

文二

㸚　二爻也。二爻者。交之廣也。以形爲義。故下不云從二爻。珏、𠎝、疑皆此例。無庸補從二玉、從二余也。玉篇力爾切。廣韵力紙切。云㸚、尒布明白。象形也。此附合爾之同韵爲音。大徐力几切。凡㸚之屬皆从㸚。

爾　麗爾、逗。猶靡麗也。麗爾古語。靡麗漢人語。以今語釋古語。故云猶。毛傳云。糾糾猶繚繚也。摻摻猶纖纖也。是此例也。後人以其與汝雙聲。假借爲爾汝字。又凡訓如此、訓此者。皆當作尒。乃皆用爾。爾行而尒廢矣。从冂㸚。句。㸚、其孔㸚㸚。依韵會訂。冂莫狄切。幎其外也。㸚㸚猶歷歷也。从尒聲。兒氏切。周時在十五部。漢時在十六部。此與爽同意。爽之從大。猶爾之從冂。惟爽不諧聲耳。

爽　明也。爽本訓明。明之至而差生焉。故引伸訓差也。朝旦之時。半昧半明。故謂之早昧爽。日部曰。

昧爽，旦明也。昧之字，三蒼作曶。云曶爽，早朝也。司馬相如傳云：疏逖不閉，曶爽得耀乎光明。今本多誾昧二字，乃用注家語益之耳。从㸚大。其孔㸚㸚，明之露者。大，盛也。疏兩切。十部。爽 篆文爽。此字淺人竄補，當刪。爽之作爽，奭之作奭，皆隸書改篆，取其可觀耳。淺人補入說文，云此爲小篆。从㸚既同，何不先篆後古籀乎。凡若此等，不可不辨。

文三　重一　當刪。

五十三部　宋本三作五。　文六百三十七　宋本無七。　重百四十三

凡八千六百八十四字　此弟三篇都數。

說文解字弟三篇下

江都汪喜孫校字

說文解字第四篇上

金壇段玉裁注

旻　旻 舉目使人也。此與言部訹音同義亦相似。項羽本紀：梁眴籍曰：可行矣。籍遂拔劍斬首頭。然則眴同旻也。目部曰：旬，目搖也。謂有目搖而不使人者。从攴目。動其目也。會意。凡旻之屬皆从旻。讀若颰。火劣切。十五部。

敻　敻 營求也。營求者，圜帀而求之也。帀而求之，則不遐遺矣。故引伸其義爲遠也。韓詩于嗟敻兮，云遠也。毛詩作洵，異部假借字。从旻人在穴。謂舉目使人之人臨穴也。合三字會意。朽正切。按古音在十四部。招寃挂曲瓊些，與寒湲蘭筵韵。䡒字敻聲，角部觼或作鐍，皆可證。商書曰：高宗夢得說，使百工營求得之傅巖。書序文。巖，穴也。此引書序釋之，以說从穴之意。營求而得諸穴，此字之所以从旻人在穴也。與引易先庚三日說庸从庚之意同。鉉本改營求爲敻求，誤甚。山部云：巖，岸也。此云穴也者，广部曰：山石之厓巖人可居也。

閿　閿 低目視也。低，各本低。按人部無低，日部曰：氐者，下也。从旻門聲。無分切。十三部。俗作閺。弘農湖縣有閿鄉。後漢書鄭興客授閿鄉，注曰：閿建安中改作聞。汝南西平有閿亭。

𡙡　𡙡 大視也。廣韵作皃也。从大旻。讀若齤。況晚切。廣韵巨貟切。十四部。

文四

目　目 人眼也。象形。重、童子也。象形，總言之。嫌人不解二，故釋之曰：重其童子也。釋名曰：瞳，重也。膚幕相裹重也。子，小稱也。主謂其精明者也。或曰眸子。眸，冒也。相裹冒也。按人目由白而盧，童而子，層層包裹，故重畫以象之，非如項羽本紀所云重瞳子也。目之引伸爲指目、條目之目。莫六切。三部。凡目之屬皆从目。㒺 古文目。口象面，中象眉目。江沅曰：外象匡，內象𧺛目。

眼　眼 目也。釋名

⿰目睘　眩　眥　䀹　⿰目縣　瞦　矏　⿱非目　⿱臤目　睅　⿰目爰　瞞　睴

眼、限也。瞳子限限而出也。从目。艮聲。五限切。古音在十三部。

⿰目睘 兒初生蔽目者。蔽目二字各本作瞥。今依篇韵正。蔽目謂外有物雍蔽之。非牟子之翳也。从目。瞏聲。方辯切。十四部。讀若告之謂調。語有譌奪。鉉遂刪之。

眩 目無常主也。孟子引書。若藥不瞑眩。方言。凡飮藥而毒。東齊謂之瞑眩。漢書借爲幻字。犛軒眩人是也。二字音義皆相似。从目。玄聲。黃絢切。十二部。

眥 目匡也。謂目之匡當也。木部曰。槶、匡當也。字林作目厓。从目。此聲。在詣切。十五十六部。

䀹 目旁毛也。玄應曰。睫、說文作䀹。釋名作⿺走疌。云。捷、接也。插於目眶而相接也。按大鄭周禮注云。無目眹謂之瞽。有目眹而無見謂之矇。眹或作眏。無眏有眏、卽無眹有眹也。从目。夾聲。子葉切。八部。

⿰目縣 盧童子也。方言。矑童之子謂之⿰目縣。宋衞韓鄭之閒曰鑠。按方言矑字當是⿰目縣之字誤。郭釋爲緜邈。云與上文顯同。非也。緜邈可言目而不可言子。盧童子者、方言所謂矑瞳之子也。盧、黑也。俗作矑。有單言矑者。甘

泉賦。玉女無所眺其清矑。是也。童、重也。膚幕相裹重也。子、小稱也。主謂其精明者也。居取中如縣然。故謂之⿰目縣。从目。縣聲。胡畎切。又胡涓切。十四部。

瞦 目童子精瞦也。當作曰瞦也。精謂精光也。俗作睛。从目。喜聲。讀若爾雅禧福。禧、福也。見爾雅釋詁。許其切。一部。

矏 目旁薄緻宀宀也。矏宀疊韵。自部曰。宀宀不見。按宀宀、微密之皃。目好者必目旁肉好。乃益見目好。矏蓋卽方言之顯。釋言曰。矏、密也。引伸爲凡密之偁也。从目。臱聲。形聲包會意。武延切。十四部。

⿱非目 大目也。从目。非聲。芳微切。十五部。

⿱臤目 大目也。从目。臤聲。侯簡切。古音在十二部。

睅 大目也。左傳宋城者謳曰。睅其目。杜曰。睅、出目。从目。旱聲。戸版切。十四部。按鉉本補睆篆。云或睅字。

⿰目爰 大目也。从目。爰聲。況晚切。十四部。

瞞 平目也。平目對出目、深目言之。今俗借爲欺謾字。从目。㒼聲。母官切。十四部。

睴 大目出也。目本大而

⿰目爰　瞞　睴

矕　睔　盼　盰　眅　睍　矔　瞵　窅

又出其目也。考工記。望其轂欲其眼也。注。眼出大皃也。陸云。魚懇反。按此鄭謂眼爲睴之假借也。从目。軍聲。古鈍切。十三部。

矕 目矕矕也。廣雅曰。矕、視也。馬融傳。右矕三塗。左概嵩嶽。此廣雅義也。班固荅賓戲。矕龍虎之文。孟康蘇林皆曰。矕、被也。此雙聲之假借也。从目。䜌聲。武版切。十四部。

睔 目大也。从目。侖聲。古本切。十三部。春秋傳有鄭伯睔。見襄二年。三傳皆同。古今人表作鄭成公綸。顏曰。工頑反。又有泠淪。服虔曰。淪音鰥。皆音之轉也。

盼 白黑分也。玄應書引如此。詩曰。美目盼兮。見衞風。毛曰。盼、白黑分也。韓詩云。黑色也。馬融曰。動目皃。按許从毛。从目分聲。此形聲包會意。从毛則以目分會意也。匹莧切。古音在十三部。按盼眄盻三字形近。多互譌。不可不正。

盰 目白皃。依玉篇訂。从目。干聲。古旱切。十四部。

眅 多白眼也。多白眼見說卦傳。从目。反聲。普班切。十四部。春秋傳曰。鄭游眅字子明。見左傳襄

廿二年。釋文。古本五經文字。開成石經皆从目。今俗本从日。誤。戰國策田瞀。高注。瞀讀鄭游眅之眅。姚宏曰。瞀恐是眅。瞀同眅。

睍 目出皃也。依玄應訂。考工記曰。深其爪出其目。邶風睍睆黃鳥。毛曰。睍睆、好皃。韓詩有簡簡黃鳥。疑毛作睍睆。韓作簡簡。睆說文無。詩禮記有。詩古本又多作睆。杜林傳云。實皃。大東傳云。明星皃。檀弓注云。刮節目。又許注淮南曰。睆謂目內白翳也。大徐謂睆爲或睅字。从目。見聲。胡典切。十四部。

矔 目多精也。矔之言灌注也。从目。雚聲。古玩切。十四部。益州謂瞋目曰矔。此別一義。方言曰。梁益之閒瞋目曰矔。轉目顧視亦曰矔。左傳宋大夫鱗矔。

瞵 目精也。吳都賦。鷹瞵鶚視。射雉賦。瞵悍目以旁睞。徐爰曰。瞵、視皃。从目。粦聲。力珍切。十二部。

窅 深目皃。皃字依玉篇正。靈樞經。按其腹窅而不起。漢禮樂志。窅窊桂華。蘇林曰。窅音窅胅之窅。按窅胅卽今坳突字。玄應云。倉頡篇作容窊。上烏交切。墊下也。下徒結切。突也。葛洪字苑上作凹。陷也。下作凸。起也。容窊、凹凸。許皆不收。然則許用窅胅也。

孟康云。窅出宊入。盖對宊言之。則訓窅爲出。如徂之爲存。苦之爲快。从穴中目。烏皎切。二部。

眊 目少精也。孟子。胷中不正則眸子眊焉。趙曰。眊者、蒙蒙目不明之皃。廣雅。眊眊思也。謂思勞而目少精也。或作毣毣。从目毛聲。亡報切。二部。虞書耄字从此。按虞書無耄字。僞大禹謨有之。非許所知也。惟商書微子、周書呂荆皆有耄。呂荆耄荒。周禮注引作秏荒。漢荆法志作眊荒。漢書多以眊爲耄。豈許所據書作眊與。當云尚書耄字如此。此爲假借。

矘 目無精直視也。後漢梁冀傳。洞精矘眄。注引說文目睛直視。按章懷因既曰洞精。遂改易說文爲目睛直視。非也。洞精者謂其目精洞達。矘眄者謂其流眄矘睵。此固不妨竝行。遠游曰。旹曖曃其曭莽。王曰。日月晻黮而無光也。矘睵猶曭莽。从目黨聲。他朗切。十部。

睒 暫視皃。大玄曰。酒作失德。鬼睒其室。此與高明之家、鬼瞰其室語同也。吳都賦。踶跂乎紭中。忘其所以睒暘。江賦。猸獺睒瞲乎厱空。从目炎聲。失冉切。八部。讀若白蓋謂之苫相似。謂讀與爾雅釋器之苫字音略同也。

瞯 吳楚謂瞋目、顧視曰瞯。方言。矔、瞯、轉目也。梁益之閒瞋目曰矔。轉目顧視亦曰矔。吳楚曰瞯。按瞋目顧視是二事。梁益皆曰矔。吳楚皆曰瞯也。从目。同聲。徒弄切。九部。

⿰目必 直視也。从目必聲。讀若詩云泌彼泉水。邶風文。今詩作毖。泌之假借也。釋文云。韓詩作祕。說文作⿰目必。陸氏此語葢誤。鉉本作泌。乃古本也。兵媚切。十五部。

瞴 瞴婁、逗。疊韵。微視也。篇韵婁作瞜。从目無聲。莫浮切。古音在五部。

⿰目幵 蔽人視也。鍇曰。映人而視也。从目幵聲。讀若攜手。苦兮切。按廣韵戶圭切。十六部。一曰直視也。

⿱幵目 ⿰目幵目或在下。

晚 晚賢、逗。目視皃。从目。免聲。武限切。十四部。

眂 視皃也。馬融長笛賦。特麏昏髟。李曰。昏、視也。髟、振髴也。按昏眂一字也。與眂別。眂古文視。氏聲。在十五部。眂、氏聲。在十六部。宋元以來尟有知氏氏之不可通用者。从目氏聲。

承言切。李善昌夷切。廣韵眂眂役目也。是支切。按古音在支紙韵。

睨 衺視也。左傳。余與褐之父睨之。中庸。睨而視之。从目兒聲。研計切。十六部。

䁤 氐目視也。从目冒聲。亡保切。古音在三部。周書曰。武王惟䁤。君奭篇文。今書作冒。葢古文以冒爲冒也。

眓 視高皃。豁目字當作此。从目戉聲。呼括切。十五部。讀若詩曰施罛濊濊。許四引衞風此句。而此與罛下作濊濊不誤。水部作濊濊。大部作濊濊。宋刻濊濊皆誤也。說詳水部濊下。

眈 視近而志遠。謂其意湥沈也。馬云。虎下視皃。从目冘聲。丁含切。八部。易曰。虎視眈眈。頤六四爻辭。

⿺延目 相顧視而行也。从目从延。延亦聲。于線切。廣韵以然切。十四部。

盱 張目也。張載注魏都賦盱衡曰。眉上曰衡。盱、舉眉大視也。釋詁。盱、憂也。此引伸之義。凡憂者亦有張目直視者也。毛詩卷耳曰。盱、憂也。何人斯都人士皆無傳。然則三詩皆作盱。訓憂。今卷耳作吁。誤也。鄭箋盱爲病。又憂之引伸之義。从目亐聲。況于切。五部。一曰朝鮮謂盧童子曰盱。方言。驢瞳之子。燕代朝鮮洌水之閒曰盱。或謂之揚。

瞏 目驚視也。唐風毛傳曰。瞏瞏無所依也。許不从毛者、許說字非說經也。製字之本義則尒。於从目知之。从目袁聲。渠營切。按袁聲當在十四部。毛詩與青姓韵。是合音也。詩曰。獨行瞏瞏。

⿰目亶 視而不止也。不字依廣韵補。从目。亶聲。旨善切。十四部。

⿰目勿 目冥遠視也。冥當作瞑。目雖合而能遠視也。从目勿聲。莫佩切。廣韵莫拜切。十五部。一曰久視也。依廣韵補視。一曰旦明也。玉篇引說文無此五字。妄人所增也。漢書敘傳。昒昕寤而仰思。孟康曰。昒昕、早旦也。韋昭曰。音妹。又音忽。司馬相如傳。曶爽闇昧得燿乎光明。司馬貞引三蒼。曶爽、早朝也。音妹。字林音忽。然則昒曶一字也。與昧同。故日部有昧無昒。不知何人寫幽通賦譌作昒。而仍其誤者。於說文增竄五字。

眕 目有所恨而止也。左傳曰。夫寵而

瞟　䁒睹　眔　睽　眜　瞥　⿲辛目辛　眽　⿰目條　⿰目享　瞤　瞋

不驕。驕而能降。降而不憾。憾而能眕者鮮矣。許語葢古左傳說。釋言。眕、重也。重亦止意。从目㐱聲。之忍切十三部。

瞟䁒也。今江蘇俗謂以目伺察曰瞟。音如飄上聲。从目𤐫聲。敷沼切二部。

䁒察也。魏都賦有䁒呂梁。䁒察疊韻。从目祭聲。戚細切十五部。

睹見也。从目者聲。當古切五部。

覩古文从見。按篇韵皆不言覩爲古文。

眔目相及也。隶、及也。石經公羊祖之所遝聞。今本作逮。中庸所以逮賤。釋文作遝。此眔與隶音義俱同之證。从目隶省。會意。讀若與隶同也。眔徒合切。在八部。隶在十五部。云同者合音也。

睽目不相聽也。聽猶順也。二女志不同行。猶二目不同視也。故卦曰睽。人部傒郎睽。从目癸聲。苦圭切十五部。

眜目不明也。吳都賦。相與眜潛險、搜怪奇。劉曰。眜、冒也。李曰。說文眜門撥切。謂之潛隱之穴也。撥俗本作廢。从目末聲。莫撥切十五部。

瞥轉目視也。般辟也。象舟之旋。故般目爲轉目。戰國策有田瞥。从目般聲。薄官切十四部。

⿲辛目辛小兒白眼視也。依廣韵補視字。从目辡聲。蒲莧切。廣韵匹莧切。十四部。

眽目財視也。財當依廣韵作邪。邪當作衺。此與𠂢部覛音義皆同。覛、視非其訓也。𠂢者水之衺流別也。九思目眽眽兮寤終朝。注曰。眽眽、視貌也。古詩十九首脈脈不得語。李引爾雅。脈、相也。郭璞曰。脈脈謂相視貌。按今釋詁無郭注。釋文曰。覛字又作脈。五經文字有眽字。文選脈皆系眽之譌。从目𠂢聲。形聲包會意。莫獲切。十六部。

⿰目條失意視也。魏都賦。吳蜀二客⿰目條焉失所。李引同。从目條聲。各本从脩聲作⿰目脩。按⿰目條音他狄反。猶滌之切亭歷。皆於條取聲。脩聲不得切他狄也。譌爲⿰目脩。乃溷同⿱攸目字。而篇韵皆曰敕周切矣。今依魏都賦正。古音在三部。唐韵他歷切。

⿰目𦎫謹鈍目也。从目𦎫聲。之閏切。十三部。

瞤目動也。素問。肉瞤瘛。注。動掣也。西京襍記。陸賈曰。目瞤得酒食。从目閏聲。如匀切。十三部。

瞋恨張目也。从目賓聲。符眞切。十

四篇上　六

眢　睢　旬　矆　睦　瞻　瞀　⿰目買　⿰目監

二部。詩曰。國步斯瞋。大雅文。毛詩作頻。云頻、急也。鄭云頻猶比也。哀哉國家之政。行此禍害比比然。頻字絕非假借。此作瞋者。葢三家詩。許偁毛而不廢三家也。又按通俗文。蹙頞曰瞋。瞋者顰之假借。

眢目無明也。左傳。目於眢井。井無水、若目無明。故曰眢井。从目夗聲。讀若委。大徐一丸切。刪讀若委三字。非也。此與小雅谷風怨讀如萎一例。合音也。左傳音義。烏丸反。引字林。眢井無水也。一皮反。一皮郎委之平聲。古讀如此。集韵五支。邕危切。郎一皮也。近刊繫傳者。益一字云讀若宛。委謂讀若宛。誤甚。

睢仰目也。五行志。萬衆睢睢。莊子。而目睢睢。又恣睢。讀去聲。暴戾也。从目隹聲。許惟切。十五部。

旬目搖也。項羽本紀。梁眴籍曰。可行矣。从目勻省聲。黃絢切。十二部。

眴旬或从目旬。旬聲。

矆大視皃。依廣韵作皃。魏都賦。矆焉失容。李曰。今本作矆。大視也。从目蒦聲。按篇韵皆矆爲正字。矆爲或字。許縛切。五部。

睦目順也。从目坴聲。莫卜切。廣韵莫六切。三部。一曰敬和也。五字疑後增。古書睦穆通用。如孟子注君臣集穆。史記旼旼睦睦。漢書作旼旼穆穆是也。穆多訓敬。故於睦曰敬和。

𡴎古文睦。按此从古文目。尤聲也。各本作𡴎。則从囧非字意也。今依戴氏六書故正。凡从𡴎之字皆當作此。○江沅曰。不必依。

瞻臨視也。釋詁毛傳皆曰瞻視也。許別之云臨視。今人謂仰視曰瞻。此古今義不同也。从目詹聲。職廉切。八部。

瞀氐目謹視也。氐各本作低。今从宋本。玉篇云。目不明皃。按洪範曰雺。恒風若。尚書大傳作瞀。宋世家作霧。漢書五行志作霿。宋書、隨書五行志作瞀。班志云。區霿。服虔云。人傳瞀荀卿云。傋猶瞀儒。他書或云婺瞀。或云瞀瞀。或云怐愗。說文子部云。㝅瞀皆謂目亂不明。其字則霿爲正字。雨部云。霿、晦也。从目敄聲。莫候切。三部。

⿰目買小視也。大玄。旌旗絓羅。干戈蛾蛾。師孕唁之哭。且⿰目買。注。⿰目買音麻。竊視之稱。从目買聲。莫佳切。十六部。大玄與十七合韵。

⿰目監視也。釋詁。監瞻臨涖頫相視也。按釋文曰。監字又作⿰目監。然則小雅何用不

四篇上　七

[啓目] 相 瞋 [目鳥]

監。亦可作鑑。鑑亦當爲臨視也。从目監聲。古銜切。八部。[啓目] 省視也。如畫姓之明也。从目。啓省聲。苦系切。十五部。相 省視也。釋詁、毛傳皆云相視也。此別之云省視，謂察視也。从目木。會意。息良切。十部。按目接物曰相。故凡彼此交接皆曰相。其交接而扶助者，則爲相贊之相。古無平去之別也。旱麓、桑柔毛傳云：相，質也。質謂物之質與物相接者也。此亦引伸之義。易曰：地可觀者莫可觀於木。此引易說从目木之意也。目所視多矣，而从木者，地上可觀者莫如木也。五行志曰：說曰：木，東方也。於易，地上之木爲觀。顏云：坤下巽上，觀。巽爲木。故云地上之木。許蓋引易觀卦說也。此引經說字形之例。詩曰：相鼠有皮。庸風文。瞋 張目也。此與言部謓義略同。从目眞聲。昌眞切。十二部。眓 祕書瞋从戌。祕書謂緯書。易部亦云祕書說日月爲易，象陰陽也。戌聲、眞聲同在十二部。[目鳥] 目孰視也。孰、熟正俗字。从目鳥聲。讀若雕。都僚切。二部。

睗 睊 [目窅] 睼 暥 [𠬛目]

睗 目疾視也。鍇本疾作孰，非。古睒睗聯用，雙聲字也。韵會引鍇本作目急視。毛晃增韵、龍龕手鑑皆作急。从目易聲。施隻切。十六部。睊 視皃也。孟子引晏子：睊睊胥讒。趙曰：睊睊，側目相視。从目肙聲。於絢切。廣韵古縣切。十四部。[目窅] 目窔皃也。从目窅。會意。於悅切。十五部。讀若易曰勿卹之卹。見夬九二爻辭。睼 迎視也。小雅：題彼脊令。毛云：題，視也。按題者睼之假借。从目是聲。他計切。十六部。讀若珥瑱之瑱。此合韵也。如祇振之比。廣韵他甸切。本此。暥 目相戲也。方言：暥、略，視也。東齊曰暥，吳揚曰略。凡以目相戲曰暥。从目。晏聲。於殄切。十四部。詩曰：暥婉之求。邶風文。按今詩作燕婉。毛曰：燕，安也。婉，順也。許所據作暥。豈毛謂暥爲晏之假借，後人轉寫改爲燕與。抑三家詩有作暥者與。[𠬛目] 短深目皃也。上文曰窅、曰[illegible]，皆謂深目。此云短深者，目匡短而目深窐圓，[𠬛目]然如指目也。故从𠬛。从目。𠬛聲。形聲包會意。烏

眷 督 看 睎

括切。十五部。眷 顧也。大東：睠言顧之。毛曰：睠，反顧也。睠同眷。小明云：睠睠懷顧。皇矣云：乃眷西顧。凡顧、眷並言者，顧者還視也，眷者顧之深也。顧止於側而已，眷則至於反。故毛云反顧。許渾言之，故云顧也。引伸之訓爲眷屬。史記作婘。从目𢍏聲。居倦切。十四部。詩曰：乃眷西顧。督 察視也。視字依師古漢書注補。凡師古引說文多有不言說文曰者。車千秋傳：詔丞相御史督二千石求捕。又曰：宜有以敎督。按六經但言董，董即督也。督者以中道察視之。人身督脈在一身之中，衣之中縫亦曰督縫。从目叔聲。冬毒切。三部。[illegible]省作督。一曰目痛也。鍇本痛作病。誤。看 睎也。从手下目。鍇曰：宋玉所謂揚袂障日而望所思也。此會意。苦寒切。十四部。𥄖 看或从倝。倝聲。睎 望也。西都賦曰：睎秦嶺。古多假希爲睎。如公孫弘傳希世用事，晉虞溥傳希顏之徒是也。从目希聲。說文無希篆，而希聲字多有，然則希篆奪也。香衣切。十五部。海岱之閒謂眄曰睎。方言：睎，眄也。東齊青

瞫 眝 眙 睇

徐之閒曰睎。瞫 深視也。瞫深疊韵。見其底裏曰深視。一曰下視也。別一義。又竊見也。又一義。从目覃聲。式荏切。七部。左傳有晉人狼瞫。眝 長眙也。外戚傳：飾新宮以延貯。此貯正眝之誤。延貯謂長望也。凡辭章言延佇者亦皆當作眝。說文無佇字，惟有宁字。宁、佇、竚皆訓立。延眝非謂立也。九章：思美人兮，擥涕而竚眙。王逸云：竚立悲哀。文選注：佇眙，立視也。此則訓立。然作眝眙亦無不可。从目宁聲。陟呂切。五部。一曰張眼。廣韵亦作眼。眙 直視也。方言：眙，逗也。西秦謂之眙。郭曰：眙謂住視也。按眙、瞪古今字。敕吏、丈證古今音。廣韵七志作眙，四十七證作瞪，別爲二字矣。而瞪下云陸本作眙。攷玄應引通俗文云：直視曰瞪。是知眙之音自一部轉入六部，因改書作瞪。陸法言固知是一字也。从目台聲。丑吏切。一部。睇 小衺視也。依小雅小宛正義。言小衺視者，別於睍眄爲衺視也。周易：夷于左股。夷，子夏作睇，鄭、陸同，云旁視曰睇。京作眱。按眱亦睇字也。夏小正：來降燕乃睇。睇者，眄也。

內則不敢睇視。鄭曰睇傾視也。**从目。弟聲。**特計切。十五部。**南楚謂眄睇。**謂眄曰睇也。眄爲衺視。睇爲小衺視者。析言之。此渾言之。方言曰睇眄也。陳楚之閒南楚之外曰睇。

眳　眄也。方言眳眄也。吳楊江淮之閒或曰瞯。或曰眳。**从目。各聲。**盧各切。五部。

盻　恨視也。孟子引龍子曰爲民父母使民盻盻然將終歲勤動不得以養其父母又稱貸而益之。趙云盻盻勤苦不休息之皃。按丁公著本盻作肸肸。據趙注則肸近是。作盻者譌字也。**从目。兮聲。**胡計切。十六部。孫奭引說文五禮切。○按自盻而下各本失其原次。今正之。

睡　坐寐也。知爲坐寐者。以其字从垂也。左傳曰坐而假寐。戰國策讀書欲睡。**从目垂。**宋本無聲字。此以會意包形聲也。目垂者。目瞼垂而下。坐則爾。是僞切。古音在十七部。

瞑　翕目也。釋詁毛傳皆曰翕合也。莊子晝瞑。據槁梧而瞑。引伸爲瞑眩。**从目冥。**韵會引小徐曰會意。此以會意包形聲也。武延切。按古音在十一部。俗作眠。非也。

眚　目病生翳也。玄應曰翳韵集作瞖。眚引伸爲過誤。如眚災肆赦。不以一眚掩大德是也。又爲災眚。李奇曰內妖曰眚。外妖曰祥是也。又假爲減省之省。周禮馮弱犯寡則眚之。注眚猶人省瘦也。四面削其地。按省瘦亦作痟瘦。俗云瘦省。**从目。生聲。**所景切。十一部。

瞥　過目也。倏忽之意。莊子作覕。**又目翳也。**障蔽之意。**从目。敝聲。**普滅切。十五部。**一曰財見也。**財今之纔字。此似前義足以包之。

眵　目傷眥也。釋名曰目眥傷赤曰䁾。䁾末也。創在目兩末也。許謂目傷眥曰眵。與劉異。**从目。多聲。**叱支切。古音在十七部。**一曰䁾兜也。**䁾各本譌作瞢。今依玄應正。䁾兜者。今人謂之眼眵是也。韓愈曰兩目眵昏。此與上義別。二病常相因而有不相兼者。

䁾　䁾兜、逗。**目眵也。**各本無䁾兜二字。今依玄應書卷十、卷廿一補。蒙上弟二義言之。宋玉風賦中脣爲胗。得目爲蔑。呂氏春秋氣鬱處目則爲䁾。高注䁾眵也。按蔑者假借。䁾者或體。䁾兜見部作覭。云目蔽垢。**从目。蔑省聲。**莫結切。十五部。

眏　睊也。按鍇作睊也。鉉

作涓目也。皆誤。假令訓睊。則當與睊字類廁。自眚而下皆系目病。廣韵云眏目患。可以得其解矣。刀部曰削一曰窒也。此睊也當作削目。謂窒目也。窒下也。**从目。夬聲。**古穴切。十五部。

䀶　目病也。急就篇眵瞢眼。顏曰眼目視不正也。雷公炮炙論序云目辟眼矖。有五花而自正。注五加皮是也。**从目。良聲。**力讓切。十部。

眛　目不明也。今音眜在末韵。眛在隊韵。攷从末之字見於公穀二傳及吳都賦。从未之字未之見。其訓皆曰目不明。何不類居而畫分二處。且玉篇於眼瞯二字之閒云眜莫達切。目不明。蓋依說文舊次。則知說文原書从末之眜當在此。淺人改爲从未。則又增从末之眛於前也。**从目。未聲。**莫佩切。十五部。

瞯　戴目也。戴目者。上視如戴然。素問所謂戴眼也。諸書所謂望羊也。目上視則多白。故廣韵云瞯人目多白也。爾雅釋嘼一目白瞯。瞯同瞷。亦作䮝。引伸爲闚伺之義。如孟子王使人瞯夫子是。**从目。閒聲。**戶閒切。十四部。按此字諸書多从閑作瞯。**江淮之閒謂眄曰瞯。**眄各本作眂。依宋本及集韵正。方言瞯眄也。吳楚江淮之閒或曰瞯。或曰眳。

眯　艸入目中也。莊子簸穅眯目。字林云眯物入眼爲病。然則非獨艸也。**从目。米聲。**莫禮切。十五部。

眺　目不正也。按釋詁說文皆云覜視也。然則覜望字不得作眺。月令可以遠眺望。系假借。小徐注引射雉賦目不步體。衺眺旁剔。徐爰曰視瞻不正常驚惕也。此眺字本義。**从目。兆聲。**他弔切。二部。

睞　目童子不正也。目精注人。故从來。屈賦所謂目成也。洛神賦明眸善睞。李曰睞旁視。**从目。來聲。**洛代切。一部。

睩　目睞謹也。娽娽、謹皃也。故睩爲目睞之謹。言注視而又謹畏也。招䰟娥眉曼睩。目騰光。王曰好目曼澤。時睩睩然視。精光騰馳。感人心也。**从目。彔聲。讀若鹿。**盧谷切。三部。

䀺　眣也。唐人小說術士相裴夫人目䀺而緩。主淫。俗誤䀺長之䀺。**从目。攸聲。**敕鳩切。三部。

䀺　䀺或从丩。

眣　目不從正也。鉉無從字。非。自眺至此皆狀目之邪。所謂匈中不正者也。按公羊傳文六年眣晉大夫使與公盟也。何云以目通指曰眣。成二年。郤克眣魯衞之使。使以其辭而爲之請。釋文字皆从矢。云眣音舜。本又作眣。丑乙反。又大結反。五經文字曰眣音舜。見春秋傳。開成石經公羊二皆作眣。疑此字从矢會意。从失者其譌體。以譌體改說文。淺人無識之故也。陸云又作眣而已。未嘗云說文作眣也。許云目不从正者。公羊兩言眣皆不以正也。**从目。失聲。**丑栗切。十二部。

矇　童蒙也。此與周易童蒙異。謂目童子如家覆也。毛公、劉熙、韋昭皆云有眸子而無見曰矇。鄭司農云有目朕而無見謂之矇。其意略同。毛說爲長。許主毛說也。禮記昭然若發矇。謂如發其覆。**从目。蒙聲。**莫中切。九部。**一曰不明也。**此泛言目不明。爲別一義。

眇　小目也。各本作一目小也。誤。今依易釋文正。履六三眇能視。虞翻曰。離目不正。兌爲小。故眇而視。方言曰。眇小也。淮南說山訓。小馬大目不可謂大馬。大馬之目眇謂之眇馬。物有似然而似不然者。按眇訓小目。引伸爲凡小之偁。又引伸爲微妙之義。說文無妙字。眇卽妙也。史記戶說以眇論。卽妙論也。周易眇萬物而爲言。陸機賦眇衆慮而爲言。皆今之妙字也。**从目少。**鍇曰會意。按物少則小。故从少。少亦聲。亡沼切。二部。

眄　目偏合也。偏各本作偏。誤。今依韵會正。偏帀也。帀周也。周密也。瞑爲卧。眄爲目病。人有目皆全合而短視者。今眄字此義廢矣。**从目。丏聲。**莫甸切。古音當在十二部。讀如泯。**一曰衺視也。秦語。**方言。瞯、睇、睎、略，眄也。自關而西秦晉之閒曰眄。薛綜曰。流眄，轉眼貌也。

盲　目無牟子也。牟俗作眸。趙注孟子曰。眸子，目瞳子也。釋名曰。眸，冒也。相裹冒也。毛傳曰。無眸子曰瞍。鄭司農、韋昭皆云有目無眸子謂之瞍。許云目無牟子謂之盲。說與毛鄭異。無牟子者白黑不分是也。今俗謂青盲。**从目。亡聲。**武庚切。古音在十部。

䁍　目陷也。廣雅。䁍，陷也。引伸爲凡陷之偁。**从目。咸聲。**苦夾切。古音在七部。

瞽　目但有朕也。朕俗作眹。誤。朕从舟。舟之縫理也。引伸之凡縫皆曰朕。但有朕者，才有縫而已。釋名曰。瞽，鼓也。瞑瞑然目平合如鼓皮也。眄者目合而有見。瞽者目合而無見。按鄭司農云。無目朕謂之瞽。韋昭云。無目曰瞽。皆與許異。**从目。鼓聲。**公戶切。五部。

四篇上　十一

瞍　無目也。無目與無牟子別。無牟子者、黑白不分。無目者、其中空洞無物。故字林云。瞍，目有朕無珠子也。瞽者才有朕而中有珠子。瞍者才有朕而中無珠子。此又瞽與瞍之別。凡若此等皆對文則別。散文則通。如詩箋云瞽矇也、史記云瞽叟盲者、皆是散文則通也。人偁爲瞽叟。其實則盲者也。凡作瞽瞍者、字誤也。國語。瞽獻曲。瞍獻賦。矇誦。此對文則別也。**从目。叜聲。**穌后切。古音在三部。

䁝　䁝惑也。䁝惑雙聲字。各本誤刪䁝。今依廣韵補。淮南鴻烈、漢書皆假營爲䁝。高誘注每云營惑也。不誤。小顏多拘牽營字本義。訓爲回繞。非也。營行而䁝廢。**从目。熒省聲。**熒各本作榮。今正。凡營塋營鎣褮滎榮字皆曰熒省聲。而此字尤當从熒會意。熒者火光不定之皃。火星偁熒惑。戶扃切。十一部。

睉　小目也。从目。坐聲。昨禾切。十七部。鉉等曰。尚書元首叢睉哉。今睉从肉。非是。按睉、馬、鄭皆以小釋之。許書無睉。因改爲睉。此恐肊決專輒。玄應書卷一於睉字云出字林。不云出說文。許書睉疑後增。

𥄶　捾目也。捾，搯也。吳語、吳世家皆云。子胥以手抉目是也。**从目叉。**目叉者。目爲叉捾也。會意。烏括切。十五部。

瞚　開闔目數搖也。開闔目。玄應本作目開閉闔一曰閉也。左傳。與駢曰。使者目動而言肆。懼我也。目動者、開閉數搖也。呂覽曰。夫死其視萬歲猶一瞚也。莊子。兒子終日視而目不瞚。此皆瞚字本義。凡謂與公羊眣同者非也。旬爲目搖。瞚爲目數搖。皆不必以目使人。惟眣主以目通指。**从目。寅聲。**舒閏切。按寅聲當在十二部。莊釋文因或作瞬。統音舜耳。

𥇖　目不明也。从目。弗聲。普未切。十五部。按此疑卽昒之或字。

文百十三　重九　宋本作八。

䀠　𠂇又視也。𠂇又各本作左右。非也。今正。凡詩齊風、唐風、禮記檀弓、曾子問、雜記、玉藻或言瞿、或言瞿瞿、蓋皆䀠之假借。瞿行而䀠廢矣。瞿下曰。鷹隼之視也。若毛傳於齊曰。瞿瞿無守之皃。於唐曰。瞿瞿然顧禮義

四篇上　十二

也。各依文立義。而爲驚遽之狀則一。从二目。會意。凡䀠之屬皆从䀠。讀若拘。又若良士瞿瞿。九遇切。五部。

䀠 目圍也。圍當作囗。回轉也。从䀠𠃊。會意。𠃊下曰。抴也。明也。讀若書卷之卷。䀠與眷顧義相近。故讀同書卷。居倦切。十七部。古文以爲靦字。靦鉉本作醜。誤。醜與䀠卷部分遠隔也。靦者。姡也。面部曰。面見人也。从面見。古文作䀠。蓋亦謂徒有二目見人而已。古音同在十四部。故得相假借。

奭 目衺也。从䀠从大。大人也。大人也三字疑非是。奭與爽奭同意。爽之明大。奭之盛大。奭之目衺注視者大。故皆从大會意。舉朱切。斞字从此。以小雅仇讀爲斞求之。古音在三四部。

文三

眉 目上毛也。人老則有長眉。豳風、小雅皆言眉壽。毛曰。豪眉也。又曰。秀眉也。方言。眉黎耋鮐老也。東齊曰眉。士冠禮古文作麋。少牢饋食禮古文作微。皆假借字也。从目。象眉之形。謂𠃑。上象頟理也。謂仌在兩眉上也。並二眉則頟理在眉閒之上。武悲切。十五部。凡眉之屬皆从眉。

省 視也。省者。察也。察者。覈也。漢禁中謂之省中。師古曰。言入此中者皆當察視。不可妄也。釋詁曰。省。善也。此引伸之義。大傳曰。大夫有大事省於其君。謂君察之而得其大善也。从眉省。从屮。屮音徹。木初生也。財見也。从眉者。未形於目也。从屮者。察之於微也。凡省必於微。故引伸爲減省字。說文有渻䶋二字。然經傳多作省。所景切。亦息井切。十一部。**㞵** 古文省。从少囧。按囧非也。古文目作囧。此與㫐皆從之。从少目者。少用其目。省之用甚微也。

文二　重一

盾 瞂也。經典謂之干。戈部作戰。所以扞身蔽目。用扞身。故謂之干。毛傳曰。干。扞也。用蔽目。故字从目。从目。各本少二字。今依玄應補。象形。鍇曰。厂象盾形。按今鍇本或妄增厂聲二字。食閏切。十三部。廣韵食尹切。凡盾之屬皆从盾。

瞂 盾也。秦風。蒙伐有苑。毛曰。伐。中干也。周禮司兵。掌五盾。鄭曰。五盾。干櫓之屬。其名未盡聞也。按木部及韋昭曰。大楯曰櫓。則中干次之。盾之大小略見於釋名。毛云中干、析言之。方言及許統言之。方言曰。盾自關而東謂之瞂。或謂之干。關西謂之盾。作瞂者、或體也。作伐者、假借字。蘇秦傳作㕹。从盾。犮聲。扶發切。十五部。

䲦 盾握也。人所握処也。其背脊隆処曰瓦。見左傳。从盾。圭聲。苦圭切。十六部。

文三

自 鼻也。象鼻形。此以鼻訓自。而又曰象鼻形。王部曰。自讀若鼻。今俗以作始生子爲鼻子是。然則許謂自與鼻義同音同。而用自爲鼻者絕少也。凡从自之字、如尸部眉、臥息也。言部詯、膽气滿聲在人上也。亦皆於鼻息會意。今義從也、己也、自然也。皆引伸之義。疾二切。十五部。凡自之屬皆从自。

𦣹 古文自。

臱 宀宀不見也。臱宀疊韵。宀宀、交覆深屋也。宀宀、密緻皃。毛詩曰。緜緜。韓詩曰。民民。其實一也。闕。上从自。下不知其何意。故云闕。謂闕其形也。武延切。古音如民。十二部。

文二　重一

白 此亦自字也。省自者。詞言之气从鼻出。與口相助。詞者、意內而言外也。言从口出。而气从鼻出。與口相助。故其字上从自省、下从口。而讀同自。疾二切。十五部。凡白之屬皆从白。

皆 俱詞也。司部曰。詞者、意內而言外也。其意爲俱。其言爲皆。以言表意。是謂意內言外。人部。俱下曰。皆也。是謂轉注。又偕下曰。一曰俱也。則音義皆同。从比。从白。从比會意。古諧切。十五部。

魯 鈍詞也。孔注論語曰。魯、鈍也。左傳。魯人以爲敏。謂鈍人也。釋名曰。魯、魯鈍也。國多山水。

民性樸鈍。按椎魯、鹵莾皆卽此。从白。魚聲。各本作鮺省聲。按鮺从差省聲。在古音十七部。今之歌麻韵。魯字古今音皆在五部。蓋櫓字用爲鏅聲。古文以旅爲魯。則鮺爲淺人妄改也。今正。郎古切。五部。論語曰。參也魯。先進篇文。

者

別事詞也。言主於別事。則言者以別之。喪服經斬衰裳苴絰杖絞帶冠繩纓菅屨者。注曰。者者明爲下出也。此別事之例。凡俗語云者箇者般者回。皆取別事之意。不知何時以迎這之這代之。這魚戰切。从白。米聲。米古文旅。㫃部曰。岦古文旅。者之偏旁乃全不類。轉寫之過也。之也切。古音在五部。讀如煑。

𤾢

詞也。凡毛傳之例。云辭也。如芣苢之薄、漢廣之思、草蟲之止、載馳之載、大叔于田之忌、山有扶蘇之且。皆是。說文之例。云某詞。自部外、欭爲詮詞。矣爲語已詞。矧爲況詞。曶爲出气詞。各爲異詞、粤爲驚詞。介詞之必然也。曾詞之舒也。皆是。然則詞也二字非例。當作誰詞也三字。堯典言疇若予者二。皆訓誰。則言疇咨若者二。亦必同。疇咨當先咨後疇。語急故介。壁中古文字作𠷎。古字也。爾雅。疇孰誰也。字作疇。今字也。許以疇爲假借字。𠷎爲正字。故口部曰。𠷎誰也。則又𠷎疇爲古今字。說文之例。敘篆文合以古籀。𠷎者古文。非小篆也。何以厠此也。凡書禮古文往往依其部居錄之。不必皆先小篆後古文。亦不必如上部之例先古文必系以小篆。所以尊經也。尚書作疇不作𠷎者。蓋孔安國以今文字讀之。易之。同爾雅也。从白。𠷎聲。𠷎與疇同。直由切。三部。虞書曰。虞書當作唐書。曰字今補。帝曰𠷎咨。

𥏼

識詞也。此與矢部知音義皆同。故二字多通用。从白亏知。鍇曰。亏亦气也。按从知會意。知亦聲。知義切。十六部。

古文智。此依鍇本。匠卽口。㛰卽知也。省白。

百

十十也。从一白。博陌切。五部。數。句。十十爲一百。百白也。白，告白也。此說从白之意。數長於百。可以詞言白人也。各本脫此八字。依韵會補。十百爲一貫。貫章也。此類舉之。百白疊韵。貫章雙聲。章明也。數大於千。盈貫章明也。各本下貫譌相。依韵會正。

古文百。自白同。

文五

皕

二百也。卽形爲義。不言从二百。凡皕之屬皆从皕。讀若逼。逼各本作祕。按五經文字皕音逼。廣韵彼側切。至韵不收。李仁甫五音韵譜目錄云。讀若逼。本注云。彼力切。皆由舊也。盡奭字以爲聲。在弟五部。逼音相近也。

奭

盛也。釋詁。赫赫躍躍。赫赫舍人本作奭奭。常武毛傳云。赫赫然盛也。按奭是正字。赫是假借字。小雅路車有奭。韎韐有奭。毛曰。奭赤皃。此當作赫。赤部云。赫火赤皃。奭是假借字。从大。从皕。皕與大皆盛意也。皕亦聲。詩亦切。古音讀若郝。在五部。隸作奭。此燕召公名。讀若郝。三字當在皕亦聲之下。史篇名醜。此爲召公名徵古說也。召公名奭。見尚書史記。而史篇云名醜。史篇之作。去周初未遠。未審何以乖異。敘目云。及宣王大史籀箸大篆十五篇。漢志。史籀十五篇。周宣王大史作。又云。史籀篇者。周時史官教學童書也。按省言之曰史篇。王莽傳。徵天下史篇文字。孟康曰。史籀所作十五

文七　重二

鼻

所吕引气自畀也。所以二字今補。口下曰所以言食也、舌下曰所以言別味也。是其例。老子注曰。天食人以五氣。从鼻入。地食人以五味。从口入。白虎通。引元命苞曰。鼻者肺之使。按鼻一呼一吸相乘除。而引氣於無窮。自讀如今人言自家之自。自本訓鼻。引伸爲自家。从自畀。以義爲形也。父二切。十五部。凡鼻之屬皆从鼻。

齅

吕鼻就臭也。玉篇引論語。三齅而作。从鼻臭。臭亦聲。讀若嘼牲之嘼。各本嘼作畜。非。許救切。三部。

鼾

臥息也。息、鼻息也。廣韵曰。臥氣激聲。許干切。从鼻干聲。讀若汗。矦幹切。十四部。按古讀平聲。

鼽

病寒鼻窒也。月令。民多鼽嚏。窒、𥧌也。从鼻九聲。巨鳩切。三部。

𪖞

臥息也。此與尸部屆音義並同。篇韵皆祇云鼻息。釋詁云。𪖞息也。从鼻隶聲。許介切。十五部。讀若虺。

習　翫　羽　翨　翰

篇也。許三倉史篇姚下云史篇以爲姚易也。匋下云史篇讀與缶同。此云史篇名醜。計度其書必四言成文。教學童誦之。倉頡、爰歷、博學實仿其體。奭 古文奭。則知皕作𦣻。古文百作𦣻。

文二　重一

習 數飛也。數所角切。月令。鷹乃學習。引伸之義爲習孰。从羽。白聲。按此合韵也。又部彗、古文作習。亦是从習聲合韵。似入切。七部。凡習之屬皆从習。

翫 習猒也。猒、飽也。此與心部忨音同義近。从習。元聲。五換切。十四部。春秋傳曰。翫歲而愒日。左傳昭元年文。按心部忨下引春秋傳忨歲而㵣日。當作春秋國語。今晉語作忨日而㵣歲。

文二

羽 鳥長毛也。長毛、別於毛之細縟者。引伸爲五音之羽。晉書樂志云。羽、舒也。陽氣將復。萬物孳育而舒生。漢志曰。羽、宇也。物聚臧宇覆之。爾雅。羽謂之柳。象形。長毛必有耦。故竝⺄。⺄部曰。⺄、新生羽而飛也。⺄、竝⺄也。王矩切。五部。凡羽之屬皆从羽。

翨 鳥之彊羽猛者。按當作猛鳥也。彊羽。轉寫誤耳。周禮翨氏掌攻猛鳥。以時獻其羽翮。此釋周禮。故云猛鳥也。猛鳥羽必彊。故其字从羽。此與赤羽、尾長皆从羽文法正同。大鄭翨讀爲翅翼之翅。以是聲、支聲皆在十六部。翨當卽是翅之奇字。後鄭以經云獻羽翮則訓翨爲鳥翮。是聲、鬲聲亦同十六部也。翮羽莖。舉翮以該羽。許與二鄭說異。从羽。是聲。居豉切。十六部。

翰 天雞也。也字依御覽補。釋鳥。鶾、天雞。鶾本又作翰。鳥部鶾、訓雉肥。翰音者。則此作翰是。天雞。樊光云。一名山雞。赤羽。各本有也。非。今刪。自翨至翠五字皆主謂鳥。其鳥彊羽。赤羽。故其字从羽。不从鳥。从羽。倝聲。侯幹切。十四部。小宛傳云。翰、高也。謂羽長飛高。此別一義。桑扈、文王有聲、崧高、板傳皆云。翰、幹也。此謂詩以翰爲楨、幹字也。同音假借。逸周書曰。此漢志周書七十一篇。周史記也。以別於尚書之周書。故謂之逸周書。文翰若翬雉。一名鷐風。周成王時蜀人獻之。文或作大。誤。王會篇文。今本作蜀人以文翰。文翰者若皐雞。孔晁云。鳥有文彩者。太平御覽皐作皇。郭注爾雅皐作彩。許作翬雉。疑有誤。按許引王會者六。魚部、周成王時揚州獻鰅魚。鳥部、周成王時氐羌獻鸞鳥。艸部、芣苢其實如李。令人宜子。周書所說。内部。周成王時州靡國獻𥝌𥝌。馬部。媽、吉皇之乘。周成王時犬戎獻之。犬部。匈奴有狡犬。內四條文義略同。此此不當有一名鷐風四字。橫梗於其中也。四字當在蜀人獻之之下。一名當作一曰。一曰者、別一義也。常武曰。如飛如翰。毛云。疾如飛。摯如翰。鄭云。翰、飛鳥之豪俊也。此鷐風曰翰之證。釋鳥、毛傳皆云。晨風、鸇也。易林晨風、文翰竝舉。無緣文翰一名鷐風。謬舛顯然矣。

翟　翡翠　翦　翁　翄

翟 山雉也。釋鳥。翟、山雉。郭曰。長尾者。按郭翰翟二注葢取諸說文。邶風。右手秉翟。毛曰。翟、翟羽也。庸風。其之翟也。毛曰。翟、褕翟、闕翟。羽飾衣也。周禮王后五路。重翟、厭翟。鄭曰。重翟、重翟雉之羽。厭翟、次其羽使相迫。按翟羽、經傳多假狄爲之。狄人字、傳多假翟爲之。尾長。故从羽。不入隹部者。隹爲短尾鳥總名。又此鳥以尾長爲異也。从羽。从隹。徒歷切。古音在二部。庸風韵於十六部。合韵也。

翡 赤羽雀也。出鬱林。漢郡。从羽。非聲。房未切。十五部。

翠 青羽雀也。釋鳥。翠、鷸。郭曰。似燕。紺色。按鳥部鷸下不云翠鳥也。出鬱林。从羽。卒聲。七醉切。十五部。

翦 羽生也。羽初生如前齊也。前、古之翦字。今之歬字。一曰夨羽。夨舊作矢。釋器。金鏃翦羽謂之鍭。骨鏃不翦羽謂之志。翦者、前也。前者、斷齊也。鍭矢前其羽短之使前重。志矢不前羽。較長。喪禮則鍭矢骨鏃。異於金鏃。志矢無鏃。短衛。異於骨鏃不前羽。按鍭矢前羽謂羽爲翦。因之志矢之羽、亦謂之翦。故云一曰矢羽。从羽。歬聲。卽淺切。十二部。

翁 頸毛也。山海經。天帝之山有鳥。黑文而赤翁。漢郊祀歌赤鴈集。六紛員。殊翁襍。五采文。急就篇。鳧翁。按俗言老翁者、假翁爲公也。周禮酒人注。假翁爲滃。从羽。公聲。烏紅切。九部。

翄 翼也。飛部曰。翼、翄也。翼篆文翼也。从羽。支聲。施智切。十六部。

𦐖

翍或从羽氏。支氏同部。魏都賦抵抵精衛。李云。說文抵亦翅字。叔鼓反。今音祇。抵抵飛皃也。按廣韵。翍翍、飛皃。巨支切。提提羣飛皃。是移切。䩾翅也。小雅。如鳥斯革。毛云。革、翼也。韓詩作䩾。云。翅也。毛用古文假借字。韓用正字。而訓正同。廣雅。䩾、抵、翼也。魏都賦雲雀踶甍而矯首。壯翼摛鏤於青霄。注。踶則舉羽䩾用勢。若將飛而尚住。此如鳥斯䩾之謂。許不言詩曰者。省文。非有意也。从羽。革聲。古翮切。古音在一部。

翹尾長毛也。班固白雉詩。發晧羽兮奮翹英。射雉賦。斑尾揚翹。按尾長毛必高舉。故凡高舉曰翹。詩曰。翹翹錯薪。高則危。詩曰。予室翹翹。从羽。堯聲。渠遙切。二部。

翭羽本也。謂入於皮肉者也。按詩、周禮鏃矢。士喪禮作翭矢。蓋此矢金鏃翭物而中。如羽本之入肉。故假借通用也。从羽。侯聲。乎溝切。四部。一曰羽初生。

翮羽莖也。莖、枝柱也。謂衆枝之柱。翮亦謂一羽之柱。莖翮雙聲。唐風。肅肅鴇行。毛曰。行、翮也。亦於雙聲求之。上文云鴇羽、鴇翼。故不得以行、列釋之也。从羽。鬲聲。

下革切。十六部。

翑羽曲也。凡從句者皆訓曲。釋木曰。句如羽喬。上句曰喬。然則羽曲者、謂上句反鄉。从羽。句聲。其俱切。古音在四部。讀如鉤。釋嘼云。馬後足皆白。狗。

羿羽之羿風。羿疑當爲开。开、平也。羽之开風。謂摶扶搖而上之狀。亦古諸侯也。此謂有竆后羿。邑部曰。竆、夏后時諸侯夷羿國也。弓部曰。芎、帝嚳射官。夏少康滅之。一曰射師。淮南書曰。雖有羿之知而無所用之。高云。是堯時羿也。能射十日。繳大風。殺窫窳。斬九嬰。射河伯之知巧也。非有竆后羿。按許云一曰射師。亦謂堯時羿。从羽。开。鍇本無聲。鉉有。蓋會意兼形聲也。五計切。十五部。开合韵也。俗作羿。

翥飛舉也。方言曰。翥、舉也。楚謂之翥。郭云。謂軒翥也。西京賦。鳳騫翥於甍標。从羽。者聲。章庶切。五部。

翕起也。釋詁、毛傳皆云。翕合也。許云。起也者。但言合則不見起。言起而合在其中矣。翕从合者。鳥將起必斂翼也。从羽。合聲。許及切。七部。

翾小飛也。九歌。翾飛兮翠曾。按荀子。喜則輕而翾。假翾爲儇也。从羽。睘聲。許緣

切。十四部。

翬大飛也。釋鳥曰。鷹隼醜。其飛也翬。郭云。鼓翅翬翬然疾。从羽。軍聲。許歸切。古音在十三部。一曰伊雒而南雉五采皆備曰翬。釋鳥。伊洛而南素質五彩皆備成章曰翬。王后褘衣。刻繒爲之形而采畫之。詩曰。有翬斯飛。小雅斯干文。今詩有作如。唐玄度、徐鍇說文皆作有。按毛詩作有。則與如鳥斯革合爲一事。翬訓大飛。或許所據毛詩如此。與鄭不同。未可知也。鄭云此章四如。又云。翬者鳥之奇異者。則作如顯然。翬訓後一義。

翏高飛也。从羽㐱。㐱、新生羽而飛也。羽毛新生豐滿。可以高飛也。莊子翏翏、謂長風之聲。此引伸之義。力救切。三部。匡謬正俗云。翏古文戮字。湯斷云。予則琴𦐧女。按𦐧正翏之譌。假借字。

翩疾飛也。魯頌傳曰。翩、飛皃。泰六四翩翩。虞曰。離飛。故翩翩。从羽。扁聲。芳連切。古音在十二部。

翜捷也。釋詁曰。際接翜捷也。郭云。捷謂相接續也。按翜捷皆謂敏疾。敏疾則際接無痕。其義相成也。許舉其本義。故下云飛之疾也。以釋从羽。今俗語霎時者。當作此。止部

曰。疌、疾也。俗通用捷。疌翜疊韵。飛之疾也。从羽。夾聲。讀若濇。濇、不滑也。與翜同義而雙聲。讀若濇。卽讀若翜。山洽切。七部。一曰俠也。人部曰。俠、俜也。漢人多用俠爲夾。此俠當爲夾。或當爲挾。

翊飛皃。漢郊祀歌。神之來。泛翊翊。甘露降。慶雲集。師古曰。翊音弋入切。又音立。按翊字本義本音僅見於此。經史多假爲昱字。以同立聲也。釋言曰。翌、明也。尚書五言翌日。皆訓明日。一言翌室。訓明室。天寶閒盡改爲翼。凡尚書翼字訓敬、訓輔與訓明者溷同無別。自衞包始。漢魏、晉、唐初皆有翌日無翼日。郭璞、玄應、李善引尚書皆作翌日。自同其字又同其音。以七部立聲之字讀一部異聲之與職切。字書韵書承譌襲繆。小顏弋入、力入之音無有採者矣。又吳都賦云。拉挪。廣雅。拉挪、飛也。力荅、徒合二切。拉同翊。此亦翊之本義本音也。从羽。立聲。大徐用唐韵與職切。非也。

𦐇飛盛皃。按廣雅拉挪。卽說文之翊𦐇。疊韵字也。从羽冃。鉉曰。犯冒而飛是盛也。按从冃者。莊子所云翼若垂天之雲也。土盍切。八部。

𦑘羽盛皃也。羽大徐作飛集。

韵。翡翡、羽翼盛。从㞢羽聲。侍之切。一部。

翱　翱、此復舉字之未刪者。翔也。釋名。翱、敖也。言敖遊也。翔、佯也。言彷徉也。按彷徉、徘徊也。左傳作方羊。方、蒲郎切。从羽皋聲。五牢切。二部。

翔　回飛也。釋鳥。鳶烏醜其飛也翔。郭云。布翅翱翔。高注淮南曰。翼上下曰翱。直刺不動曰翔。曲禮。室中不翔。鄭曰。行而張拱曰翔。此引伸假借也。按翱翔統言不別。析言則殊。高注析言之也。夏小正。黑鳥浴。浴也者、飛乍高乍下也。此所謂翼上下曰翱也。从羽羊聲。似羊切。十部。按古多讀如羊。

翽　飛聲也。詩釋文引說文。羽聲也。字林。飛聲也。此俗以字林改說文之證。毛傳云。翽翽、衆多也。此謂鳳飛羣鳥從以萬數。毛比傳下文多吉士、多吉人爲說。許說其字義。故不同也。从羽歲聲。呼會切。十五部。詩曰。鳳皇于飛。翽翽其羽。大雅文。

翯　鳥白肥澤皃。大雅。白鳥翯翯。毛傳曰。翯翯、肥澤也。釋文引字林亦云。鳥白肥澤曰翯。毛則言肥澤、而白在其中也。白部曰。皠、鳥之白也。何晏賦。皠皠白鳥。翯與皠音義皆同。賈誼書作皜皜。孟子作鶴鶴。趙注與毛傳合。从羽高聲。胡角切。古音在二部。詩曰。白鳥翯翯。

翌　樂舞。㠯羽翿自翳其首。㠯祀星辰也。翿同翳。翳猶覆也。周禮舞師云。教皇舞。帥而舞旱暵之事。注。鄭司農云。翌舞蒙羽舞。書或爲皇。或爲義。樂師云。有皇舞。注。故書皇作翌。鄭司農云。翌舞者、以羽冒覆頭上。衣飾翡翠之羽。翌讀爲皇。書亦或爲皇。按大鄭從故書作翌。後鄭則從今書作皇。云䍿五采羽如鳳皇色。持以舞。許同大鄭。惟不云衣飾翡翠羽。又不同經文舞旱暵之事。而云祀星辰耳。葢本賈侍中周官解故。○禮注文今攷定。从羽王聲。讀若皇。胡光切。十部。按此等字小篆皆未必有之。專釋古經古文也。

翇　樂舞。執全羽㠯祀社稷也。樂師有帗舞。有羽舞。注。故書帗作翇。皇作翌。鄭司農云。翇舞者全羽。羽舞者析羽。社稷以翇。玄謂帗析五采繒。今靈星舞子持之是也。按今本脫帗作翇三字。又將大鄭注翇改爲帗。非也。舞師注亦有脫。大鄭及許皆從故書作翇。以字从羽。故知爲全羽。後鄭從今書作帗。以字从巾。故知析五采繒也。从羽犮聲。讀若紱。文選注引倉頡篇曰。紱、綬也。許無紱字。而見於此。翇分勿切。十五部。

翿　翳也。所㠯舞也。釋言曰。翢、纛也。纛、翳也。王風毛傳曰。翿、纛也。翳也。翳翢翿同字。毛傳本釋言。翳也之上當本有纛字。此熠燿粦也、粦熒火也之例也。陳風傳則約之云。翿、翳也。許本之。許無纛字者、無每部。亦無縣部。無所入也。王風音義曰。纛俗作纛。爾雅音義曰。纛字又作纛。五經文字曰。纛作纛譌。開成石經周禮、爾雅正作纛。今本爾雅音義譌艸、葉林宗鈔本不誤。纛从縣每會意。與緐从糸每會意同。从每者、如艸之盛也。淺人改从毒。謂爲諧聲耳。郭注爾雅云。今之羽葆幢。舞者所以自蔽翳。王風。左執翿。陳風。值其鷺羽。值其鷺翿。傳云。值、持也。鷺鳥之羽可以爲翳。翌字下云。樂舞以羽翿自翳其首。皆謂舞也。射則用翿旌。見鄉射禮。喪則天子鄉師執纛御匶。諸侯匠人執翿御匶。周禮注作執翿。襍記作執羽葆。然則翿也、纛也、羽葆也、異名而同實也。漢羽葆幢以犛牛尾爲之。在乘輿左騑馬頭上。或云在衡。从羽𣪊聲。徒到切。古音在三部。按釋文多音平聲。詩曰。左執翿。

翳　華蓋也。司馬相如傳曰。泰山梁父設壇場。望華蓋。劉歆遂初賦。奉華蓋於帝側。西京賦。華蓋承辰。薛綜曰。華蓋星覆北斗。王者法而作之。蔡邕曰。凡乘輿車皆羽蓋。金華爪。張衡賦曰。羽蓋葳蕤。葩瑵曲莖。又曰。樹翠羽之高蓋。薛綜云。羽蓋以翠羽覆車蓋也。按以羽故其字从羽。翳之言蔽也。引伸爲凡蔽之偁。在上在旁皆曰翳。从羽殹聲。於計切。十五部。

翣　棺羽飾也。羽衍文。棺飾本周禮。周禮喪縫棺飾焉。衣翣柳之材。檀弓。周人牆置翣。又飾棺牆置翣。鄭曰。翣以布衣木。如攝與。喪大記注。漢禮翣以木爲筐。廣三尺。高二尺四寸。方、兩角高。衣以白布。畫者畫雲氣。其餘各如其象。柄長五尺。車行使人持之而從。既窆樹於壙中。按翣柳皆棺飾也。鄭云以布衣木。又引漢禮。況之。經無用羽明文。以其物下垂。故从羽也。天子八。諸侯六。大夫四。士二。禮器曰。天子八翣。諸侯六翣。大夫四翣。喪大記。君黼翣二。黻翣二。畫翣二。此諸侯六翣也。大夫黻翣二。畫翣二。此大夫四翣也。周禮注。天子又有龍翣二。下垂、从羽。棺翣者、下垂於棺兩旁。如羽

隹　雅

翼然。故字从羽。非眞羽也。故居末焉。从羽之上當有如羽二字。妾聲。周禮故書翣作接。鄭司農云。接讀爲翣。引檀弓周人牆置翣。春秋傳四翣不蹕。接與翣皆假借字也。山洽切。八部。

文三十四　重一

隹　鳥之短尾總名也。短尾名隹。別於長尾名鳥。云總名者。取數多也。亦鳥名。翩翩者鵻。夫不也。本又作隹。象形。職追切。十五部。凡隹之屬皆从隹。

雅　楚烏也。一名鸒。一名卑居。秦謂之雅。楚烏。烏屬。其名楚烏。非荊楚之楚也。鳥部曰。鸒。卑居也。卽此物也。酈善長曰。按小爾雅。純黑返哺謂之慈烏。小而腹下白。不返哺者謂之雅烏。爾雅曰。鸒斯卑居也。孫炎曰。卑居楚烏。犍爲舍人以爲壁居。說文謂之雅。莊子曰。雅賈。馬融亦曰賈烏。按卑居之爲壁居。如史記卑耳之山卽齊語壁耳之山。卑壁同十六部。卑俗作鵯。音匹。非也。雅之訓亦云素也。正也。皆屬假借。从隹。牙聲。五下烏加二切。古音

隻　雒　閵　巂

在五部。

隻　鳥一枚也。雙下曰。隹二枚也。隹鳥統言不別耳。从又持隹。持一隹曰隻。持二隹曰雙。依韵會訂。造字之意。隻與雙皆謂在手者。既乃泛謂耳。之石切。古音在五部。按此字次第當在歡雄以下。

雒　忌欺也。各本作鵋鶀。今考爾雅音義當作忌欺。釋鳥曰。鵋鶀。玄應引作忌欺。釋鳥又曰。怪鴟。舍人曰。謂鵂鶹也。南陽名鉤鵅。一名忌欺。然則忌欺與怪鴟一物。玄應以爲關西名訓侯。關東名訓狐。皆此也。按萑部雖舊、舊留不云卽雒。未知許意爲一不。鵅卽雒字。各家音格。但今江蘇此鳥尙呼鉤雒鵅。雒音同洛。則音格者南北語異耳。又按自魏黃初以前伊雒字皆作此。與雍州渭洛字迥判。曹丕云。漢忌水。改洛爲雒。欺世之言也。詳水部。从隹。各聲。盧各切。五部。

閵　今閵、逗。佀鴝鵒而黃。今閵鳥名。玉篇作含閵。从隹。兩省聲。良刃切。十二部。䕇　籀文不省。

巂　巂周、逗。燕也。各本周上無巂。此淺人不得其句讀。刪複舉之字也。釋鳥。巂周、燕燕、鳦。孫炎、舍人皆云。一物三名。郭景純、陸德明誤讀說文。滅去一曰二字。乃以子巂釋巂周矣。巂周、子巂異物而同字。文選七命。鷰髀猩脣。李云。呂氏春秋曰。肉之美者巂燕之髀。此燕名巂周之證。今本味篇不同。从隹、山象其冠也。冠猶首也。冏聲。戶圭切。十六部。按冏聲在十五部。合韵也。曲禮。立視五巂。借爲規字。漢之越巂。卽此字。音髓。或以作巂別之。誤。一曰。已下別一義。蜀王望帝婬其相妻。慙亡去。爲子巂鳥。故蜀人聞子巂鳴。皆起曰是望帝也。依爾雅音義訂。子巂亦曰子規。卽杜鵑也。人化爲鳥固或然之事。而常璩曰。有王曰杜宇。號曰望帝。其相開明。決玉壘山以除水害。遂禪位於開明。升西山隱焉。時適二月。子鵑鳥鳴。故蜀人悲子鵑鳥鳴也。說略同揚雄蜀王本紀。

䧿　雀

䧿　䧿鳥也。此與鳥部鴋各物。从隹。方聲。讀若方。府良切。十部。

雀　依人小鳥也。今俗云麻雀者是也。其色褐。其鳴節節足足。禮器象之曰爵。爵與雀同音。後人因書小鳥之字爲爵矣。月令。鴻鴈來賓。爵入大水爲蛤。高注。呂

雂　翰　雉

覽曰。賓爵、老爵也。棲宿於人堂宇。有似賓客。故謂之賓爵。又有似雀而色純黃者曰黃雀。戰國策云。俛啄白粒。仰棲茂樹。詩所謂黃鳥也。从小隹。讀與爵同。小亦聲也。卽略切。古音在二部。

雂　雂鳥也。也。廣韵作名。从隹。犬聲。五佳切。古音當在十四部。睢陽有雂水。睢陽前後志皆屬梁國。按玉篇邑部。邪胡灰切。睢陽鄉名。邪卽雂字。有雂水而後有邪鄉也。集韵類篇字作鄈。

翰　翰鸑也。三字一句。此與鳥部鶾各物。鳥部曰。翰鸑、山鵲。知來事鳥也。从隹。倝聲。侯幹切。十四部。

雉　有十四種。目下文。盧諸雉。張揖上林賦注曰。盧白雉也。按上林自謂水鳥。然張語必爾雅古說。鷮雉。各本作喬。誤。鳥部曰。鷮、走鳴長尾雉也。卜雉。各本作鳪。誤。鳥部無鳪。釋鳥作鳪。郭云。黃色。鳴自呼。鷩雉。鳥部曰。鷩、赤雉也。又曰。鵔鸃、鷩也。秩秩海雉。郭云。如雉而黑。在海中山上。陸曰。秩秩本又作失失。翟山雉。見羽部。翰雉。郭與鶾雉爲一。許爲二。陸云。翰字又作鶾。卓雉。卓今爾雅作鵫。郭云。今白鵫也。

江東呼白鵫。亦名白雉。伊雒而南曰翬。雒各本作洛。誤。釋鳥曰。伊洛而南素質五彩皆備成章曰翬。見羽部。江淮而南曰摇。釋鳥。江淮而南青質五彩皆備成章曰鷂。夫人揄狄。鄭云。謂衣畫摇者。揄衣部作褕。云翟羽飾衣也。義同毛傳。南方曰弓。賈逵、杜預注左傳弓作翟。按弓與翟韵部相近。但上文已有翟。則作弓爲得也。今爾雅作弓。東方曰甾。今爾雅作鶅。北方曰稀。今爾雅作鵗。西方曰蹲。今爾雅作鷷。已上十四雉皆見釋鳥。从隹。矢聲。直几切。十五部。按雉古音同夷。周禮雉氏。掌殺艸。故書作夷氏。大鄭从夷。後鄭从雉、而讀如鬀。今本周禮作薙者俗製也。左傳五雉爲五工正。夷民者也。楊雄賦辛雉即辛夷。漢地理志南陽雉縣。舊音弋爾反。江夏下雉縣如淳音羊氏反。皆古音也。⿰弟隹古文雉。从弟。弟聲。

雊

雊雄雉鳴也。言雄雉鳴者。別於鷕之爲雌雉鳴也。小雅雉之朝雊。尚求其雌。邶風有鷕雉鳴。下云。雉鳴求其牡。按鄭注月令云。雊、雉鳴也。是雊不必系雄。鷕則毛公系諸雌。亦望文立訓耳。若潘安仁賦。雉鷕鷕而朝雊。此則所謂渾言不別也。顏延年、顏之推皆云潘誤用。未孰於訓詁之理。雷始動。雉乃鳴而句其頸。乃字依尚書正義補。句各本誤雊。依小弁正義正。夏小正。正月雷震雉雊。雊也者鳴鼓其翼也。正月必雷。雷不必聞。唯雉必聞之。何以謂之雷震則雉雊相識以雷。小正古本依太平御覽藝文類聚訂當如是。初學記所引乃徐堅妄改也。言雷於鴈雉魚之閒故知雷雉一事也。釋雊爲鳴鼓其翼者。讀雊爲敂。敂、擊也。動也。雉鳴必鼓其翼知雉鳴亦必鼓其翼也。許云句其頸與大戴異鼓其翼句其頸皆狀其鳴也。洪範五行傳曰。正月雷微動而雉雊。雷通氣也。易通卦驗。雉雊雞乳在立春節立春在十二月。月令季冬雉雊。皆謂雷鳴地中時也。句音鉤。曲也。句其頸。故字从句。从隹句。句亦聲。古候切。四部。今鉉本候作矦。誤。

雞　雛

雞知時畜也。从隹。奚聲。古兮切。十六部。鷄籀文雞。从鳥。雛雞子也。雞子、雞之小者也。淮南天子以雛嘗黍。高曰。雛、新雞也。呂覽注云。雛春鷚也。郭景純言今呼少雞爲雡。則二注正同。王制。春薦韭。韭以卵。卵謂少雞。古者少雞亦曰卵。方言。雞雛徐魯之閒謂之䅹子。按雛引伸爲凡鳥子細小之偁。釋鳥曰。生哺鷇。生噣雛。从隹。芻聲。士于切。古音在四部。鶵籀文雛。从鳥。

雡　離

雡鳥大雛也。此與鷚別。而俗通用鷚。高注呂覽曰。雛、春鷚也。吳都賦。翳薈無鶩鷚。按爾雅音義、文選李注引說文同。鍇本作天鷚。誤。从隹。翏聲。力救切。三部。一曰雉之莫子爲雡。釋鳥字作鷚。郭云。晚生者。離離黃、逗。各本無離。淺人誤刪。如雟周刪雟之比。依爾雅音義、廣韵補。倉庚也。豳風毛傳曰。倉庚、離黃也。月令注云。倉庚、驪黃也。釋鳥曰。倉庚、鵹黃也。又曰。鶬黃、楚雀。又曰。倉庚、商庚。然則離黃一物四名。按說文離鵹不類廁。則不謂一物。又按毛傳黃鳥搏黍也。不云即倉庚。倉庚下亦不云即黃鳥。然則黃鳥非倉庚。焦氏循云。鄭箋稱黃鳥宜食粟。又云緜蠻小鳥皃。顯非倉庚。玉裁謂蓋今之黃雀也。方言云。驪黃或謂之黃鳥。此方俗語言之偶同耳。陸機乃誤以倉庚釋黃鳥。鳴則蠶生。月令。仲春倉庚鳴。內宰職曰。仲春。詔后帥外內命婦始蠶于北郊。从隹。离聲。呂支切。古音在十六部。今用鸝爲鸝黃。借離爲離別也。

雕　⿸疒隹　⿰氐隹　⿰垂隹　雃

雕鷻也。鳥部曰。鷻、雕也。假借爲琱琢、凋零字。从隹。周聲。都僚切。二部。古音在三部。考工記故書雕或爲舟。鵰籀文雕。从鳥。⿸疒隹⿸疒隹鳥也。左傳如鷹鸇之逐鳥雀。釋鳥。鷹來鳩。郭云。來當爲爽。按左傳爽鳩氏司寇也。杜曰。爽鳩、鷹也。从隹。从人。鍇曰。鷹隨人所指蹤。故從人。按雁鷹亦从人。瘖省聲。此七字依韵會訂。瘖在七部。而雁在六部者。合韵取近也。於陵切。鷹籀文雁。从鳥。按雁蓋古文也。小篆從之。从隹从瘖省聲。籀文則从鳥而應省聲。非兼用隹鳥也。⿰氐隹⿰垂隹也。今江蘇俗呼鷂鷹盤旋空中攫雞子食之。大雅云。懿厥哲婦。爲梟爲鴟。莊周云。鴟得腐鼠是也。爾雅有鴟鴞、怪鴟、茅鴟。皆與單言鴟者各物。从隹。氐聲。處脂切。十五部。鴟籀文鴟。从鳥。今多从籀。⿰垂隹鴟也。从隹。垂聲。是僞切。古音在十七部。雃石鳥。一名雝渠。一曰精列。毛傳曰。脊令雝渠也。飛則鳴。行則搖。不能自舍爾。釋鳥作鴡鴒。俗字也。精列者。脊令之轉語。从隹。幵聲。苦堅切。十二部。春秋傳秦有士雃。見左傳襄九年。按雃當是士會之後。傳云。秦人歸其帑。其處者爲劉氏。蓋處者不皆爲劉氏。或雃之後乃改氏劉。

雝　雝渠也。渠鳥部作鷅。鉉本同。从隹。邕聲。於容切。九部。經典多用爲雝和、辟雝。隸作雍。

雂　雂鳥也。廣韵云。句喙鳥。本字林。从隹。今聲。巨淹切。古音在七部。春秋傳有公子苦雂。見左傳昭廿一年。苦，鉉本及唐石經皆作若。

雁　雁鳥也。此與鳥部鴈別。鴈从鳥爲鵝。雁从隹爲鴻雁。禮舒鴈當作舒雁。謂雁之舒者。以別於眞雁也。舒雁謂之鴈。猶舒鳧謂之鶩也。經典鴻雁字多作鴈。毛傳曰。大曰鴻。小曰鴈。按鴻大也。非鳥名。从隹。从人。雁有人道。人以爲摯。故从人。厂聲。厂呼旱切。雁五晏切。十四部。

⿰黎隹　⿰黎隹黃也。三字句。⿰黎隹字林省作⿱黍隹。又作鵹。⿰黎隹黃卽離黃。見離下。⿰黎隹離異部而雙聲。故⿰黎隹黃與離黃異名。但二字不類廁。其說未聞。从隹。黎聲。郎兮切。十五部。一曰楚雀也。一曰謂一名也。見釋鳥。其色黎黑而黃。黎、黑兒。月令注作驪。亦謂黑色。

雐　雐鳥也。从隹。虍聲。荒烏切。五部。䖒字從此。

雓　牟母也。母音無。鉉作母。誤。釋鳥。鴽，牟母。鄭注公食大夫禮、月令皆作鴽，母無也。母與牟、無與母皆音同也。今二注舛譌。蔡邕月令章句。鴽爲鶉鶕之屬。時則訓注云。鴽，鶉也。李巡云。鴽鶕一名鴾母。郭云。鴽，鶕也。按內則、爾雅皆鶉鴽竝舉。則不可云鴽卽鶉也。从隹。奴聲。人諸切。五部。按經典皆从如聲。

鴽　雓或从鳥。

雇　九雇。逗。農桑候鳥。扈民不婬者也。左傳昭十七年。郯子曰。五鳩，鳩民者也。五雉爲五工正。利器用。正度量。夷民者也。九扈爲九農正。扈民無淫者也。皆以同音訓詁。鳩民者，勼民也。夷民者，古雉與夷音同也。扈民者，戸民也。杜曰。扈，止也。左傳。屈蕩戸之。漢書。王嘉戸殿門。失闌。注皆曰。戸，止也。此扈同戸。戸下曰。護也。从隹。戸聲。侯古切。五部。今用爲雇僦字。春雇鳻盾。夏雇竊玄。秋雇竊藍。冬雇竊黃。棘雇竊丹。行雇唶唶。宵雇嘖嘖。桑雇竊脂。老雇鴳也。鴳當从集韵、類篇作須。鴳也。各本作鷃也。今依廣韵。與釋鳥合。賈服注左皆作鷃鷃。按晏字則當作晏。晏，鳥聲也。一字則當作鴳。鳥部曰。鴳，雇也。是也。賈侍中云。春扈分循。相五土之宜。趣民耕種者也。夏扈竊玄。趣民耘苗者也。秋扈竊藍。趣民收斂者也。冬扈竊黃。趣民蓋藏者也。棘扈竊丹。爲果驅鳥者也。行扈唶唶。晝爲民驅鳥者也。宵扈嘖嘖。夜爲農驅獸者也。桑扈竊脂。爲蠶驅雀者也。老扈鷃鷃。趣民收麥。令不得晏起者也。舍人樊光蔡邕說皆同。故皆爲農桑候鳥。戸民不淫者。少昊之官督民農桑者取其名。亦戸民不使淫逸者也。

鳸　或从雩。从鳥。雩聲。

䨉　籀文雇。从鳥。今爾雅同籀。

⿰𦎫隹　⿰酓隹屬也。按說文或言屬。或言別。言屬而別在焉。言別而屬在焉。言⿰酓隹屬則⿰𦎫隹非⿰酓隹也。焦氏循曰。說文隼下云。一曰鶉字。鶉卽鷻省。輈人鳥旟七斿以象鶉火。鳥隼爲旟。則鶉火之鶉卽鷻。左傳童謠鶉之賁賁。下舉鶉火證之。則詩之言奔奔者。當亦是鷻。惟有縣鶉兮。毛特訓爲小鳥。乃爲鶕鶉也。按內則有鶉羹。詩貆特鶉皆謂食物。从隹。𦎫聲。常倫切。十三部。

⿰酓隹　⿰𦎫隹屬也。从隹。酓聲。恩含切。七部。太平御覽引有一曰牟母四字。籀文⿰酓隹。从鳥。

雃　雃鳥也。漢武帝造鳷鵲觀。在雲陽甘泉宮外。从隹。支聲。章移切。十六部。一曰雃度。未聞。或曰。蓋如長三丈高一丈爲雃。度廣以廣。度高以高。

⿰工隹　鳥肥大⿰工隹⿰工隹然也。然依韵會補。詩傳云。大曰鴻。小曰鴈。鴈當作此⿰工隹字。謂鴈之肥大者也。从隹。工聲。戸工切。九部。

鳿　⿰工隹或从鳥。玄應曰。鳿，古文⿰工隹。聲類以爲鴻鵠之或字。

⿰㪔隹　繳㪔也。謂繳㪔者。繳繫矰矢。放散之。加於飛鳥也。按㪔蓋字當作此。林部曰。㪔，分離也。此亦取先斂後放也。从隹。㪔聲。穌旰切。十四部。一曰飛㪔也。

雃　繳射飛鳥也。經傳多假弋爲之。从隹。弋聲。从弋者。如以弋爲的也。與職切。一部。

雄　鳥父也。从隹。厷聲。羽弓切。古音在六部。

雌　鳥

罹

母也。从隹。此聲。此移切。十五十六部。

罹　覆鳥令不得飛走也。得依廣韵補。网部有罩、捕魚器也。此與罩不獨魚鳥異用。亦且罹非网罔之類。謂家禽及生獲之禽。慮其飛走而籠罹之。故其字不入网部。今罩行而罹廢矣。刪 从网隹。讀若到。都校切。二部。

雋

雋　鳥肥也。各本作肥肉也。今依廣韵。廣韵不云說文。然必說文善本也。不言鳥則字何以从隹。蒯通著書。號曰雋永。言其所說味美而長也。惟野鳥味可言雋。故从弓。从弓隹。補二字。弓所目射隹。說从弓之意。徂沇切。十二部。長沙有下雋縣。前後志同。

䧿

䧿　飛也。从隹。隓聲。山垂切。古音在十七部。

魋

○魋　如小熊。赤毛而黃。从隹。鬼聲。各本無此篆。據言部[言魋]篆下曰。从言魋聲。必當有此篆。但大徐補入鬼部。未當。今依爾雅補入隹部。獸可言隹也。杜回切。十五部。

文三十九　今補魋。則四十。

重十二

奞

奞　鳥張毛羽自奮奞也。奞依篇韵補。奮奞雙聲字。从大隹。大其隹也。張毛羽故从大。凡奞之屬皆从奞。讀若睢。息遺切。十五部。按又先晉切。

奪

奪　手持隹失之也。引伸爲凡失去物之偁。凡手中遺落物當作此字。今乃用脫爲之。而用奪爲爭敓字。相承久矣。脫、消肉臞也。徒活切。鄭康成說禮記曰。編簡爛脫。脫音奪。从又奞。又、手也。持隹而奞。少縱即逝也。徒活切。十五部。

奮

奮　翬也。曡韵。羽部曰。翬、大飛也。雉雞羊絕有力皆曰奮。从奞在田上。田猶野也。方問切。十三部。詩曰。不能奮飛。邶風文。毛云。奮翼。即許云張毛羽自奮奞也。

文三

萑

萑　雖屬。雖、[垂隹]也。釋鳥。萑老兔。郭云。木兔也。似鴟鵂而小兔頭。从隹。从𦫳。有毛角。說从𦫳之意。毛角者、首有蔟毛如角也。所鳴其民有旤。凡萑之屬皆从萑。讀若

和。當若桓。云若和者。合韵也。萑雚字以爲聲。胡官切。十四部。

蒦

蒦　規蒦、逗。商也。从又持萑。規蒦二字葢古語。釋之曰商也。葢手持萑則恐其奪去。圖所以處之。是曰規蒦。乙虢切。五部。一曰視遽皃。瞿下云。一曰視遽皃。蒦與矍形聲皆相似。故此義同。一曰蒦、逗。度也。度、徒故切。漢志曰。寸者忖也。尺者蒦也。故蒦爲五度之度。鳥飛起止多有中度者。故雉蒦皆訓度。度高廣皆曰雉。

䨶　蒦或从尋。尋亦度也。寸部曰。度人之兩臂爲尋。八尺也。楚辭曰。求矩彠之所同。見離騷。王曰。榘、法也。彠、度也。高注淮南曰。榘、方也。彠、度法也。

雚

雚　雚爵也。三字句。爵當作雀。雚今字作鸛。鸛雀乃大鳥。各本作小爵。誤。今依太平御覽正。陸機疏云。鸛、鸛雀也。亦可證。陸云。似鴻而大。莊子作觀雀。土部垤下、鳥部鳳下皆作鸛。係俗改。从萑。吅聲。工奐切。十四部。詩曰。雚鳴于垤。豳風文。今詩作鸛。釋文曰。本又作雚。

舊

舊　雖舊、逗。舊留也。釋鳥。怪鴟。舍人曰。謂鵂鶹也。南陽名鉤鵅。一名忌欺。按今字爲新舊字。从萑。臼聲。巨救切。古音在一部。

鵂　舊或从鳥。休聲。按毛詩舊在一部。音轉入三部。乃別製鵂字。音許流切矣。角部但云鵅舊。

文四　重二

𦫳

𦫳　羊角也。玉篇曰。𦫳𦫳、兩角皃。廣韵曰。𦫳𦫳、羊角開皃。象形。知爲羊角者、於羋字知之也。凡𦫳之屬皆从𦫳。讀若乖。工瓦切。篇韵又乖買切。古音在十六十七部。

乖

乖　戾也。犬部曰。戾、曲也。曲則不伸。故爲睽離。从𦫳八。八部曰。八、分也。八隸作兆。乖从𦫳从兆。皆取分背之意。各本此下有八古文別。此淺人所妄增。說詳八部。丄部。凡許自注云某古文某者、皆見於許書。刀部別下未嘗有八古文別之云也。兆隸从北。以兆與北形相似也。古懷切。古音葢在十六部。

芇

芇　相當也。廣韵曰。今人賭物相折謂之芇。按廣雅。芇、當也。亡殄亡安二切。俗本譌作萠。闕。此謂闕其形也。从𦫳則知之矣。𦫳取兩角相當。

从冂則不可知也。以𦓝从帀聲求之。則三直均長。讀若宀。毋官切。古音葢在十二部。

文三

𥄕 目不正也。从丫目。丫者、外向之象。故爲不正。凡𥄕之屬皆从𥄕。讀若末。模結切。十五部。

瞢 目不明也。周禮眡祲。六曰瞢。注云。日月瞢瞢無光也。按小雅。視天夢夢。夢與瞢音義同也。又左傳亦無瞢焉。小爾雅。瞢、慙也。此引伸之義。从𥄕。从旬。旬、目數搖也。𥄕旬皆不明之意。木空切。古音在六部。廣韵武登切是也。

𥅃 火不明也。按火當作目。淺人所改也。假令訓火不明。則當入火部矣。此部四字皆說目。从𥄕。从火。火易眩。故从火。𥄕亦聲。莫結切。十五部。周書曰。布重𥅃席。顧命文。今作敷重蔑席。衞包又改爲篾。俗字也。𥅃者蔑之假借字也。𥅃席、二字今補。纖蒻席也。纖各本作纖。今正。馬融云。蔑、纖蒻。王肅云。蔑席、纖蒻苹席。則許亦當作纖。纖與蔑皆細也。𥅃者蔑之假借。馬、王謂底席爲青蒲席。則謂蔑席爲纖蒻席。許說當同之。艸部曰。蒻、蒲子。可以爲苹席也。蒲子、蒲之幼稚者。細於蒲。故謂之纖蒻。鄭注四席皆謂竹席。與馬、許不同。詳尚書撰異。𥅃葢壁中古文。蔑葢孔安國以今文字讀之。易爲蔑。讀與蔑同。上文已云𥄕亦聲。此專謂𥅃席言。

蔑 勞目無精也。目勞則精光茫然。通作眛。如左傳公及邾儀父盟于蔑。晉先蔑、公穀皆作眛是也。引伸之義爲細。如木細枝謂之蔑是也。又引伸之義爲無。如亡之命矣夫亦作蔑之命矣夫是也。左傳鬷蔑字然明。此以相反爲名字也。从𥄕。从戍。戍人勞則蔑然也。說从戍之意。戍人最勞者。此十字依廣韵、韵會訂。莫結切。十五部。

文四

羊 祥也。曡韵。考工記注曰。羊、善也。按譱義羑美字皆从羊。从丫。象四足尾之形。謂干也。與章切。十部。孔子曰。牛羊之字以形舉也。許多引孔子言。如王、士、儿、黍、羊、大、貉、烏皆是也。凡羊之屬皆从羊。

羋 羊鳴也。各本中筆直。今依五經文字、篆韵譜正。乞出不徑直也。从羊。象乞上出。與牟同意。凡言某與某同意者皆謂其製字之意同也。緜婢切。十六部。

羔 羊子也。虞氏注說卦傳。爲羊作爲羔。云女使也。妾與羔皆取位賤。鄭本作陽。云讀爲養。无家女行賃炊爨。今時有之。賤於妾也。二說字異義同。武進臧鏞堂曰。羔者養之誤也。从羊。照省聲。古牢切。二部。

羜 五月生羔也。謂羔生五月者也。釋畜、毛傳皆云。羜、未成羊也。郭云。俗呼五月羔爲羜。从羊。宁聲。讀若煑。直呂切。五部。

䍪 六月生羔也。廣雅。羍、䍪、羜、𦏁、羔也。从羊。敄聲。讀若霚。各本作霧。說文無。今正。亡遇切。古音在三部。

羍 小羊也。羊當作羔。字之誤也。羜䍪皆曰羔。羍又小於羔。是初生羔也。薛綜荅韋昭云。羊子初生名達。小名羔。羔未成羊曰羍。大曰羊。長幼之異名。初學記引。羍、七月生羔也。藝文類聚引。七月生羊也。與陸德明、孔穎達所據不同。似未可信。按生民。誕彌厥月。先生如達。毛曰。達、生也。姜嫄之子先生者也。此不可通。當是經文作羍。傳云。羍、達也。先生、姜嫄之子先生者也。達、他達切。卽滑達字。凡生子始生較難。后稷爲姜嫄始生子。乃如達出之易。故曰先生如羍。先釋羍後釋先生者。欲文義顯著。文法與白華傳先釋煁後釋桑薪正同。鄭箋如字訓爲羊子。云如羊子之生。媟矣。尊祖之詩似不應若是。且畺類之生無不易者。何獨取乎羊。尋箋之不云達讀爲羍。則知毛詩本作羍。毛以達訓羍。謂羍爲達之假借也。凡故訓傳之通例如此。用毛說改經、改傳、改箋。使文義皆不可通。則淺人之過而已。从羊。大聲。讀若達同。他末切。十五部。羍 羍或省。按此不當从入。當是从人。大、人也。故或从人。羊有仁義禮之德。故从人。

䍦 羊未卒歲也。廣雅。吴羊牡一歲曰牯䍦。三歲曰羝。其牝一歲曰牸䍦。三歲曰牂。从羊。兆聲。治小切。二部。或曰。羠羊百斤𠂇又爲䍦。羠各本作夷。小

羝 羒 牂 羭

徐釋以殷紂時夷羊。非也。今依急就篇顏注正。劇羊易肥。故有重百斤左右者。讀若春秋盟于洮。見僖八年。釋文洮他刀反。銕挑音同。

羝 牡羊也。見大雅毛傳。从羊。氏聲。都兮切。十五部。

羒 牡羊也。各本作牂羊。誤。今依初學記正。釋嘼羊牡羒。郭曰。謂吴羊白羝。廣韵。羒、白羝羊也。國語。土之怪羵羊。羵者、雌雄未成。从羊。分聲。符分切。十三部。

牂 牝羊也。各本作牡羊。誤。今正。釋嘼、毛傳、內則注皆曰。牂、牝羊。角部觟下云。牂羊生角者也。羖羊無無角者。故詩以童羖爲難。牂羊多無角。故殊之。从羊。爿聲。按許無爿字。五經文字曰。爿音牆。有所受之也。牂則郎切。十部。

羭 夏羊牝曰羭。牝各本作牡。誤。按釋嘼夏羊牝羭牡羖。自郭所據牝牡字已互譌。引之者多誤。因之竄改說文。今正。下文夏羊牡曰羖。亦有譌作夏羊牝曰羖者。牝牡字易互譌。而羖必是牡。則知羭必是牝。爾雅牝羭牡羖。猶上文云牡羒牝牂也。急就篇牂羖羯銕挑羝羭。師古曰。牂、吴羊之牝也。羝、牂羊之牡也。羭、夏羊之牝也。羖、夏羊之牡也。此所據說文尙不誤。

羖 羯 羠 羳 羥

左傳曰。攘公之羭。杜曰。羭美也。牝羊美於牡者。故內則八珍亦用牂。歸藏齊毋亦曰。兩壺兩羭。夏羊謂黑羊。郭注爾雅云。白者吴羊。黑者夏羊。从羊。俞聲。羊朱切。四部。

羖 夏羊牡曰羖。此牡字大小徐皆不誤。今刻大徐本誤牝。假令羖是牝。則下文安得云犗乎。从羊。殳聲。公戸切。五部。

羯 羊羖犗也。羊羖當作羖羊。廣雅曰。羖羊犗曰羯。牛部曰。犗者、騬牛也。按小雅俾出童羖。鄭云。羖羊之性。牝牡有角。則鄭謂羖羊兼有牡牝。與許說殊。疑鄭說即郭所云今人便以牂羖名白黑羊也。黑羊則名羖。牝牡皆角。故童羖爲難。白羊則名牂。牝者多無角。故許別言牂羊生角者。从羊。曷聲。居謁切。十五部。

羠 騬羊也。夏羊犗曰羯。吴羊犗曰羠也。爾雅說文皆無吴羊之名。單言羊則謂白羊也。馬部曰。騬、犗馬也。貨殖傳其民羯羠不均。謂很如羊也。从羊。夷聲。徐姊切。十五部。

羳 黃腹羊也。見釋嘼。从羊。番聲。附袁切。十四部。

羥 羊名也。从羊。巠聲。口莖切。十一部。按初學記引說文楷閒反。蓋本音隱。考工記顧字。故書或作牼。劉音牼苦顏反。皆雙聲合韵也。左傳。邾子牼卒。穀梁作瞯。

⿱執羊 羸 ⿰羊委 ⿰羊責 羣 ⿰羊垔

⿱執羊 羊名。从羊。執聲。汝南平輿有⿱執羊亭。讀若晉。春秋。蔡滅沈。杜預、司馬昭皆云。平輿有沈亭。疑沈亭即⿱執羊亭也。⿱執羊从執聲。執與沈皆七部字也。讀若晉之晉疑有誤。大徐即刃切。篇韵同。

羸 瘦也。引伸爲凡瘦之偁。又假借爲纍字。易羸其角。羸其瓶。或作纍。或作蘽。其意一也。从羊。羸聲。力爲切。十六部。

⿰羊委 羊相⿰羊委⿰羊責也。各本誤。今依篇韵補正。⿰羊委⿰羊責疊韵字。猶委積也。夏小正。三月韡羊。傳曰。羊有相還之時。其類韡韡然。其⿰羊委⿰羊責之謂與。从羊。委聲。於僞切。十五部。

⿰羊責 羊相⿰羊委⿰羊責也。从羊。責聲。子賜切。十六部。

羣 輩也。若軍發車百兩爲輩。此就字之从車言也。朋也。類也。此輩之通訓也。小雅。誰謂爾無羊。三百維羣。犬部曰。羊爲羣。犬爲獨。引伸爲凡類聚之偁。从羊。君聲。渠云切。十三部。五經文字曰俗作群。

⿰羊垔 羣羊相積也。積各本作⿰羊責。今依玉篇。一曰黑羊也。字林

⿱此羊 美 羌

有黫字。黑色也。左傳。左輪朱殷。祇作殷。許意黑羊曰⿰羊垔。借爲凡黑之偁。从羊。垔聲。烏閑切。十四部。

⿱此羊 羊名。蹏皮可㠯割桼。未聞。从羊。此聲。此思切。按當从廣韵此移切。十五、十六部。

美 甘也。甘部曰。美也。甘者、五味之一。而五味之美皆曰甘。引伸之凡好皆謂之美。从羊大。羊大則肥美。無鄙切。十五部。羊在六畜主給膳也。周禮。膳用六牲。始養之曰六畜。將用之曰六牲。馬牛羊豕犬雞也。膳之言善也。羊者、祥也。故美从羊。此說从羊之意。美與善同意。美、譱、義、羑皆同意。

羌 西戎。句。按此當有也字。商頌。自彼氐羌。箋云。氐羌夷狄國在西方者也。王制曰。西方曰戎。是則戎與羌一也。羊種也。各本作从羊人也。廣韵、韵會、史記索隱作牧羊人也。學者多言牧羊人爲是。其實非也。下文言僰焦僥字乃从人。東夷字乃从大。南方蠻閩字从虫。以其蛇種也。北方狄字从犬。以其犬種也。東北方貉字从豸。以其豸種也。故字皆不从人。假令羌字从人牧羊。則既人之矣。何待僰僥字始从人哉。且何不入儿部而入

羊部哉。是則許謂爲羊種。與蛇種、犬種、豸種一例。各本作牧羊人。似取風俗通竄改。御覽引風俗通曰。羌本西戎卑賤者也。主牧羊。故羌字从羊人。因以爲號。按應氏風俗通其語有襲用說文者。有竄改說文者。其說貉不从豸種之說亦見御覽。則說羌不从羊種正同。今正。**从羊儿。**各本作从人从羊。誤也。今正。羊儿者。羊種而人脈也。**羊亦聲。**去羊切。十部。**南方蠻閩从虫。**見虫部。南方蠻。東南閩越。此云南方者。槩言之。**北方狄从犬。**見犬部。**東方貉从豸。**見豸部。豸部云北方。此云東者。謂東北方也。**西方羌从羊。此六種也。**上文衹有四種。不得言六。或云此當作有。謂羌有六種。明堂位、爾雅所云六戎也。今按亦非文義。當云皆異種也。以引下文从人从大之字。**西南僰人、焦僥从人。**僰人之人膌字。焦各本作僬。誤。僰僥字皆見人部。**蓋在坤地。頗有順理之性。**坤。順也。在西南。此說僰僥字得从人之意。**唯東夷从大。**大部曰。夷。平也。从大弓。東方之人也。**大人也。**天大。地大。人亦大。故大象人形。僰、焦僥略有人性。故進之。字从人。東夷俗仁。故又進之。字从大。**夷俗仁。仁者壽。有君子不死之國。**山海經有君子之國。有不死民。後漢書東夷傳曰。仁而好生。天性柔順。易以道御。有君子不死之國焉。**孔子曰。道不行。欲之九夷。乘桴浮於海。**見論語公冶長篇、子罕篇。**有吕也。**漢地理志曰。東夷天性柔順。異於三方之外。故孔子悼道不行。設桴於海。欲居九夷。有以也夫。自南方蠻閩已下。揔論四夷字各不同之意。

〓**古文羌如此。**不得其說。

羑進善也。進當作道。道。善導以善也。顧命誕受羑若。馬曰。羑。道也。文王拘羑里。尚書大傳、史記作牖里。**从羊。**羊。善也。故从羊。**久聲。**與久切。三部。按此字又見厶部。曰羑古文。**文王拘羑里在蕩陰。**蕩各本作湯。誤。今正。水部正作蕩陰。漢二志皆云河內郡蕩陰。有羑里城。西伯所拘。音湯。

文二十六　重二

羴

羴羊臭也。臭者。气之通於鼻者也。羊多則气羴。故从三羊。**从三羊。**式連切。十四部。**凡羴之屬皆从羴。**

羶羴或从亶。亶聲也。今經傳多从或字。

羼

羼羊相廁也。釋名曰。廁。襍也。**从羴在尸下。尸、屋也。**尸者。屋之省。此說从尸之意。初限切。十四部。**一曰相出前也。**相廁者。襍廁而居。相出前者。突出居前也。顔氏家訓曰。典籍錯亂。皆由後人所羼。此相出前引伸之義。

文二　重一

瞿

瞿鷹隼之視也。隼亦鵻字也。知爲鷹隼之視者。以从隹䀠知之也。吳都賦曰。鷹瞵鶚視。經傳多假瞿爲䀠。見䀠下。**从隹䀠。䀠亦聲。凡瞿之屬皆从瞿。讀若章句之句。**古音句讀如鉤。別之曰章句之句。知許時章句已不讀鉤矣。九遇切。四部。**又音衢。**鍇本有此三字。音當作若。

矍

矍隹欲逸走也。隹當作隼。也當作皃。隼欲逸走而未能。矍矍然。震上六視矍矍。馬云中未得之皃。人之中未得者。如隼之欲逸走也。**从又持之。瞿瞿也。**瞿瞿各本作矍矍。今正。又持之而瞿瞿然。故其字爲矍。**讀若詩云穬彼淮夷之穬。**泮水。憬彼淮夷。憬下既引之。而此作穬。假借字也。詩釋文則云憬說文作𢡱。音獷。今心部𢡱下佚此文。文選注引韓詩則作獷。矍在五部。讀若从廣聲字者。十部與五部同入也。九縛切。**一曰視遽皃。**前義自鷹隼言。後義自人言。東都賦。西都賓矍然失容。善注引驚視皃。

文二

雔

雔雙鳥也。按釋詁。仇讎敵妃知儀匹也。此讎字作雔。則義尤切近。若應也。當也。讎物價也。怨也。寇也。此等義則當作讎。度古書必有用雔者。今則讎行而雔廢矣。**从二隹。凡雔之屬皆从雔。**

靃

讀若醻。市流切。三部。靃飛聲也。此字之本義也。引伸爲揮霍。爲靃靡。靃靡音選委切。从雨雔。各本少此三字。今補。呼郭切。五部。俗作霍。雨而雔飛者其聲靃然。說从雨之意。

雙

雙隹二枚也。見隹部隻下。方言。飛鳥曰雙。鴈曰乘。从雔又持之。所江切。九部。

文三

雥

雥羣鳥也。許善心神雀頌。嘉貺雥集。从三隹。徂合切。七部。凡雥之屬皆从雥。

⿱雥淵　雧

⿱雥淵鳥羣也。如淵爲水聚。从雥淵聲。烏玄切。十二部。雧羣鳥在木上也。引伸爲凡聚之偁。漢人多假襍爲集。从雥木。秦入切。七部。集雧或省。今字作此。

文三　重一

鳥

鳥長尾禽總名也。釋鳥音義引長尾羽衆禽揔名也。按厹部云。禽，走獸總名。此不同者。此依釋鳥二足而羽謂之禽也。短尾名隹。長尾名鳥。析言則然。渾言則不別也。象形。鳥之足佀匕。从匕。鳥足以一該二。能、鹿足以二該四。都了切。二部。凡鳥之屬皆从鳥。

鳳

鳳神鳥也。天老曰。天老、黃帝臣。鳳之像也。麐前鹿後。蛇頸魚尾。龍文龜背。燕頷雞喙。五色備舉。麐前鹿後各本作鴻前麐後。又魚尾下有鸛顙鴛思四字。按爾雅釋文、大雅卷阿正義、初學記、論語疏所引皆無鸛顙鴛思四字。惟左傳正義同今本。葢唐人所據原有二本。左疏所據非善本也。天老對黃帝之言見韓詩外傳。今外傳亦無此四字。郭氏山海經圖讚曰。八象其體。五德其文。云八象則益爲十者非矣。今皆更正。五德其文者、首文曰德。翼文曰順。背文曰義。腹文曰信。膺文曰仁也。見山海經。出於東方君子之國。見羊部羌下。翱翔四海之外。過崐崘。崐崘當作昆侖。飲砥柱。濯羽弱水。弱水部作溺。莫宿風穴。二語見淮南書。文選注引許愼曰。風穴、風所從出也。見則天下大安寧。黃帝、周成王之世是也。从鳥。凡聲。馮貢切。古音在七部。荀卿書引詩。有鳳有皇。樂帝之心。當作有皇有鳳。與心爲韵。朋古文鳳。象形。象其首及羽翼。鳳飛。羣鳥從㠯萬數。故㠯爲朋黨字。此說假借也。朋本神鳥。以爲朋黨字。韋本相背也。以爲皮韋。烏本孝烏也。以爲烏呼。子本十一月陽气動萬物滋也。人以爲偁。凡此四以爲。皆言六書假借也。朋黨字何以借朋鳥也。鳳飛則羣鳥從以萬數也。未製鳳字之前假借固已久矣。猶習聞鳳至者爲之也。六部七部音最相近。故朋在六部。蒸登韵。小篆鳳入七部。侵韵也。鵬亦古文鳳。既象其形矣。又加鳥旁。葢朋者最初古文。鵬者踵爲之者也。莊子書。化而爲鳥。其名爲鵬。崔云古鳳字。按莊生寓言。故鯤魚子也。鵬羣鳥之一也。而皆云大不知其幾千里。

鸞

鸞赤神靈之精也。赤各本作亦。誤。今依藝文類聚、埤雅、集韵、類篇、韵會正。後漢書注、廣韵皆引孫氏瑞應圖曰。鸞，赤神之精也。春秋元命包曰。离爲鸞。赤色五采。謂赤多而五采畢具也。後漢書輿服志。鸞雀立衡。崔豹古今注。五路衡上金雀。金雀者朱鳥也。或謂朱鳥者鸞也。後漢太史令蔡衡曰。多赤色者鳳。多青色者鸞。其說非是。月令鸞路。鄭云。取有虞氏之車有鸞和之節爲名。春言鸞。夏言色。互文。然則鄭不謂鸞鳥青色矣。雞形。郭注西山經云。舊說鸞似雞。鳴中五音。鑾下曰。鈴象鸞鳥聲和。頌聲作則至。周成王之世是也。西山經曰。見則天下安寧。从鳥。䜌聲。洛官切。十四部。周成王時氐羌獻鸞鳥。見逸周書王會篇。

鸑

鸑鸑鷟、逗。鳳屬。神鳥也。从鳥。獄聲。五角切。三部。春秋國語曰。周之興也。鸑鷟鳴於岐山。周語內史過說。韋曰。三君云。鸑鷟鳳之別名也。按三君者侍中賈逵、侍御史虞翻、尚書僕射唐固也。許云鳳屬。於賈小異。劉逵曰。鸑鷟鳳雛也。說又異。江中有鸑鷟。佀鳧而大。赤目。此言江中鸑鷟別是一物。非神鳥。或許所記。或後人所增。不可定也。上林賦屬玉。吳都賦作鸀鳿。郭璞曰。屬玉似鴨而大。長頸

鷟　鷫　鷞　鳩　鶌

赤目。紫紺色。劉逵曰。如鶩而大。長頸赤目。其毛辟水毒。陳藏器曰。鸀鳿主治沙蝨、短弧、蝦鬚等病。能啖病人身出含沙射人之沙箭。如鴨而大。眼赤觜斑。玄中記曰。水弧者。其形蟲也。其氣乃鬼也。鴛鴦、鸑鷟、蟾蜍好食之。合是四說。知鸑鷟卽鸀鳿。云似鴨。眼赤者。亦正與許合。

鸑鷟也。从鳥。族聲。士角切。三部。

鷫鷞也。从鳥。肅聲。息逐切。三部。**五方神鳥也。東方發明。南方焦明。西方鷫鷞。北方幽昌。中央鳳皇。**劉昭引叶圖徵云。似鳳有四。司馬相如傳。揜焦明。又焦明已翔乎寥廓。張揖曰。焦明似鳳。西方之鳥。按西字疑誤。左傳。唐成公有兩肅爽馬。賈逵曰。色如霜紈。馬融說。肅爽、雁也。其羽如練。高首而脩頸。馬似之。天下稀有。高注淮南云。鷫鷞長頸綠色。似鴈。賈馬高等所說。葢別一鳥。非西方神鳥。

司馬相如說。从叜聲。按肅叜同在三部。鷫鷞皆可讀如搜也。葢凡將字如此。

鷫鷞也。从鳥。爽聲。所莊切。十部。

鶻鵃也。按今本說文奪譌。鳩與雉雇皆本左傳。鳩爲五鳩之總名。猶雉爲十四雉之總名。雇爲九雇之總名也。當先出鳩篆。釋云五鳩民者也。乃後云鶌鳩、鶻鵃也。雎、祝鳩也。桔鵴、尸鳩也。鴡、王鴡鴡鳩也。鴡鳩鷙鳥。故別爲類廁之。而䧹爲爽鳩。已見於隹部矣。度說文古本當如是。今本以鳩名專系諸鶻鵃。則不可通矣。毛詩召南傳曰。鳩、尸鳩、桔鞠也。衞風傳曰。鳩、鶻鳩也。月令注曰。鳩、搏穀也。經文皆單言鳩。傳注乃別爲某鳩。此可證鳩爲五鳩之總名。經傳多假鳩爲逑、爲勼。辵部曰。逑、歛聚也。勹部曰。勼、聚也。**从鳥。九聲。**居求切。三部。

鶌鳩、鶻鵃也。鶻鵃二字依爾雅補。釋鳥曰。鶌鳩、鶻鵃。小雅宛彼鳴鳩。毛曰。鳴鳩、鶻鵰也。衞風于嗟鳩兮。無食桑葚。毛曰。鳩、鶻鳩也。食桑葚過則醉而傷其性。鶻鳩食桑葚。毛葢目驗而知。鵰與鵃音同。郭云。今江東亦呼爲鶻鵃。似山鵲而小。短尾。青黑色。多聲。卽是此也。舊說及廣雅皆云班鳩。非也。按此郭注見左正義。今本不完。左傳鶻鳩氏司事也。鶻鳩春來冬去。而多聲。故詩小宛謂之鳴鳩。若陳風魯頌之鴞。毛皆謂惡聲之鳥。則必鉤雒之類。而非司事之鳥矣。**从鳥。屈聲。**九勿

鵻　鶻　鵃　鵴

切。十五部。

祝鳩也。小雅。翩翩者鵻。釋鳥。鵻其、鳺鴀。毛傳曰。鵻、夫不也。南有嘉魚傳曰。鵻、壹宿之鳥。左傳。祝鳩氏司徒也。杜曰。祝鳩、鷦鳩也。鷦鳩孝。故爲司徒。主教民。樊光注爾雅亦云。孝故爲司徒。郭云。今鵓鳩也。按鵓鳩今俗呼爲勃姑。鵓勃語之轉。鵓卽爾雅之夫不也。**从鳥。隹聲。**詩釋文。鵻音隹。本又作隹。按釋鳥直作隹。職追切。十五部。大徐思允切。

隼　鵻或从隹一。从一者。謂壹宿之鳥也。箋云。壹宿者。壹意於其所宿之木也。毛詩、爾雅音義云。鵻本作隹。葢是本作隹。轉寫譌之耳。廣韵及大徐鵻思允切。末爲非也。**一曰鶉字。**按此鶉字卽鷻字。轉寫混之。詩四月鶉、陸德明釋文云。字或作鷻。可證。毛詩兩言隼。俱無傳。四月匪鷻匪鳶。傳曰。鷻、雕也。葢隼人所習知。故不詳其名物。隼與鷻當是同物。而異字異音。隼當在十五部。鷻當在十三部。祝鳩與鷻異物。而同字同音。豈因鳩鷹互化。而謂爲一物與。依鄭則鷹化布穀。非雕祝鳩也。○按陽湖莊氏述祖依韵會作一曰鷻子。證之以兩京賦薛解云。隼、小鷹也。余始從其說。繼思作一曰鷻字爲是。異字同義。謂之轉注。異義同字。謂之假借。隼與鷻同音同字。是亦假借也。謂隼亦卽鷻字也。此外䖵部蠠下一曰螟字。謂蠠亦卽螟字。大部畀下或曰拳勇字。謂畀亦卽拳字也。此三條一例。今本鳥部或作鷻子。䖵部作螟子者。失之。

鶻鵃也。按鶻鵃二篆。宜蒙鶌篆類廁。乃中隔以祝鳩。豈轉寫倒易與。小宛釋文云。鶻、字林作鵃。云骨鵃、小種鳩也。不云說文作鵃。而係字林。且字林鶻作骨。豈鶻鵃二篆。說文本無。而後人益之與。**从鳥。骨聲。**古忽切。十五部。

鶻鵃也。从鳥。舟聲。張流切。三部。按鶻音骨。鵃郭音嘲。釋文音陟交反。凡鳥名多取其聲爲之。郭云。今江東亦呼爲鶻鵃。正謂江東皆呼骨嘲。而定此音也。

桔鵴、逗**尸鳩也。**桔各本作桔。今依廣韵、韵會。說文無此字。卽稽字也。釋鳥曰。鳲鳩、鴶鵴。毛傳。尸鳩、桔鞠也。字異音同。方言作結誥、擊穀。郭云。今之布穀也。江東呼爲穫穀。按今之郭公也。以穀雨後鳴。古名今名皆像似其音爲之。左傳曰。鳲鳩氏、司空也。召南序云。德如尸鳩。曹風傳云。尸鳩之養其子。朝從上下。莫從下上。平均如一。月令。仲春。鷹化爲鳩。鄭云。鳩、搏穀也。季

鴿　鴠　鶪　鷚

春鳴鳩拂其羽。鄭云。鳩鳴飛翼相擊。趨農急也。鄭意鳴鳩卽搏穀。鳴鳩猶鳩鳴也。與蔡邕、孫炎謂此鳴鳩爲鶻鵃不同。从鳥。𥝌聲。居六切。三部。

鴿 鳩屬也。鳩之可畜於家者。狀全與勃姑同。从鳥。合聲。古沓切。七部。

鴠 渴鴠也。月令作曷旦。坊記作盍旦。鄭云。夜鳴求旦之鳥。方言作鶡鴠。鶡鴠。廣志作侃旦。皆一語之轉。此渴旦當同月令作曷旦。淺人改之。誤用渴爲飢𢿂字耳。太平御覽引鴠可旦也。取爲古本。曷旦、可旦、鳥語如此。故云求旦之鳥。从鳥。旦聲。得案切。十四部。

鶪 伯勞也。夏小正作百鷯。月令注作博勞。詩箋作伯勞。古音同也。鶪。夏小正、孟子作鴂。乃雙聲假借字。小正、月令皆云五月鳴。惟豳風曰七月鳴鶪。左傳曰。伯趙氏司至者也。从鳥。狊聲。古闃切。十六部。

[狊隹] 鶪或从隹。

鷚 天鸙也。鷚今本作鷚。鸙今本作鸙。宋本、李燾本作鷚、作龠。釋鳥。鷚、天鸙。釋文曰。鷚字又作鷚。鸙、說文作龠。今從之。玉篇鸙、天鸙也。許無鸙字。郭云。大如鷃雀。色似鶉。好高飛作聲。今江東名之天鷚。音綢繆之繆。按此與隹部雡異義。从鳥。翏聲。力救切。三部。陸云。說文力幼反。本音隱。

鸒　鷽

鸒 卑居也。見隹部雅下。卑音壁。从鳥。與聲。羊茹切。五部。

鷽 雗鷽、山鵲。句 知來事鳥也。隹部雗下但云雗鷽。此乃足之。淮南書。乾鵲知來而不知往。高曰。乾鵲、雗也。人將有來事憂喜之徵則鳴。此知來也。知歲多風。卑巢於木枝。人皆探其卵。故曰不知往也。乾讀如乾燥之乾。鵲讀告退之告。太平御覽引乾鵲知來而不知往。此修短之分也。注。乾鵲、鵲也。見人有吉事之徵則修修然。凶事之徵則鳴啼而知來歲多風則巢於下枝。而童子乃探其卵。而不知。各有所能。故曰修短之分也。此正文作乾鵲與高本作乾鵲異。注亦小異。必是許注。玉裁謂釋鳥鷽山鵲未嘗云雗鷽也。高許注淮南皆曰鵲也。未嘗云山鵲也。廣雅亦云鳱鵲、鵲也。不云山雗。然則釋鳥鷽山鵲爲一物。說文當云雗鷽、鵲也。爲一物。今本山字淺人依爾雅增之。避太歲。知來歲風。知人憂喜。知行人將至。此正今之喜鵲。其性好晴。故曰乾鵲。雗乾稚同。鷽鵲同。射有正鵲。正之言正。鵲之言較。較者直也。非取名於鳱鵲也。鳱鵲非小而難中之鳥也。从鳥。學省聲。胡角切。三部。

鷲　鴞

雤 鷽或从隹。

鷲 鷲鳥。鷲字今補。黑色。多子。山海經。其獸多鹿麐就。郭引廣雅。鷲、雕也。李將軍傳。是必射雕者。服虔曰。雕一名鷲。黑色多子。可以其毛作矢羽。按廣雅。鷻、鶚、鷲、鷲、雕也。統言之。許雕鷲爲一。鷲爲一。鶚爲一。析言之。師曠曰。南方有鳥。名曰羌鷲。黃頭赤目。五色皆備。此別一鳥。名羌鷲。非鷲也。藝文志小說家有師曠六篇。豈許所偁與。今世有禽經。係之師曠。其文理淺陋。葢因說文此條而僞造。吳都賦。彈鸞鷲。劉注引師曠曰。云云。葢本說文。不知字何以作鷲。李音京。廣韵十二庚有鷲字。注。羌鷲也。玄應書引說文。赤目作赤咽。从鳥。就聲。疾僦切。三部。

鴞 鴟鴞、逗。鴟當作雖。雖、雖也。雖鴞則爲寧鴂。雖舊則爲舊蛗。不得舉一雖字謂爲同物。又不得因鴞與梟音近謂爲一物。又不得因雖鴞與鴟偁音近謂爲一物也。雖舊不可單言雖。雖鴞不可單言鴞。凡物以兩字爲名者、不可因一字與他物同謂爲一物。寧鴂也。釋鳥。鴟鴞、鸋鴂。豳風毛傳同。方言曰桑飛。有工爵、過鸁、女匠、鷦鴂、鸃爵諸名。陸璣曰。鳭鷯似黃雀而小。取茅秀爲窠。以麻紩之。如刺襪然。或謂之襪爵。按郭氏因一雖字謂寧鴂必雖屬。後人深信之者。謂此鳥呼既取我子之鳥而告之耳。不知鳥名多自評。開端一句正是鳥聲。从鳥。号聲。于嬌切。二部。按今人讀許嬌切。非。

鴂　鶐　鴋　[戠鳥]　鷙

鴂 寧鴂也。小正、孟子借鴂爲鶪。離騷恐鶗鴂之先鳴。楊雄作鷤鴂。或釋爲子規。或釋爲伯勞。未得其審。而廣韵乃合鷤鴂、鶗鴂爲一物。凡物名因一字相同而溷誤之類如此。从鳥。夬聲。古穴切。十五部。

鶐 鳥也。廣韵曰。小鳥名。从鳥。帥聲。辛聿切。十五部。

鴋 澤虞也。釋鳥。鶭、澤虞。釋文。鶭本或作鴋。說文作鴋。郭云。今婟澤鳥。常在澤中。有象主守之官。按此釋澤虞之意。謂若周禮之澤虞也。楊雄云。鳫鳩或謂之鷲鶂。葢尸鳩之一名耳。孫氏乃援以注爾雅之鴋澤虞。不知其斷句本異。从鳥。方聲。分兩切。十部。此不得牽合鶝鴋。

[戠鳥] [戠鳥]鳥也。[戠鳥]之言尐也。小鳥名也。篇韵皆云小雞。从鳥。戠聲。子結切。十五部。

鷙 鷙鳥也。从鳥。

忝聲。親吉切。十二部。

鴃 鋪豉也。二徐上字皆作鋪、宋刻鉉本、李燾本不作鋪也。爾雅作鋪。釋鳥。鴃、鋪豉。此必鳥聲如云。鋪豉自郭氏已未詳矣。从鳥。失聲。徒結切。十二部。

鶤 鶤雞也。釋鳥。雞三尺爲鶤。郭曰。陽溝巨鶤。古之名雞。釋文字或作鵾。九辯。鵾雞啁哳而悲鳴。王云。奮翼鳴呼而低昂。王正謂雞三尺者也。高注淮南曰。鶤雞、鳳皇別名。張揖注上林賦曰。昆雞似鶴。黃白色。則非釋鳥所云矣。許意不謂雞畢。亦不謂鳳皇。故其字廁於此。此葢與張說同也。从鳥。軍聲。讀若運。古渾切。十三部。

⿰芺鳥 ⿰芺鳥鳥也。各本鸛鶵⿰芺鳥等字皆刪。今補三字句。疑即釋鳥之鴢頭。从鳥。芺聲。烏浩切。二部。

⿱臼鳥 ⿱臼鳥鳥也。从鳥。臼聲。居玉切。三部。

鷦 鷦䳼、逗 桃蟲也。桃蟲見周頌。釋鳥曰。桃蟲鷦。其雌鴱。毛傳亦云。桃蟲鷦也。鳥之始小終大者。箋云。鷦之所爲鳥題肩也。或曰鴞。按單呼曰鷦。絫呼曰鷦䳼。鷦䳼謂其小也。取義於焦眇也。桃蟲之桃亦取兆聲。謂其小。列子盜驪之馬。廣雅作駣騠。荀卿、戰國策作纖離。郭注穆天子傳云。爲馬細頸。此桃訓小之證也。郭注爾雅云。俗呼爲巧婦。注方言云。桑飛即鷦鷯也。今亦名爲巧婦。按許意巧婦者。其所謂雌鴱、寧鴂也。鷦䳼者、其所謂鷦䳼也。許二之。郭一之。陸機疏分別、與許合。从鳥。焦聲。即消切。二部。

䳼 鷦䳼也。从鳥。眇聲。眇、小也。亡沼切。二部。

鶹 鳥少美長醜爲鶹離。邶風。瑣兮尾兮。鶹離之子。毛云。鶹離、鳥也。少好長醜。釋鳥曰。鳥少美長醜爲鶹鷅。鶹與畱、鷅與離、皆同也。詩字本作畱。爾雅注及音義可證。詩音義則淺人改易之。按此詩以少好長醜比衛臣始有小善。終無成功。陸疏乃謂流離梟也。其子長大還食其母。絕非爾雅毛鄭許諸君意也。从鳥。畱聲。力求切。三部。

鷬 鳥也。今爲難易字、而本義隱矣。从鳥。堇聲。那干切。十四部。按堇聲在十三部。合韵也。

難 鷬或从隹。今皆作此字。

古文鷬。

古文鷬。

古文鷬。

鶨 欺老也。釋鳥。鶨、鵙老。下云。扈、鴳。按許上文說九雇既云老雇、鴳也。則以老下屬、與賈逵樊光同。此以老上屬。下云鴳雇也。復與舍人、李巡、孫炎同。葢兩從未定也。欺老未詳何鳥。从鳥。彖聲。丑絹切。十四部。

⿰兊鳥 ⿰兊鳥鳥也。玉篇。水鳥也。从鳥。兊聲。弋雪切。十五部。

鴸 鴸鳥也。篇、韵皆云水鳥。黑色。从鳥。主聲。天口切。四部。

⿰昏鳥 ⿰昏鳥鳥也。廣韵。鳥似翠而赤喙。玉篇作鴖。作鷭。从鳥。昏聲。武巾切。古音在十三部。

鷯 刀鷯、逗 剖葦。句。釋鳥。鳭鷯、剖葦。鳭者、刀之俗字。郭云。好剖葦皮。食其中蟲。因名云。按爾雅說文之剖葦自是刀鷯之別名。今本說文食其中蟲四字。淺人用郭注羼入也。能剖葦故名刀鷯。刀與剖義相應。改刀爲鳭。讀丁堯切。非也。玉篇云。鳭鷯亦作鴮鷯。其說尤誤。鳭鷯爲小鳥。刀鷯則不甚小。觀郭云似雀青斑長尾、則大於鷦䳼可知也。食其中蟲。四字當刪。从鳥。尞聲。洛蕭切。二部。

鶠 鶠鳥也。其雌皇。釋鳥。鶠鳳。其雌皇。說者便以鳳皇釋之。據許則有鳥名鶠鳳、非鳳。可以鳳釋鶠也。鳥字葢鳳之誤。三字一句。从鳥。匽聲。於幰切。十四部。一曰鳳皇也。此別一義。與說爾雅者同。

鴲 瞑鴲也。廣韵曰。小青雀也。按廣韵葢謂即竊脂。从鳥。旨聲。旨夷切。十五部。

鵅 烏鸔也。見釋鳥。郭云。水鳥也。按此與隹部雒音同義別。从鳥。各聲。盧各切。五部。

鸔 烏鸔也。从鳥。暴聲。蒲木切。古音在二部。

鶴 鶴鳴九皐。聲聞于天。鶴字今補。此見詩小雅。毛曰。皐、澤也。言身隱而名著也。爾雅無鶴。故偁詩。後人鶴與鵠相亂。从鳥。隺聲。下各切。古音在二部。

鷺 白鷺也。釋鳥曰。鷺、舂鉏。周頌、魯頌傳曰。鷺、白鳥也。按大雅白鳥翯翯。白鳥謂鷺。傳不言者。人所共知也。漢人謂鷺爲白鳥也。於頌則以人所知說其所不知。此傳注之體也。陸氏疏云。好而潔白。故謂之白鳥。此白鷺當作白鳥。許之例多因毛傳也。舂鉏者、謂其狀俯仰如舂如鉏。从鳥。路聲。洛故切。五部。

鵠 黃鵠也。黃各本作鴻。今依玄應書、李善西都賦注正。戰國策。黃鵠游於江海。淹於大沼。奮其六翮而陵清風。賈生惜誓曰。黃鵠一舉兮知山川之紆曲。再舉兮知天地之圜方。凡經史言鴻鵠者皆謂黃鵠也。或單言鵠。或單言鴻。从鳥。告聲。胡沃切。三部。

鴻　鴻、逗。此復舉字之未刪者。鵠也。黃鵠一名鴻。豳風。鴻飛遵渚。毛曰。鴻不宜循渚。鴻飛遵陸。毛曰。陸非鴻所宜止。按鄭箋祇云鴻大鳥。不言何鳥。學者多云鴈之大者。夫鴻鴈遵渚遵陸。亦其常耳。何以毛云不宜。以喻周公未得禮。正謂一舉千里之大鳥。常集高山茂林之上。不當循小州之渚。高平之陸也。經傳鴻字有謂大鴈者。如曲禮前有車騎則載飛鴻。易鴻漸于磐是也。有謂黃鵠者。此詩是也。單呼鵠。絫呼黃鵠。鴻鵠。黃言其色。鴻之言琟也。言其大也。故又單呼鴻。鴈之大者曰鴻。字當作鳿。而假借也。从鳥。江聲。戶工切。九部。

鵚　禿鵚也。小雅毛傳。鶖、禿鶖也。張尚對孫皓曰。鳥之大者有禿鶖。古今注曰。扶老。禿秋也。大者頭高八尺。李時珍說其形甚詳。云頭項皆無毛。此其偁禿之故乎。从鳥。尗聲。七由切。三部。尗聲秋聲同在三部也。鶖　鵚或从秋。秋聲。

鴛　鴛鴦也。小雅傳曰。鴛鴦匹鳥也。古今注曰。雌雄未嘗相離。按鸂鶒者。鴛鴦屬也。从鳥。夗聲。於袁切。十四部。

四篇上　旲

鴦　鴛鴦也。二字雙聲。从鳥。央聲。於良切。十部。

鵽　鵽鳩也。釋鳥。鵽鳩。郭連下文寇雉爲一物。釋鳥。寇雉泆泆。郭云。即鵽鳩也。據許不云寇雉也。則許讀不同郭也。郭云。鵽大如鴿。出北方沙漠地。俗名突厥雀。按南都賦。歸鴈鳴鵽。黃稻鱻魚。以爲勺藥。若莊子逸篇云。青鵽愛子忘親。此必別是一物也。从鳥。叕聲。丁刮切。十五部。

鵱　蔞鵝也。釋鳥。鵱鷜。鵝。郭云。今之野鵝。按篇韵皆以鵱鷜爲句。許作蔞而下屬。則古讀不同。蔞鵝鳥名。今不定爲何鳥也。論衡云。蚈彈雀則失鶉。从鳥。坴聲。力竹切。三部。按鵱篆錯本在部末。

鴚　鴚鵝也。三字句。方言。鴈自關而東謂之鴚鵝。南楚之外謂之鵝。或謂之鶬鴚。廣雅。鴚鵝。倉鴚。鴈也。本此。按楊張所云鴈者。鴻鴈也。許以鴻鴈字系隹部。此不云鴚鵝鴈也。知許意不爲鴻鴈。鴚字亦作鴐。大玄作鴚鵝。子虛、上林、反離騷、南都賦皆作鴐鵞。古作鴐。山海經。鴐鳥。魯大夫榮鴐鵞。皆卽鴐鵞也。古加聲與可聲同音。張揖注上林賦曰。鴐鵞。野鵞也。然則非家鵞亦非鴻鴈。鴻鴈屬也。許意當同。○魯大夫榮鴐鵞。左傳、漢書皆作鴐。與山海經同。毛居正云。从馬誤。毛非也。釋文宋刊皆作鴐。通志堂乃於定元年改作駕。从鳥。可聲。古俄切。十七部。爾雅音義曰。說文音河。郭音加。

鵝　鴚鵝也。从鳥。我聲。五何切。十七部。

鴈　鵝也。鴈與雁各字。鵝與鴚鵝各物。許意隹部雁爲鴻雁。鳥部鴈爲鵝。鴚鵝爲野鵝。單呼鵝爲人家所畜之鵝。今字雁鴈不分久矣。禮經單言鴈者皆鴻雁也。言舒鴈者則鵝也。爾雅。舒鴈。鵝。是也。李巡云。野曰鴈。家曰鵝。鵝謂之舒鴈者、家養馴不畏人。飛行舒遲也。是則當作舒雁。謂雁之舒者也。雁在野。鵝爲家雁也。儀禮出如舒鴈。不言如鴈。內則舒鴈翠。別於下文鴈腎鵝之名。舒鴈顯然而某氏注爾雅云。在野舒翼飛遠者爲鴈。以爾雅舒鴈爲一物。鵝爲一物。非是。鵝固有單呼鴈者。如莊子命豎子殺鴈而烹之。謂鵝也。王褒僮約云。鴈鶩百餘者爲鵝鴨。別於上文云。纖鴈彈鶩者爲雁鳧。蓋雁鴈不分久矣。許當云。鴈、舒雁也。舒雁、鵝也。文乃備。从鳥人。鵝依人。故同雁从人。厂聲。厂、呼旱切。鴈、五晏切。十四部。

鶩　舒鳧也。几部曰。舒鳧、鶩也。與釋鳥同。舍人、李巡云。鳧、野鴨名。鶩、家鴨名。許於鳧下當云。鳧、水鳥也。舒鳧、鶩也。文乃備。左傳疏云。謂之舒鳧者。家養馴不畏人。故飛行遲。別野名耳。某氏注云。在野舒飛遠者爲鳧。非是。詞章家鳧亦呼鶩。此如今野人雁亦呼雁鵝也。春秋繁露。張湯問祠宗廟。或以鶩當鳧。可用否。仲舒曰。鶩非鳧。鳧非鶩也。以鶩當鳧。名實不相應。以承大廟不可。此舒鳧與鳧之判。廣雅云。鳧鶩䳓也。此統言而未析言之也。从鳥。敄聲。莫卜切。三部。

四篇上　罡

鷖　鳧屬也。大雅鳧鷖傳曰。鳧、水鳥也。鷖、鳧屬也。按此謂鳧屬。非謂舒鳧屬也。周禮王后之五路。安車彫面鷖總。故書鷖或爲繄。鄭司農云。繄讀爲鳧鷖之鷖。鷖總者。青黑色。以繒爲之。按於此知此鳥青黑色也。陸、孔皆引倉頡解詁曰。鷖、鷗也。一名水鴞。許云鷗、水鴞。而不云鷖鷗也。則許不謂一物也。鳧屬者、似鳧而別。其釋鳥之鶝沈鳧乎。从鳥。殹聲。烏雞切。十五十六部。詩曰。鳧鷖在梁。梁當作涇。大雅文。

鷙　鷙鶂、逗。鳧屬。南都賦其鳥則有鷙鶂鸊鷉、李引說文曰。鷙鶂鳧屬。按鶂皆鷈之誤。故李音雅札反。與集韵牛轄切同。若鶂則五歷切。在今錫韵。不相謀。

也。从鳥。契聲。古節切。十五部。李善苦札切。廣韵古黠切。鸊⿰契鳥鸊也。从鳥。辥聲。魚列切。十五部。集韵牛轄切。鸏水鳥也。史記上林賦說水鳥有煩鶩。徐廣曰。煩鶩一作番鸏。按矛聲敄聲之字。音轉多讀如蒙。賦文當依此本。从鳥。蒙聲。莫紅切。九部。鷸知天將雨鳥也。釋鳥。翠鷸。李巡、樊光、郭璞皆云一鳥。許於羽部曰。翠、青羽雀也。合此條知其讀不同。各為一鳥。从鳥。矞聲。余律切。十五部。禮記曰。知天文者冠鷸。引禮記者、漢志百三十一篇中語也。左傳。鄭子臧出奔宋。好聚鷸冠。鄭伯聞而惡之。使盜殺之。君子曰。服之不衷。身之災也。詩曰。彼己之子。不稱其服。子臧之服不稱也夫。云不稱者、正謂子臧不知天文而冠聚鷸也。獨斷曰。建華冠形制似縷鹿。記曰。知天文者服之。鄭子臧聚鷸冠前圜。此則是也。司馬彪輿服志引記曰。知天者冠述。知地者履絇。莊子鷸一作鶐。然則述者鶐之省。毛傳。遹、述也。古音同也。說苑。知天道者冠鉥。知地道者履蹻。則又假鉥蹻為鶐絇字。小顏說禮之衣服圖謂為術氏冠。亦以古音同耳。鷸或从遹。

鸊鸊鷉也。釋鳥。鷉、須鸁。按單呼曰鷉。絫呼曰鸊鷉。方言。野鳧其小而好沒水中者。南楚之外謂之鸊鷉。大者謂之鶻鷉。南都賦作鸊鶙。从鳥。辟聲。普擊切。十六部。鷉鸊鷉也。从鳥。虒聲。土雞切。十六部。按⿰契鳥鸊、鸊鷉皆疊韵。鸕鸕鷀也。釋鳥。鶿鷧。郭云。卽鸕鷀也。按今江蘇人謂之水老鴉。畜以捕魚。鸕者謂其色黑也。鷀者謂其不卵而吐生。多者生八九。少生五六。相連而出。若絲緒也。有單言鸕者。上林賦。箴疵鵁盧。南都賦。鵾鸕是也。有單言鷀者。釋鳥是也。从鳥。盧聲。洛乎切。五部。鷀鸕鷀也。从鳥。茲聲。疾之切。一部。鷧鷀也。从鳥。壹聲。乙冀切。十五部。鴔鴔鵖也。釋鳥。鵖鴔、戴鵀。郭云。鵀卽頭上勝。今亦呼為戴勝。按說文倒之曰鴔鵖。疑當從爾雅。鵖、戴一音也。鴔、鵀、勝一音也。呂覽作任。勝與任、六部七部合音取近。方言又謂之戴南。月令。戴勝降於桑。鄭云。戴勝、織紝之鳥。郭注方言云。勝、所以纏紝。按木部云。縢、機持經者。糸部云。紝、機縷也。此鳥之首文有如纏機縷之縢。故曰戴勝。方言又謂之鶝鶔。鴔鵖之雙聲也。从鳥。乏聲。平立切。七部。

鵖鴔鵖也。从鳥。皀聲。彼及切。七部。鴇鴇鳥也。鴇見詩、禮記。陸疏曰。連蹏。性不樹止。肉出尺胾。未聞。按內則鵠鴞胖。謂脅側薄肉也。鵠或為鴇。胖在不利人之列。此云出尺胾者。蓋謂去此尺胾不食。其餘可食。从鳥。𠦒聲。博好切。古音在三部。鳵鴇或从包。古𠦒聲包聲同在三部。管子、周禮注皆作鳵。鶏雝鶏也。見隹部雝下。从鳥。渠聲。強魚切。五部。鷗水鴞也。山海經注曰。鷗、水鴞也。按列子作漚。从鳥。區聲。烏侯切。四部。⿰犮鳥⿰犮鳥鳥也。从鳥。犮聲。讀若撥。蒲達切。十五部。鷛鷛鳥也。上林賦說水鳥有鷛渠。史記作鷛鶏。郭曰。鷛鶏似鶩。灰色而雞足。一名章渠。吳都賦鷛鶏。劉注同郭。李善音庸渠。按此鳥本單呼鷛也。从鳥。庸聲。余封切。九部。鶂鶂鳥也。字見春秋經文十六年。水鳥也。博物志曰。鶂雄雌相視則孕。或曰雄鳴上風。雌鳴下風。薛綜曰。鷁首者。船頭象鷁鳥。厭水神。按今字多作鷁。从鳥。兒聲。五歷切。十六部。春秋傳曰。六鶂退飛。三傳皆同。今皆左兒右鳥。䴢鶂或从鬲。兒聲鬲聲益聲皆十六部也。鶃司馬相如鶂从赤。按赤聲古音在五部。而用為鶂字者。合韵也。蓋凡將篇如此作。今上林賦濯鷁牛首。祇作鷁。

鵜鵜胡。逗。污澤也。釋鳥。鵜、鴮鸅。毛傳。鵜、洿澤鳥也。按今爾雅多俗字。毛詩作洿澤。是也。鄭注表記云。鵜、鵜胡、污澤也。污澤善居泥水之中。許、鄭皆云鵜胡。爾雅、毛詩不言胡者。此鳥本單呼鵜。以其胡能抒水。故又名鵜胡也。國語。盛以鴟夷而投之於江。惟宋明道二年本作鴟鵜。注云。鴟鵜、革囊。按陸疏云。鵜胡頷下胡大如數升囊。若小澤中有魚。便羣共抒水。滿其胡而棄之。令水竭盡。乃共食之。故曰淘河。然則此革囊名鵜。亦取能容受之意。應劭注漢書曰。取馬革為鴟夷。鴟夷榼形。而楊雄酒箴曰。鴟夷滑稽。腹如大壺。盡日盛酒。人復借酤。師古曰。鴟夷韋囊。以盛酒。卽今鴟夷縢也。然則凡作夷者。皆鵜之省。云鴟夷者。謂其如鴟之

鴗　鶬　鴰　鵁　鶄　鳽

貪如鵜之善受也。古音鵜讀同夷。从鳥夷聲。杜兮切。十五部。鵜鴺或从弟。今字多作鵜。鴗天狗也。見釋鳥。郭曰。小鳥也。青似翠。食魚。江東呼爲水狗。按今所在園池有之。謂之魚狗。亦謂之魚虎。从鳥立聲。力入切。七部。鶬麋鴰也。見釋鳥。郭云。今呼鶬鴰。師古曰。今關西呼爲鴰鹿。山東通謂之鶬。鄙俗名爲錯落。司馬彪云。鶬似鴈而黑。从鳥倉聲。七岡切。十部。䳄鶬或从隹。鴰麋鴰也。从鳥昏聲。古活切。十五部。鵁鵁鶄也。三字句。釋鳥。鳽、鵁鶄。職方氏。楊州其畜宜鳥獸。鄭云。孔雀、鸞、鵁鶄、犀、象之屬。史記上林賦鵁鶄。漢書作交精。爾雅音義曰。本亦作交精。从鳥交聲。古肴切。二部。一曰鵁鸕也。此謂鵁鶄一名鵁鸕。玄應書作一名鵁鸕。按上林賦既云交精旋目。又云箴疵鵁盧。史記盧作鸕。張揖、郭璞注皆鵁鸕爲二物。與此不同。鶄鵁鶄也。从鳥青聲。子盈切。十一部。按辭章家有單呼鶄者。吳都賦鶄鶴鶖鶬。謂四鳥也。鳽鵁鶄

四篇上　五二

䳼　鴜　鷻　鳶

也。鳽者古名。鵁鶄者今名。此與隹部雗各物。从鳥幵聲。古賢切。十二部。䳼䳼鴜也。上林賦箴疵。史記作䳼鴜。張揖曰。箴疵似魚虎而蒼黑色。按鍼觜二音。鴜之言觜也。觜、口也。䳼鴜、蓋其味似鍼之銳。从鳥箴聲。職深切。七部。鴜䳼鴜也。从鳥此聲。即夷切。十六部。〇按自鶩舒鳧也至此皆謂水鳥。而鴚鴇鶬非水鳥。辭章家鋪陳水鳥。或舉鴇鶬而不舉鴚鴇。鷻雕也。隹部曰。雕、鷻也。今小雅四月匪鶉。鶉字或作鷻。毛曰。鷻雕也。隹部隼下曰。一曰鶉字。鶉者鷻之省。鷻鶉字與隹部䧿字別。經典鶉首、鶉火、鶉尾字當爲鷻。魏風縣鶉、內則鶉羹字當爲䧿。當隨文釋之。漢書音義、廣雅皆雕鷲爲一鳥。許二之。且鷻不列於鷲鳥。从鳥敦聲。度官切。古音在十三部。詩曰。匪鷻匪鳶。𪀗鷙鳥也。此今之鶚字也。鶚、說文作𪀗。鶚、廣雅作鶚。古音屰聲咢聲皆在五部。五各切。作鶚者。隸變耳。自鷻至鷐九篆皆鷙鳥、獨於鳶鶚言之者。鳶鶚無他名。則直謂鷙鳥而已矣。詩匪鷻匪鳶。正義鳶作鶚。引孟康曰。鶚大雕也。又引說文鳶鷙

鷳　鷂

鳥也。是孔沖遠固知鳶即鶚字。陸德明本乃作鳶。云以專反。今毛詩本因之。又以與專反改說文鳶字之音。誤之甚矣。鳶、夏小正作弋。與職切。俗作鳶。與專切。此猶鷩切以水、謫爲以沼耳。弋者、鴟也。非鶚也。从鳥屰聲。五各切。五部。鷳鴟也。隹部曰。鴟、雗也。雗、鴟也。又名鷳。今之鷂鷹也。廣雅曰。鷳鴟。夏小正謂之弋。十有二月鳴弋。弋即鴟也。弋之字變爲鳶。鳶讀與專切。鳶行而弋廢矣。鳶讀與專切者。與鷳疊韵。而又雙聲。毛詩正義引倉頡解詁。鳶即鴟也。然則倉頡有鳶字。从鳥弋聲。許無者、謂鷳爲正字、鳶爲俗字也。毛詩四月匪鶚。說文作匪鳶。陸釋文作匪鳶。不獨改其字。且非其物矣。大雅鳶飛戾天。魚躍于淵。語與四月相類。鳶亦當爲鷳。箋云。鳶鴟之類。云類則別於鴟。經文字本爲鷳明矣。正義又引說文云。鳶鷙鳥也。此亦引說文鷳鷙鳥而從俗寫爲鳶耳。蓋唐初已認鷳爲鳶。二字不分。故正義不能質言。从鳥閒聲。戶閒切。十四部。鷂鷙鳥也。釋鳥。鷣、負雀。郭曰。鷣、鷂也。江東呼之爲鷣。按鷣古音搖。見釋文。今音燿。見廣韵。語之轉也。說文鷂即鷣。以其善捉雀。故亦爲鷙鳥。从鳥

四篇上　五三

鷢　鴡　鸛

䍃聲。弋笑切。二部。鷢白鷢、逗。王雎也。釋鳥曰。鷢白鷢。郭云。似鷹尾上白。按釋鳥云。雎鳩王雎、與鷢白鷢劃分二鳥。許乃一之。恐係轉寫譌誤。非許書本然也。當爲正之曰。鷢者、白鷢、楊也。鴡者、鳩王鴡也。乃合毛詩。正義曰。陸璣疏云。雎鳩大小如鴟。深目。目上骨露。幽州人謂之鷲。而楊雄許慎皆曰白鷢。似鷹尾上白。此是陸璣而非楊雄許慎也。楊雄許慎已下孔沖遠語也。所謂楊雄者、今不見於方言。未知其所本。从鳥厥聲。居月切。十五部。鴡王鴡也。按鴡鳩見詩春秋傳。傳曰。雎鳩氏、司馬也。五鳩、鳩民之一。許不當不箸鴡鳩二字。王鴡也之上當出鴡鳩。乃與前文鶌鳩、祝鳩、尸鳩爲一例。釋鳥。雎鳩、王雎。郭云。雕類。今江東呼之爲鶚。周南毛傳曰。雎鳩、王雎也。鳥摯而有別。摯本亦作鷙。古字同。从鳥且聲。七余切。五部。鸛鸛專、逗。畐蹂。句。如誰短尾。射之銜矢射人。見釋鳥。釋鳥作鶝鶔。廣韵作鸛鶝。按畐蹂蓋其一名。郭云。又名蒦羿。釋文蒦古以爲懈惰字。言此鳥捷勁。雖羿之善射。亦懈惰不敢射也。鄭注

鸇 鷐 鷙

周禮設其鵠云。謂之鵠者。取名於雗鵠。雗鵠小鳥而難中。按當是此鳥鸌雗音近。鵠呼雗鵠。此鳥狀如鵠。故亦謂之鵠。**从鳥。雈聲。**呼官切。專、徒端切。曡韵。十四部。**鷐風也。**秦風作晨風。釋鳥毛傳皆云。晨風、鸇也。郭云。鷂屬。孟子趙注謂之土鸇。**从鳥。亶聲。**諸延切。十四部。釋文引說文上仙反。**籒文鸇。从廛。**廛聲也。又作鸇。戰國策宋康王之時。有雀生鸇於城之陬。新序作鸇。一字也。今戰國策誤爲鸇。通鑑作鸇不誤。而集韵不收。**鷐風也。**一名鶾。見羽部。**从鳥。晨聲。**植鄰切。十三部。毛詩作晨。古文假借。**擊殺鳥也。**夏小正。六月鷹始摯。月令。鷹隼蚤鷙。古字多假摯爲鷙。儒行鷙蟲攫搏。注曰。鷙从鳥摯省聲。此注正義本誤。郭忠恕所據不誤。六月毛傳云。輊摯也。士喪禮注云。輖摯也。考工記注云。摯輖也。然則摯即摯字。摯之或體也。鄭注少言字體。此言之者。蓋鷙上从執。俗認爲執聲。則當在侵韵。而非音理。故云摯省聲以正之。摯之在質術韵而不在侵緝易明也。擊殺鳥者。謂能擊殺之鳥。自鷻至鷐風。皆擊殺鳥也。故釋鷙

鴥 鶯 鴝

从鳥。从執。各本作从鳥執聲。非也。許說會意。鄭說形聲。皆可以知此字之非執聲也。不曰从執鳥而曰从鳥从執者。惡其以鳥殺鳥。傷其類。且容所殺不獨鳥也。殺鳥必先攫搏之。故从執。小正傳曰。諱殺。故言摯。然則摯者執也。脂利切。古音在十二部。一作鷙。从折聲。則在十五部。**鸇飛皃。**秦風鴥彼晨風。毛曰。鴥、疾飛皃。許專系諸鸇。**从鳥。穴聲。**按各本篆作鴥。陸云鴥說文作鴪。今從之。余律切。古音在十二部。**詩曰。鴥彼晨風。****鳥有文章皃。**各本作鳥也。必淺人所改。今正。毛詩曰。交交桑扈。有鶯其羽。有鶯其領。傳曰。鶯鶯然有文章皃。皃舊作也。非。鶯鶯猶熒熒也。皃其光彩不定。故从熒省會意兼形聲。自淺人謂鶯即鸎字。改說文爲鳥也。而與下引詩不貫。於形聲會意亦不合。不可以不辨也。**从鳥。熒省聲。**熒各本作榮。今正。說文熒省聲之字共十有九。無榮省聲之字。烏莖切。十一部。**詩曰。有鶯其羽。****鴝鵒也。**今之八哥也。左氏春秋昭二十五年。有鸜鵒來巢。鸜本又作鴝。公羊作鸛。音權。穀梁作鸜。亦作鸛。考

鵒 鷩

工記作鸛。亦作鸜。郭注山海經云。鸛鵒、鴝鵒也。按句瞿音同。作鸛音權者。語轉也。鴝與隹部雊各字。**从鳥。句聲。**其俱切。四部。**鴝鵒也。从鳥。谷聲。**余蜀切。三部。**古者鴝鵒不踰泲。**見考工記。五經異義。公羊以爲鸜鵒夷狄之鳥。穴居。今來至魯之中國。巢居。此權臣欲自下居上之象。穀梁亦以爲夷狄之鳥來中國。義與公羊同。左氏以爲鸜鵒來巢。書所無也。彼注云。周禮曰。鸜鵒不踰濟。今踰。宜穴而又巢。故曰書所無也。許君謹案。從二傳。後鄭駁之云。按春秋言來者甚多。非皆從夷狄來也。從魯疆外而至則言來。鸜鵒本濟西穴處。今乃踰濟而東。又巢。爲昭公將去魯國。玉裁按。先鄭云不踰濟。無妨於中國有之。駁二傳也。作異義時從二傳。作說文解字亦引考工記爲證。不言夷狄之鳥。則從古左氏說。許君異義先成。說文解字晚定。故多有不同。異義者。不言周禮曰而言古者。此以釋左氏書所無也之恉也。**鵒或从隹臾。**臾聲。此如鬼臾區亦爲鬼容區也。**赤雉也。**隹部雉十四種有鷩雉。釋鳥。鷩雉。樊光曰。丹雉也。左傳丹鳥氏司閉

鵔 鸃 鷸 鶡

也。杜曰。丹鳥、鷩雉也。以立秋來。立冬去。入大水爲蜃。周禮鷩冕注曰。鷩畫以雉。謂華蟲也。華蟲五色之蟲。繢人職曰。鳥獸蛇雜四時五色以章之。謂是也。考工記鳥獸蛇注曰。蟲之毛鱗有文采者也。按鄭意鷩爲雉五色。不云赤雉也。許云赤雉。與樊光合。**从鳥。敝聲。**并列切。十五部。**周禮曰。孤服鷩冕。**司服曰。侯伯之服自鷩冕而下如公之服。此云孤服鷩冕者。蓋以天子之孤當侯伯。**鵔鸃、**逗。**鷩也。**師古注上林賦曰。鵔鸃、鷩也。似山雞而小。冠背毛黃。腹赤。項綠。尾紅。按許云赤雉者。不必全赤。謂赤多也。劉逵注蜀都賦曰。蜥蛦鳥名也。如今之所謂山雞。注吳都賦曰。今所謂山雞者。鷩類也。合浦有之。此蓋皆鷩屬。**从鳥。夋聲。**私閏切。按古音當讀如雖。十五部。**鵔鸃也。从鳥。義聲。**魚羈切。古音在十七部。**秦漢之初。侍中冠鵔鸃。**佞幸傳曰。孝惠時。郎侍中皆冠鵔鸃貝帶。**雉屬。戇鳥也。**戇、愚也。**从鳥。啇聲。**都歷切。十六部。**佀雉。出上黨。**後書輿服志。虎賁羽林皆鶡冠。鶡者

鴧　鸚　䳇

勇雉也。其鬭對一死乃止。故趙武靈王以表武士。加雙鶡尾豎左右爲鶡冠。徐廣曰。鶡似黑雉。出於上黨。从鳥。曷聲。胡割切。十五部。

鴧雀也。依顏氏家訓、廣韵訂。佀鶡而青。出羌中。顏氏家訓曰。賓如同得一青鳥。呼之爲鶡。吾曰。鶡出上黨。數會見之。色竝黃黑。故陳思王鶡賦云。揚玄黃之勁羽。試檢說文。鴧雀似鶡而青。出羌中。韵集音介。此疑頓釋漢循吏傳張敞舍鴧雀飛集丞相府。蘇林曰。今虎賁所箸鶡也。師古曰。蘇說非也。鴧音芥。或作鶡。此通用耳。鴧雀大而色青。出羌中。非武賁所箸也。武賁鶡者色黑。出上黨。今時俗人所謂鶡雞。音曷。非此鴧雀。按二書今本舛譌。介誤分。芥誤芬。鴧誤鶡。鶡誤鴧。不可讀。故全載之。據此知郭注山海經云鶡似雉而大。青色。有毛角。鬭死乃止。亦誤認鴧爲鶡也。今玉篇、毛晃增韵皆襲漢書誤字。从鳥。介聲。古拜切。十五部。

鸚䳇、逗。能言鳥也。曲禮曰。嬰母能言。不離飛鳥。从鳥。嬰聲。烏莖切。十一部。

鸚䳇也。从鳥。母聲。曲禮釋文。嬰本或作鸚。母本或作䳇。同音武。諸葛恪茂后反。按裴松之引江表傳曰。恪呼殿前鳥爲白頭翁。張昭欲使恪復求白頭母。恪亦以鳥名鸚母未有鸚父相難。此陸氏所謂茂后反也。據此知彼時作母、作䳇、不作鵡。至唐武后時狄仁傑對云。鵡者陛下之姓。起二子則兩翼振矣。其字其音皆與三國時不同。此古今語言文字變移之證也。釋文當云。母本或作䳇。古茂后反。今作鵡。音武。乃合。李善注文選云。鵡一作䳇。莫口反。較明析。大徐用唐韵文甫切。亦鵡音。非䳇音也。古音母在一部。

鷸　嗚

長尾雉。走且鳴。依毛詩正義、韵會訂。隹部雉十四種有鷸雉。小雅有集維鷸。毛曰。鷸鷸、雉也。釋鳥。鷸雉。陸疏云。鷸微小於翟。走而且鳴。曰鷸鷸。薛綜曰。雉之健者爲鷸。尾長六尺。按韓詩鄭風。二矛重鷸。謂以鷸羽飾矛。乘輿尾爲防釳。箸馬頭上。尾、各本作以。今從詩正義。防釳詳金部。按金部云。臿以翟尾。此云以鷸尾者。鷸、翟屬也。陸疏云。似翟而小。是也。从鳥。喬聲。巨嬌切。二部。按當依鄭風、小雅陸釋文。居橋反。廣韵、玉篇皆音嬌。雉聲如是。

雌雉鳴也。邶風。有鷕雉鳴。又云。雉鳴求其牡。毛曰。鷕、雌雉聲也。此望文爲義。从鳥。唯聲。以沼切。古音在十五部。釋文引說文以水反。字林于水反。皆古音也。其云以小反者。字之譌。亦聲之譌也。詩曰。有鷕雉鳴。

鸓　鶾

鼠形。飛走且乳之鳥也。走字疑衍。釋鳥。鼯鼠夷由。鼯或作鼯。由或作蜼。郭云。狀如小狐。似蝙蝠。肉翅。飛且乳。其飛善從高集下。劉淵林、陶隱居說略同。其物見本艸經。上林、西京、南都、吳都諸賦亦名飛生。飛而生子故也。亦名飛鸓。亦名鼯鼠。其字惟史記作鸓。本艸經作鸓。在獸部。賦家或作蝙。或作猵。以其似鳥似獸似蟲鼠也。諸家皆云以肉翼飛。而張揖云。狀如兔而鼠首。以其頷飛。此本北山經。有獸狀如兔而鼠首。以其背飛。名曰飛鼠。惟張所據背作頷耳。不若劉郭說可信也。今雲南有之。从鳥。畾聲。說文無畾字。當作靁省聲。力軌切。十五部。

籒文鸓。靁省聲也。靁古文靁。

雉肥鶾音者也。各本作雉肥鶾音者也。今正。曲禮。凡祭宗廟之禮。雞曰翰音。注。翰猶長也。正義曰。雞肥則其鳴聲長也。易。翰音登于天。虞曰。翰高也。按小雅。翰飛戾天。毛曰。翰高也。高飛曰翰。因之聲高亦曰翰。故鄭云翰猶長也。翰音之雞謂之鶾。此許以疊韵爲訓也。玉篇曰。鶾雞肥皃。此所據說文古本不誤也。若作雉則下文丹雞不可通矣。鶾與隹部翰義別。从鳥。倝聲。侯旰切。十四部。魯郊目丹雞祝曰。目斯翰音赤羽去魯侯之咎。此引魯郊禮文證翰音之爲肥雞也。各本翰作鶾。誤。田部曰。魯郊禮畜字從田茲作蓄。五經異義曰。魯郊禮祝延帝尸。風俗通亦言魯郊祀常以丹雞祝曰。以斯翰聲赤羽去魯侯之咎。

鴳　鴆

雇也。釋鳥。鳸鴳。舍人、李巡、孫炎皆云。鳸一名鴳。鴳、雀也。玄應曰。鴳又作鷃。一名鴳鴳。纂文云。關中有鴳濫堆是也。按杜注左傳。青鳥氏鴳。鴳而九鳸。有老鳸。鳸鴳是則別爲二鳥。不如玄應所說也。國語。晉平公射鴳。內則云。雉兔鶉鷃。又云。爵鷃蜩范。雇下云。老雇鴳也。皆不云鴽鴳。从鳥。安聲。烏諫切。十四部。

毒鳥也。左傳正義。鴆鳥食蝮。以羽翮擽酒水中。飲之則殺人。按左傳鴆毒字皆作酖。假借也。酉部曰。酖、樂酒也。从鳥。冘聲。直禁切。古音在八部。一曰運日。一曰猶一名也。廣雅云。雄曰運

四篇上

四篇上

日。雌曰陰諧。淮南書云。暉日知晏。陰諧知雨。

鷇　鳥子生哺者。釋鳥。生哺鷇。郭云。鳥子須母食之。生噣雛。郭云。能自食。方言。北燕朝鮮洌水之閒。爵子及雞雛皆謂之鷇。从鳥。𣪊聲。口豆切。三部。

鳴　鳥聲也。引伸之凡出聲皆曰鳴。从鳥口。武兵切。十一部。

鶱　飛皃也。楚辭。鳳鶱翥而飛翔。从鳥。寒省聲。虛言切。十四部。

鳻　鳥聚皃也。言繽紛也。一曰飛皃也。莊子。翂翂翐翐。司馬云。舒遲皃。一曰飛不高皃。从鳥。分聲。府文切。十三部。

文百十六　重十九

烏　孝鳥也。謂其反哺也。小爾雅曰。純黑而反哺者謂之烏。象形。烏字點睛。烏則不。以純黑故不見其睛也。哀都切。五部。孔子曰。烏亏呼也。亏各本作盱。今正。亏於也。象气之舒。亏呼者。謂此鳥善舒气自叫。故謂之烏。取其助气。故目爲烏呼。此許語也。取其字之聲可以助气。故以爲

四篇上　卌六

烏呼字。此發明假借之法。與朋爲朋黨。韋爲皮韋。來爲行來。西爲東西。止爲足。子爲人偁一例。古者短言於。長言烏呼。於烏一字也。匡繆正俗曰。今文尚書悉爲於戲字。古文尚書悉爲烏呼字。而詩皆云於乎。中古以來文籍皆爲烏呼字。按經傳漢書烏呼無有作嗚呼者。唐石經誤爲嗚者十之一耳。近今學者無不加口作嗚。殊乖大雅。又小顏云古文尚書作烏呼。謂校頤本也。今文尚書作於戲。謂漢石經也。洪适載石經尚書殘碑於戲字尚四見。可證也。今匡繆正俗古今字互譌。凡烏之屬皆从烏。古文烏。象形。象古文烏省。此卽今之於字也。象古文烏而省之。亦革省爲革之類。此字葢古文之後出者。此字既出。則又于於爲古今字。釋詁、毛傳、鄭注經皆云。亏。於也。凡經多用于。凡傳多用於。而烏鳥不用此字。

舄　䧿也。謂卽䧿字。此以今字釋古字之例。古文作舄。小篆作䧿。卑下曰。厠也。周禮注曰。勛讀爲勳。皆以今字釋古字。鳥部曰。雗。䧿也。言其物。此云舄。䧿也。言其字。舄本䧿字。自經典借爲履舄字。而本義廢矣。周禮注曰。複下曰舄。禪下曰屨。小雅毛傳曰。舄。達屨也。達之言重沓也。卽複下之謂也。釋名曰。舄。腊也。複其下使乾腊也。象形。烏舄焉皆象形。惟首各異。故合爲一部。七削切。古音在五部。篆文舄。从隹昔。昔聲也。此亦上部先古文之例。䧿變从鳥。

焉　焉鳥。逗。黃色。出於江淮。今未審何鳥也。自借爲詞助而本義廢矣。古多用焉爲發聲。訓爲於。亦訓爲於是。如周禮焉使則介之。晉語焉作爰田。焉作州兵。左傳晉鄭焉依。裔焉大國。公羊傳焉爾。焉門者焉闖者。呂覽淮南焉始乘舟。三年問焉爲之立中制節。焉使倍之。焉使不及也。招䰟巫陽焉乃下招。象形。有乾切。十四部。凡字。朋者羽蟲之長。烏者日中之禽。淮南書曰。日中有踆烏。靈憲曰。日陽精之宗。積而成烏。烏有三趾。陽之類。故數奇。舄者知大歲之所在。淮南書曰。蟄蟲鵲巢皆向天一。按天一謂太陰所建也。博物志曰。鵲背太歲。然則鵲巢開戶向天一而背歲。燕者請子之候。見乙部。作巢避戊己。亦見博物志。陸氏佃、羅氏願皆曰。燕之來去皆

四篇上　卌七

避社。又戊己日不取土。所貴者故皆象形。鳥多矣。非所貴皆爲形聲字。今字作鳳、作䧿、作鵲、作鳦、作鷰。則惟烏、焉不改焉。焉亦是也。焉亦象形。必有可貴者也。按烏、舄、焉皆可入鳥部。云從鳥省。不爾者、貴之也。貴燕故既有燕部。又有乙部。朋何以不別爲部也。冠於羣鳥之首矣。故傳諸小篆也。

文三　重三

說文解字第四篇上　山陰李宏信校字

華　畢　糞　棄

說文解字第四篇下

金壇段玉裁注

華 箕屬。所以推糞之器也。糞各本作弃。今依篇韵正。推糞者、推而除之也。象形。此物有柄。中直象柄。上象其有所盛。持柄迫地推而前。可去穢納於其中。箕則無柄而受穢一也。故曰箕屬。北潘切。十四部。按篇韵皆音畢。此古今音不同也。凡華之屬皆从華。官溥說。官溥者、博采通人之一也。

畢 田网也。謂田獵之网也。必云田者、以其字從田也。小雅毛傳曰。畢所以掩兔也。月令注曰。罔小而柄長謂之畢。按鴛鴦傳云。畢掩而羅之。然則不獨掩兔。亦可掩鳥。皆以上覆下也。畢星主弋獵。故曰畢。亦曰罕車。許於率下曰。捕鳥畢也。此非別有一畢。亦是掩物之网。特牲饋食禮助載鼎實之器象之。亦曰畢。此則用以上載爲異。从田。各本無此二字。依韵會補。从華象形。謂以華象畢形也。柄長而中可受。畢與華同。故取華象形。各本作象畢形微也。有誤。今正。或曰田聲。上云從田華會意而象其形。則非形聲也。或曰田聲。田與畢古音同在十二部也。各本田誤由。鉉曰。由音拂。此大誤也。畢、卑吉切。畢之言蔽也。攴部曰。戰、盡也。今盡義通作畢。

糞 棄除也。按棄亦糞之誤。亦複舉字之未刪者。糞方是除。非棄也。與土部坌音義皆略同。禮記作糞。亦作撲。亦作拚。曲禮曰。凡爲長者糞之禮。少儀曰。氾埽曰埽。埽席前曰拚。老子曰。天下有道。郤走馬以糞。謂用走馬佗棄糞除之物也。左傳。小人糞除先人之敝廬。許意坌用帚。故曰埽除。糞用華。故但曰除。古謂除穢曰糞。今人直謂穢曰糞。此古義今義之別也。凡糞田多用所除之穢爲之。故曰糞。从廾推華糞釆也。合三字會意。方問切。古音在十四部。官溥說。佀米而非米者矢字。此偁官說釋篆上體、米佀米非米乃矢字。故廾推華除之也。矢艸部作菌。云糞也。謂糞除之物爲糞。謂菌爲矢。自許已然矣。諸書多假矢。如廉藺傳頃之三遺矢是也。許書說解中多隨俗用字。

棄 捐也。手部曰。捐、棄也。从廾推華棄也。竦手推華而捐之也。从㐬。㐬、逆子也。既以廾華會意。又加㐬以箸之。㐬者、不孝子。人所棄也。棄、詰利切。十五部。

弃 古文棄。古文以竦手去𠫓子會意。按棄字隸變作弃。中體佀世。唐人諱世。故開成石經及凡碑板皆作弃。近人乃謂經典多用古文矣。

𠅏 籒文棄。今字亦從去不從㐬。

文四　重二

冓　再　爯

冓 交積材也。高注淮南曰。構、架也。材木相乘架也。按結冓當作此。今字構行而冓廢矣。木部曰。構、蓋也。義別。象對交之形。冓造必鉤心鬬角也。古候切。四部。廣韵厚候二韵皆曰。冓、數也。此古筭經說也。而紙韵引風俗通作壤生溝。溝生澗。五經筭術、數術記遺等書亦皆作溝矣。凡冓之屬皆从冓。

再 一舉而二也。凡言二者、對偶之詞。凡言再者、重複之詞。一而又有加也。从一、冓省。冓者、架也。架古祇作加。作代切。一部。

爯 幷舉也。从爪、冓省。冓爲二。爪者手也。一手舉二。故曰幷舉。趙注孟子稱貸曰。稱、舉也。凡手舉字當作爯。凡偁揚當作偁。凡銓衡當作稱。今字通用稱。處陵切。六部。

文三

幺　幼

幺 小也。通俗文曰。不長曰幺。細小曰麼。許無麼字。象子初生之形。子初生、甚小也。俗謂一爲幺。亦謂晚生子爲幺。皆謂其小也。於堯切。二部。凡幺之屬皆从幺。

幼 少也。釋言曰。幼、鞠稚也。又曰。冥、幼也。斯干毛傳亦云。冥、幼也。幼同幽。一作窈。从幺力。幺亦聲。伊謬切。三部。

文二

𢆶　幽

𢆶 微也。微當作散。人部曰。散、眇也。小之又小則曰散。从二幺。二幺者、幺之甚也。於虯切。三部。凡𢆶之屬皆从𢆶。

幽 隱也。自部曰。隱、蔽也。小雅。桑葉有幽。毛曰。幽、黑色也。此謂幽爲黝之假借。玉藻。幽衡。鄭云。幽讀爲黝。毛不易字。鄭則易之。周禮牧人陰祀用幽牲。守祧幽堊之。鄭司農皆幽讀爲黝。

引爾雅地謂之黝。今本幽黝字互譌。**从山𢆶。**幽從山猶隱從𨸏。取遮蔽之意。從𢆶者。微則隱也。**𢆶亦聲。**於虯切。三部。

幾　微也。毄辭傳曰。幾者動之微。吉凶之先見也。又曰。顏氏之子其殆庶幾乎。虞曰。幾、神妙也。**殆也。**歺部曰。殆、危也。危與微二義相成。故兩言之。今人分微義爲上聲。危義爲平聲。按禮記雕幾借爲圻堮之圻。**从𢆶。从戍。戍、兵守也。𢆶而兵守者危也。**說從戍之意。居衣切。十五部。

文三

叀　小謹也。各本小上有專字。此複舉字未删。又誤加寸也。**从幺省。**小意。**从屮。**二字今補。**屮、財見也。**亦小意。**田象謹形。**四字各本無。今補。蓋李陽冰爲墨斗之說而有所删也。上從屮。下從幺省。中象顓顓謹皃。**屮亦聲。**職緣切。十四部。**凡叀之屬皆从叀。叀　古文叀。叀　亦古文叀。**斤部古文斷、殳部䡅皆從此。

惠　仁也。人部曰。仁、親也。經傳或假惠爲慧。**从心叀。**爲惠者必謹也。胡桂切。十五部。**惠　古文惠。从芔。**從心叀省。從芔聲。小篆省芔。

疐　礙不行也。釋言云。疐、跲也。豳風毛傳同。足部。躓、跲也。跲、躓也。以大學懥亦作懫推之。則疐卽躓字。音義皆同。許不謂一字。殊其義者。依字形爲之說也。如許說則爾雅、毛傳假疐爲躓。**从叀。引而止之也。叀者、如叀馬之鼻。**馬當作牛。牛鼻有桊。所以叀牛也。叀之義引伸讀同纙。纙、綰也。有所牽掣之謂。楊雄酒箴曰。一旦叀礙。爲瓽所轠。謂汲井之絣略有牽絆。爲貯水大盆所擊碎也。字從叀者。如叀牛之鼻然。可使行亦可使止。故曰引而止之也。此說從叀之意。**从冂。此與牽同意。**冂各本無。今補。從冂者。象挽之使止。如牽字冂象牛縻。可引之使行也。故曰此與牽同意。陟利切。古音在十一部。**詩曰。載疐其尾。**按足部引載躓其尾。必三家詩之異也。或同一毛詩而異字。如同一周禮故書、儀禮古文而或有異文。

文三　重三

四篇下　三

玄　幽遠也。老子曰。玄之又玄。衆妙之門。高注淮南子曰。天也。聖經不言玄妙。至僞尚書乃有玄德升聞之語。**象幽。**謂𢆶也。小則隱。**而入覆之也。**幽遠之意。胡涓切。十二部。**黑而有赤色者爲玄。**此別一義也。凡染、一入謂之縓。再入謂之赬。三入謂之纁。五入爲緅。七入爲緇。而朱與玄周禮、爾雅無明文。鄭注儀禮曰。朱則四入與。注周禮曰。玄色者在緅緇之閒。其六入者與。按纁染以黑則爲緅。緅、漢時今文禮作爵。言如爵頭色也。許書作纔。纔旣微黑。又染則更黑。而赤尚隱隱可見也。故曰黑而有赤色。至七入則赤不見矣。緇與玄通偁。故禮家謂緇布衣爲玄端。**凡玄之屬皆从玄。玄　古文。**

玆　黑也。从二玄。胡涓切。十二部。今本子之切。非也。按左傳何故使吾水玆。釋文曰。玆音玄。此相傳古音。在十二部也。又曰。本亦作滋。子絲反。此俗加水作滋。因誤認爲滋益字而入之之韵也。艸部茲從絲省聲。凡水部之滋、子部之孳、鳥部之鷀、皆以茲爲聲。而玆滋字祇當音懸。不當音孜。廣韵七之作滋。一先作滋。音義各不同爲是也。且訓此之茲本假借從艸之茲。而不當用二玄之玆。蔡邕石經見於隸釋、漢隸字原者。尚書茲字五見。皆從艸。則唐石經皆作玆者非矣。今本說文滋孳鷀篆體皆誤從玆。**春秋傳曰。何故使吾水玆。**見左傳哀八年。釋文曰。玆音玄。本亦作滋。子絲反。濁也。字林云。黑也。按宋本如是。今本玆滋互易。非也。且本亦作滋。則仍胡涓切。不同水部滋水字子絲反也。陸氏誤合二字爲一。

文二　重一

予　推予也。予與古今字。釋詁曰。台朕賚畀卜陽予也。按推予之予。假借爲予我之予。其爲予字一也。故台朕陽與賚畀卜皆爲予也。爾雅有此例。廣雅尚多用此例。予我之予。儀禮古文、左氏傳皆作余。鄭曰。余予古今

四篇下　四

字。象相子之形。象以手推物付之。余呂切。五部。古予我字亦讀上聲。凡予之屬皆从予。

舒　伸也。經傳或假荼。或假豫。从予。物予人得伸其意。舍聲。此依鍇本。今鍇本作从舍子聲者。淺人不知舍之古音而改之也。傷魚切。五部。一曰舒緩也。此與糸部紓音義皆同。

幻　相詐惑也。詭誕惑人也。漢書犛軒眩人。字作眩。从反予。倒予字也。使彼予我。是爲幻化。胡辦切。十四部。周書曰。無或譸張爲幻。無逸篇文。又見言部譸下。

文三

放　逐也。从攴方聲。甫妄切。十部。凡放之屬皆从放。

敖　出游也。邶風曰。以敖以游。敖游同義也。經傳假借爲倨傲字。从出放。從放、取放浪之意。出部又收此。後人妄增也。五牢切。二部。

敫　光景流皃。皃各本作也。今從廣韵。謂光景流行。煜燿昭箸。从白放。凡物光景多白。如白部所載是也。故從白。不入白部者。重其放於外也。讀若龠。與爚燿字音義略同。以灼切。古音在二部。平聲。

文三

𠬪　物落也。也字依韵會補。草曰苓。木曰落。引伸之凡物皆曰落。上下相付也。付、与也。从爪又。以覆手与之。以手受之。象上下相付。凡物陊落皆如是觀。凡𠬪之屬皆从𠬪。讀若詩摽有梅。見周南。毛曰。摽。落也。按摽。擊也。毛詩摽字正𠬪之假借。孟子。野有餓莩。趙曰。餓死者曰莩。詩云。莩有梅。莩。零落也。丁公箸云。莩有梅。韓詩也。食貨志。野有餓芆。鄭氏芆音蔈有梅之蔈。孟子作莩者。芆之字誤。漢志作芆者。又𠬪之俗字。韓詩作𠬪是正字。毛詩作摽是假借字。鄭德作蔈。亦假借也。鄭風。風其漂女。毛曰。漂。猶吹也。毛意漂亦𠬪之假借。平小切。二部。

爰　引也。此與手部援音義皆同。韵會作引也。謂引詞也。六字。謂引詞也。四字當出演說文。今按援從手爰聲。訓引也。爰從𠬪從亏。訓引詞也。轉寫奪詞字。釋詁。粵于爰曰也。爰粵于也。爰粵于那都繇於也。八字同訓。皆引詞也。粵于曰爰見經傳者多。那若越語吳人之那不穀。都若孟子謨蓋都君相如傳終都攸卒。繇同由。於郎今人所用於字。凡言於者兩物相於自此引而之彼。此八字皆由上引下之詞也。曰下云䛐也。亏下云於也。粵下云于也。烏於同。引孔子曰。烏于呼也。是可以得其解。从𠬪从亏。𠬪者相付。取相引之意。亏亦引詞。與爰雙聲。羽元切。十四部。籒文以爲車轅字。此說假借也。轅所以引車。故籒文車轅字衹用爰。左傳。晉作爰田。國語作轅田。地理志。制轅田。食貨志云。自爰其処。孟康云。轅爰同。此又皆假轅爲爰也。

𤔔　治也。此與乙部亂音義皆同。幺子相亂。𠬪治之也。幺子謂幺。亂當作爭。謂冂也。冂音扃。介也。彼此分介則爭。門部云。兒善訟者也。𠬪治之。如得下又寸分理之。讀若亂同。郎段切。十四部。一曰理也。與治無二義。當由唐人避諱。致此妄增。

𤔔　古文𤔔。

受　相付也。受者自此言。受者自彼言。其爲相付一也。从𠬪。舟省聲。舟省聲。蓋許必有所受之。殖酉切。三部。尚書紂字。古文尚書作受。

𤔕　撮也。从𠬪乙聲。鍇本如是。云乙者甲乙之乙。鉉本作從𠬪從己。云己者物也。以音求之。侶小徐近是。力輟切。乙聲則當在十二部。

爭　引也。凡言爭者。皆謂引之使歸於己。从𠬪厂。從𠬪猶從手。厂。余制切。抴也。抴、引也。側莖切。十二部。

𤔣　有所依也。依玄應本訂。依𤔣雙聲。又合韵取近。此與𨸏部隱音同義近。隱行而𤔣廢矣。凡諸書言安隱者當作此。今俗作安穩。从𠬪工。𠬪工者。所落之処巧得宜也。讀與隱同。於謹切。十三部。

寽　五指寽也。各本寽作持。宋本、李燾本、類篇、集韵六術皆作捋。捋又寽之誤。今依集韵十三末作寽。按寽與捋各字。捋。毛曰。取也。許曰。取易也。寽。許曰。五指寽也。凡今俗用五指持物引取之曰寽。廣韵曰。今寽禾是是也。茱苡薄言捋之。說者謂取其子。假令謂取其子。則當作寽。从𠬪。五指寽而落之。故從𠬪。一聲。聲疑衍。一謂所寽也。吕戌切。十五部。讀

敢　奴　㕡

若律。敢 進取也。从受，古聲。猶從手也。古聲在五部，敢在八部，此於雙聲合韵求之。古覽切。𢽟 籀文敢。彐蓋亦爪也。冃音冒。用爪用殳入冃而前也。今字作敢，𢼄之隸變。𣪫 古文敢。

文九　重三

奴 殘穿也。殘穿者，殘賊而穿之也。𣦵字下曰：𣦵，殘也。亦謂殘穿。从又𣦵。又所以殘穿也。殘穿之去其穢襍，故从又𣦵會意。𣦵亦聲。昨干切。十四部。𣦵讀若櫱。十五十四合韵也。凡奴之屬皆从奴。讀若殘。㕡 溝也。大司徒溝封。鄭曰：溝，穿地為阻固也。水部：溝，水瀆，廣四尺，深四尺。此單舉匠人文耳。凡穿地為水瀆皆稱溝，稱㕡。毛詩實墉實壑，謂城池也。鄭伯有為窟室飲酒，人謂之壑谷。从奴，从谷。穿地而通谷也。釋水曰：注谷曰溝。讀若郝。呼各切。五部。壑 㕡或从土。

叡　𣦸　睿

謂穿土。叡 深堅意也。各本深上有叡奴字，宋本無叡有奴。今按叡係複舉，奴則衍文也。凡言意者，言下意內言外之意。其意為深堅，其言云叡也。从奴从貝。深意故从奴，堅意故從貝。貝，堅實也。說從貝之意。實大徐作寶。讀若概。古代切。十五部。齕以為聲。𣦸 阬也。𠂤部曰：阬，閬也。釋詁曰：叡，阬虛也。叡與井部䆨音同義異。叡謂穿地使空也。从奴井，井亦聲。疾正切。十一部。睿 突明也。鍇本此下有通也二字。雖合古訓，然恐俗增。馬注尚書、鄭注尚書大傳皆曰：睿，通也。許則於叡曰深明也，於聖曰通也。叡從目，故曰明；聖從耳，故曰通。此許意也。周書謚法解曰：叡，聖也。邶風毛傳曰：聖，叡也。古文尚書睿作聖。故周書、毛傳叡聖互訓。楚語謂之睿聖武公，韋曰：明也。按韋但曰明，許曰深明者，許主解字，為其字之從奴也。从奴，从目。故曰深明。从谷省。谷以皃其深也。按叡實從叡省。從叡者，皃其能容也。能容而後能明。古文尚書思曰睿，今文尚書思心曰容，義實相成也。許不云從叡者，不立叡部也。五經文字曰：易作叡，是可證。

歺　𣨙　殙

尚書作睿也。以芮切。十五部。睿 古文叡。見古文尚書。𣦵者，奴之省。睿下曰：𣦵，殘也。按殘者謂殘穿。壡 籀文叡从土。此亦從叡省也。玉部籀文璿從此。

文五　重三

歺 𠜂骨之殘也。刀部曰：𠜂，分解也。殘當作𣦼。許殘訓賊，𣦼訓餘。後人輒同之也。从半冎。冎，剔人肉置其骨也。半冎則骨殘矣。鉉曰：不當有中一。秦刻石文有之。凡歺之屬皆从歺。讀若櫱岸之櫱。櫱岸未聞。櫱當作屵。屵者，岸高也。五割切。櫱音同，蓋轉寫者以其音改其字耳。十五部。五經文字、九經字樣音兢，非。𣦵 古文歺。古文殂、古文殪、古文死、古文伊皆從此。𣨙 病也。艸部曰：菸，一曰𣨙也。菸𣨙雙聲。廣韵曰：𣨙，枯死也。萎，蔫也。按𣨙萎古今字，菸蔫古今字。內則注曰：今益州有鹿𣨙。从歺，委聲。於為切。十六部。殙 瞀也。瞀當作霿。雨部曰：霿，晦也。諸家霿、瞀通用。子部𥧊瞀亦作

殰　歾　𣨛　殊

瞀字。莊子：以瓦注者巧，以鉤注者憚，以黃金注者殙。釋文引說文：瞀也。左傳：札瘥夭殙。杜曰：未名而死曰殙。今傳作昏。从歺，昏聲。呼昆切。十三部。殰 胎敗也。樂記：胎生者不殰。注曰：內敗曰殰。管子：羽卵者不段，毛胎者不贕。房曰：贕，謂胎敗潰也。集韵曰：古作贕。从歺，賣聲。徒谷切。三部。歾 終也。白起王翦列傳曰：偷合取容，以至歾身。徐廣云：歾音沒。按今歾譌圽。集韵傳會之，云：圽，埋也。从歺，勿聲。莫勃切。十五部。殁 歾或从𠬛。按殁死字當作此。入水有所取曰𠬛。湛於水曰沒。內頭水中曰頭。此許之分別也。𣨛 大夫死曰𣨛。曲禮：天子死曰崩，諸侯曰薨，大夫曰卒，士曰不祿，庶人曰死。白虎通曰：大夫曰卒，精燿終也。卒之為言終於國也。字皆作卒，於說文為假借。从歺，卒聲。子聿切。十五部。殊 死也。凡漢詔云殊死者，皆謂死罪也。死罪者首身分離，故曰殊死。引伸為殊異。从歺，朱聲。市朱切。四部。一曰斷也。各本無此四字。依左傳釋文補。斷與死本無二義，許以字從歺，故以死為正義。

凡物之斷爲別一義。左傳曰。武城人塞其前。斷其後之木而弗殊。邾師過之。乃推而蹷之。史蘇秦列傳刺蘇秦不死。殊而走。按弗殊者。謂不絕也。不死殊而走者。謂人雖未死。創已決裂也。皆斷之說也。宣帝詔曰。骨肉之親粲而不殊。凡言殊異殊絕皆引伸之義。殳部曰。以杖殊人。謂隔遠敵仇不得近。亦是斷義。**漢令曰。蠻夷長有罪當殊之。**按殊之者。絕之也。所謂別異蠻夷。此舉漢令證斷義。而裴駰以來皆謂殊之爲誅死。夫蠻夷有罪。非能必執而殺之也。而顧箸爲令哉。今鍇本作當殊之市。多市字。此由張次立以鉉本改鍇本。誤以鉉本市朱切市字系殊之下。其可笑有如此者。

殟　暴無知也。各本作胎敗也。誤同殨解。玄應書卷八卷十三十四皆引說文殟暴無知也。聲類。烏殟欲死也。今據正。廣韵云。病也。又云。心悶。其義正合。葢上下文皆說死之類。此亦謂暴死者。烏殟雙聲。玄應殟於門切。**从歺𥁰聲。**烏沒切。古音在十三部。讀溫。

殤　不成人也。不、喪服傳作未。**人年十九至十六死爲長殤。十五至十二死爲中殤。十一至八歲死爲下殤。**見喪服傳。鄭曰。殤者。男女未冠笄而死。可傷者也。**从歺。傷省聲。**式陽切。十部。

殂　往死也。殂之言徂也。徂往也。故曰往死。玉篇曰。殂今作徂。**从歺。且聲。**昨胡切。五部。**虞書曰。勛乃殂。**虞書當作唐書。勛乃殂。二徐本皆如是。宋本說文及洪邁所引皆可證。至集韵類篇乃增放字。至李仁甫乃增之曰放勛乃殂落。或用改大徐本。此皆不信古之過也。堯典曰。二十有八載。放勳乃殂落。見孟子春秋緐露皇甫謐帝王世紀所引皆如是。此作勛乃殂。據力部勳者小篆。勛者古文勳。則許所偁眞壁中文也。而無放落二字。葢孟子董子所偁者今文尚書也。許所偁者古文尚書也。孟子何以偁今文尚書。伏生本與孔安國本皆出周時。說詳尚書撰異矣。放勛何以但言勛也。或言放勛。或言勛一也。葢當世臣民所偁不一也。殂落何以但言殂也。云殂則已足矣。不必言殂落也。釋詁崩薨無祿卒殂落殪死也。白虎通曰。書言殂落死者。各自見義。堯見憯痛之。舜見終各一也。此其所據皆今文尚書。且爾雅無妨殂落二字各爲一句也。師古注王莽傳引虞書放勛乃殂。則唐初尚書尚有無落字者。**𣦸　古文殂。从歺。从作。**此從古文歺作聲也。小徐本篆爲舭非也。

殛　殊也。殊謂死也。廣韵曰。殊陟輸切。殊殺字也。從歹。歹五割切。殺同殊。據此知古殊殺字作殊、與誅責字作誅迥別矣。周禮八曰誅。以馭其過。禁殺戮、禁暴氏、野廬氏皆云誅之。此誅責也。公羊傳。君親無將。將而誅焉。此殊殺也。當各因文爲訓。**从歺。从亟聲。**己力切。一部。**虞書曰。**虞書當作唐書。**殛鯀于羽山。**堯典文。此引經言假借也。殛本殊殺之名。故其字廁於殤殂殪𣨙之閒。堯典殛鯀。則爲極之假借。非殊殺也。左傳曰。流四凶族。投諸四裔。劉向曰。舜有四放之罰。屈原曰。永遏在羽山。夫何三年不施。王注。言堯長放鯀於羽山。絕在不毛之地。三年不舍其罪也。鄭志荅趙商云。鯀非誅死。鯀放居東裔。至死不得反於朝。禹乃其子也。以有聖功。故堯與之。尋此諸說。可得其實矣。周禮廢以馭其罪。注廢猶放也。舜極鯀於羽山是也。此條釋文宋本極紀力反可證。洪範鯀則殛死。釋文殛本又作極。多方我乃其大罰殛之。釋文殛本又作極。左傳昭七年。昔堯殛鯀於羽山。釋文殛本又作極。魯頌。致天之屆于牧之野。箋云屆極也。引書鯀則極死。又云天所以罰極紂于商郊牧野。正義云。屆極虞度釋言文。釋言。又云極誅也。武王致天所罰誅紂於牧野。定本集注皆云。殛紂於牧野。殛是殺非也。此條宋本岳本元本皆不誤。小雅後子極焉。毛曰極至也。鄭曰極誅也。正義云極至釋詁文。極誅釋言文。合魯頌小雅兩箋兩正義觀之。則釋言之爲極誅甚明。今爾雅作殛誅也。葢誤以洪範多方殛字。鄭皆作極例之。則知周禮注引極鯀於羽山。鄭所見尚書自是作極。不作殛也。說文引殛鯀于羽山作殛。疑是後人增之。若以、引尚狟狟爲尚桓桓。引無有作𡚁爲無有作好例之。則引殛鯀爲極鯀。正是一例。鄭注周禮引遂觀東后。注明堂位引應軸縣鼓。本經作肆。作田則或本經作殛而引作極。亦注家有是例也。假殛爲極。正如孟子假殺爲竄。鯀因極而死。於東裔。韋注晉語云。殛放而殺也。此當作放而死也。高注呂覽云。先殛後死。此當作先極後死。若呂覽副之以吳刀。山海經殺鯀於羽郊。則言之不從不可信矣。然則馬注尚書、趙注孟子、韋注國語皆云殛誅也。

殪　墓　殯

何也。曰此皆用釋言極誅也之文。謂正文殛當作極也。殪死也。左傳聲子射其馬。斬鞅殪。將擊子車。子車射之殪。小雅毛傳、文穎注上林賦皆曰壹發而死爲殪是也。故其字從壹。按尚書言殪戎殷。殪仆也。此引伸之義。中庸言壹戎衣。注衣讀爲殷。聲之誤也。壹戎殷者。壹用兵伐殷也。郭忠恕佩觿乃引鄭注云壹當爲殪。此記憶之誤耳。凡恃記憶而不檢閱者多此病。从歺壹聲。形聲包會意。於計切。古音在十二部。古文殪。从死。從古文死。壹省聲。墓死宋墓也。宋墓猶嗷嘆也。从歺莫聲。莫各切。五部。殯死在棺。將遷葬柩賓遇之。按士喪禮主人奉尸由阼階。鄉西階。斂於棺。棺先在肂中矣。所謂殯也。在西階。故檀弓曰殯於客位。又曰周人殯於西階之上。賓之也。釋名亦曰於西壁下塗之曰殯。殯、賓也。賓客遇之。言稍遠也。此去葬期尚遠。非將葬賓遇之也。將葬而朝於祖。而設遷祖奠。而載柩於車。而祖而設祖奠。而設葬奠。此不得名殯。淺人竄改之。致此不通耳。當云屍在棺。肂於西階。賓遇之。从歺賓。屍在棺故

殔　殣　殠　殨　⿰歺丂

從歺。西階賓之故從賓。賓亦聲。必刃切。十二部。夏后殯於胙階。殷人殯於兩楹之閒。周人殯於賓階。見檀弓。據此可證將遷葬柩四字之誤。殔瘞也。土部曰。瘞、幽薶也。士喪禮掘肂。注曰。肂、埋棺之坎也。棺在肂中斂屍焉。所謂殯也。肂者所以殯。故其字次於殯。可證上文將遷葬柩之誤。从歺隶聲。羊至切。十五部。殣道中死人人所覆也。今小雅小弁作墐。傳曰。墐、路冢也。按墐者假借字。殣者正字也。義在人所覆。故其字次於殔。左傳道殣相望。杜云。餓死爲殣。从歺堇聲。渠吝切。十三部。詩曰。行有死人。尚或殣之。許所據作殣。殠腐气也。廣韵曰。腐臭也。按臭者氣也。兼芳殠言之。今字專用臭而殠廢矣。儀禮釋文引孟子飯殠茹菜。楊敞傳。冒頓單于得漢美食好物謂之殠惡。楊王孫傳。其穿下不亂泉。上不泄殠。从歺臭聲。尺救切。三部。殨爛也。今殨爛字作潰而殨廢矣。从歺貴聲。胡對切。十四部。⿰歺丂腐也。肉部曰。腐

殆　殃　殘　殄　殲

爛也。今字用朽而⿰歺丂廢矣。从歺丂聲。許久切。三部。朽⿰歺丂或从木。殆危也。危者在高而懼也。引伸之凡將然之詞皆曰殆、曰危。與隸天之未陰雨音義同。又豳風殆及公子同歸。傳曰。殆、始也。此謂殆爲始之假借也。从歺台聲。徒亥切。一部。殃凶也。各本作咎也。今依易釋文。从歺央聲。於良切。十部。殘賊也。戈部曰。賊、敗也。攴部。殘、穿也。今俗用爲⿰歺月餘字。按許意殘訓賊。⿰歺月訓餘。今則殘專行而⿰歺月廢矣。周禮稾人注。假戔爲⿰歺月。从歺戔聲。昨干切。十四部。殄盡也。釋詁、大雅瞻卬傳同。邶風蘧篨不殄。傳曰。殄、絕也。此盡義之引伸也。箋云。殄當作腆。腆、善也。按古文假殄爲腆。儀禮注云。腆、古文作殄是也。从歺㐱聲。徒典切。十二部。古文殄如此。殲微盡也。殲之言纖也。纖細而盡之也。从歺韱聲。子廉切。七部。春秋傳曰。小徐本無傳字。齊人殲于遂。春秋經莊十七年文。左穀作殲。公作瀸。字之同音假借也。穀曰。殲、盡也。公曰。瀸、漬也。何云。

殫　殬　⿰歺羸　⿰歺豈　⿰歺月

殲之爲死。積死非一之辭。故曰漬。釋詁。殲、盡也。殫極盡也。窮極而盡之也。極、鉉本作殛。誤。古多假單字爲之。郊特牲云。社事單出里。祭義歲既單矣。大雅其軍三單。箋云。單者、無羨卒也。皆是也。从歺單聲。都寒切。十四部。殬敗也。經假斁爲殬。雲漢鄭箋云。斁、敗也。孔穎達引洪範彝倫攸斁。从歺睪聲。當故切。五部。商書曰。彝倫攸殬。洪範文。今作斁者。蓋漢人以今字改之。許所云者。壁中文也。彝、張次立本作夷。⿰歺羸畜產疫病也。畜產當作嘼牲。左傳不疾瘯蠡。杜云。無疥癬。釋文蠡說文作瘰。云瘯瘰、皮肥也。按今說文無瘯瘰二字。本艸經有瘰癧字。瘰癧、皮病。非皮肥也。陸氏書說文二字。肥字蓋有誤。此云嘼牲疫病。則又非瘰癧也。人曰癘疫。嘼曰⿰歺羸。从歺羸聲。郎果切。十七部。篇韵皆力外力臥二切。⿰歺豈殺羊出其胎也。此與刀部㓞音同義異。云殺羊出其胎。則廣雅云⿰歺豈腜胎也。辭不達意矣。从歺豈聲。五來切。古音在十五部。⿰歺月禽獸所食餘也。引伸爲凡物之餘。凡殘餘

殖　⿰歹古　⿰歹奇

字當作殂。从歺从月。月各本作肉。篆體作𣧑。今正。禽獸所食不皆肉。歺者殘也。月者缺也。於禿鷲之意近。昨干切。十四部。廣韵十五鍇有此字。與刖明同音。是其字之從月可知矣。

殖　脂膏久殖也。久下當有曰字。國語舊音引說文殖脂膏久也。考工記故書昵或作樴。注云。樴讀爲脂膏膩敗之膩。按膩即殖字。字林云。膩膏敗也。亦作膱。廣雅云。膱臭也。玉篇廣韵皆云。膱油敗也。其字常職切。亦音職。今俗語謂膏油久不可用正讀職之平聲也。脂膏以久而敗。財用以多藏而厚亡。故多積者謂之殖貨。引伸假借之義也。从歺直聲。常職切。一部。

⿰歹古　枯也。周禮殺王之親者辜之。注。辜之言枯也。謂磔之。桀部曰。磔。辜也。按⿰歹古同辜。磔也。玉篇曰。⿰歹古。古文辜字。从歺古聲。苦孤切。五部。

⿰歹奇　棄也。从歺奇聲。去其切。按其誤。當依廣韵去奇切。古音在十七部。俗語謂死曰大⿰歹奇。別一義。

文三十二　重六

死　薨　薧

死　澌也。水部曰。澌。水索也。方言。澌。索也。盡也。是爲凡盡之偁。人盡曰死。死澌異部疊韵。人所離也。形體與寃魄相離。故其字從歺人。从歺人。息姊切。十五部。凡死之屬皆从死。

𣦸　古文死如此。從古文歺、古文人。

薨　公侯𣨛也。曲禮曰。公侯曰薨。歺部曰。大夫死曰𣨛。此不曰公侯死而言公侯𣨛者。欲見分別則惟大夫偁𣨛。統言則不爾也。曲禮又曰。壽考曰卒。短折曰不祿。此概言之。非謂大夫士也。从死。瞢省聲。呼肱切。六部。

薧　死人里也。樂府相和曲有薤露蒿里之歌。譙周崔豹皆云。起於田橫自殺從者爲作悲歌。崔云。謂人命奄忽如薤上之露易晞滅。亦謂人死寃魄歸於蒿里。蒿里辭曰。蒿里誰家地。聚斂寃魄無賢愚。然則蒿里者。謂虛墓之閒也。且其字作蒿。此獨云薧死人里。則字作薧。而義亦殊。蓋有一里人盡死者。因目爲薧里。許所聞不同譙崔也。按周禮乾魚謂之薧。內則薑苴枌榆免薧。注。免新生者。薧乾也。然則凡死而枯槁謂之薧。不必如許所說。从死。蒿省聲。呼毛切。二部。按

⿰死次　冎　⿰冎刂

周禮、禮記音考。⿰死次　戰。句。見血曰傷。句。周禮曰。凡傷人見血而不以告者。注。傷人見血。見血乃爲傷人耳。此見血曰傷謂戰者見血受傷也。亂或爲惛。或惑古今字。心部曰。惛不憭也。此謂戰傷殙瞀者、重於見血也。死而復生爲⿰死次。此謂戰傷又重於惛也。謂之⿰死次者次於死也。三言皆謂戰。蓋出司馬法等書。从死次聲。形聲包會意也。咨四切。十五部。

文四　重一

冎　剔人肉置其骨也。剔當作鬄。鬄解也。其周禮膊之焚之、辜之之刑。與列子曰。炎人之國。其親戚死。冎其肉而棄之。刀部無剔字。冎俗作剮。象形。頭隆骨也。隆豐大也。說此字爲象形者。謂上大下小。象骨之隆起也。古瓦切。十七部。口部咼以爲聲。凡冎之屬皆从冎。

⿰冎刂　分解也。分別離別皆是也。今人分別則彼列切。離別則憑列切。古無是也。俗謂八部𠔁爲古別字。且或於丫部乖字下益曰𠔁古文別。假令果介。則於此何不載乎。从冎从刀。冎者分解之皃。刀者所以分解也。十五部。

⿰冎卑　骨　髑　髏　髆

⿰冎卑　別也。从冎卑聲。讀若罷。府移切。十六部。罷聲古音在十七部。合韵也。⿰冎卑與庋匾字音義相近。

文三

骨　肉之覈也。襾部曰。覈。實也。肉中骨曰覈。蔡邕注典引曰。肴覈食也。肉曰肴。骨曰覈。周禮丘陵其植物宜覈物。注云。核物。梅李之屬。小雅。殽核維旅。箋云。豆實菹醢也。籩實有桃梅之屬。按覈核古今字。故周禮經文作覈。注文作核。古本皆如是。詩殽核。蔡邕所據魯詩作肴覈。梅李謂之覈者。亦肉中有骨也。从冎有肉。去肉爲冎。在肉中爲骨。古忽切。十五部。凡骨之屬皆从骨。

髑　髑髏、逗。頂也。頁部曰。頂。顛也。廣雅。頂顱謂之髑髏。按頁部。頭顱。頭骨也。从骨蜀聲。徒谷切。三部。

髏　髑髏也。二字疊韵。从骨婁聲。洛侯切。四部。

髆　肩甲也。肉部曰。肩。髆也。單呼曰肩。絫呼曰肩

甲。甲之言蓋也。肩蓋乎衆體也。今俗云肩甲者。古語也。釋名作肩甲。靈樞經作肩胛。水經注云。如人袒胛。故謂之赤胛山。胛者。甲之俗也。應劭漢書注曰。大宛天馬汗血。汗從前肩髆中出如血。周禮醢人豚拍注云。或曰豚拍。肩也。然則假拍爲髆字。从骨。尃聲。補各切。五部。

髃　肩前也。士喪禮記。卽牀而奠。當腢。注曰。腢。肩頭也。腢卽髃字。毛詩傳曰。自左膘而射之。達於右腢。爲上殺。膘。脅後髀前肉也。何注公羊云。自左膘射之。達於右髃。中心死疾。鮮絜也。髃本謂人。亦假爲獸骨之偁。凡肩後統於背。前爲髃。髃之言隅也。如物之有隅也。从骨。禺聲。午口切。四部。

骿　骿脅、逗。并榦也。依左傳正義訂。肉部。脅。兩膀也。肋。脅骨也。廣雅。榦謂之肋。是脅骨一名榦。故韋注國語云。骿脅。并榦也。其字左傳、史記作駢。國語作骿。杜注左傳云。駢脅。合榦。吳都賦作駢。論衡作佌。駢佌。假借字。从骨。并聲。部田切。古音在十一部。晉文公骿脅。左傳僖廿三年。國語晉語。

髀　股外也。各本無外。今依爾雅音義、文選七命注、玄應書、太平御覽補。股外曰髀。髀上曰髖。肉部曰。股。髀也。渾言之。此曰髀。股外也。析言之。其義相足。大部曰。奎。兩髀之閒也。从骨。卑聲。并弭切。十六部。

𧿹　古文髀。从足者。足所恃以能行也。鄭司農注周禮典同曰。鍾形下當蹕。按其文義。當是庳之假借。庳。卑也。列女傳。古者婦人妊子。寢不側。坐不邊。立不蹕。按其文義。當是跛之假借。今人兩書皆譌作蹕。

髁　髀骨也。髀骨猶言股骨也。醫經亦謂之股骨。沈氏彤釋骨云。腰骨旁臨兩股者曰髀骨。曰大骨。曰髁。一身之伸屈司焉。故通曰機關之旁。曰髀樞。機者。一髀骨之入樞者也。在膝以上者曰髀骨。曰股骨。其直者曰楗。其斜上俠髖者則所謂機也。按髀之上曰髖。卽俗所謂髁者。髀與髖相按之處。人之所以能立以能行。能有力者皆在於是。故醫經謂之機。骨空論曰。俠髖曰機。是也。醫經曰腰髁骨者。其字當作䯊。卽髖字。不當作髁。文選注引埤蒼。髁。腰骨也。从骨。果聲。苦臥切。十七部。

𩩲　屍骨也。廣雅曰。臎者。翠之俗。內則所謂舒鴈翠。舒鳧翠是也。呂覽。雋觾之翠。高注曰。翠。厥也。此假厥爲𩩲也。醫經曰。尻骨曰脊骶。曰尾骶。曰尾

屈。曰窮骨。曰橛骨。从骨。厥聲。居月切。十五部。

髖　髀上也。髀上爲尻之兩旁。故其字次於𩩲。髖者。其骨取寬大也。諸書所謂骻骨。字林作骻。皆云。䯊骨。謂上屬於要。髀股動搖如樞機也。正謂此髖與髀相接處。釋骨曰。之上俠脊十七節至二十節起骨曰腰髁骨。曰兩髁骨。按髁當作䯊。○骨空論云。輔骨上、橫骨下爲楗。按橫骨卽髖。橫之言廣也。楗卽髀骨之直者。機卽髀骨與髖相接處也。从骨。寬聲。胡官切。十四部。

髕　厀耑也。釋骨云。蓋膝之骨曰膝髕。大戴禮曰。人生朞而髕。髕不備則人不能行。古者五刑。臏、宮、劓、墨、死。臏者。髕之俗。去厀頭骨也。周改臏作跀。跀字借作刖。斷足也。漢之斬趾是也。跀者尚可箸踊而行。踊者。跀足者之屨。莊子兀者叔山無趾。踵見仲尼。崔譔云。無趾。故以踵行。是則跀輕於臏也。古文尚書呂刑說夏刑作剕。周本紀、漢刑法志引尚書大傳皆作髕。周禮注云。周改臏作刖。而公羊疏引鄭駁異義云。皐陶改臏爲剕。呂刑有剕。周改剕爲刖。與周禮注不合。足部云。跳。跀也。跳卽剕字。許謂跳卽跀矣。鄭析跳跀爲二。不知其制何以分別。竊謂周禮注爲長。駁異義則未定之論。許說亦非一是也。剕惟見於呂刑。他經傳無言跳者。言剕者。蓋跳者髕之一名。故周禮說周制作刖。呂刑說夏制。則今文尚書作髕。古文尚書作剕。一事也。周改髕爲跀。卽改跳爲跀也。許釋跳爲跀。亦非也。髕作跳。如禹貢蠙作玭。商書紂作受。音轉字異。非有他也。

骺　骨耑也。骨當是骸之誤。骨空論云。膝解爲骸關。是也。關骺雙聲。骺取機括之意。从骨。昏聲。古活切。十五部。

𩪘　厀脛閒骨也。骨空論云。骸下爲輔。輔上爲膕。膕上爲關。是也。从骨。貴聲。丘媿切。十五部。

骹　脛也。四骹皆白。驓。薛注西京曰。青骹。鷹青脛者。方言曰。骹。細。如鶴脛者謂之鶴膝。考工記說輻材曰。參分其股圍。去一以爲骹圍。大鄭云。方言股以喻其豐。故言骹以喻其細。多假校爲之。士喪禮記。綴足用燕几。校在南。注。校。脛也。祭

骭　骸　髓　𩪡

統。夫人薦豆執校。注。校、豆中央直者也。此皆假校爲骹也。**从骨。交聲。**口交切。二部。

骭　骹也。呂覽注引孟子。拔骭一毛而利天下。甯戚歌。短布單衣適至骭。按骭之言榦也。榦者、本也。人體之阯也。脅骨何以亦名榦也。曰脅榦。見於左傳。楄柎藉榦。公羊搚公榦而殺之。古榦翰通用。毛詩翰字多爲榦之假借。脅榦乃翰之假借。脅肋如鳥之羽翰分布也。**从骨。干聲。**古案切。十四部。

骸　脛骨也。上文言脛也、骹也。不言骨者。骹骭皆目其表也。骨空論曰。膝解爲骸關。俠膝之骨爲連骸。然則正謂脛骨爲骸矣。下文云。連骸下爲輔。輔卽骸也。膝解爲其關。俠膝之骨連之也。字從亥者。亥、荄也。荄、根也。公羊傳注。骸、人骨也。則引伸爲凡人骨之偁。**从骨。亥聲。**戶皆切。古音在一部。

髓　骨中脂也。从骨。隓聲。息委切。古音在十七部。隸作髓。

𩪡　骨閒黃汁也。从骨。易聲。讀若易曰夕惕若厲。讀若二字小徐無。非也。汗簡古文四聲韻皆云。𩪡出古周易。正因說文奪讀若字。遂徑作夕𩪡也。夕惕若厲。又見夕部及他古籍。易惟費氏以古字號古文易。鄭君傳費氏。亦云惕懼也。且易惕字屢見。倘古文皆作𩪡。諸家必有爲之說者。而未見也。他歷切。十六部。

四篇下　七

體　髍　骾

體　總十二屬也。十二屬許未詳言。今以人體及許書覈之。首之屬有三。曰頂、曰面、曰頤。身之屬三。曰肩、曰脊、曰尻。手之屬三。曰厷、曰臂、曰手。足之屬三。曰股、曰脛、曰足。合說文全書求之。以十二者統之。皆此十二者所分屬也。**从骨。豊聲。**他禮切。十五部。

髍　㾏病也。疒部曰。㾏、半枯也。漢書敘傳曰。又況幺䴢不及數子。鄭氏曰。䴢音麼。小也。晉灼曰。此骨偏䴢之䴢也。按二說皆是。本骨偏䴢字。借爲幺麼。是以文選作幺麼。且偏䴢是不全之病。不全則不大。故引伸爲不長曰幺。細小曰麼之義。許書無麼字。葢以髍包之。不得以髍平麼上爲疑也。**从骨。麻聲。**莫鄱切。十七部。

骾　食骨留咽中也。晉語。史蘇曰。狹以銜骨。韋曰。骨所以鯁刺人也。忠言逆耳。如食骨在喉。故云骨骾之臣。漢書已下皆作骨鯁。字從魚。謂留咽者魚骨挍多也。依說文則鯁訓魚骨。骨留咽中當作骾。按自髑至體皆言人骨。體者總上文言之也。髍者人骨之病也。

骼　骴

骼骴二文、則禽獸之骨。骾者、人哽於物。骨主謂人。故其字非人骨而從骨。其次則必先於骼骴也。**从骨。㪅聲。**古杏切。古音在十部。

骼　禽獸之骨曰骼。按骨當作髖。許據禮十七篇。故云禽獸之髖曰骼也。禽者、走獸總名。儀禮多言肫骼。肫亦作膞。皆說文之膞字也。骼亦作胳。於人曰髖也。髖者、髀上也。牲前足體三。曰肩、曰臑、曰臂。臑於人爲厷。肩下臂上也。後足體三。曰骼、曰肫、曰髀。禮髀賤不升。故經多言肩臂臑肫骼。肫在臂上。骼在肫上。而先言臂肫者。蓋四胑以下爲貴也。骼是本字。至埤蒼乃作髂。廣雅、字林變作骻。又或作胯。魚虞歌麻通轉之故也。云曰骼曰骴者。所以別人禽之異名。肉部曰。臂羊豕曰臑。是其例也。許據十七篇爲言。故不敢謂骼爲人骨也。月令。孟春掩骼薶骴。鄭云。骨枯曰骼。肉腐曰骴。蔡云。露骨曰骼。有肉曰骴。高注呂覽云。白骨曰骼。有肉曰髊。注淮南同。皆不言骼骴爲禽獸之骨也。則亦未嘗不可通用矣。**从骨。各聲。**古覈切。廣韻古伯切。古音在五部。

骴　鳥獸殘骨曰骴。殘同歺。餘也。鳥獸、廣韻作鳥鼠。曲禮曰。四足曰漬。注。漬謂相瀸汙而死也。小雅。助我舉柴。手部引作掌。毛、許皆云、掌、積也。鄭箋。雖不中。必助中者舉積禽。二經漬掌字音義皆同骴。故許知骴不謂人骨也。周禮。蜡氏掌除骴。故書骴作脊。先鄭云。脊讀爲殰。謂死人骨也。月令掩骼埋胔。骨之尚有肉者也。及禽獸之骨皆是。此先鄭兼人與禽獸言之。而公羊傳。大災者何。大瘠也。大瘠者何。痢也。漢食貨志。國亡捐瘠。孟康曰。肉腐爲瘠。捐骨不薶者。公羊、漢志瘠卽骴字。合之鄭注月令肉腐曰骴。蔡氏高氏云有肉曰骴。又皆指人言之。說雖不同。皆關王政仁民愛物之意。其字正作骴。假借作漬、作掌、作瘠、作脊。皆同音假借也。漬又作殰。**骴、**逗。**可惡也。**釋骴字音義也。以其歺薉可惡。人所不欲見。故從骨從此。此亦聲。**从骨。此聲。**資四切。十六部。**明堂月令曰。**大戴禮盛德篇云。明堂月令。盧辯曰。於明堂之中施十二月之令也。按漢志說禮云。明堂陰陽三十三篇。古明堂之遺事。月令蓋三十三篇之一。許偁月令皆云明堂月令。**掩骼薶骴。**鉉本此下有骴或從肉四字。鍇無。按假令許有此四字。則當先冠以篆文。胔見周禮、禮記釋文。或字也。玉篇骴作胔。豈周禮說

四篇下　六

文古本皆如是。與呂氏春秋作髊。亦或字也。

骫　骨耑骫奊也。矢部奊下曰。頭衺骫奊態也。招隱士曰。林木茷骫。王注。枝條盤紆也。枚皐傳其文骫骳曲隨其事。皆得其意。師古曰。骫骳猶言屈曲也。然則骫奊者謂屈曲之狀。骫字廁於此者。統人及禽獸之骨言。从骨。丸聲。於詭切。十六部。按丸聲在十四部。此合韵也。

䯤　骨擿之可會髮者。䯤會疊韵。鄘風象之揥也。毛曰。揥所以摘髮。摘本又作擿。䯤所以會髮。與揥所以擿髮訓釋正同。䯤與揥一物而少異。釋名曰。揥、摘也。所以摘髮也。導所以導擽鬢髮使入巾幘之裏也。或曰擽鬢。以事名之也。然則揥一名擿。鄘風所云也。導一名撩鬢。漢魏已後多云玉導。簪導。今人之抿簪。詩禮之䯤也。周禮弁師會五采玉琪。注曰。故書會作䯤。先鄭云。讀如馬會之會。謂以五采束髮也。士喪禮檜用組乃笄。檜讀與䯤同。書之異耳。說曰。以組束髮乃著笄。謂之檜。沛國人謂反紒為䯤。按先鄭說云爾者。蓋由會髮之器謂之䯤。因之束髮謂之䯤。與儀禮之檜同。今士喪禮字作鬠。注云。古文鬠皆為括。骨擿猶象揥也。必云骨者。為其字從骨。䯤者、獸骨之成器者也。故廁於末。从骨。會聲。形聲包會意也。古外切。十五部。詩曰。䯤弁如星。衛風文。今作會弁。毛傳曰。弁、皮弁所以會髮。按此傳極可疑。蓋淺人改竄也。皮弁者、諸侯所以視朝。及與諸侯相朝聘。非為會髮之用也。云所以會髮。殊不辭矣。說文多沿毛傳。其云可會髮者、必本毛傳。此文蓋毛詩本作䯤弁。傳本云䯤所以會髮。弁、皮弁。正同周禮故書皮弁䯤五采。謂先束髮而後戴弁。其光耀如星也。自鄭箋毛詩。乃易䯤為會。釋為弁之縫中。與注周禮從今書不從故書正同。後人據箋改傳。致有此不通耳。毛許先鄭說詩禮皆與後鄭不同。其義則後鄭為長。

文二十五　重一

肉　胾肉。下文曰。胾、大臠也。謂鳥獸之肉。說文之例。先人後物。何以先言肉也。曰以為部首。不得不首言之也。生民之初。食鳥獸之肉。故肉字冣古。而製人體之字。用肉為偏旁。是亦假借也。人曰肌。鳥獸曰肉。此其分別也。引伸為爾雅肉好。樂記廉肉字。象形。如六切。三部。凡肉之屬皆从肉。

腜　婦孕始兆也。依廣韵訂。韓詩曰。周原腜腜。又曰。民雖靡腜。毛詩皆作膴。腜腜、美也。廣雅曰。腜腜、肥也。此引伸之義也。从肉。某聲。莫桮切。古音在一部。

肧　婦孕一月也。文子曰。一月而膏。二月血脈。三月而肧。四月而胎。五月而筋。六月而骨。七月而成形。八月而動。九月而躁。十月而生。淮南曰。一月而膏。二月而胅。三月而胎。說各乖異。其大致一也。李善注江賦引淮南三月而肧胎。與今本異。从肉。不聲。匹桮切。古音在一部。

胎　婦孕三月也。玄應兩引皆作二月。釋詁曰。胎、始也。此引伸之義。方言曰。胎、養也。此假借胎為頤養也。又曰。胎、逃也。則方俗語言也。从肉。台聲。土來切。一部。

肌　肉也。从肉。几聲。居夷切。十五部。

臚　皮也。今字皮膚從籀文作膚。膚行而臚廢矣。晉語。聽臚言於市。史漢臚句傳。蘇林曰。上傳語告下為臚。此皆讀為敷奏以言之敷也。史記臚於郊祀。漢書大夫臚岱。韋昭辨釋名。鴻大也。臚陳序也。謂大以禮陳序賓客。此皆讀為廷實旅百之旅也。劉熙釋名。鴻臚。腹前肥者曰臚。以京師為心體。王侯外國為腹胦。以養之也。此讀為夏右胦之胦。皆假借也。其本義則皮膚也。从肉。盧聲。甫無切。五部。

膚　籀文臚。經籍通用此字。禮運曰。膚革充盈。引伸為狼跋、文王之膚、美。為六月之膚、大。為論語之膚受。

肫　面頯也。頁部曰。頯、權也。權俗作顴。肫史漢作準。高祖隆準。服虔曰。準音拙。應劭曰。隆、高也。準、頰權準也。按準者假借字。肫其正字。儀禮釋文引說文肫之允反。是也。其入聲則音拙。廣雅作頔。是也。若戰國策準頞權衡竝言。則準訓鼻矣。儀禮牲體肫骼。假借肫為腨字也。腨者腓腸也。又中庸肫肫其仁。鄭讀為誨爾忳忳之忳。忳忳、懇誠皃也。是亦假借也。士昏禮腊一肫。肫者純之假借。純、全也。从肉。屯聲。章倫切。十三部。

䐅　頰肉也。東方朔傳曰。樹頰胲。師古曰。胲、頰肉。音改。按集韵十五海曰。頰下曰頤。或作胲、䐅。廣韵十五海曰。頦、頰頦也。頦為頰肉。與䐅異部而同義。或作頭、或假借胲字。从肉。幾聲。讀若畿。居衣切。十五部。

脣　口耑

也。口之匡也。假借爲水匡之字。鄭注乾鑿度引詩寘之河之脣。从肉。辰聲。食鄰切。古音十三部。[篆]古文脣从頁。

脰 項也。頁部曰。項。頭後也。按頭後卽頸後也。左傳曰。兩矢夾脰。公羊傳曰。宋萬搏閔公。絕其脰。注。脰。頸也。齊人語。士虞禮。膚祭三。取諸左脇上。注。脇。脰肉也。古文曰左股上。此字從肉。非從殳矛之殳聲。鄭意謂股者髀也。禮經多言髀不升。則取諸左股爲膚祭。非也。尋古文用字之例。假股爲脇。正與假脾爲髀。假肫爲臑。假胳爲骼。假頭爲脰。皆以異物同音相假借。股與脇當是同音。蓋從肉役省聲。如坄疫殺皆從役省聲之比。役與益同部。此股非股肱字。注當云此字從肉從役省。非從殳矛之殳聲。今本脫誤不完。據賈疏云。鄭以殳與股不是形聲之類。其理未審。賈實錯解。而可證有非字。今本又奪非字。則更不可通矣。从肉。豆聲。徒候切。四部。

肓 心下鬲上也。下上各本互譌。篇韵同。今依左傳音義正。左傳。疾不可爲也。在肓之上。膏之下。賈逵杜預皆曰。肓。鬲也。心下爲膏。按鄭駁異義云。肺也。心也。肝也。俱在鬲上。賈侍中說肓。鬲也。統言之。許云鬲上爲肓者。析言之。鬲上肓。肓上膏。膏上心。今本作心上鬲下。則不可通矣。素問曰。肓之原在臍下。釋名曰。膈。塞也。塞上下。使氣與穀不相亂也。从肉。亡聲。呼光切。十部。按當云。网平聲。春秋傳曰。病在肓之上。左傳成十年文。各本上譌下。今正。

腎 水藏也。今尚書古尚書說同。从肉。臤聲。時忍切。十二部。

肺 金藏也。按各本不完。當云火藏也。博士說以爲金藏。下文脾下當云木藏也。博士說以爲土藏。肝下當云金藏也。博士說以爲木藏。乃與心字下土藏也。博士說以爲火藏一例。玄應書兩引說文肺火藏也。其所據當是完本。但未引一曰金藏耳。五經異義云。今尚書歐陽說。肝木也。心火也。脾土也。肺金也。腎水也。古尚書說。脾木也。肺火也。心土也。肝金也。腎水也。許慎謹案。月令春祭脾。夏祭肺。季夏祭心。秋祭肝。冬祭腎。與古尚書同。鄭駁之曰。月令祭四時之位。乃其五藏之上下次之耳。冬位在後而腎在下。夏位在前而肺在上。春位小前。故祭先脾。秋位小卻。故祭先肝。腎也。脾也。俱在鬲下。肺也。心也。肝也。俱在鬲上。祭者必三。故有先後焉。不得同五行之義。今醫病之法。以肝爲木。心爲火。脾爲土。肺爲金。腎爲水。則有瘳也。若反其術。不死爲劇。鄭注月令自用其說。從今尚書說。楊雄大玄木藏脾。金藏肝。火藏肺。水藏腎。土藏心。從古尚書說。高注呂覽於春祭先脾曰。春木勝土。先食所勝也。一說脾屬木。自用其藏也。於夏祭先肺曰。肺金也。祭禮之先進。肺用其勝也。一曰肺火。自用其藏。於秋祭先肝曰。肝木也。祭祀之肉。用其勝也。故先進肝。一曰肝金也。自用其藏也。於冬祭先腎曰。腎屬水。自用其藏也。於中央土祭先心曰。祭祀之肉先進心。心火也。用所勝也。一曰心土。自用其藏也。其注淮南時則訓略同。皆兼從今古尚書說而先今後古。許異義從古尚書說。說文雖兼用今古尚書說。而先古後今。與鄭不同矣。从肉。朩聲。芳吠切。在十五部。

脾 土藏也。文有脫誤。說見上。从肉。卑聲。符支切。在十六部。按古文以脾爲髀字。

肝 木藏也。文有脫誤。說見上。从肉。干聲。古寒切。十四部。按禮經正脅謂之榦。少牢古文榦爲肝。此與古文髀爲脾皆但取同音假借而已。

膽 連肝之府也。白虎通曰。府者。爲藏官府也。膽者。肝之府也。肝主仁。仁者不忍。故以膽斷。仁者必有勇也。素問曰。膽者。中正之官。決斷出焉。从肉。詹聲。都敢切。八部。

胃 穀府也。白虎通曰。胃者。脾之府也。脾主稟氣。胃者。穀之委也。故脾稟氣於胃也。素問。脾胃者。倉廩之官。五味出焉。从肉。囷象形。云貴切。十五部。

脬 旁光也。各本作膀。非。兩膀謂脅也。今正。白虎通曰。旁光者。肺之府也。肺者。斷決。膽旁光亦常張有勢。故先決難也。素問曰。旁光者。州都之官。津液藏焉。按此所引白虎通本小徐與御覽所引元命苞合。脬俗作胞。旁光俗皆從肉。从肉。孚聲。匹交切。古音在三部。

腸 大小腸也。白虎通曰。大腸小腸。心之府也。心者。主禮。禮者有分理。腸之大小相承受也。腸爲胃紀。胃爲脾府。心爲支體主。故有兩府。素問曰。大腸者。傳道之官。變化出焉。小腸者。受盛之官。化物出焉。按所引白虎通。從顏氏急就篇注所引也。藏府古通偁。如周禮注五藏倂胃旁光大腸小腸爲九藏是也。从肉。昜聲。直良切。十部。

膏　肪　膺　肊　背

膏肥也。按肥當作脂。脂字不廁於此者。許嚴人物之別。自胙篆已下乃謂人所食者。膏謂人脂。在人者可假以名物。如無角者膏是也。脂專謂物。在物者不得假以名人也。从肉高聲。古勞切。二部。

肪肥也。肥亦當作脂。王逸正部論說玉符曰白如豬肪。通俗文曰脂在腰曰肪。此假在人者以名物也。从肉方聲。甫良切。十部。

膺匈也。勹部曰匈、膺也。魯頌戎狄是膺。釋詁、毛傳曰膺當也。此引伸之義。凡當事以膺。任事以肩。从肉䧹聲。於陵切。六部。

肊匈骨也。宋本、李燾本皆作骨。俗本作肉。非也。此如脅爲兩膀、榦爲脅骨。正名百物。不可紊也。从肉乙。各本作乙聲。今按聲字淺人所增也。肊臆字古今音皆在職德韵。乙字古今音皆在質櫛韵。是則作臆者形聲。作乙者會意也。從乙者、皃其骨也。魚骨亦有名乙者。於力切。一部。

臆肊或从意。意聲也。亦作𩪿。

背脊也。𠦬部曰脊、背呂也。然則脊者、背之一端。背不止於脊。如髀者股外。股不止於髀也。云背脊也、股髀也。文法正同。周易艮其背、不獲其身。从肉北聲。補妹切。古音在一部。

脅　膀　脟　肋　胂

脅兩膀也。廣雅曰膀、胠、胉、脅也。按許無胉字。胠下云亦下者。析言之不與廣雅同也。膀言其前。胠言旁迫於胠者。又按周禮豚脅謂之豚拍。儀禮牲體脅謂之兩胉。注曰今文胉爲迫。許此部前後皆無胉字。是則鄭從古文胉。許從今文迫也。膀亦假旁爲之。考工記旁鳴、蜩屬是。从肉劦聲。虛業切。八部。

膀脅也。从肉旁聲。步光切。十部。

髈膀或从骨。

脟脅肉也。脅者統言之。脟其肉也。肋其骨也。子虛賦脟割輪焠。假脟爲臠也。九歎說流水、龍卬脟圈繚戾宛轉。脟一作綸。从肉寽聲。力輟切。十五部。一曰脟、腸閒肥也。一曰膫也。肥當作脂。此別一義。謂禽獸也。下文云膫牛腸脂也。腸脂謂之脟。一名膫。下一曰當作一名。

肋脅骨也。亦謂之榦。榦者翰也。如羽翰然也。从肉力聲。盧則切。一部。

胂夾脊肉也。易艮九三。艮其限。裂其夤。馬云夤夾脊肉也。虞亦云夤脊肉。王弼云當中脊之肉也。按夕部夤敬惕也。周易假爲胂。故三家注云爾。

脢　肩　胳

若鄭本作䏰。䏰恐夤之誤。廣雅云胂謂之脢。周易音義云胂以人反。則胂音同夤。○又按艮九三字當是上肉下寅。故鄭本作䏰。非叚夤敬字也。从肉申聲。失人切。十二部。

脢背肉也。咸九五咸其脢。子夏易傳云在脊曰脢。馬云脢背也。鄭云脢背脊肉也。虞云夾脊肉也。按諸家之言不若許分析憭然。胂爲迫呂之肉。脢爲全背之肉也。釋文云說文同。鄭作背脊肉。未知其審。內則注脄脊側肉也。脄即脢字。从肉每聲。莫桮切。古音在一部。易曰咸其脢。

肩髆也。骨部曰髆、肩甲也。从肉象形。象其半也。

𦙄俗肩从戶。從門戶於義無取。故爲俗字。

胳亦下也。亦腋古今字。亦部曰人之臂亦也。兩厷迫於身者謂之亦。亦下謂之胳。又謂之胠。身之迫於兩厷者也。深衣曰胳之高下可以運肘。注肘不能不出入。胳、衣袂當腋之縫也。按衣袂當胳之縫亦謂之胳。俗作袼。禮經牲體之胳。今文作胳。古文作骼。鄭出古文於注。是注從今文也。許訓胳爲亦下。訓骼爲禽獸之骨。是從古文禮不同鄭也。从肉各聲。古洛切。五部。按儀禮肫骼之骼或作胳。假借也。

胠　臂　臑

胠亦下也。玉藻說袂二尺二寸。祛尺二寸。祛、袂末也。祛與胠同音。然則胳謂迫於厷者。胠謂迫於臂者。左傳襄廿三年。齊侯伐衞。有先驅、申驅、戎車、貳廣、啟胠、大殿。賈逵曰左翼曰啟。右翼曰胠。啟胠皆在旁之軍。莊子胠篋。司馬曰從旁開爲胠。皆取義於人體也。廣雅胠、脅也。未若許說之明析。从肉去聲。按胠去魚切。五部。鉉從去劫一切。此因訓脅而讀同之也。

臂手上也。又部曰厷、臂上也。此皆析言之。亦下云人之臂亦也。渾言之也。渾言則厷臂互偁。从肉辟聲。卑義切。十六部。

臑臂。句羊豕曰臑。各本皆作臂羊矢也。鄉射禮音義引字林臂羊豕也。禮記音義引說文臂羊犬也。皆不可通。今正。許書嚴人物之辨。人曰臂。羊豕曰臑。此其辨也。禽有假臂名者。如周禮內則馬般臂是也。人臂無偁臑者。如儀禮、禮記肩臂臑皆謂牲體也。許書之體本多言曰某某。轉寫者多改曰某。二字爲一也。字既改曰臑爲也。又誤羊豕爲矢。襲繆者久矣。不曰羊豕臂曰臑而先言臂者何也。尊人也。謂人之臂在羊豕則曰臑也。不以臑字廁於胡肱腕脛膘脺臁之所。而廁於此何也。廁於此以舉正人物之名之例也。禮經臂臑爲二。然則手上人禽皆曰臂。臂上則人曰厷。禽曰臑。何以言人臂禽臑也。曰臂可偁厷。厷亦可偁臂。許蒙上文臂篆言。故爲統辭。未及分析也。鄭注禮曰肩臂臑。肱骨。肫骼。股骨。則又以肱統三者。以股統二者也。臑之言濡也。濡者柔也。从肉。需聲。讀若儒。各本作穤。今從鄉射禮音義。人于反。古音在四部。鉉用那到一切。乃音轉。非古本音也。作腝者誤。

肘

臂節也。厷與臂之節曰肘。股與脛之節曰厀。卪部曰。厀、脛頭卪也。其文法同也。肘今江蘇俗語曰手臂掙。注是也。深衣曰。袼之高下。可以運肘。袂之長短。反詘之及肘。注云。肘當臂中爲節。臂骨上下各尺二寸。按上謂厷。下謂臂也。从肉寸。陟柳切。三部。寸、逗。手寸口。說從寸之意。謂從寸口至此爲一節也。此一節之中曰掔。

齎

毗齎也。各本毗作朏。誤。囟部曰。毗臍、人臍也。凡居中曰臍。釋言、馬注呂刑皆云齊、中也。釋地。中州曰齊州。列子。中國曰齊國。莊列與汩偕出。司馬云齊、回水如磨齊也。皆臍字引伸假借之義。左傳噬齊。字祇作齊。从肉。齊聲。徂兮切。十五部。

腹

厚也。腹厚疊韵。此與髮拔也、尾微也一例。謂腹之取名。以其厚大。釋名曰。腹、複也。富也。文法同。釋詁、毛傳皆云。腹、厚也。則是引伸之義。謂凡厚者皆可偁腹。如小雅出入腹我、月令水澤腹堅是也。从肉。复聲。方六切。三部。

腴

腹下肥者。各本作也。今依文選注。此主謂人。論衡傳語曰。堯若腊。舜若腒。桀紂之君。垂腴尺餘是也。若少儀羞濡魚者進尾。冬右腴。七發犓牛之腴、假人之偁偁之也。从肉。臾聲。羊朱切。四部。

脽

尻也。尻、錯作尻。非也。東方朔傳曰。臣觀其臿齒牙。樹頰胲。吐脣吻。擢頷頤。結股腳。連脽尻。每句二字皆相爲屬。別師古曰。脽、臀也。本說文也。渾言則尻尻爲一。尸部曰。尻、脾也。朔傳曰。尻益高是也。析言則尻統之。尻乃近穢處。今北方俗云溝子是也。連脽尻者。斂足而立之狀。漢武帝紀。立后土祠於汾陰脽上。如淳曰。脽者、河之東岸特堆。魏土地記云。河東郡北八十里有汾陰城。北去汾水三里。城西北隅曰脽丘。詳邑部鄭下。从肉。隹聲。示隹切。十五部。

肤

孔也。蒙脽言則謂尻孔也。俗謂之䯏䯪。从肉。夬聲。讀若決水之決。夬聲。鉉本作決省聲。誤。錯本亦同者、張次立依鉉改之也。決水在廬江。見水部。古穴切。十五部。

胯

股也。合兩股言曰胯。廣韵曰胯、兩股之閒也。史記曰。不能死。出我胯下。从肉。夸聲。苦故切。五部。

股

髀也。骨部曰。髀、股外也。言股則統髀。故曰髀也。从肉。殳聲。公戶切。五部。按殳字古音在四部。股殺字古音在五部。見於詩者如此。

腳

脛也。東方朔傳曰。結股腳。謂跪坐之狀。股與腳以郄爲中。腳之言卻也。凡卻步必先脛。从肉。卻聲。居勺切。五部。

脛

胻也。郄下踝上曰脛。脛之言莖也。如莖之載物。从肉。巠聲。胡定切。十一部。

胻

脛耑也。耑猶頭也。脛近膝者曰胻。如股之外曰髀也。言脛則統胻。言胻不統脛。龜策傳曰。壯士斬其胻。卽斮朝涉之脛也。从肉。行聲。戶更切。古音在十部。篇韵皆胡郎切。

腓

脛腨也。咸六二。咸其腓。鄭曰。腓、膊腸也。按諸書或言膊腸。或言腓腸。謂脛骨後之肉也。腓之言肥。似中有腸者然。故曰腓腸。荀爽易作肥。云謂五也。尊盛故稱肥。此荀以意改字耳。从肉。非聲。符飛切。十五部。

腨

腓腸也。腨者、脛之一耑。舉腨不該脛也。然析言之如是。統言之則以腨該全脛。如禮經之言肫骼是也。禮經多作肫。或作膞。皆假借字。山海經謂之脣。从肉。耑聲。市沇切。十四部。

胑

體四胑也。荀子君道篇。如四胑之從心。淮南脩務訓。四胑不動。孟子謂之四體。孟子注胑作枝。云體者、四枝股肱也。又云。折枝、按摩折手節、解罷枝也。自胳胠至腨言手足也。故總之以胑。从肉。只聲。章移切。十六部。

胑或从支。只支同部。

胲

足大指毛肉。肉字依篇韵補。倉公傳正義作皮。足母指上多生毛。謂之毛肉。故字從肉。國語至於手拇毛脈。謂手拇有毛脈也。莊子。臘者之有膍胲。音義云。胲、足大指也。漢書樹頰胲。假爲頦也。从肉。亥聲。古哀切。一部。

肖

骨肉相佀也。骨肉相似者。謂此人骨肉與彼人骨肉狀皃略同也。故字從肉。漢刑法志假宵。列子假俏。从肉。小聲。私妙切。二部。不佀其先。故曰

胤　胄　肸　膻　䑋　肥　⿰月皆　臞　脫

不肖也。釋經傳之言不肖。此肖義之引伸也。

胤　子孫相承續也。釋詁胤嗣繼也。大雅毛傳。胤嗣也。从肉。从八。象其長也。八分也。骨肉所傳支分𠂢別傳之無窮。幺亦象重絫也。絫俗作累。上非幺麼之幺。直像其重絫之意。羊晉切。十二部。

胤　古文胤。兩旁蓋亦從八之意。

胄　胤也。左傳曰。是四嶽之裔胄也。从肉。由聲。許書無由字。然由聲字甚多。不可謂古無由字。欲盡改爲粤省聲也。直又切。三部。與甲胄字別。

肸　振肸也。振肸依玉篇。今本玉篇肸譌眸。十部曰。肸蠁布也。然則振肸者。謂振動布寫也。以疊韵爲訓也。鍇本云振也。鉉本云振肸也。皆非是。禮樂志曰。鸞路龍鱗。罔不肸飾。師古曰。肸。振也。謂皆振整而飾之也。上林賦。肸蠁布寫。師古曰。肸蠁盛作也。甘泉賦。薌呹肸以掍根。師古曰。言風之動樹。聲響振起。此皆與說文合。蓋佾與肸音義皆同。許無八佾字。今按作佾作肸皆可。左傳言振萬舞者。必振動也。尸部曰。屑。動作切切也。此從肸會意也。从肉。八聲。許乞切。古音在十二部。

膻　肉膻也。釋訓毛傳皆云。襢裼肉襢也。李巡云。脫衣見體曰肉襢。孫炎云。襢去裼衣。按多作襢。作袒。非正字。膻其正字。素問。膻中謂氣海。从肉。亶聲。徒旱切。十四部。詩曰。膻裼暴虎。鄭風文。今詩作襢。作袒。

䑋　益州鄙言人盛諱其肥謂之䑋。方言曰。梁益之閒凡人言盛及其所愛諱其肥晠謂之壤。鄒陽上書。壤子王梁代。晉灼注引方言。梁益之閒所愛諱其肥盛曰壤也。李善曰。諱方言作瑋。按李所據方言作瑋。許書諱亦當作瑋。瑋同偉。奇也。驚羨之意也。䑋假借作壤。从肉。襄聲。如兩切。十部。

肥　多肉也。从肉卪。鉉等曰。肉不可過多。故從卪。符非切。十五部。按各本此篆在部末。蓋因奪落而補綴之也。今考定文理。必當廁此。與下文少肉反對。

⿰月皆　臞也。从肉。皆聲。古諧切。十五部。

臞　少肉也。釋言。臞瘠也。周禮注。瘠臞也。从肉。瞿聲。其俱切。五部。

脫　消肉臞也。消肉之臞。臞之甚者也。今俗語謂瘦太甚者曰脫形。言其形象如解蛻也。此義少有用者。今俗用爲分散

四篇下

脙　臠　膌　脀　胗　腄　胝　肬

遺失之義。分散之義當用挩。手部挩下曰。解挩也。遺失之義當用奪。奞部曰。奪。手持隹失之也。从肉。兌聲。徒活切。十五部。

脙　齊人謂臞脙也。臞、齊人曰脙。雙聲之轉也。釋言曰。臞脙瘠也。玉篇云。齊人謂瘠腹爲脙。从肉。求聲。讀若休止。木部曰。休。息止也。許音休。今音巨鳩切。三部。

臠　臞也。毛詩傳曰。欒欒。瘦瘠皃。蓋或三家詩有作臠。從正字。毛作欒。從假借字。抑許所據毛作臠。皆不能肊定也。从肉。䜌聲。力沇切。十四部。古皆讀平聲。一曰切肉也。依廣韵訂。切肉曰臠。臠之大者曰胾。此許義也。詩曰。棘人臠臠。此證前一義也。

膌　瘦也。疒部曰。瘦。臞也。許欲令其義錯見也。膌亦作瘠。瘦亦作膄。凡人少肉則脊呂歷歷然。故其字從脊。大雅。串夷載路。箋云。路。瘠也。天意去殷之惡。就周之德。文王則侵伐混夷以瘠之。此讀路爲露也。瘠者露骨。从肉。脊聲。資昔切。十六部。

膌　古文膌。从疒朿。朿。木芒也。木芒是老瘠之狀。故從朿。呂覽曰。凡耕之大方。棘者欲肥。肥者欲棘。高云。棘。羸瘠也。詩。棘人之欒欒。言羸瘠也。土亦有瘠土。按棘從竝朿。故高云爾。朿亦聲。朿聲與脊聲同十六部也。

脀　騃也。馬部曰。騃。馬行仡仡也。人部曰。仡。勇壯也。按騃取壯意。凡肥者多癡。故方言曰。癡。騃也。廣韵曰。脀。癡皃。下文胗腄等字。皆言人病。騃亦病之一也。从肉。丞聲。按禮經戴記以此字爲薦脀字。蓋假脀爲丞也。丞。進也。而廣韵乃分別脛爲熟。脀爲癡皃。集韵亦分別異體。皆非是。讀若丞。署陵切。六部。

胗　脣瘍也。宋玉風賦曰。中脣爲胗。从肉。㐱聲。之忍切。十三部。

胗　籀文胗。从疒。

腄　跟胝也。跟鉉作瘢。不可通。跟。足踵也。戰國策。墨子聞之。百舍重繭。高注。重繭。絫胝也。是足跟生胝之說也。从肉。垂聲。竹垂切。古音在十七部。

胝　腄也。漢書。躬奏無胈。史記作躬胝無胈。徐廣曰。胝。竹移反。胝。腄也。李善引郭璞三蒼解曰。胝。躪也。竹施反。按據此二音。似胝本從氐聲。在五支韵。然小顏注漢云。竹尸反。今說文作胝。從氐。今韵入六脂。姑仍其舊。从肉。氐聲。竹尼切。十五部。

肬　贅肬也。各本奪肬

肬　腫　胅　脪　⿰月引　臘　膢

字。今補。贅同綴。書傳多贅綴通用。故此直作贅。綴、屬也。屬於皮上。如地之有丘也。从肉。尤聲。羽求切。三部。

黕籀文肬。从黑。

肒搔生創也。手搔皮肉成瘡。从肉。丸聲。胡岸切。十四部。

腫癰也。疒部曰。癰、腫也。瘍醫注曰。腫瘍、癰而上生創者。按凡膨脝粗大者謂之雍腫。生民毛傳。種、雍腫也。莊子說木盤瘦曰雍腫。雍俗作擁。从肉。重聲。之隴切。九部。

胅骨差也。謂骨節差忒不相值。故胅出也。蘇林漢書注云。窅胅。窅謂入。胅謂出。爾雅注云。胅起高二尺許。山海經結匈國注云。臆前胅出如人結喉。玄應書頗頭胅頷皆是窅胅。倉頡篇作容胅。葛洪字苑作凹凸。今俗通用作坳突。从肉。失聲。讀若跌同。蹉跌者骨多差。音義皆同。徒結切。十二部。

脪創肉反出也。今洗冤錄所謂皮肉捲凸也。从肉。希聲。香近切。十三部。希聲讀入殷韵。猶斤聲讀入微韵。

⿰月引瘢也。疒部。瘢、痍也。痍、傷也。从肉。引聲。羊晉切。十二部。一曰遽也。別一義。按篇韵皆云⿰月引脊肉。是爲胂䏰字也。

臘冬至後三戌臘祭百神。三戌下玉篇有爲字。非也。臘本祭名。因呼臘月、臘日耳。月令。臘先祖五祀。左傳。虞不臘矣。皆在夏正十月。臘卽蜡也。風俗通云。禮傳。夏曰嘉平。殷曰清祀。周曰大蜡。皇侃曰。夏殷蜡在己之歲終。皇說是也。秦本紀。惠王十二年初臘。記秦始行周正亥月大蜡之禮也。始皇三十一年十二月更名臘曰嘉平。十二月者、丑月也。始皇始建亥。而不敢謂亥月爲春正月。但謂之十月朔而已。項羽紀書漢之二年冬、繼之以春。繼之以四月。可證也。更名臘爲嘉平者、改臘在丑月。用夏制。因用夏名也。臘在丑月、因謂丑月爲臘月。陳勝傳書臘月是也。漢仍秦制。亦在丑月而用戌日、則漢所獨也。風俗通曰。臘者、接也。新故交接。大祭以報功也。漢家火行也。火衰於戌。故曰臘也。高堂隆曰。帝王各以其行之盛而祖。以其終而臘。火生於寅。盛於午。終於戌。故火家以午祖。以戌臘。按必在冬至後三戌者。恐不在丑月也。鄭注月令曰。臘、謂以田獵所得禽祭也。風俗通亦曰臘者、獵也。按獵以祭。故其祀從肉。从肉。巤聲。盧盍切。八部。

膢楚俗以二月祭飲

朓　胙　隋　膳　腬

食也。風俗通曰。韓子書。山居谷汲者。膢臘而買水。楚俗常以十二月祭飲食也。按買水、今本韓子作相遺以水。皆謂水少耳。風俗通作十二月。劉昭引同。與許書二月異。疑十爲衍字。仲遠書多襲用說文也。劉玄傳注引漢書音義云。冀州北郡以八月朝作飲食爲膢。其俗語曰。膢臘社伏。玄應引三倉云。膢、八月祭也。篇韵皆云。膢、飲食祭也。冀州八月。楚俗二月。合說文與漢書音義言之。从肉。婁聲。力俱切。古音在四部。按俱、近鉉本誤居。廣雅膢作禮。一曰祈穀食新曰膢。鉉本膢上有離字。風俗通曰。又曰嘗新始殺食曰貙膢。劉昭所引如是。按後漢禮儀志。立秋之日。武官肄兵習戰陣之儀。斬牲之禮名曰貙劉。劉玄傳。立秋貙膢時。注引前書音義曰。貙獸以立秋日祭獸。王者亦以此日出獵。用祭宗廟。是則貙劉、貙膢同義。依風俗通。似祈穀二字當作始殺。或曰祈穀食新卽八月祭之說也。

朓祭也。祭名也。廣雅云。祧祭也。祧當作朓。从肉。兆聲。玉篇通堯、他召二切。二部。鉉本土了切。蓋誤以月部之朓當之也。

胙祭福肉也。福者、皇尸命工祝承致多福無疆于女孝孫是也。周禮。以脤膰之禮親兄弟之國。注曰。同福祿也。引伸之凡福皆言胙。如左傳言天胙明德。無克胙國。國語。胙以天下。胙四岳國是也。自後人肊造祚字。以改經傳。由是胙祚錯出矣。从肉。乍聲。昨誤切。五部。

隋裂肉也。衣部曰。裂、繒餘也。齊語。戎車待游車之裂。韋曰。裂、殘也。裂訓繒餘。引伸之凡餘皆曰裂。裂肉謂尸所祭之餘也。守祧。既祭則藏其隋。注。隋、尸所祭肺脊黍稷之屬。其儀節詳於禮十七篇。其字古文士虞禮作隋。與周禮同。特牲少牢篇。今文作綏。古文作挼。或作妥。鄭注云。周禮作隋。隋與挼讀同。又云。挼讀爲隋。注曾子問亦云。綏、周禮作隋。是鄭以隋爲正字。與許同也。尸祭刌肺黍稷之屬。已祭則爲殘餘無用之物。故云裂肉。單言肉者。爲其字從肉也。从肉。隓省聲。徒果切。十七部。按今儀禮注隋皆作墮。誤。

膳具食也。此與食部籑字同義。具者、供置也。欲善其事也。鄭注周禮膳夫曰。膳之言善也。又云。膳羞之膳、牲肉也。从肉。善聲。常衍切。十四部。

腬嘉善肉也。謂肥美。小徐云。晉語曰。若克有成。無亦晉之柔嘉。是

肴　腆　腯

以甘食偃之肉腥臊將焉用之。从肉。柔聲。耳由切。三部。肴 啖也。折俎謂之肴。見左傳、國語。豆實謂之肴。見毛傳。凡非穀而食曰肴。見鄭箋。皆可啖者也。按許當云啖肉也。謂熟饋可啖之肉。今本有奪字。从肉。爻聲。胡茅切。二部。按今經傳皆作殽。非古經之舊也。腆 設膳腆腆多也。士昏禮注、邶風箋皆曰。腆、善也。方言、公羊傳注皆曰。腆、厚也。此皆引伸之義也。禮古文以殄爲腆。从肉。典聲。他典切。十二部。古文腆。從日。蓋誤。玉篇作費。腯 牛羊曰肥。豕曰腯。按人曰肥。獸曰腯。此人物之大辨也。又析言之。則牛羊得偁肥。豕獨偁腯。曲禮。豕曰剛鬣。豚曰腞肥。注云。腞亦肥也。春秋傳作腯。腯、充皃也。按曲禮經注當如是。今本經文作腯。則不可通矣。腞亦腯字也。釋文腯本亦作豚。乃本亦作腞之誤。郭注方言曰。腯、肥充也。音突。亦作腞。是其證。左傳奉牲以告曰。博碩肥腯。下文以謂民力溥存釋博。以謂其畜之碩大蕃滋釋碩。以謂其不疾瘯蠡釋肥。以謂其備腯咸有釋腯。曲禮專謂豚。左氏統言之。从肉。盾聲。他骨切。十五部。

𦙶　胡　胘　膍

𦙶 肥肉也。廣韵曰。𦙶、脅肥也。脅、肥狀也。从肉。必聲。蒲結切。十二部。胡 牛顄垂也。玄應、司馬貞引皆作牛頷。按此言顄以包頸也。顄、頤也。牛自頤至頸下垂肥者也。引伸之凡物皆曰胡。如老狼有胡、鵜胡、龍垂胡䫇是也。胡與矦音轉取近。故周禮立當前矦。注曰。車轅前胡下垂柱地者。經傳胡、矦、遐皆訓何。士冠禮。永受胡福。鄭曰。胡猶遐也。毛傳。胡、壽也。謚法。彌年壽考曰胡。保民耆艾曰胡。皆謂壽命遐遠。从肉。古聲。戶孤切。五部。胘 牛百葉也。廣雅。胃謂之胘。李時珍云。胘卽胃之厚處。齊民要術有牛胘炙。卽牛百葉也。公羊傳注。自左髀達於右胘。謂達於胃也。从肉。弦省聲。胡田切。十二部。膍 牛百葉也。周禮醢人、既夕禮皆云脾析。周禮注。鄭司農云。脾析、牛百葉也。既夕注云。脾讀爲雞脾肶之脾。脾析、百葉也。按肶從此聲。釋文尺之反。內則鴇奧注。奧、脾肶也。字亦作肶。釋文昌私反。今儀禮注、禮記釋文肶皆作肶。誤甚。肶與斯、斯與析音近。故釋脾析爲脾肶。雞鴇皆有脾肶。謂胃也。卽許所謂鳥膍胵也。鄭與許字異

胵　膘

而音義同。謂之百葉者、胃薄如葉。碎切之。故云百葉。未切爲膍胵。既切則謂之脾析、謂之百葉也。此胃也。而經注何以謂之脾。蓋如今人俗語脾胃連言。故以脾之名加於胃也。經文脾析、說禮家容有讀爲膍者。故許從之。不欲與土藏同名也。莊子臘者之有膍胲。司馬云。膍、牛百葉也。是也。大雅加肴脾臄。脾蓋亦謂百葉。許以牛百葉系諸獸、系諸已成之豆實。故以鳥膍胵爲別一義。實則皆謂胃也。廣雅云。百葉謂之膍胵。渾言之也。从肉。𣬉聲。房脂切。十五部。一曰。鳥膍胵。逗鳥胃也。鳥胃也三字本在胵下。今更定。內則鴇奧注。奧、脾肶也。玉篇、廣韵奧皆作膄。云膄、鳥胃。肶 膍或从比。釋詁曰。肶、厚也。毛詩曰。膍、厚也。實一字也。皆引伸假借之義也。采菽福祿膍之。音義曰。韓詩作肶。按韓詩、爾雅皆同說文或字。毛詩節南山又作毗。毗卽𣬉字。釋詁肶亦作脾。胵 鳥膍胵也。依全書通例正。从肉。至聲。處脂切。十五部。古音至聲在十二部。一曰胵。五藏總名也。此單呼胵、不連膍。五藏亦謂禽獸。膘 牛脅後髀前合

膟　膫

革肉也。合革肉者。他處革與肉可分剝。獨此處不可分剝也。七發所謂犓牛之腴。毛傳云。射左膘。三蒼云。膘、小腹兩邊肉也。从肉。票聲。讀若繇。敷紹切。二部。今俗謂牲肥者曰膘壯。音如標。膟 血祭肉也。郊特牲曰。取膟膋燔燎升首。報陽也。鄭云。膟膋、腸閒脂也。朝事時取牲膟膋燔於爐炭。至薦孰之時。又取膟膋與蕭合燒之。按此注謂膟膋腸閒脂。二字一物。祭義注云。膟膋、血與腸閒脂也。則以血釋膟、以腸閒脂釋膋。略同許說。小雅。執其鸞刀。以啟其毛。取其血膋。正與祭義毛牛尚耳、鸞刀以刲、取膟膋、乃退語相合。毛云。毛以告純也。膋、脂膏也。血以告殺。膋以升臭。合之黍稷。實之於蕭。合馨香也。蓋說禮家以膟當詩之血。故許云血祭。鄭注祭義同。考之郊特牲。血祭與燔膟膋各事。膟膋自是一物。郊特牲注爲長也。許云血祭肉者。肉是衍字。血祭不容有肉。祭義疏引說文字林。膟、血祭。無肉字。釁字下亦云血祭。从肉。帥聲。呂戌切。十五部。𦟹 膟或从率。今毛傳、禮記皆作膟。膫 牛腸脂也。从肉。尞聲。洛蕭切。二部。詩曰。取

其血膫。小雅信南山文。脟字下云。一曰脟、腸閒肥也。一名膫。然則膫一名脟矣。今按脟蓋卽膟字之異者。脟膫同訓腸閒脂。與郊特牲注合。

膫或从勞省聲。今毛詩禮記皆作膋。

脯　乾肉也。周禮腊人掌乾肉。凡田獸之脯腊膴胖之事。注云。大物解肆乾之。謂之乾肉。薄析曰脯。捶之而施薑桂曰段脩。腊小物全乾也。許於脯、於日部之昔、統言之曰乾肉。鄭則以大物小物析言之。从肉。甫聲。方武切。五部。

脩　脯也。膳夫大鄭注曰。脩、脯也。按此統言之。析言之則薄析曰脯。捶而施薑桂曰段脩。後鄭注內饔云。脩、鍛脯也。是也。曲禮疏云。脯訓始。始作卽成也。脩訓治。治之乃成。修治之謂捶而施薑桂。經傳多假脩爲修治字。从肉。攸聲。息流切。三部。

膎　脯也。太玄曰。多田不婁。費我膎功。从肉。奚聲。戶皆切。十六部。皆當從廣韵作佳。膎俗作鮭。

膷　膎肉也。廣雅曰。膎、膷肉也。不列於脯類。錯本膎膷二篆在膊篆之下。集韵曰。吳人謂腌魚膎膷。从肉。兩聲。良奬切。十部。

膊　薄脯。膊之屋上。膊之屋上當作薄之屋上。薄、迫也。釋名。膊、迫也。薄椓肉迫箸物使燥也。說與許同。方言。膊、暴也。燕之外郊朝鮮冽水之閒。凡暴肉、發人之私、披牛羊之五藏、謂之膊。左傳。龍人囚盧蒲就魁。殺而膊諸城上。周禮。斬殺賊諜而膊之。皆謂去衣磔其人如迫膊於屋上也。又儀禮兩胉。今文作迫。周禮豚拍。杜子春以拍爲膊。謂脅也。按脅之正字當從禮今文作迫。从肉。尃聲。匹各切。五部。

四篇下　卅三

脘　胃脯也。胃脯見史漢貨殖傳。晉灼曰。今大官常以十月作沸湯燖羊胃。以末椒薑坋之。暴使燥是也。廣雅曰。脘、脯也。鉉本胃脯作胃府。則與上下文言脯者不貫。脘篆應廁於胃篆下矣。素問胃脘。謂胃宛中可容受脘。蓋宛之俗。大廣益會玉篇脘注古卵切。胃脘。非許意。从肉。完聲。讀若患。曹憲丸管二音。十四部。

朐　脯挺也。許書無脡字。挺卽脡也。何注公羊曰。屈曰朐。申曰脡。朐脡就一脡析言之。非謂脡有曲直二種也。曲禮曰。左朐右末。鄭云。屈中曰朐。屈中猶言屈處。末卽申者也。士虞禮曰。設俎于薦東。朐在南。鄭云。朐、脯及乾肉之屈也。曰左朐。曰朐在南。則朐在脯端明矣。鄉飲酒記曰。薦脯五挺。橫祭于其上。注引曲禮左朐右末。鄉射記薦脯五樴。樴長尺二寸。注。樴猶挺也。然則每一脯爲一樴。謂之一挺。每樴必有屈處。故亦可謂之一朐。挺作脡、樴作膱皆俗字。朐引伸爲凡屈曲之偁。漢巴郡有朐忍縣。十三州志曰。其地下溼。多朐忍蟲。因名。朐忍蟲卽丘蚓。今俗云曲蟺也。漢碑古書皆作朐忍無異。不知何時朐譌朐。朐忍譌䏰閼。駟上音春。下音閏。通典上音蠢。下音如尹切。廣韵則上音蠢。下音閏。而大徐乃於肉部增朐䏰二篆。上音如順。下音尺尹。不知爲朐忍之字誤。且謂其地在漢中。又不知漢朐忍在今夔州府雲陽縣。名萬戶墳者是。去漢中遠甚也。从肉。句聲。凡從句之字皆曲物。故皆入句部。朐不入句部何也。朐之直多曲少。故釋爲脯挺。但云句聲也。云句聲則亦形聲包會意也。其俱切。四部。

膴　無骨腊也。腊今字也。日部作昔。腊人掌乾肉。凡田獸之脯腊膴胖之事。脯腊皆謂乾肉。故許釋膴爲無骨腊。蓋賈侍中周禮解詁說。與鄭司農云。膴、膺肉。杜子春云。膴胖皆謂夾脊肉。後鄭云。公食大夫禮曰。庶羞皆有大。有司曰。主人亦一魚加膴祭于其上。內則曰。麋鹿田豕麕皆有胖。足相參正也。大者胾之大臠。膴者魚之反覆。膴又詁曰大。二者同矣。則是膴亦膟肉大臠。胖宜爲脯而腥胖之言片也。析肉意也。按依後鄭說。膴胖皆非腊也。趙商問腊人掌凡乾肉。而有膴胖何。鄭荅雖鮮亦屬腊人。此可證膴胖之非腊。許說蓋偏執耳。下文云周禮有膴判。易胖爲判。度許亦必釋爲腊屬。而今亡其說矣。無骨之腊。故其字從肉。無骨則肥美。故引伸爲凡美之偁。毛詩傳曰。膴膴、美也。楊雄說。鳥腊。此別一義。鳥腊必非無骨也。蓋楊雄蒼頡訓纂一篇中有此語。从肉。無聲。荒胡切。五部。周禮有膴判。按周禮作胖。鄭大夫云胖讀爲判。許同之。半部釋胖爲半體。讀若謨。後鄭云。膴又詁曰大。注有司徹云。膴讀如殷冔之冔。則讀同幠。火吳反。

四篇下　卅四

腒　北方謂鳥腊腒。周禮內則注皆曰。腒、乾雉。士相見之禮。摯冬用雉。夏用腒。注曰。備腐臭也。按鄭主謂乾雉。依士相見禮而言也。士相見禮腒謂雉。周禮內則不必專謂雉。許槩言鳥腊爲長。从肉。居聲。九魚切。五部。傳曰。堯如腊。舜如腒。亦見王充論衡引傳。

鱐　乾

肍　腝　脠

魚尾肅肅也。肅肅各本作鱐鱐。今正。肅肅、乾皃。今俗尚有乾肅肅之語。風俗通說夏馬掉尾肅肅。古言也。庖人、內則注曰。鱐、乾魚。籩人注曰。鱐者、析乾之。出東海。从肉。肅聲。所鳩切。三部。周禮有腒鱐。今周禮庖人作腒鱐。肍 孰肉醬也。用孰肉爲醬。孰、廣韵作乾。疑乾是。下文云生肉醬者、鮮肉醬也。从肉。九聲。讀若舊。巨鳩切。三部。腝 有骨醢也。西部曰。醢、肉醬也。釋器曰。肉謂之醢。有骨者謂之臡。醢人注曰。臡亦醢也。或曰。有骨爲臡。無骨爲醢。公食大夫禮注曰。醢有骨謂之臡。从肉。耎聲。人移切。古音在十四部。臡 腝或从難。耎難二聲同在十四部。按公食大夫禮注曰。今文臡皆作麋。麋系腝之誤。儀禮、爾雅音義曰。臡、字林作腝。五經文字曰。臡見禮經。周禮、說文、字林皆作腝。據此則說文本無臡字甚明。後人益之也。許於禮經或從今文。或從古文。此從今文腝。鄭則從古文臡也。脠 生肉醬也。廣韵曰。魚醢也。引說文云。肉醬。釋名、齊民要術有生脡。从肉。延聲。丑連切。十四部。按此字從延。非從延也。目部道、木部梃同。今本說文梃作梃。脡篆大徐不誤。而注誤云延聲。

脴　胥

脴 豕肉醬也。魚部曰。鮨、魚脴醬也。是魚肉醬亦偁脴。从肉。咅聲。各本作否聲。誤。薄口切。四部。胥 蟹醢也。庖人共祭祀之好羞。注謂四時所爲膳食。若今荆州之鮮魚。青州之蟹胥。雖非常物。進之孝也。釋名曰。蟹胥、取蟹藏之。使骨肉解。足胥胥然也。字林云。胥、蟹醬也。按鄭云。作醢及臡。必先膊乾其肉。乃後莝之。襍以粱麴及鹽。漬以美酒。塗置甀中。百日則成。許云蟹醢。作之當同也。釋名所云則似今之醉蟹。似劉說長。蟹者多足之物。引伸假借爲相與之義。釋詁曰。胥、皆也。又曰。胥、相也。今音相分平去二音爲二義。古不分。公羊傳曰。胥命者、相命也。穀梁傳曰。胥之爲言猶相也。毛傳於聿來胥宇、于胥斯原皆曰。胥、相也。此可證相與相視古同音同義也。小雅君子樂胥。毛曰。胥、皆也。賈誼書引此詩云。胥、相。此爾雅皆與相同義之證也。方言又曰。胥、輔也。文王胥附先後是也。从肉。疋聲。按蟹八跪二敖。故字從疋。劉熙云。足胥胥然也。相居切。五部。劉昌宗音素。集韵又作蝑蝂蝍蛤。音四夜切。

胹　腪　胜　臊　膮

按胥篆舊在膴腒之閒。非其類。今正之。移於此。胹 爛也。爛、火部作爓。火孰也。左傳。宰夫胹熊蹯不孰。謂火孰之而未孰也。方言。胹、熟也。自關而西秦晉之郊曰胹。按內則作濡。从肉。而聲。如之切。一部。廣韵作臑。云籒文作胹。腪 切孰肉內於血中和也。釋名有肺䐪。䐪、腪同。五經文字曰。䐪見禮經注。廣韵三十三線曰。䐪同饌。見儀禮。士戀切。从肉。員聲。讀若遜。穌本切。十三部。胜 犬膏臭也。庖人、內則。秋行犢麛膳膏腥。杜子春云。膏腥、豕膏也。後鄭云。膏腥、雞膏也。許云犬膏。蓋本賈侍中。从肉。生聲。桑經切。十一部。一曰不孰也。上文云生肉醬字當作胜。論語君賜腥必孰而薦之。字當作胜。今經典膏胜、胜肉字通用腥爲之。而胜廢矣。而腥之本義廢矣。臊 豕膏臭也。庖人、內則曰。夏行腒鱐膳膏臊。杜子春云。膏臊、犬膏。大鄭云。膏臊、豕膏。後鄭從杜說。許同大鄭。从肉。喿聲。穌遭切。二部。膮 豕肉羹也。公食大夫禮注曰。膷臐膮。今時脽也。牛曰膷。羊曰臐。豕曰膮。皆香美之名也。古

腥　脂

文膷作香。臐作熏。按許無膷臐二字。從古文不從今文也。內則同今文作膷臐。又按此庶羞豆實也。其謂之羹何。羹有實於鼎者。牛藿、羊苦、豕薇是也。有實於豆者。膷臐膮是也。鄭云脽也。許云脽肉羹也。說正同。脽亦謂之羹。而較乾於鉶羹。且鉶羹有菜芼。脽不云用菜芼也。从肉。堯聲。許幺切。二部。腥 星見食豕。令肉中生小息肉也。息當作瘜。疒部曰。瘜、寄肉也。星見時飼豕。每致此疾。內饔曰。豕盲眡而交睫。腥。盲眡、內則作望視。鄭云。腥當爲星。聲之誤也。肉有如米者似星。注內則同。按鄭意腥爲腥孰字。豕不可食者當作星。與經傳及今俗用字皆合。許則謂腥孰字正作胜。腥專謂豕不可食者。與鄭絕異。爾雅。米者謂之糪。郭云。飯中有腥。其用字與許同也。从肉星。星亦聲。穌佞切。十一部。字林先定反。脂 戴角者脂。無角者膏。大戴易本命曰。戴角者無上齒。謂牛無上齒、觸而不噬也。無角者膏而無前齒。謂豕屬也。無前齒者齒盛於後。不用前。有羽者脂而無後齒。羽當爲角。謂羊屬也。齒盛於前。不任後。考工記鄭注曰。脂者、牛羊屬。膏

膭　𦞦　膩　膜

者豕屬。內則注曰。肥凝者爲脂。釋者爲膏。按上文膏系之人。則脂系之禽。此人物之辨也。有角無角者各異其名。此物中之辨也。釋膏以脂。禽亦曰膏。周禮香臊腥羶皆曰膏。此皆統言不別也。从肉。旨聲。旨夷切。十五部。

膭　𦞦也。𦞦各本譌觷。說者以釋器角謂之觷釋之。誤甚。角部本無觷字。此上下文皆言脂膏。治角之義無從闌入也。玉篇。膭、膏𦞦也。𦞦、膏膭也。廣韵過韵。膭、𦞦膏也。𦞦又見屋沃韵。是可據以正誤補缺矣。从肉。貴聲。穌果切。十七部。廣韵先臥切。

𦞦　膏肥皃。从肉。學省聲。烏酷切。三部。此篆舊無。今補。按膭𦞦二篆蓋古本皆無。或增膭而失其解。則不若併增𦞦也。

膩　上肥也。謂在上者。釋器曰。冰脂也。郭云。莊子。肌膚若冰雪。冰雪、脂膏也。按此所謂上肥也。冰凝古今字。毛詩。膚如凝脂。同也。楚辭。靡顏膩理。膩、滑也。从肉。貳聲。女利切。十五部。

膜　肉閒胲膜也。釋名。膜、幕也。幕絡一體也。廣雅。膝膜膜也。䐢與膜爲一。許意爲二。膜在肉裏也。許爲長。胲膜者、系呼之。胲之言該也。按膜䐢皆人物所同。許專系之物者、在人者不可得見也。从肉。莫聲。慕各切。五部。

䐢　臛　膹　臇　胾

䐢　肉表革裏也。考工記注曰。今人謂蒲本在水中者爲弱。按蒻在莖之下、根之上。肉表革裏名䐢。亦猶是也。从肉。弱聲。而勺切。二部。

臛　肉羹也。鬻部曰。鬻、五味盉羹也。釋器曰。肉謂之羹。羹有二實。於鉶者用芼之謂之羹。實於庶羞之豆者不用芼。亦謂之羹。禮經牛膷羊臐豕膮。鄭云。今時臛也。是今謂之臛、古謂之羹。臛字不見於古經而見於招魂。王逸曰。有菜曰羹。無菜曰臛。王說與禮合。許不云羹也、而云肉羹也者。亦無菜之謂。匡謬正俗駮叔師說。其言甚誤。从肉。隺聲。呼各切。古音在二部。

膹　臛也。廣雅曰。膹、膗也。膗俗臛字。从肉。賁聲。房吻切。十三部。

臇　臛也。李善引蒼頡解詁曰。臇、少汁臛也。曹植七啟曰。臇漢南之鳴鶉。名都篇曰。膾鯉臇胎鰕。从肉。雋聲。讀若纂。子沇切。十四部。

𤎭　臇或从火巽。

胾　大臠也。切肉之大者也。从肉。𢦏聲。側吏切。一部。按鄉射禮古文織爲胾。哉聲𢦏聲同也。脯脡字本作梃。從木。從手。從肉皆誤也。梃、一枚也。樴猶梃也。樴作胾則同聲而不同義。凡禮古文髀作脾。幹作肝。骼作胳等皆同聲而不同義。

䐑　膾　腌　脃　膬

䐑　薄切肉也。云薄者取從葉之意。少儀曰。牛與羊魚之腥。聶而切之爲膾。注。聶之言䐑也。先藿葉切之。復報切之。則爲膾。醢人注引少儀聶皆作䐑。腊人注云。膴亦䐑肉大臠。按如許、鄭說。䐑者大片肉也。鄭云。凡醢醬所和。細切爲齏。全物若䐑爲菹。从肉。枼聲。直葉切。八部。

膾　細切肉也。所謂先藿葉切之。復報切之也。報者、俗語云急報。凡切者必疾速下刀。少儀注云。報讀爲赴疾之赴。拔赴皆疾也。从肉。會聲。古外切。十五部。

腌　漬肉也。今淹漬字當作此。淹行而腌廢矣。方言云。淹、敗也。水敗爲淹。皆腌之引伸之義也。腌猶瀸也。肉謂之腌。魚謂之饐。倉頡篇云。腌、酢淹肉也。从肉。奄聲。於業切。八部。

脃　小耎易斷也。七發曰。甘脃肥膿。魏都賦稟質遳脃。作脆者、誤也。从肉。絕省聲。形聲包會意也。易斷故從絕省。此芮切。十五部。

膬　耎易破也。耎、七發注作腝。腝者、醢有骨者也。七發曰。飲食則溫淳甘膬。脭醲肥厚。从肉。毳聲。七絕切。十五部。按脃膬蓋本一字異體。篇韵皆云膬同脃。小宗伯注曰。今南陽名穿地爲竁。聲如腐脃之脃。音義云。字書無脃字。但有膬字。音千劣反。今注本或膬字者、則與劉音清劣反爲協。據此則陸氏所見說文等書有膬無脃也。而李善於魏都七發分引此二字。則唐初說文非無脃矣。二字皆可入。可去分廁祭薛。古音理不然也。

散　膊　腏　𦙶

散　襍肉也。從㪔者、會意也。㪔、分離也。引伸凡㪔皆作散。散行而㪔廢矣。从肉。㪔聲。穌旰切。十四部。

膊　切肉也。膊與剸義近。儀禮說牲體。前有肩臂臑。後有肫髀骼。髀不升於俎。故多言肫骼。肫亦作膊。經肫膊錯出。皆假借字也。經本應作腨。腨、腓腸也。以腓腸該全脛。假肫膊字爲之。从肉。尃聲。市沇切。十五部。

腏　挑取骨閒肉也。手部曰。抉、挑也。从肉。叕聲。讀若詩曰啜其泣矣。王風文。陟劣切。十五部。

𦙶　食所遺也。馬融、陸績皆曰。肉有骨謂之胏。說文字林作𦙶。訓爲食所遺。蓋孟本孟說與。从肉。仕聲。阻史切。古音在一部。易曰。噬乾胏。今錯本此下衍止字。噬嗑九四爻辭。胏 楊雄說胏从朿。蓋訓纂篇中字如此作。馬、鄭、易同。楊、鄭云。胏、簀也。蓋謂胏爲第之假借。其說未聞。胏當在十五部。而與胏同字者。合韵之理也。

䐄 食肉不猒也。猒、飽也。从肉臽聲。讀若陷。戶猎切。八部。

肰 犬肉也。从肉犬。讀若然。如延切。十四部。𦙍 古文肰。小篆從一犬。古文從二犬。𦙍 亦古文肰。按此蓋嗽之譌耳。

䐜 起也。當云肉起也。素問曰。濁氣在上則生䐜脹。王砅注。䐜、脹起也。按許廁此。謂人所食肉。从肉。眞聲。昌眞切。十二部。

肬 肉汁滓也。醓醢人。韭菹醓醢。注云。醓、肉汁也。公食大夫禮注曰。醓醢、醢有醓。釋名曰。醓、多汁者曰醓。醓、藩也。宋、魯人皆謂汁爲藩。按合此三條。可見禮經醓醢正字當作肬。謂多肉汁之醢也。許云汁滓者。謂醢不同湆也。合醢人注及皿部盬下觀之。肬醢用牛乾脯莝之。襍以粱麴及鹽漬以美酒塗置甀中。百日則成。蓋他醢及醓皆用此法。如羸醢則用乾羸肉。麋臡則用乾麋肉也。凡醢臡皆有汁。而牛乾脯獨得肬名者。六畜不言牲名。他醢臡不言肬。立文錯見之法。汁即鹽酒所成。醢皆牲物。非有孰汁也。毛傳云。以肉曰醓醢。大鄭云。醓醢、肉醬也。皆言肉以包汁。不言何肉者、蓋謂周禮六牲之肉。下文醢臡麋鹿麇兔鴈在六獸六禽內。可證也。許但言牛乾脯者、舉六牲之一以包其餘也。正字作肬醢。假借字作盬醢。許所據禮作盬。今字作醓。从肉。冘聲。他感切。八部。

膠 昵也。弓人說膠曰。凡昵之類不能方。注。故書昵或作樴。杜子春云。樴讀爲不義不昵之昵。或爲𥹋。𥹋、黏也。玄謂樴、脂膏膱敗之膱。膱亦黏也。按此經杜作昵、又作𥹋。後鄭作膱。其意則同也。許從杜作昵。日部曰。暱、日近也。或作昵。是則昵亦訓黏也。一說此昵也、及周禮注。不義不昵之昵。三昵字皆當作䵒。作之㠯皮。考工記。鹿膠青白。馬膠赤白。牛膠火赤。鼠膠黑。魚膠餌。犀膠黃。注云。皆謂煑用其皮。或用角。按皮近肉。故字從肉。从肉。翏聲。古肴切。古音在三部。

羸 或曰嘼名。或曰者、不定之詞。云嘼名、蓋羸爲羸之古字。與驢羸皆可畜於家。則謂之畜宜也。象形。闕。象形二字淺人所增。闕謂闕其形也。其義則畜名。其音則以羸聲之字定之。其形則從肉以外不能強爲之說也。郎果切。十七部。一說或曰嘼名四字、亦後人所增。義形皆闕。

胆 蠅乳肉中也。三蒼曰。蠅乳肉中曰胆。通俗文云。肉中蟲曰胆。周禮蜡氏注。蜡、骨肉腐臭。蠅蟲所蜡也。蜡讀如狙司之狙。按狙司俗作覷伺。釋蟲。蠢醜蜮。蠢本作蠢。千據反。見廣韵。即周禮所謂蜡。三蒼所謂乳肉中也。从肉。且聲。七余切。五部。作蛆者譌。

肙 小蟲也。蟲部蜎下曰。肙也。考工記注云。謂若井中蟲蜎蜎。按井中孑孓蟲之至小者也。不獨井中有之。字從肉者、狀其耎也。從口者、象其首尾相接之狀也。从肉口。各本有聲字。非也。烏縣切。十四部。廣韵、玉篇皆烏縣切。一曰空也。甑下孔謂之窒。窒亦作瓶。是其義也。

腐 爛也。上文云。胹、爛也。爛之正義。此云腐、爛也。歺部云。殨、爛也。爛之引伸之義。从肉。府聲。扶雨切。四部。

肎 骨間肉肎肎箸也。肎肎、附箸難解之皃。莊子說庖丁解牛曰。技經肯綮之未嘗。肯、崔引此解釋之。綮音聲。司馬云。猶結處也。按肎之言可也。故心所願曰肎。得其窾郤曰中肎。引伸之義也。从肉。从冎省。冎者、剔肉置其骨也。肎肎相箸。有待於剔。故從冎。陸德明引說文字林皆口乃反。唐韵苦等切。按肎等二字古音同在一部。故皆在海韵。音轉入六部。乃在拯等韵也。隸作肯。一曰骨無肉也。此別一義。

肎 古文肎。

朘 赤子陰也。老子。未知牝牡之合而朘作。河上本如是。从肉。夋聲。釋文引說文子和反。又子壘反。按此字各本無。之老子音義引說文可據。故補綴於末。

文一百四十　今補腴朘二篆。則百四十二。

重二十　腜肧胎、人之始也。自肌膚以及胑腹皆言人體所具。而依次弟言之。胤至胄、言人之苗裔也。骨膻人所時有也。膢至膌言人之肥瘦也。脊至胢言人之疒病也。臘至隋言祭也。祭必以肉。故字從肉也。膳至腆言食也。自臑至膫言六畜體所具也。自脯至膴皆乾肉可食者也。皆胜物也。自肬至腤皆醬屬也。自腈至肬皆肉可食者。膠用皮。皮者、肉之類也。臝胆肙三文以其多肉製字。腐肎之用皆取義於肉也。腅之次當本在腨腴二篆之下。

筋 肉之力也。力下曰筋也。筋力同物。今人殊之耳。考工記故書筋或作薊。从肉力。从竹。竹、物之多筋者。說從竹之意。居銀切。十三部。凡筋之屬皆从筋。

⿱竹⿰夗力 筋之本也。內則注曰。餌、筋腱也。王逸注招䰟曰。腱、筋頭也。餌篇韵作䏶。从筋省。夗省聲。渠建切。十四部。腱 ⿱竹⿰夗力或从肉建。建聲也。今字多作此。

⿱竹⿰月勺 手足指節鳴也。其聲膊膊然。从筋省。勺聲。北角切。二部。肑 ⿱竹⿰月勺或省竹。按廣雅曰。肑謂之腴。篇韵皆云。肑、腹下肉。此別一義。

文三　重二

刀 兵也。刀者兵之一也。衛風假借爲舠字。象形。都牢切。二部。凡刀之屬皆从刀。

⿰缶刂 刀握也。謂握持處也。篇韵皆云。釗同弣。按弓把曰弣。考工記、少儀弣作拊。刀把曰釗。少儀亦作拊。刀卻刃授穎。削授拊。注。穎、鐶也。拊謂把也。按穎近拊。拊近刃。故削外削內異其授。拊與釗音相近。从刀。缶聲。方九切。三部。玉篇孚主切。

⿰咢刂 刀劒刃也。淮南脩務訓。摩其鋒⿰咢刂。王子淵聖主得賢臣頌。漢書作越砥斂其咢。文選作鍔。从刀咢聲。五各切。五部。籀文⿰咢刂。从㓞各。各聲與咢聲同部。釋詁。⿰咢刂、咢、利也。陸德明本作咢。顏籀、孔沖遠引作略。周頌有略其耜。毛云。略、利也。張揖古今字詁云。略古作咢。以說文折衷之。咢者古字。⿰咢刂者今字。⿰咢刂者正字。略者假借字。

削 鞞也。革部曰。鞞、刀室也。少儀曰。刀削授拊。史、漢貨殖傳曰。洒削。方言。劒削自河而北燕趙之閒謂之室。自關而東或謂之廓。或謂之削。自關而西謂之鞞。廓卽郭。鞞卽鞞。今字作鞘。玄應曰。小爾雅作鞘。从刀。肖聲。息約切。按當依廣韵私妙切。二部。一曰析也。木部曰。析、破木也。析從斤。削從刀。皆訓破木。凡侵削、削弱皆其引伸之義也。今音息約切。

⿰句刂 鎌也。⿰句刂亦作鉤。周禮薙氏。夏日至而夷之。注云。以鉤鎌迫地芟之也。方言曰。刈鉤、江淮陳楚之閒謂之鉊。音昭。或謂之鐹。音果。亦作划。自關而西或謂之鉤。或謂之鎌。或謂之鍥。音結。按鎌之屬見於金部。从刀。句聲。古矦切。四部。

剴 大鎌也。謂可切地芟刈也。金部曰。鉊、大鎌也。一曰摩也。下文云。刀不利於瓦石上刉之。剴、刉音義皆同也。引伸之爲規諷之義。如大司樂注曰。導者言古以剴今。雨無正箋、巧言謂以事類風切剴微之言是也。唐魏徵傳二百餘奏無不剴切當帝心。今人乃謂直言爲剴切。昧於字義甚矣。从刀。豈聲。五來切。古音在十五部。又古愛反。與杚槩音義皆同。

剞 剞劂、逗曲刀也。高注俶眞訓曰。剞、巧工鉤刀。劂、規度刺墨邊箋也。箋字有誤。所以刻鏤之具。應劭注甘泉賦曰。剞、曲刀也。劂、曲鑿也。二注皆謂剞劂有二。王逸注哀時命。剞劂、刻鏤刀也。與許合。从刀。奇聲。居綺切。古音在十七部。

劂 剞劂也。二字雙聲。从刀。屈聲。九勿切。十五部。亦作剧。

利 銛也。銛者臿屬。引伸爲銛利字。銛利引伸爲凡利害之利。刀和然後利。从刀。和省。依韵會本。毛傳曰。鸞刀、刀有鸞者。言割中節也。郊特牲曰。割刀之用。而鸞刀之貴。貴其義也。聲和而後斷也。許據此說會意。力至切。十五部。易曰。利者義之和也。又引易說从和省之意。上云刀和然後利者。本義也。引易者。引伸之義也。古文利。蓋從刃禾。

剡 銳利也。釋詁曰。剡、利也。毛詩假借覃爲之。大田曰。以我覃耜。毛曰。覃、利也。釋詁文也。按此二篆古本當作利剡也。剡、利也。二字互訓。从刀。炎聲。以冄切。八部。

初 始也。見釋詁。从刀衣。會意。楚居切。五部。裁衣之始也。衣部曰。裁、製衣也。製衣以鍼。用刀則爲製之始。引伸爲凡始之偁。此說從刀衣之意。

前 齊斷也。釋言、魯頌傳皆曰。翦、齊也。士喪禮馬不齊髦。注云。齊翦也。二字互訓。許必云齊斷者。爲其從刀也。其始前爲刀名。因爲斷物之名。斷物必齊。因爲凡齊等之偁。如實始翦商。謂周之氣象始與商齊等。語本甚明。戈部引此詩作戩商。字之假借。如竹箭之爲竹晉也。前古假借作翦。召南毛

則　剛　剬

傳曰翦去也是也。禮經蚤揃。假借揃爲之。又或爲鬋。今字作剪。俗。从刀。歬聲。子善切。十二部。

等畫物也。等畫物者。定其差等而各爲介畫也。今俗云科則是也。介畫之故從刀。引伸之爲法則。假借之爲語䛐。从刀貝。貝、古之物貨也。說從貝之意。物貨有貴賤之差。故從刀介畫之。子德切。一部。

古文則。重貝者。定其等差之意。

籀文則从鼎。鼎部曰。籀文以鼎爲貝。故員作鼎。頉作敡。霣作䨲。則作劓。

彊斷也。彊者。弓有力也。有力而斷之也。周書所謂剛克。引伸凡有力曰剛。从刀。岡聲。古郎切。十部。

古文剛如此。按從㐰。㐰古文信。信者必剛也。從二者。仁從二之意。仁者必有勇也。侃、剛直也。亦從㐰。

斷齊也。齊字衍。从刀。耑聲。旨兖切。十四部。按首部䰜、斷首也。亦截也。剸上同。考鍇本無剸上同之文。而玄應書云。剬、聲類作剸。說文剬斷首也。亦截也。然則許書首部有剬無剸。刀部無剬。後人以聲類之剸改首部之剬。又移剬入刀部。二徐本皆非古也。

劊　切　刌　辥　刉

此篆宜刪。

斷也。易困九五。劓刖。困于赤紱。京房本作劓劊。按刖絕劊斷。義正相同。今俗云劊子手。从刀。會聲。古外切。十五部。

刌也。二字雙聲同義。古文禮刌肺。今文刌爲切。引伸爲迫切。又爲一切。俗讀七計切。師古曰。一切者。權時之事。如以刀切物。苟取整齊。不顧長短縱橫。故言一切。从刀。七聲。千結切。十二部。

切也。玉藻瓜祭上環。注曰。上環頭刌也。元帝紀分刌節度。从刀。寸聲。凡斷物必合法度。故從寸。周禮昌本切之四寸爲菹。陸績之。母斷葱以寸爲度是也。云寸聲包會意。詩他人有心。予寸度之。俗作忖。其實作寸作刌皆得。切物之度其長短也。倉本切。十三部。如

斷也。从刀。辥聲。私列切。十五部。

劃傷也。錐刀畫曰劃。周禮士師職。凡刉珥。小子職作珥祈。祈或爲刉。肆師職作祈珥。祈或作幾。按鄭讀珥皆爲衈。云作刉衈爲正字。刉衈者。釁禮之事。用牲毛者曰刉。羽者曰衈。小子衈於社稷。刉於五祀。謂始成其宮兆時也。禨記。雍人舉羊升屋中屋南面刲羊。血流于前。門夾室皆用雞。其衈皆于屋下割雞。門當門。夾室中室。是刉衈之事也。許云劃傷者。正謂此禮不主於殺之。但得其血以涂祭而已。血部無衈字。葢許依經作珥。禨記注曰。衈謂將封割牲以釁。先滅耳旁毛薦之。周禮注引公羊傳叩其鼻以衈社。今公羊作血社。山海經聃用魚。傳引叩其鼻以聃社。字又不同。聃葢從神省從耳。从刀。气聲。當九祈切。十五部。一曰斷也。此別一義。又讀若殪。又者。蒙上文乞聲言之。云乞聲則得其音矣。而斷之義讀如殺羊出其胎之殪。音稍不同也。今音五來切。一曰刀不利。於瓦石上刉之。又別一義。刉與厲不同。厲者、厲於厲石。刉者、一切用瓦石磢之而已。與槩杚剴音義略同。今音當古愛切。

劌　刻

利傷也。聘義廉而不劌。義也。注云。劌、傷也。按玉部作廉而不忮。毛公曰。忮、害也。是其義同也。利傷者。以芒刃傷物。从刀。歲聲。居衞切。十五部。

鏤也。金部曰。鏤、剛鐵可以刻鏤也。釋器曰。金謂之鏤。木謂之刻。此析言之。統言則刻亦鏤也。引伸爲刻覈、刻薄之刻。从刀。亥聲。苦得切。一部。

古文刻。各本無此。依玉篇增。各本則下有古文作𠜲。篇韵皆不載。忏簡載之。云說文續添。則古本所無可知矣。葢古文刻之譌而誤系也。

副　剖

判也。毛詩大雅曰。不坼不副。曲禮曰。爲天子削瓜者副之。匡繆正俗曰。副貳之字本爲福。從衣畐聲。俗呼一襲爲一福衣是也。書史假借。遂以副字代之。副本音普力反。義訓剖劈。學者不知有福字。以副貳爲正體。詩不坼不副。乃以朱點發副字。按顏說未盡然也。副之則一物成二。因仍謂之副。因之凡分而合者皆謂之副。訓詁中如此者致多。流俗語音如付。由一部入三部。故韵書在宥韵。俗語又轉入遇韵也。沿襲既久。其義其音遂皆忘其本始。福字雖見於龜策傳、東京賦。然恐此字因副而製耳。鄭仲師注周禮云。貳、副也。貝部貳下因之。史記曰。藏之名山。副在京師。漢書曰。臧諸宗廟。副在有司。周人言貳。漢人言副。古今語也。豈容廢副用福。从刀。畐聲。芳逼切。一部。

周禮曰。副辜祭。鄭注周禮作疈。云疈、疈牲胷也。疈而礫之。謂礫禳及蜡祭。許所據作副。葢副者古文。小篆所同也。鄭所據用籀文。

籀文副。从畐。當云重畐。重畐者、狀分析之聲。

判

也。史記曰。騶衍稱引天地剖判以來。从刀。否聲。浦后切。四部。

辨　判也。小宰傳別故書作傳辨。朝士判書。故書判爲辨。大鄭辨讀爲別。古辨判別三字義同也。辨從刀。俗作辨。爲辨、別字。符蹇切。別作從力之辨。爲幹辨字。蒲莧切。古辨別、幹辨無二義。亦無二形二音也。从刀。辡聲。十二部。

判　分也。媒氏掌萬民之判。注。判、半也。得耦爲合。主合其半成夫婦也。朝士有判書以治則聽。注。判、半分而合者。从刀。半聲。形聲包會意。普半切。十四部。

剫　判也。釋器。木謂之剫。郭引左傳。山有木工則剫之。从刀。度聲。徒洛切。五部。

刳　判也。内則云。刲之刳之。按刲謂刺殺之。刳謂空其腹。毄辭。刳木爲舟。亦謂虛木之中。刳木一作挎木。鄉飲酒禮。相者二人皆左何瑟。後首。挎越。内弦。賈公彥曰。瑟底有孔越。以指深入而持之也。手部無挎。从刀。夸聲。苦孤切。五部。

列　分解也。列之本義爲分解。故其字從刀。齒分骨之劒從列。引伸爲行列之義。古假借烈爲列。如鄭風火烈具舉。毛曰。烈、列也。是也。羽獵賦。舉烖烈火。烈亦與列同。从刀。𡿪聲。良辥切。十五部。

刊　剟也。柞氏。夏日至。令刊陽木而火之。注。刊謂斫去次地之皮也。按凡有所削去謂之刊。故刻石謂之刊石。此與木部栞音同義異。唐衞包乃改栞爲刊。誤認爲一字也。从刀。干聲。苦寒切。十四部。

剟　刊也。商子曰。有敢剟定法令者死。賈誼傳曰。盜者剟寢戶之簾。从刀。叕聲。陟劣切。十五部。

删　剟也。凡言删剟者。有所去。即有所取。如史記司馬相如傳曰。故删取其要。歸正道而論之。删取猶節取也。謂去其侈靡過實非義理所尚。取其天子芒然而思已下也。既錄其全賦矣。謂之删取何也。言錄賦之意在此不在彼也。藝文志曰。今删其要以備篇籍。删其要謂取其要也。不然。豈劉歆七略之要孟堅盡删去之乎。詳言之則如律曆志曰。删其僞辭、取其義者著於篇。約言之則如相如傳、藝文志。从刀册。册、逗。書也。說從刀册之意也。云册書也者。謂凡簡牘非必受於王之符命也。築氏爲削。鄭云。今之書刀。凡艸枷不定者以削削之。謂之删。因之凡刊落不用者皆謂之删。所姦切。十四部。

劈　破也。此字義與副近而不同。今字用劈爲副。劈行而副廢矣。劈與副古經有相通者。大宗伯。疈辜祭。疈在一部。故書疈爲罷。大鄭釋爲披磔牲以祭。罷披破同十七部。劈在十六部。此其音義相通之證也。考工記假薜爲劈。注云。薜、破裂也。又或假擘爲之。張衡賦云。分肌擘理是也。从刀。辟聲。普擊切。十六部。

剝　裂也。衣部曰。裂、繒餘也。謂殘破也。夏小正。二月。剝鱓。以爲鼓也。八月。剝瓜。畜瓜之時也。剝棗。剝也者。取也。栗零。零也者。降也。零而後取之。故不言剝也。按剝、鱓者。謂殘其皮。剝棗者。謂殘其實。其用一也。皮部曰。剝、取獸革。與剝、鱓合。孔子易傳曰。致飾然後通則盡矣。故受之以剝。剝者、剝也。物不可以終盡。剝窮上反下。故受之以復也。按此是剝訓盡。裂則將盡矣。幽風假剝爲攴。八月剝棗。毛曰。剝、擊也。音義云。普卜反。故知剝同攴也。小正傳云取。毛傳云擊。此後人訓詁必密於前人也。从刀。彔。彔、刻也。說從彔之意。彔下云。刻木彔彔也。破裂之意。彔亦聲。北角切。三部。一曰剝、割也。此別一義。與上義相通。按此篆解說合二徐本及尚書泰誓正義宋刻本參定。

𠜙　剝或从卜。卜聲也。

割　剝也。蒙剝之弟二義互訓。割謂殘破之。釋言曰。蓋割裂也。尚書多假借割爲害。古二字音同也。釋言。舍人本蓋作害。明害與割同也。鄭注緇衣曰。割之言蓋也。明蓋與割同也。从刀。害聲。古達切。十五部。按古字亦從匃聲。故宋次道、王仲至家所傳古文尚書曰。㓉申勸寧王之德。

剺　剝也。方言。劙、解也。劙與剺雙聲義近。劃也。此別一義。當言一曰。按玄應書引三蒼云。剺、劃也。文部曰。𠩺、微畫也。音同義近。从刀。𠩺聲。里之切。一部。

劃　錐刀畫曰劃。畫字各本無。今補。謂錐刀之末所畫謂之劃也。上文云。刉、劃傷也。剺、劃也。皆是也。从刀畫。畫亦聲。呼麥切。十六部。當依廣韵胡麥切。

剈　挑取也。抉而取之也。挑、抉也。今俗云剜。許書無剜字。从刀。肙聲。烏玄切。十四部。一曰窒也。穴部曰。窒、空也。窒與剈音義通。如圭竇之比。

劀　刮去惡創肉也。瘍醫掌腫瘍、潰瘍、金瘍、折瘍之祝藥劀殺之齊。鄭云。劀、刮去膿血。殺謂以藥食其惡肉。與許異。刮、劀爲疊韵。从刀。矞聲。古鍇切。十五部。周禮曰。劑殺之齊。

劑 齊也。釋言。劑、翦齊也。按周禮或言質劑。或言約劑。鄭訓劑爲券書。大鄭曰。質劑謂市中平價。今時月平是也。鄭云。長券曰質。短券曰劑。是劑所以齊物也。周禮又多用齊字。亨人注。齊多少之量。此與劑義不同。今人藥劑字乃周禮之齊字也。从刀。齊聲。從刀者、齊之如用刀也。不必用刀而從刀。故不與前爲伍。餘倣此。形聲包會意。在詣切。十五部。

刷 刮也。刷與馭別。又部曰。馭、飾也。巾部曰。飾、馭也。飾今拭字。拭用手用巾。故從又巾。刷者、掊杷也。掊杷必用除穢之器。如刀然。故字從刀。艸部曰。茢、刷也。是也。从刀。馭省聲。其義亦略相近。所劣切。十五部。禮有刷巾。有。鉉譌布。黃氏公紹所據鍇本不誤。而宋張次立依鉉改爲布。今繫傳本乃張次立所更定。往往改之同鉉。而佳處時存韵會也。禮謂禮經十七篇也。鄉飲酒禮、鄉射禮、燕禮、大射儀、公食大夫禮、有司徹皆言帨手。注。帨、拭也。帨手者於帨。帨、佩巾。據賈氏鄉飲、公食二疏。知經注皆作帨。絕無挩字也。帨之爲巾。見於士昏禮及內則。內則盥卒授巾注云。巾以帨手。鄭即用禮經帨手字也。此云刷巾。刷當作馭。蓋漢時禮經挩手有作刷手者。假刷爲馭。說禮家所定字不同也。刷巾又見服氏左傳注。左傳。藻率鞞鞛。服云。藻爲畫藻。率爲刷巾。禮有刷巾。服語正與許同。巾部云。帥、佩巾也。帨、帥或字。是帨與帥同字。樂師故書帥爲率。聘禮古文帥皆作率。韓詩帥時農夫。毛詩作率。是率與帥同音假借。左氏傳之率即說文之帥。而許、服所見禮經皆作刷手。鄭禮經今文作帨手。古文作說手。是則帥、帨、率、說、刷、馭六字以同音通用。而陸德明本作挩手者爲誤字。

刮 掊杷也。杷、各本作把。誤。手部曰。掊、杷也。木部曰。杷、收麥器。凡掊地如杷麥然。故絫言之曰掊杷。考工記故書捖摩之工。大鄭捖讀爲刮。从刀。昏聲。古八切。十五部。今字作刮。

剽 砭刺也。謂砭之、刺之皆曰剽。砭者以石刺病也。刺者直傷也。砭刺必用其器之末。因之。凡末謂之剽。莊子謂本末爲本剽。素問有標本病傳論。標亦末也。从刀。票聲。匹妙切。二部。按當依李軌莊子音怖遙反。陸甫小反。一曰剽刦也。史記貨殖傳。攻剽椎埋。劫人作姦。漢賈誼傳。白晝大都之中剽吏而奪之金。按此義當去聲。

刲 刺也。馬、虞說易同。从刀。圭聲。圭刲上、故從圭。形聲包會意也。苦圭切。十六部。易曰。士刲羊。歸妹上六爻辭。

剉 折傷也。剉與手部挫音同義近。考工記揉牙內不挫。注。挫、折也。是二字通用也。經史剉折字多作挫。按今俗謂鍋爲剉。乃錯之聲誤耳。說文作厝。从刀。坐聲。麤臥切。十七部。

剿 絕也。夏書甘誓。天用剿絕其命。天寶巳前本如是。釋文曰。剿、子六反。玉篇子小反。馬本作剿。宋開寶巳前本如是。今玉篇剿子小切。絕也。剿同上。此顧希馮之舊也。自衛包改剿爲勦。以刀部訓絕之字。改爲力部訓勞之字。於是五經文字力部曰。勦見禮記。又見夏書。而刀部反無剿字。開寶中改釋文剿爲勦。剿爲巢。羣經音辨、集韵等皆云勦、絕也。重紕貤繆。莫能諟正。蓋衞包當日改剿爲從刀之勦。猶可說也。改爲從力之勦。則不可說矣。王莽傳。郭欽封剿胡子。又詔曰。將遣大司空征伐剿絕之矣。此用夏書也。外戚傳。命樔絕而不長。此假借字也。說文水部灑讀若夏書天用勦絕。此必淺人以衞包本改之也。曲禮。毋剿說。字從刀不從力。从刀。喿聲。子小切。二部。周書曰。周者、夏之誤。天用剿絕其命。

刖 絕也。凡絕皆偁刖。故劓下云。刖鼻也。刖足則爲跀。周禮刖者使守囿。此是假刖爲跀。困九五劓刖。京房作劓劊。說文劊與刖同義。从刀。月聲。魚厥切。十五部。

刜 擊也。左傳。苑子刜林雍斷其足。齊語。刜令支。从刀。弗聲。分勿切。十五部。

⿰桼刂 傷也。辈下曰。虢皮可以割桼。桼疑剺之誤。割剺、絫言之也。廣雅曰。剺、割也。測紀切。从刀。桼聲。親結切。十二部。

劖 斷也。與金部鑱義略近。从刀。毚聲。鉏銜切。八部。一曰剽也。砭刺。釗也。刓也。廣韵引無此二字。

刓 剸也。剸當作團。團、圖也。通俗文曰。斷截曰剸。非其訓也。且許書本無剸字。韓信傳。刻印刓。忍不能予。蘇林曰。刓音刓角之刓。與摶同。手弄角訛。不忍授也。按正文當本是同。酈食其傳作玩。故蘇以手弄角訛釋之。訛當作鈋。見金部。刓。齊物論作园。从刀。元聲。五丸切。十四部。一曰齊也。

釗 刓也。未聞。从刀金。金有芒角摩弄泯之。釋詁曰。釗、勉也。其引伸之義也。又曰。釗、見也。此假借釗爲昭也。孟子引書。昭我周王。郭引逸書。釗我周王。上遥切。二部。

制

周康王名。

裁也。衣部曰。裁、製衣也。製、裁衣也。此裁之本義。此云制、裁也。裁之引伸之義。古多假折爲制。呂𠛬。制以𠛬。墨子引作折則𠛬。魯論片言可以制獄。古作折獄。羽獵賦不制中以泉臺制或爲折。又呂𠛬。折民惟𠛬。四八目引作制民。从刀未。會意。征例切。十五部。未、逗。物成有滋味可裁斷。說從未之意。未下曰。味也。有滋味可裁斷。故刀未爲制。一曰止也。前義可包此義。

古文制如此。從彡者。裁斷之而有文也。

㓠

缺也。大雅抑詩。白圭之玷。毛曰。玷、缺也。箋云。玉之缺尚可磨鑢而平。按㓠玷古今字。从刀。從刀者。待磨鑢也。占聲。丁念切。七部。詩曰。白圭之㓠。

罰

辠之小者。辠、犯法也。罰爲犯法之小者。𠛬爲罰辠之重者。五罰輕於五𠛬。从刀詈。會意。房越切。十五部。未㠯刀有所賊。但持刀罵詈則應罰。說从刀詈之意。罰者但持刀而詈則法之。然則𠛬者謂持刀有所賊則法之。別其犯法之輕重也。初學記云。元命包曰。网言爲詈。刀守詈爲罰。罰之爲言内也。陷於害也。注云。詈以刀守之則不動矣。今作罰用寸。寸、丈尺也。言納以繩墨之事。初學記又云。元命包曰。𠛬、刀守井也。飲水之人入井爭水。陷於泉。刀守之。割其情也。注云。井飲人則人樂之不已則自陷於泉。故加刀謂之𠛬。欲人畏懼以全命也。此二條皆引春秋元命包。今本初學記皆系諸說文。殊誤。觀玄應書卷廿一廿五引春秋元命包說𠛬字與此同。可以證正矣。云刀守詈、刀守井、則𠛬罰不分輕重。古五罰不用刀也。故許說罰爲刀詈。犯法之小者。𠛬爲井刀。執法之大者。一入刀部。一入井部。所以正緯說也。○唐人諱淵作泉。亦或作川。

刵

斷耳也。刵見康誥呂𠛬。五𠛬之外有刵。軍戰則不服者殺而獻其左耳曰聝。周禮田獵取禽左耳以效功曰珥。从刀耳。會意包形聲。仍吏切。一部。

劓

刖鼻也。刖、絕也。周禮注曰。截鼻。从刀臬聲。臬、法也。形聲包會意。魚器切。十五部。易音義引說文牛列反。易曰。天且劓。睽六三爻辭。馬虞皆云。黥額爲天。

劓或从鼻。刀鼻會意。今經典如此作。

刑

剄也。按𠛬者、五𠛬也。凡𠛬罰、典𠛬、儀𠛬皆用之。刑者、剄頸也。横絕之也。此字本義少用。俗字乃用刑爲𠛬罰、典𠛬、儀𠛬字。不知造字之恉既殊。井聲、幵聲各部。凡井聲在十一部。凡幵聲在十二部也。从刀。幵聲。戶經切。按古音當與一先韵内幵聲諸字爲伍。

剄

刑也。耳部曰。小罪聅。中罪刵。大罪剄。謂斷頭也。左傳。越句踐使罪人三行。屬劍於頭而辭曰。臣不敢逃𠛬。敢歸死。遂自剄也。吳師屬之目。剄、經典釋文宋刻作頸。非也。按許意剄謂斷頭。𠛬之至重者也。从刀。巠聲。古零切。十一部。廣韵古挺切。

剸

減也。剸、撙古今字。蓋隸變也。曲禮。恭敬撙節退讓以明禮。注。撙猶趨也。按趨同趣。疾也。當音促。非趨走之趨。戰國策。伏軾撙銜。集韵曰。撙、挫也。从刀。尊聲。兹損切。十三部。

魝

楚人謂治魚也。楚語也。从刀魚。讀若鍥。古屑切。十五部。薊以爲聲。

券

契也。小宰。官府之八成。大鄭曰。稱責謂貣子。傅別謂券書。聽訟責者以券書決之。傅、傅箸約束於文書。別、別爲兩。兩家各得一也。書契符書也。質劑謂市中平價。今月平是也。後鄭曰。傅別謂爲大手書於一札。中字別之。書契謂出予受入之凡要。凡簿書之冣目。獄訟之要辭。皆曰契。春秋傳曰。王叔氏不能舉其契。質劑謂兩書一札。同而別之。長曰質。短曰劑。質劑皆今之券書也。按云今之券書者。謂漢時名券書。其實券字自古有之也。大部曰。契、大約也。引易𣪠辭書契。从刀。𢍏聲。去願切。十四部。券別之書㠯刀判栔其旁。栔各本作契。今正。判、分也。栔、刻也。兩家各一之書牘。分刻其旁。使可兩合以爲信。韓子曰。宋人得遺契而數其齒。是也。故曰書契。書契、鉉作契券。錯無書。皆非也。今正。書契謂易𣪠辭、周禮小宰所云書契也。書而栔之是曰書契。栔、契音同。此三句說從刀之意。

刺

君殺大夫曰刺。刺、直傷也。刺篆疑非舊。次刺、直傷也。當爲正義。君殺大夫曰刺。當爲別一義。辭之先後。今又倒亂矣。上文剽、砭刺也。刲、刺也。皆直傷之義。然則刺篆當厠剽刲二篆下。禮經云。刺草。大雅之刺。訓責。史稱刺六經作王制。官稱刺史。

鍼嵩曰刺繡。用鑴曰刺船。盜取國家密事爲刺探。尚書事皆其引伸之義也。一曰君殺大夫曰刺。春秋僖二十八年。公子買戍衞。不卒戍。刺之。成十六年。刺公子偃。公羊傳曰。刺之者何。殺之也。內諱殺大夫謂之刺之也。考諸周禮司刺掌三刺之法。壹刺曰訊羣臣。再刺曰訊羣吏。三刺曰訊萬民。注。刺、殺也。訊而有罪則殺之。然則春秋於他國書殺其大夫。於魯國則兩書刺。諱魯之專殺而謂之刺。謂其當罪合於周禮。公羊內諱之說是矣。此云君殺大夫曰刺。春秋於他國不云爾也。从刀朿。朿亦聲。七賜切。十六部。按又七迹切。古不分去入。

文六十四　舊有剔篆在末。大徐所增十九文之一也。今刪。說在彡部。髟下。得六十三。

重十　十誤。實得九字。小徐作重七。自首至剝、割、㔟、皆謂刀及刀之用也。自剃、刷至券皆非必用刀。而擬乎刀之用者也。其刵、劓、刑、剄四字則司寇之刑。用刀者也。不與凡用刀之字爲伍者、因上文言罰而系聯之也。

刀鋻也。鋻各本作堅。今正。刀部曰。㓡、刀劍刃也。金部曰。鋻、剽也。郭璞三倉解詁曰。焠作刀鋻也。象刀有刃之形。而振切。十三部。凡刃之屬皆从刃。

傷也。凡殺傷必以刃。从刃。从一。按鉉本篆作刅。鍇本篆作刄。今按當是從刃。從一。一者傷之象。刃之所入也。刄省則作刅。小徐本井部㓝、米部粲皆從刅。考桐柏廟碑梁字、羊竇道碑梁字、五經文字及唐石經梁粱皆不作刅。今人作隸書梁粱皆從刅。非古法。不可從也。楚良切。十部。

刅或从倉。從刀倉聲也。凡刀創及創瘍字皆作此。俗變作刱作瘡。多用創爲刱字。

人所帶兵也。桃氏爲劍。有上制。有中制。有下制。注云。此今之匕首也。人各以其形皃大小帶之。从刃。僉聲。居欠切。八部。

籀文劍。从刀。

文三　重二

巧㓞也。巧㓞蓋漢人語。从刀。丰聲。恪八切。十五部。凡㓞之屬皆从㓞。

齘契、逗。疊韵。刮也。刮者。掊杷也。从㓞。夬聲。古黠切。十五部。一曰契。逗。畫堅也。畫當作劃。劃堅曰契。

刻也。釋詁。契、滅殄絕也。唐韵引作契。郭云。今江東呼刻斷物爲契斷。按古經多作契。假借字也。大雅。爰契我龜。毛曰。契、開也。周禮亦作契。左傳盡借邑人之車。契其軸。爾雅音義所引如是。今左傳、荀子作鍥。漢書注引緜詩作挈。大戴禮楔而舍之。朽木不折。皆假借字也。晉虞溥傳作契。俗字也。从㓞木。刻之用於木多。故從木。苦計切。十五部。按又苦結切。

文三

艸蔡也。艸部曰。蔡、艸丰也。疊韵互訓。孟子曰。君之視臣如土芥。趙云。芥、草芥也。左傳。以民爲土芥。杜注同。方言。蘇、芥草也。江淮南楚之閒曰蘇。自關而西或曰草、或曰芥。南楚江湘之閒謂之莽。按凡言艸芥皆丰之假借也。芥行而丰廢矣。象艸生之散亂也。散當作㪔。外傳曰。道茀不可行。中直象道。三象茀。凡丰之屬皆从丰。讀若介。古拜切。十五部。

枝挌也。枝挌者。遮禦之意。玉篇曰。挌、枝柯也。釋名。戟、挌也。旁有枝挌也。庾信賦。草樹溷淆。枝格相交。格行而挌廢矣。从丰。各聲。古百切。古音在五部。

文二

耕曲木也。各本耕上有手。今依廣韵、周易音義正。下文云。耕、犂也。謂犂之曲木也。禮記音義引字林亦云。耕曲木。考工記。車人爲耒。庛長尺有一寸。中直者三尺有三寸。上句者二尺有二寸。自其庛緣其外。以至於首。以弦其內。六尺有六寸。注云。庛讀爲棘刺之刺。刺、耒下前曲接耜。緣外六尺有六寸。內弦六尺。應一步之尺數。按經多云耒耜。據鄭說耒以木。耜以金。沓於耒刺。京房云。耜、耒下耓也。耒、耜上句木也。許木部耜作枱。耒耑也。耕犂也。許說與京同。與鄭異。鄭本匠人謂犂爲耜。統言之也。許分別金謂之犂。木謂之枱。析言之也。从木推丰。考工記曰。直庛則利推。從木推丰會意。盧對切。十五部。古者垂作耒梠。梠見木部。今之耜字也。各本作梠。誤梠、臿也。以振民也。此出世本。世本有作篇。振、舉救也。凡耒之屬皆从耒。

耕　犂也。牛部曰。犂、耕也。人用以發土。亦謂之耕。从耒井。會意包形聲。古莖切。十一部。古者井田。故从井。此說從井之意也。已上十字依韵會所據鍇本。

耦　耕廣五寸爲伐。二伐爲耦。耕各本作耒。今依太平御覽正。匠人耜廣五寸。二耜爲耦。一耦之伐。廣尺深尺謂之甽。注。古者耜一金。兩人併發之。其壟中曰甽。甽上曰伐。伐之言發也。甽、畎也。今之耜岐頭兩金。象古之耦也。許與記文辭異義同。耕卽耜。謂犂之金。其廣五寸也。不曰梠廣五寸者。許意梠乃耒本之耑。耕鍇於梠。故必析言之。長沮、桀溺耦而耕。此兩人併發之證。引伸爲凡人耦之偁。俗借偶。从耒。禺聲。五口切。四部。

耤　帝耤千畮也。帝藉見月令、周禮甸師。掌帥其屬而耕耨王藉。以時入之。以共齍盛。禮記曰。天子爲藉千畮。冕而朱紘。躬秉耒。以事天地山川社稷先古。古者使民如借。故謂之耤。鄭注周禮、詩序云。藉之言借也。借民力治之。故謂之藉田。韋注周語云。藉、借也。借民力以爲之。按鄭、韋與許同。應劭云。帝王典藉之常。臣瓚曰。蹈藉也。皆非也。親耕不能終事。故借民力而謂之藉田。言藉者歉然於當親事而未能親事也。臣瓚、師古之言尢爲剌繆。从耒。昔聲。秦昔切。古音在五部。按今經典多作藉。

䎣　冊叉可以劃麥。河內用之。冊、今刻大徐本作䎣。鍇本及集韵皆作冊。集韵所據鉉本未誤也。冊當是冊之譌。今定作冊。冊者數之積也。見𪎭下。漢石經以爲四十字。叉、鉉作叉。鍇作叉。今定作叉。叉者手甲也。今字作爪。冊叉可以劃麥。卽今俗用麥杷也。木部曰。杷、收麥器也。謂之冊叉者。言其多爪可掊杷也。廣韵曰。冊、先立切。字統云。插糞杷。說文云。數名。此冊字之證。插糞者抹撥糞除之言。據廣韵則十部當有冊篆。方言曰。杷、宋魏之閒謂之渠挐。或謂之渠疏。釋名曰。齊魯閒謂四齒杷爲欋。然則河內謂之䎣也。从耒。圭聲。古攜切。十六部。

𦓸　除苗閒穢也。穢當作薉。艸部。薉、蕪也。無穢字。小雅毛傳曰。耘、除草也。耔、雝本也。食貨志云。播種於甽中。苗生三葉以上。稍耨壟草。因壝其土以附苗根。比成。壟盡而根深。能風與旱。故薿薿而盛也。按此古者耨耔爲一事也。謂苗初生之始也。既成已後仍有莠及童蓈生乎其閒。蓐下所云陳艸復生也。則又以槈薅之。薅者披田艸也。亦謂之耨。呂覽云。其耨六寸。所以閒稼也。注云。耨所以耘苗。刃廣六寸。所以入苗閒。○又按呂覽云。六尺之耜。所以成畮也。謂六尺爲步。步百爲畮。卽車人爲耒。所謂弦其內。與步相中也。又云。其博八寸。所以成甽也。八寸者、周之一尺。見夫部、尺部。卽匠人所謂一耦之伐。廣尺也。又云。耨柄尺。此其度也。謂耨柄之尺寸。以耒六尺爲度也。又云。其耨六寸。所以閒稼也。此謂耨頭之金廣六寸。入於苗閒。所謂立苗欲疏也。高注古者以耜耕六尺爲步。步百爲畮。廣尺爲甽。今本舛誤。不可讀。从耒。員聲。員、物數也。謂艸之多也。此形聲包會意。羽文切。十三部。

耘　𦓸或从芸。按當云或從耒艸。云聲。今字省艸作耘。

耡　殷人七十而耡。孟子滕文篇文。今孟子作助。周禮注引作莇。耡、耤稅也。孟子曰。夏后氏五十而貢。殷人七十而助。周人百畮而徹。其實皆十一也。徹者、徹也。助者、藉也。趙曰。徹者猶人徹取物也。藉者、借也。猶人相借力助之也。按藉耡二篆皆偁古成語。而後釋其字義。耡卽以藉釋之。藉稅者、借民力以食稅也。从耒。助聲。牀倨切。五部。周禮曰。以興耡利萌。遂人職文。今萌作甿。俗改也。注曰。變民言萌。異外內也。萌猶懵懵無知貌也。鄭本作萌。淺人一改爲氓。再改爲甿。注又云。鄭大夫讀耡爲藉。杜子春讀耡爲助。謂起民人令相佐助。按鄭意耡者合耦相助。以歲時合耦于耡。謂於里宰治處。合耦。因謂里宰治處爲耡也。許意以周禮證七十而耡。謂其義同。

文七　重一

角　獸角也。人體有偁角者。如日月角、角犀豐盈之類。要是假借之辭耳。象形。古岳切。三部。按舊音如穀。亦如鹿。角與刀魚相侶。其字形與刀魚相似也。此龜頭似蛇頭、虎足似人足之例。凡

⿰角雚　觻　䚡　觠

角之屬皆从角。⿰角雚揮角皃。揮⿰角雚雙聲。从角雚聲。況袁切。十四部。梁隄縣有⿰角雚亭。梁國隄、地理志作傿。應劭曰。鄭伯克段於傿是也。郡國志作隄。今按𨸏部無隄。則從傿是矣。又讀若繕。又者、蒙雚聲而言。又讀若布名之繕者、與十五部合韵也。觻角也。按尋立文之例。角下當奪一字。廣韵、集韵錫韵皆曰。觻、角鋒也。从角樂聲。盧谷切。古音在二部。張掖有觻得縣。二志同。廣韵德韵曰。觻惪、縣名。漢書作得。䚡角中骨也。骨當作肉。字之誤也。鄭注樂記角骼生曰。無䚡曰骼。謂角中堅實無肉者。麋鹿是也。許亦解骼爲骨角。亦謂中無肉者也。本艸經牛角䚡下閉血、瘀血瘀痛、女人帶下血。此則謂角之中、角之本當中有肉之處。外有文理可觀。故陳藏器曰。久在糞土爛白者佳。玉部曰。䚡理自外可以知中。引伸謂凡物之文理也。从角思聲。亼部曰。侖、思也。侖部曰。侖、理也。是思即理也。此云思聲。包會意。穌來切。一部。觠曲角也。釋嘼曰。角三觠羷。吕、郭音權。謝居轉反。从角𢍏聲。

觬　觢　⿰角虒　觭

巨員切。十四部。觬角觬曲也。篇韵皆云角不正。从角兒聲。研啓切。十六部。廣韵又五稽切。西河有觬氏縣。前志有後志無。蓋省并也。前志氏作是。按是氏古多通用。覲禮大史是右。古文是爲氏。曲禮是職方。是或爲氏。古文尚書曰。時五者來備。今文作五是來備。見於宋微子世家。後漢李雲上書作五氏來備。漢書云。造父後有非子。至玄孫氏爲莊公。師古曰。氏與是同。觢一角仰也。一當作二。釋嘼曰。角一俯一仰觭。皆踊觢。皆踊謂二角皆豎也。蒙上文一俯一仰。故曰皆。許一俯一仰之云在下文。故云二角。俗譌爲一。則與觭無異。易音義引說文。以角一俯一仰系之觢。當時筆誤耳。睽六三。其牛觢。鄭作犎。云牛角皆踊曰犎。與爾雅、說文同。子夏作契。荀作觭。虞作㸷。皆以一俯一仰爲訓。與許、鄭不同也。觢者、如有掣曳然。角本當邪展而乃聳直也。虞本當同荀作觭。李氏鼎祚正文作掣。遂比而同之耳。从角㓞聲。尺制切。十五部。易曰。其牛觢。釋文曰。說文之世反。⿰角虒角傾也。从角虒聲。敕豕切。十五部。觭角一

觓　⿰角畏　⿰角爿

俛一仰也。荀易其牛觭。按子夏傳作契。云一角仰也。虞作掣。云牛角一低一仰。是子夏、虞皆作觭也。觭者奇也。奇者、異也。一曰不耦也。故其字從奇。公羊傳。匹馬隻輪無反者。穀梁作倚輪。漢五行志作觭輪。此不耦之義之引伸也。周禮觭夢。杜子春讀爲奇偉。此異義之引伸也。从角奇聲。去奇切。又音羈。古音在十七部。觓角皃。周頌有捄其角。傳云。社稷之牛角尺。箋云。捄、角皃。捄者、觓之假借字也。小雅桑扈兕觥其觓。俗作觩。从角丩聲。渠幽切。三部。詩曰。有觓其角。⿰角畏角曲中也。考工記曰。夫角之中。恆當弓之畏。畏也者必橈。杜子春讀畏爲威。威謂弓淵。鄭讀畏如秦師入隈之隈。按大射儀弓淵字作隈。鄭讀從之也。弓之中曰畏。角之中曰⿰角畏。皆其曲處。而弓人必以⿰角畏傅於畏。故記曰恆當。从角畏聲。烏賄切。十五部。⿰角爿角長皃。按此字見於經史者皆譌爲觕。從牛角。公羊傳曰。觕者曰侵。精者曰伐。何曰。觕、麤也。公羊隱元年注曰。用心尚麤觕。漢藝文志曰。庶得麤觕。以麤觕連文。則觕非麤字也。麤觕若今人曰粗糙。雙聲

⿰角厥　觸　觲

字也。觕從爿聲。古蓋讀如倉。轉寫譌其形。作觕。其音讀才古反。又或讀七奴反矣。其義則本訓角長。引伸之爲鹵莽之意。因之觕與精爲對文。月令。其器高以粗。吕覽作觕。集韵曰。獸角長曰觕。或从角。直下也。於本義近。廣韵觕徂古切。爿聲。作觕。鋤庚切。於本音近。讀若粗䚩。古切。經典釋文所由才古反也。今字別觕䚩爲二。觕音士角切。⿰角厥角有所觸發也。厂部曰。厥、發石也。此字從角厥。謂獸以角有所觸發。西都賦曰。窮虎奔突。狂兕觸蹷。蹷者⿰角厥之假借。孟子曰。厥角稽首。趙曰。叩頭以額角犀㩧地也。按厥角二字。皆假借之言。从角厥聲。居月切。十五部。形聲包會意也。觸牴也。牛部曰。牴、觸也。从角蜀聲。尺玉切。三部。觲用角低仰便也。小雅。騂騂角弓。毛曰。騂騂、調利也。按毛意謂角弓張弛便易。許意謂獸之舉角高下馴擾。毛說正。許說之引伸也。从羊牛角。羊、祥也。善也。牛角馴善之意。息營切。十一部。讀若詩曰。觲觲角弓。今詩作騂騂。按許所引詩作觲。則不得言

讀若鉉。本所以刪讀若也。詩音義云。騂騂、說文作弲。火全反。此陸氏之誤。當云說文作觲也。弲自訓角弓。不訓弓調利。

舩　舉角也。假借爲扛字。魏大饗碑上索蹁高舡鼎緣橦。西京賦烏獲舡鼎是也。舡亦船字。从角。公聲。古雙切。九部。

衡　牛觸、橫大木。各本大木下有其角二字。今依韵會所據鍇本。按許於告字下曰。牛觸角著橫木。所以告也。是設於角者謂之告。此云牛觸橫大木。是闌閑之謂之衡。衡與告異義。大木之斷不可施於角。此易明者。魯頌傳曰。楅衡設牛角以楅之也。箋云。楅衡其牛角。爲其觸觝人也。許說與毛鄭不同。毛鄭謂設於角。許不云設於角也。木部云。楅以木有所畐束也。亦不言角云大木者。字從大也。古多假衡爲橫。玉人注曰。衡古文橫。假借字也。○鄭注周禮云。楅設於角。衡設於鼻。如椵狀。楅衡爲二。許於衡不言楅。於楅不言衡。葢亦二之。从角大。行聲。戶庚切。古音在十部。詩曰。設其楅衡。詩曰當作周禮曰。

𣁋　古文衡如此。

觲　角觲、逗獸也。狀佀豕。角善爲弓。上林賦。獸則麒麟角觲。張揖曰。角觲佀牛。角可以爲弓。郭樸曰。角觲音端。佀豬。角在鼻上。堪作弓。李陵嘗以此弓十張遺蘇武也。出胡尸國。一曰出休尸國。十字依御覽訂。吳淑事類賦祇引出胡尸國四字。今各本作出胡休多國五字。乃脫誤本也。从角。耑聲。多官切。十四部。漢書、文選作端。

觰　觰拏、逗疊韵字。獸也。未聞。从角。者聲。陟加切。古音在五部。一曰下大者。謂角之下大者曰觰也。廣雅釋詁曰。觰大也。本此。

觤　羊角不齊也。釋嘼曰。角不齊、觤。郭云。一短一長。按此依爾雅系之羊。上文觢觭不系之牛者。意以觢觭可凡獸通偁也。觤觟則專謂羊。从角。危聲。過委切。十六部。

觟　牝羊角者也。各本作牝羊生角者也。今依韵會正。羊部曰。牂、牝羊也。然則此云牝羊者、牂也。羖、夏羊牡之偁。羖羊無無角者。故小雅云。俾出童羖。牂羊多無角。故其角者別之曰觟也。大雅云。彼童而角。傳云。童羊之無角者也。而角自用也。箋云。童羊謂皇后也。按童羊正謂牂羊。从角。圭聲。下瓦切。十六部。

觡　骨角之名也。骨角、角之如骨者。猶石言玉石也。樂記。角觡生。注云。無鰓曰觡。無鰓者其中無肉。其外無理。郭氏山海經傳云。麋鹿角曰觡。是也。牛羊角有肉有理。玉篇云。無枝曰角。有枝曰觡。此取枝格之意。惟麋鹿角有枝。則其說非異也。封禪文。犧雙觡共柢之獸。謂二角同本也。言觡者。自麟鹿之大者也。从角。各聲。古百切。古音在五部。按觡者不廁於鰓下者。觟觡觜皆角之異者也。

觜　鴟舊頭上角觜也。角觜、萑下云。毛角是也。毛角、頭上毛有似角者也。觜猶觜銳詞也。毛角銳。凡羽族之咮銳。故鳥咮曰觜。俗語因之。凡口皆曰觜。其實本鳥毛角之偁也。鳥口之觜。廣雅作觜。郭爾雅注云。山鵲觜脚赤。葉抄釋文不誤。一曰觜、逗觿也。別一義。从角。此聲。按當子髓、遵爲二切。十五十六部。

解　判也。从刀判牛角。會意。佳買切。又戶賣切。十六部。一曰解廌、逗疊韵字。獸也。見廌部。按大玄、論衡觟鷈、解廌字之假借也。四字皆在十六部。

觿　佩角銳耑。可目解結。衞風傳曰。觿所以解結。成人之佩也。內則注曰。小觿解小結也。觿皃如錐。以象骨爲之。周禮眂祲十煇。三曰鑴。鄭云。鑴讀如童子佩鑴之鑴。謂日旁氣刺日者。按此注當云讀爲童子佩觿之觿。轉寫誤也。周禮假鑴爲觿。从角。巂聲。戶圭切。十六部。詩曰。童子佩觿。

觛　卮也。各本作小觶也。廣韵同。玉篇作小卮也。御覽引說文亦作小卮也。今按卮下云。圜器也。一名觛。則此當作卮也無疑。小徐本廁此。大徐本改廁於觶篆後。云小觶也。殊誤。卮非觶也。漢高紀奉玉卮爲大上皇壽。應劭曰。飲酒禮器也。古以角作。受四升。古卮字作觗。許云。觶禮經作觗。則觗字非卮古字。應仲遠誤合爲一。三都賦序舊注因之。遂有改字說文者矣。今更正。古者簠簋爵觶禮器也。敦牟卮匜常用器也。从角。旦聲。徒旱切。十四部。

觵　兕牛角可目歠者也。詩四言兕觵。而傳不同。卷耳曰。兕觵、角爵也。七月曰。觵所以誓眾也。桑扈曰。兕觵、罰爵也。絲衣箋曰。繹之旅士用兕觵。變於祭也。周禮閭胥注曰。觵撻者、失禮之罰也。小胥曰。觵、罰爵也。卷耳無罰義。故祇云角爵。七月因鄉飲酒而正齒位。故云誓。誓者示

觶

以失禮則受罰也。蓋觵之用於罰多。而非專用以罰。故卷耳絲衣竝用兕觵。此許不言罰爵。而言可以飲之意也。異義韓詩說觵亦五升。所以罰不敬。觵廓也。箸明之皃。君子有過廓然箸明。毛詩說觵大七升。許愼謹案觵罰有過一飲而盡。七升爲過多。許意當同韓詩說大五升也。五升亦恐非一飲能盡。故於說文不言升數。从角。據許是以兕角爲之。詩正義引禮圖。先師云刻木爲之。非許意。又按凡觵觶觴觚字皆從角。許不言其義。考工記飲器爲於梓人。梓人者攻木之工也。飲器惟觵多連兕言。許云兕牛角可以飲。其他不以角爲而字從角者。蓋上古食鳥獸之肉。取其角以飲。飲之始也。故四升曰角。猶仍角名。而觚觶字從角與。黃聲。古橫切。古音如光在十部。其狀觵觵。故謂之觵。觵觵壯皃。猶價價也。後漢書曰。關東觵觵郭子橫。觥俗觵从光。今毛詩從俗。

觶鄉飲酒觶。鄉當作禮。禮經十七篇用觶者多矣。非獨鄉飲酒也。因下文一人洗舉觶之文見鄉飲酒篇。淺人乃改鄉字。觶鉉本作角。非。當同觚下作爵。从角單聲。支義切。十六部。按鄭駁異義云。今禮角旁單。然則是今文禮作觶也。單聲而支義切。由古文本作觗。從氏聲。後遞變其形從辰從單爲聲。而古音終不改也。禮曰。一人洗舉觶。鄉飲酒曰。一人洗升舉觶于賓。鄉射禮曰。一人洗舉觶于賓。禮經言觶多矣。略舉其一耳。觶受四升。異義云。今韓詩一升曰爵。盡也。足也。二升曰觚。觚寡也。飲當寡少。三升曰觶。觶適也。飲當自適也。四升曰角。角觸也。不能自適觸罪過也。五升曰散。散訕也。飲不能自節。人所謗訕也。總名曰爵。其實曰觴。觴者餉也。觥廓也。箸明之皃。君子有過廓然箸明。非所以餉。不得名觴。古周禮說。爵一升。觚三升。獻以爵而酬以觚。一獻而三酬。則一豆矣。食一豆肉飲一豆酒。中人之食。許愼謹案。周禮云。一獻而三酬。當以一豆。若觚二升。不滿一豆矣。鄭駁之曰。周禮獻以爵而酬以觚。觚寡也。觶字角旁著友誤字汝潁之閒。師讀所作。今禮角旁單。古書或作角旁氏。則與觚字相近。學者多聞觚寡聞觶。寫此書亂之而作觚耳。又南郡太守馬季長說一獻而三酬則一豆。豆當爲斗。與一爵三觶相應。按駁異義從韓詩說。觶受三升。謂考工記觚三升。觚爲觗誤。其注考工記同。其注禮特牲篇云。舊說爵一升。觚二升。觶三升。角四升。散五升。謂韓詩說也。士冠禮注亦云。爵三升曰觶。而許云觶受四升。蓋從周禮不改字。觚受三升。則觶當受四升也。○按馬季長說與一爵三觶相應。此觶字乃觚之誤。改觚爲觶始於鄭。馬不介也。馬注論語云。爵一升。觚三升。

觴

䚀觶或从辰。辰聲而讀支義切。此如古祇振多通用也。考工記疏引鄭駁異義云。觶字角旁友。汝潁之閒。師讀所作。今本皆如是。友字無理。蓋辰之誤。韻會徑改友作支。云古作⿰角支。於形聲合矣。而玉篇廣韻集韻類篇釋行均書皆有䚀觗無⿰角支。則不可信也。觗禮經觶。此謂古文禮也。鄭駁異義云。今禮角旁單。古書或作角旁氏。然則古文禮作觗。或之云者改竄之後不畫一也。燕禮媵觚于公。鄭云。酬之禮皆用觶。言觚者字之誤也。古者觶字或作角旁氏。由此誤耳。按上文主人北面盥坐取觚洗。注。古文觚皆爲觶。此亦謂古文作觗而誤。觴實曰觴。虛曰觶。投壺命酌曰請行觴。觴者實酒於爵也。韓詩說。爵觚觶角散五者總名曰爵。其實曰觴。觴者餉也。觥者罰爵。非所以餉。不得名觴。然投壺之請行觴。固罰爵也。凡禮經曰實者皆得曰觴。獨於觶言者。觶之用多。舉觶以該他也。下文云觴受三升者曰觚。从角𥏫省聲。𥏫從矢。矢從入。故曰𥏫省聲也。式陽切。十部。䬢籀文觴或从爵省。

觚　觛　⿱敫角

觚鄉飲酒之爵也。鄉亦當作禮。鄉飲酒禮有爵觶。無觚也。燕禮大射特牲皆用觚。一曰觴受三升者觚。觚受三升。古周禮說也。言一曰者。許作五經異義時從古周禮說。至作說文則疑焉。故言一曰以見古說未必盡是。則韓詩說觚二升未必非也。不先言受二升者。亦疑之也。上文觶實四升。文次於從角單聲引禮之下。其意蓋與此同。或云亦當有一曰二字。从角瓜聲。古乎切。五部。

觛角匕也。匕下曰。匕所以比取飯。一名柶。柶下曰。匕也。按士冠禮有角柶。卽觛也。从角亘聲。讀若讙。況袁切。十四部。

⿱敫角杖耑角也。杖耑謂杖首也。司馬彪禮儀志。仲秋之月。民始七十者。授之以玉杖。餔之糜粥。八十九十有加賜。玉杖長尺。端以鳩鳥爲飾。謂玉長尺飾杖首。玉之顚復爲鳩形也。廣韻曰。⿱敫角以角

觼　𧣒　䚨𧤗　觳　觱

飾杖策頭。小徐謂飾拄地處。誤甚。从角。敫聲。胡狄切。古音在二部。

觼　環之有舌者。秦風曰。沃以觼軜。爾雅。環謂之捐。捐者。觼之假借字。詩容有作捐者。通俗文曰。缺環曰鐍。許與服不同。服謂如玦。許謂環中有橫者以固系。从角。敻聲。古穴切。十五部。敻在十四部。合韵也。

鐍　觼或从金矞。矞聲也。莊子。固扃鐍。崔云。鐍。環舌也。按通俗文直謂鐍爲玦字。

𧣒　調弓也。手部云。搦、按也。鄭注矢人云。撓搦其幹。亦是調意。弓人曰。和弓轂摩。注。和猶調也。將用弓。必先調之。拂之。摩之。引大射禮。大射正以袂順左右隈。上再下一。小雅。觲觲角弓。毛傳曰。觲觲。調利也。世說新語曰。輕在角𧣒中。爲人作議論角𧣒。方俗語言也。从角。弱省聲。於角切。古音在二部。按廣韵女角切。

䚨　惟射收繁具也。蓋以角爲之。从角。發聲。方肺切。十五部。

𧤗　惟射收繁具。按兩字同義。蓋其物名䚨𧤗。上字當云䚨𧤗惟射收繁具也。下字當云䚨𧤗也。今本恐非舊。但無證據。未敢專輒。从角。酉聲。讀若鰌。字秋切。三部。

觳　盛觵卮也。盛字當是衍文。觵卮謂大卮。觵者酒器之大者也。韋注越語曰。觥大也。旊人曰。豆實三而成觳。鬲部曰。斗二升曰觳。鄭注考工記同。按簋庾鬲甗盆甑量皆以觳計。小者曰卮。可以飲。大卮曰觳。可宁酒漿以待酌也。觵之大極於觳。故引伸之。一曰觳。盡也。見釋詁。禮經牲體之蹄曰觳。謂牲體之盡也。曰䠶具。从角。㱿聲。讀若斛。胡谷切。三部。按此篆當廁觛篆之下、而廁此者。此器屬陶旊之事。非角爲之。亦非角飾。

觱　羌人所吹角屠觱。句。吕驚馬也。羌人、西戎也。屠觱。羌人所吹器名。以角爲之。以驚中國馬。後乃以竹爲管。以蘆爲首。謂之觱篥。亦曰篳篥。唐以編入樂部。徐廣車服儀制曰。角者前世書記不載。或云本出羌胡。以驚中國之馬也。按仌部畢沷。今詩作觱發。水部畢沸。今詩作觱沸。皆假借字也。从角。𧮯聲。卑吉切。按𧮯聲古音在十五部。𧮯、古文誖字。古當爲籒。言部云籒文。

文三十九　重六

四十五部　文七百四十七　今肉部補二字。刀部刪一字。七宋本作八。

重百一十六　六宋本作二。

凡七千六百三十八字　此第四篇都數。

桐城姚　鼐校字

竹　箭　箘

說文解字第五篇上

金壇段玉裁注

竹冬生艸也。云冬生者、謂竹胎生於冬。且枝葉不凋也。云艸者、爾雅竹在釋艸。山海經有云其艸多竹。故謂之冬生艸。戴凱之云。植物之中有艸木竹、猶動品之中有魚鳥獸也。象形。象兩兩竝生。陟玉切。三部。按廣韵張六切。下𠂹者、箁箬也。恐人未曉下𠂹之恉。故言之。凡竹之屬皆从竹。

箭矢竹也。各本無竹。依藝文類聚補。矢竹者可以爲矢之竹也。周禮及釋地注皆曰。箭、篠也。方言。箭自關而東謂之矢。江淮之閒謂之鏃。關西曰箭。郭云。箭者竹名。因以爲號。按今天下語言皆謂矢爲箭。从竹。前聲。子賤切。古音在十一部。周禮故書箭爲晉。杜云。晉當爲箭。按吳越春秋晉竹十廋。晉竹卽箭竹。假借字也。

箘箘簬、逗竹也。竹字今補。禹貢鄭注曰。箘簬、聆風也。按箘簬二字一竹名。吳都賦之射筒也。劉

簬　筱　簜

逵曰。射筒竹細小通長。長丈餘。無節。可以爲矢笴名。此三字補射筒及由梧竹皆出交阯九眞。招箟昆蔽象棊王曰。昆或言箟簬。今之箭囊也。箟卽箘之異體。箭囊卽射筒之異詞。無底曰囊。通簫曰筒。皆自其無節言之。謂之好箭幹耳。古者絫呼曰箘簬。戰國策箘簬之勁不能過是也。單呼曰箘。呂氏春秋越駱之箘是也。書正義及戴凱之說箘簬爲二竹。繆矣。从竹。囷聲。渠隕切。十三部。一曰簙棊也。方言簙或謂之蔽。或謂之箘。秦晉之閒謂之簙。吳楚之閒或謂之蔽。或謂之棊。

簬箘簬也。从竹。路聲。洛故切。五部。夏書曰。惟箘簬枯。禹貢文。枯各本作楛。今依木部正。簵古文簬。从輅。當作簬或从輅。轉寫之誤也。篇韵皆云簵同簬。今尚書史記皆作簵。若古文四聲韵云簵古文。卽取諸誤本說文也。

筱箭屬。小竹也。釋草曰。篠、箭。周禮注曰。箭、篠也。二京賦解曰。篠、箭竹也。此云箭屬、小異。从竹。攸聲。先杳切。今字作篠。古音在三部。

簜大竹也。大射儀簜在建鼓之閒。注。簜竹也。笙簫之屬。按簜者竹名。

䉚　筍　箈

以竹成器亦曰簜。笙簫皆用小竹而云簜者、大之也。从竹。湯聲。徒朗切。十部。夏書曰。瑤琨筱簜。禹貢文。簜可爲榦。榦、弓榦也。弓人曰。凡取榦之道七。竹爲下。筱可爲矢。筱簜之用不止於此。而此爲取宜。

䉚竹也。竹名。按䉚篃古今字也。如禮經古文眉作微。爾雅湄作瀓之比。西山經英山其陽多箭多篃。今本作䉚。郭云。今漢中郡出厚裏而長節。根淺。筍冬生。戴凱之云。生非一處。江南山谷所饒也。故是箭竹類。一尺數節。葉大如履。可以作蓬。莖中作矢。俗謂之䉚笴。按郭云長節、戴云概節。不合。既云中作矢。則一尺數節當作數尺一節也。从竹。微聲。無非切。十五部。按廣韵云。又武悲切。䉚籀文从微省。按當云从散省。省字衍。

筍竹胎也。醢人注曰。筍、竹萌。按許與鄭稍異。胎言其含苞。萌言其已擢也。吳都賦曰。苞筍抽節。引伸爲竹靑皮之偁。尙書云敷重筍席、禮器如竹箭之有筍、聘義浮筍旁達、皆是。其音爲贊切。今字作筠。从竹。旬聲。思允切。十二部。今字作笋。

箈竹萌也。釋草曰。箈、箭萌。醢人鄭注

箁　箬　節　筡

同。許意筍箈不以大竹小竹分別。筍从旬。旬从勹。取裹妊之意。箈从怠。怠與始同音。取始生之意。筍謂掘諸地中者。如今之冬筍。箈謂已抽出者。如今之春筍。與鄭說不同也。按周禮箈菹本作落菹。故大鄭云。落、水中魚衣也。與艸部落、水靑衣也合。後鄭讀落爲箈。用釋草箭萌之訓。故郭注爾雅引周禮箈菹鴈醢也。今本周禮作箔。非落非箈。乃是譌字。注中亦奪落當爲箈四字。从竹。怠聲。徒哀切。一部。

箁竹箬也。从竹。咅聲。薄侯切。四部。

箬楚謂竹皮曰箬。今俗云筍籜箬是也。絍而陊地。故竹篆下垂者像之。从竹。若聲。若、擇菜也。擇菜者、絕其本末。此形聲包會意也。而勺切。五部。

節竹約也。約、纏束也。竹節如纏束之狀。吳都賦曰。苞筍抽節。引伸爲節省、節制、節義字。又假借爲符卩字。从竹。卽聲。子結切。十二部。

筡析竹筤也。析各本譌折。今正。方言。筡、析也。析竹謂之筡。郭云。今江東呼蔑竹裏爲筡。亦名筡之也。按此注謂已析之蔑爲筡。人析之亦偁筡之。本無誤字。戴氏疏證改筡之二字爲筤字。非也。爾雅。簢、筡中。葢

此義之引伸。肉薄好大者謂之筡中。如析去靑皮而薄也。醫方竹茹音如。卽此字。別錄从竹。俗从艸。从竹。余聲。讀若絮。絮宋刻作絮。小徐同。同都切。五部。

⿱竹𦤎　筡也。謂筡之也。釋草。鄰堅中。鄰同磨磷之磷。謂堅中者必磨之也。簡筡中。簡同篡。謂空中者必析之也。从竹。𦤎聲。武移切。古音在十二部。

笢　竹膚也。膚皮也。竹膚曰笢。亦曰筍。見禮器。俗作筠。已析可用者曰蔑。禮注作篾。士喪禮謂之靲。析之謂之筡。亦謂之篡。从竹。民聲。武盡切。十二部。

笨　竹裏也。謂其內質白也。又有白如紙者。吳都賦注。謂之竹孚兪。从竹。本聲。布忖切。十三部。

⿱竹翁　竹皃。南都賦。其竹阿那翁笪。風靡雲披。李善引說文。翁，竹皃也。埤蒼。笪，竹頭有文也。上烏孔反。下如涌反。按吳都賦云。翁笪蕭瑟。謝靈運山居賦自注。修竦、便娟、蕭森。翁蔚皆竹貌也。今三賦翁皆誤从艸矣。从竹。翁聲。烏紅切。九部。

篸　篸差也。各本差上無篸。此淺人謂爲複舉字而刪之也。集韵篸差竹皃。初簪切。又篸，竹長皃。疏簪切。按木部槮，木長皃。引槮差荇菜。葢物有長有短則參差不齊。竹木皆然。今人作參差。古則从竹从木也。从竹。參聲。所今切。七部。

篆　引書也。引書者。引筆而箸於竹帛也。因之李斯所作曰篆書。而謂史籀所作曰大篆。旣又謂篆書曰小篆。其字之本義爲引書。如彫刻圭璧曰琢。周禮注。五采畫轂約謂之夏篆。从竹。彖聲。特兖切。十五部。

籀　讀書也。言部曰。讀，籀書也。敘目曰。尉律學僮十七已上始試。諷籀書九千字乃得爲吏。試字句絕。諷籀連文。謂諷誦而抽繹之。滿九千字皆得六書之恉。乃得爲吏也。此籀字之本義。經傳𡗗用。周宣王時大史以爲名。因以名所箸大篆曰籀文。迄今學者絕少知其本義者。故於讀下籀書改爲誦書。於敘目釋爲籀文九千字。重[illegible]紕繆可勝嘆哉。毛傳曰。讀，抽也。方言曰。抽，讀也。抽皆擂之假借。籀者抽也。讀者續也。抽引其緒相續而不窮也。亦假紬字爲之。大史公自序。紬史記石室金匱之書。如淳云。抽徹舊書故事而次述之也。亦借繇字爲之。春秋傳卜筮繇辭。今皆作繇。又俗作䌛。據許則作籀。服虔曰。繇，抽也。抽出吉凶也。从竹。擂聲。此形聲包會意。直又切。三部。春秋傳曰。卜籀云。左傳卜筮皆云繇。此言卜以該筮也。

篇　書也。書，箸也。箸於簡牘者也。亦謂之篇。古曰篇。漢人亦曰卷。卷者縑帛可捲也。一曰。關西謂榜篇。榜所以輔弓弩者。此其引伸之義。今之榜領。標榜是也。關西謂之篇。則同扁。从竹。扁聲。芳連切。古音在十二部。

籍　簿也。簿當作薄。六寸薄見寸部。引伸凡箸於竹帛皆謂之籍。从竹。耤聲。秦昔切。古音在五部。

篁　竹田也。戰國策。薊丘之植植於汶篁。西京賦。篠簜敷衍。編町成篁。漢書。篁竹之中。注。竹田曰篁。今人訓篁爲竹。而失其本義矣。从竹。皇聲。戶光切。十部。

⿱竹將　剖竹未去節謂之⿱竹將。謂未去中之相隔者。方言。所以隱櫂謂之⿱竹將。郭云。搖櫓小橛也。按⿱竹將葢卽⿱竹將字。其始以剖竹未去節爲之。後乃以木爲之。改其字作⿱竹槳作槳。後人又不以名橛而以名櫂矣。从竹。將聲。卽兩切。十部。按此二篆之次當在篸下篆上。則皆得其所矣。

⿱竹枼　籥也。小兒所書寫。每一笘謂之一葉。今書一紙謂之一頁。或作葉。其實當作此葉。从竹。枼聲。與接切。八部。

籥　書僮竹笘也。笘下曰。穎川人名小兒所書寫爲笘。按笘謂之籥。亦謂之觚。葢以白墡染之可拭去再書者。其拭觚之布曰幡。从竹。龠聲。以灼切。二部。按管龠字與此別。

⿱竹劉　竹聲也。小徐曰。猶言瀏然聲清也。从竹。劉聲。力求切。三部。

簡　牒也。片部曰。牒，札也。木部曰。札，牒也。按簡，竹爲之。牘，木爲之。牒札其通語也。釋器曰。簡謂之畢。學記云。呻其佔畢。是也。等者，齊簡也。編者，次簡也。詳冊下。从竹。閒聲。古限切。十四部。

笐　竹列也。列玄應書作次。竹列者。謂竹之生。疏數偃仰。不齊而齊。笐之言行也。行，列也。釋草。仲無笐。葢謂竹有行列。如伯仲然也。無者，發聲也。引伸之取竹爲衣架亦曰笐。廣韵四十二宕曰。笐，衣架是也。內則所謂椸。釋器所謂竿謂之箷也。其字亦作桁。古樂府云。還視桁下無懸衣是也。从竹。亢聲。古郎切。十部。按依爾雅音義戶剛反。其衣笐衣桁。韵書下浪切。

篰　㒼爰也。廣雅曰。⿱竹滿⿱竹爰，篰也。曹憲上音滿。下音緩。廣韵曰。⿱竹滿⿱竹爰，簡也。篰，牘也。玉篇曰。

等 笵 箋 符 筮 笄

節竹牘也按萹笺漢人語俗字加竹从竹部聲薄口切四部按許書無簿字節蓋即今之簿字也

齊簡也齊簡者疊簡冊齊之如今人整齊書籍也引伸爲凡齊之偁凡物齊之則高下歷歷可見故曰等級刀部云則等畫物也从竹寺會意寺官曹之等平也說从寺之意寸部曰寺廷也有法度者也故从寸官之所止九寺於此等平法度故等从竹寺古在一部止韵音變入海韵音轉入等韵多肯切

法也毄辭範圍天地之化而不過鄭曰範法也考工記軓前十尺注云書或作軋軋法也按許無軋字車部範爲範軷則毄辭範圍假借字也从竹氾聲防受切八部竹簡書也古法有竹刑說从竹之意法具於簡書故笵从竹也左傳曰鄭駟歂殺鄧析而用其竹刑竹刑者刑罰科條載於竹簡也通俗文曰規模曰笵玄應曰以土曰型以金曰鎔以木曰模以竹曰笵一物材別也說與說合

表識書也鄭六藝論云注詩宗毛爲主毛義若隱略則更表明如有不同即下己意按注詩偁箋自說甚明博物志云毛爲北海相鄭是郡人故稱箋以爲敬此泥魏晉時上書偁箋之例絕非鄭意从竹戔聲則前切十四部

信也漢制目竹長六寸分而相合周禮門關用符節注曰符節者如今宮中諸官詔符也小宰傅別故書作傅辨鄭大夫讀爲符別漢孝文紀始與郡國守相爲銅虎符竹使符應劭云銅虎符一至五國家當發兵遣使至郡合符符合乃聽受之竹使符皆以竹箭五枚長五寸鐫刻篆書第一至第五張晏曰符以代古之圭璋從簡易也按許云六寸漢書注作五寸未知孰是从竹付聲防無切古音在四部

易卦用蓍也曲禮曰龜爲卜策爲筮策者蓍也周禮簭人注云問蓍曰筮其占易艸部曰蓍易以爲數从竹𢍏从竹者蓍如筭也筭以竹爲之从𢍏者事近於巫也九簭之名巫更巫咸巫式巫目巫易巫比巫祠巫參巫環字皆作巫時制切十五部𢍏古文巫字

先也先各本作簪今正先下曰首笄也俗作簪戴氏曰無冠笄而冕弁有笄笄所以貫之於其左右是以冠無之凡無笄者纓冕制延前圓垂旒後方延有紐自延左右垂笄貫之以爲固紘以組自頤屈而上左右屬之笄垂其餘凡冕弁笄有笄者紘記曰天子冕而朱紘諸侯冕而青紘士冠禮皮弁笄爵弁笄朱組紘纁邊从竹幵聲古兮切古音在十二部

篦 籆 筳 筦 筟 簾 笮

取蟣比也比篦古今字比密也引伸爲櫛髮之比釋名曰梳言其齒疏也數言比比於梳其齒差數也比言細相比也木部曰櫛者梳比之總名也史記遺單于比余一漢書作比疎一余疎皆即梳字比梳一者統言則比亦梳也蟣者蝨子云取蟣比者比之至密者也今江浙皆呼篦篦比當依俗音毗漢書頻寐反从竹𠤏聲居之切一部

所目收絲者也所目二字今補方言曰籆榬也兖豫河濟之閒謂之榬郭云所以絡絲也音爰按今俗謂之籆車于縛切字亦作籰从竹蒦聲王縛切五部

𧢶籆或从角閒

維絲筦也糸部曰維著絲於筟車也按絡絲者必以絲耑著於筳今江浙尙呼筳从竹廷聲特丁切十一部

筟也从竹完聲古滿切十四部

筳也筳筦筟三名一物也方言曰維車趙魏之閒謂之轣轆車東齊海岱之閒謂之道軌按自其轉旋言之謂之麻鹿亦謂之道軌亦謂之鹿車自其箸絲之筳言之謂之維車亦謂之筟車實即今之籆車也从竹孚聲讀若春秋魯公子彄公子彄見春秋經隱公五年臧僖伯也孚聲在三部區聲在四部合音冣近今音芳無切

堂簾也小徐曰此書及釋名簾帷皆作幬疑幬或與簾別或者此簾字後人所加之乎所不能決也按巾部曰幬帷也又曰在旁曰帷周禮幕人掌帷幙幄帟綬之事注曰王出宮則有是事在旁曰帷在上曰幕帷幕皆以布爲之四合象宮室曰幄帟者王在幕若幄中坐上承塵幄帟皆以繒爲之然則幬施於次以蔽旁簾施於堂之前以隔風日而通明幬以布爲之故从巾簾析竹縷爲之故其字从竹其用殊其地殊其質殊學者可以無疑矣从竹廉聲力鹽切七部按韋昭注國語曰薄簾也薄今字作箔

迫也疊韵說文無窄字笮窄古今字也屋笮者本義引伸爲逼窄字在瓦之下棼

簀　笫　筵　簟　籧　篨　籭　籓　籅

上。棼複屋棟也。釋宮。屋上薄謂之筄。郭云。屋笮也。考工記注曰。重屋複笮也。按笮在上椽之下、下椽之上。迫居其閒。故曰笮。釋名曰。笮。迮也。編竹相連迫迮也。以竹爲之。故从竹。**从竹。乍聲。**阻厄切。古音在五部。

簀　牀棧也。衞風。綠竹如簀。毛曰。簀。積也。此言假借也。韓詩傳亦同。**从竹。責聲。**阻厄切。十六部。

笫　簀也。見釋器。左傳。牀笫之言不踰閾。周易。噬乾胏。鄭曰。胏。簀也。此言假胏爲笫也。士喪禮古文笫爲茨。**从竹。𠂔聲。**阻史切。按史當作死。十五部。

筵　竹席也。周禮司几筵注曰。筵亦席也。鋪陳曰筵。藉之曰席。然其言之筵席通矣。按司几筵掌五几五席之名物。筵席不別也。五席不用竹。惟後鄭說次席是桃枝席。又說顧命蔑席、底席、豐席、筍席、皆爲竹席。許釋筵爲竹席者。其字从竹也。**从竹。延聲。**以然切。十四部。**周禮曰。度堂以筵。**匠人職曰。室中度以几。堂上度以筵。**筵一丈。**此釋周禮也。周禮曰。度九尺之筵。此不合。未詳。

簟　竹席也。毛詩箋曰。竹葦曰簟。**从竹。覃聲。**徒念切。廣韵上聲。七部。

籧　籧篨、逗。**粗竹席也。**方言曰。簟。宋魏之閒謂之笙。或謂之籧苗。自關而西或謂之簟。或謂之䈇。其麤者謂之籧篨。自關而東或謂之篕棪。郭云。江東呼籧篨爲廢。音廢。按此云粗者。與上筵簟別言之。筵簟其精者也。晉語、毛詩皆云。籧篨不可使俯。此謂捲籧篨而豎之。其物不可俯。故詩風以言醜惡。爾雅以名口柔也。**从竹。遽聲。**彊魚切。五部。

篨　籧篨也。从竹。除聲。直魚切。五部。

籭　竹器也。可吕取麤去細。俗云簁籮是也。廣韵云。籭盪也。能使麤者上存。細者盪下。籭簁古今字也。漢賈山傳作篩。**从竹。麗聲。**所宜切。十六部。今音山佳切。

籓　大箕也。廣雅曰。籓。籮箕也。**从竹。潘聲。**甫煩切。十四部。**一曰蔽也。**艸部曰。藩。屏也。尸部曰。屏。蔽也。是則籓與藩音義皆同。

籅　漉米籔也。方言曰。炊籅謂之縮。或謂之篗。或謂之匠。郭注。漉米籅。江東呼淅籤。按史記索隱引纂要云。籅。淅箕也。此注籤字正箕之誤。今江蘇人呼淘米具曰溲箕是也。**从竹。與聲。**於六切。三部。

籔　箅　䈰　𥳓　筥　笥　簞

籔　炊籅也。本漉米具也。既浚乾則可炊矣。故名炊籅。方言篗同籔。縮即籔之入聲也。毛詩伐木傳曰。以筐曰釃。以籔曰湑。籔即今之溲箕也。今誤从艸作藪。筐者。盛飯之器。較細。籔者。漉淅之器。較麤。皆可以漉酒者。**从竹。數聲。**穌后切。三部。

箅　蔽也。此戶護也、門聞也之例。**所吕蔽甑底。**甑者、蒸飯之器。底有七穿。必以竹席蔽之。米乃不漏。雷公炮炙論云。常用之甑中箅能淡鹽味。煑昆布用弊箅。哀江南賦曰。敝箅不能救鹽池之鹹。**从竹。畀聲。**必至切。十五部。按廣韵博計切。

䈰　飯筥也。受五升。方言曰。籮南楚謂之筲。郭曰。盛餅筥也。按籮即筥字。筲即䈰字也。論語。斗筲之人。鄭曰。筲。竹器。容斗二升。與許說受五升異。**从竹。稍聲。**山樞切。古音在二部。廣韵十虞無此。**秦謂筥曰䈰。**

𥳓　陳畱謂飯帚曰𥳓。飯帚者、所以埽殉餘之飯。**从竹。捎聲。**所交切。二部。**一曰飯器。容五升。**此說謂𥳓與䈰同字也。**一曰宋魏謂箸筩爲𥳓。**箸筩者、所以盛飯敧之筩也。方言曰。箸筩。陳楚宋魏之閒謂之筲。或謂之籯。自關而西謂之桶檧。按筲即𥳓字。郭云。音鞭鞘。

筥　𥳓也。𥳓當作䈰。方言。籮南楚謂之筲。趙魏之郊謂之笶籮。禮經鄭注云。笄形蓋如今之筥、笶籚。按笶籚即笶籮也。**从竹。吕聲。**居許切。五部。

笥　飯及衣之器也。禮記曲禮注曰。圓曰簞。方曰笥。禮經士冠禮注曰。隋方曰篋。許曰。簞。笥也。又匚部曰。匧。笥也。許渾言之。鄭別言之也。曲禮注曰。簞笥盛飯食者。此飯器之證。禮記引兌命曰。惟衣裳在笥。此衣器之證。**从竹。**大射儀曰。小射正奉決拾以笥。注。笥。葦器。按此蓋笥之小者也。大者以竹爲之。**司聲。**相吏切。一部。

簞　笥也。論語孔注同。皇侃曰。以竹爲之。如箱篋之屬。左傳。夫差以一簞珠問趙孟。蓋亦簞之小者也。**从竹。單聲。**都寒切。十四部。**漢律令。簞。小匡也。**匡俗作筐。匚部曰。匡。飯器。筥也。按筥者。𥳓也。容五升。漢律令之簞。謂匡之小者也。與經傳所云簞謂笥者異。蓋匡簞皆可盛飯。而匡筥無蓋。簞笥有蓋。如今之箱盒。其制不同。故小匡爲別一義。**傳曰。簞食壺**

簁　箄　篿　箸　簍　筤　籃　篝　笿

巽。孟子及他儒家書皆有此言。故約之以傳曰也。此證前一義。

簁　簁箄、逗。竹器也。按簁箄器名。以上文例之。是盛物之器。而非可以取麤去細之器也。可以取麤去細之器。其字作籭。不作簁。若廣韵支韵云。簁、下物竹器。紙韵曰。簁、籮也。皆韵曰。簁、簁籮。古以玉爲柱。故字从玉。今俗作簁。此皆用簁爲籭。古今字變。非許意也。小顏注急就篇誤。从竹。徙聲。所綺切。十六部。

箄　簁箄也。絫呼曰簁箄。單呼曰箄。方言。箄、簍、籅、筃、篆也。篆小者。自關而西秦晉之閒謂之箄。郭云。今江東呼小籠爲箄。按許意簁箄與篆各物。从竹。卑聲。并弭切。十六部。按考工記注。鄭司農云。綆讀爲關東言餅之餅。謂輪箄也。玄謂輪雖箄。爪牙必正也。箄、劉昌宗薄歷反。李軌方四反。箄謂偏僻。漢人語也。與箄字絕異。江氏愼修改爲甑箄字。亦千慮之一失也。果是从畀。則不得反以薄歷矣。

篿　圜竹器也。盛物之器而圜者。篿與團音同也。離騷王注曰。楚人名結草折竹卜曰篿。別一義也。从竹。專聲。度官切。十四部。

箸　飯攲也。攲各本作敧。支部攲、持去也。危部攲、匜也。攲者傾側意。箸必傾側用之。故曰飯攲。宗廟宥座之器曰攲器。古亦當作攲器也。箸、曲禮謂之梜。假借爲箸落、爲箸明。古無去入之別。字亦不从艸也。从竹。者聲。陟慮切。又遲倨切。五部。

簍　竹籠也。方言。簍、篆也。篆小者南楚謂之簍。从竹。婁聲。洛侯切。四部。

筤　籃也。廣雅。筤謂之笯。廣韵曰。筤、車籃。一名笯。笯音替。按許不言車籃。汎言籠下之器耳。从竹。良聲。盧當切。十部。

籃　大篝也。今俗謂熏篝曰烘籃是也。从竹。監聲。魯甘切。八部。籃　古文籃如此。未詳。

篝　笿也。可熏衣。按也字衍文。當云笿可熏衣。熏衣者。廣韵曰。熏籠。从竹。冓聲。古侯切。四部。宋楚謂竹篝牆居也。各本牆居之閒誤衍以字。方言曰。篝、陳楚宋魏之閒謂之牆居。廣雅。篝、籠也。薰篝謂之牆居。

笿　桮笿也。方言。桮落、陳楚宋衛之閒謂之桮落。又謂之豆筥。自關東西謂之桮落。郭云。盛桮器籠也。按引伸爲籠絡字。今人作絡。古當作笿。亦作落。从竹。各聲。盧各切。五部。

五篇上　九

⿱竹夅　籢　籫　籯　⿱竹刪　簋

⿱竹夅　桮笿也。廣雅曰。⿱竹夅、桮落也。从竹。夅聲。古送切。九部。或曰盛箸籠。箸筩曰筩。亦曰⿱竹夅也。

籢　鏡籢也。玉篇引列女傳曰。置鏡籢中。別作匳。俗作奩。廣韵云。盛香器也。从竹。斂聲。力鹽切。七部。

籫　竹器也。廣雅、方言注皆曰。籫、箸筩。从竹。贊聲。讀若纂。作管切。十四部。一曰叢也。木部欑下曰。一曰叢木。欑、籫音同義近。

籯　笭也。笭字下曰。一曰籯也。漢書。遺子黃金滿籯。不如教子一經。竹籠也。廣雅曰。籯、箸筩也。从竹。嬴聲。以成切。十一部。

⿱竹刪　竹器也。玉篇曰。似箱而麤。从竹。刪聲。蘇旰切。十四部。

簋　黍稷方器也。周禮舍人注曰。方曰簠。圓曰簋。盛黍稷稻粱器也。秦風傳曰。四簋。黍稷稻粱也。掌客注曰。簠、稻粱器也。簋、黍稷器也。按毛意言簋可以該簠。鄭注則據公食大夫禮分別所盛也。許云簋方簠圜。鄭則云簋圜簠方。不同者。師傳各異也。周易。二簋可用享。鄭注云。離爲日。日體圓。巽爲木。木器圓。簋象。聘禮。竹簋方。注云。竹簋方者。器名。以竹爲之。狀如簋而方。賈疏云。凡簋皆用木而圜。此則用竹而方。故云如簋而方。宋刻單行疏內簋字凡四見。今本依釋文改經注疏皆作簠字。非也。已上可證鄭確謂簋爲圜器。周禮疏云。孝經陳其簠簋注云。內圓外方受斗二升者。直據簠而言。若簋則內方外圓。孝經鄭注。說者謂鄭小同之注也。賈所引文亦不完。則無用深求矣。而秦風釋文有內圓外方曰簠。內方外圓曰簋之文。蓋本孝經注。聘禮釋文則又方圓字皆互易之。自相乖剌。聶崇義曰。舊圖云。內方外圓曰簋。外方內圓曰簠。與秦風音義合。廣韵曰。內圓外方曰簋。歐陽氏集古錄曰。簋外方內圓。與聘禮音義合。攷圜器之內爲之方。方器之內爲之圜。似以木以瓦以竹皆難爲之。他器少如是者。恐孝經注不可信。許鄭皆所不言也。鄭注禮曰。飾蓋象龜。蓋者意擬之詞。注禮器云。大夫刻爲龜形。可證也。聶氏、陳氏禮圖皆於蓋頂作一小龜。誤解一蓋字耳。見考工記圖。从竹皿皀。合三字會意。按簋古文或从匚、或从木。蓋本以木爲之。大夫刻其文爲龜形。諸侯刻龜而飾以象齒。天子刻龜而飾以玉。其後乃有瓦簋。乃有竹簋方。因製从竹之簋字。木簋、竹簋、禮器。瓦簋、常用器也。皀、穀之馨

五篇上　十

簠　籩

香。謂黍稷也。居洧切。古音在三部。讀如九。匭古文簋从匚食九。各本作从匚飢。飢非聲也。从方从食。九聲也。軌古文簋从匚軌。按許說簋爲方器。蓋以古文从匚也。軌聲。古音簋軌皆讀如九也。史記李斯傳曰。飯土匭。公食大夫禮注曰。古文簋皆作軌。易損二簋。蜀才作軌。周禮小史故書簋或爲九。大鄭云。九讀爲軌。書亦或爲軌。簋古文也。今本周禮脫誤。爲正之如此。軌九皆古文假借字也。匭古文本字也。匭之字後世用爲匭匣字。尚書苞匭菁茅。鄭曰。匭纏結也。鄭意謂匭爲糾之假借字。吳都賦注用之。朹亦古文簋。簋以木爲之。故字从木也。惠氏棟九經古義曰。易渙奔其机。當作朹。宗廟器也。簠黍稷圜器也。簠盛稻粱。見公食大夫禮經文。云左擁簠粱是也。此云黍稷者。統言則不別也。如毛傳云四簋黍稷。稻粱亦是統言。云圜器。與鄭云方器互異。从竹皿甫聲。方矩切。五部。匚古文簠从匚夫。夫聲也。籩竹豆也。豆古食肉器也。木豆謂之梪。竹豆謂之籩。周禮籩人掌四籩之實。注曰。籩竹器如豆者。其容實皆四升。从竹邊聲。布玄切。十二部。匾籀文籩。匸者。籀文匚也。

笹篅　簏　簜　筩　箯

笹篅也。廣韵。笹、篅也。按今俗謂盛穀高大之器曰土篅。从竹屯聲。徒損切。十三部。篅㠯判竹。句。謂用析竹爲之也。圜㠯盛穀者。用竹簹圜其外。殺其上。高至於屋蓋。以盛穀。近底之処爲小戶。常閉之。可出穀。今江蘇謂之土篅是也。古曰笹。今江蘇編稻艸爲之。容數石。謂之笹。淮南書曰。與守其篅笹。注。篅笹、受穀器也。篅讀顓孫之顓。按別作圌。从竹耑聲。市緣切。十四部。簏竹高匧也。匧之高者。竹爲之。从竹鹿聲。盧谷切。三部。箓簏或从彔。簜大竹筩也。大射儀。簜在建鼓之閒。按當作蕩。簜乃竹名。非其義也。笙簫之屬而謂之簜者。大之也。从竹昜聲。徒朗切。十部。筩斷竹也。漢律曆志曰。制十二筩以聽鳳之鳴。此筩之一耑也。从竹甬聲。徒紅切。九部。箯竹輿也。公羊傳曰。脅我而歸之。筍將而來也。何曰。筍者、竹箯。一名編輿。齊魯以北

笯　竿　籗　箇

名之曰筍。將、送也。釋文曰。筍音峻。史漢張耳傳曰。貫高箯輿前。服虔曰。箯音編。編竹木如今峻。可以糞除也。韋昭曰。輿如今輿牀。人舁以行。按公羊、史記、說文輿皆去聲。亦作轝、作橥。从竹便聲。旁連切。十二部。笯鳥籠也。方言。籠、南楚江沔之閒謂之篣。或謂之笯。懷沙曰。鳳皇在笯。洪興祖補注引說文。笯、籠也。南楚謂之笯。豈洪氏所見本異與。从竹奴聲。乃故切。五部。竿竹梃也。木部曰。梃、一枚也。按梃之言挺也。謂直也。衛風曰。籊籊竹竿。引伸之木直者亦曰竿。凡干旄、干旟、干旌皆竿之假借。又莊子竿牘。即簡牘也。从竹干聲。古寒切。十四部。籗罩魚者也。网部曰。罩、捕魚器也。小雅傳曰。罩、籗也。釋器曰。籗謂之罩。李巡云。籗、編細竹以爲罩。捕魚也。孫炎云。今楚籗也。从竹靃聲。竹角切。按靃聲當在五部。隺聲當在二部。爾雅作籗。故郭音七角反。唐韵竹角切。說文作籗。故廣韵苦郭切。籗籗或从隺。鉉本篆作籗。云籗或省。箇竹枚也。竹梃自其徑直言之。竹枚自其圜圜言之。一枚謂之一箇也。方言曰。

筊

箇、枚也。从竹固聲。古賀切。按古音在五部。个箇或作个。半竹也。各本無。見於六書故所引唐本。按竝則爲竹。單則爲个。竹字象林立之形。一莖則一个也。史記。木千章。竹竿萬个。正義引釋名。竹曰个。木曰枚。今釋名佚此語。經傳多言个。大射、士虞禮、特牲饋食禮注皆云。个猶枚也。今俗或名枚曰個。音相近。又云。今俗言物數有云若干個者。此讀然。經傳个與介通用。左氏或云一个行李。或云一介行李。是一个猶一介也。介者、分也。分則有閒。閒一而已。故以爲一枚之偁。方言曰。介、特也。是也。閒之外必兩分。故曰介居二大國之閒。月令左介右介是其義也。○又按支下云。从手持半竹。即个爲半竹之證。半者、物中分也。半竹者、一竹兩分之也。各分其半。故引伸之曰左个右个。竹从二个者。謂竹易分也。分曰个。因之櫚者亦曰个。筊竹索也。謂用析竹皮爲繩索也。今之籀纜也。漢溝洫志曰。搴長茭兮湛美玉。如淳曰。茭、草也。一曰竿也。臣瓚曰。竹索縆謂之茭。所以引置土石也。師古曰。瓚說是也。茭字宜从竹。風俗通、後漢禮儀志皆言葦茭。謂葦索也。从竹交聲。胡茅

筰　⿱竹沾　箑　籠

切。二部。筰筊也。廣韵曰。笮筰二同。竹索也。西南夷尋之以渡水。按西南夷有筰縣。在越嶲。其名本此。或从艸作筰。非也。从竹。作聲。在各切。五部。⿱竹沾潎絮簀也。潎、各本作蔽。今正。廣韵曰。⿱竹沾、漂絮簀也。漂與潎同義。水部曰。潎、於水中擊絮也。潎絮簀卽今做紙密緻竹簾也。潎絮、莊子所謂洴澼纊。卽做紙之事。糸部曰。紙、絮一⿱竹沾也。謂絮一⿱竹沾成一紙也。紙之初起用敝布魚网爲之。用水中擊絮之法成之。紙字、⿱竹沾字載於說文。則紙之由來遠矣。从竹。沾聲。讀若錢。昨鹽切。七部。按讀若錢者。合韵也。箑扇也。戶部曰。扇、扉也。扉可開合。故箑亦名扇。方言。扇自關而東謂之箑。自關而西謂之扇。郭曰。今江東亦通名扇爲箑。按今江東皆曰扇。無言箑者。凡江東方言見於郭注者今多不同。葢由時移世易。士民遷徙不常故也。士喪禮下注曰。翣、扇也。此言經文假翣爲箑也。从竹。疌聲。山洽切。八部。⿱竹妾箑或从妾。妾聲。籠舉土器。木部曰。梠、一曰徙土輂。齊人語也。一作梩。一手部曰。捄、盛土於梩中也。是則籠卽梩也。

⿱竹襄　⿱竹互　簝　⿱竹豦

一曰笭也。笭下云。一曰籯也。周禮繕人。凡乘車充其籠箙。注云。充籠箙者以矢。从竹。龍聲。盧紅切。九部。⿱竹襄褱也。衣部曰。袌、褱也。此謂竹器可以中藏一切者。音義如瓜瓠之瓠。篇韵皆云。⿱竹襄、篹盛米竹器。从竹。襄聲。如兩切。十部。⿱竹互可㠯收繩者也。者字今補。收當作糾。聲之誤也。糾、絞也。今絞繩者尚有此器。从竹。象形。謂其物像工字。中象人手所推握也。謂丩像人手推之持之。胡誤切。五部。互⿱竹互或省。或字當作古文二字。故桓以爲聲。唐玄度云。⿱竹互古文。互隸省。誤也。周禮牛牲之互。注云。縣肉格也。簝宗廟盛肉竹器也。牛人共盆簝以待事。注。盆所以盛血。簝、受肉籠也。从竹。尞聲。洛蕭切。二部。周禮供盆簝㠯待事。供當依周禮作共。⿱竹豦食牛匡也。食各本作飤。誤。韵會作飯。按萎下曰食牛。飤下曰食馬。今正作食。匚部曰。匡、飯器、筥也。⿱竹豦、匡之圓者。飯牛用之。今字通作筥。許⿱竹豦與筥別。从竹。豦聲。居許切。五部。方曰匡。圜

五篇上　卅三

篼　籚　箝　籋　簦

曰⿱竹豦。召南傳。方曰筐。圓曰筥。筥當作⿱竹豦。月令。具曲植⿱竹豦筐。或譌作籧。篼食馬器也。方言。飤馬橐。自關而西謂之裺囊。或謂之裺篼。或謂之幓篼。燕齊之閒謂之帳。从竹。兜聲。當侯切。四部。籚積竹矛戟矜也。積竹見殳部。矜、柄也。考工記。攻木之工。輪輿弓廬匠車梓。注。廬、矛戟矜柲也。按廬者、籚之假借字也。釋文曰。廬本或作籚。从竹。盧聲。洛乎切。五部。春秋國語曰。朱儒扶籚。晉語文。今本朱籚作侏盧。朱儒扶籚。西京賦所謂都盧尋橦也。箝籋也。拑、脅持也。以竹脅持之曰箝。以鐵有所劫束曰鉗。書史多通用。从竹。拑聲。巨淹切。七部。籋箝也。二字雙聲。夾取之器曰籋。今人以銅鐵作之。謂之鑷子。从竹。爾聲。尼輒切。古音十五十六部。簦笠蓋也。笠而有柄如蓋也。卽今之雨繖。史記。躡屩擔簦。按簦亦謂之笠。渾言不別也。士喪禮下篇燕器杖笠翣。注曰。笠、竹篣蓋也。云蓋則簦也。又按疏云。篣竹青皮。恐非是。篣疑同箬。竹箬也。今人謂之箬帽。从竹。登聲。都滕切。六部。

笠　箱　篚

笠簦無柄也。汪氏龍曰。笠本以御暑。亦可御雨。故良耜傳。笠所以御暑雨。無羊傳。蓑所以御雨。笠所以備暑。都人士傳。臺所以御雨。笠所以御暑。三傳相合。今都人士暑雨互譌。以南山有臺疏、文選注正。从竹。立聲。力入切。七部。箱大車牝服也。考工記。大車牝服二柯又參分柯之二。注云。大車平地載任之車。牝服長八尺。謂較也。鄭司農云。牝服謂車箱。服讀爲負。小雅傳曰。服、牝服也。箱、大車之箱也。按許與大鄭同。箱卽謂大車之輿也。毛二之。大鄭一之。要無異義。後鄭云。較者以左右有网較。故名之曰箱。其實一也。假借爲匧笥之稱。又假借爲東西室之稱。禮經箱字俗改爲廂字。非也。从竹。相聲。息良切。十部。篚車笭也。釋器曰。輿革前謂之鞎。後謂之笰。竹前謂之禦。後謂之蔽。按此對文則別之。散文則不別。詩言簟笰。毛曰。簟方文席也。笰、車之蔽也。周禮巾車。蒲蔽。棼蔽。等蔽。卽笰也。故鄭引翟茀以朝。作翟蔽以朝。竹前竹後。許所謂車笭也。廣雅曰。箅謂之笶。又曰。陽門箅篁。雀目蔽篙也。皆謂車笭。笭之言櫺也。言其昤矓也。茀、詩碩人。从艸。載驅从竹。从

五篇上　卅四

笭　⿱竹剡　策　箠　⿱竹朵　笍

竹者誤也。芇之言敝也。箙是正字。芇是假借字。如儀禮今文作茀。古文作芇。茀芇同字。从竹。匪聲。敷尾切。十五部。按依許。匚匪之匪不从竹。在匚部。从竹者專謂車笭。笭車笭也。从竹。令聲。郎丁切。十一部。一曰笭、逗籯也。竹籠。⿱竹剡所㠯搔馬也。所㠯二字今補。廣韵。刮馬篦也。从竹。剡聲。丑廉切。八部。篇韵特甘切。策馬箠也。馬箠曰策。以策擊馬曰敎。經傳多假策爲冊。又計謀曰籌策者。策猶籌。籌猶筭。筭所以計曆數。謀而得之。猶用筭而得之也。故曰筭曰籌曰策一也。張良借箸爲籌。从竹。朿聲。楚革切。十六部。箠所㠯擊馬也。所㠯二字今補。借爲杖人之偁。漢書定箠令是也。周禮假垂爲箠。垂氏掌共燋契是也。从竹。垂聲。之壘切。按壘當作累。古音在十七部。⿱竹朵箠也。⿱竹朵撾古今字。亦作簻。左傳繞朝贈之以策。杜預曰。馬撾也。撾婦翁字本从木。後人又改从手。从竹。朵聲。陟瓜切。古音在十七部。戈韵。笍羊車騶箠也。箸箴其耑長半分。金部曰。鏊羊車箠也。耑有鐵。丂部曰。𢎘讀如羊車騶箠之鏊。羊車見考工記。鄭曰。羊、善也。善車若今定張車。釋名曰。羊、祥也。祥、善也。羊車善飾之車。今犢車是也。馬部曰。騶、廄御也。月令注曰。七騶謂趣馬主爲諸官駕說者也。左傳程鄭爲乘馬御。六騶屬焉。使訓羣騶知禮。按騶卽御。騶箠者。御車之馬箠也。箸箴其耑長半分。箴當作鍼。所謂耑有鐵可以卹勿而椽刺之。善飾之車駕之以犢。馳騶不揮鞭策。惟用箴刺而促之。淮南道應訓字作錣。高曰。策馬捶。端有鐵以刺馬。謂之錣。錣與笍音義皆同。从竹。內聲。陟衞切。十五部。

籣　箙

籣所㠯盛弩矢人所負也。信陵君列傳曰。平原君負韊矢。韊卽籣字。字林作韊。玉篇作韊。索隱曰。如今之胡鹿而短。胡鹿廣韵作弧簶。箶室也。按西京吳都魏都賦皆云蘭錡。劉逵曰。受他兵曰蘭。受弩曰錡。蘭字皆當从竹。从竹。闌聲。洛干切。十四部。箙弩矢箙也。司弓矢曰。中秋獻矢箙。注曰。箙盛矢器也。以獸皮爲之。按本以竹木爲之。故字从竹。國語。檿弧萁服。韋昭曰。萁、木名。服、房也。小雅。象弭魚服。皆假服爲箙。从竹。服聲。房六切。古音在一部。周禮。仲秋獻矢箙。經文仲作中。

⿱竹朱　笘　笪　笞　籤　⿱竹殿

⿱竹朱栙雙也。栙雙見木部。廣雅。䈗雙謂之⿱竹朱。廣韵四江曰。栙雙者。帆未張也。又曰。雙者、帆也。按以篰席爲帆曰栙雙。故字或皆从竹。今大船之帆多用篰席是也。从竹。朱聲。陟輸切。古音在四部。笘折竹箠也。折竹爲箠。箠之便易者也。潁川人名小兒所書寫爲笘。此別一義。籥下曰。書僮竹笘也。用此義。廣雅。笘、䈰也。笪笞也。笪者、可以撻人之物。从竹。旦聲。當割切。十五部。笞擊也。疑奪所㠯二字。笞所以擊人者。因之謂擊人爲笞也。方言。引傳曰。慈母之怒子也。雖折葼笞之。其惠存焉。後世笞杖徒流大辟五刑。制於隋唐。至於今日。笞有名無實。从竹。台聲。丑之切。一部。籤驗也。驗當作譣。占譣然不也。小徐曰。籤出其處爲驗也。一曰銳也。貫也。銳貫二義相成。與占譣意相足。从竹。韱聲。七廉切。七部。⿱竹殿榜也。木部曰。榜所以輔弓弩也。檢柙弓弩必攷擊之。故廣雅曰。榜擊也。引伸之義也。史漢多言榜笞、榜箠。从竹。殿聲。殳部曰。殿、擊也。此形聲包會意。徒兗切。十三部。

箴　箾　竽

箴綴衣箴也。綴衣、聯綴之也。謂籤之使不散。若用以縫則从金之鍼也。尚書贅衣卽綴衣也。引伸之義爲箴規。古箴鍼通用。風俗通曰。衞大夫箴莊子。今左傳作鍼莊子。从竹。咸聲。職深切。七部。箾㠯竿擊人也。西京賦曰。飛罕潚箾。薛曰。潚箾、罕形也。按罕者、网之以竿爲柄者也。左傳。舞象箾南籥。杜曰。象箾、舞所執。南籥以籥舞也。箾不知何等器。豈以竿舞與。从竹。削聲。所角切。二部。虞舜樂曰箾韶。按音部引書簫韶九成。知皋陶謨字作簫。此云箾韶。蓋據左傳。左云見舞韶箾者。此作箾韶。見書與左一也。孔疏云。箾卽簫字。釋文箾音簫。與上文象箾音朔異。今按同爲樂名。不當異義異音。疏引賈逵釋象箾云。箾、舞曲名。言天下樂削去無道。於箾部又不引賈注。竽管三十六簧也。管下當有樂字。凡竹爲者皆曰管。樂、周禮笙師掌教龡竽。大鄭曰。竽三十六簧。按據廣雅竽三十六管。然則管皆有簧也。通卦驗、風俗通皆云長四尺二寸。竽與笙之管皆列於匏。宋書樂志曰。竽今亡。从竹。亐聲。羽俱切。五部。

笙

笙十三簧。蒙上管樂而言。故不云管樂也。大鄭周禮注曰。笙十三簧。按廣雅云。笙十三管。亦每管有簧也。象鳳之身也。笙、正月之音。物生故謂之笙。白虎通曰。八音。匏曰笙。匏之爲言施也。在十二月。萬物始施而牙。笙者、大蔟之氣。象萬物之生。故曰笙。釋名曰。笙、生也。象物貫地而生也。按禮經。東方鐘磬謂之笙。鐘笙、磬笙猶生也。東爲陽中。萬物以生。是以東方鐘磬謂之笙也。初生之物必細。故方言云。笙、細也。竽、大笙也。故竽可訓大。大者謂之巢。小者謂之和。見釋樂。孫云。巢、高大。和、小。笙。鄉射記曰。三笙一和而成聲。三笙謂大者。一和謂小者也。从竹生。列管故从竹。正月之音故从生。舉會意包形聲也。韵會本無聲字。爲長。所庚切。十一部。古者隨作笙。通典曰。出世本。

簧

簧笙中簧也。小雅。吹笙鼓簧。傳曰。簧、笙簧也。吹笙則簧鼓矣。按經有單言簧者。謂笙也。王風左執

簧。傳曰。簧、笙也。是也。从竹。黃聲。戶光切。十部。古者女媧作簧。蓋出世本作篇。明堂位曰。女媧之笙簧。按笙與簧同器。不嫌二人作者。簧之用廣。或先作簧而後施於笙竽。未可知也。

箑

箑簧屬。今之鎖簧以張之。箑以斂之。則启矣。其用與笙中簧同也。从竹。是聲。是支切。十六部。

簫

簫參差管樂。言管樂之列管參差者。竽笙列管雖多而不參差也。周禮小師注。簫編小竹管。如今賣飴餳所吹者。周頌箋同。廣雅云。大者二十三管。小者十六管。王逸注楚辭云。參差洞簫也。象鳳之翼。排其管相對如翼。从竹。肅聲。釋名。簫、肅也。其聲肅肅而淸也。穌彫切。古音在三部。

筒

筒通簫也。所謂洞簫也。廣雅云。大者二十三管。無底是也。漢章帝紀。吹洞簫。如淳曰。洞者、通也。簫之無底者也。从竹。同聲。徒弄切。九部。

籟

籟三孔龠也。龠部曰。龠、管樂。六孔。以和衆聲。按毛詩傳曰。龠六孔。許龠下從之。此云三孔龠者。謂龠之三孔者則名籟也。鄭注笙師、少儀、明堂位皆云籥如笛三孔。鄭專謂籟耳。今本說文龠下爲淺人所亂。然

於此可以正彼。莊子。人籟、地籟、天籟。引伸義也。大者謂之笙。笙、釋樂作產。其中謂之籟。釋樂作謂之仲。蓋誤。小者謂之箹。三句見釋樂。大者、蓋六孔者也。中者、三孔。从竹。賴聲。洛帶切。十五部。

箹

箹小籟也。从竹。約聲。於角切。二部。

管

管如篪。六孔。篪有七孔。見大鄭笙師注。管之異於篪者。孔六耳。賈逵、大鄭、許君、應劭風俗通、蔡邕月令章句、張揖廣雅皆云如篪六孔。惟後鄭周禮注、詩箋云如篴而小。併兩而吹之。今大予樂官有焉。十二月之音。物開地牙。故謂之管。風俗通曰。管、漆竹。長一尺。六孔。十二月之音也。物貫地而牙。故謂之管。物開地牙四字有脫誤。當作物貫地而牙。貫管同音。牙芽古今字。古書多云十一月物萌。十二月物牙。正月物見也。从竹。官聲。古滿切。十四部。琯古者管以玉。此句今正。舜之時。西王母來獻其白琯。見大戴禮、尚書大傳。前零陵文學姓奚。於泠道舜祠下得笙玉琯。見風

俗通。孟康漢書注、宋書樂志皆云。漢章帝時。零陵文學奚景。於泠道舜祠下得笙白玉管。惟孟注無笙字。盧注大戴作明帝時。亦無笙字。夫以玉作音。故神人以和。鳳皇來儀也。風俗通同。从王。官聲。按此疑出後人用風俗通沾綴。許書祗當云古者管以玉。或从玉。

篎

篎小管謂之篎。釋樂。大管謂之簥。其中謂之篞。小者謂之篎。許無簥篞字者。許所據不从竹。从竹。眇聲。亡沼切。二部。

笛

笛七孔筩也。文選李注引說文。笛七孔。長一尺四寸。今人長笛是也。此蓋以注家語益之。風俗通亦云。長尺四寸。七孔。周禮笙師字作篴。大鄭云。杜子春讀篴如蕩滌之滌。今人所吹五空竹笛。按篴笛古今字。大鄭注上作篴。下作笛。後人妄改一之。大鄭云五孔。馬融賦亦云。易京君明識音律。故本四孔加以一。君明所加孔後出。是謂商聲五音畢。然則漢時長笛五孔甚明。云七孔者。禮家說古笛也。許與大鄭異。从竹。由聲。由與逐皆三部聲也。古音如逐。今音徒歷切。羌笛三孔。言此以別於笛七孔也。馬曰。近世雙笛從羌起。謂長

笛與羌笛皆出於羌。漢丘仲因羌人截竹而爲之。知古篴漢初亡矣。李善曰。羌笛長於古笛。有三孔。大小異。

筑　㠯竹曲五弦之樂也。以竹曲不可通。廣韵作以竹爲亦繆。惟吳都賦李注作似箏、五弦之樂也。近是。箏下云五弦筑身。然則筑似箏也。但高注淮南曰。筑曲二十一弦。可見此器絫呼之名筑曲。釋名。筑、以竹鼓之也。御覽引樂書云。以竹尺擊之。如擊琴然。今審定其文。當云筑曲以竹鼓弦之樂也。高云二十一弦。樂書云十三弦。筑弦數未審。古者箏五弦。說文殆筑下鼓弦與箏下五弦互譌耳。箏下云筑身。則筑下不必云似箏。恐李善亦昧於筑曲而改之。从巩竹。持而擊之也。巩、持之也。樂書曰。項細肩圓。鼓法以左手扼項。右手以竹尺擊之。史云善擊筑者高漸離。竹亦聲。張六切。三部。

箏　五弦筑身樂也。各本作鼓弦竹身。不可通。今依太平御覽正。風俗通曰。箏、謹按樂記五弦筑身也。今幷梁二州箏形如瑟。不知誰所改作也。或曰秦蒙恬所造。據此知古箏五弦。恬乃改十二弦。變形如瑟耳。魏晉以後箏皆如瑟十二弦。唐至今十三弦。筑似箏、細項。古筑與箏相似。不同瑟也。言筑身者以見形如瑟者之非古也。言五弦筑身者以見箏之弦少於筑也。宋書樂志改筑身爲瑟身。誤矣。从竹。筑本竹聲。故从竹。卽从筑省也。筑箏皆木爲之。爭聲。側莖切。十一部。

箛　吹鞭也。風俗通曰。漢書舊注。箛者、吹鞭也。急就篇曰。箛篍起居課後先。師古曰。箛、吹鞭也。篍、吹筩也。起居謂晨起夜臥及休食時。督作之司以此二者爲之節度。宋書樂志。晉先蠶注。吹小箛大箛。按云鞭者如長笛賦云。裁以當篴。便易持也。从竹。孤聲。古乎切。五部。

篍　吹筩也。吹鞭蓋葭爲之。吹筩蓋竹爲之。風俗通曰。漢書注。篍、筩也。言其聲音篍篍。名自定也。从竹。烁聲。七肖切。按廣韵七遙切。又音秋。古音在三部。

籌　壺矢也。禮記投壺篇曰。籌、室中五扶。堂上七扶。庭中九扶。注曰。籌、矢也。按引伸爲泛偁。又謂計筭爲籌度。从竹。𠷎聲。直由切。三部。

簺　行棊相塞謂之簺。格、五見吾丘壽王傳。劉德曰。格五棊行。塞法曰。簺自乘五。至五格不得行。故云格五。莊子作博塞。从竹塞。塞

亦聲。先代切。一部。

簙　局戲也。六箸十二棊也。古戲今不得其實。箸、韓非所謂博箭。招䰟注云。箟簬作箸。故其字从竹。从竹。博聲。補各切。五部。經傳多假博字。古者烏曹作簙。曹字依韵會。各本作冑。非。廣韵曰。出世本。

篳　藩落也。藩落猶俗云籬落也。篳之言蔽也。从竹。畢聲。卑吉切。十二部。春秋傳曰。篳門圭窬。見襄十年左傳。杜曰。篳門、柴門。廣韵曰。織荊門也。

⿱竹愛　蔽不見也。爾雅。薆、隱也。方言。揜、翳、薆也。其字皆當从竹。竹善蔽。九歌曰。余處幽篁兮終不見天。是也。大雅。愛莫助之。毛曰。愛、隱也。假借字也。邶風。愛而不見。郭注方言作薆而。从竹。愛聲。烏代切。十五部。

⿱竹嚴　雉射者所蔽者也。依晉灼補上者字。此卽射雉之翳也。亦謂之麇。廣雅麇作箖。从竹。嚴聲。語杴切。八部。

篽　禁苑也。宣帝紀。詔池籞未御幸者。假與貧民。蘇林曰。折竹以繩綿連禁禦。使人不得往來。律名爲籞。應劭曰。籞者、禁苑也。按蘇、應說與許合。元帝紀。詔罷嚴籞池田。假

與貧民。西京賦云。洪池清籞。清籞猶漢書云嚴籞也。晉灼釋嚴籞爲射苑。故引許⿱竹嚴字之解。謂嚴與⿱竹嚴同。可以訓射。亦迂曲矣。从竹。御聲。魚舉切。五部。春秋傳曰。澤之自篽。自當作舟。昭二十年左傳曰。澤之萑蒲。舟鮫守之。鮫當是魰誤。許所據竟作舟篽耳。魯語有舟虞。同也。

魰　篽或作魰。从又。从魚。从又者、取扞衞之意。

筭　長六寸。所㠯計曆數者。所㠯二字今補。漢志云。筭法用竹。徑一分。長六寸。二百七十一枚而成六觚。爲一握。此謂筭。籌與算數字各用。計之所謂算也。古書多不別。从竹弄。蘇貫切。十四部。言常弄乃不誤也。說从弄之意。

算　數也。論語何足算也。鄭曰。算、數也。古假選爲算。如邶風不可選也。車攻序因田獵而選車徒。鄭曰。選、數也。又假撰爲算。如大司馬羣吏撰車徒。鄭曰。撰讀曰算。算、謂數擇之也。是也。筭爲算之器。算爲筭之用。二字音同而義別。从竹具。从竹者、謂必用筭以計也。从具者、具數也。讀若筭。蘇管切。十四部。

笑　喜也。从竹。从犬。

徐鼎臣說孫愐唐韵引說文云笑喜也从竹从犬而不述其義攷孫愐唐韵序云仍篆隸石經勒存正體幸不譏煩蓋唐韵每字皆勒說文篆體此字之从竹犬孫親見其然是以唐人無不从犬作者干祿字書云咲通笑正五經文字力尊說文者也亦作笑喜也从竹下犬玉篇竹部亦作笑廣韵因唐韵之舊亦作笑此本無可疑者自唐玄度九經字樣始先笑後笑引楊承慶字統異說云从竹从夭竹爲樂器君子樂然後笑字統每與說文乖異見玄應書葢楊氏求从犬之故不得是用改夭形聲唐氏從之李陽冰遂云竹得風其體夭屈如人之笑自後徐楚金缺此篆鼎臣竟改說文笑作笑而集韵類篇乃有笑無笑宋以後經籍無笑字矣今以顧野王孫愐顏元孫張參爲據復其正始或問曰从犬可得其說乎曰从竹之義且不敢妄言況从犬乎聞疑載疑可也假云必不宜从犬則哭又何以从犬乎哭之獄省聲乃亦强作解事者爲之也詳哭下私妙切二部○又按宋初說文本無笑鉉增之十九文之一也孫愐但从竹从犬其本在竹部抑在犬部鉉不能知姑綴於竹末今依之恐有未協凖哭从犬求之笑或本在犬部而从竹部之字之省聲未可知也

第　次也从竹弟　此見毛詩正義卷一之一引說文其在第部抑竹部今不可知要孔沖遠所據有此篆無疑俗省弟作第耳特計切十五部

文百四十四　今補第則百四十五　**重十五**

箕　所以簸者也　所以者三字今補全書中所以字爲淺人刪者多矣小雅曰維南有箕不可以簸揚廣韵引世本曰箕帚少康作按簸揚與受坌皆用箕　**从竹𠀠象形丌其下也**　四字依韵會本今各本六下互譌居之切一部　**凡箕之屬皆从箕**

𠀠　古文箕　象形不用足今之箕多不用足者

𠔇　亦古文箕　下象竦手

𠔉　亦古文箕　此象箕之哆口

𠥱　籒文箕　依大徐作籒按經籍通用此字爲語詞渠之切或居之切

匴　籒文箕　从匚會意匚部曰匚籒文匚

簸　揚米去康也　與播布之義相近　**从箕皮聲**　布火切十七部

文二　**重五**

丌　下基也　字亦作亓古多用爲今渠之切之其墨子書其字多作亓亓與丌同也　**薦物之丌象形**　平而有足可以薦物　**凡丌之屬皆从丌讀若箕同**　居之切一部

迈　古之遒人以木鐸記詩言　左傳襄十四年師曠引夏書曰遒人以木鐸徇于路官師相規工執藝事以諫正月孟春於是乎有之杜云木鐸徇于路采歌謠之言也何注公羊曰五穀畢入民皆居宅男女同巷相從夜績從十月盡正月止男女有所怨恨相從而歌飢者歌其食勞者歌其事男年六十女年五十無子者官衣食之使之民閒求詩鄉移於邑邑移於國國以聞於天子故王者不出牖戶盡知天下食貨志曰孟春之月行人振木鐸徇於路以采詩獻之大師比其音律以聞於天子故曰王者不窺牖戶而知天下遒人卽班之行人以木鐸巡於路使民閒出男女歌詠記之簡牘遞薦於天子故其字從辵丌辵者行也丌者薦也記與丌疊韵也僞尚書襲左傳而不言振木鐸者何所事○按劉歆與楊雄書云三代周秦軒車使者遒人使者以歲八月巡路求代語僮謠歌戲楊荅劉書云嘗聞先代輶軒之使奏籍之書皆藏於周秦之室又云翁孺猶見輶軒之使所奏言二書皆卽遒人之事也遒輶遒三字同音遒人卽遒人楊劉皆謂使者采集絕代語釋別國方言故許檃栝之曰詩言班何則但云采詩也劉云求代語僮謠歌戲則詩在其中矣周禮大行人屬象胥諭言語協辭命屬瞽史諭書名聽聲音豈非楊劉所謂使者班所謂行人與說者雖殊可略見古者考文之事爲政之不外正名矣○乃部云卣氣行皃遒訓行故遒人卽行人也遒葢遒之假借字　**从辵丌丌亦聲讀與記同**　居吏切一部大雅往迈王舅假借爲語詞也王風彼其之子箋云其或作記或作己讀聲相似鄭風箋云忌讀爲彼己之子之己崧高傳曰迈己也箋申之曰己辭也讀如彼己之子之己是則忌記其迈五字通用一部也大雅作近者誤近十三

典

典 五帝之書也。三墳五典見左傳。从冊在丌上尊閣之也。閣猶架也。以丌庋閣之也。多殄切。古音在十三部。莊都說。典大冊也。此字形之別說也。莊都者、博訪通人之一也。謂典字上从冊、下从大。以大冊會意。與冊在丌上說異。不別爲篆者。許意下本不從大。故存其說而已。𥫵 古文典从竹。古文冊作笧。此从古文冊也。漢碑多有从竹、从艸者。

畀

畀 相付与之約在閣上也。与舊作與。勹部曰。与、與予同。予、推予也。與、黨與也。今正。約當作物。古者物相与必有藉。藉卽閣也。故其字从丌。疑此有奪文。當云相付与也。付与之物在閣上。从丌。祭統曰。夫祭有畀煇胞翟閽者。惠下之道也。畀之爲言與也。能以其餘畀其下者也。此謂上之与下。庋閣而命取之。从丌。由聲。由、敷勿切。鬼頭也。必至切。十五部。

巺

巺 具也。孔子說易曰。巺、入也。巺乃愻之假借字。愻、順也。順故善入。許云具也者、巺之本義也。巺今作巽。从丌。吅聲。形聲包會意。卪部曰。吅、二卪也。巺从此。按二卪者、具意也。蘇困切。古音在十四部。

巺 古文巺。从吅。从幵。巽 篆文巺。汗簡、古文四聲韵載此體。各乖異、未詳宜何從也。竊疑此篆字當作籒字之誤也。古文下从幵。幵亦具意也。籒文緐重。則从吅从幵而又从丌。古文四聲韵作巽。葢不誤。小篆則省幵作巺。後人隸字則从籒變之作巽。說文仿隸爲之。非也。

顨

顨 巺也。具也。从丌。从頁。頁部曰。顛、選具也。按選具者、選而供置之也。此易顨卦爲長女、爲風者。今周易巺卦作巺。許於巺下云具也。不云卦名。謂顨爲易卦名之字。葢二字皆訓具也。其義同。其音同。伏羲文王作顨。孔子則作巽巺。而小篆乃作巺矣。顨爲卦名。巺爲卦德。孔子彖傳但言健順、動止、巺陷、麗說。皆卦德也。其言重巺以申命。巺以行權。震動也。巺入也。巺爲雞。巺爲股。巺爲木、爲風、爲長女。皆當舉卦名而不作顨。但云巺以德爲名者。於伏羲文王爲古今字也。是可以知字有古今之理矣。許於此特言之者。存周易冣初之古文也。此說本之江氏聲。愚又謂許所見易惟此爲木爲風爲長女之字作顨。猶今易惟襍卦傳之姤作遘也。各本此篆在畀篆之上。今正之次此。

奠

奠 置祭也。置祭者、置酒食而祭也。故从酋丌。丌者所置物之質也。如置於席則席爲丌。引伸爲凡置之偁。又引伸爲奠、高山大川之奠定也。大玄。天地奠位。假奠字爲之。从酋。酋、酒也。見酋下。置之物多矣。言酒者、舉其一耑也。丌其下也。丌下各本互譌。今依箕篆下正。堂練切。古音在十一部。禮有奠祭。各本下有者字。韵會無。說文禮有刷巾、禮有柶、禮有緇緣。句法皆同。無者是也。禮謂禮經也。士喪禮、既夕禮、祭皆謂之奠。葬乃以虞易奠。又文王世子篇釋奠于其先師。注云。釋奠、薦饌酌奠而已。無迎尸以下之事。召南于以奠之。毛云。奠、置也。箋云。謂敎成之祭也。昏義注云。此告事耳。非正祭也。

文七　重三

左

左 𠂇手相左也。各本俱譌。今正。左者、今之佐字。說文無佐也。𠂇者、今之左字。𠂇部曰。左手也。謂左助之手也。以手助手。是曰左。以口助手。是曰右。从𠂇工。則箇切。十七部。凡左之屬皆从左。

差

差 貳也。左不相值也。貳各本作貳。左各本作差。今正。貳者、忒之假借字。心部曰。忒、失當也。失當卽所謂不相値也。釋言曰。爽、差也。爽、忒也。忒與忒葢本一字。尚書二衍忒。宋世家作衍貣。易四時不忒。京房作貣。管子全書皆以貣爲忒。貣與貳形易相誤。月令宿離不貣。釋文貣、他得切。徐音二。無有差貣。釋文貣、音二。又他得反。緇衣其儀不忒。釋文忒、他得反。又作貳。音二。漢費鳳碑貣與則德韵。婁氏釋作貳。皆貣之誤爲貳者也。貳與貣忒。音既脂之迴別。義則貳訓副也。副貳之解何得同於差忒乎。左氏傳其卜貳圉。杜注貳代也。按外傳作以代圉。謂用世次當立之圉。左傳作貳圉。謂副貳之圉。坊記注引之。此則當各依文爲釋。杜注左云貳代也。貳似爲牽合。此云貳也者、用漢人常用字。故不作忒也。云左不相値也者。左之而不相當則差矣。今俗語所謂左也。故其字从左从𠂹。𠂹者、乖也。从左𠂹。韵會作𠂹省聲。疑是𠂹省聲之誤。初牙切。十七部。在支韵則楚宜切。在佳卦韵則楚佳、楚懈切。說文竹部曰。篸差。木部曰。槮差。糸部曰。參縒。吉日傳曰。差、擇也。其引伸之義也。

籒

文𢀩。从二。从二者、岐出乖異之意。

文二　重一

工

工　巧飾也。飾、拭古今字。又部曰。㕞、飾也。巾部曰。飾、㕞也。聿部曰。𦘔、聿飾也。彡部曰。彡、毛飾畫文也。皆今之拭字也。此云巧飾也者。依古文作𢒄爲訓。彡者飾畫文。巧飾者、謂如𢇃人施廣領大袖以仰涂而領袖不污是也。惟孰於規榘乃能如是。引伸之凡善其事曰工。見小雅毛傳。象人有規榘。直中繩。二平中準。是規榘也。與巫同意。𢒄有規榘。而彡象其善飾。巫事無形。亦有規榘。而𢎘象其兩褎。故曰同意。凡言某與某同意者。皆謂字形之意有相似者。古紅切。九部。凡工之屬皆从工。𢒄古文工。从彡。

式

式　法也。廌部。法作灋。灋、荆也。引伸之義爲式。用也。按周禮八灋八則九式異其文。注曰。則亦法也。式謂用財之節度。从工弋聲。賞職切。一部。

巧

巧　技也。手部曰。技、巧也。从工丂聲。苦浩切。古音在三部。丂部曰。古文以丂爲丂。

巨

巨　規巨也。周髀筭經曰。圜出於方。方出於矩。矩出於九九八十一。故折矩以爲句廣三。股脩四。徑隅五。既方其外。半之一矩。環而共盤。得成三四五。兩矩共長二十有五。是謂積矩。用矩之道。平矩以正繩。偃矩以望高。覆矩以測深。卧矩以知遠。環矩以爲圓。合矩以爲方。方屬地。圓屬天。天圓地方。方數爲典。以方出圓。按規矩二字猶言法度。古不分別。規圓矩方者。圓出於方。方圓皆出於矩也。夫部曰。規有法度也。不言圓曰規。考工記。斬轂之道。必矩其陰陽。注。矩謂刻識之也。凡識其廣長曰矩。故凡有所刻識皆謂之矩。从工。象手持之。謂コ也。其呂切。五部。按後人分別巨大也。矩、法也。常也。與說文字異。其呂切。唐韵也。廣韵作矩、榘入九麌。俱雨切。又云說文又其呂切。此出說文音隱。榘　巨或从木矢。矢者其中正也。矢部曰。有所長短。以矢爲正。按今字作矩。省木。𢀝　古文巨。此爲象手持之。小篆變之。取整齊耳。大學絜矩之道。注云。矩或作巨。此古文之遺也。

文四　重三

㠭

㠭　極巧視之也。工爲巧。故四工爲極巧。極巧視之、謂如離婁之明。公輸子之巧。旣竭目力也。凡展布字當用此。展行而㠭廢矣。玉篇曰。㠭今作展。从四工。知衍切。十四部。凡㠭之屬皆从㠭。

𡨄

𡨄　窒也。穴部曰。窒、𡨄也。此與土部塞音同義異。與心部𢙾音同義近。塞、隔也。隔、塞也。與𡨄窒訓別。𢙾、實也。實、富也。與𡨄窒訓近。凡塡塞字皆當作𡨄。自塞行而𡨄𢙾皆廢矣。从㠭。从廾窒宀中。竦手舉物塡屋中也。从三字會意。㠭猶齊也。說从㠭之意。凡漢人訓詁本異義而通之曰猶。㠭从四工同心同力之狀。窒不必極巧。故曰猶齊。注經者多言猶。許書言猶者三見耳。穌則切。一部。

文二

巫

巫　巫祝也。依韵會本。三字一句。按祝乃覡之誤。巫覡皆巫也。故覡篆下總言其義。示部曰。祝、祭主贊辭者。周禮祝與巫分職。二者雖相須爲用。不得以祝釋巫也。女能事無形。㠯舞降神者也。無舞皆與巫疊韵。周禮女巫無數。旱暵則舞雩。許云能以舞降神。故其字象舞褎。象人兩褎舞形。謂𢒄也。太史公曰。韓子稱長袖善舞。不言从工者。工小篆也。巫、小篆之仍古文者也。古文不从小篆也。不言工象人有規榘者。已見上文工下矣。式、巧、何以从工。式、巧之古文本从𢒄也。巨何以从工也。巨下云从工、猶云象規榘也。與工同意。此當云與𢒄同意。說見工下。武扶切。五部。古者巫咸初作巫。蓋出世本作篇。君奭曰。在大戊時則有巫咸。乂王家。書序曰。伊陟相大戊。伊陟贊于巫咸。馬云。巫、男巫。名咸。殷之巫也。鄭云。巫咸謂爲巫官者。封禪書曰。伊陟贊巫咸。巫咸之興自此始。謂巫覡自此始也。或云大臣必不作巫官。是未讀楚語矣。賢聖何必不作巫乎。凡巫之屬皆从巫。𢍰　古文巫。筮之小篆从此。

覡

覡　能齊肅事神明者。楚語。民之精爽不攜貳者。而又能齊肅衷正。其知能上下比義。其聖能光遠宣朗。其明能光照之。其總能聽徹之。如是則明神降之。在男曰覡。在女曰巫。是使制神之處位次主。而爲之牲器時服。韋注。齊一也。肅敬也。巫覡見鬼者。今說文齊作齋。非。國語神明作明神。非。**在男曰覡。在女曰巫。**此析言之耳。統言則周禮男亦曰巫。女非不可曰覡也。詩譜曰。陳大姬無子。好巫覡禱祈鬼神歌舞之樂。民俗化而爲之。**从巫見。**見鬼者也。故从見。胡狄切。十六部。

文二　重一

甘　**甘美也。**羊部曰。美甘也。甘爲五味之一。而五味之可口皆曰甘。**从口含一。一、道也。**食物不一。而道則一。所謂味道之腴也。古三切。古音在七部。**凡甘之屬皆从甘。**

甛　**甛美也。**周禮注恬酒。恬卽甛字。**从甘舌。舌知甘者。**說从舌之意。

曆　**曆和也。**和當作盉。寫者亂之耳。皿部曰。盉調味也。**从甘厤。厤、調也。**說从厤之意。厂部曰。厤治也。秝部曰。稀疏適也。稀疏適者、調龢之意。周禮。凡和、春多酸。夏多苦。秋多辛。冬多鹹。調以滑甘。此从甘厤之義也。各本及篇韵集韵類篇字體皆譌。今正。**甘亦聲。讀若函。**古三切。七部。

猒　**猒飽也。足也。**足也二字依韵會增。淺人多改猒爲厭。厭專行而猒廢矣。猒與厭音同而義異。雒誥萬年猒于乃德。此古字當存者也。按飽足則人意倦矣。故引伸爲猒倦猒憎。釋詁曰。豫射厭也。是也。豫者古以爲舒字。安也。亦緩也。洪範曰。豫曰急。豫猶怠也。猒厭古今字。猒饜正俗字。**从甘肰。**肰、犬肉也。此會意。於鹽切。古音在七部。**猒猒或从㠯。**㠯、用也。用之猶甘之也。

甚　**甚尤安樂也。**尤甘也。引伸凡殊尤皆曰甚。**从甘匹。**句。匹各本誤甘。依韵會正。常枕切。七部。**匹、**逗。**耦也。**說从匹之意。人情所尤安樂者、必在所溺愛也。**𠀇古文甚。**从口。猶从甘也。

文五　重二

旨　**旨美也。**曡韵。今字以爲意恉字。**从甘匕聲。**職雉切。十五部。**凡旨之屬皆从旨。𣅀古文旨。**从千甘者、謂甘多也。

嘗　**嘗口味之也。**引伸凡經過者爲嘗。未經過爲未嘗。**从旨。尙聲。**市羊切。十部。

文二　重一　按旨部本在亏前。喜後。江聲曰。旨當與甘爲類。今移於此。

曰　**曰詞也。**詞者、意內而言外也。有是意而有是言。亦謂之曰。亦謂之云。云曰、雙聲也。釋詁。粤于爰曰也。此謂詩書古文多有以曰爲爰者。故粤于爰曰四字可互相訓。以雙聲曡韵相假借也。**从口乚。象口气出也。**各本作从口乙聲。亦象口气出也。非是。孝經音義曰。从乙在口上。乙象氣。人將發語。口上有氣。今據正。王伐切。十五部。**凡曰之屬皆从曰。**

𣍘　**𣍘告也。**按下云从曰从冊。會意。則當作冊告也三字。簡牘曰冊。以簡告誡曰𣍘。冊行而𣍘廢矣。**从曰。从冊。冊亦聲。**楚革切。十六部。

曷　**曷何也。**雙聲也。詩有言曷者。如曷不肅雝。箋云。曷、何也。有言害者。如害澣害不。傳云。害、何也。害者、曷之假借字。詩書多以害爲曷。釋詁。曷止也。此以曷爲遏。釋言曰。曷、盍也。此亦假借。凡言何不者。急言之但云曷也。**从曰。匃聲。**胡葛切。十五部。

曶　**曶出气詞也。**玉篇作曶。出气者、其意也。曶者、其言也。意內言外謂之詞。此與心部忽音同義異。忽、忘也。若羽獵賦蠁曶如神。傳毅舞賦雲轉飄曶。漢樊敏碑奄曶滅形。皆出气之意。倏欻之皃。本當用此字。不當作忽。忘字也。楊雄傳。於時人皆曶之。則假曶爲忽。古今人表仲忽作中曶。許云鄭大子曶。則未識名字取何義也。今則忽行而曶廢矣。**从曰。象气出形。**呼骨切。十五部。俗作曶。**春秋傳曰。鄭大子曶。**始見左傳桓公十年。今字作忽。**𣅍籒文曶。**从口。**一曰佩也。象形。**按六字當作一曰佩曶也五字。系於象气出形之下。春秋傳之上。淺人改易之。致不通耳。不得謂古笏可从口。不可从曰。亦不得謂曶象笏形也。咎繇謨。六律五聲八音在治忽。漢書在治忽作七始訓。史記作來始滑。裴駰曰。尙書滑

朁

字作曶。音忽。鄭曰。曶者，臣見君所秉，書思對命者也。君亦有焉。據此則象笏字古作曶。許竹部無笏。**朁，曾也。**釋言、大雅傳、小雅箋同。八部曰。曾，詞之舒也。曾之言乃也。詳八部。**从曰。兓聲。**七感切。古音在七部。**詩曰。朁不畏明。**大雅文。今民勞、十月之交、爾雅字皆作憯。憯之本義痛也。

沓

沓，語多沓沓也。孟子、毛傳釋詩皆曰。泄泄猶沓沓也。引伸爲凡重沓字。假借爲達字。毛生民傳曰。達，達生也。先生，姜嫄之子先生者也。達生卽沓生。謂始生而如再生三生之易也。車攻傳曰。舃，達屨也。達屨卽沓屨。所謂複下曰舃也。板箋曰。女無憲憲然。無沓沓然。爲之制法度。達其意以成其惡。以達釋沓。是其理也。**从水曰。**會意也。徒合切。古音蓋在十五部。**遼東有沓縣。**兩志皆作遼東沓氏縣。顏曰。凡言氏者皆謂因之而立名。

曹

𣍘，獄兩曹也。兩曹、今俗所謂原告被告也。曹猶類也。史記曰。遣吏分曹逐捕。古文尙書兩造具備。史記兩造一作兩遭。兩遭、兩造卽兩曹。古字多假借也。曹之引伸爲輩也。羣也。**从棘。在廷東也。**兩曹在廷東。故从二東之棘。其制未聞也。**从曰。治事者也。**謂聽獄者。已上十二字依韵會本。昨牢切。古音在三部。

文七　重一

乃

乃，曳詞之難也。玉篇詞作離。非也。上當有者字。曳有矯拂之意。曳其言而轉之。若而、若乃皆是也。乃則其曳之難者也。春秋宣八年。日中而克葬。定十五年。日下昃乃克葬。公羊傳曰。而者何。難也。乃者何。難也。曷爲或言而或言乃。乃難乎而也。何注。言乃者內而深。言而者外而淺。按乃然而汝若、一語之轉。故乃又訓汝也。**象气之出難也。**气出不能直遂。象形。奴亥切。一部。**凡乃之屬皆从乃。𠄎，古文乃。𠄒，籀文乃。**三之以見其意。

卤

卤，驚聲也。从乃省。卤聲。卤聲宋本作西聲。不誤。趙鈔及俗刻作卤聲。誤甚。从弓省者、从弓而未盡其曲折也。卤者。籀文西字。以西爲聲也。鍇本作从乃、卤省聲。非是。驚聲者。驚訝之聲。與乃字音義俱別。詩書史漢發語多用此字作迺。而流俗多改爲乃。按釋詁曰。仍迺侯乃也。以乃釋迺。則本非一字可知矣。西聲則古音當在十三部。古音西讀如詵。又讀如仙。**籀文卤不省。**按此五字疑有誤。當作卤籀文𠧪。說文之通例如此。**或曰卤、**逗。鍇作隨。非。**往也。**玄應書三引倉頡篇。迺、往也。**讀若仍。**如乘切。按此三字不在卤聲之下。而系於此。是或說往義之音則然也。仍孕字皆乃聲。一部與六部合音也。卤讀若仍。則謂从卤乃省聲。或說與前說迥異。今人迺讀乃。與或說相近。

𠧪，古文卤。卤本古文。此又古文之異者也。

卤

𠧪，气行皃。隸作逌。禹貢陽鳥攸居、豐水攸同、九州攸同。漢地理志攸皆作逌。逌之言于也。陽鳥于是南來得所也。與爰粤義同。劉歆書。逌人使者。謂行人之官也。**从弓。**按依上卤云从弓省。則此亦當有省字。**卤聲。讀若攸。**以周切。三部。

文三　重三

丂

丂，气欲舒出，𠃌上礙於一也。𠃌者气欲舒出之象。一其上不能徑達。此釋字義。而字形已見。故不別言形也。苦浩切。古音在三部。**丂、古文以爲亏字。**亏與丂音不同。而字形相似。字義相近。故古文或以丂爲亏。**又吕爲巧字。**此則同音假借。**凡丂之屬皆从丂。**

粤

粤，亟詞也。其意爲亟。其言爲粤。是曰意內言外。粤亦語詞也。說文𢓊𢓊、爾雅作粤夆。假借字也。**从丂。从由。**普丁切。十一部。**或曰。**與一曰同。**粤、俠也。**此謂粤與俜音義同。人部曰。俜、俠也。俠、俜也。漢季布傳。爲人任俠。音義。或曰任、氣力也。俠、粤也。**三輔謂輕財者爲粤。**所謂俠也。今人謂輕生曰粤命。卽此粤字。

寧

寧，願詞也。其意爲願。則其言爲寧。是曰意內言外。寍部曰。寍、安也。今字多假寧爲寍。寧行而寍廢矣。古文尙書蓋有寍字。陸氏於大禹謨曰。寍、安也。說文安寍字如此。寧、願詞也。此陸氏依許分別二字。今本經宋開寶閒改竄。不可讀。**从丂。寍聲。**奴丁切。十一部。

𠀀

𠀀，反丂也。讀若呵。虎何切。十七部。

可　奇　哿　哥　兮　𢎱　羲　乎

文四

可　肎也。肎者骨閒肉肎肎箸也。凡中其肎綮曰肎。可肎雙聲。从口丂。口气舒。丂亦聲。肯我切。十七部。凡可之屬皆从可。

奇　異也。不羣之謂。一曰不耦。奇耦字當作此。今作偶。俗。按二義相因。从大。从可。會意。可亦聲。古音在十七部。今音前義渠羈切。後義居宜切。

哿　可也。見小雅毛傳。从可。加聲。古我切。十七部。詩曰。哿矣富人。

哥　聲也。此義未見用者。今呼兄爲哥。从二可。古俄切。十七部。古文以爲歌字。漢書多用哥爲歌。

文四　鉉新附有叵字。不可也。从反可。按玄應引三蒼。叵、不可也。說文敘目亦云。雖叵復見遠流。

兮　語所稽也。兮稽疊韵。稽部曰。畱止也。語於此少駐也。此與哉言之閒也相似。有假猗爲兮者。如詩河水淸且漣猗是也。从丂八象气越亏也。越亏皆揚也。八象气分而揚也。胡雞切。十六部。凡兮之屬皆从兮。

𢎱　驚詞也。詞各本作辭。誤。今依篇韵正。其意驚也。其言𢎱也。是爲意內言外。从兮。旬聲。思允切。十二部。

惸　𢎱或从心。大學瑟兮僩兮者。恂栗也。注曰。恂字或作峻。讀爲嚴峻之峻。言其容貌嚴栗也。按大學之恂、卽說文之𢡱。有驚懼之意。故恂栗爲容皃嚴栗。心部曰。恂、信心也。是其本義。大學則假恂爲𢡱也。莊子。衆狙見之恂然棄而走。亦是驚意。

羲　气也。謂气之吹噓也。按气下當有奪字。从兮。義聲。許羈切。古音在十七部。

乎　語之餘也。乎餘疊韵。意不盡。故言乎以永之。班史多假虖爲乎。从兮。象聲上越揚之形也。謂首筆也。象聲气上升越揚之狀。戶吳切。五部。

文四　重一

号　號　亏　虧　粤　吁

号　痛聲也。号嘑也。凡嘑號字古作号。口部曰。嘑、号也。今字則號行而号廢矣。从口在丂上。丂者气舒而礙。雖礙而必張口出其聲。故口在丂上。号咷之象也。胡到切。二部。按當讀平聲。凡号之屬皆从号。

號　嘑也。嘑各本作呼。今正。呼、外息也。與嘑義別。口部曰。嘑、號也。此二字互訓之證也。釋言曰。號、謼也。魏風傳曰。號、呼也。以說文律之。謼呼皆假借字。號嘑者、如今云高叫也。引伸爲名號、爲號令。从号。从虎。虎嘑号聲高。故从号虎。哮聲厲。故从虎。号亦聲。乎刀切。亦去聲。二部。

文二

亏　於也。於者古文烏也。烏下云。孔子曰。烏亏呼也。取其助气。故以爲烏呼。然則以於釋亏、亦取其助气。釋詁、毛傳皆曰。亏、於也。凡詩書用亏字。凡論語用於字。葢亏於二字在周時爲古今字。故釋詁、毛傳以今字釋古字也。凡言於皆自此之彼之詞。其气舒亏。檀弓易則易于則于。論語有是哉子之于也。于皆廣大之義。左傳于民生之不易。杜云。于、曰也。此謂假于爲曰。與釋詁于曰也合。象气之舒亏。从丂。从一。一者、其气平也。气出而平。則舒于矣。羽俱切。五部。按今音于、羽俱切。於、央居切。烏、哀都切。古無是分別也。自周時已分別於爲屬辭之用。見於羣經爾雅。故許仍之。凡亏之屬皆从亏。

虧　气損也。引伸凡損皆曰虧。小雅兩言不騫不崩。魯頌作不虧不崩。毛曰。騫、虧也。从亏。雐聲。去爲切。據道德經古音在十七部。雐在五部。魚歌合韵也。

虧　虧或从兮。亏兮皆謂气。

粤　亏也。釋詁曰。粤于爰曰也。爰粤于也。爰粤于那都繇於也。粤與于雙聲。而又从亏。則亦象气舒于也。詩書多假越爲粤。箋云。越、於也。又假曰爲粤。寀愼之詞也。也各本作者。今正。此說从寀之意。粤亏皆訓於。而粤尤爲寀度愼重之詞。故从寀。从寀亏。寀愼而言之也。王伐切。十五部。周書曰。粤三日丁亥。今召誥越三日丁巳。亥當作巳。

吁　驚語也。吕荆王曰吁來。按亏有大義。故从亏之字多訓大者。芋下云。大葉實根駭人。吁訓驚語。故从丂口。丂者驚意。此篆重以丂會意。故不入口部。如句丩屬字之例。後人又於口部增吁。解云驚也。宜刪。从口丂。丂亦聲。況于切。五部。

平語平舒也。引伸爲凡安舒之偁。从丂八。句。八、逗。分也。說从八之意。分之而勻適則平舒矣。符兵切。十一部。爰禮說。爰禮者。敘目云孝宣皇帝時沛人爰禮是也。**平**古文平如此。此等篆皆轉寫譌亂。何氏煌曰。玉篇中畫不斷。小篆疑从古文省也。今从玉篇。

文五　重二

喜樂也。樂者。五聲八音總名。樂記曰。樂者樂也。古音樂與喜樂無二字。亦無二音。从壴。从口。壴象陳樂立而上見。从口者。笑下曰喜也。聞樂則笑。故从壴从口會意。虛里切。一部。凡喜之屬皆从喜。**歖**古文喜。从欠。蓋古文作歖。轉寫譌耳。與歡同。同下當有意。謂皆从欠也。

憙說也。說者。今之悅字。樂者無所箸之詞。悅者有所箸之詞。口部嗜下曰。憙欲之也。然則憙與嗜義同。與喜樂義異。淺人不能分別。認爲一字。喜行而憙廢矣。顏師古曰。喜下施心。是好憙之意。音虛記切。从心喜。喜亦聲。許記切。一部。古有通用喜者。如封禪書天子心獨喜其事。

嚭大也。从喜。否聲。按訓大則當从丕。集韵一作嚭是也。匹鄙切。十五部。春秋傳吳有大宰嚭。見左傳。

文三　重一

壴陳樂立而上見也。謂凡樂器有虡者。豎之。其頭上出可望見。如詩禮所謂崇牙。金部所謂鎛鱗也。广部曰。屵、岸上見也。亦謂遠可望見。从屮豆。豆者。豎也。豎、堅立也。豆有骹而直立。故侸豎从豆。壴亦从豆。屮者、上見之狀也。屮、艸木初生。則見其顚。故从屮。中句切。四部。凡壴之屬皆从壴。

尌立也。與人部侸音義同。今字通用樹爲之。樹行而尌廢矣。周禮注多用尌字。从壴。从寸。句。寸、逗。此字補。持之也。寸與又古通用。又者手也。此說从寸之意。壴而復持之則固矣。壴亦聲。讀若駐。常句切。四部。

鼜夜戒守鼓也。周禮鼓人。軍旅夜鼓鼜。注同此。鎛師。凡軍之夜三鼜皆鼓之。守鼜亦如之。注曰。守鼜、備守鼓也。鼓之以鼖鼓。从壴。鼓必有虡。从壴者、鼓之省。从蚤聲。今周禮作鼜。禮。此當云禮記。軍禮司馬法百五十五篇。藝文志以入禮家。昏鼓四通爲大鼓。四者陰數。唐李靖云。鼓三百三十三槌爲一通。未知古法然不。大鼓當依周禮注作大鼜。大鼜謂大行夜也。夜半三通爲戒晨。戒晨、周禮注作晨戒。旦五通爲發明。旦、鉉本作旦明。周禮注亦作旦明。發明、周禮注作發昫。昫、日部曰。昫、日出溫也。已上據鼓人注。乃司馬法之文也。讀若戚。戚古音如促。尗聲與蚤聲同在三部。眡瞭注云。杜子春讀鼜爲憂戚之戚。擊鼓聲疾數。故曰戚。許意同也。杜以他經傳無鼜字。故或讀爲造次之造。或易爲戚。許則謂但讀如戚而已。今音倉歷切。

彭鼓聲也。詩之言鼓聲者。惟鼉鼓逢逢。毛曰。逢逢、和也。逢逢、埤蒼、廣雅作韸韸。高注淮南、呂覽、郭注山海經引詩皆作韸韸。許無韸字。彭卽韸也。東陽合韵也。毛詩出車彭彭。又四牡彭彭。又駟騯騯彭彭。又以車彭彭。凡言彭彭皆謂馬。鄭風駟介旁旁之異文。彭旁皆假借。其正字則馬部之騯也。言馬而假鼓聲之字者。其壯盛相似也。齊風行人彭彭。傳曰。多皃。亦盛意。从壴。鼓省。从彡。从彡、各本作彡聲。今正。从彡猶从三也。指之列多略不過三。故毛飾畫文之字作彡。彭亦从彡也。大司馬冬狩言三鼓者四。言鼓三闋者一。左傳曹劌亦言三鼓。雖未知每鼓若干聲。而从彡之意可見矣。薄庚切。古音在十部。同旁。

嘉美也。見釋詁。又曰。嘉、善也。周禮以嘉禮親萬民。鄭曰。嘉、善也。所以因人心所善者而爲之制。按誩部曰。譱、吉也。羊部曰。美與善同意。經有借假爲嘉者。如大雅、周頌毛傳皆曰。假、嘉也。是也。有借賀爲嘉者。覲禮古文余一人嘉之。今文嘉作賀是也。从壴。壴者陳樂也。故嘉从壴。加聲。古牙切。十七部。

文五

鼓

鼓　郭也。城𩫏字俗作郭。凡外障內曰郭。自內盛滿出外亦曰郭。郭廓正俗字。鼓郭曡韵。春分之音萬物郭皮甲而出。故曰鼓。風俗通全用此說。从壴。鼓必有虡也。从中又。中象𠂹飾。又象其手擊之也。各本篆文作鼔。此十四字作从支。支象其手擊之也。今正。弓部弢下云。从弓、从中、又。中垂飾。與鼓同意。則鼓之从中憭然矣。弢鼓皆从中以象飾。一象弓衣之飾。一象鼓虡之飾也。皆从又。一象手執之。一象手擊之也。夢英所書郭氏佩觿皆作鼓。是也。凡作鼓、作鼔、作鼓者皆誤也。从中从又。非从屮滑之屮。後人譌刪弓衣之飾如紛綬是也。鼓虡之飾如崇牙樹羽是也。工戶切。五部。周禮六鼓。雷鼓八面。靈鼓六面。路鼓四面。鼖鼓、皋鼓、晉鼓皆兩面。六鼓見周禮鼓人。六面、四面、兩面。鄭與此同。凡鼓之屬皆从鼓。

𪔋　籒文鼓。从古。

鼛

鼛　大鼓也。周禮作皋。古音同在三部也。鼓人以皋鼓鼓役事。韗人爲皋鼓。長尋有四尺。倨句磬折。毛傳。鼛、大鼓也。長一丈二尺。从鼓。咎聲。古勞切。古音在三部。詩曰。鼛鼓不勝。不、二徐同。汲古閣作弗。非也。今類篇、集韵、宋刻說文皆作不。大雅文。今詩不作弗。

鼖

鼖　大鼓謂之鼖。凡賁聲字多訓大。如毛傳云。墳、大防也。頒、大首皃。汾、大也。皆是卉聲。與賁聲一也。鼖八尺而兩面。韗人。鼓長八尺。鼓四尺。中圍加三之一謂之鼖鼓。鄭曰。大鼓謂之鼖。㠯鼓軍事。見鼓人。从鼓。卉聲。鉉本改作賁省聲。非也。賁从貝卉聲。微與文合韵最近。符分切。十三部。

韇　鼖或从革。賁聲。鉉本改作賁。不省。非是。大司馬職作賁鼓。即韇之省也。

鼙

鼙　騎鼓也。戴先生曰。儀禮有朔鼙、應鼙。鼙者小鼓。與大鼓爲節。魯鼓薛鼓之圖。圜者擊鼙。方者擊鼓。後世不別設鼙。以擊鼓側當之。作堂下之樂。先擊朔鼙。應鼙應之。朔者始也。所以引樂。故又謂之朄。朄之言引也。朔鼙在西。置鼓北。應鼙在東。置鼓南。東方諸縣西鄉。西方諸縣東鄉故也。按大司馬云。師帥執提。旅帥執鼙。大鄭曰。提謂馬上鼓。有曲木提持鼓立馬髦上者。然則騎鼓謂提、非謂鼙也。許與大鄭異。从鼓。卑聲。部迷切。十六部。

⿰隆鼓

⿰隆鼓　鼓聲也。此當云⿰隆鼓⿰隆鼓鼓聲也。篇韵良弓切。其作鼕、讀徒東徒冬二切者。即⿰隆鼓⿱鼓冬之變也。从鼓。隆聲。徒冬切。九部。

鼘

鼘　鼘鼘、鼓聲也。各本無鼘鼘二字。今依韵會。詩小雅、商頌作淵淵。魯頌作咽咽。皆假借字也。魯頌音義曰。本又作鼝。譌字也。小雅傳曰。淵淵、鼓聲也。魯頌傳曰。咽咽、鼓節也。从鼓。𣶒聲。烏玄切。十二部。詩曰。鼝鼓鼘鼘。今商頌作鞉鼓淵淵。

鼞

鼞　鼓聲也。周禮注曰。司馬法云。鼓聲不過閶。鼙聲不過闒。鐸聲不過琅。閶吐剛反。然則閶即鼞也。投壺音義曰。□、鄭呼爲鼓其聲高。其音鏜鏜然。鏜音吐郎反。是則鏜亦鼞也。上林賦金鼓迭起。鏗鎗闛鞈。顏曰。鏗鎗、金聲。闛鞈、鼓音。闛亦鼞也。楊雄賦閶閶即闛闛。堂聲昌聲古通用耳。从鼓。堂聲。土郎切。十部。詩曰。擊鼓其鼞。邶風文。今詩作鏜。金部曰。鏜、鼓鐘聲也。鼓鐘謂擊鐘也。字从金。故曰鐘聲。於鼓言鏜爲假借。按今金部鏜下作鐘鼓之聲。蓋誤倒。

⿱鼓合

⿱鼓合　鼙聲也。鼙、各本誤作鼓。今正。司馬法曰。鼙聲不過闒。音義曰。闒、吐臘反。劉湯荅反。臘今誤从犬。闒即⿱鼓合字也。投壺音義曰。○、鄭呼爲鼙也。其聲下。其音榻榻然。榻音吐臘反。榻亦即⿱鼓合也。史記上林賦。鏗鎗鏜⿱鼓合。漢書文選作闛鞈。郭璞曰。闛鞈、鼓音也。此渾言之耳。鼙亦鼓也。淮南兵略訓。若聲之與響。若鏜之與鞈。高注。鏜、鞈、鼓鼙聲。此謂鏜、鼓聲。鞈、鼙聲也。从鼓。合聲。徒合切。七部。按當依釋文吐臘反。

鞈　古文⿱鼓合。从革。按革部有此字。別爲訓。後人誤移此增彼也。

⿱鼓咠

⿱鼓咠　鼓無聲也。上文皆言聲。故以鼓無聲廁於後。从鼓。咠聲。他叶切。七部。字又作⿱咠鼓。

鼛

鼓缶　鼓鼙聲。从鼓。缶聲。土盍切。按缶聲不得土盍切。明矣。玉篇曰。⿱去鼓、鼓聲也。七盍切。廣韵曰。⿱去鼓、鼓聲也。倉雜切。皆即其字。缶者去之譌。去聲古或入侵部也。然皆鼛之誤字耳。今鼛之解說既更正。則鼛篆可刪。

文十　重三

豈

豈　還師振旅樂也。公羊傳曰。出曰祠兵。入曰振旅。周禮大司樂曰。王師大獻。則令奏愷樂。注

愷　饑　豆

曰。大獻。獻捷於祖。愷樂獻功之樂。鄭司農說以春秋晉文公敗楚於城濮。傳曰振旅愷以入於晉。按經傳豈皆作愷。**一曰欲登也。**各本作欲也、登也。多也字。今刪正。欲登者、欲引而上也。凡言豈者、皆庶幾之詞。言幾至於此也。故曰欲登。曾子問。周公曰。豈不可。注言是豈於禮不可。按此謂於禮近於不可也。漢書丙吉傳。豈宜褒顯。猶言蓋庶幾宜褒顯也。周漢文字用豈同此者甚多。舉二事足以明矣。欠部有欨字。幸也。文王世子注、孔廟禮器碑有驩字。意皆與豈相近。驩卽豈之變也。豈本重難之詞。故引伸以爲疑詞。如召南傳曰。豈不言有是也。後人文字言豈者、其意若今俚語之難道。是與曾子問、丙吉傳二豈字似若相反。然其徘徊審顧之意一也。**从豆。**豆當作壴省二字。豈爲獻功之樂。壴者陳樂也。**敳省聲。**敳各本作微。誤。今依鉉本敳下注語正。墟豨切。十五部。按鉉本豨作喜。誤。**凡豈之屬皆从豈。**

愷　康也。愷康雙聲。釋詁曰。康、安也。毛傳釋豈弟曰。豈、樂也。弟、易也。按豈、經傳多作愷。愷樂、毛詩亦作豈。是二字互相假借也。愷不入心部而入此者、重以豈會意也。詩又作凱。俗字也。邶風傳曰。凱風謂之南風。樂夏之長養。凱亦訓樂。卽愷字也。**从豈心。豈亦聲。**苦亥切。古音在十五部。

饑　汔也。汔各本作鐖。無此字。今正。釋詁曰。饑、汔也。孫炎曰。汔、近也。民勞箋云。汔、幾也。幾與饑同。汔與訖同。汔、水涸也。水涸則近於盡矣。故引爲凡近之詞。木部杚、平也。亦摩近之義也。𢆶部曰。幾、微也。殆也。然則見幾、研幾字當作幾。庶幾、幾近字當作饑。幾行而饑廢矣。**訖事之樂也。从豈。**說从豈之意也。終事之樂、五角切。如賓出奏陔、公入奏鰲是也。終事之樂、盧各切。如言可與樂成是也。其意一也。故从豈。訖與汔通。**幾聲。**按當云从豈幾、幾亦聲。渠稀切。十五部。

文三

豆　古食肉器也。考工記曰。食一豆肉、中人之食也。左傳曰。四升爲豆。周禮醢人掌四豆之食。**从口。**音圍。象器之容也。**象形。**上一象幎也。特牲籩巾以綌纁裏。士昏醯醬二豆、菹醢四豆、兼巾之。士喪

梪　䔲

籩豆用布巾。是也。下一象六也。祭統注曰。鐙、豆下跗。是也。丨象骹也。祭統曰。夫人薦豆執校。校者、骹之假借字。注云。豆中央直者是也。豆柄一而已。兩之者、望之則兩也。畫繪之法也。考工記曰。豆中縣。注。縣繩正豆之柄。是也。豆柄直立。故豎侸豈字皆从豆。徒候切。四部。**凡豆之屬皆从豆。**

𣅀　古文豆。鍇本如此作。玉篇亦曰𣅀古文。當近是。

梪　木豆謂之梪。釋器曰。木豆謂之梪。竹豆謂之籩。瓦豆謂之登。毛傳亦曰。木曰豆。所以薦菹醢也。瓦曰登。所以薦大羹也。毛詩豆當作梪。旊人豆中縣。豆本瓦器。故木爲之則異其字。韓勑碑。爵鹿相梪。偁古文武成有梪。**从木豆。**豆亦聲。徒候切。四部。

䔲　蠡也。瓠部曰。瓢、蠡也。然則䔲、瓢也。蠡、說文三見。斗部曰。斡、蠡柄也。并此及瓠部凡三見也。蠡之言離。方言曰。劙、解也。一瓠離爲二。故曰蠡。鄭注鬯人云。瓢謂瓢蠡也。漢書以蠡測海。張晏曰。蠡、瓠瓢也。字皆借蠡。九歎。瓟蠡蠹於筐簏。急就篇。蠡升參升半卮觛。方言。蠡或謂之瓢。或謂之簞。或謂之櫼。則字皆从瓜。王伯厚注急就云。皇象碑本作盠。李本作蠡。廣韵齊、薺韵皆有盠。

登　𧯸

士昏禮。四爵合巹。注云。合巹、破匏也。昏義亦作巹。正義云以一瓠分爲兩瓢。巹者、䔲之假借字。巹从丞聲。䔲从丞聲。故同音假借。**从豆。**此非豆而从豆者、謂瓠可盛飲食。略同豆。**蒸省聲。**艸部蒸或省火作⿱艹丞。不云⿱艹丞聲者、⿱艹丞字後出也。古音在六部。今音居隱切。劉昌宗、呂忱反語已誤。

登　豆屬。此本艸經之大豆黃卷也。味甘平。主濕痺筋攣膝痛。唐本注云。以大豆爲芽蘖。生便乾之。名爲黃卷。靈樞曰。腎病者宜食。廣韵阮韵云。䔲黃、豆也。**从豆。**許言尗、豆也。象豆生之形也。荅、小豆也。萁、豆莖也。藿、尗之少也。枝、配鹽幽尗也。然則尗與古食肉器同名。故䔲登二字入豆部。按豆卽尗、一語之轉。周人之文皆言尗。少言豆者。惟戰國策張儀云。韓地五穀所生、非麥而豆。史記作菽。吳氏師道云。古語祇稱菽。漢以後方呼豆。若然、則䔲登字蓋出漢製乎。**𢍏聲。**居願切。廣韵求晚切。十四部。

𧯸　豆飴也。飴、米櫱煎也。櫱、芽米也。然則豆飴者、芽豆煎爲飴也。黑部黫下曰。讀若飴𧯸之𧯸。方言。飴謂之餧。餧謂之餚。郭注以豆屑雜餳也。餧卽𧯸字。**从豆。夗聲。**一丸切。按篇韵皆於月切。

一丸非也。十四部。

𤼷

𤼷禮器也。生民曰。于豆于登。釋器、毛傳皆曰。瓦豆謂之登。毛云。登薦大羹。公食大夫禮。大羹湆不和實于鐙。登鐙皆假借字。劉氏台拱曰。詩、爾雅皆作登。釋文、唐石經、篇、韵皆無登字。玉篇有𤼷字。俗製登字改經。非也。从廾持肉在豆上。會意。讀若鐙同。都滕切。六部。

文六　重一　按𤼷篆當次豆篆之下、梪篆之上。說解當云豆也。乃合。豆本陶旊爲之。故不云瓦豆也。今非其次。疑許本無此篆。淺人妄增之。籒文登作𤼷。又或益之肉成此字。云从廾持肉在豆上。亦非也。

豊

豊行禮之器也。豊禮曡韵。从豆。象形。上象其形也。林罕字源云。上从𠀠。郭氏忠恕非之。按說文之例。成字者則曰从某。假令上作𠀠。則不曰象形。盧啟切。十五部。凡豊之屬皆从豊。讀與禮同。

豑

豑爵之次弟也。爵者、行禮之器。故从豊。有次弟。故从弟。爵之次弟。若士虞禮。主人廢爵。主婦足爵。賓長繶爵。祭統。玉爵獻卿。瑤爵獻大夫。散爵獻士及羣有司是也。凡酒器皆曰爵。則如禮運云。宗廟之爵。貴者獻以爵。賤者獻以散。尊者舉觶。卑者舉角。梓人云。獻以爵而酬以觶是也。从豊弟。直質切。按因堯典作平秩。故爲此音耳。當是弟亦聲也。十五部。虞書曰。虞當作唐。平豑東作。堯典文。今尚書作平秩。史記作便程。周禮鄭注引書作辨秩。許作平豑。豑葢壁中古文之字如此。孔氏安國乃讀爲秩。而古文家從之。許存壁中之字。如鄭注禮經存古文之字。注周禮存故書之字也。

文二

豐

豐豆之豐滿也。謂豆之大者也。引伸之凡大皆曰豐。方言曰。豐、大也。凡物之大皃曰豐。又曰。朦、尨、豐也。豐其通語也。趙魏之郊、燕之北鄙。凡大人謂之豐。燕記豐人杼首。燕趙之閒言圍大謂之豐。許云豆之豐滿者。以其引伸之義明其本義也。周頌豐年傳曰。豐、大也。然則豐年亦此字引伸之義。而賈氏儀禮疏不得其解。从豆。象形。曲象豆大也。此與豊上象形同耳。戴侗云。唐本曰。从豆、从山、𡴘聲。蜀本曰。丰聲。山取其高大。按生部云。丰、艸盛丰丰也。與豐音義皆同。大射儀注曰。豐其爲字从豆。曲聲。近似豆大而卑矣。似鄭時有曲字。但鄭注轉寫至今亦多譌誤。曲聲之聲或是䊤字。儀徵阮氏元說𡴘字云。豐字當是𡴘聲而凵象形。𡴘字當是𡴘聲而凵象形。一从艸盛之丰。一从艸蔡之丰也。玉裁按。竝丰、竝丰、說文無字。如替鬵字从兟聲、蒜字从祘聲、飆虋字从猋聲、贔聲、㯻㯻字从林。皆非無字者也。則唐本、蜀本未可遽信。敕戎切。九部。一曰鄉飲酒有豐侯者。此別一義。鄉當作禮。與觚下、觶下之誤同。禮飲酒有豐侯。謂鄉射、燕、大射、公食大夫之豐也。鄭言其形云似豆卑而大。說者以爲若井鹿盧。言其用於鄉射云所以承爵也。於大射云以承尊也。公食大夫之豐亦當是承爵。燕禮之豐亦當是承尊。皆各就其篇之文釋之。禮但云豐。許云豐侯者。葢漢時說禮家之語。漢律曆志。王命作策豐刑。竹書紀年。成王十九年。黜豐侯。阮諶曰。豐國名也。坐酒亡國。崔駰酒箴曰。豐侯沈湎。荷罌負缶。自戮於世。圖形戒後。李尤豐侯銘曰。豐侯荒謬。醉亂迷逃。乃象其形。爲禮戒式。後世傳之。固無正說。三君皆後漢人。諶撰三禮圖者。漢人傳會禮經有豐侯之說。李尤以爲無正說。鄭不之用。許則襲禮家說也。凡豐之屬皆从豐。古文豐。

豔

豔好而長也。小雅毛傳曰。美色曰豔。方言。豔、美也。宋衞晉鄭之閒曰豔。美色爲豔。按今人但訓美好而已。許必云好而長者。爲其从豐也。豐、大也。大與長義通。詩言莊姜之美。必先言碩人。頎言魯莊之美。必先言猗嗟昌兮、頎若長兮。所謂好而長也。左傳兩言美而豔。此豔進於美之義。人固有美而不豐滿者也。毛傳及方言皆渾言之也。从豐。豐、大也。說从豐之意。豐之本義無當於豔。故舉其引伸之義。盇聲。以贍切。八部。春秋傳曰。美而豔。左傳桓元年、文十六年文。

文二　重一

䖒

䖒古陶器也。陶當作匋。書多通用。匋作瓦器也。从豆。虍聲。許羈切。按虍聲當在五部。

䖒　𥂖　虍　虞　虙

而䖒戲轉入十六部。十七部合音之理也。凡䖒之屬皆从䖒。

䖒 土鍪也。金部曰。鍪、鍑屬也。鍑釜大口者。廣雅鍑鍪䥇鬴也。䥇卽䖒字。鍪金爲之。䖒則土爲之。鄭注周禮所謂黃𧰼也。𧰼卽鍪字。鬲部曰秦名土釜曰𩰫。从䖒号聲。讀若鎬。胡到切。二部。

𥂖 器也。从䖒宀。宀亦聲。直吕切。五部。闕。此疑衍。其義其形、其聲皆具則無缺矣。

文三

虍 虎文也。象形。小徐曰。象其文章屈曲也。荒烏切。五部。凡虍之屬皆从虍。讀若春秋傳曰虍有餘。有譌字不可通。疑是賈余餘勇之賈。

虞 騶虞也。騶虞、山海經、墨子作騶吾。漢東方朔傳作騶牙。皆同音假借字也。白虎黑文。見毛傳。鄭志張逸問傳曰白虎黑文。荅曰周史王會云。按今王會篇文不具。尾長於身。見山海經。仁獸也。食自死之肉。毛傳曰。騶虞義獸也。白虎黑文。不食生物。有至信之德則應之。許云仁獸。不同者、毛用古左氏、修母致子之說。許不從也。哀十四年左傳服虔注云。視明禮修而麟至。思睿信立白虎擾。言從義成則神龜在沼。聽聰知止而名山出龍。貌恭禮仁則鳳皇來儀。此以昭九年傳云水官不修則龍不至故也。毛云麟信而應禮。又云騶虞義而應信。又云鳳皇靈鳥仁瑞也。正用古說。許不从古說。故麟、騶虞皆謂之仁獸。鳳謂之神鳥。騶虞之仁何也。以其不食生物。食自死之肉也。从虍。吴聲。五俱切。按此字假借多而本義隱矣。凡云樂也安也者。娛之假借也。凡云規度也者、以爲度之假借也。詩曰。于嗟乎騶虞。召南文。五經異義。今詩韓魯說騶虞、天子掌鳥獸官。古詩毛說騶虞義獸。白虎異文。食自死之肉。不食生物。人君有至信之德則應之。周南終麟止。召南終騶虞。俱稱嗟歎之。皆獸名。謹按古山海經鄒書云騶虞獸。說與毛詩同。按許說詩从毛。作說文則於从毛之中、不从其義獸應信之說也。鄒書葢謂鄒子書。

虙 虎皃。古伏羲字作虙。五經文字引論語釋文云。宓子賤姓虙。亥字譌舛。轉而爲宓。故濟南伏生稱子賤之後也。从虍。必聲。房六切。按古音在十二部。讀如密。顏氏家訓云。張揖孟康皆云虙伏古今字。而皇甫謐帝王世紀云。伏羲或謂之宓羲。案諸經史緯候遂無宓羲之號。虙宓二字下俱爲必。是以誤耳。孔子弟子虙子賤卽虙羲之後。俗字亦爲宓。今兗州永昌郡城東門子賤碑。漢世所立。云濟南伏生郎子賤之後。是虙之與伏古來通字。誤以爲宓。較可知矣。顏語謂虙音房六切。與伏音同。而宓音綿一切。與虙音殊。故謂宓羲宓子賤皆誤字。不知虙宓古音正同。故虙羲或作宓羲。其爲伏羲者。如毛詩苾字、韓詩作馥。語之轉也。宓子賤之當爲虙子賤則出黃門肊測。而陸氏釋文、張氏五經文字從之。葢古未有作虙子賤者。若論其同从必聲則作虙子賤亦無不可。

虔　虘　虖　虐　虨

虔 虎行皃。釋詁、大雅商頌傳皆曰。虔固也。商頌傳、魯語注皆曰。虔敬也。左傳虔劉我邊陲注。虔劉皆殺也。方言。虔慧也。虔殺也。虔謾也。按方言不可盡知其說。糾虔、虔劉皆卽釋詁虔固之義。堅固者必敬。堅固者乃能殺也。堅固者虎行之皃也。商頌箋虔椹也。亦取堅固之意。从虍。文聲。按聲當是衍字。虎行而箸其文。此會意。讀若矜。渠焉切。按矜从令聲。亦作矝。則虔古音當在十二十三部也。

虘 虎不柔不信也。剛暴矯詐。从虍。且聲。讀若𨛜縣。昨何切。按邑部曰。𨛜沛國縣也。𨛜覰皆虘聲。然則古音本在五部。沛人言𨛜若昨何切。此方言之異。而虘讀同之。

虖 哮虖也。口部曰。哮豕驚聲也。唬、虎聲。通俗文曰虎聲謂之哮唬。疑此哮虖當作哮唬。漢書多假虖爲乎字。从虍。乎聲。荒烏切。五部。

虐 殘也。歹部曰。殘賊也。从虍。爪人。爪人補。三字會意。虎足反爪人也。覆手曰爪。虎反爪鄉外攫人。是曰虐。魚約切。二部。古文虐如此。

虨 虎文彪也。彪下曰。虎文也。二字雙聲。假借作班。漢書敘傳曰。楚人謂虎班。其子吕爲號。上文既曰楚人謂虎於檡矣。此乕當作楚人謂虎文班。上林賦被班文。史記作幽文。李善曰。班文、虎豹之皮。索隱引輿服志。虎賁騎被虎文單衣。按幽與彪同部之假借也。班與彪同類之假借也。錢氏大昕曰。易象傳。大人虎變。其文炳也。與下文蔚君爲韵。蔚讀

虡

𧇚鐘鼓之柎也。木部曰。柎。闌足也。靈臺有瞽傳皆曰植者曰虡。橫者曰栒。考工記曰。梓人爲簨虡。飾爲猛獸。梓人曰。臝屬恆有力而不能走。其聲大而宏。若是者以爲鐘虡。按鼓虡當亦象臝屬也。戴氏考工記圖曰。虡所以負筍。非以臝者羽者爲虡下之跗也。引西京賦。洪鐘萬鈞。猛虡趪趪。負筍業而餘怒。乃奮翅而騰驤。薛注云。當筍下爲兩飛獸以背負。張揖注上林賦曰。虡。獸重百二十萬斤。以俠鐘旁。俠同夾。此可見虡制。師古改其注云以縣鐘。則昧於古制矣。廣韵引埤倉。鐻。樂器。以夾鐘。削木爲之。與張注同。今本廣韵作形似夾鐘則非矣。又考上林賦。捷飛虡。廣韵引正作虡。張揖曰。飛虡。天上神獸。鹿頭龍身。是長卿謂虡爲神獸。許謂栒虡字飾以猛獸。說不同也。从虍。畀象形。畀各本作異。非。今正。謂篆之中體象猛獸之狀。非畀畀二字也。形字鉉本無。非是。其下足。謂六也。六者下基也。虡之迫地者也。其呂切。五部。

鐻虡或从金豦。或當作篆。此亦上部之例也。周禮典庸器注。橫者爲筍。從者爲鐻。釋文曰。鐻。舊本作此字。今或作虡。按經典鐻字祇此一處。此字葢秦小篆。李斯所作也。秦始皇本紀。收天下兵。聚之咸陽。銷以爲鐘鐻。本篇引賈生論云。銷鋒鑄鐻。三輔黃圖曰。始皇收天下兵。銷以爲鐘鐻。高三丈。字皆正作鐻。葢梓人爲虡。本以木。始皇乃易以金。李斯小篆乃改爲从金豦聲之字。司馬賦云。千石之鐘。萬石之鉅。正謂秦物。史記作鉅。卽鐻字之異者也。鐘鐻與金人爲二事。本紀賈論西都西京二賦。三輔黃圖皆竝舉。漢賈山傳。陳項傳各舉其一。學者或認爲一事。非也。典庸器經文作虡。注文作鐻。此鄭氏注經之通例。如禮經經文作庿。注文作廟。周禮經文作眡。注文作視。皆是也。

𧇚篆文虡。五經文字曰。虡。說文也。虡。隸省也。然則虡爲隸字。不用小篆而改省古文。後人所增也。

文九　重三

虎

虎山獸之君。从虍。从儿。會意。虎足象人足也。已上八字。鉉本妄改。張次立復以鉉本改鍇本。惟韵會如是。此古本之眞也。从儿。韵會作从八。此其誤已久耳。儿部曰。孔子曰。在人下。故詰屈。謂人之股腳也。虎之股腳似人。故其字上虍下儿。虍謂其文。儿謂其足也。說文䶂頭黽頭似它頭。燕尾似魚尾。兔頭似兔頭。萈足似兔足。能足㲋足似鹿足。㲋頭似兔。足似鹿。文義相同。儿有其字。故先言从儿而後言虎足象人足。篆體改作虎。則儿象人足之云不可通。顧氏藹吉乃疑虎下當从爪矣。今正之。凡篆虎字依隸體从儿爲是。呼古切。五部。五部與十七部通。故左氏陽虎論語作陽貨。非一名一字也。邢昺孫奭乃有虎名貨字之說。凡虎之屬皆从虎。

虍古文虎。

𧆨亦古文虎。

䖇

䖇虎聲也。篇韵作虩。从虎。毄聲。讀若隔。古覈切。十六部。

䖂

䖂白虎也。从虎。昝省聲。讀若鼏。昔當作冥。字之誤也。水部曰。汨。从水。冥省聲。玉篇曰。𧇭俗䖂字。可證也。又按漢書金日磾說者謂密低二音。然則日聲可同密。䖵部𧖴蜜同字。禮古文鼏皆爲密。則鼏密音同也。今音䖂莫狄切。

䖄

䖄甝屬。釋獸。甝。白虎。許無甝。䖄即甝也。一說釋文云。甝字林下甘反。又亡狄反。甘聲之字。不能切亡狄。甝與䖂當是以一譌二。未知孰是耳。从虎。厺聲。呼濫切。鉉等曰。去非聲。未詳。按業韵之狜怯亦音去劫切。而皿部之盇。隸字多作盍。葢盇二字古通。去聲卽盇聲也。重讀爲呼濫切。

虪

虪黑虎也。釋獸曰。虪。黑虎。釋文曰。儵今作虪。吳都賦曰。越虪。从虎。儵聲。式竹切。三部。此舉形聲包會意也。但形聲則言攸聲已足。如儵黛是也。

虦

虦虎竊毛謂之虦苗。苗今之貓字。許書以苗爲貓也。釋獸曰。虎竊毛謂之虦貓。按毛苗古同音。苗亦曰毛。如不毛之地是。竊虦淺亦同音也。具言之曰虦苗。急言之則但曰苗。詩言有貓有虎。記言迎貓迎虎是也。从虎。戔聲。昨閑切。十四部。竊淺也。此於雙聲疊韵求之。必言此者。嫌竊之本義謂盜自中出也。大雅曰。鞹鞃淺幭。傳曰。淺。虎皮淺毛也。言竊言淺一也。釋鳥竊藍竊黃竊丹皆訓淺。於六書爲假借。不得云竊卽淺字。

彪

彪虎文也。此與彪雙聲同義。虎皮詩謂之虎。如虎韔是也。亦謂之文。如文茵是也。分別言之謂之淺。如淺幭是也。說文曰虎、曰彪、曰彪皆狀其文也。班彪字伯皮。此取虎文之義也。从虎彡。句。彡補。彡、逗。象其文也。說从彡之意。彡、毛飾畫文也。故虎文之字從之。

⿰乂虎 虎兒。从虎乂聲。魚廢切。十五部。

䖈 虎兒。篇韵作⿸虍乙。从虎气聲。魚迄切。十五部。

虓 虎鳴也。大雅。闞如虓虎。毛曰。虓虎之自怒虓然。按自怒猶盛怒也。口部曰。唬、虎聲也。虓與唬雙聲同義。从虎九聲。四字依韵會本在此。許交切。古音在三部。一曰師子。別義。謂師子名虓也。師獅正俗字。釋獸曰。狻麑如虦貓。食虎豹。郭曰。即獅子也。出西域。按鹿部云。狻麑獸也。不云師子。然則許意不同郭也。東觀記曰。順帝時疏勒王遣使文時詣闕獻獅子。似虎。正黃。有頿耏。尾端茸毛。其大如斗。

⿰斤虎 虎聲也。猶狺爲犬吠聲。从虎斤聲。語斤切。古音在十三部。

虩 易履虎尾虩虩。履九四爻辭。今易虩虩作愬愬。釋文曰。愬愬、子夏傳云恐懼貌。馬本作虩虩。云恐懼也。說文同。按震卦辭。震來虩虩。馬云。恐懼貌。鄭同馬。鄭用費易。許用孟易。而字同義同也。虩虩、二字今補。恐懼也。已上引易而釋之。一曰蠅虎也。崔豹曰。蠅虎、蠅狐也。形似蜘蛛而色灰白。善捕蠅。一名蠅蝗。一名蠅豹。从虎。按此篆下先引經者。以履虎尾說字之从虎也。㷊聲。許逆切。古音在五部。故易一作愬也。

虢 虎所攫畫明文也。攫者、叉所扟也。畫者、叉所劃。故有明文也。虢字本義久廢。罕有用者。从虎寽。各本衍聲字。今正。寽在十五部。虢在五部。非聲也。寽部曰。寽、五指寽也。虎所攫畫。故从虎寽會意。今音古伯切。

虒 委虒、韵會。虎之有角者也。虎無角。故言者以別之。廣韵曰。虒似虎有角。能行水中。按韵會引說文。羼以廣韵語。非偁古之法。从虎厂聲。息移切。十六部。

虪 黑虎也。从虎騰聲。徒登切。六部。按此篆當與䖘爲伍。今非其次。或轉寫失而補之。或後人羼綴末。可定也。

文十五　重二

虤 虎怒也。从二虎。此與犾、兩犬相齧也同意。五閑切。十四部。凡虤之屬皆从虤。

𧇭 兩虎爭聲。从虤从曰。會意。讀若憖。語巾切。十二部。

贙 分別也。魏都賦。蒹葭贙。謂蒹葭茂密。若爭地而生也。釋獸之贙。獸名也。从虤對爭貝。爭則分別矣。讀若回。古音在十五部。今音胡畎切。

文三

皿 飯食之用器也。飯汲古閣作飲。誤。孟子。牲殺器皿。趙注。皿所以覆器者。此謂皿爲幎之假借。似非孟意。象形。與豆同意。上象其能容。中象其體。下象其底也。與豆略同而少異。凡皿之屬皆从皿。讀若猛。按古孟猛皆讀如芒。皿在十部。今音武永切。

盂 飲器也。飲大徐及篇韵、急就篇注作飯。誤。小徐及後漢書注、御覽皆作飲。不誤。木部。樺、木也。可屈爲杅者。杅即盂之假借字。既夕禮。兩敦兩杅。注。杅盛湯漿。公羊傳。古者杅不穿。何注。杅、飲水器。孫卿子曰。槃圓而水圓。杅方而水方。史記滑稽傳。操一豚蹏。酒一盂而祝。後漢書孝明紀。盂水脯糒而已。方言。盂、宋楚魏之閒或謂之盌。又曰。盂謂之柯。又曰。盂謂之榼。河濟之閒謂之䀇。从皿亏聲。羽俱切。五部。

盌 小盂也。方言曰。盌謂之盂。或謂之銚銳。又曰。盌謂之櫂。又曰。椀謂之盞。从皿夗聲。于夗皆坳曲意。以形聲包會意也。烏管切。十四部。

盛 黍稷在器中㠯祀者也。盛者實於器中之名也。故亦謂器爲盛。如左傳旨酒一盛。喪大記食粥於盛。是也。引伸爲凡豐滿之偁。今人分平去。古不分也。如左傳盛服將朝。盛音成。本亦作成。从皿成聲。形聲包會意。小徐無聲字。氏征切。十一部。

齍 黍稷器。所㠯祀者。各本作黍稷在器以祀者。則與盛義不別。今从韵會本。按周禮一書或兼言齍盛。或單言齍。單言盛。皆言祭祀之事。他事絕不言齍盛。故許皆云以祀者。兼言齍盛若甸師。舂人。肆師。小祝是也。單言齍若大宗伯。小宗伯大祝是也。單言盛若饎人、稟人是也。小宗伯逆齍注云。受饎人之盛以入。然則齍盛可互偁也。甸師注云。粢、稷也。穀者稷爲長。是以名云。肆師注云。粢、六穀也。大祝注云。粢號謂黍稷皆有名號也。舂人注云。齍盛謂黍稷稻粱之屬可盛以爲簠簋實。經文齍字。注三易爲粢。而小宗伯六齍注云。齍讀爲粢。六粢謂六穀。黍稷稻粱麥苽。此則易齍爲粢之恉。謂齍粢古今字也。考毛詩甫田作齊。亦作齍。用古文。禮記作粢盛。用今文。是則齍粢爲古今字。憭然。左傳作粢盛則用今字之始。左傳曰。絜粢豐盛。毛曰。器實曰齍。在器曰盛。鄭注周禮。齍或專訓稷。或訓黍稷稻粱。盛則皆訓在器。是則齍之與盛別者。齍謂穀也。盛謂在器也。許云器曰齍。實之則曰盛。似與毛、鄭異。蓋許主說字。其字从皿。故謂其器可盛黍稷曰齍。要之齍可盛黍稷。而因謂其所盛黍稷曰齍。凡文字故訓引伸每多如是。說經與說字不相妨也。**从皿。𠦒聲。**𠦒、禾麥吐𥝌上平也。形聲包會意。郎夷切。十五部。

⿱有皿　小甌也。小甌、盆也。廣韵、⿱有皿、抒水器也。**从皿。有聲。讀若灰。**灰有二聲。古音皆在一部也。今音于救切。**一曰若賄。**賄从有聲。古音亦在一部。

⿱右皿　⿱有皿或从右。右聲也。古音亦在一部。

盧　盧、飯器也。凵部曰。凵盧、飯器。以柳爲之。士昏禮注曰。笲、竹器而衣者。如今之筥笿簏矣。筥笿簏二物相似。笿簏卽凵盧也。方言。簇、趙魏之郊謂之去簇。注。盛飯筥也。錢氏大昕曰。去簇卽凵盧也。**从皿。虍聲。**洛乎切。五部。

籒文盧。

⿱⿰缶古皿　器也。从缶皿。古聲。公戶切。五部。

盄　器也。从皿。弔聲。止遙切。二部。

盎　盆也。釋器。盎謂之缶。注云。盆也。假借爲酒名。周禮盎齊注曰。盎猶翁也。成而翁翁然。葱白色。如今酇白矣。按翁者滃之假借。滃猶泱泱也。泱泱也。酒之成似之。孟子。盎於背。趙曰。其背盎盎然。凡言盎然者。皆謂盛。以音假借也。**从皿。央聲。**烏浪切。十部。

㼜　盎或从瓦。莊子。甕㼜大癭。

盆　盎也。廣雅。盎謂之盆。考工記。盆實二鬴。**从皿。分聲。**步奔切。十三部。

䀁　器也。从皿。宁聲。直呂切。五部。⿸虍⿱宁皿字從此。

盨　檳盨、逗。**負戴器也。**檳、小栝也。見匚部。此檳盨之檳乃別一義。廣韵一送云。檳、格木也。三十六養云。儣、載器也。出埤蒼。玉篇云。儣、渠往切。載器也。載器皆當作戴器。古載戴通用。格木亦謂庋閣之木。東方朔傳。朔曰。是窶數也。師古曰。窶數、戴器也。以盆盛物戴於頭者。則以窶數薦之。今賣白團餠人所用者也。又楊敞傳。鼠不容穴。銜窶數。師古曰。窶數、戴器也。按窶數、其羽山羽二反。檳盨、渠往相庾二反。檳與窶雙聲。盨與數雙聲疊韵。一語之轉也。負戴器者。謂藉以負戴物之器。**从皿。須聲。**相庾切。古音在四部。

⿱漻皿　器也。廣韵古巧切。濁也。苦絞切。⿱漻皿器也。**从皿。漻聲。**古巧切。古音在三部。

𥁑　拭器也。廣韵、集韵、類篇皆作拭。許書以飾爲拭。不出拭。此作拭者。說解中容不廢俗字。抑後人改也。可以𠭤拭之器。若今𠭤子之類。韓非所謂懷刷。其是歟。古𠭤刷通用也。今各本作械器。非古本。**从皿。必聲。**彌畢切。十二部。

醯　酸也。酉部曰。酸、酢也。關東謂酢曰酸。周禮醯人。掌共醯物。**作醯㠯鬻㠯酒。**鬻者、䰞或字。**从鬻酒、並省。从皿。皿、器也。**醯器者。周禮所謂醯罋也。呼雞切。十六部。

盉　調味也。調聲曰龢。調味曰盉。今則和行而龢盉皆廢矣。鬻部曰。鬻、五味盉羹也。**从皿。**調味必於器中。故从皿。古器有名盉者。因其可以盉羹而名之盉也。廣川書跋引說文。調味器也。沽器字非。**禾聲。**戶戈切。十七部。

益　饒也。食部曰。饒、飽也。凡有餘曰饒。易象傳曰。風雷益。君子以見善則遷。有過則改。**从水皿。水皿、**此水字今補。**益之意也。**說會意之恉。伊昔切。十六部。

盈　滿器也。滿器者、謂人滿宁之。如彉下云滿弩之滿。水部溢下云器滿也。則謂器中已滿。滿下云盈溢也。則兼滿之已滿而言。許書之精嚴如此。**从皿。夃。**秦以市買多得爲夃。故从夃。以成切。十一部。

盡　器中空也。釋詁。𣪧悉卒泯忽滅罄空畢罊殲拔殄盡也。曲禮曰。虛坐盡後。實坐盡前。卽忍切。俗作儘。亦空義之引伸。**从皿。𦘔聲。**慈忍切。十二部。

盅　器虛也。丠部曰。虛、大丠也。引伸爲虛落。今之墟字也。又引伸爲空虛。邶風、其虛其邪。毛曰。虛、虛也。是其義也。謂此虛字乃虛中之虛也。盅虛字今作沖。水部曰。沖、涌繇也。則作沖非也。沖行而盅廢矣。从皿中聲。直弓切。九部。老子曰。道盅而用之。今道德經作沖。

盦

盦覆蓋也。此與大部奄音義略同。此謂器之蓋也。从皿酓聲。烏合切。七部。合當作含。

昷

昷仁也。从皿㠯食囚也。官溥說。凡云溫和、溫柔、溫暖者，皆當作此字。溫行而昷廢矣。水部溫篆下但云水名。不云一曰煗者。許謂煗義自有昷字在也。用此知日部昫日出溫也。安𣆪溫也。㬈溫溼也。火部熅溫也。衮以微火溫肉也。金部銚溫器也。鑴一溫器也。凡若此等皆作昷。不作溫矣。官溥者，博訪通人之一也。烏渾切。十三部。

盥

盥澡手也。水部曰。澡洒手也。禮經多言盥。內則每日進盥。五日請浴。三日具沐。其閒面垢請靧。足垢請洗。是則古人每旦必洒手。而洒面則不必旦旦爲之也。大學有湯之盤。卽特牲內則之盥槃。故其銘曰日日新。凡洒手曰澡、曰盥。洒面曰頮。濯髮曰沐。洒身曰浴。洒足曰洗。从臼水臨皿也。會意。皿者，禮經之所謂洗。內則之所謂槃也。內則注曰。槃，承盥水者。禮經注曰。洗，承盥洗者棄水器也。古玩切。十四部。

春秋傳曰。奉匜沃盥。左傳僖廿三年文。匜者，柄中有道，可以注水。內則亦云，請沃盥。沃者自上澆之。盥者手受之而下流於槃。故曰臼水臨皿。此引傳說字形之意。特牲經曰。尸盥匜水實于槃中。簞巾在門內之右。注。設盥水及巾。尸尊不就洗。又不揮。謂不就洗。故設匜水。水實於匜。匜實於槃也。不揮。故設巾。巾實於簞也。古之盥手者用匜澆手。水下流於洗。洒爵者用匜澆爵。中覆水於洗。盥者揮手令乾而已。故禮經盥不言帨手。尸尊則帨。敬老則盥卒授巾也。匜之水勺於罍。少牢注曰。凡設水用罍。沃盥用枓。禮在此也。是則常用爲匜爲槃。禮器爲枓爲洗。又云。洗者統洗爵而名之也。設水之器。禮器爲罍。常用未聞。

盪

盪滌器也。水部曰。滌，洒也。洒，滌也。此字从皿。故訓滌器。凡貯水於器中。搖蕩之去滓。或以礦瓦石和水吮湔之。皆曰盪。盪者滌之甚者也。易曰。八卦相盪。左傳。震盪播越。皆引伸之義。郊特牲曰。滌蕩其聲。注。滌蕩猶搖動也。蕩者盪之假借。从皿湯聲。徒朗切。十部。

文二十五　重三

凵

凵凵盧。疊韵爲名。飯器。凵盧詳皿部盧下。按皿部不言凵者。單評曰盧。絫評曰凵盧也。㠯柳作之。象形。下侈上斂。去魚切。五部。凡凵之屬皆从凵。笑 凵或从竹。去聲。按士昏禮注作笑。籚廣韵曰。笑、飯器。

文一　重一

去

去人相違也。違、離也。人離故从大。大者人也。从大凵聲。丘據切。五部。凡去之屬皆从去。

朅

朅去也。思玄賦舊注、劉逵蜀都賦注皆同。按古人文章多云朅來。猶往來也。从去曷聲。丘竭切。十五部。

𡋯

𡋯去也。从去夌聲。讀若棘陵。力膺切。六部。按大徐删棘字。今按玉篇曰居力切。又力膺切。廣韵集韵皆兼入蒸、職二韵。一力膺切。一紀力切。葢許書本作讀若棘。夌聲而讀同棘。一部與六部之合也。或又讀若陵。註陵於秀。而小徐兩存之。

文三

血

血祭所薦牲血也。肉部曰。膋、血祭肉也。爨部曰。釁、血祭也。郊特牲曰。毛血告幽全之物也。注。幽謂血也。毛詩。血以告殺。膋以升臭。此皆血祭之事。按不言人血者。爲其字从皿。人血不可入於皿。故言祭所薦牲血。然則人何以亦名血也。以物之名加之人。古者茹毛飲血。用血報神。因製血字。而用加之人。从皿。皿者、周禮珠槃、玉敦之類。一象血形。在皿中也。呼決切。十二部。凡血之屬皆从血。

衁

衁血也。易歸妹上六。女承筐無實。士刲羊無血。左傳晉筮繇曰。士刲羊亦無衁也。女承筐亦無貺也。正義曰。易言血而此言衁。故杜知衁是血也。从血亡聲。呼光切。十部。春秋傳曰。士刲羊亦無衁也。左僖十五年文。

衃

衃凝血也。素問。赤如衃血者死。注。衃血謂敗惡凝聚之血。色赤黑也。从血。

不聲。芳杯切。古音在一部。

𧖧气液也。此字各書皆假津爲之，津行而𧖧廢矣。水部曰：液，𧖧也。从血聿聲。將鄰切。十一部。

粤定息也。心部曰：息，喘也。喘定曰粤。从血甹省聲。讀若亭。特丁切。十一部。

衄鼻出血也。素問曰：鼻衄。又脾移熱於肝則爲驚衄。按諸書用挫衄者，縮朒字之假借也。縮朒者，退卻之意也。从血丑聲。女六切。三部。

盥腫血也。癰腫也。停滯之血則爲盥。周禮注曰：潰瘍，癰而含膿血者。从血，農省聲。奴冬切。九部。

膿俗盥从肉，農聲。如此作。

監血醢也。以血爲醢，故字从血。从血肬聲。肬聲當作从肬。此以會意兼形聲也。肉部曰：肬，肉汁滓也。按醢多汁則曰肬醢，以血爲醢則曰監醢。其多汁汪郎相似也。故从肬，而肬亦聲。他感切。八部。禮有監醢。各本禮下有記，誤，今依韵會本。禮經、周禮皆云醓醢，非出於記也。許書言禮有柶，禮有刷巾，禮有奠祭，禮有縉緣，皆謂禮經。目牛乾脯粱䊵鹽酒也。醢人注曰：作醢及臡者，必先膊乾其肉，乃後莝之，雜以粱麴及鹽，漬以美酒，塗置甀中，百日則成矣。其作法許、鄭正同。鄭衆云：膊乾其肉，許云牛乾脯者，鄭總釋諸醢臡，許單釋醢，舉一以見例也。經牛醢不言牛，他醢臡不言醢，立文錯見也。以牛乾脯粱䊵鹽酒則非血醢矣，其謂之監醢何也？禮經醓即監之變，醓醢用牛乾脯粱䊵鹽酒，閉之甀中，令其汁汪郎然，是曰肉汁滓，是曰肬醢，宜矣。而許時禮經作監醢，則假借血醢之字也。故許引禮經而釋監醢，非監之本訓。猶圛下引商書曰圛，而又釋之，非圛之本義；堲下引唐書曰堲讒，而又釋之，非堲之本義。

𧗢醢也。从血菹聲。醢人注曰：凡醯醬所和，細切爲齏，全物若牒爲菹。少儀曰：麋鹿爲菹，野豕爲軒，皆牒而不切；麕爲辟雞，兔爲宛脾，皆牒而切之。切葱若薤，實之醯以柔之。由此言之，則齏菹之稱，菜肉通。按菹亦爲肉稱，故其字又作𧗢，从血菹，會意也。从血，猶从肉也。側余切。五部。

䖻𧗢或从缶。从缶者，菹醢必鬱諸器中而成也。𧗢䖻二篆又見艸部，後人增之耳。玉篇艸部無之，當刪彼存此。

𧗰目血有所刏涂祭也。詳刀部刏下。𧗰蓋亦刏字之異者。从血幾聲。渠稀切。十五部。

卹憂也。憂當作𢝊。𢝊，愁也。釋詁曰：卹，憂也。卹與心部恤音義皆同。古書多用卹字，後人多改爲恤。如比部引周書無毖于卹，潘岳藉田賦惟穀之卹，李注引書惟刑之卹，今尚書卹皆作恤是也。从血卩聲。辛聿切。古音在十二部。一曰鮮少也。此別一義。卹與惜雙聲。鮮少，可惜也。鮮當作尟。

𧗾傷痛也。𧗾然痛傷其心。某氏注尚書亦云。从血聿，皕聲。聿者，所以書也。血聿者，取披瀝之意。皕讀若逼。在第一部。周書曰：民罔不𧗾傷心。酒誥文。讀若憘。心部無憘。喜部有憙，而義不相近。按當作譆。言部曰：譆，痛也。音義皆近。許其切。一部。

衉羊凝血也。釋名曰：血脂，以血作之。脂即衉字也。陶氏注本艸，宋帝時太官作血衉，庖人削藕皮，誤落血中，遂皆散不凝。陶所云血衉，即劉之血脂也。按必系諸羊者，惟羊血供飲食，前云衁血也，衃凝血也，皆謂人。至監、𧗰、衉三字乃言牲血。此許書嚴人物之辨也。从血臽聲。苦紺切。八部。

𧘂衉或从贛。依小徐及玉篇。

盇覆也。皿中有血而上覆之。覆必大於下，故从大。艸部之蓋从盇，會意。訓苫，覆之引伸耳。今則蓋行而盇廢矣。曷，何也。凡言何不者，急言之亦曰何，是以釋言云：曷，盇也。鄭注論語云：盇，何不也。盇古音在十五部，故爲曷之假借，又爲蓋之諧聲。今入七八部，爲閉口音，非古也。从血大聲。此以形聲包會意。大徐刪聲，非也。胡臘切。其形隸變作盍。

衊污血也。漢文三王傳：污衊宗室。孟康曰：衊，音漫。从血蔑聲。莫結切。十五部。

文十五　重三　按卹𧗾二篆當上屬，盥篆已上皆人事也。監𧗢𧗰衉當以類廁焉。

丶有所絕止，丶而識之也。按此於六書爲指事。凡物有分別，事有可不，意所存主，心識其處者皆是。非專謂讀書止，輒乙其處也。知庾切。古音在四部。凡丶之屬皆从丶。

主鐙中火主也。釋器：瓦豆謂之登。郭曰：即膏鐙也。膏鐙，說文金部之鐙錠二字也。其形如豆。今之鐙盞是

音

也。上爲盌盛膏而爇火是爲主。其形甚微而明照一室。引伸假借爲臣主、賓主之主。主 象形。謂象鐙形。从丶。丶亦聲。之庾切。古音在四部。按丶主古今字。主炷亦古今字。凡主人、主意字本當作丶。今假主爲丶。而丶廢矣。假主爲丶。則不得不别造鐙炷字。正如假左爲𠂇、不得不别造佐爲左也。

咅 相與語唾而不受也。今俗有此。从丶。从否。不部曰。否、不也。从丶否者。主於不然也。丶亦聲。丶各本作否。非。今正。咅、韵書皆入矦部。或字从豆聲。豆與丶同部。周易蔀斗主爲韵。蔀正咅聲也。天口切。四部。

其形隸作咅。𧨳 音或从豆欠。欠者、口气也。豆者、聲也。

文三　重一

說文解字第五篇上

五篇上　垩

錢塘梁玉繩校字

說文解字第五篇下

金壇段玉裁注

丹

丹 巴越之赤石也。巴郡南越皆出丹沙。蜀都賦。丹沙赩熾出其坂。謂巴也。吳都賦。赬丹明璣。謂越也。丹者石之精。故凡藥物之精者曰丹。象采丹井。謂井也。采丹之井、史記所謂丹穴也。蜀吳二都賦注皆云。出山中有穴。丶象丹形。都寒切。十四部。凡丹之屬皆从丹。

𠂤 古文丹。彬 亦古文丹。按此似是古文彤。

雘

雘 善丹也。按南山經曰。雞山、其下多丹雘。侖者之山、其下多青雘。然則凡采色之善者皆偁雘。蓋本善丹之名。移而他施耳。亦猶白丹、青丹、黑丹皆曰丹也。从丹。蒦聲。讀與靃同。各本作讀若隺。今依尚書音義正。烏郭切。五部。周書曰。惟其敷丹雘。杍材文。敷、孔穎達正義本作斁。衞包改作塗。俗字也。

彤

彤 丹飾也。春秋經曰。丹桓宮楹。从丹彡。以丹拂拭而涂之。故从丹彡。彡者、毛飾畫文也。飾、拭古今字。彡其畫也。說从彡之意。彡亦聲。小徐有此三字。然則彤古音當在七部矣。今音徒冬切。

文三　重二

五篇下　一

青

青 東方色也。考工記曰。東方謂之青。木生火。从生丹。丹、赤石也。赤、南方之色也。倉經切。十一部。丹青之信言必然。俗言信若丹青。謂其相生之理有必然也。援此以說从生丹之意。凡青之屬皆从青。

𡴑 古文青。

靜

靜 宷也。上林賦。靚糚。張揖注曰。謂粉白黛黑也。按靚者、靜字之假借。采色詳宷得其宜謂之靜。考工記言畫繢之事是也。分布五色。疏密有章。則雖絢爛之極。而無淟涊不鮮。是曰靜。人心宷度得宜。一言一事必求理義之必然。則雖緐勞之極。而無紛亂。亦曰靜。引伸假借之義也。安靜本字當从立部之竫。从青爭聲。疾郢切。十一部。

井　𤇾井　阱　㓝　刱

文二　重一

丼八家爲一丼。穀梁傳曰。古者公田爲居。井竈葱韭盡取焉。風俗通曰。古者二十畝爲一井。因爲市交易。故稱市井。皆謂八家共一井也。孟子曰。方里而井。井九百畝。其中爲公田。此古井田之制。因象井韓而命之也。象構韓形。構謂共也。韓、井上木闌也。其形四角或八角。又謂之銀牀。罋象也。缶部曰。罋、汲缾也。丼、子郢切。十一部。古者伯益初作井。出世本。凡丼之屬皆从丼。

𤇾井突池也。按玉篇作澤地。雖不言出說文。然恐說文古本如是。廣韵洴濴、小水也。濴蓋郎𤇾井。从丼。𤇾省聲。按凡从𤇾之字皆曰𤇾省聲、則𤇾當作熒。烏迥切。十二部。

阱陷也。穿地陷獸。从𨸏井。於大陸作之如井。丼亦聲。疾正切。十一部。穽阱或从穴。中庸音義曰。阱本作穽、同。引說文穽或阱字也。今本釋文於或下妄沾爲字。按古本說文多云某或某字。見於經典釋文者往往如是。周禮注所謂古字多或也。今本說文盡改之云某或作某。非古也。若讀釋文竄改者。則益可歎矣。𣂪古文阱。从水。錯本作阱或从水。玉篇云。古文作汬。

㓝罰辠也。假借爲典型字。从刀丼。易曰。丼者法也。此引易說从井之意。丼者法也。葢出易說。司馬彪五行志引易說同。風俗通亦云。丼者法也。節也。春秋元命包曰。刑、刀守丼也。飲水之人入井爭水。陷於泉。刀守之。割其情也。又曰。网言爲詈。刀守詈爲罰。罰之爲言內也。陷於害也。已上見玄應大唐衆經音義。徐堅初學記。夫井上爭水。不至用刀。至於詈罵。當罰。五罰斷不用刀也。故許以罰入刀部。謂持刀罵詈則應罰。以刑入井部。謂有犯五刑之辠者則用刀法之。同一从刀。而一系諸受法者。一系諸執法者。且从井非爲入井爭水。視元命包之說。正如摧枯拉朽。安置妥帖矣。故其書百世師承可也。丼亦聲。戶經切。十一部。按此刑罰正字也。今字改用刑。刑者、剄也。見刀部。其義其音皆殊異。

刱造法刱業也。蒙上文丼者法也而言。故云造法刱業。國語、孟子字皆作創。趙氏、韋氏皆曰。創、造也。假借字也。从丼。刅聲。讀若創。初亮切。十部。

文五　重二

皀

皀穀之馨香也。禾部曰。穀、續也。續當作粟。粟者嘉穀實也。曲禮曰。黍曰薌合。粱曰薌萁。薌即香字。左傳引周書曰。黍稷非馨。明德惟馨。馨者、香之遠聞者也。香者芳也。象嘉穀在裹中之形。謂白也。大雅謂秬虋芑爲嘉穀。毛傳謂苗爲嘉穀。許書謂禾爲嘉穀。虋芑苗禾一物也。連裹曰穀。曰粟。去裹曰米。米之馨香曰皀。裹者、禾部所謂稃也。檜也。糠也。穀皮是也。匕所㠯扱之。說下體从匕之意。匕部曰。匕所以比取飯。一名柶。扱者收也。或說皀、一粒也。顏氏家訓曰。在益州與數人同坐。初晴。見地下小光。問左右是何物。一蜀豎就視。云是豆逼耳。皆不知所謂。取來乃小豆也。蜀土呼豆爲逼。時莫之解。吾云。三蒼說文皆有皀字。訓粒。通俗文音方力反。衆皆歡悟。凡皀之屬皆从皀。又讀若香。又字上無所承。

即　既

疑有奪文。按顏黃門云。通俗文音方力反。不云出說文。然則黃門所據未嘗有方力反矣。而許書中卿字从皀聲。讀若香之證也。又鳥部鵖字从皀聲。爾雅音義云。鵖、彼及反。郭房汲反。字林方立反。是則皀有在七部一音。當云讀若某。在又讀若香之上。今奪。

即即食也。即、當作節。周易所謂節飲食也。節食者、檢制之使不過。故凡止於是之䛐謂之即。凡見於經史言即皆是也。鄭風毛傳曰。即、就也。从皀。卪聲。此當云从皀卪。卪亦聲。其訓節食。故从卪皀。卪、節古通也。今音子力切。古音在十二部。

既小食也。此與口部嘰音義皆同。玉藻、少儀作機。假借字也。引伸之義爲盡也。已也。如春秋日有食之。既。周本紀東西周皆入於秦。周既不祀。正與小食相反。此如亂訓治、徂訓存。既者終也。終則有始。小食則必盡。盡則復生。从皀。旡聲。居未切。十五部。論語曰。不使勝食既。鄉黨篇文。此引經說假借也。論語以既爲气。如商書以玫爲好。詩以及爲姑之類。今論語作氣。气氣古今字。作氣蓋魯論也。許偁蓋古文論語也。或云。謂不使肉勝於食。但小小食之。說固可通。然古人之文。云不使勝。則已足。不必贅此字。

㿝

㿝飯剛柔不調相箸。按玉篇作飯堅柔調也。無不字。非也。堅與柔不龢。謂不純堅。不純柔。柔者與堅者兩相附箸。飯之不美者也。米者謂之糜。則純有性者也。从皀。冂聲。讀若適。施隻切。十六部。

文四

鬯

鬯㠯𩰪釀鬱艸。芬芳攸服。㠯降神也。攸服當作條暢。周禮鬯人注。大雅江漢箋皆云。芬香條暢。可證也。郊特牲云。周人尚臭。灌用鬯臭。鬱合鬯。臭陰達於淵泉。云鬱合鬯。與下文蕭合黍稷皆謂二物相合也。周禮鬱人職。凡祭祀賓客之祼事。和鬱鬯以實彝而陳之。注云。築鬱金。煑之以和鬯酒。按此正所謂鬱合鬯也。鄭注序官鬱人云。鬱。鬱金香草。宜以和鬯。注鬯人云。鬯。釀秬爲酒。芬香條暢於上下也。是鬯與鬱之分較然矣。秬釀爲鬯。芳艸築煑爲鬱。二者攪和之爲鬱鬯。許說略同。故於鬯言秬釀。於鬱言芳艸。其鬯下兼言鬱艸者。於分中見其合。謂用秬釀及築煑之鬱艸合和之降神。鬯主於秬釀也。故說字形曰。中象米。匕所以扱之。又按江漢傳云。秬、黑黍也。鬯、香草也。築煑合而鬱之曰鬯。此鬱鬯不爲二物。又謂鬯爲香艸。皆與後來許鄭異。攷王度記云。天子以鬯。諸侯以薰。大夫以蘭芝。士以蕭。庶人以艾。禮緯云。鬯艸生郊。中候云。鬯艸生庭。徐氏中論云。煑鬯燒薰以揚其芬。皆謂鬯爲艸名。與毛說合者也。竊謂鬱者蘊積。鬯者條暢。凡物必蘊積而後條暢。秬釀非不可言鬱。香艸未嘗不言鬯也。則秬艸二物、固可各兼二名矣。从凵。音祛。凵、器也。凵部云。凵盧飯器。中象米。謂※也。※即米字斜書之。匕所㠯扱之。士冠士昏禮皆以柶扱醴。柶即匕也。易曰。不喪匕鬯。震卦辭。經言鬯者多矣。獨偁此文者。說鬯从匕之意也。與豐麗等字引易同。鬯。丑諒切。十部。凡鬯之屬皆从鬯。

鬱

鬱芳艸也。十葉爲貫。十當作千。百字下曰。十百爲一貫。貫是也。周禮注作十、亦誤。百廿貫。廿者古文二十也。周禮注作二十。築㠯煑之爲鬱。鬱人注。鄭司農云。鬱、草名。十葉爲貫。百二十貫。築以煑之鐎中。停於祭前。按許說同此。今本注百二十貫之下衍爲字。賈公彥誤連築爲句矣。築鬱二字見肆師職。注云。築鬱草。煑之。鬱人注云。築鬱金。煑之以和鬯酒。又云。鬱金香草。宜以和鬯。是則鄭意謂築之煑之以和秬黍所釀之鬯酒。乃用於祼也。凡以鬱和鬯謂之鬱鬯。如鬱人云和鬱鬯以實彝。是。不和鬱者。但謂之秬鬯。如鬯人掌共秬鬯是也。許意與鄭略同。从臼缶冖。音覛。鬯。臼、又手也。缶、瓦器。冖、覆也。鬯之言暢也。又手築之。令廣乃盛之於缶而覆之。封固以幽之。則其、香气暢達。此會意之恉也。彡其飾也。此說从彡之意。其物用於祭祀喪紀賓客者也。故必飾其器。鬱、迂勿切。十五部。一曰鬱鬯。此連鬯爲文釋之。百艸之華。遠方鬱人所貢芳艸。合釀之㠯降神。謂凡言鬱鬯者、用中國百艸之華及遠方鬱人所貢芳艸二者合而釀之。芬芳條暢。可用降神。是曰鬱鬯。此別一義也。前說芳艸築煑爲鬱。合秬釀爲鬯。此說謂合釀艸華及遠國芳艸爲鬱鬯。不必合秬酒而後爲鬯也。肆師職大鄭注亦謂築煑香艸爲鬯。水經注溫水篇引應仲遠地理風俗記語、乃仲遠檃栝許書而爲之者。鬱、逗。謂鬱人之鬱字。今鬱林郡也。以上三鬱字舊作鬱。今依漢志作鬱。或說正以鬱釋鬱。許意古書云鬱人所貢。即今鬱林郡地之人也。水經溫水至鬱林廣鬱縣爲鬱水。地理志。武帝元鼎六年更名桂林爲鬱林。

爵

爵禮器也。古說今說皆云爵一升。韓詩說。爵觚觶角散總名曰爵。其實曰觴。象雀之形。各本作象爵之形四字。今正。古文全象爵形。即象雀形也。小篆改古文殽之。首象其正形。下象其側形也。中有鬯酒。又持之也。又、手也。祭統。尸酢夫人執柄。夫人受尸執足。柄者尾也。所㠯飲器象雀者。各本雀作爵。今正。取其鳴節節足足也。節足足、雀音如是。廣雅曰。鳳皇雄鳴即即。雌鳴足足。宋書符瑞志因之。皮傳之說耳。即略切。二部。爵引伸爲爵秩字。假借爲雀字。韓詩說曰。爵、盡也。足也。白虎通說爵祿曰。爵者盡也。所以盡人材。古爵音同焦。醮、進字皆取盡意。

爵依古文四聲韵。古文爵如此。象形。首尾喙翼足具。見爵形卽雀形也。程氏瑤田通藝錄曰。前有流喙也。腦與項也。胡也。後有柄尾也。容酒之量。其口左右侈出者。翅也。近前二柱。聳翅將飛皃也。其量腹也。腹下卓爾鼎立者。其足也。古爵之存於今者。驗之。网柱拄眉而酒盡。古經立之容。不能昂其首也。不昂首而實盡取節於网柱之拄眉。梓人所謂鄉衡者如是。

𩰫　黑黍也。一稃二米㠯釀。生民曰。誕降嘉穀。維秬維秠。毛曰。秬、黑黍也。秠一稃二米也。禾部。稃、穭也。秠一稃二米。天賜后稷之嘉穀也。是則黑黍名𩰫。自其一稃二米言之則謂之秠。以釀酒是曰𩰫釀。經典曰𩰫鬯。故其字从鬯也。黑黍容有不一稃二米者。从鬯。矩聲。其呂切。五部。

秬　𩰫或从禾。今經典字皆如此作。

𩰬　列也。列當从玉篇作烈。字之誤也。烈、火猛也。引伸爲凡猛之偁。𩰬謂酒氣酷烈。左傳。嘉栗旨酒。栗讀爲烈。𩰬引伸爲迅疾之義。今俗用駛疾字。當作此。从鬯。鬱鬯灌地。臭陰達於淵泉。其氣烈也。吏聲。讀若迅。吏聲卽史聲。史與迅雙聲。唐韵疏吏切。古音亦在一部。

文五　重二

食　亼米也。各本作一米也。玉篇同。蓋孫強時已誤矣。韵會本作米也。亦未是。今定爲亼米也。由亼字俗罕用而誤也。以合下云亼口例之。則此當爲亼米信矣。亼、集也。集衆米而成食也。引伸之人用供口腹亦謂之食。此其相生之名義也。下文云。飯、食也。此食字引伸之義也。人食之曰飯。因之所食曰飯。猶之亼米曰食。因之用供口腹曰食也。食下不曰飯也者何也。食者自物言。飯者自人言。嫌其義不顯。故不以飯釋食也。飯下何以云食也。自饔篆以下皆自人言。故不嫌也。周禮膳夫職注曰。食、飯也。曲禮食居人之左注。食、飯屬也。凡今人食分去入二聲。飯分上去二聲。古皆不如此分別。从皀。亼聲。或說亼皀也。此九字當作从亼皀三字。經淺人竄改。不可通。皀者。穀之馨香也。其字从亼皀。故其義曰亼米。此於形得義之例。乘力切。一部。凡食之屬皆从食。錯本此下有讀若粒三字。衍文。

𩝞　脩飯也。脩各本作滫。誤。今依爾雅音義引正。脩、倉頡篇作餐。脩之言溲也。水部曰。溲、浸沃也。飯者。人所飯也。爾雅作饙。釋言曰。饙、餾稔也。孫云。蒸之曰饙。均之曰餾。郭申之云。今呼餐音脩。餐飯爲饙。饙均孰爲餾。詩釋文引字書云。饙、一蒸米也。劉熙云。饙、分也。衆粒各自分也。按大雅泂酌行潦。挹彼注茲。可以餴饎。箋云。酌取行潦。投大器之中。又挹之注之於此小器。而可以沃酒食之餴者。以有忠信之德。齊絜之誠。以薦之故也。此謂以水沃熱飯。古語云餐飯。从食。𠦬聲。𠦬从卉聲。賁、奔亦从卉聲。十五部與十三部合音也。府文切。

饙　𩝞或从賁。賁聲也。

餴　𩝞或从奔。奔聲也。今詩字如此。

餾　飯气流也。流各本作蒸。今依泂酌正義引改。餕下云。馬食穀多气流四下也。然則飯气流者。謂气液盛流也。據孫郭爾雅注及詩釋文所引字書。似一蒸爲饙。再蒸爲餾。然許不如此說。从食。畱聲。力救切。三部。

飪　大孰也。特牲禮請期曰羹飪。注。飪、孰也。亦假稔爲之。釋言。饙餾稔也。字又作餁。餁同飪。从食。壬聲。如甚切。七部。

𦝫　古文飪。从肉。

恁　亦古文飪。心部恁下云。齋也。此古文系後人增羼。小徐說。李舟切韵不云亦古文飪。

饔　孰食也。已孰可食者也。小雅毛傳曰。孰食曰饔。周禮注曰。饔、割亨煎和之稱。从食。雝聲。於容切。九部。

飴　米櫱煎者也。者字今補。米部曰。櫱、芽米也。火部曰。煎、熬也。以芽米熬之爲飴。今俗用大麥。釋名曰。餳、洋也。煑米消爛洋洋然也。飴、小弱於餳。形怡怡也。內則曰。飴蜜以甘之。从食。台聲。与之切。一部。

𩛘　籒文飴。从異省。異省聲。

餳　飴和饊者也。不和饊謂之飴。和饊謂之餳。故成國云。飴弱於餳也。方言曰。凡飴謂之餳。自關而東。陳楚宋衞之閒通語也。揚子渾言之。許析言之。周禮小師注。管如今賣飴餳所吹者。周頌箋亦云。从食。昜聲。各本篆作餳。云易聲。今正。按餳从昜聲。故音陽。亦音唐。在十部。釋名曰。餳、洋也。李軌周禮音唐。是也。其陸氏音義。周禮辭盈反。毛詩夕清反。因之唐韵徐盈切。此十部音轉入於十一部。如行庚航等字之入庚韵。郭璞三倉解詁曰。楊音盈。協韵。晉灼漢書音義反楊惲爲由嬰。其理正同耳。淺人乃易其𩛸聲之偏秀。玉篇廣韵皆誤从易。然玉篇曰。餳。徒當切。廣韵十一唐曰。糖。飴也。十四淸曰。餳。飴也。皆可使學者知餳糖一字。不當从易。至於集韵始以餳入唐韵。餳入淸韵。畫分二字。使人眞贋不分。其誤更甚。猶賴類篇正之。餳古音如洋。語之轉如唐。故方言曰。餳謂之餹。郭云。江東皆言餹。音唐。

饊　熬稻粻餭也。餭依韵會从食。各本作程。蓋因許書無餭改之耳。楚辭方言皆作餦餭。古字蓋當作張皇。招䰟有餦餭些。王曰。餦餭。餳也。方言曰。餳謂之餦餭。郭云。卽乾飴也。諸家渾言之。許析言之。熬。乾煎也。稻。稌也。稌者。今之稬米。米之黏者。鬻稬米爲張皇。張皇者。肥美之意也。既又乾煎之。若今煎粢飯然。是曰饊。飴者。熬米成液爲之。米謂禾黍之米也。今饊者。謂乾熬稻米之張皇爲之。兩者一濡一小乾。相盉合則曰餳。此許意也。楊、王、郭、以餳飴釋餦餭。渾言之也。豆飴謂之登。見豆部。从食。散聲。蘇旱切。十四部。

餅　麪餈也。麥部曰。麪。麥末也。麪餈者。餅之本義也。方言曰。餅謂之飥。或謂之餦。或謂之餛。是也。从食。幷聲。必郢切。十一部。

餈　稻餅也。方言曰。餌謂之餻。或謂之粢。或謂之䬴。或謂之餣。或謂之飥。謂米餅也。周禮糗餌粉餈。注曰。餌餈皆粉稻米黍米所爲也。合蒸曰餌。餅之曰餈。糗者。擣粉熬大豆爲餌餈之黏著以粉之耳。餌言糗。餈言粉。互相足。按許說與鄭不同。謂以稬米蒸孰。餅之如麪餅曰餈。今江蘇之餈飯也。粉稬米而餅之而蒸之則曰餌。鬻部云。鬻。粉餅也。是也。今江蘇之米粉餅米粉團也。粉餅則傅之以熬米麥之乾者。故曰糗餌。米部云。糗。熬米麥也。可證。餈則傅之以大豆之粉。米部曰。粉。傅面者也。可證也。許不言何粉。大鄭云。豆屑是也。从食。次聲。疾資切。十五部。周禮故書作茨。假借字也。

𩜮　餈或从齊。齊聲。

粢　餈或从米。猶从食也。內則音義曰。餈本或作粢。按粢與禾部秶各義。

饘　糜也。米部曰。糜。糝也。糝。以米和羹也。按以米和羹者。鬻實也。故正考父鼎銘曰。饘於是。粥於是。以餬余口。詳鬻部。从食。亶聲。諸延切。十四部。周謂之饘。宋衞謂之餰。此五字各本作宋謂之餬四字。今依檀弓音義初學記正。餰者。鬻之或字。見鬻部。去虔切。一人安謂鬻饘同字。故於此改餰爲餬耳。

餱　乾食

也。小雅。乾餱以愆。釋言、毛傳皆曰。餱。食也。大雅毛傳又云。餱、糧食也。凡乾者曰餱。故許曰乾食。無羊。或負其餱。亦必乾者乃可負也。小徐曰。今人謂飯乾爲餱。从食。侯聲。乎溝切。四部。周書曰。峙乃餱粻。柒誓文。今書作糗糧。據正義引鄭注。糗。擣熬穀也。與周禮注糗同。然則古文尚書作糗矣。許或兼偁歐陽夏侯書與。粻字不見米部。而大雅云。以峙其粻。釋言詩箋皆曰。粻。糧也。大雅又云。乃裹餱糧。則餱粻卽餱糧。

餥　餱也。釋言曰。餥。餱食也。从食。非聲。非尾切。十五部。陳楚之閒相謁而食麥飯曰餥。方言曰。餥。食也。陳楚之內相謁而食麥饘謂之餥。郭曰。音非。

饎　酒食也。大雅泂酌傳曰。饎。酒食也。七月大田箋同。按酒食者。可喜之物也。故其字从食喜。商頌大糦是承。傳曰。糦。黍稷也。周禮饎人。大鄭注云。饎人。主炊官也。特牲饋食禮注曰。炊黍稷曰饎。饎人皆依文爲訓。由黍稷而炊之。爲酒爲食。其事相貫。饎本酒食之偁。因之名炊曰饎。因之名黍稷曰饎。引伸之義也。方言。糦。孰食也。氣孰曰糦。據毛詩箋則古文以喜爲饎。从食。喜聲。昌志切。一部。詩曰。可㠯饙饎。大雅文。謂行潦之水可用於酒食之饙。

𩜰　饎或从配。配聲也。周禮注曰。故書饎作[illegible]。蓋轉寫多灬。

糦　饎或从米。商頌字如此作。特牲注曰。古文饎作糦。

籑　具食也。廿部曰。具。共置也。禮經凡言饌注曰。陳也。陳與置義同。論語曰。有酒食。先生饌。从食。算聲。士戀切。十四部。

饌　籑或从巽。巽聲。論語。先生饌。馬云。飲食也。鄭作餕。食餘曰餕。按馬注者古論。鄭注者校周之本以齊古。讀正凡五十事。其讀正者皆云魯讀爲某。今从古。此不云今从古。則是从魯論作餕者。何晏作饌。从孔安國、馬融之古論也。據禮經特牲少牢注皆云。古文籑作餕。許書則無餕有籑。饌字。是則許於禮經从今文不从古文也。但禮經之籑。訓食餘。而許籑饌同字。訓爲具食。則食餘之義無箸。且禮經言饌者多矣。注皆訓陳。不言古文作餕。食餘之字皆作籑。未有作饌者。然則禮饌籑當是各字。饌當獨出。訓具食也。籑餕當同出。訓食餘也。乃與禮經合。若論語魯餕古饌。此則古文假饌爲餕。此謂養親必有酒肉。既食恆餕而未有原。常情以是爲孝也。○又按禮記之字。於禮經皆从今文。而皆作餕。疑儀禮注當云今文籑作餕。

養 供養也。今人分別上去。古無是也。从食。羊聲。余兩切。十部。古文養。

飯 食也。自饎篆已上皆自物言之。自籑篆已下皆自人言之。然則云食也者。謂食之也。此飯之本義也。引伸之所食爲飯。今人於本義讀上聲。於引伸之義讀去聲。古無是分別也。禮記音義云。依字書。食旁作卞。扶万反。謂所食也。食旁作反。符晚反。謂食之也。二字不同。今則混之。故隨俗而音此字。陸語殊誤。古祇有飯字。後乃分別作餅。俗又作飰。此正如汳水俗作汴也。唐以前書多作餅字。後來多譌爲餅字。从食。反聲。符萬切。十四部。按大徐不達許意。故切符萬。而不云扶晚也。

鈕 𥻗飯也。从食。丑聲。女久切。三部。按米部曰。粈。𥻗飯也。此鈕篆蓋俗增。故非其次。宜刪。

飤 糧也。从人食。祥吏切。一部。按以食食人物。其字本作食。俗作飤。或作飼。經典無飤。許云。飤食馬穀也。不作飤馬。此篆淺人所增。故非其次。釋爲糧也。又非。宜刪。

饡 以羹澆飯也。此飯用引伸之義。謂以羹澆飯而食之也。考工記注曰。讀資屨之屨。屨卽饡字也。玉篇曰。屨者。饡之古文。然則本作屨。轉寫作屨耳。內則注曰。狠臅膏臆中膏也。以煎稻米則似今膏屨矣。釋名曰。肺臊。臊饡也。以米糝之。如膏饡也。以羹澆飯者。饡之本義。膏饡者。漢人所爲。从食。贊聲。則幹切。十四部。

⿰食象 晝食也。此猶朝曰饔。夕曰飧也。晝食曰⿰食象。俗譌爲日西食曰⿰食象。見廣韵。今俗謂日西爲晌午。頃刻爲半晌。猶⿰食象之遺語也。从食。象聲。書兩切。十部。⿰食象或从⿱𠂉昜。

飧 餔也。小雅傳曰。孰食曰饔。魏風傳曰。孰食曰飧。然則饔飧皆謂孰食。分別之則謂朝食夕食。許於饔不言朝。於飧不言孰。互文錯見也。趙注孟子曰。朝食曰饔。夕曰飧。此析言之。公羊傳。趙盾食魚飧。左傳。僖負羈饋盤飧。趙衰以壺飧從。皆不必夕時。渾言之也。司儀注曰。小禮曰飧。大禮曰饔餼。掌客。上公飧五牢。饔餼九牢。矦伯飧四牢。饔餼七牢。子男飧三牢。饔餼五牢。此飧饔與常食不同。且多生腥。不皆孰物。从夕食。會意。俗作飱。非也。思魂切。十三部。按伐檀正義引說文。飧水澆飯也。从夕食。正以釋文則字林語與說文異。

餔 申時食也。各本申時上有日加二字。今依廣韵、類篇、韵會正。淮南書云。日至於悲谷。是謂餔時。餔一作晡。引伸之義。凡食皆曰餔。又以食食人謂之餔。从食。甫聲。博狐切。五部。籒文餔。从皿。浦聲。皿、飲食器也。

餐 吞也。口部曰。吞。咽也。鄭風曰。使我不能餐兮。魏風曰。彼君子兮。不素餐兮。是則餐猶食也。鄭風還予授子之粲兮。釋言毛傳皆曰。粲。餐也。謂粲爲餐之假借字也。餐訓吞。引伸之爲人食之。又引伸之爲人所食。故曰授餐。飧與餐其義異。其音異。其形則飧或作飱。餐或作湌。鄭風釋言音義誤認餐爲飧字耳。而集韵類篇竟謂飧餐一字。从食。奴聲。七安切。十四部。與十三部之飧迥別。魏伐檀一章三章分用。餐或从水。

⿰食兼 嗛也。口部曰。嗛。小食也。从食。兼聲。讀若風溓溓。風溓溓。未聞。禾部曰。稴讀若風廉之廉。蓋同此。未識孰是。力鹽切。七部。一曰廉絜也。一謂讀若廉潔之廉也。轉寫奪若字。

饁 餉田也。釋詁、豳傳皆曰。饁。饋也。孫炎云。饁。野之餉。从食。盍聲。筠輒切。古音蓋在十五部。詩曰。饁彼南畝。豳風、小雅文。

饟 周人謂餉曰饟。周頌曰。其饟伊黍。正周人語也。釋詁曰。饁饟饋也。从食。襄聲。人漾切。十部。

餉 饋也。饋。各本作饟。今依韵會本。孟子說葛伯仇餉云。老弱饋食。又云。有童子以黍肉餉。从食。向聲。式亮切。十部。

饋 餉也。饋之言歸也。故饋多假歸爲之。論語。詠而饋。饋孔子豚。齊人饋女樂。古文皆作饋。魯皆作歸。鄭皆从古文。聘禮。歸饔餼五牢。鄭云。今文歸或爲饋。今本集解陽貨微子篇作歸。依集解引孔安國語。則當作饋也。从食。貴聲。求位切。十五部。按今字以餽爲饋。此乃假借。其義本不相通也。孟子。餽孔子豚。漢禮樂志。齊人餽魯而孔子行。已作此字。

饗 鄉人飲酒也。豳風。朋酒斯饗。曰殺羔羊。傳曰。饗。鄉人飲酒也。其牲。鄉人以狗。大夫加以羔羊。此傳各本譌奪。依正義攷定如是。許君所本也。饗字之本義也。孔沖遠曰。鄉人飲酒而謂之饗者。鄉飲酒禮尊事重

饛　飵　餂　䭐

故以饗言之。此不知亯燕之亯正作亯。亯獻也。左傳作亯爲正字。周禮、禮記作饗爲同音假借字。猶之左傳作宴爲正字。宴安也。禮經、周禮作燕爲同音假借字也。沖遠證之以用樂或上取。其說迂曲矣。至若毛詩云我將我亯。下文云既右饗之。云以亯以祀。下文云神保是饗。云亯以騂犧。下文云是饗是宜。毛詩之例。凡獻於上曰亯。凡食其獻曰饗。左傳用字正同。凡左氏亯燕字皆作亯。惟用人其誰饗之字作饗。从鄉。从食。鄉食會意。鄉亦聲。許兩切。十部。

饛　盛器滿皃。小雅傳曰。饛、滿簋皃。許謂字之本義不專謂簋也。故易爲器。从食。蒙聲。莫紅切。九部。詩曰。有饛簋飧。

飵　楚人相謁食麥曰飵。方言。餥、飵食也。陳楚之內相謁而食麥饘謂之餥。楚曰飵。凡陳楚之郊南楚之外相謁而餐或曰酢、或曰飵。秦晉之際、河陰之閒曰䭐䬴。此秦語也。从食。乍聲。在各切。五部。

餂　相謁食麥也。从食。占聲。奴兼切。七部。

䭐　秦人謂相謁而食麥曰䭐䬴。从食。㥯聲。烏困切。十三部。

䬴　餬　飶　飫　飽

䬴　䭐䬴也。从食。豈聲。五困切。十三部。豈聲在十五部。合音也。

餬　寄食也。左傳。餬其口於四方。方言曰。餬、寄也。寄食曰餬。引伸之義。釋言曰。餬、饘也。是从食。胡聲。戶吳切。五部。

飶　食之香也。周頌傳曰。飶、芬香皃。許云食之香。爲其字从食也。从食。必聲。毗必切。十二部。與艸部苾音同義近。詩曰。有飶其香。

飫　燕食也。燕同宴。安也。安食者。無事之食也。無事食則充腹而已。故語曰厭飫。釋言曰。飫、私也。私卽安食之謂。此非周語房烝立成之飫。亦非毛傳脫屨升堂之飫。其字下與飽餔饒餘相屬。則其義略同也。从食。芺聲。依據切。古音在二部。今字作飫。詩曰。飲酒之飫。此引常棣六章說叚借也。飫、韓詩作醧。說曰。跣而上坐謂之宴。能者飲。不能者已。謂之醧。毛詩叚飫爲醧。故傳曰。飫、燕私也。今本奪燕字。脫屨升堂謂之飫。今本句首衍不字。毛韓義一也。故曰許引此詩說醧之叚借也。此猶引作政爲作好、引蔑席爲篾席也。說詳西部。

飽　猒也。甘部曰。猒、飽也。是爲轉注。

餇　饒　餘　餀　餞

从食。包聲。博巧切。古音在三部。

䭋　古文飽。从采聲。采古文孚字也。孚聲在三部。

𩚐　亦古文飽。从卯聲。卯聲亦在三部。

餇　猒也。賈思勰齊民要術曰。食飽不餇。按猒、飽也。餇則有猒棄之意。皆猒中之義也。呂覽曰。甘而不噮。玉篇、集韵引同。噮卽餇字。廣韵曰。噮、甘而猒也。是也。集韵鐸韵又引伊尹曰。甘而不餇。肥而不饜。从食。肙聲。烏玄切。十四部。按篇韵、集韵皆於縣切。在霰韵。類篇亦無平聲。

饒　飽也。饒者、甚飽之詞也。引以爲凡甚之偁。漢謠曰。今年尚可後年饒。謂後年更甚也。近人索饒、討饒之語。皆謂已甚而求已也。从食。堯聲。如昭切。二部。

餘　饒也。从食。余聲。以諸切。五部。

餀　食臭也。食臭、謂殠而食之也。儀禮音義引孟子飯殠。从食。艾聲。呼艾切。十五部。爾雅曰。餀謂之喙。釋器文。今爾雅喙作餯。按許作喙。二徐、李燾及集韵、類篇皆同。汲古初印本亦不誤。而毛扆改作餯。

餞　送去食也。各本少食字。今依左傳音義補。毛傳曰。祖而舍軷。飲酒於其側曰餞。从食。戔聲。才線切。十四部。詩曰。顯父餞之。大雅文。

餫　館　饕

餫　野饋曰餫。左傳。晉荀首如齊逆女。宣伯餫諸穀。杜云。野饋曰餫。運糧饋之。敬大國也。按餫之言運也。遠譬也。穀、齊地。魯之禮不當至此。是野饋也。犧象不出門。嘉樂不野合。傳書餫者。譏之也。小雅黍苗箋云。營謝轉餫之役。有負任者。有輓輦者。有將車者。有牽傍牛者。可證餫爲運糧。从食。軍聲。王問切。十三部。

館　客舍也。鄭風、大雅傳曰。館、舍也。按館古假觀爲之。如白虎通引于邠斯觀。又引春秋築王姬觀于外。沈約宋書曰。陰館前漢作觀。後漢、晉作館。東觀餘論曰。漢書郊祀志作益壽延壽館。封禪書云作益延壽觀。漢書衍一壽字耳。自唐以前六朝時。凡今道觀皆謂之某館。至唐始定謂之觀。从食。官聲。古玩切。十四部。周禮。五十里有市。市有館。館有積。㠯待朝聘之客。遺人職。凡賓客會同師役。掌其道路之委積。五十里有市。市有候館。候館有積。鄭云。候館、樓可以觀望者也。以觀望釋館。釋名曰。觀者、於上觀望也。

饕

餮　饖　饐　餲

貪也。从食。號聲。土刀切。二部。叨俗饕。从口。刀聲。今俗與饕分別異用。籒文饕。从號省。貪也。从食。㐱聲。鉉本作殄省聲。不明於平入一理。妄改之也。他結切。十二部。春秋傳曰。謂之饕餮。左傳文十八年文。今傳作餮。賈服及杜皆曰。貪財爲饕。貪食爲餮。此蒙上文貪于飲食冒于貨賄分言之。非許意也。飯傷熱也。周禮、禮記皆言食齊視春時。鄭皆曰。飯宜溫。按溫者不寒不熱之謂也。曲禮曰。毋揚飯。注云。嫌欲疾也。按飯傷熱則或揚之矣。爾雅音義引倉頡篇。饖。食臭敗也。廣韵本之。與許異。玉篇無饖。从食。歲聲。於廢切。十五部。飯傷溼也。魚部曰。鮑。饐魚也。是引伸之凡淹漬皆曰饐也。字林云。饐。飯傷熱溼也。混饐於饖。葛洪云。饐。飯餿臭也。本論語孔注。而非許說。从食。壹聲。乙冀切。古音在十二部。飯餲也。飯餲者。謂飯久而味變。餲之言鬱也。今江蘇俗云餲生。當作此字。鄉黨篇。食饐而餲。孔曰。饐餲。臭味變也。皇侃云。饐謂飲食經久而

饑　饉　⿰食尼　餒

腐臭也。餲謂經久而味惡也。是則孔注本作饐臭餲味變也。今本誤倒耳。據論語及許說。饐餲是二事。析言之也。釋器云。食饐謂之餲。則統言之。李充云。皆飲食壞敗之名。是也。从食。曷聲。乙例、烏介二切。十五部。論語曰。食饐而餲。穀不孰爲饑。釋天文。又曰。仍饑爲荐。按論語年饑。因之以饑饉。鄭本皆作飢。从食。幾聲。居衣切。十五部。蔬不孰爲饉。釋天文。按許書無蔬字。此蔬當是本作疏。疏之言疋也。凡艸菜可食者皆有根足而生也。从食。堇聲。渠吝切。十三部。飢也。廣韵作飢兒。从食。尼聲。讀若楚人言恚人。於革切。十六部。恚與尼皆十六部聲也。飢也。从食。妥聲。各本篆作餧。解作委聲。非也。今正。攷論語音義曰。餒。奴罪反。說文魚敗曰餒。本又作餧。字書同。爾雅音義亦云。餒。奴罪反。說文魚敗曰餒。字書作餧。別字書於說文。則陸所據說文从妥明矣。按妥聲乃與奴罪切音相近。猶按必妥聲乃與女禾切相近。綏必妥聲乃得妥綏爲古今字也。若五經文字曰。

飢　餓　餽　餟　⿰食兌　⿰食夌

餧飢也。經典相承。別作餧爲飢餧。以餧爲餧餇。蓋張時說文已改从委聲。與陸所據說文不同。故其字各異。餧古音十七部。餧爲餧餇俗字。許艸部作萎。一曰魚敗曰餧。論語。魚餧而肉敗。釋器曰。肉謂之敗。魚謂之餧。按魚爛自中。亦飢義之引伸也。餓也。與饑分別。蓋本古訓。諸書通用者多有轉寫錯亂者亦有之。从食。几聲。居夷切。十五部。飢也。从食。我聲。五箇切。十七部。吳人謂祭曰餽。方言。𩞄餟餽也。三字皆謂祭。戰國策三十三飲食餔餽。高注。吳謂祭鬼爲餽。古文通用。讀與饋同。按祭鬼者餽之本義。不同饋也。以餽爲饋者。古文假借也。高說與楊、許同。今本高注淺人增竄。不可從。从食鬼。會意。鬼亦聲。俱位切。十五部。祭酹也。酉部曰。酹。餟祭也。史記孝武帝紀。其下四方地爲餟食。封禪書作醊食。漢郊祀志作腏。方言。餟餽也。从食。叕聲。陟衛切。十五部。小餟也。从食。兌聲。輸芮切。十五部。馬食穀

䬴　亼　合　僉

多气流四下也。謂汗液前後左右四面流下也。⿰食夌與淋雙聲義近。由於食穀多也。故从食。从食。夌聲。里甑切。六部。食馬穀也。以穀飤馬也。周南傳曰。秣。養也。小雅。乘馬在廄。摧之秣之。傳曰。摧、挫也。秣、粟也。按挫謂以莝飤之、粟謂以粟飤之也。秣同䬴。从食。末聲。莫撥切。十五部。

文六十二　重十八

亼　三合也。从入一。象三合之形。許書通例。其成字者必曰。从某。如此言从入一是也。从入一而非會意。則又足之曰。象三合之形。謂似會意而實象形也。凡亼之屬皆从亼。讀若集。秦入切。七部。

合　亼口也。各本亼作合。誤。此以其形釋其義也。三口相同是爲合。十口相傳是爲古。引伸爲凡會合之偁。釋詁曰。敆郃盍翕仇偶妃匹會合也。妃合會對也。从亼口。侯閤切。七部。

僉　皆也。釋詁曰。僉。咸。胥。皆也。从亼。从吅。从从。吅。驚嘑也。从。相聽也。七廉切。七部。虞

侖　今　舍　會

書曰。虞當作唐。僉曰伯夷。堯典文。侖思也。侖下曰。侖理也。大雅毛傳曰。論思也。按論者侖之假借。思與理義同也。思猶䚡也。凡人之思必依其理。倫論字皆以侖會意。从亼冊。冊聚集簡冊必依其次第求其文理。力屯切。十三部。侖籒文侖。古文冊作笧。

今是時也。今者對古之偁。古不一其時。今亦不一其時也。云是時者。如言目前。則目前爲今。目前已上皆古。如言趙宋。則趙宋爲今。趙宋已上爲古。如言魏晉。則魏晉爲今。魏晉已上爲古。班固作古今人表。漢人不與焉。而謂之古今人者。謂近乎漢者爲今人。遠乎漢者爲古人也。作古今人表者。所以補漢書之所無。存漢已前之庢略也。亦謂三皇至漢以前迭爲古今人也。古今人用字不同。謂之古今字。張揖作古今字詁是也。自張揖已後。其爲古今字又不知幾更也。古今音之不同。近世言之最詳。自商周至近世。不知凡幾古今也。故今者無定之言。約之以是時則兼賅矣。召南傳曰。今。急辭也。今急疊韵。从亼乀。會意。乀逮也。乀亦聲。居音切。七部。乀古文及。見又部。

舍市居曰舍。倉部曰。館客舍也。客舍者何也。謂市居也。市居者何也。周禮遺人曰。凡國野之道十里有廬。廬有飲食。三十里有宿。宿有路室。路室有委。五十里有市。市有候館。候館有積。鄭云。一市之閒有三廬一宿。候館及廬宿皆所謂市居曰舍也。此市字非買賣所之。謂賓客所之也。舍可止。引伸之爲凡止之偁。釋詁曰。廢稅赦舍也。凡止於是曰舍。止而不爲亦曰舍。其義異而同也。猶置之而不用曰廢。置而用之亦曰廢也。論語不舍晝夜。謂不放過晝夜也。不放過晝夜。卽是不停止於某一晝一夜。以今俗音讀之。上去無二理也。古音不分上去。舍捨二字義相同。从亼屮口。屮口二字今補。全書之例。成字則必曰從某而下釋之也。从亼者。謂賓客所集也。屮象屋也。象屋上見之狀。說从屮之意。口象築也。口音圍。說从口之意。始夜切。古音在五部。

文六　重一

會合也。見釋詁。禮經器之蓋曰會。爲其上下相合也。凡曰會計者。謂合計之也。皆非異義也。从亼、

朇　𣅈

曾省。三合而增之會意。黃外切。十五部。曾益也。說从曾之意。土部曰。增益也。是則會者增之假借字。如會祖會孫之會。卽含益義。凡會之屬皆从會。㣛古文會如此。

朇益也。朇裨古今字。今字作裨益。古字作朇益。裨行而朇廢矣。从會卑聲。符支切。十六部。

𣅈日月合宿爲𣅈。各本作爲辰。今依廣韵集韵類篇訂。左傳晉侯問伯瑕曰。何謂六物。對曰。歲時日月星辰是謂也。公曰。多語寡人辰而莫同。何謂辰。對曰。日月之會是謂辰。故以配日。按辰以配日者。謂以從子至亥配從甲至癸也。十日十二辰見周禮馮相氏、硩蔟氏。注云。日謂從甲至癸。辰謂從子至亥者。日月一歲十二會。所會之處謂之十二次。星紀之次爲丑。玄枵之次一名天黿爲子。豕韋之次一名娵訾爲亥。降婁之次爲戌。大梁之次爲酉。實沈之次爲申。鶉首之次爲未。鶉火之次爲午。鶉尾之次爲巳。壽星之次爲辰。大火之次爲卯。析木之次爲寅是也。據說文則日月之合宿謂之𣅈。據周禮左傳則日月𣅈處謂之辰也。𣅈者卽左傳之會字。非左傳之辰字也。从會辰。辰時也。日月以時而會。故从辰會。會意。會亦聲。各本作辰亦聲。攷廣韵十四泰有𣅈音黃外切。十七眞無𣅈字。是可證說文本作會亦聲也。玉篇曰。𣅈時眞切。日月會也。今作辰。蓋當希馮時說文已有作辰亦聲者。而顧從之。集韵類篇亦沿誤耳。皆誤讀左氏者爲之也。大徐用孫愐唐韵爲音。而不必盡用唐韵。如此字廣韵入泰不入眞可證。十五部。

文三　重一

倉　牄

倉穀藏也。藏當作臧。臧善也。引伸之義。善而存之亦曰臧。臧之之府亦曰臧。俗皆作藏。分平去二音。穀藏者。謂穀所臧之處也。广部曰。府文書藏。庫兵車藏。廥芻稾藏。今音皆徂浪切。蒼黃取而臧之。蒼舊作倉。今正。蒼黃者。匆遽之意。刈穫貴速也。故謂之倉。蒼倉疊韵。从食省。口象倉形。七岡切。十部。凡倉之屬皆从倉。仺奇字倉。蓋从古文巨。

牄鳥獸

入　內　宊　糴　仝　从

來食聲也。牄蓋壁中文如此。孔安國以今文字讀之易爲蹌蹌。鄭云。飛鳥走獸蹌蹌然而舞。偁孔說本之。許則徑從牄字。說爲鳥獸來食聲。與鄭異。鄭易字。許不易字也。鄭注大司樂亦引鳥獸牄牄。公羊春秋有頓子牄。从倉。鳥獸來食。故从倉。爿聲。七羊切。十部。虞書曰。鳥獸牄牄。咎繇謨文。

文二　重一

入　內也。自外而中也。象從上俱下也。上下者。外中之象。人汁切。七部。凡入之屬皆从入。

內　入也。今人謂所入之處爲內。乃以其引伸之義爲本義也。互易之。故分別讀奴荅切。又多假納爲之矣。周禮注云。職內主入也。內府主良貨賄藏在內者。然則職內之內是本義。內府之內是引伸之義。从冂入。小徐曰。冂音坰。按當音覓。許冂冂異篆。冂者。覆也。覆在外。各本無入字。今依韵會補。奴對切。十五部。自外而入也。釋會意之恉。

宊　入山之罙也。廣韵作入山㴱皃。於形得義。从山。从入。會意。闕。此闕謂闕其音讀也。大徐鉏箴切。篇韵同。乃後人強爲之音。以其字似岑。因謂音岑耳。

糴　市穀也。从入糴。米部曰。糴。穀也。故市穀从入糴。糴亦聲。今徒歷切。古音在三部。左傳晉大夫有糴茷。

仝　完也。宀部曰。完。全也。是爲轉注。从入。从工。从工者。如巧者之製造必完好也。疾緣切。十四部。

全　篆文仝从王。按篆當是籒之誤。仝全皆从入。不必先古後篆也。今字皆从籒。而以仝爲同字。純玉曰全。考工記玉人云。天子用全。大鄭云。全。純色也。許玉部云。全。純玉也。後鄭云。周禮注同許。按云純玉曰全者。引經說此字从玉之意。古文全。按下體未宷其所從。汗簡作侖古文。四聲韵載王庶子碑亦作侖。疑近是。

从　二入也。以形爲義。网从此。网。各本作兩。今按兩从网。网从从也。闕。此闕亦謂音讀不傳也。大徐良奬切。乃因网字從此。謂同网音。

文六　重二

五篇下　六

缶　㱿　匋

缶　瓦器所㠯盛酒漿。釋器。陳風傳皆云。盎謂之缶。許云。盎盆也。罌缶也。似許與爾雅說異。缶有小有大。如汲水之缶。蓋小者也。如五獻之尊。門外缶大於一石之壺。五斗之瓦甒。其大者也。皆可以盛酒漿。秦人鼓之㠯節謌。鼓。之錄切。擊也。韵會鼓作擊。李斯傳。廉藺傳。漢楊惲傳皆可證。象形。字象器形。方九切。三部。俗作缻。凡缶之屬皆从缶。

㱿　未燒瓦器也。土部曰。瓦未燒曰坏。㱿與坏不但義同。而音取相近。故集韵謂爲一字。披尤切也。从缶。㱿聲。讀若筩莩同。謂讀與筩莩之莩同也。漢書非有葭莩之親。張晏曰。葭。蘆也。莩。葉裏白皮也。晉灼曰。莩。葭裏之白皮也。師古曰。莩者。蘆筩中白皮至薄者也。張說非也。按張說本同。惟轉寫蘆誤爲葉耳。司馬彪律曆志。以葭莩灰抑其端。當亦謂此。劉注。葭莩出河內。豈以河內者爲善歟。莩音孚。則㱿亦音孚。孚古音同浮。是以在一部爲坏字。在三部爲㱿字。大徐苦候切。玉篇苦谷切。

匋　作瓦器也。作字各本無。今依玉篇補。大雅陶復陶穴。箋云。復穴皆如陶然。正義引說文。匋。瓦器竈也。按穴部云。窯。燒瓦竈也。瓦部云。甄。匋也。然則依玉篇爲長。作瓦器者。㱿之燒之皆是其事。故匋之字次於㱿。今字作陶。陶行而匋廢矣。陶見𨸏部。再成丘也。从缶。包省聲。疑作勹聲亦是。皆形聲包會意也。徒刀切。古音在三部。古者昆吾作匋。裴駰曰。出世本。呂覽昆吾作陶。高云。昆吾。顓頊之後。吳回。黎之孫。陸終之子。己姓也。爲夏伯。制作陶冶。埏埴爲器。按顓頊產老童。老童產黎。左傳云。顓頊氏有子曰黎。爲祝融。是也。帝嚳誅黎。而以其弟吳回爲黎後。奉黎之祀。故高云吳回。黎之孫。實則吳回之孫也。國語。昆吾爲夏伯。韋云。昆吾。祝融之孫。陸終第二子。名樊。爲己姓。封於昆吾。衞是也。其後夏衰。昆吾爲夏伯。遷於舊許。按帝繫世本皆言昆吾者。衞是也。昆吾始封在衞。故哀十七年左傳衞矦夢見人登昆吾之觀也。其後遷於舊許。故昭十二年傳楚靈王曰。昔我皇祖伯父昆吾。舊許是宅也。其後滅於湯。商頌云。韋顧既伐。昆吾夏桀。楚世家曰。昆吾氏夏之時嘗爲矦伯。桀之時湯滅之。是也。據高說。是始封之昆吾作匋。據古史考云。夏時昆吾氏作瓦。張華博物志云。桀作瓦戶。

五篇下　九

子云夏桀臣昆吾作陶。是謂湯所滅之昆吾與桀作匋。以舜匋河濱而有虞氏上匋斷之。則高說是而他說失之也。**案史篇讀與缶同。**許書言案者二條。疑後人所羼入。史篇者、史籀所作大篆十五篇也。詳亩部。讀與缶同者、謂史篇以匋爲缶古文假借也。匋與缶古音同在三部。故得相假借。據此可知史篇四言成文。如後世倉頡、爰歷之體。

罌　缶也。缶、太平御覽作䍋。今按作缶爲是。許意缶罌䍋一物也。方言。瓬㼚甒䍋甄瓮甀瓮瓿甊䍋罌也。自關而西、晉之舊都河汾之閒。其大者謂之甀。自關而東、趙魏之郊謂之瓮。或謂之罌。罌其通語也。甀卽䍋。䍋卽罌。瓦部曰。罌謂之瓶。瓮、罌也。康瓠、破罌也。史、漢淮陰侯傳曰。信乃益爲疑兵。乘船欲渡臨晉。而伏兵從夏陽以木罌缻渡軍。襲安邑。木罌缶者。以木爲罌缶狀。實兵於其中。不欲人知。故不爲盆狀。韋昭云。以木爲器如罌缻以渡軍。無船、且尚密也。韋說是也。罌缶器之大者。**从缶。賏聲。**烏莖切。十一部。

䍋　小口罌也。上文罌者、兼大口小口渾言之。此云小口罌、則析言之也。小口則宁物必垂下之。故曰䍋。凌人注云。鑑如甀大口。以盛冰。謂如䍋而大口也。醢人注曰。塗置甀中。百日則成矣。方言。罃、周洛韓鄭之閒謂之甀。或謂之罃。按罃者、缾之長頸者。罃不長頸。方俗或同名。**从缶。垂聲。**池僞切。古音在十七部。

䍌　小缶也。按方言曰。瓿甊、罌也。自關而西、晉之舊都河汾之閒。其大者謂之甀。其中者謂之瓿甊。又曰。缶謂之瓿甈。許意缶罌一物也。故云瓿、小缶也。卽楊之中者謂之瓿甊也。**从缶。咅聲。**蒲候切。廣韵薄侯切。四部。

缾　罋也。易井卦辭曰。羸其缾。左傳衞孫蒯飲馬於重丘。毀其缾。按缾亦評缶。左傳具綆缶。此缶之小者。**从缶。幷聲。**薄經切。十一部。

瓶　缾或从瓦。

罋　汲缾也。丼下曰。外象構韓形。•其罋也。井爻辭曰。罋敝漏。按缾罋之本義爲汲器。經傳所載不獨汲水者偁缾罋也。許云汲缾。分別言之。許固謂缾不專用汲矣。罋俗作甕。**从缶。雝聲。**烏貢切。九部。

𦈢　下平缶也。下當作不。字之誤也。凡器無不下平者。以從乏之意求之。當是不平缶。反正爲乏也。又以讀若昜求之。昜與替雙聲。替者一偏下也。集韵類篇皆引說文瓨也。二書引說文皆用大徐本。何以乖異若是。廣雅。𦈢、瓶也。**从缶。乏聲。讀若簿引昜。**土盇切。七部。

罃　備火長頸缾也。左傳襄九年。宋災。具綆缶。備水器。杜曰。缶、汲器也。水器、盆鑑之屬也。是謂汲水貯水之分。師古注五行志則謂缶卽盆也。水器者、罃瓮之屬。引許氏說文解字。罃、備火今之長頸缾也。按各本無今之二字。備火長頸缾者。備火之汲罋則長其頸以多盛水。且免傾覆也。其說左傳者、杜爲長。**从缶。熒省聲。**烏莖切。十一部。按近人謂罌罃一字。依許則劃然二物二字也。罌大罃小。用各不同。方言廣雅則說雖不與許同。而罌罃亦畫爲二。今本廣雅甗瓶之下奪一也字。

缸　瓨也。瓦部曰。瓨似罌。長頸。受十斗。缸與瓨音義皆同也。史、漢貨殖傳皆曰。醯醬千瓨。**从缶。工聲。**下江切。九部。

䍇　瓦器也。从缶。或聲。于逼切。一部。

䍊　瓦器也。詩斯干。乃生女子。載弄之瓦。傳曰。瓦、紡專也。箋云。紡專、習其壹所有事也。案專同塼。紡專、正義不言何物。廣韵廿二霰云。䍊紡錘。集韵霰韵云。䍊一曰紡甎。然則婦人撚綫錘頭。古用塼爲之。婦人所重者紡績。故箋云習其壹意於所有事也。許云瓦器。渾言之。未及詳說耳。紡錘下垂。如戈鐏之在底。故其字亦七鈍切。**从缶。薦聲。**作甸切。十二部。

䍃　瓦器也。从缶。肉聲。以周切。三部。

䍡　瓦器也。篇韵皆云似瓶有耳。**从缶。霝聲。**郎丁切。十一部。

䍄　缺也。刀缺謂之㓠。瓦器缺謂之䍄。詩云。白圭之㓠。引伸通用也。**从缶。占聲。**都念切。七部。

缺　器破也。俗誤作缺。又通用闕。**从缶。夬聲。**各本作決省聲。今正。傾雪切。十五部。

罅　裂也。考工記旊人所謂薜也。引伸爲凡裂之偁。**从缶。虖聲。**呼迓切。古音在五部。**缶燒善裂也。**說从缶之意。

罊　器中空也。釋詁、毛傳皆曰。罊、盡也。引伸爲凡盡之偁。如韓詩罊天之妹。毛詩俔罊也。郭注爾雅云。今人呼厭極爲罊。皆是。古書罊磬多互相假借。**从缶。殸聲。**苦定切。十一部。**殸、古文磬字。**依石部耳部香部。古當作[illegible]。**詩曰。缾之罊矣。**小雅文。不偁罊無不宜、而偁此者。於从缶之意切也。

罊器中盡也。釋詁曰。罊盡也。皿部曰。盡器中空也。从缶。殸聲。苦計切。十六部。爾雅音義引說文。口地反。

缿受錢器也。易入難出器也。史記酷吏列傳。惡少年投缿。漢書趙廣漢敎吏爲缿筩。蘇林曰。缿如瓨。可受投書。師古曰。缿若今盛錢藏瓶。爲小孔。可入而不可出。从缶。后聲。大口切。又胡講切。按胡講音之轉也。古音在四部。大當作火。古㠯瓦。今㠯竹。說从缶之意也。趙廣漢傳缿筩。缿即以瓦者。筩即以竹者。許云今以竹。則許時用竹者多也。今市中錢筩皆用竹。

文二十一　重一

矢弓弩矢也。弓弩所用䠶之矢也。从入。矢欲其中。象鏑栝羽之形。鏑謂丨也。金部曰。鏑矢鏠也。栝作括者誤。栝謂八也。木部曰。桰矢桰檃弦処。岐其耑以居弦也。羽謂一也。羽部曰。翦矢羽是也。矢羽從而橫之何也。以識其物耳。矢之制詳於考工記矢人。式視切。十五部。古者夷牟初作矢。山海經曰。少皞生般。般是始爲弓矢。郭曰。世本云牟夷作矢。揮作弓。弓矢一器。作之兩人。於義有疑。此言般之作是。按弦木爲弧。掞木爲矢。毄傳系諸黃帝堯舜之下。葢不妨有同時合成之者。夷牟。郭作牟夷。孫卿作浮游。凡矢之屬皆从矢。

䠶弓弩發於身而中於遠也。謂用弓弩發矢於身而中於遠也。詩禮記以射爲猒斁之斁。从矢。从身。會意。食夜切。古音在五部。射篆文䠶。射者小篆。則䠶者古文。此亦上部之例也。何不以射入寸部而以䠶傳見也。爲其事重矢也。从寸。寸。法度也。亦手也。說从寸之意。射必依法度。故从寸。寸同又。射必用手。故从寸。

矯揉箭箝也。揉當作柔。許無揉有柔煣也。箭者矢竹所爲矢也。不言矢言箭者。矯施於笴。不施於鏑羽也。箝箭也。柔箭之箝曰矯。引伸之爲凡矯枉之偁。凡云矯詔者。本不然而云然也。从矢。喬聲。居夭切。二部。

矰隿射矢也。周禮司弓矢云。矰矢茀矢用諸弋射。注云。結繳於矢謂之矰。矰高也。茀矢象焉。茀之言刜也。二者皆可以弋飛鳥刜羅之也。前於重又微輕。行不低也。詩云。弋鳧與鴈。从矢。曾聲。作滕切。六部。

矦春饗所射矦也。饗者。鄉人飲酒也。春饗所射矦。謂天子諸矦養老先行大射禮之矦也。天子諸矦養老皆如鄉飲酒之禮。故亦謂之饗。文王世子曰。設三老五更群老之席位。注云。三老如鄉飲酒禮之賔。五更如介。群老如衆賔。魯頌曰。魯矦戾止。在泮飲酒。箋云。徵先生君子與之行飲酒之禮。而因以謀事也。此天子諸矦養老。卽鄉飲酒之證也。廱下曰。天子饗飲辟廱也。泮下曰。諸矦饗射泮宮也。饗皆謂養老也。古者鄉飲鄉射必聯類而行。卿大夫士之射必先行鄉飲酒之禮。天子諸矦則先大射後養老。天子諸矦賔射於朝。燕射於寢。大射於澤。於射宮。射宮者大學也。行葦爲養老之詩。箋云。先王將養老。先與群臣行射禮。擇其可與者以爲賔。今我成王承先王之法度。亦旣序賔矣。有醇厚之酒醴。以告黃耇之人。徵而養之。王制曰。王親視學。注云。謂習射習鄉以化之。習射卽大射。習鄉卽養老。此天子大射而養老之證也。七月行葦皆詠公劉之詩。七月言朋酒斯饗。行葦箋言先王將養老先與群臣行射禮。先王卽謂公劉。此諸矦大射而養老之證也。大射張皮矦而棲鵠。其禮大。故得專矦名。郊廟祭祀必先大射。不言祭。但言饗。舉饗以賅祭也。不言秋。但言春。何也。舉春以賅秋也。廱下但言饗。不言射。舉饗以賅射也。从人。爲人父子君臣者。各以爲父子君臣之鵠。故其字从人。鄭云。矦制上廣下狹。葢取象於人。張臂八尺。張足六尺。是取象率焉。从厂。象張布。梓人爲矦。上兩个與其身三。下兩个半之。注云。个者。鄉射禮記所謂舌也。矦凡用布三十六丈。矦之張布如厓巖之狀。故从厂。矢在其下。象矢集之也。乎溝切。四部。天子射熊虎豹。服猛也。諸矦射熊虎。大夫射麋。麋、惑也。熊虎豹當依周禮作虎熊豹。轉寫誤倒也。諸矦射熊虎。各本作射熊豕虎。臏豕字。今正。此本周禮言。春宮所射也。司裘曰。王大射則共虎矦熊矦豹矦。設其鵠。諸矦則共熊矦豹矦。卿大夫則共麋矦。皆設其鵠。鄭曰。以虎熊豹麋之皮飾其側。又方制之以爲𩊚。謂之鵠。著於矦中。所謂皮矦。王之大射虎矦。王所自射也。熊矦諸矦所射。豹矦卿大夫以下所射。諸矦之大射熊矦。諸矦所自射豹侯羣臣所射卿大夫之大射麋侯君臣共射焉按梓人云張皮侯而棲鵠者謂此也諸侯射熊虎與今本不同者鄭曰故書則共熊侯虎侯杜子春云虎當爲豹是則鄭從杜改許從故書也天子諸侯服猛大夫去惑說其義也郊特牲曰虎豹之皮示服猛也漢五行志曰麋之爲言迷也 **士射鹿豕爲田除害也** 鄉射禮記曰凡侯天子熊侯白質諸侯麋侯赤質大夫布侯畫以虎豹士布侯畫以鹿豕鄭云此所謂獸侯也梓人張獸侯則王以息燕是也息者休農息老物也燕謂勞使臣若與羣臣飲酒而射是則士射鹿豕在王息燕時不在大射而許牽合言之容鄭以前說禮不同也鄭云士不大射士無臣祭無所擇故司裘於大射不言士鹿豕爲田害故大蜡迎虎 **其祝曰毋若不寧侯不朝于王所故伉而射汝也** 十九字韵會用考工記作四十二字非也梓人曰祭侯之禮以酒脯醢其辭曰惟若寧侯毋或若女不寧侯不屬于王所故抗而射汝強飲強食貽曾孫諸侯百福大戴禮略同抗舉也許作伉大戴作亢 **𥎦 古文侯**

𥏊　短　矤

𥏊 傷也 謂矢之所傷也引伸爲凡傷之偁 **从矢傷省聲** 各本篆作𥏊注曰易聲鉉於傷下𥏊下曰𥏊省聲知字本作𥏊今正爲傷省聲式羊切凡傷聲之字皆同此切也 **短 有所長短** **㠯矢爲正从矢** 按此上當補不長也三字乃合有所長短以矢爲正說从矢之意也榘字下曰矢者其中正也正直爲正必正直如矢而刻識之而後可裁其長短故詩曰其直如矢韓詩曰如矢斯朸 **豆聲** 按考工記曰豆中縣謂縣繩正豆之柄也然則豆聲當作从豆从豆之意與从矢同也都管切十四部 **矤 況詞也** 各本況下有也誤今刪況當作兄古今音殊乃或假況許書當本作兄也兄長之兄引伸爲兄益詩常棣傳曰況滋也桑柔傳曰兄滋也召旻傳曰兄茲也兄況不同以兄爲正滋茲不同許皆訓益兄詞者增益之詞其意益其言曰矤是爲意內言外今俗所云已如是況又如是也尚書多用矤字俗作矧 **从矢引省聲** 式忍切十二部 **从矢取詞之所之如矢也** 說从矢之意今言矧則其詞有一往不可止者

知　矣　高　高

知 詞也 白部曰𥏼識詞也从白从亏从知按此詞也之上亦當有識字知𥏼義同故𥏼作知 **从口矢** 識敏故出於口者疾如矢也陟离切十六部 **矣 語已詞也** 已矣疊韵已止也其意止其言曰矣是爲意內言外論語或單言矣或言已矣如學而子張篇皆云可謂好學也已矣公冶長篇不可得而聞也已矣已矣乎吾未見能見其過而內自訟者也俗本句末刪矣者非淮南書說矣與也二字不同 **从矢㠯聲** 于己切一部

文十　重二

高 崇也 山部曰崇嵬高也 **象臺觀高之形** 謂合 **从冂口** 上音莫狄切下音圍 **與倉舍同意** 倉舍皆从口象築也合與中皆象高古牢切二部 **凡高之屬皆从高**

高 小堂也 集韵曰傾負切瓜屋也 **从高省冋聲** 去潁切十一部 **廎** 高 **或从广** 元次山唐廎宋人多謂廎卽亭字非也今按可讀如今之廳 **頃聲** 宋本有聲

亭　亳

亭 民所安定也 亭定疊韵周禮三十里有宿鄭云宿可止宿若今亭有室矣百官公卿表曰縣道大率十里一亭亭有長十亭一鄉鄉有三老有秩嗇夫後漢志曰亭有長以禁盜賊風俗通曰亭留也蓋行旅宿會之所館釋名曰亭停也人所停集按云民所安定者謂居民於是備盜賊行旅於是止宿也亭定疊韵亭之引伸爲亭止俗乃製停渟字依釋名則漢時已有停字而許不收徐氏鉉云低僨價停僦伺六字皆後人所加是也 **亭有樓** 故从高 **从高省丁聲** 特丁切十一部 **亳 京兆杜陵亭也** 六國表湯起于亳徐廣曰京兆杜縣有亳亭錢氏大昕史記攷異曰殷本紀湯始居亳皇甫謐曰梁國穀熟爲南亳湯所都也立政三亳皆非京兆之亳亭秦本紀寧公二年遣兵伐蕩社三年與亳戰亳王奔戎遂滅蕩社徐廣云蕩一作湯社一作杜皇甫謐以爲亳號湯西夷之國又云周桓王時自有亳王號湯非殷也封禪書于杜亳有三杜主之祠蓋京兆之亳乃戎王

號湯者之邑。徐廣以爲殷湯所起。其不然乎。然此篇稱作事者必於東南。收功實者常於西北。乃迹禹興西羌。周始豐鎬。而及湯之起亳。則史公固以關中之亳系之湯矣。按許不言三亳。而獨言杜陵亳亭者。正爲其字从高。則以此亭當之也。然十里一亭者秦制。亳亭之名秦漢乃有之。亳之字固不起於亭也。以解字爲書。不得不有涉於皮傅者。**从高省。乇聲。**旁各切。五部。古亦借薄爲之。如禮記薄社北牖。

文四　重一

冂

冂　邑外謂之郊。郊外謂之野。野外謂之林。林外謂之冂。與魯頌毛傳同。邑、國也。岠國百里曰郊。野、郊外也。平土有叢木曰林。皆許說也。爾雅釋地邑外謂之郊。郊外謂之牧。牧外謂之野。野外謂之林。林外謂之坰。多謂之牧。牧外五字。依野有死麕、燕燕干旄傳、叔于田箋斲之。淺人妄增也。牧字。李巡作田。王砅注素問作邑外謂之郊。郊外謂之甸。甸外謂之牧。牧外謂之林。林外謂之坰。坰外謂之野。所偁更繆。**象遠介也。**介各本作界。誤。今正。八部曰。介、畫也。冂像遠所聯亙。一象各分介畫也。古熒切。十一部。**凡冂之屬皆从冂。**

同　古文冂从口。象國邑。像國邑在介內也。

坰　同或从土。詩、爾雅皆如此作。

市

市　買賣所之也。釋詁曰。之、往也。古史考曰。神農作市。本轂辭說也。世本曰。祝融作市。**市有垣。从冂。**垣所以介也。故从冂。**从乁。象物相及也。乁、古文及字。**依韵會本。**㞢省聲。**舉形聲包會意也。時止切。一部。

冘

冘　冘冘、逗。**行皃。**冘冘各本作淫淫。今依玉篇集韵類篇正。玉篇別立冘部。云冘冘、行皃。則知冂部有冘者。孫強所增也。而引說文作淫淫。是唐時譌本耳。後漢書盧植傳注所引不誤。羽獵賦三軍芒然。窮冘閼與。孟曰。冘、行也。如曰。冘、懈怠也。古籍內冘豫。義同猶豫。巴東灩澦堆亦曰猶豫。坤元錄作冘豫。樂府作淫豫。然則冘是遲疑躑躅之皃矣。**从儿出冂。**儿者古文奇字人也。冘者遠望人行若行若不行之皃。余箴切。七部。

央

央　央、中也。央逗。複舉字之未刪者也。月令曰。中央土。詩箋云。夜未渠央。古樂府。調弦未詎央。顏氏家訓作未遽央。皆即未渠央也。渠央者、中之謂也。詩言未央、謂未中也。毛傳。央、且也。且者、薦也。凡物薦之則有二。至於艾而爲三矣。下文夜未艾。艾者、久也。箋云。芟末曰艾。以言夜先雞鳴時。合初昏與艾言之。是央爲中也。**从大在冂之內。大、**逗。**人也。**人在冂內。正居其中。於良切。十部。**央旁同意。**央取大之中居。旁取兩旁外廓。故曰同意。**一曰久也。**此別一義。

隺

隺　高至也。从隹上欲出冂。上翔欲遠行也。胡沃切。古音在二部。**易曰。夫乾隺然。**見繫辭。今易作確。按釋文云。確、苦角反。馬、韓云。剛皃。說文云。高至。按陸不云說文作隺。蓋釋文固作隺然。淺人改爲從石耳。許書有确無確。

文五　重三

𩫏

𩫏　度也。此以音說義。與蒦度也。音義略同。**民所度居也。**釋名曰。郭、廓也。廓落在城外也。按城𩫏字今作郭。郭行而𩫏廢矣。邑部曰。䣝、齊之郭氏虛也。䣝下云。萬物郭皮甲而出。當作𩫏。即今之廓字也。**从回。象城𩫏之重。**內城外𩫏。**兩亭相對也。**謂上合下早也。內城外𩫏。兩亭相對。漢典略曰。雒陽二十街。街一亭。十二城門。門一亭。此城內亭也。百官公卿表。縣道十里一亭。此城外亭也。**或但从口。**音韋。謂篆作㐭也。按當出㐭篆。在皆从𩫏之下。**凡𩫏之屬皆从𩫏。**

缺

缺　缺也。以疊韵爲義。**古者城闕其南方謂之缺。**闕之義同缺。何氏公羊傳注曰。天子周城。諸侯軒城。軒城者缺南面以受過也。按毛詩傳曰。闉、曲城也。闍、城臺也。城門上有臺謂之闍。周官匠人、詩靜女所謂城隅也。無臺謂之缺。詩子衿所謂城闕也。三面有臺而南方無臺。故謂之缺。猶軒縣之缺南方。泮水之缺北方。不敢同天子也。毛詩城闕當作缺。闕其假借字。非象闕之闕也。詩曰。在城闕兮。傳曰。乘城而見闕。箋申之曰。登高而見於城闕。明非城墉不完。如公羊疏所疑也。本城缺之字。故从𩫏。引伸爲凡缺之偁。故先之曰缺也。**从𩫏。夬聲。讀若拔**

物爲決引也。以物塞其口。拔其物使内出。[illegible]傾雪切。十五部。

文二

京　人所爲絶高丘也。釋丘曰。絶高爲之京。非人爲之丘。郭云。爲之者。人力所作也。按釋詁云。京。大也。其引伸之義也。凡高者必大。从高省。丨象高形。舉卿切。古音在十部。凡京之屬皆从京。

就　就。此複舉字之未刪者。高也。廣韵曰。就。成也。迎也。卽也。皆其引伸之義也。从京尤。尤。異於凡也。說从尤之意。京者。高也。高則異於凡。疾僦切。三部。　籒文就。

文二　重一

亯　獻也。下進上之詞也。按周禮用字之例。凡祭亯用亯字。凡饗燕用饗字。如大宗伯吉禮下六言亯先王。嘉禮下言以饗燕之禮親四方賓客。尤其明證也。禮經十七篇用字之例。聘禮內臣亯君字作亯。士虞禮少牢饋食禮尚饗字作饗。小戴記用字之例。凡祭亯饗燕字皆作饗。無作亯者。左傳則皆作亯。無作饗者。毛詩之例則獻於神曰亯。神食其所亯曰饗。如楚茨以亯以祀。下云神保是饗。周頌我將我亯。下云旣右饗之。魯頌亯祀不忒。亯以騂犧。下云是饗是宜。商頌以假以亯。下云來假來饗。皆其明證也。鬼神來食曰饗。卽禮經尚饗之例也。獻於神曰亯。卽周禮祭亯作亯之例也。各經用字自各有例。周禮之饗燕。左傳皆作亯宴。此等葢本書固尒。非由後人改竄。从高省。獻者必高奉之。曲禮曰。執天子之器則上衡。國君則平衡。後世亦以舉案齊眉爲敬。曰象孰物形。禮經言饋食者。薦孰也。許兩切。十部。亯象薦孰。因以爲飪物之偁。故又讀普庚切。亯之義訓薦神。誠意可通於神。故又讀許庚切。古音則皆在十部。其形。薦神作亨。亦作享。飪物作亨。亦作烹。易之元亨。則皆作亨。皆今字也。孝經曰。祭則鬼亯之。孝經孝治章文。凡亯之屬皆从亯。　篆文亯。

後篆者。上部之例也。據玄應書則亯者籒文也。小篆作亭。故隸書作亨作享。小篆之變也。

𦎫　孰也。今俗云純熟。當作此字。純醇行而𦎫廢矣。周禮司裘注。假借爲墉的字。从亯羊。凡从𦎫者。今隸皆作享。與亯之隸無別。讀若純。常倫切。十三部。一曰鬻也。鬻。饘也。　篆文𦎫。

䈞　厚也。㫗各本作厚。今正。㫗厚古今字。䈞篤亦古今字。䈞與二部竺音義皆同。今字篤行而䈞竺廢矣。公劉毛傳曰。篤。厚也。此謂篤卽竺䈞字也。从亯竹聲。讀若篤。冬毒切。三部。

𦤎　用也。此與用部庸音義皆同。玉篇曰。𦤎。今作庸。廣韵曰。𦤎者。庸之古文。从亯从自。自知臭。句。自。鼻也。知臭味之芳殠。香所食也。香當作亯。轉寫之誤也。上說从自之意。此說从亯之意。鼻聞所食之香而食之。是曰𦤎。今俗謂喫爲用。是也。讀若庸同。余封切。九部。

文四　重二

㫗　厚也。厚當作㫗。上文曰。䈞。㫗也。此曰㫗。篤也。是爲轉注。今字厚行而㫗廢矣。凡經典㫗薄字皆作厚。从反亯。倒亯者不奉人而自奉。㫗之意也。胡口切。四部。凡㫗之屬皆从㫗。

覃　長味也。此與西部醰音同義近。醰以覃會意也。引伸之凡長皆曰覃。葛覃傳曰。覃。延也。凡言覃及。覃思義皆同。經典葛覃字亦假蕈爲之。从㫗鹹省聲。當作鹹省。鹹亦聲。以从鹹故知字本義爲味長也。徒含切。古音在七部。詩曰。實覃實吁。大雅文。傳曰。覃。長也。訏。大也。許作吁。疑轉寫誤。　古文覃。　篆文覃省。今隸本此。以古覃篆覃推之。則覃乃籒也。先籒後篆者。上部之例也。

厚　山陵之㫗也。㫗各本作厚。今正。山陵之厚故其字从厂。今字凡㫗薄字皆作此。从厂从㫗。㫗亦聲。胡口切。四部。　古文厚。从后土。从土。后聲也。

文三　重三

畐　滿也。方言。悀偪滿也。凡以器盛而滿謂之悀。注言涌出也。腹滿曰偪。注言勑偪也。按廣雅悀偪滿也。本此。而玉篇云。腹滿謂之涌。腸滿謂之畐。與今本方言異。玄應書畐塞注曰。普逼切。引方言畐滿也。是則希馮玄應所據方言皆作畐也。許書無偪逼字。大徐附逼於辵部。今乃知逼仄、逼迫字當作畐。偪逼行而畐廢矣。荀卿子。充盈大宇而不窕。入郤穴而不偪。淮南兵略訓。入小而不偪。處大而不窕。凡云不偪者。皆謂不塞。淮南俶眞訓。處小隘而不塞。要略訓。置之尋常而不塞。氾論訓。內之尋常而不塞。齊俗訓。大則塞而不入。小則窕而不周。偪與塞義同。畐偪正俗字也。釋言曰。逼、迫也。本又作偪。二皆畐之俗字。从高省。謂亯也。象高厚之形。謂田也。凡畐之屬皆从畐。讀若伏。芳逼切。按畐伏二字古音同在第一部。今音同房六切。

良　善也。从畐省。亡聲。呂張切。十部。古文良。玉篇不錄。亦古文良。亦古文良。玉篇作筤。

文二　重三　按此部小徐在㫗部之前。

㐭　穀所振入也。穀者、百穀總名。中庸注曰。振猶收也。手部曰。振、舉也。周禮注曰。米藏曰廩。宗廟秶盛。秶各本作粢。今正。粢、稻餅之或字也。秶者、稷之或字也。甸師以共齍盛。鄭注齍作秶。云秶、稷也。穀者稷爲長。是以名云。在器曰盛。按小宗伯注云。齍讀爲秶。六秶謂六穀。黍稷稻粱麥苽。是則六穀稷爲長。故單舉秶也。許於皿部曰。齍、黍稷器也。盛、黍稷在器中也。字依周禮。此作秶盛者。齍秶古今字。禮記多用秶盛。故許從之。與鄭同。也。蒼黃㐭而取之。故謂之㐭。蒼舊作倉。今正。㐭而取之之㐭當作凜。凜、寒也。凡戒愼之曰凜凜。亦作懍懍。漢書通作廩廩。許云凜而取之。故謂之㐭。凜㐭曡韵。如上文蒼黃取而藏故謂之倉。藏倉曡韵也。上文云穀所振入也者。周禮所謂廩人掌九穀之數。以待國之匪頒、賙賜、稍食也。此云宗廟秶盛、蒼黃凜而取之者。穀梁傳所謂甸粟而內之三宮。三宮米而藏之御廩。周禮所謂廩人大祭祀則共其接盛。舉其重者以釋㐭之音義也。鄭云大祭祀之穀藉田之收藏於神倉者也。不以給小用。釋言。廩、廯也。臧氏鏞堂曰。廯古本當作鮮。舍人云。廩少鮮也。公羊桓公廩注云。連新於上財令半相連耳。襄廿三年所傳聞注亦云。廩廩近升平。皆廩鮮也之義。玉裁按。此與漢書廩廩庶幾、賈誼爲此廩廩。皆凜凜之假借也。从入。穀所入、故从入。从回。回之訓轉也。而此从回之意則如下所云。象屋形。謂外口。舍下云口象築。此云象屋者。屋在上者也。㐭之戶牖多在屋。中有戶牖。謂內口。小徐曰。戶牖以防蒸熱也。力甚切。七部。凡㐭之屬皆从㐭。㐭或从广稟。會意也。稟亦聲。

稟　賜穀也。賜穀曰稟。中庸。既稟稱事。鄭注周禮宮正、內宰、廩人、掌固皆云。稍食祿稟也。又司稼注云。賙稟其艱阨。晉惠帝云。官畵可給稟。凡若此類。今本多譌爲廩。卽有未譌者、亦皆讀爲力甚切矣。今之廩膳生員。於古當作稟膳。从㐭禾。禾猶穀也。穀在於㐭。周禮所謂以待賙賜稍食也。凡賜穀曰稟。受賜亦曰稟。引伸之凡上所賦、下所受皆曰稟。左傳言稟命則不威是也。筆錦切。七部。

亶　多穀也。亶之本義爲多穀。故其字从㐭。引伸之義爲厚也、信也、誠也。見釋詁、毛傳。从㐭。旦聲。多旱切。十四部。

啚　嗇也。下文云。嗇、愛濇也。水部曰。濇、不滑也。凡鄙吝字當作此。鄙行而啚廢矣。論語鄙夫、周書鄙我周邦、皆當作此。从口。口音韋。口猶聚也。从㐭。㐭、受也。㐭所以受穀。引伸之凡受皆曰㐭。聚而受之、愛濇之意也。方美切。十五部。古文啚如此。

文四　重二

嗇　愛濇也。嗇濇曡韵。廣韵引作澀。澀與濇皆不滑也。大雅云。好是家嗇。力民代食。箋云。但好任用是居家之吝嗇於聚斂作力之人。令代賢者處位食祿。又云。家嗇維寶。代食維好。箋云。言王不尚賢、但貴吝嗇之人與愛代食者而已。老子曰。治人事天莫若嗇。詩序云。其君儉嗇褊急。从來㐭。來者㐭而藏之。故田夫謂之嗇夫。說从來㐭之意也。嗇者、多入而少出。如田夫之務蓋藏。故以來㐭會意。嗇夫見左傳所引夏書。漢制十亭一鄉。鄉有三老。有秩嗇夫游徼、皆少吏之屬。許云。田夫謂之嗇夫者。若郊特牲先嗇司嗇。報嗇嗇皆謂農。古嗇穡互相假借。如稼穡多作稼嗇。左傳小國爲蘇。大國省穡而用之。卽省嗇也。所力切。一部。一曰棘省聲。來亩者會意。棘省聲者形聲。別一說也。棘省、謂省並束爲單束。來亦象束。故云棘聲。然少迂矣。凡嗇之屬皆从嗇。古文嗇从田。

牆

垣蔽也。土部曰。垣、牆也。左傳曰。人之有牆。以蔽惡也。故曰垣蔽。釋宮曰。牆謂之墉。釋名曰。牆、障也。从嗇。小徐曰。取愛嗇自護也。爿聲。才良切。十部。按凡爿聲、二徐多肊改爲牀省聲。此爿聲。小徐云亦當言牀省。韵會遂改之。籒文。从二禾。籒文。亦从二來。按玉篇云。牆者籒文。牆者古文。與今本異。

文二　重三

來

周所受瑞麥來麰也。也字今補。詩正義此句作周受來牟也五字。周頌。詒我來麰。箋云。武王渡孟津。白魚躍入王舟。出涘以燎。後五日。火流爲烏。五至。以穀俱來。此謂遺我來牟。書說以穀俱來。云穀紀后稷之德。按鄭箋見尚書大誓。尚書旋機鈐合符后。詩云來牟、書云穀。其實一也。下文云。來麰、麥也。此云瑞麥來麰。然則來麰者。以二字爲名。毛詩傳曰。牟、麥也。當是本作來牟、麥也。爲許麰下所本。後人刪來字耳。古無謂來小麥、麰大麥者。至廣雅乃云麳小麥。麰大麥。非許說也。劉向傳作釐麰。文選典引注引韓詩內傳。貽我嘉麰。薛君曰。麰、大麥也。與趙岐孟子注同。然韓傳未嘗云來小麥。二麥一夆。象其芒朿之形。二麥一夆各本作一來二縫。不可通。惟思文正義作一麥二夆。今定爲二麥一夆。卽鏠字之省。許書無峯。則山耑字可作夆。凡物之標末皆可偁夆。夆者朿也。二麥一夆爲瑞麥。如二米一稃爲瑞黍。蓋同夆則亦同稃矣。廣韵十六咍引埤蒼曰。稤麰之麥、一麥二稃。周受此瑞麥。此一二兩字亦是互譌。二麥一稃。亦猶異畮同穎、雙觡共柢之類。其字以从象二麥、以朩象一芒。故云象其芒朿之形。洛哀切。古音在一部。天所來也。故爲行來之來。自天而降之麥。謂之來麰。亦單謂之來。因而凡物之至者皆謂之來。許意如是。猶之相背韋之爲皮韋、朋鳥之爲朋攩、烏西之爲東西之西、子月之爲人偁、烏之爲烏呼之烏。皆引伸之義行而本義廢矣。如許說是至周初始有來字。未詳其恉。詩曰。詒我來麰。今毛詩詒作貽。俗字也。麰作牟。古文假借字也。凡來之屬皆从來。

⿰來矣

詩曰。不⿰來矣不來。毛詩無此語。釋訓曰。不⿰來矣、不來也。爾雅多釋詩書。葢江有汜之詩不我以、古作不我⿰來矣。⿰來矣者、來之也。不我⿰來矣者、不來我也。許葢兼偁詩、爾雅。當云詩曰不我⿰來矣。不⿰來矣不來也。轉寫譌奪、不可讀耳。⿰來矣與以不同者。葢許兼偁三家詩也。从來。矣聲。牀史切。一部。⿰來矣或从彳。今韵書字書以⿰來矣徯同族。訓待。非也。

文二　重一

麥

芒穀。有芒朿之穀也。稻亦有芒。不偁芒穀者。麥以周初二麥一鏠箸也。鄭注大誓引禮說曰。武王赤烏、芒穀應。許本禮說。秋種厚薶。故謂之麥。薶麥曡韵。夏小正。九月樹麥。月令。仲秋之月。乃勸種麥。毋或失時。麥以秋種。尚書大傳、淮南子、說苑皆曰。虛昏中可以種麥。漢書武帝紀謂之宿麥。麥、金也。金王而生。火王而死。程氏瑤田曰。素問云。升明之紀。其類火。其藏心。其穀麥。鄭注月令云。麥實有孚甲屬木。許以時。鄭以形。而素問以功性。故不同耳。从來。有穗者也。也字今補。有穗猶有芒也。有芒故从來。來象芒朿也。从夊。夊、思隹切。行遲曳夊夊也。从夊者。象其行來之狀。莫獲切。古音在一部。凡麥之屬皆从麥。

麰

來麰、逗。麥也。見毛傳。从麥。牟聲。莫浮切。三部。麰或从艸。

麧

堅麥也。謂麥之堅者也。史、漢皆云。亦食穅覈耳。孟康曰。覈、麥穅中不破者也。晉灼曰。覈音紇。京師人謂麤屑爲紇頭。按廣韵引漢書食穅麧。麧爲是。孟注、晉音皆是麧字。後人妄改漢書耳。麧在沒韵。覈在麥韵。音不同也。孟注與許說合。从麥。气聲。乎沒切。十五部。

⿰麥貴

小麥屑

䴾　麩　麪　麱

之覈。此晉灼所云京師人謂粗屑爲麧頭也。上文堅麥兼大小麥言。此單謂小麥。又堅麥謂梱者。此謂屑之而仍有核。覈同果中核之核。今所謂粗麪也。麲與麩皆謂堅者。故類言之。从麥貨聲。穌果切。十七部。

䴾　䃺麥也。謂以石䃺䃺之。是曰䴾也。从麥差聲。昨何切。十七部。一曰擣也。一別義。

麩　小麥屑皮也。麩之言膚也。屑小麥則其皮可飤。畧大麥之皮不可食用。故無名。从麥夫聲。甫無切。五部。

麬　麩或从甫。

麪　麥屑末也。屑字依類篇補。末者屑之尤細者。齊民要術謂之勃。今人俗語亦云麪勃。勃取蓬勃之意。非白字也。廣雅。䴬謂之麪。篇韵皆云。麩麪也。麩即末也。末與麪爲雙聲。䴬與麪爲曡韵。从麥丏聲。彌箭切。十二部。

麱　麥覈屑也。上文云麥屑之覈。謂其堅。此云帶覈之屑。謂其礔碎䃺之尚未成末。麩與麪未分。是爲麱。廣韵云。麩麱。又云。麱麩。皆謂麩末離析。九章筭術曰。小麱之率十三半。大麱之率五十四。麥八斗六升七分升之三得小麱二斗五升一十四分升

麷　麮

之一十三。麥一斗得大麱一斗二升。李籍音義曰。細曰小麱。粗曰大麱。然則九章之小麱。許所謂麪也。九章之大麱。許所謂麩及麱也。十斤爲三斗。然則一秳爲三斛也。蓋出古筭經。从麥啻聲。直隻切。又音敵。十六部。

麷　煑麥也。周禮籩實有麷。大鄭云。熬麥曰麷。後鄭云。今河閒以北煑穜麥賣之名曰逢。後鄭謂逢即麷之遺語也。穜、釋文直龍反。是穜稑之穜。程氏瑤田曰。熬煑蓋通偁。熬、乾煎也。荀卿子午其軍。取其將若撥麷。蓋麥乾煎則質輕。撥去之甚易。故以爲易之況。今南方蒸稉米爲飯。曝乾爚之。呼爲米蓬。與鄭云逢者合。籩食皆乾物。餌餈亦必以粉坌之。然則煑麥也。非麥粥也。今人通呼乾煎爲爚。說文鬻熬也。从麥豐聲。讀若馮。馮从馬仌聲。漢時馮姓之馮。蓋已讀如今音矣。敷戎切。九部。

麮　麥甘鬻也。荀卿書。冬日則爲之饘粥。夏日則與之瓜麮。釋名曰。煑麥曰麮。麮亦齲也。煑熟亦齲壞也。按麥甘鬻者。以麥爲粥。其味甜也。急就篇云。甘麮殊美奏諸君。是也。其法當用大麥爲之。或去皮或粉之。皆可爲粥。其性清虛。於夏日宜。大麥甘。故今煎

䴬　䴷　䴭　夊　夋

飴餹亦用大麥。从麥去聲。丘據切。五部。

䴬　餅籟也。餅籟者。堅築之成餅也。方言。䴬、䴷、麴也。自關而西秦豳之閒曰䴬。晉之舊都曰䴷。齊右河泲曰麴。或曰䴷。北鄙曰䴷。麴其通語也。从麥𣪊聲。讀若庫。許音庫。合音也。今音空谷切。依𣪊聲也。

䴷　餅籟也。从麥穴聲。戶八切。十五部。

䴭　餅籟也。从麥才聲。昨哉切。一部。

文十三　重二

夊　行遲曳夊夊也。也字今補。曲禮曰。行不舉足。車輪曳踵。玉藻曰。圈豚行不舉足。齊如流。注云。孔子執圭。足縮縮如有循是也。象人兩脛有所躧也。玉篇曰。詩云。雄狐夊夊。今作綏。通俗文。履不箸跟曰屣。屣同躧。躧屣古今字也。行遲者。如有所拖曳然。故象之。楚危切。玉篇思隹切。十五部。凡夊之屬皆从夊。

夋　行夋夋也。夋夋、行皃。一曰倨也。立部竣下曰。夋、倨也。故莾

复　夌　致

竣字从夋。會意。从夊允聲。七倫切。十三十四部。

复　行故道也。彳部又有復。復行而复廢矣。疑彳部之復乃後增也。从夊畐省聲。房六切。三部。按畐聲在一部。合音也。

夌　越也。凡夌越字當作此。今字或作淩。或作凌。而夌廢矣。檀弓。喪事雖遽不陵節。鄭曰。陵、躐也。躐與越義同。廣韵陵下云。犯也。侮也。侵也。皆夌義之引伸。今字概作陵矣。从夊兴。越之義也。力膺切。六部。兴、高大也。說从兴之意。一曰夌徲也。彳部曰。徲、久也。凡言陵遲、陵夷當作夌徲。今字陵遲、陵夷行而夌徲廢矣。玉篇云。夌徲、遲也。廣韵云。陵遲也。遲與徲同也。匡謬正俗釋陵遲曰。陵爲陵阜之陵。而遲者遲遲。微細削小之義。古遲夷通用。或言陵夷。其義一也。言陵阜漸平。喻王道弛替耳。玉裁謂許書作夌。則知說陵爲陵阜、非也。夌徲爲遴之反語。古遲遴通用。夌徲言時久則弛替。遲古讀如夷。夌夷曡韵字耳。以左傳下陵上替說之。許前義於下陵近。後義於上替近。下陵與上替。其事常相因也。

致　送詣也。言部曰。詣、候至也。送詣者。送而必至其處也。引伸爲召致之致。

又爲精致之致。月令必工致爲上是也。精致漢人祗作致。系部緻字、徐鉉所增。凡鄭注俗本乃有緻。从夊。从至。夊猶送也。陟利切。十五部。

憂　憂和之行也。商頌毛傳曰。優優、和也。廣雅釋訓。憂憂、行也。行之狀多。而憂憂爲龢之行。和當作龢。憂今字作優。以憂爲𢚧愁字。从夊𢚧聲。於求切。三部。詩曰。布政憂憂。商頌文。今詩作優優。

愛　愛行皃也。心部曰。㤅、惠也。今字假愛爲㤅而㤅廢矣。愛、行皃也。故从夊。从夊㤅聲。烏代切。古音在十五部。

夋　夋行夋夋也。从夊。闕。讀若僕。各本篆作㚇。今依廣韵作夋。與小徐注合。此闕謂形上體作兂。不知其說也。讀若僕。則知夋夋、卽今俗語僕僕道途之謂。趙注孟子曰。僕僕、煩猥皃。皮卜切。三部。

竷　竷繇也。舞也。繇當作䚻。䚻、徒歌也。上也字衍。謠舞者、謠且舞也。詩序曰。維清奏象舞也。武奏大武也。禮記文王世子、明堂位、祭統皆云管象、舞大武。象與大武皆謂周頌武篇。鄭注祭統云。吹管而舞武象之樂也。樂記說武以咏歎、淫液、發揚蹈厲。竝言則舞兼歌矣。故其字从章从夊。从夊。从章。樂有章也。說从章之意。夅聲。已上十字今更正。夅聲在九部。與八部合韵。苦感切。八部。詩曰。竷竷鼓我。鼓各本作舞。今依韵會訂。士部引墫墫舞我。則此當同。詩作鼓矣。今小雅伐木作坎坎。毛無傳。而陳風曰。坎坎、擊鼓聲也。魏風傳曰。坎坎、伐木聲也。魯詩伐檀作欿欿。疑竷竷鼓我容取三家。與毛異。

夎　夎𡿺蓋也。司馬彪輿服志。乘輿金鍐。劉昭引蔡邕獨斷曰。金鍐者。馬冠也。高廣各五寸。上如五華形。在馬髦前。薛綜注東京賦同。按在馬髦前則正在馬之𡿺蓋。其字本作金夎。或加金旁耳。馬融廣成頌。揚金夎而拖玉瓖。字正作夎可證。西京賦。璿弁玉纓。薛曰。弁、馬冠叉髦也。徐廣說金鍐云。金爲馬叉髦。然則弁也、叉髦也、夎也、一也。夎或誤作㚇。鍐或誤作鍐。玉篇又誤作金騣。皆晉子公反。非也。𡿺蓋者、人囟也。見囟部。象皮包覆𡿺。謂𠘧。下有兩臂。謂人。而夊在下。人足也。讀若范。亡范切。七部。八部。

夏　夏中國之人也。以別於北方狄、東北貉、南方蠻閩、西方羌、西南焦僥、東方夷也。夏、引伸之義爲大也。从夊。从頁。从𦥑。𦥑、兩手。夊、兩足也。胡雅切。古音在五部。夏古文夏。

畟　畟治稼畟畟進也。釋訓曰。畟畟、耜也。周頌毛傳曰。畟畟、猶測測也。箋云。農人測測以利善之耜熾菑是南畝也。按畟畟古語。測測今語。毛以今語釋古語。故曰猶。周禮薙氏注曰。耜之者、以耜測凍土剗之。然則畟、測皆進意。从田儿。儿亦人字。田人者、農也。从夊。夊言其足之進。足進而耜亦進矣。初力切。一部。詩曰。畟畟良耜。許書耜作枱。鈶二形。見木部。云耒耑也。

㚇　㚇斂足也。䧿鵙醜。其飛也㚇。二句見釋鳥。今爾雅作㚇。許所據異也。从夊。斂足、故从夊。兇聲。子紅切。九部。

夒　夒貪獸也。一曰母猴。謂夒一名母猴。犬部曰。猴、夒也。玃、大母猴也。由部曰。禺、母猴屬。爪部曰。爲、母猴也。單評猴。絫評母猴。其實一也。母猴與沐猴、獼猴一語之轉。母非父母字。詩小雅作猱。毛曰。猱、猨屬。樂記作獶、猱之變。鄭曰。獶、獼猴也。佀人。似人面手足。从頁。句。巳止夊、其手足。巳止象其似人手。夊象其足。奴刀切。古音在三部。

夔　夔卽魖也。卽鉉作神。疑神是。鬼部曰。魖、耗鬼也。神魖謂鬼之神者也。甘泉賦曰。捎夔魖而抶獝狂。東京賦曰。殘夔魖與罔象。皆夔魖連文可證。國語。木石之怪夔罔兩。韋注。或云夔一足。越人謂之山繅。或作猱。富陽有之。人面猴身能言。廣韵曰。山魈出汀州。獨足鬼也。神魖謂山繅之尤靈異者。若大荒東經云。有獸狀如牛。蒼身而無角。一足出入水則必風雨。其光如日月。其聲如雷。名曰夔。黃帝得其皮爲鼓。聲聞五百里。此獸也。非鬼也。薛注二京合而一之。恐非是。如龍。一足。从夊。孟康曰。夔神如龍有角。人面。薛綜曰。木石之怪。如龍有角。按从夊者象其一足。象有角手人面之形。云如龍則有角可知。故丌象有角。又止巳象其似人手。頁象其似人面。渠追切。十五部。古假歸作夔。樂緯云。昔歸典協律。卽夔典樂也。地理志。歸子國。卽夔子國也。

文十五　重一

舛

舞

舝

舛 對臥也。謂人與人相對而休也。引伸之足與足相抵浴則同川臥則僢足是也。又引伸之凡足相抵皆曰僢。典瑞兩圭有邸注云僢而同本是也。淮南書及周禮注多用僢字。从夊㐄相背。相背猶相對也。昌兖切。古音在十三部。凡舛之屬皆从舛。踳 楊雄作舛从足春。春聲也。李善注魏都賦引司馬彪莊子注曰。踳讀曰舛。舛乖也。按司馬意舛踳各字而合之。楊許則云踳爲舛之或也。葢訓纂篇如此作。諸家多用踳駮。謂譌舛也。

舞 樂也。用足相背。說从舛之意。从舛。無聲。文撫切。五部。按諸書多作儛。𦏶 古文舞。从羽亡。亡聲也。攴部曰。攺讀與撫同。然則以亡爲無也古矣。

舝 車軸耑鍵也。金部。鍵、一曰轄也。車部。轄、一曰鍵也。然則許意謂舝轄同也。以鐵豎貫軸頭而制轂如鍵閉然。邶風傳曰。脂舝其車。小雅傳曰。閒關設舝皃。皆謂舝必行而後設也。車軸耑謂之軎。軎今字作轊。大馭右祭兩軹。軹故書作軒。杜子春云。軒謂兩轊。今也。或讀軒爲簪笄之笄。按鐵貫軸如笄貫弁然。軸耑名軒者。以鐵名之也。子春易爲軹。非也。兩穿相背。从舛。據許說則每耑爲兩穿。每穿鍵以一鐵。兩穿相對。故其字从舛。𥎊省聲。胡戛切。十五部。𥎊、古文禼字。禼各本作偰。今依厹部正。禼讀如偰。故漢書以禼爲稷偰字。

文三　重二

舜

⿰㞷舜

䑞 䑞艸也。楚謂之葍。秦謂之藑。艸部曰。藑、茅葍也。一名䑞。是一物三名也。蔓地生而連華。象形。生而二字依爾雅音義補。䑞象葉蔓華連之形也。从舛。亦狀蔓連相鄉背之皃。舛亦聲。舒閏切。十三部。䑞作舜。按此與艸部蕣音同義別。有虞氏以爲謚者。堯、高也。舜、大也。舜者俊之同音假借字。山海經作帝俊。凡䑞之屬皆从䑞。𡕑 古文䑞。

⿰㞷舜 䑞華也。釋言曰。皇、華也。釋艸曰。蘮蒘、葟華。榮。許蕣部曰。艸木蕣也。此云蕣榮者。絫言之。榮也。从䑞。㞷聲。㞷見㞷部。形聲包會意。各本譌生。則非聲。大徐本篆文右半譌生。非也。戶光切。十部。讀若皇。爾雅曰。⿰㞷舜、華也。今釋言作皇。非。葟 ⿰㞷舜或从艸皇。皇聲。釋艸如此作。

文二　重二

韋

韠

韎

韋 相背也。故从舛。今字違行而韋之本義廢矣。酒誥。薄韋農父。馬云。韋、違行也。據羣經音辨則古文尙書當如是。从舛。囗聲。宇非切。十五部。獸皮之韋。此韋當作圍。圍謂繞也。可㠯束物枉戾相韋背。物字依韵會補。生革可以矯枉戾而背其故也。故借㠯爲皮韋。其始用爲革縷束物之字。其後凡革皆偁韋。此與西朋來子烏五字下文法略同。皆言假借之恉也。假借專行而本義廢矣。凡韋之屬皆从韋。𡇳 古文韋。

韠 韍也。市部曰。韠也。市小篆作韍。所㠯蔽前者。鄭注禮曰。古者佃漁而食之。衣其皮。先知蔽前。後知蔽後。後王易之以布帛。而獨存其蔽前者。不忘本也。按韠之言蔽也。韍之言亦蔽也。㠯韋。故从韋。下廣二尺。上廣一尺。其頸五寸。記玉藻文也。玉藻曰。韠、下廣二尺。上廣一尺。長三尺。其頸五寸。襍記云。會去上五寸。會謂頸下縫也。會已上長五寸。即所謂其頸長五寸也。又云。紕以爵韋六寸。不至下五寸。謂頸五寸之下。下五寸之上。中長二尺。兩邊皆紕以爵韋。左右各廣三寸也。又云。下五寸。純以素。謂下五寸緣以生帛也。鄭云。其頸五寸。其緣當亦用爵韋。一命縕韠。再命赤韠。玉藻曰。一命縕韍幽衡。再命赤韍幽衡。三命赤韍葱衡。鄭云。尊祭服。故變韠言韍。又云。元端服稱韠。玄冕爵弁服之韠。尊者偁韍。然則韠韍同物。殊其名耳。許於此言一命縕韠再命赤韠。於市下言天子朱市。諸侯赤市。大夫赤市葱衡。許意卑者偁韠。尊者偁韍。說與鄭少異。縕者赤黃之閒色。所謂韎也。韎之假借字也。从韋。畢聲。卑吉切。十二部。

韎 茅蒐染韋也。韎韋。左傳云。一入曰韎。入字宋本、汲古初印本同。與五經文字、毛詩定本合。毛扆修版改入爲又。則倒易其是非矣。小雅毛

韢　韜　韝

傳曰。韎者茅蒐染革也。一入曰韎。句韐、所以代韠也。士冠禮注云。韎韐、縕韍也。此鄭以縕釋韎。以韍釋韐。玉藻一命縕韍。注云。縕、赤黃之閒色。所謂韎也。按赤黃之閒色曰緼。糸部緼、帛赤黃色是也。爾雅一染謂之緼。緼者緼之假借字。一入曰韎。卽一入曰緼也。三君注國語云。一染曰韎。詩箋云。韎、茅蒐染也。茅蒐、韎聲也。韐、祭服之韠。合韋爲之。又駁異義云。齊魯之閒言韎聲如茅蒐。字當作韎。陳留人謂之蒨。韋注國語云。茅蒐、今絳草也。急疾呼茅蒐成韎。此皆詩箋所謂茅蒐韎聲也。士冠禮韎韐注云。士染以茅蒐。因以名焉。今齊人名蒨爲韎。句韐之制似韠。已上諸文今本譌舛特甚。悉爲正之。**从韋末聲。**莫佩切。十五部。按許云末聲。鄭駁異義云。韎、齊魯之閒言韎聲如茅蒐。字當作韎。今詩箋版本二體不別。蓋鄭所據亦作末聲。鄭謂當从未聲也。鄭必知當从未聲者。未聲與文蒐爲類。末聲與元寒爲類。文蒐與尤侯相似也。元寒與魚模相似也。茅蒐爲韎聲則當从未矣。唐韵莫佩切。劉李周禮音妹者。鄭未聲之說也。廣韵音末。諸經音莫介反者。許末聲之說也。

韢　橐紐也。橐、車上大橐也。紐、系也。一曰結而可解也。**从韋惠聲。**胡計切。十五部。**一曰盛虜頭橐也。**呂覽北郭騷告其友曰。盛吾頭於笥中奉以託。以白晏子也。退而自刎。其友因奉以託。按託者、橐之假借字。云虜頭者。如函梁君臣之首之類。

韜　劍衣也。少儀曰。劍則啟櫝蓋襲之。加夫襓與劍焉。注曰。夫襓、劍衣也。夫或爲煩。皆發聲。按許書無襓字。襓與韜音相近。襓卽韜也。曹憲廣雅。袟、襓、袜、劍衣也。袜音陳律反。按熊氏安生義疏引廣雅。夫襓、木劍衣也。木蓋本作术。熊認爲艸木字。夫术曹本乃作袟袜。知今本廣雅多增益偏旁而不古矣。引伸爲凡包藏之偁。**从韋。**以韋爲之也。熊云木劍衣非是。櫝既木爲之矣。**舀聲。**土刀切。古音在三部。

韝　臂衣也。各本作射臂決也。誤甚。決箸於右手大指。不箸於臂。今依文選荅蘇武書注正。射韝者。詩之拾。禮經之遂。內則之捍也。毛傳曰。拾、遂也。大射注曰。遂、射韝也。以朱韋爲之。箸左臂。所以遂弦也。凡因射箸左臂謂之射韝。非射而兩臂皆箸之以便於事。謂之韝。許不言射韝者。言臂衣則射韝在其中矣。東方朔傳曰。綠幘傳靑韝。韋昭曰。韝形如射韝。以縛左右手。

韘

於事便也。崔豹古今注曰。攘衣、廝役之服。取其便於用耳。乘輿進食者服攘衣。按攘衣卽韝也。以繩纏臂謂之絭。以衣斂袖謂之韝。其字或作褠。見後漢書。或作構。見南都賦。**从韋。**繕人注曰。韝、扞箸左臂裏。以韋爲之。**冓聲。**古矦切。四部。

韘　射決也。所吕拘弦。衞風。童子佩韘。毛曰。韘、決也。能射御則帶韘。小雅車攻傳曰。決、所以鉤弦也。鄭注周禮曰。抉、挾矢時所以持弦飾也。注鄉射禮、大射儀云。決猶闓也。以象骨爲之。箸右大巨指以鉤弦闓體。按卽今人之扳指也。經典多言決少言韘。韘惟見詩。毛公釋爲決。而箋云。韘之言沓。所以彄沓手指。此以禮經之極釋韘也。大射云。朱極三。注云。極猶放也。所以韜指利放弦也。以朱韋爲之。食指將指無名指各一。小指短不用。鄭意以韘極沓三字雙聲。且極用韋爲之。故字从韋。決則用象骨爲之。故不从韋而易其義。許說从毛也。以字从韋論之。鄭爲長矣。內則言佩決。詩言佩韘。蓋言一可以包二。**吕象骨。**句**韋系。**句**箸右巨指。从韋。**繕人注云。士喪禮抉用正王棘若檡棘。則天子用象骨與。按用棘蓋施諸死者。疑生者用象若骨。故鄉射大射禮注皆云。用象骨。許意正如是。用韋爲系箸右巨指。故字从韋。但今世扳指不用系。士喪禮注云。決以韋爲之藉。又云。以紐環大擘本。恐生者皆不必然也。**枼聲。**失涉切。八部。釋文大大涉切。**詩曰。童子佩韘。**

弽　韘或从弓。

韣　韔　𩏂

韣　弓衣也。月令。帶以弓韣。高誘曰。韣、弓韜也。按革部韇下曰。弓矢韇也。韇蓋又在韣之外。容以木爲之。飾以皮耳。故服注左云。冰、櫝丸蓋也。如劍衣在劍櫝之內。**从韋蜀聲。**之欲切。三部。

韔　弓衣也。秦風。虎韔。毛曰。虎、虎皮也。韔、弓室也。又。交韔二弓。毛曰。交韔交二弓於韔中。鄭風作鬯。毛曰。鬯弓、弢弓。**从韋長聲。**丑亮切。十部。**詩曰。交韔二弓。**

𩏂　履後帖也。帖、帛書署也。引伸爲今俗語帮貼之字。凡履跟必帮貼之。令堅厚。不則易敝。臣瓚曰。躢跟曰跕。按履緊曰跕。屣也。跕與帖音同。急就篇。履舄鞜裒絨緞紃。師古引說文爲注。**从韋段聲。**此形聲包會意也。段取堅意。古本蓋祇有𩏂緞二篆。自从段譌爲从叚。而篇韵皆有𩏂緞。音乎加切。此𩏂篆之上亦妄增報篆。云履也。从韋叚聲。正如石部碫譌爲碬。各本說文乃作碬耳。今刪報篆。徒玩切。篇韵皆上聲。徒管切。十四部。

緞 報或从糸。今俗以爲錦繡段之段。

韤 足衣也。左傳曰。褚師聲子韤而登席。謂燕禮宜跣也。从韋。蔑聲。望發切。十五部。

䪙 軛裹也。軶轅前也。以皮裹之。从韋。尃聲。匹各切。五部。按玉篇云。韛扶豆扶武二切。尻衣也。次於報下。鞶上。與說文同。攷許書韤、足衣也。袴、脛衣也。則當別有尻衣。卽史、漢萬石君傳所謂中裙也。而廣韵九麌曰。韛、尻衣。集韵九麌曰。韛、帗也。帗卽許之幒字。疑說文本有韛、尻衣也。从韋甫聲之文。因與䪙相似而佚之。如圞鼏袀袗皆佚其一之比。

韏 革中辨謂之韏。釋器。革中絕謂之辨。郭注。中斷皮也。革中辨謂之韏。注。復平分也。如郭說。則正文當云辨中絕謂之韏。立文不當如是。今按當云革辨謂之韏。中乃衍文。衣部襞下云。韏衣也。衣襵古曰韏。亦曰襞積。亦曰緛。然則皮之縐文甓甓者曰韏。何疑。文部曰。辨、駁文也。許所據爾雅不同郭本。而淺人以郭本易之。从韋。𢍏聲。九萬切。十四部。

䪞 收束也。漢律曆志曰。秋、䪞也。物䪞斂乃成孰。鄉飲酒義曰。西方者秋。秋之爲言揫也。从韋。取圍束之義。𥼶聲。讀若酋。𥼶从焦聲。焦从雥省聲。卽由切。三部。

䪞 䪞或从要。亦取圍束之意。

揫 䪞或从秋手。

韓 井橋也。橋各本作垣。今依史記孝武本紀索隱正。井橋見曲禮、莊子、說苑、淮南子。曲禮。奉席如橋衡。注曰。橋、井上挈皋。衡上低昂者。莊子曰。鑿木爲機。後重前輕。挈水若抽。數如泆湯。其名爲槹。槹本又作橋。淮南書。今夫橋直植立而不動。俛仰取制焉。高曰。橋、桔皋上衡也。說苑曰。爲機重其後。輕其前。命曰橋。終日溉韭百區不倦。橋、陸音義音居廟反。按其義當同撟。舉也。井韓見史、漢孝武紀封禪書、郊祀志、枚乘傳、莊子秋水篇。其字多作井榦。司馬彪云。井榦、井闌也。崔譔云。井以四邊爲榦。猶築之有楨榦。晉灼曰。井上四交之榦。常爲汲者所契傷。是諸家皆說井榦爲井闌。按井韓爲木架。四圍中其圍橫圍木爲橋。如毋兩旁木有軸可轉。中設鹿盧。縣綆上下。故言橋而韓見也。从韋。取其帀也。說同韋口。倝聲。胡安切。十四部。諸書榦亦音寒。

文十六 今刪報則十五。　重五

弟 韋束之次弟也。以韋束物。如輈五束、衡三束之類。束之不一。則有次弟也。引伸之爲凡次弟之弟、爲兄弟之弟、爲豈弟之弟。詩正義引說文有第字。从古文之象。文各本作字。今正。說文小篆有从古文之像似者凡三。曰弟、曰革、曰民。皆各像其古文爲之。特計切。十五部。凡弟之屬皆从弟。

𢏚 古文弟。从古文韋省。古文韋見韋部。丿聲。丿、右戾也。房密匹蔑二切。

罤 周人謂兄曰罤。昆弟字當作此。昆行而罤廢矣。釋親。晜、兄也。郭注。今江東通言曰晜。按晜者、罤之誤。男子先生爲兄。後生爲弟。此本定偁。謂兄罤者。周人語也。詩惟王風有昆字。此周人謂兄之證也。諸經皆言兄。如尙書乃寡兄勖、春秋衞侯之兄縶、周禮父之讎、兄弟之讎、從父兄弟之讎、詩瞻望兄兮皆是。惟禮喪服經傳大功已上皆曰昆弟。小功已下同異姓皆曰兄弟。不相淆亂。蓋禮經欲別服之親疏隆殺。遂以周人謂兄者專系之同姓大功已上。以爲立言之別也。戴先生曰。兄弟與昆弟在儀禮喪服、爾雅釋親。截然有辨。喪服傳曰。何如則可謂之兄弟。傳曰。小功已下爲兄弟。此傳中引傳相證明也。爾雅曰。母與妻之黨爲兄弟。又曰。婦之黨爲婚兄弟。壻之黨爲姻兄弟。詩小雅。兄弟無遠。鄭箋云。兄弟、父之黨、母之黨。蓋兄弟云者、或專言異姓。或兼同姓異姓。皆舉遠不以閑大功之親。記曰。兄弟皆在他邦。加一等。不及知父母與兄弟居加一等。此惟小功已下卽於疏。故加等。若大功已上則昆弟也。世父母、叔父母也。從父昆弟也。豈可以皆在他邦及少孤相依而加等哉。大功之親分當相恤。其不相恤是賊其性者也。小功已下而相恤斯進之也。記又曰。夫之所爲兄弟服。妻降一等。篇內明言夫之昆弟無服。此兄弟之服卽所謂小功者。兄弟之服是也。謂夫爲之小功者。妻降一等則緦。如從祖祖父母、從祖父母、及外祖父母、從母在小功章。夫之諸祖父母在緦麻章。此降一等之謂。禮記服問篇。公子之妻爲公子之外兄弟。謂爲夫之外祖父母、從母緦也。禮

夂　𡕒　夆　夅　夃　㐄　久

之稱兄弟通乎尊卑如是。凡同姓異姓旣漸郎於疏者。而與之相親好。皆得稱兄弟。玉裁按。大司徒聯兄弟。鄭曰。兄弟、昏姻嫁娶也。與調人職兄弟不同。知以昆弟、兄弟異其辭者惟禮經。他經不尒。从弟眔。眔者逮也。鰥下曰。从魚眔聲。則此亦可眔聲。合韵也。古蒐切。十三部。

文二　重一

夂從後至也。至當作致。象人兩脛後有致之者。致、送詣也。凡夂之屬皆从夂。讀若黹。陟侈切。玉篇竹几切。十五部。

𡕒相遮要害也。要害猶險隘也。从夂丰聲。乎蓋切。十五部。南陽新野有𡕒亭。

夆啎也。午部曰。啎、逆也。夆訓啎。猶逢迎逆遇遻互相爲訓。釋訓曰。甹夆、掣曳也。掣曳者啎逆之意。夆古亦借爲鏠峯字。从夂丰聲。讀若縫。敷容切。九部。

夅服也。从夂㐄相承不敢竝也。上从夂。下从反夂。相承不敢竝、夅服之意也。凡降服字當作此。降行而夅廢矣。下江切。九部。

夃秦人市買多得爲夃。爲當作謂之二字。此秦人語也。方言不載。从乃从夂。益至也。說从乃夂之意。乃夂者徐徐而益至也。古乎切。五部。詩曰。我夃酌彼金罍。周南文。今毛詩作姑酌。傳曰。姑、且也。許所據者毛詩古本。今作姑者後人以今字易之也。如尙書壁中古文本作無有作政。本作黎民俎飢之類。夃者姑之假借字。如政組者好阻之假借字。玉篇曰。夃、今作沽。引論語求善價而夃諸。未審其所本之論語。

㐄跨步也。跨當作夸。夸步謂大張其兩股也。从反夂。苦瓦切。十七部。跨从此。以㐄爲聲。

文六

久從後灸之也。也字今補。久灸疊韵。火部曰。灸、灼也。灼、灸也。灸有迫箸之義。故以灸訓久。士喪禮。鬲幎用疏布久之。鄭曰。久讀爲灸。謂以葢塞鬲口也。旣夕。苞筲甕甒皆木桁久之。鄭曰。久讀爲灸。謂以葢案塞其口。此經二久字。本不必改讀。葢久本義訓從後歫之。引伸之則凡歫塞皆曰久。鄭以久多訓長久。故易爲灸以釋其義。考工記。灸諸牆以眡其橈之均。鄭曰。灸猶柱也。以柱兩牆之閒。許所偁作久。與禮經用字正同。許葢因經義以推造字之意。因造字之意以推經義。無不合也。相歫則其候必遲。故又引伸爲遲久。遲久之義行而本義廢矣。象人兩脛後有歫也。歫各本作距。今正。歫、止也。距、雞距也。舉友切。古音在一部。周禮曰。久諸牆以觀其橈。凡久之屬皆从久。

文一

桀　磔　椉

桀磔也。裴駰引謚法曰。賊人多殺曰桀。故引伸爲桀黠字。从舛在木上也。通俗文曰。張伸曰磔。舛在木上、張伸之意也。毛詩。雞棲於杙爲桀。其引伸之義。釋宮作榤、俗字也。渠列切。十五部。左傳。桀石以投人。此假桀爲揭也。揭、高舉也。凡桀之屬皆从桀。

磔辜也。辛部曰。辜、辠也。掌戮。殺王之親者辜之。注。辜之言枯也。謂磔之。鄭與許合也。大宗伯。以疈辜祭四方百物。大鄭從故書作罷辜。云罷辜、披磔牲以祭。爾雅。祭風曰磔。郭云。今俗當大道中磔狗。云以止風。按凡言磔者、開也。張也。刳其胷腹而張之。令其乾枯不收。字或作矺。見史記。从桀石聲。陟格切。古音在五部。今俗語云磔破者當作此字。音如作。

椉覆也。加其上曰椉。人乘車、是其一耑也。从入桀。入者、覆之意也。食陵切。六部。桀、黠也。說从桀之意。方言。黠、慧也。自關而東趙魏之閒謂之黠。史記云。桀黠奴。凡黠者必強。故桀訓黠。入桀者、謂籠罩桀黠。軍法入桀曰椉。各本奪入桀二字。則不可通。今依韵會補。此偁軍法說字形會意。猶引易艸木麗于地說麗、引豐其屋說豐也。云軍法者、葢出漢志兵書四種內。入桀者、以弱勝強。書序云。周人椉黎。左傳。車馳卒奔。椉晉軍。椉之證也。兖古文椉从几。凭几者亦覆其上。故从几。然則兖亦可以爲依凭字。

文三　重一

六十三部　文六百三十七今韋部刪一字則六百三十六。重百二十二　凡七千二百七十三字此第五篇都數。

說文解字第五篇下

山陽汪庭珍校字

說文解字弟六篇上

金壇段玉裁注

木　冒也。以疊韵爲訓。冃部曰。冒、冡而前也。冒地而生。東方之行。从屮。下象其根。謂𣎵也。屮象上出。𣎵象下垂。莫卜切。三部。凡木之屬皆从木。

橘　橘果。出江南。禹貢。荆州厥苞橘柚。考工記曰。橘踰淮而北爲枳。屈原賦曰。受命不遷。生南國兮。許言出江南者。即考工、屈賦所云也。王逸注云、言橘受天命。生於江南。从木。矞聲。居聿切。十五部。

橙　橘屬。南都賦曰。穰橙鄧橘。蜀都賦劉注曰。蜀有給客橙。从木。登聲。丈庚切。廣韵宅耕切。古音在六部。

柚　條也。佀橙而酢。釋木。柚、條。郭云。似橙、實酢。生江南。列子曰。吳楚之國有大木焉。其名爲櫾。碧樹而冬生。實丹而味酸。食其皮汁。已憤厥之疾。按今橘橙柚三果。莫大於柚。莫酢於橙汁。而橙皮甘可食。本草經合橘柚爲一條。渾言之也。从木。由聲。余救切。三部。按爾雅亦作櫾。列子、山海經皆作櫾。許則云櫾者、崐崘河隅之長木也。夏書曰。厥苞橘柚。苞俗作包。今正。禹貢文。

樝　樝果佀梨而酢。內則。柤梨。注曰。柤、梨之不臧者。爾雅郭注、山海經郭傳皆云。樝似梨而酢濇。按即今梨之肉粗味酸者也。張揖注子虛賦云。樝似梨而甘。乃以同類而互易其名耳。陶隱居譏鄭公不識樝。恐誤。从木。虘聲。側加切。古音在五部。

梨　梨果也。各本作果名二字。淺人改也。釋木。梨、山樆。謂梨之山生者曰樆也。樆本亦作離。子虛賦。檗離朱楊。裴駰引漢書音義云。離、山梨也。師古注急就篇云。梨一名山樆。非是。从木。𥝢聲。力脂切。十五部。𥝢、古文利。見刀部。

梬　梬棗也。三字一句。梬棗、果名。非今俗所食棗也。南都賦曰。梬棗若畱。張揖注子虛曰。梬、梬棗也。李善引說文亦云。梬棗似柹。於此可以訂刪複字者之非矣。从柹而小。一曰梬。各本無而小一曰梬五字。今合齊民要術、衆經音義、廣韵、子虛南都二賦李善注引訂補。按梬即釋木之

柹

遵。羊棗也。郭云。實小而圓。紫黑色。今俗呼之爲羊矢棗。引孟子曾晳嗜羊棗。何氏焯曰。羊棗非棗也。乃柹之小者。初生色黃。熟則黑。似羊矢。其樹再椄卽成柹矣。余客臨沂。始覩之。亦呼牛妳柹。亦呼梬棗。此尤可證以柹得棗名。孟子正義不得其解。玉裁謂凡物必得諸目驗而折衷古籍。乃爲可信。昔在西苑萬善殿庭中。曾見其樹。葉似柹而不似棗。其實似柹而小如指頭。內監告余用此樹椄之便成柹。古今注曰。梬棗實似柹而小。味亦甘美。師古曰。梬棗卽今之梬棗也。梬與遵音相近。梬卽遵字也。一曰梬者一名梬也。本作一曰。李善改爲名曰。以便於文也。許無梬篆。蓋俗字不列也。內則芝栭。賀氏云。芝木椹。栭軟棗。釋文云。栭本又作檽。檽者梬之誤。賀氏作梬。許不妨作耎也。梬棗者柹屬。故受之以柹篆。○又按衆經音義。梬棗如充切。說文云似柹而小。或作濡。非體也。似玄應所據本有梬篆。其解當云。梬棗也。從木耎聲。似柹而小乃梬篆下語也。○司馬氏光曰。君遷子卽今牛奶柹。按吳都劉注。椑櫏子如瓠形。玉篇曰。椑櫏子如雞子。不當以羊棗當之。**從木甹聲。**以整切。十一部。梬而充切。

赤實果。言果又言實者。實謂其中也。赤中、與外同色。惟柹。內則曰。棗栗榛柹。**從木朿聲。**鉏里切。古音在十五部。俗作柹。非。

枏　梅

梅也。從木冄聲。汝閻切。七部。

枏也。可食。從木每聲。莫桮切。古音在一部。按釋木曰。梅、枏也。毛詩秦風、陳風傳皆曰。梅、枏也。與爾雅同。但爾雅毛傳皆謂楩枏之枏。毛公於召南摽有梅、曹風其子在梅、小雅四月侯栗侯梅、無傳。而秦陳乃訓爲枏。此以見召南等之梅與秦陳之梅判然二物。召南之梅。今之酸果也。秦陳之梅。今之楠樹也。楠樹見於爾雅者也。酸果之梅不見於爾雅者也。樊光釋爾雅曰。荆州曰梅。揚州曰枏。益州曰赤楩。孫炎釋爾雅曰。荆州曰梅。揚州曰枏。陸機疏草木曰。梅樹皮葉似豫樟。皆謂楠樹也。枏亦名梅。後世取梅爲酸果之名。而梅之本義廢矣。郭釋爾雅乃云似杏實酢。篇韵襲之。轉謂酸果有枏名。此誤之甚者也。然則許以枏梅二篆廁諸果之閒。又云可食。豈非始誤與。曰此淺人所改竄也。如許謂梅酸果。其立文當先梅篆。云酸果也。次枏篆云梅也。棃杏李桃等不云可食。何必獨云可食哉。許意某爲酸果正字。故某篆解云酸果也。從木從甘。其字當本廁柹下杏上。而枏梅二篆當本廁諸木名之閒。淺人易其處。又增竄其文耳。以許書律羣經。則凡酸果之字作梅。皆假借也。凡某人之字作某。亦皆假借也。假借行而本義廢。固不可勝數矣。

或从某。某聲。召南釋文曰。韓詩作楳。

杏　柰　李　桃　楙

杏果也。內則。桃李梅杏。**从木。向省聲。**向各本作可。誤。今正。莕以杏爲聲。亦作荇。從行聲。則知杏莕字古皆在十部也。今何梗切。○六書故云。唐本曰从木从口。

柰果也。假借爲柰何字。見尙書左傳。俗作奈。非。**从木。示聲。**奴帶切。十五部。

李果也。从木。子聲。良止切。一部。古李理同音通用。故行李與行理。竝見。大李與大理不分。

古文。尙書音義曰。梓材音子。本亦作杍。馬云。古作梓字。治木器曰梓。正義曰。此古杍字。今文作梓。按正義本經作杍。音義本經作梓。據二家說。蓋壁中古文作杍。而馬季長易爲梓。匠之梓也。如馬說。是壁中文假借杍爲梓匠字也。

桃果也。从木。兆聲。徒刀切。二部。

冬桃。釋木曰。旄冬桃。郭云。子冬孰。按作旄者。字之假借。二部三部合韵最近也。釋文曰。字林作楙。今本譌爲字林作楙。**从木。矛聲。讀若髦。**莫候切。三部。按釋文及篇韵皆音毛。鼎臣蓋檢唐韵無此字。因以楙字當之。故音茂也。

亲　楷　梫

亲實如小栗。韵會作木名實如小栗六字。周禮籩人記曲禮內則左傳毛詩字皆作榛。假借字也。榛行而亲廢矣。鄭云。如栗而小。與許合。齊民要術引詩義疏云。榛栗有二種。**从木。辛聲。**側詵切。十二部。蜀都賦作樼。**春秋傳曰。女摯不過亲栗。**左傳莊二十四年文。

楷木也。孔子冢蓋樹之者。皇覽云。冢塋中樹以百數。皆異種。傳言弟子各持其方樹來種之。按楷亦方樹之一也。儒行曰。今世行之。後世以爲楷。楷法式也。楷之言稽。我稽古而後世又於此焉稽也。**从木。皆聲。**苦駭切。十五部。以下言木名。故先之以孔家所樹。

梫桂也。釋木。梫木桂。郭曰。今南人呼桂厚皮者爲木桂。桂葉似枇杷而大。按南方草木狀云。桂有三種。葉似枇杷者爲牡桂。牡木音同。許言梫桂也者。梫爲桂之一

桂　棠　杜　槢　樿　椲

而桂不止於梫也。蜀都賦。其樹則有木蘭梫桂。劉逵曰。梫桂。木桂也。从木。侵省聲。七荏切。七部。

桂　江南木。本艸曰。桂生桂陽。牡桂生南海山谷。箘桂生交趾。桂林山谷。百藥之長。本艸經木部上品首列牡桂、箘桂、菌桂。味辛溫。主百病。養精神。和顏色。爲諸藥先聘通使。故許云百藥之長。檀弓內則皆薑桂竝言。劉逵引本艸經正文曰。箘桂圓如竹。出交趾。然則其樹正圓如竹。故名箘桂。今本艸云。無骨正圓如竹。不系之正文。無骨蓋謂空心也。左思賦邛竹緣嶺。箘桂臨崖。正以竹之實中者與桂之虛中者反對也。从木。圭聲。古惠切。十六部。

棠　牡曰棠。牝曰杜。艸木有牡者。謂不實者也。小雅云。有杕之杜。有睆其實。此牝者曰杜之證也。陸機詩疏曰。赤棠與白棠同耳。但子有赤白美惡。子白色爲白棠。甘棠。少酢滑美。赤棠子澀而酢無味。俗語云。澀如杜是也。依陸說是棠杜皆有子。然種類甚多。今之海棠皆華而不實。蓋所謂牡者曰棠也。从木。尚聲。徒郎切。十部。

杜　甘棠也。召南蔽芾甘棠。毛曰。甘棠、杜也。釋木曰。杜。甘棠。本無不合。棠不實。杜實而可食。則謂之甘棠。凡實者皆得謂之杜。則皆得謂之甘棠也。牡棠牝杜、析言之也。杜得偁甘棠、互言之也。釋木又曰。杜、赤棠。白者棠。魏風傳用之。此以其木色之異異其名。與杜甘棠說異。卽與分牡牝說異。爲許所不取。戴先生曰。爾雅謂杜甘曰棠。毛公失其句讀。葢依陸璣疏。白棠卽甘棠。子美。赤棠卽杜。子澀。爲此說耳。非許意。亦非爾雅意也。先生又曰。棃山樆。謂棃山生曰樆。樆白枌。謂榆之白者曰枌。今按毛傳云。枌白榆也。誠當於白爲讀。漢書音義云。離山棃也。是爾雅當同音義。乙其字矣。从木。土聲。徒古切。五部。借以爲杜塞之杜。

槢　槢木也。莊子、淮南有梫槢字。皆謂械楔。不爲木名。从木。習聲。似入切。七部。

樿　樿木也。可㠯爲櫛。玉藻曰。櫛用樿櫛。髮晞用象櫛。禮器曰。樿勺。鄭曰。樿木白理。中山經曰。風雨之山。其木多棷樿。郭曰。樿木白理。中櫛。从木。單聲。旨善切。十四部。

椲　椲木也。可屈爲杅者。屈當作詘。詰詘、紆曲也。糸部云。紆、詘也。是也。杅當作盂。盂、飲器也。玉篇曰。椲木皮如韋。可屈以爲盂。从木。韋聲。于鬼切。十五部。

梄　桏　棆　楈　柍　楑　⿰木咎

梄　柔木也。工官㠯爲耎輪。大鄭引鄹子書。秋取柞梄之火。工官若周之輪人、漢之考工室也。耎輪者安車之輪也。郭注山海經云。梄、剛木。中車材。剛木卽柔木。葢此木堅韌。故柔剛異偁而同實耳。从木。酉聲。讀若糗。以周切。三部。

桏　桏椐木也。集韻作櫻。類篇作櫻。是宋初本不同也。宋刻鉉本及李氏五音韻譜作櫻。毛刻初印同。斧季剜版作櫻。按櫻字無攷。櫻椐木、合二木爲名。未知何木也。釋木曰。櫻、柜桏。郭注云。未詳。或曰桏當爲柳。柜桏似柳。皮可以煮作飲。郭易桏爲柳。而後釋柜柳。則篇韻以柜柳釋桏、非也。說文葢取諸爾雅。櫻與椐形似。椐與柜聲同。櫻疑椐之誤。从木。邛聲。渠容切。九部。

棆　毋杶也。按毋杶當作毋疵、皆字之誤也。釋木。棆、無疵。古毋無通用。故許作毋。玉篇。棆、木名也。枇、無枇木也。二字爲伍。葢謂一物也。廣韻云。無枇木一名棆是也。楊雄蜀都賦說木有枇。郭云。棆、梗屬。似豫章。从木。侖聲。讀若易卦屯之屯。陟倫切。十三部。

楈　楈木也。上林賦有胥邪。南都賦作楈枒。郭璞曰。胥邪似并閭。皮可作索。按未審卽許所云楈木否也。从木。胥聲。讀若芟刈之芟。芟在七八部。胥在五部。合韻也。唐韻私閭切。

柍　柍梅也。柍梅合二字成木名。今各本刪去柍字。是柍卽枏矣。釋木。時英梅。齊民要術引郭注云。英梅未聞。今本注云。雀梅。殆非郭語。南都賦曰。柍柘檍檀。與櫻梅山柿等各爲一條。柍梅非今之梅類明矣。从木。央聲。於京切。古音在十部。李善於兩切。一曰江南橦材。其實謂之柍。橦、帳極也。與此不相涉。以唐式柴方三尺五寸曰一橦、音鍾、解之。下文又不屬也。況漢人曰章。唐人乃曰木鍾乎。柳字下曰。淮南謂之柍。宜以訂正此句。一說蜀都賦布有橦華。劉逵云。橦、樹名。謂此橦材堅實者謂之柍也。實下當有者字。

楑　楑木也。未詳。从木。癸聲。求癸切。十五部。一曰度也。度徒落切。此與手部揆音義皆同。揆專行而楑廢矣。

⿰木咎　⿰木咎木也。六書故以烏臼當之。未知是否。从木。咎聲。讀若皓。皓各本作晧。非。今正。古老切。古音在三部。

椆木也。中山經。虎首之山。多苴椆椐。郭曰。椆未詳也。音彫。从木。周聲。讀若丩。職留切。三部。

樸楸、小木也。樸當作樸。樸樸正俗字也。各本無小字。今依五音韵譜、韵會、集韵、類篇補。召南。林有樸樕。毛曰。樸樕、小木也。釋木云。樕樸心。樕樸即詩之樸樕。俗書立心多同小。又艸書心似小。毛傳、說文當本作心木。譌爲小木耳。詩正義云。某氏曰。樸樕斛樕也。有心能溼。江河閒以作柱。孫炎曰。樸樕一名心。據此及許立文之次弟。知樸樕乃木名。非凡小木之偁也。斛俗作槲。槲樕、櫟之類。樸爾雅音義作樸。廣韵曰。杺、木名。其心黃。杺即爾雅心字。从木。軟聲。桑屋切。三部。

⿰木𢍰木也。未祥。从木。𢍰聲。羊支切。廣韵以脂切。十五部。

梣青皮木。淮南書曰。夫梣木色青瘉翳。而蠃蝸瘉晥。此皆治目之藥也。高曰。梣木、苦歷木名也。生於山。剝其皮以水浸之。正青。用洗眼。瘉人目中膚翳。正文各本譌誤。今考定如是。按本艸經謂之秦皮。以一名岑皮而聲誤作秦耳。其木一名石檀。陶隱居云。是樊槻木。槻音規。集韵云。江南樊雞木。其皮入水綠色。可解膠益墨。樊雞即樊槻也。从木。岑聲。子林切。七部。玉篇作今切。

梫或从寑省。寑籀文寢。見宀部。

棳木也。未詳。俗以爲梁上楹之字。从木。叕聲。職說切。十五部。益州有棳縣。棳上當有毋。地理、郡國二志。益州皆有毋棳縣。

號木也。未詳。从木。號省聲。乎刀切。二部。

棪遬其也。釋木。棪、⿰木速其。郭曰。棪實如柰。可食。南山經傳曰。棪別名速。其子似柰而赤。可食。按遬、籀文速字也。今爾雅作⿰木速。爲俗字。从木。炎聲。讀若三年導服之導。三年導服。詳示部禫下。棪讀如淡。與導服相似也。山海經傳音剡。爾雅音義餘念反。唐韵以冉切。

橀木也。未詳。从木。𥁓聲。帀緣切。十四部。

椋即來也。釋木曰。椋即棶。釋文曰。棶埤蒼字林作來。本說文也。綮評曰即來。單評曰來。唐本艸謂之椋子木。从木。京聲。呂張切。十部。

櫃木也。未詳。从木。貴聲。房未切。十五部。

樗木也。各本樗與楀二篆互

譌。今正。毛詩音義、爾雅音義、五經文字可證也。假令許書與今互異。則陸氏張氏當辨明之。如種種之例矣。豳風小雅毛傳皆曰。樗惡木也。惟其惡木。故豳人祗以爲薪。小雅以儷惡菜。今之臭椿樹是也。所在有之。有一種葉香者可食。從木。雩聲。各本作虖聲。今正。丑居切。五部。

楀木也。未詳。小雅。楀維師氏。箋云。楀氏也。集韵、類篇皆云。楀木名。搝姓。引詩搝維師氏。唐石經初刻從手。後改從木。按篇韵皆無搝字。釋文、五經文字、急就篇顏注皆從木。從木。禹聲。王矩切。五部。

蘽木也。釋木。諸慮、山櫐。虎櫐。郭曰。今江東呼櫐爲藤。虎櫐今虎豆。纏蔓林樹而生。中山經。畢山。其上多櫐。依齊民要術、藝文類聚。郭曰。今虎豆、貍豆之屬。櫐一名藤。音未。按櫐者蘽之省。其物在艸木之閒。近於艸者則爲艸部之藟。詩之藟也。近於木者則爲木部之蘽。釋木之山櫐、虎櫐也。藤藤古今字。謂之藤者可以爲緘縢也。蘽之屬不一。統名之曰蘽木。從木。藟聲。形聲包會意。力軌切。十五部。

籀文。

桋赤桋也。釋木曰。桋、赤棟。白者棟。毛傳曰。桋、赤棟也。郭云赤棟樹葉細而岐銳。白棟葉圓而岐。爲大木。按棟、釋文音山厄反。許書無棟字。蓋古只作朿也。從木。夷聲。以脂切。十五部。詩曰。隰有杞桋。小雅文。

栟栟櫚、椶也。各本奪椶字。今依韵會本補。廣雅、劉逵引異物志皆曰。栟櫚、椶也。上林甘泉賦字作并閭。南都、吳都賦字作栟櫚。許書有栟無櫚。櫚因栟之木旁而同之耳。從木。幷聲。府盈切。十一部。

椶栟櫚也。椶栟櫚互訓也。蜀都賦椶枒楔樅。四木名。從木。㚇聲。子紅切。九部。按椶與召南之總音義略同。毛曰。總、數也。數讀數罟之數。可作萆。艸部曰。萆、雨衣。一名衰衣。按可作萆之文。不系於栟下而系椶下者。此樹有葉無枝。其皮曰椶。可爲衰。故不系栟下也。椶本皮名。因以爲樹名。故栟閭與椶得互訓也。張揖注上林賦曰。幷閭、椶也。皮可以爲索。今之椶繩也。玉篇云。椶櫚一名蒲葵。今按南方艸木狀云。蒲葵如栟櫚而柔薄。可爲簦笠。出龍川。是蒲葵與椶樹各物也。謝安之蒲葵扇。今江蘇所謂芭蕉扇也。椶葉縷析。不似蒲葵葉成片可爲笠與扇。

椅梓也。釋木曰。椅梓。渾言之也。衛風傳

曰。椅、梓屬。析言之也。椅與梓有別。故詩言椅桐梓漆。其分別甚微也。故爾雅、說文渾言之。從木。奇聲。於离切。古音在十七部。按賈逵說又作檟。

檟　楸也。釋木。槐小葉曰榎。郭云。槐當爲楸。楸細葉者爲榎。又大而散、楸。小而散、榎。郭云。老乃皮粗散爲楸。小而皮粗散者爲榎。又稻、山榎。郭云。今之山楸。按榎者檟之或字。左傳孟子作檟。爾雅別言之。許渾言之。從木。賈聲。古雅切。古音在五部。春秋傳曰。樹六檟於蒲圃。見左傳襄四年。

梓　楸也。從木。宰省聲。卽里切。一部。按許知宰省聲而非辛聲者、於或字知之也。或字、蓋古文之遺與。

梓　或不省。

楸　梓也。左傳、史、漢以萩爲楸。如秦周伐雍門之萩、淮北常山巴南河濟之閒千樹萩是也。左傳萩一作秋。從木。秋聲。七由切。三部。

檣　梓屬。大者可爲棺槨。小者可爲弓材。按檣檍古今字。心部薏、今作億。艸部薔、今作薏。水部澺、今作澺。人部億、今作億。然則經典檍字卽說文之檣何疑。考工記。取榦之道七。柘爲上。檍次之。此卽所謂小者可爲弓材也。唐風。隰有杻。釋木、毛傳皆曰。杻、檍也。許無杻字。豈其字正作紐。俗作杻與。大鄭云。檍讀如億萬之億。陸機云。今官園種之。正名曰萬歲。取名於億萬。共汲山下人或謂之牛筋。或謂之檍。材可爲弓弩榦也。今各本椋檟二篆之閒有檍篆。云檍、杻也。從木意聲。蓋淺人謂不當闕檍字而增之。本云檍杻也。後又譌杻爲杽。不可通。考韵會云。說文作檣。今文作檍。則黃氏所據鍇本未誤也。今刪檍篆。從木。嗇聲。於力切。一部。

柀　黏也。黏各本作檆。徐鉉因增一檆篆。非也。今刪檆篆。依爾雅正檆爲黏。釋木曰。柀、黏。上音彼。下音所咸反。卽今之杉木也。黏與杉爲正俗字。郭云。黏生江南。可以爲船及棺。羅氏願爾雅翼曰。柀似杉而異。杉以材偁。柀又有美實。而材尤文采。其樹大連抱。高數仞。葉似杉。木如柏。作松理。肌理細輭。堪爲器用。古所謂文木也。其實有皮殼。大小如棗而短。去皮殼可生食。本艸有彼子。卽柀子也。引蘇恭說本艸誤入蟲部。陶隱居木部出之。按依羅氏說則柀與杉有別。今人恆用者皆杉。非柀也。爾雅、說文渾言之耳。南方艸木狀曰。杉一名柀黏。從木。皮聲。甫委切。古音在十七部。按爾雅音義音彼。又匹彼反。集韵、類篇本之。皆補靡、普靡二切。今爾雅音義彼譌作披。非也。蘇恭本艸彼子注云。彼當作柀。柀仍音彼。成化刻本彼亦譌披。一曰析也。析各本譌折。今正。葉石君寫本及類篇正作析。按柀析字見經傳極多。而版本皆譌爲手旁之披。披行而柀廢矣。左傳曰。披其地以塞夷庚。韓非子曰。數披其木。毋使木枝扶疏。戰國策范睢引詩曰。木實繁者披其枝。披其枝者傷其心。史記魏其武安傳曰。此所謂枝大於本。脛大於股。不折必披。方言曰。披、散也。東齊聲散曰廝。器破曰披。此等非披之字誤。卽柀之假借。手部披訓從旁持。木部柀乃訓分析也。陸德明、包愷、司馬貞、張守節、吳師道皆音上聲。普彼反。是可證字本從木也矣。

榛　榛木也。邶風。山有榛。傳曰。榛、木也。小雅。營營青蠅。止于榛。傳曰。榛所以爲藩也。衞風箋曰。樹榛栗椅桐梓漆。六木於宮。可伐以爲琴瑟。從木。秦聲。側詵切。十二部。一曰。叢木也。各本作一曰菆也。今艸部曰。菆、蓐也。今依玄應書卷十一所引爲長。倉頡篇、淮南高注、漢書服注、廣雅皆云。木叢生曰榛。菆一作蕪。

梶　山樗也。樗舊作樗。今改。釋木、唐風傳皆曰。栲、山樗。梶栲古今字。許所據作梶也。陸機云。山樗與下田樗無異。葉似差狹耳。方俗無名此爲栲者。今所云栲者。葉如櫟木。皮厚數寸。可爲車輞。或謂之栲。郭云。栲似樗。色小白。生山中。因名云。亦類漆樹。俗語曰。櫄樗栲漆。相似如一。按二說似許爲長。從木。尻聲。讀若糗。讀若糗三字依陸機補。陸云。許愼正以栲讀爲糗。今人言考失其聲耳。古音在三部。今苦浩切。

杶　杶木也。禹貢杶榦栝柏。釋文。杶本又作櫄。山海經。成侯之山。其上多櫄木。郭曰。似樗樹。材中車轅。吳人呼櫄音輴車。從木。屯聲。敕倫切。十三部。夏書曰。杶榦栝柏。

櫄　或從熏。

杽　古文杶。按依汗簡所載近是。卽屯字側書之耳。集韵經作杽。非也。

橁　杶也。此杶木別名。非卽杶字也。左傳。孟莊子斬雍門之橁。以爲公琴。從木。筍聲。相倫切。十二部。

桜　白桜、逗。棫也。也字今補。大雅。芃芃棫樸。釋木、毛傳皆云。棫、白桜也。陸機曰。其材理全白。無赤心者爲白桜。直理易破。可爲犢車軸。又可爲矛戟矜。從木。

棫　櫘　椐　樻　栩　柔　樣　杙

妥聲。鉉曰。當從綏省聲。按鉉因說文無妥字。故云尒。綏下則又云。當作從爪從安省。抑思妥字見於詩禮。不得因許書偶無妥字而支離其說也。儒佳切。古音在十七部。

棫白桵也。從木或聲。于逼切。一部。

櫘櫘木也。未詳。玉篇不載。從木息聲。相即切。一部。

椐樻也。大雅。其檉其椐。釋木、毛傳皆云。椐、樻也。陸機云。節中腫。似扶老。即今靈壽是也。今人以爲馬鞭及杖。郭云。腫節可以爲杖。按杖以木者曰靈壽。亦曰扶老。漢書孔光傳賜靈壽杖。孟康曰。扶老杖也。服虔曰。靈壽、木名。郭注山海經亦云。靈壽木名。似竹。有枝節。常璩云。朐忍縣有靈壽木。劉逵云。靈壽木出涪陵。楊雄作靈節銘。皆是也。以竹者名扶老杖。中山經其上多扶竹。郭云。邛竹也。高節實中。中杖名之扶老竹。漢書之邛竹杖。王逸少以邛竹杖分贈老友。皆是也。靈壽木與邛竹皆以節勝。陸氏云。椐即靈壽。然椐與靈壽俱見山海經。郭不云一物。若陶潛云策扶老以流憩。則又未識其爲椐與靈壽也。從木居聲。九魚切。五部。按郭音袪。字林紀庶反。

樻椐也。從木貴聲。求位切。十五部。詩音義曰。去塊反。何音匱。

栩柔也。見唐風毛傳。陸機曰。栩、今柞櫟也。徐州人謂櫟爲杼。或謂之爲栩。按毛傳、說文皆栩柔樣爲一木。櫟下但云木也。不云即栩也。然則陸機專據徐州語言合之耳。從木羽聲。況羽切。五部。其阜一曰樣。按各宋本及集韵類篇皆同。毛氏依小徐作其實阜。非也。艸部曰。阜斗、櫟實也。一曰樣斗。許蓋謂栩爲柞櫟。櫟與陸機同。

柔栩也。莊子。狙公賦芧。司馬云。芧、橡子。也。芧即柔字。橡即樣字。本樹名。因用爲實名也。從木予聲。此與機杼字以下形上聲、左形右聲分別。讀若杼。按玉篇時渚切。廣韵神與切。是也。徐直呂切則與機杼字同音。五部。

樣栩實也。樣橡正俗字。爾雅舊注曰。柔實爲橡子。以橡殼爲柔斗者、以剡剡似斗故也。橡子、儉歲可食以爲飯。豐年收豬飤之可以致肥也。見齊民要術。從木羕聲。徐兩切。十部。按樣俗作橡。今人用樣爲式樣字。像之假借也。唐人式樣字從手作樣。

杙劉、劉杙。見釋木。當讀劉。劉爲句。郭云。劉子生山中。實如梨。酢甜核堅。未知許意然

枇　桔　柞　桴　榗　𣝗

否也。今人以杙爲橜弋字。乃以橜弋爲隿射字。從木弋聲。與職切。一部。

枇枇杷木也。四字句。從木比聲。房脂切。十五部。

桔桔梗、逗。藥名。本艸經曰。桔梗、味辛。微溫。主胷脅痛如刀刺、腹滿、腸鳴幽幽、驚恐悸氣。戰國策曰。今求柴胡桔梗於沮澤。則纍世不得一焉。從木。桔梗、艸類。本艸經在艸部。而字從木者、艸亦木也。吉聲。古屑切。十二部。一曰直木。鄭有桔柣之門。蓋取直木爲門限之義。釋宮曰。柣謂之閾。

柞柞木也。詩有單言柞者。如維柞之枝、析其柞薪是也。有柞棫連言者。如皇矣、旱麓、緜是也。陸機引三蒼。棫即柞也。與許不合。假令許謂棫即柞。則二篆當聯屬之。且詩不當或單言棫或單言柞。或柞棫竝言也。鄭詩箋云。柞、櫟也。孫炎爾雅注櫟實、橡也。齊民要術援爾雅注合柞栩櫟爲一。亦皆非許意。從木乍聲。在各切。五部。按柞可薪。故引伸爲凡伐木之偁。周禮有柞氏。周頌傳曰。除艸曰芟。除木曰柞。古無二音也。

桴桴木。出橐山。中山經曰。傳山西五十里曰橐山。其木多樗。多橘木。按樗者桴之誤。許所引山海經樜字今作柘、洽字今作涔、劦字今作颮。其不同如此。廣韵十一模曰。黃桴木可染。十姥曰。桴、木名。可染繒。按周禮注曰。染艸、茅蒐橐盧豕首紫茢之屬。橐盧豈即黃桴與。抑字音相近而艸木異類也。玉篇乃佚桴字。從木乎聲。他乎切。五部。

榗榗木也。未詳。尚書大傳曰。南山之南有木名橋。高高然而上。父道也。南山之陰有木名梓。晉晉然而俯。子道也。高與橋、晉與梓、皆疊韵。梓字當是榗字。梓從宰省聲。不與晉同韵也。從木晉聲。子賤切。古音在十二部。書曰。竹箭如榗。六字未詳。疑當作周禮曰竹榗讀如晉八字。職方氏。其利金錫竹箭。注云。故書箭爲晉。蓋許所見故書作榗。榗本木名。故書借爲竹名也。大射儀。幎用錫若絺。綴諸箭。注云。古文箭作晉。吳越春秋。晉竹十廋。晉竹即箭竹。皆與周禮故書同。讀如晉者。許謂榗之音同晉也。轉寫淆譌。致不可讀矣。

𣝗𣝗、羅也。釋木。檖蘿。秦風毛傳曰。檖、赤羅也。陸機、郭璞皆云。今之楊檖也。實似梨而小。酢。可食。按蘿者羅之誤。從木豙聲。徐醉切。十五部。詩曰。隰有樹𣝗。

椵　櫘　楛　櫅　⿰木乃

今詩爾雅作樧。椵木可作牀几。牀錯本作伏、疑誤。釋木曰。櫠椵。本艸陶隱居說人參曰。高麗人作人參讚曰。三椏五葉。背陽向陰。欲來求我。椵樹相尋。椵樹、葉似桐。甚大。陰廣。圖經亦言人參春生苗。多於深山背陰。近椵漆下潤溼處。是則椵爲大木。故材可牀几。郭云子大如盂者。未知是不也。從木。叚聲。讀若賈。古雅切。五部。櫘櫘木也。未詳。從木。惠聲。胡計切。十五部。楛楛木也。大雅。榛楛濟濟。陸機曰。楛、其形似荊而赤。葉似蓍。上黨人蔑以爲筥箱。又屈以爲釵。按禹貢惟箘簬楛。楛不與上文杶榦栝相爲伍。而與箘簬爲伍。楛之用葢與箘簬同也。從木。苦聲。侯古切。五部。詩曰。榛楛濟濟。櫅櫅木也。釋木曰。櫅白棗。按許不云白棗。與爾雅異。葢爾雅本作齊白棗。今人所食棗、白乃孰是也。櫅乃別一木。廣韵曰。櫅榆堪作車轂。正與許合。轂軸異耳。楊雄蜀都賦。枇櫅梜楬。章樵注云。櫅、榆屬。可目爲大車軸。從木。齊聲。祖稽切。十五部。⿰木乃⿰木乃木也。未詳。從木。乃

櫇　樲　樸

聲。讀若仍。如乘切。六部。按乃聲在一部。合韵也。櫇櫇木也。未詳。疑即仁頻也。上林賦有仁頻。孟康曰。仁頻、椶也。李善曰。仙藥錄云。檳榔一名椶。然則仁頻即檳榔也。從木。頻聲。符眞切。十二部。樲樲酸棗也。釋木曰。樲、酸棗。孟子曰。舍其梧檟。養其樲棗。趙曰。樲棗、小棗。所謂酸棗也。按孟子本作樲棗。宋刻爾雅單行疏及玉篇、唐本艸、又本艸圖經皆可證。今本改作樲棘。非是。樲之言副貳也。爲棗之副貳。故曰樲棗。本艸經曰。酸棗味酸平。主心腹寒熱、邪結氣聚、四肢酸疼、溼痹、煩心不得眠。諸家皆云似棗而味酸。從木。貳聲。而至切。十五部。樸樸棗也。釋木言棗之名十有一。繼之言櫬梧。繼之言樸枹者。是今爾雅樸不謂棗也。疑許所據有不同。故云尒。寇宗奭曰。御棗甘美輕脆。今人所謂樸落酥者是。樸棗豈即御棗歟。樸樸古今字。大雅毛傳曰。樸、枹木也。方言曰。樸、盡也。南楚凡物盡生者曰樸生。郭云。今種物皆生曰樸地生也。又曰。樸、聚也。楚謂之樸。郭云。樸屬、藂相箸皃。按詩、爾雅之樸。皆當同方言作樸。樸從僕、附也。考工記樸屬猶附箸。文選廛閈樸地

橪　柅　梢　⿰木隸　⿰木寽　梭　⿰木畢　⿰木刺

字皆當作樸。釋木、毛傳皆訓樸爲枹。許以爲棗名。則偏矣。從木。僕聲。博木切。三部。橪橪酸小棗。此云酸小棗。則上文樲酸棗者與棗大小同矣。上林賦。枇杷橪柹。按廁橪於枇杷柹之閒。然則皆果也。與許說合。淮南子。伐橪棗以爲矜。亦云橪棗。郭云。橪、橪支木。音煙。與許異。從木。然聲。人善切。十五部。一曰染也。染、小徐作柔。皆未詳。柅柅木也。實如棃。今字以爲檷字。從木。尼聲。女履切。十五部。梢梢木也。未詳。廣韵曰。梢、船舵尾也。又枝梢也。此今義也。釋木曰。梢、梢擢。郭云。梢音朔。按梢擢字、葢本從手作捎。從木。肖聲。所交切。二部。⿰木隸⿰木隸木也。未詳。從木。隸聲。郎計切。十五部。⿰木寽⿰木寽木也。未詳。從木。寽聲。力輟切。十五部。梭梭木也。未詳。從木。夋聲。私閏切。玉篇且泉切。十三部。今人訓織具者、用爲杼字也。於其雙聲讀之也。廣雅作樾。⿰木畢⿰木畢木也。未詳。從木。畢聲。卑吉切。十二部。⿰木刺⿰木刺木也。未詳。從木。刺

枸　樜　枋　橿　樗

聲。盧達切。十五部。枸枸木也。可爲醬。出蜀。史、漢皆云枸醬。詳艸部蒟下。從木。句聲。俱羽切。四部。按小雅南山有枸。毛曰。枸、枳枸也。枳枸郎禮記之椇。許於枸下不言枳枸。椇字亦不錄。樜樜木出發鳩山。北山經曰。發鳩之山。其上多柘木。許所據柘作樜也。發鳩山郎水部湅水所出之發包山。淮南書亦作發包。古音包鳩同在三部。許不言樜同柘。而廣韵謂一字。非許意也。從木。庶聲。之夜切。古音在五部。枋枋木。可作車。禮、周官皆以枋爲柄。古音方聲丙聲同在十部也。從木。方聲。府良切。十部。橿橿枋也。謂一木二名。考工記注曰。今世轂用襍榆。輻以檀。牙以橿。郭注山海經曰。橿中車材。南都賦、吳都賦說木皆有橿。從木。畺聲。居良切。十部。一曰鉏柄。釋名曰。鋤、齊人謂其柄曰橿。橿然正直也。頭曰鶴。似鶴頭也。樗樗木也。釋木。檴落。郭云。可以爲杯器素。按小雅薪是穫薪。箋云。穫落、木名也。陸云。依鄭則字宜木旁。樗檴古今字也。司馬上林賦字作華。師古曰。華即

檗　梤　榝　槭

今之樺皮貼弓者。莊子華冠。謂樺皮爲冠也。樺者俗字也。亦㠯其皮裹松脂。所謂樺燭。從木。虖聲。乎化切。古音在五部。讀若荂。檴 或從蒦。檗 黃木也。本艸經之檗木也。一名檀桓。從木。辟聲。博戹切。十六部。俗加艸作蘗。多誤爲蘗字。梤 香木也。芬爲艸香。故梤爲香木。從木。芬聲。形聲包會意也。撫文切。十三部。按梤字多作棻。蓋由篆體本作棻。象香气上出。榝 似茱萸。出淮南。釋木。茮榝醜莍。郭云。莍萸子聚生成房皃。榝似茱萸而小。赤色。內則注曰。藙。煎茱萸也。漢律會稽獻焉。爾雅謂之榝。按鄭云藙卽榝。許於艸部有茱萸。有藙。此云似。與鄭說小異。本艸經木部云。吳茱萸。一名藙。是則一物異名。亦不待煎成始爲藙也。茱萸藙字在艸部。榝字在木部。故許不云一物。然茱萸在本艸經木部。茱從艸。而爾雅在釋木。則從艸從木一也。從木。殺聲。所八切。十五部。槭 槭木。可作大車輮。未詳今何木。大車、牛車也。輮、車网。考工記之牙也。從木。戚聲。子六切。三部。

六篇上　十四

楊　檉　柳

楊 蒲柳也。各本作木也二字。今依藝文類聚、初學記、本艸圖經、太平御覽所引正。釋木云。楊蒲柳。許所本也。按蒲蓋本作浦。浦、水瀕也。王風。不流束蒲。毛云。蒲、艸也。箋云。蒲、蒲柳。孫毓云。蒲艸之聲不與戍許相協。箋義爲長。是則晉人讀蒲柳爲浦柳之明證。古今注曰。蒲柳生水邊。又曰。水楊、蒲楊也。枝勁細。任矢用。任矢用者、左傳云董澤之蒲是也。緐呼曰蒲柳。單評曰蒲。音同浦。至唐而失其讀矣。從木。昜聲。与章切。十部。古假楊爲揚。故詩楊之水。毛曰。楊、激揚也。廣雅曰。楊、揚也。佩觿曰。楊、柳也。亦州名。古書州名皆作楊矣。檉 河柳也。釋木、毛傳同。陸機云。生水旁。皮正赤如絳。一名雨師。羅願云。葉細如絲。天將雨。檉先起氣迎之。故曰雨師。按檉之言赬也。赤莖故曰檉。廣韻釋楊爲赤莖柳。非也。從木。聖聲。敕貞切。十一部。柳 少楊也。各本作小楊。今依孟子正義。蓋古本也。古多以少爲小。如少兒卽小兒之類。楊之細莖小葉者曰柳。周禮故書。衣接櫝之材。鄭司農讀爲翣柳。後鄭云。柳之言聚也。引書分命和仲度西曰柳穀。按度西曰柳穀者。今文尚書也。宅西曰昧谷

樳　欒　移

者、後鄭所讀之古文尚書也。詳見尚書撰異。從木。丣聲。丣、古文酉。力久切。三部。古多假柳爲酉。如鄭印癸字子柳。柳卽丣。名癸字酉也。仲尼弟子列傳顏幸字子柳。柳亦卽丣。幸者辛之譌也。已上海寧錢馥字廣伯說。樳 大木。可爲鉏柄。未詳。從木。尋聲。詳遵切。十二部。欒 欒木。似欄。欄者今之楝字。本艸經有欒華。未知是不。借爲圜曲之偁。如鐘角曰欒。屋曲枅曰欒是。從木。䜌聲。洛官切。十四部。禮。天子樹松。諸侯柏。大夫欒。士楊。士楊二字當作士槐庶人楊五字。轉寫奪去也。禮、謂禮緯含文嘉也。周禮冢人以爵等爲丘封之度。與其樹數。賈疏引春秋緯。天子墳高三仞。樹以松。諸侯半之。樹以柏。大夫八尺。樹以藥草。士四尺。樹以槐。庶人無墳。樹以楊柳。藥草二字。欒之誤也。白虎通引春秋含文嘉語全同。正作大夫以欒。又廣韵引五經通義士之冢樹槐。然則此士下有奪可知矣。含文嘉是禮緯。白虎通云春秋含文嘉。蓋引春秋、禮二緯。而春秋下有奪字。唐封氏聞見記引禮經及說文皆譌舛。移 棠

六篇上　十五

棣　枳　楓

棣也。釋木曰。唐棣、移。常棣、棣。唐與常音同。蓋謂其花赤者爲唐棣。花白者爲棣。一類而錯舉。故許云移、棠棣也。棣、白棣也。改唐爲棠。改常爲白。以棠對白。則棠爲赤可知。皆卽今郁李之類。有子可食者。小雅常棣、論語逸詩唐棣、實一物也。郭注唐棣云。似白楊。江東呼夫移。白楊大樹也。古今注云。移楊亦曰移柳。亦曰蒲移。圓葉弱蔕。微風善搖。此正今之白楊樹。安得有韡韡偏反之咢耶。因一移字提合之。從木。多聲。弋支切。古音在十七部。棣 白棣也。小雅傳曰。常棣、棣也。秦風傳曰。棣、唐棣也。常與唐同字可證矣。渾言之則白棣亦評唐棣也。豳風傳云。鬱、棣屬。從木。隶聲。特計切。十五部。枳 枳木。似橘。考工記。橘踰淮而北爲枳。本艸經所謂枳實也。枳可爲籬。周書小開曰。德枳維大人。從木。只聲。諸氏切。十六部。楓 楓木也。厚葉弱枝。善榣。一名欇欇。各本榣作搖。今正。少一欇字。今依韵會補。釋木曰。楓、欇欇。犍爲舍人曰。楓爲樹。厚葉弱莖。大風則鳴。故曰欇欇。按欇、木葉榣白也。榣、樹動也。厚葉弱枝。故善榣。善榣故名欇欇。

權　柜　槐　穀　楮　檵　杞　枒

稽含南方艸木狀。分楓人、楓香爲二條。實一木也。從木風聲。方戎切。古音在七部。招䰟楓心南爲韵。上林賦楓作氾是也。

權　黃華木。釋木曰。權、黃英。按英華一也。郭云未詳。而釋艸亦云。權、黃華。郭云。今謂牛芸艸爲黃華。艸部英下一曰黃英。然則爾雅木曰黃英。艸曰黃華。許則英華字互易。從木雚聲。巨員切。十四部。一曰反常。論語曰。可與立。未可與權。孟子曰。執中無權。猶執一也。公羊傳曰。權者何。權者反於經然後有善者也。

柜　柜木也。趙注孟子曰。杞柳、柜柳也。郭注爾雅曰。柜柳似柳。皮可煮作飲。廣韵柜下云。柜柳。按柜今俗作櫸。又音其呂切。廣韵謞爲鬼柳樹。未知許所說是此不。從木巨聲。居許切。五部。按周禮梐枑注。故書枑作拒。從手。俗本從木作柜。非。

槐　槐木也。釋木曰。櫰槐、大葉而黑。守宮槐、葉晝聶宵炕。按此皆槐之異者。從木鬼聲。戶恢切。十五部。

穀　楮也。此篆體依五經文字正。各本作穀者從㲋便也。小雅傳曰。穀、惡木也。陸機疏曰。江南以其皮擣爲紙。謂之穀皮紙。絜白光輝。按山海經傳曰。穀亦名構。此一語之輕重耳。從木㱿聲。古祿切。三部。

楮　穀也。從木者聲。丑呂切。五部。

柠　楮或從宁。宁聲。

檵　枸杞也。四牡、四月傳皆曰。杞、枸檵也。他杞字無傳。讀詩者有三杞之說焉。從木繼省聲。按繼下云。一曰反㡭爲繼。然則此云㡭聲足矣。疑或竄改之也。古詣切。十五部。一曰堅木也。堅各本作監。誤。今正。此別一義。謂堅木偁檵。堅檵雙聲。如薊與筋也。

杞　枸杞也。按釋木、毛傳皆云。杞、枸檵。禮記鄭注亦云。芑、枸檵也。郭注爾雅云。今枸杞也。是則枸檵爲古名。枸杞雖見本艸經。而爲今名。許檵篆下當云。枸檵、杞也。杞篆下當云。杞、枸檵也。乃合。今本後人亂之耳。從木己聲。墟里切。一部。

枒　枒木也。上林賦有胥邪。史記作胥餘。南都賦作楈枒。蜀都、吳都賦單評之曰枒。艸木狀作椰。其木葉在顛。略似欆樹。而實大如瓠。繫在顛若挂物。今俗用椰瓢是也。從木牙聲。五加切。古音在五部。一曰車网會也。网俗本作輞。今正。考工記輪人注曰。牙讀如訝。謂輪輮也。世閒或謂之网。書或作輮。按車人牙作輮。車部曰。輮、車网也。車輪之肉。今北人謂之瓦。卽古語之牙也。謂之牙者。如艸木萌芽句曲然。襍佩之璜曰牙。亦猶是也。車网必合衆曲而成大圜。故謂之网會。网會絫言之也。牙枒葢古今字。

檀　梂　欄

檀　檀木也。鄭風傳曰。檀、彊刃之木。刃今韌字。榽醢似檀。齊人諺曰。上山斫檀。榽醢先殫。從木亶聲。徒乾切。十四部。

櫟　櫟木也。秦風隰有苞櫟。傳曰。櫟、木也。陸機曰。苞櫟。秦人謂柞櫟爲櫟。河內人謂木蓼爲櫟。椒樧之屬。其子房生爲梂。木蓼子亦房生。故說者或曰柞櫟。或曰木蓼。機以爲此秦詩也。宜從其方土之言。柞櫟是也。按陸意謂秦詩當是柞櫟。今觀許櫟梂二篆連屬。正與陸所云木蓼子房生爲梂者合。然則許意謂木蓼也。其艸部云。草斗。櫟實也。一曰樣斗。木部栩下云。柔也。其草一曰樣。此則謂草斗爲櫟實。正陸所謂秦人謂柞櫟爲櫟。又云栩。今柞櫟也。草下櫟實字非木部之櫟。許意栩柔樣草爲一物。是名柞櫟。亦名櫟。而非柞也。亦非櫟子梂生之櫟也。柞與棫爲類。櫟似椒樧。鄭箋大雅云。柞櫟也。則以柞與柞櫟合爲一耳。從木樂聲。郎擊切。古音在二部。

梂　櫟實。此櫟實與草下櫟實各物。草下當云草斗、柞櫟實。損柞字耳。釋木曰。櫟。其實梂。陸機云。椒樧之屬。其子房生爲梂。木蓼子亦房生。然則許何爲以梂字專系諸木蓼也。曰艸部以茉系諸茉椒矣。則以梂系諸櫟也。茉與梂皆謂聚生成房。櫟斗不尒也。梂與茉古通用。椒聊箋云。一梂之實。蕃衍滿升。非其常也。此假梂爲茉也。今俗語謂𥺛多叢聚曰一梂。椒子每梂數十百顆。詩人言其盛則曰每梂將盈升。不識正義何以不解也。木蓼、唐本艸謂之木天蓼。蘇頌云。木高二三丈。三四月開花。似柘花。五月採子。子作梂。一曰鑿首。豳風毛傳曰。鑿屬曰錡。木屬曰鉥。釋文曰。錡、韓詩云。木屬。鉥、韓詩云。鑿屬也。按許用韓詩說也。鑿所以穿木也。鑿首謂鑿柄。鑿柄必以木爲之。今木工尚然矣。故字從木。金部無鉥。許所據詩然也。從木求聲。巨鳩切。三部。

欄　欄木也。各本篆作楝。許於欒下文云。柬聲。今改正。按考工記。以欄爲灰。字作欄。許於欒下云。木似欄。然則此當同。考工記可知矣。廣韵廿五寒欄下云。木名。從古字。古音也。欄俗作楝。乃用欄爲闌檻俗字。欄實曰金鈴子。可用浣衣。從木。

闌聲。郎電切。十四部。按莊子非練實不食。或謂卽欄實。欄實非珍物。似非昀解也。

檿山桑也。釋木曰。檿桑山桑。大雅毛傳曰。檿山桑也。禹貢檿絲。史記檿作酓。同音假借字也。從木。厭聲。於琰切。七部。詩曰。其檿其柘。

柘柘桑也。三字句。各本無柘字。今補。山桑、柘桑皆桑之屬。古書竝言二者則曰桑柘。單言一者則曰桑、曰柘。柘亦曰柘桑。如淮南注烏號云柘桑其木堅勁。烏峙其上是也。桑、柘相似而別。見胡氏通鑑釋文辨誤。從木。石聲。之夜切。古音在五部。漢志。琅邪郡靈門高泵山。泵乃原之誤。水經注可證。師古謂卽柘字。誤。

梛梛木。可爲杖。小徐云。今梛栗之屬。從木。𨚗聲。親吉切。十二部。

檈檈味、還。稔棗也。釋木。還味、稔棗。釋文云。還、字林作檈。不言出說文。疑或取字林增此。從木。還聲。似沿切。十四部。

梧梧桐木。三字句。釋木曰。櫬梧。賈思勰曰。注云。今梧桐皮青者曰梧桐。案今人以其皮青。號曰青桐也。玉裁謂此今人所植梧桐樹也。其華五出。子如珠。綴於瓢邊。瓢如羹匙。賈氏云。青桐九月收子。炒食甚美。如菱芡是也。從木。吾聲。五胡切。五部。一曰櫬。一曰猶一名也。本爾雅。

榮桐木也。見釋木。按梧下云。梧桐木。榮下曰。桐木。此卽賈思勰青桐、白桐之別也。白桐華而不實。材中樂器。青桐則不中用。毛詩。椅桐梓漆。爰伐琴瑟。其白桐與。又云。其桐其椅。其實離離。則青桐亦評桐。渾言之也。郭注爾雅。於榮桐木曰。卽梧桐。於櫬梧曰。今梧桐皮青者。本不誤。今本刪節。乃不可通。從木。熒省聲。永兵切。十一部。一曰屋梠之兩頭起者爲榮。土冠禮、鄉飲酒禮皆云東榮。鄭曰。榮、屋翼也。韋注甘泉賦同。梠、楣也。楣、齊謂之檐。楚謂之梠。檐之兩頭軒起爲榮。故引伸凡揚起爲榮。卑汙爲辱。

桐桐榮也。從木。同聲。徒紅切。九部。

橎橎木也。未詳。從木。番聲。讀若樊。附轅切。十四部。

楡楡白枌。見釋木。陳風東門之枌傳云。枌、白楡也。然則釋木楡白爲逗。枌爲句。顯然。許意亦如此讀。別楡一種以起下也。楡莢可食。亦可爲醬。酉部所謂⿱敄酉⿰酉俞也。從木。俞聲。羊朱切。古音在四部。

枌枌楡也。三字句。各本少枌。淺人以爲複字而誤刪之。枌楡者、楡之一種。漢初有枌楡社是也。從木。分聲。扶分切。十三部。

梗山枌楡、有朿。山枌楡、又枌楡之一種也。有朿。故名梗楡。卽齊民要術所謂刺楡者也。方言。凡草木刺人。自關而東或謂之梗。郭注。今云梗楡是也。莢可爲蕪荑也。荑當作夷。爾雅、急就篇皆不從艸。釋木。無姑、其實夷。郭云。無姑、姑楡也。生山中。莢圓而厚。莢各本作葉。急就篇注引不誤。剝取皮。合漬之。其味辛香。所謂蕪夷。按齊民要術分姑楡、刺楡、山楡爲三。云刺楡木甚堅肕。山楡可以爲蕪夷。依許說則刺楡山楡一物也。賈氏言種植皆得諸目驗。豈許有未諦與。姑楡卽周禮之樟。杜子春作枯楡。鄭注周易大過曰。枯音姑。謂無姑山楡。廣雅。山楡、毋估也。是則山枌楡卽爾雅無姑之證。從木。更聲。古杏切。古音在十部。按梗引伸爲凡柯莖骾刺之偁。

樵散木也。小雅。樵彼桑薪。列子書以蕉爲樵。按上下文皆木名也。此字廁此。恐非其舊次。當與柴篆爲伍。從木。焦聲。昨焦切。古音二部。三部。

松松木也。從木。公聲。祥容切。九部。集韻思恭切。關內語也。按俗皆從關內語。惟徽州讀祥容切。

𣏓松或從容。容聲也。此如頌額同字。

樠松心木。疑有奪誤。當作松心也。一曰樠木也。廣韵廿二元注曰。松心。又木名也。所據古本也。蒙上文松木言之。故曰松心謂之樠。葢松心微赤。故與蟎璊同音。又松心有脂。莊子所謂液樠。廣韵養韵釋樠曰。松脂。正樠爲松脂之誤也。一曰樠木也者。別有木名樠。如左傳卒於樠木之下。馬融廣成頌陵喬松履脩樠。漢書烏孫國山多松樠是也。小顏云。樠、木名。其心似松。是小顏所據已同今本矣。舊有樠⿰木兩二字。一㒼聲。一兩聲。左傳樠木音義云。郎蕩反。又莫昆、武元二反。馬援傳章懷注曰。水經注。武陵五溪。謂雄溪、樠溪、酉溪、潕溪、辰溪。蠻土俗雄作熊。樠作朗。潕作武。是皆認樠爲⿰木兩。未別其字。而强說其音也。從木。㒼聲。莫奔切。十五部。

檜柏葉松身。釋木、衞風毛傳皆曰。檜、柏葉松身。禹貢作㭔。從木。會聲。古外切。十五部。

樅松葉柏身。見釋木。郭引尸子曰。松柏之鼠。不知堂密之有美樅。

柏　机　枮　梇　楰　栀

按堂密、謂山如堂者。從木。從聲。七恭切。九部。

柏　鞠也。釋木曰。柏、椈。襍記。暢臼以椈。鄭曰。椈、柏也。按椈者鞠之俗。柏、古多假借爲伯仲之伯。促迫之迫。從木。白聲。博陌切。古音在五部。張參曰。經典相承亦作栢。

机　机木也。山海經。單狐之山多机木。族篇之山多松柏机桓。郭曰。机木似榆。可燒以糞稻田。音飢。按蓋卽榿木也。今成都榿木樹。讀若豈平聲。楊雄蜀都賦曰。春机楊柳。机榿古今字。榿見杜詩。王安石詩以榿滋移爲韵。韵會音邛其切。與蜀語合。從木。几聲。居履切。十五部。

枮　枮木也。未詳。從木。占聲。息廉切。七部。

梇　梇木也。未詳。從木。弄聲。盧貢切。九部。益州有梇棟縣。益州、漢郡名也。前志字作弄。後志作梇。

楰　鼠梓木。釋木、小雅毛傳皆曰。楰、鼠梓也。陸機、郭璞皆云楸屬。從木。臾聲。羊朱切。四部。詩曰。北山有楰。

栀　黃木。可染者。各本篆文誤作桅。今依韵會所據本正。小徐云。史記貨殖傳千畝巵茜。又書記多言鮮支。皆此。是錯本固作栀字。證一。玉篇列字次弟與說文同。而梇楰杒榙四字之閒字作栀。之移切。不作桅。桅字乃在下文孫强等增竄之処。證二。水部染下引裴光遠曰。從木。木者所以染。栀茜之屬也。此用史記栀茜。而亦譌作桅。證三。栀、今之栀子樹。實可染黃。相如賦謂之鮮支。史記假巵爲之。從木。巵聲。巵各本誤作危。音過委反。今依韵會所據正。章移切。十六部。釋木。桑辨有甚栀。此別一義。

六篇上　廿

杒　榙　櫁　某

杒　桎杒也。未詳何木。從木。刃聲。而震切。十二部。

榙　榙櫁、逗。果似李。史記上林賦榙櫁。字同許。漢書、文選皆作荅遝。假借字也。郭云。荅櫁似李。廣韵引埤蒼同。從木。荅聲。讀若嚃。嚃、口部無。卽舌部䑛之異文也。毋嚃羹。見曲禮。土合切。七部。按各本二篆先後失次。今從玉篇。

櫁　榙櫁木也。從木。遝聲。徒合切。八部。

某　酸果也。此是今梅子正字。說見梅下。從木甘。闕。此闕謂義訓酸而形從甘、不得其解也。玉裁謂甘者、酸之母也。凡食甘多易作酸味。水土合而生木之驗也。莫厚切。古音在一部。

某　古文某。從口。從口者、甘之省也。兩之者、皃其酢醶。

櫾　樹　本　柢　朱　根　株　末

櫾　崐崘山河隅之長木也。崐崘當作昆侖。山字依類篇補。西山經曰。槐江之山。西望其大澤。其陰多榣木。郭曰。榣木、大木也。引國語榣木不生危。按榣卽櫾字。韋注晉語亦云。榣木、大木也。晉語一本作拱木。非。許謂櫾爲長木。榣爲樹動。他書則櫾爲橘柚。榣爲長木。用字之不同也。穆天子傳曰。天子釣于河。以觀繇之木。郭云。姑繇、大木。姑繇亦卽櫾也。從木。繇聲。按許書有繇無繇。或傳寫之誤。以周切。三部。

樹　木生植之總名也。植、立也。假借爲尌豎字。從木。尌聲。形聲包會意。常句切。四部。

樹　籀文。籀文從豆不從壴者。豆柄直。亦有直立之義。豆與壴同在四部。爲諧聲。寸則謂手植之也。

本　木下曰本。從木。從丅。此篆各本作朩。解云從木、一在其下。今依六書故所引唐本正。本末皆於形得義。其形一從木上。一從木丅。而意卽在是。全書如此者多矣。一記其處之說。非物形也。大雅以本奏爲奔走。假借也。布忖切。十三部。

本　古文。此從木。象形也。根多竄似口。故從三口。

柢　木根也。道德經。深其根。固其柢。長生久視之道。韓非解老曰。樹木有曼根。有直根。直根者、書之所謂柢也。柢也者、木之所以建生也。曼根者、木之所以持生也。按直者曰直根。橫者曰曼根。柢或借蔕字爲之。又借氐字爲之。節南山傳曰。氐、本也。是。從木。氐聲。都禮切。十五部。

朱　赤心木。松柏屬。朱本木名。引伸假借爲純赤之字。糸部曰。絑、純赤也。是其本字也。從木。一在其中。赤心不可像。故以一識之。若本末非不可像者。於此知今本之非也。章俱切。古音在四部。又按此字解云。赤心木。松柏屬。當廁於松樠檜樅柏之処。今本失其舊次。本柢根株末五文一貫。不當中骾以他物。葢淺人類居之。以傳會其一在上、一在中、一在下之說耳。

根　木株也。從木。皀聲。古痕切。十三部。

株　木根也。莊、列皆有厥株駒。今俗語云椿。從木。朱聲。陟輸切。古音在四部。

末　木上曰末。從木。從上。此篆各本作朿。解云從木、一在其上。今依六書故所引唐本正。莫撥切。十五部。六書故曰。末、木之窮也。因之爲末殺、

六篇上　廿一

㮶　果　樏　杈　枝　條　朴　枚　栞

末滅略末。又與蔑其無聲義皆通。記曰。末之卜也。語曰。吾末如之何。末由也已。㮶細理木也。㮶見西山經、南都賦。郭曰。㮶似松。有刺。細理。劉淵林注蜀都賦曰。㮶似松。有刺。按蜀都楔字葢㮶之譌。從木。畟聲。子力切。一部。按此篆亦失其舊次。當與諸木名爲伍。果木實也。上文言果多矣。故總釋之。引伸假借爲誠實勇敢之偁。從木。象果形在木之上。謂田也。古火切。十七部。樏木實也。絫者今之累積字。從絫言其多也。假借則扁槎謂之樏。似盤中有隔也。從木。絫聲。力追切。按當依廣韵力委切。十六部。杈枝也。三字句。廣韵曰。方言云。江東言樹枝爲椏杈也。枝如手指相錯之形。故從叉。從木。叉聲。初牙切。古音在十六部。枝木別生條也。艸部曰。莖、枝主也。榦與莖爲艸木之主。而別生條謂之枝。枝必岐出也。故古枝岐通用。從木。支聲。章移切。十六部。條小枝也。毛傳曰。枝曰條。渾言之也。條爲枝之小者。析言之也。從木。攸聲。徒遼切。古音在三部。朴木皮也。洞簫賦。秋蜩不食抱朴以長吟。李注。抱音附。引蒼頡篇。朴、木皮也。顏注急就篇上林賦厚朴曰。朴、木皮也。此樹以皮厚得名。按廣雅云。重皮、厚朴也。從木。卜聲。匹角切。三部。按凡鞭扑字從手作扑。卽攴字也。凡樹皮字從木作朴。凡棫樸、樸屬字作樸。卽樸之省也。凡朴素字作樸。皆見說文。枚榦也。毛傳曰。榦曰枚。引伸爲銜枚之枚。爲枚數之枚。豳風傳曰。枚、微也。魯頌傳曰。枚枚、礱密也。皆謂枚爲微之假借也。從木攴。會意。可爲杖也。說從攴之意也。攴、小擊也。因爲鞭扑字。杖可以擊人者也。故取木攴會意。莫桮切。十五部。詩曰。施于條枚。大雅文。栞槎識也。槎、衺斫也。槎識者、衺斫以爲表志也。斫之以爲表識。如孫臏斫大樹白而書之曰龐涓死此樹下。是其意也。禹貢隨山栞木。夏本紀作行山表木。此古說也。今尚書益稷禹貢皆作隨山刊木。九山刊旅。周禮曰。刊陽木。左傳曰。井堙木刊。木非不言刊也。然刀部曰。刊、剟也。剟、刊也。刊者除去之意。與栞訓槎識不同。葢壁中古文作栞。今文尚書作栞則未知何時改爲刊也。據正

欇　栠　枖　槇　梃

義已作刊。則非衞包所改。從木幵。闕。此云闕者。謂幵形不可識。無由知其形聲抑會意也。說文之例。先小篆後古文。惟此先壁中古文者。尊經也。夏書曰。隨山栞木。夏書謂禹貢也。讀若刊。此謂同音耳。苦寒切。十四部。栞篆文從幵。李斯輩作栞。史、漢所引禹貢作栞。故知今文尚書作栞也。欇木葉榣白也。榣各本從手。今正。榣、樹動也。凡木葉面青背白。爲風所攝則獵獵然背白盡露。故曰榣白。楓厚葉弱枝善榣。一名欇欇是也。釋木又有欇虎櫐。則未得其解。從木。聶聲。之涉切。七部。栠弱皃。小雅、大雅皆言荏染柔木。毛曰。荏染、柔意也。論語。色厲而內荏。孔曰。荏、柔也。按此荏皆當作栠。桂荏謂蘇也。經典多假荏而栠廢矣。從木。任聲。如甚切。七部。枖木少盛皃。周南。桃之夭夭。毛曰。桃有華之盛者。夭夭、其少壯也。邶風。棘心夭夭。毛曰。夭夭、盛皃。按夭下曰。屈也。屈者大之反。然屈者大之兆也。故枖字從夭。從木。夭聲。聲疑衍文。以會意包形聲也。於喬切。二部。詩曰。桃之枖枖。按韵會引說文。從木夭聲之下。不言引詩桃之枖枖。而云通作夭。引詩棘心夭夭。至鍇注棘心夭夭。始援厥草唯夭、桃之夭夭等語。是黃氏所據鍇本作詩曰棘心夭夭。明甚。枖從木夭。會意。故偁棘心夭夭說從木夭之意。如引豐其屋說寷從宀豐。引艸木麗于地說蘪從艸麗。同一例也。淺人不知此例。故改夭夭爲枖枖。又易棘心爲桃之。好學深思者當能知之矣。槇木頂也。人頂曰顚。木頂曰槇。今顚行而槇廢矣。從木。眞聲。都季切。十一部。一曰仆木也。人仆曰顚。木仆曰槇。顚行而槇廢矣。頂在上而仆於地。故仍謂之顚槇也。大雅人亦有言。顚沛之揭。枝葉未有害。本實先撥。此以木爲喻。故毛曰。顚、仆。沛、跋。揭、見根皃。是毛詩之顚、槇之假借也。般庚若顚木之有由蘖。義亦同槇。考工記。稹理。亦或假槇。梃一枚也。凡條直者曰梃。梃之言挺也。一枚。疑當作木枚。竹部曰。箇、竹枚。則梃當云木枚也。方言曰。箇。枚也。鄭注禮經云。个猶枚也。今俗或名枚曰個。音相近。按枚、榦也。一莖謂之一枚。因而凡物皆以枚數。左傳以枚數闔。謂枚枚數之。猶云一枚一數之也。直者則曰梃。如孟子

驫　標　杪　朵　根　棡　枵

制梃。漢書白梃。皆是。禮經脯梃字本作梃。亦作挺。俗作脡。誤也。詳肉部。從木。廷聲。徒頂切。十一部。

驫衆盛也。焱部曰。焱、盛皃。驫與燊同意。三馬、三火皆盛意也。從木。驫聲。驫見馬部。唐韵甫虯切。曹憲廣雅音曰。香幽必幽二反。廣韵甫休切。又音標。然則驫音當在三部明矣。而鉉云所臻切。篇韵皆同。與許云驫聲者不合。蓋燊屬會意。驫屬形聲。而皆訓盛。燊讀若莘。莘征夫之莘。因強同之耳。逸周書曰。驫疑沮事。各本脫驫字。今依玉篇補。周書文酌解。七事。三、聚疑沮事。聚古讀如驟。與驫音近。驫疑沮事。猶云蓄疑敗謀也。各本此下有闕字者。淺人不解周書語。妄增也。

標木杪末也。杪末、謂末之細者也。古謂木末曰本標。如素問有標本病傳論是也。亦作本剽。如莊子云有長而無本剽者是也。標在最上。故引伸之義曰標舉。肆師表齍盛告絜。注云。故書表爲剽。剽表皆謂徽識也。按表剽皆同標。從木。票聲。敷沼切。二部。

杪木標末也。方言曰。杪、小也。木細枝謂之杪。郭注。言捎也。按引伸之凡末皆曰杪。王制言歲之杪。是也。從木。少聲。亡沼切。二部。

朵樹木𠂹朵朵也。凡枝葉華實之垂者皆曰朵朵。今人但謂一華爲一朵。引伸爲易之朵頤。李鼎祚曰。朵、頤垂下動之皃也。從木。象形。謂乁也。丁果切。十七部。此與采同意。宋本作𥝌。今本作采。按𥝌、采會意。朵則不同。言其梗槩而已。當云與𠂹同意。

根高木也。此泛言高木謂之根。非謂桄根。及檳榔也。門部閬訓門高。義相近。從木。良聲。魯當切。十部。

棡大木皃。未見其證。小徐說以左傳棡然授兵登陴。今左傳自唐石經而下皆從手。從木。閒聲。古限切。十四部。

枵木皃。大徐本作木根。非也。木根則當廁於本柢根株四篆處矣。枵、木大皃。莊子所云呺然大也。木大則多空穴。莊子曰。大木百圍之竅穴。似枅。似圈。似臼。似洼者。似污者。故左氏釋玄枵云。枵、虛也。從木。号聲。許嬌切。二部。春秋傳曰。歲在玄枵。枵、虛也。依韵會本訂。見襄廿八年左氏傳。許檃栝其辭耳。傳曰。玄枵、虛中也。枵、秏名也。爾雅曰。玄枵、虛也。孫炎云。枵之言秏。秏、虛之意也。許亦以虛正釋枵字。玄枵以虛得名。如天駟以房得名。天根以氐得名。左氏云虛中。猶言虛之區域耳。不必泥於杜注玄枵三宿、虛星在其中之說。

招　榣　朻　枉　橈　枎　旖

柖樹榣皃。榣各本作搖。今正。柖之言招也。樹高大則如能招風者然。漢志郊祀歌。體招搖若永望。注。招搖、申動之皃。按此招搖與柖榣同。師古招音韶。猶玉篇柖時昭切也。從木。召聲。止搖切。二部。

榣樹動也。榣之言搖也。今俗語謂煽惑人爲招搖。當用此從木二字。謂能招致而搖動之也。從木。䍃聲。余昭切。二部。

朻高木下曲也。從木丩。丩亦聲。此韵會所據小徐本也。今二徐本皆分樛朻爲二篆。樛訓下曲。朻訓高木。乃張次立以鉉改鍇而然。鍇云。詩作樛。爾雅作朻。依詩爲正。鍇意許書作朻未是也。今考釋木曰。下句曰朻。南有樛木。毛傳曰。木下曲曰樛。下曲卽下句也。樛卽朻也。一字而形聲不同。許則從丩聲者。容許當日毛詩亦作朻也。玉篇分引詩、爾雅而云二同。甚爲明晢。丩者、相糾繚也。凡高木下句。垂枝必相糾繚。故曰從木丩。丩亦聲。吉虯切。三部。

枉衺曲也。本謂木衺曲。因以爲凡衺曲之偁。從木。㞷聲。迂往切。十部。

橈曲木也。引伸爲凡曲之偁。見周易、考工記、月令、左傳。古本無從手撓字。後人肊造之以別於橈。非也。從木。堯聲。女教切。二部。

枎扶疏、四布也。枎。汲古刊木從手。非也。今依玉篇、五音韵譜、集韵、類篇正。枎之言扶也。古書多作扶疏。同音假借也。上林賦。垂條扶疏。劉向傳。梓樹生枝葉扶疏上出屋。楊雄傳。枝葉扶疏。呂覽。樹肥無使扶疏。是則扶疏謂大木枝柯四布。疏通作胥。亦作蘇。鄭風。山有扶蘇。毛曰。扶蘇、扶胥木也。釋文所引不誤。正義作小木。誤也。毛意山則有大木。隰則纔有荷華。是爲高下大小各得其宜。後人以鄭箋捃合而改之。從木。夫聲。防無切。五部。

旖木旖施也。旖各本作檹。施集韵類篇作柅。皆非也。㫃部旖下曰。旗旖施也。旗旖施。故字從㫃。木如旗之旖施。故字從木旖。九辯紛旖旎乎都房。王注。旖旎、盛皃。引詩旖旎其華。九歎注同。然則今曹風猗儺。毛曰。猗儺、柔順也。猗儺卽旖施。旖旎者、施之俗也。柅者、又旎之譌也。上林賦。旖旎從風。張揖云。旖旎、猶阿

杕 櫹 梴 槮 ⿰木曶 杪

那漢書文選皆作猗柅韵書紙韵作猗狔椅柅旖旎哿韵作旖𣄚檹橠其實皆同字也從木旖聲形聲包會意於离切古音在十七部賈侍中說檹即椅也也各本作木今依篇韵可作琴賈說檹即椅字之異者也椅可作琴見衛風

杪 ⿰木曶也⿰木曶各本作相高二字今正玉篇曰杪木忽高也以⿰木曶字之解解之是杪訓⿰木曶也杪者言其杪末之高從木小聲私兆切二部玉篇子了切

⿰木曶 高皃各本無曶字今按玉篇杪下云忽高者正用⿰木曶之解也倏忽字今作忽許作曶曶高者忽然而高如桑穀一暮大拱西京賦神山崔巍倏從背見之類從木曶聲形聲包會意呼骨切十五部

槮 長木皃本作木長今正九辨萷櫹槮之可哀郎許之櫹槮二字也王注茁獨立也上林賦紛溶萷蔘郭云支竦擢也蔘同槮李善音森從木參聲所今切七部詩曰槮差荇菜是也見周南今詩作參許所據作槮謂如木有長有短不齊也

梴 長木也從木延聲丑連切十四部詩曰

松桷有梴見商頌毛云長皃按此篆疑後人所增毛詩本從手作挻不從木也商頌音義曰有挻丑連反又力鱣反長皃柔挻物同耳字音羶俗作埏又道德經音義曰挻始然反河上云和也聲類云柔也字林云長也丑連反一曰柔挻方言云取也玉裁謂挻埴字俗作埏古作挻柔也陸氏於商頌云挻長皃又云柔挻物同謂柔挻與長皃無二字也於老子挻埴云和也柔也而又引字林云長也謂長與柔挻無二字也陸氏毛詩本從手作挻明甚今本音義作木旁延非也白氏六帖於松柏類引詩松桷有埏勑延切字正作挻之俗字是亦可以證商頌之本作挻也五經文字木部有梴云見詩頌蓋所據已爲誤本矣故曰梴篆淺人以誤本毛詩羼入者也手部云挻長也此正用商頌傳也是說明而治說文者可刪此篆矣

櫹 長木皃櫹與槮同義聯文淺人以梴梗其閒非也九辨櫹即櫹淺人加艸耳吳都賦說竹曰櫹矗森萃史記上林賦紛容蕭蔘蕭同櫹從木肅聲山巧切古音在三部廣韵蘇彫切玉篇息六切

杕 樹皃樹當作特字之誤也在顏黃門時已誤矣唐風有杕之杜毛曰杕特皃許所本也引伸爲舟舵高注淮南曰杕舟尾也柁舵皆俗字從木大聲特計切十五部顏黃門云詩河北本皆爲夷狄之狄讀亦如字此大誤也按近人有謂古無入聲與於江左者據黃門此條則河北非無入聲也詩曰有杕之杜此句詩凡六見

格 梟

梟 木葉陊也陊落也小徐云此亦蘀字按此與蘀義同音不必同相爲轉注非一字也言部訬讀若皃此梟讀如薄然則皃之在二部或五部難定也玉篇云梟同欂則合皃聲梟爲一其誤甚矣從木皃聲讀若薄他各切

格 木長皃以木長別於上文長木者長木言木之美木長言長之美也木長皃者格之本義引伸之長必有所至故釋詁曰格至也抑詩傳亦曰格至也凡尚書格于上下格于藝祖格于皇天格于上帝是也此接於彼曰至彼接于此則曰來鄭注大學曰格來也凡尚書格爾衆庶格汝衆是也至則有摩杴之義焉如云格君心之非是也或借假爲之如雲漢傳曰假至也尚書格字今文尚書皆作假是也有借格爲庋閣字者亦有借格爲扞格字者從木各

枯 槸

聲古百切古音在五部

槸 木相摩也釋木曰木相磨槸按大雅作之屏之其菑其翳脩之平之其灌其栵爾雅立死菑蔽者翳木相磨槸除灌木叢木已見於上則槸即栵也以文法論栵必非木名毛云栵栭也栭謂之而小木相迫切與爾雅義無不合也栭爲小木如鯿爲魚子從木埶聲魚祭切十五部按槷考工記輪人以爲槷檝字又匠人以爲臬字又輪人注以爲危隉字槸或從蓺作據此則蓺字古有之矣

枯 槀也從木古聲苦孤切五部夏書曰唯箘輅枯禹貢文今尚書作惟箘簵楛按惟作唯轉寫誤也輅當依竹部引書作簵楛作枯則許所據古文尚書如是竹部引書作楛非也枯此逗各本無今補木名也此釋書之枯非枯槀之義如引臬讓說而又釋臬引曰圛而又釋圛引布重莫席而又釋莫皆非臬圛莫本義必別釋以曉人也木名未審何木周易大過之枯鄭音姑謂無姑山榆周禮壺涿氏杜子春讀橭爲枯云枯榆木名疑當是枯榆也而馬云可以爲箭或謂枯乃楛之假借未知其審考工記注引

尚書簡簵枯。音義曰。枯。尚書作楛。鄉射禮注引國語肅愼貢枯矢。音義曰。枯字又作楛。然則鄭所據尚書、國語皆作枯。與許所據合也。**槀木枯也。**枯槀禾槀字古皆高在上。今字高在右。非也。凡潤其枯槀曰槀。如慰其勞苦曰勞。以膏潤物曰膏。尚書槀飫。周禮槀人。小行人若國師役則令槀禬之。義皆如是。鄭司農以漢字通之於槀人曰。槀讀爲犒。犒師之犒。主冘食者。故謂之犒。於小行人曰。槀當爲犒。謂犒師也。蓋漢時盛行犒字。故大鄭以今字易古字。此漢人釋經之法也。左傳、國語皆有犒字。左傳服注曰。以師枯槀故饋之飲食。韋注國語曰。犒勞也。計左國皆本作槀。今本作犒者亦漢人所改。如牛人軍事共其犒牛。此必後鄭從大鄭所易也。小行人經文從大鄭易爲犒。而注之曰。故書犒作槀。今本則譌舛難讀矣。何注公羊曰。牛酒曰犒。高注淮南曰。酒肉曰餉。牛羊曰犒。漢㡿彰長碑又作勞犒。許不錄犒字者。許以槀爲正字。不取俗字也。**從木高聲。**苦浩切。二部。鄭箋詩讀橋爲槀。

樸木素也。素猶質也。以木爲質。未彫飾。如瓦器之坯然。士喪禮、周禮槀人皆云。獻素獻成。注云。形法定爲素。飾治畢爲成。是也。引伸爲凡物之偁。如石部云。磺銅鐵樸。是也。作璞者俗字也。又引伸爲不奢之偁。凡云儉樸是也。漢書。以敦朴爲天下先。假朴爲樸也。**從木菐聲。**匹角切。三部。今詩棫樸。周禮樸屬。借用此字。

楨剛木也。此謂木之剛者曰楨。非謂木名也。吳都賦之楨。廣韵之女楨則爲木名。**從木貞聲。**陟盈切。十一部。**上郡有楨林縣。**地理、郡國二志同。

柔木曲直也。洪範曰。木曰曲直。凡木曲者可直。直者可曲曰柔。考工記多言揉。許作煣。云屈申木也。必木有可曲可直之性。而後以火屈之申之。此柔與煣之分別次弟也。詩荏染柔木。則謂生木。柔之引伸爲凡耎弱之偁。凡撫安之偁。**從木矛聲。**耳由切。三部。

㭊判也。土裂曰㙐。木判曰㭊。二字今可用。今人從手作拆。甚無謂也。自專以㭊爲擊㭊字。而㭊之本義廢矣。**從木㡿聲。**他各切。五部。按此古音也。以今語言讀之。則丑格切。**易曰。重門擊㭊。**繫辭傳文。按欜下引易重門擊欜。欜之本義也。引經言假借言轉注也。此引易擊㭊者。欜之借字也。引經言假借也。易有異文。兼引之而六書明矣。

朸木之理也。考工記曰。陽木稹理而堅。陰木疏理而柔。毛詩傳曰。析薪必隨其理。毛詩如矢斯棘。韓詩棘作朸。毛曰。棘棱廉也。韓曰。朸隅也。學者皆不解。及觀抑詩維德之隅。毛曰。隅、廉也。箋申之云。如宮室之制。內有繩直。則外有廉隅。然後知斯干詩謂如矢之正直。而外有廉隅也。韓朸爲正字。毛棘爲假借字。如矢之直、則得其理而廉隅整飭矣。毛、韓辭異而意一也。**從木力聲。**以形聲包會意也。防下曰、地理。朸下曰木理。泐下云水理。皆從力。力者筋也。人身之理也。盧則切。一部。**平原有朸縣。**見地理志。

材木梃也。梃、一枚也。材謂可用也。論語。無所取材。鄭曰。言無所取桴材也。貨殖傳曰。山居千章之材。服虔云。章方也。孟康云。言任方章者千枚。按漢人曰章。唐人曰橦。音鐘。材方三尺五寸爲一橦。材引伸之義。凡可用之具皆曰材。**從木才聲。**昨哉切。一部。

柴小木散材。月令。乃命四監收秩薪柴。以供郊廟及百祀之薪燎。注云。大者可析謂之薪。小者合束謂之柴。薪施炊爨。柴以給燎。按祭祡祭天也。燔柴曰祡。毛詩車攻假柴爲積字。**從木此聲。**士佳切。十六部。

榑榑桑、神木。日所出也。叒下曰。日初出東方湯谷所登榑桑。叒木也。然則榑桑卽叒木也。東下曰。從日在木中。杲下曰。從日在木上。皆謂榑木也。淮南高注亦曰。榑桑、日所出也。**從木尃聲。**防無切。五部。

杲明也。衞風。杲杲出日。毛曰。杲杲然日復出矣。**從日在木上。讀若槀。**日在木中。昒也。日在木上、旦也。古老切。二部。

杳冥也。冥、窈也。莫爲日且冥。杳則全冥矣。由莫而行地下、而至於榑桑之下也。引伸爲凡不見之偁。**從日在木下。**烏皎切。二部。

梛角械也。角蓋角鬭之角。**從木卻聲。**其逆切。古音在五部。**一曰木下白也。**未詳。

栽築牆長版也。古築牆、先引繩營其廣輪方制之正。詩曰。俾立室家。其繩則直是也。繩直則豎楨榦。題曰楨。植於兩頭之長杙也。旁曰榦。植於兩邊之長杙也。植之謂之栽。栽之言立也。而後橫施版於兩邊榦內。以繩束榦。實土。用築築之。一版竣則層絫而上。詩曰。縮版以載。捄之

築　榦

仍仍度之薨薨築之登登是也然則栽者合楨榦與版而言許云築牆長版爲栽者以版該楨榦也中庸故栽者培之鄭云栽猶殖也今時人名艸木之殖曰栽築牆立版亦曰栽鄭同許說長版者五經異義曰戴禮及韓詩說八尺爲版五版爲堵五堵爲雉版廣二尺積高五版爲一丈五堵爲雉雉長四丈古周禮及左氏說一丈爲版版廣二尺五版爲堵一堵之牆長丈高丈三堵爲雉一雉之牆長三丈高一丈以度爲長者用其長以度爲高者用其高也毛詩說亦云一丈爲版五版爲堵公羊說五版而堵五堵而雉百雉而城鄭君曰左氏傳說鄭莊公弟段居京城祭仲曰都城過百雉國之害也先王之制大都不過三國之一中五之一小九之一今京不度非制也古之雉制書傳各不得其詳案天子之城九里公城七里侯伯之城五里子男之城三里今以左氏說鄭伯之城方五里積千五百步也大都三國之一則五百步也五百步爲百雉則知雉五步五步於度長三丈則雉長三丈也雉之度量於是定可知矣按何注公羊曰八尺曰版堵凡四十尺此用今戴韓說也鄭箋詩曰春秋傳云五版爲堵五堵爲雉雉長三丈則版六尺自用其說也若異義今無全書未識許氏何從而於此但云長版不箸丈尺是作說文時於今說八尺古說一丈皆疑之而不敢定矣**從木𢦏聲**昨代切一部今分平去二聲古無是也中庸注可證**春秋傳曰楚圍蔡里而栽**左傳哀公元年文莊二十九年曰水昏正而栽杜云樹版榦定元年城成周庚寅栽杜云設版築

築　所㠯擣也所㠯二字今補此蒙上築牆言所用築者謂器也其器名築因之人用之亦曰築手部曰擣築也是也築者直舂之器鄭注周禮引司馬法云輂一斧一斤一鑿一梩一鉏周輂加二版二築正義曰築者築杵也**從木筑聲**陟玉切三部

篁　古文按此從土管聲也今本篆體譌舛故正之

榦　築牆耑木也耑謂兩頭也假令版長丈則牆長丈其兩頭所植木曰榦釋詁曰楨榦也舍人曰楨正也築牆所立兩木也榦所以當牆之兩邊鄣土者也桼誓注曰題曰楨旁曰榦正義云題曰楨謂當牆兩端者旁曰榦謂在牆兩邊者也然則舊說皆謂楨爲兩耑木榦爲夾版兩邊木許不分者舊說析言之爾雅與許皆渾言之也大雅傳亦以榦釋楨許於楨下渾云剛木**從木倝聲**古案切十四部按詩多以翰爲榦故爾雅毛傳曰翰榦也言六書之假借也榦俗作幹**一曰本也**四字今補文選魏都賦注盧諶贈劉琨詩注皆引說文榦本也按上文云枚榦也引詩施于條枚與此訓相足木下曰本木身亦曰本

檥　構　模　桴

檥　榦也釋詁曰楨翰儀榦也許所據爾雅作檥也人儀表曰榦木所立表亦爲榦其義一也史記烏江亭長檥船待檥船者若今小船兩頭植欈爲系也**從木義聲**魚羈切古音十七部

構　蓋也此與冓音同義近冓交積材也凡覆蓋必交積材**從木冓聲**以形聲包會意古后切四部**杜林㠯爲椽桷字**杜林用構爲桷字桷古音如穀杜意構造字用冓椽桷字用構蓋蒼頡訓纂一篇及蒼頡故一篇中語

模　法也以木曰模以金曰鎔以土曰型以竹曰范皆法也漢書亦作橅**從木莫聲讀若嫫母之嫫**女部曰嫫母都醜也莫胡切五部

桴　眉棟也也各本作名今正釋宮棟謂之桴許云眉棟者爾雅渾言之許析言之鄭注鄉射禮記曰五架之屋正中曰棟次曰楣前曰庪注鄉飲酒禮曰楣前梁也許之眉棟即禮經之楣也許广部之户即禮經之庪也許以屋櫋聯曰楣則棟前曰眉棟謂棟之近前若眉者也豈許所據禮經楣作眉與張載注靈光殿賦亦云眉梁**從木孚聲**附柔切三部

棟　極　柱　楹

棟　極也極者謂屋至高之處繫辭曰上棟下宇五架之屋正中曰棟釋名曰棟中也居屋之中**從木東聲**多貢切九部

極　棟也李奇注五行志薛綜注西京賦皆曰三輔名梁爲極按此正名棟爲極耳今俗語皆呼棟爲梁也搜神記漢蔡茂夢坐大殿極上有禾三穗主簿郭賀曰極而有禾人臣之上祿也此則似謂梁按喪大紀注曰危棟上也引伸之義凡至高至遠皆謂之極**從木亟聲**渠力切一部

柱　楹也柱之言主也屋之主也**從木主聲**直主切古音在四部按柱引伸爲支柱柱塞不計縱橫也凡經注皆用柱俗乃別造從手拄字音株主切

楹　柱也釋名曰楹亭也亭亭然孤立旁無所

依也。按禮言東楹西楹。非孤立也。自其一言之耳。考工記。葢杠謂之桯。桯卽楹。如欒盈、史記作欒逞。其比也。從木。盈聲。以成切。十一部。春秋傳曰。丹桓宮楹。左氏莊二十三年傳文。

樘　柱也。各本柱上有衺字。今刪。文選靈光殿賦、長笛賦李注皆引說文。柱也。長門賦李注引字林。柱也。皆無衺字。惟樘字或作牚。或作撐。皆俗字耳。玉篇云。樘、柱也。亦無衺。葢樘本柱名。如靈光枝樘杈枒而斜據。枝樘與層櫨曲枅芝栭為儷。然則訓為柱無疑也。樘可借為堂歫。猶柱可借為支柱。而支柱遂正釋樘。俗閒謂撐拄必用衺木。遂沾一衺字矣。從木。堂聲。丑庚切。李善引說文恥孟反。古音在十部。

欂　壁柱也。壁柱謂附壁之柱。柱之小者。此與欂櫨之欂各字。篇韵皆兩存不混。從木。蓴聲。弼戟切。古音在五部。按各本在榕篆之後。誤也。今移正。

榰　柱氐也。氐、各本作柢。誤。今正。日部昏下曰。氐者、下也。广部曰。底、一曰下也。氐底古今字。玄應書引作柱下。知本作柱氐矣。今之磉子也。釋言曰。搘、拄也。卽榰柱之譌。磉在柱下而柱可立。因引伸為凡支拄、拄塞之偁。古用木。今目石。從木。此說古用木。故字從木也。柱氐之用石久矣。尚書大傳曰。天子賁庸。諸侯疏杼。大夫有石材。庶人有石承。鄭曰。石材、柱下質也。石承、當柱下而已。不出外為飾也。廣雅。礎碣磌礩也。碣見西京、景福殿二賦。字作舄。磌見西都賦。字作瑱。礎見淮南書。許注曰。楚人謂柱碣為礎。按礎者、澀也。礩者、質也。舄者如人之舄也。瑱者、塡也。皆謂石。此云古用木者。溯其始言之。耆聲。章移切。十五部。易曰。榰恆凶是。恆上六爻辭。釋文曰。振恆、張璠作震。今易皆同張。者聲辰聲合韵冣近。許偁葢孟易也。

榕　欂櫨也。明堂位注曰。山節、刻欂櫨為山也。按榕論語、禮器、明堂位、爾雅舊本皆作節。從木。咨聲。子結切。十二部。

欂　欂櫨、逗。柱上枅也。魏都賦、靈光殿賦、景福殿賦、長門賦李注皆引說文。欂櫨柱上枅也。王莽傳。為銅薄櫨。師古曰。柱上枅也。亦本說文。枅今本作柎。誤。欂櫨絫呼之也。單呼亦曰櫨。詞賦家或言欂櫨。或言櫨、一也。釋名曰。盧在柱端。如都盧負屋之重也。此單言櫨也。廣雅曰。欂謂之枅。此單言欂也。李善引蒼頡篇曰。枅、柱上方木。許說榕也、欂櫨也、枅也、一物三名也。從木。薄聲。篇韵皆有補各弼戟二切。五部。按各本篆作欂。解云壁柱。從木蓴聲。而無欂篆。今尋文義。當有欂欂二篆。欂與楹樘為類。欂則蒙上文榕欂櫨也言之。淺人誤合為一。正如鼏鼏、袗袀之比。為分別依類補正之。

櫨　欂櫨也。依全書通例正。從木。盧聲。落胡切。五部。伊尹曰。果之美者。箕山之東。青鳧之所。有甘櫨焉。夏孰也。語見呂覽本味篇。鳧作島。不言夏孰。高誘曰。箕山、在潁川陽城之西。青島、崑崙山之東。二處皆有甘櫨之果。上林賦。盧橘夏孰。應劭曰。伊尹書云。果之美者。箕山之東。青鳥之所。有盧橘夏孰。史、漢注作青馬。依文選作青鳥為長。葢卽山海經之三青鳥。疑島鳧皆鳥之誤也。漢志。道家者流有伊尹五十一篇。小說家者流有伊尹說二十七篇。許葦下、秏下、鮞下及此皆取諸伊尹書。相如用盧橘夏孰。太沖猶譏其不實。後人以給客橙、枇杷等當之。繆甚。一曰宅櫨木。出弘農山也。鄭注周禮說湅州之屬有橐蘆。未知是不。

枅　屋欂櫨也。按有枅、有曲枅。枅者、蒼頡篇云。柱上方木也。曲枅者、廣雅云。曲枅謂之欒。薛綜西京賦注云。欒、柱上曲木。兩頭受櫨者。釋名。欒、攣也。其體上曲攣拳然也。然則曲枅謂之欒。欒以承欂櫨。故靈光殿賦曰。層櫨磥垝以岌峩。曲枅要紹而環句。二者竝言。景福殿賦亦櫨欒對舉。魏都賦亦云。欒櫨疊施。皆可證曲枅與枅為二事。從木。幵聲。古兮切。十五部。亦作栟。

栵　栭也。大雅。其灌其栵。毛曰。栵、栭也。栭與灌為類。非木名。謂栭小木叢生者。如魚子名鯤鮞也。許云栵、栭也者。字之本義。曲枅加於柱。枅加於曲枅。栭又加於枅。以次而小。故名之栭。毛取小木之義。故亦曰栵、栭也。從木。列聲。良辥切。十五部。詩曰。其灌其栵。大雅文。許說為本義。毛傳為引伸假借之義。

栭　屋枅上標也。標、靈光殿賦、王命論二注皆作梁。今按作標為長。標者、表也。高也。薛注西京賦曰。栭、斗也。張載注靈光曰。栭、方小木為之。栭在枅之上。枅者、柱上方木。斗又小於枅。亦方木也。然後乃抗梁焉。靈光層櫨曲枅之下曰。芝栭攢羅。景福蘭栭積重之下曰。櫼櫨各落。此可證栭與枅

檼　橑　桷

非一物。釋宮云。栭謂之楶。合二事渾言之。許則析言之也。諸家襲爾雅者皆少分別。從木而聲。如之切。一部。爾雅曰。栭謂之楶。偁爾雅者欲見渾言析言兩不相背也。檼棼也。林部曰。棼、複屋棟也。注詳彼矣。釋名及郭璞謂棟爲檼。非也。從木㥯聲。於靳切。十三部。橑椽也。九歌曰。桂棟兮蘭橑。王云。以木蘭爲榱也。按西都賦。列棼橑以布翼。下又云。裁金壁以飾璫。西京賦。結棼橑以相接。下又云。飾華榱與璧璫。魏都賦。棼橑複結。下又云。朱桷森布而支離。橑必與棼連言。而別於榱桷。則榱桷爲屋椽。橑爲複屋之椽可知。簷霤在複屋。故廣韵曰。屋橑、簷前木。此檼橑二篆相屬。亦此意也。當是本作橑檼、檼椽也。謂屬於檼之椽。從木尞聲。盧浩切。二部。桷榱也。榱也者、渾言之。釋宮云桷謂之榱是也。下文椽方曰桷者、析言之。從木角聲。形聲包會意也。古岳切。三部。椽方曰桷。桷之言棱角也。椽方曰桷。則知桷圜曰椽矣。周易。或得其桷。虞曰。桷、椽也。方者謂之桷。春秋傳曰。刻桓宮之桷。左氏莊二

椽　榱　楣

十四年經文。椽榱也。左傳。以大宮之椽歸爲盧門之椽。釋名曰。椽、傳也。相傳次而布列也。從木彖聲。直專切。十四部。榱椽也。二字依韵會補。秦名屋椽也。周謂之榱。齊魯謂之桷。上二句各本作秦名爲屋椽。周謂之榱。大誤。今依左傳桓十四年音義、周易漸卦音義正。謂屋椽、秦名之曰榱。周曰椽。齊魯曰桷也。各本妄改。乃或疑釋文有誤矣。釋宮音義云。榱、秦名屋椽也。周謂之榱。齊魯謂之桷。此淺人改周椽爲周榱耳。其引字林云。周人名椽曰榱。齊魯名榱曰桷。則字林始與說文乖異矣。榱之言差次也。自高而下、層次排列如有等衰也。從木衰聲。所追切。古音在十七部。楣秦名屋櫋聯也。齊謂之产。楚謂之梠。秦名屋櫋聯也者、秦人名屋櫋聯曰楣也。與秦名屋椽曰榱同解。李善注文選引說文曰。梍梠、秦名屋櫋聯。失其義矣。齊謂之产。各本产作檐。今依广部产下正。产、屋梠也。秦謂之楣。齊謂之产。禮經正中曰棟。棟前曰楣。又爾雅楣謂之梁。皆非許所謂楣者。從木眉聲。武悲切。十五部。

梠　梍　櫋　檐　橝　樀

梠楣也。釋名曰。梠、旅也。連旅之也。士喪禮注曰。宇、梠也。广部曰。宇、屋邊也。從木呂聲。力舉切。五部。梍梠也。梍之言比敘也。西京賦曰。三階重軒。鏤檻文梍。按此文梍謂軒檻之飾與屋梠相似者。從木皀聲。讀若枇杷之枇。房脂切。十五部。櫋屋櫋聯也。釋名曰。梠或謂之櫋。櫋、緜也。緜連榱頭使齊平也。上入曰爵頭。形似爵頭也。按郭云。雀梠卽爵頭也。九歌曰。擘蕙櫋兮既張。從木臱聲。各本作邊省聲。非。今正。武延切。十二部。讀如民。檐梍也。檐之言隒也。在屋邊也。明堂位重檐注云。重檐、重承壁材也。姚氏鼐云。漢時名檐爲承壁材。以其直垂而下如壁。從木詹聲。余廉切。八部。俗作簷。按古書多用檐爲儋何之儋。橝屋梠前也。梠與霤之閒曰橝。從木覃聲。徒含切。古音在七部。一曰蠶槌。方言蠶槌備矣。獨無橝字。樀戶樀也。按戶樀謂門檐也。郭注爾雅及篇韵皆云屋梠。則不專謂門。從木啻聲。樀之言滴也。與霤滴相近。都厤切。十六部。

植　樞　槏　樓

爾雅曰。檐謂之樀。見釋宮。樀、朝門。鉉本無此三字。鍇本有之。門部。闇下云。闇謂之樀。樀、廟門也。許以此樀爲朝門之樀。彼樀爲廟門之樀。正謂此檐彼闇。分朝廟。形異而義隨之也。葢本舊說。讀與滴同。植戶植也。釋宮曰。植謂之傳。傳謂之突。郭曰。持戶鎖植也。見埤蒼。邵氏晉涵曰。墨子。爭門關決植。淮南云。縣聯房植。高曰。植、戶植也。植當爲直立之木。徐鍇以爲橫鍵。非也。按今豎直木而以鐵了鳥關之。可以加鎖。故曰持鎖植。植之引伸爲凡植物、植立之植。從木直聲。常職切。一部。櫃或從置。置亦直聲也。漢石經論語。置其杖而耘。商頌。置我鼗鼓。皆以置爲植。樞戶樞也。戶所以轉動開閉之樞機也。釋宮曰。樞謂之椳。從木區聲。昌朱切。四部。槏戶也。通俗文云。小戶曰㡿。口減反。集韵。槏㡿㡿三同。口減切。戶也。按許㡿爲古文戶。不爲槏。從木兼聲。苦減切。七部。樓重屋也。重屋與複屋不同。複屋不可居。重屋可居。考工記之重屋謂複屋也。釋名曰。樓謂牖戶之閒諸射孔樓樓然也。

樓。樓當作婁。婁、女部曰。婁、空也。囧下曰。窗牖麗廔闓明。從木。婁聲。洛侯切。四部。

龔　房室之疏也。按疏當作疋。疏者、通也。疋者、門戶疏窗也。房室之窗牖曰龔。謂刻畫玲瓏也。從木。龍聲。盧紅切。九部。

楯　闌檻也。闌、門遮也。檻、櫳也。此云闌檻者、謂凡遮闌之檻。今之闌干是也。王逸楚辭注曰。檻、楯也。從曰檻。橫曰楯。古亦用爲盾字。從木。盾聲。食允切。十三部。

櫺　楯閒子也。闌楯爲方格。又於其橫直交處爲圜子。如綺文瓏玲。故曰櫺。左傳車曰忽靈。亦其意也。文選注作窗閒子。從木。靁聲。郎丁切。十一部。

杗　棟也。從木。亡聲。武方切。十部。爾雅曰。杗廇謂之梁。按此條當以此八字冠於從木亡聲之上。而刪去棟也二字。門部闞謂之樀。正其例也。棟與梁不同物。棟言東西者。梁言南北者。上文言棟而未及梁。故於此補之。杗廇者、杗之言网也。廇者、中庭也。架兩大梁。而後可定中庭也。釋宮曰。杗廇謂之梁。其上楹謂之梲。今宮室皆如此。不得謂梁爲棟也。

棟　短椽也。此當與桷椽榱爲類。而廁此者、亦以補前也。廣雅。棟、椽也。從木。東聲。丑錄切。三部。

杇　所㠯涂也。涂塗古今字。涂者、飾牆也。土部曰。墐、涂也。墍、仰涂也。墀、涂地也。論語曰。糞土之牆。不可杇也。秦謂之杇。關東謂之槾。從木。按此器今江浙以鐵爲之。或以木。戰國策豫讓變姓名。入宮塗廁。欲以刺襄子。襄子如廁。心動。執問塗者。則豫讓也。刃其杇。曰欲爲智伯報讎。杇謂涂廁之杇。今本皆作扞。侯旰切。繆甚。刃其杇謂皆用木而獨刃之。以楮下云古用木。故從木例之。疑杇古全用木。故杇槾古字也。釫鏝今字也。亐聲。哀都切。五部。經傳多假爲盂字。

槾　杇也。釋宮曰。鏝謂之杇。釋文云。鏝本或作槾。按孟子作墁。從木。曼聲。母官切。十四部。

椳　門樞謂之椳。見釋宮。謂樞所檃謂之椳也。椳猶淵也。宛中爲樞所居也。弓淵大射儀作隈。考工記作畏。亦此意。與上文戶樞義互相足。其文則以戶與門區別之。實則戶與門制同。從木。畏聲。烏恢切。十五部。

楣　門樞之橫梁。釋宮曰。楣謂之梁。郭曰。門戶上橫梁。今本爾雅作楣。字之誤也。釋文楣亡悲反。或作楣。亡報反。埤蒼云。梁也。呂伯雍云。門戶之橫梁也。說文曰。楣、秦名屋櫋聯也。陸引埤蒼、字林以證楣。引說文以證楣。謂楣楣義不同。今本脫誤不可讀。陸於楣不引說文者。隨緐閱所得也。椳言樞之下。楣言樞之上。門上爲橫梁。鑿孔以貫樞。今江浙所謂門龍也。從木。冒聲。莫報切。古音在三部。

梱　門橜也。橜下云。一曰門梱也。門部曰。闑、門梱也。然則門梱、門橜、闑、一物三名矣。謂當門中設木也。釋宮。橜謂之闑。廣雅。橜、機、閬、朱也。朱同梱。史記孫叔敖傳曰。楚俗好庳車。王欲下令使高之。相敎閭里使高其梱。居半歲。民悉自高其車。史記張釋之馮唐傳曰。閫以內者。寡人制之。閫以外者。將軍制之。漢書閫作闑。韋昭曰。此郭門之梱也。門中橜曰梱。鄭注曲禮曰。梱、門限也。與許不合。從木。困聲。苦本切。十三部。

榍　限也。自部限下云。一曰門榍也。門部云。閾、門榍也。亦一物三名矣。釋宮柣謂之閾。柣、郭千結反。柣即榍字也。漢人多作切。考工記注云。眼讀如限切之限。限切、謂門限也。漢書外戚傳。切皆銅沓。黃金塗。師古曰。切、門限也。千結反。按西都賦。玄墀釦切。釦切即漢書之切。皆銅沓黃金塗也。文選切作砌。誤。西京賦云。金戺。即釦切也。西京賦又云。設切厓隒。即西都賦之仍增厓而衡閾也。廣雅。柣、戺、橉、切也。切、今本亦譌砌。橉見淮南書。匡謬正俗云。俗謂門限爲門蒨者。爾雅柣謂之閾。郭音切。今言門蒨是柣聲之轉耳。字當爲柣而作切音。玉裁謂柣當爲榍而作切音。如多方大淫泆有辭。泆又作佾。馬本作屑。是其比也。從木。屑聲。先結切。十二部。

柤　木閑也。門部曰。閑、闌也。廣雅曰。柤、樘柱距也。距、當作歫。歫、止也。從木。且聲。側加切。按當依廣雅士加切。古音在五部。

槍　歫也。止部曰。歫、止也。一曰槍也。按槍有相迎鬭爭之意。通俗文曰。剡木傷盜曰槍。今俗作鎗。從木。倉聲。七羊切。十部。一曰槍攘也。三字句。攘各本從木。誤。今正。莊子在宥傖囊。崔譔作戕囊。云戕囊猶搶攘。晉灼注漢書曰。搶攘、亂皃也。按許無從手之搶。凡槍攘、上從木。下從手。

楗　歫門也。歫各本作限。非。今依南都賦注所引正。老子釋文亦作距門也。月令。脩鍵閉。愼管籥。注曰。鍵、牡。閉、牝也。管籥、搏鍵器也。周禮司門。掌授管鍵以啓閉

櫼　楔　柵　杝　欜

國門。先鄭云。管謂籥也。鍵謂牡。按楗閉卽今木鎖也。諸經多借鍵爲楗。而周禮司門作管塞。先鄭云。塞讀爲鍵。今本乃互易塞鍵字。從木。建聲。其獻切。十四部。

櫼　楔也。玄應書曰。說文櫼子林切。今江南言櫼。中國言屆。楔通語也。屆側洽切。按子林切蓋本說文音隱。今江浙語正作知林切。不作子林也。木工於鑿枘相入處有不固。則斫木札楔入固之謂之櫼。櫼亦作鉆。戰國策蘇秦謂趙王曰。柱山有兩木。一蓋呼侶。一蓋哭。問其故。曰吾苦夫匠人且以繩墨案規矩刻鏤我。一曰此非吾所苦也。是故吾事也。吾所苦夫鐵鉆然自入而出夫人者。今臣使於秦而三日不見。無有爲臣鐵鉆者乎。鉆自入而出。謂以大鐵鉆釘入大樹一邊。旣析破。乃取樹之一邊爲用。夫人者言此人冣所苦也。今四川建昌山中取杪方。皆以楔釘入。取陽面一塊。而樹尚卓立。蘇秦以此喻離間之人也。蘇秦謂鐵器。許謂木札。其用正同。周禮注飛鉆。當作此解。砧音。從木。韱聲。子廉切。七部。

楔　櫼也。今俗語曰楔子。先結切。考工記曰。牙得則無槷而固。注曰。鄭司農云。槷、榝也。蜀人言榝曰槷。玄謂槷讀如涅。從木、熱省聲。按槷榝皆假借字。榝卽楔之假借也。釋木。楔、荊桃。爲木名。南都、蜀都二賦皆有楔。從木。契聲。先結切。十五部。

柵　編豎木也。豎各本作樹。今依篇韵正。臤部曰。豎、堅立也。通俗文曰。木垣曰柵。從木。冊聲。依韵會本。楚革切。十六部。

杝　落也。玄應書謂杝欐籬三字同。引通俗文。柴垣曰杝、木垣曰柵。按釋名亦云。籬、離也。以柴竹作疏離離也。柵、積也。以木作之。上平積然也。皆杝柵類舉。落、廣雅作落。廣韵引音譜作樒。齊民要術引仲長子曰。柂落不完。垣牆不牢。掃除不淨。笞之可也。柂者杝之誤。小雅。析薪杝矣。傳曰。析薪者必隨其理。謂隨木理之迆衺而析之也。假杝爲迆也。凡笆籬多衺織之。故其義相通。從木。也聲。池尒切。古音在十七部。按池尒之音傳合下文讀若。讀又若陁。又字陁爲之。非許意也。許意讀如離。而又如陁。鉉本無。非也。許時杝爲籬字。人人所知。而杝之讀又或如陁。故箸之。陁古皆作他。非也。趙凡夫鈔本作陁。

欜　行夜所擊木。行夜各本譌夜行。术作者。今依御覽正。行、去聲。巡也。周禮宮正。夕擊柝而比之。注云。莫行夜以比直宿者。修閭氏。比國中宿互欜者。先鄭云。欜謂行夜擊欜。九家易曰。柝者、兩木相擊以行夜也。孟子注云。柝、行夜所擊木也。左傳。賓將掫。注云。掫、行夜也。從木。橐聲。從橐者。蓋虛其中則易響。今之敲梆是也。他各切。五部。易曰。重門擊欜。注詳柝下。

桓　楃　橦　杠　桯　桱　牀

桓　亭郵表也。檀弓注曰。四植謂之桓。按二植亦謂之桓。一柱上四出亦謂之桓。漢書。瘞寺門桓東。如淳曰。舊亭傳於四角面百步。築土四方。有屋。屋上有柱出高丈餘。有大板貫柱四出。名曰桓表。縣所治夾兩邊各一桓。陳宋之俗言桓聲如和。今猶謂之和表。師古曰。卽華表也。孝文紀。誹謗之木。服虔曰。堯作之。橋梁交午柱。崔浩以爲木貫柱四出名桓。從木。亘聲。胡官切。十四部。釋訓曰。桓、桓、威也。

楃　木帳也。周禮巾車翟車有楃。字從木。釋文及各本從手。非也。釋文云。楃、劉音屋。馬皆作幄。攷幕人注曰。四合象宮室曰幄。許書無幄有楃。楃蓋出巾車職。今本周禮轉寫誤耳。鄭云。有楃則此無蓋。謂上四車皆有容有蓋。翟車以楃當容。不云有蓋也。釋名云。幄、屋也。以帛衣版施之。形如屋也。故許曰木帳。從木。屋聲。於角切。三部。

橦　帳極也。極、棟也。帳屋高處也。宋本、葉鈔本、小徐本作帳柱。按西京賦。都盧尋橦。謂植者也。從木。以木爲之。故從木。童聲。宅江切。三部。

杠　牀前橫木也。方言曰。牀其杠。北燕朝鮮之閒謂之樹。自關而西秦晉之閒謂之杠。南楚之閒謂之趙。東齊海岱之閒謂之樺。按廣韵作牀前橫。無木字。然則橫讀古曠反。孟子徒杠。其引伸之義也。爾雅。素錦韜杠。丨部曰。於旗旗杠皃。則謂直者也。從木。工聲。古雙切。九部。

桯　牀前几。方言曰。榻前几。江沔之閒曰桯。趙魏之閒謂之椸。按古者坐於牀而隱於几。孟子隱几而臥。內則少者執牀與坐。御者舉几。是也。此牀前之几。與席前之几不同。謂之桯者、言其平也。考工記蓋桯、則謂直杠。從木。呈聲。他丁切。十一部。

桱　桯也。東方謂之蕩。蕩、集韵、類篇皆從竹作簜。桱蕩皆牀前几之殊語也。而方言不載。從木。巠聲。古零切。十一部。廣韵古定切。似杉而硬之木。

牀　安身之几坐也。鉉本作安身之

坐者五字。非是。牀之制略同几而庳於几。可坐。故曰安身之几坐。牀制同几。故有足有枕。牀可坐。故尻下曰処也、從尸得几而止。引孝經仲尼尻而釋之曰。謂閒居如此。按得几而止者、謂得牀而止也。仲尼尻者、謂坐於牀也。上文曰。凭依几也。乃謂手所馮之几。漢管寧常坐一木榻。積五十餘年未嘗箕股。其榻上當膝處皆穿。此皆古人坐於牀、而又不似今人垂足而坐之證也。牀亦可臥。古人之臥、隱几而已。牀前有几。孟子隱几而臥是也。孟子曰舜在牀琴。蓋尚書佚篇語也。而古坐於牀可見。琴必在几。則牀前有几亦可見。然則古人之臥無橫陳者乎。曰有之。弟子職曰。先生將息。弟子皆起。敬奉枕席。問疋何止。內則曰。父母舅姑將衽。長者奉席請何趾。論語曰。寑不尸。左傳掘地下冰而牀焉。鮮食而寑。皆是也。內則云。少者執牀與坐。御者舉几。謂晨興時也。卽以所衽爲所坐也。**從木。爿聲。**今書牀牂斨牆壯戕狀將字皆曰爿聲。張參五經文字爿部曰。爿、音牆。九經字樣鼎字注云。下象析木以炊。篆文𣎵析之兩向。左爲爿、音牆。右爲片。李陽冰亦云木字右旁爲片。左爲爿、音牆。許書列部。片之後次以鼎。然則反片爲爿。當有此篆。六書故曰。唐本說文有爿部。葢本晁氏說之參記許氏文字一書。非肊說。其次弟正當在片後鼎前矣。二徐乃欲盡改全書之爿聲爲牀省聲。非也。顧野王片部後出牀部。則其誤在前耳。仕莊切。十部。

六篇上　卌

枕　**枕。臥所㠯薦首者。**㠯字今補。警枕曰頍。見少儀。**從木。冘聲。**章衽切。八部。

椷　**椷。椷窬、**逗。**褻器也。**史記萬石君列傳。石建取親中帬廁牏。身自浣滌。徐廣曰。一讀牏爲竇。竇音豆。言建又自洗蕩廁竇。瀉除穢惡之穴也。呂靜云。椷窬、褻器也。音威豆。裴駰按蘇林曰。牏、音投。賈逵解周官椷虎子。窬、行清也。孟康曰。廁、行清。窬、行清。空中受糞者也。東南人謂鑿木空中如曹謂之窬。玉裁謂。賈孟說是也。虎子所以小便也。行清所以大便。鄭司農謂之路廁者也。清圂古今字。穴部窬下曰。一日空中也。空中與孟說合。今馬子其遺象也。椷窬二物。許類舉之。**從木。威聲。**於非切。十五部。

櫝　**櫝。匱也。**此與匚部匵音義皆同。匵、匣也。論語韞匵而藏諸、作匵。龜玉毀於櫝中、作櫝。**從木。賣聲。**徒谷切。三部。**一曰木名。**未詳。**又曰櫝、木枕也。**木枕、大徐作大梡。字之誤也。木枕謂以圜木爲枕。少儀所謂頍也。謂之頍者、圜轉易醒。令人憬然。故鄭注曰警枕。

櫛　**櫛。梳比之總名也。**比讀若毗。疏者爲梳。密者爲比。釋名曰。梳言其齒疏也。數言比。比於梳其齒差數也。比言細相比也。按比之尤細者曰篦。見竹部。**從木。節聲。**阻瑟切。十二部。按考工記櫛字、櫛之古文也。

梳　**梳。所㠯理髮也。**所㠯二字今補。器曰梳。用之理髮因亦曰梳。凡字之體用同稱如此。漢書亦作疏。**從木。疏省聲。**疏、通也。形聲包會意。所菹切。五部。

枱　**枱。劒柙也。**柙當作匣。聲之誤也。少儀所謂劒櫝也。廣雅。枱室郭劒削也。**從木。合聲。**胡甲切。七部。按廣韵古沓巨業二切。

槈　**槈。薅器也。**蓐部曰。薅、披去田艸也。槈者、所以披去之器也。槈、刃廣六寸。柄長六尺。說詳耨下。**從木。辱聲。**奴豆切。三部。**鎒。或作從金。**從木者主柄。從金者主刃。

㮓　**㮓。芣臿也。從木**謂柄。**入。象形。**從入者、象兩刃也。**眲聲。**舉朱切。廣韵況于矩于二切。五部。

六篇上　卌一

𣏕　**𣏕。兩刃臿也。**兩刃臿者、謂臿之兩邊有刃者也。臿者、刺土之器。釋器曰。斛謂之疀。斛、𣂁、疀、臿皆古今字。作臿者、就舂臼之義引伸之。俗作郭衣鍼之鍤。非也。金部曰。銛、銚、鍦皆臿屬。𣂁、河內謂臿頭金也。此云兩刃臿、則又與凡臿不同。方言曰。臿、燕之東北朝鮮洌水之閒謂之斛。宋魏之閒謂之鏵。或謂之鍏。江淮南楚之閒謂之臿。沅湘之閒謂之畚。趙魏之閒謂之桑。東齊謂之梩。按𣏕鏵古今字也。方言渾言之。許析言之耳。高注淮南曰。臿、鏵也。青州謂之鏵。有刃也。三輔謂之鍏。釋名。鍤、插也。掘地起土也。或曰銷。銷、削也。能有所穿削也。或曰鏵。鏵、刳也。刳地爲坎也。其板曰葉。象木葉也。高、劉皆作鏵。高云有刃。當作有兩刃。奪一字耳。𣏕字亦作鋘。吳越春秋。夫差夢兩鋘殖吾宮牆。大宰嚭占之曰。農夫就成。田夫耕也。公孫聖占之曰。越軍入吳國。伐宗廟。掘社稷也。玄應曰。𣏕、古文奇字作鋘。李賢引何承天纂文。張揖字詁作鋘。鋘又鋘之俗。承天改吳爲吴。因又改鋘爲鋘耳。非張揖有鋘字也。吳華皆在古音弟五部。**從木。**謂柄。**丫。象形。**從丫者、謂兩刃。如羊兩角之狀。互瓜切。古音在弟五部。**宋魏曰𣏕也。**方言云宋魏之閒謂之鏵是也。嘗論方言之字。多爲後人以今易古。以俗易正。此其一耑也。釫或從金亏。亏聲也。䒨、䒨聲。䒨、亏聲。鏵卽釫字也。梠臿也。周禮注引司馬法曰。輂一斧一斤一鑿一梩。疏云。梩、或解謂臿。或解謂鍬。鍬臿亦不殊。孟子。蓋歸反虆梩而掩之。趙曰。虆梩、籠臿之屬。可以取土者也。按虆卽欙之假借字。可以舁土者。梩同梠。可以臿地揠土者。趙以籠屬釋虆。以臿屬釋梩也。從木㠯聲。詳里切。一部。郭注方言音駭。一曰從土輂。此別一義。謂梠卽欙。孫奭孟子音義云梩、土輂也。本此。廣韵曰。梩、里之切。徙土輂。出六韜。齊人語也。按此四字與宋魏曰茉文法同。方言云。臿、東齊謂之梩是也。由此言之。疑一曰從土輂五字當移在此下。梩或從里。吕聲里聲同在一部。枱耒耑也。枱、今經典之耜。耒下曰。耕曲木也。此云耒耑也。與京房耜耒下耓也。耒耜上句上也。相合。曲木。考工記所謂上句者二尺有二寸也。耒耑所謂庛長尺有一寸也。許意上曰耒。下曰枱。皆謂木材。錔於庛之金是曰耕。曰𨩲。鄭注周禮則云。耒爲木。枱爲金。故云古者耜一金。兩人併發之。又云庛讀爲刺。刺、耒下前曲接耜。又注月令。於孟春云耒、耜之上曲也。於季冬云耜、耒之金也。說與許異。鄭本匠人耜廣五寸而云。許則謂記文枱𨩲不分。渾言之。記云耜廣五寸者。謂𨩲也。故於耦下易之云耕廣五寸。從木台聲。弋之切。按當云詳里切。今俗作耜。鈶本乃以訓臿。訓從土輂之梠。注云今作耜。則大誤矣。玉篇同誤。後人所改也。一部。鈶或從金台聲。以其木也。故從木。以其屬於金也。故亦從金。辝籀文從辝。從木、辝聲也。辝者、籀文辭。楎六叉𨩲。叉、各本誤又。廣韻廿三齊曰三爪犂曰楎。此謂一犂而三爪也。許云六爪犂者。謂爲三爪犂者二而二牛竝行。如人耦耕也。一犂一牛。二犂則二牛。共用三人。食貨志所云趙過法用耦犂二牛三人也。其上爲樓。貯穀下種。故亦名三腳樓。今陝甘人用之。一曰𨩲上曲木𨩲轅。按集韵類篇皆無犂轅二字。似可刪。許云耕上曲木爲耒。此云犂上曲木爲楎者。正謂耒耑也。故廣韵云楎、犂頭。玉篇云楎、犂轅頭也。從木軍聲。讀若緯。緯音徽。今篇韵皆云呼歸切。文徽合韵也。或如渾天之渾。益部耆舊傳。落下閎

字長公。於地中轉渾天。戸昆切。十三部。櫌摩田器也。漢石經論語。櫌不輟。五經文字曰。經典及釋文皆作耰。鄭曰。耰、覆種也。與許合。許以物言。鄭以人用物言。齊語。深耕而疾耰之。以待時雨。韋曰。耰、摩平也。齊民要術曰。耕荒畢。以鐵齒鎒楱再徧杷之。漫擲黍穄。勞亦再徧。按先云再徧杷之。卽國語所謂疾耰待時雨也。後云勞亦再徧。卽鄭所謂覆種也。許云摩田。當兼此二者。賈又曰春耕尋手勞。秋耕待白背勞。古曰耰。今曰勞。勞、郎到切。集韵作櫌。若高誘云。櫌、椎也。如淳云。椎、塊椎也。服虔、孟康云。櫌、鉏柄也。椎塊尚近之。鉏柄之說未可信矣。從木憂聲。於求切。三部。論語曰。櫌而不輟。微子篇。欘斫也。齊謂之兹箕。各本作鎡錤。今依爾雅正。其實箕尚誤。當作其耳。斤部曰。斫、擊也。釋器曰。斪斸謂之定。釋文云。斸本或作欘。引說文。齊謂之兹箕。一曰斤柄自曲。據陸氏以說文語系之或作欘之下。則說文有欘無斸可知。今本斤部出斪斸二篆。皆云斫也。夫爾雅斪斸本一物。安得二之。且考工記注引爾雅作句欘。又爾雅音義云。斪本或作拘。是則句拘皆訓曲。不爲別一器名也。句欘者。李巡云。鉏也。郭璞云。鉏屬蓋似鉏而健於鉏。似斤而不以斫木。專以斫田。其首如鉏然。句於矩。故謂句欘也。斤部斪斸二篆。淺人依爾雅俗本增之。今刪。管子曰。美金以鑄戈劍矛戟。試諸狗馬。惡金以鑄斤斧鉏夷鋸欘。試諸木土。謂斤斧鋸試諸木者。鉏夷欘試諸土者也。韋曰。夷者所以削艸平地也。云齊謂之兹其者。孟子引齊人言曰。雖有兹基。不如待時。齊謂斫地欘也。趙注云。耒耜之屬。約略言之耳。月令。修耒耜。具田器。鄭曰。田器鎡錤之屬。然則鎡錤之非耒耜可知矣。韋注國語云。耨、兹其也。亦分別未審。一曰斤柄性自曲者。此別一義。謂斫木之斤及斫田之器。其木首接金者生而內句。不假煣治。是之謂欘。考工記曰。半矩謂之宣。一宣有半謂之欘。一欘有半謂之柯。一柯有半謂之磬折。鄭司農云。蒼頡篇有柯欘。從木屬聲。陟玉切。三部。櫡斫謂之櫡。見釋器。櫡一作鐯。俗字也。凡斫木之斤、斫地之欘。皆謂之櫡。櫡之言箸也。箸直略反。郭云。钁也。金部云。钁、大鉏也。從木。欘櫡皆重柄。故字皆從木。箸聲。張略切。五部。杷

收麥器。方言云。杷、宋魏之閒謂之渠挐。亦謂之渠疏。郭云無齒爲朳。按耒部云。桂、卌叉也。可以劃麥。河內用之。桂亦杷也。杷引伸之義爲引取。與捃摭義略同。從木巴聲。蒲巴切。五部。

⿰木役　種樓也。種者今之種字。樓者今之樓字。廣韵曰。樓、種具也。今北方謂所以耩者曰樓。耩者種也。小徐本樓作⿰木役。一曰燒麥柃⿰木役也。燒猶熬也。柃⿰木役者熬麥器名。從木役聲。與辟切。十六部。

柃　木也。上林賦張揖注曰。櫧似柃。按云木也。非其次。當作柃⿰木役也三字。葢蒙上釋柃字耳。從木令聲。郎丁切。十一部。

柫　擊禾連枷也。方言曰。僉、宋魏之閒謂之欇殳。或謂之度。音量度。自關而西謂之棓。蒲項反。或謂之柫。音拂。齊楚江淮之閒謂之柍。音悵快。亦音車鞅。或謂之桲。音勃。齊語耒耜枷芟。韋云。枷、柫也。所以擊草也。草當作禾。王莽傳。必躬載柫。釋名曰。枷、加也。加杖於柄頭以撾穗而出其穀也。或曰羅枷。三杖而用之也。或曰了了。杖轉於頭。故以名之也。戴先生曰。羅連語之轉。今連枷之制與古同。從木弗聲。敷勿切。十五部。

枷　柫也。從木加聲。古牙切。十七部。淮南謂之柍。出方言。

杵　舂杵也。舂、擣粟也。其器曰杵。繫辭曰。斷木爲杵。掘地爲臼。臼杵之利。萬民以濟。從木午聲。昌與切。五部。

槩　所㠯杚斗斛也。所以二字今補。月令。正權槩。鄭、高皆云。槩、平斗斛者。槩本器名。用之平斗斛亦曰槩。許、鄭、高皆云其器也。凡平物曰杚。所以杚斗斛曰槩。引伸之義爲節槩、感槩、挭槩。從木旣聲。工代切。十五部。

杚　平也。杚非器也。廁於此者。因上文云杚斗斛而釋之也。按許書有杚無扢。杚在入聲則古沒切。亦居乙切。去聲則古代切。亦古對切。無二字也。廣韵去入聲皆作扢。從手。皆從木之誤耳。集韵代沒二韵皆於杚字之外別出扢字。則由未知廣韵之爲字誤也。杚者平物之謂。平之必摩之。故廣雅曰。杚、摩也。廣韵摩之訓本此。古杚與槩二字通用。班固終南山賦。槩青宮、觸紫宸。曹植贈丁儀王粲詩。員闕出浮雲。承露槩泰清。李善注云。西都賦。杚仙掌與承露。廣雅。杚、摩也。槩與杚同。古字通。今書籍此等杚字皆譌作扢。而今文選、後漢書扢仙掌以承露。又與李善所引迥異。凡學古者當優焉游焉以求其是。顏黃門云。觀天下書未徧。不可妄下雌黃。是也。從木气聲。古沒切。十五部。杚與刉、剴、磯音義皆相近。

⿰木省　木參交㠯支炊籅者也。支各本作枝。今依集韵、類篇正。竹部曰。籅、漉米籔也。籔、炊籅也。籅籔二字爲一物。謂米既淅。將炊而漉之。令乾。又以三交之木支此籅。則瀝乾尤易也。三交之木是爲⿰木省。從木省聲。所綆切。十一部。讀若驪駕。漢平帝紀。禮娶親迎。立軺併馬。服虔曰。立軺、立乘小車也。併馬、驪駕也。按驪之言麗也。駢下云。駕二馬也。駕二馬爲麗駕。⿰木省讀若驪駕之驪。此淸支二部合韵也。按玉篇曰。杫、⿰木省、⿰木疌三同。思漬切。肉几也。集韵說同。考方言曰。俎、几也。西南蜀漢之郊曰杫。音賜。後漢書。薬崧家貧爲郎。常獨直臺上。無被枕杫。是則肉几應作杫。⿰木疌支籅應作⿰木省。不知何以合之。而亦可以證十一十六部合韵之理也。

柶　禮有柶。凡言禮者、謂禮經十七篇也。禮經多言柶。士冠禮注曰。柶狀如匕。以角爲之者。欲滑也。柶、匕也。鄭云如匕。許云匕也。小異。葢常用器曰匕。禮器曰柶。匕下曰。一名柶。從木四聲。息利切。十五部。

桮　䫉也。匚部曰。䫉、小桮也。析言之。此云。桮、䫉也。渾言之。方言盃椷盞溫閜盪歷杯也。桮其通語也。古以桮盛羹。桮圈是也。從木否聲。布回切。一部。俗作杯。

⿷匚否　籒文桮。鉉本作⿷匚否。

槃　承槃也。承槃者、承水器也。內則曰。進盥。少者奉槃。長者奉水。請沃盥。左傳曰。奉匜沃盥。特牲經曰。尸盥。匜水實于槃中。古之盥手者。以匜沃水。以槃承之。故曰承槃。內則注曰。槃、承盥水者。吳語注曰。槃、承盥器也。大學湯之盤銘曰。苟日新。日日新。又日新。正謂刻戒於盥手之承槃。故云日日新也。古者晨必洒手。日日皆然。至於沐浴、靧面則不必日日皆然。據內則所云知之。槃引伸之義爲凡承受者之偁。如周禮珠槃、夷槃是也。從木般聲。薄官切。十四部。

鎜　古文從金。葢古以金。後乃以木。

盤　籒文從皿。今字皆作盤。

榹　槃也。急就篇。槫榼椑榹。榹當與許訓同。釋木以爲榹桃字。夏小正作杝桃。從木虒聲。息移切。十六部。

案　几屬。考工記。玉人之事。案十有二寸。棗栗十有二列。大鄭

櫋 槭 枓

云。案、玉案也。後鄭云。案、玉飾案也。棗栗實於器。乃加於案。戴先生云。案者、棜禁之屬。儀禮注曰。棜之制。上有四周。下無足。禮器注曰。禁、如今方案。隋長局足。高三寸。此以案承棗栗。宜有四周。漢制小方案局足。此亦宜有足。按許云几屬、則有足明矣。今之上食木槃近似。惟無足耳。楚漢春秋。淮陰侯謝武涉。漢王賜臣玉案之食。後漢書梁鴻傳。妻爲具食。不敢於鴻前仰視。舉案齊眉。方言曰。案、陳楚宋魏之閒謂之槅。自關而東謂之案。後世謂所凭之几爲案。古今之變也。**從木。安聲。**烏旰切。十四部。

櫋 圜案也。櫋圜疊韵。**從木。瞏聲。**似沿切。十四部。

槭 篋也。匚部曰。匧、笥也。竹部曰。笥、飯及衣之器也。方言。槭、杯也。與許異。漢天文志。閒可槭劍。蘇林曰。槭、音函。容也。此假槭爲含也。**從木。咸聲。**古咸切。七部。

枓 勺也。勺下曰。所以挹取也。與此義相足。凡升斗字作斗。枓勺字作枓。本不相謀。而古音同當口切。故枓多以斗爲之。小雅。維北有斗。不可以挹酒漿。維北有斗。西柄之揭。大雅。酌以大斗。皆以斗爲枓也。考工記注曰。勺、尊斗也。尊斗者、謂挹取於尊之勺。士冠禮注亦曰。勺、尊斗也。所以㪺酒也。此等本皆假斗爲枓。而俗本譌爲尊升。遂不可通。少牢注曰。凡設水用罍。沃盥用枓。此則用本字。趙世家。使廚人操銅枓。張儀傳說此事作金斗。喪大記。沃水用枓。周禮鬯人作斗。**從木。斗聲。**鉉本作從斗。非也。之庾切。音之轉也。古當口切。在四部。

杓 櫑

杓 枓柄也。枓柄者、勺柄也。勺謂之枓。勺柄謂之杓。小雅言西柄之揭。大雅傳曰。大斗長三尺。張儀傳。令工人作爲金斗。長其尾。令可以擊人。天官書、天文志皆云。杓擕龍角。魁枕參首。北斗一至四爲魁。象羹枓。五至七爲杓。象枓柄也。**從木。勺聲。**甫遙切。二部。按索隱引說文匹遙反。

櫑 龜目酒尊。五經異義。韓詩說。金罍大器也。天子以玉。諸侯大夫以金。士以梓。古毛詩說。金罍酒器也。諸臣之所酢。人君以黃金飾。尊大一碩。金飾龜目。蓋刻爲雲靁之象。許君曰。謹案韓詩說。天子以玉。經無明文。謂之罍者、取象雲靁博施。故從人君下及諸臣同。按異義從古毛說。說文同也。故云龜目酒尊。刻木爲雲靁象。爾雅。彝卣罍器也。小罍謂之坎。然則櫑有小大。燕禮。罍水在東。則罍亦以盛水。**刻木作雲靁象。**

椑 榼 橢

句。**象施不窮也。從木。從畾。畾亦聲。**此五字今補正。刻木至從畾、此述古毛說。說從木從畾之意也。刻爲龜目。又通體刻爲雲靁。古之刻雲如古文之[illegible]。刻靁如古文之回。所以刻爲雲靁者、以雲靁施澤不窮。人君之櫑爲諸臣取酒自酢者。故象之也。畾者、靁之省。凡許言畾聲、皆靁省聲也。魯回切。十五部。

罍 櫑或從缶。蓋始以木、後以匋。**櫑或從皿。𦉜 籀文櫑。從缶回。**猶籀文鸓作䴎也。漢書文三王傳。孝王有𦉜尊。如此作。

椑 圜榼也。漢書曰。美酒一椑。椑見急就篇。及廣雅。按考工記廬人。句兵椑。注云。椑、隋圜也。**從木。卑聲。**部迷切。十六部。

榼 酒器也。師古注急就篇曰。榼、盛酒之器。其形榼榼然也。孔叢子曰。子路嗑嗑。當飲十榼。**從木。盍聲。**枯蹋切。八部。

橢 車笭中橢橢器也。橢橢當作隋隋。山部。隓、山之隋隋者。今本亦譌作隓隓者。隋隋、狹長兒也。史記索隱引三蒼云。橢、盛鹽豉器。他果反。師古注急就篇云。橢、小桶也。所以盛鹽豉。廣韵曰。橢、器之狹長。**從木。隋聲。**徒果切。十七部。廣韵他果切。

槌 㭙 栚

槌 關東謂之槌。關西謂之㭙。方言。槌、宋魏陳楚江淮之閒謂之植。自關而西謂之槌。郭云。槌、縣蠶薄柱也。度畏反。植音值。样音陽。按㭙與植蓋一字。古音同在一部也。依方言當作關西謂之样。關東謂之㭙。容許所據不同耳。**從木。追聲。**直類切。十五部。

㭙 槌也。從木。寺聲。各本作特省聲。淺人所改也。特又何聲耶。㭙卽方言之植。月令。具曲植。鄭曰。植、槌也。呂覽作具挾曲。高曰。挾讀曰朕。三輔謂之挾。關東謂之得。淮南書作具撲曲。高曰。薄、持也。三輔謂之撲。按高注持卽㭙之誤。得卽㭙之假借字也。篇韵皆云。㭙一作㯖。一作樴。朕本謂橫者。高注蓋統言之耳。陟革切。古言在一部。

栚 槌之橫者也。關西謂之栚。方言。槌、其橫關西曰橛。宋魏陳楚江淮之閒謂之㯄。音帶。齊海岱之閒謂之綴。相卞反。按栚橛朕三同。關西謂之栚。西當作東。栚當同簨。虡之簨。橫者曰簨。方言作綴。亦同音也。呂覽注曰。挾讀曰朕。三輔謂之朕。正與方言關西曰橛合。**從木。灷聲。**許㑞䑞字皆灷聲。是

槤　櫎　㬥

本有㕣篆而佚之也。直衽切。七部。槤胡槤也。胡各本作瑚。今正。瑚雖見論語、禮記。然依左傳作胡爲長。明堂位曰。有虞氏之兩敦。夏后氏之四璉。殷之六瑚。周之八簋。而苞注論語曰。瑚璉者、黍稷器也。夏曰瑚。商曰璉。周曰簠簋。杜注左云。夏曰瑚。周曰簋。孔沖遠云。包鄭等注論語、賈服等注左傳、皆云。夏曰瑚。杜亦同之。或別有所據。或相從而誤。按此非相從而誤。漢人所據戴記不同也。璉當依許從木。據明堂位音義本作四連。周禮管子以連爲輦。韓勑禮器碑。胡輦器用。卽胡連也。司馬法。夏后氏謂輦曰余車。殷曰胡奴車。周曰輜輦。疑胡輦皆取車爲名。從木。連聲。里典切。廣韵力展切。十四部。櫎所吕几器。謂所以庋閣物之器也。几可庋物。故凡庋曰几。廣韵曰。櫎兵闌。從木。廣聲。胡廣切。十部。一曰帷屏屬。各本屏下有風之二字。今依李善吳都賦注正。吳都賦曰。房櫳對櫎。櫎之字一變爲榥。再變爲幌。雪賦注引文字集略曰。幌以帛明牕也。㬥所吕舉食者。所吕二字今補。按㬥梮二字同。㬥四圍有周。無足。置食物其中。人舁以進。別於

檕　檷　機

案者、案一人扛之。㬥二人對舉之也。漢書溝洫志。山行則梮。韋昭曰。梮木器。如今轝牀。人轝以行也。左傳襄九年。陳畚梮。杜曰。梮土轝也。梮同㬥。人轝、土轝與食轝形製則一。史記梮作橋。許則云山行乘欙。而盛土之梮孟子、毛傳皆謂之虆。虆卽欙字。梮卽㬥字。應劭注漢書曰。梮、或作欙。爲人所牽引也。此葢物重則舁之而又輓之。故曰欙。孔沖遠左傳正義作從手之挶。乃誤字也。從木。具聲。俱燭切。古音在四部。檕繘耑木也。繘、汲井綆也。綆耑木者、下耑有轤。上耑有木以爲磿。檕之言系也。釋木以爲檕梅字。從木。毄聲。古詣切。十六部。檷絡絲柎也。柎各本作檷。今依易釋文、玉篇、廣韵正。釋文作跗。柎跗古今字。柎、咢足也。絡絲柎者、若今絡絲架子。姤初六。繫於金柅。九家易曰。絲繫於柅。猶女繫於男。故以喻初宜繫二也。從木。爾聲。奴禮切。十六部。讀若昵。昵各本作柅。今依易釋文正。昵或暱字。合韵也。易曰。繫於金檷。六字各本無。今依易釋文補。機主發謂之機。下文云。機持經者。機持緯者。則機謂織具也。機之用主於

縢　杼　椱　楥

發。故凡主發者皆謂之機。槼栝之辭。從木。幾聲。居衣切。十五部。縢機持經者。三倉曰。經所居、機縢也。淮南氾論訓曰。後世爲之機杼勝複。以便其用。而民得以揜形御寒。勝者、縢之假借字。戴勝之鳥首有橫文似縢。故鄭云。織紝之鳥。小雅云。杼軸其空。縢卽軸也。謂之軸者、如車軸也。俗作柚。謂之縢者、縢其任也。任正者也。從木。朕聲。詩證切。六部。按集韵引廣雅。柝謂之縢。今廣雅柝作椵。誤也。杼機持緯者。椶梭皆俗字。從木。予聲。直吕切。五部。按此與木名之柔以左形右聲、下形上聲爲別。椱機持繒者。繒字不可通。玉篇作繪。按當作會。會者、經與緯之合也。緯與經合處其不緊。則有複入經之間以緊之。魯季敬姜說織曰。持交而不失。出入不絕者。梱也。梱可以爲大行人也。持交正許所云持會也。趙注孟子梱屨曰。梱猶叩椓也。織屨欲堅。故叩之也。此與敬姜說梱義同。字皆當從木。孫氏孟子音義從手。誤。淮南氾論訓云。機杼勝複。複卽椱之假借字也。從木。复聲。扶富切。三部。楥履法也。今鞋店之楦也。楥楦

核　棚　棧

正、俗字。從木。爰聲。吁券切。十四部。讀若指撝。手部撝下曰。一曰手指也。按撝古音在十七部。此合韵也。今人語音爲正。核蠻夷吕木皮爲匧。狀如籢尊之形也。未詳所本。今字果實中曰核。而本義廢矣。按許不以核爲果實中者。許意果實中之字當用覈也。小雅。肴核維旅。班固、蔡邕作肴覈。左思作肴槅。槅卽覈也。今本毛詩作核。非古也。周禮。其植物宜覈物。覈猶骨也。廣韵云。榾、果子榾也。出聲譜。戶骨切。此字近是。玉篇亦云。核戶骨切。果實中也。從木。亥聲。古哀切。一部。棚棧也。通俗文曰。板閣曰棧。連閣曰棚。析言之也。許云棚、棧也。渾言之也。今人謂架上以蔽下者皆曰棚。從木。朋聲。薄衡切。古音在六部。棧棚也。竹木之車曰棧。不言一曰者。其義同也。小雅傳曰。棧車、役車。箋云。棧車、輦者。許云竹木之車者、謂以竹若木散材編之爲箱。如柵然。是曰棧車。棧者上下四旁皆偁焉。公羊傳云。亡國之社。掩其上而柴其下。周禮喪祝注作奄其上而棧其下。棧其下、謂以竹木布於地也。從木。戔聲。

栫　棞　梯　棖　桊

士限切。十四部。栫以柴木雝也。雝者今之壅字也。文選注引以柴木壅水。玉篇類篇同。然此不獨施於水。無水爲長也。上文棧云竹木。謂竹木之整齊者。此云柴木。謂散材不整齊者。橫直皆可云栫。左傳。吳四郗子於樓臺。栫之以棘。杜曰。栫、擁也。釋器。槮謂之涔。江賦。栫澱爲涔。此則聚積柴木於水中也。從木存聲。徂悶切。十三部。按篇韵皆在甸切。棞匡當也。匡當、今俗有此語。謂物之腔子也。棞亦作簂。亦作蔮。士冠禮注云。滕薛名蔮爲頍。釋名曰。簂、恢也。恢廓覆髮上也。魯人曰頍。齊人曰幓。按鄭、劉所說。棞之一耑耳。從木國聲。古悔切。古音在一部。梯木階也。孟子。父母使舜完廩。捐階。趙曰。階、梯也。階以木爲之。便於登高。從木弟聲。土雞切。十五部。棖杖也。未詳。從木長聲。宅耕切。廣韵直庚切。古音在十部。一曰法也。未詳。釋宮曰。棖謂之楔。玉藻注。棖、門楔也。鄭風箋。棖、門梱上木近邊者。按門兩旁木亦法之一端也。鄭說梱爲門限。故曰門梱上木。桊牛鼻環也。各本環上有中字。今依玄應刪。

椯　橜　樴

玄應曰。桊、牛拘也。今江以北皆曰牛拘。以南皆曰桊。居院切。按呂氏春秋曰。使烏獲疾引牛尾。尾絕力勯而牛不可行。逆也。使五尺童子引其棬。而牛恣所以之。順也。棬者桊之譌字。從木𢍏聲。居倦切。十四部。椯箠也。淮南氾論訓。是猶無鏑銜橜策錣而御馯馬也。高注。錣、椯頭箴。注道應訓又曰。策、馬捶也。端有箴以刺馬謂之錣。按二注、是箠策椯一物也。竹部曰。策、馬箠也。從木耑聲。兜果切。古音當在十四部。一曰度也。手部。揣下曰。度高曰揣。一曰捶之。此云椯、箠也。一曰度也。然則椯與揣音義略同。如㩴與揆皆訓度也。一曰椯剟也。刀部曰。剟、刊也。椯與剟雙聲。橜弋也。弋下曰。橜也。從木厥聲。瞿月切。十五部。與氏部𠂆音同義相近。莊、列。橜株駒。一曰門梱也。上文云。梱、門橜也。與此爲互訓。此亦樴弋之一耑耳。橜或借厥。梱或借困。荀卿曰。和之璧。井里之厥也。玉人琢之。爲天子寶。晏子作井里之困。樴弋也。釋宮曰。樴謂之杙。在牆者謂之楎。在地者謂之臬。大者謂之栱。長者謂之閣。弋、杙古今字。樴、周禮作職。牛人曰

杖　柭棓　梲　椎

祭祀共其享牛、求牛。以授職人而芻之。注云。職讀爲樴。樴謂之杙。可以繫牛。引伸凡物一枚曰一樴。鄉射禮記。薦脯五樴。注云。樴猶梃也。爲記者異耳。鄉飲酒禮記。薦脯五梃。注云。梃猶樴也。今本儀禮樴譌職。梃譌挺及脡。今依張淳、葉林宗所據釋文正。從木戠聲。之弋切。一部。杖持也。杖持疊韵。凡可持及人持之皆曰杖。喪杖、齒杖、兵杖皆是也。兵杖字俗作仗。非。門下云。兵杖在後。欑下云。積竹杖。可證。從木丈聲。直兩切。十部。柭棓也。從木犮聲。北末切。十五部。棓梲也。棓棒正俗字。天官書。紫宮左三星曰天槍。右五星曰天棓。淮南書。寒浞殺羿於桃棓。從木咅聲。步項切。按咅聲在四部。合韵也。梲木杖也。木一本作大。穀梁傳宣十八年曰。邾人戕繒子于繒。戕猶殘也。梲殺也。梲殺謂杖殺之。今本注疏釋文皆譌從手。而唐石經初從木作梲。後改從手。唐玄度之紕繆也。後漢禰衡傳。手持三尺梲杖。按經典用爲梁上短柱之棳。從木兌聲。他活切。又之說切。十五部。○梲篆舊在椎柯二篆後。今移正。椎所㠯

柯　柄　柲

擊也。所㠯二字今補。器曰椎。用之亦曰椎。方言曰。㧙抌椎也。南楚凡相椎搏曰㧙。或曰揔。沅涌澆幽之語或曰攩。郭云。今江東人亦名椎爲攩。按方言椎字、今本多誤從手作推。齊謂之終葵。考工記。大圭長三尺。杼上終葵首。注曰。終葵、椎也。爲椎於其杼上。明無所屈也。按考工記終古、終葵、椑皆用齊言。蓋齊人作。從木隹聲。直追切。十五部。柯斧柄也。見豳風毛傳。考工記曰。一欘有半謂之柯。注云。伐木之柯。柄長三尺。又廬人注曰。齊人謂柯斧柄爲椑。按柯斧者、大斧也。柯之假借爲枝柯。從木可聲。古俄切。十七部。柄柯也。柄之本義專謂斧柯。引伸爲凡柄之偁。周禮、禮經作枋。丙聲方聲同在十部也。從木丙聲。陂病切。古音在十部。棅或從秉。秉聲古亦在十部也。莊子天道篇。天下奮棅而不與之偕。管子山權數篇。此謂君棅。按古又以秉爲柄。如左傳國子實執齊秉。前五行志。殺生之秉終矣。柲欑也。欑各本誤從手。葉本誤從亻。今正。此卽下文積竹杖也。考工記。盧人爲盧器。戈柲六尺有六寸。殳長尋有四尺。車戟常。酋

欑　杘　榜　檠　檃

矛常有四尺。夷矛三尋。注云。柲猶柄也。按戈戟矛柄皆用積竹杖。不比他柄用木而已。殳則用積竹杖而無刃。柲之引伸爲凡柄之偁。左傳。剶圭以爲戚柲。戚柄不用積竹。**從木必聲。**兵媚切。古音在十二部。

欑　積竹杖。詳竹部籚下、殳部殳下。鄭注考工記曰。矛戟柄竹欑柲。**從木贊聲。**在丸切。十四部。**一曰穿也。**此與金部鑽音義皆同。**一曰叢木。**蒼頡篇云。欑、聚也。衆經音義云。儹欑同。喪大記。君殯欑至於上。注云。欑猶菆也。按注謂欑與檀弓菆塗同也。欑菆叢皆聚意。

杘　籆柄也。竹部曰。籆所以收絲者也。方言。籆、榬也。兖豫河濟之閒謂之榬。郭云。所以絡絲也。絡謂之格。郭云。所以轉籆絡車也。按注籆字蓋衍。籆卽絡車也。所以轉絡車者。卽杘也。此與欐異物。**從木尸聲。**女履切。十五部。**柅　杘或從木尼聲。**中山經注曰。欐音絡柅之柅。易姤初六。繫于金柅。釋文曰。柅、說文作欐。按昔人謂欐柅同字。依許則柅者、今時籆車之柄。欐者、今時籰絲於上之架子以受籆者也。故曰絡絲柎。臣鉉等曰。上文云柅、木實如棃。此重出。

榜　所以輔弓弩也。經傳未見此義。竹部曰。箯、榜也。假借之義也。辭章家用榜人、則舟部之舫人也。**從木旁聲。**補旨切。古音在十部。

檠　榜也。秦風。竹閉緄縢。毛曰。閉紲、緄繩、縢約也。小雅角弓傳曰。不善紲檠巧用則翩然而反。既夕記說明器之弓有柲。注云。柲、弓檠也。弛則縛之於弓裏。備損傷也。以竹爲之。引詩竹柲緄縢。考工記弓人注云。紲、弓鞑。弓有鞑者。爲發弦時備頓傷。引詩竹鞑緄縢。合此言之。禮謂之柲。詩謂之閉。周禮注謂之鞑。禮古文作柴。四字一也。皆所謂檠也。紲者。繫檠於弓之偁。緄則繫之之繩。謂之檠者。正之也。謂之榜者。以竹木異體從旁傅合之之言。凡言榜笞、榜箠者。取義於縲紲。凡後世言標榜者。取義於表見在外也。**從木敬聲。**巨京切。十一部。

檃　桰也。檃與桰互訓。檃亦作檃。亦假借作隱。桰亦假借作括。尚書大傳。子贛曰。檃桰之旁多曲木。良醫之門多疾人。砥厲之旁多頑鈍。荀卿大略篇。大山之木示諸檃桰。檃桰者、矯制衺曲之器也。方言。所以隱櫂謂之築。郭云。搖樐小橛也。按櫂以索繫於築而後可打。是築者所以檃其櫂也。如許云矢檃弦處謂之矢桰。矢桰所以檢弦也。般庚。尚皆隱哉。某氏注云。相隱括。共爲善政。公羊傳何序云。隱括使就繩墨。孫卿書云。劫之以勢。隱之以阸。阸而用之。得而後功之。隱皆讀爲檃。漢刑法志。隱之以勢。臣瓚注曰。秦政急峻。隱括其民於隘狹之法是也。凡古云安隱者皆謂檃桰之而安也。俗作安穩。聲形皆變也。**從木隱省聲。**於謹切。十三部。按篇韵皆引說文檃桰也。不省心。

桰　棊　椄　栙　栝　槽　臬　桶

桰　檃也。從木昏聲。古活切。十五部。**一曰矢桰。檃弦處。**檃各本作築。不可通。今正。釋名曰。矢末曰桰。桰、會也。與弦會也。云檃弦處者。弦可隱其閒也。此亦檃桰之一耑耳。而別言之者。俗但知桰爲矢桰字。嫌義不備。故箸之也。矢桰字經傳多用括。他書亦用筈。

棊　簙棊。竹部曰。簙、局戲也。六箸十二棊。**從木其聲。**渠之切。一部。

椄　續木也。今栽華植果者。以彼枝移椄此樹而華果同彼樹矣。椄之言接也。今接行而椄廢。**從木妾聲。**子葉切。八部。

栙　栙雙也。三字句。竹部曰。䉶、栙雙也。廣韵曰。栙雙帆未張。又曰。雙帆也。按廣韵有跭䠠、跭䠠、舽艭。皆疊韵字。**從木夅聲。讀若鴻。**下江切。九部。

栝　炊竈木。今俗語云竈桥是也。廣韵云。桥、火杖。栝桥古今字也。**從木舌聲。**臣鉉等曰。當從甛省乃得聲。按徐說非也。栝甛銛等字皆從丙聲。丙見谷部。轉寫譌爲舌耳。他念切。七部。

槽　嘼之食器。嘼各本作畜獸二字。今正。嘼、六嘼也。馬櫪曰槽。方言。櫪、梁宋齊楚北燕之閒謂之樎皁。皁與槽音義同也。**從木曹聲。**昨牢切。古音在三部。按大雅。乃造其曹。曹蓋槽之假借。謂造於飤豕之處也。

臬　射埻的也。埻的各本作準、的。今正。土部曰。埻、射臬也。二字互訓。日部曰。旳、明也。埻準、旳的皆古今字。李善東京賦注引作埻。可證古本不作俗字矣。臬古假藝爲之。上林賦。弦矢分。藝殪仆。文穎曰。所射準的爲藝。左傳。陳之藝極。皆是也。臬之引伸爲凡標準法度之偁。釋宮曰。樴謂之杙。在牆者謂之臬。康誥曰。陳時臬事。考工記。匠人作槷。自部曰。賈侍中說隉法度也。皆臬之假借字也。**從木。自聲。**五結切。十五部。李陽冰曰。自非聲。以去入爲隔礙也。

桶　木方受六升。方斛受疑當作

櫓　樂　柎

六斗。廣雅曰。方斛謂之桶。月令。角斗甬。注曰。甬、今斛也。甬卽桶。今斛者、今時之斛。凡鄭言今者、皆謂漢時。秦漢時有此六斗斛。與古十斗斛異。史記。商君平斗桶。呂不韋仲春紀。角斗桶。故知起於秦也。**從木。甬聲。**他奉切。九部。

櫓　大盾也。盾、瞂也。戰、盾也。秦風毛傳曰。伐、中干也。伐卽瞂。干卽戰。櫓其大者也。釋名曰。盾大而平者曰吳魁。隆者曰須盾。櫓或假杵爲之。流血漂杵卽流血漂櫓也。**從木。魯聲。**郎古切。五部。

樐　或從鹵。鹵聲也。始皇本紀亦假鹵爲之。天子出行鹵簿。鹵、大楯也。以大盾領一部之人。故名鹵簿。

樂　五聲八音總名。樂記曰。感於物而動。故形於聲。聲相應。故生變。變成方。謂之音。比音而樂之。及干戚羽旄。謂之樂。音下曰。宮商角徵羽聲也。絲竹金石匏土革木音也。樂之引伸爲哀樂之樂。**象鼓鞞。**鞞當作鼙。俗人所改也。象鼓鼙、謂𢆶也。鼓大鼙小。中象鼓。兩旁象鼙也。樂器多矣。獨像此者。鼓者春分之音。易曰。雷出地奮。豫。先王以作樂崇德。是其意也。**木、**逗。謂從木。**虡也。**虍部曰。虡、鐘鼓之柎也。五角切。古音在二部。

柎　闌足也。柎蒙上文木虡言之。闌字恐有誤。韵會本闌作鄂。柎跗正俗字也。凡器之足皆曰柎。小雅。鄂不韡韡。傳云。鄂猶鄂鄂然。言外發也。箋云。承華者曰鄂。不當作柎。柎、鄂足也。鄂足得華之光明。則韡韡然盛。古聲不柎同。箋意鄂承華者也。柎又在鄂之下。以華與鄂喻兄弟相依。郭璞云。江東呼草木子房爲柎。草木子房如石榴房蓮房之類。與花下鄂一理也。**從木。付聲。**甫無切。四部。

枹　椌　柷

枹　擊鼓柄也。柄各本作杖。今依文選注。玄應書正。左傳音義引字林亦作柄。左傳。右援桴而鼓。禮運、明堂位皆云凷桴土鼓。玄應云。衛宏詔定古文官書枹桴二字同體。音扶鳩切。鼓椎也。按桴本訓棟。借爲鼓柄字耳。**從木。包聲。**甫無切。按當依廣韵縛謀切。三部。

椌　柷樂也。樂記注曰。椌楬謂柷敔也。此釋椌爲柷。釋楬爲敔也。謂之椌者。其中空也。**從木。空聲。**苦江切。九部。

柷　樂木椌也。樂上當有柷字。椌各本作空。誤。周頌毛傳曰。柷、木椌也。圉、楬也。許所本也。今更正。**所㠯止音爲節。**按鉉本此六字大誤。柷以始樂。非以止音也。鍇本此篆已佚。而見韵會者亦譌舛不可讀。今按當作以止作音爲柷。釋樂曰。所以鼓柷謂之止。蓋椌之言空也。自其如桼桶言之也。柷之言觸也。自其椎柄之撞言之也。臯陶謨。合止柷敔。鄭注云。柷狀如桼桶而有椎。合之者、投椎其中而撞之。爾雅郭注云。柷如桼桶。方二尺四寸。風俗通廣雅云三尺五寸。深一尺八寸。風俗通云尺五寸。中有椎柄。連底挏之。令左右擊。止者、其椎名。劉熙云。柷、祝也。故訓祝爲始。以作樂也。**從木。祝省聲。**昌六切。三部。

槧　札　檢

槧　牘樸也。樸、素也。猶坏也。牘、書版也。槧謂書版之素、未書者也。論衡曰。斷木爲槧。釋名曰。槧、版之長三尺者也。槧、漸也。言漸漸然長也。楊雄曰。天下上計孝廉及內郡衞卒會。雄常把三寸弱翰。齎油素四尺。以問其異語。歸卽以鉛擿次之於槧。西京雜記曰。懷鉛提槧。**從木。斬聲。**自刻切。八部。

札　牒也。片部曰。牒、札也。二字互訓。長大者曰槧。薄小者曰札、曰牒。釋名曰。札、櫛也。編之如櫛齒相比也。司馬相如傳曰。上令尚書給筆札。師古曰。札、木簡之薄小者也。**從木。乙聲。**側八切。古音在十二部。

檢　書署也。書署謂表署書函也。後漢祭祀志曰。尚書令奉玉牒檢。皇帝㠯二分璽親封之。訖。太常命人發壇上石。尚書令藏玉牒已。復石覆訖。尚書令以五寸印封石檢。按上云玉牒檢者。玉牒之玉函也。所謂玉檢也。下云石檢者。上文云石覆訖是也。檢以盛之。又加以璽印。周禮注曰。璽節、印章。如今斗檢封矣。廣韵云。書檢者、印窠封題也。則通謂印封爲檢矣。公孫瓚傳曰。袁紹矯刻金玉㠯爲印璽。每有所下。輒皁囊施檢。章懷曰。檢、今俗謂之排。排如今言標簽耳。**從木。僉聲。**居奄切。七部。引伸爲凡檢制、檢按之偁。

檄

檄　尺二書。各本作二尺書。小徐繫傳已佚。見韵會者作尺二書。蓋古本也。李賢注光武紀曰。說文以木簡爲書。長尺二寸。謂之檄。以徵召也。與前書高紀注同。此蓋出演說文。故語加詳云。尺二寸與鍇本合。但漢人多言尺一。未知其分別之詳。後漢書、水經注皆曰。李雲上書云。孔子言帝者諦也。今尺一拜用不經御省。是帝欲不諦乎。又後漢書儒林傳云。詔曰。乞楊生師。卽尺一出升。文選注引蕭子良古今篆隸文體曰。鶴頭書、偃波書。俱詔板所用。在漢時則謂之尺一簡。獨斷曰。策書長二尺。以命諸侯王三公。三公以

棨　楘

罪免。亦賜策。以尺一木。從木敫聲。胡狄切。古音在二部。棨傳信也。此字蒙上繫札檢檄爲次。若今之文書也。漢孝文紀。除關無用傳。張晏曰。傳。信也。若今過所也。如淳曰。兩行書繒帛。分持其一。出入關。合之乃得過。謂之傳也。李奇曰。傳。棨也。師古曰。古者或用棨。或用繒帛。棨者。刻木爲合符也。按用繒帛謂之繻。終軍傳曰。關吏予軍繻是也。用木謂之棨。此云傳信也是也。傳讀張戀反。釋名曰。棨。詣也。以啓語官司所至詣也。當謂此。今本譌舛不可讀。爲正之如此。從木啓省聲。康禮切。十五部。今字棨釋爲兵關。

楘車歷錄。句。束文也。束文上當疊歷錄字。今奪。文、宋本葉本趙本韻會皆同。一本作交、非。秦風。五楘梁輈。傳曰。五、五束也。楘、歷錄也。梁輈、輈上句衡也。一輈五束。束有歷錄。考工記。輈欲頎典。大鄭云。頎讀爲懇。典讀爲殄。駟車之轅。率尺所一縛。懇殄似謂此也。按此所謂曲轅𩍠縛也。歷錄者。歷歷錄錄然。坳肤分明皃。歷錄古語也。小雅。約之閣閣。毛云。約、束也。閣閣猶歷歷也。革部曰。車軸束謂之鞪。從木敄聲。莫卜切。三部。詩曰。五楘

梐　枑　极　㭕　楇

梁輈。

梐梐枑。逗。行馬也。周禮掌舍。掌王之會同之舍。設梐枑再重。注曰。故書枑爲拒。杜子春讀爲梐枑。梐枑謂行馬。玄謂行馬再重者。以周衞有外內列。按許亦從杜子春作梐枑也。從木陛省聲。邊兮切。十五部。按當作坒聲。與非部陛下陛省聲不同。周禮曰。設梐枑再重。

枑梐枑也。從木互聲。胡誤切。五部。○按舊二篆先枑後梐。今正。又此二篆舊次當與柤槍等篆爲伍。而棨楇橾楇當聯文。

极驢上負也。當云驢上所以負也。淺人刪之耳。廣韻云。驢上負版。蓋若今馱鞍。或云負笈字當用此。非也。風土記曰。笈謂學士所以負書箱。如冠箱而卑者也。謝承後漢書曰。負笈隨師。然則笈者書箱。人所負以徒步者。不得合爲一也。從木及聲。其輒切。七部。或讀若急。云或者、云及聲則既讀若及矣、又或若急也。

㭕极也。廣韻曰。版置驢上負物。從木去聲。去魚切。五部。

楇大車枙。枙當作軶。隸省作軶。車部曰。軶、轅前也。楇考工記作鬲。大鄭云。鬲謂轅端厭牛領者。大車

橾

者。鄭云平地任載之車也。通曰軶。大車之軶曰楇。釋名曰。楇。扼也。所以扼牛頸也。馬曰烏啄。下向叉馬頸。似烏開口向下啄物時也。西京賦曰。五都貨殖。既遷既引。商旅聯楇。隱隱展展。此正謂大車也。下文云。冠帶交錯。方轅接軫。謂乘車也。從木咼聲。古覈切。十六部。按左思蜀都賦以楇爲覈。

橾車轂中空也。考工記。以轂圍之防。梢其藪。注曰。梢、除也。防、三分之一也。鄭司農云。梢讀如桑螵蛸之蛸。藪讀如蜂藪之藪。謂轂空壺中也。玄謂此藪徑三寸九分寸之五。壺中當輻菑者也。藪者猶言趨也。蜂藪者、衆輻之所趨也。舊本經注多誤字。今校正之如是。按記文葢本作梢其橾。大鄭乃易爲藪。故云讀爲。後人直用大鄭說改記文耳。程氏瑤田通藝錄曰。防與王制祭用數之仂同。十分之一也。藪謂鑿深。梢之以待置輻也。記曰。六分其輪崇。以其一爲之牙圍。參分其牙圍而漆其二。椁其漆內而中詘之。以爲轂長。是則轂長當三尺二寸五分四釐一豪六絲六不盡。由是以轂長爲圍。以圍之十一爲鑿深。十一當三寸二分五釐四豪一絲六忽六不盡。用其成數。得三寸。輻廣亦三寸也。車人。大車輻廣三

楇

寸。柏車羊車不見輻廣。亦三寸可知。故下文云。凡輻量其鑿深以爲輻廣。先鄭言蜂藪。後鄭言衆輻所趨。則藪之名義當起於輻鑿也。按先後鄭說直以轂空壺中與衆輻之孔相接。故云壺中當輻菑者也。合二者爲一以釋經而未知輻孔不通壺中。壺中以受軸。橾以受輻。劃然二事。鄭不若程氏之精確也。許字作橾。從桼。桼、鳥羣鳴也。亦與衆趨之義合。其云車轂中空也。亦未該。從木桼聲。讀若藪。大鄭云讀爲藪者。易橾爲藪也。注經之法也。許云讀如藪者。擬其音也。字書之體也。山樞切。古音當在二部。讀如臊。急就篇有輳字。橾藪輳雙聲。宜分別壺中曰輳、輻孔曰橾、曰藪。

楇盛膏器。孟子荀卿列傳。談天衍。雕龍奭。炙轂過髡。劉伯莊云。轂字衍。裴駰云。劉向別錄。過字作輠。輠者。車之盛膏器。炙之雖盡。猶有餘流者。言淳于髡不盡如炙輠也。按方言。車釭。齊燕海岱之閒謂之鍋。或謂之錕。自關而西謂之釭。盛膏者乃謂之鍋。此謂關西謂盛膏者曰鍋也。脂施於車釭。故釭或得楇名。而楇自別有物。如今時御者亦系小油餅於車以備用是也。過輠鍋三字同。從木咼聲。乎臥切。十七部。

按當依篇韵古禾切。柳 馬柱也。謂系馬之柱也。蜀志。劉備解綬縛督郵馬柳。華陽國志曰。建寧郡存驅縣。雍闓反。結壘於縣山。繫馬柳柱生成林。從木卯聲。吾浿切。十部。按亦平聲。棝 棝斗、逗。可射鼠。從木固聲。古慕切。五部。欙 欙山行所乘者。河渠書作橋。丘遙反。徐廣曰。一作輂。几玉反。輂直轅車也。漢書作梮。韋昭曰。梮、木器也。如今轝牀。人轝以行也。應劭曰。梮或作欙。爲人所牽引也。尚書正義引尸子。山行乘欙。僞孔傳亦作欙。按輂梮橋三字同。以梮爲正。橋者、音近轉語也。欙與梮一物異名。梮自其盛載而言。欙自其輓引而言。纍、大索也。欙從纍此聲義之皆相倚者也。應釋欙、韋釋梮、皆是。兼二說而後全。孟子虆梩。趙云。虆、籠屬。毛詩傳。捄、虆也。亦謂土籠。舁之曰梮。人引之而行則曰欙也。虆者欙之假借字。或省作樏者非也。毛詩之捄亦梮之假借字也。從木纍聲。力追切。十五部。虞書曰。予乘四載。皋陶謨文。水行乘舟。陸行乘車。山行乘欙。澤行乘軓。此四載之故訓也。故統系之虞書。猶河渠書、溝洫志謂皋陶謨夏書。則亦以此四句統系之夏書也。軓、史記作毳。亦作橇。漢書作毳。如淳曰。毳音茅蕝之蕝。謂以版置泥上以通行路也。服虔曰。木毳形如木箕。擿行泥上。孟康說同。尚書正義引尸子作蕝。引愼子爲毳者患塗之泥也。徐廣注史記作楯。僞孔傳作輴。凡此諸字皆一聲之轉。其義一也。車部曰。軓、車約軓也。此乘軓當讀同毳。非車約軓之謂。榷 榷水上橫木。句。所目渡者。釋宮曰。石杠謂之徛。孟子。歲十月徒杠成。古本如是。趙岐釋爲步度。郭釋云。步渡彴。然則石杠者謂兩頭聚石、以木橫架之可行。非石橋也。凡直者曰杠。橫者亦曰杠。杠與榷雙聲。孝武紀曰。榷酒酤。韋曰。以木渡水曰榷。謂禁民酤釀。獨官開置。如道路設木爲榷。獨取利也。凡言大榷、揚榷、辜榷、當作此字。不當從手。從木隺聲。江岳切。古音在二部。橋 橋水梁也。水梁者水中之梁也。梁者、宮室所以關舉南北者也。然其字本從水。則橋梁其本義而棟梁其假借也。凡獨木者曰杠。駢木者曰橋。大而爲陂陀者曰橋。古者挈皋曰井橋。曲禮。奉席如橋衡。讀若居廟反。取高舉之義也。

從木喬聲。巨驕切。二部。梁 水橋也。梁之字用木跨水、則今之橋也。孟子。十一月輿梁成。古本如是。國語引夏令曰。九月除道。十月成梁。大雅。造舟爲梁。皆今之橋制。見於經傳者。言梁不言橋也。若爾雅隄謂之梁。毛傳。石絕水曰梁。謂所以偃塞取魚者。亦取亙於水中之義謂之梁。凡毛詩自造舟爲梁外。多言魚梁。從木水。會意。刅聲。呂張切。十部。𣳹 古文。水闊者必木與木相接。一其際也。梭 船總名。漢書溝洫志。漕船五百艘。其字從木。古本從手。從木夋聲。穌遭切。古音在三部。橃 海中大船。廣韵橃下曰。木橃。說文云海中大船。謂說文所說者古義。今義則同筏也。凡廣韵注以今義列於前、說文與今義不同者列於後。獨得訓詁之理。蓋六朝之舊也。卽如此篆。玉篇注云。海中大船也。泭也。是爲古義今義襍糅。漢人注經固云大者曰筏。小者曰桴。是漢人自用筏字。後人以橃代筏。非漢人意也。從木發聲。房越切。十五部。楫 楫所目擢舟也。各本作舟櫂也。許無櫂字。手部曰、擢、引也。楫所以引舟而行。故亦謂之擢。而漢書劉屈氂傳、外戚傳、百官表皆用輯濯爲楫擢假借也。毛衛風傳曰。楫所以擢舟也。此許所本。今據以正。今毛詩擢譌櫂。淺人所改也。鄧通傳。以濯船爲黃頭郎。司馬相如傳。濯鷁牛首。皆擢舟之義也。詩爾雅音義引說文舟棹也。則其誤久矣。棹又櫂之俗。從木咠聲。子葉切。七部。方言曰。楫謂之橈。或謂之櫂。櫂亦擢之譌也。擢櫂正俗字。欚 欚江中大船也。越絕書曰。欐溪城者闔廬所置船宮也。蓋欐與欚古通用。從木蠡聲。盧啓切。十六部。校 校木囚也。囚、繫也。木囚者、以木羈之也。易曰。屨校滅趾。何校滅耳。屨校、若今軍流犯人新到箸木韓。何校、若今犯人帶枷也。此字似當與下文械杽等篆爲伍矣。周禮校人注曰。校之言挍也。主馬者必仍挍視之。校人、馬官之長。挍此引伸假借之義也。陸德明曰。比挍字當從手旁。張參五經文字手部曰。挍、經典及釋文或以爲比挍字。案字書無文。張語正謂說文無從手之挍也。故唐石經考挍字皆從木。用張說也。但訂以周禮鄭注。則漢時固有從手之挍矣。比挍字、古蓋無正文。較榷等皆可用。從木交聲。古孝切。二部。樔澤中守艸樓。謂澤中守望之艸樓也。艸樓蓋以艸覆之。藝文類聚艸譌作竹。左傳成十六年正義引此文。樔譌爲樐。從木。巢聲。形聲包會意也。從巢者、謂高如巢。鉏交切。二部。采捋取也。大雅曰。捋采其劉。周南芣苢傳曰。采、取也。又曰。捋、取也。是采捋同訓也。詩又多言采采。卷耳傳曰。采采、事采之也。此謂上采訓事。下采訓取。而芣苢傳曰。采采、非一辭也。曹風采采衣服傳曰。采采、衆多也。秦風蒹葭采采傳曰。采采猶萋萋也。此三傳義略同。皆謂可采者衆也。凡文采之義本此。俗字手采作採。五采作彩。皆非古也。釋詁曰。采、事也。此言假借。采事同在一部也。從木。從爪。此與采同意。采之訓曰禾成秀人所收也。則采亦可云木成文人所取也。此采爲五采字、而毛詩屢言采采與。倉宰切。柿削木朴也。各本作削木札樸也。今依玄應書卷十九正。朴者木皮也。樸者木素也。柿安得有素。則作朴是矣。知札爲衍文者。玄應引倉頡篇曰。柿、札也。此下文云陳楚謂之札柿。玄應曰。江南名柿。中國曰札。山東名朴豆。廣韵柿注曰。斫木札。然則札非簡牒之札。乃

柿之一名耳。許以札柿系諸陳楚方言。則此云削木朴已足。小雅。伐木許許。許書作所所。毛云。許許、柿皃。泛謂伐木所斫之皮。許云削木猶斫木也。顏氏家訓必云削札牘之柿。又廣爲之證。恐非許意。晉書。王濬造船。木柿蔽江而下。柿之證也。漢書中山靖王、劉向、田蚡傳多言肺附。謂斫木之柿札也。已於帝室親近猶柿札附於大木材也。此柿之假借字也。後漢楊由傳。風吹削肺。亦柿之假借也。一譌爲脯。再譌爲哺。釋之者曰。削哺是屛障之名。絕無證據。從木。朮聲。朮在六篇。柿肺沛字皆從之。隸變作柿肺沛。殊誤。而柿之誤作柹果。肺之誤作乾胏。沛之誤作沛水。其譌又不勝改也。芳吠切。十五部。陳楚謂之札柿。各本作陳楚謂櫝爲柿。今依韵會所引錯本正。札柿絫言之。非謂札牘之柿。漢書注柿札字亦正用此也。此箸柿語所出。橫闌木也。闌、門遮也。引伸爲凡遮之偁。凡以木闌之。皆謂之橫也。古多以衡爲橫。陳風傳曰。衡門、橫木爲門也。考工記。衡四寸。注曰。衡、古文橫。假借字也。從木。黃聲。戶盲切。古音在十部。梜檢柙也。檢柙皆函物之偁。然則梜亦謂函物之器也。曲禮。羹之有菜者用梜。謂箸爲梜。此引伸之義也。從木。夾聲。古洽切。八部。

桄充也。見釋言。陸氏音義曰。桄、孫作光。按堯典光被四表。某氏傳曰。光、充也。用爾雅爲訓也。桄讀古曠切。所以充拓之圻堮也。必外有桄而後內可充拓之令滿。故曰桄、充也。不言所以者。仍爾雅文也。桄之字古多假橫爲之。且部曰。從几。足有二橫。橫即桄字。今文尚書曰。橫被四表。孔子閒居曰。以橫於天下。鄭曰。橫、充也。樂記曰。號以立橫。橫以立武。鄭曰。橫、充也。皆即釋言之桄充也。今文尚書作橫被。故漢書王莽傳、王襃傳、後漢書馮異傳、崔駰傳、班固傳、魏都賦注所引東京賦。皆作橫被。古文尚書作光被。與孫叔然爾雅合。某氏傳光充也不誤。鄭注釋以光燿。葢非。淮南書橫四維、即尚書之橫被四表也。玄應曰。桄音光。古文橫櫎二形。聲類作輄。今車牀及梯轝下橫木皆是也。從木。光聲。古曠切。十部。檇以木有所擣也。宋永嘉戴侗曰。今人猶有此語。從木。雋聲。遵爲切。按當從廣韵將遂切。古音在十三十五部也。公羊傳作醉李。春秋傳曰。越敗吳於檇

李。定公十四年事。檇李、地名。杜預曰。吳郡嘉興縣南醉李城是。椓擊也。此與攴部豛音義皆同。詩云。椓之丁丁。又云。椓之橐橐。呂刑曰。爰始淫爲劓刵椓黥。從木。豖聲。竹角切。三部。朾橦也。撞從手。各本誤從木從禾。今正。通俗文曰。撞出曰朾。丈鞭丈莖二切。與說文合。謂以此物撞彼物使出也。三蒼作敁。周禮職金注作揨。他書作敞、作敹。實一字也。朾之字、俗作打。音德冷、都挺二切。近代讀德下切。而無語不用此字矣。從木。丁聲。宅耕切。十一部。柧棱也。柧與棱二字互訓。殳以積竹八觚。觚當作柧。觚行而柧廢矣。史記酷吏傳曰。漢興。破觚而爲圜。應劭曰。觚、八棱。有隅者。通俗文曰。木四方爲棱。八棱爲柧。按通俗文析言之。若渾言之。則急就。奇觚、謂四方版也。從木。瓜聲。古胡切。五部。又柧棱、逗殿堂上㝡高之處也。文選西都賦曰。設璧門之鳳闕。上觚棱而棲金爵。後漢書正作柧棱。李賢引說文爲注。棱柧也。從木。夌聲。魯登切。六部。俗作楞。欁伐木餘也。商頌傳曰。櫱、餘也。周

枰　柆　槎

南傳曰。肄、餘也。斬而復生曰肄。按肄者、櫱之假借字也。韋昭曰。以株生曰櫱。方言。烈枿餘也。陳鄭之閒曰枿。晉衞之閒曰烈。秦晉之閒曰肄、或曰烈。枿者亦櫱之異文。從木。獻聲。五葛切。十五部。按獻聲在十四部。合韵也。商書曰。若顚木之有㽕㯻。般庚上文。今尚書作由櫱。本又作枿。馬云。顚木而肄生曰枿。櫱㯻或從木。辥聲。今經典用此字。不古文㯻。從木無頭。謂木禿其上而僅餘根株也。枿亦古文㯻。從木㚔聲也。㚔者辥之或字。見羊部。古文四聲韵作梓。

枰平也。此門聞也、戶護也之例。謂木器之平偁枰。如今言棊枰是也。上林賦。華楓枰櫨。吳都賦。枰仲君遷。本皆作平。木名也。非許所說。從木平。平亦聲。蒲兵切。十一部。

柆折木也。此與手部拉義殊。猶榣與搖之別也。從木。立聲。盧合切。七部。

槎衺斫也。栞下曰。槎識也。魯語。里革曰。山不槎櫱。李善注西京賦引賈逵解詁曰。槎、邪斫也。韋曰。槎、斫也。按賈云衺斫者。於字從差得之。周禮有柞氏。周頌曰。載芟載柞。毛云。除木曰柞。柞皆卽槎字。異部假借。魚歌合韵之理也。從木。差聲。側下切。十七部。按徐爰注射雉賦。千荷切。此爲舊音。漢書貨殖傳作山不茬櫱。此爲古字。今漢書譌爲茬字。春秋傳曰。山不槎。宋本皆如此。惟趙鈔本作山木不槎。今按當於槎下補櫱。不當於山下添木也。許書亦有謂國語爲春秋傳者。此其一也。

六篇上

檮　柮　析

檮檮柮、逗。二字今補。斲木也。謂斲木之榦。梱頭可憎者。從木。𠷎聲。徒刀切。古音在三部。春秋傳曰。檮柮。左傳無檮柮。惟文十六年有檮杌。杜預曰。檮杌、凶頑無疇匹之皃。趙注孟子曰。檮杌、嚚凶之類。按蓋取斲木之可憎爲惡人名也。出聲兀聲同部。許所據與今異。

柮檮柮也。舊作斲也二字。今更正。今人謂木頭爲榾柮。於古義未遠也。從木。出聲。讀若爾雅貀無前足之貀。女滑切。十五部。玉篇當骨切。引說文五骨切。○按二篆舊先後倒置。今依全書通例正之。亦與楃柦同。

析破木也。斯下云。析也。披下云。一曰析也。詩多言析薪。一曰折也。

椒　梡　梱　楄　楅

以斤破木。以斤斲艸。其義一也。魏都賦注引說文。析、量也。與今本異。從木從斤。先激切。十六部。

棷木薪也。對析言之。按禮運假棷爲藪字。從木。取聲。側鳩切。四部。

梡梱木薪也。梡之言完也。從木。完聲。胡本切。玉篇胡管二切。十四部。

梱梡木未析也。梡當作完。全也。通俗文曰。合心曰梱。纂文曰。未判爲梱。頁部頓下云。梱頭也。凡全物渾大皆曰梱。完梱雙聲。完頓疊韵。從木。圂聲。胡昆切。十三部。

楄楄部、逗。方木也。部字衍。當刪。左傳正義引說文。楄、方木也。可證。方木泛言。非專謂棺中笭牀。故不與棺櫬等篆爲伍也。何平叔景福殿賦曰。爰有禁楄。肋分翼張。亦方木之一耑也。從木。扁聲。部田切。十二部。春秋傳曰。楄部薦榦。左傳昭廿五年文。今作楄柎藉榦。杜云。楄柎、棺中笭牀也。榦、骸骨也。

楅㠯木有所畐束也。畐依韵會本。各本作逼者。後人以俗字改之也。泛云㠯木有所畐束。則不專謂施於牛者。引詩特其一證耳。鄉射禮。命弟子設楅。注。楅猶幅也。

六篇上

枼　槱

所以承笴齊矢者。按記云。楅髤橫而拳之。南面坐而奠之。南北當洗。是以木有所畐束也。從木。畐聲。彼卽切。一部。詩曰。夏而楅衡。魯頌文。注詳角部。

枼楄也。方木也。枼、逗。薄也。葉上當有一曰二字。凡木片之薄者謂之枼。故葉、牒、鍱、䈎、偞等字皆用以會意。廣韵。偞、輕薄美好皃。從木。丗聲。與涉切。八部。按鉉曰。當從丗乃得聲。此非也。毛傳曰。葉、世也。葉與世音義俱相通。凡古侵覃與脂微。如立位、盍蓋、疌中、協荔、軜內、籋爾、遝隶等。其形聲皆枝出。不得專疑此也。

槱積木燎之也。木各本作火。今依玉篇、五經文字正。大雅。芃芃棫樸。薪之槱之。傳曰。槱、積也。山木茂盛。萬民得而薪之。賢人衆多。國家得用蕃興。按如毛說則槱謂積薪而已。至鄭箋乃以煙祀槱尞爲說。許不但云積木而兼云燎之者。爲其字之從火也。不云尞之而云燎之者。燎、放火也。尞、柴祭天。也。毛曰。萬民薪之而已。故但云燎。從木火。酉聲。余救切。三部。詩曰。薪之槱之。周禮。以槱燎祠司中司命。見大宗伯。燎依許火部當作尞。祠今

休 𣐺 械

周禮作祀。許從毛說。又引周禮者、廣槱證也。鄭注周禮曰。槱積也。禉 槱或從示。柴祭天神也。各本作柴祭天神或從示。今正。謂其字有從示者。以燔柴乃祀天神之禮。故從示也。各本作天神。趙本作大神。休 息止也。周南曰。南有喬木。不可休思。從人依木。許尤切。三部。庥 休或從广。釋詁曰。休、戾也。又曰。庇、庥、廕也。此可證休庥同字。𣐺 竟也。弓人注曰。恆讀爲𣐺。𣐺、竟也。大雅。恆之秬秠。毛云。恆、徧也。徧與竟義相足。從木。亙聲。古鄧切。六部。亙 古文𣐺。按今字多用亙。不用𣐺。舟在二之閒。絕流而竟。會意也。恆之字本從心從亙。械 桎梏也。從木。戒聲。胡戒切。古音在一部。一曰械、逗。此字今補。器之總名。趙注孟子曰。械、器之總名。禮記音義引郭璞三蒼解詁同。一曰械、逗。此字今補。治也。各本治作持。恐是唐人諱改。今依李善長笛賦注正。一曰有所盛曰器。無所盛曰械。各本作有盛爲械。無盛爲器。詩車攻釋文引無所盛

杽 桎 梏 櫪

曰械。今據正。按皿部曰。器、皿也。何注公羊云。攻守之器曰械。大傳。異器械。注云。禮樂之器及兵甲也。王制。器械異制。注云。謂作務之用。皆可爲有盛無盛之證。師古注宣帝紀與各本同。恐淺人所改也。若六書故云。唐本說文曰。或說內盛爲器。外盛爲械。外盛未安。當作外戒。杽 械也。械當作梏。字從木手。則爲手械無疑也。廣雅曰。杽謂之梏。杽杻古今字。廣韻曰。杽、杻古文。從木手。會意。手亦聲。敕九切。三部。桎 足械也。所吕質地。所吕質地四字依周禮音義補。桎質疊韵也。周禮掌囚注。鄭司農云。拲者、兩手共一木也。桎梏者、兩手各一木也。玄謂在手曰梏。在足曰桎。中罪不拲。手足各一木耳。按後鄭從許說也。韋昭云。兩手共一木曰拲。兩手各一木曰梏。從木。至聲。之日切。十二部。梏 手械也。所吕告天。所吕告天四字依周禮音義補。梏告疊韵也。從木。告聲。古沃切。三部。櫪 櫪撕、逗。柙指也。柙各本作椑。今正。柙指如今之拶指。故與械杼桎梏爲類。莊子曰。罪人交臂歷指。歷指謂以櫪撕柙其指也。通俗文

撕 檻 櫳 柙 棺

曰。考具謂之櫪撕。考俗作拷。尉繚子曰。束人之指。而訊囚之情。從木。歷聲。郎擊切。十六部。撕 櫪撕也。二字疊韵。撕讀同析。從木。斯聲。先稽切。十六部。檻 櫳也。李善注長楊賦引釋名曰。檻車上施闌檻。以格猛獸。亦囚禁罪人之車也。按許云檻櫳也者。謂罪人及虎豹所居。假借爲凡闌檻字。從木。監聲。胡黯切。八部。一曰圈。圈者、養嘼之閑。櫳 檻也。從木。龍聲。字有偏旁稍移而爲二字者。柔栩也、杼機持緯者也、襲房室之疏也、櫳檻也、是也。竊有疑焉。襲與櫳皆言橫直爲窗櫺通明。不嫌同偁。如檻亦爲闌檻。許於楯下云闌檻是也。左木右龍之字。恐淺人所增。盧紅切。九部。柙 檻也。所吕藏虎兕也。所也、二字依廣韵補。論語。虎兕出於柙。馬曰。柙、檻也。引伸爲凡檢柙之偁。如上文云柙指是也。從木。甲聲。烏匣切。廣韵胡甲切。八部。𠩫 古文柙。棺 關也。以疊韵爲訓。門聞、戶護之例也。所吕掩屍。屍各本作尸。誤。今正。釋名曰。棺、關也。關、閉也。從木。官聲。古丸切。十四部。

櫬 槥 椁 楬

櫬 棺也。玉篇曰。親身棺也。按天子之棺四重。諸公三重。諸侯再重。大夫一重。士不重。天子水兕革棺最在內。諸侯杝棺最在內。檀弓。君即位而爲椑。椑謂杝棺。親屍者。椑、堅箸之言也。從木。親聲。初僅切。十二部。春秋傳曰。士輿櫬。左傳僖六年文。槥 棺櫝也。櫝、匱也。棺之小者。故謂之棺櫝。急就篇。棺槨槥櫝。櫝即槥也。高帝紀。令士卒從軍死者爲槥。應劭曰。小棺也。今謂之櫝。臣瓚引金布令曰。不幸死。死所爲櫝。傳歸所居。縣賜以衣棺。從木。彗聲。祥歲切。十五部。椁 葬有木臺也。木臺者。以木爲之。周於棺。如城之有臺也。檀弓曰。殷人棺椁。注。椁、大也。以木爲之。言郭大於棺也。從木臺。會意。臺亦聲。臺亦二字今補。古博切。五部。楬 楬櫫也。三字句。趙鈔本及近刻五音韵譜作楬櫫。宋本、葉本、類篇、集韵。宋刊五音韵譜皆作楬桀。蓋宋時大徐本固有二。故同一五音韵譜而流傳不一也。今按作桀不可通。桀自訓磔。雖杙有訐櫟者。然頗迂遠。楬櫫見周禮注。職金楬而璽之。注曰。楬、書其數量以著其物也。今時之書有所表

識。謂之楬櫫。廣雅曰。楬櫫、杙也。廣韵曰。楬櫫、有所表識也。楬櫫、漢人語。許以漢人常語爲訓。故出櫫字於說解。仍不大列櫫篆。漢酷吏傳曰。瘞寺門桓東。楬著其姓名。著櫫同字可證也。韵會楬下引說文曰。杙也。櫫也。此小徐眞本。而語似不完。師古注漢書曰。楬、杙也。椓杙於瘞處而書死者名也。師古杙也之云。葢本說文。但說文杙字當作弋。**從木。曷聲。**其謁切。十五部。今字揭行而楬廢矣。**春秋傳曰。楬而書之。**未見。疑是引周禮楬而璽之。

梟　**梟　不孝鳥也。故日至捕梟磔之。**漢儀。夏至賜百官梟羹。漢書音義。孟康曰。梟、鳥名。食母。破鏡、獸名。食父。黃帝欲絕其類。使百吏祠皆用之。如淳曰。漢使東郡送梟。五月五日作梟羹以賜百官。以其惡鳥。故食之也。**從鳥在木上。**五經文字曰。從鳥在木上。隸省作梟。然則說文本作梟甚明。今各本云從鳥頭在木上。而改篆作梟。非也。此篆不入鳥部而入木部者。重磔之於木也。倉頡在黃帝時。見黃帝磔此鳥。故製字如此。古堯切。二部。

棐　**棐　輔也。**尚書多言棐。釋詁曰。弼、棐、輔、比、俌也。按棐葢弓檠之類。**從木。非聲。**府尾切。十五部。按此篆失其舊次。

文四百二十一　古本皆作二十一。毛扆刻沾閑篆於部末。改作二十二。非也。今刪檍樛二篆。則四百十九。

重三十九

東　**東　動也。**見漢律曆志。**從木。官溥說。從日在木中。**木、榑木也。日在木中曰東。在木上曰杲。在木下曰杳。得紅切。九部。**凡東之屬皆從東。**

𣍘　**𣍘　二東。**謂其形也。**曹從此。**謂曹以會意也。**闕。**謂義與音皆闕也。鍇曰。按說文舊本無音。鉉亦不箸反語。

文二

林　**林　平土有叢木曰林。**周禮林衡注曰。竹木生平地曰林。小雅依彼平林傳曰。平林、林木之在平地者也。冂部曰。野外謂之林。引伸之義也。釋詁、毛傳皆曰。林、君也。假借之義也。**從二木。**力尋切。七部。**凡林之屬皆從林。**

䊰　**䊰　豐也。**釋詁曰。蕪、茂、豐也。釋文云。蕪、古本作䊰。**從林𡗞。**會意。**𡗞、**逗。此字今補。**或說規模字。**或說𡗞是規模之模字也。或之者、疑之也。故木部模下不錄。**從大卌。**謂𡗞從大卌會意也。**卌、**逗。此字今補。**數之積也。**卌篆不見於本書。故釋其義。耒部桂下曰。卌、又用卌字。漢石經論語。年卌見惡焉。是卌爲四十幷。猶廿爲二十幷。卅爲三十幷也。其音則廣韵先立切。四十之合聲。猶廿讀如入、卅讀如趿也。廣韵引說文云。數名。卽此。已上十四字說從𡗞之意。**林者、木之多也。**說從林之意。**𡗞與庶同意。**𡗞各本作卌。誤。𡗞從林大卌。庶從广炗。其製字之意略同。皆皃其衆盛也。文甫切。五部。按此蕃𡗞字也。隸變爲無。遂借爲有𡗞字。而蕃無乃借廡、或借蕪爲之矣。**商書曰。庶艸緐𡗞。**洪範文。今尚書作蕃廡。晉語。黍不爲黍。不能蕃廡。亦同。

鬱　**鬱　木叢者。**依韵會本。秦風鬱彼北林。毛曰。鬱、積也。鄭司農注考工記曰。惌讀如宛彼北林之宛。菀柳傳曰。菀、茂林也。桑柔傳曰。菀、茂皃。按宛菀皆卽鬱字。**從林。鬱省聲。**迂弗切。十五部。

楚　**楚　叢木。**小雅傳曰。楚楚、茨棘皃。小徐引小謝詩曰。寒城一以眺。平楚正蒼然。**一名荊也。**一名當作一曰。許書之一曰。有謂別一義者。有謂別一名者。上文叢木泛詞。則一曰爲別一義矣。艸部荊下曰。楚木也。此云荊也。是則異名同實。楚國或評楚。或評荊。或絫評荊楚。**從林。疋聲。**創舉切。五部。

棽　**棽　木枝條棽儷也。**也各本作皃。今依集韵、類篇正。人部儷下云。棽儷也。棽儷者、枝條茂密之皃。借爲上覆之皃。東都賦鳳葢棽麗。李善注引七略。雨葢棽麗。麗與儷同。力支切。張揖大人賦注曰。林離、摻纚也。摻纚、所林所宜二反。葢卽棽儷。**從林。今聲。**丑林切。七部。

楙　**楙　木盛也。**此與艸部茂音義皆同。分艸木耳。釋木。楙、木瓜。則專爲一物之名。**從木。矛聲。**莫候切。四部。

麓　**麓　守山林吏也。**左傳。山林之木。衡鹿守之。杜曰。衡鹿、官名也。按鹿者、麓之假借字。天子曰林衡。諸侯曰衡鹿。皆守山林吏也。晉語。史黯曰。主將適螻而麓不聞。韋曰。麓、主君苑囿者。**從林。鹿聲。**盧谷切。三部。按此亦形聲包會意。守山林之吏。如鹿之在山也。一曰林屬於山爲麓。春秋傳曰。沙麓崩。春秋僖公十四年文。三傳同。穀梁傳曰。林屬於山爲麓。周禮、王制皆云林麓。鄭云。山木生平地曰林。生山足曰麓。詩大雅旱麓毛曰。麓、山足也。葢凡山足皆得偁麓也。亦假借作鹿。易即鹿無虞。虞翻曰。山足稱鹿。鹿、林也。⿱林彔古文從彔。彔聲。

棼

⿱林分複屋棟也。複屋、考工記謂之重屋。木部曰。櫺、棼也。是曰櫺、曰棼者。複屋之棟也。曰橑者。複屋之椽也。竹部曰。笮者、在瓦之下棼上者也。姚氏鼐曰。椽棟既重。軒版垂檐皆重矣。軒版即屋笮。或木或竹。異名。在瓦之下椽之上。檐垂椽端。椽亦謂之橑。考工記重屋。鄭以複笮釋之。而他書所稱曰重檐、曰重橑、曰重軒、曰重棟、曰重棼。各舉其一爲言爾。按左傳治絲而棼之。假借爲紛亂字。從林。分聲。符分切。十三部。

森

⿰木林木多皃。從林。從木。按篇、韵皆云。森、長木皃。疑篇韵所據爲長。從林從木。正謂有木出平林之上也。讀若曾參之參。所今切。七部。

文九　重一

才

才艸木之初也。引伸爲凡始之偁。釋詁曰。初、哉、始也。哉即才。故哉生明亦作才生明。凡才、材、財、裁、纔字以同音通用。從丨上貫一。將生枝葉也。一、逗。地也。一謂上畫也。將生枝葉謂下畫。才有莖出地而枝葉未出。故曰將。艸木之初而枝葉畢寓焉。生人之初而萬善畢具焉。故人之能曰才。言人之所蘊也。凡艸木之字。才者、初生而枝葉未見也。屮者、生而有莖有枝也。㞢者、枝莖益大也。出者、益茲上進也。此四字之先後次弟。昨哉切。一部。凡才之屬皆從才。

文一

儀徵阮長生校刊

說文解字第六篇下

金壇段玉裁注

叒

叒日初出東方湯谷所登榑桑。句。叒木也。按當云。叒木、榑桑也。日初出東方湯谷所登也。榑桑已見木部。此處立文當如是。宋本、葉本、宋刻五音韵譜、集韵、類篇皆作湯。别刻作暘。毛扆改湯爲暘。非也。尚書暘谷自說青州嵎夷之地。非日出之地也。日出之地豈羲仲所能到。天問曰。出自湯谷。次于蒙汜。淮南天文訓曰。日出于湯谷。浴于咸池。拂于扶桑。是謂晨明。墬形訓注曰。扶木、扶桑也。在湯谷之南。海外東經曰。湯谷上有扶桑。十日所浴。大荒東經曰。湯谷上有扶木。一日方至。一日方出。皆載於烏。按今天文訓作暘谷。以王逸楚辭注、史記索隱、文選注所引正之。則暘亦淺人改耳。離騷。總余轡乎扶桑。折若木以拂日。二語相聯。葢若木即謂扶桑。扶若字即榑叒字也。象形。枝葉蔽翳。而灼切。五部。凡叒之屬皆从叒。⿱叒叒籒文。

桑

桑蠶所食葉木。从叒木。榑桑者、桑之長也。故字从叒。桑不入木部而傳於叒者。所貴者也。息郎切。十部。

文二　重一

之

㞢出也。引伸之義爲往。釋詁曰。之、往是也。按之有訓爲此者。如之人也、之德也、之條條、之刀刀、左傳鄭人醢之三人也。召南毛傳曰。之事、祭事也。周南曰。之子、嫁子也。此等之字皆訓爲是。之有訓爲上出者。戴先生釋梓人曰。頰側上出者曰之。下垂者曰而。須鬛是也。象艸過屮。過於屮也。枝莖漸益大。有所之也。莖漸大、枝亦漸大。勢有日新不已者然。一者地也。凡㞢之屬皆从㞢。止而切。一部。

𡉚

𡉚艸木妄生也。𡉚妄疊韵。妄生猶怒生也。从㞢在土上。讀若皇。戶光切。十部。⿱㞢王古文。按从㞢从王。會意也。鉉本無此。然宋本文二之下有重一兩字。則知固有此篆。

與小徐本同。辵部古文往作迬。从此。

文二　重一

帀 𠣬也。𠣬各本作周。誤。今正。勹部𠣬、帀徧也。是爲轉注。按古多假襍爲帀。从反㞢而帀也。反㞢謂倒之也。凡物順屰往復則周徧矣。子荅切。七八部。凡帀之屬皆从帀。周盛說。周盛者亦博采通人之一也。

師 二千五百人爲師。小司徒曰。五人爲伍。五伍爲兩。五兩爲卒。五卒爲旅。五旅爲師。師、衆也。京師者、大衆之稱。衆則必有主之者。周禮師氏注曰。師、敎人以道者之稱也。黨正旅師閭胥注曰。正師胥皆長也。師之言帥也。从帀。从𠂤。會意。疎夷切。十五部。𠂤四帀。衆意也。𠂤下曰。小𠂤也。小𠂤而四圍有之。是衆意也。說會意之恉。𡴀 古文師。

文二　重一

出 進也。本謂艸木。引伸爲凡生長之偁。又凡言外出爲内入之反。象艸木益茲上出達也。茲各本作滋。今正。茲、艸木多益也。艸木由才而屮而㞢而出。日益大矣。尺律切。十五部。凡出之屬皆从出。

敖 游也。游本旗游字。假借爲出游字。詩邶風曰。以敖以游。經傳多假敖爲倨傲字。从出。从放。五牢切。二部。按此篆當刪。說見四篇放部。

賣 出物貨也。周禮多言賣儥。謂賣買也。从出。从買。出買者、出而與人買之也。韵會作買聲。則以形聲包會意也。莫邂切。十六部。

糶 出穀也。米部曰。糶、穀也。出穀之字从出糶。市穀之字从入糶。从出。从糶。糶亦聲。他弔切。二部。

𥷚 槷𥷚、逗。不安也。此釋易也。从出。臬聲。五結切。十五部。易曰。槷𥷚。槷、一本作埶。非也。困上六。于臲卼。釋文云。臲、說文作劓。卼、說文作𥷚。云𥷚、不安也。陸云說文作劓、與今本不同。小徐本作易曰劓𥷚。困于赤芾。劓字與陸氏合。而多困于赤芾四字。則爲九五爻辭。又不與陸合。鍇注仍引上六爻辭。恐四字淺人所增也。九五劓刖。荀、王作臲軏。鄭云。劓刖當爲倪㐳。則兩爻辭義同矣。許作槷𥷚。葢孟易也。尚書邦之杌隉。槷與隉、臲與劓、倪同。𥷚與杌、軏、卼、㐳同。杌、軏、卼、㐳皆兀聲。以說文檮杌作檮柮例之。則出聲兀聲同。𥷚當是从臬出聲。五忽切。因不立臬部。誤謂从出臬聲耳。臬聲則與槷同音。五結切。非也。許書有扤無杌。

文五

𣎵 艸木盛𣎵𣎵然。𣎵𣎵者、枝葉茂盛因風舒散之皃。小雅。萑葦淠淠。毛曰。淠淠、衆皃。淠淠者、𣎵𣎵之假借也。小雅。胡不旆旆。毛曰。旆旆、垂皃。旆旆者、亦𣎵𣎵之假借字。非繼旐之旆也。魯頌作伐伐。按玉篇𣎵作市。引毛傳蔽市小皃。玉裁謂毛詩蔽市字、恐是用蔽鄣之市字。經傳韍多作芾、作茀可證也。象形。謂屮也。不曰从屮、而曰象形者、艸木方盛不得云从屮也。八聲。八爲𡩡之入聲、在十二部。而合於十五部。凡𣎵之屬皆从𣎵。讀若輩。普活切。十五部。

𡴭 艸木𡴭孛之皃。當作𡴭孛。艸木之皃。周易。拔茅茹以其彙。征吉。釋文云。彙、古文作𦵹。按𦵹即𡴭字之異者。彙則假借字也。𡴭孛疊韵。从𣎵。畀聲。于貴切。十五部。

孛 𡴭孛也。依全書通例補孛字。春秋有星孛入于北斗。穀梁曰。孛之爲言猶茀也。茀者多艸。凡物盛則易亂。故星孛、爲𡴭孛引伸之義。詩悖字从孛。从𣎵。从子。二字今補。會意。蒲妹切。十五部。人色也。故从子。故字今補。說从子之意。論語曰。色孛如也。鄉黨篇文。今作勃。此證人色之說也。艸木之盛如人色盛。故从子作孛。而艸木與人色皆用此字。○按各本孛篆在索篆之下。非也。今移正。

索 艸有莖葉可作繩索。當云索、繩也。與糸部繩、索也爲轉注。而後以艸有莖葉可作繩索。發明从𣎵之意。今本乃淺人所刪耳。爾雅曰。紼、縴也。謂大索。經史多假索爲索字。又水部曰。㴑、水索也。索訓盡。从𣎵糸。𣎵糸者、謂以艸莖葉糾繚如絲也。詩曰。晝爾于茅。宵爾索綯。以艸者、如蔽秆茅麻是。以竹者、竹部之箋是。以木者、欃巢之屬是。蘇各切。五部。杜林說。𣎵亦朱木字。未詳。疑當作索亦朱市字。

𣎵者、篆文𣪍也。杜林說索爲𣪍字、从糸𣎵聲。與杜林說構爲[illegible]字、㝵爲貶損字、畀爲麒麐字、鼂爲朝旦字、正同。

𣎵　止也。从𣎵盛而一橫止之也。會意。卽里切。古音當在十五部。詩萬億及秭。與醴妣禮皆韵。可證也。而肯仕聲。楊雄作胏。又疑𣎵在一部。

南　艸木至南方有枝任也。此亦脫誤。當云南任也。與東動也一例。下乃云艸木至南方有枝任也。陽氣任養物。於時爲夏。云艸木至南方者。猶云艸木至夏也。有枝任者。謂夏時艸木𤍽𤍽丁壯。有所枝挌任載也。故从𣎵。按古南男二字相假借。从𣎵羊聲。那含切。古音在七部。𡴇古文。

文六　重一

生　進也。象艸木生出土上。下象土。上象出。此與𡳿出𣎵以類相從。所庚切。十一部。凡生之屬皆从生。

丰　艸盛丰丰也。引伸爲凡豐盛之偁。鄭風子之丰兮。毛曰。丰、豐滿也。鄭曰。面皃丰丰然豐滿。方言。好或謂之姝。姝卽丰字也。从生。上下達也。上盛者根必深。敷容切。九部。

産　生也。从生。彥省聲。所簡切。十四部。通用爲[illegible]犍字。按今南北語言皆作楚簡切。

隆　豐大也。隆者、漢殤帝之名。不云上諱而直書其字者。五經異義云。漢幼小諸帝皆不廟祭。而祭於陵。既不廟祭。似可不諱。然漢志河内郡隆慮。應劭曰。隆慮山在北。避殤帝名。改曰林慮也。又郡國志。林慮。故隆慮。殤帝改。漢制生而諱。故孝宣更名。此蓋殤帝在位時所改。而書成於和帝永元十二年。以前未及諱。至安帝建光元年許沖上書時不追改。故不云上諱。祜曰上諱者今天子之名。又在開卷也。林與隆合韵。故毛詩臨衝韓詩作隆衝。从生。降聲。力中切。九部。

甤　艸木實甤甤也。甤與蕤音義皆同。蕤之言垂也。从生。豕聲。豕與甤皆在十六部。鍇作豕聲。冣善。鉉作豨省聲。非也。唐玄應引亦云豕聲。讀若綏。綏當作緌。禮家緌與蕤通用。故知之。儒追切。古音在十六部。

甡　衆生並立之皃。大雅毛傳曰。甡甡、衆多也。其字或作詵詵。或作駪駪。或作侁侁。或作莘莘。皆假借也。周南傳曰。詵詵、衆多也。小雅傳曰。駪駪、衆多之皃。从二生。所臻切。十二部。詩曰。甡甡其鹿。

文六

乇　艸葉也。當作艸華皃。下云垂𠂹、上貫一。華則有𠂹。葉不當言𠂹也。垂𠂹。直者、莖也。斜垂者、華之𠂹也。禾篆亦以下垂象其𠂹。上貫一。下有根。在一之下者、根也。一者、地也。象形字。謂雖中从一。而於六書爲象形字也。陟格切。五部。凡乇聲字皆在五部。用以會意者。古文𠂹字𠂇旁从此。凡乇之屬皆从乇。

文一

𠂹　艸木華葉𠂹。引伸爲凡下𠂹之偁。今字垂行而𠂹廢矣。象形。象其莖枝華葉也。此篆各書中直。惟廣韵五支及夢英所書作𠂹。是爲切。古音在十七部。凡𠂹之屬皆从𠂹。

古文。地理志曰。武功垂山古文㠯爲敦物。豈古文𠂹與物字相似故與。

文一　重一

𠌶　艸木華也。此與下文⿱艹𠌶音義皆同。⿱艹𠌶、榮也。釋艸曰。⿱艹𠌶、荂也。⿱艹𠌶、荂、榮也。今字花行而𠌶廢矣。从𠂹。亏聲。況于切。五部。凡𠌶之屬皆从𠌶。

荂　𠌶或从艸从夸。夸聲。亦亏聲也。釋艸有此字。郭曰。今江東呼華爲荂。音敷。按今江蘇皆言花。呼瓜切。方言曰。華、荂、晠也。齊楚之閒或謂之華。或謂之荂。吳都賦曰。異荂蓲蘛。李善曰。荂、枯瓜切。

韡　盛也。小雅傳曰。韡韡、光明也。从𠌶。韋聲。于鬼切。十五部。詩曰。咢不韡韡。咢各本作蕚。俗字也。今正。今詩作鄂、亦非也。毛云。咢猶咢咢然言外發也。鄭云。承華者曰咢。皆取咢布之意。

文二　重一

華榮也。見釋艸。艸部曰。葩、華也。舜部曰。䑞、華榮也。按釋艸曰。蕍、芛、葟、華、榮。渾言之也。又曰。木謂之華。艸謂之榮。榮而實者謂之秀。榮而不實者謂之英。析言之也。引伸爲曲禮削瓜爲國君華之之字。又爲光華、華夏字。从艸𠌶。𠌶亦聲。此以會意包形聲也。戶瓜切。又呼瓜切。古音在五部。俗作花。其字起於北朝。凡華之屬皆从華。曄艸木白華皃。皃各本作也。今依文選西都賦注正。賦曰。蘭茝發色。曄曄猗猗。从華从白。不入白部者。重華也。皅下曰。艸華之白也。重白。故入白部也。左思白髮賦曰。子觀橘柚。一皜一曄。貴其素華。匪尚綠葉。則音在八部也。筠輒切。

文二

禾木之曲頭止不能上也。此字古少用者。玉篇曰。亦作礙。非是。礙在一部。禾當在十五十六部。古兮切。玉篇古漑古兮二切。凡禾之屬皆从禾。積積椒、逗。二字各本無。今補。多小意而止也。小意者、意有未暢也。謂有所妨礙。含意未伸。廣韵積椒皆訓曲枝果。按積椒字或作枳椇、或作枳枸、或作枳句、或作枝拘。皆上字在十六部。下字在四部。皆詰詘不得伸之意。明堂位。俎殷以椇。注。椇之言枳椇也。謂曲橈之也。莊子山木篇。騰蝯得柘棘枳枸之閒。處勢不便。未足以逞其能。宋玉風賦。枳句來巢。空穴來風。枳句空穴皆連緜字。空穴即孔穴。枳句來巢。陸機詩疏作句曲來巢。謂樹枝屈曲之處鳥用爲巢。逸莊子作桐乳致巢。乃譌字耳。淮南書。龍夭矯。燕枝拘。亦屈曲盤旋之意。其入聲則爲迟曲。積與枳枝迟、椒與椇句枸拘曲皆疊韵也。積椒與迟曲皆雙聲字也。急就篇。沽酒釀醪稽極程。王伯厚云。稽極當作積椒。蓋詘曲爲酒經程。寓止酒之義。又按釋地。枳首蛇。枳本或作積。此則借積枳爲岐字。亦同部假借也。故郭釋以岐頭蛇。从禾从支。支者枝格之意。只聲。職雉切。按古音在十六部。亦音支。一曰木也。一說積是木名也。椒

椒也。上篆下釋積椒之義。此秪云積椒也。全書之例如此。从禾从又句聲。俱羽切。古音在四部。讀如苟、亦如勾。又者从丑省。說从又之意。丑、紐也。紐者不伸之意。一曰木名。一說椒是木名也。木名但謂單字。

文三

稽畱止也。玄應書引畱止曰稽。高注戰國策曰。畱其日、稽畱其日也。凡稽畱則有審愼求詳之意。故爲稽攷。禹會諸侯於會稽。稽、計也。稽攷則求其同異。故說尚書稽古爲同天。稽同也。如流求也之例。从禾从尤。取乙欲出而見閡之意。旨聲。古兮切。十五部。凡稽之屬皆从稽。稕特止也。鍇曰。特止、卓立也。按如有所立卓爾。當用此字。从稽省卓聲。此說形聲包會意。卓者高也。竹角切。二部。𥢶稽椒而止也。積椒謂之雙聲。𥢶椒謂之疊韵。从稽省。咎聲。讀若皓。古老切。古音咎聲、告聲皆在三部。賈侍中說。稽稕𥢶三字皆木名。有木名稽、有木名稕、有木名𥢶也。皆別一義。

文三

巢鳥在木上曰巢。在穴曰窠。穴部曰。穴中曰窠。樹上曰巢。巢之言高也。窠之言空也。在穴之鳥。如鴝鵒之屬。今江蘇語言通名禽獸所止曰窠。从木。象形。象其架高之形。鉏交切。二部。凡巢之屬皆从巢。𢀷傾覆也。周禮。硩蔟氏。掌覆夭鳥之巢。从寸臼覆之。寸巢猶硩蔟也。寸、人手也。古寸與又通用。臼今補。从巢省。臼者巢之省。以手施於巢。傾覆之意也。方斂切。七部。按解云從寸從臼。而各本篆體作叟。誤。今依玉篇廣韵集韵類篇更正。杜林說。以爲貶損之貶。此亦如以構爲搆。以索爲市。以鼂爲朝。以畀爲麒也。巢在上覆之而下。則與貶損義相通。

上林賦適足以㝵君自損晉灼曰㝵古貶字

文二

桼 木汁可㠯髼物木汁名桼因名其木曰桼今字作漆而桼廢矣漆水名也非木汁也詩書梓桼桼絲皆作漆俗以今字易之也周禮載師桼林之征二十而五大鄭曰故書桼林爲漆林杜子春云當爲桼林是則漢人分別二字之嚴今注疏譌舛爲正之如此周禮巾車注髼桼字皆作桼不作漆漢人多假桼爲七字史記六律五聲八音來始來始正桼始之誤尚書大傳漢律曆志皆作七始史漢同用今文尚書也从木各本無今補韵會作象木形亦誤象形謂左右各三皆象汁自木出之形也親吉切十二部桼如水滴而下也也字補說象形之意也左右各三象水滴下凡桼之屬皆从桼

髼 桼也韋昭曰敓桼曰髼師古曰以桼桼物謂之髼今關東俗謂之捎桼捎即髼聲之轉耳髼或作髹按以桼桼物皆謂之髼不限何色也鄉射禮記曰楅髼注云赤黑桼也巾車注云髼謂赤多黑少之色韋也漢書中庭形朱殿上髼桼西都賦謂之形庭玄墀然則或赤或黑或赤黑兼或赤多黑少皆得云髼从桼髟聲許尤切三部髟必由切

⿰桼包 桼垸已句復桼之垸者以桼𣸣灰垸而髼也既垸之復桼之以光其外也从桼包聲舉形聲包會意也匹皃切古音在三部篇韵步交切

文三

束 縛也糸部曰縛束也是爲轉注襍記曰納幣一束束五兩兩五尋从口木口音韋回也詩言束薪束楚束蒲皆口木也書玉切三部凡束之屬皆从束

柬 分別簡之也釋詁曰流差柬擇也韵會無簡字爲長凡言簡練簡擇簡少者皆借簡爲柬也柬訓分別故其字從八一說當作分別簡之簡在也在存也从束八爲若干束而分別之也古限切十四部八分別也說從八之

意

⿱幵束 小束也齊民要術曰麻⿱幵束欲小縛欲薄爲其易乾从束幵聲讀若繭古典切十四部

剌 戾也戾者韋背之意凡言乖剌剌謬字如此謚法愎很遂過曰剌从束从刀刀束者束字今補刀束如㝵下言寸㝵曰剌之也既束之則當藏弆之矣而又以刀毀之是乖剌也盧達切十五部

文四

𣠵 橐也廣韵曰橐大束从束圂聲胡本切十三部按五經文字云捕幺反廣韵云符霄切是以橐音爲𣠵音也凡𣠵之屬皆从𣠵

橐 囊也按許云橐囊也囊橐也渾言之也大雅毛傳曰小曰橐大曰囊高誘注戰國策曰無底曰囊有底曰橐皆析言之也囊者言實其中如瓜瓤也橐者言虛其中以待如木槖也玄應書引蒼頡篇云橐囊之無底者則與高注互異許多用毛傳疑當云橐小囊也囊橐也則同異皆見全書之例如此此葢有奪字又詩釋文引說文無底曰囊有底曰橐與今本絕異从𣠵省石聲他各切五部

囊 橐也从𣠵省𤕦聲𤕦各本作襄省二字淺人改也今正奴郎切十部

櫜 車上大櫜云車上大橐者謂可藏任器載之於車也樂記注曰兵甲之衣曰櫜鞬櫜言閉藏兵甲也大雅周頌毛傳曰櫜韜也齊語垂櫜而入韋曰櫜囊也引伸之義凡韜於外者皆爲櫜周禮櫜物注云櫜當爲䕩蓮芡之實有䕩韜从𣠵省咎聲古勞切古音在三部詩曰載櫜弓矢周頌文

⿱𣠵缶 囊張大皃石鼓文其魚隹可隹鱮隹鯉可以櫜之隹楊及柳櫜讀如苞苴之苞蘇軾詩作貫非也从𣠵省缶聲符宵切古音在三部

文五

口 回也回轉也按圍繞周圍字當用此圍行而口廢矣象回帀之形帀周也羽非切十五

圜　團　㘣　囩　圓　回　圖

部。凡口之屬皆从口。圜　天體也。圜環也。吕氏春秋曰。何以說天道之圜也。精氣一上一下。圜周復襍。高曰。襍猶帀。無所稽畱。故曰天道圜。何以說地道之方也。萬物殊類殊形。皆有分職。不能相爲。故曰地道方。按天體不渾圜如丸。故大戴禮云。參嘗聞之夫子曰。天道曰圓。地道曰方。盧云。道曰方圓耳。非形也。淮南子曰。天之圓不中規。地之方不中矩。白虎通曰。天鎭也。其道曰圓。地諦也。其道曰方。許言天體亦謂其體一氣循環。無終無始。非謂其形渾圜也。下文云。圓。圜全也。斯爲渾圜。許書圜圓員三字不同。今字多作方圓方員方圜。而圜字廢矣。依許則言天當作圜。言平圓當作圓。言渾圓當作圜。从口。睘聲。王權切。十四部。團　圜也。鄭風。零露團兮。周禮假專爲團。大司徒注曰。專、圜也。从口。專聲。度官切。十四部。㘣　規也。規有法度也。从口。肙聲。似沿切。十四部。囩　回也。二字疊韵。雲字下曰。象雲回轉形。沄字下曰。轉流也。凡從云之字皆有回轉之義。从口。云聲。形聲包會意也。羽巾切。十三部。圓　圜全也。全。集韵類篇作合。誤字也。圜者天體。天屈西北而不全。圜而全。則上下四旁如一。是爲渾圜之物。商頌幅隕既長。毛曰。隕均也。按玄鳥傳亦曰。員均也。是則毛謂員隕皆圓之假借字。渾圜則無不均之处也。箋申之曰。隕當作圓。圓謂周也。此申毛。非易毛。从口。員聲。讀若員。王問切。十三部。按古音如云。回　轉也。淵。回水也。故顏回字子淵。毛詩傳曰。回。邪也。言回爲㢠之假借也。又曰。回。違也。亦謂假借也。㢠。衺也。見交部。从口。中象回轉之形。中當作口。外爲大口。內爲小口。皆回轉之形也。如天體在外左旋。日月五星在內右旋是也。戶恢切。十五部。回　古文。古文象一气回轉之形。圖　畫計難也。左傳曰。咨難爲謀。畫計難者。謀之而苦其難也。國語曰。夫謀必素見成事焉而後履之。謂先規畫其事之始終曲折。歷歷可見。出於萬全。而後行之也。故引伸之義謂繪畫爲圖。聘禮曰。君與卿圖事。釋詁曰。圖。謀也。小雅傳曰。慮。圖皆謀也。从口。規畫之意。从啚。啚、逗難意也。說從啚之意。啚者。嗇也。嗇者。愛濇也。愼難之意。同都切。五

圛　國　壼　囷　圈

部。圛　回行也。謂回曲而行。从口。睪聲。羊益切。古音在五部。商書曰。商各本譌尚。今依廣韵玉篇正。曰字各本無。今補。曰圛。句絕。商書謂洪範。曰圛。唐衞包改爲曰驛。而尚書正義。詩齊風正義皆作曰圛。此天寶以前未改之本也。自貞觀以前史記宋世家集解云。尚書作圛。引鄭注。圛色澤而光明也。周禮大卜注引洪範曰雨。曰濟。曰圛。曰蟊。曰剋。齊風鄭箋云。古文尚書弟爲圛。皆古文尚書作圛之明證也。古文尚書弟爲圛者。謂夏矦歐陽作弟。古文尚書則作圛也。言此者證詩之弟字亦當爲圛。而訓明也。知今文尚書作弟者。宋世家作涕。可證也。今本鄭箋作以弟爲圛。衍一字。而不可通矣。圛者、字依廣韵五經文字補。舊讀圛圛升雲爲句。誤甚。升雲半有半無。此釋書曰圛之義。與本訓回行不同。故箸之。如莫席別於火不明。皀毚別於以土增大道。文法正同。升雲半有半無。正某氏氣落驛不連屬。王肅霍驛消滅。如雲陰所本。如許說則商書圛字正繹之假借。讀若驛。國　邦也。邑部曰。邦國也。按邦國互訓。渾言之也。周禮注曰。大曰邦。小曰國。邦之所居亦曰國。析言之也。从口。从或。戈部曰。或、邦也。古或國同用。邦封同用。古惑切。一部。壼　宮中道。釋宮曰。宮中衖謂之壼。郭云。巷閤門道也。按大雅。室家之壼。毛曰。壼、廣也。箋云。壼之言梱也。室家相梱致。皆引伸假借之義。从口。象宮垣道上之形。從口。象宮垣也。餘象道。按上當是從束省。從束者。內言不出於閫之意。與玉篇此字入橐部。苦本切。郭呂竝邱屯反。古音在十二部。詩曰。室家之壼。囷　稟之圜者。从禾在口中。去倫切。十二部。圜謂之囷。見詩魏風傳。考工記注。吳語韋注。急就篇顏注。方謂之京。管子曰。新成囷京。史記倉公傳。見建家京下方石。釋名曰。京矜也。寶物可矜惜者。投之其中也。急就篇。門戶井竈廡囷京。廣雅曰。京、庾、廩、廘、倉也。按吳語注。員曰囷。方曰鹿。鹿即京也。廘者、鹿之俗。圈　養畜之閑也。畜當作嘼。轉寫改之耳。閑、闌也。牛部曰。牢、閑。養牛馬圈也。是牢與圈得通偁也。从口。卷聲。考公羊傳文十一年。楚子伐圈。音義云。圈、說文作圈。而集韵廿五願云。圈圈二

同養畜閑也。類篇圈圈分出。皆云養畜閑也。疑說文本作圈。後人改之耳。渠篆切。十四部。

囿　苑有垣也。高注淮南曰。有牆曰苑。無牆曰囿。與許互異。葢有無互譌耳。魏都賦曰。繚垣開囿。繚垣、西京賦作繚亙。繚亙綿聯、卽西都賦之繚以周牆也。周禮注曰。囿今之苑。按古今異名。許析言之。鄭渾言之也。引伸之凡淵奧處曰囿。夏小正。正月囿有見韭。囿也者。園之燕者也。四月囿有見杏。囿也者。山之燕者也。又引伸之凡分別區域曰囿。常道將引洛書曰。人皇始出。分理九州。爲九囿。九囿卽毛詩之九有。韓詩之九域也。域同或。古或與有與囿通用。从口。有聲。于救切。古音在一部。一曰所目養禽獸曰囿。養字依御覽補。所目二字今補。大雅靈臺傳曰。囿所以域養禽獸也。域養者。域而養之。周禮囿人掌囿游之獸禁。牧百獸。按韵會無一曰二字。艸部云。苑所目養禽獸也。此云苑有垣。則養禽獸在其中矣。此句葢淺人增之。籒文囿。艸部蘙從此爲聲。

園　所目樹果也。鄭風傳曰。園所以樹木也。按毛言木。許言果者。毛詩檀穀桃棘。皆系諸園。木可以包果。故周禮云。園圃毓草木。許意凡云苑囿已必有艸木。故以樹果系諸園。从口。袁聲。羽元切。十四部。

圃　所目種菜曰圃。所目二字今補。齊風毛傳曰。圃、菜園也。馬融論語注曰。樹菜蔬曰圃。玄應引倉頡解詁云。種樹曰園。種菜曰圃。从口。甫聲。博古切。五部。

因　就也。就下曰。就、高也。爲高必因丘陵。爲大必就基阯。故因從口大。就其區域而擴充之也。中庸曰。天之生物。必因其材而篤焉。左傳曰。植有禮。因重固。人部曰。仍、因也。論語。因不失其親。謂所就者不失其親。从口大。於眞切。十二部。

㘝　下取物縮臧之。謂攝取也。今農人罱泥。罱卽㘝之俗字。从又。下取。故從又。从口。縮藏之。故從口。讀若聶。女洽切。七部。聶、小徐作籋。

囹　獄也。獄上當有囹圄二字。幸部曰。囹圄、所目拘罪人。葢許作囹圄。與他書囹圄不同也。月令鄭注曰。囹圄所以禁守繫者。若今別獄矣。蔡邕云。囹、牢也。圄、止也。所以止出入。皆罪人所舍也。鄭志崇精問曰。囹圄何代之獄。焦氏荅曰。月令、秦書。則秦獄名也。漢曰若盧。魏曰司空。从口。令聲。鍇曰。囹、櫺也。櫳檻之名。郎丁切。十一部。

圄　守之也。从口。吾聲。魚舉切。五部。按韵會云。圄說文本作圉。葢小徐本有圉無圄。左傳圉伯嬴於轑陽而殺之。

囚　繫也。从人在口中。似由切。三部。

固　四塞也。四塞者無罅漏之謂。周禮夏官掌固注云。固、國所依阻者也。國曰固。野曰險。按凡堅牢曰固。又事之已然者曰固。卽故之假借字也。漢官掌故。唐官多作掌固。从口。古聲。古慕切。五部。

圍　守也。从口。韋聲。羽非切。十五部。

困　故廬也。廬者二畝半。一家之居。居必有木。樹牆下以桑是也。故字從口木。謂之困者。疏廣所謂自有舊田廬。令子孫勤力其中也。困之本義爲止而不過。引伸之爲極盡。論語。四海困窮。謂君德充塞宇宙。與橫被四表之義略同。苞注曰。言爲政信執其中。則能窮極四海。天祿所以長終也。凡言困勉、困苦。皆極盡之義。从木在口中。苦悶切。十三部。𣒢古文困。廣雅。橜機闑朱也。按稚讓用朱爲梱字。此可證四海困窮之義。

圂　豕廁也。少儀。君子不食圂腴。注云。周禮圂作豢。謂犬豕之屬食米穀者也。腴有似於人穢。按云周禮圂作豢者。豢人掌豢祭祀之犬是也。豢從豕𢍏聲。圂從口豕會意。據許說本非一字。豢以人之萎養而言。圂以牢中溷濁而言。少儀圂腴不煩改字。謂豕廁爲圂。因謂豕犬爲圂耳。引伸之義。人廁或曰圂。俗作溷。或曰清。俗作圊。或曰軒。皆見釋名。从口象豕在口中也。會意。象、當作豕。字之誤也。胡困切。十三部。

囮　譯也。譯、疑當作誘。一說周禮貉隸掌與獸言。夷隸掌與鳥言。是其事也。从口。化聲。今小徐本有聲字。是。五禾切。十七部。率鳥者繫生鳥目來之名曰囮。率、捕鳥畢也。將欲畢之。必先誘致之。潘安仁曰。暇而習媒翳之事。徐爰曰。媒者少養雉子。至長狎人。能招引野雉。因名曰媒。讀若譌。囮者、誤之也。故讀若譌。

圝　囮或从繇。各本篆作圝。解作䌛。今正。按或當作也。本二字。一化聲。一繇聲。其義則同。廣雅釋言曰。囮、圝也。是可證爲二字轉注矣。潘岳射雉賦。恐吾游之晏起。又良游呃喔。引之規裏。徐爰注。雉媒。江淮閒謂之游。唐呂溫有由鹿賦。游與由皆卽圖字也。從䌛當作從口䌛聲。音由。三部。徐鉉云訛由二音。誤也。

文二十六 當作七。 重四 當作三。

員 物數也。本爲物數。引伸爲人數。俗偁官員。漢百官公卿表曰。吏員自佐史至丞相十二萬二百八十五人是也。數木曰枚。曰梃。數竹曰箇。數絲曰紽。曰總。數物曰員。小雅。員于爾輻。毛曰。員、益也。此引伸之義也。又假借爲云字。如秦誓若弗員來。鄭風聊樂我員。商頌景員維河。箋云。員古文云。从貝。貝古以爲貨物之重者也。口聲。王權切。古音云在十三部。口聲在十五部。合韵取近。凡員之屬皆从員。鼏 籀文从鼎。鼎下曰。籀文以鼎爲貝字。故員作鼏。則作𠟭。

䞓 物數紛䞓亂也。䞓今字作紜。紜行而䞓廢矣。紛䞓謂多。多則亂也。古假芸爲䞓。老子。夫物芸芸。各歸其根。从員云聲。讀若春秋傳曰宋皇鄖。宋皇鄖見左傳。羽文切。十三部。

文二 重一

貝 海介蟲也。介蟲之生於海者。居陸名猋。在水名蜬。見釋魚。猋作贆。俗字也。蜬亦當作函。淺人加之偏傍耳。虫部曰。蜬、毛蠹也。則非貝名。象形。象其背穹隆而腹下岐。博蓋切。十五部。古者貨貝而寶龜。謂以其介爲貨也。小雅既見君子。錫我百朋。箋云。古者貨貝。五貝爲朋。周易亦言十朋之龜。故許以貝與龜類言之。食貨志。王莽貝貨五品。大貝、壯貝、幺貝、小貝、皆二枚爲一朋。不成貝不得爲朋。龜貨四品。元龜當大貝十朋。公龜當壯貝十朋。矦龜當幺貝十朋。子龜當小貝十朋。此自莽法。鄭箋詩云古者五貝爲朋。注易以爾雅之十龜。未嘗用歆莽說也。周而有泉。周禮外府掌邦布之入出。以共百物而待邦之用。泉府掌以市之征布。斂市之不售貨之滯於民用者。注云。布、泉也。讀爲宣布之布。其藏曰泉。其行曰布。取名於水泉。其流行無不徧。泉始蓋一品。周景王鑄大泉而有二品。按許謂周始有泉。而不廢貝也。至秦廢貝行錢。秦始廢貝專用錢。變泉言錢者。周曰泉。秦曰錢。在周秦爲古今字也。金部錢下鍇本云。一曰貨也。檀弓注曰。古者謂錢爲泉布。則知秦漢曰錢。周曰泉也。周禮泉府注云。鄭司農云。故書泉或作錢。蓋周人或用假借字。秦乃以爲正字。凡貝之屬皆从貝。

𧴪 貝聲也。从小貝。聚小貝則多聲。故其字從小貝。引伸爲細碎之偁。今俗瑣屑字當作此。瑣行而𧴪廢矣。周易旅初六旅瑣瑣。陸績曰。瑣瑣、小也。艮爲小石。故曰旅瑣瑣也。按瑣者𧴪之假借字。玉部瑣謂玉聲。穌果切。十七部。

賄 財也。周禮注曰。金玉曰貨。布帛曰賄。析言之也。許渾言之。貨賄皆釋曰財。从貝。有聲。呼罪切。按古音在一部。古假悔字爲之。聘禮注曰。古文賄皆作悔。

財 人所寶也。寶、珍也。周禮注曰。財、泉穀也。䨳下云。小雨財零也。以爲今之纔字。从貝。才聲。昨哉切。一部。

貨 財也。廣韵引蔡氏化清經曰。貨者化也。變化反易之物。故字从化。从貝。化聲。形聲包會意。韵會無聲字。呼臥切。十七部。

䝷 資也。按篇韵皆云賭也。許無賭字。从貝。爲聲。詭僞切。古音在十七部。或曰此古貨字。鍇本無此。但云臣鍇按字書云古貨字。按爲化二聲同在十七部。貨古作䝷。猶訛譌通用耳。鉉本此下更有讀若貴三字。

資 貨也。貨者化也。資者積也。旱則資舟。水則資車。夏則資皮。冬則資絺綌。皆居積之謂。資者人之所藉也。周禮注曰。資、取也。老子曰。善人不善人之師。不善人善人之資。从貝。次聲。卽夷切。十五部。

贎 貨也。廣韵云。贈貨。从貝。萬聲。無販切。十四部。

賑 富也。見釋言。郭曰。謂隱賑富有。西京賦鄉邑殷賑。薛曰。謂富饒也。匡謬正俗曰。振給振貸字皆作振。振、舉救也。俗作賑。非。从貝。辰聲。之忍切。十三部。

賢 多財也。財各本作才。今正。賢本多財之偁。引伸之凡多皆曰賢。人偁賢能因習其引伸之義而廢其本義矣。小雅大夫不均。我從事獨賢。傳曰。賢、勞也。謂事多而勞也。故孟子說之曰。我獨賢勞。戴先生曰。投壺某賢於某若干純。賢、多也。从貝。臤聲。胡田切。十二部。

賁 飾也。易象傳曰。山下有火。賁。序卦傳曰。賁、飾也。按古假賁爲奔。从貝。

賀　貢　贊　賮

𣏟聲。彼義切。十五部。按亦音墳。亦音肥。支與微合韵取近。賀以禮物相奉慶也。物字依韵會、玉篇補。相奉慶、玉篇作相慶加。爲長。心部曰。慶、行賀人也。是慶與賀二字互訓。賀之言加也。猶贈之言增也。古假賀爲嘉。覲禮余一人嘉之。今文嘉作賀是也。廣韵曰。賀、擔也。勞也。此謂或假賀爲儋何字也。儋何俗作擔荷。从貝。加聲。胡箇切。十七部。貢獻功也。貢功疊韵。魯語曰。社而賦事。烝而獻功。韋注。社、春分祭社也。事、農桑之屬也。冬祭曰烝。烝而獻五穀布帛之屬也。周禮八則治都鄙。六曰賦貢以馭其用。注云。貢、功也。九職之功所稅也。按大宰以九貢致邦國之用。凡其所貢皆民所有事也。故職方氏曰。制其貢。各以其所有。从貝。工聲。古送切。九部。贊見也。此以疊韵爲訓。疑當作所以見也。謂彼此相見必資贊者。士冠禮贊冠者。士昏禮贊者。注皆曰。贊、佐也。周禮大宰注曰。贊、助也。是則凡行禮必有贊。非獨相見也。从貝。从兟。鉉曰。兟、音詵。進也。錯曰。進見以貝爲禮也。則旰切。十四部。賮會禮也。以財貨爲會合之禮也。蒼頡篇

六篇下　夫

曰。賮、財貨也。張載注魏都賦曰。賮、禮贄也。又孟子曰。行者必以賮。辭曰。餽賮。或假進爲之。如漢高紀曰。蕭何爲主吏主進。是也。从貝。𦾔聲。徐刃切。十二部。齎持遺也。周禮掌皮歲終則會其財齎。注。予人以物曰齎。今時詔書或曰齎計吏。鄭司農云。齎或爲資。外府共其財用之幣齎。注。齎、行道之財用也。聘禮曰。問幾月之齎。鄭司農云。齎或爲資。今禮家定齎作資。玄謂齎資同耳。其字以齊次爲聲。從貝變易。古字亦多或。玉裁按。此鄭君不用許書說。謂齎資一字。聲義皆同也。許則釋資爲貨。釋齎爲持而予之。其義分別。不爲一字。近人則訓齎爲持矣。从貝。齊聲。祖雞切。十五部。貸施也。謂我施人曰貸也。从貝。代聲。他代切。一部。貣從人求物也。從人猶向人也。謂向人求物曰貣也。按代弋同聲。古無去入之別。求人施人。古無貣貸之分。由貣字或作貸。因分其義。又分其聲。如求人曰乞。給人之求亦曰乞。今分去訖、去既二音。又如假借二字。皆爲求者予者之通名。唐人亦有求讀上入、予讀兩去之說。古皆未必有是。貣別爲貸。又以改竄許書。尤爲異耳。

賂　賸　贈

經史內貣貸錯出。恐皆俗增人旁。蟘字經典釋文、五經文字皆作蟘。俗作蟘。亦其證也。周禮泉府。凡民之貸者。注云。貸者謂從官借本賈也。廣韵廿五德云。貣、謂從官借本賈也。其所據周禮正作貣。而周禮注中借者予者同用一字。釋文別其音。亦可知本無二字矣。从貝。弋聲。他得切。亦徒得切。一部。按古多假貣爲差忒字。賂遺也。見魯頌大賂傳箋云。大猶廣也。廣賂者、賂君及卿大夫也。按以此遺彼曰賂。如道路之可往來也。貨賂皆謂物。其用之則有公私衺正之不同。从貝。各聲。洛故切。五部。按各古有洛音。鉉云。賂當從路省聲。非也。賸物相增加也。賸增疊韵。以物相益曰賸。字之本義也。今義訓爲贅疣。與古義小異。而實古義之引伸也。改其字作剩而形異矣。从貝。朕聲。以證切。六部。一曰送也。副也。人部曰。倂、送也。賸訓送。則與倂音義皆同。副、貳也。貳、副益也。訓送、訓副皆與增加義近。贈玩好相送也。贈送疊韵。秦風渭陽、大雅韓奕皆云。何以贈之。毛傳、鄭箋皆云。贈、送也。崧高云。以贈申伯。傳云。贈、增也。增與送義異

六篇下　七

而同。猶賸之訓增亦訓送也。既夕禮云。知死者贈。知生者賻。何休云。知死者賵賻。知生者贈襚。按以玩好送死者亦贈之一端也。今人以物贈人曰送。送亦古語也。从貝。曾聲。昨鄧切。六部。貱迻予也。迻、遷徙也。展轉寫之曰迻書。展轉予人曰迻予。貱迻疊韵。从貝。皮聲。彼義切。古音在十七部。贛賜也。釋詁曰。贛、賜也。據釋文本作贛。後人改作貢耳。端木賜字子贛。凡作子貢者、亦皆後人所改。淮南道應、要略二訓注皆云。贛、賜也。从貝。竷省聲。古送切。按竷聲當在八部。而讀同貢。則音之轉也。贛之古義古音皆與貢不同。贛籒文贛。集韵、類篇作贑。賚賜也。釋詁。賚、貢、錫、畀、予、況、賜也。又曰。賚、予也。小雅毛傳云。賚、予也。大雅傳云。釐、賜也。釐者、賚之假借也。从貝。來聲。洛帶切。一部。按徐仙民音來。周書曰。賚介秬鬯。文侯之命文。今介作爾。賞賜有功也。錯曰。賞之言尚也。尚其功也。从貝。尚聲。書兩切。十部。賜予也。釋詁。賚、貢、錫、畀、予、況、賜也。七字轉注。凡經傳云錫者

賜之假借也。公羊傳曰。錫者何。賜也。賜者、與之通稱。禹貢納錫大龜。乃下與上之詞。又玉藻言賜君子、與小人者、別言之。統言則不別也。方言曰。賜、盡也。盡之字俗作儩。此借賜爲澌。澌、盡也。从貝。易聲。斯義切。十六部。

貤　重次弟物也。漢書注引作物之重次弟也。重次弟者、既次弟之又因而重之也。漢武帝詔曰。受爵賞而欲移賣者無所流貤。應劭訓貤爲移。上林賦說果樹曰。貤丘陵。下平原。郭樸曰。貤猶延也。按賣爵者展轉與人。蔓莚丘陵者層疊茲長。皆重次弟之意也。毛詩施于中谷。施于孫子。皆當作貤。从貝。也聲。以豉切。古音在十七部。

贏　賈有餘利也。依韵會本訂。左傳曰。賈而欲贏。而惡賈乎。俗語謂贏者輸之對。从貝。𦝤聲。按惟嬴贏字可云𦝤聲。贏字當云從貝嬴。嬴者、多肉之獸也。故以會意。女部嬴當云𦝤省聲。今本多誤。以成切。十一部。

賴　贏也。高帝紀。始大人常以臣亡賴。應曰。賴者、恃也。晉曰。許慎云。賴、利也。無利入於家也。或曰。江淮之閒謂小兒多詐狡獪爲亡賴。按今人云無賴者。謂其無衣食致然耳。方言云。賴、讎也。南楚之外曰賴。賴、取也。从貝。剌聲。洛帶切。十五部。

負　恃也。左傳曰。昔秦人負恃其衆。貪於土地。逐我諸戎。孟子曰。虎負嵎。莫之敢攖。从人守貝。有所恃也。會意。房九切。古音在一部。樂記。禮樂偩天地之情。史記。栗姬偩貴。皆作偩。俗字也。一曰受貸不償。凡以背任物曰負。因之凡背德忘恩曰負。

貯　積也。此與宁音義皆同。今字專用貯矣。周禮注作褚。俗字也。从貝。宁聲。直呂切。五部。

貳　副益也。當云副也。益也。周禮注。副、貳也。說詳刀部。从貝。弍聲。形聲包會意。而至切。十五部。

弍　古文二。

賓　所敬也。大宰。八統。八曰禮賓。大宗伯。以賓禮親邦國。賓客。渾言之也。析言之則賓客異義。又賓謂所敬之人。因之敬其人亦曰賓。又君爲主。臣爲賓。故老子曰。樸雖小。天下莫能臣也。矦王若能守之。萬物將自賓。司馬相如引詩。率土之賓。莫非王臣。从貝。貝者、敬之之物也。𡧍聲。必鄰切。十二部。

𡧍　古文。鉉本無首畫。玉篇、集韵、類篇皆有。

賖　貰買也。貰買者、在彼爲貰。在

我則爲賖也。周禮泉府。凡賖者祭祀無過旬日。喪紀無過三月。鄭司農云。賖、貰也。从貝。余聲。式車切。古音在五部。

貰　貸也。泉府以凡賖者與凡民之貸者竝言。然則賖與貸有別。賖、貰也。若今人云賖是也。貸、借也。若今人云借是也。其事相類。故許渾言之曰貰、貸也。高祖本紀。常從武負王媼貰酒。韋昭曰。貰、賖也。按賖貰皆紓緩之詞。从貝。世聲。神夜切。按古音在五部。聲類、字林、鄒誕生皆音勢。劉昌宗周禮音乃讀時夜反。

贅　以物質錢。若今人之抵押也。漢嚴助傳。賣爵贅子以接衣食。如淳曰。淮南俗賣子與人作奴婢名爲贅子。三年不能贖。遂爲奴婢。按大雅傳曰。贅、屬也。謂贅爲綴之假借也。孟子。屬其耆老。大傳作贅其耆老。公羊傳云。君若贅旒。史漢云。贅壻。此爲聯屬之偁。又莊子云。附贅縣肬。老子云。餘食贅行。此爲餘賸之偁。皆綴字之假借。从敖貝。會意。之芮切。十五部。敖者猶放。敖、出游也。放、逐也。敖與放義不同而可通。故曰猶。謂貝當復取之。謂字依韵會補。放者當復還。贅者當復贖。其義一也。此十字釋敖貝之意。

質　以物相贅。質贅雙聲。以物相贅。如春秋交質子是也。引伸其義爲樸也。地也。如有質有文是。小雅毛傳云。盷、質也。周禮射則充椹質。左傳策名委質。皆是。又緜詩、抑詩傳曰。質、成也。禮謂平明爲質明。从貝。从所。闕。闕者、闕從所之說也。韵會從所作所聲。無闕字。之日切。十二部。

貿　易財也。衞風。抱布貿絲。咎繇謨。貿遷有無化居。从貝。卯聲。莫候切。三部。

贖　貿也。堯典。金作贖刑。从貝。賣聲。殊六切。三部。

費　散財用也。論語曰。君子惠而不費。从貝。弗聲。房未切。十五部。

責　求也。引伸爲誅責。責任。周禮小宰聽稱責以傳別。稱責、卽今之舉債。古無債字。俗作債。則聲形皆異矣。从貝。朿聲。側革切。十六部。

賈　賈、此複舉字之未刪者。市也。市、買賣所之也。因之凡買凡賣皆曰市。賈者、凡買賣之偁也。酒誥曰。遠服賈。漢石經論語曰。求善賈而賈諸。今論語作沽者、假借字也。引伸之、凡賣者之所得、買者之所出皆曰賈。俗又別其字作價。別其音入禡韵。古無是也。从貝。襾聲。公戶切。五部。一曰坐賣售也。六字蓋淺人妄增。司市注。通物曰商。居賣物曰賈。居賣物謂居積物亦兼賣之也。居非謂坐。此以坐與下行相對。又贅以說文所無之售字。殊無文理。賣行賈也。白虎通曰。商賈何謂也。商之爲言章也。章其遠近。度其有亡。通四方之物。故謂之商也。賈之爲言固也。固其有用之物。以待民來。以求其利者也。通物曰商。居賣曰賈。按白虎通古本如是。漢律曆志。商章也。物成孰可章度也。尚書我商賚女。徐邈商音章。商部商從章聲。皆可證。賣俗作賣。經傳皆作商。商行而賣廢矣。渾言之則賣賈可互偁。析言之則行賈曰賣。行賈者通四方之珍異以資之。从貝。商省聲。式陽切。十部。販買賤賣貴者。司市曰。夕市、夕時而市。販夫販婦爲主。注云。販夫販婦朝資夕賣。按資猶取也。从貝。反聲。形聲包會意。方願切。十四部。買市也。市者買物之所。因之買物亦言市。論語沽酒市脯。从网貝。會意。莫蟹切。十六部。春秋襄三十一年。莒人弒其君密州。密州左傳作買朱鉏。杜云買朱鉏、密州之字。按弒君未有書字者。傳明云書曰莒人

弒其君買朱鉏。然則左公所據之經實作買朱鉏、不作密州也。買爲密、朱爲州。皆音之轉。朱鉏者。猶邾之言邾婁也。今本經與傳不合。蓋或以公穀經文改左氏經文。孟子曰。登壟斷而网市利。見公孫丑篇。此引以證从网貝之意也。壟孟子作龍。丁公箸讀爲隆。陸善經乃讀爲壟。謂岡壟斷而高者。按趙注釋爲堁斷而高者也。堁、塵塺也。高誘云。楚人謂塵爲堁。趙本蓋作龙斷。龙塵堁之皃。嚻塵不到。地勢略高之處也。古書龙龍二字多相亂。許書亦當作龙斷。淺人以陸善經說改爲壟耳。貴物不賤也。从貝。臾聲。居胃切。十五部。臾古文蕢。見艸部。○按貴篆各本廁部末賏上。非舊次也。今更正。賤賈少也。賈今之價字。从貝。戔聲。才線切。十四部。賦斂也。周禮大宰以九賦斂財賄。斂之曰賦。班之亦曰賦。經傳中凡言以物班布與人曰賦。从貝。武聲。方遇切。五部。貪欲物也。心部惏。女部婪。皆訓貪。从貝。今聲。他含切。七部。貶損也。从貝。乏聲。形聲包會意也。鉉本

作从貝从乏。方斂切。杜林作导。貧財分少也。謂財分而少也。合則見多。分則見少。富備也。厚也。則貧者不備。不厚之謂。从貝分。分亦聲。符巾切。十三部。𡧍古文从宀分。賃庸也。庸者今之傭字。廣韵曰。傭餘封切。傭賃也。凡僱僦皆曰庸、曰賃。从貝。任聲。尼禁切。七部。賕以財物枉法相謝也。枉法者。違法也。法當有罪。而以財求免。是曰賕。受之者亦曰賕。呂刑五過之疵。惟來。馬本作惟求。云有請賕也。按上文惟貨者。今之不枉法贓也。惟求者。今之枉法贓也。从貝。求聲。形聲包會意。巨留切。三部。一曰載質也。載各本作戴。今依韵會正。謂載質而往求人偁貸也。質謂以物相贅。購以財有所求也。縣重價以求得其物也。漢律能捕豺貀購錢百。从貝。冓聲。古候切。四部。⿰貝疋齎財卜問爲⿰貝疋。卜問。廣韵作問卜。史記貨殖傳。醫方諸食技術之人。焦神竭能。爲重糈也。日者傳。卜而有不審。不見奪糈。按之糈。皆當作⿰貝疋。同音假借。⿰貝疋所以讎卜者也。祭神米

曰糈。卜者必禮神。故其字亦作糈。从貝。疋聲。讀若所。疏舉切。五部。貲小罰以財自贖也。貲字本義如是。引伸爲凡財貨之偁。从貝。此聲。即夷切。十五部。漢律。民不繇貲錢二十三。繇傜古今字。二十三各本作二十二。今正。漢儀注曰。人年十五至五十六出賦錢。人百二十爲一筭。又七歲至十四出口錢。人二十。以供天子。至武帝時又口加三錢。以補車騎馬。見昭帝紀、光武紀二注。及今四庫全書內漢舊儀。按論衡謝短篇曰。七歲頭錢二十三。亦謂此也。然則民不傜者。謂七歲至十四歲貲錢二十三者。口錢二十。幷武帝所加三錢也。賨南蠻賦也。後漢書南蠻西南夷傳曰。槃瓠之傳蠻夷秦置黔中郡。漢改爲武陵。歲令大人輸布一匹。小口二丈。是謂賨布。魏都賦曰。賨幏積墆。幏見巾部。从貝。宗聲。徂紅切。九部。賣衒也。衒、行且賣也。賣字不見經傳。周禮多言儥。儥訓買。亦訓賣。胥師飾行儥慝。賈師貴儥者。蓋即說文之賣字。而說文人部儥見也。則今之覿字也。玉篇云。賣或作粥鬻。是賣鬻爲古今字矣。按賣

隸變作賣，易與賣相混。从貝𡩻聲。𡩻，古文睦。見目部。讀若育。余六切。三部。

賏　頸飾也。从二貝。駢貝爲飾也。烏莖切。十一部。

文五十九　重三

邑　國也。鄭莊公曰：吾先君新邑於此。左傳凡偁人曰大國，凡自偁曰敝邑。古國邑通偁。白虎通曰：夏曰夏邑，商曰商邑，周曰京師。尚書曰西邑夏，曰天邑商，曰作新大邑於東國雒，皆是。周禮四井爲邑。左傳凡邑有宗廟先君之主曰都，無曰邑。此又在一國中分析言之。从口。音韋。封域也。先王之制，尊卑有大小，从卪。尊卑謂公侯伯子男也。大小謂方五百里、方四百里、方三百里、方二百里、方百里也。土部曰：公侯百里，伯七十里，子男五十里。從孟子說也。尊卑大小出於王命，故從卪。於汲切。七部。凡邑之屬皆从邑。

邦　國也。周禮注曰：大曰邦，小曰國。析言之也。許云：邦，國也；國，邦也。統言之也。周禮注又云：邦

之所居亦曰國。此謂統言則封竟之內曰國曰邑，析言則國野對偁。周禮體國經野是也。古者城𩫏所在曰國曰邑，而不曰邦。邦之言封也。古邦封通用。書序云邦康叔、邦諸侯，論語云在邦域之中，皆封字也。周禮故書乃分地邦而辨其守地，邦謂土畍。杜子春改邦爲域，非也。从邑，丰聲。博江切。九部。𡵂　古文。從㞢田。之，適也。所謂往卽乃封。古文封字亦從之土。

郡　周制：天子地方千里，分爲百縣，縣有四郡。逸周書作雒篇曰：千里百縣，縣有四郡。高注六月紀云：周制天子畿內方千里，分爲百縣，縣有四郡，郡有監。故春秋傳曰：上大夫受縣，下大夫受郡。周時縣大郡小。至秦始皇兼天下，初置三十六郡，以監縣耳。按作雒篇與周禮不合，鄭注月令但云四監主山林川澤之官，百縣鄉遂之屬，是不從作雒說也。故春秋傳曰：上大夫受縣，下大夫受郡，是也。各本少受縣下大夫五字，今從水經注河水篇所引補正。趙簡子曰：克敵者上大夫受縣，下大夫受郡。見左傳哀公二年。至秦初天下，置三十

六郡㠯監縣。戰國策甘茂曰：宜陽大縣也，名爲縣，其實郡也。秦武王時巳郡大縣小矣。前此惠文王十年，魏納上郡十五縣。後十三年，攻楚漢中，取地六百里，置漢中郡。吳氏師道云：或者山東諸侯先變古縣大郡小之制，而秦效之，是也。至始皇廿六年，始置三十六郡。三十六郡者，錢氏大昕曰：地理志河東、太原、上黨、東郡、潁川、南陽、南郡、九江、鉅鹿、齊郡、琅邪、會稽、漢中、蜀郡、巴郡、隴西、北地、上郡、雲中、鴈門、代郡、上谷、漁陽、右北平、遼西、遼東、南海，皆曰秦置。長沙國曰秦郡。河南曰故秦三川郡。沛郡曰故秦泗水郡。五原曰秦九原郡。鬱林曰故秦桂林郡。日南曰故秦象郡。趙國曰故秦邯鄲郡。梁國曰故秦碭郡。魯國曰故秦薛郡。數之適得三十六。下文揔之曰：本秦京師爲內史，分天下作三十六郡。此確然不易者也。史記始皇本紀二十六年分天下爲三十六郡，而略取陸梁地爲桂林、象郡、南海，乃在三十三年。裴駰以爲不當在三十六之內，因舍三郡，以內史、鄣郡、黔中足之。內史別於三十六郡，不待言。故鄣郡雖見於志注，而不系之秦。黔中郡見昭襄王三十年，而志不之數，不可爲典要也。史記之三十六與漢志同，

乃揔撮後事而言之。故漢志、說文、高誘呂覽注、應劭風俗通、皇甫謐帝王世紀、司馬彪郡國志皆言秦分三十六郡。裴氏不從漢志之目，而唐人作晉書乃造秦四十郡之說，前此無言之者。从邑，君聲。渠運切。十三部。按釋詁曰：郡，乃也。此未得其說，疑邪之誤也。

都　有先君之舊宗廟曰都。左傳曰：凡邑有宗廟先君之主曰都，無曰邑。周禮大司徒注曰：都鄙者，王子弟公卿大夫采地，其界曰都，鄙所居也。載師注曰：家邑，大夫之采地；小都，卿之采地；大都，公之采地，王子弟所食邑也。大宰八則注曰：都鄙，公卿大夫之采邑，王子弟所食邑，周召毛聃畢原之屬在畿內者。祭祀者，其先君社稷五祀。按據杜氏釋例，大曰都，小曰邑，雖小而有宗廟先君之主曰都，尊其所居而大之也。又按左氏言有宗廟先君之主曰都，許改云有先君之舊宗廟，則必如晉之曲沃故絳而後可偁都，恐非左氏意也。左氏與周官合。从邑，者聲。當孤切。五部。周禮：距國五百里爲都。此周禮說也。周禮載師注引司馬法曰：王國百里爲郊，二百里爲州，三百里爲野，四百里爲縣，五百

里爲都。大宰注曰。邦中、在城郭者。四郊、去國百里。邦甸、二百里。家削、三百里。邦縣、四百里。邦都、五百里。

鄰 五家爲鄰。見遂人職。按引伸爲凡親密之偁。从邑粦聲。力珍切。十二部。

酇 百家爲酇。遂人。五家爲鄰。五鄰爲里。四里爲酇。五酇爲鄙。五鄙爲縣。五縣爲遂。酇、聚也。謂酇與欑欑音義皆同。欑、一曰叢木也。欑、取也。从邑贊聲。作管切。又作旦切。又南陽有酇縣。漢地理志南陽郡酇矦國。孟康曰。音讚。按南陽縣作酇。沛郡縣作鄼。許二字畫然不相亂也。在沛者後亦作酇。直由莽曰贊治。而亂南陽鄼音讚。沛鄼及改作酇字。皆音嵯。音亦本不相亂。蕭何始封之鄼。茂陵書、文穎、臣瓚、顏師古、杜佑皆云在南陽。江統戴規、姚察、李吉甫、今錢氏大昕皆云在沛。在沛說是也。始封於鄼。高后乃封之南陽之鄼。與筑陽。文帝至莽之鄼矦皆在南陽。故地理志於南陽云鄼矦國。而沛郡鄼下不云矦國。爲在沛者不久也。諸家所傳班固作泗水亭高祖碑云。文昌四友。漢有蕭何。序功第一。受封於鄼。以韵求之。可以不惑。

鄙 五酇爲鄙。見遂人。五百家也。又周禮都鄙。王子弟公卿大夫采地。其畍曰都。鄙所居也。按大司徒以邦國都鄙對言。鄭注以邦之所居曰國。都之所居曰鄙對言。春秋經傳鄙字多訓爲邊者。蓋周禮都鄙之距國五百里。在王畿之邊。故鄙可釋爲邊。又引伸爲輕薄之偁。而鄙夫字古作啚。冣目云俗儒啚夫。歖其所習可證也。今則鄙行而啚廢矣。从邑啚聲。兵美切。古音在一部。故鄙否通叚用也。

郊 距國百里爲郊。杜子春注周禮曰。五十里爲近郊。百里爲遠郊。玉藻說郊祭曰。於郊故謂之郊。从邑交聲。古肴切。二部。按周禮故書作蒿。假借字。

邸 屬國舍也。文帝紀曰。入代邸。顏注曰。郡國朝宿之舍在京師者率名邸。邸、至也。言所歸至也。按今俗謂旅舍爲邸。經典假借邸爲柢。如典瑞四圭有邸是也。釋器邸謂之柢。當作柢。謂之邸。釋言曰。柢、本也。鄭司農引作邸。本也。可證。爾雅皆釋經之辭。从邑氐聲。都禮切。十五部。

郛 𩫏也。𩫏各本作郭。今正。公羊傳入其郛。注。郛、恢郭也。城外大郭也。从邑孚聲。甫無切。古音在三部。

郵 竟上行書舍。孟子。德之流行。速於置郵而傳命。釋言。郵、過也。按經過與過失。古不分平去。故經過曰郵。過失亦曰郵。爲尤訧之假借字。从邑垂。會意。羽求切。古音在一部。垂、邊也。說從垂之意。在境上。故從垂。

郮 國甸。大夫稍稍所食邑。載師注曰。故書稍或作削。按削當是郮之誤。許所據正故書或本也。太宰家削之賦。當作家郮。釋文曰。家削本又作郮。是也。按國甸之下疑有奪文。大宰曰。三曰邦甸之賦。四曰家郮之賦。載師曰。以公邑之田任甸地。以家邑之田任郮地。此云國甸卽經之邦甸也。邦甸去國二百里。家郮三百里。此當云國甸之外曰家郮。大夫稍稍所食邑。鄭曰。家邑、大夫之采地也。稍與郮疊韵。从邑肖聲。所教切。二部。周禮曰。任郮地在天子三百里之內。鄭說同。

鄯 鄯善、逗。西胡國也。許書三言西胡。皆謂西域也。言西胡以別於匈奴爲北胡也。漢西域傳云。鄯善國本名樓蘭。王治扜泥城。去陽關千六百里。去長安六千一百里。元鳳四年。傳介子誅其王。更名其國爲鄯善。爲刻印章。是則此時初製鄯字也。漢鄯善國城在今哈密衞東南。中國山川維首在隴蜀。紀地者必始於西。故起西域而雍州。从邑善。善亦聲。時戰切。十四部。

竆 夏后時諸矦夷羿國也。弓部曰。芎、帝嚳䠶官。夏少康滅之。羽部曰。羿、羽之羿風。亦古諸矦也。按芎羿古通用。云帝嚳䠶官而夏少康滅之。則夏之夷羿卽帝嚳䠶官之後裔明矣。夷羿見左傳虞箴。左傳魏絳云。夏訓有之曰。有竆后羿。昔有夏方衰。后羿自鉏遷於竆石。因夏民以代夏政。寒浞殺羿。靡滅浞立少康。有竆由是遂亡。今左傳作窮。許所據作竆。今古字也。左氏之竆石。杜不言其地所在。葢非山海經離騷淮南子所云弱水所出之窮石也。地理志說文皆云弱水出張掖山丹。則山海經離騷淮南子所云竆石。當在山丹。漢山丹今爲甘州府山丹縣。距夏都安邑甚遠。然許鄯善之下卽出竆字。固謂西北邊地。从邑竆省聲。渠弓切。九部。

鄸 周封黃帝之後於鄸也。樂記曰。武王克殷及商。未及下車而封黃帝之後於薊。按鄸薊古今字也。薊行而鄸廢矣。漢地理志。郡國志皆作薊。則其字假借久矣。陸德明曰。薊、今涿郡薊縣是也。即燕國之都也。孔安國司馬遷及鄭皆云燕召公與周同姓。案黃帝姓姬。君奭葢其後也。或黃帝之後封薊者滅絕。而更封燕召公乎。疑不能明也。而皇甫謐以召公爲文王之庶子。記傳更無所出。又左傳富辰言文王之昭亦無燕。玉裁按地理志曰。廣陽國薊燕召公所封。然則班意謂封黃帝之後卽召公也。而周本紀以封堯後於薊。封召公奭於燕竝言。張守節疑薊爲燕所幷。未知其審。从邑。契聲。讀若薊。古詣切。十五部。上谷有鄚縣。地理志廣陽國下曰。高帝燕國。昭帝元鳳元年爲廣陽郡。宣帝本始元年更爲國。郡國志廣陽郡注曰。世祖省廣陽郡。幷上谷。永平八年復。按許云上谷有薊縣。依光武省幷而言也。今京師順天府附郭大興縣治卽古燕都。許說漢制。作鄚。則知漢時故作鄚矣。但不解今之漢志何以作薊也。○又按此五字。當如下文邰下鄠下之例。作今上谷薊縣是也。七字。漢時字已作薊。如邰巳作斄。鄠巳作穫。古今字不同。故著之以言其合。假令漢時字本作鄚。則其立文當云上谷縣也。周時黃帝之後所封。如鄒下云魯縣。古邾國。帝顓頊之後所封之例矣。然則鄚者許所見古字也。薊者、漢時字也。

邰　炎帝之後姜姓所封。周棄外家國。大雅。有邰家室。毛傳曰。邰、姜嫄之國也。堯見天因邰而生后稷。故國后稷於邰。使事天以顯神、順天命。是則邰本后稷外家之國名。炎帝之後姜姓所封也。國后稷於邰時葢國姜姓於他處矣。至武王克殷興滅國繼絕世。乃封神農之後於焦。从邑。台聲。土來切。一部。右扶風斄縣是也。見地理志。周人作邰。漢人作斄。古今語小異。故古今字不同。郡國志無斄縣。鄠下曰。有邰亭。葢斄縣併入鄠也。邰亭、杜預謂之釐鄉。徐廣謂之斄鄉。今陝西乾州武功縣西南二十二里故斄城是。詩曰。有邰家室。今生民詩有卽字。考高誘注呂覽辨土引。實穎實栗。有邰家室。亦無卽。○宋本說文無卽。與九經字樣所引合。一本有者非也。

郊　周文王所封。在右扶風美陽中水鄉。經典有岐無郊。惟漢地理志曰。大王徙郊。文王作酆。匈奴傳曰。秦襄公伐戎至郊。師古曰。郊古岐字。岐專行而郊廢矣。許所見豳岐作郊。猶所見薊作鄚也。地理志曰。右扶風美陽禹貢岐山在西北。中水鄉、周大王所邑。魯頌箋曰。大王自豳徙居岐山之陽。按此云文王所封。要其終而言。皇矣詩曰。度其鮮原。居岐之陽。箋云。乃始謀居善原廣平之地。亦在岐山之南也。文王自郊遷酆。非文王始國郊也。下云酆、周文王所都。則此當云大王矣。戴先生曰。美陽今爲陝西鳳翔府岐山、扶風二縣。漢志美陽岐山在西北。今岐山縣東七十里岐山是。从邑。支聲。巨支切。十五部。

岐　郊或从山支聲。因岐山㠯名之也。郊或者、岐之或字。謂岐卽郊邑之或體也。又云因岐山㠯名之。則又郊邑岐山畫爲二字矣。考岐山見於夏書、雅頌、漢志。郊邑因岐山以名。郊邑可作岐。岐山不可作郊。薛綜注西京賦引說文。岐山在長安西美陽縣界。山有兩岐。因以名焉。此說文山部原文也。山有兩岐、當作山有兩枝。山有兩枝、故名曰岐山。疑後人移入於此而刪改之。學者讀此可以刪邑部之岐山專入山部矣。○按漢書地理志曰。大王徙郊。曰襄公將兵救周有功。賜受郊酆之地。郊祀志曰。大王建國於郊梁。匈奴傳曰。秦襄公伐戎至郊。皆作郊。郊周字也。而岐山字地理志皆作岐。是可證郊岐之別。

古文郊。从枝。从山。古文郊當作古文岐。此亦淺人改山部之文入此部耳。亦當刪此入彼。

邠　周大王國。在右扶風美陽。从邑。分聲。補巾切。十三部。

豳　美陽亭卽豳也。民俗㠯夜市。有豳山。从山。从豩。闕。按此二篆說解可疑。豳者公劉之國。史記云慶節所國。非大王國。疑一。漢地理志、毛詩箋、郡國志皆云。豳在右扶風栒邑。不在美陽。疑二。地理郡國二志皆云。栒邑有豳鄉。徐廣曰。新平漆縣之東北有豳亭。漢右扶風之漆與栒邑皆是豳域。不得美陽有豳亭。疑三。从山、豩聲。非有闕也。而云从豩闕。疑四。假令許果以豳合邠。當云或邠字。而不言及。疑五。葢古地名作邠。山名作豳。而地名因於山名。同音通用。如郊岐之比。是以周禮籥師經文作豳。注作邠。漢人於地名用邠不用豳。許氏原書當是豳岐本在山部。而後人移之。併古今字爲一字。抑或許書之變例有然。未能定也。經典多作豳。惟孟子作邠。唐開元十三年始改豳州爲邠州。見通典、元和郡縣志。郭忠恕云。因似幽而易誤也。

郿 右扶風縣。前後二志同。大雅申伯信邁。王餞于郿。毛云。郿地箋云。時王蓋省岐周。故于郿云。正義云。申在鎬京之東南。自鎬適申。塗不經郿。時宣王蓋省視岐周。申伯從王至岐。自岐餞之。按今鳳翔府郿縣縣東北十五里渭水之北有故郿城。从邑眉聲。武悲切。師古音媚。十五部。

郁 右扶風郁夷也。見地理志。班引詩周道郁夷。師古曰。毛詩周道倭遲。韓詩作郁夷字。言使臣乘馬行於此道。按古假借爲戫字。如論語郁郁乎文哉是也。戫有文章也。其始借或爲戫。其後又借郁爲戫。今陝西鳳翔府隴州州西五十里有故郁夷城。後漢建武二年。鄧禹遣兵擊赤眉於郁夷。在此處也。从邑有聲。於六切。古音在一部。

鄠 右扶風縣也。前後二志同。今陝西西安府鄠縣縣北二里有故鄠城。郎古扈國也。从邑雩聲。胡古切。五部。

扈 夏后同姓所封。戰於甘者。尚書序曰。啓與有扈戰於甘之野。作甘誓。馬融曰。有扈。姒姓之國。爲無道。又曰。甘。有扈南郊地名也。左傳曰。夏有觀扈。五觀與扈皆夏同姓也。在鄠。謂夏之有扈在漢之鄠縣也。鄠郎扈。如鄨郎邰。䣛郎郪。皆古今字。姚察史記訓纂云。戶扈鄠三字一也。按扈爲周字。鄠爲秦字。通典云。至秦改爲鄠。有扈谷甘亭。此五字有脫誤。當作有戶谷戶亭甘亭七字。今漢書鄠下云。古國。有扈谷亭。語不完。當依元和郡縣志所引云。古扈國有戶谷戶亭。又有甘亭。史記正義所引志云。古扈國有戶亭。疑正義尚脫戶谷二字。許書當與漢志同。戶扈同字。姚察云。戶扈鄠三字同是也。从邑戶聲。胡古切。五部。按左傳扈民無淫者也。同屆。蕩戶之戶。止也。又離騷扈江離於辟芷。王云。楚人名被爲扈。𡵝 古文扈。从山弓。此未詳其右所從也。鍇曰。從辰巳之巳。竊謂當從戶。而轉寫失之。

鄜 右扶風鄠鄉。謂右扶風鄠縣有鄜鄉也。下仿此。漢鄜成矦周緤。服虔音菅蒯之蒯。蘇林音簿催反。小顏、小司馬皆云。字從崩從邑。功臣表。鄜成在長沙。張守節引輿地志云。鄜成縣故陳倉縣之故鄉聚名也。周緤所封。與漢表說文皆乖異。而穆天子傳天子西征至于鄜。又未詳其地。从邑崩聲。沛城父有鄜鄉。沛郡城父見地理志。城父者。左傳襄元年昭九年之夷地。今安徽穎州府亳州東南七十里有故城父城是也。史記索隱引三蒼云。鄜鄉在城父縣。音裴。讀若陪。許云崩聲。則在第六部也。讀若陪。則音轉在一部也。鄜城。楚漢春秋作憑城。師古云。鄜又音普肯反。皆本音也。今音薄回切。依讀若陪之云而入灰韵也。

䢐 右扶風鄠鄉。从邑且聲。子余切。五部。

郝 右扶風鄠盩厔鄉。鉉本如此。謂右扶風之鄠縣盩厔縣皆有郝鄉也。玉篇作右扶風盩厔鄉。無鄠字。而鍇本作右扶風鄠鄉盩厔縣。脫落不完。汲古毛扆乃取以改舊本。可笑也。前志曰。右扶風盩厔。按在今陝西西安府盩厔縣。从邑赤聲。呼各切。五部。

酆 周文王所都。詩書皆作豐。左傳。酆文之昭也。字從邑。前後二志亦作酆。大雅曰。既伐于崇。作邑于豐。杜預曰。酆在鄠縣。後志曰。酆在京兆杜陵西南。在京兆杜陵西南。京兆尹杜陵二志同。今陝西西安府府東南十五里有故杜陵城。从邑豐聲。敷戎切。九部。

鄭 京兆縣。二志同。今陝西同州府華州州城北有故鄭城。周厲王子友所封。前志曰。周宣王弟鄭桓公邑。从邑奠聲。直正切。十一部。宗周之滅。鄭徙溍洧之上。今新鄭是也。桓公友之子武公與平王東遷。取虢鄶鄢蔽補丹依疇歷華十邑之地。右雒左濟。前華後河。食溱洧焉。從其故名曰鄭。至漢爲河南郡新鄭。二志同。今河南開封府新鄭縣西有故鄭城。

郃 左馮翊郃陽縣。二志同。應劭曰。在郃水之陽也。按今陝西同州府郃陽縣郎其地。从邑合聲。矦閤切。七部。詩曰。在郃之陽。大雅文。今詩郃作洽。水經注引亦作郃。按魏世家。文矦時西攻秦。築雒陰合陽。字作合。蓋合者水名。毛詩本作在合之陽。故許引以說會意。秦漢間乃製郃字耳。今詩作洽者。後人意加水旁。許引詩作郃者。後人所改。

叩 京兆藍田鄉。二志皆云京兆尹藍田。今陝西西安府藍田縣縣治西十一里有藍田故城。叩者鄉名。今人叩擊字从卩。不當作叩。从邑口聲。苦后切。四部。

𨟚 京兆杜陵鄉。水經注渭水篇。泬水上承

鄜　䣝

皇子陂於樊川。其地卽杜之樊鄉也。漢祖至櫟陽。以將軍樊噲灌廢丘最。賜邑於此鄉。按樊鄉見史漢樊噲傳。索隱引三秦記曰。長安正南。山名秦嶺。谷名子午。一名樊川。一名御宿。樊鄉卽樊川也。宋敏求長安志曰。樊川在萬年縣南三十五里。引十道志云。其地卽杜陵之樊鄉。凡言樊鄉卽許之𨞪鄉也。在今西安府南三十里之樊川。周語樊仲山父諫。韋曰。仲山父。王卿士。食采於樊。毛傳曰。仲山甫樊矦也。按周襄王賜晉文公陽樊之田。陽樊一名樊。一名陽。國語。陽人不服。而曰陽有樊仲之官守焉。然則仲山甫之樊非此𨞪也。陽樊方輿紀要云。或曰在今河南懷慶府濟源縣。**从邑。樊聲。**附袁切。十四部。

鄜　左馮翊縣。見地理志。按封禪書秦文公作鄜時。今陝西鄜州洛川縣縣東南七十里有鄜城廢縣。**从邑。麃聲。**甫無切。按票聲麃聲當在二部。而孟康鄜音敷者。凡漢志地名皆隨其地語言爲音故也。隸省作鄜。

䣝　左馮翊郃陽亭。謂左馮翊郃陽有䣝亭也。各本作鄜陽亭。誤。今依集韵類篇王伯厚詩地理考正。伯厚困學紀聞亦作鄜陽亭。則宋時本固是。非錯出也。

邮　𨛫　邽　部

大雅韓奕。出宿于屠。毛曰。屠地名。宋濬水李氏謂地在同州鄜谷。是也。按屠鄜古今字。顧氏祖禹讀史方輿紀要作荼谷渡。云在今陝西同州府郃陽縣東河西故城南。**从邑。屠聲。**同都切。五部。

邮　左馮翊高陵亭。各本無亭字。今依廣韵尤韵及玉篇補。錫韵又曰。邮鄉名。在高陵。按左馮翊高陵二志同。今陝西西安府高陵縣卽其地。**从邑。由聲。**徒歷切。古音在三部。

𨛫　左馮翊谷口鄉。左馮翊谷口。見地理志。今陝西西安府醴泉縣東北七十里有故谷口城。**从邑。年聲。讀若寧。**奴顚切。十二部。按廣韵奴丁切。年聲而讀如寧。合韵也。

邽　隴西上邽也。見地理志。郡國志曰。漢陽郡上邽。故屬隴西。胡氏三省云。秦本紀。武公伐邽冀戎。初縣之。上邽縣故邽戎地也。此爲上邽。京兆有下邽。今甘肅秦州西六十里有故上邽城。**从邑。圭聲。**古畦切。十六部。

部　天水狄部。地理志天水無狄部。未詳。顧氏祖禹曰。漢天水郡。今陝西鞏昌府以東秦州之境是其地。**从邑。咅聲。**蒲口切。四部。按廣韵曰。部。署也。

郖　鄏

許冣目曰。分別部居。不相雜廁。

郖　弘農縣庾地。二志弘農郡首弘農縣。郡縣同名。故但言弘農縣也。庾當作渡。字之誤也。水經注河水篇曰。門水又北逕弘農縣故城東。城卽故函谷關門。水側城北流而注於河。河水於此有浢津。以河北有浢水南入於河。故有浢津之名也。穆天子傳。天子自竇軨乃次於浢水之陽。丁亥入於南鄭。考其沿歷所踵。路直斯津。是知袁豹之徒竇津之說非矣。按浢郖同字。魏志杜畿傳。畿遂詭道從郖津渡。陳壽用字合許書也。宋元嘉二十九年。北魏將封禮自郖津南渡。赴弘農。拒柳元景。在今河南陝州靈寶縣縣西十里。**从邑。豆聲。**當矦切。四部。按矦當作侯。

鄏　郟鄏。逗。二字依韵會補。**河南縣直城門官陌地也。**官。趙抄宋本李仁甫本作宮。今集韵作宮。類篇作官。似官是。官陌卽今云官路也。河南縣者。二志皆云河南郡河南。郡縣同名。故但云河南。縣以別於凡縣不云縣也。若漢魏時碑則云河南河南矣。漢雒陽縣、周之成周也。漢河南縣、周之王城也。今河南河南府府東北二十里有雒陽故城。府城西北有河南故城。河南故城西有郟鄏陌。或謂之郟山。北二里曰邙山。**从邑。辱聲。**而蜀切。三部。**春秋傳曰。成王定鼎于郟鄏。**宣三年左傳文。按逸周書云。周公作大邑成周於中土。南繫於雒水。北因於郟山。以爲天下之大湊。地理志曰。河南郡河南故郟鄏地。周武王遷九鼎。周公致太平。營以爲都。是爲王城。是則漢之河南縣。左傳之郟鄏也。周時郟鄏爲大名。漢時專評城外官陌爲郟鄏陌。舊名之僅存者。故皇甫謐杜預皆云縣西有郟鄏陌也。許君先舉漢陌。後舉周地。使文義相足。別詳邙下。

鄻　𨞑

鄻　周邑也。左傳昭廿九年。王子趙車入于鄻以叛。杜云。鄻。周邑。**从邑。輦聲。**力展切。十四部。

𨞑　周邑也。左傳曰。凡蔣邢茅胙祭。周公之胤也。按春秋經左傳國語史記逸周書竹書紀年凡云祭伯祭公謀父字皆作祭。惟穆天子傳云𨞑父。注云。𨞑父。𨞑公謀父。𨞑者本字。祭者假借字。韋注國語云。祭。畿內之國。周公之後也。爲王卿士。謀父字也。是則𨞑本西都畿內邑名。至東周時。隱元年祭伯來。莊廿三年祭叔來聘。尚仍其西都舊偁。許云周邑。系諸河南河內之閒。其諸東都亦有𨞑與。

抑如鄭之仍舊偁與。从邑。祭聲。側介切。十五部。禮記葉公之顧命。以周書祭公解正之。葉乃祭之誤。

邙 河南雒陽北。雒各本作洛。誤。今正。河南雒陽、二志同。芒山上邑。芒、宋本或作亡。或作土。玉篇集韵類篇作土。今定作芒。左傳昭廿二年杜注曰。北山、洛北芒也。文選應休璉與從弟君苗君胄書曰。登芒濟河。李注引說文芒、洛北大阜也。今說文雖無此語。然所據爲唐以前書。郡國志雒陽下亦引皇覽縣北芒山道西呂不韋冢。水經注穀水篇曰。廣莫門北對芒阜。是則山本名芒。山上之邑則作邙。後人但云北邙。尟知芒山矣。亡者譌字也。土者淺人肊改之也。北芒山在今河南河南府北十里。山連偃師鞏孟津三縣。綿亙四百餘里。左傳昭二十二年王田北山。卽此。按周書所謂郟山者北邙山也。王城謂之郟者。以山名之。桓七年王遷盟向之民于郟。襄二十四年齊人城郟。周語晉文公旣定襄王于郟。皆謂王城也。然則云郟鄏者謂郟山下肥瘠之地。郟古字容當作夾。从邑。亡聲。亦從芒省會意。莫郎切。十部。

鄩 周邑也。左傳昭廿二年。郟鄩潰。杜曰。河南鞏縣西南有地名鄩中。水經注洛水篇曰。鄩水於訾城西北東入洛水。京相璠云。有鄩城。蓋周大夫鄩肸之邑也。按鄩肸、鄩羅皆子朝之黨。見左傳。今河南河南府鞏縣西南五十八里有故鄩城。从邑。尋聲。徐林切。七部。

郗 周邑也。在河內。左傳隱十一年。王與鄭人蘇忿生之田。溫、原、絺、樊、隰郕、欑茅、向、盟、州、陘、隤、懷。杜曰。絺在野王縣西南。按郗者本字。絺者古文假借字也。前志河內郡波縣。孟康云。有絺城。後志亦云河內波有絺城。按許但云河內、不云某縣者。有所未審也。从邑。希聲。丑脂切。十五部。

鄆 河內沁水鄉。河內郡沁水、二志同。今河南懷慶府濟源縣東北有故沁水城是也。沁水縣有鄆鄉。从邑。軍聲。王問切。十三部。魯有鄆地。見左氏春秋經傳。公羊作運。文公十二年、成公九年、襄公十二年、昭公元年之鄆。杜云。莒別邑。在城陽姑幕縣。此在魯東者也。成公十六年之鄆。杜云。魯西邑。在東郡廩丘。此在魯西境者也。東鄆當在今山東青州府諸城縣西。鄆在今山東曹州府鄆城縣、有鄆城故城。按此與沛城父有郱鄉、魯東有郱戎爲一例。別於前義。

邶 故商邑。商畿內之地也。邑、國也。商頌曰。商邑翼翼。自河內朝歌㠯北是也。河內朝歌、二志同。前志曰。朝歌、紂所都。詩譜曰。邶鄘衛者、商紂畿內方千里之地。武王伐紂以其京師封紂子武庚爲殷後。三分其地。置三監。使管叔、蔡叔、霍叔尹而教之。自紂城而北謂之邶。南謂之鄘。東謂之衛。後三監導武庚叛。成王殺武庚、伐三監。更於此三國建諸侯。封康叔於衛。使爲之長。後世子孫稍幷彼二國。混而名之。從其國本而異之。爲邶鄘衛之詩焉。故邶城在今河南衛輝府府東北。通典曰。故鄘城在新鄉縣。縣西南三十二里。从邑。北聲。補妹切。古音在一部。

邘 周武王子所封。左傳曰。邘、晉、應、韓、武之穆也。在河內野王是也。是也二字衍文。河內野王、二志同。前志孟康注曰。故邘國。今邘亭是也。後志曰。野王有邘城。尚書大傳曰。文王受命一年。斷虞芮之訟。二年伐邘。此商時之邘也。武王子所封。徐廣曰。在野王縣西北。按今河南懷慶府府西北十三里有故邘城。从邑。亐聲。況于切。五部。讀又若區。于聲則讀如于矣。又讀同區。與四部合韵也。

𨞛 殷諸矦國。今商書西伯戡黎。今文尚書作耆。尚書大傳、文王受命五年伐耆。周本紀明年敗耆國是也。或作肌。或作飢。皆假借字也。許所據古文尚書作𨞛。戈部作黎。蓋俗改也。左傳曰。赤狄奪黎氏地。詩序曰。狄人迫逐黎矦。未知卽商諸矦之後與否。在上黨東北。上黨、郡名。不言何縣者。有未審也。前志上黨壺關。應劭曰。黎矦國也。今黎亭是。後志同應說。今山西潞安府府治卽漢壺關縣。府西南三十五里有黎亭。从邑。𥝩聲。郎奚切。十五部。𥝩古文利。見刀部。商書西伯戡𨞛。篇名。

邵 晉邑也。左傳襄二十三年。齊矦伐衛。遂伐晉。入孟門。登大行。張武軍於熒庭。戍郫邵。杜曰。取晉邑而守之。杜不言郫邵二邑名。據許則當是二邑也。文六年。賈季召公子樂於陳。趙孟使殺諸郫。此單言郫也。後志河東垣縣有邵亭。注引博物記。縣東九十里有郫邵之阸。趙孟殺公子樂於郫邵。豈張華所見左傳有異歟。按今山西絳州垣曲縣東有邵城。後魏之邵郡。後周之邵州。皆此也。依許則經典獨此字從邑召凡周召字作邵者俗也。後儒或謂坦曲邵城爲周召分陝之所。其說不經。**从邑。召聲。**寔照切。二部。

鄍　晉邑也。左傳僖二年。荀息假道於虞曰。冀爲不道。入自顚軨。伐鄍三門。服虔曰。謂冀伐晉也。下文冀之既病。亦唯君故。謂虞助晉也。將欲假道。稱前恩以誘之。按服說是也。杜云鄍虞邑。非也。許同服說。**从邑。冥聲。**莫經切。十一部。**春秋傳曰。伐鄍三門是也。**

鄐　晉邢侯邑。按當云晉雍子邑。許筆誤也。左傳襄廿六年。聲子曰。雍子奔晉。晉人與之鄐。子靈即申公巫臣。奔晉。晉人與之邢。昭十四年。晉邢侯與雍子爭鄐田。杜曰。邢侯巫臣之子也。**从邑。畜聲。**丑六切。三部。

鄇　晉之溫地。左傳成十一年。晉郤至與周爭鄇田。郤至曰。溫吾故也。杜曰。鄇溫別邑。今河內懷縣西南有鄇人亭。按鄇田今在河南懷慶府武陟縣。劉歆遂初賦。越鄇田而長驅兮。釋叔向之飛患。巳下皆述叔向事。則鄇田正謂邢侯雍子所爭者也。章樵以鄇田說之。疑非。**从邑。侯聲。**胡遘切。四部。**春秋傳曰。爭鄇田。**

邲　晉邑也。杜曰。邲鄭地。按水經注濟水篇曰。又東得宿胥水口。濟水與河渾濤東注。濟水於此又兼邲目。春秋宣公十二年。晉楚之戰。楚軍於邲。即是水也。顧氏祖禹曰。其地蓋即熒口受河之處。今在河陰縣西。**从邑。必聲。**毗必切。十二部。**春秋傳曰。晉楚戰于邲。**宣十二年左傳文。

郤　晉大夫叔虎邑也。叔虎之子曰郤芮。以邑爲氏。**从邑。谷聲。**綺戟切。古音在五部。

⿱非邑　河東聞喜鄉。鄉各本作縣。今依廣韵正。河東郡聞喜。二志同。今山西絳州聞喜縣。漢縣地也。廣韵曰。⿱非邑鄉名。在聞喜。伯益之後封於⿱非邑鄉。因以爲氏。後徙封解邑。乃去邑從衣。按今字裴行而⿱非邑廢矣。**从邑。非聲。**薄回切。十五部。

⿰虔阝　河東聞喜聚。乑部曰。邑落曰聚。舜所居一年成聚。二年成邑。三年成都。聚小於邑也。**从邑。虔聲。**渠焉切。十四部。

邼　河東聞喜鄉。从邑。匡聲。去王切。十部。

鄈　河東臨汾地。河東郡臨汾。二志同。今山西平陽府太平縣縣南二十五里臨汾故城是也。漢武帝紀。元鼎四年。立后土祠於汾陰脽上。如淳曰。脽者河之東岸特堆崛。長四五里。廣二里餘。高十餘丈。汾陰縣治脽之上。后土祠在縣西。汾在脽之北。西流與河合也。師古曰。以其形高起如人尻脽。故以名云。一說地臨汾水之上。地本名鄈。音與葵同。彼鄉人呼鄈音如誰。因轉而爲脽字耳。故漢舊儀云葵上。按水經。汾水又西過皮氏縣。注曰。汾水徑鄈丘北。故漢氏之方澤也。賈逵云。漢法三年祭地汾陰方澤。澤中有方丘。故謂之方澤。丘即鄈丘也。經又曰。又西至汾陰縣北西注於河。注曰。水南有長阜。背汾帶河。阜長四五里。廣二里餘。高十丈。汾水歷其陰。西入河。漢書謂之汾陰脽。據酈氏此注。鄈脽異處極明。然封禪書郊祀志皆云始立后土祠汾陰脽上。與武紀合。水經注河水篇亦云河水東際汾陰脽。縣故城在脽側。城西北隅有脽丘。上有后土祠。是則鄈脽本無二。漢志云汾陰。許云臨汾者。蓋二縣地邊竟相接。故似不當分別鄈脽爲兩地也。**从邑。癸聲。**水經注引此。揆唯切。十五部。**卽漢之所祭后土處。**

郉　周公子所封。左傳。富辰曰。凡蔣邢茅胙祭。周公之胤也。杜曰。邢國在廣平襄國縣。**地近河內懷。**前志趙國襄國。故邢國。後志同。按襄國故城在今直隸順德府城西南。許不云在趙國襄國。而云地近河內懷者。有所審定之辭也。河內郡懷。二志同。今河南懷慶府武陟縣西南十一里有故懷城。**从邑。幵聲。**戶經切。十一部。按玉篇又輕千切。十二部。

鄔　大原縣。二志同。前志曰。晉大夫司馬彌牟邑。按彌牟爲鄔大夫。見昭二十八年左傳。前此有鄔臧。以邑爲氏。戴先生曰。今山西汾州府介休縣。縣東三十五里有故鄔城。漢縣也。其北魏之鄔城。在今介休縣東四十五里。俗譌武城。**从邑。烏聲。**安古切。五部。按據許字從烏。以烏爲聲甚明。此所以字林乙祛反。郭樸三蒼解詁音瘀。於庶反。闞駰音厭飫之飫。重言之也。陸氏左傳音義乃云。太原縣字從焉作鄢。誤甚。且云舊音烏戶反。非。當從於庶反。夫於庶與烏戶。亦南朝魚虞斂侈之辨耳。安有是非也。

祁　大原縣。二志同。前志曰。晉大夫賈辛邑。按賈辛爲祁大夫。見左傳昭廿八年。前此巳有祁奚、祁午、祁盈、祁勝。以邑爲氏。今山西太原府祁縣。縣東南七里有故祁城。漢縣治也。毛傳於吉日云。祁大也。於采蘩大田云。祁祁舒遲也。祁祁徐皃也。於七月云。祁祁衆多也。皆與本義不相關。从邑。示聲。巨支切。按古音在十五部。當依廣韵渠脂切。

鄴　魏郡縣。二志同。漢魏郡治鄴縣。今河南彰德府臨漳縣縣西二十里有故鄴城。从邑。業聲。魚怯切。八部。

邢　鄭地有邢亭。从邑。井聲。云鄭地恐誤。葢京兆之鄭則篆文宜次於鄭之後。若河南之新鄭則宜次於下文郃邧郷之伍。此上下文皆河內地。不宜忽羼以河南地名也。疑卽二志常山郡之井陘縣。趙地也。邢井葢古今字。井陘山穆天子傳作鈃山。地理志上黨郡下謂之石研關。師古曰研音形。玉篇邢子省切。廣韵子郢切。大徐戶經切。十一部。

邯　趙邯鄲縣。趙國邯鄲。二志同。左傳有邯鄲午。秦始皇置邯鄲郡。漢趙國故邯鄲郡也。張晏曰邯山在東城下。單盡也。城郭从邑故加邑。按今直隸廣平府邯鄲縣西南二十里有故邯鄲城。从邑。甘聲。胡安切。按甘聲當音含。古在七部。

鄲　邯鄲也。依張晏古字本作單。後人加邑耳。从邑。單聲。都寒切。十四部。

郇　周文王子所封國。文各本作武。誤。今依篇韵正。左傳富辰曰。郇文之昭也。毛傳曰。郇伯郇矦也。左傳曰軍於郇。曰盟於郇。曰必居郇瑕氏之地。皆是也。郇國爲晉所幷。在晉地。在二志之河東解縣。今山西蒲州府臨晉縣東北十五里有故郇城。从邑。旬聲。相倫切。十二部。讀若泓。此合韵也。疑當作淵。

鄃　清河縣。前志清河郡鄃。後志清河國鄃。史記河渠書曰。田蚡奉邑食鄃。又呂嬰、欒布皆封俞矦。俞卽鄃。今山東臨清州夏津縣東北三十里有故鄃縣城。从邑。俞聲。式朱切。四部。

鄗　常山縣也。从邑。高聲。呼各切。古音在二部。世祖所卽位。今爲高邑。前志曰。常山郡鄗。世祖卽位更名高邑。後志曰常山國高邑故鄗。光武更名。按今直隸趙州栢鄉縣之縣北二十里有故鄗城是也。春秋時晉邑。左傳哀四年。齊國夏伐晉取鄗。杜曰。鄗卽高邑縣。

鄡　鉅鹿縣也。二志同。前志作郻。県與梟一字。但前志鉅鹿郻縣、豫章鄡陽縣。玉篇、廣韵皆郻與鄡陽二縣字別。然則許書此字作郻。及後志二縣字皆作鄡。非是。許書當是淺人改之。如県首之改爲梟首也。盧氏文弨云。仲尼弟子列傳鄡單鄡當作郻。郻單葢卽檀弓縣亶。縣乃字之誤。按漢鉅鹿縣城卽今直隸順德府平鄉縣城。唐通典曰。漢鄡城在深州鹿城縣東。从邑。梟聲。梟當作県。篆文當作郻。牽遙切。二部。

鄚　涿郡縣。見前志。後志曰河閒郡鄚。故屬涿。史記曰。扁鵲者勃海郡鄚人。徐廣云。鄭當爲鄚。按司馬以鄚系勃海者。境相際也。扁鵲漢以前人。不當覈以漢制耳。今直隸河閒府任丘縣北十三里有莫州城。往來孔道也。唐開元十三年改鄚爲莫。見通典。舊唐書。从邑。莫聲。慕各切。五部。今俗語如冒。

郅　北地郅縣。見前志。漢北地郡。今甘肅慶陽府北至寧夏衛是其境。慶陽府附郭安化縣府城東有故郁郅城。水經注謂之尉李城。聲之誤也。从邑。至聲。之日切。十二部。

鄋　北方長狄國也。春秋文公十一年左傳。鄋瞞侵齊。遂伐我。叔孫得臣獲長狄僑如。穀梁傳曰。身橫九畝。在夏爲防風氏。在殷爲汪芒氏。芒或作汒。作汒皆誤。魯語。仲尼曰。昔禹致羣神於會稽山。防風氏後至。禹殺而戮之。其骨節專車。防風汪芒氏之君也。守封嵎之山者也。爲漆姓。在虞夏商爲汪芒氏。在周爲長翟。今爲大人。按國語本作在虞夏爲防風氏。在商爲汪芒氏。說苑、說文、王肅家語所本。今國語及史記孔子世家皆誤奪數字耳。韋注云。防風汪芒氏之國名。汪芒長翟之國名。謂汪芒之國在夏爲防風氏之國。長翟之國在商爲汪芒氏之國。此依孔子防風汪芒之君也而言之。今韋注譌爲汪芒氏之君名、則不可解矣。韋注云。封嵎二山在今吳郡永安縣。周世其國北遷爲長翟也。吳之永安縣在今浙江湖州府武康縣。顧氏祖禹曰。鄋瞞在山東濟南府北境。或云今青州府高苑縣有廢臨濟城古狄邑。卽長狄所居。按許以此篆廁涿郡北地之下。則許意謂其地在西北方。非在今山東也。从邑。叜聲。所鳩切。三部。春秋傳曰。鄋瞞侵齊。

鄦　炎帝大嶽之胤甫矦所封。炎帝神農氏之裔子爲大嶽。詳吕部下。大嶽封於吕。其裔子甫矦又封於鄦。鄦許古今字。前志曰。潁川郡許。故國。姜姓。四岳後。大叔所封。大叔

邟

左傳隱十一年正義作文叔。說文敘目云。呂叔作藩。俾侯於許。然則封鄦者文叔。非甫侯也。鄭注呂刑曰。呂侯受王命入爲三公。引尚書刑德放。云。周穆王以呂侯爲相。古文尚書呂刑。今文尚書作甫刑。且據國語。毛傳。史記。潛夫論諸書。呂甫許皆姜姓。封國。詩。王風。申甫許三國竝言。武王既封文叔於許矣。豈待穆王封甫侯於許。叔重言甫侯所封者。甫侯卽謂呂叔。呂叔卽謂文叔。無二人也。**在潁川。**謂鄦在潁川許縣也。潁川郡許、二志同。漢字作許。周時字作鄦。史記鄭世家。鄦公惡鄭於楚。蓋周字之存者。今春秋經、傳不作鄦者。或後人改之。或周時巳假借。未可定也。不曰在潁川許縣者。其字異形同音。其地古今一也。今河南許州州東三十里有故許昌城。**从邑。𣞤聲。讀若許。**虛呂切。五部。

邟　潁川縣。見前志。今地理志云。潁川郡、周承休侯國。元帝置。元始二年更名鄭公。攷後漢書黃瓊傳封邟鄉侯。注引前書周承休侯國元始二年更名曰邟。與顏本絕異。今按李本顏本皆非事實。志文當是邟字大書。周承休侯國五字小書注於下。此侯國不與他侯國同。故不以縣名爲國名也。元始

二年更名曰鄭公。二年當依平帝紀、外戚恩澤侯表作四年。字之誤也。郡國志無邟縣者。幷省也。幷省之、故有邟矣。漢封殷周之後可攷者。武帝紀。元鼎四年巡省豫州。封周孽子嘉爲周子南君。此史記封禪書所謂以三十里封周後。外戚恩澤侯表所謂初得周後、復加爵邑也。元帝紀。初元五年以周子南君爲周承休侯。此地理志所謂周承休侯國元帝時置也。成帝紀。綏和元年二月封孔吉爲殷紹嘉侯。三月進爵爲公。及周承休侯皆爲公。此後漢書光武紀注所謂成帝封姬延爲周承休公是也。平帝紀。元始四年改殷紹嘉公曰宋公。周承休公曰鄭公。是則成帝先進周承休侯爲公。平帝乃改周承休公爲鄭公。地理志特約言之耳。後漢書光武帝紀。建武二年封周後姬常爲周承休公。四年封殷後孔安爲殷紹嘉公。蓋亂後失其封。故也。建武十三年以殷紹嘉公孔安爲宋公。周承休公姬常爲衛公。則又易其地而因易其國名也。地理志。東郡觀。應劭云。世祖更名衛國。以封周後。又汝南新郪。應劭曰。章帝封殷後。更爲宋。郡國志曰。東郡、衛公國。本觀。光武更名。汝南郡宋公國。周名郪丘。漢改爲新郪。章帝建初四年徙宋

郾　郟　郪

公於此。云徙宋公。則光武時宋公不在新郪。未審在何地。而成帝之殷紹嘉。平帝之宋公。地理志不載其封地。據恩澤侯表及水經注。則綏和元年始封於沛也。前漢之周子南君據恩澤侯表在長社。[illegible]光武紀注曰。承休所封故城在今汝州東北。[illegible]姬常爲周承休公。[illegible]在今汝州治城子城東。[illegible]以郟縣廢入州。[illegible]郟縣地矣。○按東郡縣二十三。畔觀二縣也。今本漢書譌郟。舉正於此。**从邑。亢聲。**苦浪切。十部。

郾　潁川縣。二志同。前志[illegible]東至郾入汝。[illegible]經正之。今河南許州郾城縣是其地。**从邑。匽聲。**於建切。十四部。

郟　潁川縣。見前志。故楚郟邑也。左傳昭元年。楚公子圍使公子黑肱[illegible]城郟。十九年。令尹子瑕城郟。秦二世元年。陳勝將鄧[illegible]將兵居郟。今河南汝州郟縣是其地。**从邑。夾聲。**工洽切。八部。按郟山名。非此郟。

郪　新郪。逗。**汝南**

鄎　郘

縣。見前志。後志曰。汝南郡宋公國。周名郪丘。漢改爲新郪。章帝建初四年。徙宋公於此。按魏世家。安釐王十一年。秦拔我郪丘。是其地。今安徽潁州府城東八里有城。故新郪城也。**从邑。妻聲。**七稽切。十五部。

鄎　姬姓之國。在淮北。左傳隱十一年。鄭息有違言。杜曰。息國。汝南新息縣。[illegible]釋文云。鄎音息。一本作息。[illegible]分而學者惑矣。左傳用古文假借字。杜解用說文本字。[illegible]與經同。此鄭氏注經之例也。[illegible]許云姬姓之國。本世本也。[illegible]其同姓也。左傳云息嬀者。謂息侯所娶之陳嬀也。今河南光州息縣。淮水在縣南五里。故息城在縣北三十里。**从邑。息聲。**相即切。一部。**今汝南新息是也。**新息。大徐作新鄎。誤。汝南郡新息。二志同。孟康、司馬彪皆曰故息國。按漢字作息。與左氏合。地在今息縣。

郘　汝南召陵里。召各本作邵。誤。今正。汝南郡召陵。二志同。闕駰曰。召者。高也。左傳僖四年。楚屈完來盟于師。盟于召陵。又見昭十四年、定四年傳。杜曰。召

陵潁川縣也。晉改屬潁川也。按今河南許州郾城縣縣東四十五里有故召陵城。郋者召陵里名。召陵又有萬歲里。許君、召陵萬歲里人也。**从邑。自聲。讀若奚。**自聲在十五部。奚聲在十六部。合韵也。許蓋用其方言如是。胡雞切。

𨛬 汝南鮦陽亭。汝南郡鮦陽、二志同。鮦、孟康音紂。此方言如是。或云當作紂紅反者非也。今河南汝寧府新蔡縣縣北有鮦陽故城。又有鮦陽渠。鮦者、水名。水經注葛陂東出爲鮦水。俗謂之三丈陂是也。𨛬者、鮦陽亭名。疑卽左傳襄四年、定四年之繁陽也。**从邑。旁聲。**步光切。十部。

郹 蔡邑也。地理志汝南郡有新蔡上蔡二縣。沛郡有下蔡縣。上蔡縣故蔡國。周武王弟叔度所封。度放。成王封其子胡。十八世徙新蔡。新蔡縣、蔡平侯自蔡徙此。後二世徙下蔡。下蔡縣故州來國。爲楚所滅。吳取之。至夫差遷昭侯於此。後四世侯齊竟爲楚所滅。按杜預說同。上蔡新蔡下蔡、漢時用以名縣。非周時有此名也。上蔡新蔡、漢時同在汝南郡。今二縣皆屬汝寧府。相距不遠。若下蔡則距上蔡新蔡遠矣。昭十九年左傳云。楚子之在蔡也。郹陽封人之女

奔之。生大子建。平王爲蔡公時。蔡方滅。尚未遷新蔡。則郹陽當在上蔡矣。左傳又云。齊侯衞侯次于垂葭。實郹氏。則衞地非蔡地也。**从邑。狊聲。**古闃切。十六部。**春秋傳曰。郹陽人女奔之。**按許當云郹陽蔡邑也。以別於衞之郹氏。

鄧 曼姓之國。左傳楚武王夫人曰鄧曼。則知鄧國曼姓也。前志曰。鄧縣故國。**今屬南陽。**南陽郡鄧、二志同。今河南南陽府鄧州是其地。**从邑。登聲。**徒亙切。六部。

鄾 鄧國地也。左傳桓九年。楚子使道朔將巴客以聘於鄧。鄧南鄙鄾人攻而奪之幣。杜曰。鄾在今鄧縣南。沔水之北。後志曰。鄧有鄾聚。水經注曰。清水又南徑鄧塞東。又徑鄾城東。古鄾子國也。蓋鄧之南鄙也。**从邑。憂聲。**於求切。三部。**春秋傳曰。鄧南鄙鄾人攻之。**

𨚕 南陽清陽鄉。清二志作育。南陽郡育陽、二志同。今河南南陽府東育陽故城是也。𨚕者、漢時鄉名。**从邑。号聲。**乎刀切。二部。

鄛 南陽棘陽鄉。棘各本作棗。誤。今依後漢書宦者傳注及玉篇正。南陽郡棘陽、

二志同。今河南南陽府新野縣東北七十里有棘陽城是也。鄛其鄉名也。**从邑。巢聲。**鉏交切。二部。

𨟙 今南陽穰縣。南陽穰、二志同。今河南南陽府鄧州東南二里穰縣故城是也。本楚地。後爲韓邑。史記韓襄王十一年。秦取我穰。又秦武王封魏冄於此爲穰侯。𨟙者古字。穰者漢字。如鄿蘄、鄦許、鄎息、部蔡之例。蓋許所見古籍作𨟙。漢時縣名字從禾也。**从邑。襄聲。**汝羊切。十部。

鄻 南陽穰鄉。穰縣鄉名也。**从邑。婁聲。**力朱切。古音在四部。

𨞛 南陽陰鄉。南陽郡陰、二志同。師古曰。左傳所云遷陰於下陰者也。𨞛者其鄉名。**从邑。葛聲。**古達切。十五部。○按此篆舊在鄢篆後。今依玉篇廁此。

𨛦 南陽西鄂亭。南陽郡西鄂、二志同。今河南南陽府北五十里故西鄂城是也。𨛦者漢時亭名。**从邑。里聲。**良止切。一部。

𨙸 南陽舞陰亭。南陽郡舞陰、二志同。水經曰。濦水出濦陰縣西北扶予山。東過其縣南。凡水之南爲陰。當因水在縣西北。縣卽在水東南。而名舞陰矣。水作濦。縣作舞者。漢時

縣字作舞也。水經注作濦陰者、依水改字也。𨙸者漢時亭名。庾信賦曰。栩陽亭有離別之賦。漢藝文志之別栩陽賦也。栩陽亭豈卽𨙸亭與。**从邑。羽聲。**王榘切。五部。

郢 故楚都。楚芈姓。楚熊繹始居丹陽。顧氏輿地志。秭歸縣東有丹陽城。周迴八里。熊繹始封也。按今湖北宜昌府歸州州東七里丹陽城是。至文王熊貲始都郢。**在南郡江陵北十里。**南郡江陵、二志同。今湖北荊州府治江陵縣。府治卽故江陵城。府東北三里有故郢城。前志曰。江陵縣故楚郢都。楚文王自丹陽徙此。後九世平王城之。後十世秦拔我郢。徙東。按楚有二郢。所都曰郢。別邑曰郊郢。左傳鬬廉曰。君次於郊郢。以禦四邑。杜曰。郊郢、楚地。此必非郢都也。故前志曰。江陵縣故楚郢都。又曰。郢縣楚別邑故郢。劃然二縣。故郢二字正故郊郢之奪誤也。許君於他邑不言距今縣方向里數。獨此云在南郡江陵北十里。詳之者、以見非漢郢縣之郢也。水經注。江水又東逕江陵縣故城南。謂楚都也。又東逕郢城南。子囊遺言所城。可知也。謂楚別邑也。**从邑。呈聲。**以整切。十一部。按孟子文王生於岐周。卒於畢

郢。郢者程字之假借也。**郢或省。**

鄢　南郡縣。孝惠三年改名宜城。南郡宜城、二志同。前志曰。宜城、故鄢。惠帝三年更名。按今湖北襄陽府宜城縣縣西南九里故鄢城、亦謂之宜城廢縣是也。左傳昭十三年、王沿夏將欲入鄢。杜曰。夏漢別名。順流爲沿。順漢水南至鄢也。秦昭襄王廿八年、白起攻楚取鄢鄧。二十九年、白起攻楚取郢爲南郡。高誘曰。秦兵出武關則臨鄢。下黔中則臨郢也。**从邑焉聲。**於乾切。十四部。按釋文於建反。又於晚反。又按春秋經傳鄭伯克段于鄢、晉及楚鄭戰于鄢陵。說者謂潁川郡地也。前志作傿陵。

鄳　江夏縣。二志同。地當在南陽江夏二郡之閒。今河南信陽州、湖北德安府應山縣之閒。縣蓋以黽阨得名也。左傳定四年、楚司馬戌云。塞大隧直轅冥阨。三者漢東之隘道。總名曰城口。魏晉以後義陽有三關之塞。三關者、一曰平靖關。亦名西關。即左傳之冥阨也。今在信陽州東南九十里、應山縣北六十五里。一曰武陽關。亦名東關。即左傳之大隧也。在信陽州東南百五十里。西南至應山縣一百三十里。一曰黃峴關。即左傳之直轅也。在信陽州南九十里、南至應山縣亦九十里。呂氏春秋、淮南鴻烈皆云。天下九塞。冥阨其一。戰國策、史記二書或云黽阨、或云黽塞、或云黽阨之塞、或云鄳隘、或云冥阨之塞。其實黽冥鄳一字、阨隘一字。而魏策無忌謂魏王作危隘之塞。危即黽之字誤也。黽古音讀如忙。與冥字爲陽庚之轉。冣近。隋書地理志。義陽郡鍾山縣舊曰鄳。魏世家正義引水經注作鄳。鄳者鄳之變。宋書州郡志曰。晉太康地志屬義陽作鄳。永初郡國志何竝作鄳。此字今正。廣韵集韵皆云。鄳在義陽。陽今譌昌。又通典申州羅山、鍾山二縣下皆曰。漢郢縣地。此處不當有郢地。二郢字皆鄳字之誤。**从邑黽聲。**莫杏切。古音在十部。按庚韵音盲。

邔　南郡縣也。郡各本誤陽。今正。南郡邔、二志同。後志俗本譌作印。水經曰。禹貢三澨地在南郡邔縣北。今湖北襄陽府宜城縣縣北五十里有故邔城。**从邑己聲。**居擬切。一部。○按邔篆舊廁鄂郛之閒。今正。

鄂　江夏縣。二志同。今湖北武昌府武昌縣縣西南二里故鄂城是也。江夏有鄂縣。故南陽之縣曰西鄂。顧氏祖禹曰。史記熊渠當周夷王時興兵伐庸、楊粵至於鄂。又封中子紅爲鄂王。孔氏以爲南陽之鄂誤矣。時楚兵未能逾漢而北也。**从邑咢聲。**五各切。五部。

邾　江夏縣。二志同。前志曰。衡山王吳芮都。按芮都邾、見項羽本紀。今湖北黃州府城去故邾城二里許是也。今大江東流徑黃州府城南。隔江相望者曰武昌縣。水經曰。又東過邾縣南。鄂縣北是也。酈善長曰。楚宣王滅邾。徙居於此。王隱地道記、劉昭郡國志注皆有此說。但此事不見楚世家。時楚之強、未必滅此彈丸而尚以地居之。蓋此地古名邾。曾附庸國。古名邾婁。依許所說。本不相謀。無庸牽合。**从邑朱聲。**陟輸切。古音在四部。

鄖　漢南之國。左傳桓十一年。鄖人軍於蒲騷。宣四年。若敖娶於鄖。鄖字或作䢵。杜曰。鄖國在江夏雲杜縣東南有鄖城。按二志江夏皆有雲杜。今湖北德安府府城即故鄖都也。漢水自西北而東南。德安在漢水北。而云漢南者。漢之下游地勢處南也。春秋時楚滅鄖。故有鄖公辛。**从邑員聲。**羽文切。十三部。**漢中有鄖關。**地理志曰。漢中郡長利有鄖關。史記貨殖傳曰。南陽西通武關、鄖關。按武關在今河南內鄉縣西百七十里。鄖關在今湖北鄖陽府西。張守節注貨殖傳曰。鄖關當爲洵關。在金州洵陽縣。玉裁按。蓋鄖今鄖陽府。舊上津縣。唐室亂時用通貢道者。東南通今鄖陽府。西通今陝西興安府洵陽縣。謂酈商傳之旬關、鄖關可也。其關隘延長。不當謂兩地。鄖關去鄖國甚遠。其字同耳。故別言之。

鄘　南夷國。牧誓有庸蜀。左傳文十六年。庸人率羣蠻以叛楚。楚滅之。杜曰。庸今上庸縣。屬楚之小國。按二志漢中郡皆有上庸縣。今湖北鄖陽府竹山縣東四十里有故上庸城。尚書庸地在漢水之南。南至江尚遠。僞傳云在江南。非也。今字庸行而鄘廢。於詩風之邶庸作鄘。皆非也。又按南夷國當作漢南國。**从邑庸聲。**余封切。九部。

郫　蜀縣也。二志同。今四川成都府郫縣縣北故郫城是。**从邑卑聲。**符支切。十六部。

𨟰　蜀江原地。蜀郡江原、二志同。故城當在今灌縣竟。華陽國志曰。縣在郡西。渡大江濱文井江。去郡一百二十里是也。鄭注梁州之沱曰。江原有𨟰江。首出江。南至犍爲武陽。又入江。豈沱之類。與前志曰。𨟰水首受江。南至武陽入江。水經注亦云。江原

⿰耤阝　鄤　邡　䣕　鄨

縣⿰壽阝江水出焉。蓋有⿰壽阝地而以名江也。今則無⿰壽阝地、⿰壽阝江之偁矣。从邑壽聲。市流切。三部。

⿰耤阝蜀地也。鍇曰。按字書鄉名。在臨邛。从邑耤聲。秦昔切。古音在五部。

鄤蜀廣漢鄉也。按蜀字衍。漢有蜀郡、有廣漢郡。此云廣漢鄉。上文云蜀地。皆不舉縣名者。未審也。从邑蔓聲。無販切。十四部。今集韵、類篇又武粉切。郎此字而譌其體。

邡汁邡、逗廣漢縣也。汁各本作什。非。今正。應劭注地理志曰。汁音十。如淳注功臣表曰。汁音什。漢王君平鄉道碑曰。汁邡王卿。是則漢時此縣名作汁字。凡作什者。以其音改之也。廣漢郡汁邡、二志同。今四川成都府什邡縣是也。从邑方聲。府良切。十部。

䣕存䣕、逗犍爲縣。宋本皆作存。或作郁者。俗。又或譌爲郁矣。前志犍爲郡存䣕。今本存作郁。而師古不爲音。知故作存。華陽國志、晉書尚作存。今四川敘州府府西南有郁䣕廢縣。府西北百六十里有郁䣕灘。从邑馬聲。莫駕切。古音在五部。

鄨牂柯縣。二志同。前志曰。不狼山、鄨水所出。東入沅。過郡二。行七百三十里。按犍爲郡武帝建元六年開。牂柯郡武帝元鼎六年開。則䣕字、鄨字必其時所製。今貴州遵義府府城西有鄨縣故城是也。方輿紀要曰。雲南陸涼州州北有廢鄨縣。非是。从邑敝聲。讀若鷩雉之鷩。必袂切。十五部。師古曰。不列切。

⿰包阝　那

⿰包阝地名。按字廁於此。當是西南夷之地。从邑包聲。布交切。古音在三部。

那西夷國。其地當在今四川之西。史記。自筰以東北。君長以什數。冄駹最大。在蜀之西。又謂牂柯爲南夷。邛筰爲西夷。那蓋郎冄駹之冄字。古今字也。按文王之子聃季。賈逵、韋昭皆云聃國名。但其地闕。史記作冄。索隱云。冄或作那。終莫詳其地也。左傳莊十八年有那處。杜云。那處、楚地。凡若此等異地同名者。今皆不引。以茲緐蕪。从邑冄聲。諾何切。按冄聲本在七八部。雙聲合韵也。小雅、商頌毛傳曰。那、多也。釋詁曰。那、於也。左傳棄甲則那。杜云。那猶何也。今人用那字皆爲柰何之合聲。越語。吳人之那不穀。亦又甚焉。韋注。那、於也。此釋詁之證。郭失其解。又魚藻箋云。那、安皃。安定有朝那縣。安定郡朝那、二志同。今陝西平涼府府東南有朝那故城。許意蓋謂那與朝那異處。如上文鄖與鄖關之例。如淳朝音株。

鄱　酃　郴　⿰耒阝

鄱鄱陽、逗豫章縣。二志同。前志云。有鄱水。西入湖漢。則縣在鄱水之北也。今江西饒州府治鄱陽縣。府東六十里有故鄱陽城。府南有鄱江是也。楚世家。昭王十二年。吳伐楚。取番。按字本作番。故史漢皆曰番君吳芮。地理志作鄱陽者。漢字也。从邑番聲。薄波切。十七部。按番聲在十四部。合韵也。

酃長沙縣。前志長沙國酃。後志長沙郡酃。今湖南衡州府治衡陽縣。府東廿五里有故酃縣城是也。有酃湖。郎荆州記、水經注所云湖水釀酒甚美。謂之酃酒者也。从邑霝聲。郎丁切。十一部。

郴桂陽縣。二志同。今湖南直隸郴州郎古郴縣。漢桂陽郡治也。从邑林聲。丑林切。七部。

⿰耒阝今桂陽耒陽縣。耒各本作郲。今正。許謂郲郎今之耒陽縣。如言鄎郎今之新息。⿰襄阝郎今之穰縣也。其字既異。其地則一。故言今以說之。桂陽郡耒陽、二志同。今湖南衡州府耒陽縣。縣東四十五里有耒陽廢城。耒陽以耒水得名。从邑耒聲。盧對切。十五部。

鄮　鄞　郝　邴　⿰虘阝

鄮會稽縣。二志同。今浙江寧波府治鄞縣。府治東三十里故鄮城是也。陸士龍曰。秦始皇身在鄮縣三十餘日。从邑貿聲。莫候切。三部。

鄞會稽縣。二志同。今浙江寧波府奉化縣有故鄞城是也。說者謂以赤堇山得名。越絕書所謂赤堇之山破而出錫是也。蓋其字初作堇。後乃加邑。越語曰。句踐之地東至於鄞。韋曰。今鄞縣是也。从邑堇聲。語斤切。十三部。

郝沛國也。鉉本作沛郡。鍇本作沛國郡。按當作沛國沛郡也。謂後漢之沛國、前漢之沛郡。皆此郝也。不言沛縣者。言郡而縣可知矣。二志字皆作沛。郝沛古今字。如鄎息、⿰襄阝穰、郲耒之比。今江蘇徐州府漢沛郡地。从邑朩聲。博蓋切。十五部。

邴宋下邑。下邑猶言小邑。左傳邴歜、邴意茲、邴泄、邴夏。皆非宋人。公羊隱八年歸邴。入邴。九年會齊侯于邴。皆非宋地。十年取防。防者宋地。疑當作邴。从邑丙聲。兵永切。古音在十部。

⿰虘阝沛國縣。前志沛郡酇。後志沛國酇。陳勝攻銍、酇、苦、柘、譙。謂此酇也。今河南歸德府永城縣西南有故酇縣城。从邑虘聲。昨何切。通典引說文在何反。是也。古音在五部。今鄫縣。謂本爲鄫縣今爲酇縣。古今字異也。班固泗水亭長碑曰。文昌四友。漢有蕭何。序功第一。受封于鄫。正作鄫。水經注曰。涣水又東逕酇縣城南。春秋襄公十年。公會諸侯及齊世子光於鄫。今其地鄫聚是也。按今三經皆作柤。鄫所據作鄫。此皆古字作鄫之證。許云今酇縣者。謂當時皆作酇。故著之。如邟縣既爲周承休矣。而必存邟字以著其始也。

𨚶 地名。从邑少聲。書沼切。二部。

⿰臣⻏ 地名。从邑臣聲。植鄰切。十二部。

⿰毚⻏ 宋地也。左傳哀十七年。宋皇瑗之子麇有友曰田丙。而奪其兄⿰毚⻏般邑以與之。⿰毚⻏般猶祁午。孟丙。⿰毚⻏者。般之邑也。不詳其地在漢之何郡縣。故但曰宋地。从邑毚聲。讀若讒。士咸切。八部。

鄑 宋魯閒地。左傳莊元年。齊師遷紀郱鄑郚。杜曰。三邑也。北海都昌縣有訾城。杜意訾即鄑也。許於下文郚曰東海縣。故紀侯之邑。此不云紀邑而云宋魯閒地者。據莊十一年公敗宋師于鄑而言。不謂紀邑也。从邑晉聲。即移切。按晉聲在古音十二部。今部在五支者。蓋由杜以訾城當之。而同其讀耳。集韵類篇皆有即刃切。

郜 周文王子所封國。左傳。富辰曰。郜雍曹滕。文之昭也。杜云。濟陰成武縣東南有郜城。隱十年。敗宋師取郜。蓋郜附庸於宋。魯隱取其地。桓取郜鼎於宋。僖二十年。郜子來朝。則魯未滅之也。許不云在成武者。許意以爲未宋也。今山東兖州府城武縣東南二十里有故郜城。从邑告聲。古到切。古音在三部。

鄄 衛地。春秋莊十四年。單伯會齊侯宋公衛侯鄭伯于鄄。十五年。復會于鄄。十九年。公子吉及齊侯宋公盟于鄄。襄十四年。衛獻公如鄄。出奔齊。哀十七年。晉伐衛。衛人出莊公。而與晉平。既而衛侯自鄄入。杜曰。鄄。衛地。今東郡甄城是也。今濟陰鄄城。二志同。謂在周曰鄄。在漢爲鄄城縣也。今山東曹州府濮州州東二十里有鄄城廢縣。从邑垔聲。吉掾切。古音在十二部。左傳杜注作甄城。音真。可證也。

邛 邛成。逗。成各本作地。今正。濟陰縣。各本衍在字。今刪。今本地理志曰。山陽郡郜成。矦國。宋氏祁云。郜當作邛。外戚矦表。邛成屬濟陰。與山陽相距不遠。玉裁按。宋說是也。玉篇邛字下曰。山陽邛成縣。此邛成之確證。希馮蓋以前志正說文。而不知說文與表合。前漢時容有改屬。故志表不符耳。志云矦國。即表之邛成共矦王奉先也。邛成之誤郜成者。以莽曰告成之故也。郡國志成武有郜城。與此無涉。○又按水經注泗水篇曰。黃溝又東逕邛城縣故城南。地理志山陽縣也。王莽更名之曰郜城矣。故世有南郜北郜之論也。此可證漢志本作邛。水經注版本譌作邛。戴先生校注文乃依漢志誤本改邛城爲郜成。改郜城爲告成。非是。郜城本在成武縣東南。自莽改邛城曰郜城。於是謂在成武者北郜。此曰南郜。今本漢志作莽曰告成。亦誤也。地理中成城二字多淆。猝難審定。从邑工聲。渠容切。九部。

鄶 祝融之後妘姓所封。潧洧之閒。鄭滅之。鄭詩譜曰。檜者。古高辛氏火正祝融之墟。檜國在禹貢豫州外方之北。滎播之南。居溱洧之閒。祝融氏名黎。其後八姓。惟妘姓檜者處其地焉。後爲鄭桓公之子武公所滅。按鄶在外方之東。非外方之北也。滎播依小顏地理志注引作播。鄭語云。祝融其後八姓。妘姓鄔、鄶、路、偪陽也。鄶以祝融之後仍封祝融之墟。左傳黎爲祝融。大戴禮世本皆云祝融之弟吳回。吳回生陸終。陸終弟四子萊言。是爲妘鄶人。即鄶之祖也。萊亦作求。妘亦作云。鄶亦作會。今河南許州密縣古鄶地。从邑會聲。古會切。十五部。按檜者假借字也。左傳國語作鄶。詩釋文曰。檜本又作鄶。

邧 鄭邑也。左傳文四年。晉侯伐秦圍邧新城。以報王官之役。廣韵云。秦邑名。是也。今左傳鄭地無名邧者。从邑元聲。虞遠切。十四部。

郔 鄭地。宣三年。晉侯伐鄭。及郔。杜曰。郔。鄭地。釋文。郔音延。宋淳化本及明人補刻石經作延。皆誤字也。又宣十二年。楚子北師次于郔。實一地也。若隱元年大叔收貳以爲己邑。至於廩延。當別是一地。字不從邑。从邑延聲。以然切。十四部。

郠 琅邪莒邑。按當云莒邑也。在琅邪。如郗周邑也。在河內之例。从邑更聲。古杏切。古音在十部。春秋傳曰。取郠。左傳昭十七年。季平子伐莒取郠。杜云。郠。莒邑。

鄅 妘姓之國。春秋昭十八年。邾人入鄅。左傳云。鄅人藉稻。杜云。鄅妘姓國也。正義云。鄅爲妘姓。世本文。按韋昭曰。

鄒

陸終弟四子求言爲妘姓。杜曰。鄅今琅邪開陽縣。前志曰。東海郡開陽。故鄅國。後志開陽屬琅邪。開陽即春秋經哀三年之啟陽也。魯有鄅地。爲啟陽。荀卿則云襄賁開陽。今山東沂州府府北十五里有故開陽城。从邑禹聲。春秋傳曰。鄅人藉稻。服虔曰。藉耕種於藉田也。讀若規榘。今王榘切。五部。

鄒 魯縣。古邾婁國。帝顓頊之後所封。魯國騶。二志同。二志作騶。許作鄒者。蓋許本作魯騶縣。如今汝南新息。今南陽穰縣之比。淺者乃刪去騶字耳。周時或云鄒。或云邾婁者。語言緩急之殊也。周時作鄒。漢時作騶者。古今字之異也。邾婁各本無婁。今依韵會所據正。左穀作邾。公羊檀弓作邾婁。婁如字。邾又夷也。邾婁之合聲爲鄒。夷語也。國語孟子作鄒。三者鄒爲正。邾則省文。故邾篆下不言春秋邾國。此必依公羊作邾婁國也。漢時縣名作騶。如韓勑碑陰騶韋仲卿。足證鄭語曰。曹姓鄒莒。韋云。陸終第五子曰安。爲曹姓。封於鄒。杜譜云。邾曹姓。顓頊之後。有六終。產六子。其弟五子曰安。邾即安之後也。周武王封其苗裔俠爲附庸。居邾。前志曰。騶故邾國。曹姓。二十九世爲楚所滅。按左傳。顓頊氏有子曰黎。爲祝融。祝融之後八姓。妘曹其二也。然則上文鄶祝融之後妘姓所封。此云帝顓頊之後。互文錯見也。今山東兗州府鄒縣。縣東南二十六里有古邾城。○趙氏岐曰。鄒本春秋邾子之國。至孟子時改曰鄒。此未知其始本名鄒也。从邑。芻聲。側鳩切。三部。

⿰余阝

⿰余阝 邾下邑地。邾當作鄒。如鄒篆與鄧篆相聯之例。地當作也。周禮雍氏注。伯禽以王師征徐戎。劉本徐作⿰余阝。音徐。按魯世家。頃公十九年。楚伐我。取徐州。徐廣曰。徐州在魯東。今薛縣。引後志曰。魯國薛縣本國。六國時曰徐州。玉裁謂楚所取之徐州即⿰余阝地。疑非薛。齊湣王三年巳封田嬰於薛。不能至魯頃公十九年。魯尚有薛也。齊世家田常執簡公於徐州。亦非此徐州。从邑。余聲。魯東有⿰余阝城。城當作戎。許書之例。未有言城者。⿰余阝戎即周禮注所云伯禽以王師征⿰余阝戎。今尚書作徐夷徐戎。許鄭所據作⿰余阝。鄒在魯東。則⿰余阝在魯東可知矣。書序曰。徐夷竝興。東郊不闕。昭元年傳。周有徐奄。徐蓋⿰余阝戎也。鄒習於夷。故左傳曰⿰余阝又夷也。讀若塗。塗當作涂。同都切。五

邿

部。

邿 附庸國。王制曰。不能五十里者。不合於天子。附於諸侯曰附庸。鄭云。不合謂不朝會也。小城曰附庸。附庸者。以國事附於大國。不能以名通也。春秋襄十三年夏取邿。邿者。魯附庸也。在東平亢父邿亭。前志曰。東平國亢父。詩亭。故詩國。後志曰。章帝元和元年分東平國爲任城國。亢父屬任城國。按前志當作詩亭故邿國。許書當作東平亢父詩亭。杜預左注亦當本作詩亭。皆寫者亂之耳。邿詩古今字也。今山東濟寧州東南有故邿城。从邑。寺聲。書之切。一部。春秋傳曰。取邿。

郰

郰 魯下邑。孔子之鄉。論語孔注曰。鄹。孔子父叔梁紇所治邑也。左傳杜注曰。紇。郰邑大夫。仲尼父叔梁紇也。檀弓郰曼父之母。鄭云。曼父之母與徵在爲鄰。相善。孔子世家曰。孔子生魯昌平鄉郰邑。杜曰。郰邑。魯縣東南莝城是也。張守節曰。夫子生在鄒之闕里。長徙曲阜。仍號闕里。按杜云莝城者。今不得其詳。說者以爲今鄒縣西北之東鄒村西鄒集是也。孔子世家言郰人輓父。檀弓言郰曼父。鄭注言郰叔梁紇。蓋孔子之父。魯人以郰人紇呼之。如周禮之鄉以州名野以邑名。非郰爲所治邑也。論語云。郰人之子者。孔子弟子爲師諱紇字也。郰大夫之文始見於王肅私定家語。而孔氏論語注乃肅輩僞托者。从邑。取聲。側鳩切。四部。論語作鄹。

郕

郕 魯孟氏邑。今春秋三經三傳皆作成。郕成古今字也。左傳昭七年晉人來治杞田。季孫將以成與之。杜云。成孟氏邑。本杞田。定十二年。將墮成。公斂處父曰。墮成。齊人必至于北門。杜云。成在魯北竟。按孟氏邑非姬姓郕國之地也。今左傳隱五年衞人入郕。文十二年郕伯來奔。僖廿四年管蔡郕霍。文之昭也。字皆正作郕。而許不云姬姓之國者。蓋許所據左氏郕成字互易。不可以今所據繩許也。公羊郕國之字則作盛。古郕國在今兗州府汶上縣北二十里。故郕城不在魯北竟。从邑。成聲。氏征切。十一部。

⿰奄阝

⿰奄阝 周公所誅⿰奄阝國。在魯。玉篇作周公所誅叛國。商奄是也。奄⿰奄阝二字。周時竝行。今則奄行而⿰奄阝廢矣。單呼曰奄。絫呼曰商奄。書序孟子左傳皆云奄。如踐奄。歸自奄。伐奄。昭元年周有徐奄是也。左傳又云商奄。如昭九年蒲姑商奄。吾東土也。定四年因商奄之民命以伯禽而封

於少皞之虛是也。大部曰。奄覆也。爾雅。弇蓋也。故商奄亦呼商蓋。墨子曰。周公旦非關叔。辭三公。東處於商蓋。韓非子曰。周公旦將攻商蓋。辛公甲曰。不如服衆小以劫大。乃攻九夷而商蓋服矣。商蓋卽商奄也。奄在淮北近魯。故許云在魯。鄭注書序云。奄在淮夷之北。注多方云。奄在淮夷旁。是也。祝鮀說因商奄之民封魯者。杜云或遊散在魯。是也。今山東兗州府曲阜縣縣城東二里有奄城。云故奄國。卽括地志之奄里。此可證遊散在魯之說。豳風四國是皇。毛傳云。四國管蔡商奄也。商謂武庚。則此傳商奄爲二。**从邑。奄聲。**依檢切。八部。

酄　魯下邑。春秋經定十年。齊人來歸鄆讙龜陰之田。鄆公羊作運。讙三經三傳皆同。許作酄。容許所據異也。應劭注前志引春秋哀八年取讙及闡。字亦作酄。賈服云。鄆讙二邑名。左傳桓三年杜注曰。讙魯地。濟北蛇丘縣西有下讙亭。**从邑。雚聲。**呼官切。十四部。**春秋傳曰。齊人來歸酄。**按許引左氏則言春秋傳曰。引公羊則言春秋公羊傳曰。以別於左氏。

郎　魯亭也。春秋隱元年。費伯率師城郎。桓四年公狩于郎。十年齊矦衞矦鄭伯來戰于郎。莊八年師次于郎。以俟陳人蔡人。三十一年築臺于郎。哀十一年戰于郊。檀弓作戰於郎。鄭曰。郎魯近邑也。杜云。郎魯邑。高平方與縣東南有郁郎亭。按以郎爲男子之偁及官名者。皆良之假借字也。**从邑。良聲。**魯當切。十部。

邳　奚仲之後。湯左相仲虺所封國。左傳定元年。薛宰曰。薛之皇祖奚仲居薛。以爲夏車正。奚仲遷于邳。仲虺居薛。以爲湯左相。譙云。薛任姓。黃帝之苗裔。奚仲封爲薛矦。今魯國薛縣是也。奚仲遷於邳。仲虺居薛。以爲湯左相。武王復以其胄爲薛矦。齊桓黜爲伯。小國無記。世不可知。亦不知爲誰所滅。按杜亦云仲虺奚仲之後。與許合。邳者所封國名。如竆鄰邰扈邘酆鄎鄧郜鄶鄭等字之例。左傳昭元年云。虞有三苗。夏有觀扈。商有姺邳。周有徐奄。皆國名也。杜云。姺邳二國。商諸矦。按葢謂仲虺之後爲亂者也。**在魯。**句**薛縣是也。**謂商之邳國。在今漢之魯國。魯國薛縣是其地也。魯國薛二志同。前志云。夏車正奚仲所國。後遷於邳。湯相仲虺居之。合班許所云。葢奚仲所遷之邳。岠薛密邇。如邾遷於繹之比。遷於邳。則國名邳。仲虺所居薛。而邳名不改。姺邳與觀扈徐奄同。則國嘗滅矣。周復封其後於邳。爲薛矦也。應劭注東海下邳曰。邳在薛。其後徙此。故曰下。臣瓚曰。有上邳。故曰下邳。按呂后三年封楚元王子郢客爲上邳矦。上邳卽薛也。然則昭元年定元年杜注皆云邳下邳縣。非是。下邳在今江蘇徐州府之邳州。薛縣在今山東兗州府滕縣南四十里有故薛城。**从邑。丕聲。**敷悲切。十五部。

六篇下　卆

鄣　紀邑也。春秋經莊三十年。齊人降鄣。公羊穀梁皆曰。鄣紀之遺邑也。劉歆賈逵依之。許說同。杜云。紀附庸國。東平無鹽縣東北有鄣城。岠紀太遠。非許意也。古紀國在今山東青州府壽光縣西南三十里。紀城。鄣邑當附近。卽昭十九年左傳之紀鄣也。紀鄣者。本紀國之鄣邑。猶齊語紀鄣。謂本紀國之鄣邑也。公穀云鄣紀之遺邑。與左傳云紀鄣合。杜云。紀鄣在東海贛榆是也。莊三十年之鄣。卽此。杜分爲兩地。非。今江蘇海州贛榆縣。縣北七十五里有故紀鄣城。亦曰紀城。**从邑。章聲。**諸良切。十部。

邗　國也。今屬臨淮。左傳哀九年。吳城邗。溝通江淮。杜云。於邗江築城穿溝。東北通射陽湖。西北至末口入淮。通糧道也。今廣陵邗江是。按左傳吳城邗爲句。溝通江淮爲句。曰城邗。則知邗地名。許云國者。許必有所據矣。本是邗國。其地漢屬臨淮郡。不言何縣者。有未審也。此與鄦在潁川。鄧屬南陽一例。地理志曰。廣陵國江都有渠水。首受江。北至射陽入湖。水經注曰。邗城下掘深溝。謂之韓江。亦曰邗溟溝。自江東北通射陽湖。地理志所謂渠水也。西北至末口入淮。江都縣前志屬廣陵郡。許云今屬臨淮者。許意邗國地當在前漢臨淮郡。不在廣陵也。**从邑。干聲。**胡安切。十四部。**一曰邗本屬吳。**錢氏大昕曰。許前後兩說。後說似卽用左氏吳城邗溝通江淮之文。

䣡　臨淮徐地。前志曰。臨淮郡徐。故國。盈姓。春秋時徐子章禹爲楚所滅。後志曰。下邳國徐本國。後志之下邳國。卽前志之臨淮郡也。今安徽泗州州北五十里有故徐城。廢縣。䣡者徐縣地名也。**从邑。義聲。**魚羈切。古音在十七部。**春秋傳曰。徐䣡楚。**左傳昭六年。徐儀楚聘于楚。楚子執之。杜云。儀楚徐大夫。按許所據左作䣡。以邑爲氏。古本古說也。

郈　東平無鹽鄉。

六篇下　至

郯 郚 酅

東平國無鹽、二志同。杜預曰。故宿國。今山東東平州州東二十里有故無鹽城。前志曰。無鹽有郈鄉。左傳昭二十五年。臧會逸奔郈。杜曰。東平無鹽縣東南有郈鄉亭。左正義曰。此時尚爲公邑。後爲叔孫私邑。从邑后聲。胡口切。四部。

郯東海縣。東海郡郯、二志同。今山東沂州府郯城縣西南百里有故郯城。帝少昊之後所封。前志曰。郯、故國。少昊後。盈姓。按盈即嬴字。宣四年經曰。公及齊侯平莒及郯。从邑炎聲。徒甘切。八部。

郚東海縣。前志云。東海郡郚鄉。疑此當云郚鄉、東海縣。故紀侯之邑也。春秋經莊元年。齊師遷紀郱鄑郚。杜云。郚在東莞朱虛縣東南。按前漢郚鄉縣、後漢并入琅邪之朱虛。永初元年。朱虛又屬北海國。晉屬東莞郡。故杜預、劉昭皆云。朱虛有郚城。朱虛、今山東青州府臨朐縣縣東六十里故朱虛城是也。故郚城在今青州府安丘縣縣西南六十里。从邑吾聲。五乎切。五部。

酅東海之邑。春秋經莊三年。紀季以酅入于齊。前志菑川國、東安平。孟康注曰。春秋之酅。今酅亭是也。後志東安平屬北海國。有酅亭。按前志云。菑川國。後幷北海。疑許當云北海之邑。酅亭在今山東青州府臨淄縣縣東。齊語曰。正封疆地。東至于紀酅。紀酅猶言紀郭。謂故紀國之酅也。从邑巂聲。戶圭切。十六部。

鄫 邪

鄫姒姓國。按許書無姒字。漢碑姒作似。左傳。衞成公命祀夏后相。甯武子不可。曰杞鄫何事。國語韋注曰。杞鄫二國姒姓。夏禹之後。在東海。前志曰。東海郡繒。故國。禹後。後志曰。琅邪國繒。故屬東海。今山東兗州府嶧縣東八十里有故鄫城。按國名之字。左傳作鄫。國語作繒。公羊作鄫。穀梁作繒。左釋文於鄫首見處云。亦作繒。據許則國名從邑也。漢縣名從糸。从邑曾聲。疾陵切。六部。

邪琅邪郡也。謂琅邪郡之字如此作也。前志曰。琅邪郡。秦置。屬徐州。後志曰。琅邪國。屬徐州刺史部。許從前漢之制。故曰郡。前志。郡領東武等五十一縣。今山東兗州府東境。沂州府及青州府南境。莒州、萊州府南境。膠州一帶皆是其地。今兗州府諸城縣縣東南百四十里有故琅邪城。古齊琅邪邑也。其地有琅邪山。管子。齊桓公將東遊。南至琅邪。孟子。齊景公欲遵海而南。放於琅邪。蘇秦說齊宣王曰。齊南有泰山。東有琅邪。史記。秦始皇屢竝海至琅邪。子虛賦曰。齊東陼鉅海。南有琅邪。皆謂今諸城縣。山海經云。琅邪臺在渤海郡閒。非也。趙岐曰。琅邪。齊東南境上邑。越絕書。句踐既滅吳。欲霸中國。從都琅邪。立觀臺於山上。周七里。以望東海。始皇立琅邪郡。爲三十六郡之一。而漢因之。尋周時琅邪之名。未知何解。許君以其字從邑。傳合郡名爲釋耳。九經字樣曰。郞邪、郡名。郞、良也。邪、道也。以地居鄒魯。人有善道。故爲郡名。今經典王旁作良者譌。未知其說所出。古書絕無作郞者。且琅邪齊地。非鄒魯地。邪、古書用爲衺正字。又用爲辭助。如乾坤其易之門邪。乾坤其易之縕邪是也。今人文字。邪爲疑辭。也爲決辭。古書則多不分別。如子張問十世可知也。當作邪是也。又邪也二字古多兩句竝用者。如龔遂傳。今欲使臣勝之邪、將安之也。韓愈文。其眞無馬邪。其眞不知馬也。皆也與邪同。从邑牙聲。以遮切。古音在五部。按漢碑琅邪字或加玉旁。俗字也。近人隸書從耳作耶。由牙耳相似。臧三牙或作臧三耳。

䢼

䢼琅邪縣也。前志。琅邪郡䢼。後志無。幷省也。漢孝文元年。封呂平爲侯國。一名純德。前志曰。莽曰純德。从邑夫聲。甫無切。五部。

⿰桼阝 郭 郳

⿰桼阝齊地也。从邑桼聲。親吉切。十二部。

郭齊之郭氏虛。謂此篆乃齊郭氏虛之字也。郭本國名。虛墟古今字。郭國既亡。謂之郭氏虛。如左傳言少昊之虛、昆吾之虛。大皥之虛。祝融之虛也。郭氏虛在齊境內。善善不能進。惡惡不能退。是㠯亡國也。郭何以爲虛。職是故也。事見韓詩外傳、新序、風俗通皆同。亦有取此說春秋者。按莊二十四年經云。赤歸于曹郭公。公羊傳曰。赤者何。曹無赤者。蓋郭公也。郭公者何。失地之君也。穀梁傳曰。赤蓋郭公也。何爲名也。禮。諸侯無外歸之義。外歸非正也。左無傳。郭今以爲城𩫏字。又以爲恢郭字。又左傳虢國字。公羊作郭。从邑𩫏聲。古博切。五部。

郳齊地。从邑兒聲。五雞切。十六部。春秋傳曰。齊高厚定郳田。左傳襄六年。齊侯滅萊。遷萊于郳。高厚、崔杼定其田。杜云。遷萊子於郳國。正義云。郳卽小邾。小邾附屬於齊。故滅萊國而遷其君於小邾。按世本云。邾顏居邾。肥徙郳。宋仲子注。邾顏別封小子肥於郳、爲小邾子。左傳曰魯擊柝聞於邾。小邾者、邾所別封。則其地亦在邾魯。不當爲齊地。今鄒縣有故邾城。滕縣東南有郳城。皆魯地。且郳之偁小邾久矣。不應又忽評爲郳也。許意郳是齊地。非小邾國。凡地名同實異者。不可枚數。如許書邾非鄒國。是其例也。據傳云遷萊於郳。高厚、崔杼定其田。葢定其與萊君之田。以郳田與之也。

郣 郣地。此從錯本。鉉作郣海地。非是。郣是復舉字之未刪者。地謂有地名郣也。今其地未聞。葢春秋時齊地也。若漢二志之勃海郡。今直隷河閒、天津二府地。其謂之勃海者。師古曰。在勃海之濵。因以爲名也。水部澥下曰。勃澥、海之別也。漢書子虛賦音義曰。勃澥、海別枝也。勃澥、史記河渠書謂之勃海。今靜海縣之海與山東遼東接境者、即勃澥。司馬相如賦所以自琅邪觀成山、射之罘、而浮勃澥。始皇所以竝勃海以東、過黃腄、窮成山、登之罘、而南登琅邪也。齊都賦注曰。海旁曰勃。斷水曰澥。勃與郣似可通。然勃海郡、勃澥字皆不作郣。假令勃海郡字可作郣。則許當云郣海郡也。而不曰地。从邑孛聲。蒲没切。十五部。一曰地之起者曰郣。周禮草人、勃壤用狐。鄭云。勃壤、粉解者。廣雅。墣、塵也。今俗謂粉之細者曰勃。皆即郣字。地之起者謂虛脃。

六篇下

鄿 國也。齊桓公之所滅。衛風曰譚公維私。小雅曰東國困於役而傷於譏。譚大夫作大東以告病。左傳莊十年曰齊師滅譚。譚無禮也。譚子奔莒。同盟故也。今濟南府府東南七十里有故譚城。在二志濟南郡之東平陵縣。東平陵故城在今濟南府府東七十五里。从邑覃聲。徒含切。古音在七部。按詩、春秋公、穀皆作譚。許書又無譚字。葢許所據從邑。齊世家譌作郯。可證司馬所據正作鄿。鄿譚古今字也。許書有譚長。不作以古字廢今字也。

邭 地名。左傳注多不言名。如毛傳云水也、山也、地也。皆是。許君亦不言名。如郣地也、邭地也、以及邑也、國也、皆是。凡言名者、後人所改。从邑句聲。其俱切。四部。

郂 陳留鄉。陳留郡二志同。今河南開封府東至歸德府西皆是其境。陳留郡屬有陳留縣。此不云陳留縣。但云陳留鄉。則是舉郡名。不箸某縣也。曷爲不箸。有未審也。郖下曰弘農縣。鄏下曰河南縣。是舉郡縣同名之例。从邑亥聲。

古哀切。一部。

⿰𢦏阝 故國在陳留。春秋經隱十年。宋人蔡人衛人伐載。三經皆作載。惟穀梁音義曰。載本或作戴。而前志作戴。古載戴同音通用耳。許作⿰𢦏阝。左氏音義引字林亦作⿰𢦏阝。呂本許。許所據從邑也。前志云。梁國甾、故戴國。後志云。陳留郡考城、故菑。注引陳留志云。古戴國。今河南衛輝府考城縣縣東南五里有考城故城。漢之甾縣。古之⿰𢦏阝國也。甾與⿰𢦏阝古音同。⿰𢦏阝古字。甾漢字。許云在陳留者、章帝改名考城、屬陳留也。水經注汳水篇曰。陳留風俗傳曰。秦之穀縣。後遭漢兵起。邑多災年。故改曰菑縣。王莽更名嘉穀。章帝東巡。詔曰。菑縣名不善。其改曰考城。按莽、章帝不達同音譌字之源委。故不能正爲⿰𢦏阝字。而風俗傳云秦之穀縣。則更無稽之言耳。从邑𢦏聲。作代切。一部。

⿰燕阝 地名。从邑燕聲。烏前切。十四部。齊有高⿰燕阝、即高偃。高傒之玄孫。左傳曰敬仲之曾孫者。古人立文、後裔統云曾孫。

邱 地名。从邑丠聲。去鳩切。古音在一部。今制諱孔子名之字曰邱。

邚 地名。从邑如聲。人諸切。五部。

⿰丑阝 地名。从邑丑聲。女九切。三部。

六篇下

⿰几阝 地名。从邑几聲。居履切。十五部。按西伯伐⿱旨邑。周本紀作耆。徐廣曰。一作阢。阢、葢即⿰几阝字。

⿰翕阝 地名。从邑翕聲。希立切。七部。

⿰求阝 地名。玉篇曰。⿰求阝鄉在陳留。从邑求聲。巨鳩切。三部。

⿰嬰阝 地名。从邑嬰聲。於郢切。十一部。

⿰尚阝 地名。廣韻曰。⿰黨阝、地名。說文作⿰尚阝。从邑尚聲。多朗切。十部。今俗以爲鄉黨字。

郱 地名。从邑幷聲。薄經切。十一部。前志。齊郡臨朐、應劭云。有伯氏駢邑。後志。齊國臨朐、有古郱邑。按春秋莊元年。齊師遷紀郱、鄑、郚。杜云。郱在東莞臨朐縣東南。齊取其地。然則伯氏駢邑即此地。駢即郱字。今山東青州府臨朐縣東南有郱城是也。未知許意然不。

⿰虘阝 地名。玉篇云。魯地名。从邑虘聲。呼古切。五部。

邩 地名。从邑火聲。呼果切。十七部。

鄝 地名。从邑翏聲。盧鳥切。三部。左傳文公五年。楚滅蓼。釋文云。字或作鄝。穀梁宣八年經。楚人滅舒鄝。釋文云。本又作蓼。小雅漸漸之石。詩序注云。舒、舒鳩、舒鄝、舒庸

鄬　邨　⿰舍阝　⿰盍阝　⿰乾阝　⿰畬阝　邖　⿰興阝　⿰臺阝

之屬。釋文云。鄝又作蓼。按坊記陽侯繆侯卽淮南氾論訓之陽侯蓼侯。繆者、字誤耳。前志六安國。後志廬江郡。皆作蓼。許不謂此也。鄬地名。从邑爲聲。居爲切。十七部。春秋經襄七年。公會晉侯、宋公、陳侯、衞侯、曹伯、莒子、邾子于鄬。杜云。鄬、鄭地。邨地名。从邑屯聲。此尊切。十三部。按本音豚。屯、聚之意也。俗讀此尊切。又變字爲村。⿰舍阝地名。从邑舍聲。式車切。五部。按玉篇引春秋。徐人取⿰舍阝。杜預云。今廬江舒縣。按僖三年三經皆作舒。魯頌亦作舒。二志廬江舒縣。亦皆作舒。未審希馮所據。⿰盍阝地名。从邑盍聲。胡蠟切。八部。二志泰山郡皆有蓋縣。孟子有蓋大夫。廣韵蓋姓。字書作⿰盍阝。古盍切。⿰乾阝地名。从邑乾聲。古寒切。十四部。⿰畬阝地名。从邑畬聲。讀若淫。力荏切。七部。邖地名。从邑山聲。所閒切。十四部。⿰興阝地名。从邑興聲。鉉無。錯有。今按廣韵蒸韵、集韵證韵皆引說文。則有者是也。虛陵切。六部。⿰臺阝地名。从邑臺聲。徒郎切。十部。玉篇⿰臺阝⿰堂阝二同。引續漢書云。廣陵⿰堂阝邑也。按續漢書謂司馬彪郡國志也。今志作堂邑。云故屬臨淮。春秋時曰堂。考左傳襄十四年楚子囊師于棠以伐吳。昭二十年棠君尚。字皆從木。而廣韵引風俗通。堂、楚邑大夫五尚爲之。其後氏焉。字從土。蓋今左傳從木或誤。堂邑今江蘇江寧府六合縣是也。許但云地名。未知謂此地與否。臺古文堂字。文字各本奪。今補。見土部。

⿰馮阝　鄺

⿰馮阝姬姓之國。廣韵曰。馮姓也。畢公高之後食采於馮城。因而命氏。左傳云。畢者文之昭。王肅注尚書云。畢、毛、文王庶子。然則⿰馮阝爲姬姓國。其後以國氏。省作馮也。師古云。馮、歸姓。恐非。字廁於此者。許不審⿰馮阝地所在。从邑馮聲。○房戎切。古音在六部。按許旣知爲姬姓國。則當知其地所在。蓋古本據其次第可推。今本蓋寫者奪之。補綴於此。鄺汝南安陽鄉。汝南郡安陽。二志同。今河南汝寧府眞陽縣。縣東故安陽城是也。有鄉名鄺。从邑𠭥省聲。𠭥、宋版及小徐皆不從艸。艸部蒯、耳部聵皆𠭥聲。則固有𠭥字矣。苦怪切。十五部。漢書鄺成侯周緤。服虔音菅蒯之蒯。則服作鄺成

郙　酈　⿰䙴阝　邑（反）

侯。郙汝南上蔡亭。汝南郡上蔡。二志同。今河南汝寧府上蔡縣。縣西南十里故蔡城是也。有亭名郙。从邑甫聲。方矩切。五部。○按鄺郙二篆當與鄀郎郎鄂鄭等篆爲伍。寫者奪之。補綴於此。酈南陽縣。南陽郡酈。二志同。秦二世二年。沛公攻析酈。皆下之。則是秦所置縣。今河南南陽府內鄉縣。縣東北有故酈縣城。从邑麗聲。郎擊切。十六部。按蘇林、如淳皆音擲。小顏漢書注。酈、姓音歷。縣名音同蘇、如。○按酈篆當與鄂鄉鄭鄭郢郷六篆爲伍。寫者奪之。而補綴於此。⿰䙴阝地名。从邑䙴聲。七然切。十四部。［反邑］从反邑。𨛜字从此。闕。闕謂其音闕也。

文一百八十一　一、宋本作四。今依錯補鄉。則一百八十二。

重六　邑部自邦至部、皆國邑殊名。及國邑所有之地也。自鄯以下則皆地名。自西而東。鄯、窻西北之取遠者也。郯則近東北矣。自部至郇、漢之三輔屬司隸。郉部二文隴西天水郡也。在三輔之西。屬涼州。自郖至邢、弘農河南河內河東四郡也。在三輔之東。亦屬司隸。鄔祁、大原郡也。屬幷州。自鄴至鄲、魏郡趙國淸河常山鉅鹿郡也。屬冀州。鄚涿郡也。屬幽州。郅北地郡也。屬涼州。郊者、近北地之狄。自郵至郥、潁川汝南郡也。屬豫州。自鄧至郥、南陽南郡江夏三郡也。屬荊州。自鄀至邦、漢中蜀廣漢犍爲牂柯五郡也。屬益州。自都至鄱、豫章桂陽會稽三郡也。屬楊州。長沙在江南、故附於豫章下。長沙本屬荊州也。自郝至鄣、蓋漢豫州兗州之地。自邗至鄒、臨淮東海琅邪三郡也。屬徐州。郭至郇、齊地也。當屬靑州。郯𢧵陳畱郡也。屬兗州。以下槩云地名。則未審其在何所也。

𨛜　鄉

𨛜鄰道也。道當爲邑字之誤也。其字從二邑會意。从邑从［反邑］。隸變作𨛜。凡𨛜之屬皆从𨛜。闕。闕者謂其音未聞也。大徐云胡絳切。依鄉字之音。非有所本。如餡字或依鬨字之音。或依皀字之音。皆非是。

鄉國離邑。離邑、如言離宮別館。國與邑名可互偁。析言之則國大邑小。一國中

離析爲若干邑。**民所封鄉也。**封猶域也。鄉者今之向字。漢字多作鄉。今作向。所封謂民域其中。所鄉謂歸往也。釋名曰。鄉。向也。民所向也。以同音爲訓也。**嗇夫別治。**別彼列切。別治謂分治也。百官公卿表曰。縣大率十里一亭。亭有長。十亭一鄉。鄉有三老。有秩。嗇夫。游徼。三老掌敎化。嗇夫職聽訟。收賦稅。游徼徼循禁盜賊。司馬彪百官志曰。鄉置有秩。三老。游徼。鄉小者置嗇夫一人。風俗通云。嗇者。省也。夫。賦也。言消息百姓。均其役賦。按許不言三老游徼者。舉一以該其二。亦謂鄉小者但置嗇夫。不置三老游徼也。**从䣈。皀聲。**許良切。十部。**封圻之內六鄉。六鄉治之。**按封圻上當有周禮二字。上云嗇夫別治。言漢制。此云六鄉六鄉治之。謂周禮也。封圻卽邦畿。周禮。方千里曰國畿。六鄉地在遠郊以內。五家爲比。五比爲閭。四閭爲族。五族爲黨。五黨爲州。五州爲鄉。鄉老二鄉則公一人。鄉大夫每鄉卿一人。許先舉漢制。後言周禮者。許書凡言郡縣鄉亭皆漢制。漢表云。凡縣道國邑千五百八十七。鄉六千六百二十二。亭二萬九千六百三十五。許全書所舉某縣某鄉某亭皆在此都數之中。

𨞰　里中道也。不言邑中道。言里中道者。言邑不該里。言里可該邑也。析言之國大邑小。邑大里少。渾言之則國邑通偁。邑里通偁。載師注曰。今人云邑居里。此邑里通偁也。高祖紀云。沛豐邑中陽里人。此邑里析言也。應劭曰。沛。縣也。豐。其鄉也。然則鄉可偁邑矣。周禮。五家爲鄰。五鄰爲里。此周制也。齊語。五家爲軌。十軌爲里。此齊制也。百官志曰。里魁掌一里百家。什主十家。伍主五家。以相檢察。此漢制也。里中之道曰巷。古文作𨞰。爾雅作衖。引伸之。凡夾而長者皆曰巷。宮中衖謂之壼是也。十七史言弄者。皆卽巷字。語言之異也。今江蘇俗尚云弄。**从䣈共。**會意。**言在邑中所共。**說會意之恉。道在邑之中。人所共由。胡絳切。共亦聲也。九部。

巷　篆文从邑省。巷爲小篆。則知𨞰爲古文籒文也。先古籒後篆者。亦上部之例。巷今作巷。

文三　重一

二十五部　文七百五十四　宋本四作三。鈕樹玉曰。按實七百五十五。

重六十　宋本作六十一。鈕曰。實五十九。

凡九千四百四十三字　此弟六篇都數。

說文解字弟六篇下

吳縣鈕樹玉校字

說文解字第七篇

金壇段玉裁注

日

日　實也。以疊韵爲訓。月令正義引春秋元命包云。日之爲言實也。釋名曰。日。實也。光明盛實也。**大昜之精不虧。**故曰實。**从〇一。象形。**〇象其輪郭。一象其中不虧。人質切。十二部。**凡日之屬皆从日。㘝　古文。象形。**葢象中有烏。武后乃竟作〇。誤矣。

旻

旻　秋天也。此爾雅釋天及歐陽尚書說也。釋天曰。春爲昊天。夏爲蒼天。秋爲旻天。冬爲上天。許、鄭本如是。孫炎、郭樸本乃作春蒼夏昊。**从日文聲。**武巾切。十三部。**虞書說。**說各本作曰。今依韵會訂。虞書說三字當作唐書說曰四字。古文堯典欽若昊天說也。**仁覆閔下則偁旻天。**覆閔各本作閔覆。誤。今依玉篇、廣韵皆作仁覆愍下謂之旻天。訂。此古尚書說也。與毛詩王風傳同。五經異義。天號。今尚書歐陽說。堯典欽若昊天。春曰昊天。夏曰蒼天。秋曰旻天。冬曰上天。總爲皇天。爾雅亦云。古尚書、毛詩說。天有五號。各用所宜稱之。尊而君之則曰皇天。元氣廣大則稱昊天。仁覆愍下則稱旻天。自天監下則稱上天。據遠視之蒼蒼然則稱蒼天。許君曰。謹按堯典羲和以昊天總勅以四時。故昊天不獨昊春也。左傳夏四月孔丘卒。稱曰旻天不弔。非秋也。玄之聞也。爾雅者孔子門人所作。以釋六藝之言。葢不誤也。春氣博施。故以廣大言之。夏氣高明。故以遠言之。秋氣或生或殺。故以閔下言之。冬氣閉藏而清察。故以監下言之。皇天者至尊之號也。六藝之中諸稱天者。以情所求言之耳。非必於其時稱之。浩浩昊天。求天之博施。蒼天蒼天。求天之高明。旻天不弔。求天之生殺當其宜。上天同雲。求天之所爲當順其時也。此之求天猶人之說事各从其主耳。若察於是。則堯命羲和。欽若昊天。孔丘卒稱旻天不弔。無可怪爾。按許作五經異義。不从爾雅。从毛詩。造說文兼載二說。而先爾雅於毛。與鄭說無不合。葢異義早成。說文後出。不待鄭之駁正而已權衡悉當。觀此及社下、姓下皆與異義不同。與鄭說相合。可證。

時

時　四時也。本春秋冬夏之稱。引伸之爲凡歲月日刻之用。釋詁曰。時。是也。此時之本義。言時則無有不是者也。廣雅曰。時。伺也。此引伸之義。如不能辰夜、遠猶辰告。傳皆云。辰。時也。是也。**从日。寺聲。**市之切。一部。**旹　古文時。从日㞢作。**之聲也。小篆从寺。寺亦之聲也。漢隸亦有用旹者。

早

早　晨也。晨者、早昧爽也。二字互訓。引伸爲凡爭先之偁。周禮大司徒早物。叚早爲草。**从日在甲上。**甲象人頭。在其上則早之意也。易曰。先甲三日。子浩切。古音在三部。

昒

昒　尚冥也。冥者、窈也。幽也。自日入至於此尚未日出也。司馬相如傳。曶爽晻昧。得燿乎光明。然則曶尚未明也。按漢人曶昧通用。不分。故幽通賦。昒昕寤而仰思。曹大家曰。昒昕。晨旦明也。韋昭曰。昒、昧忽兩音。郭樸注三倉解詁云。曶。旦明也。然則獨許分別曶爲未明。昧爽爲且明。以其時相際。故說之者異。**从日。勿聲。**大徐作昒。古皆有之。呼骨切。十五部。按韋音梅潰切。字林音勿。皆與昧通用之證。

昧

昧　昧爽、逗。昧字舊奪。今補。**且明也。**各本且作旦。今正。且明者、將明未全明也。牧誓。時甲子昧爽。王朝至于商郊牧野。言昧爽起行。朝旦至牧野。左傳晏子述讒鼎之銘曰。昧旦丕顯。僞尚書演其辭曰。昧爽丕顯。坐以待旦。郊祀志。十一月辛巳朔旦冬至。昒爽。封禪書昒作昧。既言旦。又言昧爽者。以辛巳朔旦冬至合前文黃帝己酉朔旦冬至。爲言明冬至均在朔之旦也。繼云昧爽天子始郊拜泰一。明未且時卽郊拜泰一也。內則成人皆雞初鳴適父母舅姑之所。未冠笄者昧爽而朝。後成人也。昧與曶古多通用。而許分別之。直以昧連爽爲晝。昧者未明也。爽者明也。合爲將且之偁。**从日。未聲。**莫佩切。十五部。**一曰闇也。**闇者、閉門也。閉門則光不明。明闇字用此。不用暗。暗者日無光也。義異。司馬相如傳。阻深闇昧。得燿乎光明。

暏

暏　且明也。各本作旦明。誤。今正作且明。暏與昧爽同義。許書有暏無曙。而文選魏都賦、謝康樂溪行詩、李注竝引作曙。古今字形異耳。許本作暏。後乃變爲曙。署亦者聲也。玉篇昒昧二文間出曙字。市據切。此顧希馮以今字易古字也。後出暏字。丁古切。此孫強、陳彭年輩所據說文妄增者也。呂覽謂一朝爲一曙。廣韵曰。暏、詰朝欲明也。**从日。者聲。**當古

晢　曉　昕　昭　晤

切。廣韵亦晣入姼韵、曙入御韵。五部。**晢**各本篆體誤。今正。**昭晢、**逗**明也。**旦下曰明也。明下曰昭也。既昧爽則旦矣。周易王弼本明辨晢也。陳風明星晢晢。傳曰。晢晢猶煌煌也。洪範明作晢。鄭曰。君視明則臣昭晢。按昭晢皆从日。本謂日之光。引伸之爲人之明晢。口部曰。晢、知也。**从日。斯聲。**斯舊作折。今正。晢字日在下。或日在旁作晣。同耳。旨熱切。十五部。**禮曰。晢明行事。**禮謂十七篇也。許序例云。其偁禮周官。謂儀禮周官謂周禮也。士冠禮宰告曰質明行事。鄭云。質正也。許所據作晢明。以戴記禮器昏義兩言質明推之。戴記多从今文。則知質明今文。晢明古文也。鄭不疊古文者。畧也。**曉明也。**此亦謂旦也。俗云天曉是也。引伸爲凡明之偁。方言。黨曉晢知也。楚謂之黨。或曰曉。齊宋之間謂之晢。**从日。堯聲。**呼鳥切。二部。曉昕二篆鉉本奪。而綴于末。今依鍇本。**昕旦明也。**小徐本作旦也。明也。韵會作旦明也。今正爲旦明。文王世子。大昕。鄭云。早昧爽也。是昕即晨而未旦也。士昏禮記曰。凡行事必用昏昕。齊風東方未晞。顛倒裳衣。傳曰。晞。明之始升。按蒹葭、湛露傳皆云。晞、乾也。此云明之始升則當作昕。無疑。昕與晞各形各義。而昕讀同希。因誤爲晞耳。**日將出也。**按此亦言旦明。而不次諸晢篆之前者。正謂昧爽於旦猶遠。昕於旦僅一閒耳。故毛云明之始升。許先列晢曉篆。而以昕足之。**从日。斤聲。讀若希。**斤聲而讀若希者。文微二韵之合。齊風是以與衣韵。也。今讀許斤切。則又合乎冣初古音矣。十三部。○說文讀若希。見文王世子音義。鍇作讀若忻。非。鄭注樂記。訢讀爲熹。是其理也。**昭日明也。**引伸爲凡明之偁。廟有昭穆。昭取陽明。穆取陰幽。皆本無正字。叚此二字爲之。自晉避司馬昭諱。不敢正讀。一切讀上饒反。而陸氏乃以入經典釋文。陋矣。又別製佋字。注云。廟昭穆。父爲佋南面。子爲穆北面。从人召聲。此冣爲不通。昭穆乃鬼神之偁。其字當从示。而从人。何也。無識者又取以竄入說文人部中。其亂名改作。有如此者。今人部刪佋。**从日。召聲。**止遙切。二部。**晤明也。**晤旳晄曠四篆不必專謂日之明。然莫明于日。故四字皆从日而廁于此也。晤者、启之明也。心部之悟、㝱部之寤、皆訓覺。覺亦明也。

旳　晄　曠　旭　晉　暘

同聲之義必相近。**从日。吾聲。**五故切。五部。**詩曰。晤辟有摽。**邶風文。今詩作寤。此篇云耿耿不寐。云我心匪石。云如匪澣衣。則當作寤。訓覺。晤其叚借之字也。**旳明也。**旳者、白之明也。故俗字作的。漢魯峻碑曰。永傳啻齡。喚矣旳旳。引伸爲躲旳。**从日。勺聲。**都歷切。古音在二部。詩發彼有勺。叚勺爲旳字。**易曰。爲旳顙。**說卦傳文。旳顙、白顛也。馬部又有駒篆。云馬白頟也。引易馬駒顙。疑駒後出非古。**晄明也。**各本篆作晄。篇韵皆云晃同。今正。晃者動之明也。凡光必動。會意兼形聲字也。楊雄賦。北橫幽都。李善云。橫與晃音義同。**从日。光聲。**胡廣切。十部。**曠明也。**廣大之明也。會意兼形聲字也。引伸爲虛空之偁。**从日。廣聲。**苦謗切。十部。**旭日旦出皃。**邶風。旭日始旦。傳曰。旭者、日始出。謂大昕之時。旭與曉雙聲。釋訓曰。旭旭、蹻蹻、憍也。郭云。皆小人得志憍蹇之皃。此其引伸叚借之義也。今詩旭旭作好好。同音叚借字也。**从日。九聲。讀若好。**好各本作勗。誤。今依詩音義訂。按音義云許玉反。徐又許九反。是徐讀如朽。朽即好之古音。朽之入聲爲許玉反。三讀皆於九聲得之。不知何時許九誤爲許元。集韵、類篇皆云許元切。徐邈讀。今之音義又改元爲袁。使學者求其說而斷不能得矣。大徐許玉切。三部。**一曰明也。**此別義也。明謂日之明。引伸爲凡明之偁。**晉進也。**周易彖傳曰。晉、進也。以疊韵爲訓。凡進皆曰晉。難進亦曰晉。周禮凡田王提馬而走。諸侯晉。是也。禮古文周禮故書皆叚晉爲箭。**日出而萬物進。**故其字从日。**从日。从臸。**臸者、到也。以日出而作會意。隸作晉。即刃切。十二部。**易曰。明出地上𦥑。**此引易象傳文。以證从日之意也。**暘日出也。**洪範八庶徵。曰雨。曰暘。某氏云。雨以潤物。暘以乾物。祭義。夏后氏祭其闇。殷人祭其陽。周人祭日以朝及闇。鄭云。闇、昏時也。陽讀爲曰雨曰暘之暘。謂日中時也。朝、日出時也。暘之義當从鄭。孟子。秋陽以暴之。亦當作秋暘。**从日。易聲。**與章切。十部。**虞書曰。曰暘谷。**虞書、宋本葉本如是。他本作商。非也。各本少一曰字。今補。虞書當作唐書。說見禾部。

此古文尚書堯典文也。

晵雨而晝姓也。晵之言闓也。姓者、雨而夜除星見也。雨而晝除見日則謂之晵。晵亦謂之姓。从日。啟省聲。康禮切。十五部。按集韵又輕甸切。語之轉也。今蘇州俗語云晵晝不是好晴。正作此音。

晹日覆雲暫見也。覆雲者、揜於雲。暫見者、倏見也。此與日部暘義畧同。从日。易聲。羊益切。十六部。按當施隻切。

昫日出𥁕也。𥁕各本作溫。今正。詳水部。昫與火部煦義畧同。樂記煦嫗。淮南書作昫嫗。廣韵直以爲一字。周禮注曰。司馬法旦明鼓五通爲發昫。是知主初日出言也。从日。句聲。火于切。又火句切。古音在四部。北地有昫衍縣。見前書地理志。今甘肅寧夏府靈州東南花馬池境有昫衍廢縣是也。俗譌作朐衍。非。

晛日見也。毛詩見晛曰消。毛云。晛、日氣也。韓詩曣晛聿消。韓云。曣晛、日出也。二解義相足。日出必有溫氣也。廣雅釋詁云。曣晛、煗也。曣晛即韓詩之曣晛。煗即毛日氣之說。荀卿非相篇引詩作宴然。宴然即曣晛也。宴晏曣古通用。玉篇曰。曣同晛。从日見。即形。義。見亦聲。胡甸切。十四部。詩曰。見晛曰消。小雅角弓文。

晏天清也。楊雄羽獵賦曰。天清日晏。李引許淮南子注曰。晏、無雲之處也。漢天文志曰。日餔時天星晏。星即今之晴字。淮南書。鶤日知晏。陰蜡知雨。晏對陰而言。如淳注郊祀志云。三輔謂日出清濟爲晏。按郊祀之晏溫。封禪書作曣嗢。猶氳氳也。郊祀志字異而義同。如淳以日出清霽釋之。謂晏而溫是爲異。非是。晏之言安也。古晏安通用。故今文堯典晏晏。古文作安安。左傳安孺子。古今人表作晏孺子。从日。安聲。烏諫切。十四部。

曣星無雲也。姚氏鼐曰。星即姓字。按日開雨除亦曰姓。無雲謂晴而無雲也。晴容有雲者。其字亦作曣。毛詩見晛曰消。韓詩作曣晛聿消。劉向上封事引之。師古注云。曣、無雲也。今漢書爲姅。不可讀。韓詩釋曣晛爲日氣。許注淮南釋晏爲無雲。此以天清釋晏。以晴無雲釋曣。言各有當。不以音義相近而淆之也。一說星無雲。謂星而無雲。如雨部云。風雨土謂風而雨土也。詩。星言夙駕。韓云。星晴也。即許星而無雲之說。从日。燕聲。於甸切。十四部。

七篇上　五

景日光也。日字各本無。依文選張孟陽七哀詩注訂。火部曰。光者、明也。左傳曰。光者遠而自他有燿者也。日月皆外光。而光所在處物皆有陰。光如鏡故謂之景。車舝箋云。景、明也。後人名陽曰光。名光中之陰曰影。別製一字。異義異音。斯爲過矣。爾雅、毛詩皆曰。景、大也。其引伸之義也。从日。京聲。居影切。古音在十部。讀如姜。

晧日出皃。謂光明之皃也。天下惟絜白者冣光明。故引伸爲凡白之偁。又改其字从白作皓矣。从日。告聲。胡老切。古音在三部。

暤晧旰也。晧鍇本作暤。集韵、類篇从之。晧旰謂絜白光明之皃。旰同日出光倝倝之倝。非下文訓晚之旰也。漢書上林賦。采色澔旰。史記作澔旰。靈光殿賦。澔澔涆涆。曹植七啟云。丹旗燿野。戈殳晧旰。此可證晧旰之爲古語。古者大暤、少暤。蓋皆以德之明得偁。俗作大昊、少昊。晧旰雙聲字。从日。皋聲。胡老切。古音在三部。俗从白作皞。

曅光也。也當作皃。字之誤。思玄賦舊注云。曅、光皃。漢書敘傳云。世宗曅曅。吳都賦云。飾赤烏之韡曅。从日𠌶。鍇本日在𠌶上。玉篇曰。說文作曅。大徐日在旁。非也。筠輒切。八部。

暈光也。按光也二字當作日光氣也四字。篆體暉當作暈。周禮暈作煇。古文叚借字。眡祲掌十煇之法。以觀妖祥。辨吉凶。一曰祲。二曰象。三曰鑴。四曰監。五曰闇。六曰瞢。七曰彌。八曰敘。九曰隮。十曰想。鄭司農云。煇謂日光炁也。按日光氣謂日光捲結之氣。釋名曰。暈、捲也。氣在外捲結之也。日月皆然。孟康曰。暈、日旁氣也。篆體日在上。或移之在旁。此篆遂改爲暉。改其訓曰光。與火部之煇不別。蓋淺者爲之。乃致鉉以暈爲新附篆矣。从日。軍聲。軍者、圍也。此以形聲包會意。王問切。十三部。大徐許歸切。非。

旰晚也。襄十四年左傳杜注曰。旰、晏也。从日。干聲。古案切。十四部。春秋傳曰。日旰君勞。昭十二年左氏傳文。今本勞作勤。

暆日行暆暆也。史記屈原賈生列傳曰。庚子日施兮。服集予舍。施即說文暆字。也。暆暆、迆邐徐行之意。暆暆猶施施。詩毛傳曰。施施、難進之意。从日。施聲。弋支切。十六十七部。樂浪音洛狠。有東暆縣。樂浪郡東暆見地理志。樂浪今朝鮮國地。東暆故城未聞。魚部云。東暆輸鰅魚。讀

七篇上　六

如酏。三字當在施聲之下。晷日景也。上文云景、光也。渾言之。此云晷、日景也。不云日光。析言之也。以其陰別於陽。卽今之影字也。左傳謂之蔭。云趙孟視蔭。釋名曰。晷、規也。如規畫也。此謂以表度日。大雅旣景乃岡。傳云。考於日景。參之高岡。从日。咎聲。居洧切。古音在三部。

𣆶日在西方時側也。蒙上日景言之。日在西方則景側也。易曰。日中則昃。孟氏易作稷。穀梁春秋經戊午日下稷。古文叚借字。从日。仄聲。此舉形聲包會意。隸作昃。亦作昗。小徐本矢部又出昗字。則複矣。夫製字各有意義。晏景晷旱之日在上。皆不可易也。日在上而干聲則爲不雨。日在旁而干聲則爲旰。然則𣆶訓爲日在西方。豈容移日在上。形聲之內。非無象形也。阻力切。一部。易曰。日𣆶之離。離九三爻辭。

晚莫也。莫者、日且冥也。从日在茻中。見茻部。引伸爲凡後之偁。从日。免聲。無遠切。十四部。

昏日冥也。冥者、窈也。窈者、深遠也。鄭目錄云。士娶妻之禮。以昏爲期。因以名焉。必以昏者、陽往而陰來。日入三商爲昏。引伸爲凡闇之偁。

从日、氐省。氐者、下也。氐部曰。氐者、至也。其引伸之義則爲下。故此云氐者、下也。上部云。下者、氐也。目部云。氐目、卽低目。人部無低字。昏字於古音在十三部。不在十二部。昏聲之字。蟁亦作蚊。暋亦作岐。敃亦作忞。昏古音同文。與眞臻韵有斂侈之別。字从氐省爲會意。絕非从民聲爲形聲也。葢隸書淆亂。乃有从民作昬者。俗皆遵用。唐人作五經文字。乃云緣廟諱偏傍。準式省从氏。凡汦昏之類。皆从氏。以昏類汦。其亦傎矣。呼昆切。魂韵者、文韵之音變。一曰民聲。此四字葢淺人所增。非許本書。宜刪。凡全書內昏聲之字。皆不从民。有从民者。譌也。

𣊻日且昏時也。且各本作旦。今正。昏訓冥。莫訓日且冥。則𣊻卽莫也。𣊻之言蠻也。蠻者、文見日將入而色有異也。从日。䜌聲。讀若新城䜌中。䜌他書作蠻。地理志河南郡新城下蠻中、故戎蠻子國也。郡國志河南郡新城有鄤聚。古鄤氏。今名蠻中。左傳昭十六年。楚子誘戎蠻子殺之。杜云。河南新城縣東南有蠻城。水經注伊水篇曰。新城縣故蠻子國也。縣有鄤聚。今名蠻中。漢新城故城在今河南河南府洛陽縣南。今左穀皆作蠻。公羊作曼。劉昭引左傳作鄤。𣊻音如蠻。集韵謨還切者是。大徐洛官切。非也。十四部。

晻不明也。北征賦。日晻晻其將暮。漢書元帝紀。三光晻昧。南都賦。晻曖蓊蔚。吳都賦。旭日晻時。凡言晻藹、謂陰翳也。蜀都賦作菴藹。从日。奄聲。烏敢切。八部。

暗日無光也。集韵、類篇皆以晻暗爲一字。依許則義各殊。明之反當用晻。暗主謂日無光。眂祲掌十煇之瀋。五曰闇。鄭司農云。闇、日月食也。暗者、正字。闇者、叚借字也。引伸爲凡深沈不明之偁。从日。音聲。烏紺切。古音在七部。

晦月盡也。朔者、月一日始蘇。望者、月滿與日相望。似朝君。字皆从月。月盡之字獨从日者、明月盡而日如故也。日如故則月盡而不盡也。引伸爲凡光盡之偁。僖十五年春秋經。晦、震夷伯之廟。公羊曰。晦、冥也。穀粱曰。晦、冥也。杜注左云。與凡書晦同。爾雅曰。晦、霿。从日。每聲。荒內切。十五部。

𣆀埃𣆀、逗。疊韵字。日無光也。猶埃霠、謂之霚霴。通俗文。雲覆日謂之霚霴。从日。能聲。奴代切。一部。

曀天陰沈也。各本作陰而風也。今正。攷開元占經引作天地陰沈也。大平御覽引作天陰沈也。邶風曰。終風且曀。爾雅、毛傳皆云。陰而風曰曀。釋名。曀、翳也。言雲氣晻翳日光使不明也。小爾雅。曀、冥也。曀主謂不明。爾雅、毛傳因詩句兼風言耳。故許易之。陰沈當作霠。从日。壹聲。於計切。古音在十二部。詩曰。終風且曀。

旱不雨也。从日。干聲。乎旰切。十四部。

𣅀望遠合也。合者、望遠則其形不分、其色不分、其小大高下不分、是也。與杳字義略相近。从日匕。會意。匕、逗。合也。匕何以訓合。比之省也。猶會下云。會、益也。會何以訓益。增之省也。是亦許書言叚借之一也。𣅀何以省比。有昆字在也。讀若窈窕之窈。窈古讀如黝。音轉如杳。烏皎切。二部。

昴白虎宿星。召南傳曰。昴、畱也。古謂之昴。漢人謂之畱。故天官書言昴。律書直言畱。毛以漢人語釋古語也。元命包云。昴六星。昴之言畱。物成就繫畱。此昴亦評畱之義也。从日。丣聲。古音讀如某。丣、古文酉字。字別而音同。在三部。雖同在三部而不同紐。是以丣聲之劉畱聊柳珋駵䶉茆窌爲一紐。卯聲之昴爲一紐。古今音讀皆有分別。丣聲之不讀莫飽切。猶卯聲之不讀力九切也。惠氏棟因毛傳之語。謂昴必當从丣。其說似是而非。王氏鳴盛尚書後案襲之。非也。莫飽切。古音在三部。

曏　不久也。士相見禮曰。曏者吾子辱使某見。請還贄於將命者。注云。曏、曩也。按禮注曏字或作鄉。今人語曰向年、向時、向者。卽曏字也。又曰一晌、曰半晌。皆是曏字之俗。**从日。鄉聲。**許兩切。十部。**春秋傳曰。曏役之三月。**僖廿八年左氏傳文。曏猶前也。城濮之役在四月。前乎此役之三月。正與不久之義合。杜作鄉。云鄉猶屬也。殊誤。

曩　曏也。釋言文。左傳曰。曩者志入而已。今則怯也。晉語曰。曩而言戲乎。莊子曰。曩子行。今子止。**从日。襄聲。**奴朗切。十部。

昨　絫日也。絫鉉本作壘。誤。鍇本作累。絫累正俗字。古書積累字皆作絫。厽部云。絫者、增也。絫日謂重絫其日也。廣韵云。昨日、隔一宵也。周禮司尊彝叚昨爲酬酢字。**从日。乍聲。**在各切。五部。

暇　閒也。各本作閑。俗字也。今正。酒誥曰。不敢自暇自逸。古多借假爲暇。周書多方。天惟須夏之子孫。鄭云。夏之言假。大雅皇矣。周頌武二箋皆作須假。而孔本作暇。孫卿子。其爲人也多假日。其出人不遠也。賈逵國語注。假、閒也。登樓賦。聊假日以銷憂。李善云。假或爲暇。引楚辭聊假日以消時。可見古假暇通用。假訓大。故包閒暇之義。匡謬正俗似未識此意。**从日。叚聲。**胡嫁切。古音在五部。

暫　不久也。左傳。婦人暫而免諸國。今俗語云。霎時閒、卽此字也。**从日。斬聲。**藏濫切。八部。

昪　喜樂皃。小雅。弁彼鸒斯。傳曰。弁、樂也。此昪之叚借也。釋詁、詩序皆云。般樂也。般亦昪之叚借也。古三字同音盤。故相叚借如此。昪其正字。而尠用之者。**从日。**从日者。熙熙如春登臺之意。**弁聲。**皮變切。十四部。

昌　美言也。咎繇謨曰。禹拜昌言。今文尚書作黨。趙注孟子引尚書。禹拜黨言。逸周書祭公解。拜手稽首黨言。張平子碑。黨言允諧。劉寬碑。對策嘉黨。皆昌言字之叚借也。至於讜言。亦見漢人文字。字林。讜言、美言也。此又因黨言而爲之言傍。謂之正俗字可。**从日。从曰。**會意。取縣諸日月不刊之意也。不入曰部者。日至尊也。尺良切。十部。

一曰日光也。裴松之引易運期讖曰。兩日並光日居午。兩日昌字。圖讖說字多不合本義。裴引孝經中黃讖瞽爲日載東。曹字亦本从曰。非从日。蓋昌之本義訓美言。引伸之爲凡光盛之偁。則亦有訓爲日光者。日光祇爲餘義。例所不載。一曰日光也。五字恐魏時因許昌之說而妄增之。**詩曰。東方昌矣。**齊風。東方明矣。朝既昌矣。傳曰。東方明則夫人纚笄而朝。朝巳昌盛則君聽朝。云朝巳昌盛與美言之義相應。許幷二句爲一句。當由轉寫筆誤。

[篆]　籀文。

暀　光美也。釋詁曰。暀暀、皇皇、美也。按暀見爾雅而不見他經。泮水箋云。皇皇當作暀暀。暀暀猶往往也。此易皇爲暀。復訓暀爲往。以作暀而後可訓往也。少儀。祭祀之儀。齊齊皇皇。注云。皇皇讀爲歸往之往。皇氏云。謂心所繫往此處。鄭不讀爲暀。徐先民於況反。非是。**从日。往聲。**此舉形聲包會意。謂往者衆也。於放切。十部。

昄　大也。大雅。士宇昄章。釋詁、毛傳皆曰。昄、大也。**从日。反聲。**補綰切。十四部。

昱　日明也。日明。各本作明日。今依衆經音義及玉篇訂。大玄曰。日以昱乎晝。月以昱乎夜。注云。昱、明也。日無日不明。故自今日言下一日謂之明日。亦謂之昱日。昱之字古多叚借翌字爲之。釋言曰。翌、明也。是也。凡經傳子史翌日字皆昱日之叚借。翌與昱同立聲。故相叚借。本皆在緝韵。音轉又皆入屋韵。劉昌宗讀周禮翌日乙丑音育是也。俗人以翌與翼形相似。謂翌卽翼。同入職韵。唐衛包改尚書六翌皆爲翼。而昱日之義廢矣。朙部萠下曰。翌也。翌當爲昱。萠从亡明。晝夜之道。亡明而明復矣。昱之義引伸爲凡明之偁。故顧命翌室。某氏曰。明室。三輔決錄注。釋左馮翊曰。馮、盛也。翊、明也。翊卽翌。**从日。立聲。**余六切。古音在七部。

㬎　昷溼也。昷各本作溫。今正。說詳水部。溫而生溼。故其字从日。**从日。赧省聲。**溫溼生徽。亦有色赤者。未必不从赤會意也。集韵類篇。㬎、㬎小赤也。**讀與赧同。**女版切。十四部。

暍　傷暑也。北山經。北囂之山。鳥名鶯鶻。食之巳暍。按今俗語謂鬱蒸之曰暍。聲如遏郞。此字。**从日。曷聲。**於歇切。十五部。

暑　熱也。暑與熱渾言則一。故許以熱訓暑。析言則二。故大雅。溫隆蟲蟲。毛云。溫溫而暑。隆隆而雷蟲蟲而熱也。暑之義主謂溼。熱之義主謂燥。故溽暑謂溼暑也。釋名曰。暑、煑也。如水煑物也。熱、爇也。如火所燒爇也。从日。者聲。舒呂切。五部。

㬮安㬮、逗。疊韵字也。昷也。昷各本作溫。今正。說詳水部。安㬮猶溫存也。二字皆平聲。廣雅云。暍、㬮、煗也。安作暍。語之轉耳。巾部云。讀若水溫㬮。則安亦作溫。从日。難聲。奴案切。十四部。按廣韵、集韵、類篇㬮皆讀平聲。入山韵。玉篇㬮亦奴達切。平則二字皆平。去則二字皆去。入則二字皆入。是之謂疊韵。

㬎眾微杪也。从日中視絲。此九字廣韵作眾明也。微妙也。从日中視絲十一字。疑當作眾明也。从日中見絲、絲散眇也。散者今之微字。眇者今之妙字。玉篇亦作妙。日中視絲。眾明察及微妙之意。古文以為顯字。顯為頭明飾。㬎為日中見微妙。則經傳顯字皆當作㬎。㬎者本義。顯者叚借。載籍既皆作顯。乃謂古文作㬎為叚借矣。故曰古文以為顯字。頁部顯下曰从頁㬎聲。是則㬎之讀如顯可知。呼典切。或曰眾口皃。讀若唫唫。此別一義也。讀若唫唫當作讀若口唫之唫。轉寫譌奪耳。巨錦切。○集韵不得其句。乃於寑韵云。㬎者、絮中小繭。渠飲切。或以為繭。句。謂或用為繭字也。其字从絲。故或用為繭字。繭者、絮中往往有小繭也。蒙繭而釋之。必釋之者、此繭不同糸部訓蠶衣之繭也。亦蠶衣之義之引伸也。釋名云。繭者、幕也。貧者著音褚褻衣也。衣可以幕絡絮也。或謂之牽離。煑熟爛牽引使離散如緜然也。牽離即糸部之繫䊵。繫䊵一名惡絮。繫、牽奚切。䊵、郎兮切。與牽離為一語之轉。絓字下亦云。繭滓也。一名絓頭。一名牽離。按此葢繅絲之餘滓。亦可褻衣。而中有纇結。故云絮中歷歷有小繭。繭之言結也。釋名則謂可以煑爛牽引冪之絮外。說無不合。以㬎為此繭。則㬎古典切。七部。○已上三義。晝然三音。大徐總曰五合切。非也。惟第二義讀若唫也。故濕水字从之為聲。

㬥晞也。攷工記晝暴諸日。孟子一日暴之。引伸為表暴。暴露之義。與夲部暴義別。凡暴疾、暴虐、暴虎皆夲部字也。而今隸一之。經典皆作暴。難於諟正。从日出𠬞米。日出而竦手舉米曬之。合四字會意。玉篇步卜切。五經文字捕沃切。廣韵蒲木切。大徐薄報切。非也。三部。

暴古文暴。从日。麃聲。

曬暴也。漢中山靖王傳曰。日曬光幽隱皆照。从日。麗聲。曬與釃同意。散其光也。所智切。音變則所賣切。十六部。

暵乾也。乾上當有日字。乾者、上出也。凡物乾者必上。溼者必下。王風傳曰。暵、菸皃。周禮旱暵之事。鄭云。暵、熱氣也。皆引伸之義也。耕暴田曰暵。暴田曰暵。因之耕暴田曰暵。齊民要術論耕曰。寧燥不溼。燥雖耕塊。一經得雨地則粉解。溼耕堅垎。數年不佳。垎、胡格反。从日。蓳聲。同一蓳聲。而謹饉入十三部。漢暵難則入十四部。且隸易其字从英。蓋部分甚相近故也。呼旰切。易曰。燥萬物者莫暵乎火。說卦傳文。今易作熯。依韵會所據小徐本訂。

晞乾也。玄應書引作日乾曰晞。小雅。湛湛露斯。匪陽不晞。傳曰。陽、日也。晞、乾也。陽日也者。謂陽即暘之叚借也。方言。膊、曬、晞、暴也。暴五穀之類。秦晉之間謂之曬。東齊北燕海岱之郊謂之晞。又曰。晞、燥也。从日。希聲。香衣切。十五部。

昔乾肉也。周禮腊人掌乾肉。凡田獸之脯腊膴胖之事。鄭云。大物解肆乾之謂之乾肉。若今涼州烏翅矣。腊、小物全乾者。鄭意大曰乾肉。小曰腊。然官名腊人。則大物亦偁腊也。故許渾言之。从殘肉。謂𠦝也。象形。日以晞之。昨之殘肉。今日晞之。故从日。鄭注腊人云。腊之言夕也。此可證周禮故作昔字。後人改之。昔者古文。籀文增肉作𦠽。於義為短。昔肉必經一夕。故古叚昔為夕。穀梁經辛卯昔。恒星不見。左傳為一昔之期。列子昔昔夢為君。皆是。又引伸之則叚昔為昨。又引伸之則以今昔為今古矣。今古之義盛行而其本義遂廢。凡久謂之昔。周禮昔酒。鄭云。今之酋久白酒。周語厚味實腊毒。韋云。腊、亟也。讀若酋昔酒焉。味厚者其毒亟也。韋意久與亟義相成。積之久則發之亟。思積切。古音在五部。與俎同意。俎从半肉。且薦之。昔从殘肉日晞之。其作字之恒同也。故曰同意。

𦠽籀文从肉。今隸作腊。專用諸脯腊。

暱日近也。日謂日日也。皆日之引伸之義也。釋詁、小雅傳皆云。暱、近也。左傳。不義不暱。非其私暱。誰敢任之。从日。匿聲。舉形聲包會意。尼質切。古音在一部。魚力切。春秋傳曰。私降暱燕。昭廿五年。

左傳文。今本作昵。昵或从尼作。攷工記。凡昵之類不能方。故書昵或作樴。或爲䵑。杜子春讀爲不義不昵之昵。按古文叚尼爲昵。古文尚書典祀無豐於尼。釋詁云。即、尼也。孫炎曰。即猶今也。尼近也。郭樸引尸子。悅尼而來遠。釋文引尸子。不避遠。尼自衞包改尚書作昵。宋開寶閒又改釋文。而古文之讀不應爾雅矣。

暬日狎習相嫚也。嫚者侮易也。小雅曾我暬御。傳云。暬御、侍御也。楚語居寢有暬御之箴。韋云。暬、近也。暬與褻音同義異。今則褻行而暬廢矣。从日。埶聲。各本篆作暬。埶聲作執聲。五經文字亦譌。今正。私列切。十五部。

⿱否日不見也。从日。否省聲。此字古籍中未見。其訓云不見也。則於从日無涉。其音云否省聲。則與自來相傳密音不合。且何不云不聲也。以理求之。當爲不日也。从不日。王風曰。不日不月。謂不知其旋反之何日何月。即上章之不知其期也。大雅不日成之。箋云。不設期日。今俗謂不遠而不定何日亦曰不日。即形即義。許書有此例。如止戈爲武。日見爲晛是也。其音美畢切者。葢謂遠不可期則讀如蔑。近不可期則讀如密也。自讀許書者不解。而妄改其字。或改作㫖。廣韵改作㫖。意欲與覓之俗字作覔者比附爲一。十一部。

昆同也。夏小正。昆、小蟲。傳曰。昆者、衆也。由䖵。由同猶䖵也者、動也。小蟲動也。王制。昆蟲未蟄。鄭曰。昆、明也。明蟲者、得陽而生。得陰而藏。以上數說兼之而義乃備。惟明斯動。動斯衆。衆斯同。同而或先或後。是以昆義或爲先。如昆弟是也。或爲後。如昆命元龜、釋言昆後也是也。如羽獵賦嘒嘒昆鳴。从日。从比。从日者、明之義也。亦同之義也。从比者、同之義。今俗謂合同曰渾。其實當用昆、用㮯。古渾切。十三部。

晐兼晐也。吳語。一不嫡女。執箕帚以晐姓於王宮。韋云。晐、備也。姓、庶姓。引曲禮納女於天子曰備百姓。廣雅。晐、皆、咸也。按此晐備正字。今字則該晐行而晐廢矣。莊子、淮南作晐。今多作該。从日。日者、天下所大同也。故从之。亥聲。古哀切。一部。

普日無色也。此義古籍少用。衣部袢下曰。無色也。讀若普。兩無色同讀。是則普之本義實訓日無色。今字借爲溥大字耳。今詩溥天之下。孟子及漢人引詩皆作普天。趙岐曰。普、徧也。从日。竝聲。小徐本如此。韵會同。竝古音同傍。普从竝聲。又轉入虞模部。袢讀若普。知普古音亦讀若伴。以雙聲爲用也。滂古切。五部。

文七十　重六

旦朙也。明當作朝。下文云。朝者、旦也。二字互訓。大雅板毛傳曰。旦、明也。此旦引伸之義。非其本義。衞風信誓旦旦。傳曰。信誓旦旦然。謂明明然也。从日見一上。一、地也。易曰。明出地上。晉。得案切。十四部。凡旦之屬皆从旦。

暨日頗見也。頗、頭偏也。頭偏則不能全見其面。故謂事之略然者曰頗。日頗見者、見而不全也。釋言曰。暨、不及也。此其引伸之義。乑部曰。臮者、衆與詞也。引唐書臮咎繇。臮之叚借多作洎、作暨。公羊傳曰。會及暨皆與也。暨猶暨暨也。按暨暨猶幾幾。爾雅所謂不及也。从旦。既聲。其冀切。十五部。既、小食也。日不全見。故取其意。亦舉形聲包會意。

文二

倝日始出。始式吏切。光倝倝也。从旦。㫃聲。古案切。十四部。凡倝之屬皆从倝。

𠦝闕。且从三日在㫃中。按此葢倝籀文也。汗簡朝作翰。翰作韓。亦可證矣。闕且二字當作籀文二字。从三日在㫃中。則篆體𠦝下不當有一也。

朝旦也。旦者、朝也。以形聲會意。分別庸風崇朝其雨。傳云。崇、終也。從旦至食時爲終朝。此謂至食時乃終其朝。其實朝之義主謂日出地時也。周禮春見曰朝。注曰。朝猶朝也。欲其來之早。毛詩叚輖爲朝。周南惄如輖飢。傳云。輖、朝也。此謂叚借也。从倝。舟聲。陟遙切。二部。按舟聲在三部。而與二部合音冣近。毛詩以周聲之調輖爲朝。則朝非不可讀如舟也。

文三　當云文二。重一。

㫃旌旗之游㫃蹇之皃。旌旗者、旗之通偁。旌有羽者。其未有羽者。各舉其一以該九旗也。王逸九歌注云。偃蹇、舞皃。大人賦說旌旗曰。掉括撟以偃蹇。張揖曰。偃蹇、高皃。从中曲而垂下

㫃相出入也。此十一字當作从屮、曲而下垂者游。从入。游相出入也十五字。从屮者、與豈耑屵同意。謂杠首之上見者。曲而下垂者象游。游相出入者、謂从風往復如一出一入。然故从入。大徐云。此字从屮下垂當只作屮。相承多一畫。玉裁謂从屮謂竿首。下垂謂游也。鼎臣殊誤會。**讀若偃。**於幰切。十四部。**古人名㫃字子游。**晉有籍偃。荀偃。鄭有公子偃。駟偃。孔子弟子有言偃。皆字游。今之經傳皆變作偃。偃行而㫃廢矣。**凡㫃之屬皆从㫃。㫃古文㫃字。象旌旗之游及㫃之形。**此小徐本也。大徐作象形及象旌旗之游。皆不可通。其篆形各本古文與上小篆文皆不可分別。惟小徐本牽連其上端略異。與古文四聲韵及汗簡合。此等不能強爲之說。或曰當是㫃古文以爲偃字。七字之誤。

旗

旗熊旗五游。以象伐星。五、鄭本攷工記作六。熊旗六游。以象伐也。司常職曰。熊虎爲旗。注曰。畫熊虎者。鄉遂出軍賦。象其守猛莫敢犯也。伐屬白虎宿。與參連體而六星。按記不言虎者。舉熊以包虎。**士卒以爲期。**期旗疊韵。釋名曰。熊虎爲旗。軍將所建。象其猛如虎。與衆期之於下也。**从㫃其聲。**渠之切。一部。**周禮曰。率都建旗。**司常職文。今周禮率作師。師者帥之誤。樂師注曰。故書帥爲率。然則許作率都者、故書。鄭作帥都者、今書也。聘禮注曰。古文帥皆作率。毛詩率時農夫。韓詩作帥。見文選注。大司馬職。仲秋教治兵。軍吏載旗。

旐

旐龜蛇四游。以象營室。攷工記文也。司常掌九旗之物名。龜蛇爲旐。鄭云。畫龜蛇者。象其扞難避害也。爾雅曰。緇廣充幅長尋曰旐。是則九旗之帛皆用絳。惟旐用緇。攷工記注曰。營室玄武宿。與東辟連體而四星。故旐四游。營室一名水。左傳云。水昏正而栽是。一名定。詩定之方中是也。**攸攸而長也。**小徐作悠悠。今正。古悠長字皆作攸。攸攸而長。故謂之旐。攸旐音近。以疊韵釋之也。旐何以著其長。以有繼旐之旆故也。孫炎云。帛續旐末亦長尋。二尋則長丈六尺。故獨長也。**从㫃兆聲。**治小切。二部。**周禮曰。縣鄙建旐。**司常職文。大司馬職。仲秋教治兵。郊野載旐。

旆

旆繼旐之旗也。旗者、旌旗之總名。下文云。旗有衆鈴、旗曲柄。旗旃施皆是。爾雅繼旐曰旆。郭云。帛續旐末爲燕尾者。何休注公羊云。繼旐如燕尾曰旆。釋名云。旆、以帛繼旐末也。小雅帛旆央央。毛曰。帛旆、繼旐者也。按帛蓋用絳。**沛然而垂。**沛旆疊韵。引伸爲凡垂之偁。出車傳曰。旆旆垂皃。左傳昭十三年。曰。八月辛未治兵。建而不旆。壬申復旆之。杜云。建立旌旗。不曳其旆。旆游也。按不旆者卷而不垂。旆之者垂之也。定四年。晉人假羽旄於鄭。鄭人與之。明日或旆以會。亦是垂旆之義。大雅。荏菽旆旆。傳曰。旆旆然長也。沛然而垂則長。故毛云爾也。又旆爲旗幟之總名。如左傳狐毛設二旆而退之。晉亡大旆之左旃。是也。又假茷爲旆。如左傳茷即蒨旆。詩帛茷央央。即帛旆是也。亦有與末通用者。士喪禮。書銘於末曰某氏某之柩。注曰。今文銘皆爲名。末爲旆。**从㫃。朩聲。**蒲蓋切。十五部。

旌

旌游車載旌。司常職文。注云。游車木路也。王以田以鄙。**析羽注旄首也。**司常職曰。析羽爲旌。爾雅釋天曰。注旄首曰旌。李巡注爾雅曰。以犛牛尾著旌首。郭云。載旌於竿頭。如今之幢。亦有旒。鄭注周禮云。全羽析羽皆五采。繫之於旞旌之上。所謂注旄於干首也。周禮舉羽以晐旄。爾雅舉旄以晐羽。許鄭則兼舉之。合周禮爾雅以立文。鄭云。明堂位曰。夏后氏之綏。綏以旄牛尾爲之。綴於橦上。所謂注旄於干首者。蓋夏后氏但用旄牛尾。周人加用析羽。夏時綏不旒。周則注羽旄而仍有綏旒。先有旄首而後有析羽注之。故許云析羽注旄首。孫炎云。析五采羽注旄上也。孫郭皆云。其下亦有旒縿。庸風。孑孑干旄。傳云。孑孑干旄之皃。注旄於干首。大夫之旃也。此可證大常旂旃物旟旐七者皆得注羽旄於首矣。左傳言晉人假羽旄於鄭。言范宣子假羽旄於齊。則在春秋時諸侯少有此者。**所以精進士卒也。**精旌疊韵。釋名曰。旌、精也。有精光也。引伸爲凡表異之偁。**从㫃生聲。**子盈切。十一部。

旟

旟錯革鳥其上。鳥上各本有畫字。妄人所增。攷韵會所據小徐本無此字。今刪。司常職曰。鳥隼爲旟。爾雅曰。錯革鳥曰旟。小雅毛傳曰。鳥章錯革鳥爲章也。李巡云。錯革鳥者。以革爲之。置於旐端。孫炎云。錯、置也。革、急也。言畫急疾之鳥於縿。周官所謂鳥隼爲旟者矣。郭云。此謂合剝鳥皮毛置之竿頭。

旂

郎禮記云載鴻及鳴鳶。三人釋革各不同。許仍爾雅原文。許意大約於孫說無異。鄭注周禮云。畫日月。畫交龍。畫熊虎鳥隼龜蛇。是則鄭之說錯革鳥謂畫鳥隼。孫說所本也。許云其上者。謂畫於正幅高處。**所㠯進士衆。**小雅。大人占之。旐維旟矣。室家溱溱。傳云。溱溱、衆也。旐旟所以聚衆也。**旟旟、**宋本集韵皆疊旟字。**衆也。从㫃與聲。**按此八字當作从㫃从與、與與衆也、與亦聲十一字。轉寫譌舛耳。楚茨箋云。與與、蕃廡皃。旟从與會意。以諸切。五部。**周禮曰。州里建旟。**司常職文。大司馬。仲秋教治兵。百官載旟。

旂 旗有衆鈴。爾雅曰。有鈴曰旂。司常職曰。交龍爲旂。許偁爾雅不偁周禮者。錯見其說。欲學者互攷也。畫交龍於正幅。一升一降。象諸侯升朝下復也。周頌曰。龍旂陽陽。和鈴央央。傳云。鈴在旂上。李巡云。以鈴著旐端。郭樸云。縣鈴於竿頭。按李說近是。惟羽旄注竿首。鈴非注竿首之物也。左傳。錫鸞和鈴。昭其聲也。杜云。鈴在旂。李云。以鈴著旐端。公羊疏、左傳疏同。周頌疏旐作旂。誤。云旐者、旐亦旗正幅之通偁。**㠯令衆也。**令鈴與旂疊韵。令古音如

七篇上　七

旞

鄰。**从㫃斤聲。**渠希切。按古音如芹。十三部。此不偁諸侯建旂者。亦錯見。

旞 導車所載。各本作所以載。今依御覽訂。司常職曰。道車載旞。斿車載旌。注云。道車、象路也。王以朝夕燕出入。按道導字異。許、鄭所據不同。金氏榜曰。九旗、王建大常。諸侯建旂。孤卿建旜。大夫士建物。師都建旗。州里建旟。縣鄙建旐。此七旗蓋無羽。賓祭之所用也。其曰旞、曰旌。則以有羽爲異。道車謂象路。斿車謂革路、木路。變路言車。關孤卿、大夫士也。旞旌皆張縿幅屬旒焉。畫於縿如日月以下。旜與物不畫。夏采以乘車建禭復於四郊。禭當爲旞。說文旞亦作旜。因譌而爲禭。復者求之平生常所有事之處。故以道車朝夕燕出入者建旞以復。襍記。諸侯死於道。以其綏復。又曰大夫士死於道以其綏復。綏皆旞之譌。言其以旞者。明異物。天子以常。諸侯以旂。孤卿以旜。大夫士以物。鄭君謂去其旒。異之於生。失之矣。大司馬仲秋教治兵。王載大常。諸侯載旂。軍吏載旗。師都載旜。鄉遂載物。郊野載旐。百官載旟。此指師田所用者。凡七旗。即謂斿車載旌者。司馬辨於治兵。司常贊於大閱。胥此也。司馬所須旗物與司常互異。禮尙相變。

旝

載旞者設旗。宜從司常之序。載旌者設旗。宜從司馬之序。司常王建大常以下文。與下經皆畫其象爲緣起。而與上贊司馬須旗物文不相屬。**全羽㠯爲允。**句。允旞亦雙聲疊韵也。詩。仲允膳夫。古今人表作膳夫中術。術與遂古同音通用。允古音如戈盾之盾。是以漢之大子中盾後世稱大子中允。允盾術遂四字音近。御覽改此文云全羽允允而進也。殊爲昧昧。**允、**逗。**進也。**此謂允即兟之叚借。夅部曰。兟、進也。引易兟升大吉。**从㫃。遂聲。**徐醉切。十五部。

旞 或从遺作。釋名字如此作。轉寫譌爲旜。

旝 旌旗也。旌旗有名旝者。下文所偁詩及左傳皆是也。**从㫃會聲。**古會切。十五部。**詩曰。其旝如林。**大雅大明文。今毛詩作會。鄭箋以盛合其兵衆釋之。然則毛作會。三家詩作旝。許偁毛而不廢三家也。馬融廣成頌曰。旝摻其如林。季長所偁同許。而旝爲旃之類。則說亦同許也。飛石起於范蠡兵法。左傳云。親受矢石。恐尚非飛石。**春秋傳曰。旝動而鼓。**桓五年左氏傳文。杜曰。旝、旃也。與馬許合。葢左傳舊說多如此。惟賈

七篇上　六

旃

侍中獨爲異說也。**一曰。**以下別一義。**建大木。置石其上。發㠯機。㠯槌敵。**槌依小徐及五經文字。大徐作追。非也。桓五年左傳疏云。賈侍中以旝爲發石。一曰飛石。引范蠡兵法作飛石之事。然則許之別義正用賈說也。魏志。大祖乃爲發石車。號曰霹靂車。裴注引魏氏春秋曰。以古有矢石。又傳言旝動而鼓。說曰。發石也。於是爲發石車。魏氏春秋所云說曰者。即謂賈侍中。○按此條大小徐二本皆作建大木。置石其上。發以機。以槌敵。从㫃會聲。春秋傳曰。旝動而鼓。詩曰。其旝如林。此非許書之舊。今依韵會所據小徐本。乃許書之舊也。前一說旝爲旌旗。故廁於旂旞旃三篆閒。

旃 旗曲柄也。漢田蚡傳曰。前堂羅鐘鼓。列曲旃。蘇林云。禮。大夫立曲旃。曲旃、柄上曲也。按蘇林所據禮。正與周禮司常孤卿建旜、大司馬帥都載旜合。帥都、遂大夫也。左傳曰。昔我先君之田也。旃以招大夫。正謂大夫用旃也。鄘風傳曰。干旄、大夫之旃。子虛賦。靡魚須之橈旃。張揖曰。以魚須爲柄。師古曰。橈旃、即曲旃也。**所㠯旃表士衆。**旃當爲展。以疊韵爲訓。聘禮曰。使者載旜。注云。

載之者、所以表識其事也。及竟張旜誓。注云。張旜明事在此國也。此與仲秋治兵載旜皆展表士衆之義。**从㫃。丹聲。**諸延切。十四部。段借爲語助。如尙愼旃哉。傳曰。旃之也。**周禮曰。通帛爲旃。**司常職文。注云。通帛謂大赤。從周正色。無飾。爾雅因章曰旃。郭云。因絳帛之文章。不復畫之。**旜或从亶。**亶聲也。周禮禮經皆如此作。

旒　旌旗之流也。宋刊本皆作流。作旒者俗。**从㫃。攸聲。**以周切。三部。篇韵皆餘昭切。

𣄴　旗屬。从㫃。要聲。烏皎切。二部。

旖　旖施。逗**旗兒。**旖施疊韵字。在十七部。許於旗曰旖施。於木曰檹施。於禾曰倚移。皆讀如阿那。檜風猗儺其枝。傳云。猗儺。柔順也。楚辭九辯九歎則皆作旖旎。上林賦旖旎從風。張揖曰。旖旎猶阿那也。文選作猗狔。漢書作椅柅。攷工記注則作倚移。與許書禾部合。知以音爲用。製字日多。廣韵集韵曰婀娜、曰旖旎、曰袲裛、曰檹椸。皆其俗體耳。本謂旌旗柔順之兒。引伸爲凡柔順之偁。倚移與旖施同。許以从㫃从禾別之。**从㫃。奇聲。**於离切。古音在十七部。

施　旗旖施也。大人賦說旌旗曰。又旖旎以招搖。施字俗改爲旎。从尼聲。殊失音理。**从㫃。也聲。**式支切。古音在十七部。按經傳段此爲敷敟字。敟之形施之本義俱廢矣。毛傳曰。施。移也。此謂施卽延之段借。大雅施于條枚。呂氏春秋、韓詩外傳、新序䚋潢疵皆引作延。上林賦貤丘陵。下平原。司馬彪曰。貤。延也。按貤丘陵與詩施中谷、施條枚同。貤亦延之段借。**齊欒施字子旗。**見左氏傳。孔子弟子巫馬施亦字子旗。**知施者旗也。**自段施爲敟。而施从㫃之意隱矣。故明之。○此二篆各本轉寫譌舛。據全書連綿字通例更正。

旚　旌旗旚繇也。繇今之搖字。小徐作搖。旚今字作飄。飄搖行而旚繇廢矣。廣成頌曰。羽旄紛其彡𩙪。彡𩙪卽旚搖之段借字也。**从㫃。𤐫聲。**匹昭切。二部。

旟　旌旗飛揚兒。扶搖風曰颮。義略相近。**从㫃。猋聲。**甫遙切。二部。

游　旌旗之流也。流。宋刊本皆同。集韵類篇乃作旒。俗字耳。旗之游如水之流。故得偁流也。大常十有二游。旂九游。旟七游。旗六游。旐四游。周禮。王建大常。十有

二游。上公建旂。九游。侯伯七游。子男五游。孤卿建旜。大夫士建物。其游各視其命之數。禮緯含文嘉云。天子之旗九仞十二旒。曳地。諸侯七仞九旒。齊軫。卿大夫五仞七旒。齊較。士三仞五旒。齊首。皆不言其命數。未可信。旗之正幅爲縿。游則屬焉。節服氏。六人維王之大常。注。王旌十二旒。网网以縷綴連。旁三人持之。然則旗之制。游屬於网旁。十二游者。二旁六游。九游則网旁一四一五。巳下可知也。曳地齊軫皆謂游。其正幅之長。爾雅曰。旒長尋。餘未聞。游亦曰旃。楊雄賦有此字。大人賦作髾游。周禮省作斿。引伸爲凡垂流之偁。如弁師說冕弁之斿是。又引伸爲出游、嬉游。俗作遊。**从㫃。汓聲。**以周切。三部。此字省作斿。俗作旒。集韵云。斿亦作旒。按此說必有據。上文旒篆與此同義。而居非其次。當移此下。正之曰游。或作旒。**𨒫　古文游。**从辵者。流行之義也。从子者。汓省聲也。俗作遊者。合二篆爲一字。

旇　旌旗披靡也。披靡當是指麾之誤。淺人所改也。爾雅曰。旇謂之蘢。集韵類篇皆作麾謂之旇。爾雅蘢字卽許之旇字。大人賦張揖注云。指橋、隨風指麾也。今麾誤靡。**从㫃。皮聲。**敷羈切。古音在十三部。披靡皆上聲。

旋　周旋。逗**旌旗之指麾也。**左傳曰。師之耳目。在吾旗鼓。進退從之。手部。摩下曰。旌旗所以指摩者也。旗有所鄉。必運轉其杠。是曰周旋。引伸爲凡轉運之偁。**从㫃疋。**句。**疋、**逗**足也。**杠之柱地者。是旌旗之足也。似沿切。十四部。

旄　幢也。劉熙曰。幢。童也。其兒童童也。廣雅曰。幢謂之翿。爾雅曰。翢。纛也。毛傳曰。翿者、纛也。翳也。羽部曰。翿者、翳也。所以舞也。人部曰。儔者、翳也。按或用羽。或用犛牛尾。或兼用二者。翢、儔、翿實一字。纛俗作纛。亦卽翿字。爾雅、毛傳皆以今字釋古字耳。幢亦卽翿字。古𠷎聲。周聲與童聲轉移。如詩以調韵同。漢縣鮦陽讀如紂之比。其始祇有翿字。繼乃有幢、纛。皆後出。故許書不列纛、纛二篆。此釋旄必云幢不云翿者。翿嫌舞者所持。旄是旌旗之名。漢之羽葆幢。以犛牛尾爲之。如斗。斗在乘輿左騑馬頭上。用此知古以犛牛尾注竿首。如斗。童童然。故詩言干旄。言建旄。言設旄。有旄則亦有羽。或全或析。言旄不言羽者。舉一以晐二。其字从㫃从毛。亦舉一以晐二也。以犛牛尾注旗竿。故謂此旗爲旄。因而謂

犛牛尾曰旄。謂犛牛曰旄牛。名之相因者也。禹貢兩言羽旄。周禮旄人、旄舞。皆謂犛牛尾曰旄也。**从㫃毛聲。**犛形聲包會意。莫袍切。二部。

旛　旛胡也。各本作幅胡也。今依葉石林抄宋本及韵會所據本訂。韵會作幡胡。幡卽旛之俗。序例所以書幡信字亦從俗。本叚巾部之幡爲旛而旛廢矣。旛胡蓋古語。如甗甄之名甑瓬。見廣雅。漢堯廟碑作播堋。玉曰璠璵。艸木盛曰緐廡。皆雙聲字。凡旗正幅謂之縿。亦謂之旛胡。廣韵云。旛者旗旐總名。古通謂凡旗正幅曰旐。是則凡旗幅皆曰旛胡也。吳語。建肥胡。韋注。肥胡、幡也。幡卽旛字。與許互相發明。旛胡卽肥胡。謂大也。吳都賦作祀姑。誤。**謂旗幅之下垂者。**集韵、類篇、韵會皆有此七字。今據補。**从㫃番聲。**孚袁切。十四部。按當依符袁切。

旅　軍之五百人。大司徒。五人爲伍。五伍爲兩。四兩爲卒。五卒爲旅。五旅爲師。五師爲軍。以起軍旅。注云。此皆先王所因農事而定軍令者也。欲其恩足相恤。義足相救。服容相別。音聲相識。引伸爲凡衆之偁。小雅旅力方剛。傳云。旅、衆也。又引伸之義爲陳。小雅殽核維旅。傳云。旅、陳也。又凡言羈旅。義取乎廬。廬、寄也。故大雅廬旅猶處處、言言、語語也。又古叚爲盧弓之盧。俗乃製玈字。**从㫃。从从。**句。从㫃者、旌旗所以屬人耳目。**从、**逗。**俱也。**說从从之意。力舉切。五部。

𣥑　古文旅。左傳。仲子生而有文在其手。曰爲魯夫人。正義曰。隸書起於秦末。手文必非隸書。石經古文虞作㸚。魯作𣥑。手文容或似之者。字以爲聲。**古文㠯爲魯衛之魯。**此言古文叚借也。周本紀。周公受禾東土。魯天子之命。卽書序旅天子之命。旅者、陳也。

族　矢鏠也。今字用鏃。古字用族。金部曰。鏃者、利也。則不以爲矢族字矣。**束之族族也。**族族、聚皃。毛傳云。五十矢爲束。引伸爲凡族類之偁。**从㫃从矢。**會意。**㫃所㠯標衆。衆矢之所集。**此說从㫃之意。㫃所以標衆者、亦謂旌旗所以屬人耳目。旌旗所在而矢咸在焉。衆之意也。韵會、集韵、類篇皆引此。而衍一曰从三字。則不可解矣。昨木切。三部。

文二十三　小徐本作二十二。疑本無旅字。

重五

七篇上

冥　窈也。窈各本作幽。唐玄應同。而李善思玄賦、歎逝賦、陶淵明赴假還江陵詩三注皆作窈。許書多宗爾雅毛傳。釋言曰。冥、窈也。孫炎云。深闇之窈也。郭本作幼。釋云。幼稺者多冥昧。頗紆洄。小雅斯干傳曰。正、長也。冥、幼也。正謂宮室之寬長深窈處。王肅本作幼。其說以人之長幼對文。與下君子攸寧不相屬。然則三者互相證。知皆當作窈。穴部曰。窈、深遠也。窈與杳音義同。故杳之訓曰冥也。莫之訓曰日且冥也。昏之訓曰日冥也。鄭箋斯干曰。正、晝也。冥、夜也。引伸爲凡闇昧之偁。**从日六。从冖。**从冖各本作冖聲。下文曰冖亦聲。則此當云从冖矣。冖者、覆也。覆其上則窈冥。**日數十。十六日而月始虧。冥也。**冥也二字當作冥之意也四字。此釋从日六之義也。日之數十。昭五年左傳文。謂甲至癸也。歷十日復加六日而月始虧。是冥之意。故从日六。**冖亦聲。**亦字舊奪。依小徐說補。今音莫狄切。鼎蓋之鼏用爲聲。黽部鼆又用鼏爲聲。冥在十一部。莫經切。以雙聲爲一聲也。**凡冥之屬皆从冥。**

鼆　冥也。从冥黽聲。讀若黽蛙之黽。黽蛙卽黽部之鼃黽。武庚切。古音在十部。讀如芒。此字見於經者。文十五年左傳曰。一人門于句鼆。杜云。魯邑名。

文二

晶　精光也。凡言物之盛。皆三其文。日可三者。所謂衆日也。**从三日。**子盈切。十一部。**凡晶之屬皆从晶。**

曐　萬物之精。上爲列星。管子云。凡物之精。此則爲生。下生五穀。上爲列星。流於天地之閒。謂之鬼神。藏於胷中。謂之聖人。星之言散也。引伸爲碎散之偁。**从晶。从生聲。**桑經切。十一部。**一曰象形。从〇。**也。从三〇。故曰象形。大徐〇作口。誤。**古〇復注中。故與日同。**古文从三〇。而或復丨其中。則與晶相似矣。依此說則當入生部。解云从生象形。

曑　古文。所謂象形从〇。

星　或省。春秋說題辭云。星之爲言精也。陽之榮也。陽精爲日。日分爲星。故其字日生爲星依此則又當入日部。商星也。商當作晉。許氏記憶之誤也。左傳子產曰：后帝遷閼伯於商丘，主辰，商人是因，故辰爲商星。遷實沈於大夏，主參，唐人是因，以服事夏商。及成王滅唐而封叔虞，故參爲晉星。依此則商當爲晉明矣。或云此以篆文曑連商句絕，釋爲星也。夫苟氾釋爲星，安用商字。參商之云，起於漢時辭章，聯綴不倫，許君何取此。於曟舉國語農祥釋之，於參舉晉星釋之，一重民事，一重分野也。召南傳曰：參，伐也。漢人參伐統評伐，故毛以伐釋參。从晶㐱聲。㐱聲疑後人竄改，當作㐱象形。唐風傳曰：三星，參也。天官書、天文志皆云參爲白虎，三星直者是爲衡石。蓋彡者象三星，其外則象其畛域。與今隸變爲參，用爲參兩參差字。所今切。七部。或省。卽今用參兩參差字也。凡槮篸驂字用爲聲。房星。爾雅曰：天駟，房也。大辰，房心尾也。於天官爲東官蒼龍。爲民田時者。周語曰：農祥晨正。韋云：農祥，房星也。晨正，謂立春之日晨中於午也。農事之候，故曰農祥。爾雅注曰：龍星明者以爲時候，故曰大辰。从晶辰聲。以晨解例之，當云从晶从辰，辰，時也，辰亦聲。上文爲民田時者，正爲从辰發也。曟農星字亦徑作辰。周語辰馬農祥。植鄰切。十三部。曟或省。今之晨字作此。楊雄說㠯爲古理官決罪，三日得其宜乃行之。从晶宜。已上楊雄說也。理官，士也。詩莫不震曡。韓詩薛君傳曰：震，動也。曡，應也。天下無不動而應其政教。李固曰：此言動之於內而應之於外者也。按曡爲應，卽得其宜乃行之之說也。毛詩傳曰：曡，懼也。今毛義行而韓義廢矣。抑楊子所說者本義也，故許述之。毛詩之云，謂曡卽慴之叚借字也。故許不偁。从晶宜會意。徒叶切。八部。亡新㠯从三日大盛，改爲三田。亡新不知三日爲絫，日識其陋也。今皆從之，亦可已矣。多部曰：重夕爲多，重日爲曡。此今人用曡之義也。

文五　重四

闕也。大侌之精。月闕曡韵。釋名曰：月，缺也。滿則缺也。象形。象不滿之形。魚厥切。十五

部。凡月之屬皆从月。

月一日始蘇也。朔蘇曡韵。日部曰：晦者，月盡也。盡而蘇矣。樂記注曰：更息曰蘇。息，止也，生也。止而生矣。引伸爲凡始之偁。北方曰朔方，亦始之義也。朔方，始萬物者也。从月屰聲。所角切。古音在五部。

月未盛之明也。律歷志曰：召誥曰：惟三月丙午朏。周公七年復子明辟之歲三月甲辰朔之三日也。畢命豐刑曰：惟十有二年六月庚午朏。王命作策豐刑。康王十二年六月戊辰朔之三日也。志引古文月采篇曰：三日曰朏。按尚書正義曰：周書月令云：三日粤朏。疑卽取諸漢志。而月采作月令，未知孰是。逸周書月令弟五十三。據牛弘傳，蔡邕、王肅時已亡。孟堅時未亡也。小顏漢書采字當從孔沖遠作令。小顏讀孟注而不察耳。从月出。會意。普乃切。又芳尾切。十五部。周書曰：丙午朏。

月始生魄然也。霸魄曡韵。承大月二日。承小月三日。鄉飲酒義曰：月者三日則成魄。正義云：前月大則月二日生魄，前月小則三日始生魄。馬注康誥云：魄，朏也。謂月三日始生兆朏，名曰魄。白虎通曰：月三日成魄，八日成光。按已上皆謂月初生明爲霸。而律歷志曰：死霸，朔也。生霸，望也。孟康曰：月二日以往，明生魄死，故言死魄。魄，月質也。三統說是，則前說非矣。从月䨣聲。普伯切。書音義引說文匹革反。古音在五部。漢志所引武成、顧命皆作霸。後代魄行而霸廢矣。俗用爲王霸字，實伯之叚借字也。周書曰：哉生霸。康誥、顧命文。古文或作此。

明也。大雅：高朗令終。傳曰：朗，明也。釋言曰：明，朗也。从月良聲。盧黨切。十部。今字作朗。

篆體今正。晦而月見西方謂之朓。朓朒皆言月之變也。尚書五行傳曰：晦而月見西方謂之朓。朓則侯王其荼。音舒。注云：朓，條也。條達行疾兒。荼，緩也。日，君象也。月，臣象也。君政急則日行疾，月行徐，臣逡遁不進也。蔡邕曰：元首寬則望舒朓，侯王肅則月側匿。从月兆聲。土了切。二部。

朔而月見東方謂之縮朒。尚書五行傳：朔而月見東方謂之側匿，側匿則侯王其肅。注云：側匿猶縮縮，行遲皃。肅，急也。君政緩則日

期

行。徐月行疾。臣放恣也。按鄭注謌奪。側匿與縮朒疊韵雙聲。从月。肉聲。各本篆作朒解作內聲。今正。女六切。三部。

會也。會者、合也。期者、要約之意。所以爲會合也。段借爲期年、期月字。其本字作稘。期行而稘廢矣。周禮質人、士虞禮古文期年字作基。从月。月猶時也。要約必言其時。其聲。渠之切。一部。

古文从日六。日猶時也。六聲。

文八　重二

有

不宜有也。謂本是不當有而有之偁。引伸遂爲凡有之偁。凡春秋書有者、皆有字之本義也。春秋傳曰。日月有食之。从月。日下之月、衍字也。此引經釋不宜有之恉。亦卽釋从月之意也。日不當見食也。而有食之者。孰食之。月食之也。月食之。故字从月。公羊傳注曰。不言月食之者。其形不可得而覩也。故疑言曰有食之。引孔子曰。多聞闕疑。慎言其餘。則寡尤。又聲。云九切。古音在一部。古多段有爲又字。

凡有之屬皆从有。

戫

有彣彰也。彣彰各本作文章。誤。今正。彣下曰。戫也。是其轉注也。戫古多段彧字爲之。彧者戫之隸變。今本論語郁郁乎文哉。古多作彧彧。是以荀彧字文若。宋書王彧字景文。大戴公冠篇。遵並大道。邠彧邠彧。卽彬彧。謂彬彬彧彧也。小雅黍稷彧彧。傳云。彧彧茂盛皃。卽有彣彰之義之引伸也。从有。惑聲。於六切。古音在一部。讀如域。

龓

兼有也。今牢籠字當作此。籠行而龓廢矣。吳都賦曰。沈虎潛鹿。馬龓僒束。按馬龓者、縶而籠其頭也。玉篇曰。馬龓頭。說文韝下云。龓頭繞者。亦取兼包之意。从有。龍聲。讀若聾。盧紅切。九部。

文三

朙

照也。火部曰。照、明也。小徐作昭。日部曰。昭、明也。大雅皇矣傳曰。照臨四方曰明。凡明之至則曰明明。明明猶昭昭也。大雅大明、常武傳皆云。明明、察也。詩言明明者五。堯典言朙朙者一。禮記大學篇曰。大學之道。在明明德。鄭云。明明德、謂顯明其至德也。有駜。在公明明。鄭箋云。在於公之所、但明明德也。引禮記大學之道在明明德。夫由微而著。由著而極。光被四表。是謂明明。德於天下。自孔穎達不得其讀而經義隱矣。从月囧。从月者。月以日之光爲光也。从囧取窗牖麗廔闓明之意也。囧亦聲。不言者。舉會意包形聲也。武兵切。古音在十部。凡朙之屬皆从朙。

古文从日。云古文作明。則朙非古文也。蓋籒作朙而小篆隸从之。干祿字書曰。明通、朙正。顏魯公書無不作朙者。開成石經作明。從張參說也。漢石經作明。

朚

翌也。翌也未聞。當作昱。昱、明也。朚、卽今之忙字。亦作茫。俗作忙。玄應書曰。茫又作朚。遽也。朚人晝夜作。無日用月。無月用火。常思明。故从明。或云朚人思天曉。故字从明也。按方言、通俗文皆作茫。方言。茫、遽也。通俗文。時務曰茫。許書則有朚。从朙。亡聲。呼光切。十部。按當依廣韵。武方、莫郎二切。

文二　重一

囧

窗牖麗廔闓明也。麗廔雙聲。讀如離婁。謂交延玲瓏也。闓明謂開明也。象形。謂象窗牖玲瓏形。凡囧之屬皆从囧。讀若獷。獷古音如廣。囧音同也。亞讀若誑。亞聲之罪爲古文囧字。可以證矣。古音在十部。今音俱永切。賈侍中說。讀與朙同。賈侍中說讀若芒也。

盟

各本下从皿。今正。周禮曰。國有疑則盟。周禮司盟職。掌盟載之法。凡邦國有疑會同則掌其盟約之載及其禮儀。鄭云。有疑、不協也。諸侯再相與會。十二歲一盟。再相與會四字當作再朝而會再會六字。轉寫之誤也。昭十三年左傳曰。明王之制。使諸侯歲聘以志業。閒朝以講禮。再朝而會以示威。再會而盟以顯昭明。杜云。三年而一朝。六年而一會。十二年而一盟。北面詔天之司愼司命。司盟職曰。北面詔明神。僖二十八年左傳曰。有渝此盟。以相及也。明神先君。是糾是殛。襄十一年載書曰。或閒茲盟。司愼司命。名山名川。羣神羣祀。先王先公。七姓十二國之祖。明神殛之。按今左傳襄十一年盟與命二字互譌。陸、孔皆不能正。許合周禮左傳爲言。謂司愼司命爲明神之首。司愼、司命、葢大宗伯職之司中、司命。文昌宮弟五、弟四星也。尙書大傳注司中作司人。○又按天之司盟見覲禮注。然則左傳正文不容輕改。**盟殺牲歃血。朱盤玉敦。吕立牛耳。**朱小徐及周禮作珠。今依大徐本。立當爲莅。莅、臨也。曲禮曰。莅牲曰盟是也。玉府職曰。若合諸侯。則共珠槃玉敦。鄭云。合諸侯者必割牛耳。取其血歃之以盟。朱盤以盛牛耳。尸盟者執之。玉敦、歃血玉器。戎右職曰。贊牛耳桃茢。左傳曰。諸侯盟。誰執牛耳。**从囧。**囧、明也。左傳所謂昭明於神。冡上詔司愼、司命言。**皿聲。**鍇皿作血。云聲字衍。鍇因作从血。删聲字。今與篆體皆正。按盟與孟皆皿聲。故孟津、盟津通用。今音武兵切。古音在十部。讀如芒。亦舉形聲包會意。朱盤玉敦器也。故从皿。

盟 各本下从血。今正。**篆文从朙。**朙小篆文也。故盟爲小篆。鍇本云古文从朙。非也。

盟 各本下从血。今正。**古文从明。**明者、朙之古文也。故古文盟作盟。鍇本云籒文。非也。盟者、盟之籒文。先籒後篆者。以其囧之屬也。今人皆作盟。不從小篆作盟者。猶皆作明。不作朙也。

七篇上　卅七

夕　夜　夢　夗

文二　重二

夕 莫也。莫者、日且冥也。日且冥而月且生矣。故字从月半見。旦者、日全見地上。莫者、日在茻中。夕者、月半見。皆會意象形也。**从月半見。**祥易切。古音在五部。**凡夕之屬皆从夕。**

夜 舍也。以疊韵爲訓。**天下休舍。**休舍猶休息也。舍、止也。夜與夕渾言不別。析言則殊。小雅莫肎夙夜。莫肎朝夕。朝夕猶夙夜也。春秋經夏四月辛卯夜。卽辛卯夕也。**从夕。亦省聲。**羊謝切。古音在五部。

夢 不明也。小雅。民今方殆。視天夢夢。傳曰。王者爲亂夢夢然。釋訓曰。夢夢、亂也。按故訓釋爲亂。許云不明者。由不明而亂也。以其字从夕。故釋爲不明也。夢之本義爲不明。今字叚爲㝱寐字。夢行而㝱廢矣。**从夕。瞢省聲。**莫忠切。又亡貢切。古音在六部。舉形聲包會意也。

夗 轉臥也。謂轉身臥也。詩曰。展轉反側。凡夗聲、宛聲字皆取委曲意。**从夕卪。**會意。**臥有卪也。**釋从卪之意。卪、節古今字。於阮切。十四部。

夤　姓　外　夙

夤 敬惕也。此與十二辰之寅義各不同。釋詁云。寅、敬也。凡尙書寅字。皆叚寅爲夤也。漢唐碑多作夤者。凡云夤緣者。卽延緣。云八夤者。卽八埏。皆雙聲叚借也。**从夕。寅聲。**翼眞切。十二部。**易曰。夕惕若厲。**乾九三爻辭也。厲各本作夤。今正。凡漢人引周易夕惕若厲。不暇枚舉。許書𢙇下亦作夕惕若厲。此引者。說从夕之意也。夕惕者。火滅修容之謂。凡許書引易井者。法也。說荆从井之意。引易先庚三日。說庸从庚之意。引易地可觀者莫可觀於木。說相从目木之意。引易豐其屋。說寷从宀豐之意。引易百穀艸木麗於地。說麗从艸麗之意。引易突如其來如。不孝子突出不容於內也。說去从倒子之意。皆偁周易以說字形之意。學者不憭。往往誤會。於是改厲爲夤。改突爲去。而惠氏定宇作周易述。竟作夕惕若夤厲。无咎。去如其來如矣。

夤 籒文。

姓 雨而夜除星見也。衛風。靈雨旣零。命彼倌人。星言夙駕。韓詩曰。星者、精也。按精者今晴字。史記天精而見景星。漢書作天暒。孟康曰。暒者、精明也。漢書亦作精。韋昭曰。精者、淸朗也。郭樸注三倉云。暒者、雨止無雲也。古姓暒精皆今之晴。而詩作星。韓非子曰。荆伐陳。吳救之。軍閒三十里。雨十日。夜星。夜星卽夜姓也。雨夜止星見謂之姓。姓星疊韵。引伸爲晝晴之偁。故其字又作暒。○按漢書亦作精。故孟康曰。精、暒明也。今本係後人所改。史漢之天精。卽晶之叚借。**从夕生聲。**疾盈切。十一部。

外 遠也。此下當有从夕卜三字。**卜尙平旦。今若夕卜。於事外矣。**此說从夕卜之意。五會切。十五部。

外 古文。卜部曰。卜古文卜。

夙 早敬也。召南毛傳曰。夙、早也。此言早敬者。以字从丮。故晨下曰。臼辰爲晨。丮夕爲夙。皆同意。是也。大雅載震載夙。毛云。夙、早也。箋云。夙之言肅也。惟夙有敬意。故鄭云爾。**从丮夕。**夕萅奪。今補。息逐切。三部。隸變作夙。**持事雖夕不休早敬者也。**此說會意之恉。謂日莫人倦。齋莊正齊而不敢懈惰。是乃完今日之早敬。基明日之早敬也。抑夕者夜之通偁。未旦而執事有恪。故字从丮夕。

七篇上　卅八

寞　多　夥　㚊　𡖈　毌　貫

敟。佰古文。谷部曰。㐁古文西。讀若三年導服之導。此从人、从㐁聲也。佰古文。谷部西本亦古文。佰亦夙之古文宿从佰聲。**寞宋也。**當云宋寞也。轉寫佚字耳。宋寞者、夕之靜也。啾嘆者、口之靜也。宋寞者、死之靜也。**从夕。茻聲。**莫白切。古音在五部。讀如莫。

文九　重四

多緟也。緟者、增益也。故爲多。多者勝少者。故引伸爲勝之偁。戰功曰多。言勝於人也。**从緟夕。**會意。得何切。十七部。**夕者、相繹也。故爲多。**相繹者、相引於無窮也。抽絲曰繹。夕繹疊韵。說从重夕之意。**緟夕爲多。緟日爲疊。凡多之屬皆从多。㚇古文竝夕。**有竝與重別者、如棘棗是也。有竝與重不別者、㚇多是也。

夥齊謂多也。方言曰。大物盛多齊宋之郊、楚魏之際曰夥。許䫚字下曰。讀若楚人名多夥。此云齊語。皆本方言也。史記陳勝世家曰。楚人謂多爲夥。陳勝楚人。在楚言楚也。**从多。果聲。**呼果切。十七部。

㚊大也。與恢音義皆同。**从多。圣聲。**古回切。古音在一部。

𡖈厚脣皃。从多尚。陟加切。按鍇本云尚聲。而注云从多尚會意。則聲字衍也。依今音則當云多亦聲。十七部。

文四　重一　按詩螽斯釋文引說文𡖃字。豈古本有之。

毌穿物持之也。从一橫毌。各本毌作貫。淺人所改也。今正。**毌象寶貨之形。**各本脫毌。今補。毌者、寶貨之形。獨言寶貨者、例其餘。一者所以穿而持之也。古貫穿用此字。今貫行而毌廢矣。毌之用廣。如鼏下云以物橫毌鼎耳而舉之也。軸下云所以持輪也。皆是貫之用。專後有串字、有弗字。皆毌之變也。毌不見於經傳。惟田完世家宣公取毌丘。索隱曰。毌音貫。**凡毌之屬皆从毌。讀若冠。**古丸切。十四部。

貫錢貝之毌也。毌各本作貫。今正。錢貝之毌。故其字从毌貝會意也。漢書都內之錢貫朽而不可校。其本義也。齊風射則貫兮。傳云。貫、中也。詩及爾如貫。易貫魚以宮人寵。左傳使疾其民以盈其貫。皆其引伸之義也。其字皆可作毌。叚借爲摜字。習也。如孟子我不貫與小人乘是也。亦借爲宦字。事也。如毛詩三歲貫女。魯詩作宦是也。毛詩串夷傳云。串、習也。串卽毌之隸變。傳謂卽慣字。箋謂卽昆字。皆於音求之。**从毌貝。**古玩切。十四部。

虜　马　函　𠧪

虜獲也。公羊傳。爾虜焉。故凡虜囚亦曰纍臣。謂拘之以索也。於毌義相近。故从毌。**从毌。从力。**左傳曰。武夫力而拘諸原。**虍聲。**郎古切。五部。

文三

马嘾也。口部曰。嘾者、含深也。**艸木之𠧪未發函然。**函之言含也。深含未放。**象形。**下象承𠧪之莖。上象未放之菡萏。**凡马之屬皆从马。讀若含。**乎感切。古音在七部。

函舌也。舌在口。所以言別味也。函之言含也。含於口中也。按大雅毛傳曰。臄者、函也。通俗文云。口上曰臄。口下曰函。毛服之函皆卽說文之顄字。顄、頤也。故服云口下。毛則渾言之。口上口下不分耳。陸氏音義引許函舌也之云以釋毛。去之遠矣。許函與顄各字各義。毛服用函爲顄。函借爲含。如席閒函丈、函人爲甲是也。周頌實函斯活。傳曰。函、含也。謂叚借也。**舌體马马。从马。**舌有莖而如𠧪蕾。故从马。**象形。**二字各本誤在舌體上。今正。謂囷象舌輪郭及文理也。小徐云。說文篆如此。李陽冰非之。謂當作函。按如李說易與㔾混。今廣韵函亟別爲二字。則更非矣。**马亦聲。**胡男切。七部。**肣俗函。从肉今。**大雅音義引說文云。函、舌也。又云。口裏肉也。按口裏肉也四字當在此下。釋从肉之意也。从今者、今聲也。

𠧪木生條也。條者、小枝也。**从马。由聲。**許書由聲之字不減數十。淺人因許書無由字。欲盡改爲𠧪省聲。然則𠧪从由聲。又何說也。以州切。三部。**商書曰。若顚木之有𠧪枿。**般庚上篇文。今書作由櫱。許木部作𠧪巘。枿卽巘櫱之異體也。𠧪者、生也。左傳。史趙曰。陳、顓頊之族也。歲在鶉火。是以卒滅。陳將如之。今在析木之津。猶將復由此以生滅對言。由卽甹之叚借。詩序曰。由儀萬物之生各得其宜也。此以生釋由。以宜釋儀。由亦甹之叚借。下云古文言由枿。則作甹者伏生、歐陽、夏侯之書也。許於書偁孔氏而不廢伏生。於此可見矣。**古文言由枿。**古文謂孔氏壁中書也。伏作甹爲正字。孔作由爲叚借字。偁伏又偁孔者、明叚借也。不曰古文甹作由云古文言由枿者、此偁經非說字也。嫌其無別也。故別之。孟康注漢書黎民祖飢曰。祖古文言阻。

甬

𤰃 艸木𢎘甬甬然也。小徐曰。甬之言涌也。若水涌出也。周禮鐘柄爲甬。按凡从甬聲之字皆興起之意。**从𢎘。用聲。**余隴切。十部。

文四　大徐本部末有𢎜字。云艸木𢎘盛也。从二𢎘。胡先切。小徐本無。今依小徐。**重一**

朿

朿 艸木垂𠌶實也。艸字依玉篇補。**从木𢎘。**小徐本及大徐宋本皆同。惟趙抄宋本作从木𢎜。𢎜亦聲。五音韵譜有同之者。殊誤。葢篆體一𢎘在木中。寫者屈曲反覆似从二𢎘。因改此解。又於前部末增𢎜篆耳。𢎜音胡先切。則用爲聲之篆。不當胡感切也。**𢎘亦聲。**胡感切。古音在七部。**凡朿之屬皆从朿。**

𩏲

𩏲 束也。束之訓於从韋得之。**从束。**小徐曰。言束之象木華實之相累也。**韋聲。**非於切。十五部。

文二

卤

卤 艸木實垂卤卤然。卤卤垂皃。莊子曰。之調調。之刀刀。之此也。調調謂長者。刀刀謂短者。調調卽卤卤也。卤之隸變爲卣。周書雒誥曰。秬鬯二卣。大雅江漢曰。秬鬯一卣。毛云。卣器也。鄭注周禮廟用修曰。修讀曰卣。卣中尊。凡彝爲上尊。卣爲中尊。罍爲下尊。中尊謂獻象之屬。按如許說則木實垂者其本義。叚借爲中尊字也。**象形。凡卤之屬皆从卤。讀若調。**徒遼切。二部。按調本周聲。中尊之義羊久反。又音由。乃部之卣用卤爲聲。古三部與二部合音冣近。**𠧪 籒文从三卤作。**然則卤爲古文小篆用之。

㮚

㮚 栗木也。三字句。舊刪栗字。非也。叚借爲戰栗。**从卤木。**卤字今補。會意。力質切。十二部。**其實下垂。故从卤。**說从卤之意。**𣡌 古文㮚。**古鍇作籒。今依大徐。籒文卤从三卤。則籒文㮚亦當从三卤。玉篇曰。䰞籒文。是也。疑許書本一古一籒。並載。轉寫佚亂之。**从西。**卥部曰。卥古文西。疑篆體當从卤。隸變作栗者。竊取古文从西之意。**从二卤。徐巡說木至西方戰栗也。**引徐說。說从西之意。後漢書杜林傳曰。沛南徐巡始師事衞宏。後更受林學。林於西州得桼書古文尚書一卷。雖遭艱困。握持不離。衞、徐能傳之。於是古文遂行。論語。周人以栗。曰使民戰栗。字从西者。取西方揫斂戰栗之意。葢堯典臯陶謨寬而栗。壁中古文尚書作䰞。而徐巡說之如此也。陧凶也。亦徐說秦誓語。

粟

𠧚 嘉穀實也。禾下曰。嘉穀也。黍下曰。禾屬而黏者也。然則嘉穀謂禾黍也。大雅曰。誕降嘉穀。惟秬惟秠。惟䕷惟芑。秬秠謂黍。䕷芑謂禾。許於秠下曰。秬秠者天賜后稷之嘉穀也。䕷下曰赤苗嘉穀也。芑下曰白苗嘉穀也。毛魏風傳釋苗爲嘉穀。苗者禾也。生民傳釋黃爲嘉穀。黃者黃粱謂禾也。古者民食莫重於禾黍。故謂之嘉穀。穀者百穀之總名。嘉者美也。嘉穀字見詩生民。許書及典引注可據。改爲嘉種者、非。嘉穀之實曰粟。粟之皮曰穅。中曰米。**从卤。**自其采言之。**从米。**自其蘊言之。相玉切。三部。**孔子曰。粟之爲言續也。**孔子以疊韵爲訓也。嘉種不絕。烝民乃粒。禹稷之功也。**𣡍 籒文粟。**

文三　重三

齊

亝 禾麥吐穗上平也。象形。从二者。象地有高下也。禾麥隨地之高下爲高下。似不齊而實齊。參差其上者。葢明其不齊而齊也。引伸爲齊等之義。古叚爲臍字。亦叚爲齋字。徂兮切。十五部。**凡齊之屬皆从齊。**

𪗉

𪗉 等也。齊等字當作此。齊行而𪗉廢矣。**从齊。妻聲。**妻者、齊也。此舉形聲包會意。徂兮切。十五部。

朿　棗　棘

文二

朿 木芒也。 芒者、艸耑也。引伸爲凡鑯鋭之偁。今俗用鋒鋩字、古祇作芒。朿今字作刺。刺行而朿廢矣。方言曰。凡草木刺人。北燕朝鮮之閒謂之茦。或謂之壯。自關而東或謂之梗。或謂之劌。自關而西謂之刺。江湘之閒謂之朿。**象形。** 不言从木者。朿附於木。故但言象形也。**凡朿之屬皆从朿。讀若刺。** 七賜切。十六部。

棗 羊棗也。 羊葢衍文。羊棗即木部之樗。爾雅諸棗中之一。與常棗縱殊。不當專取以爲訓。葢此當云棗木也。棗樹隨地有之。盡人所識。赤心而外朿。非羊棗也。必轉寫妄改之誤。**从重朿。** 釋木曰。槐、棘、醜喬。棘即棗也。析言則分棗棘。統言則曰棘。周禮外朝九棘、三槐。棘正謂棗。故注云取其赤心而外刺。上句曰喬。故从重朿會意。子晧切。古音在三部。

棘 小棗叢生者。 此言小棗則上文謂常棗可知。小棗樹叢生。今亦隨在有之。未成則爲棘而不實。已成則爲棗。魏風園有棘。其實之食。唐風肅肅鴇翼。集于苞棘。小雅有捄棘匕。毛傳曰。棘、棗也。此謂統言不別也。邶風吹彼棘心。吹彼棘薪。左傳除翦其荆棘。此則主謂未成者。古多叚棘爲亟字。如棘人欒欒兮、我是用棘、匪棘其欲、皆是。棘亟同音。皆謂急也。**从竝朿。** 棘庳於棗而朿尤多。故从竝朿會意。己力切。一部。

文三

片　版　腷

片 判木也。 謂一分爲二之木。片判以疊韵爲訓。判者、分也。周禮媒氏。掌萬民之判。喪服傳曰。夫妻胖合也。胖當作片。片卽媒氏判字。鄭注周禮云。判、半也。得耦爲合。主合其半。成夫婦也。按夫婦各半而合。故取象於合巹。漢書一半冰。亦叚半爲片字。**从半木。** 木字之半也。匹見切。十四部。**凡片之屬皆从片。**

版 片也。 舊作判也。淺人所改。今正。凡施於宮室器用者、皆曰版。今字作板。古叚爲反字。大雅上帝板板。傳云。板板、反也。謂版卽反之叚借也。**从片反聲。** 布綰切。十四部。

腷 片也。 片、各本作判。今正。副者、判也。腷則判木也。廣韵曰。腷版、出通俗文。**从片畐聲。** 芳逼切。一部。

牘　牒　牑　牖

牘 書版也。 牘專謂用於書者。然則周禮之版。禮經之方。皆牘也。小宰注曰。版、戶籍也。宮正注曰。版、其人之名籍也。聘禮注曰。策、簡也。方、版也。李賢蔡邕傳注引說文而曰長一尺。按漢人多云尺牘。史記緹縈通尺牘。此臣得用於君也。漢書陳遵與人尺牘。主皆藏去。此施於儕輩者也。木部云。槧、牘樸也。然則粗者爲槧。精者爲牘。顏師古曰。形若今之木笏。但不挫其角耳。**从片賣聲。** 徒谷切。三部。

牒 札也。 木部云。札、牒也。左傳曰。右師不敢對。受牒而退。司馬貞曰。牒、小木札也。按厚者爲牘。薄者爲牒。牒之言葉也。葉也。竹部。篥義略同。史記叚諜爲牒。**从片枼聲。** 徒叶切。八部。

牑 牀版也。 方言曰。牀其上版。衛之北郊、趙魏之閒謂之牒。或曰牑。按左傳牑樹藉幹。義與牑近。**从片扁聲。讀若邊。** 方田切。十二部。

牖 穿壁以木爲交窗也。 交窗者、以木橫直爲之。卽今之窗也。在牆曰牖。在屋曰窗。此則互明之。必言以木者、字从片也。古者室必有戶有牖。牖東戶西。皆南鄉。毛詩曰。向、北出牖也。北或有穴通明。至冬塞之。然士虞禮祝啓牖鄉。注云。鄉、牖一名。明堂位達鄉。注。牖屬。是南牖亦名向。士喪禮寢東首於牖下。喪大記作北墉下。今本墉皆譌牖。非也。牖所以通明。故叚爲誘。召南吉士誘之。大雅天之牖民。傳皆訓曰道也。道卽導。**从片戶甫聲。** 葢用合韵爲聲也。與久切。三部。**譚長以爲** 譚長者、博采通人之一。**甫上。** 句。**日也。非戶也。牖所以見日。** 說从日之意也。許篆作牖而偁譚說者。字久从戶作。譚說有理。故偁之。

牏

牏 築牆短版也。 木部栽下曰。築牆長版也。長版用於兩邊。短版用於兩耑。一縮一橫也。此牏之本義。史漢萬石君傳。石建取親中裙廁牏身自浣滌。蘇林曰。牏音投。賈逵解周官云。牏、行清也。孟康曰。廁行清。牏、行清中受糞函者也。東南人謂鑿木空中如曹謂之牏。依蘇孟說則史漢之牏卽窬之叚借字。穴部曰。窬、空中也。徐廣謂讀牏爲竇是也。至若晉灼云今世謂反閉小袖衫爲侯牏。則尤爲叚借字。釋名曰。齊人謂如衫而小袖曰侯頭。侯頭猶言解瀆。辟直通之言。是則其語本無正字。

爿

从片。俞聲。讀若俞。度侯切。四部。徐廣曰。音住。蓋本說文音隱。住卽侸。一曰若紐。此音則入三部。

爿 反片爲爿。讀若牆。各本無此。按六書故云。唐本有爿部。葢從鼂氏以道說也。今不別立一部。依彳部終於反彳爲亍之例補焉。說詳木部牀下。

文八 新補一。共文九。

鼎

鼎 三足兩耳。和五味之寶器也。三足兩耳謂器形。非謂字形也。九家易曰。鼎三足以象三台也。易曰。鼎黃耳。和當作盉。許亦從俗通用。象析木以炊。巳下次第依韵會所據小徐本訂。爿者。判木也。反片爲爿。一朩析爲二之形。炊鼎必用薪。故像之。唐張氏參誤會三足兩耳爲字形。乃高析木之兩旁爲耳。唐人皆作鼎。非也。唐氏玄度旣辨之矣。貞省聲。大徐本無。無此三字。則上體未說。此謂上體目者貞省聲也。或曰。離爲目。巽爲木。鼎卦上離下巽。何不以此說字乎。曰。言易卦之取象則可。若六書之會意。必使二字相合成文。如人言止戈是。目與木不相合也。故釋下體爲象形。上體爲諧聲。古叚鼎爲丁。如賈誼傳春秋鼎盛、匡衡傳匡鼎來皆是。鼎之言當也。正也。都挺切。十一部。昔禹收九牧之金。鑄鼎荊山之下。入山林川澤者。此字依韵會補。离魅蛧蜽莫能逢之。以協承天休。离俗用螭。依内部則當作离。此用宣三年左傳王孫滿說。傳不言鑄鼎荊山之下。尙書古文疏證云。陝西同州朝邑縣西南三十二里有懷德城。漢縣也。漢志左馮翊襃德下曰。禹貢北條荊山在南。皇甫謐帝王世紀。禹鑄鼎於荊山在馮翊懷德之南。山下有荊渠。酈氏水經注。懷德縣故城在渭水之北。沙苑之南。禹貢北條荊山在南。山下有荊渠。卽夏后鑄九鼎處也。易卦巽木於下者爲鼎。此引易證下體象析木之意。與晉下引易證从日一例。古文以貝爲鼎。籒文以鼎爲貝。二貝字小徐皆作貞。郭忠恕佩觿云。古文以貞爲鼎。籒文以鼎爲則。亦誤。今正。京房說貞字鼎聲。此古文以貝爲鼎之證也。許說⿰鼎刂、⿱口鼎、⿱覀鼎、⿰鼎攴者。籒文之則、員、賈、妘字。此籒文以鼎爲貝之證也。凡鼎之屬皆从鼎。

鼒

鼒 鼎之圜掩上者。周頌。鼐鼎及鼒。釋器曰。圜弇上謂之鼒。手部曰。掩、斂也。小上曰掩。廾部曰。弇、葢也。然則此依許作掩爲正字。从鼎。才聲。子之切。一部。詩曰。鼐鼎及鼒。

鎡 俗鼒从金。茲聲。茲各本作茲。今正。

鼐

鼐 鼎之絕大者。釋器曰。鼎絕大謂之鼐。周頌傳曰。大鼎謂之鼐。小鼎謂之鼒。傳與爾雅說鼒異。說鼐則略同。絕大謂函牛之鼎也。九家易曰。牛鼎受一斛。羊鼎五斗。豕鼎三斗。乃者。詞之難也。故从乃爲大。才者、艸木之初也。故从才爲小。从鼎。乃聲。奴代切。一部。魯詩說鼐小鼎。魯詩說謂傳魯申公之學者也。惠氏棟云。說苑曰。詩曰。自堂徂基。自羊徂牛。言自內及外。以小及大也。魯詩者。劉向家學。故說鼐小鼒大。

鼏

鼏 以木橫貫鼎耳舉之。貫當作毌。許亦從俗也。禮經十七篇多言扃。鼏注多言今文扃爲鉉。古文鼏爲密。按扃者、叚借字。鼏者、正字。鉉者、音近義同字也。以木橫毌鼎耳是曰鼏。兩手舉其木之耑是曰扛鼎。鼏橫於鼎蓋之上。故禮經必先言抽扃。乃後取鼏。猶扃爲戶外閉之關。故或以扃代之也。从鼎。冂聲。五篇有冂部。此从之爲聲。古熒切。十一部。按大小徐篆皆作鼏。解作冂聲。莫狄切。以鼎蓋字之音加諸橫毌鼎耳之義。誤矣。廣韵集韵禮部韵略、玉篇類篇皆佚此字。然廣韵、玉篇皆云亡狄切。鼎蓋也。則鼏字尙未亡。集韵、類篇引橫貫鼎耳云云於錫韵冥狄切。而鼏字亡矣。惟匡謬正俗及毛晃禮部韵略增字獨不誤。周禮廟門容大鼏七箇。攷工記匠人文。今本作大扃七箇。許所據作鼏。用此知禮經古文本亦作鼏。古文以鼏爲密連文。今文以鉉密連文。鄭上字從古文。下字從今文。遂鼏鼏連文。轉寫恐其易混。則上字易爲扃耳。韵會無大。卽易玉鉉大吉也。鼎上九爻辭。金部鉉下曰。所以舉鼎也。易謂之鉉。禮謂之鼏。據此則許所據禮古文作鼏。鄭則據禮今文作鉉。同易也。鼏鉉異字同義。或讀鉉古冥反。則非矣。韵會無大吉也。

鼏

鼏 鼎覆也。从鼎冖。冖亦聲。此九字各本無。以鼏篆鼏解牛頭馬脯而合之。今補正。鼏見禮經。所以覆鼎。用茅爲

七篇上

七篇上

之。今本作鼏。正字也。禮古文作密。叚借字也。从鼏冖者。冖覆也。冖亦聲者。據冥字之解知之。古者覆巾謂之幎。鼏葢謂之冪。而禮經時亦通用。蚰部𧖟从鼏聲。亦作蜜。虎部虪讀若鼏。是知鼏古音同冥。亦同密。在十一十二部之閒。今音則莫狄切。

文四 今補一。共文五。 **重一**

克

克 肩也。周頌傳曰。仔肩。克也。人部曰。仔。克也。此曰。克。肩也。然則周頌仔肩絫言之。毛謂二字皆訓克也。肩謂任。任事以肩。故任謂之肩。亦謂之克。釋詁云。肩。克也。又曰。肩。勝也。鄭箋云。仔肩。任也。許云。勝。任也。任。保也。保。當也。凡物壓於上謂之克。今蘇常俗語如是。釋言曰。克。能也。其引伸之義。左傳曰。凡師得儁曰克。於鄭伯克段於鄢曰。如二君。故曰克。卽得儁之說也。穀梁曰。克者何。能也。何能也。能殺也。此釋言之說也。公羊曰。克之者何。殺之也。此以相勝爲義。大雅毛傳云。掊克。自伐而好勝人也。俗作剋。**象屋下刻木之形。**象上象屋。下象刻木彔彔形。木堅而安居屋下契刻之。能事之意也。相勝之意也。苦得切。一部。刻克疊韵。**凡克之屬皆从克。**

古文克。亦古文克。

文一 重二

彔

彔 刻木彔彔也。小徐曰。彔彔猶歷歷也。一一可數之皃。按剝下曰。彔。刻割也。彔彔。麗廔嵌空之皃。毛詩車歷錄。亦當作歷彔。**象形。**盧谷切。三部。**凡彔之屬皆从彔。**

文一

禾

禾 嘉穀也。嘉禾疊韵。生民詩曰。天降嘉穀。維虋維芑。虋芑。爾雅謂之赤苗、白苗。許艸部皆謂之嘉穀。皆謂禾也。公羊何注曰。未秀爲苗。巳秀爲禾。魏風。無食我黍。無食我麥。無食我苗。毛曰。苗。嘉穀也。嘉穀謂禾也。生民傳曰。黃。嘉穀也。嘉穀亦謂禾。民食莫重於禾。故謂之嘉穀。嘉穀之連稾者曰禾。實曰㮚。㮚之人曰米。米曰粱。今俗云小米是也。**㠯二月始生。八月而孰。得之中和。故謂之禾。**依思玄賦注、齊民要術訂。和禾疊韵。**禾、木也。木王而生。金王而死。**謂二月生、八月孰也。伏生、淮南子、劉向所著書皆言張昏中種穀。呼禾爲穀。思玄賦注引此下有故曰木禾四字。**从木。**禾、木也。故从木。**象其穗。**各本作从木从𠂹省𠂹象其穗九字。淺人增四字。不通。今正。下从木。上筆𠂹者。象其穗。是爲从木而象其穗。禾穗必下垂。淮南子曰。夫子見禾之三變也。滔滔然曰。狐向丘而死。我其首禾乎。高注云。禾穗垂而向根。君子不忘本也。張衡思玄賦曰。嘉禾垂穎而顧本。王氏念孫說。莠與禾絕相似。雖老農不辨。及其吐穗。則禾穗必屈而倒垂。莠穗不垂。可以識別。艸部謂莠揚生。古者造禾字。屈筆下垂以象之。戶戈切。十七部。**凡禾之屬皆从禾。**

秀

秀 上諱。上諱二字許書原文。秀篆許本無。後人沾之。云上諱則不書其字。宜矣。不書故義形聲皆不言。說詳一篇示部。伏侯古今注曰。諱秀之字曰茂。葢許空其篆而釋之曰上諱。下文禾之秀實爲稼。則本作茂實也。許旣不言。當補之曰。不榮而實曰秀。从禾人。不榮而實曰秀者。釋艸毛詩文。按釋艸云。木謂之榮。艸謂之華。榮、華散文則一耳。榮而實謂之實。桃、李是也。不榮而實謂之秀。禾、黍是也。榮而不實謂之英。牡丹、勺藥是也。凡禾黍之實皆有華。華瓣收卽爲稃而成實。不比華落而成實者。故謂之榮可。如黍稷方華是也。謂之不榮亦可。實發實秀是也。論語曰。苗而不秀。秀而不實。秀則巳實矣。又云實者。此實卽生民之堅好也。秀與采義相成。采下曰。禾成秀也。采自其𠂹言之。秀自其挺言之。而非實不謂之秀。非秀不謂之采。夏小正之秀然後爲萑葦。周禮注荼、茅秀也。皆謂其采而實。引伸之爲俊秀、秀傑。从禾人者。人者、米也。出於稃謂之米。結於稃內謂之人。凡果實中有人。本艸本皆作人。明刻皆改作仁。殊謬。禾稃內有人是曰秀。玉篇、集韵、類篇皆有秂字。欲結米也。而鄰切。本秀字也。隸書秀从乃。而秂別讀矣。息救切。三部。

稼

稼 禾之秀實爲稼。旣言秀又言實者。論語說也。謂禾采之成曰稼也。甫田曾孫之稼。箋云。稼。禾也。謂有稾者也。**莖節爲禾。**全體爲禾。渾言之也。聘禮禾三十車是也。禹貢所謂總也。莖節爲禾。別於采而言。析言之也。下文之稭稈也。从禾。家聲。古訝切。古音在五部。一曰稼、家事也。此取从家爲義。史記曰。五穀蕃孰。穰穰滿家。邠風。八月其穫。謂禾可穫也。九月築場圃。十月納禾稼。謂治於場而納之囷倉也。此說與穡義略同。一曰在野曰稼。稼之言嫁也。毛傳曰。種之曰稼。周禮司稼注曰。種穀曰稼。如嫁女以有所生。此說與穡義別。呂覽君守篇曰。后稷作稼。

穡 穀可收曰穡。毛傳曰。斂之曰穡。許不云斂之云可收者。許主謂在野成孰。不言禾言穀者。晐百穀言之。不獨謂禾也。古多叚嗇爲穡。从禾。嗇聲。此舉形聲包會意。所力切。一部。

種 埶也。丮部曰。埶、種也。小篆埶爲種之用切。種爲先種後孰。直容切。而隸書互易之。詳張氏五經文字。種者以穀播於土。因之名穀可種者曰種。凡物可種者皆曰種。別其音之隴切。生民曰。種之黃茂。又曰。實種實褎。箋云。種生不雜也。从禾。童聲。之用切。九部。

稙 早種也。此謂凡穀皆有早種者。魯頌傳曰。先種曰稙。謂先種先孰也。釋名曰。青徐人謂長婦曰稙。長禾苗先生者曰稙。取名於此也。从禾。凡氾言諸穀而字从禾者。依嘉穀爲言也。直聲。常職切。一部。詩曰。稙稚尗麥。魯頌閟宮文。按稚當作稺。郭景純注方言曰。稺古稚字。是則晉人皆作稚。故稺稚爲古今字。寫說文者用今字。因襲之耳。

種 先種後孰也。此謂凡穀有如此者。邠風傳曰。後孰曰重。周禮內宰注。鄭司農云。先種後孰謂之種。按毛詩作重。叚借字也。周禮作種。轉寫以今字易之也。从禾。重聲。直容切。九部。

稑 疾孰也。謂凡穀有如此者。邠風傳曰。先孰曰穋。周禮內宰注。鄭司農云。後種先孰謂之稑。按土宜物性卽同一種而有不同。故大司徒必辨十有二壤之物而知其種。司稼掌巡邦野之稼而辨穜稑之種也。从禾。坴聲。力竹切。三部。詩曰。黍稷穜稑。邠風七月文。按七月及閟宮皆作重。許種下不偁而偁於稑下。蓋本作重。轉寫易之也。

穋 稑或从翏。翏聲也。今周禮作稑。毛詩作穋。

稺 幼禾也。魯頌毛傳曰。後種曰稺。許不言後種者。後種固小於先種。卽先種者當其未長亦稺也。先種而中有遲長者亦稺也。故惟魯頌稙稺對言、毛釋之。小雅無害我田稺。彼有不穫稺。毛不釋者。亦謂槩言幼禾。引伸爲凡幼之偁。今字作稚。从禾。屖聲。屖者、遲也。直利切。十五部。

稹 穜概也。此與鬒爲稠髮同也。引伸爲凡密緻之偁。从禾。眞聲。之忍切。十二部。周禮曰。稹理而堅。攷工記輪人文。鄭云。稹、致也。致、今之緻字。

稠 多也。本謂禾也。引伸爲凡多之偁。小雅。綢直如髮。叚綢爲稠也。从禾。周聲。直由切。三部。

穊 稠也。漢書劉章言耕田曰。深耕穊種。立苗欲疏。非其種者。鉏而去之。引伸爲凡稠之偁。从禾。既聲。己利切。十五部。

稀 疏也。去部曰。疏、通也。稀與穊爲反對之辭。所謂立苗欲疏也。引伸爲凡疏之偁。从禾。希聲。許書無希字。而希聲字多有。與由聲字正同。不得云無希字。由字也。許時奪之。今不得其說解耳。香衣切。十五部。

穖 禾也。蓋禾有名穖者也。廣韵曰。莊子謂之禾也。从禾。蔑聲。莫結切。十二部。

穆 禾也。蓋禾有名穆者也。凡經傳所用穆字。皆叚穆爲㣎。㣎者、細文也。从彡。㝗省。彡言文。㝗言細。凡言穆穆、於穆、昭穆。皆取幽微之義。釋訓曰。穆穆、敬也。大雅文王傳曰。穆穆、美也。从禾。㣎聲。莫卜切。三部。

私 禾也。蓋禾有名私者也。今則叚私爲公厶。倉頡作字。自營爲厶。背厶爲公。然則古祗作厶。不作私。从禾。厶聲。息夷切。十五部。北道名禾主人曰私主人。北道蓋許時語。立乎南以言北之辭。周頌。駿發爾私。毛曰。私、民田也。

穳 稻紫莖不粘者也。者字今補。从禾。糞聲。讀若靡。王氏念孫曰。靡當作廣。字之誤也。扶沸切。古音在十三部十五部之閒。又按此爲稻屬。則當廁於下文稻稌穬秔秏之類。蓋轉寫者亂之。

稷 齋也。程氏瑤田九穀攷曰。稷、齋大名也。粘者爲秫。北方謂之高粱。通謂之秫秫。又謂之蜀黍。高大似蘆。月令首種不入。鄭云。首種謂稷。今以北方諸穀播種先後攷之。高粱冣先。管子書。日至七十日。陰凍釋而蓺稷。百日不蓺稷。日至七十日。今之正月也。今南北皆以正月蓺高粱是也。凡經言疏食者、稷食也。稷形大。故得疏偁。按程氏九穀攷至爲精析。學者必讀此而後能正名其言。漢人皆冒粱爲稷。而稷爲秫。秫。鄙人能通其語者。士大夫不能舉其字。眞可謂撥雲霧而覩青天矣。**五穀之長。**謂首種也。月令注。稷、五穀之長。按稷長五穀。故田正之官曰稷。五經異義。今孝經說。稷者。五穀之長。穀衆多不可偏敬。故立稷而祭之。古左氏說。列山氏之子曰柱。死祀以爲稷。稷是田正。周棄亦爲稷。自商以來祀之。許君曰。謹按禮緣生及死。故社稷人事之。既祭稷穀。不得但以稷米祭稷。反自食。同左氏義。鄭君駁之曰。宗伯以血祭祭社稷五祀五嶽。社稷之神。若是句龍柱棄。不得先五嶽而食。大司徒五地。一曰山林。二曰川澤。三曰丘陵。四曰墳衍。五曰原隰。大司樂五變而致介物及土示。土示者。五土之總神。卽謂社也。六樂於五地無原隰而有土祇。則土祇與原隰同用樂也。是以變原隰言土示。詩信南山云。畇畇原隰。下云黍稷或或。原隰生百穀。稷爲之長。然則稷者原隰之神。若達此義。不得以稷米祭稷爲難。社者五土總神。稷者。原隰之神。皆能生萬物者。以古之有大功者配之。句龍以有平水土之功。配社祀之。稷有播種之功。配稷祀之。按許造說文。但引今孝經說。則其說社稷當與鄭意同。玉裁謂異義早成。說文晚出。爲定說。此亦一耑也。**从禾畟聲。**子力切。一部。古叚稷爲卽。小雅既齊既卽。毛云。稷。疾。是也。亦叚爲昃字。如穀梁日昃作日稷是也。**古文稷。**按兒蓋卽古文畟字。

齋

齋稷也。釋艸曰。粢。稷也。周禮甸師齍盛注云。粢者。稷也。穀者稷爲長。按經作齍。注作粢。此經用古字。注用今字之例。周禮齍盛字。鄭易爲粢者。三。甸師、肆師、大祝也。小宗伯六齍注云。齍讀爲粢。六粢謂六穀。黍稷稻粱麥苽。云齍讀爲粢。此易齍爲粢之證也。粢本謂稷。何以六穀統名粢。則以稷爲穀之長。故得槩之。甸師注是其恉也。六米本謂禾。凡穀皆得名米。粢盛猶是矣。甫田作齊。亦作齍。毛曰。器實曰齍。而左傳禮記皆作粢盛。是可證齍粢之同字。穀名曰粢。用以祭祀則曰齍。別之者。貴之也。今經典粢皆譌粢。而𥣬字且不見於經典矣。廣韵曰。齋。祭飯也。玉篇曰。黍稷在器曰齋。知舊本經典故作齋盛。**从禾齊聲。**卽夷切。十五部。**𥣬或从次**鄭注周禮曰。齍資字同。其字以齊次爲聲。从貝變易。此作亦以齊次爲聲。从禾變易。而今日經典粢盛皆从米作。則又粉餈之或字而誤叚之。

秫

秫稷之粘者。九穀攷曰。稷北方謂之高粱。或謂之紅粱。其粘者黃白二種。所謂秫也。秫爲黏稷。而不黏者亦通評爲秫。秫而他穀之黏者亦叚借通偁之曰秫。陶淵明使公田二頃五十畝種秫。稻之黏者也。崔豹古今注所謂秫爲黏稻是也。**从禾。朮象形。**下象其莖葉。上象其采。食聿切。十五部。鍇本作朮聲。**秫或省禾。**

穄

穄𪎊也。此謂黍之不粘者也。黍部曰。𪎊者。穄也。呂氏春秋。飯之美者。陽山之穄。高注云。關西謂之𪎊。冀州謂之緊。廣雅。䅎𪎊。穄也。九穀攷曰。據說文。禾屬而黏者黍。則禾屬而不黏者𪎊。對文異。散文則通偁黍。內則。飯。黍稷稻粱。白黍。黃粱。鄭注。黍。黃黍也。黃黍者𪎊也。穄也。飯用之。黏者釀酒及爲餌餈酏粥之屬。不黏者。評𪎊評穄。而黏者乃專得黍名矣。今北方皆評黍子、𪎊子、穄子。穄與稷雙聲。故俗誤認爲稷。其誤自唐之蘇恭始。**从禾。祭聲。**子例切。十五部。九穀攷曰。簠簋實𪎊爲之。以供祭祀。故又異其名曰穄。

稻

稻稌也。今俗槩謂黏者不黏者未去穅曰稻。稉稻、秈稻、秔稻皆未去穅之偁也。既去穅則曰稉米、曰秈米、曰秔米。古謂黏者爲稻。謂黏米爲稻。九穀攷曰。七月詩。十月穫稻。爲此春酒。月令。乃命大酋。秫稻必齊。內則、襍記並有稻醴。左傳。進稻醴粱糗。是以稻爲黏者之名。黏者以釀也。內則。糝酏用稻米。籩人職之餌餈注亦以爲用稻米。皆取其黏耳。而食醫職牛宜稌。鄭司農說稌、稉也。是又以稉釋稻。稉其不黏者也。孔子曰。食夫稻亦不必專指黏者言。職方氏揚荊諸州亦但云其穀宜稻。吾是以知稌稻之爲大名也。玉裁謂稻其渾言之偁。秔與稻對爲析言之偁。稻宜水。故周禮稻人掌稼下地。**从禾。舀聲。**徒晧切。古音在三部。

稌

稌稻也。釋艸曰。稌、稻。周頌毛傳同。許曰。沛國評稉。而郭樸曰。今沛國呼稌。然則稌稉本一語。而稍分輕重耳。**从禾。余聲。**徒古切。五部。**周禮曰。牛宜稌。**食醫文。

稬

稬沛國謂稻曰稬。襄五年穀梁傳。仲孫蔑衛孫林父會吳於善稻。吳謂善伊。謂稻緩。按謂善爲伊者。古合韵也。謂稻爲緩者。卽沛國謂稻曰稬之理也。緩古亦讀如暖。昭五年。狄人謂賁泉矢胎。謂賁爲矢者。卽今俗語謂糞爲矢也。今矢胎作失台者。誤。**从禾。**

稴

耎聲。奴亂切。十四部。今語奴臥切。稴稻不黏者。凡穀皆有黏者有不黏者。秫則稷之黏者也。穄則黍之不黏者也。稻有不黏者。則稴是也。今俗通謂不黏者爲秈米。集韵類篇皆云。方言江南呼稉爲秈。亦作籼、作粞。按說文、玉篇皆有稴無秈。蓋秈卽稴字音變而字異耳。廣雅曰。秈、稉也。渾言不別也。从禾兼聲。讀若風廉之廉。風廉之廉、疑當同食部作風溓。溓力兼切。亦胡兼切。七部。

秔

秔稻屬。凡言屬者、以屬見別也。言別者、以別見屬也。重其同則言屬。秔爲稻屬是也。重其異則言別。稗爲禾別是也。周禮注曰。州黨族閭比鄉之屬別。介次市亭之屬別小者。屬別並言分合並見也。稻有至黏者。稬是也。有次黏者。稉是也。有不黏者、稴是也。稉比於稬則爲不黏。比於稴則尚爲黏。稉與稴爲飯。稬以釀酒。爲餌餈。今與古同矣。散文稉亦偁稻。對文則別。魏都賦。水澍稉稌。陸蒔稷黍。蜀都賦。黍稷油油。稉稻莫莫。皆稉稻並舉。本艸經秔米稻米殊用。陶貞白乃不能分別。其亦異矣。从禾亢聲。古行切。古音在十部。稉俗秔。更聲也。陸德明曰。稉與粳皆俗秔字。

秏

秏稻屬。漢書曰。詭於孝武後元之年。靡有子遺。秏矣。孟康曰。秏音毛。無有秏米在者也。秏、米名。卽所謂稻屬也。今本作毛米。誤。孟意若今言無有一粒存者。水經注曰。燕人謂無爲毛。故有用毛爲無者。又有用秏者。初讀莫報切。既又讀呼到切。改禾旁爲耒旁。罕知其本音本義本形矣。大雅。秏斁下土。秏者、乏之無之謂。故韓詩云惡也。从禾毛聲。呼到切。二部。按當音毛。音耄。伊尹曰。飯之美者。玄山之禾。南海之秏。呂氏春秋本味篇伊尹曰。南海之秬。高注。南海、南方之海。秬、黑黍也。許所據伊尹書不同。伊尹書見漢藝文志。

穬

穬芒粟也。周禮稻人。澤草所生。種之芒種。鄭司農云。芒種、稻麥也。按凡穀之芒。稻麥爲大。芒粟次於此。麥下曰芒穀。然則許意同先鄭也。稻麥得評粟者、從嘉穀之名也。从禾廣聲。古猛切。古音在十部。

秜

秜稻今年落來年自生謂之秜。淮南書。離先稻孰。而農夫耨之。不以小利傷大穫也。注云。離與稻相似。耨之爲其少實。疑離卽秜。玉篇、廣韵秜皆力脂切。則音同也。他書皆作穭。力與切。埤蒼穭。自生也。亦作稆。後漢書獻帝紀。尙書郎以下。自出采稆。古作旅。史漢皆云。觜觿主葆旅事。晉灼曰。葆、采也。野生曰旅。今之飢民采旅生。按離、秜、旅一聲之轉。皆謂不種而自生者也。从禾尼聲。里之切。按之當依廣韵作脂。十五部。

稗

稗禾別也。謂禾類而別於禾也。孟子曰。苟爲不孰。不如荑稗。左傳云。用秕稗也。杜云。稗、草之似穀者。稗有米似禾。可食。故亦種之。如淳曰。細米爲稗。故小說謂之稗官。小販謂之稗販。从禾卑聲。旁卦切。十六部。琅邪有稗縣。地理志。琅邪郡稗縣。郡國志無。後漢省也。稗當是本作稗。莽曰識命。蓋惡其名而易之。今山東沂州府莒州南有稗縣故城。或曰本春秋時向國。隱公二年。莒人入向。是也。

移

移禾相倚移也。相倚移者、猶言虛而與之委蛇也。呂氏春秋曰。苗其弱也欲孤。其長也欲相與俱。其熟也欲相扶。倚移、連緜字。疊韵。讀若阿那。攷工記。鄭司農注。兩引倚移從風。今上林賦作旖旎從風。說文於禾曰倚移。於旗曰旖施。於木曰檹施。皆謂阿那也。毛傳曰。猗儺、柔順也。猗儺卽阿那。表記。衣服以移之。注。移讀如禾氾移之移。移猶廣大也。禾氾移、蓋謂禾蕃多。郊特牲。其蜡乃通。以移民也。鄭曰。移之言羨也。古叚移爲侈。如攷工記飾車欲侈。故書侈爲移。少牢饋食禮移袂。皆是。今人但讀爲遷移。據說文則自此之彼字當作迻。从禾多聲。弋支切。古音在十六部。一曰禾名。別一義。

穎

穎禾末也。穎之言莖也。頸也。近於采及貫於采者皆是也。大雅。實穎實栗。毛曰。穎、垂穎也。禹貢。鄭注曰。百里賦入總。謂入刈禾也。二百里銍。銍、斷去稾也。三百里秸。秸、又去穎也。四百里入粟。五百里入米者。遠彌輕也。禮器。稾鞂之設。鄭注。穗去實曰鞂。鞂與秸同物。鄭注尙書曰。去穎謂用其采也。注禮器曰。去實謂用其穎也。史記曰。錐處囊中。穎脫而出。非特其末見而已。少儀。刀卻刃授穎。是則穎在錐則卻於末。在刀則卻於刃。在禾則卻於采也。渾言之則穎爲禾末。析言之則禾芒乃爲秒。从禾頃聲。余頃切。十一部。詩曰。禾穎穟穟。大雅生民文。今詩作禾役。毛曰。役、列也。玉裁按。役者、穎之叚借字。古支耕合韵之理也。列者、梨之叚借。禾穮也。此穎通穮言之。下章之穎則專謂垂者。

䅘

䅘齊謂麥䅘也。

機　秒　⿰禾曷　⿰禾耑　穟　杓　采

來之本義訓麥。然則加禾旁作來，俗字而巳。蓋齊字也。據廣韵則埤蒼來麰字作⿰禾來。**从禾來聲。**洛哀切。一部。按上下文皆言禾，中閒以麥，疑皆非舊次。

采　禾成秀人所收者也。依爾雅音義及玄應書訂。采與秀古互訓。如月令注黍秀舒散，卽謂黍采也。人所收故从爪。**从爪禾。**會意。小徐作爪聲，非。此與采同意。徐醉切。十五部。

穗　俗从禾惠聲。

杓　禾危采也。危采謂穎欲斷落也。齊民要術云：刈晚則穗折，遇風則收減。玉篇云：杓亦懸物也。則杓同方言之乚。方言曰：乚，懸也。趙魏之閒曰乚，燕趙之郊縣物於臺之上謂之乚。郭樸曰：了乚，縣物皃。丁小反。按玄應書及集韵所引方言皆如是，今本方言作佻，妄人所改耳。王延壽王孫賦：乚瓜懸而瓠垂。乚者象形字，杓者諧聲字。**从禾勺聲。**都了切。二部。

穟　禾采之皃。大雅生民曰：禾役穟穟。釋訓曰：穟穟，苗也。毛傳曰：穟穟，苗好美也。按公羊傳注：生曰苗，秀曰禾。苗禾一也。釋訓毛傳與許說一也。許以經言禾穎，則穟穟指采言成就之皃。**从禾遂聲。**徐醉切。十五部。**詩曰：禾穎穟穟。**按古音支清二部互轉，役在支部，卽穎之入聲，蓋卽穎之叚借字。許此句蓋用三家詩，如如鳥斯鞠爲正字，毛詩作革爲叚借字也。

蓫　穟或从艸。

⿰禾耑　禾𠂹皃。禾采必𠂹。采重則秆𠂹。**从禾耑聲。讀若端。**十四部。今音丁果切。取采字之意。

⿰禾曷　禾舉出苗也。何休曰：生曰苗，秀曰禾。禾采初挺出於苗，是曰⿰禾曷。既成則屈而下𠂹矣。周頌曰：驛驛其達，有厭其傑。毛云：達，射也。有厭其傑，言傑苗厭然特美也。毛鄭釋詩皆謂苗，許云禾舉出苗，則謂采。手部揭者，高舉也。音義略同。**从禾曷聲。**居謁切。十五部。廣韵入曷薛二韵。

秒　禾芒也。下文云：禾有秒，秋分而秒定。淮南書秒作蔈，亦作標。按艸部云：蔈，末也。禾芒曰秒，猶木末曰杪。九穀攷曰：粟之孚甲無芒，芒生於粟采之莖。**从禾少聲。**亡沼切。二部。

穖　禾穖也。九穀攷曰：禾采成實，離離若聚珠相聯貫者謂之穖，與珠璣之璣同意。呂氏春秋：得時之禾疏穖而穗大，得時之稻長稠疏穖。高注云：穖，禾穗果蠃是也。玉裁謂穖貴疏者，不采緊密，每顆皆綻而後能疏也。穖疏而穗乃大。**从禾幾聲。**居豨切。十五部。

秠　稃　穭　穅

秠　一稃二米。从禾丕聲。詩曰：誕降嘉穀，惟秬惟秠。天賜后稷之嘉穀也。按此解當云稃也。从禾丕聲。詩曰：誕降嘉穀，惟秬惟秠。黑黍一稃二米，天賜后稷之嘉穀也。爲淺人改竄之耳。詩生民惟秬惟秠。釋艸曰：秬，黑黍；秠，一稃二米。毛傳正同。蓋黑黍一稃二米曰秬，言秬而一稃二米已見。經文以惟秠足句，見黑黍之稃有異，不比下文惟虋惟芑晝然二物。故釋訓者以黑黍系秬，以一稃二米系秠，分屬之。鄭志張逸問云：鬯人職注秬如黑黍一秠二米，按爾雅秠一稃二米，未知二者同異。荅曰：秠卽其皮，稃亦皮也。爾雅重言以曉人，更無異偁也。據此知秠卽稃。凡稃皆曰秠，非必二米一稃也。許於鬯部鬱下云黑黍也，一稃二米，是可見一稃二米者謂秬，非謂凡秠也。此必偁經文惟秬惟秠而後總釋之曰黑黍一稃二米，則爾雅毛傳訓詁之意明矣。秠之本義與稃同，故必先之曰稃也，从禾丕聲，而後引詩，則知經義與字義無不合矣。小徐本秠稃二篆相屬，此必古本。秠稃穭穅四篆同義。淺人墨守爾雅毛傳，而不心知其意，乃妄改許書，致文理不通而不可讀。敷悲切。字林匹几、匹九、夫九三反。匹九、夫九二反，則當从不聲。玉篇作⿰禾不，是也。古音在一部。○今鬯人注如黑黍一稃二米，詩正義引作一秠二米，蓋正義所引是。鄭作一秠，爾雅作一稃，鄭意秠卽稃，故荅問云爾。

稃　穭也。小徐本此篆與秠篆相屬，古本也。玉篇次苐正同。自淺人不知秠解而改竄之，乃又移易篆之次第矣。甫田箋曰：方，房也。謂孚甲始生而未合時也。古借孚爲稃。**从禾孚聲。**芳無切。古音在三部。

粰　稃或从米付聲。

穭　穅也。从禾會聲。讀若裹。苦會切。十五部。玉篇公臥、公外二切。公臥卽讀若裹之云。會聲而讀若裹者，合音也。

穅　穀之皮也。云穀者，晐黍稷稻粱麥而言。穀猶粟也。今人謂已脫於米者爲穅，古人不爾。穅之言空也，空其中以含米也。凡康寧、康樂皆本義空中之引伸。今字分別，乃以本義从禾，引伸義不从禾。**从禾米，庚聲。**庚，毛刻作康，誤。今正。苦岡切。十部。

康　穅或省作。稃穭穅康

秨　穮　案　秄　穧　穫

四篆大徐在稰穛二篆之下。今以類移此。**秨** 禾䌛皃。䌛今搖字。今俗語說動搖之皃曰秨。即此字也。从禾乍聲。讀若昨。在各切。五部。

穮 槈鉏田也。各本作耕禾閒也。今正。周頌釋文引說文。穮、槈鉏田也。表嬌反。字林。穮、耕禾閒也。方遙反。然則今本說文淺人用字林改之。穮者、秐也。非耕也。周頌䌛䌛其麃。毛傳曰。麃、秐也。釋訓曰。䌛䌛、麃也。孫炎云。䌛䌛、言詳密也。郭樸云。芸不息也。左傳是穮是蓘。杜云。穮、秐也。許云槈鉏田者。槈、薅器也。鉏、立薅所也。薅者、拔田艸也。或槈其田。或鉏其田。皆曰穮。今吳下俗語說用鉏曰暴。即此字也。从禾麃聲。甫嬌切。二部。周頌叚麃爲之。春秋傳曰。是穮是衮。左傳昭元年文。

案 轢禾也。轢者、車所踐也。此轢讀如勞。即齊民要術所謂勞也。郎到切。賈思勰曰。古曰耰。今曰勞。說文。耰、摩田器。今人鄙語曰摩勞。衮之言畎也。謂壅禾本也。種穀之法。苗既出壟。每一經雨。白背時。輒以鐵齒鏙楱縱橫杷而勞之。杷法。令人坐上。數以手斸去艸。如此令地輭易鉏。省力。中鋒止。苗高一尺。鋒之。按賈云鋒之謂鉏之也。勞之而後鋒之。然則案之而後穮之矣。从禾安聲。轢禾者。所以安禾也。形聲包會意。烏旰切。十四部。

秄 雝禾本。雝俗作壅。小雅。或秐或耔。毛曰。秐、除艸也。耔、雝本也。食貨志。后稷始畎田。以二耜爲耦。廣尺深尺曰畎。長終畝。一畝三畎。一夫三百畎。而播種於畎中。苗生三葉以上。稍耨隴艸。因隤其土以附苗根。故其詩曰。或芸或芓。黍稷儗儗。芸、除艸也。秄、附根也。言苗稍壯。每耨輒附根。比盛暑。隴盡而根深。能風與旱。故儗儗而盛也。按班所據詩作芓。古文叚借字。說詩作秄。小篆字。詩言秐秄。左傳言穮衮。衮者、畎也。隤壟艸壅於畎中也。秄蓘皆俗字。从禾子聲。即里切。一部。

穧 穫刈也。穫刈、謂穫而芟之也。刈同乂。芟艸也。刈之必齊。故从齊。小雅曰。此有不斂穧。謂已刈而遺於田未斂者也。上文不穫稺。謂幼禾留於田未刈者也。釋詁曰。馘、穧、穫也。鄭注周禮云。四秉曰筥。謂一穧也。一曰撮也。撮者、四圭也。一曰兩指撮也。然則穧之別義謂少也。从禾齊聲。上文既有⿱齊禾字。以禾在上、禾在旁別其義。在詣切。十五部。

穫 刈穀也。穫之言獲也。刈穀者以銍。以鎌。从禾蒦聲。胡郭切。五部。

穦　積　秩　稛

穦 積禾也。穦積雙聲。廣雅曰。穦、積也。从禾資聲。即夷切。十五部。詩曰。積之秩秩。周頌文。今作積之栗栗。毛云。栗栗、衆多也。無穦積也之文。蓋許偁三家詩也。

積 聚也。禾與粟皆得偁積。引伸爲凡聚之偁。淇奧詩叚簀爲積。从禾責聲。則歷切。十六部。

秩 積皃。皃各本作也。今正。積之必有次敘成文理。是曰秩。詩叚樂傳曰。秩秩、有常也。斯干傳曰。秩秩、流行也。巧言傳曰。秩秩、進知也。賓之初筵傳曰。秩秩然肅敬也。釋訓曰。條條、秩秩、智也。又曰。秩秩、淸也。皆引伸之義也。从禾失聲。直質切。十二部。古叚𢧢爲秩。如秩秩大猷。大部作𢧢𢧢大猷。儀禮注云。秩或爲𢧢。皆是也。詩曰。積之秩秩。

稛 絭束也。絭束、謂以繩束之。國語。垂橐而入。稛載而歸。韋注。稛、絭也。古亦叚麇爲之。如左傳羅無勇麇之。及潞麇之是也。方言。稛、就也。注。稛稛、成就皃。廣韵作成熟。蓋禾熟而刈之。而絭束之。其義相因也。从禾囷聲。苦本切。十三部。按本从囷聲。丘吻反。轉入寬韵。爲苦本切。非从困聲也。

稞　秳　𥝌　䅵　稭

稞 穀之善者。謂凡穀顆粒俱佳者。廣韵云。淨穀。从禾果聲。胡瓦切。古音讀如顆。十七部。一曰無皮穀。謂穀中有去稃者也。此義當讀如稞。

秳 舂粟不潰也。水部曰。潰、漏也。舂粟不潰者、謂無散於臼外者也。蓋舂之用力重則或潰。用力輕則不。是曰秳。今俗謂輕舂曰桄。古曠切。即秳之轉語也。从禾昏聲。戶括切。按當古活切。十五部。

𥝌 秳也。从禾气聲。居气切。十五部。篇韵皆下汲切。

䅵 禾皮也。禾皮者、禾稿之皮也。呂氏春秋曰。得時之麥薄䅵而赤色。本謂稿皮。因以評稍皮。羔聲勺聲古音同在二部。故䅵音灼。下文曰。禾若秧穰曰把。取禾若。若即䅵。今音相近。又改其字耳。从禾羔聲。之若切。古音在二部平聲。按春秋經有禚字。齊地名。今釋文五經文字皆作禚。从示。惟玉篇禾部䅵下曰。又齊地名。而示部禚字在部末。孫強等所沾。然則希馮所據春秋字从禾。

稭 禾稾去其皮。祭天㠯爲席也。禮器曰。莞簟之安。而稾鞂之設。鄭注。穗去實曰鞂。引禹貢三百

稈　稾　秕

里納鞂服。禹貢釋文。秸本或作稭。然則稭秸鞂三形同。又或作鞊。亦同。謂禾莖既刈之。上去其穗。外去其皮。存其淨莖。是曰稭。鄭云穗去實。猶云穎去穗也。穎謂莖之近穗者。鄭注禹貢云。銍謂刈穗。斷去稾也。稭又去其穎也。是謂下截爲稾。近穗爲穎。故三百里納秸者。不惟去稾。又去穎而納穗。其注禮器云。穗去實者。正謂去穗用近穗之穎。與許云稾去皮者少異。許云稾者。兼穎而言。言稾得兼穎。言穎不兼稾也。从禾皆聲。古黠切。十五部。

禾莖也。謂自根之上至貫於穗者是也。从禾旱聲。古旱切。十四部。春秋傳曰。或投一秉稈。昭公廿七年左傳曰。或取一編菅焉。或取一秉秆焉。國人投之。此以二句合爲一句耳。

稈或从干作。干聲。

稈也。廣雅左傳注皆云。秆稾也。叚借爲矢榦之稾。屈平屬艸稾之稾。从禾高聲。古老切。二部。

不成粟也。按不成粟之字从禾。惡米之字从米。而皆比聲。此其別也。左傳。若其不具。用秕稗也。杜云。秕穀不成者。僞古文云。若粟之有秕。呂覽云。凡禾之患。不俱生而俱死。是

稍　梨　穰　秧

以先生者美米。後生者多秕。是故其耨也。長其兄而去其弟。按今俗評穀之不充者曰癟。補結切。卽秕之俗音俗字也。引伸之。凡敗者曰秕。漢書曰。秕我王度。从禾比聲。卑履切。十五部。

麥莖也。麥莖光澤娟好。故曰稍。一作蘬。潘岳射雉賦曰。闕閭蘬葉。是。从禾肙聲。古玄切。十四部。

黍穰也。廣雅。黍穰謂之刜。左傳。使巫以桃茢先祓殯。杜注云。茢黍穰。檀弓。以巫祝桃茢執戈。鄭注云。茢萑苕。按二物皆可爲彗。二字可通用。故注不同。許說其本義也。詩生民。禾役穟穟。毛傳。役列也。列蓋梨之叚借。禾穰亦得謂之梨也。从禾梨聲。良薛切。十五部。

黍梨已治者。巳治謂巳治去其箬皮也。謂之穰者。莖在皮中。如瓜瓤在瓜皮中也。周頌傳曰。穰穰衆也。此叚借也。从禾襄聲。汝羊切。十部。

禾若秧穰也。若卽上文之秵也。若者擇菜也。擇菜者必去其邊皮。因之凡可去之皮曰若。竹皮亦曰箬。漢書印絭絭綏。若若絭絭重積也。若若如擇若之多也。秧穰疊韵字。集韵曰。禾下葉多也。今俗謂稻之初生者曰秧。凡艸木之幼可

䅭　䅣　年　穀　稔

移栽者皆曰秧。此與古義別。从禾央聲。於良切。十部。

䅭䅣穀名。廣雅曰。䅭䅣穄也。按許但云穀名。不與穄篆爲伍。則與張說異。从禾旁聲。薄庚切。古音在十部。

䅭䅣也。二字疊韵。从禾皇聲。戶光切。十部。

穀孰也。爾雅曰。夏曰歲。商曰祀。周曰年。唐虞曰載。年者。取禾一孰也。从禾千聲。奴顚切。古音在十二部。春秋傳曰。大有年。宣十六年經文。穀梁傳曰。五穀皆孰爲有年。五穀皆大孰爲大有年。

此篆體依五經文字木部正。續也。穀與粟同義。引伸爲善也。釋詁。毛傳皆曰。穀善也。又大雅傳曰。穀祿也。百穀之總名也。周禮太宰言九穀。鄭云。黍稷稻粱麻大小豆小麥苽也。膳夫食用六穀。先鄭云。稌黍稷粱麥苽也。疾醫言五穀。鄭曰。麻黍稷麥豆也。詩書言百穀。種類繁多。約舉兼晐之詞也。惟禾黍爲嘉穀。李善引薛君韓詩章句曰。穀類非一。故言百也。从禾𣪊聲。𣪊者今之殼字。穀必有稃甲。此以形聲包會意也。古祿切。三部。

穀孰也。稔之言飪也。

租　稅　䆃

从禾念聲。而甚切。七部。春秋傳曰。不五稔。昭元年左傳文。

田賦也。从禾且聲。則吾切。五部。

租也。从禾兌聲。輸芮切。十五部。

䆃米也。三字句。各本删䆃字。改米爲禾。自呂氏字林。顏氏家訓時已然。今正。䆃擇也。擇米曰䆃米。漢人語如此。雅俗共知者。漢書百官表。後書殤帝和帝紀。皆有䆃官。注皆云。䆃官主擇米。鄧后詔曰。減大官䆃官。自非共陵廟稻粱米。不得䆃擇。光武詔曰。郡國異味。有豫養䆃擇之勞。凡作導者。譌字也。䆃米是常語。故以䆃米釋䆃篆。如河下云河水。巂下云巂周之比。淺人槩謂複字而删之。又改米爲禾。呂忱。徐廣。顏之推。司馬貞皆執誤本說文。謂䆃是禾名。豈知䆃果禾名。則許書之例當與穛穆私三篆爲伍。而不厠於此。从禾道聲。徒到切。古音在三部。司馬相如曰。䆃一莖六穗也。史漢司馬相如傳封禪文曰。囿騶虞之珍羣。徼麋鹿之怪獸。䆃一莖六穗於庖。犧雙觡共抵之獸。獲周餘珍放龜於岐。招翠黃乘龍於沼。鄭德云。䆃。擇也。一莖六穗謂嘉禾之米。鄭語取

穅　穌　稍　秋　秦　稱

明憭。言於庖者、擇米作飯必於庖也。呂忱乃云禾一莖六穗謂之蕖。蓋不讀封禪文而誤斷許書之句度矣。

穅虛無食也。爾雅。果不孰爲荒。周禮疏曰。疏穀皆不孰爲大荒。按荒年字當作穅。荒行而穅廢矣。从禾。荒聲。呼光切。十部。

穌杷取禾若也。杷各本作把。今正。禾若散亂。杷而取之。不當言把也。離騷。蘇糞壤以充幃兮。謂申椒其不芳。王逸曰。蘇、取也。韓信傳曰。樵蘇後爨。師不宿飽。漢書音義曰。樵、取薪也。蘇、取草也。此皆假蘇爲穌也。蘇、桂荏也。蘇行而穌廢矣。樂記。蟄蟲昭蘇。注云。更息曰蘇。據玉篇云。穌、息也。死而更生也。然則希馮所據樂記作穌。从禾。魚聲。素孤切。五部。

稍出物有漸也。漸依許當作趣。漸行而趣廢矣。稍之言小也、少也。凡古言稍稍者、皆漸進之謂。周禮稍食、祿稟也。云稍者、謂祿之小者也。从禾。肖聲。所教切。二部。

秋禾穀孰也。其時萬物皆老。而莫貴於禾穀。故从禾。言禾復言穀者、晐百穀也。禮記曰。西方者秋。秋之爲言揫也。从禾。𥡆省聲。七由切。三部。龝籀文不省。

秦伯益之後所封國。鄭詩譜曰。秦者、隴西谷名。於禹貢近雍州鳥鼠之山。堯時有伯翳者。實皐陶之子。佐禹治水。水土既平。舜命作虞官。掌上下草木鳥獸。賜姓曰嬴。歷夏商興衰。亦世有人焉。周孝王使其末孫非子養馬於汧渭之閒。孝王封非子爲附庸。邑之於秦谷。至曾孫秦仲。宣王又命作大夫。始有車馬禮樂侍御之好。國人美之。秦之變風始作。按伯益、伯翳實一人。臯陶之子也。今甘肅秦州淸水縣有故秦城。漢地理志之隴西秦亭、秦谷也。地宜禾。从禾、春省。地宜禾者。說字形所以从禾从春也。職方氏曰。雍州穀宜黍稷。豈秦穀獨宜禾與。匠鄰切。十二部。按此字不以春禾會意爲本義。以地名爲本義者。通人所傳如是也。一曰秦禾名。此別一義。䅈籀文秦从秝。

稱銓也。銓者、衡也。聲類曰。銓所以稱物也。稱俗作秤。按爯、幷舉也。偁、揚也。今皆用稱。稱行而爯偁廢矣。从禾。爯聲。處陵切。六部。廣韵又昌孕切。是也。等也、銓義之引伸。春分而禾生。上文云以二月生。日夏至晷景可度。

科　程　稯

禾有秒。謂其時禾乃有芒也。秋分而秒定。上文云。以八月孰。孰時芒乃定。律數十二。句。十二謂六律六呂也。十二秒而當一分。十二兩字舊奪。今補。下文云十髮爲程。一程爲分。十分爲寸。然則十二秒而當十髮。淮南天文訓作十二蔈而當一粟。十分而寸。天文訓作十二粟而當一寸。其目爲重。以衡輕重也。十二粟爲一分。此粟謂禾粟。十二分爲一銖。百四十四粟也。天文訓曰。十二粟而當一分。十二分而當一銖。十二銖而當半兩。衡有左右。因倍之。故二十四銖爲一兩。按金部銖下曰。權十分黍之重也。十分黍有譌。依此則當云十二分粟之重也。許用淮南說。與說苑律歷志說異。故諸程品皆从禾。度起於十二秒。權起於十二粟。諸程品之字、謂稱以下七篆也。此釋稱从禾之意。併釋科以下六字从禾之意也。

科程也。廣韵曰。程也。條也。本也。品也。又科、斷也。按實一義之引伸耳。論語曰。爲力不同科。孟子曰。盈科而後進。趙岐曰。科、坎也。按盈科爲盈等也。从禾斗。會意。依韵會所據小徐本。苦禾切。十七部。斗者、量也。說从斗之意。

程程品也。大徐無程字。按此三字爲句。與蕖米也一例。淺人槩謂複字而刪之。品者、衆庶也。因衆庶而立之法則。斯謂之程品。上文言諸程品可證矣。荀卿曰。程者、物之準也。月令。陳祭器。按度程。注。程謂器所容也。漢書。張蒼定章程。如淳云。章、曆數之章術也。程者、權衡丈尺斗斛之平法也。十髮爲程。一程爲分。一俗本作十。誤。大小徐本、漢制攷、小學紺珠皆不誤。百髮爲分。斷無是理。十分爲寸。十髮爲程。度起於此。十髮當禾秒十二。故字从禾。从禾。呈聲。直貞切。十一部。

稯布之八十縷爲稯。按此當有奪文。聘禮記曰。禾四秉曰筥。十筥曰稯。十稯曰秅。許下文五稯爲秭。二秭爲秅。正本記文。若先之曰布八十縷爲稯。則下文不爲四百縷爲秭、八百縷爲秅乎。知其斷不然矣。葢必云禾四十秉爲稯。从禾、㚇聲。一曰布之八十縷爲稯。轉寫奪漏而亂之耳。秉見又部。云禾把也。从又持禾。云四十秉爲稯。則上下相屬成文。鄭注周禮云。禾稾實幷刈者也。秉、手把也。稯猶束也。國語。其歲收

秭

田一井。出稯禾、秉芻、缶米。不是過也。稯禾謂禾四十秉。秉芻謂芻一把。韋注殊誤。布八十縷爲稯者。史記孝景本紀。令徒隸衣七稯布。索隱正義皆云。葢七升布用五百六十縷。漢書王莽傳。一月之祿十緵布二匹。孟康云。緵八十縷也。攷鄭注喪服曰。八十縷爲升。升當爲登。登成也。今之禮皆登爲升。俗誤已行久矣。賈公彥云。今亦云布八十縷謂之宗。宗卽古之升也。是則宗稯登升一語之轉。聘禮今文作稯。古文作緵。許从今文。故糸部無緵。布縷與禾把皆數也。故同名。糸部緫下云。十五升布。謂十五稯布也。**从禾㚇聲。**子紅切。九部。**𥡳　籒文稯省。**㚇亦兇聲也。

秭　五稯爲秭。禾二百秉也。周禮掌客注有秅秭麻荅之文。秅秭連文則非詩之秭也。謂五稯也。**从禾𠂔聲。**將几切。十五部。**一曰數意至萬曰秭。**意各本作億。今依心部正。周頌兩言萬億及秭。毛曰數萬至萬曰億。數億至萬曰秭。定本集注、釋文皆作數億至萬。釋文所記別本及正義及前此甄鸞五經筭術皆作數億至億。許書多襲毛傳。此云數意至萬曰秭。似當出於毛。然心部云。十萬曰意。不從毛之萬萬曰億。而從古數。則說秭亦不必同毛。葢毛作數億至億曰秭。許別有所受。作數億至萬。與秭不見他經。惟見周頌。鄭內則注。萬億曰兆。依許說則秭卽他經之兆。與五經筭術曰。黃帝爲法。數有十等。億兆京垓秭壤溝澗正載是也。及其用也。乃有上中下三等。下數十十變之。中數萬萬變之。上數數窮則變。以中數言之。毛傳應十數垓至億曰秭。而言數億至億曰秭。有所未詳。玉裁按。十等之說起於漢末。取周頌云秭、國語云經姟者演之。三等之說取鄭云今數古數者演之。許鄭所不言。未可盡信。數億至萬亦不爲不多矣。不必從毛之數億至億也。秭之言積也。韓詩云。陳穀曰秭。亦取積義。如第簀之爲一物、其例也。○釋詁云。歷秭筭數也。郭云。今以十億爲秭。

秅

秅　二秭爲秅。禾四百秉也。周禮掌客曰。上公車禾眡死牢。牢十車。車三秅。注云。禾、稾實并刈者也。聘禮四秉曰筥。十筥曰稯。十稯曰秅。每車三秅。則三十稯也。聘禮注云。一車之禾三秅。爲千二百秉。三百筥。三十稯也。○按小徐本作秭也。廣韵從之。是則秅卽秭。爲今數。二秭爲秅。爲古數也。小徐本非奪字。仍記於此。**从禾乇聲。**宅加切。古音在五部。丁故反。**周禮曰。**周禮當是本作禮記。淺人所改也。許書之例。謂周官經曰周禮。謂十七篇曰禮。十七篇之記謂之禮記。如侮鈃、毛牛、藿羊芐、豕薇、系之禮記是也。四秉爲筥以下聘禮記文。**二百四十斤爲秉。**此七字妄人所增。當刪。聘禮記曰。十斗曰斛。十六斗曰籔。十籔曰秉。二百四十斗。云二百四十斗者。經致饔米三十車。每車秉有五籔。計之得二十四斛爲二百四十斗也。此說米之數。與禾無涉。鄭君所謂米禾之秉筥字同數異。妄人乃益之曰爲秉。與下文言禾之四秉曰筥相屬。而轉寫又斗譌斤。曾謂許君而有此乎。國語。稯禾、秉芻、缶禾。韋注當本云稯禾四十秉也。秉把也。缶庾也。庾米十六斗也。聘禮曰。十六斗曰庾。四秉曰筥。十筥曰稯。今本亦不知何人妄改。致不可讀。要之許韋不可誣也。若廣雅之謬誤又無論矣。**四秉曰筥。**秉見又部。曰禾秉也。从又持禾。秝部云。持一爲秉。持二爲兼。詩毛傳云。秉把也。四秉冢又部言之。謂禾四把也。禾者稾實兼刈者也。鄭注禮云。筥穧名也。若今萊陽之間刈稻聚把有名爲筥者。詩云。彼有遺秉。又云。此有不斂穧。按鄭意筥卽穧。刈禾盈手曰秉。盈手者四聚於一處爲一穧。穧十而總束之則爲稯。故曰稯猶束也。周禮注云。筥讀如棟梠之梠。謂一穧也。疑今禮注奪去一字。**十筥曰稯。十稯曰秅。四百秉爲一秅。**

䄷

𥝩　百二十斤也。律厤志曰。五權之制。銖者物繇忽微至於成著。可殊異也。本起於黃鐘之重。一龠容千二百黍。重十二銖。兩者兩黃鐘律之重也。二十四銖而成兩。斤者明也。十六兩成斤。鈞者均也。三十斤成鈞。石者大也。權之大者也。四鈞爲石。古多叚石爲䄷。月令鈞衡石是也。有假䄷爲山石者。楚辭悲任䄷之何益是也。**稻一䄷爲粟二十斗。禾黍一䄷爲粟十六斗大半斗。**斗、宋刻皆譌升。毛本又誤改斤。今正。稻亦可偁粟。猶凡穀皆可偁米也。䄷不專用諸穀而从禾。故舉稻與禾黍之粟各一䄷合於量者言之。**从禾石聲。**常隻切。古音在五部。

稘

𥞑　復其時也。言帀也。十二月帀爲期年。中庸一月帀爲期月。左傳旦至旦亦爲期。今皆假期爲之。期行而稘廢矣。**从禾。**从禾者。取舊穀沒新穀升也。

其聲。居之切。一部。唐書曰。稘三百有六旬。堯典文。今堯典作期。蓋壁中古文作稘。孔安國以今字讀之。易爲期也。唐書大徐作虞書。攷心部偁唐書五品不愻。大小徐本同。此則小徐作唐書。大徐作虞書。他偁堯典者凡二十五。皆云虞書。不云唐書。參差不畫一。未得其解。竊謂尚書鄭贊云三科之條。五家之教。三科者。古文家說虞夏書。商書。周書是也。五家者。今文家說唐書虞書夏書商書周書是也。虞夏同科。則自堯典至甘誓爲虞夏書。湯誓以下爲商書。大誓牧誓以下爲周書。五家堯典爲唐書。皐陶謨爲虞書。禹貢甘誓爲夏書。湯誓以下爲商書。大誓牧誓以下爲周書。論衡曰。唐虞夏殷周者土地之名。重本不忘始。故以爲號。若人之有姓矣。說尚書謂五者功德之名。盛隆之意。唐之爲言蕩蕩也。虞者樂也。夏者大也。殷者中也。周者至也。其褒五家大矣。然而失其初意。王充業今文。此五家之說之證也。伏生有五家之教。故尚書大傳有唐傳。虞傳。夏傳。殷傳。周傳之目。見唐人正義所偁引。大傳既亡。近惠氏定宇蒐集之爲書。乃標堯典之首曰。虞夏傳唐傳。標禹貢之首曰。虞夏傳夏傳。以古文家之目羼入今文家。殊爲不可通。許君云唐書者。從今文家說也。曷爲從今文家說也。堯典紀唐事。紀舜皆紀堯也。則謂之唐書。皐陶謨紀虞事。則謂之虞書。禹貢紀禹之功。則謂之夏書。勝於古文家之槩偁虞夏書。未得其實也。曷爲自言偁書孔氏古文。而從今文說也。古文今文家標目皆非孔子所題。皆學之者爲之說耳。說則可擇善而從。無足異也。若左傳以昚徽五典六句系之虞書。以敷內以言三句系之夏書。洪範一篇系之商書。亦與古文家說不同。許於洪範則依左傳謂之商書。於堯典皐陶謨禹貢則依今文五家之教謂之唐書虞書夏書。蓋合諸說而折其衷矣。凡今本說文以堯典系虞書者二十五。皆淺人所妄改。許不應自相舛戾如是。

文八十七　重十三

秝

秝　稀疏適秝也。各本無秝字。今依江氏聲王氏念孫說補。適秝。上音的。下音歷。疊韵字也。玉篇曰。稀疏秝秝然。蓋凡言歷歷可數。歷錄束文。皆當作秝。歷行而秝廢矣。周禮遂師。及窆抱磿。鄭云。磿者適歷。執綍者名也。遂人主陳之。而遂師以名行挍之。賈公彥云。天子千人分布於六綍之上。稀疏得所。名爲適歷也。王氏念孫廣雅疏證云。子虛賦七發。楊雄蜀都賦。南都賦。論衡譴告篇。嵇康聲無哀樂論皆云勺藥。伏儼文穎晉灼李善皆說是調和之名。上丁削反。下旅酌反。勺藥之言適歷也。周禮注凡及說文皆云適歷。說文厤字下云治也。𤯌字下云調也。凡均調謂之適歷。从二禾。禾之疏密有章也。凡秝之屬皆从秝。讀若歷。郎擊切。十六部。

兼

兼　幷也。幷相從也。从又持秝。會意。古甜切。七部。兼持二禾。秉持一禾。

文二

黍

黍　禾屬而黏者也。許云雨省聲。則篆體當如是。引孔子曰者。其別說也。九穀攷曰。以禾況黍。謂黍爲禾屬而黏者。非謂禾爲黍屬而不黏者也。禾屬而黏者黍。禾屬而不黏者䵚。對文異。散文則通偁黍。謂之禾屬。要之皆非禾也。今山西人無論黏與不黏。統呼之曰䵚黍。太原以東則呼黏者爲黍子。不黏者爲䵚子。黍宜爲酒。爲蓍籩之餌餈爲酏粥。䵚宜爲飯。禾黍稻稷各有黏不黏二種。按黍爲禾屬者。其米之大小相等也。其秠異。禾穗下垂如椎而粒聚。黍采略如稻而舒散。以大暑而種。故謂之黍。大衍字也。九穀攷曰。伏生尚書大傳。淮南。劉向說苑皆云。大火中種黍菽。而呂氏春秋則云日至樹麻與菽。麻正䵚之誤。又夏小正五月初昏大火中種黍菽䵚。䵚字因下文誤衍。諸書皆言種黍以夏至。說文獨言以大暑。蓋言種暑之極時。其正時實夏至也。玉裁謂種植有定時。古今所同。非可叚借。許書經轉寫妄增一字耳。以暑種故謂之黍。猶二月生八月孰得中和故謂之禾。皆以疊韵訓釋。从禾雨省聲。舒呂切。五部。孔子曰。黍可爲酒。如稬與秫皆宜酒。故从禾入水也。依廣韵補故从二字。此說字形之異說也。凡云孔子曰者。通人所傳。以禾入水不見其必爲酒。故先雨省聲之說。而禾入水會意之說次之。今之隸書則从禾入水。不从雨省。凡黍之屬皆从黍。穈 穄也。穄見禾部。穈黍之不黏者。如稴爲稻之不黏者。稷爲秫之不黏者也。高注呂氏春秋曰。穄、關西謂之穈。冀州謂之鏨。九穀攷曰。特牲饋食禮尸嘏主人有摶黍之儀。必是炊穈爲飯。不相黏著。故令佐食者摶之而後授尸。按周禮土訓注云。荆揚地宜稻。幽并地宜麻。依李氏聶氏皆忙皮反。則麻本作穈。九穀攷云。鄭據職方氏爲說也。幽州宜三種。并州宜五種。內皆有黍。从黍麻聲。靡爲切。古音在十七部。

䵗 黍屬也。禾之別爲稗。黍之屬爲䵗。言別而屬見。言屬而別亦見。䵗之於黍。猶稗之於禾也。九穀攷曰。余目驗之。粢與穀皆如黍。農人謂之野稗。亦曰水稗。从黍卑聲。并弭切。十六部。篇、韵又皆平懈切。

黏 相箸也。有叚溓爲黏者。如攷工記雖有深泥。亦弗之溓也。是。从黍占聲。女廉切。七部。

𪏰 黏也。从黍古聲。戶吳切。五部。俗作糊。䊵 𪏰或从米作。

𪏮 黏也。从黍日聲。尼質切。十二部。春秋傳曰。不義不𪏮。隱元年左傳文。今左傳作暱。昵或暱字。日近也。攷工記弓人。凡昵之類不能方。故書昵或作樴。杜子春云。樴讀爲不義不昵之昵。或爲䵒。䵒、黏也。按許所據左傳作𪏮。爲長。𪏮與暱音義皆相近。䵒 𪏮或从刃。刃聲也。據杜子春說。攷工記弓人昵或爲䵒。方言曰。䵒、黏也。齊魯青徐自關而東或曰䵒。或曰𪎭。𪎭、黏也。

黎 履黏也。釋詁曰。黎、衆也。衆之義行而履黏之義廢矣。古亦以爲黧黑字。从黍𥝢省聲。𥝢省者、不欲重禾也。郎奚切。十五部。𥝢、此依刀部作。古文利。作履黏㠯黍米也。說从黍之意。

𪏲 治黍禾豆下潰葉也。潰葉萎殘。恐其傷穀。故必治之。治之者當以杷以鉏。此今農人所當知也。从黍畐聲。蒲北切。一部。

文八 汲古閣妄增䵑。非。 重二

香 芳也。艸部曰。芳、艸香也。芳謂艸香。則氾言之。大雅曰。其香始升。从黍从甘。會意。許良切。十部。春秋傳曰。黍稷馨香。約舉左傳僖五年文。此非爲香證。說香必从黍之意也。凡香之屬皆从香。

馨 香之遠聞也。同大雅鳧鷖傳。按唐風椒聊一章曰。椒聊且。遠脩且。傳曰。脩、長也。二章椒聊且。遠條且。傳曰。條言馨之遠聞也。今本前後章皆作條。則毛不應別爲傳矣。而足利古本尚可證。經言脩者、枝條之長。條者、芬香條暢之謂。傳馨字今譌聲。从香殸聲。呼形切。十一部。殸、籒文聲。

文二 徐鉉新附馥字。按毛詩苾字韓詩作馥。許於艸部已錄苾。故不收馥。不從韓也。

米 粟實也。鹵部曰。粟、嘉穀實也。嘉穀者、禾黍也。實當作人。粟舉連秠者言之。米則秠中之人。如果實之有人也。果人之字。古書皆作人。金刻本艸尚無作仁者。至明刻乃盡改爲仁。鄭注冢宰職九穀不言粟。注倉人掌粟入之藏云。九穀盡藏焉。以粟爲主。粟正謂禾黍也。禾者民食之大同。黍者食之所貴。故皆曰嘉穀。其去秠存人曰米。因以爲凡穀人之名。是故禾黍曰米。稻稷麥苽亦曰米。舍人注所謂六米也。六米卽膳夫食醫之食用六穀也。賓客之車米、筥米、喪紀之飯米。不外黍粱稻稷四者。凡穀必中有人而後謂之秀。故秀从禾人。象禾黍之形。大徐作禾實。非是。米謂禾黍。故字象二者之形。四點者、聚米也。十其間者、四米之分也。篆當作四圍點以象形。今作長點。誤矣。莫禮切。十五部。凡米之屬皆从米。

粱 禾米也。各本作米名也。今正。古訓詁多不言某名。如毛傳但言水也。山也。艸也。木也。皆是。上文粟與米皆兼禾黍言。粱則專爲禾米。故別言之。淺人不得其解。乃刪禾字矣。生曰苗。秀曰禾。稾實并刈曰禾。其實曰粟。粟中人曰米。米可食曰粱。禮經簠陳稻粱。簋陳黍稷。聘禮米百筥。設於中庭。十以爲列。黍粱稻皆二行。稷四行。內則飯黍稷稻粱白黍黃粱。食醫六食犬宜粱。喪大記君用粱。大夫用稷。士用粱。凡黍稷稻之米無別名。禾之米則曰粱。自糲以至於侍御皆粱也。小雅黃鳥。無啄我粟。兼禾黍言之。二章言粱。三章言黍。其目也。粟言連秠。粱黍言米。又其別也。从米粱省聲。呂張切。十部。

穛 早取穀也。內則稰穛。注云。孰穫曰稰。生穫曰穛。正義曰。穛是斂縮之名。明以生穫。故其物縮斂也。按穛卽穛字。亦作穱。古爵與焦同音通用也。大招七發皆云穱麥。王逸云。穱擇麥中先孰者也。大招以爲飯。七發以飤馬。吳都賦云。穱秀菰穗。廣韵云。穱者稻處種麥。皆與早取之義合。凡早取穀皆得名穱。不獨麥也。**从米。焦聲。**側角切。二部。**一曰小。**謂穀之小者也。取揫斂之意。

粲　稻重一𥝢爲粟二十斗。見禾部。**爲米十斗。曰毇。**此當有奪文。當以爲米十斗句絕。下云爲米九斗曰毇。稻粟二十斗爲米十斗者。九章筭術所謂稻率六十。糲米率三十也。稻粟二十斗爲米十斗。今目驗猶然。其米甚粗。不得曰毇明矣。爲米九斗曰毇者。下文云米一斛舂爲九斗曰毇是也。毇卽粺。禾黍言粺。稻言毇。稻米九斗而舂爲八斗則亦曰糳。八斗而舂爲六斗大半斗則曰粲。猶之禾黍糳米爲七斗則曰侍御也。禾黍米至於侍御。稻米至於粲。皆精之至矣。不言亦曰糲。不言爲米八斗亦曰糳者。名各有所系。欲讀者參伍而得之。**爲米六斗大半斗曰粲。**謂以八斗舂爲六斗大半斗也。以今目驗言之。稻米十斗舂之爲六斗大半斗。精無過此者矣。漢荆法有鬼薪白粲。白粲謂舂也。粲米冣白。故爲鮮好之偁。穀梁粲然皆笑。謂見齒也。鄭風傳曰。粲。餐也。此謂粲爲餐之叚借也。**从米。𣦼聲。**舂之義亦與𣦼相近。倉案切。十四部。

糲　粟重一𥝢爲十六斗大半斗。見禾部。不言禾黍者。粟本禾黍實之名。稻評粟則借辭也。**舂爲米一斛曰糲。**粟十六斗大半斗爲米十斗。卽九章筭術粟米之法。粟率五十。糲米三十也。張晏曰。一斛粟七斗米爲糲。與九章筭術率異。**从米。萬聲。**今皆作糲。从厲。古从萬聲。與牡蠣字正同。漢書司馬遷傳糲粱之食。與許篆體合。洛帶切。十五部。

精　擇米也。米字各本奪。今補。擇米謂䆃擇之米也。莊子人閒世曰。鼓筴播精。司馬云。簡米曰精。簡卽柬。俗作揀者是也。引伸爲凡冣好之偁。撥雲霧而見青天亦曰精。韓詩於定之方中云。星。精也。**从米。青聲。**子盈切。十一部。

粺　毇也。粺者。糲米一斛舂爲九斗也。大雅。彼疏斯粺。傳云。彼宜食疏。今反食精粺。箋云。米之率。糲十。粺九。鑿八。侍御七。按漢九章筭術云。糲米三十。粺米二十七。糳米二十四。御米二十一。卽鄭說所本。粺謂禾黍米。毇謂稻米。而可互偁。故以毇釋粺。**从米。卑聲。**旁卦切。十六部。

粗　疏也。大雅。彼疏斯粺。箋云。疏。麤也。謂糲米也。麤卽粗。正與許書互相證。疏者。通也。引伸之猶大也。故粗米曰疏。糲米與粺米校。則糲爲粗。粺與黍稻粱校。則粺爲粗。九穀攷云。凡經言疏食者。稷食也。論語疏食菜羹。卽玉藻之稷食菜羹。左傳粱則無矣。麤則有之。麤對粱而言。稷之謂也。儀禮昏禮婦饋舅姑。有黍無稷。特著其文。葢婦道成以孝養。不進疏食也。按引伸叚借之。凡物不精者皆謂之粗。**从米。且聲。**徂古切。五部。今皆讀平聲。

粊　惡米也。粟之不成者曰粃。米之惡者曰粊。其音同也。莊子。塵垢粃糠。粃卽粊字。**从米。比聲。**各本篆作粊。解云北聲。今正。粊在古音十五部。不當用一部之北諧聲也。經典釋文。五經文字。皆不誤。若廣韵作粊。注云。說文作粊。葢由說文之誤已久。玉篇作粊。作粃。作粊。皆云惡米。而皆粊之誤。兵媚切。十五部。**周書有粊誓。**尚書粊誓。卽今所用衛包妄改本之費誓也。周禮。禮記曾子問鄭注皆云粊誓。裴駰司馬貞注史記皆云尚書作粊。司馬貞當開元時。衛包本猶未行。至包乃改作費。至宋開寶。陳諤乃將尚書音義之粊改費。學者莫知古本矣。貞之改粊爲費也。直謂粊卽季氏費邑。不知漢費縣故城在今兖州府費縣西北二十里。去曲阜且三百里。粊誓全篇乃初出師時語。未必遠在今費縣。史記作肸誓。徐廣曰。一作鮮。一作獮。葢伏生作肸。作鮮。作獮。古文作粊。音正相近。不當从一部北聲可知。

糱　牙米也。牙同芽。芽米者。生芽之米也。凡黍稷稻粱米已出於穅者不牙。麥豆亦得云米。本無穅。故能芽。芽米謂之糱。猶伐木餘謂之蘖。庶子謂之孼也。按許云芽米。葢容穀言之。散文則粟得偁米。月令乃命大酋。秫稻必齊。麴糱必時。注云。古者穫稻而漬米麴。至春而爲酒。按漬米、漬麴是二事。漬米卽大酋之糱也。此糱不必有芽。以凡穀漬之則有芽。故名漬米曰糱。**从米。辥聲。**魚列切。十五部。

粒　糂也。按此當作米粒也。米粒是常語。故訓釋之例如此。與䆃篆下云䆃米也正同。玉篇廣韵粒下皆云米粒。可證。淺人不得其解。乃妄改之。以與糂下一曰粒也相合。不知粒乃糂之別義。正謂米粒。如妄改之文。則粒爲以米和羹矣。而一曰粒

釋　糂　糪　糜

也何解乎。今俗語謂米一顆曰一粒。孟子。樂歲粒米狼戾。趙注云。粒米。粟米之粒也。臯陶謨。烝民乃粒。周頌。立我烝民。鄭箋。立當作粒。詩書之粒皆王制所謂粒食。始食艱食鱻食至此乃粒食也。**从米。立聲。**力入切。七部。按此篆不與糂篆相屬。亦可證其解斷不作糂也。**⿰飠立　古文从食。**

釋　漬米也。大雅曰。釋之叜叜。傳曰。釋。淅米也。叜叜。聲也。按漬米。淅米也。漬者初湛諸水。淅則淘汏之。大雅作釋。釋之叚借字也。**从米。睪聲。**施隻切。古音在五部。

糂　以米和羹也。古之羹必和以米。墨子。藜羹不糂十日。呂覽作藜羹不斟。七日不粒。不斟。正不糂之誤。內則注曰。凡羹齊宜五味之和。米屑之糝。**从米。甚聲。**桑感切。七部。**一曰粒也。**今南人俗語曰米糝飯糝。謂孰者也。釋名曰。糝。黏也。相黏敹也。按廣韵集韵類篇干祿字書皆有粽字。云蜜漬瓜食也。桑感切。蓋糝有零星之義。故今之小菜古謂之糝。別製其字作粽。通鑑。盧循遺劉裕益智粽。宋廢帝殺江夏王義恭。以蜜漬目睛。謂之鬼目粽。廣韵二仙。㭬欀樹皮可作粽。南方草物狀。建安八年。交州刺史張津以益智子粽餉魏武帝。俗多改粽字。胡三省注通鑑曰。角黍也。蓋誤認爲送韵之粽字。齊民要術引廣州記益智子取外皮蜜煮爲糝。味辛。徑作糝字。**糣　籀文糂从朁。**朁聲甚聲同在七部。**糝　古文糂从參。**參聲亦在七部。周禮醢人、內則皆如此作。周頌潛有多魚。傳曰。潛。糝也。古本如此。爾雅。糝謂之涔。涔即詩之潛也。小爾雅及郭景純改糝爲木旁。謂積柴水中令魚依之止息。字當从木也。而舍人李巡皆云以米投水中養魚曰涔。似其說各異。不知積柴而投米焉。非有二事。以其用米故曰糝。以其用柴故或製字作罧。罧見淮南書。槮糝皆魏晉間妄作也。

糪　炊。句。**米者謂之糪。**言炊謂飯與鬻也。下言炊爨之失。故先之曰炊。釋器曰。米者謂之糪。米者謂飯之米性未孰者也。李巡云。飯米半腥半孰曰糪。腥先定反。廣韵引新字林云。粣豆中小硬者。義相近。**从米。辟聲。**博厄切。十六部。

糜　糝糜也。各本無糜字。淺人所刪。今補。以米和羹謂之糝。專用米粒爲之謂之糝糜。亦謂之鬻。亦謂之饘。食部曰。饘。糜也。釋名曰。糜。煮米使糜爛也。粥淖於糜。粥粥然也。引伸爲糜爛字。**从米。麻聲。**靡爲切。古音在十七部。**黃帝初教作糜。**各本無此六字。今依韵會所據鍇本補。初學記、藝文類聚、北堂書鈔皆引周書黃帝始亨穀爲粥。此記化益作井。揮作弓。奚仲造車之例。

䊦　⿰米尼　⿱⺮⿰米匊　糟

䊦　糜和也。糜和謂菜屬也。凡羹以米和之曰糝糜。或以菜和之曰䊦。**从米。覃聲。讀若譚。**大徐譚作鄿。鄿譚古今字也。徒感切。古音在七部。

⿰米尼　潰米也。潰屑也。謂米之棄於地者也。禾部曰。稰。舂粟不潰也。不抛散謂之不潰。**从米。尼聲。**武夷切。十五部。**交止有⿰米尼泠縣。**止俗作阯。誤。今正。地理志。交止郡麊泠。後郡國志同。麊者⿰米尼之誤。應劭曰。麊音彌。孟康曰。泠音螟蛉之蛉。

⿱⺮⿰米匊　酒母也。从米。⿱⺮⿰米匊省聲。⿱⺮⿰米匊或作⿱⺮匊。則亦可云⿱⺮匊聲也。駒六切。三部。**鞠　⿱⺮⿰米匊或从麥。鞠省聲。**作麴。或以米。或以麥。故其字或从米。或从麥。

糟　酒滓也。內則曰。重醴稻醴清糟。黍醴清糟。粱醴清糟。注云。重。陪也。糟。醇也。清。泲也。致飲有醇者。有泲者。陪飲之也。周禮酒正共后之致飲於賓客之禮。醫酏糟。注云。糟。醫酏不泲者。泲曰清。不泲曰糟。按今之酒但用泲者。直謂已漉之粕爲糟。古則未泲帶滓之酒謂之糟。泛齊、醴齊、滓浮尤濁。盎齊、緹齊、沈齊。差清。莊子音義、玄應書皆引許君淮南注曰。粕。已漉粗糟也。然則糟謂未漉者。**从米。曹聲。**作曹切。古音在三部。大鄭周禮注引內則清糟字皆作莤。云糟音聲與莤相似。記之者各異耳。按莤蓋从酒艸聲。亦糟字也。**醩　籀文从酉。**大徐本作醩。集韵從之。小徐本作醩。韵會從之。汲古閣以小徐改大徐。非也。

糒　糗

糒　乾飯也。飯字各本奪。今依李賢明帝紀注、隗囂傳注、李善文選注、玄應書補。乾音干。釋名曰。干飯。飯而暴乾之也。周禮廩人注曰。行道曰糧。謂糒也。止居曰食。謂米也。按干飯今多爲之者。**从米。葡聲。**平祕切。古音在一部。

糗　熬米麥也。周禮羞籩之實。糗餌粉餈。鄭司農云。糗。熬大豆與米也。粉。豆屑也。玄謂糗者擣粉熬大豆。爲餌餈之黏著。以坋之耳。按先鄭云熬大豆及米。後鄭但云熬大豆。注內則又云擣熬穀。不同者。黍粱朮麥皆可爲糗。故或言大豆以包米。或言穀以包米豆。而許云熬

臬　糈　糧　粈

米麥。又非不可包大豆也。熬者，乾煎也。乾煎者，鬻也。鬻米豆舂爲粉，以坋餌餈之上。故曰糗餌粉餈。鄭云擣粉之。許但云熬，不云擣粉者，鄭釋經，故釋粉字之義。許解字，則糗但爲熬米麥。必待臬之而後成粉也。粊誓：峙乃糗糧。某氏云：糗糒之糧。孟子曰：舜之飯糗茹草。趙云：糗飯，乾糒也。左傳爲稻醴粱糗。廣韵曰：糗，乾飯屑也。此皆謂熬穀未粉者也。从米。臭聲。去九切。三部。

臬　舂糗也。米麥已熬，乃舂之而簁之成勃。鄭所謂擣粉也。而後可以施諸餌餈。从米臼。臼亦聲。此舉會意包形聲也。其九切。三部。

糈　糧也。凡糧皆曰糈。離騷王注曰：糈，精米，所以享神。其一耑耳。从米。胥聲。私呂切。五部。

糧　穀食也。周禮廩人：凡邦有會同師役之事，則治其糧與其食。鄭云：行道曰糧。按詩云：乃裹餱糧。莊子云：適百里者宿舂糧，適千里者三月聚糧。皆謂行道也。許云穀食，則兼居者行者言。糧本是統名，故不爲分析也。从米。量聲。吕張切。十部。亦作粮。

粈　雜飯也。食部曰：餌，雜飯也。廣韵曰：餌亦作粈。然則餌粈一字。今之糅雜字也。从米。丑聲。女久切。三部。

糴　穀也。糴者，穀也。故糴字从入糴會意。楊雄蜀都賦：糴米肥腯。言食穀米之肥腯也。轉寫作糴米，誤矣。从米。翟聲。他弔切。二部。按當依玉篇徒的、徒弔二切。

䊳　末也。末，小徐本作麫。據玉篇云：䊳或作麫，則䊳麫一字。大徐作麩，麩乃麫之誤。汲古後人又依小徐改作麫矣。今正作末。凡𥻗而粉之曰末。麥部曰：麪，麥末也。是也。麪專謂麥末，䊳則統謂凡米之末。廣雅：䊳謂之麪。此謂麪亦䊳之一耳。䊳者，自其細蔑言之。今之米粉、麪勃皆是。从米。蔑聲。莫撥切。古在十二部。

粹　不雜也。劉逵引班固云：不變曰醇，不雜曰粹。按粹本是精米之偁，引伸爲凡純美之偁。从米。卒聲。雖遂切。十五部。

氣　饋客之芻米也。聘禮：殺曰饔，生曰餼。餼有牛羊豕黍粱稻稷禾薪芻等。不言牛羊豕者，以其字从米也。言芻米不言禾者，舉芻米可以該禾也。經典謂生物曰餼。論語：告朔之餼羊。从米。气聲。許既切。十五部。今字段氣爲雲氣字，而饔餼乃無作氣者。春秋傳曰：齊人來氣諸侯。事見左傳桓六年、十年、十

粠　粉　䊷　𥻨　𥽉

年傳曰：齊人餼諸侯。許所據作氣。左丘明述春秋傳以古文，於此可見。

槩　氣或从既。既聲也。聘禮記曰：日如其饔既之數。注云：古文既爲餼。中庸篇曰：既稟稱事。注云：既讀爲餼。大戴朝事篇：私覿致饔既。戴先生曰：既即餼字。按三既皆槩之省。

餼　氣或从食。按从食而氣爲聲，蓋晚出俗字，在假氣爲气之後。

粠　陳臭米。賈捐之傳：太倉之粟，紅腐而不可食。師古曰：粟久腐壞則色紅赤也。按紅即粠之段借字。从米。工聲。戶工切。九部。

粉　所以傅面者也。所已字舊奪，今補。小徐曰：古傅面亦用米粉。故齊民要術有傅面粉英。按據賈氏說，粉英僅堪妝摩身體耳。傅人面者，固胡粉也。許所云傅面者，凡外曰面。周禮傳於餌餈之上者是也。引伸爲凡細末之偁。从米。分聲。方吻切。十三部。

䊷　粉也。从米。卷聲。去阮切。十四部。玉篇曰：粇同。

𥻨　𥻨𥽉也。𥻨𥽉雙聲字。今俗語尚如此。言之斂曰𥻨，言之侈曰𥽉，皆單評也；絫評之曰𥻨𥽉。从米。悉聲。私列切。十二部。

𥽉　𥻨𥽉、散之也。𥽉者，復舉字。𥻨者，衍字。左傳正義兩引說文：𥽉，散之也。可證。左傳昭元年曰：周公殺管叔而蔡蔡叔。釋文曰：上蔡字音素葛反。說文作𥽉。正義曰：說文𥽉爲放散之義，故訓爲放。隸書改作，已失字體。𥽉字不可復識，寫者全類蔡字。至有爲一蔡字重點以讀之者。定四年正義同。是𥽉本謂散米，引伸之，凡放散皆曰𥽉。𥽉字譌作蔡耳。亦省作殺。齊民要術凡云殺米者，皆𥽉米也。孟子曰：殺三苗於三危。即𥽉三苗也。从米。殺聲。桑割切。十五部。

𥻗　　竊

𥻗　碎也。石部云：碎，𥻗也。二字互訓。王逸注離騷瓊靡云：靡，屑也。靡即𥻗字。廣雅靡字二見，曰靡，饘也。與說文同。曰靡，糏也。即說文之𥻗碎也。靡與𥻗音同義少別。凡言粉碎之義當作𥻗。从米。靡聲。此字玉篇、廣韵、集韵皆忙皮切。徐鼎臣乃云莫臥切，而類篇從之，葢誤認爲䃺字耳。鼎臣所說不必皆唐韵也。𥻗古音在十七部。

竊　盜自中出曰竊。小徐曰：所謂亂在內爲宄也。按春秋曰：盜竊寶玉大弓。盜自中出也。虎部曰：竊，淺也。此於雙聲疊韵得之。从穴米。米自穴出，此盜自中出之象也。會意。禼廿皆聲也。一字有以二字

形聲者。千結切。十五部。廿、古文疾。童下亦曰廿、古文以爲疾。云以爲則本訓二十、幷古文叚借以爲疾字也。卝部疾下列古文。仍與小篆不別。蓋轉寫之誤。离、偰字也。大徐作古文偰。按内部离蟲也。讀與偰同。是則音同而義異也。此云偰字者。蓋古文叚借以离爲偰。猶見於漢書。

文三十六　重七

毇

毇糲米一斛舂爲九斗也。九斗各本譌八斗。糳下八斗各本譌九斗。今皆正。九章筭術曰。糲米率三十。粺米二十七。糳米二十四。御米二十一。毛詩鄭箋。米之率。糲十。粺九。糳八。侍御七。米部曰。粺、毇也。是則毇與粺皆一斛舂爲九斗明甚。毇見桀下。謂稻米也。稻米之始亦得云糲。此云糲米者。兼稻米粟米言也。从臼米。依韵會本。从殳。从臼米者。謂舂也。从殳者。殳猶杵也。許委切。十五部。鉉本从臼米作从杲。凡毇之屬皆从毇。

糳

糳糲米一斛舂爲八斗曰糳。此糲米亦兼粟米稻米言也。詩生民召旻音義。左傳桓二年音義。皆引字林。糳、子沃反。糲米一斛舂爲八斗也。與九章筭術、毛詩鄭箋皆合。然則許在張蒼之後。鄭呂之前。斷無乖異。各本八斗譌九斗。繆誤顯然。經傳多叚鑿爲糳。从毇丵省聲。鍇有省字。今依之。篆體減一畫。則各切。古音在二部。

文二

臼

臼舂臼也。各本無臼字。今補。杵下云。舂杵也。則此當云舂臼也明矣。引伸凡凹者曰臼。古者掘地爲臼。見易毄辭傳。蓋黃帝時雝父初作如此。其後穿木石。或穿木。或穿石。象形。凵象木石臼也。中象米也。所舂也。其九切。三部。凡臼之屬皆从臼。

舂

舂擣粟也。言粟以晐他穀。亦言粟以晐米。小徐本粟作米。周禮有舂人。廣雅曰。臿、畦、畘、暘、糳、捶、𣀔、𢿣、𥼶、䅽舂也。从廾持杵㠯臨臼。會意。書容切。九部。杵省。此與日部匕合也、會部會益也、㫃部允進也同。皆六書之叚借也。古者雝父初作舂。太平御覽世本。雝父作舂杵臼。宋衷曰。雝父、黃帝臣也。周本紀楚圍雝氏。正義云。括地志。故雝城在洛州陽翟縣東北二十五里。故老云。黃帝時雝作杵臼所封也。

𦥷

𦥷齊謂舂曰𦥷。按廣雅獨不載此字。疑其臿卽𦥷之誤。而其稾卽許之臿也。从臼屰聲。讀若膊。匹各切。五部。

臿

臿舂去麥皮也。示部𥜽下曰。讀若舂麥爲𥜽之𥜽。臿𥜽古今字也。許於說解中用今字耳。周禮廩人。大祭祀則共其接盛。接卽臿之叚借。凡穀皆得云臿也。引伸爲凡刺入之偁。如農器刺地者曰鍫。从臼干聲。此依韵會所據鍇本。干聲在十四部。與十五部最近。臿。臿字本在十五部。臿又轉入於八部。音楚洽切也。一曰干所㠯臿之。一曰干所以臿之。則爲會意。干猶杵也。

舀

舀抒臼也。生民詩曰。或舂或揄。或簸或蹂。毛云。揄、抒臼也。然則揄者舀之叚借字也。抒、挹也。既舂之乃於臼中挹出之。今人凡酌彼注此皆曰舀。其引伸之語也。从爪臼。會意。以沼切。今語也。古音讀如由。釋文引說文弋紹切。音隱巳如此。詩曰。或簸或舀。此偁或舂或揄也。簸字系一時筆誤耳。舀揄不同。則或許所據毛詩作舀。或許取諸三家詩。如毛作革、韓作鞠之比。皆不可定。𢫨舀或从手冘。从手冘聲也。冘今音在九部。古音當在三部。周禮舂人奄二人。女舂抌二人。奚五人。鄭曰。抌、抒臼也。引詩或舂或抌。禮有司徹篇。執挑匕柄以挹湆注於疏匕。鄭云。挑讀如或舂或抌之抌。按鄭君注禮多用韓詩。然則韓詩作抌。卽舀也。𦥸舀或从臼冘。

臽

臽小阱也。阱者陷也。臽謂阱之小者。从人在臼上。古者掘地爲臼。故从人臼會意。臼猶坑也。戶猶切。八部。

文六　重二

凶

凶惡也。凶者吉之反。象地穿交陷其中也。此爲指事。許容切。九部。凡凶之屬皆从凶。

兇

兇擾恐也。杜注左曰。兇恐懼聲。从儿在凶下。會意。許拱切。九部。春秋傳曰。曹人兇懼。僖二十八年左傳文。

文二

說文解字第七篇上

七篇上

𠧪

此篇釋𠧪字與三篇上釋谷字乖異。此云𠧪訓舌。彼以此舌也爲谷也之譌。今案彼處說是。𠧪者、口次肉。以囧象其形。下言舌體𢎘𢎘。舍於谷中。故其字从𢎘也。象形二字在舌體𢎘𢎘之上。不誤。𠧪谷也。正與毛傳臄、𠧪也適合。非毛之𠧪卽顄也。顄自𦣝言。𠧪自口次肉言。陸氏引說文𠧪、谷也。口次肉也。而谷譌舌。乃妄增又云字。服虔云口上曰臄、口下曰𠧪者、析言之。毛、許渾言之。

受業歙江有誥校字

說文解字第七篇下

金壇段玉裁注

七篇下

朩

𣎳分枲莖皮也。謂分擘枲莖之皮也。从屮。象枲莖。八象枲皮。兩旁者其皮分離之象也。此字與讀若輩之朩別。凡朩之屬皆从朩。讀若髕。匹刃切。十二部。

枲

枲麻也。錯本作麻子也。非。玉篇云。有子曰苴。無子曰枲。廣韵互易之誤也。喪服傳曰。苴、麻之有蕡者也。牡麻者、枲麻也。艸部曰。莔、枲實也。莔者、蕡之本字。枲既無實之牡麻。何以言枲實也。枲亦爲母麻、牡麻之大名。猶麻之爲大名。也。芧者、母麻。一曰芧卽枲也。是苴可評枲之證也。周禮但言枲以晐麻艸之物。九穀攷曰。閒傳曰。苴惡貌也。斬衰貌若苴。齊衰貌若枲。以今日北方種麻事目驗之。牡麻俗評花麻。夏至開花。所謂榮而不實謂之英者。花落卽拔而漚之。剝取其皮。是爲夏麻。夏麻之色白。苴麻俗評子麻。夏至不作花而放勃。勃卽麻實。所謂不榮而實謂之秀者。八九月閒子熟則落。搖而取之。子盡乃刈。漚其皮而剝之。是爲秋麻。色青而黯。不潔白。閒傳所云若苴若枲。殆以是與。从朩。台聲。錯作辝省聲。非也。胥里切。一部。𦃇籒文枲。从林。从辝。辝聲也。

文二　重一

𣏟

𣏟萉之總名也。各本萉作葩。字之誤也、與呂覽季冬紀注誤同。今正。艸部曰。萉、枲實也。顚、或萉字也。萉本謂麻實。因以爲苴麻之名。此句疑尚有奪字。當云治萉枲之總名。下文云𣏟人所治也。可證。萉枲則合有實無實言之也。趙岐、劉熙注孟子妻辟纑皆云。緝績其麻曰辟。按辟音劈。今俗語緝麻析其絲曰劈。卽𣏟也。𣏟之爲言微也。𣏟微音相近。春秋說題辭曰。麻之爲言微也。𣏟麻古蓋同字。微纖爲功。絲起於糸。麻縷起於𣏟。象形。按此二字當作从二朩三字。朩謂析其皮於莖。𣏟謂取其皮而細析之也。匹卦切。十六部。凡𣏟之屬皆从𣏟。

檾

檾枲屬。類枲而非枲。言屬而別見也。檾者、草名也。周禮典枲。

掌布絲縷紵之麻草之物。注云。草、葛蕡之屬。掌葛。徵草貢之材於澤農。注云。草貢出澤。蕡紵之屬。可緝績者。蕡卽𦇧字之異者。蕡紵出於澤。與葛出於山不同。又作熲。襍記。如三年之喪。則旣熲。其練祥皆行。鄭云。熲、草名。無葛之鄉。去麻則用熲。詩兩言褧衣。許於此偁𦇧衣。於衣部偁褧衣。而云褧𦇧也。示反古。然則褧衣者、以𦇧所績爲之。葢士昏禮所謂景也。今之𦇧麻本草作苘麻。其皮不及枲麻之堅韌。今俗爲麤繩索多用之。**从𣏟。熒省聲。**去熲切。十一部。**詩曰衣錦𦇧衣。**衛碩人、鄭丰文。今皆作褧。

㪿　分離也。散潸字以爲聲。散行而㪿廢矣。**从攴。从𣏟。**會意。穌旰切。十四部。**𣏟、分㪿之意也。**說从𣏟之意。

文三

麻　枲也。麻與枲互訓。皆兼苴麻牡麻言之。**从𣏟。从广。**會意。莫遐切。古音在十七部。**𣏟、人所治也。在屋下。**說从广之意。𣏟必於屋下績之。故从广。然則未治謂之枲。治之謂之麻。以巳治之偁加諸未治。則統謂之麻。此條今各本皆奪誤。惟韵會所據小徐本不誤。今從之。**凡麻之屬皆从麻。**

𪎌　未練治纑也。系部曰。纑、布縷也。劉熙孟子注曰。緝績其麻曰辟。練絲曰纑。練絲謂取所緝之縷湅治之也。練者湅也。湅者灡也。汏諸水漂澈之也。巳湅曰纑。未湅曰𪎌。廣雅曰。𪎌、綃也。綃是生絲未湅之縷。如生絲然。故曰綃也。如成國謂巳湅曰練絲。**从麻。後聲。**空谷切。三部。按後之入聲如斛。如大雅垢與谷韵是也。

黀　麻藍也。从麻。取聲。東方朔七諫曰。莫蕗襍於黀蒸。王注云。枲翮曰黀。煏竹曰蒸。按藍卽稭字之俗。黀麻藍卽艸部之菆麻蒸。此部此篆葢淺人所增。側鳩切。四部。

𪎊　𦇧屬。𦇧爲枲類。𪎊又𦇧類也。廣韵引字書云。𪎊麻一絜也。**从麻。俞聲。**度侯切。四部。

文四

尗　豆也。尗豆古今語。亦古今字。此以漢時語釋古語也。戰國策。韓地五穀所生。非麥而豆。民之所食。大抵豆飯藿羹。史記豆作菽。**尗象豆生之形也。**尗象各本作象尗。誤。今正。重言尗者。著其形也。豆之生也。所種之豆必爲兩瓣。而戴於莖之頂。故以一象地。下象其根。上象其戴生之形。式竹切。三部。今字作菽。**凡尗之屬皆从尗。**

敊　配鹽幽尗也。廣雅說飮食曰。寑、醍、鬱、辟、幽也。幽與鬱同義。以豆鬱之。其味苦。招䰟曰。大苦鹹酸。辛甘行些。王云。大苦豉也。辛謂椒薑也。甘謂飴蜜也。言取豉汁調和以椒薑鹹酢。和以飴蜜。則辛甘之味皆發而行也。釋名曰。豉、嗜也。五味調和。須之而成。乃可甘嗜。故齊人謂豉聲同嗜也。按齊民要術說作豉必室中溫煖。所謂幽尗也。云食經作豉法。用鹽五升。所謂配鹽也。**从尗。支聲。**是義切。十六部。

豉　俗敊从豆。此可證尗豆爲古今字。豆部之豋字、䜴字皆非古文所有也。

文二　重一

耑　物初生之題也。題者、頟也。人體頟爲冣上。物之初見卽其頟也。古發端字作此。今則端行而耑廢。乃多用耑爲專矣。周禮磬氏。巳下則摩其耑。耑之本義也。左傳。履端於始。假端爲耑也。**上象生形。**以才屯韭字例之。一、地也。**下象根也。**一下則象其根也。多官切。十四部。**凡耑之屬皆从耑。**

文一

韭　韭菜也。三字一句。**一種而久生者也。故謂之韭。**此與說禾同例。韭久疊韵。**象形。**謂韭。**在一之上。一、地也。此與耑同意。**耑亦象形、在一之上也。耑下不言一地也。錯見互相足。舉友切。三部。**凡韭之屬皆从韭。**

䪢　韲也。廣雅。䪢、菹也。**从韭。隊聲。**徒對切。十五部。

䪨　䪢也。周禮醢人。王舉則共醢六十罋。以五齊七醢七菹三臡實之。注。齊當爲齏。凡醢醬所和細切爲齏。全物若牒爲菹。王氏念孫曰。䪨者、細碎之名。莊子言䪨粉是也。按艸部曰。菹、酢菜

䪥　韱　䪤　瓜　⿰瓜交　瓞

也。酢菜之細切者曰韲。通俗文曰。淹韭曰韲。淹薤曰䪢。蓋其名起於淹韭淹薤。故从韭。**从韭。次朿皆聲。**二字皆聲。米部竊字同也。祖雞切。十五部。**韲或从齊。**齊聲。**䪥** **䪥菜也。**內則多言䪥。釋草曰。䪥鴻薈。**似韭。从韭。叡聲。**胡戒切。十五部。俗作薤。**韱** **山韭也。**山韭謂山中自生者。按夏小正。正月囿有韭。與四月囿有見杏皆謂自生者也。釋草作藿。山韭。藿見艸部。不云山韭。然則許所據爾雅作韱山韭與。**从韭。𢦏聲。**息廉切。七部。**䪤** **小蒜也。**艸部曰。蒜葷菜也。南都賦曰。其園圃則有藷蔗薑䪤。李善引字書。䪤小蒜也。玉篇廣韵皆云百合蒜也。按即齊民要術所云百子蒜。**从韭。番聲。**附袁切。十四部。

文六　重一

瓜 **蓏也。**蓏大徐作㼌。誤。艸部曰。在木曰果。在地曰蓏。瓜者。縢生布於地者也。**象形。**徐鍇曰。外象其蔓。中象其實。古華切。古音在五部。**凡瓜之屬皆从瓜。****⿰瓜交** **小瓜也。**謂有一種小瓜名⿰瓜交。一名瓞。**从瓜。交聲。**蒲角切。二部。爾雅。毛詩傳皆作瓝。交聲勺聲同在二部也。隋書瓝稍。今之金瓜椎也。宋人字作犦稍。遂爲牛形。因字譌而附會。有如此者。見文昌穛錄。**瓞** **⿰瓜交也。**釋草曰。瓞瓝。其紹瓞。按瓞瓝者。一種艸結小瓜名瓞。即瓝瓜也。云其紹瓞者。瓝瓜之近本繼先歲之實謂之瓞也。上云瓞瓝渾言之。此析言之也。大雅緜緜瓜瓞傳云。瓜瓞、瓜紹也。瓞瓝也。今本傳奪瓜瓞二字。乃不可讀矣。云瓜瓞、瓜紹也者。言瓜之近本繼先歲之實必小。如瓝瓜之近本繼先歲之實亦小。故亦謂之瓞也。瓜紹不云瓞。以瓝紹之名名之。故曰瓜瓞。又引爾雅瓞瓝說其本義也。毛傳襲爾雅而文義不同。詩言瓜瓞者、與其先小後大。陸氏佃曰。今驗近本之瓜常小。末則復大。戴先生謂於詩意物理皆得之。**从瓜。失聲。**徒結切。十二部。**詩曰。緜緜瓜瓞。**大雅緜文。**瓞或从弗。**按弗當作弟。篆體誤也。尚書平秩亦作平豑。釋草稊亦曰苵。是其例。弟與失雙聲。

七篇下　四

𤬪　𤬰　瓣　㼌　瓠　瓢　宀　家

𤬪 **小瓜也。**亦一種小瓜之名。齊民要術引作小瓜瓞也。**从瓜。熒省聲。**戶扃切。十一部。**𤬰** **瓜也。**有瓜名繇也。**从瓜。繇省聲。**余昭切。古音在三部。**瓣** **瓜中實也。**衛風。齒如瓠棲。釋草及毛傳曰。瓠棲瓠瓣也。瓜中之實曰瓣。實中之可食者當曰人。如桃杏之人。**从瓜。辡聲。**蒲莧切。古音在十二部。**㼌** **本不勝末。微弱也。从二瓜。**本者。蔓也。末者。瓜也。蔓一而瓜多。則本微弱矣。故污窬之窳。惰嬾之窳。皆从此。**讀若庾。**以主切。古音當在四部。

文七　重一

瓠 **匏也。**包部曰。匏瓠也。二篆左右轉注。七月傳曰。壺瓠也。此謂叚借也。**从瓜。夸聲。**胡誤切。五部。**凡瓠之屬皆从瓠。****瓢** **蠡也。**蠡者䔲也。豆部曰。䔲者蠡也。以一瓠劙爲二曰瓢。亦曰蠡。亦曰䔲蠡。一作蠡。見九歎。方言。一作盞。見皇象書急就篇。本其作蠡者。見周禮鬯人注。漢書東方朔傳。詳豆部。**从瓠省。**不入瓜部者。瓠與瓜別也。**票聲。**符宵切。二部。玉篇作⿰票瓠。

文二

宀 **交覆深屋也。**古者屋四注。東西與南北皆交覆也。有堂有室。是爲深屋。𠂤部曰。宀宀不見也。是則宀謂深也。**象形。**象兩下之形。亦象四注之形。武延切。古音當在十二部。**凡宀之屬皆从宀。****家** **凥也。**凥各本作居。今正。凥處也。處止也。釋宮牖戶之閒謂之扆。其內謂之家。引伸之天子諸侯曰國。大夫曰家。凡古曰家人者。猶今曰人家也。家人字見哀四年左傳。夏小正傳。及史記。漢書。家凥疊韵。**从宀。豭省聲。**古牙切。古音在五部。按此字爲一大疑案。豭省聲。讀家。學者但見从豕而已。从豕之字多矣。安見其爲豭省耶。何以不云叚聲。而紆回至此耶。竊謂此篆本義乃豕之凥也。引申叚借以爲人之凥。字義之轉移多如此。牢。牛之凥也。引伸爲所以拘罪之陛牢。庸有異乎。豢豕之生子冣多。故人凥聚處借用其字。久而忘其字

七篇下　五

宅　室　宣　向　宧　宎　奧

之本義。使引伸之義得冒據之。葢自古而然。許書之作也。盡正其失。而猶未免此。且曲爲之說。是千慮之一失也。家篆當入豕部。古文家。按此篆體葢誤。當从古文家作宷。古文四聲韵引作宷。似近是。

人所託凥也。依御覽補字。託者、寄也。人部亦曰。侂、寄也。引伸之凡物所安皆曰宅。宅託疊韵。釋名曰。宅、擇也。擇揀吉處而營之。从宀。乇聲。場伯切。古音在五部。古文宅。亦古文宅。侂从此。

實也。以疊韵爲訓。古者前堂後室。釋名曰。室、實也。人物實滿其中也。引伸之則凡所居皆曰室。釋宮曰。宮謂之室。室謂之宮是也。从宀。至聲。大徐無聲字。非也。古至讀如質。至聲字皆在十二部。下文又言此字之會意。式質切。室屋皆从至。所止也。室屋者、人所至而止也。說从至之意。室兼形聲。屋主會意。尸部亦言之。

天子宣室也。葢謂大室。如璧大謂之瑄也。賈誼傳孝文受釐坐宣室。蘇林曰。宣室、未央前正室也。天子宣室。葢禮家相傳古語。引伸爲布也。明也。徧也。通也。緩也。散也。从宀。亘聲。須緣切。十四部。

北出牖也。豳風。塞向墐戶。毛曰。向、北出牖也。按士虞禮。祝啟牖鄉。注云。鄉、牖一名。明堂位達鄉注云。鄉、牖屬。是渾言不別。毛公以在冬日可塞。故定爲北出者。引伸爲向背字。經傳皆假鄉爲之。从宀。从口。口舊作口。按冂下曰。从口。中有戶牖。是皆从口象形也。今正。許諒切。十部。詩曰。塞向墐戶。

養也。以雙聲爲訓。周易頤卦亦訓爲養。釋詁曰。頤、養也。室之東北隅。釋宮曰。東北隅謂之宧。食所居。居當作凥。邵氏晉涵云。君子之居恒當戶。戶在東南。則東北隅爲當戶飲食之處。在焉。此許意也。舍人云。東北陽氣始起。育養萬物。故曰宧。宧、養也。釋名與舍人略同。从宀。𦣝聲。以形聲包會意。與之切。一部。

戶樞聲也。室之東南隅。二句一義。古者戶東牖西。故以戶樞聲名東南隅也。釋宮曰。東南隅謂之宎。按釋名曰。宎、幽也。非許意。許宎窔義殊。爾雅釋文引說文。窔、深皃。誤以窔爲宎也。从宀。皀聲。烏皎切。二部。禮經及他書作窔。亦作穾。

宛也。

宸　宇　寷　寏

宛、奧雙聲。宛者、委曲也。室之西南隅。宛然深藏。室之尊處也。室之西南隅。从宀。𢍏聲。烏到切。古音在三部。按𢍏部𢍏讀若書卷。則奧宜讀若怨。而古音不介者。取雙聲爲聲也。

屋宇也。屋者、以宮室上覆言之。宸謂屋邊。故古書言柍振者。卽棟宇也。甘泉賦。日月纔經於柍振。服虔曰。柍、中央也。振、屋梠也。魏都賦。旅楹閑列。暉鑒柍振。張載曰。柍、中央也。振、屋宇檼也。是知柍振卽上棟下宇之謂。柍卽央字。振卽宸字。西京賦。消氛埃於中宸。集重陽之清澂。中宸卽柍振。韋昭注國語云。宸、屋霤也。宇、邊也。若玉篇引賈逵云。宸、室之奧者。當亦是國語注。而其說異矣。从宀。辰聲。植鄰切。十三部。

屋邊也。豳風。八月在宇。陸德明曰。屋四垂爲宇。引韓詩。宇、屋霤也。高誘注淮南曰。宇、屋檐也。引伸之凡邊謂之宇。如輪人爲葢。上欲尊而宇欲卑。左傳云。在君之宇下。又云。失其守宇。皆是也。宇者、言其邊。故引伸之義又爲大。文子及三蒼云。上下四方謂之宇。往古來今謂之宙。上下四方者。大之所際也。莊子云。有實而無乎處者、宇也。有長而無本剽者、宙也。有實而無乎處。謂四方上下實有所際。而所際之處不可得到。从宀。亏聲。王榘切。五部。易曰。上棟下宇。繫辭傳文。虞翻曰。宇謂屋邊也。籀文宇。从禹。禹聲也。大徐本篆體从冖。非。

大屋也。从宀。豐聲。此以形聲包會意。當云从宀豐。豐亦聲也。敷戎切。九部。易曰。豐其屋。豐上六爻辭。偁此說寷从宀豐會意之恉。宀、屋也。豐、大也。故寷之訓曰大屋。此與偁百穀艸木麗於地說麗从艸麗同意。經典釋文不得其解。乃云。麗、說文作蘦。豐、說文作寷。大小徐皆於引易作蘦寷之字。其繆非一日矣。

周垣也。寏之言完也。西京賦曰。繚亙綿聯。四百餘里。薛注曰。苑之周圍也。善曰。西都賦之繚以周牆也。从宀。奐聲。胡官切。十四部。寏或从𨸏。完聲。完亦義也。廣雅釋室云。院、垣也。左傳。繕完葺牆。以待賓客。李涪云。完當爲宇。按繕完葺三字成文。猶下文云觀臺榭亦三字成文也。安得以今人儷辭之法繩之。必欲謂爲誤字。則完當是院字。葢惟子產盡壞館垣。故措辭就垣言。上文高其閈閎。亦爲門不容車。掩飾。古人字無泛

宏　弦　窵

設也。又按鉉本云。寅或从自。鍇多完聲二字。皆非善本。葢此篆當从宀阮聲。與自部从自完聲之字別。篆體及說解轉寫誤耳。

屋宏也。各本深下衍響字。此因下文屋響而誤。今依韵會、集韵、類篇正。大小徐本皆不誤。或曰宏弘本一聲。谷部曰。峪、谷中響也。弓部曰。弘、弓聲也。水部曰。泓、下深大也。參伍求之。葢宏訓屋深響。弦其重文。思按此說近是。但江賦以泓汯成文。不妨宏弦各字也。屋深者其內深廣也。法言曰。其中弘深。其外肅括。此宏字之義。假弘爲宏耳。攷工記。其聲大而宏。大而宏者其聲外大而中宏也。月令。其器圜以閎。鄭云。閎謂中寬象土含物。圜以閎。呂氏春秋作圜以揜。葢宏者深廣其中揜其外。故禮記、呂覽可互相足。揜者斂也。閎亦宏之段借字。从宀。厷聲。户萌切。古音在六部。

屋響也。長門賦曰。擠玉户以撼金鋪兮。聲噌吰而似鐘音。甘泉賦。帷弸彋其拂汨兮。稍暗暗而靚深。皆屋響之意。魯靈光殿賦曰。隱陰夏以中處。弦寥窲以崢嶸。今文選弦字皆誤。惟韵會所據不誤。从宀。弘聲。弓部曰。弘、弓聲也。此舉形聲包會意也。户萌切。古音在六部。

康　㝗　宬　寍　定　寔

屋皃。王逸注招隱士曰。崎嶇閒窵。从宀。爲聲。韋委切。古音在十七部。

屋康㝗也。方言。康、空也。郭注。漮㝗、空皃。从宀。康聲。苦岡切。十部。

康㝗也。各本刪㝗字。今補。康㝗以疊韵成文。从宀。良聲。音良久。說文少言音者。當作讀若。力康切。十部。

屋所容受也。宬之言盛也。廣韵無所字。从宀。成聲。氏征切。

安也。此安寧正字。今則寧行而寍廢矣。僞古文。萬邦咸寍。音義曰。寍、安也。說文安寧字如此。寧、願詞也。語甚分明。自衛包改正文。李昉、陳鄂又改釋文。令人不可讀矣。从宀。心在皿上。會意。奴丁切。十一部。皿、人之食飲器。所㠯安人也。故既从宀。而又从心在皿上。

安也。古亦叚奠字爲之。从宀。正聲。依韵會本訂。徒徑切。十二部。

正也。正各本作止。今正。召南毛傳曰。寔、是也。韓奕鄭箋亦曰。寔、是也。春秋桓六年。寔來。公羊傳曰。寔來者何。猶云是人來也。穀梁傳曰。寔來者、是來也。按許云正者、是也。然則

安　宓　窫　宴

正與是互訓。寔與是音義皆同。此云寔正也。卽公、穀、毛、鄭之寔是是也。詩。湜湜其止。鄭箋。尙以持正。釋湜。而古多有以實爲寔者。韓詩。實命不猶。卽寔命不猶也。大雅韓奕實墉實壑。卽寔墉寔壑也。周語咨於故實。卽故寔。故韋云故事之是者也。實寔音義皆殊。由趙魏之閒實寔同聲。故相叚借耳。若杜預注春秋寔來曰寔、實也。則非是也。从宀。是聲。此舉形聲包會意。常隻切。古音在十六部。廣韵入廿四職。非。

竫也。竫各本作靜。今正。立部曰。竫者、亭安也。與此爲轉注。青部。靜者、審也。非其義。方言曰。安、靜也。以許書律之。叚靜爲竫耳。安亦用爲語詞。从女在宀中。此與寍同意。烏寒切。十四部。

安也。此字經典作密。密行而宓廢矣。大雅。止旅乃密。傳曰。密、安也。正義曰。釋詁曰。密、康、靜也。康、安也。轉以相訓。是密得爲安。按上林賦。宓汨去疾也。義似異而實同。孔子弟子子賤姓宓。从宀。必聲。美畢切。十二部。

竫也。玉篇引蒼頡篇云。安也。从宀。契聲。於計切。十五部。

安也。引伸爲宴饗。經典多叚燕爲之。从宀。晏聲。晏見女部。

宋　察　寴　完　富

安也。於甸切。十四部。五經文字曰。字林作宴。

無人聲也。从宀。尗聲。前歷切。古音在三部。口部作啾。宋今字作寂。方言作家。云靜也。江湘九嶷之郊謂之家。

宋或从言。

覆審也。而部云。而、覆也。覈、从而。敫聲。實也。攷事而笮邀遮其辭得實曰覈。然則察與覈同意。釋訓曰。明明斤斤、察也。从宀。祭聲。从宀者、取覆而審之。从祭爲聲、亦取祭必詳察之意。初八切。十五部。

至也。至者、親密無閒之意。見部曰。親者、至也。然則寴與親音義皆同。故秦碑以寴軏爲親巡。廣韵眞韵曰。寴、古文親也。震韵曰。寴、屋空皃。此今義。非古義。凡廣韵之例。今義與說文義異者。必先舉今義。而後偁說文。故震韵先云屋空皃。而後云說文至也。从宀。親聲。覆而親之也。初僅切。十二部。按玉篇且仁切。

全也。入部。全作仝。仝、完也。是二字互訓。从宀。元聲。胡官切。十四部。古文㠯爲寬字。此言古文叚借字。

備也。富與福音義皆同。釋名曰。福、富也。一曰厚也。从宀。畗聲。方副切。古

實　宲　容　宂　寡

音在一部。實富也。引伸之爲艸木之實。从宀貫。會意。神質切。十二部。貫爲貨物。以貨物充於屋下是爲實。宲藏也。藏當作臧。宲與保音同義近。从宀。呆聲。博襃切。古音在三部。按玉篇既云宲補道切。又重出而云食質切。古實字。殊誤。宲古文保。見人部。周書曰。陳宲赤刀。顧命文。蓋壁中古文如此。今作寶。容盛也。今字段借爲頌皃之頌。从宀。谷聲。此依小徐本。谷古音讀如欲。以雙聲龤聲也。鉉本作从宀谷。云屋與谷皆所以盛受也。亦通。余封切。九部。容古文容从公。公聲。宂㪚也。从宀儿。各本奪儿。今補。儿卽人也。會意。而隴切。九部。人在屋下。無田事也。說會意之恉。周書曰。宮中之宂食。書當作禮。轉寫之誤。周禮稾人掌共外內朝宂食者之食。許偁之。渉校人宮中之稍食而誤。記憶之過也。寡寡寡不見也。寡與鼻音義皆同。毛詩綿綿。韓詩作民民。按綿綿、民民皆謂密也。卽寡寡不見之意。莊子。窅然喪其天下焉。郭象音武駢反。是郭本作寡然也。一曰寡寡不省人。上寡依集韵類篇正。大徐作不見省人。見字衍。玉篇亦作一曰不省人。从宀。鼻聲。武延切。古音讀如民。在十二部。

寶　宭　宦　宰　守

寶珍也。玉部曰。珍、寶也。二字互訓。史記多假葆爲寶。从宀玉貝。玉與貝在屋下。會意。缶聲。博晧切。古音在三部。寶古文寶省貝。廣韵曰。古文作珤。宭羣居也。以疊韵爲訓。論語曰。羣居終日。从宀。君聲。渠云切。十三部。宦仕也。人部曰。仕者、學也。左傳宦三年矣。服虔云。宦、學也。曲禮宦學事師。注云。宦、仕也。熊氏云。宦謂學官事。學謂習六藝。二者俱是事師。襍記宦於大夫。左傳妾爲宦女。按仕者、習所事也。古事士仕通用。貫宦通用。故魏風三歲貫女。魯詩作宦女。从宀臣。胡慣切。十四部。宰辠人在屋下執事者。此宰之本義也。引伸爲宰制。从宀从辛。辛、辠也。辛卽辠之省。作亥切。一部。守守官也。左傳曰。守道不如守官。孟子曰。有官守者。不得其職則去。从宀。从寸。

寵　宥　宐　寫　宵

从宀寺。府之事也。寸部曰。寺、廷也。广部曰。府、文書藏也。从寸。法度也。守从二者。會意。書九切。三部。从宀以下十四字。參韵會本訂。寵尊居也。引伸爲榮寵。从宀。龍聲。丑壟切。九部。宥寬也。周頌。夙夜基命宥密。叔向、毛公皆曰。宥、寬也。宥爲寬。故貰罪曰宥。周禮大司樂假宥爲侑。王制假又爲宥。从宀。有聲。于救切。古音在一部。宐所安也。周南。宜其室家。傳曰。宜以有室家無踰時者。从宀之下、一之上。一猶地也。此言會意。多省聲。按廣韵曰。說文本作宐。今據以正篆體。多省聲。故古音魚何切。十七部。今音魚羈切。漢石經作宜。宜古文宜。宜亦古文宜。寫置物也。謂去此注彼也。曲禮曰。器之漑者不寫。其餘皆寫。注云。寫者、傳己器中乃食之也。小雅曰。我心寫兮。傳云。輸寫其心也。按凡傾吐曰寫。故作字作畫皆曰寫。俗作瀉者、寫之俗字。周禮以澮寫水。不作瀉。从宀。寫之則安矣。故从宀。舄聲。悉也切。古音在五部。宵夜也。釋言、毛傳皆曰。宵、夜也。周禮司寤禁宵行夜游者。鄭云。宵、定昏也。按此因經文以宵別於夜爲言。若渾言則宵卽夜也。有假宵爲小者。學記之宵雅是也。有假宵爲肖者。漢志人宵天地之貌是也。从宀。宀下冥也。謂日在下而窈冥。地覆日如屋也。肖聲。相邀切。二部。

宿　寑　𡧯

宿止也。凡止曰宿。夜止、其一耑也。毛傳。一宿曰宿。再宿曰信。卽左傳之凡師一宿曰舍。再宿曰信。過信曰次也。止之義引伸之則爲素。如史記云宿將、宿學是也。先期亦曰宿。周禮世婦掌女宮之宿戒。祭統宮宰宿夫人。禮經宿尸皆謂先期戒飭。鄭云。宿讀爲肅。从宀。佰聲。佰、古文夙。息逐切。三部。按去聲息救切。此南北音不同。非有異義也。星宿、宿㽞非不可讀入聲。寑臥也。李善引論語鄭注。寢、臥息也。臥必於室。故其字从宀。引伸爲宮室之偁。周禮宮人掌王之六寢之脩。繹宮曰。室有東西箱曰廟。無東西箱有室曰寑。又引伸之凡事止亦曰寑。从宀。㑭聲。今人皆作寢。寢乃𡪢部𡪢字之省。與寑異義。七荏切。七部。寖籀文寑省。省人也。水部濅下曰。寖、籀文寑。𡧯冥合也。冥合

寬　⿱宀吾　寁　寡　宛　客

者合之泯然無迹。今俗云吻合者當用此字。从宀丏聲。莫甸切。賓字以爲聲。十二部。讀若書曰藥不瞑眩。謂讀若此瞑也。十一十二部之合音。按此許引孟子滕文公篇文也。鄭注醫師亦引孟子藥不瞑眩厥疾無瘳。趙注孟子云。書逸篇也。若今僞撰說命則采楚語爲之。許鄭所未見者。大徐本作讀若周書。繆甚。

寬　屋寬大也。廣韵曰。裕也。緩也。其引伸之義也。古文假完字爲之。从宀萈聲。苦官切。十四部。

⿱宀吾　寤也。寐覺而有言曰寤。⿱宀吾之音義皆同也。从宀吾聲。吾故切。五部。

寁　尻之速也。止部疌疾也。疌爲凡速之詞。从宀則爲居之速也。鄭風不寁故也。毛曰。寁，速也。用寁以言凡速耳。周易朋盍簪。晁氏說之曰。簪，京本、蜀才本作撍。陰弘道案張揖古今字詁。庴作撍。埤蒼云。撍，疾也。撍與簪同。王元叔謂即詩不寁字。祖感反。玉裁按。庴即寁。古宀广通用。蓋古今字詁。今字作庴。古字作撍也。从宀疌聲。子感切。八部。

寡　少也。引伸之凡倮然單獨皆曰寡。从宀頒。頒，分也。先鄭注周禮曰。頒讀爲班布之班。謂分賜也。按頒之本訓大頭也。此云頒，分也。謂叚借。宀分故爲少也。依韵會所據小徐本訂。宀分者，合於上而分於下也。故始多而終少。古瓦切。古音在五部。

宛　屈艸自覆也。上文曰。奧，宛也。宛之引伸義也。此曰屈艸自覆者，宛之本義也。引伸爲宛曲、宛轉。如爾雅宛中、宛丘。周禮琬圭。皆宛曲之義也。凡狀皃可見者皆曰宛然。如魏風傳曰。宛，辟皃。唐風傳曰。宛，死皃。攷工記注。窓，小孔皃。皆是。宛與薀。薀與鬱。聲義皆通。故方言曰。宛，蓄也。禮記曰。兔爲宛脾。春秋緐露曰。鶴無宛氣。皆是。从宀夗聲。夗轉臥也。亦形聲包會意。於阮切。十四部。

惌　宛或从心。函人爲甲。眡其鑽空。欲其窓也。鄭司農云。窓，小孔皃。窓讀爲宛彼北林之宛。按爲當作如。先鄭不云宛窓同字。許乃一之。

客　寄也。字从各。各，異詞也。故自此託彼曰客。引伸之曰賓客。賓所敬也。客寄也。故周禮大行人大賓大客。別其辭。諸侯謂之大賓。其孤卿謂之大客。司儀曰。諸公諸侯諸伯諸子諸男相爲賓。諸公之臣、侯伯子男之臣相爲客。是也。統言則不別耳。論語寢不尸。居不客。謂生

七篇下　十二

寄　寓　窶　宊　寒　害　索　窾

不可似死，主不可似客也。今本誤作不容。从宀。所託也。各聲。苦格切。古音在五部。

寄　託也。字从奇。奇，異也。一曰不耦也。言部曰。託，寄也。方言曰。餬、託、庇、寓、媵，寄也。从宀奇聲。居義切。古音在十七部。

寓　寄也。方言曰。寓，寄也。左傳曰。寓書。史記曰。木禺、龍禺者，寓之叚借也。从宀禺聲。牛具切。四部。

庽　寓或从广作。

窶　無禮尻也。邶風終窶且貧。傳曰。窶者，無禮也。貧者，困於財。箋云。君於己祿薄。終不足以爲禮。又近困於財。按無禮、困於祿薄。故釋言云。窶，貧也。然倉頡篇云。無財曰貧。無財備禮曰窶。則貧窶有別。小雅云。佌佌彼有屋。蔌蔌方穀。箋云。小人富而窶陋將貴也。然則有富而窶陋者矣。許從毛。益以居字者。以其字从宀也。無禮居、謂宮室不中禮。从宀婁聲。其榘切。古音在四部。

宊　貧病也。貧病者，貧之病也。从宀。室如縣磬之意。久聲。居又切。古音在一部。詩曰煢煢在宊。周頌文。今詩作嬛嬛在疚。毛曰。疚，病也。按毛詩蓋本作宊。毛釋以病者，謂宊爲疚之叚借也。左傳亦曰。煢煢余在疚。

寒　凍也。凍當作冷。十一篇曰。凍，仌也。冷，寒也。此可證矣。釋名曰。寒，捍也。捍，格也。左傳寒盟。寒者尋之反。尋即燅字。从人在宀下。从茻上下爲覆。此依小徐本。上下皆得云覆也。下有仌也。合一宀、一人、二茻、一仌。會意。胡安切。十四部。

害　傷也。人部曰。傷，創也。刀部曰。創，傷也。詩書多假害爲曷。故周南毛傳曰。害，何也。俗本改爲曷，何也。非是。今人分別害去曷入。古無去入之分也。从宀口。言从家起也。會意。言爲亂階。而言每起於衽席。丰聲。胡蓋切。十五部。

索　入家挍也。挍，求也。顏氏家訓曰。通俗文云。入室求曰搜。按當作入室求曰索。今俗語云搜索是也。索，經典多假索爲之。如探嘖索隱是。从宀。入家故从宀。索聲。所責切。古音在五部。

窾　竆也。窾竆雙聲。毛傳於谷風、南山、小弁皆曰。鞫，竆也。鞫皆窾之叚借也。卒部曰。竊，竆治罪人也。其字俗作鞫。然則詩谷風、南山、小弁鞫字皆窾之叚借也。毛傳於公劉曰。鞫，究也。於節南山曰。鞫，盈也。究與盈皆與竆義近。若蓼莪傳曰。鞫，養也。則就竆義而

七篇下　十三

宄　𡨦　宕　宋　𡫏　宗

變之。所謂相反而相成也。若采芑傳云鞫告也。則謂鞫卽告之叚借。自淺人不得其義。例多所改竄。唐石經鞫鞠錯出。至近日而盡改爲鞠矣。鞠者。革部蹋鞠之字。其義相去遠。詩借鞠爲竆。義相近也。鞠行而竆廢矣。**从宀。**覆而竆之。**𥨍聲。**𥨍或𥷚字也。見卒部。居六切。三部。

竆　竆或从穴。

宄　姦也。姦宄者。通偁內外者。析言之也。**外爲盜。內爲宄。**凡盜起外爲姦。中出爲宄。成十七年左傳曰。亂在外爲姦。在內爲宄。外傳晉語亦云。亂在內爲宄。在外爲姦。魯語。竊寶者爲宄。用宄之財者爲姦。亦謂莒太子僕竊莒寶爲內。魯藏之爲外。三傳無異也。惟亂在內。故字从宀。鄭注尚書云。由內爲姦。起外爲軌。或後人轉寫誤也。宄經史亦假軌爲之。**从宀。九聲。讀若軌。**居洧切。古音九在三部。

𡨋　古文宄。𡨋　亦古文宄。

𡨦　塞也。廣雅。𡨦塞也。本此。陸贄。闕中事狀。倘有賊臣盜𡨦。**从宀。𣪠聲。**麤取切。十五部。**讀若虞書曰**虞書當作唐書。見禾部稘下。**竄三苗之竄。**二竄本皆作𡨦。妄人所改也。今正。說文者。說字之書。凡云讀若。例不用本字。倘尚書作𡨦。又不當言讀若也。改此者直疑竄七亂反。與𡨦音殊。不知易訟象傳。宋玉高唐賦。班固西都賦。魏大饗碑。張協七命。潘岳西征賦。呂忱字林。竄皆音七外反。

宕　過也。宕之言放蕩也。穀梁傳引傳曰。長狄兄弟三人。佚宕中國。**一曰洞屋。**洞屋謂通迵之屋。四圍無障蔽也。凡道家言洞天者。謂無所不通。**从宀。碭省聲。**徒浪切。十部。**汝南項有宕鄉。**汝南郡項縣。地理志郡國志同。春秋經之項國也。今河南陳州府項城縣是其地。

宋　居也。此義未見經傳。名子者不以國。而魯定公名宋。則必取其本義也。**从宀木。讀若送。**蘇綜切。九部。

𡫏　屋傾下也。謂屋欹傾下陷也。與墊音義同。**从宀。執聲。**都念切。七部。

宗　尊祖廟也。宗尊雙聲。按當云尊也。祖廟也。今本奪上也字。大雅。公尸來燕來宗。傳曰。宗。尊也。凡尊者謂之宗。尊之則曰宗之。大雅。君之宗之。箋云。宗。尊也。禮記。別子爲祖。繼別爲宗。繼禰者爲小宗。凡言大宗小宗。皆謂同所出之兄弟所尊也。尊

宔　宙　宮　營

莫尊於祖廟。故謂之宗廟。宗从宀从示。示謂神也。宀謂屋也。**从宀示。**會意。作冬切。九部。按唐韵當在一東。

宔　宗廟宔祏也。五經異義及鄭駁詳示部祏下。經典作主。小篆作宔。主者古文也。祏猶主也。左傳使祝史徙主祏於周廟是也。鄭說卿大夫無宔。許說大夫以石爲宔。**从宀。主聲。**之庾切。古音在四部。

宙　舟輿所極覆也。覆者。反也。與復同。往來也。舟輿所極覆者。謂舟車自此至彼而復還此。如循環然。故其字从由。如軸字从由也。訓詁家皆言上下四方曰宇。往古來今曰宙。由今溯古。復由古沿今。此正如舟車自此至彼。復自彼至此。皆如循環然。莊周書云。有實而無乎處者。宇也。有長而無本剽者。宙也。本剽卽本末。莊子說正與上下四方曰宇。往古來今曰宙同。亦謂其大無極。其長如循環也。許言其本義。他書言其引伸之義。其字从宀者。宙不出乎宇也。韋昭曰。天宇所受曰宙。**从宀。**淮南覽冥訓。燕雀以爲鳳皇不能與爭於宇宙之閒。高注。宇。屋簷也。宙。棟梁也。引易上棟下宇。然則宙之本義謂棟。一演之爲舟輿所極復。再演之爲往古來今。則从宀爲天地矣。**由聲。**直又切。三部。

文七十一　重十六

宮　室也。釋宮曰。宮謂之室。室謂之宮。郭云。皆所以通古今之異語。明同實而兩名。按宮言其外之圍繞。室言其內。析言則殊。統言不別也。毛詩作于楚宮。作于楚室。傳曰。室猶宮也。此統言也。宮自其圍繞言之。則居中謂之宮。五音宮商角徵羽。劉歆云。宮。中也。居中央。唱四方。唱始施生。爲四聲綱也。**从宀。躳省聲。**按說宮謂从宀。呂會意。亦無不合。宀繞其外。呂居其中也。呂者。膂骨也。居人身之中者也。居戎切。九部。**凡宮之屬皆从宮。**

營　帀居也。帀各本作市。今依葉抄宋本及韵會本訂。攷集韵作帀。類篇韵會作匝。葢由古本作帀。故有譌爲市者。帀居謂圍繞而居。如市營曰闤。軍壘曰營。皆是也。西京賦。通闤帶闠。薛注。闤。市營也。闠。中隔門也。崔豹曰。市牆曰闤。市門曰闠。孫氏星衍曰。營闤音近。如自營曰厶。今本韓非子作自環。煢煢在疚亦作嬛

嫚是也。諸葛孔明表云。營中之事。謂軍壘也。引伸之爲經營、營治。凡有所規度皆謂之營。**从宮。**下體从宮不省。今隸皆省。誤也。李文仲字鑑不誤。**熒省聲。**謂省去宂也。與他熒省聲但省下火者異。余傾切。十一部。

文二

呂

呂 脊骨也。象形。呂象顆顆相承。中象其系聯也。沈氏彤釋骨曰。項大椎之下二十一椎通曰脊骨、曰脊椎、曰膂骨。或以上七節曰背骨。第八節以下乃曰膂骨。力舉切。五部。**昔大嶽爲禹心呂之臣。故封呂矦。**周語。大子晉曰。伯禹念前之非度。釐改制量象物天地。比類百則。儀之于民而度之于羣生。共之從孫四嶽佐之。高高下下。疏川道滯。師象禹之功。度之于軌儀。莫非嘉績。克厭帝心。皇天嘉之。胙以天下。賜姓曰姒。氏曰有夏。謂其能以嘉祉殷富生物也。胙四嶽國。命爲矦伯。賜姓曰姜。氏曰有呂。謂其能爲禹股肱心膂。以養物豐民人也。按曰共之從孫。賈逵、韋昭皆曰共。共工也。外傳曰四嶽。內傳曰大嶽。一也。官名也。外傳以祉訓姒。以殷富訓夏。以膂訓呂。以養訓姜。韋解云。呂之爲言膂也。是呂膂各字。呂者國名。以國爲氏。許云大嶽爲禹心呂之臣。故封呂矦。膂爲小篆。呂是許所據。國語股肱心膂作股肱心呂。本無二字。後之爲國語學者不得其解。乃以氏曰有呂作古文。股肱心膂作小篆。韋氏習而不察。乃云呂之爲言膂矣。以心呂之意名其地而矦之而氏之。潛夫論曰。宛西三十里有呂。酈道元、徐廣、司馬貞說皆同。宛城今南陽府治附郭南陽縣是也。許自序曰。大岳左夏。呂叔作藩。俾矦於許。世胙遺靈。大岳者許之先也。故詳之。**凡呂之屬皆从呂。**

膂 篆文呂。从肉。旅聲。呂本古文。以古文爲部首者。因躳从呂也。此二部之例也。秦誓。旅力既愆。小雅。旅力方剛。古注皆訓爲衆力。不敢曰旅與膂同者。知詩書倘以心膂爲義。則其字當从呂矣。僞君牙。國語云。股肱心膂。此未知古文無膂。秦文乃有膂也。急就篇。尻寬脊膂要背僂。股腳膝臏脛爲柱。云要背僂。曰脛爲柱。辭意相對。皇象碑本不誤。若顏本膂呂重出。師古不得不以脊內肉、脊骨分釋之。似史游早不識字矣。膂之譌或爲膐。華陽國志。孝子隗通爲母汲江膂水。天爲出平石至江中。江膂水。謂江心水也。

躳

躳 身也。廣雅同。**从呂。从身。**从呂者。身以呂爲柱也。矦執信圭。伸圭人形直。伯執躳圭。躳圭人形曲。鞠躳者。斂曲之皃也。居戎切。九部。

躬 俗从弓身。弓身者。曲之會意也。

文二　重一

穴

穴 土室也。引伸之凡空竅皆爲穴。**从宀。**覆其上也。**八聲。**胡決切。十二部。**凡穴之屬皆从穴。**

窊

窊 北方謂地空因㠯爲土穴爲窊戶。因地之孔爲土屋也。廣雅。窊窟也。**从穴。皿聲。讀若猛。**武永切。古音若芒。在十部。

窨

窨 地室也。今俗語以酒水等埋藏地下曰窨。讀陰去聲。**从穴。音聲。**於禁切。七部。

寝

寝 地室也。大雅正義引作覆於地也四字。按詩大雅陶復陶穴。箋云。復者。復於土上。鑿地曰穴。皆如陶然。庾蔚之云。復謂地上累土爲之。穴則穿地也。鄭、庾之云與許云覆於地合。覆於地者。謂旁穿之則地覆於上。穴則正穿之。上爲中霤。毛傳云。陶其土而復之。陶其壤而穴之。土謂堅者。堅則不患崩壓。故旁穿之使上有覆。蓋陶其土。旁穿之也。壤謂柔者。柔則恐崩。故正鑿之。陶其壤。謂正鑿之。直穴之中爲中霤也。鄭注月令云。中霤猶中室也。古者復穴。是以名室爲霤云。連復言之者。文勢使然也。毛之陶其土。陶其壤。蓋讀陶爲掏。鄭則云皆如窯然。特此爲異耳。漢時陵墓築封土謂之復土。義與此復土小異。要亦上覆之言耳。**从穴。復聲。**芳福切。三部。**詩曰。陶寝陶穴。**按毛作復。三家詩有作寝者。如斯干毛革、韓鞠之比。釋名說中霤云。古者寝穴。乃是寝穴之誤。語與月令注同。

竈

竈 炊竈也。炊者爨也。竈者炊爨之處也。**周禮吕竈祠祝融。**各本無此七字。今據史記孝武本紀索隱補。賈逵注左傳云。句芒祀於戶。祝融祀於竈。蓐收祀於門。玄冥祀於井。呂氏春秋注曰。行。或作井。淮南時則訓注曰。井或作行。后土祀於中霤。淮南時則訓。孟夏之月。其祀竈。高注云。祝融吳回爲高辛氏火正。死爲火神。託祀於竈。是

窯　窐　突

從異義。用古周禮說。

月火旺。故祀竈。此皆用古周禮說也。五經異義。竈神今禮戴說引禮器燔柴盆瓶之事。古周禮說顓頊氏有子曰黎爲祝融。祀以爲竈神。許君謹案同周禮說。鄭駁之云。祝融乃古火官之長。猶后稷爲堯司馬。其尊如是。王者祭之。但就竈陘。一何陋也。祝融乃是五帝之神。祀於四郊。而祭火神於竈陘。於禮乖也。按許君說文有此七字。是與五經異義不殊。風俗通義亦從異義用古周禮說。**从穴。鼀省聲。**鼀在古音三部。入聲。故竈古音亦在三部。今音則到切。周禮故書以竈爲造。**或不省作。**今人皆作竈。

燒瓦竈也。窯似竈。故曰窯竈。韵會本作燒瓦窯也。無竈字。大徐本作燒瓦竈也。非是。緜詩鄭箋云。復穴皆如陶然。是謂經之陶卽窯字之叚借也。緜正義引說文。陶。瓦器竈也。葢其所據乃缶部匋下語。匋。窯葢古今字。**从穴。羔聲。**余招切。二部。

空也。楚辭曰。圭璋襍於甑窐。此甑下空也。攷工記梟氏爲鐘。注。隧在鼓中。窐而生光。高注淮南曰。靨輔者頰上窐也。然則凡空穴皆謂之窐矣。**从穴。圭聲。**烏瓜切。十六部。按廣韵圭攜二音。

深也。此以今字釋古字也。突淡古今字。篆作突淡。隸變作罙深。水部淡下但云水名。不言淺之反。是知古深淺字作罙。深行而罙廢矣。有穴而後有淺深。故字从穴。毛詩。罙入其阻。傳曰。罙深也。此罙字見六經者。毛公以今字釋古字。而許襲之。此罙之音義原流也。鄭箋易罙爲冞。訓爲冒也。葢以字形相似易之。罙在侵韵。冞在脂韵。鄭注經有易字之例。他經云某讀爲某。箋詩不介讀者。誤謂毛鄭同字。作音義者當各字各音分別載之。云毛作罙。式針反。深也。鄭作冞。面規反。冒也。說文罙作突。冞作冞。乃爲明析。而陸釋文則曰。罙面規反。毛深也。鄭冒也。說文作冞。从网米。云冒也。此條之弊有七。以罙切面規。絕非毛音。一也。以鄭箋作冞。非鄭所易字。二也。以說文之罙作冞。而不知說文罙作突。冞別一字。或體作宷。與突無交涉。三也。突字不見他經。惟見商頌。而陸亡其音。遂亡其義。四也。許用商頌毛傳造說文。而失許之原本。致許書突下義晦。罙下遂有妄人添詩曰罙入其阻六字。鄭箋所改之字。許時代在前。安能用其說。五也。突隸作罙。猶淡隸作深。而各字書韵書因陸罙切面規。突下不敢載罙。張參五經文字曰。罙、冞音彌。上說文。下釋文。相承隸省。見詩集韵類篇皆曰罙、冞、寀三形同字。此皆陸爲作俑。六也。唐石經作罙。尚不誤。自宋及今日。毛詩刻本竟作冞。不罙不冞。爲從古所無之字。陸實召之。七也。許水部不載深淺一義。故全書深淺字用突。今發其例於此。**一曰竈突。**廣雅。竈窻謂之堗。呂氏春秋云。竈突決則火上焚棟。葢竈上突起以出烟火。今人謂之煙囱。卽廣雅之竈窻。今人高之出屋上。畏其焚棟也。以其顛言謂之突。以其中深曲通火言謂之突。廣雅。突下謂之突。今本正奪突字耳。漢書云。曲突徙薪。則有曲之令火不直上者矣。趙宧光欲盡改故書之竈突爲竈突。眞瞽說也。**从穴火求省。**穴中求火。突之意也。此會意字。式針切。七部。**讀若禮三年導服之導。**導服卽禮服也。說詳木部棪下。按突卽淡淺字。不當有異音。葢竈突可讀如禫與突爲雙聲。

穿　寮　窔　𥨍　竇　竅　空

通也。从牙在穴中。召南曰。誰謂鼠無牙。何以穿我墉。昌緣切。十四部。

穿也。倉頡篇曰。寮小空也。西京賦曰。交綺豁以疏寮。薛曰。疏刻穿之也。善曰。倉頡篇云。寮小窗。魏都賦。皦日籠光於綺寮。按大雅及爾同寮。左傳曰。同官爲寮。毛傳曰。寮官也。箋云。與汝同官。俱爲卿士。葢同官者同居一域。如俗云同學一處爲同窗也。亦假僚字爲之。左傳。泉丘人女奔孟僖子。其僚從之。杜注。鄰女爲僚友。**从穴。尞聲。**洛蕭切。二部。俗省作寮。**論語有公伯寮。**憲問篇。

穿也。从穴。夬聲。大徐作決省聲。此不知古音者爲之也。於決切。十五部。

深抉也。抉之深。故从穴。**从穴抉。**此以會意包形聲。小徐作抉聲。亦通。於抉切。十五部。

空也。空孔古今語。凡孔皆謂之竇。古亦借瀆爲之。如周禮注四竇卽四瀆。左傳襄三十年墓門之瀆。徐音豆是也。**从穴。賣聲。**徒奏切。四部。按古音去入不分。

空也。空孔古今字。老子。常有欲以觀其竅。**从穴。敫聲。**牽弔切。二部。

竅也。今俗語所謂孔也。天地之閒亦一孔耳。古者司空主土。尚書大傳曰。城郭不繕。溝池不修。水泉不修。水爲民害。責於地公。司馬彪曰。司空公一人。掌水土事。凡營城起邑。浚溝洫。修墳防之事。則議其利。建其功。是則司空以治水土爲

窻 窠 ⿱穴矞 穵 窒

職。禹作司空。治水而後晉百揆也。治水者必通其瀆。故曰司空猶司孔也。从穴工聲。形聲包會意也。苦紅切。九部。

窒 空也。空虛、孔穴本無二義。但有孔穴則是空虛也。从穴至聲。去徑切。十一部。詩曰。瓶之窒矣。小雅蓼莪文。今詩作罄。傳曰。罄、空也。與爾雅釋詁合。空與盡義相因。

穵 空也。鉉本作空大也。非是。廣韵引同。亦誤本耳。今依小徐及玉篇。今俗謂盜賊穴牆曰穵是也。从穴乙聲。烏黠切。十五部。按此篆當是从乙鳥之乙。非甲乙也。

⿱穴矞 空皃。孔之皃也。从穴矞聲。呼決切。十五部。

窠 空也。雙聲爲訓。其字亦作窾。高誘曰。窾、空也。是或借科爲之。孟子盈科而後進。是或借邁爲之。如衛風碩人之邁。毛云。寬大皃。鄭云。飢意。皆是。从穴果聲。苦禾切。十七部。一曰鳥巢也。一曰者、義近而別者也。蜀都賦曰。窠宿異禽。在樹曰巢。在穴曰窠。此析言之也。與巢部合。

窻 通孔也。从穴悤聲。楚江切。九部。按此篆淺人所增。古本所無。當刪。十篇囪下曰。在牆曰牖。在屋曰囪。囪或从穴作窗。古祇有囪字。窗已爲或體。何取乎更取悤聲作窻字哉。自東江韵分。淺人多所僞撰。據廣韵四江窻下云。說文作窗。通孔也。則篆體之不當有心明矣。依廣韵宜囪部去窗篆。此窻篆改爲窗。然囪窗本一字。宜囪部仍舊。而此從刪也。許但作空。不作孔。此云通孔也。則非許氏原文。

窳 窊

窊 污衺、逗下也。史記甌窶滿篝。污邪滿車。司馬彪曰。污邪、下地田也。按凡下皆得謂之窊。水部洿者、窊下也。吳都賦。窊隆異等。从穴瓜聲。烏瓜切。五部。

窳 污窬也。污窬蓋與污衺同。亦謂下也。以衺與窊同韵。窬與窊同韵。故分別其辭也。史記舜陶河濱。器不苦窳。裴駰曰。窳、病也。按器窳者、低陷之謂。亦汙窬之意也。釋詁曰。窳、勞也。郭云。勞苦者多惰窳。大雅毛傳曰。訿訿、窳不供事也。史記呰窳偷生。晉灼曰。呰、病也。窳、惰也。許於此部呰下亦云窳也。蓋卽用毛傳。毛詩訿。卽呰也。此等窳皆訓惰嬾。亦皆污窬引伸之義。釋玄應屢引揚承慶字統說。嬾者不能自起。如瓜瓠在地不能自立。故字从㼌。又嬾人恒在室中。故从穴。夫穴訓土室。不必从宀而後爲室也。而召旻正義曰。艸木皆自豎立。推瓜瓠之屬臥而不起。似若嬾人常臥室。故字从宀。宀音眠。此亦用字統說。而與玄應所據有異。且陸氏釋文、孔氏正義皆引說文窳、嬾也。而說文無此語。聞疑載疑。不敢於宀部妄補窳篆。从穴㼌聲。以主切。古音在四部。按字統說㼌爲會意。許則云形聲。朔方有窳渾縣。朔方郡窳渾縣。地理志有。郡國志無。讀史方輿紀要曰。故窳渾城在故夏州西北。漢縣。故夏州城在榆林衛西北二百里。

窖 窌 窞

窞 坎中更有坎也。各本作坎中小坎。今依易釋文訂。易坎初六曰。入於坎窞。虞翻曰。坎中小穴稱窞。釋文引說文坎中更有坎也。字林。坎中小坎也。然則今文爲後人以呂改許明矣。从穴臽。臽亦聲。徒感切。八部。易曰。入于坎窞。一曰旁入也。干寶釋易。正用旁入之義。

窌 窖也。攷工記匠人注曰。穿地曰窌。呂覽穿竇窌。月令、淮南皆作窖。从穴丣聲。丣聲各本作卯聲。今正。窌見左傳釋文。音力救、力到二反。則从丣雙聲可知矣。漢公孫賀南窌侯。表作南窌。字皆从丣。音力救切。譌从卯。乃匹皃切矣。三部。

窖 地藏也。月令。穿竇窖。注曰。入地隋曰竇。方曰窖。通俗文曰。藏穀麥曰窖。从穴告聲。古孝切。古音在三部。

窡 竀 窺 窵 窬

窬 穿木戶也。淮南氾論訓。古者爲窬木方版以爲舟航。高誘曰。窬、空也。方、並也。舟相連爲航也。按窬木爲舟。卽易毄辭刳木爲舟也。儒行篳門圭竇。鄭云。門旁窬也。穿牆爲之如圭矣。左傳篳門圭竇。杜曰。竇小戶也。穿壁爲戶。狀如圭形。郭樸三蒼解詁云。窬、門旁小竇也。是則於門旁穿壁以木衺直居之。令如圭形。謂之圭窬。若論語本作穿踰。釋爲穿壁踰牆。似無煩與此牽混。从穴俞聲。羊朱切。古音在四部。一曰空中也。孟康漢書注曰。東南謂鑿木空中如曹曰窬。曹當作槽。窬者、窬之或體。玉篇云。窬、木槽也。是也。窬與牏古通用。古音投。音豆。

窵 窵窅、逗窔也。窅見目部。深目也。杜詩。動影窵窕沖融閒。从穴鳥聲。多嘯切。二部。

窺 小視也。从穴規聲。去隓切。十六部。

竀 正視也。从穴中正見。正亦聲。敕貞切。十一部。

窡 穴中見也。从穴叕聲。丁滑切。十五部。

窋 物在穴中皃。靈光殿賦曰。緣房紫菂。窋咤垂珠。謂蓮房之實窋咤然見於房外如垂珠也。上文云。反植荷蕖。故曰垂珠。从穴出聲。丁滑切。十五部。后稷之子不窋。

寘 𡨄也。𡨄各本譌作塞。今正。玉篇曰。寘今作填。按寘填同義。填行而寘廢矣。从穴眞聲。待季切。十二部。

窒 𡨄也。各本𡨄譌塞。今正。𡨄、窒也。見㠭部。此二字互訓也。𡨄之隸體爲𡨄。土部曰。塞、隔也。自部曰。隔、塞也。塞於義不爲窒。邊塞其本義也。自用塞爲填𡨄字。而𡨄廢矣。且有讀𡨄爲罅者。則其𡨄愈失其本音本義矣。說詳㠭部。釋言。豳傳皆曰。窒、塞也。从穴至聲。陟栗切。十二部。論語以室爲窒。

突 犬從穴中暫出也。引伸爲凡猝乍之稱。从犬在穴中。徒骨切。十五部。一曰滑也。義小別。

竄 匿也。周易逋竄。左氏無所伏竄是也。堯典竄三苗于三危。與言流言放言極一例。謂放之令自匿。故孟子作殺三苗。卽左傳蔡叔之粲。粲爲正字。竄殺爲同音叚借。从鼠在穴中。漢書曰。奉頭鼠竄。七亂切。古音在十五部。

窣 從穴中卒出。卒猝古今字。子虛賦。媻姍敎窣。上乎金隄。韋昭曰。媻姍、敎窣。匍匐上也。按媻姍謂徐行。勃窣謂急行。从穴卒聲。蘇骨切。十五部。

窘 迫也。小雅。又窘陰雨。毛傳。窘、困也。按箋云。窘、仍也。仍者。仍其舊而不能變。亦是困意。从穴君聲。渠隕切。十三部。字林巨畏反。文微合音也。

窕 穾肆極也。窕與窘爲反對之辭。釋言曰。窕、肆也。大戴禮王言。七者布諸天下而不窕。內諸尋常之室而不塞。淮南俶眞訓。處小隘而不塞。橫扃天地之閒而不窕。要略訓。置之尋常而不塞。布之天下而不窕。氾論訓。舒之天下而不窕。內之尋常而不塞。齊俗訓。大則塞而不入。小則窕而不周。兵略訓。入小而不偪。處大而不窕。墨子尚賢中。此道也大用之天下則不窕。小用之則不困。尚同下。大用之治天下不窕。小用之治一國一家而不橫。荀卿子曰。充盈大宇而不窕。入郤穴而不偪。管子宙合曰。夫成軸之多也。其處大也不窕。其入小也不塞。司馬法曰。凡戰之道。位欲嚴。政欲栗。力欲窕。氣欲閑。又曰。擊其勞倦。避其閑窕。凡此皆可證窕之訓寬肆。凡言在小不塞。在大不窕者。謂置之小處而小處不見充塞無餘地。置之大處而大處不見空曠多餘地。高誘曰。不窕、在大能大也。今本管子、墨子窕誤作究。非是。毛詩傳曰。窈窕、幽閒也。幽訓窈。閒訓窕。方言。美狀爲窕。言外之寬綽也。美心爲窈。言中之幽靜也。左傳。泠州鳩論樂曰。小者不窕。大者不槬。則和於物。此可以諸子釋之。小者不窕。謂雖小而處大不使多空廖之處也。大者不槬。謂雖大而處小不使偪塞莫能容也。莊周書云。瓠落無所容。以注槬字甚合。郭注爾雅云。輕窕者多放肆。眞儧儧之說也。左傳曰。楚師輕窕。此窕義之引伸。寬然無患謂之輕窕。唐石經左傳譌作宨。从宀。釋言。窕、肆也。窕、閒也。其字其義皆同。而唐石經亦於肆也作宨。从宀。與閒也作窕从穴別異。皆字之偶誤耳。而或據以爲說。分別訓詁。攷之許書。本無从宀之字。从穴兆聲。讀若挑。徒了切。二部。

穹 窮也。窮者、極也。豳風穹窒熏鼠。毛傳曰。穹、窮。窒、塞也。穹窮雙聲。大雅以念穹蒼。釋天、毛傳皆曰。穹蒼、蒼天也。按穹蒼者、謂蒼天難窮極也。韗人爲皐陶。穹者三之一。注謂鼓木腹穹隆。居鼓三之一。今人皆謂高爲穹隆。从穴弓聲。去弓切。古音在六部。

究 竆也。釋言同。小雅常棣傳曰。究、深也。釋詁及大雅皇矣傳曰。究、謀也。皆竆義之引伸也。从穴九聲。居又切。三部。

竆 極也。从穴躳聲。渠弓切。九部。或假爲躳字。如鞠躳古作鞠竆。

窅 冥也。冥者、窈也。从穴皀聲。烏皎切。二部。

窔 窅窔、逗。穾也。爾雅音義作皃。上林賦曰。巖窔洞房。窔亦作突。郭樸曰。於巖穴底爲室潛通臺上也。按郭以通釋洞。小顏改突爲突。於郭注巖穴底爲室之下。輒增如竈突然四字。其亦妄矣。从穴交聲。烏叫切。二部。

邃 穾遠也。从穴遂聲。雖遂切。十五部。

窈 穾遠也。周南毛傳曰。窈窕、幽閒也。以幽釋窈。以閒釋窕。方言曰。美心爲窈。美狀爲窕。陳風傳又曰。窈糾、舒之姿也。舒、遲也。从穴幼聲。烏皎切。古音在三部。

窱 杳窱也。廣雅曰。窈窱、深也。西京賦曰。望窅窱以徑廷。薛曰。過度之義也。集韵曰。窅同窈。从穴條聲。徒弔切。二部。

竁 穿地也。周禮小宗伯。冢人皆曰甫竁。注曰。甫、始也。鄭大夫讀竁皆爲穿。杜子春讀

窔　窀　穸　窅　㝱

竁如毳。皆謂葬穿壙也。今南陽名穿地爲竁。聲如腐脃之脃。按此注讀竁爲穿者。易其字也。讀竁如毳者。擬其音也。下文鄭仲子春之說。以南陽語證子春說之不誤。从穴。毳聲。充芮切。十五部。一曰小鼠聲。謂鼠聲之小者也。聲字依玉篇補。宋本小鼠下皆空一字。必是聲字耳。竁入聲如猝。於鼠聲相似。周禮曰。大喪甫竁。

葬下棺也。土部曰。堋。葬下土也。春秋傳朝而堋。禮謂之封。周官謂之窆。按禮謂十七篇也。士喪禮下篇曰。及窆。主人哭踊無筭。注。窆、下棺也。今文窆爲封。然則許十七篇從今文。鄭從古文而疊今文也。凡戴記皆作封。戴記從今文也。周官謂之窆者。周禮鄉師云。及窆執斧以涖匠師。先鄭云。窆謂葬下棺。春秋傳所謂傰。禮記所謂封也。按堋窆封三字分蒸侵東三韵。而一聲之轉。从穴。乏聲。方驗切。古音在七部。周禮曰。及窆執斧。

窀穸、逗。各本刪此二字。今依全書例補。厚釋窀。夕釋穸。葬之厚夕也。襄十三年左傳曰。惟是春秋窀穸之事。所以從先君於禰廟者。杜曰。窀、厚也。穸、夜也。厚夜猶長夜。春秋謂祭祀。長夜謂葬埋。按窀淳同音。窀訓厚。从穴。屯聲。陟輪切。十三部。春秋傳曰。窀穸從先君於地下。與今左傳異。

窀穸也。从穴。夕聲。孔宙碑作窀夕。乃蒙上穴而省耳。詞亦切。古音在五部。

入脈刺穴謂之窅。葢古醫經之言。齊民要術說相牛有窅字。从穴。甲聲。烏狎切。八部。

文五十一　重一

寐而覺者也。寐而覺與醒字下醉而覺同意。今字叚夢爲之。夢行而㝱廢矣。从宀。从爿。夢聲。宀者覆也。爿者倚著也。夢者不明也。夢亦聲。古音在六部。今莫鳳切。周禮㠯日月星辰占六㝱之吉凶。鄭注詳矣。一曰正㝱。鄭云。無所感動。平安自夢也。二曰咢㝱。咢者、諤訟也。借爲驚遌之遌。周禮作噩夢。杜子春云。當爲驚愕之愕。謂驚愕爲夢也。三曰思㝱。鄭云。覺時所思念之而夢也。思、小徐作鮐。誤。四曰寤㝱。鄭云。覺時所道之而夢也。寤、大徐作悟。五曰喜㝱。鄭云。喜悅而夢也。六曰懼㝱。鄭云。恐懼而㝱也。已上周禮占夢文。凡㝱之屬皆从㝱。

寢　寐　寤

病臥也。寑者、臥也。寢者、病臥也。此二字之別。今字槩作寑矣。从㝱省。寑省聲。寑者、籒文寑。七荏切。七部。

臥也。俗所謂睡著也。周南毛傳曰。寐、寢也。从㝱省。未聲。蜜二切。十五部。

寐覺而有言曰寤。有言、今鍇本作省信。鉉本作有信。皆誤。今依韵會所據鍇本。釋玄應引倉頡篇。覺而有言曰寤。左傳季寤字子言。是其證。按周南毛傳曰。寤、覺也。衞風鄭箋同。言其大略而已。鄭釋周禮寤夢云。覺時道之而夢。亦與倉頡篇同也。古書多叚寤爲悟。从㝱省。吾聲。五故切。五部。一曰晝見而夜㝱也。葢亦周禮寤夢之說。陳風傳云。晤、遇也。箋云。晤、對也。寤與晤義相通。

籒文寤。周禮占夢釋文云。寤本又作蘁。此用籒文而小變也。

𡪢　𥨊　𥧌

楚人謂寐曰𡪢。𡪢猶𣪊也。𣪊、黏也。从㝱省。女聲。依倨切。廣韵亦音女。五部。

寐而厭也。鉉本作未厭。誤甚。胡身之通鑑釋文辨誤引作米厭。米即寐之譌。葢古本作寐而寐厭。一譌作米。再譌作未。要不若小徐本爲長。廣雅曰。𥨊、𥧌、厭也。按厭魘正俗字。大徐於鬼部妄增魘字。云夢驚也。由不解此處厭字故耳。倉頡篇曰。伏合人心曰厭。字苑曰。厭、眠內不祥也。皆見玄應書。廣韵五十琰厭注。厭魅。二十九葉厭注惡夢。可見魘字之晚出。冣俗矣。西山經。翼望之山。鳥名鵸鵌。服之使人不厭。此用厭字之冣古者。𥨊古多叚借眯爲之。郭注山海經引周書服之不眯。爲不厭之證。莊子天運。彼不得夢。必且數眯焉。司馬彪曰。眯、厭也。通鑑。劉曄曰。臣得與聞大謀。常恐眯夢漏泄以益臣罪。語本裴松之引傅子。胡身之引說文𥨊字解之。从㝱省。米聲。此篆今本說文作䆿。攷廣雅作𥨊。玉篇、廣韵皆作𥨊。不載䆿字。可知古本說文作𥨊也。若集韵云。䆿或作𥨊。類篇有䆿無𥨊。則鉉本盛行之故耳。今正。莫禮切。十五部。

孰寐也。从㝱省。水聲。讀若悸。求癸切。十五部。按大徐用

寎　寱　寣

唐韵也。玉篇廣韵集韵類篇皆祇渠季切一音。寎臥驚病也。以疊韵爲訓。爾雅三月爲寎月。作此字。从㝱省。丙聲。皮命切。古音在十部。寱瞑言也。瞑、目翕也。瞑言者、寐中有言也。寐亦作䆿。俗作囈。从㝱省。臬聲。牛例切。十五部。寣臥驚也。廣雅曰。寣、覺也。義相近。今江蘇俗語曰。睡一寣。一曰小兒號寣寣。別一義也。寣寣者、號聲。一曰河內相評也。又別一義也。評者、召也。今字作呼。相召曰寣。如言咄少卿良苦言嚄大姊之比。河內人語如此。从㝱省。从言。會意。火滑切。十五部。

文十　重一

疒

疒倚也。倚與疒音相近。人有疾痛也。也字玉篇有。象倚箸之形。橫者直者相距。故曰象倚箸之形。或謂即牀狀牆戕之左旁。不知其音迴不相同也。女尼切。十六部。凡疒之屬皆

疾　痛　病　瘣

从疒。疾病也。析言之則病爲疾加。渾言之則疾亦病也。按經傳多訓爲急也。速也。此引伸之義。如病之來多無期無迹也。止部曰。疌、疾也。从疒。矢聲。矢能傷人。矢之去甚速。故从矢會意。聲字疑衍。秦悉切。十二部。𤵸籒文疾。从廿者、古文疾也。从𥏻者、[illegible]省也。廿古文。各本篆體作𤺋。是。仍與小篆無異。今正。攷竊篆下曰。廿、古文疾。童篆下曰。廿、古文以爲疾。此廿爲古文疾之明證。而集韵類篇皆曰。廿、古文疾。𤵸、籒文疾。此丁度所見不誤之明證也。其曰籒文作𤵸。又作𤺋者。乃當其時已有誤本同今本。而因倂入之。又譌古爲籒也。痛病也。从疒。甬聲。他貢切。九部。病疾加也。苞咸注論語曰。疾甚曰病。从疒。丙聲。皮命切。古音在十部。瘣病也。从疒。鬼聲。胡罪切。十五部。詩曰。譬彼瘣木。今小雅小弁作壞木。傳曰。壞、瘣也。謂傷病也。箋云。猶內傷病之木內有疾。故無枝也。按疑今毛傳壞瘣二字互譌。許及樊光所引皆作瘣木爲是。一曰腫旁出也。此別一義。釋木。瘣木、苻婁。

疴　痡　瘽　瘵　瘨　瘼　疝

郭云。謂木病尪傴癭腫無枝條。攷工記。凡揉牙。外不廉而內不挫。旁不腫。注。腫、瘣也。疴病也。鴻範五行傳、鄭注同。从疒。可聲。烏何切。十七部。五行傳曰。時即有口痾。五行傳者、伏生鴻範五行傳也。言之不從。是謂不乂。時則有口舌之痾。痡病也。釋詁、毛傳同。从疒。甫聲。普胡切。五部。詩曰。我僕痡矣。周南卷耳文。瘽病也。釋詁曰。瘽、病也。字亦作勤。从疒。堇聲。巨斤切。瘵病也。釋詁曰。瘵、病也。小雅菀柳毛傳同。箋云。瘵、接也。則謂詩叚瘵爲際也。从疒。祭聲。側介切。十五部。瘨病也。大雅雲漢傳同。按今之顚狂字也。廣雅。瘨、狂也。急就篇作顚疾。从疒。眞聲。都年切。十二部。一曰腹張。張、汲古閣作脹。誤。今依宋本訂。古無脹字。左傳。晉侯將食。張如廁。即今之脹字也。瘨與䐜瞋字意略同。集韵稱人切。瘼病也。小雅曰。亂離瘼矣。釋詁、毛傳皆云。瘼、病也。方言曰。瘼、病也。東齊海岱之間曰瘼。从疒。莫聲。慕各切。五部。疝腹中急痛

[疒員]　癇　[疒出]　疵　癈　瘏

也。痛字依小徐及廣韵補。今吳俗語云。絞腸刮肚痛。其字當作疝也。古音讀如糾。釋詁云。咎、病也。咎蓋疝之古文叚借字。从疒。丩聲。古巧切。古音在三部。[疒員]病也。从疒。員聲。王問切。十三部。癇病也。从疒。閒聲。戶閒切。十四部。按今俗語皆呼閒切。方書小兒有五癇。王符貴忠篇云。哺乳多則生癇病。玄應引聲類云。今謂小兒瘨曰癇也。[疒出]病也。从疒。出聲。五忽切。十五部。疵病也。古亦叚玼爲之。从疒。此聲。疾咨切。十六部。廣韵疾移切。是也。癈固病也。按此當云癈固病也。癈固爲逗。淺人刪癈字耳。下文痼爲久病。癈固則經傳所云癈疾也。其義不同。鍇本作痼疾也。則尤誤矣。癈猶廢。固猶錮。如瘖聾跛躃斷者侏儒皆是。癈爲正字。廢爲叚借字。亦有叚癈疾字爲興廢字者。从疒。發聲。方肺切。十五部。按癈可入發。伐可去。南人作韵書分別。遂若約定俗成矣。古無去入之別。瘏病也。周南卷耳曰。我馬瘏矣。釋詁、毛傳皆曰。瘏、病也。豳風鴟鴞傳同。从疒。者聲。同都切。五

瘲　㾓　㾗　痟　疕　瘍

部。詩曰。我馬瘏矣。瘲病也。从疒。從聲。將容切。九部。按廣韻集韻將容切內皆不收此字。蓋與瘛瘲爲二病。㾓寒病也。古多借洒爲痒。晉語。狐突曰。玦之以金銑。寒之甚矣。韋注。玦猶離也。銑猶洒也。洒洒。寒皃。唐人舊音云。洒或爲洗。本艸。爲色洗洗是寒皃。玉裁謂凡素問靈樞本艸言洒洒洗洗者。其訓皆寒。皆痒之叚借。古辛聲。先聲。西聲同在眞文一類。國語注洒音銑。不誤。从疒。辛聲。所臻切。十二部。㾗頭痛也。从疒。或聲。吁逼切。一部。讀若溝洫之洫。按洫聲在十二部。或聲在一部。然毛詩洫作淢。古文閾作閾。是合音之理也。痟酸痟。逗頭痛也。周禮疾醫。春時有痟首疾。注云。痟。酸削也。首疾。頭痛也。疏曰。春時陽氣將盛。惟金沴木。故有痟首之疾。从疒。肖聲。相邀切。二部。周禮曰。春時有痟首疾。疕頭瘍也。周禮醫師凡邦之有疾病疕瘍者造焉。則使醫分而治之。注云。疕。頭瘍。亦謂禿也。从疒。匕聲。卑履切。十五部。瘍頭創

痒　𤸵　𤺋　𤸷　疦　瘖　癭

也。按頭字蓋賸。上文疕下曰頭瘍。則見瘍不專在頭矣。鄭注周禮云。身傷曰瘍。以別於頭瘍曰疕。許則疊韵爲訓。疕得評瘍。他瘍不得評疕也。檀弓曰。居喪之禮。身有瘍則浴。从疒。昜聲。與章切。十部。魯頌假瘍爲揚。痒瘍也。小雅。癙憂以痒。傳曰。癙、痒。皆病也。釋詁亦曰。痒、病也。按今字以痒爲癢字。非也。癢之正字說文作蛘。从疒。羊聲。似陽切。十部。𤸵目病。一曰惡气箸身也。一曰蝕創。凡三義。蝕者敗創也。从疒。馬聲。莫駕切。古音在五部。𤺋散聲也。方言。𤺋、噎也。楚曰𤺋。又曰。𤺋。散也。東齊聲散曰𤺋。秦晉聲變曰𤺋。器破而不殊其音亦謂之𤺋。按與斯嘶字義相通。馬嘶字亦當作此。从疒。斯聲。先稽切。十六部。𤸷口咼也。口部曰。咼。口戾不正也。此亦疊韵爲訓。从疒。爲聲。韋委切。古音在十七部。疦𤸷也。廣韵云。瘑、裹空也。今義也。从疒。夬聲。古穴切。十五部。瘖不能言也。从疒。音聲。於今切。七部。癭頸瘤也。下文云。瘤。腫也。

瘻　㽱　瘀　疝　疛

此以頸瘤與頸腫別言者。頸瘤則如囊者也。頸腫則謂暫時腫脹之疾。故異其辭。釋名曰。癭。嬰也。在頸嬰理之中也。青徐謂之脰。博物志曰。山居多癭。飲水之不流者也。凡楠樹樹根贅肬甚大。析之中有山川花木之文。可爲器械。吳都賦所謂楠瘤之木。三國張昭作楠瘤枕賦。今人謂之癭木是也。癭木俗作影木。楠瘤俗本作楠櫂。皆誤字耳。从疒。嬰聲。於郢切。十一部。瘻頸腫也。淮南說山訓。雞頭已瘻。高注。瘻。頸腫疾也。雞頭。水中芡也。鍇本作頭腫。蓋淺人恐與頸瘤不別而改之。腫。癰也。頸腫。即釋名之癰喉。从疒。婁聲。力豆切。四部。㽱顫也。與頁部顫、疣音義同。从疒。又聲。于救切。古音在一部。瘀積血也。積血於中之病也。九辯。形銷鑠而瘀傷。从疒。於聲。依據切。五部。疝腹痛也。釋名曰。心痛曰疝。疝。詵也。氣詵詵然上而痛也。陰腫曰隤。氣下隤也。又曰。疝亦言詵也。詵詵引小腹急痛也。从疒。山聲。所晏切。十四部。疛小腹病。小當作心。字之誤也。隸書心或作小。因譌爲小耳。玉篇云。疛。心腹疾也。仍

㿗　㾈　痀　瘚　痵　痱

古本也。小雅曰。我心憂傷。惄焉如擣。傳曰。擣。心疾也。釋文。擣本或作𤻉。韓詩作疛。義同。按疛其正字。擣其或體。擣其譌字也。玉篇引呂氏春秋曰。身盡疛腫。今本呂覽作身盡府種。二字皆誤。高誘曰。疛。腹疾也。从疒。肘省聲。陟柳切。三部。詩音義除又切。㿗滿也。毛詩傳曰。不醉而怒曰奰。然則奰謂氣滿。奰舉形聲包會意也。从疒。奰聲。平秘切。十五部。㾈俛病也。方言曰。短。東陽之間謂之㾈。按俛者多庳。方言與許義相近。从疒。付聲。方渠切。四部。痀曲脊也。玉部玖下曰。讀若人句脊之句。二句字皆痀之誤也。从疒。句聲。其俱切。古音讀如苟。在四部。瘚屰气也。釋名曰。厥。逆氣從下厥起。上行入心脅也。高誘呂覽注曰。厥。逆寒疾也。从疒。从屰欠。欠猶气也。居月切。十五部。𤺑瘚或省疒。厂部厥用爲聲。痵气不定也。心部曰。悸。心動也。義相近。玉篇曰。痵亦作悸。从疒。季聲。其季切。十五部。痱風病也。非風雙聲。釋詁曰。痱。病也。郭注見詩。按小雅。百卉具

腓李善注文選戲馬臺詩云韓詩云百卉具腓薛君曰腓變也毛萇曰痱病也今本作腓據李則毛詩本作痱與釋詁合**从疒非聲**蒲罪切十五部按當扶非切亦作疿

瘤 腫也釋名曰瘤流也流聚而生腫也**从疒畱聲**力求切三部

痤 小腫也玉篇曰癤也**从疒坐聲**昨禾切十七部春秋經宋公殺其世子痤是此字三傳同以隱疾名子也**一曰族絫病**左傳曰牲不疾瘯蠡瘯者族之俗蠡與絫同部杜注以皮毛無疥癬釋之按李良以民力溥存釋傳以碩大蕃滋釋碩以不疾瘯蠡釋肥以備腯咸有釋腯釋文云說文蠡作瘰云瘯瘰皮肥也此說文二字有譌當是別本作瘰注云不疾瘯瘰皮肥也奪不疾二字

疽 久癰也後漢書劉焉傳注玄應一切經音義皆引久癰與小徐合癰久而潰沮澤然也**从疒且聲**七余切五部

⿸疒麗 癰也从疒麗聲郎計切十六部**一曰瘦黑讀若隸**

癰 腫也肉部曰腫癰也按腫之本義謂癰引伸之爲凡墳起之名如上文瘤腫痤小腫也則非

七篇下 手

謂癰也釋名曰癰壅也氣壅否結裏而潰也**从疒雝聲**於容切九部

瘜 寄肉也肉部腥下曰星見食豕令肉中生小息肉也息肉即瘜肉廣韵曰惡肉**从疒息聲**相即切一部

癬 乾瘍也乾音干瘍之乾者也釋名曰癬徙也浸淫移徙處日廣也故青徐謂癬爲徙也**从疒鮮聲**息淺切十四部

疥 搔也搔音穌到切疥急於搔因謂之搔俗作瘙或作瘙穌到切今四川人語如此禮記釋文引說文疥瘙瘍也文選登徒子好色賦注引疥瘙也皆以俗字改正字耳後漢書烏桓傳曰手足之蚧搔章懷音新到反蚧同疥釋名曰疥齘也癢搔之齒類齘也**从疒介聲**古拜切十六部

痂 疥也按痂本謂疥後人乃謂瘡所蛻鱗爲痂此古義今義之不同也葢瘡鱗可曰介介與痂雙聲之故耳南史劉邕嗜食瘡痂謂有蝮魚味**从疒加聲**古牙切十七部

瘕 女病也按女字必是衍字詩厲假不瘕箋云厲假皆病也正義引說文癘疫病也或作癩瘕病也是唐初本無女字也倉公傳曰潘滿如小腹痛臣意診其脈曰遺積瘕也女子薄吾病甚臣意診其脈曰蟯瘕也瘕蓋腹中病**从疒叚聲**乎加切玉篇曰說文本音遐史記索隱亦曰舊音遐按古音在五部○錢氏大昕曰唐公房碑癘蠱不遐即鄭箋之癘瘕不瑕也

癘 惡疾也按古義謂惡病包內外言之今義別製癩字訓爲惡瘡訓癘爲癘疫古多借厲爲癘公羊傳作痢何注云痢者民疾疫也大戴禮及公羊何注說七出皆云惡疾出何休曰惡疾棄者不可以奉宗廟也論語伯牛有疾苞氏曰牛有惡疾不欲見人故孔子從牖執其手也韓詩曰芣苢傷夫有惡疾也薛君曰芣苢澤瀉也臭惡之草詩人傷其君子有惡疾人道不通求己不得發憤而作以事興芣苢雖臭惡乎我猶采采而不已者以興君子雖有惡疾我猶守而不離去也**从疒蠆省聲**按大徐厲作蠆不誤洛帶切十五部

瘧 寒熱休作病謂寒與熱一休一作相代也釋名曰瘧酷虐也凡疾或寒或熱耳而此疾先寒後熱兩疾似酷虐者周禮曰秋時有瘧寒疾**从疒虐虐亦聲**魚約切二部

痁 有熱瘧有熱無寒之瘧也

七篇下 圭

从疒占聲失廉切七部**春秋傳曰齊侯疥遂痁**左傳昭二十年文按梁元帝及袁狎顏之推欲改疥爲痎所謂無事而自擾也陸氏德明既辨之矣

痎 二日一發瘧也今人謂間二日一發爲大瘧顏之推云兩日一發之瘧今北方猶呼痎瘧音皆**从疒亥聲**古諧切古音在一部

痳 疝病也釋名曰淋懍也小便難懍懍然也按痳篆不與疝伍者以有疝痛而不麻者也**从疒林聲**力尋切七部

痔 後病也从疒寺聲直理切一部

痿 痹也如淳曰痿音蹎踒弩病兩足不能相過曰痿張揖曰痿不能行師古曰蹎踒弩名見晉令煩蕤二音按古多痿痹聯言因痹而痿也素問曰有漸於濕肌肉濡潰痹而不仁發爲肉痿**从疒委聲**儒佳切古音在十六部玉篇曰說文音蕤

痹 溼病也素問痹論痿論各爲篇岐伯曰風寒溼三氣襍至合而爲痹也**从疒畀聲**必至切十五部

⿸疒畢 足氣不至也玉篇云足氣不至轉筋也**从疒畢聲**毗至切十

瘃 㾫 瘇 㾑 疻

二部。**瘃** 中寒腫覈。趙充國傳。手足皸瘃。文穎曰。瘃、寒創也。按腫覈者、腫而肉中鞕如果中有覈也。覈核古今字。从疒。豕聲。陟玉切。三部。**㾫** 半枯也。尚書大傳。禹其跳。湯扁。其跳者、踦也。鄭注云。其發聲也。踦、步足不能相過也。扁者、枯也。注言湯體半小扁枯。按扁卽㾫字之叚借。㾫之言偏也。从疒。扁聲。匹連切。十一部。**瘇** 脛气腫。小雅巧言。既微且尰。釋訓、毛傳皆曰。骭瘍爲微。腫足爲尰。按云脛氣腫、卽足腫也。大徐本云脛氣足腫、非。从疒。童聲。時重切。九部。詩曰。既微且瘇。**尰** 籀文。左从尣、烏光切。右从籀文童。爾雅音義云。尰本或作瘇。同。並籀文瘇字也。按籀文本作尰。又變爲尰耳。非有兩籀文也。**㾑** 跛病也。廣韵曰。㾑、短氣也。此今義也。从疒。盍聲。讀若脅。又讀若掩。烏盍切。八部。**疻** 疻、痏、逗。毆傷也。疻痏二字各本無。依全書通例補。漢書薛宣傳。廷尉引傳曰。遇人不以義而見疻者。與痏人之罪鈞。惡不直也。應劭曰。以杖手毆擊人。剝其皮膚起

痏 𤻜 𤵸

青黑而無創瘢者。律謂疻痏。按此應注譌脫。急就篇顏注云。毆人皮膚腫起曰疻。毆傷曰痏。蓋應注律謂疻下奪去六字。當作其有創瘢者謂痏。文選嵇康詩。但若創痏。李善引說文。痏、瘢也。正與應語合。皆本漢律也。疻輕痏重。遇人不以義而見疻。罪與痏人等。是疻人者輕論。見疻者重論。故曰惡不直也。創瘢謂皮破血流。从疒。只聲。諸氏切。十六部。**痏** 疻痏也。按依許全書之例。則疻下云疻痏、毆傷也。此但云疻痏也。而義已足。此等往往爲淺人妄刪。致文理不可讀矣。或曰。依應仲遠則疻痏異事。何爲合之也。曰。應析言之。許渾言之。許曰毆傷。則固兼無創瘢有創瘢者言之。文選注引倉頡篇。痏、毆傷也。與許正合。从疒。有聲。榮美切。古音在一部。一曰痏、逗。瘢也。此據文選嵇康詩注補此五字。以析言之。與應劭引律合。**𤻜** 創裂也。一曰疾𤻜。玉篇作一曰疾也。从疒。巂聲。以水切。當依廣韵羊捶切。十六部。**𤵸** 皮剝也。剝裂也。从疒。冄聲。讀若柟。又讀若襜。小徐有此七字。赤占切。七部。**𤵸**

癑 痍 瘢 痕 痙 痋

各本下从㞋。今按尸部㞋字也。故正之。籀文从㞋。**癑** 痛也。从疒。農聲。奴動切。九部。**痍** 傷也。成十六年。晉矦及楚子、鄭伯戰于鄢陵。楚子、鄭師敗績。公羊傳曰。敗者稱師。楚何以不稱師。王痍也。王痍者何。傷乎矢也。按周易。夷、傷也。左傳。察夷傷。皆假夷字爲之。从疒。夷聲。以脂切。十五部。**瘢** 痍也。長楊賦。㬈鋋瘢耆。孟康曰。瘢耆、馬脊創瘢處。按古義瘢、傷處曰瘢。今義則少異。从疒。般聲。薄官切。十四部。**痕** 胝瘢也。胝瘢謂胝之傷。肉部腄下云。瘢胝也。與此同義。胝下云。腄也。則不必傷者也。按今義與此亦異。皆逐末而忘本也。韵會無胝字。从疒。皀聲。戶恩切。十二部。**痙** 彊急也。本艸經曰。朮主痙疸。廣韵曰。風強病也。按急就篇。癰疽瘛瘲痿痹痮。痮卽痙。顏云。體強急難用屈伸也。从疒。巠聲。其頸切。十一部。**痋** 動病也。痋卽疼字。釋名曰。疼、旱氣疼疼然煩也。按詩。旱既太甚。蘊隆蟲蟲。韓詩作鬱隆烔烔。劉成國作疼疼。皆旱熱人不安之皃也。今義疼訓痛。从疒。蟲省聲。徒冬切。九

瘦 疢 癉 疸 㾜 痞 瘍

部。**瘦** 臞也。肉部曰。臞、少肉也。从疒。叜聲。所又切。四部。今字作瘦。**疢** 熱病也。其字从火。故知爲熱病。小雅。疢如疾首。箋云。疢猶病也。此以疢爲煩熱之偁。从火。从疒。會意。丑刃切。十二部。**癉** 勞病也。大雅。下民卒癉。釋詁、毛傳皆云。癉、病也。小雅。哀我癉人。釋詁、毛傳曰。癉、勞也。許合云勞病者。如嘽訓喘息皃。幝訓車敝皃。皆單聲字也。癉與疸音同而義別。如郭注山海經、師古注漢書皆云癉黃病。王砅注素問黃疸云。疸、勞也。則二字互相假而淆惑矣。癉或假憚。或作𤺺。从疒。單聲。丁幹、丁賀二切。十四部。**疸** 黃病也。素問曰。溺黃赤安臥者黃疸。目黃者曰黃疸。从疒。旦聲。丁幹切。十四部。**㾜** 病息也。病息謂病之鼻息也。心部㥦从此。从疒。夾聲。苦叶切。八部。**痞** 痛也。廣韵曰。腹內結痛。从疒。否聲。符鄙切。古音在一部。**瘍** 脈瘍也。脈瘍疊韵字。脈瘍者、善驚之病也。方言曰。脈瘍、欺漫也。又曰。脈、慧也。郭注。今名黠爲鬼脈。又曰。慧、自關而東趙魏之間謂之黠。或謂

𤸱　疲　㾓　痱　疷

之鬼。郭注。言鬼脈也。潘岳賦。靡聞而驚。無見自脈。徐爰注言雉性驚鬼黠。按蜥蜴跂跂脈脈亦是此意。漢書所云易病者。當是瘍之叚借。王子矦表樂平矦訢病狂易。从疒。易聲。羊益切。十六部。𤸱狂走也。春秋經。甲戌、己丑。陳疾鮑卒。公羊傳曰。曷爲以二日卒之。怴也。注曰。怴者、狂也。齊人語。甲戌之日亡。己丑之日死而得。君子疑焉。故以二日卒之也。按𤸱怴蓋同字。从疒。术聲。讀若欻。欻見欠部。今字譌作欻。食聿切。十五部。疲勞也。經傳多假罷爲之。从疒。皮聲。符羈切。古音在十七部。㾓疲也。从疒。肙聲。烏懸切。十四部。按各本無此篆。今依謝靈運發臨海嶠詩李善注引說文補。篇韵皆云㾓骨節疼也。今俗謂痟酸。痱瑕也。古本皆作瑕。惟小徐及毛本及集韵作瘕。恐是譌字耳。痱之言疵也。从疒。朿聲。側史切。古音在十五部。疧病不翄也。翄同啻。口部。啻下曰。語時不啻也。倉頡篇曰。不啻多也。古語不啻如楚人言夥頤之類。世說新語云。王文度弟阿至惡乃不翄。晉宋間人尚作此語。帝聲、

七篇下

疫　癃　㾜　㽺

支聲、氏聲同在十六部。故疧以病不翄釋之。取疊韵爲訓也。爾雅釋詁、詩無將大車白華傳皆云。疧病也。何人斯叚借祇爲疧。故毛傳曰。祇病也。言假借也。又按古書或言不啻。或言奚啻。啻皆或作翄。國語曰。奚啻其聞之也。韋注云。奚何也。何啻言所聞非一也。孟子。奚翄食重。奚翄色重。趙注。翄辭也。若言何其重也。今刻本作何其不重也。乃大誤。从疒。氏聲。渠支切。十六部。爾雅音義云。或丁禮反。非是。㽺病劣也。劣猶危也。从疒。及聲。呼合切。七部。㾜劇聲也。劇者、病甚也。㾜者、病甚呻吟之聲。酉部。醫下曰。殹、病聲也。殹蓋㾜之省。从疒。殹聲。於賣切。古音在十五部。癃罷病也。病當作癃。罷者、廢置之意。凡廢置不能事事曰罷癃。平原君傳。躄者自言不幸有罷癃之病。然則凡廢疾皆得謂之罷癃也。師古注漢書。改罷病作疲病。非許意。从疒。隆聲。力中切。九部。癃籀文癃省。按篇韵皆作癃。疑篆體有誤。漢書高帝紀。年老癃病。景祐本及韵會所引皆作癃。疫民皆疾也。鄭注周禮兩言疫癘之鬼。从

瘛　痑　痥　痼　㿗

疒。役省聲。營隻切。十六部。瘛小兒瘛瘲病也。急就篇亦云瘛瘲。師古云。卽今癇病。按今小兒驚病也。瘛之言掣也。瘲之言縱也。藝文志有瘛瘲方。从疒。恝聲。徐鉉等曰。說文無恝字。疑从疒、从心。契省聲也。尺制切。十五部。痑馬病也。从疒。多聲。丁可切。十七部。詩曰。痑痑駱馬。小雅四牡曰。嘽嘽駱馬。口部既偁之。訓喘息皃。與毛傳合矣。此復偁作痑痑。訓馬病。其爲三家詩無疑也。單聲之字。古多轉入弟十七部。此其異字異音之故。漢書大人賦。衍曼流爛痑以陸離。史記痑作壇。痥脛瘍也。瘍、廣韵作傷。从疒。兊聲。徒活切。十五部。一曰將傷。將疑當作捋。捋痥疊韵。徐本作持。痼久病也。多假固爲之。月令。十二月行春令。則國多固疾。注曰。生不充其性。有久疾。廢疾爲錮疾。痼謂久疾。故許異其義。从疒。固聲。古慕切。五部。㿗治也。方言曰。療治也。周禮注云。止病曰療。詩陳風。泌之洋洋。可以樂饑。傳云。可以樂道忘饑。箋云。可飲以療饑。是鄭讀樂爲療也。經文本作樂。唐石

七篇下

瘳　瘉　瘥　㾡　癆　瘌

經依鄭改。爲㿗誤矣。从疒。樂聲。讀若勞。力照切。二部。療或从尞。尞聲。瘌楚人謂藥毒曰痛瘌。方言曰。凡飲藥傅藥而毒。南楚之外謂之瘌。北燕朝鮮之閒謂之癆。東齊海岱之閒謂之眠。或謂之眩。自關而西謂之毒。瘌痛也。郭云。癆瘌皆辛螫也。按瘌如俗語言辛辣。从疒。剌聲。盧達切。十五部。癆朝鮮謂藥毒曰癆。从疒。勞聲。郎到切。二部。郭音聑。瘥瘉也。通作差。凡等差字皆引伸於瘥。从疒。差聲。楚懈切。又才他切。十七部。㾡減也。減亦謂病減於常也。凡盛衰字引伸於㾡。凡等衰字亦引伸於㾡。凡喪服曰衰者。謂其有等衰也。皆㾡之叚借。从疒。衰聲。楚追切。古音在十七部。一曰秏也。謂秏之本義禾名也。亦無爲秏。讀如秏。瘉病瘳也。釋詁及小雅角弓毛傳皆曰。瘉病也。渾言之謂瘳而尚病也。許則析言之。謂雖病而瘳也。凡訓勝、訓賢之愈。皆引伸於瘉。愈卽瘉字也。从疒。俞聲。以主切。古音在四部。瘳疾瘉也。

癡

二字互訓也。从疒。翏聲。敕鳩切。三部。癡不慧也。心部曰。慧者。儇也。犬部曰。儇者。急也。癡者。遲鈍之意。故與慧正相反。此非疾病也。而亦疾病之類也。故以是終焉。从疒。疑聲。丑之切。一部。

文一百二　今增痟爲百三　重七

冖

冖覆也。覆者。葢也。从一下垂。一者所以覆之也。覆之則四面下垂。廣韵引文字音義云。以巾覆。从一下垂。莫狄切。十六部。按冥下曰。冖聲。冪亦冖聲。則亦在十一部。支耕之合也。凡冖之屬皆从冖。

冠

冠絭也。疊韵爲訓。所吕絭髮。絭者。纕臂繩之名。所吕約束褏者也。冠吕約束髮。故曰絭髮。引伸爲凡覆葢之偁。弁冕之總名也。析言之。冕弁冠三者異制。渾言之則冕弁亦冠也。从冖元。會意。元猶首也。元亦聲。古丸切。十四部。冠有法制。謂尊卑異服。故从寸。古凡法度之字多从寸者。

冣

冣積也。冣與聚音義皆同。與冃部之最音義皆別。公羊傳曰。會猶冣也。何云。冣之爲言聚。周禮太宰注曰。凡簿書之冣目。劉歆與楊雄書索方言曰。欲得其冣目。又曰。頗願與其冣目。得使入錄。按凡言冣目者。猶今言摠目也。史記殷本紀。大冣樂戲於沙丘。冣一作聚。張釋之馮唐列傳。誅李牧。令顏聚代之。漢書聚作冣。爾雅。灌木。叢木也。毛傳叢木作冣木。說文凡字下曰。冣栝也。儹字下曰。冣也。史記周本紀周冣。文選過秦論周冣。今各書此等冣字皆譌作最。讀祖會反。音義俱非。葢字林固有冣字。音才句反。見李善選注。至乎南北朝。冣最不分。是以周續之劉昌宗陸德明輩皆不能知毛傳之本作冣木。顧野王玉篇冖部無冣。而冃部有最。云齊也。聚也。廣韵本唐韵。而廣韵十遇才句一切無冣字。然則唐韵葢亦本無冣字。學者知有最字。不知有冣字久矣。玉篇云。最者。齊也。聚也。子會切。是以冣之義爲最之義。而廣韵十四泰云。冣。極也。祖外切。亦是以冣之義誤以爲最之義也。何以言之。古凡云殿冣者。皆當作从冖字。項岱曰。殿。負也。冣。善也。韋昭曰。第上爲冣。極下爲殿。孫檢曰。上功曰冣。下功曰殿。漢書周勃傳曰。冣從高帝。云云。師古云。冣。凡也。摠言其攻戰克獲之數。又衞青霍去病傳曰。冣大將軍青凡七出。云云。文法正同。此皆與冣目之冣同。又周勃傳曰。攻槐里好畤。冣。又曰。擊趙賁內史保於咸陽。冣。又曰。攻上邽東守嶢關。擊項籍。攻曲遇。冣。樊噲傳曰。攻趙賁。下郿槐里柳中咸陽。灌廢丘。冣。此皆殿冣之冣。張晏曰。冣。功第一也。如淳曰。於將帥之中功爲冣也。此正如葬書所言凡山顛可葬者名上聚之穴。漢蔡湛碑。三載勳冣。其字正作冣。以許君訓積求之。積則必有其高處。今人冣美冣惡之云。讀祖會切。葢於形於音皆失之。古必作冣。讀才句切。从冖取。冖其上而取之。取亦聲。才句切。四部。

詫

詫奠酒爵也。大徐作奠爵酒。今依韵會所據訂。周書顧命曰。王三宿。三祭。三詫。某氏注曰。酎者實三爵於王。王三進爵。三祭酒。三奠爵。六部曰。奠。置也。从冖。禮器必有冪也。故从冖。託聲。當故切。五部。周書曰。王三宿三祭三詫。

文四

冃

冃重覆也。下一覆也。上又加冖。是爲重覆。从冂一。會意。凡冃之屬皆从冃。讀若艸苺苺。汲古閣作艸苺之苺。之字誤。今依宋本。苺當作毐。屮部曰。毐。艸盛上出也。毐。隸書作毐。左傳輿人誦曰。原田毐毐。杜注。晉君美盛若原田之草毐毐然。魏都賦。蘭渚毐毐。每上加艸非。按古音葢在之尤二部閒。今音莫保切。

同

同合會也。从冃口。口皆在所覆之下。是同之意也。徒紅切。九部。

青

青幬帳之象。巾部曰。幬。禪帳也。帳。張也。从冃。幬帳所以覆也。屮其飾也。帳必有飾。凡殼鼓右皆像垂飾。苦江切。按古音在三部。殳部殸从殳青聲。凡磬罄殸字从殸聲。

冡

冡覆也。凡蒙覆僮蒙之字今字皆作蒙。依古當作冡。蒙行而冡廢矣。艸部蒙。艸名也。从冃豕。會意。莫紅切。九部。

文四

冃

冃小兒及蠻夷頭衣也。謂此二種人之頭衣也。小兒未冠。夷狄未能言冠。故不冠而冃。荀卿曰。古之王者有務而拘領者矣。楊注。務讀爲冒。拘與句同。淮南書曰。古者有鍪而綣領以王天下者。高注。古者葢三皇以前也。鍪著兜鍪帽。言未知制冠。按高注兜鍪二字葢淺人所加。務與鍪皆讀爲冃。冃即今之帽字也。後聖有作。因冃以制冠冕。而冃遂爲小兒蠻夷頭衣。从冂。二其飾也。古報切。古音在三部。凡冃之屬皆从冃。

冕 大夫吕上冠也。冠下曰。弁冕之摠名。渾言之也。此云冕者。大夫以上冠。析言之也。大夫吕上有冕。則士無冕可知矣。周禮。王之五冕皆玄冕朱裏延紐。五采繅十有二就。皆五采玉十有二。玉笄朱紘。諸侯之繅斿九就。瑉玉三采。其餘如王之事。繅斿皆就。戴先生曰。實六冕而曰五冕者。陳采就王之數止於五也。亦以見服自十二章至一章而六。冕璪自十二旒至三旒而五。其天子大裘之冕無旒也。槩舉諸侯又申之曰。繅斿皆就者。明九旒至於三旒。其就數九。公侯伯子男無降差。同也。邃延垂瑬紞纊。邃、深遠也。延者、鄭云。冕之覆。周禮弁師。王之五冕皆玄冕朱裏延紐。謂延上玄下朱。以表裏冕版也。古者以三十升布爲之。故尚書論語謂之麻冕。用三十升布。上玄下朱爲延。天子至大夫所同也。其字左傳作綖。垂瑬詳玉部瑬下。紞纊糸部曰。紞者、冕冠塞耳者也。按紞所以懸瑱也。瑱亦謂之纊。詳糸部紞下。據許、紞系於延左右。據周禮注。王后之祭服有衡垂於副之兩旁當耳。其下以紞懸瑱。是專謂后服也。然左傳衡紞紘綖。昭其度也。似男子有衡簪於冕覆而系紞。从冃。免聲。亾辡切。按古音當在十三部。讀如問。許書無免字。而俛勉字皆免聲。葢本有免篆而佚之。或曰古無免免之分。俗強分別者非也。冕之義取前俛。則與低頭之俛關通。古者黃帝初作冕。大平御覽引世本曰。黃帝作旃冕。宋衷注云。通帛曰旃。應劭曰。周始加旒。周易毄辭曰。黃帝堯舜垂衣裳而天下治。葢取諸乾坤。

絻 冕或从糸作。从糸作者、謂冕延用三十升布也。周禮曰。玄冕朱裏。謂玄表朱裏。注云。冕延之覆在上。是以名焉。延之覆猶云延之表也。是以名焉者、釋經文玄冕之冕字也。以其冣居上。故專得冕名也。覲禮注云。今文冕皆作絻。許或之者、許意從古文也。亦見管子、荀卿子及封禪書。

冑 兜鍪也。兜部兜下曰。兜鍪、首鎧也。按古謂之冑。漢謂之兜鍪。今謂之盔。从冃。由聲。直又切。三部。

䩜 司馬法冑从革。荀卿子、鹽鐵論、大玄皆作軸。

冒 冢而前也。冢者、覆也。引伸之有所干犯而不顧亦曰冒。如假冒。如冒白刃、如貪冒是也。邶風。下土是冒。傳曰。冒、覆也。此假冒爲冃也。从冃目。會意。冃目者、若無所見也。冃亦聲。目報切。古音在三部。

𦣻 古文冒。汗簡同。

最 犯取也。鍇曰。犯而取也。按犯而取猶冢而前。冣之字訓積。最之字訓犯取。二字義殊而音亦殊。顏氏家訓謂冣爲古聚字。手部撮字从最爲音義皆可證也。今小徐本此下多又曰會三字。係淺人增之。韵會無之是也。最俗作㝡。六朝如此作。○莊子秋水。鴟鵂夜撮蚤。察毫末。晝出瞋目而不見丘山。釋文。撮崔本作最。此可證最撮古音同。蚤謂齧人跳蟲也。或誤爲聚爪。云夜入人家索人指甲。可笑也。从冃取。會意。小徐衍聲字。非也。祖外切。十五部。

文五　重三

㒳 再也。冓部曰。再者、一舉而二也。凡物有二。其字作㒳不作兩。兩者、二十四銖之偁也。今字兩行而㒳廢矣。从冂。覆其上也。从从。入部曰。从、二入也。㒳从此。與此正相印合。而鉉本此作从冖。闕。其誤甚矣。从丨。二字今補。葢爲二入之介也。良奬切。十部。易曰。參天㒳地。說卦傳文。葢孟氏易如此。凡㒳之屬皆从㒳。

兩 二十四銖爲一兩。一字衍。禾部曰。十二粟爲一分。十二分爲一銖。律曆志曰。衡權本起於黃鍾之重。一龠容千二百黍重十二銖。兩之爲兩。二十四銖爲兩。按兩者㒳黃鍾之重。故从㒳也。从一㒳。會意。㒳、逗。平分也。㒳小徐作兩。誤。今正。也字今增。此說从㒳之意。㒳亦聲。良奬切。十部。

㒼 平也。廣韵曰。無穿孔狀。按周禮鼈人掌取互物。注云。互物謂有甲㒼胡。龜鼈之屬。从廿。廿、二十并也。五行之數。二十分爲一辰。此說从廿之意。五行、每行得廿分。分之適平。其法未聞。从㒳。从字今補。㒳。各本作㒼。誤。今正。平也。此說从㒳之意。讀若蠻。母官切。十四部。

文三

网　庖犧氏所結繩㠯田㠯漁也。以田二字依廣韵太平御覽補。周易毄辭傳文。从冂。幂其上也。下象网交文。从象网目。文紡切。在十部。五經文字曰。說文作网。今依石經作冂。凡网之屬皆从网。罔　网或加亡。亡聲也。䋄　或从糸。以結繩爲之也。𠕳　古文网。从冂亡聲。𦉳　籀文从冂。

罨　罕也。蜀都賦曰。罨翡翠。从网。奄聲。奄、覆也。此舉形聲包會意。於業切。八部。

罕　网也。謂网之一也。吳都賦注曰。罼、罕皆鳥網也。按罕之制蓋似畢。小网長柄。故天官書畢曰罕車。經傳叚爲尟字。故釋詁云。希、寡、鮮、罕也。从网。干聲。呼旱切。十四部。五經文字曰。經典相承隸省作罕。

𦌾　网也。网之一也。从网繯。會意。糸部曰。繯、落也。落者、今之包絡字。繯网主於圍繞。故从繯。繯亦聲。古眩切。十四部。俗作罥。一曰綰也。此別一義。糸部綰下曰。絹也。絹卽𦌾字。俗書叚借也。周禮冥氏注曰。弧張罿罦之屬。所以扃絹禽獸。翨氏注曰。置其所食之物於絹中。鳥來下則掎其腳。亦皆假絹爲𦌾。綰之言絆也。下文云𦋔者𦌾獸足。是其義。

䍙　网也。网之一也。篇、韵皆曰雉网。从网。每聲。莫桮切。古音在一部。

𦋔　网也。网之一也。从网。巺聲。思沇切。十四部。𨄗　巺或从足巺。逸周書曰。不卵不巺。㠯成鳥獸。周書文傳解曰。山林非時不升斤斧。以成草木之長。川澤非時不入罔罟。以成魚鼈之長。不麛不卵。以成鳥獸之長。許所據有不巺二字。巺者𦌾獸足。故从足。

冞　网也。各本作周行也。詩釋文引作冒也。乃涉鄭箋而誤。今尋上下文皆网名。篇、韵皆云。冞、罟也。更正。葢冞亦网名。其用主自上冒下。故鄭氏箋詩殷武改毛之罙入其阻爲冞入。云冒也。就字本義引伸之。此鄭箋之易舊。非經本有作冞者也。各本米聲下有詩曰冞入其阻六字。似許用鄭本。恐後人所增。今刪。从网。米聲。武移切。按古音在十五部。𥦗　冞或从歺。歺者、列骨之殘也。从歺亦网罟殘害之意也。

罩　捕魚器也。小雅南有嘉魚。烝然罩罩。釋器曰。籗謂之罩。毛傳曰。罩、籗也。劉逵吳都賦注曰。罩、籗也。編竹籠魚者也。按竹部曰。籗、罩魚者也。从网。卓聲。都教切。二部。

罾　魚网也。文穎曰。罾、魚網也。師古曰。形如仰繖。葢四維而舉之。从网。曾聲。作滕切。六部。

罪　捕魚竹网。竹字葢衍。小徐無竹网二字。从网。非聲。聲字舊缺。今補。本形聲之字。始皇改爲會意字也。徂賄切。十五部。秦㠯爲辠字。文字音義云。始皇以辠字似皇。乃改爲罪。按經典多出秦後。故皆作罪。罪之本義少見於竹帛。小雅。畏此罪罟。大雅。天降罪罟。亦辠罟也。

罽　魚网也。廣雅。罽、罔也。从网。㓹聲。居例切。十五部。㓹、籀文銳。見金部。

罛　魚罟也。衞風碩人曰。施罛濊濊。釋器、毛傳皆曰。罛、魚罟。从网。瓜聲。古胡切。五部。詩曰。施罛濊濊。按此可以正今本水部濊濊、大部濊濊之譌。

罟　网也。小雅小明傳曰。罟、网也。按不言魚网者。易曰。作結繩而爲网罟。以田以漁。是网罟皆非專施於漁也。罟實魚网。而鳥獸亦用之。故下文有鳥罟、兔罟。从网。古聲。公戶切。五部。

罶　曲梁寡婦之笱。魚所留也。釋訓曰。凡曲者爲罶。釋器曰。嫠婦之笱謂之罶。小雅魚麗、苕華傳合之曰。罶、曲梁也。寡婦之笱也。許說本之。按邶風傳云。梁、魚梁。衞風傳曰。石絕水曰梁。曹風傳云。梁、水中之梁。邶風傳云。笱所以捕魚也。句部云。笱、曲竹捕魚也。葢曲梁別於凡梁。寡婦之笱別於凡笱。曲梁者、僅以薄爲之。寡婦之笱、笱之敝者也。魚麗美物盛多。能備禮也。故言此曲梁寡婦之笱。而魚之多如是。苕之華、大夫閔時也。師旅並起。因之以飢饉。言三星在罶。則無魚可知也。梁與笱相爲用。故詩云敝笱在梁。言逝梁必言發笱。若魯語曰。古者大寒降。土蟄發。水虞於是乎講罛罶。取名魚。則非止曲梁寡婦之笱矣。从网畱。畱亦聲。力九切。三部。䍡　罶或从婁。三部四部合音。春秋國語曰。溝罛䍡。魯語文。溝疑誤。古本葢作冓。冓猶交加也。今魯語作講。

罜　罜麗、逗。小

麗　罧　罠

魚罟也。魯語曰。鳥獸成。水蟲孕。水虞於是禁罝罜麗。設穽鄂。以實廟庖畜功用也。韋曰。罝當作罛。罜麗小網也。西京賦曰。設罜麗。从网。主聲。之庾切。四部。按古音獨。

麗 罜麗也。从网。鹿聲。盧谷切。三部。

罧 積柴水中㠯聚魚也。从网。林聲。毛詩潛有多魚。韓詩潛作涔。釋器曰。槮謂之涔。毛傳曰。潛、槮也。爾雅、毛傳槮本从米。舍人、李巡皆云。以米投水中養魚曰涔。从米是也。自小爾雅改作槮。改米爲木云橬。改水爲木槮也。積柴水中而魚舍焉。郭景純因之云。今之作槮者。聚積柴木於水。魚得寒入其裏藏隱。因以薄圍捕取之。槮非古字。至若罧字。雖見淮南鴻烈。然與槮皆俗字也。毛詩、爾雅音義皆云字林作罧。不云出說文。疑或取字林羼入許書。古本當無此篆。所今切。七部。按舊皆山沁反。

罠 所㠯釣也。所以二字今補。召南曰。其釣維何。維絲伊緡。傳曰。緡、綸也。箋云。以絲爲之綸。則是善釣也。按糸部曰。緡、釣魚繁也。此曰罠所以釣也。然則緡罠古今字。一古文、一小篆也。吳都賦注曰。罠、麋網。廣韵曰。罠、彘網。則又古今義殊。○釋器。彘罟謂之羉。本或作罠。張載七命。布飛羉。張修罠。則羉與罠非一字也。从网。民聲。武巾切。十二部。自罼至此十一篆皆謂以漁者也。

羅　罬　罿　罦　罻　罘

羅 㠯絲罟鳥也。釋器。鳥罟謂之羅。王風傳曰。鳥網爲羅。从网。从維。會意。魯何切。十七部。或作罹。俗異用。古者芒氏初作羅。蓋出世本作篇。

罬 捕鳥覆車也。釋器曰。罬謂之罿。罿、罬也。罬謂之罦。罦、覆車也。郭云。今之翻車也。有兩轅。中施罥。以捕鳥。展轉相解。廣異語。按又見糸部。从网。叕聲。陟劣切。十五部。

輟 罬或从車作。按車部有輟篆。義殊。

罿 罬也。王風毛傳同。从网。童聲。尺容切。九部。

罦 覆車也。王風。雉離于罦。傳曰。罦、覆車也。从网。包聲。縛牟切。三部。詩曰。雉離于罦。今毛傳作罦。

罦 罦或从孚作。古包聲孚聲同在三部。

罻 捕鳥网也。王制注曰。罻、小網也。从网。尉聲。於位切。十五部。

罘 兔罟也。郭璞注子虛賦曰。罘、罝也。从网。否聲。縛牟切。古音在一部。秦刻石可證也。罘作罘。

䓂 罝　䍢　署　罷

䓂 罟也。廣韵曰。兔網。从网。互聲。胡誤切。五部。

罝 兔网也。周南。肅肅兔罝。釋器、毛傳皆曰。兔罟也。从网。且聲。子邪切。古音在五部。

䍜 罝或从組作。

䖑 籒文从虘。虘聲。自羅至此八篆。皆以田者也。

䍢 牖中网也。中字、牖或曰當作戶牖网如招罨之网。戶王逸曰。网戶、綺紋鏤也。此似网非眞网也。故次於此。从网。舞聲。文甫切。五部。

署 部署也。部署猶處分。疑本作罘署。後改部署也。項羽本紀曰。梁部署吳中豪傑爲校尉候司馬。急就篇曰。分別部居不雜廁。魯語孟文子曰。夫位、政之建也。署位之表也。署所以朝夕虔君命也。按官署字起於此。各有所网屬也。从网。网屬猶系屬。若网在綱。故从网。者聲。者、別事詞也。此舉形聲包會意。常恕切。五部。

罷 遣有辠也。引伸之爲止也。休也。周易或鼓或罷。論語欲罷不能。周禮有罷民。鄭曰。民不愍作勞。有似於罷。齊語有罷士、罷女。韋曰。罷、病也。無作曰病。按罷民、罷士謂偷惰之人。罷之音亦讀如疲。而與疲義殊。少儀。師役曰罷。鄭曰。罷之言疲勞也。凡曰之言者。皆轉其義之詞。从网能。會意。薄蟹切。古音在十七部。讀如婆。論語音杷。网、辠网也。依韵會補四字。言有賢能而入网。卽貰遣之。周禮曰。大司寇職文。議能之辟是也。說會意之恉。

置　罯　詈　罵　䍶

置 赦也。攴部曰。赦、置也。二字互訓。置之本義爲貰遣。轉之爲建立。所謂變則通也。周禮廢置以馭其吏。與廢對文。古借爲植字。如攷工記置而搖之。卽植而搖之。論語植其杖。卽置其杖也。从网直。徐鍇曰。與罷同意。是也。直亦聲。陟吏切。一部。

罯 覆也。从网。音聲。烏感切。七部。

詈 罵也。从网言。力智切。十六部。

罵 詈也。从网。馬聲。莫駕切。古音在五部。

䍶 馬落頭也。落、絡古今字。許書古本必是作落。引伸之爲羈旅。从网馬。馬、絆也。既絆其足。又网其頭。居宜切。十六部。

羈 䍶或从革。今字作羈。俗作覊。

七篇下

文三十四　重十二

襾　覆也。从冂上下覆之。下字賸。冂者自上而下也。凵者自下而上也。故曰上覆之。覆者覂也。从一者、天也。上覆而不外乎天也。凡襾之屬皆从襾。讀若晋。呼訝切。古音在五部。

覂　覆也。武帝紀。泛駕之馬。師古曰。泛、覆也。音方勇反。字本作覂。後通用耳。廣韵正作覂駕之馬。食貨志。大命將泛。孟康曰。泛音方勇反。玉篇正作大命將覂。从襾乏聲。方勇切。古音在七部。

覆　覂也。反也。覆覂反三字雙聲。又部反下曰。覆也。反覆者。倒易其上下。如襾从冂而反之爲凵也。覆與復義相通。復者往來也。从襾復聲。此舉形聲包會意。芳福切。三部。一曰蓋也。此別一義。艸部曰。蓋者、苫也。苫者、蓋也。上文云。冖者覆也。皆此義。古本與上義同一音。南音乃別此義爲敷救切。

覈　實也。凡有骨之偁也。骨下曰。肉之覈也。蔡邕注典引曰。有骨曰覈。周禮。其植物曰覈物。謂梅李之屬。按詩小雅。肴覈維旅。典引及注不誤。蜀都賦作槅。叚借字也。今本作核。傳譌也。周禮經作覈。注作核。蓋漢人已用核爲覈矣。攷事襾笮邀遮其辭得實曰覈。襾者反覆之。笮者迫之。徼者巡也。遮者遏也。言攷事者定於一是。必使其上下四方之辭皆不得逞。而後得其實。是謂覈。此所謂咨於故實也。所謂實事求是也。从襾敫聲。下革切。古音當在二部。

覈　覈或从雨。亦襾意。

文四　重一

巾　佩巾也。帶下云。佩必有巾。巾、佩巾。禮之紛帨也。鄭曰。紛帨、拭物之佩巾也。按以巾拭物曰巾。如以帨拭手曰帨。周禮巾車之官。鄭注。巾猶衣也。然吳都賦吳王乃巾玉路。陶淵明文曰。或巾柴車。或櫂孤舟。皆謂拂拭用之。不同鄭說也。陶句見文選江淹雜體詩注。今本作或命巾車。不可通矣。玉篇曰。本以拭物。後人著之於頭。从冂。巾可覆物。故从冂。周禮冪人注。以巾覆物曰冪。丨象系也。有系而後佩於帶。居銀切。十二部。凡巾之屬皆从巾。

帉　楚謂大巾曰帉。方言。大巾謂之帉。內則曰。左佩紛帨。鄭云。紛帨、拭物之佩巾。今齊人有言紛者。釋文曰。紛或作帉。按紛者叚借字也。帉帉同。从巾分聲。撫文切。十三部。

帥　佩巾也。从巾𠂤聲。聲字大徐奪。所律切。十五部。

帨　帥或从兌聲。今音稅。此二篆今人久不知爲一字矣。召南毛傳曰。帨、佩巾也。鄉飲酒禮、鄉射禮、燕禮、大射儀、公食大夫禮有司徹皆言帨手。注。帨、拭也。帨手者於帨。帨、佩巾。據賈氏鄉飲公食二疏。知經、注皆作帨。別無挩字。內則盥卒授巾。注云。巾以帨手。即用禮經帨手字也。㕞者、拭也。刷亦同㕞。左傳藻率鞞鞛。服虔曰。藻爲畫藻。率爲刷巾。禮有刷巾。許於刀部刷下亦云。禮有刷巾。是則刷巾即左傳之率。率與帥古多通用。如周禮樂師故書帥爲率。聘禮古文帥皆作率。韓詩帥時農夫。毛詩作率。皆是佩巾本字作帥。叚借作率也。鄭曰。今文帨。古文作說。是則帥率帨說㕞刷六字古同音通用。後世分文析字。帨訓巾。帥訓率導。訓將帥。而帥之本義廢矣。率導將帥字在許書作𨓆。作𧗿。而不作帥與率。六書惟同音叚借之用最廣。

𢃇　禮巾也。从巾執聲。篆體二徐皆作𢃇。大徐曰从執。小徐曰執聲。皆誤。今正。𢃇輸芮切。十五部。今不見經典。恐亦帨之或體。然廣雅已兼載帨𢃇矣。

帗　一幅巾也。幅、布帛廣也。一幅巾者、巾廣二尺二寸。其長當亦同也。此與鄭注周禮帗舞義絕殊。葢許君周禮作翇舞。與鄭司農說同。見羽部。从巾犮聲。讀若撥。北末切。十五部。

㠴　枕巾也。葢加枕以藉首。爲易污也。今俗所謂枕頭衣。廣雅亦曰。㠴巾也。从巾刃聲。而振切。十二部。亦作𢃊。

幋　覆衣大巾也。从巾般聲。薄官切。十四部。或曰爲首鞶。首鞶未聞。當依李善思玄賦注作首飾。

帤　巾帤也。方言。幏、巾也。大巾謂之帉。嵩嶽之南陳潁之間謂之帤巾。亦謂之幏。按巾帤葢方俗語。从巾。如聲。女余切。五部。一曰幣巾。幣當爲敝。字之誤也。如衣部袭爲敝衣。糸部絮爲敝絮。虞翻注易曰。袽、敗衣也。盧氏曰。袽者殘幣帛可拂拭器物也。音義皆略同。弓人厚其袽。注謂弓中裨也。內景黃庭

幣　幅　帗　帶

經曰。人閒紛紛臭帑如。幣帛也。帛者、繒也。聘禮注曰。幣人所造成以自覆蔽。作幣者誤。謂束帛也。愛之斯欲飲食之。君子之情也。是以享用幣。所以副忠信。从巾。敝聲。毗祭切。十五部。幅布帛廣也。凡布帛廣二尺二寸。其邊曰幅。左傳曰。夫富如布帛之有幅焉。爲之制度。使無遷也。引伸爲邪幅。小雅。邪幅在下。傳曰。幅、偪也。所以自偪束也。从巾。畐聲。方六切。古音在一部。帗設色之工治絲練者。攷工記設色之工。帗氏掌湅絲湅帛。此云治絲、謂湅絲。云治練、謂湅帛也。糸部曰。練、湅繒也。此謂帛爲練者、渾言之也。湅見水部。从巾。巟聲。呼光切。十部。一曰帗、逗隔也。也字今補。詩曰。葛藟荒之。傳曰。荒、掩也。隔之義謂網其上而葢之。卽詩所謂荒之也。玉篇曰。帗、幪也。讀若荒。攷工記先鄭注曰。讀爲芒芒禹迹之芒。讀爲當是讀如之誤。帶紳也。糸部曰。紳、大帶也。男子鞶帶。婦人帶絲。古本皆如此。毛本依小徐、誤。內則曰。男鞶革。女鞶絲。革部鞶下云。大帶也。男子帶鞶。婦人帶絲。按古

幘　㡌　帔　帬

有大帶。有革帶。革帶以繫佩韍而後加之大帶。則革帶統於大帶。故許於紳於鞶皆曰大帶。實則內則之鞶專謂革帶。此偁內則者。謂鞶統於紳。佩繫於鞶也。象繫佩之形。謂卌也。佩必有巾。从重巾。謂巿也。當葢切。十五部。幘髮有巾曰幘。方言曰。覆髻謂之幘巾。或謂之承露。或謂之覆髮。獨斷曰。幘、古者卑賤執事不冠者之所服也。漢以後服之。其制日詳。詳見司馬氏輿服志。从巾。責聲。側革切。十六部。㡌領耑也。从巾。旬聲。相倫切。十二部。篇韵皆無此字。帔弘農謂帬帔也。謂帬曰帔也。方言曰。帬、陳魏之閒謂之帔。自關而東謂之襬。从巾。皮聲。披義切。古音在十七部。帬繞領也。方言繞衿謂之帬。廣雅本之。曰繞領。句帔。句帬也。衿領今古字。領者、劉熙云。總領衣體爲端首也。然則繞領者、圍繞於領。今男子婦人披肩其遺意。劉熙曰。帔、披也。披之肩背。不及下也。葢古名帬。弘農方言曰帔。若常則曰下帬。言帬之在下者。亦集眾幅爲之。如帬之集眾幅被身也。如李善引梁典。任昉諸子冬

常　帴　幝

月著葛巾帔練帬。自是上下三物。水經注。淮南王廟安及八士像。皆羽扇帬帔。巾壺枕物。一如常居。亦帬帔竝言。自釋名帬系下、帔系上。後人乃不知帔帬之別。擅改說文矣。从巾。君聲。渠云切。十三部。按此篆之解各本改爲下裳也。無義。又移其次於常下帔上。今皆更正。帬帬或从衣。常下帬也。釋名曰。上曰衣。下曰裳。裳、障也。以自障蔽也。士冠禮。爵弁服纁裳。皮弁服素積。玄端玄裳黃裳襍裳可也。禮記深衣續衽鉤邊。要縫半下。今字裳行而常廢矣。从巾。尚聲。从巾者。取其方幅也。引伸爲經常字。市羊切。十部。常常或从衣。帴帬也。衣部禮下曰。帴也。一曰帗也。帗、一幅巾也。一曰婦人脅衣。釋名所謂心衣。小徐作脅巾。从巾。戔聲。讀若末殺之殺。末殺亦見漢書谷永傳。服虔注左傳作末槃。皆卽水部之濊泧。拭滅皃也。今京師有此語。所八切。古音十四十五部合韵。幝幒也。方言。褌、陳楚江淮之閒謂之衳。釋名。褌、貫也。貫兩腳上繫腰中也。按今之套褌、古之絝也。今之

幒　㡺　幎　幔　幬

滿襠褌、古之褌也。自其渾合近身言曰幝。自其兩襱孔穴言曰幒。方言。無祠之袴謂之襣。郭云。卽犢鼻褌。从巾。軍聲。古渾切。十三部。褌幝或从衣。幒幝也。从巾。悤聲。職茸切。九部。方言錯勇反。一曰帙。書衣也。松幒或从松。方言作衳。㡺楚謂無緣衣也。方言。無緣之衣謂之襤。又曰。裯謂之襤。又云。楚謂無緣之衣曰襤。紩衣謂之褸。又曰。襜褕以布而無緣。敝而紩之謂之襤褸。从巾。監聲。魯甘切。八部。幎幔也。謂冡其上也。周禮注曰。以巾覆物曰幎。禮經鼏有冪。鼏尊彝有幎。其字亦作冪。俗作羃。筭家幎積是此字。魏都賦注引左傳。冪館宮室。塗塈曰冪者。亦謂冡其上也。今本作塓乃俗字。从巾。冥聲。莫狄切。古音在十一部。周禮有幎人。天官所屬。掌供巾幎。今周禮作冪。幔幎也。幎各本作幕。由作冪而誤耳。今正。凡以物冡其上曰幔。與幎雙聲而互訓。釋名、玉篇、廣韵以帷幔釋之。今義非古義也。从巾。曼聲。莫半切。十四部。幬禪帳也。禪、不重也。

古樂府。紅羅複斗帳。則帳多複者。召南抱衾與裯傳。襌被也。箋云。裯牀帳也。按鄭謂裯爲幬之叚借也。不言襌者、統辭也。釋訓曰。幬謂之帳。引伸爲覆幬。見左傳及中庸。中庸注曰。幬或作燾。**从巾。𠷎聲。**直由切。三部。

㡘帷也。釋名曰。㡘廉也。自障蔽爲廉恥也。戶㡘施之於戶外也。按與竹部簾異物。㡘以布爲之。簾以竹爲之。**从巾。**鄭云帷以布爲之。**兼聲。**力鹽切。七部。

帷在旁曰帷。周禮注同。釋名曰帷圍也。所以自障圍也。**从巾。隹聲。**洧悲切。十五部。**𢂀古文帷。**錯曰。从匚。象周帀。

帳張也。以疊韵爲訓。釋名曰。帳、張也。張施於牀上也。小帳曰斗帳。形如覆斗也。古亦借張字爲之。**从巾。長聲。**知諒切。十部。

幕帷在上曰幕。周禮注曰。在上曰幕。幕或在地。展陳於上。疏云。聘禮布幕。官陳幣。史展幣。皆於幕下。又賓入境至館。皆展幕。是幕在地展陳於上也。按大徐本此下有覆食案亦曰幕六字。葢淺人所增。**从巾。莫聲。**慕各切。五部。按周禮尚有幄帟字。鄭云四合象宮室曰幄。王所居之帳也。帟王在幕若幄中坐上承塵。皆以繒爲之。許無幄字者。木部有楃。本巾車。帟則葢叚亦爲之。亦之言重也。其皆周禮故書與。

七篇下　巽

帇𢅤裂也。謂殘帛裂也。急就篇曰。帇𢅤囊橐不直錢。方言。器破而未離。南楚之閒謂之𢅤。聲同義近。亦作帗。**从巾。匕聲。**卑履切。十五部。

𢅤殘帛也。廣韵曰。𢅤縷桃花類篇曰。今時剪繒爲華者。按與碎音義略相近。**从巾。祭聲。**所例切。廣韵音雪。十五部。

㡏正褍裂也。褍各本作耑。今正。衣部曰。褍衣正幅也。此謂帛之正褍。以別於上文帇謂殘帛之裂。**从巾。俞聲。**山樞切。古音在四部。

帖帛書署也。木部曰。檢、書署也。木爲之謂之檢。帛爲之則謂之帖。皆謂標題。今人所謂籤也。帛署必黏黏。引伸爲帖服。爲帖妥。俗製貼字爲相附之義。製怗字爲安服之義。**从巾。占聲。**他叶切。七部。

帙書衣也。書衣謂用裹書者。亦謂之幒。陸德明撰經典釋文三十卷。合爲三袟。今人曰函。**从巾。失聲。**直質切。十二部。**袟帙或从衣。**

𢄼幡幟也。幡幟、旛識之俗字也。古有旛無幡。有識無幟。許書本作旛識。淺人易之。旛識者。旗有幅。可爲表識。前之言箋也。箋謂表識。**从巾。前聲。**則前切。十四部。

幑幑識也。三字一句。各本刪幑字。識作幟。今正。**㠯絳帛。**句**箸於背。**各本絳下衍幑字。誤移識上之幑於此也。今刪。六月詩。識文鳥章。鄭箋。識、幑識也。將帥以下衣皆箸焉。周禮司常。掌九旗之物名。各有屬以待國事。鄭注。屬謂幑識也。大傳謂之幑號。今城門僕射所被及亭長箸絳衣。皆其舊象。司常又曰。及國之大閱。贊司馬頒旗物。王建大常。諸侯建旂。孤卿建旜。大夫士建物。師都建旗。州里建旟。縣鄙建旐。道車載旞。斿車載旌。皆畫其象焉。官府各象其事。州里各象其名。家各象其號。鄭云。徽識旌旗之細也。士喪禮爲銘各以其物。以緇長半幅。赬末長終幅。廣三寸。書名於末。此葢其大閱禮象而爲之。兵凶事。若有死事者。則以相別也。左傳曰。揚徽者公徒也。杜注曰。徽識也。大傳曰。殊徽號。鄭曰。徽號旗之名也。覲禮曰。公侯伯子男皆就其旂而立。賈公彥云。此旂旂及鄭雖不解。鄭注夏官仲夏辨號名。此表朝位之旂與銘旌及在軍徽識同。皆以尺易仍小號而爲之表也。按古朝覲軍禮皆有徽識。而徽各書作徽容是叚借。識各書作幟。則是俗字。唐初釋玄應曰。幟與識本無二音。若毛詩作織。則亦叚借字也。許書及杜注皆徽識也三字爲句。淺者皆刪去一字。不完。以絳帛者用絳帛爲之。周禮九旗之帛皆用絳。則其細亦皆用絳可知也。箸於背者專謂軍禮象銘旌而爲之者。下文云若今救火衣。鄭注周禮云今城門僕射所被及亭長箸絳衣。皆其舊象。葢此等皆箸於背。以爲表識也。衣部卒下曰。衣有題識者。即鄭所云亭長箸絳衣也。**从巾。微省聲。**許歸切。十五部。**春秋傳曰。揚徽者公徒。**昭公二十一年左傳文。按曰揚則旗而非箸背者。**若今救火衣然也。**此與箸於背相屬。

七篇下　巽

幖幖識也。亦三字一句。各本作幟也二字。今正。通俗文曰。微号曰幖。私記曰幟。周禮肆師表齍盛告絜。鄭注。故書表爲剽。剽表皆謂徽識也。按剽表皆叚借字。幖其本字也。凡物之幖識亦曰徽識。今字多作標。牓標行而幖廢矣。**从巾。票聲。**方招切。二部。

帑幡也。幡者下文云。書兒拭觚布也。與上文前下云幡幟迥別。許書㕚部[illegible]下曰。

旛胡也。謂旗幅之下垂者。與幡各義。自俗書從便。旗旛字皆作幡。冣目曰。鳥蟲書所以書旛信也。今本亦改爲幡信。而此部萬之幡識。鮮知其當作旛矣。萬與微幖伍旌旗類也。帤與幡同物。拭觚布也。廣韵繙字下云。繙帤。亂取此今義。非許義。**从巾。兇聲。**於袁切。十四部。

幡 書兒。拭觚布也。拭本作飾。淺人所改也。飾拭正俗字。許書有飾無拭。顏師古曰。觚者學書之牘。或以記事。削木爲之。其形或六面。或八面。皆可書。觚者棱也。以有棱角。故謂之觚。卽孔子所歎也。按觚以學書或記事。若今書童及貿易人所用粉版。既書可拭去再書。楊雄齎油素四尺。亦謂素之可拭者也。拭觚之布謂之幡。亦謂之帤。反覆可用之意。**从巾。番聲。**甫煩切。十四部。

㡜 刜也。刜當作拂。字之誤也。刀部曰。刜，擊也。手部曰。拂，過擊也。過擊者，所過而擊箸。與拭之義近。上下文皆言拭。可證必當作拂矣。玉篇注作拂也。廣韵注作拂箸。**从巾。刺聲。**盧達切。十五部。

幟 拭也。其義少見。字林幖幟。記則音義同籤。**从巾。韱聲。**精廉切。七部。

飾 㕞也。又部曰。㕞，飾也。二篆爲轉注。飾拭古今字。許有飾無拭。凡說解中拭字皆淺人改飾爲之。而彡下云。毛飾畫文也。聿下云。聿飾也。皆卽拭字。淺人不解而不之改。若㕞下云。飾也。則五經文字所據尚不誤。周禮司尊彝注云。涚酌者。涚飾勺而酌也。釋文作飾。今本作拭。實無二義。凡物去其塵垢卽所以增其光采。故㕞者飾之本義。而凡踵事增華皆謂之飾。則其引伸之義也。若席下云純飾。蘩下云弁飾。縟下云緐采飾。是也。凡許書之義例。依此求之。無不可得者。聘禮拭圭字今作拭。蓋古經必作飾。鄭云拭清也。此必經文作飾而以清訓之。倘經本作拭。又何用此注乎。釋詁云。拭，清也。爾雅少古字。故往往與經典不合。古本當不作拭耳。管子輕重曰。桓公使八使者式璧而聘之。式者，飾之叚借。**从巾。从人。**拭物者巾也。用巾者人也。**从食聲。讀若式。**賞隻切。按廣韵賞職切。與唐韵異。一部。飾篆各本皆在幭後幃前。此不知許因上文四篆言飾。故緊承以飾篆。而誤移其次也。**一曰襐飾。**此別一義。衣部襐下曰。襐飾也。急就篇曰。襐飾刻畫無等雙。漢平帝后傳曰。令孫建世子襐飾。將醫往問疾。顏注。襐飾，盛飾也。一曰首飾在兩耳後。刻鏤而爲之。廣韵曰。襐，未笄冠者之首飾也。玉篇曰。首飾也。

幝 車敝皃。敝各譌作弊。今正。皃釋文引作也。小雅杕杜曰。檀車幝幝。傳曰。檀車役車也。幝幝敝皃。釋文曰。幝，韓詩作緂。糸部曰。緂，偏緩也。○按古本當是巾敝皃。故从巾。詩以爲車敝字。則其引伸之義也。釋文引說文。巾敝也。从巾單。今本釋文乃巾譌車。殊失陸意。**从巾。單聲。**昌善切。十四部。**詩曰。檀車幝幝。**

幏 蓋衣也。覆蓋物之衣也。法言。震風淩雨。然後知夏屋之爲帡幪也。幪卽幏之俗。尚書大傳。下刑墨幏。方言。幏，巾也。與許義稍異。大雅麻麥幪幪。傳曰。幪幪然茂盛也。按此亦引伸之義。謂偏覆於地也。**从巾。冡聲。**莫紅切。九部。

幭 蓋幭也。幭之言幎也。大雅淺幭。傳曰。淺，虎皮淺毛也。幭，覆式也。按幭之本義不專爲覆軾。而覆軾其一端也。司馬彪、徐廣曰。乘輿車文虎伏軾。龍首衡軛。文虎伏軾卽經之淺幭。龍首衡軛卽經之金厄也。說詳詩經小學。曲禮素籤注。籤，覆笭也。釋文。籤本又作幭。幭者正字。籤者叚借字也。篇韵皆以帊幞釋幭。今義也。**从巾。蔑聲。**莫結切。十五部。**一曰襌被。**別一義。被，寑衣也。

幠 覆也。喪大記。幠用斂衾。釋詁。幠，大也。幠，有也。皆覆義之引伸也。投壺曰。無幠無敖。注曰。幠敖皆慢也。又其引伸也。斯干。以芋爲幠。**从巾。無聲。**荒烏切。五部。

幃 囊也。離騷。蘇糞壤以充幃。王逸曰。幃謂之幐。幐，香囊也。按凡囊皆曰幃、曰幐。王依文爲說。則謂之香囊耳。或曰。爾雅婦人之褘亦作幃。是許所云幃也。今按此與爾雅之褘無涉。釋器曰。婦人之褘謂之縭。縭，緌也。郭云。卽今之香纓。女子既嫁之所著。示繫屬於人。義見禮記。攷士昏禮注曰。婦人十五許嫁。笄而禮之。因著纓。明有繫也。蓋以五采爲之。其制未聞。內則。婦事舅姑。衿纓。注曰。婦人有纓。示繫屬也。詩。親結其縭。毛云。縭，婦人之褘也。母戒女施衿結帨。孫炎釋爾雅婦人之褘云。帨巾也。禮之纓必以采繩。詩、爾雅之褘縭乃帨巾。其不相涉明甚。景純注非許以囊釋幃。亦斷非釋器及毛詩之褘也。**从巾。韋聲。**許歸切。十五部。

帣 囊也。集韵曰。囊有底曰帣。或借爲絭字。史記。淳于髡帣韝鞠賸。帣韝謂以韝約袖。糸部曰。絭，纕臂繩也。**今鹽官三斛**

爲一帣。舉漢時語證之。㨉字下曰。今鹽官入水取鹽爲㨉。皆漢時鹽法中語。从巾。𢍏聲。居倦切。十四部。

帚　所吕糞也。所吕二字淺人刪之。今補。糞當作坌。土部曰。坌、埽除也。不言埽言坌者、坌亦埽也。曲禮言糞。少儀曰。氾埽曰埽。埽席前曰拚。拚卽坌之叚借字。坌與埽對文則二。散文則一。帚亦謂之鬣。从又持巾埽冂內。冂舊作宀。非。今按當作郊冂字。音扃。介也。凡埽除以潔清介內。持巾者、埽之事。昉於拂拭。因巾可拭物。乃用萑芀黍梨爲帚拂地矣。合三字會意。支手切。三部。古者少康初作箕帚秫酒。太平御覽云。世本曰。少康作箕帚。又云。世本曰。儀狄始作酒醪。變五味。少康作秫酒。按許酒下亦曰。古者儀狄作酒醪、杜康作秫酒。少康、杜康也。葬長垣。嫌少康卽夏少康。故釋之。文選注引王著與杜康絕交書曰。康字仲寧。或云黃帝時宰人。號酒泉太守。按此葢以文爲戲之言。未可爲典要。

席　藉也。此以疊韻爲訓。戶護、門聞之例也。藉本祭藉。引伸爲凡藉之偁。竹部曰。竹席曰筵。實通偁耳。禮。謂周官經。天子諸侯席有黼繡純飾。此約周禮司几筵之文。莞筵紛純。次席黼純。鄭司農云。紛讀爲和粉之粉。謂白繡也。純、緣也。後鄭云。斧謂之黼。其繡白黑采。从巾。其方幅如巾也。庶省聲。此形聲非會意。祥易切。古音在五部。

席　古文席从石省。下象形。上从石省聲。

幐　囊也。離騷。蘇糞壤以充幃。王注。幃謂幐。幐、香囊也。按凡囊皆曰幐。王望文爲說耳。玉篇曰。兩頭有物謂之幐擔。廣韻曰。囊可帶者。或借滕爲之。从巾。朕聲。徒登切。六部。

㡒　以囊盛穀大滿而裂也。㡒之言璺也。璺者、隙也。玉篇曰。又弓筋起。从巾。奮聲。方吻切。十三部。

㡐　載米㡐也。宁部曰。𡬜、㡐也。所以盛米也。二字相轉注。从巾。葢其體方。盾聲。讀若易屯卦之屯。陟倫切。十三部。

⿰巾及　蒲席𤮰也。甾部曰。𤮰者、⿰巾及也。楊雄以爲蒲器。然則𤮰與⿰巾及一物也。从巾。及聲。讀若蛤。古沓切。七部。

幩　馬纏鑣扇汗也。衞風碩人曰。朱幩鑣鑣。傳曰。幩、飾也。人君以朱纏鑣扇汗。且以爲飾。儦儦、盛皃。金部曰。鑣者、馬銜也。以朱幓縷纏馬銜之上而垂之。可以因風扇汗。故謂之扇汗。亦名排沫。以其用幓也。故从巾。从巾。賁聲。符分切。十三部。詩曰。朱幩儦儦。儦儦各本及詩經皆作鑣鑣。今依玉篇人部訂。希馮所據詩不誤。孔沖遠正義已誤矣。○按廣雅亦曰。鑣鑣、盛也。則不必改。

七篇下　圭

⿰巾夓　墀地也。也字今補。土部曰。墀者、涂地也。然則墀地卽涂地也。漢書楊雄傳曰。⿰巾夓人亡則匠石輟斤而不敢妄斲。服虔曰。⿰巾夓、古之善塗墍者。施廣領大袖以仰塗。而領袖不污。按服注不言涂地。然仰涂如此。其善則涂地更可知矣。⿰巾夓人卽莊子郢人。吕巾撊之。从巾。說从巾之意也。撊葢卽手部搯字。今之抆字。搯者、撫也。涂地以巾按而摩之。如今之擦漆。故其字从巾。巾撊、廣韻作巾捫。集韻作巾撊。夓聲。讀若水溫𩑶。夓聲各本作夒聲。篆體各本皆誤作⿰巾夒。今正。按許讀如𩑶犬。徐據唐韻乃昆切。玉篇奴昆切。葢古溫𩑶之𩑶讀乃昆切。玉篇、曹憲廣雅音、廣韻又乃回、奴回切。則乃昆之轉。脂文之合。廣韻又奴案切。則依說文𩑶字今音。莊子釋文引漢書音義音溫。一本作濕。與乃昆一音相近。韋昭乃回反。則乃回一音之所本也。乃昆之音因於夓聲。夓者、古文婚字。見女部。車部轒以爲聲。亦讀若閔。然則此爲夓聲而非夒聲明甚。夒在尤幽部。轉入蕭宵肴豪部。斷不得反以乃昆也。顧孰慶生說文及漢書⿰巾夓乃譌。⿰巾夓賴古可據音以證其形。而師古注漢書妄云乃高反。是其形終古不可正矣。今漢書字覓作⿰巾夒。莊子釋文覓作優。莫能諟正。近盧召弓重刻莊子音義又改音溫作音鐃。可不急辨其非哉。乃昆之音可爲乃回。而斷不可爲乃高。斯聲音自然之理。學者所當究心也。十三部。○又按廣韻集韻六豪內皆無⿰巾夒乃高切之語。且師古明云。⿰巾夒、抆拭也。故謂塗者爲⿰巾夒人。其語故依一傍文及漢書一音義。其音必同。漢書音義斷不自造乃高一反。說先於乃回一反也。葢師古之後、字誤作⿰巾夒。而後有妄改顏注者耳。一曰箸也。箸直略反。此別一義。

帑　金幣所藏也。此與府庫廥等一律。帑讀如奴。帑之言囊也。以幣帛所藏。故从巾。从巾。奴聲。乃都切。五部。小雅常棣傳曰。帑、子也。此叚帑爲奴。周禮曰。其奴男子入於罪隸。女子入於舂稾。本謂罪人

七篇下　圭

之子孫爲奴。引伸之則凡子孫皆可偁奴。叚帑爲之。鳥尾曰帑。亦其意也。今音帑藏他朗切。以別於妻帑乃都切。

布　枲織也。其艸曰枲。曰萉。析其皮曰𣏟。曰朩。屋下治之曰麻。緝而績之曰綫。曰縷。曰纑。織而成之曰布。布之屬曰紨。曰𦅷。曰絟。曰緦。曰緆。曰緰。曰貲。曰幏。曰幏。古者無今之木綿布。但有麻布及葛布而已。引伸之凡散之曰布。取義於可卷舒也。外府注曰。布。泉也。其藏曰泉。其行曰布。泉者今之錢也。衞風抱布貿絲。傳曰。布。幣也。箋云。幣者所以貿買物也。此幣爲凡貨之偁。布帛金錢皆是也。从巾。父聲。博故切。五部。隸變作布。

幏　南郡蠻夷賨布也。貝部曰。賨者南蠻賦也。文選魏都賦注引風俗通曰。槃瓠之後輸布一匹小口二丈。後漢書少小口二字。是爲賨布。廩君之巴氏出幏布八丈。後漢書云八丈二尺。幏亦賨也。故統謂之賨布。从巾。家聲。古訝切。古音在五部。

⿰巾弦　⿰巾弦布也。各本刪⿰巾弦字。今補。布名也。出東萊。地理志郡國志東萊郡皆有⿰巾弦縣。蓋以布得名也。⿰巾弦縣故城在今山東登州府黃縣南百二十里。○按廣韵⿰巾弦布名。⿰巾弦縣名。在東萊。集韵亦云。⿰巾弦縣名。⿰巾弦布名。出東萊⿰巾弦縣。而魏地形志晉地理志皆作⿰巾兹縣。字从小。今本郡國志亦从小。未能是正。从巾。弦聲。胡田切。十二部。師古音堅。

⿱敄巾　髼布也。髼者。桼也。廣韵集韵十遇作髮巾。一曰車衡上衣。衡上各本誤倒。今依小徐及廣韵玉篇集韵類篇訂。廣韵曰。⿱敄巾轅上絲。从巾。敄聲。讀若項。莫卜切。三部。按此字集韵六引。皆不云出說文。

幦　髼布也。既夕禮玉藻少儀鄭注。公羊傳昭廿五年何注。皆曰。幦。覆笭也。按車覆笭與車笭是二事。車笭者。周禮之蔽。毛詩爾雅之第。說文之篚。鄭曰。車旁禦風塵者也。覆笭者。禮經周禮之記。公羊傳之幦。大雅曲禮之幭。今周禮之幎。蓋乎軾上者也。以禦旁之名名之也。車笭多以竹。故字从竹。覆笭不用竹。用皮。巾車曰。王喪之車犬𧜵。鹿淺𧜵。然𧜵。豻𧜵。各用其皮也。大雅之淺幭。虎皮也。與玉藻之羔幦鹿幦。皆諸侯大夫士之吉禮也。曲禮之素幭。卽士喪禮之白狗幦。大夫士之凶禮也。然則車覆笭古無用桼布者。許以髼布釋幦。幦之本義也。經典用爲車覆笭之字也。从巾。辟聲。莫狄切。十六部。周禮曰。駹車犬幦。巾車職文。按巾車云。木車犬𧜵。素車犬𧜵。駹車然𧜵。蓋許一時筆誤。如或箴或㠯之比。𧜵幦不同。蓋故書今書之異。車覆笭之字當是幭爲正字。上文云蓋幭是也。幦爲叚借字。大雅毛傳曰。幭。覆軾。然則幦者主謂軾覆。輿服志曰。文虎伏軾。經之淺幦也。士喪禮記曰。古文幦爲冪。又可證禮古文不作幦。

⿰巾耴　領耑也。从巾。耴聲。陟葉切。八部。按此篆與⿰巾句篆同義。篇韵皆有⿰巾耴無⿰巾句。集韵乃兼有之。蓋此書當刪⿰巾句而存⿰巾耴於⿰巾句處。

文六十二　重八

市　韠也。韋部曰。韠。韍也。二字相轉注也。鄭曰。韠之言蔽也。韍之言亦蔽也。祭服偁韍。玄端服偁韠。上古衣蔽前而已。市以象之。鄭注禮曰。古者佃漁而食之。衣其皮。先知蔽前。後知蔽後。後王易之以布帛。而獨存其蔽前者。不忘本也。天子朱市。諸侯赤市。卿大夫葱衡。卿大夫下當有赤市二字。奪文也。斯干箋云。芾。天子純朱。諸侯黃朱。采芑傳曰。芾。黃朱芾也。鄭注易云。朱深於赤。則黃朱爲赤也。乾鑿度曰。困九五。文王爲紂三公。故言困於赤紱。至於九二。周將王。故言朱紱方來。引孔子曰。天子三公九卿朱紱。諸侯赤紱。玉藻曰。一命緼韍幽衡。再命赤韍幽衡。三命赤韍葱衡。鄭注。緼。赤黃之閒色。所謂韎也。衡。佩玉之衡也。同珩。幽讀爲黝。黑謂之黝。青謂之葱。周禮公侯伯之卿三命。其大夫再命。其士一命。子男之卿再命。其大夫一命。其士不命。按云赤市葱衡者。以別於再命之赤市也。从巾。象連帶之形。謂一也。玉藻云。頸五寸。肩革帶博二寸。鄭曰。頸五寸。亦謂廣也。頸中央。肩兩角。皆上接革帶以繫之。肩與革帶廣同。分勿切。十五部。凡市之屬皆从市。

韍　篆文市。从韋。从犮。犮聲也。此爲篆文。則知市爲古文也。先古文後小篆。此亦二部之例。以有从市之給。故以市爲部首。而韍次之。假令無从市之字。則以韍入韋。而以市次之。俗作紱。疑當出一篆而注之。按經傳或借黻爲韍。如明堂位注曰。韍或作黻是也。或借芾爲之。如詩候人斯干、采菽是也。或借沛爲之。如易豐其沛一作芾、鄭云蔽厀是也。芾與沛葢本用古文作市。而後人改之。或借茀爲之。如詩釋文所載及李善所引詩皆是也。或作紱。如今周易乾鑿度朱紱赤紱是也。倉頡篇曰。紱、綬也。或韍佩廢而存其係繸。秦乃以采組連結於繸。光明章表。轉相結受。故謂之綬。亦謂之紱。糸部曰。綬、韍維也。然則韍廢而綬乃出。韍字廢而紱字乃出。

帢 士無市有韐。大夫以上祭服用玄冕爵弁服。其韠曰韍。士與君祭之服用爵弁服。其韠曰韐。不曰韍。故曰士無韍。有韐也。玉藻之縕韍。即韎韐。則非不可偁韍也。制如榼。缺四角。玉藻曰。韠、天子直。四角直。無圜殺也。公侯前後方。殺四角使之方。變於天子也。所殺者去上下各五寸。大夫前方後挫角。圜其上角。變於君也。韠以下爲前。以上爲後。士前後正。士賤與君同不嫌也。正、直方之閒語也。天子之士則直。諸侯之士則方。按許云韐缺四角者。正謂如公侯殺四角使之方也。所謂殺四角使之方者。合上下成八角之形。方之言柧也。正義云。既殺而補之使方。非是。云如榼者。古榼之制葢八角。故木部椑下云圜榼也。可以見榼之有棱而不正圜也。韠之制。下廣二尺。上廣一尺。長三尺。韐之制則大體圜而八角。故毛公云。韐所以代韠也。士冠禮注云。韐之制似韠。許云士無韍有韐。葢其制不同。惟缺四角者略同諸侯大夫之韠耳。爵弁服。見士冠禮。其色韎。韋部曰。茅蒐染韋。一入曰韎。瞻彼洛矣傳曰。韎韐者茅蒐染韋。一入曰韎。句韐所以代韠也。箋云。韎者茅蒐染也。茅蒐韎聲也。韐、祭服之韠。合韋爲之。士冠禮注曰。韎韐縕韍也。合韋爲之。士染以茅蒐。因以名焉。今齊人名蒨爲韎。句韐之制似韠。按凡言韎韐者。韐謂其物。韎謂其色。故士喪禮設韐帶。不連韎緇言。自六朝人不知韎韐二字可分析。詩傳、鄭箋、禮注、鄭志皆譌亂不可讀矣。賤不得與裳同。士喪禮曰。爵弁服。纁裳純衣緇帶韎韐。纁、淺絳也。三入爲纁。韎則茅蒐一入而已。不與裳同色也。凡韠同裳色。上文云天子朱市。諸侯赤市。卿大夫赤市葱衡。葢天子朱裳。諸侯卿大夫赤裳。士賤則裳韠色不同。若皮弁服素韠則士亦與裳同色也。此下鉉本有司農曰裳纁色六字。恐是淺人增注。司農者不詳其何人。許自賈侍中而外無舉官者。从市。亦市也。故从市。合聲。鄭云。合韋爲之。則形聲可兼會意。古洽切。七部。

韐 帢或从韋。按經典有韐無帢。韐行帢廢矣。

文二　重二

帛 繒也。糸部曰。繒、帛也。聘禮、大宗伯注皆云。帛、今之璧色繒也。从巾。白聲。旁陌切。古音在五部。凡帛之屬皆从帛。

錦 襄邑織文也。漢地理志、郡國志陳留郡屬縣有襄邑。今河南歸德府睢州治即故縣地。地理志云。縣有服官。李善引陳留記云。襄邑渙水出其南。睢水經其北。傳云。睢渙之閒出文章。故其黼黻絺繡日月華蟲以奉宗廟御服焉。司馬彪輿服志云。襄邑歲獻織成虎文。按許以漢法釋古。謂若今之襄邑織文。即經典之錦文也。毛傳。貝、錦文也。禹貢厥匪織貝。鄭注云。貝、錦名也。凡爲織者先染其絲乃織之。則成文矣。禮記云。士不衣織。从帛。金聲。居飲切。七部。

文二

白 西方色也。侌用事。物色白。从入合二。出者陽也。入者陰也。故从入。二、侌數。說从二之恉。旁陌切。古音在五部。凡白之屬皆从白。

古文白。

皎 月之白也。上文云物色白。不一其物。則不一其白。故皆爲分別之詈。从白。交聲。古了切。二部。詩曰。月出皎兮。陳風月出文。傳曰。皎、月光也。箋云。喻婦人有美色之白皙。

皢 日之白也。先月後日者。月陰日陽。月之白其正色也。从白。堯聲。呼鳥切。二部。

皙 人色白也。鄘風。揚且之晳也。傳曰。晳、白晳也。从白。析聲。今字皆省作晳。非也。先擊切。十六部。

皤 老人白也。易釋文、文選兩都賦注皆作老人皃。非是。老人之色白與少壯之白皙不同。故以次於皙。兩都賦曰。皤皤國老。周易賁六四。賁如皤如。引伸爲凡白素之偁也。从白。番聲。薄波切。古音在十四部。白蒿曰蘩。是其理也。易曰。賁如皤如。

皤或从頁。然則白髮亦偁皤。

皠 鳥

之白也。景福殿賦曰。皠皠白鳥。李善曰。皠與翯音義同。从白隺聲。胡沃切。古音在二部。

皚 皚 霜雪之白也。辭賦家多用皚皚字。从白豈聲。五來切。古音在十五部。

皅 皅 艸華之白也。葩字从此。靈樞經曰。紛紛皅皅。終而復始。紛紛皅皅。蓋言多也。从白巴聲。普巴切。古音在五部。

皦 皦 玉石之白也。王風有如皦日。傳曰。皦、白也。按此叚皦爲曉也。論語皦如也。何曰。言樂之音節分明也。此其引伸之義也。从白敫聲。古了切。二部。

𡮢 𡮢 際見之白也。際者、壁會也。壁會者隙也。見讀如現。壁隙之光一綫而已。故从二小。从白上下小見。會意。起戟切。古音在五部。

皛 皛 顯也。顯當作㬎。顯、頭明飾也。㬎、眾明也。顯行而㬎廢矣。許云古文以㬎爲顯。則小篆以㬎爲顯久矣。倉頡篇曰。皛、明也。按蜀都賦皛貙氓於葽艸。貙氓、貙人也。江漢有貙人。能化爲虎。然則皛者謂顯其形也。李善云當爲拍。誤。通白曰皛。四字依李善注陶淵明赴假還江陵詩引補。从三白。會意。讀若皎。烏皎切。二部。

文十一　重二

㡀 㡀 敗衣也。此敗衣正字。自敝專行而㡀廢矣。从巾象衣敗之形。毗際切。十五部。凡㡀之屬皆从㡀。

敝 敝 帗也。帗者一幅巾也。一曰敗衣。引伸爲凡敗之偁。从攴从㡀。會意。㡀亦聲。毗祭切。十五部。

文二

黹 黹 箴縷所紩衣也。箴當作鍼。箴所以綴衣。鍼所以縫也。紩、縫也。縷、綫也。絲亦可爲綫矣。以鍼貫縷紩衣曰黹。釋言曰。黹、紩也。皐陶謨曰。絺繡。鄭本作希。注曰。希讀爲黹。黹、紩也。周禮司服希冕。鄭注引書希繡。又云。希讀爲黹。或作絺。字之誤也。今本周禮注疏傳寫倒亂。今俗語云鍼黹。是此字。按許多云希聲。而無希篆。疑希者古文黹也。从巾。上象繡形。从㡀、丵省。象刺文也。韵會有此四字。丵者、叢生艸也。鍼縷之多象之。陟几切。十五部。凡黹之屬皆从黹。

䵵 䵵 會五采鮮皃。本作合五采鮮色。今依廣韵韵會訂。曹風蜉蝣曰。衣裳楚楚。傳曰。楚楚、鮮明皃。許所本也。䵵其正字。楚其叚借字也。蓋三家詩有作䵵䵵者。如毛革、韓鞀之比。从黹虘聲。創舉切。五部。詩曰。衣裳䵵䵵。

黼 黼 白與黑相次文。攷工記文。鄭曰。文章黼黻繡五者。言刺繡采所用也。繡以爲裳。从黹甫聲。方榘切。五部。

黻 黻 黑與青相次文。攷工記文。从黹犮聲。分勿切。十五部。

𪓐 𪓐 會五采繒也。也本作色。今依廣韵訂。五采繒者、五采帛也。大人賦綷雲蓋。如淳云。蓋有五色也。吳都賦孔雀綷羽以翱翔。按綷者、或𪓐字。从黹卒聲。各本作綷省聲。今正。子對切。十五部。

黺 黺 袞衣山龍華蟲。黺畫粉也。皐陶謨曰。日、月、星辰、山、龍、華蟲作繪。宗彝、藻、火、粉米、黼黻絺繡。鄭注云。畫者爲繪。刺者爲繡。繡與繪各有六。衣用繪。裳用繡。許書繪下云。會五采繡也。藻作璪。粉作黺。米作絲。鄭粉米爲一事。許黺絲爲二事。鄭說粉米爲繡。許說黺爲畫粉。絲爲繡文如聚米。蓋許時鄭說未出。許以說黺系諸衞宏。但今鈌有閒矣。且尚書山龍華蟲不與粉相屬。許書恐轉寫有奪誤。畫粉蓋何晏賦所謂分閒布白。从黹分聲。各本作从粉省。今正。方吻切。十三部。衞宏說。衞宏治古文尚書者。

文六

五十六部　文七百一十四　重百一十五

凡八千六百四十七字

歸安嚴元照校字

說文解字七篇下

七篇下　羗

說文解字第八篇上

金壇段玉裁注

人 天地之性冣貴者也。冣本作最。性古文以爲生字。左傳。正德利用厚生。國語作厚性是也。許偁古語不改其字。禮運曰。人者其天地之德。陰陽之交。鬼神之會。五行之秀氣也。又曰。人者。天地之心也。五行之端也。食味別聲被色而生者也。按禽獸艸木皆天地所生。而不得爲天地之心。惟人爲天地之心。故天地之生此爲極貴。天地之心謂之人。能與天地合德。果實之心亦謂之人。能復生艸木而成果實。皆至微而具全體也。果人之字。自宋元以前本艸方書詩歌紀載無不作人字。自明成化重刊本艸乃盡改爲仁字。於理不通。學者所當知也。○仁者人之德也。不可謂人曰仁。其可謂果人曰果仁哉。金泰和閒所刊本艸皆作人。藏袁廷檮所。此籒文。此對儿爲古文奇字人言之。如大之有古文籒文之別也。字多从籒文者。故先籒而後古文。象臂脛之形。人以從生。貴於橫生。故象其上臂下脛。如鄰切。十二部。凡人之屬皆从人。

僮 未冠也。辛部曰。男有辠曰奴。奴曰童。按說文僮童之訓與後人所用正相反。如穜種二篆之比。今經傳僮子字皆作童子。非古也。襍記注曰。童未成人之稱。學記注曰。成童十五以上。引伸爲僮蒙。玉篇引詩狂僮之狂也且。傳曰。狂行僮昏所化也。廣雅曰。僮、癡也。若召南僮僮竦敬也。則又如愚之義也。从人童聲。徒紅切。九部。

保 養也。宣帝紀。阿保之功。臣瓚曰。阿倚、保養也。賈誼說大師大傳大保保曰。保者、保其身體。按保全、保守皆其引伸之義。南山有臺傳曰。保、安也。从人𤓽省聲。博裒切。古音在三部。𤓽、孚聲亦在三部也。𤓽、古文孚。各本誤。今正。見爪部。保 古文不省。保 古文。按此葢古文以孚爲保也。

仁 親也。見部曰。親者、密至也。从人二。會意。中庸曰。仁者、人也。注。人也讀如相人偶之人。以人意相存問之言。大射儀。揖以耦。注。言以者、耦之事成於此意相人耦也。聘禮。每曲揖。注。以相人耦爲敬也。公食大夫禮。

八篇上　一

賓入三揖。注。相人耦。詩匪風箋云。人偶能亨魚者。人偶能輔周道治民者。正義曰。人偶者、謂以人意尊偶之也。論語注。人偶同位人偶之辭。禮注云。人偶相與爲禮儀皆同也。按人耦猶言爾我親密之詞。獨則無耦。耦則相親。故其字从人二。孟子曰。仁也者、人也。謂能行仁恩者人也。又曰。仁、人心也。謂仁乃是人之所以爲心也。與中庸語意皆不同。如鄰切。十二部。忎 古文仁。从千心作。从心。千聲也。𡰥 古文仁。或从尸。按古文夷亦如此。

企 舉踵也。踵各本作踵。非。今正。踵者、跟也。企或作跂。衛風曰。跂予望之。檀弓曰。先王之制禮也。過之者俯而就之。不至焉者跂而及之。方言。跂、登也。梁益之閒語。从人止。按此下本無聲字。有聲非也。今正。止部曰。止爲足。說文無趾。止卽趾也。从人止。取人延竦之意。渾言之則足偁止。析言則前止後踵。止鐏於前。則踵舉於後矣。企跂字自古皆在十六部。寘韵。用止在一部。非聲也。去智切。𧾷 古文企。从足。足止同物。

仞 伸臂一尋八尺。按此解疑非許之舊。恐後人改竄爲之。尺部下云。周制寸尺咫尋常仞諸度量。皆以人之體爲法。假令尋仞同物。許不當兩舉之矣。諸家之說仞也。王肅、趙岐、王逸、曹操、李筌、顏師古、房玄齡、鮑彪諸人並曰。八尺。而鄭周禮、儀禮注、包咸論語注、高誘注呂氏春秋、王逸注大招招䰟、李謐明堂制度論、郭璞注司馬相如賦、用司馬彪之說陸德明莊子釋文。則皆謂七尺。淮南子原道訓注八尺。而覽冥訓注則云七尺。百仞者七百尺。證以呂氏春秋注則原道注可疑。近歙程氏瑤田通藝錄有說曰。言七尺者是也。楊雄方言云。度廣曰尋。杜預左傳仞溝洫注。度深曰仞。二書皆言一人伸兩手以度物之名。而尋爲八尺。仞必七尺者、何也。同一伸手度物。而廣深用之。其勢自不得不異。人長八尺。伸兩手亦八尺。用以度廣。其勢全伸而不屈。而用之以度深。則必上下其左右手而側其身。身側則胷與所度之物不能相摩。於是兩手不能全伸而成弧之形。弧而求其弦。以爲仞。必不能八尺。故七尺曰仞。亦其勢然也。說文測下云。深所至也。玉篇云。度深曰測。測之爲言側也。余說與之合矣。玉裁謂程說甚精。仞說可定矣。考工記。廣二尋、深二仞。謂之澮。倘其度同八尺。何不皆曰二尋。如上文

八篇上　二

廣二尺深二尺之例也。許書於尺下既尋仞兼舉。尋者八尺也。見寸部。則仞下必當云七尺。今本乃淺人所竄易耳。程氏又曰。小爾雅云四尺。應邵云五尺六寸。此其繆易見也。**从人刃聲。**而震切。十二部。或借爲牣滿字。

仕

仕學也。訓仕爲入官。此今義也。古義宦訓仕。仕訓學。故毛詩傳五言士事也。而文王有聲傳亦言仕事也。是仕與士皆事其事之謂。學者覺悟也。事其事則日就於覺悟也。若論語子張篇子夏曰。仕而優則學。學而優則仕。公冶長篇子使漆雕開仕。注云。仕仕於朝也。以仕學分出處。起於此時矣。許說其故訓。**从人士聲。**鉏里切。一部。

佼

交也。佼見管子明法解曰。羣臣皆忘主而趨私佼。又曰。養所與佼而不以官爲務。又曰。小臣持祿養佼。不以官爲事。其訓皆交也。而韵會引小徐本作好也。錯引史記後有長姣美人。按小徐本女部姣好也。引史記長姣美人。韵會移入此。甚誤。**从人交聲。**下巧切。二部。按交義當依廣韵古肴切。

僎

具也。具者共置也。論語有公叔文子之臣大夫僎。鄉飲酒禮遵者降席。注曰。今文遵爲僎。

八篇上　三

或爲全。禮記從今文禮作僎。**从人與聲。**士勉切。十三部。

俅

冠飾皃。周頌絲衣曰。載弁俅俅。釋訓曰。俅服也。傳曰。俅俅恭順（玉篇作幞）皃。按許以上文紑屬衣言之。則俅俅亦當屬冠言之。故此用爾雅易傳義。而紑下不易傳也。**从人求聲。**巨鳩切。三部。**詩曰。戴弁俅俅。**毛詩戴作載。鄭箋云。載猶戴也。按載戴古書多互譌者。

佩

大帶佩也。大帶佩者。謂佩必系於大帶也。古者有大帶。有革帶。佩系於革帶。不在大帶。何以言大帶佩也。革帶統於大帶也。許於系部之紳。革部之鞶。皆曰大帶。實則紳爲大帶。鞶爲革帶也。佩者。內則左右佩用是。**从人凡巾。**从人者。人所以利用也。从凡者。所謂無所不佩也。从巾者。其一耑也。蒲妹切。古音在一部。俗作珮。**佩必有巾。故从巾。**故字依韵會補。巾部之帥也。說从巾之意。**巾謂之飾。**巾部曰。飾𢽛也。又部曰。𢽛飾也。飾拭古今字。巾以飾物。故謂之飾。禮經詳帨。左氏偁率巾者。取切於用者也。故倉頡製佩帶二文皆箸巾。

儒

柔也。以疊韵爲訓。鄭目錄云。儒行者。以其記有道德所行。儒之言優也。柔也。能安人。能服人。又儒者濡也。以先王之道能濡其身。玉藻注曰。舒儒者所畏在前也。**術士之偁。**術邑中也。因以爲道之偁。周禮。儒以道得民。注曰。儒有六藝以教民者。大司徒以本俗六安萬民。四曰聯師儒。注云。師儒鄉里教以道藝者。按六藝者。禮樂射御書數也。周禮謂六德六行六藝曰德行道藝。自眞儒不見。而以儒相詬病矣。**从人需聲。**人朱切。古音在四部。

俊

材過千人也。大徐本無過字。尹文子曰。千人才曰俊。萬人曰傑。淮南泰俗訓曰。智過萬人者謂之英。千人者謂之俊。百人者謂之豪。十人者謂之傑。春秋繁露曰。萬人者曰英。千人者曰俊。百人者曰傑。十人者曰豪。皐陶謨鄭注曰。才德過千人爲俊。百人爲乂。呂氏春秋孟秋紀高注曰。才過萬人曰桀。千人曰俊。王逸注懷沙曰。千人才爲俊。一國高爲桀。諸家說俊皆同。惟月令正義引蔡氏辨名記云。十人曰選。倍選曰俊。萬人曰桀。其說不同。方言曰。孑俊也。遵俊也。○又按月令疏蔡氏下奪一引字。辨名記卽白虎通之別名記。古文記二百十四篇之一也。禮運及左傳宣十五年疏皆引辨名記云。倍人曰茂。十人曰選。倍選曰俊。千人曰英。倍英曰賢。萬人曰桀。倍桀曰聖。語較完。而白虎通引別名記。五人曰茂。十人曰選。百人曰俊。千人曰英。倍英曰賢。萬人曰傑。萬傑曰聖。又不同。乖異。**从人夋聲。**子峻切。十三部。按尚書以畯爲俊。山海經以俊爲舜。

八篇上　四

傑

埶也。以疊韵爲訓。埶本種埶字。引伸爲勢力字。傑者言其勢傑然也。衞風毛傳曰。桀特立也。**材過萬人也。**辨名記尹文子高誘趙岐王逸說同。以上七字大徐作傲也二字。非古義。且何不與傲篆相屬。而廁之俊篆下乎。二傳相屬。則義相近。全書之例也。**从人桀聲。**渠列切。十五部。

⿰亻軍

人姓。从人軍聲。吾昆切。十三部。按此篆必淺人所增。許書自女部外。罕有言人姓者。且廣韵此字兩見。云女字。又姓。出纂文。此姓旣出何氏之書。安得云出許書乎。

伋

人名。以此爲解。亦非例也。古人名字相應。孔伋字子思。仲尼弟子燕伋字子思。然則伋字非無義矣。人名二字非許書之舊也。荀卿曰。空石之中有人焉。其名曰觙。其爲人也。善射以好思。闢耳目之欲。遠蚊蝱之聲。閑居靜思則通。思仁若是。可謂微乎。此葢設言善思之人名之以敂乎。敂與伋音義葢相近。从人及聲。居立切。七部。

伉 人名。非例也。左傳施氏婦曰。不能庇其伉儷。杜注曰。伉、敵也。儷、偶也。从人亢聲。苦浪切。十部。論語有陳伉。按論語作陳亢。字子禽。與爾雅亢鳥嚨故訓相合。作陳伉似非也。然古今人表陳亢陳子禽爲二人。

伯 長也。釋詁、正月傳同。載芟傳云。伯、長子也。伯兮傳云。伯、州伯也。一義之引伸也。凡爲長者皆曰伯。古多假柏爲之。从人白聲。博陌切。古音在五部。

仲 中也。白虎通同。伯仲叔季爲長少之次。伯仲見於此。子部曰。季、少偁也。叔則少之假借字也。古者幼名冠字。冠字者。爲之且字也。且字也者。若尼甫、嘉甫是也。五十以伯仲。乃偁伯某甫、仲某甫。以伯仲而後成字。伯仲之下一字爲且字。且者、薦也。爲伯仲之薦也。伯仲生而已定。故士冠禮字辭曰。伯某甫。雖定此字。而五十以前但偁某甫也。女子笄而字。則曰伯姬、曰仲姬。毛傳於大明曰。仲、中女也。於燕燕曰。仲、字也。皆言婦人也。二傳其實一也。古中仲二字互通。从人中。中亦聲。直眾切。九部。

伊 殷聖人阿衡也。殷聖人之上當有伊尹二字。傳寫奪之。阿衡見商頌。毛傳曰。阿衡、伊尹也。箋云。阿、倚。衡、平也。伊尹、湯所依倚而取平。故以爲官名。伊與阿、尹與衡皆雙聲。然則一語之轉也。許云伊尹殷聖人阿衡也。本毛說。不言伊尹爲姓名也。諸家或云伊氏尹字。或云名摯。皆所傳聞異辭耳。禮記所偁古文尚書兩言尹躬。則尹實其名。尹治天下者。从人尹。尹治猶言治平。此說从人尹之意也。言阿衡者、尹治天下者也。故又謂之伊尹。而伊字亦从尹。於脂切。十五部。釋詁、毛傳皆曰。伊、維也。爲發語辭。詩雄雉、蒹葭、東山、白駒之伊字。鄭箋云。當爲緊。緊猶是也。古文伊。从古文死。以死爲聲。

偰 高辛氏之子。爲堯司徒。殷之先也。爲字依玉篇補。左傳曰。高辛氏有才子八人。伯奮、仲堪、叔獻、季仲、伯虎、仲熊、叔豹、季貍。舜臣堯。舉八元。使布五教於四方。父義、母慈、兄友、弟恭、子孝。內平外成。偰即八元之一人也。毛詩傳曰。玄王、契也。經傳多作契。古亦假禼爲之。禸部曰。禼、古文偰。言古文假借字也。从人契聲。私列切。十五部。

倩 人美字也。依韵會本訂。朱邑傳。陳平雖賢。須魏倩而後進。師古曰。倩、士之美稱也。葢本說文。而改人爲士。改字爲稱。其實可無改也。倩猶甫也。穀梁傳曰。父䚗猶傳也。男子之美稱也。男子之字有稱甫者。儀甫、嘉甫是。有偁倩者。蕭長倩、東方曼倩、韋昭云倩、魏無知字也皆是。倩、好也。毛傳說倩曰。好口輔。以詩言巧笑故知爲口輔好也。从人青聲。倉見切。古音在十一部。東齊壻謂之倩。方言曰。青齊之閒壻謂之倩。按此葢亦以美偁加之耳。郭云言可借倩也。借倩讀七政七見二切。葢方俗語謂請人爲之。

伃 婦官也。漢書外戚傳。婦官十四等。昭儀位視丞相。比諸侯王。倢伃視上卿。比列侯。韋昭曰。倢、承。伃、助也。漢舊儀云。皇后爲倢伃。倢伃下輿。禮比丞相。按婦官上當有倢伃二字。淺人刪之。倢之本訓佽也。見下。从人予聲。以諸切。五部。亦作妤。

伀 志及眾也。與公同義。其音當同。引伸爲夫兄曰兄伀之字。或作妐。若方言、廣雅之征伀。卽今怔忪字也。从人公聲。職茸切。九部。

儇 慧也。心部慧下曰。儇也。是二字互訓也。齊風。揖我謂我儇兮。傳曰。儇、利也。此言慧者多便利也。方言。儇、慧也。荀卿子曰。鄉曲之儇子。从人瞏聲。許緣切。十四部。

倓 安也。倉頡篇曰。倓、恬也。荀卿子曰。桓公倓然見管仲之能足以託國也。洞簫賦。時恬倓以綏肆。按蠻夷贖罪貨曰倓。此夷語耳。字亦作賧。从人炎聲。讀若談。徒甘切。八部。倓或从剡。剡亦炎聲。

侚 疾也。五帝本紀。黃帝幼而侚齊。裴駰曰。侚、疾。齊、速也。素問上古天眞論。黃帝幼而侚齊。長而敦敏。王注。侚、疾也。按侚今本譌作侚。司馬貞乃云。未見所出矣。釋言。宣、侚、徧也。侚本又作侚。墨子。年踰五十。則聰明思慮不侚通矣。侚亦當作侚。史記侚齊。大戴禮作叡齊。亦作慧齊。从人旬聲。辭閏切。十二部。

傛 不安也。與水波溶溶意義略同。皆動盪皃也。从人容聲。余隴切。九部。一曰華。按華上當本有傛字。淺者刪之。傛華亦婦官。外戚傳注。婦官十四等。弟三等傛華。視眞二千石。比大上造。此義餘封切。

僷 宋衛之閒謂華僷僷。華、容華也。僷僷、好皃。方言曰。奕、僷、容也。凡美容謂之奕。或謂之僷。宋衞曰僷。陳楚汝潁之閒謂之奕。按僷亦作偞。廣韵曰。偞偞輕薄美好皃。从人。葉聲。與涉切。八部。

佳　善也。廣韵曰。佳善也。又曰好也。又曰大也。老子。佳兵者不祥。淮南說林訓曰。佳人不同體。美人不同面。而皆說於目。从人。圭聲。古膎切。十六部。按唐人入於下平九麻。

侅　奇侅、逗。非常也。漢書藝文志。五行家有五音奇胲用兵二十三卷。五音奇胲刑德二十一卷。如淳曰。胲音該。史記扁鵲倉公列傳。臣意卽避席再拜謁受其脈書上下經五色診奇咳。集解曰。奇音羈。咳音該。按據張守節正義。則史記奇咳本亦作奇胲。肉部訓胲爲足指毛皮。然則侅正字。胲其假借字耳。淮南兵略訓。明於星辰日月之運。刑德奇賌之數。背向左右之便。此戰之助也。注云。奇賌之數。奇祕之數。非常術。其字又作賌。亦假借也。葢奇侅與今云奇駭音義皆同。是以左氏春秋無駭。穀梁春秋作無侅。若莊子侅溺於馮氣。據徐音乃是假侅爲礙。从人。亥聲。古哀切。一部。篇韵皆又胡改切。

傀　偉也。方言。傀盛也。注言瓌瑋也。廣雅。傀盛也。司馬注莊子曰。傀大也。字林。傀偉也。从人。鬼聲。公回切。十五部。周禮曰。大傀異災。大司樂職文。周禮作烖。篆文也。許作災。籀文也。鄭注。傀猶怪也。大傀異烖。謂天地奇變。若星辰奔霣及震裂爲害者。

瓌　傀或从玉。褢聲。

偉　奇也。莊子曰。偉哉夫造物者。从人。韋聲。于鬼切。十五部。玄應曰。埤蒼作瑋。

份　文質備也。備當作葡。許訓葡曰具。訓備曰愼。說解內字多自亂其例。葢許時所用。固與古不同。許以後人又多竄改。二者皆有之矣。論語雍也篇。文質彬彬。然後君子。包咸注曰。彬彬。文質相襍之皃也。鄭注曰。彬彬。襍半皃也。按古謂集爲襍。襍集聚也。从人。分聲。府巾切。古音在十二部。論語曰。文質份份。

彬　古文份。今論語作彬。古文也。从彡林。彡者。毛飾畫文也。飾畫者。拭而畫之也。从彡。與彫彰同意。林者。从焚省聲。猶彫从彡周聲也。按彬份字古或借豳字爲之。如上林之玢豳文鱗是也。或借邠字爲之。如太玄斐如邠如是也。俗份作斌。取文武相半意。潘岳藉田賦之頒斌郎。上林賦之玢豳。

僚　好皃。陳風皎人僚兮。傳曰。僚好皃。此僚之本義也。自借爲同寮字。而本義廢矣。从人。尞聲。力小切。二部。

佖　威儀也。按此當作威儀媟嫚也。小雅賓之初筵曰。威儀怭怭。傳曰。怭怭。媟嫚也。許所據作佖佖。自奪媟嫚字。韵會廣韵徑注云有威儀矣。从人。必聲。毗必切。十二部。詩音義曰。說文作佖。平一反。詩曰。威儀佖佖。

㑀　具也。馬注尚書同。五帝本紀曰。旁聚布功。釋以布也。从人。孨聲。士戀切。十四部。玉篇廣韵作僝。讀若汝南𣸶水。汝南𣸶水未聞。水部無𣸶。虞書曰。虞書當作唐書。說詳禾部稘下。旁救㑀功。堯典文。作方鳩者。古文尚書也。作旁逑者。歐陽夏侯尚書也。辵部逑下偁旁逑孱功。此作救。彼作孱。皆駁文。小徐本此作方鳩。

儠　長壯儠儠也。左傳昭七年、十七年、國語楚語皆云長鬣。鬣者儠之假借字也。韋昭、杜預釋爲美須䫇。誤。廣雅曰。儠長也。按儠長壯皃。辭賦家用獵獵字。葢當作儠儠。从人。巤聲。良涉切。八部。春秋傳曰。長儠者相之。左傳昭七年曰。使長鬣者相。

儦　行皃。齊風載驅曰。行人儦儦。傳曰。儦儦衆皃。許曰行皃者。義得互相足也。廣雅亦曰。儦儦、行也。玉篇曰。儦儦盛皃也。从人。麃聲。甫嬌切。三部。詩曰。行人儦儦。

儺　行有節也。衞風竹竿曰。佩玉之儺。傳曰。儺、行有節度。按此字之本義也。其歐疫字本作難。自假儺爲歐疫字。而儺之本義廢矣。其曹風之猗儺。則說文之旖施也。从人。難聲。諾何切。古本音葢在十四部。詩曰。佩玉之儺。

倭　順皃。倭與委義略同。委、隨也。隨、從也。廣韵作愼皃。乃梁時避諱所改耳。从人。委聲。於爲切。十六部。音轉則烏何切。詩曰。周道倭遟。小雅四牡文。傳曰。倭遟、歷遠之皃。按倭遟合二字成語。韓詩作威夷。故與順訓不同。而亦無不合也。

僓　嫺也。嫺者、雅也。从人。貴聲。吐猥切。又魚罪切。十五部。一曰長皃。廣韵曰。長好皃。

僑　高也。僑與喬義略同。喬者、高而曲也。自用爲喬寓字。而僑之本義廢矣。字林始有喬字。云寄客爲喬。按春秋有叔孫僑如、有公孫僑。

字子產皆取高之義也。从人喬聲。巨嬌切。二部。俟大也。此俟之本義也。自經傳假爲竢字。而俟之本義廢矣。立部曰。竢待也。廢竢而用俟。則竢俟爲古今字矣。从人矣聲。牀史切。一部。詩曰。伾伾俟俟。小雅吉日文。今毛詩作儦儦俟俟。傳曰。趨則儦儦。行則俟俟。按西京賦李善注馬融傳太子賢注皆引韓詩駓駓騃騃。善引薛君韓詩章句曰。趨曰駓。行曰騃。疑今毛傳非舊。或用韓改毛也。駉傳曰。伾伾有力也。許從之。當是吉日傳有俟俟大也之文。而許從之。侗大皃。此義未見其證。然同義近大。則侗得爲大皃矣。論語。侗而不愿。孔注曰。侗。未成器之人。按此大義之引伸。猶言渾沌未鑿也。从人同聲。他紅切。九部。詩曰。神罔時侗。大雅思齊文。今本作恫。傳曰。恫痛也。按痛者恫之本義。許所據本作侗。偁之以見毛詩假侗爲恫也。佶正也。小雅六月傳曰。佶正也。箋云。佶壯健之皃。按鄭以言壯健。乃可皃馬。但毛言正。自可含壯健也。从人。本言人。引伸言馬。吉聲。巨乙切。十二部。詩曰。既佶且閑。

俣大也。邶風簡兮曰。碩人俣俣。傳曰。俣俣。容皃大也。从人吳聲。魚禹切。五部。詩曰。碩人俣俣。仜大腹也。與琟音義略同。廣韵曰。身肥大也。廣雅曰。仜。有也。从人工聲。讀若紅。戶工切。九部。僤疾也。速疾。从人單聲。徒案切。十四部。周禮曰。句兵欲無僤。考工記廬人文。今本作欲無彈。注曰。故書彈或作但。鄭司農云。但讀爲彈丸之彈。彈謂掉也。按經文彈字疑本作僤。彈乃先鄭所易字。許訓僤爲疾者。古說也。健伉也。伉下曰人名。而不言其義。以此云伉也證之。則知人名二字非許書之舊矣。周易曰。乾健也。从人建聲。渠建切。十四部。倞彊也。廣雅。倞強也。按大雅無競維人傳曰。無競競也。箋云。競彊也。秉心無競傳曰。競彊也。周頌無競維人傳曰。競彊也。執競武王傳曰。執競競也。箋云。競彊也。按傳箋皆謂競爲倞之假借字也。郊特牲[illegible]之爲言倞也。注。倞猶索也。倞不訓索。而與水部之滰音同。滰者浚乾漬米也。索求神似之。从人京聲。渠竟切。古音在十部。亦作

傹。傲倨也。按此當與下倨不遜也連屬。仡篆當與健倞二篆相屬。葢此部經傳寫既久。失其舊者多矣。古多假敖爲傲。女部又出嫯字。侮傷也。从人敖聲。五到切。二部。仡勇壯也。秦誓曰。仡仡勇夫。某氏曰。仡仡壯勇之夫。公羊傳。趙盾之車右祁彌明者。國之力士也。仡然從乎趙盾而入。何云。仡然壯勇皃。若詩崇墉仡仡。毛曰。高大也。引伸之義也。土部引作圪圪。从人气聲。魚訖切。十五部。今字作仡。周書曰。仡仡勇夫。倨不遜也。遜當是本作孫。說詳辵部。孫者逡循恭敬之意。戰國策曰。何前倨而後恭。引伸之凡侈曰倨。凡斂曰句。鐳大戴禮與其倨也寧句。樂記。倨中矩。句中鉤。左傳。直而不倨。曲而不屈。淮南子。句爪倨牙。凡言侈斂之度。謂之倨句。考工記曰。倨句一矩有半。又曰。倨句磬折。即謂一矩有半也。又曰。倨句外博。謂侈於一矩而不及一矩有半也。又曰。句於矩。謂斂於一矩也。管子弟子職曰。倨句如矩。謂正方也。从人。居聲。居御切。五部。儼昂頭也。昂當是本作卬。淺人所改也。卬者望欲有所庶及也。陳風。碩大

且儼。傳曰。儼矜莊皃。曲禮注同。古借嚴爲之。从人嚴聲。魚儉切。八部。一曰好皃。傪好皃。未見其證。方言曰。傪。惛也。惛惡也。此假傪爲慘也。从人參聲。倉含切。七部。俚賴也。賴各本作聊。此用方言改許書也。今依漢書季布傳晉灼注所引正。方言。俚。聊也。語之轉。字之假借耳。漢書曰。其畫無俚之至。無俚。即今所謂無賴。亦語之轉。古叚理爲之。孟子。稽大不理於口。趙注。理賴也。大不賴人之口。从人里聲。良止切。一部。伴大皃。大雅。伴奐爾游矣。傳曰。伴奐。廣大有文章也。箋云。伴奐。自縱弛之意。按𠔁部奐下一曰大也。故伴奐皆有大義。大學注。胖猶大也。胖不訓大。云猶者。正謂胖即伴之假借也。方言。廣雅。孟子注皆曰。般大也。亦謂般即伴。廣韵云。侶也。依也。今義也。夫部扶下曰讀若伴侶之伴。知漢時非無伴侶之語。許於俗語不之取耳。至聲類乃云伴侶。从人半聲。薄滿切。十四部。俺大也。與奄義略同。奄大有餘也。其音當亦同。从人奄聲。於業切。八部。廣韵於驗切。僩武皃。衛風淇奧傳。瑟矜莊

皃。僩寬大也。許言僩武皃。與毛異者。以爾雅及大學皆曰瑟兮僩兮者。恂慄也。恂或作峻。讀如嚴峻之峻。言其容皃嚴栗。與寬大不相應。故易之。僩、左傳、方言、廣雅皆作撊。左傳。撊然授兵登陴。服注。撊然猛皃也。杜注。撊然勁忿皃。方言。撊猛也。晉魏之閒曰撊。廣雅亦曰撊猛也。而荀卿子者俄且通也。陋者俄且僩也。愚者俄且知也。則以陋陋與寬大反對。與毛合。葢大毛公固受詩於孫卿子者。**从人。閒聲。**下簡切。十四部。**詩曰。瑟兮僩兮。**

伾

有力也。魯頌駉曰。以車伾伾。傳曰。伾伾、有力也。俟下引詩伾伾俟俟。本謂人有力。引伸謂馬。**从人。丕聲。**敷悲切。古音在一部。**詩曰。㠯車伾伾。**

偲

彊力也。齊風盧令曰。其人美且偲。傳曰。偲才也。箋云。才、多才也。許云彊力者、亦取才之義申之。才之本義艸木之初也。故用其引伸之義。若論語朋友切切偲偲。馬曰。相切責之皃。毛傳作切切節節。**从人。思聲。**倉才切。一部。**詩曰。其人美且偲。**

倬

箸大也。箸大者、箸明之大也。小雅。倬彼甫田。傳曰。倬、明皃。大雅棫樸。倬彼雲漢。傳曰。倬、大也。許兼取之曰箸大。韓詩。菿彼甫田。音義同也。假菿爲倬也。**从人。卓聲。**竹角切。二部。**詩曰。倬彼雲漢。**

侹

長皃。與挺音義略同。**一曰箸地。**箸直略切。**一曰代也。**方言。侹代也。江淮陳楚之閒曰侹。**从人。廷聲。**他鼎切。十一部。

倗

輔也。周禮士師。掌士之八成。七曰爲邦朋。注曰。朋黨相阿使政不平者。故書朋作傰。鄭司農讀爲朋友之朋。按管子亦曰練之以散羣傰署。皆卽傰字也。鳥部朋下曰。鳳飛、羣鳥從以萬數。故以爲朋黨字。葢朋黨字正作傰。而朋其假借字。然許云讀若陪。則似有別矣。**从人。朋聲。**步崩切。六部。**讀若陪位。**讀若陪者、之蒸合韵取近也。

傓

熾盛也。小雅十月之交曰。豔妻煽方處。傳曰。豔妻、褒姒。美色曰豔。煽熾也。按詩本作傓。後人以訓熾之故。肊造煽字耳。古通作扇。魯詩。閻妻扇方處。方言。扇助也。廣雅。扇疾也。**从人。扇聲。**式戰切。十四部。**詩曰。豔妻傓方處。**

儆

戒也。與警音義同。孟子引書。洚水儆予。用儆字。左傳、國語亦用儆。毛詩。徒御不警。周禮。警戒羣吏。皆用警。鄭注周禮曰。警勅戒之言也。韋注國語曰。儆戒也。**从人。敬聲。**居影切。十一部。**春秋傳曰。儆宮。**左傳襄公九年。令司宮巷伯儆宮。

俶

善也。按釋詁、毛傳皆曰。淑善也。葢假借之字。其正字則俶也。淑者水之清湛也。自淑行而俶之本義廢矣。**从人。叔聲。**昌六切。三部。**詩曰。令終有俶。**大雅旣醉文。按許引此爲善訓之證。而今本毛傳作俶始也。鄭箋易之云。俶猶厚也。豈許所據作善不作始與。**一曰始也。**釋詁曰。俶作也。崧高傳曰。俶作也。大田傳曰。俶始也。聘禮俶獻注。古文俶作淑。是此義亦得假淑爲之。

傭

均也。直也。各本少上也字。今補。玉篇、廣韵皆曰。均也。直也。所據古本也。均之義有未盡。故更言直也。直謂無枉曲也。小雅。昊天不傭。釋言、毛傳皆曰。傭均也。周禮典同。正聲緩。先鄭云。正者、不高不下。鐘形上下正。傭。考工。搏身而鴻。注云。鴻傭也。此謂鴻卽傭之假借字也。若廣雅云。傭、役也。謂役力受直曰傭。此今義也。**从人。庸聲。**余封切。九部。依廣韵。說文當丑凶切。

僾

仿佛也。祭義曰。祭之日。入室。僾然必有見乎其位。正義云。僾髣髴見也。見如見親之在神位也。按僾與爾雅之薆、隱也。烝民傳之愛、隱也、竹部之薆、蔽不見也。義相近。若大雅亦孔之僾。釋言及傳云。僾、唈也。此謂僾爲炁之假借字。炁、飲食屰气。不得息也。**从人。愛聲。**烏代切。古音在十五部。**詩曰。僾而不見。**邶風城隅文。今詩作愛。非古也。僾而猶隱然。離騷之薆然也。

仿

仿佛、逗。**相佀。**句。**視不諟也。**仿佛、雙聲疊字也。各本皆改竄非舊。今依甘泉賦、景福殿賦李注所引訂。諟卽諦。言部曰。審也。長門賦注、海賦注亦作諟。古是聲帝聲同在十六部。故以諟爲諦。仿佛或作俩佛。或作髣髴。或作拂㧍。或作放悲。俗作彷彿。彷或又作髣。**从人。方聲。**妃罔切。十部。**籒文仿从丙。**丙聲。古音丙聲在十部。此與周禮柄亦作枋同。

佛

仿佛也。依玉篇。與全書例合。按彡部有髴。解云。髴若似也。卽佛之或字。**从人。弗聲。**敷勿切。十五部。

僁

聲也。見釋言。謂聲之小者也。動作屑屑聲也。廣韵曰。動草聲。又鷙鳥之聲。又僁僁呻吟也。

偫　供　儋　何　佗　僟

从人。悉聲。讀若屑。私列切。廣韵先結切。十三部。

僟　精謹也。僟謹雙聲。稟稟庶幾之意也。从人。幾聲。巨衣切。十五部。廣韵居依切。明堂月令數將僟終。宋本及集韵作數。篇韵作歲。月令季冬之月。日窮于次。月窮于紀。星回于天。數將幾終。歲且更始。鄭高皆訓幾爲近。許所據作僟。

佗　負何也。負字蓋淺人增之耳。小雅舍彼有罪。予之佗矣。傳曰。佗加也。此佗本義之見於經者也。佗之俗字爲駝。爲馱。隸變佗爲他。用爲彼之偁。古相問無它乎。祇作它。又君子偕老。委委佗佗。即羔羊之委蛇委蛇也。傳云。委委者。行可委曲從迹也。佗佗者。德平易也。羔羊傳云。委蛇者。行可從迹也。語詳略不同。从人。它聲。徒何切。十七部。

何　儋也。何俗作荷。猶佗之俗作駝。儋之俗作擔也。商頌。百祿是何。何天之休。何天之龍。傳曰。何任也。箋云。謂擔負。周易。何天之衢。虞翻曰。何當也。何校滅耳。王肅云。何荷。擔也。又詩何戈與祋。何蓑何笠。傳皆云揭也。揭者舉也。戈祋手舉之。蓑笠身舉之。皆擔義之引伸也。凡經典作荷者。皆後人所竄改。一曰誰也。誰何孰三字皆問詈。从人。可聲。今音擔何則胡可切。餘義胡歌切。古音平上不甚分也。十七部。按今義何者辭也。問也。今義行而古義廢矣。亦借爲呵。

儋　何也。儋俗作擔。古書或假擔爲之。疑又擔之誤耳。韋昭齊語注曰。背曰負。肩曰儋。任抱也。何揭也。按統言之。則以肩以手以背以首皆得云儋也。从人。詹聲。都甘切。八部。

供　設也。設者施陳也。釋詁。供峙共具也。按峙即儲偫字。共即供之假借字。凡周禮皆以共爲供。尚書一經訓奉訓待者皆作共。其恭敬之字皆作恭。衞包乃盡改共爲恭。毛詩亦共恭分別。總之古經用共爲供之假借。不用共爲恭之假借。惟左傳三命茲益共。其共也如是。君命以共。則借共爲恭。鄭君箋詩所謂古之恭字或作共者乎。詳古文尚書撰異。从人。共聲。俱容切。九部。一曰供給。給者相足也。設與給二義相足。共部曰。龔給也。是龔與供音義同。尚書共行天罰。漢人引皆作龔行天罰。謂奉行天罰也。

偫　待也。以疊韵爲訓。謂儲物以待用也。偫經典或作峙。或作庤。周頌臣工傳曰。庤具也。庤儲置屋下也。義本同。若崧高以峙其粻。粊誓峙乃糗糧。某氏傳云儲峙。則假借峙踞不前字爲之。俗乃改从止爲从山作峙。訓云山立。以附合之矣。釋詁云。供峙共具也。峙在說文爲偫。从人待。此舉會意包形聲也。小徐本作从人待聲。直里切。一部。

八篇上　卅三

儐　位　備　儲

儲　偫也。文選注引作蓄也。或作具也。或作積也。又引謂蓄積之以待無也。蓋兼舉演說文語。古者太子謂之儲君。从人。諸聲。直魚切。五部。儲偫爲雙聲。

備　愼也。心部曰。愼者謹也。言部曰。謹者愼也。得備而三字同訓。或疑備訓愼未盡其義。不知用部曰。葡具也。此今之備字。備行而葡廢矣。葡廢而備訓具尟知其古訓。愼者今義行而古義廢矣。凡許之書所以存古形古音古義也。方言曰。備咸也。此具之義也。又曰。藏敕戒備也。此愼之義也。从人。葡聲。平祕切。古音在一部。古文備。

位　列中庭之左ナ右又謂之位。庭當作廷。字之誤也。廴部曰。廷朝中也。釋宮曰。中庭之左右謂之位。郭云。羣臣之列位也。周語注亦曰。中廷之左右曰位。按中廷猶言廷中。古者朝不屋。無堂階。故謂之朝廷。朝士掌外朝之位。左九棘。孤卿大夫位焉。右九棘。公侯伯子男位焉。面三槐。三公位焉。司士掌治朝之位。王南鄉。三公北面東上。孤東面北上。卿大夫西面北上。王族故士。虎士在路門之右。南面東上。大僕。大右。大僕從者在路門之左。南面西上。雖有北面南面之臣。皆以左右約舉之。左傳云。有位于朝。是也。引伸之。凡人所處皆曰位。从人立。會意。于備切。十五部。按小宗伯掌神位。故書位作立。古文春秋公即位爲公即立。古者立位同字。蓋古音十五部與八部多合韵。

儐　導也。導者導引也。周禮司儀注曰。出接賓曰擯。聘禮卿爲上擯。大夫爲承擯。士爲紹擯。注曰。擯謂主國之君所使出接賓者也。士冠禮擯者請期。注曰。擯者有司佐禮者。在主人曰擯。按擯經典多作儐。史記作賓。廉藺列傳。設九賓於廷。是也。○聘禮。賓用束錦儐勞者。又儐之如初。又儐之兩馬束錦。又無儐。凡言儐者九。鄭曰。上於下曰禮。謂如主國之禮聘賓是也。敵者曰儐。謂如儐勞者。儐歸饔餼者等是也。鄭據禮經字作儐。是以周禮司儀賓亦如之。賓使者如初之儀。皆云賓當爲儐。易賓爲儐。取賓禮相待之義。非擯相之義也。然則合

八篇上　卅四

偓 佺 亻聶 仢 儕 倫 侔 偕 俱

二禮訂之。擯相字當从手。賓禮字當从人。許儐擯合而一云導也。與二禮及鄭說不合。劉昌宗說聘禮儐與擯同。雖本許。而令學者惑矣。今禮經石本版本於此九儐字內錯出擯字。非是。○又毛詩絲衣釋賓尸也。有司徹賓尸。經典釋文古本皆作賓。又無必刃反之音。而唐宋石本版本賓儐錯出。要之古無作儐尸者。此學者所當知也。○小雅。儐爾籩豆。傳曰。儐陳也。**从人賓聲。**必刃切。十二部。**儐或从手。**今經典作擯相字多從此。莊子徐無鬼注曰。擯棄也。此義之窮則變也。擯之言屛也。**偓佺。**逗**古仙人名也。**偓佺見上林賦。韋昭、郭璞說略同。**从人屋聲。**於角切。郭璞音屋。三部。篇韵曰偓促。今義也。**偓佺也。从人全聲。**此緣切。十四部。**心服也。**心部懾下一曰心服也。然則二字音義同。廣韵無亻聶。**从人聶聲。**齒涉切。八部。**約也。**疊韵爲訓。釋天曰。奔星爲仢約。舊作彴約。佩觿辨證曰。字从人。不从彳。或云許本作仢約也。三字爲句。**从人勺聲。**徒歷切。古音在二部。仢約讀如招搖。

等輩也。等齊簡也。故凡齊皆曰等。樂記曰。先王之喜怒皆得其儕焉。喜則天下和之。怒則暴亂者畏之。注。儕猶輩類。**从人齊聲。**仕皆切。十五部。**春秋傳曰。吾儕小人。**左傳宣十一年、襄十七年文。**輩也。**軍發車百兩爲輩。引伸之同類之次曰輩。鄭注曲禮、樂記曰。倫猶類也。注既夕曰。比也。注中庸曰。猶比也。**从人侖聲。**力屯切。十三部。**一曰道也。**小雅。有倫有脊。傳曰。倫道。脊理。論語。言中倫。包注。倫道也。理也。按粗言之曰道。精言之曰理。凡注家訓倫爲理者。皆與訓道者無二。**齊等也。**輪人注曰。侔上下等。又曰。侔等也。弓人注曰。侔猶均也。又曰。侔猶等也。**从人牟聲。**莫浮切。三部。**彊也。**小雅北山。偕偕士子。傳曰。偕偕強壯皃。**从人皆聲。**古諧切。十五部。**一曰俱也。**魏風。行役夙夜必偕。傳曰。偕俱也。**詩曰。偕偕士子。****皆也。**皆各本作偕。字之誤也。今正。白部曰。皆俱詞也。與此爲互訓。詩有假具爲俱者。如大叔于田火烈具舉是也。**从人具**

儹 併 傅 侙 俌 倚 依仍 佽 佴 倢

聲。舉朱切。古音在四部。**冣也。**冣才句切。各本誤作最。今正。廣韵曰。儹聚也。冣聚古通用。木部欑。竹部籫。義皆相近。李善引揚雄覈靈賦曰。文王之始起。浸仁漸義。會賢儹智。儹音攢。**从人贊聲。**作管切。十四部。**竝也。**十篇曰。竝者併也。與此爲互訓。竝古音在十部。讀如旁。併古音在十一部。讀如幷。竝併義有別。許互訓者。禮經注曰。古文竝今文作併。是古二字同也。**从人幷聲。**此舉形聲包會意。卑正切。十一部。**相也。**左傳。鄭伯傅王。注曰。傅相也。賈子曰。傅之德義。古假爲敷字。如禹敷土亦作禹傅土是也。亦爲今之附近字。如凡言附箸是也。**从人尃聲。**方遇切。五部。**惕也。**惕者。敬也。**从人式聲。**恥力切。一部。**春秋國語曰。於其心侙然是也。**吳語。申胥曰。夫越王之不忘敗吳。於其心也戚然。服士以司吾閒。韋注曰。戚猶惕也。按韋本葢亦作侙。轉寫譌之耳。許云惕。韋云猶惕者。韋擬此字本義不訓惕也。**輔也。**謂人之俌猶車之輔也。**从人甫聲。讀若撫。**芳武

切。五部。按俌見釋詁。弼棐輔比俌也。郭云。俌猶輔也。廣韵曰。俌出埤蒼。葢輔專行而俌廢矣。**依也。从人奇聲。**於綺切。古音在十七部。**倚也。从人衣聲。**於稀切。十五部。**因也。**釋詁曰。㩳仍因也。大雅常武傳曰。仍就也。就與因義一也。周禮故書仍爲乃。**从人乃聲。**如乘切。六部。**便利也。**小雅車攻。決拾既佽。傳曰。佽利也。按百官公卿表。更名左弋爲佽飛。葢取便利之意。**从人次聲。**七四切。十五部。**詩曰。決拾既佽。一曰遞也。**此與次音義同。車攻鄭箋云。謂手指相次比也。唐風。胡不佽焉。傳曰。佽助也。箋云。何不相推次而助之。皆遞之意也。**佽也。**此冡遞訓言。司馬遷傳曰。僕又佴之蠶室。如淳曰。佴次也。若人相次也。一本佴作茸。蘇林云。茸次也。若人相俾次。蘇以謂茸當作佴耳。佴之蠶室猶云副貳之以蠶室也。小顏乃欲讀爲揖。云推致蠶室中。殊非文義。**从人耳聲。**仍吏切。一部。**佽也。**按上解冡遞訓。此解冡便利之訓。廣雅曰。倢疾也。廣韵曰。倢斜出也。便也。

侍 傾 側 侒 侐 付 俜 俠 儃 侁

利也。玉篇曰。詩云征夫倢倢。倢倢樂事也。本亦作捷。从人。按倢伃、婦官也。亦作婕妤。葢言敏捷而又安舒與。疌聲。子葉切。八部。

侍 承也。承者奉也。受也。凡言侍者皆敬恭承奉之義。从人。寺聲。小徐作从人从寺。時吏切。一部。

傾 仄也。仄部曰。仄、傾也。二字互訓。古多用頃爲之。又按仄當作矢。矢下曰。傾頭也。引申謂凡矢皆曰傾。矢與仄義小異。从人頃。頃亦聲。去營切。十一部。

側 旁也。不正曰仄。不中曰側。二義有別。而經傳多通用。如反側當爲反仄。仄者未全反也。从人。則聲。阻力切。一部。

侒 宴也。宀部曰。宴、安也。侒與安音義同。从人。安聲。烏寒切。十四部。

侐 靜也。靜者審也。悉也。知審諦也。魯頌曰。閟宮有侐。傳曰。侐、清淨也。淨乃靜之字誤。周頌。假以溢我。傳曰。溢、愼也。許作誐以謐我。謐、靜語也。一曰無聲也。左傳作何以恤我。尚書惟刑之恤。伏生尚書作惟刑之謐。史記作惟刑之靜。爾雅。謐、愼。謐、靜也。溢者恤之字誤。莊子書云以言其老洫也。近死之心。莫使復陽也。老洫者枯靜之意。莊子洫本亦作溢。周頌之恤。莊子之洫。皆侐之假借。侐與謐古音同部。从人。血聲。況逼切。古音在十二部。詩曰。閟宮有侐。

付 予也。予者推予也。尚書。天既孚命正厥德。今文尚書作天既付命正厥德。从寸。持物吕對人。寸者手也。方遇切。古音在四部。

俜 俠也。丂部曰。甹、俠也。三輔謂輕財者爲甹。然則俜甹音義皆同。从人。甹聲。普丁切。十一部。韵會作从人甹。甹亦聲。

俠 俜也。荀悅曰。立氣齊、作威福、結私交、以立彊於世者、謂之游俠。如淳曰。相與信爲任。同是非爲俠。所謂權行州里。力折公侯者也。或曰。任、氣力也。俠、甹也。按俠之言夾也。夾者、持也。經傳多假俠爲夾。凡夾皆用俠。从人。夾聲。夾从二人。非二入之夾也。胡頰切。八部。

儃 儃何也。未聞。假令訓爲儋何。則又不當析廁於此。或當作儃回。九章曰。欲儃佪以干傺。又曰。入漵浦余儃佪。王逸曰。儃佪猶低佪也。洪興祖曰。儃知然切。从人。亶聲。徒干切。十四部。

侁 行皃。招魂曰。豺狼從目。往來侁侁。王逸曰。侁侁往來聲也。詩曰。侁侁征夫。从人。先聲。所臻

八篇上 七

仰 侸 儽 侳 偁 伍 什

切。十三部。

仰 舉也。與卬音同義近。古卬仰多互用。从人卬。此舉會意包形聲。魚兩切。十部。

侸 立也。十篇曰。立、侸也。與此爲互訓。今本立下改爲住也。則不可通矣。侸讀若樹。與尌豎音義同。不當作住。今俗用住字。乃駐逗二字之俗。非侸字之俗也。从人。豆聲。讀若樹。常句切。古音在四部。按侸玉篇作侸。云今作樹。廣韵曰。侸同尌。葢樹行而侸尌豎廢。拄侸亦廢矣。

儽 垂皃。老子曰。儽儽兮若無所歸。王弼、陸希聲本同。今按此儽儽之誤。河上公本作乘乘。儽從積絫之絫。與乘義相近。樂記。纍纍乎端如貫珠。音義云。本又作累。即絫字。儽儽爲垂皃。則與絫絫義同也。从人。絫聲。各本篆皆作儽。解皆作纍聲。今正。絫者、增也。从厽。从糸。厽亦聲。在古音十六部。纍者、綴得理也。亦大索也。从糸。畾聲。在古音十五部。二字古形古音皆不同。而後人亂之。人部有傫有儽。形音義皆各殊也。廣韵六脂曰。儽亦作傫。傫是儽非。累即絫也。集韵脂類篇皆首列儽。次列儽。知傫爲正體矣。惟玉篇、廣韵、集韵力追、力罪切。皆不若集韵入五賄力偽一切合於古。一曰嬾懈。廣雅曰。儽儽、疲也。是其義也。今廣雅字尚从絫不誤。史記纍纍若喪家之狗。韓詩外傳作羸乎若喪家之狗。然則正當作儽也。集韵五賄、病困謂之儽。字體亦誤。

侳 安也。从人。坐聲。則臥切。十七部。

偁 揚也。揚者、飛舉也。釋言曰。偁、舉也。郭注引尚書偁爾戈。玉篇引左傳禹偁善人。凡古偁舉、偁謂字皆如此作。自序云。其偁易孟氏。書孔氏。子篆下云。人以爲偁。自稱行而偁廢矣。稱者今之秤字。从人。爯聲。處陵切。六部。

伍 相參伍也。參、三也。伍、五也。周禮曰。五人爲伍。凡言參伍者、皆謂錯綜以求之。易繫辭曰。參伍以變。荀卿曰。窺敵制勝。欲伍以參。韓非曰。省同異之言。以知朋黨之分。偶參伍之驗。以責陳言之實。又曰。參之以比物。伍之以合參。史記曰。必參而伍之。漢書曰。參伍其價。以類相準。此皆引伸之義也。从人五。五亦聲也。疑古切。五部。

什 相什保也。族師職曰。五家爲比。十家爲聯。五人爲伍。十人爲聯。使之相保相受。鄭云。保猶任也。宮正注。五人爲伍。二伍爲什。雅頌以十篇爲一什。按後世曰什物。古曰任器。古

八篇上 六

佰　佸　佮　𢼸　傆　作　假

今語也。任急言之曰什。如唐人詩十可讀如諶也。周禮牛人、司𥝩皆有任器。鄭云任猶用也。**从人十。**此舉會意包形聲。是執切。七部。

佰　相什佰也。佰汲古閣作伯。誤。佰連什言者。猶伍連參言也。佰之言百也。廣韵一百爲一佰。過秦論曰。俛起什佰之中。漢書音義云。首出十長、百長之中。此謂十人之長爲什。百人之長爲佰也。食貨志。無農夫之苦。有仟佰之得。師古云。仟、千錢也。佰、百錢也。佰莫白反。今俗猶謂百錢爲一佰。按仟字罕見。廣韵、集韵、類篇皆曰。千人之長曰仟。毛晃云出文字音義。食貨志語意謂兼十倍百倍之利耳。顏注非。仟疑本作什。顏不音千。可證。**从人百。**博陌切。古音在五部。

佸　會也。王風君子于役曰。曷其有佸。傳曰。佸、會也。此以曡韵爲訓。**从人昏聲。**古活切。十五部。**詩曰。曷其有佸。一曰佸佸力皃。**小徐本無此六字。篇韵亦皆無。

佮　合也。从人合聲。古沓切。七部。

𢼸　眇也。眇各本作妙。今正。凡古言𢼸眇者、卽今之微妙字。眇者、小也。引伸爲凡細之偁。微者、隱行也。微行而𢼸廢矣。玉篇有微字。引書虞舜側微。亦𢼸之俗體也。**从人。从攴。豈省聲。**鉉等曰。豈字从𢼸省。𢼸不應从豈省。疑从耑省。耑、物初生之題。尚𢼸也。無非切。十五部。

傆　黠也。黠、史記所謂桀黠也。傆葢謂鄉原。**从人原聲。**魚怨切。十四部。

作　起也。秦風無衣傳曰。作、起也。釋言、穀梁傳曰。作、爲也。魯頌駉傳曰。作、始也。周頌天作傳曰。作、生也。其義別而略同。別者所因之文不同。同者其字義一也。有一句中同字而別之者。如小雅作而作詩。箋云。上作、起也。下作、爲也。辵部曰。迮迮、起也。然則作迮二篆音義同。古文假借乍爲作。**从人乍聲。**則洛切。五部。

假　非眞也。又部曰。叚、借也。然則假與叚義略同。六書六曰假借。謂本無其字。依聲託事也。**从人叚聲。**古雅切。古音在五部。**虞書曰。**虞書當作唐書。說見禾部。**假于上下。**堯典文。此引經說假借也。彳部曰。徦、至也。經典多借假爲徦。故偁之。淺人不得其例。乃於虞書曰之上妄加一曰至也四字。又分非眞也爲古雅切。至也爲古頟切。而不知古音無此區別也。今刪正。學者苟於全書引經說假借之處皆憭然。則無所惑矣。○毛詩雲漢傳、泮水傳。假、至也。烝民、玄鳥、長發箋同。此皆謂假爲徦之假借字也。其楚茨傳。格、來也。抑傳。格、至也。亦謂格爲徦之假借字也。又那傳、烈祖傳。假、大也。此與賓筵、卷阿傳之嘏、大也同。謂假爲嘏之假借字也。又假樂傳。維天之命傳。假、嘉也。此謂假爲嘉之假借字也。

八篇上　九

借　侵　儥　候　償　僅

借　假也。从人昔聲。資昔切。古音在五部。按小徐本無此字。張次立乃依大徐增之。故曰資昔切。而不曰資昔反也。大徐依注義序例偏旁所有而補正文者十九字。借其一也。序曰。六書六曰假借。又部叚下曰。借也。此處當有借篆可知矣。爾雅音義釋鳥唶唶下曰。說文云。借字也。按云當作之。唶乃諎之或體。今許書諎下無叚諎之訓。豈通作借而遂刪之與。聞疑載疑。孰理而董之矣。古多用藉爲借。如言藉令、卽假令也。

侵　漸進也。漸當作趣。趣、進也。侵之言駸駸也。水部浸淫隨理也。浸淫亦作侵淫。又侵陵亦漸逼之意。左傳曰。無鐘鼓曰侵。穀梁傳曰。苞人民、敺牛馬曰侵。公羊傳曰。觕者曰侵。精者曰伐。又穀梁傳曰。五穀不升謂之大侵。**从人又持帚。**句。**若埽之進。**釋持帚之意。**又、**逗。**手也。**七林切。七部。

儥　見也。貝部賣下曰。衙也。衙者行且賣也。賣卽周禮之儥字。今之鬻字。儥訓見。卽今之覿字也。釋詁曰。覿、見也。公羊傳、穀梁傳、士昏禮、聘禮、論語、鄭注、國語韋注皆同。按經傳今皆作覿。覿行而儥廢矣。許書無覿字。獨存古形古義於此也。以他字例之。葢禮經古文作儥。今文作覿。許從古文、不從今文歟。大徐本竊取周禮改見爲賣。非是。周禮儥訓買。玉篇作儥、買也。今又作賣則誤之中又有誤焉。**从人賣聲。**余六切。按此音非也。今音徒歷切。古音徒谷切。三部。

候　司望也。司各本作伺。非。今正。司者、今之伺字也。曹風候人傳云。候人、道路送賓客者。周禮候人注云。候候、迎賓客之來者。按凡覷伺皆曰候。因之謂時爲候。**从人侯聲。**胡溝切。四部。

償　還也。廣雅曰。復也。左傳。西鄰責言。不可償也。杜云。不可報償。**从人賞聲。**食章切。十部。亦市亮切。

僅　材能也。材今俗用之纔字也。三蒼及漢書作纔。鄭注禮記、周禮、賈逵注國語、東觀漢記及諸史並作裁。許書水部、雨部、叀部作財。此作材。材能言僅能也。公羊傳僖十

八篇上　廿

六年曰。是月者何。僅逮是月也。何注。在月之幾盡。故曰劣及是月。定八年曰。公斂處父帥師而至。僅然後得免。僅蓋僅之譌字。射義。蓋勵有存者。言存者甚少。廑卽僅字。广部廑下曰。少劣之居也。與僅義略同。唐人文字僅多訓庶幾之幾。如杜詩。山城僅百層。韓文。初守睢陽時。士卒僅萬人又家累僅三十口。柳文。自古賢人才士被謗議不能自明者。僅以百數。元微之文。封章諫草。緐委箱笥。僅逾百軸。此等皆李涪所謂以僅爲近遠者。於多見少。於僅之本義未隔也。今人文字皆訓僅爲但。**从人堇聲。**渠吝切。十三部。

代　更也。更者改也。士喪禮、喪大記注同。凡以此易彼謂之代。次第相易謂之遞代。凡以異語相易謂之代語。假代字爲世字。起於唐人避諱。世與代義不同也。唐諱言世。故有代宗。明既有世宗。又有代宗。斯失之矣。**从人弋聲。**徒耐切。一部。

儀　度也。度法制也。毛傳曰。儀善也。又曰。儀宜也。又曰。儀匹也。其義相引伸。肆師職曰。古書儀但爲義。今時所謂義。古書爲誼。按如文王傳曰。義善也。此與釋詁及我將傳儀善也正同。謂此義爲儀之假借字也。**从人義聲。**魚羈

切。古音在十七部。

傍　近也。古多假並爲之。如史記始皇紀並河以東。武帝紀並海。是也。亦假旁爲之。見溝洫志、食貨志。**从人旁聲。**此舉形聲包會意也。韵會無聲字。步光切。十部。按亦讀去聲。

佀　像也。各本作象也。小徐作象肖也。皆非。今正。像下曰佀也。與此互訓。是爲轉注。度古本二篆必相屬。不知何時轉寫遠隔。又皆改其說解耳。相像曰相似。古今無異言。緣俗閒用象爲像。乃致姿改許書。廣雅曰。似類也。又曰。似象也。又曰。似若也。皆似之本義也。詩斯干、裳裳者華、卷阿、江漢傳皆曰。似嗣也。此謂似爲嗣之假借字也。斯干似續妣祖箋云。似讀爲巳午之巳。巳續妣祖者。謂巳成其宮廟也。此謂似爲巳之假借字也。**从人吕聲。**詳里切。一部。隷作似。

像　佀也。各本作象也。今依韵會所據本正。象者南越大獸之名。於義無取。雖韓非曰人希見生象也。而案其圖以想其生。故諸人之所以意想者。皆謂之象。然韓非以前或祇有象字。無像字。韓非以後小篆既作像。則許斷不以象釋似。復以象釋像矣。毄辭曰。爻也者。效此者也。象也者。像此者也。又曰。象也者。像也。爻也者。效天下之動者也。葢象爲古文。聖人以像釋之。雖他本像亦作象。然鄭康成王輔嗣本非不可信也。凡形像圖像想像字皆當从人。而學者多作象。象行而像廢矣。許書二曰。象形。度許固必作像形。招寬云。像設君室。**从人象聲。**鉉本云从人从象。象亦聲。此葢用韓非語竄改也。今依韵會所據小徐本。**讀若養字之養。**古音如此。故今云式樣卽像之俗也。或又用樣爲之。今音徐兩切。十部。此篆原在後文傳篆下。倦篆上。今移廁此。

便　安也。古與平辨通用。如史記便章百姓。古文尚書作平。今文尚書作辨。毛詩平平左右。左傳作便蕃左右。**人有不便更之。故从人更。**此會意。房連切。亦去聲。古音葢在十一部。

任　保也。按上文云。保養也。此云任保也。二篆不相屬者。保之本義尚書所謂保抱。任之訓保。則保引伸之義。如今言保舉是也。周禮五家爲比。使之相保。注云。保猶任也。又孝友睦婣任恤。注云。任信於友道也。引伸之凡儋何曰任。小雅。我任我輦。我車我牛。傳云。任者。輦者。車者。牛者。四云者者皆謂人也。邶風傳。任大也。卽釋詁之壬大也。**从人壬聲。**

如林切。七部。

俔　諭也。各本作譬諭。今依詩正義訂。言部曰。譬者。諭也。則言諭已足矣。大雅大明曰。俔天之妹。傳曰。俔磬也。此以今語釋古語。俔者古語。磬者今語。二字雙聲。是以毛詩作俔。韓詩作磬。如十七篇之有古今文。孔穎達云。如今俗語譬喻云磬作然。許不依傳云磬而云諭者。磬非正字。以六書言之。乃俔之假借耳。不得以假借字釋正字也。磬磬古通用。爾雅磬、盡也。猶言竟是天之妹也。**一曰閒見。**閒各本作聞。今正。釋言曰。閒俔也。正許所本。上訓用毛韓說。此訓用爾雅。爾雅亦釋詩也。閒音諫。若言不可多見而閒見之。爾雅無見字。許益見字者。以其篆从見也。容爾雅原文今有倒奪矣。郭景純以左傳謂之諜釋之。恐非。**从人从見。**此會意包形聲。苦甸切。十四部。**詩曰。俔天之妹。**

優　饒也。食部饒下曰。飽也。引伸之凡有餘皆曰饒。詩瞻卬傳曰。優渥也。箋云。寬也。周語注曰。優饒也。魯語注曰。優裕也。其義一也。引伸之爲優游。爲優柔。爲俳優。商頌布政憂憂。小雅既瀀既渥。今本皆假優爲之。**从人憂聲。**於求切。三部。**一曰倡也。**倡者

僖　偆　俒　儉　偭　俗

樂也。謂作妓者。卽所謂俳優也。左傳。陳氏鮑氏之圉人爲優。晉語。公之優曰施。

僖 樂也。此字之本義少用。其𨽥變爲嬉。李注洞簫賦引說文。嬉。樂也。卽謂此也。諡法有釐有僖。周書二諡並出。而春秋三傳僖公。史漢皆作釐公。殆史漢假釐爲僖乎。諡法曰。小心畏忌曰僖。从人。喜聲。許其切。一部。

偆 富也。廣韻曰。厚也。富也。若白虎通曰。春之爲言偆。偆。動也。春秋繁露曰。偆偆者。喜樂之皃也。蓋皆蠢之假借字。从人。萅聲。尺允切。十三部。

俒 完也。以疊韻爲訓。逸周書曰。朕實不明。以俒伯父。逸周書者。謂漢志七十一篇之周書也。今大戒解有朕實不明句。本典解云。今朕不知明德所則。政教所行。字民之道。禮樂所生。非不念而知。故問伯父。許所據未知卽此以不也。以俒伯父。俒當爲溷字之假借。經史亦作慁。儒行曰。不慁君王。注。慁猶辱也。史記酈陸傳。無久慁公爲也。范睢蔡澤傳。是天以寡人慁先生。語意皆同。此引經說假借之例。从人。从完。胡困切。按此字本義當讀如完。在十四部。胡困切者。借爲溷字之音也。

儉 約也。約者。纏束也。儉者。不敢放侈之意。古假險爲儉。易。儉德辟難。或作險。从人。僉聲。巨險切。七部。

偭 鄉也。鄉。今人所用之向字也。漢人無作向者。少儀。尊壺者面其鼻。注云。鼻在面中。言鄉人也。按許所據作偭。說與鄭同。偭訓鄉。亦訓背。此窮則變。變則通之理。如廢置徂存。苦怏之例。離騷。偭規矩而改錯。王逸曰。偭。背也。賈誼弔屈原曰。偭蟂獺以隱處。應劭曰。偭。背也。項羽傳。馬童面之。張晏曰。背之也。張歐傳。上具獄事。不可卻者。爲涕泣面而封之。師古曰。謂偝之也。惠氏定宇左傳補注曰。面縛之。謂反背而縛之。考工記。審曲面勢。先鄭釋以陰陽之面背。許言鄉不言背者。述其本義也。古通作面。从人。面聲。此舉形聲包會意。彌箭切。十四部。禮少儀曰。尊壺者偭其鼻。

俗 習也。以雙聲爲訓。習者數飛也。引伸之凡相效謂之習。周禮大宰。禮俗以馭其民。注云。禮俗。昏姻喪紀。舊所行也。大司徒以俗教安。注。俗謂土地所生習也。曲禮。入國而問俗。注。俗謂常所行與所惡也。漢地理志曰。凡民函五常之性。其剛柔緩急。音聲不同。繫水土之風氣。故謂之風。好惡取舍。動靜無常。隨君上之情欲。謂之俗。从人。谷聲。似足切。三部。

俾　倪　億　使　⿰亻癸　伶　儷

俾 益也。俾與埤朇裨音義皆同。今裨行而埤朇俾皆廢矣。經傳之俾皆訓使也。無異解。蓋卽益義之引伸。釋詁。俾。從也。釋言。俾。職也。亦皆引伸之義。手部。挾下曰。俾持。亦部。夾下曰。蔽人俾夾。古或假卑爲俾。从人。卑聲。幷弭切。十六部。一曰俾門侍人。未聞。或曰。如寢門之內豎。是閽寺之屬。近得陽湖莊氏述祖說。門侍人當是門持人之誤。挾下曰。俾持也。正用此義。按此條得此挍正。可謂渙然冰釋矣。

倪 俾也。然則倪亦訓益也。若孟子反其旄倪。借爲嫛婗之婗也。爾雅。左倪不類。右倪不若。左傳注。城上僻倪。借倪爲睨也。莊子。不知端倪。借端爲耑。借倪爲題也。題者。物初生之題也。从人。兒聲。五雞切。十六部。

億 安也。晉語。億寧百神。注。億。安也。吳語。億負晉眾庶。注曰。億。安也。左傳曰。不能供億。曰。心億則樂。曰。我盇姑億吾鬼神而寧吾族姓。杜注皆曰。安也。此億字之本義也。今則本義廢矣。或假爲萬意字。諸經所用皆是也。或假爲意字。如論語不億不信。億則屢中是也。億則屢中。漢書貨殖傳作意。毋意毋必。諸家偁作億必。是可證矣。从人。意聲。於力切。一部。

使 令也。大徐令作伶。誤。令者。發號也。釋詁。使。從也。其引伸之義也。按許書無駛字。左傳。吏走問諸朝。本作使走問諸朝。古注。使速疾之意也。又歺部。⿰歺吏。烈也。讀若迅。蓋此二字卽今之駛字乎。水部。⿰氵吏。水吏也。吏同使。謂水疾。从人。吏聲。疏士切。一部。

⿰亻癸 ⿰亻癸。此復舉字之未刪僅存者。左右兩視。兩蓋古本作兩。目部曰。睽。目不相聽也。⿰亻癸。卽睽之或字耳。从人。癸聲。其季切。十五部。

伶 弄也。徐鍇曰。伶人者。弄臣也。毛詩。寺人之令。釋文曰。令。韓詩作伶。云使伶。古伶人字本作泠。泠人。樂官也。从人。令聲。郎丁切。十一部。益州有建伶縣。地理志。郡國志。益州郡皆有建伶縣。今雲南雲南府西北有建伶廢縣。

儷 棽儷也。林部。棽下曰。木枝條棽儷也。義已見彼。故此但云棽儷也。與同部偓下云偓佺仙人也。佺下但云偓佺也。例同。按左傳。伉儷。杜云。儷。偶也。士冠禮。聘禮。儷皮。鄭云。儷。猶兩也。古文儷爲離。月令。宿離不貣。鄭云。離讀爲儷。儷偶之儷。許

傳　倌　价

但取枝條苓儷之訓。不及其他。於从人之意未合。於全書大例未符。恐非許書之舊。从人。麗聲。呂支切。十六部。

傳　遽也。辵部曰。遽。傳也。與此爲互訓。此二篆之本義也。周禮行夫掌邦國傳遽。注云。傳遽若今時乘傳騎驛而使者也。玉藻士曰傳遽之臣。注云。傳遽以車馬給使者也。左傳、國語皆曰以傳召伯宗。注皆云。傳。驛也。漢有置傳、馳傳、乘傳之不同。按傳者如今之驛。馬驛必有舍。故曰傳舍。又文書亦謂之傳。司關注云。傳如今移過所文書是也。引伸傳遽之義。則凡展轉引伸之偁皆曰傳。而傳注流傳皆是也。後儒分別爲知戀直戀直攣三切。實一語之轉。从人。專聲。直戀切。十四部。按廣韵傳注直戀切。郵馬知戀切。

倌　小臣也。鄘風定之方中曰。命彼倌人。傳曰。倌人、主駕者。按許說異毛。小臣蓋謂周禮小臣上士四人。大僕之佐也。一云左傳所謂巾車脂犨也。从人。官聲。古患切。十四部。詩曰。命彼倌人。

价　善也。大雅板曰。价人維藩。釋詁及傳曰。价、善也。箋云。价、甲也。被甲之人、謂卿士掌軍事者。蓋鄭易价爲介也。詩正義引爾雅作价。今爾雅作介善也。蓋非善本。从人。介聲。古拜切。十六部。詩曰。价人維藩。

仔　侯

仔　克也。周頌曰。佛時仔肩。克也。箋云。仔肩、任也。按克、勝也。勝與任義似異而同。許云仔、克也。釋詁云肩、克也。許云克、肩也。然則仔肩絫言之耳。从人。子聲。子之切。一部。

侯　送也。侯今之媵字。釋言曰。媵、將送也。周易。媵口說也。虞曰。媵、送也。燕禮、大射。媵觚于賓。鄭注。媵、送也。九歌曰。魚隣隣兮媵予。王注。媵、送也。送爲媵之本義。以姪娣送女乃其一耑耳。公羊傳曰。媵者何。諸侯娶一國。則二國往媵之。以姪娣從。是也。今義則一耑行而全者廢矣。从人。灷聲。今形从女者、由一耑之義獨行故也。灷、許書無此字。而送侯朕皆用爲聲。此亦許書奪扇之一也。以證切。六部。朕送二字古音當亦在六部也。呂不韋曰。有侁氏以伊尹侯女。呂氏春秋孝行覽本味篇曰。湯於是請取婦爲婚。有侁氏喜。以伊尹爲媵送女。爲送二字。乃後人所妄增。許所據不如是。凡許引呂氏春秋。皆直書呂不韋曰。此與爝下是也。惡其人也。古文㠯爲訓字。訓與侯音部既相距

徐　偋　伸

甚遠。字形又不相似。如疋足屮艸丂亏之比。今按訓當作揚。由揚譌詠。由詠復譌訓。始則聲誤。終則字誤耳。檀弓。杜蕢洗而揚觶。注云。舉爵於君也。禮揚作媵。揚、舉也。媵、送也。揚近得之。據此知禮經作媵。記作揚。爲古文揚字。燕禮。媵觚於賓。注云。讀或爲揚。蓋禮家舊讀媵爲揚。許亦用禮家舊讀說也。若今文禮媵作騰。騰正與揚義協。

徐　緩也。與徐義略同。齊世家。田常執簡公於徐州。索隱曰。徐廣音舒。其字从人。左氏作舒。說文作郐。按魯世家作徐。从人。余聲。似魚切。五部。

偋　偋寠也。寠者。無禮之居也。廣韵引曰。偋、隱僻也。無人處。字統云。廁也。按偋與屛、庰義略同。从人。屛聲。毗正切。十一部。

伸　屈伸也。屈者、無尾也。伸之反也。屈伸、謠俗共知之語。故以爲訓。屈亦作詘。所謂隨體詰詘也。伸古經傳皆作信。周易。詘信相感而利生焉。又尺蠖之詘。以求信也。又引而信之。韋昭漢書音義云。信、古伸字。謂古文假借字。許書冣目曰。近而申之。以究萬原。古本申作信。又虫部。尺蠖、屈申蟲。也。太平御覽引作曲信蟲。从人。申聲。疑此字不古。古但作詘信。或用申爲之。本無伸字。以屈伸訓伸篆。亦非說解之體。宋毛晃曰。古惟申字。後加立人以別之。失人切。十二部。

伹　㒄　偄

伹　拙也。廣韵作拙人。當是說文古本。拙者、不巧也。廣雅曰。伹、鈍也。玉篇引之。集韵類篇皆引之。云千余切。今廣雅乃譌爲伹、度滿切矣。按此字千余切。與粗同。細觕今粗笨字也。廣韵祇有七余一切。玉篇七閭祥閭二切。从人。且聲。似魚切。五部。

㒄　意膬也。意者、志也。膬者、耎易破也。意膬謂有此意而不堅。玉篇云。意急而懼。蓋說文之語也。或曰。當作膬意。○通俗文曰。痛聲曰痏。警聲曰㒄。㒄于簡切。从人。然聲。人善切。十四部。

偄　弱也。此與懦、儒二字義略同。而音形異。懦儒皆需聲。偄、耎聲也。二聲轉寫多淆。所當覈正矣。偄从人亦或从心。左傳、穀梁傳皆曰。宮之奇之爲人也。偄。注皆云。弱也。左傳音義曰。偄本又作耎。乃亂反。又乃貨反。弱也。今本字林。偄音乃亂反。懦音讓夫反。云弱也。按左傳此音義今本譌甚。考正之如此。古者耎聲本在元寒部。而入歌戈部。需聲本在侯部。而入虞部。分別劃然。古假耎爲偄。考工記。馬不契耎。鄭云。耎讀爲畏偄之偄。自唐初耎已譌需。从

倍　傿　僭

人。从㒳。此舉會意包形聲也。冂部㒳讀若畏偄。二字義近音同。奴亂切。十四部。又奴貨切。音之轉也。○偄亦而沇切。俗作輭。譌作軟。王氏念孫曰。軟當輭之譌。

倍反也。此倍之本義。中庸爲下不倍。緇衣信以結之。則民不倍。論語斯遠鄙倍。皆是也。引伸之爲倍文之倍。大司樂注曰。倍文曰諷。不面其文而讀之也。又引伸之爲加倍之倍。以反者覆也。覆之則有二面。故二之曰倍。俗人鉉析。乃謂此專爲加倍字。而倍上倍文則皆用背。餘義行而本義廢矣。倍之或體作偝。見坊記投壺荀卿子。从人。音聲。薄亥切。一部。

傿引爲賈也。引猶張大之。賈者今之價字。引爲價。所謂豫價也。後漢書崔烈入錢五百萬。得爲司徒。及拜。靈帝顧謂親倖曰。悔不小傿。可至千萬。从人。焉聲。於建切。十四部。

僭儗也。各本作假也。今依玉篇所引正。廣韵亦云擬也。以僭儗二篆相聯互訓。知作假之非矣。以下儗上。僭之本義也。引伸之則訓差。大雅不僭不賊。傳是也。又訓不信。小雅覆謂我僭。箋是也。其小雅巧言傳曰。僭數也。則謂僭卽譖之假借也。詩亦假譖爲僭。如大雅桑柔瞻卬箋是也。从人。朁聲。子念切。七部。

儗　偏　倀　儚　儔

儗僭也。以下僭上。此儗之本義。如史記說卓王孫田池射獵之樂。儗於人君是也。與手部擬訓度不同。曲禮儗人必於其倫。注。儗猶比也。此引伸之義也。漢書食貨志假疑爲儗。又假儗爲黍稷薿薿。从人。疑聲。依小徐本。魚已切。一部。一曰相疑。此別一義。

偏頗也。頗頭偏也。引伸爲凡偏之偁。故以頗釋偏。二字雙聲。尙書無偏無頗。絫言之也。周易翩翩古文作偏偏。从人。扁聲。芳連切。十二部。

倀狂也。猖者狾犬也。假借爲人狂之偁。仲尼燕居曰。譬猶瞽之無相。倀倀乎其何之。廣韵四十三映曰。萠倀失道皃。从人。長聲。楮羊切。十部。一曰什也。什葉抄本作什。侯攺。

儚惛也。惛者不憭也。釋訓曰。儚儚洄洄。惛也。儚當作儚。與夢夢亂也義別。从人。薨聲。呼肱切。六部。

儔翳也。翳者華蓋也。引伸爲凡覆蔽之偁。按玉篇儔直流切。侶也。又大到切。翳隱蔽也。廣韵尤韵儔侶也。直由切。号韵儔隱也。徒到切。是儔有隱蔽之訓。而其音與疇侶絕不同。與翿纛音同。由其義相近也。翳義廢而侶義獨行矣。然自唐以前用儔侶皆作疇。絕無作儔者。蓋由古者一井爲疇。並畔爲疇。是以釋詁曰。疇誰也。注易注國策漢書者曰。疇類也。注國語者曰。疇匹也。下逮六朝辭賦皆不作儔。玄應之書曰。王逸云二人爲匹。四人爲疇。疇亦類也。今或作儔矣。然則用儔者起唐初。以至於今。从人。壽聲。直由切。三部。按大徐此音失之不攷。

侜　俴　佃

侜有廱蔽也。廱今之壅字。陳風防有鵲巢曰。誰侜予美。爾雅及傳曰。侜張誑也。誑亦壅蔽之意耳。許不用毛傳者。許以侜張乃尙書譸張之假借字。非侜之本義。故易之。从人。舟聲。張流切。三部。詩曰。誰侜予美。

俴淺也。秦風小戎俴收。釋言毛傳皆曰。俴淺也。从人。戔聲。慈衍切。十四部。

佃中也。廣韵曰。營田。玉篇曰。作田。今義非古義也。許攴部自有畋字。不必用佃爲之。許所說者。相傳古義。从人。田聲。堂練切。十二部。春秋傳曰。乘中佃。中佃。二字今補。一轅車也。左傳哀公十七年。渾良夫乘衷甸兩牡。杜曰。衷甸一轅卿車。許所據作中佃。引傳而釋之者。孔穎達曰。甸乘也。四丘爲甸。出車一乘。故以甸爲名。蓋四馬爲上乘。二馬爲中乘。容許意同孔。一乘曰一轅兩牡。則一轅在兩牡之中。是亦中也。故絫言之曰中佃。

⿰亻囟　侊

⿰亻囟小皃。小雅正月曰。佌佌彼有屋。傳曰。佌佌小也。許所據作⿰亻囟。或作⿰亻⿱囟夊。从人。囟聲。斯氏切。十六部。按細字亦囟聲。葢取雙聲。詩曰。⿰亻囟⿰亻囟彼有屋。

侊小皃。小當作大。字之誤也。凡光聲之字多訓光大。無訓小者。越語句踐曰。諺有之曰。觥飯不及壺飧。韋云。觥大也。大飯謂盛饌。盛饌未具。不能以虛待之。不及壺飧之救飢疾也。言已欲滅吳。取快意得之而已。不能待有餘力。韓詩云。觥廓也。許所據國語作侊侊與觥音義同。廣韵十一唐曰。侊盛皃。用韋注。十二庚曰。侊小皃。用說文。葢說文之譌久矣。从人。光聲。古橫切。古音讀如光。十部。國語曰。侊飯不及壺飧。壺飧各本作一食。一由壺壹遞譌。食奪偏旁。今依玉篇廣韵所引說文正。飧者。食部餐字也。集韵正作餐。壺飧猶左傳趙衰之壺飧。史記操一豚蹄酒一壺。皆謂薄少。古壺有大小。此非大一石之壺也。○又按許所據覓作一食未可知。似不必改。

佻 愉也。古本皆作愉。汲古閣作偷。誤也。心部曰。愉、薄也。小雅鹿鳴曰。視民不佻。許所據作佻。是。毛傳曰。佻、愉也。按釋言。佻、偷也。偷者愉之俗字。今人曰偷薄。曰偷盜。皆从人作偷。他侯切。而愉字訓爲愉悅。羊朱切。此今義今音今形。非古義古音古形也。古無从人之偷。愉訓薄。音他侯切。愉愉者、和氣之薄發於色也。盜者、澆薄之至也。偷盜字古只作愉也。凡古字之末流變析類如是矣。周禮曰。以俗教安則民不愉。注曰。愉謂朝不謀夕。服注左傳視民不佻云。示民不愉薄。唐風。他人是愉。傳曰。愉、樂也。箋云。愉讀曰偷。偷、取也。此同字而各舉一義釋之。愉讀曰偷。如注周禮主以利得民。云讀如上思利民之利耳。然可見漢末已有从人之偷。許不取。从人。兆聲。土彫切。二部。按佻訓苟且。苟且者必輕。故離騷注曰。佻、輕也。方言曰。佻、疾也。左傳。楚師輕窕。窕正佻之假借字。詩曰。視民不佻。

僻 辟也。辟。大徐本作避。非是。辟者、法也。引伸爲辟人之辟。辟人而人避之亦曰辟。若周禮閽人。凡外內命婦出入則爲之辟。孟子。行辟人可也。曲禮。若主人拜。則客還辟。辟拜。郊特牲。有由辟焉。包咸論語注。躩、盤辟皃也。投壺。主人盤旋曰辟。賓盤旋曰辟。大射儀。賓辟。注曰。辟、逡遁不敢當盛。他書辟人、辟邪、辟寒、辟塵之類。語意大略相似。自屛之者言。則閽人、離婁篇、郊特牲是也。自退者言。則曲禮、投壺、論語注所云是也。舟部般、辟也。卽旋辟、盤辟之謂。辟之言邊也。屛於一邊也。僻之本義如是。廣韵曰。誤也。邪僻也。此引伸之義。今義行而古義廢矣。詩曰。民之多僻。从人。辟聲。普擊切。十六部。詩曰。宛如左僻。魏風葛屨文。此引詩證僻之本義也。今詩作辟者。俗人不解。易字而音避。一曰從旁牽也。此義稍別異。

伭 很也。心部曰。慈、急也。義略同。从人。弦省聲。胡田切。十二部。

伎 與也。舁部曰。與者、黨與也。此伎之本義也。廣韵曰。侶也。不違本義。俗用爲技巧之技。○小弁。鹿斯之奔。維足伎伎。傳云。伎伎、舒皃。按此伎伎。蓋與提提音義皆同。从人。支聲。渠綺切。十六部。詩曰。鞫人伎忒。大雅瞻卬文。今詩伎作忮。傳曰。忮、害也。許所據作伎。蓋毛詩假伎爲忮。故傳與雄雉同。毛說其假借。許說其本義也。今詩則學

者所竄易也。

侈 掩脅也。掩者、掩蓋其上。脅者、脅制其旁。凡自多以陵人曰侈。此侈之本義也。吳語。夾溝而侈我。其字則侈也。其義則掩脅也。从人。多聲。尺氏切。古音在十七部。一曰奢泰也。泰字依韵會本補。奢者、張也。泰者、滑也。凡傳云汏侈者。卽許書之泰字。小雅曰。侈兮哆兮。此與上義別。今上義廢而此義獨行矣。三禮皆假移爲侈。

佁 癡皃。大人賦。沛艾赳螑仡以佁儗兮。張揖曰。佁儗、不前也。此癡意也。呂氏春秋。出輿入輦。命曰佁蹷之機。高誘曰。佁、至也。此別一義也。从人。台聲。讀若騃。夷在切。一部。

⿰亻蚤 ⿰亻蚤、此複舉字之未刪者。驕也。馬高六尺爲驕。借爲倨傲之偁。从人。蚤聲。穌遭切。古音在三部。

僞 詐也。詐者、欺也。釋詁曰。詐、僞也。按經傳多假爲爲僞。如詩人之爲言。卽僞言。月令作爲淫巧。今月令云詐僞淫巧。古文尚書南僞。史記作南爲。左傳爲讀僞者不一。蓋字涉於作爲則曰僞。徐鍇曰。僞者、人爲之。非天眞也。故人爲爲僞是也。荀卿曰。桀紂、性也。堯舜、僞也。人之性惡。其善者僞也。不可學。不可事。而在人者謂之性。可學而能。可事而成之在人者謂之僞。又曰。生之所以然者謂之性。心慮而能爲之動謂之僞。慮積焉。能習焉。而後成謂之僞。荀卿之意。謂堯舜不能無待於人爲耳。玉裁昔爲謝侍郎墉作荀卿補注。會言之。从人。爲聲。危睡切。古音在十七部。

伿 惰也。惰者、不敬也。醫經解㑊之㑊當作此字。从人。只聲。以豉切。十六部。

佝 佝瞀也。各本作務也二字。小徐作覆也。皆誤。今正。佝瞀也三字爲句。佝音寇。瞀音茂。㒈韵字。二字多有或體。子部㲉下作㲉瞀。荀卿儒效作溝瞀。漢五行志作區霿。又作傋霿。楚辭九辯作怐愗。玉篇引作佝愗。應劭注漢書作㲉霿。郭景純注山海經作㲉瞀。其音同。其義皆謂愚蒙也。山海經注㲉字葢有誤。从人。句聲。苦候切。四部。

僄 輕也。方言曰。僄、輕也。楚凡相輕薄或謂之伔。或謂之僄也。班固賦曰。雖輕迅與僄狡。按古或假剽爲之。僄亦作嫖。霍嫖姚是也。从人。票聲。匹妙切。二部。

倡 樂也。漢有黃門名倡。常從倡、秦倡。皆鄭聲也。東方朔傳。有幸倡郭舍人。則倡卽俳也。經傳皆用爲唱字。周禮樂師。凡軍大

俳　倡　儳　佚　俄　傜

獻。教愷歌遂倡之。故書倡爲昌。鄭司農云。樂師主倡也。昌當爲倡。按當云昌當爲唱。**从人。昌聲。**尺亮切。十部。按當尺亙切。**俳戲也。**以其戲言之謂之俳。以其音樂言之謂之倡。亦謂之優。其實一物也。**从人。非聲。**步皆切。十五部。**僐作姿也。**廣雅曰。僐、態也。**从人。善聲。**常演切。十四部。隸作僐。**儳儳互**逗**不齊也。**今人作攙和字當用此。周語。戎翟冐沒輕儳。注云。儳、進退上下無列也。曲禮曰。長者不及毋儳言。注云。儳猶暫也。左傳。聲盛致志鼓儳可也。注云。儳巖未整陳。皆不齊之意。表記。儳焉如不終日。亦同。**从人。毚聲。**士咸切。八部。廣韵入去聲。**佚佚民也。**三字句。論語微子篇。逸民伯夷、叔齊、虞仲、夷逸、朱張、柳下惠、少連。按許作佚民正字也。作逸民者假借字。佚从人。故爲佚民字也。孟子曰。遺佚而不怨。又以爲勞逸字。如以佚道使民是也。古失佚逸泆字多通用。石經今文尚書毋逸字作勑。則許所不取。廣雅錄之。**从人。失聲。**夷質切。十二部。**一曰佚、忽也。**心部曰。忽、忘也。按忘之言亡也。**俄頃也。**各本作行頃。乃妄加行耳。今正。玉篇曰。俄頃、須臾也。廣韵曰。俄頃、速也。此今義也。尋今義之所由。以俄頃皆偏側之意。小有偏側。爲時幾何。故因謂倏忽爲俄頃。許說其本義以晐今義。凡讀許書當心知其意矣。匕部曰。頃、頭不正也。小雅賓之初筵箋云。俄、傾皃。廣雅。俄、衺也。皆本義也。若公羊傳曰。俄而可以爲其有矣。何云。俄者、謂須臾之閒。制得之頃也。此今義也。有假蛾爲俄者。如漢書。始爲少使。蛾而大幸。如淳曰。蛾、無幾之頃也。單言之或曰俄。或曰頃。緐言之曰俄頃。**从人。我聲。**五何切。十七部。**詩曰。仄弁之俄。**鄭云。俄、傾皃。古頃傾通用。皆謂仄也。今詩仄弁作側弁。**傜喜也。**喜下曰。樂也。王風。君子陶陶。傳曰。陶陶、和樂皃也。陶陶卽傜傜之假借也。凡言遙遙、歙歙皆疊字。則知可作傜傜矣。釋詁曰。繇、喜也。繇亦卽傜。郭注以檀弓咏斯猶釋繇。殊誤。鄭云。猶當爲搖。謂身動搖也。**从人。䚻聲。**余招切。二部。凡傜役字卽此字之隸變。**自關以西物大小不同謂之傜。**此方言殊語也。方言曰。陂、傜、衺也。陳楚荆揚曰陂。自山而西。凡物細大不純者謂之傜。郭

谻　傞　僛　侮　偒

注。言俄傜也。**谻徼谻受屈也。**子虛賦曰。徼谻受詘。郭璞曰。谻、疲極也。司馬彪云。徼、遮也。谻、倦也。謂遮其倦者。按長卿用假借字作谻。許用正字作谻。蘇林注漢曰。谻音倦谻之谻。當作音倦谻之谻也。方言曰。谻、傍也。谻同谻。傍同倦。心部。㥁者、勞也。與谻音義同。史記匈奴傳、漢書趙充國傳皆云徼極。與徼谻音異義同。**从人。卻聲。**其虐切。古音在五部。**傞醉舞皃。**小雅賓之初筵曰。婁舞傞傞。傳曰。傞傞、不止也。**从人。差聲。**素何切。十七部。**詩曰。屢舞傞傞。**屢當作婁。**僛醉舞皃。**賓之初筵曰。婁舞僛僛。傳曰。僛僛、舞不能自止也。**从人。欺聲。**去其切。一部。**詩曰。屢舞僛僛。**屢當作婁。**侮偒也。**偒各本作傷。誤。今正。鍇曰。偒、慢易字也。鍇作注時未誤也。小雅常棣假務爲侮。**从人。每聲。**五部。按每聲在一部。合音。**㑄古文从母。**母聲猶每聲也。漢書五行志。慢侮之心生。**偒輕也。**此依小徐。侮偒相屬。蒼頡篇曰。偒、慢也。廣韵曰。偒、相輕慢也。自易專行而偒廢矣。禮記。易慢之心入之矣。

㑵　俙　僨　僵

注。易、輕易也。國語。貴貨而易土。注。易、輕也。國策注、呂覽注、漢書注皆同。凡皆偒之假借字也。**从人。易聲。**以豉切。十六部。**一曰交偒。**周易。繫辭曰。交易而退。經傳亦止作易。公羊莊十三年冬。公會齊侯盟于柯。傳曰。何以不日。易也。何云。易猶佼易也。相親信。無後患之辭。按何用漢時俗語。佼同交。**㑵妎也。**妎者、妬也。離騷注。害賢曰嫉。害色曰妬。如曰女無美惡。入宮見妬。士無賢不肖。入朝見嫉是也。渾言則不別。古亦假疾。**从人。疾聲。**秦悉切。十二部。**一曰毒也。**廣雅曰。嫉、惡也。**嫉㑵或从女。**妬也。故从女。**俙訟面相是也。**謂內爭而外順也。皐陶謨所謂面從。今俗閒俚語猶有之。篇韵皆注云。訟也。失之遠矣。**从人。希聲。**喜皆切。十五部。**僨僵也。**引伸之爲凡倒敗之偁。大學曰。一人僨事。注云。僨猶覆敗也。射義假賁爲僨。左傳。象有齒以焚其身。假焚爲僨。**从人。賁聲。**匹問切。十三部。**僵偃也。**小徐及爾雅釋文皆作偃。大徐作僨。非是。玄應引僵、却偃也。仆、前覆也。按僵謂仰倒。如莊子推而僵之、漢書觸

偃　仆　傷　倄

寶瑟僵皆是。今人語言乃謂不動不殀爲僵。廣韻作殭。死不殀也。从人畺聲。居良切。十部。

偃　僵也。小雅或棲遲偃仰。論語寢不尸。苞注曰不偃臥布展手足似死人。左傳偃且射子鉏。晉語籧篨不可使俛。韋注籧篨偃人。參同契曰男生而伏女偃其軀及其死也乃復效之。水經注曰徐偃王生而偃故以爲號。凡仰仆曰偃。引伸爲凡仰之偁。从人匽聲。於幰切。十四部。依玉篇先偃後仆。

仆　頓也。頓者下首也。以首叩地謂之頓首。引伸爲前覆之辭。左氏音義引孫炎曰前覆曰仆。玄應三引說文仆頓也。謂前覆也。偃謂却偃。仆謂前覆。蓋演說文者語。若論語注云偃仆也。則渾言不別矣。从人卜聲。芳遇切。古音在三部。

傷　創也。刅部曰刅傷也。二字爲轉注。山海經謂木朿爲傷。从人𥏻省聲。各本作殤省聲。殤下又云傷省聲。二字孰先後乎。今更正曰𥏻省。與殤觴同。式羊切。十部。

倄　剌也。剌者戾也。盧達切。从人肴聲。胡茅切。二部。一曰毒之。鍇曰謂疾害也。顏氏家訓曰蒼頡篇有倄字。訓詁云痛而謼也。羽罪反。今北人痛則呼之。聲類音于來反。今南人痛或呼之。按廣韻集韻有羽罪一音。無後一音。○按玄應佛書音義曰痏痏、諸書作侑。通俗文于罪切。痛聲曰侑。此條合之字義、俗語皆無不合。其云諸書作侑。蓋蒼頡訓詁亦在其中。借侑爲痏。皆有聲也。顏氏家訓之倄當是侑之誤。不必與說文牽合。大徐說文改毒之爲痛聲。恐是竊取黃門語。○又搜神記卷十四云。聞呻吟之聲曰。哊哊宜死。哊亦痏之俗字。

侉　催　俑

侉　⿰忄備言也。古本皆作⿰忄備。惟類篇誤作⿰忄備耳。心部曰。⿰忄備者、懇也。懇者、⿰忄備也。⿰忄備今隸作憊。⿰忄備言者、意內而言外也。按爾雅毛傳皆曰。夸毗、體多柔。然則侉卽夸毗字乎。夸毗亦作⿰身夸⿰身比。从人夸聲。苦瓜切。五部。

催　相擣也。猶相迫也。邶風北門曰室人交徧摧我。傳曰摧沮也。音義曰摧或作催。據許則催是也。不從傳者。傳取沮壞之義。與摧訓擠訓折義同。蓋當時字作催。而毛釋爲摧之假借。許則釋其本義也。从人崔聲。倉回切。十五部。山部無崔。偶奪耳。大徐據摧催字補。詩曰室人交徧催我。

俑　痛也。此與心部恫音義同。禮記孟子之俑、偶人也。俑卽偶之假借字。如喁亦禺聲而讀魚容切也。假借之義行而本義廢矣。廣韻引埤蒼說木人送葬設關而能跳踊。故名之俑。乃不知音理者強爲之說耳。从人甬聲。他紅切。九部。按玉篇云說文他紅切。此蓋出音隱。痛義之音如是。大徐云又余隴切。則木偶之音也。

八篇上　三五三

伏　促　例　係

伏　司也。司者臣司事於外者也。司今之伺字。凡有所司者必專守之。伏伺卽服事也。引伸之爲俯伏。又引伸之爲隱伏。从人犬。犬司人也。犬司人也四字小徐本有。犬司人。謂犬伺人而吠之。說此字之會意也。不曰从犬人而曰从人犬。入於人部者。尊人也。伏篆以明人事。非說犬人也。房六切。古音在一部。

促　迫也。與趣音義皆略同。从人足聲。七玉切。三部。玉篇促催二文相屬。

例　比也。此篆蓋晚出。漢人少言例者。杜氏說左傳乃云發凡言例。例之言迾也。迾者遮迾。以爲禁。經皆作列。作厲。不作迾。周禮司隸注。厲、遮例也。釋文例本作列。蓋古比例字祇作列。从人列聲。力制切。十五部。疑許本無此。

係　絜束也。絜者麻一耑也。絜束者圍而束之。左傳係輿人。又以朱絲係玉二穀。束之義也。束之則襚與物相連。故凡相聯屬謂之係。周易係遯、係丈夫、係小子。釋詁曰係、繼也。从人系聲。胡計切。十五部。按俗通用繫。許謂繫縭卽牽離惡絮之名。考諸古經。若周禮司門校人字皆作毄。周易毄辭據釋文本作毄。漢書景帝紀亦用毄。蓋古假毄爲係。後人盡改爲繫耳。

伐

伐　擊也。詩勿翦勿伐傳、鉦人伐鼓傳皆曰伐擊也。禮記郊特牲。二日伐鼓何居。鄭曰伐猶擊也。尚書不愆于四伐五伐。鄭曰一擊一刺曰伐。詩是伐是肆。箋云伐謂擊刺之。按此伐之本義也。引伸之乃爲征伐。周禮九伐注云諸侯之於國如樹木之有根。是以言伐云。从人持戈。戈爲句兵。亦曰毄兵。左傳擊之以戈是也。戍者守也。故从人在戈下。入戈部。伐者外擊也。故从人杖戈。入人部。房越切。十五部。一曰敗也。此謂引伸之義。伐敗疊韵。左傳凡師有鐘鼓曰伐。穀梁傳斬樹木壞宮室曰伐。戈部曰敗者毀也。公羊傳曰春秋伐者爲客。伐者爲主。何云伐人者爲客。讀伐長言之。見伐者爲主。讀伐短言之。皆齊人語也。按今人讀房越切。此短言也。劉昌宗周禮大司馬、大行人、輈人皆房廢切。此長言也。劉係

八篇上　三五四

俘　但　傴　僂

北音。周顒沈約韵書皆用南音。去入多強爲分別。而不合於古矣。伐人者有功。故左傳諸侯言時記功。大夫稱伐。史記明其等曰伐。積日曰閱。又引伸之自功曰伐。**亦斫也。**大徐無此三字。爲長。**俘軍所獲也。**春秋左氏經。齊人來歸衞俘。傳作衞寶。公羊、穀梁經傳皆作衞寶。杜曰。疑左氏經誤。按非誤也。俘、孚聲。寶、缶聲。古音同在尢幽部。經用假借字。傳用正字。又如經曰莒人弑其君密州。左氏傳云。書曰莒人弑其君買朱鉏。買卽密。如瀆水卽汨水。朱鉏卽州。如邾婁卽鄒。亦是字異實同。不得疑經誤。亦不得謂傳誤。**从人孚聲。**芳無切。古音在三部。**春秋傳曰。吕爲俘聝。**成三年左傳文。**但裼也。**衣部曰。裼者。但也。二篆爲轉注。古但裼字如此。袒則訓衣縫解。今之綻裂字也。今之經典。凡但裼字皆改爲袒裼矣。衣部又曰。贏者。但也。裎者。但也。釋訓毛傳皆曰。袒裼。肉袒也。肉袒者。肉外見無衣也。引伸爲徒也。凡曰但。曰徒。曰唐。皆一聲之轉。空也。今人但謂爲語辭。而尟知其本義。因以袒爲其本義之字。古今字之不同類如此。**从人旦聲。**徒旱切。十四部。唐人詩多用爲平聲。

傴僂也。問喪注曰。傴背曲也。通俗文曲脊謂之傴僂。引伸爲鞠窮恭敬之意。又莊子以下傴拊人之民。借爲煦嫗字。左傳曰。一命而僂。再命而傴。三命而俯。析言之。實無二義。**从人區聲。**於武切。古音在四部。**僂厄也。**大徐本作尪也。非是。尪與僂異疾。小徐本作厄也。近是。科厄木節也。厄與僂雙聲。人背之僂有似木之科厄。晉語注曰。戚施。僂人也。左傳昭四年注。僂。肩僂也。穀梁傳跛僂並言。管子云。苦水所多尪與傴人。然僂不得訓尪明矣。公羊傳。夫人不僂不可使入。何云。僂疾也。齊人語。夫人稽畱不肎疾順公。荀卿書亦兩言僂疾。按此爲婁之假借字。婁卽屢。與驟通。驟訓數。亦訓疾。○又按大徐作尪也。蓋尪是曲脛之名。引伸爲曲脊之名。所以尪必釋爲僂曲脛者。由其字作尣。从大而偏曲其足。故二疾不妨同名。下文曰周公韤僂。蓋尪者亦得謂之僂。周公之脛不無少曲。疑大徐本爲長。甲戌二月重訂。**从人婁聲。**力主切。古音在四部。**周公韤僂。**韤者足衣。韤僂者。由足背高隆。然如背之僂也。未聞出何書。**或言背僂。**周公背僂見荀卿、白虎通、

僇　仇　儡　咎

論衡諸書。白虎通云。傳曰。周公背僂。是爲強。後成就周道。輔於幼主。僂後主爲韵。**僇癡行僇僇也。**未聞。大學借爲戮字。荀卿書同。**从人翏聲。讀若雡。**力救切。三部。**一曰且也。**按此卽今所用聊字也。聊者。耳鳴。僇其正字。聊其假借字也。詩。聊與之謀。傳曰。聊。願也。**仇讎也。**讎猶應也。左傳曰。嘉偶曰妃。怨偶曰仇。按仇與逑古通用。辵部怨匹曰逑。卽怨偶曰仇也。仇爲怨匹。亦爲嘉偶。如亂之爲治。苦之爲快也。周南君子好逑。與公侯好仇義同。**从人九聲。**巨鳩切。三部。**儡相敗也。**西征賦注引作壞敗之皃。寡婦賦注引作敗也。無相字。道德經傳奕本儡儡兮其不足以無所歸。陸氏釋文曰儽。一本作儡。敗也。欺也。說文音雷。西征賦曰。寮位儡其隆替。寡婦賦容貌儡以頓顇。注引禮記喪容儡儡。今禮記作纍纍。非也。**从人畾聲。讀若雷。**魯回切。十五部。按李善引說文洛罪反。**咎災也。**災當是本作裁。天火曰災。引伸之。凡失意自天而至曰災。釋詁曰。咎。病也。小雅伐木傳曰。咎。過也。北山箋云。咎猶罪過也。西伯戡黎

仳　俗　倠　值　侂

鄭注。咎。惡也。呂覽移樂篇注。咎。殃也。方言。咎。謗也。**从人各。**會意。其久切。三部。**各者。相違也。**說从各之意。**仳別也。**王風中谷有蓷傳云爾。**从人比聲。**芳比切。十五部。**詩曰。有女仳離。俗毀也。**疑咎字可以包之。但廣韵引已如此。**从人咎聲。**其久切。三部。**倠仳倠。**逗**醜面。**淮南曰。粉白黛黑。弗能爲美者。嫫母仳倠也。廣雅曰。仳倠。醜也。四子講德論作倭隗。**从人隹聲。**許惟切。十五部。按仳頻脂切。二字皆平聲。高誘曰。仳讀人得風病之痱。倠讀近虺痱。舊作靡。今正。**值持也。**持各本作措。措者。置也。非其義。今依韵會所據正。韵會雖譌待。然轉刻之失耳。陳風值其鷺羽。傳曰。值。持也。引伸爲當也。凡彼此相遇相當曰值。亦持之意也。史漢多用直爲之。姚察云。古字例以直爲值。是也。價值亦是相當意。**从人直聲。**直吏切。一部。**一曰逢遇也。**小徐有此五字。實則持義足晐之。疑淺人所增也。**侂寄也。**此與託音義皆同。俗作托。非也。玉篇引論語。可以侂六尺之孤。**从**

僔　倦　傮　偶　弔

人。厃聲。他各切。五部。厃古文宅。見宀部。僔 聚也。小雅十月之交曰。噂沓背憎。傳曰。噂猶噂噂。沓猶沓沓。箋云。噂噂沓沓相對談語。許於口部旣引之云聚語矣。此復引詩。字从人云聚也。謂聚人非聚語。葢三家詩駁文。兼引之耳。廣雅。僔僔、衆也。叢艸亦曰蓴蓴。从人。尊聲。慈損切。十三部。詩曰。僔沓背憎。倦 罷也。罷者遣有罪也。引伸爲休息之偁。倦與力部券義少別。鉉等於券下注曰。今俗作倦。義同。葢不檢人部固有倦耳。从人。卷聲。渠眷切。十四部。傮 終也。大雅。似先公酋矣。釋詁毛詩傳皆曰。酋、終也。酋卽遒字。正義作遒。遒訓迫。亦訓終。如亂亦訓治也。傮之古音與遒同。亦訓終。葢古遒傮通用。从人。曹聲。作曹切。玉篇又祀牢切。古音在三部。偶 桐人也。偶者寓也。寓於木之人也。字亦作寓。亦作禺。同音假借耳。按木偶之偶與二耜並耕之耦義迥別。凡言人耦、射耦、嘉耦、怨耦皆取耦耕之意。而無取桐人之意也。今皆作偶。則失古意矣。又俗言偶然者。當是俄字之聲誤。从人。禺聲。五口切。四部。

弔 問終也。謂有死喪而問之也。禮記曰。弔者東面致命曰。寡君聞君之喪。寡君使某如何不淑。曲禮知死者傷。鄭注曰。說者有弔辭曰。皇天降災。子遭罹之。如何不淑。曾子問。父喪稱父。母喪稱母。鄭注云。父使人弔之辭云。某子聞某之喪。某子使某如何不淑。母則若云宋蕩伯姬聞姜氏之喪。伯姬使某如何不淑。此皆問終之辭。淑善也。如何不善者。欲其善也。故引伸之謂善爲弔。魯莊公使人弔宋大水云。若之何不弔。卽如何不淑也。左傳哀公誄孔子。旻天不弔。先鄭注周禮大祝引作昊天不淑。此弔淑通用之徵。應劭王肅皆訓弔爲善。粊誓。無敢不弔。卽無敢不善也。凡書大誥多士君奭詩節南山瞻卬逸周書祭公解左傳莊十一年襄十三年十四年二十三年昭二十六年哀十六年漢書翟義傳所云不弔者。皆謂不善。大誥君奭之弗弔天三字連讀。多士之弗弔旻天四字連讀。皆猶小雅之不弔昊天。鄭云。不善乎昊天也。葢弔之爲善。今失其傳矣。以上王氏引之說。玉裁按。辵部𨑩至也。凡經文無𨑩。但有弔。弔或訓至。如天保傳弔至也。節南山傳云弔至也。箋云。至猶善也。粊誓。無敢不弔。鄭云。弔猶善也。至與善義本相近。古非必作𨑩而後訓至也。𨑩者小篆分別之字。从人弓。三字今補。會意。多嘯切。二部。古之葬者厚衣之吕薪。此偁易毄辭。說人持弓會毆禽之故。故人持弓會毆禽也。故字舊作从。今正。吳越春秋陳音謂越王曰。弩生於弓。弓生於彈。彈起古之孝子。古者人民樸質。飢食鳥獸。渴飲霧露。死則裹以白茅。投於中野。孝子不忍見父母爲禽獸所食。故作彈以守之。故歌曰。斷竹續竹。飛土逐肉。按孝子毆禽。故人持弓助之。此釋弔从人弓之意也。倉頡造字當黃帝時。旣易之以棺椁矣。而葬文猶取衣薪。弔文猶依逐肉。反始不忘本也。禮也者。反其所自生。弓葢往復弔問之義。小徐有此八字。葢別一說也。當有一曰字。左傳有相問以弓者。故云然。

佋　⿰亻身　僊　仚　僰

佋 廟佋穆。父爲佋南面。子爲穆北面。从人召聲。市招切。按此篆雖經典釋文時偁之。然必晉人所竄入。晉人以凡昭字可易爲曜。而昭穆不可易也。乃讀爲上招切。且又製此篆竄入說文。使天下皆作此。是猶漢人改蘭臺漆書以合己也。且生曰父曰母。

死曰考、曰妣。考妣則字當从鬼从示也。从人何居。當刪去。⿰亻身 神也。按神當作身。聲之誤也。廣雅曰。孕、重、妊、娠、身、媰、⿰亻身也。玉篇曰。⿰亻身、妊身也。大雅曰。大任有身。傳曰。身、重也。箋云。重謂懷孕也。身者古字。⿰亻身者今字。一說許云神也。葢許所據古義。今不可詳。从人。身聲。此舉形聲包會意。失人切。十二部。僊 長生僊去。僊去疑當爲䙴去。莊子曰。千歲猒世。去而上僊。小雅。婁舞僊僊。傳曰。婁、數也。數舞僊僊然。按僊僊。舞袖飛揚之意。正引伸假借之義也。从人䙴。䙴、升高也。長生者䙴去。故从人䙴。會意。䙴亦聲。相然切。十四部。按上文偓佺仙人也。字作仙。葢後人改之。釋名曰。老而不死曰仙。仙、遷也。遷入山也。故其制字人旁作山也。成國字體與許不同。用此知漢末字體不一。許擇善而從也。漢碑或从䙴。或从山。漢郊祀志。僊人羨門。師古曰。古以僊爲仙。聲類曰。仙今僊字。葢仙行而僊廢矣。仚 人在山上皃。引伸爲高舉皃。顏元孫引鮑明遠書勢云。鳥仚魚躍。从人山。山亦聲也。呼堅切。廣韵許延切。十四部。僰 犍爲蠻夷也。犍各本作僰。今依漢碑从木。司馬相如傳曰。唐蒙使略通夜郎西僰中。文穎曰。夜郎僰中皆西南夷。後以爲牂柯、僰爲二郡。按僰爲郡有僰道縣。即今四川敘州府治也。其人民曰僰。王制屛之遠方。西方曰僰。東方曰寄。鄭注。僰當爲棘。棘之言逼。使之逼寄於夷戎。按記文僰字。鄭不以爲西南夷。故易爲棘。經傳之棘多訓亟也。故曰棘之言逼。使與寄字一例。釋文云。棘又作僰。於此知記本作僰。鄭易爲棘也。唐初本已誤。**从人。棘聲。**蒲北切。一部。

僥

南方有焦僥人。長三尺。短之極也。見魯語。焦魯語作僬。以說文及山海經正之。則从人非是。人當作民。魯語作氏。民之誤也。據郭注山海經兩引魯語。一作民。一作人。人皆唐避諱改耳。韋曰。僬僥。西南蠻之別名。海外南經曰。焦僥國在三首東。大荒南經曰。有小人名曰焦僥之國。許系之南方。葢本山海經。**从人。堯聲。**五聊切。二部。

儍

市也。汲古閣及集韵、類篇皆作币。宋刻葉抄及廣韵作市。今按市爲長。其字从對。則無口匝意。葢即今之兌換字也。**从人。對聲。**都隊切。十五部。

佂

遠行也。楚辭曰。黿佂佂而南征。注。佂佂。遑遽皃。按王注是也。**从人。狂聲。**居況切。十部。按許書葢本終於僰僥二篆。儍佂非其次也。恐後人益之。佂訓遠行。亦未確。此下大徐補件字。訓分也。按半下云。物中分也。从八牛。件乃半之誤體。今仍刪。

文二百四十五　去件則二百四十四。　**重十四**

匕

變也。變者更也。凡變匕當作匕。教化當作化。許氏之字指也。今變匕字盡作化。化行而匕廢矣。大宗伯以禮樂合天地之化。百物之產。注曰。能生非類曰化。生其種曰產。按虞荀注易。分別天變地化。陽變陰化。析言之也。許以匕釋變者。渾言之也。**从到人。**到者今之倒字。人而倒。變匕之意也。呼跨切。十七部。**凡匕之屬皆从匕。**

𠤕

未定也。按未衍字也。大雅。靡所止疑。傳云。疑定也。箋云。止、息。禮十七篇多云疑立。鄭於士昏禮云。疑止。句絕作正者誤立。自定之皃。於鄉飲酒禮云。疑讀如作爲者誤仡然從於趙孟之仡。疑止。句立。自定之皃。於鄉射禮云。疑止也。有矜莊之色。釋言。疑、休、戾也。郭云。戾止也。疑者亦止。按已上疑字即說文之𠤕字。非說文訓惑之疑也。疑、𠤕字相似。學者識疑不識𠤕。於是經典無𠤕。於許書定也之上增之未字矣。𠤕从矢聲。其字在古音十五部。故桑柔以與資維階爲韵。鄭注禮讀如仡。若疑字古音在一部。其字从子止。从𠤕省。會意。非矢聲也。**从匕。**變匕而後定也。**𥏻聲。**按大徐語期切。此音誤也。當同儀禮魚乙切。桑柔與資維階韵。則讀如尼。釋文音魚陟切。非也。十五部。**𥏻古文矢字。**矢篆下不載。

眞

僊人變形而登天也。此眞之本義也。經典但言誠實。無言眞實者。諸子百家乃有眞字耳。然其字古矣。古文作𡗜。非倉頡以前已有眞人乎。引伸爲眞誠。凡稹、鎭、瞋、謓、瞋、塡、窴、闐、嗔、滇、鬒、瑱、顛、愼字皆以眞爲聲。多取充實之意。其顛槇字以頂爲義者。亦充實上升之意也。愼字今訓謹。古則訓誠。小雅。愼爾優游。愼無罪。傳皆云。誠也。又愼爾言也。大雅考愼其相。箋皆云。誠也。愼訓誠者。其字从眞。人必誠而後敬。不誠未有能敬者也。敬者愼之弟二義。誠者愼之弟一義。學者沿其流而不溯其原矣。故若詩傳箋所說諸愼字。謂即眞之假借字可也。**从匕目乚。**變形故从匕目。獨言目者。道書云。養生之道。耳目爲先。耳目爲尋眞之梯級。韋昭云。偓佺方眼。乚、匿也。讀若隱。仙人能隱形也。**八**謂篆體之下也。**所㠯乘載之。**八者。六之省。下基也。抱朴子曰。乘蹻可以周流天下。蹻道有三。一曰龍蹻。二曰氣蹻。三曰鹿盧蹻。蹻去喬切。眞从四字會意。側鄰切。十二部。**古文眞。**汗簡作𡗜。

化

教行也。教行於上。則化成於下。賈生曰。此五學者既成於上。則百姓黎民化輯於下矣。老子曰。我無爲而民自化。**从匕人。**上匕之而下從匕謂之化。化篆不入人部而入匕部者。不主謂匕於人者。主謂匕人者也。今以化爲變匕字矣。**匕亦聲。**呼跨切。十七部。

文四　**重一**

匕

相與比敘也。比者密也。敘者次弟也。以妣籒作㚸。祉或作礼。秕或作秕等求之。則比亦可作匕也。此製字之本義。今則取飯器之義行而本義廢矣。**从反人。**相與比敘之意也。卑履切。十五部。**匕**

八篇上

匙 𠦒 攱 頃 𡿺

亦所㠯用比取飯。㠯者、用也。用字衍。比當作匕。漢人曰匕黍稷、匕牲體。凡用匕曰匕也。匕卽今之飯匙也。少牢饋食禮注所謂飯橾也。少牢饋食禮廩人摡甑甗匕與敦。注曰：匕所以匕黍稷者也。此亦當卽飯匙。按禮經匕有二。匕飯、匕黍稷之匕、蓋小。經不多見。其所以別出牲體之匕、十七篇中屢見。喪用桑爲之。祭用棘爲之。又有名疏、名挑之別。蓋大於飯匙。其形製略如飯匙。故亦名匕。鄭所云有淺斗、狀如飯橾者也。以之別出牲體、謂之匕載。猶取黍稷謂之匕黍稷也。匕牲之匕、易、詩亦皆作匕。大東傳、震卦王注皆云匕所以載鼎實。是也。禮記襍記乃作枇、本亦作朼。鄭注特牲引之、而曰朼畢同材。曰朼載蓋古經作匕。漢人或作朼。非器名作匕、匕載作朼。以此分別也。若士喪、士虞、特牲、有司篇匕載字皆作朼。乃是淺人竄改所爲。鄭注易亦云匕牲體薦鬯、未嘗作朼。牲體也注中容有木旁之朼。經中必無。劉昌宗分別非是。一名柶。木部曰：禮有柶。柶、匕也。所以取飯。凡匕之屬皆从匕。

匕也。方言曰：匕謂之匙。蘇林注漢書曰：北方人名匕曰匙。玄應曰：匕或謂之匙。今江蘇所謂檪匙、湯匙也。亦謂之調羹。實則古人取飯、載牲之具。其首蓋銳而薄。故左傳矢族曰匕。昭廿六年傳是也。劍曰匕首。周禮桃氏注是也。亦作鍉。玄應曰：方言作堤。从匕。是聲。是支切。十六部。地理志朱提縣讀如此字。

相次也。从匕十。十者數之具也。比敘之則必有其次矣。博抱切。鴇亦作鳵、包聲。古音在三部。則鴇古音亦在三部也。鴇从此。

頃也。頃者頭不正也。小雅大東：跂彼織女。傳曰：跂、隅皃。按隅者、陬隅不正。而角織女三星成三角。言不正也。許所據作攱。今本乃改爲俗企字。音同而義不同矣。从匕。支聲。去智切。十六部。匕、頭頃也。說从匕之意。小徐無此四字。詩曰：攱彼織女。

頭不正也。匕、頭角而不正方。故頭不正从匕曰頃。引伸爲凡傾仄不正之偁。今則傾行而頃廢。專爲俄頃、頃畝之用矣。謚法：敏以敬愼曰頃。甄心動懼曰頃。祗勤追懼曰頃。从匕頁。頁者、頭也。匕其頭、是不正也。義主於不正。故入匕部。不入頁部。去營切。十一部。

頭䯝也。䯝者、骨中脂也。頭䯝者、頭骨中脂也。左傳：晉侯夢與楚子搏。楚子伏己而盬其腦。服注：如俗語相罵云唼汝腦矣。服語正謂吸其頭䯝也。从匕。句。匕、逗。相匕箸也。匕箸猶比箸。箸直略切。釋从匕之意。巛象髮。巛卽鬌也。見首字下。囟象囟形。囟形各本作𡿺形。今依韵會本正。囟者、頭之會。腦之蓋也。頭䯝在囟中。故囟曰腦蓋。囟字上開。象小兒囟不合。故曰象形。頭䯝不可象。故言其比箸於鬌與囟。以三字會意。奴晧切。古音當在三部。考工記作𡑡。乃譌體。俗作腦。

卬 卓 艮

望也。鉉無也。非。卬與仰義別。仰訓舉。卬訓望。今則仰行而卬廢。且多改卬爲仰矣。小雅車舝曰：高山卬止。箋云：卬慕。過秦論：常以十倍之地、百萬之衆卬關而攻秦。俗本作叩、作仰。皆字誤、聲誤耳。晉語：如川然有原以御浦而後大。孔晁本作卬浦。牛亮反。言川仰浦而大。人仰教而成。廣雅：仰、恃也。仰亦卬之誤。大雅傳曰：顒顒卬卬。盛皃。引伸之義也。釋詁、毛傳皆曰：卬、我也。語言之叚借也。欲有所庶及也。从匕𠃨。匕同比。庶及意。庶及猶庶幾也。𠃨者、其欲庶及之所也。伍岡切。十部。亦讀去聲。詩曰：高山卬止。

高也。論語：如有所立卓爾。凡言卓犖、謂殊絕也。亦作卓躒。按稽部𥟖、特止也。辵部逴、遠也。人部倬、箸大也。皆一義之引伸。覲禮：匹馬卓上。九馬隨之。注：卓讀如卓王孫之卓。卓猶的也。以素的一馬爲上。素的一馬、謂白馬也。鄭意白馬出衆。故謂之卓。史記多叚淖爲卓。早匕爲卓。此上當有从匕早三字。匕同比。早比之則高出於後比之者矣。匕𠃨爲卬。皆同意。意舊作義。今正。此與凡云某與某同意同也。竹角切。古音在二部。

古文卓。漢隸及今隸从上。用古文而小篆廢矣。又疑古文恐是篆文之誤。

很也。很者、不聽從也。一曰行難也。一曰盭也。易傳曰：艮、止也。止可兼很三義。許不依孔子訓止者。止、下基也。足也。孔子取其引伸之義。許說字之書。嫌云止則義不明審。故易之。此字書與說經有不同。實無二義也。方言曰：艮、堅也。釋名曰：艮、限也。从匕目。會意。古恨切。十三部。匕目、逗。猶目相匕。目相匕、卽目相比。謂若怒目相視也。不相下也。很之意也。易曰：艮其限。艮九三爻辭。獨引艮其限者、以限與艮音義皆同也。匕目爲𥃩。匕音化。目爲眞。亦言二字同意。

文九　重一

惟匙取匕飯之意。以下皆取比敘之意。

从

从　相聽也。聽者聆也。引伸爲相許之偁。言部曰。許、聽也。按从者今之從字。從行而从廢矣。周禮司儀。客从拜辱於朝。陸德明本如此。許書凡云从某。大徐作从从。小徐作從。江氏聲曰。作从者是也。以類相與曰从。二人。疾容切。九部。以今音言之。从亦可去聲。凡从之屬皆从从。

從

從　隨行也。以从辵。故云隨行。齊風。竝驅從兩肩兮。傳曰。從、逐也。逐亦隨也。釋詁曰。從、自也。其引伸之義也。又引伸訓順。春秋經從祀先公。左傳曰。順祀先公。是從訓順也。左傳使亂大從。王肅曰。從、順也。左傳大伯不從。是以不嗣。謂不肎順其長幼之次也。引伸爲主從。爲從橫。爲操從。亦假縱爲之。从从辵。舊作辵从。今正。从辵者。隨行也。主从不主辵。故不入辵部。从亦聲。慈用切。九部。按大徐以去韵別於平韵。非也。當疾容切。

幷

幷　相从也。舊从作從。今正。合也。兼也。从从。幵聲。府盈切。十一部。一曰从持二干爲幷。干舊奪。今依韵會本補。上言形聲。此言會意。干、經典用爲竿。如孑孑干旄是也。二人持二竿。是人持一竿。幷合之意。或曰當出幷篆。解云。幷或从人。人持二干爲幷。人持二干爲幷者。猶又持二禾爲兼也。俗幷字之所本也。漢隷作并。

文三

比

比　密也。今韵平上去入四聲皆録此字。要密義足以括之。其本義謂相親密也。餘義備也。及也。次也。校也。例也。類也。頻也。擇善而從之也。阿黨也。皆其所引伸。許書無篦字。古祇作比。見蒼頡篇、釋名、漢書匈奴傳、周禮或叚比爲庀。二人爲从。反从爲比。猶反人爲匕也。毗二切。按四聲俱收。其義本一。其音强分耳。唐人詩多讀入聲者。十五部。凡比之屬皆从比。

𣬈　古文比。按葢从二大也。二大者、二人也。

毖

毖　慎也。釋詁曰。毖、慎也。大雅。爲謀爲毖。傳曰。毖、慎也。从比。必聲。兵媚切。古音如必。十二部。周書曰。無毖于卹。大誥文。某氏傳云。無勞於憂。

文二　重一

北

北　乖也。乖者、戾也。此於其形得其義也。軍奔曰北。其引伸之義也。謂背而走也。韋昭注國語曰。北者、古之背字。又引伸之爲北方。尚書大傳、白虎通、漢律曆志皆言北方、伏方也。陽氣在下。萬物伏藏。亦乖之義也。从二人相背。博墨切。一部。凡北之屬皆从北。

冀

冀　北方州也。周禮曰。河內曰冀州。爾雅曰。兩河閒曰冀州。據許說、是北方名冀。而因以名其州也。叚借爲望也。幸也。葢以冀同覬也。覬者、欲幸也。从北。異聲。几利切。古音在一部。

文二

丘

丘　土之高也。大司徒注曰。土高曰丘。非人所爲也。釋丘曰。非人爲之丘。謂非人力所爲也。从北。从一。會意。去鳩切。古音在一部。讀如欺。漢時讀入今之尤韵。故禮記嫌名注曰。宇與禹、丘與區之類。漢時區亦去鳩切也。一、地也。釋从一之意。人凥在北南。故从北。釋从北之意。中邦之凥在昆侖東南。昆侖下當有丘字。嫌人居不必在丘南。故言倉頡造字之初取意於此。一曰四方高中央下爲丘。淮南墬形訓注曰。四方而高曰丘。象形。與上會意別。凡北之屬皆从北。

𡊣　古文从土。从土猶从一。

虛

虛　大北也。昆侖北謂之昆侖虛。昆侖丘、丘之至大者也。釋水曰。河出昆侖虛。海內西經曰。海內昆侖之虛在西北。帝之下都。卽西山經昆侖之丘。實惟帝之下都也。水部曰。泑津在昆侖虛下。按虛者、今之墟字。猶昆侖今之崐崘字也。虛本謂大丘。大則空曠。故引伸之爲空虛。如魯、少皞之虛。衛、顓頊之虛。陳、大皞之虛。鄭、祝融之虛。皆本帝都。故謂之虛。又引伸之爲凡不實之稱。邶風。其虛其邪。毛曰。虛、虛也。謂此虛字乃謂空虛。非丘虛也。一字有數義數音。則訓詁有此例。如許書巳、巳也。謂此辰巳之字。其義爲巳甚也。虛訓空。故丘亦訓空。如漢書丘亭是。自學者罕能會通。乃分用墟虛字。別休居邱於二切。而虛之本義廢矣。**古者九夫爲井。四井爲邑。四邑爲丘。丘謂之虛。**此又引小司徒職文。言丘亦名虛。皆說虛篆从丘之意也。丘虛語之轉。易升九三。升虛邑。馬云。虛、丘也。虛猶聚也。居也。引伸爲虛落。今作墟。庸風。升彼虛矣。傳曰。虛、漕虛也。**从北虍聲。**邱如切。又朽居切。五部。

㞋

㞋　反頂受水丘也。釋丘曰。水潦所止、泥丘。釋文曰。依字又作㞋。郭云。頂上洿下者。孔子世家。叔梁紇與顏氏女禱於尼丘。得孔子。孔子生而首上圩頂。故因名曰丘。字仲尼。按白虎通曰。孔子反宇。是謂尼丘。德澤所興。藏元通流。蓋頂似尼丘。故以類命爲象。㞋是正字。泥是古通用字。尼是假借字。水潦所止。是爲泥淖。儀禮注曰。淖者、和也。劉瓛述張禹之說。仲者、中也。尼者、和也。孔子有中和之德。故曰仲尼。張固從泥淖得解。顏氏家訓乃曰。至如仲尼居三字之中。兩字非體。三蒼尼旁益丘。說文尸下施几。如此之類。何由可從。玉裁謂。若言駭俗則難依。若言古義則不可不知也。又**从北。**漢碑有作仲泥者。淺人深非之。豈知其合古義哉。**从泥省。**不但曰尼聲。必曰从泥省者。說水潦所止之意也。**泥亦聲。**奴低切。十五部。

文三　重一

㐺

㐺　眾立也。玉篇作眾也。**从三人。**會意。國語曰。人三爲眾。**凡㐺之屬皆从㐺。讀若欽崟。**山部曰。崟、山之岑崟也。欽崟卽岑崟。公羊傳及上林賦又皆有嶔巖字。从讀如崟魚音切。七部。

眾

眾　多也。从㐺目。眾意。之仲切。九部。古平聲。

聚

聚　會也。公羊傳曰。會猶冣也。注云。冣、聚也。按冖部曰。冣、積也。積以物言。聚以人言。其義通也。古亦叚坙爲聚。**从㐺。取聲。**才句切。古音在四部。**一曰邑落曰聚。**平帝紀立學官。郡國曰學。縣道邑侯曰校。鄉曰庠。聚曰序。張晏曰。聚、邑落名也。韋昭曰。小鄉曰聚。按邑落謂邑中村落。

息

息　眾與詞也。與詞各本誤倒。今依廣韵正。眾與者、多與也。所與非一人也。詞者意內言外之謂。或假洎爲之。如鄭詩謚偁無逸爰洎小人是也。亦假暨爲之。如公羊傳及者何。與也。會及暨皆與也。暨猶暨暨也。釋詁曰。暨、與也。釋訓曰。暨、不及也。按不及、及也。卽公羊所謂猶暨暨也。**从㐺。自聲。**其冀切。按冀當作洎。十五部。**虞書曰。**虞當作唐。說見禾部。**息咎繇。**堯典文。今書作暨。

古文息。此篆轉寫既久。今不可得其會意形聲。姑從宋本作。

文四　重一

𡈼

𡈼　善也。从人士。會意。他鼎切。十一部。**士、**逗。**事也。**說从士之意。人各事其事。是善也。**一曰象物出地挺生也。**𡈼挺疊韵。此說象形。與前說別。上象挺出形。下當是土字也。古土與士不甚可分如此。**凡𡈼之屬皆从𡈼。**

徵

徵　召也。召者、評也。周禮司市典祀注。鄉飲酒禮注。鄉射禮注皆曰。徵、召也。按徵者、證也。驗也。有證驗斯有感召。有感召而事以成。故士昏禮注。禮運注又曰。徵、成也。依文各解。義則相通。**从𡈼。从微省。**會意。微卽散也。陟陵切。六部。**𡈼微爲徵。**嫌上文未顯。故又明之。巳上九字各本譌奪不可讀。今補正。**行於微而聞達者卽徵也。**聞各本作文。今依韵會訂。又說𡈼微之意。言行於隱微而聞達挺箸於外。是乃感召之意也。

古文徵。

朢

朢　月滿也。此與望各字。望从朢省聲。今則望專行而朢廢矣。**與日相望。**以疊韵爲訓。原象曰。日兆月。而月乃有光。人自地視之。惟於朢得見其光之盈。朔則日之兆月。其光嚮日。下民不可得見。餘以側見而闕。**佀朝君。**似各本譌以。今正。韵會作月望日。如臣朝君於廷。此釋从臣从𡈼之意也。**从月。从臣。从𡈼。**合三字會意。不入月部者。古文以从臣𡈼見尊君之義。故箸之。無放切。十部。**𡈼、朝廷也。**說此𡈼爲廷之叚借字。與𡈼本義別。

古文朢省。大玄[言朢]作[言望]。亦古文也。

𡍮

𡍮　近求也。近求、浸淫之意也。小徐無近字。廣韵曰。貪也。**从爪𡈼。**會意。余箴切。七部。**爪𡈼、**舊奪爪字。今補。**徼幸也。**

爪王言挺其爪妟有所取㣽幸之意。

文四　重二

重　厚也。厚者，㫗也。厚斯重矣。引伸之爲鄭重、重疊，古祇平聲，無去聲。从王，東聲。柱用切。九部。凡重之重皆从重。

量　稱輕重也。稱者，銓也。漢志曰：量者，所以量多少也；衡權者，所以均物平輕重也。此訓量爲稱輕重者，有多少斯有輕重，視其多少可辜摧其重輕也。其字之所以从重也。引伸之，凡料理曰量，凡所容受曰量。从重省，曏省聲。呂張切。十部。按亦去聲。古文。

文二　重一

臥　伏也。伏，大徐作休，誤。臥與寑異：寑於牀，論語寑不尸是也；臥於几，孟子隱几而臥是也。臥於几故曰伏，尸篆下曰象臥之形是也。此析言之耳，統言之則不別。故宀部曰：寑者，臥也。曲禮云：寑毋伏，則謂寑於牀者毋得俯伏也。引伸爲凡休息之偁。从人臣，取其伏也。臣下曰象屈服之形，故以人臣會意。吾貨切。十七部。凡臥之屬皆从臥。

監　臨下也。小雅毛傳：監，視也。許書：瞰，視也。監，臨下也。古字少而義晐，今字多而義別。監與鑒互相假。从臥，䘓省聲。古銜切。八部。古文監从言。會意。

臨　監也。各本作監臨也，乃復字未刪而又倒之，今正。从臥，品聲。力尋切。七部。

㸑　楚謂小兒嬾㸑。玉篇作楚人謂小嬾曰㸑。此有兒，衍字也。从臥食。會意。尼厄切。十六部。

文四　重一

身　躳也。呂部曰：躳，身也。二字爲互訓。躳必入呂部者，躳謂身之傴，主於脊骨也。从人，申省聲。大徐作象人之身，从人，𠂆聲。按此語先後失倫，𠂆古音在十六部，非聲也。今依韵會所據小徐本正。韵會从人之上有象人身三字，亦非也。申，籀作𦥔，故从其省爲聲。失人切。十二部。凡身之屬皆从身。

軀　體也。體者，十二屬之總名也。可區而別之，故曰軀。从身，區聲。豈俱切。古音在四部。

文二

㐆　歸也。疊韵爲訓。从反身。此如反人爲𠤎，反从爲比。於機切。十五部。凡㐆之屬皆从㐆。

殷　作樂之盛偁殷。此殷之本義也。如易豫象傳是。引伸之爲凡盛之偁。又引伸之爲大也。又引伸之爲衆也。又引伸之爲正也，中也。从㐆殳。依廣韵訂。樂者樂其所自成，故从㐆；殳者，干戚之類，所以舞也。不入殳部者，義主於㐆也。於身切。古音十三部。廣韵於斤切是也。易曰：殷薦之上帝。豫象傳曰：雷出地奮，豫。先王以作樂崇德，殷薦之上帝，以配祖考。鄭注：王者功成作樂，以文得之者作籥舞，以武得之者作萬舞，各充其德而爲制。祀天地以配祖考者，使與天同饗其功也。

文二

衣　依也。疊韵爲訓。依者，倚也。衣者，人所倚以蔽體者也。上曰衣，下曰常。常，下帬也。象覆二人之形。孫氏星衍曰：當作二ㄥ。ㄥ，古文肱也。玉裁謂自人部至此部及下文老部、尸部字皆从人，衣篆非從人，則無由次此。故楚金疑義篇作亽，云說文字體與小篆有異，今人小篆作亽，乃是變體求工耳。下文表、襲、袌、裔四古文皆从亽，則知古文从二人也。今人作卒字亦从二人。何以云覆二人也？云覆二人，則貴賤皆覆，上下有服而覆同也。於稀切。十五部。凡衣之屬皆从衣。

裁　制衣也。刀部曰：制者，裁也。二字爲轉注。韓非子曰：管仲善制割，賓胥無善削縫，隰朋善純緣。制割者，前裁之謂也。裁者，衣之始也。引伸爲裁度、風裁。从衣，𢦏聲。昨哉切。一部。

袞　天子享先王。句。卷龍繡於下常，句。周禮司服曰：王之吉服，享先王則袞冕。鄭仲師云：袞，卷龍衣也。豳風袞衣繡裳傳曰：袞衣，卷龍衣也。卷龍謂龍拳曲禮記衮衣字皆作卷。鄭於王制釋之曰。卷俗讀也。其通則曰衮。蓋衮與卷古音同。故記假卷爲衮也。鄭云。周制以日月星辰畫於旌旗。而冕服九章。初一曰龍。次二曰山。次三曰華蟲。次四曰火。次五曰宗彝。皆畫於衣。次六曰藻。次七曰粉米。次八曰黼。次九曰黻。皆繡於裳。則衮之衣五章。裳四章。凡九也。許於糸部引書山龍華蟲作繪。云會五采繡也。此又云繡龍於裳。其釋黹則曰畫粉也。皆與鄭正相反。蓋鄭說未出以前。許所據之說多不可攷矣。**幅一龍。蟠阿上鄉。**鄉今向字。小徐作卿。誤。幅一龍謂每幅一龍也。凡裳前三幅。後四幅。然則繡龍者七與。蟠阿曲皃也。上鄉。所謂升龍也。鄭注覲禮云。上公衮無陞龍。然則惟天子衮有升龍也。龍曲體而卬首。故曰蟠阿上鄉。白虎通引傳云。天子升龍。諸侯降龍。賈公彥云。此據衣服言。若旌旗則諸侯畫交龍。一象其升。一象其下復。**从衣。㕣聲。**㕣見口部及水部。古文沇州字也。衮以爲聲。故禮記作卷。荀卿作裷。王純碑以衮爲兗州字。各本作公聲。篆體作衮。公與衮雖雙聲。非同部。今正。按爾雅音義曰衮。說文云。从衣从㕣。㕣羊兖反。或云从公衣。从㕣當作㕣聲。或云从公衣五字非許語也。許明云天子衣矣。十四部。

䘶　丹縠衣也。縠細綃也。庸風。瑳兮瑳兮。其之展也。毛詩傳。禮有展衣者。以丹縠爲衣。馬融從之。許說同。先後鄭注周禮及劉氏釋名皆云。展衣白。後鄭云。展衣以禮見王及賓客之服。字當爲襢。襢之言亶。亶誠也。按詩周禮作展。段借字也。玉藻襍記作襢。後鄭從之。許作䘶。漢禮家文字不同如此。**从衣。㠭聲。**知扇切。十四部。

褕　褕翟、逗。二字舊刪褕字。今依毛詩補。**羽飾衣。**庸風。玼兮玼兮。其之翟也。毛傳曰。翟。揄狄闕狄。羽飾衣也。釋文。揄字又作褕。狄字又作翟。依說文則毛傳本作褕作翟也。羽部曰。翟。山雉。其衣曰褕翟闕翟。故知爲羽飾衣也。毛許云羽飾衣。未詳其制。內司服褘衣揄狄闕狄。玉藻之記同。鄭仲師云。揄狄闕狄。畫羽飾。則釋爲畫。後鄭謂褘揄即爾雅之翬雉搖雉字。狄即翟字。翬衣搖翟皆刻繒爲之形。而采畫之。箸於衣以爲飾。因以爲名。闕翟刻而不畫。後鄭與毛異。亦與大鄭異。蓋毛許謂褘褕闕爲衣服之名。褕闕系以翟。故釋爲羽飾。褕者正字。揄者段借字也。後鄭則謂揄者段借字。搖者正字也。許無搖雉之說。鄭不取褕字。然搖與翟十四雉中二雉之名。經何不言搖衣。而偁搖。又言翟也。其說似尚當審定矣。**从衣。俞聲。**羊朱切。古音在四部。**一曰直裾謂之襜褕。**方言。襜褕。江淮南楚謂之𧞹褣。自關而西謂之襜褕。釋名。荆州謂襌衣曰布襦。亦曰襜褕。言其襜襜弘裕也。師古注急就篇及雋不疑傳曰。直裾襌衣也。史記索隱曰。謂非正朝衣。如婦人服也。

袀　玄服也。各本無此篆。而袗篆下云玄服也。蓋誤合二爲一。正與鼎部鼏鼏同。今依文選閒居賦服以齊玄李善注所引說文正。左傳卜偃曰。童謠云。袀服振振。服虔曰。袀服。黑服也。吳都賦。六軍袀服。劉注曰。袀。皂服也。士昏禮。女從者畢袀玄。袀玄言衣色。月令。孟冬乘玄路。鄭云。今月令作袗。似當爲袀。聲之誤也。按今士昏禮月令袀皆譌作袗。知其字形相近易誤矣。又鄭釋士昏。杜釋左傳。皆釋袀爲同。此謂袀即均之假借字耳。**从衣。勻聲。讀若均。**李善引說文音均。蓋有讀若均三字也。十二部。廣韵居勻切。

袗　襌衣也。各本作玄服也。今按論語。當暑袗絺綌。陸云。本又作袗。下曲禮注引論語作袗。孔安國曰。暑則單服。玉藻。振絺綌不入公門。鄭云。振讀爲袗。袗襌也。依此二注定其解。**一曰盛服。**㐱本訓稠髮。凡㐱聲字多爲濃重。上林賦。磐石裖崖。孟康曰。裖。⿰石㐱致也。以石致川之廉也。是裖與㐱稹字義同。孟子。被袗衣。袗衣亦當謂盛服。趙云。畫衣者。不得其說。姑依皋陶謨作繪言之耳。然則袗亦可訓盛服。若大徐作玄服。小徐作袨服。引鄒陽上書袨服釋之。當是脫誤之後。改玄爲袨。傳會成說。武力鼎士袨服叢臺之下。服虔以大盛玄黃服釋之。不知袨本玄之異字。武士玄服。即所謂六軍袀服也。**从衣。㐱聲。**之忍切。十三部。**裖　袗或从辰。**

表　上衣也。上衣者。衣之在外者也。論語。當暑袗絺綌。必表而出之。孔曰。加上衣也。皇云。若在家則裘葛之上亦無別加衣。若出行接賓客。皆加上衣。當暑絺綌可單。若出不可單。則必加上衣也。嫌暑熱不加。故特明之。玉藻。表裘不入公門。鄭曰。表裘。外裘也。本外懷於𦄿襌絺綌外裘二者。形且褻。皆當表之乃出。引伸爲凡外箸之稱。**从衣毛。**會意。毛亦聲也。陂矯切。二部。

古者衣裘。故㠯毛爲表。說从衣毛之意也。古者衣裘謂未有麻絲。衣羽皮也。衣皮時毛在外。故裘之制毛在外。以衣毛製爲表字。示不忘古。古文表从麃。麃聲。

衣內也。引伸爲凡在內之偁。从衣里聲。良止切。一部。

負兒衣。从衣強聲。居兩切。按古繈緥字从糸。不从衣。淺人不得其解。而增襁篆於此。叚令許有此字。當與褅篆爲類矣。當刪。說詳糸部。

衣領也。領者、頸項也。因以爲衣在頸之名。魏風。要之襋之。毛傳曰。要、要也。襋、領也。按裳之上曰要。衣之上曰領。皆以人體名之也。士喪禮云。襚者左執領。右執要。从衣棘聲。棘之言亟也。領爲衣之亟者。故曰襋。己力切。一部。亦作䘸。詩曰。要之襋之。

黼領也。白與黑相次文謂之黼。黼領、刺黼文於領也。唐風。素衣朱襮。釋器曰。黼領謂之襮。毛傳曰。襮、領也。諸侯繡黼丹朱中衣。箋云。繡當爲綃。綃黼丹朱中衣。中衣以綃黼爲領。丹朱爲純也。按或借爲表㬥字。云表襮。从衣㬥聲。蒲沃切。三部。詩曰。素衣朱襮。

褗領也。三字句。褗領各本譌褔領。字之誤也。今正。方言曰。衱謂之褗。郭曰。即衣領也。戴先生云。衱即玉藻深衣曲禮之袷字。交領也。爾雅。黼領謂之襮。孫炎曰。繡刺黼文以褗領也。士昏禮注。卿大夫之妻刺黼以爲領。如今偃領矣。偃即褗字。褗領古有此語。廣韵曰。褗、衣領也。从衣匽聲。於幰切。十四部。

褗謂之裺。蓋奄覆之義。方言曰。裺謂之襦。又曰。懸裺謂之緣。又曰。繞循謂之襦裺。皆不與許同。从衣奄聲。依檢切。八部。

衣裣也。凡朝祭喪服。衣與裳殊。深衣不殊。喪服記曰。衽二尺有五寸。鄭曰。衽所以掩裳際也。上正一尺。燕尾一尺五寸。凡用布三尺五寸。玉裁按。朝祭服同。玉藻注所謂或殺而下屬衣則垂而放之者也。玉藻。衽當旁。鄭曰。謂裳幅所交裂也。江氏永曰。以布四幅正裁爲八幅。上下皆廣一尺一寸。各邊削幅一寸。得七尺二寸。既足要中之數矣。下齊倍於要。又以布二幅斜裁爲四幅。狹頭二寸在上。寬頭二尺在下。各邊削幅一寸。亦得七尺二寸。共得一丈四尺四寸。此四幅連屬於裳之兩旁。所謂衽當旁也。玉裁按。此注所

謂或殺而上屬裳則縫之以合前後者也。此二者皆謂之衽。凡言衽者皆謂裳之兩旁。鄭曰。凡衽者或殺而下。或殺而上。是以小要取名焉。小要者、喪大記云。君蓋用漆三衽三束是也。假借爲衽席。衽席者、今人所謂褥也。語之轉。从衣壬聲。如甚切。七部。

衽也。方言曰。褸謂之衽。注。衣襟也。或曰。裳際也。又曰。褸謂之袩。注。即衣衽也。按郭云衣襟者、謂正幅。云裳際者、謂旁幅。謂衽爲正幅者、今義非古義也。衽者、殺而下者也。故引伸之衣被醜弊或謂之褸裂。或謂之襤褸。或謂之緻。从衣婁聲。力主切。古音在四部。

裣緣也。緣衣純也。純之允切。深衣曰。具父母大父母。衣純以繢。具父母衣純以青。如孤子。衣純以素。純袂緣純邊廣各寸半。詩。青青子衿。毛曰。青衿、青領也。正謂緣以青也。蓋古者深衣右自領及衽。左自袼亦及衽。皆緣之。故曰裣緣。从衣疌聲。七入切。八部。

交衽也。釋器曰。衣皆謂之襟。孫郭皆曰。襟、交領也。鄭風。青青子衿。毛曰。青衿、青領也。方言。衿謂之交。按裣之字一變爲衿。再變爲襟。字一耳。而爾雅之襟、毛傳方言之衿、皆非許所謂裣也。爾雅詩傳方言皆自領言之。深衣曲袷如矩以應方。注。袷、交領也。古者方領。如今小兒衣領。玉藻。袷二寸。注。曲領也。曲禮。天子視不上於袷。玉藻。侍於君。視帶以及袷。注皆云交領也。袷者、交領之正字。其字从合。左傳作襘。从會與从合一也。交領宜作袷。而毛詩爾雅方言作衿。殆以衿袷爲古今字與。若許云裣、交衽也。此則謂掩裳際之衽當前幅後幅相交之處。故曰交衽。裣本衽之偁。因以爲正幅之偁。正幅統於領。因以爲領之偁。此其推移之漸。許必原其本義爲言。凡金聲今聲之字皆有禁制之義。禁制於領與禁制前後之不相屬。不妨同用一字。从衣金聲。居音切。七部。漢石經。青青子裣。

蔽厀也。按蔽厀非韠也。許釋韠市皆云所以蔽前。鄭注禮同。韠以蔽前。而非專蔽厀也。方言曰。蔽厀。江淮之閒謂之褘。或謂之祓。魏宋南楚之閒謂之大巾。自關東西謂之蔽厀。齊魯之郊謂之袡。許不云褘者、韠也。則知許不謂一物也。釋名曰。褘、所以蔽厀前也。婦人蔽厀亦如之。亦不以爲一物而已與許異。从衣韋聲。許歸切。十五部。周禮曰。王后之服褘衣。謂畫袍。

周禮內司服。王后之六服。褘衣。揄狄。闕狄。鞠衣。展衣。綠衣。許揄作褕。展作襢。見上文。以褘衣系之褘下。弟二義者。許必有所受矣。袍當作衣。大鄭曰。褘衣。畫衣。引祭統君卷冕。夫人副褘。此古說也。至後鄭注乃後褘讀爲翬。

袂

袂 **襲袂也。** 前襲袂盖古語。或曰當作袂迺襲也。句。廣韵曰。袂衣夫襓與劍焉。鄭曰。夫襓。劍衣也。夫或爲煩。皆發聲。按鄭旣謂夫襓是劍衣。又云夫是發聲。盖不能定其說也。而廣雅曰。袂襓。劍衣也。夫加衣旁。卽許此字。亦是韜藏意。韋部曰。韜。劍衣也。**从衣。夫聲。** 甫無切。五部。

襲

襲 **左衽袍。** 小斂大斂之前衣死者謂之襲。士喪禮乃襲三稱。注曰。遷尸於襲上而衣之。凡衣死者左衽不紐。按喪大記。小斂大斂。祭服不倒。皆左衽。結絞不紐。襲亦左衽不紐也。袍。褻衣也。記曰。纊爲繭。縕爲袍。許曰袍。襺也。士喪禮襲衣有爵弁服。皮弁服。褖衣。注。褖衣。所以表袍者。子羔之襲。繭衣裳與稅衣爲一是也。斂始於襲。襲始於袍。故單言袍也。襲字引申爲凡掩襲之用。若記曰。帛爲褶。士喪禮古文作襲。叚借字也。喪大記。玉藻用禮今文作褶。注曰。褶。袷也。有表裏而無著。許依古文禮。故不收褶字。凡經典重襲之義。如筮襲于夢。武王所用。祥襲則行。不襲則增修德而改卜。皆當作褶。褶義之引申。**从衣。龖省聲。** 似入切。七部。襲 **籀文襲不省。**

袍

袍 **襺也。** 秦風。與子同袍。釋言、毛傳皆曰。袍。襺也。玉藻曰。纊爲襺。縕爲袍。注曰。衣有著之異名也。記文袍襺有別。析言之。渾言不別也。古者袍必有表。後代爲外衣之偁。釋名曰。袍。丈夫箸下至跗者也。袍。苞也。苞內衣也。婦人以絳作。義亦然也。**从衣。包聲。** 薄褒切。古音在三部。**論語曰。衣敝縕袍。** 敝各本作弊。誤。論語子罕篇文。

襺

襺 **袍衣也。从衣。繭聲。** 古典切。十二部。玉藻作繭者。字之叚借也。絮中往往有小繭。故絮得名繭。**吕絮曰襺。吕縕曰袍。** 旣渾言而又析言之也。玉藻言纊。許言絮者。糸部曰。纊。絮也。鄭注玉藻。縕謂新綿及舊絮。故纊專爲新綿。許縕謂紼。故纊爲絮。不分新舊。糸部曰。縕。紼也。紼。亂枲也。亂枲卽亂麻。蒯通傳注及廣韵云亂麻是也。孔安國論語縕袍注亦曰枲著。孔、許與鄭異。似孔、許爲長。

褋

春秋傳曰。盛夏重襺。 襄二十一年左傳曰。薳子馮方暑。掘地下冰而牀焉。重襺衣裘。許櫽栝其語。

褋 **南楚謂襌衣曰褋。** 九歌曰。遺余褋兮醴浦。方言曰。襌衣。江淮南楚之間謂之褋。關之東西謂之襌衣。按屈原賦當用南楚語。王逸云襜襦。殆非也。**从衣。枼聲。** 各本作葉。而篆體乃作褋。是改篆而未改說解也。枼者。薄也。襌衣故从枼。方言、廣雅、玉篇、廣韵皆作褋。至集韵乃云褋省作褋。正誤於巳改之說文耳。今正。徒叶切。八部。

袤

袤 **衣帶吕上。** 此古義也。少得其證。今則後義行而古義廢矣。帶者。上衣下常之介也。**从衣。矛聲。** 莫候切。四部。**一曰南北曰袤。東西曰廣。** 周髀筭經曰。天地之廣袤。史記曰。蒙恬築長城。廣袤萬餘里。廣雅。袤。長也。𧝓 **籀文袤。从楙。**

襘

襘 **帶所結也。** 昭十一年左傳。叔向曰。衣有襘。帶有結。視不過結襘之中。所以道容貌也。杜注。襘。領會。結。帶結也。玉藻曲禮深衣皆謂交領曰袷。襘卽袷。會合同義。且叔向視不過結襘之中。卽曲禮視天子不上於袷。不下於帶。玉藻侍君視帶以及袷也。然則杜注得之。許合襘結二者爲一。似誤矣。杜注當仍賈、服之舊。**从衣。會聲。** 古外切。十五部。**春秋傳曰。衣有襘。**

褧

褧 **檾衣也。** 衣字舊無。今補。檾者。枲屬。績檾爲衣。是爲褧也。許意如是。若鄭箋衞風云。褧。襌也。不言襌用何物。鄭風箋云。褧。襌也。蓋以襌縠爲之。與許說異。縠者。細絹也。以絲而非以枲矣。鄭說本玉藻。玉藻、中庸作絅。禮經作顈。皆假借字也。**詩曰。衣錦褧衣。** 衞碩人。鄭丰同。**示反古。** 此許釋詩也。毛傳曰。衣錦。錦文衣也。夫人德盛而尊。嫁則錦衣加褧襜。中庸曰。衣錦尚絅。惡其文之箸也。鄭以中庸箋詩。許云示反古。意亦略同。古者麻絲之作。蓋先麻而後絲。故衣錦尚褧。歸眞反樸之意。**从衣。耿聲。** 去潁切。廣韵口迥切。十一部。

衹

衹 **衹裯。** 逗。**短衣也。** 方言曰。汗襦。江淮南楚之閒謂之襘。自關而西或謂之衹裯。自關而東謂之甲襦。陳魏宋楚之閒謂之襜襦。或謂之襌襦。後漢羊續傳。其資藏惟有布衾。敝衹裯。鹽麥數斛。**从衣。氏聲。** 都衣切。十五部。

裯

裯 **衣袂衹裯。** 依全書之例。此當云衹裯

襤　裿　裻　祛

也。衣袂二字葢誤衍。召南。抱衾與裯。毛曰。裯。襌被也。从衣。周聲。都牢切。古音在三部。讀如周。祗裯雙聲字。

也。**襤**裯謂之襤褸。裯謂祗裯。九辨。被荷裯之晏晏。王曰。裯。祗裯也。方言曰。裯謂之襤。郭注。祗裯敝衣。亦謂襤褸。按說文褸字疑衍。祗裯亦名襤耳。不如郭說也。襤。逗。無緣衣也。衣字依韵會補。方言又曰。無緣之衣謂之襤。楚謂無緣之衣曰襤。故祗裯無緣則謂襤也。巾部幨下曰。楚謂無緣衣也。襤與幨同。从衣。監聲。魯甘切。八部。

裿無袂衣謂之裿。方言文。从衣。惰省聲。徒臥切。十七部。

裻衣躳縫。躳从呂。自後言身也。躳與裻雙聲。下文曰。裻背縫。亦即此字也。方言作襹。繞循謂之襹裻。郭云。衣督脊也。莊子作督。緣督以爲經。李云。緣、順也。督。中也。衣躳縫者。深衣云。負繩及踝以應直是也。从衣。毒聲。讀若督。冬毒切。三部。

祛衣袂也。鄭風遵大路、唐風羔裘傳皆曰。祛、袂也。按祛有與袂析言之者。深衣注曰。祛。袂口也。喪服記注曰。祛。袖口也。檀弓注曰。祛。袖緣口也。深衣喪服且袂與祛並言。葢袂上下徑二尺二寸。至祛則上下徑尺二寸。其義當分別也。若詩之兩言祛。則無庸分別。定本唐風傳曰。祛、袂末也。此非是。傳下文言本末。本謂羔裘。末謂豹袖。非謂袂本祛末也。从衣。去聲。去魚切。五部。

一曰祛、褱也。褱者、裦也。此義未見其證。方言曰。袿謂之裾。郭云。裾或作祛。按下文云。裾。衣褱也。此云祛、褱也。則知古有假祛爲裾者矣。祛得訓褱。故或曰藏。去或曰弃。或曰祛。皆其義也。藏物必去此而藏彼。故其義亦爲攘却。兒寬傳。李奇注曰。祛。開也。散也。凡褰開曰祛。若毛傳云。祛祛、彊健兒。亦於从去得義。古無从示之祛。至集韵而後有之。唐石經以車祛祛从衣。不誤。祛尺二寸。喪服記。玉藻皆有此句。上葢奪禮記曰三字。

春秋傳曰。披斬其祛。僖五年左傳文。杜注亦曰。祛、袂也。

褎

褎袂也。唐風羔裘傳曰。褎猶祛也。裳上章言之。褎引伸爲盛飾兒。邶風傳曰。褎如盛服兒。董仲舒傳曰。褎然爲舉首。序傳曰。樂安褎褎。生民傳曰。褎、長也。箋云。枝葉長也。皆其義也。从衣。采聲。聲葢衍字。采非聲。衣之有褎。猶禾之有采。故曰从衣采。似又切。三部。

袂　褱　裦　褢　襜

袖俗褎。从由。由聲。

袂褎也。从衣。夬聲。彌弊切。十五部。郭景純云。襼卽袂字。

褱褎也。褱之爲言回也。袼之高下可以運肘。袂之長短反詘之及肘。一曰臧也。此義與褱近。从衣。鬼聲。戶乖切。十五部。

裦褱也。論語。子生三年。然後免於父母之懷。馬融釋以懷抱。卽褱裦也。今字抱行而裦廢矣。抱者。引堅也。从衣。包聲。此舉形聲包會意。薄保切。古音在三部。

褢俠也。俠當作夾。轉寫之誤。亦部曰。夾。盜竊褱物也。从亦有所持。俗謂蔽人俾夾是也。腋有所持。褢藏之義也。在衣曰褢。在手曰握。今人用懷挾字。古作褢夾。从衣。眔聲。眔从隶省聲。十五部。戶乖切。一曰橐。

襜衣蔽前。釋器曰。衣蔽前謂之襜。此謂衣非謂蔽厀也。引伸之凡衣或曰襜褕。或曰襜襦。皆取蔽義。又引伸之凡所用蔽謂之襜。巾車皆有容葢。大鄭曰。容謂幨車。山東謂之裳幃。或曰潼容。幨卽襜字也。詩毛傳曰。帷裳。婦人之車。帷裳卽裳幃也。士昏禮。婦車有裧。襍記。其輤有裧。裧亦卽襜字。从衣。詹聲。處占切。八部。

祏　衸　袉　裾

祏衣衸。廣雅。衩衸、祏裌膝也。玉篇。裌膝、褰衸也。按裌膝者。褰衩在正中者也。故謂之祏。言其開拓也。亦謂之衸。言其中分也。祏之引伸爲推廣之義。玄應曰。天地開闢。宇宙祏坦。廣雅。釋詁曰。祏。大也。今字作開拓。拓行而祏廢矣。庴與祏音義同。从衣。石聲。他各切。五部。

衸祏也。廣韵十六怪云。補膝裙也。乃裌膝裙衸也五字之誤。从衣。介聲。胡介切。十五部。

袉裙也。士昏禮。主人爵弁纁裳緇袘。注曰。纁裳者。衣緇衣。不言衣與帶而言袘者。空其文。明其與衣皆用緇。袘謂緣。袘之言施。以緇緣裳。象陽氣下施。按袘卽袉之緐變。鄭云裳緣。許云裙者。許謂衣褎曰袉。經言緇袉。則緇衣可知也。緇衣未有無褎者也。从衣。它聲。唐左切。十七部。玉篇曰。俗作袘。論語曰。朝服袉紳。鄉黨篇文。今論語作拖。作拕。卽手部拕字。襍記云。申加大帶於上是也。許所據作袉。假借袉爲拕也。此在引經說假借之例。

裾衣袌也。袌各本作褱。今依韵會正。上文云。褱、袌也。袌物謂之褱。因之衣前衿謂之袌。方言。襌衣有袌者。趙魏之間

衧　襗

謂之祛衣。郭云。前施袌囊也。房報切。按前施袌囊卽謂右外衽。方言。無袌者謂之裎衣。則今之對衽衣無右外衽者也。褻衣無袌。禮服必有袌。上文之袥、衸謂無袌者。唐、宋人所謂衩衣也。公羊傳曰。反袂拭面。涕沾袍。此袍當作袌。何注曰。衣前襟也。釋器。衣皆謂之襟。衱謂之裾。衱同袷。謂交領。袌連於交領。故曰衱謂之裾。郭景純曰。衣後襟。非也。釋名裾在後之說非是。**从衣。居聲。讀與居同。**从居者、中可居物也。非謂在後常見踞。九魚切。五部。

衧　諸袌也。按當云諸袌衣袌也。篇韵可證。後漢書光武帝紀。皆冠幘而服婦人衣。諸于繡镼。注引前書音義曰。諸于、大掖衣。如婦人之袿衣。按大掖謂大其袌也。方言。袿謂之裾。于者、袌之假借字。**从衣。亏聲。**羽俱切。五部。

襗　絝也。絝者、脛衣也。按周禮玉府注云。燕衣服者、巾絮寢衣袍襗之屬。論語。紅紫不以爲褻服。鄭注云。褻衣、袍襗。秦風與子同澤。傳曰。澤、潤澤也。箋云。襗、褻衣。近汗垢。釋名曰。汗衣、近身受汗垢之衣也。詩謂之澤。受汗澤。廣韵此字三見。一曰褻衣。一曰袗襗。一曰衣襦。亦皆不云絝。○又按毛云。潤澤也。箋云。襗、褻衣。此葢毛作潤襗。故箋冡襗而釋之。潤襗、衣名也。**从衣。睪聲。**徒各切。五部。玉篇云說文大各切。則大徐用舊音也。襗篆舊在衸下、袉上。今移此。與下三篆相屬。

褰　襱　袑　襑　襃

褰　絝也。昭廿五年左傳曰。公在乾侯。徵褰與襦。杜曰。褰、絝也。方言曰。絝、齊魯之間謂之䙣。按今方言作䙣。俗字也。褰之本義謂絝。俗乃假爲騫衣字。騫、虧也。古騫衣字作騫。今假褰而褰之本義廢矣。**从衣。寒省聲。**去虔切。十四部。字林己偃反。**春秋傳曰。徵褰與襦。**

襱　絝踦也。方言曰。絝、齊魯之間謂之䙣。或謂之襱。郭注。今俗呼絝踦爲襱。音鮦魚。按絝踦對下文絝上言。絝之近足狹處也。**从衣。龍聲。**丈冢切。九部。

襩　襱或从賣。賣聲也。三部。與九部合音爲近。如急就篇華洞樂。皇象碑及廣韵作華竇樂。

袑　絝上也。漢朱博傳。功曹官屬多褎衣大袑。不中節度。絝上對絝踦言。股所居也。大之則寬緩。上**从衣。召聲。**市沼切。二部。

襑　衣博大也。从衣。尋聲。他感切。古音在七部。篇韵皆亦似林切。

襃　衣博裾。博裾

褅　褍　⿰衤圍

謂大其袌囊也。漢書。褒衣大袑。謂大其衣絝之上也。引伸之爲凡大之偁。爲褒美。**从衣。保省聲。**博毛切。古音在三部。隸作褎、作褒。**𠍋古文保。**

褅　緥也。小雅斯干曰。載衣之裼。傳曰。裼、緥也。此謂裼卽褅之假借字也。易聲啻聲古音同在十六部。故借但裼字爲褅字。釋文曰。韓詩作禘。禘、集韵云或褅字。韓詩用正字。毛詩用假借字也。緥者、小兒衣也。**从衣。啻聲。**他計切。十六部。**詩曰。載衣之褅。**

褍　衣正幅。凡衣及裳不衺殺之幅曰褍。左傳端委。杜注。禮衣端正無殺。故曰端。周禮士有玄端素端。鄭云。端者、取其正也。按褍者、正幅之名。非衣名。巾部幅下曰。正褍裂。**从衣。耑聲。**多官切。十四部。

⿰衤圍　重衣皃。从衣。圍聲。羽非切。十五部。**爾雅曰。⿰衤圍⿰衤圍⿰衤貴⿰衤貴。**今爾雅無此文。釋訓。洄洄、惛也。釋文云。洄、本或作幗。引字林幗、重衣皃。按玉篇作佪佪、惛也。而潛夫論云。佪佪潰潰。葢用爾雅文。字林幗卽⿰衤圍字。據潛夫論則爾雅故有潰潰字。許所見潰作⿰衤貴。⿰衤貴字見周禮夏采職。故書。杜子春易爲綏。許不從故書。故無⿰衤貴篆。

複　褆　襛　裻

複　重衣也。也作皃者誤。凡古書也皃二字互譌者多矣。引伸爲凡重之偁。複與復義近。故書多用復爲複。呂覽。水澤復。注曰。復或作複。東重累也。詩。陶復陶穴。鄭注月令曰。古者複穴。**从衣。复聲。**方六切。三部。**一曰褚衣。**褚見下文。裝衣也。

褆　衣厚褆褆。褆褆與媞媞義略同。爾雅曰。媞媞、安也。篇韵又曰。衣服端正皃。**从衣。是聲。**杜兮切。十六部。

襛　衣厚皃。凡農聲之字皆訓厚。醲、酒厚也。濃、露多也。襛、衣厚皃也。引伸爲凡多厚之偁。召南曰。何彼襛矣。唐棣之華。傳曰。襛猶戎戎也。按韓詩作茙茙。卽戎戎之俗字耳。戎取同聲得其義。**从衣。農聲。**汝容切。九部。**詩曰。何彼襛矣。**詩俗本作穠。誤。

裻　新衣聲。此當依玉篇先鵠切。子虛賦。翕呷萃蔡。張揖曰。萃蔡、衣聲也。萃蔡讀如碎粲二音。裻亦雙聲字。**一曰背縫。**此則冬毒切。與上禱義同。深衣負繩及踝。注云。謂裻與後幅相當之縫也。按後幅當是裳幅之誤。衣與裳正中之縫相接也。晉語。衣之偏裻。韋曰。裻在中。左右異。故曰偏。引伸爲凡中之偁。匠人。堂涂十

移　裔　衯　裶　袁　⿰衤鳥　褺

有二分。注曰。分其裻旁之修。以一分爲峻也。今本作督。五經文字引作裻。古多假督爲裻。**从衣。叔聲。**三部。

移 **衣張也。**張篇韵皆作長。非。按移之言侈也。經典罕用移字者。多作移、作侈。表記曰。衣服以移之。注云。讀如禾氾移之移。猶廣大也。周禮注曰。大夫已上移袂。少牢饋食禮曰。主婦被錫衣移袂。注云。移者。盍半士妻之袂以益之。**从衣。多聲。**尺氏切。古音在十七部。**春秋傳曰。公會齊侯于移。**桓十五年文。左氏經作公會宋公、衛侯、陳侯于袲。公羊經作公會齊侯、宋公、衛侯、陳侯于侈。穀梁經與左同。許偁左也。左無齊侯。許言齊侯者。容今左傳有奪。袲與移同。

裔 **衣裾也。**裾各本及篇韵皆作裙。今正。玄應書卷十四曰。說文云。裔，衣裾也。以子孫爲苗裔者。取下垂義也。按帔曰裠。裳曰下裠。此衣裠謂下裠。故方言離騷注皆曰。裔，末也。方言又曰。裔，祖也。亦謂其遠也。方言又曰。裔，夷狄之總名。郭云。邊地爲裔。按左傳衞侯卜繇曰。裔焉大國。言邊於大國也。裔之義如此。言衣裙得以通之。若言衣裾。則何以解焉。小徐云。裾，衣邊。蓋小徐作注時本作裾。**从衣。**此字衣在上。正謂其末下垂。**冏聲。**余制切。十五部。

𧘝 **古文裔。**几聲。

衯 **長衣皃。**子虛賦。衯衯裶裶。郭璞曰。皆衣長貌也。集韵曰。或書作衮。疑作衮者是。**从衣。分聲。**撫文切。十三部。

裶 **長衣皃。**此卽子虛賦裶字也。若史記子虛賦弭節裵回。漢郊祀志神裵回若留放。乃長衣引伸之義。後漢書蘇竟傳注云。裵回謂縈繞淹留是也。俗乃作徘徊。徘徊矣。**从衣。非聲。**薄回切。按當芳非切。十五部。舊在褺篆之後。今移此。

袁 **長衣皃。**此字之本義。今祇謂爲姓。而本義廢矣。古與爰通用。如袁盎漢書作爰盎是也。王風有兔爰爰。傳曰。爰爰，緩意。遠轅等字以袁爲聲。亦取其意也。**从衣。叀省聲。**蓋从古文叀而省。羽元切。十四部。

⿰衤鳥 **短衣也。**釋名曰。三百斛曰舠。舠，貂也。貂，短也。今俗語尚呼短尾曰貂尾。許書無貂。當作⿰衤鳥。以短衣之義引伸也。**从衣。鳥聲。**都僚切。二部。**春秋傳曰。有空⿰衤鳥。**曰疑衍。空疑當作公。卽昭廿五年左傳之季公鳥也。

褺 **重衣也。**凡古云衣一襲者。皆一褺之假借。褺讀如重疊之疊。文選王命論。思有短褐之襲。李注引說文。襲，重衣也。王命論本作褺。李注時不誤。淺人妄改文選耳。漢書敘傳作短褐之褻。師古釋以親身之衣。不知爲褺字之誤也。古書之難讀如此。**从衣。執聲。**徒叶切。八部。**巴郡有褺江縣。**今地理志、郡國志巴郡下皆作墊江縣。蓋淺人所改也。據孟康曰。音重疊之疊。知漢書本不作墊江也。褺江縣在今四川重慶府合州。嘉陵江、涪江、渠江會於此入大江。水如衣之重複然。故以褺江名縣。

襡　⿱斲衣　襦

襡 **短衣也。**篇韵皆襡與襹爲二字。義別。韵會合而一之。非是。晉書夏統傳。使妓女服袿襡。**从衣。蜀聲。讀若蜀。**市玉切。三部。

⿱斲衣 **衣至地也。从衣。斲聲。**竹角切。三部。

襦 **短衣也。**方言。襦，西南蜀漢之閒謂之曲領。或謂之襦。釋名有反閉襦。有單襦。有要襦。顏注急就篇曰。短衣曰襦。自膝以上。按襦若今襖之短者。袍若今襖之長者。**从衣。需聲。**人朱切。古音在四部。襦之言濡也。猶襗之言澤也。**一曰㬮衣。**一曰與一名同。非別一義也。日部曰。安㬮，溫也。然則㬮衣猶溫衣也。內則。衣不帛襦袴。注曰。不用帛爲襦袴。爲大溫傷陰氣也。釋名曰。襦，耎也。言溫耎也。

褊　袷　襌　襄　被

褊 **衣小也。**引伸爲凡小之偁。**从衣。扁聲。**方沔切。十四部。

袷 **衣無絮。**此對以絮曰襺、以縕曰袍言也。**从衣。合聲。**古洽切。七部。小戴記以爲交領之字。

襌 **衣不重。**此與重衣曰複爲對。**从衣。單聲。**都寒切。十四部。

襄 **漢令。解衣而耕謂之襄。**而字依韵會補。此襄字所以从衣之本義。惟見於漢令也。引伸之爲除去。爾雅釋言。詩牆有茨、出車傳皆曰。襄，除也。周書謚法云。辟地有德曰襄。凡云攘地、攘夷狄。皆襄之假借字也。又引伸之爲反復。大東傳云。襄，反也。謂除此而復乎彼也。釋言又曰。襄，駕也。此又驤之假借字。凡云襄上也。襄舉也。皆同。又馬注皋陶謨曰。襄，因也。謚法因事有功曰襄。此又攘之假借字。有因而盜曰攘。故凡因皆曰攘也。今人用襄爲輔佐之義。古義未嘗有此。**从衣。𤸰聲。**息良切。十部。

𧝝 **古文襄。**不能得其會意形聲所在。

被 **寑衣。長一身有半。**論語鄉黨篇曰。必有寑衣長一

衾　襐　衵　褻　衷　袾

身有半。孔安國曰。今被也。鄭注曰。今小臥被是也。引伸爲横被四表之被。**从衣。皮聲。**皮義切。古音在十七部。

衾　大被。釋名曰。衾、广也。其下廣大如广受人也。寑衣爲小被。則衾是大被。**从衣。今聲。**去音切。七部。

襐　襐飾也。各本作飾也。奪襐。今補。此三字爲句。如偓佺、離黃之類。淺人泛謂爲複字可刪而刪之耳。巾部飾字下云。襐飾也。亦三字爲句。廣韵曰。襐、未笄冠者之首飾也。**从衣。象聲。**徐兩切。十部。

衵　日日所常衣。衵服見宣九年左傳。**从衣。从日。日亦聲。**人質切。十二部。

褻　私服。私褻疊韵。論語曰。紅紫不以爲褻服。引伸爲凡昵狎之偁。假借爲媟字。**从衣。埶聲。**私列切。十五部。**詩曰。是褻袢也。**庸風君子偕老文。今詩褻作紲。按毛傳云。是當暑袢延之服。當暑二字釋褻也。

衷　裏褻衣。褻衣有在外者。衷則在內者也。引伸爲折衷。假借爲中字。**从衣。中聲。**陟弓切。九部。**春秋傳曰。皆衷其衵服。**宣九年左傳文。

袾　好佳也。好下奪也字。好者美也。佳者善也。廣韵曰。朱衣也。按廣韵蓋用說文古本。故其字从朱衣。所引詩則假袾爲姝也。**从衣。朱聲。**昌朱切。古音在四部。**詩曰。靜女其袾。**邶風靜女文。今詩袾作姝。女部引詩作𡛟。

袓　裨　袢

袓　事好也。事好猶言學好也。黹部引詩衣裳𪓐𪓐。方言曰。珇、好也。珇、美也。然則袓與𪓐珇音義略同。**从衣。且聲。**才與切。五部。

裨　接也。此也字依玉篇補。手部曰。接、交也。**益也。**會部曰。䵖、益也。土部曰。埤、增也。皆字異而音義同。覲禮侯氏裨冕注曰。裨冕者、衣裨衣而冠冕也。裨之爲言埤也。天子六服大裘爲上。其餘爲裨。按本謂衣也。引伸爲凡埤益之偁。**从衣。卑聲。**府移切。十六部。

袢　衣無色也。衣字依玉篇補。日部曰。普、日無色也。袢讀若普。則音義皆同。女部曰。姅、婦人污也。義亦相近。**从衣。半聲。**博幔切。十四部。**一曰。**此二字衍文。**詩曰。是紲袢也。**庸風君子偕老文。紲當同褻。篆下作褻。毛傳曰。言是當暑袢延之服也。袢延疊韵。如方言之襎裷。漢時有此語。指摩之意。外展衣中用縐絺爲衣。可以指摩汗澤。故曰褻袢。褻袢專謂縐絺也。暑天近汗之衣必無色。故知一曰爲衍文矣。**讀若普。**毛詩以展袢顏媛爲韵。則知袢當依釋文符袁反。延讀如字。普音於雙聲得之。許讀如此。

雜　褽　裕　襞

雜　五采相合也。與𨐨字義略同。所謂五采彰施於五色作服也。引伸爲凡參錯之偁。亦借爲聚集字。詩言襍佩。謂集玉與石爲佩也。漢書凡言襍治之。猶今云會審也。**从衣。集聲。**此篆蓋本从衣雧。故篆者以木移左衣下作襍。久之改雧爲隹。而仍作雜也。組合切。七部。

褽　衽也。此衽當訓衽席。左傳歸國子之元。寘之新篋。褽之以玄纁。加組帶焉。杜曰。褽、薦也。與許云衽也義同。**从衣。尉聲。**聲字今補。於胃切。十五部。

裕　衣物饒也。引伸爲凡寬足之偁。方言。裕、道也。東齊曰裕。**从衣。谷聲。**羊孺切。古音在三部。亦作衮。**易曰。有孚裕無咎。**晉初六爻辭。今經有作罔。虞翻王弼同。則未知許所據。孟易獨異與。抑字譌與。

襞　韏衣也。韋部曰。革中辨謂之韏。革中辨者、取革中分其廣摺疊之。廣雅曰。韏、曲也。又曰。韏、詘也。衣之襵如革之襵。故曰韏衣。士冠禮。皮弁服素積。注曰。積猶辟也。以素爲裳。辟蹙其要中。子虛賦。襞積褰縐。張揖曰。襞積、簡齰也。襞經傳作辟。積俗作積。簡俗作襉。襞亦謂之襵。襵之涉反。**从衣。辟聲。**必益切。十六部。

衦　裂　䘽　袒

衦　摩展衣也。摩展者摩其襵縐而展之也。石部碾下曰。以石衦繒也。衦之用與熨略同而異。**从衣。干聲。**古案切。篇韵公但切。十四部。

裂　繒餘也。巾部曰。㡘、幓裂也。幓、殘帛也。㡘、繒端裂也。內則曰。衣裳綻裂。方言曰。南楚凡人貧衣被醜敝。或謂之襤裂。皆繒餘之意。引伸爲凡分散殘餘之偁。或假烈爲之。方言曰。烈、餘也。晉衛之閒曰烈。齊語戎車待游車之裂。韋注云。裂、殘也。古作𧝝。通作列。**从衣。列聲。**良辥切。十五部。

䘽　敝衣。敝各本作弊。誤。今正。䘽者敝衣。帤者敝巾。絮者敝絮。各依所从而解之。易既濟六四繻有衣袽。虞翻曰。袽、敗衣也。然則袽即䘽字。糸部引易需有衣絮。又見䘽與絮可通用也。晁說之曰。袽又作䘽。玉裁謂袽䘽皆䘽之誤字耳。**从衣。奴聲。**女加切。古音在五部。女居切。

袒　衣縫解也。許書無綻字。此即綻字也。許書但裼字作但。不作袒。今人以袒爲袒裼字。而但袒二篆本義俱廢矣。內則曰。衣裳綻裂。綻或作袒。鄭曰。綻猶解也。綻尙未解而近於解。故曰猶。俗語引伸爲飽滿憪裂之偁。按袒爲衣縫解。故从衣。組爲補縫。故从糸。音同而義相因也。**从衣。旦聲。**丈莧切。十四部。

完衣也。既袒則宜補之。故次之以補。引伸爲凡相益之偁。**从衣。甫聲。**博古切。五部。

紩衣也。糸部曰。紩者。縫也。縫者。以鍼紩衣也。方言曰。襜褕其敝者謂之緻。注云。緻。縫納敝故之名也。丁履反。按緻卽⿰衤黹字。黹爲鍼刺。⿰衤黹爲縫敝衣。與補組二字義略同。**从衣黹。**會意。**黹亦聲。**諸几切。十五部。

奪衣也。奪當作敓。許訓奪爲遺失。訓敓爲彊取也。此等恐非許原文。後人以今字改古字耳。周易訟上九。或錫之鞶帶。終朝三褫之。侯果曰。褫。解也。鄭玄荀爽翟元皆作三拕。荀翟訓拕爲奪。淮南書曰。秦牛缺遇盜拕其衣。高注。拕。奪也。拕者褫之假借字。十七十六二部音冣近也。引伸爲凡敓之偁。**从衣。虒聲。讀若池。**直离切。十六部。

但也。但各本作袒。今正。左傳。欲觀其裸。正義曰。裸謂赤體無衣也。大戴禮曰。倮蟲三百六十。聖人爲之長。王制。𦝫股肱。注曰。捋衣出其臂脛也。按人部曰。但。裼也。謂免上衣露裼衣。此裸裎皆訓但者。裸裎者但之尤甚者也。**从衣。𦝫聲。**郎果切。十七部。

𧝝或从果。果聲也。俗作𦝫。致爲不通。

但也。但各本作袒。今正。裎之言呈也。逞也。孟子。袒裼裸裎。亦作程。士喪禮注。倮程。**从衣。呈聲。**丑郢切。十一部。

但也。但各本作袒。今正。人部曰。但者。裼也。故此云裼者。但也。是爲轉注。序云。五曰轉注。建類一首。同意相受。考老是也。老部曰。老者。考也。考者。老也。是之謂建類一首。同意相受。凡全書中異部而互訓者視此。裼訓但。但訓裼。其一意也。在許當時。確知訓裼之字作但。不作袒。自許至今。經傳子史皆爲袒裼。不爲但裼。賴許書僅存。可識字之本形本義。又以今字改之。則古形古義不傳。且上文云。袒。衣縫解也。裸裎裼下皆云袒也。不皆爲衣縫解乎。是許之不通甚矣。考諸經傳。凡中衣之外上衣。裘則有裼衣。裼衣之外上衣。玉藻。裘之裼也。見美也。服之襲也。充美也。鄭曰。裼者。免上衣見裼衣。凡當盛禮者。以充美爲敬。非盛禮者。以見美爲敬。禮尙相變也。按覆裘之衣曰裼。行禮袒其上衣。見裼衣謂之裼。不露裼衣謂之襲。鄭注玉藻曰。袒而有衣曰裼。以別於無衣曰袒也。經傳凡單言裼者。謂免上衣也。凡單言袒者。謂免衣肉袒也。肉袒或謂之袒裼。釋言毛傳皆曰。袒裼。肉袒也。是也。許君肉袒字作膻。在肉部。而袒作但。與裼互訓。裼爲無上衣之但。𦝫裎爲無衣之但。𦝫裎亦肉膻也。字與鄭異而義同。裼襲之制。詳見聘禮注疏。**从衣。易聲。**先擊切。十六部。禮注曰。古文禮裼皆爲賜。詩斯干假借爲禓字。

㚇也。交部曰。㚇者。衺也。二篆爲互訓。小徐本作紕也。非是。㚇今字作回。衺今字作邪。毛詩傳曰。回。邪也。**从衣。牙聲。**似嗟切。古音在五部。

㠯衣衽扱物謂之襭。扱。收也。周南。采采芣苢。薄言襭之。爾雅曰。扱衽謂之襭。毛傳同。**从衣。頡聲。**胡結切。十二部。

襭或从手。

執衽謂之袺。周南。采采芣苢。薄言袺之。爾雅曰。執衽謂之袺。毛傳同。**从衣。吉聲。**格八切。十二部。

幭也。巾部曰。幭。帬也。一曰。被也。一曰。婦人脅衣。**从**

衣。曹聲。昨牢切。又七刀切。三部。

裹也。束其外曰裝。故著絮於衣亦曰裝。**从衣。壯聲。**側羊切。十部。

纏也。纏者。繞也。**从衣。果聲。**古火切。十七部。

纏也。各本作書囊也。今依西都賦琴賦注。後漢書班固傳注所引正。巾部曰。帙。書衣也。帙亦作袠。廣雅。裛謂之袠。今本殆據廣雅改耳。若依今本。則當云帙也。**从衣。邑聲。**於業切。七部。

緶也。裳下緝。各本無裳下緝三字。今依韵會補。依釋名當作緝下。緝下、橫縫緝其下也。緶者。緁衣也。緝同緁。漢時通用。論語鄉黨孔注曰。衣下曰齊。玉藻。縫齊倍要。正義曰。齊謂裳之下畔。深衣下齊如權衡以應平。注曰。齊。緝也。禮喪服疏衰裳齊。疏云。衰裳既就。乃始緝之。故言齊。在衰裳下。不比言斬在衰上也。按經傳多假齊爲之。亦省作齋。**从衣。𪗉聲。**卽夷切。十五部。

豎使布長襦。豎與裋疊韵。豎使謂僮豎也。淮南高注曰。豎。小使也。顏注貢禹傳曰。裋褐謂僮豎所著布長襦也。方言曰。襜褕其短者謂之裋褕。韋昭注王命論云。裋謂短襦也。本方言。**从衣。豆**

聲。常句切。古音在四部。

樞 編枲衣。謂取未績之麻編之爲衣。與艸雨衣相類。衣之至賤者也。一曰頭樞。冃下曰。小兒蠻夷頭衣也。頭樞葢卽頭衣。僅冒其頭耳。一曰次裹衣。方言曰。繄袼謂之樞。郭曰。卽小兒次衣也。嚚洛嘔三音。次裹、今俗語尙如此。小兒服之衣外。以受次者。从衣。區聲。於武切。又於侯切。四部。

褐 編枲韤。取未績之麻編之爲足衣。如今艸鞵之類。一曰粗衣。文選藉田賦注作麄衣。廣韵及孟子正義作短衣。誤也。趙注孟子曰。褐以毳織之。若今馬衣者也。或曰枲衣也。一曰粗布衣。按趙云以毳。與邠風鄭箋云毛布合。馬衣卽左傳定八年之馬褐也。枲衣亦謂編枲爲衣。褐賤者之服也。从衣。曷聲。胡葛切。十五部。

衰 艸雨衣。雨衣有不艸者。左傳成子衣製杖戈。杜曰。製雨衣。按言製則非艸爲。若今油布衣。秦謂之萆。艸部曰。萆雨衣。一曰衰衣。此則著萆爲秦語也。小雅。何蓑何笠。傳曰。蓑所以備雨。笠所以禦暑。公羊傳不蓑城也。何云。若今以艸衣城。齊語注云。襏襫蓑襞衣也。襞或萆字。亦作薜。六韜蓑薜簦笠。衰俗从艸作蓑。而衰遂專爲等衰衰絰字。衰絰本作縗。衰其假借字也。以艸爲雨衣。必層次編之。故引伸爲等衰。後世異其形、異其音。古義茲昧矣。从衣。象形。謂秝也。穌禾切。十七部。古文衰。

卒 隸人給事者爲卒。俗本者下有衣字。宋本及御覽、韵會、玉篇皆無。此謂人也。非謂衣也。方言。楚東海之閒亭父謂之亭公。卒謂之弩父。或謂之褚。注曰。卒者主擔幔弩導幨。因名。古㠯染衣題識。故从衣一。此十字依韵會所據小徐本。衣有題識。如左傳云。叔孫氏之甲有物。杜云。物。識也。微字下云。若今救火衣。周禮司常注云。今亭長箸絳衣。此亭卒以染衣題識之證也。从一者。象題識也。臧沒切。十五部。

褚 卒也。方言云。卒或謂之褚。是也。郭云。言衣赤。褚音赭。从衣。者聲。丑呂切。五部。一曰裝也。裝各本作製。誤。今依玉篇、廣韵正。左傳鄭賈人將寘荀罃褚中以出。此謂衣裝也。凡裝綿曰著。丑呂切。其字當作褚。小正七月灌荼。灌聚也。荼萑葦之秀。爲將褚之也。褚之者、裝衣也。將各本作蔣。字之誤也。

製 裁衣也。从衣。制聲。征例切。十五部。按此篆處非其次。當本在裁篆之下。

祓 蠻夷衣。左衽衣。从衣。犮聲。北末切。十五部。一曰蔽厀。方言曰。蔽厀、江淮之閒謂之褘。或謂之祓。郭音沸。

襚 衣死人也。士喪禮。君使人襚。注。襚之言遺也。公羊傳曰。車馬曰賵。貨財曰賻。衣被曰襚。注。襚猶遺也。遺是助死之禮。知生者賵賻。知死者贈襚。从衣。遂聲。徐醉切。十五部。春秋傳曰。楚使公親襚。襄二十九年左傳文。楚欲使襄公視衣死人。故下文魯行君臨臣喪之禮。以報之也。

䘿 棺中縑裏也。喪大記曰。君裏棺用朱綠。用雜金鐕。大夫裏棺用玄綠。用牛骨鐕。士不綠。正義云。君用朱繒貼四面。綠繒貼四角。大夫四面玄。四角綠。士不綠。悉用玄。按如其說則當云士玄。不當云不綠也。且顏師古定本綠皆作琢。謂鐕琢。繒則著於棺。則士不琢。尤爲不辭。葢綠與琢皆字之誤。古本三綠皆正作䘿。以縑裏棺曰䘿。縑幷絲繒也。君朱䘿。以三色金鐕椓著之。大夫玄䘿。以牛骨鐕椓著之。士賤。不䘿。則不用鐕。士喪禮纖悉畢載。而不言裏棺。可證也。鄭曰。鐕所以椓著裏。金部曰。鐕所以綴著物者。與鄭合。鐕與䘿皆據喪大記而言。从衣。弔聲。讀若雕。都僚切。二部。

裞 贈終者衣被曰裞。从衣。兌聲。輸芮切。十五部。按此字僅見漢書朱建傳。葢襚之或字。淺人所增。非許本書所有也。

褮 鬼衣也。鬼衣猶冥衣。明器之屬也。鬼部曰。魌鬼服也。引韓詩傳鄭交甫逢二女魌服。釋器曰。衣謂之褮。郭云。衣開孔。非許義也。从衣。熒省聲。讀若詩曰葛藟縈之。一曰若靜女其袾之袾。之袾當作之靜。於營切。十一部。

䘰 車溫也。車溫玉篇作車鞰。䘰。廣韵曰。帑䘰。牛領上衣。葢當作車溫䘰。如帑幡、襎裷。詩傳袢延之比。皆重疊字也。今本奪一字。从衣。延聲。式連切。十四部。

褭 㠯組帶馬也。百官志注曰。秦爵二十等。三曰簪褭。御駟馬者。按於本義引伸之。因以爲馬名。要褭古之駿馬也。从衣。从馬。衣馬、以組帶馬之意也。奴鳥切。二部。

文一百一十六 今增衸。 重十一

皮衣也。从衣象形。各本作从衣求聲。一曰象形。淺人妄增之也。裘之制毛在外。故象毛文。與衰同意。皆从衣而象其形也。巨鳩切。古音在一部。凡裘之屬皆从裘。

古文裘。此本古文裘字。後加衣爲裘。而求專爲干請之用。亦猶加艸爲蓑。而衰爲等差之用也。求之加衣。葢不待小篆矣。

裘裏也。表其毛而爲之裏附於革也。詩曰。羔羊之皮。素絲五它。皮言其表也。羔羊之革。素絲五緎。革言其裏也。羔羊之縫。素絲五總。合言其表裏也。其裏之所用未詳。从裘鬲聲。讀若擊。楷革切。十六部。

文二　重一

考也。序曰。五曰轉注。建類一首。同意相受。考老是也。學者多不解。戴先生曰。老下云考也。考下云老也。此許氏之恉。爲異字同義舉例也。一其義類。所謂建類一首也。互其訓詁。所謂同意相受也。考老適於許書同部。凡許書異部而彼此二篆互相釋者視此。如寱窒也、窒寱也、但裼也、裼但也之類。老考以疊韵爲訓。七十曰老。曲禮文。从人毛匕。音化。按此篆葢本从毛匕。長毛之末筆非中有人字也。韵會無人字。言須髮變白也。說會意之恉。盧皓切。古音在三部。凡老之屬皆从老。

年八十曰耋。釋言。耋、老也。毛傳云。耋、老也。八十曰耋。按馬融注易、服虔注左傳皆云。七十曰耋。葢耋訓老。故七十八十皆得偁也。从老省。小篆既从老省矣。今人或不省。非也。下同。至聲。古音至讀如鋌。徒結切。十二部。

年九十曰䒬。今作耄。从老省、毛聲。耗今音讀蒿去聲。葢蒿聲、毛聲古可通用也。曲禮八十九十曰耄。注云。耄、惛忘。引左傳老將知而耄又及之。按其字亦作眊、亦作旄。从老、蒿省聲。从蒿者、取蒿目之意。莫報切。二部。

老也。曲禮六十曰耆。許不言者、許以耆爲七十巳上之通偁也。鄭注䠶義云。耆、耋皆老也。古多假借爲嗜字。又按士喪禮、士虞禮魚進鬐注。鬐、脊也。古文鬐爲耆。許書髟部無鬐字。依古文禮。故不錄今文禮之字也。徐鉉沾附、未識此意。許於禮經古文今文之字依一則廢一。从老省。旨聲。渠脂切。十五部。

老人面凍黎若垢。釋詁曰。耇、老壽也。小雅毛傳曰。耇、壽也。孫炎曰。耇、面凍黎色如浮垢。老人壽徵也。儀禮注曰。耇、凍梨也。方言曰。東齊曰眉。燕代之北郊曰梨。秦晉之郊、陳兗之會曰耇鮐。按方言又曰。麋黎、老也。麋黎卽卷一之眉梨。凍黎謂凍而黑色。或假梨爲之。尚書黎老作犁老。亦假借也。孫炎注本作面凍梨。見南山有臺、大誓二正義。本無如字。釋名及方言注乃云如凍梨。非也。从老省。句聲。古厚切。四部。

老人面如點處。謂老人面有黑瘢之處也。點者、小黑也。从老省。占聲。丁念切。古音在七部。讀若耿介之耿。雙聲也。

老人行才相逮。才、僅也。今字作纔。纔相逮者、兩足僅能相及。言其行遲步小也。从老省。象形。各本作易省、行象。誤。今正。此非易省。乃象步小相迫之狀也。讀若樹。與駐聲義略同。今俗語尚如此。常句切。四部。

久也。久者、從後灸之也。引伸爲長久。此用長久之義也。从老省。𠷎聲。𠷎見口部。今篆體作𠷎誤。殖酉切。三部。

老也。凡言壽考者、此字之本義也。引伸之爲成也。考槃、江漢、載芟、絲衣毛傳是也。凡禮記皇考、春秋考仲子之宮皆是也。又假借爲攷字。山有樞、弗鼓弗考、傳曰。考、擊也是也。凡言考按、考問字皆爲攷之假借也。从老省。丂聲。苦浩切。古音在三部。

善事父母者。禮記。孝者、畜也。順於道。不逆於倫。是之謂畜。从老省。从子。子承老也。說會意之恉。呼教切。二部。

文十

眉髮之屬及獸毛也。眉者、目上毛也。髮者、首上毛也。而者、須也。須者、而也。𦣞下之毛也。𩓻者、頰須也。頾、口上須也。及獸毛者、貴人賤畜也。象形。莫袍切。古音二部。凡毛之屬皆从毛。

毴 毛盛也。从毛隼聲。而尹切。又人勇切。按而尹卽玉篇之而允也。書釋文氄徐而允反。又如宂反。俗本允宂字皆譌作宂。而集韵類篇因有而融如容兩切矣。古音當在十五部。如隼之在十五十三兩部也。虞書曰。虞當作唐。說詳禾部。鳥獸毴髦。堯典文。髦毛古同用。今書毴作氄。馬云溫柔皃。

⿰倝毛 獸豪也。豪者、豕鬣如筆管者也。引伸爲毛之長者之偁。乾古書多作翰。尚書大傳之西海之濱取白狐青翰。鄭曰。翰、長毛也。長楊賦藉翰林以爲主人。韋昭曰。翰、筆也。善曰。說文云。毛長者曰翰。按翰當作乾。葢說文古本有毛長者曰乾五字。在獸豪也之下。曲禮雞曰翰音。注翰猶長也。其引伸之義也。从毛倝聲。侯旰切。十四部。

毨 選也。二字依韵會。仲秋鳥獸毛盛可選取㠯爲器。毨選雙聲。堯典。鳥獸毛毨。鄭注。毨、理也。毛更生整理。周禮中秋獻良裘。王乃行羽物。鄭注。良善也。仲秋鳥獸毛毨。因其良時而用之。按許說兼包鄭二義。从毛先聲。讀若選。穌典切。古音在十三部。

⿰毛㒼 㠯毳爲⿰糸罽。毳、獸細毛也。⿰糸罽、西胡毳布也。色如虋。故謂之⿰毛㒼。與虋雙聲。虋、禾之赤苗也。詳艸部。取其同赤。故名略同。从毛㒼聲。莫奔切。古音在十四部。詩曰。毳衣如⿰毛㒼。王風文。今詩⿰毛㒼作璊。毛曰。璊、赬也。按許云毳⿰糸罽謂之⿰毛㒼。然則詩作如⿰毛㒼爲長。作如璊則不可通矣。玉部曰。璊、玉經色也。禾之赤苗謂之虋。璊、玉色如之。是則⿰毛㒼與璊皆於虋得音義。許偁詩證毳衣色赤。非證璊篆體也。淺人改从玉爲从毛。失其恉矣。抑西胡毳布中國自古有之。斷非法服。毛傳曰。大車、大夫之車也。天子大夫四命。其出封五命。如子男之服。乘其大車檻檻然。服毳冕以決訟。是則詩所云毳衣者、周禮之毳冕。非西胡毳布也。許專治毛詩。豈容昧此。疑此六字乃淺人妄增。非許書固有。然鄭司農之注周禮曰。毳、罽衣也。至後鄭乃云毳畫虎蜼。謂宗彝也。是則自康成以前皆謂毳爲⿰糸罽衣。毛公但云毳冕而不言何物。許說正同大鄭耳。

氊 撚毛也。手部曰。撚者、蹂也。撚毛者、蹂毛成氊也。周禮掌皮曰。共其毳毛爲氊。古多假旃字。从毛亶聲。諸延切。十四部。

文六

毳 獸細毛也。掌皮注曰。毳、毛毛細縟者。从三毛。毛細則叢密。故从三毛。衆意也。此芮切。十五部。凡毳之屬皆从毳。

⿰非毳 毛紛紛也。紛紛者、多也。非分雙聲。⿰非毳⿰非毳猶紛紛也。廣韵曰。細毛。从毳。非聲。甫微切。十五部。

文二

尸 陳也。陳當作敶。攴部曰。敶、列也。小雅祈父傳曰。尸、陳也。按凡祭祀之尸訓主。郊特牲曰。尸、陳也。注曰。此尸神象。當從主訓之。言陳非也。玉裁謂祭祀之尸本象神而陳之。而祭者因主之。二義實相因而生也。故許但言陳。至於在牀曰屍。其字从尸从死。別爲一字。而經籍多借尸爲之。象臥之形。臥下曰伏也。此字象首俯而曲背之形。式脂切。十五部。凡尸之屬皆从尸。

⿸尸奠 侍也。侍者、儲侍也。大玄假爲天地奠位之奠。从尸奠聲。堂練切。古音在十一部。

居 蹲也。足部曰。蹲、居也。二字爲轉注。今足部改居爲踞。又妄添踞篆。訓云蹲也。總由不究許書條理。罔知古形古義耳。立部竣下亦曰居也。亦同義而譌爲倨竣也。葢俗本之紛亂如此。說文有尻有居。尻、處也。从尸得几而止。凡今人居處字古祇作尻處。居、蹲也。凡今人蹲踞字古祇作居。廣雅釋詁二。尻也一條。釋詁三。踞也一條。畫然分別。曹憲曰。按說文今居字乃箕居字。近之矣。但古人有坐、有跪、有蹲、有箕踞。跪與坐皆厀著於席。而跪聳其體。坐下其脾。詩所謂啟處。四牡傳曰。啟、跪也。處、居也。四牡不遑啟處。宷薇出車作不遑啟居。啟居皆當作啟尻。許尻下云處也。正本毛傳。引伸之爲凡尻處字也。若蹲則足底著地而下其脾、聳其厀曰蹲。其字亦作竣。原壤夷俟。謂蹲踞而待。不出迎也。若箕踞則脾著席而伸其腳於前。是曰箕踞。趙佗箕踞見陸賈。賈聞賈言乃蹷然起坐是也。箕踞爲大不敬。三代所無。居篆正謂蹲也。今字用蹲居字爲尻處字。而尻字廢矣。又別製踞字爲蹲居字。而居之本義廢矣。从尸古聲。各本作古者。居从古。乖於全書之例。淺人因下云俗居从足而竄改譌謬耳。今正。九魚切。五部。俗居从足。小徐本如此。不誤。大徐本篆作踞。非也。小徐云。𡰥一本从居。則小徐時固有兩本。

屓 臥息也。西京賦、吳都賦皆用奰屓字。說者謂作力之皃也。奰見大部。奰俗譌贔。屓俗譌屓。又譌屭。今學者罕知其本字矣。屓之本義爲臥息。鼻部所謂鼾也。用力者必鼓其息。故引伸之爲作力之皃。咽、息也。音義略同。从尸自。徐鍇曰。自、鼻也。小徐作自聲。許介切。按本虛器切。十五部。

屑 動作切切也。方言曰。屑屑、不安也。秦晉謂之屑屑。又曰。屑、勞也。屑猶也。邶風。不我屑以。毛傳曰。屑、潔也。从尸㣇聲。私列切。十二部。按俗从肖。非。

展 轉也。展者、未轉而將轉也。陸德明云。字林作輾。然則周南作輾轉。非古也。毛傳曰。展、誠也。方言曰。展、信也。此因展與眞音近假借。从尸。展布四體之意。襄省聲。知衍切。十四部。

屆 行不便也。此與艐義相近。艐、船著沙不行也。一曰極也。釋言曰。屆、極也。蕩、閟宮毛傳同。釋詁、方言皆曰。艐、至也。郭云。艐、古屆字。按謂古用艐今用屆也。艐、屆雙聲。从尸凷聲。古拜切。十五部。

尻 脽也。按釋名以尻與臀別爲二。漢書結股腳連脽尻。每句皆合二物也。尻、今俗云溝子是也。脽、今俗云屁股是也。析言是二。統言是一。故許云。尻、脽也。通俗文、埤蒼皆云。尻骨謂之八髎。釋名曰。尻、廖也。所在廖牢深也。从尸九聲。苦刀切。古音在三部。

𡱂 髀也。髀者、股外也。此云髀者、專言股後。从尸下丌居几。𡱂各本作居。誤。今正。丌、下基也。𡱂者、人之下基。凥几者、猶言坐於牀。木部曰。牀、安身之几坐也。凥下曰。从尸得几而止。皆謂牀也。徒魂切。十三部。𡱂或从肉隼。隼聲也。與肉部脽字義同字異。𡱂或从骨。殿聲。今周易、春秋、考工記皆作臀。从肉。軍後曰殿。卽臀之假借字也。

𡲝 尻也。从尸旨聲。詰利切。十五部。

尼 從後近之。尼訓近。故古以爲親暱字。高宗肜日曰。典祀無豐于尼。釋文。尼、女乙反。尸子云。不避遠尼。尼、近也。正義。釋詁云。卽、尼也。孫炎云。卽猶今也。尼、近也。郭璞引尸子悅尼而來遠。自天寶閒衞包改經尼爲昵。開寶閒陳諤又改釋文尼爲昵。而賈氏羣經音辨所載猶未誤也。尼之本義從後近之。若尼山乃取於圩頂水潦所止。昵之假借字也。孟子。止或尼之。尼、止也。與致遠恐泥同。泥濘之假借字也。从尸匕聲。女夷切。古音蓋在十五部。

屆 屆屖。二字各本無。今依全書通例補。從後相躡也。躡各本作凷。今依玉篇訂。以後次前積疊之謂之屆屖。吳都賦作埴堨。楚立除立二切。善曰。枝柯相重疊皃。廣韵曰。重累土也。廣韵亦單用屆字。訓楔。非此義也。从尸凷聲。楚洽切。八部。廣韵云初戢切。

𡰤 屆屖也。从尸乇聲。直立切。七部。

𡰿 柔皮也。周禮所謂攻皮也。函人職曰。革欲其柔滑而腝脂之。則耎。廣雅曰。𡰿、弱也。是與耎音義同。从尸又。會意。又、申尸之後也。从尸。謂皮也。从又。謂申其後也。申者引伸之意。此九字大小徐本皆不完。今補。大徐作𡰿而曰或从又。小徐作𡰿而曰或从又。疑从又爲是。人善切。十五部。

屒 伏皃。未聞。一曰屋宇也。與宀部宸音義同。尸象屋形。从尸辰聲。珍忍切。十三部。

屖 屖遲也。三字爲句。玉篇曰。屖今作栖。然則屖遲、卽陳風之棲遲也。毛傳曰。棲遲、遊息也。从尸辛聲。先稽切。古音在十二部。

屝 履屬。履者、屨也。足所依也。云屬者、屨之麤者曰屝也。方言曰。屝、麤履也。釋名曰。齊人謂草履曰屝。按喪服傳。菅屨者、菅菲也。杜注左傳曰。屝、草屨也。菲者屝之假借字。从尸非聲。扶沸切。十五部。

屍 終主也。終主者、方死無所主。以是爲主也。曲禮曰。在牀曰屍。今經傳字多作尸。同音假借也。亦尚有作屍者。从尸死。死者終也。尸者主也。故曰終主。式脂切。十五部。

屠 刳也。刳、判也。从尸者聲。同都切。五部。

屟 履之荐也。之各本作中。今依玄應所引訂。此藉於履下。非同履中苴也。荐者、藉也。吳宮有響屟廊。東宮舊事有絳地文履屟百副。卽今婦女鞵下所施高底。其字本音他頰切。轉爲他計切。今籢匵有抽屜。本卽屟字。从尸枼聲。穌叶切。八部。

屋 凥也。凥各本作居。誤。今正。凡凥處於尸得几之字引伸。不當用蹲居字也。屋者、室之覆也。引申之凡覆於上者皆曰屋。天子車有黃屋。詩箋。屋小帳也。从尸。句。尸、逗。所主也。凡尸皆得訓主。屋从尸者。人爲屋主也。一曰尸象屋形。此从尸之又一說也。上象覆。旁象壁。从至。句。至、句。所止也。屋室皆从至。室下亦曰。至所止也。烏谷切。三部。[籀文] 籀文屋从厂。厂呼旱切。[古文] 古文屋。按此字蓋卽手部古文握字。見於淮南書。淺人補入此耳。

屛 [篆] 屛、此複舉字之未刪者。蔽也。小雅。萬邦之屛。傳曰。屛、蔽也。引伸爲屛除。按古無平仄之分。从尸。并聲。必郢切。十一部。

層 [篆] 重屋也。曾之言重也。曾祖曾孫皆是也。故从曾之層爲重屋。考工記。四阿重屋。注曰。重屋、複笮也。後人因之作樓。木部曰。樓、重屋也。引伸爲凡重疊之偁。古亦假增爲之。从尸。曾聲。昨棱切。六部。

文二十三　重五

說文解字第八篇上

桐城章甫校字

說文解字第八篇下

金壇段玉裁注

尺 [篆] 十寸也。寸、十分也。禾部曰。十髮爲程。一程爲分。十分爲寸。又曰。律數十二。十二禾秒而當一分。十分而寸。漢志曰。九十分黃鐘之長。一爲一分。十分爲寸。十寸爲尺。十尺爲丈。十丈爲引。而五度審矣。人手卻十分動脈爲寸口。寸部下亦曰。人手卻一寸動𧖴謂之寸口。鄭注周禮曰。脈之大候要在陽明寸口。疏云。陽明在大拇指本骨之高處與弟二指閒。寸口者、大拇指本高骨後一寸是也。按大拇指本高骨後一寸、許所謂人手卻十分也。卻者、厈也。厈者、拓也。人手竟又開拓十分。得動脈之處。是曰寸口。凡寸之度取象於此。十寸爲尺。十其長。是爲尺。尺、逗。所吕指尺規榘事也。指尺當作指厈。聲之誤也。指厈猶標目也。用規榘之事。非尺不足以爲程度。尺居中。下可晐寸分。上可包丈引也。漢志曰。寸者、忖也。尺者、蒦也。尺厈蒦三字同韵。从尸。主也。从乙。會意。昌石切。古音在五部。古書亦乙、借赤爲之。毛晃曰。宋時案牘如此。乙、逗。所識也。漢武帝讀東方朔上書。未盡。輒乙其處。題識之意也。以榘尺記識所度。故從乙。周制寸尺咫尋常仞諸度量。皆吕人之體爲法。寸法人寸口。尺起於寸。咫法中婦人手。尋八尺也。法人兩臂之長。常倍尋。或曰。常當作丈。周制、八寸爲尺。十尺爲丈。人長八尺。故曰丈夫。人部曰。仞、伸臂一尋也。是仞尋無二。而此尋仞並舉。疑許主七尺曰仞之說。人部之解出後人改竄。非許原文。說詳人部。凡尺之屬皆从尺。

咫 [篆] 中婦人手長八寸謂之咫。賈逵、韋昭注國語。杜預注左傳。說皆同。案咫之言猶近也。晉語。吾不能行也咫。楚語。是知天咫。周書大子晉。視道如咫。周尺也。通典引白虎通曰。夏法日。日數十也。日無不照。尺所度無不極。故以十寸爲尺。殷法十二月。言一歲之中無所不成。故以十二寸爲尺。周據地而生。地者、陰也。以婦人爲法。婦人大率奄八寸。故以八寸爲尺。按奄字未詳。疑是手之誤字。上文曰十寸爲尺。此及夫字下云周制八寸爲尺。別周制之異乎古也。王制曰。古者以周尺八尺爲步。今以周尺六尺四寸爲步。鄭注曰。周尺之數未之詳聞。案禮制周猶以十寸爲尺。蓋六國時多變亂法度。或言周尺八寸。以步更爲八八六十四寸。鄭意八寸爲尺。周末始有之。與許說異。然許亦曰諸侯力政。分爲七國。田疇異晦。車涂異軌。律令異法。則其說亦未嘗不合也。左傳天威不違顏咫尺。咫尺並言。不云二尺也。國語、列子皆言其長尺有咫。亦不言其長二尺也。是可證周未嘗八寸爲尺矣。**从尺。只聲。**諸氏切。十六部。

文二

尾

微也。微當作㣲。㣲、細也。此以疊韵爲訓。如門捫也、戶護也之例。方言曰。尾、盡也。尾、梢也。引伸訓爲後。如晉語歲之二七。其靡有㣲兮。古亦叚微爲尾。**从到毛在尸後。**到者今之倒字。無斐切。十五部。今隸變作尾。**古人或飾系尾。**未聞。鄭說韍曰。古者佃漁而食之。衣其皮。先知蔽前。後知蔽後。後王易之以布帛。而獨存其蔽前者。不忘本也。按蔽後卽或飾系尾之說也。**西南夷皆然。**後漢書西南夷列傳曰。槃瓠之後。好五色衣服。製裁皆有尾形。按尾爲禽獸之尾。此甚易解耳。而許必以尾系之人者。以其字從尸。人可言尸。禽獸不得言尸也。凡全書內嚴人物之辨。每如此。人飾系尾而禽獸似之。許意如是。**凡尾之屬皆从尾。**

屬

連也。連者負車也。今字以爲聯字。屬今韵分之欲、市玉二切。其義實通也。凡異而同者曰屬。鄭注司徒序官云。州黨族閭比者。鄉之屬別。注司市云。介次市亭之屬別小者也。凡言屬而別在其中。如秔曰稻屬。秜曰稻屬是也。言別而屬在其中。如稗曰禾別是也。**从尾。**取尾之連於體也。**蜀聲。**之欲切。三部。今作屬。

屈

無尾也。韓非子曰。鳥有翢翢者。重首而屈尾。高注淮南云。屈讀如秋雞無尾屈之屈。郭注方言隆屈云。屈尾。淮南屈奇之服。許注云。屈、短也。奇、長也。凡短尾曰屈。玉篇巨律切。玄應書、廣韵衢勿切。今俗語尚如是。引伸爲凡短之偁。山短高曰崛。其類也。今人屈伸字古作詘申。不用屈字。此古今字之異也。鈍筆曰掘筆。短頭船曰撅頭。皆字之假借也。**从尾。出聲。**九勿切。十五部。按九勿當作衢勿。乃合。俗分屈屈爲二字。不知屈乃屈之隸變。

尿

人小便也。从尾水。會意。古書多假溺爲之。奴弔切。二部。

文四

履

足所依也。履依疊韵。古曰屨。今曰履。古曰履。今曰鞵。名之隨時不同者也。引伸之訓踐。如君子所履是也。又引伸之訓祿。詩福履綏之。毛傳曰。履、祿也。又引伸之訓禮。序卦傳、詩長發傳是也。履禮爲疊韵。履祿爲雙聲。**从尸。服履者也。从彳夊。**夊、楚危切。彳夊皆行也。**从舟。象履形。**合四字會意。良止切。按良止、誤也。當依篇韵力几切。十五部。**一曰尸聲。**別一說也。**凡履之屬皆从履。**

古文履。从頁从足。履重首。故从頁。

屨

履也。晉蔡謨曰。今時所謂履者。自漢以前皆名屨。左傳踊貴屨賤。不言履賤。禮記戶外有二屨。不言二履。賈誼曰。冠雖敝不以苴履。亦不言苴屨。詩曰。糾糾葛屨。可以履霜。屨舄者一物之別名。履者足踐之通稱。按蔡說極精。易、詩、三禮、春秋傳、孟子皆言屨。不言履。周末諸子、漢人書乃言履。詩、易凡三履。皆謂踐也。然則履本訓踐。後以爲履名。古今語異耳。許以今釋古。故云古之屨卽今之履也。周禮屨人掌爲舄屨。鄭云。複下曰舄。襌下曰屨。古人言屨以通於複。今世言屨以通於襌。俗易語反與。方言。扉、屨、麤、履也。履其通語也。**从履省。婁聲。**九遇切。古音在四部。**一曰鞮也。**革部鞮下曰。屨也。二字爲轉注。方言曰。襌者謂之鞮。

𡳐

履下也。謂履之底也。行地經歷者。今人言履歷當用此字。**从履省。歷聲。**郎擊切。十六部。

[illegible]

履屬。从履省。予聲。徐呂切。五部。廣韵徐預切。

屩

履也。履、大徐作屐。非也。今依小徐。史記孟嘗君傳躡屩、虞卿傳及漢書王襃傳作蹻。假借字也。釋名曰。屩、蹻也。出行著之。蹻蹻輕便。因以爲名。應劭曰。木蹻。臣瓚曰。以繩爲屩。徐廣曰。蹻、草履也。按屩蓋輕便可遠行之履。非法服之履也。臣瓚、徐廣說是。**从履省。喬聲。**居勺切。古音在二部平聲。

屐

屩也。

从屨省支聲奇逆反古音在十六部按釋名云屐搘也爲兩足搘以踐泥也又云屩不可踐泥也屐踐泥者也然則屐與屩有別

文六　重一

舟 船也邶風方之舟之傳曰舟船也古人言舟漢人言船毛以今語釋古故云舟即今之船也不傳於柏舟而傳於此者以見方之爲泭而非船也古者共鼓貨狄刳木爲舟剡木爲楫以濟不通郭注山海經曰世本云共鼓貨狄作舟易毄辭曰刳木爲舟剡木爲楫舟楫之利以濟不通致遠以利天下蓋取諸渙共鼓貨狄黃帝堯舜閒人貨狄疑即化益化益即伯益也考工記故書舟作周象形職流切三部凡舟之屬皆从舟

俞 空中木爲舟也淮南氾論訓古者爲窬木方版以爲舟航高曰窬空也方並也舟相連爲航也按窬同俞空中木者舟之始並板者航之始如椎輪爲大路之始其始見本空之木用爲舟其後因刳木以爲舟凡穿窬廁牏皆取義於俞中孚傳曰利涉大川乘木舟虛也从亼从舟从巜合三字會意羊朱切古音在四部巜水也巜下曰水流澮澮也說从巜之意

船 舟也二篆爲轉注古言舟今言船如古言屨今言鞋舟之言周旋也船之言泝沿也从舟㕣聲各本作鉛省聲非是口部有㕣字水部有沿字㕣聲今正食川切十四部

彤 船行也夏曰復胙商曰肜周曰繹即此字取舟行延長之意也其音以戎切其字毛詩箋作融从舟彡聲丑林切七部

舳 舳艫也各本艫上刪舳字今補此三字爲句非以艫釋舳也韵會所據本不誤从舟由聲直六切三部漢律名船方長爲舳艫長當作丈史漢貨殖傳皆曰船長千丈注者謂總積其丈數蓋漢時計船以丈每方丈爲一舳艫也此釋舳艫之謂二字不分析者也下文分釋謂船尾舳謂船頭艫此分析者也一曰船尾船舊作舟今正此單謂舳字也方言曰舟後曰舳舳所以制水也郭

云今江東呼柁爲舳按釋名船其尾曰柁仲長統郭璞皆用柁字而淮南子作杕船之有舳如車之有軸主乎運轉

艫 舳艫也此二字不分析之說也从舟盧聲洛乎切五部一曰船頭此單謂艫字也方言曰舟首謂之閤閭郭云今江東呼船頭屋謂之飛閭是也釋名曰舟其上屋曰廬象廬舍也其上重室曰飛廬在上故曰飛也按此皆許所謂船頭曰艫艫閭古音同耳李斐注武帝紀亦云舳船後持柁處艫船頭刺櫂處說與許同而小爾雅艫船後也吳都賦劉注本之與許異蓋小爾雅呼設柁處爲船頭也

舠 船行不安也方言說舟曰僞謂之扤扤不安也郭云僞音訛船動搖之皃也扤吾敎反按舠者正字扤者假借字也書阢隉易臲卼皆不安也从舟刖省聲聲字舊奪今補讀若兀五忽切十五部廣韵曰俗作舤

艐 船箸沙不行也沙字各本奪今依廣韵一東三十三箇所引補大人賦張揖注曰艐箸也尸部屆行不便也郭注方言云艐古屆字按釋詁方言皆曰艐至也不行之義之引伸也从舟㚇聲子紅切九部讀若莘此音與子紅爲雙聲與屆亦雙聲漢時語如是

朕 我也闕此說解既闕而妄人補我也二字未知許說字之例也按朕在舟部其解當曰舟縫也从舟灷聲何以知爲舟縫也考工記函人曰視其朕欲其直也戴先生曰舟之縫理曰朕故札續之縫亦謂之朕所以補許書之佚文也本訓舟縫引伸爲凡縫之偁凡言朕兆者謂其幾甚微如舟之縫如龜之坼也目部瞽字下云目但有朕也謂目但有縫也釋詁曰朕我也此如卬吾台余之爲我皆取其音不取其義趙高之於二世乃曰天子所以貴者但以聞聲羣臣莫得見其面故號曰朕比傅朕字本義而言之遂以亡國凡說文字不得其理者害必及於天下趙高王安石是也云从舟灷聲者人部佚字亦云灷聲今說文雖無灷字然論例當有之凡勝騰滕塍縢皆以朕爲聲則朕古音當在六部矣今音直禁切六部與七部合韵取近也

舫 船也各本作船師也今依韵會所據本舫祇訓船舫人乃訓習水者觀張揖之訓榜人可得其理矣篇韵皆曰並兩船是認船爲方也舫行而方之本義廢矣舫之本義

般

亦廢矣。爾雅釋言曰。舫、舟也。其字作舫不誤。又曰。舫、泭也。其字當作方。俗本作舫。釋水大夫方舟亦或作舫。則與毛詩方泭也不相應。愚嘗謂爾雅一書多俗字。與古經不相應。由習之者多率肊改之也。明堂月令曰舫人。月令。六月命漁師伐蛟。鄭注。今月令漁師爲榜人。按榜人卽舫人。舫正字。榜假借字。許所據卽鄭所謂今月令也。子虛賦。榜人歌。張揖注曰。榜、船也。月令命榜人。榜人船長也。張所據亦作榜人。舫人、二字舊奪。今補。習水者。吳都賦曰。槁工楫師。選自閩禺。張揖所謂船長。杜詩所謂長年。从舟方聲。甫妄切。十部。

般辟也。人部僻下曰。辟也。此辟字義同。投壺曰。賓再拜受。主人般旋曰辟。主人阼階上拜送。賓般旋曰辟。般步干反。還音旋。辟徐扶亦反。論語包氏注。足躩如盤辟皃也。盤當作般。般辟漢人語。謂退縮旋轉之皃也。大射儀。賓辟。注曰。辟。逡遁不敢當盛。釋言曰。般。還也。還者今之環字。旋也。荀爽注易曰。盤桓者。動而退也。般之本義如是。引伸爲般遊般樂。象舟之旋。說从舟之意。从舟从殳。會意。殳、令舟旋者也。令韵會作命。說从殳之意。殳謂所以刺船者也。北潘切。按當云薄官切。十四部。

般古文般。从支。各本作从支。誤。今正。从攴猶从殳也。

服

服用也。關雎箋曰。服、事也。一曰車右騑。所吕舟旋。騑毛刻作騎。誤。馬部曰。騑。驂也。旁馬也。古者夾輈曰服馬。其旁曰驂馬。此析言之。許意謂渾言皆得名服馬也。獨言右騑者。謂將右旋則必策取右之馬先向右。左旋亦同。舉右以晐左也。舟當作周。馬之周旋如舟之旋。故其字从舟。从舟𠬝聲。房六切。古音在一部。

𦨈古文服从人。从舟从人者。凡事如舟之於人取切用也。凡事皆當如人之操舟也。

𦩍

○𦩍小船也。从舟周聲。各本無此字。衞風。曾不容刀。釋文曰。說文作𦩍。小船也。正義曰。說文作𦩍。小船也。合據補於末。其形从正義。

文十二　十三。補𦩍則　重二

方

方併船也。周南。不可方思。邶風。方之舟之。釋言及毛傳皆曰。方。泭也。今爾雅改方爲舫。非其義矣。併船者並兩船爲一。釋水曰。大夫方舟。謂併兩船也。泭者編木以爲渡。與併船異事。何以毛公釋方、不曰併船而曰泭也。曰併船、編木其用略同。故俱得名方。方舟爲大夫之禮。詩所言不必大夫。則釋以泭可矣。若許說字。則見下从舟省而上有竝頭之象。故知併船爲本義。編木爲引伸之義。又引伸之爲比方。子貢方人是也。秦風。西天之防。毛曰。防、比也。謂防卽方之假借也。又引伸之爲方圓、爲方正、爲方向。又假借爲旁。上部曰。旁、溥也。凡今文尚書作旁者古文尚書作方。爲大也。生民。實方實苞。毛曰。方、極畝也。極畝大之意也。又假借爲甫。召南。維鳩方之。毛曰。方之、方有之也。方有之、猶甫有之也。象兩舟省總頭形。兩當作网。下象兩舟併爲一。上象兩船頭總於一處也。府良切。十部。通俗文。連舟曰舫。與許說字不同。葢方正字俗用舫。凡方之屬皆从方。

汸方或从水。

杭

杭方舟也。舟字葢衍。衞風。一葦杭之。毛曰。杭、渡也。杭卽航字。詩謂一葦可以爲之舟也。舟所以渡。故謂渡爲杭。始皇臨浙江。水波惡。乃西百二十里從狹中渡。其地因有餘杭縣。杜篤論都賦。造舟於渭。北杭涇流。章懷後漢書作北抗。注云。說文。抗字在方部。今流俗不解。遂與杭字相亂者。誤也。是說誠然。然杭之作杭久矣。章懷偶一正之。而不能盡正也。李南傳。向度宛陵浦里。杭馬蹠足。亦係章懷改杭爲抗。而地理郡國二志餘杭縣未之或改也。抗亦作航。方言曰。舟或謂之航。杭者說文或抗字。从方亢聲。胡郎切。十部。禮天子造舟。諸侯維舟。大夫方舟。士特舟。大雅詩傳及釋水同。李巡曰。比其舟而渡曰造舟。中央左右相維持曰維舟。併兩船曰方舟。一舟曰特舟。孫炎曰。造舟、比舟爲梁也。維舟、連四舟也。釋水及公羊傳注此下又有庶人乘泭句。

文二　重一

儿

儿古文奇字人也。此冡人部而言。人者天地之性最貴者也。此籒文象臂脛之形。其作儿者、則古文奇字之人也。如大下曰。天大地大人亦大。故大象人形。古文大也。亣下曰。籒文大。亣則例正同。亣與儿之義已見於尢與刀之下。故皆不必更言其義。今俗本古文奇字之上妄添仁人也三字。是爲蛇足。同字而必異部者。異其从之之字也。**象形。孔子曰。儿在下。故詰詘。**儿在各本作在人。今依玉篇。詘各本作屈。誤。今正。舉孔子說證象形也。籀文兼象臂脛。古文奇字則惟象股腳。詰詘猶今云屈曲也。如鄰切。十二部。**凡儿之屬皆从儿。**

兀

高而上平也。从一在儿上。儿各本作人。今正。一在儿上。高而平之意也。凡从兀聲之字多取孤高之意。**讀若夐。**夐今韵在四十四諍。古音在元寒部。今韵十月者。元之入也。兀音同月。是以跀亦作踂。其平聲讀如涓。在十四部。今音五忽切。**茂陵有兀桑里。**地理志右扶風有茂陵縣。郡國志同。許多言鄉言亭。此言里者。蓋周秦舊名。

兒

孺子也。子部曰。孺、乳子也。乳子、乳下子也。襍記謂之嬰兒。女部謂之嫛婗。兒孺雙聲。引伸爲凡幼小之偁。**从儿。象小兒頭囟未合。**謂篆體臼也。囟者頭會匘蓋也。小兒初生。匘蓋未合。故象其形。汝移切。十六部。

允

信也。釋詁、毛傳皆曰。允、信也。詩仲允、漢表作中術。**从吕儿。**大徐作从儿吕聲。吕非聲也。今依韵會所據小徐本。吕、用也。任賢勿貳。是曰允。此會意字。余準切。十三部。

兌

說也。說者今之悅字。其義見易。大雅。行道兌矣。傳曰。兌、成蹊也。松柏斯兌。傳曰。兌、易直也。此引伸之義。老子。塞其兌。閉其門。其借爲閱字。閱同穴。**从儿。㕣聲。**㕣與沇古同字。同音。兌爲㕣聲者。古合音也。大外切。十五部。

充

長也。高也。廣韵曰。美也。塞也。行也。滿也。**从儿。育省聲。**三部與九部合音也。昌終切。九部。

亮

○**明也。从儿。高省。**各本無此。依六書故所據唐本補。蓋即晁氏以道所見唐本也。古人名亮者字明。人處高則明。故其字从儿高。明者可以佐人。故釋詁曰。亮、相導也。典謨多用亮字。大雅。涼彼武王。傳曰。涼、佐也。此假涼爲亮也。韓詩正作亮。孟子曰。君子不亮。惡乎執。此假亮爲諒也。力讓切。十部。

文六　今增亮則文七。

兄

長也。古長不分平上。其音義一也。長、短、滋長、長幼皆無二義。兄之爲長。以疊韵爲訓也。小雅。兄也永歎。傳曰。兄、茲也。大雅。倉兄填兮。傳曰。兄、滋也。職兄斯引。職兄斯弘。傳曰。兄、茲也。又小雅。僕夫兄瘁。箋云。兄、茲也。又大雅。亂兄斯削。箋云。而亂茲甚。茲與滋義同。茲者草木多益也。滋者益也。凡此等毛詩本皆作兄。俗人乃改作从水之況。又譌作况。陸氏音義不能諟正畫一。正僞錯出。且於常棣云。作兄者非。由未知茲益乃兄之本義。故耳。兄之本義訓益。許所謂長也。許不云茲者。許意言長則可晐長幼之義也。矢部矤下曰。兄、詞也。謂加益之詞。此滋長之義也。無逸。無皇曰。今文尚書作毋兄曰。王肅本皇作況。注曰。況滋。韋昭注國語云。況、益也。皆兄訓益之證。引伸之則爾雅曰。男子先生爲兄。後生爲弟。先生之年自多於後生者。故以兄名之。猶弟本義爲韋束之次弟。以之名男子後生者也。莫重於君父。故有正字。兄弟之字則依聲託事。古兄長與兄益無二音也。淺人謂兄之本義爲男子先生。則主從倒置。豈弟之本義爲男子後生乎。世之言小學者。知此而後可與言說文。可與言經義。顧希馮玉篇不知此。則直云男子先生爲兄。男子後生爲弟而已。以兄弟二部次於男部女部閒。觀其列部之次第。可以知其不識字義。**从儿。从口。**口之言無盡也。故以儿口爲滋長之意。今音許榮切。古音在十部。讀如荒。轉爲去聲許訪切。今人評兄爲況老。乃古語也。用況者於古爲假借。貺況皆俗字。貺以意製。左、國多用之。況乃況之變。㝡爲後出。**凡兄之屬皆从兄。**

兢

競也。競者、彊語也。小雅無羊傳曰。矜矜兢兢以言堅彊也。釋文此義其冰反。**从二兄。**會意。**二兄、競意。**說從二兄之意。**从丯聲。**丯讀若介。此取雙聲也。二丯皆聲也。**讀若矜。**居陵切。六部。漢時矜讀如今韵矣。**一曰兢、**此復舉兢字。各本誤作競。今依葉抄本、集韵、類篇無此字。**敬也。**小雅。戰戰兢兢。傳曰。戰戰、恐也。兢兢、戒也。小徐本無此五字。玉篇引亦無。

文二

兂

首笄也。竹部曰。笄、簪也。二字爲轉注。古言笄。漢言兂。此謂今之兂即古之笄也。古經無簪字。惟易豫九四。朋盍簪。鄭云。速也。實寁之假借字。張揖古今字詁、寁作撍。埤蒼云、撍疾也。寁撍同字。京作撍。經文之簪古無釋爲笄者。又士喪禮復者一人以爵弁服簪衣于裳注云。簪、連也。然則此實鐕之假借字。金部曰。鐕可以衣箸物者。凡經典此二簪字外、無言簪者。**从儿。匕象形。**此非相與比敘之匕。乃象先之形也。先必有歧。故叉曰叉。俗作釵。釋名曰。叉、枝也。因形名之也。篆右象其叉。左象其所抵以固弁者。側琴切。七部。**凡先之屬皆从先。**

簪 **俗先。**今俗行而正廢矣。**从竹。从朁。**朁聲。

兟 **兟兟、**各本譌簪簪。今依玉篇集韵正。**銳意也。**先主入。故兩先爲銳之意。兟兟、其言所謂意內而言外也。凡俗用鐵尖字、卽兟字之俗。**从二先。**子林切。七部。

文二 重一

皃 **頌儀也。**頁部曰。頌、皃也。此曰皃、頌儀也。是爲轉注。頌者今之容字。必言儀者、謂頌之儀度可皃象也。凡容言其內。皃言其外。引伸之、凡得其狀曰皃。析言則容皃各有當。如叔向曰貌不道容是也。絫言則曰容貌。如動容貌斯遠暴慢是也。**从儿。白象面形。**上非黑白字。乃象人面也。莫教切。二部。**凡皃之屬皆从皃。**

貌 **皃或从頁。豹省聲。**按此葢易籒文之皃爲頁。

貌 **籒文皃。从豸。**大徐本作从豹省。今字皆用籒文。

覍 **冕也。**按當云冕屬。轉寫奪屬字耳。冠下云、弁冕之總名也。云總名則弁與冕固有分矣。冕下云、大夫以上冠也。云大夫以上冠則士無冕可知。士有爵弁、非冕也。依禮器、則夏殷之士有冕。周之士爵弁。亦冕之亞也。周禮掌弁冕之官、但曰弁師。**周曰覍。殷曰吁。夏曰收。**吁宋本及五音韵譜如此。此古本也。五經文字曰。字林作冔。經典相承隷省作冔。然則冔字又出字林後。許書安得有冔。白虎通作謣。吁謣皆大義。士冠禮記曰。周弁、殷冔、夏收。鄭曰。弁名出於槃。槃、大也。言所以自光大也。冔名出於幠。幠、覆。言所以自覆飾也。收、言所以收斂髮也。郊特牲亦曰。周弁、殷冔、夏收。弁者、爵弁。非冕也。而王制有虞氏皇而祭。夏后氏收而祭。殷人冔而祭。周人冕而祭。不言弁言冕。鄭曰。皇、冕屬。則收冔皆冕屬可知。大雅。厥作祼將。常服黼冔。傳曰。冔、殷冠也。夏后氏曰收。周曰冕。亦不以周弁配夏收殷冔而言周冕。故知士冠禮郊特牲之周弁非不可云周冕。葢周之爵弁、卽夏殷之收冔。卽夏殷之冕。周禮司服弁師二職皆不言爵弁。其諸爵弁包於冕與。鄭曰。爵弁制如冕。黑色。但無繅耳。玉裁謂周覍殷吁夏收皆冕也。爵弁、卽夏殷之冕。則韋弁、皮弁亦冕屬也。故許以冕屬釋之。**从皃。象形。**謂篆體小也。葢象皮弁之會。鄭曰。會、縫中也。皮變切。十四部。按弁古音同盤。其引伸之義爲法。如顧命率循大弁是也。亦爲大。如鄭云所以自光大是。又假借爲昪樂字。如詩小弁傳曰。弁、樂也。卽衞風傳之盤樂也。弁樂之反爲弁急。如左傳邾莊公卞急是也。

弁 **或覍字。**今則或字行而正字廢矣。𣪠爲籒文。則覍本古文也。人象上覆之形。弁之譌俗爲卞。由隷書而貤謬也。

𣪠 **籒文覍。从廾。上象形。**从廾者、敬以承之也。

文二 重四

兆 **廱蔽也。**廱當作邕。俗作壅。此字經傳罕見。音與蠱同。則亦蠱惑之意也。晉語曰。在列者獻詩使勿兜。疑兜或當爲兆。韋曰。兜、惑也。**从儿。象左右皆蔽形。**左右當作ナ又。謂口也。**凡兆之屬皆从兆。讀若瞽。**公戶切。五部。

兜 **兜鍪、**逗。**首鎧也。**鎧者、甲也。鍑屬曰鍪。首鎧曰兜鍪。謂其形似鍪也。冃部曰。冑、兜鍪也。古謂之冑。漢謂之兜鍪。長楊賦。鞮鍪生蟣蝨。李善曰。鞮鍪、卽兜鍪也。玉裁謂、鞮屨也。鍪、兜鍪也。**从兆。从皃省。**會意。當侯切。四部。**皃象人頭形也。**說从皃省之意。皃之上體象人面。

文二

先 **前進也。**前當作歬。不行而進曰歬。凡言歬者緩詞。凡言先者急詞也。其爲進一也。**从儿之。**

兟

之者出也。引伸爲往也。穌前切。古音在十三部。讀若先聲之詵。**凡先之屬皆从先。**

兟 **進也。**五經文字儿部曰：兟，色巾反。見詩。按此謂大雅甡甡其鹿也。今大雅作甡。傳曰：甡甡，衆多也。但玉篇云：兟，多也。亦作詵。駪、㹷、兟、甡字同。是衆多之義。可作兟。據五經文字則張參所據大雅作兟。葢並先爲衆進之意。今石刻五經文字此字已泐。而馬刻本乃誤爲兟。葢因宋搨模糊而譌耳。**从二先。贊从此。闕。**闕，謂闕其讀若也。今所臻切。十三部。

文二

秃

秃 **無髮也。**喪服四制曰：秃者不髽。明堂位注曰：齊人謂無髮爲秃楬。周禮醫師注曰：庀，頭瘍，亦謂秃也。引伸之，凡不銳者曰秃。釋名曰：沐、秃，皆無上皃之稱。沐者，管子云：沐涂樹之枝，謂刊落之也。**从儿。上象禾粟之形。取其聲。**按粟當作秀。以避諱改之也。宋下云：禾成秀也。然則秀、宋爲轉注。象禾秀之形者，謂禾秀之穎屈曲下乑。莖屈處圓轉光潤如折釵股。秃者全無髮。首光潤似之。故曰象禾秀之形。秀與秃古音皆在三部。故云秃取秀之聲爲聲也。許書兩言取其聲。世下曰：从卅而曳長之。亦取其聲。謂取曳聲也。此云象禾秀之形。取其聲。謂取秀聲也。皆會意兼形聲也。其實秀與秃古無二字。殆小篆始分之。今人秃頂亦曰秀頂。是古遺語。凡物老而椎鈍皆曰秀。如鐵生衣曰銹。他谷切。**凡秃之屬皆从秃。王育說。**謂以上爲王育說也。**倉頡出見秃人伏禾中。因㠯制字。未知其審。**因一時之偶見，遂定千古之書契。秃人不必皆伏禾中。此說殆未然矣。廣韵秃下曰：說文云：無髮也。从儿，上象禾粟之形。文字音義云：倉頡出見秃人伏於禾中。因以制字。廣韵不以倉頡云云爲說文語。則知古本無倉頡以下十七字。而王育說三字爲結上之辭。全書例固如此。文字音義者，唐書藝文志有玄宗開元文字音義三十卷是也。

穨

穨 **秃皃。**周南曰：我馬虺頹。釋詁及毛傳曰：虺頹，病也。秃者，病之狀也。此與𠂤部之隤迥別。今毛詩作隤，誤字也。又小雅：維風及頹。毛傳曰：頹，風之焚輪者也。與釋天同。**从秃貴聲。**此从𧶠聲。今俗字作頹，失其聲矣。杜回切。十五部。

文二

見

見 **視也。**析言之有視而不見者，聽而不聞者。渾言之則視與見、聞與聽一也。耳部曰：聽，聆也。聞，知聲也。此析言之。**从目儿。**用目之人也。會意。古甸切。十四部。**凡見之屬皆从見。**

視

視 **瞻也。**目部曰：瞻，臨視也。視不必皆臨。則瞻與視小別矣。渾言不別也。引伸之義。凡我所爲使人見之亦曰視。士昏禮：視諸衿鞶。注曰：視乃正字。今文作示。俗誤行之。曲禮：童子常視毋誑。注曰：視，今之示字。小雅：視民不恌。箋云：視，古示字也。按此三注一也。古作視，漢人作示，是爲古今字。示下曰：天垂象，見吉凶，所以示人也。許書當本作視人，以疊韵爲訓。經淺人改之耳。**从見示聲。**大徐無聲字。神至切。十五部。

古文視。

亦古文視。此氏聲。與目部眡、氐聲迥別。氐聲古音在十五部。氏聲在十六部。自唐宋至今多亂之。眡見周禮。

求視也。視字各本奪。今補。求視者，求索之視也。李善注吳都賦引倉頡篇曰：覶，索視之皃也。亦作矖。**从見麗聲。讀若池。**郎計切。十六部。

好視也。和好之視也。**从見委聲。**取委順之意。於爲切。十六部。

旁視也。目部曰：睨，衺視也。二字音義皆同。**从見兒聲。**五計切。十六部。

好視也。女部曰：嫿，順也。覶與嫿義近。玉篇曰：覶，𡟲委曲也。古書亦作覶𡟲。詳言之意。**从見𡟲聲。**洛戈切。古音當在十四部。

笑視也。嬉笑之視也。目部曰：睩，目睞謹也。廣韵曰：䚕，眼曲䚕也。**从見彔聲。**力玉切。三部。

大視也。目部曰：睅，大目也。故覞爲大視。**从見爰聲。**況晚切。十四部。

察視也。密察之視也。高帝紀：廉問。師古注曰：廉，察也。字本作覝。其音同耳。按史所謂廉察皆當作覝。廉行而覝廢矣。**从見羑聲。**羑見火部。从入二，爲羊之羊爲聲。非从入一爲干也。篆體沿誤。今皆正之。**讀若鎌。**力鹽切。七部。

外博衆視也。舊視

上有多字。今依廣韵刪。衆多之視。所視者衆也。貟物數也。貟、物數紛貟亂也。覞同音而義近。博大通也。外大通而多所視也。从見。員聲。讀若運。王問切。十三部。

觀 諦視也。宷諦之視也。穀梁傳曰。常事曰視。非常曰觀。凡以我諦視物曰觀。使人得以諦視我亦曰觀。猶之以我見人、使人見我皆曰視。一義之轉移。本無二音也。而學者強爲分別。乃使周易一卦而平去錯出。支離殆不可讀。不亦固哉。小雅采綠傳曰。觀、多也。此亦引伸之義。物多而後可觀。故曰觀、多也。猶灌木之爲藂木也。从見。雚聲。古玩切。按玩當作完。十四部。

古文觀。从囧。

㝵 取也。从見寸。會意。多則切。一部。寸、度之。亦手也。說从寸兼此二解。按彳部㝵爲古文得。此爲小篆。義不同者、古今字之說也。在古文則同得。在小篆則訓取也。說詳女部之嫿。

覽 觀也。以我觀物曰覽。引伸之使物觀我亦曰覽。史記孟荀列傳。爲開第康莊之衢。高門大屋尊寵之。覽天下諸侯賓客。言齊能致天下賢士也。此覽字無讀去聲者。則觀字何必鋠析其音乎。从見監。會意。監亦聲。盧敢切。八部。

⿰來見 內視也。史記趙良曰。內視之謂明。於从來取意。从見。來聲。洛代切。一部。

題 顯也。顯當作㬎。㬎顯古今字。㬎者、衆明也。从日中見絲。然則題者、之爲言亦察及微杪也。小雅。題彼脊令。傳曰。題、視也。題者、題之假借字。毛云視。許云㬎者。此蓋轉寫奪字。當云㬎視。如觀下求視亦奪視字。察及飛鳥是爲明㬎之視。鄭箋云。題之爲言睇也。則謂題同睇。非許意。睇者、小邪視也。與題音義皆不同。从見。是聲。杜兮切。玉篇亦達麗切。十六篇。

⿰票見 目有察省見也。偶目有所見也。伺者有意。⿰票見者無心。今俗語尚云⿰票見。與目部之瞟、音義皆同。从見。票聲。方小切。二部。方係類隔。

⿰朩見 ⿰朩見覻、逗。雙聲字也。闚觀也。闚者、閃也。閃者、闚頭於門中也。易觀六二曰。闚觀利女貞。虞翻曰。竊觀爲闚。从見。朿聲。七四切。十五部。玉篇此吝切。小徐本及廣韵、集韵、類篇皆譌作束。非是。

覻 ⿰朩見覻也。三字依全書通例補。淺人刪之耳。覻古多假狙爲之。周禮蜡氏注曰。蜡讀如狙司之狙。狙司卽覻伺也。史漢狙擊秦皇帝。應劭云。狙、伏伺也。方言。自關而西曰索。或曰狙。三倉。狙、伺也。通俗文。伏伺曰狙。是則覻狙古今字。如今本少此三字。則覻之本義隱也。一曰。二字今補。拘覻、逗。此亦漢時語。未致密也。致、今之緻字。許書無緻。謂粗疏。从見。虘聲。七句切。按當依廣韵七慮切。五部。

覭 小見也。如溟之爲小雨。皆於冥取意。釋言曰。冥、幼也。从見。冥聲。莫經切。十一部。爾雅曰。覭髳、弗離。釋詁文。今本弗作茀。非古也。郭云。孫叔然字別爲義。按許單出覭字而釋之。則孫與合。

⿰甚見 內視也。隸釋張壽碑。⿰甚見⿰甚見虎視。不折其節。⿰甚見與眈音義皆同。眈下曰。視近。此曰內視。从見。甚聲。丁含切。古音在七部。

覯 遇見也。覯與遇疊韵。辵部曰。遘、遇也。覯从見。則爲逢遇之見。召南草蟲曰。亦既見止。亦既覯止。傳曰。覯、遇也。此謂覯同遘。鄭箋云。既覯謂已昏也。引易男女覯精。萬物化生。鄭意以覯卽見。無俟重言。毛云遇也。實含會合之義。故引而伸之必俟脫纓燭出。昏禮既成。乃自信可以寧父母心。此申毛非異毛也。鄭所據易作覯精。今皆作構。蓋失之矣。从見。冓聲。古后切。四部。

⿰歸見 注目視也。專注之視也。於从歸取義。从見。歸聲。渠追切。十五部。

覘 闚視也。闚各本作窺。今依廣韵訂。左傳。公使覘之。杜曰。覘、視也。檀弓。晉人之覘宋者。鄭曰。覘、闚視也。國語。公使覘之。韋曰。覘、微視也。檀弓。我喪也斯沾。假沾爲覘。从見。占聲。敕豔切。釋文勑廉反。七部。春秋傳曰。公使覘之。信。左傳成十七年。

覹 司也。司者、今之伺字。許書無伺。司下當有視字。廣韵曰。覹、伺視也。於从微取意。覹同覹。从見。微聲。無非切。十五部。

覢 暫見也。猝乍之見也。倉頡篇云。覢覢、視見。按與目部之睒音義皆同。从見。炎聲。失冉切。八部。春秋公羊傳曰。覢然公子陽生。言公羊者、以別於左氏謂之春秋傳也。此哀公六年公羊傳文。何本覢作闖。注云。闖、出頭皃。許所據不同也。

⿰賓見 ⿰賓見覢、各本佚此二字。今依全書通例補。集韵十七眞曰。⿰賓見覢、暫見。暫見也。从見。賓聲。必刃切。十二部。按⿰賓見覢異

⿰樊見　⿰民見　⿰鹵見　⿰彤見　⿱冃見

部而壘韵。覵當依集韵紕民切。**⿰樊見。覵⿰樊見也。从見。樊聲。讀若幡。**附袁切。十四部。小徐本篆作覾。**⿰民見。病人視也。从見。民聲。讀若迷。**按各本篆作⿰氐見。解作氐聲。氐聲則應讀若低。與讀若迷不協。攷廣韵十二齊曰。⿰民見病人視皃。集韵曰。⿰民見⿰氐見二同。類篇曰。⿰民見⿰氐見二同。集韵類篇⿰民見又民堅切。訓病視。葢古本作⿰民見。民聲。讀若眠者。其音變。讀若迷者雙聲合音也。唐人諱民。偏旁省一畫。多似氏字。始作⿰氐見。繼又譌作⿰氐見。乃至正譌並存矣。今改从正體。莫兮切。古音在十一部。**⿰鹵見。下視深也。**曲禮曰。凡視下於帶則憂。左傳曰。單子視下言徐。按云下視深者。謂下視深窈之處。**从見。鹵聲。讀若攸。**以周切。三部。**⿰彤見。私出頭視也。**閃下曰。闚頭門中也。闖下曰。馬出門皃也。音義皆略同。**从見。彤聲。讀若郴。**丑林切。七部。**⿱冃見。突前也。**前當作歬。與冡音義略同。冡重冃。故入冃部。此重突前。故入見部。**从見冃。**莫紅莫沃二切。古音當在二部三部閒。按錯本冃部又有覓字。鉉本及廣韵有覓無覓。集韵二字兼有。**覬。钦希也。**欠部钦下曰。钦希也。覬钦疊韵。古多作幾。漢人或作驥。亦作冀。於从豈取意。豈下曰。欲也。**从見。豈聲。**几利切。十五部。**覦。欲也。**覦欲疊韵。廣韵曰。覬覦欲得也。**从見。俞聲。**羊朱切。古音在四部。**⿰春見。視不明也。**此與心部惷愚也音義同。**从見。春聲。**丑尨切。九部。**一曰直視。**別一義。於从春取義。**⿰龠見。視誤也。从見。龠聲。**弋笑切。二部。**覺。悟也。**悟各本作寤。今正。心部曰。悟者覺也。二字爲轉注。寤部曰。寐覺而有言曰寤。非其義也。何注公羊、趙注孟子皆曰。覺悟也。左傳以覺報宴。杜曰。覺明也。引伸之。抑傳曰。覺直也。此因覺與梏梗疊韵雙聲而言。又引伸之。斯干傳曰。有覺言高大也。**从見。學省聲。**古岳切。三部。**一曰發也。**此義亦見廣雅。卽警覺人之意。**⿰召見。目赤也。从見。𥅆省聲。**𥅆毛刻作智。誤。今依宋本。才的切。十六部。**靚。召也。**廣雅釋言曰。令、召靚也。曹憲云。耻敬反。亦爲靚妝之靚。似政反。耻敬則召靚之靚也。今多云靚師僧則其

八篇下　十六

親　覲　覜　覒

字矣。廣韵曰。古奉朝請亦作此字。按史記漢書皆作朝請。徐廣云。律。諸侯春朝曰朝。秋曰請。郭注上林賦云。靚糚粉白黛黑也。**从見。青聲。**疾正切。按當依曹憲耻敬切。十一部。**親。至也。**至部曰。到者至也。到其地曰至。情意懇到曰至。父母者、情之取至者也。故謂之親。**从見。亲聲。**七人切。十二部。李斯刻石文作親。左省一畫。**覲。諸侯秋朝曰覲。勤勞王事也。**勤也。二字舊奪。今補。大宗伯。以賓禮親邦國。春見曰朝。秋見曰覲。鄭曰。覲之言勤也。欲其勤王之事。按鄭與許合。疊韵爲訓。異義。朝名。公羊說。諸侯四時見天子及相聘皆曰朝。以朝時行禮。卒而相逢於路曰遇。古周禮說。春曰朝。夏曰宗。秋曰覲。冬曰遇。謹案。禮有覲經。詩曰。韓侯入覲。書曰。江漢朝宗于海。知其朝覲宗遇之禮。從周禮說。鄭駁曰。此皆有似。不爲古昔。覲禮。諸侯前朝皆受舍於朝。朝通名也。秋之言覲。據時所用。按此條。許鄭本無異。不得云駁也。鄭目錄云。朝宗禮備。覲遇禮省。是以享獻不見焉。是鄭謂周禮四者名殊禮異也。**从見。堇聲。**渠吝切。十三部。**覜。諸侯三年大相聘曰覜。**王制曰。諸侯之於天子也。比年一小聘。三年一大聘。五年一朝。鄭曰。此大聘與朝。晉文霸時所制也。異義云。公羊說。諸侯比年一小聘。三年一大聘。五年一朝。天子。左氏說。十二年之閒八聘四朝再會一盟。許慎謹案。公羊說。虞夏制。左氏說。周禮傳曰。三代不同物。明古今異說。鄭駁之云。三年聘。五年朝。文襄之霸制。周禮大行人各以服數來朝。其諸侯歲聘閒朝之屬。說無所出。晉文公強盛諸侯耳。非所謂三代異物也。按大宗伯時聘曰問。殷覜曰視。鄭注。殷一服朝之歲以朝者少。諸侯乃使卿以大禮衆聘焉。一服朝在元年七年十一年。鄭說殷覜用三年大聘之說。許則以周禮之覜即三年大聘。故大行人曰。王之所以撫邦國諸侯者。歲徧存。三歲徧覜。五歲徧省。省與覜同閒歲而舉。所謂三年大聘。下於上。上於下皆得曰覜。故曰相。許說與周禮不相違也。**覜、視也。**釋詁文。覜訓視。故从見。小行人曰。存、覜、省、聘、問。臣之禮也。按五者皆得訓視。**从見。兆聲。**他弔切。二部。**覒。擇也。**玉篇引詩。左右覒之。按毛詩作芼。擇也。葢三家詩有作覒者。廣韵。邪視也。**从見。毛聲。**

八篇下　十七

讀若苗。莫袍切。二部。廣韵莫報切。

覕 蔽不相見也。覕之言閟也。祕也。蔽覕雙聲。从見必聲。莫結切。十二部。

覗 司人也。司者今之伺字。釋訓曰。戚施、面柔也。郭云。戚施之疾不能仰。面柔之人常俯。似之。亦以名云。釋文云。戚施字書作規覗同。按面柔之人。不敢專輒。必伺人顏色。故云爾。但許無規字。許義不必同爾雅。从見它聲。讀若馳。式支切。古音在十七部。

覴 目蔽垢也。目部所謂䁢兜也。兜卽覴字。从見𥆞聲。讀若兜。當侯切。四部。

文四十五　重三

覞 竝視也。廣韵曰。普視。此今義也。从二見。弋笑切。按祭義。見以蕭光。見閒以俠甂。注云。見及見閒皆當爲覸字之誤也。覸不見於許書。葢卽覞字。謂蕭光與燔燎並見。俠甂與肝肺首心並見也。見者。視也。覞應古莧切。十四部。凡覞之屬皆从覞。

覵 很視也。很者。不聽從也。从覞肩聲。苦閑切。十四部。齊景公之勇臣有成覵者。孟子滕文公篇作成覸。趙注曰。成覸、勇果者也。廣韵曰。覵人名。出孟子。按成覵淮南齊俗訓作成荆。覵爲荆、猶攷工記故書頎或作牼也。

䨘 見雨而比息。比下曰。密也。密息者。謂鼻息數速也。道塗遇雨急行、則息必頻喘矣。此字讀如欷。正與歔爲卧息、眉爲卧息、呬爲息、吙爲呻皆讀虛器切同。各本比作止。篇韵同。或又作上。似不若宋刊葉抄二本作比爲長。从覞雨。从覞雨者、衆多於雨也。讀若欷。虛器切。十五部。

文三

欠 張口气悟也。悟、覺也。引伸爲解散之意。口部嚏下曰。悟解气也。鄭注周易草木皆甲宅曰。皆讀如人倦解之解。人倦解、所謂張口气悟也。謂之欠、亦謂之嚏。曲禮君子欠伸。正義云。志疲則欠。體疲則伸。通俗文曰。張口運氣謂之欠㰦。按詩願言則嚏。傳曰。嚏、劫也。孫毓同。崔靈恩集注云。毛訓嚏爲㰦。今俗人云欠欠㰦㰦是也。不作劫字。人體倦則伸。志倦則㰦。玉裁謂許說多宗毛。許釋嚏爲悟解气。葢用毛說也。㰦音邱據切。欠㰦古有此語。今俗曰呵欠。又欠者气不足也。故引伸爲欠少字。象气从儿上出之形。彡與三同。李陽冰改篆作𣢀。乃是古文先耳。云上象人開口。下象气出。非也。去劒切。八部。凡欠之屬皆从欠。

欽 欠皃。凡气不足而後欠。欽者。倦而張口之皃也。引伸之、乃欿然如不足謂之欽。詩晨風憂心欽欽。傳曰。思望之心中欽欽然。小雅鼓鐘欽欽。傳曰。欽欽言使人樂進也。皆言沖虛之意。尚書欽字皆令其惟恐失之也。釋詁曰。欽、敬也。攷虞夏商書言欽。周書言敬。虞夏商書皆欽敬錯見。上曰欽若昊天、下曰敬授民時。又欽哉不曰敬哉。葢欽與敬意略同而畧有別也。周書言敬哉不言欽哉。惟多方曰有夏之民。叨懫日欽。劓割夏邑。立政帝欽罰之。欽字兩見。某氏傳皆訓爲敬。未知合書意否。从欠金聲。去音切。七部。欽歁欲歉皆雙聲疊韵字。皆謂虛而能受也。

𣤶 欠皃。廣韵曰。迷惑不解理。此今義也。从欠䜌聲。洛官切。十四部。

欯 喜也。廣韵曰。笑也。从欠吉聲。許吉切。十二部。

吹 出气也。从欠从口。昌垂切。古音在十七部。按吹已見口部。宜刪此。

欨 吹也。一曰笑意。从欠句聲。況于切。古音在四部。

歑 溫吹也。與呼音同義異。从欠虖聲。虎烏切。五部。

𣢾 吹气也。从欠或聲。於六切。古音在一部。玉篇火麥切。是也。

歟 安气也。如趣爲安行。鸒爲馬行疾而徐。音同義相近也。今用爲語末之辭。亦取安舒之意。通作與。論語與與如也。从欠與聲。以諸切。五部。

歙 翕气也。翕、合也。廣韵作歙氣。从欠脅聲。虛業切。八部。

歕 吹气也。歕與口部之吸噴義相似而異。从欠賁聲。普魂切。十三部。

歇 息也。息者鼻息也。息之義引伸爲休息。故歇之義引伸爲止歇。一曰气越泄。泄當作渫。此別一義。越渫猶漏溢也。七發曰。精神越渫。百病咸生。李引高注呂氏春秋曰。越、散也。引鄭玄毛詩箋曰。渫、發也。从欠曷聲。讀若香臭盡歇。許謁

歡　欣　弞　款　𣢟　欲

切。十五部。歡喜樂也。从欠。雚聲。呼官切。十四部。孟子借驩爲歡。欣笑喜也。言部訢下曰。喜也。義略同。按萬石君傳。僮僕訢訢如也。晉灼云。訢、許慎曰古欣字。晉所據說文似與今本不同。从欠。斤聲。許斤切。十三部。弞笑不壞顏曰弞。各本篆作弞。今正。考廣韵弞式忍切。笑不壞顏也。集韵類篇同。今按曲禮。笑不至矧。注云。齒本曰矧。大笑則見。此然則笑見齒本曰矧。大笑也。不壞顏曰弞。小笑也。二義不當同音。淺人因己與弓略相似。妄合之耳。玉篇於欸欣二文下曰。弞、呼來切。笑不壞顏也。此希馮時所據說文也。於歛歙二文之閒曰。弞、式忍切。笑不壞顏也。此孫強陳彭年所據誤本說文也。學者可以悟矣。廣雅。弞、笑也。楚辭吳都賦作哈。○齒本曰矧。謂矧即齗之叚借也。大戴高柴執親之喪。未嘗見齒。盧注曰。哂則齒見。笑則矧見。按論語。夫子哂之。馬曰。哂、笑也。葢哂即矧。盧語未聚。說文無哂。後人因哂矧造弞耳。从欠。己聲。各本作引省聲。式忍切。今正。呼來切。一部。款意有所欲也。屈原賦曰。悃悃款款。王注。心志純也。按古款與

窾通用。窾者空也。款亦訓空。空中則有所欲也。釋器。款足者謂之鬲。小司馬引舊說。款足謂空足也。又引申子。款言無成。从欠。㝡省。臣鉉等曰。㝡、塞也。意有所欲而猶未塞。款款然也。按空則宜窒。苦管切。十四部。款款或从柰。取柰何之意。𣢟幸也。幸者吉而免凶也。覬下曰。欲、幸也。欲與覬音義皆同。今字作冀。古音不同。从欠。气聲。居气切。十五部。一曰口不便言。此謂與吃同也。口部曰。吃、言蹇難也。欲貪欲也。欲者衍字。貝部貪下云。欲也。二篆爲轉注。今貪下作欲物也。亦是淺人增字。凡此書經後人妄竄。葢不可數計。獨其義例精密。迄今將二千年。猶可推尋。以復其舊。是以取目云。後有達者。理而董之也。感於物而動。性之欲也。欲而當於理。則爲天理。欲而不當於理。則爲人欲。欲求適可斯已矣。非欲之外有理也。古有欲字。無慾字。後人分別之。製慾字。殊乖古義。論語申棖之欲。克伐怨欲。一从心。一不从心。可徵改古書者之未能畫一矣。欲从欠者。取慕液之意。从谷者。取虛受之意。易曰。君子以懲忿窒欲。陸德明曰。欲、孟作谷。晁說之曰。谷、古文

歌　歂　歍　歜　欶　欦　歋　歊　欻

欲字。晁氏所據釋文不誤。今本改爲孟作浴。非也。从欠。谷聲。余蜀切。三部。歌詠也。言部曰。詠、歌也。二字爲轉注。从欠。哥聲。古俄切。十七部。謌歌或从言。歌永言。故从言。可部曰。哥、聲也。古文以爲謌字。歂口气引也。廣韵引字林同。左傳多有名歂者。从欠。耑聲。讀若輇。車部曰。有輻曰輪。無輻曰輇。市緣切。十四部。歍心有所惡若吐也。心有所惡若欲吐而實非吐也。山海經曰。其所歍所尼。郭曰。歍嘔猶噴吒。范注太玄曰。歐歍、逆吐之聲也。按此所謂唶噁。噁即歍之或字也。唶、於鳩切。噁、烏路切。唶噁言其未發也。吒吒言其已發也。太玄則歐歍之歐謂吐。歍謂欲吐未吐。从欠。烏聲。哀都切。五部。一曰歍歜。二字舊奪。今依廣韵一屋蹴字下補。口相就也。謂口與口相就也。歜歍歜也。其義已在上文。故但曰歍歜而已。此全書之通例。从欠。鼀聲。才六切。廣韵子六切。三部。噈俗歜。从口。从就。會意兼形聲。欶愁然也。

此以疊韵爲訓。心部曰。愁、憂也。欶然、心口不安之皃也。从欠。尗聲。才六切。三部。孟子曰。曾西欶然。見公孫丑篇。今作蹙。趙注。蹙然猶蹙踖也。蹙踖同踧踖。欦含笑也。欦含疊韵。从欠。今聲。丘嚴切。廣韵許兼切。七部。歋人相笑相歋瘉。後漢書王霸傳。市人皆大笑舉手邪揄之。李注。說文曰。歋、歋手相笑也。歋音弋支反。歋音踰。或音由。按據此注。似許書本有歋篆。然許本無瘉。則無从欠瘉聲之字可知。方言本無正字。不妨下字作瘉。或从欠瘉。或作歋。或作揄。或作撤。猶歋之或作撤。或作瘉。或作邪。或作揶。或作摦耳。此謂人相笑。故字从欠。李注引手相笑。恐是因正文而誤。从欠。虒聲。以支切。十六部。歊歊歊、字鍇本祇一歊。複舉字之未刪者耳。气上出皃。上字依李善兩都賦注補。楊雄解嘲曰。泰山之高。不嶕嶢則不能浡滃雲而散歊烝。亦作歊。漢書敘傳。曲陽歊歊。師古曰。氣盛也。按今本作歊非。祭義假蒿字爲之。鄭曰。蒿、謂氣烝出皃也。从欠。高。高亦聲。許嬌切。二部。欻有所吹起。

从欠。炎聲。讀若忽。西京賦。欻從背見。薛注。欻之言忽也。按此篆久譌。从炎非聲。葢本从𡙁聲。譌而爲炎。莫能諟正。倘去聲字、說以从炎會意。亦恐非也。許勿切。十五部。蚩蚩、戲笑皃。此今之嗤笑字也。廣韵畫蚩嗤爲二字。殊誤。其云嗤又作欪、不知皆蚩之俗耳。文賦曰。雖濬發於巧心。或受蚩於拙目。李善曰。蚩、笑也。與嗤同。今本轉寫乖謬。从欠。㞢聲。許其切。按當赤之切。一部。蚩亦从㞢聲。歈歈、气出皃。按詩君子陶陶傳曰。陶陶、和樂皃。疑正字當作歈。又鬱陶字亦當作此。从欠。䍃聲。余招切。古音二部三部皆可。吹也。吹大徐作吟。从欠。肅聲。穌弔切。古音在三部。口部以歗爲籀文嘯矣。此重出者、葢小篆亦从欠作也。詩曰。其歗也謌。今召南其嘯也歌。小雅白華歗歌傷懷。本亦作嘯。吟也。謂情有所悅。吟歎而歌詠。悅當作說。謂情巳下十字各本無。今依李善注盧諶覽古詩所引補。葢演說文語也。古歎與嘆義別。歎與喜樂爲類。嘆與怒哀爲類。如樂記云

一唱而三歎。有遺音者矣。又云長言之不足。故嗟歎之。嗟歎之不足。故不知手之舞之。足之蹈之。論語喟然歎曰。皆是此歎字。檀弓曰。戚斯嘆。嘆斯擗。詩云而無永嘆。嘅其嘆矣。愾我寤嘆。皆是嘆字。从欠。鷬省聲。他案切。十四部。籀文歎不省。卒喜也。卒疑當作猝。从欠。从喜。許其切。一部。喜部曰。歖、古文喜。此重出。未聞。葢如女部孌之例。訾也。按訾者、呰之字誤。訾者、思稱意也。呰者、訶也。分見言部口部。玉篇欸者、呰也。可正訾字之譌。廣韵十六怪曰。怒聲。十六咍曰。歎也。玉篇曰。恚聲。正與訶義合。口部有唉字。譍也。與欸義別。項羽本紀。亞父受玉斗。拔劒撞而破之曰。唉。孺子不足與謀。此正怒聲字。當作欸。方言。欸、然也。南楚凡言然者曰欸。或曰譻。此正訓譍字。當作唉。从欠。矣聲。烏戒切。又烏開切。一部。歐也。从欠。此聲。前智切。十五十六部。吐也。海外經。歐絲之野。一女子跪據樹歐絲。从欠。區聲。烏后切。四部。欷也。二字雙聲。从欠。虛聲。朽居切。五部。

一曰出气也。與口部噓略同。歔也。欷亦作唏。史記。紂爲象箸而箕子唏。从欠。希聲。香衣切。十五部。盛气怒也。引伸爲凡氣盛之偁。左傳。饗有昌歜。杜注曰。昌歜、昌蒲葅也。孔氏沖遠云。相傳昌歜之音爲在感反。徧檢書傳。昌蒲之草無此別名。玉裁謂此非草名也。乃葅名也。周禮昌本、言取其根。左傳昌歜、言昌陽氣辛香以爲葅。其氣觸鼻。故名昌歜之讀在敢反者。語之轉也。歜與歜同在三部。音轉皆可入八部。是以玉篇云。歜亦徂感切。昌蒲葅也。葢古本左傳有作昌歜者。二字可相假借。皆可讀屋沃本韵之音。非必定當在敢反也。从欠。蜀聲。尺玉切。三部。言意也。有所言之意也。意內言外之意。从欠。从鹵。鹵氣行皃。鹵亦聲。讀若酉。與久切。三部。欲歠歠。从欠。渴聲。此舉形聲包會意。渴者、水盡也。音同竭。水渴則欲水。人㵣則欲飲。其意一也。今則用竭爲水渴字。用渴爲飢㵣字。而㵣字廢矣。渴之本義廢矣。晉語。忨日而㵣歲。心部引春秋。忨歲而㵣日。韋昭曰。㵣、遲也。遲讀爲遲久之遲。

急待之意也。苦葛切。十五部。所歌也。廣韵無所字。所歌也當作歈楚歌也。四字。上林賦。激楚結風。郭璞曰。激楚、歌曲也。文穎曰。楚地風氣本自漂疾。歌樂者猶復依激結之急風爲節。其樂促迅哀切也。按激楚、古葢作歈楚。楚作所者、聲之誤。淺人又刪去歈字耳。从欠。噭省聲。噭當作敫。讀若噭呼。口部曰。噭、呼也。呼當作嘑。此謂歈音同噭也。古弔切。二部。古亦讀如激。玉篇公的切。悲意也。意內言外之意。玄應書云。通俗文。小怖曰歠。公羊傳歠然而駭是也。按今公羊作色然。从欠。嗇聲。所力切。一部。合諸書攷之。歠下當云小怖也。从欠。嗇聲。引公羊傳歠然而駭。又出歠篆下。當云悲意。从欠。奭聲。今本舛奪。故廣韵集韵仍之。歠注悲意。火弔切。非也。類篇歠注馨叫切。悲意。是也。盡酒也。此與酉部釂音義皆同。从欠。樵聲。子肖切。二部。堅持意。堅各本作監。今依篇韵正。从緘者、三緘其口之意。口閉也。从欠。緘聲。口閉說从欠緘之意。當云从欠緘、緘亦聲。此舉形聲包會意耳。古咸切。七部。

⿰辰欠 指而笑也。呂覽。舜爲天子。輇輇⿰辰欠⿰辰欠。莫不載悅。高注曰。⿰辰欠⿰辰欠動而喜也。又作陳陳殷殷無二切。皆譌字耳。⿰辰欠蓋卽⿰辰欠字。轉寫从攵。吳都賦。東吳王孫。囅然而咍。劉注云。囅大笑皃。引莊周齊桓公囅然而笑。囅卽⿰辰欠字之異者。俗譌作囅。从欠。辰聲。讀若蜃。時忍切。十三部。

⿰鰥欠 ⿰鰥欠干、逗。不可知也。⿰鰥欠干各本作昆干。今依篇韵正。⿰鰥欠干蓋古語。讀如寬寒二音。不可知之意也。若云汗曼。从欠。鰥聲。古渾切。十三部。

歃 歠也。歠者。歙也。凡盟者歃血。从欠。臿聲。山洽切。八部。春秋傳曰。歃而忘。隱七年左傳。歃如忘。服虔曰。如而也。臨歃而忘其盟載之辭。言不精也。許作而者。古如而通用。許所據與服異。

欶 吮也。口部曰。吮、欶也。二篆爲轉注。通俗文。含吸曰欶。从欠。束聲。所角切。三部。

歁 食不滿也。从欠。甚聲。讀若坎。苦感切。七部。

欿 欲得也。孟子附之以韓魏之家。如其自視欿然。則過人遠矣。張鎰曰。欿音坎。內顧不足而有所欲也。玉裁按。孟子假欿爲坎。謂視盈若虛也。大玄雷推欲窞。卽坎窞也。今本大玄欲字譌不可識。从欠。臽聲。讀若貪。他含切。七部。

欱 歠也。欱與吸意相近。與歕爲反對。東都賦曰。欱野歕山。从欠。合聲。呼合切。七部。

歉 歉食不滿也。歉疑當作嗛。謂口銜食不滿也。引伸爲凡未滿之偁。穀梁傳曰。一穀不升謂之歉。古多假嗛爲歉。从欠。兼聲。苦簟切。七部。

⿰骨欠 咽中息不利也。玄應本作气息不利。多气字。咽者嗌也。咽中息不利。若骾而非骾也。通俗文。大咽曰歌。咽讀去聲。與許義不合。从欠。骨聲。烏八切。十五部。

欭 嚘也。口部曰。嚘者、語未定皃。欭嚘爲雙聲。王風。中心如噎。傳曰。噎謂噎憂不能息也。娙齜噎憂卽欭嚘之假借字。不能息謂气息不利也。鄭風傳曰。不能息、憂不能息也。憂亦卽嚘字。老子。終日號而不嚘。玉篇作不嚘。云嚘、气屰也。大玄。柔兒于號。三歲不嚘。皆謂气窒塞不利。廣韵。喑、欭、歎也。从欠。因聲。乙冀切。古音在十二部。

欬 屰气也。周禮疾醫。冬時有嗽上氣疾。注曰。嗽、欬也。上氣逆喘也。按嗽本亦作欶。欶者。含吸也。含吸之欲其下而气乃逆上。是曰欬。許書以欶包嗽。口部無嗽。俗又作瘷。倉頡篇齊部謂瘷曰欬。从欠。亥聲。苦蓋切。一部。

⿰㱿欠 且唾聲。且唾者、聊唾也。一曰小笑。此與字林之諡音義同。集韵、類篇皆作小皃。蓋奪笑字。从欠。㱿聲。許壁切。十六部。

歙 縮鼻也。糸部曰。縮者、蹴也。歙之言攝也。从欠。翕聲。許及切。十六部。丹陽有歙縣。陽當作楊。字之誤也。地理志、郡國志。丹楊郡歙縣。今江南徽州府歙縣休寧縣皆其地也。今徽人讀式涉切。

⿰咎欠 蹴鼻也。蹴鼻卽縮鼻也。廣雅曰。⿰咎欠、吐也。此謂⿰咎欠卽歐之假借字。左傳。吾伏弢嘔血。杜曰。嘔、吐也。本又作咯。按嘔咯卽歐⿰咎欠字。从欠。咎聲。於糾切。三部。讀若爾雅曰麔豭短脰。麔見釋獸篇。豭今本作麚。非。麔、豭、一獸名。非上文之麔牡麔、鹿牡麚也。⿰咎欠讀如此麔。

⿰幼欠 愁皃。从欠。幼聲。於虯切。三部。按口部云。呦之或字。篇韵此義上聲。於糾切。

欪 咄欪、逗。此曡韵。古語也。無慙。一曰無腸意。無腸猶無心也。按廣韵云。詞也。蓋謂同咄。从欠。出聲。讀若中。丑律切。五部。

欥 詮詞也。詮、具也。淮南詮言訓。高注曰。詮、就也。就萬物之指以言其徵事之所謂道之所依也。詮言者。凡詮解以爲言。如欥求厥寧、欥中和爲庶幾是也。釋言。遹、述也。毛詩悉蟀傳曰。聿、遂也。文王傳曰。聿、述也。古聿遹同字。述遂同字。爾雅言述而遂在其中。毛公或言遂。或言述。因文分別也。毛詩多言聿。獨文王有聲四言遹。而毛無傳。毛意遹卽聿。聿訓遂。故鄭箋以述別之。遂者、因事之詞。亦專言。韓詩及曹大家注幽通賦及杜注左傳皆云。聿、惟也。此專言也。欥其正字。聿、遹、曰皆其假借字也。因言、專言皆詮言也。从欠。曰。會意。气悟而出言也。曰亦聲。余律切。十五部。詩曰。欥求厥寧。今大雅欥作遹。班固幽通賦。欥中龢爲庶幾兮。文選作聿。詩曰。喪厥國。見晛曰消。見晛曰流。韓詩皆作聿。

次 不前不精也。前當作歬。不歬不精皆居次之意也。从欠。二聲。當作从二、从欠。从二。故爲次。七四切。古音在十二部。讀如漆。是以曾漆室之女、或作次室。周禮巾車軟字、杜子春讀爲桼也。

歉　欺　歆　歓　歠　次　羨

古文欠。盍象相欠形。

飢虛也。飢者餓也。濂者水之虛。康者屋之虛。歉者餓腹之虛。从欠。康聲。苦岡切。十部。

詐也。大徐作詐欺也。今依韵會正。言部曰。詐者欺也。此曰欺者詐也。是爲轉注。从欠者。猶从言之意。从欠。其聲。去其切。一部。

神食气也。大雅曰。履帝武敏歆。傳曰。歆饗也。許用毛義而不云饗也者。嫌食部以鄉飲酒釋饗。故易其文。神食气。故其字从欠也。引伸爲意悅之意。皇矣。無然歆羨。傳釋爲貪羨。楚語曰。楚必歆之。賈逵曰。歆貪也。韋曰。歆猶貪也。周語。民歆而德之。韋曰。歆猶欣欣喜服也。按鄭箋生民首章云。心體歆歆然。亦是以欣釋歆。从欠。音聲。許今切。七部。

文六十五　重五　小徐重四。

歠也。易蒙卦虞注曰。水流入口爲飲。引伸之。可飲之物謂之飲。如周禮四飲是也。與人飲之謂之飲。俗讀去聲。如左傳飲之酒是也。又消納無迹謂之飲。漢書朱家傳飲其德。猶隱其德也。从欠。酓聲。酓从酉。今聲。見酉部。於錦切。七部。隸作飲。凡歓之屬皆从歓。

古文歓。从今水。从水。今聲也。

古文歓。从今食。从食。今聲也。隸用此。

歓也。二篆爲轉注。與口部啜義異。从歓省。不立歓部。則歠字無所附。徧云。从欠从酒省。則所歠不獨酒也。叕聲。昌說切。十五部。

歠或从口从叏。叏聲也。莊子。吹劍首者吷之而已矣。用此字。許劣切。

文二　重三

慕欲口液也。有所慕欲而口生液也。故其字从欠水。从欠水。會意。敘連切。十四部。俗作涎。郭注爾雅作𡔜。凡次之屬皆从次。

次或从侃。侃聲也。

籀文次。如楙楙皆籀文。

貪欲也。大雅。無然歆羨。毛傳云。無是貪羨。此羨之本義也。假借爲衍字。如大雅及爾游羨。傳曰。羨溢也。周禮以其餘爲羨。鄭司農云。羨饒也。皆是。亦假借爲延字。典瑞璧羨注云。長也。玉人注云。徑也。皆由延訓長。假此爲延也。墓中道曰羨道。音延。亦取延長之義。若江夏郡沙羨縣。音夷。則係方語。从次。羑省。按羑當作㚏。似面切。十四部。羑呼之羑。文王所拘羑里。此釋从羑會意之恉。而轉寫奪誤不完。當云㚏者㚏評之㚏。文王所拘羑里作羑。共十四字。別羑㚏二文也。羑里之羑進善也。見芊部。㚏相試評也。見厶部。有所羨者。必好惡無節於內。知誘於外。故从㚏省。然㚏之古文作羑。則云从羑爲是。十四字蓋庾儼輩爲之。

歔也。从次。厂聲。厂、抴也。明也。見十二篇。讀若移。以支切。按凡厂聲之字。皆在古音十六部。

厶利物也。周公曰。竊賄爲盜。盜器爲姦。米部曰。盜自中出曰竊。从次皿。會意。次、欲也。欲皿爲盜。依韵會本說从次之意。徒到切。二部。

文四　重二

歓食屰气不得息曰旡。屰气各本作气屰。今依篇韵正。不得息者。咽中息不利也。毛傳於王、鄭皆曰。㥶不得息是也。屰气。故从反欠。先之字經傳無徵。大雅桑柔曰。如彼遡風。亦恐之㥶。傳曰。㥶唈也。釋言同。箋云。使人唈然如鄉疾風不能息也。今觀許書。則知先乃正字。㥶乃假借字。凡云不得息者。如歆字、欭字、㥶字、噎字、唈字。皆雙聲像意。然則先必讀於未切也。㥶之訓。仿佛見也。毛鄭何從知其訓唈然不能息。則以有先字在也。㥶从㤅聲。㤅从先聲。可得其同音假借之理矣。凡古文字之可考者如此。或問。釋言毛詩傳唈字當作何字。曰此卽旡字也。於唈古多作邑。如史記商君傳、漢書杜鄴師丹傳可證。古音七八部與十五部關通相假之理也。毛謂㥶旡也。此卽壺瓠也之例。謂壺卽瓠之假借也。从反欠。居未切。十五部。按居未當作於未。凡旡之屬皆从旡。

古文旡。觀此則知小徐欠作㒫與此爲一正一反。正是古文欠也。蓋今本欠有小篆而失古文矣。鋐从小篆者也。㒫者从古文者也。今隸旡作先。从古文而小誤也。

屰惡驚詞也。玉篇無惡字。誤。遇惡驚駭之詞曰禍。猶見鬼驚駭之詞曰禍也。假借爲禍字。史記漢書多假旤爲禍。

厥　盜　旡　禍

琼

旤即禍也。从旡。咼聲。讀若楚人名多夥。多部曰。齊謂多爲夥。葢齊楚皆有此語也。陳勝世家曰。楚人謂多爲夥。故天下傳之。乎果切。十七部。

事有不善言琼也。故从旡。按水部曰。涼，薄也。細繹上下文。乃周禮六飲之涼。當作薄酒也。琼則爲事有不善之言。若亮則爲明也。諒則爲信也。四字在說文義別。而古經傳多相假。爾雅。琼薄也。按爾雅無此文。爾雅二字淺人所增耳。琼薄也。許以足上文意有未盡之語。桑柔毛傳。杜注左傳。小爾雅皆云。涼薄也。涼卽琼字。廣雅釋詁曰。琼禣也。禣卽薄字。从旡。京聲。力讓切。按篇韵皆力章力尙二切。十部。

文三　重一

三十七部　文六百一十一　今人部去件。舟部補舸。儿部補亮。

重六十三　凡八千五百三十九字

八篇下　关

高郵王引之校字

說文解字第九篇上

金壇段玉裁注

九篇上　一

頁

頭也。从百。从儿。古文䭫首如此。按此十二字葢後人所改竄。非許氏原文。原文當云。頁古文䭫𦣻字如此。从百。从儿。共十一字。䭫字見下文𦣻部。䭫者小篆。依常例當於䭫下出頁。解云古文䭫。而以如是立文。則从頁之九十三文無所附。故別出頁爲部首。正如儿即古文奇字人。亣即籒文大。而皆必別出之爲部首。云儿古文奇字人也。云亣籒文大。改古文也。皆不必再釋儿字亣字頁字之義。後人乃於儿下贅之云。仁人也。頁下贅之云。頭也。而倒亂其文。皆由不知許氏立言之變例。故爾。頁部不廁𦣻部後。而列於前者。蒙八篇从儿之字爲次也。小篆百古文作𦣻。小篆䭫古文作頁。今隸則百用古文。䭫用楷字。而百頁䭫皆不行矣。从百儿。爲頁首字。如从气儿爲欠。从目儿爲見。會意。字本與䭫同音。康禮切。十五部。今音轉爲胡結切。凡頁之屬皆从頁。大徐本此下有百者䭫𦣻字也。小徐本百作頁。此古注。謂頁即䭫字也。要非許語。今刪。

頭

百也。百各本作𦣻。今正。小篆作百。說文據小篆爲書。故敘曰。今敘篆文。合以古籒也。漢人多用𦣻不用百者。自係一時相習而然。許造字書則有定體。百下曰。頭也。頭下曰。百也。是曰轉注。禮記曰。頭容直。頭頸必中。从頁。𦣻以䭫爲取重。故字多从頁。豆聲。度侯切。四部。

顏

眉之閒也。各本作眉目之閒。淺人妄增字耳。今正。眉與目之閒不名顏。釋言曰。猗嗟名兮。目上爲名。郭注云。眉眼之閒。西京賦。名略。薛注曰。眉睫之閒。是不謂之顏也。若云兩眉閒兩目閒。則兩目閒巳是鼻莖。謂之頞。又非顏也。面下曰。顏前也。色下曰。顏气也。是可證顏爲眉閒。醫經之所謂闕。道書所謂上丹田。相書所謂中正印堂也。按鄘風。揚且之晳也。子之清揚。揚且之顏也。傳曰。揚眉上廣也。清視清明也。揚且之顏者。廣揚而顏角豐滿也。毛云顏角。葢指全額而言。中謂之顏。旁謂之角。由兩眉閒以直上皆得謂之顏。醫經額曰顏。曰庭是也。國語角犀豐盈。亦角謂旁。犀謂中。犀牛一角在鼻。一角在頂。故相法有骨自印堂至頂者曰伏犀貫頂。若方言云頫頟顔顙也。湘江之閒謂之頫。中夏謂之頟。東齊謂之顙。汝潁淮泗之閒謂之顔。此則依方語通謂頟爲顔。非毛許意也。小雅顔之厚矣。凡羞媿喜憂必形於顔。謂之顔色。故色下曰顔气也。从頁彥聲。五姦切。十四部。𩕳籒文。鈕樹玉曰。各本篆體右作覺。誤也。此从古文百。

頌兒也。兒下曰頌儀也。與此爲轉注。不曰頌也而曰頌儀也者。其義小別也。於此同之。於彼別之也。古作頌兒。今作容兒。古今字之異也。容者盛也。與頌義別。六詩一曰頌。周禮注云。頌之言誦也。容也。誦今之德。廣以美之。詩譜曰。頌之言容。天子之德。光被四表。格于上下。無不覆燾。無不持載。此之謂容。於是和樂興焉。頌聲乃作。此皆以容受釋頌。似頌爲容之假借字矣。而毛詩序曰。頌者美盛德之形容。以其成功告於神明者也。此與鄭義無異而相成。鄭謂德能包容。故作頌。序謂頌以形容其德。但以形容釋頌。而不作形頌。則知假容爲頌。其來已久。以頌字專系之六詩。而頌之本義廢矣。漢書曰。徐生善爲頌。曰頌禮甚嚴。其本義也。曰有罪當盜械者皆頌繫。此假頌爲寬容字也。从頁公聲。余封切。又似用切。九部。按古祇余封一切。𩔡籒文。疑从省。

頊頊顱首骨也。此五字各本作顱也二字。今依全書通例正。骨部曰。髑髏頂也。頊顱即髑髏語之轉也。頊顱亦疊韵。玉篇引博雅聲類作頊顱。恐有誤。戰國策云。頭顱僵仆。相望於竟。从頁乇聲。徒谷切。按此音誤也。廣韵一屋無此字。十九鐸音徒落切。是不誤矣。五部。

顱頊顱也。各本作頊顱首骨也五字。今依全書通例正。漢書武五子傳作盧。从頁盧聲。洛乎切。五部。

顯顚頂也。篇韵皆云顯願二同。按說文義異。从頁㬎聲。穴部曰。㬎讀若偄。魚怨切。十四部。

顛頂也。見釋言。國語班序顚毛。注同。引伸爲凡物之頂。如秦風有馬白顛。傳曰。白顛。的顙也。馬以顙爲頂也。唐風首陽之顛。山頂亦曰顛也。顛爲取上。倒之則爲取下。故大雅顛沛之揭。傳曰。顛。仆也。論語顛沛。馬注曰。僵仆也。離騷注曰。自上下曰顛。廣雅曰。顛。末也。从頁眞聲。都秊切。十二部。

頂顚也。頂顛異部疊韵字。故顛倒樂府或作丁倒。引伸爲凡在取上之偁。故廣雅云。頂。上也。按頂之假借字作定。詩周南麟之定。釋言毛傳皆曰。定。題也。毛傳一本作顚也。亦與爾雅無不合。蓋禽獸橫生。以頟爲頂。故秦風白顚傳曰的顙。亦以顙釋顚。从頁丁聲。都挺切。十一部。𩕄或从𦣻作。鈕曰。从古文百也。舊作𩑋。誤。𩔵籒文从鼎。鼎聲也。

顙頟也。方言。中夏謂之頟。東齊謂之顙。九拜中之頓首必重用其顙。故凡言稽顙者皆謂頓首。非稽首也。公羊傳曰。再拜顙者。即拜而後稽顙也。何曰。顙者猶今叩頭。按叩頭者。經之頓首也。从頁桑聲。穌朗切。十部。

題頟也。釋言毛傳曰。定。題也。引伸爲凡居前之偁。从頁是聲。杜兮切。十六部。

頟顙也。釋名曰。頟。鄂也。有垠鄂也。引伸爲凡有垠鄂之偁。如喪服疏引大戴禮云。大功已上唯唯。小功已下頟頟。然皐陶暮晝夜頟頟。釋名云。頟頟然憚之。韓碑云頟頟蔡城。从頁各聲。五陌切。古音在五部。今隸作額。

頞鼻莖也。鼻謂之準。鼻直莖謂之頞。史記唐舉相蔡澤曰。先生曷鼻巨肩。魋顔蹙齃。既言鼻又言頞者。曷同遏。遏鼻言其內不通。而鼽齃則言在外鼻莖也。鼻有中斷者。蔡澤諸葛恪之相是也。有憂愁而蹙縮者。孟子言蹙頞是也。有病而辛頞者。此言其內酸辛。素問所言是也。从頁安聲。烏割切。十五部。釋名曰。頞。鞍也。偃折如鞍也。知固可讀如安。𪖐或从鼻曷。曷聲也。

頯權也。權者今之顴字。戰國策眉目準頞權衡。犀角偃月。其字正作權。易夬九三壯于頄。王云。面權也。翟云。面顴頰閒骨也。鄭作頯。頯。夾面也。王與許說同。國策謂之權衡者。象其平也。按大玄視次四頯猶姝爲韵。今本頯作頯。誤。肉部曰。肫者。面頯也。儀禮釋文引說文肫章允反。漢高祖隆準。準與肫音同。故應劭曰。隆。高也。準。頯權準也。入聲音拙。則字又作頄。从頁𠔉聲。渠追切。按古音仇在三部。是以蜀才作仇也。三篇𠔉部。𠔉从肉聲。讀如逵。逵同馗。讀如仇。

頰面旁也。面者。顔前也。顔前者。兩眉閒。兩目閒已下至頰閒也。其旁曰頰。面部曰。酺。頰也。易咸上六咸其輔頰舌。輔即酺之假借字也。凡言頰車者。今俗謂牙牀骨。牙所載也。與單言頰不同。从頁夾聲。古叶切。八部。𩓈籒文頰。各本右作覺，誤。今依集韵正。又左體之夾，今改从籒文大。

頣 頰後也。頰後謂近耳及耳下也。从頁。㫗聲。古恨切。十三部。廣韵古很切。

頜 顄也。公羊傳：呼獒而屬之，獒亦躇階而從之，祁彌明逆而踆之，絕其頷。何云：以足逆蹋曰踆。頷，口也。按玉篇引作絕其頜。此謂以足迎蹋之，遂使獒之頤不能噬也。方言：頷、頤，頜也。南楚謂之頷，秦晉謂之頜。頤，其通語也。从頁。合聲。胡感切。按依方言則緩言曰頷，急言曰頜。頜當讀如合也。玉篇公荅切。七部。

顄 頤也。匝下曰頤也。匝者，古文頤，與此為轉注。王莽傳作顄，正字也。方言作頷，於說文為假借字。从頁。圅聲。胡男切。七部。頷同。

頸 頭莖也。从頁。巠聲。居郢切。十一部。

領 項也。按項當作頸。碩人、桑扈傳曰：領，頸也。此許所本也。釋名、國語注同。領字以全頭言之，不當釋以頭後。若廣雅領、頸，項也，合宜分別者渾言之。其全書之例類皆然矣。衣之曲袷謂之領，亦不謂衣後也。仲尼燕居注：領猶治也。淮南書高注：領，理也。皆引伸之義，謂得其首領也。龜策傳用領為蓮，異部假借。从頁。令聲。良郢切。古音在十二部。

項 頭後也。頭後者，在頭之後。後、項雙聲。故項橐亦曰后橐也。肉部曰：脰，項也。公羊傳：搏閔公之脰。何云：脰，頸也。齊人語。此當曰項，而曰頭者，渾言則不別。小雅四牡項領傳曰：項，大也。此謂項與准同。从頁。工聲。胡講切。九部。

頕 玉枕也。玉枕各本作項頕，小徐作項枕。廣韵作項頕，云項魚欲切。醫經本作玉枕。許說同。一譌為項頕，再譌為項頕，皆非也。沈氏彤詳攷內經甲乙經作釋骨曰：顛之後橫起者曰頭橫骨，曰枕骨，其兩旁尤起者曰玉枕骨。玉枕骨即偃臥著枕之處。單評曰頕。玉篇引蒼頡云：垂頭之皃。此別一義。从頁。冘聲。章衽切。八部。

顀 出頟也。前謂頟胅出向前也。玄應曰：今江南言顀頭胅頟，乃以顀為後枕之名。按後枕即上文之頕也。从頁。隹聲。直追切。十五部。

碩 曲頤也。曲頤者，頤曲而微向前也。揚雄傳：鎮頤。師古曰：曲頤也。按廣頤曰𦣞，曲頤曰碩。頤狀之不同也。从頁。不聲。薄回切。古音在一部。

顩 𪘲皃也。𪘲者，齒差也。篇韵皆云：顩，頷不平也。顩，邱檢切。字當作頩，羊聲。按許說顩之本義。文選解嘲顩頤，乃假顩為顂也。从頁。齒差必形於外，故从頁。僉聲。魚檢切。七部。

預 面目不正皃。玉篇曰：面不平。廣韵曰：面斜。从頁。尹聲。余準切。十三部。

頵 頭頵頵大也。按鍇本作頭頵也，與文選注合。然恐有奪字耳。文選長笛賦：重巘增石，簡積頵砡。春秋楚君有名頵者。从頁。君聲。於倫切。十三部。李善引說文丘隕切。

䪻 面色顛顛皃。皃當依玉篇作也。从頁。員聲。讀若隕。于閔切。十三部。

顂 頭顂長也。四字當作頭陝面長皃五字。玉篇云：頭顂，面長皃。顂亦譌字。廣韵：面長皃。則少頭陝二字。文選解嘲顩頤折頞，韋昭曰：面長曰顩，欺甚切。玉篇引蒼頡云：顩，面長鋭頭之皃。蓋解嘲及蒼頡皆以顩為顂也。从頁。兼聲。五咸切。七部。

碩 頭大也。引伸為凡大之偁。釋詁、毛傳皆曰：碩，大也。簡兮傳曰：碩人，大德也。碩與石二字互相假借。从頁。石聲。常隻切。古音在五部。

頒 大頭也。小雅魚藻曰：魚在在藻，有頒其首。傳曰：頒，大首皃。若之華：牂羊墳首。傳曰：墳，大也。此假墳為頒也。孟子：頒白者不負戴於道路。此假頒為𩔄也。周禮：匪頒之式。鄭司農云：匪，分也。頒讀為班布之班，謂班賜也。此假頒為班也。从頁。分聲。布還切。按古音在十三部。符分切。一曰鬢也。鬢者，頒髮也。引伸之，頒亦曰頒。玉藻：笏，大夫以魚須文竹。鄭云：文猶飾也。大夫士飾竹以為笏。按須乃頒之誤。故釋文音班。崔靈恩作魚班。知唐初故作頒。須無音班之理。魚頒者，謂魚頰骨。考工記注曰：之而，頰頒也。是也。詩曰：有頒其首。證前一義。

顒 大頭也。引伸之，凡大皆有是偁。小雅六月：其大有顒。傳曰：顒，大皃。大雅卷阿傳曰：顒顒，溫皃；卬卬，盛皃。釋訓曰：顒顒卬卬，君之德也。又其引伸之義也。从頁。禺聲。魚容切。按禺聲本在四部，此四部九部合音也。詩曰：其大有顒。

頪 大頭也。玉篇引蒼頡云：頭大也。廣雅曰：頪，大也。从頁。羙聲。口幺切。二部。

顝 大頭也。廣雅曰：顝，大也。思玄賦：顝羈旅而無友。舊注：顝，獨也。此與九辯塊獨守此無澤之塊同，皆於音求之。玉篇引蒼頡云：相抵

願　顤　頎

觸廣雅云醜也皆引伸之義　从頁骨聲讀若魁　苦骨切十五部玉篇口骨口回二切廣韵同

願　大頭也　本義如此故从頁今則本義廢矣邶風願言思子中心養養傳曰願每也此每如春秋外傳懷私爲每懷賈誼賦品庶每生之每按毛詩願字首見於終風願言則嚏而無傳則毛意謂與今人語同耳釋詁曰願思也方言曰願欲思也邶風鄭箋曰願念也皆與今語合丂部曰寧願詞也用部曰甯所願也心部曰憖肎也凡言願者葢寧甯憖三字語聲之轉自詩所用已如是而二子乘舟語意尤深故傳別言之實非異也　从頁原聲　魚怨切十四部

顤　高長頭　玉篇下有皃字靈光殿賦李注顤顟大首深目之皃　从頁堯聲　五弔切二部

頎　頭佳皃　此本義也引伸爲長皃衛風碩人其頎齊風頎若長兮傳皆曰頎長皃又曰敖敖猶頎頎也古假頎爲懇如檀弓頎乎其至是也　从頁斤聲　渠希切按古音在十三部如旂本讀同芹然則碩人何以韵衣也曰碩人頎讀入微韵衣讀如殷皆可　讀又若鬢　若讀又者謂讀若芹矣又有此讀也按頎篆併解各本奪今依小徐本及集韵類篇韵會所引訂補

九篇上　六

贅　頣　䫀　顬　顡　頑　䫎

贅　贅顤高也　當云頭高也廣韵云頭長　从頁敖聲　五到切二部亦作顤

頣　前面岳岳也　前當作荈荈面猶俗云當面李白詩山從人面起靈光殿賦神仙岳岳於楝間李注岳岳立皃　从頁岳聲　岳古文嶽五角切古音在二部

䫀　昧前也　前當作荈昧當作眛眛於當荈論語所謂正牆面而立也　从頁㬻聲讀若昧　莫佩切十五部

顬　面瘦淺顬顬也　从頁需聲　郎丁切十一部

顡　頭蔽顡也　蔽顡疊韵字葢古語也集韵曰謂頭癡錢氏大昕曰春秋戰國人名有蒯聵者疑即此蔽顡字　从頁家聲　五怪切十五部

頑　梱頭也　木部曰梱梡木未析也梡梱木薪也凡物渾淪未破者皆得曰梱凡物之頭渾全者皆曰梱頭梱頑雙聲析者銳梱者鈍故以爲愚魯之偁左傳曰心不則德義之經爲頑　从頁元聲　五還切十四部

䫎　小頭䫎䫎也　䫎之言嫢也嫢

顆　頢　頲　頠　頷　頨　頍

者細也　从頁枝聲讀若規　又己恚切徐云又者謂居隨切矣又有此切也十六部亦作頍亦作頍

顆　小頭也　引伸爲凡小物一枚之偁珠子曰顆米粒曰顆是也賈山傳蓬顆蔽冢晉灼曰東北人名土塊爲蓬顆按此即淮南書宋玉風賦之堁字許注淮南曰堁塵塺也　从頁果聲　苦惰切十七部

頢　短面也　廣韵曰小頭皃　从頁昏聲　五活切又下活切十五部廣韵古活切

頲　狹頭頲也　疑當作頲頲也假借爲挺直之挺釋詁曰頲直也　从頁廷聲　他挺切十一部

頠　頭閑習也　閑當作嫺字之誤也引伸爲凡嫺習之偁釋詁曰頠靜也頠與女部之姽義略同　从頁危聲　語委切十六部

頷　面黃也　離騷苟余情其信姱以練要兮長顑頷亦何傷王注顑頷不飽皃本部顑字下云飯不飽面黃起行也義得相足今則頷訓爲頤古今字之不同也　从頁含聲　胡感切七部李善注離騷音呼感反

頨　面不正也　从頁爰聲　于反切十四部

頍

九篇上　七

頞　顧　順

舉頭也　此頍之本義也故其字从頁士冠禮緇布冠缺項注缺讀爲頍頍圍髮際結項中隅爲四綴以固冠今未冠笄者箸冠卷頍象之所生也滕薛名簂爲頍如鄭説則頍所以支冠舉頭之義之引伸也小雅有頍者弁傳曰頍弁皃弁皮弁也惟舉頭曰頍故載弁亦曰頍義之相因而引伸者也　从頁支聲　丘弭切十六部　詩曰有頍者弁　頍弁篇

頞　內頭水中也　內者入也入頭水中故字从頁𠬛與水部之没義同而別今則𠬛頭廢而没專行矣　从頁𠬛𠬛亦聲　烏没切十五部

顧　還視也　還視者返而視也檜風箋云迴首曰顧析言之爲凡視之偁鄉黨賓不顧矣謂還視也車中內顧苞氏謂前視不過衡軛旁視不過輢較則顧猶視也又引伸爲臨終之命曰顧命又引伸爲語將轉之詞　从頁雇聲　古慕切五部

順　理也　理者治玉也玉得其治之方謂之理凡物得其治之方皆謂之理理之而後天理見焉條理形焉非謂空中有理非謂性即理也順者理也順之所以理之未有不順民情而能理者凡訓詁家曰從順

也。曰悉順也。曰馴順也。此六書之轉注。曰訓、順也。此六書之假借。凡順慎互用者、字之譌。从頁川。人自項以至於踵、順之至也。川之流、順之至也。故字从頁川會意。而取川聲。小徐作川聲、則與形聲包會意。訓馴字皆曰川聲也。食閏切。十三部。

𩓺　顏色𩓺𩕌慎事也。慎事、玉篇、廣韵作順事。疑南宋改耳。从頁㐱聲。之忍切。十三部。廣韵亦章刃切。

𩕌　𩓺𩕌也。从頁粦聲。良刃切。玉篇來軫切。二篆今作須顡。十二部。一曰頭少髮。廣韵廿一震曰、須顡、頭少髮。竊疑頭少髮單承𩕌字言。十六軫說是也。

顓　頭顓顓謹皃。此本義也。故从頁。白虎通曰、謂之顓頊何。顓者、專也。頊者、正也。言能專正天之道也。按叀者、小謹也。今字作專、亦假顓作專。如淮南云顓民、法言云顓蒙、漢書言顓顓獨居一海之中、皆是。从頁耑聲。職緣切。十四部。

頊　頭頊頊謹皃。此本義也。故从頁。引伸為正也。白虎通又曰、冬其帝顓頊。顓頊者、寒縮也。从頁玉聲。許玉切。三部。

顉　低頭也。低當作氐。氐者、說文之低字也。左傳襄廿六年。衛獻公反國。大夫逆於竟者、執其手而與之言。道逆者、自車揖之。逆於門者、頷之而已。釋文、頷本又作頜。按依許則頷頜皆非也。杜注、搖頭亦非。既不執手而言。又不自車揖之。則在車首肎而已。不至搖頭也。釋文本又作顉。正是本。又作頷之譌。列子湯問曰、頷其頤、則歌合律。郭璞游仙詩、洪厓頷其頤。注引列子亦作頷。引廣雅、頷、動也。頷皆顉之譌。故云五感反。若本顉字、則當云胡感反也。頷其頤者、開口則低其頤。靈光殿賦、顉若動而躨跜。今本亦譌頷。从頁金聲。五感切。古音在七部。春秋傳曰迎于門顉之而已。

頓　下首也。按當作頓首也。三字為句。周禮太祝九𢷎。一曰䭬首。二曰頓首。三曰空首。三者分別劃然。不當頓䭬二字皆訓之曰下首。明矣。鄭曰、稽首、拜頭至地也。頓首、拜頭叩地也。空首、拜頭至手。所謂拜手也。吉拜、拜而後稽顙。謂齊褻不杖以下者。凶拜、稽顙而後拜。謂三年服者。玉裁按、九拜以前三者為體。後六者為用。如六書以指事、象形、形聲、會意四者為體。轉注、假借二者為用也。凡經言拜手、言拜、皆周禮之空首。手部𢷎字下曰、首至手。何注公羊傳曰、頭至手曰拜手。皆與周禮空首注合。凡經言稽首、小篆作䭬、古文作頁。經傳無異偁。何注公羊云頭至地曰稽首。與周禮注合。凡經傳言頓首、言稽顙、或單言顙、皆九拜之頓首。何注公羊曰、顙猶今叩頭。檀弓稽顙注曰、觸地無容。皆與周禮頓首注合。頭至手者、拱手而頭至於手。頭與手俱齊心、不至地。故曰空首。若稽首、頓首、則拱手皆下至地。頭亦皆至地。而稽首尚稽遲、頓首尚急遽。頓首主於以顙叩觸。故謂之稽顙、或謂之顙。周禮之九拜不盡知。而稽首者、吉禮也。頓首者、凶禮也。空首者、吉凶所同之禮也。經傳立文、凡單言拜、及下屬稽首、稽顙、言拜、言拜手者、皆空首也。言拜手稽首者、空首而稽首也。言拜而後稽顙者、空首而頓首也。言稽顙而後拜者、頓首而空首也。言稽顙而不拜者、頓首而不空首也。經於吉賓嘉曰稽首。未有言頓首者也。於喪曰稽顙。亦未有言頓首者也。然則稽顙之即頓首無疑矣。有非喪而言頓首者、非常事也。類乎凶事也。如申包胥之九頓首而坐。以國破君亡。穆嬴頓首於宣子。以太子不立。與季平子稽顙於叔孫昭子、以君亡。昭公子家駒再拜顙於齊侯。以失國。正同也。若陳無宇稽顙於欒施、以排患釋難。禮之過也。無宇之詐也。沿至秦漢以頓首為請罪之辭。中山策、司馬喜之頓首、別於陰姬公之稽首。漢人文字存者、蔡邕戍邊上章云、朔方髡鉗徙臣邕稽首再拜上書皇帝陛下。末云、臣頓首死罪稽首再拜以聞。蔡質所記立宋皇后儀、首云、尚書令臣䠇等稽首言。末云、臣囂等誠惶誠恐、頓首死罪、稽首再拜以聞。許沖進說文解字、首云、召陵萬歲里公乘臣沖䭬首再拜上書皇帝陛下。末云、臣沖誠惶誠恐、頓首頓首、死皋死皋、䭬首再拜以聞皇帝陛下。皆頓首與稽首分別。稽首為對歎之辭。从頁。頓首叩地、故从頁。屯聲。都困切。十三部。凡言供頓、頓宿、皆取屯聚意。而假頓為之。又多假頓為鈍。

九篇上　八

九篇上　九

頫　低頭也。低當作氐。西京賦、伏㯽檻而頫聽。聞雷霆之相激。薛綜曰、頫、低頭也。上林賦頫杳眇而無見。李善引聲類、頫、古文俯字。从頁逃省。逃者多媿而俯。故取以會意。从逃猶从免也。

匡謬正俗引張揖古今字詁云、頫、今之俯俛也。蓋俛字本从免。俯則由音誤而製。用府為聲。字之俗而謬者。

頣

故許書不録。俛、舊音無辨切。頫、玉篇音靡卷切。正是一字一音。而孫強輩增說文音俯四字。不知許正讀如免耳。古音在十三十四部之閒。徐云方矩切者、俗音也。**大史卜書頫仰字如此。**卜或作公。誤。匡謬正俗引正作卜。漢藝文志著龜十五家四百一卷。大史卜書當在其內。言此者以正當時多作俛俯非古也。**楊雄曰。人面頫。**此蓋摘取楊所自作訓纂篇中三字。以證从頁之意。頫本謂低頭。引伸爲凡低之偁。**俛 頫或从人免。**匡謬正俗引及小徐皆作俗頫字篆體。或改作俛。解作从人免。以从免聲而讀同俯爲觽。不知舊讀同免。過秦論俛起阡陌之中。李善引漢書音義音免。史記倉公傳不可俛仰。音免。龜策列傳首俛。索隱正義皆音免。玄應書兩云俛仰無辨切。廣韵俛亡辨切。俯俛也。玉篇人部俛無辨切。俯俛也。此皆俛之正音。而表記俛焉日有孳孳。釋文音勉。毛詩黽勉李善引皆作僶俛。俛俛與勉同音。故古假爲勉字。古無讀俛如府者也。頫音同俛。

頣 舉目視人皃。目當依廣韵作眉。舉眉、揚眉也。**从頁臣聲。**式忍切。十二部。

⿰善頁　頡　⿰出頁　顥

⿰善頁 据視人也。据者、不愻也。**从頁善聲。**旨善切。十四部。

頡 直項也。淮南修務訓。王公大人有嚴志頡頏之行者。無不憛悇癢心而悅其色矣。此頡頏正謂強項也。亢部旊下曰。直項莽旊。淮南之頏。即說文之旊也。直項者、頡之本義。若邶風燕燕于飛。頡之頏之。傳曰。飛而下曰頡。飛而上曰頏。此其引伸之義。直項爲頡頏。故引伸之直下直上曰頡頏。**从頁吉聲。**胡結切。十二部。

⿰出頁 頭頡⿰出頁也。頡⿰出頁疊韵。古語。頭菌蠢皃。若高祖隆準。服虔準音拙。應劭曰。頯權準也。師古曰。⿰出頁權。⿰出頁字豈當借準爲之。按服但云準音拙耳。權⿰出頁之名。又出漢後也。**从頁出聲。**之出切。十五部。**讀又若骨。**云又者、謂出聲則讀若拙矣。又讀若骨也。

顥 白皃。漢郊祀歌曰。西顥沆碭。西都賦曰。鮮顥氣之清英。顥與臭音義略同。**从景頁。**景者、日光也。日光白。从景頁。言白首也。按上文當云白首皃。李善注文選引聲類。顥、白首皃。聲類蓋本許書。今許書乃爲淺人刪首字耳。郊祀歌西都賦及楚辭則皆引伸假借也。胡老切。二部。**楚詞曰。**詞當作辭。許書皆作楚詞。**天白顥顥。**見大招。王逸曰。顥顥、光貌。按此當廁白首人也之下。寫者亂之耳。土部堋下引左傳朝而堋在前。引虞書堋淫于家在後。可證許偁古之例。**南山四顥。**南四八目。廣韵作商。皇甫士安高士傳曰。四晧皆河內軹人。或在汲。一曰東園公。二曰角里先生。三曰綺里季。四曰夏黃公。秦始皇時退入藍田山。作歌。乃共入商雒。隱地肺山。漢高徵之不至。深自匿終南山。不能屈己。按曰藍田山。曰商雒地肺山。曰終南山。東西相接八百里。實一山也。詩傳曰。終南、周之名山中南也。左傳作中南。史、漢謂之南山。楊雄解嘲曰。四晧采榮於南山。說文作南山不誤。張良傳注商山四晧。宋時浙本作南山。顥、此字今補。**白首人也。**以是爲白首之證。他書作四晧者、通假字也。

⿰樊頁　⿰爭頁

⿰樊頁 大醜皃。醜、可惡也。**从頁樊聲。**附袁切。十四部。

⿰爭頁 好皃。頭好也。**从頁爭聲。**疾正切。十一部。**詩所謂⿰爭頁首。**⿰爭頁首當作螓首。見衞風碩人。傳曰。螓首顙廣而方。箋云。螓謂蜻蜻也。按方言。蟬小者謂之麥蛰。有文者謂之蜻蜻。孫炎注爾雅引方言。有文者謂之螓。然則螓蜻一字也。引古罕言所謂者。假令詩作⿰爭頁首。則徑偁詩句。不言所謂。

頨　顗　顅　[illegible]

頨 頨妍也。三字爲句。頨妍疊韵。大徐改爲頭妍。此即改頓首爲下首之比。妍、安也。頨義如周易之翩翩。東都賦翩翩巍巍。顯顯翼翼。**从頁翩省聲。讀若翩。**按此當紕延切。古音在十二部。篇韵王矩一切。蓋有認爲羽聲者耳。廣韵注云孔子頭也。又附會以爲孔子圩頂之圩。

顗 謹莊皃。莊者、壯盛字之假借也。釋詁曰。顗、靜也。義相足。**从頁豈聲。**魚豈切。十五部。

顅 頭鬢少髮也。彡部曰。鬜者、鬢禿也。此音義皆同。蓋實一字矣。而以顅从頁。故云頭鬢。謂頭上及鬢夾也。鬜从彡。故單言鬢。考工記。數目顅脰。故書顅或作牼。鄭司農曰。牼讀爲鬜。頭無髮之鬜。司農意謂鳥頭毛短也。鄭注明堂位曰。齊人謂無髮爲禿楬。釋名曰。禿、無髮沐禿也。毼頭生瘡曰瘕毼。亦然也。楬與毼皆即鬜字。許說周禮與先鄭同。後鄭易之曰。顅、長脰皃也。非許義。證以莊子其脰肩肩。則後鄭是也。肩即顅。**从頁肩聲。**苦閑切。十四部。**周禮曰。數目顅脰。**

[illegible] 無髮也。廣韵曰。顱

者、頣、顐也。顐者、禿也。五困切。一曰耳門也。別一義。从頁困聲。按毛刻作囷聲。篆左从囷。不誤。凡困聲之字亦入䰟韵矣。苦昆切。十三部。

⿰气頁　禿也。禿本訓無髮。此則用其引伸之義也。考工記作其鱗之而。注曰。之而、頰頌也。按頰謂鱗屬之面旁。頌謂鱗屬之頤頷。圓潤光滑。故謂之禿。古語如是。魚游泳必動其頰與頤。所謂作其之而也。玉篇。頹者、頰下也。是其字可作頹。而淺者謂爲穨字。从頁气聲。苦骨切。十五部。

頛　頭不正也。按周禮釋文云。許慎口忽反。禿也。劉古本反。正義曰。舊讀頌字沽罪反。劉炫以爲當音壺。玉裁謂板本壺字葢誤。當作壼。釋魚。左倪不類。周禮類、作靁。葢皆頛之假借字也。从頁耒。會意。耒、頭傾、說从耒之意。亦聲。耒亦聲。盧對切。十五部。廣韵無。讀又若春秋陳夏齧之齧。又有此音。卽與左倪右倪之倪同也。曰陳夏齧之齧當許時讀春秋此齧必與他齧不同也。陳夏齧見春秋經昭廿三年。正義。考世本。齧者。徵舒曾孫。杜云玄孫。

顊　傾首也。首。玄應引作頭。玄應引蒼頡篇云。頭不正也。又引淮南子。左顊右倪。按釋魚。左倪右倪。郭注。行頭左俾右俾。俾亦作庳。皆非是。其字正當作顊。故釋文普計反也。从頁卑聲。匹米切。十六部。

⿰契頁　司人也。司者今之伺字。一曰恐也。从頁契聲。讀若楔。楔或作禊。誤。今依古本正。今楔讀先結切。⿰契頁胡計切。韵書之分別也。十五部。

⿰鬼頁　頭不正也。从頁鬼聲。口猥切。十五部。

頗　頭偏也。引伸爲凡偏之偁。洪範曰。無偏無頗。遵王之義。人部曰。偏者頗也。以頗引伸之義釋偏也。俗語曰頗多頗久頗有。猶言偏多偏久偏有也。古借陂爲頗。如洪範古本作無偏無陂。顏師古匡謬正俗、李善文選注所引皆作陂。可證。迄乎天寶。乃據其時所用本作頗。而詔改爲陂。一若古無作陂者。不學而作聰之過也。陂義古皆在歌戈部。則又不知古音之過耳。从頁皮聲。滂禾切。十七部。又匹我切。言部曰。詖古文以爲頗字。言古文之假借也。

⿰尤頁　顫也。从頁尤聲。按玄應書兩引說文皆作⿰又頁。是其字从頁、又聲。今本說文作⿰尤頁、尤聲。非古也。篇韵皆沿俗本之誤耳。玄應

引說文云。謂掉動不定也。葢演說文語。通俗文曰。四支寒動謂之顫⿰又頁。于救切。古音在一部。

疣　⿰尤頁或从疒。按此篆亦當作⿸疒又。从疒、又聲。據玄應書及廣韵可證。玄應曰。今作疣。知淺人以今體改古體耳。

顫　頭不定也。不定各本作不正。今正。顫⿰又頁皆不寧之皃。上文頛顊⿰鬼頁頗四篆言頭不正。此則義別。頭不定故从頁。引伸爲凡不定之偁。从頁亶聲。之繕切。十四部。

顑　顑顲、逗。二字各本無。今依全書通例補。疊韵字。食不飽、面黃起行也。離騷。長顑頷亦何傷。王注。顑頷。不飽皃。按許之顑顲。卽顑頷也。離騷假借頷爲顲。許書單出頷篆云面黃也。此恐淺人所增。廣韵顑顲瘦也。从頁咸聲。下感坎二切。七部。廣韵苦感切。又作顑。呼唵切。讀若戇。

顲　顑顲也。各本作面顑顲皃。今依全書通例正。从頁㐭聲。盧感切。七部。

煩　熱頭痛也。詩曰。如炎如焚。陸機詩云。身熱頭且痛。从頁火。會意。一曰焚省聲。焚火部作㷋。此謂形聲也。附袁切。十四部。

顡　癡顡、逗。各本奪顡字。今依玉篇廣韵補。不聰明也。廣韵曰。顡。顏惡也。此今義也。从頁豙聲。五怪切。十五部。

頪　難曉也。謂相佀難分別也。頪類古今字。類本專謂犬。後乃類行而頪廢矣。廣雅云。頪疾也。从頁米。頁猶種也。言種緐多如米也。米多而不可別。會意。一說。黔首之多如米也。故曰元元。盧對切。十五部。按六書故引唐本从迷省。一曰鮮白皃。从粉省。鮮猶新也。粉者。白之甚者也。

顇　顦顇也。許書無顦篆。大徐增之非也。錢氏大昕曰面部之醮。當是正字。小雅或盡瘁事國。傳云。盡力勞病以從國事。左傳引詩曰。雖有姬姜。無棄蕉萃。杜曰。蕉萃。陋賤之人。楚辭漁父。顏色憔悴。王曰。皯黴黑也。班固荅賓戲。朝而榮華。夕而焦瘁。其字各不同。今人多用憔悴字。許書無憔篆。悴則訓憂也。从頁卒聲。秦醉切。十五部。

⿰昏頁　繫頭殟也。歺部曰。殟者暴無知也。今本譌作胎敗。則此以殟釋⿰昏頁遂不可通。集韵類篇引此條有謂頭被繫無知也七字。當是古注語。玉篇引莊子云。問焉則⿰昏頁然。⿰昏頁不曉也。按與心部之惽音義

頦　䫏　龥

略同。从頁昏聲。莫奔切。十三部。頦醜也。廣雅同。篇韵云。頤下。非許義。从頁亥聲。戶來切。一部。按廣雅柯開切。䫏醜也。此䫏之本義。从頁其聲。去其切。一部。今逐疫有䫏頭。此舉漢事以爲證也。周禮方相氏注云。冒熊皮者。以驚敺疫癘之鬼。如今魌頭也。淮南書。視毛嬙西施猶䫏醜也。高注云。䫏。䫏頭也。方相氏黃金四目衣赭稀世之䫏貌。䫏醜言極醜也。風俗通曰。俗說亾人魂氣游揚。故作魌頭以存之。言頭魌魌然盛大也。或謂魌頭爲觸壙殊方語。按魌䫏字同。頭大故从頁也。亦作僛。靈光殿賦。仡。䫏猥以雕眈。李注。䫏猥。大首也。今本作欺猥。蓋誤。龥呼也。呼當作評。言部曰。評者召也。口部曰。召者評也。周書乃有室大競。龥俊尊上帝。某氏曰。招呼賢俊與共尊事上天。商書。率龥衆戚出矢言。某氏曰。龥。和也。率和衆憂之人出正直之言。按和之訓未知何出。蓋謂龥同龠。龠以和衆聲也。夫下文自我王來至底綏四方。皆民不欲從之言。姚氏鼐之說是也。龥衆戚出矢言。正謂不欲從之民相評急出誓言。爲盤庚斆民命衆張本。注疏殊繆。

顯　顨　百

从頁龠聲。讀與龠同。羊戍切。古音在二部。讀如姚。商書曰。率龥衆戚。見盤庚上。戚今本作慼。俗字也。衞包所改。顯頭明飾也。故字从頁。飾者。妝也。女部曰。妝。飾也。是也。頭明飾者。冕弁充耳之類。引伸爲凡明之偁。按㬎謂衆明。顯本主謂頭明飾。乃顯專行而㬎廢矣。日部㬎下曰。古文以爲顯字。由今字假顯爲㬎。乃謂古文假㬎爲顯也。此古今字之變遷。所必當深究也。从頁㬎聲。此舉形聲包會意。呼典切。十四部。顨選具也。選擇而共置之也。顨選疊韵。六部曰。巺。具也。顨。具也。人部曰。僎。具也。是巺顨僎四字義同。玉篇曰。顨古文作選。从二頁。二頁。具之意也。士戀切。十四部。

文九十三　宋本九十三。毛刻九十二。今刪頞字。補顧字。仍九十二。

重八

百頭也。頭下曰。百也。與此爲轉注。自古文𦣻行而百廢矣。白虎通。何注公羊。王注楚辭皆曰。首。頭也。引伸之義爲始也。本也。儀禮古文假借手爲首。象形。象人頭之側面也。左象前。右象後。書九切。三部。凡百

脜　面　靦　䩉

之屬皆从百。脜面和也。和當作龢。龢。調也。咊。相應也。許書分別畫然。今人淆之。抑詩。輯柔爾顏。傳曰。輯。和也。泮水。載色載笑。傳曰。色溫潤也。玉篇曰。野王案。柔色以蘊之。是以今爲柔字。按今字柔行而脜廢矣。从百肉。骨剛肉柔。故从百肉。會意。肉亦聲。讀若柔。耳由切。三部。

文二

面顏前也。顏者。兩眉之中閒也。顏前者。謂自此而前則爲目。爲鼻。爲目下。爲頰之閒。乃正鄉人者。故與背爲反對之偁。引伸之爲相鄉之偁。又引伸之爲相背之偁。易窮則變。變則通也。凡言面縛者。謂反背而縛之。偭从面。从百。象人面形。謂囗也。左象面。彌箭切。十四部。凡面之屬皆从面。靦面見人也。各本無人。今依毛詩正義補。面見人謂但有面相對自覺可憎也。小雅。何人斯。有靦面目。傳曰。靦。姡也。女部曰。姡。面靦也。按心部曰。青徐謂慙曰㥲。音義皆同。而一从心者。慙在中。一从面者。媿在外。韋注國語曰。

靦。面目之見也。从面見。此以形爲義之例。見亦聲。他典切。十四部。詩曰。有靦面目。䩄或从旦。旦聲也。玉篇曰。埤蒼䩄同靦。字書作醴。䩉頰也。頰者。面旁也。面旁者。顏前之兩旁。大招。靨輔奇牙。宜笑嫣只。王注。言美頰有靨䩉。口有奇牙。嘕然而笑。尢媚好也。淮南書。奇牙出。靨輔搖。高注。靨輔。頰邊文。婦人之媚也。又曰。靨輔在頰則好。在顴則醜。注。靨䩉者。頰上窐也。由此言之。靨䩉在頰。故䩉與頰可互偁。古多借輔爲䩉。如毛詩傳曰。倩。好口輔也。此正謂靨䩉。咸上六。咸其輔頰舌。艮六五。艮其輔。其字皆當作䩉。葢自外言曰䩉。曰頰。曰靨䩉。自裏言則上下持牙之骨謂之䩉車。亦謂牙車。亦謂頷車。亦謂頰車。亦謂⿰齒兼車。亦謂之䩉。亦謂之頰。許言䩉頰也者。言其外也。易言䩉頰。言其裏也。䩉車非外之䩉。頰車非外之頰。此名之當辨者也。諸家說左傳輔車相依。用牙車爲訓。而許君不同。說詳車部。○按艮卦虞注云。輔。面頰骨。上頰車也。面頰骨今俗語尚如是。上頰車即頰骨在上持牙者。服虔注左傳謂之上頷車。然則在下持牙者亦得曰下頰車。下頷車矣。必云上頰車。

上頷車者言䩉則言上是也。頰車與舌言則必動。故咸艮爻辭取此。**从面甫聲。**符遇切。五部。

醮

面焦枯小也。玉篇引楚辭云顏色醮頓。希馮所據古本也。漢外戚傳嫶妍大息歎稚子兮。晉灼曰三輔謂幽愁面省瘦曰嫶冥。嫶妍猶嫶冥也。按嫶卽醮字。省同㾊。**从面焦。**此舉會意包形聲。卽消切。二部。

文四　重一

丙

不見也。象雝蔽之形。雝各本作壅。今正。其實許書當作邕也。禮經乏參侯道居侯黨之一。西五步。鄭曰。容謂之乏。所以爲獲者御矢也。周禮鄭司農注云。容者乏也。待獲者所蔽。按乏之與丙篆文相似。義取蔽矢。豈禮經本作丙與。彌兗切。古音在十二部。以㝃賓字知之。**凡丙之屬皆从丙。**

文一

首

古文百也。各本古文上有百同二字。妄人所增也。許書絕無此例。惟麻下云與林同。亦妄人所

增也。今刪。正義已見上矣。故祇言古文𦣻。如儿下曰古文奇字人。介下曰籒文大。頁下曰古文䭫。皆此例也。不見𩠐於首篆之次者。以有从𩠐之篆。不得不出之爲部首也。今字則古文行而小篆廢矣。**巛象髮。**說百上有巛之意。象髮形也。小篆則但取頭形。**髮謂之鬊。**髮字舊奪。今補。**鬊卽巛也。**當作巛卽鬊也。與去卽易突字也。例同。鬊之訓髮隋也。渾言之則爲髮偁。此八字蓋別一說。上文謂象形。此謂巛卽山川字。古音同春。故可假爲鬊字。會意。**凡𩠐之屬皆从𩠐。**

䭬

䭬首也。三字句。各本作下首也。亦由妄人不知三字句之例而改之。今正。頓首䭬首爲周禮九拜之二。大耑在漢末時。上書言事者必分別其辭。則二者形狀之不同。所用行禮之分別。許時人人知之。故小雅大雅稽首毛皆無傳。許亦但曰此篆謂䭬首。此篆謂頓首而已。周禮䭬首本又作稽。許沖上書前作稽首。後作䭬首。恐今之經典轉寫譌亂者多矣。鄭曰。䭬首句拜頭至地也。頓首拜頭叩地也。蓋䭬首者拱手至地。頭亦至於地。而頟不必觸地。與頓首之必以頟叩地異矣。䭬首者稽遲其首也。頓首亦曰䭬顙。䭬顙者稽遲其顙也。此吉凶之大辨也。今人作名刺必曰頓首拜。是以凶禮施於賓禮嘉禮。且頓首而拜。非卽喪禮之稽顙而後拜乎。亦議禮者所當知矣。詳見頁部。手部。古者吉賓嘉皆䭬首。無言頓首者。喪則䭬顙。無言䭬首者。以是知䭬顙卽頓首也。諸侯於天子䭬首。大夫士於諸侯䭬首。大夫士於鄰國之君䭬首。家臣於大夫不䭬首。以避君也。君之於臣拜手。君於臣䭬首者。重其臣也。洛誥云成王拜手稽首是也。**从𩠐旨聲。**康禮切。十五部。按此下不云頁古文䭬者。已別出之爲部首矣。

䰕

截𩠐也。首字各本奪。今補。斤部曰。斷者。截也。戈部曰。截者。斷也。截首則字从斷首。會意。集韻類篇皆云斷首是也。廣雅。䰕。斷也。此引伸爲凡截之偁也。**从斷𩠐。**舊誤。今正。斷亦聲。此舉會意包形聲也。大丸、旨沇二切。十四部。**或从刀專聲。**王褒傳。水斷蛟龍。陸剸犀革。卽蘇秦傳之水斷牛馬。陸截鵠鴈也。剸與刀部剬義相近。古亦借爲專擅字。小徐本無此篆。

文三　重一

県

到𩠐也。到者今之倒字。此亦以形爲義之例。**賈侍中說。**偁官不偁名者。尊其師也。**此斷𩠐到縣県字。**廣韵引漢書曰。三族令先黥劓斬左右趾。県首葅其骨。按今漢書刑法志作梟葅。非孫愐所見之舊矣。県首字當用此。用梟於義無當。不言从到首者。形見於義。如珏下不言从二玉也。古堯切。二部。**凡県之屬皆从県。**

縣

繫也。繫當作系。繫者繫繻也。一名惡絮。許書本非此字。明矣。許自序云。據形系聯。不作繫也。系篆下云繫也。當卽縣也之譌。二篆爲轉注。古縣挂字皆如此作。引伸之則爲所系之偁。周禮。縣系於遂。邑部曰。周制。天子地方千里。分爲百縣。則系於國。秦漢縣系於郡。釋名曰。縣。縣也。縣係於郡也。自專以縣爲州縣字。乃別製从心之懸。挂。別其音。縣去懸平。古無二形二音也。顏師古云。古縣邑字作寰。亦爲臆說。**从系持県。**會意。胡涓切。十四部。

文二

須

須頤下毛也。各本譌作面毛也三字。今正。禮記禮運正義曰。案說文云耐者鬚也。鬚謂頤下之毛。象形字也。今本而篆下云頰毛也。須篆下云面毛也。語皆不通。毛篆下云眉髮之屬。故眉解目上毛。須解頤下毛。須在頰者謂之䫇。不謂之須。而釋須爲面毛。則尤無理。須在頤下。頾在口上。䫇在頰。其名分別有定。釋名亦曰。口上曰頾。口下曰承漿。頤下曰鬚。在頰耳旁曰髯。與許說合。易賁六二賁其須。侯果曰。自三至上有頤之象。二在頤下。須之象也。引伸爲凡下垂之偁。凡上林賦之鶡蘇。吳都賦之流蘇。今俗云蘇頭。皆卽須字也。俗假須爲需。別製鬚鬚字。从頁彡。彡者、毛飾畫之文。須與頾每成三綹。形似之也。相俞切。古音在四部。讀如。按釋名曰。鬚、秀也。凡須之屬皆从須。

頾

頾口上須也。在口上。在頰亦得名須。而正名百物則曰頾、曰䫇。左傳曰。至於靈王。生而有頾。是爲頾王。釋名曰。髭、姿也。爲姿容之美也。从須此聲。卽移切。十五十六部。或作髭。

䫇

䫇頰須也。頰、面旁也。釋名曰。隨口動搖冄冄然也。封禪書有龍垂胡髯下迎黃帝。詳文意乃泛謂須。从須冄。會意。冄亦聲。汝鹽切。七部。俗作䫇髯。

顊

顊須髮半白也。兼言髮者、類也。此孟子頒白之正字也。趙注曰。頒者、斑也。頭半白斑斑者也。卑與斑雙聲。是以漢地理志卑水縣。孟康音斑。葢古顊讀如斑。故亦假大頭之頒。藉田賦。士女頒斌。李注。頒斌、相襍之皃也。其引伸之義也。王制。諸侯曰頖宮。頖葢顊字之異體。故假爲泮水之泮。廣韵又借臥髻之髮爲顊。从須卑聲。府移切。十六部。讀如班則十四部。

䪼

䪼短須髮皃。西京賦說猛獸髬髵。薛曰。髬髵、作毛鬣也。髬卽䪼字。須髮短則植。猛獸毛鬣植。从須否聲。敷悲切。古音在一部。

文五

彡

彡毛飾畫文也。巾部曰。飾者、㕞也。飾畫者、㕞而畫之。毛者、聿也。亦謂之不律。亦謂之弗。亦謂之筆。所以畫者也。其文則爲彡。手之列多略不過三。故以彡象之也。毛所飾畫之文成彡。須髮皆毛屬也。故皆以爲彡之屬而从彡。象形。所銜切。七部。凡彡之屬皆从彡。

形

形象也。各本作象形也。今依韵會本正。象當作像。謂像似可見者也。人部曰。像、似也。似、像也。形容謂之形。因而形容之亦謂之形。六書二曰像形者。謂形其形也。四曰形聲者。謂形其聲之形也。易曰。在天成象。在地成形。分偁之實可互偁也。左傳形民之力。假爲型模字也。易其形渥。假爲刑罰字也。从彡。有文可見。故从彡。幵聲。戶經切。十一部。按枅笄字皆古兮切。研字五堅切。幵聲古音俟考。

㐱

㐱稠髮也。稠者、多也。禾稠一曰稹。髮稠曰㐱。其意一也。从彡。謂髮。人聲。之忍切。十二部。詩曰。㐱髮如雲。鄘風君子偕老文。今詩作鬒。葢以或字改古字。傳曰。鬒、黑髮也。疑黑字亦非毛公之舊。許多襲毛。不應有異。左傳。昔有仍氏生女。黰黑而甚美。黰正謂稠髮。髮多且黑而皃甚美也。服杜皆云。美髮爲黰。不言黑髮。

鬒㐱或从髟眞聲。黰、又其或體。

修

修飾也。巾部曰。飾者、㕞也。又部曰。㕞者、飾也。二篆爲轉注。飾卽今之拭字。拂拭之則發其光采。故引伸爲文飾。女部曰。妝者、飾也。用飾引伸之義。此云修飾也者。合本義引伸義而兼舉之。不去其塵垢。不可謂之修。不加以縟采。不可謂之修。修之从彡者。洒㕞之也。藻繪之也。修者、治也。引伸爲凡治之偁。匡衡曰。治性之道。必審己之所有餘而強其所不足。从彡攸聲。息流切。三部。經典多假肉部之脩。

彰

彰彣彰也。彣各本作文。今正。文遣畫也。與彣義別。古人作彣彰。今人作文章。非古也。尚書某氏傳。呂覽注。淮南注。廣雅。皆曰。彰、明也。通作章。从彡章。會意。謂文成章。章亦聲。諸良切。十部。

彫

彫琢文也。琢者、治玉也。玉部有琱。亦治玉也。大雅。追琢其章。傳曰。追、彫也。金曰彫。玉曰琢。毛傳字當作琱。凡琱琢之成文曰彫。故字从彡。今則彫雕行而琱廢矣。从彡。治玉成文也。周聲。都僚切。二三部。

𢒉

𢒉清飾也。清飾者、謂清素之飾也。上林賦。靚莊刻飾。郭璞曰。靚莊、粉白黛黑也。刻飾、刻畫鬋鬢也。按靚莊卽𢒉妝之假借字。𢒉與水部之瀞義略同。从彡青聲。疾郢切。十一部。按丹部曰。彤者、丹飾也。从丹彡。彡其畫也。疑此當云。𢒉、青飾也。从彡青。青亦聲。葢謂以青色飾畫之文也。形不入彡部、彰不入青部者、錯見也。

㣎

㣎細文也。細文、文之細者。故字从彡𡭴。彡者、文也。𡭴者、際見之白。際者、壁隙也。壁之細者也。引伸爲凡精美之偁。周頌曰：維天之命、於穆不已。傳曰：穆、美也。大雅傳曰：穆穆、美也。釋訓曰：穆穆、肅肅、敬也。皆其義也。古本作㣎、今皆从禾作穆。假借字也。古昭穆亦當用㣎。**从彡𡭴省。**各本有聲字、誤也。今正。莫卜切。三部。廣韵莫六切。

弱

弱橈也。橈者、曲木也。引伸爲凡曲之偁。直者多強、曲者多弱。易曰：棟橈。本末弱也。弱與橈曡韵。**上象橈曲。**謂弓也。**彡象毛氂橈弱也。**曲似弓、故以弓像之。弱似毛氂、故以彡像之。**弱物并。**不能獨立。**故从二𢎗。**而勺切。古音在二部。

文九　重一

彣

彣戫也。有部曰：戫、有彣彰也。是則有彣彰謂之彣。彣與文義別。凡言文章皆當作彣彰。作文章者、省也。文訓逪畫。與彣義別。**从彡文。**以毛飾畫而成彣彰、會意。文亦聲。無分切。十三部。**凡彣之屬皆从彣。**

彥

彥美士有彣。彣作文、非是。今正。**人所言也。**言彥曡韵。釋訓曰：美士爲彥。郭曰：人所言詠也。鄭風傳曰：彥、士之美稱。人所言、故曰彥。有文、故从彣。大學彥或作盤。古文假借字。**从彣、厂聲。**厂、山石之厓巖、人可居者也。呼旱切。彥魚變切。十四部。

文二

文

文錯畫也。錯當作逪。逪畫者、这逪之畫也。考工記曰：青與赤謂之文。逪畫之一耑也。逪畫者、文之本義。彣彰者、彣之本義。義不同也。黃帝之史倉頡見鳥獸蹏迒之迹、知分理之可相別異也。初造書契、依類象形、故謂之文。**象交文。**像兩紋交互也。紋者、文之俗字。無分切。十三部。**凡文之屬皆从文。**

斐

斐分別文也。謂分別之文曰斐。衞風：有匪君子。傳曰：匪、文章皃。小雅：萋兮斐兮。傳曰：萋斐、文章相錯也。考工記注曰：匪、采皃也。皆不言分別。許云分別者、渾言之則爲文、析言之則爲分別之文。以字从非知之也。非、違也。凡从非之屬、⿱非己、別也。靠、相違也。**从文、非聲。**此舉形聲包會意也。敷尾切。十五部。**易曰：君子豹變、其文斐也。**革上九象傳文。今易作蔚。虞曰：蔚、蔽也。許所據蓋孟易。

辬

辬駁文也。謂駁襍之文曰辬也。馬色不純曰駁。引伸爲凡不純之偁。辬之字多或體。易卦之賁字、上林賦之斒字、史記璸斒、漢書文選玢豳、俗用之斑字、皆是。斑者、辬之俗。今乃斑行而辬廢矣。又或假班爲之。如孟堅之得氏、以楚人謂虎文曰斑。即虍部虨字也。作辬斑近是。而漢書作班、頭黑白半曰頒、亦辬之假借字。許知爲不純之文、以从辡知之。辨辯字皆从辡。**从文、辡聲。**此舉形聲包會意。布還切。十四部。

⿱𠩺文

⿱𠩺文微畫文也。文各本奪。今補。此謂微畫之文曰⿱𠩺文也。凡今人用豪氂、當作此字。經解曰：差若豪氂、謬以千里。乃是假借字。知爲微畫之文者、以从𠩺知之。𠩺者、坼也。微之意也。**从文、𠩺聲。**此舉形聲包會意。里之切。一部。

文四

髟

髟長髮猋猋也。猋與髟曡韵。猋猋當依玉篇作髟髟。通俗文曰：髮垂曰髟。潘岳秋興賦：斑鬢髟以承弁。按馬融長笛賦：特麚昏髟。注：髟、長髦。廣成頌曰：羽旄紛其髟馳。㯱緜之假借字也。**从長彡。**彡猶毛也。會意。五經文字必由反。在古音三部。桼部髼从此爲聲。可得此字之正音矣。音轉乃爲必凋切、匹妙切。其云所銜切者、大謬。誤認爲彡聲也。**一曰：白黑髮襍而髟。**依李善秋興賦注補此八字。而似當作曰。**凡髟之屬皆从髟。**

髮

髮頭上毛也。各本作根也。廣韵已然。以釋名廣雅正之。乃拔也之誤。要此二字可不必有耳。毛部曰：毛者、眉髮之屬。故眉下曰目上毛、須下曰頤下毛、則髮下必當有頭上毛也四字。且下文云鬢者頰髮、不先言頭上、何以別其在頰者乎。今依玉篇廣韵語正。**从髟、犮聲。**方伐切。十五部。**𩬊髮或从首。𩬊古文。**蓋象角羈之形。

鬢

鬢頰髮也。謂髮之在面旁者也。

鬗 ⿱髟監 䰈 鬈

晉語美鬢長大則賢韋昭曰鬢髮頪也明道本如是他本頪作類非髮頪者頪禾末近於采似入頸故錐刀皆有頪髮亦有頪髮以項爲下上至於項至於囟葢而旁至於頰則謂之鬢鬢者髮之濱也似禾頪之在末禾之老先采而後莖髮之老而白也先鬢而餘髮繼之項髮最後韋語俗多不解故詳說之釋名曰在頰耳旁曰髯其上連髮曰鬢鬢曲頭曰距 **从髟賓聲** 必刃切十二部

鬗 髮長皃 皃字依玉篇訂引伸爲凡長之偁如郊祀歌曰掩回轅鬗長馳鬗猶今言道里曼曼也如淳曰音樠 **从髟㒼聲讀若蔓** 母官切十四部

⿱髟監 髮長也 集韵曰⿱髟監鬖髮長皃廣韵曰⿱髟監鬖髮疎皃 **从髟監聲** 魯甘切八部 **讀若春秋黑肱以濫來奔** 左氏春秋經昭公三十一年冬黑肱以濫來奔讀如此濫也

䰈 髮好也 廣韵有皃字 **从髟差聲** 千可切十七部廣韵昨何切

鬈 髮好也 也廣韵作皃齊風盧令曰其人美且鬈傳曰鬈好皃傳不言髮者傳用其引伸之義許用其本義也本義謂髮好引伸爲凡好之偁凡說字必用其本義凡說經必因文求義則於字或取本義或取引伸假借有不可得而必者矣故許於毛傳有直用其文者凡毛許說同是也有相近而不同者如毛曰鬈好皃許曰髮好皃毛曰飛而下曰頡許曰直項也是也此引伸之說也有全違者如毛曰匪文章皃許曰器似竹匧毛曰干㵎也許曰犯也是也此假借之說也經傳有假借字書無假借 **从髟卷聲** 衢員切十四部 **詩曰其人美且鬈**

髦

髦 髮也 三字句各本刪髦字作髮也二字此如巂下之刪巂作周燕也離下之刪離偓下之刪偓江河等下之刪江河等字皆不可通今補玄應佛書音義卷二引說文髦髮也謂髮中之髦也卷五引說文髦髮也髮中豪者也下句乃古注語上句亦奪一髦字不可讀髮中之秀出者謂之髦髮漢書謂之壯髮馬鬣偁髦亦其意也詩三言髦士爾雅毛傳皆曰髦俊也釋文云毛中之長豪曰髦士之俊傑者借譬爲名此引伸之義也古亦假髦爲毛字既夕禮注曰今文髦爲毛是今文禮叚毛爲髦也 **从髟毛** 髮之秀者曰毛猶角之好者曰角毛亦聲莫袍切二部

⿱髟臱 ⿱髟周 ⿱髟爾 ⿱髟音 ⿱髟敄

⿱髟臱 髮皃 玄應曰凡鬘字皆當作⿱髟臱 **从髟臱聲讀若宀** 莫賢切十二部

⿱髟周 髮多也 彡部曰㐱者稠髮也稠髮當作⿱髟周此則說⿱髟周之義小雅曰彼君子女綢直如髮傳曰密直如髮也是則綢乃⿱髟周之假借字 **从髟周聲** 直由切三部

⿱髟爾 髮皃从髟爾聲 此字亦取爾會意如華盛之字作薾皆取麗爾之意也 **讀若江南謂酢母爲⿱髟爾** 此江南之方言也漢之江南則謂豫章長沙二郡⿱髟爾無異字者方言固無正字知此俗語則髮皃之字之音可得矣奴禮切十五十六部酢今之醋字廣雅嬭母也音與⿱髟爾同

⿱髟音 髮皃从髟音聲 步矛切四部

⿱髟敄 髮至眉也 庸風髳彼兩髦傳曰髳兩髦之皃髦者髮至眉子事父母之飾許所本也內則拂髦注云髦用髮爲之象幼時鬌其制未聞旣夕禮曰旣殯主人脫髦注云兒生三月鬋髮爲鬌男角女羈否則男左女右長大猶爲之飾存之謂之髦所以順父母幼小之心至此尸柩不見喪無飾可以去之髦之形象未聞玉藻親沒不髦注云去爲子之飾按鄭旣言⿱髟敄之用而云其制未聞者謂其狀不可詳也毛云髮至眉葢以髮兩綹下垂至眉像嬰兒夾囟之角髮下垂父母在不失其嬰兒之素也依禮經曰脫依內則注曰拂髦振去塵箸之是假他髮爲之許引毛詩作⿱髟敄今則詩禮皆作髦或由音近假借⿱髟敄與髦義古畫然不同 **从髟敄聲** 亡牢切古音在三部廣韵莫浮切 **詩曰紞彼兩⿱髟敄** 今詩紞作髧釋文云本又作优按紞冕冠塞耳者⿱髟敄葢似之也

髳 ⿱髟敄或省漢令有髳長 髳即⿱髟敄字而羌髳字祇从矛牧誓庸蜀羌髳微盧彭濮小雅如蠻如髦傳曰蠻南蠻也髦夷髦也箋云髦西夷別名按詩髦即書髳髳長見漢令葢如趙佗自偁蠻夷大長亦謂其酋豪也

鬋

鬋 女鬢垂皃也 招寃曰盛鬋不同制王云鬋鬢也制法也言九侯之女裝飾兩結垂鬢下髮形貌詭異又長髮曼鬋豔陸離些注曼澤也言美人長髮工結鬢鬋滑澤其狀豔美儀皃陸離而難形也按張揖注上林賦亦云刻畫鬋鬢鬋主謂女鬢不施於男子曲禮不蚤鬋士虞禮蚤翦翦或爲鬋鬋皆翦之假借字也喪大記爪手翦須可證曲禮注翦鬢

鬑　⿱髟截　鬄

釋文作翦鬢。非是。从髟。歬聲。作踐切。十二部。鬑鬋也。一曰長皃。此別一義。謂須髮之長。古陌上桑曰。爲人潔白皙。鬑鬑頗有鬚。从髟。兼聲。讀若慊。力鹽切。七部。⿱髟截束髮屮小也。屮小二字各本作少。廣韵十六屑十七薛引作少小二字。少乃屮之誤。今正。屮與⿱髟截疊韵。面小亦謂之醮屮。通俗文曰。露髻曰⿱髟截。露髻者。士喪禮婦人髽于室。注云。旣去纚而以髮爲大紒。如今婦人露紒。其象也。注喪服亦云。髽。露紒也。然則露髻。漢人語。謂不用韜髮之縰露髮爲髻也。今乃婦人無不露髻者矣。二京賦解訓⿱髟截亦云露頭髻。按鄭云大髻。許云屮小者。其辭異。其爲粗率之意一也。从髟。⿱髟截聲。子結切。十五部。鬄髲也。庸風。不屑髢也。箋云。髢。髲也。不絜者不用髲爲善。左傳。衞莊公見己氏之妻髮美。使髡之。以爲呂姜髢。按鬄與髢義別。音亦有異。从髟。易聲。大計切。古音在十六部。从易爲正。大徐又載先彳切。誤。髢鬄或从也聲。古易聲在十六部。也聲在十七部。合韵冣近。此字今音大計切。於也聲得之。地亦也聲。

髲　⿱髟次　髺

髲益髮也。各本作鬄也二字。今正。庸風正義引說文云。髲益髮也。言人髮少。聚他人髮益之。下十字古注語。髲字不見於經傳。假被字爲之。召南。被之僮僮。傳曰。被首飾也。箋云。禮。主婦髲鬄。少牢饋食禮。主婦被錫。注曰。被錫讀爲髲鬄。古者或鬄賤者。刑者之髮。以髲婦人之紒爲飾。因名髲鬄焉。周禮所謂次也。按如鄭說。則詩禮之被皆卽髲也。以鬄爲髲。卽是以鬄爲鬄。許云益髮。不謂爲禮服。鄭說不同者。髲本髮少。裨益之名。因用爲禮服之名。庸風。不屑髢也。自謂髮鬒。不假益髮爲髻。要燕居則縰笄總而已。禮服笄總之後。必分別加副編次於上。爲飾。副編次皆假他髮爲之也。周禮追師之次。禮經曰髲鬄。詩曰被。从髟。皮聲。平義切。古音在十七部。⿱髟次用梳比也。比者。今之篦字。古衹作比。用梳比謂之⿱髟次者。次第施之也。凡理髮先用梳。梳之言疏也。次用比。比之言密也。周禮追師。爲副編次。注云。次者。次第髮長短爲之。疑次卽⿱髟次。从髟。次聲。此舉形聲包會意。七四切。十五部。髺絜髮也。絜各本譌作潔。今依玉篇韵會正。絜麻一耑也。引伸爲圍束之偁。絜髮指

⿱髟般　⿱髟付　⿱髟莫

束髮也。按士喪禮。主人髺髮。戴記作括髮。謂小斂訖去纚爲露髻也。婦人之髽。亦是去纚而髻。與男子之髺髮相等。則髺爲凶禮矣。然許於髽曰喪髻。於髺不云喪髻者。髺髮猶云束髮。內則喪服之總。深衣之束髮。士喪禮之鬠。同爲一事。鬠卽髺字之異者。髺非喪服之專偁也。故士喪禮之用組。以組束髮也。深衣之用錦。以錦束髮也。喪服小記之始死。括髮以麻。以麻束髮也。喪服之布總。以布束髮也。其他縞總。素總。以縞素束髮也。是皆得謂之髺。非凶禮之專辭也。士喪禮注曰。髺。古文作括。鬠。古文作括。禮經髺髮戴禮皆作括髮。則用古文。與周禮注引鬠用組作撿。从髟。昏聲。古活切。十五部。⿱髟般臥結也。結今之髻字也。士冠禮。采衣紒。注云。古文紒爲結。按許書皆作結。鄭注經皆作紒。鄭依今文禮。許依古文禮。故糸部有結無紒也。臥髻者。蓋謂寢時盤髮爲之。令可不散。从髟。般聲。讀若槃。薄官切。十四部。⿱髟付結也。廣韵云。露髻。从髟。付聲。方遇切。四部。⿱髟莫⿱髟莫帶、逗。結頭飾也。各本奪二字。今依西京賦注補。⿱髟莫帶二字爲句。如方言之⿱髟莫帶。

䰉　⿱髟介　鬣

所以繞於髻上爲飾者。西京賦。朱⿱髟莫。薛注以絳帕額。按薛注帕乃帞之誤。帞卽⿱髟莫字。其字之本義乃飾髻上也。故从髟。从髟。莫聲。莫駕切。古音在五部。䰉屈髮也。當依廣韵屈上有髻字。屈者。無尾也。引伸爲凡短之偁。方言。絡頭。帞頭也。紗繢。䰉帶。髤帶。帑。幧頭也。自關而西秦晉之郊曰絡頭。南楚江湘之閒曰帞頭。自河以北趙魏之閒曰幧頭。或謂之帑。或謂之㡐。其偏者謂之䰉帶。或謂之髤帶。按䰉者。髻短髮之偁。方言之䰉帶謂帞頭帶於髻上也。帞頭之制。自項中而前交於額。卻繞髻。从髟。貴聲。丘媿切。十五部。⿱髟介簪結也。簪結者。旣簪之髻也。許以笄與兓互訓。而笄有固冕弁之笄。有固髮之笄。子事父母。櫛縰笄總。拂髦。此固髮爲髻之笄也。縰者所以韜髮。韜之而後髻之。髻之而後簪之。旣簪之髻曰⿱髟介。按⿱髟介葢卽今文禮之紒。从髟。介聲。簪之如介畫然。故从介。古拜切。十五部。按曹憲注廣雅曰。按說文⿱髟介卽籒文髻字也。鬣髮鬣鬣也。囟部巤下曰。毛巤也。象髮在囟上及毛髮巤巤之形。巤巤動而直上皃。所謂頭髮上指。髮上衝冠也。辭賦家言

𩯭　髴　髶　鬌　鬊　鬜　鬄

旌旗獵獵。是其假借字也。許意鬣爲今馬鬣字。鬣爲顫動之字。今則鬣行而巤廢矣。人部曰。儠者、長壯儠儠也。字意略同。今左氏傳長儠作長鬣。杜以多須釋之。殊誤。須下垂。不偁鬣。凡上指者偁鬣。**从髟。巤聲。**此舉形聲包會意。良涉切。八部。

𩮜　鬣或从毛。許說毛者通乎獸毛而言。故馬豕之髦亦曰鬣。周禮巾車髮字。故書爲駐。亦或爲䮍。按駐䮍皆卽鬣字也。隸體多假葛爲巤。

獵　或从豕。曲禮曰。豕曰剛鬣。希部曰。豕鬣如筆管者曰豪。是或从豕之意也。

𩯭　鬣也。亦謂髮鬣鬣也。二篆雙聲。**从髟。盧聲。**洛乎切。五部。

髴　**此復舉字之未刪者。若佀也。**佀者、像也。若佀者、絫言之。髴與人部仿佛之佛義同。許無髣字。後人因髴製髣。**从髟。弗聲。**敷勿切。十五部。

髶　亂髮也。此與艸部茸義略同。**从髟。耳聲。**各本作茸省聲。今正。此於雙聲取聲也。而容切。九部。

鬌　髮墮也。鉉本墮作隋。廣韵云。髮落。是也。內則曰。三月之末。擇日翦髮爲鬌。男角女羈。鬌本髮落之名。因以爲存髮不翦者之名。故鄭注云。鬌、所遺髮也。方言、廣雅有毷字。江賦注所引字書有毷字。皆謂落毛。與鬌義相近。**从髟。隋省聲。**鍇本隋作墮。皆通。此舉形聲包會意也。內則音義曰。丁果反。徐大果反。是古音在十七部。匡謬正俗引呂氏字林、玉篇、切韵並直垂反。則轉入十六部矣。大徐引唐韵直追切。在脂韵。非也。宋廣韵直垂切。則同陸法言切韵。

鬊　鬌髮也。士喪禮曰。巾柶鬊爪埋于坎。喪大記。君大夫鬊爪實于綠中。注曰。鬊、亂髮也。漢書曰。黑雲如猋風亂鬊。按鬊爲墮髮。而省字下曰。髮謂之鬊。巛卽鬊也。則髮在頭者亦非不可云鬊矣。**从髟。春聲。**舒閏切。十三部。

鬜　禿也。考工記顅脰。注曰。顅、故書或作牼。鄭司農云。牼讀爲鬜頭無髮之鬜。按大鄭改牼爲鬜。而今書作顅。頁部云。顅、頭鬢少髮也。是鬜顅音義皆同。顅卽鬜也。明堂位注曰。齊人謂無髮爲禿楬。釋名曰。禿、無髮沐禿也。鬜頭生瘡曰瘕。鬝亦然也。鬝與楬皆卽鬜也。**从髟。閒聲。**苦閒切。十四部。經典釋文鬜有苦瞎、枯曷二反。明堂位釋文楬有苦瞎、苦八二反。

鬄　鬀髮也。此篆今經典不見。而五經文字曰。鬄、聽亦反。見詩風注。所云詩風注謂采蘩箋也。今箋云。禮記主婦髲髢。髢釋文作鬄。張參所見作鬄爲是。蓋鄭旣注禮。乃箋詩。自用其禮經注之說也。少牢饋食禮曰。主婦被錫。注云。被錫讀爲髲鬄。古者或鬄賤者刑者之髮。以髲婦人之紒爲飾。因名髲鬄焉。周禮所謂次也。周禮追師注引少牢饋食禮主婦髲鬄。與詩箋皆自用其改易之字。而俗人多識髢、少識鬄。且誤認爲一字。於是二禮及詩注皆改鬄爲鬄、爲髢矣。鬄髢同字。訓髲。髲者、益髮也。今俗所謂頭髲也。鬄者、鬀髮也。然則鄭云鬄髮以髲婦人之紒。卽鬄髮以鬄婦人之紒也。倘經云髲鬄。直重字而已。於義安乎。推詳召南正義。孔沖遠所見禮注詩箋不誤。而顏師古毛詩定本誤也。若毛詩音義云。鬄本亦作髢。徒帝反。劉昌宗吐歷反。沈湯帝反。夫徒帝爲鬄之反語。吐歷、湯帝二反則爲鬄之反語。詩音義之云劉昌宗吐歷反。卽少牢音義之云劉土歷反也。蓋陸氏於鬄鬄未辨。亦溷爲一字。致後來之誤。鬄字見他書者。大玄增次八。兼貝以役。往益來鬄。釋文云。鬄、以刀出髮也。司馬遷傳。鬄毛髮、嬰金鐵受辱。師古鬄音吐計反。文選作剔毛髮。韓非曰。嬰兒不剔首則腹痛。莊子馬蹏。燒之剔之。剔皆鬄之省也。至若由鬄之本義而引伸之。則爲解散。士喪禮特豚四鬄。注曰。鬄、解也。今文鬄爲剔。禮經此鬄、周禮禮記作肆。皆託歷反。本非鬄字也。而今之禮經作鬄。則亦譌字而已矣。○或問大雅皇矣攘之剔之何謂也。曰。釋文云。字或作鬄。詩本作鬄。譌之則爲鬄。俗之則爲剔。非古有剔字也。又周頌狄彼東南。釋文云。狄、韓詩作鬄。除也。鬄亦鬄之譌。鄭箋云。狄當作剔。用韓說也。抑用遏蠻方。箋云。當作剔。蓋鄭不廢剔字。**从髟。从刀。**以刀除髮。會意也。**易聲。**他歷切。十六部。按小徐本作从髟剔聲。此甚誤。大徐本不誤。而毛氏扆改爲从刀剔聲。則誤中又誤矣。許於刀部無剔字。故此篆斷非剔聲也。漢時有剔字。許不錄者。禮古文作鬄。今文作剔。則許於此字從古文。故不取今文也。凡許於禮經。依古文則遺今文。依今文則遺古文。猶鄭之依古文則存今文於注。依今文則存古文於注也。剔者、鬄之省。俗據莊子音義。呂忱乃錄剔字於字林。云剃也。然則呂謂卽俗鬄甚明。今人好用剔字。以剔之當手部他歷切之擿字。蓋非古矣。

髡

髡　鬄髮也。楚辭涉江。接輿髡首。王注云。髡、剔也。剔者、俗鬄字。周禮。髡者使守積。注云。此必

髡　鬀　䰉　⿱髟彔　髽

王之同族不宮者。宮之爲翦其類。髡之而已。而部曰。罪不至髡。完其而鬢曰耏。从髟。兀聲。苦昆切。十三部。

髨或从元。元亦兀聲也。故亦从元聲。古或假完爲髡。如漢刑法志完者使守積。王制注同。

鬀鬄髮也。鬀俗作剃。从髟。弟聲。必次弟除之。故从弟。此亦形聲包會意。他計切。十五部。大人曰髡。謂有罪者。小兒曰鬀。周禮雉氏注曰。雉讀如鬀小兒頭之鬀。韓非曰。嬰兒不剔首則腹痛。剔亦鬀也。葢自古小兒鬀髮。盡及身毛曰鬄。此又析言三字之不同也。上文則渾言之。

䰉鬄也。从髟。竝聲。蒲浪切。十部。按竝聲本在十部。今俗謂卒然相遇曰𢭏。如滂去聲。字當作䰉也。

⿱髟彔䰉也。忽見也。按䰉也二字衍文。集韵類篇增一曰二字於忽見之上。尤非是。从髟。彔聲。芳未切。十五部。此舉形聲包會意也。下文說从彔之意。彔籒文魅。鬼部曰。㣇籒文魅也。彔古文魅也。與此不合。立部逯下亦曰。彔籒文鬽字。然則鬼部之彔誤顯然。亦忽見意。故⿱髟彔从之。

髽喪結也。鄭注喪服曰。髽露紒也。猶男子之括髮。斬衰括髮以麻。則髽亦用麻也。葢以麻自項而前交於額。卻繞紒。如箸幓頭焉。注奔喪曰。去纚大紒曰髽。注檀弓曰。去纚而紒曰髽。戴先生曰。婦人當男子括髮免則髽。齊斬之髽皆布總。禮。女子髽衰。禮謂禮經也。喪服經曰。女子子在室爲父布總。箭笄髽衰三年。按布總箭笄髽者。以布束髮。篠竹爲笄。其髻則露髻。不用纚韜髮也。許所偁者。此經謂斬衰之服也。齊衰亦髽。弔則不髽。魯臧武仲與齊戰於狐鮐。魯人迎喪者始髽。弔則不髽。爲下文張本也。檀弓注曰。禮婦人弔服。大夫之妻錫衰。士之妻則疑衰與皆吉笄無首素總。是婦人弔禮不當髽。檀弓曰。魯婦人之髽而弔也。自敗於壺鮐始也。記禮變之始也。襄四年左傳亦曰。邾人莒人伐鄫。臧紇救鄫。侵邾。敗於狐鮐。國人逆喪者皆髽。魯於是乎始髽。檀弓注曰。其時家家有喪。髽而相弔。後遂因之爲弔服矣。从髟。坙聲。莊華切。十七部。

文三十八　重七

后　㖃　司　詞

后繼體君也。釋詁毛傳皆曰。后、君也。許知爲繼體君者。后之言後也。開刱之君在先。繼體之君在後也。析言之如是。渾言之則不別矣。易象下傳曰。后以施命誥四方。虞云。后、繼體之君也。此許說也。葢同用孟易。經傳多假后爲後。大射注引孝經說曰。后者、後也。此謂后卽後之假借。象人之形。謂上體尸也。尸葢八字横寫。不曰从八而曰象人形者。以非立人也。下文后解亦曰象人。从口。胡口切。四部。易曰。后以施令告四方。此用遘象傳說从口之意。傳曰。天下有風。遘。后以施命誥四方。鄭作詰。許作告。按此條各本作象人之形。施令以告四方。故厂之从一口。發號者君后也。淺人所竄。不成文理。上體旣象人。又何得云从余制切之厂。且从一乎。今以下后字解文法更定。則宜有易曰審矣。凡后之屬皆从后。

㖃厚怒聲。厚當作㫗。㫗與㖃疊韵。諸書用呴字。卽此字也。聲類曰。呴、嗥也。俗作吼。从后口。各本作口后。誤。今正。厚怒故从后。后之言厚也。聲出於口。故从口會意。不云从口后聲系之口部者。許定此爲后口會意。如古文厚之从后上也。后亦聲。呼后切。四部。

文二

司臣司事於外者。外對君而言。君在內也。臣宣力四方在外。故从反后。鄭風。邦之司直。傳曰。司主也。凡主其事必伺察。恐後。故古別無伺字。司卽伺字。見部曰。覹、司也。覗、司人也。人部曰。伏、司也。候、司望也。頁部曰。頪、司人也。犾部曰。獄、司也。豸下曰。欲有所司殺。皆卽今之伺字。周禮師氏、媒氏、禁殺戮之注皆云。司猶察也。俗又作覗。凡司其事者皆得曰有司。从反后。惟反后乃鄉后矣。息茲切。一部。凡司之屬皆从司。

詞意內而言外也。有是意於內。因有是言於外。謂之䛐。此語爲全書之凡例。全書有言意者。如歃言意、欿無腸意、歡悲意、㦎䐡意之類是也。有言䛐者。如欥詮䛐也、者別事䛐也、皆俱䛐也、曶䛐也、魯鈍䛐也、智識䛐也、曾䛐之舒也、乃䛐之難也、尒䛐之必然也、矣語已䛐也、弞兒䛐也、粤驚䛐也、嗚苐惡驚䛐也、䰎苐鬼警䛐也、皋衆與詈也之類是也。意卽意內。詈卽言外。言意而詈見。言詈而意見。意者文字之義也。言者文字之聲也。詈者文字形聲之合也。凡許之說字義皆意內也。凡許之說形說聲皆言外也。有義而後有聲。有聲而後有形。造字之本也。形在而聲在焉。形聲在而義在焉。六藝之學也。詈與辛部之辭。其義迥別。辭者說也。从𤔔辛。𤔔辛猶理辜。謂文辭足以排難解紛也。然則辭謂篇章也。詈者意內而言外。从司言。此謂摹繪物狀及發聲助語之文字也。積文字而爲篇章。積詈而爲辭。孟子曰。不以文害辭。不以詈害辭也。孔子曰。言以足志。詈之謂也。文以足言。辭之謂也。大行人故書汁詈命。鄭司農云。詈當爲辭。此二篆之不可掍一也。**从司言。**司者主也。意主於內而言發於外。故从司言。陸機賦曰。辭呈材以效伎。意司契而爲匠。此字上司下言者。內外之意也。郭忠恕佩觿曰。詞朗之字。是謂隸行。本作詈朖。李文仲字鑑曰。詞朖崩秋字。說文作詈朖嘣烋。是可證古本不作詞。今各本篆作詞。誤也。似茲切。一部。

文二

后　⿸后專　⿸后耑

后　圜器也。內則注曰。后。匜酒漿器。**一名觛。**角部曰。觛者小后也。急就篇亦后觛並舉。此渾言析言之異也。項羽本紀。項王曰。賜之后酒。則與斗后酒。斗后者。后之大者也。與下文彘肩言生意同。**所吕節飲食。**飲食在是。節飲食亦在是也。故从卪。**象人。**謂上體似人字橫寫也。**卪在其下也。**后从人卪。與后从人口同意。章移切。十六部。**易曰。君子節飲食。**頤象傳文。偁此說从卪之意。古多假節爲卪。**凡后之屬皆从后。**

⿸后專　小后有耳蓋者。急就篇皇象本槫榼椑⿸后虒。槫卽⿸后專也。有耳蓋、謂有耳有蓋也。**从后。專聲。**市沇切。十四部。

⿸后耑　小后也。顏師古急就篇椯榼椑⿸后虒。椯卽⿸后耑也。**从后。耑聲。讀若捶擊之捶。**廣韻之累切。大徐言沇切。由十四部轉入十六部也。

文三

卪　令　⿰比卪　⿰多卪

卪　瑞信也。瑞者、以玉爲信也。周禮典瑞注曰。瑞、節信也。典瑞若今符璽郎。掌節注曰。節猶信也。行者所執之信。邦節者、珍圭、牙璋、穀圭、琬圭、琰圭也。按是五玉者皆王使之瑞卪。引伸之凡使所執以爲信、而非用玉者皆曰卪。下文是也。**守邦國者用玉卪。守都鄙者用角卪。**鄭云。謂諸侯於其國中。公卿大夫王子弟於其采邑。有所使亦自有節也。**使山邦者用虎卪。土邦者用人卪。澤邦者用龍卪。**鄭云。謂使卿大夫聘於天子諸侯行道所執之信也。是三卪者皆以金爲之。鑄虎人龍象焉。必自以其國所多者。於以相別爲信。**門關者用符卪。貨賄用璽卪。道路用旌卪。**鄭云。門關、司門司關也。貨賄者、主通貨賄之官。謂司市也。道路者、主治五涂之官。謂鄉遂大夫也。凡民遠出至於邦國、邦國之民若來入、由門者、司門爲之節。由關者、司關爲之節。其商則司市爲之節。其以徵令及家徙、則鄉遂大夫爲之節。符節者、如今宮中諸官詔符也。璽節者、今之印章也。旌節、今使者所擁節是也。已上八句皆周禮掌節職文。此三句許意葢與鄭注不同。云門關者、蒙上文使字而言。謂使於門關者也。**象相合之形。**若卬篆則兩合矣。子結切。十二部。**凡卪之屬皆从卪。**

令　發號也。号部曰。號者、嘑也。口部曰。嘑者、號也。發號者、發其號嘑以使人也。是曰令。人部曰。使者、令也。義相轉注。引伸爲律令、爲時令。詩箋曰。令、善也。按詩多言令。毛無傳。古文尚書言靈。見般庚、多士、多方。般庚正義引釋詁。靈、善也。葢今本爾雅作令、非古也。凡令訓善者、靈之假借字也。**从亼卪。**號嘑者、招集之卪也。故从亼卪會意。力正切。古音在十二部。

⿰比卪　輔信也。相輔之信也。信者卪也。从比故以輔釋之。周禮掌節、掌守邦節、而辨其用、以輔王命。**从卪。比聲。**當云从比卪、比亦聲。古音在十五部。大徐毗必切。**虞書曰。⿰比卪成五服。**臯陶謨文。今尚書作弼。

⿰多卪　有大慶也。慶各本作度。今依廣韻正。慶者、行賀人也。大慶、謂大可賀之事也。凡从多之字訓大。釋言曰。庶、侈也。是其義。**从卪。多聲。讀若侈。**充豉切。古音在十七部。

䣃　卲　卮　厀　卷　卻　卸　卯　𠨐

䣃宰之也。未聞。葢謂主宰之也。主宰之則制其必然。故从必。按衛風有斐君子。釋文云。韓詩作䣃。美皃。葢卽此字。而今本釋文及廣韵皆誤从邑作䣃。廣韵从六至云。䣃、好皃。五質云。䣃、地名。在鄭。又美皃。其誤甚矣。从卪。必聲。兵媚切。古音在十二部。玉篇無此字。廣韵亦有䣃無䣃。

卲高也。廣雅釋詁同。法言曰。公儀子、董仲舒之才之。卲也。又曰。賢皆不足卲也。从卪。召聲。寔照切。二部。

卮科厄、逗。疊韵字。木卪也。卪各本作節。誤。今正。凡可表識者皆曰卪。竹之卪曰節。木之卪曰科厄。易曰。艮於木爲多節。科厄、肸起之皃。从卪。厂聲。五果切。玉篇牛戈切。十七部。按厂聲在十六部。合韵冣近也。賈侍中說。㠯爲厄、逗。裹也。別一義。不連科字。一曰厄、逗。葢也。又一義。不連科字。

厀脛頭卪也。肉部曰。腳、脛也。脛、胻也。厀者在脛之首。股與腳閒之卪也。故从卪。从卪。桼聲。息七切。十二部。俗作膝。

𢀿厀曲也。卷之本義也。引伸爲凡曲之偁。大雅有卷者阿。傳曰。卷曲也。又引伸爲舒卷。論語。邦無道則可卷而懷之。卽手部之捲收字也。又中庸。一卷石之多。注曰。卷猶區也。又陳風碩大且卷。傳曰。卷、好皃。此與齊風傳鬈好皃同。謂卽一字也。檀弓女手卷然。亦謂好皃。从卪。𢍏聲。十四部。巨員切。大徐但云居轉切。

𠨬卪卻也。各本作節欲也。誤。今依玉篇欲爲卻。又改節爲卪。卪卻者節制而卻退之也。从卪。谷聲。去約切。古音在五部。俗作却。

卸舍車解馬也。舍、止也。馬㠯駕車。止車則解馬矣。一說。解馬謂騎解鞌。方言曰。發、舍車也。東齊海岱之閒謂之發。宋趙陳魏之閒謂之稅。郭注。今通言發寫。按發寫卽發卸也。寫者卸之假借字。曲禮曰。器之漑者不寫。其餘皆寫。義正同卸。今卸爲通用俗語。从卪止。行止有節。午聲。依韵會所據小徐本。讀若汝南人寫書之寫。司夜切。古音在五部。

𠨍二卪也。義取於𢀩。巺从此。見丌部。闕。謂其讀若未聞也。大徐云士戀切者、取饌僎僝等字之音義爲之。廣韵亦云。卯、具也。士戀切。

𠨐卪也。闕。按玉篇曰。說文云闕。葢本祇有闕字。其形反卪。其義其音則葢闕。今本說其義云卪也。說其音云則候切。皆肊爲之。非許意。

文十三

印　归

𦥑執政所持信也。凡有官守者皆曰執政。其所持之卪信曰印。古上下通曰璽。周禮璽節注曰。今之印章。按周禮。守邦國者用玉節。守都鄙者用角節。謂諸侯於其國中。公卿大夫於其采邑用之。是卽用印之始也。季武子於周禮爲守都鄙者。而以璽書達於魯君。是古有印明矣。葢以簡冊書之。而寓書於遠。必用布帛檢之。以璽泥印之。至用縑素爲書。而印之用更廣。漢官儀。諸侯王黃金璽。橐駝鈕。文曰璽。列侯黃金龜鈕。文曰章。御史大夫金印紫綬。文曰章。中二千石銀印龜鈕。文曰章。千石至四百石皆銅印。文曰印。从爪卪。會意。手所持之卪也。左傳。司馬握節以死。於刃切。十二部。凡印之屬皆从印。

归按也。按當作印按也。淺人刪去印字耳。按者下也。用印必向下按之。故字从反印。淮南齊俗訓曰。若璽之抑埴。正與之正。傾與之傾。璽之抑埴卽今俗云以印印泥也。此抑之本義也。引伸之爲凡按之偁。內則。而敬抑搔之。注曰。抑、按也。又引伸之爲凡謙下之偁。賓筵傳曰。抑抑、愼密也。假樂傳曰。抑抑、美也。抑傳曰。抑抑、密也。猗嗟傳曰。抑、美色。論語三用抑字。皆轉語詞。於按下之意相近。抑詩。國語作懿。戒。懿同。抑抑。此皇父懿厥哲婦。懿亦同抑。鄭云。抑之言噫。噫、有所痛傷之聲也。从反印。用印者必下向。故緩言之曰印。急言之曰㠯。詩賓筵抑與泌韵。假樂與秩韵。古音在十二部。㠯卽印之入聲也。今音於棘切。入二十四職。抑俗从手。从手。既从反爪矣。又从手。葢非是。

文二　重一

色

色顏气也。顏者兩眉之閒也。心達於气。气達於眉閒。是之謂色。顏气與心若合符卪。故其字从人卪。記曰。孝子之有深愛者。必有和气。有和气者。必有愉色。有愉色者。必有婉容。又曰。戎容。盛氣闐實陽休。玉色。孟子曰。仁義理智根於心。其生色也睟然。見於面。此皆从人卪之理也。主色而後見於面。所謂陽氣浸淫。幾滿大宅。許曰。面顏前也。是也。魯頌。載色載笑。傳曰。色。溫潤也。大雅。令儀令色。箋云。善威儀善顏色也。內則曰。柔色以溫之。玉藻曰。色容莊。色容顛顛。色容厲肅。論語曰。色難。色思溫。色勃如也。正顏色。引伸之爲凡有形可見之偁。从人卪。此部不與从人爲伍而與从卪爲伍者。重卪也。所力切。一部。凡色之屬皆从色。（𦫳）古文。

艴　色艴如也。按此當作艴怒色也。孟子。曾西艴然不悅。趙曰。艴慍怒色也。从色。弗聲。蒲沒切。十五部。論語曰。色艴如也。見鄉黨篇。今論語作勃。朩部引論語作孛。蓋必有古、魯、齊之別在其閒矣。或曰。依論語則非怒色也。不知怒者盛氣之偁。不嫌同䛐。孟子。王勃然變乎色。不與今鄉黨同䛐乎。

艵　縹色也。縹者。帛青白色也。李善注神女賦。艵薄怒以自持。引方言。艵怒色青皃。今方言無此語。玉篇引楚辭。玉色艵以脕顏。今遠遊作頩。頩與艵同也。按許不云怒色。縹但云縹色者。人或色青不必怒也。遠遊玉色艵以脕顏。謂光澤鮮好。不謂怒色。大招說美人亦云。青色直眉。从色。幷聲。普丁切。十一部。

文三　重一

卯　事之制也。从卪卩。卪卩令人讀節奏。合乎節奏乃爲能制事者也。凡卯之屬皆从卯。闕。此闕謂闕其音也。其義其形既憭矣。而讀若某則未聞也。今說文去京切。玉篇、廣韵皆云說文音卿。此葢淺人肊以卿讀讀之。卿用卯爲義形不爲聲形也。玉篇子兮切。取卪字平聲讀之。廣韵子禮切。取卪上聲讀之。葢其音必有所受之矣。

卿　章也。此以疊韵爲訓。白虎通曰。卿之爲言章也。章善明理也。六卿。天官冢宰。地官司徒。春官宗伯。夏官司馬。秋官司寇。冬官司空。周禮之六卿也。周禮曰。治官之屬。太宰卿一人。教官之屬。大司徒卿一人。禮官之屬。大宗伯卿一人。政官之屬。大司馬卿一人。刑官之屬。大司寇卿一人。其一則事官之屬。大司空卿一人也。天子六鄉。鄉老二鄉則公一人。鄉大夫每鄉卿一人。即此六卿也。从卯。皀聲。皀下曰。又讀若香。卿字正从此讀爲聲也。古音在十部。讀如羌。今音去京切。鳥部鶡字皀聲。則在古音七部。

文二

辟　法也。法當作灋。小雅。辟言不信。大雅。無自立辟。傳皆曰。辟、法也。又文王有聲箋、抑箋、周禮鄉師注、戎右注、小司寇注、曲禮下注皆同。引伸之爲罪也。見釋詁。謂犯法者則執法以罪之也。又引伸之爲辟除。如周禮閽人爲之辟。孟子。行辟人。以及辟寒、辟惡之類是也。又引伸之爲盤辟。如禮經之辟。鄭注逡遁是也。又引伸爲一邊之義。如左傳曰。闕西辟是也。或借爲僻。或借爲避。或借爲譬。或借爲闢。或借爲壁。或借爲襞。从卪辛。節制其辠也。節當作卪。俗所改也。以卪制說卪。以辠說辛。辛从辛。辛、辠也。故辛亦訓辠。从口。句。用法者也。用法上當再出口字。以用法說从口。辟合三字會意。必益切。十六部。凡辟之屬皆从辟。

𨐨　法也。各本作治也。今依尙書釋文正。金縢云。我之弗辟。某氏云。治也。馬鄭音避。謂避居東都。說文作𨐨。云。必亦反。法也。从辟井。制字下引易曰。井者法也。辟亦聲。必益切。十六部。周書曰。我之不𨐨。許所據壁中古文也。葢孔安國以今字讀之。乃易爲辟字。馬鄭所注者。從孔讀。不今尙書作弗。

𨐭　治也。ノ部曰。乂、芟艸也。今則乂訓治而𨐭廢矣。詩作艾。小雅小旻傳曰。艾、治也。从辟。乂聲。魚廢切。十五部。虞書曰。當作唐書。說詳禾部。有能俾𨐭。見堯典。今𨐭作乂。葢亦自孔安國以今字讀之。已然矣。計𨐨𨐭字秦漢不行。小篆不用。倉頡等篇不取。而許獨存之者。尊古文經也。尊古文也。凡尊經尊古文之例視此。

文三

勹　裹也。今字包行而勹廢矣。象人曲形有所包裹。包當作勹。淺人改也。布交切。以包苞匏字例之。古音在三部。凡勹之屬皆从勹。

匑　曲脊也。此論語鄉黨聘禮記鞠躬之正字也。聘禮鞠躬亦作鞠窮。史記魯世家作匔窮。徐廣云。見三蒼。謹敬皃也。音穹窮。廣雅亦曰。匔窮謹敬也。

漢書注曰：鞠躬，謹敬也。葢上字丘弓切，下字巨弓切，爲疊韵。如左傳鞠窮之卽營藭耳。上字亦讀丘六切，仍是聯綿字。孔注論語曰：斂身。許曰：曲脊。葢未有謹敬而不傴僂者也。許無匑竆字者，以匔躬爲正字。鞠則匔之假借字也。鞠躬行而匔廢矣。**从勹，竆省聲。**巨六切。三部。音轉入九部。

匍　**手行也。**今人以手摸索其語，薄乎切，當作此字。**从勹，甫聲。**薄乎切。五部。

匐　**伏地也。**匐伏疊韵。釋名曰：匍匐，小兒時也。匍猶捕也，藉索可執取之言也。匐，伏也，伏地行也。人雖長大，及其求事盡力之勤，猶亦稱之。詩曰：凡民有喪，匍匐救之。是也。按二篆可合用，可析言。**从勹，畐聲。**蒲北切。一部。

匊　**在手曰匊。**唐風椒聊之實，蕃衍盈匊。小雅：終朝采綠，不盈一匊。毛皆云：兩手曰匊。此云在手，恐傳寫之誤。手部曰：持，握也。握，搤持也。搤，捉也。捉，搤也。把，握也。然則在手曰捉，曰搤，曰握，曰持，曰把，不曰匊也。據篇韵所言，則許書之譌久矣。玉篇曰：古文作臼。此語尤誤。臼者，叉手也。叉者，手指相錯也。廣韵以兩手奉物訓臼，誤矣。方言曰：掬，離也。燕之外郊朝鮮洌水之閒曰掬。此方俗殊語，不係乎本字也。**从勹米。**會意。米至㪚，兩手兜之而聚。居六切。三部。俗作掬。

勻　**少也。**少當作市，字之誤也。市者，匊也。匊者，市徧也。徧者，市也。是可以得勻之義矣。廣韵曰：勻，徧也，齊也。作少必譌。**从勹二。**羊倫切。十二部。

勼　**聚也。**釋詁曰：鳩，聚也。左傳作鳩，古文尚書作逑，辵部曰：逑，斂聚也。莊子作九。今字則鳩行而勼廢矣。**从勹，九聲。**此當作从勹九，九亦聲。轉寫奪之。**讀若鳩。**居求切。三部。

旬　**徧也。**小徐無也字，非是。大雅：王命召虎，來旬來宣。傳曰：旬，徧也。菀彼桑柔，其下侯旬。傳曰：旬言陰均也。周禮：均人，豐年則公旬用三日焉。注曰：旬，均也。讀如營營原隰之營。易：坤爲均。今書亦有作旬者。內則：旬而見。注曰：旬當爲均。嫡妾同時生子，以生先後見之也。易說卦：坤爲均。今亦或作旬。按旬與均音義皆略同。土部曰：均，平徧也。又按許書古文鈞作鋆，儀禮今文絢作約，知古旬勻二篆相假爲用。**十日爲旬。**此徧中之一義也。而必言之者，說此篆从勹日之意也。日之數十，自甲至癸而一徧。**从勹日。**勹日猶勹十也。詳遵切。十二部。

古文。按从日勻會意。

勽　**覆也。**此當爲抱子、抱孫之正字。今俗作抱，乃或捊字也。衣部之褢，則訓褢也。**从勹人。**薄晧切。廣韵薄報切。古音在三部。

匈　**膺也。**肉部曰：膺，匈也。二篆爲轉注。膺自其外言之，無不當也。匈自其中言之，無不容也。無不容，故从勹。**从勹，凶聲。**許容切。九部。今字胷行而匈廢矣。

匈或从肉。

𠣜　**帀徧也。**徧，衍文，當刪。帀下曰：𠣜也。與此爲轉注。帀則無不徧者，不待言徧也。𠣜與周義別。口部曰：周者，密也。周自其中之密言之；𠣜自其外之極復言之。凡圜周、方周，周而復始，其字當作𠣜，謂其極而復也。凡圜冪、方冪、冪積謂之周，謂其至密無疏罅也。左傳以周疏對文，是其義。今字周行而𠣜廢，槩用周字，或又作週，殊爲乖舛。名之當正者也。有帀而不密者，有密而不帀者，故其字宜辨也。宙者，舟輿所極復。𠣜與宙音義皆相近。易曰：周流六虛。葢自古叚周爲𠣜矣。**从勹，舟聲。**職流切。三部。

匌　**帀也。**匌之言合也。帀而與朝合矣。海賦曰：磊匌而相杝。按釋詁曰：敆、郃，合也。郃乃地名，於義無取，當爲匌字之假借也。**从勹合，合亦聲。**侯閤切。七部。

匓　**飽也。从勹。**象腹、**𣪘聲。**己又切。又乙庶切。按己又是也。三部。**民祭，**句。**祝曰厭匓。**祝或作祀，非。厭當作猒。飽也。求鬼神之猒飫也。

復　**重也。**今則複行而復廢矣。**从勹，復聲。**扶富切。三部。廣韵匹北切。

或省彳。集韵云：古作𠣞。按小徐本有𠣞無復，云从勹夏聲。

冢　**高墳也。**土部曰：墳者，墓也。墓之高者曰冢。周禮冢人掌公墓之地是也。按釋山云：山項曰冢。鄭注冢人云：冢，封土爲丘壟，象冢而爲之。此從爾雅說也。許以冢爲高墳之正偁，則不用爾雅說。引伸之，凡高大曰冢。釋山及十月之交傳：山項曰冢，乃借冢偁耳。釋詁曰：冢，大也。太子曰冢子，太宰曰冢宰。**从勹，**墓取勹義。**豖聲。**知隴切。九部。按豖聲本在三部，此合音也。古音冢必可讀如獨矣。

文十五　重三

包

妊也。二字各本無。今推文意補。下文十三字乃說字形、非說義。則必當有說義之文矣。女部曰。妊者、孕也。子部曰。孕者、褢子也。引伸之爲凡外裹之偁。亦作苞。皆假借字。凡經傳言苞苴者、裹之曰苞。藉之曰苴。象人褢妊。巳在中。象子未成形也。勹象褢其中。巳字象未成之子也。勹亦聲。布交切。古音在三部。元气起於子。子、人所生也。子下曰。十一月陽气動。萬物滋。人以爲偁。男左行三十。女右行二十。俱立於巳。爲夫婦。左右當作𠂇又。男自子左數次丑、次寅、次卯。爲左行。順行。凡三十得巳。女自子右數次亥、次戌、次酉。爲右行。逆行。凡二十亦得巳。至此會合。故周禮令男三十而娶。女二十而嫁。是爲夫婦也。褢妊於巳。巳爲子。下巳字衍。巳部曰。巳者、巳也。四月陽气巳出。陰气巳藏。萬物見。成文章。故夫婦會合而褢妊。是爲子也。十月而生。十月上當有子字。易本命曰。天一地二人三。三三而九。九九八十一。一主日。日數十。故人十月而生。男起巳至寅。女起巳至申。故男年始寅。女年始申也。淮南氾論曰。禮三十而娶。高云。三十而娶者、陰陽未分時俱生於子。男從子數左行三十年立於巳。女從子數右行二十年亦立於巳。合夫婦。故聖人因是制禮。使男三十而娶。女二十而嫁。其男子自巳數左行十得寅。故人十月而生於寅。男子數從寅起。女自巳數右行十得申。亦十月而生於申。故女子數從申起。高說與許說同。神仙傳王綱云。陽生立於寅。純木之精。陰生立於申。純金之精。夫以木投金。無往不傷。是以金不爲木屈。而木常畏於金。按今日者卜命。男命起寅。女命起申。此古法也。自元气至此文詳說从巳之意。凡包之屬皆从包。

胞

兒生裹也。包謂母腹。胞謂胎衣。小雅。不屬于毛。不離于裏。箋云。今我獨不得父皮膚之氣乎。獨不處母之胞胎乎。釋文胞音包。今俗語同胞是也。其借爲脬字、則讀匹交切。脬者、旁光也。腹中水府也。从肉包。包子之肉也。不入肉部者、重包也。包亦聲。匹交切。古音在三部。

匏

瓠也。瓠下曰。匏也。與此爲轉注。匏判之曰蠡。曰瓢。曰蓋。邶風傳曰。匏謂之瓠。謂異名同實也。豳風傳曰。壺、瓠也。此謂壺卽瓠之假借字也。从包。从瓠省。瓠省舊作瓠聲。誤。韵會作从夸、包聲。亦誤。今正。从包瓠者、能包盛物之瓠也。不入瓠部者、重包也。包亦聲。薄交切。古音在三部。包、逗。取其可包藏物也。說从包之意。藏當作臧。

文三

茍

自急敕也。急與茍雙聲。敕與茍疊韵。急者、褊也。敕者、誡也。此字不見經典。惟釋詁。寁駿肅亟遄速也。釋文云。亟字又作茍。同。居力反。經典亦作棘。同。是其證。可謂一字千金矣。而通志堂刻乃改爲急字。葢誤仞爲从艸之苟也。急不得反居力。與亟棘音大殊。幸抱經堂刻正之。或欲易禮經之茍敬爲苟。則又繆。○小雅六月。古作我是用戒。亦作我是用棘。俗本改作急。與飭服國不韵。正同此。从羊省。从勹口。从勹口三字各本作从包省从口五字。誤也。已力切。一部。勹口、逗。各本無勹字。今補。猶慎言也。說从勹口之意。从羊、與義善美同意。各本疊羊字。誤。今刪。說从羊之意。羊者、祥也。凡茍之屬皆从茍。

古文不省。

敬

肅也。肅部曰。肅者、持事振敬也。與此爲轉注。心部曰。忠、敬也。憼、敬也。恭、肅也。惰、不敬也。義皆相足。後儒或云主一無適爲敬。夫主一與敬義無涉。且文子曰。一也者、無適之道也。淮南詮言曰。一者、萬物之本也。無敵之道也。適卽敵字。非他往之謂。从攴茍。攴猶迫也。迫而茍也。居慶切。十一部。

文二　重一

鬼

人所歸爲鬼。以疊韵爲訓。釋言曰。鬼之爲言歸也。郭注引尸子。古者謂死人爲歸人。左傳子產曰。鬼有所歸。乃不爲厲。禮運曰。䰟氣歸於天。形魄歸於地。从儿、甶象鬼頭。自儿而歸於鬼也。从厶。二字今補。厶讀如私。鬼陰气賊害、故从厶。陰當作侌。此說从厶之意也。神陽鬼陰。陽

䰠　䰟　魄

公陰私。居偉切。十五部。**凡鬼之屬皆从鬼。**[seal]**古文从示。**[seal]**神也。**當作神。鬼也。神鬼者。鬼之神者也。故字从鬼申。老子曰。其鬼不神。封禪書曰。秦中㝡小鬼之神者。中山經。青要之山。䰠武羅司之。郭云。䰠卽神字。許意非一字也。**从鬼申聲。**食鄰切。十二部。[seal]**陽气也。**陽當作昜。白虎通曰。䰟者沄也。猶沄沄行不休也。淮南子曰。天气爲䰟。左傳子產曰。人生始化曰魄。旣生魄。陽曰䰟。用物精多。則䰟魄强。**从鬼云聲。**各本篆體作魂。今正。李文仲字鑑曰。說文本下形上聲。今作魂。右形左聲。如詞朗崩秋。說文本作䛐朖𡺸烁。今從隸變。又召字形在左則爲叨。含字聲在右則爲吟。字畫稍改。則爲別字。按李氏在元時。猶見說文舊本。故䛐䰟等字不誤。今則大徐本皆作魂。惟小徐本作䰟。廣韵。集韵。韵會亦作䰟。乃乾隆閒汪啟淑刻小徐書。翦割俗刻說文之篆文付梓人。而抄本䰟字不可復見矣。是故刻書不可不慎也。䛐之必司上言下者。意內言外之象也。䰟之必鬼下云上者。陽氣沄沄而上之象也。曰云聲者。舉形聲包會意。戶昆切。十三部。[seal]**陰神也。**陰當作侌。陽言气。陰言神者。陰中有陽也。白虎通曰。魄者迫也。猶迫迫然箸於人也。淮南子曰。地氣爲魄。祭義曰。氣也者神之盛也。魄也者鬼之盛也。鄭云。氣謂噓吸出入者也。耳目之聰明爲魄。郊特牲曰。䰟氣歸於天。形魄歸於地。祭義曰。死必歸土。此之謂鬼。其氣發揚於上。神之箸也。是以聖人尊名之曰鬼神。按䰟魄皆生而有之。而字皆从鬼者。䰟魄不離形質。而非形質也。形質亡而䰟魄存。是人所歸也。故从鬼。**从鬼白聲。**孝經說曰。魄白也。白明白也。䰟芸也。芸芸動也。普百切。古音在五部。

䰡　魖

[seal]**厲鬼也。**厲之言烈也。厲鬼謂虐厲之鬼。厲或作癘。非。左傳曰。其何厲鬼也。月令注曰。昴有大陵積尸之氣。氣佚則厲鬼隨而出行。虛危有墳墓四司之氣爲厲鬼。將隨强陰出害人。西山經。剛山是多神䰡。䰡卽此䰡字。郭云。离魅之類也。恥二反。或作𣧑。今本山海經傳譌舛。依集韵類篇正。**从鬼失聲。**丑利切。按失聲古音在十二部。集韵類篇又丑栗切。[seal]**秏鬼也。**秏舊作耗。今正。秏者乏無之言。東京賦曰。殘夔魖與罔象。夔木石之怪也。罔象水之怪也。與魖爲三物。**从**

魃　鬽　鬾

鬼。虛聲。形聲包會意。朽居切。五部。[seal]**旱鬼也。**大雅雲漢曰。旱魃爲虐。傳曰。魃旱神也。此言旱鬼。以字从鬼也。神鬼統言之則一耳。山海經曰。大荒之中。有山名曰不句。有黃帝女妭。本天女也。黃帝下之殺蚩尤。不得復上。所居不雨。妭卽魃也。詩正義不引此而引神異經。神異經乃不知何人假託東方朔者。郭傳山海經不云妭卽詩之旱魃。而云音如旱魃之魃。疏矣。女部曰。妭。婦人美皃。然則山海經爲假借字。**从鬼犮聲。**蒲撥切。十五部。**周禮有赤魃氏。除牆屋之物也。**周禮秋官之屬赤犮氏。掌除牆屋。以蜃炭攻之。以灰灑毒之。鄭云。赤犮猶言捇拔也。主除蟲豸自埋者。按許作赤魃。蓋其所據本不與鄭同。其云除牆屋之物物讀精物。鬼物之物。故毆之之官曰赤魃氏。說義亦與鄭異。蓋賈侍中說與。**詩曰。旱魃爲虐。**[seal]**老物精也。**各本作精物。今依蕪城賦王莽傳二注正。論衡曰。鬼者老物之精也。漢藝文志有神鬼精物之語。則作精物亦通。周禮以夏日至致地示物鬽。注曰。百物之神曰鬽。引春秋傳螭鬽魍魎。按今左傳作魅。釋文本作鬽。服虔注云。魅怪物。或云魅人面獸身而四足。好惑人。山林異氣所生。**从鬼彡。**密祕切。十五部。**彡、鬼毛。**說从彡之意。彡者毛飾畫之文。因以爲毛之偁。[seal]**或从未。**从未爲聲。[seal]**籒文。从彖首。从尾省聲。**彖首謂彖也。彖之頭也。或曰當是彖首尾聲。猶未聲也。按此篆今訛爲二。彔古文也。𢑚籒文也。與解語不相應。亦與彡部立部不相應。今刪正。鬽當是古文。則彔爲籒文審矣。○七篇彔下云刻木彔彔也。盧谷切。與此相似而非一字。从彖首當是从彔省。篆當作彔。轉寫失其眞。[seal]**鬼服也。**衣部曰。褮鬼衣也。周禮大喪廞裘注曰。廞興也。若詩之興。謂象似而作之。凡爲神之偶衣物必沽而小耳。**一曰。小兒鬼。**漢舊儀顓頊氏有三子。生而亾去爲疫鬼。一居江水爲瘧鬼。一居若水爲魍魎蜮鬼。一居人宮室區隅善驚人爲小兒鬼。按此條東京賦注所引較完。亦尙有奪字。後漢書禮儀志注所引則不可讀。東京賦。八靈爲之震慴。況鬾蜮與畢方。薛解云。鬾小兒鬼也。畢方父老神也。**从鬼支聲。**奇寄切。十六部。按二義同音。李善東京賦注。巨宜切。廣韵以鬼服去聲。小兒鬼平聲。非也。韓詩傳曰。鄭交甫逢二女魅服。葢韓詩內傳語也。文選江賦注引韓詩內傳。鄭交甫漢皐臺下遇二女。請其佩。二女與佩。交甫懷之。循探之卽亡矣。南都賦注引韓詩外傳。鄭交甫遇二女。佩兩珠。大如荆雞之卵。七發注引韓詩序曰。漢廣悅人也。漢有游女。不可求思。薛君曰。謂漢神也。許所偁亦說此詩之語。

鬼皃。从鬼虎聲。虎烏切。五部。

鬼俗也。謂好事鬼成俗也。淮南人閒訓曰。荆人鬼。越人禨。高云。鬼好事鬼也。禨禨祥也。景十三王傳。治宮室禨祥。伏虔曰。禨祥。求福也。史記正義引顧野王云。禨祥。吉凶之先見也。按伏讀禨同祈。顧讀爲知幾其神之幾。皆好事鬼之意耳。玉藻少儀二篇禨字乃旣嘰之假借。小食也。从鬼幾聲。渠稀切。十五部。各書从示作禨。同。淮南傳曰吳人鬼越人鬾。淮南傳謂鴻烈也。吳今鴻烈作荆。列子說此事亦作楚。疑荆字是。

鬼彪聲。䰢䰢不止也。从鬼需聲。奴豆切。四部。當依廣韵人朱乃侯二切。

鬼變也。鬼之變匕也。从鬼化聲。呼駕切。十七部。

見鬼驚詞也。見鬼而驚駭其詞曰䰐也。䰐爲奈何之合聲。凡驚詞曰那者卽䰐字。如公是韓伯休那是也。左傳棄甲則那亦是奈何之合聲。从鬼難省聲。讀若詩受福不儺。小雅桑扈受福不那。傳曰。那多也。此作不儺。疑字之誤。或是三家詩。諾何切。十七部。

鬼皃。此葢與[illegible]之義相近。从鬼賓聲。符眞切。十二部。

可惡也。鄭風無我魗兮。鄭云。魗亦惡也。是魗卽醜字也。凡云醜類也者。皆謂醜卽疇之假借字。疇者今俗之儔類字也。內則曰。鼈去醜。鄭云。醜謂鼈竅也。謂卽爾雅白州驠之州字也。从鬼。非眞鬼也。以可惡故从鬼。酉聲。昌九切。三部。○按此下大徐補一魗篆。以言部有讟篆从魗聲也。但許書故有一字从二聲之例。且釋獸云。魋如小熊。竊毛而黃。是當命爲从隹鬼聲。入隹部。不當入鬼部。肊解之曰神獸也。

各本無此篆。考玄應書五引說文。魑字助交切。訓捷健也。又引廣雅。魑捷也。聲類。魑疾也。葢後人以勦代魑。而說文魑字亡矣。玉篇曰。魑剽輕爲害之鬼也。說文訓當云鬼捷皃。疑魑篆卽魑篆之譌。从鬼堯聲。玉篇士交切。廣韵楚交切。

文十七　刪魋。補魑。

重四　今魅之重文刪一。則重三。

鬼頭也。象形。敷勿切。十五部。凡由之屬皆从由。

惡也。从由虎省。虎上體省而儿不省。儿者似人足而有爪也。於貴切。十五部。鬼頭而虎爪。可畏也。會意。

古文省。下象爪形。

母猴屬。爪部曰。爲者母猴也。夊部曰。夒一曰母猴也。郭氏山海經傳曰。禺似獼猴而大。赤目長尾。今江南山中多有。說者不了。乃作牛字。按左傳會公爲。檀弓作公叔禺人。可證爲禺是一物也。頭侣鬼。故从由。从由从内。牛具切。古音在四部。讀如偶。

文三　重一

姦衺也。衺字淺人所增。當刪。女部曰。姦者厶也。二篆爲轉注。若衺者。㐮也。㐮者衺也。亦二篆爲轉注。不與姦厶相淆也。公私字本如此。今字私行而厶廢矣。私者禾名也。韓非曰。倉頡作字。自營爲厶。見五蠹篇。今本韓非營作環。二字雙聲語轉。營訓市居。環訓旋繞。其義亦相通。自營爲厶。六書之指事也。八厶爲公。六書之會意也。息夷切。十五部。凡厶之屬皆从厶。

屰而奪取曰篡。奪當作敓。奪者手持隹失之也。引伸爲凡遺失之偁。今吳語云奪落是也。敓者彊取也。今字奪行敓廢。但許造說文時。畫然分別。書中不應自相剌謬。凡讀許書當先校正。有如此者。屰而敓者。下取上也。从厶。姦謀也。算聲。初宦切。十四部。

相訹呼也。呼當作評。評召也。言部曰。訹者羑也。羑與訹二篆爲轉注。今人以手相招而口言羑。正當作此字。今則誘行而羑廢矣。从厶美。羊部曰。羑者進善也。訹之若進善然。故从美。與久切。三部。

或从言秀。秀聲也。召南曰。有女懷春。吉士誘之。傳曰。誘道也。按道卽導字。大雅天之牖民。傳曰。牖道也。是則傳謂牖誘同字。大雅牖民。韓詩外傳樂記作誘民。古二字多通用。釋詁曰。誘進也。儀禮誘射。鄭曰。誘猶教也。樂記知誘於外。鄭曰。誘猶道也。引也。葢善惡皆得謂之誘。論二字之本義。牖訓窗明。誘訓相訹。固有不同。故羑必从厶。訹下曰。相訹誘也。許意誘不必以正。似板傳爲正字。野有死麕傳爲假借字。惡無禮之詩。必非誂誘之誘也。**𧦝 或如此。**从盾者。盾下曰。所以扞身蔽目。葢取自隱藏以招人之意。宋玉曰。若姣姬揚袂。鄣日而望所思。**羑 古文。**羊部有此。云進善也。此云羑之古文。說古文以美爲羑也。古文本但有美字。後乃有羑字。訓爲相訹誘。則美字專爲進善矣。

文三　重三

嵬

嵬 山石崔嵬。高而不平也。各本作高不平也四字。今依南都賦李注訂。有高而上平者。兀下曰高而上平。爾雅曰。夷上洒下曰漘。是也。周南陟彼崔嵬。釋山曰。石戴土謂之崔嵬。毛傳曰。崔嵬。土山之戴石者。說似互異。依許云高不平。則毛傳是矣。惟土山戴石。故高而不平也。岨下云。石山戴土。亦與毛同。**从山。鬼聲。**此篆可入山部。而必立爲部首者。巍从此也。五灰切。十五部。

巍

巍 高也。高者必大。故論語注曰。巍巍高大之稱也。左傳卜偃曰。萬盈數也。巍大名也。雉門外闕高巍巍然。謂之象魏。按本無二字。後人省山作魏。分別其義與音。不古之甚。**从嵬委聲。**牛威切。按古音當在十六部。

文二

說文解字第九篇上　受業長洲徐頲校刊

說文解字第九篇下

金壇段玉裁注

山

山 宣也。謂能宣散气、生萬物也。九字依莊子釋文訂。散當作㪔。**有石而高。象形。**所閒切。十四部。**凡山之屬皆从山。**

嶽

嶽 東岱、見下。**南靃、**南靃者。衡山也。在今湖南衡州府衡山縣西北。風俗通曰。衡山一名霍山。爾雅釋山曰。霍山爲南嶽。尚書大傳白虎通皆舉霍山。毛傳則曰南嶽衡。許宗毛者也。曰南霍。正皆謂今湖南之衡山。卽漢地理志長沙國湘南縣東南之禹貢衡山也。封禪書。漢武帝元封四年。巡南郡。至江陵而東。登禮灊之天柱山。號曰南嶽。此郭景純所謂武帝以衡山遼曠。移其神於天柱者。葢自是天柱始有霍山之名。而衡山不曰霍山矣。許言霍者。從其朔偁也。天柱山者。今安徽六安州霍山縣南之霍山是也。**西𡶳、**見下。**北恒、**爾雅曰。恒山爲北嶽。毛傳曰。北嶽恒。禹貢職方之恒山也。在今直隸省定州曲陽縣。**中大室。**大各本作泰。今正。古書大字。俗或讀他葢切。改爲太。又改爲泰。葢不可盡正矣。爾雅曰。嵩高爲中嶽。封禪書郊祀志皆曰中嶽嵩高也。按禹貢曰外方。左傳曰大室。國語曰崇山。崇之字亦作崈。亦作嵩。故崇山亦曰崈高山。亦曰嵩高山。地理志潁川郡崈高縣武帝置以奉大室山。是爲中岳。古文以崇高爲外方山也。大室崇高錯舉可見一山數名。卽今河南河南府登封縣北之嵩山也。**王者之所㠯巡狩所至。**㠯用也。王者所用至此而巡狩也。巡狩者巡所守也。天子適諸侯曰巡狩。按堯典二月至于岱宗。五月至于南嶽。八月至于西嶽。十有一月至于北嶽。不言中嶽也。而封禪書郊祀志述堯典皆云。中嶽嵩高也。何氏注公羊。則偁堯典而補其文曰。還至嵩。如初禮。應劭風俗通。則曰中嶽嵩高也。王者所居。故不巡焉。其說乖異。**从山。獄聲。**五角切。三部。**𡶳 古文象高形。**今字作岳。古文之變。

岱

岱 大山也。大作太者、俗改也。域中冣大之山。故曰大山。作太作泰皆俗。釋山曰。泰山爲東嶽。毛傳曰。東嶽岱。堯典至于岱宗。封禪書郊祀志曰。岱宗泰山也。禹貢職方皆曰岱。在今山東泰安府泰安縣北。从山。代聲。徒耐切。一部。

島

海中往往有山可依止曰島。禹貢鳥夷皮服。某氏傳讀爲島。與馬鄭注如字不同。衛包徑改經爲島字。非也。从山。鳥聲。韵會作鳥省聲。非。讀若詩曰。蔦與女蘿。小雅頍弁文。都晧切。二部。玉篇丁了多老二切。

峱

峱山也。舊奪峱字。也字。今補三字句。在齊地。上文五嶽不言在者。人所共知。不待言也。齊風還曰。遭我乎峱之閒兮。傳曰。峱。峱山也。地理志引作嶩。師古云。亦作巎。音皆乃高反。从山。狃聲。奴刀切。古音在三部。詩曰。遭我于峱之閒兮。今詩于作乎。漢書作虖。

嶧

葛嶧山也。地理志。東海郡下邳。葛嶧山在西。古文以爲嶧陽。郡國志。下邳國下邳縣葛嶧山。本嶧陽山。按今在江蘇省淮安府邳州西北六里。非山東兖州府鄒縣東南二十五里之嶧山也。魯頌保有鳧繹。傳曰。繹。繹山也。左傳。邾文公卜遷于繹。杜云。繹。邾邑。魯國鄒縣北有繹山。哀七年。邾衆保于繹。杜云。繹。邾山也。史記。秦始皇上鄒嶧山。刻石頌功德。地理志。魯國騶縣。嶧山在北。此山字作繹。从糸不从山。與東海葛嶧山字从山不同。史記作鄒嶧。漢志作嶧山。乃譌字也。秦時石刻字作繹。在東海下邳。此用永平以前地志也。从山。睪聲。羊益切。古音在五部。夏書曰。嶧陽孤桐。禹貢青州文。

嵎

封嵎之山也。在吳楚之閒。汪芒之國。魯語。孔子曰。防風氏者。汪芒氏之君也。守封嵎之山者也。韋云。封。封山。嵎。嵎山。在今吳郡永安縣。按據許則封嵎乃一山名耳。今封嵎二山在浙江省湖州府武康縣東。實一山也。楚當依玉篇作越。邑部曰。在夏爲防風氏。在殷爲汪芒氏。孔子謂防風氏爲汪芒氏之君者。以今釋古之例。謂夏之防風氏。其國在殷之汪芒氏也。从山。禺聲。噳俱切。四部。

嶷

九嶷山也。舜所葬。海內經。南方蒼梧之丘。蒼梧之淵。其中有九嶷山。舜之所葬。在長沙零陵界中。郭云。山今在零陵營道縣南。其山九溪皆相似。故云九疑。古者總名其地爲蒼梧也。在零陵營道。山在今湖南永州府寧遠縣南

六十里。桂陽州藍山縣西南五十里。从山。疑聲。語其切。一部。按諸書多作九疑。惟山海經作嶷。音疑。而郭注亦作九疑。

㟩

㟩山也。禹貢。岷山道江。夏本紀作汶山。封禪書曰。瀆山。蜀之汶山也。在蜀湔氐西徼外。地理志。蜀郡湔氐道。禹貢崏山在西徼外。江水所出。郡國志同。今四川直隸茂州西北有湔氐廢縣。崏山在茂州西北五百里。江水所出。即隴山之南首。連峯千里不絕。蜀西之山皆崏也。水部曰。江水出蜀湔氐徼外崏山。入海。从山。敃聲。武巾切。古音在十三部。按此篆省作崏。隸變作汶、作文、作岐、作㟭、俗作㟩、作崏。漢蜀郡有汶江道。漢元鼎六年置汶山郡。亦作文山郡。汶文皆即崏字之叚借也。考工記。貉踰汶則死。自謂魯北之水。殷敬順乃疑爲崏江。殊誤。

屼

屼山也。三字句。各本無屼字。淺人所刪。乃使文理不完。許書之例。以說解釋文字。若屼篆爲文字。屼山也爲說解。淺人往往氾謂複字而刪之。如髦篆下云髦髮也。嶲篆下云嶲周。河篆下云河水。江篆下云江水。皆刪一字。今皆補正。玉篇廣韵皆曰。女屼。山名。按中山經曰。中次九經崏山之首曰女几之山。凡岷山之首自女几之山至于賈超之山。凡十六山。許立文崏屼系聯。與山經合。豈古本作女屼山與。或曰溺水之所出。溺各本作弱。誤。今正。水部曰。溺水自張掖刪丹西至酒泉合黎。餘波入于流沙。桑欽說。不云出女屼山也。此云或曰者。廣異聞。按集韵類篇引說文。山名。一曰女屼山。弱水所出。與今本異。恐未可從。从山。几聲。居履切。十五部。

巀

巀嶭山也。四字句。在左馮翊池陽。左字各本無。今補。地理志。左馮翊池陽。惠帝四年置。巀嶭山在北。漢池陽故城在今陝西西安府三原縣西北二十里。嵳峨山在西安府涇陽縣北四十里。即巀嶭山也。巀嶭嵳峩、語音之轉。本謂山陵皃。因以爲山名也。楊雄長楊賦曰。椓巀嶭而爲弋。从山。𢧵聲。才葛切。十五部。按語轉爲嵳。

嶭

巀嶭山也。从山。辥聲。五曷切。十五部。按語轉爲峩。

嵏

九嵏山也。在左馮翊谷口。左字各本無。今補。地理志曰。左馮翊谷口。九嵏山在西。谷口故城今在西安府醴泉縣東北七十里。九嵏山今在縣東北五十里。有

崋　崞　崵

九夆、俱峻。从山。夋聲。子紅切。九部。按此篆各本在峣嶘二篆之後。非其次。今依玉篇次弟正。又按古書皆作嵕。山在左。

崋　華山也。在弘農華陰。地理志。京兆尹華陰。大華山在南。豫州山。郡國志。弘農郡華陰。故屬京兆。有大華山。漢之華陰。今陝西同州府華陰縣是其地。泰華山在縣南十里。卽西嶽也。从山。𠌶聲。各本作𠌶省聲。今正。𠌶卽𠌶聲也。胡化切。古音在五部。按西嶽字各書皆作華。華行而崋廢矣。漢碑多有从山者。

崞　崞山也。在鴈門。地理志。鴈門郡領縣十四。有崞縣。葢以山名縣也。不言某縣者。略也。今崞縣故城在山西直隸代州崞縣西三十五里。崞山在縣西南四十里。从山。𩫏聲。古博切。五部。

崵　首崵山也。在遼西。各本無首字。今依玉篇及伯夷列傳正義、王貢兩龔鮑傳注所引正。地理志。遼西郡令支有孤竹城。郡國志同。應劭曰。故伯夷國。按許意首崵山卽伯夷叔齊餓於首陽之下也。馬融注論語、曹大家注幽通賦、戴延之西征記說夷齊首陽各不同。从山。昜聲。與章切。十部。一曰

岵　屺

嵎銕崵谷也。銕宋本作鐵。此卽堯典之嵎夷暘谷也。土部引書宅嵎夷。日部引書暘谷。皆謂古文尚書也。此云嵎銕崵谷。則今文尚書也。堯典釋文曰。尚書考靈曜及史記作禺銕。尚書正義曰。夏侯等書宅嵎夷爲宅嵎鐵。夏本紀索隱曰。嵎夷今文尚書及帝命驗並作禺鐵、凡緯書皆同今文尚書。金部曰。銕古文鐵。

岵　山有艸木也。艸舊作草。誤。今正。有當作無。釋山曰。多草木、岵。無草木、峐。釋名曰。山有草木曰岵。岵、怙也。人所怙取以爲事用也。山無草木曰屺。屺、圮也。無所出生也。許書同爾雅、釋名。吳都賦。岡岵童、用字亦宗爾雅。而毛詩魏風傳曰。山無草木曰岵。山有草木曰屺。與爾雅互異。竊謂毛詩所據爲長。岵之言瓠落也。屺之言荄滋也。岵有陽道。故以言父。無父何怙也。屺有陰道。故以言母。無母何恃也。毛又曰。父尚義。母尚恩。則屬辭之意可見矣。許宗毛者也。疑有無字本同毛。後人易之。从山。古聲。侯古切。五部。詩曰。陟彼岵兮。魏風陟岵。

屺　山無艸木也。無當作有。从山。己聲。墟里切。一部。釋山作峐、三蒼、字林、聲類並云峐、

嶨　嶅　岨　岡

卽屺字。音起。詩曰。陟彼屺兮。魏風陟岵。

嶨　山多大石也。釋山曰。多大石、嶨。許所據字从山也。廣韵引爾雅字亦从山。許石部有礐。訓石聲。與此義別。从山。學省聲。胡角切。三部。

嶅　山多小石也。釋山曰。多小石、磝。許所據字从山也。嶅有具敖二山。晉師在敖鄗之閒。敖葢卽嶅字。以多小石得名。从山。敖聲。五交切。二部。

岨　石戴土也。周南卷耳曰。陟彼砠矣。本亦作砠。釋山曰。石戴土謂之崔嵬。土戴石爲岨。毛傳云。崔嵬、土山之戴石者。石山戴土曰砠。二文互異而義則一。戴者、增益也。釋山謂用石戴於土上。毛謂土而戴之以石。釋山謂用土戴於石上。毛謂石而戴之以土。以絲衣戴弁例之。則毛之立文爲善矣。石在上則高不平。故曰崔嵬。土在上則雨水沮洳。故曰岨。許於嵬下同毛。此岨下亦同毛也。詩、爾雅作砠。許作岨。主謂山、故字从山。重土、故不从石。从山。且聲。七余切。五部。詩曰。陟彼岨矣。

岡　山脊也。釋山曰。山脊、岡。周南傳曰。山脊曰岡。从山。网聲。古郎切。十部。

岑　崟　崒　巒　密

岑　山小而高。釋山曰。山小而高、岑。釋名曰。岑、嶃也。嶃然也。从山。今聲。鉏箴切。七部。

崟　山之岑崟也。子虛賦。岑崟參差。日月蔽虧。又楊雄蜀都賦、張衡南都賦皆有嶜岑字。李善讀爲岑崟。从山。金聲。魚音切。七部。

崒　崒、此複舉字之未刪者。危高也。言危殆之高也。釋山曰。崒者、厜㕒。厜㕒亦作差峩。按小雅十月之交箋曰。崒者、崔嵬。是鄭所據爾雅厜㕒作崔嵬也。惟土山戴石、故易崩耳。漸漸之石曰。漸漸之石。維其卒矣。箋云。卒者、崔嵬也。謂山巔之末也。是鄭謂卒爲崒之假借字。子虛賦。隆崇嵂崒。从山。卒聲。醉綏切。十五部。按廣韵六術崒、慈卹切。六脂嶉、醉綏切。大徐誤也。

巒　山小而銳。釋山曰。巒山墮。說者謂爲一條。許於巒墮別爲二條。毛公釋墮亦不云巒也。葢爾雅巒墮二物。許云山小而銳、巒之解也。毛云山之隋隋小者、墮之解也。後儒合爲一者、非是。劉淵林注蜀都賦曰。巒、山長而狹也。一曰山小而銳也。兼用爾雅、說文。而爾雅之讀與毛許異矣。从山。䜌聲。洛官切。十四部。

密　山如堂

者。土部曰。堂殿也。釋山曰。山如堂者。密。郭引尸子。松栢之鼠不知堂密之有美樅。按密主謂山。假爲精密字而本義廢矣。从山。宓聲。美畢切。十二部。按廣韵密下引說文山脊也。峦下云。山形如堂。葢有誤。玉篇云。峦同密。

岫　山有穴也。有字各本奪。今依文選張景陽襍詩注補。有穴之山謂之岫。非山穴謂之岫也。東京賦。王鮪岫居。薛解云。山有穴曰岫。然則岫居言居有穴之山。从山。由聲。似又切。三部。𥦖籀文从穴。

陖　高也。高上當有陖字。轉寫奪之耳。高者崇也。陖者陗高也。凡斗上曰陗。陖从陖。則義與陖同。同一高而有危高陖高尤高短而高巍高大而高之別。大雅崧高維嶽。駿極于天。傳曰。駿。大也。中庸孔子閒居注皆曰。峻。高大也。然則大雅之駿。用叚借字。从山。陖聲。此舉形聲包會意。私閏切。十三部。峻　陖或省。今經典作此字。

嶞　山之嶞嶞者。周頌曰。嶞山喬嶽。毛傳曰。嶞山。山之嶞嶞小者也。嶞嶞狹長之皃。凡圜而長者謂之嶞圜。方而長者謂之嶞方。字或作橢。毛傳。方銎曰斨。嶞銎曰斧。鄭注月令曰。隋曰竇。方曰窖。注禮器曰。棜禁如今方案。隋長。隋長皆用隋字。爾雅。蟦貝小而橢。平準書食貨志。三曰復小橢之。皆用橢字。此說山則用隋字。疑當同毛傳作嶞。嶞小者。今奪小字耳。隓隓疑當作隋隋。隋卽隓字。詩釋文曰。隓字。又作隓。从山。嶞省聲。讀若相推落之嶞。徒果切。十七部。

嶘　尤高也。乙部曰。尤者異也。京部曰。尤者、異於凡也。尤高謂之嶘。今字作峨。从山。棧聲。士限切。十四部。

崛　山短而高也。而字舊無。今依廣韵補。短高者。不長而高也。不長故从屈。屈者。無尾也。無尾之物則短。張揖上林賦注曰。崛崎。斗絕也。从山。屈聲。衢勿切。十五部。屈省作崛。

崇　山大而高也。各本作嵬高也三字。今正。大雅崧高維嶽。釋山毛傳皆曰。山大而高曰崧。孔子閒居引詩崧作嵩。釋名作山大而高曰嵩。崧嵩二形皆卽崇之異體。韋注國語云。古通用崇字。太平御覽及徐鉉皆引其語。詩序曰。崇丘。萬物得極其高大也。此崇之故訓也。河東賦。瞰帝唐之嵩高。脈隆周之大寧。嵩高卽崇高也。漢碑曰。如山如岳。嵩如不傾。謂崇而不傾也。中嶽。禹貢謂之外方。秦名大室。漢武帝始謂之崇高山。因以山下戶三百爲之奉邑。名曰崇高縣。武帝紀。郊祀志。地理志。封禪書可證。崇字地里志作崈。體之小異耳。史漢或崇嵩錯出。要無礙爲一字。惟後漢書靈帝紀。熹平五年。復崇高山爲嵩高山。語大可疑。證以東觀紀。堂谿典請雨。因上言改之。名爲嵩高山。是則非復崇高爲嵩高。乃改崇高爲嵩高。葢其時六書之學不明。謂嵩與崇別而改之。沿至今日。尚仍其誤。李賢注云。前書武帝祠中嶽改嵩高爲崇高。前書未嘗有此文。武帝改大室爲崇高。武帝以前但曰大室。不曰嵩高高也。崇高本非中嶽之專偁。故淺人以崇爲汜辭。嵩爲中嶽。強生分別。許造說文。不取嵩崧字。葢其時固憭然也。崇之引伸爲凡高之偁。大雅。福祿來崇。傳曰。崇。重也。禮經。崇酒注。崇。充也。邶風。崇朝其雨。傳曰。崇。終也。皆音近假借。○或問釋山嵩高爲中嶽。非古名嵩高之證與。曰。嵩卽崇字。封禪書曰。秦有大室祠。大室嵩高也。此謂秦之大室卽漢之崇高也。釋山之嵩高。葢漢人語。非本經。故許嶽字下言大室。不言崇高。从山。宗聲。鉏弓切。九部。此篆舊在岊之後。解云。嵬高也。必轉寫之誤。今依玉篇移其次。依毛傳釋名易其解。

巁　巍高也。从山。𧓍聲。虫部作蠆。毒蟲也。从虫。上象形。依隸體从虫从萬則誤。讀若厲。力制切。十五部。玉篇。廣韵作巁。云巍也。

巖　厓也。各本作岸也。今依太平御覽所引正。厂部曰。厓者。山邊也。厓亦謂之巖。故厂下云。山石之厓巖。人可居也。戰國策巖下有貫珠者。漢書遊於巖廊之上。皆謂殿下小屋。如厓巖之下可居也。天子之堂九尺。諸侯七尺。其上曰巖廊。其下曰巖下。从山。山部之巖。主謂山厓。石部之礹。主謂積石。嚴聲。五緘切。八部。按此篆之上舊有峯篆。乃大徐所增。古祇用夆。夆、鋒也。

嵒　山巖也。西京賦曰。下嶄巖以嵒齬。从山。品聲。大徐無聲。按嵒與石部之礹別。五咸切。七部。讀若吟。

⿱山絫　⿱山絫⿱山皋、逗。疊韵字也。山皃也。各本舛誤。今依全書通例補正。西京賦曰。上林岑以壘嵬。按壘嵬卽⿱山絫⿱山皋也。从山。絫聲。落猥切。十五部。俗作嵬。按二篆同在十五部。則應作嵬嵬聲。

⿱山皋　⿱山絫⿱山皋也。从山。皋聲。徂賄切。十五部。文選篇韵皆作嶵。

嵪山皃。一曰山名。从山告聲。古到切。篇韵皆口沃切。三部。

嶞山皃。从山隓聲。徒果切。十七部。按隓者小篆文之嫷也。隓从隋者从嫷之省也。是則嶞隓蓋一字。不當爲二。

嵯嵯峨、逗。二字各本無。今依全書通例補。山皃。釋山厜㕒、又作嵳峩。从山𢀩聲。昨何切。十七部。

峨嵯峨也。从山我聲。五何切。十七部。

崝崝嶸、逗。山皃也。各本不完。今補。方言曰。崝，高也。郭云。崝嵤、高峻之皃也。崝今字作崢。从山青聲。七耕切。十一部。按七耕當作士耕。

嶸崝嶸也。从山榮聲。戶萌切。十一部。亦作嵤。

峌峌谷也。三字句。各本刪峌字。今補。廣韵曰。峌，口莖切。或作硎。谷名。在麗山。昔秦密種瓜處。按秦冬月種瓜谷中溫處。瓜實。因使諸生往視。說之。發機。阬諸生。事見尚書正義所引衞宏詔定古文官書序。漢書儒林傳注、藝文類聚卷八十七同。而師古作阬谷。正義及類聚作硎谷。實則峌谷也。从山巠聲。戶經切。十一部。

崩山壞也。引伸之天子死曰崩。从山朋聲。方滕切。六部。按𡽹體山在朋上。𡽹古文从𨸏。

岪山脅道也。脅者。兩膀也。山如人體。其兩旁曰脅。水經注曰。江水又東逕赤岬城。引淮南子。彷徨於山岬之旁。注云。岬、山脅也。楚辭招隱士云。坱兮圠山曲岪。王注云。盤結屈也。結屈、許書作詰詘。山脅之道然也。从山弗聲。符勿切。十五部。

嵍山名。按此篆許書本無。後人增之。許書果有是山。則當廁於山名之類矣。顏氏家訓。柏人城東有山。世或呼爲宣務山。予讀柏人城內漢桓帝時所立碑銘云。上有巏嵍。王喬所仙。嵍字遂無所出。嵍字依諸字書卽旄丘之旄也。嵍字字林一音忘付反。今依附俗名當音權務。經典釋文曰。字林有嵍亡周反。一音毛。嵍丘也。又有嵍亡附反。一音毛。亦云嵍丘也。據顏陸之書。字林乃有嵍字。則許書之本無此顯然矣。旄丘見詩。爾雅曰。前高曰旄丘。劉成國曰。如馬舉頭垂髦。依字林嵍丘卽旄丘。乃丘名非山名也。从山敄聲。亡遇切。古音在三部。

嶢焦嶢。山高皃。楊雄傳曰。泰山之高。不嶕嶢則不能浡滃雲而散歊烝。嶕古祗作焦。

从山堯聲。古僚切。二部。

⿰山戕山陖也。从山戕聲。慈良切。十部。

岊陬隅。自部曰。隅者。陬也。陬者。隅也。孟子。虎負嵎。是知隅者高山之卩也。嵎卽隅字。趙注曰。虎依陬而怒。高山之卩也。卩各本作節。今正。山之卩曰岊。猶竹卩曰節。木卩曰科厄也。劉逵注吳都賦引此。謂之許氏記字。从山卩。會意。卩亦聲。子結切。十二部。

崔大高也。齊風。南山崔崔。傳曰。崔崔、高大也。此云大高。未知孰是。嵬下曰。山石崔嵬。高而不平也。亦卽毛傳之土山戴石曰崔嵬也。从山隹聲。聲字鉉無。今補。胙回切。十五部。按小徐無此篆。大徐此篆在部末。非其次。玉篇亦本無崔字。於部末補之。疑許益本無此。莊子。山林之畏隹。隹卽今之崔也。但人部有催。手部有摧。則山部當有崔矣。

文五十三　今刪峯、則五十二。

重四

屾二山也。此說義而形在是。如珏之例。凡屾之屬皆从屾。闕。此闕謂闕其讀若也。今音所臻切。恐是肊說。

嵞會稽山也。左傳。禹會諸侯於塗山。執玉帛者萬國。魯語。昔禹致羣神於會稽之山。防風氏後至。禹殺而戮之。二傳所說正是一事。故云嵞山卽會稽山。嵞塗古今字。故今左傳作塗。封禪書云。管仲曰。禹封泰山。禪會稽。吳越春秋曰。禹登茅山以朝羣臣。乃大會計。更名茅山爲會稽。封禪書又云。秦幷天下。自殽以東名山五。大室、恒山、太山、會稽、湘山。劉向上封事曰。禹葬會稽。葢大禹以前名嵞山。大禹以後則名會稽山。故許以今名釋古名也。杜注左傳云。塗山在壽春東北。非古說也。會稽山在今浙江省紹興府治東南十二里。一曰九江當涂也。民俗㠯辛壬癸甲之日嫁娶。一曰者、別一義。謂嵞山在九江當塗也。地理志。九江郡當塗。應劭曰。禹所娶塗山氏國也。郡國志。九江郡屬縣有當塗。有平阿。平阿有塗山。按平阿本當塗地。漢當塗卽今安徽省鳳陽府懷遠縣。縣東南有塗山。非今在江南太平府治之當塗也。咎繇謨曰。予創若時。娶于塗山。辛壬癸甲。鄭注云。登用之年。始娶于塗山氏。三宿而爲帝所命治水。水經注引呂氏春

屵　岸　崖　嵟　嶏

秋禹娶塗山氏女。不以私害公。自辛至甲四日。復往治水。故江淮之俗以辛壬癸甲爲嫁娶日也。許云當塗民俗以辛壬癸甲之日嫁娶。正與呂覽合。鄭注尚書亦同呂覽。尚書辛壬癸甲、言娶塗山所歷之四日也。縣之名當塗者、葢以嵞山得名。嵞塗古今字。**从屾。余聲。**同都切。五部。**虞書曰。予娶嵞山。**告繇謨文。合二句爲一句。如東方昌矣之類。此證後說也。

文二

屵　岸高也。屵之言巘巘然也。廣韵。高山狀。**从山厂。厂亦聲。**五葛切。十四十五部。**凡屵之屬皆从屵。**

岸　水厓洒而高者。各本無洒字。今依爾雅補。釋丘曰。望厓洒而高岸。夷上洒下不漘。李巡曰。夷上、平上。洒下、陗下。故名漘。孫炎曰。平上陗下故名曰漘。不者、葢衍字。據李孫之釋漘。則知李孫之釋岸亦必曰陗下而高上也。陗下者謂其體斗陗。平上高上者謂其顛有崔嵬平坦之不同。嵬下曰。高不平也。對夷上言也。洒釋爲陗者。洒卽陵之假借。二字古音同。𠂤部曰。陵者、陗高也。陗者陵也。凡斗立不可上曰陗。詩新臺有洒傳曰。洒、高峻也。峻同陵。郭景純昧於其義、乃釋高曰陵。陵非高之謂也。釋洒曰水深。水之深淺何與於厓。不得冠以望厓矣。爾雅言厓許言水厓者、申爾雅之說。別於山邊之厓也。衞風。淇則有岸。小雅。高岸爲谷。其本義也。大雅。誕先登于岸。傳曰。岸、高位也。其引伸之義也。箋云。岸、訟也。小雅小宛傳曰。岸、訟也。此皆借岸爲犴獄字也。**从屵。干聲。**五旰切。十四部。

崖　高邊也。辵部曰。邊、行垂崖也。土部曰。垂者、遠邊也。按垂爲遠邊。崖爲高邊。邊之義謂行於此二者。此二者因名邊矣。其字从屵也。故爲高邊。**从屵。圭聲。**五佳切。十六部。此與厂部之厓義別。

嵟　高也。玉篇曰。亦作陮。按𠂤部曰。陮隗、高也。義同字異。**从屵。隹聲。**都回切。十五部。玉篇徒罪切。

嶏　崩也。列子黃帝篇。目所偏視。晉國爵之。口所偏肥。晉國黜之。殷敬順釋文云。肥、皮美切。說文字林皆作嶏。又作圮。皆毀也。按古肥與非通。口所偏肥、猶云口所偏非耳。不必援此也。嶏與圮亦

𡽱　广　府　廱

非一字。**从屵。肥聲。**符鄙切。十五部。

𡽱　崩聲。从屵。配聲。讀若費。蒲沒切。十五部。按此葢卽嶏之或體耳。玉篇有嶏無𡽱。可證。廣韵傍佩切。

文六

广　因厂爲屋也。广各本作广。誤。今正。厂者山石之厓巖。因之爲屋。是曰广。廣韵。琰、儼二韵及昌黎集注皆作因巖。可證。因巖卽因厂也。**从厂。**各本無此二字。今補。**象對刺高屋之形。**刺各本作刺。今正。讀七亦切。謂對面高屋森聳上刺也。首畫象巖上有屋。**凡广之屬皆从广。讀若儼然之儼。**魚儉切。八部。

府　文書藏也。文書所藏之處曰府。引伸之爲府史胥徒之府。周禮。府六人。史十有二人。注云。府治藏。史掌書者。又大宰以八法治官府。注云。百官所居曰府。**从广。付聲。**方矩切。古音在四部。

廱　天子饗飲辟廱。饗飲謂鄉飲酒也。食部曰。饗、鄉人飲酒也。辟廱者、天子之學也。在郊。禮記文王世子曰。凡大合樂必遂養老。天子視學。設三老五更羣老之席位焉。注云。以鄉飲酒禮言之。席位之處則三老如賓。五更如介。羣老如衆賓必也。又云。遂養老者。用大合樂之明日也。鄉飲酒鄉射之禮明日乃息司正徵唯所欲。以告於先生君子可也。是養老之象類。是則天子養老之禮卽鄉飲酒之禮。水部泮下曰。諸侯鄉射之宮。鄉謂鄉飲酒。射謂鄉射。魯頌泮宮箋云。在泮飲酒者、徵先生君子與之行飲酒之禮而因以謀事也。永錫難老者、長賜之以壽考。如王制所云八十月告存。九十日有秩也。是則天子諸侯養老皆用鄉飲酒禮。韓詩說。辟廱所以教天下。春射秋饗。尊事三老五更。許但云饗飲者、舉鄉飲以該鄉射也。大雅曰。於樂辟廱。毛傳曰。辟廱、水旋丘如璧。以節觀者也。魯頌傳曰。天子辟廱。諸侯泮宮。五經異義。公羊說。天子三。諸侯二。天子有靈臺以觀天文。有時臺以觀四時施化。有囿臺觀鳥獸魚鼈。諸侯當有時臺、囿臺。諸侯卑。不得觀天文。無靈臺。皆在國之東南二十五里。東南少陽用事。萬物著見。用二十五里者、吉行五十里。朝行暮反也。韓詩說。辟廱者、天子之學。圓如璧。壅之以水。示

圓言辟。取辟有德。不言辟水言辟雝者。取其廱和也。所以教天下。春射秋饗。尊事三老五更。在南方七里之內。立明堂於中。五經之文所藏處。蓋以茅草。取其潔清也。左氏說天子靈臺在太廟之中。壅之靈沼。謂之辟廱。諸侯有觀臺。亦在廟中。皆以望嘉祥也。毛詩說。靈臺下足以監視。靈者精也。神之精明稱靈。故稱臺曰靈臺。稱囿曰靈囿。沼曰靈沼。謹按公羊傳左氏說皆無明文。說各無以正之。玄之聞也。禮記王制。天子命之教。然後爲學。在公宮之左。大學在郊。天子曰辟廱。諸侯曰泮宮。天子將出征。受命於祖。受成於學。出征執有罪。反釋奠於學。以訊馘告。然則太學卽辟廱也。詩頌泮水云。旣作泮宮。淮夷攸服。矯矯虎臣。在泮獻馘。淑問如皋陶。在泮獻囚。此復與辟廱同義之證也。大雅靈臺一篇之詩。有靈臺。有靈囿。有靈沼。有辟廱。其如是也。則辟廱及三靈皆同處在郊矣。囿也。沼也。同言靈。於臺下爲囿爲沼。可知小學在公宮之左。大學在西郊。王者相變之宜。衆家之說各不昭晢。當然於郊差近之耳。在廟者則遠矣。王制與詩。其言察。察亦足以明之矣。**从广。雝聲。**於容切。九部。

庠　禮官養老。夏曰校。殷曰庠。周曰序。孟子滕文公篇曰。夏曰校。殷曰序。周曰庠。史記儒林傳同。漢書儒林傳則云。夏曰校。殷曰庠。周曰序。許同漢書。疑今孟子、史記有誤。孟子曰。庠者、養也。**从广。羊聲。**似陽切。十部。

廬　寄也。秋冬去。春夏居。大雅。于時廬旅。毛傳曰。廬、寄也。小雅。中田有廬。箋云。中田、田中也。農人作廬焉。以便其田事。春秋宣十五年公羊傳注曰。一夫受田百畝。公田十畝。廬舍二畝半。凡爲田一頃十二畝半。八家而九頃。共爲一井。在田曰廬。在邑曰里。春夏出田。秋冬入保城郭。漢食貨志曰。一井八家。共之各受私田百畝。公田十畝。是爲八百八十晦。餘二十晦以爲廬舍。在野曰廬。在邑曰里。春令民畢出在壄。冬則畢入。其詩曰。四之日舉止。同我婦子。饁彼南晦。又曰。十月蟋蟀入我牀下。嗟我婦子。聿爲改歲。入此室處。所以順陰陽。備寇賊。習禮文也。孟子曰。五畝之宅。趙注。廬井邑居各二畝半以爲宅。冬入保城二畝半。故爲五畝也。按許意廬與下文廛義互相足。在野曰廬。在邑曰廛。皆二畝半也。引伸之。凡寄居之處皆曰廬。周禮。十里有廬。廬有飲食。左傳。立戴公以廬於曹。吾儕小人皆有闔廬。以避燥溼寒暑。皆是。**从广。盧聲。**古亦與盧相假借。力居切。五部。

十二

庭 廇 庉 庌 廡 㢊 庖 廚 庫 廄

庭　宮中也。下文曰。中庭則此當曰中宮。俗倒之耳。中宮、宮之中。如詩之中林。林中也。㢟部曰。廷、中朝也。朝不屋。故不从广。宮者、室也。室之中曰庭。詩曰。殖殖其庭。曰子有廷內。曰洒埽庭內。檀弓。孔子哭子路於中庭。注曰。寢中庭也。凡經有謂堂下爲庭者。如三分庭一在南。正當作廷。爲義相近。爾雅釋詁。詩大田。韓奕。閔予小子傳曰。庭、直也。引伸之義也。庭者、正直之處也。**从广。廷聲。**特丁切。十一部。

廇　中庭也。中庭者、庭之中也。月令。中央土。其祀中霤。注曰。中霤猶中室也。古者複穴。是以名室爲霤。正義引庾蔚之云。複者、謂地上累土爲之。穴則穿地也。複穴皆開其上取明。故雨霤之。是以後因名室爲中霤也。按釋名曰。室中央曰中霤。古者複穴。後室之。句霤當今之棟。下直室之中。古者霤下之處也。月令、呂覽、鄭、劉皆作中霤。許則霤謂屋水流。廇謂中室。畫分二字。葢旣有宮室以後則霤在屋垂。而屋中謂之廇。以存古。釋宮曰。宲廇謂之梁。葢言室內之制。賦家所謂藻井。其是與。**从广。留聲。**力救切。三部。

十三

庉　樓牆也。樓者、重屋也。**从广。屯聲。**徒損切。十三部。

庌　廡也。从广。牙聲。五下切。古音在五部。**周禮曰。夏庌馬。**夏官圉師職文。注曰。故書庌爲訝。鄭司農云。當爲庌。玄謂庌、廡也。廡、所以庇馬涼也。按許亦用仲師說。

廡　堂周屋也。各本作堂下。玄應引作堂周屋曰廡。今從之。釋名曰。大屋曰廡。幽冀人謂之庌。說與許異。許謂堂之四舟爲屋也。洪範、晉語蕃廡皆假廡爲橆也。**从广。橆聲。**文甫切。五部。

𢊁　籒文从舞。舞聲。

㢊　廡也。从广。虜聲。讀若鹵。郎古切。五部。

庖　廚也。王制。三爲充君之庖。注曰。庖今之廚也。周禮庖人注曰。庖之言苞也。苞裹肉曰苞苴。**从广。包聲。**薄交切。古音在三部。

廚　庖室也。室各本作屋。今依御覽。**从广。尌聲。**直株切。古音在四部。

庫　兵車藏也。此庫之本義也。引伸之凡貯物舍皆曰庫。**从車在广下。**會意。車亦聲。苦故切。五部。

廄　馬舍也。从广。𣪘

序　廦廣　廥　庾　庰　廁

聲。居又切。三部。周禮曰。馬有二百十四匹爲廄。廄有僕夫。四當爲六。字之誤也。夏官校人曰。乘馬一師四圉。三乘爲皁。皁一趣馬。三皁爲毄。毄一馭夫。六毄爲廄。廄一僕夫。六廄成校。校有左右。注曰。二耦爲乘。四匹也。自乘至廄。其數二百一十六匹。易乾爲馬。此應乾之策也。𠩺古文从九。此从古文叀。而九聲也。

序東西牆也。釋宮曰。東西牆謂之序。按堂上以東西牆爲介。禮經謂階上序端之南曰序南。謂正堂近序之處曰東序西序。古假杼爲序。尚書大傳。天子賁庸。諸侯疏杼。鄭注云。牆謂之庸。杼亦牆也。李善文選注引雜書天準聽。天球河圖在東杼。又攴部曰。次弟謂之敘。經傳多假序爲敘。周禮、儀禮序字注多釋爲次弟是也。又周頌。繼序思不忘。傳曰。序、緒也。此謂序爲緒之假借字。从广。予聲。徐呂切。五部。

廦牆也。與土部之壁音義同。从广。辟聲。比激切。十六部。

廣殿之大屋也。土部曰。堂、殿也。倉頡篇曰。殿、大堂也。廣雅曰。堂堭、合殿也。殿謂堂無四壁。漢書胡建傳注。無四壁曰堂皇是也。

覆乎上者曰屋。無四壁而上有大覆蓋。其所通者宏遠矣。是曰廣。引伸之爲凡大之偁。詩六月、雝傳皆曰。廣、大也。从广。黃聲。古晃切。十部。

廥芻稾之藏也。天官書。其南衆星曰廥積。如淳漢書注曰。芻稾積爲廥也。史記正義曰。芻稾六星在天苑西。主積稾草者。从广。會聲。古外切。十五部。

庾水漕倉也。謂水轉穀至而倉之也。漢書孝文紀應劭注同。从广。臾聲。以主切。古音在四部。一曰倉無屋者。無屋。無上覆者也。小雅楚茨傳曰。露積曰庾。甫田箋云。庾、露積穀也。周語。野有庾積。韋注。庾、露積穀也。釋名說同。胡廣漢官解詁云。在邑曰倉。在野曰庾。

庰蔽也。此與尸部之屛義同。而所謂各異。此字从广。謂屋之隱蔽者也。廣雅曰。圊、圂、庰、廁也。急就篇曰。屛廁清溷糞土壤。屛與庰通。溷與圂通。圊與清通。下文云。廁、清也。則庰亦謂廁。戰國策云。宋王鑄諸侯之象。使侍屛匽。周禮注云。匽、路廁也。从广。幷聲。必郢切。十一部。

廁清也。清圊古今字。釋名曰。廁、言人雜廁在上非一也。或曰溷。言溷濁也。或曰圊。言至穢之處宜

廛　庈　廮　㢒　廉　庛

常修治使潔清也。按凡云雜廁者。猶云溷雜。急就篇說文敘皆曰分別部居不雜廁是也。古多假廁爲側。如史記張釋之傳北臨廁。漢書汲黯傳上踞廁視之是也。从广。則聲。初吏切。一部。

廛二畝半也。一家之尻。二各本作一。尻各本作居。今正。按說已見廬篆注。合漢食貨志、公羊傳何注、詩南山箋、孟子梁惠王篇趙注、知古者在野曰廬。在邑曰里。各二畝半。趙注尤明。里即廛也。詩伐檀毛傳曰。一夫之居曰廛。遂人。夫一廛。先鄭云。廛、居也。後鄭云。廛、城邑之居。載師。以廛里任國中之地。後鄭云。廛里者若今云邑居。廛民居之區域也。里居也。毛、鄭皆未明言二畝半。要其意同也。許於廬不曰二畝半。於廛曰二畝半。以錯見互足。从广里八土。里者尻也。八土猶分土也。亦謂八夫同井也。以四字會意。直連切。十四部。

庈屋牡瓦也。牡各本作牝。也各本作下。今正。廣韵二十七刪曰。屋牡瓦名。是也。屋瓦下載者曰牝。昌邑王傳之版瓦也。上覆者曰牡。玉篇。瓪、牡瓦也。瓪、廣雅作甗。今俗猶以圓而上覆之瓦曰瓪。庈之言似環也。瓪之言似箭也。一曰維綱也。

系部曰。縜、持綱紐也。庈與縜音相近。从广。閔省聲。讀若環。戶關切。十四部。

廮屋階中會也。謂兩階之中湊也。西京賦曰。刊層平堂。設切厓隒。今之階隒石必長石居中。兩邊鬭合。篇韵皆作屋中會。無階字。非是。从广。悤聲。倉紅切。廣韵又作孔切。九部。

㢒廣也。上文殿之大屋曰廣矣。此廣則其引伸之義也。凡讀說文者必知斯例而後無所庢。廣雅曰。㢒、大也。今人曰侈斂。古字作㢒廉。从广。侈聲。尺氏切。古音在十七部。春秋國語曰。俠溝而㢒我。吳語。王孫雒曰。齊宋徐夷曰。吳既敗矣。將夾溝而㢒我。韋注。旁擊曰㢒。按旁擊者開拓自廣之意也。夾古書多作俠。

廉仄也。此與廣爲對文。謂偪仄也。廉之言斂也。堂之邊曰廉。天子之堂九尺。諸侯七尺。大夫五尺。士三尺。堂邊皆如其高。賈子曰。廉遠地則堂高。廉近地則堂卑。是也。堂邊有隅有棱。故曰廉。廉、隅也。又曰。廉、棱也。引伸之爲清也。儉也。嚴利也。許以仄晐之。仄者、圻咢陵陗之謂。今之筭法謂邊曰廉。謂角曰隅。从广。兼聲。力兼切。七部。

庛開

廱　底

張屋也。謂屋之開張者也。从广。秅聲。宅加切。古音在五部。今字作秺。殊誤。濟陰有⿸广秅縣。地理志濟陰郡有秅。孟康音妒。此古音也。

廱高屋也。謂屋之高者也。故字从广。引伸之爲凡高大之偁。小雅。四牡廱廱。傳曰。廱廱充實也。从广。龍聲。薄江切。九部。詩音義鹿同反。徐扶公反。

底山尻也。尻各本譌作居。今正。山當作止。字之誤也。字从广。故曰止尻。玉篇曰。底止也。下也。廣韵曰。底下也。止也。皆本說文。釋詁曰。底止也。又曰。底止。徯待也。晉語。戾久將底。注曰。底止也。左傳昭元年。勿使有所壅閉湫底。服注。底止也。杜注。底滯也。楚語。夫民氣縱則底。底則滯。注曰。底箸也。按底訓止。與厂部厎訓柔石。引伸之訓致也。至也。迥別。俗書多亂之。小雅。伊于胡底。箋云。底至也。俗本多作胡厎。一曰下也。下爲底。上爲蓋。今俗語如是。與前一義相足。高唐賦曰。不見其底。虛聞松聲。列子。無底之谷。名曰歸墟。从广。氐聲。都禮切。十五部。按釋詁。替戾底厎尼定曷遏。止也。釋文及唐石經不誤。郭注底義見詩傳。謂靡所底止。伊于胡底。傳曰。底至也。郭又引國語。戾久將底。此爲底字作注也。釋文底音丁禮反。底音之視反。今薺旨二韵區別亦如是。

庢　廮　废　庳

庢礙止也。石部曰。礙者止也。凡庢礙當作此字。今俗作窒礙。非也。七發曰。發怒庢沓。言水初發怒。礙止而涌沸也。又右扶風有盩庢縣。山曲曰盩。水曲曰庢。从广。至聲。陟栗切。十二部。

廮安止也。从广。嬰聲。於郢切。十一部。鉅鹿有廮陶縣。地理志、郡國志同。

废舍也。詩。召南甘棠曰。召伯所茇。傳曰。茇。草舍也。周禮大司馬。中夏教茇舍。注云。茇讀如萊沛之沛。茇舍。草止之也。軍有草止之法。按許書艸部。茇艸根也。此废訓舍也。與毛鄭說異。以其字从艸从广別之耳。同音故義相因。茇废實古今字也。毛傳又云。草行曰跋。跋即茇之假借字。漢禮樂志。拔蘭堂。拔舍止也。即废之假借字。从广。犮聲。蒲撥切。十五部。詩曰。召伯所废。此蓋用三家詩。字作废。故與毛作茇訓草舍異。

庳中伏舍。謂高其兩旁而中低伏之舍也。从广。卑聲。便俾切。十六部。一曰屋卑。卑各本作庳。今依韵會訂。左傳曰。宮室卑庳。引伸之、

庇　庶　庤　廙

凡卑皆曰庳。周禮。其民豐肉而庳。或讀若逋。雙聲。

庇蔭也。蔭、艸会也。引伸之爲凡覆庇之偁。釋言曰。庇、休、蔭也。从广。比聲。必至切。十五部。按周禮注。庇具也。左傳、國語亦有庇字。注或云具也。或云治也。攷周禮故書。庀作比。許從故書。故說文無庀。

庶屋下眾也。諸家皆曰。庶、眾也。許獨云屋下眾者。以其字从广也。釋言曰。庶、侈也。侈鄭箋作胗。此引伸之義。又引伸之。釋言曰。庶、幸也。詩素冠傳同。又釋言曰。庶幾、尚也。从广。炗。光取眾盛之意。商署切。五部。炗古文光字。見火部。

庤儲置屋下也。庤與待音義同。云置屋下者。以其字从广也。周頌。庤乃錢鎛。傳曰。庤、具也。从广。寺聲。直里切。一部。

廙行屋也。行屋所謂幄也。許書巾部無幄篆。周禮帷幕幄帟注云。四合象宮室曰幄。王所居之帳也。疏引顏延之纂要。四合象宮曰幄。巾部曰。帳、張也。木部曰。橦者、帳柱也。帳有梁柱可移徙。如今之蒙古包之類。廙字本義如是。魏晉後用爲翼字。如魏丁廙字敬禮。是用爲小心翼翼字也。篇韵皆曰。廙敬也。从广。異聲。與職切。一部。

廔　⿸广隹　廢　庮

廔屋麗廔也。麗廔讀如離婁。二音。囧字下曰。囪牖麗廔闓明也。長門賦、靈光殿賦皆作離樓。謂在屋在牆囪牖穿通之皃。玉篇作蠡廔。从广。婁聲。洛侯切。四部。一曰所吕種也。所吕二字各本奪。今補。種之用切。謂以廔貯穀播種於地也。木部曰。椶、種樓也。廣韵。樓、種具也。皆即廔字。

⿸广隹屋從上傾下也。⿸广隹之下推也。从广。隹聲。都回切。十五部。

廢屋頓也。頓之言鈍。謂屋鈍置無居之者也。引伸之、凡鈍置皆曰廢。淮南覽冥訓。四極廢。高注。廢、頓也。古謂存之爲置。棄之爲廢。亦謂存之爲廢。棄之爲置。公羊傳曰。去其有聲者。廢其無聲者。鄭曰。廢、置也。于去聲者爲廢。謂廢畱不去也。左傳。廢六關。王肅家語作置六關。淮南子。舜葬蒼梧。不變其肆。高注。不煩市井之所廢。莊子曰。廢一於堂。廢一於室。仲尼弟子列傳。子貢好廢居。與時轉貨貲。殖列傳作廢箸鬻財。徐廣曰。箸猶居也。讀如貯。廢之爲置。如徂之爲存。苦之爲快。亂之爲治。去之爲藏。从广。發聲。方肺切。十五部。古可入聲。

庮久屋朽木。朽同

廛　廟　⿸广且　⿸广曷　⿸广屰　廞　廫　厂

歾見歺部。周禮內饔。牛夜鳴則庮。先鄭云。庮、朽木臭也。內則鄭注云。庮、惡臭也。引春秋傳一薰一庮。許說同先鄭。久屋而後有朽木。故字从广。**从广。酉聲。**與久切。三部。**周禮曰。牛夜鳴則庮。臭如朽木。**

廛　少劣之凥。凥舊作居。誤。今正。少劣之居。故从广。引伸之義與人部之僅同。古多用廛爲僅。亦用爲勤字。文選長楊賦注引古今字詁曰。廛、今勤字。**从广。堇聲。**巨斤切。十三部。

廟　尊先祖皃也。尊其先祖而以是儀皃之。故曰宗廟。諸書皆曰。廟、皃也。祭法注云。廟之言皃也。宗廟者、先祖之尊皃也。古者廟以祀先祖。凡神不爲廟也。爲神立廟者、始三代以後。**从广。朝聲。**聲字葢衍。古文从苗爲形聲。小篆从广朝。謂居之與朝廷同尊者。爲會意。眉召切。二部。

庿　古文。見禮經十七篇。凡十七篇皆作庿。注皆作廟。

⿸广且　人相依⿸广且也。从广。且聲。子余切。五部。按篇韵皆七賜切。則與且聲不相應。廣雅無⿸广且有康。音七賜切。玉篇⿸广且字亦不次於援引說文之處。疑許本無⿸广且。

⿸广曷　屋迫也。⿸广曷之言遏也。**从广。曷聲。**於歇切。十五部。

⿸广屰　却屋也。却屋者、謂開拓其屋使廣也。與上屋迫成反對。廣韵引作卻行也。非是。却屋之義引伸之爲⿸广屰逐。爲充⿸广屰。魏都賦注引倉頡曰。⿸广屰、廣也。又引伸爲指⿸广屰。穀梁僖五年傳曰。目晉侯⿸广屰殺是也。**从广。屰聲。**廣韵引無聲字。非是。昌石切。古音在五部。俗作厈、作斥。幾不成字。

廞　陳輿服於庭也。周禮故書廞爲淫。鄭司農云。淫讀爲廞。廞、陳也。許說同先鄭。釋詁曰。廞、興也。後鄭注周禮云。廞、興也。興作之說同爾雅。按易淫爲廞。古音同在七部也。釋廞爲興。古六部七部合音也。**从广。欽聲。讀若歆。**許今切。七部。

廫　空虛也。从广。膠聲。此今之寥字。洛蕭切。古音在三部。

文四十九　重三

厂　山石之厓巖。人可凥。凥舊作居。今正。厓、山邊也。巖者、厓也。人可居者、謂其下可居也。

厓　厜　㕒　厰　厬　厎　厲

屋其上則謂之广。**象形。**謂象嵌空可居之形。呼旱切。十四部。**凡厂之屬皆从厂。**

厈　籒文从干。象形而从干聲。

厓　山邊也。高邊則曰崖。**从厂。圭聲。**五佳切。十六部。

厜　厜㕒。逗。**山顛也。**顚者、頂也。俗造巔字。唐風作首陽之巔。謬甚。釋山曰。崒者厜㕒。又作厜㕒。又作嵳峩。許書釋嵳峩曰山皃。釋厜㕒曰山頂。不曰同字也。**从厂。垂聲。**姊宜切。古音在十七部。

㕒　厜㕒也。从厂。義聲。魚爲切。古音在十七部。

厰　崟也。崟者、山之岑崟也。**一曰地名。**葢公羊傳殽之嶔巖是也。嶔葢即厰字。**从厂。敢聲。**魚音切。古音在八部。隸作厰。

厬　仄出泉也。小雅有冽氿泉。釋水曰。氿泉穴出。穴出、仄出也。毛傳。側出曰氿泉。按側出泉之字詩、爾雅作氿。許作厬。水醮之字今爾雅作厬。許作氿。正互相易。水部氿篆下引爾雅水醮曰氿。則知許所據與今本絕異。水厓枯土爲氿字。側出泉當作厬字矣。**从厂。晷聲。讀若軌。**居洧切。古音在三部。讀如九。氿亦讀如九。是以二字通用。

厎　柔石也。柔石、石之精細者。鄭注禹貢曰。厲、摩刀刃石也。精者曰砥。尚書大傳。其桷天子斲其材而礱之。加密石焉。注曰。礱、厲之也。密石、砥之也。按厎者、砥之正字。後人乃謂砥爲正字。厎與砥異用。强爲分別之過也。厎之引伸之義爲致也、至也、平也。有假借耆字爲之者。如周頌耆定爾功傳曰。耆、致也是也。**从厂。氐聲。**職雉切。十五部。按此字从氐聲。俗从氏誤也。古音氐聲在十五部。氏聲在十六部。不容稍誤。唐以來知此者鮮矣。五經文字石刻譌作厎。少一畫。不可從。顧亭林與潘次耕書分別厎底不同義。不知古無从氏之厎。厎與底爭首筆之有無。末筆則從同也。厎與底、底音義均別。广部詳之。

砥　厎或从石。今字用此。而厎之本義廢矣。毛詩大東。周道如砥。孟子作厎。

厲　旱石也。旱石者、剛於柔石者也。禹貢。厲砥砮丹。大雅。取厲取鍛。引伸之義爲作也。見釋詁。又危也。見大雅民勞傳、虞注周易。又烈也。見招魂王注。俗以義異異其形。凡砥厲字作礪。凡勸勉字作勵。惟嚴厲字作厲。而古引伸假借之法隱矣。凡經傳中有訓爲惡、訓爲病、訓爲鬼者。

厥　厱

謂厲即癘之假借也。訓爲遮列者。謂厲即迾之假借也。周禮之厲禁是也。有訓爲涉水者。謂厲即濿之假借。如詩深則厲是也。有訓爲帶之垂者。如都人士垂帶而厲。傳謂厲即烈之假借也。烈。餘也。**从厂。蠆省聲。**按說文厲與蠆篆形絕異。厲从蠆省聲。則字當作厲。而隸體蠆作蠆。厲作厲。皆从萬。非也。後人以隸改篆。則又篆皆从萬矣。漢隸存者。作蠆作厲可考也。今各本篆體及說解皆正。力制切。十五部。**厲或不省。**今各本篆从萬下虫。非是。漢人隸多作厲。不省。

厥　發石也。發石故从厂。引伸之凡有撅發皆曰厥。山海經曰。相柳之所抵厥。郭云。抵。觸也。厥。掘也。孟子。若崩厥角稽首。趙云。厥角者叩頭以額角犀撅地也。晉灼注漢書曰。厥猶豎也。叩頭則額角豎。按厥角者。謂額角如有所發。角部觸下云。角有所觸發是也。以上皆厥之本義。若釋言曰。厥。其也。此假借也。假借盛行而本義廢矣。**从厂。欮聲。**欮或瘚字。舉形聲該會意也。俱月切。十五部。

厱　厱諸。逗**治玉石也。**淮南說山訓。玉待礛諸而成器。高注曰。礛諸。攻玉之石。礛即厱字也。廣韵曰。礛𥖼青礪。**从厂。僉聲。**魯甘切。七部。高誘曰。礛讀曰廉氏之廉。**讀若藍。**

厤　⿸厂異　𠩥　厗　厒　⿸厂兒

厤　治也。甘部曆下云。从甘麻。麻者。調也。按調和即治之義也。麻从秝。秝者。稀疏適秝也。**从厂。秝聲。**郎擊切。十六部。

⿸厂異　石利也。謂石銳也。漢書馮奉世傳。器不犀利。如淳曰。今俗刀兵利爲犀。後漢張衡傳犀舟注同。按石之利。如砮砭底厲厝是也。犀與⿸厂異雙聲假借。石利之義。引伸之。凡利皆曰⿸厂異。犀宋本漢書作犀。**从厂。異聲。讀若枲。**胥里切。一部。

𠩥　美石也。从厂。古聲。侯古切。五部。廣韵又當古切。

厗　唐厗石也。四字句。唐厗雙聲字。石名也。廣韵齊韵唐韵皆作磄厗。又曰。鏞銻火齊也。玉篇曰。厗古銻字。**从厂。屖省聲。**杜兮切。十五部。按屖固辛聲。然則厗亦辛聲也。蓋古辛亦讀如今西。

厒　石聲也。謂石崩之聲。吳都賦曰。拉擸雷硠。崩巒弛岑。拉即厒字也。玉篇曰。厒亦拉字。拉者。折也。柆。木折也。**从厂。立聲。**盧荅切。七部。

⿸厂兒　石地惡也。集韵類篇皆曰。磆⿸厂兒石地。按石部曰。磆石地惡也。二篆疊韵。**从厂。兒聲。**五厤切。十六部。

⿸厂金　庯　厝

⿸厂金　石地也。⿸厂金者。堅閉之意。**从厂。金聲。讀若紟。**巨今切。七部。

庯　石閒見也。閒讀去聲。閒見謂突兀忽見。人部俔下云。閒見是也。庯史假逋字爲之。魏書北史溫子昇傳皆云。子昇詣梁客館不修容止。謂人曰。詩章易作。逋峭難爲。字當作庯。廣韵引字林云。峬峭好形皃也。峬即庯之隸變。凡字書因時而作。故說文庯。字林作峬。說文祇有庯字。林有峬。近世波俏之語。又音字之遷移也。**从厂。甫聲。讀若敷。**芳無切。五部。

厝　厝石也。各本作厲石。今正。小雅鶴鳴曰。他山之石。可以爲錯。傳曰。錯。錯石也。今本少一錯字可以琢玉。舉賢用滯則可以治國。下章曰。他山之石。可以攻玉。傳曰。攻。錯也。錯古作厝。厝石謂石之可以攻玉者。爾雅玉曰琢之。玉至堅。厝石如今之金剛鑽之類。非厲石也。假令是厲石。則當次底厲二篆之下。而不當次此矣。**从厂。昔聲。**金部鑢下云。錯銅鐵也。錯亦當作厝。謂劘磢之。蒼各切。又七互切。五部。按許書厝與措錯義皆別。而古多通用。如抱火厝之積薪之下。假厝爲措也。**詩曰。佗山之石。可以爲厝。**

厖　屵　㕒　仄

厖　石大也。石大其本義也。引伸之爲凡大之偁。釋詁曰。厖。大也。左傳民生敦厖。周語敦厖純固是也。又引伸之爲厚也。商頌爲下國駿厖。毛傳是也。或假此厖爲尨襍字。荀卿引商頌厖作蒙。**从厂。尨聲。**莫江切。九部。

屵　岸上見也。岸者。厓陖而高也。岸上見。故从厂屮會意。上見者。望之而見於上也。**从厂。从屮省。**按之省二字當作屮。弓部弢下曰。屮。垂飾。與鼓同意。皆以屮象上見者。而豈下曰。陳樂立而上見也。从屮。尤爲明證。岸上見。故以屮象之。淺人乃改爲屵省耳。廣韵云。說文作屵。亦誤。又按屮與屮皆謂艸初生。故凡上出者可以屮象之。周禮作其鱗之而。之謂上出。而謂下垂。此从屮省。與肯从屮皆是也。**讀若躍。**以灼切。二部。

㕒　辟也。㕒與陝音同義近。**从厂。夾聲。**胡甲切。八部。

仄　側傾也。傾下曰。仄也。此仄下云。傾也。是之謂轉注。古與側昃字相假借。**从人在厂下。**會意。阻力切。一部。

𠆭　籀文从矢。矢亦聲。矢。傾頭也。昃亦作吳。當是籀文昃字。

𠪾

𠪾仄也。仄俗本譌作反。今依篇韵正。今人言偪仄、乃當作辟仄。从厂。辟聲。普擊切。十六部。廣韵之石切。

厞

厞隱也。隱者、蔽也。特牲饋食禮。佐食徹尸薦俎敦。于西北隅。几在南。厞。有司徹。有司官徹饋。饌于室中西北隅。設右几。厞。鄭云。厞、隱也。喪大記。甸人取所徹廟之西北厞薪。用爨之。按室西北隅曰屋漏。厞者、又西北隅隱蔽之處也。屈原賦。隱思君兮陫側。陫葢同厞。禮注曰。古文厞作茀。从厂。非聲。扶沸切。十五部。詩音義引沈重云。許慎凡非反。計沈所見說文。當有讀若某之云矣。

厭

厭笮也。竹部曰。笮者、迫也。此義今人字作壓。乃古今字之殊。土部壓訓壞也。寘也。無笮義。凡喪服言厭。尊之所厭。皆笮義。喪冠謂之厭冠。謂冠出武下也。周禮巾車。王后厭翟。注云。次其羽使相迫也。禮經。推手曰揖。引手曰厭。厭即尚書大傳、家語之葉拱。家語注云。兩手薄其心。古文禮揖、厭分別。今文禮厭皆爲揖。鄭不之從。而禮經有厭譌作撎者。周禮大祝疏竟作引手曰撎。斷不可從。撎爲跪而舉頭下手。與厭爲立而引手箸胷不相涉也。檀弓。死而不弔者厭。注。行止危險之下。巳上皆笮之義。其音於輒切。从厂。猒聲。於輒切。又一剡切。八部。按厭之本義笮也。合也。與壓義尚近。於猒飽也義則遠。而各書皆假厭爲猒足猒憎字。猒足猒憎失其正字。而厭之本義罕知之矣。一曰合也。周語。克厭天心。韋注。厭、合也。韋注漢書敘傳亦同。按蒼頡篇云。伏合人心曰厭。字苑云。厭、眠內不祥也。此合義之一耑。寐下云。寐而厭也。是也。俗字作魘。徐鉉用爲新附字。誤矣。山海經。服之使人不厭。郭云。不厭、不厭夢也。此厭字之冣古者也。其音一剡切。

𠂆

𠂆仰也。从人在厂上。會意。魚毀切。十六部。危字从𠂆卩會意。一曰屋梠也。秦謂之楣。齊謂之𠂆。楣各本作梋。今依木部訂。木部曰。楣者、秦名屋櫋聯也。謂屋櫋聯。秦謂之楣也。木部又曰。齊謂之檐。楚謂之梠。此云齊謂之𠂆者、葢齊人或云檐或云𠂆也。

文二十七　重四

丸

丸圜也。也字各本無。今依韵會補。以疊韵爲訓也。今丸藥其一耑也。商頌。松栢丸丸。傳曰。丸丸、易直也。按謂其滑易而調直也。丸義之引伸也。大雅。松柏斯兌。傳亦云。兌、易直也。兌與丸古葢音同而義同矣。傾側而轉者。从反仄。圜則不能平立。故从反仄以象之。仄而反復是爲丸也。胡官切。十四部。凡丸之屬皆从丸。

㼱

㼱鷙鳥食已吐其皮毛如丸。玉裁昔宰巫山縣。親見鴟鳥所吐皮毛如丸。从丸。咼聲。讀若骫。於跪切。十六部。

⿰丸而

⿰丸而丸之孰也。俗所謂圜熟。言旋轉之易也。从丸。而聲。奴禾切。十七部。按而聲而奴禾切者。如耎之从而合音也。

⿰丸夗

⿰丸夗闕。謂其義、其形、其音。說皆闕也。廣韵入二十五願。芳万切。引說文。其義闕。其義二字、乃廣韵所增耳。玉篇同。○芳萬切。則與𩟪婏二字同音。集韵云。于願切。引李舟云說文闕。

文四

危

危在高而懼也。引伸爲凡可懼之偁。喪大記注。危、棟上也。从𠂆。人在厓上。自卪止之。人在厓上四字依韵會補。魚爲切。十六部。凡危之屬皆从危。

⿰危支

⿰危支⿰危支、此複舉字之未刪者。𨹹也。玄應所引云。⿰危支𨹹、傾側不安也。此乃以注家語入正文耳。非是。𨸏部𨹹下云。⿰危支也。與此爲轉注。廣韵云。⿰危支者、不正也。𨹹者、𨹹隅不安皃。俗用崎嶇字。正此二字之隸變。⿰危支爲不正。故箸之訓曰飯⿰危支。言⿰危支⿰危支之以入飯於口中也。宥坐之器曰⿰危支器。虛則⿰危支。中則正。滿則覆也。今俗作敧。又譌欹。去之遠矣。周禮。奇衺之民。注曰。奇衺、譎觚非常。周禮之奇正⿰危支之假借字。从危。支聲。去其切。按去其當依廣韵作去奇。十六部。

文二

石

石山石也。或借爲碩大字。或借爲柘字。柘、百二十斤也。在厂之下。口象形。常隻切。古音在五部。凡石之屬皆从石。

磺

磺銅鐵樸石也。文選注二引及玉篇無石字。樸、木素也。因以爲凡素之偁。銅鐵樸者、在石與銅鐵之閒。可爲銅鐵而未成者也。不言金玉者、舉觕以該精也。周禮卝人。掌金玉錫石之地。而爲之厲禁以守之。注云。卝之言礦也。金玉未成器曰礦。未成器、謂未成金玉。**从石。黃聲。讀若穬。**古猛切。古音在十部。按各本此下出卝篆。解云。古文礦。周禮有卝人。按周禮鄭注云。卝之言礦也。賈疏云。經所云卝、是總角之卝字。此官取金玉。於卝字無所用。故轉從石邊廣之字。語甚明析。卝之言礦。卝非礦字也。凡云之言者。皆就其雙聲疊韵以得其轉注假借之用。卝本說文卵字。古音如關。亦如鯤。引伸爲總角卝兮之卝。又假借爲金玉樸之礦。皆於其雙聲求之。讀周禮者徑謂卝卽礦字、則非矣。又或云與角卝之字有別。亦誤。至於說文卵字本作卝。不作卵。五經文字曰。卝古患反。見詩風。說文以爲古卵字。九經字樣曰。卝卵。上說文。下絫變。是說文卵字作卝。唐時不誤。確然可證。五經文字又云。卝字林不見。可證卝變爲卵、始於字林。今時說文作卵。不作卝。則五季以後據字林改說文者所爲也。說文旣無卝。乃有淺人於石部妄增之。卝果是古文礦。則鄭何必云之言。賈何必云此官取金玉於卝字無所用哉。今於卵部正之。於石部刪之。學者循是以求之。許書之眞面可見矣。○五經文字云。說文以爲古卵字。謂說文作卝、乃古卵也。九經字樣語甚明。

碭

碭　文石也。地里志。梁國碭縣。山出文石。應劭云。碭山在東。師古云。山出文石。故以名縣也。按以碭名山。又以碭名縣。本爲文石之名。**从石。昜聲。**徒浪切。十部。

硬

硬　石次玉者。子虛賦。硬石武夫。張揖曰。皆石之次玉者。硬石白如冰半。有赤色。武夫赤地白采。蔥蘢白黑不分。按此注有奪誤。如冰半、謂如冰片也。有赤色、宜依山海經注作有赤色者。蔥蘢白黑不分。亦宜依山海經注作色蔥蘢不分了。西都賦曰。硬礝采致。**从石。耎聲。**而沆切。十四部。按耎多譌需。故山海經誤作礝。玉藻誤作瓀。

砮

砮　砮石可目爲矢鏃。砮石之名。淺人以爲複字。刪之。則不完。鏃當作族。族、矢鏠也。禹貢荊州梁州皆貢砮。賈逵注國語曰。砮、矢鏃之石也。按砮本石名。韋昭注石砮云。砮、鏃也。以石爲之。乃少誤。**从石。奴聲。**乃都切。五部。**夏書曰。梁州貢砮丹。**禹貢。荊州貢厲砥砮丹。梁州貢砮磬。此乃許君筆誤。**國語曰。肅愼氏貢楛矢石砮。**見魯語。楛當作枯。字之誤也。說詳木部枯下。

礜

礜　毒石也。疑本作礜石也。三字爲句。後人改之。礜石、石名。周禮注曰。今醫方有五毒之藥。作之。合黃堥。置石膽丹沙雄黃礜石慈石其中。燒之三日三夜。其煙上著。以雞羽埽取之。以注創。惡肉破骨則盡出。本艸經曰。礜石、味辛有毒。西山經曰。礜可以毒鼠。郭云。蠶食之而肥。按今世無此物。**出漢中。**本艸曰。生漢中山谷及少室。**从石。與聲。**羊茹切。五部。

碣

碣　特立之石也。碣之言楬也。桀也。**東海有碣石山。**碣石山見禹貢。地理志。右北平郡驪成縣。大碣石山在縣西南。非東海郡也。東海字疑誤。**从石。曷聲。**渠列切。十五部。**碣　古文。**

磏

磏　厲石也。與厱音義略同。**赤色也。**廣韵曰。磏、赤礪石也。礛䃴、青礪也。**从石。兼聲。讀若鎌。**力鹽切。七部。

碫

碫　碫石也。碫篆舊作碬。九經字樣所引說文已然。今依詩釋文及玉篇正。碫石本作厲石。自詩釋文所引已然。今正。大雅。取厲取碫。今本作取鍛。當依釋文本又作碫。毛傳曰。碫、逗碫石也。今本奪一字。箋云。碫石、此釋傳所以爲鍛質也。箋意此石可爲椎段之椹質。是則碫石者石名。椎段字今多用鍛。古祇作段。考工段氏爲鎛器。禮經段脩字皆作段。段是也。段與厲絕然二事。碫石厲石必是二物。尚書桀誓。段乃戈矛。厲乃鋒刃。段之欲其質之堅也。厲之欲其刃之利也。詩取厲取鍛。亦明明分別言之。毛傳亦旣確指云碫石矣。豈許君於此乃忽溷淆之。訓碫爲厲石乎。揆厥所由。由許依傳云碫石也三字爲句。而刪複字者乃妄改爲厲字。猶上礜篆下本云礜石也。而刪複字者妄改爲毒石矣。碫豈可爲厲。礜豈可槪以毒哉。大抵淺人於複字之不可刪者。或刪或改。刪之則如巂周之去巂。離黃之去離。改之則如碫石之改爲厲石。䭫首頓首之改爲下首。知刪者難。知改者尤難。○或問廣雅何以云碫礪也。曰此自廣雅之誤。廣雅之例。每合異類之相近者爲一。此則異類而迥別者也。○又按上文云磏礪石赤色。據淮南注。礛讀廉氏之廉。淮南礛諸。許作厱諸。然則磏卽厱礛三字一也。以馬赤白色曰騢。玉小赤曰瑕。海賦瑕石詭暉。蜀都賦吳都賦皆有瑕英。江賦壁立赮駮言之。則厲石赤色名碫宜矣。磏篆恐當爲碫篆。古本碬碫皆有而致舛譌。如鼎部之鼒鼏二篆衣部之袗袀二篆皆以形似致合爲一字○又按椎段古祇用段不用鍛鍛者小冶也凡用鍛爲椎段者非古詩之碫石鄭箋謂可爲段質許意不如是許謂此石可段物故引鄭公孫段字子石古今物不同今之無碫石猶之無砭砮矣 **从石段段亦聲** 各本作从石段聲四字今正會意兼形聲也殳部曰段椎物也丁亂切故爲會意碫都亂切十四部 **春秋傳** 舊有曰字今刪正 **鄭公孫段字子石** 段各本作碬乎加切謬甚矣而改爲碫字者恐亦尚未是葢此引經說字之例舉公孫段字子石以證碫之从段石會意也春秋傳多古文段者碫之古文也

礫 小石也 釋名小石曰礫礫料也小石相枝柱其間料料然出內氣也楚辭王逸注兩云小石爲礫西京賦薛注石細者曰礫 **从石樂聲** 郎擊切古音在二部

䂬 水邊石也从石巩聲 居竦切古音在三部 **春秋傳曰闕䂬之甲** 左傳昭十五年定四年皆作鞏杜注闕鞏國所出鎧

磧 水陼有石者 陼丘水中高者也三蒼曰磧水中沙堆也吳都賦劉注曰磧礫淺水見沙石之皃 **从石責聲** 七迹切十六部

碑 豎石也 聘禮鄭注曰宮必有碑所以識日景引陰陽也凡碑引物者宗廟則麗牲焉其材宮廟以石窆用木檀弓公室視豐碑三家視桓楹注曰豐碑斲大木爲之形如石碑於槨前後四角豎之穿中於閒爲鹿盧下棺以繂繞天子六繂四碑前後各重鹿盧也諸侯四繂二碑大夫二繂二碑士二繂無碑按此檀弓注即聘禮注所謂窆用木也非石而亦曰碑假借之偁也秦人但曰刻石不曰碑後此凡刻石皆曰碑矣始皇本紀上鄒嶧山立石上泰山立石下皆云刻所立石其書法之詳也凡刻石必先立石故知豎石者碑之本義宮廟識日影者是 **从石卑聲** 府眉切當依廣韻彼爲切十六部

磙 陊也 陊者落也磙與隊音義同隊者從高隊也廣韻曰礧磙物墜也 **从石豙聲** 徒對切十五部

磒 落也 磒與隕音義同隕者從高下也春秋經僖公十有六年隕石于宋五左穀作霣許所據左傳作磒釋詁隕磒落也郭云磒猶隕也 **从石員聲** 本義石落也故从石于敏切十三部 **春秋傳曰磒石于宋五** 偁此者說从石之意

䃕 碎石磒聲 磒舊作隕今正其聲䃕䃕然 **从石炙聲** 所責切古音在五部

硞 石聲也 今爾雅釋言硞鞏也郭云硞然堅固邢昺曰硞苦學切當从告說文別有硈苦八切石堅也按邢語剖別甚精釋文苦角切故邢曰苦學切四覺韻字多從屋韻轉入如四江韻字多從東韻轉入告聲在古音三部屋韻是以硞轉入覺韻據陸氏反語則知陸本作硞不作硈廣韻玉篇皆曰硞苦角切硈恪八切集韻類篇克角一切內亦有硞無硈皆可證而釋文注疏唐石經皆譌作硈則與陸氏苦角之音不合矣且硞之與鞏音切近以九韻與東韻切近而硈與鞏不相關也硈斷無苦學之音硞斷無苦八之音此一定之音理學者不知古音不可與讀古者此也江賦曰幽㵎積岨礐硞礐確礐硞當上音學下音角○或問何不正音之苦角爲苦八而謂正文字誤也曰音義積古相傳之學陸氏多從舊當陸時字固未誤也○五經文字曰硞口八反又苦角反見爾雅知張時爾雅已誤而張云吉聲之字可有口八口角二反是其不知音理也 **从石告聲** 苦角切三部

硍 石聲从石皀聲 此篆各本作硠从石良聲魯當切今正按今子虛賦礧石相擊硍硍磕磕史記文選皆同漢書且作琅以音求義則當爲硍硍而決非硠硠何以明之此賦言水蟲駭波鴻沸涌泉起奔揚會礧石相擊硍硍磕磕若雷霆之聲聞乎數百里之外謂水波大至動搖山石石聲磕天硍硍者石旋運之聲也磕磕者石相觸大聲也硍硍篇韻音諧眼切古音讀如痕可以皃石旋運大聲而硠硠字衹可皃清朗小聲非其狀也音不足以皃義則斷知其字之誤矣江賦曰巨石硉矹以前却又曰觸曲崖以縈繞駭奔浪而相礧皆即此賦之意漢桂陽太守周憬碑弼水之邪性順導其經脈斷硍溢之電波弱陽侯之汹涌此用子虛賦也而硠作硍可證予說之不繆釋名曰雷硍也如轉物有所硍雷之聲也最爲明證左思吳都賦拉擸雷硍崩巒弛岑雷即子虛礧石之礧礧硍亦用子虛賦字也而俗本譌作硠李善不能正且曰音郎於是韓愈本之有乾坤擺雷硍之句蓋積譌之莫悟也久矣至於許書之本有此篆可以字林證之周禮典同釋文曰字林硍音限

云石聲。此必本諸說文。說文必本子虛賦也。至於許書本無硍字。以硍从艮聲。當訓爲清澈之聲。非石聲。思玄賦伐河鼓之磅硍。古作旁琅。未可知也。古音在十三部。○周禮典同高聲硍。注曰。故書硍爲硍。杜子春讀硍爲鏗鎗之鏗。硍字見於經典者惟此。

礐 石聲也。此與山部嶨義別。爾雅假嶨爲礐耳。江賦曰。幽澗積岨。礐硞礐确。注云。皆水激石險峻不平之皃。按當云水激石聲也。从石。學省聲。胡角切。三部。

磕 石聲也。高唐賦曰。礫磥磥而相摩兮。巆震天之磕磕。子虛賦曰。礧石相擊。硍硍磕磕。甘泉賦曰。登長平兮雷鼓磕。今俗用爲磕破隘字。讀苦盍切。从石。盍聲。磕篆體本如此。俗字則從蓋聲。口太切。十五部。按玉篇磕與硍相屬。云硍磕。石聲。廣韵亦云。硍磕石聲。是皆硍磕之誤也。

硞 石堅也。从石。吉聲。格八切。古音在十二部。按廣韵恪八切。一曰突也。別一義。

硻 餘堅也。也各本作者。今依廣韵。集韵。類篇正。按硞下當云石堅聲。硻下當云餘堅聲。皆轉寫之譌。蓋自磤至磿八篆。皆皃石聲。下文訓堅之礊與此訓堅聲之硻硞義固別也。論語曰。鄙哉硜硜乎。又云硜硜然小人哉。其字皆當作硻硻。叚借古文磬字耳。硜者古文磬字也。鏗爾舍琴。亦當爲硻爾。又樂記石聲磬磬。當爲硻。釋名。磬者。磬也。其聲磬磬然堅緻。當作硻硻然堅緻。从石。堅省聲。按此當云臤聲。淺人所改也。臤。堅也。讀若鏗鏘之鏗。硻口莖切。按古音在十二部。眞耕之合也。俗作硜。韓退之詩用之。

磿 石聲也。左思蜀都賦。原臯鬼彈飛丸以碼礰。集韵曰。礰卽磿字。磿爲石聲者。謂其聲歷歷然。玉篇曰。石小聲是也。周禮遂師抱磿。後鄭云。磿者。適歷。執綍者名也。是叚磿爲歷。史記樂毅傳。故鼎反乎磿室。戰國策作歷室。○蜀都賦語見太平御覽。世說新語注引左思別傳作鬼彈飛丸以礌礉。按鬼彈見水經注若水篇。非佳物也。故改定之。本無此語。从石。厤聲。郎擊切。十六部。

磛 礹石也。按磛礹二篆之解。似當依玉篇更正。磛下云。磛礹。山石皃也。礹下云。磛礹也。乃合全書之例。今本乃爲淺人所亂耳。蓋磛礹古多用爲連綿字。上林賦。嶄巖參嵳。郭云。皆峯嶺之皃。高堂賦。登巉巖而下望。西都賦。蹷嶄巖。皆卽此二篆也。古二篆分用者。小雅。漸漸之石傳曰。漸漸。山石高峻。此磛之假借字也。節南山傳曰。節。高峻皃。巖巖。積石皃。此礹之假借字也。巖詩音義作嚴。謂嚴爲或本。今按許書則巖者。厓也。礹者。山石皃。音同而義別。詩當作巖爲長。从石。斬聲。鉏銜切。八部。

礹 石山也。从石。巖主謂山。故从山。礹主謂石。故从石。詩曰。維石巖巖。巖聲。諸書多假巖爲礹。如高唐、上林是也。五銜切。八部。

礊 堅也。从石。毄聲。楷革切。十六部。

确 礊也。依韵會訂。确卽今之埆字。與土部之墽音義同。丘中有麻傳曰。丘中墽埆之處也。墽埆謂多石瘠薄。犬部曰。獄。确也。召南傳曰。獄。埆也。謂堅剛相訟。其引伸之義也。鉉等曰。今俗作確。从石。角聲。胡角切。三部。

殼 确或从殼。殼聲。管子地員。剛而不觳。觳。薄也。當是殼之誤。

磽 磐也。與土部之墽音義同。墽下曰。磽也。孟子。地有肥磽。趙曰。磽。薄也。从石。堯聲。口交切。二部。

硪 石巖也。巖。厓也。石巖。石厓也。玉篇作礒。从石。我聲。五河切。十七部。

碞 磛碞也。磛碞各本作磛嵒。非是。今依集韵、類篇正。磛碞猶上文之磛礹積石高峻皃也。周書召誥。畏于民碞。某氏曰。碞。僭也。蓋謂碞卽僭之假借字耳。从石。品。品象石之磛礹。品亦聲也。五銜切。七部。周書曰。畏于民碞。各本碞作嵒。誤。今依集韵、類篇正。讀與巖同。

磬 石樂也。石樂各本作樂石。誤。今正。樂下云。五聲八音總名也。瑟下云。弦樂也。簫、龠下皆云。管樂也。則此當云石樂。信矣。匡謬正俗所引巳作樂石。其誤巳久。或疑樂石字見秦繹山刻石。不知與此無涉也。彼謂可樂之石。此謂製石之樂。白虎通曰。磬者。夷則之氣也。从石。句。声象縣虡之形。各本声作殸。上屬。今正。声下云。陳樂立而上見也。从屮。此从屮謂虡之上出可見者。崇牙樹羽是也。一象栒之橫。丨象虡之植。㔾象編磬係焉也。或曰㔾象磬之股。丨象磬之鼓。磬之懸。股橫出而鼓直。凡言磬折者。取象於此。程氏瑤田通藝錄言之詳矣。殳所吕擊之也。所以二字今補。說从殳之意。磬从石殳會意。而又象其形也。苦定切。十一部。古者毋句氏作磬。毋各本作母。今正。明堂位注引世本作曰無句作磬。風俗通、山海經注、廣雅皆作毋句。古無毋通。句其俱反。殸 籒文省。非籒省篆。乃篆加籒也。硜 古文从巠。各本篆體誤。今依汗簡正。樂記曰。石聲磬。磬以立辨。史記樂書作石聲硜。硜以立別。葢硜本古文磬字。後以爲堅确之意。是所謂古今字。論語子擊磬於衛。下文旣而曰。鄙哉硜硜乎。亦不以爲一字。要之論語非不可作磬磬也。釋名曰。磬者、磬也。其聲磬磬然堅緻也。

礙 止也。列子黃帝篇作硋。从石。疑聲。五漑切。古音在一部。

硩 上擿山巖空青珊瑚陊之。擿各本作摘。今按手部擿、搔也。搔、刮也。當正作擿。陊各本作隓。今按吳都賦硩陊山谷。正用許語。當正作陊。空青見本艸經。珊瑚見玉部。陊、落也。周禮硩蔟氏。掌覆妖鳥之巢。鄭司農云。硩讀爲擿。蔟讀爲爵蔟之蔟。謂巢也。先鄭擿音剔。謂如今人以竿毀鳥巢也。後鄭申其說曰。玄謂硩古字。从石析聲。硩古字者。謂硩擿爲古今字也。从石析聲者。謂古人以石上擲毀物。故从石析會意而析亦聲也。許意空青珊瑚皆石也。取石故其字从石。而覆巢用此字、乃引伸之義也。从石。析聲。析各本作折。篆體作晢。今正。按周禮音義云。硩音摘。它歷反。徐丈列反。沈勑徹反。李又思亦反。知周禮寫本故不同。徐邈沈重本作晢。从折聲。李軌本作硩。从析聲。以先鄭讀爲擿。許云上擿山巖準之。擿與析古音同在十六部。葢作硩者是。作晢者非。今本周禮說文作晢皆誤本。許以擿訓硩。以曡韵爲訓也。集韵先的切。依李音。大徐丑列切。依沈音。周禮有硩蔟氏。周禮下有曰字者。衍文。

硟 㠯石衦繒也。衦各本作扞。今正。衣部衦下曰。衦、摩展衣也。廣韵二仙曰。硟、衦繒石也。急就篇有硟字。注曰。硟、以石輾繒。色尢光澤也。今俗謂之砑。从石。延聲。各本作延聲。篆體作硟。今依脡晳字正。尺戰切。十四部。

碎 䃺也。䃺各本作礳。其義迥殊矣。礳所以碎物而非碎也。今正。米部曰。䃺、碎也。二篆爲轉注。䃺各書假靡爲之。孟子假糜爲之。碎者、破也。䃺者、破之甚也。義少別而可互訓。瓦部曰。㼩者、破也。音義同。从石。碎石可碎物。物亦可碎石。兼此二義。卒聲。蘇對切。十五部。

破 石碎也。瓦部曰。㼩者、破也。然則碎㼩䃺三篆同義。引伸爲碎之偁。古有假破爲坡者。如衛風傳云。泮、坡也。亦作陂。亦作破。从石。皮聲。普過切。十七部。

礱 䃺也。下文云。䃺者、石磑也。此云礱、䃺也者。其引伸之義。謂以石䃺物曰礱也。今俗謂磨穀取米曰礱。从石。龍聲。盧紅切。九部。天子之桷椓而礱之。椓當依類篇所引作斲。穀梁傳、晉語、尚書大傳、公羊何注皆作斲。可證尚書大傳曰。桷、天子斲其材而礱之。加密石焉。大夫達菱。士首本。庶人到加。鄭云。礱、礪之也。密石、砥之也。菱、棱也。按棱者謂斲其通體成棱。首本者、斲其首也。韋注晉語亦云。先粗礱之。加以密砥。是可證厲底之分。礪細矣。

研 䃺也。亦謂以石䃺物曰研也。手部曰。摩者、揅也。揅者、摩也。爲轉注。此亦研與䃺爲轉注。揅摩以手。故从手。研䃺以石。故从石。从石。幵聲。五堅切。十四部。亦作硯。

䃺 石磑也。䃺今字省作磨。引伸之義爲研磨。俗乃分別其音。石磑則去聲、模臥切。研磨則平聲、莫婆切。其始則皆平聲耳。按詩如琢如磨。釋器、毛傳皆曰。玉謂之琢。石謂之磨。詩釋文。磨本又作摩。詩、爾雅皆言治石。非謂以石治物。然則作摩是矣。釋玄應引爾雅作石謂之摩。乃善本。从石。靡聲。模臥切。十四部。

磑 䃺也。从石。豈聲。五對切。十五部。古者公輸班作磑。廣韵云。世本曰。公輸般作磑。語必出世本作篇矣。班與般古通。是以檀弓作般。孟子注作班。

碓 所㠯舂也。所㠯二字各本無。今補。舂者、擣粟也。杵臼所以舂。本斷木掘地爲之。師其意者又皆以石爲之。不用手而用足。謂之碓。桓譚新論。宓犧制杵臼之利。後世加巧。借身踐碓。按其又巧者。則水碓、水磑。失聖人勞其民而生其善心之意矣。从石。隹聲。都隊切。十五部。

䃷 舂已復擣之曰䃷。䃷之言沓也。取重沓之意。廣雅。䃷、舂也。从石。沓聲。徒合切。八部。

磻 㠯石箸隿繁也。隿者、繁射飛鳥也。繁者、生絲縷系矰矢而以隿䠶也。以石箸於繁謂之磻。戰國策。被礛磻。引微繳。折清風而抎矣。从石。番聲。博禾切。十四十七二部合音也。玉篇、廣韵碆字同此。

𥕛 斫也。斫者、其器所以斫地。因謂之斫也。釋器曰。斫謂之鐯。鐯字又作欘。依許則當作䃴。郭云钁也。金部钁者大鉏也。然則必以金爲之。安得从石。葢上古始爲之用石。如砮砭之類。或以其可斫地摵石。故从石歟。**从石。箸聲。**張略切。五部。

硯　**石滑也。**謂石性滑利也。江賦曰。緑苔鬖髿乎研上。李注。研與硯同。按字之本義謂石滑不澁。今人研墨者曰硯。其引伸之義也。**从石。見聲。**五甸切。十四部。

砭　**以石刺病也。**以石刺病曰砭。因之名其石曰砭石。東山經。高氏之山其下多箴石。郭云。可以爲砭針治癰腫者。素問異法方宜論。東方其治宜砭石。王云。砭石謂以石爲鍼。按此篇以東方砭石南方九鍼並論。知古金石並用也。後世乃無此石矣。**从石。乏聲。**方廉、方驗二切。七部。

⿰石鬲　**石地惡也。**此與厂部之⿸厂兒音義略同。類篇曰。⿰石鬲⿸厂兒、石地。管子。沙土之次曰五塥。塥疑同⿰石鬲。**从石。鬲聲。**下革切。十六部。

砢　**磊砢也。**磊砢二字雙聲。上林賦曰。水玉磊砢。張揖云。磊砢、魁礨皃也。又說樹曰。坑衡閜砢。郭璞云。閜砢、相扶持也。世說新語曰。其人磊砢而英多。**从石。可聲。**來可切。十七部。

磊　**眾石皃。**皃各本作也。今依廣韵訂。石三爲磊。猶人三爲眾。磊之言絫也。古音在十六部。楚辭。石磊磊兮葛蔓蔓。**从三石。**落猥切。古音在紙韵。是以亦作磥。

文四十九　重五　按廣韵十二齊引說文。磾、染繒黑石。出琅邪山。

長　**久遠也。**久者、不暫也。遠者、不近也。引伸之爲滋長、長幼之長。今音知丈切。又爲多餘之長。度長之長。皆今音直亮切。兒下曰。長也。是滋長長幼之長也。**从兀从匕。**會意。匕、呼霸切。**亾聲。**二字各本在變匕之下。今依韵會正。直良切。十部。**兀者、高遠意也。**說从兀之意。儿部曰。兀者、高而上平也。**久則變匕。**匕各本作化。今正。說从匕之意。匕下曰。變也。**𠂆者、到亾也。**到各本作倒。今正。說𠂆卽亾字。亾而倒、變匕之意。**凡長之屬皆从長。**　**古文長。**　**亦古文長。**

肆　**極陳也。**陳當作敶。敶、列也。極陳者、窮極而列之也。傳注有但言陳者。如楚茨或肆或將傳、行葦或肆之筵傳、鄉飲酒禮、鄉射禮、燕禮注是也。經傳有專取極意者。凡言縱恣者皆是也。釋言曰。肆、力也。毛傳大明、皇矣傳曰。肆、疾也。皆極陳之義之引伸也。又釋詁曰。肆、故也。肆、今也。毛詩緜傳、思齊傳曰。肆、故今也。此以爲語詞也。其他或以肆爲遂。或以肆爲鬄。或以肆爲肆。葢皆假借。**从長。**崧高其風肆好傳曰。肆、長也。按極陳之則其勢必長。此字之所以从長也。**隶聲。**息利切。十五部。　**或从髟。**亦取長髮之意。

镾　**久長也。**镾今作彌。葢用弓部之𢏚代镾。而又省王也。彌行而镾廢矣。漢碑多作𢏚。可證。镾之本義爲久長。其引伸之義曰大也。遠也。益也。深也。滿也。偏也。合也。縫也。竟也。其見於詩者。大雅生民、卷阿傳皆曰。彌、終也。周禮小祝假爲敉。史記禮書假爲磨。**从長。爾聲。**武移切。十五十六部。

镻　**蛗也。**各本誤。今正。此用釋魚文也。虫部曰。蛗、镻也。二篆爲轉注。今各本蛗篆下作虺屬者。非是。**蛇毒長。从長。**說从長之意。郭璞云。蛗者、蝮屬。以上七字。今本作蛇惡毒長也。从長七字。甚譌舛。釋文引蛇毒長也。無惡字。亦可證今本之誤。**失聲。**徒結切。十二部。

文四　重三

勿　**州里所建旗。**九旗之一也。州里當作大夫士。周禮司常。大夫士建物。師都建旗。州里建旟。許於旟下既偁州里建旟矣。則此偁大夫士建勿。必也。葢亦一時筆誤耳。大司馬。鄉家載物。注云。鄉家、鄉大夫也。鄉射禮。旃各以其物。注。雜帛爲物。大夫士之所建也。士喪禮爲銘各以其物。注。雜帛爲物。大夫之所建也。文弗切。十五部。經傳多作物。而假借勿爲毋字。亦有借爲沒字者。禮記。勿勿乎其欲其饗之。勿勿卽沒沒。猶勉勉也。**象其柄。**謂右筆也。**有三游。**謂彡也。三游別於旂九游。旟七游。旗六游。旐四游。**雜帛。**句。**幅半異。**司常曰。通帛爲旜。雜帛爲物。注云。通帛謂大赤。從周正色。無飾。雜帛者、以帛素飾其側。白、殷之正色。凡九旗之帛皆用絳。按許云幅半異。直謂正幅半赤半白。鄭則云以素飾側。釋名則云以雜色綴其邊爲翅尾。說各不同。似許爲長。**所以趣民。**趣者、疾也。色純則緩。色駁則急。故雜帛所以促民。**故遽偁勿勿。**遽、韵會作宂遽二字。

偁舊作稱。今正。凡宂遽偁勿勿。此引伸假借。子下曰。十一月陽氣動。萬物滋。人以爲偁。亦是此例。**凡勿之屬皆从勿。𢼸 勿或从㫃。**經傳多作物。蓋㫃之譌也。

昜

昜 開也。此陰陽正字也。陰陽行而侌昜廢矣。闢戶謂之乾。故曰開也。**从日一勿。**从勿者。取開展意。與章切。十部。**一曰飛揚。一曰長也。一曰彊者衆皃。**

文二　重一

冄

冄 毛冄冄也。冄冄者。柔弱下垂之皃。須部之䨲。取下垂意。女部之姌。取弱意。離騷。老冄冄其將至。此借冄冄爲宂宂。詩。荏染柔木。傳曰。荏染。柔意也。染卽冄之假借。凡言冄言姌皆謂弱。**象形。**而琰切。七部。

凡冄之屬皆从冄。

文一

而

而 須也。象形。各本作頰毛也。象毛之形。今正。頰毛者。須部所謂䫇須之類耳。禮運正義引說文曰。而、須也。須謂頤下之毛。象形字也。知唐初本須篆下頤毛也。而篆下云須也。二篆相爲轉注。其象形則首畫象鼻耑。次象人中。次象口上之須。次象承漿及頤下者。葢而爲口上口下之總名。分之則口上爲頾。口下爲須。須本頤下之專偁。頾與承漿與頰䫇皆得偁須。是以而之訓曰須也。象形。引伸假借之爲語詞。或在發端。或在句中。或在句末。或可釋爲然。或可釋爲如。或可釋爲汝。或釋爲能者。古音能與而同。叚而爲能。亦叚耐爲能。如之切。一部。**周禮曰。作其鱗之而。**考工記梓人文。鄭云。之而。頰頜也。戴先生云。鱗屬頰側上出者曰之。下垂者曰而。此以人體之偁施於物也。按顧氏玉篇以而部次於毛毳冄之後。角皮之前。則其意訓而爲獸毛。絕非許意。**凡而之屬皆从而。**

耏

耏 罪不至髡也。罪當作辠。高帝紀。令郎中有罪耐以上請之。應劭曰。輕罪不至於髡。完其耏鬢。故曰耏。古耏字从彡。髮膚之意也。杜林以爲法度之字皆从寸。後改如是。言耐罪以上皆當先請也。耐音若能。按耐之罪輕於髡。髡者𩯭髮也。不𩯭其髮。僅去須鬢。是曰耐。亦曰完。謂之完者。言完其髮也。刑法志曰。當髡者完爲城旦舂。王粲詩。許歷爲完士。一言猶敗秦。江遂曰。漢令謂完而不髡曰耐。然則應仲遠言完其耏鬢。正謂去而鬢而完其髮耳。**从彡而。而亦聲。**彡拭畫之意。此字从彡而。彡謂拂拭其而去之。會意字也。而亦聲。當如之切。一部。大徐奴代切。非是。**耐 或从寸。諸法度字从寸。**此爲罪名。法度之類。故或从寸也。應仲遠高帝紀注意謂耏卽而鬢字、用爲耏罪字。至杜林以後乃改从寸作耐。許說不如是。耐、漢人叚爲能字。本如之切。後變音奴代切。古音能讀如而。今音耐能皆奴代切。

文二　重一

豕

豕 彘也。彑部。彘、豕也。是二篆爲轉注。小雅傳曰。豕、豬也。毛渾言之。許分別言名豕、名彘、名豬之故。**竭其尾。故謂之豕。**此與後蹏廢故謂之彘相對成文。於其音求其義也。立部曰。竭者負舉也。豕怒而豎其尾則謂之豕。**象毛足而後有尾。**毛當作頭四。二字轉寫之誤。馬篆下曰。象馬頭髦尾四足之形。象篆下曰。象耳牙四足之形。羊篆下曰。从𦫳、象四足尾之形。豕首畫象其頭。次象其四足。末象其尾。**讀與豨同。**左傳。封豕長蛇。淮南書作封豨脩蛇。式視切。十五部。廣韵施是切。**按今世字誤㠯豕爲彖、以彖爲豕。何㠯明之。爲啄琢从豕、蠡从彖。皆取其聲。㠯是明之。**此三十三字。未必爲許語。而各本譌舛特甚。今正之。啄琢用豖絆足行之豖爲聲。俗乃作啄琢。是豖誤爲豕也。蠡从彑部訓豕之彖爲聲。俗乃作蠡。是彖誤爲彖也。故皆爲今世字誤。彑部曰。彖讀若弛。許書蚰部之蠡心部之𢤱皆从彖爲聲。在古音十六部。各本譌云今世字誤以豕爲彘。以彘爲豕。何以明之。爲啄琢从豕。蠡从彘。皆取其聲。不可讀。或正之又不知蠡之本彖聲而非从彖也。**凡豕之屬皆从豕。𧰨 古文。**古文與亥同字。說詳亥部。按此下當有象髦足三字。猶希下云象毛足也。丿象髦。ク象足。ク象爪字也。

豬

豰　豯　豵　豝

豕而三毛叢凥者。凥舊作居。今正。三毛叢凥、謂一孔生三毛也。說見蘇頌本艸圖經犀下。今之豕皆然。从豕者聲。陟魚切。五部。

豰豕小豚也。豚者小豕也。左傳晉有先穀字彘子。蓋穀卽穀字。釋獸曰貔白狐其子穀。異物而同名也。从豕殸聲。步角切。三部。

豯生三月豚。此當句。下當有一曰二字。爲別一義。腹奚奚皃也。奚奚各本作豯豯。今正。介部曰奚大腹也。以疊韵爲訓。方言曰豬其子或謂之豯。从豕奚聲。胡雞切。十六部。

豵生六月豚。从豕從聲。子紅切。九部。一曰一歲曰豵。曰字今補。召南傳、豳傳、大司馬職先鄭注皆云一歲曰豵。釋獸曰豕生三豵。尚叢聚也。以疊韵爲訓。

豝牝豕也。釋獸、召南傳皆曰豕牝曰豝。从豕巴聲。伯加切。古音在五部。一曰二歲豕。豕字今補。大司馬先鄭注云二歲爲豝。能相杷拏者也。者字今依韵會補。杷舊作把。譌。今正。杷者掊也。拏牽引也。以疊韵爲訓。詩曰一發五豝。召南騶虞文。今詩一作壹。

豜　豶　豭　豛　⿰豕隋

豜三歲豕。齊風還曰並驅從兩肩兮。傳云獸三歲曰肩。豳七月獻豜于公。傳曰三歲曰豜。豜肩一物。豜本字、肩假借也。大司馬先鄭注云四歲爲肩。肩相及者也。也字今補。此以疊韵爲訓。肩相及者、謂與二歲之豕肩相差次。从豕幵聲。古賢切。古音在十一部。詩曰並驅從兩豜兮。今詩豜作肩。周禮注引豳風亦作肩。

豶羠豕也。羠、騬羊也。騬、犗馬也。犗、騬牛也。皆去勢之謂也。或謂之劇。亦謂之犍。許書無此二字。周易大畜六五。豶豕之牙。虞翻曰劇豕稱豶。今俗本劇譌作劇。从豕賁聲。符分切。十三部。

豭牡豕也。左傳野人歌曰旣定爾婁豬。盍歸吾艾豭。此豭爲牡豕之證也。方言曰豬北燕朝鮮之間謂之豭。郭云猶云豭斗也。从豕叚聲。古牙切。古音在五部。

豛上谷名豬豛。謂上谷評豬曰豛也。上谷、漢郡名。領沮陽等縣十五。沮陽在今直隸保安州。从豕。役省聲。營隻切。十六部。

⿰豕隋獖也。⿰豕隋獖、釋獸文。郭云俗呼小獖豬爲⿰豕隋子。按蓋羠豕之小者也。从豕。隋聲。以水切。按當依廣韵羊捶切。古音在十七部。⿰豕隋與豛音同。疑⿰豕隋卽豛之或字。

豤　豷　豧　豢　豠　豲

豤豕齧也。豕字今補。人之齧曰齦。字見齒部。豕之齧曰豤。音同而字異也。考工記髻豤薜暴不入市。注云。豤、頓傷也。此引伸假借字。今本作墾。非。从豕艮聲。康很切。十三部。

豷豕息也。息者、喘也。豷與屆咽齂音義皆同。而有人豕之別。从豕壹聲。許利切。十二部。春秋傳曰生敖及豷。襄四年左傳文。今左傳敖作澆。論語及介部作奡。

豧豕息也。从豕甫聲。芳無切。五部。

豢以穀圈養豕也。圈者養畜之閑。圈養者、圈而養之。圈豢疊韵。樂記注曰。以穀食犬豕曰豢。月令注曰。養牛羊曰芻。犬豕曰豢。少儀假圂爲豢。从豕𢍏聲。胡慣切。十四部。

豠豕屬。凡言屬者、類而別也。別而類也。廣雅曰。豠、豕也。从豕。且聲。疾余切。五部。

豲豕屬也。三字依戴氏侗六書故所偁唐本。蓋晁氏說之所據也。篇、韵皆云。豲、豕屬。則爲唐本信矣。二徐本皆云逸也。乃以下文逸周書割一字爲之。韵會又增之云。豕之逸也。更可笑矣。廣雅說豕屬有豲。豲非豪豬也。或以豪豬說之、殊誤。从豕。原聲。讀若桓。三字舊在撅下。今移此。胡官切。十四部。逸周書曰。豲有爪而不敢吕撅。見周書周祝解。今周書爪作蚤。蚤、齧人跳蟲也。爪覆手也。皆假借字。許則又爲本字。撅者、有所杷也。

豨　豖

豨豕走豨豨也。豨豨、走皃。以其走皃名之曰豨。方言。豬北燕朝鮮之間謂之豭。關東西謂之彘。或謂之豕。南楚謂之豨。許說其本義。故次於此。方言說其引伸之義也。下文言封豨則亦引伸之義。从豕。希聲。虛豈切。十五部。古有封豨脩虵之害。上古有此害也。左傳申包胥曰。吳爲封豕長蛇。以荐食上國。淮南書說封豨脩蛇。卽封豕長蛇也。

豖豕絆足行豖豖也。豖豖、艱行之皃。孟子曰。如追放豚。旣入其苙。又從而招之。趙曰。招、胃也。按胃之謂絆其足。經文招字與豖古音相近。招之卽豖之也。此猶州吁卽祝吁。从豕繫二足。繫當作係。此从豕而象形也。丑六切。三部。廣韵丑玉切。

虡

鬭相丮不解也。鬭當作鬥。兩丮相對也。丮持也。从豕虍。此會意。虍者、虎文也。故卽以爲虎字。豕虎之鬭鬥當作不相捨。說會意之恉。讀若蘮蒘艸之蘮。蘮蒘當作蘮挐。之蘮當作之挐。蓋本無末二字。後人增之而誤耳。蘮挐竊衣見釋艸。強魚切。五部。司馬相如說虡封豕之屬。此別一說也。毛詩傳曰。封、大也。封豕、大豕也。上林賦㨝蜚遽遽。或作虡、廣韻引作虡。其卽虡歟。一曰虎兩足舉。此又別一義。

豙

豕怒毛豎也。毅、妄怒也。从此會意兼形聲。一曰殘艾也。艾當作乂。乂或作刈。芟艸也。殘乂者、刪夷之也。从豕辛省。各本無省字。篆體从辛豕。今按五經文字毅下云从辛省。正从辛省之譌。以毛豎如食辛辣也。會意。魚旣切。十五部。

豩

二豕也。豳从此。許書豳豩二篆皆用豩爲聲也。然則其讀若尚略可識矣。古音當在十三部。闕。謂其義其音皆闕也。二豕乃兼頑鈍之物。故古有讀若頑者。大徐伯貧切。又呼關切。

文二十二　重一　詩音義引說文豩字。爾雅音義引字林豩字。未知說文本有此字否也。

㣇

脩豪獸。毛詩六月、韓奕傳曰。脩、長也。周秦之文。攸訓爲長。其後乃叚脩爲攸而訓爲長矣。豪、豕鬣如筆管者。因之凡髦鬣皆曰豪。釋獸曰。貄脩豪。㣇者正字。貄者俗字。或作肆者、叚借字也。按此言獸與下文𧰲豕非一物。顏氏注漢書曰。豪豬一名㣇。非也。一曰河內名豕也。謂河內評豕爲㣇。猶上谷之評豭也。河內漢郡名。領懷縣等縣十有八。今懷慶衞輝以及彰德府南境皆是其地。从彑。象頭銳。下象毛足。乃者象其髦也。毛當作髦。巾象足。凡㣇之屬皆从㣇。讀若弟。羊至切。十五部。

籀文。古文。

𧰲

豕屬。从㣇㞢聲。呼骨切。十五部。

𧰲豕。逗。鬣如筆管者。𧰲字各本無。今補。𧰲豕、豕名。西山經之豪彘。長楊賦之豪豬也。西山經曰。竹山有獸焉。其狀如豚而白毛。大如笄而黑端。郭云。貆豬也。能以脊上豪射物。按本是豕名。因其鬣如筆管。遂以名其鬣。凡言豪俊、豪毛。又皆引伸之義也。俗乃別豪俊字从豕。豪毛字从毛。出南郡。漢郡名。領江陵等縣十有八。今荆州府北至襄陽府境是其地。从㣇高聲。乎刀切。二部。

豪

篆文从豕。篆各本作籀。非。是。今正。𧰲爲籀文。則㣇爲古文。𧰲古文也。豪則小篆。改㣇从豕。以豪附𧰲。此正以上附二之例。下文以豚附豩。亦其類。孫強輩增竄玉篇。所據說文已是誤本矣。

彙

彙蟲也。彙字各本無。今補。也字依廣韻補。釋獸曰。彙毛刺。其字俗作蝟。作猬。周易拔茅茹以其彙。鄭云。勤也。以爲謂之叚借也。王弼云。類也。以爲會之叚借也。似豪豬而小。从㣇。而小二字依廣韻補。有毛刺似豪豬。故从㣇也。上文云𧰲籀文㣇。此正从籀文。胃省聲。于貴切。十五部。

或从虫作。爾雅亦入之釋獸。

𧰨

㣇屬。从二㣇。息利切。十五部。

古文𧰨。虞書曰。虞當作唐。說詳禾部。𧰨類于上帝。堯典文。許所據蓋壁中古文也。伏生尚書及孔安國以今文讀定之。古文尚書皆作肆。太史公史記作遂。然則漢人釋肆爲遂。卽爾雅之肆故也。壁中文作𧰨。乃肆之假借字也。此引書說叚借。與玫卽好、莫卽蕘爲一例。

文五　重五

彑

豕之頭。篇韻曰。彙類。今義也。象其銳而上見也。象形也。凡彑之屬皆从彑。讀若罽。罽者、籀文銳。故音相通也。居例切。十五部。

彘

豕也。與豕篆下彘也爲轉注。後蹏廢謂之彘。廢、鈍置也。彘之言滯也。豕前足僅屈伸。後足行步蹇劣。故謂之廢。从彑。从二匕。矢聲。直例切。十五部。彘足與鹿足同。說从二匕之意也。鹿、㲋、能、足皆从二匕。

彖

豕也。从彑从豕。讀若弛。式視切。按古音在十六十七部閒。廣韻尺氏切。是也。蠡从蚰、彖聲。悇从心、彖聲。古音皆在十六部。今韻蠡入薺、悇入佳。皆不誤。而字形从彖則誤。

豙

豕也。从彑。下象其足。讀若瑕。乎加切。按小徐本此爲彖之古文。篇韻皆無此字。

彖

豕走

𧱓　⿰衛𧱓　豸

也。玉篇作豕走悅也。恐是許書古本如此。周易卦辭謂之彖。爻辭謂之象。繫辭傳曰。彖也者。才也。虞翻曰。彖說三才。彖者言乎象者也。虞翻曰。八卦以象告。彖說三才。故言乎象也。古人用彖字必系叚借。而今失其說。劉瓛曰。彖者。斷也。从彑。从豕省。通貫切。十四部。

文五 小徐作四。

𧱓 小豕也。方言。豬其子或謂之豚。或謂之貕。从古文豕。各本作从彖省象形五字。非也。今正。从又持肉。以給祠祀也。凡祭宗廟之禮。豕曰剛鬣。豚曰腯肥。又。手也。徒魂切。十三部。凡𧱓之屬皆从𧱓。各本𧱓作豚。誤。今正。豚 篆文从肉豕。上古文。此小篆也。亦以上附二之例。不入豚於豕部。附以古文𧱓者。以有从𧱓之⿰衛𧱓。則不得不立此部首也。爾雅音義曰。籀文作豚。玉篇亦曰。豚者籀文。皆誤。恐學者惑焉。故箸於此。

⿰衛𧱓 豚屬。从𧱓。衛聲。讀若罽。于歲切。十五部。

文二　重一

豸 獸長脊。行豸豸然。欲有所司殺形。總言其義其形。故不更言象形也。或曰。此下當有象形二字。司今之伺字。許書無伺。凡獸欲有所伺殺。則行步詳㝥。其脊若加長。豸豸然。長皃。文象其形也。周禮射人。以貍步張三侯。注云。貍。善搏者也。行則止而儗度焉。其發必獲。是以量侯道法之也。許言獸者。謂凡殺物之獸也。釋蟲曰。有足謂之蟲。無足謂之豸。按凡無足之蟲體多長。如蛇蚓之類。正長脊義之引伸也。上林賦曰。陂池貏豸。卽子虛賦之罷池陂陀。西京賦曰。增嬋娟以此豸。按貏豸謂迆邐之長。此豸謂婀娜之長。亦皆長義之引伸。古多叚豸爲解廌之廌。以二字古同音也。廌與解古音同部。是以廌訓解。方言曰。廌。解也。左傳庶有豸乎。釋文作廌。引方言廌解也。正義作豸。引方言豸。解也。今本釋文廌譌爲鳩。今本方言廌譌爲瘛。音胡計切。葢古書之難讀如此。池爾切。十六部。凡豸之屬皆从豸。

豹　貙　貚　貔

豹 佀虎。圜文。豹文圜。易曰。君子豹變。其文蔚也。豹一名程。从虎。勺聲。北教切。二部。

貙 貙獌。似貍。各本下有者字。今刪正。貍篆下曰。似貙。其狀互見也。釋獸。貙似貍。又曰。貙獌似貍。犬部獌下曰。狼屬。引爾雅。貙獌似貍。然則此襲爾雅。貙似貍。獌衍文耳。貙常以立秋日祭獸。吳都賦注曰。虎屬。从豸。區聲。勑俱切。古音在四部。

貚 貙屬也。从豸。單聲。徒干切。十四部。

貔 豹屬。大雅韓奕傳曰。貔。猛獸也。尚書某氏傳曰。貔。執夷。虎屬也。釋獸曰。貔。白狐。舍人曰。名白狐也。按方言曰。貔。陳楚江淮之間謂之貅。北燕朝鮮之間謂之貊。關西謂之貍。郭云。貔未聞語所出。玉裁謂方言所說貍也。非貔也。爾雅所說白狐。葢亦貍類。非貔也。而皆得貔名者。俗評之相混也。說文毛傳尚書傳則皆貔之本義也。出貉國。北方國也。从豸。㡿聲。房脂切。十五部。詩曰。獻其貔皮。大雅韓奕。周書曰。如虎如貔。牧誓。貔。猛獸。按上文豹屬當作貍屬。許以貍屬爲貔本義。以猛獸爲詩書之貔也。於全書之例知之。

𧳋 或从比。比聲。

豺　貐　貘　⿰豸庸

豺 狼屬。狗聲。釋獸曰。豺。狗足。許云狗聲。似許長。其聲如犬。俗評豺狗。从豸。才聲。士皆切。古音在一部。當入咍韵。

貐 ⿰豸契貐。⿰豸契大徐作⿰豸契。廣韵引許作⿰豸契。無⿰豸契篆者。疑許本作契。無豸旁。後人加之。依許當作叉。食人。迅走。以上釋獸說如此。从豸。俞聲。以主切。古音在四部。爾雅音義曰。韋昭餘彼反。按彼字必侯字或俟字之誤。集韵類篇不知其誤。乃云貐尹捶切。入四紙。葢古書之襲繆有如此者。

貘 佀熊而黃黑色。出蜀中。卽諸書所謂食鐵之獸也。見爾雅。上林賦。蜀都賦注。後漢書。爾雅謂之白豹。山海經謂之猛豹。今四川川東有此獸。薪采攜鐵飯甑入山。每爲所齧。其齒則奸民用爲僞佛齒。从豸。莫聲。莫白切。古音在五部。字亦作貊。亦作狛。

⿰豸庸 猛獸也。猛當作⿰豸庸。三字爲句。⿰豸庸見上林賦。郭璞曰。⿰豸庸似牛。領有肉堆。卽犎牛也。按卽爾雅之犦牛也。字亦作⿰豸庸。亦作⿰牛庸。漢書作庸。从豸。庸聲。

余封切。九部。貜 㚔貜也。㚔廣韵引作㲉。未知孰是。葢合二字爲獸名。與犬部玃字義別。从豸。瞿聲。王縛切。五部。

貀 貀獸。貀字各本無。今補。無前足。前當作歬。貀無前足。釋獸文。从豸。出聲。女滑切。十五部。漢律能捕豺貀購錢百。錢百各本作百錢。今正。爾雅郭注。律捕虎一購錢三千。其豽半之。葢亦沿漢律也。購者以財有所求也。

豽 似狐。善睡獸也。凡狐貉連文者皆當作此豽字。今字乃皆假貉爲豽。造貊爲貉矣。从豸。舟聲。下各切。按此切乃貉之古音。非此字本音也。其字舟聲。則古音在三部。邠詩豽貍裘爲韵。一部三部合音也。論語曰。狐豽之厚㠯居。鄉黨篇文。居當作凥。

貆 豽之類。从豸。亘聲。按此篆舊系貉篆下。云貉之類。然則亦必人而豸種者。而經傳不言有貆人則知轉寫譌舛耳。釋獸曰。貈子貆。可援以證許書矣。今更正而移其次於此。胡官切。十四部。

豻 胡地野狗。禮記玉藻、周禮巾車注皆云。豻胡犬也。正義皆云。胡當作狐。與犬合所生。按犬有名狼。名狐者。見廣雅。但此注胡犬。證以說文。高誘淮南注。熊安生禮記正義云胡地野狗。則其字不當作狐。宷矣。从豸。干聲。五旰切。十四部。犴 豻或从犬。詩曰。宜犴宜獄。小雅小宛文。毛詩作岸。釋文曰。韓詩作犴。云鄉亭之繫曰犴。朝廷曰獄。李善文選注亦引韓詩。按毛詩傳曰。岸。訟也。此謂岸爲犴之假借也。獄从二犬。故犴與獄同意。皇矣箋亦曰。岸、訟也。本小宛傳。

貍 伏獸。似貙。伏獸謂善伏之獸。鄭注大射云。貍首逸詩。貍之言不來也。其詩有射諸侯首不朝者之言。因以名篇。皇偘以爲舊解云。貍之取物則伏下其頭。然後必得。言射亦必中。如貍之取物矣。上文云貙似貍。此云貍似貙。言二物相似。卽俗所謂野貓。从豸。里聲。里之切。一部。

貒 貒獸也。各本無貒字。今補。三字爲一句。釋獸曰。狐貍貒貈醜。其足蹯。其跡内。貒子貗。似豕而肥。各本無此四字。今依韵會所據及爾雅音義所引補。从豸。耑聲。讀若湍。他耑切。十四部。

貛 野豕也。从豸。雚聲。呼官切。十四部。按内部引爾雅。狐貍貒貈醜。貒作貛。葢貒貛本一字。貛乃貒之或體。淺人刪去上文似豕而肥四字。乃注野豕也三字於此。以分別之耳。其物非有二。集韵類篇亦合爲一字。宜正之曰貒或从雚聲。

貁 鼠屬。善旋。按當作禺屬。善倒縣。周禮爾雅山海經有蜼字。許無蜼。貁卽蜼。廣雅曰。貁蜼也。是也。釋獸曰。蜼卬鼻而長尾。周禮注曰。蜼、禺屬。卬鼻而長尾。郭景純曰。蜼似獮猴而大。黃黑色。尾長數尺。末有兩岐。雨則自縣於樹。以尾塞鼻。零陵南康人呼之音餘。建平人呼之音相贈遺之遺。又音余救反。皆土俗輕重不同耳。淮南覽冥注曰。貁猨屬。長尾而卬鼻。吳都賦劉注引異物志曰。貁猨類。露鼻。尾長四五尺。居樹上。雨則以尾塞鼻。是以貁者。貁之俗省。蜼貁爲古今字。許不取蜼用今字也。與鼠部之鼶鼬分別爲三物。从豸。宂聲。此宂散之宂。俗譌作穴聲。篆體亦誤。今正。宂之古音在三部。余救切。三部。

貂 鼠屬。大而黃黑。出胡丁零國。郭氏山海經注曰。今扶餘國卽濊貊故地。在長城北。去玄兔千里。出名馬、赤玉、大珠如酸棗也。从豸。召聲。都遼切。二部。

貉 北方貉。各本奪貉字。今補。此與西方羌从羊、北方狄从犬、南方蠻从虫、東南閩越从虫、東方夷从大、參合觀之。鄭司農云。北方曰貉、曰狄。周禮大甸。獵祭表貉。注云。貉讀爲十百之百。豸種也。从豸。長脊獸之種也。故从豸。各聲。莫白切。古音在五部。下各切。俗作貊。孔子曰。貉之言貉貉惡也。七字一句。各本作貉之爲言惡也。今依尚書音義五經文字正。尚書音義作貊貊。淺人所改耳。貉與惡疊韵。貉貉惡皃。○貂貉二篆各本在豻篆之後。貆貍篆之前。今以虫部之蠻閩次於以虫爲象之末。犬部之狄次於犬末。羊部之羌次於羊末。人部之僥次於人末。大部夷字次於大末。依類求之。移易次此。必有合乎古本矣。

文二十　重二　小徐本文十七。容有誤也。其曰重三。必合貒貛爲一字矣。

𤉡 如野牛。青色。其皮堅厚可制鎧。青色各本作而青。其皮堅厚可制鎧各本無此七字。今補。論語季氏疏、爾雅釋獸疏、詩何草不黃正義、春秋左傳宣二年正義皆有此七字。皆作青色。或作青

九篇下　四五

毛。釋獸曰。兕似牛。許云如野牛者。其義一也。野牛卽今水牛。與黃牛別。古謂之野牛。爾雅云似牛者。似此也。郭注山海經曰。犀似水牛。豬頭庳腳。兕亦似水牛。青色一角。重三千斤。考工記。函人爲甲。犀甲七屬。兕甲六屬。犀甲壽百年。兕甲壽二百年。**象形。**謂上象其頭。下象其足尾也。徐姊切。十五部。**冡頭**二字今補。**與禽离頭同。**禸部禽下亦曰。禽离冡頭相似。今人作楷。冡作凹。禽离作凶。其頭不同矣。篆法古當同。**凡冡之屬皆从冡。**

兕　古文从儿。蓋亦謂其似人肵也。虎足亦與人足同。今字兕行而冡不行。漢隸作光。經典釋文云本又作光。

文一　重一

易

易　蜥易、蝘蜓、守宮也。虫部蜥下曰。蜥易也。蝘下曰。在壁曰蝘蜓。在艸曰蜥易。釋魚曰。蠑螈蜥蜴。蜥蜴蝘蜓。蝘蜓守宮也。郭云。轉相解。博異語。別四名也。方言曰。守宮。秦晉西夏謂之守宮。或謂之蠦蝘。或謂之蜥蜴。其在澤中者謂之易蜴。南楚謂之蛇醫。或謂之蠑螈。東齊海岱謂之螔蝀。北燕謂之祝蜓。桂林之中守宮大者而能鳴。謂之蛤解。按許舉其三者。略也。易本蜥易。語言假借而難易之義出焉。鄭氏贊易曰。易之爲名也。一言而函三義。簡易一也。變易二也。不易三也。按易象二字皆古以語言假借立名。如象卽像似之像也。故許先言本義。而後引祕書說云。祕書者。明其未必然也。**象形。**上象首。下象四足。尾甚微。故不象。羊益切。十六部。古無去入之分。亦以豉切。今俗書蜥易字多作蜴。非也。按方言。蜥易其在澤中者謂之易蜴。郭云。蜴音析。是可證蜴卽蜥字。非羊益切。小雅。胡爲虺蜴。毛傳曰。蜴、螈也。釋文。蜴星歷反。字又作蜥。說文引詩正作蜥。毛語正與方言合。方言易蜴南楚謂之蛇醫。或謂之蠑螈。謂在澤中者也。螈卽虫部之蚖字。蛇醫也。陸璣云。蜴一名蠑螈。水蜴也。或謂之蛇醫。如蜥易。然則蜥易者統名。倒言易蜥及單言蜥者。別其在澤中者言也。**祕書說曰。日月爲易。**祕書謂緯書。目部亦云。祕書瞋从戌。按參同契曰。日月爲易。剛柔相當。陸氏德明引虞翻注參同契云。字从日下月。**象侌易也。**謂上从日象陽。下从月象陰。緯書說字多言形而非其義。此雖近理。要非六書之本。然下體亦非月也。**一曰从勿。**又一說从旗勿之勿。皆字形之別說也。**凡易之屬皆从易。**

文一

象

象　南越大獸。獸之冣大者。而出南越。**長鼻牙。**有長鼻長牙。以上七字依韵會所據小徐本。**三年一乳。**左傳定四年正義作三年一乳字。按古書多假象爲像。人部曰。像者。似也。似者。像也。像从人象聲。許書一曰指事。二曰象形。當作像形。全書凡言象某形者。其字皆當作像。而今本皆从省作象。則學者不能通矣。周易繫辭曰。象也者。像也。此謂古周易象字卽像字之假借。韓非曰。人希見生象。而案其圖以想其生。故諸人之所以意想者皆謂之象。似古有象無像。然像字未製以前。想像之義已起。故周易用象爲想像之義。如用易爲簡易變易之義。皆於聲得義。非於字形得義也。韓非說同俚語。而非本無其字、依聲托事之恉。**象耳牙四足尾之形。**象當作像。耳牙疑當作鼻耳。尾字各本無。今補。徐兩切。十部。**凡象之屬皆从象。**

豫

豫　象之大者。此豫之本義。故其字从象也。引伸之、凡大皆偁豫。故淮南子、史記循吏傳、魏都賦皆云。市不豫價。周禮司市注云。防誑豫。皆謂賣物者大其價以愚人也。大必寬裕。故先事而備謂之豫。寬裕之意也。寬大則樂。故釋詁曰。豫、樂也。易鄭注曰。豫、喜豫說樂之皃也。亦借爲舒字。如洪範豫恒燠若。卽舒恒燠若也。亦借爲與字。如儀禮古文與作豫是也。**賈侍中說。不害於物。**賈侍中名逵。許所從受古學者也。侍中說豫象雖大而不害於物。故寬大舒緩之義取此字。**从象。**非許書則从象不可解。**予聲。**羊茹切。五部。俗作預。

豫　古文。

文二　重一

四十六部　文四百九十六　重六十四宋本四作三。

凡七千二百四十七字。此以上言九篇部分篆文說解字三者之都數也。

說文解字第十篇上

金壇段玉裁注

馬

怒也。武也。以疊韵爲訓。亦門聞也、戸護也之例也。釋名曰。大司馬。馬、武也。大揔武事也。象馬頭髦尾四足之形。古、籒文皆以彡象髦。石建奏事。事下。建讀之曰。誤書馬字與尾當五。今乃四。不足一。上譴死矣。莫下切。古音在五部。凡馬之屬皆从馬。古文。籒文馬。與影同有髦。說文各本籒文古文皆作影。無別。據玉篇古文作影、籒文作影。是古文从帇加髦、籒从彡加髦。故云二者同有髦也。毛髦覆於頸。故象覆形。

騭

牡馬也。釋嘼曰。牡曰騭。牝曰騇。郭云。今江東呼駁馬爲騭。按騭古叚陟爲之。小正。四月執陟攻駒。陟騭古今字。謂之騭者、陟升也。牡能乘牝。月令所謂累牛騰馬。皆乘匹之名。月令三月遊牝。小正四月執騭。事實相因也。若釋詁曰。騭、陞也。郭注引方言。魯衛之閒曰騭。洪範。惟天陰騭下民。馬融曰。騭、升也。升猶舉也。舉猶生也。漢五行志引經。服虔曰。騭音陟。應劭曰。騭、升也。此等騭字皆登陟字之假借。爾雅以釋詩書者也。故陟騭並列。而統曰陞也。方言。蹋郅、跂、洛、躋、踚、登也。魯衛曰郅。郭注爾雅引之。郅作騭。葢郭當日所見不誤。後人或用其音改其本字耳。方言與爾雅同義。从馬。陟聲。鉉本此下有讀若郅三字。此必後人羼入。非許原文也。陟聲古音在今職韵。郅聲古音在今質韵。相隔甚遠。諸家訓登。子愼音陟。騭之爲之翼切。無可疑矣。葢自僞孔安國解尚書云騭定也。意謂爲質之假借。而陸德明乃曰之逸反。師古乃音質。尤而效之者。且改方言之騭爲郅。增竄讀若郅三字於許書。世有善讀書者。必能心知其意矣。一部。

馬

馬一歲也。从馬一。絆其足。絆其足三字葢衍文。祇當云从馬一而已。一說。畀下云。从馬二其足。此當作一其足。絆字賸。韵書字書皆作畢。疑非是。不當从十也。讀若弦。小徐作紘。一曰若環。戸關切。十四部。按今玉篇有爲萌一切。集韵類篇收入耕韵。皆讀若紘之本也。集韵類篇又收入咍韵。未詳。又按紘葢譌字。弦是也。釋嘼玄駒。音義曰。玄字林作䮄。音同。廣韵䮄胡涓切。馬一歲。語必本諸字林。葢字林始變馬爲䮄也。

駒 **馬二歲曰駒。三歲曰駣。**周禮廋人。教駣攻駒。鄭司農云。馬三歲曰駣。二歲曰駒。月令曰。犧牲駒犢。舉書其數。犢爲牛子。則駒爲馬子也。小雅。老馬反爲駒。言已老矣。而孩童慢之也。按詩駒四見。而漢廣、株林、皇皇者華於義皆當作驕。乃與毛傳說文合。不當作駒。依韵讀之則又當作駒。乃入韵。不當作驕。深思其故。葢角弓用字之本義。漢廣、株林、皇皇者華則皆讀者求其韵不得。改驕爲駒也。駒未可駕車。故三詩斷非用駒本義。駣字旣見周禮。何以連類言之。不錄此篆也。曰疑周禮故書本作兆。或借羊部挑爲之。許解中駣字葢非許君原文。後人依周禮改之耳。不當如玉篇擅增也。**从馬。句聲。**舉朱切。古音在四部。

馬八 **馬八歲也。**初學記引何承天纂文同。**从馬八。八亦聲。**合二徐本訂。博拔切。古音在十二部。

騆 **馬一目白曰騆。**一字賸。目部曰。瞯。戴目也。爾雅釋文引倉頡篇。瞯、目病也。廣韵曰。瞯。人目多白也。是則人目白曰瞯。馬目白曰騆。騆卽从瞯省。爾雅釋嘼騆作瞯。**二目白魚。**二當作一。按釋嘼曰。一目白騆。二目白魚。魯頌毛傳正義本作二目白曰魚。釋文本作一目白曰魚。以理覈之。葢陸本是。孔本非。毛傳是。爾雅誤。傳言一目者。以別於二目也。假令二目白。則傳不言二。許本毛。則必上句言一目白。下句言一目白。毛本爾雅。則知爾雅轉寫失其眞也。魚字林作驗。許無驗字。類言之。**从馬。閒聲。**戶閒切。十四部。字林作騆。

騏 **馬青驪文如綦也。**如綦各本作如博綦。不通。今依李善七發注、玄應書卷二卷四卷八正。凡馬言色者。如下文深黑色、淺黑色。全體之色也。其言某處黑、某處白、發白色、發赤色。一耑之色也。言襍毛者。謂其毛異色相錯。非比異色成片段者也。其曰文者。獨此而已。謂異色成枝條相交、如文之錯畫然。下文青驪馬爲駽。謂其全體青黑色。此云青驪文如綦。謂白馬而有青黑紋路相交如綦也。綦糸部作綥。白蒼文也。綦者、青而近黑。秦風傳曰。騏、綦文也。魯頌傳曰。蒼騏曰騏。蒼騏卽蒼綦。謂蒼文如綦也。曹風其弁伊騏傳曰。騏、騏文也。正義作綦文。顧命騏弁。鄭注曰。青黑曰騏。本作綦弁。

十篇上　二

古多叚騏爲綦。**从馬。其聲。**渠之切。一部。

驪 **馬深黑色。**魯頌傳曰。純黑曰驪。按引伸爲凡黑之偁。亦叚黎棃爲之。**从馬。麗聲。**呂支切。十六部。

駽 **青驪馬。**謂深黑色而戴青色也。魯頌有駜曰。駜彼乘駽。釋嘼、毛傳皆曰。青驪曰駽。**从馬。肙聲。**火玄切。十四部。按當火縣切。**詩曰。駜彼乘駽。**

騩 **馬淺黑色。**漢舊儀。有天地大變。丞相上病。使者奉策書。駕騩騂馬。卽時布衣步出府。免爲庶人。丞相有他過。使者奉策書。駕騅騩馬。卽時步出府。乘棧車牝馬歸。按乘騩者。取無色之意。**从馬。鬼聲。**俱位切。十五部。

駵 **赤馬黑髦尾也。**髦各本作毛。今依廣韵正。髦者、髮也。髮之長者偁髦。因之馬鬣曰髦。魯頌傳曰。赤身黑鬣曰駵。**从馬。丣聲。**丣各本作畱。篆體作騮。大誤。今依五經文字、玉篇、廣韵正。力求切。三部。

騢 **馬赤白襍毛。**襍毛者、謂異色之毛襍亂相廁也。或作襍色。非是。魯頌有騢。釋嘼、毛傳皆曰。彤白襍毛曰騢。**从馬。叚聲。**乎加切。古音在五部。**謂色似鰕魚也。**此當作色似鰕魚四字、系襍毛之下。如驔下文如鼉魚一例。鰕魚謂今之蝦。亦魚屬也。蝦畧有紅色。凡叚聲多有紅義。是以瑕爲玉小赤色。此六字葢舊注之僅存者。

騅 **馬蒼黑襍毛。**黑當作白。釋嘼、毛傳皆云。蒼白襍毛曰騅。蒼者、青之近黑者也。白毛與蒼毛相閒而生、是爲青馬。騅深於青白襍毛之驄。未黑也。若黑毛與蒼毛相閒而生。則幾深黑矣。釋言曰。菼、騅也。王風傳曰。菼、薍也。萑之初生者。艸部曰。薍者、萑之初生。一曰騅。此以同色名之。觀萑葦之初生之色。則知蒼白之不可易矣。○六書故云。徐本作白。正謂唐本不作白也。**从馬。隹聲。**職追切。十五部。

駱 **馬白色黑鬣尾也。**釋嘼曰。白馬黑鬣駱。詩音義曰。樊孫爾雅竝作白馬黑髦鬣尾也。然則許正同樊孫本矣。魯頌毛傳亦曰。白馬黑鬣曰駱。按今毛詩有驒有駱、有駵有雒。毛曰。黑身白鬣曰雒。正與白身黑鬣曰駱互異。正義曰。定本、集注及徐音皆作駱。釋文亦云。雒本或作駱。然則本二物相似而同名。淺人惑之。乃妄改字。**从馬。各聲。**盧各切。五部。

駰 **馬陰白襍毛黑。**宋本、黑字

十篇上　三

驄　驕　駹　騧　驃　駓　驖

舊本皆同汲古毛氏改黑作也以合爾雅毛傳然而非是釋嘼魯頌傳皆云陰白雜毛曰駰郭云陰淺黑也今之泥驄或云目下白或云白陰皆非也陰淺黑本叔然說然則許葢襍毛之下釋云陰淺黑也如虦下虎竊毛謂之虦苗竊淺也正是一例既說者惑於白陰之說謂馬私處白而襍黑毛因致漏奪不可讀苟求其故由不解陰之爲淺黑耳廣韵曰駰馬陰淺黑色有脫 **从馬因聲** 於眞切十二部 **詩曰有駰有騢** 魯頌駉文

驄 馬青白襍毛也 白毛與青毛相閒則爲淺青俗所謂葱白色詩曰有瑲葱衡釋器曰青謂之葱 **从馬悤聲** 千公切九部

驕 驪馬白跨也 跨者兩股之閒也釋嘼毛傳皆曰驪馬白跨曰驈 **从馬矞聲** 食聿切十五部 **詩曰有驈有騜** 魯頌駉文按毛詩作皇許無騜字字林乃有之此騜後人所改耳韵會作有皇是也爾雅作黃白騜亦是俗本

駹 馬面顙皆白也 面者顏前也釋嘼曰面顙皆白惟駹按言惟者以別於上文的顙白顛白達素縣也面顙白其他非白也故从尨周禮駹車借爲尨襍字也 **从馬尨聲** 莫江切九部

騧 黃馬黑喙 釋嘼曰白馬黑脣駩黑喙騧如爾雅之文則是白馬黑喙也秦風傳曰黃馬黑喙曰騧許本之豈今爾雅奪黃馬二字與郭云今之淺黃色者爲騧馬 **从馬咼聲** 古華切十七部宋明帝以騧字似禍改从瓜遂於古音不合 **騧 籀文騧** 咼聲爵聲同在十七部

驃 黃馬發白色 發白色者起白點斑駁也釋嘼曰黃白曰騜毛詩祇作皇然則皇卽驃與牛部㯹下曰牛黃白色與驃音正同也 **一曰白髦尾也** 謂黃馬而白鬣尾也 **从馬𤍽聲** 毗召切二部

駓 黃白襍毛也 各本作黃馬白毛今正六書通引唐本作黃馬白襍毛此唐本衍馬字淺人不刪馬字而刪襍字耳釋嘼毛傳皆曰黃白襍毛曰駓字林作駓 **从馬丕聲** 古作丕字中直貫下或作丕是以論曹魏者曰丕之字不十也詩釋文此字本作駓字林乃作駓敷悲切古音一部

驖 馬赤黑色 此與青驪馬句法同謂黑色而帶赤色也驖不見爾雅秦風駟驖孔阜傳曰驖驪也驪者深黑色許說小異漢人或叚鐵爲之前書地理志叚戴爲之 **从馬戴聲** 他結切十二部 **詩曰四驖孔阜** 秦風駟驖文今詩四作駟按詩四牡四騏皆作四惟駟介俴駟乃作駟駟一乘也故言馬四則但謂之四言施乎四馬者乃謂之駟

⿰馬岸　馰　駁　馵　驔

⿰馬岸 馬頭有白發色 大徐作馬頭有發赤色者非是篇韵皆云馬白額至脣集韵曰馬流星貫脣則爲馬頭發白色矣廣韵曰駻⿰馬岸馬行此今義也按東京賦作半漢 **从馬岸聲** 五旰切十四部

馰 馬白額也 秦風有馬白顛傳曰白顛的顙也釋嘼曰的顙白顛郭云戴星馬也說卦傳曰爲的顙虞翻曰的白顙也按的顙之馬謂之馰易釋文云的說文作馰 **从馬勺聲** 舊作的省聲的聲亦勺聲也今正都歷切古音在二部 **一曰駿也** 駿馬之良材者 **易曰爲馰顙**

駁 馬色不純 純同醇崔覲曰不襍曰純釋嘼曰駵白駁邠風毛傳同謂駵馬發白色也許說不同者許意馬異色成片段者皆得曰駁引伸之爲凡色不純之偁 **从馬爻聲** 北角切古音在二部與駁各字

馵 馬後左足白也 左當作ナ釋嘼毛傳皆曰後左足白曰馵說卦傳曰震爲馵足 **从馬二其足** 謂於足以二爲記識如馬於足以一爲記識也非一二字變篆爲隸馬既作馵則馵作馵與篆大乖矣石經作馵 **讀若注** 之戍切古音在三部讀如祝

驔 驪馬黃脊 魯頌有驔有魚釋嘼曰驪馬黃脊曰驔爾雅音義云驔說文作驔音簟是則爾雅之驔即驔之異體許於此篆用爾雅不用毛傳也毛傳曰豪骭曰驔此卽驔之異說詩音義引字林云驔又音覃豪骭曰驔是則字林豪骭一義不作驔也今說文乃別有驔篆訓云豪骭前與毛詩不合後與字林不合此葢必非許原文許原文或驔下有一曰豪骭之文或驔篆後有重文作驔之篆皆不可定後人乃以兩義分配兩形耳 **从馬覃聲讀若簟** 徒玷切七部按覃之古音如淫其入聲則如熠古音又如尋其入聲則如習故驔騽必一字鳥之鷣鷂蟲之熠燿其理一也許此下當有一曰馬豪骭五字又出一騽篆解云驔或从習廣韵二十六緝騽字下云馬豪骭又驪馬

黃脊。玉篇騽字下曰。驪馬黃脊。又馬豪骭。亦可證二義分二形之非矣。驠馬白州也。山海經曰。乾山有獸其州在尾上。今本譌作川。廣雅曰。州、豚、臀也。郭注爾雅山海經皆云。州、竅也。按州豚同字。俗作居。國語之龍豼。史漢貨殖傳之馬噭。皆此也。蜀志周羣傳。諸毛繞涿居。署曰。潞涿君。語相戲謔。涿亦州豚同音字也。釋畜曰。白州驠。从馬燕聲。於甸切。十四部。

騽馬豪骭也。骭者骹也。骹者脛也。高誘注淮南曰。骭自膝以下脛以上也。豪骭謂骭上有修豪也。魯頌傳曰。豪骭曰驔。正義本作豪骭白。白衍。从馬習聲。似入切。七部。按此篆宜刪正。玉篇驔騽二篆相接。蓋說文之舊。

鶾馬毛長者也。者字依文選長楊賦注補。此謂馬毛長者名鶾也。多借翰字爲之。翰行而鶾廢矣。尚書大傳之西海之濱取白狐青翰。注曰。長毛也。文選長楊賦翰林主人注引說文。毛長者曰翰。曲禮雞曰翰音。注曰。翰猶長也。常武詩。如飛如翰。箋云。鳥中豪俊。蓋其字皆當作鶾。引伸假借之字也。从馬倝聲。侯旰切。十四部。

騛馬逸足者也。者字今補。逸當作兔。廣韵曰。騛兔、馬而兔走。玉篇曰。騛兔古之駿馬也。呂氏春秋高注曰。飛兔要褭皆馬名也。日行萬里。馳若兔之飛。因以爲名也。从馬飛。會意。飛亦聲。甫微切。十五部。司馬法曰。飛衞斯輿。司馬法今佚。此偁司馬法說从飛之意也。

驁駿馬。句絕。謂駿馬之名也。大射禮公入驁。注曰。驁夏、亦樂章也。以鍾鼓奏之。按驁夏蓋取翱翔之意。凡奇士偁豪俊者可作驁俊。如尚書桀可爲酋豪字也。㠯壬申日死。乘馬忌之。忌此日也。从馬敖聲。五到切。二部。

驥千里馬也。孫陽所相者。孫陽字伯樂。秦穆公時人。其所與有九方皋。卽九方歅。戰國策汗明說春申君。是伯樂相驥事。按小徐說伯樂卽王良。卽郵無恤。大繆。从馬冀聲。几利切。古音在一部。天水有驥縣。地理志天水郡冀縣。郡國志漢陽郡冀縣。漢陽卽天水也。故城在今陝西鞏昌府伏羌縣東。史皆作冀。不作驥。左傳冀之北土馬之所生。許蓋援此說字形。从冀馬會意。許本作冀縣。謂此卽左傳生馬之地。淺人改之。

駿馬之良

材者。引伸爲凡大之偁。釋詁、毛傳皆曰。駿、大也。毛傳見文王、崧高、噫嘻。从馬夋聲。子峻切。十三部。

驍良馬也。周禮良馬與駑馬爲對文。良馬兼上文種馬、戎馬、齊馬、道馬、田馬言也。周易曰。良馬逐逐。左傳云。以其良馬二。亦精駿之偁。按上文云駿、馬之良材者。此云良馬。卽蒙上文而言也。魯頌傳曰。駉駉良馬腹榦肥張也。引伸爲勇捷之偁。从馬堯聲。古堯切。二部。詩曰。驍驍牡馬。陸氏德明所見說文如此。詩釋文曰。駉說文作驍。按堯聲、同聲之類相去甚遠。無由相涉。大雅崧高四牡蹻蹻。傳云。蹻蹻、壯皃。魯頌泮水傳云。蹻蹻、言彊盛也。蓋古本說文堯聲下有詩曰四牡驍驍六字。乃崧高之異文。或轉寫譌作驍驍牡馬。而陸氏乃有駉說文作驍之語矣。

䮔馬小皃。从馬垂聲。讀若箠。之壘切。按當依廣韵之累切。十六十七部。𠂹部⿺辶垂以爲聲。⿰馬𠂹籀文从𠂹。

驕馬高六尺爲驕。漢廣言秣其馬。言秣其駒。傳曰。六尺以上爲馬。五尺以上爲駒。按此駒字釋文不爲音。陳風乘我乘駒。傳曰。大夫乘駒。箋云。馬六尺以下曰駒。此駒字釋文作驕。引沈重云或作駒。後人改之。皇皇者華篇內同。小雅我馬維駒。釋文云。本亦作驕。據陳風小雅則知周南本亦作驕也。蓋六尺以下五尺以上謂之驕。與駒義迥別。三詩義皆當作驕。而俗人多改作駒者。以駒與蔞株濡諏爲韵。驕則非韵。抑知驕其本字音在二部。於四部合韵。不必易字就韵而乖義乎。陸氏於三詩無定說。彼此互異。由不知古義也。毛云大夫乘驕。以此推之。當是天子乘龍。諸侯乘騋。卿乘馬。从馬喬聲。舉喬切。二部。詩曰。我馬維驕。皇皇者華二章也。可以此訂周南譌字。一曰野馬。凡驕恣之義當是由此引伸。旁義行而本義廢矣。女部曰。嬌、驕也。心部曰。怚、驕也。皆旁義也。俗製嬌僑字。

騋馬七尺爲騋。八尺爲龍。周禮廋人曰。馬八尺以上爲龍。七尺以上爲騋。六尺以上爲馬。庸風騋牝三千。毛傳。馬七尺以上曰騋。鄭司農以月令駕蒼龍說周禮。龍俗作駥。从馬來聲。洛哀切。一部。詩曰。騋牝驪牝。下牝字各本作牡。今正。詩曰。騋牝三千。毛傳曰。騋牝、騋馬與牝馬也。釋嘼曰。騋牝驪

驩　驗　䭾　𩦈　馼

牝。今爾雅譌作驪牡。而音義不誤。可攷。音義曰。騋牝頻忍反。下同。下同者。卽謂驪牝也。此以驪牝釋詩之騋牝。驪與騋以雙聲爲訓。謂騋馬驪色。亦兼牝馬也。此與詩曰不騋不來也。合偁詩爾雅正同。若鄭注周禮則引騋句絕牡驪牝玄句絕。駒句絕。褭驂句絕。孫叔然讀亦如是。

馬名。古叚爲歡字。从馬雚聲。呼官切。十四部。

馬名。今用爲譣字。證也。徵也。效也。不知其何自始。驗行而譣廢矣。从馬僉聲。魚窆切。七部。

馬名。从馬此聲。雌氏切。十六部。

馬名。从馬休聲。許尤切。三部。

媽馬、媽字今補。赤鬣縞身。目若黃金。名曰吉皇之乘。各本名曰之下有媽字。今刪正。海內北經曰。犬封國曰犬戎國。有文馬。縞身朱鬣。目若黃金。名曰吉量。之乘。量一作良。郭注引周書、六韜、大傳說其狀略同。周書作名曰吉黃之乘。六韜作名曰雞斯之乘。周成王時犬戎獻之。成各本作文。誤。今正。許引成王時周靡獻𩰠𩰠。成王時蜀人獻大翰。成王時揚州獻鰅。皆逸周書王會篇也。王會篇又言犬戎文馬。是其事矣。或因尚書大傳散宜生之犬戎取美馬駮身朱鬣雞目者獻紂。乃改此成王爲文王。而不顧其文義。从馬文。文亦聲。無分切。十三部。大徐左馬右文作駮。春秋傳曰。媽馬百駟。見宣二年。左傳作文馬。按許書當作文馬。此言春秋傳之文馬。非周書之媽馬也。恐人惑。故辯之。文馬、二字今補。畫馬也。杜注亦云。畫馬爲文。四百匹。孔子世家文馬三十駟。亦謂畫馬。西伯獻紂以全其身。此八字蓋或取尚書大傳事箋記於此。遂致誤入正文。文理不貫。當刪。要自春秋傳以下恐皆非許語。

十篇上　八

馶　駜　駫

馬彊也。从馬支聲。章移切。十六部。

馬飽也。魯頌有駜曰。有駜有駜。傳曰。駜馬肥彊皃。馬肥彊則能升高進遠。臣彊力則能安國。按許義小別。鄭箋亦云。此言僖公用臣必先致其祿食。祿食足而臣莫不盡其忠也。从馬必聲。毗必切。十二部。詩曰。有駜有駜。

馬肥盛也。各本作盛肥。今依廣韻訂。从馬光聲。古熒切。古音在十部。詩曰。駫駫牡馬。各本作四牡駫駫。陸氏德明所見作駫駫牡馬。按卽魯頌之駉駉牡馬也。駉駉牡馬。古本作牧馬。傳言牧之坰野。自當是牧字。周禮凡馬特居四之一。又不當云良馬有驚無驊也。詩釋文曰。駉古熒反。說文作驍。又作駫同。作驍又三字當刪。云說文作駫同。玉篇亦曰。駫古熒切。駉同。同則知說文作駫駫牧馬。而讀古熒反。十部十一部之音轉也。以今攷之。實則毛詩作駫駫。許偁駫駫。而後人譌亂作駉駉。陸所見說文不誤。今本說文則誤甚耳。毛傳曰。駫駫。良馬腹幹肥張也。許言肥盛。卽腹幹肥張。从馬光會意。而光亦聲。

騯　䭰

馬盛也。也當作皃。从馬旁聲。旁、溥也。此舉形聲包會意。薄庚切。古音在十部。詩曰。四牡騯騯。小雅北山。四牡彭彭。傳曰。彭彭然不得息。大雅烝民。四牡彭彭。箋云。彭彭行皃。大明。四騵彭彭。箋云。馬強。疑皆非許所偁。鄭風清人。駟介旁旁。蓋許偁此。而駟介轉寫譌四牡耳。許所據作騯。毛傳本有騯騯盛皃之語。後逸之。二章曰。麃麃武皃。三章曰。陶陶驅馳皃。則知首章當有騯騯盛皃矣。

駠駠馬怒皃。从馬卬聲。吾郎切。十部。廣韻平聲。

驤　驀　騎　駕　騑

馬之低仰也。低當作氐。馬之或俛或仰謂之驤。吳都賦。四騏龍驤。古多叚襄爲驤。从馬襄聲。息良切。十部。

上馬也。吳都賦曰。驀六駮。上馬必捷。故引伸爲猝乍之偁。从馬莫聲。莫白切。古音在五部。

跨馬也。兩髀跨馬謂之騎。因之人在馬上謂之騎。今分平去二音。曲禮曰。前有車騎。正義曰。古人不騎馬。故經典無言騎者。今言騎。當是周末時禮。按左傳左師展將以昭公乘馬而歸。此必謂騎也。然則古人非無騎矣。趙旃以其良馬二濟其兄與叔父。非單騎乎。从馬奇聲。渠羈切。古音在十七部。

馬在軛中也。毛傳曰。軛。烏噣也。烏噣卽釋名之烏啄。轅有衡。衡橫也。橫馬頸上。其扼馬頸者曰烏啄。下向叉馬頸。似烏開口向下啄物時也。駕之言以車加於馬也。从馬加聲。古訝切。十七部。

籀文駕。从牛。釋名曰。軛所以扼牛頸也。各聲者。古音五部與十七部相合。如春秋傳以輅爲訝。是其理也。

驂也。旁馬也。各本無上也字。不可通。今補。攷禮記正義文選

十篇上　九

駢　驂

注引說文。或作旁馬也三字。或作驂旁馬也四字。正由有二也字而奪一耳。騑馬、經典皆謂之驂。故曰驂也。下文云駕三馬曰驂。許意古爲駕三馬之名。後乃駕四駕六、其旁馬皆得驂名矣。故又申之曰旁馬。旁者冢上在輈中言之。不當衡下者謂之驂。亦謂之騑。駕三駕四所同也。若小雅傳曰。騑騑、行不止之皃。別爲一義。**从馬非聲。**甫微切。十五部。

駢　駕二馬也。平帝本紀曰。詔光祿大夫劉歆等襍定婚禮。四輔公卿大夫士郎吏家屬皆以禮娶。立軺併馬。服虔曰。立軺、小車也。併馬、驪駕也。按驪讀同伉儷。非馬深黑色。木部楬下曰。讀若驪駕。是也。併馬謂之儷駕。亦謂之駢。併駢皆从并。謂並二馬也。左傳渾良夫乘中佃兩牡。蓋是駕二。毛詩說。士駕二。禮王度記亦言士駕二。王肅云。夏后氏駕兩謂之麗。駢之引伸。凡二物并曰駢。**从馬并聲。**部田切。古音在十一部。

驂　駕三馬也。驂三疊韵爲訓。詩干旄。良馬四之。良馬五之。良馬六之。傳曰。四之、御四馬也。五之、驂馬五轡也。六之、四馬六轡也。然則毛公有駕三之說矣。王肅云。古者一轅之車駕三馬則五轡。其大夫皆一轅車。夏后氏駕兩謂之麗。殷益以一騑謂之驂。周人又益以一騑謂之駟。本從一驂而來。亦謂之驂。經言驂則三馬之名。五經異義。天子駕數。易孟京春秋公羊說。天子駕六。詩毛說。天子至大夫同駕四。士駕二。詩云。四騵彭彭。武王所乘。龍旂承祀。六轡耳耳。魯僖所乘。四牡騑騑。周道倭遲。大夫所乘。謹按禮王度記曰。天子駕六。諸侯與卿同駕四。大夫駕三。士駕二。庶人駕一。說與易春秋同。駮曰。玄之聞也。周禮校人掌王馬之政。凡頒良馬而養乘之。乘馬一師四圉。四馬爲乘。此一圉者養一馬。而一師監之也。尚書顧命諸侯入應門。皆布乘黃朱。言獻四黃馬朱鬣也。既實周天子駕六。校人則何不以馬與圉以六爲數。顧命諸侯何以不獻六馬。易經時乘六龍者。謂陰陽六爻上下耳。豈故爲禮制。王度記云。天子駕六者。自是漢法。與古異。大夫駕三者。於經無以言之。鄭駮則古無駕三之制。孔晁云。馬以引重。左右當以均。一轅車以兩馬爲服。旁以一馬驂之。則偏而不調。非人情也。株林曰。乘我乘驕。傳曰。大夫乘驕。則毛以大夫亦駕四也。且殷之制亦駕四。故王基云。商頌約軝錯衡八鑾鏘鏘。是則殷駕四不駕三也。按詩箋曰。驂兩騑也。檀弓注曰。騑馬曰驂。蓋古者駕四。兩服馬夾輈在中。左右各一。騑馬左右皆可以三數之。故謂之驂。以其整齊如翼言之。則謂之騑。驂本非謂駕三也。顧王度記曰。大夫駕三。故訓傳亦言驂馬五轡。則是古有其說。故許釋驂爲駕三。然許不偁王度記天子駕六以下云云。於騑下亦云驂也。是說文晚成。不堅執異義之說。其說經非不與鄭合矣。**从馬參聲。**倉含切。古音在七部。

駟　駙

駟　一乘也。周禮校人鄭司農注云。四匹爲乘。按乘者覆也。車軶駕乎馬上曰乘。馬必四。故四馬爲一乘。不必巳駕者也。引伸之、凡物四曰乘。如乘矢、乘皮、乘韋、乘壺皆是。駟者、馬一乘之名。鄭清人箋云。駟、四馬也。按詩言四牡、言四騏、言四驖、言四驃、言四駱、言四黃、皆作四。下一字皆馬名也。言駟介、言俴駟、皆作駟。謂有所以加乎駟者也。今詩作駟驖、駟騵。而干旄疏引異義、公羊隱元年疏、說文駟字下皆不誤。**从馬四聲。**息利切。十五部。

駙　副馬也。副者、貳也。漢百官公卿表。奉車都尉掌御乘輿車。駙馬都尉掌駙馬。皆武帝初置。晉尚公主者並加之。師古曰。駙、副馬也。非正駕車皆爲副馬。**从馬付聲。**符遇切。古音在四部。**一曰近也。**附近字今人作附。或作傅。依此當作駙。**一曰疾也。**與赴音義皆相近。

䮗　駊　騀　駋　篤

䮗　馬和也。和當作龢。孫卿曰。六馬不和。則造父不能以致遠。**从馬皆聲。**戶皆切。十五部。

駊　駊騀、逗。二字疊韵。**馬搖頭也。**也、廣韵作皃。駊騀於頗俄皆近。**从馬皮聲。**普火切。十七部。

騀　駊騀也。从馬我聲。五可切。十七部。此二篆併解。各本譌舛。今依全書通例及玉篇所載訂正。

駋　馬行皃。此當曰駋駋馬行皃。淺人刪之也。牛徐行曰牲。牲馬徐行曰駋。駋今人俗語如是矣。**从馬召聲。**土刀切。古音在三部。按篇韵皆左召右馬作䭰。初學記引何承天纂文作䭰。

篤　馬行頓遲也。頓如頓首。以頭觸地也。馬行著實而遲緩也。古叚借篤爲竺字。以皆竹聲也。二部曰。竺、厚也。篤行而竺廢矣。釋詁曰。篤、固也。又曰。篤、厚也。毛詩椒聊、大明、公劉傳皆曰。篤、厚也。凡經傳篤字。固厚二訓足包之。釋詁篤竺並列。皆訓厚。釋名曰。篤、築也。築、堅實稱也。厚、後也。有終後也。蓋篤字之代竺久矣。**从**

馬。竹聲。冬毒切。三部。騤馬行威儀也。馬行上當有騤騤二字。詩三言四牡騤騤。采薇傳曰。彊也。桑柔傳曰。不息也。烝民傳曰。猶彭彭也。各隨文解之。許檃栝之云馬行威儀皃。於疊韵取義也。从馬。癸聲。渠追切。十五部。詩曰。四牡騤騤。䮞䮞䮞。二字今補。馬行徐而疾也。从馬。與聲。此篆各本作鷽。解云學省聲。於角切。今正。玉篇䮞弋魚弋庶二切。馬行徐而疾。次騤下驕上。正與說文同。然則古本與玉篇同可知矣。廣韵平聲九魚䮞以諸切。馬行皃。去聲九御䮞羊洳切。馬疾行皃。集韵九魚䮞下曰。說文馬行徐而疾。引詩四牡䮞䮞。類篇䮞羊諸羊茹二切。說文馬行徐而疾。引詩四牡䮞䮞。是可證宋初大徐本不誤。玉篇廣韵皆有鷽字。訓馬腹下鳴。不言出說文。集韵類篇皆於鷽下云乙角切。引說文馬行徐而疾也。一曰馬腹下聲。是當丁度司馬光編書時。說文已或譌外。乃誤以爲一字兩義。今本說文篆用鷽解用䮞。正與鼎部鼏篆鼏解、衣部袗篆袗解同誤。葢本有鷽篆解馬腹下聲。當與驙篆爲伍耳。論語注曰。與與威儀中適之皃。心部曰。懙趣步懙懙也。蘇林漢書注曰。懙懙行步安舒也。是可以證䮞䮞之解矣。五部。詩曰。四牡䮞䮞。依集韵類篇王伯厚詩攷所引說文補。今詩無此句。小雅車攻、大雅韓奕皆云四牡奕奕。奕奕古音奕之平聲。讀弋魚切。葢卽其異文也。駸馬行疾皃。馬行上當本有駸駸字。皃各本作也。今依篇韵正。小雅四牡傳曰。駸駸驟皃。驟者馬捷步也。从馬。侵省聲。子林切。七部。詩曰。載驟駸駸。馺馬行相及也。以疊韵爲訓。西京賦薛解曰。馺娑駘盪枍詣承光皆臺名。按馺娑駘盪皆以馬行皃皃臺之高也。从馬及。及亦聲。合二徐本訂。穌合切。七部。讀若爾雅曰小山馺。大徐本此下有大山峘三字。葢淺人所增耳。小山馺今爾雅作小山岌。許所據古本也。讀若二字葢賸。馮馬行疾也。从馬。仌聲。皮冰切。六部。按馬行疾馮馮然。此馮之本義也。展轉他用而馮之本義廢矣。馮者馬蹏箸地堅實之皃。因之引伸其義爲盛也、大也、滿也、懣也。如左傳之馮怒。離騷之馮心。以及天問之馮翼惟象。淮南書之馮馮翼翼。地理志之左馮翊。皆謂充盛。皆畐字之合音段借。畐者滿也。或段爲凭字。凡經傳云馮依。其字皆當作凭。或段爲淜字。如易、詩、論語之馮河。皆當作淜也。俗作憑。非是。

䮖馬步疾也。按今人專輒字作輒。似當作䮖爲近之。从馬。耴聲。尼輒切。八部。騃馬行仡仡也。人部曰。仡勇壯也。吉日。儦儦俟俟。人部作伾伾俟俟。韓詩作駓駓騃騃。李賢注馬融傳引韓詩駓駓騃騃。或羣或友。李善注西京賦引韓詩章句曰。趨曰駓。行曰騃。按毛傳亦曰。趨則伾伾。行則俟俟。毛用段借字。韓乃正字也。騃騃與俟俟音義同。俟、大也。皆鉏里切。方言曰。癡、騃也。乃讀五駭切。俗語借用之字耳。从馬。矣聲。一部。驟馬疾步也。步下曰。行也。走下曰。趨也。行下曰。人之步趨也。然則行兼步與趨言之。此馬行、馬步、馬走之別也。小雅曰。載驟駸駸。按今字驟爲暴疾之詞。古則爲屢然之詞。凡左傳、國語言驟者。皆與屢同義。如宣子驟諫、公子商人驟施於國是也。左傳言驟。詩書言屢。論語言屢。亦言亟。其意一也。亟之本義敏疾也。讀去吏切。爲數數然。數數然卽是敏疾。驟之用同此矣。數之本義計也。讀所角切。爲數數然。乃又引伸爲凡迫促之意。好學者必心知其意。於此可見也。馳驟字。曲禮段騶爲之。从馬。聚聲。鉏又切。古音在四部。徐仙民毛詩音反爲在遘。古音也。駒馬疾走也。廣韵作走疾。从馬。匃聲。古逹切。十五部。颿馬疾步也。馬之行疾於風。故曰追奔電、逐遺風。从馬。風聲。此當云从馬風。風亦聲。或許舉聲包意。或轉寫奪屚。不可知也。符嚴切。廣韵符咸扶汎切。七部。按今有帆字。船上幔以使風者也。自杜注左傳已用此字。不必借颿。驅驅馬也。各本作馬馳也。今正。此三字爲一句。驅爲篆文。此三字言其義。許之例如此。驅馬常言耳。盡人所知。故不必易字以注之也。驅馬、自人策馬言之。革部曰。鞭、驅也。是其義也。从馬。區聲。豈俱切。古音在四部。俗作駈。敺古文驅。从攴。攴者小擊也。今之扑字。鞭、箠、策所以施於馬而驅之也。故古文从攴。引伸爲凡駕馭追逐之偁。周禮以靈鼓敺之。以炮土之鼓敺之。孟子爲淵敺魚。爲叢敺爵。爲湯武敺民。皆用古文。其實皆可作

馳　騖　⿱列馬　騁　駾　䭾　駻　駧

驅。與攴部之毆義別。馳　大驅也。詩每以馳驅並言。許穆夫人首言載馳載驅。下言驅馬悠悠。馳亦驅也。較大而疾耳。从馬也聲。直离切。古音在十七部。騖　亂馳也。从馬敄聲。亡遇切。古音在三部。⿱列馬　次弟馳也。次弟成行列之馳也。故从㔼。从馬㔼聲。力制切。十五部。玉篇作駠。騁　直馳也。節南山傳曰。騁、極也。从馬甹聲。丑郢切。十一部。駾　馬行疾來皃也。大雅緜曰。混夷駾矣。傳曰。駾、突也。箋云。混夷惶怖驚走奔突入柞棫之中。从馬兌聲。他外切。十五部。詩曰。昆夷駾矣。今詩昆作混。按昆恐是譌字。孟子亦作混。䭾　馬有疾足也。奔軼絕塵字當作䭾。今人用俊逸字當作䭾。於此知騛篆下馬逸足之斷爲譌字矣。从馬失聲。大結切。十二部。按當依廣韵夷質切。駻　馬突也。駻之言悍也。淮南書作馯。高曰。馯馬、突馬也。从馬旱聲。侯旰切。十四部。駧　馳馬洞去也。洞者、疾流也。以疊韵爲訓。从馬同聲。

十篇上　古

驚　駭　⿰馬巟　騫　⿱學馬　駐　馴

徒弄切。九部。驚　馬駭也。驚與警義別。小雅。徒御不警。傳曰。不警、警也。俗多譌驚。从馬敬聲。舉卿切。十一部。駭　驚也。从馬亥聲。侯楷切。古音在一部。經典亦作駴。戒聲亥聲同在一部也。⿰馬巟　馬奔也。奔者、走也。从馬巟聲。呼光切。十部。按篇韵皆左巟右馬作⿰巟馬。騫　馬腹墊也。墊各本作縶。自篇韵已然。小徐作熱。則更誤。今正。土部曰。墊者、下也。引春秋傳墊隘。馬腹墊、正俗所云肚腹低陷也。仲尼弟子列傳閔損字子騫。是其義矣。考工記。小體騫腹。謂之羽屬。詩無羊、天保傳皆曰。騫、虧也。亐部曰。虧者、气損也。按詩騫裳字本用此。見詩、左傳釋文。謂摳衣不使盈滿也。俗借褰袴字爲之。習者不知其非矣。从馬寒省聲。去虔切。十四部。⿱學馬　馬腹下聲也。从馬學省聲。於角切。三部。按許書不必有此字。姑補於此。聲廣韵作鳴。駐　馬立也。人立曰侸。俗作住。馬立曰駐。从馬主聲。中句切。古音在四部。馴　馬順也。古馴訓順三字互相叚借。皆川聲也。古文尚書五品不愻。史記殷本紀及兩漢書及周禮地官注愻皆作訓。而五帝本紀作五品不馴。馴之本義爲馬順。引伸爲凡順之偁。从馬川聲。此舉形聲包會意。詳遵切。十三部。

駗　驙　驇　驧

駗　駗驙。駗驙、二字雙聲。各本皆刪。今依玉篇補。馬載重難也。俗本重難下有行字。非。謂馬所負何者重難也。从馬㐱聲。張人切。十二部。驙　駗驙也。从馬亶聲。張連切。十四部。易曰。乘馬驙如。周易屯六二。屯如亶如。乘馬班如。亶俗作邅。宋時經典釋文不誤。許所據易葢上句作駗如驙如。乘馬二字當爲誤文。驇　馬重皃也。晉世家。惠公馬騺不行。卽左傳晉戎馬還濘而止。今本史記作騺。譌字也。而秦本紀作馬騺不誤。𠬜部曰。樊、騺不行也。今本亦譌騺。莊子馬蹄篇。闉扼騺曼。崔云。拒枙、頓遲也。今刻釋文亦譌从鳥。而集韵、類篇不誤。車之前重曰輊。馬重曰騺。其音義一也。廣雅。騺、駤、止也。駤卽騺。从馬埶聲。各本埶譌執。篆體上从執、則失其聲矣。今皆正。陟利切。十五部。亦勑利切。驧　馬曲脊也。勹部曰。𩓚者、曲脊也。音義皆同。从馬

十篇上　去

騬　馻　騷　驏　馽

鞠聲。巨六切。三部。玉篇作⿰馬匊。騬　犗馬也。牛部曰。犗者、騬牛也。其事一、故其訓互通。从馬乘聲。食陵切。六部。馻　系馬尾也。此當依玉篇作結馬尾。廣韵作馬尾結也。結、卽今之髻字。大玄曰。車軨馬馻。可以周天下。范注。軨、轄。繫馻、尾結也。釋文。馻音介。馬尾髻也。按遠行必髻其馬尾。馻與紒音義同。詩曰。駟介。左傳曰。不介馬而馳。疑介卽古文馻。从馬介聲。古拜切。十五部。騷　摩馬也。各本摩馬上有擾也。一曰四字。淺人所增也。今刪正。人曰搔。馬曰騷。其意一也。摩馬如今人之刷馬。引伸之義爲騷動。大雅常武傳曰。騷、動也。是也。檀弓注曰。騷騷爾大疾。若屈原列傳曰。離騷者、猶離憂也。此於騷古音與憂同部得之。騷本不訓憂。而擾動則生憂也。故曰猶。从馬蚤聲。穌遭切。古音在三部。驏　馬轉臥土中也。韓詩外傳曰。其馬佚而驏吾園。而食吾葵。从馬展聲。張扇反。十四部。按各本無此篆。藝文類聚引說文有之。今依玉篇列字次弟補於此。馽　絆馬足也。足字依韵會補。糸部曰。絆者、馬繫也。是爲轉注。

小雅白駒傳曰縶絆也周頌有客箋同莊子連之以羈馽卽此字**从馬○其足**○象絆之形隸書作馽失其意矣陟立切七部**春秋傳曰韓厥執馽前**前當作歬語見成公二年左傳今左作執繫馬前蓋古本正作執馽前改易誤衍耳許意絆是物馽是人用物據傳文則謂絆爲馽**讀若輒**

縶 **馽或从糸執聲**

駘

駘 **馬銜脫也**銜者馬勒口中者也脫當作挩解也馬銜不在馬口中則無以控制其馬崔寔政論曰馬駘其銜脫則行遲鈍廣雅曰駑駘也是也又引伸爲寬大之意漢有臺名駘盪及春色駘蕩是也**从馬台聲**徒哀切亦徒亥切一部

駔

駔 **壯馬也**各本作牡今正李善文選注引皆作壯戴仲達引唐本說文作奘馬也皆可證此猶牙下壯齒譌牡齒耳士部曰壯大也介部奘者駔大也釋言曰奘駔也郭云今江東呼爲大駔駔猶麤也按駔本大馬之偁引伸爲凡大之偁故駔篆下云奘馬而奘篆下但云駔大許書義例之精密如此**从馬且聲**魏都賦注引說文千助反蓋本音隱篇韵皆祖古切五部大徐子朗切相傳下文別一義之音也**一曰駔會也**舊作馬蹲駔今依後漢郭太傳注所引正注引說文駔會也謂合兩家之買賣如今之度市也下十三子蓋系舊注駔會如今之牙行會俗作儈史記節君駔會漢書作節駔儈漢書音義云駔亦是儈也後漢書王君公儈牛自隱徐廣曰駔音祖朗切馬儈也廣韵引晉令儈賣者皆當箸巾白帖額言所儈賣及姓名一足白履一足黑履蓋駔者本平會買賣馬之偁因以爲平會凡物之偁呂氏春秋段干木晉國之駔

騶

騶 **廄御也**按騶之段借作趨周禮詩周書之趨馬月令左傳謂之騶一用段借一用本字也周禮乘馬一師四圉三乘爲皁皁一趣馬三皁爲廄廄一僕夫趣馬掌贊正良馬而齊其飲食掌其疾養故曰騶其字从芻馬正謂養馬者也按左傳程鄭爲乘馬御六騶屬焉使訓羣騶知禮杜注云六騶六閑之騶月令季秋命僕及七騶咸駕鄭云七騶謂趣馬主爲諸官駕說者也周禮趣馬統於馭夫馭夫統於廄之僕夫故約言之說曰廄馭漢書材官騶發蘇林讀爲騾如淳讀爲菆**从馬芻聲**此舉形聲包會意側鳩切四部

驛

驛 **置騎也**言騎以別於車也駬爲傳車驛爲置騎二字之別也周禮傳遽注曰傳遽若今時乘傳騎驛而使者也蓋乘傳謂車騎驛謂馬玉藻注云傳遽以車馬給使者也車謂傳馬謂遽渾言則傳遽無二析言則傳遽分車馬亦可證單騎從古而有非經典所無許傳下云遽也遽下云傳也此渾言也驛下云置騎也駬下云傳也此析言也置騎猶孟子言置郵俗用駱驛**从馬睪聲**羊益切古音在五部

駬

駬 **傳也**各本傳上有驛字淺人所增今刪正辵部曰遽者傳也部曰傳者遽也釋言曰駬傳遽也許用釋言文左傳文十六年襄廿一年昭五年國語晉語韋杜注皆曰駬傳也爾雅舍人注曰駬尊者之傳也呂覽注曰駬傳車也按駬爲尊者之傳用車則遽爲卑者之傳用騎可知舍人說與許合俗字用駬爲驛故左傳文十六年傳注駬字皆譌驛成五年以傳召伯宗注曰傳驛也驛亦駬之譌**从馬日聲**人質切十二部从日者謂如日之健行

騰

騰 **傳也**傳與上文傳同皆張戀切引伸爲馳也爲躍也**从馬朕聲**徒登切六部**一曰犗馬也**上文犗馬謂之騬則是騰爲騬之段借字也亦有段騰爲乘者如月令絫牛騰馬讀乘匹之乘

騅

騅 **苑名也**苑見下文騅苑蓋漢苑三十六所之一也**一曰馬白頟**與駒音義皆同鳥之白曰睢白牛曰騅**从馬隹聲**下各切古音在二部

駉

駉 **牧馬苑也**苑所以養禽獸也景帝紀匈奴入上郡取苑馬武帝紀罷苑馬百官公卿表曰大僕邊郡六牧師苑令各三丞屬焉如淳曰漢儀注大僕牧師諸苑三十六所分布北邊西邊以郎爲苑監官養馬三十萬匹地理志北地郡靈州有河奇苑號非苑也歸德有堵苑白馬苑郁郅有牧師苑師古曰苑謂馬牧也駉之義蓋同閑牧馬之處謂之閑亦謂之駉**从馬同**各本有聲字今刪此重會意同亦聲古熒切五經文字工營反十一部**詩曰在同之野**同各本作駉淺人不知許書之例者所改也今正魯頌曰駉駉牧馬在坰之野坰或同字冂古文同字邑外謂之郊郊外謂之野野外謂之林林外謂之同詩言牧馬在同故偁爲从馬之同會意之

駪　駮　駃　騠　驘

解。與麗下、豐下、相下、去下引易、買下引孟子說字形正同。馬在同爲駉、猶艸木麗於地爲麓也。駪馬衆多皃。皇皇者華云。駪駪征夫。傳曰。駪駪衆多之皃。按毛不曰馬者、以詩言人也。其引伸之義也。許言馬者、字之本義也。以其字从馬。㷋部引詩莘莘征夫。从馬。先聲。所臻切。十三部。駮駮獸、駮字今補。如馬。倨牙食虎豹。云如馬則非眞馬也。自駮以下皆非眞馬。故次於部末。如馬倨牙食虎豹、釋嘼毛傳同。秦風言六駮者、據所見而言也。从馬。交聲。北角切。古音在二部。駃駃騠、逗馬父驘子也。謂馬父之騾也。言馬父者、以別於驢父之騾也。今人謂馬父驢母者爲馬騾。謂驢父馬母者爲驢騾。不言驢母者、疑奪。葢當作馬父驢母驘也。六字。孟康曰。駃騠生七日而超其母。从馬。夬聲。古穴切。十五部。騠駃騠也。从馬。是聲。杜兮切。十六部。驘驢父馬母者也。者字今補。崔豹曰。驢爲牡。馬爲牝。即生騾。馬爲牡。驢爲牝。生駏驉。抱朴子曰。世不信騾乃驢馬所生。云各自有種。況乎仙者難

十篇上　六八

驢　⿰馬冢　驒

知之事哉。从馬。𣎆聲。洛戈切。十七部。今字作騾。騾或从羸。羸亦𣎆聲也。驢驢獸、二字今補。佀馬。長耳。从馬。盧聲。力居切。五部。按驢、騾、駃騠、騊駼、驒騱、大史公皆謂爲匈奴奇畜。本中國所不用。故字皆不見經傳。葢秦人造之耳。若鄉射禮閭中注云。閭、獸名。如驢。一角。或曰如驢。岐蹄。引周書北堂以閭。閭斷非驢也。而或以爲一物何哉。⿰馬冢驢子也。何承天纂文同。从馬。冢聲。莫紅切。九部。驒驒騱、逗野馬屬。屬、各本作也。今依大平御覽正。依爾雅則騊駼爲野馬。故許謂驒騱爲野馬屬。郭注子虛賦曰。野馬、如馬而小。驒騱、駏驉類也。从馬。單聲。古音在十四部。郭璞張守節皆音顚。大徐代何切。乃下文別一義之音也。一曰驒馬。二字各本奪。今補。驒騱合二字爲一物。此單言驒爲一物。名之宜正者也。青驪白鱗。青黑色之馬。起白片如鱗然。釋嘼曰。青驪驎驒。魯頌毛傳同。郭云。色有淺深。斑駁隱鄰。今之連錢驄也。郭意與許略異。文如鼉魚也。謂如鼉魚青黑而白斑也。鼉見黽部。謂之

騱　騊　駼　驫　廌

魚者、水蟲皆得名魚也。似鰕魚則曰鰕。似鼉魚則曰驒。音各相同也。徒河反。十四十七部之合音。騱驒騱也。依韵會訂。从馬。奚聲。胡雞切。十六部。騊騊駼、逗北野之良馬也。釋嘼曰。騊駼馬。野馬。如淳漢書注曰。騊駼、野馬也。師古曰。騊駼、出北海中。其狀如馬。非野馬也。楊雄傳前番禺後陶塗。師古曰。國名。出騊駼。按如淳用爾雅爲訓。顏氏駮之誤矣。騊駼爲北野之良馬。故謂之野馬。从馬。匋聲。徒刀切。古音在三部。駼騊駼也。从馬。余聲。同都切。五部。驫衆馬也。廣雅曰。驫驫、走皃也。吳都賦。驫駥飍矞。善曰。衆馬走皃也。从三馬。甫虬切。三部。纂文音風幽切。

文一百一十五　今補騳驫二篆。則當云一十七。重八

廌解廌獸也。四字一句。佀牛。一角。各本皆作似山牛。今刪正。玉篇、廣韵及大平御覽所引皆無山也。古者決訟。令觸不直者。下者字依玉篇補。神異經曰。東北荒中有獸。見人鬬

十篇上　六九

⿰孝廌　薦

則觸不直。聞人論則咋不正。名曰獬豸。論衡曰。獬豸者、一角之羊。性識有罪。皐陶治獄。有罪者令羊觸之。按古有此神獸。非必皐陶賴之聽獄也。廣韵曰。字林、字撲作解廌。廣雅作𧳋貖。陸作獬豸。陸謂陸法言切韵也。廌與解疊韵。與豸同音通用。廌能止不直。故古訓爲解。左傳宣十七年。庶有廌乎。杜注。廌、解也。釋文本作廌。正義本作豸。陸云。廌解之訓見方言。孔云。豸、解也。方言文。今方言卷十二瘛、解也。瘛必廌之誤字。既誤後乃反以胡計耳。左釋文大書廌字。俗改爲鴂。莫能諟正。象形。謂象其頭角也。从豸省。此下當有豸亦聲。宅買切。十六部。凡廌之屬皆从廌。⿰孝廌解廌屬也。葢亦神獸。从廌。孝聲。古孝切。二部。按廣韵作⿰孝廌。玉篇作⿰孝廌。皆从孝。薦獸之所食艸。艸部曰。荐、艸席也。與此義別而古相段借。左氏傳。戎狄荐居。服虔云。荐、艸也。言狄人逐水艸而居。徙無常處。是則子愼謂荐卽薦之段借字也。莊子。麋鹿食薦。釋文引三蒼注曰。六蓄所食曰薦。凡注家云。薦、進也者、皆荐之段借字。荐者、藉也。故引伸之義爲進也、陳也。从廌艸。會意。作甸

灋

切。十三部。古者神人㠯廌遺黃帝。系評曰解廌。單評曰廌。帝曰。何食何處。曰。食薦。當作艸。夏處水澤。冬處松柏。此說从廌艸之意。初造字時。因廌食艸成字。後乃用爲凡獸所食艸之偁。不入艸部者、重廌也。

灋刑也。刑者、罰辠也。易曰。利用刑人。以正法也。引伸爲凡模范之偁。木部曰。模者、法也。竹部曰。范者、法也。土部曰。型者、鑄器之法也。平之如水。从水。說从水之意。張釋之曰。廷尉、天下之平也。廌所㠯觸不直者去之。从廌去。下廌字今依韵會補。此說从廌去之意。法之正人。如廌之去惡也。方乏切。八部。㳒今文省。許書無言今文者。此蓋隸省之字。許書本無。或增之也。如艸部本有斷無折。全古文。

文四　重二

鹿

鹿獸也。鹿字今補。三字句。韵會作山獸。象頭角四足之形。盧谷切。三部。鳥鹿足相比。从比。依韵會訂。說从比之意也。上言𠘧象其足矣。此當有一曰二字。鳥鹿皆二足相距密。不同他獸相距寬。故鳥从匕、鹿从比。比、密也。古匕與比通用。故槩之曰从比。凡鹿之屬皆从鹿。

麚

麚牡鹿也。釋嘼曰。鹿牡麚。从鹿叚聲。古牙切。古音在五部。俗作麚。㠯夏至解角。月令。仲夏之月。日長至。鹿角解。

麟

麟大牡鹿也。牡各本及集韵、類篇皆譌牝。今正。玉篇曰。麟、大麚也。是也。子虛賦射麋腳麟。謂此。按許此篆爲大麚。麐篆爲麒麐。經典用仁獸字多作麟。蓋同音叚借。从鹿粦聲。力珍切。十二部。

麀

麀牝鹿也。釋嘼曰。鹿牝麀。小雅吉日傳曰。鹿牝曰麀。按引伸爲凡牝之偁。大雅靈臺傳曰。麀、牝也。左傳思其麀牡。曲禮父子聚麀。皆謂即牝字也。詩一言騋牝三。言麀鹿。皆取生息蕃多之意。从鹿牝省。會意。按牝本从匕聲。讀扶死反。麀音蓋本同。後人以鹿聲呦呦改其音。並改其字作𪋀耳。於虬切。三部。𪋀或从幽聲。按上二篆鉉本在部末。鍇本無。知古本次此。鍇本奪而未補。鉉本則補而

麌　麛　麉　麒

綴於後也。今更正。

麌麛也。各本麛上有鹿字。今依李善刪。吳都賦。翳薈無麌鷚。李善麌音須。引說文麌、麛也。按廣韵麌入十一虞。麌入二十九換。以許讀若偄訂之。是許本从耎。而从需者。乃轉寫譌俗也。古音需聲在五部。耎聲在十四部。从鹿耎聲。讀若偄弱之偄。奴亂切。十四部。

麛鹿子也。釋嘼曰。鹿子麛。字亦作麑。論語麑裘。郎麛裘。國語注曰。鹿子曰麑。麑子曰麌。按麌王制祇作夭。注云。少長曰夭。从鹿弭聲。莫兮切。十六部。兒聲同部也。

麉鹿之絕有力者。釋獸文。从鹿幵聲。古賢切。十二部。今爾雅作麉。

麒麒麟、仁獸也。各本無麒麟二字。今依初學記補。公羊傳曰。麟者仁獸也。何注。狀如麕。一角而戴肉。設武備而不爲害。所以爲仁也。麟者木精。毛詩傳曰。麟信而應禮。左傳服虔注。麟、中央土獸。土爲信。信禮之子。修其母致其子。視明禮修而麟至。思睿信立而白虎擾。言從乂成而神龜在沼。聽聰知正而名川出龍。貌恭性仁則鳳皇來儀。此左氏毛氏說與公羊說不同也。五經異義。許愼謹案。禮運云。麟鳳

麐

龜龍謂之四靈。龍東方也。虎西方也。鳳南方也。龜北方也。麟中央也。是異義謂麟爲信獸。從左氏毛說矣。而此云仁獸何也。異義早成。說文解字晚定。此云仁獸用公羊說。以其角端戴肉。不履生蟲。不折生艸也。鄭駁異義曰。五事言作從。從作乂。言於五事屬金。孔子作春秋。故應以金獸性仁之瑞。從鄭說與奉德侯陳欽說略同。鄭云。金獸性仁。許云仁獸。與鄭駁無異。但鄭君黨錮事解。箋毛詩而信而應禮乃依毛說。與駁異義相違。是知學固與年而徙矣。麇身、牛尾、一角。爾雅釋獸文。从鹿其聲。渠之切。一部。廾部曰。杜林以异爲麒。

麐牝麒也。張揖注上林賦曰。雄曰麒。雌曰麟。其狀麇身。牛尾。狼題。郭璞曰。麒似麟而無角。从鹿吝聲。力珍切。按吝聲古音在十三部。經典麒麟無作麐者。惟爾雅从吝而亦云本又作麟。許書別麟麐爲二。又別麐爲麒麟之牝。未知許書古本固如此不。玉篇廣韵皆麟麐爲一字。許書蓋本無麐字。淺人所增。今於麒篆下補麒麟二字。於仁獸之上而刪麐篆併解說。則於古經傳及爾雅皆無不合。單評麟者、大牡鹿也。評麒麟者、仁獸也。麒麟可單評麟。麐者麟之

或字。麋鹿屬。从鹿。米聲。武悲切。十五部。麋冬至解角。月令。仲冬。日短至。麋角解。夏小正。十有一月隕麋角。麎牝麋也。釋獸曰。麋、牡麔。牝麎。吉日其祁孔有箋云。祁當作麎。麎、麋牝也。大司馬注。鄭司農曰。五歲爲愼。後鄭云。愼讀爲麎。麋牝曰麎。按麎在漢時必讀與祁音同。故後鄭得定詩之祁爲麎。字林麎讀上尸反。徐音同。沈市尸反。皆本古說也。爾雅音義引字林上尸反。宋本不誤。俗改爲上刃反。葢古書之難讀如此。从鹿辰聲。植鄰切。十三部。麔麋牡者。見釋獸。从鹿咎聲。其久切。三部。麂大麇也。麇各本誤麇。今正。釋獸曰。麔大麕、旄毛狗足。郭云。旄毛者、猥長也。山海經注曰。鹿似獐而大、猥毛狗腳。狗足。从鹿旨聲。居履切。十五部。麂或从几。几聲。中山經如此作。麇麞也。釋獸曰。麕、牡麌。牝麜。其子麆。許書皆無其字。葢鹿旁皆後人所箸也。从鹿囷省聲。葢小篆省囷爲禾也。居筠切。古音在十三部。麇籒文不省。今詩如此作。麞麇屬

也。伏侯古今注曰。麞有牙而不能噬、考工記。繢人山以章。鄭云。章讀爲獐。獐、山物也。齊人謂麇爲獐。陸機詩疏云。麞麞也。青州人謂之麞。按麞異於麇者無角。从鹿章聲。諸良切。十部。麠大麃也。牛尾、一角。麃各本作鹿。誤。今正。釋獸云。麠大麃。牛尾。一角。許所本也。史武帝紀、漢郊祀志皆曰。郊雍獲一角獸若麃然。武帝所獲正是麠。葢麃似麞無角。大麃有一角則謂之麠。當時有司因一角附會爲麟也。从鹿畺聲。舉卿切。古音在十部。麠或从京。蜀都、吳都二賦如此作。此與鱷或从京正同。麃麞屬。鉉本作麠屬。鍇本作麋屬。今依韵會本。麃者、麞屬也。麞者、麋屬也。韋昭曰。楚人謂麋爲麃。葢麃似麋而無角。陸機詩疏曰。四足之美有麃。兩足之美有鷯。从鹿票省聲。薄交切。二部。詩鄭風駟介麃麃。傳云。武皃。葢儦儦之叚借字也。麈麋屬。說文自麋至麈皆說麋屬。乾隆三十一年。純皇帝目驗御園麈角於冬至皆解。而麋角不解。敕改時憲書麋角解之麋爲麈。臣因知今所謂麈正古所謂麋也。吳都賦注云。旄麈有尾故翦

之。从鹿主聲。之庾切。古音在四部。麑狻麑獸也。釋獸曰。狻麑如虦貓。食虎豹。从鹿兒聲。五雞切。十六部。按此篆與犬部狻篆疑皆後人所增。麙山羊而大者細角。此七字文理不順。疑有誤。當作山羊而大角者。从鹿咸聲。胡毚切。七部。按釋獸說麙與此絕異。麢大羊而細角。釋獸曰。麢大羊。山海經作麢。本艸作羚羊。从鹿霝聲。郎丁切。十一部。⿸鹿圭鹿屬。从鹿圭聲。古攜切。十六部。麝如小麋。臍有香。釋獸曰。麝父麕足。郭云。腳似麋。从鹿䠶聲。神夜切。古音在五部。⿸鹿與侶鹿而大。揚雄蜀都賦麢麌鹿麝。从鹿與聲。羊茹切。五部。麗旅行也。此麗之本義。其字本作丽。旅行之象也。後乃加鹿耳。周禮、麗馬一圉。八麗一師。注曰。麗耦也。禮之儷皮、左傳之伉儷、說文之驪駕皆其義也。兩相附則爲麗。易曰。離麗也。日月麗乎天。百穀艸木麗乎土。是其義也。麗則有耦可觀。叕部曰。麗爾猶靡麗也。是其義也。网而介其間亦曰麗。離卦之一陰麗二陽是也。

鹿之性、見食急則必旅行。此說从鹿之意也。見食急而猶必旅行者義也。小雅。呦呦鹿鳴。食野之苹。傳曰。鹿得蓱、呦呦然鳴而相呼。懇誠發乎中。以興嘉樂賓客。當有懇誠相招呼以成禮也。北史。裴安祖聞講鹿鳴。而兄弟同食。古文祇作丽。後乃加鹿之意如是。从鹿丽。各本丽下有聲字。今正。从鹿五經文字作从鹿省。葢張氏所據如是。故隸書多作麗少一畫。郎計切。十五部。禮麗皮納聘。葢鹿皮也。聘禮曰。上介奉幣儷皮。士冠禮主人酬賓束帛儷皮。儷卽麗之俗。鄭注。儷皮、兩鹿皮也。鄭意麗爲兩。許意麗爲鹿。其意實相通。士冠注曰。古文麗爲離。丽古文。𠙸篆文麗字。古本皆作篆文。毛刻作籒文。集韵、類篇曰。古作丽、𠙸。玉篇又乖異不同。廣韵則麗、丽各字。疑丽者古文。麗者籒文。𠙸者小篆也。然小篆多用麗爲形聲。

文二十六今刪⿸鹿速。　重六

麤　䴡　㲋

按此部各本㲋下䴡上有䨺篆。云鹿迹也。从鹿速聲。桑谷切。無論橫亙令上下二篆不相接。釋獸曰。麋其跡躔。鹿其迹速。又作䨺。麋其迹解。兔其迹迒。廣雅總之曰。躔跡解亢迹也。踈曹憲匹迹反。是可以證古爾雅之作速、不作速。卽加鹿亦當作䨺。不从速。辵部曰。速、籒文迹。速無妨專爲鹿迹之名。卽作䨺亦必匹迹切。在十六部。不得从速桑谷切在三部也。許書有䨺篆、必是淺人據誤本爾雅所羼入。今刪正。集韵踈或迹字。資昔切。又按麒麟作麒麐。而麟爲別一字。求之古文往往不合。麐爲牝麒。何以經傳不評麒、但評麟。且又何不言牡曰麒也。鳥部以鳳居首。此亦當鹿篆之下出麒篆。解云麒麟仁獸也。麋身牛尾一角。从鹿其聲。又出麟篆。解云麒麟也。从鹿麟聲。一曰麟大牡鹿也。又出麐篆。解云或从吝聲。以下乃次麎篆。乃合。今本恐非古本耳。改䨺篆爲䨺篆。次於麗篆之下。解云鹿迹也。从鹿速。速、籒文迹。乃合。

行超遠也。鹿善驚躍。故从三鹿。引伸之爲鹵莽之偁。篇韵云。不精也。大也。疏也。皆今義也。俗作麁。今人槩用粗。粗行而麤廢矣。粗音徂古切。从三鹿。三鹿齊跳。行超遠之意。字統云。警防也。鹿之性、相背而食。慮人獸之害也。故从三鹿。揚氏與許乖異如此。倉胡切。五部。凡麤之屬皆从麤。

鹿行揚土也。羣行則揚土甚。引伸爲凡揚土之偁。土部曰。埃、塵也。𡏖、塵也。坋、塵也。釋詁。塵、久也。卽桑柔傳之塡、久也。東山傳。烝、寘也。箋云。古者聲寘塡塵同也。又甫田傳曰。尊者食新。農夫食陳。按寘塡塵陳四字同音。皆訓久。當是塡爲正字。塡者、寘也。寘則安定。寘鎭與塡同。塵陳皆叚借字也。从麤土。不入土部者、重麤也。直珍切。十二部。籒文。揚土上散。故从二土在上。

文二　重一

㲋獸也。㲋字今補。三字句。佀兔青色而大。中山經。綸山其獸多閭麈麢㚟。郭注。㚟似兔而鹿腳。青色。音綽。按㚟乃㲋之俗體耳。集韵別爲兩字。非也。象形。頭與兔同。足與鹿同。合二形爲一形也。丑略切。按言部曰。訬讀若㲋。則古音在二部。凡㲋之屬皆从㲋。籒文。

㲜　㲝　㲞

狡兔也。小雅巧言傳曰。㲜兔、狡兔也。按狡者、少壯之意。兔之駿者。駿者、良才者也。从㲋兔。兔之大者、則爲㲋之類。士咸切。八部。

獸名。从㲋吾聲。讀若寫。司夜切。古音在五部。

㲞獸也。三字句。佀狌狌。曲禮曰。狌狌能言。不離禽獸。諸家說狌狌如狗。聲如小兒嗁。其字亦作猩猩。玉篇、廣韵皆曰。㲞似貍。疑似狌狌三字當作似貍二字。从㲋夬聲。古穴切。十五部。

文四　重一

兔　逸　冤　娩　㕙

兔獸也。各本作獸名。今正。三字句。象兔踞。兔字今補。踞俗字也。當作居。後其尾形。其字象兔之蹲。後露其尾之形也。湯故切。五部。俗作菟。兔頭與㲋頭同。凡兔之屬皆从兔。

失也。此以疊韵爲訓。亡逸者、本義也。引伸之爲逸游、爲暇逸。从辵兔。會意。夷質切。十二部。兔謾訑善逃也。說从辵兔之意。謾訑皆欺也。謾音蠻。訑言部作詑。音大和切。兔善逃。故从兔辵。猶隹善飛。故奪从手持隹而失之。皆亡逸之意。

屈也。屈、不伸也。古亦叚宛爲冤。从冂兔。會意。一音莫狄切。覆也。於袁切。十四部。兔在冂下不得走。益屈折也。枉曲之意取此。

兔子也。釋獸曰。兔子娩。本或作嬎。按女部曰。嬎生子齊均也。此云娩、兔子也。則二字義別矣。郭云。俗評曰。娩、疾也。此上當有一曰二字。从女兔。芳萬切。十四部。按爾雅音義。匹萬反。又匹附反。恐當前一音爲是。後一音非。

疾也。玉篇、廣韵皆曰。急疾也。今作趕。少儀曰。毋拔來。毋報往。注云。報讀爲赴疾之赴。拔赴皆疾也。按赴、趕皆卽㕙字。今字㕙趕皆廢矣。从三兔。與三馬三鹿三犬三羊三魚取意同。兔善走。三之則更疾矣。芳遇切。古音葢在三部。闕。此闕謂闕其讀若。然其音固傳矣。

免　兔逸也。从兔不見足。會意。許書失此字。而形聲多用爲偏旁。不可闕也。今補。兔免之異。異於其足。能鹿昆从比。烏鳥兔从匕。兔象其蹲居之形。有足有尾。其字當橫視之。兔之走最迅速。其足不可諟見。故免省一畫。兔不見獲於人則謂之免。孫子云。始如處女。敵人開戶。後如脫兔。敵不及拒是也。此二字之別也。引伸之。凡逃逸者皆謂之免。假借爲袒免。爲免薨。依毛詩與酒韵。古音在十三部。轉入十四部也。今音忙辨切。錢氏大昕云。兔免當是一字。漢人作隸誤分之。似未然。俛从免、自是會意。

文五　今補免篆。則爲文六。

莧　山羊細角者。从兔足。从苜聲。苜部下曰。从𦫳、从目。莧从苜。胡官切。十四部。苜在十五部。合音取近。俗作羱。凡莧之屬皆从莧。讀若丸。寬字从此。寬用爲聲。

文一

犬　狗之有縣蹏者也。有縣蹏謂之犬。叩氣吠謂之狗。皆於音得義。此與後蹄廢謂之彘。三毛聚居謂之豬。竭尾謂之豕。同明一物異名之所由也。莊子曰。狗非犬。司馬彪曰。同實異名。夫異名必由實異。君子必貴游藝也。象形。苦泫切。十四部。孔子曰。視犬之字。如畫狗也。又曰。牛羊之字以形聲。今牛羊犬小篆卽孔子時古文也。觀孔子言。犬卽狗矣。渾言之也。凡犬之屬皆从犬。

狗　孔子曰。狗、叩也。叩气吠以守。吠以當作以吠。許書有扣無叩。扣訓牽馬也。疑古本有叩字。而許逸之。叩、觸也。从卩、口聲。叩气者。出其气也。一說叩卽敂之俗。敂者、擊也。凡以此擊彼皆曰敂。犬敂气吠亦是以內禦外。鴻範五行傳注曰。犬畜之以口吠守者也。屬言。按釋獸云。未成豪、狗。與馬二歲曰駒。熊虎之子曰狗同義。皆謂稚也。从犬。句聲。古厚切。四部。

獀　南越名犬獿獀也。獿獀疊韵。字。南越人名犬如是。今江浙尚有此語。从犬。叜聲。所鳩切。三部。

尨　犬之多毛者。釋嘼、毛傳皆曰。尨、狗也。此渾言之。許就字分別言之也。引伸爲襍亂之偁。小戎箋曰。蒙尨是也。牛白黑襍毛曰牻。襍語曰哤。皆取以會意。从犬彡。會意。彡以言其多毛也。莫江切。九部。詩曰。無使尨也吠。召南野有死麇文。

狡　少犬也。犬各本作狗。今依急就篇注、事類賦注作犬。淮南俶眞訓。狡狗之死也。割之有濡。高注。狡、少也。引伸爲狂也、滑也、疾也、健也。从犬。交聲。古巧切。二部。匈奴地有狡犬。巨口而黑身。周書王會解。匈奴以狡犬。狡犬者、巨身四尺果。顏注急就篇曰。狡犬、匈奴中大犬也。鉅口而赤身。

獶　犬惡毛也。爾雅。旄毛。郭云。獿長也。从犬。農聲。奴刀切。古音在九部。乃容反。

猲　猲獢、各本奪此二字。今依全書通例補。雙聲字也。短喙犬也。見釋嘼、毛詩傳。从犬。曷聲。許謁切。十五部。毛詩作歇。爾雅又作獥。今爾雅釋文作獥。乃轉寫譌字也。詩釋文曰。說文音火過反。詩曰。載獫猲獢。秦風四驖文。爾雅曰。短喙犬謂之猲獢。釋嘼文。此引詩、又引爾雅。可以證不秩不來也、駷牝驪牡也。二條皆有譌奪。

獢　猲獢也。从犬。喬聲。許驕切。二部。毛詩又作驕。

獫　長喙犬也。見釋嘼、毛詩傳。一曰黑犬黃頭。別一義。从犬。僉聲。虛檢切。七部。詩釋文引說文力劍反。

㹥　黃犬黑頭。廣雅說犬屬有㹥。从犬。主聲。讀若注。之戍切。古音在四部。

猈　短脛犬。犬舊作狗。今正。說解中例云犬也。猈之言卑也。言矲猎也。从犬。卑聲。薄蟹切。十六部。

猗　犗犬也。犬曰猗。如馬曰騬。牛曰犗。羊曰羠。言之不妨通互耳。有用爲歎詞者。齊風傳曰。猗嗟歎辭、商頌傳曰。猗歎辭是也。衛風傳曰。猗猗美盛皃。檜風傳曰。猗儺、柔順也。節南山傳曰。猗、長也。皆以音叚借也。有叚爲兮字者。魏風清且漣猗、清且直猗、清且淪猗是也。有叚爲加字者。小雅猗于畝丘是也。有叚爲倚字者。小雅有實其猗是也。从犬。奇聲。於离切。古音在十七部。

狊　犬視皃。从犬目。古闃切。古十六部。按爾雅須屬、鳥曰狊。此謂鳥振其毛羽如犬張目也。瞏、撟、須、狊皆謂須眉、髦鬣、之而、毛觜之鼓動也。故槩之曰須屬。

猗　竇中犬聲。犬鳴竇中聲猗猗然也。从犬音。音亦聲。乙咸切。七部。

默　犬暫逐人也。叚借爲人靜穆之偁。亦作嘿。从犬黑聲。讀若墨。莫北切。一部。

猝　犬从艸暴出逐人也。叚借爲凡猝乍之偁。古多叚卒字爲之。从犬卒聲。麤沒切。十五部。

猩　猩猩、犬吠聲。遠聞犬吠聲猩猩然也。从犬星聲。桑經切。十一部。按禮記、爾雅皆有猩猩。記曰。猩猩能言。猩猩亦作狌狌。許不錄狌字。猩字下亦不言獸名。豈以形作如犬因之得名故與。

㺌　犬吠不止也。从犬兼聲。讀若檻。胡黤切。七部。一曰兩犬爭也。於兼犬取意。

獥　小犬吠。从犬敫聲。荒檻切。八部。南陽新野有獥鄉。野各本作亭。今正。南陽郡新野縣見地理志、郡國志。今河南南陽府新野縣南有漢新野故城。

猥　犬吠聲。此本義也。廣韵曰。鄙也。今義也。从犬畏聲。烏賄切。十五部。

獿　獿、逗。此複舉字之未刪者。⿰犭翏也。夂部夒今作猱。獿則別一字、別一義。从犬夒聲。女交切。古音在三部。

⿰犭翏　犬獿獿咳吠也。廣雅曰。擾也。从犬翏聲。火包切。古音在三部。

⿰犭參　犬容頭進也。也當作皃。漢書曰。容頭過身。从犬參聲。山檻切。七部。按此字集韵、類篇皆云疏簪切。犬容頭進皃。不言出說文。小徐無此篆。一曰賊疾也。賊疾疑有誤。

獎　嗾犬厲之也。口部曰。嗾、使犬聲也。厲之猶勉之也。引伸爲凡勸勉之偁。方言曰。自關而西秦晉之間相勸曰聳。或曰獎。中心不欲而由旁人之勸語亦曰聳。凡相被飾亦曰獎。从犬將省聲。即兩切。十部。俗作奬。

⿰犭戔　犬齧也。犬字今補。从犬戔聲。初版切。十四部。

狦　惡健犬也。廣雅曰。狠也。从犬刪省聲。所晏切。十四部。廣韵又平聲。

狠　犬鬥聲。犬各本作吠。今依宋本及集韵正。鬥各本作鬭。今正。今俗用狠爲很。許書很狠義別。从犬皀聲。五還切。古音在十三部。

⿰犭番　犬鬥聲。鬥字今正。从犬番聲。附袁切。十四部。

⿰犭元　犬怒皃。漢書東方朔傳曰。⿰犭元吽牙者、兩犬爭也。从犬元聲。漢書五伊反。玉篇魚饑切。十五部。大徐語其切。一曰犬難附。附各本譌得。今依集韵、類篇正。附猶近也。代郡有⿰犭元氏縣。地理志、郡國志同。孟康曰。⿰犭元音權。氏音精。讀又若銀。上文云元聲。則在脂微。而又讀入文寬部。或曰當作讀若銀。在下文从犬斤聲之下。

⿰犭斤　犬吠聲。九辨。猛犬狺狺而迎吠。王注。讒佞讙呼而在側也。狺即⿰犭斤字。从犬斤聲。語斤切。十三部。

獡　犬獡獡不附人也。良犬宋獡、以此得名。亦作猎、作⿰犭足。从犬舄聲。南楚謂相驚曰獡。方言曰。獡、驚也。宋衛南楚凡相驚曰獡。或曰透。透式六反。讀若愬。式略切。五部。古愬讀如朔。

獷　犬獷獷不可附也。呂氏春秋、荆文王得茹黃之狗。說苑作如黃。廣雅。犬屬有楚黃。廣韵作楚獚。經典釋文作楚獚。實一字也。引伸爲凡麤惡皃之偁。漢書曰。獷獷亾秦。从犬廣聲。古猛切。古音在十部。漁陽有獷平縣。地理志、郡國志同。服虔曰。音鞏。

狀　犬形也。引伸爲形狀。如類之引伸爲同類也。从犬爿聲。鉏亮切。十部。

奘　妄彊犬也。从犬壯。壯亦聲。徂朗切。十部。

獒　犬知人心可使者。知一作如。公羊傳曰。靈公有周狗謂之獒。何注。周狗、可以比周之狗。所指如意者。按周狗爾雅注及博物志或譌作害狗。不可爲據也。釋嘼曰。犬高四尺曰獒。从犬敖聲。五牢切。二部。春秋傳曰。公嗾夫獒。宣六年左傳文。

獳　怒犬皃。从犬需聲。讀若耨。奴豆切。又乃侯切。四部。或作獳者譌字也。

狧　犬食也。爾雅。牛曰齝。羊曰䶩。麋鹿曰齸。鳥曰嗉。寓鼠曰嗛。當補之曰犬曰狧。犬食主舌。他物主喉也。漢吳王濞傳曰。狧穅及米。史記作䑛。䑛見舌部。以舌取食也。食爾反。狧讀如答。異字異音而同義。顏注云狧

狎　狃　獪　犯　猜　猛

古𤜶字。乃大誤。从犬舌。小徐衍聲字。讀如比目魚鰈之鰈。魚部不收鰈字、而此有之。爾雅。鰈本或作鰨。蓋許書鰨卽鰈也。他合切。八部。亦作猞。

狎　犬可習也。引伸爲凡相習之偁。古段甲爲之。衞風傳曰。甲、狎也。此言段借也。从犬甲聲。胡甲切。八部。

狃　犬性忕也。忕大徐作驕。非。忕、習也。余制切。心部作愧。習也。愧卽忕之譌也。狃本謂犬性之忕。引伸段借爲凡忕習之偁。鄭風傳曰。狃、習也。國語韋注、左傳杜注皆曰。狃、忕也。从犬丑聲。女久切。三部。

獪　狡獪也。从犬會聲。方言。剿𪙵獪也。秦晉之間曰獪。楚謂之剿。或曰𪙵。鄭曰蔿。或曰婚。又曰央亡、嚜尿、婚、獪也。又曰肩恎、獪也。郭云。獪古狡狯字。从犬會聲。古外切。十五部。按此篆蓋本謂犬。段借之言人。大徐本在狡獷二篆閒。非是。今依小徐及玉篇次於此。

犯　侵也。本謂犬。段借之謂人。从犬㔾聲。防險切。七部。

猜　恨賊也。本謂犬。段借之謂人。从犬青聲。倉才切。古在十一部。

猛　健犬也。段借爲凡健之偁。从犬孟聲。莫杏切。古音在十部。

犺　健犬也。本謂犬。引伸謂人。廣韵曰。猰犺不順。从犬亢聲。苦浪切。十部。

㹤　多畏也。本謂犬。段借謂人。从犬去聲。去劫切。古音葢在五部。

怯　杜林說。㹤从心。今字皆用伯山說也。

獜　健也。廣韵引犬健也。今本奪犬字。从犬粦聲。力珍切。十二部。詩曰。盧獜獜。齊風文。毛詩作令令。纓環聲。許葢取三家詩也。

獧　疾跳也。跳者、躍也。一曰急也。獧狷古今字。今論語作狷。孟子作獧是也。論語曰。狂者進取。狷者有所不爲也。大徐別增狷篆。非。从犬睘聲。古縣切。十四部。

倏　犬走疾也。依韵會本訂。引伸爲凡忽然之詞。或段儵字爲之。从犬攸聲。讀若叔。式竹切。三部。

狟　犬行也。廣韵作大犬也。从犬亘聲。胡官切。十四部。周書曰。尚狟狟。牧誓文。今作桓桓。許用孔壁中古文也。釋訓曰。桓桓、威也。魯頌傳曰。桓桓、威武皃。然則狟狟者、桓桓之段借字。此亦

犻　㺐　猌　犮　戾

以敢爲好、以莫爲篘、以皇爲疾、以圍爲繹之例。

犻　過弗取也。此有誤字。玉篇但云犬過。廣韵但云拂取。疑當合之曰犬過拂取。从犬朮聲。讀若孛。蒲没切。十五部。篇韵皆步内切。

㺐　犬張耳皃。从犬易聲。陟革切。十六部。

猌　犬張齗怒也。齗、齒本也。从犬來聲。此从犬來會意。聲字衍。當刪。讀又若銀。又字衍。魚僅切。古音在十二部。

犮　犬走皃。依篇、韵訂。从犬而丿之。曳其足則刺犮也。丿、余制切。抴也。抴、引也。刺犮、行皃。刺音辣。犮與癶音義同。癶下曰。足剌癶也。蒲撥切。十五部。

戾　曲也。了戾、乖戾、很戾、皆其義也。引伸之訓爲罪、見釋詁、詩毛傳。又訓爲至、訓爲來、訓爲止、訓爲待、訓爲定、皆見釋詁、毛傳。皆於曲引伸之。曲必有所至。故其引伸如是。釋言曰。疑休戾也。从犬出戶下。會意。郎計切。十五部。犬出戶下爲戾者、身曲戾也。各本少犬出戶下爲五字。今補正。戶下猶戶閒。戶之下必有闑。闑高則犬出必曲身。又或戶閫。犬擠出亦必偏曲其身。此說戾字會意本義。段借用廣而本義廢矣。

獨　浴　獮

獨　犬相得而鬥也。鬥各本作鬬。今正。凡爭鬥字許作鬥。鬬者、遇也。其義各殊。今人乃謂鬬正、鬥俗。非也。从犬蜀聲。徒谷切。三部。羊爲羣。犬爲獨。犬好鬥。好鬥則獨而不羣。引伸段借之爲專壹之偁。小雅正月傳曰。獨、單也。孟子曰。老而無子曰獨。周禮大司寇注曰。無子孫曰獨。中庸、大學皆曰慎其獨。戾獨等字皆段借義行而本義廢矣。一曰。北嚻山有獨浴獸。如虎。白身、豕鬣、尾如馬。山海經。北山經曰。北嚻之山有獸焉。其狀如虎而白身、犬首、馬尾、彘鬣。名曰獨浴。郭圖贊亦云。虎狀馬尾。號曰獨浴。

浴　獨浴獸也。从犬谷聲。此蒙上文言獨浴而終之。依全書之例。則當次於狻玃以下。余蜀切。三部。郭音谷。

獮　秋田也。釋天曰。秋獵爲獮。鄭君、韋昭、薛綜、杜預皆曰。獮、殺也。若明堂位段省爲獮。釋獮爲殺者。以疊韵爲訓。古音獮與璽同也。取其雙聲耳。从犬。取載獮之意。獄璽聲。各本篆作璽。云璽聲。非是。依左傳釋文正。此从

獵　獠　狩

小篆文非从籒文也。息淺切。古音在十五部。禰獮或从示。宗廟之田也。故从豕示。此篆文及解疑皆有譌。不能遽定。姑仍其舊。獵放獵、逐禽也。放小徐作敀。敀、平田也。非許義。韵會作效。效疑校之譌。校獵見吳都賦。蓋郎孟子之獵較也。校獵二字逗。以逐禽釋之。蔡邕月令章句曰。獵、捷也。白虎通曰。四時之田總名爲獵。毛詩不狩不獵箋云。冬獵曰狩。宵田曰獵。此因經文重言而分別之也。引伸爲凌獵、爲捷獵。从犬巤聲。良涉切。八部。獠獵也。許渾言之。釋天析言之曰。宵田爲獠。管子四稱篇。獠獵畢弋。从犬尞聲。力照切。二部。狩火田也。火各本作犬。不可通。今依韵會正。釋天曰。冬獵爲狩。周禮、左傳、公羊、穀梁、夏小正傳、毛詩傳皆同。又釋天曰。火田爲狩。許不偁冬獵而偁火田者。火田必於冬。王制曰。昆蟲未蟄。不以火田。故言火以該冬也。孟子曰。天子適諸侯曰巡狩。巡狩者巡所守也。此謂六書段借以守爲狩。有段守爲狩者。如明夷于南狩、天王狩于河陽、皆或作守是也。从犬守聲。書究切。三部。

臭　獲　獘　獻

易曰。明夷于南狩。明夷九三爻辭。臭禽走臭而知其迹者犬也。走臭猶言逐氣。犬能行路蹤迹前犬之所至。於其气知之也。故其字从犬自。自者、鼻也。引伸段借爲凡气息芳臭之偁。从犬自。尺救切。三部。獲獵所獲也。故从犬。引伸爲凡得之偁。从犬蒦聲。胡伯切。古音在五部。獘頓仆也。人部曰。仆者、頓也。謂前覆也。人前仆若頓首然。故曰頓仆。从犬。敝聲。毗祭切。十五部。春秋傳曰。與犬犬獘。僖四年左傳文。引此證从犬之意也。獘本因犬仆製字。段借爲凡仆之偁。俗又引伸爲利弊字。遂改其字作弊。訓困也、惡也。此與改獎爲奬正同。斃獘或从死。經書頓仆皆作此字。如左傳斃於車中、與一人俱斃是也。今左傳犬獘亦作犬斃。蓋許時經書斃多作獘。獻宗廟犬名羹獻。犬肥者以獻。此說从犬之意也。曲禮曰。凡祭宗廟之禮。犬曰羹獻。按羹之言良也。獻本祭祀奉犬牲之偁。引伸之爲凡薦進之偁。按論語鄭注曰。獻猶賢也。獻得訓賢者、周

⿰犭幵　獟　狾　狂　類　狄

禮注。獻讀爲儀。是以伏生尚書民儀有十夫、古文尚書作民獻。咎繇謨古文萬邦黎獻、漢孔宙碑、費鳳碑、斥彰長田君碑皆用黎儀字。皆用伏生尚書也。班固北征頌亦用民儀字。从犬鬳聲。許建切。十四部。⿰犭幵獟犬也。从犬幵聲。五甸切。十四部。一曰逐虎犬也。廣韵曰。逐獸犬。葢唐人避諱改。獟⿰犭幵犬也。二篆爲轉注。从犬堯聲。五弔切。二部。狾狂犬也。左傳哀十二年。國狗之瘈。無不噬也。杜云。瘈、狂也。按今左傳作瘈。非古也。許所見作狾。从犬𣃔聲。𣃔各本作折。篆體亦誤。今正。征例切。十五部。春秋傳曰。狾犬入華臣氏之門。襄十七年左傳曰。國人逐瘈狗。瘈狗入于華臣氏。無之門二字。漢五行志作狾。狂狾犬也。二篆爲轉注。段借之爲人病之偁。从犬㞷聲。巨王切。十部。㤮古文从心。按此字當从古文作。小篆變爲从犬。非也。類種類相佀。唯犬爲甚。說从犬之意也。類本謂犬相佀。引伸段借爲凡相佀之偁。釋詁

毛傳皆曰。類、善也。釋類爲善、猶釋不肖爲不善也。左傳。刑之頗類。類、段類爲纇。从犬頪聲。廣韵引無聲字。按此當云頪亦聲。頪、難曉也。力遂切。十五部。狄北狄也。北各本作赤。誤。今正。赤狄乃錯居中國狄之一種耳。許書蟲部曰。南蠻、曰東南閩越、大部曰。東方夷。羊部曰。西方羌。豸部曰。北方貉。則此必言北狄。狄與貉皆在北。而貉在東北。狄在正北。釋地曰。九夷、八狄、七戎、六蠻、謂之四海。八蠻在南方。六戎在西方。五狄在北方。李巡云。五狄者、一曰月支。二曰穢貊。三曰匈奴。四曰單于。五曰白屋。王制、明堂位皆言東夷、南蠻、西戎、北狄。本犬種。此與蠻閩本虵種、貉本豸種、羌本羊種一例。狄之爲言淫辟也。此與孔子曰貉之言貉。貉、惡也一例。惡與貉、辟與狄皆疊韵爲訓。風俗通云。狄父子嫂叔同穴無別。狄者、辟也。其行邪辟。其類有五。按辟者、今之僻字。从犬亦省聲。徒歷切。十六部。按亦當作朿。李陽冰云。蔡中郎以豊同豐。李丞相持朿作亦。所謂持朿作亦者、指迹狄二字言。迹籒文作速。狄之古文籒文亦必作⿰犭朿。是以詩瞻卬狄與刺韵。屈原九章愁與積擊策蹟

狻　玃　猶　狙

適蹟益韻。古音在十六部也。若从亦聲。則古音在五部。而非其韵。然自李斯變古籀爲篆文。其形已誤。而其聲至今不誤。聖人諭書名之澤長矣。

狻 狻麑、逗如虦苗。食虎豹。苗各本作貓。今依虎部正。虦苗謂淺毛也。釋獸曰。虎竊毛謂之虦苗。狻麑如虦苗食虎豹。許所本也。於此詳之。故鹿部麑下祇云狻麑也。全書之例如此。凡合二字成文者、其義詳於上字。同部異部皆然。从犬。非犬而从犬者、猶或行或飛或毛或蠃或介或鱗皆从虫也。以下同。夋聲。素官切。十四部。見爾雅。

玃 大母猴也。各本無大。今依爾雅釋文、玄應書、廣韵補。釋獸曰。玃父善顧。郭云。貑玃也。似獮猴而大。色蒼黑。能攫持人。善顧盼。按張揖注上林賦曰。玃似獮猴而大。善攫持人好顧盼。七字依玄應補。攫俗作玃。誤。从犬。夒聲。俱縛切。五部。爾雅曰。玃父善顧。各本此下有玃持人也四字。正由上奪而衍於此。今刪。

猶 玃屬。釋獸曰。猶如麂。善登木。許所說謂此也。曲禮曰。使民決嫌疑。定猶豫。正義云。說文猶、玃屬。豫、象屬。此二獸皆進退多疑。人多疑惑者似之。故謂之猶豫。按古有以聲不以義者。如猶豫雙聲。亦作猶與。亦作冘豫。皆遲疑之皃。老子。豫兮如冬涉川。猶兮若畏四鄰。離騷。心猶豫而狐疑。以猶豫二字皃其狐疑耳。李善注洛神賦。乃以猶獸多豫、狐獸多疑對說。王逸注離騷。絕不如此。禮記正義則又以猶與豫二獸對說。皆郢書燕說也。如九歌。君不行兮夷猶。王逸卽以猶豫解之。要亦是雙聲字。春秋經。猶三望。猶朝于廟。猶繹。今謂可已而不已者曰猶。豫夷猶之意也。釋詁曰。猷、謀也。釋言曰。猷、圖也。召南傳曰。猶、若也。說文圖者、畫也。計難也。謀者、慮難也。圖謀必酷肖其事而後有濟。故圖也、謀也、若也爲一義。周禮以猶鬼神示之居。猶者、圖畫也。是則皆從遲疑鄭重之意引伸之。魏風毛傳。猷、可也。可之義與庶幾相近。庶幾與今語猶者相近也。釋詁又曰。猷、道也。以與由音同。秩秩大猷。漢書作大繇可證。釋詁又云。猷、已也。謂已然之詞。从犬。酋聲。以周切。三部。今字分猷謀字犬在右。語助字犬在左。經典絕無此例。一曰隴西謂犬子爲猶。此別一義。益證从犬之意。

狙 玃屬。莊子。狙公賦芧。司馬彪云。狙、一名獦牂。似猨而狗頭。喜與雌猨交。崔譔、向秀謂之猵狙。釋文狙七餘反。从犬。且聲。親去切。五部。按親去切非也。本七餘切。自叚借爲覰字而後讀去聲。周禮蜡氏注。狙司卽覰伺也。倉頡篇曰。狙、伺候也。史、漢狙擊秦皇帝。伏虔、應劭、徐廣皆曰。狙、伺也。方言。自關而西曰索。或曰狙。郭注云。狙、伺也。此皆千恕切。一曰犬暫齧人者。犬下各本有也字。今依李善劇秦美新注刪。李云且餘反。一曰犬不齧人者。此亦當且餘反。

猴　㺉　狼　狛　獌

猴 夒也。夒上當有母猴二字。夒下曰。獸也。一名母猴。爲下曰。母猴也。玃下曰。大母猴也。禺下曰。母猴屬也。㺉下曰。食母猴。母猴乃此獸名。非謂牝者。沐猴、獮猴皆語之轉。字之譌也。陸佃據柳子厚之言曰。蝯靜而猴躁。其性迥殊。按許書亦猴與蝯別。析言之也。若蝯下曰禺屬。禺下曰母猴屬。毛傳曰。猱、猨屬。猱卽說文之夒字。是二者可相爲屬。而非一物也。爾雅曰。猱蝯善援。謂二者一類。从犬。侯聲。乎溝切。四部。

㺉 犬屬。疑犬屬之上當有㺉玃二字。淺人妄刪之。詳於此。故豸部但曰㺉玃也。罥巳上黃。罥巳下黑。食母猴。上林賦郭樸注同此。而腰以前黃、腰以後黑。奪去四字。當校補。南都賦注李善引說文。按史、漢、文選之上林賦、文選之南都、廣韵一屋說此物皆作豰。从豕。廣韵十八藥又引說文豰玃。作豰玃。尋許書豰爲小豚。非一物一字也。將由寫者亂之。从犬。㱿聲。讀若構。火屋切。三部。

狼 佀犬。銳頭白頰。高前廣後。詳其狀可識別也。毛傳曰。狼、獸名。釋獸曰。狼牡貛。許謂貛卽貒。从犬。良聲。魯當切。十部。

狛 如狼。善驅羊。从犬。白聲。讀若檗。當言柏。今人黃檗字作黃柏。正雙聲之轉也。寗嚴讀之若淺洦。寗嚴蓋博訪通人之一也。洦、淺水皃。見水部。俗作泊。非也。古音傍各切。狛大徐匹各切。玉篇白駕切。廣韵作眏。亦白駕切。古音在五部。

獌 狼屬。从犬。曼聲。舞販切。十四部。爾雅曰。貙獌佀貍。釋獸曰。貙、佀貍。郭云。今貙虎也。大如狗。文似貍。釋獸又曰。貙獌佀貍。郭云。今山民呼貙虎之大者爲貙豻。按郭語則二條一物也。故許貙

狐 獺 猵 猋

下獌下皆偁貙獌似貍。郭注子虛賦云。蟃蜒、大獸。似貍。長百尋。則以西京賦巨獸百尋者提而一之。恐附會矣。

狐 祅獸也。鬼所乘之。爾雅音義無之字。有三德。其色中和。小前大後。廣韵作豐後。死則丘首。音義廣韵皆作首丘。謂之三德。御覽有此四字。从犬。瓜聲。戶吳切。五部。

獺 水狗也。小徐作小狗。大徐作如小狗。今依廣韵訂。食魚。大徐上有水居二字。乃上文作如小狗、因妄增。从犬。賴聲。他達切。十五部。

猵 獺屬。楊雄蜀都賦作猵。羽獵賦、江賦作獱。郭樸三蒼解詁云。獱似狐。青色。居水中。食魚。从犬。扁聲。布玄切。十二部。按易翩與鄰韵。服虔獱音賓。李善獱音頻。古扁聲賓聲同在十二部也。今韵乃猵入先、獱入眞矣。

獱 或从賓。

猋 犬走皃。引伸爲凡走之偁。九歌。猋遠舉兮雲中。王注。猋去疾皃。爾雅。扶搖謂之猋。作此字。从三犬。此與驫、麤、毳同意。甫遙切。二部。

文八十三 重五

㹜 獄

㹜 兩犬相齧也。网各本作兩。今正。从二犬。義見於形也。語斤切。十三部。凡㹜之屬皆从㹜。

獄 司空也。此空字衍。司者今之伺字。以司釋獄。以疊韵爲訓也。許書無伺字。以司爲之。玉篇獄注云。察也。今作伺、覗。按希馮直以獄爲伺、覗之古字。葢用許說也。其字从㹜。葢謂兩犬吠守、伺察之意。从㹜。臣聲。息兹切。一部。司事者必臣動有言也。形聲中有會意。后司字亦从口也。復說獄司空。此句上有奪字。某復者、姓名也。某復說獄司空曰獄。別一義也。周禮司救、役諸司空注。如漢法城旦舂、鬼薪、白粲之類。儒林列傳。大后怒曰。安得司空城旦書乎。徐廣曰。司空、掌刑徒之官也。如淳說都司空主罪人。應劭漢官儀曰。綏和元年。罷御史大夫官。法周制。初置司空。議者又以縣道官有獄司空。故覆加大爲大司空。是則漢時有都司空、有獄司空。皆主罪人。皆有治獄之責。以其辨獄也。故从㹜。㹜者、獄之省。

獄 确也。召南傳曰。獄、埆也。埆同确。堅剛相持之意。从㹜。从言。魚欲切。三部。二犬所㠯守也。說从㹜之意。韓詩曰。宜犴宜獄。鄉亭之繫曰犴。朝廷曰獄。獄字从㹜者。取相爭之意。許云所以守者。謂陛牢拘罪之處也。

文三

鼠 䶉 䶅 鼢

鼠 穴蟲之總名也。其類不同而皆謂之鼠。引伸之爲病也。見釋詁。毛詩正月作癙。雨無正作鼠。實、一字也。象形。上象首。下象足尾。書呂切。五部。凡鼠之屬皆从鼠。

䶉 䶉鼠也。三字爲句。各本皆刪一字。淺人所爲也。以下皆同。廣雅謂之白䶉。王氏念孫曰。䶉之言皤也。从鼠。番聲。讀若樊。附袁切。十四部。或曰鼠婦。此別一義。釋蟲曰。蟠、鼠負。蟠卽䶉字。負卽婦字。今之瓮底蟲也。虫部又云。蛜威、委黍。委黍、鼠婦也。

䶅 䶅鼠。出胡地。皮可作裘。从鼠。各聲。下各切。五部。

鼢 地中行鼠。伯勞所化也。中字依爾雅釋文補。化各本作作。今依廣韵所引字林正。釋獸有鼢鼠。郭云。地中行者。陶隱居云。鼢鼠一名隱鼠。一名鼢鼠。常穿耕地中。討掘卽得。蘇頌圖經曰。卽化爲鴽者也。按依許氏說、百勞化田鼠。而田鼠化爲鴽。物類遞嬗。有如斯矣。方言謂之犂鼠。犂卽犁字。自其場起若耕言之。則曰犁鼠。一曰偃鼠。此一曰猶一名也。偃之言隱也。俗作鼴。莊子云。鼴鼠飲河。止於滿腹。从鼠。分聲。房吻切。十三部。莊子釋文引說文舊音扶問反。

蚡 或从虫分。周禮艸人。墳壤用麋。故書墳作盆。鄭司農云。多盆鼠也。

𪕑 鼶 𪕰 鼫

𪕑 𪕑令鼠也。四字句。令平聲。𪕑令疊韵字。从鼠。平聲。薄經切。十一部。

鼶 鼶鼠也。三字句。見小正九月。从鼠。虒聲。息移切。十六部。

𪕰 竹鼠也。如犬。後世所謂竹𪕰也。莊子作貍。又作猶。从鼠。丣聲。各本作畱省聲。今正。力求切。三部。

鼫 五技鼠也。能飛不能過屋。能緣不能窮木。能游不能渡谷。三句一韵。能穴不能掩身。能走不能先人。二句一韵。此之謂五技。五字依詩碩鼠正義補。釋獸鼠屬有鼫鼠。孫炎云五技鼠也。舍人樊光同。易晉九四晉如鼫鼠。九家易以五技鼠釋之。荀卿云梧鼠五技而窮。詩魏風碩鼠碩鼠無食我黍。鄭箋云碩大也。不言五技。是詩碩鼠非鼫鼠。崔豹古今注乃云螻蛄一名鼫鼠。有五能而不成技術。此語殊誤。螻蛄不妨名鼫鼠。要不得云有五技也。倘許謂螻蛄。則此篆必次於部末。如黽部之蠅鼄。馬部之驘驢騊駼等字矣。**从鼠。石聲。**常隻切。古音在五部。

鼨　豹文鼠也。釋獸曰。鼨鼠豹文鼮鼠。郭讀以豹文下屬。云鼠文采如豹者。漢武帝時得此鼠。孝廉郎終軍知之。賜絹百匹。按文選注、藝文類聚皆引竇氏家傳載此事。系之光武時。竇攸以豹文鼮鼠則同。惟唐書盧若虛傳云。時有獲異鼠者。豹首虎臆。大如拳。職方辛怡諫謂之鼮鼠而賦之。若虛曰非也。此許慎所謂鼨鼠。豹文而形小。一坐盡驚。玉裁謂他人讀爾雅皆豹文爲句。鼮鼠爲句。終軍、竇攸、辛怡諫從之。許讀爾雅鼨鼠豹文爲句。盧若虛從之。其是非詎難定也。許有鼨無鼮。疑爾雅六字爲一物。**从鼠。冬聲。**職戎切。九部。**□　籀文省。**𠔾古文終。

十篇上　卅七

⿰鼠益　鼠屬。从鼠。益聲。於革切。十六部。**貖　或从豸作。**

鼷　小鼠也。何休公羊傳注云。鼷鼠、鼠中之微者。玉篇云。有螫毒。食人及鳥獸皆不痛。今之甘口鼠也。**从鼠。奚聲。**胡雞切。十六部。

鼩　精鼩鼠也。四字一句。爾雅謂之鼩鼠。郭注。小鼱鼩也。亦名䶉鼩。漢書東方朔傳如淳注曰。鼱鼩小鼠也。音精劬。據爾雅釋文字林有鼱字。**从鼠。句聲。**其俱切。古音在四部。

鼸　⿰鼠今也。爾雅鼸鼠。郭云。以頰裏藏食者。**从鼠。兼聲。**丘檢切。七部。

⿰鼠今　鼠屬。廣韵謂之⿰鼠今鼠。**从鼠。今聲。讀若含。**胡男切。七部。

鼬　如鼠。如鼠小徐作如鼦。鼦乃俗貂字。貂、鼠屬也。**赤黃色。尾大。食鼠者。**見小正、爾雅。今之黃鼠狼也。**从鼠。由聲。**余救切。三部。

⿰鼠勺　胡地風鼠。郭注爾雅鼫鼠云。形大如鼠。頭似兔。尾有毛。青黃色。好在田中食粟豆。關西呼爲⿰鼠勺鼠。見廣雅。音雀。按廣雅云⿰鼠勺鼠、鼫鼠。與景純皆合⿰鼠勺、鼫爲一物。以說文正之。鼫與⿰鼠勺迥非一物也。葢俗語有移易其名者耳。**从鼠。勺聲。**之若切。古音在二部。

⿰鼠宂　鼠屬。从鼠。宂聲。而隴切。九部。按此字或讀余救切。要與鼬非一物。

鼭　鼭鼠。侣雞。鼠尾。从鼠。此聲。即移切。十五十六部。

鼲　鼲鼠。出丁零胡。皮可作裘。魏志注引魏略云。丁零國出名鼠皮。青昆子、白昆子皮。王氏引之云。昆子即鼲子也。後漢書鮮卑傳云。鮮卑有貂、豽、鼲子。皮毛柔蝡。天下以爲名裘。按今俗語通曰灰鼠。聲之轉也。如揮翬皆本軍聲。**从鼠。軍聲。**乎昆切。十三部。

⿰鼠胡　斬⿰鼠胡鼠。黑身。白署若帶。手有長白毛。侣握版之狀。類蝯蜼之屬。見上林、西京賦。諸家說其狀乖異不同。其字或作螹胡。或作獑胡。或作獑猢。或作⿰鼠斬⿰鼠胡。**从鼠。胡聲。**戶吳切。五部。

文二十　重三

能　熊屬。左傳、國語皆云。晉侯夢黃能入於寢門。韋注曰。能似熊。凡左傳、國語能作熊者。皆淺人所改也。

十篇上　卅八

足侣鹿。故皆从比也。㲋足、足亦同。**从肉。**猶龍之从肉也。**㠯聲。**奴登切。古者在一部。由之而入於咍則爲奴來切。由一部而入於六部則爲奴登切。其義則一也。**能獸堅中、故偁賢能。**賢古文作臤。臤、堅也。**而彊壯、偁能傑也。**此四句發明叚借之恉。賢能、能傑之義行而本義幾廢矣。子下曰。十一月陽氣動。萬物滋。人以爲偁。亦此例也。韋朋來西烏五篆下說解皆此例。**凡能之屬皆从能。**

文一

熊　熊獸、侣豕。山尻。俗作居。**冬蟄。**見夏小正。**从能。炎省聲。**按炎省聲則當在古音八部。今音羽弓切。雒誥火始燄燄。漢書作庸庸。淮南書東北曰炎風。一作融風。皆古音之證。左傳正義曰。張叔反論云。賓爵下革。田鼠上騰。牛哀虎變。鯀化爲熊。久血爲燐。積灰生蠅。或疑熊當爲能。王劭曰。古人讀雄與熊皆

羆　火　烜　焜

于陵反。張叔用舊音。傅玄潛通賦與終韵。用新音也。玉裁謂。熊不妨古反于陵。要之反論必是能字。春秋左氏敬嬴公穀作頃熊。蓋炎熊嬴三字雙聲。凡熊之屬皆从熊。羆如熊。黃白文。見釋獸。从熊。罷省聲。以一能當二能也。彼爲切。古音在十七部。㷱古文从皮。

文二　重一

火焜也。焜各本作燬。今正。下文曰焜火也。爲轉注。南方之行。炎而上。與木曰東方之行、金曰西方之行、水曰北方之行、相儷成文。象形。大其下。銳其上。呼果切。古音在十五部。凡火之屬皆从火。烜上諱。漢章帝名也。伏侯古今注曰。烜之字曰著。按許書本不書其篆。但曰上諱。後人補書之。次於此者、尊上也。玉篇曰爆也。廣韵曰火起也。其字从火旦聲。當割切。十四十五部。焜火也。从火。尾聲。許偉切。十五部。詩曰。王室如焜。周南汝墳文。今詩作燬。毛傳燬火也。按爾雅亦作燬。釋言曰。燬、火也。詩釋文曰。燬音毁。齊人謂火曰燬。郭僕又音貨。字書作焜。說文同。一音火尾反。夫曰燬說文作焜、則說文之有焜無燬可知矣。曰焜一音火尾反、則焜本音燬可知矣。方言曰。煤、火也。楚轉語也。猶齊言焜也。燬焜實一字。方言齊曰焜。卽爾雅郭注之齊曰燬也。俗乃強分爲二字二音。且肊造齊人曰燬、吳人曰焜之語。又於說文別增燬篆。陸德明所據不如此。

燬　燹　焌

燬火也。从火。毀聲。春秋傳曰。衞侯燬。許偉切。按此篆許所本無。當刪。燹火也。韵會引字林曰逆燒也。从火。豩聲。穌典切。十三部。焌然火也。以火燒物曰然。从火。夋聲。子寸切。又倉聿切。十三部。周禮曰。遂籥其焌。周禮菙氏曰。凡卜、以明火爇燋。遂歛其焌契。以授卜師。注云。焌讀如戈鐏之鐏。謂之契。柱燋火而吹之也。士喪禮。楚焞置於燋。在龜東。楚焞卽契。所用灼龜也。燋謂炬。其存火三字當依士喪禮注作所以然火者也。焌火在前。㠯焞焯龜。此許引周禮而釋其焌之義。似有舛誤。依鄭注則契卽楚焞。楚焞柱於炬然之。用以灼龜。焌者、謂吹而然之也。

尞　然　爇　燔

尞柴祭天也。示部柴下曰。燒柴尞祭天也。是柴尞二篆爲轉注也。燒柴而祭謂之柴。亦謂之尞。亦謂之槱。木部曰。槱柴祭天神。周禮槱燎字當作槱尞。凡柴尞作柴燎者皆誤字。从火昚。會意。力照切。二部。昚古文愼字。見心部。祭天所㠯愼也。說从昚之意。然燒也。通叚爲語詞。訓爲如此。爾之轉語也。从火。肰聲。如延切。十四部。俗作燃。非是。[艸難]或从艸難。徐鉉等曰。艸部有此字。此重出。與火部無涉也。按篆當作[艸難火]。或古本作[艸難火]。轉寫奪火耳。漢五行志。巢[艸難火]墜地。廣韵引陸佐公石闕銘。荆酷[艸難火]炭。爇燒也。从火。蓺聲。徐鉉等曰。說文無蓺字。當从火从艸、埶省聲。按埶卽聲。不必云埶省。如劣切。十五部。春秋傳曰。爇僖負羈。僖廿八年左傳曰。爇僖負羈氏。燔爇也。按許鐇與燔字別。鐇者、宗廟火炙肉也。此因一从火、一从炙而別之。毛於瓠葉傳曰。加火曰燔。於生民傳曰。傳火曰燔。古文多作燔。不分別也。从火。番聲。附袁切。十四部。

烝　[發火]　熚　炪　烈　燒

燒爇也。二篆爲轉注。从火。堯聲。式昭切。二部。烈火猛也。大雅曰。載燔載烈。傳曰。傳火曰燔。貫之加于火曰烈。商頌曰。如火烈烈。引伸爲光也、業也。又方言曰。餘也。按烈訓餘者、盛則必盡。盡則必有所餘也。又鄭風。火烈具舉。傳曰。烈、列也。此謂烈卽列之叚借字。列者、古迾字也。从火。列聲。良薛切。十五部。炪火光也。類篇作火不光。集韵六術曰。炪爩、煙兒。類篇同。又九迄曰。炪爩、煙出也。煙盛則光微。此蓋與上火猛作反對語。从火。出聲。職悅切。十五部。商書曰。予亦炪謀。般庚上文。此與叚敢爲好、叚狟狟爲桓桓、叚莫爲竹蔑同。壁中古文叚炪爲拙也。今尚書作拙者、蓋孔安國以今字讀之也。讀若巧拙之拙。其同音也。故相叚借。熚熚[發火]、火兒。熚[發火]疊韵字。如水部之滭沸。从火。畢聲。卑吉切。十二部。[發火]熚[發火]也。玉篇云。火盛兒。廣韵云。鬼火。从火。[癶豆]聲。敷勿切。十五部。[癶豆]籒文悖字。見言部。烝火气上行也。此烝之本義。引申之則烝進也。如詩信南山甫田傳、泮水箋是也。又引申之則久也。衆也。久之義如釋詁曰烝麈也、東山傳曰烝窴也、常棣傳曰烝塡也。皆是。鄭云古聲窴塡麈同。是也。衆之義如東山烝在栗薪傳、烝民傳是也。又引申之則君也。釋詁及文王有聲傳是也。又厚也。泮水傳曰烝烝厚也是也。左傳凡下婬上謂之烝。**从火。丞聲。**煮仍切。六部。經典多段蒸爲之者。

烰　烝也。詩生民烝之浮浮。釋訓曰烰烰、烝也。毛傳曰浮浮氣也。按爾雅不偁詩全句、故曰烝也而已。毛釋詩全句、故曰浮浮氣也。許於此當合二古訓爲解曰烰烰、烝皃。謂火氣上行之皃也。或轉寫者刪之耳。**从火。孚聲。**縛牟切。三部。**詩曰。烝之烰烰。**今詩作浮浮。

煦　烝也。方言。煦煆、熱也。乾也。吳越曰煦煆。按熱廣雅作爇。誤。樂記注曰。以氣曰煦。**一曰赤皃。**日部曰。昫、日光出溫也。按昫煦古通用。煦蓋日出之赤色。**一曰𥁕潤也。**首一義足兼之。文選注引韓詩章句。煦、暖也。**从火。昫聲。**香句切。古音在四部。廣韵又況羽切。方言注讀如州吁之吁。

熯　乾皃。乾讀如干。此與日部暵同音同義。从火猶从日也。易說卦傳王肅、王弼本作熯萬物者莫熯乎火。說文日部及徐邈本作莫暵。字有分見而實同者、此類是也。**从火。漢省聲。**人善切。十四部。依楚茨音義人善呼旦二反。**詩曰。我孔熯矣。**小雅楚茨文。此偁詩說段借也。楚茨毛傳曰。熯、敬也。熯本不訓敬而傳云爾者、謂熯卽戁之段借字也。心部曰。戁、敬也。長發傳曰。戁、恐也。是其義也。

炥　火皃。按此篆當是㷇之或體。**从火。弗聲。**普活切。十五部。廣韵符弗切。

熮　火皃。从火。翏聲。洛蕭切。古音在三部。**逸周書曰。味辛而不熮。**逸字衍。當刪。九經字樣引無逸字。可證。周書蓋七十一篇之周書。今本未見有此句。呂覽本味篇曰。辛而不烈。周書作不熮。字異義同。方言注曰。㾿、瘌皆辛螫也。按此等字皆雙聲同義。而㾿爲尤近。

焛　火皃。从火。兩省聲。兩見門部。作兩者誤。**讀若粦。**良刃切。十二部。

㷳　火色也。韓子。齊伐魯。索讒鼎。以其鴈往。齊人曰。鴈也。魯人曰。眞也。鴈、蓋卽㷳之段借字。如今之作僞古物曰燒瘢貨是也。俗作眞、贗。**从火。雁聲。讀若鴈。**五晏切。十四部。

十篇上　四八一

熲　火光也。小雅。不出於熲。傳曰。熲、光也。箋云。不得出於光明之道。按火光者、字之本義。傳不言火、但言光者、其引申之義也。**从火。頃聲。**古迥切。十一部。

爚　火光也。光、各本作飛。今依文選琴賦、景福殿賦注、玄應書卷九正。西都賦、震震爚爚、雷奔電激。震震謂雷、爚爚謂電也。李善引字指曰。儵爚、電光也。按此字或借爲燿字。或借爲鑠字。或作爍者、俗體也。**从火。龠聲。**以灼切。二部。**一曰熱也。**又一義。

熛　火飛也。玄應引三蒼云。熛、迸火也。呂氏春秋云。突泄一熛、而焚宮燒積。班固答賓戲、借猋爲之。**从火。𤐫聲。讀若摽。**甫遙切。二部。當必遙切。按同部票熛二字同音同義。熛卽票聲。似票正熛俗。故集韵、類篇、韵會皆合二爲一。然李善、玄應所引皆有熛字。玉篇亦分載。未容改併。

熇　火熱也。大雅板傳曰。熇熇然熾盛也。易家人嗃嗃。鄭云。苦熱之意。是嗃卽熇字也。釋文曰。劉作熇熇。**从火。高聲。**火屋切。古音在二部。**詩曰。多將熇熇。**

烄　交木然也。交烄疊韵。玉篇曰。交木然之。以尞柴天也。**从火。交聲。**古巧切。二部。

羙　小爇也。爇或作熱。誤。節南山釋文正義引作埶亦誤。節南山曰。憂心如惔。古本毛詩作如羙。故毛傳曰。羙、燔也。瓠葉傳曰。加火曰燔。許曰。燔、爇也。爇、加火也。是毛訓作爇。許則別之云小爇耳。方言、廣雅曰。羙、明也。此引伸之別一義。**从火。𢆉聲。**𢆉各本誤作干。篆體亦誤。今正。干部曰。入一爲干。入二爲𢆉。𢆉讀若飪。羙从𢆉聲。故古音在七部。郭璞、曹憲音淫。入鹽韵。則直廉切。今各書皆譌作羙矣。**詩曰。憂心如羙。**如羙、各本作羙羙。今正。節南山釋文正義皆引憂心如羙。

燋　所㠯然持火也。持火者、人所持之火也。少儀。執燭抱燋。凡執之曰燭。未爇曰燋。燋卽燭也。士喪禮注曰。燎、大燋。大燋卽大燭也。大燭樹於地。燭則執於手。人所持之火。以燋然之。燋者、苣爲之。卜之用燋。其一耑也。士喪禮。楚焞置於燋。在龜東。注云。楚、荊也。荊焞所以鑽灼龜者。燋、炬也。所以然火者也。周禮垂氏。凡卜。以明火爇燋。遂炊其焌契。以授卜師。杜子春云。明火、以陽燧取火於日也。按

十篇上　四八一

炭 𤎒 炦 灰 炱 煨 熄 烓 煁 燀

以苣然契。契卽楚焯。以楚焯灼龜而作其兆。是卜之次弟也。从火焦聲。卽消切。二部。字林子約反。周禮曰。㠯明火爇燋也。

焌 燒木未灰也。未灰大徐作餘。从火屵聲。各本作岸省聲。今依小徐本。屵从厂聲。厂呼旱切也。他旱切。十四部。

炭 束炭也。从火差省聲。讀若齹。齹齒部作䶢。恐誤。楚宜切。古音在十七部。

𤎒 交灼木也。从火教省聲。讀若狡。按玉篇廣韵皆曰𤎒同烄。必本諸說文。不知今本說文何以析爲二。交灼之語亦不可通。上文炭下曰燒木未灰。則灰篆必上聯炭𤎒二篆間。以𤎒炦決非古本。

炦 火气也。从火犮聲。蒲撥切。十五部。

灰 死火餘叏也。漢書曰。死灰獨不復然乎。从火又。會意。呼恢切。古音在一部。又、手也。火既滅可以執持。說从又之意。

炱 灰炱煤也。通俗文曰。積煙曰炱煤。玉篇曰。炱煤。煙塵也。廣韵曰。炱煤。灰入屋也。从火台聲。徒哀切。一部。按本部無煤。土部有塺字。玉篇炱煤二文相接。

煨 盆中火。玉篇作盆中火煨。廣韵曰。煨者埋物灰中令熟也。通俗文曰。熱灰謂之煻煨。許無煻字。今俗謂以火溫出冬閉花曰唐花。卽煻字也。从火畏聲。烏灰切。十五部。

熄 畜火也。畜當从艸。積也。熄取滋息之意。从火息聲。相卽切。一部。亦曰滅火。小徐無此四字。滅與蓄義似相反而實相成。止息卽滋息也。孟子曰。王者之迹熄而詩亡。詩亡然後春秋作。

烓 行竈也。从火圭聲。古支清合韵。讀若冋。同汲古閣作回。誤。口迥切。十六部。

煁 烓也。小雅白華曰。樵彼桑薪。卬烘于煁。釋言曰。煁烓也。毛傳曰。煁烓竈也。郭璞云。今之三隅竈。按鄭箋云。桑薪。薪之善者。不以炊爨養人。反以燎於烓竈。用炤事物而已。然則行竈非爲飲食之竈。若今火鑪。僅可炤物。自古名之曰烓。亦名之曰煁。或叚諶爲之。春秋傳禆諶字竈。知諶卽煁字也。漢書人表又作卑湛。从火甚聲。氏任切。七部。詩釋文市林反。

燀 炊也。从火單聲。充善切。十四部。春秋傳曰。燀之㠯薪。左傳昭公二十年文。

炊 爨也。爨下曰。炊也。齊謂炊也爨。从火吹省聲。昌垂切。古音在十七部。

烘 尞也。云尞者。燔柴之義之引伸也。小雅白華卬烘于煁。毛傳及釋言皆曰。烘。燎也。从火共聲。呼東切。詩釋文引說文巨凶甘凶二反。詩曰。卬烘于煁。

齌 炊餔疾也。餔日加申時食也。晚飯恐遲。炊之疾速。故字从火。引伸爲凡疾之用。離騷曰。反信讒而齌怒。王注云。疾怒。从火齊聲。在詣切。十五部。

熹 炙也。炙者。抗火炙肉也。此熹之本義。引申爲爇也。左傳或叫于宋大廟。曰。譆譆出出。杜曰。譆譆。熱也。此同音叚借也。又與熙相叚借。从火喜聲。許其切。一部。

煎 熬也。方言。熬、聚、煎、㷕、鞏、火乾也。凡有汁而乾謂之煎。東齊謂之鞏。从火前聲。子仙切。十四部。

熬 乾煎也。方言。熬、火乾也。凡以火而乾五穀之類。自山而東齊楚以往謂之熬。从火敖聲。五牢切。二部。

𤓐 熬或从麥作。

炮 毛炙肉也。炙肉者。貫之加於火。毛炙肉。謂肉不去毛炙之也。瓠葉傳曰。毛曰炮。加火曰燔。閟宮傳曰。毛炰豚也。周禮封人。毛炰之豚。鄭注。毛炮豚者。爓去其毛而炮之。內則注曰。炮者。以塗燒之爲名也。禮運注曰。炮。裹燒之也。按裹燒之卽內則之塗燒。鄭意詩禮言毛炮者。毛謂燎毛。炮謂裹燒。毛公則謂連毛燒之曰炮。爲許所本。六月。韓奕皆曰炰鼈。箋云。炰以火孰之也。鼈無毛而亦曰炰。則毛與炮二事。鄭說爲長矣。炰與缹皆炮之或體也。韓奕之炰。徐仙民音甫九反。大射篇注。炮鼈或作缹。或作炰。是知炰缹爲古今字。通俗文曰。燥煑曰缹。燥煑謂不過濡也。裹燒曰炮。燥煑亦曰炮。漢人燥煑多用缹字。缶聲包聲古音同在三部。从火包聲。薄交切。古音在三部。

㶡 炮炙也。炮炙異義。皆得曰㶡也。㠯微火溫肉。依廣韵所引本玉篇同。旣云炮炙。又云以微火溫肉者。嫌炮炙爲毛燒。故又足之言不必毛燒也。微火溫肉所謂缹也。今俗語或曰烏。或曰煨。或曰燜。皆此字之雙聲疊韵耳。从火衣聲。烏痕切。十三部。此於合韵得之。

𤐐 置魚筩中炙也。筩、斷竹也。置魚筩中而乾炙之。事與烝相類。从火曾聲。

作滕切。六部。

㷉 㷉吕火乾肉也。周禮籩人注曰。鮑者於煏室中糗幹之。出於江淮也。此當作㷉室中㷉乾之。漢書貨殖傳注引作於煏室乾之。可證煏卽㷉字。小顏不解糗字。故刪之耳。糗者熬米麥也。引申爲凡熬之偁。語亦可通。㷉室漢時有此制。賈公彥云。煏土爲室。非也。陸德明云。皮逼反。與周禮毛詩福音福音逼不同。與師古煏音蒲北反合。然則陸本當亦作煏。今釋文乃轉寫作福。非是。㷉方言作僨。凡以火而乾五穀之類。自山而東齊楚以往謂之熬。關西隴冀以往謂之僨。秦晉之閒或謂之聚。省作煏。又或作焙。而異其音。玉篇作煏無㷉。从火。福聲。臣鉉等曰。福聲當是稫省聲之誤。符逼切。一部。按符逼當爲蒲逼。㷉籀文不省。按小徐無。

爆 爆灼也。謂火飛所炙也。从火。暴聲。蒲木切。三部。廣韵北教切。火裂也。

煬 煬炙燥也。从火。昜聲。余亮切。十部。謚法。好內遠禮煬。去禮遠衆煬。

焳 焳灼也。从火。隺聲。胡沃切。古音在二部。

爛 爛火孰也。此火字依節南山生民二正義補。方言。自河以北趙魏之閒火孰曰爛。孰者食飪也。飪者大孰也。孰則火候到矣。引伸之。凡淹久不堅皆曰爛。孰則可燦然陳列。故又引伸爲粲爛。从火。蘭聲。郎旰切。十四部。隸作爛。不从艸。爤或从閒。此如詩蕑卽蘭。

爢 爢爛也。古多叚爢爲之。爢訓糝。爢訓爛。義各有當矣。孟子。爢爛其民而戰之。文選答客難。至則爢耳。皆用叚借字也。从火。靡聲。靡爲切。古音在十七部。

尉 尉从上按下也。按者抑也。百官公卿表應劭注曰。自上安下曰尉。武官悉以爲偁。張釋之傳曰。廷尉。天下之平也。車千秋傳。尉安黎庶。師古曰。尉安之字本無心。後俗所加。从𡰥又持火。會意。𡰥古文仁。𡰥又猶親手也。於胃切。十五部。所吕申繒也。合二徐本訂。說手持火之意也。字之本義如此。引申之爲凡自上按下之偁。通俗文曰。火斗曰尉。

⿰火龜 ⿰火龜灼龜不兆也。从龜火。从韵會。此會意也。春秋傳曰。卜戰。龜⿰火龜不兆。左傳哀二年。卜戰。龜焦。無不兆二字。按許所據蓋有不兆。與下文以故兆詢相貫。而焦作⿰火龜則淺人所改也。焦者火所傷也。龜焦曰⿰火龜。許引傳說龜火會意。如引豐其屋艸木麗于地同。讀若焦。音義皆同。卽消切。古音在三部。讀如揫。故⿰火龜以爲聲。

灸 灸灼也。今以艾灼體曰灸。是其一耑也。引伸凡柱弇曰灸。考工記。廬人灸諸牆。注云。灸猶塞也。以柱兩牆之閒輓而內之。本末勝負可知也。古文作久。許引周禮久諸牆。士喪禮皆木桁久之。注云。久當爲灸。灸謂以蓋案塞其口。按久灸皆取附箸相拒之意。凡附箸相拒曰久。用火則曰灸。鄭用方言。許說造字本意。从火。久聲。舉形聲包會意也。舉友切。三部。

灼 灼灸也。灸。各本作炙。誤。今正。此與上灸篆爲轉注。炙謂炮肉。灼謂凡物以火附箸之。如以楚焞柱龜曰灼龜。其一耑也。七諫注曰。點污也。灼灸也。猶身有病人點灸之。醫書以艾灸體謂之壯。壯者。灼之語轉也。淮南注曰。然也。廣雅曰。爇也。素問注曰。燒也。其義皆相近。凡訓灼爲明者。皆由經傳叚灼爲焯。桃夭傳曰。灼灼。華之盛也。謂灼爲焯之叚借字也。周書。焯見三有俊心。今本作灼見。从火。勺聲。之若切。二部。

煉 煉鑠治金也。治毛本作冶。誤。今依宋本。鑠治者。鑠而治之。愈消則愈精。高注戰國策曰。練。濯治絲也。正與此文法同。金部曰。鍊。治金也。此加鑠者。正爲字从火。从火。柬聲。郎電切。十四部。

燭 燭庭燎。大燭也。燎當作尞。大各本譌作火。今正。若韵會庭燎燭也。尤善。小雅毛傳曰。庭燎。大燭也。燕禮。宵則庶子執燭於阼階上。司宮執燭於西階上。甸人執大燭於庭。閽人爲大燭於門外。周禮。司烜氏。凡邦之大事。共墳燭庭燎。鄭云。墳。大也。郊特牲曰。庭燎之百。由齊桓公始也。鄭云。庭燎之差。公蓋五十。侯伯子男皆三十。文出大戴禮。按未爇曰樵。執之曰燭。在地曰燎。廣設之則曰大燭曰庭燎。大燭與庭燎非有二也。周禮。絫言墳燭庭燎。故鄭注以門外門內別之。周禮故書作蕡燭。先鄭云。蕡燭麻燭也。賈公彥曰。古者未有麻燭。故鄭從墳訓大。古庭燎依慕容所爲。以葦爲中心。以布纏之。飴蜜灌之。若今蠟燭。玉裁謂。古燭蓋以薪蒸爲之。麻蒸亦其一端。麻蒸其易然者。必云古無麻燭。蓋非。許以熜夊燭炪之閒。蓋得之矣。从火。蜀聲。之欲切。三部。

熜 熜然麻蒸也。麻蒸。析麻中幹也。亦曰菆。菆一作廄。古者燭多用葦。鄭注周禮曰。樵炬也。許曰。苣束葦燒之也。亦用麻。故先鄭注周禮曰。蕡燭、麻燭也。先鄭意蕡卽黂字。鄭注士喪禮曰。燭用蒸。蒸卽謂麻榦。弟子職曰。蒸閒容蒸。**从火。恖聲。**作孔切。九部。

灺 **燭㶳也。**曲禮所謂燭跋。弟子職所謂燭㶳。跋者謂近手所餘。㶳者謂燒過之燼。**从火。也聲。**徐野切。古音在十七部。

㶳 **火之餘木也。**各本作火餘也。今依唐初玄應本。火之餘木曰㶳。死火之㶳曰灰。引伸爲凡餘之偁。左傳收合餘燼。大雅箋災餘曰燼。方言藎餘也。周鄭之閒曰藎。或曰孑。藎者、段借字也。**从火。聿聲。**臣鉉等曰。聿非聲。疑从律省。徐客切。十二部。俗作燼。**一曰薪也。**方言。自關而東秦晉之閒燒薪不盡曰藎。

焠 **堅刀刃也。**王襃傳。清水焠其鋒。郭樸三倉解詁曰。焠、作刀鋻也。焠、子妹切。鋻、工練切。師古云。焠謂燒而內水中以堅之也。按火而堅之曰焠。與水部淬義別。文選譌作淬。非也。天官書曰。火與水合曰焠。**从火。卒聲。**七內切。十五部。

煣 **屈申木也。**謂曲直之也。今毄辭傳考工記皆作揉。葢非古也。手部無揉字。漢書食貨志煣木爲耒。**从火柔。柔亦聲。**人久切。三部。

焚 **燒田也。从火林。**各本篆作樊。解作从火楙。楙亦聲。今正。按玉篇廣韵有焚無樊。焚、符分切。至集韵類篇乃合焚樊爲一字。而集韵廿二元。固單出樊字。符袁切。竊謂楙聲在十四部。焚聲在十三部。份古文作彬。解云焚省聲。是許書當有焚字。況經傳焚字不可枚舉。而未見有樊。知火部樊卽焚之譌。玄應書引說文焚燒田也。字从火燒林意也。凡四見。然則唐初本有焚無樊。不獨篇韵可證也。

熑 **火煣車网絕也。**此爲考工記作注也。輪人曰。凡揉牙。外不廉而內不挫。旁不腫。謂之用火之善。注曰。廉、絕也。挫、折也。腫、瘣也。按廉者熑之段借。絕謂火絕。記文之外謂火內謂正當火處。旁謂不當火處。煣之不善。則當火處燒減。而不當火處暴起。畏此二病。或絕火而更煣。假令火未嘗少絕而無此二病。是眞善用火也。車网卽牙也。牙木部作枒。玉篇曰。熑、熪火不絕。此義與火絕相輔。**从火。兼聲。**力鹽切。七部。**周禮曰。煣牙、外不熑。**

燎 **放火也。**此與尞義別。盤庚曰。若火之燎于原。大雅曰。瑟彼柞棫。民所燎矣。箋云。人熂燎除其旁草。小雅。燎之方揚。箋云。火田曰燎。玄應引說文有火田爲燎。王制曰。昆蟲未蟄。不以火田。**从火。尞聲。**力小切。二部。按詩釋文引說文字林尞力召反。燎力小反。

爂 **火飛也。**此與熛音義皆同。玉篇廣韵亦然。引申爲凡輕銳之偁。周禮草人。輕㶱用犬。注謂地之輕脃者也。漢有票姚校尉。票騎將軍。票姚荀悅漢紀作票鷂。服虔音飄搖。小顏二字皆去聲。非古也。平聲者古音。去聲者今音耳。今俗閒信券曰票。亦尙存古義。凡从票爲聲者、多取會意。**从火𡿺。與䙴同意。**按當作从火䙴省。葢省廾爲一也。𡿺卽䙴之或體。䙴訓升高。火飛亦升高。故爲同意。方昭切。二部。

𤏰 **𤍽也。**今俗語謂燒壞曰𤏰。凡物壞亦曰𤏰。**从火。曹聲。**作曹切。古音在三部。

𤍽 **火所傷也。从火。雥聲。**卽消切。二部。按廣韵雥徂合切。玉篇才帀、走合二切。今以許書焦字从雥聲訂之。則知雥之古音讀如揫。如椒。雥者會意字。非用雥聲。後人昧其本音。乃以穕字之反語爲雥之反語。非也。戴氏侗乃疑作𤍽。乃得聲矣。焦 **或省。**按廣韵𤍽爲籒文。此必有所據。

烖 **天火曰烖。**春秋宣十六年。夏。成周宣謝火。左傳曰。人火之也。凡火。人火曰火。天火曰災。按經多言災。惟此言火耳。引申爲凡害之偁。十五年傳曰。天反時爲災。地反物爲妖。民反德爲亂。亂則妖災生。**从火。𢦏聲。**祖才切。一部。今惟周禮作烖。經傳多借菑爲之。菑或譌爲葘。灾 **或从宀火。**火起於下。焚其上也。𡿧 **籒文从巛。**亦會意。亦形聲。𤆎 **古文从才。**形聲。

煙 **火气也。**陸璣連珠曰。火壯則煙微。**从火。垔聲。**烏前切。十二部。烟 **或从因。**因聲。𡏅 **籒文从宀。**𡏅 **古文。**汲古閣少首筆。从冂。誤。今從廣韵集韵類篇正。

焆 **焆焆、煙皃。从火。肙聲。**因悅切。古音在十四部。

熅 **鬱煙也。**鬱當作鬱。鬱與熅聲義皆同。煙熅猶壹壹也。**从火。𥁕聲。**於云切。十三部。

㶽 **望見火皃。**依篇韵補見字。㶽然猶昀然也。**从火。𣅀聲。**𣅀見日部。望遠合也。从日匕。各本篆體作㶼。皀聲。按皀聲讀若逼。又讀若香。於馰不爲諧聲。𣅀聲與勺聲

熚　焞　炳　焯　照　煒　炵　熠　煜

則古音同在二部。葉抄宋本及五音韵譜作炟。旦聲。獨爲不誤。玉篇廣韵集韵類篇作烜。皆誤。讀若駒顙之駒。駒顙見說卦傳。詳馬部。都歷切。二部。

熚　火熱也。廣雅。熚熿也。攷工記弓人撟角欲孰於火而無熚。注云。熚、炙爛也。故書熚或作朕。从火覃聲。大甘切。又徐鹽切。七部。

焞　明也。鄭語。史伯曰。黎爲高辛氏火正。以淳燿敦大。天明地德。光照四海。故命之曰祝融。崔瑗河閒相張平子碑云。遷大史令。實掌重黎麻紀之度。亦能焞燿敦大。天明地德。光照有漢。今本國語作淳。漢碑作焞。與許所據合。韋云。淳、大也。燿、明也。下文云。敦大。則焞燿自皆當訓明。士喪禮。楚焞所以鑽灼龜者。楚荊也。焞、蓋亦取明火之意。引申之。又訓盛。采芑傳曰。焞焞、盛也。漢時有敦煌郡。應劭地理風俗記曰。敦、大也。煌、盛也。唐時乃作燉煌。見元和郡縣志。燉乃唐人俗字。非焞之異體也。从火𦎫聲。他昆切。十三部。毛詩吐雷切。音之轉也。春秋傳曰。傳當作國語。焞燿天地。檃括鄭語。

炳　明也。易曰。大人虎變。其文炳也。从火丙聲。兵永切。古音在十部。

焯　明也。从火卓聲。之若切。二部。周書曰。焯見三有俊心。立政文。今尚書作灼。古義焯灼不同。

照　明也。與昭義同。从火昭聲。之少切。二部。

煒　盛明皃也。各本作盛赤也。今依玄應書正。詩靜女。彤管有煒。傳曰。煒、赤皃。此毛就彤訓之。盛明之一耑也。王莽傳。青煒登平。赤煒頌平。白煒象平。玄煒和平。服虔曰。煒、音暉。如淳曰。青煒、青氣之光輝也。从火韋聲。于鬼切。十五部。詩曰。彤管有煒。邶風。

炵　盛火也。凡言盛之字从多。从火多聲。昌氏切。古音在十七部。

熠　盛光也。詩。熠燿宵行。傳曰。熠燿、粦也。粦、熒火也。又倉庚于飛。熠燿其羽。箋云。羽鮮明也。从火習聲。羊入切。七部。詩曰。熠熠宵行。豳風東山文。宋本、葉抄本作熠熠。王伯厚詩攷異字異義條舉說文熠熠宵行。而文選張華勵志詩。涼風振落。熠熠宵流。注引毛傳熠熠、粦也。疑皆熠燿之誤。當依詩音義爲正。小徐本熠燿下無宵行二字。

煜　燿也。此以雙聲爲訓。从火昱聲。余六切。古音在七部。昱从立聲。煜从昱聲。本音皆在七部。廣韵廿六緝。煜爲立切。古音也。

燿　煇　炯　爗　爓

燿　照也。从火翟聲。弋笑切。二部。

煇　光也。小雅。庭燎傳曰。煇、光也。日部曰。暉、光也。二字音義皆同。煇與光互訓。如易象傳君子之光。其暉吉也。是也。析言之則煇光有別。如管輅荅劉邠云。不同之名。朝旦爲煇。日中爲光。玉藻。揖私朝煇如也。登車則有光。是也。史記。斷戚夫人手足。去眼煇耳。此叚煇爲熏也。从火暉者日之光。煇者、火之光。軍聲。況韋切。古音在十三部。庭燎與晨旂韵是也。俗作輝。

炯　光也。从火同聲。古迥切。十一部。

爗　盛也。十月之交曰。爗爗震電。傳曰。爗爗震電皃。按凡光之盛曰爗。从火曅聲。筠輒切。七部。詩曰。爗爗震電。小雅。

爓　火爓也。各本作火門也。門乃爓之壞字耳。今正。文選蜀都賦。高爓飛煽於天垂。善引說文。爓、火焰也。音豔。焰即爓之省。六書故引唐本說文。火爓爓也。較李善所據多一爓字。今人云光燄者。作此字爲正。古多叚炎爲之。如左傳其氣炎以取之。司馬相如傳末光絕炎。楊雄傳景炎炘炘。皆是。又郊祀歌。長離前掞光耀明。晉灼曰。掞、即光炎字。亦叚借也。爓與燄篆義別。从火閻聲。余廉切。八部。按當以贍切。

炫　煌　焜　光　熱　熾

炫　爓燿也。爓燿謂光爓燿明也。封禪文叚玄爲之。从火玄聲。胡畎切。十四部。廣韵去聲。

煌　煌煌、煇也。此依韵會本。今大小徐本各奪一字。非也。皇皇者華傳曰。皇皇猶煌煌也。朱芾斯皇傳曰。皇猶煌煌也。从火皇聲。胡光切。十部。

焜　煌也。甘泉賦。樵蒸焜上。李善引字書。焜、燿火皃。从火昆聲。胡本切。十三部。

光　明也。左傳周內史釋易觀國之光曰。光、遠而自他有燿者也。从火在儿上。光明意也。說會意。目在儿上則爲見。气在儿上則爲欠。口在儿上則爲兄。皆同意。古皇切。十部。炗　古文。𤎫　古文。此會意。庶字从此。

熱　昷也。昷各本作溫。今正。許意溫爲水名。凡昷煗字皆當作昷。昷、仁也。从皿。飼囚。引申之則爲昷煗。毛詩傳曰。蘊蘊而暑。爔爔而熱。从火埶聲。如列切。十五部。

熾　盛也。从火戠聲。昌志切。一部。

燠　煖　煗　炅　炕　燥　威　焅　燾　爟

㷚古文燠。熱在中也。洪範庶徵曰燠曰寒。古多叚奥爲之。小雅日月方奥。傳曰奥煖也。从火奥聲。烏到切。古音在三部。亦於六切。奥者宛也。熱在中。故以奥會意。此舉聲以見意也。

煖𥁕也。𥁕各本作溫。今正。說卦傳曰以晅之。晅亦作烜。葢卽煖字也。从火爰聲。況袁切。十四部。今人讀乃管切。同煗。

煗𥁕也。𥁕各本作溫。今正。从火耎聲。乃管切。十四部。今通用煖。

炅見也。从火日。古迴切。按此篆義不可知。廣韵作光也。似近之。从日火。亦不可曉。葢後人羼入。如西部有覀之比。廣韵十二霽曰。後漢大尉陳球碑有城陽炅橫。漢末被誅。有四子。一姓炅。一姓香。一姓桂。一姓炔。四字皆九畫。集韵桂氏譜曰。桂貞爲秦博士。始皇阬儒。改姓香。其孫改爲炅。弟四子改爲炔。是則有肒製炅爲姓者。恥其不古。羼入許書。非無證也。廣韵云四字皆九畫。按桂字十畫。其三字皆八畫。葢六朝木旁多作才。圭作五畫。然則當云四字皆八畫也。

炕乾也。謂以火乾之也。五行志曰。君炕陽而暴虐。師古曰。凡言炕陽者。枯涸之意。謂無惠澤於下也。釋木曰。守宮槐葉晝聶宵炕。郭云。晝日聶合而夜炕布。从火亢聲。苦浪切。十部。

燥乾也。易曰。水流溼。火就燥。从火喿聲。蘇到切。二部。

威滅也。小雅正月曰。赫赫宗周。褒姒威之。傳曰。威、滅也。从火戌。會意。詩釋文引有聲字。許劣切。十五部。火死於戌。火生於寅。盛於午。死於戌。陽氣至戌而盡。陽氣當作昜气。此二句說會意之恉。詩曰。赫赫宗周。褒姒威之。女部無姒字。

焅旱气也。與酷音義略同。从火告聲。苦沃切。三部。

燾溥覆照也。中庸曰。辟如天地之無不持載。無不覆幬。注云。幬或作燾。按左傳亦云如天之無不幬。杜注。幬、覆也。葢幬是叚借字。幬訓禪帳。帳主覆也。燾从火。故訓爲溥覆照。周禮司几筵注。敦讀曰燾。燾、覆也。从火壽聲。徒到切。古音在三部。

爟取火於日官名。日當作木。周禮夏官司爟掌行火之政令。四時變國火。以救時疾。季春出火。季秋內火。鄭司農說以鄹子曰。春取榆柳之火。夏取棗杏之火。季夏取桑柘之火。秋取柞楢之火。冬取槐檀之火。是取火於木之事也。若秋官司烜氏以夫遂取明火於日。以鑒取明水於月。與司爟所職不同。淮南子氾論訓注。爟火取火於日之官也。引周禮司爟云云。是高注亦當爲譌字。从火雚聲。古玩切。十四部。周禮曰。司爟掌行火之政令。舉火曰爟。小徐本此四字在周禮之上。今依韵會所據小徐本訂。吕覽本味篇湯得伊尹。爝以爟火。高注云。周禮司爟掌行火之政令。爟火者。所以祓除其不祥。置火於桔槔。燭以照之。爟讀曰權衡之權。又贊能篇桓公迎管仲。祓以爟火。高注略同。亦曰爟讀如權字。攷史記封禪書漢書郊祀志皆曰通權火。又曰權火舉而祠。張晏云。權火。烽火也。狀若井挈皋。其法類稱。故謂之權火。欲令光明遠照通於祀所也。漢祀五時於雍五里。㷭火。如淳曰。權、舉也。按如云權舉也。許云舉火曰爟。高云爟讀曰權。然則爟權一也。

烜或从亘。周禮秋官司烜氏注云。讀如衞侯燬之燬。故書烜爲烜。鄭司農云。當爲烜。按依許則烜卽爟字。亘聲雚聲同在十四部也。許本與先鄭說同。

㷭　爝　㷭　熙

㷭燧、各本無㷭字。今依文選注補。燧各本作燧。今正。候表也。謂伺候之表。邊有警則舉火。孟康曰。㷭如覆米䉛。縣著挈皋頭。有寇則舉之。燧積薪。有寇則燔然之也。裴駰顏師古取其說。張揖曰。晝舉㷭。夜燔燧。李善取其說。廣韵。夜曰㷭。晝曰燧。葢有誤。按孟張說㷭燧爲二。許𨸏部曰。燧、塞上亭。守㷭火者也。則爲一。葢許以燧从𨸏故釋曰塞上亭。从火逢聲。敷容切。九部。

爝苣火祓也。苣、束葦燒之也。祓除惡之祭也。吕覽本味篇。湯得伊尹。祓之於廟。爝以爟火。贊能篇。桓公迎管仲。祓以爟火。从火爵聲。子肖切。二部。吕不韋曰。湯得伊尹。爝以爟火。釁以犧豭。高誘曰。以牲血塗之曰釁。

㷭暴乾也。也上大徐衍火字。乾音干。賈誼傳曰。日中必㷭。顏之推云。此語出大公六韜。言日中時必須暴曬。不爾者失其時也。暴與暴疾字異。从火。从火猶从日也。火卽日也。彗聲。于歲切。十五部。

熙燥也。文選劉琨贈盧諶詩注引此。下有謂㬥燥也四字。葢庾儼默注語。釋詁又曰。熙、興也。周語叔向釋昊天有成命之詩曰。緝、明。熙、廣也。毛傳本之。箋據釋詁熙光也。云廣當爲光。按文王傳曰。緝熙、光明也。敬之傳曰。光、廣也。是古光廣義通。燥者熙之本義。又訓興訓光者、引申之義也。**从火巸聲。**巸見匠部。許其切。一部。

文一百一十二　重十五

炎

火光上也。洪範曰。火曰炎上。其本義也。雲漢傳曰。炎炎、熱氣也。大田傳曰。炎、火盛陽也。皆引申之義也。**从重火。**會意。于廉切。八部。**凡炎之屬皆从炎。**

燄

火行微燄燄也。微當作散。雜詁曰。無若火始燄燄。廣韵曰。燄、火初著也。左傳注引書作燄燄。漢書梅福傳引書作庸庸。此篆與光燗字別。焰者、俗燗字也。**从炎臽聲。**以冄切。八部。

⿰炎西

炎光也。大徐作火光。誤。**从炎西聲。**各本篆體作炶。解云舌聲。鉉疑當是甜省聲。非也。此與木部之栝皆从西之誤。今正。谷部曰。西、舌皃。讀若三年導服之導。一曰讀若沾。古音在七八部。導服卽禫服也。鉉曰。以冄切。集韵他點他店切。

⿱炎㐭

侵火也。疊韵爲訓也。近火者有畏意。**从炎㐭聲。讀若桑葚之葚。**力荏切。七部。

煔

火行也。廣韵也作皃。**从炎占聲。**舒贍切。七部。

燅

於湯中爚肉也。爚當作鬻。玉篇、韵會作瀹。則俗用字也。鬻者、內肉及菜湯中薄出之。瀹、漬也。禮有司徹乃燅尸俎。鄭注。燅、溫也。古文燅皆作尋。記或作尋。春秋傳若可尋也。亦可寒也。按燅者正字。尋者同音段借字。云記或作尋者。郊特牲血腥爓祭注云。爓或爲尋。是也。爓亦段借字也。所引春秋傳哀公十二年左傳文。賈注云。尋、溫也。服注云。尋之言重也。溫也。寒、歇也。郊特牲之注云。爓或爲尋。見有司徹疏。今本禮記作爓或爲腊。誤也。有司徹注中尋字、唐人譌作燖。亦非也。論語注。溫、尋也。又中庸溫故而知新注曰。溫讀如尋溫之溫。尋本皆無火旁。**从炎从熱省。**小徐下有聲字。誤也。此會意。徐鹽切。七部。**或从炙作。**廣韵曰。燅、說文同上。此古本說文之異也。炙卽炙。

燮

大孰也。此與又部燮篆義別。**从又持炎辛。**會意。蘇俠切。八部。**辛者物孰味也。**辛下曰。秋時萬物成而孰。金剛味辛。此說从辛之意也。廣韵曰。燮、孰也。文字指歸从辛又炎。按文字指歸葢用許說耳。

粦

兵死及牛馬之血爲粦。列子天瑞曰。馬血之爲轉鄰也。人血之爲野火也。張注。此皆一形之內自變化也。淮南氾論訓曰。老槐生火。久血爲燐。許注。兵死之士血爲鬼火。見詩正義。高注。血精在地暴露百日則爲燐。遙望炯炯若然火也。又說林訓曰。抽簪招燐。有何爲驚。高注。燐血似野火。招之應聲而至。血灑汙人。以簪招則不至。博物志。戰鬥死亡之處有人馬血。積年化爲粦。粦著地入草木。皆如霜露不可見。有觸者。著人體便有光。拂拭便散無數。又有吒聲如爆豆。**粦、鬼火也。**詩東山。熠燿宵行。傳曰。熠燿、燐也。燐、熒火也。熒火謂其火熒熒閃睗。猶言鬼火也。詩正義引陳思王螢火論曰。熠燿宵行。章句以爲鬼火。或謂之燐。章句者、謂薛君章句。是則毛韓古無異說。毛詩字本作熒。或乃以釋蟲之熒火卽炤當之。且或改熒爲螢。改粦爲蟒。大非詩義。古者鬼火與卽炤皆謂之熒火。絕無螢字也。粦者鬼火。故从炎舛。**从炎舛。**錯曰。舛者人足也。按詩言宵行、謂其能相背而行。良刃切。十二部。

文八　重一

黑

北方色也。四字各本無。依青赤白三部下云東方色、南方色、西方色、黃下亦云地之色、則當有此四字明矣。今補。**火所熏之色也。**熏者、火煙上出也。此語爲从炎起本也。**从炎上出囪。**會意。囪、古文囱字。在屋曰囪。大徐本此下增囪古窻字。許本無之。呼北切。一部。隸作黑。**凡黑之屬皆从黑。**

黸

齊謂黑爲黸。經傳或借盧爲之。或借旅爲之。皆同音段借也。旅弓旅矢、見尚書左傳。俗字改爲玈。**从黑盧聲。**洛乎切。五部。

⿰黑會

沃黑色也。沃引申之義爲肥美。沃黑者、光潤之黑也。女部曰。嬒、女黑色也。按沃黑玉篇、廣韵皆作淺黑。疑沃字誤。淺字長。**从黑會聲。**惡外切。十五部。

黯

深黑也。別賦黯然銷魂、其引申之義。**从黑音聲。**乙減切。七部。

黶

中黑

也。謂黑在中也。大學注。厭讀爲黶。黶者。閉藏皃也。其引申之義也。从黑。厭聲。於琰切。八部。黳小黑子。師古漢書注曰。黑子今中國通呼爲黶子。吳楚謂之誌。誌。記也。按黶黳雙聲。从黑。殹聲。烏雞切。十五部。⿰黑旦白而有黑也。从黑。旦聲。當割切。十四十五部。五原有莫⿰黑旦縣。黵雖晳而黑也。晳者。人色白也。則黵專謂人面。从黑。箴聲。古咸切。七部。古人名黵字晳。仲尼弟子列傳。曾蒧字晳。奚容箴字子晳。又狄黑字晳。蒧箴皆黵之省。論語曾晳名點。則同音段借字也。⿰黑昜赤黑也。从黑。昜聲。讀若煬。餘亮切。十部。黲淺青黑色也。淺青之黑也。通俗文曰。暗色曰黲。玉篇曰。今謂物將敗時顏色黲也。从黑。參聲。七感切。七部。黤青黑色也。謂青色之黑也。从黑。奄聲。於檻切。八部。黝微青黑色也。謂微青之黑也。微輕於淺矣。黝古多段幽爲之。小雅。隰桑有阿。其葉有幽。傳曰。幽。黑色也。周禮牧人。陰祀用幽牲。先鄭云。幽讀爲黝。黑也。守祧。其祧則守祧黝堊之。先鄭亦云。幽讀爲黝。黝。黑也。今本皆轉寫幽黝誤譌矣。玉藻。一命緼韍幽衡。再命赤韍幽衡。鄭云。幽讀爲黝。黑謂之黝。从黑。幼聲。於糾切。三部。爾雅曰。地謂之黝。釋宮文。又釋器曰。黑謂之黝。孫炎注云。黝。青黑。黗黃濁黑也。謂黃濁之黑也。廣雅云。黗。黑也。⿰黃屯。黃也。蓋二字音義同。偏旁異耳。檀弓有⿰黃屯字。廣韵曰。魯公子名。亦黃色也。然則⿰黃屯字亦同。从黑。屯聲。他衮切。十三部。點小黑也。今俗所謂點涴是也。或作玷。从黑。占聲。多忝切。七部。黚淺黃黑也。淺黃之黑與黃濁之黑相對成文。地理志犍爲郡黚水作此字。許水部作黔水。音同故也。从黑。甘聲。巨淹切。七部。讀若染繒中束緅黚。此句有譌字。未聞。⿰黑金黃黑也。謂黃色之黑。玉篇曰。記林切。黃色如金也。廣韵。居吟切。淺黃色也。从黑。金聲。古咸切。七部。⿰黑冤黑有文也。从黑。冤聲。讀若飴登字。豆部曰。登。豆飴也。食部曰。飴。米蘖煎也。於月切。十四十五部。亦作黦。按周禮染人。夏纁玄。注云。故書纁作⿰黑冤。⿰黑冤卽黦也。唐宋人詩詞多用黦字。如韋莊淚沾紅袖黦之類。王氏念孫曰。淮南時則訓。天子衣苑黃。高注云。苑讀登飴之登。春秋繇露。民病心腹宛黃。皆字異而義同。⿱算黑黃黑而白也。謂黃黑而發白色也。从黑。算聲。一曰短黑。別一義。讀若㠯芥爲齏名曰芥荃也。艸部曰。荃。芥脃也。是其物也。脃荃⿱算黑三字音同。初刮切。十四十五部。⿱幵黑黑皴也。皮部無皴字。見於此。戰國策。墨子百舍重繭。往見公輸般。淮南書。申包胥累繭重胝。七日七夜至於秦庭。皆借繭爲⿱幵黑也。从黑。幵聲。古典切。十二部。黠堅黑也。黑之堅者也。石部曰。硈。石堅也。亦吉聲也。引申爲奸巧之偁。貨殖列傳云。桀黠奴。謂其性堅而善藏也。方言曰。慧。自關而東。趙魏之閒謂之黠。或謂之鬼。从黑。吉聲。胡八切。十二部。黔黎也。黎履黏也。與驪黎字同音。故借爲黑義。耇下曰。老人面凍黎若垢。謂凍黑也。俗作黧。小徐本作黧。乃用俗字改許也。从黑。今聲。巨淹切。七部。秦謂民爲黔首。謂黑色也。秦始皇本紀。二十六年。更名民曰黔首。應劭曰。黔亦黎黑也。祭義。明命鬼神。以爲黔首則。正義云。此孔子言。非當秦世。錄記之人在後變改之耳。按本紀泰山刻石。親巡遠黎。刻碣石門。黎庶無繇。尚沿周語也。琅邪臺刻石。三言黔首。之罘刻石。會稽刻石。各言黔首者一。皆用秦制也。周謂之黎民。大雅雲漢。禮記大學。黎民皆訓衆民。釋詁曰。黎。衆也。詩桑柔傳曰。黎。齊也。宋人或以黑色訓黎民。殊誤。許言此者。證秦以前無黔首之偁耳。非謂黎黔同義。易曰。爲黔喙。說卦傳文。謂民也。按黔。鄭作黚。喙。晁以道呂東萊所據釋文作彖。蓋喙之轉寫異體。或古叚彖爲喙之故與。黕滓垢也。滓者。澱也。垢者。濁也。荀卿曰。人心譬如槃水。正錯而勿動。則湛濁在下而淸明在上。楊倞曰。湛濁謂沈泥滓也。按湛卽黕之段借字。文選注引魏文帝愁霖賦曰。玄雲黕其四塞。借黕爲黑皃。引申之義也。从黑。冘聲。都感切。八部。黨不鮮也。新鮮字當作鱻。屈賦遠遊篇。時曖曃其曭莽。王注曰。日月晻黮而無

黷　黲　黴　黜

光也。然則黨曭古今字。方言曰。黨、知也。楚謂之黨。郭注。黨朗。解寤皃。此義之相反而成者也。釋名曰。五百家爲黨。黨長也。一聚所尊長也。此謂黨同尙。**从黑尙聲。**多朗切。十部。

黷握持垢也。垢非可握持之物。而入於握持。是辱也。古凡言辱者皆卽黷。故鄭注昏禮曰。以白造緇曰辱。字書辱亦作黷。**从黑賣聲。**徒谷切。三部。**易曰。再三黷。**蒙卦辭。古字多叚借通用。許所據古易作黷。今易作瀆。崔憬曰。瀆古黷字也。玉裁按。鄭注云。瀆、褻也。瀆、褻。許女部作嬻媟。若依鄭義則黷爲叚借字。嬻爲正字也。黷訓握垢。故从黑。吳都賦。林木爲之潤黷。劉注曰。黷、黑茂皃。其引申之義也。

黲大污也。从黑詹聲。當敢切。八部。

黴中久雨青黑也。楚辭九歌。顏黴黎以沮敗。淮南說山訓曰。晉文公棄荏席後黴黑。**从黑微省聲。**武悲切。十五部。集韵或作黴。蓋古體。

黜貶下也。玉篇云。貶也。下也。按當作貶也、下色也。五字。貶也者、黜陟之義也。下色也者、爲从黑張本也。古或叚詘絀爲之。**从黑出聲。**丑律切。十五部。

⿱般黑　黱　儵　黬　⿰黑展　黮

⿱般黑⿱般黑姍、逗。**下色也。**也當依玉篇作皃。⿱般黑姍疊韵字。**从黑般聲。**薄官切。十四部。

黱畫眉墨也。依小徐有墨字。玉篇作黑。黱者、婦人畫眉之黑物也。釋名曰。黛、代也。滅眉毛去之。以此畫代其處也。通俗文曰。點青石謂之點黛。服虔、劉熙字皆作黛。不與許同。漢人用字不同之徵也。黛者、黱之俗。楚辭、國策遂無作黱者。**从黑朕聲。**徒耐切。按朕聲本在七部。六部合音。轉入一部。又變其體爲黛。如螟蟘字。古亦作螟黱。

儵青黑繒發白色也。古亦叚爲倏忽字。又釋訓。儵儵、嘒嘒、罹禍毒也。釋小弁、踧踧周道、鳴蜩嘒嘒也。**从黑攸聲。**式竹切。三部。

黬羔裘之縫也。召南。羔羊之革。素絲五緎。傳曰。革猶皮也。緎、縫也。許所據詩作黬。**从黑或聲。**于逼切。一部。

⿰黑展⿰黑展謂之垐。土部曰。垐、澱也。水部曰。滓、澱也。澱、滓、垐也。是澱、⿰黑展二篆異部而實一字也。故爾雅釋器作澱謂之垐。**垐、**逗。**滓也。**黕、滓垢也。異字而同義。**从黑殿省聲。**當作尻聲。堂練切。十三部。

黮桑葚之黑也。桑葚見艸部。葚黑曰黮。故泮水卽以其色名之。毛傳曰。黮、桑實也。謂黮卽葚之叚借字也。許與毛小別矣。廣雅。黑也。則引申爲凡黑之偁。方言云。私也。亦引申之義也。**从黑甚聲。**他感切。七部。

黭　黥　⿰黑敢　黟

黭果實黭黯黑也。荀卿子。黭然而雷擊之。注。黭然、卒至之皃。此叚借字也。**从黑弇聲。**烏感切。七部。

黥墨刑在面也。此刑亦謂之墨。周禮司刑注曰。墨、黥也。先刻其面。以墨窒之。**从黑京聲。**渠京切。古音在十部。**黥或从刀作。**刀之而墨之也。會也。

⿰黑敢⿰黑敢者忘而息也。方言。廣雅皆曰。⿰黑敢、忘也。忘而息。宋人所謂黑甜也。故从黑。今人所用憨字卽此字之變也。**从黑敢聲。**於檻切。八部。

黟黑木也。周書王會篇。夷用闓木。古今注。烏文木、出波斯國。南方艸木狀。文木樹高七八丈。色正黑。如水牛角。**从黑多聲。**烏雞切。古音在十七部。**丹楊有黟縣。**地理志本作黟。師古所據作黝。乃誤本耳。今安徽徽州府黟縣是其地。

文三十七　重一

說文解字第十篇上

受業黟縣胡積城校字

補炮注

詩言炮者四瓠葉閟宮是也言炰者二六月韓奕是也多以爲偏旁小異而不知本有二字瓠葉有兔斯首炮之燔之傳曰毛曰炮說文曰炮毛炙肉也鄭注禮記曰裹燒曰炮禮運以炮以燔以亨以炙內則炮者取豚若牂封之刲之實棗於其腹中編萑以苴之涂之以墐涂炮之涂皆乾擘之蓋炮必連毛故閟宮曰毛炮傳曰毛炮豚也今詩閟宮作炰乃誤字也炰乃蒸煑之名其異體作缹服虔通俗文曰燥煑曰缹六月韓奕皆言炰鼈鼈無毛非可炮者於蒸煑宜鄭注禮經大射儀言炰鼈膾鯉宋嚴州本不誤宋本單行儀禮疏不誤內則言濡鼈濡同胹胹爛也鼈斷不可言炮毛詩作炰與炮異體蓋古本相傳如此乃缹之古字也缹之語如今言煨俗語如烏炮字火在旁故炰火在下以別之說文有炮無炰蓋本兼有二字如裒袌蝥蛾棗棘東杲杳之例而刪其一炰或變爲炰又變爲缹包聲缶聲古音同在尤幽部集韵四十四有缹炰二形同俯九切蓋於韓奕正義得之廣韵集韵五爻炮炰二形同蒲交切誤也經典釋文炰字不作音亦誤說文炰下云炮炙也以微火溫肉此炮必炰之誤炰炙者以炰法爲炙非炮也炮下云毛炙者連毛燒之以爲炙非燒肉之炙也炙下云炮肉者炮肉非炮毛也自說文失去炰篆誤認炮炰一字而其義晦久矣肉加於火上曰燔貫肉加於火曰炙生民作烈煑之鑊曰亨凡炮燔炙烈燎不用鑊炰煑烹烝用鑊〇陳煥曰大射儀羞庶羞注有炮鼈膾鯉雉兔鶉鴽釋文炮薄交反或作炰缹同音缶此陸本作炮而附炰缹字也賈正義曰知有炰鼈膾鯉者按六月詩云吉甫燕喜既多受祉又云飲御諸友炰鼈膾鯉故知有此也此賈本作炰而釋以六月之炰也賈疏單行宋本今現存黃氏丕烈所今注疏則炰譌炮炰亦譌炮矣六月字作炰正義不言炰同缹而韓奕炰鼈鮮魚正義曰按字書炰毛燒肉也炰非炮也此句誤缹烝也服虔通俗文曰燥煑曰缹然則炰與缹別此句誤而此及六月云炰鼈者音皆作缶鱐灘然則炰與缹以火孰之之謂烝煑之也據此疏則炰別於炮而音缶與缹同字賈云音皆作缶者必據漢魏六朝相傳舊音而言陸氏於二詩不云炰音缶於禮別炰缹爲二字疏矣孔正義引字書炮毛燒肉也缹烝也所謂字書卽說文蓋說文本有缹字而今佚之

十篇上　補注　卆

囪　悤　焱　熒　燊

說文解字第十篇下

金壇段玉裁注

囪　在牆曰牖。片部曰牖穿壁以木爲交窗也。在屋曰囪。屋在上者也。象形。此皆以交木爲之。故象其交木之形。外域之也。楚江切。古音在九部。今竈突尚讀倉紅切。凡囪之屬皆从囪。

囪。古文。黑字曾字从此。黑从炎上出囪。故受之以囪部。

悤　多遽悤悤也。从囪。从心。各本作从心囪。今正。从囪从心者。謂孔隙既多而心亂也。故其字入囪部會意。不入心部形聲。段令入心部。則當爲心了悟之解矣。囪亦聲。倉紅切。九部。

文二　重一　各本囪篆上有窗篆。解云或从穴。按廣韵四江曰窻說文作窗。通孔也。今於穴部正窻作窗。於此刪窗。故舊云重二。今云重一。

十篇下　一

焱　火𦻏也。古書焱與猋二字多互譌。如曹植七啟風厲猋舉。當作焱舉。班固東都賦焱焱炎炎。當作猋猋炎炎。王逸曰。猋去疾皃也。李善注幾不別二字。从三火。凡物盛則三之。以冉切。八部。廣韵以贍切。凡焱之屬皆从焱。

熒　屋下鐙燭之光也。鐙者錠也。鐙以膏助然之。燭以麻蒸然之。其光熒熒然在屋之下。故其字从冂。冂者覆也。熒者光不定之皃。今江東人俗語如役。高注淮南每云熒惑是也。泲水出沒不常。故尚書泆爲熒。作此字。周禮其川熒雒。左傳閔二年、宣十二年、杜預後序熒澤。唐風箋熒澤。左傳杜注熒陽。玉篇熒字下曰亦熒陽縣。漢韓勑後碑劉寬碑陰鄭烈碑皆云熒陽。唐盧藏用紀信碑亦作熒陽。隨書王劭傳上表言符命曰龍鬬於熒陽者。熒字三火。明火德之盛也。然則熒澤熒陽古無作滎者。尚書禹貢釋文經宋開寶中妄改熒爲滎。而經典史記漢書水經注皆爲淺人任意竄易。以爲水名當作滎。不知泲水名熒。自有本義。於絕小水之義無涉也。从焱冂。以火華照屋會意。戶扃切。

燊　盛皃。木部[illegible]字下曰衆盛也。此與同意。从焱在木上。會意。讀若詩曰莘莘征夫。讀如此莘字也。今毛詩皇皇者華。駪駪征夫。馬部駪下不引詩。而此引作莘莘。招魂引作侁侁。侁亦作莘。莘音相近也。所臻切。十二十三部。古文仙一曰𦤎。此六字譌誤不可通。一曰役也。役上當有讀若二字。

文三

炙

炙 炙肉也。炙肉各本作炮肉。今依楚茨傳正。小雅楚茨傳曰。炙。炙肉也。瓠葉傳曰。炕火曰炙。正義云。炕。舉也。謂以物貫之而舉於火上以炙之。按炕者俗字。古當作抗。手部曰。抗。扞也。方言曰。抗。縣也。是也。瓠葉言炮。言燔。言炙。傳云。毛曰炮。加火曰燔。抗火曰炙。燔炙不必毛也。抗火不同加火之逼近也。此毛意也。箋云。凡治兔之首宜鮮者毛炮之。柔者炙之。乾者燔之。此申毛意也。然則鳧鷖、楚茨、行葦燔炙並言。皆必異義。生民傳曰。傳火曰燔。貫之加於火曰烈。貫之加於火、即抗火也。生民之烈、即炙也。禮運注曰。炮、裹燒之也。燔、加於火上也。炙、貫之火上也。三者正與瓠葉傳相合。然則炙與炮之別異又可知矣。許宗毛義。故炙下云炙肉也。用楚茨傳爲文。即瓠葉傳之抗火曰炙也。不用瓠葉而用楚茨者。其字从肉。故取炙肉之文也。火部曰。熹。炙也。炮。毛炙肉也。衮。炮炙也。䍡。罝魚筒中炙也。皆是其引申之義爲逼近熏炙。如桑柔傳曰赫炙也是。从肉在火上。有弗貫之加火上也。此可以得抗火之意。之石切。古音在五部。○炙讀去聲則之夜切。一義一字耳。或乃別其義併異其形。長孫訥言曰。差之一畫。詎惟千里。見炙从肉。莫問厥由。輒意形聲。固當从夕。及其晤矣。彼乃乖斯。若靡馮焉。他皆倣此。據此知小徐本火部有炙字。云炙也。从火夕聲。蓋唐以前或用羼入許書。凡炙之屬皆从炙。𤏫 籀文。徐錯曰。今東京文有此字。豈謂東京賦與。今文選東京賦作燔炙。

鐇

鐇 宗廟火孰肉。今世經傳多作燔作膰。惟許書作鐇。火部燔下云爇也。是詩作燔爲叚借字。他經作膰乃俗耳。許稱左傳作鐇。左傳釋文云。膰周禮又作鐇。皆古文之存焉者也。異義。左氏說。脤。社祭之肉。盛之以蜃。宗廟之肉名曰膰。說文作祳鐇。用左氏說。祳下曰。社肉盛以蜃。故曰祳。天子所以親遺同姓。鐇下云。宗廟火孰肉也。天子所以饋同姓。古本當如此。今本爲寫者舛誤耳。必云炙孰者。爲其字从火。天子所吕饋同姓。各本作以饋同姓四字在有事鐇焉之下。非也。今正。大宗伯。鄭注云。脤膰。社稷宗廟之肉。以賜同姓之國。同福祿也。兄弟有共先王者。鄭與許同用左氏說也。若傳所云賜齊侯胙。又云宋先代之後。天子有事膰焉。有喪拜焉。是亦有歸鐇異姓者。从炙。毛公曰。傳火曰燔。又曰。加火曰燔。其事與炙相類也。番聲。附袁切。十四部。春秋傳曰。天子有事鐇焉。僖廿四年左傳文。偁此者證古經作鐇。不作燔。又以見有歸鐇異姓之禮。

鐐

𤑎 炙也。其義同炙。其音同燎。从炙。尞聲。讀若䆋燎。漢時蓋有此語。力照切。二部。

文三　重一

赤

赤 南方色也。爾雅。一染謂之縓。再染謂之竀。三染謂之纁。鄭注士冠禮云。朱則四入與。按是四者皆赤類也。鄭注易曰。朱深於赤。按赤色至明。引申之。凡洞然昭著皆曰赤。如赤體謂不衣也。赤地謂不毛也。从大火。火者、南方之行。故赤爲南方之色。从大者、言大明也。昌石切。古音在五部。俗借爲尺。凡赤之屬皆从赤。烾 古文从炎土。火生土。

赨

赨 赤色也。管子地員篇。其種大苗細苗。赨莖黑秀箭長。尹注。赨即赤也。从赤。蟲省聲。金部鉵、疒部痋、鬲部融、與此皆蟲省聲。知以虫爲蟲自古有之也。徒冬切。九部。

𧹞

𧹞 日出之赤也。从赤。㱿聲。按古本篆文當是上體从㱿。下體从赤。火沃切。三部。篇韵皆呼木切。

赧

赧 面慙而赤也。而字依韵會。趙注孟子曰。赧赧。面赤心不正皃也。司馬貞引小爾雅曰。面慙曰赧。从赤。𠬝聲。𠬝或作反。非也。女版切。十四部。隨王劭曰。古音人扇反。今音奴板反。周失天下於赧王。尚書中候赧爲然。鄭注云。然讀曰赧。

䞓

䞓 赤色也。周南傳曰。赬。赤也。爾雅釋器。一染謂之縓。再染謂之赬。三染謂之纁。郭曰。縓、今之紅也。赬、染赤也。纁、絳也。按糸部云。

十篇下　二

十篇下　三

浾　赭　𧹞　赫

縓、帛赤黃色也。絳、大赤也。糸部引爾雅正作經。周禮注引爾雅又哀十七年左傳作竀。叚借字也。士喪禮經作經。从赤巠聲。勅貞切。十一部。詩曰。魴魚赬尾。周南汝墳文。今詩作頳。䞓 赬或从貞。貞聲。𧹔 或从丁。丁聲。浾 棠棗之汁也。从赤水。各本轉寫舛誤。今正。浾與赬音雖同而義異。別爲一字。非卽赬字也。棠棗汁皆赤。故从赤水會意。勅貞切。十一部。泟 浾或从正。正聲。赭 赤土也。邶風赫如渥赭。卽秦風之顏如渥丹。故箋訓赭爲丹。古秦風毛亦作渥赭。是以韓詩作沰。沰與赭音義皆同也。管子地數篇云。上有赭者下有鐵。是赭之本義爲赤土也。引申爲凡赤。从赤者聲。之也切。古音在五部。𧹞 赤色也。从赤倝聲。讀若浣。胡玩切。十四部。赫 大赤皃。大各本作火。今正。此謂赤。非謂火也。赤之盛。故从二赤。邶風赫如渥赭。傳曰。赫、赤皃。此赫之本義也。若生民傳曰。赫、顯也。出車傳赫赫、盛皃。常武傳兩云赫赫然盛也。節南山傳赫赫、顯盛也。淇奧傳赫、有明德赫赫然。以及雲漢傳赫赫、旱氣也。桑柔傳赫、炙也。皆引申之義也。又按皕部曰。奭、盛也。是詩中凡訓盛者。皆叚奭爲赫。而采芑、瞻彼洛矣二傳曰。奭、赤皃。卽簡兮傳之赫、赤皃。正謂奭卽赫之叚借也。爾雅釋訓奭奭、本作赫赫。二字古音同矣。或作赩。如白虎通引韎韐有赩。李注文選亦引毛傳赩赤皃。从二赤。呼格切。古音在五部。音郝。奭古音亦如郝。

文九　重四　舊作文八。重五。

大

大 天大。地大。人亦大焉。依韵會訂。象人形。老子曰。道大。天大。地大。人亦大。人法地。地法天。天法道。按天之文从一大。則先造大字也。人儿之文但象臂脛。大文則首手足皆具。而可以參天地。是爲大。徒蓋切。十五部。古文亣也。大下云古文亣。亣下云籒文大。此以古文籒文互釋。明祇一字而體稍異。後來小篆偏旁或从古、或从籒。故不得不殊爲二部。亦猶从人、从儿必分系二部也。然則小篆作何字。曰。小篆作古文也。凡大之屬皆从大。

奎　夾　奄

奎 兩髀之閒。奎與胯雙聲。奎宿十六星以像似得名。从大。兩體之閒、人身寬闊處。故从大。首此篆者、蒙上人形言也。圭聲。苦圭切。十六部。夾 持也。持者、握也。握者、搤也。搤者、捉也。捉物必以兩手。故凡持曰夾。左傳曰。夾輔成王。古多叚俠爲夾。公羊注曰。滕薛俠轂。从大夾二人。夾各本作俠。俠者、俜也。非其義。今正。夾者、盜竊褱物也。从亦、有所持。夾褱物。故从二入。夾持人。故从二人。大者、人也。一人而二人居其亦。猶一人二亦閒褱物也。故曰从大夾二人。古狎切。八部。奄 覆也。大有餘也。釋言曰。荒、奄也。弇、同也。弇、蓋也。古奄弇同用。覆蓋同義。詩皇矣傳曰。奄、大也。執競傳曰。奄、同也。鄭箋詩奄皆訓覆。許云覆也。大有餘也。二義實相因也。覆乎上者。往往大乎下。故字从大。周官經謂宦者爲奄。以精氣閉藏名之。覆蓋義之引申也。又欠也。三字未詳。方言曰。奄、息也。李密陳情表曰。氣息奄奄。从大申。會意。依檢切。八部。申、展也。說从申之意。申下曰。神也。古屈伸多作詘信。不作伸、申。今則作申。俗又作伸。申本義不訓展也。故必特釋之。

夸　查　㚊

夸 奢也。奢者、張也。疊韵同義。从大。亏聲。苦瓜切。古音在五部。查 奢查也。當是本作查。奢也。查字爲逗。轉寫倒之。今經傳都無查字。有桓字。商頌長發傳曰。桓、大也。撥治也。箋云。廣大其政治。此可以證桓卽查之叚借字。檀弓桓楹。注亦云大楹。周禮桓圭。同解。周書謚法。辟土服遠曰桓。辟土兼國曰桓。皆是大義。釋訓曰。桓桓、威也。泮水傳曰。桓桓、威武皃。詩序曰。桓、講武類禡也。蓋此等桓字亦查之叚借字。大之義可以兼武也。桓之本義爲亭郵表。自經傳皆借爲查字。乃致桓行查廢矣。非許書尚存、孰能識其本始。非長發傳尚存、何以觀其會通。淺人乃易長發傳云桓武、撥治。是謂桓必無訓大之理。而不知周公之六書有叚借也。又按淇奧傳曰。咺、威儀容止宣著也。亦謂咺卽查之叚借。宣著者、光大之意也。許書口部咺有本義。漢人作傳注不外轉注、叚借二者。必得其本字、而後可說其叚借。欲得其本字、非許書莫由也。从大。亘聲。胡官切。十四部。㚊 㚊大也。此謂窊下之大也。从大。瓜聲。烏瓜切。古音在五部。

奯空大也。此謂空中之大。與豁義略同。篇韵云。大目也。**从大。歲聲。讀若詩施罛濊濊。**濊濊各本或作濊濊。或作泧泧。皆誤。說詳水部。呼括切。十五部。

⿹𢦏大大也。此謂秩秩然之大也。地理志四驖作四戴。**从大。𢦏聲。讀若詩戴戴大猷。**小雅巧言文。戴戴當作秩秩。今毛詩正作秩秩。傳曰。秩秩。進知也。𢦏在十一部。秩在十二部。古合音爲㝡近。是以戴讀如秩。直質切。

奅大也。此謂虛張之大。廣韵曰。起釀也。**从大。丣聲。**各本作卯聲。今正。按漢書與窌通用。其字當力救切。古音在三部。譌从卯。乃匹皃切矣。

夽大也。此謂梱物之大。**从大。云聲。讀若齳。**齳鍇本作齳。無此字。蓋由齳作齳。而又誤耳。魚吻切。十三部。

奃大也。此謂根柢之大。**从大。氐聲。讀若氐。**都兮切。十五部。

乔大也。此謂分畫之大。方言曰。乔、大也。東齊海岱之閒曰乔。或曰幠。按經傳多叚介爲之。釋詁曰。介、大也。詩生民小明傳皆曰。介、大也。士冠禮注。易晉虞注。左傳貴介弟介麇注。吳語介福注。孟子不以三公易其介。離騷堯舜耿介注同。**从大。介聲。讀若蓋。**古拜切。十五部。

⿱大此瞋大聲也。各本無聲字。今依玉篇廣韵補。瞋大聲者。謂張目而大聲。若言暗噁叱咤。千人皆廢也。疑瞋下奪目字。又按瞋、張目也。瞋大、史所謂目皆盡裂也。聲誤衍。**从大。此聲。**火戒切。十五部。

⿱大弗大也。此謂矯拂之大。周頌。佛時仔肩。傳曰。佛、大也。此謂佛卽奔之叚借也。小雅。廢爲殘賊。毛傳一本廢、大也。釋詁云。廢、大也。此謂廢卽奔之叚借字也。**从大。弗聲。讀若予違汝弼。**弼、皋陶謨文。謂讀若此弼也。房密切。古音在十五部。玉篇作⿱弗大、作献。

⿱大屯大也。此謂敦厚之大。**从大。屯聲。讀若鶉。**鶉當作雜。常倫切。音在十三部。

契大約也。約取纏束之義。周禮有司約。大約劑、書於宗彝。小宰。聽取予以書契。大鄭云。書契、符書也。後鄭云。書契謂出予受入之凡要。凡簿書之㝡目。獄訟之要辭。皆曰契。引春秋傳王叔氏不能舉其契。按今人但於買賣曰文契。經傳或叚契爲栔。如爰契我龜傳曰。契、開也是也。又叚爲挈字。如死生契闊傳曰。契闊、勤苦也。又契契寤嘆。傳曰。契契、憂苦也。皆取提挈勤苦之意也。**从大。㓞聲。**苦計切。十五部。**易曰。後世聖人易之㠯書契。**世各本作代。避唐諱。也。今正。易毄辭傳文。

夷東方之人也。从大。从弓。各本作平也。从大从弓。東方之人也。淺人所改耳。今正。韵會正如是。羊部曰。南方蠻閩从虫。北方狄从犬。東方貉从豸。西方羌从羊。西南僰人僬僥从人。葢在坤地。頗有順理之性。惟東夷从大。大、人也。夷俗仁。仁者壽。有君子不死之國。按天大地大人亦大。大象人形。而夷篆从大。則與夏不殊。夏者中國之人也。从弓者。肅愼氏貢楛矢石砮之類也。以脂切。十五部。出車節南山桑柔召旻傳皆曰。夷、平也。此與君子如夷。有夷之行。降福孔夷傳。夷、易也。同意。夷卽易之叚借也。易亦訓平。故叚夷爲易也。節南山一詩中平易分釋者。各依其義所近也。風雨傳曰。夷、悅也者。平之意也。皇矣傳曰。夷、常也者。謂夷卽彝之叚借也。凡注家云夷、傷也者。謂夷卽痍之假借也。周禮注。夷之言尸也者。謂夷卽尸之叚借也。尸、陳也。其他訓釋皆可以類求之。

文十八

亦人之臂亦也。玉篇今作掖。按手部。掖者。以手持人臂投地也。一曰臂下也。一曰臂下之語。葢淺人據俗字增之耳。徐鉉等曰。亦、今別作腋。按廣韵肘腋作此字。俗用亦爲語䛐。乃別造此。肉部曰。胳、亦下也。胠、亦下也。今禮記深衣袼之高下注云。袼、衣袂當腋之縫。袼腋乃皆俗字。人臂兩垂。臂與身之閒則謂之臂亦。臂與身有重疊之意。故引申爲重累之䛐。公羊傳。大火爲大辰。伐爲大辰。北辰亦爲大辰。何注云。亦者、兩相須之意。按經傳之亦。有上有所蒙者。有上無所蒙者。論語不亦說乎、亦可宗也。亦可以弗畔、亦可以爲成人矣。皆上無所蒙。皇侃曰。亦猶重也。此等皆申重贊美之䛐。亦之言猶大也。甚也。若周頌亦有高廩。亦服爾耕。鄭箋云。亦、大也。是謂亦卽奕。奕之叚借也。亣部曰。奕、大也。又或叚爲射。或叚爲易。**从大。象兩亦之形。**謂左右兩直。所以象無形之形。羊益切。古音在五部。**凡亦之屬皆从亦。**

夾盜竊褱物也。从亦。有所

夨　⿱吉夨　奊　吳　夭

持。网亦下有物。盜竊而褱之意。失冉切。七部。俗謂蔽人俾夾是也。蔽人俾夾、蓋漢時有此語。蔽人者、人所不見。人部俾下曰。門持人也。手部挾下曰。俾持也。曹大家用陝輸、趙壹傳作陝揄、疑陝卽夾字。弘農陝字从此。漢弘農陝縣、在今河南陝州。从夾之字絕少、故著之。陝隘字从夾。

文二

傾頭也。人部曰。傾者、仄也。夨象頭傾。因以爲凡傾之偁。从大。象形。象頭不直也。阻力切。十一部。凡夨之屬皆从夨。

頭傾也。玉篇引蒼頡云。仡仡也。从夨。吉聲。讀若孑。古屑切。十二部。

頭衺骫奊態也。頭衺者、頭不正。骫奊者、頭不正之皃也。左傳齊有慶奊、卽慶繩。蓋以頭邪爲名、以繩直爲字。名字相應也。賈誼傳。奊詬無節。叚奊爲謑。从夨。圭聲。胡結切。古音在十六部。

大言也。大言之上、各本有姓也亦郡也一曰吳八字。乃妄人所增。今刪正。檢韵會本正如是。周頌絲衣、魯頌泮水皆曰不吳。傳箋皆云吳、譁也。言部曰。譁者、讙也。然則大言卽謂譁也。孔沖遠詩正義作不娛。史記孝武本紀作不虞。皆叚借字。大言者吳字之本義也。引伸之爲凡大之偁。方言曰。吳、大也。九章。齊吳榜以擊汰。王注。齊舉大櫂。从夨口。大言非正理也。故从夨口。五乎切。五部。何承天改吳作吳。音胡化反。其繆甚矣。

古文如此。从口大。

文四　小徐本有⿱日夨字。作文五。非是。昃已見日部。⿱日夨者、隸體也。然廣韵亦⿱日夨昃並見。　重一

屈也。从大。象形。象首夭屈之形也。隰有萇楚傳曰。夭少也。桃夭傳曰。夭夭、桃之少壯也。凱風傳曰。夭夭、盛皃也。月令注曰。少長曰夭。此皆謂物初長可觀也。物初長者尚屈而未申。叚令不成遂。則終於夭而已矣。故左傳國語注曰。短折曰夭。國語注又曰。不終曰夭。又曰。夭、折也。孟康注五行志曰。不以次弟爲夭。皆其引申之義也。論語。子之燕居、申申如也。夭夭如也。上句謂其申。下句謂其屈。不屈不申之閒、其斯爲聖人之容乎。於

喬　⿱夭屰　奔　交　⿱交韋

兆切。二部。按亦於喬切。古平上無異義。後人乃別之。凡夭之屬皆从夭。

高而曲也。爾雅釋詁、詩伐木時邁傳皆曰。喬、高也。釋木曰。上句曰喬。句如羽、喬。漢廣傳曰。喬、上竦也。按喬不專謂木。淺人以說木則作橋。如鄭風山有橋松是也。以說山則作嶠。釋山。銳而高嶠是也。皆俗字耳。許云高而曲。卽爾雅之上句如羽。木有如是者。他物亦有如是者。从夭。从高省。會意。以其曲故从夭。巨嬌切。二部。依小徐本無詩曰南有喬木六字。

吉而免凶也。吉者、善也。凶者、惡也。得免於惡是爲幸。从屰。从夭。屰者、不順也。不順從夭死之事。會意。胡耿切。十一部。夭。逗。死之事。左傳所謂夭札。不終其天年者也。死謂之不幸。依韵會本。死爲不幸、則免死爲幸。

走也。走者、趨也。釋宮曰。室中謂之時。堂上謂之行。堂下謂之步。門外謂之趨。中庭謂之走。大路謂之奔。此析言之耳。渾言之則奔走趨不別也。引申之、凡赴急曰奔。凡出亡曰奔。其字古或叚賁。或叚本。毛詩予曰有本走。陸德明本如是。从夭。卉聲。大徐作賁省聲。非。此十三部、十五部合音。博昆切。十三部。與走同意。俱从夭。此說从夭之意。走者屈其足。故从夭止。奔之从夭意同也。凡行疾則屈腳疾。

文四

交脛也。交脛謂之交。引申之爲凡交之偁。故爻下曰。交也。烄下曰。交木然也。敎下曰。交灼木也。楷下曰。木參交以枝炊籅者也。衿下曰。交衽也。凡兩者相合曰交。皆此義之引申叚借耳。楚茨傳。東西曰交。邪行曰逪。⿺辶交逪字之叚借也。小雅交交桑扈。箋云。交交猶佼佼。飛往來皃。而黃鳥、小宛傳皆曰。交交、小皃。則與本義不同。葢方語有謂小交交者。从大。象交形。謂从大而象其交脛之形也。古爻切。二部。凡交之屬皆从交。

衺也。衣部。衺下曰。⿱交韋也。二篆爲轉注。經典叚回字爲之。小旻。謀猶回遹。傳曰。回、邪也。大明。厥德不回。傳曰。回、違也。回皆⿱交韋之叚借字。小旻言其轉注。大明言其叚借。故傳語不同。大明傳違卽⿱交韋字。⿱交韋久不行。

俗乃作迴。經典多作回。口部曰。回、轉也。乃回之本義。必有許書而後知回衺之本字作窶。桓大之本字作查。優㕿之本字作弍。倘不能觀其會通。則許書徒存而已矣。**从交。韋聲。**羽非切。十五部。

絞

縊也。糸部縊下曰。縊、絞也。二篆爲轉注。古曰絞。曰縊者。謂兩繩相交。非獨謂經死。禮喪服絞帶者、繩帶也。兩繩相交而緊謂之絞。論語直而無禮則絞。好直不好學其蔽也絞。馬融曰。絞、刺也。鄭云急也。刺、盧達切。乖剌也。與鄭義無異。急則無不乖剌者也。皇侃、陸德明乃讀爲譏刺。七賜反。其繆甚矣。**从交糸。**會意。交糸者、兩絲相切也。此篆不入糸部者。重交也。交亦聲。古巧切。二部。

文三

尣

𡯁也。各本少也字。遂不可讀。今補。𡯁者、蹇也。尣本曲脛之偁。引申之爲曲脊之偁。故人部僂下曰。𡯁也。**曲脛人也。**人字依九經字樣補。𡯁者多由曲脛。故言此爲下象偏曲張本。**从大。象偏曲之形。**謂从大而象一脛偏曲之形也。烏光切。十部。**凡尣之屬皆从尣。**

篆文从㞷。篆文各本作古文。今正。尣者、古文象形字。㞷者、小篆形聲字。此亦古文二篆文上之例。必取古文爲部首者、以其屬皆从古文也。尪見左傳。檀弓鄭注釋爲面鄉天。或云短小曰尪。尪本从㞷聲。省作尪。

尳

厀病也。从尣骨。骨亦聲。戶骨切。十五部。按此篆當是本在部末。與⿺尣羸爲類。而尣𡯁也、𡯁蹇也、乃正相屬。

蹇也。足部曰。蹇者、𡯁也。二篆爲轉注。𡯁俗作跛。或以跛爲正。俗復出非也。今之經傳有跛無𡯁。王制、公羊、穀梁傳皆作跛。**从尣。皮聲。**布火切。十七部。

𡯂

𡯂𡯂、各本作𡯁𡯂。今依宋本、集韵、類篇正。**行不正也。从尣。左聲。**則箇切。十七部。篇韵遭哥、子我二切。

行不正也。从尣。㠯聲。讀若燿。弋笑切。二部。

尲

尲尬、行不正也。各本奪尲尬二字。今依全書通例補。又補行字。集韵二十五沾、廣韵二十六咸皆云。尲尬、行不正也。可證。今蘇州俗語謂事乖剌者曰尲尬。**从尣。兼聲。**古咸切。七部。

尬

尲尬也。雙聲字。**从尣。介聲。**公八切。又古拜切。十五部。按今俗語去聲。

尥

行脛相交也。行而脛相交、則行不便利。高注淮南、郭注方言、王注素問皆曰了戾。謂纏繞不適。集韵五交曰。尥、牛行足外出也。是其意也。今俗語有此。**从尣。勹聲。**力弔切。二部。此下舊有牛行腳相交爲尥。小徐本無。乃讀者箋記語耳。

⿺尣是

𡯁不能行。爲人所引曰⿺尣是⿺尣巂。疊韵字也。與提攜義相近。**从尣。从爪。**覆手曰爪。**是聲。**都兮切。十六部。玉篇作⿺尣是。

⿺尣巂

⿺尣是⿺尣巂也。从尣。从爪。巂聲。戶圭切。十六部。

尪

股尪也。尪之言紆也。紆者、詘也。**从尣。亏聲。**乙于切。五部。

⿺尣羸

厀中病也。从尣。羸聲。郎果切。十七部。廣韵去聲。

文十二　重一

壺

昆吾圜器也。缶部曰。古者昆吾作匋。壺者昆吾始爲之。聘禮注曰。壺、酒尊也。公羊傳注曰。壺、禮器。腹方口圓曰壺。反之曰方壺。有爵飾。又喪大記狄人出壺。大小戴記投壺。皆壺之屬也。**象形。**謂[illegible]。**从大。象其蓋也。**奄下曰。蓋也。大有餘也。戶姑切。五部。**凡壺之屬皆从壺。**

壹

壹壹也。从凶。从壺。壺不得渫也。虞翻以否之閉塞釋絪縕。趙岐亦以閉塞釋志壹。氣壹。於云切。十三部。**易曰。天地壹壹。**繫辭傳文。今周易作絪縕。他書作烟煴、氤氳。蔡邕注典引曰。烟烟煴煴。陰陽和一相扶皃也。張載注魯靈光殿賦曰。烟煴。天地之蒸氣也。思玄賦舊注曰。烟煴和皃。許據易孟氏作壹。乃其本字。他皆俗字也。許釋之曰不得渫也者。謂元氣渾然。吉凶未分。故其字从吉凶在壺中會意。合二字爲雙聲疊韵。實合二字爲一字。文言傳曰。與鬼神合其吉凶。然則吉凶卽鬼神也。繫辭曰。三人行則損一人。一人行則得其友。言致一也。壹壹、構精皆釋致一之義。其轉語爲抑鬱。

文二

壹　嫥壹也。嫥各本作專。今正。嫥下云壹也。與此爲轉注。从壺吉。吉亦聲。於悉切。十二部。俗作壹。凡壹之屬皆从壹。

懿　嫥久而美也。嫥者、壹也。釋詁、詩烝民傳皆曰。懿、美也。周書謚法曰。柔克爲懿。溫柔聖善曰懿。許益之以專久者。爲其字从壹也。專壹而後可久。可久而後美。小爾雅及楚辭注。懿、深也。詩七月傳曰。懿、深筐也。深卽專壹之意也。从壹。从恣省聲。从恣省聲四字、蓋或淺人所改竄。當作从心从欠、壹亦聲。从心从欠、所謂持其志無暴其氣。美在其中而暢於四支也。壹亦聲者。國語衞武公作懿戒以自儆。韋注懿讀曰抑。大雅之抑詩也。大雅懿厥哲婦。箋云。有所痛傷之聲也。金縢對曰信懿。馬云。猶噫也。小雅抑此皇父。箋云。抑之言噫。古懿抑同用。懿抑壹三字同音。可證古音讀如一。十二部。今乙冀切。

文二

十篇下　十二

㚔　所㠯驚人也。从大。从𢆉。各本作从羊。五經文字曰。說文从大从𢆉。𢆉音干。今依漢石經作幸。又曰。執者、說文。執者、經典相承。凡報之類同是。則張氏所據說文與今本迥異如是。今隸用石經體。且改說文此部皆作幸。非也。今皆正。干者、犯也。其人有大干犯而觸罪。故其義曰所以驚人。其形从大干會意。一曰大聲也。此別一義。凡㚔之屬皆从㚔。一曰讀若瓠。五字未詳。疑當作一曰讀若執。在讀若籋之下。一曰俗語㠯盜不止爲㚔。又一義。按玉篇此義不系說文。廣韵引說文亦無此語。十字恐後人所沾。大徐本疊㚔字。讀若籋。尼輒切。七部。

睪　司視也。司者、今之伺字。廣韵作伺。从目。各本作从橫目。今依廣韵昔韵、眔、蜀、亂篆下皆但言从目。从㚔。會意字。㚔者、罪也。羊益切。古音在五部。今隸作睪。凡从睪之字同。令吏將目捕辠人也。今各本譌令。今正。此以漢制明之。故曰令。漢之吏人攜帶眼目捕罪人。如虞詡令能縫者、傭作賊衣。以采線縫賊裾。有出市里者、吏輒禽之。是也。辠各本作罪。今依廣韵。

執　捕辠人也。辠各本作罪。今依廣韵。手部曰。捕者、取也。引申之爲凡持守之偁。从丮㚔。會意。㚔亦聲。之入切。七部。今隸作執。

圉　囹圄、逗。所㠯拘辠人。㚔爲辠人。口爲拘之。故其字作圉。他書作囹圄者、同音相叚也。圄者、守之也。其義別。說文宋本作囹圄者、非是。月令。仲春命有司省囹圄。孟秋命有司繕囹圄。注曰。囹圄所以禁守繫者。若今別獄矣。蔡邕云。囹、牢也。圄、止也。所以止出入。皆罪人所舍也。崇精問曰。獄、周曰圜土。殷曰羑里。夏曰均臺。囹圄何代之獄。焦氏荅曰。月令秦書。則秦獄名也。漢曰若盧。魏曰司空是也。按蔡說囹圄皆罪人所舍。云皆則不必一地。是以口部曰囹、獄也。不連圄言。此言囹圉、錯見以明之。从口㚔。會意。魚舉切。五部。今隸作圉。一曰圉、垂也。義見左傳、爾雅、毛傳。一曰圉人、掌馬者。義見左傳、周禮注、禮記注。按小徐本無此十二字。當是古本如此。邊垂者、可守之地。養馬者、守視之事。疑皆圉字引申之義。各書叚圉爲之耳。

十篇下　十三

盩　引擊也。引而擊之也。从㚔攴見血也。會意。張流切。三部。今隸作盩。扶風有盩厔縣。說者曰。山曲曰盩。水曲曰厔。按卽周旋、折旋字之叚借也。在今陝西西安府盩厔縣東三十里、地名終南鎮。元和郡縣志。終南縣城卽漢盩厔故城也。厔俗作庢。非。

報　當辠人也。司馬彪百官志曰。廷尉掌平獄奏當所應。凡郡國讞疑罪皆處當以報。史記張釋之列傳曰。廷尉奏當。一人犯蹕。當罰金。又曰。廷尉當是也。又路溫舒上書曰。奏當之成。司馬貞引崔浩云。當謂處其罪也。按當者、漢人語。報亦漢人語。漢書張湯傳曰。訊鞫論報。蘇林注。蘇建傳曰。報、論也。斷獄爲報。是則處分其罪以上聞曰奏當。亦曰報也。引申爲報白、爲報復、又叚爲赴疾之赴。見少儀、喪服小記。今俗云急報是也。从㚔从𠬝。會意。博号切。古音在三部。今隸作報。𠬝、逗。服辠也。𠬝見又部。音服。治也。小徐作㞋。音展。誤甚。此說从𠬝之意。以今字今言通之也。

𥷚　窮治辠人也。治各本作理。唐人所改也。今依篇、韵正。辠各本作罪。今依廣韵正。文王世子注曰。讀書論法曰鞫。正義云。讀書、讀囚人之所犯罪狀之書。用法、謂以法律平斷其罪。周禮小司寇。讀書用法。先鄭云。如今讀鞫已乃論之。漢書功臣侯表坐鞫獄不實。如淳云。鞫者。以其辭決罪也。張湯傳訊鞫論報。張晏云。鞫。一吏爲讀狀論其報行也。刑法志遣廷史與郡鞫獄。如淳云。以囚辭決獄爲鞫。謂疑獄也。按鞫者。俗𥷚字。譌作鞫。古言𥷚。今言供。語之轉也。今法具犯人口供於前。具勘語擬罪於後。卽周之讀書用法。漢之以辭決罪也。𥷚與窮一語之轉。故以窮治罪人釋𥷚。引申爲凡窮之偁。谷風南山小弁傳曰。窮也。公劉傳曰。究也。節南山傳曰。盈也。究盈亦窮之意。蓼莪傳曰。養也。養與窮相反而成。如亂可訓治。徂可訓存。苦可訓快。若采芑傳曰。鞫告也。此則謂鞫卽告之叚借字。文王世子。告於甸人。亦是叚告爲鞫也。**从㚔人言。**會意。㚔人言者。犯罪人之言也。**竹聲。**居六切。三部。按此字隸作𥷚。經典從之。俗多改爲鞫。大誤。**𥷚 或省言。**

文七 **重一** 此部八篆俗寫皆改㚔爲幸。

奢

奢 張也。張者。施弓弦也。引申爲凡充庰之偁。侈下曰。一曰奢也。**从大者聲。**式車切。古音在五部。**凡奢之屬皆从奢。奓 籒文。**按籒會意。篆形聲。西京賦。有馮虛公子者。心奓體泰。薛注。言公子生於貴戚。心志奓溢。體安驕泰也。未嘗云奓卽侈字。李善引聲類云。奓。侈字也。疑李登始爲此說。初非許意。平子文章用籒文奢也。廣韵讀陟加切。

奲

奲 富奲奲皃。當作奲奲富皃。按此字單聲而入十七部。丁可切。正如鼉驒亦單聲也。篇韵昌者一切。殆非是。與朶同音。故小徐云謂重而垂也。毛詩桑扈那二傳皆曰。那多也。釋詁同。國語。富都那竪。韋注。那美也。那不知其本字。以許書折衷之。則奲爲本字。那爲叚借字耳。俗用嚲字。訓垂下皃。亦疑奲之變也。**从奢單聲。**丁可切。十四十七部合音也。

文二 **重一**

亢

亢 人頸也。史漢張耳列傳。乃仰絕亢而死。韋昭曰。亢。咽也。蘇林云。肮。頸大脈也。俗所謂胡脈。婁敬傳。搤其亢。張晏曰。亢。喉嚨也。按釋鳥曰。亢。鳥嚨。此以人頸之偁爲鳥頸之偁也。亢之引申爲高也。舉也。當也。**从大省。**上人。**象頸脈形。**下八。蘇林說與此合。古郎切。十部。按亦胡郎切。亦下浪切。俗作肮。作吭。**凡亢之屬皆从亢。頏 亢或从頁。**此字見於經者。邶風曰。燕燕于飛。頡之頏之。毛傳曰。飛而上曰頡。飛而下曰頏。解者不得其說。玉裁謂當作飛而下曰頡。飛而上曰頏。轉寫互譌久矣。頡與頁同音。頁古文䭫。飛而下如䭫首然。故曰頡之。古本當作頁之。頏卽亢字。亢之引申爲高也。故曰頏之。古本當作亢之。於音尋義。斷無飛而下曰頏者。若楊雄甘泉賦。柴虒參差。魚頡而鳥肮。李善曰。頡肮猶頡頏也。師古曰。頡肮。上下也。皆以毛詩頡頏爲訓。魚潛淵。鳥戾天。亦可證頡下頏上矣。俗本漢書肮譌从目作䀏。集韵入諸唐韵。謂卽燕燕之頏字。俗字之不可問有如此者。楊雄解嘲。鄒衍以頡亢而取世資。漢書作亢。文選作頏。亢頏同字之證。頁部曰。頡者。直項也。亢者。人頸。然則頡亢正謂直項。淮南修務訓。王公大人有嚴志頡頏之行者。無不憛悇癢心而悅其色矣。此正用直項之訓。解嘲之頡亢。亦正謂鄒衍强項傲物而世猶師資之也。亢用字之本義。東方朔畫贊云。苟出不可以直道也。故頡頏以傲世。亦取直項之義。

𡕥

𡕥 直項莽𡕥皃。當作莽𡕥。直項皃。或曰。淮南書有嚴志頡頏之行。頡頏卽𡕥字也。頁部曰。頡。直項。**从亢从夋。**會意。**夋。倨也。**說从夋之意。語見夊部。**亢亦聲。**岡朗切。又胡朗切。十部。按大徐篆左亢右夋。今依小徐、玉篇、廣韵左夋右亢。

文二 **重一**

夲

夲 進趣也。趣者。疾也。**从大十。**會意。**大十者。**者字依廣韵補。**猶兼十人也。**說从大十之意。言其進之疾。如兼十人之能也。**凡夲之屬皆从夲。讀若滔。**土刀切。二部。

𠦬

𠦬 疾也。上林賦。藰莅卉歙。又卉然興道而遷義。郭璞曰。卉猶勃也。西京賦。奮隼歸鳧。沸卉軿訇。薛綜曰。奮迅聲也。卉皆𠦬之叚借。**从夲卉聲。**呼骨切。十五部。**𢱭从此。**

㬥

㬥 疾有所趣也。趣當作趨。引申爲凡疾之偁。**从日出夲廾之。**會意。廾者。竦手也。薄報切。二部。按此與暴二篆形義皆殊。而今隸不別。此篆主謂疾。故爲夲之屬。㬥主謂日晞。故爲日之屬。𣬾進也。於部旞下曰。導車所載全羽以爲允。句允進也。許意謂卽𣬾之省也。从夲。从中。中者進之意也。允聲。余準切。十三部。易曰。𣬾升大吉。升初六爻辭。鄭曰。升、上也。荀爽云。謂一體相隨。允然俱升。九家易曰。謂初失正。乃與二陽允然合志俱升。允然者、升之皃。不訓信。葢古本作𣬾升也。奏奏、此複舉字之未刪者。進也。六月傳曰。奏爲也。其引申之義也。从夲。从𠬞。竦手也。進之意。从中。則候切。四部。中、上進之義。說𣬾奏皆从中之意。〔篆〕古文。〔篆〕亦古文。皋气皋白之進也。當作皋气白之進也。皋者、複舉字之未刪者也。皋謂气白之進。故其字从白夲。气白之進者。謂進之見於白气滃然者也。皋與臭同音。臭訓大白。日部暤訓晧旰。晧旰者、白皃也。暤晧字俗寫多从白。頁部顥訓白皃。皋有訓澤者。小雅鶴鳴傳曰。皋、澤也。澤與皋析言則二。統言則一。如左傳鳩藪澤、牧隰皋並舉。析言也。鶴鳴傳則皋卽澤。澤藪之地。極望數百。沆瀁皛溔。皆白气也。故曰皋。又引申爲凡進之偁。則如禮祝曰皋是也。或叚皋爲櫜。如伏注左傳皋比、卽樂記之建櫜。或叚爲高。如明堂位皋門注云皋之言高也。从白夲。會意。古勞切。古音在三部。禮。句謂禮經也。祝曰皋。士喪禮。復者一人升自前東榮中屋北面招以衣曰皋某復三。注曰。皋、長聲也。禮運亦云皋某復。按聲長必緩。故左傳魯人之皋注云。緩也。召旻皋皋。釋訓曰。刺素食也。毛曰。頑不知道也。皆緩之意也。登謌曰奏。謌或歌字也。登歌、堂上歌也。禮經或言歌或言樂或言奏。實皆奏也。故皋奏皆从夲。祝也。登歌也。皆有進意。說皋奏二篆从夲之意。周禮曰。詔來鼓皋舞。樂師職文。今周禮作來瞽。先鄭云。鼓或作瞽。皋當爲告。後鄭云。皋之言號。大祝職云。來瞽令皋舞。後鄭曰。皋讀爲卒嗥呼之嗥。來嗥者皆謂呼之入。漢書高祖告歸之田。服虔曰。告音如嗥。東觀漢記田邑傳作號歸。葢古告皋嗥號四字音義皆同。

文六　重二

十篇下　廿六

夰放也。放者、逐也。从大八。句。八、逗。分也。各本从大而八分也。今正。夰者、大分之意也。古老切。二部。凡夰之屬皆从夰。𡚇舉目驚𡚇然也。廣韵引埤蒼。目驚𡚇𡚇然。禮記下曰。免喪之外。行於道路。見似目瞿。聞名心瞿。二瞿當作𡚇。詩齊風。狂夫瞿瞿。傳曰。無守之皃。唐風。良士瞿瞿。傳曰。瞿瞿然顧禮義也。亦當作𡚇𡚇。从夰。从䀠。會意。䀠、左右視也。䀠亦聲。九遇切。五部。奡嫚也。嫚者、侮傷也。傲者、倨也。奡與傲音義皆同。引伸爲排奡多力皃。从百。从夰。傲者昂頭。故从首。夰亦聲。古到切。二部。虞書曰。若丹朱奡。臯陶謨文。朱當作絑。讀若傲。論語奡湯舟。憲問篇文。依宋本及集韵、類篇作湯。今作盪。非。湯卽盪陣字。盪陣音湯。昦春爲昦天。元气昦昦也。春爲昦天。釋天文。元气昦昦者。釋昦字之義。黍離毛傳曰。蒼天以體言之。元氣廣大則偁昦天。仁覆閔下則偁旻天。自上降鑒則偁上天。據遠視之蒼蒼然則偁蒼天。李巡、孫炎、郭璞本爾雅及劉熙釋名皆作春蒼夏昊。許君五經異義、鄭君駁異義所據爾雅及歐陽尚書皆作春昊夏蒼。鄭君云。春氣博施。故以廣大言之。許君尚書堯典羲和以昊天總勑四時。故知昊天不獨春也。許君作異義時、是毛傳。非爾雅歐陽尚書。鄭君駁之。而許造說文於昊下、昦下皆用爾雅。參合毛傳。略同鄭說。說文解字爲定說也。从日夰。會意。夰亦聲。胡老切。古音葢在三部。𡚁驚走也。一曰往來皃。皃大徐作也。非。从夰。臦聲。各本無聲字。今補。俱往切。十部。周書曰。伯𡚁。孔壁多得十六篇古文尚書有冏命。書序曰。穆王命伯冏爲太僕正。作冏命。周本紀曰。穆王閔文武之道缺。乃命伯𡚁申誡大僕之政。作𡚁命。葢𡚁冏古通用也。許此引周書、或系書序、或系逸書十六篇文。皆未可知。古文臦古文冏字。七字當作古文以爲冏字六字。轉寫譌舛也。

文五

大籀文大改古文。謂古文作大。籀文乃改作〔篆〕也。本是一字。而凡字偏旁或从古、或从籀不

十篇下　廿七

奕　奘　臭　　奚　耎　奰

一。許爲字書乃不得不析爲二部。猶人儿本一字、必析爲二部也。顧野王玉篇乃用隸法合二部爲一部。遂使古籀之分不可攷矣。**亦象人形。**亦者、亦古文也。大象人形。此亦象人形。其字同、則其音同也。而大徐云大徒蓋切、大他達切。分別殊誤。古去入不分。凡今去聲之字古皆入聲。大讀入聲者。今惟有會稽大末縣。獨存古語耳。實則凡大皆可入。非古文去籀文入之謂。**凡大之屬皆从大。**

奕　大也。大雅。奕奕梁山。傳曰。奕奕、大也。詩周頌箋云。亦大也。叚亦爲奕。**从大。亦聲。**羊益切。古音在五部。**詩曰。奕奕梁山。**

奘　駔大也。馬部駔下曰。壯馬也。士部壯下曰。大也。奘與壯音同。與駔義同。釋言曰。奘駔也。此許所本也。孫、樊本作將且也。**从大壯。壯亦聲。**徂朗切。十部。

臭　大白也。各本白下有澤字。其誤不知始於何時。獸名白澤。故非經典卽有此物。孰別其大小乎。全書之例。於形得義之字不可勝計。臭以白大會意。則訓之曰大白也。猶下文大在一上則爲立耳。淺人妄增。玉篇、廣韵仍之。說石鼓文者又引爲證。古來郢書燕說類多如此。**从大白。**不入白部者。重大也。古老切。二部。凡皥皎皦皛皋縞皓杲訓白之字皆同音部。但臭字廣韵又昌石切。集韵又昌石施隻二切。皆訓白澤。未詳其由。**古文吕爲澤字。**此說古文叚借也。叚借多取諸同音。亦有不必同音者。如用臭爲澤、用丂爲亏、用屮爲艸之類。又按澤當作皐。古澤睪皐三字相亂。皋者、气皐白之進也。皋臭義相近音同。

奚　大腹也。豕部豯下曰。豚生三月腹豯豯皃。古奚豯通用。周禮職方氏豯養。杜子春讀豯爲奚。許艸部作奚養。**从大。𦈢省聲。**胡雞切。十六部。**𦈢。籀文系。**見十二篇系下。

耎　稍前大也。稍者、出物有漸也。稍前大者。前較大於後也。**从大。而聲。讀若畏偄。**謂若偄也。而沇切。十四部。古凡耎聲字皆在十四部。需聲字皆在四部。後人多亂之。

奰　大皃。从大。㗊聲。㗊讀若書卷之卷。見四篇。**或曰拳勇字。**拳當作捲。手部捲、气勢也。引國語有捲勇。或說奰卽捲勇字。許偁之也。隼下云一曰鷻字。是其例。**讀若僞。**鉉本上有一曰二字。衍。乙獻切。十四部。

十篇下　六

奰　壯大也。从三大三目。會意。**二目爲奰。**奰各本作㗊。誤。今正。**三目爲奰。益大也。**說會意之恉。張衡左思賦皆用奰屓字。而譌作贔屓。俗書之不正如此。屓見尸部。臥息也。許器反。**一曰迫也。**別一義。**讀若易虙羲氏。**今易轂辭作包犧氏。孟氏京氏作伏戲。許作虙羲。鄭大卜注、應氏風俗通同。虙古音讀如密。奰古音同。今音平祕切。**詩曰。不醉而怒謂之奰。**大雅蕩曰。內奰于中國。毛傳曰。不醉而怒謂之奰。於壯義、迫義皆近。不言詩傳曰者。猶書曰仁覆閔下則偁旻天。不言書傳。易曰。地可觀者。莫可觀於木。易曰。井者法也。不言易說也。

文八

夫　丈夫也。从大一。从一大則爲天。从大一則爲夫。於此見人與天同也。天之一、冒大上。爲會意。夫之一、毌大首。爲象形。亦爲會意。**一吕象先。**先、首笄也。俗作簪。依御覽宜補。冠而後簪。人二十而冠。成人也。十二字。此說以一象簪之意。甫無切。五部。**周制八寸爲尺。**尺部曰。中婦人手長八寸。謂之咫。周尺也。**十尺爲丈。**十部曰。丈、十尺也。从又持十。**人長八尺。**見考工記。**故曰丈夫。**此說人偁丈夫之恉。**凡夫之屬皆从夫。**

規　規巨、有灋度也。各本無規巨二字。今補於此。說規巨二字之義。故工部巨下但云規巨也。此許全書之通例也。囟部䚡下曰。䚡、齎人齎也。故囟部齎下曰。䚡齎也。正同此。圜出於方。方出於矩。古規矩二字不分用。猶威儀二字不分用也。凡規巨、威儀有分用者、皆互文見意。非圜不必矩。方不必規也。灋者、刑也。度者、灋制也。規矩者。有灋度之謂也。萑部曰。規蒦、商也。一曰蒦、度也。凡有所圖度。匡正皆曰規。左傳規求無度。陶淵明文欣然規往。左傳曰。大夫規誨。詩序曰。沔水、規宣王也。**从夫見。**會意。丈夫所見也。公父文伯之母曰。女智莫如婦。男智莫如夫。字統曰。丈夫識用必合規矩。故規从夫。居隨切。十六部。

㚘　竝行也。从二夫。會意。**輦字从此。讀若伴侶之伴。**伴侶、許無

十篇下　七

此義。侣字許無。當作旅。薄旱切。十四部。

文三

立 侸也。侸各本作住。今正。人部曰。侸者立也。與此為互訓。淺人易為住字。亦許書之所無。从大在一之上。在各本作立。今正。鉉曰。大人也。一、地也。會意。力入切。七部。凡立之屬皆从立。

⿰立隶 臨也。臨者監也。經典莅字或作涖。注家皆曰臨也。道德經釋文云。古無莅字。說文作⿰立隶。按莅行而⿰立隶廢矣。凡有正字而為叚借字所敚者類此。从立隶聲。力至切。十五部。

⿰立𦎧 磊⿰立𦎧。疊韵字。今俗語猶有之。重聚也。从立𦎧聲。丁罪切。十五部。

端 直也。用為發耑、耑緒字者叚借也。从立耑聲。多官切。十四部。

竱 等也。等者。齊簡也。故凡齊皆曰等。齊語。竱本肇末。韋注。竱等也。肇、正也。謂先等其本。以正其末。按孟子曰。不揣其本而齊其末。揣蓋竱之叚借字。耑聲、專聲同部。趙注云。揣量。似失之。木部椯下曰。一曰度也。孟子正當从木作椯。韵書謂備量曰敁敠。丁兼、丁括切。卽竱語之轉也。从立專聲。言沇切。十四部。按字苑音剬。李舟切韵音端。春秋傳曰。宋本如是。今本傳作國語。竱本肇末。

竦 敬也。敬者。肅也。商頌傳曰。竦懼也。此謂叚竦為愯也。愯者。懼也。𠬞下曰。竦手。謂手容之恭。上其手也。周南毛傳曰。喬、上竦也。从立从束。會意。息拱切。九部。束自申束也。古書多言申束。韓非引周書曰。申之束之。申俗作伸。申之使舒。束之使促。常相因互用也。

竫 亭安也。亭者。民所安定也。故安定曰亭安。其字俗作停、作渟。亭與竫疊韵。凡安靜字宜作竫。靜其叚借字也。靜者。審也。从立爭聲。疾郢切。十一部。

靖 立竫也。謂立容安竫也。安而後能慮。故釋詁、毛傳皆曰。靖謀也。从立青聲。疾郢切。十一部。一曰細皃。古文尚書戩戩善諞言。伏生今文作諓諓善竫言。見公羊傳。王逸注楚辭引作諓諓靖言。蓋竫、靖、戔、諓古通用。靖言。謂小人巧言。戈部引周書戔戔巧言。亦謂秦誓也。山海經大荒東經曰。東海之外。大荒之中。有小人國名靖。

竢 待也。彳部曰。待、竢也。是為轉注。經傳多叚俟為之。俟行而竢廢矣。俟、大也。从立矣聲。牀史切。一部。或从巳。巳聲、矣聲同在一部。

竘 健也。淮南人間訓。室始成。竘然善也。高注。竘、高壯皃。此與健之訓合。一曰匠也。方言曰。竘、治也。吳越飾皃為竘。或謂之巧。廣雅。竘、治也。又曰。竘、巧也。此與匠之訓合。从立句聲。讀若齲。丘羽切。按高誘音口。郭璞同。許意讀若齲。廣韵麌、厚韵兼收。古音在四部。周書有竘匠。蓋謂周書七十一篇也。竘匠之文佚攷。

竵 不正也。从立𥎦聲。火鼃切。古音在十六部。俗字作歪。

竭 負舉也。凡手不能舉者。負而舉之。禮運。五行之動。迭相竭也。注。竭猶負戴也。豕部曰。竭其尾。李尤翰林論云。木氏海賦。壯則壯矣。然首尾負竭。狀若文章。亦將由未成而然也。从立曷聲。渠列切。十五部。

䇓 立而待也。依韵會補立而二字。今字多作需。作須。而䇓廢矣。雨部曰。需、䇓也。遇雨不進止䇓也。引易雲上於天。需。需與䇓音義皆同。樊遲名須。須者、䇓之叚借。䇓字僅見漢書翟方進傳。从立須聲。相俞切。古音在四部。或从芻聲。須聲、芻聲同在四部。

⿰立羸 痿也。痿者、痹也。从立羸聲。力臥切。十七部。

竣 居也。各本作偓竣也。說者謂卽偓佺。今正。尸部曰。居、蹲也。足部曰。居、蹲也。郭注山海經、徐廣史記音義皆曰。踆、古蹲字。許書之竣。蓋與蹲音義皆同也。居譌倨。倨譌偓。竣乃複舉字。倒於下。遂為偓竣矣。古書之譌舛可正者類如此。固在好學深思。心知其意也。廣韵曰。倨也。此居譌倨之證。从立夋聲。七倫切。十三部。國語曰。有司已事而竣。今齊語作已於事。韋注。竣、退伏也。按毛詩云。不皇啓凥。故已於事而後卽安。

⿰立彔 見鬼鬽皃。从立从彔。會意。彔、籀文鬽。見鬼部。讀若虙羲氏之虙。鬽聲在十五部。必聲在十二部。音相近也。當讀如密。今音房六切。非也。

⿰立昔 驚皃。與獡音義同。獡見方言。从立昔聲。七雀切。五部。

⿰立卑 短人立⿰立卑⿰立卑皃。⿰立卑⿰立卑、短皃。⿰立卑之字或作罷。周禮典同注。陂讀爲人短罷之罷。司弓矢庳矢注。鄭司農讀爲人罷短之罷。或作矲。方言曰。呰、矲短也。桂林之中謂短矲。郭注言矲雉也。按矲皮買反。雉苦買反。今本方言雉譌作楷。典同釋文雉譌作矮。依集韵類篇宋余仁仲周禮所載釋文明葉林宗所寫釋文正之。雉从矢佳聲。非雉字也。**从立。卑聲。**傍下切。按當薄蟹切。十六部。

竲

北地高樓無屋者。北地郡也。高樓上不爲覆曰竲。禮運曰。夏則居曾巢。鄭曰。暑則聚薪柴居其上也。此竲之始也。禮運本又作竲。**从立。曾聲。**士耕切。按當依廣韵作滕疾陵二切。六部。

文十九　重二

竝

併也。人部併下曰。竝也。二篆爲轉注。鄭注禮經古文竝今文多作併。是二字音義皆同之故也。古書亦多用爲傍字者。傍、附也。**从二立。**蒲迥切。十一部。**凡竝之屬皆从竝。**

普

廢也。各本奪也字。不可讀。今補。廢者、卻屋也。卻屋言空屋。人所不居。故普廢同義。**一偏下也。**此又爲一義。相竝而一邊庳下。則其勢必至同下。所謂陵夷也。凡陵夷必有漸而然。故曰履霜堅仌至。**从竝。白聲。**他計切。古音鐵。十二部。

或从曰。

或从兟从曰。从兟猶从竝也。兟見八篇。

文二　重二

囟

頭會匘蓋也。首之會合處。頭髗之覆蓋。玄應引蓋下有額空二字。額空謂額腔也。內則注曰。夾囟曰角。**象形。**內則正義引此云。囟其字象小兒腦不合也。按人部兒下亦云。从儿。上象小兒頭腦未合也。九經字樣曰。說文作囟。隸變作囟。巤腦等字从之。細思等字亦从之。攷夢英書偏傍石刻作囟。宋刻書本皆作囟。今人楷字譌囟。又改篆體作囟。所謂象小兒腦不合者。不可見矣。息進切。十二部。**凡囟之屬皆从囟。**

或从肉宰。蓋俗字。

古文囟字。內則正義所引說文疑在此字之下。

巤

毛巤也。象髮在囟上謂匘也。當下曰。巛象髮。髮謂之鬊。鬊即巛也。**及毛髮巤巤之形也。**謂㠯象毛髮巤巤之形也。良涉切。八部。玉裁按。巤與鬣蓋正俗字。巛即髮。不當復从髟矣。髟部鬣之爲增竄無疑。**此與籒文子字同意。**意字舊奪。今補。子部曰。古文子。从巛。象髮也。亥者倒古文子。然則此籒字當作古。

毗

毗齌、逗。各本奪此二字。今訂補。玄應引許毗齌人齌也。按肉部齌下曰。毗齌也。正以毗齌之解已見囟部。全書之大例如此。**人齌也。**急就篇作膍毗字。段借之用。如詩節南山、采菽毛傳皆曰。膍厚也。箋云毗輔也。方言毗懣也。毗廢也。毗明也。皆是。**从囟。囟取通气也。**人齌可以通气。如囟門之通气然。**从比聲。**房脂切。十五部。

文三　重二

思

睿也。睿也。各本作容也。或以伏生尚書思心曰容說之。今正。皃曰恭。言曰從。視曰明。聽曰聰。思心曰容。謂五者之德。非可以恭釋皃。以從釋言。以明聰釋視聽也。谷部曰。睿者、深通川也。引睿畎澮距川。引申之。凡深通

皆曰睿。思與睿雙聲。此亦門捫也、戶護也、髮拔也之例。謂之思者。以其能深通也。至若尚書大傳次五事曰思心。思心之不容。是謂不聖。劉向、董仲舒、班固皆以寬釋容。與古文尙書作五曰思。思曰睿爲異。本詳予所述尚書撰異。**从心。从囟。**各本作囟聲。今依韵會訂。韵會曰。自囟至心如絲相貫不絕也。然則會意非形聲。細以囟爲聲。囟非之咍部字也。息茲切。一部。**凡思之屬皆从思。**

慮

謀思也。心部曰。念、常思也。惟、凡思也。懷、念思也。想、覬思也。勰、同思之和也。同一思而分別如此。言部曰。慮難曰謀。與此爲轉注。口部曰。圖者、畫也。計難也。然則謀慮圖三篆義同。左傳曰。慮無他。書曰無慮。皆謂計畫之纖悉必周。有不周者非慮也。**从思。虍聲。**良據切。五部。

文二

心

人心。土臧也。也字補。**在身之中。象形。**息林切。七部。**博士說㠯**

息　情　性　志　意

爲火臧。土臧者，古文尚書說；火臧者，今文家說。詳肉部肺下。凡心之屬皆从心。

息　喘也。口部曰：喘，疾息也。喘爲息之疾者，析言之。此云息者喘也，渾言之。人之氣急曰喘，舒曰息。引伸爲休息之偁，又引伸爲生長之偁。引伸之義行而鼻息之義廢矣。詩曰：使我不能息兮。傳曰：憂不能息也。黍離傳曰：噎，憂不能息也。此息之本義也。其他詩息字皆引伸之義也。許書隸，臥息也；呬，息也；眉，臥息也；歑，咽中息不利也；炁，飲食屰气不得息也也；覞部靅，見雨而比息也。皆本義也。从心自。自者，鼻也。心气必從鼻出，故从心自。如心思上凝於囟，故从心囟。皆會意也。相卽切。一部。各本此下有自亦聲三字。自聲在十五部，非其聲類。此與思下云囟聲，皆不知韵理者所爲也。

情　人之侌气有欲者。董仲舒曰：情者，人之欲也。人欲之謂情。情非制度不節。禮記曰：何謂人情？喜怒哀懼愛惡欲，七者不學而能。左傳曰：民有好惡喜怒哀樂，生於六氣。孝經援神契曰：性生於陽以理執，情生於陰以繫念。从心。青聲。疾盈切。十一部。

性　人之昜气性。句善者也。論語曰：性相近也。孟子曰：人性之善也，猶水之就下也。董仲舒曰：性者，生之質也。質樸之謂性。从心。生聲。息正切。十一部。

志　意也。从心出。出亦聲。按此篆小徐本無，大徐以意下曰志也補此爲十九文之一。原作从心之聲，今又增二字，依大徐次於此。志所以不錄者，周禮保章氏注云：志，古文識。蓋古文有志無識，小篆乃有識字。保章注曰：志，古文識。識，記也。哀公問注曰：志讀爲識。識，知也。今之識字，志韵與職韵分二解，而古不分二音，則二解義亦相通。古文作志，則志者，記也，知也。惠定宇曰：論語賢者識其大者，蔡邕石經作志。多見而識之，白虎通作志。左傳曰：以志吾過。又曰：且曰志之。又曰：歲聘以志業。又曰：吾志其目也。尚書曰：若射之有志。士喪禮：志矢。注云：志猶擬也。今人分志向一字，識記一字，知識一字，古祇有一字一音。又旗幟亦卽用識字，則亦可用志字。詩序曰：詩者，志之所之也。在心爲志，發言爲詩。志之所之不能無言，故識从言。哀公問注云：志讀爲識者，漢時志識已殊字也。許心部無志者，蓋以其卽古文識，而識下失載也。職吏切。一部。

意　志也。志卽識。心所識也。意之訓爲測度，爲記。訓測者，如論語毋意毋必、不逆詐、不億不信、億則屢中，其字俗作億。訓記者，如今人云記憶是也，其字俗作憶。大學曰：欲正其心者，先誠其意。鄭謂實其心之所識也。如惡惡臭，如好好色，此之謂自謙。鄭云：謙讀爲慊。慊之言厭也。按厭當爲猒，猒者，足也。从心音。會意。於記切。一部。古音入聲，於力切。

察言而知意也。說从音之意。

恉　意也。今字或作旨，或作指，皆非本字也。許序曰：曉學者達神恉。从心。旨聲。職雉切。十五部。

悳　外得於人，內得於己也。此當依小徐通論作內得於己、外得於人。內得於己，謂身心所自得也；外得於人，謂惠澤使人得之也。俗字叚德爲之。德者，升也。古字或叚得爲之。从直心。洪範三德，一曰正直。直亦聲。多則切。一部。

悳　古文。

應　當也。當，田相値也。引伸爲凡相對之偁。凡言語應對之字卽用此。大徐言部增譍字，非也。諾下、讎下、唉下、對下譍字皆當改正。从心。雁聲。於陵切。六部。

愼　謹也。言部曰：謹者，愼也。二篆爲轉注。未有不誠而能謹者，故其字从眞。小雅愼爾優游、予愼無罪，傳皆曰：誠也。詳八篇眞下。从心。眞聲。時刃切。十二部。

昚　古文。奞字从此。釋文序錄偁昚徽五典，是陸氏所據堯典作昚。自衛包改作愼，開寶中乃於尚書音義中刪之。

忠　敬也。敬者，肅也。未有盡心而不敬者。此與愼訓謹同義。盡心曰忠。各本無此四字。今依孝經疏補。孝經疏，唐元行沖所爲，唐本有此。从心。中聲。陟弓切。九部。

愨　謹也。廣韵曰：謹也，善也，愿也，誠也。據韵會，大司寇注愿，殼愼也。用叚借字。殼者，愨之俗字也。从心。㱿聲。苦角切。三部。

顡　美也。从心。須聲。莫角切。二部。

快　喜也。引申之義爲疾速。俗字作駃。从心。夬聲。苦夬切。十五部。

愷　樂也。蓼蕭傳曰：豈，樂也。豈同愷。从心。豈聲。苦亥切。古音在十五部。按豈部有此篆，解曰：康也。疑此重出，乃後人增竄。

㥦　快也。漢文帝紀曰：未有㥦志。从心。匧聲。苦叶切。八部。今作愜。

念　常思也。方言曰：念，思也。又曰：念，常思也。許云：懷，念思也。左傳引夏

怤　憲　憕　戁　忻　⿰忄重

書曰。念茲在茲。釋茲在茲。名言茲在茲。允出茲在茲。惟帝念功。**从心。今聲。**奴店切。七部。

思也。从心。付聲。甫無切。五部。

敏也。敏者。疾也。謚法。博聞多能爲憲。引申之義爲法也。又中庸引詩。憲憲令德。以憲憲爲顯顯。又大雅。天之方難。無然憲憲。傳曰。憲憲猶欣欣也。皆叚借也。**从心目。**心目竝用。敏之意也。**害省聲。**許建切。十四部。按害在十五部。此合音也。

平也。从心。登聲。直陵切。六部。

敬也。敬者。肅也。商頌。不戁不竦。傳曰。戁。恐竦、懼也。敬則必恐懼。故傳說其引申之義。若小雅。我恐熯矣。傳曰。熯、敬也。此謂詩叚熯爲戁。**从心。難聲。**女版切。十四部。

闓也。闓者。開也。言闓不言開者。闓與忻音近。如昕讀若希之類也。忻謂心之開發。與欠部欣謂笑喜也異義。廣韵合爲一字。今義。非古義也。**从心。斤聲。**許斤切。十三部。**司馬灋曰。善者。忻民之善。閉民之惡。**今司馬法佚此語。謂開其善心。閉其惡心。是爲冣善也。

遲也。遲重之字當作此。今皆叚重字爲之。今字也。**从心。重聲。**直隴切。九部。

惲　惇　忼　慨

重厚也。厚當作㫗。惲厚字當如此。今皆作渾厚。非是。渾者。混流聲也。今俗云水渾。**从心。軍聲。**於粉切。十三部。

厚也。厚當作㫗。凡惇厚字當作此。今多作敦厚。叚借非本字。敦者。怒也。詆也。一曰誰何也。雒誥。惇大成裕。**从心。㚖聲。**都昆切。十三部。

忼慨也。各本奪忼字。今補。**忼慨。壯士不得志於心也。**各本移入慨篆下。又奪於心二字。今依玉篇及文選注補正。**从心。亢聲。**苦浪切。又口朗切。十部。俗作慷。戰國策。羽聲慷慨。一本作忼慷。葢因忼有異體。而一本復一奪也。**一曰易忼龍有悔。**按一曰易三字乃易曰二字之誤。淺人所改也。忼之本義爲忼慨。而周易乾上九忼龍。則叚忼爲亢。亢之引申之義爲高。子夏傳曰。亢極也。廣雅曰。亢高也。是今易作亢。爲正字。許所據孟氏易作忼。叚借字也。凡許引經說叚借。如無有作玫。堲讒說。曰圛皆是。淺人以忼龍與忼慨義殊。乃妄改爲一曰矣。

忼慨也。依全書通例正。忼慨雙聲也。他書亦叚愾爲之。作忼愾。**从心。既聲。**苦溉切。十五部。

悃　愊　愿　慧　憭　恔

悃愊、逗。**至誠也。**依玉篇、廣韵。後漢書章帝紀。訂悃愊亦雙聲字也。**从心。困聲。**困一本作困。篆作𢤒。非也。古困聲在眞文韵。音變遂入黽韵。非困聲在眞文。困聲在黽。各有畛域也。苦本切。十三部。

悃愊也。各本作誠志也。今依全書通例訂。**从心。畐聲。**芳逼切。一部。玉篇普力切。

謹也。咎繇謨曰。愿而恭。**从心。原聲。**魚怨切。十四部。

儇也。人部曰。儇、慧也。二篆爲轉注。慧古多叚惠爲之。**从心。彗聲。**胡桂切。十五部。

慧也。方言。愈或謂之慧。或謂之憭。郭云。慧憭皆意精明。按廣韵曰。了者。慧也。葢今字叚了爲憭。故郭注方言曰。慧了。他書皆云了了。若論字之本義。則了爲尦也。尦者。行脛相交也。**从心。尞聲。**力小切。二部。

憭也。疊韵互訓。按方言。恔快也。東齊海岱之閒曰恔。孟子。於人心獨無恔乎。趙注。恔快也。快卽憭義之引申。凡明憭者必快於心也。**从心。交聲。**吉了切。又下交切。二部。按此字廣韵去聲云。恔出孟子。集韵、類篇則平聲引說文作恔。上聲引作恔。疑古本分二字。

瘱　悊　悰　恓　恢　恭

靜也。靜當作竫。亭安也。此篆或作嫕。見後漢書。傳寫誤爲嫕。洞簫賦曰。淸靜厭瘱。神女賦曰。澹淸靜其愔瘱。李善引韓詩曰。瘱、悅也。引蒼頡篇曰。瘱、密也。引曹大家列女傳注曰。瘱、深邃也。**从心。㾜聲。**疒部。㾜、夾聲。苦叶切。而瘱於計切者。合音也。或曰古音讀如邑。

敬也。口部。哲下曰。知也。悊與哲義殊。口部云。哲或从心作悊。葢淺人妄增之。因古書聖哲字或从心而合之也。**从心。斷聲。**陟列切。十五部。

樂也。此哀樂字也。選詩。戚戚苦無悰。**从心。宗聲。**藏宗切。九部。

安也。莊子曰。以恬養知。以知養恬。**从心。西聲。**各本篆作恬。解作甛省聲。今正。谷部。西下曰。舌皃。从谷省。象形。他念切。按許書木部栖及此恓字。本从西聲。轉寫从舌。乃改爲甛省聲矣。徒兼切。七部。

大也。从心。灰聲。苦回切。十五部。

肅也。肅者。持事振敬也。尚書曰。恭作肅。此以肅釋恭者。析言則分別。渾言則互明也。論語。每恭敬析言。如居處恭。執事敬。貌思恭。事思敬。皆是。

憼　恕　怡　慈　怟　愿　恮　恩　慸　憖

从心共聲。俱容切。九部。憼敬也。敬之在心者也。从心敬。敬亦聲。居影切。十一部。恕仁也。孔子曰。能近取譬。可謂仁之方也矣。孟子曰。彊恕而行。求仁莫近焉。是則爲仁不外於恕。析言之則有別。渾言之則不別也。仁者親也。从心如聲。商署切。五部。恕古文省。从女聲。怡龢也。各本作和。今正。龢者、調也。玉篇曰。怡者、悅也。樂也。古多叚台字。禹貢。祗台德先。鄭注云。敬和。从心台聲。與之切。一部。慈㤅也。㤅各本作愛。今正。下文曰。㤅、惠也。叀部曰。惠、仁也。人部曰。仁、親也。从心兹聲。茲从艸。疾之切。一部。怟㤅也。怟各本作㤅。今正。釋訓曰。怟怟、㤅也。从心氏聲。巨支切。十六部。愿怟愿。逗。疊韵字。不㥁事也。按怟怟字不見於詩書。㥁各本作憂。今正。从心虒聲。讀若移。移爾切。十六部。玉篇余氏、余支二切。廣韵亦兼此二切。恮謹也。廣韵也作皃。从心全聲。此緣切。十四部。恩惠也。从心因。因亦聲。依韵會訂。烏痕切。十三部。慸高也。集韵曰。㠉嵽。山形。音義同。一曰極也。別一義。一曰困劣也。又一義。樂記。則無怗懘之音。注云。怗懘、弊敗不和之皃。懘卽慸之譌俗。用嵽字。廣韵曰。極困也。亦卽慸之俗。从心帶聲。特計切。十五部。憖肎也。各本作問也。玉篇作閒也。左傳音義引字林。閒也。閒者、肎之誤。問者、閒之誤。十月正義引憖、肯從心也。當是引憖肎也。从心猌聲。誤以也字倒於從心之下。不成文理耳。今依肎字。小爾雅曰。憖、願也。晉語伯宗妻曰。憖庇州犂焉。韋注曰。憖、願也。願與肯義略同。用部曰。甯、所願也。丂部曰。寍、願詞也。皆與憖雙聲。謹敬也。李善注思玄賦引字林此訓。玉篇引說文無此。韵會謹作慎。从心猌聲。魚覲切。十二部。一曰說也。說悅古今字。一曰且也。且各本作甘。今依玉篇訂。十月之交。鄭箋云。憖者、心不欲自强之詞。左傳不憖遺一老。杜注云。憖、且也。五行志應劭注曰。憖、且辭也。小爾雅曰。憖、强也。且也。春秋傳曰。旻天不憖。左氏傳哀十六年文。魯哀誄孔子曰。旻天不弔。

十篇下　兲

懬　悈　⿱䇂心　慶　愃　愻

不憖遺一老。許槩栝其辭。亦東方昌矣之類。又曰。兩軍之士皆未憖。文十二年傳。杜注。憖、缺也。釋文。憖、魚覲反。又魚轄反。是則憖與齾雙聲叚借。卽方言所謂傷也。而郭注方言云。詩曰。不憖遺一老。亦恨傷之言也。似於文理不協。懬闊也。廣大也。各本作廣也大也。今依詩泮水釋文訂。魯頌泮水曰。憬彼淮夷。釋文云。憬、說文作懬。按許闊也。一曰廣大也。此懬之本義。毛云。遠行也。卽其引伸之義也。由其廣大。故必遠行。然則毛詩自作懬。今作憬者。或以三家詩改之也。元帝紀。衆僚久懬。未得其人。假懬爲曠字。从心廣。廣亦聲。苦謗切。十部。一曰寬也。依鍇本。四字在此。詩曰。懬彼淮夷。各本無此六字。今依詩釋文補。蓋許所據毛詩如此。憬下所偁蓋三家詩。悈飭也。飭各本作飾。古書飾飭多互譌。不可勝正。力部曰。飭、致堅也。悈與戒義同。警也。釋言曰。悈、褊急也。許言部諽字下曰。飭也。讀若悈。蓋悈音紀力反。與苟、戒、棘、亟音義皆同。而方言曰。悈、革、老也。此又因擊斂之義而引伸之也。从心戒聲。居薤切。古音在一部。

司馬灋曰。有虞氏悈於中國。中國、國中也。今司馬法天子之義篇作有虞氏戒於國中。⿱䇂心謹也。从心䇂聲。於靳切。十三部。慶行賀人也。賀下曰。以禮相奉慶也。是二篆爲轉注也。賀从貝。故云以禮相奉慶。从夊。故云行賀人。从心夊。謂心所喜而行也。从鹿省。此三字今補。丘竟切。古音在十部。讀如羌。音轉讀如卿。吉禮以鹿皮爲摯。士冠禮、聘禮。儷皮。鄭注。兩鹿皮也。鹿部曰。禮麗皮納聘。蓋鹿皮也。故从鹿省。此說从鹿省之意。愃寬閑心腹皃。閒各本作嫺。今正。嫺者、習也。非其義。郭注方言曰。今江東呼快爲愃。相緣反。从心宣聲。況晚切。十四部。詩曰。赫兮愃兮。衞風淇奧文。毛詩作咺。傳云。威儀容止宣著也。韓詩作宣。顯也。許作愃而義亦異。愻順也。訓順之字作愻。古書用字如此。凡愻順字从心。凡遜遁字从辵。今人遜專行而愻廢矣。學記。不陵節而施之謂遜。劉向書作愻。此未經改竄之字也。論語。孫以出之。惡不孫以爲勇者。皆愻之叚借。从

十篇下　完

心。孫聲。蘇困切。十三部。唐書曰。謂堯典也。說詳禾部。五品不愻。許所據古文如此。愻者順也。故尚書大傳作五品不訓。五帝本紀作五品不馴。訓與馴皆順也。

𡨄 實也。邶風。其心塞淵。毛傳。塞、瘞也。崔集注本作實也。今以許書繩之。作實爲是矣。詩秉心塞淵。王猷允塞。皆同。鄭箋云。塞、充實也。今文尚書文塞晏晏。鄭注考靈耀云。道德純備謂之塞。道德純備。充實之意也。咎繇謨。剛而塞。夏本紀作剛而實。按玨部曰。𡫳、窒也。穴部曰。窒、𡫳也。寘、𡫳也。𡫳廢而俗多用塞。塞、隔也。非其義也。至若燕燕、定之方中、堯典、咎繇謨諸塞字。又皆當作𡨄。卽曰段借。亦當段𡫳。而不當段𡨄也。从心。𡫳聲。各本作塞省聲。今正。𡫳、窒也。𡫳聲中有會意。先則切。一部。虞書曰。剛而𡨄。

恂 信心也。毛詩段洵字爲之。如洵美且都、洵訏且樂。鄭箋皆云。洵、信也。釋詁曰。詢、信也。注引方言宋衞曰詢。皆段詢爲恂也。至若論語恂恂如也。王肅注溫恭皃。漢書李將軍恂恂如鄙人。史記作悛悛如鄙人。此皆逡巡字之段借。而非正字也。从心。旬聲。相論切。十二部。

忱 誠也。誠者、信也。詩大明曰。天難忱斯。毛曰。忱、信也。言部諶下曰。誠諦也。引詩天難諶斯。古忱與諶義近通用。从心。冘聲。氏任切。七部。詩曰。天命匪忱。大雅蕩曰。天生烝民。其命匪諶。毛曰。諶、誠也。許作忱。是亦可徵二字互用也。

惟 凡思也。方言曰。惟、思也。又曰。惟、凡思也。慮、謀思也。願、欲思也。念、常思也。許本之曰。惟、凡思也。念、常思也。懷、念思也。想、冀思也。思部慮、謀思也。凡許書分部遠隔。而文理參五可以合觀者視此。凡思、謂浮泛之思。生民。載謀載惟。箋云。諏謀其日。思念其禮。按經傳多用爲發語之詞。毛詩皆作維。論語皆作唯。古文尚書皆作惟。今文尚書皆作維。古文尚書作惟者。唐石經之類可證也。今文尚書作維者。漢石經殘字可證也。俗本匡謬正俗乃互易之。大誤。又魯詩作惟。與毛詩作維不同。亦見漢石經殘字。从心。隹聲。以追切。十五部。

懷 念思也。念思者、不忘之思也。釋詁、方言皆曰。懷、思也。詩卷耳、野有死麕、常棣傳同。若終風傳曰。懷、傷也。釋詁曰。至也。匪風、皇矣傳曰。歸也。皇皇者華、板傳皆曰。和也。皆引申之義。可以意會者也。古文又多段懷爲褱者。从心。褱聲。戶乖切。古音在十五部。

惀 欲知之皃。廣韵混韵注曰。心思求曉事。从心。侖聲。盧昆切。十三部。

想 覬思也。覬各本作冀。今正。欠部曰。𣢟、幸也。見部曰。覬、𣢟幸也。覬思者、覬望之思也。周禮。眡祲。十曰想。从心。相聲。息兩切。十部。

㥞 深也。深當作罙。許書深爲水名。罙爲罙淺字。穴部罙下曰。深也。言罙深古今字。以今字釋古字也。㥞與邃音義皆同。从穴者爲室之深。从心者、爲意思之深。从心。㒸聲。徐醉切。十五部。

慉 起也。邶風谷風傳曰。慉、興也。起與興義同。今本傳作養者。非也。小雅蓼莪箋云。畜、起也。此謂拊我畜我之畜。乃慉之段借。从心。畜聲。許六切。三部。詩曰。能不我慉。許所據如此。與能不我知、能不我甲句法同也。能讀爲而。

𢡚 滿也。方言曰。臆、滿也。廣雅曰。臆、滿也。漢蔣君碑。餘悲馮億。皆𢡚之段借字也。从心。䇂聲。於力切。一部。一曰十萬曰𢡚。詩楚茨傳。萬萬曰億。豐年傳。數萬至萬曰億。鄭箋云。十萬曰億。注王制云。億、今十萬。韋昭注鄭語、楚語曰。賈唐說皆以萬萬爲億。今數也。後鄭十萬爲億。古數也。其詳在說文解字讀。經傳皆作億。無作𢡚者。段借字也。籀文省。上从言省。

悹 悹也。悹各本作憂。今正。廣韵廿四緩引詩傳。悹悹、無所依。今大雅板傳作管管。又篇韵皆云。悹悹、憂無告也。今詩板、釋訓皆作灌灌。按憂無告之訓。正字作懽。見下文。不當作悹。从心。官聲。古玩切。十四部。

憀 憀然也。三字句。憀然猶了然也。類篇曰。力求切。賴也。且也。按聊者、憀之段借字。方言。俚、聊也。漢書。其畫無俚之至耳。戰國策。民無所聊。凡聊賴可作憀賴。从心。翏聲。洛蕭切。古音在三部。力求切。

愙 敬也。釋詁、商頌毛傳皆曰。愙、敬也。从心。客聲。當作从心客。客亦聲。苦各切。五部。今字作恪。春秋傳曰。以陳備三愙。左傳襄廿五年文。按不引商頌而引此者。以證从心客會意也。五經異義。公羊說。存二王之後。所以通夫三統之義。禮戴說。天子存二代之後。猶尊賢也。古春秋左氏說。周家封夏殷二王之後以爲上公。封黃帝堯舜之後謂之三恪。許愼謹案云。治魯詩丞相

愯　懼　怙恃　慒　悟　憮　㤅　㥠慰

韋玄成治易施讎等說引外傳曰。三王之樂可得觀乎。知王者所封三代而已。不與左氏說同。鄭駁之云。所存二王之後者命使郊天。以天子之禮祭其始祖受命之王。自行其正朔服色。恪者敬也。敬其先聖而封其後。與諸侯無別殊異。何得比夏殷之後。按許不偁公羊說戴說。而偁古左氏亦不與異義同。葢異義先成說文晚定。用左氏說與鄭同也。

愯　懼也。與竦音義略相近。从心。雙省聲。息拱切。九部。春秋傳曰。駟氏愯。昭公十九年左傳文。今本作聳。後人所易也。又昭六年左傳聳之以行。漢書刑法志引作慫。晉灼曰。古悚字。按漢書雙不省。又魏都賦。吳蜀二客愯焉相顧。張載注愯懼也。引左傳駟氏愯。張用說文也。俗本譌爲矍。

懼　恐也。恐下曰。懼也。是爲轉注。从心。瞿聲。其遇切。五部。　古文。眀者、左右視也。形聲兼會意。

怙　恃也。韓詩云。怙賴也。从心。古聲。侯古切。五部。

恃　賴也。韓詩云。恃負也。从心。寺聲。時止切。一部。

慒　慮也。見釋言。从心。曹聲。藏宗切。今音也。廣韵又似由切。古音也。宜三部。爾雅音義曰。字書作悰。然說文悰慒並出。

悟　覺也。見部覺下曰。悟也。是爲轉注。按古書多用寤爲之。从心。吾聲。五故切。五部。　古文悟。

憮　炁也。炁各本作愛。今正。韓鄭曰憮。方言。亟憐憮俺愛也。宋衛邠陶之閒曰憮。或曰俺。又曰。韓鄭曰憮。釋詁曰。憮、撫也。一曰不動。別一義。論語。夫子憮然。孟子。夷子憮然。三蒼曰。憮然失意皃也。趙岐曰。憮然猶悵然也。皆於此義近。从心。無聲。文甫切。五部。郭璞范甫反。

㤅　惠也。叀部曰。惠仁也。仁者親也。从心。旡聲。八篇。㱃食屰气不得息曰旡。古文作旡。此用古文爲聲也。許君惠炁字作此。炁爲行皃。乃自炁行而炁廢。轉寫許書者遂盡改炁爲㤅。全非許憮炁二篆相聯之意。烏代切。十五部。　古文。旡聲。既者、郎先聲也。炁者古文㤅。唐人乃用爲伊余來塈、民之攸塈之塈。其紕繆有如此者。詩之塈乃呬之叚借。息也。

㥠　知也。此與言部諝音義皆同。从心。胥聲。私呂切。五部。

慰　安也。方言。慰、凥也。

十篇下　三三

⿱㪅心　⿱篙心　怞　㥌　忞　慔　愐　忕

也。江淮青徐之閒曰慰。从心。𡰪聲。於胃切。十五部。一曰恚怒也。別一義。恚恨也。小雅。以慰我心。毛曰。慰、怨也。韓詩作以愠我心。愠、恚也。

⿱㪅心　謹也。从心。㪅聲。讀若毳。此芮切。十五部。

⿱篙心　篙箸也。按箸必是譌字。不可解。疑當作足部之踞。篙踞猶今人所用躊躇也。皆裵回不決之見。故从心。从心。篙聲。云省聲。按篙當依竹部作籌。直由切。三部。

怞　朖也。未聞。疑是恨也之誤。从心。由聲。直又切。三部。詩曰。憂心且怞。小雅鼓鍾文。今毛詩作妯。毛云。動也。鄭云。悼也。鼓鍾傳云。妯動也。苑柳傳云。蹈動也。三字音義略同。

㥌　憮也。㥌乃復字未刪者。憮各本作撫。今正。方言。㥌、憐也。上文憮、炁也。炁與憐同義。从心。某聲。讀若侮。亡甫切。古音在一部。

忞　自勉彊也。各本少自勉二字。韵會有之。與篇韵合。大雅。亹亹文王。毛傳曰。亹亹、勉也。亹卽釁之俗。釁从分聲。亹亹卽忞忞之叚借也。从心。文聲。武巾切。十三部。周書曰。在受德忞。立政文。今尚書作敃。釋詁。敃、彊也。許所據古文不同。讀若旻。

慔　勉也。勉者彊也。釋訓曰。懋懋慔慔勉也。从心。莫聲。莫故切。五部。按爾雅音義云。亦作慕。今說文慔慕分列。或恐出後人改竄。

愐　勉也。釋詁曰。蠠沒勔也。方言曰。勔釗薄勉也。南楚之外曰薄努。自關而東周鄭之閒曰勔釗。按毛詩黽勉亦作僶俛。韓詩作密勿。爾雅作蠠沒。蠠本或作𧒂。𧒂卽蜜。然則韓詩正作蜜勿。轉寫誤作密耳。爾雅釋文云。勔本作僶。又作黽。是則說文之愐爲正字。而作勔作蠠作𧒂作蜜作密作黽作僶皆其別字也。今則不知有愐字。而愐字廢矣。从心。面聲。彌殄切。古音在十四部。

忕　習也。从心。大聲。此篆各本作愧。解云曳聲。今正。詩四月正義。蕩釋文皆引說文。忕、習也。是唐初本有忕篆。而玄應書卷十三云。忕又作愧。引字林。愧、習也。倉頡篇。愧、習也。然則說文作忕。字林變作愧。實一字。淺人用字林改說文耳。犬部狃下曰。犬性忕也。可證許書故有忕篆。狃忕之見於經傳不可枚舉。陸德明時世反。又市制反。又時設反。字林作愧。則巽世反。十五部。○又按愧葢本作怈。唐人

十篇下　三四

避諱。於偏旁世字多改爲㥏。集韻類篇皆㥏世爲重文。勉也。古多段茂字爲之。从心。楙聲。莫候切。三部。虞書曰。虞當作唐。見禾部。時惟懋哉。堯典文。今作惟時。未知孰是。或省。習也。習其事者。必中心好之。从心。莫聲。莫故切。五部。止也。方言。悛。改也。自山而東或曰悛。或曰懌。从心。夋聲。此緣切。十三部。肆也。廣雅曰。隸也。忩也。从心。隶聲。他骨切。十五部。廣韵又他內切。趣步𢡆𢡆也。趣。疾走也。趣步𢡆𢡆。謂疾而舒也。馬部𩦺下曰。馬行徐而疾。義正相類。漢書。長倩𢡆𢡆。蘇林曰。𢡆𢡆。行步安舒也。論語。與與如也。馬注曰。與與。威儀中適之皃。與與卽𢡆𢡆之段借。欠部曰。歟。安气也。从心。與聲。余呂切。五部。廣韵又平聲。說也。說今之悅字。尚書大傳。師乃慆。注曰。慆。喜也。可證許說。悉蟀傳曰。慆。過也。東山傳曰。慆慆言久也。皆引申之義也。古與滔互段借。从心。舀聲。土刀切。古音在三部。安也。小戎傳曰。厭厭。安靜也。湛露傳曰。厭厭。安也。釋文及魏都賦注引韓詩。愔愔。和悅之皃。按愔見左傳祈招之詩。益愔卽懕之或體。厭乃懕之段借。載芟。有厭其傑。厭厭其苗。亦懕之段借。廣韵。稖稖。苗美也。用載芟傳也。从心。厭聲。於鹽切。按古音讀如音。在七部。詩曰。懕懕夜飲。湛露文。按此則許所據从心。安也。子虛賦曰。憺乎自持。按人部曰。倓。安也。音義皆同。从心。詹聲。徒敢切。八部。無僞也。僞各本作爲。今按許以爲訓母猴。僞訓作也。是許書作爲字皆當作作僞也。今本人部僞下曰詐也。淺人所改耳。子虛賦曰。怕乎無爲。憺怕。俗用澹泊爲之。段借也。澹作淡。尤俗。从心。白聲。李善蒲各切。五部。徐鉉曰。匹白切。又葩亞切。按匹白者。今音之轉。葩亞者。用雅字爲俗字之俗音也。今人所云怕懼者。乃迫之語轉。㥷也。㥷各本作憂。今正。釋詁及小雅杕杜祈父傳皆曰。恤。憂也。按卩部曰。卹。㥷也。比部引周書無毖于卹。今尚書作恤。恤與卹音義皆同。又疑古祇有卹。恤其或體。收也。當依玉篇作救也。从心。血聲。辛聿切。十二部。

極也。極者。屋之高處。干者。犯也。忏者。以下犯上之意。从心。干聲。古寒切。十四部。喜款也。懽款疊韵。款者。意有所欲也。欠部曰。歡者。喜樂也。懽與歡音義皆略同。从心。雚聲。古玩切。十四部。廣韵曰。懽同歡。呼官切。爾雅曰。懽懽愮愮。憂無告也。釋訓文。懽懽卽大雅之老夫灌灌。傳曰。灌灌猶款款也。懽本訓喜款。而㥷者款款然之誠。亦與喜樂之款款同其誠切。許說其本義。爾雅說其引申之義也。懽也。懽讀如歡。冡上懽篆而云也。从心。禺聲。噳俱切。古音在四部。此與愚各字。猶慕與模各字也。琅邪朱虛見地理志。故城在今山東青州府臨朐縣東六十里。有偶亭。按漢時縣道國邑千五百八十七。鄉六千六百二十二。亭二萬九千六百三十五。其名皆著於籍。故許氏得偁鄉亭之名。班氏但舉縣道國邑之名也。飢餓也。餓當作意。釋言曰。惄。飢也。李巡云。惄宿不食之飢也。周南傳曰。惄。飢意也。爲許所本。从心。叔聲。奴歷切。古音在三部。一曰㥷也。㥷各本作憂。今正。釋詁及小弁傳曰。惄。思也。舍人云。惄志而不得之思也。方言曰。惄。溼。憂也。自關而西秦晉之閒。凡志而不得欲而不獲。高而有墜。得而中亡。謂之溼。或謂之惄。按思與㥷義略同也。詩曰。惄如輖飢。輖各本作朝。誤。今依李仁甫本訂。毛傳曰。輖。朝也。謂輖卽朝之段借字也。周南汝墳文。勞也。此與人部御音義皆同。本一字耳。詳彼注。从心。卻聲。其虐切。古音在五部。憸詖也。憸葢險之字誤。詖同頗。古文以詖爲頗也。憸利於上佞人也。立政曰。國則罔有立政用憸人。馬融曰。憸利佞人也。从心。僉聲。息廉切。七部。息也。此休息之息。上文息篆訓喘息。其本義。凡訓休息者。引申之義也。釋詁及甘棠傳皆曰。憩。息也。憩者愒之俗體。民勞傳又曰。愒。息也。非有二字也。又釋言曰。愒。貪也。此愒字乃𢿏之段借。如左傳玩歲而愒日。許引作忨歲而𢿏日。公羊傳不及時而葬曰愒。愒。急也。亦卽𢿏字也。从心。曷聲。去例切。十五部。精戇也。未聞。玉篇廣韵云。寢熟也。从心。毳聲。千短切。篇韵呼骨切。十五部。

⿱冊心疾利口也。疾、惡也。謂疾惡利口之人也。般庚相時⿱冊心民。猶胥顧于箴言。謂惟憸惡利口之人尚能相與稍顧清議。女部姍訓誹也。漢書姍笑與⿱冊心義略同。从心从冊。小徐作冊聲。譌。按當讀如刪。大徐息廉切。非也。篇韵皆同。其誤久矣。詩曰。相時⿱冊心民。詩無此語。尚書般庚上曰。相時憸民。集韵引說文作商書相時⿱冊心民。豈丁度等所見不誤與。玉篇廣韵集韵類篇皆不言憸⿱冊心爲一字。立政兩言憸人。釋文曰。憸本又作⿱冊心。是則當爲一字矣。而⿱冊心从冊。蓋从刪省聲。如珊姍比。漢石經尚書殘碑此字作⿱散心。⿱散心卽散。疑古文般庚作⿱冊心。今文般庚作散。異字同音。⿱冊心訓疾利口。與憸訓詖邪異字異音異義。不知者乃捏而一之。般庚或作憸民。立政或作⿱冊心人。皆淺者所爲耳。無容同字而許異訓也。凡釋文云本又作之下往往出古字。序內所云兼采說文字詁以示同異者。此云本又作⿱冊心。正用說文。仍襲舊說。未寀定般庚有⿱冊心而立政無⿱冊心也。

急褊也。褊者衣小也。故凡窞陘謂之褊。釋言曰。褊、急也。从心及聲。居立切。七部。

⿱辡心惪也。惪各本作憂。今正。从心辡聲。方沔切。十二部。一曰急也。此義少見。左傳曰。邾莊公弁急而好絜。弁蓋辡之叚借字。杜云。弁、躁疾也。玉藻弁行剡剡起屨。釋文正義皆曰。弁、急也。

⿰忄亟急性也。各本作疾也。今依韵會正。釋言曰。悈、褊急也。釋文。悈本或作極。又作亟。同紀力反。按極正⿰忄亟之誤。⿰忄亟與急雙聲同義。⿰忄亟字不見於經。有叚亟爲之者。如詩經始勿亟。箋云。亟、急也是也。有叚戒爲之者。如鹽鐵論引六月我是用戒。謝靈運撰征賦作用棘是也。有叚悈爲之者。如釋言悈急也是也。有叚棘爲之者。如素冠傳、六月出車文王有聲箋皆曰。棘、急也是也。有叚革爲之者。如禮器非革其猶。檀弓夫子之病革矣。注皆曰急也是也。傳箋注以叚借法釋經。从心亟聲。舉形聲包會意也。己力切。一部。一曰謹重皃。此義之相反而相成者也。急則易遲。列子讓⿰忄亟夌諄。注。⿰忄亟、吃也。

懁急也。獧下曰。一曰急也。此與義音同。論語狷。孟子作獧。其實當作懁。齊風子之還兮。傳曰。還、便捷之皃。走部曰。䟫、疾也。其義皆近。从心睘聲。讀若絹。古縣切。十四部。

⿰忄巠恨也。悻字也。孟子則怒悻悻然見於其面。趙以恚怒釋之。又引論語悻悻然小人哉。今論語作硜硜。从心巠聲。胡頂切。十一部。

⿱弦心急也。按人性緩者佩弦以自急。从心弦。弦亦聲。胡田切。十二部。河南密縣有⿱弦心亭。見地理志。故城在今河南開封府密縣東七十里。

慓疾也。廣雅。急也。弓人曰。於挺臂中有柎焉。故剽云剽疾也。此謂剽卽慓之叚借也。注从心票聲。敷沼切。二部。亦平聲。

愞駑弱也。也上本有者。今刪。駑當作奴。許書無駑字。蓋祇云奴馬也。从心耎聲。乃亂切。十四部。此篆各本作懦。从心需聲。人朱切。乃淺人所改。今正。愞與人部偄音義皆同。也本乃亂切。音轉爲乃過切。廣韵獮韵愞而兗切。換韵愞奴亂切。過韵愞乃過切。玉篇心部愞乃亂乃過二切。皆訓弱也。此自古相傳不誤之字也。因形近或譌爲懦。再譌爲儒。其始尚分愞儒爲二字二音。故玉藻注云。舒愞者所畏在前也。釋文云。愞乃亂反。又奴臥反。怯愞也。又作儒。人于反。弱也。皇云學士。是其分別井然。而轉寫愞譌爲儒。故五經文字曰。儒人于反。又乃亂反。見禮記注。於是有懦無愞。而以愞之反語入於懦下。廣韵虞韵懦字下人朱切。又乃亂切。其誤正同。又考僖二年左傳愞字。穀梁傳愞字。釋文轉寫皆譌作懦。凡經傳愞字皆譌作懦。不可勝正。愞通作耎。亦或借蝡。漢書西南夷傳選耎。後書章帝八王傳西羌傳選愞。史記律書選蝡。方言注愞撰。今無不作懦者。蓋需耎二聲古分別畫然。需聲在古音四部。人于切。耎聲在古音十四部。乃亂切。而自張參以來改耎爲需。不能諟正。說文心部之愞。手部之㨎。皆經淺人任意竄改。以合里俗。世有好學深思心知其意者。必以愚言爲然也。

恁下齎也。未聞。按後漢書班固典引曰。亦宜勤恁旅力。李賢注引說文恁念也。當用以訂正。廣雅曰。恁、思也。廣韵玉篇亦曰念也。恁念爲疊韵。廣雅又云。恁、弱也。則與詩荏染同音通用耳。从心任聲。如甚切。七部。李善如深切。

⿱代心失常也。从心代聲。他得切。一部。此字不古。說見下。

怚驕也。此與女部嫭驕也音義同。嫭下今本作嬌。乃驕之俗字耳。从心且聲。子去切。五部。

悒不安也。大戴禮曰。君子終身守此悒悒。

悆　忒　憪　愉

盧注。憂念也。蒼頡篇曰。悒悒不暢之皃也。其字古通作邑。俗作悒。爾雅云。儚、悒也。謂憂而不得息也。**从心。邑聲。**邑者、人所聚也。故凡鬱積之義从之。於汲切。七部。

悆　忘也。此義未聞。恐有譌字。**嘾也。**嘾者、含深也。含深者、欲之甚也。淮南修務訓高注云。憛悇、貪欲也。賈誼新書勸學篇。孰能無悇憛養心而顛一視之。阏奴篇。一國聞之者、見之者垂羨而相告、人悇憛其所自。按嘾憛悆悇皆古今字。悇憛猶憛悇也。若廣雅云。悇憛、懷憂也。此則其引申之義。凡求得未有不患失者。**从心。余聲。**羊茹切。五部。**周書曰。有疾不悆。**金縢文。今本作弗豫。許所據者壁中古文。今本則孔安國以今文字易之也。**悆、喜也。**喜者、樂也。此引書而釋之。必釋之者、以書義與字本義別也。凡引曰圛而釋之曰圛升雲半有半無、引布重莧席而釋之曰織蒻席、引如虎如貔、而釋之曰貔猛獸。引朕堲讒說殄行、而釋之曰堲疾惡也。皆此例。

忒　更也。从心。弋聲。他得切。一部。按人部代、更也。弋聲。忒與音義同。尸鳩傳曰。忒、疑也。瞻卬傳曰。忒、差也。皆一義之區別也。左部曰。差者、忒也。參差、不相值也。不相值卽更改之意。凡人有過失改常謂之忒。本無忲字。各本有忲篆。注云。失常也。从心、代聲。代亦弋聲。則音義皆同。此葢淺人妄增。如貝部貣外沾貸虫部蟘改爲螣、皆其類。忲篆宜刪。廣韵無忲、爲是也。忒之引申爲已甚。俗語用之。或曰大他佐切。或曰太。或曰忒。俗語曰忒殺。忒之叚借或作貣。

憪　愉也。廣韵曰。憪、心靜。然則今人所用閒靜字當作此字。許云愉者、卽下文愉愉如也之愉。謂憺怕之樂也。**从心。閒聲。**戶閒切。十四部。

愉　薄也。薄本訓林薄、蠶薄。而叚爲淺泊字。泊水部作洦。凡言厚薄、皆皁泊之叚借也。此薄也當作薄樂也。轉寫奪樂字。謂淺薄之樂也。引申之、凡薄皆云愉。唐風。他人是愉。傳曰。愉、樂也。禮記曰。有和氣者、必有愉色。此愉之本義也。毛不言薄者、重樂不重薄也。鹿鳴。視民不恌。傳曰。恌、愉也。許書人部作佻。愉也。周禮。以俗教安。則民不愉。鄭注。愉謂朝不謀夕。此引申之義也。淺人分別之。別製偷字。从人。訓爲偷薄。訓爲苟且。訓爲偷盜。絕非古字。許書所無。然自山有樞鄭箋云。愉讀曰偷。偷、取也。則不可謂其字不古矣。**从心。俞聲。**羊朱切。古音在四部。**論語曰。私覿愉愉如也。**鄉黨篇文。覿者、儥之俗字。愉愉、聘禮作俞俞。論語鄭注云。愉愉、容色和也。正薄樂之義。

懱　愚　戇　㤐　惷　懝

懱　輕易也。易當作傷。人部曰。傷、輕也。懱者、輕易人蔑視之也。刹之初六曰。蔑貞凶。馬云。蔑、無也。鄭云。輕慢。鄭謂蔑卽懱之叚借字也。**从心。蔑聲。**莫結切。十五部。**商書曰。以相陵懱。**今商書無此文。陵讀如在上位不陵下之陵。

愚　戇也。愚者、智之反也。**从心禺。**會意。愚亦聲。麌俱切。古音在四部。**禺、母猴屬。**母字舊奪。今補。許書夒下、爲下、玃下皆曰母猴。卽沐猴、獼猴一語之轉。而甶部禺下曰母猴屬。此卽用彼語。淺人刪母。非也。**獸之愚者。**已上八字說从禺之意。

戇　愚也。與上篆互訓。**从心。贛聲。**陟絳切。古音在八部。按師古張陳王周傳注曰。舊音下紺反。今音讀竹巷反。此音有古今之證也。

㤐　姦也。篇韵皆云恨也。**从心。采聲。**倉宰切。一部。

惷　愚也。見哀公問、表記。**从心。舂聲。**丑江切。古音在九部。徐仙民昌容反。

懝　騃也。騃本訓馬行仡仡。引申爲疑立之皃。又引申之、則方言曰。癡、騃也。懝騃卽方言之癡騃。疒部曰。癡、不慧也。**从心疑。**會意。**疑亦聲。**五溉切。一部。**一曰惶也。**惶者、恐也。

忮　悍　態　怪　像　慢　怠　懈　惰

忮　很也。很者、不聽从也。雄雉、瞻卬傳皆曰。忮、害也。害卽很義之引申也。或叚伎爲之。伎之本義爲與。許人部伎下引詩鞫人伎忒。言叚借也。**从心。支聲。**之義切。十六部。

悍　勇也。从心。旱聲。侯旰切。十四部。

態　意態也。各本作意也。少一字。今補。意態者、有是意因有是狀。故曰意態。猶詞者意內而言外。有是意因有是言也。意者、識也。**从心能。**會意。心所能必見於外也。能亦聲。一部。**或从人。**

怪　異也。从心。圣聲。古壞切。一部。

像　放也。从心。象聲。徒朗切。十部。

慢　惰也。从心。曼聲。謀晏切。十四部。**一曰慢、不畏也。**

怠　慢也。从心。台聲。徒亥切。一部。

懈　怠也。古多叚解爲之。**从心。解聲。**古隘切。十六部。

惰　不敬也。今書皆作

慫　怫　忿　忽　忘

惰。韋玄成傳。供事靡惰。師古曰。惰古惰字。从心。㥲省聲。㥲者、篆文隓字。見𨸏部。按肉部有隋字。則此當云隋聲也。徒果切。十七部。春秋傳曰。執玉惰。僖公十一年左傳曰。天王使召武公、內史過賜晉侯命。受玉惰。許受作執。按國語作晉侯執玉卑。葢或二書相涉之故。

惰或省𨸏。今俗皆如此作。

古文。漢書韋玄成傳。無媠爾儀。張敞傳。被輕媠之名。若方言。媠美也。南楚之外曰媠。則方俗殊語耳。

驚也。从心。從聲。讀若悚。悚當作竦。許書有愯無悚。息拱切。九部。

鬱也。鬱各本作鬰。誤。鬱者、芳艸築以煑之。引申爲凡抑鬱之偁。瓠子歌曰。魚弗鬱兮柏冬日。弗者、怫之借字。从心。弗聲。符弗切。十五部。

忽也。从心。介聲。呼介切。十五部。孟子曰。孝子之心。不若是忿。萬章篇文。今本夫公明高以孝子之心爲不若是恝。注云。恝、無愁之皃。張古黠切。丁音畍。按忿恝古今字。

忘也。古多叚曶爲之。曶俗作𦫳。从心。勿聲。呼骨切。十五部。

不識也。識者、意也。今所謂知識。所謂記憶也。从心。亡聲。依韵會本。武方切。十部。

懣　恣　愓　憧　悝

忘也。懣兜也。疑當作懣兜忘也。懣兜葢古語。忘之皃也。猶今人曰糊塗。不省事。从心。滿聲。母官切。十四部。

縱也。縱者、緩也。一曰捨也。从心。次聲。資四切。古音在十二部。

放也。與傷音義同。方言。媱、愓遊也。江沅之閒謂戲爲媱。或謂之愓。按廣韵作婸。从心。易聲。徒朗切。十部。方言音羊。一曰平也。玉藻。行容愓愓。注。直而疾皃也。

意不定也。咸九四曰。憧憧往來。劉表章句曰。憧憧、意未定也。說與許同。从心。童聲。尺容切。九部。

啁也。口部曰。啁、嘐也。啁郎今之嘲字。悝郎今之詼字。謂詼諧啁調也。今則詼嘲行而悝啁廢矣。東京賦曰。悝繆公於公室。李注。悝猶嘲也。从心。里聲。苦回切。古音在一部。春秋傳有孔悝。衛孔圉之子也。見左傳哀公十五年。許偁此者。葢悝字漢人少用也。一曰病也。釋詁曰。悝、憂也。又曰。痗、病也。葢憂與病相因。悝痗同字耳。詩。悠悠我里。傳曰。里、病也。是則叚借里爲悝。

憰　𢙼　怳　恑　懏　悸　憿　懖

權詐也。此與言部譎音義皆同。葢彼以言、此以心。从心。矞聲。古穴切。十五部。

誤也。廣韵曰。𢙼、惑也。又曰。誤人也。从心。狂聲。居況切。十部。

狂之皃。廣韵曰。懭怳。从心。兄聲。各本作況省聲。乃不知古音者所改。今正。許往切。十部。

變也。今此義多用詭。非也。詭訓責。从心。危聲。過委切。十六部。

有二心也。古多叚借攜爲之。从心。巂聲。戶圭切。十六部。

心動也。衛風。垂帶悸兮。傳曰。垂其紳帶。悸悸然有節度也。此未知以悸爲何字之叚借。凡若此類。思而未得者。可姑置之。但心知其必是叚借斯可矣。从心。季聲。其季切。十五部。

幸也。㚔者、吉而免凶也。引申之曰欽幸。亦曰憿幸。俗作僥倖。儌倖、徼倖皆非也。凡傳言徼福者皆當作憿福爲正。从心。敫聲。古堯切。二部。

歫善自用之意也。歫字各本無。依尚書音義所引補。許書無拒。歫卽今拒字。从心。銛聲。古活切。十

忨　惏　懜　𢟤

五部。商書曰。今女懖懖。般庚上篇文。馬云。拒善自用之意。許同之。鄭云。難告之意。其義略同。其字皆作懖。未嘗作聒也。衛包因鄭云懖讀如聒耳之聒。竟改經文作聒。聒開成石經從之。學者取以改孔氏正義。陸氏釋文。至宋人乃有訓聒聒爲讙讙多言者。

古文从耳。葢壁中文如是。孔安國易从耳爲从心。葢由伏生尚書如是。

貪也。貪者、欲物也。忨與玩翫義皆略同。从心。元聲。五換切。十四部。春秋傳曰。忨歲而㵣日。按左傳昭元年曰。翫歲而愒日。習部引之。國語作忨日而㵣歲。韋曰。忨、偷也。㵣、遲也。此所偁疑用外傳文。然杜注翫愒皆貪也。釋文曰。翫字又作忨。則許所據左傳如是。

河內之北謂貪曰惏。內字衍。小徐作河之北。卽河內也。惏與女部婪音義同。賈注左傳曰。惏、嗜也。方言曰。惏、殘也。陳楚曰惏。从心。林聲。盧含切。古音在七部。

不明也。从心。夢聲。夕部夢。不明也。此舉形聲包會意。武亙切。六部。

過也。過者、度也。凡人有所失。則如或梗之有不可徑

慊　惑　怋　怓　惷　惛　忥　⿱衞心　憒　忌　忿　悁

過䖒。故謂之過。从心。衍聲。去虔切。十四部。愆或从寒省。寒聲。諐籒文。从言、侃聲。過在多言。故从言。

慊疑也。疑者。惑也。故下文受之以惑。今字多作嫌。按女部嫌者。不平於心也。一曰疑也。不平於心爲嫌之正義。則嫌疑字作慊爲正。今則嫌行而慊廢。且用慊爲歉。非是。又或用慊爲愿。尤非是。大學此之謂自謙。注曰。謙讀爲慊。慊之言猒也。凡云之言者皆就字之本音本義而轉之。猒足。非慊之本義也。至若鄭本周易爲其慊於陽。故偁龍焉。鄭注云。慊讀爲羣公溓之溓。古書篆作立心與水相近。讀者失之。故作慊。溓、襍也。陰謂此上六也。陽謂今消息用事乾也。上六爲蛇。得乾氣襍似龍。此鄭注則易慊爲溓。皆不用字之本義也。从心。兼聲。戶兼切。七部。

惑亂也。亂者。治也。疑則當治之。古多叚或爲惑。从心。或聲。胡國切。一部。

怋怓也。从心。民聲。呼昆切。按古音當在十二部。讀若民。如今音則與惛無別矣。

怓亂也。大雅民勞毛傳曰。惛怓、大亂也。惛當作怋。从心。奴聲。女交切。古音在五部。詩曰。㠯謹怋怓。怋各本作惛。今正。民勞釋文曰。惛說文作怋。舊本如是。今本作說文作昬。誤也。怋怓爲連緜字。說文古本當是怋篆下云怋怓、亂也。怓篆下云怋怓也。而引詩在怋篆下。

惷亂也。从心。舂聲。尺允切。十三部。春秋傳曰。王室日惷惷焉。昭二十四年左傳文。今本作王室實蠢蠢焉。杜注。蠢蠢、動擾皃。一曰厚也。別一義。

惛不憭也。憭、慧也。从心。昏聲。呼昆切。十三部。

忥癡皃。癡、不慧也。故忥與惛爲伍。从心。气聲。許既切。十五部。

⿱衞心寱言不慧也。哀二十四年左傳曰。是⿱衞心言也。釋文曰。字林作⿱衞心。云夢言意不慧也。按左傳作衞。是叚借字。从心。衞聲。于歲切。十五部。

憒亂也。大雅召旻。潰潰回遹。傳曰。潰潰、亂也。按潰潰者、憒憒之叚借也。後人皆用憒憒。从心。貴聲。胡對切。十五部。

忌憎惡也。从心。己聲。渠記切。一部。

忿悁也。忿與憤義不同。憤以气盈爲義。忿以狷急爲義。从心。分聲。敷粉切。十三部。

悁忿也。悁之言狷也。狷、急也。澤陂曰。中心悁悁。傳曰。悁悁猶悒悒也。从心。肙聲。於緣切。十四部。一曰𢝊也。𢝊各本作憂。今正。𢝊、愁也。𢙐籒文。肙聲。

⿱黎心　恚　怨　怒　憝　慍　惡　憎　怖　忍　㥟

⿱黎心恨也。从心。黎聲。郎尸切。十五部。一曰怠也。

恚怒也。怒各本作怨。今依大雅緜正義正。下文曰。怒者、恚也。二篆互訓。从心。圭聲。於避切。十六部。

怨恚也。从心。夗聲。於願切。十四部。𢘈古文。按此篆體葢有誤。集韵類篇云。古作𢘈。又班馬字類、韵會皆引史記封禪書百姓怨其法。字作惌。今史記無有如此者。葢古字日卽於亡矣。

怒恚也。从心。奴聲。乃故切。五部。按古無努字。祗用怒。

憝怨也。从心。敦聲。徒對切。古音在十三部。周書曰。凡民罔不憝。康誥文。今作凡民自得罪。寇攘姦宄。殺越人于貨。暋不畏死。罔弗憝。孟子引作凡民罔不譈。

慍怨也。怨各本作怒。大雅緜傳曰。慍、恚也。正義云。說文慍、怨也。恚、怒也。有怨者必怒之。故以慍爲恚。然則唐初本作怨甚明。車舝以慰我心。韓詩作以慍我心。慍、恚也。與毛緜傳合。毛閒關傳曰。慰、怨也。葢毛詩亦作慍。後人譌爲慰耳。从心。𥁕聲。於問切。十三部。

惡過也。人有過曰惡。有過而人憎之亦曰惡。本無去入之別。後人強分之。从心。亞聲。烏各切。五部。

憎惡也。从心。曾聲。作滕切。六部。

怖恨怒也。小雅白華。念子懆懆。視我邁邁。毛傳曰。邁邁、不悅也。釋文云。韓詩及說文皆作怖怖。韓詩云。意不悅好也。許云。很怒也。今說文作恨。似宜依很。邁者、怖之叚借。非有韓、許。則毛詩不可通矣。許宗毛而不廢三家詩。从心。市聲。蒲昧切。十五部。詩曰。視我怖怖。

忍怒也。从心刀。各本作刀聲。今刪正。从心刀、謂心中含怒如懷刃也。李陽冰云。當从刈省聲。非是。本部固有忍篆矣。讀若顡。魚既切。十五部。

㥟怨恨也。廣雅。㥟、恨也。本此。从心。㣇聲。讀若膎。戶佳切。十六部。按㣇各本誤作彖。篆體誤作㥟。今改正。彖聲在十四部。㣇讀若弛。在十六部。蠡㥟皆㣇聲。故同在十六部也。今俗作蠡㥟。此豕部下所謂今世字誤以㣇

恨　懟　悔　⿰忄壹　怏

爲豙也。口部喙篆、疑亦本從豙聲。恨怨也。从心皀聲。胡艮切。十三部。懟怨也。今與憝音義皆同。謂爲一字。許不尒者、敦聲古在十三部。从心對聲。大淚切。十五部。悔悔恨也。按悔乃複舉字之未刪者。韵會無。當从之。悔者自恨之意。从心每聲。荒內切。古音在一部。⿰忄壹小怒也。从心壹聲。充世切。按廣韵⿰忄壹在十三祭。引說文小怒也。尺制切。恒在四十四有。四十九宥。小怒也。芳否敷救二切。集韵則祭韵有⿰忄壹。有韵⿰忄壹悟二同。匹九切。類篇從之。而無恒字。蓋恒⿰忄壹悟三字同。以說文音或作歅及說文佢字。廣韵作佢求之。定爲一字異體。古音壴尌樹豎皆讀近。受⿰忄壹斷不讀充世切也。音者、相與語唾而不受也。天口切。與小怒義亦相近。怏不服懟也。按當作不服也。懟也。奪一也字。遂不可解矣。集韵作不服對也。尤非。怏蓋倔強之意。方言曰鞅倖懟也。集韵於陽韵曰怏然自大之意。攷王逸少蘭亭序曰快然自足。自來石刻如是。本非快字。而學者尟知之。或叚鞅爲之。方言是也。周亞夫傳曰此鞅鞅非少主臣。从心央聲。於亮切。十部。

懣　憤　悶　惆　悵　愾　懆

懣煩也。煩者、熱頭痛也。引申之凡心悶皆爲煩。問喪曰。悲哀志懣氣盛。古亦叚滿爲之。从心滿。滿亦聲。廣韵莫旱切。十四部。大徐莫困切。憤懣也。从心賁聲。房吻切。十三部。悶懣也。从心門聲。莫困切。十三部。惆失意也。荀卿子。惆然不嗛。陸機歎逝賦。心惆焉而自傷。廣雅曰。惆痛也。从心周聲。敕鳩切。三部。悵望恨也。望其還而不至爲恨也。从心長聲。丑亮切。十部。愾大息皃。大各本作太。皃各本作也。皆誤。今正。古無太息連文者。淺人爲之也。口部嘆下曰。大息也。大息者、呼吸之大者也。呼、外息也。吸、內息也。曹風。下泉。愾我寤嘆。嘆或作歎者。誤。箋云。愾嘆息之意。許云大息者謂嘆云皃者謂愾也。祭義曰。入戶而聽愾然必有聞乎其嘆息之聲是也。若哀公問則愾乎天下矣。注云愾至也。此叚愾爲訖。从心氣聲。許既切。陸引說文火既反。十五部。詩曰。愾我寤嘆。懆愁不安也。當依韵會本作懆懆愁也。懆訓愁。慘訓毒。音義皆殊。

愴　怛　憯　慘　悽　恫

而寫者多亂之。白華作懆見於許書。月出、正月、抑皆作懆人韵。且毛傳曰懆懆憂不樂也。懆懆猶慼慼也。正爲許說所本。而陸氏三者皆云七感反。其憒亂有如此者。从心喿聲。七早切。二部。詩曰。念子懆懆。小雅白華文。愴傷也。愴訓傷。猶創訓傷也。祭義曰。必有悽愴之心。从心倉聲。初亮切。十部。怛憯也。匪風。中心怛兮。傳曰。怛、傷也。甫田。勞心怛怛。傳曰。怛怛猶忉忉也。按上章傳曰。忉忉、憂勞也。此因其義相同。故曰猶。从心旦聲。得案切。又當割切。在十四十五部。⿱旦心怛或从心在旦下。詩曰。信誓⿱旦心⿱旦心。衞風。氓傳文。按詩曰信誓旦旦。傳曰。信誓⿱旦心⿱旦心然。謂旦卽⿱旦心之叚借字。箋云。言其懇惻款誠是也。許偁詩傳而云詩曰者、此詩曰不醉而怒謂之奰。虞書曰仁覆閔下則偁旻天之例也。⿱旦心⿱旦心下當有然字。憯痛也。从心朁聲。七感切。古音在七部。慘毒也。毒、害也。从心參聲。七感切。古音在七部。悽痛也。从心妻聲。七稽切。十五部。恫

悲　惻　惜　愍　慇　㥯

痛也。大雅。思齊傳曰。恫、痛也。康誥。恫瘝乃身。从心同聲。他紅切。九部。一曰呻吟也。呻吟見口部。匡謬正俗曰。太原俗呼痛而呻吟爲通喚。周書恫瘝是其義。江南謂呻喚。關中謂呻恫。按前說可包後說。此等恐皆後人入也。悲痛也。按憯者、痛之深者也。恫者、痛之專者也。悲者、痛之上騰者也。各從其聲而得之。从心非聲。府眉切。十五部。惻痛也。从心則聲。初力切。一部。惜痛也。从心昔聲。思積切。古音在五部。愍痛也。與閔義殊。从心敃聲。眉殞切。十三部。慇痛也。柏舟。耿耿不寐。如有隱憂。傳曰。隱、痛也。此謂隱卽慇之叚借。痛憂猶重憂也。桑柔。憂心慇慇。釋訓。慇慇、憂也。謂憂之切者也。凡經傳隱訓痛者、皆柏舟詩之例。从心殷聲。於巾切。古音在十三部。樊光於謹反。㥯痛聲也。閒傳。斬衰之哭。若往而不反。齊衰之哭。若往而反。大功之哭。三曲而偯。注曰。一舉聲而三折也。偯聲餘從容。孝經。哭不偯。鄭注云。氣竭而息聲不委曲。按音義皆云說文作㥯。然則許云痛聲者、委

⿱⺮⿵門心　慅　感　忧　𢙁　愪　怮　忦　恙　惴

曲自見其痛於聲。非痛之至者也。从心。依聲。於豈切。十五部。孝經曰。哭不偯。此許所學孔氏古文也。作偯者俗字。⿱⺮⿵門心⿱⺮⿵門心在也。各本作⿱⺮⿵門心存也三字。今正。釋訓曰。存存、⿱⺮⿵門心⿱⺮⿵門心在也。許本之。今爾雅作存存、萌萌在也。郭云未見所出。音武庚反。可謂疏於考覈矣。釋文曰。施亡朋反。字或作蕄。廣韵引爾雅存存蕄蕄在也。音武登切。玉篇艸部引爾雅存存蕄蕄在也。音莫耕切。又曰蕄同蕄。或作萌。玉裁按。蕄與⿱⺮⿵門心相似。而竹艸不同。又後人音切與讀簡大異。蓋蕄者⿱⺮⿵門心之譌。竹誤而爲艸也。蕄者蕄之譌。門誤而爲明也。又誤而去心作萌。而郭反以武庚。玉篇從之。又誤而以萌爲萌。而陳博士施乾反以莫登。廣韵本之。此展轉馳繆之故。段令景純解讀許書。何難正其形說其音義也。論語。簡在帝心。卽⿱⺮⿵門心字之段借。从心。簡省聲。讀若簡。古限切。十四部。慅動也。月出。勞心慅兮。常武。徐方繹騷。傳曰。騷、動也。此謂騷卽慅之段借字也。二字義相近。騷行而慅廢矣。从心。蚤聲。蘇遭切。古音在三部。一曰起也。別一義。感動人心也。許書有感無憾。左傳、漢書憾多作感。蓋憾淺於怨怒。才有動於心而已。从心。咸聲。古禫切。古音在七部。

忧心動也。各本作不動也。今正。玉篇曰。心動也。廣韵曰。動也。與頁部之頄義近。从心。尤聲。讀若祐。于救切。古音在一部。𢙁怨𢙁也。各本作怨仇也。今正。廣韵亦作怨𢙁。謂怨惡之也。𢙁與咎音同義別。古書多段咎字爲之。咎行而𢙁廢矣。从心。咎聲。此與人部倃皆謂歸咎於彼。舉形聲包會意也。其久切。三部。愪𢝊皃。以下𢝊字廿二見。幷上文四見。各本皆作憂。淺人用俗行字改之也。許造此書。依形立解。斷非此形彼義。牛頭馬脯。以自爲矛盾者。𢝊者愁也。憂者和行也。如今本。則此廿餘篆將訓爲和行乎。他書可用段借。許自爲書。不可用段借。从心。員聲。王分切。十三部。怮𢝊皃。从心。幼聲。於虯切。三部。忦𢝊也。从心。介聲。此與上介下心之字義別。五介切。十五部。恙𢝊也。古相問曰不恙。曰無恙。皆謂無憂也。从心。羊聲。余亮切。十部。惴𢝊懼也。釋訓、毛傳皆曰。惴惴、懼也。許意懼不足以盡之。故增𢝊字。从心。耑聲。之瑞切。古音在十四部。詩曰。惴惴其慄。詩者。秦風黃鳥文。慄當作栗。轉寫之誤也。古戰栗、堅栗皆作栗。戰栗及禮經栗階。皆取栗駭之意。

憌　怲　惔　惙　慯　愁　愵　惂　悠　悴　慁　愸

憌𢝊也。从心。鈞聲。常倫切。十二部。廣韵作恂。怲𢝊也。釋訓曰。怲怲、憂也。毛傳曰。怲怲、憂盛滿也。怲怲與彭彭音義同。故云憂盛滿。从心。丙聲。兵永切。古音在十部。讀如旁。詩曰。憂心怲怲。惔𢝊也。从心。炎聲。此以形聲賅會意。徒甘切。八部。詩曰。憂心如炎。節南山。憂心如惔。許所據作憂心如炎。引之以明會意也。此豐麗引易之例。今更正。炎者、火光上也。憂心如之。故其字作惔。雲漢。如惔如焚。亦如炎之誤。毛傳曰。惔、燎之也。惙𢝊也。釋詁、毛傳同。从心。叕聲。陟劣切。十五部。詩曰。憂心惙惙。召南草蟲文。一曰意不定也。慯𢝊也。周南卷耳傳曰。傷、思也。此傷卽慯之段借。思與憂義相近也。方言傷、廣雅作慯。从心。傷省聲。

各本作殤省聲。今正。式亮切。十部。按舊音式羊切。見廣韵。愁𢝊也。或借爲揫字。鄉飲酒義曰。秋之爲言揫也。是。从心。秋聲。士尤切。三部。愵𢝊皃。毛詩。惄如輖飢。韓詩作愵如。方言。愵、憂也。自關而西秦晉之閒或曰惄。蓋古惄愵通用。从心。弱聲。讀與惄同。奴歷切。古音在二部。惂𢝊困也。从心。臽聲。苦感切。八部。悠𢝊也。釋訓曰。悠悠、洋洋、思也。小雅。悠悠我里。傳曰。悠悠、憂也。按此傳乃悠之本義。渭陽。悠悠我思。無傳。蓋同釋訓。若黍離。悠悠蒼天。傳曰。悠悠、遠意。此謂悠同攸。攸同脩。古多段攸爲脩。長也。遠也。从心。攸聲。以周切。三部。悴𢝊也。方言。悴、傷也。傷卽慯字。从心。卒聲。讀與易萃卦同。秦醉切。十五部。慁𢝊也。昭六年左傳曰。主不慁賓。杜云。慁、患也。从心。圂聲。胡困切。十三部。一曰擾也。禮記儒行。不慁君王。陸賈傳。無久慁公爲也。愸楚潁之閒謂𢝊曰愸。从心。𤕤聲。力至切。按古音在一部。玉篇、廣韵皆力之切。至韵本無此字。至集韵乃並見之。至二韵。大徐力至二字。乃力之之誤也。

忓　𢝊也。卷耳。云何吁矣。傳曰。吁。𢝊也。此謂吁卽忓之叚借也。于部曰。吁。驚詞也。本義不訓憂。何人斯曰。云何其盱。都人士曰。云何盱矣。盱亦忓之叚借。毛無傳。疑卷耳本亦作盱也。盱。張目也。釋詁。盱。憂也。盱本或作忓。从心亏聲。讀若吁。況于切。五部。

忡　𢝊也。按也當作皃。釋訓曰。忡忡。憂也。毛傳曰。忡忡猶衝衝也。从心中聲。敕中切。九部。詩曰。憂心忡忡。召南草蟲文。

悄　𢝊也。按也當作皃。釋訓曰。悄悄。憂也。毛傳曰。悄悄。憂皃。从心肖聲。親小切。二部。詩曰。憂心悄悄。邶柏舟文。

慽　𢝊也。小明曰。政事愈慼。傳曰。慼。迫也。又曰。自詒伊慼。傳曰。慼。憂也。按下傳謂慼卽慽之叚借字也。慼者戚也。从心戚聲。倉歷切。古音在三部。或書作慼。

𢝊　愁也。上文云。愁。𢝊也。此云。𢝊。愁也。二篆互訓。不知何時淺人盡易許書𢝊字。許於夊部曰。憂。和行也。从夊。𢝊聲。非和行則不得从夊矣。又引詩布政憂憂。於此知許所據詩惟此作憂。其他訓愁者皆作𢝊。自叚憂代𢝊。則不得不叚優代憂。而商頌乃作布政優優。優者饒也。一曰倡也。从心頁。鍇本下衍聲字。非。𢝊心形於顏面。故从頁。此九字鉉本無之。鍇本有。韵會引同。今汪啓淑所刻鍇本𢝊篆奪去。憚篆已下又奪一葉。少憚至忘三十三篆。惟姑蘇顧氏黃氏所臧舊抄不少此。會意。如息从心自。由心達於鼻。思从心囟。由心徹於囟也。於求切。三部。

患　憂也。从心上貫吅。吅亦聲。此八字乃淺人所改竄。古本當作从心毌聲四字。毌貫古今字。古形橫直無一定。如目字偏旁皆作罒。患字上从毌。或橫之作申。而又析爲二中之形。葢恐類於申也。春秋繁露曰。心止於一中者謂之忠。持二中者謂之患。患人之中不一者也。董氏所說固非字之本形矣。古毌多作串。廣韵曰。串。穿也。親串卽親毌。貫。習也。大雅。串夷載路。傳曰。串。習也。葢其字本作毌。爲慣摜字之叚借也。廣韵又謂炙肉之器爲丳。初限切。亦毌字之變體也。患。胡丱切。十四部。舊多讀平聲。

𢜮　古文从關省。以關省爲聲也。關从𢍃聲。𢍃从丱聲。丱者从說文卯字。

𢜮　亦古文患。

恇　怯也。犬部曰。㹤。多畏也。杜林作怯。素問。尺虛者行步恇然。王注。恇然不足。樂記。衆不匡懼。此叚匡爲恇也。从心匡。匡亦聲。去王切。十部。按匡亦二字衍。

悏　思皃。从心夾聲。苦叶切。八部。

懾　失气也。失气言則口讋。从心聶聲。之涉切。八部。一曰心服也。心字依玄應書補。

憚　忌難也。憎惡而難之也。詩亦叚爲癉字。大東。哀我憚人是也。从心單聲。徒案切。十四部。一曰難也。當作難之也。難讀去聲。今本奪之字。凡畏難曰憚。以難相恐嚇亦曰憚。昭十三年左傳曰。憚之以威。周禮。暴內陵外則壇之。壇書或爲憚。大鄭讀從憚之以威之憚。西京賦曰。驚蝄蜽。憚蛟蛇。

悼　懼也。陳楚謂懼曰悼。方言。悛。憮。矜。悼。憐。哀也。齊魯之閒曰矜。陳楚之閒曰悼。趙魏燕代之閒曰悛。自楚之北郊曰憮。秦晉之閒或曰矜。或曰悼。按方言甚明了。許易哀爲懼。未詳。方言又曰。悼。傷也。秦謂之悼。皆不訓懼。檜風。中心是悼。傳曰。悼。動也。於懼義相合。小雅。上帝甚蹈。傳曰。蹈。動也。謂蹈卽悼之叚借也。故鄭申之云。蹈讀曰悼。从心卓聲。徒到切。二部。

恐　懼也。从心巩聲。丘隴切。九部。

𢖶　古文。

慴　懼也。从心習聲。讀若疊。之涉切。七部。

怵　恐也。孟子云。怵惕。从心朮聲。丑律切。十五部。

惕　敬也。从心易聲。他歷切。十六部。

悐　或从狄。狄聲也。漢書王商傳如此作。

供　戰栗也。栗舊作慄。今正。大學曰。恂栗也。戰國策曰。戰戰栗栗。日愼一日。方言。蛩供。戰慄也。荆吳曰蛩供。蛩供又恐也。注。蛩恭兩音。从心共聲。此與上共下心之恭字義別。戶工切。又工恐切。九部。

恗　苦也。通俗文。思愁曰恗。廣雅。恗。痛也。从心亥聲。胡槩切。一部。

惶　恐也。从心皇聲。胡光切。十部。

悑　惶也。从心甫聲。普故切。五部。

怖　悑或从布聲。

慹　悑也。莊子齊物論。哀樂慮歎變慹。司馬彪云。慹。不動皃。桂馥曰。不當作心。从心。執聲。之入切。七部。

慗

憊　憊也。此與備篆轉注。从心。𢡱聲。苦計切。十六部。

惫　憊也。通俗文。疲極曰憊。从心。葡聲。蒲拜切。十五部。今周易、公羊傳皆作憊。憊或从疒。

惎　毒也。左傳用此字。有用其本義者。如定四年。惎閒王室。哀元年。惎澆能戒之。注云。惎毒也。此用其本義也。宣十二年。晉人惎之脫扃。注云。惎教也。此叚惎爲諅也。諅誡也。从心。其聲。渠記切。一部。周書曰。來就惎惎。今尚書無此文。蓋卽秦誓未就予忌也。惎忌音同義相近。其餘乖異。不敢肊說。蓋必有誤奪。

恥　辱也。辰部曰。辱恥也。二篆爲轉注。从心。耳聲。敕里切。一部。

㥏　青徐謂慙曰㥏。方言。㥏、恧。慙也。荊揚青徐之閒曰㥏。若梁益秦晉之閒言心內慙矣。山之東西自愧曰恧。从心。典聲。他典切。十二部。

忝　辱也。小雅小宛曰。無忝爾所生。傳云。忝辱也。从心。天聲。他典切。按从天爲聲。則古音必在十二部。蓋或㥏之或體耳。自字林讀他念切。而失其本音矣。

慙　媿也。女部曰。媿慙也。二篆爲轉注。从心。斬聲。昨甘切。八部。

恧　慙也。从心。而聲。女六切。古音在一部。音轉入三部。屋韵。

怍　慙也。从心。乍聲。依小徐本。在各切。五部。

憐　哀也。从心。粦聲。落賢切。十二部。

⿱連心　泣下也。無聲出涕曰泣。从心。連聲。从心者。哀出於心也。从連者。不可止也。連亦聲。力延切。十四部。易曰。泣涕⿱連心如。屯上六爻辭。泣涕易作泣血。雨無正傳曰。無聲曰泣血。檀弓注曰。泣無聲如血出。而九家虞翻注易乃云血流出目。未知孰是。⿱連心如易作漣如。漣者瀾之或字。蓋許所據爲長。

忍　能也。能者。熊屬。能獸堅中。故賢者偁能。而彊壯偁能傑。凡敢於行曰能。今俗所謂能幹也。敢於止亦曰能。今俗所謂能耐也。能耐本一字。俗殊其音。忍之義亦兼行止。敢於殺人謂之忍。俗所謂忍害也。敢於不殺人亦謂之忍。俗所謂忍耐也。其爲能一也。仁義本無二事。先王不忍人之心。不忍人之政。中皆必兼斯二者。从心。刃聲。而軫切。十三部。

⿱弭心　厲也。蓋淬厲之意。一曰止也。左傳弭兵之弭、周禮彌災兵之彌。郊特牲有由辟焉之辟。皆當作此字。从心。弭聲。讀若沔。彌兗切。按弭在弓部。亦作覛。古音在十六部。⿱弭心亦當在十六部。讀若沔者。音之轉耳。

⿱乂心　懲也。古多用乂艾爲之。而⿱乂心廢矣。从心。乂聲。魚肺切。十五部。

懲　⿱乂心也。二篆爲轉注。古亦叚徵爲懲。从心。徵聲。直陵切。六部。

憬　覺悟也。从心。景聲。俱永切。詩曰。憬彼淮夷。魯頌文。按上文云。悟覺也。憬當與悟爲鄰。且毛詩作廣。故訓遠行皃。憬蓋出三家詩。淺人取以改毛。許書蓋本無此篆。或益之於此。

文二百六十三　重二十三

惢　心疑也。魏都賦曰。神惢形茹。从三心。今俗謂疑爲多心。會意。今花蘂字當作此。蘂繠皆俗字也。凡惢之屬皆从惢。讀若易旅瑣瑣。旅初六爻辭。惢讀如此瑣也。按古音在十六部。今才規、才累二切是也。

繠　垂也。垂各本作埀。誤。今正。左傳曰。佩玉繠兮。余無所繫之。旨酒一盛兮。余與褐之父睨之。注云。繠然服飾備也。按繠然垂意。左氏繠繫睨爲韵。古音十六部也。从惢系。各本下有聲字。今刪。此會意字。系者。所以系而垂之也。不入系部者。重惢也。惢亦聲。如壘切。古音在十六部。

文二

四十部　文八百一十　重八十八宋本作八十七。

凡萬四字此第十篇分部及篆體及說解各都數。

說文解字第十篇下

儀徵阮　元校字

水 汎 河

說文解字第十一篇上一

金壇段玉裁注

水準也。準古音追上聲。此以疊韵爲訓。如戶護尾微之例。釋名曰。水。準也。準。平也。天下莫平於水。故匠人建國必水地。北方之行。月令曰。大史謁之天子曰。某日立冬。盛德在水。象衆水竝流。中有微陽之氣也。火外陽內陰。水外陰內陽。中畫象其陽。云微陽者。陽在內也。微猶隱也。水之文與☵卦略同。式軌切。十五部。凡水之屬皆从水。

汎西極之水也。从水。八聲。府巾切。十二部。爾雅曰。西至於汎國。謂之四極。釋地曰。東至於大遠。西至於邠國。南至於濮鉛。北至於祝栗。謂之四極。釋文。邠本或作豳。說文作汎。同。彼貧反。案汎之作豳。聲之誤也。作邠則更俗矣。而可證唐以前早有以邠代豳者。許意西極汎國必以汎水得名。言水必先汎。與邑部言地先鄯善。皆自西而東。如禹貢之先弱水黑水也。許不以溺水先於河者。水莫尊於河與江也。南都賦。砏汎輣軋。李善汎音八。引埤蒼汎犬聲也。此假借別爲一義。其音亦可讀如邠。砏汎疊韵也。

河河水。各本水上無河字。由盡刪篆下複舉隸字。因并不可刪者而刪之也。許君原本當作河水也三字。河者篆文也。河水也者其義也。此以義釋形之例。毛傳云。洽水也。渭水也。此釋經之例。出敦煌塞外昆侖山。句發原注海。敦。鍇作燉。鉉作焞。皆誤。今正。唐朝乃作燉煌。見元和郡縣志。前此皆作敦。鄭氏書引應劭地理風俗記曰。敦。大也。煌。盛也。地理志、郡國志皆有敦煌郡。縣六。首敦煌。許但云敦煌。謂郡也。明之沙州衞。今甘肅之安西州敦煌縣玉門縣。皆漢郡地也。史記大宛傳曰。于寘之西。水皆西流注西海。其東水東流注鹽澤。鹽澤潛行地下。其南則河源出焉。多玉石。河此四字當作爲積石河注中國。鹽澤去長安可五千里。又曰張騫死後。漢使窮河源。河源出于寘。其山多玉石。采來。天子案古圖書。名河所出山曰崑崙云。漢書西域傳曰。西域以孝武時始通本三十六國。東則接漢。阸以玉門、陽關。西則限以蔥嶺。其南山東出金城。與漢南山屬焉。其河有兩源。一出蔥嶺。一出于闐。于闐在南山下。其河北流。與蔥嶺河合。東注蒲昌海。蒲昌海一名鹽澤者也。去玉門、陽關三千三百餘里。千字依水經注廣袤三四此字依小司馬增百里。其水亭居。冬夏不增減。皆以爲潛行地下。南出於積石。爲中國河云。地理志曰。金城郡河關縣。積石山在西南羌中。河水行塞外。東北入塞內。至勃海郡章武入海。過郡十六。行九千四百里。按于闐。今之和闐也。班云積石山者。卽禹貢之道河積石。今甘肅西寧府西南境之大積石也。許云出敦煌塞外者。卽班志云河水行塞外也。云昆侖山者。卽馬班所云出蔥嶺、于寘。天子案古圖書名其山曰崑崙也。云發原注海者。釋水文。卽志所云東北入塞內至章武入海也。史漢所云古圖書者。謂禹本紀山海經。皆云河出昆侖也。馬班皆不信禹本紀山海經之言。而許云出昆侖山者。許從漢武帝所詺也。塞外之山至高大者皆可謂之昆侖。故武帝取以詺蔥嶺于闐山。而不取荒誕之說。爾雅釋水曰。江河淮濟爲四瀆。四瀆者。發源注海者也。河出崑崙虛色白。所渠并千七百一川色黃。爾雅但言出崑崙虛。而絕無禹本紀山海經荒誕之言。故許取爲說。从水。可聲。乎哥切。十七部。

泑 涑

泑泑澤。澤上補一字。在昆侖虛下。宋本河泑下皆作昆侖。趙鈔本侖作崙。非。虛字各本無。今依太平御覽所引補。昆侖虛見爾雅、山海經、水經。丠部曰。虛。大丘也。昆侖丘謂之昆侖虛。山海經西山經曰。不周之山東望泑澤。河水所潛也。其源渾渾泡泡。西山經之泑澤。郭景純、酈善長皆云卽史漢之鹽澤。一名蒲昌海者也。云河水所潛。卽史漢書所謂潛行地下。南出於積石也。泑澤岠于闐山。漢武詺之昆侖者不甚遠。故曰在昆侖虛下。从水。幼聲。讀與㳅同。㳅同呦。於糾切。三部。

涑涑水。水上補涑字。以下皆同。出發鳩山。入河。北山經曰。又北二百里曰發鳩之山。漳水出焉。東流注于河。水經注濁漳篇曰。漳水又東。涑水注之。涑水西出發鳩山。東逕余吾縣故城南。又東逕屯畱縣故城北。又東流注于漳。故許愼曰。水出發鳩山。入關。從水東聲也。案酈注作入關不可通。說文云入於河。亦與水道不合。又但云出發鳩山。不言發鳩所在郡縣。葢許所據山海經作涑水出焉東流

涪

注于河。故許仍舊立文。如下文涻出北䍧山、入邙澤。亦全用北山經語。湅作漳、正如今北山經作涔、許作涻及木部引梀出發鳩山、今作柘之比。泑湅字皆出山海經。故類舉之耳。若依水經注、則湅入濁漳。濁漳徑入海。不入河。發鳩山淮南子注、水經、山海經注皆云在上黨長子縣西。今山西潞安府長子縣西五十里有發鳩山。从水東聲。德紅切。九部。按方言瀧涿謂之霑漬。瀧涿亦曰瀧涷。又爾雅、楚辭有涷雨。王云暴雨也。

涪 涪水。句。以下同。出廣漢剛邑道徼外。南入漢。地理志曰。廣漢郡剛氏道。郡國志曰。廣漢屬國都尉。領陰平道、甸氏道、剛氏道。剛氏此作剛邑、蓋誤。百官公卿表曰。列侯所食縣曰國。皇大后、皇后、公主所食曰邑。有蠻夷曰道。然則志偁甸氏道、剛氏道、湔氏道、皆以其有氏而道之。志於剛氏道下曰。涪水出徼外。南至墊江入漢。過郡二。行千六十九里。過郡二者、廣漢、巴郡也。墊江屬巴郡。按剛氏道徼外、蓋在今四川龍安府松潘廳境內地。舊松潘衞也。衞東有小分水嶺。涪水出焉。東南流經龍安府之平武縣、江油縣、彰明縣。又經綿州。又經潼川府之三臺縣、射洪縣、遂寧縣。至重慶府之合州城南。嘉陵江合渠江自東北來會。合流至重慶府府城北入大江。合州、漢之墊江縣也。嘉陵江卽西漢水也。許云南入漢、謂入嘉陵江也。水經云。涪水出廣魏涪縣西北。南至小廣魏與梓潼水合。梓潼水出其縣北界。西南入於涪。又西南至小廣魏南入於墊江。云出涪縣與志異者、水經舉稍近言也。墊江縣名。而云入於墊江者、以地名名水也。諡州之水見於史者、涪水謂之內水。今之涪江也。雒水合綿水謂之中水。今在瀘州州城北入大江。水道提綱謂之沱江者是也。外水今之大江也。从水咅聲。縛牟切。三部。

潼

潼 潼水。出廣漢梓潼北界。南入墊江。墊各本作墊。今正。廣漢郡梓潼、前後二志同。前志曰。梓潼五婦山、馳水所出。南入涪。行五百五十里。應劭注云。潼水所出。南入墊江。水經曰。梓潼水出其縣北界。西南入於涪。又西南至小廣魏南入於墊江。按馳水、潼水、梓潼水異名同實。五婦山卽今四川保寧府劒州州西北五十里之五子山。今劒州及綿州之梓潼縣、蓋漢梓潼地。潼水出五子山之西大山。東南流經今梓潼縣。又經潼川府之鹽亭縣。又至射洪縣東南之獨坐山。入涪江。今謂之潼江、射江、瀰江。許云南入墊江。卽謂今射洪東南入涪江。涪江下流至重慶府之合州合嘉陵江也。漢志墊江、應劭音徒浹反。孟康音重疊之疊。許書衣部云。墊、重衣也。巴郡有墊江縣。此縣爲嘉陵江、渠江、涪江會合之地。水如衣之重複。故曰墊江。其字音疊。淺人乃譌作昏墊之墊。觀應、孟之音、則知漢書字固從衣也。云入墊江者、其縣其水通名也。今四川忠州之墊江縣、則漢巴郡臨江縣地。與漢墊江相岠甚遠。○又按涪下曰南入漢者、言至墊江而入西漢水也。潼下曰南入墊江者、言入西漢水在墊江境也。錯見互相足。○又按地理志、水經之羌水下、合白水。又合西漢水。卽今四川保寧府昭化縣城北合嘉陵江之白水也。羌水亦謂之墊江者、蓋昔人以其委名其源。魏書吐谷渾阿豺登其國西壃山觀墊江源。今洮州衞西南三百四十里西彊山。羌水所出。从水童聲。徒紅切。九部。

江

江 江水。出蜀湔氏徼外崏山。入海。蜀郡湔氏道、二志同。前志曰。湔氏道、禹貢崏山在西徼外。江水所出。東南至江都入海。過郡九。行七千二百六十里。今本九作七。行七千作行二千。今依徐鍇所引正。過郡九者、蜀郡、犍爲、巴郡、南郡、長沙、江夏、廬江、丹陽、廣陵國也。湔氏徼外崏山、卽禹貢岷山。封禪書謂之瀆山。李膺益州記謂之羊膊嶺。今四川龍安府松潘廳卽松潘衞。衞北二百三十里大分水嶺是也。流經茂州、成都府、眉州、嘉定府、敘州府、瀘州、重慶府、忠州、夔州府、湖廣之宜昌府、荆州府、岳州府、武昌府、漢陽府、黃州府、江西之九江府、江南之安慶府、池州府、太平府、江寧府、鎭江府、常州府諸境。至北岸通州、南岸蘇州府昭文縣境入海。此禹貢漢志所謂北江入海也。从水工聲。古雙切。九部。

沱

沱 江別流也。召南曰。江有沱。釋水曰。水自江出爲沱。毛傳曰。沱、江之別者。按今說文衍流字。宜刪。沱爲江之別、如勃澥爲海之別。立文正同。禹貢某氏注云。沱江別名。江別名、謂江之別出者之名也。別、皆彼列切。出崏山東。句。別爲沱。禹貢曰。岷山道江。東別爲沱。按荆州、梁州皆有沱。地理志蜀郡郫下曰。禹貢江沱在西。東入江。汶江下曰。江沱在西南。東入江。皆謂梁州沱也。於南郡枝江曰。江沱在西。東入江。謂荆州沱也。

道江之東別爲沱。自當謂梁州者。鄭注尚書不信地理志所說。以今水道言之。水道提綱曰。江至灌縣曰都江。分爲二派。其南流者、正派也。其東流經郫縣新繁成都新都金堂、南經簡州資陽資縣富順至瀘州復入江者、沱江也。沱江會北來綿雒諸水而南入江曰中水。是首受江、尾入江。與漢志合。然此郫之沱耳。汶江之沱尙當在其上流。未審今何水。**从水它聲。**徒何切。十七部。

浙　江水東至會稽山陰爲浙江。會稽郡山陰二志同。今浙江省紹興府山陰縣是其地。今俗皆謂錢唐江爲浙江。不知錢唐江地理志水經皆謂之漸江。江至會稽山陰古曰浙江。說文浙漸二篆分舉劃然。後人乃以浙名冒漸。蓋由二水相合。如吳越春秋越王至浙江之上、史記楚威王盡取故吳地至浙江、始皇至錢唐臨浙江皆謂是也。今則江故道不可攷矣。歙金氏榜禮箋曰。班志南江、在會稽吳縣南。東入海。楊州川。北江、在毗陵北。東入海。楊州川。中江、出丹陽蕪湖西南。東至陽羨入海。楊州川。毗陵之北江卽今大江。其蕪湖之中江、吳縣之南江。逕流湮廢。據班志丹陽石城下云。分江水首受江。東至

餘姚入海。過郡二。行千二百里。說文江水至會稽山陰爲浙江。闞駰十三州志曰。江水至會稽與浙江合。晉灼亦云。水經江水又東至石城縣。分爲二。其一東北流、過毗陵縣北爲北江。其一又東至會稽餘姚縣東、入於海。酈注沔水篇曰。江水自石城東出爲南江。又東逕宣城之臨城縣南。又東逕安吳縣。又東逕寧國縣南。又東逕故鄣縣南安吉縣北。又東北爲長瀆歷湖口。又歷烏程縣南通餘杭縣。則與浙江合。又東逕餘姚縣故城南。又東注於海。所謂地理志江水自石城東出逕吳國南爲南江者也。榜謂分江水合三江言之爲南江。猶岷江合言之爲北江。班氏備列南江、中江、北江。以應職方楊州其川三江。其於石城著南江源委。猶於湔氏道著北江源委。故志於中江言出蕪湖西南東至陽羨入海。至南江、北江但云東入海。以入海之地已互見於石城、湔氏道也。是分江水爲南江。卽志文考之諟明。酈注能說南江、而不能說中江耳。**从水斷聲。**旨熱切。十五部。

渽　渽水出蜀汶江徼外。東南入江。蜀郡汶江、見前志。後志云。蜀郡汶江道。前志蜀郡青衣下云。大渡水東南至南安入渽。汶江下云。渽水出徼外。南至南安東入江。過郡三。行三千四十里。水經曰。大江又東南過犍爲武陽縣。青衣水、沫水從西南來合而注之。又曰。青衣水出青衣縣西蒙山。東與沫水合。至犍爲南安縣入江。沫水出廣柔徼外。東南過旄牛縣北。又東至越嶲靈道縣出蒙山南。東北與青衣水合。東入於江。注曰。江水又東南逕南安縣西。縣治青衣水會。衿帶二水矣。縣南有峨眉山。有濛水。卽大渡水也。水發蒙谿。東南與渽水合。渽水出徼外。逕汶江道南。至南安入大渡水。大渡水、又東入江。按經曰武陽。注曰南安。二縣壤接。犍爲南安者。今四川嘉定府治附郭縣曰樂山是也。蜀郡汶江縣者、今四川茂州治是其地。凡言徼外者皆謂去其郡縣境不甚遠。如廣漢剛氏道徼外、蜀湔氏徼外皆是。徼者張揖曰塞也。以木柵水爲蠻夷畍也。漢志青衣縣下有大渡水而無青衣水。蓋今之青衣水、班所謂大渡水也。今之大渡河、班所謂渽水也。凡水以互受而名亂舉如是矣。且地理志不言沫水。但言大渡水入渽渽水至南安入江。水經、華陽國志、張揖注漢書皆曰沫水與青衣水合入江。然則諸家云沫水與青衣水合者、卽班志之大渡

水與渽水合也。以今水道言。今之青衣江出雅州府蘆山縣東伏牛山西麓。東南流經滎經縣東。雅州府城北。名山縣南。洪雅縣南。夾江縣西。至嘉定府西境與陽江合者。諸家之青衣水、班志之大渡水也。今之大渡河出小金川司大金川司至上下魚通。合打箭鑪瀘河。經矓經關合越嶲河。經峩眉縣西南大峩山前。又經三峩山麓。至嘉定府西南境。青衣江自西北來會者。諸家所云沫水、班固所云渽水也。大渡河自北而西而西南而東而東北。曲行千五百里。班云過郡三者、蜀郡越嶲犍爲也。云行三千四十里、三千或是二千之誤。凡唐宋史云大渡河者、皆謂地理志之渽水。卽司馬相如傳之沫水。**从水𢦏聲。**各本篆作涐。解作我聲。音五何切。字之誤也。今更正。按作涐、則與漢志不合。遂有欲改志作涐者。攷漢志師古注曰。渽音哉。蓋沿音義舊文。玉篇涪潼涐江沱湔浙沫溫灊滇淹沮涂沅共十五字聯屬。皆峨江之類。與說文正合。而渽字則廁於部末。孫強、陳彭年襍收字中。此與木部梔字可正梔字之誤正同。水經注云。呂忱曰。涐水出蜀。許愼以爲渽水也。从水𢦏聲。分別許、呂古今異體。俗改渽爲涐。非是。廣韵

湔

十六咍曰濊水名出蜀此用字林集韵十六咍類篇水部皆云濊或作浅此許字之佚見於古籍者祖才切一部

湔水出蜀郡緜虒玉壘山東南入江郡字衍前志曰蜀郡緜虒後志曰蜀郡緜虒道有蠻夷曰道前志省文耳前志曰緜虒玉壘山湔水所出東南至江陽入江過郡三行千八百九十里又曰廣漢郡緜竹縣紫巖山緜水所出東至新都北入雒廣漢郡雒縣章山雒水所出南至新都谷字誤入湔過郡三者蜀郡廣漢犍爲也湔水緜水雒水三水互受通偁水經云又東過江陽縣南雒水從三危山東過廣魏雒縣南東南注之是卽漢志之湔水兼緜雒至江陽入江者也三危山蓋卽漢志之玉壘山水經以雒爲湔也江陽今四川瀘州緜虒玉壘山當在松潘衞境內蜀都賦曰廓靈關以爲門包玉壘而爲宇劉逵注玉壘山名湔水出焉在成都西北岷山盼在後故曰宇靈關在前故曰門也今水道緜水由緜竹縣至漢州合雒水雒水由什邡縣至漢州合緜水其下流經簡州資陽縣資縣內江縣富順縣至瀘州城與大江會於漢志水經皆無不合特其名或異耳此史所謂中水也其上游據酈氏云湔水入江有湔堋湔堰湔湔諸偁故今謂中水爲沱江但秦李冰所造非禹故道漢志亦不謂湔爲沱从水歬聲子仙切十二部一曰湔半澣也各本作手澣之今依水經注引字林手作半依集韵玉篇之作也此別一義半澣者澣衣不全濯之僅濯其垢處曰湔今俗語猶如此此相沿古語如云湔裙是也廣韵湔洗也一曰水名此用說文而互易其先後耳字林蓋全襲說文語而酈書於湔水出緜虒玉壘山下引呂忱云一曰半浣水也下注江此妄增水字謂半浣爲湔水別名亦其涉獵者博不無抵梧濯者澣也湔者半澣也說文屬辭之法

十一篇上一 七

沫

沫水出蜀西南徼外東南入江蜀謂蜀郡也不言何縣者未審也沫水卽浅水兩列之蓋許有未審从水末聲莫割切十五部按瀑下云一曰沫也沫謂水泡江賦說水鳥云拊拂瀑沫

溫

溫水出犍爲符句南入黔水楗依王氏宋本從木隸釋曰漢碑犍爲皆作楗爲是也符各本作涪誤今正地理志犍爲郡符下云溫水南至鄨入黚水黚水亦南至鄨入江按黚黔音同黔水卽黚水水經於江水曰又東過枳縣西延江水從牂柯郡北流西屈注之枳縣今重慶府涪州治也枳與涪陵縣壤接今涪州城東北有黔江南自貴州合諸水入焉亦曰烏江亦曰涪江亦曰涪陵江此水自西而東而北源流二千三百里詳見水道提綱會貴州大定貴陽遵義平越石阡思南六府及湖廣施南半府四川酉陽黔江彭水南川涪州諸水實巨川也水經注延江篇曰溫水一曰煖水出犍爲符縣而南入黚水黚水亦出符縣南與溫水會俱南入鄨水江水篇曰華陽記曰枳縣在江州巴郡東四百里治涪陵水會皆烏江之源委也漢志今本疑有奪字以水經注正之疑當云溫水至鄨入黚水黚水亦出符至鄨北入江鄨非入江之地今云至鄨入江非例也水經之延江水於江水一條曰枳縣西注江於延江條曰至沅陵縣入於沅酈氏有一水枝分之說但許不言黔水所入班但言黚水入江不言何處入江古人略之蓋其愼也水道提綱綜緝㝡詳而覈之古籍猝難互證犍爲符縣今四川瀘州合江縣其地也从水𥁕聲烏䰟切十三部今以爲溫煖字許意當用𥁕爲溫煖

十一篇上一 八

灊

灊水出巴郡宕渠西南入江巴郡宕渠二志同今順慶府渠縣東北七十里有宕渠城是也前志宕渠下曰灊水西南入江不曹水出東北南入灊水經於江水曰又東北至巴郡江州縣東强水涪水漢水白水宕渠水五水合南流注之酈云宕渠水卽潛水渝水矣水經又曰潛水出巴郡宕渠縣又南入於江按許云西南入江則此水必合嘉陵江至合州入江未詳今之何水鄭注禹貢梁州曰漢別爲潛其穴本小水積成澤流與漢合蜀都賦演以潛沬劉逵云禹貢梁州沲潛既道有水從漢中沔陽縣南流至梓潼漢壽縣入穴中通岡山下西南潛出今名伏水舊說云禹貢潛水也劉澄之鄭道元說與逵略同或以今保寧府廣元縣之由七盤關經神宣驛又經龍洞口至朝天驛北穿穴而出入嘉陵之水證之此水甚小殆非是況所由非宕渠也班許皆不釋禹貢以灊水系諸宕渠縣云西南入江許云出宕渠班則不云出宕渠然則灊是入西漢以入江之水今不能定爲何水耳从水朁聲昨鹽切七部

沮

沮水出漢中房陵東入江

漢中郡房陵二志同左傳之麇國成大心敗麇師於防渚闕駟曰防卽房陵也今湖北鄖陽府房縣是其地左傳定四年吳人敗楚及郢楚子出涉睢哀六年昭王曰江漢睢漳楚之望也前志房陵下曰東山沮水所出東至郢入江應劭南郡臨沮注曰沮水出漢中房陵東入江水經曰沮水出漢中房陵縣東山東南過臨沮縣東又東南過枝江縣東南入於江今此水出房縣西南二百里之景山經當陽縣合南漳水至荆州府城西南周寅店入江顧景范曰其字正作沮左傳作睢皆七餘反後譌爲祖讀曰租字與音俱變矣今襄陽沮水左右地皆曰沮中亦謂之祖中襄陽記祖中在上黃旿吳志赤烏四年諸葛瑾取祖中魏志正始四年諸葛瑾攻沮中正是一事**从水且聲**子余切五部按經典釋文漢書注皆曰七餘反

滇　益州池也二志皆云益州郡滇池縣前志滇池縣下滇池澤在西北南中志曰有澤水周迴二百里所出深廣下流淺狹如倒流故曰滇池今雲南雲南府附郭昆明縣府城南之滇池是也城西南八十里爲海口大河卽滇池導流之處也下流至武定府注於金沙江金沙江在四川敘州府入江**从水眞聲**都年切十二部

涂　涂水出益州牧靡南山西北入繩繩各本譌作澠今正牧前志作收後志作牧華陽國志竟作升李奇曰靡音麻收靡卽升麻常璩曰升麻縣山出好升麻收升牧三字皆同細繹益州太守碑牧靡字三見晉書亦作牧矣益州郡牧靡二志同前志曰南山臘涂水所出西北至越嶲入繩過郡二行千二十里水經注若水篇曰若水又東涂水注之水出建寧郡之收靡縣南山縣山竝卽草以立名山在縣東烏句山南五百里山生收靡可以解毒涂水導源臘谷西北流至越嶲入若水按涂水出臘谷故漢志謂之臘涂水漢志說文皆云入繩而水經注云入若水者善長云若水又逕越嶲大莋縣入繩繩水出徼外南逕旄牛道至大莋與若水合自下亦通謂之繩水矣諸書錄記羣水或言入若又言注繩正是異水沿注通爲一津隨納通稱也水道提綱曰金沙江卽古繩水鴉龍江一名打沖河卽古若水金沙江出番地至雲南姚安府大姚縣境合鴉龍江至四川敘州府治宜賓縣西南境入於江金沙自犛石山發源至雲南麗江府境已四千二百餘里自麗江至四川敘州府又二千五百餘里源遠流長所受大水數十小水無數其爲大江上源無疑也玉裁謂多以金沙爲大江正源然非禹貢嶓山道江之言禹貢於河源江源皆舉其近者聖人不尚遠略之意牧靡今何縣涂水今何水未審**从水余聲**同都切五部按古道塗塗墍字皆作涂

沅　沅水出牂柯故且蘭東北入江牂柯郡故且蘭二志同且音苴子閭反前志故且蘭下曰沅水東南至益陽入江過郡二行二千五百三十里按益陽屬長沙國漢志東南以地望準之當從說文作東北過郡二當作三謂牂柯武陵長沙國也水經曰沅水出牂柯故且蘭縣爲旁溝水又東至鐔成縣爲沅水東過無陽縣又東北過臨沅縣南又東至長沙下雋縣西北入于江水道提綱曰沅水數源一曰鎮陽江出貴州平越府東北之黃平州南金鳳山一曰清水江其源有二北曰平越府西北之豬梁江南曰都勻府西南之馬尾河古稱沅水出故且蘭必指豬梁江及豬梁所納之卡龍河也清水江與鎮陽江合於黔陽縣西經常德府治武陵縣西南而入洞庭湖源流實二千三百餘里古稱辰酉敘无漸五溪皆入焉**从水元聲**愚袁切十四部

淹　淹水出越嶲徼外東入若水越嶲郡屬益州二志同嶲音先蘂反今四川語言讀如西上聲佩觿謂字作嶲與巂不同者謬說也同字異音耳不言何縣徼外者未審也水經曰淹水出越嶲遂久縣徼外東南至青蛉縣又東過姑復縣南東入於若水然則淹水亦合金沙江以入江者也越嶲郡今四川寧遠府是其地**从水奄聲**英廉切八部廣韵淹下曰漬也滯也久畱也敗也

溺　溺水自張掖刪丹西至酒泉合黎餘波入于流沙禹貢曰弱水既西又曰道弱水至于合黎餘波入于流沙張掖郡刪丹二志同前志刪丹下曰桑欽以爲道弱水自此西至酒泉合黎又張掖郡居延下曰居延澤在東北古文以爲流沙水經曰合離山在酒泉會水縣東北流沙地在張掖居延縣東北今甘肅舊山丹衞卽刪丹廢縣舊甘州衞西北千二百里有故居延城故居延城東北有居延海衞西北四十里有合黎山衞西有弱水胡氏渭禹

貢雒指曰。溺水正流入居延海。其餘波則入流沙。流沙非居延也。**从水。弱聲。**而灼切。二部。按今人用爲休沒字。溺行而休廢矣。又用爲人小便之屎字。而水名則皆作弱。**桑欽所說。**漢書儒林傳。孔氏古文尚書。安國授都尉朝。朝授膠東庸生。庸生授清河胡常少子。常授虢徐敖。敖授王璜及平陵塗惲子眞。子眞授河南桑欽君長。地理志偁桑欽說五。水部引桑欽說三。桑。經典釋文作乘。

洮

洮水出隴西臨洮。東北入河。隴西郡臨洮。二志同。前志臨洮下曰。洮水出西羌中。北至枹罕。東入西。枹罕屬金城郡。東入西。西字誤。當依水經注作東入河。水經曰。河水又東入塞。過敦煌酒泉張掖郡南。又東過隴西河關縣北。洮水從東南來流注之。酈注引段國沙州記曰。洮水與墊江水俱出嵹臺山。山南即墊江源。山東即洮水源。按嵹臺山即西頃山也。墊江即入西漢水之白水也。今甘肅蘭州府狄道州。州西南二百二十里有臨洮城。漢縣也。今洮河出洮州衞西南邊外之西傾山東麓。東北流經狄道州南。至蘭州府西境入河。曰洮口。行八百餘里。**从水。兆聲。**土刀

切。二部。按洮爲地名水名極多。又爲洮額。又爲洮汰。洮米皆用此字。

涇

涇水出安定涇陽幵頭山。東南入渭。禹貢雍州曰。涇屬渭汭。周禮職方氏曰。雍州其川涇。前志曰。安定郡涇陽。幵頭山在西。禹貢涇水所出。東南至陽陵入渭。過郡三。行千六十里。雍州川。陽陵屬左馮翊。過郡三者。安定扶風馮翊也。今甘肅平涼府附郭平涼縣。府西南有故涇陽城。漢縣也。幵頭山亦作笄頭山。始皇紀作雞頭山。在今平涼府西南四十里。今涇水出山之涇谷。經涇州。又經陝西邠州長武縣。至西安府高陵縣西南二十里入渭。曰涇口。大致東南流也。涇濁渭清。故詩曰涇以渭濁。涇水溉田之利。自秦漢鄭國白公而後。迄於唐宋元明。皆修復白渠。**雝州之川也。**周禮職方氏文。班氏述地理志曰。采獲舊聞。考迹詩書。推表山川。以綴禹貢周官春秋。故每言禹貢某山。禹貢某水。某州川。某州浸。許意略同。**从水。巠聲。**古靈切。十一部。按爾雅直波爲徑。釋名作直波曰涇。云涇。徑也。言如道徑也。莊子涇流之大。司馬彪云。涇。通也。大雅鳧鷖在涇。鄭箋曰。涇。水中也。與下章沙訓水旁爲反

對。謂水中流徑直孤往之波也。今蘇州嘉興溝瀆曰某涇某涇。亦謂其可徑通。

渭

渭水出隴西首陽渭首亭南谷。東南入河。隴西郡首陽。二志同。首陽縣今甘肅蘭州府渭源縣當是其地。禹貢曰。道渭自鳥鼠同穴。入于河。前志首陽下曰。禹貢鳥鼠同穴山在西南。渭水所出。東至船司空入河。過郡四。行千八百七十里。雍州寖。過郡四者。天水扶風京兆馮翊也。水經曰。渭水出隴西首陽縣渭谷亭南鳥鼠山。注曰。渭水出隴西首陽縣首陽山渭首亭南谷。山在鳥鼠山西北。縣有高城嶺。嶺上有城。號渭源城。渭水出焉。東北流逕首陽縣西。與別源合。別源出鳥鼠山渭水谷。禹貢所謂渭出鳥鼠者也。按酈注葢本說文。較說文多首陽山三字。疑今說文奪去。酈依說文。故以首陽山南谷與鳥鼠山爲二。以今地志言之。皆在渭源縣西。相距甚近。今渭水出此。經鞏昌府及寧遠縣、伏羌縣、秦安縣、秦州、清水縣、寶雞縣、岐山縣、扶風縣、武功縣、盩厔縣、鄠縣、咸陽縣、西安府、臨潼縣、高陵縣、渭南縣、朝邑縣。至華陰縣北入於河。古所謂渭汭。左傳閔二年。虢公敗犬戎於渭隊。服虔曰。隊謂汭也。杜預

本作渭汭。**从水。胃聲。**云貴切。十五部。洞簫賦注引埤蒼。沸渭。不安皃。**杜林說。夏書。**五字句。**㠯爲出鳥鼠山。**後漢書杜林傳曰。林於西州得漆書古文尚書一卷。雖遭艱困。握持不離。出以示衞宏徐巡等。宏巡益重之。於是古文遂行。此云杜林說夏書。謂林說古文尚書禹貢也。云㠯爲出鳥鼠山者。冡上省文。謂杜云渭水出隴西首陽縣之鳥鼠山。鳥鼠山與首陽山南谷同縣而異地。故別爲異說也。**雝州浸。**職方氏文。鄭曰。浸可以爲陂灌溉者。

漾

漾水出隴西獂道。東至武都爲漢。獂各本作柏。字之誤也。今依水經注所引說文正。前志獂道屬天水。後志屬漢陽。漢陽即天水也。獂道不屬隴西。當作氏道。乃與漢志合。水經注漾水篇曰。許慎呂忱闞駰並言漾水出隴西獂道。東至武都爲漢水。不言氏道。然獂道在冀之西北。又隔諸川。無水南入。疑出獂道之爲謬矣。按禹貢曰。嶓冢道漾。東流爲漢。又東爲滄浪之水。前志隴西郡氏道下曰。禹貢養水所出。至武都爲漢。武都郡武都下曰。東漢水受氏道水。一名沔。過江夏謂之夏水。二條相屬爲辭。

隴西郡西下又曰禹貢嶓冢山西漢所出南入廣漢白水東南至江州入江鄭注尚書道漾引地理志漾水出隴西氏道至武都爲漢至江夏謂之夏水注梁州沱潛云潛蓋西漢出嶓冢東南至巴郡江州入江行二千七百六十里又云漢別爲潛其穴本小水積成澤流與漢合大禹自導漢疏通卽爲西漢水也班鄭皆謂東漢西漢同出嶓冢西漢者別於漢而曰西漢東流者本無東偁班志武都下云東漢者淺人增字鄭注云潛蓋西漢今尚書正義倒爲漢西皆非也班鄭所云今水道不合故異說紛然金氏榜禮箋曰後儒言漢水源者咸求之于嶓冢榜以漢志攷之嶓冢導瀁惟据禹貢漢水言耳周職方荆州漢水則不導源於嶓冢故志於武都沮下曰沮水出武都沮縣東狼谷南至沙羨南入江過郡五行四千里荆州川說文水經從漢郡國志皆云然葢瀁水輟流不與漢相屬由來久矣志言禹貢瀁水出隴西氏道縣至武都爲東漢水一名沔過江夏謂之夏水入江此明禹貢漢水故道若魏郡鄴東故大河館陶屯氏河之類班氏自謂采獲舊聞考跡詩書推表山川以綴禹貢周官春秋下及戰國秦漢者如是非謂漢

代遷流之道東漢水仍上受氏道水也水經說西漢水曰瀁水出隴西氏道縣嶓冢山東至武都沮縣爲漢水東南至江州縣東南入于江瀁水旣輟東流勢必西入徒以氏道無可考見後世莫能定其孰爲瀁水而與東漢水不相屬得水經校之盫明後儒考漢志不詳于漢源求嶓冢不得因旁漢水之山強名之爲嶓冢亦近誣矣漢志禹貢嶓冢山在隴西西縣西漢水所出南入廣漢白水東南至江州入江不見于氏道然於氏道言禹貢瀁水所出東至武都爲漢正釋經嶓冢導瀁東流爲漢明氏道亦得有嶓冢山是山峯岫延長西氏道皆其盤迴之地準之地望氏道當在西縣東志已于西縣著嶓冢山氏道例不重出水經言瀁水出隴西氏道嶓冢山郭景純山海經注亦言嶓冢在武都氏道縣南可與漢志互明西漢水鄭書注以爲禹貢梁州之潛以上受漢別故得西漢水之稱後乃併其上流出嶓冢者名之爲西漢水矣玉裁謂金氏之言可爲異說折衷許云出隴西氏道至弍都爲漢水許非用班志而與志同皆釋尚書禹時漢源也不言嶓冢山者言氏道而嶓冢在其中與志同也武都者漢武都郡之武都縣今甘肅鞏昌府成縣西北百里有仇池城城東南有漢武都故城**从水羕聲**余亮切十部按韓詩江之漾矣以爲羕之假借**瀁古文从養**漾者小篆瀁者壁中古文如是今尚書作漾者漢人以篆文改古文也漢書作養者今文尚書用假借字也史記作瀁葢亦本作養而或加之水旁因合乎古文淮南書作洋高誘曰洋或作養

漢　漾也尚書某氏傳曰泉始出山爲漾按漾言其微漢言其盛也蕭何曰語曰天漢其名甚美**東爲滄浪水**禹貢文水經曰沔水又東過鄖縣南又東北流又屈東南過武當縣東北注曰縣西北四十里水中有洲名滄浪洲庾仲雍漢水記謂之千齡洲非也是世俗語譌音與字變矣地記曰水出荆山東南流爲滄浪之水余按禹貢言又東爲滄浪之水不言過而言爲者明非他水決入也葢漢沔水自下有滄浪通稱爾纏絡鄢郢地連紀鄀咸楚都矣漁父歌之不違水地玉裁按鄭注尚書滄浪之水言今謂夏水來同故世變名焉本未嘗謂他水決入若地記云出荆山是他水決入矣**从水難省聲**按鷬難暵字從𦰩聲則漢下亦云𦰩

聲是矣難省聲葢淺人所改不知文殷元寒合韵之理也呼旰切十四部**〓古文漢如此**按古文從或從大或者今之國字也

浪　滄浪水也按據此解可證前後某篆下皆當云某水也淺人刪之存一水字非是**南入江**禹貢曰又東爲滄浪之水過三澨至于大別南入于江許以漾浪沔三篆全偁道漾經文記禹時漢水故道也其下流爲滄浪水入江與今水道同其源出隴西氏道嶓冢山至武都者今不可攷**从水良聲**來宕切十部按當平聲今但爲波浪字

沔　沔水出武都沮縣東狼谷東南入江武都沮縣二志同今陝西漢中府略陽縣是其地有沮水出焉前志沮縣下曰沮水出東狼谷後志沮縣下曰沔水出東狼谷水經曰沔水出武都沮縣東狼谷中鄭注曰沔水一名沮水引闞駰云以其初出沮洳然故曰沮水是則前志之沮水水經說文之沔水皆云出沮縣東狼谷實一水也前志曰南至沙羨南入江過郡五行四千里過郡五者武都漢中南陽南郡江夏也水經亦歷敘沔水所過之縣而曰又南至江夏沙羨

縣南入於江。許說沔與漢志水經同。此漢時漢水之道與禹貢時其源不同。其委則一。常璩云。始源曰沔。玉裁謂漢言其盛。沮與沔皆言其微。沔者發源緬然之謂。尙書周官春秋傳曰漢。漢時曰沮水。曰沔水。是爲古今異名。水經且謂西漢水曰漢水。謂禹貢漢水曰沔水。許亦云涪水入漢。不云入西漢。云沔水入江。云清水入沔。則許漢沔分偁同水經。班云沮水荆州川。職方荆州之川江漢。然則班謂沮卽東漢亦明矣。且志雖有西漢東漢之目。而曰東漢水一名沔。凡漢中下云旬水入沔。淮水入沔。筑水入沔。弘農下云清水入沔。洱水入沔。甲水入沔。右扶風下云褒水入沔。廣漢下云白水入漢。涪水入漢。分別畫然。亦謂東漢爲沔。西漢爲漢。今漢水出陝西寧羌州。經沔縣襃城縣漢中府城固縣洋縣西鄉縣石泉縣漢陰縣紫陽縣興安州洵陽縣白河縣湖廣舊上津縣竹山縣鄖西縣鄖陽府均州光化縣穀城縣襄陽府宜城縣安陸府荆門州潛江縣天門縣沔陽州漢川縣至漢陽府城東北合於大江。今曰漢口。古曰夏口。曰沔口。左傳謂之夏汭。寧羌州距今略陽縣二百二十里。析言之沮沔各爲一水。渾言之則或統呼沮。或統呼沔也。**从水丏聲。**彌兖切。十二部。小雅沔彼流水。毛傳沔水流滿也。按許云瀰水滿也。詩之沔爲瀰之假借。**或曰入夏水。**水經注夏水篇云。江津豫章口東有中夏口。是夏水之首。江之汜也。屈原賦所謂夏首。按今湖北荆州府附郭江陵縣府東南二十五里有夏水口是也。水經夏水東至江夏雲杜縣入于沔。注云。當其決入之所。謂之堵口。按堵口當在今湖北漢陽府沔陽州境內。沔水與夏水合。至漢陽府入江。或曰沔口。或曰夏口。然則入夏水卽入江也。劉澄之永初山川記云。夏水是江流沔。非沔入夏。今按二水相合。互受通偁。謂沔入夏亦無不可。

湟

湟水。出金城臨羌塞外。東入河。金城郡臨羌。二志同。舊西寧衞西二百八十里有故臨羌城。前志臨羌下曰。西北至塞外有西王母石室。僊海。鹽池。北則湟水所出。東至允吾入河。允吾下曰。逆水出參街谷。東至枝陽入湟。浩亹下曰。浩亹水出西塞外。東至允吾入湟。按水經河水又東過金城允吾縣北。注言湟水浩亹水逆水源流皆甚詳。水道提綱曰。青海在今西寧府邊西五百餘里。古名西海。卽鮮水也。今爲厄魯特等二十三旗地。青海東卽湟水。古所謂湟中地。北卽大通河。古所謂浩亹水。東南會湟水入黃河也。湟水卽洛都水。源出今西寧府西北邊外。至今蘭州西境入黃河。按允吾音鉛牙。今甘肅蘭州府府西北三百里有故鉛吾城是也。浩亹音閤門。僊海卽西海。古音西讀如仙。**从水皇聲。**乎光切。十部。

汧

汧水。出右扶風汧縣西北。句。**入渭。**右扶風汧。二志同。前志汧下曰。吳山在西。古文吕爲汧山。雍州山。又曰。汧水出西北入渭。後志汧下曰。有吳嶽山。本名汧。汧水出。按前志不云汧水出汧山。後志乃云。爾汧故城當卽今陝西鳳翔府隴州州治東南汧源廢縣。括地志曰。故汧城在隴州南三里。汧山在今隴州西北。禹貢之岍。周禮之嶽山也。汧陽河卽古汧水出焉。東南流經汧陽縣。至寶雞縣縣東三十里合於渭。班許皆於西北句絕。此水自西北而東南也。**从水幵聲。**苦堅切。十二部。

澇

澇水。出右扶風鄠。北入渭。右扶風鄠。見邑部。上林賦曰。終始灞滻。出入涇渭。酆鎬潦潏。紆餘委蛇。經營乎其內。蕩蕩乎八川分流。相背而異態。潘岳關中記曰。涇渭灞滻酆鎬潦潏所謂八川。李善曰。潦卽澇水也。水經曰。渭水又東過槐里縣南。又東澇水從南來注之。今陝西西安府鄠縣縣西三里澇水出南山澇谷。北流經故萯陽宮西。入長安縣盱。入渭。故曰北入渭。水道提綱曰。渭水東經鄠縣北境咸陽縣城東南。又東北有豐水自西來。合諸水北流注之。諸水者澇水鎬水潏水。**从水。勞聲。**魯刀切。二部。史漢文選皆作潦。惟封禪書正作澇。按今用爲旱澇字。

漆

漆水。出右扶風杜陵岐山。東入渭。二志皆杜陵屬京兆尹。杜陽屬右扶風。此杜陵當作杜陽。杜陽今陝西鳳翔府麟遊縣是其地。周公劉居豳。今陝西邠州是其地。漢之漆栒邑二縣也。太王遷郊。今鳳翔府岐山扶風二縣是其地。漢之杜陽南美陽北也。大雅曰。民之初生。自土漆沮。傳曰。漆漆水。沮沮水也。又曰。周原漆沮之閒也。周頌潛傳又曰。漆沮岐州之二水也。據毛說則漆沮二水實在岐周之地。小雅吉日傳但云漆沮之水。麀鹿所生。其解必同大雅周頌。許云漆水出杜陽。正岐周地也。此漆沮在涇西。禹貢道渭又東過漆沮則在涇東。與岐周無涉。玉裁謂水經曰漆水出扶風杜陽縣俞山東北入於渭正與說文合惟岐作俞耳酈氏引開山圖曰岐山在杜陽北長安西有渠謂之漆渠酈又云漆水出杜陽縣之漆溪謂之漆渠漆渠合岐水與橫水合東注雍水又合杜水南注於渭郭樸山海經注云今漆水出岐山皆與水經合而前志右扶風漆縣下云漆水在縣西以地望準之蓋此漆水出豳地漢漆縣以水爲名西南流至周郊地南漢杜陽美陽境而入渭實出今之邠州西南流至麟遊扶風閒入渭也大雅云率西水許箋云循漆沮水側傳又云周原漆沮之閒也是此水源委自豳至郊漢人皆審知形勢今則茫昧難詳矣闕駰十三州志云漆水出漆縣西北至岐山東北入渭正與毛詩傳箋合許及水經云出杜陽岐山者容舉其近源言之邑部云郊在右扶風美陽中水鄉此以岐山系杜陽者岐山在杜陽之南美陽之北周原在岐山之陽故詩譜曰周原者岐山陽地屬杜陽郡國志注所引如是**从水桼聲**四字依水經注所引在此小徐本从某某聲往往閒在兩義之中不同大徐皆小徐爲古本也親吉切十二部**一曰漆城池也**小徐本如是與水經注所引合大徐本作一曰入洛蓋淺人讀酈注沮水篇者改之洛水雍州之浸下文出歸德北夷畍中者即涇東之漆沮水也涇西之漆不得入洛中隔涇水矣一曰者別一義城隍有水曰池城池謂之漆蓋古有是名酈兼引此句猶其兼引一曰湔半洴之謬

滻

滻水出京兆藍田谷入霸霸宋本汲古閣初印皆同霸灞古今正俗字許書無灞史漢皆作霸水京兆尹藍田二志同故城在今陝西西安府藍田縣縣治西十一里前志京兆尹南陵下曰文帝七年置沂水出藍田谷北至霸陵入霸水霸水亦出藍田谷北入渭師古曰沂音先歷反按此乃大謬沂者滻字之誤水經注引志可證張揖注上林賦亦曰霸出藍田西北而入渭滻亦出藍田谷北至霸陵入霸水經曰渭水又東過長安縣北又東過霸陵縣北霸水從縣西北流注之注云霸者水上地名也古曰滋水秦穆公霸世更名滋水爲霸水以顯霸功水出藍田縣藍田谷逕藍田縣東又左合滻水又北長水注之又北會兩川又北左納漕渠又東逕新豐縣右會故渠故渠即經所謂東過霸陵縣霸水從縣西北流注之會者也今無水又北逕秦虎圈東又北入於渭水張守節曰雍州藍田縣滻水即荊谿狗枷之下流也按酈注說長水出杜縣白鹿原西北流謂之荊谿又西北左合狗枷川注於霸俗謂之滻水非也史記霸滻長水盡得比大川之禮此可證張氏之誤矣水道提綱曰灞水上源即藍水也出藍田縣藍關之西南山秦嶺經西安府境東而北有滻水西南自太乙山東南之西王谷嶺及秦嶺三源合而北流又東北流來會既合滻水東北至高陵縣南境入渭曰灞口**从水產聲**所簡切十四部按史漢作產

洛

洛水出左馮翊歸德北夷畍中東南入渭左馮翊三字當作北地二字前志北地郡歸德下洛水出北蠻夷中入河入河者入渭以入河也此揔舉其源委也左馮翊襃德下曰洛水東南入渭此言其入渭之處也許之例舉源地不舉委地然則當云出北地歸德無疑矣今甘肅慶陽府安化合水二縣漢歸德地也今陝西同州府朝邑縣有懷德城漢縣也括地志云洛水源出慶州洛源縣白於山方興紀要曰洛水出慶陽府合水縣北二十里白於山東北流經廢洛源縣又經保安縣安塞縣甘泉縣鄜州又南經洛川縣南中部縣東而沮水入焉沮水自中部縣子午嶺東南流而入於洛水即說文瀘水出北地直路西東入洛也自是洛水亦兼沮水之稱又南流經宜君縣過耀州合漆水歷三原縣富平縣白水縣又東南流經澄城縣同州府至朝邑縣南入渭水水道提綱云舊合渭入河自明時改流徑入河不南入渭今洛口南去渭口三十里按水經注本有雍州洛水篇今亡之矣禹貢道渭節謂之漆沮職方雍州其浸渭洛小雅瞻彼洛矣傳曰洛宗周之浸也左傳國語皆云三川震韋杜以涇渭洛爲三川**从水各聲**盧各切五部按雍州洛水豫州雒水其字分別自古不紊周禮職方豫州其川滎雒雍州其浸渭洛正義本不誤逸周書職方解地理志引職方正同雒不見於詩瞻彼洛矣傳曰洛宗周浸水也此職方氏文也洛不見於左傳傳凡雒字皆作雒如僖七年伊雒之戎宣三年楚子伐陸渾之戎遂至於雒是也淮南墜形訓曰洛出獵山據高注謂雍州水也雒出熊耳據高注謂豫州水也漢地理志弘農上雒下云禹貢雒水出冢領山東北至鞏入河豫州川盧氏下云伊水出熊

耳山。東北入雒。黽池下云。穀水、出穀陽谷。東北至穀城入雒。新安下云。禹貢澗水、在東南入雒。河南穀成下云。禹貢廛水、出替亭北。東南入雒。此謂豫州水也。左馮翊襃德下云。洛水、東南入渭。北地歸德下云。洛水、出北蠻夷中。入河。直路下云。沮水、出東西入洛。此謂雍州水也。已上皆經數千年尚未誤者。而許書水部下不舉豫州水。尤爲二字分別之證。後人書豫水作洛。其誤起於魏。裴松之引魏略曰。黃初元年。詔以漢火行也。火忌水。故洛去水而加隹。魏於行次爲土。土、水之牡也。水得土而乃流。土得水而柔。故除隹加水。變雒爲洛。此丕改雒爲洛、而又妄言漢變洛爲雒。以揜己紛更之咎。且自詭於復古。自魏至今皆受其欺。周禮、春秋在漢以前。誰改之乎。尚書有豫水、無雍水。而蔡邕石經殘碑多士作雒。鄭注周禮引召誥作雒。是今文、古文尚書皆不作洛。鄭、蔡斷不擅改經文也。自魏人書雒爲洛。而人輒改魏以前書籍。故或致數行之內雒洛錯出。卽如地理志引禹貢既改爲洛矣。則上雒下曰禹貢雒水。不且前無所承乎。若郊祀志汧洛從水。後文宣帝以四時祀江海雒水。成王郊於雒邑。字皆從隹。又當時二字確然分別之證也。

淯

淯水。出弘農盧氏山東南入沔。弘農郡盧氏、二志同。今河南河南府盧氏縣是其地。前志盧氏下曰。有育水。南至順陽入沔。順陽者、南陽之博山也。中山經曰。攻離之山。淯水出焉。南流注于漢。依文選注水經曰。淯水、出弘農盧氏縣攻離山。東南過南陽西、鄂縣西北。又東過宛縣南。又屈南過淯陽縣東。又南過新野縣西。又南過鄧縣東南。入於沔。今河南南陽府府城東三里俗名白河者是。由南陽達於新野、府境諸水悉會焉。又南至湖廣光化縣。又東經故鄧城東南而入漢水。水道提綱云。漢水經襄陽府城北。樊城南。有白河唐河。東北自河南新野合南陽府諸縣及鄧州水南流。又合西來之淯河。東來棗陽之滾河來會。齊氏所謂白河卽淯水也。南陽之水淯最大。水經注云。合魯陽關水、洱水、梅谿水、朝水、棘水、濁水、湍水、比水、白水入漢。南都賦曰。淯水盪其胷。推淮引湍。三方是通。知淯最大。齊氏召南以趙河當之。非也。許謂西漢爲漢。謂東漢爲沔。故涪下曰入漢。淯下曰入沔。漢志、水經之例亦同。从水。育聲。余六切。三部。按漢志作育。或曰出酈山西。前志南陽酈下曰。育水出西北。南入漢。漢當作沔。葢出酈山者與出盧氏山者、異源而同流。故班、許皆兼述之也。酈故城在今河南南陽府內鄉縣縣東北。

汝

汝水。出弘農盧氏還歸山東入淮。弘農盧氏見上。前志汝南郡定陵下曰。高陵山汝水出東南至新蔡入淮。過郡四。行千三百四十里。水經曰。汝水、出河南梁縣勉鄉天息山。酈云。地理志曰出高陵山。卽猛山也。亦言出南陽魯陽縣之大盂山。又言出弘農盧氏縣還歸山。博物志曰。汝出燕泉山。竝異名也。余以永平中除魯陽太守。既在遘見。不容不述。今汝水出魯陽縣之大盂山蒙柏谷。西卽盧氏畍也。其水東北流。逕太和城西、北。又東屆堯山西嶺下。水流兩分。一東逕堯山南爲湛水。一東北出爲汝水。東流至原鹿縣。入於淮。所謂汝口。據酈說。得諸親見。大盂山之西卽盧氏畍。此許云出盧氏還歸山所由也。凡言水源者、或數源竝合而偏舉其一。或遠源罕見而劣舉其近。是以每多乖異。前志云出定陵入淮於新蔡。皆在汝南郡。而云過郡四。班固知不始於高陵山矣。過郡四者、葢南陽河南潁川汝南也。方輿紀要曰。今汝水出汝州魯山縣西南七十里大盂山。東北流。出縣北。經伊陽縣汝州南。又東南經寶豐縣、郟縣南。入南陽府裕州畍。經葉縣北。又東入許州之襄城郾城縣南。而入汝寧府西平縣境。東南流經上蔡縣西、汝陽縣北。又東經新蔡縣西、息縣北。至江南潁州南而注於淮。葢非復漢以前故道矣。水道提綱曰。汝水舊從舞陽縣北而南入西平畍。自元末於過河堨斷其流。使東歸潁。於是西平雲莊諸石二山之水明時亦塞。今水道與古全異。卽名稱亦隨時不同。所謂濯瀙濦汝溱潩亦難確鑿指證。但據時俗所見敘次源流耳。从水。女聲。人渚切。五部。

潩

潩水。出河南密縣大隗山。南入潁。河南郡密、二志同。今河南開封府密縣縣東南三十里有故密城。大騩山、卽具茨山。在今河南開封府新鄭縣縣西南四十里。葢山與密接畍。前志密下曰。有大騩山。潩水所出。南至臨潁入潁。水經曰。潩水、出河南密縣大騩山。東南入於潁。今潩水自新鄭大騩山南流。經許州長葛縣流入許州北二里。又南經許州臨潁縣而合於潁。一名魯固河。又名清流河。是也。从水。異聲。與職切。一

汾

部。酈曰。時人謂之敕水。非也。敕湨音相類。故字從聲變爾。按師古曰。湨又音昌力反。李吉甫曰。湨水俗名勑水。

汾水。出大原晉陽山。西南入河。太原郡晉陽、二志同。今山西太原府太原縣縣治東北有太原舊城。城中舊有三城。一曰大明城。古晉陽城也。左傳有六名。曰大夏、曰大原、曰大鹵、曰夏墟、曰晉陽、曰鄂。其實一也。周禮河內曰冀州。其浸汾、潞。左傳曰。新田有汾澮以流其惡。又曰宣汾洮。前志曰。大原郡晉陽。晉水所出。東入汾。汾陽。汾水所出。西南至汾陰入河。水經曰。汾水出大原汾陽縣北管涔山。至汾陰縣北。西注於河。按許云出晉陽山與志水經不合者。志水經舉其遠源。許舉其近源也。汾出管涔山。東南過晉陽縣東。晉水從縣南東流注之。許意謂晉水卽汾水之源。所謂晉陽山者、蓋卽縣甕山。在今太原縣西南十里。晉水所出也。杜注左傳曰。汾水出太原。與許合。今汾水出靜樂縣管涔山。經陽曲縣。至太原縣城東。晉水入焉。又經清源縣東南、徐溝縣北。又經交城縣、文水縣、平遙縣、汾陽縣、孝義縣、介休縣、靈石縣、霍州趙城縣、洪洞縣、臨汾縣、襄陵縣、太平縣、曲沃縣。至絳州城南。澮水入焉。又經稷山縣、河津縣。至滎河縣北境入河。在龍門之南五十里。曰汾口。於古水道無大異。**从水。分聲。**符分切。十三部。按大雅汾王之甥。毛曰。汾、大也。此謂汾卽墳之假借也。**或曰出汾陽北山。**漢志、水經說見上。鄭注周禮亦曰汾出汾陽。**冀州浸。**周禮職方氏文。

澮

澮水。出河東彘霍山。西南入汾。河東彘三字、鉉奪。鍇本誤作河西二字。今正。前志。河東郡彘。後志曰。永安、故彘。前志彘下曰。霍大山、在東冀州山。今山西霍州州東南霍山、禹貢之大岳也。水經曰。澮水、出河東絳縣東澮交東高山。西至王澤。注於汾水。不言出霍山者。水經舉其近源。許舉其遠源也。水道提綱曰。澮河、源出翼城縣東南山。西流經中衞鎭。又西稍北至城南。又西經曲沃縣南。又西至絳州城南入汾。方輿紀要。翼城縣有澮高山。有澮水入曲沃縣畍。至絳州南入汾。**从水。會聲。**古外切。十五部。按今文尚書以畎澮爲く巜。見谷部。巜下又曰。水流澮澮也。澮澮卽活活。

沁

沁水。出上黨穀遠羊頭山。東南入河。上黨郡穀遠、二志同。今山西沁州沁源縣縣城南故穀遠城。漢縣也。前志穀遠下曰。羊頭山世靡谷。沁水所出。東南至滎陽入河。過郡三。行九百七十里。三郡、上黨河內河南也。水經曰。沁水出上黨涅縣謁戾山。南過穀遠縣東。至滎陽縣北東入於河。按水經及注皆云至滎陽入河。師古據唐時在懷州武陟入河。疑轉寫錯誤。非也。古水道與唐時不同耳。山海經水經舉涅謁戾山。班許舉穀遠羊頭山者。羊頭卽謁戾也。戴先生曰。山在今武鄉縣西百二十里。西北接祁縣、平遙縣。西南接沁源縣。一名麓臺山。迆邐而西爲綿山。其北爲介休縣。西爲靈石縣。皆謁戾山也。今沁水出沁州沁源縣西北百里之綿山東谷。西南流經平陽府岳陽縣東。又折而東南經澤州府沁水縣東。又南經陽城縣東而入河南懷慶府畍。歷濟源縣東北。又東南經府城北。又東南經武陟縣東、修武縣西。而入於河。與唐時入河處同。**从水。心聲。**七鴆切。七部。經典釋文引郭樸三蒼解詁曰。音狗吣之吣。吣今譌作沁。

沾

沾水。出上黨壺關。東入淇。上黨壺關、二志同。今山西潞安府附郭長治縣。府治、卽漢壺關地。前志壺

關下曰。有羊腸坂。沾水東至朝歌入淇。水經注淇水篇曰。淇水出沮洳山。衡激横山。又東北、沾水注之。水出壺關縣東沾臺下。東流注淇水。今山西潞安府壺關縣東南有沾水是。**一曰沾、**逗。**益也。**沾添古今字。俗製添爲沾益字、而沾之本義廢矣。添從忝聲。忝從天聲。古音當在眞先部也。楚辭大招。不沾薄只。王曰。沾、多汁也。薄、無味也。其味不濃不薄。適甘美也。漢曹全碑。惠沾渥。白石神君碑。澍雨沾洽。魏受禪表。玄澤雲行。罔不沾渥。皆卽今之添字。竊疑小雅既霑既足。古本當作沾。既濅既渥、言厚也。既沾既足、言多也。**从水。占聲。**他兼切、二義同。七部。檀弓假爲覘字。史記陳丞相世家、滑稽列傳假爲霑字。

潞

潞、冀州浸也。周禮職方氏曰。冀州、其浸汾、潞。鄭云。潞出歸德。此謂潞卽洛耳。按班、許皆云洛出歸德北夷畍中。漢歸德在今甘肅慶陽府境。洛水在今陝西同州府境入河。非冀州地也。且雍州既曰其浸洛矣。安得又爲冀浸。鄭注於雍州云洛出懷德。冀州云潞出歸德。葢由株守地理志。而未思志歸德下言其源。懷德下言其委。一水兩言。不當改洛爲潞。以屬冀州。自雍入冀。古無此水

以當之。許但云冀州浸。不言何出何入。不欲強爲之說。葢此浸自周初迄漢湮沒不彰。古今變遷大類如斯。如大河故瀆泲水枯絕。沔水不出嶓冢。皆無可疑者。班許皆不言潞之源流。此可以正鄭注矣。闞駰曰。潞縣有潞水。爲冀州浸。即漳水也。善長亦謂無他大川可以爲浸。惟漳水耳。此非許意也。周禮川漳、浸潞竝言。則非一物。**上黨有潞縣。**上黨郡潞縣。二志同。今山西潞安府潞城縣縣東北四十里有故潞城。漢縣葢治此。春秋宣十五年。晉師滅赤狄潞氏。以潞子嬰兒歸。前志曰。潞縣、故潞子國也。按潞國以水得名。**从水。路聲。**洛故切。五部。

漳

水名。从水。章聲。韵會所據鍇本如此。諸良切。十部。水名二字、古本當作漳水也三字。**濁漳、出上黨長子鹿谷山。東入清漳。**上黨郡長子、二志同。本晉邑。見左傳、國語。今山西潞安府長子縣縣西南有故長子城是也。前志長子下曰。鹿谷山、濁漳水所出。東至鄴。入清漳。水經曰。濁漳水、出上黨長子縣西發鳩山。酈曰。漳水出鹿谷山。與發鳩連麓而在南。淮南子謂之發苞山。故異名互見也。按今濁漳水出山西長子縣西五十里之發鳩山。經潞安府、潞城縣、襄垣縣、黎城縣。入河南林縣。畍合於清漳。禹貢所謂衡漳也。**清漳出沾山大要谷。北入河。**上黨郡沾、二志同。師古曰。沾音他兼反。今山西平定州樂平縣縣西南三十里有沾縣故城。前志沾下曰。大黽谷、清漳水所出。東北至阜成入大河。大衍。過郡五。行千六百八十里。冀州川。過郡五者。上黨、魏郡、清河、信都、勃海也。水經曰。清漳水出上黨沾縣西北少山大要谷。至武安縣黍窖邑。入於濁漳。按志言濁漳入清漳。清漳入河。經言清漳入濁漳。濁漳會虖沱入海。乖異者。當緣作水經時與作志時異也。許云入河。與志合。王氏應麟曰。漳水舊入河。周定王五年。河徙而南。故漳水不入河而自達於海。王氏特臆度之詞。依班、許則漢時未嘗不入河也。今清漳出樂平縣西南二十里之少山。經和順縣、遼州、河南涉縣。至林縣交漳口合濁漳。既合之後。入直隸畍。移徙分合。自昔不常。今則一派至山東臨清州入運河。一派在直隸新河縣入北泊。會虖沱。至天津入海。詳見水道提綱。**南漳、出南郡臨沮。**南郡臨沮、二志同。今湖北襄陽府南漳縣縣西南六十里有臨沮故城是也。左傳曰。江漢雎漳。楚之望也。雎即出漢中房陵之沮水。見上文。前志臨沮下曰。禹貢南條荊山在東北。漳水所出。東至江陵入陽水。陽水入沔。行六百里。按志不言沮者。以漳該沮也。其云陽水。葢謂沮水也。水經曰。漳水出臨沮縣東荊山。東南至枝江縣北烏扶邑。入於江。酈氏曰。今漳水於當陽縣之東南百里餘而右會沮水也。按今漳水源自鄖陽府房縣景山。至保康縣境會沮水。

淇

淇水。出河內共北山。東入河。韵會引作東至黎陽入河。此用漢書增三字也。說文之例。舉所出之郡縣。不舉入河入江之郡縣。所出之地不變者多。下流古今多變。故略之也。河內郡共。二志同。共音恭。今河南衛輝府輝縣治。古共城也。前志共下曰。北山、淇水所出。東至黎陽入河。北山。今輝縣西北蘇門山。其別阜曰共山是也。詩曰。毖彼泉水。亦流於淇。又曰。泉源在左。淇水在右。泉謂淇之源也。今淇水自彰德府林縣流入衛輝府淇縣境。入衛河而入海。與古入河者迥異。**或曰出隆慮西山。**隆慮、漢諱殤帝。改曰林慮。此不改者。書成於和帝永元十二年已前也。前志河內郡隆慮。後志作林慮。慮音閭。今河南彰德府林縣是其地。西山者、今林縣西北二十五里隆慮山是也。水經曰。淇水出河內隆慮縣西大號山。東北入於海。山海經注亦曰。今淇水出汲郡隆慮縣大號山。東過河內縣南爲白溝。**从水。其聲。**渠之切。一部。山海經作濝。

蕩

蕩水。出河內蕩陰。東入黃澤。河內郡蕩陰、二志同。蕩音湯。古音也。後人省艸。古有羑里城。西伯所拘也。今河南彰德府湯陰縣西南有故蕩陰城。前志蕩陰下曰。蕩水東至內黃入黃澤。今本奪入黃二字。水經曰。蕩水出河內蕩陰縣西山東。東北至內黃縣。入於黃澤。注云。蕩水合羑水、長沙溝。逕內黃城南。東注白溝。按內黃、黃澤在今直隸內黃縣。水道提綱曰。衛河經湯陰縣東畍。湯河出湯陰縣西山中。東流經縣城北。東入衛河。則與古水道大異。**从水。募聲。**徒朗切。十部。按古音吐郎切。假借爲浩蕩字。古音亦同。

沇

沇水。出河東垣東王屋山。謂垣縣東之王屋山。水經云垣縣東王屋山是也。**東爲泲。**各本作河東東垣。誤倒一字。今依水經正。周禮職方氏注、山海經注皆云東垣。衍字耳。漢志眞定縣故東垣非此地。若晉史、宋志、後魏志、隋志之東垣。則今河南府之新安縣也。河東郡垣、二志同。今山西絳州垣曲縣河南懷慶府濟源縣是其地。垣曲縣西北二十里有垣縣城是也。前志垣下曰。禹貢王屋山在東北。沇水所出。東南至武德入河。軼出滎陽北地中。又東至琅槐入海。過郡九。行千八百四十里。過郡九者。河東、河內、陳留、梁國、濟陰、泰山、濟南、齊郡、千乘也。水經曰。濟水出河東垣縣東王屋山爲沇水。東至溫縣西北爲濟水。南當鞏縣北。南入於河。王屋山今在濟源縣西八十里。沇水所出。北山經曰。王屋之山。㶊水出焉。郭云。㶊沇聲相近。卽沇水也。尙書某氏傳曰。泉源爲沇。流去爲濟。按泉出沮洳曰沇。引伸爲沇州。口部曰。九州之渥地也。故以沇名焉。**从水。允聲。**以轉切。十四部。**㕣 古文沇如此。**各本篆作㕣誤。今正。臣鉉等曰。口部已有此重出。按口部小篆有㕣。然則鉉時不從水旁也。口部㕣下曰。山閒淊泥地。從口。從水敗皃。葢㕣字在古文則爲沇水。沇州。在小篆則訓山閒淊泥地。如變字在籀文則訓順。在小篆則訓慕。皆同形而古今異義也。古文作㕣。小篆作沇。繇變作兖。此同義而古今異形也。

泲

泲 沇也。東入于海。按沇泲二篆之解。文體與漾漢浪三篆同。皆用禹貢文也。禹貢曰。道沇水。東流爲濟。入于河。泆爲滎。東出於陶丘北。又東至于菏。又東北會于汶。又北東入于海。今泲水不特入河以後經文所謂不可致詳。考郡國志曰。河東垣有王屋山。兗水出。河內溫。濟水所出。王莽時大旱。遂枯絕。水經注曰。濟水故瀆在溫。當王莽之世。川瀆枯竭。其後水流徑通。津渠勢改。尋梁脈水。不與昔同。是在西漢已後。所謂東流爲濟。入于河者。已非禹蹟之舊矣。許云東入于海。此謂禹時故道。獨行達海。故謂之瀆。今之大淸河、小淸河非無泲水在其閒。而混淆莫辨。漢水之源。今與經絕。殊泲水之流。軼出地中而爲巨川。今又與經絕。殊也。**从水。屮聲。**子禮切。十五部。按四瀆之泲字如此作。而尙書、周禮、春秋三傳、爾雅、史記、風俗通、釋名皆作濟。毛詩邶風有泲字。而傳云地名。則非水也。惟地理志引禹貢職方作泲。而泰山郡下云。甾水入泲。禹貢汶水入泲。齊郡下云。如水入泲。河南郡下云。狼湯渠首受泲。東郡臨邑下云。有泲廟。然以濟南、濟陰名郡。志及漢碑皆作濟。則知漢人皆用濟。班志、許書僅存古字耳。風俗通說四瀆曰。濟出常山房子贊皇山。東入泜。酈氏譏其誤。亦可證泲字之久不行矣。

洈

洈 洈水。出南郡高城洈山。東入繇。城。前志作成。水經注作城。南郡高成下曰。洈山。洈水所出。東入繇。繇水南至華容入江。過郡二。行五百里。水經江水篇曰。又東南當華容縣南。澧水入焉。又東南油水從西南來注之。油水篇曰。油水出武陵孱陵縣西界。東過其縣北。又東北入於江。油水卽說文下文之油水。非漢志之繇水也。漢志洈入繇。繇入江。此在江北而南入南郡高城華容在江北也。油水入江在江南而北入孱陵在江南也。然則繇、油同音而絕不相涉。酈注油水篇乃云孱陵縣白石山、油水所出。東逕其縣西與洈水合。洈出高城縣洈山。東逕其縣下。東至孱陵縣入油水。殊爲襄志語而謬誤。葢江北之洈水繇水不可攷。乃以江南之油水當之也。山海經曰。宜諸之山。洈水出焉。南流注於漳。**从水。危聲。**過委切。十五部。師古音危。

溠

溠 溠水。在漢南。職方氏曰。豫州其浸波溠。注云。春秋傳曰。楚子除道梁溠、營軍臨隨。則溠宜屬荊州。在此非也。按傳文見莊四年。職方荊州浸潁湛。豫州浸波溠。許書於湛曰豫浸。於溠曰荊浸。葢正經文之誤。與鄭說溠正同也。杜預曰。溠水在義陽厥縣西。東南入鄖水。釋例曰。厥縣西有漈水。源出縣北。從縣西、東南至隨縣。入鄖水。水經注曰。溠水、出隨縣西北黃山。南逕㵐西縣西。又東南、㵐水入焉。又東南逕隨縣故城西。又南流注於溳。溳入夏水。方輿紀要曰。今溠水出德安府隨州西北二百里之栲栳山。東南流。至州北百十里。有魯城河流合焉。至安貢鎭入溳水。道提綱曰。漢水至漢川縣溳口塘北。有溠溳諸水。北自隨州南流。會德安府雲夢應城數縣水來注之。源流長五百餘里。玉裁謂職方謂爲一州之浸。正指溳溠合流長五百餘里而言也。**从水。差聲。**側駕切。古音在五部。**荊州浸也。春秋傳曰。脩涂梁溠。**見上。

洭

洭 洭水。出桂陽縣盧聚。南出洭浦關爲桂水。縣字依韵會補。此水出桂陽郡桂陽縣。郡縣同名。故曰桂陽縣。如邑部鄏下云河南縣之例。南出二字、各本作山字。今依水經正。桂陽郡桂陽、二志同。今廣東廣州府連州州治、卽漢縣地也。前志桂陽下曰。洭水南至四會入鬱。過郡二、行九百里。二郡、桂陽南海也。水經曰。洭水、出桂陽縣盧聚。東南過含洭縣。南出洭浦關爲桂水。按前志南海中宿縣有洭浦關。酈注亦云尒。今志文關作官。桂陽下洭作匯。皆譌字也。今洭水出連山縣東南流。經連州、英德縣、淸遠縣。合湞水。經三水縣至廣州府城西。入西江以入海。班所謂入鬱。今廣東之北江也。其出洭浦關。在今淸遠縣。酈氏曰桂水者、洭之別名也。从水。匡聲。去王切。十部。按洭水亦曰湟水。史記出桂陽下匯水。匯者、洭之誤。漢書作下湟水。是也。酈氏引山海經湟水。今山海經云。漢水出桂陽西北山。東南注肄水。入敦浦西。漢者、湟之聲誤。敦者、郭之字誤。水經注引作郭浦。郭浦卽洭浦也。音相近。

溱

溱水出桂陽臨武。入洭。洭各本作匯。今正。桂陽郡臨武、二志同。今湖南桂陽州臨武縣東五十里臨武故城是也。前志臨武下曰。秦水東南至湞陽入洭。行七百里。水經曰。溱水出桂陽臨武縣南。繞城西北。屈東流。東至曲江縣安聶邑。東屈西南流。過湞陽縣。出洭浦關。與桂水合。東入於海。志之秦水、卽溱水也。經之出洭浦關與桂水合、桂水卽洭水。許云洭水出洭浦關爲桂水。是也。班、許皆云溱入洭。酈注則云洭入溱。酈葢本山海經。經曰。肄水出臨武武作晉誤西南。而東南注海。入番禺西。湟水出桂陽西北山。東南注肄水。入郭浦西。酈曰肄水葢溱水之別名也。今人謂湞水出南雄保昌縣西南。經始興縣、曲江縣、英德縣、而翁江洭水入之。此正漢志水經說文之溱水。乃誤謂之湞耳。溱水從東北來。洭水自西右注之。湞水自東左注之。湞水者、今之翁江也。班、許皆洭爲綱。溱入洭。洭入鬱。注海。許云湞入溱。班及水經不言湞者。水差小也。方輿紀要曰。舊志云溱水出湖廣臨武縣西南。經曲江縣西北流。合武水。經英德縣盻。正古之溱水。水經注及元和郡縣志又謂之始興大江。从水。秦聲。側詵切。十一部。按經典鄭國溱洧字皆如此作。鄭風溱與人韵。則不當作潧也。地理志鄭水作溱。粵水作秦。又方輿紀要載舊志云。溱與尋同音。故水經注觀峽亦名秦峽也。據此可證溱水讀如秦國。前志秦爲古字。

湞

湞水出南海龍川。西入溱。南海郡龍川、二志同。今廣東惠州府龍川縣是其地。應劭注漢書曰。湞水出南海龍川。西入秦。水經溱水注曰。溱水出峽。左則湞水注之。水出南海龍川縣。西逕湞陽縣南。右注溱水。故應劭曰。湞水西入秦。按此正今之翁江也。出韶州府翁源縣。西南流。至英德縣城東南。合溱水。今俗謂之合湞水。齊氏召南曰。此水源流三百餘里。受巨溪甚多。漢書所謂下湞水。从水。貞聲。陟盈切。十一部。

深

深水出桂陽南平。西入營道。桂陽郡南平、零陵郡營道、二志同。今湖南桂陽州藍山縣縣東五里有南平城。水經曰。深水出桂陽盧聚。西北過零陵營道縣、營浦縣、泉陵縣、至燕室、邪入於湘。酈云。桂陽縣本隸桂陽郡。後割屬始興。縣有盧溪盧聚。山在南平縣之南。九疑山之東。玉裁謂盧聚山在南平之南。經舉其遠源。許舉其近源。洭出盧聚南流入海。深出盧聚西北流入湘。以入江。是分馳不同也。湘水篇經注皆不言深水。葢呂忱言深水導源盧溪。西入營水。亂流營波。同注湘津。故湘水篇言營不言深耳。今深營二水源委未聞。漢營道、營浦縣皆氏於水。以字林訂說文。則當作入營。不必有道字。泉陵縣卽今湖南永州府零陵縣。今瀟水合諸水於此入湘。深水、營水在其中也。从水。罙聲。式針切。七部。按此無深淺一訓者。許意深淺字當作突。詳突下。

汨

長沙汨羅淵也。長沙下葢奪羅字。許例、郡縣兼書。前志長沙國羅。後志長沙郡羅。應劭曰。楚文王從羅子自枝江居此。今湖南長沙府湘陰縣東北六十里有羅縣城。是也。岳州府平江縣縣南三十里亦有羅城。云古羅子國也。水經注湘水篇曰。湘水又北。汨水注之。汨水出豫章艾縣桓山。西南逕吳昌縣北。又西逕羅縣北。謂之羅水。又西逕玉笥山。又西爲屈潭。卽汨羅淵也。屈原懷沙自沈於此。又西逕汨羅戍南。西南注於湘。春秋之羅汭。世謂之汨羅口。按今湘陰縣北七十里汨羅江是也。从水。冥省聲。莫狄切。古音十一部。與十六部合韵。屈平所沈水。小徐本如此。

溳

溳水出豫章艾縣。凡縣字皆後人所增。古本必無也。西入湘。豫章郡艾、二志同。左傳吳公子慶忌所居。今江西寧都州西百里有艾城是也。水經湘水篇曰。又北過羅縣西。溳水從東來流注之。溳水又別爲篇曰。溳水出豫章艾縣。西過長

湘

沙羅縣西。又西至磊石山入於湘水。按水經言⿰氵買不言汨。諸書多言汨不言⿰氵買。依廣韵廿三錫。汨⿰氵買溟三形同。春秋莒君密州。左傳密作買。亦是買聲近密之證。考之於今。則由江西寧都州逕湖南平江縣至湘陰縣入湘者。但有汨水。別無⿰氵買水。則⿰氵買汨之爲古今字憭然。酈氏云。汨出艾縣。逕羅縣。皆與經言⿰氵買同。惟云⿰氵買水入湘曰東町口。汨水入湘曰汨羅口。汨羅口在⿰氵買口之北。磊石山又在羅口之北。經言⿰氵買水至磊石山入湘。非是。⿰氵買尚在羅口南注湘耳。此言甚辨。依水道提綱。汨水出平江縣西北。至歸義驛。又西分爲二支。一支西流稍北。於山麓西入湘。一支北流數十里西北入湘。曰屈潭。亦曰汨羅口。正酈之東町、汨羅二口。非有二水也。酈葢未溯上游。不辨異文同物。許書葢本同水經。有⿰氵買無汨。而後人妄增汨字。故其文不類。許書屈原所沈例所不載。且許既有溟字。云冥聲。豈得冥省聲。又爲一字乎。**从水買聲。**莫蟹切。今莫狄切。作汨。十六部。

湘水出零陵縣陽海山。北入江。縣字今補。凡郡縣同名則言縣以該之也。零陵郡零陵、二志同。前志零陵下曰。陽海山、湘水所出。北至酃入江。過郡二。行二千五百三十里。過郡二者、零陵長沙也。又有離水東南至廣信入鬱。下衍林字、非。行九百八十里。水經曰。湘水出零陵始安縣陽海山。東北流過下雋縣西。又北至巴丘山。入於江。酈曰。陽海山卽陽朔山。山在始安縣北。縣故零陵之南部也。湘灕同源。南爲灕水。北則湘川。今廣西桂林府興安縣南九十里。俗謂之海陽山、卽陽海山也。湘水出焉。北流經全州入湖南畍。經東安縣、零陵縣、祁陽縣、常寧縣、衡陽縣、衡山縣、湘潭縣、善化縣、至喬口。資水來會。又經湘陰縣。至磊石山分爲二派。又合入洞庭湖。曰湘口。漢志云至酃入江。未詳。按離水字本不從水旁。後人謚之耳。許書所無。**从水相聲。**息良切。十部。按詩召南。于以湘之。假借爲鬺字。

油

油水出武陵孱陵西。東南入江。武陵郡孱陵、二志同。今湖北荆州府公安縣縣西二十五里有孱陵故城是也。水經曰。油水出武陵孱陵縣西畍。東過其縣北。又東北入於江。注云。逕公安縣西北流注於大江。然則許云東南入江。南當作北明矣。江水篇經云。江水、又東南當華容縣。涌水入焉。又東南油水從西南來注之。注云。右合油口。油水東有景口。景口東有淪口。淪水南與景水合。又東通澧水及諸陂湖。按今荆州府虎渡口北。江之南岸有支津。南通公安諸湖水。古油水必在其閒。江表傳曰。劉備爲荆州牧。立營油口。五代梁開平四年。馬殷遣將侵荆南。軍於油口。今公安縣北。舊有油口巡司。是其水今雖湮沒。非無可考也。**从水由聲。**以周切。三部。按經史曰油然作雲。曰雲之油油。曰禾黍油油。曰油油以退。玉藻注曰。油油、悅敬皃。俗用爲油膏字。

潭

潭水出武陵鐔成玉山。東入鬱林。林字臢當刪。俗人不知鬱爲水名。漢志涯水入鬱。離水入鬱。亦皆沾林矣。王集韵引作玉。韵會引作五。漢志作玉。未審當何從。武陵郡鐔成、二志同。前志鐔成下曰。玉山、潭水所出。東至阿林入鬱。過郡二。行七百二十里。過郡二者、武陵、鬱林也。今廣西潯州府阿林廢縣、漢縣也。鬱林郡廣鬱下曰。鬱水首受夜郎豚水。東至番禺郡四會入海。過郡四。行四千三十里。過郡四者、牂柯、蒼梧、鬱林、南海也。潭水卽今福祿江。源出苗地。東南至今貴州黎平府西爲古州江。東至永從縣南。合彩江爲福祿江。入廣西畍。至栁城縣爲栁江。又東南經象州。至潯州府城北曰潯江。此爲廣西之右江。亦曰北江。合廣西左江。亦曰南江。卽所謂入鬱也。唐始置潯州。以北潯江爲名。潯江卽古潭水。古二字同音。因改其字耳。今人上流爲栁江。下流爲潯江。漢人統曰潭。下流亦曰溜。潭與溜實一水也。按鬱水、今嶺外之盤江。由雲南貴州廣西至廣東爲西江。入海者也。淮南書曰。始皇使尉屠睢發卒五十萬爲五軍。一軍守鐔成之嶺。一軍守九疑之塞。一軍處番禺之都。一軍守南埜之畍。一軍結餘干之水。皆謂今之嶺也。漢鐔成縣故城在唐之朗溪縣、今之湖南沅州府黔陽縣。王山葢在嶺。故潭水流嶺外東入鬱也。嶺北之水多入沅。**从水覃聲。**徒含切。應劭音淫。七部。按今義訓爲深。取從覃之意也。或訓水側。與潯同也。

溜

溜水出鬱林郡。不言縣者、有未審也。鬱林郡在今廣西。前志有中溜縣。師古曰。溜、力救反。水名。葢中溜、潭中皆以水得名也。後志及宋書州郡志作中溜。字從水。疑前志亦當從水。元和郡縣志曰。貞觀八年改南昆州爲栁州。因栁江爲名。栁州卽今栁州府。栁江出苗地。至今貴州古州永從縣生苗畍中。東

濾　灌

南入廣西。至柳城縣曰柳江。至象州會於盤江。柳江卽古潭水。後世譌其字耳。**从水。畱聲。**力救切。三部。按今俗訓爲水急流。

𣶒　濾水出廬江入淮。出疑當作在。漢廬江郡今安徽廬州府南至安慶府之境。是其地。濾水未詳。**从水。惠聲。**胡計切。十五部。

𤅩　灌水出廬江雩婁。北入淮。廬江郡雩婁。二志同。前志雩婁下曰。決水北至蓼入淮。灌水亦北至蓼入決。過郡二。行五百一十里。過郡二者。廬江六安國也。水經注。決水自安豐縣故城西北逕蓼縣故城東。又西北。灌水注之。水導源廬江金蘭縣西北東陵鄉大蘇山。東北逕蓼縣故城西而注決水。決水又北入於淮。按前志廬江郡下云。金蘭西北有東陵鄉。淮水出。依酈注則金蘭者縣名。而志無此縣。志云淮水出乃灌水出之誤。蓋出金蘭東陵鄉。逕雩婁至蓼入決也。酈云。灌水俗謂之澮水。又云決水北入於淮。俗謂之澮口。蓋灌澮聲相倫。習俗害眞。尒酈時已與古名全違。今則更難詳矣。方輿紀要曰。雩婁今安徽潁州府霍丘縣西南八十里有雩婁故城。左傳襄廿六年。楚人侵吳及雩婁。昭五年。薳啓彊待命於雩婁。是其地也。蓼縣城在霍丘縣西北。決水卽今史河。灌水今自河南固始縣東流。經霍丘縣西。合史水入淮。是也。**从水。雚聲。**古玩切。十四部。按今字以爲灌注。灌漑之字。

漸

𣿈　漸水出丹陽黟南蠻中。東入海。丹陽郡黟。二志同。今安徽徽州府黟縣是其地。云漸水出黟南之蠻夷中。則今錢塘江之北源南源皆見矣。前志黟下曰。漸江水出南蠻夷中。東入海。水經曰。漸江水出三天子都。北過餘杭。東入於海。按班許水經皆曰漸江水。酈氏注則曰浙江。蓋水經以後無稱漸江者。其前則山海經吳越春秋史記皆曰浙江。山海經有出於漢人者。漢人之書地理志說文爲謹嚴。據許立文曰江至會稽山陰爲浙江。謂嶠江也。曰漸江水出丹陽黟南蠻中。謂今錢唐江也。分別畫然。蓋浙江者。嶠江之委。漸江者。錢唐江源流之總稱。二水古於山陰相合。故可統名之曰浙江。後世水道絕不相通。而錢唐江猶冒浙江之名。失其本號耳。水道提綱曰。浙水有南北二源。北曰徽港。卽新安江。出歙縣黟縣績溪休寧諸山。南源有二。一曰衢港。卽信安江。出開化江山二縣山。一曰婺港。卽東陽江。出東陽縣山。南北二港在嚴州府治建德縣合流而北。經桐廬縣富陽縣至蕭山縣西南。合浦陽江。經杭州府城東南。至龕赭二山之閒入海。班許云黟南蠻中。今之北源南源皆包舉矣。**从水。斬聲。**慈冉切。八部。按走部有趣字。訓進也。今則皆用漸字。而趣廢矣。

泠　潷

𣲡　泠水出丹陽宛陵。西北入江。丹陽郡宛陵。二志同。今安徽寧國府附郭宣城縣。漢故縣也。前志宛陵下曰。清水西北至蕪湖入江。按許之泠水。卽班之清水。應劭零陵泠道下注引說文此條。則應氏未知清泠異名同實也。泠水卽今宣城縣西六十里之青弋江。元和郡縣志。青弋水在宣州西九十九里。水道提綱曰。江水又東北爲蕪湖縣西北之魯港。曰魯明江。南匯旌德太平石埭涇縣諸水。東北流經宣城西北境。曰青弋江。折而西北流經蕪湖城南而西北注之。是爲魯港口。此水三源。東南源出旌德南。南源出太平南。西南源出石埭西北。**从水。令聲。**郎丁切。十一部。按凡清泠用此字。凡樂工泠人。左傳用此字。

𣸈　潷水在丹陽。未聞。**从水。箄聲。**匹卦切。十六部。

溧

𣸉　溧水出丹陽溧陽縣。縣字俗所沾。丹陽郡溧陽。二志同。據舊志漢縣蓋在今江蘇江寧府高淳縣南十五里之固城。前志溧陽下應劭曰。溧水所出南湖也。方輿紀要曰。今溧水在今溧陽縣北四十里。卽永陽江也。祥符圖經。溧水承丹陽湖。東入長蕩湖。丹陽湖卽應劭之南湖也。張鐵曰。溧水卽永陽江之上源。大江之水南會於此。江上有渚曰瀨渚。又謂之陵水。范睢說秦昭王。子胥出昭關。至陵水是也。自瀨渚東流爲瀨溪。鄉民誤曰爛溪。入長蕩湖。又分流東行。爲吳王漕。蓋五代時楊行密漕運所經也。自東壩築。而丹陽湖之水不復入於溧水。永陽江之源流亦滋晦矣。水利攷。永陽江一名潁陽江。古名中江。按中江者。前志丹陽郡蕪湖下云中江出西南。東至陽羨入海。楊州川。謂禹貢職方三江之一也。今蕪湖河東接太平府南之黃池河。又東接溧水縣之固城丹陽。石臼諸湖。未築東壩以前。諸湖匯長蕩湖而入太湖。而入於海。此正古中江之道。今則壩西諸水俱西流入江。與古絕異。又按禹貢三江旣入。惟北江徑入海。中江則合太湖以入海。南江則合漸江爲浙江以入海。旣合之後。則謂太湖爲江、謂漸江爲江。故班志直云入海。不云入太湖。可勿疑也。**从水。㮚聲。**力質切。十二部。

瀷

瀷水。出河南密縣。東入潁。从水。翼聲。與職切。一部。按此瀷字之異體。後人收入。如瀷汩之實一字也。淮南書曰。澤受瀷而無源。許愼云。瀷、湊漏之流也。見文選注。但造說文不收瀷字。

潕

潕水。出南陽舞陰。東入潁。南陽郡舞陰、二志同。今河南南陽府泌陽縣縣北十里有舞陰故城。水經曰。潕水、出潕陰縣西北扶予山。東過其縣南。又東過西平縣北。又東過郾縣南。又東過定潁縣北。東入於汝。酈云。潕水過潕陰縣北。不出其南。又去郾縣遠。不得過。今水道提綱敘汝水。不言潕水源流。惟方輿紀要引舊志云。潕水出泌陽縣北。自平地湧出。如飛舞然。東北流達舞陽縣東南爲三里河。又東入於汝。未知今水道然否。水經入汝。許云入潁。乖異矣。攷**从水。無聲。**文甫切。五部。按水名作潕。縣以水得名。而舞陰舞陽字作舞。當依漢志。

滶

滶水。出南陽魯陽。入父城。南陽郡魯陽、二志同。今河南汝州魯山縣有魯陽故

城。是父城。犬徐作城父。誤。潁川郡父城、二志同。今河南汝州郟縣西四十里有父城故城是也。城父縣前志屬沛郡。後志屬汝南郡。今安徽潁州府亳州東南七十里有城父故城是也。左傳昭十九年。楚大城城父。大子建居之。哀十六年。大子建自城父奔宋。服注及吕覽愼行篇高注、闞駰十三州志、史記楚世家正義皆說此事作城父。杜注及酈氏汝水篇注、裴駰注五子胥傳、李吉甫元和郡縣志說此事皆作父城。未審當何從。而此條滶入父城與水經注所引合。則斷非城父也。汝水篇注曰。汝水又逕郟縣故城南。滶水注之。水出魯陽縣之將孤山。至父城與出魯陽北山之桓水會。亂流東北至郟。入汝。按今汝水由嵩縣天息山東經伊陽縣汝州寶豐縣郟縣襄城縣。而沙河來會。尙與古水道不殊。滶水入汝。亦必同古水道也。**从水。敖聲。**五勞切。二部。

瀙

瀙水。出南陽舞陰中陽山。入潁。舞陰、二徐皆作舞陽。今正。前志舞陰下曰。中陰山。瀙水所出。東至蔡入汝。水經曰。瀙水出潕陰縣東上界山。東過吳房縣南。又東過灈陽縣南。又東過上蔡縣南。東入於汝。酈云。山海經謂之視水。郭注。視當爲瀙。出葴山。許愼云。出中陽山。皆山之殊目也。按志云中陰。許云中陽。乖異。雖酈注引作陽。然中陰二字正葴之反語。與中山經云出葴山者合。疑作陰是也。方輿紀要曰。瀙水自唐縣東北流。達舞陽縣南。又東南經泌陽縣東北。又東經泌陽之象河關。入汝寧府遂平縣境。未知今水道然否也。齊氏召南曰。汝水舊從舞陽縣北而南入西平。盺自元末於澺河堨斷其流。使東歸潁。於是西平雲莊、諸石二山之水。明時亦塞。今水道與古全異。即名稱亦隨時不同。所謂灈瀙澺汝溱濆亦難確鑿指證。但據時俗所見敘次源流耳。玉裁案。顧氏祖禹所臚舉。尙或據舊志爲說。不如齊氏據現在者言也。**从水。親聲。**七吝切。十二部。

淮

淮水。出南陽平氏桐柏大復山。東南入海。南陽郡平氏、二志同。今河南南陽府桐柏縣縣西北四十里有故平氏城。前志平氏下曰。禹貢桐柏大復山在東南。淮水所出。至淮陵入海。過郡四。行三千二百四十里。水經曰。淮水出南陽平氏縣胎簪山。東北過桐柏山。東過江夏、廬江、九江、下邳、諸郡。至廣陵淮浦縣入於海。按桐柏大復、以四字爲

山名。漢志、說文、風俗通、酈注皆云桐柏大復山。應劭注地理志云。復陽縣在桐柏大復山之陽是也。後世地志析爲二山。乃非是。禹貢祇云桐柏。省言之也。古經史所舉之山皆舉其全勢。後人乃以一支一節當之。若水經所謂胎簪、亦即桐柏耳。作水經者別爲二。亦非也。今淮水出河南桐柏縣桐柏山。東流經羅山縣、眞陽縣、息縣、固始縣、光州。又入江南盱眙。經潁州府、霍邱縣、潁上縣、壽州、懷遠縣、鳳陽府、臨淮縣、五河縣、盱眙縣、泗州。至淸河縣合於河。經山陽縣。阜寧縣、安東縣。至雲梯關入於海。古水道河於冀州入海。不與淮同入海。淮之古水道今未有異。淮自平氏至入海。大致東北行。東多北少。許云東南、南字誤。**从水。隹聲。**戶乖切。十五部。按禹貢濰水、漢書作維水。其作淮者、誤。

滍

滍水。出南陽魯陽堯山。東北入汝。南陽魯陽、見上。前志魯陽下曰。魯山。滍水所出。東北至定陵入女。水經曰。滍水、出南陽魯陽縣西之堯山。東北過潁川定陵縣西北。東入於汝。今沙河源出魯山縣西境之堯山。東經寶豐縣、葉縣、舞陽縣、汝水西北自襄城來會。俗曰沙河。即古滍水也。左傳僖三十

灃 湞 渒

三年。楚人與晉師夾泜水而軍。杜云。泜水出魯陽縣。東經襄城、定陵入汝。杜謂泜卽滍也。又襄十八年。楚伐鄭。涉於魚齒之下。杜、酈皆謂所涉卽滍水也。从水𡿧聲。直几反。按直几當作直里。古音在一部。

灃水。出南陽雉衡山。東入汝。南陽郡雉。二志同。雉音弋爾反。今河南南陽府治南陽縣府北八十里有故雉城。漢縣也。前志雉下曰。衡山。灃水所出。東至酈入汝。酈、顏本譌作鄜。云音屋。非也。水經注曰。汝水又東南逕酈縣故城北。又東得醴水口。醴水出南陽雉縣衡山。卽山海經中山經之衡山。馬融廣成頌曰。面據衡陰。在雉縣畍。故世謂之雉衡山。東南流逕葉縣故城北。又東注葉陂。又東逕酈縣故城南。左入汝。按馬融傳注引中山經又東三十里曰雉山。灃水出焉。又東五十里曰宣山。又東四十五里曰衡山。然則分之爲雉衡二山。合之則單評衡山。李賢曰。衡山在今鄧州向城縣北。杜佑曰。北重山在向城縣北。卽是三鴟之第一。又北分嶺山嶺北。卽三鴟之第二鴟也。其第三鴟入臨汝郡魯山縣畍。杜之三鴟、蓋卽古衡山也。今灃水未詳。从水豐聲。盧啟切。十五部。

此條衡山、非南岳。灃水、非入洞庭之灃水。入洞庭之水、水經別爲篇。其字本作醴。禹貢江又東至於醴。衞包始改爲灃。鄭注醴爲陵。云今長沙有醴陵縣。馬融、王肅醴爲水名。夏本紀、地理志皆作醴。尙書正義史記索隱引楚詞澧余佩兮醴浦。正作醴。水經注出雉衡山者從酉。出武陵者從水。正是互譌也。

湞水。出南陽蔡陽。東入夏水。南陽郡蔡陽。二志同。故城當在今湖北德安府隨州境內。夏水見上文沔字下。水經曰。湞水出蔡陽縣。東南過隨縣西。又南過江夏安陸縣西。又東南入於夏。酈云。湞水出縣東南大洪山。山在隨郡之西南。竟陵之東北。槃基所跨、廣員百餘里。今湞水出大洪山之陰。東南經隨州應山縣、安陸縣、雲夢縣、應城縣、至漢川縣湞口塘入漢。源流長五百里。入漢、卽古之入夏水也。今漢夏不分。从水員聲。王分切。十三部。按水徑德安府治、卽古鄖國也。鄖蓋以水得名。水經注曰。隨水至安陸縣故城西。入於湞。故鄖城也。左傳定四年。吳敗楚於柏舉。及於清發。蓋湞水兼清水之目矣。

渒水。出汝南弋陽垂山。東入淮。汝南郡弋陽。二志同。今河南光州州東北有故弋陽城。水經淮水篇曰。淮水、東過期思縣北。又東北渒水注之。水出弋陽南垂山。西北流、歷陰山關。西北出山。又東北流逕新城戍東。又東北得詔虞水口。又東北注淮。俗曰白鷺水。按今之白露河也。出光州南三十里之南岳山。北流。又東入固始縣界。合春河注於淮。春河卽水經注之詔虞水也。水經注曰。沘水、字或作渒。但說文有渒無沘。前志有沘無渒。不得混爲一水。从水畀聲。匹備切。又匹制切。十五部。按大雅傳曰。渒、舟行貌。箋云。渒渒然涇水中之舟。又小雅傳曰。渒渒、衆也。

滴 洇 灈

滴水。出汝南上蔡黑閭澗。入汝。汝南上蔡縣。二志同。今河南汝寧府上蔡縣西南十里故蔡城是。水經注汝水篇曰。汝水、又東南逕新蔡縣故城南。又東南左會澺水。水上承汝水。別流於奇雒城北。爲黃陂。東流於上蔡岡東。爲蔡塘。又東逕平輿縣故城南。爲澺水。又東南左迤爲葛陂。又東出爲鮦水。俗謂之三丈陂。陂東注爲富水。澺水正流自葛陂東南逕新蔡縣故城東。而東南流注於汝。方輿紀要曰。澺水在汝寧府東四十里。俗名洪河。源出西平縣。水道提綱曰。南汝水至新蔡縣之東南。有洪河自西北來會。洪河出舞陽縣東南之筆尖山。經西平縣、上蔡縣、汝陽縣。至新蔡縣南入汝。大致東南流也。按於古水道不改。从水啇聲。篆文各本作澺。此云意聲。集韵、類篇皆云說文作滴。隸作澺。是宋時古本如此。今據正。於力切。一部。

洇水。出汝南新郪。入潁。汝南郡新郪。見前志。後志曰。汝南郡宋公國。周名郪丘。漢改爲新郪。章帝建初四年。徙宋公於此。今安徽潁州府治阜陽縣。縣東八里有新郪城。水經注潁水篇曰。細水上承陽都陂。陂水枝分東南出。爲細水。東逕新陽縣故城北。又東南逕宋縣故城北。縣卽所謂郪丘者也。又南逕細陽縣又東南逕細陽縣故城南。引地理志細水出細陽縣東南入潁。按今洇水不得其詳。从水囟聲。穌計切。古音當在十二部。前志及酈作細。洇細古今字。皆从囟聲也。

灈水。出汝南吳房。入瀙。汝南郡吳房。二志同。孟康曰。本房子國。楚靈王遷房於楚。吳王闔閭弟夫槩奔楚。封於此。爲棠谿氏。以封吳。故曰吳房。今吳房城棠谿亭是。按昭十三年杜注。房滅於楚。後平

十一篇上一 三五

十一篇上一 三六

潁 洧

王遷之於荆山。今河南汝寧府遂平縣治故吳房城也。水經曰。灈水出汝南吳房縣西北奧山。東過其縣北入於汝。酈云。灈水東逕灈陽故城西。東流入瀙水。逕其縣南。又東入於汝。今遂平縣西七十里奧來山。葢水經之奧山也。方輿紀要曰。灈水在遂平縣南。東北流入汝。水道提綱曰。灈水今難確鑿指證。**从水瞿聲。**其俱切。五部。

潁水。出潁川陽城乾山。東入淮。各本作乾山。韵會引作耿山。晉書音義引作陽城少室陽乾山。則兼用水經漢志改說文也。爾雅音義引字林作陽城乾山。與今說文合。潁川以水名郡。字當從水。而漢碑郡名多從禾。葢漢時相習如此。寫如女陽、女陰。舞陽、舞陰。以水名縣。而不作汝潕字也。恐漢志說文古本郡名亦當從禾耳。潁川郡陽城二志同。今河南河南府登封縣東南四十里有陽城廢縣。前志陽城下曰。陽乾山。潁水所出。東至下蔡入淮。過郡三。行千五百里。荆州浸。過郡三者。潁川、淮陽、沛郡也。水經曰。潁水出潁川陽城縣西北少室山。東南至慎縣東南入於淮。水道提綱曰。今潁水源出登封縣北嵩山西南之少室山。東南經密縣、禹州。

分爲二派。一經新鄭縣至臨潁縣。一經襄城縣。至臨潁縣。二支復合。經商水縣。合汝水。又合滎陽水。至陳州府南分爲二派。一爲過河。一爲沙河。過河至江南太和縣與沙河合。又經潁上縣與淮水合。曰潁口。皆東南流也。水經曰。至慎縣入淮。慎縣故城在今潁上縣。**从水頃聲。**余頃切。十一部。**豫州浸。**職方氏曰。荆州其浸潁、湛。豫州其浸波、溠。許潁下湛下皆曰豫州浸。而溠下曰荆州浸。此非筆誤。葢案地形互易之也。

洧水。出潁川陽城山。東南入潁。前志陽城下曰。陽城山。洧水所出。東南至長平入潁。過郡三。行五百里。過郡三者。潁川、南陽、汝南也。按據志則陽城縣有陽城山。許不復言陽城。如河南縣、弘農縣之例。水經曰。洧水出河南密縣西南馬領山。東南至習城西。折入於潁。酈曰。亦言出陽城山。葢馬領之統目焉。習城西折入潁。即地理志至長平縣入潁者也。方輿紀要曰。今洧水出登封縣陽城山。經密縣至禹州新鄭縣。合溱水爲雙洎河。又經長葛縣、洧川縣、鄢陵縣、扶溝縣。至西華縣入潁。大致東南流也。一統志曰。洧水本至西華入潁。宋時導之自扶溝入蔡。

濦 過 泄

左傳襄十一年濟隧。九年陰坂。廿六年涉於樂氏。說者云皆謂洧津也。**从水有聲。**榮美切。古音在一部。

濦水。出潁川陽城少室山。東入潁。水經曰。濦水出強縣南澤中。東入潁。酈云。濦水出潁川陽城縣少室山。東流注於潁而亂流東南逕臨潁縣西北。又東逕濦陽城北。又東逕濦強縣故城南。汝水於奇雒城西別東派。時人謂之大濦水。左合小濦水。東逕西華縣故城南。至女陽縣故城北。東注於潁。按前志汝南郡濦強。以濦水得名。今大濦水在郾城縣南。至商水縣東二十里合潁水。小濦水在臨潁縣西南。東流合於潁。**从水㥯聲。**於謹切。十三部。亦音殷。其字一變爲㶏。再變爲瀔。

濄水。受淮陽扶溝浪湯渠。東入淮。湯韵會作蕩。前志作狼湯。師古上音浪。下音徒浪反。水經注作蒗蕩渠。集韵作蒗蕩渠。皆音同字異耳。淮陽國扶溝見前志。淮陽國。孝明帝更名陳國。而扶溝改屬陳留。扶樂縣屬陳國。今河南開封府扶溝縣。漢縣地也。前志扶溝下曰。濄水首受狼湯渠。東至沛郡向入淮。過郡三。行千里。水經曰。淮

水、又東過當塗縣北。過水從西北來注之。又曰。陰溝水、出河南陽武縣蒗蕩渠。東南至沛爲過水。又東南至下邳淮陵縣入於淮。酈云。淮水於荆山北過水東南注之。注言下邳淮陵入淮。誤矣。按淮水篇酈注曰。淮水逕當塗縣故城北。又東北。又北。沙水注之。經所謂蒗蕩渠也。於荆山北過水東南注之。據酈所云。是渠水過水以次入淮也。今渦水在安徽鳳陽府懷遠縣入淮。其上流詳見水道提綱等書。非漢志說文水經舊迹矣。**从水過聲。**古禾切。十七部。

泄水。受九江博安洵波。北入氐。前志九江郡博鄉。此云博安。與水經合。洵波當作芍陂。氐當作比。水經曰。泄水出博安縣。北過芍陂西。與沘水合。西北入於淮。注云。博安縣地理志之博鄉縣也。泄水自縣上承沘水於麻步川。西北出歷濡谿謂之濡水。自濡谿逕安豐縣北。流注於淠。亦謂之濡須口。按淠卽沘字。見沘水篇注。洵波無考。疑作芍陂。水經云過芍陂則非受也。疑當作水受九江博安。洵爲句。洵卽過水出者。下四字當作過芍陂北入比六字。然無左證。又與酈云上承沘者不合。亦所謂闓疑載疑而已。**从水世**

聲。余制切。五部。毛詩大雅傳曰。泄泄猶沓沓也。此謂假泄爲詍也。

汳水。受陳畱浚儀陰溝。至蒙爲雝水。東入於泗。雝當作獲。字之誤也。陳畱郡浚儀二志同。晉地道記云。衞之儀邑。蘇林曰。故大梁城。梁惠王始都此。今河南開封府祥符縣縣城西北浚儀廢縣是也。蒙、二志皆屬梁國。春秋左傳宋有蒙門、蒙澤。今河南歸德府治商邱縣府東北四十里有蒙城是也。前志河南郡滎陽下曰。卞水、在西南梁國蒙下曰。獲水。首受甾獲渠。東北至彭城入泗。水經曰。汳水出陰溝於浚儀縣北。又東至梁郡蒙縣爲獲水。餘波南入睢陽城中。獲水、出汳水於梁郡蒙縣北。又東過蕭縣南。睢水北流注之。又東至彭城縣北東入於泗。按水經至蒙爲獲水。許書當同。不當云爲雝水也。下文雝篆下云。河雝水也。用爾雅河出爲雝語。然則自河出卽爲雝。非自河出爲汳旣而爲雝也。且許言汳受陰溝。則非受河矣。曰陰溝。曰浪湯渠。曰汳水。獲水。許能言其分合。今當河流絫徙之後。不可得而言方輿紀要曰。汳水。或謂卽禹貢之雝水。春秋之邲水。秦漢之鴻溝。上與河泲通。下與泗淮通。隋以前自歸德府至蕭縣、碭山縣閒入泗。隋以後則自歸德至泗州兩城閒入淮。宋時東南之漕大都由汴以達畿邑。故汴河之經理爲詳。自後則湮廢矣。禹貢錐指曰。元至元中。河徙出陽武縣南。奪過入淮。而新鄉之流遂絕。及泰定元年。改從汴渠。至徐州城東北合泗以入淮。卽今河所行是也。然則今之大河、開封而下徐州而上皆故汴也。从水。反聲。皮變切。十四部。漢志作卞。後漢書作汴。按卞者弁之䋣變也。變汳爲汴、未知起於何代。恐是魏晉都雒陽、惡其从反而改之。舊音切芳萬。今則併其音改之也。

澮水。出鄭國。鄭國謂周之鄭國、卽漢之新鄭也。鄭語曰。前華後河。右洛左濟。主芣騩而食溱洧。水經曰。澮水、出鄭縣西北平地。酈云出鄶城西北雞絡隝下。東南流。左合滋水。又南、左會承雲山水。又東南逕鄶城西。謂之柳泉水。又南注於洧。世亦謂之爲鄶水也。今溱水在河南開封府密縣東北流經新鄭縣西北。南流合洧水爲雙泊河。而洧盛溱涸矣。从水。會聲。側詵切。十二部。按會聲則在六部。而經傳皆作溱。秦聲。鄭風褰裳涉溱、與豈無他人爲韵。學者疑之。玉裁謂說文水經皆云澮水在鄭。溱水出桂陽。葢二字古分別如是。後來因鄭風異部合韵。遂形聲俱變之耳。詩曰。澮與洧、方汍汍兮。汍音丸藥之丸。各本作渙渙。今正。此鄭風文也。今毛詩作渙渙。春水盛也。釋文曰。韓詩作洹洹。音丸。說文作汎。音父弓反。按作汎父弓反。音義俱非。葢汍汍之誤。汍汍與洹洹同。漢志又作灌灌。亦當讀汍汍。皆水盛沄旋之皃。引此詩者。爲澮字之證。知今經傳皆非古本。廣韵曰。詩作溱洧誤。

淩水。在臨淮。前志臨淮郡。後志爲下邳國。前志泗水國淩。應劭曰。淩水所出。入淮南。後志淩屬廣陵郡。水經注淮水篇。淮水、左逕泗水國南。淩水、出淩縣。東流逕其縣故城東。而東南流注於淮。是曰淩口。今江蘇徐州府宿遷縣東南五十里有淩城。淩水未詳。从水。夌聲。力膺切。六部。廣韵曰。淩歷也。今字今義也。

濮水。出東郡濮陽。南入鉅野。東郡濮陽。二志同。前志濮陽下曰。衞成公自楚丘徙此。故帝丘。顓頊虛。杜預曰。帝丘。昆吾氏因之。故曰昆吾之虛。今直隸大名府開州西南濮陽故城是也。鉅野、二志屬山陽郡。前志鉅壄下曰。大壄澤在北。兗州藪。卽西狩獲麟之所。爾雅十藪之一。今山東曹州府鉅野縣、漢舊縣也。自隨以後、濟流枯竭。大野漸微。元末爲河所決。河徙後遂涸爲平陸。濮水者。殷紂時師延作靡靡之樂。已而自沈之水也。前志陳畱郡封丘下曰。濮渠水、首受泲。東北至都關入羊里水。水經注濟水篇言濮渠故瀆自濟東北流爲高梁陂。又東逕匡城北。又東北逕酸棗縣故城南。又東逕蒲城北。又東逕韋城南。又東逕長垣縣故城北。又東分爲二瀆。北濮出焉。濮渠又東逕須城北。又東逕濮陽故城南。又東逕離狐縣故城南。又東逕葭密縣故城北。又東北逕鹿城南。又東與句瀆合。與濟同入鉅野。按酈所云、卽許所說故道也。今濮河自河南封邱縣流徑長垣縣北、東明縣南。又東經開州東南。合洪河入山東濮州界。俗譌爲普河。方輿紀要曰。今濟絕河遷。濮水源流不可復考矣。从水。僕聲。博木切。三部。牧誓、左傳之濮人、百濮。則在江漢之南。

濼齊魯閒水也。春秋桓十八年。公會齊侯於濼。三經三傳皆同。杜曰。濼水在濟南歷城縣西北入濟。水經注濟水篇曰。濟水、又逕盧縣故城北。又逕什城北。又東北右會玉水。又東北、濼

漷　淨　濕

水入焉。水出歷城縣故城西南。春秋桓公十八年公會齊侯於濼是也。俗謂之娥英水。合大明湖、歷水北流注於濟。齊乘曰。小清河之在歷城者。卽古濼水。按今山東濟南府歷城縣小清河源出縣西。東經章邱、鄒平、長山、新城入青州府高苑縣。至博興縣合時水入海。而章邱以下淤塞。濼水東北入大清河。**从水。樂聲。**盧谷切。古音在二部。經典釋文引說文匹沃反。此蓋音隱文也。玄應曰。凡陂池、山東名爲濼。匹博切。鄴東有鸕鷀濼是也。幽州呼爲淀。音殿。按濼泊古今字。如梁山泊是也。**春秋傳曰。公會齊侯于濼。**

漷水。在魯。春秋經襄十九年。取邾田自漷水。公羊傳曰。其言自漷水何。以漷爲竟也。何言乎以漷爲竟。漷移也。何云魯本與邾婁以漷爲竟。漷移入邾婁畍。魯隨而有之。諸侯土地本有度數。不得隨水。隨水有之。當坐取邑。水經注泗水篇曰。漷水出東海合鄉縣。西南流入邾。又逕魯國鄒山東南而西南流。左傳所謂嶧山。詩所謂保有鳧嶧者也。又西南逕蕃縣故城南。又西逕薛縣故城北。夏車正奚仲之國也。又西至湖陸縣入於泗。按合鄉、蕃、薛故城皆在今山東滕縣。不云在魯邾婁之閒。徑云水在魯者。邾婁魯附庸。非敵故。立文如是。一統志曰。漷水源出滕縣東北百里述山。西流會諸泉水。逕縣南。又西會南梁河。入運河。舊名南沙河。西南流入泗。不與南梁會。自漕河東徙。過其南流乃北出趙溝。會南梁以入運河也。**从水。䣄聲。**苦郭切。五部。

淨　魯北城門池也。公羊傳閔二年。桓公使高子將南陽之甲。立僖公而城魯。或曰自鹿門至于爭門者是也。或曰。自爭門至于吏門者是也。魯人至今以爲美談。曰猶望高子也。鹿門者。魯南城之東門。爭門者。魯北城之門。天子十二門。通十二子。諸侯大國當是九門。侯攷淨者。北城門之池。其門曰爭門。則其池曰淨。从爭旁水也。廣韵曰。埩。七耕切。魯城北門池也。說文作淨。蓋古書有作埩門者矣。城北誤倒。**从水。爭聲。**士耕切。十一部。又才性切。按今俗用爲瀞字。釋爲無垢薉。切以才性。今字非古字也。

濕　濕水。出東郡東武陽。入海。東郡東武陽。二志同。今山東曹州府朝城縣縣東南有東武陽城是也。前志東武陽下曰。禹治漯水。東北至千乘入海。過郡三。行千二十里。過

泡　菏

郡三者。東郡平原千乘也。水經曰。河水又東北過高唐縣東。注云。河水於縣漯水注之。漯水上承河水於東武陽縣東南而北逕武陽新城東。又逕東武陽故城南。又北逕陽平縣故城東。又北絕莘道城之西北。又東北逕樂平縣故城東。又北逕聊城縣故城西。又東北逕清河縣故城北。又東北逕文鄉城東南。又東北逕博平縣故城南。又東北逕瑗縣故城西。又東北逕高唐縣故城東。又東北逕漯陰縣故城北。又東北逕著縣故城南。又東北逕崔氏城北。又東逕鄒平縣故城北。又東北逕建信縣故城北。又東北逕千乘縣二城閒。又東北爲馬常坑。亂河枝流而入於海。按此班、許所說故道也。河渠書。禹以爲河所從來者高。水湍悍。難以行平地。數爲敗。乃斷二渠以引其河。漢書音義曰。二渠。其一出貝丘西南南折者也。其一則漯川。出貝丘者。王莽時遂空。唯用漯耳。玉裁謂濕水故瀆。今不可詳。**从水。㬎聲。**它合切。七部。按日部㬎讀若唫。此濕所以在七部也。漢隸以濕爲燥溼字。乃以漯爲沛濕字。累者、俗絫字。在十六部。於音殊遠隔也。**桑欽云。出平原高唐。**平原郡高唐。二志同。今山東濟南府禹城縣西南有高唐故城。左傳襄十九年、廿五年、昭十年、哀十年之高唐也。前志高唐下曰。桑欽言漯水所出。酈注河水篇云。按竹書穆天子傳兩言濕水。尋其沿歷逕趣。不得近出高唐也。桑氏所言蓋津流所出。次於是閒也。玉裁按桑舉其源之近者耳。今禹城縣濕水已不可詳。

泡　泡水。出山陽平樂。東北入泗。山陽郡平樂。見前志。志云侯國。泡水東北至沛入泗。水經注泗水篇曰。黃溝又東逕平樂縣。又東右合泡水。卽豐水之上源也。水上承大薺陂。東逕貰城北。又東逕已氏縣故城南。又東逕邛城縣故城南。又東逕單父縣故城南。又東逕平樂縣。右合泡水。自下豐泡竝得通稱。故地理志曰。平樂泡水所出。又東逕豐縣故城南。又東逕沛縣故城南。於城南東注泗。地理志曰。泡水自平樂東北至沛入泗者也。按今泡河自今山東單縣流逕江蘇豐縣北。又東逕沛縣畍。循城東南至泗亭驛而合於泗。**从水。包聲。**匹交切。按今俗曰包河。古音在三部。又流貌也。或曰浮漚也。

菏　菏水。在山陽湖陵南。各本水上衍澤字。陵下奪南字。今依尚書音義正。前志山

陽湖陵下曰。禹貢荷水在南。濟陰郡下曰。禹貢荷澤在定陶東。水經曰。荷水在山陽湖陸縣南。荷澤在濟陰定陶縣東。是豫州菏澤徐州菏水、畫然二事。依水經及注。菏水雖源於菏澤而與菏澤迥別。釋文於徐州引說文水出山陽湖陵南、非菏澤也。今本說文淺人增澤大誤矣。山陽郡湖陵、見前志。王莽改曰湖陸。光武仍曰湖陸。至章帝復湖陵之號。今山東兗州府魚臺縣東南六十里有湖陵故城。與江南沛縣接畍。前志湖陵下曰。禹貢浮於淮泗通於荷。荷水在南。不但言荷水在南。而必舉此禹貢文者。明此荷水非豫州及道沇水之荷澤也。水經曰。濟水又東至乘氏縣西。分爲二。其一東南流者過乘氏縣南。又東過昌邑縣北。又東過金鄉縣南。又東過東緡縣北。又東過方與縣北爲荷水。又東過湖陸縣南東入於泗水。酈氏云。尚書曰浮于淮泗達于荷是也。按此經注所說故道。今多湮塞不可詳。**禹貢。浮于淮泗。達于菏。**不稱道菏澤沇水又東至於菏者、彼爲菏澤。此爲菏水。與班意同也。不言夏書言禹貢者。正襲班語也。尚書古文疏證曰。自淮而泗。自泗而菏。然後由菏入泲。以達於河。徐之貢道曰也。上文沇州浮于濟漯達于河。亦青州便浮于汶達于濟。不復言達于河。亦徐州浮于淮泗達于菏。不復言達于濟。至揚州則浮于江海、達于淮泗。且不復言達于菏。不復言者、蒙上文也。聖經之書法也。**从水。苛聲。**古俄切。十七部。按當左形右聲。篆體取結搆乃似上艸下河耳。五經文字云。菏見夏書。古本亦作荷。玉裁謂古尚書史記漢書水經注皆作荷。或是假借。或是字誤。不可定。而應劭曰。尚書荷水一名湖。漢注曰。荷胡阿反。是則湖陵以荷水得名。荷與湖一語之轉。至若今史記漢書俗本尚書作浮于淮泗達于河。皆誤字也。郡國志注譌作荷。

泗

泗水。受泲水。東入淮。地理志濟陰乘氏下曰。泗水東南至睢陵入淮。過郡六。行千一百一十里。又魯國卞縣下曰。泗水出縣北。（三字依水經注補）西南至方與入沛。過郡三。行五百里。青州川。出乘氏者、其遠源。出卞者、其近源。過郡三。當作過郡二。過郡二者、魯山陽也。水經曰。泗水出魯卞縣北山。西南過魯縣北。又西過瑕丘縣東。屈從縣東南流。漷水從東來注之。又南過平陽縣西。又南過高平縣西。洸水從西北來流注之。又南過方與縣東。菏水從西來注之。又屈東南過湖陸縣南。涓涓水從東北來流注之。又東過沛縣東。又東南過彭城縣東北。又東南過呂縣南。又東南過下邳縣西。又東南入於淮。此舉卞縣以下所經二郡也。卞縣、今山東兗州府泗水縣東五十里卞故城是也。許不言水所出。但云受泲水。則又舉其源之至近者也。水經言濟水又東過湖陸縣南。東入於泗水。前志泗水至方與入泲。一謂濟入泗。一謂泗入泲。酈氏泗水篇注云。泗濟合流。故地記或言濟入泗。泗亦言入濟。互受通稱。故地理志有南梁水入濟之文。玉裁謂許言泗受濟水、則與班殊。與水經合也。今泗水出縣東陪尾山。西流逕曲阜北八里。又西南流逕滋陽縣東五里。轉南流。與曲阜縣之沂水合。入金口閘。又南流逕鄒縣西南五十里。又南至濟寧州天井閘入運河。禹貢錐指曰。泗水自泗水縣歷曲阜、滋陽、濟寧、鄒縣、魚臺、滕縣、沛縣、徐州、邳州、宿遷、桃源至清河縣入淮。此禹跡也。今其故道自徐州以南悉爲黃河所占。一統志引志云。金口之堰修。而泗水盡入於漕。**从水。四聲。**息利切。十五部。按毛詩傳曰。自目曰涕。自鼻曰泗。

洹

洹水。在齊魯閒。齊當依水經注所引說文字林作晉。左傳成七年。聲伯夢涉洹。杜曰。洹水出汲郡林慮縣東北。至魏郡長樂縣入清水。水經曰。洹水出上黨泫氏縣。東過隆慮縣北。又東北出山。過鄴縣南。又東過內黃縣北。東入於白溝。林慮縣、即隆慮縣。今河南彰德府林縣是其地也。今洹水自山西長子縣流入。經林縣東北。流經安陽縣北。又東流經內黃縣西北。入衛河。水道提綱曰。衛河又東北經彰德府治安陽縣東南畍。有洹河自西北來會。其南岸即內黃縣西境也。水經之白溝。今衛河。在內黃者、皆即淇水。許當云在晉衛之閒。云在晉魯閒者、魯衛相近。以魯聲伯夢涉而云也。**从水。亘聲。**羽元切。十四部。玉篇曰。汍同。

灉

河灉水也。也字依水經注補。水經曰。瓠子河出東郡濮陽縣北河。酈云。尚書雝沮會同。爾雅曰。水自河出爲灉。許愼曰。雝者、河雝水也。是酈意以瓠子河爲尚書之雝也。按自河出爲灉。濟爲濋。汶爲瀾。洛爲波。漢爲潛。淮爲滸。江爲沱。過爲洵。潁爲沙。汝爲濆。見於釋水。其見於說文者、則沱也。潛也。灉也。洵也。河之別爲灉。如江之別爲沱。沱非一沱。則灉亦非一灉。凡首受河之水皆可名之矣。**在宋。**

澶

說者以汳水當之从水雝聲於容切九部澶淵水也也字今補在宋春秋經襄二十年盟于澶淵三十年會于澶淵宋災故杜曰澶淵在頓丘縣南今名繁汙此衛地又近戚田按頓丘今直隸大名府清豐縣西南二十五里頓丘故城是也澶淵卽繁水在河南彰德府內黃縣東二十六里史記廉頗拔魏繁陽漢置縣屬魏郡應劭曰在繁水之陽也張晏曰其畔爲繁淵按繁與澶疊韵汙與淵雙聲繁陽故城在今內黃縣東北二十七里實衛地而云在宋者葢以春秋書宋災故而云然未爲宋也○又按澶淵高氏士奇春秋地名攷爲詳从水亶聲市連切十四部吳都賦注曰澶恬安流貌

洙

洙水出泰山葢臨樂山北入泗泰山郡葢二志同今山東沂州府沂水縣西北七十里有葢城是也前志葢下曰臨樂于山洙水所出西北至葢入池水水經曰洙水出泰山葢縣臨樂山西南至卞縣入於泗按此條水經與志迥殊志云臨樂于山者謂勃海郡臨樂縣之于山也洙其源而言故下文云至葢非謂洙出葢也而經注皆刪于字謂臨樂爲葢縣山名其亦誤矣池注引作泗云或作池葢字誤夫經注皆云泗水出卞縣不云出葢縣又皆云洙水至卞入泗不云至葢入泗然則卽改池爲泗亦於水道不合安知班時無池水抑或不知何字之誤而竟作泗字也杜預釋例云出魯國東北西南入沇水下合泗乃作沇字俟攷葢洙水在班時已非古道故其書法不同他水至桑鄺時更昧於臨樂之源乃誣班爲出葢觀春秋莊九年浚洙知其易湮也許亦云出泰山葢臨樂山北入泗恐非許氏原文淺人用水經改竄之今洙水在曲阜縣北四里上不得其源下流不入泗而入沂又迥非鄺氏之舊葢以湮没而以是目之耳从水朱聲市朱切四部

沭

沭水出青州浸出下有奪文集韵類篇徑刪浸字非是當補琅邪東莞南人泗七字周禮青州其浸沂沭注云沭出東莞前志琅邪郡東莞術水南至下邳入泗過郡三行七百一十里青州浸東莞今山東沂州府沂水縣治西北東莞故城是也水經曰沭水出琅邪東莞縣西北大弁山東南過其縣東又東南過莒縣東又南過陽都縣東入於沂鄺曰舊瀆入泗非入沂也今沭水出沂水縣北臨朐縣南之沂山東南流徑莒州東又西南流徑蘭山縣東又南徑郯城縣東又西南流入江南沭陽縣畔分爲二派下流入海迥非舊道矣从水朮聲食聿切十五部前志作術云青州浸其所據職方當如是作

沂

沂水出東海費東西入泗東海郡費見前志春秋魯季氏邑今山東沂州府費縣西北二十里費故城是也職方氏曰青州其山鎭曰沂山其浸沂沭鄭曰沂山沂水所出也在葢前志泰山郡葢下曰沂水出水經曰沂水出泰山葢縣艾山許云出東海費東說乖異者葢沂山卽東泰山是山盤回數縣今沂水出沂水縣之雕厓山卽沂山西峯也又西北接大弁山卽沭水所出也前志曰沂水南至下邳入泗水經曰沂水出泰山葢縣艾山南過琅邪臨沂縣東又南過開陽縣東又東過襄賁縣東屈從縣南西流又屈南過郯縣西又南過良成縣西又南過下邳縣西南入於泗許云西入泗疑當作南入然鄺善長所據已作西矣今沂水出雕厓山東南流逕沂水縣西又南流逕蘭山縣東又南流逕郯城縣西又南流入江南邳州畔从水斤聲魚衣切古音在十三部按漢人多以爲圻堮之圻一曰沂水出泰山葢此卽班鄭水經之說也許分爲二說則不謂雕厓山卽沂山矣如渭下之謂渭首亭與鳥鼠山爲二說青州浸

洋

洋水出齊臨朐高山東北入鉅定齊郡臨朐後志作齊國臨朐今山東青州府臨朐縣其地也前志臨朐下曰石膏山洋水所出東北至廣饒入鉅定水經注巨洋水篇曰巨洋水又逕臨朐縣故城東又東北逕委粟山又東東北洋水注之水西出石膏山西北石澗口東南逕逄山祠西又東南歷逄山下卽石膏山也巨洋水又東北逕劇縣故城西又東北逕益縣故城東又東北積而爲潭枝津出焉謂之百尺溝西北流注於巨淀又東北逕壽光縣故城西又東北注於海按班許曰洋水卽水經及注之巨洋水也班許以出臨朐石膏山者爲正源耳許云高山卽石膏山也前志齊郡有廣饒鉅定二縣馬車瀆水首受鉅定然則鉅定本水名因以爲縣名定淀古今字魏都賦張注曰淀者如淵而淺是也廣饒鉅定故城皆在今山東青州府樂安縣境今樂安縣東北四十里清水泊

即古鉅定湖。巨洋水今曰瀰河。源出今臨朐縣南沂山西麓。北流逕臨朐縣東。又北歷益都縣。又東北流逕壽光東。又東北會黑埒泊。入於海。今南陽水亦名長沙水。源出益都縣西南石膏山。東北至城西。折而東。繞城北。又東流入瀰河。从水。芊聲。似羊切。十部。按毛詩衞風傳曰。洋洋。盛大也。魯頌傳曰。洋洋。衆多也。讀與章切。

濁

濁水。出齊郡。上文不言郡。此字葢淺人增之。厲嬀山。東北入鉅定。厲當作廣。嬀當作爲。皆字之誤。齊郡廣。見前志。後志作齊國廣。今山東青州府益都縣西南四里有廣縣故城是也。前志廣下曰。爲山。濁水所出。東北至廣饒入鉅定。水經注曰。淄水又東北逕廣饒縣故城南。又東北。馬車瀆水注之。水首受巨淀。淀卽濁水所注也。呂忱曰。濁水。一名澠水。出廣縣爲山。一名冶嶺山。東北流逕廣固城西。城在廣縣西北四里。又東北流逕堯山東。又東北流逕東陽城北。合陽水。卽長沙水也。又北逕臧氏臺西。又北逕益城西。又北流注巨淀。今北陽水源出益都縣西南九迴山。卽古爲山。東北流逕城北。又東北逕壽光縣四十里。又北入清水泊。卽古濁水也。从水。蜀聲。直角切。三部。按濁者。清之反也。詩曰。涇以渭濁。又曰。載清載濁。

溉

溉水。出東海桑瀆覆甑山。東北入海。東當作北。瀆當作犢。皆字之誤也。北海郡桑犢。見前志。今山東萊州府濰縣有桑犢故城。水經注之桑犢亭也。前志桑犢下云。覆甑山。溉水所出。東北至都昌入海。今濰縣東南四十里溉源山。卽覆甑山也。水經注亦謂之塔山。寰宇記曰。天寶六載勑改爲溉源山。今溉水自溉源山北流至昌邑縣境入海。卽東虞河也。亦曰東丹河。从水。既聲。古代切。古音在十五部。按多借爲漑槩字。一曰灌注也。此依韵會本。注下曰。灌也。渼下曰。溉灌也。洞簫賦。迴江流川而溉其山。李注引說文。溉猶灌也。與今本異。

濰

濰水。出琅邪箕屋山。東入海。琅邪郡箕。見前志。故城當在今山東沂州府莒州境。前志箕下云。禹貢維水北至都昌入海。過郡三。行五百二十里。兗州寖也。水經曰。濰水出琅邪箕縣濰山。東北過東武縣西。又北過平昌縣東。又北過高密縣西。又北過淳于縣東。又東北過都昌縣東。又東北入於海。按屋山在今莒州西北九十里。水經注曰。濰山屋山及淮南子云出覆舟山。實一山也。今濰水出莒州西東北箕屋山。東南流。入青州府諸城縣盻。逕萊州府高密縣盻。又北逕安邱縣東。又北流。入萊州府昌邑縣盻。又東北入海。曰淮河口。與古水道合。漢都昌城在今昌邑縣西。徐州浸。徐當作兗。職方氏。河東曰兗州。其浸盧維。鄭云。盧維當爲雷雍。班志則云維兗州浸。不改字也。許云兗州浸亦同。夏書曰。濰淄其道。許水部無淄字。此淄葢俗加水旁耳。周禮作菑。漢志作甾。古字也。濰甾其道。禹貢青州文。从水。維聲。以追切。十五部。按地理志述禹貢作維。今版本作惟。誤。琅邪箕下云。禹貢維水。蒙上文言也。其靈門下。橫下。折泉下。皆作淮。則轉寫之誤。葢班从今文尚書作維。許从古文尚書作濰。左傳襄十八年作維。音義曰。本又作濰。今山東土語與淮同音。故竟作淮字。

浯

浯水。出琅邪靈門壺山。東北入濰。琅邪郡靈門。見前志。今山東沂州府莒州北百二十里有靈門城。前志靈門下曰。壺山。浯水所出。東北入淮。淮當作維。字之誤也。水經注曰。濰水。又北逕平昌縣故城東。又北。浯水注之。水出浯山。世謂之巨平山。許愼言水出靈門山。世謂之浯汶矣。其水東北逕姑幕縣故城東。又東北逕平昌縣故城北。又東北流注於濰水。今浯水自莒州流入諸城縣盻。東北流逕安丘縣東南入濰水。从水。吾聲。五乎切。五部。

汶

汶水。出琅邪朱虛東泰山。東入濰。琅邪郡朱虛。見前志。後志屬北海國。今山東青州府臨朐縣東六十里有朱虛故城。前志朱虛下云。東泰山。汶水所出。東至安丘入維。水經曰。汶水出朱虛縣泰山。北過其縣東。又北過淳于縣西。又東北入於濰。謂之東汶水。以別於禹貢汶水也。按東泰山卽封禪書黃帝封東泰山。今沂山是也。今東汶河源出臨朐縣南沂山東北谷。東流近穆陵關。折東北流數十里。折東流百五十里。至安邱縣西南境。折東北流經縣城西北。又東流數十里與濰水會。从水。文聲。亡運切。十三部。按二汶水在齊。漢人崏山崏江字作汶山汶江。以古音同讀如文之故。謂之假借可也。考工記。貉踰汶則死。淮南子同。鄭云。汶水在魯北。酈注以入汶水篇。考工記多齊語。則謂入泲之汶無疑也。

殷敬順栩爲異說。殊非是。**桑欽說。汶水出泰山萊蕪。西南入泲。**此謂禹貢汶水也。上文渭水、灅水、沂水皆舉別說。皆謂一水而說源有不同也。此則畫然二水。源流皆異。泰山郡萊蕪。二志同。前志萊蕪下曰。原山。禹貢汶水出。西南入泲。桑欽所言。水經於濟水曰。又東北過壽張縣西畍安民亭南。汶水從東北來注之。於汶水曰。又西南過壽張縣北。又西南至安民亭入於濟。按舊泲水合汶於安民亭。今東平州西南十里安山鎭卽古亭也。今汶水出今山東泰安府萊蕪縣東北七十里之原山。亦名馬耳山。西南流經縣城西北。又經泰安府南境。又經寧陽縣北境。至汶上縣北之戴村壩。又經汶上西南境之南旺。分流南北。南流者四分以接徐泲。北流者六分以接臨清。自明永樂中宋禮開會通河以及國朝運河皆全資汶水。而入泲之故道湮矣。前志朱虛下但云汶水。萊蕪下則云禹貢汶水。然則出朱虛入濰者、非禹貢汶水也。

治

治水出東萊曲城陽丘山。南入海。城當作成。字之誤也。東萊郡曲成、二志同。今山東萊州府掖縣東北六十里有曲成故城。前志曲成下曰。陽丘山。治水所出。南至沂入海。按沂字疑誤。一本作至臨沂。尤誤。當作計斤二字。今掖縣東南三十里有陽邱山。亦名馬鞍山。今治水名小沽河。自掖縣馬鞍山南流至平度州東南。與出登州府黃縣之大沽河合流。逕卽墨。至膠州之麻灣口入海。一統志曰。左傳昭二十年。姑尤以西。杜注。姑水、尤水皆在城陽郡。東南入海。齊乘。姑卽大沽河。尤卽小沽河。玉裁謂尤古音讀如貽。與治同在第一部。齊乘之言可信也。**从水。台聲。**直之切。一部。按今字訓理。蓋由借治爲理。

寖

濅水出魏郡武安。東北入呼沱水。魏郡武安、二志同。今河南彰德府武安縣西南五十里有武安城。前志武安下曰。濅水東北至信都國東昌入虖池河。過郡五。行六百一十里。**从水。𡨦聲。**子鴆切。七部。按沈浸、浸淫之字多用此。隸作浸。**𡨦、籒文濅。**見宀部。

湡

湡水出趙國襄國之西山。東北入濅。趙國襄國、二志同。今直隸順德府邢臺縣西南有襄國故城。商祖乙遷於邢、周時邢國皆在此。前志襄國下曰。西山、渠水所出。東北至廣平國任縣入灢。按渠水當是湡水之譌。一統志曰。灃河源出邢臺縣東南。東流逕南和縣西南。又東北逕任縣東。至隆平縣入胡盧河。卽百泉水也。方輿紀要曰。百泉水、蓋卽灃河之上源。引志云。百泉水、一名湡水。又名鴛鴦水。隋志以爲⿰氵虒水也。鴛鴦水在南和縣西。見魏都賦注。**从水。禺聲。**噳俱切。古音在四部。顏師古音藕。又音牛吼反。

⿰氵虒

⿰氵虒水出趙國襄國。東入湡。前志襄國下云。又有蓼水、馮水。皆東至廣平國朝平入湡。按馮水當是⿰氵虒水之譌字之誤也。廣平國南和下云。列葭水東入⿰氵虒。葢湡⿰氵虒二水。今不可別矣。⿰氵虒入湡。湡入浸。浸入虖沱。虖沱移徙不常。故道今不可攷。水經注虖沱篇佚。**从水。虒聲。**息移切。十六部。

渚

渚水在常山中丘逢山。東入湡。常山郡中丘、見前志。中丘下云。逢山長谷、諸水所出。東至張邑入濁。按諸當作渚。濁當作湡。皆字之誤也。張邑卽廣平國之張也。中丘、渚水俟攷。**从水。者聲。**章與切。五部。**爾雅曰。小州曰渚。**釋水文。州洲古今字。召南傳曰。渚、小洲也。水岐成渚。

洨

洨水出常山石邑井陘。東南入于泜。于、衍字也。常山郡石邑見前志。井陘、謂石邑之井陘山也。今直隸正定府獲鹿縣西南有石邑城。戰國時趙邑也。前志石邑下曰。井陘山在西。洨水所出。東南至慶陶入泜。井陘縣下應劭注曰。井陘山在南。然則井陘縣在石邑之西。井陘山在石邑西南。井陘縣南也。井陘山之東南則石邑地也。今洨河出獲鹿縣南。東流逕欒城縣西。又南入趙州畍。舊志云。下流至寧晉縣。注於胡盧河。上源四泉交合。故謂之洨也。**从水。交聲。**下交切。二部。師古曰。音效。又音爻。**沛國有洨縣。**沛國洨、見後志。前志作沛郡洨。凡言有者、皆別於上文之義。應劭云。洨縣、洨水所出。南入淮。是別一洨水也。師古曰。音肴。

濟

濟水出常山房子贊皇山。東入泜。常山郡房子、見前志。後志云。常山國房子。今直隸正定府贊皇縣是其地。前志房子下曰。贊皇山、石濟水所出。東至慶陶入泜。後志曰。贊皇山在縣西南六十里。濟水所出。按此水名與四瀆之泲字各不同。而經傳皆作濟。風俗通遂誤以常山房子之水列入四瀆。

泜

而云廟在東郡臨邑縣。豈知班志臨邑下云有泲廟、字固作泲乎。今本前志石濟水、石字疑衍。以說文、風俗通、後志正之。皆不當有石字。一統志曰。舊志云槐水出黃沙嶺、流經贊皇縣西北十里。入元氏縣昕。合泜水。又東南歷高邑、柏鄉、達寗、晉縣。入胡盧河。卽古大陸澤。玉裁謂槐水卽古濟水也。贊皇山在今贊皇縣西南。**从水。齊聲。**子禮切。十五部。今字以爲濟渡字。

泜水。在常山。前志常山郡元氏下曰。沮水首受中丘西山窮泉谷。至堂陽入黃河。按沮當作泜。北山經注云。今泜水出中丘縣西窮泉谷。東注於堂陽縣。入於漳水。以郭正班。知沮爲字之誤。風俗通云。濟水出常山房子贊皇山。東入沮。此亦泜譌作沮也。由書氏作互。遂譌且耳。班志入黃河亦當依郭作濁漳。攷水經注濁漳過堂陽縣。而河水不徑堂陽。元和志曰。泜水在贊皇縣西南二十五里。卽韓信斬陳餘處。今泜水在元氏縣。源出封龍山。東南流。經縣西南六十里紙屯村。入槐河。泜與濟互受通稱。**从水。氏聲。**直尼切。十五部。按蘇林音祗。晉灼音邸。師古音脂。又丁計反。兼用二音也。司馬貞曰。今俗呼此水音如邸。

濡

濡水。出涿郡故安。東入淶。淶各本作漆涑二字。今正。戴先生曰。易水篇注云。許愼曰。濡水入淶。淶卽巨馬之異名。與巨馬河注巨馬河卽淶水也正合。今水經注淶譌深。說文淶譌漆涑二字。皆字之誤耳。涿郡故安、二志同。今直隸易州州東南有故安城。是戰國時燕與趙易土。燕以武陽與趙。卽此也。前志故安下曰。閻鄉易水所出。東至范陽入濡。并州寖濡水亦至范陽入淶。今本漢志脫濡字。師古謬爲之注。非也。水經注易水篇曰。易水、逕范陽縣故城南。又東與濡水合。水出故安縣西北窮獨山南谷。東流與源泉水合。又東南流逕樊於期館西。荊軻館北。又東逕武陽城西北。又東逕紫池堡。又東得白楊水口。又東合檀水。又東南流於容城縣西北、大利亭東南合易水。而注巨馬水也。故地理志曰易水至范陽入濡。又曰濡水合渠。許愼曰濡水合淶。淶渠二號、卽巨馬之異名。按酈引濡水入渠卽濡水亦至范陽入淶之句也。今本作淶。酈本作渠。今勝酈本。酈有濡字。則又酈本勝今。凡書之當參伍以求其是者如此。濡水今在易州北。卽北易水也。東南入保定府定興縣界。爲沙河。一曰易東南流入容城縣境。**从水。需聲。**人朱切。五部。按左傳昭七年。盟於濡上。釋文云。說文女于反。是音隱。舊說此水斷不作乃官反也。師古注漢書於故安下云濡乃官反。殊誤。漁陽郡白檀下。濡水出北蠻夷中。遼西郡肥如下。玄水東入濡水。濡水南入海陽。此則酈注濡水篇所謂濡難聲相近。今謂之灤河者。音乃官反是矣。其字葢本作渜。譌而爲濡。○今字以濡爲霑濡。經典皆然。

灅

灅水。出右北平俊靡。東南入庚。俊各本作浚。今依二志作俊。右北平俊靡、二志同。今直隸順天府遵化州州西北有俊靡故城是。前志右北平無終下曰。浭水、西至雍奴入海。俊靡下曰。灅水南至無終東入庚。浭與庚、一字也。水經注鮑丘水篇曰。鮑丘水、北逕雍奴縣東。又東庚水注之。水出右北平徐無縣北塞中。而南流得黑牛谷水。又西南流、灅水注之。水出右北平俊靡縣東南流。與溫泉水合。又東南逕石門峽。又東南流。謂之北黃水。又屈而南爲南黃水。又西南逕無終山。藍水注之。又西南入於庚水。庚水又南逕北平城西。而南入鮑丘水。鮑丘水又東。巨梁水注之。鮑丘水至雍奴縣北。屈東入海。歙程氏瑤田通藝錄曰。今灅水自遵化州西北四十五里鮎魚石關外入口。東經溫泉。酈所謂與溫泉水合也。又東迆南十五里曰水門口。酈所謂石門峽也。又西南入棃河。棃河卽庚水也。庚水既得灅水。又稍西而淋河南入之。淋河酈所謂藍水也。鮑丘水今之潮河也。潮河合泃水、庚水東流有還鄉河西南入之。酈所謂巨梁水也。流俗多誤。以古正之如此。灅棃一聲之轉。灅水俗呼棃河。因使所入之庚水冒稱棃河。而巨梁河冒稱庚水。**从水。畾聲。**力軌切。十五部。

沽

沽水。出漁陽塞外。東入海。漁陽下當有縣字。說見邑部。漁陽郡漁陽、二志同。今直隸順天府密雲縣縣西南三十里漁陽故城是也。前志漁陽下曰。沽水出塞外。東南至泉州入海。行七百五十里。水經曰。沽河從塞外來。南過漁陽狐奴縣北。西南與濕餘水合爲潞河。又東南至雍奴縣西爲笥溝。又東南至泉州縣與清河合。東入於海。清河者派河尾也。按凡曰出某縣塞外、某縣徼外、某縣某方蠻夷中者、皆言其來之遠。不可得其地名。故系之某縣也。此云漁陽塞外。則非出漁陽矣。今直隸之白河、卽沽河也。白河遠出宣化府獨石口

十一篇上二

之獨石水合赤城水、龍門水東南流。逕密雲縣西。與潮河合。潮河古鮑丘水也。既得潮河。西南逕懷柔縣東南。南經順義縣東。至通州城北東南三面。俗稱古潞水。又南逕舊漷縣西。又逕香河縣西南。又東南逕武清縣東。又東南入天津縣。眂合諸大川由直沽入海。與酈注所述不甚異。程氏瑤田曰。俗謂沽水及酈注之獨固門漁水嬴山皆在今之薊州者。繆甚。玉裁謂方輿紀要謂漢漁陽在今薊州。亦大繆。**从水。古聲。**古胡切。五部。今字以爲沽買字。伐木鄭箋曰。酤、買也。字从酉。

沛

沛水出遼東番汗塞外。西南入海。番音盤。汗音寒。遼東郡番汗、二志同。今奉天府遼陽州、漢遼東郡治也。番汗未聞。前志番汗下曰。沛水出塞外。西南入海。沛水亦未聞。**从水。巿聲。**普蓋切。十五部。今字爲顚沛。跋之假借也。大雅蕩傳曰。沛、拔也。是也。拔當作跋。又本部溹下云。沛之也。卽孟子沛然莫之能禦意。蓋勃然之假借也。

浿

浿水出樂浪鏤方。東入海。樂浪音洛郞。樂浪郡鏤方、二志同。鏤方未聞。前志樂浪郡浿水縣下曰。浿水西至增地入海。水經曰。浿水出樂浪鏤方。東南過臨浿縣。東入於海。酈按漢志是說文及水經非也。酈云其水西流。逕故樂浪朝鮮縣。卽樂浪郡治。而西北流。故地理志曰。浿水西至增地縣入海。浿水今朝鮮國之大通江。在平壤城北。平壤城卽古王險城。漢之朝鮮縣也。隋書曰。平壤城南臨浿水。**从水。貝聲。**普拜切。十五部。**一曰出浿水縣。**此卽前志說也。浿水縣未聞。

瀤

北方水也。北山經曰。獄法之山、瀤澤之水出焉。**从水。褱聲。**戶乖切。十五部。

灅

灅水出鴈門陰館絫頭山。東入海。沈約宋書曰。陰館、前漢作觀。後漢、晉作館。按今前書不作觀。蓋淺人改也。鴈門郡陰館、二志同。今山西代州州北四十里陰館城是。在句注陘北。絫頭山在今朔州、代州之閒。前志陰館下曰。絫頭山、治水所出。東至泉州入海。過郡六。行千一百里。水經曰。灅水出鴈門陰館縣。東北過代郡桑乾縣南。又東過涿鹿縣北。又東過廣陽薊縣北。又東至漁陽雍奴縣西入笥溝。按治水、灅水異名同實。武五子傳作台水。台卽治也。前志代郡且如下。于延水出塞外。東至廣寧入治。今本無廣平舒下。祁夷水北至桑乾入治。小顏本治皆譌沾。姑故二音。其繆甚矣。酈云。地理志于延水東至廣寧入治。非是。謂于延逕廣寧故城南。又逕茹縣故城北。又逕鳴雞山西。又逕且居縣故城南。乃後注於灅水。不當云在廣寧入治也。新按水經注改治作沽。不免誤會。今直隸永定河卽桑乾河。卽古灅水也。源出山西朔州馬邑縣洪濤山。會灰河。經馬邑縣、山陰縣、應州、大同府渾源州、陽高縣、天鎭縣、廣靈縣、蔚州。入直隸。眏經西寧縣、懷安縣、保安州、懷來縣、昌平州、宛平縣、良鄉縣、固安縣、永清縣、霸州、天津府。至大沽北入於海。**从水。畾聲。**力追切。十五部。按此篆疑當是從水絫聲。其山曰絫頭山。故其水曰漯水。今字絫作累。又與纍相亂。水經注作濕水者。漯作濕。乃又譌濕也。漯餘水亦譌作濕餘。又或譌作溫餘。**一曰治水也。**各本作或曰。今依集韵、類篇作一曰。謂灅水一名治水。見漢志。酈氏亦云一曰治水。師古曰。治、弋之反。

瀘

瀘水出北地直路。西東入洛。北地郡直路、見前志。今未聞。前志直路下曰。沮水出東西入洛。水經曰。沮水出北地直路縣。東過馮翊祋祤縣北。東入於洛。按前志當云出西。東入。今本誤倒。洛者、上文出北地歸德北夷界中。東南入渭之水也。酈注謂沮水下流合銅官注鄭渠而東入洛。自鄭渠湮廢。沮水故道難考矣。今沮水出陝西鄜州中部縣西北子午山。東流經駱駝岡翟道山南。俗曰沮水。有子午河自西來會。又東有慈烏河西南來會。東南流經縣城南。又東稍北三十餘里入洛河。蓋非班許、水經所謂也。禹貢道渭自鳥鼠同穴。東會于灃。又東會于涇。又東過漆沮。入于河。尚書某氏傳云。漆沮一水名。亦曰洛水。水經、渭水又東過華陰縣北。注云。洛水入焉。闞駰以爲漆沮之水也。是則洛水之下流古稱漆沮。炳焉可信。尚書傳云漆沮一水名。亦曰洛水。正義申之曰。孔以爲洛水一名漆沮。文理甚明。言一水名者、正恐人疑爲二水也。今版本皆作二水名。然則亦曰洛水者、謂漆乎。謂沮乎。不可通矣。若周頌傳云漆沮岐周之二水也。此言涇西之漆沮爲二水。以別於涇東之漆沮爲一水。雅頌皆舉涇西之二水。禹貢舉涇東之一水。各不同也。酈曰。濁水入沮。至白渠。俗謂之漆水。又謂之爲漆沮水。此洛水所以得名漆沮與。**从水。盧聲。**側加切。古音在五部。

泒

子余切。與出漢中房陵之沮各字。漢書、水經不別。

泒水。起鴈門葰人戍夫山。東北入海。葰人縣、後志無。前志屬太原郡。此屬鴈門者、二郡境相接。容有改屬也。葰如淳音瑣。師古音山寡反。史記周勃、樊噲二傳作霍人。左傳襄十年之霍人也。今山西代州繁峙縣南有葰人故城。戍夫山卽泰戲之山也。北山經曰。泰戲之山、虖沱之水出焉。而東流注於漊水。郭云。今虖沱水出鴈門鹵城縣南武夫山。李吉甫曰。泰戲山、一名武夫山。在繁峙縣東南。虖沱水出焉。通典、虖沱水出繁峙縣東南泒阜山。明統志謂之小泒山、大泒山。然則戍夫卽武夫、卽泰戲也。泒水卽虖沱之源也。**从水。瓜聲。**古胡切。五部。

滱

滱水。起北地靈丘。東入河。北地當作代郡。前志曰。代郡靈丘。今山西大同府靈邱縣東有靈丘故城。靈丘下曰。滱水東至文安入大河。過郡五。行九百四十里。水經曰。滱水、出代郡靈丘縣高氏山。東南過廣昌縣南。又東南過中山上曲陽縣北。恒水從西來注之。又東過唐縣南。又東過安憙縣南。又東過安國縣北。又東過博陵縣南。又東北注於易。今直隸唐河、卽古滱水也。出大同府渾源州南。今翠屏山、卽古高氏山。東南流入靈邱縣。又東南流入直隸易州廣昌縣界。由倒馬關流入。逕完縣西北、唐縣西南界。又東南過定州。入慶都縣南界。又逕祁州南。會沙滋二水。又東北逕博野、蠡二縣南。又東北逕高陽縣東。又北逕安州東。入白洋淀。一統志曰。據水經注。蓋滱水故道本由今清苑縣東南與濡博諸水合流注易。後徙而東。不入縣境。按前志云入大河。有誤。大河之名亦非志所有。**从水。寇聲。**苦候切。四部。**滱水卽漚夷水。**漚當作嘔。**幷州川也。**職方氏。幷州、其川虖池嘔夷。鄭曰。嘔夷、祁夷與。出平舒。按前志平舒下云。祁夷水北至桑乾入治。卽㶟。今作治誤。今出大同府廣靈縣之壺流河也。與靈丘之滱河劃然二事。班云滱河幷州川、是亦謂滱卽嘔夷。爲許所本。古寇聲區聲同部。

淶

淶水。起北地廣昌。東入河。北地當作代郡。代郡廣昌見前志。後志屬中山國。今直隸易州廣昌縣縣北有廣昌故城。職方氏曰。幷州其浸淶易。鄭云。淶出廣昌。前志廣昌下曰。淶水東南至容城入河。過郡三。行五百里。**幷州浸。**水經曰。巨馬河出代郡廣昌縣淶山。巨馬河卽淶水也。東過迺縣北。又東南過容城縣北。又東過勃海東平舒縣東。入於海。酈云。巨馬水於東平舒北南入於滹沱而同歸於海也。今淶水一名巨馬河。源出廣昌縣南東流轉南逕易州淶水縣東。又南入保定府定興縣耽。至縣南爲白溝河。又東南逕容城縣東北。又東逕新城縣南。又東南逕雄縣西。又東入保定縣界。非酈注舊迹也。**从水。來聲。**洛哀切。一部。**幷州浸。**

泥

泥水。出北地郁郅北蠻中。北地郡郁郅、見前志。今甘肅慶陽府安化縣治、卽郁郅故城也。前志郁郅下曰。泥水出北蠻夷中。泥陽下應注曰。泥水出郁郅北蠻中。一統志曰。東河在安化縣東。卽白馬水也。元和志延慶縣西臨白馬州。寰宇記白馬水出北塞夷中。引水經注云洛川南逕尉李城東北合馬嶺水。號白馬水。明統志東河來自沙漠。至安化城北合懷安及靈溝水南流至合水縣爲馬蓮河。東河及下流馬蓮河皆卽古泥水也。按馬蓮、卽馬嶺之轉語。**从水。尼聲。**奴低切。十五部。按今字皆用爲塗泥字。

湳

湳水。出西河美稷保東北水。宋本及集韵、類篇皆同。一本無北字。西河郡美稷、見前志。今蒙古鄂爾多斯左翼中旗東南有漢美稷故城。在故勝州之西南也。檀弓注曰。保、縣邑小城。保堡古今字。水經注河水篇曰。河水又南。樹頹水注之。河水又左得湳水口。水出西河郡美稷縣。東南流。又東南流入長城東。鹹水入之。又東南渾波水注之。又東逕西河富昌縣故城南。又東流入於河。按漢富昌城在鄂爾多斯左翼前旗界。湳水、未審今鄂爾多斯何水也。**从水。南聲。**乃感切。古音在七部。酈曰。羌人因湳水爲姓。

漹

漹水。出西河中陽北沙。南入河。北沙、水經注引作之西。西河郡中陽、二志同。戴先生曰。水經。河水、南過西河圁陽縣東。又南過離石縣西。又南過中陽縣西。又南過土軍縣西。據地望考之。中陽西濵河。當在今汾州府寧鄉縣境。趙世家秦取我西都及中陽是也。道元乃云中陽故城在東。東翼汾水。不濵於河也。元和志於孝義縣下云。魏移西河郡中陽於今理。此條可證明水經之中陽。其所本之書。道元偶失檢。道元汾水篇注所言鄔澤北起大陵。南接鄔。正今平遙之西、孝義之東。

十一篇上二 奚

涶　瀕　洵　涻

介休之北。最爲洿下。汾川轉徙不常之地。說文之馮水乃入河、非入汾。漢中陽西濱黃河。說文亦一證。道元就馮字與鄔字牽合。謂馮水卽鄔澤。謬矣。玉裁按。馮水今未得其證。**从水。焉聲。**乙乾切。十四部。

涶 **河津也。在西河西。**河津名涶。猶涇津、孟津也。在西河西。謂在西河郡之西。今未詳其地。**从水。垂聲。**土禾切。十七部。按口部以爲唾重文。

瀕 **瀕水也。**未詳。**从水。旟聲。**以諸切。五部。

洵 **過水出也。**各本誤作過水中也。今正。釋水曰。水自過出爲洵。大水溢出別爲小水之名也。水經注引字林曰。洵。過水也。經有假借洵爲均者。如洵直且侯是也。有假爲恂者。如洵美且都、洵訏且樂是也。有假爲夐者。如于嗟洵兮。卽韓詩之于嗟夐兮是也。有假爲泫者。國語無洵涕是也。**从水。旬聲。**相倫切。十二部。

涻 **涻水。**水名。**出北囂山。入卬澤。**卬俗本作邛。誤。今依舊抄繫傳本。北山經曰。鉤吾之山。又北三百里曰北囂之山。涔水出焉。而東流注於卬澤。許所據涔作涻。如柘作樜、颱作劦。皆與今本不同也。其地未詳。**从水。舍聲。**始夜切。古音在五部。

汈　湞　淒　涺　湶　沈　洇　淉　湏　浝　⿰氵乳

汈 **汈水也。**集韵、類篇引說文有出上黨三字。又沴汈與淟涊同。沴汈、涇相箸也。亦垢濁也。**从水。刃聲。**乃見切。古音在十二部。

湞 **湞水也。**集韵、類篇曰。出潁川。**从水。直聲。**恥力切。一部。

淒 **淒水也。从水。妻聲。**七接切。八部。

涺 **涺水也。从水。居聲。**九魚切。五部。

湶 **湶水也。从水。泉聲。**其冀切。十五部。

沈 **沈水也。**廣韵曰。在高密。按蓋卽左傳尤水。上文之治水也。**从水。尤聲。**羽求切。古音在一部。

洇 **洇水也。从水。因聲。**此字玉篇及小徐皆作涸、困聲。廣韵洇、涸竝收。集韵、類篇引說文互異。而今存宋本皆作洇、因聲。於眞切。毛斧季改爲困聲、苦頓切。非是。十一部。

淉 **淉水也。从水。果聲。**古火切。十七部。

湏 **湏水也。从水。貟聲。讀若瑣。**穌果切。在十七部。

浝 **浝水也。从水。尨聲。**莫江切。九部。

⿰氵乳 **⿰氵乳水也。从水。乳聲。**乃后切。四部。或以爲酒醴維醹之醹。

汳　洦　汘　泜　澥

汳 **汳水也。**廣韵、集韵皆曰。在襄陽。**从水。宊聲。宊、古文終。**職戎切。九部。古文終見仌部。

洦 **洦淺水也。**顏氏家訓曰。遊趙州。見栢人城北有一小水。土人亦不知名。後讀城西門徐整碑云。洦流東指。案說文此字古泊字也。泊。淺水貌。此水無名。直以淺貌目之。或當卽以洦爲名乎。玉裁按。顏書今本譌誤。爲正之可讀如此。說文作洦。隸作泊。亦古今字也。犬部狛字下云。讀若淺泊。淺水易停。故泊又爲停泊。淺作薄。故泊亦爲厚薄字。又以爲憺怕字。今韵以泊入鐸。以洦入陌。由不知古音耳。但上下文皆水名。此字次第不應在此。蓋轉寫者以從百從千類之。**从水。百聲。**匹白切。按當作旁各切。五部。

汘 **汘水也。从水。千聲。**倉先切。十二部。

泜 **泜水也。从水。氐聲。**詳里切。一部。**詩曰。江有泜。**此蓋三家詩。下文引江有汜。則毛詩也。云汜水別復入水也。而證以江有汜。此言轉注也。云泜水名。而證以江有泜。此言假借也。引書作政、莫席。皆此例。

澥 **勃澥、海之別也。**宋本作郣。今本及集韵、類篇皆作勃。別下宋本、葉本、趙本、五音韵譜、類篇、集韵皆無名字。毛斧季妄增之。然文選注已誤多矣。毛詩傳曰。沱、江之別者也。海之別猶江之別。勃澥屬於海、而非大海。猶沱屬於江、而非大江也。說文或言屬、或言別。言屬而別在其中。言別而屬在其中。此與稗下云禾別正同。周禮注。州黨族閭比者、鄉之屬別。則屬別竝言也。漢書子虛賦。音義曰。勃澥、海別枝也。齊都賦注曰。海旁曰勃。斷水曰澥。潛丘劄記曰。今海自山東登州成山折而西。逕寧海州、福山、蓬萊、招遠縣。又西逕萊州掖縣、昌邑、濰縣。又西逕靑州、壽光、樂安、諸城縣北界。折而西北。逕濟南、利津、霑化、海豐縣。又北逕直隸、河閒、鹽山、滄州、靜海縣東界。又北至天津衞。折而東。逕順天、寶坻、豐潤縣。又東逕永平、灤州、樂亭、盧龍、昌黎縣。又東出山海關。逕遼東、寧遠、廣寧衞南界。折而南。逕海蓋、復、金、四衞西界。又折而東。逕金州南界。有旅順口。南與登州海口相對。皆謂之勃海。太史公多言勃海。河渠書謂永平府之勃海也。封禪書謂登萊兩府之勃海也。蘇秦列傳指天津衞之海言。朝鮮列傳指海之在遼東者言。勃海之水大矣。非專謂近勃海郡者也。玉裁按。此於大海爲別枝。**从水。解聲。**胡買切。十六部。**一說澥卽澥谷也。**集韵、類篇皆作一曰澥谷也五字。此別一義也。律歷志曰。黃帝使泠綸自大夏之西。昆侖之陰。取竹之解谷。孟康曰。解、脫也。谷、竹溝也。取竹之脫無溝節者也。一說昆侖之北谷名也。按漢書解谷。說文作澥。廣韵作嶰。

海

天池也。見莊子消搖游。**目納百川者。**爾雅。九夷、八狄、七戎、六蠻謂之四海。此引伸之義也。凡地大物博者、皆得謂之海。**从水。每聲。**呼改切。一部。按海篆當與澥相屬。各本誤廁漢篆後。今正。

漠

北方流沙也。漢書亦假幕爲漠。**一曰清也。**毛詩傳曰。莫莫言清靜。**从水。莫聲。**慕各切。五部。

說文解字第十一篇上一　受業黟縣胡積城校字

補注　漆

漆水。出右扶風杜陽。作陵者、誤。**岐山。東入渭。**休寧汪氏龍曰。山海經。羭次之山。漆水出焉。地理志。右扶風漆縣。漆水在縣西。水經。漆水出右扶風杜陽俞山。東北入於渭。十三州地理志。漆水出漆縣西北。至岐山。東入渭。戴先生言漆水北流注於涇。此涇西之漆水注涇以入渭者也。此與豳詩之漆無涉。十三州地理志。有水出杜陽縣岐山北。漆溪。謂之漆渠。西南流注岐水。水經注。杜水出杜陽山。東南流。合漆水。水出杜陽之漆溪。謂之漆渠。南流合岐水。至美陽縣。注於雍水。隋書地理志。扶風普潤縣有漆水。此涇西之漆合杜岐雍以入渭者也。是卽豳詩之漆。詩首章謂太王始居杜漆沮之地。非謂公劉。此漆非說文出右扶風杜陽岐山東入渭之漆也。**一曰入洛。**汪氏龍曰。四字二徐皆有。不當刪。此涇東之漆。與上文涇西二漆水截然爲三。水經注。鄭渠在太上皇陵東南。濁水入焉。僐灉檥俗謂之漆水。又謂之漆沮。其水東流。注於洛水。此說文所謂入洛也。**一曰漆、城池。**

溥　濶　洪　洚　衍　淖　濥

說文解字第十一篇上二

金壇段玉裁注

溥，大也。見釋詁。从水尃聲。滂古切。五部。

濶，水大至也。水大廣韵作大水。从水闇聲。乙感切。七部。

洪，洚水也。堯典、咎繇謨皆言洪水。釋詁曰：洪，大也。引伸之義也。孟子以洪釋洚，許以洚釋洪，是曰轉注。大壑曰谼，字亦作洪。从水共聲。戶工切。九部。

洚，水不遵道。孟子滕文公篇：書曰洚水警予。洚水者，洪水也。告子篇：水逆行謂之洚水。洚水者，洪水也。水不遵道，正謂逆行。惟其逆行，是以絕大。洚、洪二字義實相因。一曰下也。此別一義。洚與夅降音義同。从水夅聲。戶工切。又下江切。九部。

衍，水朝宗于海皃也。鉉無皃字，非。海淖之來，旁推曲暢，兩厓渚涘之閒不辨牛馬，故曰衍。引伸爲凡有餘之義。假羨字爲之。从水行。洐字水在旁，衍字水在中。在中者，盛也。會意。以淺切。十四部。

淖，水朝宗于海也。禹貢：荊州江漢朝宗于海。鄭以周禮春見曰朝、夏見曰宗釋之。古說則謂潮也。論衡書虛篇辨子胥驅水爲濤事曰：天地之性，上古有之。經曰：江漢朝宗于海。唐虞之前也。又曰：濤之起也，隨月盛衰，小大滿損不齊同。虞翻注易習坎有孚曰：水行往來，朝宗于海，不失其時，如月行天。注行險而不失其信曰：水性有常，消息與月相應。皆與許說合。朝宗于海者，謂彼此相迎受。洚水之時，江漢不順軌，不與海通，海淖不上。至禹治之，江漢始與海通。於楊州曰三江既入，謂江漢之入海也。於荊州曰江漢朝宗于海，謂海淖上達，直至荊州也。江漢之水下赴海，淖上迎，呼吸相通，恩禮相受。二州之文相爲表裏。古說如是。朝宗于海，謂海水來朝，見尊禮也。从水朝省。會意。隸不省。直遙切。二部。按說文無濤篆，葢濤卽淖之異體。濤古當音稠。淖者，翰聲，卽舟聲。文選注引倉頡篇：濤，大波也。葢淖者古文，濤者秦字。枚乘七發觀濤，卽爲觀淖。

濥，水脈行地中濥濥也。濥濥，動皃。寅下曰：正月陽氣動，泉欲上出，臏寅於下也。淮南天文訓曰：指寅則萬物螾。注：螾，動生皃。皆其義也。江賦曰：潛演之所汨淈。蜀都賦曰：濥以潛沫。劉注：水潛行曰濥。此二水伏流，故曰濥。按今文選作演，誤。从水寅聲。弋刃切。十二部。

滔　涓　混　漾　漦　汭　潚

滔，水漫漫大皃。堯典：浩浩滔天。按漫漫當作曼曼。許書無漫字。从水舀聲。土刀切。古音在三部。

涓，小流也。凡言涓涓者，皆謂細小之流。从水肙聲。古懸切。十四部。爾雅曰：汝爲涓。見釋水。亦大水溢出別爲小水之名也。郭本作濆，葢非。濆，水厓也。

混，豐流也。盛滿之流也。孟子曰：源泉混混。古音讀如衮。俗字作滾。山海經曰：其源渾渾泡泡。郭云：水濆涌也。衮咆二音。渾渾者，假借渾爲混也。今俗讀戶衮、胡困二切。訓爲水濁，訓爲雜亂。此用混爲溷也。說文混、溷義別。从水昆聲。胡本切。十三部。

漾，水漾瀁也。瀁者，古文爲漾水字，隸爲漾瀁字，是亦古今字也。漾瀁，疊韵字。搖動之流也。今字作蕩漾。从水象聲。讀若蕩。徒朗切。十部。

漦，順流也。順下之流也。釋言曰：漦，盝也。盝同漉，漉酒之漉。國語、史記：龍漦。韋昭曰：漦，龍所吐沫。按龍沫必徐徐漉下，故亦謂之漦。一曰水名。未詳。从水𠩺聲。俟甾切。一部。

汭，水相入皃。皃各本作也。今依玉篇、廣韵正。上文皆水皃，則皃字是也。水相入皃者，汭之本義也。周禮職方之汭，卽漢志右扶風汧縣之芮水名也。大雅之汭，亦作芮。毛云：水厓也。鄭云：汭之言內也。尚書嬀汭、渭汭，某氏釋爲水北。雒汭，某氏釋爲雒入河處。左傳漢汭、渭汭、雒汭、滑汭，杜氏或云水內也，或云水之隈曲曰汭。大意與大雅鄭箋相近。鄭箋之言云者，謂汭卽內也。凡云某之言某，皆在轉注假借閒。从水內。與枘同意。內亦聲。而銳切。十五部。

潚，深清也。謂深而清也。中山經曰：澧沅之風，交潚湘之浦。水經注湘水篇曰：二妃出入潚湘之浦。潚者，水清深也。湘中記云：湘川清照五六丈，下見底石，如摴蒱矢，五色鮮明。是納潚湘之名矣。據善長說，則潚湘者，猶云清湘。其字讀如肅，亦讀如蕭。自景純注中山經云潚水今所在未詳，始別潚湘爲二水。俗又改潚爲瀟。其謬甚矣。詩鄭風：風雨潚潚。毛云：暴疾也。羽獵賦：風廉雲師，吸嚊潚率。二京賦：飛罕潚箾，思玄賦。迅猋潚其媵我。義皆與毛傳同。水之淸者多駛。方言云。淸急也。是則說文、毛傳二義相因。**从水。肅聲。**子叔切。按子字疑誤。廣韵息逐切。二部。

演 長流也。演之言引也。故爲長遠之流。周語注曰。水土氣通爲演。引伸之義也。**一曰水名。**未詳。**从水。寅聲。**以淺切。古音在十二部。

渙 散流也。各本作流散。今正。分散之流也。毛詩曰。渙渙。春水盛也。周易曰。風行水上渙。又曰。說而後散之。故受之以渙。渙者、離也。**从水。奐聲。**呼貫切。十四部。

泌 俠流也。俠者、甹也。三輔謂輕財者爲甹。俠流者、輕快之流。如俠士然。魏都賦李注引作駃流。非善本。陳風。泌之洋洋。毛曰。泌、泉水也。上林賦曰。偪側泌瀄。司馬彪曰。泌瀄、相楔也。邶風。毖彼泉水。毛曰。泉水始出毖然流也。毖卽泌之假借字。**从水。必聲。**兵媚切。古音必。在十二部。郭樸音筆。

活 流聲也。衛風。北流活活。毛傳曰。活活流也。按傳當作流貌。其音戶括切。引伸爲凡不死之稱。邶風。不我活兮。孟子。民非水火不生活是也。許書當亦本作流貌。淺人妄改竄之耳。**从水。昏聲。**古活切。按古當作戶。活當作括。衛風音義曰。如字。是也。十五部。**⿰氵聒 活或从聒。**此字當是既改貌爲聲、讀古活切。乃製此字。非許書本有也。

湝 水流湝湝也。小雅。淮水湝湝。毛曰。湝湝、猶上文湯湯也。廣雅曰。湝湝、流也。**从水。皆聲。**古諧切。十五部。**一曰湝、水寒也。**此依宋本。**詩曰。風雨湝湝。**今鄭風祇有風雨淒淒。邶風傳曰。淒、寒風也。許引詩證寒義。所據與今本異。或是兼采三家。

泫 湝流也。湝當作潸。字之誤也。檀弓曰。孔子泫然流涕。魯語。無洵涕。韋曰。無聲涕出爲洵涕。按洵者、泫之假借字也。文選詩曰。花上露猶泫。**从水。玄聲。**胡畎切。古音在十二部。**上黨有泫氏縣。**上黨郡泫氏。二志同。音工懸反。今山西澤州府高平縣治卽漢泫氏故縣。

淲 水流貌。小雅。淲池北流。毛曰。淲、流貌。**从水。彪省聲。**隸不省。皮彪切。三部。**詩曰。淲池北流。**池、宋本作沱。非是。

淢 疾流也。急疾之流也。江賦。測淢濜溳。是其義也。毛詩。築城伊淢。假借淢爲洫也。**从水。**

或聲。于逼切。一部。

瀏 流淸貌。鄭風曰。潧與洧。瀏其淸矣。毛曰。瀏、深貌。謂深而淸也。釋名曰。綠瀏也。荆泉之水。於上視之。瀏然綠色。此似之也。**从水。劉聲。**力久切。三部。**詩曰。瀏其淸矣。**

濊 礙流也。有礙之流也。衛風。施罛濊濊。毛曰。罛、魚罟。濊濊、施之水中。按施罟而水仍流。故曰礙流。礙流者、言礙而不礙也。韓詩云。流貌。與毛許一也。濊又訓多水貌。司馬相如傳。湛恩汪濊。**从水。歲聲。**各本篆作濊。云薉聲。今正。呼括切。十五部。按釋文不云說文作濊。證一。玉篇瀏濊二字相連。與說文同。濊下云。呼括切。水聲。又於衛、於外二切。多水貌。不云有二字。證二。廣韵十三末濊水聲。濊上同。證三。類篇濊又呼括切。礙流也。引詩施罟濊濊。證四。是知妄人改礙流之字爲濊。而別補濊篆於部末。云水多貌。呼會切。不知部末至瀕萍等篆已竟。水多非其次也。今刪正。**詩曰。施罟濊濊。**罟當作罛。濊濊今本作濊濊。大繆。

滂 沛也。小雅曰。俾滂沱矣。**从水。旁聲。**普郎切。十部。

汪 深廣也。謂深而又廣也。後漢書。叔度汪汪若千頃陂。江賦。澄澹汪洸。晉語曰。汪是土也。韋云。汪、大貌。**从水。㞷聲。**俗作汪。烏光切。十部。**一曰。洼、**逗。**池也。**左傳。祭仲殺雍糾。尸諸周氏之汪。杜云。汪、池也。通俗文曰。停水曰汪。按今俗語謂小水聚曰汪。

漻 淸深也。謂淸而深也。南都賦曰。漻淚淢汩。按李善引韓詩內傳。漻、淸貌也。蓋鄭風毛作瀏、韓作漻。許謂二字義別。今文選注內字譌外。**从水。翏聲。**洛蕭切。古音在三部。

泚 淸也。此本義也。今詩新臺有泚。毛曰。泚、鮮明貌。此假泚爲玼也。**从水。此聲。**千禮切。十五部。

況 寒水也。未得其證。毛詩常棣、桑柔、召旻皆曰。兄、滋也。矢部矤下曰。兄、詞也。古矧兄、比兄皆用兄字。後乃用況字。後又改作況、作况。**从水。兄聲。**許訪切。十部。

沖 涌繇也。繇搖古今字。涌、上涌也。搖、旁搖也。小雅曰。攸革沖沖。毛云。沖沖、垂飾貌。此涌搖之義。豳風傳曰。沖沖、鑿冰之意。義亦相近。召南傳曰。忡忡、猶衝衝也。忡與沖聲義皆略同也。凡用沖虛字者、皆盅之假借。老子。道盅而用之。今本作沖是也。尚書沖人。亦空虛無所知之意。**从水。中聲。**

讀若動。直弓切。九部。**汎**浮皃。皃當作也。邶風。汎彼柏舟。毛曰。汎流皃。廣雅曰。汎汎、氾氾浮也。从水凡聲。孚梵切。按古音在七部。如風字亦凡聲也。上林賦汎淫爲疊韵。音轉爲扶弓反。

沄轉流也。回轉之流。沄沄然也。釋言曰。沄沆也。郭云。水流漭沆。从水云聲。讀若混。按沖讀若動、沄讀若混者。古音動混不同今音也。王分切。十三部。

浩澆也。按澆當作沆。字之誤也。澆者、洪也。洪非浩義。沄浩沆同義。而又雙聲。故三篆相聯。从水告聲。胡老切。古音在三部。虞書曰。虞當作唐。洪水浩浩。堯典。洪水與浩浩不相屬。爲句。檃栝舉之耳。

沆莽沆。逗。大水也。西京賦。滄池漭沆。薛云。漭沆猶洸瀁。亦寬大也。南都賦。漭沆洋溢。吳都賦、海賦皆云沆瀁。羽獵賦云沆茫。義皆同。从水亢聲。胡朗切。十部。一曰大澤皃。風俗通山澤篇曰。傳曰。沆者、莽也。言其平望莽莽無涯際也。沆澤之無水、斥鹵之類也。今俗語亦曰沆。水經注巨馬河篇曰。巨𢎘水又東逕督亢澤。荆軻轉之督亢地圖也。引風俗通沆莽也云云。是則沆通作亢矣。

泬水從孔穴疾出也。从水穴。釋水曰。氿泉穴出。按此會意字。其韓詩之回泬、楚辭之泬寥皆假借也。穴亦聲。呼穴切。十二部。

潩水暴至聲。上林賦。滂潩沆溉。司馬彪曰。滂潩水聲也。洞簫賦。澎潩慷慨。一何壯士。高唐賦。潩洶洶其無聲。按滂潩雙聲。澎與滂同。从水鼻聲。匹備切。十五部。

灂水之小聲也。古書多瀺灂連文。瀺士湛反。灂士卓反。雙聲字。高唐賦。巨石溺溺之瀺灂。注引埤蒼。瀺灂。水流聲皃。上林賦。瀺灂霄隊。司馬貞引說文。水之小聲也。李善引字林。瀺灂、小水聲也。疑說文本有二篆。上云水之小聲也。从水、毚聲。下云瀺灂也。从水、爵聲。全書之例如此。單用灂字者。江賦。淵湁衆灂。謂大波相激之聲。从水爵聲。士角切。二部。

潝水流疾聲。上林賦。汩急漂疾。急、郭音許立反。然則即潝字也。小雅。潝潝訿訿。釋訓云。莫供職也。从水翕聲。許及切。七部。

滕水超踊也。踊依韵會本从足。超踊皆跳也。跳、躍也。小雅。百川沸騰。毛曰。沸、出。騰、乘也。騰者、滕之假借。玉篇引百川沸滕。周易滕口說。引伸之義。从水。朕聲。徒登切。六部。

潏涌出也。上林賦。潏潏淈淈。李善皆引說文證之。應劭、晉灼注上林賦云。潏涌出聲也。江賦。潏湟淴泱。南都賦。滑滑濺潏。潛廬洞出。一曰水中坻人所爲爲潏。釋水曰。小沚曰坻。人所爲爲潏。一曰潏水名。在京兆杜陵。京兆尹杜陵。二志同。故城在今陝西西安府咸寧縣東南。潘岳關中記曰。涇渭霸滻豐鎬澇潏。上林賦所謂八川分流也。師古上林賦注曰。地理志鄠縣有潏水。北過上林苑入渭。而今之鄠縣則無此水。許慎云潏水在京兆杜陵。此即今所謂沈水。從皇子陂北流。經昆明池入渭者也。蓋爲字或从水旁穴。與沈字相似。俗人因名沈水乎。按水經注渭水。又東北逕渭城南。有沈水自南注之。亦謂是水謂潏水也。故呂忱曰。潏水出杜陵縣。亦曰高都水。王氏五侯壞決高都是也。是則當酈時已名沈水。小顏推求其故。殆因潏之聲誤爲泬。泬之字誤爲沈。由俗人不識泬字。遂名之沈水。沿譌積習。往往如此。小顏之說善矣。而戴先生挍水經注。乃盡改沈水爲泬水。則又無以證古今之異名同實。且使小顏之前固作泬水。則小顏何不顯證之而作疑辭乎。一統志。今潏水在西安府長安縣南。源出南山。自咸寧縣界流入。又西北入渭水。○按酈注沈水。沈蓋沇字之誤。李善注上林賦曰。潏水出杜陵。今名沈水。自南山黃子陂西北流。經至昆明池入渭。司馬貞注上林語全同。亦作今名沇水。單行索隱如此。沇從允。沇聲、余準切。潏、矞聲、食聿切。二字相爲雙聲疊韵。唐初呼沇水。字異而音實同耳。小顏與李善同時。其注漢書蓋亦本作今所謂沇水。轉寫作沈字。由俗書沇字似沈也。惟小顏不知潏沇同聲。而指爲泬字之誤。是爲無稽之談。集韵。沇、庾準切。水名。謂潏水也。若沇水東流爲泲。則讀以轉切矣。从水矞聲。古穴切。十五部。

洸水涌光也。江賦曰。澄澹汪洸。又曰。流映揚焆。謂涌而有光也。邶風曰。有洸有潰。毛曰。洸洸、武也。潰潰、怒也。大雅。武夫洸洸。毛曰。洸洸、武皃。此引伸假借之義。从水光。光亦聲。古黃切。十部。詩曰。有洸有潰。

波水涌流也。左傳。其波及晉國者。莊子。夫孰能不波。皆引伸之義也。又假借爲陂字。見漢書。

从水。皮聲。博禾切。十七部。澐 江水大波謂之澐。專謂江水也。玉裁昔署理四川南谿縣。攷故碑。大江在縣。有揚澐灘。从水。雲聲。王分切。十三部。瀾 大波爲瀾。魏風。河水淸且漣猗。釋水引作瀾。云大波爲瀾。毛傳云。風行水成文曰漣。按傳下文云。淪小風水成文。則瀾爲大可知。與爾雅無二義也。凡瀾漫當作此瀾字。从水。闌聲。洛干切。十四部。漣 瀾或从連。古闌連同音。故瀾漣同字。後人乃別爲異字異義異音。淪 小波爲淪。魏風河水淸且淪猗。釋水曰。小波爲淪。毛傳曰。小風水成文。轉如輪也。韓詩曰。從流而風曰淪。釋名曰。淪、倫也。水文相次有倫理也。从水。侖聲。力迍切。十三部。詩曰。河水淸且淪猗。猗各本作漪。今正。毛詩漣猗、直猗、淪猗。猗與兮同。漢石經魯詩殘碑作兮可證。後人妄加水作漪。吳都賦乃有刷盪漪瀾、濯明月於漣漪之句。其繆甚矣。一曰沒也。微子篇。今殷其淪喪。某氏曰。淪、沒也。按釋言。淪、率也。小雅。淪胥以鋪。此以淪爲率之假借也。古率讀如律。於淪雙聲。

漂 浮也。謂浮於水也。鄭風。風其漂女。毛曰。漂猶吹也。按上章言吹。因吹而浮。故曰猶吹。凡言猶之例視此。漂潎水中擊絮也。莊子曰洴澼。从水。㶾聲。匹消切。又匹妙切。二部。浮 汎也。各本汎作氾。今正。木華海賦。浮天無岸。李注引說文。浮、汎也。按上文云。汎、浮也。是汎浮二字互訓。與氾濫二字互訓義別。汎浮二篆當類廁。今本多非許之舊。从水。孚聲。縛牟切。三部。濫 氾也。謂廣延也。商頌、左傳皆云。賞不僭。刑不濫。魯語。濫於泗淵。皆其引伸之義。从水。監聲。盧瞰切。八部。一曰濡上及下也。此因濫與淋聲近。淋訓以水洪。則濫訓略同。詩曰。觱沸濫泉。觱小徐作滭。此詩小雅、大雅皆有之。今作檻泉者、字之假借也。毛曰。觱沸、泉出貌。檻泉、泉正出也。濫泉由小以成大。故偁以證氾義。一曰清也。此又別一義。與濫蓋相反而相成也者。氾 濫也。玄應引此下有謂普博也四字。楚辭卜居。將氾氾若水中之鳧乎。王逸云。氾氾、普愛衆也。若水中之鳧、羣戲遊也。論語。汎愛衆。此假汎爲氾。从水。㔾聲。孚梵切。七部。泓 下深貌。下深謂其上似淺陿。其下深廣也。揚子。其中宏深。其外肅括。月令。其器閎。鄭云。閎謂中寬。象土含物。泓之義略同。从水。弘聲。烏宏切。古音在六部。湋 回也。以疊韵爲訓。从水。韋聲。羽非切。十五部。測 深所至也。深所至謂之測。度其深所至亦謂之測。猶不淺曰深。度深亦曰深也。今則引伸之義行而本義隱矣。呂覽。昏乎其深而不測。高云。測、盡也。此本義也。考工記。桼欲測。鄭云。測猶淸也。此引伸之義也。从水。則聲。初側切。一部。湍 疾瀨也。瀨、水流沙上也。疾瀨、瀨之急者也。趙注孟子曰。湍者、圜也。謂湍湍縈水也。趙語爲下文決東決西張本。从水。耑聲。他耑切。十四部。淙 水聲也。水聲淙淙然。从水。宗聲。藏宗切。九部。激 水礙衺疾波也。當依衆經音義作水流礙邪急曰激也。水流不礙則不衺行。不衺行則不疾急。孟子。激而行之。可使在山。賈子曰。水激則旱兮。矢激則遠。从水。敫聲。吉歷切。古音在二部。一曰半遮也。此亦有礙之意。與激邀音義略同。

洞 疾流也。此與辵部迵、馬部駧音義同。引伸爲洞達、爲洞壑。从水。同聲。徒弄切。九部。旛 大波也。从水。旛聲。孚袁切。十四部。洶 洶涌也。各本無洶洶字。今依高唐賦注補。相如賦曰。洶涌滂潰。左思賦曰。濞焉洶洶。楊雄賦曰。洶洶旭旭。天動地岋。从水。匈聲。許拱切。九部。涌 滕也。滕、水超踊也。二篆宜相連。今本蓋非古也。从水。甬聲。余隴切。九部。一曰涌水在楚國。左傳莊十八年。閻敖游涌而逸。楚子殺之。杜曰。涌水在南郡華容縣。華容今湖北荆州府監利縣地。涌水在今江陵縣東南。自監利縣流入夏水。支流也。水經曰。江水又東南當華容縣南。涌水入焉。酈云。水自夏水南通於江。謂之涌口。湁 湁潗、逗鬻也。上林賦。潏潏淈淈。湁潗鼎沸。索隱引周成雜字曰。湁潗、水沸之皃也。潗與湒同。湒又訓雨下。故不類廁於此。鬻沸古今字。鼎沸者、言水之流如爨鼎沸也。按此蓋引上林成語。如人部引儆御受屈。今本奪鼎字。从水。拾聲。丑入切。七部。

涳 汋 瀱 渾 洌

涳直流也。从水。空聲。哭工切。又苦江切。九部。汋激水聲也。从水。勺聲。市若切。古音在二部。釋名。汋、澤也。有潤澤也。自臍以下曰水腹。水汋所聚也。胞主以虛承汋也。蓋皆借爲液字。又楚詞汋約、卽莊子淖約。井一有水、一無水。謂之瀱汋。見釋水。劉氏釋名說其義曰。瀱、竭也。汋、有水聲汋汋也。然則瀱謂一無水。汋謂一有水。瀱井一有水、一無水。謂之瀱汋也。从水。瀱聲。居例切。十五部。按釋水文已見上文。此但云瀱汋也已足。不當複舉。攷釋名作瀱。不从水。說文當同之。瀱篆乃淺人所增耳。爾雅作瀱。亦非古本。瀱訓竭。於音得之。渾溷流聲也。溷作混者誤。溷、亂也。酈善長謂二水合流爲渾濤。今人謂水濁爲渾。从水。軍聲。戶昆切。十三部。一曰洿下也。洿下曰。一曰窊下也。洌水清也。案許書有洌洌二篆。毛詩有洌無洌。洌彼下泉傳云。洌、寒也。有洌氿泉傳云。洌、寒意。二之日栗洌傳云。栗洌、寒氣也。皆不从水。東京賦玄泉洌清。薛曰。洌、清澄皃。

淑 溶 澂 清 湜

从水。削聲。良薛切。十五部。易曰。井洌寒泉食。井九五爻辭。王云。絜也。崔憬云。清且絜也。皆與許合。經云洌寒。故崔云旣寒且絜。湛清湛也。湛、沒也。湛沈古今字。今俗云深沈是也。釋詁曰。淑、善也。此引伸之義。从水。叔聲。殊六切。三部。溶水盛也。甘泉賦溶方皇於西清。善曰。溶盛皃也。按今人謂水盛曰溶溶。从水。容聲。余隴切。又音容。九部。澂清也。澂之言持也。持之而後清。方言曰。澂、清也。澂澄古今字。禮運澄酒在下。字作澄。鄭云。澄酒與周禮沈齊字雖異。葢同物也。周易君子以徵忿。徵者、澂之假借字。蜀才作登。鄭云。徵猶清也。必云猶者、正謂澂不訓清。澂之斯清。故王弼訓止也。从水。徵省聲。直陵切。六部。清朖也。澂水之皃。云朖者、明也。澂而後明。故云澂水之皃。引伸之凡潔曰清。凡人潔之亦曰清。同瀞。从水。青聲。七情切。十一部。湜水清見底也。各本作底見。依詩釋文正。邶風曰。涇以渭濁。湜湜其止。毛云。涇渭相入而清濁異。按毛本作止。鄭乃作沚。毛意涇以入渭而形己濁。且以己形渭之湜湜然清澂。喻君子以新昏而不潔己。且以己而益見新昏之可安。止者、水之澂定也。鄭易止爲沚。云小渚曰沚。湜湜持正皃。喻君子得新昏故謂己惡己之持正守初。如沚然不動搖。是其訓湜字、比傳是字之解爲之。非水清見底之謂矣。从水。是聲。常職切。古音在十六部。詩曰。湜湜其止。古今各本及玉篇集韵類篇皆作止。毛詩舊文也。傳於蒹葭云小渚曰沚。於此無文。可以證矣。鄭箋當有止讀爲沚之文。淺人刪之。而竝改經文。

潤 滲 潿 溷

潤水流浼浼皃。浼浼當作潤潤。淺人所改也。一說潤浼古今字。故以浼浼釋潤潤。河水浼浼見邶風。浼浼之本義訓汚。邶風之浼浼、卽潤潤之假借。免聲古讀如門。與潤音近。毛傳曰浼浼平地也。卽潤潤之義也。从水。閔聲。眉殞切。十三部。滲下漉也。司馬相如封禪文。滋液滲漉。揚雄河東賦。澤滲灕而下降。今俗云滲漏。从水。參聲。所禁切。七部。潿不流濁也。謂薉濁不流去也。左傳曰。有汾澮以流其惡。从水。圍聲。羽非切。十五部。此於聲見義。溷亂

淈 淀 灌 淵

也。離騷。世溷濁而不分兮。王曰。溷、亂也。濁、貪也。一曰水濁皃。此別一義。今人不分。从水。圂聲。胡困切。十三部。淈濁也。今人汩亂字當作此。按洪範汩陳其五行。某氏曰。汩、亂也。書序汩作。汩治也。屈賦汩鴻。謂治洪水。治亂正一義。卽釋詁之淈治也。某氏注爾雅引詩淈此羣醜。其勿反。从水。屈聲。古忽切。十五部。一曰滒泥。多汁成泥。一曰水出皃。上林賦。滒滒淈淈。淀回泉也。杜詩。撇漩捎濆無險阻。漩、夔州土人讀去聲。謂峽中回流大者。其深不測。舟遇之則旋轉而入。江賦所謂盤渦谷轉也。濆、土人讀如瀵。謂峽中回流漸平。則突涌如山。江賦所謂湀漚濆瀑也。斯二者必撇之捎之而行。不可正犯。杜用峽中語入詩。从水。旋省聲。似沿切。十四部。按廣韵又辭戀切。灌深也。小雅。有漼者淵。毛傳曰。漼、深皃。从水。崔聲。七罪切。十五部。詩曰。有漼者淵。淵回水也。顏回字子淵。从水。象形。下文釋象形。左右岸也。謂巛。中象水皃。謂𣶒。烏懸切。十

二部。淵 淵或省水。囦 古文从口水。口其外而水其中。江賦。濆滉囦泫。用囦字。

瀰 水滿也。依詩釋文補水字。邶風曰。河水瀰瀰。毛云。瀰瀰盛皃。玉篇曰。㳽亦瀰字。按盧氏文弨曰。漢地理志。邶詩云河水㳽㳽。㳽字从羋姓爲聲。謂新臺也。俗譌爲洋洋。師古謂邶無此句。从水爾聲。奴禮切。古音在十六部。

澹 澹澹水緐皃也。東京賦注。高唐賦注引皆有澹澹字。皃字亦依東京賦注補。高唐賦曰。水澹澹而盤紆。東京賦曰。淥水澹澹。俗借爲淡泊字。緐當作搖。从水詹聲。徒敢切。八部。

潯 旁深也。今人用此字。取義於旁而已。从水尋聲。徐林切。七部。

泙 谷也。廣韵曰。水名。玉篇曰。谷名。从水平聲。符兵切。十一部。

泏 水皃。廣韵曰。水出皃。文子曰。原流泏泏。沖而不盈。从水出聲。讀若窋。竹律切。十五部。

瀳 水至也。至疑當作荒。荒、大也。廣韵曰。水荒曰洊。洊者瀳之異文。周易曰。水洊至。習坎。洊雷震。釋言。荐再也。荐同洊。从水薦聲。讀若尊。今音在甸切。古音十三部。

[氵斲] 土得水沮也。魏風毛傳云。沮洳其漸洳者。衆經音義引倉頡篇云。沮者漸也。許君沮字下未舉此義。今俗謂水稍稍侵物入其內曰漸。當作此字。从水斲聲。讀若[麥啇]。竹隻切。十六部。

滿 盈溢也。从水㒼聲。莫旱切。十四部。

滑 利也。古多借爲汨亂之汨。从水骨聲。戶八切。十五部。

濇 不滑也。止部曰。歰不滑也。然則二字雙聲同義。七發。邪氣襲逆。中若結轖。此假轖爲濇也。从水嗇聲。色立切。按當依職韵所力切。一部。

澤 光潤也。又水艸交厝曰澤。又借爲釋字。从水睪聲。丈伯切。古音在五部。

淫 浸淫隨理也。浸淫者。以漸而入也。司馬相如難蜀父老曰。六合之內。八方之外。浸淫衍溢。史記作浸潯。从水㸒聲。余箴切。七部。一曰久雨曰淫。月令曰。淫雨蚤降。左傳曰。天作淫雨。鄭曰。淫、霖也。雨三日以上爲霖。

瀸 漬也。公羊傳莊十七年。齊人瀸于遂。瀸者何。瀸、積也。衆殺戍者也。積本又作漬。何曰。積死非一之辭。

按傳文及說文皆當作積爲長。許云漬、漚也。瀸篆不與漬篆聯。可以知許說矣。从水韱聲。子廉切。七部。爾雅曰。泉一見一不爲瀸。釋水文。此與上文別一義。

泆 水所蕩泆也。蕩泆者。動盪奔突而出。禹貢。道沇水入于河。泆爲滎。本作泆。周禮疏。師古漢書注所引不誤。且史記。水經注。皆作泆。惟漢地理志作軼。軼、車相出也。正與泆義同。左傳。彼徒我車。懼其侵軼我。又曰。迭我殽地。迭卽泆軼之假借也。凡言淫泆者。皆謂太過。其引伸之義也。衛包改禹貢之泆爲溢。淺人以滿釋之。固可歎矣。从水失聲。夷質切。十二部。

潰 漏也。漏當作屚。屋穿水下也。左傳。凡民逃其上曰潰。此引伸之義。小雅、大雅毛傳皆曰。潰、遂也。此皆謂假潰爲遂。从水貴聲。胡對切。十五部。

沴 水不利也。河東賦。秦神下讋。跖魂負沴。服虔曰。沴、河岸之坻也。晉灼申之曰。沴、渚也。按坻礙水。令水不行。故謂之沴。从水㐱聲。郞計切。按㐱聲本音當在十二部。鄭訓沴爲殄是也。今音郞計者。依如淳音拂戾之戾也。五行傳曰。若其沴作。其當作六。字之誤也。五行傳謂伏生洪範五行傳也。若六沴作。見洪範五行傳文。鄭曰。沴、殄也。服虔曰。沴、害也。司馬彪引五行傳說曰。氣之相傷謂之沴。

淺 不深也。許於深下但云水名。不云不淺。而測下。淺下。突下。可以補足其義。是亦一例。按不深曰淺。不廣亦曰淺。故考工記曰。以博爲帴。帴者淺之假借。又馬鄭古文尚書寅淺納日。馬云。淺、滅也。馬意讀爲戩滅之戩。謂何日入也。从水戔聲。七衍切。十四部。

洔 水暫益且止未減也。此義未見。蓋與待偫峙字義相近。爾雅釋水亦借爲沚字。从水寺聲。直里切。一部。

渻 少減也。今減省之字當作渻。古今字也。女部又曰。㛳者減也。㛳渻音義皆同。左傳有渻竈。人姓名也。一曰水門。此義未見。玉篇云。一曰水門。名。廣韵集韵則云。一曰水名。从水省聲。息井切。十一部。又水出丘前謂之渻丘。爾雅釋丘文也。釋名作阯丘。阯、基阯也。按阯丘疑本作杫丘。古楷杫字同。故渻丘亦爲楷丘。

淖 泥也。左傳曰。有淖於前。乃皆左右相違於淖。杜注同。倉頡篇云。

濢　溽　涅　滋　㴱　浥

深泥也。字林云。濡甚曰淖。按泥淖以土與水合和爲之。故淖引伸之義訓和。儀禮嘉薦普淖。注曰。普淖、黍稷也。普大。淖和也。德能大和。乃有黍稷也。劉瓛述張禹之義曰。仲者、中也。尼者、和也。言孔子有中和之德。故曰仲尼。葢漢人尼與泥通用。故漢碑仲尼字或作泥。又按許泥爲水名。不箸塗泥之解。於此補見。是與深同例也。魏晉以後。泥淖字作埿。**从水。卓聲。**奴教切。二部。

濢　**小溼也。**小益下之誤。篇韵皆云下溼。從古本也。**从水。翠聲。**遵誄切。十五部。按篇韵皆云且遂切。下溼也。遵誄切。汁漬也。

溽　**溽暑、溼暑也。**溽暑二字依李善注悼亡詩補。月令季夏、土潤溽暑。鄭曰。潤溽、謂塗溼也。潤溽雙聲字。記言土塗溼而暑上烝也。塗讀如雨雪載塗之塗。許以溼暑釋記溽暑。後人妄刪。非是。大雅雲漢傳曰。蘊蘊而暑。隆隆而雷。蟲蟲而熱。此暑熱之別。暑言下溼。熱言上燥也。謂之溽者、濃也。厚也。儒行注曰。恣滋味爲溽。月令溽本或作辱。**从水。辱聲。**而蜀切。三部。

涅　**黑土在水中者也。**者字依論語釋文補。論語孔注。涅可以染皁者。按水部曰。澱者、滓垽也。滓者、澱也。土部曰。垽者、澱也。黑部曰。䵦謂之垽。垽、滓也。皆與涅義近。**从水土。曰聲。**奴結切。十二部。

滋　**益也。**艸部茲下曰。艸木多益也。此字从水茲。爲水益也。凡經傳增益之義多用此字。亦有用茲者。如常棣、召旻傳云。兄、茲也。桑柔傳云。兄、茲也。秖是一義。**从水。茲聲。**各本篆文作滋。解作茲聲。誤也。今正。說詳四篇下茲篆下。子之切。一部。**一曰滋水。出牛歓山白陘谷。東入呼沱。**此謂水名也。地理志常山郡南行唐。牛飲山白陸谷。滋水所出。東至新市入虖池水。南行唐故城在今直隸正定府行唐縣縣治北。新市故城在今正定府治西北四十里。一統志曰。滋河源出山西五臺縣畍。東南流逕正定府靈壽縣北、行唐縣南。又東歷正定藁城二縣北、無極縣南。又東北入定州深澤縣畍。古與滹沱合流。今折而東北與滱沙二水合。不入滹沱矣。

㴱　**青黑皃。**皃字依廣韵訂。**从水。曶聲。**各本篆文作涽、解作昏聲。此以隸體改篆也。篇、韵皆曰。㴱今作涽。今據正。其音當依廣韵荒內切。十五部。大徐呼骨切。

浥　**溼也。**

沙　瀨　濆　涘　汻　氿　漘

召南毛傳曰。厭浥、溼意也。**从水。邑聲。**於及切。七部。

沙　**水散石也。**詩正義作水中散石。非是。水經注引與今本同。凡古人所引古書有是有非。不容偏信。大雅傳云。沙、水旁也。許云水散石。與毛不異。石散碎謂之沙。引伸之、凡生澁皆爲沙。如內則鳥沙鳴是。**从水少。**會意。**水少沙見。**釋其會意之恉。所加切。十七部。古音娑。從石作砂者、俗字也。古丹沙祇用此。**楚東有沙水。**此別一義也。水經注渠水篇曰。渠水、又東南流逕開封縣。睢、渙二水出焉。右則新溝注之。卽沙水也。音蔡。許愼正作沙音。言楚東有沙水。謂此水也。**譚長說沙或从尐。**少尐二字皆見小部。尐者、少也。

瀨　**水流沙上也。**九歌。石瀨兮淺淺。伍子胥書有下瀨船。漢有下瀨將軍。應劭漢書注曰。瀨水流沙上也。臣瓚曰。瀨、湍也。吳越謂之瀨。中國謂之磧。按瀨之言灘也。水在沙上。滯灘而下滲也。埤倉云。滯灘、漉也。**从水。賴聲。**洛帶切。十五部。

濆　**水厓也。**詩大雅。鋪敦淮濆。傳曰。濆、厓也。周南。遵彼汝墳。傳曰。墳、大防也。畫然分別。周禮大司徒職丘陵墳衍原隰。注曰。水厓曰墳。而常武箋亦釋濆爲大防。是鄭謂古經假借通用也。許則謹守毛傳。**从水。賁聲。**符分切。十三部。**詩曰。敦彼淮濆。**敦彼當是鋪敦之誤。箋釋爲陳屯。

涘　**水厓也。**爾雅釋丘、王風、秦風傳皆曰。涘、厓也。**从水。矣聲。**牀史切。一部。**周書曰。王出涘。**周頌思文箋曰。武王渡孟津。白魚躍入于舟。出涘以燎。正義引大誓云。惟四月太子發上祭于畢。下至于孟津之上。太子發升舟中流。白魚入于王舟。王跪取出涘以燎之。按今文尚書、古文尚書皆有大誓。非枚頤本之大誓也。許引大誓者三。此與手部、支部也。

汻　**水厓也。**大雅。率西水滸。傳曰。滸、水厓也。釋丘曰。岸上、滸。**从水。午聲。**呼古切。五部。

氿　**水厓枯土也。**按今爾雅。水醮曰厬。仄出泉曰氿。許書仄出泉曰厬。水厓枯土曰氿。與今爾雅正互易。依毛詩有冽氿泉。似今爾雅不誤也。**从水。九聲。**居洧切。古音在三部。**爾雅曰。水醮曰氿。**釋水文。今本作厬。音義云。字又作漸。

漘　**水厓也。**魏風傳。漘、厓也。爾雅曰。厓、夷上洒下㴸。按夷上謂上平也。洒下謂側水邊者斗峭。从水脣聲。常倫切。十三部。詩曰。寘河之㴸。集韵、類篇皆河上有。諸韵會同。

【浦】水瀕也。瀕下曰。水厓人所賓附也。大雅。率彼淮浦。傳曰。浦、厓也。从水甫聲。滂古切。五部。

【沚】小渚曰沚。召南傳曰。沚、渚也。此渾言之。秦風傳、爾雅釋水曰。小渚曰沚。此析言之也。从水止聲。諸市切。一部。詩曰。于沼于沚。

【沸】畢沸、逗濫泉也。畢一本从水作滭。上林賦滭弗。蘇林曰。滭音畢。則古非無滭字也。泉下小徐有也。按也當作皃。詩小雅大雅皆有觱沸檻泉之語。傳云。觱沸泉出皃。檻泉正出。釋水曰。濫泉正出。正出、涌出也。司馬彪注上林賦曰。滭弗、盛皃也。按畢沸疊韵字。毛詩觱檻皆假借字。今俗以沸爲鬻字。从水弗聲。分勿切。十五部。上林賦滭弗、一本作浡。

【潀】小水入大水曰潀。大雅傳曰。潀、水會也。按許說申毛。若鄭箋云。潀、水外之高者也。有瘞埋之象。則謂潀與崇同。恐非詩意。从水眾聲。此形聲包會意。徂紅切。九部。詩曰。鳧鷖在潀。

【派】別水也。吳都賦。百川派別。劉逵注引字說曰。水別流爲派。从水𠂢。𠂢亦聲。匹賣切。十六部。按眾經音義兩引說文。𠂢、水之衺流別也。以釋派。韵會曰。派本作𠂢。从反永。引鍇云。今人又增水作派。據此則說文本有𠂢無派。今鍇本水部派字當刪。

【汜】水別復入水也。上水字衍文。召南傳曰。決復入水也。謂既決而復入之水也。自其水出而不復入者。釋水自河出爲灉已下是也。決而復入者。汜是也。釋名曰。汜、已也。如出有所爲畢已而復入也。按古以無已釋已。如祀之解曰祭無已是也。故汜之字从已。从水已聲。詳里切。一部。詩曰。江有汜。一曰汜窮瀆也。此別一義。釋丘曰。窮瀆、汜。郭云。水無所通者。漢書。張良閒從容步游下邳汜上。服虔讀爲圯。音頤。楚人謂橋曰圯。此漢人易字之例也。應劭曰。汜水之上。此不易字。謂窮瀆無水之上也。下文直墮其履汜下。良下取履。其爲無水之瀆了然。史記本亦作汜。小司馬云。姚察見史記有作土旁者。云有則知史記不皆作土旁也。義本易憭。諸家說皆不察。

【湀】湀辟、逗流水處也。流鉉作深。非。釋水曰。湀闢、流川。从水癸聲。求癸切。十五部。字林音圭。

【濴】濴濘、逗絕小水也。濴篆本在濘篆下。今移正。濴濘二字各本無。今依全書通例補。李善注七命引說文。濘、絕小水也。奴泠切。可以證今本之誤。但尚奪濴字耳。甘泉賦。梁弱水之濎濴。服虔曰。崑崙之東有弱水。渡之若濎濴耳。善曰。汀濴、小水也。引字林。濴、絕小水也。按甘泉賦之濎濴、七命之汀濘。皆謂小水也。濴濘義同。濴卽許之滎字。一爲熒省。一不省也。若熒澤、熒陽。古皆作熒。不作滎。唐碑、宋槧尚多不誤。近今乃皆作滎。潛丘劄記乃云。說文絕小水之絕。爲爾雅正絕流曰亂之絕。與禹貢沛入河泆滎相發明。其荒謬有如此者。中斷曰絕。絕者、窮也。引伸爲極至之用。絕小水者、極小水也。此六書不可以本義滅其引伸之義者也。許書陘者、山絕坎也。此中絕之絕。絕小水非其倫也。然則熒澤字從火之義若何。曰。沛之顯伏不測。如火之熒熒不定也。从水熒省聲。戶扃切。十一部。

【濘】滎濘也。从水寧聲。乃定切。十一部。按濴濘疊韵。此當依七命注奴泠切。後人謂淖爲泥濘。讀乃定切。義與音皆非古矣。

【洼】深池也。史漢皆云。得神馬渥洼水中。莊子齊物論云。似洼者。从水圭聲。一佳切。又於瓜切。按古音在十六部。

【漥】清水也。未詳。从水窐聲。一穎切。又屋瓜切。按古音在十六部。一曰窊也。穴部曰。窊、污衺下地也。

【潢】積水池也。左傳。潢污行潦之水。服虔曰。畜小水謂之潢。水不流謂之污。行潦、道路之水。从水黃聲。乎光切。十部。廣韵引釋名曰。潢、染書也。乎曠切。唐有妝潢匠。

【沼】池也。召南傳曰。沼、池也。張揖廣雅同。按眾經音義兩引作小池也。从水召聲。之少切。二部。按沼之言招也。招外水豬之。

【池】陂也。从水也聲。此篆及解各本無。今補。按徐鉉等曰。池沼之池通用江沱字。今別作池。非是。學者以爲確不可易矣。攷初學記引說文。池者、陂也。从水、也聲。依𨸏部陂下一曰池也。衣部褫讀若池。覈之則池與陂爲轉注。徐堅所據不誤。又攷左傳隱三年正義引應劭風俗通云。池者、陂也。从水也聲。風俗通一書訓詁多襲說文。然則應所見固

湖　汥　洫　溝

有池篆別於沱篆顯然徐堅所見同應而孔穎達引風俗通不引說文者猶上文引廣雅沼池也不系諸說文耳逮其後說文佚此而淺人謂沱池無二夫形聲之字多含會意沱訓江別故从它沱之言有它也停水曰池故从也也本訓女陰也詩謂水所出爲泉所聚爲池故曰池之竭矣不云自瀕泉之竭矣不云自中豈與沱同字乎漢碑作池沼字皆從也廣雅曰沼池也池沼也二字互訓與許合直離切古音在十七部今本初學記也聲誤爲它聲今本左傳正義陂也誤爲陂池皆淺人所改

[湖] **大陂也。**𨸏部曰陂一曰池也然則大陂謂大池也古言鴻隙大陂言汪汪若千頃陂皆謂大池也池以鍾水湖特鍾水之大者耳 **从水。胡聲。**戶吳切五部 **揚州浸有五湖。**職方氏曰揚州其澤藪曰具區其浸五湖鄭曰具區五湖在吳南按經具區五湖分析言之五湖之非具區明矣鄭云皆在吳南則其相聯屬可知也 **浸、**逗 **川澤所仰以溉灌者也。**上文言渭雝州浸汾冀州浸潞冀州浸漾荊州浸沭沂皆青州浸五湖揚州浸下文曰湛豫州浸皆據職方爲言此總釋浸字以補浸篆下所未備也鄭曰浸可以爲陂灌溉者按可以爲陂謂可以爲池也許云川澤所仰以溉灌者謂職方其澤藪其川其浸三者析言之川流或竭澤水本希藉浸水亭蓄者多可以灌注之故必兼言浸也上文溉字下曰溉灌注也風俗通曰湖者言流瀆四面所猥也川澤所仰以溉灌也用許語

[汥] **水都也。**都者水所聚也民所聚曰都汥之證未詳 **从水。支聲。**章移切十六部

[洫] **十里爲成。成閒廣八尺、深八尺謂之洫。**考工記匠人文也匠人溝洫之制惟欻程氏瑤田通藝錄能發明之洫亦作淢韓詩築城伊洫毛詩作淢傳曰淢成溝也箋云方十里曰成淢其溝也按門閾之字古文作閾是或與血異部而音通也溝洫對文則異散文則通故毛曰成溝 **从水。血聲。**況逼切按古音在十二部入聲今入職韻者以毛詩作淢之故 **論語曰。盡力于溝洫。**論語泰伯篇今本于作乎

[溝] **水瀆也。**也字依玄應補 **廣四尺。深四尺。**匠人職曰九夫爲井井閒廣四尺深四尺謂之溝 **从水。冓聲。**古矦切四部

瀆　渠　瀶　湄　洐　澗

[瀆] **溝也。**謂井閒廣四尺、深四尺者也 **从水。賣聲。**徒谷切三部 **一曰邑中曰溝。**日字依玄應補不必井閒亦不必廣四尺深四尺者也按瀆之言竇也凡水所行之孔曰瀆小大皆得稱瀆釋水曰注澮曰瀆又曰江河淮濟爲四瀆水經注謂古時水所行今久移者曰故瀆

[渠] **水所居也。**渠居疊韻風俗通亦云渠者水所居也 **从水。桌聲。**小徐云桌即柜字見木部又堯廟碑以柜爲渠彊魚切五部

[瀶] **谷也。**泉出通川爲谷谷亦稱瀶也 **从水。臨聲。讀若林。**力尋切七部 **一曰寒也。**與凜音義略同

[湄] **水艸交爲湄。**小雅居河之湄釋水毛傳皆曰水草交爲湄 **从水。眉聲。**武悲切十五部

[洐] **溝行水也。从水行。**此以會意包形聲戶庚切古音在十部

[澗] **山夾水也。**釋山、毛傳皆云小雅秩秩斯干毛云干、澗也此謂詩假借干爲澗也 **从水。閒聲。**古莧切十四部 **一曰澗水出弘農新安。東南入雒。**雒各本作洛今正地理志曰弘農郡新安禹貢澗水在東南入雒禹貢雒水出弘農郡上雒冢領山東北至鞏入河按地理志禹貢雒水字作雒凡云伊水入雒、穀水入雒、澗水入雒、瀍水入雒凡云上雒雒陽縣字皆不作洛也且志文前後相應此云禹貢雒水則前文稱禹貢逾于雒伊雒瀍澗既入于河道雒自熊耳古本必皆作雒斷不作洛也且志稱職方豫州川曰熒雒雍州浸曰渭洛二字分別畫然可以證上稱禹貢亦必分別畫然惟豫雒雍洛不同字故北地歸德下云洛水出北蠻夷中直路下云沮水出東西入洛左馮翊褱德下云洛水東南入渭與雒水字迥別學者以是求之可以知黃初一詔之欺人矣漢新安縣故城在今河南河南府澠池縣東澗水在今澠池縣東合於穀水而互受通稱同至今洛陽縣西南入洛水

澳

[澳] **隈厓也。其內曰澳。其外曰鞫。**鞫舊作隈今正爾雅說厓岸曰隩隈厓內爲隩外爲鞫郭以隈字上屬厓字下屬以許訂之郭非是𨸏部隈下曰水曲隩也隩下曰水隈厓也亦隈厓聯文隩與澳字異而音義同今毛詩瞻彼淇奧字作奧

澩 灘 汕 決 灓 滴 注

古文假借也。毛詩曰：奧，隈也。此言水曲之裏，隩奧然也。大雅芮鞫之即。箋云：水之內曰澳，水之外曰鞫。鞫謂水曲之表，圜穹然也。鞫之雙聲爲居竊切，故傴僂之狀曰鞠竊，曰匑窮。水曲之表如弓，故曰鞫。韓詩、漢志作阸，字林作坭，俗本爾雅改鞫爲隈，因或取以改說文耳。**从水，奧聲。**於六切。三部。

澩 夏有水、冬無水曰澩。釋山曰：山上有水埒。夏有水、冬無水，澩。謂山上夏有停潦，冬則乾也。**从水，學省聲。讀若學。**胡角切。三部。

澩 澩或不省。

灘 水濡而乾也。灘字古義如此。後人用爲沙灘，此之謂古今字也。沙灘字亦或作潬。**从水，灘聲。**詩釋文引說文他安反。大徐益以呼旰切，非也。十四部。**詩曰：灘其乾矣。**王風文。今毛詩作暵。蓋非也。一章曰灘其乾矣，二章曰灘其脩矣，傳曰且乾也。三章曰灘其溼矣。知灘兼濡與乾言之。毛傳曰：菸兒。菸者，一物而濡之乾之，則菸邑無色也。

灘 俗灘从隹。

汕 魚游水兒。小雅南有嘉魚：烝然汕汕。傳曰：汕，樔也。詩不从毛，蓋三家之說。**从水，山聲。**所晏切。十四部。**詩曰：烝然汕汕。**

決 下流也。各本作行流。衆經音義三引皆作下流。下讀自上下下之下。胡駕切。決水之義引伸爲決斷。**从水，夬聲。**古穴切。衆經音義三引說文胡玦切。十五部。**盧江有決水，出大別山。**地理志：盧江郡雩婁，決水北至蓼入淮，又有灌水亦北至蓼入決。水經注：決水自安豐縣故城西北，逕蓼縣故城東，又西北灌水注之，又北入於淮。決水即今史河，詳灌字下。按漢志六安國安豐縣下曰：禹貢大別在西南。許云決水出大別山，即安豐之大別山也。漢安豐今爲固始及霍丘。

灓 漏流也。宋姚宏曰：戰國策王季歷葬於楚山之尾，灓水齧其墓。謂墓爲山尾漏流所沮敗也。孔衍春秋後語改爲鑾水，注云：宜都縣有鑾水。誤甚。王季葬鄠南。**从水，䜌聲。**洛官切。十四部。

滴 水注也。去聲。即滴字也。**从水，啻聲。**都歷切。十六部。

注 灌也。大雅曰：挹彼注茲。引伸爲傳注，爲六書轉注。注之云者，引之有所適也。故釋經以明其義曰注。交互之而其義相輸曰轉注。釋故、釋言、釋訓皆轉注也。有假注爲咮者，如注星即咮星是也。**从水，主聲。**之戍切。古音如晝。在四部。○按漢、唐、宋人經注之字無有作註者。明人始改注爲註，大非古義也。古惟註記字从言，如左傳敘諸所記註，韓愈文市井貨錢註記之類。通俗文云：記物曰註。廣雅：註，識也。古起居註用此字，與注釋字別。

十一篇上二　九

洪 𣶒 滏 津 淜 潢 泭

沃 溉灌也。自上澆下曰沃。故下文云：澆者，沃也。周禮、左傳皆言沃盥是也。水沃則土肥，故云沃土。水沃則有光澤，故毛傳云：沃沃，壯佼也。又云：沃，柔也。**从水，芺聲。**烏酷切。古音在二部。隸作沃。

𣶒 所以攤水也。當作攤。攤塞也。廣雅曰：𣶒，隁也。**从水，昔聲。**所責切。古音在五部。曹憲倉故反。**漢律曰：及其門首洒𣶒。**蓋謂壅水於人家門前有妨害也。

滏 埤增水邊土，人所止者。土部曰：埤，增也。增，益也。酈善長曰：左傳文十六年楚軍次於句滏。定四年左司馬戌敗吳師於雍滏。昭二十三年司馬薳越縊於薳滏。服虔或謂之邑，又謂之地。京相璠、杜預亦云水際及邊地名也。今南陽清陽二縣之閒清水之濆有南滏北滏矣。**从水，筮聲。**時制切。十五部。筮小篆作䇺。**夏書曰：過三滏。**禹貢文。水經曰：三滏地在南郡邔縣北沱。酈注云：地說曰：沔水東行過三滏合流，觸大別山阪。故馬融、鄭玄、王肅、孔安國等咸以爲三滏水名也。惟許慎說異。按水經釋爲地，與許合。水經者或謂桑欽所作。然則許正用孔氏古文尚書說也。

津 水渡也。商書微子曰：若涉大水，其無津。俗本妄增涯字。按經傳多假借津爲盡潤字。周禮其民黑而津是。**从水，𦘔聲。**將鄰切。十二部。隸省作津。

𦨈 古文津，从舟淮。按當是从舟，从水，進省聲。

淜 無舟渡河也。小雅傳曰：徒涉曰馮河，徒搏曰暴虎。爾雅釋訓、論語孔注同。淜正字，馮假借字。**从水，朋聲。**皮冰切。六部。

潢 小津也。謂渡之小者也。非地大人衆之所。小一作水，非。**从水，橫聲。**戶孟切。按玉篇戶䑩切，爲長。古音在十部。**一曰以船渡也。**方言曰：方舟謂之潢。郭云：揚州人呼渡津舫爲杭，荆州人呼潢，音橫。廣雅：潢，筏也。

泭 編木以渡也。周南：江之永矣，不可

十一篇上二　十

渡　沿　泝　洄　泳　潛

方思傳曰。方、泭也。卽釋言之舫、泭也。爾雅字多從俗耳。釋水曰。大夫方舟。士特舟。庶人乘泭。方言曰。泭謂之䈯。䈯謂之筏。筏秦晉之通語也。廣韵曰。大曰䈯、曰筏。小曰泭。按論語乘桴于海。假桴爲泭也。凡竹木蘆葦皆可編爲之。今江蘇、四川之語曰䈯。**从水付聲。**芳無切。古音在四部。**濟也。**上文濟篆下無此義。此補見。邶風傳曰。濟、渡也。方言曰。過度謂之涉濟。凡過其處皆曰渡。假借多作度。天體三百六十五度。謂所過者三百六十五也。**从水度聲。**徒故切。五部。**緣水而下也。**禹貢沿于江海達于淮泗。鄭本沿作松。字之誤也。馬本作均。依今文尚書也。均者沿之假借字。如三年問反巡過其故鄉。荀卿巡作鉛。假鉛爲巡。其理一也。**从水㕣聲。**與專切。十四部。㕣古文沇。**春秋傳曰王沿夏。**左傳昭十三年曰。王沿夏。將欲入鄢。**逆流而上曰㴑洄。**秦風傳曰。逆流而上曰遡洄。順流而涉曰遡游。釋水同。涉作下。**㴑向也。**向當作鄉。淺人所改也。漢人書向背字皆作鄉。不作向。中庸素隱注曰。素讀爲攻城攻其所傃之傃。傃猶鄉也。按遡者從其朔。傃者從其素。故字从朔、从素。**水欲下違之而上也。**此釋洄字之義。洄違疊韵。**从水㡿聲。**桑故切。五部。**㴑或从辵朔。**朔亦聲也。**㴑洄也。从水回聲。**以形聲包會意。戶灰切。十五部。**潛行水中也。**周南。不可泳思。釋水。毛傳皆曰。潛行爲泳。下文云潛、涉水也。涉、徒行厲水也。**从水永聲。**爲命切。古音在十部。**涉水也。**上文云潛行水中。對下文浮行水上言之。邶風傳云。由厀以上爲涉。然則言潛者。自其厀以下沒於水言之。所謂泳也。左傳哀十七年。越子以三軍潛涉。又按潛汓等字。後人不甚分明。若水經注江水篇云。有潛客泳而視之。見水下有兩石牛。此則謂潛全沒水中矣。**一曰藏也。**此今日通行義。釋言曰。潛、深也。方言曰。潛、涵、沈也。**从水朁聲。**昨鹽切。七部。**一曰漢爲潛。**釋水文。劉逵注蜀都賦云。禹貢梁州沱、潛既道。有水從漢中沔陽縣南流。至梓潼漢壽縣。入大穴中。通岡山下。西南潛出。今名伏水。舊說云禹貢潛水也。郭樸

十一篇上二　圭

淦　泛　汓　砅　湊　湛

爾雅音義同此說。**水入船中也。**水入船中。必由朕而入。淦者。浸淫隨理之意。**从水。金聲。**古暗切。古音在七部。**一曰泥也。**謂塗泥。**淦或从今。**今聲。**浮也。**邶風曰。汎彼柏舟。亦汎其流。上汎謂汎汎、浮皃也。下汎當作泛、浮也。汎泛古同音。而字有區別如此。左傳僖十三年。汎舟之役。亦當作泛。**从水乏聲。**孚梵切。古音在七部。**浮行水上也。**若今人能划水者是也。列子曰。習於水、勇於泅。**从水子。**子猶小也。浮於水上。望之甚小也。似由切。三部。**古文或㠯汓爲没字。**此古文小篆之別也。其義其音其形皆別矣。按善水者或没或浮皆無不可。則不妨同字同音也。**汓或从囚聲。履石渡水也。**謂若今有水汪、甃甎石而過水之至小至淺者也。**从水石。**會意。力制切。十五部。**詩曰深則砅。**此稱邶風言假借也。毛詩曰。深則厲。釋水曰。以衣涉水爲厲。又曰。繇帶以上爲厲。此竝存二說也。毛傳依之定本改云。以衣涉水爲厲。謂由帶以上也。合爲一說。繆矣。履石渡水。乃水之至淺。尚無待於揭衣者。其與深則厲絕然二事明矣。厲砅二字同音。故詩容有作砅者。許稱以明假借。如尚書以作𢻮爲作好。以莫席爲蔑席之比。經典釋文引韓詩至心曰厲。玉篇作水深至心曰砅。至心卽由帶以上之說也。葢韓詩作深則砅。許稱之與。戴先生乃以橋梁說砅。如其說。許當徑云石梁。不當云履石渡水矣。詩言深則厲、淺則揭。喻因時之宜。倘深待石梁。則有不能渡者矣。禹貢厲砥。玄應引作砅砥。僞說命用汝作厲。宋庠國語補音引詩作砅。汗簡云。砅古文礪。此可見古假砅爲厲、非一處矣。**砅或从厲。**厲者、石也。從水厲。猶從水石也。引伸之爲凡渡水之稱。如大人賦云。橫厲飛泉以正東是也。字多作厲。○厲旣改作𠪚。則此亦當作濿。**水上人所會也。**引伸爲凡聚集之偁。**从水奏聲。**倉奏切。四部。**没也。**古書浮沈字多作湛。湛沈古今字。沈又沈之俗也。下文云。没、湛也。二字轉注。**从水甚聲。**宅減切。七部。大徐直林切。未知古義古音也。凡湛字引伸之義甚多。其音不一。要其古音則同直林切

十一篇上二　圭

湮　休　没　渨　滃　泱　淒　渰

而已。一曰湛水。豫州浸。州各本作章。今依地理志注、集韵所引訂正。職方氏。荆州其浸潁湛。豫州其浸波溠。許系溠於荆。系湛於豫。葢以正經文之互譌也。鄭注云。湛未聞。許系諸豫。葢必實有所指矣。水經汝水篇注曰。汝水又東南逕繁丘城南。而東南出。湛水出犨縣北魚齒山西北。東南流歷魚齒山爲湛浦。春秋傳襄十六年楚晉戰於湛阪。葢卽湛水以名阪也。又東南逕蒲城北。又東入汝。周禮鄭注曰未聞。葢偶有不照。按許意亦正謂斯水也。杜元凱云。昆陽縣北有湛水。東入汝。今河南南陽府葉縣北二十里有昆陽城。𣸂古文。

湮没也。釋詁。湮、落也。落與没義相近。从水垔聲。於眞切。十二部。

休没也。此沈溺之本字也。今人多用溺水水名字爲之。古今異字耳。玉篇引孔子曰。君子休於口。小人休於水。顧希馮所見禮記尚作休。从水人。讀與溺同。奴歷切。古音葢在二部。

没湛也。湛各本作沈。淺人以今字改之也。今正。没者全入於水。故引伸之義訓盡。小雅。曷其没矣。傳云。没、盡也。論語。没階。孔安國曰。没、盡也。凡貪没、乾没皆沈溺之引伸。从水𠬛聲。莫勃切。十五部。

渨没也。从水畏聲。烏恢切。十五部。按此字疑後人所增。

滃雲气起也。易林。潼滃蔚薈。扶首來會。謂雲起也。江賦。氣滃渤以霧杳。有假翁爲滃者。周禮醴齊注。盎猶翁也。成而翁翁然。葱白色。从水翁聲。烏孔切。九部。

泱滃也。射雉賦。天泱泱以垂雲。善曰。毛詩。英英白雲。毛萇曰。英英、白雲皃。泱與英古字通。按泱滃雙聲。从水央聲。於良切。十部。徐爰曰。音英。音之轉也。

淒雨雲起也。各本作雲雨。誤。今依初學記、太平御覽正。雨雲謂欲雨之雲。唐人詩。晴雲、雨雲是也。按詩曰。淒其以風。毛傳。淒、寒風皃。又曰。風雨淒淒。葢淒有陰寒之意。小雅。有渰淒淒。皃急雨欲來之狀。未嘗不兼風言之。許以字從水。但謂之雨雲。从水妻聲。七稽切。十五部。詩曰。有渰淒淒。今詩作萋萋。非也。呂覽、漢書、玉篇、廣韵皆作淒淒。

渰雨雲皃。各本作雲雨皃。今依初學記、太平御覽正。毛傳曰。渰、雲興皃。顏氏家訓定本、集注作陰雲。恐許所據徑作雨雲。渰漢書作黤。按有渰淒淒謂黑雲如鬐。淒風怒生。此山雨欲來風滿樓之象也。既而白雲彌漫。風定雨甚。則興雲祁祁、雨我公田也。詩之體物瀏亮如是。从水弇聲。衣檢切。七部。

溟　涑　瀑　澍　湒　澬　潦　濩　涿

溟小雨溟溟也。太玄經。密雨溟沐。玉篇曰。溟濛小雨。莊子南溟北溟。其字當是本作冥。从水冥聲。莫經切。十一部。

涑小雨霝皃。霝各本作零。今正。涑涑亦雨聲。从水束聲。所責切。十六部。俗作漱。

瀑疾雨也。暴疾有所趣也。故从水从暴。暴爲疾雨。从水暴聲。平到切。二部。詩曰。終風且瀑。詩邶風文。按毛詩終風且暴。傳曰。暴、疾也。卽指風言。許所據葢三家詩。一曰沫也。沫一作沬。誤。馬融長笛賦曰。山水猥至。濕瀑噴沫。噴沫、水跳沫也。濕瀑、噴沫皃。蜀都賦亦曰。龍池濕瀑濆其隈。濆當作噴。江賦曰。拊拂瀑沫。一曰瀑、賨也。雨部曰。賨、雨也。齊人謂靁爲賨。

澍時雨也。所以樹生萬物者也。依魏都賦注、後漢明帝紀注補五字。樹舊譌澍。今正。樹澍以疊韵爲訓。難蜀父老曰。羣生澍濡。从水尌聲。常句切。古音在四部。

湒雨下也。廣雅云。湒湒、雨也。毛詩。其角湒湒。宋本釋文如是。假借爲角皃。从水咠聲。姊入切。七部。一曰鬻涌皃。上文云。湁湒、鬻也。

澬久雨涔澬也。亦作涔轒。一曰水名。廣韵曰。在常山郡。从水資聲。才私切。又卽夷切。十五部。

潦雨水也。各本作雨水大皃。今依詩采蘋正義、文選陸機贈顧彥先詩注、衆經音義卷一訂。曲禮釋文亦曰。雨水謂之潦。雨水、謂雨下之水也。左傳曰。水潦將降。召南。于彼行潦。傳曰。行潦、流潦也。按傳以流釋行。服注左傳乃云道路之水。趙注孟子乃云道旁流潦。以道釋行、似非。潦水流而聚焉。故曰行潦。不必在道旁也。从水尞聲。盧皓切。二部。俗借澇水字爲之。

濩雨流霤下皃。宋本無。非。霤、屋水流下也。今俗語評簷水霤下曰滴濩。乃古語也。或假濩爲鑊。如詩是刈是濩是也。或假爲護。如湯樂名大濩是也。从水蒦聲。胡郭切。五部。

涿流下滴也。周禮壺涿氏注。壺、瓦鼓也。涿、擊之也。按擊瓦鼓之聲如滴然。故曰壺涿。今俗謂一滴日一涿。音如篤。卽此字也。又作沰。音當洛反。廣雅。沰、磓也。雀寔書。上火不落。下火滴沰。周禮掌舍注云。柜受居溜水涑橐者也。橐卽沰之假借。从水。豖聲。竹角切。古音在三部。上谷有涿鹿縣。鹿字各本奪。今補。涿縣在涿郡。不在上谷也。地理志上谷郡涿鹿。今涿鹿故城在直隸宣化府保安州南。明志謂之軒轅城。涿郡涿今涿縣。故城在順天府涿州。州治。

奇字涿。古文奇字也。从日乙。从日者謂於日光中見之。乙蓋象滴下之形。非甲乙字。

瀧　雨瀧瀧也。也大徐作皃。今依小徐及廣韻。瀧瀧、雨滴皃也。音轉讀爲浪浪。平聲。方言曰。瀧涿謂之霑漬。郭云。瀧涿猶瀨滯也。瀨滯當作⿰氵隸滯。埤倉云。滯⿰氵隸、漉也。通俗文云。霝滴謂之⿰氵隸滯。又廣韻集韻皆云。瀧涷、沾漬也。瀧涷卽瀧涿也。荀卿書。東籠而退。楊倞云。東籠卽瀧涷。从水。龍聲。力公切。九部。

⿰氵柰　⿰氵柰沛也。玉篇同。未聞。一本作沛之。廣韻集韻類篇同。亦未聞。按⿰氵柰沛當係⿰氵隸滯之字誤。又佚滯篆耳。與上文三篆同義。故廁於此。从水。柰聲。奴帶切。十五部。⿰氵隸郎計切。滯都計切。今俗語多如此。

滈　久雨也。引伸爲水皃。上林賦。翯乎滈滈。吳都賦。滈汗六州之域。借爲京兆鎬水字。从水。高聲。乎老切。二部。

漊　雨漊漊也。漊漊猶縷縷也。不絕之皃。一曰汝南人廣韻有人字。謂飮酒習之不醉曰漊。曰字依韻會訂。謂不善飮者每日飮少許。久久習之。漸能不醉。其方言曰漊。从水。婁聲。力主切。古音在四部。

溦　小雨也。今人槩作微。廣韻集韻皆曰。浽溦小雨。按爾雅。谷者溦。假借字也。从水。𢼸聲。各本作微省聲。今正。無非切。十五部。

濛　溦雨皃。溦各本作微。今正。皃各本作也。今依玉篇正。溦溟濛三字一聲之轉。豳風曰。零雨其濛。傳云。濛、雨皃。廣韻。空濛、小雨。廣雅作霥。霥俗字也。从水。蒙聲。莫紅切。九部。

沈　陵上滈水也。謂陵上雨積停潦也。古多假借爲湛沒之湛。如小雅載沈載浮是。又或借爲瀋字。檀弓爲榆沈是也。从水。冘聲。直深切。又尸甚切。八部。一曰濁黕也。黑部曰。黕、滓垢也。黕沈同音通用。

洅　霝震洅洅也。从水。霝震雨中。故从水。再聲。作代切。一部。

淊　泥水淊淊也。从水。臽聲。胡感切。八部。一曰繅絲湯。繅絲必用鬻湯。名曰淊。

涵　水澤多也。所受潤澤多也。从水。圅聲。胡男切。七部。詩曰。僭始既涵。小雅巧言文。傳曰。僭、數。涵、容也。按涵訓容者。就受澤多之義而引伸之。

⿰氵挐　漸溼也。魏風。彼汾沮洳。傳曰。汾。汾水也。沮洳、其漸洳者。洳⿰氵挐同字。沮子預反。猶沮也。从水。挐聲。人庶切。五部。

瀀　澤多也。與優義近。瞻卬傳曰。優、渥也。優卽瀀之假借矣。从水。憂聲。於求切。三部。詩曰。既瀀既渥。小雅信南山文。今詩作優。

涔　漬也。淮南書。牛蹄之涔。謂水之漬於牛跡中者也。毛詩。潛有多魚。韓詩作涔。爾雅曰。槮謂之涔。毛傳曰。潛、槮也。說者云槮卽罧字。韓詩曰。涔、魚池也。此皆涔之別義。从水。岑聲。鉏箴切。七部。一曰涔陽渚在郢。屈原九歌。望涔陽兮極浦。王逸曰。涔陽、江碕名。附近郢。按許曰在郢。王曰附近郢。許云渚名。王

云江碕名。皆不云有涔水。謂近郢濆大江之洲渚耳。近儒說未可信。

漬　漚也。謂浸漬也。古多假爲骴字。公羊傳大瘠。禮記注引作大漬。公羊傳。瀸者何。漬也。衆殺成者也。周禮蜡氏掌除骴。故書骴作脊。鄭司農云。脊讀爲漬。謂死人骨也。漢志國亡捐瘠。孟康曰。肉腐爲瘠。按骴漬脊瘠四字、古同音通用。當是骴爲正字也。从水。責聲。前智切。十六部。

漚　久漬也。言久漬者、略別於漬也。上統言。此析言。互相足也。陳風。可以漚麻。傳曰。漚、柔也。考工記。漚其絲。注曰。楚人曰漚。齊人曰湲。或假渥字爲之。如左傳鄗人漚菅者、周禮注引作繪人渥菅是也。从水。區聲。烏候切。四部。

浞　小濡皃也。濡者、霑也。上文濡篆下未舉此義。故此及雨部補見。小雅曰。既霑既足。蓋足卽浞之假借也。从水。足聲。士角切。古音在三部。

渥　霑也。小雅。既優既渥。考工記。欲其柔滑而腥脂之。注。腥讀如沾渥之渥。按渥之言厚也。濡之深厚也。邶風傳曰。渥、厚漬也。从水。屋聲。於角切。古音在三部。

漼　灌也。漼與渼義同。从水。崔聲。尸角切。又公沃

洽　濃　瀌　溓

切。三部。洽霑也。大雅。民之洽矣。傳曰。洽。合也。此謂毛詩假洽爲合也。釋詁曰。郃。合也。郃卽洽。毛詩在洽之陽。稱引者多作在郃之陽。是也。从水合聲。矦夾切。七部。濃露多也。小雅蓼蕭傳曰。濃濃。厚皃。按酉部曰。醲。厚酒也。衣部曰。襛。衣厚皃。凡農聲字皆訓厚。从水農聲。女容切。九部。詩曰。零露濃濃。瀌瀌瀌。雨雪皃。依韵會所據小徐本訂。小雅角弓曰。雨雪瀌瀌。見晛曰消。廣雅。瀌瀌。雪也。劉向傳作麃。从水麃聲。甫嬌切。二部。溓溓溓。薄仌也。溓溓二字依文選注補。潘岳寡婦賦曰。水溓溓以微凝。按食部鎌下云。讀若風溓溓。蓋當云讀若風溓溓之溓。風溓溓謂風之蹷淩也。或曰中絕小水。玉篇、廣韵作大水中絕小水出也。當是古人所見完本。後奪誤爲四字耳。謂大水中絕小水之流而出也。八字一句。公羊傳曰。周公盛。魯公燾。羣公溓。何曰。盛者。新穀。燾者。冒也。故上以新也。溓者。連新於陳上。財令半相連耳。此溓引伸之義也。公羊疏本作溓。今本公羊作廩。誤。鄭注周易引羣公溓。見詩采薇正義。又曰淹也。晁以道云。唐本有此四字。楊上善注素問云。溓。水靜也。於此義相近。淹篆下無此義。於此補見。从水兼聲。力鹽切。七部。按宋晁以道所據唐本力䈴反。楊上善素問注廉檢反。李善文選注力檢反。濂或从廉。晁以道云。唐本有。見樓攻媿集。

泐　滯　汦

泐水之理也。各本水下有石字。今刪。𨸏部曰。阞。地理也。从𨸏。木部曰。朸。木之理也。从木。然則泐訓水之理。从水。無疑矣。淺人不知水有理。又見下文引周禮說石。乃妄增一字。水理如地理、木理。可尋。其字皆从力。力者、人身之理也。从水阞聲。形聲包會意也。大徐無聲字。盧則切。一部。周禮曰。石有時而泐。考工記文。石隨其理而解散。石之理如水之理。故借用泐字。水理猶地理。故泐以阞會意、形聲。滯凝也。凝俗冰字。周禮廛人凡珍異之有滯者。鄭司農云。貨物沈滯於廛中不決。泉府貨之滯於民用者。故書滯爲癉。杜子春云。癉當爲滯。从水帶聲。直例切。十五部。汦箸止也。箸直略切。箸止、有所箸而止也。土部坘下曰。箸也。與此字皆从氐。徐楚金引左傳物乃汦

㶁　澌　汽　涸

伏。按左傳自作坻伏。杜曰。坻。止也。尋其義當作坻。與汦義略同。蓋唐宋以來。氐氐溷淆多矣。从水氐聲。按玉篇之是切。廣韵諸氏切。十六部。大徐直尼切。誤認爲坻字耳。㶁水裂去也。謂水分裂而去也。韓愈文用㶁㶁字。从水虢聲。古伯切。古音在五部。澌水索也。方言曰。澌、索也。郭注云。盡也。按許說其本義。楊說其引伸之義也。索訓盡者。索乃索之假借字。入室搜索、有盡意也。方言曰。鏟。賜也。賜者、澌之假借。亦作儩。从水斯聲。息移切。十六部。汽水涸也。大雅民勞傳曰。汔。危也。周易汔至亦未繘井。小狐汔濟。虞翻曰。汔。幾也。皆引伸之義。水涸爲將盡之時。故引伸之義曰危。曰幾也。从水气聲。許訖切。詩音義引說文巨乞反。十五部。或曰泣下。別一義。詩曰。汔可小康。前說引伸之義。涸渴也。渴、盡也。渠列切。釋詁曰。涸、渴也。俗本作竭。月令。仲秋之月。水始涸。从水固聲。讀若狐貈之貈。按貈從舟聲。今人以貉爲之。音下各切。別作蠻貊字。音莫白切。皆非古也。此涸下當

消　潐　渴　漮　溼

云讀若貉。恐音既變之後衆經改竄耳。下各切。五部。𣶃涸亦从水鹵舟。未聞其意。消盡也。未盡而將盡也。从水肖聲。相幺切。二部。潐盡也。荀卿書。其誰能以己之潐潐。受人之掝掝者哉。楊倞曰。潐潐、盡也。潐潐、謂窮盡明於事。猶楚辭之察察。从水焦聲。子肖切。二部。按焦者、火所傷。義近盡。故訓盡。則以焦會意。渴盡也。渴竭古今字。古水竭字多用渴。今則用渴爲激字矣。从水。曷聲。佩觿曰。說文、字林渴音其列翻。按大徐苦葛切。非也。十五部。漮水虛也。爾雅音義引作水之空也。蓋許用釋爾雅舊說。故爲分別之詞。釋詁曰。漮、虛也。虛師古引作空。康者、穀皮中空之謂。故从康之字皆訓爲虛。歉下曰。饑虛也。㝩下曰。屋㝩㝩也。詩。酌彼康爵。箋云。康、虛也。方言曰。㝩、空也。長門賦㝩梁、虛梁也。急就篇顏注曰。𨎮謂輿中空處。所用載物也。水之空、謂水之中心有空處。从水康聲。苦岡切。十部。溼幽溼也。从一。句。覆也。覆土而有水。故溼也。凡溼之所从生。多生於上有覆而氣

湆 洿 汙

不潒。故从一土水會意。从㬎省聲。失入切。七部。今字作濕。

湆幽溼也。从水音聲。去急切。七部。五經文字云。湆從泣下月。大羹也。湆從泣下日。幽深也。今禮經大羹相承多作下字。或傳寫久譌不敢改正。按湆字不見於說文。則未知張說何本。儀禮音義引字林云。湆、羹汁也。玉篇、廣韵同。然則本無異字。肉之精液如幽溼生水也。廣雅。羹謂之䏽。皆字之或體耳。

洿濁水不流也。服虔注左傳云。水不流謂之汙。按汙卽洿之假借字。孟子梁惠王作洿。滕文公作汙。玄應引說文。濁水不流池也。引字林。濁水不流曰洿。宜有池爲長。一曰窊下也。窊本作窊。今改。从水夸聲。哀都切。五部。

汙薉也。艸部曰。薉者、蕪也。地云蕪薉。水云汙薉。皆謂其不潔清也。此篆上濁水不流池類言之。大徐本移浼篆於汙篆前。不知下文瀾灒浼類列略同。方言。廁於此、則非其次矣。从水亐聲。烏故切。按當哀都切。五部。義與洿略同。一曰小池爲汙。池之小者、汙池、見孟子滕文公。一曰涂也。與杇義略同。木部曰。杇、所以涂也。

湫 潤 準

湫隘下也。當作湫隘湫下也。此舉左傳湫隘字而釋湫。如毛傳云文茵文虎皮也之例。杜預亦云湫下。隘小。下文塏訓高燥。爲湫之反。昭三年左傳服注。湫、箸也。十二年杜注。湫、愁隘也。皆引伸之義。一曰有湫水在周地。未聞。春秋傳曰。晏子之宅湫隘。事見左傳昭三年。安定朝那有湫淵。淵各本作泉。唐人避諱改也。今正。安定郡朝那、二志同。朝追輸切。朝那故城在今甘肅平涼府附郭平涼縣西北。前志云。有湫淵祠。蘇林云。湫淵方四十里。停不流。冬夏不增減。不生艸木。一統志曰。朝那湫今在平涼府固原州西南。从水秋聲。子了切。又卽由切。三部。

潤水曰潤下。語見洪範。从水閏聲。如順切。十三部。

準平也。謂水之平也。天下莫平於水。水平謂之準。因之製平物之器亦謂之準。漢志。繩直生準。準者、所以揆平取正是也。因之凡平均皆謂之準。考工記。準之然後量之。易繫辭、易與天地準。是也。从水隼聲。之允切。按隼卽鵻字。鵻从隹聲。準古音在十五部。讀之壘切。考工記故書準作

汀 沑 瀵

水。○準、五經文字云。字林作准。按古書多用准。蓋魏晉時恐與淮字亂而別之耳。

汀平也。謂水之平也。水平謂之汀。因之洲渚之平謂之汀。李善引文字集略云。水際平沙也。乃引伸之義耳。从水丁聲。他丁切。十一部。汀或从平。

沑水吏也。謂水駛也。駛、疾也。其字在說文作䭾。不解者譌爲吏耳。一本作利。義同。錢氏大昕云。吏當作文。海賦蹴沑注云。蹙聚也。廣韵云。蹜沑、水文聚。蹴蹜同。按廣韵上聲人九切。引說文同。入聲女六切。云水文聚。又盈也。从水丑聲。人九切。三部。

瀵水漫也。漫各本作浸。今依集韵訂。說文水部無漫。當作曼。曼者、引也。瀵者、水之引而愈出也。曼瀵聲類相近。从水糞聲。讀若粉。方問切。廣韵匹問切。十三部。爾雅曰。瀵大出尾下。釋水文。郭云。今河東汾陰縣有水口如車輪。濆沸涌出。其深無限。名之曰瀵。郃陽縣復有瀵。亦如之。相去數里而夾河。河中陼上又有一瀵。瀵源皆潛相通。按地理志上谷郡潘縣。師古曰普半反。全氏祖望據水經注河水過蒲阪下。引帝王世紀曰。舜

滜 瀞 瀎

都蒲阪。或言都平陽及瀵。正前志潘當作瀵。

滜新也。謂水色新也。如玉色鮮曰玭。廣韵曰。新水狀也。从水皋聲。七皋切。十五部。

瀞無垢薉也。此今之淨字也。古瀞今淨、是之謂古今字。古籍少見。韵會云。楚辭收潦而水清。注作瀞。按今文選本作百川靜。洪興祖本作百川清。皆與黃氏所見異。古書多假清爲瀞。从水靜聲。疾正切。十一部。

瀎瀎泧。二字各本奪。今依全書例補。飾滅皃。飾各本作拭。今正。又部曰。㕞、飾也。巾部曰。飾、㕞也。許書無拭字。飾拭古今字。今本說文又部作拭。而五經文字所引不誤。拭滅者、拂拭滅去其痕也。瀎泧、今京師人語如此。音如麻沙。釋名曰。摩娑猶末殺也。手上下之言也。巾部幭字下曰讀如末殺之殺。末殺字林作抹摋。卽瀎泧也。異字而同音義。从水蔑聲。莫達切。古在十二部。入聲。

泧 洎

泧瀎泧也。从水戉聲。讀若椒椴之椴。按音所八切。十五部。大徐云火活切。非也。

洎灌釜也。灌者、沃也。沃今江蘇俗云燠。烏到切。廣韵三十七號云。燠釜、以水添釜也。周禮士師。

洎鑊水。注云。洎謂增其沃汁。呂覽。多洎之。少洎之。左傳。去其肉而以其洎饋。正義云。洎者、添釜之名。添釜以爲肉汁。遂名肉汁爲洎。**从水自聲。**其冀切。按當依釋文其器反。十五部。

湯　熱水也。从水昜聲。土郎切。十部。又始陽切。湯湯水盛。

渜　湯也。士喪禮。渜濯棄于坎。注。沐浴餘潘水。渜作湪作湪。荆沔之閒語。疏。潘水既經溫煑謂之渜。已將沐浴謂之濯。○今北方灤河、漢志水經作濡水。乃官切。正渜之誤耳。耎多譌需。詳手部。渜洝古皆平聲。猶安灘。**从水耎聲。**乃管切。十四部。

洝　渜水也。日部曰。安灘、溫也。然則洝渜猶安灘。皆疊韵字。**从水安聲。**烏旰切。十四部。

洏　洝也。洏與渜音近。耎從而聲也。**从水而聲。**如之切。一部。**一曰煑孰也。**肉部曰。胹、爛也。然則洏與胹同也。內則作濡。蓋字之誤。注曰。凡濡謂烹之以汁和也。

涚　財溫水也。考工記曰。以涚水漚其絲。注云。故書涚作湄。鄭司農云。湄水、溫水也。玄謂涚水、以灰所泲水也。玉裁按湄當作渜。集韵云。渜或作湄。是也。大鄭從渜。故釋之曰溫水。鄭從涚。故依禮記涚齊貴新之涚、釋爲以灰所泲水。其說殊矣。許則字從涚而釋從大鄭。依許說則內則、祭統涚字不可解。**从水兌聲。**輸芮切。十五部。**周禮曰。以涚漚其絲。**

涫　𤃬也。春秋繁露。燔以涫湯。韓詩外傳作沸湯。然則涫𤃬一也。周禮注曰。今燕俗名湯熱爲觀。觀卽涫。今江蘇俗語𤃬水曰滾水。滾水卽涫。語之轉也。**从水官聲。**古丸切。十四部。**酒泉有樂涫縣。**二志同。故城在今甘肅肅州高臺縣西北。鎮夷城西南。

涾　涫溢也。今河朔方言謂𤃬溢爲涾。河朔、河北也。**从水沓聲。**徒合切。八部。

汏　淅𤄊也。淅字賸。文選注王元長舉秀才文注引無淅字。可證。士喪禮。祝淅米于堂。注。淅、汏也。釋詁曰。汏、墜也。汏之則沙礫去矣。故曰墜也。九章。齊吳榜以擊汏。吳、大也。榜、楫也。言齊同用大楫擊水而行。如汏酒於水中也。凡舟子之用櫓。振力擊之。乃徐拕之。如汏然。今蘇州人謂搖曳酒之曰汏。音如俗語之大。在禡韵。**从水大聲。**徒蓋切。十五部。大徐云。又代何切。按凡沙汏、淘汏、用淅米之義引伸之。或寫作汰、多點者誤也。若左傳汏侈、汏輈字皆卽泰字之假借。寫作汰者亦誤。

𤄊　淅也。從簡者、柬擇之意。從析者、分別之意。故二字轉注。**从水簡聲。**古限切。十四部。

淅　汏米也。毛詩傳曰。釋、淅米也。爾雅。溞溞、淅也。孟子注曰。淅、漬米也。凡釋米、淅米、漬米、汏米、𤄊米、淘米、洮米、漉米、異稱而同事。淅箕謂之籅。**从水析聲。**先擊切。十六部。

滰　浚乾漬米也。自其方漚未淘言之曰漬。米不及淘抒而起之曰滰。乾音干。**从水竟聲。**其兩切。十部。**孟子曰。孔子去齊。滰淅而行。**萬章篇文。今滰作接。當是字之誤。

溲　渫汏也。渫汏各本作浸沃。今依國語補音宋刊本訂。沃汏者、澆沃而汏酒之。若今人言溲麪是也。士虞禮。明齊溲酒。注。明齊、新水也。言以新水溲釀此酒也。此溲卽沃汏之義。**从水叜聲。**疏有切。三部。

浚　抒也。抒者、挹也。取諸水中也。春秋經浚洙。孟子使浚井。左傳浚我以生。義皆同。浚之則深。故小弁傳曰。浚、深也。**从水夋聲。**私閏切。十三部。

瀝　漉也。

从水歷聲。郎擊切。十六部。**一曰水下滴瀝也。**鉉本有一曰水下滴瀝六字。鍇本無。今按文選魯靈光殿賦李注引水下滴瀝之也。則鉉本是。許意瀝漉皆訓自下而上之。滴瀝則爲自上而下之。故殊其義。

漉　浚也。月令。仲春。毋竭川澤。毋漉陂池。注。順陽養物也。**从水鹿聲。**盧谷切。三部。**一曰水下皃也。**鉉本無。今依鍇本。封禪文。滋液滲漉。後世言漉酒、是此義。

淥　漉或从彔。彔聲也。考工記作盝。三部。

潘　淅米汁也。內則曰。其閒面垢、燂潘請靧。鄭云。潘、米瀾也。按瀾者、灡之省。力旦反。**从水番聲。**普官切。十四部。經典釋文芳袁反。**一曰潘水在河南熒陽。**熒各本作滎。誤。今正。熒陽故城在今河南開封府滎澤縣西南。水經注濟水篇云。晉書地道志。濟自大伾入河。與河水鬬。南泆爲熒澤。尚書。熒波既潴。孔安國曰。熒澤、波水已成過潴。闞駰曰。澤名也。故呂忱曰。播水在熒陽。謂是水也。昔大禹過其淫水。而於熒陽下引河東南以通淮泗。按所引呂忱語、謂字林也。字林多本說文。且說文、字林之例。手部播

灡　泔　滫　澱　淤　滓　淰　淪　[罒氵焦]

字不應旁及水名。然則字林正作潘字。水在熒陽。與說文合。馬、鄭、王尚書皆作熒播。謂卽熒澤。許、呂則潘別爲一水。與熒爲二。僞孔傳釋熒爲澤名。波爲水名。正同也。鄭注周禮熒雒波溠爲四。云波讀爲播。引禹貢熒播既都。則注書一之、注周禮亦二之矣。僞孔本作波。依周禮改尚書也。許作潘、謂潘其正字。播其假借字也。今潘水未聞。

灡　潘也。此字以從蘭與大波之瀾別。而古書通用。周禮槀人注。雖其潘灡戔餘不可褻。內則注。潘、米瀾也。**从水。蘭聲。**洛干切。十四部。按周禮、禮記音義皆云去聲。

泔　周謂潘曰泔。今各處語言同。此荀卿子曰。曾子食魚有餘曰泔之。**从水。甘聲。**古三切。古音在七部。

滫　久泔也。荀卿子。蘭槐之根是爲芷。其漸之滫。君子不近。庶人不服。其質非不美也。所漸者然也。大戴禮同。謂久泔臭薉也。內則滫瀡注。秦人溲曰滫。此則別是湯液之類。與久泔異實同名。秦人方言也。**从水。脩聲。**息流切。又思酒切。三部。

澱　滓垽也。釋器曰。澱謂之垽。土部曰。垽、澱也。黑部曰。䵩謂之垽。按䵩與澱異字而音義同。實則一字也。**从水。殿聲。**堂練切。十三部。

淤　澱滓濁泥也。方言。水中可居爲洲。三輔謂之淤。其引伸之義也。**从水。於聲。**依據切。五部。

滓　澱也。釋名曰。緇、滓也。泥之黑者曰滓。此色然也。廣雅曰。澱謂之滓。按古亦假滓爲緇。**从水。宰聲。**阻史切。一部。

淰　濁也。義與澱淤滓相類。禮運曰。龍以爲畜。故魚鮪不淰。注。淰之言閃也。凡云之言者、皆假其音以得其義。葢濁其本義。閃其引伸假借之義也。衆經音義引埤倉。淰、水無波也。杜詩。山霧戎戎溼、溪雲淰淰寒。戎戎言其流動。淰淰言其凝滯。水無波之義之引伸也。**从水。念聲。**乃忝切。七部。禮記音義審閃二音。

淪　漬也。此葢謂納於污濁也。故廁於此。孟子。淪濟漯。言浚治其污濁也。淪與鬻同音而義近。故皆假淪爲鬻。今人曰煠。助甲切。古人曰淪。亦作汋。詳鬻部。**从水。龠聲。**以灼切。二部。

[罒氵焦]　釃酒也。釃、下酒也。卽今之漉酒也。以筐曰釃。**一曰浚也。**此亦同瀝灑、義可兩兼。**从网水。**會意。**焦聲。讀若夏書天用勦絕。**勦當依刀

[殸水]　湑　湎　漿　涼　淡

部作剿。今本从力。尤誤。子小切。二部。

[殸水]　側出泉也。側出者。旁出。如醉出然。故其字與瀵湑爲類。爾雅釋水曰。氿泉穴出。穴出、仄出也。毛傳。側出曰氿泉。許厂部曰。厬、仄出泉也。厬與氿音同字異。[殸水]者、厬之一名也。**从水。殸聲。**去挺切。十一部。**殸籀文磬字。**

湑　莤酒也。小雅伐木云。釃酒有藇。傳曰。以筐曰釃。以藪曰湑。又云。有酒湑我。傳曰。湑、莤之也。按毛許釃莤皆有別。酉部云。莤者、禮祭束茅加於祼圭而灌鬯酒。是爲莤。與鄭大夫甸師注合。是則毛傳湑訓以藪莤之藪。謂艸如祭之用茅也。故亦曰莤。**一曰浚也。**此亦同漉瀝、義可兩兼。湑浚雙聲。**一曰露皃也。**小雅蓼蕭云。零露湑兮。傳曰。湑湑然蕭上露皃。**从水。胥聲。**私呂切。五部。**詩曰。有酒湑我。又曰。零露湑兮。**

湎　湛於酒也。湛各本作沈。此等皆後人以習用改之耳。沈休於酒、周易所謂飲酒濡首。亦不知節也。韓詩云。飲酒閉門不出客曰湎。樂記。流湎以忘本。其引伸之義也。**从水。面聲。**彌兗切。十四部。按鄭注酒誥曰。飲酒齊色曰湎。大雅。天不湎爾以酒。箋云。天不同女顏色以酒。有沈湎於酒者。是乃過也。鄭意此字从面會意。故釋云齊色。謂同飲者至於同色也。許則謂形聲。**周書曰。罔敢湎于酒。**酒誥文。

漿　酢漿也。周禮。酒正四飲。漿人掌共王之六飲。皆有漿。注云。漿、今之酨漿也。內則注云。漿、酢酨也。按酉部云。酨、酢漿也。則漿酨二字互訓。**从水。將省聲。**卽良切。十部。**古文漿。**从爿聲也。

涼　薄也。涼廁於此者。謂六飲之涼與漿爲類也。鄭司農云。涼、以水和酒也。玄謂涼、今寒粥若糗飯雜水也。許云薄也。葢薄下奪一酒字。以水和酒。故爲薄酒。此用大鄭說也。引伸之爲凡薄之稱。如職涼善背、號多涼德。毛杜皆云涼薄是也。薄則生寒。又引伸爲寒。如北風其涼是也。至字林乃云涼、微寒也。唐殷敬順引之。廣韵、玉篇皆云凉俗涼字。至集韵乃特出京字。注云。薄寒曰涼。**从水。京聲。**呂張切。十部。

淡　薄味也。醲之反也。酉部曰。醲、厚酒也。又澹淡亦作淊淡。水滿皃。楊雄賦。秬鬯泔淡。應劭曰。泔淡、滿也。按泔淡訓滿、謂淡爲贍之假借。**从水。炎聲。**徒敢

涒　澆　液　汁　渮　灝　溢　洒　滌

切。入部。涒食已而復吐之。未聞。江賦涒鄰、謂水皃。从水。君聲。他昆切。十三部。爾雅曰。大歲在申曰涒灘。釋天文。高誘曰。涒、大也。灘、循也。萬物皆大循其情性也。

澆浹也。沃爲澆之大。澆爲沃之細。故不類廁。凡醲者澆之則薄。故其引伸之義爲薄。漢書循吏傳澆淳散樸。从水。堯聲。古堯切。二部。

液盡也。皿部曰。盡气液也。按樂記注曰。永歎淫液歌遲之也。考工記春液角。鄭司農液讀爲醳。謂重繹治之。此皆引伸之義也。从水。夜聲。羊益切。古音在五部。

汁液也。古經傳多假汁爲叶。方言曰。斟、協、汁也。北燕朝鮮洌水之閒曰斟。自關而東曰協。關西曰汁。此兼瀋汁和叶而言。如台朕賚畀卜陽予也之例。汁液必出於和協。故其音義通也。从水。十聲。之入切。七部。漢汁邡縣用此字。

渮多汁也。淮南原道訓曰。甚淖而滒。高云。滒亦淖也。饘粥多瀋者曰滒。滒讀歌謳之歌。按今江蘇俗語謂之稠也。从水。哥聲。讀若哥。古俄切。十七部。

灝豆汁也。豆者、尗也。从水。顥聲。乎老切。二部。廣韵曰。灝、溔、水勢遠也。

溢器滿也。禮經一溢米注。二十兩曰溢。按謂二十兩溢者、謂滿於一斤、十六兩之外也。後人因製鎰字。从水。益聲。以形聲包會意也。夷質切。古音在十六部。

洒滌也。下文云。沬、洒面也。浴、洒身也。澡、洒手也。洗、洒足也。今人假洗爲洒。非古字。按古有假洒爲峻陗之峻者。如詩新臺有洒。爾雅望厓洒而高岸。夷上洒下滆。毛詩洒、高峻也。从水。西聲。先禮切。按西聲當在古音十三部。古文㠯爲灑埽字。各本奪㠯字。今依全書通例補。凡言某字古文以爲某字者。皆謂古文假借字也。洒灑本殊義而雙聲。故相假借。凡假借多疊韵。或雙聲也。毛詩洒埽四見。傳云洒灑也。鄭注周禮隸僕、韋注國語皆同。皆釋假借之例。若先鄭云洒當爲灑。則以其義別而正之。以漢時所用字正古文也。

滌洒也。皿部曰。盪滌器也。引伸爲凡清瀞之偁。如七月傳曰。滌場、埽地。雲漢傳曰。滌滌、旱氣也。山無木、川無水是。从水。條聲。徒歷切。古音在二部。周禮條狼氏。樂記條蕩其聲。皆假條爲滌。周禮凡酒脩酌、假脩爲滌也。

濈　瀋　渳　瀵　漱　洞　滄　⿰氵靚　淬　沐　沬

濈和也。小雅。爾羊來思。其角濈濈。傳曰。聚其角而息濈濈然也。按毛意言角之多。蓋言聚而和也。如輯之訓聚兼訓和。从水。戢聲。阻立切。七部。

瀋汁也。左傳哀三年曰。無備而官辦者。猶拾瀋也。杜云。瀋、汁也。陸德明云。北土呼汁爲瀋。按禮記檀弓爲榆沈。假沈爲瀋。从水。審聲。昌枕切。七部。春秋傳曰。猶拾瀋也。按瀋篆當廁於汁篆下。乃得其次。寫者亂之耳。玉篇廁於液灝之下。

渳飲歃也。周禮。王崩大肆以秬鬯渳。杜子春讀渳爲泯。以秬鬯浴尸也。按浴尸則釁尸口鼻與飲歃義相近。从水。弭聲。緜婢切。十六部。

瀵飲歃也。歃、歠也。从水。算聲。各本篆作瀵。解作算聲。今按玉篇、廣韵皆作瀵。知古說文如此作。集韵類篇始誤从俗本說文耳。衦洽切。又先活切。宋本皆如此。今各本衦洽改作巽倦。古音在十四部。卽今之涮字也。涮、所患切。一曰吮也。吮、欶也。

漱盪口也。漱者、欶之大也。盪口者、吮刷其口中也。曲禮諸母不漱裳。假漱爲湅也。从水。欶聲。以形聲包會意。所右切。三部。

洞滄也。此義俗从仌作洞。篇韵洞皆訓冷是也。大雅。洞酌彼行潦。毛曰。洞、遠也。此謂洞卽迥之假借也。江賦趙漲截洞同。从水。同聲。戶孌切。十一部。

滄寒也。周書周祝解曰。天地之閒有滄熱。列子湯問。一兒曰。日初出滄滄涼涼。仌部滄字音義同。从水。倉聲。七岡切。十部。

⿰氵靚冷寒也。冷寒者。冷之寒。同寒而有別也。世說新語曰。劉眞長始見王丞相。時盛暑之月。丞相以腹熨彈棊局曰。何乃渹。劉既出。人問見王公云何。劉曰。未見他異。惟聞作吳語耳。注云。吳人以冷爲渹。大平御覽引此事、渹作⿰氵靚。集韵類篇皆云。⿰氵靚渹二同。楚慶切。吳人謂冷也。今吳俗謂冷物附他物。其語如鄭國之鄭。卽⿰氵靚字也。从水。靚聲。七定切。十一部。廣韵楚敬切。

淬滅火器也。滅火器者。蓋以器盛水濡火使滅其器謂之淬。與火部之焠義略相近。故焠通作淬。从水。卒聲。七芮切。十五部。

沐濯髮也。引伸爲芟除之義。如管子云沐涂樹之枝。釋名云沐秃無上皃之稱。从水。木聲。莫卜切。三部。

沬洒

浴　澡　洗　汲　淳　淋　渫

面也。律歷志引顧命曰。王乃洮沬水。師古曰。沬。洗面也。禮樂志。霑赤汗。沬流赭。晉灼曰。沬。古靧字。檀弓。瓦不成味。鄭云。味當作沬。沬、靧也。按此沬謂瓦器之釉、如洗面之光澤也。从水未聲。荒內切。十五部。古文沬。从𠬞水。从頁。各本篆作湏。解作从頁。今正。尚書。王乃洮頮水。釋文曰。說文作沬。云古文作頮。文選。頮血飲泣。李注曰。頮。古沬字。李注本作古文沬字。奪文耳。陸語尤可證。說文作頮。从兩手匊水而洒其面。會意也。內則作靧。從面、貴聲。蓋漢人多用靧字。沬頮本皆古文。小篆用沬、而頮專爲古文。或奪其𠬞、因作湏矣。

洒身也。老子。浴神不死。河上公曰。浴。養也。夏小正。黑鳥浴。浴也者。飛乍高乍下也。皆引伸之義也。从水谷聲。余蜀切。三部。

洒手也。皿部曰。盥。澡手也。儒行篇曰。澡身而浴德。其引伸之義。按。或假繰爲澡。如禮記。緦冠繰纓。是。荀卿又作慅纓。从水喿聲。子皓切。二部。

洒足也。洒俗本作灑。誤。今依宋本正。內則曰。面垢燂潘請靧。足垢燂湯請洗。此洒面曰靧、洒足曰洗之證也。洗讀如跣足之跣。自後人以洗代洒滌字。讀先禮切。沿至近日以洒代灑、轉同詩禮之用矣。从水先聲。穌典切。十三部。

引水也。各本有於井二字。今依玄應引及玉篇訂。其器曰缾、曰甕。其引甕之繩曰綆、曰繘。井九三曰。可以汲。引伸之、凡擢引皆曰汲。廣雅曰。汲、取也。古書多用汲汲爲彶彶。同音假借。从及水。本作从水从及。今訂。及亦聲。居立切。七部。小徐本从水、及聲。

淥也。上文曰。淥、或瀌字。似淳淋二篆宜類廁。恐轉寫者亂之也。內則、考工記注皆曰。淳、沃也。按㡛氏而沃之。卽上文之渥淳其帛也。內則淳熬、淳模之名因沃之以膏也。然則許云淥也、謂淥之後一義。从水𦎧聲。常倫切。按當依經典釋文之純反。常倫乃不澆之訓。純醇二字之假借也。假借行而本義廢矣。十三部。

㠯水沃也。今俗語皆爾。郭樸注三倉曰。淋、漉水下也。从水林聲。力尋切。七部。一曰淋淋、山下水也。謂山下其水也。與下文決、下水也義同。七發曰。洪淋淋焉。若白鷺之下翔。

除去也。井九三曰。井渫不食。荀爽曰。渫去穢濁清潔之意也。按凡言泄漏者。卽此義之引伸。變其字爲泄耳。从水枼聲。私列切。十五部。按枼聲或在十五部。或在八部。蓋二部之通融難以枚數。枼从世聲。

澣　濯　涑　潎　塗

濯衣垢也。周南箋云。澣謂濯之。半澣曰湔。見上文。从水榦聲。胡玩切。十四部。篇韵皆上聲。按作澣者今俗字也。今澣从完。小徐本如此。按儀禮古文假浣爲盥。公羊傳亦有此字。

澣也。崧高傳曰。濯濯、光明也。靈臺傳曰。濯濯、娛遊也。皆引伸之義也。有假洮爲濯者。如鄭注顧命之洮爲澣衣成事是也。周禮故書以濯爲洮。爾雅以濯爲珧。史漢以輯濯爲楫櫂。皆古文假借。从水翟聲。直角切。二部。

澣也。涑、亦假漱爲之。公羊傳臨民之所漱浣也。何曰。無垢加功曰漱。去垢曰浣。齊人語。解云。無垢加功。謂但用手斗漱去垢。蓋用足物。故內則云。冠帶垢、和灰請漱。衣裳垢、和灰請澣。鄭云。手曰漱。足曰澣。是也。若然則涑與澣別。而許不別者。許渾言、何析言也。毛詩周南箋云。汗、煩也。煩撋之用功深。澣謂濯之耳。是則澣對汗言。又分深淺。實則何之去垢、卽毛詩之汗。何之無垢加功、卽毛詩之澣。古人因義立文。後人當因文攷義耳。上文湔篆下云。一曰手澣。已依水經注訂手爲半。依諸家用手曰涑之云。則作手固未嘗非是。从水束聲。速矦切。三部。河東有涑水。左傳曰。伐我涑川。水經曰。涑水出河東聞喜縣東山黍葭谷。今涑水出山西絳州絳縣陳村峪。伏流復出。西入聞喜縣畇。又西南入夏縣畇。經安邑縣北。西流入蒲州府猗氏縣畇。又西南經臨晉縣南、虞鄉縣北、永濟縣西南。入五姓湖。又西南入黃河。按左傳音義。此水徐仙民息錄反。字林音速。

於水中擊絮也。擊當爲撆。撆潎同音。手部曰。撆、敝也。一曰擊也。似敝義於此爲近。考工記注曰。湖漂絮。莊子曰。洴澼絖。皆謂於水面漂撆之。竹部曰。箈、潎絮簀也。糸部曰。紙、絮一箈也。然則撆絮乃造紙之先聲。亦謂之漂。史記韓信釣於城下。諸母漂。漂、潎雙聲爲轉注。漂孚妙切。玉篇及曹憲注廣雅乃合潎漂爲一字。同切孚妙。誤矣。从水敝聲。匹蔽切。十五部。秋興賦。游儵潎潎。魚游水皃。引伸之義也。

涂也。謂涂塈也。通俗文曰。泥塗謂之瀧澒。从水。从土。尨聲。讀

灑　汛　染　泰　潤

若隴。按隴字葢誤。龙聲不得讀如隴也。㙯又見土部。玉篇亦在土部。引說文木頁切。玄應泷湏上莫董切。下胡動切。大徐亡江切。㙯之言蒙。不得讀若隴。葢水部本無此字。淺人增之。妄增此讀若也。灑汛也。凡埽者先灑。弟子職云。實水於盤。攘臂袂及肘。堂上則播灑。室中握手是也。引伸爲凡散之稱。从水。麗聲。山豉切。十六部。音變爲所蟹切。音轉爲沙下切。汛灑也。卂、疾飛也。水之散如飛。此以形聲包會意也。揚雄劇秦美新云。況盡汘埽前聖數千載功業。汘埽卽灑埽也。俗用爲潮汘字。从水。卂聲。息晉切。十二部。按汘與灑互訓。而殊音。洒則經典用爲灑之假借。然謂洒卽汘之假借。則於古音尤合。葢洒从西聲。西古音如詵也。小顏注東方朔傳洒埽云。洒音信。此謂卽汘字也。云又山豉反。此謂卽灑字也。此等必皆漢書音義舊說。染㠯繒染爲色。此據周禮染人言也。染人掌染絲帛。繒者、帛也。不言絲者。舉帛以該絲也。夏纁玄。秋染夏。从水。杂聲。此當云从水木、从九。裴光遠曰。从木。木者所以染梔茜之屬也。从九。九者、染之數也。按裴說近是。禮

一入爲縓。再入爲赬。三入爲纁。朱則四入。五入爲緅。玄則六入。七入爲緇。字从九者。數之所究。言移易本質必深入之也。而剡切。八部。泰滑也。此以疊韵爲訓。字从𠬞水。水在手中。下濿甚利也。與辵部達字義近。皆他達切。周易。泰、通也。否、塞也。左傳。汏輈及鼓跗著于丁寧。汏輈以貫笠轂。皆滑之意也。滑則寬裕自如。故引伸爲縱泰。如論語泰而不驕是也。又引伸爲泰侈。如左傳之汏侈、西京賦之心奓體泰是也。汏卽泰之隸省。隸變而與淅米之汏同形。作汏者誤字。从𠬞水。會意。大聲。他葢切。十五部。按隸作泰。字形字音字義皆與古絕異。古文泰如此。按當作夳。从亼。取滑之意也。从大聲。轉寫恐失其眞矣。後世凡言大而以爲形容未盡則作太。如大宰俗作太宰、大子俗作太子、周大王俗作太王是也。謂太卽說文夳字。夳卽泰。則又用泰爲太。展轉貤繆。莫能諟正。潤海岱之閒謂相污曰潤。方言。氾浼潤洼洿也。自關而東或曰洼。或曰氾。東濟海岱之閒或曰浼。或曰潤。按洿污古通用。子雲義取污薉。許說及廣雅皆从之。郭注以洿池釋之。非

浼　灒　㵞　湩

也。从水。閻聲。余廉切。八部。浼污也。孟子公孫丑篇曰。爾焉能浼我哉。趙注。惡人何能污我也。从水。免聲。武罪切。古音免聲字多在十三部。詩曰。河水浼浼。鄁風新臺文。毛傳曰。浼浼、平地也。按浼浼與亹亹同。如亹亹文王。卽勉勉文王也。文選吳都賦。清流亹亹。李注引韓詩。亹亹、水流進皃。此必毛詩浼浼之異文。今李注奪一亹字。非。許引此詩者。言假借之義也。孟子曰。汝安能浼我。此證本義。灒污灑也。謂用污水揮灑也。釋玄應曰。江南言灒、子旦反。山東言湔、子見反。史記廉藺傳作濺。楊泉物理論作哎。皆音子旦反。一曰。水中人也。中讀去聲。此與上文無二義而別之者。此兼指不污者言也。上但云灑則不中人。从水。贊聲。則旰切。十四部。㵞腹中有水气也。从水。愁聲。士尤切。三部。湩乳汁也。見列子、穆天子傳。或借重字爲之。漢書匈奴傳重酪之便美是也。管子。湩然擊鼓。士忿怒。借湩爲鼕也。周禮注。湩容、卽毛詩傳之童容也。从水。重聲。多貢切。九

洟　汗　泣　涕

部。洟鼻液也。易萃上六。齎咨涕洟。鄭注。自目曰涕。自鼻曰洟。檀弓。垂涕洟。正義。目垂涕。鼻垂洟。詩陳風。涕泗滂沱。毛傳。自目曰涕。自鼻曰泗。泗卽洟之假借字也。古書弟夷二字多相亂。於是謂自鼻出者曰涕。而自目出者別製淚字。皆許不取也。素問謂目之水爲淚。謂腦滲爲涕。王襃童約。目淚下落。鼻涕長一尺。曹娥碑。泣淚掩涕。驚動國都。漢魏所用已如此。从水。夷聲。他計切。十五部。周易音義他麗反。又音夷。汗身液也。身各本作人。今依太平御覽訂。易渙汗其大號。劉向說曰。汗出而不反者也。从水。干聲。侯旰切。十四部。漢餘汗縣字如此讀如干。泣無聲出涕者曰泣。依韵會所據小徐本訂。者、別事詞也。哭下曰。哀聲也。其出涕不待言。其無聲出涕者爲泣。此哭泣之別也。尚書大傳曰。微子將往朝周。過殷之故墟。志動心悲。欲哭則爲朝周。俯泣則近婦人。推而廣之。作雅聲。謂之麥秀歌。从水。立聲。去急切。七部。素問以爲翋字。涕泣也。按泣也二字當作目液也三字。轉寫之誤也。毛傳皆云。自目出曰涕。篇韵皆云。目汁。泣非

其義。从水。弟聲。他禮切。十五部。

潸　涕流皃。小雅大東曰。潸焉出涕。毛云。潸涕下皃。从水。散省聲。所姦切。十四部。詩曰。潸焉出涕。焉、韵會作然。

湅　𤄊也。周禮染人。凡染春暴練。注云。暴練。練其素而暴之。按此練當作湅。湅其素。素者質也。即㡛氏之湅絲湅帛也。巳湅之帛曰練。糸部練下云。湅繒也。是也。㡛氏如法湅之。暴之。而後絲帛之質精。而後染人可加染。湅之以去其瑕。如𤄊米之去康粊。其用一也。故許以𤄊釋湅。戰國策。蘇秦得大公陰符之謀。伏而誦之。簡練以爲揣摩。簡練者、𤄊湅之假借也。高誘曰。簡、汏也。練、濯治也。正與許云𤄊淅也淅汏米也湅𤄊也相符合。許不以湅𤄊二篆爲伍者。𤄊謂米。湅謂絲帛也。金部治金曰鍊。猶治絲帛曰湅。从水。柬聲。郎甸切。十四部。

讞　議辠也。文王世子。獄成。有司讞於公。其死罪。則曰某之罪在大辟。其刑罪。則曰某之罪在小辟。鄭曰。成、平也。讞、言白也。按今本注作讞之言白也。之字衍。以徐邈云言也。正義云言白也。正之。當是本作言也白也。正義省一也字耳。言與讞雙聲疊韵。王制。百官各以其成質於三官。大司徒、大司馬、大司空以百官之成質於天子。此云以成讞於公。猶以成質於天子也。故其字从水獻。其議如水之平。而獻於上也。所質既下爲受質。所讞不當。而上更議之。亦爲讞。蓋本下獻上之詞。又轉爲上平下之詞矣。漢書云。諸獄疑於人心不厭者。輒讞之是。从水獻。與灋同意。灋以三體會意。讞以二體會意。灋下云。平之如水。从水。讞之从水同也。讞之會意包形聲。灋則專會意。魚列切。十四十五部之合音。

渝　變污也。釋言曰。渝、變也。鄭風傳、虞翻注易、杜注左傳皆同。許謂瀞而變污。从水。俞聲。羊朱切。四部。一曰渝水在遼西臨渝。東出塞。遼西郡臨渝。二志同。臨渝故城無考。前志臨渝下曰。渝水首受白狼。東入塞外。又有侯水。北入渝。同郡交黎縣下曰。渝水首受塞外。南入海。按水經注遼水篇詳白狼水。渝水、侯水。今渝水未詳。一統志於永平府曰。古今水道變遷。所當闕疑。

減　損也。古書多假咸爲減。从水。咸聲。古斬切。古音在七部。

滅　盡也。从水。威聲。此舉形聲包會意。亡列切。十五

部。

漕　水轉轂也。轂各本譌轂。今依韵會、平準書索隱、蕪城賦注訂。如淳漢書注曰。水轉曰漕。百官志曰。大倉令主受郡國傳漕穀。从水。曹聲。在到切。古音在三部。一曰人之所乘及船也。乘下疑奪車字。蓋車亦得稱漕。或云及蓋誤字。按史記索隱作一云車運曰轉水運曰漕十字。當從之。

泮　諸矦饗射之宮。諸矦上當有泮宮二字。饗大徐作鄉。今依小徐。饗者、謂鄉飲酒也。詩行葦、泮水皆言諸矦鄉飲酒之禮。見鄭箋。古者養老之禮。即鄉飲酒之禮也。公劉先射而後養老。故曰饗射。廱篆下曰。天子饗飲辟廱。辟廱亦謂鄉飲酒。不言射者。言饗以關射。五經異義引韓詩說。辟廱所以教天下。春射秋饗。尊事三老五更。魯頌曰。思樂泮水。又曰。既作泮宮。毛曰。泮水、泮宮之水也。天子辟廱。諸矦泮宮。王制曰。天子曰辟廱。諸矦曰頖宮。鄭云。辟、明也。廱、和也。所以明和天下。頖之言班也。所以班政教也。許書無頖字。蓋禮家製頖字。許不取也。小戴三云頖宮。西南爲水。東北爲牆。从水半。魯頌箋云。辟廱者、築土雝水之外。圓如壁。四方來觀者均也。泮之言半也。蓋東西門以南通水。北無也。白虎通曰。獨南面禮儀之方有水耳。半亦聲。普半切。十四部。詩。迨冰未泮。傳云。泮、散也。此假泮爲判也。隰則有泮。傳云。泮、坡也。此假泮爲畔也。

漏　以銅受水。刻節。晝夜百節。百節、各本作百刻。今依韵會所據小徐本訂。晝夜以百節之故。爲刻者百。因評百刻矣。周禮挈壺氏。凡喪縣壺以代哭者。皆以水火守之。分以日夜。注云。以水守壺者、爲沃漏也。以火守壺者、夜則視刻數也。分以日夜者、異晝夜漏也。漏之箭晝夜共百刻。冬夏之閒有長短焉。文選注引司馬彪曰。孔壺爲漏。浮箭爲刻。下漏數刻。以考中星。昏明星焉。按晝夜百刻。每刻爲六小刻。每小刻又十分之。故晝夜六千分。每大刻六十分也。其散於十二辰。每一辰八大刻二小刻。共得五百分也。此是古法。樂記。百度得數而有常。注云。百度、百刻也。靈樞經。漏水下百刻。以分晝夜。从水。扇。取扇下之義。扇亦聲。此依韵會而更考定之如此。扇、屋穿水下也。故云取扇下之義。盧后切。四部。今字皆假漏爲扇。

澒　丹沙所化爲水銀也。

萍

本艸經曰。鎔化還復爲丹。然則本丹之所化明矣。後代燒煅麄次朱砂爲之。淮南書高注曰。白澒、水銀也。廣雅曰。水銀謂之澒。字一作汞。說者分別之云。汞水銀滓。**从水項聲。**呼孔切。九部。

苹也。苹蓱二篆見艸部。篇韵皆云。萍蓱同字。疑許書本有萍無蓱。小正、毛詩、爾雅皆作苹。爾雅毛傳皆曰蓱也。蓱卽萍之別字。周禮萍氏。疑本作苹氏。然則說文艸部苹下曰萍也。與水部萍下曰苹也爲轉注。不當有蓱篆。**水艸也。从水苹。**水艸也三字。釋从水之意。**苹亦聲。**薄經切。十一部。

汩

治水也。天問。不任汩鴻。師何以尚之。王云。汩、治也。鴻、大水也。引伸之凡治皆謂汩。書序汩作。汩、治也。汩本訓亂。如亂之訓治。故洪範汩陳其五行。汩亂也。上文淈訓濁。而釋詁云。淈、治也。郭景純云。淈汩同。**从水曰聲。**于筆切。十五部。俗音古忽切。訓汩沒、汩亂。

文四百六十五宋本五作八。今刪濊篆。補池篆。　**重二十三**今補濂篆。

十一篇上二　罜

說文解字第十一篇上二

受業胡積城校字

說文解字第十一篇下

金壇段玉裁注

沝

二水也。卽形而義在焉。**闕。**此謂闕其聲也。其讀若不傳。今之壘切者、以意爲之。**凡沝之屬皆从沝。**

㳅

水行也。从沝㐬。會意。力求切。三部。**㐬、突忽也。**㐬之本義。謂不順忽出也。引申爲突忽。故流从之。**篆文从水。**流爲小篆。則㳅爲古文、籒文可知。此亦二上之例也。或問曰。何不以流涉入水部。而附㳅𣻬爲重文。曰。如是則沝無所附。沝不附水部之末而爲部首者、以配屾部也。

𣻬

徒行濿水也。濿各本作厲。誤。濿或砅字也。砅本履石渡水之偁。引申爲凡渡水之偁。釋水曰。繇膝以上爲涉。毛傳同。許云徒行者、以別於以車及方之舟之也。許意詩所言揭、厲皆徒行也。皆涉也。故字从步。**从沝步。**會意。時攝切。八部。**篆文从水。**

十一篇下　一

文三　重二

瀕

水厓。人所賓附也。厓、今之涯字。附當作駙。馬部曰。駙、近也。瀕賓以疊韵爲訓。瀕今字作濵。召旻傳曰。瀕、厓也。采蘋、北山傳皆曰。濵、厓也。今字用頻訓數、攷、桑柔傳曰。頻、急也。廣雅曰。頻頻、比也。此從附近之義引申之。本無二字二音。而今字妄爲分別。積習生常矣。**顰戚不歬而止。从頁从涉。**顰戚各本作頻戚。今正。此以顰戚釋从頁之意也。將涉者、或因水深顰眉蹙頞而止。故字从涉頁。符眞切。按當必鄰切。十二部。**凡顰之屬皆从顰。**

顰

涉水顰戚也。戚古音同蹴。迫也。各本作蹙。誤。顰戚謂顰眉蹙頞也。許必言涉水者、爲其字之从瀕也。**从顰卑聲。**符眞切。按从卑聲、則古音在十六部。易頻復。本又作嚬。王弼、虞翻、侯果皆以頻蹙釋之。鄭作卑。陸云。古字同音。按諸家作頻、省下卑。鄭作卑、省上頻。古字同音叚借。則鄭作卑爲是。諸家作頻、非。顰本在支韵、不在眞韵也。自各書省爲頻。又或作嚬。又莊子及通俗文叚矉爲顰。而古音不可復知。乃又改易音義云鄭作䡾。幸晁氏以道古周易、呂氏伯恭古易音訓所據音義皆作阜。晁云。阜、古文也。今文作䡾。攷古音者得此眞一字千金矣。

文二

ㄑ

〳水小流也。水部曰。涓小流也。ㄑ與涓音義同。釋名曰。山下根之受霤處曰甽。甽、吮也。吮得山之肥潤也。按此爲禹貢羽畎、岱畎之說解。亦卽小流之義。周禮匠人爲溝洫。梠廣五寸。梠、許之耜字也。見木部。各本作相。誤。二梠爲耦。一耦之伐。廣尺深尺謂之ㄑ。倍ㄑ謂之遂。倍遂曰溝。倍溝曰洫。倍洫曰巜。已上攷工記匠人職文。說詳鄭注及程氏瑤田通藝錄。今周禮ㄑ作甽。巜作澮。與許所據不同者、後人所改也。ㄑ巜巛三篆下皆宜曰象形。而不言者、省文也。姑泫切。十四部。凡ㄑ之屬皆从ㄑ。[甽]古文ㄑ。从田川。古文疑當作籀文。葢ㄑ巜皆古文也。按鄭注攷工記曰。甽、畎也。謂甽畎古今字。甽卽今之畎字也。田之川也。四字小徐有。而田譌作甽。[畎]篆文ㄑ。从田犬聲。畎爲小篆。則ㄑ甽爲古籀可知。此亦先二後上之例。六畎爲一畮。漢食貨志曰。趙過能爲代田。一畮三甽。古法也。后稷始甽田。以二耜爲耦。廣尺深尺曰甽。長終畮。一畮三甽。一夫三百甽。而播種於甽中。按長終畮者、長百步也。六尺爲步。步百爲畮。播種於甽中者、甽中猶甽閒。播種於兩甽之閒也。深者爲甽。高者爲田。皆廣尺。三百甽積廣六百尺。長百步。亦長六百尺。故一夫百畮。其體正方。許云六畎爲一畮者、謂其地容六畎耳。與一畮三畎之制非有二也。畎與田來歲互易。卽代田之制也。六尺爲步。步百爲畮。見田部。

文一　重二

巜

〳〳水流澮澮也。澮澮當作活活。毛傳曰。活活、流也。水部曰。活活、水流聲也。古昏聲會聲多通用。水流涓涓然曰ㄑ。活活然則曰巜。巜大於ㄑ矣。此字之本義也。因以名井田之制。方百里爲巜。廣二尋。深二仞。考工記匠人文。尋、仞依許寸部人部說皆八尺。今周禮作澮。許所據作巜。後人以水名易之也。古外切。十五部。凡巜之屬皆从巜。

粼

[粼]水生厓石閒粼粼也。厓者、山邊也。从巜。粦聲。力珍切。十二部。

文二

川

〳〳〳毌穿通流水也。毌各本作貫。毌、穿物持之也。穿、通也。巜則毌穿通流。又大於巜矣。水有始出謂川者。如爾雅水注川曰谿。許云泉出通川爲谷是也。有絕大乃謂川者。如皋陶謨ㄑ巜距川。攷工記澮達於川是也。本小水之名、名、因以爲大水之名。虞書曰。謂古文皋陶謨。濬ㄑ巜距巛。歫、各本作距。今正。今尚書作畎澮距川者、後人所改也。言深ㄑ巜之水會爲川也。此偁尚書釋之。以見尚書之川與川字有閒矣。川今昌緣切。古音在十三部。讀如春。雲漢之詩是也。凡川之屬皆从川。

巠

[巠]水脈也。巠之言濥也。濥者、水脈行地中濥濥也。故从川在地下。从川在一下。一、地也。壬省聲。古靈切。十一部。一曰水冥巠也。冥巠、水大皃。今字作溟涬。司馬注莊曰。涬溟、自然氣也。[巠]古文巠不省。

巟

[巟]水廣也。引申爲凡廣大之偁。周頌。天作高山。大王荒之。傳曰。荒、大也。凡此等皆叚荒爲巟也。荒、蕪也。荒行而巟廢矣。从巛。亡聲。呼光切。十部。易曰。包巟用馮河。泰九二爻辭。今易作荒。陸云。本亦作巟。

㳿

[㳿]水流皃。皃舊作也。今依篇韵正。江賦。潩淢濜湏。李云。參差相次也。淢卽㳿。詩。黍稷彧彧。彧彧者、㳿之變。叚彧爲稶也。从巛。或聲。于逼切。一部。亦胡國切。

𡿧

[𡿧]水流也。此與水部汩義異。汩、治水也。上林賦曰。汩乎混流。又曰。汩㴸漂疾。方言。汩、疾行也。注云。汩汩、急皃。于筆切。此用汩爲𡿧也。廣韵合爲一。非。从巛。曰聲。于筆切。十五部。

𡿧水流𡿧𡿧也。从巛。列省聲。大徐曰。列字从𡿧。此疑誤。當是从歺省。小徐本作歺省聲。良薛切。十五部。

邕邑四方有水自邕成池者是也。邑各本無。依韵會補。成各本作城。誤。依廣韵、韵會正。自邕當作自擁。轉寫之誤。擁者、抱也。池沼多由人工所爲。惟邑之四旁有水來自擁抱旋繞成池者、是爲邕。以擁釋邕。以疊韵爲訓也。故其字从川邑。引申之、凡四面有水皆曰邕。周頌曰。于彼西雝。傳曰。雝、澤也。大雅曰。於樂辟雝。鎬京辟雝。傳曰。水旋丘如璧曰辟雝。水經注釋漁陽郡雍奴曰。四方有水爲雍。不流爲奴。皆邕字之叚借也。从巛邑。會意。川圍邑。讀若雝。於容切。九部。邕籒文邕如此。

巛害也。害者、傷也。巛害字本如此作。玉篇云。天反時爲巛。今凡作灾、烖、菑皆叚借字也。烖行而巛廢矣。周語曰。陽塞而在陰。川原必塞。原塞。國必亡。以一塞川、是爲害川。故字从一雝川。从一雝川。雝壅古今字。王莽傳。邕涇水不流。亦叚邕爲壅。此會意也。祖才切。一部。春秋傳曰。川雝爲澤凶。宣十二年左傳文。此偁傳說會意之恉也。知莊子曰。周易師之臨曰。師出以律。否臧凶。川雝爲澤。夭且不整。所以凶也。與偁艸木麗於土說麓从艸麗、偁豐其屋說寷从宀豐同。

侃剛直也。論語鄉黨、與下大夫言。侃侃如也。孔曰。侃侃、和樂皃也。葢謂卽衎衎之叚借字。从㐰。㐰、古文信也。見言部。从巛。取其不舍晝夜。信則可恆。會意。空旱切。十四部。論語曰。子路侃侃如也。見先進篇。今作子路行行如也。冉有子貢侃侃如也。葢許氏筆誤。

州水中可尻者曰州。尻各本作居。今正。者字今補。周南在河之州。釋水、毛傳皆曰。水中可居者曰州。水匊繞其旁。从重川。水字今補。匊繞各本作周遶。誤。今正。匊者、帀也。會意。職流切。三部。俗作洲。昔堯遭洪水。民尻水中高土。故曰九州。州本州渚字。引申之乃爲九州。俗乃別製洲字。而小大分係矣。詩曰。在河之州。關雎文。證州之本義也。一曰州、疇也。以疊韵爲訓。疇、耕治之田也。各疇其土而生也。人各耕治以爲生。此說州之別一義。其實前義內可包。州古文州。此像前後左右皆水。

文十　重三

泉水原也。釋水曰。濫泉正出。正出、涌出也。沃泉縣出。縣出、下出也。氿泉穴出。穴出、仄出也。毛傳亦云。檻泉正出。側出曰氿泉。許作濫泉、厬泉。召旻曰。泉之竭矣。不云自中。傳曰。泉水從中以益者也。引申之、古者謂錢曰泉布。許云。古者貨貝而寶龜。周而有泉。至秦廢貝行錢。象水流出成川形。同出而三岐。略似巛形也。疾緣切。十四部。凡泉之屬皆从泉。

⿱緐泉泉水也。泉水者、泉出之水也。淮南書云。莫鑒於流瀿。而鑒於澄水。許注云。楚人謂水暴溢爲瀿。瀿卽⿱緐泉字。泉水暴溢曰⿱緐泉也。从泉。緐聲。讀若飯。符萬切。十四部。古讀平聲。

文二

灥三泉也。凡積三爲一者、皆謂其多也。不言从三泉者、不待言也。闕。此謂讀若未詳。闕其音也。今音詳遵切。依附泉之雙聲爲之。凡灥之屬皆从灥。

厵水本也。各本作水泉本也。今刪正。月令百源注曰。衆水始所出爲百源。單評曰原。絫評曰原泉。孟子原泉混混是也。从灥出厂下。厂者、山石之厓巖。會意。愚袁切。十四部。原篆文从泉。此亦先二後上之例。以小篆作原。知厵乃古文、籒文也。後人以原代高平曰邍之邍。而別製源字爲本原之原。積非成是久矣。

文二　重一

永水長也。引申之、凡長皆曰永。釋詁、毛傳曰。永、長也。方言曰。施於衆長謂之永。象水巠理之長永也。巠者、水脈。理者、水文。于憬切。古音在十部。詩曰。江之永矣。周南漢廣文。凡

羕 𠂢 衇 覛 谷 谿

永之屬皆从永。羕水長也。引申之爲凡長之偁。釋詁曰：羕，長也。从永，羊聲。余亮切。十部。詩曰：江之羕矣。漢廣文。毛詩作永，韓詩作羕，古音同也。文選登樓賦：川既漾而濟深。李注引韓詩江之漾矣，薛君曰：漾，長也。漾乃羕之譌字。

文二

𠂢水之衺流別也。流別者，一水岐分之謂。禹貢曰：漾東流爲漢，沇東流爲泲，江東別爲沱，此言流別之始。釋水詳之，自河出爲灉，濟爲濋已下是也。流別則其勢必衺行，故曰衺流別。𠂢與水部派音義皆同，派葢後出耳。衺流別則正流之長者較短而至理同也，故其字从反永。从反永。匹卦切。十六部。凡𠂢之屬皆从𠂢。讀若稗縣。禾部曰：琅邪有稗縣。今地理志作椑縣，誤也。小徐本作蜀稗縣，非。蜀祇有郫縣，音疲。

衇血理分衺行體中者。理分猶分理。序曰：見鳥獸蹏迒之迹，知分理之可相別異。衺行體中，而大候在寸口。人手卻十分動脈爲寸口也。从𠂢从血。會意。不入血部者，重𠂢也。𠂢亦聲。莫獲切。十六部。脈衇或从肉。䘑籒文。左血，左𠂢。

覛衺視也。釋詁曰：覛，胥相也。郭云：覛謂相視也。按覛與目部眽通用。古詩眽眽不得語，李善引爾雅及注作眽，今文選譌作脈，非也。覛不入見部者，重𠂢也。从𠂢从見。會意。𠂢亦聲。莫狄切。廣韵莫獲切。十六部。俗有尋覓字，此篆之譌體。籒文。

文三 重三

谷泉出通川爲谷。釋水曰：水注川曰谿，注谿曰谷。許不言谿者，許以谿專係之山瀆無所通也。川者，毌穿通流之水也。兩山之閒必有川焉。詩：進退維谷。叚谷爲鞫。毛傳曰：谷，窮也。即邶風傳之鞫，窮也。从水半見出於口。此會意。古祿切。三部。亦音浴。凡谷之屬皆从谷。谿山

豁 豂 豅 谹 谸 㕡 仌 冰

隫無所通者。隫各本作瀆，今正。𨸏部曰：隫，通溝也。讀若洞。古文作瀆。釋山曰：山瀆無所通，谿。然則許作隫明矣。从谷，奚聲。苦兮切。十六部。豁通谷也。通迵之谷也。文選注曰：華延洛陽記云：城南五十里有大谷，舊名通谷。引申爲凡疏達之偁。从谷，害聲。呼括切。十五部。豂空谷也。虛廖之谷也。大雅曰：大風有隧，有空大谷。从谷，翏聲。洛蕭切。古音在三部。豅大長谷也。司馬相如傳曰：巖巖深山之谾谾兮。晉灼曰：谾音籠。古豅字。蕭該曰：谾或作豅。長大皃也。徐廣：谾音力工反。與晉說同。白駒傳曰：空谷，大谷也。从谷，龍聲。讀若聾。盧紅切。九部。谹谷中響也。此與宖，屋響也義近。攷工記：其聲大而宏。司農注謂聲音大也。引申爲凡大之偁。史記司馬相如傳：必將崇論谹議。从谷，厷聲。戶萌切。古音在六部。谸望山谷千千青也。各本千千作谸谸，今正。高唐賦：仰視山顛，肅何芊芊。李注云：說文曰：谸，望山谷千千青也。千與芊，古字通。按千芊爲古今字，俗用芊改千。楚詞及陸機文賦皆用千眠字。南都賦作阡瞑，謝朓詩：遠樹曖阡阡。廣雅乃有芊芊字耳。从谷，千聲。倉絢切。十二部。古讀平聲。

㕡深通川也。深之使通也。㕡與叡睿音義皆相近。故今文洪範曰思心曰容，容作聖；古文曰思曰㕡，㕡作聖。从𣦼谷。會意。私閏切。十三部。𣦼，殘也。殘猶穿也。谷，阬坎意也。𣦼謂穿之谷，取阬坎之意。阬坎，深意也。已上十一字依韵會本。虞書曰：㕡畎澮距川。川部既偁咎繇謨濬巜距川矣，此又偁而字異，何也？葢前爲古文尚書，此爲今文也。以濬巜皆倉頡古文知之。濬㕡或从水。古文㕡。从水，从㕡。㕡，古文叡也。叡，深明也，通也。

文八 重二

仌凍也。仌凍二篆爲轉注。絫評之曰：仌凍，如月令冰凍消釋是也。象水冰之形。冰各本作凝，今正。謂象水初凝之文理也。筆陵切。六部。凡仌之屬皆从仌。冰水堅也。易象

凍　縢　凘　凋　冬　冶　滄　冷　涵　瀌　凊

傳。初六履霜。陰始凝也。馴致其道。至堅冰也。古本當作陰始冰也。至堅仌也。釋器。冰脂也。孫本冰作凝。按此可證詩膚如凝脂。本作冰脂。以冰代仌。乃別製凝字。經典凡凝字皆冰之變也。**从水仌。**會意。魚陵切。六部。

凝俗冰从疑。以雙聲爲聲。

仌也。初凝曰仌。仌壯曰凍。又於水曰冰。於他物曰凍。故月令曰。水始冰。地始凍。**从仌東聲。**多貢切。九部。

仌出也。仌出者。謂仌之出水文棱棱然。輕讀爲力膺切。重讀則里孕切。今俗語猶尒。豳詩三之日納于凌陰。傳曰。凌陰、冰室也。此以冰釋凌。以室釋陰。非謂縢爲仌室也。鄭注周禮凌人徑云凌、冰室也。似失之。**从仌朕聲。**六部。**詩曰。納于縢陰。**七月文。

縢或从夌。夌聲也。

流仌也。謂仌初結及已釋時。隨流而行也。**从仌斯聲。**息移切。十六部。

半傷也。傷、創也。半傷、未全傷也。**从仌。**仌霜者傷物之具。故从仌。**周聲。**都僚切。二部三部。

四時盡也。冬之爲言終也。考工記曰。水有時而凝。有時而釋。故冬从仌。**从仌。从夂。**會意。夂亦聲。都宗切。九部。**夂、古文終字。**見糸部。

古文冬从日。

銷也。銷者、鑠金也。仌之融如鑠金然。故鑪鑄亦曰冶。易。野容誨淫。陸德明本作冶容。按野冶皆蠱之叚借也。張衡賦言妖蠱。今言妖冶。**从仌台聲。**聲蓋衍。台者、悅也。仌台悅而化。會意。冶今音羊者切。古音讀如與。在五部。或曰台雙聲也。故以爲聲。

寒也。此與水部滄音義皆同。校乘上書曰。欲湯之滄。絕薪止火而已。按方言曰。滄、淨也。二字當从冫。滄即滄字。淨即凊字。**从仌。**仌者、寒之象也。故訓寒之字皆从仌。**倉聲。**初亮切。十部。

寒也。从仌令聲。魯打切。十一部。

寒也。从仌函聲。胡男切。八部。

瀌瀌、依文賦注補二字。**寒也。**引申爲敬畏之偁。俗字作懍懍。**从仌稟聲。**力稟切。七部。

寒也。曲禮曰。凡爲人子之禮。冬溫而夏凊。**从仌青聲。**七正切。十一部。瀌凊二篆舊在凍篆之前。非其次也。今更正。凡全書內多有互正者。學者依此求之。

十一篇下　八

滭　冹　溧　冽

滭冹、二字今補。**風寒也。**豳風七月。一之日觱發。傳曰。觱發、風寒也。按觱發皆叚借字。滭冹乃本字。猶水部畢沸。今詩作觱沸。或許所據毛詩不同今本。或許采三家詩。皆未可定也。**詩曰。一之日滭冹。**七字今補。**从仌畢聲。**卑吉切。十二部。

滭冹也。三字今正。**从仌犮聲。**分勿切。十五部。

溧冽、二字今補。**寒皃。**皃各本作也。今依大東正義及小徐本。毛傳曰。溧冽、寒氣也。古亦單用溧字。春秋緐露謂熯寒曰熏溧。**詩曰。二之日溧冽。**七字今補。亦豳風七月文也。今詩作栗烈。考詩冽彼下泉。疏引七月二之日溧冽。是孔本與許同。而陸釋文作栗烈。與許異。且云說文作颲颲。其實風部未嘗引詩也。五經文字仌部有溧。知其所據詩作溧。**从仌㮚聲。**力質切。十二部。

溧冽也。三字今正。古單用冽字者。如詩冽彼下泉。傳曰。冽、寒也。有冽氿泉。傳曰。冽、寒意也。素問曰。風寒冰冽。**从仌。列聲。**各本篆作瀨。解作賴聲。音洛帶切。今正。按瀨字卽廣韵、玉篇皆無之。而孔沖遠大東正義。李善注高唐賦嘯賦皆引說文、字林冽字。是今本冽譌爲瀨。顯然也。良薛切。十五部。

文十七　重三

雨　靁

水從雲下也。引申之凡自上而下者偁雨。**一象天。冂象雲。水霝其閒也。**丰者、水字也。王矩切。五部。**凡雨之屬皆从雨。**

古文。象形。

靁昜薄動生物者也。各本作陰陽。今正。動下各本有靁雨二字。不辭。今依韵會本正。薄音博。迫也。陰陽迫動、卽謂靁也。迫動、下文所謂回轉也。所以回生萬物者也。**从雨。畾象回轉形。**許書有畾無畾。凡積三則爲衆。衆則盛。盛則必回轉。二月陽盛。靁發聲。故以畾象其回轉之形。非三田也。韵書有畾字。訓田閒。誤矣。凡許書字有畾聲者、皆當云靁省聲也。魯回切。十五部。〇凡古器多以回爲靁。

籀文靁。閒有回。當作畾閒有回。奪畾。**回、靁聲也。**說畾閒有回之意。

古文靁。

古文

十一篇下　九

霣　霆　霅　電　震

靁。齊人謂靁爲霣。各本齊上有雨也二字。按自靁篆至震篆皆言雷電。自霝篆至霰篆皆言雨。叚令霣之正義爲雨。則當次於彼閒。今刪。韵會本亦無此二字。齊人謂靁曰霣。方俗語言如此。靁古讀如回。回與員語之轉。公羊傳。星霣如雨。叚爲隕字。从雨。員聲。于敏切。十三部。一曰雲轉起也。別一義。雲回轉而起名之霣者。略與雲同音也。古文云作員。讀若昆。此三字大徐無。古文霣如此。古當作籒。員下云籒文作鼎。鼎下云籒文以鼎爲貝是也。嬭者、籒文妘。鼎者、籒文則。皆是以鼎爲貝。

靁餘聲鈴鈴。句。所以挺出萬物。聲下有也字者、誤衍。鈴鈴與挺皆以疊韵爲訓。靁所以生物。而其用在餘聲鈴鈴然者。禮記曰。地載神氣。神氣風霆。風霆流形。庶物露生。从雨。廷聲。特丁切。十一部。古多讀上聲。

霅霅。靁電皃。靁各本作震。今依韵會本。霅霅、聲光䆑沓之皃。按馬融廣成頌。霅爾雹落。霅音素洽反。今俗語云霎時閒。霎卽霅之俗字。从雨。譶省聲。省譶爲言、如省蟲爲虫也。丈甲切。八部。一曰霅、衆言也。依韵會本六字在此。譶、疾言也。霅以爲聲。或訓霅爲衆言。則是从言从雨會意矣。吳都賦曰。㲉霅驚捷。

霒昜激燿也。孔沖遠引河圖云。陰陽相薄爲靁。陰激陽爲電。電是靁光。按易震爲靁。離爲電。月令靁乃發聲。始電。詩十月之交、春秋隱九年言震電。詩采芑、常武、雲漢言靁霆。震靁一也。電霆一也。穀梁傳曰。電、霆也。古義霆電不別。許意則統言之謂之靁。自其振物言之謂之震。自其餘聲言之謂之霆。自其光燿言之謂之電。分析較古爲憠心。靁電者、一而二者也。从雨。从申。靁自其回屈言。電自其引申言。申亦聲也。小徐本作雨申聲。堂練切。古音在十二部。讀如陳。古文電如此。申部曰。昌、籒文申。又部曰。昌古文申。乖牾不合。依此則當作古。

劈歷振物者。劈歷、疾雷之名。釋天曰。疾靁爲霆。倉頡篇曰。霆、霹靂也。然則古謂之霆。許謂之震。詩十月之交、春秋隱九年、僖十五年皆言震。振與震疊韵。春秋正義引作震物爲長。以能震物而謂之震也。引申之、凡動謂之震。辰下曰。震也。从雨。

十一篇下　十

䨮　霄　霰　雹　霝　零　零　𩅟

辰聲。章刃切。十三部。古多讀平聲。春秋傳曰。震夷伯之廟。左氏僖十五年經傳皆有之。必引此者、以爲劈歷震物之證也。史記殷武乙暴靁震死。神道設教之至㬎者也。籒文震。

冰雨說物者也。冰各本作凝。今正。凝者、冰之俗也。釋名曰。雪、綏也。水下遇寒氣而凝。綏綏然下也。故許謂之冰雨。說今之悅字。物無不喜雪者。說與雪疊韵。从雨。彗聲。相絕切。十五部。

雨霰爲霄。雨猶零也。釋天曰。雨霓爲霄雪。此霄字本義。若淮南書上游於霄霓之野。高讀如紺綃之綃。此則別爲一義。乃今義行而古義罕用矣。霄亦叚消。从雨。肖聲。相邀切。二部。齊語也。亦方俗語言如此。

稷雪也。謂雪之如稷者。毛詩傳曰。霰、暴雪也。暴當是黍之字誤。俗謂米雪、或謂粒雪。皆是也。曾子曰。陽之專氣爲霰。詩箋云。將大雨雪。始必微溫。雪自上下。遇溫氣而團。謂之霰。久之寒勝則大雪矣。从雨。散聲。穌甸切。十四部。霰或从見。見聲。

雨仌也。仌舊作冰。今正。雨仌、謂自上而下之仌也。曾子曰。陰之專氣爲雹。劉向曰。盛陽雨水。溫暖而湯熱。陰氣脅之不相入。則轉而爲雹。故沸湯之在閉器而湛於甘泉。則爲冰。此其驗也。左氏傳曰。聖人在上。無雹。雖有、不爲災。从雨。包聲。蒲角切。古音在三部。古文雹如此。象其磊磊之形。

雨零也。零各本作霝。今依廣韵正。霝與零義殊。許引東山霝雨。今作零雨。譌字也。定之方中。靈雨既零。傳曰。零、落也。零亦當作霝。霝亦叚靈爲之。鄭風零露漙兮。正義本作靈。箋云。靈落也。靈落卽霝落。雨曰霝零。艸木曰零落。从雨。吅。象零形。郎丁切。十一部。詩曰。霝雨其濛。豳風東山文。

雨零也。此下雨本字。今則落行而零廢矣。从雨。各聲。盧各切。五部。

徐雨也。徐各本作餘。今依玉篇廣韵及太平御覽所引纂要訂。謂徐徐而下之雨。小雅。興雲祁祁。傳曰。祁祁、徐也。箋云。古者陰陽和。風雨時。其來祁祁然而不暴疾。引申之義爲零星、爲凋零。从雨。令聲。郎丁切。古音在十二部。讀如鄰。

小雨財零也。財當作才。

十一篇下　十一

取初始之義。今字作纔。从雨。鮮聲。讀若斯。息移切。十六部。鮮聲在十四部而讀如斯者。以雙聲合音也。列子。鮮而食之。卽析而食之也。斯析音義同。

霢　霢霂。句。小雨也。信南山曰。益之以霢霂。釋天、毛傳皆曰。霢霂小雨也。釋名曰。言裁霢歷霑漬。如人沐頭。惟及其上枝而根不濡也。按霢霂者。溟濛之轉語。水部溟下曰。小雨溟溟也。濛下曰。濛濛、溦雨也。从雨。脈聲。莫獲切。十六部。

霂　霢霂也。此雙聲字。从雨。沐聲。莫卜切。三部。

䨏　小雨也。从雨。酸聲。素官切。十四部。

𩂣　溦雨也。溦各本作微。今正。水部曰。溦、小雨也。今人謂小雨曰廉纖。卽𩂣也。从雨。戔聲。子廉切。七部。又讀若芟。又字衍。一說謂讀若戔矣。又讀若芟也。

霥　小雨也。从雨。眾聲。職戎切。九部。明堂月令曰。霥雨。月令無此文。惟季春行秋令。淫雨蚤降注云。今月令曰。眾雨。漢人眾讀平聲。卽許所據之霥雨也。但記文淫雨。鄭注云霖雨。許不當以小雨釋霥。似小必是誤字。

霃　久霒也。月令。季春行秋令。則天多沈陰。沈卽霃之叚借也。沈行而霃廢矣。从雨。沈聲。直深切。七部。

䨩　久雨也。䨩之言連也。从雨。兼聲。力鹽切。七部。

𩃵　久雨也。从雨。函聲。胡男切。八部。

霖　凡雨三日已往爲霖。左傳隱九年。春王三月癸酉。大雨霖以震。書始也。庚辰。大雨雪。亦如之。書時失也。凡雨自三日以往爲霖。平地尺爲大雪。按許直用傳文爲說也。已當作以。自三日以往。謂雨三日又不止。不定其日數也。雨三日止。不得謂霖矣。韋注國語亦曰。雨三日以上爲霖。若宋人注尚書云三日雨爲霖。失古義矣。釋天。久雨謂之淫。淫謂之霖。从雨。林聲。力尋切。七部。

䨺　霖雨也。南陽謂霖䨺。俗本作謂霖雨曰䨺。全書多類此者。今不可盡正矣。其字从㐺。㐺者、眾立也。故雨多取之。是可以證霥雨之爲霖、而非小雨矣。淫雨卽眾雨之叚借。从雨。㐺聲。銀箴切。七部。按舉形聲關會意。

䨖　雨聲。从雨。眞聲。讀若資。眞聲而讀若資者、合音也。故廣韵作䨖。卽夷切。十五

部。

䨞　雨皃。方語也。方上葢奪北字。集韵曰。䨞火五切。北方謂雨曰䨞。呂靜說。按呂氏韵集所據說文爲完善。从雨。禹聲。讀若禹。王矩切。五部。按如今音雨䨞皆切王矩。何以見爲殊語。依集韵當作讀若虎。玉篇尤句切。

䨘　小雨也。从雨。僉聲。子廉切。七部。

霑　雨䨲也。小雅。既霑既足。从雨。沾聲。張廉切。七部。

䨲　濡也。濡此義。水部失載。於此見之。今人多用霑染、濡染、染行而䨲廢矣。染者、以繒染爲色。非霑義。从雨。染聲。而琰切。八部。

霤　屋水流也。水部曰。漊、霤下皃也。釋名曰。中央曰中霤。古者寝穴。後室之霤。當今之棟下直室之中。古者霤下之處也。从雨。畱聲。力救切。三部。

屚　屋穿水入也。今字作漏。漏行而屚廢矣。漏者、以銅受水刻節也。从雨在尸下。尸者、屋也。尸部屋下云。尸象屋形。會意。盧后切。四部。

䨣　雨濡革也。雨濡革則虛起。今俗語若朴。从雨革。會意。讀若膊。匹各切。五部。霸字以爲聲。

霽　雨止也。釋天。雨濟謂之霽。濟古多訓止者。如厲風濟則衆竅爲虛是也。許云雨止者。以詁訓字易其本字也。凡止曰濟。雨止則有霽字。洪範曰。雨曰濟。今古文皆如是。是尚書用濟爲霽也。从雨。齊聲。子計切。十五部。

霋　霽謂之霋。从雨。妻聲。七稽切。十五部。

霩　雨止雲罷皃。淮南天文訓。道生於虛霩。虛霩生宇宙。今俗字作廓。廓行而霩廢矣。从雨。郭聲。苦郭切。五部。

露　潤澤也。澤與露疊韵。五經通義曰。和氣津凝爲露。蔡邕月令曰。露者、陰之液也。按露之言臚也。故凡陳列表見於外曰露。亦叚路爲之。如孟子。神農章。贏露字作路是也。从雨。路聲。洛故切。五部。

霜　喪也。以疊韵爲訓。成物者。幽風。九月肅霜。傳曰。肅、縮也。霜降而收縮萬物。秦風。白露爲霜。傳曰。白露凝戾爲霜。然後歲事成。按靁、雨、露皆所以生物。雪亦所以生物而非殺物者。故其用在霜殺物之後。詩言雨雪雰雰。益之以霢霂。生我百穀。其證也。惟霜爲雧斂萬物之用。許列字首靁。爲動萬物者莫疾乎此也。次之以雪。乃次之以霝零。謂冬雪而

後春雨也。夊之以露。露春夏秋皆有之。秋深乃凝霜也。夊之以霜。而歲功成矣。歲功以雪始、以霜終。**从雨。相聲。**所莊切。十部。

霚　地气發、天不應曰霚。曰霚二字今補。霚今之霧字。釋天曰。地氣發、天不應曰霧。霧者俗字。霧一本作霿、非也。釋名曰。霧、冒也。氣蒙冒覆地之物也。開元占經引元命包。陰陽亂爲霧。**从雨。**亦雨之類也。故从雨。地气發而天應之則雨矣。**敄聲。**亡遇切。古音在三部。敄从矛聲。故霚讀如矛。

雺　籒文霚省。洪範曰蒙。古文尚書作曰雺。徐邈音亡鉤反。宋世家作曰霧。霧卽霚。霚者雺之小篆。

霾　風而雨土爲霾。依釋天補三字。邶風。終風且霾。釋天曰。風而雨土爲霾。傳曰。霾、雨土也。釋名曰。霾、晦也。**从雨。貍聲。**莫皆切。古音在一部。**詩曰。終風且霾。**

霿　天氣下、地不應曰霿。釋天曰。天氣下、地不應曰霿。今本作曰雺。或作曰霧。皆非也。霿、釋名作蒙。開元占經作濛。釋名曰。蒙、日光不明蒙蒙然也。開元占經引郗萌曰。在天爲濛。在人爲霧。日月不見爲濛。前後人不相見爲霧。按霚與霿之別。以郗所言爲確。許以霿系天气、以霚系地气。亦分別井然。大氐霚下霿上。霚溼霿乾。霚讀如務。霿讀如蒙。霚之或體作霧。霿之或體作蒙。不可亂也。而爾雅自陸氏不能諟正。譌舛不可讀。如玉篇云霚、天氣下地不應也。霿、地氣發天不應也。葢本爾雅而與說文互易。則又在陸氏前矣。其他經史霚霿霧三字往往淆譌。要當以許書爲正。○開元占經引月令仲冬行夏令。氛濛冥冥。今月令作氛霧。霧乃霿之誤也。○衞包尚書曰蒙。恒風若。漢五行志作霿。尚書大傳作瞀。劉向曰。瞀、眊眊、亂也。按此霿字引申段借之義也。本音茂。轉音蒙。易傳蒙者蒙也。亦霿之段借。**霿、晦也。**晦本訓月盡。引申爲日月不見之偁。釋天曰。霿謂之晦。許言此者、欲人知霿與霚異也。**从雨。敄聲。**莫弄切。亦平聲。霿亦敄聲而入九部者、合音也。

霓　屈虹青赤或白色。或字陸德明作也。一曰三字非也。韵會白下無色字。是也。屈當作詘。許書云詰詘者、謂詘曲。屈非其義。許意詘曲之虹多青赤。或有白色者。皆謂之霓。釋天曰。螮蝀、虹也。霓爲挈貳。郭云。雙出色鮮盛者爲雄。曰虹。闇者爲雌。曰霓。據此、似青赤爲

虹。白色爲霓。然析言有分。渾言不別。故趙注孟子曰。霓、虹也。虹見則雨。楚辭有白霓。**霒气也。从雨。**爲霓陰氣將雨之兆。故从雨。一从虫作蜺。猶虹从虫也。**兒聲。**五雞切。十六部。如淳五結切。郭樸五擊切。沈約郊居賦。雌蜺連蜷。深恐人讀爲平聲。

𩅿　寒也。从雨。執聲。都念切。七部。**或曰早霜也。讀若春秋傳墊阨。**成六年、襄九年、廿五年皆云墊隘。阨者、阨之隸變。阨隘古通用。此謂𩅿音同墊耳。非謂春秋傳有𩅿隘也。而九經字樣云𩅿音店。寒也。傳曰𩅿隘。引說文而失其眞。遂致爲經作音而非其實。以經典絕無𩅿字也。

雩　夏祭樂於赤帝以祈甘雨也。公羊傳曰。大雩者何。旱祭也。月令仲夏之月。大雩帝。用盛樂。乃命百縣雩祀百辟卿士有益於民者。以祈穀實。注曰。雩、吁嗟求雨之祭也。雩帝、謂爲壇南郊之旁。雩五精之帝。配以先帝也。自鞀鞞至柷敔皆作曰盛樂。凡他雩用歌舞而已。春秋傳曰。龍見而雩。雩之正當以四月。按鄭言五精之帝。高誘注時則訓曰帝、上帝也。許獨云赤帝者、以其爲夏祭而言也。以祈甘雨、故字从雨。以于嗟而求、故从亏。服虔曰。雩、遠也。亦於从于得義也。**从雨。亏聲。**羽俱切。五部。

𦐄　雩或从羽。或字如此作。**雩舞羽也。**說从羽之意。周禮樂師有羽舞、有皇舞。鄭司農云。羽舞者、析羽。皇舞者、以羽覆冒頭上。衣飾翡翠之羽。鼓師云。教皇舞。帥而舞旱暵之事。按皇舞亦羽舞也。故字或作翌。而雩或作𦐄。

需　䇓也。䇓者、待也。以疊韵爲訓。易彖傳曰。需、須也。須卽䇓之段借也。左傳曰。需、事之賊也。又曰。需、事之下也。皆待之義也。凡相待而成曰需。**遇雨不進止䇓也。从雨而。**遇雨不進、說从雨之意。而者、䇓之意。此字爲會意。各本作而聲者、非也。公羊傳曰。而者何。難也。穀梁傳曰。而、緩辭也。而爲遲緩之辭。故从而。而訓須。須通䇓。从而猶从䇓也。春秋經。己丑葬我小君頃熊。雨。不克葬。庚寅。日中而克葬。是从雨而之證也。相俞切。古音在四部。**易曰。雲上于天需。**易需卦象傳文。此偁易以證从雨之意。雲上于天者、雨之兆也。宋衷曰。雲上于天、需時而降雨。

䨁　水音也。江氏聲曰。五聲羽屬水。許字作䨁、與各書不同。今按此當謂流

水之音耳。从雨羽聲。王矩切。五部。

文四十六　六宋本作七。

重十一

雲山川气也。天降時雨。山川出雲。从雨云象回轉之形。回上各本有雲字。今刪。古文祇作云。小篆加雨於上。遂爲半體會意、半體象形之字矣。云象回轉形。此釋下古文雲爲象形也。王分切。十三部。凡雲之屬皆从雲。云古文省雨。古文上無雨。非省也。二葢上字。象自下回轉而上也。正月。昏姻孔云。傳曰。云、旋也。此其引伸之義也。古多叚云爲曰。如詩云卽詩曰是也。亦叚員爲云。如景員維河。箋云。員古文作云。昏姻孔云本又作員。聊樂我員本亦作云。尚書云來、衞包以前作員來。小篆妘字籒文作䵜。是云員古通用。皆叚借風雲字耳。自小篆別爲雲而二形迥判矣。云亦古文雲。此取初古文象回轉之形者。其字引而上行。書之所謂觸石而出、膚寸而合也。變之則爲云。

霒雲覆日也。今人陰陽字小篆作霒易。霒者、雲覆日。易者、旗開見日。引申爲兩儀字之用。今人作陰陽。乃其中之一耑而已。霒字今僅見大戴禮記文王官人篇、素問五帝政大論。从雲今聲。於今切。七部。侌古文霒省。古文雲本無雨耳。非省也。陰字从此。侌亦古文霒。此取初古文也。侌則以小篆法整齊之。云亦同。

文二　重四

魚水蟲也。象形。魚尾與燕尾相佀。其尾皆枝。故象枝形。非从火也。語居切。五部。凡魚之屬皆从魚。

鰖魚子已生者也。謂魚卵生於水艸閒。初孚有魚形者。云已生、對未生言之。魚子未生者曰鯤。鯤卽卵字。卵說文作卝。古音讀如關。亦可讀如昆。內則濡魚卵醬。卵、鄭讀鯤。或作攔。鯤醬者、魚卵醬也。內則讀卵如字。未嘗不協。凡未出者爲卵。已出者爲子。鯤卽魚卵。故說文以卝包之。而魚部無鯤字。鰖則已出於卵者也。从魚隋聲。各本作憜省聲。按肉部有隋字。今正。徒果切。十七部。集韵、類篇又劉規切。音之轉也。

隓籒文鰖。从𩵋。據徐氏鉉筆迹相承小異條云。史籒筆迹如此也。陸者从籒文陸字而省一左也。

鮞魚子也。魚子、謂成細魚者。上文曰魚子已生者、謂初出卵。此云魚子、則成細魚矣。凡細者偁子。魯語曰。魚禁鯤鮞。韋注曰。鯤、魚子也。鮞、未成魚也。韋意鯤是卵未孚者。鮞是已孚而尚未成魚者。許則就已孚又別爲鰖鮞二形。○按爾雅曰。鯤、魚子也。鱦、小魚也。爲韋所本。許無鯤字者。以卝包之。據內則之卵醬也。許有鮞無鱦者。鱦从繩省聲。之與蒸合音冣近。鱦者、鮞之俗字也。爾雅、鄭皆云。鯤、魚子。爾雅意魚子卽魚卵。今人俗語猶如是。若西京賦摷鯤鮞。薛注鯤、魚子也。鮞、細魚族類也。此與鄭內則注鯤魚子也、皆謂出卵者爲魚子。失爾雅本義。若莊子評絕大之魚爲鯤。此則齊物之寓言。所謂汪洋自恣以適已者。一曰魚之美者。東海之鮞。鮞之別一義。見呂覽本味篇伊尹語。高注曰。鮞、魚名也。木部櫨下、禾部秏下、皆言伊尹曰。此不言者。嫸文。从魚而聲。如之切。一部。五經文字人六切。

魼魚也。舊刪魼字。今補。此如河篆今下云河水也之例。漢書上林賦。禺禺魼鰨。郭樸注云。比目魚也。按郭說未知其審。犬部狧字下有比目魚鰈。同爾雅。而魚部無鰈字。玉篇、廣韵合魼鰈爲一字。非也。从魚去聲。去魚切。五部。

魶魚佀鼈。無甲。有尾無足。口在腹下。从魚納聲。按此篆玉篇作鰍。廣韵作鰍。史記上林賦有魶字。云魶一作鰨。奴荅切。八部。

鰨虛鰨也。漢書上林賦魼鰨。史記作鱸魶。魶一作鰨。注家皆以魼鰨爲二魚。許亦別魼與虛鰨爲二。虛非魼鱸之異文也。郭注云。鰨、鯢魚也。似鮎。有四足。聲如嬰兒。按許下文云。鯢、刺魚也。不類列一處。則鰨之非鯢明矣。从魚𦐇聲。土盍切。八部。

鱒赤目魚也。見風釋魚曰。鮅鱒。毛傳曰。鱒、大魚也。陸璣、郭樸皆云。鱒似鯶。赤眼。从魚尊聲。慈損切。十三部。

鰲魚也。亦三字句。周禮。其動物宜鱗物。劉本作鰲。音鱗。按劉本叚鰲爲鱗耳。非川澤祇生此魚也。集韵曰。鱗通作鰲。本劉。从魚粦聲。力珍切。十二部。

鰫魚也。鄭注內則云。今東海鰫魚有骨名乙在目

⿰魚胥　鮪　䱭　鯍　鮥　鯀　鰥

旁。狀如篆乙。食之鯁人不可出。**从魚容聲。**余封切。九部。**⿰魚胥魚也。从魚胥聲。**相居切。五部。**鮥也。**毛詩衞風傳曰。鮪、鮥也。許本之。陸璣疏曰。鮪魚形似鱣而青黑。頭小而尖。似鐵兜鍪。口亦在頷下。其甲可以摩薑。大者不過七八尺。益州人謂之䱭䲛。大者爲王鮪。小者爲叔鮪。一名鮥。肉色白。味不如鱣也。郭氏山海經傳曰。鮪卽鱏也。似鱣而長鼻。體無鱗甲。按卽今之鱘魚也。**周禮春獻王鮪。**天官𩯭人文。注曰。王鮪。鮪之大者。引月令季春薦鮪于寢廟。西京賦曰。王鮪岫居。薛綜、陸璣、李奇、酈道元皆言鮪自南方江中來。至河南鞏穴。又入河。度龍門。葢古事如此。不然。鮪出江中。何以西周能薦鮪也。**从魚有聲。**榮美切。古音在一部。讀如以。**䱭鯍、**逗。䱭字淺人刪之。今補。**鮪也。**鮪字各本無。今依全書通例補。上林賦。䱭䲛螹離。郭注曰。䱭䲛、鮪也。李善注吳都賦同。按劉逵注蜀都賦曰。鱣、䱭䲛也。古人言鱣鮪多有不別者。如山海經傳亦云鮪卽鱣也。當是以爲一類而渾言之。**周雒謂之鮪。蜀謂之䱭鯍。**十字各本譌作周禮謂之䱭五字。今補正。李奇注上林曰。周洛曰鮪。蜀曰䱭䲛。陸詩疏曰。益州人謂之䱭䲛。按蜀有之者。出於江也。周雒有之者。出鞏穴入河也。䱭䲛雙聲字。**从魚恆聲。**各書多作䱭。省立心也。古恆切。六部。**䱭鯍也。从魚㐬聲。**武登切。古音當在十部。讀如茫。音轉入蒸登部。而字形亦改爲䲛矣。**叔鮪也。**此見釋魚。許本之。叔鮪者。鮪之小者也。對王鮪爲辭。江賦亦以叔鮪王鱣儷句。叔字林作鮛。俗字也。郭注爾雅曰。鮪、鱣屬也。今宜都郡自京門以上江中通出鱏鱣之魚。有一魚狀似鱣。建平人呼鮥子。卽爾雅之鮥也。按今川江中尚有鮥子魚。昔在南溪縣、巫山縣食之。叔鮪名鮥。則王鮪不名鮥。而以鮥注鮪者何也。渾言析言不同。故互注。而又別其大小也。**从魚各聲。**盧各切。今語正如此。五部。**鯀魚也。从魚系聲。**此未詳爲何魚。系聲讀古本切。亦未詳所以。恐古音不同今讀也。禹父之字古多作鮌、作骸。禮記及釋文作鯀。廣韵曰。禹父。鮌。尚書本作鯀。按鯀乃鮌譌。**鰥魚也。**見齊風。毛傳曰。大魚也。謂鰥與鰟皆大魚之名也。鄭箋乃讀鰥爲爾雅鯤魚子之鯤。殆非是。鰥多叚借爲鰥寡字。鰥寡字葢古祇作矜。矜卽憐之叚借。**从魚眔聲。**古頑切。古音在十三部。齊風與雲韵、可證也。眔古讀同隶。十三十五部合音也。

鯉　鱣　鱄　鮦

鱣也。此見釋魚。毛傳於鱣云鯉。於鯉不云鱣者。鯉者俗通行之語。不待注也。舍人云。鯉一名鱣。毛云鱣、鯉也。爾雅古說如此。自陸璣說鱣身形似龍。銳頭。口在頷下。背上腹下皆有甲。縱廣四五尺。今於孟津東石磧上釣取之。大者千餘斤。而郭注乃分鯉鱣爲二。云鱣大魚。似鱏而短鼻。口在頷下。體有邪行甲。無鱗。肉黃。大者長二三丈。此卽今江中及關東之黃魚也。如其言。則鱣絕非鯉矣。周頌有鱣有鮪。鰷鱨鰋鯉。鱣鯉並言。似非一物。而箋云。鱣、大鯉也。然則凡鯉曰鯉。大鯉曰鱣。猶小鮪曰鮥。大鮪曰鮪。謂鱣與鯉、鮥與鮪不必同形。而要各爲類也。許意當亦如是。○按他家說鱣鮪同類。而有短鼻長鼻、肉黃肉白之分。爾雅、毛、鄭、許則短鼻長鼻、肉黃肉白者統以鮪鮥包之。而惟三十六鱗之魚謂之鯉。亦謂之鱣。古人多云鱣鮪出鞏穴。渡龍門爲龍。今俗語云鯉魚跳龍門。葢牽合爲一。非一日矣。**从魚里聲。**良止切。一部。**鯉也。**衞風毛傳曰。鱣、鯉也。許本之。以鮪鮥例之。此當同鄭曰。大鯉也。葢鯉與鱣同類而別異。猶鮥與鮪同類而別異。**从魚亶聲。**張連切。十四部。**籀文鱣。**[illegible]**聲。** **鱄魚也。**士喪禮。魚鱄鮒九。鱄鮒皆常用之魚也。故春秋有名鱄字子魚者。呂覽曰。魚之美者。洞庭之鱄。今本作鱄。非也。廣韵。鱄出洞庭湖。山海經曰。鱄魚其狀如鮒而彘尾。江賦亦有鱄。鱄與鱄葢非一物。**从魚專聲。**旨兗切。十四部。郭樸音轉如團扇之團。**鮦魚。**舊作魚名。今正。許書之例。不言某名也。釋魚曰。鰹大者鮦。小者鮵。許無鮵字。**一曰鱶也。**此一曰猶今言一名也。許書一字異義言一曰。一物異名亦言一曰。不嫌同辭也。此六字本相接。誤解者失其義。中隔以从魚同聲四字。今正。本艸經。蠡魚一名鮦魚。陸德明所據作蠡。釋魚鱧。郭注。鮦也。此由不考鱧非鱶之故。若釋文云鱧又作蠡。則淺人所改耳。毛詩傳曰。鱧、鮦也。正義云。諸本或作鱧、鯇。作鯇則與舍人爾雅不異。按作鯇不誤。淺人認鱧爲鱶。因改鯇爲鮦也。蠡卽鱶。鱶與鱧異物異

鱱　⿰魚婁　鰜　鯈　⿰魚豆　鯾　魴

字。陶通明說本艸曰。蠡今皆作鱧字。此郭誤注爾雅之由也。許以鱯魠鱧鰥爲一魚。鱱鮦爲一魚。鱱卽今俗所謂烏魚。或曰烏鯉。頭有七星之魚也。爾雅鯉鱣爲一。鰋鮎爲一。鱧鯇爲一。古說本不誤。而郭氏妄疑之。鱧鯇又非下文之鱧鮦鯇也。而郭氏妄合之。○此當直云鱱也。上四字淺人所加。當刪。鮦卽今頭有七星之魚。俗云烏鯉。其字正當作鱱。攷釋魚。郭本作鱧鮦也。舍人本作鱧鯇也。毛詩魚麗或作鱧、鮦也。與郭合。或作鱧鯇也。與舍人合。詳詩正義。初疑郭自釋鱧爲鮦。非爾雅正文作鱧鮦。但陸璣詩疏正引爾雅曰鱧鮦也。許愼謂之鱱魚。然則爾雅正文實有如此本。爲許所本。今詩疏謂之鱱魚。譌作謂之鱧魚。**从魚同聲。讀若絝襱。**絝襱見衣部。丈冢切。故鮦亦直隴切。九部。鮦陽縣、則音轉讀若紂。

鱱 **鮦也。**正與鮦篆轉注。本艸作鱱魚。省作蠡。陶貞白云。今皆作鱧字。按此名之所以不正也。**从魚蠡聲。**蠡作蠡少一畫者、誤。今盧啓切。古音在十六部。與豊聲在十五部不同。

⿰魚婁 **⿰魚婁魚也。**三字今正。**一名鯉。一名鰜。**一名舊當作一曰。此一名鯉耳。非卽三十六鱗之鯉也。**从魚婁聲。**洛侯切。四部。

鰜 **鰜魚也。**三字今正。按當作鰜魚也。玉篇曰。鰜大青魚。類篇曰。鰜魚大而青。是爲一物也。廣韵云。比目魚。因鳥有鶼。皮傳耳。**从魚兼聲。**古甜切。七部。

鯈 **鯈魚也。**周頌箋云。鯈白鰷也。爾雅。鮂黑鰦。郭云。卽白鯈魚。江東呼爲鮂。莊子。鯈魚出游從容。按白鯈卽今白鰷。條。山海經北山篇彭水鯈魚。其狀如雞而赤毛。三尾六足四首。其音如鵲。此異物。非常有者也。晉水鯈魚。其狀如鯈。鯈者白鯈魚也。玉篇合二物爲一。疏矣。**从魚攸聲。**鯈俗作鰷。其字亦作鰍。亦作鰷。其音舊直由切。大徐同。在三部。今音迢。

⿰魚豆 **⿰魚豆魚也。从魚豆聲。**天口切。四部。亦作鮭。

鯾 **鯾魚也。**爾雅郭注曰。江東呼魴魚爲鯿。海內北經大鯾居海中。郭曰。鯾卽魴也。**从魚便聲。**房連切。古音在十一部。

鯿 **鯿或从扁。**便扁聲同。

魴 **赤尾魚也。**周南曰。魴魚赬尾。釋魚曰。魴魾。傳曰。魚勞則尾赤。按此傳當有魴魚也三字。以魴勞赤尾。與如燬。非謂魴必赬尾也。左傳。如魚竀尾。衡流而方羊。亦謂其困頓。許以赤尾魚釋魴。殆失之。魴卽鯿魚也。許列字亦二篆相比近。而不言爲一。**从魚方聲。**符方切。十部。

鰟 **籀文魴从旁。**此依小徐及玉篇。

鱮　鰱　鮍　鰯　鮒　⿰魚巠　鰿　鱺　鰻　鱯　魾　鱧　⿰魚果　鱨

鱮 **鱮魚也。**齊風。其魚魴鱮。傳曰。魴鱮大魚。箋云。鱮似魴而弱鱗。陸疏曰。鱮似魴。厚而頭大。其頭尤大而肥者。徐州人謂之鰱。廣雅曰。鱮、鰱也。**从魚與聲。**徐呂切。五部。

鰱 **鰱魚也。**按許列字亦二篆相比近而不言爲一。**从魚連聲。**力延切。十四部。

鮍 **鮍魚也。从魚皮聲。**敷羈切。古音在十七部。

鰯 **鰯魚也。**廣雅。鰯、鱮也。謂鰯亦名鱮。鰯之類也。**从魚幼聲。讀若幽。**於糾切。三部。按廣雅、玉篇於堯切。

鮒 **鮒魚也。**鮒見易、禮。鄭注易曰。鮒魚微小。虞翻曰。鮒小鮮也。王逸注大招及廣雅皆云。鰿、鮒也。**从魚付聲。**符遇切。古音在四部。

⿰魚巠 **⿰魚巠魚也。**尚書大傳曰。大都經魚。鄭注。大都、明都。經魚、今江南以爲鮑。**从魚巠聲。**仇成切。十一部。

鰿 **鰿魚也。**今人所常食也。**从魚脊聲。**資昔切。十六部。按或作鰿。責聲亦十六部也。或作鯽。非是。

鱺 **鱺魚也。**此卽今人謂鰻爲鰻鱺之字也。與鱧、鱺、鯉皆不同。類篇云。小鮦也。此用郭注爾雅語。**从魚麗聲。**郎兮切。十六部。

鰻 **鰻魚也。**亦二篆相比近而不言爲一。蓋許於此等在疑信之閒。**从魚曼聲。**母官切。十四部。

鱯 **鱯魚也。**郭注釋魚曰。鱯似鮎而大。白色。按今江中多有之。俗譌爲回魚。聲之誤耳。水經注。沔陽縣度口水有二源。一曰清檢。一曰濁檢。清水出鱯。濁水出鮒。常以二月八月取。華陽國志鱯譌爲鱮。**从魚蒦聲。**胡化切。古音在五部。

魾 **大鱯也。其小者名鮡。**見釋魚。丕訓大。此會意兼形聲也。爾雅魴魾。亦謂魴之大者爲魾。**从魚丕聲。**敷悲切。古音在一部。

鱧 **鱧鱯也。**釋魚、毛傳鱧鯇爲一。許鱧鱯爲一。各有所受之也。**从魚豊聲。**盧啓切。十五部。

⿰魚果 **⿰魚果鱧也。**廣韵曰。⿰魚果似鮎。與說文合。**从魚果聲。**胡瓦切。十七部。

鱨 **鱨揚也。**揚各本从木者誤。魚麗傳曰。鱨、揚也。陸疏曰。今黃頰魚也。似燕頭魚身。形厚而

鱏　鯢　鰼　鰌　鯇　魠　鮆

長大。頰骨正黃。魚之大而有力解飛者。徐州人謂之揚。按山海經之鱤、郭云黃頰魚也。从魚。賞聲。市羊切。十部。

鱏魚也。郭景純說鮪卽鱏也。許意不尒。故二篆劃分異處。劉注蜀都賦曰。鱏魚出江中。頭與身正半。口在腹下。亦與陸璣所說鮪狀正同。鱏今字作鱘。見陳藏器本艸。从魚。覃聲。余箴切。七部。師古曰。今俗語讀尋。傳曰。伯牙鼓琴。鱏魚出聽。傳曰者、諸書多有之。不定爲何書也。諸書或作鱏魚。或作淫魚。或作潛魚。皆由聲近。傳意謂大魚耳。淫者、大也。

鯢　刺魚也。刺、盧達切。或作刺者、誤。刺魚者、乖刺之魚。謂其如小兒能緣木。史漢謂之人魚。釋魚曰。鯢大者謂之鰕。郭云。今鯢魚似鮎。四脚。前似獮猴。後似狗。聲如小兒啼。大者長八九尺。別名鰕。按此魚見書傳者不下數十處。而人不之信。少見則多怪也。余在雅州親見之。廣雅。鰨、鯢也。亦謂此。集韵有⿱刺魚字。刺之俗。从魚。兒聲。形與聲皆如小兒。故从兒。舉形聲關會意也。五雞切。十六部。

鰼　鰌也。見釋魚。郭云。今泥鰌。按山海經之鰼魚。別是一物。从魚。習聲。似入切。七部。

鰌　鰼也。从魚。酋聲。七由切。三部。

鯇　鯇魚也。釋魚。鱧鯇也。毛傳同。許於鱧下云鱯也。不云鯇也。故鯇篆劃分異處。蓋其所傳不同。鯇鱓古今字。今人曰鱓子。讀如混。多食之。从魚。完聲。戶版切。舊音也。十四部。又胡本切。今音也。音轉而形改爲鱓矣。

魠　哆口魚也。哆者、張口也。上林賦。鰅鰫鰬魠。郭注。魠、鱤也。一名黃頰。郭語恐非許意。儻是黃頰。則當與鱨爲伍。廣雅曰。魧、鱅、魠也。以魠爲名。取開祏之意。从魚。乇聲。他各切。五部。

鮆　刀魚也。飮而不食。各本作飲而不食刀魚也。今依韵會本。漢書貨殖傳顏注正如此。下多者字。刀魚、今人語尙如此。以其形像刀也。俗字作魛。尙書大傳有魚刀。蓋卽此。飲而不食。故其形纖削而味清雋。春出江中。人多食之。山海經云。茗水注於具區。其中多鮆魚。郭云。鮆魚狹薄而長頭。大者尺餘。太湖中今饒之。郭不係江係太湖者、以經云具區也。今太湖中尙時有之。又按釋魚。鮤、鱴刀。郭云。今之鮆魚。亦呼爲魛魚。郭說蓋非。鄭注周禮貍物爲鱴刀、含漿之屬。鱴刀、含漿必皆蚌蛤之類。故謂之貍物。不得因一刀字附會也。周禮正義云。孫注爾雅刀魚與鱴別。然則孫鮤鱴爲逗。刀爲句。郭葢同。九江有之。九江謂岷江東至於醴以下也。从魚。此聲。徂禮切。十五十六部。漢書音義曰。楚人言薺魚。

鮀　鮎　鰋　鮷　⿰魚賴　⿰魚替　⿰魚翁　⿰魚臽　鱖

鮀　鮎也。釋魚、毛傳皆曰。鯊、鮀也。許以鯋系樂浪潘國。釋鮀爲鮎。於古說不同。蓋有所受之也。春秋傳名鮀者字子魚。玉裁又按。鯊見於詩、爾雅、毛傳皆曰。鯊、鮀也。許當無異說。不當訓鮀爲鮎。而以鯊爲出樂浪潘國。蓋鮎鰋也。鰋、鮎也。許同爾雅、毛傳。而鮀下訓沙也。亦與古同。毛詩鯊本作沙。故說文無鯊字。鮀下云沙也。淺人以爲怪。遂竄改錯亂如此。諸書紀載雖有魦字。从沙省聲。此樂浪潘國之魚。非詩之沙也。故不相牽混。許書之精嚴如此。○邠風莎雞。古祇作沙。○釋魚開卷鯉鱣爲一。鰋鮎爲一。鯊鮀爲一。許說皆同。惟鱧鯇爲一。許說不同。○舍人云。鯊、石鮀也。郭云。今吹沙小魚也。體圓而有點文。从魚。它聲。徒何切。十七部。

鮎　鰋也。釋魚及魚麗傳曰。鰋、鮎也。孫炎云。鰋一名鮎。郭別鰋鮎爲二。非也。从魚。占聲。奴兼切。七部。

鰋　鮀也。謂之鰋者、以其偃額也。偃者、仰也。玉裁按。鮀也乃鮎也之誤。妄人所改也。从魚。晏聲。於幰切。十四部。

鰋或从匽。今經典皆如此作。

鮷　大鮎也。从魚。弟聲。此字詩、爾雅釋文、廣韵作鮧。从夷。文選蜀都賦及玉篇作鮷。未知孰是。以夷弟篆體易譌也。山海經傳曰。今亦呼鮎爲鮷。字林曰。青州人呼鮎鯷。郭注爾雅曰。鮎別名鯷。江東通呼鮎爲鮧。蓋鮷鯷鮷三形一字。同大兮反。而鮧則別一字。別一音。不當合而一之。杜兮切。十五部。

⿰魚賴　⿰魚賴魚也。从魚。賴聲。洛帶切。十五部。

⿰魚替　⿰魚替魚也。此是魚名。類篇謂卽小魚爲魿之魿。非也。从魚。替聲。鉏箴切。七部。

⿰魚翁　⿰魚翁魚也。从魚。翁聲。烏紅切。九部。

⿰魚臽　⿰魚臽魚也。从魚。臽聲。戶賺切。八部。

鱖　鱖魚也。篇、韵皆曰。大口細鱗。有斑文。卽今人所食之鱖魚也。而釋魚鱊鮬、鱖鯞。郭云。小魚也。似鮒子而黑。俗呼爲魚婢。江東呼爲妾魚。羅端良以今之彭皮當之。玉裁謂鯞音同婦。鱊鱖音近鮬。鯞音近。鱖婦卽今俗謂之鬼婆子是也。非別有細魚。鯞音章酉反。非。从魚厥聲。居衛切。十五部。鯫白魚也。白而小之魚也。史記鯫千石。徐廣曰。鯫鯫魚也。張守節曰。鯫小魚也。按鯫是小魚之名。故小人謂之鯫生。師古於漢書作鯫字。音輒。蓋未然。从魚取聲。士垢切。四部。漢書鯫生教我。服虔曰。鯫音淺鯫。小人皃也。淺鯫、漢人有此語。通作鄹。釋名。奏者、鄹也。鄹狹小之言也。又盾約脅而鄹者曰陷虜淺鯫。卽淺鄹。俗人不曉。乃讀爲音淺。句絕矣。鱓鱓魚也。今人所食之黃鱔也。黃質黑文。似蛇。異苑云。死人髮化。其字亦作䱇。俗作鱔。或叚鮮字爲之。如蠏篆下云。非蛇鮮之穴無所庇是也。或叚鱣爲之。如楊震傳鳥銜三鱣是也。各本此下有皮可爲鼓四字。由古以鼉皮冒鼓。鼉鱓皆从單聲。古書如呂覽等皆叚鱓爲鼉。淺人據古書率尒妄增。不知字各有本義。許書但言本義。則此四字可增於黽部。而不可贅於此也。今刪正。从魚單聲。常演切。十四部。鮸鮸魚也。隋煬責貢四方海錯幾盡首曰鮸魚。按今江浙人所食海中黃花魚。乾之爲白鯗。卽此魚也。一名石首魚。首中有二石。許云出薉邪頭國者。蓋許據所見

載籍言之。江賦鯼鮆順時而往還。注云。字林曰。鯼魚出南海。頭中有石。一名石首。然則此魚又名鯼。南海亦有之。出薉邪頭國。薉邪頭國。穢貊也。从魚免聲。亡辨切。古音在十三部。魵魵魚也。釋魚曰。魵、鰕。謂魵魚一名鰕魚也。出薉邪頭國。陳氏魏志、范氏後漢書東夷傳皆曰。濊國海出班魚皮。今一統志朝鮮下亦云尒。班魚卽魵魚也。郭注爾雅云。出穢邪頭國。見呂氏字林。郭注但偁字林。不偁說文。豈所謂逐末忘本者非邪。从魚分聲。符分切。音轉如頒。十三部。⿰魚虜⿰魚虜魚也。出樂浪潘國。樂音洛。浪音郎。樂浪潘國眞番也。番音潘。从魚虜聲。郎古切。五部。鰸鰸魚也。狀侶鰕。各本作蝦。誤。無足。鰕有足。鰸則似鰕而無足。集韵、類篇奪無字。非也。長寸。大如叉股。叉今釵字。出遼東。从魚區聲。豈俱切。古音在四部。鯜鯜魚也。出樂浪潘國。从魚妾聲。七接切。八部。魳魳魚也。出樂浪潘國。从魚

巿聲。博蓋切。十五部。⿰魚匊⿰魚匊魚也。出樂浪潘國。从魚匊聲。居六切。三部。一曰⿰魚匊魚出九江。九江鉉本作江東。爾雅音義引無東。皆非也。有兩乳。一曰溥浮。上一曰別其義。⿰魚匊卽今之江豬。亦曰江豚。樂浪潘國與九江同產此物。云一曰者。載異說。殊其地也。下一曰。猶今言一名也。溥浮俗字作鱄鯆。普姑、覆浮二反。鱄一作鱒。吳東門謂鱃鯆門。卽今蘇州葑門也。釋魚。鱀是鱁。亦江豚之類也。謂之海豚。魦魦魚也。出樂浪潘國。从魚沙省聲。詩小雅有鯊。則爲中夏之魚。非遠方外國之魚明甚。蓋詩自作沙字。吹沙小魚也。樂浪潘國之魚必出於海。自作魦字。其狀不可得而言也。或云卽鮫魚。然魦鮫二篆不相連屬也。所加切。十七部。鱳鱳魚也。出樂浪潘國。从魚樂聲。盧各切。古音在二部。鮮鮮魚也。出貉國。按此乃魚名。經傳乃叚爲新鱻字。又叚爲尟少字。而本義廢矣。从魚羴省聲。相然切。十四部。鰅鰅魚也。皮有文。

上林賦郭注曰。鰅魚有文彩。按長卿謂八川之中有之。侈靡過其實也。據下文樂浪乃有之。然平子賦南都亦曰鱏鱣鰅鱅。是南陽有之。出樂浪東暆。見日部。神爵四年初捕收輸考工。捕當作搏。搏、索取也。今人用捕字。漢人多用搏字。神爵、孝宣帝年號。百官公卿表。少府屬官有考工。捕此魚輸考工者。用其皮。飾器也。周成王時楊州獻鰅。見周書王會篇。蓋漢時楊州地已無此物矣。今王會篇作禺禺。攷上林賦鰅與禺禺爲二物。作禺禺非是。从魚禺聲。魚容切。按禺聲古音在四部。漢書注音顒。徐廣、李善音娛。鱅鱅魚也。史記上林賦鰅鱅鰬魠。漢書、文選鱅皆作鰫。非是。據許書鰫鱅劃然二物。且郭注上林云。鱅常容反。與慵字音正同。叚令从容聲。則不得反以常容矣。郭云。鱅似鰱而黑。陸璣云。鱮、徐州人謂之鰱。或謂之鱅。从魚庸聲。蜀容切。九部。鰂烏鰂魚也。四字句。烏俗本作鰞。今正。陶貞白云。是鷃鳥所化。其口腹猶相似。腹中有墨。能吸波潠墨令水溷黑自衛。劉淵林云。腹中有藥。謂其背骨。今名海鰾鮹是

鮐　鮊　鰒　鮫

也。从魚則聲。昨則切。一部。吳都賦作鯽。他書作鰂。鯽鰂或从即。此乃俗鰂字。以即聲古音在十二部也。今人用爲鰿魚字。鮐海魚也。各本也作名。今依史記正義、漢書注、文選七命注正。鮐亦名侯鮐。卽今之河豚也。吳都賦。王鮪侯鮐。以王侯相儷。改作鯸者。非。貨殖傳。鮐鮆千斤。鮐狀如科斗。背上青黑。有黃文。詩。黃髮台背。毛曰。台背。大老也。箋云。台之言鮐也。大老則背有鮐文。是謂台爲鮐之叚借字。今爾雅作鮐背。从魚台聲。徒哀切。一部。鮊海魚也。从魚白聲。旁陌切。古音在五部。玉篇讀平亞切。廣韵禡韵作鮊。讀若書白不黑。未知所出。大玄昆次三曰。昆白不黑。不相親也。疑用此語。鰒海魚也。郭注三倉曰。鰒似蛤。一偏著石。廣志曰。鰒無鱗有殼。一面附石。細孔雜雜。或七或九。本艸曰。石決明一名鰒魚。李時珍云。與石決明同類殊種。从魚复聲。蒲角切。三部。鮫海魚也。皮可飾刀。今所謂沙魚。所謂沙魚皮也。許有魦字。云从沙省。葢卽此魚。陳藏器曰。沙魚狀皃非一。皆皮上

十一篇下　丟

鱷　鯁　鱗　鮏

有沙。堪措木。如木賊。蘇頌曰。其皮可飾刀靶。按其皮可磨錯。故通謂之錯魚。音措各切。有鐇錯。有橫骨在鼻前如斤斧形者也。有出入鯌。子朝出求食。暮還入母腹中者也。淮南子。鮫革犀兕爲甲冑。中山經有鮫魚。郭云。卽此魚。中庸。黿鼉鮫龍。本又作蛟。从魚交聲。古肴切。二部。鱷海大魚也。此海中魚冣大者。字亦作鯨。羽獵賦作京。京、大也。从魚畺聲。渠京切。古音在十部。春秋傳曰。取其鱷鯢。宣公十二年左氏傳文。劉淵林注吳都賦、裴淵廣州記皆云。雄曰鯨。雌曰鯢。是此鯢非剌魚也。鯨鱷或从京。古京音如姜。鯁魚骨也。故其字从魚。與骨部骾字別。而骨骾字亦多借鯁爲之。爾雅曰。魚枕謂之丁。魚腸謂之乙。魚尾謂之丙。今益之曰魚骨謂之鯁。魚甲謂之鱗。魚臭謂之鮏。从魚更聲。古杏切。古音在十部。鱗魚甲也。甲者、鎧也。魚鱗似鎧。亦有無鱗有甲之魚。鱣是也。从魚粦聲。力珍切。十二部。鮏魚臭也。魚气也。與肉部胜義別。字俗作鯹。从魚生聲。桑經切。十一部。

鱢　鮨　鮺

鱢鮏臭也。从魚喿聲。穌遭切。二部。周禮曰。膳膏鱢。按此六字當作讀若周禮曰膳膏鱢八字。葢鱢从肉。見肉部。云豕膏臭也。與先鄭說同。然則許所據周禮不作膳膏鱢。鱢與鮏同義。鮨魚䏣醬也。醬字衍。䏣者、豕肉醬也。引申爲魚肉醬。則偁魚䏣可矣。公食大夫禮牛鮨。注曰。內則鮨爲膾。然則膾用鮨。謂此經之醢牛鮨。卽內則之醢牛膾也。聶而切之爲膾。更細切之。則成醬爲鮨矣。鮨者、膾之冣細者也。牛得名鮨。猶魚得名䏣也。鄭曰。今文、鮨作鰭。按鰭是叚借字。說文有耆無鰭。出蜀中。謂魚醬獨蜀中有之。从魚旨聲。旨夷切。十五部。一曰鮪魚名。鮪魚名當作鮨魚也三字一句。謂有魚名鮨也。鮺藏魚也。釋名曰。鮓、葅也。以鹽米釀魚爲葅。孰而食之也。按古作鮺之法。令魚不殀壞。故陶士行遠遺其母。卽內則之魚膾。聶而切之者也。南方謂之䱜。北方謂之鮺。此一說也。周禮注曰。荆州之鮺魚。然則南方亦言鮺。一曰大魚爲鮺。小魚爲䱜。此又一說也。此十字舊在下篆

十一篇下　毛

䱜　鮑　魿　鰕

鮺也之下。今依廣韵移併。从魚差省聲。側下切。十七部。俗作鮓。䱜鮺也。渾言不別。析言則別之。从魚今聲。徂慘切。古音在七部。廣韵昨淫切。玉篇才枕才箴二切。鮑饐魚也。饐、飯傷溼也。故鹽魚溼者爲饐魚。周禮籩人有鮑。注云。鮑者、於糗室中糗乾之。出於江淮。師古注漢書曰。鮑、今之⿰魚邑魚也。鄭以爲於煏室乾之。非也。秦始皇載鮑亂臭。則是⿰魚邑魚耳。而煏室乾者、本不臭也。⿰魚邑、於業反。按玉篇作裛魚。皆當作浥耳。浥、溼也。釋名曰。鮑、腐也。埋藏淹使腐臭也。从魚包聲。薄巧切。古音在三部。魿蟲連行紆行者。考工記梓人注曰。連行、魚屬。紆行、蛇屬。按紆者、詘也。縈也。蛇行必縈曲。从魚令聲。郎丁切。古音在十二部。鰕鰕魚也。三字句。各本作魵也。今正。鰕者、今之蝦字。古謂之鰕魚。如鼉曰鼉魚。馬部騢下云。色似鰕魚。驒下云。文如鼉魚。郭注爾雅云。今青州呼鰕魚爲鰝。皆其證。鰕篆是此物正字。不訓以鰕魚。則騢之似鰕魚、驒之狀似鰕爲似何物乎。況鰕篆之下緊接鰝篆。釋云大鰕。鰝爲今之大蝦無可疑者。若如各

鰝 鯦

本則鰝不爲大鰕乎。由釋魚有魵鰕之文。郭曰出穢邪頭國。與說文魵解同。淺人遂改鰕篆之解爲魵也。不知許立文之例以類相從。鰕果是魵。則鰕篆必次魵篆後。不次鰝篆前。至於物有同名異實者。如爾雅鰕三見。鰝大鰕。則今之蝦也。魵鰕。則穢邪頭之魚也。鯢大者謂之鰕。則今有四腳之魚也。而皆謂之鰕。豈可合而一之乎。鰕篆者長須水蟲之正字。古亦借瑕爲之。凡叚聲如瑕鰕騢等皆有赤色。古亦用鰕爲雲赮字。**从魚。**故爾雅鰕在釋魚。**叚聲。**乎加切。古音在五部。

鰝大鰕也。見釋魚。郭云。鰕大者出海中。長二三丈。鬚長數丈。今青州呼鰕魚大者爲鰝鰕。吳都賦曰鰝鰕。**从魚高聲。**胡倒切。二部。

鯦當互也。見釋魚。今爾雅互作鮔。郭云。海魚也。似鯿而大鱗。肥美多鯁。今江東呼其取大長三尺者爲當鮔。鮔音胡。按集韵類篇模韵鮔字注云。吳人以爲珍。即今時魚。尋繹郭注。誠謂時魚也。時魚七之作鰣。或作鰣。廣韵亦曰鰣魚。似魴。肥美。江東四月有之。但依許氏立文之例求其義。自鰕至鮚六字。皆字从魚而實非魚者。故殿於魚部之末。如蠅鼉鼀鼂必居黽尾。贏驢

魧 鮩 鮚

騾駃必厠馬後也。然則許說爲何物不可知。而必與郭說異。亦猶鐵刀。鄭云薙物。郭乃云薺魚。互俗作鮔。蓋非是。當是罝之省。罝者咢也。見网部。**从魚咎聲。**其久切。三部。按字林作鮥。鮛鮪也。鯦當鮔也。與爾雅說文互易。乃鯦鮥字之互譌耳。而五經文字乃云。鮥其救反。又音洛。洛乃鮥音。鯦豈有洛音哉。凡五經文字可議處類此。○釋文云。字林作鮥。音洛。今洛譌格。

魧大貝也。貝海介蟲也。居陸名猋。在水名蜬。釋魚曰。大者魧。尚書大傳曰。散宜生得大貝。如車渠。車渠車网也。車网者。輮也。江賦字作蚢。**从魚。**故爾雅介蟲皆入釋魚。**亢聲。一曰魚膏。**別一義。**讀若剛。**古郎切。十部。文選胡剛切。

鮩蚌也。蚌者。蜃屬。亦名鮩。**从魚丙聲。**兵永切。古音在十部。

鮚蚌也。地理志。會稽鄞縣有鮚埼亭。師古曰。鮚蚌也。長一寸。廣二分。有一小蟹在其腹中。埼。曲岸也。其中多鮚。故以名亭。按此名瑣鮚。瑣者小也。鮚之小者。江賦瑣蛣腹蟹注引南越志曰。瑣蛣長寸餘。大者長二三寸。腹中有蟹子。如榆莢。合體共生。皆爲蛣取食。**从魚吉聲。**巨乙切。十

鮅 鱹 鯸 鯛 鯙

二部。文選字作蛣。**漢律。會稽郡獻鮚醬二斗。**二斗二字依廣韵補。廣韵斗誤升。小徐本作三斗。

鮅魚名。从魚必聲。毗必切。按自鮅至魮十篆皆非許書所本有。以魚部鰫鰯爲魚子。自魼至鱷皆魚名。自鯁至鮑皆泛言魚之體。魚之用。自鰕至鮚皆字从魚而實非魚者。至此而魚部畢矣。不當又舉魚名及魚之狀皃。故知必淺人所增也。釋魚云。鮅鱒。系一魚二名。儻許錄鮅字。便當與鱒相聯。由許時爾雅本無鮅字。但作必。必則例不錄。

鱹魚名。从魚瞿聲。九遇切。

鯸魚名。从魚侯聲。乎鉤切。按吳都賦鯸鮐。當是本作侯鮐。故與王鮪相儷。廣雅鯸鮔。即侯鮐之俗字也。叚令許錄鯸字。則當厠於鮐篆之上。

鯛骨耑脃也。从魚周聲。都僚切。如其義。則當與鯁篆相屬。篇韵皆曰魚名。何也。

鯙烝然鯙鯙。从魚卓聲。都教切。按詩南有嘉魚。烝然罩罩。傳曰。罩。籗也。音義罩張教反。此偁詩作鯙鯙。不言其義。篇韵皆不載其字。大徐云都教切者。非唐韵有此字。此音乃傳合毛詩音義爲

鮁 鮇 鯕 鮡 魤 鱻

此音耳。集韵類篇效韵亦無此字。惟覺韵有此字。訓曰魚名。蓋其可疑如此。

鮁鱣鮪鮁鮁。从魚犮聲。北末切。按毛詩鱣鮪發發。傳曰。發發。盛皃。音義云補末反。韓詩作鱍。是作鮁者非毛。非韓。不可信。又不言其義。篇韵皆無鮁字。其可疑如此。

鮇鯕魚。出東萊。从魚夫聲。甫無切。依玉篇當作鮇鯕魚。

鯕魚名。从魚其聲。渠之切。按其訓當云鮇鯕也。廣韵七之又單出鯕字。云鯿魚。

鮡魚名。从魚兆聲。治小切。按字見爾雅。鱯之小者也。叚令許錄此字。當與鱯篆相屬。

魤魚名。从魚匕聲。呼跨切。

鱻新魚精也。云精者。即今之鯖字。廣韵云。煮魚煎食曰五侯鯖。煎食作煎肉者誤。謂以新魚爲肴也。周禮歔人辨魚物爲鱻薨。鄭司農曰。鮮。生也。薨。乾也。詩思文正義引鄭注尚書曰。衆鱻食。謂魚鼈也。引申爲凡物新者之偁。獸人六畜六獸六禽亦偁鱻薨。史言數見不鮮。許書玼下云。新玉色鮮也。黨下云。不鮮也。其字蓋皆本作鱻。凡鮮明、鮮新字皆當作鱻。自漢人始以鮮代鱻。如周禮經作

鱻注作鮮是其證至說文全書不用叚借字而玼下黨下亦皆爲淺人所改今則鮮行而鱻廢矣从三魚相然切十四部不變魚也也字今補此釋从三魚之意謂不變其生新也他部如驫麤猋等皆謂其生者鱻則謂其死者死而生新自若故曰不變

文一百三　重七

䲆

二魚也此卽形爲義故不言从二魚二魚重而不竝易所謂貫魚也魚行必相隨也晉語暇豫之吾吾不如鳥烏韋注吾讀如魚韓文公詩用魚魚雅雅豈卽本國語乎从二魚與从三魚不同三魚謂不變其新二魚謂連行可觀語居切五部凡䲆之屬皆从䲆所以不併入魚部必立此部者以有⿰氵䲆字从䲆也

⿰氵䲆

搏魚也搏舊作捕今正搏索持也漢人用搏字多如此捕魚字古多作魚如周禮⿰⿱虍魚攵人本作魚此與取鼈者曰鼈人取獸者曰獸人同也左傳公將如棠觀魚者魚者謂捕魚者也呂氏春秋淮南鴻烈高注每云漁讀如論語之語讀如相語之語尋其文義皆由本文作魚故爲讀若以別諸水蟲周禮音義⿰⿱虍魚攵本作魚又音御御音卽高氏之語音也然則古文本作魚作䲆⿰氵䲆其籀文乎至小篆則媘爲漁矣周禮當从古作魚人作⿰⿱虍魚攵者夵之作⿰⿱虍魚攵者非也从䲆水必从䲆者捕魚則非一魚也䲆水者魚之驚透於水也語居切五部篆文⿰氵䲆从魚後篆文者亦先二後上之例也

燕

燕燕玄鳥也各本無燕燕二字今補乙下曰燕燕也齊魯謂之乙佳部巂下曰巂周者燕也邶風傳曰燕燕乙也商頌傳曰玄鳥乙也釋鳥曰巂周燕燕乙也古多叚燕爲宴安宴享籋口故以廿像之布翄故以北像之枝尾與魚尾同故以火像之象形於甸切十四部凡燕之屬皆从燕

文二　重一

龍

文一

鱗蟲之長能幽能明能細能巨能短能長四句一韵春分而登天秋分而潛淵二句一韵毛詩蓼蕭傳曰龍寵也謂龍卽寵之叚借也勻傳曰龍和也長發同謂龍爲邕和之叚借字也从肉與能从肉同𦣞肉飛之形𦣞肉二字依韵會補無此則文理不完六書故所見唐本作从肉从飛及童省按从飛謂⺄飛省也从及謂⺄反古文及也此篆从飛故下文受之以飛部童省聲謂䇂也力鍾切九部凡龍之屬皆从龍

龗

龍也雙聲轉注从龍霝聲郎丁切十一部

龕

龍皃此篆之本義也叚借爲戕亂字今人用戡堪字古人多叚龕文選注引尚書孔傳曰龕勝也从龍今聲各本作合聲篆體亦誤今依九經字𢰅正古音在七部侵韵今音入八部覃韵口含切

⿱开龍

龍耆脊上⿱开龍⿱开龍也士喪禮載魚左首進鬐注曰鬐脊也古文鬐爲耆按此鄭从今文而疊古文於注也許彡部無鬐此出耆者許於此字從禮古文不從禮今文也耆者老也老則脊隆故凡脊曰耆或作鬐因馬鬣爲此字也龍魚之脊上出者如馬鬣然上林賦曰揵鰭掉尾郭云鰭背上鬣也鰭亦耆之今字渾言之耆卽脊析言者在脊上⿱开龍⿱开龍龍耆皃从龍开聲古賢切十二部

龖

飛龍也廣韵曰龍飛之狀从二龍凡龔讋字从此省聲讀若沓徒合切八部

文五

飛

鳥翥也羽部曰翥者飛舉也古或叚蜚爲飛象形像舒頸展翄之狀甫微切十五部凡飛之屬皆从飛

⿱飛異

翄也羽部曰翄者翼也二篆爲轉注翼必兩相輔故引申爲輔翼卷阿傳曰道可馮依以爲輔翼也行葦鄭箋云在前曰引在旁曰翼又凡敬者必如兩翼之整齊故毛傳曰翼敬也鄭箋云小心翼翼恭愼皃从飛異聲與職切一部籀文翼小徐有此三字篆文

翼从羽。先籒後篆者、亦先二後上之例也。翼爲飛之屬。

文二　重一

非　韋也。韋各本作違。今正。違者、離也。韋者、相背也。自違行韋廢、盡改韋爲違。此其一也。非以相背爲義。不以離爲義。从飛下翄。謂从飛省而下其翄。取其相背也。翄垂則有相背之象。故曰非、韋也。甫微切。十五部。凡非之屬皆从非。

𩇯　別也。別者、分解也。从非。己聲。舊己下有聲字。今刪。己猶身也。非己猶言不爲我用。會意。非亦聲。非尾切。十五部。

靡　披靡也。披各本作柀。今正。披靡、疊韵字。旇下曰。旌旗披靡也。項羽傳漢軍皆披靡。顏師古、張守節皆普彼反。葢其字本作柀。从木。析也。寫者譌从手。柀靡、分散下垂之皃。易中孚九二曰。吾與爾靡之。孟、王皆曰散也。凡物分散則微細。引申之謂精細可喜曰靡麗。爾下曰麗爾猶靡麗也。是也。又與亡字、無字皆雙聲。故謂無曰靡。从非。麻聲。文彼切。古音在十七部。

靠　相韋也。韋各本作違。今正。相韋者、相背也。故从非。今俗謂相依曰靠。古人謂相背曰靠。其義一也。猶分之合之皆曰離。从非。告聲。苦到切。古音在三部。

陛　陛牢謂之獄。五字句。各本作牢也二字。今依韵會本訂。牛部曰。牢者、閑養牛馬圈也。引申之、凡閑罪人者曰陛牢。郎夏均臺、殷羑里、周圜土、秦囹圄、漢若盧也。法言曰。狴犴使人多禮。字作狴。猶鄉亭之繫曰犴、朝廷曰獄。字皆从犬。所目拘非也。从非。說从非之意。陛省聲。邊兮切。十五部。

文五

卂　疾飛也。引申爲凡疾之偁。故撞下曰卂擣也。辵部迅从卂。从飛而羽不見。飛而羽不見者、疾之甚也。此亦象形。息晉切。十二部。凡卂之屬皆从卂。

煢　回疾也。回轉之疾飛也。引申爲煢獨。取裵回無所依之意。或作惸、作睘、作嬛。毛傳曰。睘睘無所依也。从卂。營省聲。渠營切。十一部。

文二

二十一部　文六百八十五　重六十三宋本三作二。

凡九千七百六十九字已上十一篇分部及篆文重文及說解字之都數也。

說文解字第十一篇下

受業黟縣胡積城校字

說文解字第十二篇上

金壇段玉裁注

乙

燕燕乙鳥也。燕燕見前篇。玄鳥二字淺人所增。齊魯謂之乙。取其鳴自謼。象形也。舊作呼。今依韵會正。也字今依韵會補。謼者、評也。號也。山海經說鳥獸多云其名自號。燕之鳴如云乙。燕乙雙聲。莊子謂之鷾鴯。鷾亦雙聲也。既得其聲而像其形。則爲乙。燕篆像其籋口、布翄、枝尾、全體之形。乙篆像其于飛之形。故二篆皆曰像形也。乙象翅開首竦。横看之乃得。本與甲乙字異。俗人恐與甲乙亂。加鳥旁爲鳦。則贅矣。本音烏拔反。十五部。入於筆切者、非是。凡乙之屬皆从乙。乙或从鳥。按此葢非古字。今爾雅毛傳皆如此作。

孔

通也。通者達也。於易卦爲泰。孔訓通。故俗作空穴字多作孔。其實空者、竅也。作孔爲叚借。嘉美之也。各本無此四字。由淺人謂與下複而刪之。今依韵會補也。當作詞。詞者、意內而言外也。通爲吉。寔爲凶。故凡言孔者、皆所以嘉美之。毛傳曰。孔、甚也。是其義。甚者、尤安樂也。或曰。詩言亦孔之醜。豈嘉美之乎。曰。此卽今甚字通於美惡之意也。从乙子。會意。康董切。按此字未見三代用韵之文。但以肉好卽邊孔求之。疑孔古音在三部。故吼犼芤以爲聲。乙請子之候鳥也。月令。仲春。玄鳥至。至之日以大牢祠于高禖。天子親往。注云。高辛氏之世。玄鳥遺卵。娀簡吞之而生契。後王以爲媒官嘉祥。而立其祠焉。乙至而得子。嘉美之也。說从乙子會意之恉。故古人名嘉字子孔。此又以古人名字相應說孔訓嘉美之證。見於左傳者。楚成嘉字子孔。鄭公子嘉字子孔。春秋經宋孔父、左傳云孔父嘉。何休云經稱字。按孔父、字孔。故後以爲氏。

乳

人及鳥生子曰乳。獸曰產。生部曰。生、進也。產、生也。渾言之。此復析言之。孺下曰。乳子也。按古書之文多通偁。从孚乙。會意。而主切。古音在四部。乙者、乙鳥。明堂月令。乙鳥至之日。祠于高禖。以請子。故乳从乙。此說从孚乙會意之恉。孚者、卵卽孚也。乙者請子之候鳥也。請子必以乙至之日者、乙春分來。秋分去。開生之候鳥。帝少昊司分之官也。左傳曰。玄鳥氏、司分也。此說月令請子必以玄鳥至之日之恉。

文三　重一

不

鳥飛上翔不下來也。凡云不然者、皆於此義引申叚借。其音古在一部。讀如德韵之北。音轉入尤有韵。讀甫鳩甫九切。與弗字音義皆殊。音之殊、則弗在十五部也。義之殊、則不輕弗重。如嘉肴弗食、不知其旨。至道弗學、不知其善之類可見。公羊傳曰。弗者、不之深也。俗韵書謂不同弗。非是。又詩鄂不韡韡。箋云。不當作柎。柎、鄂足也。古聲不柎同。从一。一猶天也。他處云一地也。此以在上。知爲天。象形。謂不也。象鳥飛去而見其翅尾形。音見上。凡不之屬皆从不。

否

不也。不者、事之不然也。否者、說事之不然也。故音義皆同。孟子萬章曰。然則舜僞喜者與。孟子曰。否。注。孟子言舜不詐喜也。又咸丘蒙問舜南面而立。瞽瞍亦北面而朝之。孟子曰。否。注。言不然也。又萬章曰。堯以天下與舜。有諸。孟子曰。否。注。堯不與之。又萬章問曰。人有言。伊尹以割烹要湯。孟子曰。否。然也。萬章又問孔子於衛主癰疽。孟子曰。否。然也。萬章又問百里奚自鬻於秦養牲者。孟子曰。否。然。注皆曰。否、不也。不如是也。注以不如是釋否然。今本正文皆譌作否不然。語贅而注不可通矣。否字引申之義訓爲不通。如易之泰否。堯典之否德、小雅之否難知也。論語之予所否者。皆殊其音讀。符鄙切。要之古音則同在弟一部。从口不。會意。不亦聲。方久切。古音在一部。

文二

至

鳥飛從高下至地也。凡云來至者、皆於此義引申叚借。引申之爲懇至。爲極至。許云到、至也。臻、至也。假、至也。此本義之引申也。又云親、至也。寴、至也。此餘義之引申也。从一。一猶地也。

一在下故云。象形。謂也。不象上升之鳥首鄉上。至象下集之鳥首鄉下。脂利切。古音讀如質。在十二部。不上去而至下。句。來也。瑞麥之來、爲行來之來。凡至之屬皆从至。

到

至也。大雅曰。靡國不到。論語兩言民到于今。釋詁曰。到、至也。从至。刀聲。都悼切。二部。

臻

至也。見釋詁。古亦叚溱爲之。从至。秦聲。側詵切。十二部。

𦤺

忿戾也。从至。至而復孫。也。會意。孫遁也。二孫字大徐作遜。非。古無遜字。凡春秋詩書遜遁字皆作孫。傳曰。孫之爲言孫也。不作爲言遜。爾雅作遜、遁也。爲後人所改之俗字。許辵部有遜篆。亦是後人所增。孫遁也。此子孫字引申之義。孫之於王父。自覺其微小。故逡巡遁避之言取諸此。至而復逡巡者。忿戾之意也。周書曰。有夏氏之民叨𦤺。尚書多方文。今本無氏字。𦤺作懫。按𦤺作懫者、天寶間衞包改也。釋文𦤺作懫。宋開寶開改也。釋文曰。懫。勑二反。說文之二反。不云說文作𦤺。知其大字本不作懫矣。禮記大學。心有所忿懥。注云。懥。怒皃。或作懫。按懥懫不見許書。衞包以意改經。非必懫卽𦤺也。𦤺讀若摯。釋文云。說文之二反。此音隱舊音也。大徐丑利切。十五部。或曰。古音當在十二部。

臺

觀四方而高者也。釋名曰。觀、觀也。於上觀望也。觀不必四方。其四方獨出而高者、則謂之臺。大雅。經始靈臺。釋宮。毛傳曰。四方而高曰臺。傳意高而不四方者則謂之觀、謂之闕也。釋名。臺、持也。築土堅高能自勝持也。古臺讀同持。心曰靈臺。謂能持物。淮南子。其所居神者、臺簡以游大淸。注。臺、持也。又臺無所鑒、謂之狂生。注。臺、持也。此皆作臺自可通。或作古文握。古文握與臺形相似。从至。从高省。與室屋同意。按臺不必有屋。李巡注爾雅曰。臺上有屋謂之謝。然則無屋者謂之臺。築高而已。云與室屋同意者、室屋篆下皆云从至者所止也。是其意也。㞢聲。徒哀切。一部。

臸

到也。不言至言到者。到者至之得地者也。辵部曰。邇、近也。从臸聲。然則二至當重不當竝。从二至。會意。至亦聲。人質切。十二部。

文六　重一

西

鳥在巢上也。象形。下象巢。上象鳥。會意。上下皆非字也。故不曰會意而曰象形。鳥在巢上者、此篆之本義。今音先稽切。古音讀如詵。讀如僊。如西施亦作先施。漢書曰。西、遷也。古音在十二十三部。日在西方而鳥西。上西、卽下文東西之西也。下西、西之本義也。故因㠯爲東西之西。此說六書叚借之例。叚借者、本無其字。依聲託事。古本無東西之西。寄託於鳥在巢上之西。字爲之。凡許言以爲者類此。韋本訓相背、而以爲皮韋。烏本訓孝鳥、而以爲烏呼。來本訓瑞麥、而以爲行來。朋本古文鳳、而以爲朋攩。子本訓十一月昜气動萬物滋、而以爲人偁。後人習焉不察。用其借義而廢其本義。乃不知西之本訓鳥在巢、韋之本訓相背、朋之本訓爲鳳。逐末忘本。大都類是。微許君言之。烏能知之。凡西之屬皆从西。

棲

西或从木妻。蓋从木、妻聲也。从妻爲聲。蓋製此篆之時已分別西爲東西、棲爲鳥在巢。而其音則皆近妻矣。詩可以棲遲。漢嚴發碑作衡門西遲。然則雞棲于塒、雞棲于桀、古本必作雞西。論語爲是棲棲、古本亦必作西西。古文西。籒文西。按卤下曰。从西省。若籒文西如此。則卤正从籒文卤矣。

𧟹

姓也。从西。圭聲。戶圭切。按許書自女部姬姜等十二字而外。未有云姓者。古之神聖、母感天而生。故字从女。是以姬姜等十二字皆从女。其他繼別爲氏。或以字、或以官、或以邑。雖亦可謂之姓。而其字不容列於說文。黃帝姬姓。而黃帝之子十二姓者。除姬姞字外。酉祁己滕箴任苟僖儇依十字、許皆不云姓。是也。惟矢部吳下云姓也、郡也。爲妄人所增。而此𧟹篆解云姓也。雖篆文亦屬僞孱。蓋必有妄人以許書無其姓爲恥而竄入之。傳寫遂莫之察。許果有此篆、必釋其本義。不徒云姓也。小徐云。張說梁四公子記有𧟹闖。依廣韵梁四公子字作垔。與垔各字。

文二　當云文一。　重三

鹵 鹵西方鹹地也。从卥省。省字衍。此承上文卥部。从卥之籒文也。謂卤也。⊠象鹽形。大徐本無⊠。小徐譌作囟。凡既从某而又象其形。謂之合體之象形。多不成字。其成字者。則會意也。轉寫者以其不成字而刪之。致文理不可讀。皆當依此補之。合體象形。有半成字半不成字者。如鹵从卤而又以⊠象之是也。有网不成字者。如卥以弓象鳥。以囟象巢是也。鹵郎古切。五部。安定有鹵縣。地理志。安定郡鹵縣。東方謂之㡿。西方謂之鹵。禹貢。青州海濱廣斥。謂東方也。安定有鹵縣。謂西方也。大史公曰。山東食海鹽。山西食鹽鹵。然對文則分析。散文則不拘。鹹地僅產鹽。引申之。春秋經大原亦曰大鹵。釋名。地不生物曰鹵。凡鹵之屬皆从鹵。

鹺 鹺鹹鹺也。鹺字各本缺。淺人謂複字而刪之也。今補。曲禮。凡祭宗廟之禮。鹽曰鹹鹺。鄭注。大鹹曰鹺。今河東云。按鹹鹺古語。不容刪字。从鹵。差省聲。昨河切。十七部。河內謂之鹺。鄭言河東皆魏地。沛人言若虘。五字當作讀若郝人言鄘六字。郝郡鄘縣。字本作鄘。其土音讀在何切。鹺之讀如此也。鄘見邑部。

鹹 鹹銜也。以疊韵爲訓。北方味也。酸苦辛甘下不著某方之味。此著之者。錯見也。从鹵。咸聲。胡毚切。古音在七部。

文三

鹽 鹽鹵也。天生曰鹵。人生曰鹽。十字各本作鹹也二字。今正。鹽之味鹹。鹽不訓爲鹹。玄應書三引說文天生曰鹵。人生曰鹽。當在此處。上冠以鹵也二字。則渾言。析言者備矣。周禮鹽人掌鹽之政令。有出鹽直用不湅治者。有湅治者。从鹵。監聲。余廉切。古音在八部。古者夙沙初作鬻海鹽。夙大徐作宿。古宿夙通用。左傳有夙沙衛。呂覽注曰。夙沙大庭氏之末世。困學紀聞引魯連子曰。古善漁者。宿沙瞿子。又曰。宿沙瞿子善煑鹽。許所說葢出世本作篇。所謂人生曰鹽也。凡鹽之屬皆从鹽。

盬 盬河東鹽池也。地理志。河東郡安邑。鹽池在西南。郡國志亦云。安邑有鹽池。左氏傳曰。郇瑕氏之地。沃饒而近盬。服虔注云。盬。鹽池也。土俗裂水沃麻。分灌川野。畦水秏竭。土自成鹽。即所謂鹹鹺也。而味苦。號曰鹽田。杜注左氏。郭注穆天子傳皆曰。盬者鹽池。然則鹽池古者謂之盬。亦曰鹽田。周禮因以爲鹽不湅治之偁。又引申之。詩以爲不堅固之偁。周禮苦良苦讀爲盬。謂物之不佳者也。袤五十一里。廣七里。周百十六里。左傳正義。後漢書注所引同。惟水經注湅水篇引作長五十一里。廣六里。周一百一十四里。爲異。魏都賦注。猗氏南鹽池。東西六十四里。南北七十里。郡國志注引楊佺期洛陽記。河東鹽池。長七十里。廣七里。水經注曰。今池水東西七十里。南北七十里。參差乖異。葢隨代有變。从鹽省。古聲。公戶切。五部。

鹼 鹼鹵也。廣韵千廉切。水和鹽也。从鹽省。此篆明明从鹵。不知何以云从鹽省。僉聲。魚欠切。七部。

文三

戶 戶護也。以疊韵爲訓。半門曰戶。象形。侯古切。五部。凡戶之屬皆从戶。

戶古文戶从木。从木而象其形。按此當是籒文加木。惟古文作戶。故此部文九皆从戶也。

扉 扉戶扇也。釋宮曰。闔謂之扉。門闔。門扇也。然則門戶一也。从戶。非聲。甫微切。十五部。

扇 扇扉也。月令。乃脩闔扇。注云。用木曰闔。用竹葦曰扇。案析言如此。渾言之則不拘。从戶羽。依韵會本。从羽者。如翼也。式戰切。十四部。

房 房室在旁也。凡堂之內。中爲正室。左右爲房。所謂東房西房也。引申之。俎亦有房。从戶。焦氏循曰。房必有戶以達於堂。又必有戶以達於東夾西夾。又必有戶以達於北堂。方聲。符方切。十部。

戻 戻輜車旁推戶也。輜車者。衣車也。前後有蔽。旁有可開之戶。从戶。大聲。讀與釱同。徒葢切。十五部。

戹 戹隘也。隘者。陋也。陋者。陝也。陝者。隘也。从戶。乙聲。按聲字衍。或於雙聲取音。此从甲乙之乙。取乙乙難出之意也。於革切。十六部。

肁 肁始開

扆　⿸戶去　扃

也。引申爲凡始之偁。凡經傳言肇始者、皆肁之叚借。肇行而肁廢矣。釋詁、毛詩傳皆曰：肇、始也。戈部曰：肇、擊也。从戶聿。聿於語詞有始義、故从聿。治小切。二部。扆　戶牖之閒謂之扆。釋宮曰：牖戶之閒謂之扆。凡室、戶東牖西。戶牖之中閒是曰扆。詩、禮多叚依爲之。从戶。衣聲。於豈切。十五部。⿸戶去　閉也。士喪禮注曰：徹帷扆之事畢、則下之。襍記注曰：既出、則施其扆。鬼神尚幽闇也。據此二注、扆爲褰舉之義。與東都賦袪黼帷同。疑閉當作開。一說扆在開閉之閒。故兼此二義。从戶。劫省聲。口盇切。按劫省聲、疑當作去聲。儀禮音義、劉昌宗羌據反。可據也。玉篇亦有羌據一反。扃　外閉之關也。關者、以木橫持門戶也。曲禮：入戶奉扃。注曰：奉扃、敬也。孔疏曰：奉扃之說多家。今謂禮有鼎扃。所以關鼎。今關戶之木與關鼎相似。凡常奉扃之時、必兩手向心而奉之。今入戶雖不奉扃木、其手若奉扃然。以其手對戶若奉扃。言恭敬也。玉裁謂下文言戶開亦開、戶闔亦闔。知戶闔而入、用兩手推戶爲奉扃。若戶開而入、則兩手不偏可矣。戶扃蓋以木橫著於戶爲之機。令外可閉者。鼎關字正作鼏。禮古文叚扃爲之。車上所以止旗者亦曰扃。从戶。冋聲。古熒切。十一部。

文十　重一

十二篇上　七

門　閶　闈　⿵門詹

門　聞也。以疊韵爲訓。聞者、謂外可聞於內。內可聞於外也。从二戶。象形。此如鬥从二丮、不必有反丮字也。莫奔切。十三部。凡門之屬皆从門。閶　閶闔、二字今補。離騷、大人賦、淮南子、西京賦、靈光殿賦、大象賦、皆云閶闔。王逸、高誘、薛綜、韋昭、李善注皆曰：閶闔、天門也。八風西方曰閶闔風。天門也。从門。昌聲。尺量切。十部。楚人名門皆曰閶闔。皆字依韵會補。闈　宮中之門也。釋宮曰：宮中之門謂之闈。周禮保氏。使其屬守王闈。注：闈、宮中之巷門。从門。韋聲。羽非切。十五部。⿵門詹　⿵門詹謂之樀。今釋宮檐謂之樀。許所據爾雅有異本作⿵門詹。樀、

閎　閨　閤　闒　閈　閭　閻

廟門也。木部：樀、戶樀也。此樀義不同。謂廟門也。故⿵門詹从門。吳語：王背檐而立。大夫向檐。韋云：檐謂之樀。樀、門戶。韋注戶當作也。國語、爾雅字皆當作⿵門詹。郭以屋梠釋樀。非是。从門。詹聲。余廉切。八部。閎　巷門也。巷者、里中道也。然則閎猶閭也。釋宮：衖門謂之閎。郭引左傳盟諸僖閎。云閎、衖頭門。从門。厷聲。戶萌切。古音在六部。閨　特立之戶。上圜下方有佀圭。釋宮曰：宮中之門謂之闈。其小者謂之閨。从門圭。圭亦聲。會意。古攜切。十六部。閤　門旁戶也。釋宮曰：小閨謂之閤。按漢人所謂閤者、皆門旁戶也。皆於正門之外爲之。前書注曰：閨閤、內中小門也。公孫弘傳：起客館、開東閤以延賢人。師古云：閤者、小門也。東向開之、避當庭門而引賓客。以別於掾史官屬也。亦有云南閤者、如許沖云臣父故大尉南閤祭酒是也。有云西閤者、如晉書衛玠爲太傅西閤祭酒是也。唐時不臨前殿、御便殿、謂之入閤。謂立仗於前殿喚仗、則自東西閤入也。凡上書於達官曰閤下、猶言執事也。今人乃譌爲閣下。从門。合聲。古沓切。八部。

十二篇上　八

闒　樓上戶也。齊風傳曰：闥、門內也。許書無闥。闥即今闒字。西京賦說神明臺曰：上飛闒而仰眺。西都賦說井幹樓曰：排飛闒而上出。此二闒皆樓上戶。在高處故名之曰飛。从門。𦐇聲。徒盇切。八部。閈　閭也。左傳、爾雅釋文、左傳正義、蕪城賦注、玉篇、廣韵皆作閭。至爾雅疏乃譌爲門。今正。下文曰：閭、里門也。漢書：綰自同閈。應注：楚名里門曰閈。招魂：去君之恒幹。王注：或作恒閈。閈、里也。楚人名里曰閈。按惟左傳高其閈閎。用爲凡門之偁。从門。干聲。侯旰切。十四部。汝南平輿里門曰閈。當許時古語猶存於汝南平輿也。閭　里門也。周制：二十五家爲里。其後則人所聚居爲里。不限二十五家也。里部曰：里、凥也。里門曰閭。从門。呂聲。力居切。五部。周禮：五家爲比。五比爲閭。見大司徒職。閭、侶也。二十五家相羣侶也。侶當作旅。旅、衆也。此引周禮言閭之古義。閻　里中門也。別於閭。閭爲里外門也。从門。臽聲。余廉切。八部。壛　閻或

从土。闠　市外門也。薛綜西京賦注曰。闤、市營也。闠、中隔門也。劉逵蜀都賦注曰。闤、市巷也。闠、市外内門也。崔豹古今注曰。市牆曰闤。市門曰闠。李善引倉頡篇曰。闠、市門也。按諸家皆有闤字。而許不錄。葢以還環包之。市之營域曰環。其外門曰闠。从門。貴聲。胡對切。十五部。闉　闉闍。二字今依詩正義補。城曲重門也。城曲各本作城內。今依詩正義正。鄭風曰。出其闉闍。傳曰。闉、曲城也。闍、城臺也。正義曰。釋宮云。闍謂之臺。闍是城上之臺。謂當門臺也。闍既是城之門臺。則知闉是門外之城。卽今之門外曲城是也。故云闉、曲城也。闍、城臺。按毛分言之。許併言之者。許意說字从門之恉也。有重門。故必有曲城。其上爲門臺。卽所謂城隅也。故闉闍字皆从門。而詩曰出其闉闍。謂出此重門也。城曲、曲城意同。从門。垔聲。於眞切。十三部。詩曰。出其闉闍。闍　闉闍也。从門。者聲。當孤切。五部。闕　門觀也。釋宮曰。觀謂之闕。此觀上必加門者。觀有不在門上者也。凡觀與臺在於平地。則四方而高者曰臺。不必四方者曰觀。其在門上者。則中央闕然。左右爲觀。曰兩觀。周禮之象魏。春秋經之兩觀。左傳僖五年之觀臺也。若中央不闕。則跨門爲臺。禮器謂之臺門。左傳謂之門臺是也。此云闕門觀也者。謂門有兩觀者偁闕。从門。欮聲。去月切。十五部。閞　門欂櫨也。欂櫨、柱上枅也。枅、屋欂櫨也。閞則門柱上枅之名。从門。弁聲。皮變切。十四部。⿵門介　門扉也。从門。介聲。胡介切。十五部。闔　門扇也。月令乃脩闔扇。公羊傳。齒著乎門闔。釋宮。闔謂之扉。从門。盍聲。胡臘切。八部。一曰閉也。下文曰。閉、闔門也。易曰。闔戶謂之坤。闑　門梱也。木部曰。梱、門橜也。相合爲一義。釋宮。橜謂之闑。古者門有二闑。二闑之閒謂之中門。惟君行中門。臣由闑外。賈公彥聘禮疏所言是也。禮古文闑作槷。从門。臬聲。魚列切。十五部。閾　門榍也。木部曰。榍者、門限也。相合爲一義。釋宮曰。柣謂之閾。柣、郭千結反。卽榍字也。禮古文閾作戚。此皆叚借字也。从門。或聲。于逼切。一部。論語曰。行不履閾。鄉黨篇文。

⿵門洫　古文閾。从洫。从洫聲。此猶大雅毛詩築城伊淢。淢卽洫之古文。韓詩正作洫。閬　門高也。文選甘泉賦注引作門高大之皃也。𨸏部曰。阬、閬也。此曰閬、門高皃。相合爲一義。凡許書異部合讀之例如此。大雅迺立皋門。皋門有伉。傳曰。王之郭門曰皋門。伉、高皃。按詩伉當是阬之譌。甘泉賦閌閬閬其寥郭兮。閬亦卽阬字。許書無閬。从門。良聲。來宕切。十部。巴郡有閬中縣。見漢地理志。闢　開也。引申爲凡開拓之偁。古多叚借辟字。从門。辟聲。房益切。十六部。⿵門𠬞　虞書曰。闢四門。按此六字當在从門辟聲之下。虞書當作唐書。說詳禾部。从門。从𠬞。按此上當依匡謬正俗。玉篇補古文闢三字。𠬞者。今之攀字。引也。今俗語以手開門曰攀開。讀如班。古文於此會意。書序。東郊不開。馬本作闢。張揖古今字詁云。開闢古今字。舊讀闢爲開。非也。詳匡謬正俗。自衞包徑改闢爲開。而古文之見於尙書者滅矣。⿵門爲　闢門也。魯語。⿵門爲門與之言。皆不踰閾。韋注。⿵門爲、闢也。从門。爲聲。韋委切。古音在十七部。國語曰。⿵門爲門而與之言。謂公父文伯之母與季康子。闡　開也。从門。單聲。昌善切。十四部。易曰。闡幽。繫辭傳文。開　張也。張者施弓弦也。門之開如弓之張。門之閉如弓之弛。从門。幵聲。按大徐本改爲从門从幵。以幵聲之字古不入之咍部也。玉裁謂此篆幵聲。古音當在十二部。讀如攙帷之攙。由後人讀同闓。而定爲苦哀切。⿵門𠬞　古文。一者。象門閉。从𠬞者。象手開門。闓　開也。本義爲開門。引申爲凡启導之偁。心部曰。忻者、闓也。从門。豈聲。苦亥切。古音在十五部。閜　大開也。引申爲凡大之偁。上林賦曰。谽呀豁閜。司馬彪云。谽呀、大皃。谽閜、空虛也。方言。閜、栝也。其大者謂之閜。从門。可聲。火下切。十七部。大杯亦爲閜。五字葢後人所增。閘　開閉門也。謂樞轉軋軋有聲。从門。甲聲。烏甲切。八部。閟　閉門也。引申爲凡閉之偁。載馳、閟宮傳曰。閟、閉也。又叚爲祕字。閟宮箋曰。閟、神也。此謂閟卽祕之叚借也。示部曰。祕、神也。从門。必聲。兵媚

閣 切。古音在十二部。春秋傳曰。閟門而與之言。六字當是閟而以夫人言之誤。見左傳莊公卅二年。閟爲句。謂孟任不從也。而以夫人言。謂莊公以立爲夫人爲辭也。閣所目止扉者。釋宮曰。所以止扉謂之閣。郭注。門辟旁長橛也。引左傳高其閈閣。而又云閣長杙、即門橛也。按郭云門辟旁長橛者、謂門開則邊旁有兩長橛。使其止而不過也。云即門橛者、謂左傳之閣即他經之闑。兩扉中之橛也。是二者皆所以止扉。皆謂之閣。但左傳主謂中門者耳。許闑訓門橛。閣訓所以止扉。則畫然二義。許本諸釋宮。今本釋宮譌爲閎。陸氏音義不辯是非。云本亦作閣。音各。郭注本無此字。不知郭氏於衖門謂之閎下引左盟諸僖閎。於所以止扉謂之閣下引左高其閈閣。郭作注時閣絕未誤爲閎。注亦絕無誤也。顏師古匡謬正俗分別閎閣二字不同。所引左傳作閈閣。所引爾雅及注皆作閣。今雅雨堂刻本譌亂不可讀。左傳。高其閈閎。閎猶門也。高其門則所以止扉亦必高。葢晉館門不容車。失於狹小。致子產壞垣。故士文伯飾說門雖小而甚高。此處無取閈閎連文。陸氏音義亦誤從閎。轉

云讀者因爾雅或作閣。因改左傳作各音。與爾雅音義皆爲顚倒。見其誤不可不正也。閣本訓直橛所以扞格者。引申之、橫者可以庋物亦曰閣。如內則所云天子諸侯大夫士之閣、漢時天祿石渠閣皆所以閣書籍皆是也。閣字之義如此。故凡止而不行皆得謂之閣。俗爾雅作謂之閎。於所以止扉何涉乎。○子產何以毀垣。因門不容車也。亦因門閣高也。觀孫叔敖患民卑車。因教閭里高其梱。居半歲民悉自高其車。此非閣高而車不得入之證乎。故郭云左傳之閣即門橛也。○左傳閈閎、杜注閎、門也。此必有誤。杜本乃誤本。郭景純、顏師古所據本不誤。陸之音義。孔之正義皆據誤本爲之。○又左傳閈宇、沈重云閈也。此必古說、葢閈閣猶禮記之扞格也。閈本不从門。後人因閣亦加門耳。○蔡邕月令章句於脩鍵閉云。鍵、門牡。所以止扉。亦謂之剡移。鄭注亦云。鍵、牡。閉、牝。按蔡謂鍵爲門牡。許則云闔爲門牡。葢闔居闔之下、門之中。漢書所謂門牡者。而閣居兩旁。每扉以一長杙、上貫於過門板。下拄於地。故云所以止扉。古謂之剡移。有闔有閣。又有閣者、愼於待暴也。故曰高其閈閣。厚其牆垣。以無憂客使。閣亦得稱牡。而與闔異物。○闔與閣皆閉門乃用之。不比闌爲死物。謂梱即閣。誤矣。从門。各聲。古洛切。五部。

閒 隟也。隟者、壁際也。引申之、凡有兩邊有中者皆謂之隟。隟謂之閒。閒者、門開則中爲際。凡罅縫皆曰閒。其爲有兩有中一也。攷工記說鐘銑與銑之閒曰銑閒。篆與篆、鼓與鼓、鉦與鉦之閒曰篆閒鼓閒鉦閒。病與瘳之閒曰病閒。語之小止曰言之閒。閒者、稍暇也。故曰閒暇。今人分別其音爲戶閑切。或以閑代之。閒者、隟之可尋者也。故曰閒廁、曰閒迭、曰閒隔、曰閒諜。今人分別其音爲古莧切。釋詁、毛傳曰。閒、代也。釋言曰。閒、俔也。人部曰。俔、閒見也。广部曰。廁、石閒見也。今音皆去聲。凡自其單出言之曰閒。从門月。會意也。門開而月入。門有縫而月光可入。皆其意也。古閑切。十四部。閒 古文閒。此篆各本體誤。汗簡等書皆誤。今攷正。與古文恒同。中从古文月也。

閜 門傾也。此與上閜篆各字各義。或合爲一。非也。上林賦說大木之狀。阮衡閜砢。索隱引郭樸云。阮衡閜砢者揭蘗傾敧皃也。按此閜字當作閜。與谺呀豁閜義不同。閜砢讀惡可來可二反。玉篇引賦正作閜。从門。阿

聲。烏可切。十七部。

閼 遮擁也。遮者、遏也。擁者、裛也。古書壅遏字多作擁閼。如許所說則同義異字也。从門。於聲。此於雙聲取音。烏割切。十五部。爾雅。歲在卯曰單閼。讀如蟬蔫。

䦧 開閉門利也。今俗語云自由自便當作此字。从門。䌛聲。各本作繇聲。許有䌛䍃無繇。今正。按此篆當音由。唐韵乃旨沇切。未詳。一曰縷十紘也。按紘字有譌。紘者、冠卷。非其義。疑當作總。漢律曰。綺絲數謂之絩。布謂之總。總者、謂布縷之數。八十縷爲一總。即禾部之稯。禮經之升也。縷者、麻縷也。

𨶊 門聲也。从門。曷聲。乙鎋切。十五部。按駱駝鳴聲圖字當作𨶊。

闀 門響也。響疑當作鄉。鄉者、今之向字。門鄉者、謂門所向。釋宮。兩階閒謂之鄉。集韵四十一漾引作謂之闀。从門。鄉聲。許亮切。十部。

闌 門遮也。謂門之遮蔽也。俗謂櫳檻爲闌。引申爲酒闌字。於遮止之義演之也。从門。柬聲。洛干切。十四部。

閑 闌也。引申爲防閑。古多借爲清閒字。又借爲嫺習字。从門中有木。會意。

閉　閡　闇關　⿵門龠

戶閉切。十四部。閉闔門也。闔下曰。閉也。與此爲轉注。又閡下曰。閉門也。按左傳高其閈閎。疑閈乃閉字之誤。从門。句。才所以歫門也。从門而又象撐歫門之形。非才字也。博計切。十五部。玉裁按才不成字。云所以歫門。依許全書之例。當云才象所以歫門之形。乃合。而無象形之云。則當是合二字會意。故王逸少書黃庭經。三用閑字。卽今閉也。而中从午。蓋許書本作从門午。午所以歫門。舂字下曰。午。杵省也。然則此午亦是杵省。歫門用直木如杵然。轉寫失眞。乃昧其本始矣。閡外閉也。有外閉則爲礙。从門。亥聲。五溉切。一部。闇閉門也。借以爲幽暗字。从門。音聲。烏紺切。七部。關以木橫持門戶也。通俗文作㯉。引申之。周禮注曰。關。畍上之門。又引申之。凡曰關閉。曰機關。曰關白。曰關藏皆是。凡立乎此而交彼曰關。毛詩傳曰。關關。和聲也。又曰。閒關設舝皃。皆於音得義者也。从門。𢍜聲。古還切。十四部。⿵門龠關下牡也。關者。橫物。卽今之門㯉。關下牡者。謂以直木上貫關。下插地。是與關有牝牡之別。漢書所謂牡飛。牡亡者。謂此也。月令曰。脩鍵閉。愼管籥。注曰。鍵。牡。閉。牝也。管籥。搏鍵器也。然則關下牡謂之鍵。亦謂之籥。籥卽⿵門龠之叚借字。析言之則鍵與⿵門龠有二。渾言之則一物也。金縢啓籥見書。亦謂關閉兆書者。古無鎖鑰字。蓋古祗用木爲。不用金鐵。故說文鍵下祗云鉉。不云門牡。从門。龠聲。以灼切。二部。

十二篇上　十三

闐　闛　閹

闐盛皃也。謂盛滿於門中之皃也。詩曰。振旅闐闐。孟子作塡。玉藻。盛氣顚實。叚顚爲闐也。从門。眞聲。待年切。十二部。闛闛闛。盛皃也。謂盛滿於門中之皃也。揚雄賦。西馳闛闛。此叚闛爲闐也。大司馬注。鼓聲不過閶。此叚閶爲闛。闛卽鼓部之鼛也。鼛聲不過闛。闛卽鼓部之鼞也。从門。堂聲。徒郎切。十部。閹門豎也。門字今依御覽補。豎猶孺也。周禮注曰。豎未冠者之官名。凡文王世子之內豎。左傳之使牛爲豎皆是。司門則曰門豎。故从門。宮中奄昏閉門者。昏各本作閽。今正。周禮注曰。奄。精氣閉藏者。今謂之宦人。他豎不必奄人。此豎則奄人也。故从奄。一說當依小徐作閹閽閉門者。一說當作宮中掩門者。

閽　闚　閃　⿵門䜌

从門。奄聲。此當言从門奄。奄亦聲。英廉切。八部。閽常以昏閉門隸也。周禮注曰。隸。給勞辱之役者。周禮閽人。王宮每門四人。囿游亦如之。注云。閽人。司昏晨以啓閉者。刑人墨者使守門。按古閽與勳音同。易。厲閽心。馬作熏。荀以熏爲勳。而易爲動。漢光祿勳。卿一人。胡廣曰。勳猶閽也。主殿宮門戶之職。从門昏。會意。昏亦聲。呼昆切。十三部。闚閃也。此與窺義別。窺。小視也。从門。規聲。去隓切。十六部。閃闚頭門中也。禮運。魚鮪不淰。注云。淰之言閃也。从人在門中。會意。王在門中則重王。故入王部。人在門中則重門。入門部。失冄切。古音蓋在七部。○舊此篆在兩篆後。今移正。⿵門䜌妄入宮亦也。亦舊作掖。師古注漢曰。掖門在兩旁。如人臂掖。依許字例。當作亦也。漢書以闌爲⿵門䜌字之叚借。成帝紀。闌入尚方掖門。應劭曰。無符籍妄入宮曰闌。又或作蘭。列子。宋有蘭子。張湛注曰。凡物不知生之主曰蘭。殷敬順曰。史記無符傳出入謂之闌。此蘭子。謂以技妄遊。从門。䜌聲。讀若闌。洛干

十二篇上　十四

⿱二門　閱　闋　闞

切。十四部。⿱二門登也。登。上車也。凡有所上皆曰登。从門二。會意。臣鉉等曰。下言自下而登上也。按从門二。當作从門丄。篆當作冃。篇韵冃字可證。直刃切。十二部。从此爲聲者有閵藺。二。古文下字。見二部。讀若軍敶之敶。觀此可以知陣字之俗矣。閱具數於門中也。具者。供置也。數者。計也。計者。會也。筭也。云於門中者。以其字从門也。周禮大閱注曰。簡軍實也。左氏春秋大閱傳曰。簡車馬也。引申爲閱歷。又引申爲明其等曰閥。積其功曰閱。手部。揲下曰。閱持也。易。揲之以四。謂以四四更迭數之也。古叚閱爲穴。詩。蜉蝣堀閱。傳曰。堀閱。容閱也。閱卽穴。宋玉賦。空穴來風。莊子作空閱來風。司馬彪云。門戶孔空。風善從之。道德經。塞其兌。閉其門。兌卽閱之省。詩。我躬不閱。傳云。閱。容也。言我躬不能見容。如無空穴以自處也。从門。兌聲。弋雪切。十五部。闋事已閉門也。引申爲凡事已之偁。詩。俾民心闋。傳曰。闋。息也。禮記。有司告以樂闋。从門。癸聲。傾雪切。十五部。闞望也。望者。出亡在外。望其還也。望有倚門、倚閭

者。故从門。大雅。闞如虓虎。謂其怒視。从門。敢聲。苦濫切。八部。

闊　疏也。去部曰。疏通也。闊之本義如是。不若今義訓爲廣也。从門。猶鯁之从囪。活聲。苦括切。十五部。

閔　弔者在門也。引申爲凡痛惜之辭。俗作憫。邶風。覯閔既多。豳風。鬻子之閔斯。傳曰。閔病也。从門。文聲。眉殞切。十三部。

𢾀　古文閔。按此篆篇韵不載。恐不足據。小徐篆作㥍。然則大徐上體从古文民。今寫譌甚。汗簡正从古文民。

闖　馬出門皃。引申爲突兀驚人之辭。公羊傳曰。開之則闖然公子陽生也。何云。闖出頭皃。韓退之詩曰。喁喁魚闖萍。从馬在門中。讀若郴。許讀平聲。今去聲。丑禁切。七部。俗語轉若𢱧。

文五十七　重六

耳　主聽者也。者字今補。凡語云而已者。急言之曰耳。在古音一部。凡云如此者。急言之曰爾。在古音十五部。如世說云。聊復爾耳。謂且如此而已是也。二字音義絕不容相混。而唐人至今譌亂至不可言。於古經傳亦任意塡寫。致多難讀。即如論語一經。言云爾者。謂如此也。言謹爾。率爾。鏗爾者。爾猶然也。言無隱乎爾。一日長乎爾。爾猶汝也。言汝得人焉爾乎。言得人於此否也。公羊傳三年問焉爾。皆訓於此也。全經惟有前言戲之耳。乃而已之訓。今俗刻作汝得人焉耳乎。乃極爲可笑。曹操曰。俗語云生女耳。耳是不足之詞。此古說之存者也。音轉讀爲仍。如耳孫亦曰仍孫是也。象形。而止切。一部。凡耳之屬皆从耳。

耴　耳𠂹也。𠂹各本作埀。今正。从耳。丁下𠂹。象形。丁今補。陟葉切。八部。春秋傳曰。按。曰字衍。秦公子耴者。其耳𠂹也。故已爲名。今按左氏傳秦無公子耴。惟鄭七穆子良之子公孫耴。輒字子耳。以許訂之。古本左傳當作公孫耴。白虎通所謂旁其名爲之字。聞名即知其字。聞字即知其名也。左傳云。以類命爲象。生而耳垂。因名之耴。猶生而夢神以黑規其臀。因名之黑臀。吳都賦。魚鳥聱耴。耴音牛乙切。非此字。

䎎　小𠂹耳也。从耳。占聲。丁兼切。七部。

耽　耳大𠂹也。淮南墬形訓。夸父耽耳在其北。高注。耽耳。耳垂在肩上。耽讀衣褶之褶。或作攝。以兩手攝其肩之耳也。按許書本無聸字。耽即聸也。今本於耽篆之外沾一聸篆誤矣。从耳。冘聲。丁含切。八部。詩曰。士之耽兮。衛風氓文。此引詩說叚借也。毛傳曰。耽。樂也。耽本不訓樂。而可叚爲媅字。女部曰。媅者。樂也。

聃　耳曼也。曼者。引也。耳曼者。耳如引之而大也。如曼膚曼睩之曼。史記老子列傳曰。姓李氏。名耳。字聃。史記索隱。老子音義。後漢書桓帝紀注。文選遊天台山賦注所引皆如此。今本史記作名耳。字伯陽。謚曰聃。淺人妄改者也。字伯陽見唐固國語注。从耳。冄聲。他甘切。七部。

⿰耳甘　聃或从甘。甘聲。

聸　𠂹耳也。从耳。詹聲。都甘切。八部。南方有聸耳國。古祇作耽。一變爲聸耳。再變則爲儋耳矣。

耿　耳箸頰也。頰者。面旁也。耳箸於頰曰耿。耿之言黏也。黏於頰也。邶風。耿耿不寐。傳曰。耿耿猶儆儆也。憂之聯綴於心。取義於此。凡云耿者。謂專壹也。杜林說皮傳耿光。而非字義。从耳。烓省聲。烓小徐作炯。大徐本舊皆作烓。烓讀若冂。見火部。耿古杏切。十一部。杜林說。耿。光也。古文尚書曰。文王之耿光。離騷注曰。耿。光也。又曰。耿。明也。从火。依韵會訂。聖省聲。凡字皆𠂇形又聲。杜說非也。徐鍇曰。此說或後人所加。

聯　連也。連者。負車也。負車者。以人輓車。人與車相屬。因以爲凡相連屬之偁。周人用聯字。漢人用連字。古今字也。周禮官聯以會官治。鄭注。聯讀爲連。古書連作聯。此以今字釋古字之例。从耳。从絲。四字今補。會意。力延切。十四部。从耳。耳連於頰。故从耳。从絲。絲連不絕也。故又从絲。

聊　耳鳴也。楚辭曰。耳聊啾而戃慌。王注云。聊啾。耳鳴也。此聊之本義。故字从耳。若詩泉水傳云。聊。願也。箋云。聊。且略之辭也。方言曰。俚。聊也。戰國策。民無所聊。此等義相近。皆叚聊爲憀也。憀者。憀賴也。又詩傳。椒聊。椒也。不言聊爲語詞。葢單評曰椒。絫評曰椒聊。楚詞亦云。懷椒聊之蔎蔎。爾雅曰。朻者聊。朻即莍。

椒榝實成茦彙。**从耳。丣聲。**丣各本譌作卯。篆體亦譌。今竝正。洛蕭切。古音在三部。讀如劉。

通也。邶風。母氏聖善。傳云。聖、叡也。小雅。或聖或不。傳云。人有通聖者。有不能者。周禮。六德教萬民。智仁聖義忠和。注云。聖通而先識。洪範曰。睿作聖。凡一事精通。亦得謂之聖。**从耳。**聖从耳者。謂其耳順。風俗通曰。聖者、聲也。言聞聲知情。按聲聖字古相段借。**呈聲。**式正切。十一部。

察也。察者、覈也。聰察以雙聲爲訓。**从耳。悤聲。**倉紅切。九部。

聆也。凡目所及者云視。如視朝、視事是也。凡目不能徧而耳所及者云聽。如聽天下、聽事是也。**从耳惪。**會意。耳惪者、耳有所得也。**壬聲。**他定切。十一部。

聽也。二篆轉注。匡謬正俗載俗語云。聆瓦。聆者、聽之知微者也。文王世子曰。夢帝與我九聆。此段聆爲鈴。夢天以九个鈴與己也。**从耳。令聲。**郎丁切。古音在十二部。

記𢼸也。𢼸舊作微。今正。記猶識也。纖微必識是曰職。周禮太宰之職、大司徒之職。皆謂其所司。凡言司者、謂其善伺也。凡言職者、謂其善聽也。釋詁曰。職、主也。毛傳同。見詩悉蟀、十月之交。周禮職方亦作識方。**从耳。戠聲。**之弋切。一部。

讙語也。讙者、譁也。**从耳。昏聲。**古活切。十五部。

張耳有所聞也。廣雅。驚也。**从耳。禹聲。**王矩切。五部。

音也。音下曰。聲也。二篆爲轉注。此渾言之也。析言之則曰。生於心有節於外謂之音。宮商角徵羽、聲也。絲竹金石匏土革木、音也。樂記曰。知聲而不知音者、禽獸是也。**从耳。殸聲。**書盈切。十一部。**殸、籒文磬。**見石部。

知聲也。往曰聽。來曰聞。大學曰。心不在焉。聽而不聞。引申之爲令聞、廣譽。**从耳。門聲。**無分切。十二部。

古文从昏。昏聲。

訪也。汎謀曰訪。按女部曰。娉、問也。二字義略同。**从耳。甹聲。**匹正切。十一部。

無聞也。从耳。龍聲。盧紅切。九部。

生而聾曰聳。方言。聳、聾也。生而聾、陳楚江淮之閒謂之聳。荊揚之閒及山之東西雙聾者謂之聳。又古多段聳爲慫。方言曰。聳、悚也。又曰。聳、欲也。荊吳之閒曰聳。自關而西秦晉之閒相勸曰聳。中心不欲而由旁人之勸語亦謂之聳。**从耳。從省聲。**息拱切。九部。

謚梁之州謂聾爲⿰耳宰。秦晉聽而不聰。聞而不達謂之⿰耳宰。方言曰。⿰耳宰、聾也。梁益之閒謂之⿰耳宰。秦晉之閒聽而不聰、聞而不達謂之⿰耳宰。**从耳。宰聲。**作亥切。一部。

聾也。國語曰。聾聵不可使聽。韋云。耳不別五聲之和曰聾。生而聾曰聵。**从耳。貴聲。**五怪切。十五部。

聵或从叡。許書叡聲之字三。而逸叡篆。

或从豙作。豙應改辛省。說見豕部。

無知意也。此意內言外之意。無知者其意、聉者其言。方言曰。聾之甚者。秦晉之閒謂之聉。注曰。言聉無所聞知也。疑方言之正文本作謂之聉。今本譌。**从耳。出聲。讀若孽。**五滑切。十五部。

墮耳也。言墮者。見方言。**从耳。月聲。**魚厥切。十五部。

吳楚之外凡無耳者謂之⿰耳闕。方言曰。吳楚之外郊。凡無有耳者謂之⿰耳闕。其言⿰耳闕者。若秦晉中土謂墮耳者䎱也。**言若斷耳爲盟。**斷耳。卽墮耳。盟當作䎱。字之誤也。**从耳。闕聲。**五刮切。十五部。

軍法吕矢毌耳也。从耳矢。會意。恥列切。十五部。**司馬灋曰。小辠聅之。中辠刖之。大辠剄之。**

軍戰斷耳也。大雅。攸馘安安。傳曰。馘、獲也。不服者殺而獻其左耳曰馘。魯頌。在泮獻馘。箋云。馘、所格者之左耳。**春秋傳曰。吕爲俘聝。**左傳成三年文。**从耳。或聲。**古獲切。古音在一部。

聝或从首。今經傳中多从首。

乘輿金耳也。金耳、俗本作金飾馬耳。舊本作金馬耳。玉篇同。今依廣韵五支、四紙作乘輿金耳。訂正。乘輿者、天子之車也。金耳者、金飾車耳也。西京賦。戴翠帽。倚金較。薛注。金較、黃金以飾較也。崔豹古今注曰。車耳重較也。史記禮書。彌龍。徐廣曰。乘輿車金薄繆龍爲輿倚較。繆者、交錯之形。車耳刻交錯之龍。飾以金。惟乘輿爲然。與文虎伏軾、龍首衡軛、畫爲三事。史記之彌。卽許之⿸麻耳。⿸麻耳者本字。彌者同音段借字。淺人不得其解。乃妄改而不可通矣。⿸麻耳非人耳

聆　聑　聶

也。故其字殿焉。从耳。麻聲。讀若湎水。一曰若月令靡艸之靡。亡彼切。廣韵亦忙皮切。古音在十七部。音轉入十六部。彌字古多在十六部用。故叚彌爲靡。

國語曰。回祿信於聆遂。闕。國語今見周語。闕者、謂其義其音其形皆闕也。韋注。聆遂、地名。宋庠音禽。後漢書楊賜傳引作黭遂。黭亦今聲也。而說苑引國語作亭遂。竹書帝癸三十年作聆隧災。是其字从令从今不可定。而許書此篆或後人所偶記註於此者。

安也。長笛賦曰。瓠巴聑柱。从二耳。會意。二耳之在人首。帖妥之至者也。凡帖妥當作此字。帖其叚借字也。丁帖切。八部。文選注引說文丁篋切。

駙耳私小語也。口部咠下曰。聶語也。按二篆皆會意。以口就耳則爲咠。咠者己二耳在旁、彼一耳居閒則爲聶。史記魏其武安傳曰。乃效女兒呫聶耳語。韋曰。呫聶、附耳小語聲。从三耳。尼輒切。八部。

文三十二　重五

𦣝　巸

顄也。頁部曰。顄、頤也。二篆爲轉注。𦣝者古文頤也。鄭易注曰。頤中、口車輔之名也。震動於下。艮止於上。口車動而上。因輔嚼物以養人。故謂之頤。頤、養也。按鄭意謂口下爲車。口上爲輔。合口車輔三者爲頤。左氏云。輔車相依。車部云。輔人頰車也。序卦傳曰。頤者養也。古名頤字眞。晉枚頤字仲眞。李頤字景眞。枚頤或作梅賾誤也。象形。此文當橫視之。橫視之則口上口下口中之形俱見矣。與之切。一部。凡𦣝之屬皆从𦣝。

篆文𦣝。此爲篆文。則知𦣝爲古文也。先古文後篆文者。此亦先二後上之例。不如是則巸篆無所附也。

籀文从𦣻。𦣝本象形。如籀文篆文則从𦣻从頁而後象其形也。

廣頤也。頤各本作𦣝。今正。許書主篆文也。廣頤曰巸。引申爲凡廣之偁。周頌昊天有成命傳曰。緝、明也。熙、廣也。熙乃巸之叚借字也。熙从火。其義訓燥。不訓廣也。毛傳於文王曰。緝熙、光明也。與昊天有成命傳不同。而敬之傳曰。光、廣也。然則光、卽廣。二傳義本同。不得如鄭箋云廣爲光字之誤。周內史說周易曰。光、逗遠而自他有耀者也。然則光卽廣可知。大戴禮。積厚者流光。光卽流廣也。釋詁。緝、熙、光也。卽周語叔向所云緝、明。熙、廣也。毛公兼取之爲傳。學者宜觀其會通。凡詁訓有析之至細者。有通之甚寬者。非好學深思。心知其意。不能盡其理也。熙訓廣。而熙乃巸之叚借。然則古經熙字可作巸者多矣。○文王毛傳曰。緝熙、光明也。此係釋詁而必兼言明者。欲與叔向之語不相違也。昊天有成命傳直用叔向語者。以叔向固釋此詩也。敬之緝熙于光明傳曰光廣也者。以緝熙既訓光明。則光明於光明文理難通。故此光必訓廣也。然則文王敬之熙訓光。昊天有成命熙訓廣。未嘗不析之甚細矣。从𦣝。巳聲。與之切。一部。

古文巸。从戶。按此古文从戶疑當作从尸。凡人體字多从尸。不當从戶也。顧命夾兩階戺。某氏云。堂廉曰戺。廣雅云。戺、切也。此因堂邊圻堮象人下頷之廣闊。故借以爲名。而讀牀史切。○又按九經字樣云。說文作𡰥。經典作戺。然則今本說文異於唐時也。然唐時已从戶。則亦誤矣。

文二　重三

手　掌　拇　指

拳也。今人舒之爲手。卷之爲拳。其實一也。故以手與拳二篆互訓。象形。象指掌及擘也。書九切。三部。凡手之屬皆从手。

古文手。

手中也。手有面有背。背在外則面在中。故曰手中。左傳云有文在手者、在掌也。釋名云。水泆出所爲澤曰掌。水渟處如手掌中也。詩或王事鞅掌。傳曰。鞅掌、失容也。箋云。鞅猶何也。掌謂捧之也。玉裁按。凡周禮官名掌某者。皆捧持之義。从手。尚聲。諸兩切。十部。

將指也。將指、謂手中指也。大射禮。右巨指鉤弦。注云。右巨指、右手大擘也。又設決朱極三。注云。三者、食指將指無名指。小指短不用。左傳定十四年。闔廬傷將指。取其一屨。注云。其足大指見斬。遂失屨。易咸初六。咸其拇。馬、鄭、薛、虞皆云。拇、足大指也。合三經而言之。手以中指爲將指。足以大指爲將指。爲拇。此手足不同偁也。許謂手中指。易拇。荀作母。从手。母聲。莫厚切。古音在一部。

手指也。手非指不爲用。大指曰巨指。曰巨擘。次曰食指。曰啑鹽指。中曰將指。次曰無名指。次曰小指。叚借爲恉。心部曰。恉、意也。

从手。旨聲。職雉切。十五部。

拳　手也。合掌指而爲手。故掌指二篆厠手拳二篆之閒。卷之爲拳。故檀弓曰。執女手之拳然。从手。𢍏聲。巨員切。十四部。

掔　手掔也。各本作手掔。今正。掔者手上臂下也。肉部曰。臂者手上也。肘者臂節也。又部曰。厷者臂上也。是則肘以下手以上渾言之曰臂。析言之則近手處曰掔。士喪禮設決麗于掔。注云。掔手後節中也。云後節中者。肘以上爲前節。則肘以下爲後節。後節之中以上爲臂則以下爲掔也。俗作捥。左傳涉佗捘衛侯之手及捥。非古字也。从手。臤聲。依韵會此四字在此。臤見目部。烏貫切。十四部。楊雄曰。掔。握也。此蓋楊雄倉頡訓纂一篇中語。握者。搤持也。楊說別一義。凡史漢云搤掔扼腕者皆疊字。言持手游民也。

攕　好手皃。魏風葛屨曰。摻摻女手。可以縫裳。傳曰。摻摻猶纖纖也。漢人言手之好曰纖纖。如古詩云。纖纖擢素手。傳以今喻古。故曰猶。其字本作攕。俗改爲摻。非是。遵大路傳曰。摻。擥也。是摻字自有本義。孔氏正義引說文。摻。參此音反聲。訓爲斂。操。喿七遙反聲。訓爲奉也。是唐初說文確有摻字之證。自淺人摻操不分而奪摻篆。亦猶鼏鼏不分而奪鼏篆。衻袗不分而奪衻篆也。知摻之有本義則知用爲攕字之非矣。从手。韱聲。所咸切。七部。詩曰。攕攕女手。

揱　人臂皃。考工記輪人曰。望其輻。欲其揱爾而纖也。注云。揱。纖殺小皃也。鄭司農讀爲紛容揱參之揱。乔謂如桑螵蛸之蛸。按紛容揱參出上林賦。从手。削聲。所角切。二部。周禮曰。輻欲其揱尒。大徐無尒字。非也。今記作爾。許所見作尒。尒者本字。詈之必然也。爾者叚借字也。爾行而尒廢矣。

摳　繑也。按糸部曰。繑。絝紐也。與摳義絕遠。疑是矯字之譌。矢部曰。矯。柔箭箝也。摳之義爲矯枉。一曰摳衣。各本下有升堂二字。今依韵會刪正。攐篆下曰。摳衣也。然則此當云一曰攐衣曲禮曰。摳衣趨隅。摳。提也。衣。裳也。論語注云。攝齊者摳衣也。从手。區聲。口矦切。四部。

攐　摳衣也。高注淮南曰。攐。縮也。按詩言褰裳。當作此篆。褰訓絝。非其義也。亦有作騫者。謂虧其下體之衣。較作褰爲長。从手。褰聲。按此篆與攓篆別者。以从衣也。

當云从手衣寒省聲。會意兼形聲。去虔切。十四部。

撎　舉首下手也。六字各本作舉手下手也。五字。今正。西征賦注。玉篇引說文有拜字。左傳成十六年釋文引字林。舉首下手。皆是也。凡不跪不爲拜。跪而舉其首惟下其手是曰肅拜。漢人曰撎。周禮九拜。九曰肅拜。先鄭注云。肅拜。但俯下手。今時撎是也。鄭注少儀曰。肅拜。拜不低頭也。云但俯下手。云不低頭。正與舉首下手合。今本說文既譌。而少儀注又刪不字。作拜低頭。乃終古昧其禮矣。程氏瑤田曰。言舉首者。以別於䭬首頓首空首三拜皆必下其首也。按此婦人之拜也。婦人以肅拜當男子之空首。少儀云。婦人吉事。雖有君賜。肅拜是也。以手拜當男子之稽首。少儀之手拜。士昏禮之拜扱地是也。以稽顙當男子之頓首。喪服小記之爲夫與長子稽顙是也。肅拜與成十六年之肅不同。肅不連拜。介者不拜。長揖而已。不拜者不跪也。肅拜則跪而舉首下手也。○南宋張淏雲谷襍記引程氏攷古編云。國史王貽孫傳。大祖嘗問趙普拜禮何以男子跪而婦人不跪。普訪禮官。無有知者。貽孫曰。唐天后朝。婦人始拜而不跪。普問所出。曰。大和中有幽州從事張建章著渤海國記。備言其事。予按程氏自偁後周天元大象二年。詔內外命婦皆執笏。其拜宗廟及天臺。皆俯伏如男子。據此詔特令於廟朝跪。其他拜不跪矣。豈武后時幷廟朝不跪。建章記之未詳耶。周昌諫帝廢太子。呂后見昌爲跪謝。戰國策蘇秦嫂蛇行匍匐四拜自跪而謝。隋志。皇帝冊后。后先拜後起。皇帝後拜先起。則唐以前婦拜皆跪伏也。玉裁按婦人拜亦無不跪者。肅拜跪而舉首不俯伏。雖拜君賜亦然。天元時令拜宗廟天臺俯伏如男子。可以證常拜之跪而不必俯伏也。至於天后而始不跪。孫甫唐書曰。武后欲尊婦人。始易今拜。从手。壹聲。於計切。古音在十二部。讀如壹。

揖　攘也。攘汲古閣改作讓。誤。此與下文攘推也相聯爲文。鄭禮注云。推手曰揖。凡拱其手使前曰揖。凡推手小下之爲土揖。推手小舉之爲天揖。推手平之爲時揖也。成十六年。敢肅使者。則若今人之長揖。从手。咠聲。伊入切。八部。一曰手箸匈曰揖。此別一義。上言揖以爲讓。謂手遠於胸。此言手箸於胸曰揖者。箸直略切。禮經有揖有厭。厭一涉切。推手曰揖。引手曰厭。推者推之

攘　拱

遠胸。引者、引之箸胸。如鄉飲酒。主人揖先入。此用推手也。賓厭眾賓、此用引手也。謙若不敢前也。今文厭皆作揖。則今文禮有揖無厭。許君於禮或從古文或從今文。此手箸胸曰揖。葢於此從今文不從古文。是以統謂之揖。介推手引手隨宜而用。今人謙讓亦兼有此二者。周禮疏、儀禮疏厭或作揖。諼字不可從。

攘　推也。推手使前也。古推讓字如此作。上曲禮注曰。攘古讓字。許云。讓者相責讓也。攘者推也。从古也。漢書禮樂志盛揖攘之容。藝文志堯之克攘。司馬遷傳小子何敢攘。皆用古字。凡退讓用此字。引申之使人退讓亦用此字。如攘寇攘夷狄是也。从手。襄聲。汝羊切。按當人樣切。十部。

拱　斂手也。斂當作撿。與下篆相聯爲文。尚書大傳曰。拱則抱鼓。皇侃論語疏曰。拱、沓手也。九拜皆必拱手而至地。立時敬則拱手。如檀弓孔子與門人立拱。論語子路拱而立、玉藻臣侍於君垂拱是也。行而張拱曰翔。凡拱不必皆如抱鼓也。推手曰揖、則如抱鼓。拜手、則斂於抱鼓。稽首頓首、則以其斂於抱鼓者下之。引手曰厭則又較斂於拜手。凡沓手、右手在內。左手在外。是謂尚左手。男拜如是。男

十二篇上　卅三

撿　𢷎

之吉拜如是。喪拜反是。左手在內。右手在外。是謂尚右手。女拜如是。女之吉拜如是。喪拜反是。喪服記袪尺二寸。注曰。袪、袖口也。尺二寸足以容中人之併兩手也。吉時拱尚左手。喪時拱尚右手。合內則、奔喪、檀弓尚左尚右之文繹之。可以知拱時沓手之宜矣。拱古文叚借作共。鄉飲酒禮注曰。共、拱手也。○尚書大傳注曰。兩手搤之曰拱。然則桑穀一暮大拱、孟子拱把之桐梓皆非沓手之拱。拱之小者也。趙岐云。合兩手。徐鍇云。兩手大指頭相拄。从手。共聲。居竦切。九部。

撿　拱也。凡斂手宜作此字。从手。僉聲。良冉切。七部。

𢷎　首至手也。各本作首至地也。今正。首至地謂䭫首。拜中之一。不可該九拜。拜之名生於空首。故許言首至手。周禮之空首。他經謂之拜手。鄭注曰。空首、拜頭至手。所謂拜手也。何注公羊傳曰。頭至手曰拜手。某氏注尚書大甲、召誥曰。拜手、首至手也。何以謂之頭至手。足部曰。跪者所以拜也。既跪而拱手。而頭俯至於手。與心平。是之謂頭至手。荀卿子曰。平衡曰拜是也。頭不至於地。是以周禮謂之空首。空首者、對䭫首頓首之頭著地言也。詳言曰拜手。

省言曰拜。拜本專爲空首之偁。引申之則䭫首、頓首、肅拜皆曰拜。䭫首者何也。拜頭至地也。既跪而拱手。下至於地。而頭亦下至於地。荀卿所謂下衡曰䭫首。白虎通、鄭注周禮、何注公羊、某氏注尚書召誥、趙注孟子皆曰。拜頭至地曰䭫首是也。頓首者、拜頭叩地也。既跪而拱手下至於地。而頭不徒下至地。且叩觸其頟。是之謂頓首。荀卿所謂至地曰䭫顙也。周禮之頓首郎他經之䭫顙。故周禮注云。頓首、頭叩地。士喪禮檀弓䭫顙注云。頭觸地。叩觸一也。凡言拜手䭫首。言拜䭫首者。先空首而後䭫首也。言拜而後䭫顙者。先空首而後頓首也。言䭫顙而後拜者。先頓首而後空首也。言䭫顙而不拜者。徒頓首而不空首也。䭫首空首頓首三拜爲經。振動、吉拜、凶拜、奇拜、襃拜、肅拜爲緯。振動者、戰栗變動之拜。有不必爲此三拜而爲此拜者也。吉拜者、拜之常也。當拜而拜。當䭫首而䭫首是也。吉拜未有用於凶者也。凶拜者何也。拜而後䭫顙、䭫顙而後拜皆是也。凡頓首未有不用於凶者也。奇拜者、一拜也。一䭫首一頓首亦是也。簡少之暠也。襃拜者、拜不止於再也。䭫首頓首不止於再者亦是也。多大之暠也。肅拜者、婦人之拜

十二篇上　卅四

捾　搯

不低頭者也。總計之曰九拜。凡云拜手者、頭至手。故其字从手。作𢷎。从手𠦪。𠦪見本部。疾也。徐鍇曰。从𠦪者、言進趨之疾。按釋名曰。拜於丈夫爲跌。跌然屈折下就地也。博怪切。十五部。

古文𢷎。从二手。葢从二手。而比聲。凡拜必兼用首、手、足三者。而造字者重手。故从手。䭫首、頓首則重頭。故从首頁。○又汗簡曰。釋出說文。是則从二古文手也。但楊雄說[illegible]从兩手作拜。豈不相混乎。

楊雄說𢷎从兩手下。葢爰禮等所說。楊所作訓纂篇中字如此。凡空首至手而平衡。手未嘗下於心也。䭫首、頓首則下矣。楊葢兼三拜而製此字也。見於周禮者作𢷎。他經皆同。子雲作。

捾　搯捾也。捾乃複舉字。誤移搯下耳。義理與抉略同。今人剜字當作此。大徐附剜於刀部。非也。从手。官聲。烏括切。十四部。一曰援也。援者、引也。

搯　搯也。魯語。公父文伯母戒文伯之妻曰。無洵涕。無搯膺。韋注。搯、叩也。膺、胷也。按韋注郎俗所謂椎心。喪禮有擗拊心也。則叩胷亦未爲失。此正謂哀之甚。如欲挑出心肝者然。韋祇言其大致而已。今人俗語

揫　推　捘

亦云搯出。文選長笛賦。搯膺擗摽。李善引國語及韋注而云苦洽反。殊誤。苦洽切當是掐字。从臽聲。爪刺也。下引魏書程昱傳。昱於魏武前忿爭。聲氣忿高。邊人掐之乃止。是則从臽之掐。於搯膺豪不相涉也。韓子文搯擢胃腎。亦是用搯膺字。通俗文。搯出曰掏。爪按曰搯。掏卽搯也。許不錄掏。**从手。舀聲。**土刀切。古音在三部。**周書曰。師乃搯。**尚書大誓文。漢大誓有今文古文之別。合於伏生二十八篇者。後得之大誓。今文也。馬鄭所注者。孔壁之大誓。古文也。尚書大傳。師乃慆。鄭云。慆。喜也。此今文大誓也。許所偁作師乃搯。此古文大誓也。如古文流爲雕。今文作流爲烏之比。詳古文尚書撰異。**搯者。搯兵刃㠯習擊刺也。**搯各本作拔。詩清人釋文引作抽。今據正。此釋大誓搯字之義。以明與訓搯之搯不同也。凡說文旣說字義而引經。又釋其義者。皆以明說經與說字不同。如圛訓回行。商書之曰圛則訓圛者升雲半有半無。坐訓以土增大道。唐書之朕坐讒說殄行則訓坐疾惡也。𦱊訓火不明。周書之布重𦱊席則訓織蒻席也。此亦同此例。搯本訓搯。而大誓之搯訓抽兵刃以習擊刺。搯與抽同。於六書爲叚借。故必箸之。**詩曰。左旋右搯。**左右當作𠂇又。搯各本作搯。自陸氏作詩音義時已誤。今正。此引詩鄭風清人文。爲抽兵刃之證也。毛曰。右抽。抽矢以射。箋云。御者習旋車。車右抽刃。引之證軍中有此儀。武王丙午逮師。逮作還者誤。尚未渡孟津。故抽兵刃習擊刺。凡引經說字。不必見本字。如引突如其來如。證不順忽出。引龍戰于野。證陰極陽生。引先庚三日。證庚更事也。皆是此例。此又引抽證抽耳。若作右搯。則詩曰左旋右搯六字當在周書曰師乃搯之下。而今本爲不辭。

揫　擁也。从手。巩聲。居竦切。九部。按此篆已見丮部。爲巩之或字。此不當重出。當是淺人所增。刪之可也。揫訓擁。則當與擁篆相聯爲文。增之者廁非其所矣。

推　排也。今六脂十五灰殊其音義。古無二音二義也。**从手。隹聲。**他回切。十五部。按廣韵又隹湯回二音。

捘　推也。謂排擠也。**从手。夋聲。**子寸切。十三部。左傳音義子對反。**春秋傳曰。捘衞侯之手。**定八年左傳曰。將歃。涉佗捘衞侯之手。及捥。此謂衞侯欲先歃。涉佗執其手卻之。由指掌逆推及於擊也。杜云。血及捥。非。

排　擠　抵　摧　拉　挫　扶

排　擠也。今義列也。**从手。非聲。**步皆切。十五部。

擠　排也。左傳。知擠于溝壑矣。杜云。隊也。隊今之墜字。謂排而墜之也。商書微子作隮。引左傳亦作隮。隮者。擠之俗。**从手。齊聲。**子計切。十五部。

抵　擠也。排而相歫也。**从手。氐聲。**丁禮切。十五部。

摧　擠也。釋詁毛傳皆曰。摧。至也。卽抵之義也。自推至摧六篆同義。**从手。崔聲。**昨回切。十五部。**一曰。挏也。**挏者。擁引也。**一曰。斮也。**斮者。斷也。今此義行而上二義廢矣。詩室人交偏摧我。傳曰。摧。沮也。此折之義也。

拉　摧也。公羊傳。搚幹而殺之。何曰。搚。折聲也。按搚亦作拉。此上文摧一曰折也之義。**从手。立聲。**盧合切。七部。

挫　摧也。此亦上文摧一曰折也之義。考工記。揉牙內不挫。注云。挫。折也。詩乘馬在廏。摧之秣之。傳曰。摧。挫也。箋云。挫今莝字也。傳箋今本譌舛。今正之如是。**从手。坐聲。**則臥切。十七部。

扶　左也。左。俗本改作佐。非。左下曰。手相助也。**从手。夫聲。**防無切。五部。

捀　持　挈　拑　揲

𢻫　古文扶。从攴。

捀　扶也。古詩。好事相扶將。當作扶捀。字之叚借也。凡云將順其美。當作捀順。詩百兩將之。傳曰。將。送也。天不我將。箋云。將猶養也。皆於捀義爲近。玉篇曰。捀今作將。擗同。**从手。爿聲。**七良切。十部。廣韵卽良切。

持　握也。从手。寺聲。直之切。一部。

挈　縣持也。縣者。系也。胡消切。下文云。提。挈也。則提與挈皆謂縣而持之也。今俗語云挈帶。古叚借爲契。栔字。如爰挈我龜。傳云。挈。開也。又如絜字下云。樂浪挈令。**从手。㓞聲。**苦結切。十五部。

拑　脅持也。謂脅制而持之也。凡脅之爲制。猶膺之爲當也。鬼谷子有飛鉗。鉗卽拑字。**从手。甘聲。**巨淹切。八部。

揲　閱持也。閱者。具數也。更迭數之也。匹下曰。四丈也。从八匚。八揲一匹。按八揲一匹。則五五數之也。五五者。由一五二五數之至於八五。則四丈矣。毄辭傳曰。揲之以四。以象四時。謂四四數之也。四四者。由一四二四數之至若干四。則得其餘矣。凡傳云三三。兩兩。十十。五五者。皆放此。閱持者旣得其數而持之。故其字从手。

搏　捦　擢　操　摯

从手。枼聲。食折切。十五部。按枼聲或在八部。或在十五部。由古此二部相合。同一世聲、而彼此皆用之。

摯　握持也。握持者搤持也。周禮六贄字、許書作贄、又鳥部鷙鳥字皆或叚摯爲之。从手執。會意也。脂利切。十五部。

操　把持也。把者握也。操重讀之曰節操、曰琴操、皆去聲。从手。喿聲。七刀切。二部。

擢　爪持也。覆手曰爪。謂覆手持之也。徐鉉等曰、今俗別作掬。今按本部自有𢹂篆。掬其俗體耳。其義訓兩指撮。非訓爪持。从手。瞿聲。居玉切。古音在四部。

捦　急持衣衿也。此篆古叚借作禽、俗作擒、作捡。走獸總名曰禽者、以其爲人所捦也。又按此解五字、當作急持也一曰持衣衿也九字乃合。必轉寫有譌奪矣。从手。金聲。巨今切。七部。

襟　捦或从禁。禁聲。

搏　索持也。索各本作索。今正。入室搜曰索。索持、謂摸索而持之。周禮環人、搏諜賊。釋文云、搏音博。又房布反。劉音付。射人注、貍、善搏者也。行則止而擬度焉。其發必獲。釋文云、搏音博。劉音付。士師注、胥讀爲宿偦之偦。偦謂司搏

攝　據

盜賊也。釋文云、搏音博。劉音付。小雅車攻箋、獸田獵搏獸也。釋文云、搏音博。舊音付。按小司徒注之伺捕盜賊、鄉士師注之司搏盜賊也。一用今字、一用古字。古捕盜字作搏。而房布反、又音付。猶後人所謂捫搎、摸搎也。本部搏捕二篆皆收。捕訓取也。又部取下云、捕也。是與索持義迥別。今則捕行而搏廢。但訓爲搏擊。又按搏擊與索取無二義。凡搏擊者未有不乘其虛怯、扼其要害者。猶執盜賊必得其巢穴也。本無二義二音。至若考工記之搏埴、虞書之拊搏。此則拍字之叚借。从手。尃聲。補各切。此今音也。陸氏說又房布切。劉音付。皆古音也。五部。一曰至也。此別一義。蓋搏亦爲今之附近字。許則云、駙者、近也。左傳則作傅。

據　杖持也。謂倚杖而持之也。杖者人所據。則凡所據皆曰杖。據或作据。楊雄傳三摹九据。晉灼曰、据、今據字也。按何氏公羊傳注據亦皆作据。是叚借拮据字。从手。豦聲。居御切。五部。

攝　引持也。謂引進而持之也。凡云攝者皆整飭之意。論語攝齊、史記矦生攝弊衣冠、襄十四年左傳曰、不書者惰也。書者攝也。注云、能自攝整。詩攝以威儀。傳

捫　挾　抪　抩

曰、言相攝佐者以威儀也。論語、官事不攝。注云、攝猶兼也。皆引持之意。从手。聶聲。書涉切。八部。

抩　并持也。謂兼二物而持之也。秝部曰、秉持一禾、兼持二禾。兼者會意字、抩者形聲字。抩與兼音略同。从手。冄聲。他含切。七部。

抪　捫持也。謂捫按而持之也。金部鋪下云、箸門抪首也。抪首者、人所捫摸處也。从手。布聲。普胡切。五部。

挾　俾持也。俾持、謂俾夾而持之也。亦部夾下曰、盜竊褱物也。俗謂蔽人俾夾。然則俾持正謂藏匿之持。如今人言懷挾也。孟子挾貴、挾賢、挾長、挾有勳勞、挾故。此皆本義之引申。音胡頰切。若詩禮之挾矢、周禮之挾日、音皆子協反。挾日、干本作帀日。左傳作浹。謂十日徧也。禮注、方持弦矢曰挾。謂矢與弦成十字形也。皆自其交會處言之。古文禮挾皆作接。然則接矢爲本字。挾矢爲叚借字與。从手。夾聲。各本作夾聲。篆體亦从二入。今皆正。从二入、以形聲中有會意也。胡夾切。八部。

捫　撫持也。撫、安也。一曰揗也。謂安揗而持之也。大雅、莫捫朕舌。傳曰、捫、持也。渾言不分析也。若王猛捫蝨之類。

搹　把　撣　握　擸　擥

又專謂摩挲。从手。門聲。莫奔切。十三部。詩曰、莫捫朕舌。大雅抑文。

擥　撮持也。謂總撮而持之也。从手。監聲。盧敢切。八部。

擸　理持也。謂分理而持之也。从手。巤聲。良涉切。八部。

握　搤持也。按下文云、搤、一曰握也。从手。屋聲。於角切。三部。

𡍲　古文握。淮南詮言訓、臺無所鑒謂之狂生。高注、臺、持也。所鑒者、玄德也。持無所鑒、所持者非玄德。故謂之狂生。合文選任彥昇哭范僕射詩注及今本淮南子可得其眞矣。俶眞訓曰、其所居神者、臺簡以游大清。此臺亦疑臺之誤。

撣　提持也。提持猶縣持也。太玄、撣繫其名。撣訓觸。別一義。从手。單聲。讀若行遲驒驒。驒驒、未見所出。蓋卽詩之嘽嘽駱馬。傳曰、嘽嘽、喘息之皃。馬勞則喘息。徒旱切。十四部。

把　握也。握者、搤持也。孟子注曰、拱、合兩手也。把、以一手把之也。从手。巴聲。博下切。古音蓋在五部。

搹　把也。喪服苴絰大搹。注曰、搹、扼也。中人之扼圍九寸。此言中人滿手把之、其圍九寸。

挐

則其徑約計三寸也。喪服傳。朝一溢米。夕一溢米。王肅劉逵皆云。滿手曰溢。與鄭異。按此謂溢爲搹之叚借字也。然搹溢字見一章數行內、不應異用。則知鄭說爲長。**从手。鬲聲。**於革切。十六部。扼**搹或从戹。**扼今隸變作扼。猶軶隸變作軛也。許云扼者、搹之或字。而鄭注禮云搹扼也者、漢時少用搹。多用扼。故以今字釋古字。非於許有異也。挐**牽引也。从手。如聲。**按各本篆作挐。解作奴聲。別有拏篆。解云持也。从手。如聲。女加切。二篆形體互譌。今正。挐字見於經者。僖元年獲莒挐。三傳之經所同也。其義則宋玉九辯曰。枝煩挐而交橫。王注。柯條糾錯而崩嶷。招䰟稻粢穱麥挐黃粱些。王注。挐、糅也。王逸九思殽亂兮紛挐。注。君任佞巧。競疾忠信。交亂紛挐也。左思吳都賦。攢柯挐莖。李注曰。許愼注淮南子云。挐、亂也。凡若此等。皆於牽引義爲近。而漢霍去病傳。昏漢匈奴相紛挐。此與九思紛挐同。謂漢與虜相亂也。而師古注乃云。紛挐亂相持搏也。以亂釋紛。以相持搏釋挐。大非語意。竊意其時說文已同今本。故顏從而傳會耳。葢其字本如聲。讀女居切。其義爲牽引。廣韵九魚

攜　提　𢪸　拈　摛　捨　擪　按

挐注牽引。未嘗作拏。說文拏訓持。卽今所用攫拏字也。其字奴聲。讀女加切。廣韵麻韵挐拏兩收。淆亂其義。玉篇有挐無拏。訓爲持也。乃同今本說文。孫強輩所改耳。**一曰巳也。**小徐本有此四字。攜**提也。**古多叚爲攜字。**从手。巂聲。**戶圭切。十六部。提**挈也。**挈者、縣持也。攜則相竝。提則有高下。而互相訓者、渾言之也。**从手。是聲。**杜兮切。十六部。𢪸**拈也。从手。耴聲。**丁愜切。八部。拈**𢪸也。**篇韵皆云指取也。**从手。占聲。**奴兼切。七部。摛**舒也。**蜀都賦。摛藻掞天庭。魏都賦。摛翰則華縱春葩。太玄經。幽攡萬類。字作攡。**从手。离聲。**丑知切。古音在十七部。捨**釋也。**釋者、解也。按經傳多叚舍爲之。**从手。舍聲。**書冶切。古音在五部。擪**一指按也。**洞簫賦。挹抐擫擪。李注。言中制也。莊子。外物擪其噦。一作壓。南都賦。彈琴擫籥。李注引說文。按擫、擫皆同擪。**从手。厭聲。**於協切。七部。按**下也。**以手抑之使下也。印部曰。抑者、按也。**从手。安聲。**烏旰

控　揗　掾　拍

切。十四部。控**引也。**引者、開弓也。引申之爲凡引遠使近之偁。詩。控於大邦。傳曰。控、引也。此卽左傳所謂控告也。又抑磬控忌。傳曰。騁馬曰磬。止馬曰控。按騁馬曰磬者。如大明傳之俔、磬也。極辭也。止馬曰控者。是亦引之使近之意也。**从手。空聲。**苦貢切。九部。**詩曰。控于大邦。**庸載馳文。**匈奴引弓曰控弦。**依羽獵賦注訂。此引匈奴方語以證控引一也。漢書於匈奴或言引弓。或言控弦。一也。揗**摩也。**廣雅曰。揗、順也。廣韵曰。手相安慰也。今人撫循字。古葢作揗。循者、行順也。淮南曰。引揗萬物。高注。引揗、拔擢也。讀允恭之允。**从手。盾聲。**食尹切。十三部。廣韵詳遵切。掾**緣也。**緣者、衣純也。既夕禮注。飾衣領袂口曰純。引申爲凡夤緣邊際之偁。掾者緣其邊際而陳掾也。陳掾猶經營也。易卦辭曰彖。謂文王繇卦以得其義。然則彖者、掾之叚借字。與漢官有掾屬。正曰掾。副曰屬。漢舊注。東西曹掾比四百石。餘掾比三百石。屬比二百石。此等皆翼輔其旁者也。故曰掾。**从手。彖聲。**以絹切。十四部。拍**拊也。**釋名曰。拍、搏也。

拊　掊

手搏其上也。按許釋搏曰索持。則古經搏訓拍者。字之叚借。考工記。搏埴之工。注曰。搏之言拍也。云之言者。見其義本不同也。**从手。百聲。**普百切。古音在五部。讀如粕。拊**揗也。**揗者、摩也。古作拊揗。今作撫循。古今字也。堯典曰。擊石拊石。拊輕擊重。故分言之。又皋陶謨。搏拊。樂器名。明堂位作拊搏。**从手。付聲。**芳武切。古音在四部。掊**杷也。**杷各本作把。今正。木部曰。杷者、收麥器也。引申爲凡用手之偁。掊者、五指杷之。如杷之杷物也。史、漢皆言掊視得鼎。師古曰。掊、手杷土也。杷音蒲巴反。其字从木。按今俗用之刨字也。大雅曰。曾是掊克。傳曰。掊克、自伐而好勝人也。以自伐釋掊。以好勝人釋克。未得其解。定本掊作倍。正義謂己兼倍於人而自矜伐。似定本爲是矣。然孟子書亦作掊克。趙注但云不良也。知詩本不作掊。毛意謂掊爲倍之叚借字。掊有聚意。與抔音義近。有深取意。則不同抔也。毛詩釋文云。掊克、聚斂也。此謂同抔也。方言曰。掊、深也。郭注云。掊尅、深能。以深釋掊。以能釋尅。此亦必古說。但皆非毛義。方言掊訓深。與許說合。○六書故引唐本作抔也。不若顏氏本作杷。**从手。**

捋　撩　措　插

咅聲。父溝切。廣韵薄侯切。古音在一部。今鹽官入水取鹽爲掊。百官志注引胡廣曰。鹽官掊坑而得鹽。

捋　取易也。按捋與寽二篆義別。寽見𠬪部。云五指寽也。五指寽者、如用指取禾采之穀是也。捋則訓取易而義不同。詩薄言捋之。捋采其劉。傳曰。捋、取也。此捋之本義也。若董逌詩詁曰。以指歷取也。朱子詩集傳曰。捋取其子也。此於今之俗語求其義。而不知今之俗語、許書自有本字。凡訓詁之宜審愼如此。○寽下云五指捋也。宋本云五指持也。皆未是。廣韵六術云。寽、持取。今寽禾是。是則許當本作五指持取也。五指持而取之。於義乃合。从手。寽聲。郎括切。十五部。

撩　理之也。之字依玄應書卷十五補。下云謂撩捋整理也。今多作料量之料。通俗文曰。理亂謂之撩理。从手。寮聲。洛蕭切。二部。

措　置也。置者赦也。立之爲置。捨之亦爲置。措之義亦如是。經傳多叚錯爲之。賈誼傳叚厝爲之。从手。昔聲。倉故切。五部。

插　刺內也。內各本作内。今正。內者、入也。刺內者、刺入也。漢人注經多叚捷字、扱字爲之。

十二篇上

掄　擇　捉　搤　挻

从手。臿聲。楚洽切。八部。

掄　擇也。晉語。君掄賢人之後有常位於國者而立之。韋注。掄、擇也。周禮。凡邦工入山林而掄材。不禁。鄭注。掄猶擇也。按鄭意掄之本訓不爲擇。故曰猶。从手。侖聲。盧昆切。十三部。

擇　柬選也。柬者、分別簡之也。簡者、存也。今小徐本作簡選。乃是譌字。韵會作揀。乃是俗字。辵部選下曰。一曰選擇也。从手。睪聲。丈伯切。古音在五部。

捉　搤也。从手。足聲。側角切。三部。一曰握也。上文云、握者搤持也。與此爲轉注。

搤　捉也。婁敬傳曰。搤其亢。拊其背。楊雄傳曰。搤熊羆。抲豪豬。搤其咽。炕其氣。皆謂捉持之。師古云。搤與扼同。依許則搤扼音雖同而義迥別也。从手。益聲。於革切。十六部。

挻　長也。商頌。松桷有挻。傳曰。挻、長皃。此許所本也。字林云。挻、長也。丑連反。此又本詩也。自寫詩者譌从木作梴。又以梴竄入說文木部。而終古長誤矣。此義丑連反。若老子挻埴以爲器。其訓和也。柔也。其音始然反。音羶。其俗字作埏。見於詩、老子音義甚明。而今本譌舛。又方言。挻、取也。凡取物而逆謂之篡。楚

揃　搣

部或謂之挻。此義音羊羶反。从手延。延亦聲。小徐本作从手延聲四字。式連切。按當作丑延切。十四部。篆體右蓋从延。延、丑連切。解當依小徐作从手延聲四字。

揃　搣也。搣之訓見下。揃謂搣也。急就篇沐浴揃搣寡合同。莊子。眥搣可以休老。本亦作揃搣。揃搣者、道家修養之法。故莊云可以休老。史游與沐浴寡合同類言。寡合同、卽嗇精寡慾之說也。若士喪禮、士虞禮之蚤揃。蚤讀爲爪。謂斵爪。揃讀爲翦。許作𠝣。謂𠝣須也。士虞禮揃或爲鬋。曲禮亦作蚤鬋。注云。鬋、鬢也。釋鬋爲𠝣理鬢髮。是禮經揃字爲𠝣若鬋之叚借。而不用揃之本義。顏師古注急就曰。揃搣、謂鬄拔眉髮也。蓋去其不齊整者。顏氏誤以禮經之揃釋莊史之揃搣。是誤以叚借爲本義也。訓詁不通其源、斯誤有如此者。○莊子釋文引三倉云。揃猶翦也。云猶翦、則翦非本義。三倉不妨言叚借。惟說文解字不言叚借。从手。前聲。卽淺切。十四部。

搣　𢪒也。𢪒各本作扺。小徐本及集韵、類篇、廣韵作批。今正。扺者、批之譌。批者、𢪒之譌也。手部𢪒批二篆義別。𢪒下云。一曰𢪒搣頰旁也。與此曰搣𢪒也相爲轉注。廣韵、玉篇

十二篇上

批　揤　捽　撮

皆曰。搣者、摩也。然則搣頰旁者、謂摩其頰旁。養生家之一法。故莊子曰。靜默可以補病。眥搣可以休老。眥搣卽𢪒搣之叚借字。一本作揃搣。釋文引字林。搣、批也。千米反。批亦𢪒之誤。若作批、則𢪛之俗字。訓反手擊也。尤誤。○按廣韵、玉篇云。摩也。此字本義。廣韵又曰。批也。批卽𢪒之誤。又曰。捽也。捽卽批之解也。又云。手拔也。玉篇云。莊子云。揃搣拔除也。是皆用師古急就篇注而誤。蓋訓詁之難如此。从手。烕聲。亡列切。十五部。

批　捽也。捽之訓在下。按玄應書兩引說文。批、擳也。擳、居逆反。謂擳、撮取也。又引通俗文。掣挽曰批。按玄應本較今本爲長。但許本無擳。祇用戟。是亦以俗字改許書也。从手。此聲。側氏切。十五十六部。此與下手上此字義別。

揤　捽也。从手。卽聲。子力切。古音在十二部。魏郡有揤裴矦國。漢地理志作卽。王子矦表作揤。據此則今本地理志誤也。

捽　持頭髮也。金日磾傳。日磾捽胡投何羅殿下。孟康曰。胡音互。捽胡、若今相僻臥輪之類也。晉灼曰。胡、頸也。捽其頸而投殿下也。从手。卒聲。昨沒切。十五部。

撮

四圭也。漢律厤志曰：量多少者不失圭撮。孟康曰：六十四黍爲圭。按廣韵圭下云：孟子曰：六十四黍爲一圭，十圭爲一合。孟子即孟康。經典釋文序錄有孟子注老子二卷，或曰孟康也。康字公休。孫子筭經：六粟爲一圭，十圭爲一撮，十撮爲一抄，十抄爲一勺，十勺爲一合。說與孟異。本艸序例曰：凡散藥有云刀圭者，十分方寸匕之一，準如梧桐子大也。一撮者，四刀圭也。十撮爲一勺，十勺爲一合。此蓋醫家用四圭爲撮之說，可相發明。从手，最聲。倉括切。十五部。亦二指撮也。大徐作一曰兩指撮也。按許此別爲一義，而應仲遠注漢云：圭，自然之形，陰陽之始。四圭曰撮，三指撮之也。不說是二義。三指所撮爲四圭，則四圭甚少，殆即孫子所謂六粟爲圭乎。二十四粟，三指可撮也。小徐本作二指，二疑三之誤。大徐本又改爲兩，耳。圭者，瑞玉，上圜下方，故應云自然之形，陰陽之始。易之數，陰變於六，故六粟曰圭。

[篆]撮也。此蒙三指撮而言，不蒙四圭也。从手，䈼省聲。居六切。三部。按字之同音者有三：此謂三指撮也；臼，謂叉手也；匊，謂在手也。

摕撮取也。而謂取撮之，亦蒙三指撮言也。有司徹：乃摭于魚腊俎，俎釋三个，其餘皆取之。古文摭爲摕。儀禮宋本、嘉靖本、單行疏本、釋文宋本皆如是。俗本作今文摭爲摕者，非也。凡言撮者，皆謂少取。禮經依古文爲是。西京賦：摕飛鼯。亦謂撮取。薛解云：捎取之也。文賦：意徘徊而不能揥。揥當是摕之誤。今俗語云捎帶者，當作摕。从手，帶聲。讀若詩曰螮蝀在東。謂讀若螮也。都計切。十五部。經典釋文之舌切，李善大結切。

𢮭摕或从斷、从示。蓋从斷而示聲。兩手急持人也。其義有別。廣韵一字二形，不云二形。

捊引堅也。堅各本作取，今正。詩釋文作堅，今本譌爲取。玉篇正作引聚也。堅者，引使聚也。大雅：捄之陾陾。傳曰：捄，虆也。陾陾，眾也。箋云：捄，捊也。度，投也。築牆者捊聚壤土，盛之以虆，而投諸版中。此引聚之正義。箋與傳互相足。賓筵之仇，鄭讀爲𣪠。此捄，鄭釋爲捊，皆於其音之相近得其義也。常棣：原隰裒矣。傳云：裒，聚也。此重聚不重引，故不言引，但言聚也。裒者，捊之俗。易：君子以裒多益寡。鄭、荀、董、蜀才作捊，云：取也。此重引，故但言取也。从手，孚聲。步侯切。三部。詩曰：原隰捊矣。六字小徐本有。玉篇引亦有。

抱捊或从包。古音孚聲、包聲同在三部。後人用抱爲褱裒字，蓋古今字之不同如此。

捦自關以東取曰捦。方言曰：掩、索，取也。自關而東曰掩，自關而西曰索，或曰狙。按許所據方言蓋作捦。李善注子虛、上林賦引方言亦作捦也。今廣雅：掩，取也。字作掩。从手，弇聲。衣檢切。七部。一曰覆也。弇，蓋也。故从弇之捦爲覆。凡大學捦其不善，中庸誠之不可捦，皆是。

授予也。推予者，受也。象相予之形。从手受。手付之，令其受也。故从手受。受亦聲。殖酉切。三部。

承奉也，受也。廾部曰：奉者，承也。是二篆爲轉注也。受部曰：受者，相付也。凡言承受、承順、承繼，又魯頌傳曰：承，止也，皆奉之訓也。凡言或承之羞、承之以劒，皆相付之訓也。左傳曰：蔡大夫恐昭侯之又遷也，承。此叚承爲懲也。从手，卪，𠬞。合三字會意。署陵切。六部。

挋給也。給者，相足也。士喪禮曰：乃沐櫛，挋用巾。又曰：浴用巾，挋用浴衣。注曰：挋，晞也，清也。按晞者，乾之也。浴用巾，既以巾拭之矣，而復以浴衣挋之，謂抑按之使乾。此乾彼溼，可互相足，故曰給也。爾雅曰：挋、拭、刷，清也。渾言之也；析言之，則挋與拭不同，故許書㕞飾也、[扌堇]飾也爲一義，挋給也又爲一義也。从手，臣聲。章刃切。十二部。一曰約也。約者，纏束也。此挋之別一義也。

[扌堇]飾也。飾各本作拭，今正。又部曰：㕞者，飾也。巾部曰：飾者，㕞也。拭正俗字，自淺人盡改許書之飾爲拭，而字例晦矣。[扌堇]與挋爲伍，則非妝飾也。周禮遺人以恤民之囏阨。注云：故書囏阨作[扌堇]阨。按此古文叚借字也。从手，堇聲。居焮切。十三部。

[扌朮][扌堇]也。今人用拂拭字當作此[扌朮]。許作拂者，過擊也，非其義。从手，朮聲。普活切。十五部。○此篆舊次接篆之下，非古也，今移此。

攩朋羣也。此鄉黨、黨與本字，俗用黨者，叚借字也。鳥部朋下曰：古文鳳也。鳳飛羣鳥從以萬數，故以爲朋攩字。儒林傳：唯京氏爲異黨。師古曰：黨讀曰儻。按儻當作攩。从手，黨聲。多朗切。十部。

接交也。交者，交脛也。引申爲凡相接之偁。周禮廩

挏　招　撫　捪　揣　抧　摜　投　擿

人接盛、讀爲一扱再祭之扱。从手。妾聲。子葉切。八部。

挏　推引也。推各本作擁。今依廣韵、韵會本。推讀如或推或輓之推。謂推之使前也。从手。同聲。徒總切。九部。漢有挏馬官。作馬酒。見百官公卿表、禮樂志。應劭曰。主乳馬。取其乳汁挏治之。味酢可飲。因以名官。如淳曰。主乳馬。以韋革爲夾兜。受數斗。盛馬乳。挏其上肥。因名曰挏馬。官。今梁州亦名馬酪爲馬酒。顏氏家訓曰。此謂撞擣挺挏之。今爲酪酒亦然。按挺挏字見淮南子。

招　手評也。評各本作呼。今正。呼者、外息也。評者、召也。不以口而以手。是手評也。匏有苦葉傳曰。招招、號召之皃。按許書召者、評也。號者、嘑也。是用手用口通得云招也。从手。召聲。止搖切。二部。

撫　安也。从手。𢊁聲。芳武切。五部。一曰揗也。揗各本作循。今正。揗者、摩也。拊亦訓揗。故撫拊或通用。

撫　古文撫。从亡辵。

捪　撫也。此冢上訓揗之撫而言。今人所用抆字。許土部墀下所用捪字。皆卽捪字也。从手。昏聲。武巾切。十三部。一曰摹也。摹者、規也。

揣　量也。量者、稱輕重也。稱者、銓也。銓者、衡也。从手。耑聲。此以合音爲聲。初委切。十四十五部。按方言常絹反。是此字古音也。木部有椯字。箠也。一曰度也。一曰剟也。聲義皆與此篆同。而讀兜果切。又今人語言用敁敠字。上丁兼切。下丁括切。知輕重也。亦揣之或體。其音爲耑之雙聲。度高曰揣。方言同。左傳。揣高卑。杜注云。度高曰揣。度深曰仞。按國語。竱本肈末。竱、卽孟子揣其本之揣。其義同也。一曰捶之。捶者、以杖擊也。椯訓箠。揣訓捶。其意一也。

抧　開也。从手。只聲。讀若抵掌之抵。抵各本作抵。今正。抵、側手擊也。抵掌者、側此手擊彼手掌也。諸氏切。十六部。

摜　習也。此與辵部遦音義皆同。古多叚貫爲之。从手。貫聲。古患切。十四部。春秋傳曰。摜瀆鬼神。昭二十六年左傳文。今本作貫。杜曰。貫、習也。

投　擿也。下文云。擿、投也。二篆爲轉注。巷伯傳曰。投、棄也。从手。殳聲。大徐作从殳。非。度侯切。四部。

擿　搔也。此義音剔。詩。象之揥也。傳曰。揥所以摘髮也。釋文云。揥、勑帝反。摘、他狄反。本又作擿。非也。擿音直戟反。按以許說繩之。則作擿爲是。擿正音他狄反也。以象骨搔首。因以爲飾。名之曰揥。故云所以擿髮。卽後人玉導玉搔頭之類也。廣韵十二霽曰。揥者、揥枝整髮釵。許書無揥。从手。適聲。讀如剔。十六部。一曰投也。與上文投者擿也爲轉注。此義音直隻切。今字作擲。凡古書用投擲字皆作擿。許書無擲。

搔　扴　摽　挑　抉　撓　擾　挶

搔　刮也。刮各本作掊。今正。掊者、絜也。非其義。刮者、掊杷也。掊杷正搔之訓也。內則。疾痛苛養。敬抑搔之。注曰。抑、按。搔、摩也。摩馬曰騷。其聲同也。又疒部。疥、搔瘍也。瘍之需手搔者謂之搔瘍。俗作瘙瘍。釋文、正義已如此。从手。蚤聲。穌遭切。古音在三部。

扴　刮也。此與搔義同。刮小徐作搯。譌。大徐不誤。廣韵曰。扴者、揩扴物也。易介于石。馬本作扴。云觸小石聲。按扴于石、謂摩礪于石也。从手。介聲。古黠切。十五部。

摽　擊也。左傳。長木之斃。無不摽也。杜云。摽、擊也。柏舟傳曰。摽、拊心皃。从手。㶾聲。符少切。二部。左釋文敷蕭、普交二切。一曰挈闓牡也。闓牡、一物也。見門部。挈者、提而启之也。葉鈔本闓作門。

挑　撓也。下文云。撓者、擾也。擾者、煩也。挑者、謂撥動之。左傳云。挑戰是也。从手。兆聲。土凋切。二部。一曰摷也。摷者、拘擊也。小徐摷下有爭。國語曰。郤至挑天。周語。單襄公語。韋本作佻天。注云。佻、偷也。今按佻天之功以爲己力。與左傳天實置之。而二三子以爲己力。語意正同。然則許意爲一曰摷爭作證。

抉　挑也。抉者、有所入以出之也。从手。夬聲。於說切。十五部。

撓　擾也。此與女部嬈字音義皆同。从手。堯聲。奴巧切。二部。一曰捄也。捄篆下曰。一曰擾也。是撓擾捄三字義同。古書多作擾。蓋擾得訓馴、猶亂得訓治、徂得訓存、苦得訓快。皆窮則變、變則通之理也。周禮注曰。擾、猶馴也。言猶者、字本不訓馴。

擾　煩也。煩者、熱頭痛也。引申爲煩亂之偁。訓馴之字。依許作𢺕。而訓馴。从手。夒聲。而沼切。古音在三部。今作擾。从憂。俗字也。

挶　戟持也。戟持者、手如戟而持之也。左傳。褚師出。公戟其手。杜云。戟、徒手屈肘如戟形。鄭注斯干如矢斯棘云。如人挾弓矢戟其肘。按古者。戟之制。其鋒謂之援。援體斜橫出。故人下其肘臂。卬翹其捥。與手似之。亦謂之戟。鴟鴞傳曰。拮据。戟挶也。字本作戟。俗加手旁。非是。謂有所操作。曲其肘如戟而持之也。从手。局聲。居玉切。三部。

据　戟挶也。鴟鴞。予手拮据。傳曰。拮据。戟挶也。公羊注段据爲據。从手。居聲。九魚切。五部。

擖　刮也。此與扴音義略同。从手。曷聲。口八切。十五部。一曰撻也。撻見下文。

擿　拓果樹實也。拓者、拾也。拾者、掇也。掇者、拾取也。果樹實者、有果之樹之實也。拓之謂之摘。引申之、凡他取亦曰摘。此篆與擿音義殊。从手。啻聲。他歷切。又竹歷切。按竹歷切、是也。他歷則爲擿之音矣。十六部。宋本竹歷。今本改竹厄、以同廣韵。一曰指近之也。別一義。

搳　擖也。與擖篆互聯綴。从手。害聲。胡秸切。十五部。

摲　斬取也。各本斬取二字作暫。今正。斬者、截也。謂斷物也。暫非其義。禮器有摲而播也。長楊賦。麾城摲邑。蒼頡篇曰。摲、拍取也。鄭曰。摲之言芟也。按芟、刈艸也。摲本訓芟夷。禮器注謂於此少與得分以與彼。是爲芟殺有所與。摲殺上貴之分以布偏於賤者。謂之摲而播。故廣雅本之爲說曰。摲者、次也。是鄭注禮之義。而非摲之本義也。从手。斬聲。昨甘切。八部。廣韵作摲、斬取也。山檻切。

拹　摺也。公羊傳曰。使公子彭生送桓公。於其乘焉拹幹而殺之。幹者、脅骨也。何曰。拹者、折聲也。拹或作搚者。或體也。或作拉者。段借字也。从手。劦聲。虛業切。七部。一曰拉也。上文曰。拉者、摧也。

摺　敗也。敗者、毀也。今義爲摺疊。从手。習聲。之涉切。八部。

揫　束也。束者、縛也。鄉飲酒義曰。西方者秋。秋之爲言愁也。愁讀爲揫。按韋部𩏂、收束也。或从要作𩏂。或从秋手作揫。揫即𩏂。然則此篆實爲重出也。从手。秌聲。即由切。三部。詩曰。百祿是揫。商頌長發文。今詩作遒。傳曰。遒、聚也。

摟　臾聚也。此當作臾也、聚也。各本奪上也字。山有樞曰。弗臾弗摟。傳曰。摟亦臾也。此臾訓所本也。臾者、臾曳也。釋詁曰。摟、聚也。此聚訓所本也。趙注孟子曰。摟、牽也。此臾義之引申也。从手。婁聲。洛侯切。四部。

抎　有所失也。成公二年左傳。石稷謂孫良夫曰。子國卿也。隕子辱矣。許所據作抎。正謂失也。戰國策。被礛磻。引微繳。折清風而抎矣。此段抎爲隕也。史記東粵列傳。不戰而耘。利莫大焉。謂閩粵不戰而失其王頭。此段耘爲抎也。从手。云聲。于敏切。十三部。春秋傳曰。抎子辱矣。

披　從旁持曰披。士喪禮。設披。注曰。披、絡柳棺上。貫結於戴。人君旁牽之以備傾虧。又執披者旁四人。注曰。前後左右各二人。此從旁持之義也。五帝本紀。黃帝披山通道。徐廣曰。披、他本亦作陂字。蓋當音詖。陂者、旁其邊之謂也。按披陂皆有旁其邊之意。中散能知之。而索隱云披音如字。謂披山林艸木而行。以通道也。此則司馬貞不知古義之言。蓋俗解訓披爲開。廣韵云。披、開也。分也。散也。木部。柀訓析也。柀靡字如此作。而淺人以披訓析。改柀靡爲披靡。莫有能諟正者。从手。皮聲。敷羈切。舊彼義切。古音在十六部。

𢶃　引縱曰𢶃。爾雅釋文作引而縱之曰𢶃。引、開弓也。縱、緩也。一曰舍也。按引縱者、謂空遠而引之使近。空近而縱之使遠。皆爲牽掣也。不必如釋文所據爾雅曰甹夆、掣曳也。俗字作撦。作扯。聲形皆異矣。从手。瘛省聲。尺制切。十五部。俗作掣。

𢫬　積也。小雅車攻曰。助我舉柴。傳曰。柴、積也。箋云。雖不中必助中者舉積禽也。柴、許所據作𢫬。此聲責聲古同在十六部。以疊韵爲訓。从手。此聲。前智切。詩釋文引說文士賣反。出音隱。詩曰。助我舉𢫬。西京賦作舉胔。薛注。胔、死禽獸將腐之名。一曰揻頰旁也。一曰二字廣韵及小徐本及集韵類篇皆有之。是也。無此則與上文積也矛盾。而積也即釋車攻。又非引曰圛、引堲讒說而釋之之比。上文揻下云𢫬也。此𢫬下云揻頰旁也。是二篆爲轉注。亦考老之例。揻頰旁可以休老。見莊子。莊于亦作訾㛾。段借字。

掉　搖也。掉者、搖之過也。搖者、掉之不及也。許渾言之。从手。卓聲。徒弔切。二部。春秋傳曰。尾大不掉。左傳昭十一年文。

搖　動也。从手。䍃聲。余招切。二部。

搈　動搈也。動搈、漢時語。廣雅曰。搈、動也。从手。容聲。余隴切。九部。

擑　當也。廣雅曰。擑、當也。从手。貳聲。

揂　擥　捀　擧　揚

直利切。曹憲引說文直二反。按作直異切者誤。

揂　聚也。商頌百祿是遒。傳曰。遒、聚也。按傳謂此遒爲揂之段借字。从手。酋聲。即由切。三部。

擥　固也。擥之言堅也、緊也。謂手持之固也。或段借爲牽字。如史記鄭襄公肉袒擥羊。即左傳之牽羊也。俗用慳吝字。亦爲擥之俗。从手。臤聲。苦閑切。十四部。讀若詩赤舃擥擥。擥擥當依豳風作几几。傳曰。几几、絇皃。擥在十二部。几在十五部。云讀若者、古合音也。

捀　奉也。奉者、承也。从手。夆聲。敷容切。九部。

擧　舉也。从手。舉。此篆各本作擧。云對舉也。从手、與聲。以諸切。下文出揚、歟二篆。即出擧篆。云對舉也。居許切。不特義同、形聲亦皆不甚異。讀許者往往疑焉。今按玉篇列字次第。捀下揚上作擧。丘言切。舉也。說文捀下揚上則作擧。顯是擧篆之譌。蓋希馮作玉篇時所據說文未誤也。說文本有擧無擧。後人自譌舛耳。廣韵廿二元亦曰。擧、舉也。上林賦、毛詩箋、漢書音義、通俗文皆有揵。揵即此擧篆也。字从手舉會意。邱言切。十四部。

揚　飛舉也。从手。昜聲。與章

舉　掀　揭　拯

切。十部。

𢍋　古文揚。从攴。漢碑用颺歷。他文用敭歷。皆用今文尚書般庚之優賢揚歷也。

擧　對舉也。對舉謂以兩手舉之。故其字从手與。𠂇手與又手也。从手。與聲。居許切。五部。一曰輿也。小徐有此四字。按輿即舁。轉寫改之。左傳使五人輿豭從己。舁之段借也。舁者、共舉也。共者、非一人之辭也。舉之義亦或訓爲舁。俗別作擧。羼入說文。音以諸切。非古也。

掀　舉出也。掀之言軒也。从手。欣聲。虛言切。古音在十三部。春秋傳曰。掀公出於淖。成十六年左傳文。釋文曰。捧轂舉之則公軒起也。徐許言反。一曰掀、引也。胡根反。○又按陸引字林云。火氣也。蓋呂氏所見昭十八年左傳作行火所掀。與今本作焮不同。亦謂火氣高舉也。

揭　高舉也。見於詩者。匏有苦葉傳曰。揭、褰裳也。碩人傳曰。揭揭、長也。蕩傳曰。揭、見根皃。从手。曷聲。去例切。又基竭切。十五部。

拯　上舉也。出休爲拯。从手。丞聲。易曰。拯馬壯吉。各本篆作抍。解無出休爲拯四字。丞聲作升聲。拯馬作抍馬。今皆正。易明夷釋文曰。丞、音拯救之拯。說文云舉也。子夏作抍。字林云。抍、上舉。音承。然則說文作拯。字林作抍。在呂時爲古今字。陸引無上字。而李注羽獵賦引有之。李注謝靈運擬鄴中集詩、曹植七啓、潘勗九錫文、傅亮修張良廟教、王巾頭陀寺碑、皆引說文出溺爲拯。是古本確有此四字。方言曰。躪、抍、拔也。出休爲抍。出火爲躪。方言之書字多經轉寫。改作抍。即以今字改古字之一。抑或子雲固如此作。許不之錄耳。用拯馬壯吉。周易明夷六二爻辭。其字今作拯。陸氏德明作丞。云拯救之拯。猶艮不承其隨云承音拯救之拯。左傳目於眢井而承之云承拯救之拯也。葉林宗抄文淵閣宋本不誤。通志堂、抱經堂皆改大字爲拯。殊非。集韵抍、承、撜、拯、丞五形同字。丞、承即取諸艮隨二卦釋文。類篇丞作承。今本釋文改丞爲拯。遂使集韵類篇之本原泯沒矣。羽獵賦丞民乎農桑。李引聲類丞亦拯字。此丞之證也。列子使弟子並流而承之。張注承音拯。引方言出溺爲承。此承之證也。玉篇曰。承、聲類云抍字。然則聲類之作丞作承固難考。集韵曰。承者、承之或體。玉篇曰。抍、音蒸。又上聲。蓋古多讀平聲。今則讀上

振　扛

聲。古音在六部。陸云音拯救之拯。玉篇廣韵皆云蒸上聲。不作反語者、廣韵云無韵切也。無韵切者、此韵字少。殑殑又皆難識也。

撜　拯或从登。拯各本作抍。今正。丞聲、登聲皆六部也。升聲亦六部。而此篆古从丞、从登、不从升者、丞、登皆有上進之意。形聲中有會意。經典登作升、皆段借字。升之本義實於上舉無涉。

振　舉救之也。之字依韵會補。諸史籍所云振給、振貸是其義也。凡振濟當作此字。俗作賑、非也。匡謬正俗言之詳矣。从手。辰聲。章刃切。十三部。一曰奮也。此義則與震略同。采芑傳曰。入曰振旅。振鷺傳曰。振振、羣飛皃。七月傳曰。沙雞羽成而振訊之。皆此義。麟止殷其靁傳曰。振振、信厚也。則此義之引申。蓋未有不信厚而能奮者。

扛　橫關對舉也。以木橫持門戶曰關。凡大物而兩手對舉之曰扛。項羽力能扛鼎。謂鼎有鬲。以木橫貫鼎耳而舉其兩耑也。即無橫木而兩手舉之亦曰扛。即兩人以橫木對舉一物亦曰扛。字林揹、掆、舁也。匡謬正俗曰。音譌故謂扛爲剛。有造掆字者。故爲穿鑿也。西京賦作舡鼎。舡即舩。魏大饗碑作舩鼎。舩者、

扮　撟　捎　㩡　㨎

扛之叚借字也。从手。工聲。古雙切。九部。

扮　握也。大玄曰。地則虛三以扮天之十八也。扮猶幷也。从手。分聲。讀若粉。房吻切。十三部。

撟　舉手也。引申之凡舉皆曰撟。古多叚矯爲之。陶淵明曰。時矯首而遐觀。王逸注楚辭曰。矯、舉也。从手。喬聲。居少切。二部。一曰撟擅也。擅、專也。凡矯詔當用此字。

捎　自關已西凡取物之上者爲撟捎。取物之上、謂取物之顛也。捎之言梢也。方言曰。撟捎、選也。自關而西秦晉之閒凡取物之上謂之撟捎。按今俗語云捎帶是也。西京賦注曰。㨹者、捎取之。考工記捎其藪。捎溝注曰。捎、除也。其引申之義。从手。肖聲。所交切。二部。

㩡　袌也。各本作抱也。今正。抱者、說文之或捊字也。袌見衣部。褱也。改袌爲抱。大失許例。公食大夫禮㩡簠粱。注云。擁、抱也。吳語。官帥擁鐸。注云。擁、抱也。漢書注曰。南方謂抱小兒爲雍樹。雍者、擁之叚借字。从手。雝聲。於隴切。九部。按玉篇作擥。蓋古體也。抱之則物必在前。故上雝下手。

㨎　染也。如染繒爲色也。从手。耎聲。而泉反。十四部。周禮曰。六曰㨎祭。各本篆作擩。解作需聲。引周禮作擩祭。今正。古音耎聲在十四部。需聲在四部。其音畫然分別。後人乃或淆亂其偏旁。本从耎者譌而从需。而音由是亂矣。周禮大祝九祭。六曰㨎祭。士虞禮、特牲饋食禮、少牢饋食禮、有司徹四篇經文凡用㨎字二十。唐石經周禮、士虞皆作擩。特牲、少牢、有司皆作㨎。參差乖異。此非經字不一。乃周禮、士虞經淺人妄改也。郭璞而沿反。李善而緣反。劉昌宗而玄反。陸德明而泉反。皆耎聲之正音也。杜子春讀如虞芮之芮。郭璞而悅反。劉昌宗而誰反。顏師古如閱反。陸德明而劣反。皆耎聲之音轉也。古音十四十五部最相近之理也。今則周禮、禮經、漢書、子虛賦注皆誤从需。玉篇擩而主切。廣韻麌韻作擩。切而主。薛韻作㨎。切如劣。不知其本爲一字。而五經文字云。㨎如悅反。字書無此字。見禮經。擩汝主反。見周禮。是則唐開成石經正用張參之說。故周禮與儀禮異字。不知何以就禮經中士虞與他篇又異字也。張氏云周禮作擩汝主反。今按周禮釋文曰。而泉反。一音而劣反。劉又而誰反。絕無汝主一反。不可以證陸氏周禮之本作㨎乎。士虞禮釋文曰。如悅反。劉而玄反。又而誰反。與特牲、少牢、有司音義皆同。亦不言而主反。又不可以見士虞之本作㨎乎。其云字書無㨎字。則其所據說文已爲俗改之本。有擩無㨎。而不知說文古本之有㨎無擩也。禮經注曰。㨎、染也。李奇子虛賦注曰。染、㨎也。

揄　擊　擭　拚　擅

揄　引也。漢郊祀歌曰。神之揄臨壇宇。師古云。揄、引也。史記。揄長袂。廣韻。揄揚、詭言也。皆其引申之義。大雅。或舂或揄。叚揄爲舀也。从手。俞聲。羊朱切。古音在四部。

擊　擊擭。逗。不正也。廣韻。擊、擭、宛轉也。今義也。从手。般聲。薄官切。十四部。

擭　擊擭也。从手。蒦聲。一虢切。古音在五部。一曰布擭也。此卽今之布濩字也。劉逵注吳都賦曰。布濩、遍滿皃。一曰握也。握者、搹持也。西京賦。擭獮。薛云。擭謂握取之也。今本握譌掘。玄應不誤。

拚　拊手也。拊、揗也。拍、拊也。此不但言拊。言拊手者。謂兩手相拍也。今人謂歡拚是也。漢書、吳都賦皆云拚射。孟康曰。手搏爲拚。此則謂兩人手相搏也。从手。弁聲。皮變切。十四部。俗作抃。

擅　專也。專當作嫥。嫥者、壹也。从手。亶聲。時戰切。十四部。

揆　擬　損　失　捝　撥　挹　抒

揆　度也。各本作葵也。今依六書故所據唐本正。度者、法制也。因以爲揆度之度。今音分去入。古無二也。小雅。天子葵之。傳曰。葵、揆也。謂叚葵爲揆也。从手。癸聲。求癸切。十五部。

擬　度也。今所謂揣度也。从手。疑聲。魚已切。一部。

損　減也。水部曰。減者、損也。二篆爲轉注。从手。員聲。穌本切。十三部。

失　縱也。縱者、緩也。一曰捨也。在手而逸去爲失。兔部曰。逸、失也。古多叚爲逸去之逸。亦叚爲淫泆之泆。从手。乙聲。以甲乙之乙爲聲。式質切。十二部。

捝　解捝也。今人多用脫。古則用捝。是則古今字之異也。今脫行而捝廢矣。从手。兌聲。他括切。十五部。

撥　治也。公羊傳。撥亂世反諸正。何注曰。撥猶治也。何言猶者。何意撥之本義非治。撥之所以爲治也。許則直云治。从手。發聲。北末切。十五部。

挹　抒也。大雅曰。洞酌彼行潦。挹彼注茲。从手。邑聲。於汲切。七部。

抒　挹也。凡挹彼注茲曰抒。斗部曰。斛、抒也。斝、抒扁也。斞、挹也。

抯　攫　扟　拓　摭　拾　掇　擐　搄　摍

水部曰。浚、抒也。漉、浚也。𣂓、抒井𣂓也。左傳。難必抒矣。此叚抒爲紓。紓者、緩也。服虔本正作紓。从手。予聲。神與切。五部。

抯　挹也。方言曰。抯、摣、取也。南楚之閒凡取物溝泥中謂之抯。亦謂之摣。从手。且聲。讀若樝棃之樝。樝棃見木部。側加切。古音在五部。按方言抯、摣實一字也。故許有抯無摣。

攫　扟也。蒼頡篇曰。攫、搏也。通俗文曰。手把曰攫。淮南子曰。鳥窮則搏。獸窮則攫。按衆經音義卷五卷十二引說文同。而注之曰。扟、居逆切。是其所據說文作丮。轉寫譌作扟。扟、丮者、持也。从手。矍聲。居縛切。五部。

扟　从上挹取也。取字各本無。依玄應補。通俗文云。從上取曰扟。从手。卂聲。讀若莘。所臻切。十二部。

拓　拾也。有司徹篇。乃摭于魚腊俎。俎釋三个。其餘皆取之。摘下云。拓果樹實也。儀禮摭古文作摕。此實非一字。因雙聲而異。陳宋語。方言。摭、取也。陳宋之閒曰摭。从手。石聲。之石切。古音在五部。

摭　拓或从庶。石聲、庶聲皆古音五部。

攈　拾也。魯語。收攈而烝。韋云。攈、拾也。漢刑法志。蕭何攈摭秦法。取其宜於時者。作律九章。从手。麇聲。居運切。十三部。亦作捃。

拾　掇也。史記貨殖傳曰。俯有拾。仰有取。射有決拾。毛傳曰。決、所以鉤弦也。拾、遂也。拾韝左臂。卽俗所謂收拾也。曲禮。拾級聚足。鄭曰。拾讀爲涉。聲之誤也。从手。合聲。是執切。七部。

掇　拾取也。周南傳曰。掇、拾也。从手。叕聲。都括切。十五部。

擐　毌也。毌各本作貫。今正。毌、穿物持之也。今人廢毌而專用貫矣。杜注左傳、韋注國語皆曰。擐、貫也。从手。睘聲。胡慣切。十四部。春秋傳曰。擐甲執兵。成二年左傳文。

搄　引急也。淮南書曰。大弦搄則小弦絕。从手。恆聲。古恆切。六部。

摍　蹴引也。蹴猶迫也。古多叚戚爲之。蹴引者、蹴迫而引取之。摍古叚縮爲之。毛詩傳曰。鄭之釐婦夜暴風雨室壞。趨而至。顏叔子納之。而使執燭。放乎旦而蒸盡。縮屋而繼之。釋文云。縮又作摍。同。按武梁祠堂碑云。摍笮是也。戰國策。淖齒管齊之權。縮閔王之筋。縣之廟梁。宿昔而死。亦卽摍字。摍屋、卽左傳所謂抽屋也。从手。宿聲。所六切。三部。

⿰扌虘　援　擂　擢　拔　揠　擣　攣　挺　攓　探　撢　捼

⿰扌虘　相援也。从手。虘聲。巨言切。十四部。

援　引也。大雅。以爾鉤援。毛傳。鉤援、鉤梯也。所以鉤引上城者。又無然畔援。傳曰。無是畔道。無是援取。从手。爰聲。雨元切。十四部。

擂　引也。鄭風。左旋右抽。傳曰。左旋講兵。右抽抽矢以射。竹部曰。籒、讀書也。有荚傳曰。讀、抽也。方言曰。抽、讀也。尚書。克由繹之。大史公自序。紬史記石室金匱之書。紬卽籒也。籒之言抽也。从手。畱聲。敕鳩切。三部。

抽　擂或从由。由聲也。擂或一本作籒文。非也。

𢯱　擂或从秀。秀字古本當不出。篆體偏旁作秀、則可證古於偏旁不諱也。

擢　引也。毛傳曰。楫所以擢舟也。擢舟、謂引舟也。从手。翟聲。直角切。古音在二部。

拔　擢也。从手。犮聲。蒲八切。十五部。

揠　拔也。孟子。宋人有閔其苗之不長而揠之者。趙云。揠、挺、拔之欲亟長也。方言。揠、擢、拂、戎、拔也。自關而西或曰拔。東齊海岱之閒曰揠。从手。匽聲。烏黠切。十四十五部。

擣　手椎也。以手爲椎而椎之。一曰築也。木部曰。築、擣也。二篆爲轉注。築者必用築。非徒手也。故爲別。从手。𠷎聲。都晧切。古音在三部。小徐本篆作𢶍。解云壽聲。

攣　係也。係者、絜束也。易小畜。有孚攣如。馬曰。連也。虞曰。引也。攣者、係而引之。其義近擢。从手。䜌聲。呂負切。十四部。

挺　拔也。左傳。周道挺挺。直也。月令。挺重囚。寬也。皆引申之義。从手。廷聲。徒鼎切。十一部。

攓　拔取也。南楚語。莊子。至樂篇。攓蓬而取之。司馬注曰。攓、拔也。方言曰。攓、取也。南楚曰攓。又曰。楚謂之攓。从手。寒聲。九輦切。十四部。攓、搴二通。又音騫。楚辭曰。朝攓阰之木蘭。阰各本作批。今依韵會。與楚辭合。但說文無阰字耳。句見離騷。王逸曰。搴、取也。阰、山名。

探　遠取之也。探之言深也。易曰。探嘖索隱。从手。突聲。他含切。古音在七部。

撢　探也。周禮。撢人。掌撢序王意以語天下。釋文曰。與探同。按許書則義同而各自爲字。从手。覃聲。他紺切。古音在七部。

捼　摧也。摧各本作推。今依玉篇、韵會、文選注

擎　揻　搦　掎　揮　摩　揅

玄應梵書音義正。摧者、擠也。周禮守祧、禮經士虞特牲、少牢隋祭。或作隋、作墮、或作挼、或作綏。隋當是正字。挼、綏當是叚借。鄭云、下祭曰墮。墮之言猶墮下也。按隋聲妥聲同在古十七部。許云挼、摧也。摧亦有墮下之義。挼篆壘韵雙聲皆當妥聲。下挼莎一解、則更當从妥。不待言矣。**从手。妥聲。**各本作委聲。今正。徐鉉曰俗作挼。非。乃因說文無妥而爲此謬說也。奴禾切。十六十七部。**一曰兩手相切摩也。**玄應引無摩字。阮孝緒字略云、煩挼猶挼莎。今人多用此義、而字作挪。

擎　飾也。各本作別也。不可通。今正。文選洞簫賦注引擎、飾也。飾者、㕞也。見巾部。飾者、今之拭字。蓋一本作㕞。其義一也。而字形一譌爲刷。再譌遂爲別矣。此攷覈者所宜知也。拭與拂義略同。蔡邕篆勢曰、揚波振擎。文選撇波而濟、撇同擎。又史記荊軻傳、跪而蔽席。孟荀傳、襒席。皆謂拭席。皆擎之異體也。**从手。敝聲。**芳滅切。十五部。**一曰擊也。**此別一義。韵會作擊也。一曰拂也。拂卽飾。易其先後耳。

揻　搖也。搖。宋本作擂。誤。**从手。咸聲。**胡感切。古音在七部。鉉曰今別作撼。非是。

搦　按也。按者、抑也。周禮矢人、橈之以眡其鴻殺之稱。注曰、橈搦其榦。謂按下之令曲、則强弱見矣。玄應書曰、搦猶捉也。此今義、非古義也。古義搦同橈。**从手。弱聲。**尼革切。釋文女角切。古音在五部。

掎　偏引也。一本作偏引一足也。見李賢、司馬貞所引。此依左傳注增二字耳。左傳曰、譬如捕鹿、晉人角之、諸戎掎之。杜注云、掎之、掎其足也。國語、掎止晏萊。韋云、從後曰掎。子虛賦、腳麟。司馬彪云、腳、掎也。詩、伐木掎矣。傳曰、伐木者掎其顚。**从手。奇聲。**居綺切。古音在十七部。

揮　奮也。按奞部奮下曰、翬也。翬下曰、大飛也。此云奮也、揮與翬義略同。玄應引此下有謂奮訊振去之也七字。蓋庾儼默注語。**从手。軍聲。**許歸切。十三十五部。

摩　揅也。揅、各本作研。今正。此以揅與摩互訓。石部研之訓礳也。手部揅之訓摩也。義各有屬。無容滑之。摩揅之功、精於礳研。挼下曰、兩手相切摩也。學記曰、相觀而善之謂摩。凡毛詩爾雅如琢如磨、周禮刮摩字多从手。俗从石作磨。不可通。**从手。麻聲。**莫鄱切。十七部。

揅　摩也。从手。研聲。宋本奪此字。今依小徐、集韵、類篇補。易、極深研幾。蜀才作揅。禦堅切。十四部。

𢱧　攪　搑　撞　捆　扔　括　抲　擘　撝

𢱧　反手擊也。左傳曰、宋萬遇仇牧于門、批而殺之。玉篇所引如是。今左傳作批。俗字也。**从手。𣬈聲。**匹齊切。十五部。俗作批。

攪　亂也。毛傳同。**从手。覺聲。**古巧切。古音在三部。**詩曰。祇攪我心。**小雅何人斯文。祇、各本譌作祇。誤。我行其野傳曰、祇、適也。唐人凡此訓必从衣氏。

搑　推擣也。漢書、而僕又茸以蠶室。師古曰、茸音人勇反。推也。謂推致蠶室之中也。如顏說、則茸者搑之叚借字。**从手。茸聲。**而隴切。九部。

撞　丮擣也。丮者、疾也。**从手。童聲。**宅江切。九部。

捆　就也。捆與因音義同。今則因行而捆廢矣。**从手。因聲。**於眞切。十二部。

扔　捆也。捆、各本作因。今正。扔與仍音義同。老子曰、爲之而莫之應、則攘臂而扔之。**从手。乃聲。**如乘切。六部。

括　絜也。絜者、麻一耑也。引申爲絜束之絜。凡物圍度之曰絜。賈子度長絜大是也。束之亦曰絜。凡經言括髮者、皆謂束髮也。髟部曰、髻、絜髮也。然則束髮曰髻。括爲凡物總會之偁。毛詩傳曰、括、至也。其引申之義也。易括囊借爲昏字也。**从手。昏聲。**古活切。十五部。

抲　抲、此複舉字之未刪者。**撝也。从手。可聲。**虎何切。十七部。**周書曰。盡執抲。**小徐本抲下有獻字。蓋誤衍。酒誥文。今尙書抲作拘。字之誤也。此如許所言苛之字止句也。後漢書郡國志、菏水譌爲苛水。正同。周書當盡執爲逗。下云抲以歸於周。謂指撝以歸於周也。

擘　撝也。禮記、燔黍捭豚。釋文云、捭、卜麥反。注作擗。又作擘。皆同。按卑聲辟聲皆在十六部。故記作捭。注作擘。今注亦作捭矣。擘豚、謂手裂豚肉也。又周禮旊人注曰、薜讀如藥黃蘗之蘗。破裂也。按薜乃擘之叚借。西京賦云、剖析豪氂。擘肌分理。李善引周禮注作擘。豈其所據與今不同歟。內則曰、塗皆乾擘之。喪大記、絞一幅不辟。內則、膽爲辟雞。皆假辟爲擘也。若孟子以仲子爲巨擘。巨擘、謂手大指也。凡大指主開。餘四指主合。故謂之巨擘。**从手。辟聲。**博戹切。十六部。今俗語謂裂之曰擘開。其字如此。

撝　裂也。易、撝謙。馬曰、撝猶離也。按撝謙者、溥散其謙、無所往而不用謙。裂義之引申也。曲禮。爲國君削瓜者華之。注曰。華中裂之也。華音如花。撝古音如呵。故知華卽撝之叚借也。从手爲聲。許歸切。按歸必是規字之誤。此字必在五支。不得入八微也。古音在十七部。一曰手指撝也。敘曰。比類合誼。以見指撝。易撝謙。注曰。指撝皆謙。凡指撝當作此字。

捇

裂也。周禮有赤犮氏。注云。赤犮猶捇拔也。捇拔葢漢時有此語。从手赤聲。呼麥切。釋文采昔反。古音在五部。

扐

易筮再扐而後卦。易繫辭傳文也。卦今易作掛。釋文云。京作卦。云再扐而後布卦。葢許同京也。大衍之數五十。其用四十有九。分而爲二以象兩。掛一以象三。揲之以四以象四時。歸奇於扐以象閏。五歲再閏。故再扐而後掛。虞翻曰。奇所掛一策。扐所揲之餘。不一則二。不三則四。取奇以歸扐。扐并合掛左手之小指爲一扐。則似閏月定四時成歲。故歸奇於扐以象閏者也。已一扐。復分掛如初。揲之歸奇於初扐。并掛左手次小指閒爲再扐。則再閏也。又分扐揲之如初。而掛左手第三指閒。成一變。則布卦之一爻。謂已二扐又加一爲三。并重合前二扐爲五歲。故五歲再閏。再扐而後掛。據虞則字作掛者。謂再爲分二掛一。或作卦者。謂於此起卦爻。皆可通也。凡數之餘曰扐。王制。祭用數之仂。喪用三年之仂。鄭皆以爲數之什一。仂扐葢同字。考工記云。以其圍之防捎其藪。假防爲之。鄭以爲三分之一。然則權度多少中其節謂之扐。無定數也。从手力聲。盧則切。一部。

技

巧也。工部曰。巧者。技也。二篆爲轉注。古多叚伎爲技能字。人部曰。伎。與也。从手支聲。渠綺切。十六部。

摹

規也。規者。有法度也。以法度度之亦曰規。廣韵曰。摹者。以手摹也。楊雄傳。參摹而四分之。三摹九据。或手在旁作摸。今人謂之摸揉。讀入聲。實一字。摹與模義略同。韵會此下有謂所規倣也五字。葢庾儼默注語之存者。倣當作放。从手莫聲。莫胡切。五部。

拙

不巧也。不能爲技巧也。从手出聲。職說切。十五部。

揩

縫指揩也。縫指揩者。謂以鍼紩衣之人恐鍼之梨其指。用韋爲箍韜於指以藉之也。揩之言重沓也。射韝亦謂之臂揩。从手沓聲。讀若眔。徒合切。八部。一曰韋韜。

摶

謂如射韝韜於臂者。以手圜之也。各本作圜也。語不完。今依韵會所據補。以手圜之者。此篆之本義。如禮經云。摶黍。曲禮云。摶飯。是也。因而凡物之圜者曰摶。如考工記。摶以行石。摶身而鴻。相笴欲生而摶。是也。俗字作團。古亦借爲專壹字。左傳云。若琴瑟之摶壹。秦瑯邪臺刻石曰。摶心揖志。是也。專壹。許女部作嫥壹。从手專聲。度官切。十四部。

捆

手推之也。从手圂聲。戶骨切。十三十五部。

捄

盛土於梩中也。木部曰。梩者。從土輂也。或作梩。大雅。捄之陑陑。傳曰。捄。虆也。陑陑。眾也。箋云。築牆者捊聚壤土。盛之以虆而投諸版中。孟子虆梩並言。趙曰。虆梩。籠臿之屬。可以取土者也。許說專爲釋大雅而言。从手求聲。舉朱切。古音在三部。一曰捊也。各本作摎。今依韵會本正。捊者。引堅也。於前義相近。捊之乃後盛之。詩曰捄之陑陑。大雅緜文。陑音而。亦作陾。各本作陝。誤。今依玉篇。

拮

口手共有所作也。豳風。予手拮据。傳曰。拮据。撠挶也。手病口病。故能免於大鳥之難。韓詩曰。口足爲事曰拮据。韓之足卽毛之手也。許葢合毛韓爲此訓。从手吉聲。古屑切。十二部。詩曰予手拮据。鴟鴞文。

搰

掘也。吳語。夫諺曰。狐埋之而狐搰之。是以無成功。韋注。搰。發也。玉篇云。左傳搰褚師定子之墓。本亦作掘。从手骨聲。戶骨切。十五部。

掘

搰也。二篆疊韵轉注。按凡字書韵書謂掘亦作闕者。似是而非也。左傳。闕地及泉。闕地下冰而牀焉。國語。闕爲深溝。通於商魯之閒。韋云。闕。穿也。凡云闕者皆謂空之。與掘義別。从手屈聲。衢勿切。十五部。

掩

斂也。小上曰掩。釋器。圜弇上謂之鬳。弇上當作掩上。从手奄聲。衣檢切。八部。

摡

滌也。滌者。洒也。洒先禮切。詩。摡之釜鬵。傳曰。摡。滌也。今本作漑者。非。凡周禮禮經摡字本皆从手。釋文不誤。而俗本多譌。从手既聲。古代切。古音在十五部。詩曰摡之釜鬵。匪風文。

揟

取水沮也。沮。玉篇廣韵作具。非也。取水之具。或以木。或以瓦缶。則製字不當从手矣。沮。今之渣字。集韵九麻曰。柞。滓也。亦作渣。取水渣者。必浚之漉之。如釃酒然。然則揟與水部之湑音義皆同。今所謂濾水也。周禮謂伺捕盜賊爲胥，亦此意。淺人不得其解，遂改沮爲具，非製字之意。**从手胥聲。**相居切。五部。**武威有揟次縣。**見漢地理志、郡國志。孟康曰：揟子如反。次音咨。

播　穜也。穜者，埶也。埶者，穜也。堯典曰：播時百穀。**从手番聲。**補過切。十四十七部。**一曰布也。**周禮瞽矇注曰：播謂發揚其音。**𣲘　古文播。**九歌：𦵔芳椒兮成堂。補注：𦵔，古播字。

挃　穫禾聲也。周頌良耜曰：穫之挃挃。傳曰：挃挃，穫聲也。**从手至聲。**陟栗切。十二部。**詩曰：穫之挃挃。**

𢷎　刺也。刺者，直傷也。方言曰：𢷎，到也。廣雅曰：𢷎，至也。**从手致聲。**陟利切。十五部。**一曰刺之財至也。**財，今纔字。甘泉賦曰：洪臺崛其獨出兮，𢷎北極之嶟嶟。

抏　動也。詩正月：天之抏我。傳曰：抏，動也。考工記：是以大抏。**从手兀聲。**五忽切。十五部。

抈　斷也。晉語：其爲本也固矣，故不可抈也。韋云：抈，動也。按依韋注，是謂此抈爲抏之叚借字也。其本義則訓折。舊音云：抈，音月，又五括反。**从手月聲。**魚厥切。十五部。

摎　縛殺也。縛殺者，以束縛殺之也。凡縣死者曰縊，亦曰雉經。凡以繩帛等物殺人者曰縛殺，亦曰摎，亦曰絞。廣韵曰：摎者，絞縛殺也。多絞字爲長。今之絞罪，卽古所謂摎也。引申之，凡繩帛等物二股互交皆得曰摎，曰絞，亦曰糾。喪服曰：絞帶。又曰：殤之絰不摎垂。注云：不絞其帶之垂者。周禮、襍記注皆云：環絰者，一股纏而不糾。丩部曰：糾，三合繩也。檀弓作繆絰，繆卽摎之叚借。故注云：繆讀爲不摎垂之摎也。喪服及檀弓注摎垂字，今本譌爲樛木之樛，遂不可通矣。惟玉篇不誤。**从手翏聲。**居求切。亦力周切。三部。

撻　鄉飲酒罰不敬撻其背。周禮閭胥：凡事掌其比觵撻罰之事。故書或言觵撻之罰事。鄭云：觵撻者，失禮之罰。觵用酒，其爵以兕角爲之。撻，扑也。按鄭但云失禮，許必系之鄉飲酒者，禮莫大於此，惟此可登時行觵撻也。**从手達聲。**他達切。十五部。**遽　古文撻。**从虍者，言有威也。**周書曰：遽㠯記之。**周當作虞。此皋陶謨文。壁中古文作遽也。

掕　止馬也。掕馬，猶勒馬也。疑易拯馬壯，拯乃掕之叚借。**从手夌聲。**里甑切。六部。

抨　彈也。彈，大徐誤作撣。今依小徐及玄應正。彈者，開弓也。開弓者，弦必反於直，故凡有所糾正謂之彈。廣雅曰：彈，拼也。拼卽抨。布茎切。玄應曰：抨彈，繩墨也。補耕切。又普耕切。江南音也。按孟康漢書注曰：引繩以抨彈。**从手平聲。**普耕切。十一部。

捲　气埶也。謂作气有勢也。此與拳音同而義異。小雅：巧言無拳無勇。毛傳曰：拳，力也。齊語：桓公問曰：於子之鄉，有拳勇股肱之力秀出於眾者。韋云：大勇爲拳。此皆叚拳爲捲。蓋與古本字異。齊風箋云：攉，勇壯也。攉者，捲之異體。**从手卷聲。**巨員切。十四部。按五經文字本部攉字下曰：从手作攉者，古拳握字。从手之攉，字書韵書皆不錄。惟盧令鄭箋云：鬈讀當爲攉。攉，勇壯也。又吳都賦：覽將帥之攉勇。李注云：毛詩無拳無勇。攉與拳同。此兩處字，今雖譌作權，从木，然可知其必五經文字所謂从手之字也。是可以知字書、韵書遺扁之古字甚多，莫之能補。古書之譌繆亦甚多，莫之諟正也。**國語曰：有捲勇。**齊語文。廣韵引說文有上有字。**一曰捲收也。**此別一義。卽今人所用舒卷字也。論語卷而懷之，叚卷字爲之。廣韵書弮字亦當作捲。此義音居轉切。

扱　收也。收者，捕也。曲禮：以箕自鄉而扱之。此扱之本義也。儀禮注云：扱，柶。此插之叚借字也。**从手及聲。**楚洽切。七部。

摷　拘擊也。拘止而擊之也。集韵、類篇作擊也，拘也，非是。又謂此卽鈔之別體，亦非許意也。以下十七篆皆言擊，而冣後釋擊曰扑也。許書文法往往如是。**从手巢聲。**子小切。廣韵作摷，楚交切。二部。漢書：命摷絕而不長。叚摷爲剿也。

挨　擊背也。列子：攩㧙挨抌。張注曰：烏駭反。推也。**从手矣聲。**於駭切。一部。今俗音平聲。

撲　挨也。撲與扑、樸義皆別。今人溷之。廣韵一屋云：拂箸，今義也。**从手菐聲。**蒲角切。廣韵普木切。一部。

撽　旁擊也。公羊傳曰：公怒，以斗摮而殺之。注：摮猶㩁也。摮謂旁擊頭項。莊子：撽以馬捶。**从手敫聲。**苦弔切。二部。小徐本手在左旁。

扚　疾擊也。疾速擊之也。史記天官書：扚雲。索隱曰：劉氏音時酌反。說文音丁了反。許慎注

抶　抵　抰　搮　捭　捶　摧

淮南云。抅、引也。按抅雲从手。今本譌从木。从手勺聲。都了切。二部。抶 笞擊也。笞所以擊也。抶之見左傳者多矣。从手失聲。敕栗切。十二部。抵 側擊也。戰國策抵掌而談。東京賦抵璧於谷。解嘲介涇陽抵穰矦。按抵字今多譌作抵。其音義皆殊。國策夏無且以藥囊提荊軻。史記薄太后以冒絮提文帝。提皆抵之段借字也。从手氏聲。諸氏切。十六部。與抵在十五部不同。抰 以車鞅擊也。鞅者馬頸靼也。鞅抰疊韵。从手央聲。於兩切。十部。搮 衣上擊也。擊、集韵類篇皆作攴。攴者、小擊也。从手保聲。方口切。三部。方字類隔。當作彼。捭 网手擊也。謂左右网手橫開旁擊也。引申之爲鬼谷子之捭闔。捭之者、開也。闔之者、閉也。禮記燔黍捭豚。段捭爲擘字。从手卑聲。北買切。十六部。捶 以杖擊也。內則注曰。捶、擣之也。引申之、杖得名捶。猶小擊之曰扑。因而擊之之物得曰扑也。擊馬者曰箠。从手垐聲。之壘切。壘當作垐。十六部。摧 敲擊也。敲、橫擿也。擿卽箠之隸變。摧與敲疊韵。又雙聲也。廣雅曰。揚摧、都凡也。別一義。从手隺聲。苦角切。二部。

摬　拂　摼　抌　擊

摬 中擊也。擊之而中也。中、玉篇作傷。从手竟聲。一敬切。古音在十部。倚兩切。拂 過擊也。徐鍇曰。擊而過之也。刀部曰。刜、擊也。與拂義同。从手弗聲。敷勿切。十五部。摼 擣頭也。廣韵曰。撞也。从手堅聲。讀若論語鏗尒舍琴而作。讀若二字衍文也。尒大徐作爾。琴大徐作瑟。今皆正。舊抄繫傳本作琴。論語先進篇釋文曰。鏗、苦耕反。投琴聲。是則陸氏論語本作舍琴而作。下文云。本今作瑟者、後人所增語。廣韵曰。𢫬、琴聲。口莖切。玉篇曰。𢫬、口耕切。琴聲。引論語𢫬爾舍琴而作。𢫬蓋摼之異體。大徐摼口莖切。按堅聲古音在十二部。抌 突擊也。深淺字許作突。抌深疊韵字。刺客列傳。左手把其袖。右手揕其匈。揕卽抌字。徐廣曰。一作抗。按抗乃抌之譌耳。从手冘聲。竹甚切。七部。讀若告言不正曰抌。宋本無告字。曰抌之抌、未知何字之誤。擊 傷擊也。傷

十二篇上

擊　扞　抗

擊者、擊之而傷也。故其字从手毀。从手毀。毀亦聲。小徐無毀亦字。許委切。十五部。擊 攴也。攴下曰。小擊也。二篆爲轉注。攴訓小擊。擊則兼大小言之。而但云攴也者。於攴下見析言之理。於擊下見渾言之理。互相足也。攴之隸變爲扑。手卽又也。又下曰。手也。因之鞭箠等物皆謂之扑。此經典扑字之義也。咎繇謨古文戛擊。今文尚書擊爲隔。同音段借。从手毄聲。古歷切。十六部。扞 忮也。忮當作枝。枝、持字古書用枝。亦用攴。許之字例則當作榰。許之榰、柱也。他書之榰、拄也。攴部敃下云。止也。扞義當略同。忮訓很。非其義。周南干城傳曰。干、扞也。左傳亦以扞城其民釋干城。孫炎以自蔽扞釋爾雅扞字。許盾下云。所以扞身蔽目。然則扞字之訓可定矣。廣韵扞下曰。以手扞。又衛也。玉篇亦曰。扞、衛也。字亦作捍。祭法。能禦大災。能捍大患則祀之。魯語作扞。从手干聲。矦旰切。十四部。抗 扞也。旣夕禮注曰。抗、禦也。左傳曰。以亢其讎。注云。亢猶當也。亢爲抗之段借字。周禮綱惡馬。注云。綱讀爲以亢其讎之亢。書亦或爲亢。亢、禦也。禁也。綱亦亢之段借字也。引申之義爲高

捕　籍　撚　挂

抗。旣夕注曰。抗、舉也。从手亢聲。苦浪切。十部。杭 抗或从木。若旣夕禮抗木橫三縮二。此其字固可从木矣。今人用此字讀胡郎切。乃抗之譌變。地名餘杭者。乃秦政舟渡處也。捕 取也。與搏義別。从手甫聲。薄故切。五部。籍 刺也。刺者、直傷也。周禮鼈人。以時籍魚鼈龜蜃。鄭司農云。籍謂以杈刺泥中搏取之。魯語。里革曰。鳥獸孕、水蟲成。獸虞於是乎禁罝羅。籍魚鼈以爲夏槁。韋云。籍、擉也。擉刺魚鼈。按籍本矛屬。此段借籍爲籍也。許所據國語作籍。與周禮同。从手籍省聲。士革反。按周禮音義。劉倉伯反。徐倉格反。沈槍昔反。李賢馬融傳注七亦反。古音在五部。春秋國語曰。籍魚鼈。撚 執也。執者、捕罪人也。引申爲凡持取之偁。廣韵曰。撚者、以手撚物也。从手然聲。乃殄切。十四部。一曰厹也。蹂者、獸足蹂地也。挂 畫也。畫、葉本作宣。李文仲字鑑亦作宣。六書故云。唐本作縣。玉篇亦作懸也。特牲禮曰。實于左袂。挂于季指。卒角。鄭云。挂、祛以小指者、便卒角也。易毄辭傳。分而爲二以

十二篇上

象网。掛一以象三。孔疏曰。掛其一於冣小指閒。皆於縣義合。古本多作畫者。此等皆有分別。畫出之意。陸德明云。掛、別也。後人乃云懸挂。俗製掛字耳。許訓畫者。古義曡韵爲訓。唐本訓縣。非古也。禮注云。古文掛作卦。从手。圭聲。古賣切。十六部。

拕　曳也。申部曰。束縛捽抴爲臾。又曰。臾者、臾曳也。然則臾之義略同抴。一說臾本作抴。後人避諱改之。南越傳。拕舟而入水。論語。加朝服拕紳。易。終朝三褫之。鄭本作拕。叚拕爲褫也。高誘注淮南。遇盜拕其衣。云拕、奪也。从手。它聲。託何切。十七部。廣韵又徒可切。

捈　臥引也。臥引謂橫而引之也。廣雅曰。捈、舒也。从手。余聲。同都切。五部。

抴　捈也。厂下曰。抴也。臾下曰。束縛捽抴也。抴與臾音義皆同。檀弓。負手臾杖。釋文。臾作抴。俗刻誤从木。非也。九歌。桂擢兮蘭抴。王逸曰。擢、楫也。抴、船旁板也。按毛詩傳云。楫所以擢舟也。故因謂楫爲擢。擢者、引也。船旁板臾於水中。故因謂之抴。俗字作櫂、作枻。皆非是也。从手。世聲。余制切。十五部。俗作拽。

揙　搏也。从手。扁聲。婢沔切。古音在十二部。

撅　㠯手有所杷也。以各本誤从。杷各本誤把。今正。杷本訓收麥器。引申之、用手捊聚亦曰杷。通俗文曰。手杷曰掊。手把曰攫。此杷與把之別也。內則。不涉不撅。撅、揭衣也。撅之義與掘不同。韵書淆之、非也。从手。厥聲。居月切。十五部。

攎　拏持也。拏各本作挐。誤。廣韵攎下云。攎、斂。从手。盧聲。洛乎切。五部。

拏　持也。从手。奴聲。各本篆作挐。解作如聲。此與前文訓牽引之挐互譌也。今正。煩拏、紛拏字當从如。女居切。挐攫字當从奴。女加切。古音同在五部而形異。猶糸部有絮絮二篆也。一曰誣也。方言曰。嘱咩、謰謱、拏也。郭注。言譇拏也。女加反。又曰。拏、楊州會稽之語也。或謂之惹。或謂之淹。許言部曰。譇拏、羞窮也。方言及言部字皆从奴。亦可證篆體作拏之繆。

搵　沒也。沒者、湛也。謂湛浸於中也。集韵引字林。搵、抐、沒也。抐、奴困切。从手。𥁕聲。烏困切。十三部。又烏沒切。

搒　掩也。廣韵曰。笞打。今義也。从手。旁聲。北孟切。古音在十部。

挌　擊也。凡今用格鬥字當作此。後漢陳寵傳。斷獄者急於搒格酷烈之痛。注引此說文。周禮注曰。若今時無故入人室宅廬舍、上人車船、牽引人欲犯法者。其時格殺之。無罪。公羊定四年注曰。挾弓者懷格意也。莊卅一年注。古者方伯征伐不道。諸矦交格而戰者。誅絕其國。此等格字皆當从手。从手。各聲。古覈切。古音在五部。

拲　兩手共同械也。周禮掌囚。上罪梏拲而桎。鄭司農云。拲者、兩手共一木也。从手。共聲。此舉形聲包會意。居竦切。九部。周禮曰。上辠梏拲而桎。

𣐋　拲或从木。猶桎梏字。

掫　夜戒守有所擊也。一本無守字。有所擊、謂鼓類也。襄廿五年左傳。陪臣干掫有淫者。杜云。干掫、行夜也。昭廿年傳。賓將掫。杜云。掫、行夜也。周禮鎛師、掌固皆云。夜三鼜。杜子春云。謂擊鼓行夜戒守也。春秋傳所謂賓將趣。趣與鼜音相近。許不云擊鼓、而云有所擊者、凡有聲可警覺者皆是。若欜亦行夜所擊者也。从手。取聲。子矦切。四部。春秋傳曰。賓將掫。

捐　棄也。華部曰。棄、捐也。二篆爲轉注。从手。肙聲。與專切。十四部。按俗音居專切。

掤　所㠯覆矢也。鄭大叔于田傳曰。掤所以覆矢也。左傳。公徒釋甲執冰而踞。冰者、掤之叚借字。賈逵、服虔皆曰。冰、櫝丸蓋也。杜預云。或說櫝丸是箭筩。其蓋可以取飲。从手。朋聲。筆陵切。六部。詩曰。抑釋掤忌。

扜　指麾也。麾各本作摩。俗。今正。扜麾爲雙聲。山海經曰。有人方扜弓射黃蛇。从手。亏聲。億俱切。五部。亦匈于切。

麾　旌旗。巾車曰。木路建大麾。鄭云。大麾不在九旗中。以正色言之則黑。夏后氏所建。按凡旌旗皆得曰麾。故許以旌旗釋麾。叚借之字作戲。淮陰矦傳、項羽本紀皆曰戲下是也。所㠯指麾也。說从手之意。凡旗之所指曰指麾。師之耳目在乎旗鼓也。坶誓曰。右秉白旄以麾。小雅曰。麾之以肱。从手。靡聲。許爲切。古音在十七部。俗作麾。

捷　獵也。以曡韵爲訓。謂如逐禽而得之也。軍獲得也。小雅。一月三捷。傳曰。捷、勝也。箋云。往則庶乎一月之中三有勝功。春秋經。齊矦來獻戎捷。易。晝日三接。內則。接以大牢。鄭注皆讀爲捷、勝也。是古文叚借字也。又按大雅。征夫捷捷、言樂事也。

又有瞽傳曰。業、大板也。捷業如鋸齒。皆其引申之義。从手疌聲。疾葉切。八部。春秋傳曰。齊人來獻戎捷。莊三十一年。左氏、公穀皆作齊侯。按作人近是。不必親來。

扣　牽馬也。周禮田僕。凡田、王提馬而走。諸侯晉、大夫馳。注曰。提猶舉也。晉猶抑也。使人扣而舉之。抑之皆止奔也。馳放不扣。史記。伯夷叔齊扣馬而諫。从手口聲。苦后切。四部。

掍　同也。方言。掍、同也。宋衞之閒或曰掍。漢人賦多用掍字。从手昆聲。古本切。十三部。

捘　衆意也。其意爲衆。其言爲捘也。魯頌泮水曰。東矢其捘。傳曰。五十矢爲東。捘、衆意也。此古義也。與考工記注之藪略同。鄭司農云。藪讀爲蜂藪之藪。後鄭云。蜂藪者、衆輻之所趨也。一曰求也。索下曰。入家捘也。从手夋聲。所鳩切。三部。詩曰。東矢其捘。

換　易也。从手奐聲。胡玩切。十四部。

掖　以手持人臂也。各本臂下有投地二字。今依左傳音義刪正。左傳。衞人伐邢。二禮從國子巡城。掖以赴外。殺之。赴當是仆之誤。正義曰。說文云。掖、持臂也。謂執持其臂投之城外也。釋文曰。說文云以手持人臂曰掖。陸孔所據皆無投地二字。淺人傳合左文增之。不知掖人者不必皆投地也。詩衡門序曰。僖公愿而無立志。故作是詩以誘掖其君。鄭云。掖、扶持也。是可證矣。从手夜聲。羊益切。古音在五部。一曰臂下也。此義字本作亦。或借掖爲之。非古也。儁行。逢掖之衣。高后本紀見物如蒼犬。據其掖。俗亦作腋。

摻　斂也。从手參聲。各本無摻篆及解。今依鄭風遵大路正義所引補。詩摻執子之袪傳曰。摻、擥也。正義引說文摻參聲斂也。操喿聲奉也。益因俗二字相亂。故分引之。今本無摻篆。亦由南朝以來摻操不別之故。凡許書鼎部鼐鼏相似而失其一。衣部袗袀相似而失其一。水部沱池相似而有沱無池。皆此類。所斬切。古音在七部。

文二百六十六。宋作六十五。今增摻文。重十九

𠦬　背呂也。呂下曰。脊骨也。脊兼骨肉言之。呂則其骨。析言之如是。渾言之、則統曰背呂。猶俗云背脊也。象脅肋形。脅者、兩膀也。肋者脅骨也。此四字當作象形𠦬象脅肋也七字。象形謂丨象背脊居中而直。丨象人要。𠦬則象背左右脅肋之形也。古懷切。玉篇云。俗作乖。按俗作乖、當在丫部乖字注中。凡𠦬之屬皆从𠦬。讀若乖。此三字大徐無。

脊　背呂也。釋名曰。脊、積也。積續骨節脈絡上下也。从𠦬。从肉。兼骨肉而成字也。資昔切。十六部。

文二

說文解字第十二篇上

受業黟縣胡積城校字

說文解字第十二篇下

金壇段玉裁注

女　婦人也。男，丈夫也。女，婦人也。立文相對。喪服經每以丈夫婦人連文。渾言之女亦婦人。析言之適人乃言婦人也。左傳曰。君子謂宋共姬女而不婦。女待人婦義事也。此可以知女道婦道之有不同者矣。言女子者對男子而言。子皆美偁也。曰女子子者。系父母而言也。集韵曰。吳人謂女爲婟。牛居切。青州呼女曰婟。五故切。楚人謂女曰女。奴解切。皆方語也。象形。王育說。不得其居六書何等。而惟王育說是象形也。蓋象其揜斂自守之狀。尼呂切。五部。小徐王育說三字在从女下。凡女之屬皆从女。

姓　人所生也。白虎通曰。姓者，生也。人所稟天氣所以生者也。吹律定姓。故姓有百。按詩振振公姓傳曰。公姓，公生也。不如我同姓傳曰。同姓，同祖也。昭四年左傳問其姓。釋文云。女生曰姓。姓謂子也。定四年蔡大夫公孫生。公穀皆作公孫姓。古之神聖人母感天而生子。故偁天子。五經異義。詩齊魯韓、春秋公羊說聖人皆無父。感天而生。左氏說聖人皆有父。謹案堯典以親九族。即堯母慶都感赤龍而生堯。安得九族而親之。禮讖云。唐五廟。知不感天而生。玄之聞也。詩言感生得無父。有父則不感天而生。此皆偏見之說也。商頌曰。天命玄鳥。降而生商。謂娀簡吞鳦子生契。是聖人感生見於經之明文。劉媼是漢大上皇之妻。感赤龍而生高祖。是非有父感神而生者也。同耶。且夫蒲盧之氣嫗煦桑蟲成爲己子。況乎天氣因人之精就而神之。反不使子賢聖乎。是則然矣。又何多怪。按此鄭君調停之說。許作異義時。從左氏說聖人皆有父。造說文則云神聖之母感天而生。不言聖人無父。則與鄭說同矣。因生吕爲姓。从女生。因生以爲姓。若下文神農母居姜水因以爲姓。黃帝母居姬水因以爲姓。舜母居姚虛因以爲姓是也。感天而生者母也。故姓从女生會意。其子孫復析爲衆姓。如黃帝子二十五宗十二姓。則皆因生以爲姓也。生亦聲。息正切。十一部。按古平聲。春秋傳曰。天子因生吕賜姓。大小徐本互異。由淺人不學以爲重複。故大徐本删因生以爲姓五字。小徐删春秋傳以下十一字。皆非也。傳者、隱八年左傳文。無駭卒。羽父請謚與族。公問族於衆仲。對曰。天子建德。因生以賜姓。胙之土而命之氏。杜曰。因其所由生以賜姓也。按人各有所由生之姓。其後氏別既久而姓幾湮。有德者出。則天子立之令姓其正姓。若大宗然。如周語帝胙四岳國。賜姓曰姜。氏曰有呂。陳胡公不淫。故周賜之姓。謂嬀姓。命氏曰陳。飂叔安裔子董父事帝舜。帝賜之姓曰董。氏曰豢龍。蓋此三者、本皆美嬀董之子孫。故予之以其姓。又或特賜之姓。前無所承者。如史記、白虎通禹祖昌意以薏苡生。賜姓姒氏。殷契以玄鳥子生。賜姓子氏。斯皆因生以賜姓也。必兼春秋傳之說而姓之義乃完。姒字不見於許書。蓋古祇作以。古書亦有作似者。

姜　神農居姜水。因吕爲姓。晉語。司空季子曰。昔少典娶于有蟜氏。生黃帝炎帝。黃帝以姬水成。炎帝以姜水成。成而異德。故黃帝爲姬。炎帝爲姜。韋注。成謂所生長以成功也。渭水篇注曰。岐水又東逕姜氏城南爲姜水。引帝王世紀炎帝神農氏姜姓。母女登遊華陽。感神而生炎帝。長於姜水。是其地。按姜姬字、蓋後所製。从女羊聲。居良切。十部。

姬　黃帝居姬水。因水爲姓。从女𦣞聲。居之切。一部。

姞　黃帝之後伯鯈姓也。國語。晉胥臣臼季曰。黃帝之子得姓者十四人爲十二姓。姞其一也。詩都人士作吉。南燕、密須姞姓國也。后稷妃家。左傳鄭文公賤妾曰燕姞。夢天使與己蘭。曰。余爲伯鯈。余而祖也。以是爲而子。既而生穆公。名之曰蘭。文公卒。石癸曰。姞，吉人也。后稷之元妃也。今公子蘭姞甥也。天或啓之。必將爲君。遂立之。古今人表云。姞人、棄妃。直以姞人爲姓名。从女吉聲。巨乙切。十二部。

嬴　帝少皞之姓也。按秦、徐、江、黃、郯、莒皆嬴姓也。嬴地理志作盈。又按伯翳嬴姓。其子皋陶偃姓。偃嬴語之轉耳。如娥皇女英。世本作女瑩。大戴禮作女匽。亦一語之轉。从女嬴省聲。依韵會作嬴。今各本作嬴省聲。非也。以成切。十一部。

姚　虞舜居姚虛。因吕爲姓。帝王世紀云。舜母名握登。生舜於姚墟。因姓姚氏也。世本

嬀

舜姓姚氏。从女。兆聲。余招切。二部。或爲姚嬈也。下文曰嬈者苛也。史篇吕爲姚易也。王莽傳徵天下史篇文字。孟康曰。史籀所作十五篇也。許三偁史篇。皆說史篇者之辭。易益治也。廣雅。姚、娧皆好也。荀卿子。美麗姚冶。楊注引說文姚美好皃。今說文無此語。

虞舜居嬀汭。因吕爲氏。氏各舊本及集韵類篇皆同。毛斧季剜改爲姓。非也。舜既姚姓。則嬀爲舜後之氏可知。按依史記當云因以爲氏姓。尋姓氏之禮。姓統於上。氏別於下。鄭駁五經異義曰。天子賜姓命氏。諸侯命族。族者氏之別名。姓者所以統繫百世不別也。氏者所以別子孫之所出。故世本之篇言姓則在上。言氏則在下也。此由姓而氏之說也。既別爲氏。則謂之氏姓。故風俗通、潛夫論皆以氏姓名篇。諸書多言氏姓。氏姓之見於經者。春秋隱九年天王使南季來聘。穀梁傳曰。南氏姓也。季字也。南爲逗。氏姓也三字爲句。此氏姓之明文也。史記陳杞世家。舜爲庶人時。堯妻之二女。居於嬀汭。其後因爲氏姓。姓嬀氏。五帝本紀曰。自黃帝至舜禹皆同姓。帝禹爲夏后而別氏。姓姒氏。今史記奪一姓字。此氏姓之例。與陳世家同。契爲商。姓子氏。棄爲周。姓姬氏。此皆氏姓之明文也。左傳曰。陳胡公不淫。故周賜之姓。使祀虞帝。賜之姓者。賜姓曰嬀也。叚令嬀不爲姓。何以不賜姓姚而賜姓嬀乎。凡言賜姓者。先儒以爲有德者則復賜之祖姓。使紹其後。故后稷賜姓曰姬。四岳堯賜姓曰姜。董父舜賜姓曰董。秦大費賜姓曰嬴。皆予以祖姓也。其有賜姓而本非其祖姓者。如鄭氏駁異義云。炎帝姓姜。大皥之所賜也。黃帝姓姬。炎帝之所賜也。是炎帝、黃帝之先固自有姓。而炎帝、黃帝之姜姬。實爲氏姓之刱始。夏之姓姒。商之姓子亦同。然則單云姓者。未嘗不爲氏姓。單云氏者。其後以爲姓。古則然矣。至於周則以三代以上之姓及氏姓爲昏姻不通之姓。而近本諸氏於官氏於事。氏於王父字者。爲氏不爲姓。古今之不同也。舉舜居嬀汭因爲氏姓以發其凡。凡訓詁家曰姓某氏者。皆於此起例。从女。姚之从女。以握登也。嬀之从女。以釐降二女也。爲聲。居爲切。古音在十七部。

妘

祝融之後姓也。祝融者。顓頊之子黎也。國語曰。其後八姓。己、董、彭、禿、妘、曹、斟、芈也。妘姓鄔、鄶、路、偪陽是也。又世本曰。鄅、妘姓也。大戴禮云。鄶人。云鄖妘字。从女。云聲。王分切。十三部。

籒文妘。从員。員。籒文作鼎。古音同云。小徐本篆作嬶。

姺

殷諸侯爲亂。昭元年左傳曰。王伯之令也。猶不可壹。於是乎虞有三苗。夏有觀、扈。商有姺、邳。周有徐、奄。皆謂當時作亂之諸侯也。疑姓也。名。故曰疑。嫌姺是國疑者不定之詞也。姺从女。蓋以姓爲國名。从女。先聲。所臻切。古音在十三部。廣韵入二十七銑。春秋傳曰。商有姺、邳。

嬿

人姓也。廣韵曰。嬿姓也。从女。然聲。奴見切。十四部。

孜

人姓也。廣韵、玉篇皆曰。妞姓也。从女。丑聲。呼到切。按古音在三部。讀如狃。好之古音讀如朽。是以尚書叚孜爲好也。商書曰。無有作孜。鴻範文。今尚書孜作好。此引經說叚借也。孜本訓人姓。好惡自有眞字。而壁中古文叚孜爲好。此以見古之叚借不必本無其字。是爲同聲通用之肇耑矣。此如朕皇讒說叚皇爲疾。尚狟狟叚狟作桓。布重莫席叚莫爲織蒻之義。曰圛叚圛爲升雲半有半無之義。皆偁經以明六書之叚借也。而淺人不得其解。或多異說。蓋許書之湛晦久矣。

娸

人姓也。从女。其聲。去其切。一部。杜林說。娸、醜也。醜者可惡也。按頁部曰。䫏、醜也。杜說蓋以娸爲䫏頭字也。○以上十一篆皆冡姓而言。

奼

少女也。廣韵曰。美女。从女。乇聲。坼下切。古音在五部。丁故切是也。

媒

謀也。以疊韵爲訓。謀合二姓者也。慮難曰謀。周禮媒氏注曰。媒之言謀也。謀合異類使和成者。从女。某聲。莫桮切。古音在一部。

妁

酌也。斟酌二姓者也。斟者、酌也。酌者、盛酒行觴也。斟酌二姓者、如挹彼注茲。欲其調適也。孟子曰。不待父母之命。媒妁之言。从女。勺聲。市勺切。二部。

嫁

女適人也。白虎通曰。嫁者。家也。婦人外成以出適人爲家。按自家而出謂之嫁。至夫之家曰歸。喪服經謂嫁於大夫曰嫁。適士庶人曰適。此析言之也。渾言之皆可曰適。皆可曰嫁。从女。家聲。古訝切。古音在五部。

娶

取婦也。取彼之女爲我之婦也。經典多叚取爲娶。从女。取

婚　姻　妻

聲。說形聲包會意也。此從小徐本。七句切。古音在四部。婚婦家也。釋親曰。婦之父爲婚。婦之黨爲婚兄弟。禮娶婦㠯昏時。婦人侌也。故曰婚。禮謂禮經也。士昏禮曰。凡行事必用昏昕。注曰。用昕使者。用昏壻也。郊特牲曰。昏禮不用樂。幽陰之義也。从女昏。昏亦聲。呼昆切。十三部。𡣚籒文婚如此。其會意、形聲不可勢說。車部之䡬、巾部之幔。皆以爲聲。姻壻家也。釋親曰。壻之父爲姻。婦之父母、壻之父母相謂爲婚姻。壻之黨爲姻兄弟。周禮。六行、孝友睦婣任恤。注云。婣者、親於外親。引申之義也。女之所因。故曰姻。因者、就也。从女因。因亦聲。於眞切。十二部。𡛛籒文姻从𣶒。𣶒聲也。周禮如此作。妻婦與己齊者也。妻齊以疊韵爲訓。此渾言之也。曲禮曰。庶人曰妻。析言之也。从女。从中。从又。七稽切。十五部。又、持事。妻職也。釋从又之意。中聲。說从中之故。鉉等以不應既云从中又云中聲。刪此二字。𡜊

婦　妃　媲　妊

古文妻。从肖女。肖、古文貴字。古文貴不見於貝部。恐有遺奪。婦服也。亦以疊韵爲訓。婦主服事人者也。大戴禮本命曰。女子者、言如男子之敎而長其義理者也。故謂之婦人。婦人、伏於人也。是故無專制之義。有三從之道。曲禮曰。士之妃曰婦人。析言之也。从女持帚灑埽也。說會意。房九切。古音在一部。服古音同。妃匹也。匹者、四丈也。禮記。納幣一束。束五兩、兩五尋。注云。十箇爲束。兩兩合其卷。是謂五兩。八尺曰尋。按四丈而兩之。各得二丈。夫婦之片合如帛之判合矣。故帛四丈曰兩、曰匹。人之配耦亦曰匹。妃本上下通偁。後人以爲貴偁耳。釋詁曰。妃、媲也。引申爲凡相耦之偁。左傳曰。嘉耦曰妃。其字亦叚配爲之。太玄作嬖。其云嬖孰者、卽左傳之嘉耦曰妃。怨耦曰仇也。从女己。各本下有聲字。今刪。此會意字。以女儷己也。芳非切。十五部。媲妃也。釋詁曰。妃、媲也。此云媲、妃也。見相爲轉注。从女毘聲。匹計切。十五部。妊孕也。孕者、褢子也。从女壬。壬亦聲。如甚切。七部。按廣韵惟見去聲。

娠　媰　娩

娠女妊身動也。凡从辰之字皆有動意。震振是也。妊而身動曰娠。別詈也。渾言之則妊娠不別。詩大任有身。生此文王。傳曰。身、重也。蓋妊而後重。重而後動。動而後生。从女辰聲。失人切。十三部。春秋傳曰。后緡方娠。哀元年左傳曰。后緡方娠。逃出自竇。歸于有仍。生少康焉。方娠者、方身動。去產不遠也。其字亦叚震爲之。昭元年左傳。邑姜方震大叔是也。若生民。載震載肅。傳曰。震、動也。箋云。遂有身。則以妊解之。一曰宮婢女隸謂之娠。方言曰。燕齊之閒養馬者謂之娠。官婢女廝謂之娠。郭注。娠音振。女廝、婦人給使者。媰婦人妊娠也。娠各本作身。今依廣韵十虞正。廣雅曰。媰、㑄也。从女。芻聲。側鳩切。古音在四部。周書曰。至于媰婦。梓材文。今作屬婦。許所據則壁中文也。崔子玉清河王誄。惠於媰、孀。亦取諸古文。娩生子齊均也。謂生子多而如一也。玄應書曰。今中國謂蕃息爲娩息。音芳萬切。周成難字云。娩、息也。按依列篆次弟求之。則此篆爲免身。當云从女免生。从女免

嫛　婗　母　嫗

生。小徐作从女娩聲。大徐作从女从生免聲。恐皆誤。以免爲聲。尤非。蓋玄應在唐初已誤矣。今正。讀若幡。依小徐本。今音芳萬切。以平讀去耳。十四部。嫛嫛婗也。各本婗上刪嫛字。今補。此三字句。嫛婗合二字爲名。不容分裂。釋名。人始生曰嬰兒。或曰嫛婗。嫛、是也。言是人也。婗、其啼聲也。禮記曰。中路嬰兒失其母焉。注。嬰猶鷖彌也。按鷖彌卽嫛婗。語同而字異耳。从女殹聲。烏雞切。十五部。婗嫛婗也。从女兒聲。五雞切。十六部。一曰婦人惡皃。此則專謂婗字。母牧也。以疊韵爲訓。牧者、養牛人也。以譬人之乳子。引伸之。凡能生之以啓後者皆曰母。从女。象褱子形。褱、袌也。象兩手袌子也。一曰象乳子也。廣韵引倉頡篇云。其中有兩點者、象人乳形。豎通者、卽音無。按此就隸書釋之也。莫后切。古音在一部。嫗母也。樂記。煦嫗覆育萬物。鄭曰。以氣曰煦。以體曰嫗。詩毛傳。柳下惠嫗不逮門之女。亦以體曰嫗之意。不逮門者、不及入門。荀卿所謂與後門者同衣。卽此也。凡人及鳥生子曰乳。皆必

媪　姁　姐　姑

以體嫗之。方言。伏雞曰抱。郭云。江東呼蓲。央富反。按蓲卽嫗也。母之呼嫗由此。高帝本紀曰。有一老嫗夜哭。从女區聲。衣遇切。古音在四部。

媪　母老偁也。母大徐作女。非也。高帝母曰劉媪。文穎曰。幽州及漢中皆謂老嫗爲媪。孟康曰。長老尊稱也。左師謂太后曰。媪愛燕后賢於長安君。禮樂志。媪神蕃釐。后土富媪。張晏曰。媪、老母偁也。坤爲母。故偁媪。从女𥁕聲。讀若奧。按从𥁕蓋與嫗同意。形聲中有會意也。𥁕聲而讀如奧者。方俗語音之轉耳。烏晧切。古音當在十三部。

姁　嫗也。然則姁亦母偁也。師古曰。呂后名雉。字娥姁。从女句聲。況羽切。四部。

姐　蜀人謂母曰姐。方言也。其字當蜀人所製。淮南謂之社。因類記之也。社與姐音近。从女且聲。讀若左。左卽今ナ字也。今茲也切。古音當在五部。

姑　夫母也。釋親曰。婦偁夫之父曰舅。稱夫之母曰姑。姑舅在則曰君舅君姑。沒則曰先舅先姑。按聖人正名之義。名有可叚借通用者。有不可叚借通用者。可叚借者。舅姑是也。故母之晜弟爲舅。夫之父亦曰舅。妻之父曰外舅。夫之母曰姑。男子偁父之姊妹亦曰姑。偁妻之母曰外姑。蓋白虎通云。舅者、舊也。姑者、故也。舊故之者、老人之偁也。故其偁可氾用之。不可叚借者、父母是也。故同姓有父母。異姓無父母。夫之父母未聞偁父母也。姑之夫未聞偁父也。姑未聞偁母也。母之兄弟未聞偁父也。母之兄弟之妻未聞偁母也。從母之夫未聞偁父也。惟外祖父外祖母則以父之父母例之而得偁。從母則以父之昆弟偁從父例之而得偁。從母之子亦以從父昆弟例之而得偁。凡同姓五服之外及異姓之親。祇偁兄弟。無偁昆弟者。古人偁謂之嚴也。今天下之名不正者多矣。盡反諸經乎。許於舅舉母之昆弟。於姑舉夫母。各舉男女所冣尊以發舅姑之例也。姑之字叚爲語詞。卷耳傳曰。姑、且也。从女古聲。古胡切。五部。

威　妣

威　姑也。引伸爲有威可畏。从女戌聲。按小徐本作戌聲。而復以會意釋之。於非切。十五部。漢律曰。婦告威姑。惠氏定宇曰。爾雅君姑卽威姑也。古君威合音差近。

妣　殁母也。殁正作歾。終也。曲禮曰。生曰父、曰母、曰妻。死曰考、曰妣、曰嬪。析

姊　妹　娣

言之也。釋親曰。父曰考。母曰妣。渾言之也。从女比聲。卑履切。十五部。

籀文妣省。

姊　女兄也。釋親曰。男子謂先生爲姊。後生爲妹。鄁詩。問我諸姑。遂及伯姊。傳曰。父之姊妹稱姑。先生曰姊。从女𠂔聲。將几切。十五部。

妹　女弟也。衛風。東宮之妹。傳曰。女子後生曰妹。从女未聲。莫佩切。十五部。按釋名曰。姊、積也。妹、昧也。字當从未。白虎通曰。姊者、咨也。妹者、末也。又似从末。

娣　同夫之女弟也。小徐本有夫之二字。而尚少同字。今補。同夫者、女子同事一夫也。釋親曰。女子同出謂先生爲姒。後生爲娣。孫郭皆云。同出、謂俱嫁事一夫。王度記曰。諸侯娶一國。則二國往媵之。公羊傳、白虎通皆曰。諸侯娶一國。則二國往媵之。以姪娣從。姪者何。兄之子也。娣者何。女弟也。大雅韓奕傳曰。諸侯一娶九女。二國媵之。諸娣、衆妾也。按女子謂女兄弟曰姊妹。與男子同。而惟媵己之妹則謂之娣。蓋別於在母家之偁。以明同心事一君之義也。禮喪服經皆言妹。無言娣者。今大徐本作女弟也。非是。小徐本又妹娣二篆互譌。而娣下曰女弟也。妹下曰夫之女弟也。楚金以班昭女誡嫂妹之偁注之。夫夫之姊呼女妐。夫之妹呼女叔。見鄭氏昏義注。夫之妹呼女叔。猶夫之弟呼叔也。呼妹則名不正矣。今本爾雅轉寫女叔誤爲女妹。不可不正。○或問俱嫁一夫。謂先生爲姒。古未聞以姊媵者。何以有先生者也。曰二國往媵。容有小國。容有年稍長者。又問娣異名以別於妹矣。何姪不爲異名乎。曰姪之名以別於男子之謂猶子。早爲異名矣。不煩更異也。曰釋親又言長婦謂稚婦爲娣婦。娣婦謂長婦爲姒婦。見於傳者。姒爲妯娌之偁何也。曰此所謂名之可以叚借通偁者也。如兄弟之偁同姓異姓皆得偁之也。妯娌偁長者曰姒。少者曰娣。與坐以夫齒之禮竝行不悖。从女弟聲。形聲中會意。徒禮切。十五部。

媦　嫂

媦　楚人謂女弟曰媦。方言之不同也。从女胃聲。云貴切。十五部。春秋公羊傳曰。楚王之妻媦。桓二年公羊傳文。

嫂　兄妻也。鄭注喪服曰。嫂者尊嚴之。嫂猶叟也。叟、老人之偁也。按古者重男女之別。故於兄之妻尊嚴之。於弟之妻卑遠之。而皆不爲服。男子不爲兄弟之妻服。猶女子

不爲夫之兄弟服也。女子於夫之姊妹則相服小功者。相與居室之親也。**从女㚣聲。**形聲中有會意。穌老切。古音在三部。

姪

女子謂兄弟之子也。各本作兄之女也。不完。今依爾雅正。釋親曰。女子謂晜弟之子爲姪。喪服大功章曰。女子子適人者爲衆晜弟姪丈夫婦人報。傳曰。姪者何也。謂吾姑者。吾謂之姪。經言丈夫婦人同謂之姪。則非專謂女也。公羊傳曰。二國往媵以姪娣從。謂婦人也。左傳曰。姪其從姑。謂丈夫也。不謂之猶子者。女外成別於男也。今世俗男子謂兄弟之子爲姪。是名之不正也。**从女。**此从女者。謂系乎姑之偁也。許誤會用公羊兄之女也爲訓。非是。**至聲。**从至者。謂雖適人而於母家情摯也。形聲中有會意也。徒結切。十二部。

姨

妻之女弟同出爲姨。釋親曰。妻之姊妹同出爲姨。孫炎曰。同出。俱已嫁也。此獨言女弟者。以弟姨疊韵也。釋名曰。妻之姊妹曰姨。姨、弟也。言與己妻相長弟也。按長弟謂次弟也。後世謂母之姊妹曰姨母。**从女夷聲。**以脂切。十五部。

妿

女師也。詩言告師氏。毛傳。師、女師也。古者女師教以婦德、婦言、婦容、婦功。李善引漢書音義曰。婦人年五十無子者爲傅。**从女。加聲。**此說形聲。**杜林說加教於女也。**杜說會意。**讀若阿。**烏何切。十七部。按列女傳華孟姬、楚昭伯嬴傳皆言保阿。內則篇、喪服經注皆言可者。鄭云。可者、賤於諸母。謂傅姆之屬。葢可者即阿。阿即妿也。

娒

女師也。士昏禮注曰。姆、婦人年五十無子。出而不復嫁。能以婦道教人者。左傳。宋大災。宋伯姬卒。待姆也。何注公羊曰。禮、后夫人必有傅母。所以輔正其行。衞其身也。選老大夫爲傅。選老大夫妻爲母。按母即娒也。**从女每聲。讀若母同。**今音每與母殊。古音同在一部耳。故許作娒。字林及禮記音義作姆也。莫后切。古音在一部。

媾

重婚也。重婚者。重疊交互爲婚姻也。杜注左傳曰。重婚曰媾。按字从冓者。謂若交積材也。曹風。不遂其媾。毛傳曰。媾、厚也。引伸之義也。**从女冓聲。**形聲中有會意。古厚切。四部。**易曰。匪寇婚媾。**屯六二爻辭。

姼

美女也。廣韵曰。姑姼、輕薄皃。此今義也。方言曰。謂父妣曰母姼。稱父考曰父姼。音多。此方俗里語也。**从女多聲。**尺氏切。古音在十七部。**姼或从氏。**氏聲在十六部。合音取近。

妭

美婦也。廣韵引婦人美皃。大徐作婦人美也。按廣韵曰。妭、鬼婦。引文字指歸云。女妭禿無髮。所居之處天不雨。此謂旱魃也。魃在鬼部。與此各字。而俗亂之。**从女犮聲。**蒲撥切。十五部。

㜎

女隸也。周禮作奚。叚借字也。酒人女酒三十人。奚三百人。鄭注。古者從坐男女沒入縣官爲奴。其少才智者。者字今增。以爲奚。今之侍史官婢。或曰奚、宦女。守祧。女祧每廟二人。奚四人。鄭曰。奚、女奴也。**从女奚聲。**胡雞切。十六部。

婢

女之卑者也。內則。父母有婢子。鄭曰。所通賤人之子。是婢爲賤人也。而曲禮自世婦以下。自偁曰婢子。左傳秦穆姬言晉君朝以入。則婢子夕以死。是貴者以婢子自謙。婢亦稱婢子。與內則婢子不同也。鄭注曲禮曰。婢之言卑也。**从女卑。**會意。**卑亦聲。**據韵會。小徐無此三字。便俾切。十六部。

奴

奴婢皆古辠人。周禮曰。其奴男子入于辠隸。女子入于舂槀。秋官司厲文。鄭司農云。謂坐爲盜賊而爲奴者。輸於罪隸、舂人、槀人之官也。由是觀之。今之爲奴婢。古之罪人也。故書曰。予則奴戮汝。論語曰。箕子爲之奴。春秋傳曰。斐豹隸也。著於丹書。玄謂奴從坐而沒入縣官者。男女同名。按許用仲師說。入罪隸者奴。入舂槀者可呼婢。引伸之。凡水不流曰奴。木之類近根者奴。毛傳曰。帑、子也。左傳鳥帑。鳥尾也。駑馬、下乘也。其字皆當作奴。皆引伸之義也。**从女又。**男女皆在焉。故从女又。所以持事也。會意。乃都切。五部。**古文奴。**

㚤

婦官也。廣韵曰。漢有鉤㚤夫人。居鉤弋宮。漢書亦作弋。玉裁按。如淳曰。姬音怡。衆妾之總稱也。引漢官姬妾數百。瓚曰。漢祿秩令及茂陵書。姬、內官也。位次婕妤下。瓚說、淳音皆是也。婦官字當作㚤。漢時借姬爲之。音怡。如姒姓本作以。春秋亦用弋爲之。皆一聲之轉然也。音怡而用爲衆妾之偁、則又方俗語言如是。**从女弋聲。**與職切。一部。

媊

甘氏星經曰。天官書曰。昔之傳天數者。在齊甘公。徐廣曰。或曰甘公名德也。本是魯人。按藝文志無甘氏星經。有甘德長柳

媧　娀　娥　嫄　嬿　妸　嬃

占夢十一卷。云楚人。大白號上公。句。妻曰女媊、尻南斗食厲。天下祭之曰明星。天官書曰。大白、大臣也。其號上公。妻曰女媊居南斗食厲、未聞。論衡所引山海經度朔山二神人。主閱領萬鬼。鬼之惡害人者。執以葦索而用飤虎。殆與相類。大白偁明星。詩毛傳曰。日且出謂明星爲启明。日既入謂明星爲長庚。封禪書、地理志陳倉有上公明星祠。蓋祀大白也。此云天下祭之曰明星。蓋祀女媊也。或曰雖有南北斗大白諸布之廟矣。則上公明星之祠蓋祀女媊。从女前聲。昨先切。十二部。廣韵卽移切。

媧　古之神聖女化萬物者也。媧化疊韵。司馬貞三皇本紀曰。三皇、說者不同。譙周以燧人爲皇。宋均以祝融爲皇。鄭康成依春秋緯注禮記云女媧三皇承伏羲者。皇甫謐亦同。从女咼聲。古蛙切。古音在十七部。

籒文媧。从冎。冎聲亦同。十七部。

娀　帝高辛之妃、偰母號也。偰見人部。高辛氏之子。堯司徒。殷之先也。商頌。天命玄鳥。降而生商。傳曰。春分玄鳥降。湯之先祖有娀氏女簡狄。配高辛氏帝。帝率與之祈於郊禖而生契。故本其爲天所命。以玄鳥至而生焉。按有娀、諸家說爲國名。長發鄭箋云。有娀氏之國亦始廣大。許氏偰母號者、以其國名爲之號。故長發傳曰有娀、契母也。是亦以爲號也。从女戎聲。息弓切。九部。詩曰。有娀方將。

娥　帝堯之女、舜妻娥皇字也。曲禮曰。男子二十冠而字。女子許嫁笄而字。从女我聲。五何切。十七部。秦晉謂好曰娙娥。方言。娥、好也。秦曰娥。秦晉之閒凡好而輕者謂之娥。漢武帝制倢伃、娙娥、傛華、充依皆有爵位。

嫄　邰國之女、周棄母字也。邰舊作台。誤。今正。邑部曰。邰者、炎帝之後。姜姓所封。周棄外家國也。裴駰引韓詩章句曰。姜姓、原字。按史記作原。从女原聲。愚袁切。十四部。

嬿　女字也。毛詩。燕婉之求。傳曰。燕、安。婉、順也。韓詩作嬿婉。嬿婉、好皃。見西京賦注。从女燕聲。于甸切。十四部。

妸　女字也。从女可聲。讀若阿。烏何切。十七部。

嬃　女字也。

婕　嬩　孁　嫽　㛄　婤　姶　改　妵　奺　㚷　始　媚

樊噲以呂后女弟呂須爲婦。須卽嬃字也。周易歸妹以須。鄭云。須、有才智之稱。天文有須女。按鄭意須與諝胥同音通用。諝者、有才智也。从女須聲。相俞切。古音在四部。楚詞曰。詞當作辭。女嬃之嬋媛。屈原賦離騷篇文。賈侍中說。楚人謂姊爲嬃。賈語蓋釋楚辭之女嬃。王逸、袁山松、酈道元皆言女嬃屈原之姊。惟鄭注周易屈原之妹名女須。詩正義所引如此。妹字恐姊字之譌。

婕　女字也。師古漢書注曰。倢伃字或从女。其音同耳。从女疌聲。子葉切。八部。

嬩　女字也。倢伃之伃。蓋亦可用此。人部曰。伃、婦官也。从女與聲。讀若余。以諸切。五部。

孁　女字也。漢婦官十四等中有娛靈。靈蓋可作孁。从女霝聲。郎丁切。十一部。

嫽　女字也。廣韵。相嫽、戲也。此今義也。按毛詩傳及許人部曰。僚、好皃。蓋亦可用此字。方言。釥、嫽、好也。从女尞聲。洛蕭切。二部。

㛄　女字也。漢十四等中充依。依蓋可用此字。从女衣聲。讀若依。於稀切。十五部。

婤　女字也。从女周聲。職流切。三部。

姶　女字也。从女合聲。烏合切。七部。春秋傳曰。嬖人婤姶。昭公七年左氏傳曰。衞襄公夫人姜氏無子。嬖人婤姶生孟縶。一曰無聲。別一義。

改　女字也。玉篇云。妀改。从女己聲。居擬切。一部。

妵　女字也。昭廿一年左氏傳。宋華妵居於公里。从女主聲。天口切。四部。

奺　女字也。从女久聲。舉友切。古音在一部。小徐本作奺。廣韵曰亦作奺。

㚷　女字也。字各本作號。今依玉篇、廣韵。从女耳聲。仍吏切。一部。

始　女之初也。釋詁曰。初始也。此與爲互訓。初裁皆衣之始也。基者、牆之始也。凡言之者皆分別之詞。有叚殆爲始者。七月毛傳云。殆、始也是也。从女台聲。詩止切。一部。按凡始事有急緩之殊。不得云有二義。今人乃爲之二音。緩者讀去聲。月令紀節物用始字十餘。而蟬始鳴獨市志反。其亦庸人自擾也矣。

媚　說也。說今悅字也。大雅毛傳曰。媚、愛也。从

嫵　媄　⿰女畜　嫷

女。眉聲。美祕切。十五部。

嫵　媚也。上林賦。嫵媚纖弱。李善引埤倉曰。嫵媚、悅也。按嫵媚可分用。張敞傳。長安中傳京兆眉憮。憮卽嫵字。蘇林曰。憮音嫵。北方人謂眉好爲詡畜。从女。無聲。文甫切。五部。

媄　色好也。按凡美惡字可作此。周禮作媺。葢其古文。从女。美聲。小徐本如是。無鄙切。十五部。

⿰女畜　媚也。⿰女畜有媚悅之義。凡古經傳用畜字多有爲⿰女畜之叚借者。蘇林曰。北方人謂眉好爲詡畜。又如禮記。孝者畜也。順於道不逆於倫。是之謂畜。孟子曰。詩曰。畜君何尤。畜君者、好君也。呂覽曰。周書曰。民善之則畜也。不善則讎也。高注。畜、好也。說苑。尹逸對成王曰。夫民善之則畜也。不善則讎也。又孔子曰。夫通達之國皆人也。以道導之、則吾畜也。不以道導之、則吾讎也。此等皆以好惡對言。畜字皆取⿰女畜媚之義。今則無有用⿰女畜者矣。从女。畜聲。丑六切。三部。按當依廣韵許竹切。

嫷　南楚之外謂好曰嫷。方言曰。嫷、美也。南楚之外曰嫷。郭注。言婑嫷也。曹植七啓。形媠服兮揚幽若。媠卽嫷之省。心部之古文憜也。張敞傳。被輕嫷之名。皆引伸之義也。从女。憜省聲。憜省聲、卽嫷省聲也。徒果切。十七部。

姝　好　嬹　嬮　⿰女殳　姣

姝　好也。邶風傳曰。姝、美色也。衞風傳曰。姝、順皃。齊風傳曰。姝、初昏之皃。各隨文爲訓也。从女。朱聲。昌朱切。古音在四部。

好　媄也。各本作美也。今正。與上文媄爲轉注也。好本謂女子。引伸爲凡美之偁。凡物之好惡、引伸爲人情之好惡。本無二音。而俗強別其音。从女子。會意。呼皓切。古音在三部。

嬹　說也。說今之悅字。李善注潘岳關中詩。顏延年和謝靈運詩皆引說文嬹、悅也。謂興與嬹古同也。今惟漢功臣表有甘泉侯嬹。許孕反。从女。興聲。許應切。六部。

嬮　好也。謂懕懕也。从女。厭聲。於鹽切。七部。

⿰女殳　好也。此與姝音義皆同。从女。殳聲。昌朱切。古音在四部。詩曰。靜女其⿰女殳。邶風。靜女文。今毛詩作姝。傳云。姝、美色也。豈許所見毛詩異與。抑取諸三家與。

姣　好也。姣謂容體壯大之好也。史記。長姣美人。按古多借佼爲姣。如月令養壯佼。陳風澤陂箋佼大皆姣字也。小雅白華箋云。姣大之人。陳風佼人字又作姣。方言云。自關而東河泲之閒凡好謂之姣。从女。交聲。胡茅切。二部。按切非也。當依廣韵古巧切。

嬛　娧　媌　嫿　婠　娙

嬛　好也。上林賦。柔橈嬛嬛。郭樸曰。皆骨體耎弱長豔皃也。今文選譌作嫚嫚。漢書不誤。史記作嬛嬛。則是別本。按今人所用娟字當卽此。从女。睘聲。委員切。十四部。讀若蜀郡布名。按糸部繯。蜀白細布也。其字彗聲。以合韵得音。

娧　好也。召南。舒而脫脫兮。傳曰。脫脫、舒皃。按脫葢卽娧之叚借。此謂舒徐之好也。从女。兌聲。杜外切。十五部。

媌　目裏好也。目裏好者、謂好在匡之裏也。凡方言言順、言矊、言鑠、言旺、言揚、皆謂目之好外見也。惟媌狀目裏。方言曰。媌、好也。自關而東河濟之閒謂之媌。按此謂纖細之好也。从女。苗聲。莫交切。二部。

嫿　靜好也。靜者、審也。廣韵曰。嫿、分明好皃。神女賦曰。既姽嫿於幽靜。魏都賦曰。風俗以韰果爲嫿。从女。畫聲。呼麥切。十六部。

婠　體德好也。从女。官聲。一完切。十四部。讀若楚郤宛。謂讀如此宛也。左傳有楚郤宛。

娙　長好也。體長之好也。故其字从巠。上文曰。秦晉謂好爲娙娥。漢婦官十四等有娙娥。武帝邢夫人號娙娥。从女。巠聲。五莖切。十一部。

⿰女贊　⿰女𤔔　⿱夗女　婉

⿰女贊　白好也。色白之好也。通俗文。服飾鮮盛、謂之嫸⿰女贊。聲類。⿰女贊、綺也。皆引伸之義也。从女。贊聲。則旰切。十四部。

⿰女𤔔　順也。邶風傳曰。孌、好皃。齊風傳曰。婉孌、少好皃。義與許互相足。从女。𤔔聲。力沇切。十四部。詩曰。婉兮⿰女𤔔兮。齊風甫田。曹風候人。

孌　籀文⿰女𤔔。宋本如此。趙本、毛本刪之。因下文有孌慕也。不應複出。不知小篆之孌、爲今孌字。訓慕。籀文之孌、爲小篆之⿰女𤔔。訓順。形同義異。不嫌複見也。據全書之例。亦可⿰女𤔔後不重出。而於慕也之下益之云。籀文以爲⿰女𤔔字。凡言古籀以爲某字者。亦可附於某字之下。如屮篆下可出中篆云古文屮。巧篆下可出丂篆云古文巧。其道一也。今毛詩作孌。正用籀文。

⿱夗女　婉也。从女。夗聲。於阮切。十四部。

婉　順也。鄭風傳曰。婉然美也。齊風傳曰。婉、好眉目也。从女。宛聲。於阮切。十四部。春秋傳曰。太子痤婉。襄二十六年左

姛　嫣　姌　嫋　孅　嫇

傳文。按傳云。棄生佐。惡而婉。大子痤美而很。佐卽宋元公也。此所稱舛誤。一時記憶不精耳。按集韵類篇皆作大子佐婉。葢依傳改正。而又失之。不知佐非大子也。姛直項皃。从女同聲。他孔切。廣韵徒揔切。九部。嫣長皃。詩毛傳。頎頎、長皃。頎與嫣聲相近也。文選嫣然一笑。注引王逸云。嫣、笑皃。然大招字作嗎。許書無嗎字。从女焉聲。於建切。十四部。廣韵亦平聲。姌弱長皃。上林賦。嫵媚姌嫋。郭樸曰。姌嫋、細弱也。小顏云。謂骨體。按毛詩曰。荏染、柔意也。荏染卽姌也。从女冄聲。而剡切。七部。嫋姌也。九歌。嫋嫋兮秋風。王曰。嫋嫋、秋風搖木皃。按楚辭讀上聲。上林賦讀入聲。實無二義也。从女弱聲。形聲中有會意。奴鳥切。二部。孅兌細也。兌各本作銳。集韵、類篇皆作兌。兌者、悅也。漢書曰。古之治天下。至孅至悉也。孅與纖音義皆同。古通用。从女韱聲。息廉切。七部。嫇嬰嫇也。廣韵嫈下作嫈嫇。玄應引字林嫈嫇、心態也。卽許書嫈下之小心態也。九思作嫈嫇。疑今本說文有舛誤。

媱　嬛　姽　委

从女冥聲。莫經切。十一部。一曰嫇嫇、小人皃。媱曲肩行皃。九思。音案衍兮要媱。舞容也。廣韵曰。媱、美好。从女䍃聲。余招切。二部。嬛材緊也。材緊、謂材質堅緻也。緊者、纏絲急也。上林賦。便嬛綽約。郭樸曰。便嬛、輕利也。从女睘聲。許緣切。十四部。春秋傳曰。嬛嬛在疚。哀十六年左傳公誄孔子文。按宀部引詩煢煢在宊。此引傳嬛嬛在疚。正與今詩、春秋煢煢嬛嬛字互易。魏風又作睘睘。睘睘傳曰。無所依也。葢依韵當用熒聲之煢。而或用嬛睘者。合音通用。如瓊本在十四部。今入十一部也。姽閑體行姽姽也。開各本作閑。今正。開者、幽開也。神女賦。志解泰而體開。旣姽嫿於幽靜。李引說文曰。姽、竫好皃。五累切。與今本異。从女危聲。過委切。十六部。委委逗。隨也。辵部曰。隨、從也。毛詩羔羊傳曰。委蛇者、行可從迹也。君子偕老傳曰。委委者、行可委曲從迹也。按隨其所如曰委。委之則聚。故曰委輸、曰委積。所輸之處亦稱委。故曰原委。从女禾聲。十六十七部合音取近。故讀於

婐　妮　姑　⿱沾女　妗　⿰女篕

詭切也。詩之委蛇、卽委隨。皆疊韵也。婐婐妮也。三字句。今本刪婐字。非也。婐妮與旖施音義皆同。俗作婀娜。从女果聲。烏果切。十七部。一曰果敢也。小徐有此五字。果敢、爾雅、倉頡篇皆作惈。一曰女侍曰婐。孟子盡心篇。二女果。趙曰。果、侍也。依許說則果當女旁。讀若騧。一曰若委。大徐本以从女果聲綴此下。孟軻曰。舜爲天子。二女婐。妮婐妮也。疊韵字。一曰弱也。从女厄聲。五果切。十七部。按當依廣韵奴果切。姑小弱也。从女占聲。一曰女輕薄善走也。讀若占。一曰多技埶也。齒懾切。七部。⿱沾女⿱沾女妗也。依玉篇補⿱沾女字。三字句也。廣韵作妗⿱沾女。从女沾聲。丑廉切。七部。妗⿱沾女妗也。疊韵字。从女今聲。火占切。七部。一曰善笑皃。玉篇曰。⿱沾女妗、善笑皃。按集韵俗謂舅母曰妗。巨禁切。舅之妻不偁母。云舅母亦里語也。⿰女篕竦身也。竦者、敬也。

婧　姘　姂　嫙　⿱齊女　姡

从立束。自申束也。竦身取自申之意。凡言夭矯者、當用此字。从女篕聲。讀若詩糾糾葛屨。讀如此糾字。篕字古音正如是。在三部。今⿰女篕居夭切。音之轉也。婧竦立也。女有字婧者。列女傳曰。妾婧者、齊相管仲之妾也。从女青聲。七正切。十一部。廣韵子盈切。一曰有才也。讀若菲菁。菲菁、菲華也。見艸部。妌靜也。从女井聲。疾正切。十一部。姂婦人皃。从女乏聲。房法切。七部。嫙好也。齊風。子之還兮。韓詩作嫙。嫙、好皃。从女旋聲。似沿切。十四部。⿱齊女材也。廣雅。⿱齊女、好也。玉篇引詩有⿱齊女季女。引說文材也。按毛詩作齊、敬也。顧氏或取諸三家詩。取人材整齊之意。从女齊聲。祖雞切。十五部。玉篇引說文子奚切。廣韵同。姡面靦也。各本作面醜。今正。醜者、可惡也。與愧恥義隔。面靦者、詩云有靦面目是也。面部靦下曰。面見人也。面見人、如今人言無面目相見。其義彼此相成。此許例也。爾雅、毛傳皆云靦、婚也。此云婚、靦也。是之謂轉注。今人亦尚有菁

嬥　嫢　媞　婺　嫺　嫛　娛　娭

婚婚之語。从女昏聲。古活切。十五部。嬥直好皃。直好、直而好也。嬥之言擢也。詩。佻佻公子。魏都賦注云。佻或作嬥。廣韵曰。嬥嬥、往來皃。韓詩云。嬥歌、巴人歌也。按韓詩云三字當在嬥嬥之上。其下六字乃張載注左語也。此皆別義。从女翟聲。徒了切。二部。一曰嬈也。下文嬈下云一曰嬥也。二篆爲轉注。嫢媞也。媞者、諦也。諦者、審也。从女規聲。讀若癸。居隨切。十六部。秦晉謂細嫢。宋本如是。方言曰。嫢、笙、揫、摻皆細也。自關而西秦晉之閒謂細而有容曰嫢。媞諦也。諦者、審也。審者、悉也。詩。好人提提。傳云。提提、安諦也。釋訓。媞媞、安也。孫炎曰。行步之安也。檀弓。吉事欲其折折爾。注云。安舒皃。按折者、提之譌。提者、媞之叚借字也。从女是聲。承旨切。十六部。按詩爾雅皆大兮反。廣韵同。而注云說文又時尒切。然則說文舊音在紙韵也。一曰妍黠也。妍者、技也。黠者、桀黠也。黠之引申之義也。一曰江淮之閒謂母爲媞。方俗殊語也。廣韵承紙切。又音啼。婺不繇也。繇者、隨從也。不繇者、不隨從也。今此字無用者矣。惟婺女、星名。婺州、地名。从女敄聲。亡遇切。古音在三部。嫺嫺雅也。三字句。各本刪嫺字。非也。依玉篇、廣韵本作嫺雅。相如傳。雍容嫺雅。雅之叚借之義爲素也。嫺雅、今所謂嫺習也。嫺古多借閒爲之。邶風棣棣毛傳曰。棣棣、富而閒也。今本作閒習。杜注左所引無習字。葢古本也。習則能暇。故其字从閒。从女閒聲。戶閒切。十四部。嫛說樂也。說者、今之悅字。按老子、史記天下熙熙字皆當爲嫛嫛。今熙行而嫛廢矣。熙者燥也。謂暴燥也。其義別。从女𦣞聲。許其切。一部。嫛美也。从女殹聲。苦閒切。古音在十二部。娛樂也。古多借虞爲之。从女吳聲。虞俱切。五部。娭戲也。戲者、三軍之偏也。一曰兵也。嬉戲則其餘義也。左傳。子玉曰。請與君之士戲。固以戰爲戲矣。上林賦。娭遊往來。善曰。娭許其切。然則今之嬉字也。今嬉行而娭廢矣。从女矣聲。過在切。按此音非也。篇、韵皆許其切。一部。一曰卑賤名也。廣韵曰。婦人賤偁。出倉頡篇。按篇、韵

十二篇下　廿七

媅　娓　嫡　孎　婉　媣　媕　嫥　如　嫧　娕

皆不言過在切。媅樂也。衛風。無與士耽。傳曰。耽、樂也。小雅。和樂且湛。傳曰。湛、樂之久也。耽湛皆叚借字。媅其眞字也。叚借行而眞字廢矣。从女甚聲。丁含切。古音在七部。娓順也。順者、理也。尾主於順。故其字从尾。按此篆不見於經傳。詩、易用亹亹字。學者每不解其何以會意形聲。徐鉉等乃妄云當作娓。而近者惠定宇氏從之。按李氏易集解及自爲周易述皆用娓娓。抑思毛、鄭釋詩皆云勉勉。康成注易亦言沒沒、亹之古音讀如門。勉、沒皆曡韵字。然則亹爲亹之譌體。亹爲勉之叚借。古音古義於今未泯。不當以無知妄說擅改宣聖大經。从女尾聲。讀若媚。無匪切。十五部。嫡孎也。从女啻聲。都歷切。十六部。按俗以此爲嫡庶字。而許書不尒。葢嫡庶字古衹作適。適者、之也。所之必有一定也。詩。天位殷適。傳曰。紂居天位、而殷之正適也。凡今經傳作嫡者。葢皆不古。孎謹也。謹者、愼也。祭義。洞洞乎。屬屬乎如弗勝。廣雅。洞洞、屬屬、敬也。屬葢孎之省。从女屬聲。之欲切。篇、韵皆陟玉切。三部。讀若人不孫爲孎。各本孎上有不字。宋本無者、是也。孎當作倨。人部曰。倨、不孫也。可據。孎讀如倨。雙聲合音。婉宴婉也。邶風。燕婉之求。傳曰。宴、安。婉、順也。西京賦曰。嬿婉。美好之皃。按古宛冤通用。婉婏音義皆同。从女冤聲。於阮切。十四部。媕女有心媕媕也。从女弇聲。衣檢切。七部。媣諟也。諟者、理也。从女染聲。而琰切。七部。嫥壹也。壹下云。嫥也。與此爲轉注。凡嫥壹字古如此作。今則專行而嫥廢矣。專者、六寸薄也。紡專也。从女專聲。職緣切。十四部。一曰女嫥嫥。篇、韵皆云。可愛之皃。如從隨也。從隨卽隨從也。隨從必以口。从女者、女子從人者也。幼從父兄。嫁從夫。夫死從子。故白虎通曰。女者、如也。引伸之、凡相似曰如。凡有所往曰如。皆從隨之引伸也。从女从口。人諸切。五部。嫧齊也。謂整齊也。方言。嫢、嫧、鮮、好也。南楚之外通語也。从女責聲。側革切。十六部。娕謹也。謹者、愼也。按史記申屠嘉傳。娖娖廉謹。說者多云娖卽娕字。玉篇、廣韵皆不謂一字也。从

十二篇下　廿八

女束聲。讀若謹敕數數。未詳。錢氏大昕云數數卽娖娖。小顏云持整之皃。測角切。三部。

嬐 敏疾也。从女僉聲。息廉切。七部。一曰莊敬皃。

嬪 服也。堯典曰。釐降二女于嬀汭。嬪于虞。大雅曰。摯仲女任。自彼殷商。來嫁于周。曰嬪于京。傳曰。嬪。婦也。按婦者。服也。故釋嬪亦曰服也。老子賓與臣同義。故詩曰率土之賓。莫非王臣。嬪與婦同義。亦其理也。从女賓聲。符眞切。十二部。

⿱執女 至也。以雙聲疊韵釋之。从女執聲。各本作執聲。篆作摯。非也。今正。从執則非聲矣。脂利切。十五部。周書曰。大命不⿱執女。周當爲商字之誤也。此西伯戡黎文。陸氏釋文云。摯本又作摯。是陸氏所見尚有作摯者。某氏傳云。至也。與許說同也。讀若摯同。鍇本作執。誤。今正。一曰虞書雉⿱執女。此別一義。謂摯卽今贄字。引堯典一死贄以明之。鄭康成曰。贄之言至。所以自致。是其義相近。虞書當作唐書。詳禾部。

⿰女沓 俛伏也。俛者。低頭也。伏者。伺也。从女沓聲。他合切。八部。一曰服意也。服各本作伏。今依集韵、類篇正。悅服之意也。

妟 安也。安者。竫也。今經傳無妟字。从女从日。女系日下。陰統乎陽也。婦從夫則安。會意。烏諫切。十四部。宴匽从以爲聲。詩曰。㠯妟父母。今毛詩無此。葢周南歸寧父母之異文也。毛傳曰。寧、安也。尋詩上文言告言歸。歸謂嫁也。方嫁不當遽圖歸寧。則此歸字作以字爲善。謂可用以安父母之心。草蟲未見君子。憂心沖沖。箋云。在塗而憂。憂不當君子。無以寧父母。故心衝衝然。葛覃曷澣曷否二句。箋云。言常自絜清以事君子。正謂能事君子。則能寧父母心。二箋義互相足也。

嬗 緩也。今人用嬋字。亦作此。从女亶聲。時戰切。十四部。一曰傳也。孟子孔子曰。唐虞禪。夏后殷周繼。依許說。凡禪位字當作嬗。禪非其義也。禪行而嬗廢矣。嬋者。蟬聯之意。

嫴 保任也。急就篇。疻痏保辜謕呼號。師古曰。保辜者。各隨其輕重。令毆者以日數保之。限內致死。則坐重辜也。按保辜。唐律令律皆有之。辜者。嫴之省。嫴與保同義疊字。師古以坐重辜解之。誤矣。春秋公羊傳注曰。古者保辜。鄭伯髡原爲大夫所傷。以傷辜死。君親無將。見辜者。辜內當以弒君論之。辜外當以傷君論之。辜皆當作嫴。原許君之義。實不專謂罪人保嫴。謂凡事之估計豫圖耳。廣雅曰。嫴。推、都凡也。是其理也。从女辜聲。古胡切。五部。

媻 奢也。奢者。張也。趙注孟子、廣雅釋詁皆曰。般。大也。媻之从般。亦取大意。子虛賦媻姍勃窣。借用此爲蹣跚字。从女般聲。薄波切。按當依廣韵薄官切。古音在十四部。一曰小妻也。小徐有此五字。廣韵同。小妻字史多有之。見漢書枚乘傳、外戚傳、佞幸傳、後書陽球傳。漢時名之不正者。

娑 舞也。陳風東門之枌曰。婆娑其下。市也婆娑。爾雅及毛傳皆曰。婆娑。舞也。詩音義曰。婆。步波反。說文作媻。爾雅音義但云娑素何反。不爲婆字作音。葢陸所據爾雅固作娑娑。魯頌傳曰。犧尊有沙飾也。鄭志。張逸曰。犧讀爲沙。沙、鳳皇也。不解鳳皇何以爲沙。答曰。刻畫鳳皇之象於尊。其形娑娑然。按今經傳娑娑字皆改作婆娑。詩爾雅卽以媻娑連文。恐尚非古也。然古書中用婆娑字者不少。存愚說以俟攷訂可耳。从女沙聲。素何切。十七部。詩曰。市也媻娑。

姷 耦也。耕有耦者。取相助也。故引伸之。凡相助曰耦。姷之義取乎此。周禮宮正。以樂侑食。鄭曰。侑猶勸也。按勸卽助。左傳。王享醴。命晉侯宥。杜云。旣饗。又命晉侯助以束帛。以助釋宥。古經多叚宥爲侑。毛詩則叚右爲之。傳曰。右、勸也。从女有聲。讀若祐。于救切。古音在一部。侑 姷或从人。今通用此體。

姰 均適也。均舊作鈞。今正。男女併也。併者。竝也。按篇韵皆訓姰爲狂。相倫、黃練二切。今義今音也。从女旬聲。讀若旬。居勻切。十二部。

姕 婦人小物也。小物謂用物之瑣屑者。今人用些字。取散細之意。卽姕之俗體也。从女此聲。卽移切。古音當在十六部。詩曰。婁舞姕姕。小雅賓之初筵文。婁舊作屢。今正。姕姕詩作傞傞。傳曰。傞傞。不止也。古此聲差聲取近。庸風。玼兮玼兮。或作瑳兮瑳兮。

妓 婦人小物也。今俗用爲女伎字。从女支聲。讀若蚑。蚑各本作跂。今正。虫部曰。凡生之類行皆曰蚑。渠綺切。十六部。

嬰 繞也。各本作頸飾也。今正。貝部

賏、頸飾也。嬰與賏非一字。則解不應同。孫綽天台山賦方解纓絡。李引說文嬰繞也。纓與嬰通。陸機赴洛中道作詩。世網嬰我身。李引說文嬰、繞也。唐初本可據。繞者、纏也。一切纏繞如賏之纏頸。故其字从賏。越絕書嬰榮楯以白璧。司馬法。大夫嬰弓。山海經。嬰以百圭百璧。謂陳之以環祭也。又燕山多嬰石。言石似玉。有符采嬰帶也。凡史言嬰城自守、皆謂以城圍繞而守也。凡言嬰兒、則嫛婗之轉語。从女賏。賏、貝連也。頸飾。各本作其連也。今正。又移頸飾二字於此。此六字釋以賏會意之恉。於盈切。十一部。

⿰歺女　三女爲⿰歺女。唐風綢繆曰。今夕何夕。見此粲者。毛傳。三女爲粲。大夫一妻二妾。⿰歺女、逗。美也。周語。有三女奔密康公。其母曰夫獸三爲羣。人三爲衆。女三爲粲。夫粲、美之物也。衆以美物歸女。而何德以堪之。从女歺聲。大徐作𣦼省聲。按經傳作粲。叚借字。陸德明曰。字林作㛂。漢晉字之變遷也。倉案切。十四部。

媛　美女也。人所欲援也。庸風。邦之媛也。傳曰。美女爲媛。援者引也。謂人所欲引爲己助者也。鄭箋詩云。邦人所依倚以爲援助也。援媛以疊韵爲訓。从女爰聲。依小徐本。無爰引也三字。王眷切。十四部。詩曰。邦之媛兮。君子偕老文。兮今詩作也。許作兮。又偁玉之瑱兮。可證許所據也。字皆作兮。

娉　問也。凡娉女及聘問之禮。古皆用此字。娉者、專詞也。聘者、汎詞也。耳部曰。聘者、訪也。言部曰。汎謀曰訪。故知聘爲汎詞也。若夫禮經大曰聘。小曰問。渾言之皆曰聘。此必有所專適。非汎詞也。至於聘則爲妻。則又造字所以从女之故。而經傳槩以聘代之。聘行而娉廢矣。从女甹聲。匹正切。十一部。

娽　隨從也。史記平原君列傳曰。公等錄錄因人成事。王邵云。錄錄、借字。說文娽娽、隨從之皃也。依王本多四字。从女彔聲。力六切。三部。

妝　飾也。此飾篆引伸之義也。宋玉賦曰。體美容冶。不待飾裝。上林賦。靘糚刻飾。糚者、俗字。裝者、叚借字。从女。爿聲。側羊切。十部。

孌　慕也。从女䜌聲。此篆在籀文爲嫋、順也。在小篆爲今之戀慕也。凡許書復見之篆。皆不得議删。廣韵卅三線曰。戀、慕也。孌戀爲古今字。廣韵力眷切。十四部。大徐力沇切。廣韵二十

八獮。此切訓美好。

媟　嬻也。與下篆爲轉注。媟與日部暬義似同而實異。宋人合爲一字。非也。方言曰。媟狎也。漢枚乘傳曰。以故得媟黷貴幸。今人以褻衣字爲之。褻行而媟廢矣。从女枼聲。私列切。十五部。

嬻　媟嬻也。單言之曰媟、曰嬻。絫言之曰媟嬻。國語陳侯淫於夏氏。不亦嬻姓矣乎。惟明道本不誤。今人以溝瀆字爲之。瀆行而嬻廢矣。黑部有黷、握持垢也。義亦與嬻別。从女賣聲。徒谷切。三部。

⿱窡女　短面也。淮南書曰。聖人之思脩。愚人之思叕。高注。叕、短也。方言。𪖈、短也。注。𪖈𪖈短小皃。⿱窡女篆蓋形聲兼會意。从女窡聲。丁滑切。十五部。

嬖　便嬖、逗。愛也。玉篇作便僻也。廣韵曰。愛也。卑也。妾也。按經傳中不外此三義。从女辟聲。博計切。十六部。

⿱毄女　難也。大東傳曰。契契憂苦也。擊鼓傳曰。契濶、勤苦也。按契與⿱毄女音近。廣韵⿱毄女音契。从女毄聲。苦賣切。十六部。

妎　妬也。字林亦云。疾妎、妬也。按楚語。弭其百苛。殄其讒慝。韋注曰。弭、止也。殄、覆也。明道本不誤。謂解除之也。今本譌作妎其讒慝。文理不可通。从女介聲。胡蓋切。十五部。

妬　婦妬夫也。从女石聲。各本作戶聲。篆亦作妒。今正。此如柘橐蠹等字皆以石爲聲。戶非聲也。當故切。五部。

媢　夫妬婦也。大學曰。媢疾以惡之。鄭曰。媢、妬也。顏氏家訓曰。太史公論英布曰。禍之興自愛姬。生於妬媢。漢書外戚傳亦云。成結寵妾妬媢之誅。此二媢字竝當作媢。五宗世家亦云。常山憲王后妬媢。王充論衡云。妬夫媢婦生則忿怒鬭訟。按顏所舉。惟英布傳是此字本義。其餘皆與妬不分別。尚書祇作冐。从女冐聲。莫報切。古音在三部。一曰梅目相視也。梅當作怒。周語曰。道路以目。按杜詩用抉眼、郇易之反目也。許目部云。眏、涓目也。梅目或眏目之誤。所謂裂眥又按梅當作侮。謂目相侮也。史記曰。目笑之。

⿰女芺　巧也。此與襆各字。今用⿰女芺爲襆。非也。詩曰。桃之⿰女芺⿰女芺。女子笑皃。木部已偁桃之枖枖矣。此作⿰女芺⿰女芺。蓋三家詩也。釋爲女子笑皃。以明⿰女芺之別一義。从女芺聲。於喬切。二部。俗省作妖。

佞　巧讇高材也。巧者、技也。讇者、諛也。从

嫈　嫪　婟　姿　嫭　妨　妄　媮

女。仁聲。小徐作仁聲。大徐作从信省。按今音佞乃定切。故徐鉉、張次立疑仁非聲。攷晉語佞之見佞。果喪其田。詐之見詐。果喪其賂。古音佞與田韵。則仁聲是也。十二部。音轉入十一部。

小心態也。見嫇篆下。从女熒省聲。烏莖切。十一部。

媢也。聲類云。媢、嫪、戀惜也。从女翏聲。郎到切。古音在三部。

嫪也。爾雅。鶭、澤虞。郭注。今婟澤鳥。常在澤中。見人輒鳴喚不去。按此二篆爲轉注。从女固聲。胡誤切。五部。

態也。態者、意也。姿謂意態也。从女次聲。即夷切。十五部。

驕也。驕俗本作嬌。小徐不誤。古無嬌字。凡云嬌即驕也。文選琴賦。或怨嫭而躊躇。幽憤詩恃愛肆姐。姐即嫭之省。李善皆引說文嫭、嬌也。與魏文帝箋蹇姐名昌。姐亦嫭字。按心部怚、驕也。音義皆同。从女虘聲。子豫切。五部。

害也。害者、傷也。从女方聲。敷方切。十部。亦去聲。

亂也。从女亡聲。巫放切。十部。

巧黠也。按偷盜字當作此媮。从女俞聲。託侯切。四部。

㛂　娋　媣　妯　嫌　媘　婼

㛂鹵、逗。疊韵字。貪也。貪者、欲物也。从女污聲。胡古切。五部。

小小侵也。侵者、漸進也。凡用稍稍字、謂出物有漸。凡用娋娋字、謂以漸侵物也。方言。娋、姊也。方俗語也。从女肖聲。息約切。按當依篇、韵所教切。

量也。廣韵作挆。云稱量。从女朵聲。丁果切。十七部。

動也。小雅。憂心且妯。釋詁、毛傳皆曰。妯、動也。箋云。妯之言悼也。方言。妯、擾也。人不靜曰妯。按心部引詩憂心且怞。从女由聲。徒歷切。古音在三部。廣韵丑鳩切。方言妯娌、度六切。

不平於心也。心部曰。慊、疑也。嫌與慊義別。从女兼聲。戶兼切。七部。一曰疑也。此謂二篆義同。

減也。減者、損也。按水部又曰。渻、少減也。然則媘渻音義皆同。作省者叚借字也。省行而媘渻廢矣。許書凡云省改皆作省。應以媘正之。从女省聲。所景切。十二部。

不順也。毛詩傳曰。若、順也。此字从若則當訓順。而云不順也。此猶祀从巳而訓祭無巳也。从女若聲。丑略切。五

婞　嫳　𡢃　娺　嬒　娿

部。春秋傳有叔孫婼。魯大夫也。

很也。很者、不聽從也。王逸離騷注同。一曰見親。小徐有此四字。按凡親幸、嬖幸、當作此婞。从女幸聲。胡頂切。十一部。楚詞曰。鮌婞直。離騷文。此證很義。

易使怒也。廣韵。嫳、輕薄之皃。从女敝聲。讀若撆擊。撆擊見手部。匹滅切。十五部。

好枝格人語也。枝格見丰部。謂不欲人語、而言他以枝格之也。廣韵曰。𡢃、偏忮。一曰靳也。謂靳固也。左傳注曰。戲而相媿曰靳。从女善聲。旨善切。十四部。

疾悍也。敏疾而勇也。廣韵曰。婠娺、好皃。从女叕聲。讀若唾。今丁滑切。十五部。許讀若唾者、合音也。

含怒也。一曰難知也。从女㑹聲。五感切。七部。詩曰。碩大且嬒。陳風澤陂文。今詩作儼。傳曰。矜莊皃。一作曮。太平御覽引韓詩作嬒。嬒、重頤也。廣雅釋詁曰。嬒、美也。葢三家詩有作嬒者。許偁以證字形而已。不謂詩義同含怒難知二解也。

媕娿也。

妍　娃　㛼　妜

媕娿雙聲字。韵會作陰阿。李燾本作陰娿。集韵、類篇同。廣韵曰。媕娿不決。媕音庵。从女阿聲。烏何切。十七部。

技也。技者、巧也。釋名曰。妍、研也。研精於事宜則無蚩繆也。蚩、癡也。按此爲今用妍媸字所本。方言。自關而西秦晉之故都謂好曰妍。一曰不省錄事也。省錄、謂檢點收錄也。魏書劉祥言事蒙遜曰。劉裕入關。敢妍妍然也。斬之。此正謂其不曉事也。从女幵聲。五堅切。十四部。一曰難侵也。讀若研。一曰慧也。一曰安也。

圜深目皃也。洼、深池也。窐、甑空也。凡圭聲字義略相似。从女圭聲。於佳切。十六部。或曰吳楚之閒謂好娃。方言。娃、美也。吳楚衡淮之閒曰娃。故吳有館娃之宮。

不媚。前卻㛼㛼也。後漢書。班昭女誡曰。動靜輕脫。視聽陝輸。陝輸不定皃。从女陝聲。失冉切。七部。

鼻目閒皃。謂若眉語目成然也。从女叏聲。於說切。十五部。廣韵於決切。讀若煙火炔炔。火部無此字。葢即焆焆煙

孈　⿰女恚　嫼　娍　嫖　⿰女坐　姎　媁　婎　⿰女弦　媥　嫚　⿰女臿　嬬

皃之或體也。娟音因悅切。孈愚戇多態也。戇者、愚也。愚者、戇也。从女巂聲。讀若隓。式吹切。篇、韵移爾胡卦二切。十六部。隓篆文作嫷。十六十七合音取近。⿰女恚不說也。說者、今之悅字。心部曰。恚者、恨也。⿰女恚从恚聲。形聲中有會意。从女恚聲。於避切。十六部。嫼怒皃。从女黑聲。呼北切。一部。按此字廣韵烏黠切。嫉怒也。則黑非聲矣。玉篇莫勒切。奴也。奴者怒之誤。娍輕也。从女戉聲。王伐切。十五部。嫖輕也。與人部僄音義皆同。漢霍去病票姚校尉。票姚讀如飄搖。謂輕疾也。荀悅漢紀作票鷂。音亦同耳。古多平聲。後代乃多改爲去聲。師古讀頻妙羊召二切。殊失古意。證以杜子美詩。益可見矣。从女票聲。匹招切。二部。⿰女坐訬疾也。訬者、訬擾也。漢書述曰。江都輕訬。謂輕薄爲訬也。⿰女坐與訬雙聲。又女字也。穆天子傳。盛姬之喪。叔⿰女坐爲主。从女坐聲。昨禾切。十七部。廣韵醋伽切。姎女人自偁姎我也。各本我上奪姎。今補。後漢書西夷傳注、廣韵三十三蕩皆引女人自偁姎我。姎我聯文。如吳人自偁阿儂耳。从女央聲。烏浪切。按後漢書胡朗反。廣韵烏朗切。十部。媁不說皃。說今悅字。恚也。小徐有此二字。从女韋聲。羽非切。十五部。廣韵音威。婎姿婎、逗。疊韵字。恣也。恣各本作姿。今正。按心部恣者縱也。諸書多謂暴厲曰恣睢。睢讀香季切。亦平聲。睢者、仰目也。未見縱恣之意。蓋本作姿婎、或用恣睢爲之也。集韵、類篇皆云。姿婎、自縱皃。此許義也。今用雖爲語詞。有縱恣之意。蓋本當作婎。叚雖爲之耳。雖行而婎廢矣。一曰醜也。與人部佌倠醜面之倠通用。从女隹聲。許惟切。集韵、類篇自縱義讀虎癸切。十五部。⿰女弦有守也。从女弦聲。胡田切。十二部。媥輕皃。从女扁聲。芳連切。十二部。嫚侮傷也。傷各本作易。今正。人部曰。侮者、傷也。傷者、輕也。嫚與心部之慢音同義別。凡嫚人當用此字。从女曼聲。謀患切。十四部。⿰女臿疾言失次也。所謂儳言。从女臿聲。讀若懾。丑聶切。八部。嬬

婄　嬯　⿰女覃　⿰女參　婪　嬾　婁　娎　⿰女夾

弱也。嬬之言濡也。濡、柔也。一曰下妻也。下妻猶小妻。後漢書光武紀曰。依託爲人下妻。周易歸妹以須。釋文云。須、荀陸作嬬。陸云。妾也。从女需聲。相俞切。古音在四部。娝不肯也。从女否聲。讀若竹皮箁。箁、竹箬也。見竹部。匹才切。一部。篇韵布美切。嬯遲鈍也。集韵。儓當來切。即此字也。今人謂癡如是。从女臺聲。徒哀切。一部。闒嬯亦如此。謂其字亦如此作也。闒嬯、未聞。廣韵蹋跆、連手唱歌也。⿰女覃下志貪頑也。从女覃聲。讀如深。乃忝切。七部。篇韵式荏切。⿰女參婪也。从女參聲。七感切。七部。婪貪也。此與心部之惏音義皆同。从女林聲。盧含切。七部。杜林說。卜者攩相詐譺爲婪。攩譺各本作黨驗。今正。攩者、許之黨字。譺者、許之驗字也。讀若潭。嬾懈也。懈者、怠也。集韵類篇作懈也怠也。非是。从女賴聲。洛旱切。此音於合韵得之。古音蓋在十五部。俗作懶。一曰𦧇也。大徐作臥也。小徐作臥食。今正。臥部曰。楚謂小嬾曰𦧇。从臥食。因之或奪一字、或析爲二字耳。婁空也。凡中空曰婁。今俗語尚如是。凡一實一虛、層見疊出曰婁。人曰離婁。窗牖曰麗廔。是其意也。故婁之義又爲數也。此正如窗牖、麗廔之多孔也。而轉其音爲力住切。俗乃加尸旁爲廔字。古有婁無廔也。毛詩。婁豐年。傳曰。婁、亟也。亟者、數也。角弓。式居婁驕。箋云。婁、斂也。此則謂爲摟之叚借也。从毋从中女。按从毋猶从無也。無者、空也。从中女、謂離卦。離中虛也。皆會意也。婁空之意也。婁空連讀。洛侯切。四部。一曰。別一義。婁務、逗。愚也。務讀如瞀。婁務即子部之嗀瞀。故云愚也。說詳彼注。婁籒文婁。从人中女。臼聲。婁古文婁如此。按此上體當是从囧。即窗牖麗廔闓明之意也。娎娎、⿰女夾也。娎當是複舉字。玉篇云。娎、喜也。廣韵云。娎、喜皃。从女折聲。許列切。八部。⿰女夾得志⿰女夾⿰女夾也。篇、韵皆云此義。邱協切。是與愜音義皆同也。从女夾聲。呼帖切。八部。一曰⿰女夾息

也。一曰少气也。篇、韵皆云此義。呼牒切。廣韵也作皃。嬈苛也。苛者、小艸也、引申爲瑣碎之偁。玄應曰：苛、煩也。擾也。嬈亦惱也。苛音何可切。一曰擾也。此也字補。戲弄也。玄應引三倉嬲乃了切。弄也。惱也。按嬲乃嬈之俗字。故許不錄。嵇康與山巨源書：足下若嬲之不置。李善云：嬲、擿嬈也。音義與嬈同。奴了切。近孫氏星衍云：嬲卽嫋字。艸書之譌。然嵇康艸蹟作嫐。玄應引三倉故有嬲字。則未可輕議。从女。堯聲。奴鳥切。二部。一曰嬥也。上文嬥下曰嬈也。二篆爲轉注。亦考老之例。然嬥之訓嬈、卽謂苛也、擾也。不當此有一曰嬥也四字。

嫛惡也。許意蓋謂毀物爲毀。誘人爲嫛。一曰人皃也。从女。毀聲。許委切。十六部。

姍誹也。漢書姍笑三代。說者謂卽訕字也。从女。删省聲。所晏切。十四部。一曰翼便也。未聞。

媨醜也。醜者、可惡也。一曰老嫗也。婦人之老者曰嫗。不必母也。从女。酋聲。讀若蹴。七宿切。三部。

嫫嫫母、逗。母莫后切。古

十二篇下　卅七

帝妃都醜也。都猶冣也。民所聚曰都。故凡數曰都。詣極亦曰都。漢書古今人表：晦母、黃帝妃。生蒼林。荀卿詩、四子講德論皆作嫫姆。講德論曰：嫫姆倭傀。善譽者不能揜其醜。从女。莫聲。莫胡切。五部。按郭注方言：莽音嫫母之嫫。是其讀模上聲。嫫母爲雙聲也。師古音謩。似未協。

婓往來婓婓也。當依廣韵作婓婓往來皃。玉篇也亦作皃。小雅毛傳曰：騑騑、行不止之皃。與婓音義皆同。从女。非聲。芳非切。十五部。一曰大醜皃。

孃煩擾也。煩、熱頭痛也。擾、煩也。今人用擾攘字。古用孃。賈誼傳作搶攘。莊子在宥作傖囊。楚詞作恇攘。俗作劻勷。皆用叚借字耳。今攘行而孃廢矣。又按廣韵孃、女良切。母稱。娘亦女良切、少女之号。唐人此二字分用畫然。故耶孃字斷無有作娘者。今人乃罕知之矣。一曰肥大也。方言：𦢊、郭音壤。盛也。秦晉或曰𦢊。凡人言盛及其所愛偉其肥䁈謂之𦢊。郭注云：肥𦢊多肉。按肉部既有𦢊字矣。此與彼音義皆同也。漢書壤子王梁代。壤卽𦢊孃字。从女。襄聲。女良切。十部。按前後二義皆當音壤。

嬒女黑色也。黑部曰：黷、沃黑色也。音同義近。从女。會聲。古外切。十五部。詩曰：嬒兮蔚兮。曹風候人文。今詩作薈。毛傳曰：薈蔚、雲興皃。按艸部既偁薈兮蔚兮矣。此或爲三家詩。或本作讀若詩曰薈兮蔚兮。今有奸奪。皆未可定也。

媆好皃。此謂柔耎之好也。補前文諸好所未備。从女。耎聲。形聲中有會意。而沇切。十四部。俗作輭。按俗音奴困切。又改其字作嫩。於形聲無當。

媕誣拏也。方言：挐、揚州會稽之語也。或謂之惹。或謂之䛳。注言誣䛳也。又曰：誣、䛳、與也。吳越曰誣。荊齊曰䛳。與猶秦晉言阿與也。按媕䛳同字。拏上从如。李仁甫本如是。廣韵同。从女。奄聲。依劒切。八部。

㜮過差也。差忒者、不相值也。凡不得其當曰過差。亦曰㜮。今字多以濫爲之。商頌：不僭不濫。傳曰：賞不僭、刑不濫也。左氏曰：賞僭則懼及淫人。刑濫則懼及善人。其字皆可作㜮。濫行而㜮廢矣。从女。監聲。盧瞰切。八部。論語曰：小人窮斯㜮矣。衛靈公篇文。今作濫。

嫯侮傷也。傷各本作易。非是。前文曰：嫚、侮傷也。

十二篇下　卅八

字與慢別。此云嫯、侮傷也。字與傲別。今則傲行而嫯廢矣。从女。敖聲。五到切。二部。

婬厶逸也。厶作私。非也。今正。厶音私。姦衺也。逸者、失也。失者、縱逸也。婬之字今多以淫代之。淫行而婬廢矣。从女。㸒聲。余箴切。七部。

姘除也。按詩作之屏之。其菑其翳。論語曰：屏四惡。屏皆謂除也。依許則屛蔽也、姘、除也。義各有當。經傳皆用屏。屏行而姘廢矣。莊子：至貴國爵幷焉。注：幷、棄除也。是又叚幷爲之。从女。幷聲。普耕切。十一部。按今屏除之義讀上聲。漢律：齊民與妻婢姦曰姘。此別一義也。民各本作人。今正。高注淮南曰：齊民、凡人齊於民也。禮、士有妾、庶人不得有妾。故平等之民與妻婢私合名之曰姘。有罰。此姘取合幷之義。

奸犯婬也。此字謂犯姦婬之罪。非卽姦字也。今人用奸爲姦。失之。引申爲凡有所犯之偁。左傳多用此字。如二君有事、臣奸旗鼓之類。从女。干聲。形聲中有會意。干、犯也。故字从干。古寒切。十四部。

姅婦人污也。謂月事及免身及傷孕皆是也。廣韵曰：姅、傷孕也。傷孕者、懷子傷也。

从女半聲。博幔切。廣韵又音判。十四部。漢律曰。見姅變不得侍祠。按見姅變、如今俗忌入產婦房也。不可以侍祭祀。內則曰。夫齋則不入側室之門。正此意。漢律與周禮相爲表裏。

妊　女出病也。按病下當有容字。廣雅曰。妊妊、容也。然則謂女出而病容妊妊然也。廣韵有妊無婷。唐喬知之、杜甫詩皆用娉婷字。娉婷皆讀平聲。疑妊婷同字。長好皃。从女廷聲。徒鼎切。十一部。

婥　女病也。廣韵曰。婥約、美皃。此今字今義也。从女卓聲。奴教切。二部。廣韵昌約切。

娷　諉也。言部曰。諈諉、絫也。又曰。諉、絫也。按絫者、若今言以此累人也。娷與諈音義皆同。可附見於言部。从女垂聲。竹恚切。十六部。

嫍　有所悁痛也。悁者、怨也。痛者、病也。从女𡿺省聲。形聲中有會意也。嫍之从𡿺者、與思之从囟同意。奴皓切。古音當在三部。俗作㛴。懊㛴、樂府作懊憹。今汝南人有所悁言大嫍。舉方俗殊語爲證。

媿　慙也。慙下曰。媿也。二篆爲轉注。亦考老之例。从女鬼聲。俱位切。十五部。按此亦形聲中有會意。媿或从恥省。按卽謂从心可也。

奻　訟也。从二女。訟者、爭也。周易睽傳曰。二女同居。其志不同行。革傳曰。二女同居。其志不相得。此奻从二女之意也。女還切。十四部。

姦　厶也。厶下曰。姦衺也。二篆爲轉注。引申爲凡姦宄之偁。俗作奸。其後竟用奸字。从三女。三女爲粲。亦三女爲姦。是以君子遠色而貴德。古顏切。十四部。古文姦从旱心。大徐作从心旱聲。

妥　安也。从爪女。妥與安同意。說文失此字。偏旁用之。今補。釋詁曰。妥、安、止也。又曰。妥、安、坐也。此二條略同。以止也坐也爲句。坐者、止也。見土部。毛詩、禮經、禮記皆以安坐訓妥。禮記。詔妥尸。古者尸無事則立。有事而後坐。似爾雅安坐連讀。竊謂爾雅妥安安坐止四字互訓。士虞、特牲、少牢妥尸。皆謂安之使之坐。故士虞、少牢安之而後坐。特牲先坐而後安之。若士相見安而後傳言。固卽時然後言。易其心而後語之意。不必坐而後言也。今有理宜敷陳之言。豈能待君命席乎。故士虞少牢兼安也坐也二義。士相見祇取安義。毛詩傳。妥、安坐也。以義必兼坐。如肆故今也。義得兼故與今。若檀弓退然如不勝衣。退或爲妥。則二字雙聲。妥與蛻脫䏾聲義皆近。如花妥爲花落。凡物落必安止於地也。知妥與安同意者。安、女居於室。妥、女近於手。好女與子妃皆以男女人之大欲存焉。故从之會意。他果切。十七部。綏以爲聲。

文二百三十八　三小徐作五。今增妥。重十四

毋　止之䛐也。䛐依禮記釋文補。䛐者、意內而言外也。其意禁止。其言曰毋也。古通用無。詩書皆用無。士昏禮。夙夜毋違命。注曰。古文毋爲無。是古文禮作無。今文禮作毋也。漢人多用毋。故小戴禮記、今文尚書皆用毋。史記則竟用毋爲有無字。〇又按詩毋教猱升木。字作毋。鄭箋。毋、禁辭。从女一。會意。武扶切。五部。女有姦之者。一禁止之。令勿姦也。各本但有从女有奸之者六字。今補十字。禁止之令勿姦。此說从一之意。毋與乍同意。乍下云。止也。从亡一。一有所礙之也。然則毋下亦當从女一、一有所礙之。其義可互證。曲禮釋文、大禹謨正義皆引說文云。其字从女。內有一畫。象有姦之形。禁止之勿令姦。古人云毋。猶今人言莫也。此以己意增改而失許意。蓋許以禁止令勿姦說从一。陸、孔以有姦之者說从一。不知女有姦之者五字爲从一之義。以禁止張本。唐人之增改。今本之奪落。皆繆。而唐本可摘以正今本。凡毋之屬皆从毋。

毐　士之無行者。各本作人無行也。今依顏氏五行志注所引正。士之無行者。故其字从士毋。古多叚毋爲有無字。毋卽無。無婁之訓空也。亦从毋會意。毐之本義如此。非爲嫪毐造此字也。从士毋。會意。賈侍中說。按此四字當上屬讀之。今人下屬讀之。非也。秦始皇母與嫪毐婬。舊从水旁。今正。坐誅。故世罵婬曰嫪毐。此舉無行之極者爲證。事詳史記。但據師古五行志注云。嫪毐許慎作嫪。毐與今史記、漢書本不同。嫪當依本字讀居虯反。然則許自作嫪。史漢自作嫪。今本史漢改同許作嫪。非古也。其人本姓邯鄲嫪氏之嫪。嫪力周、居由二切。許云罵之之䛐。則無怪乎取其姓同音之字改爲嫪。嫪之本音亦力周切也。

嫪者、媚也。今俗謂婦人所私之人爲姻嫪。乃古語也。**讀若娭。**依許許其切。今過在切。廣韵又音哀。音之變也。一部。

文二

民

民　眾萌也。萌古本皆不誤。毛本作氓。非。古謂民曰萌。漢人所用不可枚數。今周禮以興耡利甿。許耒部引以興耡利萌。愚謂鄭本亦作萌。故注云變民言萌異外內也。萌猶懵懵無知皃也。鄭本亦斷非甿字。大氐漢人萌字。淺人多改爲氓。如周禮音義此節摘致氓是也。繼又改氓爲甿。則今之周禮是也。說詳漢讀攷。民萌異者。析言之也。以萌釋民者。渾言之也。**从古文之象。**仿佛古文之體少整齊之也。凡許書有从古文之形者四。曰革、曰弟、曰民、曰酉。說見革下。彌鄰切。十二部。**凡民之屬皆从民。****𡰯　古文民。**蓋象萌生緐廡之形。

氓

氓　民也。詩氓之蚩蚩傳曰。氓民也。方言亦曰。氓民也。孟子。則天下之民皆悅而願爲之氓矣。趙注。氓者、謂其民也。按此則氓與民小別。葢自他歸往之民則謂之氓。故字从民亡。**从民。亡聲。讀若盲。**武庚切。古音在十部。

文二　重一

丿

丿　又戾也。象ナ引之形。又ナ各本作右左。今正。戾者曲也。右戾者、自右而曲於左也。故其字象自左方引之。丿音義略同擎。書家八法謂之掠。房密切。又匹蔑切。十五部。**凡丿之屬皆从丿。**

乂

乂　芟艸也。艸部曰。芟、乂艸也。二篆爲轉注。周南曰。是刈是濩。周頌曰。奄觀銍艾。艾者、乂之叚借字。銍者所以乂也。禾部曰。穫、乂穀也。是則芟艸穫穀總謂之乂。鄭箋詩云。芟末曰艾。刀部有钊。金部有鎌。有鍥。所以芟艸也。銍則穫禾短鎌也。引申之。乂訓治也。見諸經傳。許辟部云。嬖、治也。引唐書有能俾嬖。則嬖爲正字。**从丿乀相交。**象左右去之會意也。魚廢切。十五部。**刈　乂或从刀。**乂者必用钊鎌之屬也。

文二

弗

弗　撟也。撟各本作橋。今正。撟者、舉手也。引申爲高舉之用。撟者、揉箭箝也。引申爲撟拂之用。今人不能辯者久矣。弗之訓撟也。今人撟、弗皆作拂。而用弗爲不。其誤葢亦久矣。公羊傳曰。弗者、不之深也。固是撟義。凡經傳言不者。其文直。言弗者。其文曲。如春秋公孫敖如京師。不至而復。晉人納捷菑于邾。弗克納。弗與不之異也。禮記。雖有嘉肴。弗食不知其旨也。雖有至道。弗學不知其善也。弗與不不可互易。**从丿乀。**丿乀皆有撟意。**从韋省。**韋者相背也。故取以會意。謂或左或右皆背而撟之也。分勿切。十五部。

乀

乀　ナ戾也。从反丿。讀與弗同。自左而曲於右。故其字象自右方引之。乀音義略同拂。書家八法謂之磔。分勿切。十五部。或問乀篆何以不次乂弗之前也。曰此以丿爲部首。故必从丿字列畢而後列反背之形。乂弗皆系之从丿也。

文四　重一

厂

厂　抴也。抴者、捈也。捈者、臥引也。臥引者、橫引之。**明也。**此義未聞。**象抴引之形。**依此則明也當爲衍文。余制切。十六部。

十二篇下　圭

凡厂之屬皆从厂。虒字从此。按虒字从虎、而以爲聲。又若系从系、厂聲。寫者短之。乃與右戾之丿相溷。曳字从申、厂聲。寫者亦不察。皆當攷正者也。

弋

弋　橜也。木部橜下曰。弋也。二篆爲轉注。爾雅曰。橜謂之杙。按俗用杙爲弋。顧用弋爲隿射字。其誤久矣。杙者、劉。劉杙也。不爲橜弋字。弋象形。故不从木也。**象折木衺鋭者形。**者各本作著。不可通。今正。古箸與者無二字。箸卽者字。折木之衺鋭者爲橜。故上體象其衺鋭。**厂象物挂之也。**凡用橜者爲有所表識。所謂楬橥也。故有物挂之。又若舟之狀戕亦是。所以系舟也。故用厂爲合體之象形。與職切。一部。

文二

乁

乁　流也。从反厂。讀若移。移从多聲。在十七部。亦用於十六部。乁與厂古音同在十六部也。弋支切。**凡乁之屬皆从乁。**

也

也　女侌也。此篆女陰是本義。叚借爲語詞。本無可疑。

者而淺人妄疑之許在當時必有所受之不容以少見多怪之心測之也**从乀象形乀亦聲**按小徐有乀聲二字無从乀二字依例則當云从乀乀故又補三字从乀者流也乀亦聲故其字在十六十七部之閒也余者切玉篇余爾切**秦刻石也字**秦始皇本紀二世元年皇帝曰金石刻盡始皇帝所爲也今襲號而金石刻辭不稱始皇帝其於久遠也如後嗣爲之者不稱成功盛德顏氏家訓載開皇二年長安掘得秦鐵稱權有鐫銘與史記合其於久遠也也字正作乜俗本譌作世薛尚功歷代鐘鼎款識載秦權一秦斤一文與家訓大同而權作乜斤作殹又知也殹通用鄭樵謂秦以殹爲也之證也殹蓋與兮同兮也古通故毛詩兮也二字他書所稱或互易石鼓汧殹沔沔汧殹卽汧兮

文二　重一

氏

巴蜀名山岸脅之自旁箸欲落墯者曰氏十六字爲一句此謂巴蜀方語也自大徐無小徐作堆俗字耳今正自小自也箸直略切小自之旁箸於山岸脅而狀欲落墮者曰氏其字亦作坻亦作阺自部曰秦謂陵阪曰阺阺與氏音義皆同楊雄解嘲曰響若坻隤應劭曰天水有大坂名曰隴坻其山堆傍箸崩落作聲聞數百里故曰坻隤韋昭曰坻音若是理之是以上見文選注今本漢書作阺隤師古曰阺音氏巴蜀名山旁堆欲墮落曰氏應劭以爲天水隴氏失之矣氏音丁禮反玉裁按顏說殊非古隴阺亦作隴坻與巴蜀之氏形小異而音義皆同阺坻字同氏聲或从氐聲而丁禮切者字之誤也劉逵注吳都賦坻頽曰天水之大阪名曰隴坻因爲隴坻之曲說與應仲遠同坻韋音是阺顏音氏皆不誤攷氏亦作是見夏書禹貢曰西頃因桓是來鄭注云桓是隴阪名其道般桓旋曲而上故曰桓是今其下民謂阪爲是句絕謂曲爲桓也各本誤今校訂如此據此則桓是卽隴阺亦可作隴氏昭昭然矣古經傳氏與是多通用大戴禮昆吾者衞氏也以下六氏字皆是之叚借而漢書漢碑叚氏爲是不可枚數故知姓氏之字本當作是叚借氏字爲之人第習而不察耳姓者統於上者也氏者別於下

者也是者分別之詞也其字本作是漢碑尚有云姓某是者今乃專爲姓氏字而氏之本義惟許言之淺人以爲新奇之說矣**氏崏聲聞數百里象形**謂𠂆象傍於山脅也氏之附於姓者類此**乀聲**讀若移氏篇韵皆承紙切十六部大徐承旨切非也**凡氏之屬皆从氏**楊雄賦響若氏隤

氒

木本也木部曰木下曰本本亦曰氒氒者言其厥然大也古多用厥弋字爲之列子曰吾處也若厥株駒株駒木棍也殷敬順曰厥說文作身按玉篇亦作身隸變也**从氏丅本大於末也**各本無下本二字小徐作从氏而大於末也亦誤今正从氏下者氏猶是謂此木之下下者木本也木榦大於上體故製其字从氏下**讀若厥**居月切十五部

文二

氐

至也氐之言抵也凡言大氐猶大都也**本也**小徐本有此二字氐爲本故柢以會意國語曰

天根見而水涸韋曰天根亢氐之閒**从氏下箸一**箸直略切會意也許書無低字底一曰下也而昏解云从日氐省氐者下也是許說氐爲高低字也廣韵都奚切玉篇丁兮切十五部大徐丁禮切**一**逗**地也**一之用甚多故每分別解之**凡氐之屬皆从氐**

⿰氐垔

臥也按篇韵皆音印又音致仆也疑認爲氐聲而易其音耳**从氐垔聲**於進切十三部

⿰氐失

觸也廣韵陟栗切手拔物也**从氐失聲**徒結切十二部

⿱臼氐

闕小徐作家本無注鍇云一本無此篆此云家本無注疑許沖之言也按廣雅釋詁云⿱臼氐誤也曹憲乎孝反然則其字从氐學省聲形音義皆可攷篇韵音晧古音在三部

文四

戈

平頭戟也攷工記冶氏爲戈廣二寸內倍之胡三之援四之倨句外博重三鋝鄭曰戈今句孑戟也或謂之雞鳴或謂之擁頸內謂胡以內接柲者也長四寸胡六寸援八寸戈句兵也主於胡也俗謂之曼胡以

此鄭司農云。援直刃也。胡其孑。按依先鄭。戈有直刃則非平頭也。宋黃氏伯思始疑鄭注。近程氏瑤田攷戈直刃如劒。橫出而稍倨。所謂援八寸也。援之下近柲爲胡。連上爲刃。所謂胡六寸也。其橫毌於柲而外出者凡四寸。所謂內倍之也。戈戟之金非冒於柲之首。皆爲之內。橫毌外出。且於胡之近柲處爲三孔。纏縛於柲以固之。古戈戟時有存者。覈之可知也。說詳通藝錄。按許說戈爲平頭戟。从弋以一象之。然則戈刃之橫出無疑也。橫出故謂之援。援、引也。凡言援者皆謂橫引之。直上者不曰援也。且戈戟皆句兵。矛刺兵。殳毄兵。殳嫥於毄者也。矛嫥於刺者也。戟者兼刺與句者也。戈者兼句與毄者也。用其橫刃則爲句兵。用橫刃之喙以啄人則爲毄兵。毄與句相因爲用。故左氏多言戈擊。若晉中行獻子夢厲公以戈擊之。齊王何以戈擊子之。解其左肩。鄭子南逐子晳。擊之以戈。衞齊氏用戈擊公孟。公魯以背蔽之。斷肱。以中公孟之肩。魯昭公將以戈擊僚柤。楚盜以戈擊昭王。王孫由余以背受之。中肩。越靈姑浮以戈擊闔盧。傷將指。齊簡公執戈將擊陳成子。衞石乞盂黶敵子路。以戈擊之。斷纓。皆言擊不言刺。惟盧蒲癸以寢戈自後刺子之。言刺。葢癸與王何同用戈。癸過近子之。故言刺。王何去子之稍遠。故言擊。且二人一在後一在前。相爲掎角也。若長狄僑如。魯富父終甥摏其喉以戈殺之。由長狄長三丈。既獲之不能殺之。故自下企上以春其喉也。自下春其喉。計長狄長不過二丈。容既獲之後。身橫於地而殺之。摏亦擊也。方言曰。戈、楚謂之釪。凡戟而無刃。秦晉之閒謂之釪。或謂之鏔。吳楊之閒謂之戈。東齊秦晉之閒謂其大者曰鏝胡。其曲者謂之鉤釪鏝胡。方言釪鉤鏝字皆轉寫譌俗。古祗作句孑曼。云無刃者。謂無直刃也。云句孑者。謂其爲句兵。取義於無右臂之孑也。云曼胡者。取義於曲處如顅領之肥大也。詳繹鄭注本無不同。所引先鄭乃不可從。

从弋。謂柲長六尺六寸。**一衡之。象形。**衡各本作橫。依許全書例正。弋之首一橫之而已矣。先鄭云援爲直刃胡其孑。非也。古禾切。十七部。

凡戈之屬皆从戈。

肇

肈　上諱。按許原書無篆體。但言上諱。後人乃補此篆。說詳示部上諱者。漢和帝諱也。後漢書作肇。李賢引伏無忌古今注曰。肇之字曰始。音兆。許愼說文肈音大小反。上諱也。伏許竝漢時人。而帝諱不同。蓋應別有所據。玉裁按。古有肁無肇。从戈之肈。漢碑或从殳。俗乃从攵作肇。而淺人以竄入許書攴部中。玉篇曰。肈俗肇字。五經文字戈部曰。肈作肇訛。廣韵有肈無肇。伏侯作古今注時。斷無从攵之肇。李賢注後漢書亦斷不至認肁肈爲二字。葢伏侯作肁。與許作肈不同。和帝命名之義。取始肁者。始開也。引申爲凡始。故伏云諱肁而易之之字作始。實則漢人肁字不行。祇用肈字訓始。如詩生民傳、夏小正傳可證。外間所諱者肈也。故許云諱肈。此則伏許不同之由。章懷之所疑。而今日後漢書正文作肇。譌也。李舟切韵云。肈、擊也。其字从戈。肁聲。形音義皆合。直小切。許諱其字。故不爲之解。今經典肈字俗譌从攵。不可不正。攴部妄竄之肇。今已芟去。

戟

戟　有枝兵也。兵者械也。枝者木別生條也。戟爲有枝之兵。則非若戈之平頭。而亦非直刃似木枝之衺出也。戈刃之倨句平而稍侈。故曰外博。戟則大侈倨句一矩有半。故可刺可句。攷工記冶氏。戟廣寸有半寸。內三之。胡四之。援五之。倨句中矩。與刺重三鋝。鄭曰。戟今三鋒戟也。內長四寸半。胡長六寸。援長七寸半。三鋒者。胡直中矩。言正方也。鄭司農云。刺謂援也。玄謂刺者。箸柲直前。如鏄者也。戟胡橫貫之。胡中矩。則援之外句磬折與。通藝錄曰。內三之。謂戟柄橫出柲外者四寸有半也。胡四之。謂上連刃直而下垂者長六寸也。援五之。謂衺上之刃長七寸半也。刺者。謂橫出之內有鋒也。倨句中矩者。謂刺橫胡直正方之形也。不言援之倨句。言刺之倨句者。戟爲句兵。中矩者主於句也。據二儀寶錄。雙枝爲戟。獨枝爲戈。以爲證。說與鄭注大乖異。然恐程說近是。方言匽戟。廣雅作偃戟。偃者仰也。據衺上之刃名之也。周禮棘門。明堂位越棘大弓。左傳子都拔棘以逐之。棘皆訓戟。棘者刺也。戟有刺。故名之曰棘。衺者爲援。則橫者爲棘、爲刺也。張揖注子虛賦曰。雄戟胡中有鮔者。鮔同歫。葢於直垂之胡之中爲橫出者。是曰鮔。鮔亦有鋒。故方言三刃枝。郭注云。今戟胡胡字今增中有小孑刺者。所謂雄戟也。然則合援與刺與鮔。是爲三刃枝。鄭所謂三鋒戟者。又不如是。古制茫眛難知。但曰援者。斷非直刃。凡左傳言公戟其手。詩毛傳言拮据戟撝也。許書言撝戟持也。据戟撝也。史言須鬚如戟。皆取衺出不取直上。是則信而有徵耳。方言曰。戟無刃。吳楊之閒謂之戈。然則戟者戈之

戛　戎　戣

有刃者也。戟亦非直刃，謂之有刃者何，其刃幾於直也。少儀曰：戈有刃者櫝。戈之分別有刃無刃古矣。左傳狂狡輅鄭人，鄭人入於井，倒戟而出之，獲狂狡。此用援刺鄭人不中，鄭人攀柲刺而上也。或以戟鉤欒，欒斷肘而死，則援與刺皆兼鉤刺之用矣。靈輒倒戟以禦公徒而免趙盾，此主於用援也。許云有枝兵者，援刺皆得云枝。**从戈，榦省。**省作聲者誤，今依徐鍇正。从榦猶从弋，謂柲長丈有六尺也。从戈者，其器戈之屬也。紀逆切。按大徐有讀若棘三字，非也。釋名：戟，格也，傍有枝格也。古音秦風與澤作爲韵。古音在五部，讀如腳。**周禮：戟長丈六尺。**攷工記曰：車戟常。

戛　戟也。廣雅曰：戛，戟也。本此。西京賦立戈迆戛，薛解云：戈謂句孑戟也，戛長矛也。與許不合。康誥不率大戛，釋詁：戛，常也。此謂戛同楷。皋陶暮戛擊鳴球，明堂位作揩擊，揚雄賦作拮隔，此謂戛同扴。皆六書中之叚借。**从戈百。**百者頭也，謂戟之頭略同戈頭也。會意。古點切。十五部。**讀若棘。**按棘在一部，相去甚遠，疑本作讀若孑而誤。○戟戛二篆與戈篆同類，立文本相連，惟因上諱之字例必部首以下第一字出之，故使戈戟二篆相隔。各本乃又移戎戣戰三篆於戟前，非也。今正。

戎　兵也。兵者，械也。月令：乃教於田獵，以習五戎。注：五戎謂五兵，弓矢、殳、矛、戈、戟也。按周禮司兵掌五兵，鄭司農云：戈、殳、戟、酋矛、夷矛。後鄭云：此車之五兵也。步卒之五兵則無夷矛而有弓矢。兵之引申爲車卒、步卒，故戎之引申亦爲卒旅。兵可相助，故引申之義，小雅：丞也無戎。傳曰：戎，相也。又引申爲戎狄之戎。又民勞傳：戎，大也。方言：戎，大也。宋魯陳衞之閒語。又鄭詩箋云：戎猶女也。猶之云者，以戎汝雙聲而通之也。戎有讀若汝者，常武之詩是也。又有讀若楺者，常棣之詩是也。**从戈甲。**金部曰：鎧者，甲也。甲亦兵之類，故从戈甲會意。如融切。九部。**甲、古文甲字。**日部早篆下及此，小徐皆有此五字，大徐皆刪之。由古文甲、小篆甲所異甚微故也。漢隸書早字平頭，如小篆本平頭，古文乃出頭作甲，轉寫既久，惑不能別，於日部及此刪去五字，於甲篆則用出頭者爲小篆，別取汗簡所載異體爲古文，皆非也。今一一正之。

戣　周制：侍臣執戣，立於東垂。兵也。見周書顧命。某氏傳曰：戣瞿皆戟屬。鄭云：戣瞿蓋今三鋒矛。王肅則曰：皆平器之名。許不言何兵，略同子雍也。**从戈，癸聲。**渠追切。十五部。

⿰旱戈　賊　戍

⿰旱戈　盾也。盾下曰：瞂也。按瞂字必淺人所改。循全書之例，必當云⿰旱戈也。二篆爲轉注。淺人不識⿰旱戈爲干戈字，讀侯旰切，乃改爲瞂。瞂見毛詩，非常語，不當以瞂釋盾。干戈字本作⿰旱戈。干，犯也；⿰旱戈，盾也。俗多用干代⿰旱戈，干行而⿰旱戈廢矣。方言：盾，自關而東或謂之瞂，或謂之干，關西謂之盾。孔安國論語注云：干，盾也。⿰旱戈本讀如干，淺人以其旱聲，乃讀與敦同，而不知旱⿰旱戈等字古音皆讀同干也。毛詩兔罝、釆芑傳云：干，扞也。謂干爲扞之叚借，干非不可去聲。**从戈，旱聲。**玉篇、廣韵皆云：⿰旱戈，盾，古寒切。廣韵廿八翰未嘗出⿰旱戈字，是依唐韵不誤者也。不知大徐侯旰切用何等唐韵耳。十四部。

賊　敗也。敗者，毀也。毀者，缺也。左傳周公作誓命曰：毀則爲賊。又叔向曰：殺人不忌爲賊。**从戈，則聲。**此云則聲，貝部又云敗賊皆从貝會意。據从貝會意之云，是賊字爲用戈若刀毀貝，會意，而非形聲也。說稍不同。以周公誓命言，則用戈毀則，正合會意。昨則切。一部。今字从戎作賊。

戍　守邊也。春秋曰：公子買戍衞。**从人持戈。**會意。傷遇切。按古音讀如獸，在三部四部。衞公叔戍，世本作朱。古音讀如州。

戰　戲　戜

戰　鬭也。鬭各本作鬭，今正。鬭者，兩士相對，兵杖在後也。左傳曰：皆陳曰戰。戰者，聖人所慎也，故引申爲戰懼。**从戈，單聲。**之扇切。十四部。

戲　三軍之偏也。偏若先偏後伍，偏爲前拒之偏，謂軍所駐之一面也。史、漢項羽紀、高帝紀皆曰：諸侯罷戲下，各就國。師古曰：戲，軍之旌旗也，音許宜反，亦讀曰麾。又竇田灌韓傳：灌夫率壯士兩人及從奴十餘騎馳入吳軍，至戲下，所殺傷數十人。師古曰：戲，大將之麾也，讀與麾同，又音許宜反。按顏說必本舊音義，似與許說小異，然相去不遠，度舊音義必有用許說者矣。**一曰兵也。**一說謂兵械之名也。引申之爲戲豫，爲戲謔，以兵杖可玩弄也，可相鬥也，故相狎亦曰戲謔。大雅毛傳曰：戲豫，逸豫也。**从戈，䖒聲。**香義切。古音益在十七部，讀如麾。䖒从豆从虍，鬳从鬲从虍，虍皆謂器之飾，非聲也。

戜　利也。利者，銛也。**一曰剔也。**剔當作鬄，詳髟部。**从戈，呈聲。**徒結切。按

或

呈聲當在十一部。而大部戴、金部鐵遞用爲聲。則十一部十二部合音冣近之理也。山海經戜國、戜民國。今譌作臷。

邦也。邑部曰。邦者、國也。葢或國在周時爲古今字。古文祇有或字。既乃復製國字。以凡人各有所守。皆得謂之或。各守其守、不能不相疑。故孔子曰。或之者、疑之也。而封建日廣。以爲凡人所守之或字未足盡之。乃又加口而爲國。又加心爲惑。以爲疑惑當別於或。此孳乳寖多之理也。既有國字。則國訓邦。而或但訓有。漢人多以有釋或。毛公之傳詩商頌也。曰域、有也。傳大雅也。曰囿所以域養禽獸也。域即或。攷工記梓人注。或、有也。小雅天保箋、鄭論語注皆云。或之言有也。高誘注淮南屢言或、有也。毛詩九有、韓詩作九域。緯書作九囿。葢有古音如以。或古音同域。相爲平入。从口。羽非切。戈以守其一。从三字會意。于逼切。廣韵分域切。雨逼、或切胡國。非也。一部。一、逗。地也。解从一之意。或或从土。既从口从一矣。又从土。是爲後起之俗字。

𢧢

斷也。斤部曰。斷者、𢧢也。二篆爲轉注。商頌。九有有𢧢。箋云。九州齊壹𢧢然。大雅。𢧢彼淮浦。傳云。𢧢、治也。从戈。雀聲。昨結切。十五部。按雀聲在二部。於古音不合。葢當於雙聲合韵求之。

𢦟

殺也。殺者、戮也。按漢、魏、六朝人𢦟堪戡龕四字不甚區別。左傳王心弗堪、漢五行志作王心弗𢦟。勝也。从戈。今聲。口含切。古音在七部。商書曰。西伯既𢦟黎。西伯戡黎文。今作戡黎。許所據作𢦟黎。邑部𨞩下又引西伯戡𨞩。其乖異或因古文今文不同與。爾雅曰。堪、勝也。郭注引書西伯堪黎。葢訓勝則堪爲正字。或段𢦟、或段戡、又或段龕。皆以同音爲之也。

戕

槍也。槍者、歫也。歫謂相抵爲害。小雅曰。子不戕。傳曰。戕、殘也。此戕之正義。下又稱左氏例。爲別一義。它國臣來弑君曰戕。春秋宣十八年。邾人戕鄫子于鄫。左氏傳曰。凡自虐其君曰弒。唐石經作 自外曰戕。賈注。邾使大夫往殘賊之。按襄卅一年左傳曰。閽戕戴吳。閽、越俘也。戴吳、吳餘祭也。故亦曰戕。从戈。爿聲。在良切。十部。

戮

殺也。殺下曰。戮也。二篆爲轉注。古文或段翏爲之。又勠力字亦段戮爲勠。从戈。翏聲。力六切。三部。

戡

刺也。刺者、直傷也。平直皆得云刺。經史多段此爲堪勝字。从戈。甚聲。竹甚、口含二切。按竹甚古音也。七部。

戭

長槍也。槍者、歫也。謂以長物相刺。通俗文曰。剡木傷盜曰槍。按槍非古兵器。戭亦非器名。取槍歫之義耳。今之用金曰槍者、則古之矛也。故戭字廁於此。不與器物爲伍。从戈。寅聲。弋刃、以淺二切。按刃當作忍。弋忍古音也。十二部。春秋傳有擣戭。高陽氏才子八愷之一也。見左傳文十八年。漢書作敳。集韵無敳。

𢦒

傷也。傷者、刅也。此篆與烖菑音同而義相近。謂受刅也。从戈。才聲。祖才切。一部。凡烖載戴之類以爲聲。

戩

滅也。滅者、盡也。盡之義兼美惡。故滅之義亦兼美惡。凡盡皆得云滅。亦皆得云戩也。天保曰。俾爾戩穀。朱子曰。戩、盡也。穀、善也。此注甚合古義。爾雅。履、戩、祓、福也。此謂樛木之福履、天保之戩穀、卷阿之祓祿皆得訓福。履本不訓福。與福連文、則可訓福矣。戩、祓本不訓福。與穀、祿連文、則亦可訓福矣。皆於兩字摘一字以釋兩字之義。毛公仍之曰戩、福也。而履祿也、茀小也、則不相襲矣。古人之文、貴善讀之。所謂不以文害辭、不以辭害志。許於戩不襲爾雅、毛傳。斯善讀爾雅、毛傳者也。今之能善讀者葢尟矣。从戈。晉聲。即淺切。古音在十二部。讀如藎。詩曰。實始戩商。魯頌閟宮文。今詩作翦。按此引詩說段借也。毛傳曰。翦、齊也。許刀部曰。𠛱、齊斷也。𠛱之字多段翦爲之。翦即𠛱。戩者、𠛱之段借。毛云𠛱齊也者、謂周至於大王。規模氣象始大。可與商國竝立。故曰齊。緜詩古公以下七章是也。非翦伐之謂。若不通毛傳、許書之例。竟謂大王滅商。豈不事辭俱窒礙乎。毛意謂戩即𠛱。許說其本義以明轉注。復引詩字以明段借。兩公之例皆尋繹全書而可得。不則以文害辭。謂大王有翦商之志矣。夫詩明言翦商而見大王之德盛。後儒言之有翦商之志、而大王之心遂不可問。嗚呼。是非不知訓詁之禍也哉。

𢦦

絕也。絕者、刀斷絲也。引申爲凡斷之稱。斷之亦曰𢦦。與殲義相近。从从持戈。二人持戈。會意。子廉切。七部。一曰田器古文。一說謂田器字之古文如此作也。田器字見於全書者、銛鈂鈐鎌皆田器。與𢦦同音部。未審爲何字之古文。疑銛字近之。此如銚本田器。斗部作斛。云出爾雅。古一字不陧一體也。讀若咸。一曰讀若詩攕攕女手。咸攕古音皆在七部。

武

楚莊王曰。莊、上諱也。不當用。古莊壯通用。謚法固取壯非取艸、周書。兵甲亟作、莊。睿圉克服、莊。勝敵志強、莊。武而不遂、莊。皆壯字也。後人以莊代之耳。此莊王必本作壯。若諱莊之字曰嚴、乃漢法。許則從左氏古文。典下云。莊都說。亦當作壯。晉語有壯馳茲。蓋古姓本作壯。後乃盡改爲莊。夫武定功戢兵。故止戈爲武。宣十二年左傳文。此檃栝楚莊王語以解武義。莊王曰。於文止戈爲武。是倉頡所造古文也。祇取定功戢兵者。以合於止戈之義也。文之會意已明。故不言从止戈。文甫切。五部。大雅履帝武敏。傳曰。武迹也。此武之別一義也。

戢

藏兵也。周頌時邁曰。載戢干戈。載櫜弓矢。傳曰。戢、聚也。櫜、韜也。聚與藏義相成。聚而藏之也。戢與輯音同。輯者、車輿也。可聚諸物。故毛訓戢爲聚。周南傳亦云。揖揖、會聚也。周語。夫兵戢而時動。動則威。觀則玩。玩則無震。戢與觀正相對。故許易毛曰藏。以其字从戈。故曰藏兵。从戈。咠聲。阻立切。七部。詩曰。載戢干戈。

戠

闕。从戈从音。大徐如此。小徐無从戈从音有職從此古職字古之職役皆執干戈十四字。蓋後人箋記之語。非許語也。其義其音皆蓋闕矣。攷周易朋盍簪。虞翻本簪作戠。云戠、聚會也。舊讀作撍。作宗。釋文云。荀作撍。京作宗。陰弘道云。張揖字詁庚撍同字。按此戠當以音爲聲。故與撍聲冓聲爲伍。然尙書厥土赤埴、古文作赤戠。是戠固在古音弟一部也。一部內意亦从音。音未必非聲。蓋七部與一部合韵之理。之弋切。一部。

戔

賊也。此與殘音義皆同。故殘用以會意。今則殘行而戔廢矣。篇、韵皆云傷也。殘與殄通。故周禮注曰。雖其潘灡戔餘。不可褻也。周易束帛戔戔。子夏傳作殘殘。皆殄餘之意也。从二戈。會意。昨千切。十四部。周書曰。戔戔。句絕。周書秦誓文也。今書截截善諞言。言部引之。古文尙書也。此稱戔戔。截截之異文。今文尙書也。春秋公羊傳曰。惟諓諓善竫言。俾君子易怠。劉向九歎曰。讒人諓諓。孰可愬兮。王逸注引書諓諓靖言。漢書李尋傳曰。昔秦穆公說諓諓之言。任仡仡之勇。諓。即戔。許作戔爲本字。他家作諓。加之言旁也。巧言也。也字今補。按公羊音義引賈逵外傳注曰。諓諓、巧言也。許正用侍中說釋戔戔。與上賊義少別。此正如圛訓回行。而引洪範曰圛。釋之曰升雲半有半無也。坴訓以土增大道、而引堯典堲讒說。釋之曰疾惡也。皆是一例。或本稱戔戔竫言。又曰戔戔巧言也。轉寫有奪文未可定耳。

文二十六　重一

戉

大斧也。一本奪大字。非。斧所以斫也。从戈レ聲。王伐切。十五部。俗多金旁作鉞。司馬灋曰。夏執玄戉。殷執白戚。周左杖黃戉。又把白髦。周書坶誓作秉白旄。此作把白髦者。蓋司馬法之文有不同也。毛詩傳曰。秉、把也。手部曰。把、握也。髦者、旄之叚借字。凡戉之屬皆从戉。

戚

戉也。大雅曰。干戈戚揚。傳云。戚、斧也。揚、鉞也。依毛傳戚小於戉。揚乃得戉名。左傳。戚鉞秬鬯。文公受之。戚鉞亦分二物。許則渾言之耳。戚之引伸之義爲促迫。而古書用戚者、俗多改爲蹙。試思親戚亦取切近爲言。非有異義也。大雅。戚戚兄弟。傳曰。戚戚、內相親也。小雅。戚戚靡所騁。箋云。戚戚縮小之皃。其義本相通。而淺人於節南山必易其形與音矣。戚訓促迫。故又引申訓憂。小明。自詒伊戚。傳曰。戚、憂也。度古祇有戚。後乃別製慽字。从戉。尗聲。倉歷切。古音在三部。

文二

我

施身自謂也。不但云自謂而云施身自謂者、取施與我古爲疊韵。施讀施舍之施。謂用己廁於衆中、而自稱則爲我也。施者、旗皃也。引申爲施舍者、取義於旗流下𠂹也。釋詁曰。卬、吾、台、予、朕、身、甫、余、言、我也。又曰。朕、予、躬、身也。又曰。台、朕、賚、畀、卜、陽、予也。或以賚畀卜予不同義。愚謂有我則必及人。故賚畀卜亦在施身自謂之內也。口部曰。吾、我自稱也。女部曰。姎、女人自稱姎我也。毛詩傳曰。言、我也。卬、我也。論語二句而我吾互用。毛詩一句而卬我襍稱。蓋同一我義而語音輕重緩急不同。施之於文若自其口出。或說我、頃頓也。謂頃側也。頃，頭不正也。頓，下首也。故引申爲頃側之意。賓筵「側弁之俄」，箋云：「俄，傾皃。」人部曰：「俄，頃也。」然則古文以我爲俄也。古文叚借如此。**从戈手。**合二成字，不能定其會意、形聲者，以手字不定爲何字也。五可切。十七部。**手、古文垂也。**垂當作𠂹。𠂹、垂在十七部。然則我以爲形聲也。**一曰古文殺字。**我从殺，則非形聲。會意亦難說也。殺篆下載古文三，有一略相似者。**凡我之屬皆从我。**[古文] **古文我。**

義

義 己之威義也。言己者，以字之从我也。己，中宮，象人腹，故謂身曰己。義各本作儀，今正。古者威儀字作義，今仁義字用之。儀者，度也，今威儀字用之。誼者，人所宜也，今情誼字用之。鄭司農注周禮肆師：「古者書儀但爲義，今時所謂義爲誼。」是謂義爲古文威儀字，誼爲古文仁義字。故許各仍古訓，而訓儀爲度。凡儀象、儀匹，引申於此。非威儀字也。古經轉寫既久，肴襍難辨，據鄭、許之言，可以知其意。威義古分言之者，如北宮文子云：「有威而可畏謂之威，有儀而可象謂之義。」詩言「令義令色」、「無非無義」是也。威義連文不分者，則隨處而是。但今無不作儀矣。毛詩「威義棣棣，不可選也」，傳曰：「君子望之儼然可畏，禮容俯仰各有宜耳。棣棣，富而閑習也。不可選，物有其容，不可數也。」義之本訓謂禮容各得其宜，禮容得宜則善矣。故文王、我將毛傳皆曰：「義，善也。」引申之訓也。**从我从羊。**威儀出於己，故从我。董子曰：「仁者，人也。義者，我也。」謂仁必及人，義必由中斷制也。从羊者，與善美同意。宜寄切。古音在十七部。**羛 墨翟書義从弗。**墨翟書，藝文志所謂墨子七十一篇也。今存者五十三篇，義無作羛者，蓋歲久無存焉爾。从弗者，蓋取矯弗合宜之意。**魏郡有羛陽鄉。讀若錡。**此以地名證羛字，又箸其方音也。凡古地名多依嗇俗方語。如蓮勺呼輦酌，单水呼班水，鮦陽呼紂陽，犬末呼闔末，剡呼舌剡反，酈呼蹢躅之蹢，曲逆呼去遇，如是者不可枚數。羛陽讀若錡，同也。然注家皆讀羛陽虛宜切，與錡音稍不同也。**今屬鄴。本內黃北二十里鄉也。**按此十二字，乃後人箋記之語，非許語也。鄴、內黃皆魏郡屬縣。羛陽鄉本在內黃北二十里。司馬紹統郡國志曰：「魏郡內黃有羛陽聚。」劉注：「世祖破五校處。」光武紀：「大破五校於羛陽，降之。」李注：「羛陽聚屬魏郡，故城在今相州堯城縣東。」諸本有作茀者，誤也。左傳：「晉荀盈如齊逆女，還，卒於戲陽。」杜注：「內黃縣北有戲陽城。」按漢晉皆在內黃北。魏地形志無內黃縣，當是并於鄴，則羛陽亦在鄴矣。故知必後人箋記語也。戲、羛音同，許宜反。左氏傳有戲陽速，則戲陽又爲氏姓。

文二　重二

亅

亅 鉤逆者謂之亅。鉤者，曲金也。司馬相如列傳：「猶時有銜橜之變。」集解引徐廣云：「鉤逆者謂之橜。」索隱引周遷輿服志云：「鉤逆者爲橜。」皆謂橜爲亅之叚借字也。清道而行，中路而馳，斷無枯木朽株之難，故知必謂鉤也。**象形。**象鉤自下逆上之形。玉篇引說文衢月切。大徐同。十五部。**凡亅之屬皆从亅。讀若橜。**

𠄌

𠄌 鉤識也。鉤識者，用鉤表識其處也。褚先生補滑稽傳：「東方朔上書，凡用三千奏牘，人主從上方讀之，止，輒乙其處，二月乃盡。」此非甲乙字，乃正𠄌字也。今人讀書有所鉤勒，即此。內則：「魚去乙。」鄭曰：「乙，魚體中害人者名也。今東海鰫魚有骨名乙，在目旁，狀如篆乙，食之鯁人不可出。」此亦非甲乙字，乃狀如篆𠄌也。魚腸名乙，耳不當別有乙也。戉斧之字从𠄌爲聲。**从反亅。讀若簑。**大徐作讀若捕鳥罬。玉篇引說文居月切。大徐同。十五部。

文二

琴

琴 禁也。禁者，吉凶之忌也。引申爲禁止。白虎通曰：「琴，禁也。以禁止淫邪，正人心也。」此疊韵爲訓。**神農所作。**世本文也。宋書樂志曰：「琴，馬融笛賦云宓羲造，世本云神農所造也。瑟，馬融笛賦云神農造，世本云宓羲所造也。」按風俗通、廣雅皆同世本，季長說誤。山海經郭傳引世本：「伏羲作琴，神農作瑟。」恐系轉寫舛錯。**洞越。練朱五弦。**洞當作迵。迵者，通達也。越謂琴瑟底之孔。迵孔者，琴腹中空而爲二孔通達也。越音活，或作趏。練朱五絃者，虞書傳曰：「古者帝王升歌清廟之樂，大琴練弦達越。」蓋練者其質，朱者其色。鄭注樂記：「清廟之瑟」

朱弦云。練朱弦也。練則聲濁。五者初制琴之弦數。**周時加二弦。**文王、武王各加一弦。**象形。**象其首身尾也。上圓下方。故象其圓。巨今切。七部。**凡琴之屬皆从琴。**

𢍏　古文琴。从金。以金形聲字也。今人所用琴字乃上从小篆下作今聲。

瑟

瑟　庖犧所作弦樂也。弦樂猶磬曰石樂。清廟之瑟亦練朱弦。凡弦樂以絲爲之。象弓弦。故曰弦。淇奧傳曰。瑟、矜莊皃。旱麓箋曰。瑟、絜鮮皃。皆因聲叚借也。瑟之言肅也。楚辭言秋氣蕭瑟。**从琴。**琴之屬、故从琴。**必聲。**所櫛切。十二部。

瑟　古文瑟。玩古文琴瑟二字。似先造瑟字、而琴从之。

文二　重二

乚

乚　匿也。匿者、亾也。**象迟曲隱蔽形。**迟曲見辵部。隱蔽見𨸏部。象逃亾者自藏之狀也。**凡乚之屬皆从乚。讀若隱。**於謹切。十三部。

直

直　正見也。左傳曰。正直爲正。正曲爲直。其引申之義也。見之審則必能矯其枉。故曰正曲爲直。**从十目乚。**謂以十目視乚。乚者無所逃也。三字會意。除力切。一部。今隸作直。

直　古文直。或从木如此。囧猶目也。从木者、木從繩則正。

文二　重一

亾

亾　逃也。逃者、亾也。二篆爲轉注。亾之本義爲逃。今人但謂亾爲死。非也。引申之則謂失爲亾。亦謂死爲亾。孝子不忍死其親。但疑親之出亾耳。故喪篆从哭亾。亦叚爲有無之無。雙聲相借也。**从入乚。**會意。謂入於迟曲隱蔽之處也。武方切。十部。**凡亾之屬皆从亾。**

乍

乍　止亾詈也。各本作止也。一曰亾也。六字。今正。乍無亾義。淺人離析所改耳。補詈字者、如毋下云止詈也。亦本有詈而後人刪之。乍與毋同意。毋者、有人姦女而一止之。其言曰毋。乍者有人逃亾而一止之。其言曰乍。皆咄咄逼人之語也。亾與止亾者皆必在倉猝。故引申爲倉猝之稱。廣雅曰。暫也。孟子。今人乍見孺子將入於井。左傳。桓子乍謂林楚。文意正同。而左傳俗本改乍爲咋。**从亾一。**會意。鉏駕切。古音在五部。一、逗。**有所礙也。**礙者、止也。說从一之意。毋字从一、亦是有所礙之之意。

望

望　出亾在外。望其還也。還者、復也。本義。引申之爲令聞令望之望。**从亾。朢省聲。**按望以朢爲聲。朢以望爲義。其爲二字較然也。而今多亂之。巫放切。十部。亦平聲。

𣞤

𣞤　亾也。凡所失者、所未有者、皆如逃亾然也。此有無字之正體。而俗作無。無乃橆之隸變。橆之訓豐也。與無義正相反。然則隸變之時昧於亾爲其義。橆爲其聲。有聲無義。殊爲乖繆。古有叚橆爲𣞤者。要不得云本無二字。漢隸多作𣞤可證也。或叚亾爲無者、其義同。其音則雙聲也。**从亾。橆聲。**按不用莫聲而用橆聲者、形聲中有會意。凡物必自多而少而無。老子所謂多藏必厚亾也。武夫切。五部。古音武夫與莫胡二切不別。故無模同音。其轉語則水經注云燕人謂無爲毛、楊子以曼爲無。今人謂無有爲沒有。皆是也。

无　奇字無也。謂古文奇字如此作也。今六經惟易用此字。**通於元者。**元俗刻作无。今依宋本正。禮運曰。是謂合莫。注引孝經說曰。上通元莫。正義云。上通元莫者、孝經緯文。言人之精靈所感。上通元氣寂寞。引之者證莫爲虛無也。正本元字作无。謂虛無寂寞義或然也。按此注疏今本譌誤不可讀。而北宋本可據正。疏正本字當是定本之誤。謂鄭引上通元莫、顏師古定本作无莫也。依許云通於元者、虛无道也。則孝經緯必作元莫矣。葢其義謂上通元始。故其字形亦用元篆上毌於一。**虛无道也。**謂虛无之道上通元氣寂寞也。玉篇曰。无、虛无也。奇字之无與篆文之𣞤義乃微別。許說其義。非僅說其形也。**王育說天屈西北爲无。**此稱王育說。又无之別一義也。亦說其義。非說其形。屈猶傾也。天傾西北。地不滿東南。見列子及素問。天傾西北者、謂天體不能正圜也。

匃

匃　气也。气者、雲气也。用其聲叚借爲气求气與字。俗以气求爲入聲。以气與爲去聲。匃訓气。亦分二義二音。西域傳。气匃亾所得。此气求之義也。當去聲。又曰我匃若馬。此气與之義也。當入聲。要皆強爲分別耳。左傳。公

匸　區

子棄疾不強匄。又子產曰。世有盟誓。毋或匄奪。皆言气求也。通俗文曰。求願曰匄。則是求之曰气匄。因而與之亦曰气匄也。今人以物與人曰給。其實當用匄字。廣韵古達切。其字俗作丐。與丏不同。廣韵曰。二字同。非是。亡人爲匄。逯安說。此稱逯安說、以說字形會意。逯安亦通人之一也。从亡人者、人有所無必求諸人。故字从亡、从人。古代切。按廣韵古太切。亦古達切。十五部。

文五　重一

匸　衺徯有所夾藏也。夾各本作俠。今正。衺者、窶也。徯者、待也。夾者、盜竊褱物也。迆衺相待有所竊藏。故其字从乚而上復有一覆之。从乚。上有一覆之。會意。凡匸之屬皆从匸。讀若徯同。徯各本譌傒。今正。胡禮切。十六部。

區　踦區。逗。疊韵。藏隱也。踦區、猶危部、𨸏部之敧𨺡。彼言傾側不安也。此言委曲包蔽也。區之義內藏多品。故引申爲區域、爲區別。古或叚丘字爲之。如區蓋亦作丘蓋、區宇亦作丘宇是也。或叚爲句曲字。如樂記區萌達、卽月令之句者畢出、萌者盡達也。从品在匸中。會意。豈俱切。古音在四部。鄭注禮記嫌名曰。若禹與雨、丘與區之類。是可證古音同邱也。品、逗。衆也。品下曰。衆庶也。

匿　㔷　匽

匿　亡也。廣韵曰。藏也。微也。亡也。陰姦也。从匸。若聲。此取雙聲爲形聲也。讀若羊騶箠。此有譌奪。當云讀若羊箠鍪之鍪。金部曰。鍪者、羊箠耑鐵也。說詳金部。鍪讀若至。至古音同質。匿讀若鍪、卽讀若質也。古亦讀尼質切。在十二部。不在一部也。今音乃女力切。

㔷　側㔷也。㔷各本作側逃也。今依玉篇逃作㔷。玉篇曰。又作陋。是知側㔷卽堯典之側陋。謂隱藏不出者也。从匸丙聲。按丙聲不可通。大徐云當是从內會意。傳寫之誤。玉裁按或从谷部之㕡聲。艸部苦从㕡聲而讀若陸。陸與漏音相近也。盧候切。四部。廣韵無此字。一曰箕屬。其器未詳。

匽　匿也。匽之言隱也。周禮宮人爲之井匽。鄭司農云。匽、路廁也。後鄭云。匽豬謂霤下之池畜水而流之者。按二說皆謂隱蔽之地也。从匸妟

医　匹

聲。於蹇切。十四部。

医　臧弓弩矢器也。臧各本作盛。今依廣韵。此器可隱藏兵器也。从匸矢。會意。矢亦聲。小徐有此三字。於計切。十五部。春秋國語曰。兵不解医。齊語文。今國語作翳。叚借字。韋曰。翳所以蔽兵也。按古翳隱、翳薈字皆當於医義引申。不當借華蓋字也。翳行而医廢矣。

匹　四丈也。按四丈之上當有布帛二字。襍記曰。納幣一束。束五兩。兩五尋。鄭曰。納幣謂昏禮納徵也。十箇爲束。貴成數。兩兩合其卷。是謂五兩。八尺曰尋。五兩、兩五尋、五讀尋韓兩則每卷二丈也。合之則四十尺。今謂之匹。猶匹偶之云與。周禮。凡嫁子娶妻。入幣純帛無過五兩。鄭曰。五兩、十端也。每端二丈。按二丈爲一端。二端爲兩。每兩爲一匹。長四丈。五兩則五匹。爲一束也。凡古言束帛者皆此制。凡言匹敵、匹耦者、皆於二端成兩取意。凡言匹夫、匹婦者、於一兩成匹取意。兩而成匹。判合之理也。雖其半亦得云匹也。馬稱匹者、亦以一牝一牡離之而云匹。猶人言匹夫也。○按字之本義有難定者。如襍記注今謂之匹、猶匹偶之云與。是以匹偶爲本義。而帛二兩爲引申之義也。與許說迥異。四丈爲匹之云。三代時經傳不見。其字从八。八者、別也。夫婦有別。故謂之匹。从匸、亦取別嫌明微意。與鄭意或當如是。从匸八。謂八之數隱其中。會意。八揲一匹。說从八之意。揲者、閱持也。閱持者、更迭持之而具數也。筮者揲之以四。此揲之以八。八尺者五而得四丈。故其字从八。所以揲之以八者。度人之兩臂爲尋。今人於布帛猶展兩臂度之也。八亦聲。古音八讀如必。普吉切。十二部。

文七

匚　匠

匚　受物之器。此其器蓋正方。文如此作者。橫視之耳。直者其㡳。橫者其四圍。右其口也。廣韵曰。或曰受一斗曰匚。按口部云。圜、規也。今人皆作圓。作圓方、本無正字。故自古叚方爲之。依字、匚有榘形。固可叚作方也。象形。凡匚之屬皆从匚。讀若方。府良切。十部。

匚　籀文匚。

匠　木工也。工者、巧飭也。百工皆稱工、稱匠。獨舉木工者、其字从斤也。以木工之偁引申爲凡工之偁也。从

匚斤。會意。疾亮切。十部。斤、逗。所㠯作器也。說从斤之意。匚者。榘也。

匧　械臧也。小徐本如是。大徐無械字。木部械下曰。匧也。是二篆爲轉注。臧字似衍。玉篇作緘也。乃械之誤。若文選應璩百一詩、任昉哭范僕射詩李注皆引說文篋、笥也。此則所據本不同。自當以小徐本爲善耳。戰國策。乃夜發書。陳篋數十。从匚夾聲。苦叶切。八部。篋　匧或从竹。按廣韵曰。匧、藏也。篋、箱篋也。分一字爲二。而刪去械字之所繇也。

匡　飯器。句。小徐有也字。筥也。謂即筥也。竹部曰。筥、箱也。箱、一曰飯器。容五升。箱有三義。而筥匡取此一義耳。匡不專於盛飯。故詩采卷耳以頃匡。求桑以懿匡。匡之引申叚借爲匡正。小雅。王于出征。以匡王國。傳曰。匡、正也。葢正其不正爲匡。凡小不平曰匡。剌革其匡剌亦曰匡也。詩有頃匡。謂匡之半淺半深不平者。故謂之頃。所謂匡剌也。匡剌見攷工記注。从匚㞷聲。去王切。十部。筐　匡或从竹。今人亦分匡筐爲二義。

匜　佀羹魁。斗部曰。魁、羹枓也。枓、勺也。匜之狀似羹勺。亦所以挹取也。柄中有道可㠯注水酒。道者、路也。其器有勺。可以盛水盛酒。其柄空中。可使勺中水酒自柄中流出。注於盥槃及飲器也。左傳。奉匜沃盥。杜曰。匜、沃盥器也。此注水之匜也。內則。敦牟卮匜。非餕莫敢用。鄭曰。卮匜、酒漿器。此注酒之匜也。今大徐本無酒字。小徐有之。韵會刪酒而以盥器二字冠於似羹魁之上。妄甚。若左傳釋文引說文無酒字、因經注但言盥耳。从匚。此器葢亦正方。也聲。此形聲中有會意。从也者。取其流也。移尒切。按篇韵平聲。古音十六十七部皆可讀。

匴　淥米籔也。淥者、浚也。浚者、抒也。抒者、挹也。籔者、奠也。奠者、漉米籔也。然則匴與奠二字一物也。謂淅米訖則移於此器內。浚乾之而待炊。所謂漉淅也。士冠禮。爵弁、皮弁、緇布冠各一匴。注。匴、竹器名。今之冠箱也。古文匴爲篹。按淥米之籔斷非可盛冠。此必異物同名。或別有正字。俟考。从匚算聲。蘇管切。十四部。

⿷匚贛　小桮也。木部曰。桮、⿷匚贛也。二篆爲轉注。而桮下見渾言之義。此見析言之義。兩處互相足而後義全。此許立文之例也。⿷匚贛下亦可云桮也。桮下亦可云大⿷匚贛也。是互相足之謂也。門部云。大桮爲閜。故小桮爲⿷匚贛矣。方言曰。盂械盞溫閜盪盌桮也。自關而東趙魏之閒曰械。或曰盞。或曰溫。按械葢即許之⿷匚贛。音同字異。許則械訓匧。各有本義也。从匚贛聲。古送切。按廣韵又音感。正音也。八部。郭注方言械讀如封緘。略有輕重耳。櫝　⿷匚贛或从木。

匪　器佀竹匧。小徐祇云如篋。小雅。承筐是將。傳曰。筐、篚屬。所以行幣帛也。按此筐與飯器之筐異名同實。故毛訓之曰。匪屬也。小雅言匪。禹貢、禮記言匪。應劭漢書注曰。漢書作棐。應劭曰。棐、竹器也。方曰箱。隋曰棐。隋者方而長也。他果反。古盛幣帛必以匪。匪篚古今字。有借匪爲斐者。如詩有匪君子是也。有借爲分者。周禮匪頒。鄭司農云。匪、分也是也。有借爲非者。如詩我心匪鑒、我心匪石是也。有借爲彼者。如左傳引詩如匪行邁謀。杜曰。匪、彼也。荀子引匪交匪舒。即詩彼交匪紓是也。从匚非聲。非尾切。十五部。按竹部曰。篚、車笭也。非匪之異體。故不錄於此。逸周書曰。實玄黃于匪。按此句今惟見孟子滕文公篇引書。其上文云。綏厥士女。篚厥玄黃。昭我周王見休。惟臣附于大邑周。似必爲周書。趙氏亦云。從有攸以下。道武王伐紂時。皆尚書逸篇之文也。

⿷匚倉　古器也。古器有名⿷匚倉者。从匚倉聲。七岡切。十部。

⿷匚攸　田器也。艸部曰。莜、耘田器也。⿷匚攸與莜音義皆同。葢一物也。从匚攸聲。徒聊切。古音在三部。

⿷匚異　田器也。玉篇云。大鼎也。廣韵⿷匚異訓大鼎。从匚異聲。與職切。一部。

㔡　古器也。畢尚書沅得曶鼎。豈其器即㔡與。从匚曶聲。呼骨切。十五部。

匬　甌匬器也。大徐無匬字。非是。甌者、小盆也。甌匬二字爲名。則非甌也。玉篇云。余主切。器受十六斗。按玉篇葢謂即論語與之庾之庾。苞注十六斗爲庾也。然禮經作十六斗爲籔。今文籔作逾。从匚俞聲。度侯切。四部。廣韵無此字。

匱　匣也。匱之義引申爲竭。大雅。孝子不匱。永錫爾類。傳曰。匱、竭也。凡物深藏之則有若無。實若虛。故匱之引申爲竭、爲乏之竭。水渴也。乏之反其正也。从匚貴聲。求位切。十五部。俗作櫃。史記石室金鐀字作鐀。

匵　匱也。木部曰。櫝、匱也。是則匵與櫝音義皆同。實一物也。論語曰。韞匵而藏諸。又曰。寵玉毀櫝中。其實一字也。引申之亦爲小棺。从匸賣聲。徒谷切。三部。

匣 匱也。廣韵曰。箱、匣也。古亦借柙爲之。柙、檻也。从匸甲聲。按此不注古文甲字。則从小篆甲也。胡甲切。八部。

匯 器也。謂有器名匯也。禹貢曰。東匯澤爲彭蠡。又曰北會于匯。舊說匯者、回也。此匯之別一義。依許匯莫垐之例。此亦可稱禹貢而釋之曰匯回也。今按匯之言圍也。大澤外必有陂圍之。如器之圍物。古人說淮水曰淮、圍也。匯从淮、則亦圍也。尚書東匯澤爲彭蠡、謂東有圍受衆水之彭蠡。非謂漢水回而成澤也。東爲北江。謂漢水合江、又東合彭蠡爲北江也。从匸淮聲。胡罪切。十五部。

匛 棺也。木部曰。棺者、關也。所以掩屍。此云棺也。二篆義同。曲禮曰。在牀曰屍。在棺曰柩。是棺柩義別。虛者爲棺。實者爲柩。析言之也。柩或可以評棺。棺不可以評柩。是以許於柩曰棺也。於棺下不云柩也。以立文不得用考老之例也。从匸久聲。各本有柩無匛。今依玉篇補。玉篇曰。匛、棺也。亦作柩。蓋希馮在梁時所據說文如是。以後柩行匛廢。遂變許書之舊。而郭忠恕列匛爲古文。夏竦說匛爲孫強集。夏疑玉篇作匛、不出於希馮而出於孫強也。匛蓋古文。而小篆仍之者。檀弓曰。有虞氏瓦棺。夏后氏堲周。殷人棺槨。周人牆置翣。瓦棺、堲周皆以土。不以木。易曰。後世聖人易之以棺槨。後世聖人謂黃帝堯舜。然則土棺始於黃帝。堯舜仍之。倉頡造字从匸从久。白虎通云。柩、久也。久不復變也。造字之初。斷不从木。許言久聲者、以形聲包會意也。巨救切。三部。

柩 匛或从木。蓋殷人用木以後乃有此字。

匶 籒文从舊。从舊猶从久也。舊之言久也。周禮用匶字。

匰 宗廟盛主器也。周禮司巫。祭祀共匰主。杜子春云。匰、器名。主、木主也。許云宗廟盛主器。亦用杜說。从匸單聲。都寒切。十四部。周禮曰。祭祀共匰主。匰主謂主之匰。鄭曰。大祝取主陳之器則退也。

文十九　重五　今增匛。則重六。

曲 象器曲受物之形也。匸象方器受物之形、側視之。𠙴象圜其中受物之形、正視之。引申之爲凡委曲之稱。不直曰曲。詩曰。予髮曲局。又曰。亂我心曲。箋云。心曲、心之委曲也。又樂章爲曲。謂音宛曲而成章也。周語曰。士獻詩。瞽獻曲。韋云。曲、樂曲也。毛詩傳曰。曲合樂曰歌。徒歌曰謠。韓詩曰。有章曲曰歌。無章曲曰謠。按曲合樂者。合於樂器也。行葦傳曰。歌者比於琴瑟也。即曲合樂曰歌也。區玉切。三部。凡曲之屬皆从曲。或說曲、蠶薄也。曲見月令、方言、漢書周勃傳。詳艸部薄下。其物以萑葦爲之。七月傳曰。豫畜萑葦。可以爲曲也。其字俗作苖。又作笛。

𠙺 古文曲。小徐無。

𠙹 𠙹曲也。𠙹者、骨耑𠙹臾也。曲當作𠙹。今人用委曲字。古用𠙹𠙹。其字从骨从玉。謂如骨玉之堅而柔之使橈也。廣韵作匤、匩也。从曲玉聲。區玉切。三部。

𠚕 古器也。从曲𠚕聲。土刀切。古音在三部。

文三　重一　小徐無重一。

甾 東楚名缶曰甾。太史公曰。自彭城以東。東海、吳、廣陵、此東楚也。缶下曰。瓦器、所以盛酒漿。秦人鼓之以節歌。象形。然則缶既象形矣。甾復象形。實一物而語言不同。且實一字而書法少異耳。玉篇作甾近之。若廣韵謂即艸部之甾字。風馬牛不相及也。甾上从一雝川。此象缶之頸少殺。安得云同字。今隸當作甾。象形也。口大而頸少殺。側詞切。一部。凡甾之屬皆从甾。

𠙾 古文甾。

疀 斛也。斛者、斛旁有庣也。甾之類。故其字从甾。古田器也。此上當有一曰二字。斛下亦引爾雅斛謂之疀。古田器也。此別一義。㠯斛疀爲銚臿也。許書金部作銚。臿乃其正字。今之鍫也。江沅說。从甾疌聲。楚洽切。八部。

畚 蒲器也。㽬屬所㠯盛糧。糧各本作穜。今正。周禮挈壺氏。挈畚以令糧。大鄭云。縣畚於稾。假之處。後鄭云。畚所以盛糧之器。故以畚表稾。左傳宣二年正義引說文蒲器可以盛糧。左傳釋文、詩正義引艸器所以盛種。種字蓋非。果爲種字則當云穀種。不得但言種也。何休注公羊云。畚、草器。杜注左傳以草索爲之。蒲與艸不相妨。糧者穀也。从甾弁聲。布忖切。古音在十四部。

㽬 㡊也。㡊者、蒲席

𤰈也。𢃼下曰。載米𤰈也。𤰈下曰。𢃼也。所以盛米。然則四篆一物也。从甾。并聲。薄經切。十一部。杜林吕爲竹筥。筥、箱也。箱、飯器。楊雄吕爲蒲器。杜有倉頡訓纂一篇。倉頡故一篇。楊有倉頡訓纂一篇。其說不同如此。此與鼂斡二篆皆兼引楊杜二家說。讀若軿車。

盧　𦈢也。𦈢者、小口罌也。从甾。虍聲。讀若盧同。洛乎切。五部。籒文盧如此。甾由一也。篆文。按𥂕與盧二體必當互易。淺人所改也。盧必古文。故盧以爲聲。且二字皆从由。無庸用先古後篆之例。故二體當互易。而盧下應曰古文。

文五　重三

瓦　土器已燒之總名。土部坏下曰。一曰瓦未燒。瓦謂已燒者也。凡土器未燒之素皆謂之坏。已燒皆謂之瓦。毛詩斯干傳曰。瓦、紡專也。此瓦中之一也。古史攷曰。夏時昆吾氏作瓦。按有虞氏上陶。瓦之不起於夏時可知也。許書缶部曰。古者昆吾作匋。壺系之昆吾圜器。韋昭云。昆吾、祝融之孫。陸終第二子。名樊。爲己姓。封於昆吾。衞是也。然則昆吾作匋。謂始封之昆吾。非夏桀之昆吾也。廣韵引周書。神農作瓦器。當得其實。說詳缶部。凡燒瓦器之竈曰窯。象形也。象卷曲之狀。五寡切。古音在十七部。讀如阿。凡瓦之屬皆从瓦。

瓬　周家搏埴之工也。搏作搏者誤。今正。考工記曰。搏埴之工陶旊。鄭曰。搏之言拍也。埴、黏土也。按手部搏、索持也。拍、拊也。是搏之本義不訓拍。故鄭以之言通之。从瓦。方聲。分兩切。十部。讀若抵破之抵。抵不成字。轉寫譌舛。考工記注。大鄭讀爲甫始之甫。後鄭讀如放於此乎之放。許云方聲則讀同後鄭放於此乎。今公羊放作昉。

甄　匋也。匋者、作瓦器也。董仲舒曰。如泥之在鈞。惟甄者之所爲。陳留風俗傳曰。舜陶甄河濱。其引申之義爲察也。勉也。考工記叚借爲震掉字。从瓦。垔聲。居延切。按本音側鄰切。十二十三部。音轉乃入仙韵。非二韵有異義。

甍　屋棟也。棟者、極也。屋之高處也。方言。甑謂之甑。廣雅作甍謂之甑。每夢一聲之轉。之蒸合韵之理。棟自屋中言之。故从木。甍自屋表言之。故从瓦。爾雅、方言謂之甑者。屋極爲分水之脊。雨水各從高霤瓦而下也。釋名曰。甍、蒙也。在上覆蒙屋也。左傳子之拔廟桷動於甍。未詳其說。从瓦。夢省聲。莫耕切。古音在六部。按惟此篆主謂屋瓦。故先之。

甑　甗也。考工記。陶人爲甑。實二鬴。厚半寸。脣寸。七穿。按甑所以炊烝米爲飯者。其底七穿。故必以箅蔽甑底。而加米於上。而饙之。而餾之。从瓦。曾聲。子孕切。六部。籒文甑。从𩰲。

甗　甑也。一穿。各本作一曰穿也。小徐本在虍聲之下。今正。按甑空名窐。見穴部。不得云又名甗也。陶人爲甗。實二鬴。厚半寸。脣寸。鄭司農云。甗、無底甑。無底卽所謂一穿。蓋甑七穿而小。甗一穿而大。一穿而大則無底矣。甑下曰甗也。渾言之。此曰甑也。一穿。析言之。渾言見甗亦評甑。析言見甑非止一穿。參差互見。使文義相足。此許訓詁之一例也。或曰當依小徐虍聲之下作一曰甑一穿也。六字。山之似甗者曰甗。詩。陟則在甗。傳曰。甗、小山別於大山也。釋名曰。甗、甑也。甑一孔者。甗形孤出處似之也。按此謂似甑體而已。鬲部曰。鼎大上小下若甑曰鬵。然則甑形大上小下。山名甗者亦爾。俗作巚。非。爾雅。小山別。大山曰鮮。詩皇矣同。字作鮮者。甗之叚借。文選吳都賦作巘。李注古買反。此因爾雅鮮或作巘。又譌作巘也。从瓦。𠪚聲。讀若言。魚蹇切。十四部。

瓵　甌瓿謂之瓵。爾雅釋器文。史記貨殖傳。蘗麴鹽豉千合。徐廣曰。或作台。器名有瓵。孫叔然云。瓵、瓦器。受斗六升。台當爲瓵。音貽。按今史記譌舛。爲正之如此。所引孫叔然者。爾雅注也。从瓦。台聲。與之切。一部。

甞　大盆也。盆者、盎也。甞其大者也。漢書楊雄酒箴曰。爲甞所轠。从瓦。尚聲。丁浪切。十部。

甌　小盆也。方言。罃甀謂之盎。自關而西或謂之盆。或謂之盎。其小者謂之升甌。又曰。甂、陳魏宋楚之閒謂之題。自關而西謂之甂。其大者謂之甌。按許亦同方言。謂甌爲盆。而郭景純疑方言與爾雅說甂不合。从瓦。區聲。烏侯切。四部。

瓮　罌也。罌者、𦈢也。𦈢者、小口罌也。然則瓮者罌之大口者也。方言曰。甀、瓮、瓿、甊、㼽也。自關而西晉之舊都河汾之閒其大者謂之甀。其中者謂之瓿甊。自關而東趙魏之郊謂之瓮。或謂之甖。甖卽罌字。从瓦公聲。烏貢切。九部。按小徐瓨下讀若翁三字當在此。

瓨　佀罌長頸受十升。史漢貨殖傳皆曰。醯醬千瓨。按醯醬者、今之醋也。別於下文之醬。升當作斗。漢書注。古本有作斗者。从瓦工聲。讀若洪。洪小徐作翁。古雙切。九部。按篇韵皆戶江切。字亦作缸。

㼝　小盂也。盂者、飲器也。方言曰。盂、宋楚魏之閒或謂之盌。从瓦夗聲。烏管切。十四部。方言作盌。俗作椀。

瓴　罋也。佀缾者。罋大徐作瓮。瓮盖非。高祖本紀曰。譬猶居高屋建瓴水。如淳曰。瓴、盛水瓶也。居高屋之上而幡瓴水。言其向之勢易也。建音蹇。晉灼曰。許慎云。瓴、罋似瓶者也。按缶部云。罋汲缾也。瓴同物而非罌瓮。从瓦令聲。郎丁切。十一部。

⿰卑瓦　罌謂之⿰卑瓦。方言、廣雅罌皆作甇。从瓦卑聲。部迷切。十六部。

甂　佀小瓿。大口而卑用食。方言。甂、陳魏宋楚之閒謂之題。自關而西謂之甂。淮南書曰。狗彘不擇甂甌而食。玉篇曰。小盆大口而卑下。从瓦扁聲。芳連切。古音在十二部。

瓿　甂也。玉篇瓿甊。小罌也。廣韵同。从瓦音聲。蒲口切。四部。

⿰容瓦　器也。廣韵罌也。从瓦容聲。與封切。九部。

甓　令適也。大徐適作甓。陳風。中唐有甓。傳曰。甓、令適也。釋宮同。郎丁都歷二反。爾雅作瓴甋。俗字也。土部墼字解亦云令適。考工記注作令甓。實一物也。詳墼字注。从瓦辟聲。扶歷切。十六部。詩曰。中唐有甓。陳風防有鵲巢文。讀若[illegible]。

甃　井壁也。井壁者、謂用塼爲井垣也。周易井九四曰。井甃无咎。又上六。井收。荀作井甃。莊子曰。缺甃之涯。从瓦秋聲。側救切。三部。

甈　康瓠。句。按當有謂之甈三字。破罌也。康之言空也。瓠之言壺也。空壺謂破罌也。罌已破矣。無所用之。空之而已。釋器曰。康瓠謂之甈。甈之言滯而無用也。法言曰。甄陶天下者其在和乎。剛則甈。柔則坯。此引申之義也。从瓦臬聲。魚列切。十五部。廣韵五計切。玉篇邱滯切。

甈或从埶。埶聲古與臬聲同。是以臬多段藝爲之。

⿰爽瓦　瑳垢瓦石也。瑳俗作磋。今依宋本作瑳。亦段借字耳。其字當用厝。厝、厲石也。詩曰。它山之石。可以爲厝。用瓦石去垢曰⿰爽瓦。方言注曰。漺、錯也。漺與磢同。海賦曰。飛澇相磢。江賦曰。奔溜之所磢錯。磢卽⿰爽瓦。从瓦爽聲。初兩切。十部。

⿰耎瓦　蹈瓦聲。⿰耎瓦⿰耎瓦也。大徐無⿰耎瓦⿰耎瓦也三字。小徐作蹈瓦⿰耎瓦也。玄應作蹈瓦聲躐躐也。今按躐躐當作⿰耎瓦⿰耎瓦。通俗文。瓦破聲曰⿰耎瓦。玉篇。⿰耎瓦⿰耎瓦、蹋瓦聲。从瓦耎聲。零帖切。廣韵又良涉切。八部。按古音當在十四部。

⿰今瓦　治橐榦也。治各本作冶。今正。治橐謂排囊。排讀普拜切。其字或作韛。或作橐。冶者以韋囊鼓火。老子之所謂橐也。其所執之柄曰⿰今瓦。榦猶柄也。⿰今瓦或譌作肣。而廣韵以排囊柄釋之。玉篇以似瓶有耳釋⿰今瓦。引許者冶皆譌治。而其義湛薶終古矣。排囊之柄、古用瓦爲之。故字从瓦。後乃以木爲之。故集韵作棯。从木。从瓦今聲。胡男切。古音在七部。他書譌作瓴。

⿰卒瓦　破也。破上當有瓦字。破下曰石碎也。此曰瓦破也。是二篆爲轉注。而形各有所从。⿰卒瓦與碎音同義異。碎者䃺也。⿰卒瓦則破而已。不必䃺也。今則碎行而⿰卒瓦廢矣。从瓦卒聲。穌對切。十五部。

瓪　敗瓦也。依小徐有瓦字。今俗所謂瓦瓪、是此字也。今人語如辦之平聲耳。玉篇、廣韵皆曰。瓪、牝瓦也。此今義。非許義。广部曰。⿸广反、屋牝瓦也。牡瓦牝瓦。見九章算經及漢書。說詳⿸广反下。从瓦反聲。布綰切。十四部。

文二十五　重二

弓　窮也。補此二字。以疊韵爲訓之例也。㠯近窮遠者。者字今補。象形。居戎切。古音在六部。讀如肱。古者揮作弓。郭景純引世本曰。牟夷作矢。揮作弓。此等皆當出世本作篇。揮、黃帝臣。周禮六弓。王弓、弧弓㠯䠶甲革甚質。夾弓、庾弓㠯䠶干侯鳥獸。唐弓、大弓㠯授學䠶者。夏官司弓矢文也。說詳鄭注。甚質今作椹質。按故書作鞎。大鄭云。鞎當爲椹。許書無椹字。葢許從鄭。鄭本作甚也。干今作豻。凡弓之屬皆从弓。

弴

弴

畫弓也。大雅。敦弓既堅。傳曰。敦弓、畫弓也。天子畫弓。按荀卿子。天子彫弓。諸侯彤弓。大夫黑弓。禮也。公羊傳何注曰。禮、天子雕弓。諸侯彤弓。大夫嬰弓。士盧弓。盧弓卽旅弓。黑弓也。嬰弓、陸德明云見司馬法。按嬰卽江賦之瓔字。葢朱黑相間而嬰繞也。彤弓、毛傳曰朱弓也。以講德習射。彫弓者。葢五采畫之。凡經傳言彫有謂刻鏤者。如玉謂之彫、金謂之鏤。禮記玉豆彫篹。論語朽木不可彫是也。有謂繪畫者。如此彫弓是也。彡部曰。彫、琢文也。古繪畫與刻畫無二字。諸侯彤弓、則天子當五采。石鼓詩有秀弓。秀卽繡。五采備謂之繡。或曰天子之弓但刻畫爲文也。兩京賦。彫弓斯彀。薛云。彫弓謂有刻畫也。弴與彫語之轉。敦弓者、弴之叚借字。詩、禮又叚追爲之。敦弴可讀如𠂤。不得竟讀彫也。孟子作弤。亦雙聲字。从弓𦎫聲。都昆切。十三部。

弭

弓無緣可㠯解轡紛者。釋器曰。弓有緣者謂之弓。無緣者謂之弭。孫云。緣謂繫束而漆之。弭謂不以繫束、骨飾兩頭者也。小雅。象弭魚服。傳曰。象弭、弓反末也。所以解紛者。箋云。弓反末彆者。以象骨爲之。以助御者解轡紛。宜骨也。按紛猶亂。今詩作紒、亦通。紒者、今之結字。許合爾雅、毛詩爲說也。弭可以解紛。故引申之訓止。凡云弭兵、弭亂者是也。从弓耳聲。緜婢切。按古音當在一部。而入紙韵在十六部者。以或从兒聲也。弭或从兒。兒聲也。覛葢此篆之正體。故亦作彌。爾兒聲同。故周禮彌災兵、漢書彌亂、卽覛字也。弭節亦作靡節。郊特牲有由辟焉。辟亦弭字。

弲

角弓也。角弓、謂弓之傳角者也。詩曰。觲觲角弓。相角居角之法詳於弓人。按今詩騂騂角弓。釋文曰。騂、說文作弲。音火全反。此陸氏之偶誤。葢角部稱觲觲角弓。陸當云說文作觲。而誤云作弲也。弲自謂角弓。不謂弓調利。雒陽名弩曰弲。此別一義。从弓肙聲。烏玄切。按陸云說文火全反。十四部。

弧

木弓也。易曰。弦木爲弧。考工記。凡爲弓。冬析幹。凡幹。柘爲上。檍次之。檿桑次之。橘次之。木瓜次之。荊次之。竹爲下。按木弓、謂弓之不傳以角者也。弓有專用木、不傳角者。後世聖人初造弓矢之遺法也。引申之爲凡紆曲之稱。輈人曰。凡揉輈欲其孫而無弧深。从弓瓜聲。戶吳切。五部。一曰往體寡、來體多曰弧弓。弓字今補。弓人曰。往體寡、來體多、謂之王弓之屬。利射革與質。注云。射深者用直。此又直焉。於射堅宜也。王弓合九而成規。弧弓亦然。按王弓之屬者。言王弓以包弧弓也。弧者直而稍紆之謂。弧弓亦天子之弓。王弓亦直而稍紆。則王弓弧弓得互稱也。

弨

弓反也。小雅。彤弓弨兮。傳曰。弨、弛皃。按詩正義引說文有謂弛之而弓反六字。葢出庾儼默說。弛者弓解也。弓反者。詩所云翩其反也。弓反爲弨之本義。弛之則矣。亦反。从弓召聲。尺招切。二部。詩曰。彤弓弨兮。

⿰弓雚

弓曲也。陸德明云。說文音權。然則與拳曲音義略同。爾雅曰。菼薍。其萌虇。陸云。本或作⿰弓雚。非。⿰弓雚、說文云弓曲也。按偏旁多後人所加。作虇者正是古本。艸初生句曲也。从弓雚聲。九院切。十四部。按古平聲。

彄

弓弩耑。弦所居也。耑者頭也。兩頭隱弦處曰彄。亦引申他用。詩箋云。韘所以彄沓手指。从弓區聲。恪侯切。四部。

⿰弓䌛

弓便利也。繇之言由也。所謂自由自便也。从弓䌛聲。讀若燒。弋招切。二部。

張

敂弓弦也。敂各本作施。今正。敂、敷也。張弛本謂弓施弦解弦。引申爲凡作輟之稱。禮記曰。張而不弛。文武弗能也。弛而不張。文武弗爲也。一張一弛。文武之道也。从弓長聲。陟良切。十部。

彏

弓急張也。廣韵曰。弓弦急皃。从弓矍聲。許縛切。五部。廣韵又居縛切。

弸

弓彊皃。法言。弸中彪外。从弓朋聲。父耕切。古音在六部。

彊

弓有力也。引申爲凡有力之稱。又叚爲勥迫之勥。从弓畺聲。巨良切。十部。

彎

持弓關矢也。凡兩相交曰關。如以木橫持兩扉也。矢桰檃於弦、而鏑出弓背外。是兩耑相交也。孟子曰。越人關弓而射之。左傳。將注豹則關矣。皆謂引弓將滿、是之謂彎。或叚貫爲關。从弓䜌聲。烏關切。十四部。

引

開弓也。開下曰。張也。是門可曰張。弓可曰開。相爲轉注也。施弦於弓曰張。鉤弦使滿、以竟矢之長亦曰張。是謂之引。凡延長之偁、開導之偁皆引申於此。小雅楚茨、大雅召旻毛傳皆曰。引、長也。从弓丨。此引而上行之丨也。爲會

弙　弘　⿰弓璽　弛　弢

意。丨亦象矢形。余忍切。十二部。

弙　滿弓有所鄉也。鄉今向字。漢人無用向者。廣雅曰。弙、張也。大荒南經。有人方扜弓射黃蛇。郭曰。扜、挽也。音紆。按此段扜爲弙也。弙與彎雙聲。从弓亏聲。哀都切。五部。

弘　弓聲也。集韻曰。弸弦、弓聲也。或作彋。按弦彋皆卽此篆也。甘泉賦曰。帷弸彋其拂汨兮。蘇林云。弸音石墮井弸爾之弸。彋音宏。李善曰。弸彋、風吹帷帳之聲也。是則弓聲之義引申爲他聲。經傳多叚此篆爲宏大字。宏者屋深。故爾雅曰。宏、大也。从弓厶聲。厶古文厷字。見又部。胡肱切。六部。

⿰弓璽　弛弓也。弛弓者、⿰弓璽之義。⿰弓璽非弛字也。玉篇以爲今之彌字。廣韻以爲玉名。皆非是。从弓璽聲。斯氏切。十五十六部。

弛　弓解弦也。弦字各本無。今補。引申爲凡懈廢之稱。从弓也聲。施氏切。十六部。

𢏅　弛或从虒。虒聲亦在十六部。

弢　弓衣也。左傳多言弢。詩言韔。秦風傳曰。韔、弓室也。鄭風作鬯。傳曰。鬯、弓弢也。然則弢與韔與韣同物。故許皆以弓衣釋之。月令曰。帶以弓韣。少儀曰。弓則以左手屈韣執拊。是又名韣而可屈則以韋爲之也。革部又曰。鞬、所以戢弓矢。方言曰。弓謂之鞬。或謂之韇丸。廣雅。鞬、弓藏也。皾族、矢藏也。合三書言之。鞬、韇丸乃藏弓矢所通稱也。从弓𡕒。𡕒當作𠬞。土刀切。二部。𡕒、垂飾。與鼓同意。弢當作屮。屮部。屵下曰。岸上見也。豈下曰。屮其飾也。厂部見也。巂以屮象其冠。嵩以屮象其首。然則弢鼓从屮者皆象其飾。鼓从又。則謂手擊之。弢从又則謂手執之也。此云與鼓同意。乃使二篆之意可以互證。

弩　彀

弩　弓有臂者。从弓奴聲。奴古切。五部。周禮四弩。夾弩、庾弩、唐弩、大弩。司弓矢文。弩統於弓。故官但言弓。

彀　張弩也。射雉賦注引作張弓弩也。詩釋文正義作張弓。皆非。孟子趙注亦但云張弩。葢本謂弩。引申移之弓耳。射雉賦捧黃閒以密彀。亦謂弩也。孟子曰。羿之教人射。必志於彀。學者亦必志於彀。趙云。彀、張也。張弩向的者。用思專時也。又曰。羿不爲拙射變其彀率。趙云。彀弩張向表率之正體。望之極思用巧之時。不可變也。按趙注本謂用巧。如朱注云弓滿也。則專謂用力。而非必中矣。大雅。敦弓既句。句讀倨句之句。毛傳曰。天子之弓合九而成規。是此弓倨多句少。言句以見其倨也。不得云句卽彀。从弓𣪊聲。古候切。四部。

彍　彃　彈

彍　滿弩也。滿弩者。張而滿之。或作弩滿。非也。吾丘壽王傳曰。十賊彍弩。百吏不敢前。師古云。引滿曰彍。晉語韋注云。張羅闉。去壘五十步而陳。周軍之前後左右。彍弩注矢以誰何。謂之羅闉。唐開元中變府兵置彍騎十萬人。彍同彍。从弓黃聲。讀若郭。按陽唐無入。以魚虞模之入爲入。故彍讀若郭。與韓詩鞹、廓也同一例。郭卽今廓字。古無二音。如鼓下云萬物郭皮甲而出是也。五部。古音當讀古曠切。在十部。

彃　䠶也。䠶者。弓弩發於身而中於遠也。亦謂之彈。从弓畢聲。卑吉切。十二部。楚辭曰。夫羿焉彃日也。屈原賦天問篇文。今本無夫也二字。彃作羿。郭氏山海經傳云。莊周云。昔者十日竝出。艸木焦枯。淮南子云。堯乃令羿射十日。中其九日。日中烏盡死。又引離騷羿焉彃日。烏焉落羽。又引歸藏鄭母經。昔者羿善射。彃十日。果彃之。按彃卽彈字。

彈　行丸也。左傳。晉靈公從臺上彈人。而觀其避丸也。引申爲凡抨彈、糾彈之偁。从弓單聲。徒案切。十四部。亦平聲。

弓　或說彈从弓持丸如此。各本篆形作弘。今正。汗簡云。弓、彈字也。出說文。又佩觿、集韻皆有弓字。葢古本說文从弓而象丸形。與玉部朽玉字同意。

發　⿱开弓　彆

發　䠶發也。詩曰。壹發五豝。引申爲凡作起之偁。从弓癹聲。方伐切。十五部。

⿱开弓　帝嚳䠶官。夏少康滅之。云夏少康滅之、則邑部竆下云。夏后時諸侯夷羿國也。羽部羿下云。亦古諸侯也。皆卽此⿱开弓。帝嚳䠶官。爲諸侯。自鉏遷於竆石。所謂有竆后羿也。滅夏后相而篡其位。寒浞殺而代之。浞生奡及豷。少康及后杼滅之。有竆由是遂亡。⿱开弓與羿古葢同字。而堯時射師彈十日者。高誘云。此堯時羿。非有竆后羿。从弓开聲。五計切。古音當在十一部。論語曰。⿱开弓善䠶。憲問篇文。按今論語作羿。羿之譌也。

彆　弓戾也。从弓敝聲。方結反。亦方血反。又邊之入聲。按此依詩采薇釋文正義所引說文補。弓戾者、謂弓很戾不調。鄭箋詩象弭云。弓反末弩者，以象骨為之，意與小異。

文二十七　今補弩。　重三

弜

彊也。重也。重當作緟。見糸部。重弓者，彊之意也。緟，疊之意也。詩交韔二弓。傳曰：交二弓於韔中也。从二弓。其兩切。按此音後人以意為之也。凡弜之屬皆从弜。闕。謂其讀若不聞也。

弼

輔也。輔者，車之輔也。引申為凡左右之偁。釋詁曰：弼、俌也。人部曰：俌，輔也。俌輔音義皆同也。詩曰：交韔二弓，竹閉緄縢。傳云：交韔，交二弓於韔中也。閉，紲。緄，繩。縢，約也。小雅：騂騂角弓，翩其反矣。傳曰：騂騂，調利皃。不善紲檠巧用，則翩然而反也。士喪禮注曰：柲，弓檠。弛則縛之於弓裏，備損傷。以竹為之。詩所謂竹柲緄縢。木部曰：榜，所以輔弓弩。檠，榜也。然則曰檠、曰榜、曰柲、曰閉者，竹木為之。曰紲、曰縢者，縛之於弛弓以定其體也。弓必有輔而後正，人亦然。故輔謂之弼。从弜，西聲。徐鍇曰：西非聲。按非也。西下曰一讀若誓。弼字从此。誓與弼同十五部也。房密切。玉篇曰：今字作弼。

古文弼如此。从重西者，取會意。西，舌見也。弛弓之檠，如口中之舌。二弓則二舌矣。重西以見二弓也。

亦古文弼。攴，小擊也。榜之則不無扑擊。

弼或如此。弗者，矯也。故从弗。弗亦聲。

文二　重三

弦

弓弦也。弓弦以絲為之。張於弓，因之張於琴瑟者亦曰弦。俗別作絃，非也。弦有急意，故董安于性緩，佩弦以自急。心部曰：慈，急也。从弓，象絲軫之形。謂幺也。象古文絲而系於軫。軫者，系弦之處。後人謂琴系弦者曰軫。胡田切。十二部。今字作弦。○按軫當作紾。从車者譌也。紾者，轉也。方言：軫，戾也。軫乃紾之叚借字。絲紾，言弦戾也。凡弦之屬皆从弦。

盭

弼戾也。按此乖戾正字。今則戾行而盭廢矣。戾謂犬出戶下而身曲戾，其意略近。故以戾釋盭。史記、漢書多用盭字。从弦省，从盩。此會意字。

盭、了戾之也。大徐刪此五字。小徐盭作盭。了作引。今正。了戾雙聲字。淮南原道訓注曰：紾，軫，了戾也。方言：軫，戾也。注謂相了戾也。王砅注素問、段成式酉陽襍組皆用了戾。許意山曲曰盭，水曲曰厔。扶風有盩厔縣，取此義。是盩有詘曲之意。故此篆从盩。非用引擊之意也。今淮南注了戾，道藏不誤，而俗刻作引戾。正與此誤同。讀若戾。郎計切。十五部。

玅

急戾也。陸機賦：弦幺徽急。疑當作弦玅。从弦省，少聲。於霄切。二部。按類篇曰：彌笑切。精微也。則為今之妙字。妙或作玅是也。

⿰玄曷

不成遂急戾也。不成遂者，不成就也。因之急戾是曰⿰玄曷。从弦省，曷聲。讀若瘞。於罽切。十五部。廣韵作⿰糸曷。非。

文四　玉篇以弦字入弓部，盭、玅、⿰玄曷皆入幺部。非許君分別立弦部之意也。弦，善戾，故从弦。無取幺小之義。

系

縣也。縣各本作繫。非其義。今正。県部曰：縣者，系也。引申為凡總持之偁。故系與縣二篆為轉注。系者，垂統於上而承於下也。系與係可通用。然經傳係多謂束縛。故係下曰絜束也。其義不同。系之義引申為世系。周禮瞽矇世帝繫。小史奠繫世。皆謂帝繫世本之屬。其字借繫為之。當作系。大傳繫之以姓而弗別。亦系之叚借。从糸，糸，細絲也。縣物者不必麤也。厂聲。厂，余制切。抴也。虒字从之。系字亦从之。形聲中有會意也。胡計切。十六部。凡系之屬皆从系。

系或从毄處。从處而毄聲也。毄亦在十六部。故古係縛字亦多叚毄為之。

籀文系。从爪絲。此會意也。覆手曰爪。絲縣於掌中而下垂，是系之意也。

孫

子之子曰孫。爾雅釋親文也。子卑於父，孫更卑焉。故引申之義為孫順，為孫遁。字本皆作孫。經傳中作遜者，皆非古也。至部⿱臸土下解曰：从至，至而復孫。孫，遁也。字作孫，不作遜。此許書無遜之證。春秋經：夫人孫于齊。公孫于齊。公羊傳曰：孫猶孫也。內諱奔謂之孫。穀梁傳曰：孫之為言猶孫也。諱奔也。云猶孫者，謂如孫之退然自處於卑小。詩公孫碩膚，箋云：孫讀當如公孫于齊之孫。孫之言孫遁也。周公孫遁辟此成功之大美。書

十二篇下　空

序。帝堯將孫于位。亦謂遜遁。此等字今皆俗改爲遜。絕非古字古義。惟孫順字唐書作愻。見心部。而俗亦以遜爲之。**从系子。**系於子也。會意。思魂切。十三部。**系、**逗。**續也。**釋孫从系之意。系部曰。繼者、續也。系猶繼也。

緜

聯㪔也。聯者、連也。㪔者、眇也。其相連者甚㪔眇。是曰緜。引申爲凡聯屬之偁。大雅。緜緜瓜瓞。傳曰。緜緜、不絕皃。又引申爲絲絮之偁。因其嫥弱而名之。如糸部絮下云敝緜也。鄭注禮記云纊新緜也是也。又引申爲薄弱之偁。如淮南王安諫伐閩粤曰粤人緜力薄材。不能陸戰是也。**从系帛。**謂帛之所系也。系取細絲。而積細絲可以成帛。是君子積小以高大之義也。武延切。十四部。

繇

隨從也。辵部曰。從、隨行也。隨、從也。繇與隨、從三篆爲轉注。从系者、謂引之而往也。爾雅釋故曰。繇、道也。詩書繇作猷。叚借字。小雅。匪大猶是經。大雅。遠猶辰告。傳皆曰。猶、道也。書大誥。猷爾多邦。猷亦道也。道路及導引。古同作道。皆隨從之義也。繇之譌體作䌛。亦用爲傜役字。傜役者、隨從而爲之者也。**从系。**有所系而隨從之也。**䍃聲。**余招切。按此音非也。當以周切。三部。

由

或繇字。古繇由通用一字也。各本無此篆。全書由聲之字皆無柤柢。今補。按詩書論語及他經傳皆用此字。其象形會意今不可知。或當从田有路可入也。韓詩横由其畝。傳曰。東西曰横。南北曰由。毛詩由作從。

文四　重二今補由。則重三。

十二篇下　奎

三十六部　文七百八十一宋本作七百七十九文。**重八十**宋本作重八十四。**凡九千二百三字**此總舉弟十二篇部及文及重文及說解字四者之都數也。

說文解字第十二篇下　受業黟縣胡積城校字

說文解字第十三篇上

金壇段玉裁注

糸

細絲也。絲者、蠶所吐也。細者、微也。細絲曰糸。糸之言蔑也。蔑之言無也。**象束絲之形。**此謂古文也。古文見下。小篆作糸則有增益。**凡糸之屬皆从糸。讀若覛。**莫狄切。十六部。**古文糸。**

繭

蠶衣也。衣者、依也。蠶所依曰蠶衣。蠶不自有其衣。而以其衣衣天下。此聖人之所取法也。**从糸从虫从芇。**芇聲。各本作黹省。黹不得爲繭。會意。韵會萬省聲。萬上从二十并。亦非也。五經文字曰。从虫从芇。芇音綿。許書丫部有芇字。相當也。讀若宀。張參所據本是矣。今據正。虫者、蠶也。芇者、僅足蔽其身也。工殄反。十四部。**古文繭。从糸見。**見聲也。

繅

繹繭爲絲也。从糸巢聲。穌遭切。二部。俗作繰。乃帛如紺色之字。

繹

㩅絲也。㩅者、引也。引申爲凡駱驛、溫尋之稱。駉傳曰。繹繹、善走也。**从糸睪聲。**羊益切。古音在五部。

十三篇上　一

緒

絲耑也。耑者、艸木初生之題也。因爲凡首之稱。抽絲者得緒而可引。引申之、凡事皆有緒可纘。**从糸者聲。**徐呂切。五部。

緬

㪔絲也。㪔各本作微。今正。緬之引申爲凡緜邈之稱。穀梁莊三年傳曰。改葬之禮緦。舉下、緬也。**从糸面聲。**弭沇切。十四部。

純

絲也。論語。麻冕、禮也。今也純。孔安國曰。純、絲也。此純之本義也。故其字从糸。按純與醇音同。醇者、不澆酒也。叚純爲醇字。故班固曰。不變曰醇。不襍曰粹。崔覲說易曰。不襍曰純。不變曰粹。其意一也。美絲美酒、其不襍同也。不襍則壹。壹則大。故釋詁、毛傳、鄭箋皆曰。純、大也。文王純亦不已。卽周易之純粹也。詩之純束讀如屯。國語之稛、左傳之麇、皆其字也。禮之純釋爲緣。實卽緣之音近叚借也。**从糸屯聲。**常倫切。十三部。**論語曰。今也純儉。**子罕篇文。

綃

生絲也。韵會作生絲繒也。今按言繒名則非其次。依鄭君則實繒名。當云生絲也。一曰繒名。生絲、未湅之絲也。已湅之繒曰練。未湅之絲曰

⿰糹皆　綂　紇　紙　絓　纅　繀　經

綃。以生絲之繒爲衣。則曰綃衣。古經多作宵。作繡。特牲禮。主婦纚笄宵衣。注曰。宵衣染之以黑。其繒本名曰綃。詩有素衣朱綃。記有玄綃衣。凡婦人助祭者同服也。少牢禮注曰。大夫妻尊。亦衣綃衣而侈其袂。玉藻曰。君子狐青裘豹褎。玄綃衣以裼之。注曰。綃、綺屬也。郊特牲。繡黼丹朱中衣。注曰。繡讀爲綃。綃、繒名也。引詩素衣朱綃。合此數條知宵繡皆叚借字。以此生絲織繒曰綃。仍從絲得名也。故或云繒名。或云綺屬。綺卽文繒也。**从糸肖聲。**相幺切。二部。

⿰糹皆　大絲也。从糸皆聲。口皆切。十五部。

綂　絲曼延也。曼延疊韵字。曼、引也。延、行也。綂之言网也。巾部有㡛。㡛氏湅絲。㡛綂古葢一字。**从糸巟聲。**呼光切。十部。按當讀如荒。

紇　絲下也。謂絲之下者也。**从糸气聲。**下沒切。十五部。**春秋傳有臧孫紇。**

⿰糹氐　絲滓也。滓者、澱也。因以爲凡物渣滓之稱。**从糸氐聲。**都兮切。十五部。按此篆與紙別。紙氏聲在十六部。

絓　繭滓絓頭也。謂繅時繭絲成結。有所絓礙。工女蠶功畢後。別理之爲用也。引申爲挂礙之稱。按集韵類篇皆作繭滓也、一曰絓頭。此古本也。一曰絓頭者、一名絓頭也。**从糸圭聲。**胡卦切。十六部。**一曰以囊絮湅也。**別一義。謂以囊盛絲縣其中於水湅之也。湅各本作練。今正。湅絮。莊子所謂洴澼絖。史記所謂漂。攷工記注所謂湖漂絮。水部潎下云。於水中擊絮是也。

纅　絲色也。謂絲之色光采灼然也。考工記曰。絲欲沈。注云。如在水中時色。今人謂之漂亮。**从糸樂聲。**以灼切。二部。

繀　箸絲於筟車也。竹部曰。筟、筳也。筳、維絲筦也。筟車亦曰維車。方言曰。維車、趙魏之閒謂之轣轆。東齊海岱之閒謂之道軌。箸絲於筳謂之維。**从糸崔聲。**穌對切。十五部。

經　織從絲也。從絲二字依太平御覽卷八百二十六補。古謂橫直爲衡從。毛詩云。衡從其畝是也。字本不作縱。後人妄以代之。分別其音有慈容足容之不同。韓詩作橫由其畝。其說曰。東西耕曰橫。南北耕曰由。由卽從也。何必讀如蹤乎。織之從絲謂之經。必先有經而後有緯。是故三綱五常六藝謂之天地之常經。大戴禮曰。南北曰經。東西曰緯。抑許云

織　⿰糹式　紝　綜　綹　緯　緷

絞、縊也。縊、經也。縊死何言經死也。謂以繩直縣而死。從絲之義之引申也。平者立者皆得謂之從。按獨言從絲者。蒙上文專言帛。以謂布之有從縷同也。**从糸巠聲。**九丁切。十一部。

織　作布帛之總名也。布者麻縷所成。帛者絲所成。作之皆謂之織。許此部別布於絲。自緝篆至絣篆二十六字皆言布也。而有不可分者。如織篆是也。經與緯相成曰織。古叚爲識字。如詩之織文、徽識也。**从糸戠聲。**之弋切。一部。

⿰糹式　樂浪挈令。織从糸从式。樂浪、漢幽州郡名也。挈令者、漢張湯傳有廷尉挈令。韋昭曰。在板挈也。後書應劭傳作廷尉板令。史記又作絜令。漢燕王旦傳又有光祿挈令。挈當作契。契、刻也。樂浪郡挈於板之令也。其織字如此。錄之者。明字合於六書之法。則無不可用也。如錄漢令之鬲作厤。

紝　機縷也。蠶曰絲。麻曰縷。縷者、綫也。綫者、縷也。喪服言縷若干升。孟子以麻縷絲絮竝言。皆謂麻也。然亦有麻絲竝言縷者。機縷是也。機縷、今之機頭。內則曰。執麻枲。治絲繭。織紝組紃。紝合麻枲絲繭言之。左傳魯賂楚以執斲執鍼織紝皆百人。杜曰。織紝、織繒布者。**从糸壬聲。**如甚切。七部。按此字經典及玉篇廣韵皆平聲。豈唐韵有上聲一切耶。抑二徐誤耳。

絍　紝或从任。

綜　機縷也。此亦兼布帛言之也。玄應書引說文機縷也。謂機縷持絲交者也。下八字葢庾儼默注。又引三倉綜理經也。謂機縷持絲交者也。屈繩制經令得開合也。按今尚謂之綜。引申之義爲兼綜、爲錯綜。太玄經曰。乃綜于名。**从糸宗聲。**子宋切。九部。

綹　緯十縷爲綹。此亦兼布帛言之也。故篇韵曰。緯十絲曰綹。文互相足也。許言縷不言絲者。言縷可以包絲。言絲不可以包縷也。**从糸咎聲。讀若柳。**力九切。三部。

緯　織衡絲也。衡各本作橫。今正。凡漢人用字皆作從衡。許曰。橫、闌足也。不對植者言也。云織衡絲者。對上文織從絲爲言。故言絲以見縷。經在軸。緯在杼。木部曰。杼、機之持緯者也。引申爲凡交會之稱。漢人左右六經之書謂之祕緯。**从糸韋聲。**云貴切。十五部。

緷　緯也。此亦兼布帛言之也。緯亦稱緷者語之轉也。微文二部每互轉。爾雅。百羽謂之緷。古

繢　統　紀

本反。按此繟字正許書纕字之叚借。玉篇云：繟，大束也。是也。从糸軍聲。王問切。十三部。

繢　織餘也。此亦兼布帛言之也。上文機縷爲機頭，此織餘爲機尾。續之言遺也。故訓爲織餘。織餘，今亦呼爲機頭，可用系物及飾物。急就篇綮繢總爲一類是也。顏、王注未諦。今則此義廢矣。一曰畫也。四字依韵會補。今所傳小徐繫傳本此卷全闕，黃氏作韵會時所見尚完，知小徐本有此四字也。畫者，介也。今謂之畫繢。畫繢雙聲。考工記曰：設色之工畫繢鍾筐㡛。又曰：畫繢之事襍五采。咎繇謨：日、月、星、辰、山、龍、華蟲作繪。鄭注曰：繪讀曰繢。讀曰猶讀爲，易其字也。以爲訓畫之字當作繢也。繪訓五采繡，故必易繪爲繢。鄭司農注周禮引論語繢事後素。从糸貴聲。胡對切。十五部。

統　紀也。淮南泰族訓曰：繭之性爲絲，然非得女工煮以熱湯而抽其統紀，則不能成絲。按此其本義也。引申爲凡綱紀之稱。周易：乃統天。鄭注云：統，本也。公羊傳：大一統也。何注：統，始也。从糸充聲。他綜切。九部。玉篇一音桶。

紀　別絲也。別絲，各本作絲別。棫樸正義引：紀，別絲也。又云：紀者，別理絲縷。今依以正。別絲者，一絲必有其首，別之是爲紀；衆絲皆得其首，是爲統。統與紀義互相足也。故許不析言之。禮器曰：衆之紀也，紀散而衆亂。注曰：紀者，絲縷之數有紀也。此紀之本義也。引申之爲凡經理之稱。詩：綱紀四方。箋云：以罔罟喻爲政，張之爲綱，理之爲紀。洪範九疇：四、五紀。斗牽牛爲星紀。史記每帝爲本紀，謂本其事而分別紀之也。詩：滔滔江漢，南國之紀。毛傳曰：其神足以綱紀一方。箋云：南國之大川，紀理衆水，使不壅滯。从糸己聲。居擬切。一部。

繈　纇

繈　觕類也。觕見角部。各本作觕，非也。今正。觕訓角長，引申爲凡粗長之稱。絲節粗長謂之繈。孟康曰：繈，錢貫也。其引申之義也。又引申爲繈緥。呂覽明理篇：道多繈緥。高注：繈緥，小兒被也。繈，褸格上繩也。又直諫篇：繈緥。注：繈，褸格繩；緥，小兒褓也。褓卽緥，褸格卽絡。織縷爲絡，以負之於背，其繩謂之繈。高說冣分明。博物志云：織縷爲之，廣八寸，長二尺。乃謂其絡，未及其繩也。凡繩韌者謂之繈。从糸強聲。居兩切。十部。

纇　絲節也。節者，竹約也。引申爲凡約結之稱。絲之約結不解者曰纇。引申之，凡人之愆尤皆曰纇。左傳：忿纇無期。是也。亦叚類爲之。昭十六年傳曰：刑之頗類。服虔讀類爲纇，解云：纇，不平也。从糸頪聲。盧對切。十五部。

紿　納　紡　絕

紿　絲勞卽紿。卽當爲則。古書卽、則多互譌。絲勞敝則爲紿。紿之言怠也，如人之券怠然。古多叚爲詒字。言部曰：詒者，相欺詒也。从糸台聲。徒亥切。一部。

納　絲溼納納也。納納，溼意。劉向九歎：衣納納而掩露。王逸注：納納，濡溼皃。漢酷吏傳：阿邑人主。蘇林曰：邑音人相悒納之悒。按悒納當作浥納。媕阿之狀，於濡溼義近也。古多叚納爲內字。內者，入也。从糸內聲。奴荅切。古音亦在十五部。

紡　紡絲也。紡，各本作網，不可通。唐本作拗，尤誤。今定爲紡絲也三字句，乃今人常語耳。凡不必以他字爲訓者，其例如此。絲之紡，猶布縷之績緝也。左傳：莒婦人紡焉以度而去之。蓋緝布縷爲繩，亦用紡名也。晉語：執而紡於廷之槐。亦謂以紡縷繩縛之也。聘禮：賓裼迎大夫，賄用束紡。鄭曰：紡，紡絲爲之，今之縳也。縳見下文，白鮮支也。據此，是紡絲專用作絹也。从糸方聲。妃兩切。十部。

絕　斷絲也。斷之則爲二，是曰絕。引申之，凡橫越之曰絕，如絕河而渡是也。又絕則窮，故引申爲極，如言絕美、絕妙是也。許書𨸏部云：陘，山絕坎也。是中斷之義也。水部曰：滎，絕小水也。是極至之義也。閻氏百詩乃以絕河釋滎，以釋禹貢，不知禹貢滎澤自古作从三火之熒，後人乃譌爲滎。从刀糸，斷絲以刀也。會意。卪聲。以上五字今定。情雪切。十五部。

𢇍　古文絕。象不連體，絕二絲。象形也。

繼　續

繼　續也。虞翻注易曰：繼，統也。从糸𢇍。各本篆文作繼，解作从糸㡭，則不可通。今正。此會意字。从糸𢇍者，謂以糸聯其絕也。自傳寫譌亂，併篆體改之，因又刪㡭篆矣。古詣切。十五部。

㡭　繼或作㡭。反𢇍爲㡭。大徐無一篆文，但有一曰反𢇍爲㡭六字，不可了。小徐本云：或作㡭，反𢇍爲㡭。今依以補一篆文，乃使文從字順矣。反之而成字者，如反巳爲㠯，反人爲匕，反正爲乏是也。小徐本見韵會。莊、列皆云得水爲㡭，此篆見古書者惟此，而莊譌作𢇍。

續　連也。連者，負車也。聯者，連也。皆其義也。釋詁曰：繼也。从糸賣聲。似足切。三部。

賡　古文

續。从庚貝。咎繇謨乃賡載歌。釋文加孟皆行二反。賈氏昌朝云。唐韵以爲說文誤。徐鉉曰。今俗作古行切。按說文非誤也。許謂會意字。故从庚貝會意。庚貝者。貝更迭相聯屬也。唐韵以下皆謂形聲字。从貝庚聲。故當皆行反也。不知此字果从貝庚聲。許必入之貝部。或庚部矣。其誤起於孔傳以續釋賡。故遂不用許說。抑知以今字釋古文。古人自有此例。卽如許云舄、䧿也。非以今字釋古文乎。毛詩西有長庚。傳曰。庚、續也。此正謂庚與賡同義。庚有續義。故古文續字取以會意也。仍會意爲形聲。其昏亂有如此者。

纘。纘、繼也。豳風。載纘武功。傳曰。纘、繼也。中庸。武王纘大王、王季、文王之緒。注曰。纘、繼也。或叚纂爲之。从糸贊聲。作管切。十四部。

紹。紹、繼也。同釋詁。从糸召聲。市沼切。二部。一曰紹、緊糾也。緊者、纏絲急也。糾者、三合繩也。

𦃃。古文紹。从卩。今本譌。依玉篇、廣韵、汗簡改正。

䌖。䌖、偏緩也。緩正作鬆。韓也。毛詩。檀車幝幝。毛曰。幝幝、敝皃。釋文云。韓詩作䌖。䌖蓋物敝則緩。其義相通。从糸䌖聲。昌善切。十四部。

䋼。䋼、緩也。䋼之言挺也。挺有緩意。䋼與綖義別。韵會誤合爲一字。从糸盈聲。讀與聽同。他丁切。十一部。

𦃇。䋼或从呈。

縱。縱、緩也。一曰捨也。各本作舍也。由俗以舍捨通用也。今正。捨者、釋也。从糸從聲。足用切。九部。後人以爲從衡字者、非也。

紓。紓、緩也。小雅。彼交匪紓。傳曰。紓、緩也。左傳多用紓字。其義皆同。亦叚抒爲之。从糸予聲。傷魚切。五部。

繎。繎、絲勞也。勞。玉篇作縈。蓋玉篇爲是。與下文紆義近也。或曰縈篆何以不次此。曰後文絳縈等篆皆統於繩縈。紆則謂絲也。廣韵作絲勞皃。从糸然聲。如延切。十四部。

紆。紆、詘也。今人用屈曲者、詘之也。詘字。古人用詰詘。亦單用詘字。易曰。往者詘也。來者信也。詘謂之紆。考工記。連行紆行。亦或叚汙爲之。左傳曰。盡而不汙。从糸亏聲。億俱切。五部。一曰縈也。縈者、環之相積。紆則曲之而已。故別爲一義。縈下云。紆未縈繩。可證。

絳。絳、直也。廣韵云。絳婞。从糸奉聲。讀若陘。胡頂切。十一部。

纖。纖、細也。細者、𢼸也。魏風。摻摻女手。韓詩作纖纖女手。毛傳曰。摻摻猶纖纖也。尚書。厥篚玄纖縞。鄭注。纖、細也。漢文紀遺詔。纖七日。釋服。服虔注。纖、細布。凡細謂之纖。其字或作孅。漢食貨志如此。荀卿子、纖驪。列子作盜驪。穆天子傳盜驪。郭注。爲馬細頸。驪、黑色也。廣雅作駣驪。駣者、駃騠倐長之謂。盜驪同聲。纖驪同義也。从糸韱聲。息廉切。七部。

細。細、𢼸也。𢼸者、眇也。眇、今之妙字。从糸囟聲。穌計切。十五部。

緢。緢、氂絲也。氂各本作旄。俗所改也。氂者、犛牛尾也。凡羽旄古當作羽氂。氂絲者、犛牛尾之絲。至細者也。故次於纖細二篆後。賈子容經。跘旋之容。旋如濯絲。旄同緢。言細如濯絲也。从糸苗聲。武儦切。二部。周書曰。惟緢有稽。甫刑文。今本緢作貌。僞孔傳云。惟察其貌。按許所據壁中文、蓋謂惟豪氂是審也。

縒。縒、參縒也。參或𠫭字。此曰參差。木部曰槮差。竹部曰篸差。又曰參差管樂。皆長短不齊皃也。皆雙聲字。集韵、類篇皆引說文參縒也。謂絲亂皃。韵會於此差字下引說文參差絲亂皃。蓋古本有此三字。从糸差聲。楚宜切。古音在十七部。

繙。繙、冤也。三字句。各本無繙字。冤作冕。今補正。玉篇。繙下曰。冤也。集韵引說文同。益謂繙字爲複字而刪之。不知繙冤爲疊韵古語。集韵、類篇皆曰。繙冕、亂也。是冤俗作冕也。巾部有幡帑二篆。亦是疊韵。小兒拭觚布也。此謂亂也。仍當補亂字。下文二篆皆訓亂。从糸番聲。附袁切。十四部。

縮。縮、亂也。釋詁曰。縮、亂也。通俗文云。物不申曰縮。不申則亂。故曰亂也。不申者、申之則直。禮記。古者冠縮縫。孟子。自反而縮。皆謂直也。亂者、治之。詩曰。縮版以載。爾雅、毛傳皆曰。繩之謂之縮之。治縮曰縮。猶治亂曰亂也。从糸宿聲。所六切。三部。一曰蹴也。蹴者、躡也。躡者、蹈也。蹈者、踶也。踶者、躛也。凡足掌迫地不遽起曰踶。是以蹴鞠謂之蹋鞠。蹋而起之也。論語。足縮縮如有循。鄭注曰。舉前曳踵行也。曳踵行不遽起。故曰縮縮。俗作蹜蹜。非。踵、足跟也。

紊。紊、亂也。从糸文聲。亡運切。十三部。商書曰。有條而不紊。般庚上文。

級。級、絲次弟也。本謂絲之次弟。故其字从糸。引申爲凡次弟之偁。階之次弟。曲禮云。拾級聚足連步以上是也。尊卑之次弟。賈生云。等級分明而天子加焉。故其尊不可及是也。後漢書注。秦法斬首多者進爵一級。因謂斬首爲級。从糸及聲。居立切。七部。

總　聚束也。謂聚而縛之也。恖有散意。糸以束之。禮經之總。束髮也。禹貢之總。禾束也。引申之爲凡兼綜之偁。从糸恖聲。作孔切。九部。俗作摠。又譌作揔。

⿱具糸　約也。革部曰。直轅暈縛。暈當爲⿱具糸。⿱具糸。大車之衡約之而已。不必三束。从糸具聲。居玉切。三部。

約　纏束也。束者，縛也。引申爲儉約。从糸勺聲。於略切。二部。

繚　纏也。从糸尞聲。盧鳥切。二部。

纏　繞也。从糸廛聲。直連切。十四部。

繞　纏也。从糸堯聲。而沼切。二部。

紾　紾轉也。紾字各本無。今補。此三字句。與上文繼冤也一例。淺人刪之。如離黃倉庚也之刪離。巂周燕也之刪巂耳。凡紾轉蓋古語。鄭司農考工記注之抮縛。卽紾轉二字也。凡了戾曰紾轉。亦單評曰紾。亦曰軫艴。[illegible]力考工記老牛之角紾而昔。鄭司農云。紾讀爲抮轉之抮。孟子兩云紾兄之臂。趙注皆云。戾也。淮南原道訓抮抱。高注。了戾也。抮抱。廣雅作軫軳。云轉戾也。方言曰。軫，戾也。郭注。相了戾也。江東音善。从糸㐱聲。之忍切。十二部。按周禮釋文云。劉徒展反。許慎尙展反。又徒展反。此說文舊音也。尙展一反。卽景純所謂江東音善也。徒展一反。於今語言爲近。

繯　落也。落者，今之絡字。古叚落不作絡。謂包絡也。莊子落馬首。漢書虎落。皆作落。木落乃物成之象。故曰落成。曰包落。皆取成就之意也。馬融傳曰。繯橐四野之飛征。李注引說文。又引國語繯於山有牢。賈逵注云。繯，還也。按還環古今字。古用還不用環。國語繯於山有牢。今本譌作環山於有牢。韋注曰。環，繞也。山於誤倒。環爲俗字。葢非韋氏之誤。而淺人轉寫所致也。知古書之貤繆不可知者多矣。从糸瞏聲。胡畎切。十四部。李賢又胡串反。

辮　交也。玄應引作交織之也。終軍傳曰。解辮髮。削左衽。三蒼叚編爲之。从糸辡聲。分而合也。故从辡。形聲中有會意也。頻犬切。十四部。

結　締也。从糸吉聲。古屑切。十二部。古無髻字。卽用此。見髟部。

縎　結也。玉篇云。結不解。从糸骨聲。古忽切。十五部。

締　結不解也。解者，判也。下文曰。紐，結而可解也。故結而不可解者曰締。从糸帝聲。特計切。十六部。

縛　束也。束下曰。縛也。與此爲轉注。引申之、所以縛之之物亦曰縛。从糸尃聲。符钁切。五部。

繃　束也。从糸崩聲。補盲切。古音在六部。墨子曰。漢志墨子七十一篇。名翟。爲宋大夫。在孔子後。禹葬會稽。桐棺三寸。葛以繃之。今墨子節葬篇此句三見。皆作緘。古蒸侵二部音轉冣近也。鄭注禮記曰。齊人謂棺束爲緘。

絿　急也。毛詩傳曰。絿、急也。左傳杜注從之。後儒好異。乃以緩釋絿。字義於字音不洽矣。絿之言糾也。从糸求聲。巨鳩切。三部。詩曰。不競不絿。商頌長發文。

絅　急引也。此本義也。中庸。詩曰衣錦尙絅。此叚借爲褧字也。从糸冋聲。古熒切。十一部。

⿰糸𠂢　㪔絲也。㪔各本作散。今正。㪔，分離也。水之衺流別曰𠂢。別水曰派。血理之分曰衇。㪔絲曰⿰糸𠂢。廣韵曰。未緝麻也。从糸𠂢聲。匹卦切。十六部。

⿰糸羸　不均也。此與纇雙聲。其義亦相近。从糸羸聲。力臥切。十七部。

給　相足也。足居人下。人必有足而後體全。故引申爲完足。相足者、彼不足此足之也。故从合。从糸合聲。形聲亦會意也。居立切。七部。

綝　止也。葢古以綝爲禁字。釋詁曰。綝、善也。从糸林聲。讀若郴。丑林切。七部。

縪　止也。考工記。玉人曰。天子圭中必。注曰。必讀如鹿車縪之縪。謂以組約其中央。爲執之以備失隊。按鹿車卽維車。東齊海岱之閒謂之道軌。廣雅曰。道軌謂之鹿車。鹿車下鉠。陳宋淮楚之閒謂之畢。所謂鹿車縪也。與用組約圭中央。皆所以止者。又詳革部鞑下。从糸畢聲。卑吉切。十二部。

終　絿絲也。按絿字恐誤。疑下文絿字之譌。取其相屬也。廣韵云。終、極也。窮也。竟也。其義皆當作冬。冬者、四時盡也。故其引申之義如此。俗分別冬爲四時盡。終爲極也窮也竟也。乃使冬失其引申之義。終失其本義矣。有夂而後有冬。冬而後有終。此造字之先後也。其音義則先有終之古文也。从糸冬聲。職戎切。九部。

𠔇　古

𦄼　紈　繒　緭　絩　綺　縠

文終。有𠔁而有𠔁、𠔁而後有䋎。𦄼合也。合者亼口也。因爲凡兩合之偁。衆絲之合曰𦄼。如衣部五采相合曰襍也。从糸集。集當作雧。會意亦形聲也。讀若捷。姊入切。七部。紈素也。素者白致繒也。紈卽素也。故从丸。言其滑易也。商頌毛傳曰。丸丸、易直也。釋名曰。紈、渙也。細澤有光、渙渙然也。从糸丸聲。胡官切。十四部。紈篆舊在終篆前。非也。今依玉篇次此。與縎爲伍。玉篇必仍許也。繒帛也。七篇帛下曰。繒也。是爲轉注。春秋傳段爲鄫字。从糸曾聲。疾陵切。六部。䋲籒文繒。从宰省。宰省聲也。不曰辛聲。定爲宰省聲者。辛與曾有眞蒸之別。宰省與曾爲之蒸之相合。通轉取近者也。楊雄曰爲漢律祠宗廟丹書告也。也字依韵會補。䋲爲祠宗廟丹書告神之帛。見於漢律者。字如此作。楊雄言之。雄甘泉賦曰。上天之縡。蓋卽謂郊祀丹書告神者。此則从宰不省者也。緭繒也。从糸胃聲。云貴切。十五部。絩綺絲之數也。言綺以見凡繒也。綺者、文繒也。文繒絲尚有數。則餘繒可知。其若干絲爲一絩未聞。漢律曰。綺絲數謂之絩。布謂之總。禮經。布八十縷爲升。禾部曰。布八十縷爲稯。漢王莽傳。一月之祿十緵布二匹。孟康曰。稯、八十縷也。今按總卽稯也。稯卽緵也。緵卽升也。皆謂八十縷。召南羔羊五總。傳曰。總、數也。緵組謂之首。司馬紹統輿服志。乘輿黃赤緵五百首。諸侯王赤緵三百首。相國綠緵二百四十首。公侯、將軍紫緵百八十首。九卿、中二千石、二千石青緵百二十首。千石、六百石黑緵八十首。四百石、三百石、二百石黃緵六十首。凡先合單紡爲一系。四系爲一扶。五扶爲一首。五首爲一文。文采淳爲一圭。首多者系細。首少者系麤。从糸兆聲。治小切。二部。綺文繒也。謂繒之有文者也。文者、錯畫也。錯畫謂迻遣其介畫、繒爲迻遣方文、謂之文綺。引申之曰交延結綺窗曰疆場綺分。皆謂似綺文。从糸奇聲。袪彼切。古音在十七部。縠細縛也。縛之細者也。詩玼兮玼兮。其之展也。蒙彼縐絺。是紲袢也。傳曰。禮有展衣者。以丹縠爲衣。蒙、覆也。絺之靡者爲縐。靡謂如糠碎然。細之至也。箋云。縐絺、絺之蹙蹙者是也。此謂裏衣。縐絺外服丹縠衣。縠與縐絺正一類也。今之縐紗、古之縠也。周禮外謂之沙。注謂之沙縠。疏云。輕者爲沙。縐者爲縠。按古祇作沙。無紗字。从糸𣪊聲。胡谷切。三部。

縳　縑　綈　練　縞　䌳　紬

縳白鮮卮也。卮各本作色。今正。下文云。縞、鮮卮也。今本譌鮮色。則此色誤亦同。卮與支音同。縞爲鮮支。縳爲鮮支之白者。聘禮束紡注曰。紡、紡絲爲之。今之縳也。周禮素沙注曰。素沙者、今之白縳也。釋文皆引說文居掾反。聲類以爲今正絹字。按據許則縳與絹各物。音近而義殊。二禮之鄭注自謂縳。不謂絹也。縳以其質堅名之。字从專。絹以色如麥稍名之。字从肙。李登作聲類時已失其傳矣。若羽人十摶爲縳。左傳縳一如瑱。叉皆卷縳之義。非字之本義。从糸專聲。持沇切。十四部。縑并絲繒也。謂駢絲爲之。雙絲繒也。呂氏春秋。昔吾所亡者紡緇也。今之子衣禪緇也。以禪緇當紡緇。子豈有不得哉。任氏大椿曰。禪緇卽單緇也。余謂此紡卽方也。竝絲曰方。猶併船曰方。此紡一非紡之本義。後漢輿服志及古今注竝云。合單紡爲一系者同。此方絲所謂兼絲也。从糸兼聲。形聲中有會意。古甜切。七部。綈㞕繒也。㞕各本作厚。今正。管子輕重戊篇。管子對桓公。魯梁之民俗爲綈。公服綈。既又對桓公。宜服帛去綈。然則帛薄綈厚可知也。史記范睢傳。索隱曰。蓋今之絁。按非也。絁卽許之繐字。从糸弟聲。杜兮切。十五部。練湅繒也。湅者、灡也。灡者、淅也。淅者、汏米也。湅繒汏諸水中。如汏米然。考工記所謂湅帛也。已湅之帛曰練。引申爲精簡之偁。如漢書練時日、練章程是也。从糸柬聲。郎甸切。十四部。縞鮮卮也。各本作鮮色。今正。漢地理志師古注。縞、鮮支也。司馬相如傳正同。顏語多本說文。彼時未誤。蓋支亦作卮。因譌色也。廣雅。縩總、鮮支、縠、絹也。許謂縞卽鮮支。鄭風。縞衣綦巾。毛曰。縞衣、白色男服也。王逸曰。縞、素也。任氏大椿釋繒曰。孰帛曰練。生帛曰縞。从糸高聲。古老切。二部。䌳粗緒也。粗者、疏也。粗緒蓋亦繒名。廣韵云。繒似布。俗作絁。玉裁按。蓋今之綿紬。从糸璽聲。式支切。十六部。紬大絲繒也。大絲較常絲爲大也。左傳。衞文公大帛之冠。大帛謂大絲繒。後漢書大練亦謂大絲練也。獨斷說飛軨以緹油廣八尺長拄地。今繒帛通呼爲紬。不必大絲也。叚借爲抽字。史記紬石室金匱之書。徐廣音抽。師古漢書音冑。皆是也。音冑謂同籀也。籀者、讀書也。釋名曰。紬、抽也。抽引絲耑出細緒也。與許說迴異。从糸由聲。直由切。三部。

縏 致繒也。致、送詣也。凡細膩曰致。今之緻字也。漢人多用致、不作緻。致繒曰縏。未聞其證。一曰徽識信也有齒。各本識作幟。俗字也。今正。巾部曰。徽者、徽識也。徽識信蓋謂縏戟。縏縏通用也。漢匈奴傳曰。縏戟十。師古曰。縏戟、有衣之戟也。以赤黑繒爲之。古今注曰。縏戟、殳之遺象。以木爲之。後世滋僞。無復典刑。以赤油韜之。亦謂之紬戟。亦謂之縏戟。王公以下通用之以前驅。按用赤黑繒、故曰縏。其用同徽識。故曰徽識信。从糸啟省聲。各本作啟聲。啟不成字。按木部縏下曰啟省聲。則此亦當云啟省聲。今依韵會正。康禮切。十五部。

綾 東齊謂布帛之細者曰綾。方言同。从糸夌聲。力膺切。六部。

縵 繒無文也。春秋緐露。庶人衣縵。引申

之、凡無文皆曰縵。左傳乘縵注。車無文者也。漢食貨志縵田注。謂不甽者也。从糸曼聲。莫半切。十四部。漢律曰。賜衣者縵表白裏。

繡 五采備也。考工記。畫繢之事。襍五采。五采備謂之繡。鄭氏古文尚書曰。予欲觀古人之象。日、月、星辰、山、龍、華蟲作繢。宗彝、藻、火、粉米、黼、黻希繡。此古天子冕服十二章。希讀爲黹。或作絺、字之誤也。按今人以鍼縷所紩者謂之繡。與畫爲二事。如考工記則繡亦系之畫繢同爲設色之工也。畫繢與文字又爲一事。故許以觀古人之象說遵修舊文也。从糸肅聲。息救切。三部。

絇 詩云。素㠯爲絇兮。逸詩。見論語八佾篇。馬融曰。絇、文皃也。鄭康成禮注曰。采成文曰絇。注論語曰。文成章曰絇。許次此篆於繡繪閒者、亦謂五采成文章。與鄭義略同也。鄭注繪事後素云。畫繪先布衆采。然後以素分其閒。以成其文。朱子則云。後素、後於素也。謂先以粉地爲質。而後施五采。據許絇在繡繪閒。繡繪皆五采也。葢許用白受采之恉與。从糸旬聲。許掾切。古音在十二部。按唐玄度九經字樣。⿰糸筍絇同字。注云上

說文从筍聲。下經典相承隸省。按⿰糸筍不見於他書。疑唐氏所據未確也。惟儀禮注云。絢今文作約。然則絢出禮古文。許用禮古文。故不錄禮今文。玉篇約同上絢。本禮注也。集韵⿰糸筍絢同。此本唐氏也。

繪 會五采繡也。會繪疊韵。今人分咎繇謨繪繡爲二事。古者二事不分。統謂之設色之工而已。古者繢訓畫。繪訓繡。說見繢下。虞書曰。山龍華蟲作繪。咎繇謨文。論語曰。繪事後素。八佾篇文。此皆證繪繡無二事也。从糸會聲。黃外切。十五部。

緀 帛文皃。帛、各本作白。今依韵會正。韵會用小徐本也。詩曰。緀兮斐兮。成是貝錦。小雅巷伯文。今詩緀作萋。毛傳曰。萋斐、文章相錯也。貝錦、錦文也。箋云。錦文者、如餘泉餘蚳之貝文也。按爾雅餘貾黃白文。餘泉白黃文。从糸妻聲。七稽切。十五部。

絑 繡文如聚細米也。繡謂畫也。米絑疊韵。今咎陶謨作粉米。許所見壁中古文作黺絑。黹部云。黺、畫粉也。此云絑、繡文如聚細米也。皆古文尚書說也。此不言虞書者、經文已見於七篇矣。畫粉爲衞宏

說。此葢亦衞說與。从糸米。米亦聲。莫禮切。十五部。

絹 繒如麥稍色。色字今補。色譌也。而俗刪之耳。自絹至綟廿三篆皆言繒帛之色。而此色字先之。聲類涵縛絹爲一字。由不考其義之殊也。稍者、麥莖也。繒色如麥莖青色也。射雉賦曰。麥漸漸以擢芒。又曰。闚閭藹葉。四月時也。繒色似之曰絹。漢人叚爲罥字。从糸肙聲。吉掾切。十四部。

綠 帛青黃色也。綠衣毛傳曰。綠、閒色。玉藻正義曰。五方閒色。綠、紅、碧、紫、騮黃是也。木青剋土黃。東方閒色爲綠。綠色青黃也。火赤剋金白。南方閒色爲紅。紅色赤白也。金白剋木青。西方閒色碧。碧色白青也。水黑剋火赤。北方閒色紫。紫色黑赤也。土黃剋水黑。中央閒色騮黃。騮黃色黃黑也。从糸录聲。力玉切。三部。

縹 帛白青色也。白青各本作青白。今正。此金剋木之色。所剋當在下也。縹、禮記正義謂之碧。釋名曰。縹猶漂。漂、淺青色也。有碧縹、有天縹、有骨縹。各以其色所象言之也。从糸㶾聲。敷沼切。二部。

䋃 帛青經縹緯。經者從絲。緯者衡絲。一曰育陽染

絑　纁　絀　絳　綰　縉

也。育陽、漢南郡屬縣。縣在育水北。故曰育陽。育與絹疊韵。育水、水部作淯水。**从糸。育聲。**余六切。三部。

絑　純赤也。純同醇。厚也。赤、南方色也。按市下云。天子朱市。諸侯赤市。然則朱與赤深淺不同。豳風。我朱孔陽。傳曰。朱、深纁也。陽、明也。許云。纁者淺絳。絳者大赤。葢純赤、大赤其異者微矣。鄭注禮經曰。凡染絳一入謂之縓。再入謂之頳。三入謂之纁。朱則四入與。是朱爲深纁之說也。凡經傳言朱皆當作絑。朱其叚借字也。朱者赤心木也。**虞書丹朱如此。**丹朱見咎繇謨。許所據壁中古文作丹絑。葢六經之絑僅見此処。朱行而絑廢矣。**从糸。朱聲。**章俱切。古音在四部。

纁　淺絳也。考工記。鍾氏三入爲纁。爾雅。一染謂之縓。再染謂之頳。三染謂之纁。鄭注禮曰。纁裳、淺絳裳也。**从糸。熏聲。**許云切。十三部。周禮故書纁作𧞣。

絀　絳也。此絀之本義。而廢不行矣。韵會絳作縫。非也。古多叚絀爲黜。**从糸。出聲。**丑律切。十五部。

絳　大赤也。大赤者。今俗所謂大紅也。上文純赤者。今俗所謂朱紅也。朱紅淡。大紅濃。大紅如日出之色。朱紅如日中之色。日中貴於日出。故天子朱市。諸侯赤市。赤卽絳也。**从糸。夅聲。**古巷切。九部。

綰　惡絳也。惡下各本衍也。今刪。此如柒下云惡米也。繫下云惡絮也。謂絳色之惡者也。**从糸。官聲。**烏版切。十四部。**一曰繯也。**繯各本作絹。今正。网部繯、一曰綰也。二篆爲轉注。老考互訓之例也。繯字不行。多叚絹爲之。周禮翨氏注。置其所食之物於絹中。鳥來下則掎其腳是也。但他書容可同音相代。淺人將此繯改作絹。則似綰可訓繒如麥稍色。全書之條理不可知矣。讀許者不可不思。**讀若雞卵。**卵古讀如關。綰音亦如是。說詳卵部。

縉　帛赤色也。南都賦引臣瓚云。赤白色。玉篇亦云帛赤白。皆誤。赤白則爲下文之紅矣。**从糸。晉聲。**卽刃切。十二部。**春秋傳曰縉雲氏。**春秋文十八年左傳文。黃帝以雲紀。故爲雲師而雲名。服虔曰。夏官爲縉雲氏。**禮有縉緣。**凡許云禮者。謂禮經也。今之所謂儀禮也。十七篇無縉緣。俟攷。緣以絹切。玉藻曰。童子之節也。緇布衣。錦緣。錦紳幷紐。錦束髮。皆朱錦也。朱錦爲緣。豈卽縉緣與。

綪　緹

綪　赤繒也。定四年左傳。分康叔以綪茷。茷卽旆也。杜曰。綪、大赤。取染草名也。襍記注作蒨旆。蒨卽茜也。**以茜染故謂之綪。**茜者、茅蒐也。韋部又曰。茅蒐染韋。一入曰韎。然則必數入而後謂之綪。今不得其詳矣。茜與綪合韵。而同音。故茜染謂之綪也。**从糸。青聲。**倉絢切。古音在十一部。茜在十三部。以雙聲合韵。

緹　帛丹黃色也。謂丹而黃也。下文云。縓、帛赤黃色。丹與赤不同者。丹者如丹沙。與赤異。其分甚微。故鄭注草人曰。赤緹、縓色也。酒正五齊四曰緹齊。注曰。緹者。成而紅赤。若今下酒矣。按紅赤者。赤而白。緹齊不純赤。故謂之紅赤。緹齊俗作醍。見禮運。**从糸。是聲。**他禮切。十六部。

衹　緹或作衹。衹。从衣、氏聲也。古氏與是同用。故是聲亦从氏聲。此篆與衣部衹裯之衹大別。其義則彼訓短衣。其音則氏聲在十五部。氏聲在十六部也。按唐石經周易衹旣平。詩衹攪我心。亦衹以異。左傳衹見疏也。論語亦衹以異。以及凡訓適之字。皆从衣氏。葢有所受之矣。張參五經文字、經典字畫之砥柱也。衣部曰。衹止移切。適也。廣韵本孫愐唐韵曰。

衹章移切。適也。玉篇衣部亦曰。衹之移切。適也。舊字相承可據如是。至集韵云。衹章移切。適也。始从示。然恐轉寫轉刊之誤耳。至類篇則衹衹二文皆訓適。至韵會而从示之衹訓適矣。此其遞譌之原委也。衹之訓適。以其音同在十六部而得其義。凡古語詈皆取諸字音。不取字本義。皆叚借之法也。攷毛公我行其野傳曰。衹、適也。鄭何人斯箋、論語注曰。衹、適也。服虔左傳襄廿九年解云。衹、適也。王弼注坎卦曰。衹、辭也。顏師古寶嬰傳注曰。衹、適也。此古字古言之存者章章也。自宋以來刊版之書多不省照。衣改从示者不少。學者所宜訂正。錢氏大昕養新錄乃云。說文無衹字。五經文字承玉篇之誤。未免千慮一失耳。衹譌衹。俗又作衹。唐人詩文用之。讀如支。今則改用只。讀如質。此古今推移之變也。若史記韓安國傳云。禔取辱耳。此用衹之同音字。如周易衹旣平。他家作禔。而異其義。要是同音。〇顏元孫干祿字書。石本衹衹注云。上神衹、巨移反。下適衹、章移反。是則衹字起於唐初。葢六朝俗字。

縓

縓　帛赤黃色也。赤黃者、赤而黃也。禮喪服注曰。縓、淺絳也。練冠而麻衣縓緣。三年練之受飾也。檀弓注曰。縓、纁之類。**一染謂之縓。再染謂之䞓。三染謂之纁。**三句爾雅釋器文。考工記祇言三入、不言一入再入。爾雅可補記文所未備。記云。鍾氏染羽。以朱湛丹秫。三月而熾之。淳而漬之。三入爲纁。鄭注記與爾雅同色耳。染布帛者、染人掌之。依鄭則染人染布帛與鍾氏染羽、同用朱漸丹秫也。古以茜染者謂之䞓、謂之緹。以朱及丹秫染者謂之縓、䞓、纁。䞓者、赤色也。纁者、淺絳也。玉藻之縕韍、卽韎韐也。縕卽縓之叚借字也。韎亦謂之縓。**从糸。原聲。**七絹切。十四部。

紫　帛青赤色也。青當作黑。穎容春秋釋例曰。火畏於水。以赤入於黑。故北方閒色紫也。論語皇疏、玉藻正義略同。此作青者、蓋如禮器注所云秦二世時語。民言從之。至漢末猶存與。許說必無誤。轉寫亂之耳。**从糸。此聲。**將此切。十五部、亦十六部。

紅　帛赤白色也。春秋釋例曰。金畏於火。以白入於赤。故南方閒色紅也。論語曰。紅紫不以爲褻服。按此今人所謂粉紅、桃紅也。**从糸。工聲。**戶公切。九部。

緫　帛青色也。爾雅。青謂之蔥。蔥卽緫也。謂其色蔥蔥淺青也。深青則爲藍矣。市部曰。大夫赤市蔥衡。用玉藻文也。潘岳耤田賦。緫犗服於縹軛。廣雅。絹一名緫。作總者誤。**从糸。悤聲。**倉紅切。九部。

紺　帛深青而揚赤色也。而字依文選注補。揚當作陽。猶言表也。釋名曰。紺、含也。青而含赤色也。按此今之天青。亦謂之紅青。許言陽。劉言含。其意一也。以纁入深青、而赤見於表是爲紺。賈氏考工疏云。纁入赤汁則爲朱、不入赤汁而入黑汁則爲紺。賈說非也。入深青乃爲紺。入黑乃爲緅矣。**从糸。甘聲。**古暗切。古音在七部。

綥　帛蒼艾色也。蒼者、艸色也。艾者、仌臺也。蒼艾色、謂蒼然如艾色是爲綥。毛傳曰。綦巾、蒼艾色。許所本也。鄭箋則云。綦、綦文也。綦文者、文錯畫也。象交文。今作紋是也。不純綦而紋路蒼畫爲十字相交。是爲綦文。曹風。其弁伊騏。傳曰。騏、騏文也。秦風傳曰。騏、綦文也。魯頌傳。蒼騏曰騏。顧命騏弁。鄭注曰。青黑曰騏。玉藻綦組綬。注曰。綦文、襍色也。皆謂蒼文也。**从糸。畀聲。**畀各本作畀。併篆體作綥。今正。此用艸部之畀爲聲。非用丌部之畀爲聲也。艸部之畀从甶缶之甶爲聲。非由、非鬼頭之甶也。

甶在古音弟一部。甶在古音弟十五部。此不可或亲者也。其亦古音弟一部也。故綥字亦作綦。經典用之。徐鉉以補說文或體。許本書無之。渠之切。一部。玉篇作綨。**詩曰。縞衣綥巾。未嫁女所服。**鄭風出其東門文。傳曰。縞衣、白色男服也。綦巾、蒼艾色女服也。箋云。縞衣綦巾、所爲作者之妻服也。鄭與毛異、許用毛說。而以未嫁二字申毛意。**一曰不借綥。**不借亦作薄借。薄音博。禮喪服傳曰。繩屨者、繩菲也。注云。繩菲、今時不借也。急就篇作不借。釋名作搏腊、同耳。周禮弁師注曰。璂讀如薄借綦之綦。不借綦、若今云艸鞍襻也。士喪禮組綦注云。綦、屨係也。所以拘止屨也。讀如馬絆綦之綦。內則屨著綦。注亦云。綦、屨繫也。按許不云一曰屨系而舉不借綦者、以俗語易曉也。如今小兒鞍帶。

綦　綥或从其。大徐所補。攷王部有璂。艸部有綦。則當依大徐補也。

繰　帛如紺色。如紺色者、如紺而別於紺也。廣雅系諸青類。葢比紺色之青更深矣。禮記用爲澡治字。他書用爲繰絲字。**或曰深繒。**深繒疑有譌舛。繒不得言深也。**从糸。喿聲。讀若喿。**親小切。二部。按廣雅音早。廣韻同。

緇　帛黑色也。黑者、北方色也。火所熏之色也。考工記。三入爲纁。五入爲緅。七入爲緇。鄭注曰。玄色者、在緅緇之閒。其六入者與。**从糸。甾聲。**側持切。一部。按玉藻大夫佩水蒼玉而純組綬。注、純當爲緇。古文緇字、或作糸旁才。又周禮媒氏純帛注。純實緇字也。古緇以才爲聲。祭統王后蠶於北郊、以供純服。注。純以見繒色。論語今也純。鄭讀爲緇。鄭意今之紂字、俗譌爲純耳。然則許書當爲紂篆。解云古文緇。从糸、才聲。而缺者、豈從今書不從故書之例與。

纔　帛雀頭色也。今經典緅字許無。卽緅字也。考工記。三入爲纁。五入爲緅、七入爲緇。注。染纁者三入而成。又再染以黑則爲緅。緅、今禮俗文作爵。言如爵頭色也。又復再染以黑、乃成緇矣。士冠禮爵弁服注。爵弁者、冕之次。其色赤而微黑。如爵頭然。或謂之緅。依鄭則爵緅纔三字一也。三字雙聲。巾車雀飾注曰。雀、黑多赤少之色。玉裁按今目驗雀頭色赤而微黑。**一曰微黑色如紺。**句。**纔、**逗。**淺也。**前一說謂黑多。後一說謂微黑。不同。鄭注考工、巾車謂黑多。注士冠

𦅾　綟　紑　緂　繻　縟

禮謂微黑、亦不同也。其實雀頭微黑而已。纔淺亦於雙聲求之。猶竊之訓淺也。江沅曰。今用爲才字。乃淺義引伸。讀若讒。从糸毚聲。士咸切。八部。

𦅾帛騅色也。騅者蒼白色也。詳馬部。釋言曰。菼、騅也。王風毛傳曰。菼、騅也。蘆之初生者也。艸部曰。𦸈者、萑之初生。一曰騅。帛色如𦸈、故謂之騅色。謂之𦅾也。取其與𦸈同音也。从糸剡聲。士敢切。八部。詩曰。毳衣如𦅾。王風大車文。按此十字當作从糸𦸈省、詩曰毳衣如𦸈。說會意之恉、復證之以詩。如麓豐引易之例。若如今本則色固𦅾矣。何云如𦅾。且偁詩毛氏。毛固作菼、何云偁毛。

綟帛莀艸染色也。莀各本譌戾。韵會譌艾。今正。艸部莀艸可以染𦅾黃。染成是爲綟。綟與莀疊韵。與𦅾雙聲。𦅾黃或作騂黃、或作流黃、皇侃作緇黃。蓋卽貍黃之色。其色黎黑而黃也。漢百官公卿表。諸侯王金璽盭綬。如淳曰。盭音戾。綠盭也。以綠爲質。晉灼曰。盭、艸名也。似艾可染綠。因以爲綬名。按綠近黃。綠爲質而染黑。故曰騂黃。中央之閒色。何承天纂文云。綟、紫色。非也。漢制。綠綟綬在紫綬之上。紫綬一名緺綬。其色青紫。从糸戾聲。按戾聲當作莀省。會意包形聲也。郎計切。十五部。

紑白鱻衣皃。鱻各本作鮮。今正。許例新鮮字如此作也。毛詩傳曰。絲衣、祭服也。紑、絜鮮皃。从糸不聲。匹丘切。古音在一部。詩曰。素衣其紑。周頌作絲衣。絲衣乃篇名。素恐譌字。此謂士爵弁玄衣纁裳。非白衣也。本義謂白鮮。引申之爲凡新衣之偁。

緂白鱻衣皃。从糸炎聲。充乡切。八部。廣韵他甘切。謂衣采色鮮也。六字蓋非許語。依玉篇則白鮮衣皃四字當作衣采色鮮也五字。

繻繒采色也。此本義也。左傳紀裂繻。大夫以裂繻爲名。此繻乃愉之叚借。巾部曰愉、繒耑裂也。是也。終軍傳。關吏與軍繻。蘇林曰。繻、帛邊也。舊關出入皆以傳。傳因裂繻頭。合以爲符信也。卽左氏裂繻字。正當作愉。是以二傳繻作緰。从糸需聲。相俞切。古音在四部。讀若繻有衣。周易既濟六四文。蓋有譌奪。證之以絮篆下所偁則繻當作需。衣下奪絮字。

縟緐采飾也。飾各本作色。今依文選西京賦、月賦、景福殿賦、劉越石荅

纚　紘　紞

盧諶詩注正。緐本訓馬髦飾。引申之爲緐多。飾本訓㕞也。引申之爲文飾。喪服傳曰。喪成人者其文縟。喪未成人者其文不縟。注曰。縟猶數也。按數如數罟之數。从糸辱聲。而蜀切。三部。○按自繪繡二篆至此皆言文采與色之不同。

纚冠織也。冠織者、爲冠而設之織成也。凡繒布不須翦裁而成者。謂之織成。內則注曰。纚、韜髮者也。士冠禮曰。纚廣終幅。長六尺。注曰。纚今之幘梁也。終、充也。纚一幅長六尺。足以韜髮而結之矣。禮經贊者奠纚而後設纚。賓正纚乃加冠。是以纚韜髮而後冠也。此纚蓋織成。緇帛廣二尺二寸。長祇六尺。不待翦裁。故曰冠織。漢制。齊三服官獻冠幘縰。正是織成者。注云。如方目。按引申之。网有名纚者。薛綜曰。纚網如箕形。狹後廣前。西京賦曰。纚鰋鮋。吳都賦曰。纚鰽鯊。○釋名。纚以韜髮者也。以纚爲之。因以爲名。按劉語似以爲帛偁。如劉語乃倒其先後矣。从糸麗聲。所綺切。十六部。亦作縰。同。問喪雞斯卽笄纚之叚借也。謂曰緇帛韜髮。六字各本無。依集韵類篇韵會所引皆有。蓋依古注之存者。

紘冠卷維也。維字今依玉篇補。卷、經典釋文起權反。玉藻。縞冠玄武。注曰。武、冠卷也。古者冠與卷殊。襍記注曰。秦人曰委。齊東曰武。喪大記注曰。武、吉冠之卷也。冠卷不得偁紘。故知冠卷下有維字。必爲古本矣。周禮弁師注。朱紘以朱組爲紘也。紘一條屬兩端於武。又曰。紐小鼻在武上。笄所貫也。士冠禮注曰。有笄者屈組爲紘。垂爲飾。無笄者纓而結其絛。按有笄者謂冕弁。無笄者謂冠。許冖部冠下曰。弁冕之總名也。則此云冠卷維者。謂冕弁之紘。以一組自頤下而上屬兩耑於武者也。蓋笄貫於武。紘實屬於笄首耳。許以笄紘於卷。故曰冠卷維。許、鄭說略同。戴先生說冠無笄有武。冕弁有笄無武。紘屬於笄。說更明了。○引申之。凡中寬者曰紘。如月令其器圜以閎。閎讀爲紘。淮南書有八紘。从糸厷聲。戶萌切。古音在六部。

紭紘或从弘。

紞冕冠塞耳者。魯語。王后親織玄紞。韋曰。紞所以縣瑱當耳者。齊風。充耳以素乎而。充耳以青乎而。充耳以黃乎而。箋云。素青黃謂所以縣瑱者。或名爲紞。織之人君五色。臣則三色而已。瑱、華瑱瑩、瑱英謂縣紞之末。所謂瑱也。玉裁按。紞所以縣瑱。瑱所

纓　紞　紻　緌　緄　紳

以塞耳紞非塞耳者也大戴禮黈紞塞耳所以揜聰黈黃色也紞同纊薛綜東京賦注曰黈纊言以黃綿大如丸縣冠兩邊當耳不欲妄聞不急之言此薛氏緣辭生訓大戴紞字乃紞之譌形之誤也黃色之紞下垂充耳人君紞五色故或單舉玄或單舉黃以該他色自紞譌爲紞漢初諸儒不能辨證禮緯客難東京賦諸書又改作纊因起薛氏繆說而呂忱顏師古從之用黃綿塞耳禮之所無士喪禮曰瑱用白纊豈有生時以纊充耳者如淳漢書注曰以玉爲瑱以黈纊縣之如語亦欠明了古文用字斷無有呼條繩爲纊者許書冕冠塞耳者當作冕冠所以縣塞耳者乃與鄭箋詩韋注國語合鄭韋析言之許渾言之耳引申之義爲衾紞鄭云被識也按今人語謂之當頭郎當耳之意又紞如打五鼓亦謂當鼓面有聲也　**从糸冗聲**　都感切七部

纓　冠系也　冠系可以系冠者也系者係也以二組系於冠卷結頤下是謂纓與紘之自下而上系於笄者不同冠用纓冕弁用紘纓以固武郎以固冠故曰冠系玉藻之記曰玄冠朱組纓天子之冠也緇布冠繢緌諸侯之冠也玄冠丹組纓諸侯之齊冠也玄冠綦組纓士之齊冠也許此冠字專謂冠不該冕弁　**从糸嬰聲**　於盈切十一部

紻　纓卷也　此卷亦起權反卷本訓𨞁曲引申爲凡曲之偁纓卷謂纓之曲繞也是爲紻　**从糸央聲**　於网切十部

緌　系冠纓垂者　各本作系冠纓也韵會無也字皆非今正緌與纓無異材垂其餘則爲緌不垂則垂於纓卷間內則冠緌纓注曰緌者纓之飾也正義曰結纓頷下以固冠結之餘者散而下垂謂之緌按玉藻曰有事然後緌檀弓曰喪冠不緌扱其餘也引申之爲旌於之緌以旄牛尾爲之古字或作蕤或叚綏爲之　**从糸委聲**　儒佳切古音在十六部

緄　織成帶也　各本無成字依文選七啓注後漢南匈奴傳注補玉篇帶誤章凡不待翦裁者曰織成緄帶見後漢書蓋非三代時物也詩小戎竹柲緄縢毛傳曰緄繩也此古義也而許不取之過矣漢碑用爲袞字　**从糸昆聲**　古本切十三部

紳　大帶也　巾部帶下曰紳也與此爲轉注革部鞶下云大帶也男子帶鞶婦人帶絲帶下云紳也男子鞶帶婦人帶絲皆於古大帶革帶不分別是其疏也古有革帶以系佩韍而後加之大帶則大帶之垂者也玉藻曰紳長制士三尺子游曰參分帶下紳居二焉注云紳帶之垂者也言其屈而重也許但云大帶亦是渾言不析言蓋許意以革帶統於大帶以帶之垂者統於帶立言不分別也　**从糸**　大帶用素用練故从糸　**申聲**　失人切十二部

繟　綬　組

繟　帶緩也　繟之言緩也韓詩檀車緩緩毛詩作幝幝　**从糸單聲**　昌善切十四部

綬　韍維也　韍古文作市韠也韍維謂所以維韍者釋器曰璲瑞也此謂玉瑞也又曰璲綬也郭云即佩玉之組所以連繫瑞者因通謂之璲今本字誤古者韍佩皆系於革帶佩玉之系謂之璲俗字爲繸又謂之綬韍之系亦謂之綬爾雅渾言之許析言之言韍可以該佩也謂之綬者韍佩與革帶之閒有聯而受之者故曰綬玉藻曰天子佩白玉而玄組綬公侯佩山玄玉而朱組綬大夫佩水蒼玉而純組綬世子佩瑜玉而綦組綬士佩瓀玟而緼組綬孔子佩象環五寸而綦組綬是其制也司馬氏輿服志曰五伯迭興戰兵不息於是解去韍佩留其係璲以爲章表故詩曰鞙鞙佩璲此之謂也至秦乃以采組連結於璲光明章表轉相結受故謂之綬漢承不改夫大東所言其時未嘗去玉綬見玉藻爾雅非至秦漢乃有此名古之所謂綬者璲也秦漢之繸也秦漢之所謂綬者所以代古之韍佩也非古之綬也然則許曰綬韍維也又曰組綬屬也此古之綬也又曰繸綬維也緺綬紫青色也綸青絲綬也此秦漢之綬也秦漢改韍佩爲綬遂改綬爲繸此名之遷移當正者也　**从糸受聲**　殖酉切三部

組　綬屬也　屬當作織淺人所改也組可以爲綬組非綬類也綬織猶冠織織成之幘梁謂之纚織成之綬材謂之組玉藻綬必連組曰玄組綬朱組綬是也內則曰織紝組紃周禮典絲掌組詩曰執轡如組傳曰組織組也執轡如組御衆有文章言能制衆動於近成於遠也按詩意非謂如組之柔謂如織組之經緯成文御衆縷而不亂自始至終秩然能御衆者如之也織成之後所用韍佩之系其大者也　**其小者㠯爲冠纓**　各本冠作冕今依七啓李注急就顏注正冕用紘冠用纓冕可偁冠冠不得偁冕也玉藻曰玄冠朱組纓天子之冠也緇布冠繢緌諸侯之冠也玄冠丹

緺　縌　纂

組纓。諸侯之齊冠也。玄冠綦組纓。士之齊冠也。緌與纓同材。故諸侯言緌不言纓。纓以組之細者爲之。大爲組綬。小爲組纓。其中之用多矣。典絲所供所受之組是也。从糸。且聲。則古切。五部。

綬紫青色也。各本無色。今依後漢南匈奴傳、大平御覽正。百官公卿表曰。丞相、金印紫綬。高帝十一年更名相國、綠綬。徐廣曰。似紫。紫綬名緺綬。其色青紫。何承天云。緺、青紫色也。按紫者、水剋火之閒色。又因水生木而色青。是爲紫青色。从糸。咼聲。古蛙切。古音在十七部。

綬維也。此綬謂漢之綬也。乘輿長丈九尺九寸、至四百石三百石二百石長丈五尺、百石長丈二尺者是也。綬維謂之縌。乘輿至二千石皆長三尺二寸、千石至二百石皆長三尺者是也。司馬彪曰。縌者、古佩璲也。佩綬相迎受、故曰縌。按當曰與綬相迎受、故曰縌。縌之言逆也。漢之縌、古之綬也。漢之綬、猶古之韍佩也。縌篆其創於李斯輩與。从糸。逆聲。宜戟切。古音在五部。

佀組而赤。漢景帝紀曰。錦繡纂組、害女紅者也。臣瓚引此爲注。按組之色不同。似組而赤者、則謂之纂。釋詁曰。纂、繼也。此謂纂即纘之叚借也。近人用爲撰集之偁。从糸。算聲。作管切。十四部。

十三篇上

紐　綸

系也。今本系下曰。係也。係者、結束也。一曰結而可解。結者、締也。締者、結不解也。其可解者曰紐。喪大記曰。小斂大斂皆左衽結絞不紐。正義云。生時帶竝爲屈紐、使易抽解。若死則無復解義、故絞束畢結之、不爲紐也。从糸。丑聲。女久切。三部。

糾青絲綬也。各本無糾字。今依西都賦李注、急就篇顏注補。糾、三合繩也。糾青絲成綬、是爲綸。郭璞賦云。青綸競糾。正用此語。緇衣注曰。綸、今有秩、嗇夫所佩也。釋艸。綸似綸。郭曰。今有秩、嗇夫所帶糾青絲綸。法言。五兩之綸。李軌云。綸、糾青絲綬也。今本法言改糾爲如。不可通矣。攷輿服志。乘輿黃赤綬。諸侯王赤綬。諸國貴人、相國皆綠綟綬。公侯將軍紫綬。九卿、中二千石、二千石青綬。千石、六百石黑綬。四百石、三百石、二百石黃綬。百石青紺綸。一采、宛轉繆織。長丈二尺。按繆即糾字。自黃綬以上、綬之廣皆尺六寸。皆計其首。首多者系細。首少者系粗。皆必經緯織成。至百石而不計其首。首合青絲繩辮織之。有經無緯。謂之宛

綎　絙　纍　紟

轉繩。若今人用絲繩如箸粗爲帶者也。緇衣曰。王言如絲。其出如綸。王言如綸。其出如綍。小雅曰。之子于釣。言綸之繩。召南曰。其釣維何。維絲伊緡。傳云。緡、綸也。綸之繩猶言糾之繩矣。後人用以代經論字。遂使其義不傳。从糸。侖聲。古還切。古音在十三部。

系綬也。系當作絲。廣韵曰。絲綬、帶綎。玉篇曰。絲綎、綬也。按此綬蓋綬之類、而已非印綬之綬。从糸。廷聲。他丁切。十一部。

緩也。緩當作綬。玉篇絙下曰。絙、綬也。此亦綬之類也。从糸。亘聲。胡官切。十四部。

頸連也。頸當作領。玉篇作領連。是也。謂聯領於衣也。衣部曰。襮、黼領也。毛傳曰。襮、領也。領謂之襮。連領謂之㬥。玉篇以爲同字也。从糸。暴省聲。補各切。古音在二部。

衣系也。聯合衣襟之帶也。今人用銅鈕、非古也。凡結帶皆曰紟。玉藻。紳韠結三齊。注云。結、約餘也。結或爲紟。宋本如此韋注國語曰。帶甲者紟鎧也。紟、今本譌衿。荀卿非十二子曰。其纓禁緩。叚禁爲紟也。按襟、交衽也。俗作衿。今人衿紟不別。又喪禮紟、單被也。乃紟之別一義。亦因可以固結之義引申之。从

十三篇上

緣　纀　絝　繑　緥

糸。今聲。居音切。七部。按又巨禁切。籒文从金。玉篇、古文四聲韵皆作䘳。

衣純也。此以古釋今也。古者曰衣純。見經典。今曰衣緣。緣其本字。純其叚借字也。緣者、沿其邊而飾之也。深衣曰。純袂緣。純邊廣各寸半。袂緣猶袂口也。廣各寸半者、表裏共三寸也。既夕禮注曰。飾裳在幅曰綼。在下曰緆。緣之義引申爲因緣、夤緣。而俗遂分別其音矣。从糸。彖聲。以絹切。十四部。

常削幅謂之纀。爾雅釋器文也。郭云。削殺其幅、深衣之裳也。按許書之削當作消。纀之言僕也。僕之言附也。从糸。僕聲。博木切。三部。

脛衣也。今所謂套褲也。左右各一、分衣兩脛。古之所謂絝、亦謂之褰。亦謂之襗。見衣部。若今之滿當褲、則古謂之幝。亦謂之幒。見巾部。此名之宜別者也。从糸。夸聲。苦故切。五部。按此字疑當同胯跨作絝。今皆作袴。

絝紐也。紐者、系也。脛衣上有系。系於幝帶曰繑。从糸。喬聲。牽遙切。二部。

小兒衣也。衣部曰。褓、緥也。斯干。載衣之裼。傳曰。裼、褓也。褓、緥之俗字。

紃　縱　絨　絛　紴　繜

古多云小兒被也。李奇曰。小兒大藉。師古曰。即今小兒繃。古多叚借保葆字。**从糸。保聲。**博抱切。古音在三部。

繜　薉貉中女子無絝。㠯帛爲脛空。用絮補核。名曰繜衣。狀如襜褕。無絝者、無左右各一之絝也。帛依急就篇當作布。空腔古今字。核當作覈。果覈之引申也。帛爲脛腔。褚以絮而裏之。若今江東婦之卷胖。胖音如滂去聲。是名繜衣。亦曰母繜。急就篇曰。襌衣蔽膝布母繜。蓋蔽厀、繜衣、襜褕三者相似。故曰狀如襜褕。衣部曰。襜、衣蔽前也。又曰。直裾謂之襜褕。此當曰狀如襜。不當有褕字。**从糸。尊聲。**子昆切。十三部。

紴　絛屬。按急就篇紴緞紃三字相聯。必三者爲一類也。緞蓋本作紴。篆形皮叚相似而譌。緞乃又譌緞。說者因以履後帖解耳。未知是否。**从糸。皮聲。讀若被。或讀若水波之波。**博禾切。十七部。

絛　扁緒也。廣雅作編緒。漢書及賈生新書作偏諸。蓋上字作編。下字作諸爲是。諸者謂合衆采也。賈誼傳曰。今民賣僮者。爲之繡衣絲履偏諸緣。又白縠之表。薄紈之裏。緁以偏諸。晉灼曰。以偏諸緁著衣。然則偏諸之爲絛明矣。雜記注曰。紃若今時絛也。毛詩、左傳正義曰。王后親織玄紞。即今之絛繩。必用雜采線織之。按紴、絨蓋其闊者。絛其陿者。紃其圜者。**从糸。攸聲。**土刀切。古音在三部。

絨　采彰也。彰者、彣彰也。爲五采彣彰可以緣飾之物也。**一曰車馬幘。**一曰、謂一名也。幘各本作飾。今正。師古漢書注曰。偏諸若今之織成。以爲要襻及褾領者也。古謂之車馬幘。其上爲乘車及騎從之象。急就篇絨注曰。絨、織采爲之。一名車馬幘。即今之織成也。按二注皆用許爲訓。顏意偏諸即絨也。一作飾。不同者、後人改之耳。**从糸。戉聲。**王伐切。十五部。

縱　絨屬。急就篇條續總爲類。師古曰。總一作縱。說文作縱。按羔羊素絲五總。傳曰。總、數也。豈即縱與。**从糸。從省聲。**足容切。九部。

紃　圜采也。采彰、扁諸、圜采、蓋古有是名。而漢語猶然。圜采以采線辮之。其體圜也。內則織紝組紃。注曰。紃、條也。襍記紃以五采。注曰。紃、施諸縫中。若今時條也。孔穎達曰。似繩者爲紃。**从糸。川聲。**詳遵

綅　縜　綱　纗　纕　緟

切。十三部。

緟　增益也。增益之曰緟。經傳統叚重爲之。非字之本。如易之重卦、象傳言重巽。又言洊雷震。習坎。明兩作離、兼山艮、麗澤兌、皆謂緟之也。今則重行而緟廢矣。增益之則加重。故其字从重。許書重文若干皆當作緟文。**从糸。重聲。**直容切。九部。

纕　援臂也。援臂者、撙衣出其臂也。王制。適四方。蠃股肱。注云。謂擐衣出其臂脛。蕭該云。擐當作撙。擐是穿著之名。非出臂之義。陸德明曰。擐舊音患。今宜音宣。依字作撙。字林云。撙、撙臂也。先全反。玉裁按。援撙古今字。撙、俗又作揎。鄭作擐。猶許作援。二聲古同耳。字書、韵書有从尊聲之字。今以詛楚文石刻攷之。其云亦應尊皇天上帝及大沈久湫之幾靈德。賜克劑楚師。釋爲叏、釋爲援皆可。董逌云。古受字。非也。援臂者、援引也。引褎而上之也。是爲纕臂。襄訓解衣。故其字从襄糸。今則攘臂行而纕臂廢矣。攘乃揖讓字。**从糸。襄聲。**汝羊切。十部。廣韵攘臂平聲。

纗　維綱中繩也。綱者、网之紘也。又用繩維之。左右皆有繩。而中繩居要。是曰纗。思玄賦舊注云。纗、系也。蓋引申之爲凡系之偁。思玄賦曰。纗幽蘭之秋華。李善引通俗文曰。繫幃曰纗。幃者、今之香囊也。通俗文各本作說文。今以意改。**从糸。巂聲。讀若畫。**戶圭切。廣韵又胡卦切。十六部。**或讀若維。**維疑當作徍。

綱　网紘也。各本作維紘繩也。今依棫樸正義正。紘者、冠維也。引申之爲凡維系之偁。孔穎達云。紘者、网之大繩。商書曰。若网在綱。有條而不紊。詩曰。綱紀四方。箋云。以罔罟喻之。張之爲綱。理之爲紀。**从糸。岡聲。**古郎切。十部。

㭃　古文綱。古文四聲韵作棡梠二形。梠从古文糸也。

縜　綱紐也。紐者、結而可解也。大曰系。小曰紐。綱之系网也。必以小繩毌大繩而結於网。是曰縜。引申爲凡紐之偁。梓人爲侯。上綱與下綱出舌尋。縜寸焉。注云。綱、所以繫侯於植者也。縜、籠綱者。按綱繩麤大。故以小繩毌大繩爲紐。連於侯。其用與网一也。**从糸。員聲。**爲贇切。十三部。大鄭曰。讀如竹青皮之筠。**周禮曰。縜寸。**

綅　綫也。各本綫上有絳字。今依閟宮釋文、正義正。以綫訓綅。不言色也。綅既爲絳綫。則經不必言朱矣。閒傳禫而綅。襍記注。禫既祭、乃服禫服。朝服綅冠。鄭曰。黑經白

緯曰綅。別一義。从糸侵省聲。子林切。七部。又息廉反。詩曰。貝胄朱綅。魯頌閟宮文。傳曰。貝胄、貝飾也。朱綅、以朱綅綴之。按毛意謂以朱綫綴貝於胄耳。正義謂綴甲。非也。

縷　綫也。此本謂布縷。引申之絲亦名縷。从糸婁聲。力主切。古音在四部。

綫　縷也。鄭司農周禮注曰。線、縷也。此本謂布綫。引申之絲亦偁綫。从糸戔聲。私箭切。十四部。

古文綫。周禮縫人作線。鮑人同。注曰。故書線作綜。當為糸旁泉。讀為緬。按線作綜。字之誤也。緬則鄭時行此字。漢功臣表。不絕如綫。晉灼曰。綫、今線縷字。蓋晉時通行線字。故云尒。許時古線今綫。晉時則為古綫今線。蓋文字古今轉移無定如此。

紌　縷一枚也。一枚猶一箇也。从糸穴聲。乎決切。十二部。

縫　㠯鍼紩衣也。鍼下曰。所以縫也。召南。羔羊之縫。傳曰。縫言縫殺之大小得其宜。引申之義也。从糸逢聲。符容切。九部。

緁　緶衣也。下文緶下曰。緁衣也。與此為轉注。衣部曰。齌者、緶也。喪服傳曰。斬者何。不緝也。齊者何。緝也。齊卽齌。緝卽緁。叚借字也。緁者、緶其邊也。从糸疌聲。七接切。八部。

緁或从習。習聲與疌聲相近也。

紩　縫也。與上文縫為轉注。黹下曰。鍼縷所紩衣也。凡鍼功曰紩。从糸失聲。直質切。年二部。

緛　衣戚也。戚、今之蹙字也。古多用戚、無蹙字。考工記曰。不微至無以為戚速。詩鄭箋云。縐絺、絺之戚戚者。今俗改作蹙。衣戚、衣部所謂襞。韋部所謂韏。子虛賦。襞積褰縐。紆徐委曲。鬱橈谿谷。張揖注曰。襞積、簡齰也。褰、縮也。縐、戚也。其縐中文理弟鬱迴曲。有似於谿谷也。按簡、古字。襇襉皆今字。縐訓戚。與鄭箋合。俗本譌裁而小顏、小司馬皆不得其解。甚矣古書之難讀也。衣戚亦曰韏。衣是為緛。引申之為凡戚之偁。素問曰。大筋緛短。小筋弛長。緛短謂戚而短也。緛以衣喻。弛以弓喻。从糸耎聲。而沇切。十四部。

組　補縫也。補者、完衣也。古者衣縫解曰袒。見衣部。今俗所謂綻也。以鍼補之曰組。內則云。衣裳綻裂。紉鍼請補綴。是也。引申之、不必故衣亦曰縫組。古豔歌行曰。故衣誰當補。新衣誰當綻。賴得賢主人。覽取為我組。謂故衣誰則補之。新衣誰則縫之。賴有賢主婦。見而為補縫之也。綻字古亦作組。淺人改之。从糸旦聲。丈莧切。十四部。

繕　補也。周禮繕人注曰。繕之言勁也。善也。叔于田序注云。繕之言善也。曲禮。招搖在上。急繕其怒。注曰。急猶堅也。繕讀曰勁。按許言補、其本義也。而中含善勁二義。故鄭云之言。不必如曲禮注之改讀也。从糸善聲。時戰切。十四部。

絬　衣堅也。各本無此三字。以論語曰絬衣長短右袂。冠於从糸之上。今補正。玉篇注曰。堅也。廣韵注曰。堅絬。皆本諸說文古本。非能杜撰也。自淺人不知許有引經說叚借之例。則訓論語絬衣為堅衣而不可通。乃刪其本義。徑引論語。使絬為褻之或體。殊不思絬果褻或字。則當於衣部褻篆之下出一絬篆。云褻或从舌聲。不得慣慣如是。且上文云補縫也。下文云綴得理也。堅義正與補綴相合。列字之次弟可攷者如是。衣堅者、今蘇州人所謂勸箸也。从糸舌聲。舌以柔而存。天下之至柔馳騁天下之至剛。从舌非無意也。私列切。十五部。論語曰。絬衣長短右袂。鄉黨篇文。今論語絬衣作褻裘。衣部曰。褻、私服也。然則論語自訓私服。而作絬者、同音叚借也。許偁之者、說六書之叚借也。如攷人姓也。而偁無有作攷。堋、喪葬下土也。而偁堋淫于家。尚書叚攷為好。叚堋為朋也。

纍　綴得理也。綴者、合箸也。合箸得其理則有條不紊。是曰纍。樂記曰。纍纍乎端如貫珠。此其證也。一曰大索也。論語作縲。字之誤。注云。黑索也。亦誤作累。如孟子係累其子弟是。亦作羸。如易大壯羸其角。馬云大索也。鄭、虞作纍。引申之、不以罪死曰纍。見楊雄反離騷注。从糸畾聲。畾聲卽靁省聲也。力追切。十五部。按纍、絫二字大不同。纍在十五部。大索也。其隸變不得作累。絫在十六部。增也。引申之延及也。其俗體作累。古所不用。

縭　㠯絲介履也。介者、畫也。謂以絲介畫履間為飾也。蓋卽周禮之繶絢。从糸离聲。力知切。古音在十七部。

緱　刀劒緱也。廣韵曰。刀劒頭纏絲為緱也。按謂人所把處如人之喉然。从糸侯聲。古侯切。四部。

繄　韍衣也。所以韜韍者。猶盛弓弩矢器曰医也。叚借為語䛐。左傳。王室之不壞。繄伯舅是賴。民不易物。惟德繄物。毛詩。伊可懷也。箋云。伊當作緊、緊猶是也。从糸殹聲。烏雞切。十五部。一曰赤黑色繒。赤當依玉篇作青。巾車。王后安車。彫面緊總。注曰。緊讀爲鳧鷖之鷖。鷖總者。青黑色。以繒爲之。鄭司農說也。

縿 旌旗之游所屬也。各本失所屬二字。今補。㫃部曰。游、旌旗之流也。周禮巾車注云。正幅爲縿。游則屬焉。正義曰。正幅爲縿。爾雅文。又覲禮正義。爾雅說旌旗正幅爲縿。唐後爾雅奪正幅爲縿四字。邢疏不能攷補。縿是旌旗之體。游則屬焉。故孫炎注曰。爲旒於縿。郭璞曰。縿、衆旒所著。戴先生曰。游著縿垂者也。交龍鳥隼之屬皆畫於縿。爾雅曰。纁帛縿。鄭本之。曰九旗之帛皆用絳。上有弧以張縿之幅。見覲禮、明堂位。考工記。下以人維之。周禮節服氏六人維王之太常。爾雅維以縷是也。所以太常必維之者。正恐其游長曳地。毛詩素絲紕之。大夫旌旗之游亦維持之也。游屬於縿而統於縿。然㫃部游下不云旌旗之縿也。則知縿下斷不云旌旗之游。理合析言。不得渾言矣。从糸參聲。所衔切。古音在七部。

徽 衺幅也。即詩之邪幅也。傳曰。邪幅、偪也。所以自偪束也。箋云。邪幅、如今行縢也。偪束其脛。自足至厀。按內則謂之偪。許云謂之徽。未見所出。葢猶蔽厀謂之韠與。釋詁曰。徽、善也。止也。大雅箋云。美也。自偪束之義之引申也。一曰三糾繩也。三糾、謂三合而糾之也。丩部曰。糾、三合繩。易係用徽纆。劉表曰。三股曰徽。兩股曰纆。一說糾本三股。三糾當爲九股。从糸微省聲。許歸切。十五部。

⿱𣃔糸 扁緒也。見條下。一曰弩要俗作⿱覀月。鉤帶。从糸𣃔聲。𣃔者、籒文折字。并列切。十五部。

紉 單繩也。單、各本及集韵作繹。非其義。李文仲字鑑作繹。今依廣韵、佩觿作單。太平御覽引通俗文曰。合繩曰糾。單展曰紉。織繩曰辮。大繩曰絚。釋玄應引字林。單繩曰紉。單對合言之。凡言綸言糾皆合三股二股爲之。紉則單股爲之。玉篇曰。紉、繩縷也。展而續之。方言曰。繝、剌、續也。楚謂之紉。葢單股必以他股連接而成。離騷曰。紉秋蘭以爲佩。注。紉、索也。內則。紉鍼請補綴。亦謂綫接於鍼曰紉。从糸刃聲。女鄰切。古音在十三部。

繩 索也。索下云。繩也。艸有莖葉。可作繩索也。故从朩糸。繩可以縣。可以束。可以爲閑。故釋訓曰。兢兢、繩繩、戒也。周南傳曰。繩繩、戒慎也。从糸蠅省聲。食陵切。蠅字入黽部者、謂其虫大腹如黽類也。故蠅以黽會意。不以黽形聲。繩爲蠅省聲。故同在古音弟六部。黽則古音如芒。在弟十部。

綷 紆未縈繩。未縈繩、謂未重疊繞之如環者。紆者、詘也。少少詘曲之而已。將縈繩先詘曲之。引申爲凡紆曲之偁。士喪禮。陳襲事于房中。西領南上不綪。注云。綪讀爲綷。綷、屈也。江沔之閒謂縈收繩索爲綷。按許綷下一曰縈也。此即江沔之閒語也。此云紆未縈繩。用詘訓也。凡器物曲陳之皆曰綷。一曰急弦之聲。聲綷綷然也。从糸爭聲。讀若旌。側莖切。十一部。

縈 收卷也。卷居轉切。各本作韏。非也。今依韵會、玉篇正。凡舒卷字古用㢧曲之卷。今用气勢之捲。非也。收卷長繩、重疊如環是爲縈。於營切。今俗語尚不誤。詩周南。葛藟縈之。傳曰。縈、旋也。从糸熒省聲。於營切。十一部。

絇 纑繩絇也。纑者、布縷也。繩者、索也。絇、糾合之謂。以讀若鳩知之。謂若纑若繩之合少爲多皆是也。廣韵。絇、九遇切。絲絇也。唐會眞記。崔氏書曰。奉寄朵絲一絇。元稹

詩曰。棼絲不成絇。正讀九遇切。是唐人多用此語。若屨絇禮經及禮記皆作絇。周禮作句。鄭云。箸舃屨之頭以爲行戒。句當爲絇。聲之誤也。玉裁按許不言屨飾。但言纑繩絇。許意屨絇字當從周禮作句爲正。取拘止之意。从糸句聲。讀若鳩。古音在四部。今其俱切。

縋 以繩有所縣也。縣者、系也。以繩系物垂之是爲縋。縋之言垂也。玄應引縣下有鎮。春秋傳曰。夜縋納師。見左傳襄十九年。从糸追聲。持偽切。按當持位切。古音在十五部。

絭 纕臂繩也。纕、各本作攘。今正。纕者、援臂也。臂褎易流。以繩約之。是繩謂之絭。絭有叚帣爲之者。史記滑稽列傳。帣韝鞠䐈。徐廣云。帣、收衣袖也。又有叚卷爲之者。列女傳。趙津女娟攘卷操檝。卷卽絭也。禾部曰。稛、絭束也。冖部曰。冠、絭也。是引申爲凡束縛之偁。从糸𢍏聲。居願切。十四部。

緘 所以束篋也。所以二字今補。篋者、笥也。束者、縛也。束之者曰緘。引申之齊人謂棺束曰緘。喪大記作咸。从糸咸聲。古咸切。古音在七部。

縢 緘也。亦所以束者也。周書

有金縢。凡艸之藟、木之藟曰縢。俗作藤。从系。朕聲。徒登切。六部。

編　次簡也。以絲次弟竹簡而排列之曰編。孔子讀易韋編三絕。冊字下曰象其札一長一短中有二編之形。然則駢比其簡上下用絲編二。是以有得青絲編考工記者也。禮之編茅為鼎鼏。周禮王后之編。列髮為之。亦猶是法也。从系。扁聲。布玄切。十二部。

維　車蓋維也。車蓋之制、詳於考工記。而其維無考。許以此篆專系之車蓋。蓋必有所受矣。引申之、凡相系者曰維。轂維、綏維是也。管子曰。禮義廉恥。國之四維。从系。佳聲。以追切。十五部。

絥　車絥也。郊祀志。雍五時路車各一乘。駕被具。西時、畦時禺車各一乘。禺馬四匹。駕被具。師古曰。駕車備馬之飾皆具。按駕車之飾、此所謂絥也。被馬之飾、革部所謂鞁也。从系。伏聲。平祕切。古音在一部。

茯　絥或从艸。

鞴　絥或从革。葡聲。葡聲、伏聲同在弟一部。

綎　綎綊、逗。各本少此二字。今依全書通例補。乘輿馬飾也。乘輿、天子車。飾亦妝飾之飾。綎綊字今無所攷。傳玄乘輿馬賦注今不傳。从系。正聲。諸盈切。十一部。

綊　綎綊也。其義已釋於上。故此但云綎綊也。凡緜連字不可分釋者、其例如此。从系。夾聲。胡頰切。八部。

緐　馬髦飾也。馬髦、謂馬鬣也。飾亦妝飾之飾。蓋集絲條下垂為飾曰緐。引申為緐多。又俗改其字作繁。俗形行而本形廢。引申之義行而本義廢矣。至若鄭注周禮、禮記之繁纓。繁讀為鞶帶之鞶。謂今馬大帶也。此易字之例。其說與許說絕殊。从系每。各本下有聲字。非也。今刪。每者、艸盛上出。故从系每會意。猶之蘩字亦以每緐會意也。附袁切。十四部。春秋傳曰。可以稱旌緐乎。哀廿三年左傳文。

䋣　緐或从𢍏。以弁形聲。𢍏、籒文弁。見皃部。

繮　馬紲也。釋名曰。韁、疆也。繫之使不得出疆限也。从系。畺聲。居良切。十部。

紛　馬尾韜也。韜、劒衣也。引申為凡衣之偁。釋名曰。紛、放也。防其放弛以拘之也。揚子言車軨馬馻。馬馻謂結束馬尾。豈韜之而後結之與。羽獵賦注。紛、旗流也。尚書。敿乃干。傳曰。施汝盾紛。離騷用續紛字。皆引申叚借也。从系。分聲。撫文切。十三部。

紂　馬緧也。方言曰。車紂、自關而東、周洛韓鄭汝潁而東謂之緻。或謂之曲綯。或謂之曲綸。自關而西謂之紂。从系。肘省聲。除柳切。三部。

緧　馬紂也。考工記、必鰌其牛後。注云。鰌讀為緧。關東謂紂為緧。按亦作緻。商王紂、古文尚書作受。从系。酉聲。七由切。三部。

絆　馬馽也。馬部馽下曰。馬絆也。與此為轉注。小雅。縶之維之。傳曰。縶、絆。維、繫也。周頌曰。言授之縶。以縶其馬。箋云。縶、絆也。按縶謂繩。用此繩亦謂之縶。此凡字之大例。有客其冣明者也。引申為凡止之偁。从系。半聲。博幔切。十四部。

縝　絆前兩足也。莊子馬蹏篇。連之以羈縝。崔云。絆前兩足也。吳都賦。縝麋麖。劉注同。从系。須聲。相主切。古音在四部。按向秀云。馬絆音竦。集韵入二腫。漢令。蠻夷卒有縝。疑有奪字。殊下云。蠻夷長有罪當殊之。此應云。蠻夷卒有罪當縝之。

紖　牛系也。牛系、所以系牛者也。周禮封人作絼。鄭司農云。絼、箸牛鼻繩。所以牽牛者。今時謂之雉。與古者名同。後鄭云。絼字當以豸為聲。按絼讀如豸。池爾切。漢人呼雉即絼也。絼變作紖。而讀丈忍切。仍絼雉之雙聲。今人讀紖余忍切。則非也。少儀曰。牛則執紖。从系。引聲。讀若矤。直引切。十二部。

縼　以長繩系牛也。玉篇云。以長繩系牛馬放之也。从系。旋聲。辭戀切。十四部。

縻　牛轡也。縻本馬轡也。大車駕牛者則曰牛轡。是為縻。潘岳賦曰。洪縻在手。凡言羈縻勿絕。謂如馬牛然也。从系。麻聲。靡為切。古音在十七部。

䌕　縻或从多。多聲、麻聲同十七部。

紲　犬系也。犬字各本無。今補。少儀。犬則執緤。牛則執紖。馬則執靮。注曰。緤、紖、靮、皆所以繫制之者。按許以此篆次於牛系之後。其為用少儀顯然也。緤本犬系。引申之。馬亦曰紲。故上文繮下曰。馬紲也。若紲本謂馬。則宜次於繮篆後矣。从系。世聲。私列切。十五部。春秋傳曰。臣負羈紲。春秋僖廿四年左傳文。服虔注曰。一曰犬韁曰紲。古者行則有犬。按如服說。則紲之本義也。如杜說。紲馬韁。則紲引申之義也。服云犬韁。許云馬紲。

文意正同。

緤　紲或从枼。枼亦世聲也。

纆　索也。易係用徽纆。劉表曰。三股曰徽。兩股曰纆。字林曰。兩合曰糾。三合曰纆。从糸黑聲。莫北切。一部。按从黑者、所謂黑索拘攣罪人也。今字从墨。

縆　大索也。通俗文。大索曰縆。一曰急也。淮南子曰。張瑟者小弦縆。大弦緩。高氏注曰。縆、急也。王逸注九歌曰。縆、急張弦也。如月之恆。傳曰。恆、弦也。本亦作縆。沈重古恆反。按手部揯、引急也。縆與揯音義皆同。从糸恆聲。古恆切。六部。亦作緪。非从亘之絙也。亦古鄧切。

繘　綆也。易井卦。汔至亦未繘井。羸其瓶。鄭云。繘、綆也。方言曰。繘、自關而東周洛韓魏之閒謂之綆。或謂之絡。關西謂之繘。从糸矞聲。余聿切。十五部。古文从絲。籀文繘。从絲叉从曰也。曰者、叉手也。

綆　汲井綆也。汲者、引水於井也。綆者、汲水索也。何以盛水則有缶。缶部曰。罋、汲缾也是也。何以引缾而上則有綆。春秋傳具綆缶是也。从糸更聲。古杏切。古音在十部。讀如岡。

絠　彈彄也。彈者、開弓也。彄者、弓弩耑弦所凥也。弦與弓弩於發矢時相離。是名絠。从糸有聲。弋宰切。又古亥切。一部。

繳　生絲縷也。生絲爲縷也。凡蠶者爲絲。麻者爲縷。絲細縷麤。故糾合之絲得偁縷。謂縷系矰矢而㠯隿䠶也。李善文賦注所引有此十字。今按有此乃完。當作生絲縷系矰矢而㠯隿䠶也。共十一字。矢部曰。矰者、隿䠶矢也。隹部曰。隿者、繁䠶飛鳥也。繳者、繁繳也。从糸敫聲。之若切。古音在二部。

繴　繴謂之罿。罿謂之罬。罬謂之罦。捕鳥覆車也。見釋器及网部。从糸辟聲。博厄切。十六部。

緍　釣魚繁也。繁本施於鳥者。而鉤魚之繩似之。故曰釣魚繁。召南曰。其釣維何。維絲伊緍。傳曰。緍、綸也。謂糾絲爲繩也。从糸昏聲。武巾切。十三部。吳人解衣相被謂之緍。方言。緍、緜、施也。秦曰緍。趙曰緜。吳越之閒脫衣相被謂之緍緜。按大雅荏染柔木。言緍之絲。傳曰。緍、被也。是其爲古義古訓、不始方言也。

絮　敝緜也。緜者、聯微也。因以爲絮之偁。敝者、敗衣也。因以爲孰之偁。敝緜、孰緜也。是之謂絮。凡絮必絲爲之。古無今之木緜也。以絮納袷衣閒爲袍曰褚。亦曰裝。褚亦作著。以麻縕爲袍亦曰褚。从糸如聲。息據切。五部。

絡　絮也。今人聯絡之言。蓋本於此。包絡字、漢人多叚落爲之。其實絡之引申也。楊雄傳曰。緜絡天地。以絮喻也。一曰麻未漚也。陳風曰。東門之池。可以漚麻。傳曰。漚、柔也。箋云。於池中柔麻。使可緝績作衣服。按未漚者曰絡。猶生絲之未湅也。从糸各聲。盧各切。五部。

纊　絮也。玉藻。纊爲繭。注曰。纊、今之新緜也。按鄭釋纊爲新緜者、以別於縕之爲新緜及舊絮也。許則謂纊爲絲絮。不分新故。謂縕爲麻紼。與鄭絕異。从糸廣聲。苦謗切。十部。春秋傳曰。皆如挾纊。春秋宣十二年左傳文。

絖　纊或从光。

紙　絮一箈也。箈各本譌笘。今正。箈下曰。潎絮簀也。潎下曰。於水中擊絮也。後漢書曰。蔡倫造意。用樹膚、麻頭及敝布、魚网以爲紙。元興元年奏上之。自是莫不從用焉。天下咸稱蔡侯紙。按造紙昉於漂絮。其初絲絮爲之。以箈荐而成之。

今用竹質木皮爲紙。亦有緻密竹簾荐之是也。通俗文曰。方絮曰紙。釋名曰。紙、砥也。平滑如砥。从糸氏聲。諸氏切。十六部。

⿰糸咅　治敝絮也。敝絮猶故絮也。从糸咅聲。芳武切。古音在四部。

繫　繫⿰糸虒也。一曰惡絮。一曰猶一名也。繫⿰糸虒讀如谿黎。疊韵字。音轉爲縴⿰糸虒。縴苦堅切。廣韵十二齊、一先皆曰。縴⿰糸虒、惡絮。是也。釋名曰。煮繭曰莫。莫、幕也。貧者著衣可以幕絮也。或謂之牽離。煮熟爛牽引使離散如絮也。按此與煮繭絓頭不同物。編太平御覽者合而一之。誤矣。从糸毄聲。大徐古詣切。非也。此字之本音見周易釋文。云直作毄下系者。音口奚反。集韵繫牽兮切。引說文繫⿰糸虒。今惡絮。陸德明、丁度非不言之憭然也。而六朝以後舍系不用。而叚繫爲系。遂使繫之本義蕪薉終古。至鼎臣奉敕校定此書。亦徑云古詣切。何淺率如是。尙自謂用唐韵。不知唐韵霽韵內之繫、非許書之繫⿰糸虒也。十六部。

⿰糸虒　繫⿰糸虒也。从糸虒聲。郎兮切。十六部。一曰維也。此別一義。謂⿰糸虒亦訓維系。

緝　績也。自緝篆至絣篆皆說麻事。麻事與蠶事相

欬　績　纑

似。故亦从糸。凡麻枲先分其莖與皮曰木。因而漚之。取所漚之麻而林之。林之爲言微也。微纖爲功。析其皮如絲而撚之。而剝之。而續之。而後爲縷。是曰績。亦曰緝。亦絫言緝績。孟子曰妻辟纑。趙注曰、緝績其麻曰辟。按辟與擘肌分理之擘同。謂始於析麻皮爲絲也。引申之、用縷以縫衣亦爲緝。如禮經云、斬者不緝也、齊者緝也、是也。又引申之爲積厚流光之偁。大雅傳曰緝熙光明也、是也。**从糸。咠聲。**七入切。七部。

欬　績所未緝者。各本作績所緝也。今依廣韵正。兩縷相接而後爲緝。未撚接之前、豫林纖微諸縷以儲待之。是爲欬。令其次弟可用也。引申之周禮有欬布。鄭司農云列肆之稅布。**从糸。次聲。**七四切。十五部。

績　緝也。豳風八月載績。傳曰載績、絲事畢而麻事起矣。績之言積也。積短爲長、積少爲多。故釋詁曰績、繼也、事也、業也、功也、成也。左傳曰遠績禹功。大雅曰維禹之績。傳曰績功也。**从糸。責聲。**則歷切。十六部。

纑　布縷也。言布縷者、以別乎絲縷也。績之而成縷、可以爲布。是曰纑。禮經縷分別若干升以爲麤細、五服之縷不同也。趙岐曰

紨　繐　絺　綌　縐

湅麻曰纑。麻部纑下曰、未湅治纑也。然則湅治之乃曰纑。葢縷有不湅者。若斬衰、齊衰、大功、小功之縷皆不湅。緦衰之縷則湅之。若吉服之縷則無不湅者。不湅者曰纑。湅者曰纑。統呼曰縷。**从糸。盧聲。**洛乎切。五部。

紨　布也。謂布名。**一曰粗紬。**謂大絲繒之粗者。漢書武五子傳嚴延年女羅紨。**从糸。付聲。**防無切。五部。

繐　蜀細布也。左思蜀都賦黃潤比筒。注黃潤、謂筒中細布也。楊雄蜀都賦曰、筒中黃潤、一端數金。**从糸。彗聲。**祥歲切。十五部。

絺　細葛也。葛者、絺綌之艸也。其緝績之一如麻枲。其所成之布、細者曰絺、粗者曰綌。葢艸有不同。如今之葛布有黃艸葛、其粗者也。**从糸。希聲。**丑脂切。十五部。

綌　粗葛也。从糸。谷聲。綺戟切。古音在五部。

帢　綌或从巾。

縐　絺之細者也。者字依御覽補。**詩曰、蒙彼縐絺。**庸風君子偕老文。傳曰蒙、覆也。絺之靡者爲縐。按靡謂紋細皃。如水紋之靡靡也。米部曰䊳、碎也。凡言靡麗者、皆取䊳義。謂其極細。此毛說與鄭說

絟　紵　緦

之不同也。**一曰戚也。**戚各本作蹴。蹴者躡也。非其義。葢本作戚。俗作蹙。又改爲蹴耳。今正。鄭箋云、縐絺、絺之蹙蹙者。此鄭說之異毛也。戚戚者、如今皺紗然。上文云、緛衣戚也。子虛賦襞積褰縐。張揖注云、縐戚也。**从糸。芻聲。**側救切。四部。

絟　細布也。江都王傳遺帝荃葛。師古曰、字本作絟。千全反。又千劣反。江南筩布之屬、皆爲荃也。**从糸。全聲。**此緣切。十四部。

紵　檾屬。檾者、枲屬也。陳風曰、東門之池、可以漚紵。**細者爲絟。布白而細曰紵。**各本作粗者爲紵。今依玄應書正。卷十二、十五略同也。周禮典枲掌布緦縷紵之麻艸之物。白而細疏曰紵。古亦借爲褚衣之褚。**从糸。宁聲。**直呂切。五部。

紵或从緒省。

緦　十五升抽其半布也。各本無抽其半三字。當由不通人刪之。今補。緦者、布名。猶大功、小功皆布名也。經云緦麻三月者。注云、緦麻、緦布衰裳而麻絰帶也。今本注內刪下緦字、則不可通矣。傳曰、緦者十五升抽其半。有事其縷。無事其布曰緦。凡布幅廣二尺二寸。禮經布八十縷爲

緆

升。卽許之布八十縷爲稯也。斬衰三升。三升有半。齊衰四升。緦衰小功之縷四升有半。大功八升若九升。小功十升若十一升。緦布朝服之縷七升有半。升數各不同。而皆合二尺二寸之度以成布。十五升去半者。十五升朝服之升數也。去其半則爲七升有半。朝服用十五升。其布密。緦用其半。其布疏。謂之緦者、鄭曰治其縷細如絲也。傳所謂有事其縷也。緦衰用小功之縷而升數不及半。緦用朝服之縷而升數祗取半。皆聖人因宜適變之精意。**一曰兩麻一絲布也。**此說非也。鄭注喪服曰、或曰有絲。朝服用布。何衰用絲乎。**从糸。思聲。**息茲切。一部。

古文緦。从思省。思各本作糸。誤。今正。

緆　細布也。布、一本作麻。古亦呼布爲麻也。燕禮冪用綌若錫。鄭注、今文錫爲緆。緆、易也。治其布使滑易也。按今文其本字。古文其叚借字也。子虛賦被阿錫。卽列子之衣阿緆。許意從禮今文。故錄緆字。喪服錫衰傳曰、錫者何也。麻之有錫者也。錫者十五升抽其半。無事其縷。有事其布曰錫。按據是則緆之與緦、但一事其縷、一事其布爲少異耳。其爲十五升之半則同也。何

繐

繐下偁傳以釋之、而緆下不偁傳也。曰繐在五服之內。故聖人特製其字。錫衰不在五服內、故聖人用錫之名、不別製字。錫衰之錫與細布之緆、其實不同也。葢古者布十五升爲冣細。十五升布成、治之使滑易。是曰緆。錫衰則半十五升而治之。亦名曰緆。實非緆也。是以傳之釋經也。先之曰錫者何也。麻之有錫者也。有讀爲又。言麻既爲布矣、而又加灰易之。此言緆之本義也。繼之曰錫者十五升抽其半。無事其縷。有事其布曰錫。此釋錫衰之錫也。兩言錫者、意各有在。許作字書釋緆本義。故祇曰細麻、而不必詳十五升去半之緆。葢用傳前說以包後說矣。从糸易聲。先擊切。十五部。緆或从麻。先鄭曰。錫、麻之滑易者。劉熙曰。錫、易也。治其麻使滑易也。古說謂治麻曰錫。繐細疏布也。禮經曰。繐衰裳牡麻絰既葬除之者。傳曰。繐衰者何。以小功之縷也。注云。治其縷如小功、而成布四升半。細其縷者、以恩輕也。升數少者、以服至尊也。凡布細而疏者謂之繐。今南陽有鄧繐。按小功十升若十一升成布。而此用小功之縷四升半成布。是爲縷細而布疏。其名曰繐者、布本有一種細而

緰　縗　絰

疏者曰繐。但不若繐衰之大疏。而繐衰之名繐、實用其意。故鄭舉凡布以名之。劉氏釋名說繐衰亦曰細而疏如繐也。許云細疏布、亦謂凡布。不主繐衰與緆本爲細布名、而錫衰之錫取以爲名正同。故皆不引禮傳。从糸惠聲。私銳切。十五部。按此篆各本在前絙纂二篆之閒。非其次也。今移此以正之。緰緰貲、逗布也。謂布名。急就篇服瑣緰㠿與繒連。師古曰。緰㠿、緆布之尤精者也。㠿貲同。从糸俞聲。度侯切。四部。縗喪服衣。喪字各本無。今補。凡服上曰衣、下曰裳。禮衰裳連言。卽衣裳也。以衰統負板辟領等爲言也。長六寸。博四寸。直心。禮喪服記曰。衰長六寸、博四寸。注云。廣袤當心也。前有衰、後有負板、左右有辟領。孝子哀戚無所不在。按縗、經典多叚借衰爲之。从糸衰聲。倉回切。古音在十七部。絰喪首戴也。喪服經苴絰。注曰。麻在首在要皆曰絰。絰之言實也。明孝子有忠實之心。故爲制此絰服焉。首絰象緇布冠之缺項。要絰象大帶。又有絞帶象革帶。按經傳首要皆言絰。而首章傳苴絰大搹去五分一以

緶　⿸戶糸　⿰糸封　緉

爲帶。齊衰之絰、斬衰之帶也。云云。然則在首爲絰。在要爲帶。經特舉絰以統帶耳。故許以喪首戴釋絰。猶言當心之縗。則負板、辟領皆統其中也。从糸至聲。徒結切。十二部。緶交枲也。謂以枲二股交辮之也。交絲爲辮。交枲爲緶。一曰緁衣也。上文緁下云緶衣也。此云緶、緁衣也。是爲轉注。从糸便聲。房連切。十一部。⿸戶糸履也。履者、足所依也。方言曰。絲作之者謂之履。麻作之者謂之不借。或謂之履。或謂之䩓角。或謂之麤。或謂之屩。或謂之⿸戶糸。履其通語也。一曰青絲頭履也。上義謂麻作之。此義謂青絲爲頭。讀若阡陌之陌。許書無阡陌。葢當作什佰也。一曰以下十三字當在从糸戶聲之下。从糸戶聲。大徐亡百切。郭景純下瓦反。一音畫。古音在五部。⿰糸封枲履也。枲者、麻也。急就篇屐屩⿰糸封麤。今俗語履之判合爲幫。讀如邦。从糸封聲。博蠓切。九部。緉履兩枚也。齊風。葛履五兩。履必兩而後成用也。是之謂緉。一曰絞也。一曰猶一名也。方言。緉、緛、絞也。關之東西或謂

絜　繆　綢　⿱奴糸

之緛。絞通語也。按緉之言兩也。緛之言雙也。絞之言交也。从糸兩、兩亦聲。各本兩作兩。篆作緉。非。當正。力讓切。十部。絜麻一耑也。一耑猶一束也。耑、頭也。束之必齊其首。故曰耑。人部係下云。絜、束也。是知絜爲束也。束之必圍之。故引申之圍度曰絜。束之則不㰌曼。故又引申爲潔淨。俗作潔。經典作絜。从糸㓞聲。古屑切。十五部。繆枲之十絜也。枲卽麻也。十絜猶十束也。亦叚爲謬誤字。亦叚爲諡法之穆。一曰綢繆也。唐風。綢繆束薪。傳曰。綢繆猶纏緜也。鴟鴞鄭箋同。皆謂束縛重疊。从糸翏聲。武彪切。三部。綢繆也。謂枲之十絜、一曰綢繆二義皆與繆同也。今人綢繆字不分用。然詩都人士單用綢字。曰綢直如髮。毛傳以密直釋之。則綢卽稠之叚借也。从糸周聲。直由切。三部。按此二篆疑有譌亂。⿱奴糸絜縕也。絜縕謂束縕也。束縕見蒯通傳。一曰敝絮也。敝絮謂孰緜也。前說謂麻。此謂絲。从糸奴聲。女余切。五部。易曰需有衣⿱奴糸。既濟六四爻辭。按此篆舊在繫

篆之前。彼上下文皆言絲。絮非其類。今移次於此。緼紼也。玉藻。纊爲繭。緼爲袍。注曰。纊新緜也。緼今之纊及故絮也。纊及故絮者。謂以新緜合故絮裝衣。鄭說與許異。衣部曰。以絮曰襺。以緼曰袍。許緜絮不分新舊槩謂之纊。以亂麻謂之緼。孔安國釋論語曰。緼。枲著也。許所本也。蔛通傳。束緼乞火。師古曰。緼。亂麻。从糸。昷聲。於云切。十三部。亦上去聲。紼亂枲也。枲各本作系。不可通。今正。亂枲者。亂麻也。可以裝衣。可以然火。可以緝之爲索。故采尗毛傳曰。紼。繂也。言用紼爲索也。从糸。弗聲。分勿切。十五部。絣氏人殊縷布也。漢武都郡。應劭曰。故白馬氏羌。華陽國志曰。武都郡有氏傁。殊縷布者。蓋殊其縷色而相閒織之。絣之言骿也。从糸。并聲。北萌切。十一部。自緝篆至此篆皆說麻事也。紕氏人𦄼也。氏人所織毛布也。周書伊尹爲四方獻令。正西以紕𦄼爲獻。後漢西南夷傳。冉駹夷能作毼氈。毼卽紕也。華陽國志同。禮記用紕爲紕繆字。从糸。毛似糸。故从糸。比聲。讀若禹貢玭珠。卑履切。十五部。亦平聲。玭珠見玉部注。

𦄼西胡毳布也。西胡見玉部琊注。毳者。獸細毛也。用織爲布。是曰𦄼。亦叚罽爲之。从糸。罽聲。居例切。十五部。縊絞也。絞各本作經。庸人所改也。今正。交部曰。絞。縊也。與此爲轉注。絞縊必兩股辮爲之。喪服傳曰。喪之經不摎垂蓋不成也。不摎垂謂不絞也。經本訓從絲爲一股。縊死必兩股爲之。以其直縣也。故亦謂之經。許解縊必不云經也。左傳曰。若其有罪。絞縊以戮。手部曰。摎。縛殺也。从糸。益聲。於賜切。十六部。春秋傳曰。夷姜縊。桓十六年左傳文。綏車中靶也。靶各本作把。玉篇作車中靶也。廣韵引說文同。按靶是。把非。靶者。轡也。轡在車前。而綏則系於車中。御者執以授登車者。故別之曰車中靶也。少儀曰。車則脫綏執以將命。綏本系於車中。故可脫。郭璞注子虛賦曰。綏、所執以登車。論語曰。升車必正立執綏。周生烈曰。正立執綏。所以爲安。按引申爲凡安之偁。从糸。妥聲。聲字各本無。今補。妥字見禮經、小雅。許偶遺之。今已補於女部。毛公曰。安。安坐也。綏以安會意。卽以安形聲。古音在十七部。

部。今音息遺切。彝宗廟常器也。彝本常器。故引申爲彝常。大雅。民之秉彝。傳曰。彝。常也。从糸。糸、綦也。綦、許書所無。當作冪。周禮幎人。以疏布巾幎八尊。以畫布巾幎六彝。彝尊必以布覆之。故从糸也。廾持之。之字今補。廾、竦手也。尊下亦曰廾以奉之。米、器中實也。酒者米之所成。故从米。从彑象形。各本作彑聲。非也。今依韵會正。彑者。豕之頭銳而上見也。爵从鬯又而象雀之形。彝从糸米廾。而象畫鳥獸之形。其意一也。故云與爵相似。此與爵相侣。相似猶同意也。以脂切。十五部。周禮六彝。雞彝、鳥彝、黃彝、虎彝、蜼彝、斝彝。吕待祼將之禮。見春官司尊彝職。〓〓皆古文彝。

文二百四十八宋本八。今本九。　重三十一

素白致繒也。繒之白而細者也。致者。今之緻字。漢人作注不作緻。近人改爲緻。又於糸部增緻篆。

皆非也。鄭注襍記曰。素、生帛也。然則生帛曰素。對湅繒曰練而言。以其色白也。故爲凡白之偁。以白受采也。故凡物之質曰素。如殼下一曰素也是也。以質未有文也。故曰素食。曰素王。伐檀毛傳曰。素、空也。从糸𠂹。取其澤也。澤者。光潤也。毛潤則易下𠂹。故从糸𠂹會意。桑故切。五部。凡素之屬皆从素。〓素屬。从素。𠂹聲。居玉切。三部。〓白約、逗。縞也。縞者。鮮支也。急就篇有白約。顏注曰。謂白素之精者。其光約約然也。从素。勺聲。以灼切。二部。䋸素屬。素當作索。索見朩部。繩索也。从素之字。古亦从糸。故䋸字或作䋸。或作繂。采尗毛傳曰。紼、繂也。謂麻繩也。今說文譌作素屬。乃不可通矣。从素。猶从糸也。率聲。所律切。十五部。繛𦅈也。淇澳毛傳曰。綽、緩也。从素。卓聲。昌約切。二部。綽繛或省。今多如此作。𦅈繛也。糸部曰。紓、緩也。然則緩、紓也。从素。爰聲。胡管切。十四部。大徐管作玩。非。緩𦅈或省。今多如此作。

文六　重二

絲

絲　蠶所吐也。吐者、寫也。从二糸。息茲切。一部。凡絲之屬皆从絲。

轡

轡　馬轡也。从絲車。各本篆文作轡。解作从絲从軎。五經文字同。中从軸末之軎也。惟廣韵六至轡下云。說文作轡。此蓋陸法言、孫愐所見說文如此。而僅存焉。以絲運車、猶以扶輓車。故曰轡與連同意。祗應从車、不煩从軎也。今據以正誤。與連同意。見連篆二字下。兵媚切。十五部。詩曰。六轡如絲。小雅皇皇者華文。此非以證轡字、乃以釋从絲之意也。六轡如絲毛傳曰。言調忍也。如絲、則是以絲運車。故其字从絲車。凡引經說會意之例如此。

𢇍

𢇍　織以絲毌杼也。織字下各本衍絹字。玉篇又誤絹。今刪。以絲各本誤作从糸。毌作貫。今正。杼者、機之持緯者。毌、穿物持之也。以絲貫於杼中而後織。是之謂𢇍。杼之往來、如關機合開也。从絲省丱聲。丱者、卵字也。鉉等云古磺字。非也。古還切。十四部。丱古文卵字。各本無此五字。今補。說詳卵部。

文三

率

率　捕鳥畢也。畢者、田网也。所以捕鳥。亦名率。按此篆本義不行。凡衛訓將衛也、達訓先導也。皆不用本字而用率。又或用帥。如縣傳云。率、循也。北山傳云。率、循也。其字皆當作達是也。又詳帥下。左傳藻率、服虔曰。禮有率巾。卽許書之帥也。象絲网。謂𢆶。上下其竿柄也。上其竿之露者、下其柄也。畢网長柄。所律切。十五部。凡率之屬皆从率。

文一

虫

虫　一名蝮。爾雅釋魚。蝮、虫。今本虫作虺。博三寸。首大如擘指。釋魚文。擘指、大指也。郭云。此自一種蛇。人自名爲蝮虺。今蝮蛇細頸、大頭、焦尾。色如艾綬文。文閒有毛似豬鬣。鼻上有鍼。大者長七八尺。一名反鼻。非虺之類。此足以明此自一種蛇。按此注見斯干正義及小顏田儋傳注。郭意爾雅之蝮、今無此物。今之蝮蛇、非爾雅之蝮蛇也。象其臥形。虫篆象臥而曲尾形。它篆下云。虫也。象冤曲垂尾形。許偉切。十五部。物之散細或行或飛。或飛二字依爾雅釋文補。或毛或蠃。蠃見衣部。但也。俗作蠃。非。或介或鱗。以虫爲象。按以爲象、言以爲象形也。从虫之字多左形右聲。左皆用虫爲象形也。月令。春、其蟲鱗。夏、其蟲羽。中央、其蟲倮。虎豹之屬。恆淺毛也。秋、其蟲毛。冬、其蟲介。許云或飛者、羽也。古虫蟲不分。故以蟲諧聲之字多省作虫。如融、赨是也。鱗介以虫爲形。如螭、虯、盒、蚌是也。飛者以虫爲形。如蝙蝠是也。毛蠃以虫爲形。如蝯蜼是也。凡虫之屬皆从虫。

蝮

蝮　虫也。是曰轉注。考老之例也。招魂曰。蝮蛇蓁蓁。从虫复聲。芳目切。三部。玉裁按虫蝮二篆說解、蓋有疑焉。許它下解云虫也。从虫而長。象冤曲巛尾形。虫篆下說云象其臥形。然則虫乃不巛尾之它。它乃巛尾之虫。二篆實一字也。乃解虫爲蝮。援爾雅博三寸、頭大如擘以實之。依爾雅之形、則頭廣一寸、身廣三寸、必四足之它乃有此形。而許所云象其臥、象其冤曲巛尾者、必無足之它。而非四足之它也。無足爲它之常形。故其臥曰虫、舒之曰它。而龜黽篆从它篆之上體。亦未嘗非虫篆之上體也。然則以蝮訓虫、似非許意矣。況爾雅蝮虫在釋魚、陸云今作虺。尋其形皃非無足之它。諸書皆云至毒。則卽字林所謂蝝聽之類。故景純亦云今俗細頸大頭之蝮它。非爾雅之蝮它。許書以雖虺蜥蝘蜓蚖六篆同四足者類記。蓋許意虫爲無足它。虺爲四足它。各不相涉。爾雅古本作蝮虫、乃是借虫以爲虺。博三寸首大如擘者、乃虺之形。非虫之形。許書虫篆下作它也。象其臥形而無蝮虫也。从虫复聲之云。則文從字順矣。蝮字恐古爾雅祇作復。故知許不當有。

螣

螣　神它也。荀卿曰。螣蛇無足而飛。毛詩段借爲蟘字。从虫朕聲。徒登切。六部。

蚦

蚦　大它可食。从虫冄聲。人占切。七部。

螼

螼　螾也。釋蟲曰。螼、蚓、豎蠶。許謂螼也、蚓也、豎蠶也。一物三名也。蚓許作螾。从虫堇聲。弃忍切。十三部。

螾

螾　側行者。考工記卻

行、仄行。鄭曰。卻行、螾衍屬。仄行、蟹屬。與許異。今觀丘蚓實卻行。非側行。鄭說長也。丘蚓俗曰曲蟮。漢巴郡有朐忍縣。以此蟲得名。丘朐曲一語之轉也。或譌朐忍爲朐䏰。讀如蠢潤二音。遠失之矣。**从虫寅聲。**余忍切。十二部。

螾或从引。

螉

螉蜙。各本無此二字。今補。**蟲在牛馬皮者。**爾雅釋文引字林。螉蜙似蜂、蟲在牛皮者。字林本說文也。郭氏爾雅注。蚣蜙一作螉蜙。此謂蜇螽舂黍。**从虫翁聲。**烏紅切。九部。

蜙

螉蜙也。从虫從聲。子紅切。九部。

蠁

知聲蟲也。十部曰。肸蠁、布也。釋蟲曰。國貉、蟲蠁。廣雅曰。土蛹、蠁蟲。**从虫鄉聲。**許兩切。十部。

司馬相如說从向。鄉向聲同也。按春秋羊舌肸字叔向。說者向讀上聲。蓋向者蠁之省也。以肸蠁爲名字。

蛁

蟲也。謂蟲名也。按玉篇以蛁蟧釋之。非也。蛁自蟲名。下文蛈下蛁蟧別一蟲名。凡單字爲名者、不得與雙字爲名者相牽混。蛁蟧卽蛁蟟、不得以釋蛁也。**从虫召聲。**都僚切。二部。

[illegible]

蟲也。謂蟲名。**从虫敊聲。**祖外切。十五部。

蛹

繭蟲也。按許於繭曰蠶衣也。於絲曰蠶所吐也。於蠶曰任絲蟲也。於蠶曰蠶化飛蠶也。蛹之爲物在成繭之後、化蠶之前。非與蠶有二物也。立文不當曰繭蟲。當曰繭中蠶也。乃使先後如貫珠然。疑轉寫必有譌亂。**从虫甬聲。**余隴切。九部。

螝

蛹也。見釋蟲。顏氏家訓曰。莊子螝二首。螝卽古虺字。見古今字詁。按字詁原文必曰古螝今虺。以許書律之、古字叚借也。**从虫鬼聲。讀若潰。**胡罪切。十五部。

蛕

腹中長蟲也。从虫有聲。戶恢切。古音在一部。

蟯

腹中短蟲也。倉公列傳。診其病曰蟯瘕。**从虫堯聲。**如招切。二部。

雖

佀蜥易而大。易各本作蜴。誤。今正。此字之本義也。自借以爲語詞。尟有知其本義者矣。常棣云。每有良朋。又云。雖有兄弟。傳云。每、雖也。凡人窮極其欲曰恣睢。雖卽睢也。按方言守宮在澤中者、東齊海岱謂之螔蜥。注云似蜥易大而有鱗。螔字疑雖之誤。**从虫唯聲。**息遺切。十五部。

虺

㠯注鳴者。者字今補。注者、咮字之叚借。許用考工記文也。梓人職云。以注鳴者。鄭云。精列屬。與許不同也。上文雖下云似蜥易。下文蜥下云蜥易。則虺爲蜥易屬可知矣。今爾雅以爲虫蝮字。**詩曰。胡爲虺蜥。**小雅節南山文。今詩蜥作蜴。蜴卽蜥字也。**从虫兀聲。**許偉切。十五部。

蜥

蜥易也。易下曰。蜥易、蝘蜓、蝘蜓、守宮也。渾言之。此分別蜥易、蝘蜓、榮螈爲三。析言之也。方言曰。守宮。秦晉西夏或謂之蠦蝘。或謂之蜥易。**从虫析聲。**先擊切。十六部。蜥亦作蜴。詩胡爲虺蜥。今作虺蜴。其音同也。

蝘

在壁曰蝘蜓。在艸曰蜥易。析言之。**从虫匽聲。**於殄切。十四部。

蝘或从䖵。

蜓

蝘蜓也。从虫廷聲。徒典切。古音在十一部。**一曰蝘蜓。**一曰謂一名也。

蚖

榮蚖。逗。**它醫。**榮蚖之異名也。釋魚曰。蠑螈、蜥易也。小雅節南山傳曰。蜴、螈也。蜴當作易。螈當作蚖。榮蚖或單評蚖。史記龍漦化爲玄蚖以入王後宮是也。方言曰。其在澤中者謂之易蜴。音析。南楚謂之蛇醫。或謂之蠑螈。東齊海岱謂之螔蜥。**㠯注鳴者。**謂與虺皆以咮鳴也。**从虫元聲。**愚袁切。十四部。

蠸

蟲也。謂蟲名。未詳何物。釋蟲有蠸輿父、守瓜。**一曰大螫也。**螫者、蟲行毒也。大螫者、大行毒也。**讀若蜀都布名。**糸部曰。𦃡、蜀細布也。此謂大螫之讀若𦃡。**从虫雚聲。**巨員切。十四部。

螟

蟲食穀心者。吏冥冥犯法卽生螟。心各本譌葉。今依開元占經正。釋蟲、毛傳皆曰。食心曰螟。食葉曰蟘。食根曰蟊。食節曰賊。云吏冥冥犯法卽生螟、正爲食心言之。惟食心、故从虫冥會意。**从虫冥。冥亦聲。**此从宋本及小徐本。莫經切。十一部。按鉉本於此下妄增又螟蛉三字。宋本所無。且螟蠕、桑蟲也。見下文。字不作蛉。

蟘

蟲食苗葉者。見爾雅、毛傳。**吏气貣則生蟘。**貣各本作貸。今正。气貣皆求也。貝部曰。貣從人求物也。冥螟、貣蟘皆疊韵。左傳曰。妖由人興也。人無釁焉。妖不自作。故螟、蟘、蟊之害皆由吏。鄭箋大田云。明君以正己而去之。正己可去。則不正可招。李巡、孫炎皆謂由政所致也。**从虫貣。貣亦聲。**各本篆作蟘。解

十三篇上　四十二

作从虫貸。貸亦聲。今正。徒得切。一部。叚螣字爲之。一部與六部合聲也。**詩曰。去其螟蟘。**小雅大田文。今詩作螣。叚借字也。

蟣 **蝨子也。**蝨、齧人蟲也。子其卵也。戰國策作幾瑟。叚借字。**一曰齊謂蛭曰蟣。**釋魚。蛭蟣。注曰。今江東呼水中蛭蟲入人肉者爲蟣。**从虫幾聲。**居豨切。十五部。

蛭 **蟣也。**此蒙上蟣字第二義釋之。似後人所移。原書當不在是。水蛭者、今之馬黃。既是水物。當與下蛟螭蚪蝓爲類。蛭蟣、釋魚文。**从虫至聲。**之日切。十二部。

蝚 **蛭蝚、**逗。**至掌也。**釋蟲文。郭云。未詳。本艸經。水蛭味鹹。一名至掌。是名醫謂即水蛭也。**从虫柔聲。**耳由切。三部。

蛣 **蛣蚰、**逗。**蝎也。**釋蟲曰。蝎、蛣蝠也。郭云。水中蠹蟲。按下文蝎、蝤蠐也。不識何以不類記。**从虫吉聲。**去吉切。十二部。

蚰 **蛣蚰也。从虫出聲。**區勿切。十五部。今爾雅作蝠。

蟫 **白魚也。**今衣、書中白蟲。有粉如銀者是也。一名蛃魚。本艸經謂之衣魚。**从虫覃聲。**余箴切。七部。

蛵 **丁蛵、**逗。疊韵。**負勞也。**釋蟲文。郭曰。即蜻蛉也。江東呼狐梨所未聞。按許意非蜻蛉也。許下文蛉下云。蜻蛉也。一名桑根。不與此爲伍。則許意不謂蜻蛉可知。**从虫巠聲。**戶經切。十一部。

蛸 **毛蠹也。**釋蟲文。蠹者、木中蟲也。蛸居木中。其形外有毛。能食木。故曰毛蠹。是爲蛸。蛸之言陷也。**从虫臽聲。**乎感切。八部。

蟜 **蟲也。**謂蟲名。按上蛸下蛓同類也。則蟜當亦蛸蛓之類耳。**从虫喬聲。**居夭切。二部。

蛓 **毛蟲也。**不曰毛蠹者、不居木中。但食葉也。釋蟲云。螺、蛅蟴。郭云。蛓屬也。今青州人呼蛓爲蛅蟴。孫叔然云。八角螫蟲。失之。按今俗云刺毛者是也。食木葉。體有棱角、有毛、有采色。毛能螫人。叔然說不誤也。其老而成蛹。則外有㲉如雀卵。然本艸經謂之雀甕。或出成蛾放子如蠶子。或卽卵育於㲉中。故本艸云。雀甕、蛅蟴房也。蛅蟴音髯斯。**从虫𢦏聲。讀若笥。**三字依爾雅釋文補。千志切。一部。本艸作蚝。音同。

蛙 **蠆也。**史記律書。北至於蛙。蛙者、主毒螫殺萬物也。蛙而藏之。九月也。**从虫圭聲。**烏蝸切。十六部。篇、韵皆口圭切。

蚔 **蛙也。**此篆與蠪子之蚳迥別。孟子書當是蚔鼃。鼃即蛙。大夫以蚔蛙爲名也。**从虫氏聲。**巨支切。十六部。

蠆 **毒蟲也。**左傳曰。蠭蠆有毒。詩曰。卷髮如蠆。通俗文曰。蠆長尾謂之蠍。蠍毒傷人曰蛆。蛆、張列反。或作蜇。旦聲。非且聲也。**象形。**按不曰从虫象形而但曰象形者、虫篆有尾。象其尾也。蠍之毒在尾。詩箋云。蠆、螫蟲也。尾末揵然。似婦人髮末上曲卷然。其字上本不从萬。以苗象其身首之形。俗作蠆。非。且與牡蠣字混。丑芥切。按字林他割反。玄應書他達切。皆舊音也。十五部。

蠆或从蚰。蠍尾有單鉤者。有雙鉤者。故或从蚰。

蝤 **蝤蠐也。**詩衞風。領如蝤蠐。傳曰。蝤蠐、蝎蟲也。爾雅同。按下文云。蝎、蝤蠐也。然則二者爲轉注。**从虫酋聲。**字秋切。三部。

蠐 **蠐螬也。**釋蟲。蝤蠐、蝎。郭云。在木中者。蟦、蠐螬。郭云。在糞土中者也。是二者似同而異。宋掌禹錫、蘇頌亦辯蠐螬與蝤蠐、蝎不同。許意謂蝤蠐、蝎爲一物。而蠐螬下不云蝎也。蓋亦不謂一物矣。**从虫齊聲。**徂兮切。十五部。

蝎 **蝤蠐也。**釋蟲曰。蝎、桑蠹。桑中蟲也。按上文許云蛣蚰、蝎也。不類廁於此者、許意蛣蚰別爲一物也。蓋一類而種別者多矣。**从虫曷聲。**胡葛切。十五部。

強 **蚚也。**下云。蚚、強也。二字爲轉注。釋蟲曰。強、醜捋。郭曰。以腳自摩捋。叚借爲彊弱之彊。**从虫弘聲。**此聲在六部。而強在十部者、合韵也。巨良切。

籀文強。从蚰。从彊。據此則強者古文。秦刻石文用強。是用古文爲小篆也。然以強爲彊。是六書之叚借也。

蚚 **強也。从虫斤聲。**巨衣切。古音在十三部。

蜀 **葵中蠶也。**葵、爾雅釋文引作桑。詩曰。蜎蜎者蠋。蒸在桑野。似作桑爲長。毛傳曰。蜎蜎、蠋皃。蠋、桑蟲也。傳言蟲、許言蠶者、蜀似蠶也。淮南子曰。蠶與蜀相類。而愛憎異也。桑中蠹卽蝤蠐。**从虫。上目象蜀頭形。中**謂勹。**象其身蜎蜎。**市玉切。三部。**詩曰。蜎蜎者蜀。**豳風文。今左旁又加虫。非也。

蠲 **馬蠲也。**馬蠲亦名馬蚿。亦名馬蚈。亦名馬蠸。見呂覽仲夏紀、淮南時則訓高注。而爾雅釋蟲蛝、馬蝬。郭注。馬蠲、蚼。俗呼馬蜒。方言曰。馬蚿大者謂之馬

螕　蠖　蝝

蚰。蚰蜒同字也。莊子謂之蚿。多足蟲也。今巫山夔州人謂之艸鞵絆。亦曰百足蟲。茅茨陳朽則多生之。故淮南呂覽皆曰腐艸化爲蚈。高注曰。蚈讀如蹊徑之蹊是也。其注淮南云。一曰熒火。乃備異說。鄭注戴記腐艸爲熒曰。熒、飛蟲熒火也。葢非古文古說。**从虫。罒象形。**不云从蜀者。物非蜀類。又書無蜀部也。**益聲。**益聲在十六部。故蠲之古音如圭。韓詩吉圭爲饎。毛詩作吉蠲。蠲乃圭之叚借字也。唐詩水搖文蠲動。亦尙讀如桂。音轉乃讀古懸切。**明堂月令曰。腐艸爲蠲。**許所據者古文古說。

齧牛蟲也。今人謂齧狗蟲。語亦同。通俗文曰。狗蝨曰螕。**从虫。毘聲。**邊兮切。十五部。

尺蠖。逗。疊韵字。**詘申蟲也。**詘各本作屈。非。今正。詘者、詰詘也。曲也。易毄辭曰。尺蠖之詘。以求信也。信、古伸字。釋蟲曰。蠖、尺蠖。注。今蝍蝛。方言曰。蠀蝛謂之蚇蠖。注。又呼步屈。**从虫。蒦聲。**烏郭切。五部。

復陶也。釋蟲曰。蝝、蝮蜪。俗字从虫也。國語曰。蟲舍蚔蝝。韋注。蝝、蝮蜪也。可以食。按此說葢與下文二說畫然爲三。郭注爾雅則牽合董說耳。復陶未知於今何物。**劉歆說。蝝、⿱比䖵蠹子也。**此與下董說皆說春秋也。宣十五年。冬、蝝生。五行志曰。劉歆以爲蝝、蚍蠹之有翼者。食穀爲災。按志云有翼。此云子。亦異。**董仲舒說。蝝、蝗子也。**何注公羊曰。蝝卽螺也。始生曰蝝。大曰螺。五行志曰。董仲舒劉向以爲蝗始生也。螺卽螽字。董何說同也。**从虫。彖聲。**與專切。十四部。

螻　蛄　蠪　蛾

螻蛄也。今之土狗也。**从虫。婁聲。**洛侯切。四部。**一曰。穀天螻。**釋蟲文。郭注云。螻蛄也。按依郭則此一曰猶一名耳。但恐郭注未安。方言。蟦蠀或謂之蝖穀。或謂之天螻。則非螻蛄也。許書無穀字。

螻蛄也。孟子。蠅蚋姑嘬之。蚋一作蠕。或云蠕姑卽螻蛄也。**从虫。古聲。**古乎切。五部。

蠪丁、螘也。按此當於蠪丁爲逗。各本刪蠪字者非也。讀爾雅者以丁螘爲句。亦非。蠪丁、螘之一名耳。爾雅丁作朾。**从虫。龍聲。**盧紅切。九部。

羅也。蛾羅見釋蟲。許次於此。當是螘一名蛾。古書說蛾爲⿱比䖵蠹者多矣。蛾是正字。蟻是或體。許意此蛾是螘。蚰部之⿱我䖵是蠶⿱我䖵。蠶⿱我䖵二字有別。郭注爾雅蛾羅爲蠶⿱我䖵。非許意也。爾雅螘字本或作蛾。葢古因二字雙聲通用。要之本是一物。非叚借也。**从虫。我聲。**五何切。十七部。今音則魚綺反。在十六部。

螘　蚳　蠜　𧊄

⿱比䖵蠹也。俗作蚍蜉。非是。今正。蚰部曰。⿱比䖵蠹、大螘也。析言之也。渾言之則凡螘皆曰⿱比䖵蠹。爾雅。蚍蜉、大螘。小者螘。亦是析言。**从虫。豈聲。**魚綺切。按當魚豈切。古音在十五部。廣韵入尾韵者、古音也。入紙韵者、緣蟻字而合之也。

螘子也。釋蟲曰。螘子、蚳。郭云。蟻卵也。周禮。饋食之豆。有蚳醢。鄭曰。蚳、蛾子。國語。蟲舍蚳蝝。韋注同。**从虫。氏聲。**直尼切。十五部。**周禮有蚳醢。**天官醢人文。**讀若祁。**

籒文蚳。从蚰。

古文蚳。从辰土。从土者、出之土中也。从辰者、辰聲也。古氏聲辰聲相似。祇、振字通用。是其例。

𠂤蠜也。召南。趯趯阜螽。傳曰。阜螽、蠜也。趯趯、躍也。**从虫。樊聲。**附袁切。十四部。

悉𧊄也。唐風。蟋蟀在堂。傳曰。蟋蟀、蛬也。按許書無蛬字。今人叚蛩爲之。**从虫。帥聲。**所律切。十五部。

蝒　蟷　蠰　蜋　蛸　蛢

按蟋蟀皆俗字。

馬蜩也。與釋蟲同。凡言馬者謂大。馬蜩者、蜩之大者也。方言曰。蟬、其大者謂之蟧。或謂之蝒馬。蝒馬二字誤倒。此篆不與下文蜩蟬蜈蚗諸篆爲伍。不得其故。恐是淺人亂之耳。**从虫。面聲。**武延切。十四部。

蟷蠰、逗。**不過也。**皆螗螂別名。**从虫。當聲。**都郎切。十部。

蟷蠰也。从虫。襄聲。汝羊切。十部。

堂蜋也。堂蜋與蟷蠰一語小異耳。**从虫。良聲。**魯當切。十部。**一名斫父。**斫各本作蚚。今依爾雅音義正。堂蜋臂有斧。能斫。故曰斫父。郭云。江東呼爲石蜋。石卽斫。今江東呼斫郎。

蟲蛸、逗。**堂蜋子。**月令。仲夏之月。螳蜋生。注云。螳蜋、螵蛸母也。鄭志。王瓚問曰。爾雅莫貈、螳蜋同類物也。今沛魯以南謂之蟷蠰。三河之域謂之螳蜋。燕趙之際謂之食厖。齊濟以東謂之馬敫。然名其子則同云螵蛸。是以注云螵蛸母也。按堂蜋卵附於木。堅韌不可動。至小暑而子羣生焉。**从虫。肖聲。**相邀切。二部。按蟲字从蚰。故入蚰部。凡一物二字而異部者例此。

蟜蟥　䗐　蛅　蜆　蜰　蝍　蝸

蟜蟥、逗。目翼鳴者。蟥各本作蝗。今正。釋蟲曰。蛂蟥、蛢。郭云甲蟲也。大如虎豆。綠色。今江東呼黃瓶。按蛂蟥卽蟜蟥也。以翼鳴者見考工記梓人鄭注。翼鳴、發皇屬。發皇卽蛂蟥也。从虫。幷聲。薄經切。十一部。

蟜蟥、蛢也。蛢字今補。此轉注之例也。从虫。喬聲。余律切。十五部。

蟜蟥也。从虫。黃聲。乎光切。十部。

蛄䗐、逗。强羊也。羊釋文所引及宋本如此。當音陽。蓋今江東人謂麥中小黑蟲爲羊子者是也。鉉本作蛘。李仁甫本作芈。皆非是。釋蟲曰。蛄䗐、强蛘。郭云。今米穀中蠹小黑蟲是也。建平人呼爲蛘子。蛘亡婢反。郭音恐未諦。方言。姑䗐謂之强羊。字亦正作羊。郭注廣之。以江東名蝨、音加。建平人呼蛘子、音芈姓。不得改方言正文作蛘也。爾雅正文恐亦本作羊。从虫。施聲。式支切。古音在十七部。

蛅斯、逗。墨也。釋蟲云。蟔、蛅蟴。郭云。蛓屬。按許蛓下云。毛蟲也。此乃食木葉之蟲。非木中之蠹。其卵育自藏之殼曰雀饔。宜與蛓篆類列。从虫。占聲。職廉切。古音在七部。

縊女也。與釋蟲同。郭云。小黑蟲。赤頭。憙自經死。故曰縊女。从虫。見聲。胡典切。十四部。

盧蜰也。按爾雅蜚、蠦蜰爲一物。許書蜚在蟲部。蜰在虫部。不言一物。許實有所見也。唐本艸說蜚蠊味辛辣而臭。漢中人食之。一名蠦蜰。从虫。肥聲。符非切。十五部。

渠蝍、逗。一曰天社。社一作杜。廣韻譌作神。按渠蝍卽蛣蜣。雙聲之轉。玉篇謂蜣蝍同字。是也。釋蟲曰。蛣蜣、蜣蜋。莊子云。蛣蜣之智在於轉丸。陶隱居云。憙入人糞中。取屎丸而卻推之。俗名爲推丸。羅願云。一前行。以後兩足曳之。一自後而推致焉。乃坎地納丸。不數日有蜣蜋自其中出。玉裁謂此物前卻推丸。故曰渠蝍。一曰猶一名也。廣雅曰。天柱、蜣蜋也。从虫。卻聲。以形聲包會意。其虐切。五部。

蝸蠃、逗。疊韵。蒲盧。句。疊韵。釋蟲、毛傳同。細要土蠭也。天地之性細要純雄無子。詩曰。螟蠕有子。蝸蠃負之。小雅小宛曰。螟蛉有子。蜾蠃負之。毛傳曰。螟蛉、桑蟲也。蜾蠃、蒲盧也。負、持也。箋云。蒲盧取桑蟲之子。負持而去。煦嫗養之。以成其子。喻有萬民不能治。則能治者將得之。中庸注曰。蒲盧、果蠃。土蜂也。蒲盧取桑蟲之子。去而變化。以成爲己子。列子曰。純雌其名大署。純雄其名穉蜂。淮南曰。貞蟲之動。以毒螫。高注。貞蟲、細要蜂。蜾蠃之屬。無牝牡之合曰貞。楊子曰。取螟蠕祝曰。類我類我。戴先生曰。古語謂隨變而成者曰蒲盧。蒲盧又見大戴禮、山海經。小正曰。雉入于淮爲蜃。蜃者、蒲盧也。从虫。冎聲。古火切。十七部。

蝸或从果。果聲也。

蠃　蠕　蛺蜨　蚩　螌　蝥　蟠　蛜

蝸蠃也。从虫。蠃聲。郎果切。十七部。一曰虒蝓。此謂單言蠃則謂虒蝓也。虒蝓見下文蝓篆下。按下文蝸篆下蠃也。此當云一曰蝸也。而云一曰螔蝓者、一物三名。舉其易知者也。

螟蠕、逗。疊韵。桑蟲也。小雅毛傳文、釋蟲同。按上文云。蜀、桑中蠶、謂蠹其中者也。此桑蟲似步屈。其色青細。或在艸葉上。土蜂取之寘木空中。或書卷閒、筆筒中。七日而成其子。里語曰。呪云象我象我。詩義疏云爾。从虫。需聲。郎丁切。十一部。

蛺蜨也。疊韵爲名。今俗云胡蝶。見莊子。从虫。夾聲。兼叶切。八部。

蛺蜨也。从虫。疌聲。徒叶切。八部。俗作蝶。

蚩蟲也。蚩字今補。此三字句。謂有蟲名蚩也。叚借爲蚩之蚩。蚩毛傳曰。蚩蚩、敦厚之皃。玉篇曰。癡也。此謂毛詩。又曰笑也。此謂叚蚩爲嗤也。从虫。㞢聲。赤之切。一部。

螌蝥、逗。雙聲。毒蟲也。本艸經蟲部下品曰斑猫。味辛寒。有毒。一名龍尾。諸家云。大豆葉上取之。長五六分。甲上黃黑斑文。烏腹尖喙。按斑猫俗字也。从虫。般聲。布還切。十四部。

螌蝥也。从虫。敄聲。莫交切。按古音當如木。在三部。俗依本艸讀耳。蟲部曰。蟊亦或从敄。

鼠婦也。釋蟲曰。蟠、鼠負。負又作婦。本艸經曰。鼠婦。一名負蟠。郭樸曰。甕器底蟲。按此溼生蟲。今蘇州人所謂鞻底蟲也。蟠音附袁切。借爲蟠曲字。如樂記云。禮樂之極乎天而蟠乎地。方言曰。未陞天龍謂之蟠龍。此讀如盤。舟部般旋字之叚借也。从虫。番聲。附袁切。十四部。

蛜威、蛜各本作蛜。今正。蛜威疊韵字。逗。委黍。句。委黍、逗。鼠婦也。豳風。伊威在室。毛傳曰。伊威、委黍也。釋蟲同。按釋蟲以蟠、鼠婦與伊威委黍畫爲二條。不言一物。蛜威卽今之地鼈蟲。與鼠婦異物。本艸經曰。鼠婦、一名蛜蝛。以其畧相似耳。本艸經以鼠婦與䗪蟲爲二條。分下品中品。實則䗪卽鼠婦。葢一物而畧有異同。今難細別耳。許書之蟅謂蠜。絕非鼠婦。大平御覽乃引說文曰。蟠蟅、鼠婦也。依他書增一字。不可據。从虫伊省聲。於脂切。十五部。

蜙蝑、逗。雙聲。春黍也。詩釋文曰。揚雄、許慎皆云春黍。陸氏所據有此三字。今補。周南傳曰。斯螽、蜙蝑也。豳風傳曰。螽斯、蜙蝑也。釋蟲曰。蜇螽、蜙蝑。舍人曰。今所謂春黍也。方言曰。春黍謂之蜙蝑。詩斯螽卽螽斯。爾雅蜇卽斯。蜙蝑、春黍皆雙聲。蜙春、蝑黍又疊韵。陸璣疏曰。幽州人謂之春箕。蝗類也。㠯股鳴者。考工記梓人文。鄭曰。股鳴、蜙蝑動股屬。七月曰。五月斯螽動股。从虫松聲。息恭切。九部。陸氏引許慎思弓反。

蜙或省。毛詩如此作。

蜙蝑也。从虫胥聲。相居切。五部。陸氏引許慎先呂反。

螽也。螽各本譌作蟲。今正。方言曰。蟒、宋魏之閒謂之蚮。南楚之外謂之蟅蟒。或謂之螣。郭注。卽蝗也。蟅音近詐。蟒音莫梗反。亦呼蚱蜢。按卽今北人所謂蛨蚱。江南人謂之蝗蟲。蟅蟒、蚱蜢一語之轉。許書上文云蜙蝑。下文曰蝗。蟅亦蝗也。故列字之次如此。若廣雅、本艸所云蟅者皆非許意。从虫庶聲。之夜切。古音在五部。

螽也。蚰部曰。螽、蝗也。是爲轉注。漢書五行傳曰。介蟲之孼者。謂小蟲有甲飛揚之類。陽氣所生也。於春秋爲螽。今謂之蝗。按螽蝗古今語也。是以春秋書螽。月令再言蝗蟲。月令、呂不韋所作也。从虫皇聲。乎光切。十部。陸氏引說文榮庚反。又爾雅釋文華孟反。皆音之轉也。

蟬也。豳風傳曰。蜩、螗也。大雅。如蜩如螗。傳曰。蜩、蟬也。螗、蝘也。小雅。鳴蜩嘒嘒。傳曰。蜩、蟬也。不同者、或渾言。或析言。蟬之類不同也。夏小正傳曰。唐蜩者匽。爾雅曰。蜩、蜋蜩、螗蜩。許書無螗字。螗葢蟬之大者也。當依小正作唐。从虫周聲。徒聊切。古音在三部。詩曰。五月鳴蜩。七月文。

蜩或从舟。古周舟通用。

㠯旁鳴者。考工記梓人文。鄭云。旁鳴、蜩蜺屬。正義云。蟬鳴在脅。从虫單聲。市連切。十四部。

寒蜩也。方言。小而黑者謂之蜺。又曰。蟪謂之寒蜩。寒蜩、瘖蜩也。不言蜺與寒蜩爲一。許本爾雅爲說。釋蟲曰。蜺、寒蜩。月令。七月、寒蟬鳴。鄭曰。寒蟬、寒蜩。謂蜺也。郭樸云。寒螿也。从虫兒聲。五雞切。十六部。或叚爲虹霓字。

螇鹿、逗。蛁蟟也。寮舊作蟟。許書無此字。淺人增虫耳。今作寮。音聊。釋蟲曰。蜓蚞、螇螰。方言曰。蛥蚗。齊謂之螇螰。楚謂之蟪蛄。或謂之蛉蛄。秦謂之蛥蚗。自關而東謂之虭蟧。或謂之蝭蟧。或謂之蜓蚞。西楚與秦通名也。按蛥蚗卽許之蛜蚗。蛥當音伊。虭蟧音如貂料。卽許之蛁蟟也。蜓蚞音如廷木。許無蚞字。蝭蟧、夏小正作蝭蠑。字宜支遼二音。今江東俗語尚如此。辭章家作遮了二字是也。小正七月、寒蟬鳴。傳曰。蝭蠑也。與上文五月良蜩、唐蜩爲各物。方言亦以蛥蚗與蟬爲各物。然則許之蜺、螇螰與蜩、蟬葢亦有別矣。从虫奚聲。胡雞切。十六部。

蛜蚗、逗。方言作蛥蚗。蛥音折。蚗音于列反。蛥多聲。不當音折。疑方言有誤。當從許作蛜。音伊。蛁蟟也。按蛁蟟與蝭蟧、蜓蚞、螇螰皆關雙聲疊韵。从虫夬聲。於悅切。廣韵古穴切。十五部。

蛃蚗、逗。各本皆作蛃蚗。則與篆文不屬。今依廣韵二仙所引正。蟬屬。按爾雅蝒者馬蜩。方言蟬大者謂之蝒馬。玉篇、廣韵皆曰。蛃卽蝒字。然則許之蛃卽爾雅之馬蜩也。前文蝒篆及解顯系淺人羼入。故失其次字之恉。讀若周天子赧。王。謂赧。从虫丙聲。武延切。十四部。

蜻蛚也。按楊雄、李巡、陸璣、郭樸、玉篇、廣韵皆云。蟋蟀一名蜻蛚。但許書不與上文蟋篆爲伍。葢不以爲一物。與鄭注考工記曰以注鳴者精列屬。从虫列聲。良薛切。十五部。

蜻蛚也。从虫青聲。子盈切。十一部。按蜻蛚二篆當先蜻後蛚。後人倒之。下先蜻蛉。則同此。蜻如蛜蚗同蛜威之蛜。蛚如螟蠕同食穀之螟也。

蜻蛉也。戰國策曰。六足四翼。飛翔乎天地之閒。方言曰。蜻蛉謂之蝍蛉。郭云。江東謂之狐黎。淮南人呼蠊蛜。从虫令聲。郎丁切。十一部。一曰桑根。音康伊。按淮南書。水蠆爲蟌。卽蜻蛉也。今人作蜻蜓、蜻蟌。一曰猶一名也。今本作一名。

蔑蠓也。各本蔑作蠛。無此字。今正。蔑之言末也。爾雅作蠛。非古也。釋蟲曰。蠓、蠛蠓。孫炎曰。此蟲小於蚊。郭圖讚曰。小蟲似蜹。風舂雨磑。謂其飛上下如舂則天風。回旋如磨則天雨。陸佃引郭語互易之。非也。史記。蜚鴻滿壄。索隱引高誘曰。飛鴻。蠛蠓也。按古鴻蒙爲曡韵。故高君知鴻爲蠓也。揚雄賦。浮蠛蠓而撇天。蠛蠓猶鴻蒙也。細至於蠓。則其外皆鴻蒙矣。故其字从蒙。**从虫蒙聲。**莫孔切。九部。

蟁蟟。蟁字在䖵部。故於此釋其義。而䖵部曰蟁蟟也。皆文勢之自然也。**一曰浮游。朝生莫死者。**一曰猶一名也。浮游各本作蜉蝣。俗人所改耳。蝣字許書無。蜉字雖有亦非。今正。釋蟲曰。蜉蝣、渠略。曹風毛傳曰。蜉蝣。渠略也。朝生夕死。其狀詳陸璣詩疏。爾雅注。渠略叚借字。**从虫京聲。**离灼切。五部。

秦晉謂之蜹。楚謂之蟁。蟁作蚊。俗。今正。蟁在䖵部。故不類列於此也。此爲方俗殊語。以舉例也。**从虫芮聲。**而銳切。十五部。

蠨蛸。逗。雙聲。**長股者。**釋蟲曰。蠨蛸、長踦。豳風毛傳同。跂當作踦。其足長。故謂之長踦。許則顯之曰長股者也。此鼅鼄之一種。俗謂喜母。**从虫肅聲。**古音肅在三部。今音穌彫切。俗寫作蠨蛸。古音消。今音所交切。此古今之轉變也。蛸篆已見上文。爲蟲蛸字。故此不再出。

⿰虫省蟲也。有蟲名⿰虫省也。**从虫省聲。**息正切。十一部。

商何也。釋蟲曰。蛶、螪何。郭云未詳。陸云商失羊反。字林之亦反。按字林近古。之亦反則字本作螪。而許書當作啇何矣。**从虫寽聲。**力輟切。十五部。

蠅胆也。肉部曰。胆、蠅乳肉中也。蜡胆音義皆通。**周禮蜡氏掌除骴。**蜡氏。秋官職也。鄭曰。蜡、骨肉臭腐蠅蟲所蜡也。蜡讀如狙司之狙。按狙司、即覷伺也。蠅蟲所蜡、即蠅乳肉中之說。乳者、生子也。蠅生子爲蛆。蛆者俗字。胆者正字。蜡者古字。已成爲蛆。乳生之曰胆。曰蜡。齊民要術作浥魚法。勿令蠅胆。其意同也。釋蟲。蠢醜⿰虫尃。蠢千據反。卽蜡字之異者也。廣韵音誤而字不誤。今爾雅各本誤。郭云。⿰虫尃者剖母背而生。今大蠅有如是者。蠶蛹變而爲蛾。亦是裂殼而出。蜡字。禮記。郊特牲借爲八蜡字。尋八蜡本當作昔。昔、老也。息老物也。故字林作䄍。李仁甫說文作蜡。年終祭名。斯爲巨謬。本艸以蜡爲水母之名。**从虫昔聲。**此當依廣韵七慮切。五部。自大徐鉏駕切。遂有改其義曰年終祭名者矣。葢唐韵祇有蜡祭音義。不可以釋此。猶繫古詣切。不可以釋繫繉也。

動也。動者、作也。蟲之動曰蝡。**从虫耎聲。**而沇切。十四部。

徐行也。凡生之類行皆曰蚑。依李善洞簫琴二賦注補徐字及凡生以下八字。凡蟲行曰蚑。周書曰。蚑行喘息。小弁曰。鹿斯之奔。維足伎伎。伎本亦作跂。毛傳曰。舒皃。箋云。伎伎然舒者。留其羣也。按其字當作蚑蚑。毛傳、鄭箋正與徐行說合也。漢書跂跂脈脈善緣壁。其字亦當作蚑蚑。凡生之類者、或行或飛或毛或蠃或介或鱗皆是也。**从虫支聲。**巨支切。十六部。

蟲行也。凡蟲行曰蠉。上蚑爲徐行。則蠉爲疾行也。羽部曰。翾、小飛也。**从虫睘聲。**香沇切。十四部。

蟲申行也。各本作曳行。以讀若騁定之。則伸行爲是。今正。許本無伸字。祇作申。故譌爲曳也。**从虫中聲。讀若騁。**中讀若徹。中聲而讀騁者、以雙聲爲用也。依說文在十一部。今讀丑善切。

螽醜螸。螽、俗本作蠭。今依宋本、李燾本、集韵正。釋蟲曰。蠭醜螸。音義曰。蠭、施乾作螽。施所據與許合。**垂腴也。**腴者、腹下肥也。螽之類皆垂其腴矣。**从虫欲聲。**余足切。三部。篇韵皆羊朱切。

蠅醜蝙。釋蟲文。字祇作扇。**搖翼也。**也字依宋本補。**从虫扇聲。**式戰切。十四部。

它蟬所解皮也。从虫兌聲。兌聲各本作稅省聲。淺人改耳。今正。輸芮切。十五部。

螫也。蠚螫蓋本一字。若聲、赦聲同部也。或讀呼各切。山東行此音。或讀式亦切。關西行此音。見釋玄應書。今人乃以此篆切呼各。下篆切式亦。分而二之。**从虫若省聲。**呼各切。五部。

蟲行毒也。周頌曰。自求辛螫。古亦叚奭爲之。史記有如网宮螫將軍。漢書作奭將軍是也。或云蛆。音知列切。亦作蜇。**从虫赦聲。**施隻切。古音在五部。

蛈也。俗本作虺屬。今依宋本及集韵正。長部曰。蛈、蛪也。與此爲轉注。詳長部下。**从虫亞聲。**烏各切。五部。

騷蛘也。騷各本作搔。今正。疥字下曰。騷也。今亦作搔。搔、刮也。非其意。唐人所引作瘙。瘙見号韵。乃俗字。許所無。依義當作騷。騷、擾也。毛云動也。騷痒者、擾動於肌膚閒也。玄應引禮記蛘不敢搔。俗多用痒癢養字。葢非也。蛘从虫者、往往有蟲潛於膜。故疥字亦或作螺、作蚧。**从虫羊聲。**余兩切。十部。

餘

敗創也。敗者、毀也。創者、傷也。毀壞之傷有蟲食之。故字从虫。春秋經曰。鼷鼠食郊牛角。又曰。日有食之。字或作蝕。**从虫人食、食亦聲。**乘力切。一部。按可云飾省聲。

蛟

龍屬。無角曰蛟。各本作龍之屬也四字。今依韵會正。龍者、鱗蟲之長。蛟其屬。無角則屬而別也。郭氏山海經傳曰。似蛇。四腳。細頸。頸有白嬰。大者數圍。卵生。子如一二斛瓮。能吞人。按蛟或作鮫。然鮫者魚名。其字不相代也。**从虫交聲。**依韵會本四字在此。古肴切。二部。**池魚滿三千六百。蛟來爲之長。能遳魚而飛。**韵會有而字。**置笱水中卽蛟去。**遳者、先導也。曲竹捕魚曰笱。

螭

若龍而黃。南都賦曰。憚夔龍怖蛟螭。李注引說文蛟螭若龍而黃。按李注蛟字誤衍。左思蜀都賦或藏蛟螭。劉注云。蛟螭、水神也。一曰雌龍。一曰龍子。似亦謂蛟螭爲一物。然上林賦蛟龍赤螭。文穎曰。龍子爲螭。張揖曰。赤螭、雌龍也。皆劉說所本。張、左之賦皆不謂蛟螭一物也。許謂离爲山神。螭爲若龍而黃。與諸家說異。司馬相如曰赤螭。楊雄解嘲曰。翠虯絳螭之將登乎天。不謂其色黃矣。**北方謂之地螻。**呂氏春秋曰。黃帝之時。天先見大螻大螾。史記封禪書。黃帝得土德。黃龍地螾見。地螻之說、其本此與。非螻蛄也。**从虫离聲。**丑知切。古音在十七部。**或云無角曰螭。**六字疑後人所增。非許書本有。葢既改虯下爲有角、則注此爲無角。

虯

龍無角者。各本作龍子有角者。今依韵會所據正。然韵會尚誤多子字。李善注甘泉賦引說文虯、龍無角者。他家所引作有角皆誤也。王逸注離騷天問网言有角曰龍。無角曰虯。高誘注淮南同。張揖上林賦注、後漢書馮衍傳注、玉篇、廣韵皆曰。無角曰虯。絕無龍子有角之說。惟廣雅云。有角曰龍。卽虯字。無角曰宛。卽螭字。其說乖異。恐轉寫之譌。不爲典要。**从虫丩聲。**渠幽切。三部。

蜦

它屬也。它者、虫也。象宛曲垂尾形。蜦卽其屬也。**黑色潛於神淵之中能興雲致雨。**依甘泉、江賦二注訂。淮南書曰。犧牛粹毛。宜於廟牲。其於以致雨。不若黑蜧。高云。黑蜧、神蛇。潛於神淵。能興雲雨。**从虫侖聲。讀若莨艸也。**莨各本譌戾。今正。莨見艸部。侖聲而讀莨者、雙聲。十三部與十五部音轉冣近也。力計切。大徐力屯切。**蜦或从戾。**淮南書如此作。

螊

海蟲也。長寸而白。可食。按、自蠊至蝓八篆爲一類。皆介蟲也。其外有殼。蠊其小者也。長寸而白。謂其殼。可食。謂其中肉也。本艸所謂蠟蝛。似蛤而長扁。蝛與蠊音同。玉篇曰。蠊、小蚌。可食。**从虫兼聲。讀若嗛。**按嗛戶監切。則當依玉篇胡緘切。古音當在七部。大徐、廣韵力鹽切。

蜃

大蛤。依韵會有此二字。羅氏願曰。月令九月雀入大水爲蛤。十月雉入大水爲蜃。比雀所化爲大。故稱大蛤也。按鄭注禮記曰。大蛤曰蜃。韋注國語曰。小曰蛤。大曰蜃。高注呂覽曰。蜃、蛤也。高渾言之。鄭韋析言之。蜃與蚌雖屬而別。郭注爾雅云。蚌卽蜃。蜃之用詳於周禮左傳。玉部曰。珧、蜃甲也。所以飾物。珧、蜃屬。天子佩刀玉琫珧珌。士珕琫珧珌。**雉入水所匕。**五字依廣韵所據。各本作雉入海化爲蜃。按自夏小正九月雀入于海爲蛤。十月玄雉入于淮爲蜃。故國語趙簡子所說正同。而呂氏月令皆言入大水。鄭於季秋則曰大水、海也。於孟冬則曰大水、淮也。皆本小正爲說。知許斷不作雉入海矣。**从虫辰聲。**時忍切。十三部。玉篇作蜃。入蚰部。

盒

蜃屬。屬而有大小之別也。**有三。**目下。**皆生於海。**三者生於海。別於淮者也。**厲、千歲雀所匕。**千當作十。雀十歲則爲老矣。令所云爵入大水爲蛤也。高誘注時則訓、連上賓字讀。云賓雀者、老雀也。棲人堂宇之閒。如賓客者。**秦人謂之牡厲。**本艸經蟲魚部上品有牡蠣。**海蛤者。百歲燕所匕也。**本艸經蟲魚部上品有海蛤。陶隱居云。以細如巨勝潤澤光淨者好。圖經云。久爛者爲海蛤。未爛有文理者爲文蛤也。此又其一也。**魁蛤。一名復絫。老服翼所匕也。**服翼、蝙蝠也。詳爾雅。方言。釋魚。魁陸。注曰。本艸云。魁狀如海蛤。圓而厚。外有理縱橫。卽今之蚶

蜃　蚌　蠇　蝸　蝓

也。按宋人謂之瓦屋子。今浙人食之、亦名瓦隴子。以其紋理名之。此其一也。以上三十二字今本有譌奪。依爾雅音義正。从虫合聲。古沓切。八部。

陛也。陛各本作蛙。今爾雅同。韵會作陛。卽蚌語之轉也。當依玉部作玭。玭、蚌之有聲者也。釋魚曰。蛙、蜃。許無蛙字。故先蜃而以陛釋之。郭云。今江東呼蚌長而陜者爲蜃。陶隱居注本艸之蝏螷也。蝏音亭。螷蒲幸切。卽蜃字。周禮鼈人醢人皆有蜃。鄭司農云。蜃、蛤也。杜子春云。蜃、螷也。螷卽蚌字。蚌蛤有異。故二家說不同。許用杜說也。故下文受之以蚌。脩爲蜃。圜爲蠇。毛詩傳曰。脩、長也。長者謂之蜃。圜者謂之蠇。从虫庳聲。蒲猛切。十一部。按庳聲而讀入十一部者、支清之合音也。

蜃屬。蜃當作蠯。釋魚曰。蚌、含漿。鄭注鼈人云。貍物亦謂鷸、刀、含漿之屬。按珠出於蚌。玉部曰。玭、蚌之有聲者。从虫丰聲。步項切。九部。

蚌屬。似蠊微大。蠊卽上文長寸而白者。據本艸經牡蠇條注。則此物有絕大者。不得云似蠊微大也。且蛤下作厲。云秦謂之牡厲。似蛤屬有厲。蚌屬有蠇。其字不必同。不煩以本艸牽合也。許所聞或與後人不盡合。讀書不貴盡信。出海中。今民食之。从虫萬聲。讀若賴。力制切。十五部。

蝸、此複舉篆文之未刪者也。當依韵會刪。蠃也。蠃者、今人所用螺字。釋魚曰。蚹蠃、螔蝓。鄭注周禮醢人、蠃、螔蝓。許上文蠃下亦云。一曰蠃、螔蝓。此物亦名蝸。故周禮儀禮蠃醢、內則作蝸醢。二字疊韵相轉注。薛綜東京賦注曰。蝸者、螺也。崔豹曰。蝸、陵螺。蝸本咼聲。故蝸牛或作瓜牛。徐仙民以力戈切蝸。似未得也。力戈乃蠃字反語耳。今人謂水中可食者爲螺。陸生不可食者曰蝸牛。想周漢無此分別。蠃古多叚蠡爲之。从虫咼聲。古華切。十七部。舊音當如過。此篆舊在蠃蚌二篆閒。今按蠃卽螔蝓。前文蠃篆下言之。故移使相聯。

虒蝓也。虒蝓讀移與二音。今生牆壁閒溼處。無殼。有兩角。無足。延行地上。俗評延游。卽虒蝓古語也。本艸經作蛞蝓。云一名陵螺。後人又出蝸牛一條。據本經則蛞蝓卽蝸牛。合之釋蟲及鄭注周禮、許造說文。皆不云蠃與螔蝓爲二。葢螺之無殼者古亦評螺。有殼者正評螔蝓。不似今人語言分別評也。陸佃、

蜎　蟺　蚴　蟉　蟄　蚨　𧍞　蝦

宼宗奭分別之說。似非古言古義。从虫俞聲。羊朱切。古音在四部。

肙也。肙各本作蜎。仍複篆文。不可通。攷肉部肙下云。小蟲也。今據正。韵會引說文井中蟲也。恐是據爾雅注改。肙蜎葢古今字。釋蟲。蜎、蠉。蠉本訓蟲行。叚作肙字耳。郭云。井中小蛣蟩赤蟲。一名孑孓。廣雅曰。孑孓、蜎也。周禮刺兵欲無蜎。注云。蜎、掉也。謂若井中蟲蜎蜎。詩毛傳曰。蜎蜎、蠋皃。蜀、桑蟲也。其引申之義也。今水缸中多生此物。俗謂之水蛆。其變爲蟁。从虫肙聲。形聲中有會意。狂兖切。十四部。

夗蟺也。夗、轉臥也。引申爲凡宛曲之稱。夗蟺疊韵。葢謂凡蟲之冤曲之狀。篇韵皆云。蛩蟺、蚯蚓也。雖蚓有此名。而非許意。上文蜎善曲之物也。故承之以蟺。从虫亶聲。常演切。十四部。

蚴蟉也。三字句。疊韵也。司馬相如大人賦驂赤螭青虯之蚴蟉蜿蜒。謂宛轉之皃也。按篇、韵皆曰龍皃。依賦文爲訓耳。非許有龍皃二字也。从虫幽聲。於虯切。亦上聲。三部。漢書作蚴。

蚴蟉也。从虫翏聲。力幽切。亦上聲。三部。

藏也。藏者、善也。善必自隱。故別無藏字。凡蟲之伏爲蟄。周南曰。螽斯羽。蟄蟄兮。傳曰。和集也。其引申之義也。从虫執聲。直立切。七部。

青蚨。逗水蟲。可還錢。其事見鬼谷子、淮南萬畢術、搜神記。陳藏器本艸拾遺。未知今尚有此物否。鬼谷子曰。若蚨母之從其子也。出無閒。入無朕。獨往獨來。莫之能止。此謂青蚨之還錢。與萬畢、搜神所說正合也。而陶隱居以蝗蠕在穴中釋之。此由誤認蚨爲蚨。遂以爾雅王蚨蜴爲注。酉陽雜俎亦云青蚨。鬼谷子謂之蚨母。郢書燕說、博學者尤難免矣。从虫夫聲。房無切。五部。

𧍞鼀。逗詹諸。句。黽部曰。鼀鼀、詹諸也。其鳴詹諸。其皮鼀鼀。其行鼀鼀。此則又名𧍞鼀。釋魚作鼀䵹、蟾諸。鼀䵹卽𧍞鼀一語之轉。吕脰鳴者。攷工記梓人文。脰、項也。鄭曰。脰鳴、鼃黽屬。按鼃黽與𧍞鼀別而屬也。故下文受之以蝦蟆。从虫匊聲。居六切。三部。篇、韵渠竹切。

蝦蟆也。蝦蟆見於本艸經。背有黑點。身小。能跳接百蟲。解作呷呷聲。舉動極急。蟾蜍身大。背黑無點。多痱磊。不能跳。不解作聲。行動遲緩。絕然二物。陳藏器、蘇頌皆能詳言之。許

蟆　蠵

於此但云蝦蟆不云蚼鼀也亦謂其似同而異**从虫叚聲**乎加切古音在五部古或借爲霞字與魚鰕字从魚別

蝦蟆也从虫莫聲莫遐切古音在五部

觜蠵二字各本無今補此以疊韵爲名角部觜下曰一曰觜蠵也未言何物此蒙其文釋之曰**大龜也**龜之取大者爾雅十龜二曰靈龜注曰涪陵郡出大龜甲可以卜緣中叉叉今之釵字謂其邊可爲釵也似瑇瑁俗評爲靈叉今大觜蠵也一名靈蠵能鳴吳都賦曰摸瑇瑁捫觜蠵按觜蠵與瑇瑁二物也**以胃鳴者**攷工記梓人文鄭本作胃鳴云榮原屬賈馬作胃賈云靈蠵也按許得古學於賈侍中故亦作胃用賈說矣**从虫巂聲**戶圭切十六部觜即移切

司馬相如說蠵从夐从夐聲也夐在十四部合韵蓋凡將篇中所載異體

螹

螹離也三字句螹史記文選同漢書作漸上林賦說水族曰鮫龍赤螭魱鰽螹離司馬彪曰螹離魚名也張揖曰其形狀未聞按許以此次於蠵蠏二篆閒必介蟲之類周人或以漸離爲名取於物爲假也斬離字或作螹胡非也**从虫斬聲**慈染切八部王篇才廉切

蠏

有二敖八足敖俗作螯作䗲廣韵曰䗲蟹大腳也螯蟹屬然則俗作螯尤誤也敖出游也故其大腳曰敖今本大戴禮作螯非**旁行**攷工記梓人仄行即旁行也鄭亦云蟹屬**非它鮮之穴無所庇**庇者蔭也鮮者今之鱓字鱓者魚名見魚部魚之似蛇者也常演切又作䱇今大戴禮作䱇或誤䱇荀子作蟺許書古本多作鮮蓋漢人多段貉國鮮魚之字爲之本無正字也玄應曰鱓又作鱔鮮二形同勸學篇曰蟹二螯八足非虵䱇之穴而無所寄者用心躁也**从虫解聲**胡買切十六部廣韵曰蟹說文作蠏知古如此作

蠏或从魚

蛫　蜮

蠏也廣雅蜅蟹蛫也其雄曰蜋鱧其雌曰博帶**从虫危聲**過委切十六部按以上四篆皆互物也

蜮短弧也弧各本作狐今正毛公班固張揖陸璣杜預范甯皆曰短弧今惟五行志左傳釋文作弧不誤矣小雅爲鬼爲蜮傳曰蜮短弧也左傳釋文曰短弧又作狐按此因其以氣射害人故謂之短弧作狐非也其氣爲矢則其體爲弧**以鼈三足**洪範傳陸璣疏皆云爾**以气䠶害人**陸疏云人在岸上影見水中投人影則殺之師古曰短弧即射工也亦呼水弩陸氏佃羅氏願皆曰口中有橫物如角弩聞人聲以气爲矢用水勢以射人隨所著發創中影亦病也**从虫或聲**于逼切一部

蜮又从國國聲亦或聲也周禮蜮氏鄭司農云蜮讀爲蟈蟈蝦蟆也月令曰螻蟈鳴故曰掌去鼃黽鼃黽蝦蟆屬周禮經注本如此今本經作蟈氏注曰蟈當爲蜮此譌謬倒易不可通之本後鄭依司農易字故注曰蟈今御所食蛙也字从虫國聲蜮乃短弧與所以申明先鄭易字之恉也許不從先鄭說者也故謂蟈即蜮字之異者蜮氏去蟈即去短狐也蓋周禮故書作蜮亦或作蟈先鄭從或本許則謂蟈與蜮無二義也

𧊜

以蜥易長一丈當同鼉下云長丈許**水潛吞人即浮出日南也**劉注吳都賦曰異物志云鱷魚長二丈餘有四足似鼉喙長三尺甚利齒虎及大鹿渡水鱷擊之皆中斷生子則出在沙上乳卵卵如鴨子亦有黃白可食其頭琢去齒旬日閒更生廣州有之按據劉注則不必日南郡乃有其物也**从虫屰聲**吾各切五部俗作𧍞鰐鱷

蛧

蛧蜽逗疊韵**山川之精物也**精物者易所謂精氣爲物也主謂精氣結成之物鬼部曰鬽老精物也或作物精非是精氣爲物謂精靈之聚者游魂爲變謂飄㝝者皆鬼神之情狀也國語木石之怪曰夔蛧蜽水之怪曰龍罔象韋注蛧蜽山精好斅人聲而迷惑人也杜注左氏罔兩曰水神蓋因上文螭訓山神故訓罔兩爲水神猶韋因國語水怪爲龍罔象故謂蛧蜽爲山精也許兼言山川爲長矣又賈注國語曰罔兩罔象言有夔龍之形而無實體許云精物殆亦與賈說異**淮南王說**謂劉安**蛧蜽狀如三歲小兒赤黑色赤目長耳美髮**玄應書引赤目下有赤爪二字**从虫网聲**文兩切十部按蛧蜽周禮作方良左傳作罔兩孔子世家作罔閬俗作魍魎**國語曰木石之怪夔蛧蜽**魯語文許意夔別爲一物如龍一足

蜽

蛧蜽也从虫兩聲按兩聲之

蝯　蠗　蜼　蚼　蛩　蟨

字疑古祇从网。後人改之。良奬切。十部。

蝯 善援。以疊韵爲訓。援者、引也。釋獸曰。猱蝯善援。許意以蝯善攀援、故偁蝯。夒則蝯之屬而已、故不言夒。禺屬。由部曰。禺、母猴屬。蝯卽其屬。屬而別也。郭氏山海經傳曰。蝯似獼猴而大、臂腳長、便捷、色有黑有黃、其鳴聲哀。柳子厚言猴性躁而蝯性緩、二者迥異。从虫爰聲。雨元切。十四部。干祿字書曰。猿俗、猨通、蝯正。

蠗 禺屬。亦與母猴屬而別也。按爾雅釋獸自麋鹿至闕泄、目爲寓屬。此對下篇釋嘼言之。嘼者、人所養也。寓屬者、皆寄在於野、不爲人養者。而淺者謂卽說文所謂禺屬、何其謬哉。猱蝯玃父可謂禺屬。豈其他亦可謂禺屬乎。上林賦蛭蜩蠗蝚棲息乎其閒。郭樸云。蠗猱似獼猴而黃。蠗猱二物、郭倂言之、非也。惟史記作蠗。漢書譌作玃。司馬貞曰。西山經皐塗之山有獸名蠗、是此字。攷其所說之狀、非蝯猴類。其字今譌作玃。依郭注則當作玃、未可取爲證也。从虫翟聲。直角切。二部。司馬貞曰。字林音狄。

蜼 如母猴。猶言禺屬也。禺者、母猴屬。許書多言母猴。母猴、獼猴、沐猴、一聲之轉。周禮蜼彝。鄭曰。蜼、禺屬。卬鼻長尾。釋獸文也。卬者、望欲有所庶及也。張揖注上林曰。蜼似母猴、卬鼻而長尾。郭注爾雅、山海經皆曰。似獼猴。尾長數尺、有岐、鼻露向上。雨卽自縣樹、以尾塞鼻。从虫隹聲。余季切。十五部。按山海經注曰。音遺。又音誄。注爾雅曰。零陵南康人呼餘。建平人呼相贈遺之遺。又音余救切。皆土俗輕重不同耳。左思吳都賦劉注引異物志說狖、與郭說蜼同。狖余幼切。正因蜼有余救一切、而別製字耳。異物志、譙允南所作。

蚼 北方有蚼犬食人。海內北經。蜪犬如犬、青、食人從首始。郭注。蜪音陶。或作蚼、音鉤。按作蚼爲是。正許所本也。周書渠搜以䶂犬。能飛食虎豹。䶂同蚼。借䶂字爲之耳。大戴禮作渠搜貢虛犬。虛亦音之轉也。今本周書作䶂犬。依文選王融曲水詩序正。从虫句聲。古厚切。四部。

蛩 蛩蛩、獸也。四字句。子虛、上林賦皆有蛩蛩。張揖曰。蛩蛩、青獸、狀如馬。按史記作邛邛。一曰秦謂蟬蛻曰蛩。方俗殊語也。蛩之言空也。从虫巩聲。渠容切。九部。

蟨 鼠也。當作蟨鼠也三字句。鼠名。此蓋用呂氏春秋。蟨、鼠前兔後之說。一曰西方有獸、前足短、與蛩蛩巨虛比、其名曰蟨。釋地曰。西方有比肩獸焉。與邛邛岠虛比。爲邛邛岠虛齧甘艸。卽有難、邛邛岠虛負而走。其名謂之蟨。按司馬相如賦曰。蹷蛩蛩、轔距虛。張揖曰。蛩蛩狀如馬。距虛似蠃而小。說苑亦云二獸。而郭樸云距虛卽邛邛、變文互言之。引穆天子傳邛邛距虛日前五百里。邛距雙聲。似郭說長。从虫厥聲。居月切。十五部。

蝙　蝠　蠻　閩　虹　螮　蝀　蠥

蝙 蝙蝠、逗。服翼也。服翼二字舊在蝠篆下。今依全書通例移此。蝙蝠、服翼、釋蟲文。方言曰。蝙蝠自關而東謂之服翼。或謂之飛鼠。或謂之老鼠。或謂之僊鼠。自關而西秦隴之閒謂之蝙蝠。北燕謂之蟙䘃。音職墨。从虫扁聲。布懸切。古音在十二部。

蝠 蝙蝠也。从虫畐聲。方六切。古音在一部。

蠻 南蠻。職方氏八蠻。爾雅九夷、八狄、七戎、六蠻、謂之四海。王制云。南方曰蠻。詩角弓。如蠻如髦。傳曰。蠻、南蠻也。采芑蠢爾荊蠻。傳曰。荊蠻、荊州之蠻也。它種。从虫。說从虫之所由。以其蛇種也。蛇者、虫也。蠻與閩皆人也。而字从虫。故居部末。如貉之居豸末、狄之居犬末、羌之居羊末焉。䜌聲。莫還切。十四部。詩傳曰。緜蠻、小鳥皃。韓詩曰。文皃。

閩 東南越。釋名曰。越、夷蠻之國也。度越禮義、無所拘也。職方氏七閩。鄭司農曰。南方曰蠻。後鄭曰。閩、蠻之別也。引國語。閩芈蠻矣。它種。从虫門聲。武巾切。古音在十三部。月令注叚爲蠡字。

虹 螮蝀也。釋天曰。螮蝀謂之雩。螮蝀、虹也。毛傳同。狀似虫。虫各本作蟲。今正。虫者、它也。虹似它。故字从虫。从虫工聲。戶工切。九部。明堂月令曰。虹始見。季春文。

籀文虹从申。會意。申部曰。昌、籀文申。申、電也。電者、陰陽激耀也。虹似之、取以會意。

螮 螮蝀、逗。雙聲。虹也。與虹篆轉注。从虫帶聲。都計切。十五部。今詩作蝃。爾雅作螮。

蝀 螮蝀也。从虫東聲。多貢切。廣韵平上二聲。九部。

蠥 衣服歌謠艸木之怪謂之祅。禽獸蟲蝗之怪謂之蠥。怪者、異也。地反物爲祅。漢五行志曰。凡艸物之類謂之妖。妖猶夭胎。言尙微。蟲豸之類謂之孽。孽則牙孽矣。及六畜謂之旤。言其著也。及人謂之痾。痾病皃。言濡深也。甚則異物生謂之眚。自外來謂之祥。祥猶禎也。氣相傷謂之沴。沴猶臨莅不和意也。許所說較異。葢所傳有不同矣。禽獸蟲蝗之字皆得从虫。故蠥从虫。諸書多用孽。俗作蘖。**从虫辥聲。**魚列切。十五部。

文一百五十三　重十五　宋本如此。毛斧季增蚺於蚤篆後。云古文蚤。改十五爲十六。非也。

說文解字第十三篇上　受業黟縣胡積城校字

說文解字第十三篇下

金壇段玉裁注

蚰　蠶　䖸

蟲之總名也。蟲下曰。有足謂之蟲。無足謂之豸。析言之耳。渾言之則無足亦蟲也。虫下曰。或行或飛。或毛或蠃。或介或鱗。皆以虫爲象。故蟲皆从虫。而虫可讀爲蟲。蟲之總名偁蚰。凡經傳言昆蟲。卽蚰蟲也。日部曰。昆、同也。夏小正。昆小蟲。傳曰。昆者、衆也。猶䖵䖵也。䖵䖵者、動也。小蟲動也。月令。昆蟲未蟄。鄭曰。昆、明也。許意與小正傳同。**从二虫。**二虫爲蚰。三虫爲蟲。蚰之言昆也。蟲之言衆也。古䖵切。十三部。**凡蚰之屬皆从蚰。讀若昆。**

任絲蟲也。任俗譌作吐。今正。任與蠶以疊韵爲訓也。言惟此物能任此事。美之也。絲下曰。蠶所吐也。**从蚰朁聲。**昨含切。古音在七部。讀如鬵。

蠶匕飛䖸。匕各本作化。今正。匕者、變也。蠶吐絲則成蛹於繭中。蛹復化而爲䖸。按此䖸與虫部之蛾羅主謂蠶者截然不同。而郭氏釋爾雅蛾羅爲蠶蛾。非許意也。**从蚰我聲。**五何切。十七部。**或从虫。**

蚤　蝨　螽　𧖅　蠽

齧人跳蟲也。齧、噬也。跳、躍也。蝨但齧人。蚤則加之善躍。故著之。惡之甚也。**从蚰叉聲。**子皓切。古音在三部。**叉、古爪字。**按此四字妄人所沾。不言古文而言古某字。許無此例。且叉、手足甲也。爪、丮也。未嘗謂叉爲爪之古文。直由俗謂爪爲手足甲。乃謂叉爲其古字。徑注之於此。不可不刪去。**蚤或从虫。**經傳多叚爲早字。

齧人蟲。古或叚幾瑟作蟣蝨。蟣者、蝨子也。**从蚰卂聲。**所櫛切。十二部。

蝗也。蝗下曰。螽也。是爲轉注。按爾雅有皇螽、草螽、蜇螽、蠜螽、土螽。皆所謂螽醜也。蜇螽、詩作斯螽。亦云螽斯。毛許皆訓以蚣蝑。皆螽類而非螽也。惟春秋所書者爲螽。**从蚰夂聲。**職戎切。九部。**古文終字。**見糸部。**螽或从虫衆聲。**公羊經如此作。

𧖅蟲也。蟲上補𧖅字。三字一句。𧖅名也。**从蚰展省聲。**知衍切。十四部。

小蟬蜩也。蟬謂

之小者也。釋蟲曰。蠽茅蜩。郭云。江東呼爲茅蠽。似蟬而小。青色。方言曰。蟬。其小者謂之麦蚻。郭云。如蟬而小。青色。今關西呼麦蠽。按茅麦雙聲。蠽蚻同字。郭云。蠽音廱癥之癥。从蚰。截聲。子列切。亦音札。十五部。按其字从蚰。故與虫部蟬蜩等異處。

蠿

蠿蟊。逗作网鼅蟊也。黽部曰。鼅鼄、鼄蟊也。一物三名。釋蟲曰。次蠹、鼅鼄。鼅鼄、鼄蝥。按次蠹即許之蠿蟊。鼄蝥即許之鼄蟊也。次古音同涿。故與蠿音近。蠹縛牟切。故與蟊音近。爾雅字譌蠹。而釋文云或作蝵。郭音秋。葢誤甚矣。或曰。蠹从出聲。即郭注之蝃字。集韵之䖓字。爾雅之次蠹、即許之蠿字。是說近之。然陸氏音義未能言之也。作网鼅蟊謂即今能作网之蛛蝥也。从蚰。𢇍聲。側八切。十五部。𢇍、古文絕字。文各本奪。今補。見糸部。

蟊

蠿蟊也。从蚰。矛聲。此字與蟲部食艸根者絕異。莫交切。古音謀在三部。

蠤

蠤蟲也。蟲上補蠤字。三字句。蟲名也。廣韵云。螻蛄。从蚰。寍聲。奴丁切。十二部。

螬

蟗螬也。蟗字見虫部。从蚰。曹聲。財牢切。古音在三部。

螻蛄也。螻蛄見虫部。一名蠹。从蚰。羍聲。胡葛切。十五部。

蜱蛸也。三字句。蛸字見虫部。从蚰。卑聲。匹標切。按爾雅釋文音俾。又婢貽反。在十六部。與蛸雙聲。非疊韵也。

蜱或从虫。

蠭

飛蟲螫人者。左傳。蠭蠆有毒。按釋蟲言土蠭、木蠭。無單言蠭者。許書則蟜蠃下云。細腰土蠭也。即爾雅之土蠭。然則此單言蠭。即爾雅之木蠭也。本艸經露蜂房。亦謂木上大黃蠭窠也。其房大者如甕。小者如桶。云露蠭。正對土蠭在地中言之。許謂土蠭爲細要純雄。其飛蟲螫人者。則謂大黃蠭。竝非細要純雄無子者。內則、檀弓謂之范。俗作[illegible]。其子可食。故內則庶羞雀、鷃、蜩、范。从蚰。逢聲。敷容切。九部。

古文省。

蠠

蠭甘飴也。飴者、米櫱煎也。蠭作食甘如之。凡蠭皆有蠠。方言。蠭大而蜜者謂之壺蠭。郭云。今黑蠭穿竹木作孔。亦有有蜜者。是則蠭飴名蠠。不主謂今之蜜蠭也。叚借爲蠠沒字。釋詁曰。蠠沒、勉也。亦作蠠沒。韓詩作蜜勿。毛詩作僶勉。一曰螟子。螟見虫部。食穀心者。其子曰蠠。从虫。鼏聲。鼏、鼎蓋也。冥入聲。非橫關鼎耳之鼏。鼏音扃也。彌必切。按其音平、則在十一部。如冥入、則在十二部。如密。

蠠或从宓。宓聲。今通用此體。

蚷

蚷蜋也。三字句。蜋字見虫部。从蚰。巨聲。强魚切。五部。

蟁

齧人飛蟲。齧人而又善飛者。从蚰。民聲。無分切。十三部。此字民聲、則當十二部。疑古本祇有蟁。而蟁乃後人所製也。

蟁或从昏。昏从氐省。氐者、下也。俗沾一曰民聲。而蟁篆上亦沾蟁篆矣。㠯昏時出也。說會意之言。而形聲在其中。

俗蟁。从虫。从文。虫部曰。秦晉謂之蜹。楚謂之蚊。

蝱

齧人飛蟲。人當作牛。楚語。譬如牛馬處暑之既至。䖟䗍之既多。而不能掉其尾。韋云。大曰䖟。小曰䗍。說苑曰。蠹蝝仆柱梁。蚊䖟走牛羊。史記。搏牛之䖟。不可以破蟣蝨。淮南書曰。蟁䖟不食駒犢。今人尚謂齧牛者爲牛䖟。本艸經有木䖟、蜚䖟。从蚰。亡聲。武庚切。古音在十部。讀如茫。

蠹

木中蟲。在木中食木者也。今俗謂之蛀。音注。左傳曰。公聚朽蠹。从蚰。

橐聲。當故切。五部。

蠹或从木。象蟲在木中形。譚長說。上形聲。此會意。

蠡

蟲齧木中也。此非蟲名。乃謂螙之食木曰蠡也。朱子注孟子曰。蠡者。齧木蟲。則誤矣。蠡之言剺也。如刀之剺物。蠡叚借之用極多。或借爲蠃蚌字。或借爲瓢蠡字。楚辭覽芷圃之蠡蠡。又借爲禾黍離離字。孟子曰。以追蠡。趙注曰。追、鐘鈕也。鈕擘齧處深矣。蠡蠡欲絕之皃。此又以蠡同離、同劙。方言曰。劙、解也。又曰。蠡、分也。皆其義也。不知叚借之恉、乃云鐘鈕如蟲齧而欲絕。是株守許書之辭而未能通許書之意矣。从蚰。彖聲。彖見彑部。讀若弛。非通貫切之彖也。此久誤。今正。篆文併說解。盧啟切。十六部。

古文。按此古文與篆不別。疑古文从豕。

蛷

多足蟲也。周禮赤犮氏。凡隙屋除其貍蟲。鄭曰。貍蟲、䗪、肌求之屬。按䗪見本艸經。一名地鼈。今俗所謂地鼈蟲也。似鼠婦。肌求本或作蛷。多足之蟲。今俗所謂蓑衣蟲也。通俗文曰。務求謂之蚑蛷。廣雅曰。蛷螋、蟧蛷也。玄應曰。關西呼蛷溲爲蚑蛷。蚑蛷即鄭所謂肌蛷也。陶隱居、陳藏器作蠷螋。音劬蘇。从

蠹　[雋䖵]　蠢　螱

蚰求聲。巨鳩切。三部。蝨或从虫。蠿蠹也。蟲部蠿蠹、大螘也。此不言大螘者、義見於上一字。全書之例如是也。蚍蜉、大螘。釋蟲文。郭云、俗呼爲馬蚍蜉。按馬之言大也。从蚰橐聲。縛牟切。三部。蠹或从虫、从孚。孚聲。古音孚讀如浮。蟲食也。雋之言吮也。吮欶也。鳥曰㖩。寓鼠曰嗛。昆蟲曰雋。从蚰雋聲。子兖切。十三部。蟲動也。此與蝡義同。以轉注之法言之、可云蝡也。引申爲凡動之偁。詩、蠢爾荆蠻、毛傳曰、蠢動也。鄉飮酒義曰、東方者春。春之爲言蠢也。產萬物者也。注云、蠢動生之皃。亦叚春爲之。考工記。張皮矦而棲鵠、則春以功。注云、春讀爲蠢。作也。出也。蠢與心部惷訓亂義異。从蚰萅聲。形聲中有會意。尺尹切。十三部。古文蠢从𢦏。𢦏之言才也。始也。周書曰、我有截于西。大誥曰、有大艱于西土。西土人亦不靜。越茲蠢。截爲壁中古文眞本。其辭不同者、蓋許槩栝其辭如此也。○飛螘。从蚰㷉聲。爾雅、螱、飛螘。釋文曰、說文、字林从蚰。今據補。於貴切。十五部。

文二十五　今增[髟䖵]、則二十六。　重十三

蟲　蟊

有足謂之蟲。無足謂之豸。有舉渾言以包析言者。有舉析言以包渾言者。此蟲豸析言以包渾言也。蟲者、蝡動之總名。前文既詳之矣。故祇引爾雅釋蟲之文。豸者、獸長脊行豸豸然、欲有所伺殺形也。本謂有足之蟲。因凡蟲無足者其行但見長脊豸豸然。故得叚借豸名。今人俗語云蟲豸。詩、溫隆蟲蟲。毛傳曰、蟲蟲而熱也。按蟲蟲蓋融融之叚借。韓詩作烔。許所不取。从三虫。人三爲眾。虫三爲蟲。蟲猶眾也。直弓切。九部。凡蟲之屬皆从蟲。蟲食艸根者。艸當作苗。小雅、去其螟螣、及其蟊賊。釋蟲。食苗根、蟊。毛傳、食根曰蟊。螟蟘巳見虫部。蟘是介屬。螟蠹是嬴屬。从蟲、𠂔象形。謂上體象此蟲、繚繞於苗榦之形。與蚰部蠿蟊字从蚰矛聲不同也。今人則畫叚蟊爲之矣。莫浮切。三部。吏抵冒取民財則生。抵當作牴。觸也。冒者、冢而前也。吏不卹其民。彊禦而取民財、則生此。抵冒亦見董仲舒傳。冒古音茂。以壘韵爲訓。蟊或从敄。敄聲也。此則與虫部蟊蝥同字。古文蟊从虫、从牟。牟聲。竹邑相張君碑、蛑賊不起。凡漢人言侵牟皆蛑之叚借。

蠿　蠠　蜚

蠿蠹、逗。雙聲。蠹見蚰部。大螘也。爾雅文。从蟲、妣聲。房脂切。十五部。蠿或从虫、比聲。方言作蚍蜉。[髟䖵]也。[髟䖵]之一名。从蟲、𠕁聲。當依篇、韵从二。武巾切。十三部。按此蚊之一名耳。不當仍讀蚊。當依篇韵艮刃切。臭蟲、負蠜也。按臭蟲下有奪字。當云臭蟲也。一曰負蠜也。畫然二說如虫部蝝下之竝載三說也。春秋莊二十九年、秋、有蜚。左氏傳曰、爲災也。公羊傳曰、紀異也。穀梁傳曰、一有一亡曰有。漢五行志、劉歆以爲負蠜也。性不食穀。食穀爲災。按子駿蓋演左氏說也。劉向以爲蜚色青。近青眚。非中國所有。南越盛暑、男女同川澤、淫風所生。爲蟲臭惡。是時嚴公取齊淫女爲夫人。既入、淫於兩叔。故蜚至。按子政蓋演穀

蠱

梁之說。而何休、范甯皆從之也。許列臭蟲於先。而負蠜次之。許意子政說長也。負蠜與蠜畫然二物。釋蟲曰、阜螽、蠜。毛傳同。許同。此一物也。釋蟲曰、草螽、今爾雅作蟲譌。負蠜也。毛傳則云、草蟲、常羊也。常羊也、卽負蠜。鄭箋云、艸蟲鳴則阜螽躍而從之。是以謂之負蠜也。劉子駿及許之負蠜卽艸蟲也。卽常羊也。左氏之所以釋蜚也。至於臭蟲生南越而有於中國。子政之說則然。亦如有蜮、有鸜鵒來巢、皆本非所有。公穀之所以釋蜚也。釋蟲曰、蜚、蠦蜰。郭云、臭蟲、負盤也。攷本艸經蜚蠊、注家云辛辣而臭。漢中人食之。一名盧蜰。一名負盤。郭注亦謂此。而許虫部蜰下但言盧蜰、不言蜚也。似許不以盧蜰與臭蟲爲一物。本艸之蜚蠊非必淫气所生。劉向所以說經者、又未必蜚蠊也。故所云盧蜰者、蓋本艸之蜚蠊。此云臭蟲者、未必爲本艸之蜚蠊也。蜰蠜二字尤不當牽混。从蟲、非聲。房未切。十五部。蜚或从虫。今春秋三經皆如此作。古書多叚爲飛字。腹中蟲也。中蟲皆讀去聲。廣韵、集韵皆曰、蟲直衆切。蟲食物也。亦作蚛。腹中蟲者、謂腹內中蟲食之毒也。自外而入故曰中。自內而

飤故曰蠱。此與虫部腹中長蟲、腹中短蟲讀異。周禮庶氏掌除毒蠱。注云。毒蠱、蟲物而病害人者。賊律曰。敢蠱人及教令者棄市。左氏正義曰。以毒藥藥人。令人不自知。今律謂之蠱。玄應屢引說文蠱、腹中蟲也。謂行蟲毒也。下五字葢黙注語。顧野王輿地志曰。主人行食飲中殺人。人不覺也。字從箸蟲於飲食器中會意。**春秋傳曰。皿蟲爲蠱。晦淫之所生也。**晦淫俗本作淫溺。誤。今依宋本正。春秋傳者、昭元年左氏傳文。醫和視晉矦疾。曰。是爲近女室。疾句如蠱。非鬼非食。惑以喪志。天有六氣。淫生六疾。陰淫寒疾。陽淫熱疾。風淫末疾。雨淫腹疾。晦淫惑疾。明淫心疾。女、陽物而晦時。淫則生內熱惑蠱之疾。於文、皿蟲爲蠱。穀之飛亦爲蠱。在周易、女惑男、風落山謂之蠱。皆同物也。和言如蠱者、蠱以鬼物飲食害人。女色非有鬼物飲食也。而能惑害人、故曰如蠱。人受女毒一如中蠱毒然。故轂辭謂之蠱容。張平子賦謂之妖蠱。謂之蠱媚。皆如蠱之說也。言於文皿蟲爲蠱者、造字者謂蟲在皿中而飤人。郎以人爲皿而蝕其中。康謂之蠱、米亦皿也。女惑男、風落山、男亦皿也。山亦皿也。故云皆同物也。此皆蠱之引申之義。**梟磔死之鬼亦爲蠱。**梟磔各本作梟桀。史記封禪書索隱引樂彥云。左傳皿蟲爲蠱。梟磔死之鬼亦爲蠱。梟當作県。斬首倒縣。磔辜也。殺人而申張之也。強死之鬼、其魂魄能馮依於人以爲淫厲。是亦以人爲皿而害之也。此亦引申之義。序卦傳曰。蠱者、事也。伏曼容注曰。蠱、惑亂也。萬事從惑而起。故以蠱爲事。引大傳乃命五史以書五帝之蠱事。**从蟲。从皿。**會意。公戶切。亦去聲。五部。聲類弋者切。音冶。**皿、物之用也。**物上當有蠱字。皿所以盛飲食。行蠱者也。此說从皿之意。

文六　重四

風

八風也。東方曰明庶風。東南曰清明風。南方曰景風。西南曰涼風。西方曰閶闔風。西北曰不周風。北方曰廣莫風。東北曰融風。樂記。八風從律而不姦。鄭曰。八風從律、應節至也。左氏傳。夫舞所以節八音而行八風。服注。八卦之風也。乾音石。其風不周。坎音革。其風廣莫。艮音匏。其風融。震音竹。其風明庶。巽音木。其風清明。離音絲。其風景。坤音土。其風涼。兌音金。其風閶闔。易通卦驗曰。立春、調風至。春分、明庶風至。立夏、清明風至。夏至、景風至。立秋、涼風至。秋分、閶闔風至。立冬、不周風至。冬至、廣莫風至。白虎通調風作條風。條者、生也。明庶者、迎衆也。清明者、芒也。景者、大也。言陽氣長養也。涼、寒也。陰氣行也。閶闔者、咸收藏也。不周者、不交也。言陰陽未合化矣。廣莫者、大莫也。開陽氣也。按調風、條風、融風、一也。八卦、八節、八方、一也。通卦驗始於調風、終於融風者、許依易八卦之次、終於艮也。艮者、萬物之所以成終而成始也。風之用大矣。故凡無形而致者皆曰風。詩序曰。風、風也。教也。風以動之。教以化之。劉熙曰。風、氾也。放也。**从虫。凡聲。**凡古音扶音切。風古音孚音切。在七部。今音方戎切。**風動蟲生。故蟲八日而匕。**依韵會。此十字在从虫凡聲之下。此說从虫之意也。大戴禮、淮南書皆曰。二九十八。八主風。風主蟲。故蟲八日化也。謂風之大數盡於八。故蟲八日而化。故風之字从虫。**凡風之屬皆从風。**

古文風。

䬕

北風謂之䬕。爾雅。南風謂之凱風。東風謂之谷風。北風謂之涼風。西風謂之泰風。毛傳於詩凱風、谷風皆用爲訓。桑柔之大風、則不言何風。而箋以西風釋之。若邶詩北風其涼、本無涼風字。故毛但曰寒涼之風而已。不用爾雅也。陸氏爾雅音義曰。涼本或作䬕。許所據爾雅同或作本。**从風。京聲。**各本作涼省聲。俗人所改。涼輬醇皆京聲。今正。呂張切。十部。

颭

小風也。也玉篇作兒。廣韵之颭、即此字也。**从風。朮聲。**翾聿切。十五部。

飆

扶搖風也。司馬注莊子云。上行風謂之扶搖。釋天曰。扶搖謂之猋。郭云。暴風從下上。按爾雅、月令用古字。陸云。字林作飈。不言說文。此等舉一以包二耳。**从風。猋聲。**甫遙切。古音在三部。

古文飆。各本作飆或从包。今正。班固西都賦颮颮紛紛。李善、李賢注皆引颮古飆字。

飄

回風也。回者、般旋而起之風。莊子所謂羊角。司馬云。風曲上行若羊角也。釋天云。迴風爲飄。匪風毛傳同。按何人斯傳曰。飄風、暴起之風。依文爲義。故不云回風。**从風。**

興聲。撫招切。二部。

颯　風聲也。各本作翔風也。今依文選風賦注正。廣韵同。九歌曰。風颯颯兮木蕭蕭。風賦曰。有風颯然而至。翔風非字意也。从風。立聲。蘇合切。七部。

飂　高風也。呂氏春秋有始覽曰。西方曰飂風。从風。翏聲。力求切。三部。

颮　疾風也。廣雅作颮。廣韵曰。飈爲颮之俗。然則作颮者又飈之省也。按古有颮字。亦訓疾風。楚飢切。見楚辭及吳都賦。从風。忽忽亦聲。呼骨切。十五部。

大風也。从風。胃聲。王忽切。十五部。玉篇于貴切。

大風也。从風。曰聲。日各本作日月之日。非聲也。今併篆體正。于筆切。十五部。

颺　風所飛揚也。揚者、飛舉也。从風。昜聲。與章切。十部。

颲　颲颲。二字各本無。今補。疊韵字也。逗。風雨暴疾也。从風。利聲。讀若栗。力質切。十三部。

颲　颲颲也。各本作烈風也。今正。詩。二之日栗烈。說文仌部作凓冽。今本冽譌瀨。陸氏音義不偁仌部。而曰說文作颲颲。葢由疊韵音同而誤也。然可以證古本之颲颲縣聯矣。廣韵五質颲下曰。颲颲暴風。十七薛颲下曰。風雨暴至。亦可爲證。从風。列聲。讀若烈。良薛切。十五部。按凡烈風當作此字。其譌也爲別風。

文十三　重二

它　虫也。从虫而長。象冤曲𠂹尾形。𠂹各本作垂。今正。𠂹者、艸木華葉𠂹也。引申爲凡物下𠂹之偁。垂者、遠邊也。非其義。冤曲者、其體。𠂹尾者、其末。虫象其臥形。故詘尾而短。它象其上冤曲而下垂尾。故長。詘尾謂之虫。垂尾謂之它。它與𠂹古音同也。詩。維虺維蛇。女子之祥。吳語。爲虺弗摧。爲蛇將若何。虺皆虫之叚借。皆謂或臥或垂尾耳。臥者較易制。曳尾而行者難制。故曰爲虺弗摧。爲蛇將若何也。託何切。十七部。今人蛇與它異義異音。蛇食遮切。上古艸尻患它。故相問無它乎。上古者、謂神農以前也。相問無它、猶後人之不恙無恙也。語言轉移。則以無別故當之。而其字或叚佗爲之。又俗作他。經典多作它。猶言彼也。許言此以說叚借之例。羔羊傳曰。委蛇、行可從迹也。亦引申之義也。凡它之屬皆从它。

蛇　它或从虫。它、篆本以虫、篆引長之而已。乃又加虫左旁。是俗字也。

文一　重一

龜　舊也。此以疊韵爲訓。門聞、戶護之例。龜古音姬。亦音鳩。舊古音臼。亦音忌。舊本鴟舊字。叚借爲故舊。卽久字也。劉向曰。蓍之言耆。龜之言久。龜千歲而靈。蓍百年而神。以其長久。故能辨吉凶。白虎通語略同。龜之大者曰鼇。敖與久音相近。外骨內肉者也。外骨、考工記梓人文。鄭云。龜屬。从它。龜頭與它頭同。此如黽頭與它頭同。魚尾與燕尾同。兔頭與㲋頭同。㲋足、㲋足、能足與鹿足同。虎足與人足同。兕頭與禽頭、离頭同。皆其物形相似。故製字同之也。此說从它之意也。天地之性。廣肩無雄。龜鼈之類。目它爲雄。列子曰。純雌其名大署。純雄其名稺蜂。張注。大署、龜鼈之類也。稺、小也。許注蠵蠹亦偁列子。按以它爲雄。則其子皆它子也。故字从它。此从它之又一說也。象足甲尾之形。从它者、象它頭而已。左象足。右象背甲。曳者象尾。居追切。古音在一部。讀如基。音轉讀如鳩。凡龜之屬皆从龜。

古文龜。象形而不从它。

䶰　龜名。當作䶰龜也。三字句。从龜。𠔠聲。徒冬切。九部。𠔠、古文終字。見糸部。

䶱　龜甲邊也。公羊傳曰。龜青純。何注。純、緣也。謂緣甲頿也。千歲之龜青頿。明乎吉凶也。樂記史記樂書皆曰。青黑緣者、天子之寶龜也。按頿者𩓿之省。䶱之叚借字。劉淵林注蜀都賦引譙周異物志曰。涪陵多大龜。其甲可以卜。其緣中又今叙字似瑇瑁。名曰靈叉。郭注爾雅亦用其語。而今本多譌字。緣者、甲之邊也。甲文象木戴孚甲之象。故介蟲外骨謂之甲。从龜。冄聲。汝閻切。七部。天子巨䶱尺有二寸。此以下出三正記。見白虎通。天子下當有龜字。巨當作歫。漢志。元龜歫冄長尺二寸。冄、叚借字也。孟康曰。冄、龜甲緣也。歫、至也。度背兩邊緣尺二寸也。按兩邊相歫尺二寸。故知元龜尺二寸。謂其廣不謂其脩也。魯頌毛傳曰。元龜、龜尺二寸。諸侯尺。大夫八寸。士六寸。皆謂兩邊相距。

文三　重一

黽　鼃黽也。周禮蟈氏。掌去鼃黽。鄭司農云。蟈、蝦蟇也。月令曰。螻蟈鳴。鼃黽、蝦蟇屬。書或爲掌去蝦蟇。玄謂蟈、今御所食蛙也。齊魯之閒謂鼃爲蟈。黽、耿黽也。蟈與耿黽尤怒鳴。爲聒人耳。故去之。按蛙卽鼃字。依大鄭說。則鼃黽二字爲一物。依後鄭說。則鼃卽蟈、爲一物。黽乃耿黽、爲一物。依許黽下曰鼃黽也。似同大鄭說。然有當辯者。許果合二字爲一物。則黽篆下當云鼃黽、蝦蟇也。鼃下云鼃黽也。乃合全書之例。而蝦蟇篆居虫部。此則單舉鼃篆釋曰蝦蟇。黽篆下則曰鼃黽也。是許意鼃黽爲一物。鼃爲一物。凡兩字爲名一字與他物同者。不可與他物牽混。知鼃黽非鼃也。許之鼃黽卽鄭之耿黽。鼃古音圭。與耿雙聲。故得爲一字。絫評曰鼃黽、耿黽。單評曰黽。爾雅鼁⿰酋黽、蟾蠩。在水者黽。是則詹諸之類。而以在水中爲別也。許鄭之單言鼃。卽本艸所謂鼃一名長股。陶云。俗名土鴨。南人名蛤子。善鳴者。寇宗奭曰。其色青。腹細。後腳長。善躍。大其聲曰蛙。小其聲曰蛤。此鼃與鼃黽之別。皆在水中而善鳴。故周禮設官去之。黽之叚借爲黽勉。从它象形。謂从它象其頭。下象其大腹也。莫杏切。古音在十部。讀如芒。黽頭與它頭同。言頭而餘爲腹可知矣。黽本無尾。故風俗通辯蝦蟇掉尾肅肅乃夏馬之字誤。凡黽之屬皆从黽。籀文黽。古文祗象其頭腹。籀文又象其長足善跳。

鼃　蝦蟇屬。屬各本作也。今依韵會九佳所據小徐本正。廣韵同。蝦蟇見虫部。蝦蟇與詹諸小別。鼃則與蝦蟇大別而其形相似。故言屬而別見。漢書武帝紀。元鼎五年。鼃、蝦蟇鬭。是可知其別矣。鼃者、周禮所謂蟈。今南人所謂水雞。亦曰田雞。鼃蛤皆其鳴聲也。故宋人詩多云吠蛤。亦云蛙聲閣閣。从黽圭聲。烏媧切。古音十六部。按當音乖。字亦作䵷、作蛙。

鼀　圥鼀、逗。疊韵。詹諸也。虫部曰。蝲鼀、詹諸也。一物四名。曰蝲鼀。曰圥鼀。曰詹諸。曰鼁⿰酋黽。許主名詹諸而詳釋之。其鳴詹諸。蝦蟇能作呷呷聲。蟾蜍不能作聲。詹諸象其謇吃之音。此言所以名詹諸也。其字俗作蟾蠩。又作蟾蜍。其皮鼀鼀。鼀鼀猶蹙蹙也。其身大背黑。多痱磊。此言所以名蝲鼀、圥鼀也。蝲之義。葢取於拳局。其行圥圥。圥圥、舉足不能前之皃。蟾蜍不能跳。菌圥、圓上椎鈍。非銳物也。故以狀其行。此言所以名圥鼀也。从黽圥。會意。圥亦聲。七宿切。三部。鼀或从酋。酋聲、圥聲同在三部。

⿱戚黽　⿱戚黽鼀、逗。詹諸也。詩曰。得此⿱戚黽鼀。邶風新臺文。今詩作戚施。毛傳曰。戚施、不能仰者。釋言曰。戚施、面柔也。言其行⿱戚黽鼀。此五字當在詩曰之上。小徐自糸至卯部。今皆不傳。不可攷矣。⿱戚黽鼀猶施施也。王風毛傳曰。施施、難進之意。此言所以名⿱戚黽鼀也。从黽爾聲。式支切。古音在十六部、十七部之閒。

鼈　甲蟲也。考工記注。外骨、龜屬。內骨、鼈屬。按鼈骨較龜稍內耳。實介屬也。故周易鼈蟹蠃蚌龜爲一屬。从黽敝聲。并列切。十五部。

黿　大鼈也。今目驗黿與鼈同形。而但分大小之別。从黽元聲。愚袁切。十四部。

鼉　水蟲。佀蜥易。長丈所。所字依太平御覽補。丈所猶丈許也。大雅靈臺傳曰。鼉、魚屬。馬部驒下曰。青驪白鱗。文如鼉魚。許依毛謂之鼉魚也。皮可爲鼓。四字本在魚部鱓下。由古多用鱓爲鼉。而淺人注之也。今移此。詩。鼉鼓逢逢。史記。樹靈鼉之鼓。从黽單聲。徒何切。古在十四部。唐干切。

⿰奚黽　水蟲也。薉貉之民食之。葢猶中國之食鼃、謂之水雞也。从黽奚聲。胡雞切。十六部。

⿰句黽　⿰奚黽屬。頭有兩角。以頭有二角別於⿰奚黽也。葢亦可食。出遼東。从黽句聲。其俱切。古音在四部。讀如鉤。篇韵皆作⿰句黽。按吳都賦有䵻鼊。劉注。龜屬也。如瑇瑁。此與單名⿰句黽者各物。

蠅　營營青蠅。小雅青蠅文。傳曰營營。往來皃。蟲之大腹者。从黽虫。虫猶蟲也。此蟲大腹。故其字从黽虫會意。謂腹大如黽之蟲也。其音則在六部。余陵切。故繩爲蠅省聲。非許之精詣。則必仍爲形聲字。遂使古音不可攷矣。

鼅　鼅

鼄、逗。雙聲。鼄蟊也。各本奪鼄字。今補。鼄蟊疉韵。蚰部曰。鼅鼄、作网鼄蟊也。此曰鼅鼄、鼄蟊也。以見一物三名。如蝌下鼀下鼃下皆曰詹諸也之例。方言。鼅鼄、鼄蝥也。自關而西秦晉之閒謂之鼄蝥。自關而東趙魏之郊謂之鼅鼄。或謂之蠾蝓。蠾蝓者。侏儒語之轉也。北燕朝鮮洌水之閒謂之蝳蜍。按蠿蟊卽爾雅之次蟗。蟗音浮。斷非从出也。鼅鼄同。爾雅鼄蟊卽爾雅之鼄蝥。郭曰。今江東呼蝃蝥。蝃音掇。晉時江東評蝃蝥。蝃卽鼄促言之耳。蝃或作蚍。本艸亦作蚍。章悅反。蝥音謀。又音無。从黽。亦蟲之大腹者也。故从黽。智省聲。陟离切。十六部。

鼄

蜘或从虫。

鼄鼅鼄也。从黽朱聲。陟輸切。四部。蛛鼄或从虫。

鼂

鼂匽鼂也。讀若朝。陟遙切。二部。楊雄說匽鼂、蟲名。蓋見楊雄倉頡訓纂。廣韵亦引倉頡篇云蟲名。按爲何蟲、許亦不憭也。夏小正言匽之興、不得援以證匽鼂。杜林目爲朝旦非是。此目爲乃說叚借之例。杜林用鼂爲朝旦字。蓋見杜林倉頡故。攷屈原賦。甲之鼂吾以行。王逸曰。鼂、旦也。左傳衞大夫史朝。風俗通作史鼂。之後爲鼂姓。漢書鼂姓又作晁。是古叚鼂爲朝。本無不合。許云非是。未審他處亦未見此例也。若木部構下、杜林以爲椽桷字。斗部斡下、杜林以爲軺車輪斡。亦未辯其非是矣。蓋叚借之學明其爲借字、非眞字、而眞字存。不明其爲借字、直指爲眞字、而眞字借字之義皆廢矣。伯山蓋謂鼂夕爲眞字。故辯以防之。从黽。从旦。蓋亦蟲之大腹者。故从黽。其从旦之意不能詳也。鼂古文从皀。古文。各本作篆文。今依玉篇正。凡先古籒後篆者、皆由文勢不得不尒。此非其比也。廣韵古本亦必先鼂後鼂。注曰古文。今本二大字轉寫譌舛。集韵、類篇依大徐而誤。皀見日部。讀若窈。古文从黽、皀聲。

文十三　重五

卵

卵凡物無乳者卵生。乙部曰。人及鳥生子曰乳。獸曰產、此云凡物無乳者卵生。按此乳字與乙部乳字義少異。此乳謂乳汁也。惟人及四足之獸有之。故其子胎生。羽蟲、鱗蟲、介蟲及一切昆蟲皆無乳汁。其子卵生。故曰凡物無乳者卵生。然則何以言人及鳥生曰乳、獸曰產也。此乳猶抱也。嫗也。方言。北燕朝鮮洌水之閒謂伏雞曰抱。爵子及雞雛皆謂之鷇。其卵伏而未孚、始化謂之涅。鄭注樂記曰。以體曰嫗。惟鳥於卵伏之抱之。旣孚而或生哺之。有似人之抱哺其子。凡獸之恩勤遜於是。故以鳥之將子與人並言。乳實乳汁之義之引申。許泥乚爲鳥。故訓乳曰人及鳥也。子部曰。𣪊、乳也。此乳汁之乳。字及孺皆曰乳子也。此乳哺之乳。此云無乳者卵生、亦指謂乳汁也。象形。此家上黽象形言之。卵未生則腹大。卵陰陽所合。天地之襍也。故象其分合之形。盧管切。十四部。糸部縮下云。讀若雞卵。卵。讀如管也。凡卵之屬皆从卵。卝古文卵。各本無。今依五經文字補。五經文字曰。卝古患反。見詩風。字林不見。又古猛反。見周禮。說文以爲古卵字。九經字樣蓋古卵讀如管也。依五經文字、九經字樣補。五經文字曰。卝古患反。見詩風。字林不見。又古猛反。見周禮。說文以爲古卵字。九經字樣曰。說文作卝。隸變作卵。是唐本說文有此無疑。但張引說文古文卵。刪去文字未安。張之意當云卝卵。上說文。下隸變。乃上字誤舉其重文之古文。非是。然正可以證唐時說文之有卝。汗簡以卝爲古文卵字。與㒳爲古文風、𠀘爲古文鼉皆據本書。郭氏所見說文尙完好也。卵之古音讀如管。引申之、內則濡魚卵醬。鄭曰。卵讀爲鯤。鯤、魚子也。或作攔。韋注國語亦云。鯤、魚子也。內則之魚子、言其未生者。魯語之魚子、言其巳生者。其意一也。又引申之、爲詩總角卝之卝。毛傳曰。卝、幼穉也。此謂出腹未久。故仍得此偁。如魚之未生巳生皆得曰鯤也。又引申之、周禮有卝人。鄭曰。卝之言礦也。金玉未成器曰卝。此謂金玉錫石之樸韞於地中。而精神見於外。如卵之在腹中也。凡漢注云之言者、皆謂其轉注叚借之用。以礦釋卝。未嘗曰卝古文礦。亦未嘗曰卝讀爲礦也。自其雙聲以得其義而巳。卝固讀如管、讀如關也。自劉昌宗、徐仙民讀侯猛反、謂卽礦字。遂失注意。而後有妄人敢於說文礦篆後益之曰。卝、古文礦。周禮有卝人。則不得不敢於卵篆後徑刪卝古文卵。是猶改蘭臺桼書以合其私。其誣經誣許、率天下而昧於六書。不當膺析言破律、亂名改作之誅哉。𢍏从𢍏聲。關从𢍏聲。許說形聲井井有條如是。

毈

毈卵不孚也。爪部曰。孚者、卵卽孚也。从爪子。不孚者、卵坼不成。樂記曰。卵生者不殈。鄭曰。殈、裂也。今齊人語有云殈者。按殈卽毈也。呂氏春秋。雞卵多毈。管子五行篇。羽卵者不段。段段爲之。从卵。段聲。徒玩切。十四部。按當讀如鍛。

文二　重一　二字今補。

二　地之數也。易曰。天一地二。惟初大始。道立於一。有一而後有二。元气初分。輕淸昜爲天。重濁侌爲地。从耦一。耦各本作偶。誤。今正。偶者、桐人也。凡云偶爾用之。耦者、二人竝耕之偁。故凡奇耦字用之。古書或不拘。許必從其朔也。大徐本無一字。非。耦一者、兩其一也。兩畫當均長。今人上短下長。便是古文上字。三篆亦三畫均長。而至切。十五部。凡二之屬皆从二。弍古文二。

亟　敏疾也。攴部曰。敏者、疾也。疾者、本無其字。依聲託事之字也。後人以捷當之。今人亟分入聲去聲。入之訓急也。去之訓數也。古無是分別。數亦急也。非有二義。詩亟其乘屋。箋云。亟、急也。詩多叚棘爲亟。如棘人欒欒。傳曰。棘、急也。我是用棘。非棘其欲。皆同。禮記作匪革其猶。革亦亟之叚借字也。釋言曰。悈、急也。亦作悈。皆亟字之異者耳。从人口又二。二、天地也。徐鍇曰。乘天之時。因地之利。口謀之。手執之。時不可失。疾也。玉裁謂天地之道。恆久而不已。手病口病。夙夜匪懈。君子自強不息。人道之所以與天地參也。故从人、从二。紀力切。又去吏切。一部。

恆　常也。常當作長。古長久字祇作長。淺人稍稍分別。乃或借下帬之常爲之。故至集韵乃有一曰久也之訓。而篇韵皆無之。此俗字之不可不正者也。時之長與尺寸之長。非有二義。从心舟在二之閒上下。上下猶往復也。心以舟施恆也。謂往復遙遠。而心以舟運旋。歷久不變。恆之意也。亙下曰。舟車所極復也。此說會意之恉。胡登切。六部。俗本心上增一字。非。𠄨古文恆从月。此篆轉寫譌舛。既云从月。則左當作凡。不當作夕也。若汗簡則左作舟。而右亦同此。从月不可曉。又按門部之古文閒作閒。蓋古文月字略似外字。古文恆直是二中月耳。詩曰。如月之恆。小雅天保文。此說从月之意。非謂毛詩作𠄨也。傳曰。恆、弦也。按詩之恆本亦作縆。謂張弦也。月上弦而就盈。於是有恆久之義。故古文从月。

亘　求回也。回各本作亘。今正。以回釋亘。以雙聲爲訓也。回者、轉也。二字經典不見。易屯卦磐桓。磐亦作盤。亦作槃。義當作般桓。義當作亘。般者、辟也。亘者、回也。馬融云。槃桓、旋也。是二字皆叚借也。凡舟之旋曰般。旌旗之指麾曰旋。車之運曰轉。瓢柄曰斡。皆其意也。从二从回。會意。須緣切。按古音讀如桓。十四部。回、古文回。見口部。象亘回之形。亘回雙聲。猶回轉也。上下所求物也。上下謂二。所求在上、則轉而上。所求在下、則轉而下。此說从回、从二之意。

竺　𣆪也。𣆪各本作厚。今正。許意厚薄字當作𣆪。山陵之𣆪乃作厚。不容一之。爾雅、毛傳皆曰。篤、厚也。今經典絕少作竺者。惟釋詁尚存其舊。叚借之字行而眞字廢矣。篤、馬行鈍遲也。聲同而義略相近。故叚借之字專行焉。从二。加厚之意。竹聲。冬毒切。三部。

凡　冣括而言也。冣各本作冣。冣者、犯而取也。非其義。今正。冣者、積也。才句切。括者、絜也。絜者、束也。絜者、麻一耑也。束之成一耑也。冣括者、總聚而絜束之也。意內言外曰詞。其意冣括其言凡也。春秋緐露曰。號凡而略。名目而詳。目者、徧辨其事也。凡者、獨舉其大也。享鬼神者號一曰祭。祭之散名。春曰祠。夏曰礿。秋曰嘗。冬曰烝。獵禽獸者號一曰田。田之散名。春曰苗。秋曰蒐。冬曰狩。按周禮多言凡。六典、凡治典、教典、禮典、政典、刑典、事典、典目也。鄭注言冣目者、謂其總數也。若其他言凡祭祀、凡賓客、凡禮事、凡邦之弔事、言師掌官成以治凡。亦皆聚括之謂。舉其凡、則若网在綱。杜預之說春秋曰。傳之義例、總歸諸凡。凡之言氾也。包舉氾濫一切之稱也。从二。二、耦也。耦各本作偶。今正。一二者、天地之大數也。故从二。从乁。乁、古文及字。見又部。及、逮也。从及者、取括束之意。浮芝切。古音在七部。讀扶音切。按篆體右像古文及之半。而左引筆下垂。內从一、非从二也。與說解不相應。夫許既列之二部。明言从二。不宜乖異如是。蓋轉寫既久。譌奪之由。尠有深思者。許以先篆後古籀爲經例。先古籀後篆爲變例。變例之興、起於部首。部首爲二。則从二之凡當先列。从一之凡當後之。故定其文。當作乁。冣括而言也。从二。二、耦也。从乁。乁、古文及。此下又云。凡、篆文乁。李斯省改古文。漢人行之。故許立文必如是。妄人不知。一移一奪。乃使倉頡所造、千古放佚。許君凡例、委於艸莽矣。○江沅曰。右旁作乀、乃古文及之省也。𠂆乃二之形。而以上筆引長配右也。當云从古文及省。則得之矣。

文六　重二　按凡有古文有小篆、則當重三。

土　地之吐生萬物者也。吐土疊韵。釋名曰。土、吐也。吐萬物也。二象地之上、地之中。上各本作下。誤。今依韵會正。地之上、謂平土面者也。土二橫當齊長。士字則上十下一。上橫直之長相等。而下橫可隨意。今俗以下長爲土字。下短爲士字。絕無理。丨、物出形也。此所謂引而上行讀若囟也。合二字象形爲會意。它魯切。廣韵引文字指歸曰。無點。按文字指歸蓋以無點者它魯切。有點者徒古切。田地主也。釋氏書國土必讀如杜是也。五部。凡土之屬皆从土。

地　元气初分。輕清昜爲天。重濁侌爲地。元者、始也。陰陽大論曰。黃帝問於岐伯曰。地之爲下否乎。岐伯曰。地爲人之下。大虛之中者也。黃帝曰。馮乎。岐伯曰。大氣舉之也。按地之重濁而包舉乎輕清之氣中。是以不墜。萬物所敶列也。敶各本作陳。今正。攴部曰。敶者、列也。凡本無其字、依聲託事者。如萬蟲、終古段借爲千萬。雖唐人必用万字。不可從也。若本有其字。如段陳國爲敶列。在他書可。而許書不可。地與敶以雙聲爲訓。从土。地以土生物。故从土。也聲。坤道成女。玄牝之門。爲天地根。故其字从也。或云从土乙力。其可笑有如此者。徒四切。古音在十七部。漢書或段爲第但也之第。𡐤籒文地。从𨸏土彖聲。從小徐本。惟象字小徐作彖。非其聲也。今正作彖。从𨸏、言其高者也。从土、言其平者也。彖見彑部。蠡㒸墜皆以爲聲。在古音十六部。地字古音本閒於十六十七兩部也。若大徐作从隊。𨸏部隊音徒玩切。其繆愈難糾矣。漢人多用墜字者。傳寫皆誤少一畫。

坤　地也。易之卦也。象傳曰。地勢坤。君子以厚德載物。說卦傳曰。坤、順也。按伏羲取天地之德爲卦。名曰乾坤。从土申。會意。苦昆切。十三部。土位在申也。此說从申之意也。說卦傳曰。坤也者、地也。萬物皆致養焉。故曰致役乎坤。坤正在申位。自倉頡造字已然。後儒乃臆造乾南坤北爲伏羲先天之學。說卦傳所定之位爲文王後天之學。甚矣人之好怪也。或問伏羲畫八卦。即有乾坤震巽等名與。不。曰有之。伏羲三奇謂之乾。三耦謂之坤。而未有乾字坤字。傳至於倉頡乃後有其字。坤顨特造之。乾震坎離艮兌以音義相同之字爲之。故文字之始作也。有義而後有音。有音而後有形。音必先乎形。名之曰乾坤者。伏羲也。字之者。倉頡也。畫卦者造字之先聲也。是以不得云☷即坤字。

垓　兼晐八極地也。晐各本作垓。今正。晐俗作該。日部晐下曰。兼晐也。此用其義釋垓。以疊韵爲訓也。凡四方所至謂之四極。八到所至謂之八極。淮南書曰。八紘之外乃有八極。非此義也。兼備八極之地謂之垓。从土亥聲。古哀切。一部。國語曰。天子尻九垓之田。鄭語曰。王者居九晐之田。收經入以食兆民。韋云。九晐、九州之極數也。又楚語。天子之田九晐。以食兆民。韋云。九晐、九州之內有晐數也。食兆民、民耕而食其中也。天子曰兆民。按晐者垓字之異也。韋云有垓數者、即風俗通千生萬、萬生億、億生兆、兆生經、經生垓。

墺　四方之土可定尻者也。各本作四方土可居也。少三字。今依李善西都賦注正。禹貢四墺既宅。今作隩者、衛包改也。僞孔傳曰。四方之土可居。玉篇土部引夏書四墺既宅。廣韵三十七号墺字注曰。四墺、四方土。文選西都賦。天地之隩區。李注引此說文。知班賦本从土。唐以後人乃改之。如今本尚書釋文之作隩耳。周語。宅爲九隩。注云。隩、內也。其字从𨸏。从土奧聲。於六切。三部。按音轉多讀於報切。𡋡古文墺。蓋壁中禹貢如是與。

堣　堣夷、逗。在冀州暘谷。暘各本作陽。今正。日部曰。暘、日出也。引虞書曰暘谷。則此當作暘可知也。山部嵎下曰。首嵎山在遼西。一曰嵎銕、嵎谷也。嵎銕嵎三字皆與此異。嵎當作禺。蓋堣夷暘谷者、孔氏古文如是。禺銕嵎谷者、今文尚書如是。今堯典作宅嵎夷。曰暘谷。依古文而堣譌嵎。恐衛包所改耳。玉篇、唐韵皆作堣。可證。堯典音義曰。尚書考靈曜及史記作禺銕。尚書正義卷二曰。夏侯等書古文宅堣夷堣作嵎者譌爲宅嵎鐵。嵎鐵即禺銕之異字。凡緯書皆用

坶　坡　坪　均　壤

今文。故知許土部所偁爲古文。山部爲今文。尚書如眛谷爲古文。栁穀爲今文。正同。詳見古文尚書撰異。堣夷暘谷、許明云在冀州。山部曰首嵎山在遼西。一曰嵎鐵嵎谷。一曰猶一名。非有二物。遼西正在冀州。然則堯典之堣夷非禹貢青州之嵎夷。司馬貞注禹貢云。今文尚書及帝命驗竝作禺鐵在遼西。此謂堯典也。陸氏引馬云。嵎、海隅也。夷、萊夷也。馬釋堯典始以禹貢釋之。而僞孔傳大意從之。義和測日不必遠至海外也。僞孔云。日出於谷而天下明。故稱暘谷。似以此暘谷與日初出東方湯谷合而一之。其謬不亦甚乎。**立春日。**句。**日値之而出。**日正當堣夷而出。乃許所聞尚書古義如此。**从土。禺聲。**噳俱切。五部。**尚書曰。宅堣夷。**許之例不云尚書。此當云唐書。改之者作虞書。其說見禾部。

坶　朝歌南七十里地。周書曰。武王與紂戰于坶野。此書序文也。今書序紂作受。坶作牧。詩大明矢于牧野。正義引鄭書序注云。牧野、紂南郊地名。禮記及詩作坶野。古字耳。此鄭所見詩、禮記作坶。書序祇作牧也。許所據序則作坶。蓋所傳有不同。坶作坶者、字之增改也。每亦母聲也。**从土。母聲。**莫六切。三部。徐邈曰。牧一音茂。

坡　阪也。皀部曰。坡者曰阪。此二篆轉注也。又曰。陂、阪也。是坡陂二字音義皆同也。坡謂其陂陀。毛詩隰則有泮傳曰。泮、坡也。此釋叚借之法。謂泮即坡之雙聲叚借也。鄭不從其說。而易之曰讀爲畔。**从土。皮聲。**滂禾切。十七部。

坪　地平也。舊鈔小徐本作垩。廣韵垩、地名。今義也。**从土平。平亦聲。**小徐無平亦二字。皮命切。十一部。亦平聲。

均　平偏也。平者、語平舒也。引申爲凡平舒之偁。偏者、帀也。平偏者、平而帀也。言無所不平也。小雅節南山傳曰。均、平也。古多叚旬爲均。亦叚鈞爲均。**从土勻。**勻者、帀也。故以會意。**勻亦聲。**小徐無勻亦二字。居勻切。十二部。

壤　柔土也。大雅。陶復陶穴。毛傳。陶其土而復之。陶其壤而穴之。九章筭術。今有穿地積一萬尺。問爲堅壤各幾何。荅曰。爲堅七千五百尺。爲壤一萬二千五百尺。穿地四。爲壤五。爲堅三。爲墟四。劉徽注。壤謂息土。堅謂築土。周禮。辨十有二壤之名物。而知其種。以教稼穡樹蓺。注。壤

十三篇下　六

塙　墽　壚　垟　埴

亦土也。以萬物自生言則言土。土猶吐也。以人所耕而樹蓺言則言壤。壤和緩之皃。某氏注尚書曰。無塊曰壤。周禮草人注。壤用麋。勃壤用狐。鄭云。墳壤潤解。勃壤粉解。釋名曰。壤、瀼也。肥濡意也。按言物性之自然。壤異乎堅土。言人功。則凡土皆得而壤之。壤與柔弱雙聲。穀梁日有食之傳曰。吐者外壤。食者內壤。闕然不見其壤。有食之者也。麋信云。齊魯之閒謂鑿地出土。鼠作穴出土。皆曰壤。按蟲鼠所出字亦作蝪。作塲。音失羊反。見方言。亦取柔意。今俗語謂弱曰壤。漢書壤子王梁、代。壤謂肥䏚也。**从土。襄聲。**如兩切。十部。

塙　堅不可拔也。堅者、剛土也。拔者、擢也。不可拔者、不可擢而起之也。易文言曰。確乎其不可拔。潛龍也。虞翻曰。確、剛皃也。鄭曰。堅高之皃。按今易皆作確。攷釋文曰。說文云。高至。毃辭。夫乾、確然示人易矣。釋文曰。說文云。高至。皆不言說文作隺。是則陸所據易二皆作隺。而今本俗誤也。許意隺訓高至。塙訓堅不可拔。文言字作隺而義从塙。毃辭乃義如其字。**从土。高聲。**苦角切。古音在二部。今俗字作確。乃确字之變耳。

墽　磽也。石部曰。磽者、磬石也。磬者、堅也。墽之義同磽。則兼謂土石堅鞕耳。其字亦作墝。何注公羊云。墝埆不生五穀曰不毛。**从土。敫聲。**口交切。二部。

壚　黑剛土也。各本無黑字。依韵會則小徐有。尚書正義所引同。今補。釋名曰。土黑曰壚。盧然解散也。周禮草人。埴壚用豕。鄭云。埴壚、黏疏者。以黏釋埴。以疏釋壚。黑部曰。齊謂黑爲驢。古文作旅。許於驢得其義云黑而剛。則疏之義亦見矣。**从土。盧聲。**洛乎切。五部。

垟　赤剛土也。草人。凡糞種、騂剛用牛。故書騂爲挈。杜子春挈讀爲騂。謂地色赤而土剛強也。按馬部無騂字。子春易字作解。必塙然易爲垟字。而許用其說入說文也。然則相承作騂又譌作騂者、乃大繆耳。**从土。觲省聲。**息營切。十一部。

埴　黏土也。禹貢。厥土赤埴墳。周禮草人埴壚。攷工記搏埴之工。孔傳、鄭注皆曰。埴、黏土也。釋名。土黃而細密曰埴。埴、膱也。黏昵如脂之膱也。按禹貢埴字、鄭本作戠。讀爲熾。熾、赤皃也。見禹貢音義及蜀都賦丹沙赩熾李注。又太平御覽三十七引東晉會稽謝沈古文尚書注。徐州土赤戠墳。戠音志。又禹貢正義曰。戠、埴音義同。埴爲

十三篇下　七

坴　⿱土軍

黏土。故土黏曰戠。葢孔本本亦作戠。惟孔釋戠爲黏土。鄭易戠爲熾。釋爲赤皃。見經文赤戠連讀爲異耳。據釋文則韋昭所注漢地理志亦作戠。而今漢書作埴。晉書成公綏天地賦云。海岱赤埴。華梁青黎。何超音義埴尺志反。此又戠之加土旁者也。戠墔墾皆埴之異字。从土。直聲。常職切。一部。按廣韵常職昌志二切。今江浙俗語皆用昌志一切。

坴　土凷坴坴也。坴坴大凷之皃。从土。尤聲。力竹切。三部。讀若逵。大徐本逵作逐。誤也。坴讀如逵。與龍讀七宿切意同。一曰坴梁地。始皇本紀三十三年。發諸嘗逋亾人、贅壻、賈人略取陸梁地。爲桂林象郡南海。以適遣戍。字作陸。按坴梁葢其地多土凷。而土性強梁也。

⿱土軍　土也。土葢凷之誤。集韵凷字亦作⿱土軍。類篇⿱土軍亦苦會切。墣也。葢自坴至塯併重文六篆皆言凷。此土也二字淺人所改。从土。軍聲。戸昆切。十三部。雒陽有大⿱土軍里。雒作洛。非。今正。說詳水部洛下。大⿱土軍。雒陽里名。此舉爲⿱土軍篆之證也。漢王子侯表。土軍侯郢客。師古曰。土軍。西河之縣。說者以爲洛陽土軍里。非也。按土

墣　凷　塯　堫　塍

軍里乃大⿱土軍里之誤。依此注疑大本作土⿱土軍里。或有作土軍里者。故說漢書者或偶用之。

墣　凷也。吳語曰。涓人疇枕王以墣。淮南書曰。土之勝水也。非以一墣塞江。从土。菐聲。匹角切。古音在三部。

圤　墣或从卜。卜聲亦在三部。

凷　墣也。是曰轉注。喪服傳曰。寢苫枕凷。从土凵。凵屈象形。小徐本如是。屈者、無尾也。凷之形略方。而體似無尾者。故从土而象其形。苦對切。十五部。

塊　俗凷字。依爾雅釋文。

塯　凷也。釋言。凷、塯也。郭引枕王以塯。塯即墣之異文。禮運蕢桴注曰。蕢讀爲凷。聲之誤也。凷、塯也。从土。畐聲。芳逼切。一部。

堫　種也。種者、埶也。堫者、以禾種入土也。廣雅曰。稯、種也。即堫、種字之異體也。从土。㚇聲。子紅切。九部。一曰內其中。引申之義。謂以此入彼中皆得曰堫也。大鑿中木謂之鏓。杵臼謂之舂。亦此意。

塍　稻田中畦埒也。集韵、類篇、宋本作稻中畦也。今本及文選注作稻田畦也。韵會作稻中畦埒也。今合訂之如此。畦、五十畝之介也。埒者、庳垣。亦所以爲畛。稻田中作介畫以蓄水。取義於此。謂之塍。必言稻中者。禾黍不必爲此。惟稻必蓄水以養之。周禮稻人。以遂均水。以列舍水。鄭曰。遂、田首受水小溝也。列、田之畦埒也。開遂舍水於列中。按列讀如遮迾之迾。非人所行之畛陌也。許、鄭說正同。今四川謂之田繩子。江浙謂之田經。經亦繩也。西都賦。溝塍刻鏤。从土。朕聲。食陵切。六部。

坺

坺　坺土也。坺字各本無。今補。𢆶下曰。絫坺土爲牆壁。凡初出於田爲坺土。稍治之乃爲凷。一臿土謂之坺。一下各本有曰字。今依玄應書卷二十、廣韵十三末正。木部曰。梠、臿也。鎏臿詳見木金二部。一臿所起之土謂之坺。今人云坺頭是也。耒部曰。耕廣五寸爲伐。二伐爲耦。與考工記二耜爲耦一耦之伐。廣尺深尺謂之甽。稍不同。鄭云。甽土曰伐。伐即坺。依考工記二耜之土爲伐。許云一枱之土爲伐。即此云一臿土謂之坺也。惟臿與枱不同物耳。从土。犮聲。本在塵皃下。今移此。蒲撥切。十五部。詩曰。武王載坺。商頌長發文。今詩作旆。傳曰。旆、旗也。按毛詩當本作坺。傳曰。坺、旗也。訓坺爲旗者。謂坺即旆之同音叚借

坄　基　垣

也。此如小宛訓題爲視。謂題即眂之叚借。斯干訓革爲翼。謂革爲䩯之叚借。若此之類。不可枚數。淺學者少見多怪。乃改坺爲旆。以合旗訓。葢亦久矣。許之引此詩則偁經說叚借之例。如引無有作玫。說玫即好。引朕堲讒說。說堲即疾。一曰塵皃。坺之言蓬勃也。

坄　匋竈窗也。匋各本作陶。今正。缶部曰。匋者、瓦器竈也。穴部曰。窗者、通空也。燒瓦器之竈上必通孔。謂之坄者。其火熒然而出也。士喪禮爲垼於西牆下。東鄉。注云。垼、塊竈。既夕記云。垼用塊。注云。塊、塯也。葢士喪之竈、土凷爲之。以煮沐浴者之潘水。不似人家廚竈。必令適爲之。且僅通孔可煮而已。故謂之坄。不謂之竈也。坄、禮經作垼。古文禮作役。从土。役省聲。營隻切。十六部。

基　牆始也。自部曰。阯者、基也。此蒙基而釋之。牆始者、本義也。引申之爲凡始之偁。釋詁、周語、毛詩傳皆曰。基、始也。禮經古文借基爲期年字。从土。其聲。居之切。一部。

垣　牆也。此云垣者、牆也。渾言之。牆下曰垣蔽也。析言之。垣蔽者、牆又爲垣之蔽也。垣自其大言之。牆自其高言之。从土。亘聲。雨元切。十四部。

圪 堵

⿰𩫏亘籒文垣。从𩫏。圪 牆高皃也。大雅皇矣曰。崇墉言言。傳曰。言言、高大也。又曰。崇墉仡仡。傳曰。仡仡猶言言也。依說文本作圪圪。**詩曰。崇墉圪圪。从土。气聲。**魚迄切。十五部。**堵 垣也。**儒行曰。儒有一畝之宮。環堵之室。注云。宮謂牆垣也。堵、面一堵也。面一堵者、謂面各一堵。也。依鄭說堵與垣別。大氐散文則通。對文則別也。**五版爲堵。**詩毛傳曰。一丈爲板。五板爲堵。此五經異義所謂古周禮、古春秋說也。異義今戴禮及韓詩說。八尺爲板。五板爲堵。五堵爲雉。板廣二尺。積高五板爲一丈。五堵爲雉。雉長二十丈。何休注公羊取韓詩說。古周禮及古春秋左氏傳說。一丈爲板。板廣二尺。五板爲堵。一堵之牆長丈高丈。三堵爲雉。一雉之牆長三丈。高一丈。以度長者用其長。以度高者用其高也。諸說不同。鄭辨之云。左氏傳鄭莊公弟段居京城。祭仲曰。都城過百雉。國之害也。先王之制。大都不過三國之一。中五之一。小九之一。今京不度。非制也。古之雉制、書傳各不得其詳。今以左氏說鄭伯之城方五里。積千五百步也。大都三國之一。則五百步也。五

壁 ⿰土尞

百步爲百雉。則知雉五步。五步於度長三丈。則雉長三丈也。雉之度於、是定可知矣。玉裁按。鄭駁異義、取古周禮春秋說。一丈爲板。計之適合。未嘗自立說六尺爲板也。迨箋詩則主用古說。參以公羊傳五板而堵、五堵而雉、而定爲板長六尺。鄭意公羊五板而堵者、高一丈也。五堵而雉者、廣三丈也。何注公羊取韓詩說。八尺爲板。五板而堵爲四十尺。五堵而雉爲二百尺。說各乖異。似古周禮、春秋、毛詩說爲善。高一丈、廣三丈爲雉。不必板定六尺也。許君異義未詳其於古今孰從。此云五板爲堵。古今說所同也。葢言板廣二尺。五板積高一丈爲堵而已。其長幾尺爲板、幾堵爲雉、皆於古今說未敢定。**从土。者聲。**當古切。五部。**⿰𩫏者 籒文从𩫏。壁 垣也。**釋名。壁、辟也。辟禦風寒也。按。壁自其直立言之。**从土。辟聲。**比激切。十六部。**⿰土尞 匍垣也。**匍各本作周。今正。匍、帀也。周、密也。義異。匍垣謂垣之圜帀者也。西都賦曰。繚以周牆四百餘里。西京賦曰。繚亘綿聯。薛注。繚亘猶繞了也。按。魏都賦亦曰。繚亘開圜。今本皆譌作繚垣。非也。繚亘雙聲字。**从土。尞聲。**力沼切。二部玉

十三篇下

堨 埒 堪 堀

篇平去二聲。**堨 壁閒隙也。**隙者、壁際也。壁際者、壁之釁也。亦曰堨。此古義也。今義堰也。讀同壅過。後人所用俗字也。**从土。曷聲。讀若謁。**此古音也。十五部。大徐魚列切。廣韵烏曷切。**埒 庳垣也。**庳者、中伏舍也。引申之爲卑也。按廣韵引孟康云。等庳垣也。似孟氏所據爲長。等者、齊等也。卑垣延長而齊等若一。是之謂埒。引申之爲涯際之偁。如淮南道有形埒是也。爲回環之偁。如爾雅水潦所還埒丘、又馬埒是也。又爲相等之偁。如史記富埒天子之類是也。孟康語葢出漢書音義。今宜依以補等字。**从土。寽聲。**力輟切。十五部。**堪 地突也。**突者、犬從穴中暫出也。因以爲坳突之偁。俗乃製凹凸字。地之突出者曰堪。淮南書曰。堪輿行雄以起雌。許注曰。堪、天道。輿、地道也。見文選注。甘泉賦屬堪輿以壁壘。張晏曰。堪輿、天地總名也。按。張說未安。堪言地高。處無不勝任也。所謂雄也。輿言地下。處無不居納也。所謂雌也。引申之、凡勝任皆曰堪。古段戡伐爲之。**从土。甚聲。**口含切。古音在七部。**堀 突也。**突爲犬從穴中暫出。因謂穴中可居

堂

曰突。亦曰堀。俗字作窟。古書中堀字多譌掘。如秦國策窮巷堀門。齊策。堀穴窮巷。今皆譌爲掘。鄒陽書。伏死堀穴。尙不誤也。曹風。蜉蝣堀閱。此葢自來古本如是。毛云。堀閱、容閱也。箋云。堀地解閱。謂其始生時也。唐以後本盡改爲掘字。遂謂許所據爲異本矣。陸機云。蜉蝣陰雨時從地中出。郭樸云。生糞土中。然則未嘗掘地也。堀閱、容閱皆聯緜字也。箋則云。堀於地中解閱而出矣。風賦。堀堁揚塵。謂突起之堁。**从土。屈聲。**各本篆作堀。解作屈省聲。而別有堀篆。綴於部末。解云。兔堀也。从土、屈聲。此化一字爲二字。兔堀非有異義也。篆从屈、隸省作屈。此其常也。豈有篆文一省一不省。分別其義者。今正此篆之形。而刪彼篆。苦骨切。十五部。**詩曰。蜉游堀閱。**曹風蜉蝣文。堀閱、容閱也。容閱如孟子之容悅。**堂 殿也。**殿者、擊聲也。段借爲宮殿字者。釋宮室曰。殿有殿鄂也。殿鄂即禮記注之沂鄂。沂、說文作垠、作圻。釋名釋形體亦曰。臀、殿也。高厚有殿鄂也。古音屑聲、斤聲、臣聲互通。合音作幾、作畿。是以禮記彫幾謂有沂鄂。堂之所以偁殿者、正謂前有陛。四緣皆高起。沂鄂顯然。故名之殿。許以殿釋堂者、

十三篇下

以今釋古也古曰堂漢以後曰殿古上下皆偁堂漢上下皆偁殿至唐以後人臣無有偁殿者矣初學記謂殿之名起於始皇紀曰作前殿葉大慶攷古質疑博引說苑諸書以證古有殿名要其所引皆漢人所作書也卽六韜亦豈眞周人書哉**从土尚聲**徒郎切十部**古文堂如此**蓋从尚省**籀文堂从尚京省聲**从尚不省則異乎古文邑部鄗地名从籀文堂也篆文以爲从尚則聲在其中故省其京省

垛

門堂埶也門字埶字今補正攷工記門堂三之二室三之一鄭曰門堂門側之堂也釋宮曰門側之堂謂之塾孫炎郭樸皆曰夾門堂也堂無塾門堂乃有塾刪去門字於制不可通矣埶經典皆作塾以埶加土猶以埶加火耳謂之埶者白虎通云所以必有塾何欲以飾門因取其名明臣下當見於君必埶思其事是知其字古作埶而已後乃加之土也謂之垛者何也朵者木下垂門堂伸出於門之前後略取其意後代有朵殿今俗謂門兩邊伸出小牆曰垛頭其遺語也埶之制於正堂之偁廣得三之二其室於正堂之偁廣得三之一北向堂者爲埶得堂偁廣三之一南向者亦爲埶亦得堂偁廣三之一故曰門堂三之二也室三之一者北向南向兩埶之中共一室室得堂偁廣亦三之一與門之偁廣等顧命曰先路在左塾之前次路在右塾之前此謂北面之埶也士虞禮七俎在西塾之西絲衣自堂徂基毛傳云基門塾之基此皆謂南面之埶也士冠禮筮與席所卦者具饌於西塾此南面之塾也擯者玄端負東塾此北面之塾也尚書大傳曰上老平明坐於右塾庶老坐於左塾餘子畢出然後歸夕亦如之蓋謂北面之塾也食貨志春將出民里胥平旦坐於右塾鄰長坐於左塾蓋謂南面之塾也凡埶之可攷者如此埶字依白虎通及崔豹古今注則正作埶俗作塾皆可近儒或曰當作壔壔之音義皆與埶迥隔若後漢書劉縯傳畫伯升像於塾旦起射之東觀記廣漢書並作壔此乃所傳之異不得云壔卽塾字也畫伯升於門牆之山頭而射之故曰畫於塾山頭者俗語牆之冣高處也據李賢引字林曰塾門側堂也是知漢後多用塾字此說文字林之分古今也**从土朵聲**丁果切十七部

坫

屏也陳氏禮書曰坫之別凡有四記曰反坫出尊論語曰邦君爲兩君之好有反坫此反爵之坫也記曰崇坫康圭此奠玉之坫也記又曰士於坫一此庋食之坫也士冠禮爵弁皮弁緇布冠各一匴執以待於西坫南大射將射工遷於下東坫之東南士喪禮牀第夷衾餧於西坫南既夕禮設棜於東堂下南順齊於坫此堂隅之坫也爾雅曰垝謂之坫郭云坫端也在堂隅按端本作墆高皃也以土爲之高可屏蔽故許云屏也其字俗作店崔豹曰店置也所以置貨鬻物也**从土占聲**都念切七部

墊

涂也涂塗泥垽皆古今字水部涂字下遺涂泥一解則木部曰杇所以涂也此部六言涂金部曰錯金涂也皆不得其轉注矣詩雨雪載涂毛傳曰涂凍釋也小正凍塗傳曰凍下而澤上多也詩角弓傳曰塗者泥也通俗文曰泥塗謂之浝濵泥塗必兼水土爲之故字兼从水土浝人又入之水部非也**从土浝聲**當作从土水尨聲力嚘切按此音非也玉篇曰說文木貢切九部

垷

涂也以下五涂字皆涂泥引申之義也涂泥可以附物者也故引伸之用以附物亦曰涂詩角弓曰如塗塗附傳曰塗泥也附箸也按上塗謂泥下塗附連讀謂箸鄭箋則謂以塗塗木杇涂附謂之垷廣雅垷拭也卽垷字之異也**从土見聲**胡典切十四部

墐

涂也內則曰塗之以謹塗注曰謹當爲墐聲之誤也墐塗塗有穰草也按合和黍穰而塗之謂之墐塗取乾則易擘也**从土堇聲**渠吝切十三部按禮記音義音斤

墍

卬涂也卬各本作仰今正卬涂舉首而涂之郢人施廣領大袖以仰塗是也周書杍材曰既勤垣墉惟其塗塈茨按以艸蓋屋曰茨塗塈茨者涂其茨之下也故必卬涂標有梅傳塈取也假樂傳塈息也皆叚借字**从土既聲**其冀切按當云其既切十五部

堊

白涂也以白物涂白之也周禮曰其祧則守祧幽堊之注云幽讀爲黝黝黑也堊白也爾雅曰地謂之黝牆謂之堊郭云黑飾地白飾牆也釋名曰堊亞也亞次也先泥之次以白灰飾之也按謂涂白爲堊因謂白土爲堊古用蜃灰周禮其白盛之蜃注云謂飾牆使白之蜃也今東萊用蛤謂之又灰云**从土亞聲**烏各切五部

墀

涂地也巾部曰𢄼墀地以巾抐之也凡涂地爲墀

墼

今因謂地爲墀矣。从土。犀聲。直尼切。十五部。禮。天子赤墀。蓋出禮緯含文嘉之文。爾雅地謂之黝。然則惟天子以赤飾堂上而已。故漢未央殿青瑣丹墀。後宮則玄墀而彤庭也。漢典職儀曰。以丹漆地。故偁丹墀。張載注魏都曰。丹墀以丹與蔣離合用塗地也。按蔣疑是將字。

墼　令適也。瓦部甓下曰。令甓也。按令甓卽令適也。甓適墼三字同韵。釋宮曰。瓴甋謂之甓。郭云。甂甎也。陳風。中唐有甓。傳曰。甓、令適也。字作令適。零嫡二音。加瓦者俗字也。甂甎亦皆俗字。甎古祇作專。如斯干傳曰。瓦、紡專也。寸部專下曰。一曰紡專也。皆可證。陸德明云。字林作塼。此許、呂各因時作字書之例。許意在存古。呂意在宜今也。韋注吳語曰。員曰囷。方曰鹿。然則鹿專者、言其方正也。亦曰墼。一曰未燒者。者各本作也。今依玉篇正。韵會作未燒磚也。燒謂入於匋。匋、瓦器竈也。上文一義謂已燒之專曰墼。此一義謂和水土入模笵中而成者曰墼。別於凷而未經匋竈也。喪服柱楣注。屋下累墼爲之。此必未燒者也。枕凷則未墼者也。厶部坴下曰。墼也。蓋亦謂未燒者。今俗語謂未燒者曰土墼。从土。

坌　埽　在　坐

毄聲。古歷切。十六部。

坌　埽除也。坌字曲禮作糞。少儀作拚。又皆作撲。糞卽華部之糞字。與坌音同義略同。拚其叚借字也。少儀曰。汎埽曰埽。埽席前曰拚。此析言之也。許以埽除釋坌。以坌釋埽。渾言之也。弟子職既拚盥漱。謂埽席前也。汎拚正席。謂廣坌內外。不止席前也。小雅伐木箋亦以灑撲釋洒埽。从土。弁聲。讀若糞。方問切。古音在十四部。

埽　坌也。坌各本譌棄。今正。此二篆爲轉注也。从土帚。會意。帚亦聲也。穌老切。古音在三部。

在　存也。存、恤問也。釋詁。徂、在、存也。在、存、察也。按虞夏書在訓察。謂在與伺音同。卽存問之義也。在之義古訓爲存問。今義但訓爲存亾之存。从土。才聲。昨代切。一部。

坐　止也。止、下基也。引申爲住止。凡言坐落、坐罪是也。引申爲席地而坐。小雅。不遑啓處。傳曰。啓、跪。處、居也。古謂跪爲啓。謂坐爲尻。爲處。尻俗作居。引申謂凡止箸爲坐。从畱省。从土。會意。徂臥切。十七部。土、所止也。此與畱同意。釋从土之意。从土不必土。猶畱从田不必田。皆謂所止也。故曰同意。

坁　塡

㘴　古文坐。今古文行而小篆廢矣。止必非一人。故从二人。左傳鍼莊子爲坐。凡坐獄訟必兩造也。

坁　箸也。韵會作箸止也。箸直略切。者字之叚借也。行之既久乃不可變矣。凡言者者。別事詞也。有所箸之言也。故凡言箸者。皆引申之義。左傳昭廿九年。物乃坁伏。鬱湮不育。杜注。坁、止也。此坁字見於經者。而開成石經譌作坻。其義迥異。楚金所見左傳。故未誤。尋其所由。蓋唐初已有誤坻者。故釋文曰。坻音旨。又音丁禮反。後一音則已譌爲坻。凡字切丁禮者皆氐聲也。今版本釋文及左傳及廣韵四紙皆作坻。坻行而坁廢矣。从土。氐聲。諸氏切。十六部。與十五部之坻異義。

塡　𡨄也。𡨄各本作塞。塞、隔也。非其義也。𡨄下云窒也。窒下云𡨄也。窴亦𡨄也。塡與窴音義同。𡨄之則堅固。其義引申爲久。大雅。倉兄塡兮。傳曰。塡、久也。常棣。烝也無戎。傳曰。烝、塡。久也。東山。烝在桑野。傳曰。烝、窴也。而爾雅釋詁則曰。塵、久也。是塡窴塵三字音同。故鄭箋東山云。古者聲塡塵同也。塵爲叚借字。蓋古經有作塵者。今新陳字作陳。非古也。而古音之存者也。詩詞內作鎮。亦是此字。从土。眞聲。

坦　坒　堤　壎　封

植鄰切。今待年切。十二部。

坦　安也。論語曰。君子坦蕩蕩。按魯讀爲坦湯湯。此如陳風子之湯兮。傳曰。湯蕩也。謂湯爲蕩之叚借字也。司馬相如賦叚壇爲坦。从土。旦聲。他但切。十四部。

坒　地相次坒也。依小徐及玉篇、廣韵作次坒。大徐作次比。衞大夫貞子名坒。句有誤。北宮貞子名喜。不名坒。又衞有褚師比。諡聲子。不諡貞子。从土。比聲。毗至切。十五部。

堤　滯也。滯者、冰也。按此篆與坁篆音義皆同。國語曰。戾久將底。底、箸滯淫。左傳曰。勿使有所壅閉湫底。杜云。底、滯也。釋詁。底、底、止也。底字與坁堤字音雖別而義略同。俗用堤爲隄。則非。从土。是聲。丁禮切。按本在紙韵。讀如氏。後乃轉入薺韵。十六部。

壎　樂器也。㠯土作。句。六空。空本作孔。今正。詩。伯氏吹壎。毛傳。土曰壎。周禮小師掌教鼓壎。大鄭云。壎、六孔。後鄭云。壎、燒土爲之。大如鴈卵。爾雅曰。大壎謂之嘂。白虎通曰。樂記云。壎、坎音也。在十一月。从土。熏聲。況袁切。古音在十三部。白虎通曰。壎之爲言勳。

封　爵諸侯之土也。

壐

謂爵命諸侯以是土也。詩毛傳。之子、嫁子也。之事、祭事也。莊子之人也、卽是人也。然則之土言是土也。其義之土、故其字从之土。引申爲凡畛域之偁。大司徒注曰。封、起土畍也。封人注曰。聚土曰封。謂壝埒及小封疆也。冡人注曰。王公曰丘。諸臣曰封。又引申爲大也。又引申爲緘固之偁。**从之土。从寸。**合三字會意。府容切。九部。**寸、**逗。**守其制度也。**此說从寸之意。凡法度曰寸。尊字、寺字下皆曰有法度。**公侯百里。伯七十里。子男五十里。**此用孟子及王制之說。所謂制度也。**⿰丰土 籒文封。从丰土。**从土、丰聲也。**⿱㞢土 古文封省。**無寸也。从㞢土、則與㞢部讀若皇者同字。猶豕亥古文同作丌也。艸木妄生字之在土上。之之本義也。爵諸侯之土字从之土。之之引申叚借義也。

壐 王者之印也。印者、執政所持信也。王者所執則曰璽。按周禮貨賄用璽節注云。璽節主以通貨賄。璽節者、今之印章也。左傳季武子璽書追而與公冶。皆非謂王者。葢古者尊卑通偁。至秦漢而後爲至尊之偁。故始皇本紀。乃爲璽書賜公子扶蘇。中車府令趙高行符璽事。蔡邕獨斷曰。皇帝六璽皆玉螭虎紐。許此語舉漢制也。**㠯主土。**以上八字依玉篇所引。此說从土之意也。**从土。爾聲。**斯氏切。十五十六部。**璽 籒文从玉。**葢周人巳刻玉爲之。曰籒从玉、則知从土者古文也。

墨　垸

墨 書墨也。聿下曰。所以書也。楚謂之聿。吳謂之不律。燕謂之弗。秦謂之筆。此云墨、書墨也。葢筆墨自古有之。不始於蒙恬也。箸於竹帛謂之書。竹木以桼。帛必以墨。用帛亦必不起於秦漢也。周人用璽書。印章必施於帛。而不可施於竹木。然則古不專用竹木信矣。引申之爲晉於是始墨。肉食者無墨。爲貪以敗官爲墨。**从土黑。**小徐曰會意。大徐有黑亦聲三字。莫北切。一部。

垸 㠯桼䰍灰丸而髹也。䰍各本作和。今正。丸大徐無。今依小徐。桼者、木汁可以髹物也。丸者、圜也。傾側而轉者。髹者、髹桼也。說詳桼部。灰者、燒骨爲灰也。玄應梵書音義曰。通俗文曰燒骨以漆曰垸。倉頡訓詁曰垸以漆和之。今中國言垸。江南言髓。髓音瑞。垸胡灌切。玉裁按許䰍下云桼垸。周禮巾車杜子春云。軟讀爲垸桼之桼。輪人注。鄭云丸漆之。葢以桼合和燒骨之灰。摶而丸之。以髹擦物。丸與垸疊韵爲訓。丸而髹之。旣乾。如沙磣不光潤。乃摩之。鄭所云丸漆之乾。乃以石摩平之也。旣摩乃復桼之。許於䰍下所云桼垸已復桼之也。如此數四。乃後敷丹艧。今時桼工亦略同此。垸或叚浣爲之。如角人注骨入桼浣者受之以量也。或叚睆爲之。如檀弓華而睆。孫炎云。睆、桼也。叔然乃指其最後光潤者而言。**从土。完聲。**胡玩切。十四部。**一曰補垣也。**此依小徐本。月令曰。脩宮室。坏垣牆。補城郭。左傳曰。繕完葺牆。以待賓客。

型　埻

型 鑄器之灋也。以木爲之曰模、以竹曰笵。以土曰型。引申之爲典型。叚借荆字爲之。俗作刑。非是。詩毛傳屢云。荆、法也。又或叚形爲之。左傳引詩形民之力。而無醉飽之心。謂程量其力之所能爲而不過也。**从土。荆聲。**戶經切。十一部。

埻 埻的。各本無此二字。今補。木部臬下曰。躲埻的也。此與爲轉注。亦有單言埻者。旳、明也。亦有單言旳者。**躲臬也。**周禮司裘注曰。以虎狼豹麋麛之皮飾侯。側又方制之以爲𦎧。謂之鵠。箸於侯中。𦎧卽埻之叚借字也。詩小雅以勺爲的。呂氏春秋曰。射而不中。反修于招。高云。于招、埻藝也。按于當作干。藝同臬。戰國策以其類爲招。春秋後語作以其頸爲招。文選詠懷詩注引作以其頸爲的。招卽的字。**从土。𦎧聲。讀若準。**之允切。十三部。

塒　城　墉　堞

塒 雞棲於垣爲塒。釋宮。鑿垣而棲爲塒。王風傳同。按許意與古異。連雞棲於庳垣。不必鑿穴也。**从土。時聲。**市之切。一部。

城 㠯盛民也。言盛者、如黍稷之在器中也。**从土成。**左傳曰。聖王先成民而後致力於神。**成亦聲。**氏征切。十一部。**𩫨 籒文城。从𩫏。**

墉 城垣也。皇矣以伐崇墉。傳曰。墉、城也。崧高以作爾庸。傳曰。庸、城也。庸墉古今字也。城者、言其中之盛受。墉者、言其外之牆垣具也。毛統言之。許析言之也。周易曰。乘其墉。又曰。公用射隼於高墉之上。**从土。庸聲。**余封切。九部。**𩫏 古文墉。**五篇曰。𩫏、度也。民所度尻也。字音古博切。此云古文墉者。葢古讀如庸。秦以後讀如郭。如豕亥同丌字。訓順訓慕同變字之比。

堞 城上女垣也。女之言小也。𨸏部陴下曰。城上俾倪女牆也。堞與陴異字而同義。左傳堙之環城，傳於堞。杜曰：堞，女牆也。古之城以土，不若今人以專也。土之上閒加以專牆，爲之射孔以伺非常，曰俾倪，曰陴，亦曰葉。左傳盧蒲嫳攻崔氏，崔氏堞其宮而守之，弗克。此謂於宮牆之上又加俾倪也。从土葉聲。按从葉者，如葉之薄於城也，亦有會意焉。今字作堞。徒叶切。八部。

坎　陷也。陷者，高下也。高下者，高而入於下也。因謂阱謂坎。井部曰：阱者，大陷也。穴部曰：窞，坎中更有坎也。易曰：坎，陷也。習坎，重險也。毛詩傳曰：坎坎，擊鼓聲。按此謂坎坎爲竷竷之叚借字也。从土欠聲。苦感切。八部。

墊　下也。謂地之下也。皋陶謨曰：下民昏墊。因以爲凡下之偁。方言曰：凡柱而下曰埕，屋而下曰墊。馬部云：驀，馬腹墊也。漢後用爲墊江縣字。从土執聲。都念切。七部。春秋傳曰：墊隘。左傳文成六年、襄九年、廿五年，凡三見。

坻　小渚也。爾雅曰：小州曰渚，小渚曰沚，小沚曰坻。毛詩周南、秦傳曰：水中可居者曰州，小州也。坻，小渚也。小渚曰沚。今按毛傳不應坻沚同訓，若云坻小沚也，小渚曰沚，則於爾雅合。許水部渚下引爾雅小州曰渚，沚下云小渚也，皆與爾雅、毛傳同，則此小渚亦當作小沚明矣。坻者，水中可居之冣小者也。从土氐聲。直尼切。十五部。與十六部之坁迥別。詩曰：宛在水中坻。秦風蒹葭文。汥，坻或从水从夊。夊聲。渚，坻或从水耆。耆聲。

㙞　下入也。此與下溼曰隰義略同。吳都賦曰：墒㙞鱗接。李注曰：墒㙞，枝柯相重疊見也。按太沖之墒㙞，卽許書之屆尼。楚立、除立二切。从土㬎聲。敕立切。按當依廣韵直立切。七部。

垎　水乾也。乾音干。玉篇、廣韵皆作土乾也，爲長。謂土中之水乾而無潤也。王逸九思：冰凍兮垎澤。自注：垎，竭也。寒而水澤竭成冰。按水澤竭所謂乾也。今楚辭作洛澤。廣韵、集韵十九鐸皆引冬冰兮各澤，誤甚。从土各聲。胡格切。古音在五部。讀如貉。一曰堅也。按乾與堅義相成，水乾則土必堅。齊民要術曰：溼耕堅垎，數年不佳。謂耕溼田則土堅垎不佳也。學記曰：發然後禁，則扞格而不勝。注曰：格讀如凍垎之垎。扞格，堅不可入之皃。正義云：言格是堅彊，譬如地之凍，則堅彊難入，故云如凍垎之垎。但今人謂地堅爲垎也。正義本注是凍垎，陸德明本是凍洛。陸非孔是。管子：沙土之次曰五塥。塥蓋謂堅垎。

垐　㠯土增大道上。增，益也。此與茨同意。以艸次於屋上曰茨，以土次於道上曰垐。从土次聲。疾資切。古音在十二部。堲，古文垐。堲見於經者，曰夏后氏堲周。注云：火熟曰堲。引弟子職右手折堲，是鄭與許異也。从土即。古次、即同在十五部，而次古讀如漆，故即聲。後改爲次聲。而唐書叚堲爲疾也。今音疾資切。虞書曰：龍朕堲讒說殄行。堯典文。虞當作唐，說在禾部。堲，疾惡也。此釋經以說叚借。謂堲卽疾之叚借，如蔑席爲竹蔑之叚借，作玫爲好之叚借也。古音讀如疾。廣韵子栗、將七二切是也。徐仙民讀在力反，乃失古義矣。

增　益也。益者，饒也。曾下曰：曾，益也。是可叚曾爲之。从土曾聲。作滕切。六部。

埤　增也。詩北門曰：政事一埤益我。傳曰：埤，厚也。此與曾部朇、衣部裨音義皆同。凡从曾之字皆取加高之意。曾部曰：曾者，益也。是其意也。凡从卑之字皆取自卑加高之意。所謂天道虧盈益謙，君子捊多益寡也。凡形聲中有會意者例此。从土卑聲。符支切。十六部。

坿　益也。呂氏春秋七月紀：坿牆垣。高注：坿讀如符。坿猶培也。十月紀：坿城郭。高注：坿，益也，令高固也。按今多用附，訓益。附乃附婁，讀步口切，非益義也。今附行而坿廢矣。从土付聲。符遇切。古音在四部。

塞　隔也。自部隔下云：塞也。是爲轉注。俗用爲窒𡨄字，而塞之義𡨄之形俱廢矣。廣韵曰：邊塞也。明堂位：四塞世告至。注云：四塞謂夷服、鎮服、蕃服在四方爲蔽塞者。按鄭注所謂天子守在四夷也。戰國策：齊有長城巨防，足以爲塞。呂氏春秋：天下有九塞。所謂守在四竟也。邶風、鄘風傳曰：塞，瘞也。塞，充實也。皆謂塞爲𡨄之叚借字也。从土𡨄聲。大徐作从土从𡨄。先代切。一部。按此切音蓋因俗通用此字，故以此切別於穌則切也。舊音本無不同。

圣　汝潁之閒謂致力於地曰圣。此方俗殊語也。致力必以手，故其字从又土會意。从又土。讀若兔鹿窟。按許有窋無窟，此當作堀。苦骨切。十五部。

垍　堅土也。堅者，剛也。

堅土。周禮所謂彊㯺。鄭云彊堅者是也。按㯺一作壏。管子。纑土之次曰五壏。五壏之狀芬焉若糗以肥。說與鄭異。讀若冀。冀在一部。而用爲聲者。取雙聲。从土。自聲。其冀切。十五部。按當曰几利切。

埱　气出土也。气之出土滃然。故埱與歊音義皆略同。引申爲凡气出之偁。或叚借椒爲埱。周頌曰。有飶其香。有椒其馨。傳曰。飶、芬香也。椒猶飶也。按椒沈作俶。尺叔反。沈說善矣。若作埱尤合。飶與埱皆謂香气实出觸鼻。非謂椒聊也。一曰始也。俶下云。一曰始也。此與音義皆同。从土。叔聲。昌六切。三部。

埵　堅土也。玉篇云。确也。讀若朵。从土。垂聲。丁果切。十七部。

埐　地也。未詳。从土。侵省聲。各本作[illegible]聲。無此字。今正。籒文寑亦省作[illegible]也。子林切。七部。

埾　積土也。掊下曰。引埾也。引申爲凡聚之偁。各書多借爲聚字。白虎通琮之爲言埾也。象萬物之宗埾也。今乃譌爲聖。从土。聚省聲。舉形聲包會意也。才句切。古音在四部。

壔　保也。保集韵類篇作堡。俗字也。檀弓。公叔禺人遇負杖入保者息。月令。四鄙入保。注皆云。都邑小城曰保。許云。保謂之壔。一曰高土也。一曰二字今本無。依小徐集韵類篇補。此別一義。讀若毒。許時音讀如此。从土。𠷎聲。今都皓切。古音在三部。

培　培敦。逗。土田山川也。左傳。祝鮀曰。分魯土田倍敦。釋文曰。倍本亦作陪。許所見作培爲是矣。杜云。倍、增也。敦、厚也。左氏但言土田。而魯頌曰。錫之山川。土田附庸。大雅曰。告于文人。錫山土田。毛傳曰。諸侯有大功德。賜之名山土田附庸。魯頌箋云。策命伯禽。使爲君於東。加賜之以山川土田及附庸。令專統之。王制曰。名山大川不以封。諸侯附庸則不得專臣也。按封建所加厚曰培敦。許合詩以釋左也。引申爲凡裨補之偁。从土。咅聲。蒲回切。按古音在一部。

埩　治也。治土曰埩。廣韵曰。埩、魯城北門池也。公羊傳作爭。許水部作淨。从土。爭聲。疾郢切。十一部。廣韵側莖切。其埩門字士耕切。

墇　擁也。擁者、襄也。襄、許之抱字。謂圍抱以擁水也。疑當作邕。邕俗作雝。廣韵。墇、壅也。壅又雍之俗。此與障音同義小異。祭法。魯語。鯀鄣洪水當作此墇字。韋昭曰。防也。从土。章聲。之亮切。十部。廣韵亦平聲。

⿰土則　過遮也。未聞。从土。則聲。初力切。一部。

垠　地垠咢也。咢字各本無。今補。玄應書卷八引。圻、地圻咢也。文選七發注引。圻、地圻堮也。堮者、後人增土。咢則許書本然。淺人以咢爲怪。因或改或刪耳。按古者邊畛謂之垠咢。周禮典瑞、輀人、禮記郊特牲、少儀、哀公問五注皆云。圻鄂。圻或作沂。張平子西京賦作垠鍔。注引許氏淮南子注曰。垠鍔、端厓也。甘泉賦李注曰。鄂、垠鄂也。按垠亦作圻。或作沂者、叚借字。淮南書亦作墊。玉篇曰。古文也。咢作鄂、作鍔者、皆叚借字。或作壏、作堮者、異體也。咢者、譁訟也。叚借之。毛詩鄂不韡韡。鄂蓋本作咢。毛傳曰。咢猶咢咢然。言外發也。箋云。承華者曰咢。不當作柎。柎、咢足也。毛意本謂花瓣外出者。鄭牋則以詩上句爲華、不謂蔕。故謂咢爲下系於蔕而上承華瓣者。毛云。咢咢猶今人云齾齾。毛鄭皆謂其四出之狀。長笛賦注。字林始有从冋之鄂。垠咢字之別體也。俗冋乃混殽。故作鄂不作咢。物之邊畛有齊平者。有高起者。有捷業如鋸齒者。故統評之曰垠咢。有單言垠、單言咢者。如甘泉賦既云亾鄂。又曰無垠是也。故許以地垠咢釋垠。廣韵曰。圻、圻咢。又岸也。正本說文。从土。㫗聲。語斤切。十三部。廣韵又語巾切。一曰岸也。岸者、水厓陵而高者也。亦曰垠。

圻　垠或从斤。斤聲也。古斤聲與幾聲合韵最近。故周禮故書畿爲近。田部曰。以遠近言之則言畿也。鄭曰。畿猶限也。是王畿可作王圻。王圻亦可作王垠也。

墠　野土也。野者、郊外也。野土者、於野治地除艸。鄭風東門之壇。卽墠字。傳曰。除地町町者。町町、平意。左傳。楚公子圍逆女於鄭。鄭人請墠聽命。楚人曰。若野賜之。是委君況於草莽也。可見墠必在野也。鄭子產草舍不爲壇。壇卽墠字。可見墠必除草也。周書。爲三壇同墠。此壇高墠下之證也。祭法。王立七廟二祧一壇一墠。注曰。封土曰壇。除地曰墠。此壇墠之別也。築土曰封。除地曰禪。凡言封禪。亦是壇墠而已。經典多用壇爲墠。古音略同也。从土。單聲。常衍切。十四部。

垑　恃也。廣韵曰。垑、恃土地也。疑所見是完本。恃土地者。自多其土地。故字从多土。玉篇。垑、治土地名。恐有錯誤矣。釋詁曰。侈、恃也。謂自多之意。一說爾雅葢本作

壘　垝　圮　垔

㚇。故許同之。从土多聲。尺氏切。古音在十七部。壘軍壁也。萬二千五百人爲軍。行軍所駐爲垣曰軍壁。壘之言絫也。壘與厽字音義皆別。周禮量人。營軍之壘舍。鄭云。軍壁曰壘。晉語。趙鞅使尹鐸墮晉陽壘培。韋曰。壘墼曰培。从土靁省聲。各本作畾聲。無此字。今正。力委切。按力委誤也。當依廣韵力軌切。十五部。垝毀垣也。當曰垝垣、毀垣也。衞風氓曰。乘彼垝垣。傳曰。垝、毀也。下文云。毀、缺也。从土危聲。過委切。十六部。詩曰。乘彼垝垣。𨸏危垝或从𨸏。圮毀也。廣韵。岸毀。又覆也。从土己聲。符鄙切。古音在一部。虞書曰。虞當作唐。說在禾部。方命圮族。堯典文。𨸏配圮或从手、配省非聲。大徐作从手、从非、配省聲。未知孰是。此葢即屵部之嶏嶏字。其音義皆略同也。垔塞也。按此字古書多作堙。作陻。眞字乃廢矣。左傳井堙木刊。服注。周語。墮高堙庳。韋注皆同此。从土㢑聲。於眞切。古音在十三部。商書曰。大徐尚書曰。小徐書曰。皆誤。

塹　埂　壙　塏

鯀垔洪水。周書鴻範文。左傳與許例云商書。𨸏垔垔或从𨸏。古文垔古文垔如此。上从古文西。塹阬也。江沅曰。阬、閬也。閬、門高大之皃。門之高大。阬之深廣。相似也。故𨸏部阬、閬也。郎縣傳之阬高皃。古毛詩葢作臯門有阬耳。塹則與阬之深廣同義。玉裁按。江說是也。左氏傳注。塹、溝塹也。廣韵曰。遶城水也。史記李斯列傳。陗塹之勢異。塹乃漸之叚借。謂斗直者與陂陀者之勢不同也。从土斬聲。依韵會如此。七豔切。八部。一曰大也。大下疑奪一字。今無攷。埂秦謂阬爲埂。秦謂阬塹曰埂。二字音略同。此與釋詁阬壑隍漮虛也同義。若廣韵曰。吳人謂堤封爲埂。今江東語謂畦埒爲埂。此又別一方語。非許所謂。从土更聲。讀若井汲綆。古杏切。古音在十部。壙塹穴也。謂塹地爲穴也。墓穴也。周禮方相氏。及墓入壙。以戈擊四隅。鄭曰。壙、穿地中也。从土廣聲。苦謗切。十部。一曰大也。孟子曰。水之就下。獸之走壙。塏高燥也。燥者、乾也。左傳。請更諸爽塏者。

毀　壓　壞　坷　𡒊　坼

杜曰。爽、明也。塏、燥也。从土豈聲。苦亥切。十五部。毀缺也。缺者、器破也。因爲凡破之偁。从土毀省聲。許委切。十六部。毀古文毀从王。壓壞也。此與厂部厭義絕不同。而學者多不能辨。廣韵壓下云。鎮也。降也。笮也。乃皆厭之訓也。一曰塞補也。从土厭聲。烏狎切。七部。壞敗也。敗者、毀也。从土褱聲。下怪切。十五部。按毀壞字皆謂自毀自壞。而人毀之、人壞之。其義同也。不必有二音。𣪞籒文壞从攴。𡊅古文壞省。褱省聲也。坷坎坷也。坎坷雙聲。謂不平也。从土可聲。康我切。十七部。梁國寧陵有坷亭。郡國志。梁國寧陵。故屬陳留。𡒊坼也。與缶部之罅音義皆同。从土虖聲。評訝切。古音在五部。𨸏虖𡒊或从𨸏。坼裂也。裂者、繒餘也。因以爲凡隙之偁。从土㡿聲。丑格切。古音在五部。讀如託。詩曰。不坼不疈。大雅生民文。今詩作副。許作疈者。所據用籒文也。毛

坱　塺　塿　坋　𡐤　埃

傳曰。不坼不副。言易也。坱塵埃也。塵者、鹿行土也。引申爲土飛揚之偁。坱者、塵埃廣大之皃也。賈誼賦曰。大鈞播物兮坱圠無垠。王逸楚辭注曰。坱、霧昧皃。从土央聲。於亮切。十部。按文選烏黨切。篇、韵皆同。塺塵也。楚辭。愈氛霧其如塺。王逸曰。塺、塵也。按塺之言蒙也。从土麻聲。亡果切。十七部。塿塺土也。廣韵去聲。从土婁聲。洛侯切。四部。俗書附婁作培塿。坋塵也。凡爲細末糝物若被物者皆曰坋。如左氏芥其雞。賈逵云。季氏擣芥爲末。播其雞翼。可以坌郈氏雞。五行志。棄灰於道者黥。孟康云。商鞅以棄灰於道必坋人。坋人必鬥。故設黥刑以絕其源。貨殖傳。胃脯。晉灼云。㸑羊胃以末椒薑坋之。皆是也。其音則後漢東夷傳注引說文蒲頓反。爲長。今俗語如蓬去聲。按坋之言被也。从土分聲。房吻切。十三部。一曰坋、大防也。周南傳曰。墳、大防也。許釋墳爲墓。然則汝墳乃叚借字也。此義音當平聲。𡐤塵也。塵。玉篇作塺。𡐤之言沸也。从土非聲。房未切。十五部。埃塵也。莊子曰。野

堅　垽　垢　壇　坏

馬也。塵埃也。生物之以息相吹也。糸言之曰塵埃。从土。矣聲。烏開切。一部。

⿱殹土 塵埃也。埃當从玉篇作堅。堅之言翳也。从土。殹聲。烏雞切。十五部。

垽 澱也。水部曰。澱、滓垽也。是二篆爲轉注。二字義同。音亦同部。从土。沂聲。魚僅切。十三部。

垢 濁也。濁、水部曰水名也。而濁穢字用之。从土。后聲。古厚切。四部。

壇 天陰塵起也。依玉篇補起字較完。詩曰。壇壇其陰。邶風終風文。今詩壇作曀。毛傳曰如常陰曀曀然。許所據作壇。其訓曰天陰塵。蓋雨部所云天气下地不應曰霿。霿、晦也。从土。壹聲。於計切。十二部。

坏 丘一成者也。一各本作再。今正。水經注曰。河水又東逕成皋大伾山下。爾雅。山一成謂之伾。許慎、呂忱等並以爲丘一成也。孔安國以爲再成曰伾。據此、是俗以孔傳改易許書。今本非善長所見也。一曰瓦未燒。今俗謂土坏。古語也。瓦者、土器已燒之總名。然則坏者、凡土器未燒之總名也。此與墼字異義同。但墼專謂塼耳。國語。趙簡子使尹鐸墮晉陽壘培。尹鐸增之。韋注。壘墼曰培。此培字正坏之叚借。月令坏垣牆。坏城郭。注曰。坏、益也。是又叚坏爲培也。从土。不聲。芳桮切。古音在一部。

垤　坦　埍

垤 蛭封也。蛭封者、其土似封盼之高。故謂之封。周禮注。聚土曰封。此亦其意也。詩毛傳曰。垤、蛭冢也。按垤之言突也。从土。至聲。徒結切。十二部。詩曰。雚鳴于垤。豳風東山文。雚各本作鸛。今依雚部所引詩更正。

坦 益州部謂螾場曰坦。郡國志自漢中至犍爲屬國郡國十二。益州刺史部也。螾、丘蚓也。場失羊切。俗作塲。古作壤。穀梁傳。吐者外壤。食者內壤。徐邈麋信皆作塲。音傷。是也。螾場謂其外吐之土。方言曰。梁宋之閒蚍蜉鼢鼠之場謂之坻。螾場謂之坦。郭云。其糞曰坦。按醫書謂之蚓樓。今土面虛起者是也。許云益部、與梁宋之閒不合。疑方言宋當作益。从土。且聲。七余切。五部。又七豫切。

埍 徒隸所凥也。徒隸、賤者偁。一曰女牢。陛牢所以拘罪者也。其拘女者曰埍。一曰亭部。蓋謂鄉亭之繫也。韓詩宜犴宜獄。云鄉亭之繫曰犴。朝廷曰獄。从土。肙聲。古泫切。十四部。

⿱穴土　瘞　堋

⿱穴土 四突出也。从土。⿱穴又聲。胡八切。十五部。

瘞 幽薶也。艸部曰。薶者瘞也。二篆爲轉注。幽者、隱也。隱而薶之也。糸言之則曰瘞薶。从土。㾜聲。於罽切。十五部。疑古音當在八部。合韵也。

堋 喪葬下土也。謂葬時下棺於壙中也。是名曰堋。从土。朋聲。方鄧切。六部。春秋傳曰。朝而堋。昭十二年左傳文。葬鄭簡公事也。禮謂之封。禮謂禮經。所謂儀禮十七篇也。既夕禮。乃窆。主人哭踊無筭。注云。窆、下棺也。今文窆爲封。按許於禮經有從今文者、有從古文者。此云禮謂之封、則從今文也。小戴記一書於禮經多從今文。故此字皆作封無作窆者。檀弓。縣棺而封。鄭云。封當爲窆。鄭以封於義不親切。故欲依禮古文及周官易其字也。周官謂之窆。周官者、漢志所謂周官經。漢人謂之周禮也。遂人及窆陳役。鄭司農云。窆謂下棺時。禮記謂之封。春秋謂之堋。皆葬下棺也。聲相似。鄉師注略同。蒸侵東三韵相爲通轉。故三字音相近。大鄭云聲相似是也。語言之小異耳。此皆謂下棺。或以不封不樹亦改讀爲窆則誤矣。窆見穴部。虞書曰。堋淫于家。亦如是。大徐無亦如是三字。遂致不可通。上偁春秋傳、禮、周官。說轉注也。堋封窆異字同義也。惟封略近借。此偁皋陶謨。說叚借也。謂叚堋爲朋。其義本不同。而形亦如是作也。堋淫于家。即朋淫于家。故孔安國以今文字讀之、定爲朋字。朋淫、即羣居終日。言不及義。恆舞于宮。酣歌于室。徇于貨色也。不知此恉、乃或以楚王戊私姦服舍釋之。夫下棺之地、非持服之舍也。其說書之乖刺何如哉。故不知有偁經說叚借之例、不可與讀說文。

塋　墓

塋 墓地。地各本作也。今正。玉篇及文選李注引皆作地。漢書音義如淳曰。塋、冢田也。詩。蘞蔓于域。毛傳。域、塋也。按塋之言營也。營者、市居也。經營其地而葬之。故其字从營。从土。營省。會意。亦聲。此從小徐也。余傾切。十一部。

墓 丘墓也。墓字今補。丘謂之虛。故曰丘墓。亦曰虛墓。檀弓曰。虛墓之閒、未施哀於民而民哀是也。周禮有冢人、有墓大夫。鄭曰。冢、封土爲丘壟象冢而爲之。墓、冢塋之地。孝子所思慕之處。然則丘自其高言。墓自其平言。渾言之則曰丘墓也。墓之言規模也。方言。凡

墳　壟　垗

葬而無墳謂之墓。所以墓謂之墲。注引漢劉向傳初陵之墲。今漢書作初陵之橅。从土莫聲。莫故切。五部。墳墓也。此渾言之也。析言之則墓爲平處。墳爲高處。故檀弓孔子曰。古者墓而不墳。邯鄲淳孝女曹娥碑曰。丘墓起墳。鄭注禮記曰。墓謂兆域。今之封塋也。土之高者曰墳。此其別也。方言曰。冢。秦晉之閒謂之墳。或謂之培。或謂之堬。或謂之埰。或謂之埌。或謂之壠。自關而東謂之丘。小者謂之塿。大者謂之丘。此又別國方言之不同也。墳之義多引申叚借用之。如厥土黑墳。公置之地。地墳。此引申之用也。如遵彼汝墳。借墳爲坋。周禮墳衍。借墳爲濆也。从土賁聲。符分切。十三部。壟丘壠也。高者曰丘壠。周禮注曰。冢、封土爲丘壠也。曲禮。適墓不登壟。注曰。爲其不敬。壟、冢也。墓、塋域。是則壟非謂墓畍也。郭注方言曰。有畍埒似耕壟。以名之。此恐方語而非經義也。壟畝之偁、取高起之義引申之耳。从土龍聲。力踵切。九部。垗畔也。畔者、田畍也。畍者、竟也。垗畔雙聲。爲四畔畍祭其中。畍各本譌時。集韵類篇又譌時。今正。四畔謂四面有埒也。周禮小宗伯。兆五帝於四郊。鄭曰。兆爲壇之塋域。然則四面爲垠埒也。引申爲孝經之宅兆。樂記之綴兆。垗、古叚肇爲之。尚書大傳兆十有二州。鄭云。兆、域也。爲塋域以祭十二州之分星也。而古文堯典作肇。大雅以歸肇祀。鄭云。肇、郊之神位也。是讀爲兆也。商頌肇域彼四海。箋云。肇當作兆。畍祭其中。畍當作介。介、畫也。从土兆聲。兆者、分也。形聲中有會意也。治小切。二部。周禮曰。垗五帝於四郊。今周禮作兆。許作垗者、蓋故書。今書之不同也。○此篆本在堋篆後。今移此。乃條理秩然。

壇　場

壇祭壇場也。祭法注。封土曰壇。除地曰墠。楚語屏攝之位。壇場之所。韋注。屏攝、爲祭祀之位也。除地曰場。漢孝文帝紀。其廣增諸祀壇場珪幣。師古曰。築土爲壇。除地爲場。按墠卽場也。爲場而後壇之。壇之前又必除地爲場。以爲祭神道。故壇場必連言之。宋本作祭場也。無壇字。非是。若祭法壇與墠則異地。場有不壇者。壇則無不場也。从土亶聲。徒干切。十四部。場祭神道也。也、廣韵作處。玉篇引國語屏攝之位曰壇。今譌場。壇之所除地曰場。一曰山田不耕者。田部云。暘、不生也。場與暘義相近。方言曰。坻、場也。李善曰。浮壤之名也。音傷。按不耕則浮壤起矣。是卽蚍蜉犂鼠螾場之字也。一曰治穀田也。豳風七月曰。九月築場圃。傳曰。春夏爲圃。秋冬爲場。箋云。場圃同地也。周禮場人注曰。場築地爲墠。季秋除圃中爲之。故許云治穀之田曰場。从土昜聲。直良切。十部。

圯　垂

圯東楚謂橋。大史公曰。彭城以東。東海、吳、廣陵。此東楚也。史、漢張良嘗閒從容步游下邳圯上。服虔曰。圯音頤。楚人謂橋爲圯。按字當作圯。史、漢叚圯爲之。故服子慎讀如頤也。或云姚察見史記本有从土旁者。應劭曰。圯水之上也。謂窮瀆無水之上也。則應說从水作汜。爲合。與从土訓橋異。詳水部汜下。从土巳聲。與之切。一部。垂遠邊也。辵部曰。邊者、行垂崖也。垂者、遠邊也。崖者、高邊也。邊本謂行於垂崖因之垂崖有遠邊高邊之偁。厓有山邊之偁矣。逍遙游翼若垂天之雲。崔云。垂猶邊也。其大如天一面雲也。漢書千金之子。坐不垂堂。謂坐不於堂之邊也。垂本謂遠邊。引申之、凡邊皆曰垂。俗書邊垂字作陲。乃由用垂爲𠂹。不得不用陲爲垂矣。𨸏部曰。陲、危也。則無邊義。从土𠂹聲。是爲切。古音在十七部。

圭

圭瑞玉也。瑞者、以玉爲信也。上圜下方。圭之制、上不正圜。以對下方言之。故曰上圜。上圜下方。法天地也。故應劭曰。圭自然之形。陰陽之始也。以圭爲陰陽之始。故六十四黍爲圭。四圭爲撮。十圭爲一合。量於此起焉。方言曰。鼁、始也。多不得其解。愚謂鼁從圭聲。與圭同音。鼁始也。卽圭始也。公執桓圭九寸。桓、玉部作瓛。此不改者、依周禮文也。鄭曰。雙植謂之桓。桓圭以宮室之象爲瑑飾。侯執信圭。伯執躬圭。皆七寸。鄭曰。信當爲身。身圭、躬圭皆象以人形爲瑑飾。九寸、七寸謂其長也。子執穀璧。男執蒲璧。皆五寸。二玉以穀以蒲爲瑑飾。五寸謂其徑也。㠯封諸侯。詳周禮大宗伯典瑞、玉人。天子以封諸侯、諸侯守之以主其土田山川。故字从重土。从重土。重土者、土其土也。古畦切。十六部。楚爵有執圭。此說楚制之乖異也。其事散見各書。若國策之景翠、莊辛。淮南之荊佽非。子發。說苑之鄂君子晳。呂覽之能得五員者。皆楚執圭者也。高注淮南曰。楚爵功臣賜以圭。謂之執圭。比附庸之君。**珪古文圭。从王。**古文从玉。謂頒玉以命諸侯。守此土田培敦也。小篆重土而省玉。葢李斯之失與。今經典中圭珪錯見。○圭珪移於部末者。許例當如此也。

文一百三十一今去堀。　**重二十六**

垚　**垚土高皃。**依韵會所據本。與廣韵合。**从三土。**會意。吾聊切。二部。**凡垚之屬皆从垚。**

堯　**堯高也。**堯本謂高。陶唐氏以爲號。白虎通曰。堯猶嶢嶢。嶢嶢、至高之皃。按焦嶢、山高皃。見山部。堯之言至高也。舜、山海經作俊。俊之言至大也。皆生時臣民所偁之號。非謚也。**从垚在兀上。高遠也。**會意。兀者、高而上平也。高而上平之上又增益之以垚。是其高且遠可知也。吾聊切。二部。**堯古文堯。**此从二土。而二人在其下。小徐本、汗簡、古文四聲韵尚不誤。汲古閣乃大誤。

文二　重一

堇　**堇黏土也。**内則。塗之以謹塗。鄭曰。謹當爲墐。聲之誤也。墐塗、塗有穰草也。按鄭注墐當爲堇。轉寫者誤加土耳。玉篇引禮堇涂。是希馮時不誤也。鄭謂土帶穰曰堇。許說不尒。葢土性黏者。與埴異字同義也。**从黃省。从土。**从黃者、黃土多黏也。會意。巨斤切。十三部。按徐仙民篇、韵皆居隱切。**凡堇之屬皆从堇。堇古文堇。**古文从黃不省。**堇亦古文。**此篆各本皆譌。今依難字古所用形聲更正。

艱　**艱土難治也。**引申之、凡難理皆曰艱。按許書無墾字。疑古艱即今墾字。豤亦艮聲也。**从堇。艮聲。**古閑切。古音在十三部。**艱籀文艱从喜。**必有喜悅之心。而後不畏其艱。而後無不治也。故从喜。此字見周禮。

文二　重三

里　**里尻也。**鄭風。無踰我里。傳曰。里、居也。二十五家爲里。周禮載師廛里。鄭云。廛里者、若今云邑居矣。里、居也。縣師郊里。鄭云。郊里、郊所居也。遺人鄉里。鄭云。鄉里、鄉所居也。遂人曰。五家爲鄰。五鄰爲里。穀梁傳曰。古者三百步爲里。毛詩亦借里爲悝。悝、病也。**从田。从土。**有田有土而可居矣。良止切。一部。**一曰士聲。**一說以推十合一之士爲形聲。**凡里之屬皆从里。**

釐　**釐家福也。**家福者、家居獲祐也。易曰。積善之家。必有餘慶。漢孝文帝紀。詔曰。今吾聞祠官祝釐。皆歸福於朕躬。如淳曰。釐、福也。賈誼傳受釐宣室。是也。如說取合。應劭注釐爲祭餘肉。失之。師古直謂釐爲禧之叚借字。禧與釐雖同在古音弟一部。然義各有當。釐字从里。里者、家居也。故許釋爲家福。與禧訓禮吉不同。春秋三經僖公、史記作釐公。叚借字耳。有叚釐爲氂者。經解云。差若毫氂。或作釐。是也。有叚釐爲賚者。大雅釐爾女士。傳曰。釐、予也。釐爾圭瓚。傳曰。釐、賜也。有叚釐爲理者。堯典允釐百工。是也。**从里。𠩺聲。**里之切。一部。

野　**野郊外也。**邑部曰。距國百里曰郊。冂部曰。邑外謂之郊。郊外謂之野。野外謂之林。林外謂之冂。詩召南、邶風傳皆曰。郊外曰野。鄭風傳曰。野、四郊之外也。論語質勝文則野。包咸曰。野如野人。言鄙略也。**从里。予聲。**羊者切。古音在五部。**埜古文野。从里省。从林。**亦作埜。

文三　重一

田　**田敶也。**各本作陳。今正。敶者、列也。田與敶古皆音陳。故以疊韵爲訓。取其敶列之整齊謂之田。凡言田田者、卽陳陳相因也。陳陳當作敶敶。陳敬仲之後爲田氏。田卽陳字。叚田爲陳也。**樹穀曰田。**種菜曰圃。樹果曰園。見口部。**象形。**各本作象四。今依韵會正。今人謂爲从口从十。非許意也。此象甫田之形。毛公曰。甫田謂天下田也。待年切。古音如陳。十二部。**口十、**逗。**千百之制也。**此說象形之恉。謂口與十合之。所以象阡陌之一縱一橫也。各本作阡陌。皀部無此二字。今正。周禮遂人曰。凡治野。夫閒有遂。遂上有徑。十夫有溝。

町 㽭 疇

溝上有畛百夫有洫洫上有涂千夫有澮澮上有道萬夫有川川上有路以達于畿百夫之涂謂之爲百千夫之道謂之爲千言千百以包徑畛路也南畝則畍縱遂橫溝縱洫橫澮縱川橫遂徑畛涂道路縱橫同之東畝則畍橫遂縱溝橫洫縱澮橫川縱徑畛涂道路之橫縱同之故十與口皆象其縱橫也阡陌則俗字也**凡田之屬皆从田**

田踐處曰町玉裁按此踐字疑淺人所增廣韵青韵注曰田處迥韵注曰田堩堩者俗區字田處者謂人所田之處淺人以二字古奧乃因下文町疃爲禽獸踐處妄增之左傳町原防杜曰原防不得方正如一井田別爲小頃町賈逵曰原防之地九夫爲町三町而當一井急就篇頃町畍畝顏注平地爲町曰町治田處也西京賦編町成篁薛注町謂畝畝也釋名州國篇曰鄭町也其地多平町町然也論衡町町若荊軻之廬詩毛傳曰墠除地町町者皆謂平坦於踐義不相涉**从田丁聲**他頂切十一部廣韵有平聲

城下田也所謂附郭之田也張晏云城旁地也**一曰㽭郤地**郤當作隙古隙郤字相叚借曲禮郤地即隙地也地各本譌作也今正河渠書溝洫志皆云故盡河堧棄地韋昭曰河堧謂緣河邊地食貨志趙過試以離宮卒田其宮堧地師古曰堧餘地史記五宗世家臨江王侵廟堧垣爲宮史記鼂錯列傳漢書申屠嘉傳鼂錯傳皆云錯鑿大上皇廟堧垣古者廟有垣外有堧堧之竟復有垣以闌之是爲堧垣臨江王鼂錯皆侵毀堧垣者也也堧者河外宮廟外沿邊隙地也其字作堧同**从田耎聲**而緣切十四部又乃臥切按此字从需者譌玉篇云㽭正𤳷俗堧正壖俗是也

耕治之田也耕者犂也犂其田而治之其田曰疇有謂麻田曰疇者劉向說苑蔡邕月令章句韋昭國語注如淳漢書注同此別爲一說非許義也有謂疇爲畛埒小畔際者劉逵蜀都注張載魏都注之說亦非許義許謂耕治之田爲疇耕治必有耦且必非一耦故賈逵注國語曰一井爲疇杜預注左傳曰並畔爲疇並畔則二井也引申之高注國策韋注漢書疇類也王逸注楚辭二人爲匹四人爲疇張晏注漢書疇等也如淳曰家業世世相傳爲疇放國語人與人相疇家與家相疇戰國策曰夫物各

疁 畬 𤱢 畸 㽺 畮

有疇漢書曰疇人子弟疇其爵邑王粲賦顯敞寡疇曹植賦命疇嘯侶葢自唐以前無不用从田之疇絕無用从人之儔訓類者此古今之變不可不知也楊倞注荀卿乃云疇當爲儔矣**从田𠃬象耕田溝詰詘也**依韵會本訂耕田溝謂畎也不必正直故云詰詘直由切三部隸作疇**疇或省**口部𠷎以𠃬爲聲老部𦒱以𠃬爲聲也

燒種也篇韵皆云田不耕火種也謂焚其艸木而下種蓋治山田之法爲然史記曰楚越之地或火耕杜甫夔府詩燒畬度地偏**从田翏聲**力求切三部**漢律曰疁田茠艸**二者皆農事茠或薅字見蓐部

二歲治田也二各本作三今正周易音義云畬馬曰田三歲說文云二歲治田此許作二之證攷釋地曰一歲曰菑二歲曰新田三歲曰畬小雅周頌毛傳同馬融孫炎郭樸皆同鄭注禮記坊記許造說文虞翻注易无妄皆云二歲曰畬許全書多宗毛公而意有未安者則不從此其一也菑艸部云反耕田也反耕者初耕反艸一歲爲然二歲則用力漸舒矣畬之言舒也三歲則爲新田**从田余聲**以諸切五部**易曰不菑畬田**田汲古以爲衍而空一字宋本皆有之葢凶字之誤許所據與坊記所引同也周易无妄六二爻辭

穌田也考工記車人爲耒堅地欲直庛柔地欲句庛地官草人墳壤用豕鄭曰墳壤潤解也曰柔地曰潤解皆穌田之謂對剛土而言**从田柔**會意**柔亦聲**耳由切三部**鄭有𤱢地名也**鄭語史伯對桓公曰若克二邑鄢蔽補丹依𤱢歷華君之土也韋注言克虢鄶則此八邑皆可得也

𣧑田也𣧑各本作殘今正殘者賊也𣧑者禽獸所食餘也因之凡餘謂之𣧑今則殘行而𣧑廢矣殘田者餘田不整齊者也凡奇零字皆應於畸引申用之今則奇行而畸廢矣**从田奇聲**居宜切古音在十七部

𣧑薉田也薉字依集韵類篇韵會所據補𣧑而且蕪之田也是曰㽺**从田差聲**昨何切十七部**詩曰天方薦㽺**小雅節南山文毛詩作瘥傳云薦重瘥病許此所引葢或三家詩也

六尺爲步步百爲畮司馬

甸　畿　畦

法如是。王制曰。方一里者爲田九百畮。謂方里而井。**秦田二百四十步爲畮。**秦孝公之制也。商鞅開阡陌封疆。則鄧展曰。古百步爲畮。漢時二百四十步爲畮。按漢因秦制也。**从田每聲。**莫后切。古音在一部。

畂　畮或从十久。十者、阡陌之制。久聲也。每久古音皆在一部。今惟周禮作畂。五經文字曰。經典相承作畝。干祿字書曰。畆通、畝正。

甸　天子五百里內田。禹貢。五百里甸服。周語曰。先王之制。邦內甸服。韋注云。邦內、謂天子畿內千里之地。商頌曰。邦畿千里。惟民所止。王制曰。千里之內曰甸。京邑在其中央。故夏書曰。五百里甸服。則古今同矣。甸、王田也。服、服其職業也。自商以前、邦畿內爲甸服。武王克殷。周公致大平。因禹所弼除甸內、更制天下爲九服。千里之內謂之王畿。王畿之外曰侯服。侯服之外曰甸服。祭謀父諫穆王稱先王之制。猶以王畿爲甸服者。甸古名。世俗所習也。故周襄王謂晉文公曰。昔我先王之有天下也。規方千里以爲甸服。是也。周禮亦以蠻服爲要服。足以相況也。按周制王畿千里。不在九服。而亦未嘗不從古曰甸服也。若小司徒九夫爲井。四井爲邑。四邑爲丘。四丘爲甸。鄭云甸之言乘也。讀如維禹敶之之敶。別一義。毛詩維禹甸之傳曰。甸、治也。**从勹田。**各本作从田、包省。小徐作包省聲。今正。勹、裹也。布交切。甸之外九服重重勹之。故从勹田。堂練切。十二部。

畿　天子千里地。卽天子五百里內田也。五百里。自其一面言。千里。自其四面言。爲方百里者百也。商頌邦畿千里。傳曰。畿、疆也。大司馬九畿注曰。畿猶限也。**㠯逮近言之則言畿。**逮字依小徐本。逮者及也。九畿注曰。故書畿爲近。鄭司農云。近當言畿。按故書作近、猶他書段圻作畿耳。許言以逮近言之則曰畿者、謂畿取近天子。故稱畿。畿與近合音取切。古惟王畿偁畿。甸服外無偁畿者。至周而侯、甸、男、采、衞、蠻、夷、鎮、藩皆曰畿。直以其遞相傳近、轉移段借。名之、非古也。故許以近釋畿。畿之言垠也。故亦作圻。邶風薄送我畿。傳曰。畿、門內也。謂門限也。小雅。如畿如式。傳曰。畿、期也。禮記。丹漆雕畿。注曰。畿、圻埒也。古幾畿通用。**从田幾省聲。**形聲中包會意。巨衣切。十五部。

畦　田五十畮曰畦。離騷。畦畱夷與揭車。王逸注。五十畮曰畦。蜀都賦劉注曰。楚辭倚沼畦瀛。王逸曰。瀛、澤中也。班固以爲畦、田五十畮也。此葢班固釋畦畱夷之語。今俗本文選逸之。按孟子曰。圭田五十畮。然則畦从圭田。會意兼形聲與。又用爲畦畛。史記。千畦薑韭。韋昭曰。畦猶壟也。**从田圭聲。**戶圭切。十六部。

畹　畔　界

畹　田三十晦曰畹。大徐本三作二。誤。魏都賦。下畹高堂。張注云。班固曰。畹、三十畮也。此葢孟堅離騷章句。滋蘭九畹之解也。王注乃云十二畮曰畹。或曰田之長爲畹。恐非是。**从田宛聲。**於阮切。十四部。

畔　田界也。田界者、田之竟處也。左傳。子產曰。行無越思。如農之有畔。其過鮮矣。一夫百畮、則畔爲百畮之界也。引申爲凡界之偁。或段泮爲之。氓詩曰。隰則有泮。傳曰。泮、坡也。坡、卽陂。箋云。泮讀爲畔。畔、涯也。經典多借爲叛字。論語。佛肸以中牟畔。大雅。無然畔援。傳曰。無是畔道。無是援取。**从田半聲。**薄半切。十四部。

界　竟也。竟、俗本作境。今正。樂曲盡爲竟。引申爲凡邊竟之偁。界之言介也。介者、畫也。畫者、介也。象田四界。聿所以畫之。介、界古今字。爾雅曰。疆、界、垂也。按垂、遠邊也。**从田介聲。**形聲中有會意。古拜切。十五部。此篆上田下介。小徐舊本、五經文字、篇韵、漢碑可據。

⿰田亢　畷　畛

⿰田亢　竟也。竟、俗本作境。今正。**一曰百也。**百、今之陌字。**趙魏謂百爲⿰田亢。**方語也。**从田亢聲。**古朗切。十部。按此古朗今讀古郎。因諱朗改爲郎也。鼎臣時未嘗諱朗字。

畷　兩百閒道也。百者、百夫洫上之涂也。兩百夫之閒而有洫。洫上有涂。兩千夫之閒而有澮。澮上有道。所謂阡也。洫、橫則澮縱。涂橫則道縱。故道在中。縱而左右各十涂。皆橫。是謂兩陌閒道。是之謂畷。郊特牲。饗農及郵表畷。注云。郵表畷、謂田畯所以督約百姓於井閒之處。引詩爲下國畷郵。按畷之言綴也。眾涂所綴也。於此爲田畯督約百姓之處。若街彌室者然。曰郵表畷。**百廣六尺。**百字各本無。今補。所以知必有百者、鄭注周禮云。徑容牛馬。畛容大車。涂容乘車一軌。道容二軌。路容三軌。軌者、徹也。攷工記曰。徹廣六尺。涂容一軌、是陌容六尺也。道容二軌、是阡容丈二尺也。許祇言陌之廣。使徑畛道路之廣皆可意知。**从田叕聲。**陟劣切。十五部。

畛　井田

閌百也。井田閌者、謂十夫閌也。兩十夫之閌猶井閌也。徑畛涂道路皆可謂之陌阡。故曰井田閌陌。遂人曰。十夫有溝。溝上有畛。周頌曰。徂隰徂畛。毛傳曰。畛、場也。按場者、疆場也。信南山疆場有瓜是也。古祇作易。左傳曰。封畛土略。謂疆界。从田。㐱聲。之忍切。十二部。

畤　天地五帝所基止祭地也。上依韵會正。下基也。以基止釋畤。以疊韵爲訓也。所基止祭地謂祭天地五帝者。立基止於此而祭之之地也。畤不見於經。秦人因周制兆五帝於四郊。依附爲之。兆字音譌遂製畤字耳。考封禪書。秦襄公居西垂。作西畤。祠白帝。其後文公都汧。作鄜畤。郊祭白帝。其後德公居雍。宣公作密畤於渭南。祭青帝。靈公作吳陽上畤。祭黃帝。作下畤。祭炎帝。獻公作畦畤櫟陽。祀白帝。漢高祖立黑帝祠。命曰北畤。按密上下三畤及鄜畤及北畤、謂之雍五畤。祭青黃赤白黑五帝之地也。先言天地者、秦時謂五帝卽天地。故曰唯雍四畤。上帝爲尊。秦之郊見卽祭畤也。从田。寺聲。周市切。一部。右扶風雝有五畤。地理志右扶風雍下曰。有五畤。按雍祇有四畤。密畤、吳陽上畤、下畤、北畤也。史記雍五畤。漢志右扶風有五畤。葢兼鄜縣之鄜畤祀白帝而言。鄜雖屬左馮翊。而馮翊、扶風故皆內史地。故得統偁之。史記於高祖未立北畤前曰雍四畤。葢亦謂密、上、下、鄜四畤。是以四畤上親郊見而西畤、畦畤上不親往。別白言之也。好畤、鄜畤皆黃帝時築。築各本作祭。今依韵會訂。封禪書曰。自未作鄜畤也。而雍旁故有吳陽武畤。雍東有好畤。自古以雍州積高神明之隩。故立畤郊上帝。葢黃帝時嘗用事。雖晚周亦郊焉。其語不經見。縉紳者不道。按史公作吳陽武畤。而許作鄜畤。與史、漢不合。傳聞之異也。或云秦文公立。秦文公立鄜畤。史、漢皆云尒。而舉爲疑辭。且若好畤亦文公立者。皆傳聞之異也。

略　經略土地也。昭七年左傳。芋尹無宇曰。天子經略。諸侯正封。古之制也。杜注。經營天下。略有四海。故曰經略。正封。封疆有定分也。禹貢曰。嵎夷既略。凡經界曰略。左傳曰。吾將略地。又曰。略基阯。引申之。規取其地亦曰略地。凡舉其要而用功少皆曰略。略者、對詳而言。从田。各聲。离約切。古音在五部。

當　田相値也。値者、持也。田與田相持也。引申之、凡相持相抵皆曰當。報下曰。當皐人也。是其一耑也。流俗妄分平去二音。所謂無事自擾。从田。尚聲。都郎切。十部。

畯　農夫也。釋言曰。畯、農夫也。孫云。農夫、田官也。詩七月。田畯至喜。傳曰。畯、田大夫也。周禮籥章。以樂田畯。注。鄭司農云。田畯、古之先教田者。按田畯、教田之官。亦謂之田。月令。命田舍東郊。鄭曰。田謂田畯。主農之官也。亦謂之農。郊特牲。大蜡饗農。鄭曰。農、田畯也。田畯教田之時。則親而尊之。詩三言田畯至喜。是也。死而爲神。則祭之。周禮之樂田畯、大蜡饗農是也。从田。夋聲。子峻切。十三部。

甿　田民也。甿爲田民、農爲耕人。其義一也。民部曰。氓、民也。此从田。故曰田民也。唐人諱民。故氓之蚩蚩、周禮以下劑致甿。石經皆改爲甿。古祇作萌。故許引周禮以興耡利萌。葢古本如是。鄭云。變民言萌。異外內也。萌猶懵懵。無知皃。从田。亡聲。武庚切。古音在十部。

疄　轢田也。轢、車所踐也。子虛賦。掩兔轔鹿。字从車。上林賦車徒之所閵轢。又叚閵爲之。足部曰。蹸、轢也。義相近。从田。粦聲。良刃切。十二部。

畱　止也。稽下曰。稽、畱止也。从田。丣聲。田、所止也。猶坐从土也。力求切。三部。

畜　田畜也。田畜謂力田之蓄積也。貨殖列傳曰。富人爭奢侈。而任氏獨折節爲儉。力田畜。田畜人爭取賤賈。任氏獨取貴善。非田畜所出弗衣食。艸部曰。蓄、積也。畜與蓄義略同。畜从田。其源也。蓄从艸。其委也。俗用畜爲六嘼字。古叚爲好字。如說苑尹逸對成王曰。民善之則畜也。不善則讎也。晏子對景公曰。畜君何尤。畜君者、好君也。謂畜卽好之同音叚借也。淮南王曰。玄田爲畜。王大徐作子。此如引楚莊王止戈爲武、說會意也。玄田猶昀昀原隰也。丑六切。亦許六切。三部。

𤲸　魯郊禮畜从田、从兹。兹、益也。魯郊禮已見鳥部。此許據魯郊禮文證古文从兹。兹乃合於田畜之解也。艸部曰。兹、艸木多益也。从艸、絲省聲。古文本从兹。小篆乃省其半。而淮南王乃認爲玄字矣。此小篆省改之失也。今本上从兹。則與兹益之云不貫矣。故正之如此。

畽　禽獸所踐處也。踐者、履也。獸足蹂地曰厹。其所蹂之處曰畽。本不專謂鹿。詩則言鹿而已。詩曰。町疃鹿場。豳風東山文。毛傳曰。町疃、鹿迹也。謂鹿迹所在也。楚辭九思。鹿蹊兮躖躖。躖與疃葢一字。疃亦作𤳳。郡國志。廣陵郡東陽。劉昭云。縣多麋。引博物志。十百爲羣。掘食艸根。其處成泥。名曰麋𤳳。民人隨此𤳳種稻。不耕而穫。其收百倍。今後漢書譌爲畯。埤雅引此又譌暖。然因埤雅可以校正也。**从田童聲。**土短切。十四部。此音之轉也。古音在九部。

暘　不生也。今之暢葢卽此字之隷變。詩文茵暢轂。傳曰。暢轂、長轂也。月令命之曰暢月。注曰。暢、充也。葢皆義之相反而相生者也。**从田昜聲。**丑亮切。十部。

文二十九　重三

畕　比田也。比、密也。二人爲从。反从爲比。比田者、兩田密近也。**从二田。**會意。**凡畕之屬皆从畕。闕。**闕、大徐本無。非也。此謂其音讀闕也。大徐居良切。小徐、玉篇同。以畺之音皮傅之而已。竊謂田與田相乘。所謂陳陳相因也。讀如敶列之敶。

畺　界也。七月。萬壽無疆。傳曰。疆、竟也。田部曰。界、竟也。然則畺界義同。竟、境正俗字。信南山。我疆我理。傳曰。疆、畫經界也。理、分地理也。緜曰。乃疆乃理。江漢曰。于疆于理。其義皆同。經界出於人爲。地理必因地埶。二者必相因而至。不知地埶則水不行。**从畕。三其介畫也。**介各本作界。今正。介、畫也。畫、介也。二字義同。居良切。十部。**疆　畺或从土。彊聲。**今則疆行而畺廢矣。惟周禮有畺。

文二　重一

黃　地之色也。玄者、幽遠也。則爲天之色可知。易曰。夫玄黃者、天地之襍也。天玄而地黃。**从田。**土色黃。故从田。**炗聲。**乎光切。十部。**炗、古文光。**見火部。**凡黃之屬皆从黃。**

古文黃。

䵺　赤黃色也。赤黃者、赤色敂而黃也。色字依類篇補。**一曰輕傷人䵺姁也。**傷各本作易。今正。侮者、傷也。傷者、輕也。此謂輕侮人者。其狀䵺姁也。後漢書。曹大家女誡。視聽陝輸。注云。陝輸、不定皃。葢卽䵺姁也。語同字異耳。**从黃夾聲。**許兼切。八部。

𪏽　黑黃色也。黑黃各本作黃黑。疑當作黑黃。黑色之敂而黃也。詩。我馬玄黃。傳曰。玄馬病則黃。正此意。若黃黑則土克水之色。謂之驪黃。**从黃耑聲。**他耑切。十四部。

黆　青黃色也。青色敂而黃也。**从黃有聲。**呼辠切。古音在一部。

黇　白黃色也。白色之敂而黃也。**从黃占聲。**他兼切。七部。

黊　鮮明黃色也。依篇、韵補色字。上文皆非正黃色。惟此爲鮮明正黃耳。艸部蘳以爲聲。**从黃圭聲。**戶圭切。廣韵胡瓦切。十六部。

文六　重一

男　丈夫也。夫下曰。周制八寸爲尺。十尺爲丈。人長一丈。故曰丈夫。白虎通曰。男、任也。任功業也。古男與任同音。故公侯伯子男。王莽男作任。**从田力。言男子力於田也。**會意。農力於田。自王公以下無非力於田者。那含切。古音在七部。**凡男之屬皆从男。**

舅　母之兄弟爲舅。釋親曰。母之晜弟爲舅。毛傳同。按周人謂兄爲晜也。舅之言舊也。猶姑之言故也。父之昆弟偁父。母之昆弟不得偁父。故偁舅。凡同姓可偁父。凡異姓不可偁父。故舅之也。今俗人言舅父者、非也。母之父母曷爲曰外王父外王母與。父之父母偁王父王母。故母之父母偁外王父外王母。而外以別之也。父之昆弟偁從父。故母之姊妹偁從母也。舍是則異姓無有偁父母者也。異姓可偁舅。故婦偁夫之父曰舅。男子偁妻之父曰外舅。母之從父昆弟曰從舅。又偁父之舅曰大舅。見後漢書。大者、今太字。**妻之父爲外舅。**男子於妻之父亦言舅。對妻之舅吾父爲偁也。母之昆弟不曰外。母黨也。舅者、妻黨之別於母黨也。**从男臼聲。**其九切。三部。

甥　謂我舅者吾謂之甥。釋親文。此泛釋甥義也。若母之昆弟爲吾舅、則謂吾爲甥矣。若妻之父爲吾外舅。則亦謂吾爲甥矣。釋親妻黨章曰。姑之子爲甥。舅之子爲甥。妻之晜弟爲甥。姊妹之夫爲甥。注謂平等相甥。非也。姑之子、吾父母得甥之。舅之子。吾母姪之。吾父得甥之。妻之昆弟。吾父母得甥之。姊妹之夫。吾父母壻之。而甥之。是四者皆舅吾父者也。舅者。耆舊之偁。甥者。後生之偁。故異姓尊卑異等者以此相偁。爾雅類列於此。亦以見舅之子。妻之昆弟偁吾父皆曰舅。不似後世俗呼也。其立文如此者。從其便也。自來不得其解。則謂平等相甥。吾姊妹之夫。吾父旣甥之矣。吾又呼之爲甥。此豈正名之義乎。姑之子爲外兄弟。舅之子爲內兄弟。妻之昆弟爲婚兄弟。姊妹之夫爲姻兄弟。旣正其名矣。又安得淆之乎。外孫亦偁彌甥。姊妹之孫離孫也。亦偁從孫。甥皆見左傳。釋名妻之昆弟曰外甥。一條最爲無理。从男生聲。所更切。十一部。

文三

力　筋也。筋下曰。肉之力也。二篆爲轉注。筋者其體。力者其用也。非有二物。引申之。凡精神所勝任皆曰力。象人筋之形。象其條理也。人之理曰力。故木之理曰朸。地之理曰阞。水之理曰泐。林直切。一部。治功曰力。周禮司勳文。能禦大災。國語祭法文。引以釋治功曰力也。凡力之屬皆从力。

勳　能成王功也。司勳曰。王功曰勳。鄭云。輔成王業若周公。从力熏聲。許云切。十三部。古文勳从員。員聲也。周禮故書勳作勛。鄭司農云。勛讀爲勳。勳功也。按此先鄭以今字釋古文也。故書勛字。學者不識。故先鄭云此卽小篆之勳。

功　以勞定國也。司勳曰。國功曰功。鄭曰。保全國家若伊尹。許則舉祭法文以釋之也。詩以奏膚公。傳曰。膚大也。公功也。此謂叚公爲功也。从力工聲。古紅切。九部。

助　左也。左今之佐字。左下曰。手相左助也。二篆爲轉注。右下曰。手口相助也。易傳曰。右者助也。按左右皆爲助。左者以ナ助又。右者以手助口。疑此解當云左右也。傳寫奪右字。商頌曰。實左右商王。傳云。左右助也。从力且聲。牀倨切。五部。

勴　助也。从力非。力去其非也。慮聲。良倨切。五部。

勑　勞也。此當云勞勑也。淺人删一字耳。此勞依今法讀去聲。孟子放勳曰。勞之來之。詩序曰。萬民離散。不安其居。宣王能勞來還定安集之。來皆勑之省。俗作徠。从力來聲。洛代切。一部。俗誤用爲敕字。

劼　愼也。愼者。謹也。廣韵曰。用力也。又固也。勤也。从力吉聲。巨乙切。十二部。按篇、韵皆恪八切。巨乙非也。周書曰。劼毖殷獻臣。酒誥文。按此篆解小徐本譌姡。不可讀。

務　趣也。趣者。疾走也。務者。言其促疾於事也。从力敄聲。亡遇切。古音在三部。

勥　迫也。迫者。近也。按所謂實偪處此也。勥與彊義別。彊者。有力。勥者。以力相迫也。凡云勉勥者。當用此字。今則用強彊而勥勥廢矣。从力強聲。巨良切。按此音非也。當依廣韵、玉篇其兩切。十部。古文从彊。按以虫部彊籀文強訂之。古當作[竹彊]。

勱　勉力也。勉者。勥也。亦作邁。左傳引夏書。皋陶邁種德。邁、勉也。从力萬聲。莫話切。按古音當在十四部。周書曰。用勱相我邦家。立政文。今書邦作國。讀與厲同。厲亦萬聲也。漢時如此讀。

勉　勥也。勥舊作彊。非其義也。凡言勉者皆相迫之意。自勉者。自迫也。勉人者。迫人也。毛詩黽勉。韓詩作密勿。爾雅作蠠沒。大雅毛傳曰。亹亹。勉也。周易鄭注。亹亹猶沒沒也。从力免聲。亡辨切。古音當在十三部。

劭　勉也。釋詁同。漢成帝詔曰。先帝劭農。蘇林曰。劭音翹。精異之意也。晉灼曰。劭。勸勉也。按卩部卲高也。卲與劭相似。轉寫容有互譌者。如應仲遠之名。當是卲字。此蘇林所說。當亦是卲。農、爾雅、方言皆曰。釗、勉也。釗當是劭之叚借字。从力召聲。讀若舜樂韶。爾雅釋文云。或上遙反。用許讀也。今皆寔照切。二部。

勖　勉也。釋詁同。邶風。以勖寡人。傳曰。勖、勉也。方言。釗、薄、勉也。秦晉曰釗。或曰薄。南楚之外曰薄努。自關而東周鄭之閒曰勔釗。齊魯曰勖。按勖古讀如茂。與懋音義皆同。故般庚懋建大命。予其懋簡相爾。今文尙書懋皆作勖。見隸釋石經殘碑。心部曰。懋、勉也。从力冒聲。許玉切。三部。按許玉非也。古音同茂。俗寫此字形。尤譌蹐不通。周書曰。勖哉夫子。坶誓文。

勸　勉也。廣韵曰。獎勉也。按勉之而悅從亦曰勸。从力雚聲。去願切。十四部。

勝

勍　勁　勝　勶　勠

彊力也。彊力各本作勥力。非。今依玉篇、廣韵正。俗語𠢐彊。彊讀去聲。**从力。厥聲。**瞿月切。十五部。

彊也。春秋傳曰。勍敵之人。彊者、弓有力也。引申爲凡有力之偁。春秋傳者。僖二十二年左傳文。杜亦曰。勍、強也。按勍與人部之倞字音義皆同。而勍獨見左氏。**从力。京聲。**渠京切。古音讀如彊。在十部。

彊也。廣韵。勁、健也。**从力。巠聲。**吉正切。十一部。○按以上三篆移其舊次。

任也。任者、保也。保者、當也。凡能舉之能克之皆曰勝。本無二義二音。而俗強分平去。**从力。朕聲。**識蒸切。六部。亦去聲。

發也。發者、䠶發也。引申爲凡發去之偁。勶與徹義別。徹者、通也。勶謂除去。若禮之有司徹、客徹重席、詩之徹我牆屋。其字皆當作勶。不訓通也。或作撤、乃勶之俗也。**从力徹。**會意。謂以力通之也。**徹亦聲。**丑列切。十五部。

勠力、并力也。勠力二字依後漢劉虞傳注引補。文賦注引賈逵國語解詁曰。勠力、并力也。許所本也。并者、相從也。併者、竝也。并併古通用矣。左傳國語或云勠力同心。或云勠力一心。皆謂數人共致力。僞尚書傳訓云陳力。斯失之。古書多有誤作戮者。**从力。翏聲。**嵇康力幽反。呂靜韵集讀同飂。尚書音義引說文力周反。按文賦匡于力之所勠、與流求爲韵。此相傳古音也。今音力竹切。字林音遼。

勨　動　[畾力]　劣　勞

緐緩也。緐蕠、今之俗字。言俗役緩也。與勨爲反對之詞。**从力。象聲。**余兩切。十部。

作也。作者、起也。**从力。重聲。**徒總切。九部。

古文動。从辵。

推也。推、依今音他回切。[畾力]者以物磊磊自高推下也。古用兵下礧石。李陵傳作壘石。晁錯傳具藺石。如淳注曰。城上雷石。周禮注亦作雷。唐書李光弼傳擂石車。又作擂。其實用[畾力]爲正字也。故許書之字可用而不用者多矣。子虛賦曰。礧石相擊。硍硍磕磕。亦當作[畾力]。**从力。靁省聲。**舊作畾聲。今依小徐正。盧對切。十五部。

弱也。弱者、橈也。**从力少。**會意。力輟切。十五部。

勮也。勮各本从刀、作劇。今訂从力。文選北征賦注引說文劇甚也。恐是許書本作勮。用力甚也。後因以爲凡甚之詞。又譌其字从刀耳。以俟明者定之。**从力熒省。焱火燒冂。用力者勞。**焱舊作熒。今正。此析熒字而釋之。燒冂、謂燒屋也。斯時用力者最勞矣。或改冂作門者、誤。魯刀切。二部。

古文如此。如此大徐作从悉。篆體作[𤇾心]。今依玉篇、汗簡、古文四聲韵所據正。汗簡與玉篇中雖小異。下皆从力。竊謂古文乃从熒不省。未可知也。

勮　勊　勩

務也。務者、趣也。用力尤甚者。**从力。豦聲。**其據切。五部。音轉爲渠力切。字譌从刀作劇。

尤劇也。劇大徐作極。小徐作劇。今正。勊又劇之尤者也。勊者、以力制勝之謂。故其事爲尤勞。許書勊與克義不同。克者、肩也。肩者、任也。以春秋所書言之。如辛巳雨。不克葬。戊午日下昃。乃克葬。如晉人納捷菑于邾。弗克納。此克之義也。如鄭伯克段于鄢。傳曰。得儁曰克。此勊之義也。勊之字譌而从刀作剋。猶勮之譌而从刀也。經典有克無勊。百家之書克勊不分。而勊乃廢矣。**从力。克聲。**苦得切。一部。

勞也。毛詩傳同。按凡物久用而勞敝曰勩。明楊愼荅中官問。謂牙牌摩損當用鉛字。今按非也。當用勩字。今人謂物消磨曰勩是也。蘇州謂衣久箸曰勩箸。**从力。貰聲。**余制切。十五部。**詩曰。莫知我勩。**小雅雨無正文。

勦　券　勤　加

勞也。从力。巢聲。子小切。又楚交切。二部。**春秋傳曰。安用勦民。**昭九年左傳。叔孫昭子曰。詩云。經始勿亟。庶民子來。焉用速成。其以勦民也。許檃栝其辭。按刀部剿字亦作剿。禮記毋剿說。與此从力字絕不同。俗多淆之。

勞也。輈人終日馳騁左不楗。書楗或作券。鄭云。券今倦字也。據此則漢時已倦行券廢矣。**从力。龹聲。**今皆作倦。蓋由與契券从刀相似而避之也。渠眷切。十四部。

勞也。慰其勤亦曰勤。**从力。堇聲。**巨巾切。按巾當作斤。十三部。

語相譄加也。譄各本作增。今正。增者、益也。義不與此同。譄下曰。加也。誣下曰。加也。此云語相譄加也。知譄誣加三字同義矣。誣人曰譄。亦曰加。故加从力。論語曰。我不欲人之加諸我也。吾亦欲無加諸人。馬融曰。加、陵也。袁宏曰。加、不得理之謂也。劉知幾史通曰。承其誣妄、重以加諸。韓愈爭臣論曰。吾聞君子不欲加諸人。而惡訐以爲直者。皆得加字本義。引申之、凡據其上曰加。故加巢卽架巢。**从力口。**謂有力之口也。會意。古牙切。十七部。

勢　健也。健者、伉也。此豪傑眞字。自叚豪爲之、而勢廢矣。豪、豕鬣如筆管者。**从力敖聲。讀若豪。**五牢切。按當乎刀切。二部。

勇　气也。气、雲气也。引申爲人充體之气之偁。力者、筋也。勇者、气也。气之所至、力亦至焉。心之所至、气乃至焉。故古文勇从心。左傳曰。共用之謂勇。**从力甬聲。**余隴切。九部。**㦷　或从戈用。恿　古文勇从心。**孟子曰。志、氣之帥也。

勃　排也。排者、擠也。今俗語謂以力旋轉曰勃。當用此字。論語。色孛如也。許所引乃本字本義。謂孛、盛气也。今論叚借勃字。殊失其恉。**从力孛聲。**蒲沒切。十五部。

勡　劫也。以力脅止人而取其物也。賈誼傳曰。盜者白晝大都之中。勡吏而奪之金。貨殖傳曰。攻剽椎埋。按此篆諸書多从刀。而許刀部剽下曰。一曰剽劫人也。是在許時固从力从刀竝行。二形不必有是非矣。**从力。𤐫聲。**匹妙切。二部。

劫　人欲去。㠯力脅止曰劫。脅猶迫也。俗作愶。古無其字。用脅而已。以力止人之去曰劫。不專謂盜。而盜禦人於國門之外亦劫也。太史公曰。劫人作姦。**或曰。㠯力去曰劫。**用力而逃也。**从力去。**依韵會補此三字。二義皆力去也。此篆从力。而俗作刧。从刀。蓋刀與力相淆之處固多矣。居怯切。八部。

飭　致臤也。臤者、堅也。致者、送詣也。致之於堅、是之謂飭。攷工記曰。審曲面勢以飭五材。謂五材皆必堅緻也。又曰。飭力以長地材。謂整頓其人力也。凡人物皆得云飭。飭人而筋骸束矣。飭物而器用精良矣。其字形與飾相似。故古書多有互譌者。飾在外。飭在內。其義不同。竊謂許書工下云。巧飾也。當作巧也、飭也。飭卽記所謂飭五材、辨民器。謂之百工。不徒修飾其外而已。凡經傳子史之譌、皆可以意正之。**从人力食聲。讀若敕。**恥力切。一部。飭與敕義略相近。敕、誡也。

劾　灋有辠也。法者、謂以法施之。廣韵曰。劾、推窮罪人也。**从力亥聲。**按此字俗作刻、从刃。恐从刀則混於刀部之刻也。胡槩切。一部。亦入海韵、代韵。

募　廣求之也。依光武紀注增之字。**从力莫聲。**莫故切。五部。

文四十　重六

劦　同力也。同力者、龢也。龢、調也。**从三力。**會意。胡頰切。按此字本音戾。力制切。十五部。淺人妄謂與協、勰、協同音。而不知三字皆以劦會意。非以形聲也。惟不以劦爲聲。故三字皆在八部。而劦聲之荔、珕則皆力制切。在十五部。**山海經曰。惟號之山。其風若劦。**北山經曰。母逢之山。北望雞號之山。其風如飈。郭傳。飈、急風皃也。音戾。或云飄風也。按郭本與許所據不同。郭江賦用飈字。許意蓋謂其風如并力而起也。**凡劦之屬皆从劦。**

協　同心之龢也。同心一如同力。故从劦心會意。**从劦心。**胡頰切。八部。

勰　同思之龢也。同思一如同力。**从劦思。**胡頰切。八部。

協　同眾之龢也。各本作眾之和同。非是。今正。同眾之和、一如同力。**从劦十。**十、眾也。胡頰切。八部。**叶　古文協。从口十。**字見周禮大史協事注。曰故書協作叶。杜子春云。叶、協也。書亦或爲協。或爲汁。大行人協辭命注。故書作汁辭命。鄭司農云。汁當爲叶。書或爲叶。按十口所同。亦同眾之意。**旪　叶或从曰。**口曰一也。

文四舊譌一。　**重二**舊譌五。

二十三部宋本四作三。　**文七百**宋本六百九十九。　**重一百二十四**

凡八千三百九十八字以上總弟十三篇部數、文數、說解字數之都數也。

說文解字第十三篇下

受業黟縣胡積城校字

金　銀　鐐　鋈　鉛　錫　鈏　銅

說文解字第十四篇上

金壇段玉裁注

金　五色金也。凡有五色，皆謂之金也。下文白金、青金、赤金、黑金，合黃金爲五色。黃爲之長。故獨得金名。久薶不生衣。百鍊不輕。此二句言黃金之德。從革不韋。舊作違。今正。韋、背也。從革、見鴻範。謂順人之意以變更成器。雖屢改易而無傷也。五金皆然。西方之行。以五行言之。爲西方之行。生於土。从土。ナ又注。象金在土中形。謂土旁二筆也。今聲。下形上聲。居音切。七部。凡金之屬皆从金。金　古文金。象形而不諧聲。

銀　白金也。黃金既專金名。其外四者皆各有名。爾雅曰。黃金謂之璗。其美者謂之鏐。然則黃金自有名。而許以璗系諸玉部。云金之美者。與玉同色。與釋器不合。何也。璗爲金。而字从玉。許書主釋字形。故其說如此也。爾雅又曰。白金謂之銀。其美者謂之鐐。此則許所本也。从金。艮聲。語巾切。十二部。

鐐　白金也。爾雅別之曰其美者。許不別也。毛詩傳曰。大夫鐐琫而鐐珌。从金。尞聲。洛蕭切。二部。

鋈　白金也。从金。㳇省聲。大徐㳇省聲。小徐沃聲。考說文芺聲之字未有省艸者。鋈字今三見於毛詩。小戎毛傳曰。沃、白金也。而車部軜下詩曰。㳇以觼軜。引詩正作㳇不作鋈。知古本毛詩祇作㳇。㳇卽鐐之叚借字。古芺聲尞聲同部也。金部本有鐐無鋈。淺人乃依今毛詩補之。烏酷切。二部。

鉛　青金也。从金。㕣聲。與專切。十四部。

錫　銀鉛之閒也。周禮卄人注曰。鈏也。職方氏曰。鑞也。鑞字說文無。經典多叚錫爲賜字。凡言錫予者。卽賜之叚借也。从金。易聲。先擊切。十六部。

鈏　錫也。見釋器。从金。引聲。羊晉切。十二部。

銅　赤金也。銅色本赤。今之白銅。點化爲之耳。食貨志曰。金有三等。黃金爲上。白金爲中。赤金爲下。孟康曰。赤金、丹陽銅也。按丹陽銅卽吳王濞傳章郡銅山。貨殖傳章山之銅也。

鏈　鐵　鍇　鋚　鏤　鐼　銑　鋻

从金。同聲。徒紅切。九部。

鏈　銅屬。應劭曰。鏈似銅。與許說合。从金。連聲。力延切。十四部。

鐵　黑金也。从金。䥫聲。天結切。十二部。鐵　鐵或省。銕　古文鐵从夷。按夷蓋弟之譌也。

鍇　九江謂鐵曰鍇。从金。皆聲。苦駭切。十五部。

鋚　鐵也。一曰轡首銅也。別一義。小雅。鞗革沖沖。毛傳曰。鞗、轡也。革、轡首也。按鞗轡也當作鞗轡首飾也。轉寫奪去二字耳。下文云。沖沖、垂飾皃。正承轡首飾而言。許釋鋚爲轡首銅。鋚卽鞗字。詩本作攸。轉寫誤作鞗。攸革皆古文叚借字也。古金石文字作攸勒。或作鋚勒。轡首銅者、以銅飾轡首也。革部勒下云。馬頭絡銜也。卽毛傳所謂轡首也。周頌載見箋云。鶬謂金飾。正與轡首銅之訓合。大雅韓奕。鞹以爲鞃。淺以爲幦。鋚以飾勒。金以飾軛。四事文意一例。鋚勒謂以銅飾轡之近馬頭處。垂之沖沖然也。从金。攸聲。以周切。三部。

鏤　剛鐵也。可㠯刻鏤。鏤本剛鐵之名。剛鐵可受鐫刻。故鐫刻亦曰鏤。釋器曰。金謂之鏤。鏤、鋑也。詩鉤膺鏤鍚。箋皆訓刻金。許以可以刻鏤釋鏤。此卽已、已也。申、申也之例也。今則引申之義行而本義廢矣。禹貢梁州貢鏤。某氏傳亦云剛鐵。从金。婁聲。盧候切。四部。夏書曰。梁州貢鏤。一曰鏤、釜也。方言。鍑、江淮陳楚之閒謂之錡。或謂之鏤。

鐼　鐵屬。从金。賁聲。讀若熏。小徐本讀若訓。火運切。十三部。

銑　金之澤者。澤者、光潤也。釋器曰。絕澤謂之銑。晉語。玦之以金銑者。寒之甚矣。韋注。銑猶洒也。洒洒、寒皃。言於太子無溫潤也。許言其光潤。韋言寒皃。皆謂金之精者耳。似異而非異也。从金。先聲。穌典切。古音在十三部。一曰小鑿。鑿所以穿木也。一曰鐘兩角謂之銑。考工記鳧氏曰。兩欒謂之銑。鄭注。銑、鐘口兩角。按古鐘羨而不圜。故有兩角。

鋻　𠞣也。𠞣各本譌剛。今正。刀部曰。𠞣、刀劍刃也。刃下曰。刀堅也。故𠞣與鋻爲轉注。王褒聖主得賢臣頌曰。清水淬其鋒。李善引三倉解詁云。淬、作刀堅也。文選俗本譌爲鑒。从金。臤聲。此形聲中有會意也。堅者土之臤。緊者絲之臤。堅者金之臤。彼二字入臤部。會意中有形聲也。古甸切。十二部。

鑗 金屬也。一曰剝也。剝者裂也。剝訓裂。知鑗與劈義同音別。方言。蠡，分也。注謂分割也。此卽鑗之叚借。方言又曰。劙，解也。亦卽此字。从金黎聲。里西切。十五部。

錄 金色也。錄與綠同音。金色在青黃之閒也。叚借爲省錄字。慮之叚借也。故錄囚卽慮囚。云庸錄者、猶無慮也。言其觕猥。从金彔聲。力玉切。三部。

鑄 銷金也。从金壽聲。之戍切。古音在三部。亦讀如祝。

銷 鑠金也。从金肖聲。相邀切。二部。

鑠 銷金也。从金樂聲。書藥切。二部。

鍊 治金也。治，大徐本譌作冶。今正。湅治絲也。練治繒也。鍊治金也。皆謂灡湅欲其精。非弟冶之而已。冶者、銷也。引申之、凡治之使精曰鍊。从金柬聲。此亦形聲包會意。郎甸切。十四部。

釘 鍊鉼黃金也。周禮職金旅於上帝。則共其金版。饗諸侯亦如之。注曰。鉼金謂之版。此版所施未聞。按今爾雅鉼金謂之鈑。鈑系版之譌。則鉼當是餅之譌也。凡物匾之曰餅。鍊餅、鍊而成之。从金丁聲。當經切。十一部。今人用此字、則古鐕字之義也。

錮 鑄塞也。塞作寒。誤。今正。凡銷鐵以窒穿穴謂之錮。左傳曰。子反請以重幣錮之。漢書曰。下錮三泉。从金固聲。此亦形聲包會意。古慕切。在五部。

鑲 作型中腸也。型者、鑄器之法也。其中腸謂之鑲。猶瓜中腸謂之瓤也。鑲亦用爲句鑲兵器也。別一義。見釋名。从金襄聲。汝羊切。十部。

鎔 冶器灋也。冶者、銷也。鑄也。董仲舒傳曰。猶泥之在鈞。唯甄者之所爲。猶金之在鎔。唯冶者之所鑄。師古曰。鎔謂鑄器之模範也。今人多失其義。从金容聲。余封切。九部。

鋏 可目持冶器鑄鎔者也。冶器者鑄於鎔中。則以此物夾而出之。此物金爲之。故从金。从金夾聲。古叶切。八部。讀若漁人夾魚之夾。夾，二徐作莢。非。今正。周禮并夾取矢。一曰若挾持。一謂讀若挾持之挾。

鍛 小冶也。小冶謂小作鑪鞴以冶金。如嵇康之鍛竈是也。冶之則必椎之。故曰鍛鐵。殳部曰。段、椎物也。鍛从段

金。會意兼形聲。考工記段氏爲鎛器。段卽鍛也。詩之碫石。則鍛質也。从金段聲。丁貫切。十四部。

鋌 銅鐵樸也。樸、木素也。因以爲凡素之偁。小徐作朴。非也。石部曰。磺、銅鐵樸。鋌與磺義同音別。亦謂之鋌。淮南書曰。苗山之鋌。从金廷聲。徒鼎切。十一部。

𨭸 鐵文也。謂鐵之文理也。从金曉聲。呼鳥切。二部。

鏡 景也。景者、光也。金有光可照物謂之鏡。此以疊韵爲訓也。鏡亦曰鑒。雙聲字也。从金竟聲。居慶切。古音在十部。

鉹 曲鉹也。从金多聲。尺氏切。古音在十七部。一曰鬵鼎。鬲部曰。鬵、鉹也。與此爲轉注。讀若擠。一曰詩云侈兮哆兮。宋本皆如此。今本作哆兮侈兮。一曰下當奪若字。謂讀若哆也。小徐作一曰若詩曰侈兮之侈。同。

鈃 佀鍾而長頸。鍾。俗本作鍾。今從宋本。鍾者、酒器。見下。此以相聯爲文矣。用此知古酒鍾有腹有頸。蓋大其下小其上也。从金幵聲。戶經切。古音當在十二部。

鍾 酒器也。古者此器蓋用以宁酒。故大其下小其頸。自鍾傾之而入於尊。自尊勺之而入於觶。故量之大者亦曰鍾。引申之義爲鍾聚。从金重聲。職容切。九部。

鑑 大盆也。盆者、盎也。凌人春始治鑑。注云。鑑如甀。大口以盛冰。置食物於中。以禦溫氣。春而始治之。按鄭云如甀。醯人作醯云。塗置甀中。則鑑如今之甕。許云大盆。則與鄭說不符。疑許說爲是。且字从金。必以金爲之也。从金監聲。革懺切。八部。一曰鑑諸。逗。可目取明水於月。鑑諸當作鑒方諸也。轉寫奪字耳。周禮司烜氏以夫遂取明火於日。以鑒取明水於月。注。夫遂、陽遂也。鑒、鏡屬。取水者。世謂之方諸。淮南書。方諸見月則津而爲水。高注。方諸謂陰燧大蛤也。孰摩令熱。月盛時以向月下則水生。以銅盤受之。下水數滴。高說與許鄭異。考工記以鑒燧之齊併言。則鑑之爲鏡可知也。鄭云。鏡屬。又注考工記云。鑒亦鏡也。詩云。我心匪鑒。毛傳曰。鑒所以察形。蓋鏡主於照形。鑑主於取明水。本系二物。而鏡亦可名鑒。是以經典多用鑑字。少用鏡者。鑑亦叚監爲之。是以毛詩宜鑒於殷。大學作儀監。鄭箋詩云。以殷王賢愚爲鏡。注大學云。監視殷時之

鐈　鐆　鋞　鑴　鑊　鍑　鍪　錪　銼　鏅　鉶　鎬

事。各依文爲說而已。尚書監字多有同鑒者。

鐈　佀鼎而長足。从金。喬聲。巨嬌切。二部。

鐆　陽鐆也。从金。㒸聲。按此字非其次。疑後人因上說方諸而增之。周禮秋官本作遂。

鋞　昷器也。昷各本作温。今正。許書温系水名。昷訓仁也。昷訓仁。故引申爲昷煗字。煗下曰。昷也。𩟗下曰。安𩟗。昷也。凡經史可借用温。而許書不宜自相矛盾。凡讀許書者知此。則九千三百餘文之說解絕無不可通之𣪠矣。蓋非用其字之本義。卽用其字之引申之義。斷無有風馬牛不相及者也。温訓水名。此云温器也。是爲風馬牛不相及矣。昷器者。謂可用煗物之器也。圜而直上。而字依廣韵補。从金。巠聲。戶經切。十一部。

鑴　瓽也。瓦部曰。瓽。大盆也。然則鑴與鑑同物。周禮眂祲十煇。三曰鑴。鄭注。鑴讀爲童子佩觿之觿。謂日旁氣刺日也。按今本周禮注觿譌金旁。非是。觿者。佩角銳耑。可以解結。故鄭讀鑴爲觿。今本作讀如。亦非也。从金。巂聲。戶圭切。十六部。

鑊　鑴也。少牢饋食禮有羊鑊。有豕鑊。鑊所以煑也。从金。蒦聲。胡郭切。五部。

鍑　如釜而大口者。如而二字依玄應補。釜者。鬴之或字。鬲部曰。鬴。鍑屬。是二篆爲轉注也。方言曰。釜。自關而西或謂之鍑。从金。复聲。方副切。三部。

鍪　鍑屬。从金。敄聲。莫浮切。三部。

錪　朝鮮謂釜曰錪。方言。鍑。北燕朝鮮洌水之閒或謂之錪。或謂之鉼。从金。典聲。他典切。十二部。

銼　銼鏅。二字依全書通例補。疊韵字。鍑也。从金。坐聲。昨禾切。十七部。

鏅　銼鏅也。从金。贏聲。魯戈切。十七部。

鉶　器也。此禮器也。魯頌毛炰胾羹傳曰。羹。大羹。鉶羹也。按大羹煮肉汁不和。貴其質也。鉶羹。肉汁之有菜和者也。大羹盛之於登。鉶羹盛之於鉶。鉶羹菜和謂之芼。其詳在禮經。鉶經典亦作鈃。此猶刑罰字本从井。作刑非正字也。內饔職鉶作刑。亦叚借字。从金。荆聲。戶經切。十一部。

鎬　昷器也。从金。高聲。乎老切。二部。武王所都。在長安西上林苑中。字亦如此。此於例不當載而特詳之者。說叚借之例也。土部堋下引春秋傳矣。而又曰虞書堋淫於家亦如是。謂書朋淫之字亦如此作也。武王都鎬本無正字。偶用鎬字爲之耳。一本有其字之叚借。一本無其字之叚借也。鎬京或書鄗。乃淺人所爲。不知漢常山有鄗縣。

十四篇上　五

鑢　銚　鋀　鐎　鋗　鏏　鍵　鉉

鑢　昷器也。昷各本作温。今正。下同。廣韵曰。鑢。銅瓫也。今江東尚有鑢孰之語。與火部以微火温肉之[illegible]義同。或作爊。或作鏖。集韵曰。盡死殺人曰鏖糟。漢霍去病合短兵鏖皐蘭下是也。一曰金器。則非炊物器。从金。麀聲。於刀切。古音在三部。讀若奧。小徐有此三字。

銚　昷器也。今煮物瓦器謂之銚子。讀徒弔切。是也。从金。兆聲。以招切。二部。一曰田器。周頌。庤乃錢鎛。傳曰。錢。銚也。許下文錢下亦曰銚也。古田器。銚、釋器方言皆作斛。釋器曰。斛謂之疀。郭云。郎古鍫臿字。方言曰。臿。燕之東北朝鮮洌水之閒謂之斛。趙魏之閒謂之桑。銚斛桑三字同。郎今鍫字也。七遙反。亦湯料反。今人俗語正切七遙。未聞。或曰。郎行葦之大斗。非是。毛傳大斗長三尺。謂勺之柄長三尺也。

鋀　酒器也。从金。𧯠象器形。大口切。四部。𧯠　鋀或省金。斲字用爲聲。

鐎　鐎斗也。郎刀斗也。孟康曰。以銅作鐎器。受一斗。晝炊飯食。夜擊持行。名曰刀斗。悅曰。刀斗。小鈴。如宮中傳夜鈴也。蘇林曰。形如鋗。以銅作之。無緣。受一斗。故云刀斗。鐎卽鈴也。廣韵曰。温器。三足而有柄。从金。焦聲。卽消切。二部。

鋗　小盆也。銅銚。从金。肙聲。火玄切。十四部。

鏏　鼎也。淮南說林訓。水火相憎。鏏在其閒。五味以和。注曰。鏏。小鼎。又曰。鼎無耳爲鏏。从金。彗聲。讀若彗。于歲切。十五部。

鍵　鉉也。謂鼎扃也。以木橫關鼎耳而舉之。非是則既炊之鼎不可舉也。故謂之關鍵。引申之爲門戶之鍵閉。門部曰。關。以木橫持門戶也。門戶之關。猶鼎之鉉也。从金。字从金者。系於鼎而言之也。抑易言金鉉。則鍵有金飾之者矣。建聲。渠偃切。十四部。一曰車轄。各本作轄。今正。轄雖亦訓鍵。而非正字也。舛部曰。舝。車軸耑鍵也。謂鐵貫於軸耑。如鼎鉉之貫於鼎耳。

鉉　所目舉鼎也。所以二字今補。汲古閣於

十四篇上　六

鋊　鎣　鑯　錠　鐙

舉鼎下增具字。今刪正。手部曰。扛、橫關對舉也。謂橫關於冂耳。露其耑以冂手對舉之。非是則難扛也。从金。玄聲。胡犬切。十二部。按易音義有古冥古螢二反。則讀同扃。易謂之鉉。禮謂之鼏。鼏音扃。與鼏音蜜畫然二物二事。易謂之鉉者。周易鼎六五黃耳金鉉。上九鼎玉鉉是也。古說皆云鉉貫於耳。顏師古獨云鉉者鼎耳。非鼎扃也。其說甚誤。易言黃耳金鉉。則耳與鉉非一物明矣。云禮謂之鼏者。士冠禮設扃鼏。鄭注。今文扃爲鉉。古文鼏爲密。一部皆然。攷工記匠人亦作扃。許所見禮經扃作鼏。卽鼎部所云橫關鼎耳而舉之者也。鼏與扃皆以冂爿之爿爲聲。扃訓外閉之關。音義皆同。若鼏則訓鼎葢。古音如密。今音如覓。說詳鼎部。許引易禮以博異名。猶土部堋下云禮謂之封。周官謂之窆也。凡單言禮者。皆謂禮經。今之儀禮也。據鄭則禮今文爲鉉矣。許何以鉉專系易也。許於禮經之字。古文是者則從古文。今文是者則從今文。此從古文作鼏。故曰禮謂之鼏也。如士喪禮今文銘皆爲名。從今文。故不錄銘字。聘禮士喪禮今文赴作訃。從古文。故言部不錄訃字。士虞少牢特牲古文酭皆作酭。許从古文。故酉部不錄酭字。既夕禮今文窆爲封。從今文。則以窆專系周官也。

可目句鼎耳及鑪炭。句讀如鉤。鉤鼎耳舉之、鉤鑪炭出之之器也。从金。谷聲。讀若浴。余足切。三部。一曰銅屑。食貨志。民盜摩錢以取鋊。

器也。謂摩鋥之器也。以金爲之。爾雅注曰。鸊鷉膏中鋻刀。从金。熒省聲。讀若銑。烏定切。十一部。

鐵器也。葢銳利之器。郭注爾雅用爲今之尖字。融丘、鑯頂者。从金。韱聲。子廉切。七部。一曰鐫也。鐫大徐誤作鑴。鐫者、穿木琢石也。

鐙也。廣韵曰。豆有足曰錠。無足曰鐙。玄應引聲類無豆字。誤矣。从金。定聲。丁定切。十一部。

錠也。祭統曰。夫人薦豆執校。執醴授之執鐙。注曰。校、豆中央直者也。鐙、豆下跗也。執醴者以豆授夫人。執其下跗。夫人受之。執其中央直者。按跗說文作柎。闌足也。鐙有柎則無足曰鐙之說未可信。豆之遺制。爲今俗用燈盞。徐氏兄弟遂以膏鐙解說文。誤矣。生民傳曰。木曰豆。瓦曰登。豆薦菹醢。登薦大羹。箋云。祀天用瓦豆。陶器質也。然則瓦登用於祭天。廟中之鐙范金爲之。故其字从金。从金。登聲。都滕切。六部。

十四篇上　七

鏶　鍱　鏟　鑪　鏇　[金虒]　鐪　釦

鍱也。从金。集聲。秦入切。七部。

鏶或从咠。咠聲。

鏶也。此謂金銅鐵椎薄成葉者。齊謂之鍱。从金。枼聲。與涉切。七部。

鏶也。从金。產聲。初限切。十四部。一曰平鐵。謂以剛鐵削平柔鐵也。廣韵曰。鏟、平木器也。凡鏟削多用此字。俗多用剗字。

方鑪也。方對下圜言之。凡爇炭之器曰鑪。定公三年左傳。邾莊公自投於牀。廢於鑪炭。爛。遂卒。从金。盧聲。洛乎切。五部。

圜鑪也。玄應曰。周成難字作檈。謂以繩轉軸裁木爲器曰檈。按圜鑪之義之引申也。古文苑美人賦。金帀熏香。說者以爲圜鑪。从金。旋聲。辭戀切。十四部。

器也。从金。虒聲。杜兮切。十六部。

煎膠器也。煎、熬也。膠作之以皮。故熬之而後成。从金。虜聲。郎古切。五部。

金飾器口。謂以金涂器口。許所謂錯金。今俗所謂鍍金也。漢舊儀。大官尚食。用黃金釦器。中官私官尚食。用白銀釦器。後漢和熹鄧皇后紀。蜀漢釦器。班固西都賦。玄墀釦切。謂金涂門限也。切者、門限。吳語。三軍皆譁釦以振旅。韋曰。譁、釦、喧呼。此釦乃段借字。从金口。會意。口亦聲。苦厚切。四部。

錯　[金御]　錡

金涂也。涂俗作塗。又或作捈。謂以金措其上也。或借爲措字。措者、置也。或借爲厝字。厝者、厲石也。或借爲逪遺字。東西曰逪。邪行曰遺也。从金。昔聲。倉各切。五部。

鉏[金御]也。鉏音牀呂切。[金御]音魚巨切。疊韵字。齒部齟齬、齒不相值也。鉏[金御]葢亦器之能相抵拒錯摩者。故廣韵以不相當釋鉏鋙。周禮玉人注云。駔牙。左傳人有名鉏吾者。皆此二者之同音段借。从金。御聲。魚舉切。五部。

[金御]或从吾。吾古讀如魚。

鉏[金御]也。豳風。既破我斧。又缺我錡。傳曰。鑿屬曰錡。此葢所謂鉏[金御]者與。字或作奇。从金。奇聲。魚綺切。古音在十七部。按豳風音義巨宜反。江淮之閒謂釜錡。大徐錡上有曰字。召南。維錡及釜。傳曰。錡、釜屬。有足曰錡。方言曰。鍑、江淮陳楚之閒謂之錡。郭

十四篇上　八

鍤　鉥　鍼　鈹　鎩

云。或曰三腳釜也。音技。按詩、左傳皆錡釜並言。然則本以有足別於釜。而江淮語同之耳。鍤 **𩫏衣鍼也。**𩫏各本作郭。今正。郭者、齊之郭氏虛也。𩫏者、城𩫏。民所度居也。古無廓字。祇用郭字。其實當用𩫏。如鼓下云郭皮甲而出。此云郭衣。皆謂恢廓。張衣於版。以鍼密鐵其過使伸直。今之治裘者正如此。是曰𩫏衣。其鍼曰鍤。鍤之言深入也。以爲鍫臿字者、失之遠矣。**从金臿聲。**楚洽切。八部。鉥 **綦鍼也。**綦疑當作長。管子。一女必有一刀一錐一箴一鉥。房注。鉥時橘切。長鍼也。玉篇亦曰長鍼。**从金术聲。**食聿切。十五部。鍼 **所㠯縫也。**以縫者、以鍼紩衣也。竹部箴下曰。綴衣箴也。以竹爲之、僅可聯綴衣。以金爲之、乃可縫衣。**从金咸聲。**職深切。七部。今俗作針。鈹 **大鍼也。**玄應曰。醫家用以破癰。**从金皮聲。**敷羈切。古音在十七部。**一曰劍而刀裝者。**劒兩刃。刀一刃。而裝不同。實劍而用刀削裹之。是曰鈹。左傳曰。夾之以鈹。鎩 **鈹有鐔也。**鐔、劍鼻也。云鈹有鐔者、則知鈹有不爲鼻者矣。如刀裝之鈹不爲鼻者也。賈誼曰。鉏櫌棘矜、非銛於句戟長鎩。張衡曰。植鎩縣瞂。用戒不虞。曰長曰植、則鎩有柄。有柄故不爲鼻。薛綜解一曰鋋。似兩刃刀。鋋謂其上出之鋒也。淮南書。飛鳥鎩羽。許注曰。鎩、殘也。左思賦亦曰鳥鎩翮。此等鎩字乃引申之義。鎩可殘羽、故凡見殘者曰鎩。公羊作搬。宋萬臂搬仇牧。碎其首。何云。側手擊曰搬。**从金殺聲。**所拜反。十五部。廣韵又所八切。

鈕　銎　鈭　錍　鏨　鐫

鈕 **印鼻也。从金丑聲。**女久切。三部。玨 **古文鈕从王。**璽之籒文从玉。古文印鈕字从玉。蓋初作印時、惟以玉爲之也。銎 **斤斧穿也。**穿者、通也。詩釋文作斧空也。三字。謂斤斧之孔、所以受柄者。豳風毛傳曰。方銎曰斨。隋銎曰斧。隋謂狹長。**从金巩聲。**曲恭切。九部。鈭 **鈭錍、斧也。**斧之一種也。疊韵字。**从金此聲。**即移切。十六部。錍 **鈭錍也。从金卑聲。**府移切。十六部。鏨 **小鑿也。从金斬。斬亦聲。**藏濫切。八部。鐫 **破木鐫也。**謂破木之器曰鐫也。因而破木謂之鐫矣。**从金雋聲。**

鑿　銛　鈂　⿰金危

子全切。十三部。**一曰琢石也。**此破木引申之義耳。凡似此者皆淺人所增也。**讀若瀸。**瀸在閉口音。非其類。鑿 **所㠯穿木也。**所以二字今補。穿木之器曰鑿。因之既穿之孔亦曰鑿矣。考工記曰。量其鑿深以爲輻廣。九辯。圜鑿而方枘。音家讀曹報反。**从金糳省聲。**在各切。古音在二部。銛 **臿屬。**臿大徐作鍤。則是郭衣鍼矣。臿者、舂去麥皮也。叚借爲鍫臿。即上文田器之銚也。其屬亦曰銛。俗作杴。廣韵曰。古作㮇。或作肷。皆即銛字。引申爲銛利字。賈誼曰。莫邪爲鈍。鉛刀爲銛。漢書音義曰。銛、利也。又按方言曰。銛、取也。此引申叚借之義也。孟子以言銛之。以不言銛之。今本誤作餂。**从金舌聲。**舌者、口舌字。非聲。當作𠯑。𠯑、舌皃也。他念切。在三篇谷部。木部炊竈木之柄。此臿屬之銛皆用爲聲。篆體亦當改正。此息廉切。七部八部。**讀若棪。桑欽讀若鎌。**鈂 **臿屬也。从金冘聲。讀若沈。**直深切。七部。⿰金危 **臿金也。从金危聲。**過委切。十六部。**一曰⿰金危、瑩鐵也。**瑩當作鎣。猶明也。

鐅　錢　钁　鉏

讀若毀行。毀大徐作跛。鐅 **河內謂臿頭金也。**郭注方言曰。江東謂鐅刃爲鐅。**从金敝聲。**芳滅切。十五部。按當依郭氏普蔑反。錢 **銚也。古者田器。**詩毛傳云。尒見上文銚字下。云古田器者、古謂之錢。今則但謂之銚、謂之臿。不謂之錢。而錢以爲貨泉之名。**从金戔聲。詩曰。庤乃錢鎛。**周頌臣工文。即淺切。十四部。**一曰貨也。**大徐無此四字。按貝部下曰。古者貨貝而寶龜。周而有泉。至秦廢貝行錢。檀弓注曰。古者謂錢曰泉布。周禮泉府注。鄭司農云。故書泉或作錢。外府注云。其藏曰泉。其行曰布。取名於水泉。其流行無不遍。周語。景王二十一年。將鑄大錢。韋昭曰。古曰泉。後轉曰錢。玉裁謂秦漢乃叚借錢爲泉。周禮、國語早有錢字。是其來已久。錢行而泉廢矣。昨先切。或曰此不當有一曰貨也四字。貝下當云至秦廢貝行泉。王莽時錢文尚曰大泉五十、曰貨泉。钁 **大鉏也。**鉏之大者曰钁。**从金矍聲。**居縛切。五部。鉏 **立薅斫也。**斫也、各本作所用也。今依廣韵正。薅者、披去田艸也。斫者斤也。斤以斫木。此則斫田艸者也。云立薅者，古薅艸坐爲之。其器曰槈。其柄短。若立爲之。則其器曰鉏。其柄長。槈之用淺。鉏之用可深。故曰斫。釋名曰。齊人謂其柄曰橿。橿然正直也。頭曰鶴。似鶴頭也。橿見木部。**从金。且聲。**士魚切。五部。俗作鋤。按此篆原在下文鈯鑼之閒。非其次也。故今移此。

鈐 **鈐鏞。**逗。**大犂也。**犂者、耕也。鈐鏞雙聲。**一曰類枱。**各本作梠。誤。今正。枱、耒耑也。耒者、手耕曲木也。耒枱與犂之別。一以人一以牛也。說文作枱。他書作耜。若梠者、臿也。則當云類臿而已。**从金。今聲。**巨淹切。七部。

鏞 **鈐鏞也。从金。隋聲。**徒果切。十七部。

鏺 **兩刃有木柄。可以刈艸。**兩刃如劒然。兩邊有刃。又、芟艸也。字或作刈。**从金。發聲。讀若撥。**普活切。十五部。按、癹字與此音同義近。

鉵 **枱屬也。**枱大徐作梠。今正。蓋大徐耒下云耒梠。而木部枱音弋之切。此部之誤亦同。**从金。蟲省聲。讀若同。**徒冬切。九部。

鑼 **枱屬也。**枱大徐作梠。非。**从金。罷聲。讀若媯。**彼爲切。古音在十七部。廣韵作鑼。

鎌 **鍥也。从金。兼聲。**力鹽切。七部。俗作鐮。

鍥 **鎌也。**方言曰。刈鉤、江淮陳楚之閒謂之鉊。或謂之鐹。自關而西或謂之鉤。或謂之鎌。或謂之鍥。鍥、郭音結。刀部曰。刎、鎌也。即方言之刈鉤也。**从金。契聲。**苦結切。十五部。

鉊 **大鎌也。**見方言。**从金。召聲。**止搖切。二部。方言。錐謂之鍣。其字从苕。取其象苕秀也。亦音苕。廣雅作此鉊。誤矣。**鎌或謂之鉊。張徹說。**

銍 **穫禾短鎌也。**周頌奄觀銍艾。傳曰。銍、穫也。按艾同乂。穫也。銍所以穫也。淺人刪所以二字。禹貢。二百里納銍。某氏曰。銍艾。謂禾穗。亦謂所穫之穗爲銍。**从金。至聲。**陟栗切。十二部。

鎮 **博壓也。**博當作簿。局戲也。壓當作厭。笮也。謂局戲以此鎮壓。如今賭錢者之有椿也。未知許意然否。引申之爲重也。安也。壓也。**从金。眞聲。**陟刃切。十二部。

鉆 **鐵銸也。**周禮典同注。飛鉆涅闇。疏引鬼谷子飛鉗。**从金。占聲。**敕淹切。古音在七部。讀如砧。劉氏渠金反。**一曰膏車鐵鉆。**

謂脂其車轂者。以器納輨濡膏而染轂中也。其器曰鉆。鐵爲之。

銸 **鉆也。**此與竹部籋義同音近。**从金。耴聲。**陟葉切。八部。

鉗 **以鐵有所劫束也。**劫者、以力脅止也。束者、縛也。**从金。甘聲。**巨淹切。七部。

釱 **鐵鉗也。**鐵御覽作脛。平準書釱左趾。釱踏腳鉗也。狀如跟衣。箸足下。重六斤。以代刖。**从金。大聲。**特計切。十五部。

鋸 **槍唐也。**槍唐蓋漢人語。廣韵引古史考曰。孟莊子作鋸。**从金。居聲。**居御切。五部。

鐕 **可以綴箸物者。**喪大記。君裏棺用朱綠。用雜金鐕。大夫裏棺用玄綠。用牛骨鐕。注。鐕所以琢箸裏。按今謂釘者皆是。非獨棺釘也。**从金。朁聲。**則參切。七部。

錐 **銳也。**此門聞也。戶護也之例。**从金。隹聲。**職追切。十五部。

鑱 **銳也。从金。毚聲。**士銜切。八部。

銳 **芒也。**芒者、艸耑也。艸耑必鐵。故引申爲芒角字。今俗用鋒鋩字。古祇用夆芒。**从金。兌聲。**以芮切。十五部。

㓹 **籒文銳。从厂剡。**

从剡。厂聲。蕨劂字从此。

鏝 **鐵杇也。**杇所以涂也。秦謂之杇。關東謂之槾。从木。是則木爲者曰杇。金爲者曰鏝。許以从木从金別之也。戰國策。豫讓刃其杇。杇而有刃。知古者通偁。**从金。曼聲。**母官切。十四部。

槾 **鏝或从木。**已見木部。

鑽 **所以穿也。**本是器名。因之謂穿亦曰鑽。**从金。贊聲。**借官切。十四部。

鑢 **厝銅鐵也。**厝作錯。誤。厝者、厲石也。故以爲凡砥厲之字。厲銅鐵謂之鑢。故其字从金。周禮注作鐧。**从金。慮聲。**良據切。五部。

銓 **稱也。**稱各本作衡。今正。禾部稱銓也。與此爲轉注。乃全書之通例。稱即今秤字。衡者、牛觸橫大木其角。權衡字經典用之。許不尒。蓋古權衡二字皆叚借字。權爲垂之叚借。古十四部與十七部合音。是以若干爲若柯。桓表爲和表。斟灌爲斟戈。毛詩觀爲多之借。單聲之鼉鄲入戈韵。垂古音陀。叚權爲之。俗乃作錘。若衡則叚借之橫字。權衡者、一直一橫之謂。**从金。**稱錘以金爲之。故从金。**全聲。**此緣切。十四部。

銖 **權十絫黍之重也。**各本作權十分黍之重也。

鋝

今正。權、五權也。五權、銖兩斤鈞石也。厽部曰。絫十黍之重也。此云銖、權十絫黍之重也。兩部曰。兩、二十四銖爲一兩。斤本無其字。以斫木之斤爲之。十六兩也。鈞三十斤也。禾部曰。柘、百二十斤也。按許說與漢律曆志合。志曰。一龠容千二百黍。重十二銖。兩之二十四銖爲兩。十六兩爲斤。三十斤爲鈞。四鈞爲石。此許所本。言十絫黍者、謂百黍也。必言黍者、蒙十黍之重爲絫而言。又使兩、斤、鈞、柘、黍數可計也。若禾部稱下云。十二粟爲一分。十二分爲一銖。則用淮南天文訓。與律曆志別爲一說。粟者、禾實也。以今禾黍驗之。粟輕於黍遠甚。程氏瑤田說。**从金。朱聲。**市朱切。四部。

鋝　十一銖二十五分銖之十三也。各本十一銖作十銖。二十五分銖奪銖字。今依尚書音義、漢蕭望之傳注、廣韵十七薛正。十一銖、計黍千一百。云二十五分銖之十三者、此用命分之法。百黍以四除之。凡二十五而除盡。命爲二十五分。二十五分之十三。得五十二黍。命爲二十五分銖之十三。合十一銖。共爲黍千一百五十二。**从金。寽聲。**力輟切。十五部。**周禮曰。重三鋝。**考工記弓人文。**北方㕣二十兩爲三鋝。**三各本無、戴仲達作一。今依東原師補正。師說曰。無三字者、誤也。攷尚書僞孔傳及馬融、王肅皆云。鍰重六兩。鄭康成云。鍰重六兩大半兩。鋝卽鍰。賈逵云。俗儒以鋝重六兩。此俗儒相傳譌失。不能覈實。脫去大半兩言之。說文多宗賈侍中。故曰北方二十兩爲三鋝。正謂六兩大半兩爲一鋝也。按三鋝爲黍四萬八千。

鍰

鍰　鋝也。尚書釋文引六鋝也。六誤、衍。鄭注攷工記曰。許叔重說文解字云。鋝、鍰也。今東萊謂大半兩爲鈞。十鈞爲環。環重六兩大半兩。鍰鋝似同矣。周禮職金正義曰。夏侯歐陽說。墨罰疑赦。其罰百率。古以六兩爲率。古尚書說。百鍰。鍰者、率也。一率十一銖二十五分銖之十三也。百鍰爲三斤。鄭玄以爲古之率多作鍰。玉裁按古文尚書呂刑作鍰。今文尚書作率。亦作選。或作饌。史記周本紀作率。尚書大傳一饌六兩。作饌。漢書蕭望之傳金選之法。作選。皆今文尚書也。今文謂率六兩。說古文者謂鍰六兩大半兩。許用古文說者也。百鍰爲三斤。正與十一銖二十五分銖之十三數相合。**从金。爰聲。**戶關切。十四部。**書曰。**古本作書曰。趙本作虞書曰。今按當作周書曰。**罰百鍰。**呂刑文。東原師曰。鍰、鋝篆體易譌。說者合爲一。恐未然也。鍰當爲十一銖二十五分銖之十三。攷工記作垸。其段借字。鋝當爲六兩大半兩。史記作率、漢書作選。其假借字。二十五鍰而成十二兩。三鋝而成二十兩。呂刑之鍰當爲鋝。弓人膠三鋝當爲鍰。一弓之膠。三十四銖二十五分銖之十四。不得多至二十兩也。

錙

錙　六銖也。爲黍六百。鄭注禮記儒行曰。八兩爲錙。高注詮言訓曰。六兩曰錙。倍錙曰錘。風俗通義曰。銖六則錘。錘、暉也。二錘則錙。錙、熾也。二錙則兩。也。廣韵曰。八銖爲錙。其說皆乖異、不與許合。惟高注說山訓曰。六銖曰錙。八銖曰錘。與許說合。與詮言注乖異。疑說山之注乃許注之僅存者也。**从金。甾聲。**甾者、或菑字也。側持切。一部。

錘

錘　八銖也。爲黍八百。諸家說異見上。後人謂稱之權爲錘。漢志所謂以輕重爲宜。圜而環之。令之肉倍好者也。古字祇當作垂。謂有物垂之而使平。**从金。垂聲。**直垂切。古音在十七部。

鈞

鈞　三十斤也。斤者、十六兩也。三十斤、爲銖萬一千五百二十。爲絫二十七萬六千四百八十。

漢志曰。鈞者、均也。陽施其氣。陰化其物。皆得其成就平均也。按古多段鈞爲均。**从金。匀聲。**居匀切。十二部。**鈞　古文鈞。从旬。**古旬匀多通用。

鈀

鈀　兵車也。从金。巴聲。伯加切。古音在五部。**司馬灋曰。晨夜內鈀車。**今司馬法無此文。方言。箭廣長而薄鐮謂之錍。或謂之鈀。**一曰鐵也。**別一義。此依韵會本。

鐲

鐲　鉦也。周禮鼓人。以金鐲節鼓。鄭注。鐲、鉦也。形如小鐘。軍行鳴之以爲鼓節。大鄭云。讀如濁其源之濁。**从金。蜀聲。**直角切。三部。**軍灋司馬執鐲。**周禮作公司馬執鐲。杜子春云。公司馬謂五人爲伍。伍之司馬也。

鈴

鈴　令丁也。令平聲。令丁疊韵字。晉語十一注。丁寧、令丁。謂鉦也。吳語十九。丁寧、令丁。謂鉦也。今國語皆奪令丁字。而存於舊音補音。廣韵曰。鈴似鐘而小。然則鐲、鈴一物也。古謂之丁寧。漢謂之令丁。在旂上者亦曰鈴。**从金。令聲。**郎丁切。古音在十二部。

鉦

鉦　鐃也。佀鈴。柄中。句。**上下通。**鐲、鈴、鉦、鐃四者相似而有不同。鉦似鈴而異於鈴者。鐲鈴似鐘有柄。爲之舌以有聲。鉦則無舌。柄中者。柄半在上。半在下。稍稍寬其孔。爲之抵拒。執柄搖之。使與體相擊爲聲。鼓人以金鐃止鼓。注曰。鐃如鈴。無舌有柄。執而鳴之。以止擊鼓。按鐃卽鉦。鄭說鐃形與許說鉦形合。詩新田傳曰。鉦以靜之。與周禮止鼓相合。**从金。正聲。**諸盈切。十一部。

鐃　**小鉦也。**鉦鐃一物。而鐃較小。渾言不別。析言則有辨也。周禮言鐃不言鉦。詩言鉦不言鐃。不得以大小別之。大司馬仲冬大閱。乃鼓退。鳴鐃且卻。左傳陳子曰。吾聞鼓不聞金。亦謂聞鼓進。聞鐃退也。**从金。堯聲。**女交切。二部。**軍灋。卒長執鐃。**見大司馬職。五人爲伍。五伍爲兩。五兩爲卒。

鐸　**大鈴也。**鼓人以金鐸通鼓。注。鐸大鈴也。謂鈴之大者。說者謂軍法所用金鈴金舌。謂之金鐸。施令時所用金鈴木舌。則謂之木鐸。按大司馬職曰。振鐸。又曰。摝鐸。鄭謂摝掩上振之。鐸之制同鈴。**从金。睪聲。**徒洛切。五部。**軍灋。五人爲伍。五伍爲兩。兩司馬執鐸。**見大司馬職。

鑮　**大鐘。淳于之屬。所以應鐘磬也。**大鐘下當有也字。鄭注周禮禮經皆云。鎛似鐘而大。國語韋注云。鎛小鐘也。葢誤。鄭云似鐘則非鐘也。故許旣云大鐘而又云淳于之屬。淳于國語周禮注作錞于。周禮作錞乃矛戟之錞也。鼓人以金錞和鼓。注曰。錞錞于也。圜如碓頭大上小下。樂作鳴之。與鼓相和。疏謂出於漢之大予樂官。韋注吳語曰。唐尚書云。錞于鐲。非也。錞于與鐲各異物。今按古鐘制隋圜。錞于如碓頭正圜。許云淳于之屬。葢鎛正圜大於編鐘。爲後代鐘式正圜之始。云所以應鐘磬者。大射儀笙磬西面。其南笙鐘。其南鎛。頌磬東面。其南鐘。其南鎛。鐘磬編縣。鎛特縣。於此知鎛所以應鐘磬。淳于以和鼓事。正相類。**堵以二。金樂則鼓鑮應之。**當作堵無鎛。全樂則鼓鎛應之。周禮曰。凡縣鐘磬半爲堵。全爲肆。注曰。鐘磬編縣之。二八十六枚而在一虡。謂之堵。鐘一堵。磬一堵。謂之肆。天子宮縣。諸侯軒縣。卿大夫判縣。士特縣。諸侯之卿大夫半天子之卿大夫。西縣鐘東縣磬。士亦半天子之士。縣磬而已。今按大射儀。樂人所陳。諸侯之軒縣。全樂有鎛者也。若諸侯之卿大夫則二堵而分東西。諸侯之士且僅有一堵。皆不成肆。皆無鎛。左傳晉侯賜魏絳以二肆之半。鐘一堵。磬一堵。及一鎛也。此君之特賜。故有鎛。**从金。薄聲。**匹各切。五部。周禮國語字作鎛。乃是叚鎛鱗字。

鏞　**大鐘謂之鏞。**爾雅文。大雅商頌毛傳皆同。惟商頌字作庸。古文叚借。考工記曰。大鐘十分其鼓閒。以其一爲之厚。**从金。庸聲。**余封切。九部。

鐘　**樂鐘也。**當作金樂也。**秋分之音。萬物穜成。故謂之鐘。**萬故謂之鐘五字今補。猶鼓者春分之音。萬物郭皮甲而出。故謂之鼓。笙者正月之音。物生故謂之笙。管者十二月之音。物開地牙。故謂之管也。鐘與穜疊韵。**从金。童聲。**職茸切。九部。經傳多作鍾。叚借酒器字。**古者垂作鐘。**葢出世本作篇。

銿　**鐘或从甬。**鐘柄曰甬。故取以成字。甬亦聲。

鈁　**方鐘也。**廣韵曰。鑊屬。今義也。**从金。方聲。**形聲包會意。府良切。十部。

鎛　**鎛鱗也。**也衍。**鐘上橫木上金華也。**縣鐘者直曰虡。橫曰筍。攷工記云。鱗屬以爲筍。明堂位云。夏后氏之龍簨虡。注云。飾簨以鱗屬。又於龍上刻畫之爲重牙。然則橫木刻爲龍。而以黃金涂之。光華爛然。是之謂鎛鱗。鎛之言薄也。迫也。以金傅箸之也。徐廣之言車亦曰金薄繆龍。徐楚金以金博山釋之。隨書音樂志云。近代加金博山於簨上。此非許所謂。淮南說金尊云。華藻鎛鮮。鎛之意略同耳。鎛訓迫。故田器曰鎛。周頌之鎛。毛曰鎒也。鄭注攷工記曰田器。正謂鎒迫地拔艸而有此偁。釋名以爲鎛亦鉏類。鎛迫也。今本釋名作鑮。非。**从金。尃聲。**補各切。五部。**一曰田器。詩曰。庤乃錢鎛。**周頌文。

鍠　**鐘聲也。从金。皇聲。**乎光切。十部。**詩曰。鐘鼓鍠鍠。**周頌文。今詩作喤喤。毛傳曰。和也。按皇大也。故聲之大字多从皇。詩曰。其泣喤喤。喤喤厥聲。玉部曰。瑝玉聲也。執競以鼓統於鐘。總言鍠鍠。

鎗　**鎗鏓也。**二字各本無。今依全書例補之。雙聲字也。**鐘聲也。**引申爲他聲。詩采芑八鸞鎗鎗。毛曰。聲也。韓奕作將將。烈祖作鶬鶬。皆叚借字。或作鏘鏘。乃俗字。漢書禮樂志鏗鎗。藝文志作鏗鏘。廣雅作[illegible]鎗。**从金。倉聲。**楚庚切。按古音七羊反。在十部。

鏓　**鎗鏓也。**學記曰。善待問者如撞鐘。

叩之以小者則小鳴。叩之以大者則大鳴。待其松容。然後盡其聲。注曰。松容謂重撞擊也。鎗鏓善狀鐘聲。今處用此者。从金悤聲。倉紅切。九部。一曰大鑿中木也。中木也各本作平木者。玉篇廣韵竟作平木器。今正。鑿非平木之器。馬融長笛賦。鏓硐隤墜。李注云。說文曰。鏓大鑿中木也。然則以木通其中皆曰鏓也。今按中讀去聲。許正謂大鑿入木曰鏓。與種植舂杵聲義皆略同。詩曰鑿冰沖沖。傳曰沖沖鑿冰之意。今四川富順縣卬州鑿鹽井。深數十丈。口徑不及尺。以鐵爲杵。架高絙而鑿之。俗偁中井。中讀平聲。其實當作此鏓字。囪者多孔。蔥者空中。聰者耳順。義皆相類。凡字之義必得諸字之聲者如此。釋名曰。轞言輻轞入轂中也。轞入正鏓入之譌。

錚　金聲也。後漢書曰。鐵中錚錚。鐵堅則聲異也。玉篇云。錚同鎗。非是。从金爭聲。側莖切。十一部。

鏜　鐘鼓之聲也。鼓部曰。鼛鼓聲也。引詩擊鼓其鼛。爲其字之从鼓也。此引詩擊鼓其鏜。蓋有韓毛之異與。邶風傳曰。鏜擊鼓聲也。許以其从金。故先之以鐘曰鐘鼓之聲。相如賦作闛鞈。司馬法曰。鼓聲不過閶。皆叚借字。从金堂聲。土郎切。十部。詩曰。擊鼓其鏜。

鑋　金聲也。从金輕聲。苦定切。十一部。篇韵皆有去盈切。讀若春秋傳𨇨而乘它車。昭公廿六年左氏傳文。今左傳作鑋而乘他車。則不可通矣。𨇨蓋卽脛字。亦或作踁。林雍既斷足。乃以脛策地而行。故謂之脛。

鐔　劒鼻也。攷工記、曲禮、少儀所謂劒首也。通藝錄曰。劒鼻謂之鐔。鐔謂之珥。又謂之環。一謂之劒口。有孔曰口。視其旁如耳然曰珥。面之曰鼻。對末言之曰首。玉裁按。莊子說劒凡五事。曰鋒。鍔。脊。鐔。夾。鋒者其耑。許書之鏠字。左傳所謂劒末也。鍔者其刃。許之剽字。脊者其身中隆處。記因之有兩從臘廣之偁也。鐔者其鼻。玉部所謂設瓛處也。夾者其柄。鐔在其耑。記所謂莖。許刀部所謂制也。印鼻、劒鼻、瓜鼻、鼻皆謂鼻者。鼻猶初也。始生子爲鼻子。从金覃聲。徐林切。七部。

鏌　鏌釾、逗大戟也。大徐無大戟字。小徐及臣瓚、賈誼傳注、李善羽獵賦注、李賢杜篤傳注引許皆同。淺人但知莫邪爲劒。故刪之也。應劭、司馬貞、顏師古皆主劒說。非許意。史記趙良、司馬相如皆云干將之雄戟。張揖曰。吳王劒師干將所造者也。然則干將莫邪古說皆謂戟矣。从金莫聲。慕各切。五部。

釾　鏌釾也。从金牙聲。以遮切。古音在五部。疊韵字也。漢郭究碑作鋣。杜篤傳注引同。

鏢　刀削末銅也。削者。刀鞞也。私妙切。俗作鞘。刀室之末。以銅飾之曰鏢。鞞用革。故其末飾銅耳。而高誘注天文訓云。標讀如刀末爲鏢。通俗文曰。刀鋒爲鏢。皆自刀言。不自刀室言。與許說異矣。从金票聲。撫招切。二部。

鈒　鋋也。廣韵云。戟也。又云。鈒鏤。皆非古義。从金及聲。穌合切。七部。

鋋　小矛也。矛者。酋矛長二丈。建於兵車者也。其小者可用戰曰鋋。牧誓立爾矛是也。鄭風、魯頌有二矛。秦風有厹矛。方言曰。矛或謂之鋋。師古注漢書曰。鋋、鐵把短矛也。从金延聲。市連切。十四部。

鈗　侍臣所執兵也。从金允聲。周書曰。一人冕執鈗。讀若允。按顧命作執銳。僞孔傳云。銳、矛屬也。陸氏音義云。銳以稅反。不言說文作鈗、讀若允。與其說文作鈗、作钱、作彝、作凭、作冠、詳引許書之例不合。此可疑一也。顧氏玉篇無鈗字、有銳字。云徒會切。矛也。在鈒鋋之下、鉈鏦錟之上。正與說文列字次弟同。惟易鈗爲銳耳。此可疑二也。漢書長揚賦。究鋋瘢耆。張佖引說文同。今本以釋究。謂究當作鈗。是說文今本至南唐張佖乃見之。與小徐本同。此可疑三也。廣韵十七準無鈗字。惟十四泰銳杜外切。矛也。是可知陸法言切韵、孫愐唐韵皆無鈗矣。此可疑四也。集韵十四太銳徒外切。矛屬。毛氏禮部韵略、黃氏韵會皆同。以至毛居正六經正誤云。銳矛屬。許氏說文音兌。廣韵徒外切。今音以稅切。非也。當從說文廣韵音。岳珂九經三傳沿革例云。顧命執銳。說文以爲兵器。注中釋爲矛屬。是則南宋時所據許書古本尚有釋銳爲兵器讀若兌者。亦非純用大小徐本也。此可疑五也。竊謂顧命本作銳。說文亦本有銳無鈗。銳篆厠於鋋下鉈上。訓曰矛屬。从金兌聲。周書曰。一人冕執銳。一曰芒也。次出厠篆。訓云籀文銳也。今校說文。當如是改移。而徑刪鈗篆。○又徒外切。者執銳舊音必許云讀若兌。故相沿如此音也。以稅切者。訓芒之音。尚書音義以稅反。恐是李昉、陳鄂所擅改而非

鉈　鏦　錟　鏠　鐓

陸氏本書也。鉈短矛也。方言曰。矛、吳揚江淮南楚五湖之閒謂之鍦。或謂之鋋。或謂之鏦。按鍦卽鉈字。廣雅作鍦。晉書。丈八鉈、矛左右盤。从金。它聲。食遮切。古音在十七部。

鏦矛也。从金。從聲。七恭切。九部。今楚江切。

錄鏦或从彔。非聲也。未詳。玄應曰。字詁云。古文錄、穳二形。今作穳。同。麤亂切。字林云。穳、小矛也。按錄與鏦當是各字而同義。从金。彖聲。今說文轉寫有誤。

錟長矛也。本義也。史記錟戈在後。又非錟於句戟長鎩。爲銛利字也。劉伯莊云。四廉反。而毛晃讀同剡。从金。炎聲。讀若老聃。徒甘切。八部。

鏠兵耑也。兵、械也。耑、物初生之題。引申爲凡物之顚與末。凡金器之尖曰鏠。俗作鋒。古亦作夆。山之顚曰夆。古無峯字。从金。逢聲。敷容切。九部。

鐓矛戟柲下銅鐏也。柲、欑也。欑、積竹杖也。矛戟之矜以積竹杖爲之。其首非銅裹而固之。恐易散。故有銅鐏。故字从金。秦風毛傳曰。錞、鐏也。从金。𦎫聲。徒對切。古音在十三部。方言。鐏謂之釬。注曰。或名爲鐓。音頓。玄應書卷廿一引說文作鐓。而謂梵經作錞乃樂器錞于字。然則東晉唐初說文作鐓可知。玉篇、廣韵皆鐓爲正字。錞注同上。曲禮。進矛戟者前其鐓。釋文云又作錞。而已。舊本皆作𦎫聲。篆作鐓。今更正。詩曰。厹矛𣲙鐓。秦風文。厹各本作厹。今正。𣲙今詩作鋈。車部引詩𣲙以䡾輈。字亦作𣲙。許書無鋈字之證也。以白金固鐏謂涂銀於銅也。

鐏柲下銅也。曲禮曰。進戈者前其鐏。後其刃。進矛戟者前其鐓。注云。後刃敬也。三兵鐏鐓雖在下。猶爲首也。銳底曰鐏。取其鐏地。平底曰鐓。取其鐓地。按鐏地、可入地。鐓地、著地而已。知古鐓讀如敦也。鄭析言之。許渾言不析者、葢銳鈍皆可爲。非必戈銳而矛戟鈍也。曲禮或互文耳。从金。尊聲。祖寸切。十三部。

鏐弩眉也。从金。翏聲。力幽切。三部。一曰黃金之美者。見爾雅釋器。鄭本尚書厥貢鏐鐵注同。漢地理志亦作鏐。韋昭云。紫磨金。

鏃矢金族翦羽謂之鏃。族各本作鏃。今正。於部曰。族、矢鏠也。東之族族也。是可以證矣。大雅傳曰。鏃、矢參亭。參亭者、考工記所謂一在前、二

鏑　鎧　釬　錏　鍜　鐗　釭　鍪

在後也。釋器曰。金鏃翦羽謂之鏃。从金。矦聲。乎鉤切。四部。按此篆鍇無、鉉有。攷儀禮記作翭矢。羽部翭、羽本也。一曰羽初生皃。翦、羽生也。一曰矢羽。然則翭矢以翦羽得名。不以金族爲義。小徐本是。大徐非也。當從小徐刪正。○按爾雅翦羽、不翦羽、依許說一有羽、一無羽也。孫炎訓翦爲齗。非。

鏑矢鏠也。謂矢族之入物者。古亦作鍉。是聲啻聲同部也。从金。啇聲。都歷切。十六部。

鎧甲也。甲、本十干之首。从木戴孚甲之象。因引申爲甲冑字。古曰甲。漢人曰鎧。故漢人以鎧釋甲。从金。豈聲。苦亥切。古音在一部。

釬臂鎧也。管子戒曰。弛弓脫釬。房注。釬所以扞弦。按房非也。禮射時箸左臂者謂之遂。亦謂之拾。若戰陣所用臂鎧謂之釬。兩臂皆箸之。又非無事時所箸臂衣謂之韝也。从金。干聲。矦旰切。十四部。

錏錏鍜、逗。疊韵字也。頸鎧也。漢刑法志。三屬之甲。蘇林曰。三屬者、兜鍪也。盆領也。髀褌也。按盆疑當作益。益領卽錏鍜。許兜部曰。兜鍪、首鎧也。冃部曰。冑、兜鍪也。此云錏鍜頸鎧也。則與蘇說三屬同矣。从金。亞聲。烏牙切。古音在五部。

鍜錏鍜也。从金。叚聲。乎加切。古音在五部。

鐗車軸鐵也。此與䡅異義。䡅者、車軸耑鍵也。謂以鐵鍇毌軸頭而制之也。若車軸之在釭中者、以鐵鍱裹之謂之鐗。釋名曰。鐗、閒也。閒釭軸之閒。使不相摩也。按釭中亦以鐵鍱裹之。則鐵與鐵相摩。而轂軸之木皆不傷。乃名鐵之在軸者曰鐗。在轂者曰釭。从金。閒聲。古莧切。十四部。

釭車轂中鐵也。木部曰。橾、車轂中空也。今攷工記作藪。大鄭云。藪讀爲蜂藪之藪。謂轂空壺中也。按壺中謂三十輻所趨。非以鐵鍱裹之。懼其易傷也。其裹之之鐵鍱曰釭。因之壺中亦曰釭。釋名曰。釭、空也。其中空也。方言曰。自關而西謂之釭。引申之、凡空中可受者皆曰釭。漢書曰。昭陽宮壁帶爲黃金釭。函藍田璧是也。俗謂膏燈爲釭。亦取凹處盛膏之意。如方言釭亦曰鍋也。釭有鐵、則軸又易傷。故又有鐗。从金。工聲。古雙切。九部。本音工。

鍪車樘結也。木部曰。樘、衺柱也。古音党。今音丑庚切。考工記注曰。党讀如掌距之掌。車掌之掌。然則車樘、漢人語也。急就篇、釋名作棠。劉熙曰。棠

釳

蹼也。在車网旁。蹼幰使不得進卻也。今按其結曰鏊。其制未詳。蓋可以系車幰者。**从金。斷聲。讀若誓。**時制切。十五部。**一曰銅生五色也。**如古銅器朱翠之色。

釳 **乘輿馬頭上防釳。**乘輿、天子之車。防古多作方。方釳者其名。下言其制。**插以翟尾鐵翮。**句 **象角。**句 **所以防网羅釳去之。**司馬彪輿服志曰。乘輿、金根、安車、立車皆方釳。插翟尾。劉注引顏延之幼誥曰。釳、乘輿馬頭上防釳。角所以防網羅。釳以翟尾鐵翮象之也。玉裁按得顏語而後象角之義明。翮者、羽莖也。蔡邕獨斷曰。方釳、鐵也。廣數寸。在馬鬉後。有三孔。插翟尾其中。薛解西京賦曰。方釳謂轅旁以五寸鐵鏤錫。此字有誤中央低。兩頭高。如山形。而貫中以翟尾。結著之轅兩邊。恐馬相突也。蔡云在馬髦後。薛云在轅兩邊。馬髦之後、正負轅處也。與許云在馬頭上者不同。依西京賦、既言金鍐、又言方釳。蔡邕曰。金鍐者、馬冠也。高廣各五寸。上如玉華形。在馬髦前。則馬頭上有金鍐。方釳不在馬頭也。鍐取叜字之義。叜者、囟蓋也。然許云以防网羅罣礙。則應在馬頭上。許意馬頭無金叜。有方釳。**从金。气聲。**許訖切。十五部。

鑾

鑾 **人君乘車四馬鑣八鑾。**鑣上當有四字。每鑣二鑾。四馬故四鑣。四鑣故八鑾也。鑣者、馬衘也。衘者、馬勒口中也。許云人君乘車四馬者、人君兼天子諸侯言。此破天子駕六之說也。五經異義易孟京、春秋公羊說天子駕六。毛詩說天子至大夫同駕四。士駕二。詩云。駟騵彭彭。武王所乘。龍旂承祀。六轡耳耳。魯僖所乘。四牡騑騑。周道倭遲。大夫所乘。謹按禮王度記曰。天子駕六。諸侯與卿大夫駕四。大夫駕三。士駕二。庶人駕一。與易、春秋同。鄭駁曰。周禮校人掌王馬之政。凡頒良馬而養乘之。乘馬一師四圉。四馬爲乘。此一圉養一馬而一師監之也。尚書顧命。諸侯入應門。皆布乘黃朱。言獻四黃馬朱鬣也。既實周天子駕六。校人則何不以馬與圉以六爲數。顧命諸侯何以不獻六馬。易經時乘六龍者、謂陰陽六爻上下耳。豈故爲禮制。王度記云。今天子駕六者、自是漢法與古異。大夫駕三者、於經無以言之。玉裁謂許造說文云人君駕四馬。與異義異。與鄭駁同。此說文爲許晚年定論之一證也。云四鑣八鑾者、此破鑾在衡之說也。秦風正義曰。鸞和所在。經無正文。經解注引韓詩內傳曰。鸞在衡。和在軾。又大戴禮保傅篇文與韓詩說同。故鄭依用之。蓼蕭傳曰。在軾曰和。在鑣曰鸞。箋不易之。異義載禮戴氏、詩毛氏二說。謹案云。經無明文。且殷周或異。故鄭亦不駁。商頌烈祖箋云。鸞在鑣。以無明文。且殷周或異。故鄭爲兩解。王裁謂鄭箋駟鐵云。置鸞於鑣。異於乘車也。烈祖箋、大馭注則云鸞在衡。許本無定說。而造說文云四鑣八鑾。宗毛氏。此又說文爲許晚年定論之二證也。八鑾三見詩。字作鸞。**鈴象鸞鳥之聲。**此釋名鑾之義。鸞者、赤神之精。赤色五采雞形。鳴中五音。頌聲作則至。爲鈴系於馬衘之兩邊。聲中五音。似鸞鳥。故曰鑾。小雅鑾刀傳曰。鑾刀、刀有鑾者、言割中節也。禮記曰。聲和而後斷也。今詩亦作鸞刀矣。若崔豹古今注云。五軺衡上金雀。鸞也。鸞口衘鈴。故謂之鑾。司馬氏輿服志云。乘輿鸞雀立衡。即韓詩、戴禮在衡曰鑾之說。而爲之鳥形。恐非古矣。**聲龢則敬也。**聲字今補。龢字今正。玉藻曰。君子在車。則聞鸞和之聲。行則鳴佩玉。是以非辟之心無自入也。**从金鸞省。**此舉會意包形聲。洛官切。十四部。

鉞

鉞 **車鑾聲也。从金。戉聲。詩曰。鑾聲鉞鉞。**徐鉉等曰。今俗作鐬。以鉞作斧戉之戉。非是。呼會切。十五部。玉裁按詩采菽。鸞聲嘒嘒。傳曰。中節也。泮水。鸞聲噦噦。傳曰。言其聲也。釋文不言有作鐬者。鼎臣何以云今作鐬與。攷玉篇廣韵皆有鐬字。注呼會切。鈴聲也。而泮水噦噦。呼會反。鑾聲即鈴聲。然則古本毛詩非無作鐬鐬者。故篇韵猶存其說。鐬爲正字。采菽嘒嘒。呼惠反。殆叚借字。許訓噦爲气牾。見於內則。詩不得以肰鑾聲。或叚借可也。以戉聲之字肰鸞聲。尤殊不類。鐬从歲聲。歲从戉聲。戉聲歲聲。則與鑾聲相似。詩言和鑾雝雝。宮聲也。車綏行舒徐聲也。八鑾鎗鎗。鑾聲鉞鉞。鳴玉鑾之秋秋。商聲也。車將止。舌與鈴相摩聲也。疑古毛詩泮水本作鉞鉞。後乃變爲鐬字。許所據作鉞。戉聲。辛律切。變爲鐬。呼會切。當鼎臣兄弟時。說文鉞篆譌鉞。而鼎臣兄弟乃仍以呼會切之。蓋昧其遷移原委矣。鉞字之存於今者、爲鋸聲。爲鑷鉞。

鍚

鍚 **馬頭飾也。**韓奕傳曰。鏤錫、有金鏤其錫也。箋云。眉上曰錫。刻金飾之。今當盧也。按人眉目閒廣揚曰揚。故馬眉上飾曰錫。盧即顱字。**从金。陽聲。**

銜　鑣　鉣　鈇

與章切。十部。今經典作鍚。詩曰。鋚膺鏤鍚。一曰鍱車輪鐵也。鍱車輪謂以鐵鍱附車輪箸地匌帀處也。其鍱謂之鍚。

銜 馬勒口中也。也當作者。革部曰。勒、馬頭落銜也。落謂絡其頭、銜謂關其口。統謂之勒也。其在口中者謂之銜。落以輅爲之。輅、生革也。銜以鐵爲之。故其字从金。引申爲凡口含之用。从金行。會意。戶監切。蓋金亦聲。在七部。銜者、所㠯行馬者也。所以字今補。凡馬提控其銜以制其行止。此釋从行之意。

鑣 馬銜也。馬銜橫毌口中。其兩耑外出者系以鑾鈴。又巾部曰。幩、馬纏鑣扇汗也。蓋扇汗亦繞於兩耑。从金麃聲。補嬌切。二部。

鑣 鑣或从角。蓋古或以角之至堅者爲之。

鉣 組帶鐵也。按組上疑當有馬字。从金劫省聲。讀若劫。居怯切。八部。

鈇 所莝刀也。各本作莝所刀。今按尹翁歸傳注作所莝刀。後漢馮魴傳注但云莝刀。近是。而尚奪字。莝者、斬芻也。斬芻之刀今之鍘刀。禮記屢言鈇鉞。秋官掌戮注曰。斬以鈇鉞。若今要斬。殺以刀刃。若今棄市。古多訓鈇爲椹質。文選冊魏公九錫文引倉頡篇。鈇、椹質也。鉞、斧也。公羊傳曰。不忍加之鈇鑕。鑕卽質。何休云。斬要之制。范雎曰。匈當椹質。要待斧鉞。漢王訢傳。暴勝之將斬訢。訢已伏質。而仰言。因壯而貰之。然則斬人皆胸伏椹質。說倉頡者謂椹質爲鈇。以古詩斬芻之質謂之稾砧。隱語夫字言之。說倉頡者是也。然則許此解當云莝刀質也。俗人不得其解。因刪去質字耳。若五經文字云。鈇音斧。又與斧同。則甚繆誤。後漢獻帝紀加鈇鉞虎賁注引倉頡篇。鈇、斧也。此奪去椹質也鉞四字。爲俗誤所本。从金。莝刀之質。古蓋鐵爲之。夫聲。甫無切。五部。讀上聲者、非。

釣 鉤魚也。鉤者、曲金也。以曲金取魚謂之釣。从金勺聲。多嘯切。二部。

鏊　釣

鏊 羊箠也。耑有鐵。也字依廣韵補。箠者、所以擊馬也。因之擊羊者謂之羊箠。其耑有鐵。故字从金。淮南道應訓曰。白公罷朝而立。倒杖策。錣上貫頤。高注云。策、馬捶。端有針以刺馬謂之錣。倒杖策。故錣貫頤也。又氾論訓注曰。錣、檽頭箴。按錣卽許之鏊字。捶同箠。檽者、箠也。馬箠亦耑有鐵。其用同也。曲禮所謂策彗卹勿

十四篇上　卅三

鋃　鐺　鋂

从金。埶聲。讀若至。脂利切。十五部。廣韵入至薛二韵。是入緝韵誤也。

鋃 鋃鐺、逗。曡韵字。瑣也。瑣俗作鎖。非。瑣爲玉聲之小者。引申之彫玉爲連環不絕謂之瑣。漢以後罪人不用纍紲。以鐵爲連環不絕係之、謂之鋃鐺。遂製鎖字。漢西域傳。陰末赴琅當德。謂以長鎖鎖趙德也。正文本無鎖字。今本乃作鎖琅當德。殊爲不辭。琅當、叚借字也。若宮室青瑣、以青畫戶邊爲瑣文。故楚辭注曰。文如連瑣。从金良聲。魯當切。十部。

鐺 鋃鐺也。从金當聲。都郎切。十部。今俗用爲酒鎗字。楚庚切。

鋂 大環也。一環毌二者。環各本作瑣。毌原作貫。今正。盧令三章曰。盧重鋂。傳曰。鋂、一環貫二也。上文重環傳云。子母環。謂以一環毌一環。此云一環毌二、則一環差大。故許知爲大環也。玉篇、廣韵皆云大環。用許之舊。詩正義引說文鋂、環也。一環貫二。由其以大環貫小環。釋子母環。遂刪此大字而云環。固未誤也。非綿連者不得云瑣。犬飾以纓環。環不以瑣。且犬旣有紲矣。何爲施以大鋃鐺乎。○韵會一環貫二者五字在每聲之下。葢此五字後人所增。从金每聲。莫桮切。古音在一部。詩曰。盧重鋂。齊風文。

鍡　鑸　鎎　鋪

鍡 鍡鑸、逗。曡韵字。不平也。莊子有畏壘之山。史記作畏累虛。玉篇云。鍡鑸亦作磈礧。从金畏聲。烏賄切。十五部。

鑸 鍡鑸也。从金壘聲。洛猥切。十五部。

鎎 怒戰也。怒則有氣。戰則用兵。故其字从金氣。氣者、气之叚借字也。从金愾省。此會意。而愾省亦聲也。今本作氣聲。乃上下不毌。許旣切。十五部。哀公問音義曰。愾許乞反。又許氣反。春秋傳曰。諸侯敵王所愾。愾各本作鎎。今正。春秋傳者、文公四年左傳文。杜曰。敵猶當也。愾、恨怒也。心部曰。愾、大息。从心氣。是則王所愾、王所怒也。敵王所怒、故用金革。此引以證會意之恉。與引艸木麗乎地說麗、引豐其屋說寷、引莫可觀於木說相、引在同之野說駉同意。許於愾下云。从心氣。氣亦聲。是謂氣卽气字。此作从金氣、春秋傳敵王所愾。亦無不合。凡此校正私謂必符許意。知我罪我、所不計也。

鋪 箸門抪首也。抪各本作鋪。依舞賦李注正。手部曰。抪、捫持也。捫持者、古

十四篇上　卅四

鐉　鈔　錔

者箸門爲贏形。謂之椒圖。是曰鋪首。以金爲之。則曰金鋪。以青畫瑣文鏤中。則曰青瑣。見西京、蜀都賦注。按大雅鋪敦淮濆。箋云。陳屯其兵於淮水之上。此謂叚鋪爲敷也。今人用鋪字本此。江漢淮夷來鋪。傳曰。鋪、病也。則謂叚鋪爲痡也。**从金甫聲。**普胡切。五部。

鐉　所吕鉤門戶樞也。門戶樞有不利轉者。以此鉤轉之也。**一曰治門戶器也。**別一義。**从金巺聲。**此緣切。十四部。按玉篇釋爲六兩。所劣切者。此尙書大傳饌訓六兩誤字。

鈔　叉取也。叉者、手指相錯也。手指突入其閒而取之。是之謂鈔。字从金者。容以金鐵諸器刺取之矣。曲禮曰。毋剿說。剿卽鈔字之叚借也。今謂竊取人文字曰鈔。俗作抄。**从金少聲。**楚交切。二部。

錔　吕金有所冃也。冃各本作冒。凡覆乎上者。頭衣之義之引申耳。輨下曰。轂耑錔也。錔取重沓之意。故多借沓爲之。漢外戚傳。切皆銅沓黃金塗。謂以銅冒門限。以黃金塗銅也。高注呂覽郈氏金距云。以利鐵作假距。沓其距上。卽服注左傳以金錔距也。手部揩下曰。亦曰韜也。**从金沓聲。**

銽　鉻　鍹　鏃　鈌　鏉　鐂

形聲包會意。他荅切。八部。

銽　斷也。未聞。**从金昏聲。**古活切。十五部。

鉻　鬄也。鬄者、鬀髮也。亦謂之鉻。俗作剃、作[illegible]。**从金各聲。**盧各切。五部。

鍹　伐擊也。从金亶聲。旨善切。十四部。

鏃　利也。今用爲矢鏃之族。與許不同。疑後所增字。**从金族聲。**作木切。三部。

鈌　刺也。从金夬聲。於決切。十五部。

鏉　利也。玉篇、廣韵云。鐵生鏉也。亦曰鉎。此今義。非古義也。古云鐵繡作采。**从金敕聲。**所右切。三部。

鐂　殺也。般庚。重我民。無盡劉。君奭。咸劉厥敵。左傳成十三年。虔劉我邊垂。釋詁。劉、殺也。書孔傳、左杜注同。**从金刀。**此會意。从金、殺義未著。必从金刀。而後著。**丣聲。**丣者、古文酉也。力求切。三部。此篆二徐皆作鐂。別無劉篆。鐂、古書罕用。古未有姓鐂者。且與殺義不協。其義訓殺、則其文定當作劉。楚金疑脫劉篆。又疑鐂之丣下本作刀。轉寫譌田。後說是也。竹部有劉、劉聲。水部有瀏、劉聲。又劉、劉杙。又劉向、劉歆。以許訂許。此必作劉。若無劉字。劉聲無本矣。今輒更正篆文。以戠斷衆疑。

錉　鉅　鎕

至若此字丣聲、非戼聲。絕無可疑者。二徐固皆不誤。蓋凡丣聲之字。皆取曡韵而又雙聲。丣、戼皆在古音第三部。而各有其雙聲。故二聲不可淆混。東漢一代持卯金刀之說。謂東卯西金。從東方王於西也。此乃讖緯鄙言。正馬頭人、人持十、屈中、止句、一例。所謂不合孔氏古文。謬於史籀之野言。許之所以造說文者。正爲此等。矯而煣之。隱而栝之。使六書大明。以視何休之恃此說經。其相去何如也。正劉爲劉。許君之志也。或疑其有忌諱而隱之。夫改字以惑天下後世。君子不出於此。

錉　業也。賈人占錉。从金昏聲。武巾切。十二部。按此字必後人所增。必當刪者。史漢賈人緡錢字从糸。李匪曰。緡、絲也。以貫錢也。引詩維絲伊緡。如淳引胡公云。緡錢爲緡者。詩云。氓之蚩蚩。抱布貿絲。故謂之緡也。不知何人因二千一算改爲緡字。正如矢族改爲鏃耳。以業訓之。尤不可通。

鉅　大剛也。孫卿議兵篇曰。宛鉅鐵鉇。慘如蠭蠆。史記禮書本之曰。宛之鉅鐵施。鑽如蠭蠆。徐廣云。大剛曰鉅。按引申爲鉅大字。**从金巨聲。**其呂切。五部。

鎕　鎕銻。逗。雙聲字。**火齊也。**玉部曰。玫瑰、火齊也。然則鎕銻卽玫瑰也。廣韵。火齊似雲母。重沓而開。色黃赤。似金。出日南。齊讀去聲。**从金唐聲。**徒郎切。十部。

銻　鈋　鏊　鍒　錭　鈍

銻　鎕銻也。从金弟聲。杜兮切。十五部。

鈋　吪圜也。吪、動也。謂本不圜。變化而圜也。廣韵曰。鈋、刓也。去角也。**从金化聲。**五禾切。十七部。

鏊　下垂也。鏊之言隤也。故爲下垂。**一曰千斤椎。**椎所以擊也。周禮注。搶雷椎摶。千斤椎、若今衆舉以築地者是也。秦始皇造鐵鐓。重不可勝。刻作力士像。以祭之。鐓乃可移動。若朱亥袖四十斤鐵椎。張良爲鐵椎重百廿斤。皆其細也。**从金敦聲。**都回切。古音敦。十三部。按下𣳚、千斤椎二義。皆鐓之餘義。矛戟秘下銅鐏、下𣳚而重。引伸之爲此二義。蓋後人分別增一篆。改鐓篆爲鐔耳。似刪之無不可者。

鍒　鐵之耎也。耎猶僁也。僁者、弱也。鍒、正爲鉅之反。**从金柔。柔亦聲。**耳由切。三部。

錭　鈍也。今俗謂挫抑人爲錭鈍。讀如刀。**从金周聲。**徒刀切。古音在三部。

鈍　錭也。古亦叚頓爲之。**从金屯聲。**徒困切。十三部。

銻

銻利也。周易。喪其資斧。子夏傳及衆家並作齊。應劭云。齊、利也。然則銻爲正字。齊爲叚借字。从金弟聲。讀若齊。徂奚切。十五部。

鍨

鍨側意。司部曰。言者、意內而言外也。側意猶側言。鍨即今之歪字。唐人曰天邪。从金委聲。女恚切。十六部。

文百九十七　按鍇本百九十六。無鍨字。張次立補之。　重十三

幵

幵平也。凡岐頭兩平曰幵。幵字、古書罕見。禹貢道岍及岐。許書無岍字。葢古衹名幵山。後人加之山旁。必岐頭平起之山也。用幵爲聲之字、音讀多岐。如汧、麗鳽、研、妍、雁在先韵。音之近是者也。如并、刑、形、邢、鈃入清青韵。此轉移之遠者也。如笄、枅入齊韵。此轉移更遠者也。幵从二干。古音仍讀如干。何以證之。籒文栞讀若刊。小篆作栞。然則干幵同音可知。荆罰字本从井。刑到字从幵。畫然異字異音。今則絕不知有从井之字。以刑代荆。音義兩失。而凡刑聲幵聲之字盡失古音。得吾說存之。而後大略可證。象二干對冓。今正。原作構。上平也。干即竿之省。古賢切。古音在十四部。凡幵之屬皆从幵。

文一

勺

勺枓也。二字依玄應書卷四補。木部枓下云勺也。此云勺、枓也。是爲轉注。考老之例也。考工記勺一升。注曰。勺、尊斗也。斗同枓。謂挹以注於尊之枓也。士冠禮注亦云。尊斗所以斞酒也。今皆譌尊升。不可通矣。詩酌以大斗。毛云。長三尺。謂其柄。所㠯挹取也。所以二字依息夫躬傳顏注補。顏之訓詁多取諸許也。挹者、抒也。勺是器名。挹取者、其用也。刪所以、則體用溷矣。象形。中有實。與包同意。外象其哆口、有柄之形。中一象有所盛也。與包同意、謂包象人裹子。勺象器盛酒漿。其意一也。李陽冰曰。勺从ㄅ。裹之ㄅ。失之。勺象張口。豈同舁口哉。此字當依考工記上灼反、中庸市若反、篇、韵。時灼市若切。大徐之若切。非也。今俗語猶時灼切。二部。俗作杓。凡勺之屬皆从勺。

与

与賜予也。賜、予也。予、推予寿人也。一勺爲与。下从勺。一者、推而予之。余呂切。五部。此與予同意。大徐作此与與同。小徐作此即與同。惟小徐袪妄內作與予皆同。近是。今正。以一推勺、猶以丨推区也。故曰同意。與、攩與也。从舁。義取共舉。不同与也。今俗以與代与。與行而与廢矣。

文二

几

几凥几也。凥、各本作踞。今正。凥几者、謂人所凥之几也。凥、処也。処、止也。古之凥今悉改爲居。乃改云居几。既又改爲蹲踞俗字。古人坐而凭几。蹲則未有倚几者也。几俗作机。左傳設机而不倚。周易渙奔其机。皆俗字。象形。象其高而上平可倚。下有足。居履切。十五部。周禮五几。玉几、彫几、彤几、髤几、素几。周禮司几筵職文。髤几、今周禮作漆几。葢許所據不同。髤者、桼也。凡几之屬皆从几。

凭

凭依几也。依者、倚也。凭几亦作馮几。叚借字。臥則隱几。从任几。三字今正。任几猶言倚几也。會意。皮冰切。六部。周書曰。凭玉几。顧命文。今尚書作憑。衛包所改俗字也。古叚借衹作馮。凡馮依、皆用之。讀若馮。馮从馬、仌聲。故其讀同也。

凥

凥処也。各本作處。今正。凡尸得几謂之凥。尸即人也。引申之爲凡凥処之字。既又以蹲居之字代凥。别製踞爲蹲居字。乃致居行而凥廢矣。方言、廣雅凥処字皆不作居。而或妄改之。許書如家凥也、宋凥也、寁凥之速也、寠無禮凥也、宭羣凥也之類皆改爲居。而許書之脉絡不可知矣。从尸几。會意。九魚切。五部。尸得几而止也。釋會意之恉。較舊本增三字。孝經曰。仲尼凥。孝經首章首句也。今作居。許君受魯國三老所獻、衛宏所校古文孝經。如是。釋文引鄭本亦作凥。顏氏家訓云。仲尼居三字之中。三倉尼旁益丘。說文尸下施几。如此之類。何由可從。甚爲紕繆。鄭所據者古文眞本。凥字亦是孔子命名取字本義。何云不可從也。凥、逗。謂閒凥如此。此釋孝經之凥。即小戴之孔子閒居也。鄭目録曰。退朝而處曰燕居。退燕避人曰閒居。閒居而與曾子論孝。猶閒居而與子夏說愷弟君

子。故孝經之凥謂閒凥。閒凥卽凥義之引申。但閒凥之時實凭几而坐。故直曰仲尼凥也。如此謂尸得几。

止也。人遇几而止。引申之爲凡凥処之字。俗分別其上去。**从夊几。**夊讀若黹。從後致也。人兩脛後有致之者。至乎几而止。故字从夊几。昌與切。五部。**夊得几而止也。**此釋會意之恉。以上八字與舊本不同。今更正如此。又以上三篆皆會意。而不入人部尸部夊部者。重几也。

處或从虍聲。今或體獨行。轉謂処俗字。

文四　重一

所目薦也。所目二字今補。薦當作荐。今不改者、存其舊以示人推究也。薦訓獸所食艸。荐訓薦席。薦席謂艸席也。艸席可爲藉。謂之荐。故凡言藉當曰荐。而經傳薦荐不分。凡藉義皆多用薦。實非許意。且古音組。所以承藉進物者。引申之。凡有藉之詞皆曰且。凡語助云且者。必其義有二。有藉而加之也。云嫜且、苟且者。謂僅有藉而無所加。粗略之詞也。凡經注言且字者十有一。鄉飲酒禮注。同姓則以伯仲別之。又同則以且字別之。言同姓之中有伯仲同者。則呼某甫也。少牢饋食禮注。伯某。某且字也。士喪禮父某甫注云。某甫、且字也。若言山甫、孔甫。士虞禮。適爾皇祖某甫注云。某甫、且字也。若言尼甫。又曲禮有天王某甫注云。某甫、且字也。檀弓。鳥呼哀哉尼甫注云。因且字以爲之諡。禖記陽童某甫注云。某甫、且字也。坊記魯春秋猶去夫人之姓曰吳。其死曰孟子卒注云。孟子之子、蓋其且字。又公羊傳宣十五年王札子殺召伯毛伯。注云。札者、冠且字也。桓四年天王使宰渠伯糾來聘注云。宰渠伯糾、天子下大夫。繫官氏且字。定四年劉卷卒注云。劉卷氏采。不名且字。古言表德之字。謂之且字。往往可證。者如是。蓋古二十而冠。祇云某甫。五十而後以伯仲某甫。者所以藉伯仲也。故鄭注禮之某甫如是。何注春秋之札卷糾皆爲且字。與鄭無不合。作正義者多不能憭。致轉寫多譌。而其不譌者。固可攷而知也。經注之且字。非許書則不憭矣。若周頌傳曰。萋且、敬愼皃。且此也。則毛公傳於故訓者也。**从几。**句。**足有二橫。**句。**一**逗。**其下地也。**橫音光。卽桄字。今俗語讀光去聲是也。合鄭閟宮箋、明堂位注言之。有虞氏斵木爲四足而已。夏后氏中足爲橫距之象。周人足閒有橫、橫下有跗。似乎堂後有房。故云大房。按跗許作柎。闌足也。闌足者、過圍之足空其底之下也。造字之時。象其直者四。橫者二。置於地、故以一象地。子余切。又千也切。古音嫭在五部。**凡且之屬皆从且。**

古文目爲且。又目爲几字。上目爲二字衍文也。古文且字無二橫者。鄭注明堂位曰。有虞氏以梡斵木爲四足而已。夏后氏始中足爲橫距是也。又以爲几字者、古文叚借之法。几亦箸於地。故几且同字。古文字少。此字大徐本挩去。从小徐本補入。

禮俎也。謂禮經之俎也。**从半肉在且上。**仌爲半肉字。如酋谷有半水字。會意字也。魯頌傳曰。大房、半體之俎也。按半體之俎者、少牢禮上利升羊載右胖、下利升豕右胖載於俎是也。故曰禮俎。半部曰。胖、半體肉也。側呂切。五部。

且往也。且往、言姑且往也。匆遽之意。**从且。**此不用且之本義。如豋不用豆之本義。**虘聲。**昨誤切。五部。篇韵字體皆不同。

文三　重一

斫木斧也。此依小徐本。凡用斫物者皆曰斧。斫木之斧、則謂之斤。**象形。**橫者象斧頭。直者象柄。其下象所斫木。舉欣切。十三部。**凡斤之屬皆从斤。**按此篆象形之下當有一曰十六兩也六字。乃與金部銖、鈞、兩部兩、禾部䄷、合成五權。十黍爲絫、附見於絫下。斗二升曰觳、附見於鬲下。說文之例正如此。班固說五權曰。斤、明也。卽爾雅、毛傳之斤斤、察也。

所目斫也。所目二字今補。斧之爲用廣矣。斤則不見於他用也。蓋其制有異矣。白與黑相次文曰黼。蓋如畫斧然。故亦曰斧藻。**从斤父聲。**方矩切。五部。

方銎斧也。銎者、斤斧空也。毛詩傳曰。隋銎曰斧。方銎曰斨。隋讀如妥。謂不正方而長也。**从斤爿聲。**七羊切。十部。**詩曰。又缺我斨。**幽風破斧文。按許不偁七月偁此者、明斧斨之

用不專伐木也

斫 擊也擊者攴也凡斫木斫地斫人皆曰斫矣 从斤石聲之若切古音在五部

斪 斪斸逗所吕斫也各本無斪斸所吕四字今補爾雅斪斸謂之定斪斸合二字成文斪之言鉤也斸之言斫也考工記車人注作句欘斤斧所以斫木斪斸所以斫地 从斤句聲其俱切四部

斸 斪斸也原作斫也今依全書通例正木部有欘字所以斫也齊謂之茲其蓋實一字 从斤屬聲職玉切三部

斲 斫也从斤𠁁聲小徐有聲鍇曰非聲鉉曰𠁁器也斤以斲之皆不知古音者也古音三部四部同入今音析入三覺竹角切

斲 斲或从丮畫聲大徐作从畫从丮篆體作劃今依玉篇正畫聲猶𠁁聲也

釿 劑斷也劑者齊也小徐無斷字釋名曰釿者謹也板廣不可得制削又有節則用此釿之所以詳謹令平滅斧迹也六書故曰釿魚斤切似錫而小按此篆蓋从斤金聲讀若呻吟之吟其義謂以斤斧之屬制斷金鐵物也今俗閒謂戾斷堅爲釿斷當卽此字劉成國以謹也釋之蓋巳失其義誤其音非許入斤部之恉矣 从斤金聲聲字今補古音在七部大徐宜引切

所 伐木聲也伐木聲乃此字本義用爲處所者叚借爲処字也若王所行在所之類是也用爲分別之詞者又从処所之義引申之若予所否者所不與舅氏同心者之類是也皆於本義無涉是眞叚借矣 从斤戶聲疏舉切五部 詩曰伐木所所小雅伐木文首章伐木丁丁傳曰丁丁伐木聲次章伐木許許傳曰許許柹皃此許許作所所者聲相似不用柹皃之說用伐木聲之說者蓋許以毛爲君亦參用三家也今按丁丁者斧斤聲所所則鋸聲也

斯 析也以疊韵爲訓陳風曰墓門有棘斧以斯之傳曰斯析也叚借訓爲此亦疊韵也殷其靁傳曰斯此也 从斤其聲其聲未聞斯字自三百篇及唐韵在支部無誤而其聲在之部斷非聲也息移切十六部 詩曰斧吕斯之

斮 斬也斬者截也截者斷也斫用衺斮截用正 从斤昔聲側略切古音在五部

斷 截也戈部截下曰斷也今人斷物讀上聲物巳斷讀去聲引申之義爲決斷讀丁貫切 从斤㡭會意徒玩切十四部廣韵徒管切 㡭古文絕見糸部

斷 古文斷从皀皀古文叀字見叀下 周書曰𠰶𠰶猗無它技秦誓文許所據壁中古文也

斷 亦古文斷

斱 柯擊也柯廣韵作相 从斤良聲來可切按此音恐誤古音當讀如琅十部

新 取木也取木者新之本義引申之爲凡始基之偁采芑傳曰田一歲曰菑二歲曰新田其一耑也 从斤亲聲當作从斤木辛聲非從亲聲也息鄰切十二部

斦 二斤也闕二斤也言形而義在其中爾雅毛傳曰斤斤明也蓋其義與闕者言其義其音未之聞也大徐語斤切質字从此

文十五　重三

斗 十升也賈昌朝作升十之也此篆叚借爲斗陗之斗因斗形方直也俗乃製陡字 象形有柄上象斗形下象其柄也斗有柄者蓋象北斗當口切四部許說俗字人持十爲斗魏晉以後作升似升非升似斤非斤所謂人持十也 凡斗之屬皆从斗

斛 十斗也律曆志曰量者躍於龠合於合登於升聚於斗角於斛考工記豆實三而成㲉受斗二升鬲部亦曰斗二升曰㲉然則謂㲉卽斛者謬也 从斗角聲胡谷切三部

斝 玉爵也夏曰醆小徐如此大徐作琖皆許所無周禮量人音義曰琖側產反劉昌宗本作湔音同按古當用戔字後人以意加旁 殷曰斝周曰爵見明堂位及毛詩傳魯祀周公爵用玉琖仍雕周禮祭統皆云王爵然則三代皆飾玉可知故許統云玉爵也禮運醆斝及尸君非禮也鄭云先王之爵惟魯與王者之後得用之其餘諸侯用時王之器而巳大雅洗爵奠斝箋云用殷爵者尊兄弟也明堂位注曰斝畫禾稼也 从斗冂象形二徐本皆譌今正之如此从斗而上象其形也 與爵同意爵从鬯从又而戶象形斝从斗而冂象形故云同意也此三爵者其狀各異今惟爵有存者耳古雅

料　斞　斡　魁　斠

切。古音在五部。或說斝受六升。考工記爵受一升而已。醆斝未聞也。或說斝容六升。故字从斗。

量也。量者、稱輕重也。稱其輕重曰量、稱其多少曰料。其義一也。知其多少、斯知其輕重矣。如稻重一柘爲粟二十斗是也。引申之、凡所量度豫備之物曰料。讀去聲。从米在斗中。米在斗中、非盈斗也。視其淺深而可料其多少。此會意。讀若遼。洛蕭切。二部。廣韵又去聲。

量也。此量讀、五量之量。从斗臾聲。以主切。古音在四部。周禮曰。桼三斞。桼各本譌求。今正。攷工記弓人文。鄭注斞輕重未聞。許亦但云量也。一弓之膠甚少。與論語攷工記之庾絕異。

蠡柄也。此蠡非蟲齧木中。乃本無其字。依聲叚借之字。見瓢字下。又見蓋字下。方言則从瓜作瓥矣。楊雄曰。瓢也。郭云。瓠勺也。判瓠爲瓢以爲勺。必執其柄而後可以挹物。執其柄則運旋在我。故謂之斡。引申之、凡執柄樞轉運皆謂之斡。賈誼鵩鳥賦云。斡流而遷。張華勵志詩云。大儀斡運。皆是也。或叚借筦字。楚詞云。筦維焉繫。天極焉加。或作幹字。程氏瑤田云。考工記旋蟲謂之斡。蓋斡之譌也。从斗。瓢亦料之類。故从斗。倝聲。烏括切。古音在十四部。匡謬正俗云。斡音筦。不音烏活反。引陸士衡愍思賦爲證。按其字倝聲。則顏說是也。然俗音轉爲烏括切。又作捾作斡。亦於六書音義無甚害也。楊雄、杜林說皆㠯爲軺車輪斡也。漢志。楊雄倉頡訓纂一篇。杜林倉頡訓纂、倉頡故各一篇。軺車者、小車也。小車之輪曰斡。亦取善轉運之意。亦本義之引申也。

羹斗也。斗當作料。古斗料通用。然許例以義爲別。料、勺也。抒羹之勺也。史記趙襄子使廚人操銅料以食代王及從者。行斟。陰令宰人以料擊殺代王。斟者、羹汁也。魁頭大而柄長。毛詩傳曰。大斗長三尺是也。引申之、凡物大皆曰魁。如檀弓不爲魁、游俠傳曰。閭里之俠原涉爲魁。翟方進傳芋魁。百官志里有里魁。皆是。北斗七星。魁方杓曲。魁象首。杓象柄也。若國語注、小阜曰魁。卽說文𠂤字之叚借。亦未嘗不取料首之意。从斗。鬼聲。苦回切。十五部。

平斗斛量也。月令。角斗甬。正權槩。鄭注。角、正皆謂平之也。角者、斠之叚借字。今俗謂之校。音如教。因有書校讎字

斟　斜　⿰奭斗　料　⿰旁斗　⿱䜌斗

作此者。音義雖近。亦大好奇矣。从斗。冓聲。古岳切。古在三部。四部之入聲。

勺也。勺玉篇、廣韵作酌。按許以盛酒行觴爲酌。則水漿不曰酌。料曰勺。用料挹注亦曰勺。詩。洞酌彼行潦。挹彼注茲。則勺酌古通也。勺之謂之斟。引申之盛於勺者亦謂之斟。方言。斟、汁也。北燕朝鮮洌水之閒曰斟。左傳羊斟不與。趙世家張儀列傳廚人進斟是也。又引申之、凡增益謂之斟。方言曰。斟、益也。南楚凡相益而又少謂之不斟。凡病少愈而加劇亦謂之不斟。或謂之何斟。言雖少損無所益也。勺之斟之、多少在己。故凡勻分曰斟勺。今多用斟酌。○左傳。華元殺羊食士。其御羊斟不與。此羊斟謂羊汁也。宋世家說此事云。華元殺羊以食士。其御羊羹不及。可以證左傳之解矣。傳當本作其御羊羊斟不與。上羊其名也。故字叔牂。君子謂羊斟非人也。其羊斟之謂乎。二斟字衍文。淮南子作羊羹不斟謂不益也。呂覽察微篇羊斟爲人名。亦是淺人增斟也。从斗。甚聲。職深切。七部。

抒也。抒各本从木。今正。手部曰。抒者、挹也。挹者、抒也。水部浚、抒也。革部鞔、所以抒井也。臼部舀、抒臼也。凡以斗挹出之謂之斜。故字从斗。音轉義移。乃用爲衺。俗人乃以人之衺正作邪、物之衺正作斜。其可歎有如此者。从斗。余聲。讀若荼。荼當作余。今似嗟切。古音在五部。

挹也。挹亦抒也。詩箋、禮注皆用斞。皆謂挹酒於尊中也。如鄭說、則賓筵之仇乃此字之叚借。从斗。奭聲。舉朱切。古音蓋在三部。故鄭得以易仇字。

量物分半也。量之而分其半、故字从斗半。漢書。士卒食半菽。孟康曰。半、五斗器名也。王劭曰。言半、量器名。容半升也。今按半卽料也。廣韵料注。一五升。然則孟康語升誤斗。王劭語斗誤升。當改正。集韵云。一曰升五十謂之料。當有誤。人日食五升菽。略同周官之人月二鬴也。字从半斗。卽以五升釋之。許意不尒。从斗半。半亦聲。博幔切。十四部。

量旁溢也。大徐無旁。非。旁者、溥也。形聲包會意。从斗。旁聲。普郎切。十部。

抒扁也。扁各本作滿。誤。玄應作漏。爲是。依許義當作扁。謂抒而扁之有所注也。元和汪元亮曰。今賣酒家汲酒於甕中之器名曰酒端、傾入於扁篼。而注於酒缾。是其物也。通俗文曰。汲取曰繂。

十四篇上

斣　⿸庣斗　升

从斗。䜌聲。俱願切。十四部。斣相易物俱等爲斣。从斗。蜀聲。昌六切。三部。今南俗有此語。而篇、韵皆丁豆切。按小徐本無此篆。⿸庣斗斛旁有庣也。庣各本作⿸庣斗。今正。斛旁有庣、謂斛中有寬於方尺之處。若作有⿸庣斗、是斛外有物名⿸庣斗矣。漢律曆志曰。量者、龠合升斗斛也。其法用銅。方尺而圜其外。旁有庣焉。鄭氏曰。庣、過也。算方一尺。所受一斛過九氂五豪。然後成斛。劉歆注九章算術曰。晉武庫中所作銅斛。其篆書字題斛旁云。律嘉量斛。方一尺而圜其外。庣旁九氂五豪。冪一百六十二寸。深一尺。積一千六百二十寸。容十斗。及斛底律嘉量斗。方尺而圜其外。庣旁九氂五豪。冪一百六十二寸。深一寸。積一百六十二寸。容一斗。升居斛旁。合龠在斛耳上。與律曆志同。按庣旁者謂方一尺而又寬九氂五豪也。不寬九氂五豪則不容十斗。故製字从斗庣會意。从斗。庣聲。形聲中包會意也。土雕切。二部。庣字不見於許書。今按卽窕之異體。穴部曰。窕、深肆極也。釋言曰。窕、肆也。又曰。窕、閒也。毛傳曰。窈窕、幽閒也。此以幽釋窈、以閒釋窕。窕訓肆、則爲過乎方尺。訓閒、則爲方尺又寬九氂五豪。从广與从穴同也。今篆體去其首筆則非是。爾雅釋文、玉篇、廣韵皆作⿸庣斗。一曰突也。此卽鄭氏過也之意也。一曰斛、利也。此一義。又爾雅曰。斛謂之疀。古田器也。斛者、金部銚之叚借字。銚者、田器。此云古田器者、所以明六書之叚借也。詳銚下。升十合也。十合各本作十龠。誤。今正。律曆志曰。合龠爲合。十合爲升。十升爲斗。十斗爲斛。而五量嘉矣。作十龠則不可通。古經傳登多作升。古文叚借也。禮經注曰。布八十縷爲升。升字當爲登。今之禮皆爲升。俗誤已行久矣。按今俗所用又作陞。經有言升不言登者、如周易是也。有言登不言升者、左傳是也。从斗。象形。斛左耳爲升、右耳爲合。ㄏ以象耳形也。各本作亦象形。非。識蒸切。六部。合龠爲合。龠容千二百黍。十字各本無。今補。不補則五量惟升斗斛見於本書。且失其相絫之數矣。絫下云。增也。一曰十黍之重。正爲銖字張本。鬲下云。鼎屬。實五觳。又云。斗二升曰觳。正爲角部觳下無此義、故補之。厶部合下無一曰十龠爲合之文。龠部下無一曰龠

矛　⿰矛良　⿰矛害　矠　矜

容千二百黍之文。此處之當補、正同鬲下。非沾足也。合龠爲合。見律曆志。而尚書正義引作十龠。月令正義引作合。通典引作十。六典說唐制作合。是漢書古本不同。要以下文云合者合龠之量。躍於龠、合於合。廣雅二龠曰合。斷之知十龠之非矣。古者一分一合謂之判合。叚是十龠則此量不得名合。不得云合於合、合二龠爲合。猶之十二銖兩之爲兩也。

文十七　小徐十六。

矛酋矛也。建於兵車。長二丈。見考工記。記有酋矛、夷矛。酋矛常有四尺。夷矛三尋。鄭注。酋夷、長短。酋之言遒也。酋近夷長矣。按許不言夷矛者、兵車所不建。不常用也。魯頌箋云。兵車之法。左人持弓。右人持矛。中人御。象形。考工記謂之刺兵。其刃當直。而字形曲其首。未聞。直者象其柲。左右蓋象其英。鄭風傳云。重英、矛有英飾也。魯頌傳云。朱英、矛飾也。按矛飾蓋縣毛羽。據鄭箋則毛傳云重喬累荷也者。所以縣毛羽也。莫浮切。三部。凡矛之屬皆从矛。⿰矛戈古文矛。从戈。⿰矛良矛屬。廣韵曰。短矛。从矛。良聲。力當切。十部。⿰矛害矛屬。从矛。害聲。苦蓋切。十五部。矠矛屬。魯語。矠魚鼈以爲夏槁。韋云。矠、⿰扌族也。⿰扌族刺魚鼈以爲槁儲也。按此矠字引申之義也。周禮作簎魚鼈。注云。謂杈刺泥中搏取之。莊子。擉鼈於江。東京賦。毒冒不蔟。皆音近義同者也。从矛。㫺聲。讀若笮。士革切。古音在五部。按當依周禮槍昔反。國語七亦反。矜矛柄也。方言曰。矛、其柄謂之矜。釋名曰。矛、冒也。刃下冒矜也。下頭曰鐏。鐏入地也。按曲禮戈曰鐏、矛戟曰鐓。金部渾言之不別也。矜本謂矛柄。故字从矛。引申爲戈戟柄。故過秦論棘矜。卽戟柄。字从令聲。令聲古音在眞部。故古叚矜爲憐。毛詩鴻鴈傳曰。矜、憐也。言叚借也。釋言曰。矜、苦也。其義一也。若矜夸、矜持、矜式、無羊傳矜矜以言堅彊。苑柳傳矜、危也。皆自矛柄之義引申之。蓋矛柄㝡長。直立於地。坶誓曰。偁爾戈。立爾矛。此謂戈柄短、矛柄長也。故諸義皆由是引申。从矛。令聲。各本篆作矜。解

云今聲。今依漢石經論語、溧水校官碑、魏受禪表皆作矜正之。毛詩與天臻民旬塡等字韵。讀如鄰。古音也。漢韋玄成戒子孫詩始韵心。晉張華女史箴、潘岳哀永逝文始入蒸韵。由是巨巾一反僅見方言注、過秦論李注、廣韵十七眞。而他義則皆入蒸韵。今音之大變於古也。矛柄之字改而爲殣。云古作矜。他義字亦皆作矜。从今聲。又古今字形之大變也。徐鉉曰。居陵切。又巨巾切。此不達其原委之言也。

⿰矛丑 **刺也。从矛丑聲。** 女久切。三部。篇韵女六切。

文六　重一

車 **輿輪之總名也。** 車之事多矣。獨言輿輪者。以轂輻牙皆統於輪。軾較軫軹轛皆統於輿。輈與軸則所以行此輿輪者也。故倉頡之制字、但象其一輿兩輪一軸。許君之說字、謂之輿輪之總名。言輪而軸見矣。渾言之則輿輪之總名。析言之則惟輿偁車。以人所居也。故攷工記曰輿人爲車。 **夏后時奚仲所造。** 左傳曰。薛之皇祖奚仲居薛。以爲夏車正。杜云。奚仲爲夏禹掌車服大夫。然則非奚仲始造車也。明堂位曰。鉤車、夏后氏之路也。毛詩元戎傳曰。元、大也。夏后氏曰鉤車。先正也。殷曰寅車。先疾也。周曰元戎。先良也。箋云。鉤者、鉤股曲直有正也。俗本譌甚。今依釋名及音義改正。葢奚仲時車制始備。合乎句股曲直之法。古史攷云。少昊時加牛。禹時奚仲加馬。強爲之說耳。 **象形。** 謂象兩輪一軸一輿之形。此篆橫視之乃得。古音居。在五部。今尺遮切。釋名曰。古者曰車。聲如居。言行所以居人也。今曰車。車、舍也。行者所處若屋舍也。韋昭辯釋名曰。古惟尺遮切。自漢以來始有居音。按三國時尙有歌無麻。遮字祇在魚歌韵內。非如今音也。古音讀如祛。以言車之運行。不讀如居。但言人所居止。老子。當其無有車之用。音義去於反。此車古音也。然考工記輿人爲車。是自古有居音。韋說未愜也。 **凡車之屬皆从車。**

籒文車。 从戈者。車所建之兵。莫先於戈也。从重車者。象兵車聯綴也。重車則重戈矣。

軒 **曲輈藩車也。** 謂曲輈而有藩蔽之車也。曲輈者、戴先生曰。小車謂之輈。大車謂之轅。人所乘欲其安。故小車暢轂梁輈。大車任載而已。故短轂直轅。艸部曰。藩者、屛也。服虔注左傳、薛綜解東京賦、劉昭注輿服志皆云車有藩曰軒。皆同許說。許於藩車上必云曲輈者。以輈穹曲而上。而後得言軒。凡軒皋之義引申於此。曲輈、所謂軒轅也。杜注左傳於軒皆曰大夫車。定九年曰。犀軒、卿車。 **从車。干聲。** 虛言切。十四部。藩俗作轓。

輜 **輜軿、** 逗。 **衣車也。** 五字依定九年左傳正義所引。衣車、謂有衣蔽之車。非釋名所云所以載衣服之車也。倉頡篇曰。軿、衣車也。霍光傳曰。昌邑王略女子載衣車。李善二京賦注引張揖云。輜重有衣車也。左傳。陽虎載蔥靈。杜曰。蔥靈、輜車名。賈逵曰。蔥靈、衣車也。有蔥有靈。 **軿、車前衣也。車後爲輜。** 九字依文選任彥昇策秀才文、劉孝標廣絕交論二注所引。前有衣爲軿車。後有衣爲輜車。上文渾言之。此析言之也。軿之言屛也。輜之言載也。二篆互文見義。輜亦有蔽。軿亦可載。故每渾言不別。列女傳。齊孟姬曰。立車無軿。非敢受命。此軿爲蔽前之證也。釋名曰。軿車、四面屛蔽。婦人所乘。云四面未諦。又曰。有邸曰輜。無邸曰軿。邸如四圭有邸之邸。讀如底。宋書禮志引字林。軿車有衣蔽無後轅。其有後轅者謂之輜。劉昭注輿服志引同。而奪四字。有後轅無後轅。卽有邸無邸之說。此於前衣後衣之外、別爲一說。 **从車。甾聲。** 側持切。一部。

軿 **輜軿也。** 各本上解作軿車前衣車後也。此解作輜車也。皆誤。今依全書通例正之。輜軿俗多聯舉。故備析言渾言之解。周禮萃車之萃。鄭曰。萃猶屛也。所用對敵自隱蔽之車也。杜子春云。萃車當爲軿車。據此則兵車亦有軿矣。 **从車。幷聲。** 薄丁切。廣韵又部田切。按古音當在十四部。

輼 **臥車也。** 史記始皇㟭於沙丘。不發喪。棺載輼涼車中。百官奏事。宦者輒從輼涼車中可其奏。漢霍光傳。載光屍柩以輼輬車。孟康曰。如衣車有窻牖。閉之則溫。開之則涼。故名之輼輬車也。師古曰。輼輬本安車。可以臥息。後因載喪。飾以柳翣。故遂爲喪車耳。輼者密閉。輬者旁開窻牖。各別一乘。隨事爲名。後人既專以載喪。又去其一。總爲藩飾。而合二名呼之耳。按顏說是也。本是二車。可偃息者。故許分解曰臥車。始皇本紀上渾言曰輼輬車。下言上輼車臭。以屍實在輼車。不在輬車也。

輬　輅　輕　輶　輣　軘　䡴　轈　輯

古二車隨行。惟意所適。从車㿽聲。烏魂切。十三部。輬臥車也。史記作涼。从車京聲。呂張切。十部。輅小車也。漢平帝紀。立軺併馬。服虔曰。立軺、立乘小車也。从車召聲。以招切。二部。輕輕車也。三字句。周禮輕車之萃。鄭曰。輕車、所用馳敵致師之車也。漢之發材官輕車。亦謂兵車。輕本車名。故字从車。引申爲凡輕重之輕。作音者乃以經之輕車讀遣政反。古無是分別矣。从車巠聲。去盈切。十一部。輶輕車也。輶車即輕車也。本是車名。引申爲凡輕之偁。大雅。德輶如毛。箋云。輶、輕也。此引申之義也。从車酋聲。以周切。三部。詩曰。輶車鑾鑣。秦風四驖文。傳曰。輶輕也。此本義也。輣樓車也。樓各本作兵。今正。光武紀。衝輣撞城。李賢引許慎云。輣、樓車也。李注文選亦曰樓車。前書敘傳注。鄧展作兵車。乃或用以改許書耳。从車朋聲。薄庚切。古音在六部。軘兵車也。軘車見左傳宣十二年、襄十一年。服虔曰。屯守之車。杜預曰。兵車名。从車屯聲。徒魂切。十三部。

䡴陷敶車也。敶者、列也。見攴部。於此可見古戰陣字用此矣。用陳者、叚借字也。作陣者、俗字也。大雅。與爾臨衝。傳曰。臨、臨車也。衝、衝車也。釋文曰。說文作䡴。陷陣車也。定八年左傳。主人焚衝。釋文亦云爾。前、後漢書衝輣。衝皆即䡴字。李善曰。衝、字略作䡴。从車童聲。尺容切。九部。轈兵車高如巢㠯望敵也。左傳正義引兵高車加巢以望敵。與釋文及今本不同。今本爲長。篇、韵皆云若巢。亦今本也。今左傳作巢車。杜曰。巢車、車上爲櫓。此正言櫓似巢。不得言加巢。宣十五年傳。晉使解揚如宋。楚子登諸樓車。服虔曰。樓車所以窺望敵軍。兵法所謂雲梯者。杜曰。樓車、車上望櫓。从車巢聲。此形聲包會意。鉏交切。二部。春秋傳曰。楚子椉轈車。成十六年左傳文。乘今本作登。依九經字樣所引、爲古本。輯車輿也。各本作車和輯也。大誤。今正。自轈篆以上皆車名。自輿篆至軜篆皆車上事件。其閒不得有車和之訓。許書列字次弟有倫。可攷而知也。叚令訓爲車和。則此篆當與軼轃轚軭軔輟軫轚諸篆爲類。列子湯問篇。唐殷

輿　⿰車曼　軓

敬順釋文引說文。輯、車輿也。殷氏所見未誤。大玄。䢕上九。崇崇高山。下有川波。其人有輯航。可與過。測曰。高山大川。不輯航。不克也。此輯謂輿。山必輿、川必航、而後可過。是古義見於子雲之書。非無可徵也。輿之中無所不居。無所不載。因引申爲斂義。喪大記、檀弓之輯杖、輯屨是也。又爲和義。爾雅。輯、和也。版詩毛傳同。公劉傳曰。和睦也。引申義行。本義遂廢。淺人少可多怪。改易許書。此字从車之恉遂不可得而聞矣。从車咠聲。秦入切。七部。輿車輿也。車輿謂車之輿也。攷工記。輿人爲車。注曰。車、輿也。按不言爲輿而言爲車者。輿爲人所居。可獨得車名也。軾較軫軹轛皆輿事也。从車舁聲。以諸切。五部。⿰車曼衣車蓋也。衣車、上文之輜軿是也。四圍爲衣。上爲蓋。皆以蔽輿也。故廁於輿下。集韵云。一曰戰車。以遮矢也。从車曼聲。⿰車曼之言幔也。莫半切。十四部。軓車軾前也。杜子春注大馭職、鄭司農注輈人、後鄭注少儀皆曰。軓謂車軾前也。秦風。陰靷鋈續。傳曰。陰、揜軓也。戴先生云。車旁曰輢。式前曰軓。皆揜輿版也。軓以揜式前。故漢人亦

呼曰揜軓。詩謂之陰。攷工記輈人。軓前十尺。書或作軋。大馭。祭軋。杜子春云。軋當爲軓。禮記少儀。祭范。鄭曰。大馭作祭軓。軓與范聲同。按其字葢古文作軋。今字作軓。叚借作笵。笵又譌范。此岐出之由也。鄭於少儀注謂軾前。於輈人注云。軓是軓法也。謂輿下三面材。輢軾之所尌。持車正也。其說亦互異。攷工注取範圍之意。謂軾前及兩輢所尌皆爲軓。析言之則曰軾前。从車凡聲。大徐但云音範。廣韵防錽切。古音在七部。周禮曰。立當前軓。周禮大行人。上公立當車軹。侯伯立當前侯。諸子立當車衡。前侯自唐石經已下皆譌作前疾。而詩小雅疏、論語疏皆作前侯。不誤。此偁前軓、從來謂前侯之異文。今按非也。葢周禮車軹本作前軓。前軓者。前乎軓也。自車軓以至車衡八尺幾半。而前侯介其中。前侯者。前乎下垂拄地者也。其相去尺寸之差也。若作車軹謂軎頭。則自軹至前侯凡七尺五寸有餘。而自前胡距衡四尺有餘而已。恐非也。軹軓軌三字互譌甚多。戴先生集中曾作文辨之。今又知許引周禮軓字爲是。軹乃字形之誤。若侯誤爲軓。聲形皆無當也。〇又按周禮注車軹、軹也。最不可通。依輈

軾　輅　較

人大馭注正之。則必經文作軓。注云。車軓、軓也。以今字注古字也。舊逑漢讀攷說未了。今於此正之。

軾　車歬也。 此當作車輿前也。不言輿者、輿人爲車。車即輿也。輿之在前者曰軾。在旁者曰輢。皆輿之體。非與輿二物也。戴先生曰。軾與較皆車闌上之木。周於輿外。非橫在輿中。較有兩。在兩旁。軾有三面。故說文槩言之曰車前。軾卑於較者。以便車前射御執兵、亦因之伏以式敬。玉裁謂輿四圍。旁謂之輢。前謂之軾。軾卑於較二尺二寸。說詳先生考工記圖。**从車。式聲。** 賞職切。一部。經傳多作式者。古文叚借也。

輅　車軨歬橫木也。 婁敬傳。脫輓輅。蘇林曰。輅音凍洛之洛。一木橫遮車前。二人挽之。三人推之。劉昭注輿服志曰。韵集云。軛前橫木曰輅。按軛前當依許作軨前。輓輅之車、用人不用牛馬。疑有轅無軛也。禮經既夕篇。賓奉幣由馬西當前輅。注曰。輅、轅縛所以屬引。疏曰。謂以木縛車轅上。以屬引於上而挽之。是喪車亦有轅無軛。輅之見於經者此而已矣。若左傳梁由靡虢射輅秦伯、狂狡輅鄭人。皆謂車前相接可以禽之。此輅引申之義也。故杜曰。輅、迎也。應劭注漢云。輅、謂以木當胷以挽車。廣韵用之。改其字作輅。形與義皆非。以木當胷、乃今之縴板。與輅各物。解嘲云。婁敬委輅脫輓。謂委車前橫木、脫縴板。輅非胷前木也。**从車。各聲。** 洛故切。五部。按當依蘇林、孟康、廣韵音胡格反。乃合。若近代用輅爲路車字、其淺俗不足道也。

較　車輢上曲鉤也。 各本作車騎上曲銅也。今依李善西京賦七啓二注正。攷工記車人以其廣之半爲之式崇。以其隧之半爲之較崇。較高五尺五寸。高於軾者二尺二寸也。戴先生曰。左右兩較。故衛風曰猗重較兮。毛傳重較、卿士之車。因詩辭傳會耳。非禮制也。玉裁按較之制、葢漢與周異。周時較高於軾。高處正方有隅。故謂之較。較之言角也。至漢乃圜之如半月然。故許云車上曲鉤。曲鉤言句中鉤也。圜之則亦謂之車耳。其飾則崔豹云文官青耳。武官赤耳。西京賦云。戴翠帽。倚金較。荀卿及史記禮書云。彌龍以養威。彌許書作[illegible]。解云。乘輿金耳也。皆謂較爲龍形、而飾以金。司馬氏輿服志。乘輿金薄繆龍爲輿倚較。是其義也。下文公列侯安車倚鹿。然則較亦辨尊卑自周已然。故劉熙曰。較在箱上爲辜較也。重較其較重。卿所乘也。毛公謂重較卿士之車。必有所受之矣。惟較可辜摧尊卑。故其引申爲計較之較。亦作校。俗作挍。凡言校讎可用較字。史籍計較字亦用覺。**从車。爻聲。** 古岳切。古音讀如交。在二部。今字作較。周禮故書校作摧。

十四篇上　四十

⿰車反　轛　輒　輢　⿰車川

⿰車反　車耳反出也。 車耳即較也。其反出者謂之⿰車反。反出、謂圜角有邪倚向外者也。漢景帝詔。吏六百石以上皆長吏也。或不更服出入閭里。與民無異。令長吏二千石車朱兩轓。千石至六百石朱左轓。應劭曰。車耳反出。所以爲之藩屛。翳塵泥也。二千石雙朱。其次乃偏朱其左。⿰車反以簟爲之。或用革。按此說師古非之。是也。轓與⿰車反兩物。兩字轓蔽也。許軒下云。曲輈藩車。字作藩。詩之茀。周禮之蔽。左傳以藩載欒盈。輿服志畫轓、黑轓、朱轓是也。較之反出者曰⿰車反。景帝紀自謂車蔽。不得以車耳釋之也。**从車。反。反亦聲。** 府遠切。十四部。

轛　車橫軨也。 謂車闌也。木部。橫下曰闌木也。攷工記曰。參分軹圍去一以爲轛圍。注。兵車之轛圍二寸八十一分寸之十四。轛式之植者橫者也。鄭司農云。謂車輿軨立者也。按許云橫軨也。橫訓闌。則直者衡者皆在內矣。漢人從衡字祇作衡。不作橫。橫者桄也。後鄭又云。轛者以其鄉人爲名。按字所以从對與。**从車。對聲。** 追萃切。十五部。廣韵作轛。都隊切。**周禮曰。參分軹圍。去一以爲轛圍。** 輿人職文。按鄭云輢之植者衡者也。與轂末同名。許君軹下云。車輪小穿。不言別義。而此引參分軹圍之文。令學者疑。葢其疏也。

輒　車兩輢也。 㒳各本作兩。今正。車兩輢謂之輒。按車必有兩輢。如人必有兩耳。故从耴。耴、耳垂也。此篆在輢篆之先。故輢篆下但云車旁、而不言兩。凡許全書之例。皆以難曉之篆先於易知之篆。如輯下云車輿也。而後出輿篆。輒下云車兩輢也。而後出輢篆是也。廣韵作車相倚也。乃字之誤。從凡專輒用此字者。此引申之義。凡人有所倚恃而妄爲之。如人在輿之倚於輢也。**从車。耴聲。** 陟葉切。八部。

輢　車旁也。 謂車兩旁。式之後、較之下也。注家謂之輢。按輢者、言人所倚也。前者對之。故曰轛。旁者倚之。故曰輢。兵車、戈殳戟矛皆插於車輢。輢之上曰較。**从車。奇聲。** 於綺切。古音在十七部。

⿰車川　車約⿰車川也。 巾車職云。孤乘夏篆。卿乘夏縵。大鄭

十四篇上　四十

轖

曰夏赤也篆讀爲圭瑑之瑑夏瑑轂有約也玄謂夏瑑五采畫轂約也夏縵亦五采畫無瑑耳玉裁謂鄭說夏瑑卽詩之約軝毛公所謂長轂之軝朱而約之也但許君篆作軓以約軓系之輿下文以約軝系之轂與二鄭迥異依許意葢謂轛輢軨等皆有物纏束之謂之約軓以赤畫之謂之夏軓卿雖赤畫而無約謂之夏縵軓之言巡也巡繞之言此許之周禮說也**从車川聲**敕倫切古音在十三部**周禮曰孤乘夏軓**故書作綠或爲篆此字形之異也許所據篆作軓此聲相近而異也**一曰下棺車曰軓**禮經有輴車玉篇廣韵皆謂軓輴同字也士喪禮遷於祖用軸注曰軸輁軸也輁狀如轉轔刻兩頭爲軹輁狀如長牀穿桯前後著金而關軸焉天子諸侯以上有四周謂之輴天子畫之以龍按惟天子諸侯殯葬朝廟皆用輴許云下棺車謂天子諸侯窆用軓也

轖**車箱交革也**各本革作錯李善七發注顏師古急就篇注作交革今從之車箱各本作車籍七發注同急就注廣韵作車藉皆不可通今以意正之曰車箱箱與籍字形之誤也毛大東傳曰服牝服也箱大車之箱也鄭曰大車平地任載之車竹部曰箱大車牝服也按箱本謂大車之輿引申之而凡車之輿皆得名箱此箱不謂大車也交革者交猶遮也謂以去毛獸皮鞔其外攷工記棧車欲弇注曰爲其無革鞔不堅易坼壞也飾車欲侈注曰飾車革鞔輿也大夫以上革鞔輿巾車職士乘棧車注曰棧車不革鞔而漆之王之玉路金路象路皆以革鞔而有玉金象之飾因有玉金象之名革路鞔之以革而漆之無他飾故偁革路木路不鞔以革漆之而已故偁木路凡革鞔謂之轖故急就篇曰革轖髤漆油黑蒼髤漆油黑蒼又在革轖之外巾車言孤卿夏大夫墨是也許所云約軓者葢在未鞔革之前約以固之鞔之則格空遮蔽故曰轖轖之言嗇也引申之爲結塞之偁故枚乘七發曰邪氣襲逆中若結轖也**从車嗇聲**所力切一部

軨

軨**車轖閒橫木**車轖閒蒙上文言之之猶言車輿閒也木部曰橫闌木也車轖閒橫木謂車輢之直者衡者也軾與車輢皆以木一橫一直爲方格成之如今之大方格然楚辭倚結軨兮長大息涕潺湲兮下霑軾戴先生曰軨者軾較下縱橫木總名卽攷工記之軹轛也結軨謂軨之橫從交結倚軨而涕霑軾則是倚於輢內之軨故其涕得下霑軾也玉裁按惟此軨乃許所謂若曲禮僕展軨效駕軨卽輪亦作轔士喪禮注所云轉轔展軨謂使馬稍動車輪也東京賦疏轂飛軨薛解曰飛軨以緹紬油一作廣八尺擋一作長拄地左青龍右白虎繫軸頭取兩邊飾二千石亦然但無畫耳此葢漢制師古取以注急就篇之軨殊誤急就軹軾軫竝言正謂橫直結軨耳**从車令聲**郎丁切古音在十二部

𨏊**軨司馬相如說軨从霝**葢亦凡將篇字也按古令或作霝作靈零或作霝苓或作蘦皆令霝通用之證左傳陽虎載蔥靈寢於其中而逃蔥葢本作囪初江切靈卽轜也文選四十八注引尚書大傳曰未命爲士不得有飛軨鄭注如今窗車也李尤小車銘曰軨之嗛虛疏達開通葢古者飾車鞔革更有不鞔革者露其窗櫺與木部櫺楯閒子

輑

輑**輑車歬橫木也**輑車小車也木部曰橫闌木也輑車前橫木謂小車軾輢之直者衡者也方言曰輑謂之軸按軸字恐有誤**从車君聲讀若羣**羣大徐作帬牛尹切十三部方言牛忿反**一曰讀若褌**

軫

軫**車後橫木也**木部橫闌木也輿人注曰軫輿後橫者也方言曰軫謂之枕秦風小戎俴收傳曰收軫也近戴先生曰輿下之材合而成方通名軫故曰軫之方也以象地也鄭注專以輿後橫木爲軫以輢式之所尌三面材爲軓又以軓爲任正者如其說宜記於輿人今輈人爲之殆非也輿人爲式較軹轛軫輢軓輈人衡軸伏兔爲記不言輢軓衡伏兔之度輢軓輿揜版耳衡圍準乎軸伏兔取節於輈當兔省文互見桐城姚氏鼐曰記曰軫之方以象地葢軫方六尺六寸記曰參分車廣以其一爲隧葢以二尺二寸爲輿後其前廣如軫而深四尺四寸以設立木焉是爲收毛公曰收軫也謂輿深四尺四寸收於軫矣非謂軫名收也玉裁按似姚氏之說爲完合輿下三面之材與後橫木而正方故謂之軫亦謂之收軫从㐱密緻之言也中庸振河海而不泄注曰振猶收也以振與軫同音而得其義故曰猶鄭未嘗不謂合四面爲軫矣六分車廣以一爲軫圍輢軾所尌之圍亦在其中矣渾言之四面曰軫析言之輢軾所尌曰軓輢後曰軫又析言之軾前曰軓

轐　轙　軸　輹　輮

許言車後橫木。可知車後非無植者。衡者以接於輢。或其制庳於軾耳。不獨有合於三面材者也。从車。㐱聲。之忍切。十三部。轐 車伏兔也。戴先生曰。伏兔謂之轐。易小畜九三。輿脫輻。大畜九二。輿脫輹。大壯九四。壯於大輿之輹。說文。轐。車伏兔也。輹。車軸縛也。釋名。屐。似人屐也。又曰伏兔。在軸上似之也。又曰輹。輹。伏也。伏於軸上也。按轐輹實一字。其下有革以縛於軸。今易小畜作輻。系傳寫者誤。輻在轂與牙之閒。非可脫者。玉裁謂劉成國合輹於伏兔。非也。依許則伏兔名轐。車軸之縛名輹。迥然二物。轐之言僕也。毛傳曰。僕。附也。爲伏兔之形附於軸上。以輅固之。輢蓄於㒳伏兔閒者。名曰當兔。从車菐聲。博木切。三部。周禮曰。加軫與轐焉。考工記文。鄭司農云。轐讀如旃僕之僕。謂伏兔也。轙 車伏兔下革也。謂以輅固之於軸上也。輅者、生革可以爲縷束也。从車𢘅聲。𢘅古文婚字。各本作古昏字。今正。女部婚篆下曰。𢘅。籀文婚。若依女部。則此當作籀文婚字。全書惟此篆及巾部幭篆用爲聲。而今本幭篆又譌从𢘅矣。讀若閔。眉殞切。十三部。按此音謂縛之緜密也。與毛詩之緜緜。韓詩之民民同義。廣韵既有轙云。車軾兔下革。又有轙云。車軾兔下軛。明是一而二之。軛字必誤。軸 所㠯持輪者也。所以者三字今補。軸所以持輪。引伸爲凡機樞之偁。若織機之持經者亦謂之軸。是也。小雅杼軸其空。今本作柚。乃俗誤耳。若方言土作謂之杼。木作謂之軸。亦是引申之義。杼作杼。軸作柚。皆非也。方言杼軸與大東無涉。从車由聲。直六切。三部。輹 車軸縛也。謂以革若絲之類纏束於軸。以固軸也。縛者。束也。古者束輈曰篆。曰歷錄。束軸曰輹。亦曰𩋾。約轂曰約軝。衣衡曰𢿋。皆所以爲固。皆見於許書。輈束箸於外。故詩箸其數。軸束隱於輿下。故不知其數。釋名曰。輻。複也。重複非一之言也。輻當爲輹。轉寫誤耳。或曰輻當爲輻之誤。若屐下云又曰輹。輹當爲轐。从車夏聲。芳六切。三部。易曰。輿說輹。說各本作脫。許書必當用說。今依周易正。周易小畜九三。大畜九二文也。馬云。車下縛也。與許合。其非轐明矣。或作腹者。叚借字。或作輻者。譌字。輮 車网也。今本作車軔。篇韵皆作車輞。輞譌爲軔。見爾雅釋文。輞从車旁。蓋俗。古祇作网耳。或曰許本有輞篆。解曰車輞也。在輮篆之上。今軔篆卽輞之誤。然許有軔篆。諸家引之。疑未能明也。車网者。輪邊圍繞如网然。攷工記謂之牙。牙也者。以爲固抱也。又謂之輮。行澤者反輮。行山者仄輮。大鄭曰。牙。世閒或謂之罔。釋名曰。輞。罔也。罔羅周輪之外也。關西曰輮。言曲揉也。按牙亦作枒。木部枒下曰。一曰車网會也。所以名牙者。合衆曲而爲之。如襍佩之牙。亦曲體也。亦謂之渠。俗作𨎮。尚書大傳大貝如車渠是也。車网木必擇材。攷工記注曰。今世牙以橿。爾雅注曰。杻檍材中車輞。又赤棟中爲車輞。从車柔聲。人九切。三部。按輮之言肉也。凡物邊爲肉。中爲好。

䡅　輪　轂　輥

䡅 車輮規也。規者。圜之匡郭也。考工記曰。規之以眂其圜。萬之以眂其匡。注曰。輪中規則圜矣。等爲萬蔞以運輪上。輪中萬蔞則不匡刺也。按此謂作輮之笵。一曰一輪車。今江東多用一輪車。篇韵皆奪一。从車。熒省聲。讀若熒。渠營切。十一部。輪 有輻曰輪。云有輻者。對無輻而言也。輪之言倫也。从侖。侖。理也。三十輻㒳㒳相當而不迆。故曰輪。無輻曰輇。鄭注周禮蜃車云。禮記或作槫。或作輇。注士喪禮曰。載柩車。周禮謂之蜃車。襍記謂之團。或作輇。或作槫。聲讀皆相同耳。未聞其正。注襍記大夫載以輲車云。輲讀爲輇。或作槫。注喪大記士葬用國車云。輇字或作團。是以又誤爲國。輇車、柩車也。又士喪禮注云。其車之轝狀如牀。中央有轅。前後出。設前後輅。轝上有四周。下則前後有軸。以輇爲輪。按鄭於禮經、襍記网引許叔重說文解字曰。有輻曰輪。無輻曰輇。而以輲蜃團槫皆卽輇字。但許不言喪車無輻也。戴先生曰。輇者、輪之名。輲者、車之名。不宜溷而一之。注喪大記改輴爲輇。亦誤。詳見釋車。从車侖聲。力屯切。十三部。轂 輻所湊也。湊者。水上人所會也。引申爲凡會之偁。老子曰。三十輻共一轂。轂中空曰㮇。見木部。从車𣪊聲。古祿切。三部。輥 轂齊等皃也。等者。齊簡也。因爲凡齊之偁。齊者、等也。輥者。轂勻整之皃也。戴先生曰。齊等者。不橈減也。榦木圜甚。从車昆聲。昆者。同也。此舉形聲包會意也。古本切。十三部。周禮曰。望

軝　軹　軎

其轂欲其輥。考工記輪人文。鄭本作眼。注曰。眼出大皃也。今按鄭本當是作睍。睍者、目出皃也。轂之圜似之。與許說略同。

軝　長轂之軝也。㠯朱約之。小雅斯干傳曰。軝、長轂之軝也。朱而約之。長轂者、小戎所謂暢轂也。傳曰。暢轂、長轂也。大車轂長尺五寸。兵車、田車、乘車轂長三尺二寸。五分三尺二寸之長。一爲賢。得六寸四分。三爲軹。得尺九寸二分。虛其一者、畱以置輻也。參分三尺二寸之長。二在外。一在內。以置其輻。二在外而三爲軹者在是。一在內而一爲賢者在是。考工記此軹字、卽毛詩之軝字。軹者同音叚借字也。取此尺九寸二分者。以革約之而朱其革。詩所謂約軝也。考工記詳之曰。容轂必直。陳篆必正。施膠必厚。施筋必數。幬必負幹。旣摩。革色青白。謂之轂之善。說者曰。容者、治轂爲之形容也。篆、轂約也。幬負幹者、革轂相應。無贏不足也。旣摩革色青白者、謂丸桼之。乾而以石摩平之。革色青白、善之徵也。玉裁按容如製甲必先爲容之容。先爲容、轂之笵盛轂於中。以治之飾之。陳篆者、刻畫其文。而以革縷若絲嵌約之。而後施膠施筋。而後幬之以渾革。而丸桼之。而摩之。

十四篇上　四七

革色青白、而後朱畫之。容轂以下、渾轂所同也。幬而朱之、軝所獨也。本是幬而朱之。毛云朱而約之。許云以朱約之者、旣朱則似先朱其革。其意一也。詩曰。約軝錯衡。皆謂文也。錯衡、文衡也。文衡者、巾部曰。帣、車衡上衣也。葢爲衣而畫之。○軹卽軝。說本歙程氏瑤田通藝錄。其說冣確。於古音冣合。而古無有言之者。孰謂今人不勝古人也。从車。氏聲。渠支切。十六部。詩曰。約軝錯衡。小雅采芑、商頌烈祖文。箋云。約軝、轂飾也。

⿰革氏　軝或从革。以革鞔。故从革。

軹　車輪小穿也。輪當作轂。輪人職曰。五分其轂之長。去一以爲賢。去三以爲軹。鄭司農云。賢、大穿也。軹、小穿也。後鄭又改記文作去二爲賢。程氏辨其非是。詳見通藝錄。許同先鄭。从車。只聲。諸氏切。十六部。輪人爲輿。參分較圍。去一以爲軹圍。注曰。軹、輢之植者衡者也。與轂末同名。轂末卽謂車輪小穿也。按輢幹謂之軹。軹之言積也。枝也。積椒多小意而止也。以肰軹圍之小。可說其意。而轂末小穿取此名。其意不可說。

軎　車軸耑也。耑者、物初生之題也。因以爲凡頟之偁。車軸之末見於轂

輻　軑　輨　轅　輈

外者曰軎。軎之言遂也。出也。如鄭說轂末小穿曰軹。而軎出於此穿外。然古說軹軎多不分。如大馭右祭兩軹。故書軹爲軒。杜子春云。軒當作軹。軹謂兩轊也。是非合轂末軸末爲一乎。今按少儀曰。祭左右軌。大馭曰。祭兩軹。於事實同。少儀曰。祭笵。大馭曰。祭軓。范軓於聲同。本無不合。祭兩轊所以祭輪也。祭軓所以祭輿也。言輪輿而全車在是矣。轂末曰軹。乃大鄭說。子春未嘗謂轂末曰軹。此注當是本作故書軒爲軹。杜子春云。軹當作軒。謂兩轊也。或讀軒爲簪笄之笄。葢兩軎左右出轂外。如笄之出髮然。有鐵䂩以鍵之。又似笄之毌髮也。故其字从幵。取上平岐頭之意。若轂末之穿。不可冒此名。況當杜時。軹訓兩輢。而不訓轂末小穿。兩輢非所當祭。故易爲軒。漢時故有軒字也。漢時亦有訓軹爲軎者。如劉熙曰。軹、指也。如指而見於轂頭也。非訓軹爲軎乎。杜以軒改軹。聖人正名之義也。然則作說文者當云。軒、軎也。从車。幵聲。讀若笄。軎、車軸耑也。从車象形。乃合。而乃舍軒存軎。軹不爲輢之直者衡者、而訓爲車轂小穿。軓不作軓、祇作軓。皆使古形古訓散佚無徵。豈所謂涉獵廣博、或有抵牾者與。抑從今書則不錄故書。如儀

十四篇上　四八

禮之從今文則不錄古文與。从車。象形。謂以口象轂耑之孔。而以車之中直象軸之出於外。于歲切。十五部。○五經文字作軎。繫擊之類從之。又曰轊、轊同上。說文。下隸變。是則張所見說文作軎也。杜林說。葢倉頡訓纂一篇、倉頡故一篇說如此。

轊　軎或从彗。从車、彗聲。

輻　輪轑也。以上六篆言轂而及軸末之出於轂者。故遂以湊於轂者終之也。輻凡三十。从車。畐聲。方六切。三部。

軑　車輨也。離騷曰。齊玉軑而竝馳。王逸釋爲車轄。非也。玉篇、廣韵皆云車轄。轄皆輨之誤也。从車。大聲。特計切。十五部。

輨　轂耑錔也。錔者、以金有所冒也。轂孔之裏以金裏之曰釭。轂孔之外以金表之曰輨。輨之言管也。方言曰。關之東西曰輨。南楚曰軑。趙魏之閒曰鍊鏅。軑音大。鍊音柬。从車。官聲。古滿切。十四部。

轅　輈也。攷工記輈人爲輈。車人爲大車之轅。是輈與轅別也。許渾言之者、通偁則一也。轅之言如攀援而上也。从車。袁聲。雨元切。十四部。

輈　轅也。从車。舟聲。張流切。三

部。𨏔籀文輈。从籀文車也。暈直轅車轒也。按依車部轒當系曲轅車。且此處列字次弟。應論車轅。不應論衡縛。韵會作直轅車也。無轒字爲是。當從之。直轅車、大車也。从車具聲。具古音如舊。居玉切。三部。軏車轅耑持衡者。衡者、橫木。長六尺六寸。以施軶駕馬頸者也。持衡者曰軏。則衡與轅耑相接之關鍵也。戴先生曰。大車鬲以駕牛。小車衡以駕馬。轅耑持鬲。其關鍵名輗。輈耑持衡。其關鍵名軏。輈轅所以引車。必施輗軏然後行。信之在人。亦交接相持之關鍵。故孔子以輗軏喻信。从車元聲。魚厥切。元之入聲也。古音在十四十五部。軶轅前也。曰轅前者、謂衡也。自其橫言之謂之衡。自其扼制馬言之謂之軶。隸省作軛。毛詩韓奕作厄。士喪禮今文作厄。叚借字也。車人爲大車作鬲。亦叚借字。西京賦作槅。木部曰。槅、大車枙也。枙當作軶。从車戹聲。於革切。十六部。輝軶軥也。軶軥之異名曰輝也。輝之言圍也。下圍馬頸也。廣韵曰。還也。車相避也。與古義異。从車軍聲。乎昆切。十三部。軥

十四篇上　旲

軶下曲者。軶木上平而下爲兩坳。加於兩服馬之頸。是曰軥。韓奕毛傳曰。厄、烏噣也。小爾雅曰。衡、扼也。扼下者謂之烏啄。釋名曰。槅、扼也。所以扼牛頸也。馬曰烏啄。下向叉馬頸。似烏開口向下啄物時也。噣啄同字。軶與軥同體。左傳射兩軥而還。服注。車軶兩邊叉馬頸者。从車句聲。古侯切。四部。亦平聲。轙車衡載轡者。釋器曰。載轡謂之轙。郭云。車軶上環。轡所貫也。四馬八轡。除驂馬內轡納於軾前之觼。在手者惟六轡。驂馬外轡復有游環以與服馬四轡同入軶上大環。以便總持。大環謂之轙。東京賦。龍輈華轙。此本義也。郊祀歌。靈禗禗。象輿轙。如淳曰。轙者、僕人嚴駕待發之意。此引申之義也。整船亦曰艤。同轙意。从車義聲。魚綺切。古音在十七部。漢書、廣韵又音儀。钀轙或从金獻。从金者、環以金爲之。獻聲與義聲古合音冣近。卽義尊獻尊同音之理。今爾雅鑣謂之钀。與轙異事。軜驂馬內轡系軾前者。系、各本作繫。繫見系部。非其義也。今正。驂馬兩內轡爲環系諸軾前。故御者祇六轡在手。秦風毛傳曰。軜、驂內轡也。是則

軜之言內。謂內轡也。其所入軾前之環曰觼。角部曰。觼、環之有舌者是也。詩言觼軜者。言施觼於軜也。大戴禮六官以爲轡。司會均入以爲軜。此引申叚借之義也。从車內聲。奴荅切。八部。按內聲當在十五部。而十五部字之入八部者、自古然矣。詩曰。渼㠯觼軜。今小戎渼作鋈。小徐本先輈後軜。今易之。輔春秋傳曰。輔車相依。凡許書有不言其義徑舉經傳者。如卙下云。詞之卙矣。鶴下云。鶴鳴九皋。聲聞于天。艴下云。色艴如也。絢下云。詩云。素以爲絢兮之類是也。此引春秋傳僖公五年文。不言輔義者。義已具於傳文矣。小雅正月曰。其車既載。乃棄爾輔。傳曰。大車既載又棄其輔也。無棄爾輔。員于爾輻。傳曰。員、益也。正義云。大車牛車也。爲車不言作輔。此云棄輔。則輔是可解脫之物。蓋如今人縛杖於輻以防輔車也。今按呂覽權勳篇曰。宮之奇諫虞公曰。虞之與虢也。若車之有輔也。車依輔。輔亦依車。虞虢之勢是也。此卽詩無棄爾輔之說也。合詩與左傳則車之有輔信矣。引申之義爲凡相助之偁。今則借義行而本義廢。尠有知輔爲車之一物者矣。人部曰。俌、輔也。以引

十四篇上　孚

申之義釋本義也。今則本字廢而借字行矣。面部曰。酺、頰車也。面酺自有本字。周易作輔。亦字之叚借也。今亦本字廢而借字行矣。春秋傳輔車相依。許廁之於此者。所以說輔之本義也。所以說左氏也。謂輔與車必相依倚也。他家說左者以頰與牙車釋之。乃因下文之脣齒而傅會耳。固不若許說之善也。从車甫聲。扶雨切。五部。人頰車也。小徐本箸此四字於甫聲下。與上文意不相應。又無一曰二字以別爲一義。知淺人妄謂引傳不相應。未詮而增之也。面部既有酺頰也之文。則必不用借義爲本義矣。若大徐本移輔篆於部末。解曰。人頰車也。从車甫聲。而無春秋傳曰輔車相依八字。輔非眞車上物。廁末似合許例。然無解於面部業有酺篆也。校許宜刪去四字。轑車蓋弓也。輪人爲蓋。蓋弓二十有八。以象恆星也。鄭注曰。弓者、蓋橑也。蓋弓曰轑。亦曰橑。橑者、椽也。形略相似也。重棼亦偁重轑。張衡傳殿屋重轑是也。釋名曰。轑、蓋叉也。叉者、今爪字。非叉字。玉部瑵下曰。車蓋玉瑵。以玉爲爪也。詳彼注。从車尞聲。盧皓切。二部。一曰輻也。輻三十湊轂。亦如椽然。故亦得

衜　䡴　載　軍　軷

轅名。其物皆系於車者也。故皆从車。衜車搖也。未聞。以篆之次第詳之。此篆當亦謂車上一物。而今失傳。車搖當是譌字。从車行。一曰衍省聲。小徐無行一曰三字。古絢切。十四部。䡴軺車後登也。廣韵十六蒸、四十二拯皆曰䡴軺車後登。出字林。今按不言出說文。恐是呂氏後增之字。非許舊也。古車無不後登者。从車丞聲。讀若易拯馬之拯。拯馬見周易明夷六二爻辭。署陵切。六部。載乘也。乘者、覆也。上覆之則下載之。故其義相成。引申之謂所載之物曰載。如詩載輸爾載。下載音才再反是也。引申爲凡載物之偁。如詩汎汎楊舟、載沈載浮。中庸天地之無不持載是也。又叚借之爲始。才之叚借也。才者艸木之初也。夏曰載。亦謂四時終始也。又叚借爲事。詩上天之載。毛傳曰載事也是也。又叚爲語㝵。詩載馳載驅。毛傳載辭也。春日載陽。箋云載之言則也。从車𢦏聲。作代切。一部。韵會此下有易曰大車以載六字。軍圜圍也。於字形得圜義。於字音得圜義。凡渾輝煇等軍聲之字皆兼取其義。四千人爲軍。王氏鳴盛說此句必譌。按唐釋玄應引字林四千人爲軍。是呂忱之誤也。許書當作萬有二千五百人爲軍。見周禮大司馬職。旅篆下云。軍之五百人爲旅。師篆下云。二千五百人爲師。既皆偁之。則此必偁無可疑者。百人爲卒。廿有五人爲兩。不偁者。以其制於字義相遠耳。若万二千五百人以爲圜圍。乃此篆之所由製。从包省。从車。包省當作勹。勹、裹也。勹車、會意也。舉云切。十三部。車、逗。兵車也。上車各本誤軍。今正。此釋从車之意。惟車是兵車。故勹車爲軍也。軷出將有事於道。必先告其神。立壇四通。封茅目依神爲軷。此言軷之義。既祭犯軷。句。轢牲而行爲範軷。此言範軷之義。周禮大馭犯軷注曰。行山曰軷。犯之者、封土爲山象。以菩芻棘柏爲神主。既祭、之。以車轢之而去。喻無險難也。春秋傳曰。跋涉山川。故書軷作罰。杜子春云。罰當爲軷。軷讀爲別異之別。謂祖道轢軷磔犬也。詩云。載謀載惟。取蕭祭脂。取羝以軷。詩家說曰。將出祖道犯軷之祭也。聘禮曰。乃舍軷飲酒於其側。禮家說亦謂道祭。玉裁按。封、立也。各本作樹。今正。犯軷、轢牲而行。大徐作軷轢於牲而行。非也。山行之神主曰軷。因之山行曰軷。庸風毛傳曰。草行曰跋。水行曰涉。卽此山行曰軷也。凡言跋涉者、皆字之同音叚借。鄭所引春秋傳本作軷涉山川。今人輒改之。从車犮聲。薄撥切。十五部。詩曰。取羝目軷。大雅生民文。毛傳曰。軷、道祭也。

範　䡵

範範軷也。三字句。其義已見上。故祇云範軷也。从車。笵省聲。大徐音犯。廣韵防錽切。七部。讀與犯同。不曰讀若犯而曰與同者。其音義皆取犯、讀若則但言其音而已。按車軓字本作軓。从車、巳聲。鄭說曰。軓、法也。輿下三面材。輢式之所尌持車正也。然則周易範圍字當作軓。或作笵。而範其叚借字也。釋文曰。鄭曰範法也。馬、王肅、張作犯違。此亦範犯同音通用之證也。䡵載高皃。䡵䡵、車載高皃。衛風。庶姜孽孽。毛云。孽孽、盛飾。韓詩作䡵䡵、長皃。呂覽宋王作爲蘖臺。高誘曰。蘖當作䡵。詩曰。庶姜䡵䡵。高長皃。然則韓爲本字。毛爲叚借字。爾雅。蓁蓁、孽孽、戴也。亦載高之意也。西京賦。飛檐䡵䡵。从車。獻聲。俗改作巘省聲。

轄　轉　輸　輖

不知古音者所爲也。五葛切。十五部。轄車聲也。轂與軸相切聲也。史記大人賦輵轄。漢書轄作螛。張揖曰。輵螛、搖目吐舌皃。則史記爲譌字矣。从車害聲。胡八切。十五部。廣韵又苦葢切。一曰轄、逗。鍵也。鍵下曰鉉也。一曰車轄。此鍵轄二篆爲轉注也。舝下曰車軸耑鍵也。然則舝轄二篆異字而同義同音。轉還也。還大徐作運。非。還者、復也。復者、往來也。運訓迻徙。非其義也。還卽今環字。从車。專聲。知戀切。十四部。亦陟兗切。淺人分別上去異義。無事自擾。輸委輸也。委者、委隨也。委輸者、委隨輸寫也。以車遷賄曰委輸。亦單言曰輸。引申之、凡傾寫皆曰輸。輸於彼、則彼贏而此不足。故勝負曰贏輸。不足則如墮壞然。故春秋鄭人來輸平。公羊、穀梁皆曰。輸者、墮也。左傳作渝。渝、變也。从車。俞聲。式朱切。古音在四部。廣韵又傷遇切。輖重也。謂車重也。小雅。戎車既安。如輊如軒。毛曰。輊、摯也。考工記大車之轅摯。鄭曰。摯、輖也。士喪禮。軒輖中。鄭曰。輖、蟄也。摯蟄輊同字。輖雙聲。許書有輖摯而已。摯者、依聲託事字也。軒言車輕。輖言車重。引申

十四篇上

爲凡物之輕重。故禮經以之言矣。周南叚輖爲朝字。故毛傳曰。輖、朝也。而說詩者或以本義釋之。从車。周聲。職流切。三部。

輩 若軍發車百兩爲輩。兩各本作兩。今正。車之偁。兩者、謂一車兩輪。無取二十四銖之兩。此許之字例也。若軍發車百兩爲輩。蓋用司馬灋故言。故以若發聲。今司馬灋存者尟矣。引申之爲什伍同等之偁。如鄭注宮正云。使之輩作輩學。相勸帥也。从車。非聲。非者、兩翄形。聲中有會意。俗从北、非聲也。補妹切。十五部。

軋 ⿰車反也。⿰車反大徐作輾。非也。匈奴傳曰。有罪小者軋。大者死。顏曰。謂⿰車反轢其骨節。按本謂車之⿰車反於路。引申之爲勢相傾。从車。乙聲。此从甲乙爲聲。非从燕乙也。惟今韵則入十四黠耳。烏轄切。古音當在十二部。

⿰車反 轢也。碾其俗字也。从車。反聲。軋从乙者、言其難。乙乙也。⿰車反从反者、言其易也。反者、柔皮也。尼展切。十四部。

轢 車所踐也。踐者、履也。軷下曰。轢牲而行。是也。从車。樂聲。歷各切。宋本如此。郎擊切。今本如此。古音在二部。

軌 車徹也。攴部曰。徹者、通也。車徹者、謂輿之下兩輪之閒。空中可通。故曰車徹。是謂之車軌。軌之名謂輿之下隋方空處。老子所謂當其無、有車之用也。高誘注呂氏春秋曰。兩輪之閒曰軌。毛公匏有苦葉傳曰。由輈以下曰軌。合此二語。知軌所在矣。上距輿。下距地。兩旁距輪。此之謂軌。毛云由輈以下則輿下之輈軌也。輈下之軸軌也。虛空之處未至於地皆軌也。濡軌者、水濡輪閒空虛之處。而至於軸。而至於輈。則必入輿矣。故濟盈斷無有濟濡軌之水者。禮義之大防也。毛何以不言兩輪之閒。而言由輈以下乎。曰。兩輪之閒。自廣陿言之。凡言度涂以軌者必以之。由輈以下。自高庳言之。凡言濡軌。晏子言其深滅軌。以之。中庸車同軌。兼廣陿高庳言之。徹廣六尺。軹崇三尺三寸。天下同之。同軌於天子所制之度也。穀梁傳車軌塵。卽曲禮之驅塵不出軌。謂其塵之高廣。一如軌之高廣而不過也。車人徹廣六尺。自其裏言之。匠人注徹廣八尺。自其表言之。曰由輈以下曰軌。曰兩輪之閒曰軌。自其裏言之。少儀祭左右軌。史記車不得方軌。自其表言之。自軌徹之說不明。以地上之迹非不名軌徹也。而迹豈軌徹也。邶詩不能通。乃以軓字易軌字。而毛傳由輈以下。復改作由輈以上。鄧書燕說。沈錮千年矣。許云車徹。固巳了然。如後人之憒憒。則許當云軌、車⿰車從也。⿰車從、車迹也巳矣。故大史公言好學深思。不若卜子言近思。从車。九聲。軌从九者、九之言鳩也。聚也。空中可容也。形聲中有會意。古音居酉反。在三部。今音居洧反。

⿰車從 車迹也。兩輪之迹也。迹者、步處也。因引申爲凡迹之偁。兩輪之迹亦謂之軌。徹。而非軌徹之體也。莊子曰。夫迹、履之所出。而迹豈履也。⿰車從之言從也。有所從來也。又可從是以求其質也。⿰車從古字衹作從。羔羊傳曰。委蛇、委曲從迹也。俗變爲蹤。再變爲踨。固不若用許書⿰車從字矣。君子偕老傳曰。委委、行可委曲從迹也。从車。從省。大徐有聲字。非也。此以會意包形聲。卽容切。九部。

軼 車相出也。車之後者突出於前也。楚辭軼迅風於清源。禹貢。沇水入于河。泆爲滎。漢志作軼。鄭注司刑曰。過失若舉刃欲斫伐而軼中人者。皆本義之引申叚借也。从車。失聲。形聲中有會意。夷質切。十二部。

⿰車眞 車⿰車眞弘聲也。弘大徐作鈏。非。小徐作鋐。集韵作軺。亦誤。今正。谹、谷中響也。宖、屋響也。弘、弓聲也。車聲⿰車眞弘。借弓聲之字耳。⿰車眞弘、大聲。从車。眞聲。廣韵口莖切。按廣雅作輷。玉篇作輷。皆卽此字也。古音眞聲之字在十二部。讀若論語鏗尔舍琴而作。琴各本作瑟。今正。陸元朗所據論語作琴。小徐手部亦作舍琴。一曰讀若掔。按臤聲、堅聲與眞聲同在十二部。

⿱埶車 車抵也。抵者、擠也。擠者、排也。車抵於是而不過。是曰⿱埶車。如馬之不前曰騺。騺詳馬部。⿱埶車與車重之摯輕輊本各義。與輖又殊。音而集韵總合爲一字。誤矣。小徐引潘岳賦如⿱埶車如軒。今按潘作輊。不作⿱埶車也。从車。埶聲。陟利切。十五部。

軭 車戾也。戾者、曲也。考工記曰。萬之以眡其匡也。注云。等爲萬蔞以運輪上。輪中萬蔞則不匡。剌也。軭不專謂輪。凡偏戾皆是。从車。匡聲。巨王切。十部。

軔 所㠯礙車也。所㠯二字今補。玄應時巳失之。離騷朝發軔於蒼梧。王逸曰。軔、支輪木也。从車。刃聲。而振切。十三部。字林如戰反。按此篆大徐在輮篆之前者、輮下輞譌作軔。遂先之以軔也。

輟 車小缺復合

者也。此與辵部之連成反對之義。連者、負車也。聯者、連也。連本訓輂、而爲聯合之偁。其相屬也。小缺而復合、則謂之輟。引申爲凡作輟之偁。凡言輟者、取小缺之意也。論語。耰不輟。从車叕聲。形聲中有會意。陟劣切。十五部。按网部叚爲罬之重文。

⿰車多 礙也。礙者、止也。从車多聲。康禮切。古音在十七部。

轚 車轄相擊也。轄者、鍵也。鍵在軎頭。謂車軎相擊也。諸書亦言車轂相擊。从車毄。會意。殳部曰。毄者、相擊中也。毄亦聲。古歷切。十六部。周禮曰。舟輿擊互者。秋官野廬氏。凡道路之舟車轚互者、敘而行之。注曰。謂於迫隘處也。穀梁傳曰。御轚者不得入。

⿱算車 治車軸也。治、篇韵皆作⿱算車。四字句。鏇轉規圜之意。从車算聲。所眷切。十四部。

軻 棱軸車也。棱、各本作接。今正。棱者、續木也。軸所以持輪。而兩木相棱則危矣。故引申之多迍曰轗軻。趙邠卿曰。孟子名軻。字則未聞也。而廣韵曰。孟子居貧轗軻。故名軻字子居。从車可聲。康我切。十七部。

⿱殸車 車堅也。堅者、剛也。从車殸聲。殸、籒文磬。此形聲中有會意也。口莖切。十部。

軵 反推車令有所付也。反推車者、謂不順也。付、與也。本可不與、而故欲與之。至於逆推車以與之、而不顧。此說其字之會意也。故其字从車付。从車付。會意。讀若茸。茸、宋本小徐本作胥。非也。淮南氾論訓曰。相戲以刃者、大祖軵其肘。高云。軵、擠也。讀近茸。急察言之。可知此茸之不誤矣。廣韵曰。軵、推車也。而隴切。或作搑。按手部。搑、推擣也。漢司馬遷傳曰。而僕又茸之蠶室。師古曰。茸、人勇反。推也。謂推致蠶室之中也。是搑茸軵三字通用。集韵云。軵或作⿰車茸。或作⿰車冗。皆必有據。若淮南說林訓。倚者易軵也。注云。軵讀軵濟之軵。覽冥訓。斷徒馬圍軵車奉饟。注云。軵、推也。讀楫拊之拊。有譌字不可讀。然大約以付爲形聲。是高時固有兩讀也。大徐而隴切。九部。

輇 蕃車下庳輪也。蕃當作藩。藩車見軒字下。庳者、屋卑也。因以爲凡卑之偁。藩車而下爲卑輪。葢所謂安車。輪卑則車安矣。未知是否。从車全聲。讀若饌。市緣切。十四部。一曰無輻也。見輪下。

輗 大車轅耑持衡者也。轅與衡相接之關鍵也。墨子曰。吾不知爲車輗者巧也。用咫尺之木。不費一朝之事。而引三十石之任。此與小車之軏同用而異名。許不與軏篆爲伍者、大車別於小車也。自輗至輂五篆皆言大車。前文輂篆當亦廁此處。最近。从車兒聲。五雞切。十六部。

軦 輗或从宜。宜聲在十七部。與十六部合韵。

棿 輗又从木。

軝 大車後也。大車以載任器。牝負長八尺。謂較也。其後必崇其闌與三面等。非若小車之後也。故曰軝。軝之言底也。从車氏聲。丁禮切。十五部。

轃 大車簀也。此以雙聲爲訓。簀者、牀棧也。大車之藉似之。小車謂之茵。車重席也。以虎皮者謂之文茵。大車謂之轃。竹木爲之。从車秦聲。讀若臻。側詵切。十二部。

轒 淮陽名車穹隆轒。淮陽、漢國。有縣九。今開封府陳州以南是其地。車穹隆、卽車葢弓也。方言曰。車枸簍、宋魏陳楚之閒謂之筱。或謂之䉢籠。秦晉之閒自關而西謂之枸簍。西隴謂之⿰木舊。南楚之外謂之篷。或謂之隆屈。郭云。卽車弓也。按許之穹隆卽䉢籠也。許之轒葢卽橎字與。抑淮陽謂之轒、爲方言所不載也。釋名曰。隆強。或曰車弓。長楊賦。碎轒輼。別一義也。从車。賁聲。符分切。十三部。按此篆當與上轃葢弓也爲伍。轃言其分。轒言其合也。廁此者、後人亂之。

輓 大車後壓也。壓當依玉篇作厭。厭、笮也。所以鎮大車後者。从車宛聲。於云切。古音當在十三部。篇韵云。轒輓、兵車。漢書文選作轒輼。

輂 大車駕馬者也。者字今補。小司徒正治輂輦。注曰。輂、駕馬。所以載任器。與許說同。云大車駕馬者、言者以別於駕牛也。古大車多駕牛。其駕馬者則謂之輂。按左氏傳。陳畚梮。梮者、土轝。漢五行志作輂。是梮乃輂之或字也。史河渠書。山行卽橋。一作檋。夏本紀正作檋。漢溝洫志作山行則梮。韋昭曰。梮、木器。如今轝牀。人轝以行也。然則周禮輂之制、四方如車之輿。故曰轝。或作轝。或駕馬。或人舉。皆宜用之。徒土則謂之土轝。卽公羊之筍、史記之箯輿也。用之舁人則謂之橋。橋卽漢書輿轎而越嶺之轎字也。左氏正義謂梮字从手。其說非是。禮經輁軸。輁卽輂字之異者。注云。輁狀如長牀是也。夏禹四載乘輂。葢亦馬引之。不然何以云桀始乘人車。攷古者所當辯也。从車。共聲。居玉切。按共聲古音在九部。士喪禮輁九勇反是也。淺人不知爲同字。

輂　連車也。謂車牽聯而行。有等差也。左傳差車。官名。一曰卻車抵堂爲輂。東京賦。皇輿宿駕。輂於東階。薛解曰。輂之言卻也。謂卻於東階下。天子未乘之時也。从車。𢀖省聲。讀若遟。士皆切。按李善音柴。是也。古音在十七部。

輦　輓車也。謂人輓以行之車也。小司徒輂輦注曰。輦人輓行。所以載任器也。司馬法云。夏后氏謂輦曰余車。殷曰胡奴車。周曰輜輦。夏后氏二十人而輦。殷十八人而輦。周十五人而輦。故書輦作連。鄭司農云。連讀爲輦。按夫部。㚘竝行也。輦字从此。輦設輅於車前。用索輓之。故从車㚘。會意。㚘在前。車在後。故連字下曰。負車。連輦古今字。周禮、管子皆作連。此車名輦。輓此車之人名輦者。爾雅曰。徒御不警。徒輦者也。毛傳同。又詩。我任我輦。毛傳曰。任者、輦者。釋名曰。輦、人所輦也。从車㚘。㚘在車前引之也。會意。力展切。十四部。

輓　引車也。引車曰輓。引申之、凡引皆曰輓。左傳曰。或輓之。或推之。欲無入、得乎。史記借爲晚字。从車。免聲。無遠切。十四部。俗作挽。

軠　紡車也。紡者、紡絲也。凡絲必紡之而後可織。紡車曰軠。通俗文曰。繰車曰軠。尼心切。別是一物。繰與紡二事也。木部曰。檷者、絡絲柎。竹部曰。篗、所以收絲者。糸部曰。繀、箸絲於筟車也。又在繰之後、紡之前。俟再攷。此非車也。其偁車者何。其用同乎車也。其物有車名。故其字亦从車。从車。㞷聲。讀若狂。巨王切。十部。一曰一輪車。別一義。

轘　車裂人也。周禮條狼氏。誓僕右曰殺。誓馭曰車轘。注曰。車轘謂車裂也。从車。瞏聲。胡慣切。十四部。按大徐云。睘渠營切。非聲。當从環省。此惑於毛詩青青睘睘爲韵、而不知詩之睘睘乃㷀㷀之叚借也。春秋傳曰。轘諸栗門。宣公十一年左傳文。

斬　截也。截者、斷也。𦣻部。𩠐、截也。周禮掌戮注曰。斬以鈇鉞。若今要斬也。殺以刀刃。若今棄市也。本謂斬人。引申爲凡絕之偁。从車斤。會意。側減切。八部。斬法車裂也。此說从車之意。葢古用車裂。後人乃法車裂之意而用鈇鉞。故字亦从車。斤者、鈇鉞之類也。

轜　喪車也。从車、重而。而亦聲。各本篆作輀。解作从車而聲。今更正。文選注、玉篇、廣韵、龍龕手鑑皆作轜。从重而者、葢喪車多飾。如喪大記所載致爲緐縟。而者、須也。多飾如須之下垂。故从重而。亦以而爲聲也。如之切。一部。

轟　轟轟、二字依文選注補。羣車聲也。从三車。呼宏切。古音在十二部。李善曰。倉頡篇云。輷輷、衆車聲也。呼萌切。今爲輷字、音田。玄應曰。轟今作輷。字書作軥、同。呼萌切。按古字作軥。今字作輷。玉篇作輷。皆當在眞臻部也。

文九十九　重八

𠂤　小𨸏也。小𨸏、𨸏之小者也。廣雅本之。曰。𠂤、細阜也。今譌舛不可讀矣。小𨸏曰𠂤。國語叚借魁字爲之。周語。夫高山而蕩以爲魁陵糞土。賈逵、韋昭皆曰。小阜曰魁。即許之𠂤也。賈逵注見海賦。其字俗作堆。堆行而𠂤廢矣。氏下云。山岸脅之堆、㫄箸欲落墮者曰氏。小徐作堆。大徐則刪之。士冠禮注。追猶堆也。是追即𠂤之叚借字。李善注七發曰。追古堆字。詩。追琢其章。追亦同𠂤。葢古治金玉突起者爲𠂤。穿穴者爲琢。𠂤語之轉爲敦。如爾雅之敦丘。俗作墩。詩。敦彼獨宿。傳以敦敦然釋之。皆是也。象形。象小於𨸏。故𨸏三成、𠂤二成。都回切。十五部。凡𠂤之屬皆从𠂤。

𡴎　危高也。从𠂤。屮聲。讀若臬。魚列切。十五部。

官　吏事君也。从宀𠂤。會意。古丸切。十四部。𠂤猶衆也。𠂤不訓衆、而可聯之訓衆。以宀覆之、則治衆之意也。此與師同意。人衆而帀口之、與事衆而宀覆之。其意同也。

文三

說文解字第十四篇上

受業黟縣胡積城校字

說文解字第十四篇下

金壇段玉裁注

𨸏　陵　䧢　防　陰　陽　陸

𨸏大陸也。也字今補。釋地、毛傳皆曰。大陸曰阜。李巡曰。高平曰陸。謂土地豐正名爲陸。陸土地獨高大名曰阜。阜冣大名爲陵。引申之爲凡厚、凡大、凡多之稱。秦風傳曰。阜、大也。鄭風傳曰。阜、盛也。國語注曰。阜、厚也。皆由土山高厚演之。山無石者。象形。山下曰。有石而高。象形。此言無石。以別於有石者也。詩曰。如山如阜。山與𨸏同而異也。釋名曰。土山曰阜。象形者。象土山高大而上平。可層絫而上。首象其高。下象其三成也。房九切。三部。凡𨸏之屬皆从𨸏。𨸐古文。上象絫高。下象可拾級而上。

陵大𨸏也。釋地、毛傳皆曰。大阜曰陵。釋名曰。陵、隆也。體隆高也。按引申之爲乘也。上也。躐也。侵陵也。陵夷也。皆夌字之叚借也。夊部曰。夌、越也。一曰夌、徲也。夌徲卽陵夷也。从𨸏。夌聲。力膺切。六部。

䧢大𨸏也。以其昆干綿遠爲言。从𨸏。鯀聲。胡本切。十三部。

防地理也。攷工記曰。凡溝逆地防謂之不行。注云。溝謂造溝。防謂脈理。按力者、筋也。筋有脈絡可尋。故凡有理之字皆从力。防者、地理也。朸者、木理也。泐者、水理也。手部有扐、亦同意。从𨸏。力聲。盧則切。一部。

陰闇也。闇者、閉門也。閉門則爲幽暗。故以爲高明之反。水之南、山之北也。从𨸏。穀梁傳曰。水北爲陽。山南爲陽。注云。日之所照曰陽。然則水之南、山之北爲陰可知矣。水經注引伏虔曰。水南曰陰。公羊桓十六年傳注曰。山北曰陰。按山北爲陰、故陰字从𨸏。自漢以後通用此爲黔字。黔古文作侌。夫造化侌昜之气本不可象。故黔與陰、昜與陽皆叚雲日山𨸏以見其意而已。侌聲。於今切。七部。

陽高明也。闇之反也。从𨸏。不言山南曰昜者、陰之解可錯見也。山南曰陽。故从𨸏。毛傳曰。山東曰朝陽。山西曰夕陽。昜聲。與章切。十部。

陸高平地。釋地、毛傳皆曰。高平曰陸。从𨸏。坴聲。土部坴下曰。土塊坴坴也。然則陸从坴者、謂其有土無石也。大徐作从𨸏从坴、坴亦聲。力竹切。三部。

陸籒文陸。从古文𨸏省。从籒文坴不从土者。从𨸏而土見矣。

阿　陂　阪　陬　隅

阿大陵曰阿。釋地、毛傳皆曰。大陵曰阿。从𨸏。可聲。烏何切。十七部。一曰阿曲𨸏也。毛詩。菁菁者莪。在彼中阿。傳云。大陵曰阿。考槃在阿。傳曰。曲陵曰阿。各隨其宜解之也。大雅。有卷者阿。傳曰。卷、曲也。然則此阿謂曲𨸏也。引申之、凡曲處皆得偁阿。是以緜蠻傳曰。丘阿、丘之曲阿。室之當棟處曰阿。考工記四阿。若今四注屋。左傳。桲有四阿。毛傳。偏高曰阿丘。許書言谷、口上阿也。皆是也。曲則易爲美。故隰桑傳曰。阿然美皃。凡以阿言私曲、言昵近者、皆引申叚借也。

陂阪也。陂與坡音義皆同。凡陂必邪立。故引申之義爲傾邪。子虛賦。罷池陂陁。言旁穨也。易。無平不陂。洪範。無偏無陂。从𨸏。皮聲。彼爲切。古音在十七部。一曰池也。池各本作沱。誤。今依韵會正。說詳水部。池與沱形義皆別。此云陂者、池也。故水部有池篆、云陂也。正考老轉注之例。詩惟召南言沱。餘多言池。不可淆溷。許書沼、池也。洼、深池也。潢、積水池也。湖、大陂也。汥、水都也。漥、一曰窊也。洿、一曰窊下也。義皆同物。豈可改爲沱乎。陂得訓池者、陂言其外之障。池言其中所蓄之水。故曰。劉媼嘗息大澤之陂。謂大澤之旁也。曰叔度汪汪若千頃陂。郎謂千頃池也。湖訓大陂。卽大池也。陳風。彼澤之陂。傳曰。陂、澤障也。月令注曰。畜水曰陂。凡經傳云陂池者、兼言其內外。或分析言之。或舉一以互見。許池與陂互訓、渾言之也。陂有叚波爲之者。如漢諸侯王表曰。波漢之陽。西域傳曰。傍南山北波河。

阪坡者曰阪。釋地、毛傳皆曰。陂者曰阪。許云坡者曰阪。然則坡陂異部同字也。說卦傳。其於稼也爲反生。叚借反爲阪也。从𨸏。反聲。府遠切。十四部。一曰澤障也。陂爲澤障。故阪亦同。一曰山脅也。山脅、山胛也。呂覽。阪險原隰。高注。阪、險傾危也。小雅。阪田。箋曰。崎嶇墝埆之處也。

陬阪隅也。謂阪之角也。正月爲陬。亦謂寅方在東北隅也。引申爲凡隅之偁。陬與隅疊韵爲訓。从𨸏。取聲。子侯切。四部。

隅陬也。隅與陬爲轉注。廣雅曰。陬、角也。小雅箋曰。丘隅、丘角也。上言阪此不言阪者、不主謂阪之隅也。考工記宮隅、城隅、謂角浮

險　限　阻　陮　隗　阭　𨻳　陗　陖　隥　陋　陜

思也。大雅。惟德之隅。傳曰。隅、廉也。今人謂邊爲廉。角爲隅。古不別其字。亦作嵎、作湡。**从𨸏。禺聲。**噳俱切。古音在四部。偶平聲。

險　阻難也。从𨸏。僉聲。虛檢切。七部。

限　阻也。廣韵。度也。齊也。昕也。皆其引申之義。**从𨸏。艮聲。**乎簡切。古音在十三部。**一曰門榍也。**此別一義。而前義可包之。木部曰。榍、門限也。是爲轉注。其字俗作梱、作㝗。

阻　險也。从𨸏。且聲。大射儀。且左還。毋周。注曰。古文且爲阻。堯典。古文黎民俎飢。鄭注云。俎讀曰阻。是皆古文叚借字也。側呂切。五部。

陮　陮隗、逗。**高也。**陮隗猶崔巍。亦猶㠑嵲、疊韵字也。**从𨸏。隹聲。**都辠切。十五部。

隗　陮隗也。从𨸏。鬼聲。五辠切。十五部。

阭　高也。从𨸏。允聲。余準切。玉篇余剸切。十三十四部。**一曰石也。**

𨻳　磊𨻳也。各本奪𨻳字。今補。磊𨻳猶磊磈也。疊韵字。**从𨸏。𡿺聲。**洛猥切。古音在十六十七部之閒。垂上聲。

陗　陵也。凡斗直者曰陗。李斯列傳曰。樓季也而難五丈之限。跛牂也而易百仞之高。陗塹之勢異也。塹當爲漸。陂陀者曰漸。斗直者曰陗。凡閒出者曰庯。陗斗俗作陡。古書皆作斗。**从𨸏。肖聲。**七笑切。二部。

陖　陗高也。謂斗直而高也。卑者雖直、不得云陖矣。山部。陖或作峻。高也。此陖、陗、高也。是峻陖之別也。專言高者、或未必陗矣。陖古叚借洒字爲之。邶風曰。新臺有洒。傳曰。洒、高峻也。峻卽陖之同音通用。傳意謂經之洒卽陖之叚借也。西聲夋聲古音同在十三部。釋丘曰。望厓洒而高岸夷上洒下漘。洒而高、謂體斗直而頂高出也。夷上洒下、謂頂平不高出而體亦斗直也。李巡注甚明了。而郭樸說誤。**从𨸏。夋聲。**私閏切。十三部。

隥　仰也。隥。仰者、舉也。登陟之道曰隥。亦作墱。西都賦。陵墱道而超西墉。西京賦。墱道邐倚以正東。薛曰。墱、閣道也。按閣道謂淩空如棧道者。**从𨸏。登聲。**都鄧切。六部。此以形聲包會意。

陋　阸陜也。阸者塞也。陜者隘也。𨸏部曰。隘者陋也。然則陋與隘爲轉注。阸陜者、如邊塞狹隘也。故从𨸏。引申爲凡鄙小之偁。賈子曰。反雅爲陋。淮南注曰。陋、鄙小也。**从𨸏。㔷聲。**盧候切。四部。

陟　陷　隰　䧢　隤　隊　降

陜　隘也。从𨸏。夾聲。侯夾切。八部。俗作陿、峽、狹。

陟　登也。釋詁曰。陟、陞也。毛傳曰。陟、升也。陞者、升之俗字。升者、登之叚借。禮喪服注曰。今文禮皆登爲升。俗誤已行久矣。據鄭說則古文禮皆作登也。許此作登不作升者、許書說解不用叚借字也。漢人用同音字代本字。既乃不知有本字。所謂本有其字。依聲託事者然也。**从𨸏步。**謂緣𨸏而步也。𨸏有層次可尋。是謂會意。竹力切。一部。

𨺸　古文陟。

陷　高下也。高下者、高與下有懸絕之勢也。高下之形曰陷。故自高入於下亦曰陷。義之引申也。易曰。坎、陷也。謂陽陷陰中也。凡深沒其中曰陷。**从𨸏。臽聲。**大徐作从𨸏、从臽、臽亦聲。戶猎切。八部。**一曰陊也。**

隰　阪下溼也。釋丘曰。下溼曰隰。又曰。陂者曰阪。下者曰隰。蓋上隰指平地言之。下隰指阪言之。阪形固高而其四旁窊溼處亦謂之隰也。許用後說者、以其字从𨸏也。**从𨸏。㬎聲。**似入切。七部。

䧢　𢿏䧢也。各本奪䧢字。今補。危部𢿏篆下曰。𢿏䧢也。此亦曰𢿏䧢也。𢿏䧢以雙聲成文。謂傾側不安、不能久立也。不容删一字矣。𢿏䧢、他書作崎嶇。漢碑亦作嶇。**从𨸏。區聲。**豈俱切。古音在四部。

隤　下隊也。繫辭曰。夫乾確然示人易矣。夫坤隤然示人簡矣。許冂部曰。隺、高至也。引易夫乾隺然。然則正與下隊作反對語。按隤與積音同而義異。如李陵傳隤其家聲、斷不可作積矣。**从𨸏。貴聲。**杜回切。十五部。

隊　從高隊也。隊、墜正俗字。古書多作隊。今則墜行而隊廢矣。大徐以墜附土部。非許意。釋詁。隊、落也。釋文从墜而以隊附見。傎矣。左傳曰。以成一隊。杜注。百人爲隊。蓋古語一隊、猶言一堆。物墮於地則聚。因之名隊爲行列之偁。後人以墜入至韵。以隊入隊韵。而莫測其原委矣。**从𨸏。㒸聲。**徒對切。十五部。按當云直類切。

降　下也。此下爲自上而下。故廁於隊隕之閒。釋詁曰。降、落也。古多叚降爲夅。夂部曰。夅、服也。此今人讀下江切之正字。詩召南。我心則降。毛傳曰。降、下也。春秋經。郕降于齊師。何注曰。降者、自伏之文。又齊人降鄣。穀梁傳曰。降猶下也。皆夅之叚借字也。分爲平去韵。而昧其原委矣。以地言曰降。故从𨸏。以人言曰夅。故从夂干相承。**从𨸏。夅聲。**此亦形聲包會意。古巷切。九部。

隕 從高下也。釋詁曰。隕、下、落也。毛傳曰。隕、隋也。隋卽陊字。从𨸏員聲。于敏切。十三部。易曰。有隕自天。姤九五爻辭。

隉 危也。危者、在高而懼也。秦誓曰。邦之杌隉。易作臲卼。許出部之槷䵒。不安也。皆字異而音義同。从𨸏从毁省。會意。徐巡㠯爲隉、凶也。後漢書杜林傳曰。沛南徐巡始師事衛宏。後更受林學。林於西州得桼書古文尚書一卷。以傳衛宏、徐巡。於是古文遂行。隉、凶也。此巡之說秦誓也。賈侍中說。隉、灋度也。此蓋亦賈侍中說古文秦誓也。侍中受古文尚書於塗惲。撰歐陽大小夏侯尚書古文尚書同異集爲三卷。隉與臬雙聲。臬者、射壕的也。有法度之意。尚書立政篇臬訓法。左傳陳之藝極。藝亦臬之叚借。賈謂隉爲臬之叚借。故云法度也。此條可以證六書叚借。依賈說則杌隉連文。杌當同扤訓搖動。班固說。不安也。班固字孟堅。右扶風安陵人。楚令尹鬭班之後。按漢書子文生於䕬中。而虎乳之。楚人謂乳穀、謂虎於檡。故名穀於檡。字子文。楚人謂虎文班。其子以爲號。秦之滅楚。遷晉代之閒。因氏焉。云謂虎文班、班卽許書辨字之叚借。今之斑字也。今本漢書奪去文字、則文義不貫矣。班爲白虎通義。又爲離騷章句。見於劉逵、張載所引。此說隉不安也。恐亦說尚書語。許本之曰危也。周書曰。邦之阢隉。秦誓文。上偁三家說。而後偁經者。明此書爲說字之書。特偁經爲證也。阢當是轉寫之誤。當是本作扤、或作兀。未可定也。今尚書作杌隉。周易作劓刖、作臲卼。鄭注字作倪仉。許出部作槷䵒。其文不同如此。阢者、石戴土也。非此之用。讀若虹蜺之蜺。蜺雨部作霓。虫部蜺、寒蜩也。於此知漢人已叚借蜺爲霓矣。霓平韵讀五兮翻。入韵讀五的翻。又五結翻。隉當切五結。十五部。

阤 小崩也。大曰崩、小曰阤。吳都賦曰。崩巒阤岑。此其義也。子虛賦曰。登降阤靡。上林賦曰。巖阤甗錡。皆謂欹傾也。後人多用陊爲之。古書或用褫爲之。从𨸏也聲。丈爾切。又弋爾切。古音在十七部。

隓 敗城𨸏曰隓。从𨸏𡍮聲。許書無𡍮字。蓋或古有此文。或絫左爲聲。皆未可知。墮爲篆文則隓爲古籀可知也。山部嶞曰。隓聲。肉部隋曰。隓省聲。皆用此爲聲也。小篆隓作𡐦。隸變作墮。俗作隳。用墮爲崩落之義。用隳爲傾壞之義。習非成是。積習難反也。虞書曰。萬事墮哉。墮本敗城𨸏之偁。故其字从𨸏。引申爲凡阤壞之偁。許規切。古音在十七部。

𡐦 篆文。小篆則从土。隋聲也。先古籀後小篆者。是亦先二後上之例也。曷爲不入𡐦於土部而隓爲重文也。其字本从𨸏。以壞𨸏也。爲義。而壞城次之。故入𨸏部而𡐦爲重文也。

⿰阝頃 仄也。仄下曰。側傾也。頃者、頭不正也。故从頁。傾者、人之仄也。故从人。⿰阝頃者、山𨸏之仄也。故从𨸏。禹貢西頃。蓋可作此字。从𨸏頃聲。大徐作从𨸏从頃、頃亦聲。形聲兼會意也。去營切。十一部。

陊 落也。艸部曰。艸曰苓。木曰落。引申之、凡自上而下皆曰落。石部碏下曰。上摘山巖空青珊瑚陊之。吳都賦曰。碏陊山谷。按今字叚墮爲陊。而叚陊爲阤。義雖略相近。而實本不同。召南毛傳。盛極則隋落者梅也。又叚隋爲陊。从𨸏多聲。徒果切。十七部。

阬 閬也。閬者、門高大之皃也。引申之、凡孔穴深大皆曰閬。阬釋詁云。虛也。地之孔穴虛處與門同。故曰閬也。以曡韵爲訓。詩曰。皋門有伉。然則門亦得偁阬也。○今按閬訓迂遠。疑本作限。俗作閬。又譌閬耳。阬塹、亦限阻也。土部曰。塹者、阬也。然則阬者塹也。爲轉注。从𨸏亢聲。客庚切。古音在十部。讀如康。俗字作坑。

隫 通溝。句。西都賦曰。通溝大漕。潰渭洞河。㠯防水者也。小徐及廣韵本如此。隫與瀆不同。瀆从水主謂水。故解曰溝也。隫从𨸏主謂地。故曰通溝以防水。防水猶禦水也。通洞之溝。水去迅速。無滯不爲災。通之言洞也。洞者、疾流也。故其字讀若洞。四瀆字當作此。亦作四竇。从𨸏賣聲。徒谷切。三部。讀若洞。大徐洞作瀆。非也。此許所聞舊音。急就篇乘風縣鐘華洞樂。皇象碑本洞作隫。衣部襱或从賣聲作襩。

⿰谷賣 古文隫。从谷。釋山曰。山瀆無所通、谿。

防 隄也。周禮稻人曰。以防止水。注云。偃豬者畜流水之陂也。防者、豬旁隄也。引申爲凡備禦之偁。禮記鄭目錄云。名曰坊記者、以其記六藝之義。所以坊人之失者也。防之俗作坊。从𨸏方聲。符方切。十部。

埅 防或从土。俗字所由作坊也。俗又以坊爲邑里之名。

隄 唐也。唐塘正俗

字。唐者大言也。段借爲陂唐。乃又益之土旁作塘矣。隄與唐得互爲訓者。猶陂與池得互爲訓也。其實窊者爲池爲唐。障其外者爲陂、爲隄。**从𨸏是聲。**都兮切。十六部。按或作[阝定]。此猶麟之定、卽麟之題也。

阯 基也。止、下曰。下基也。阯與止音義皆同。止者艸木之基也。阯者城阜之基也。**从𨸏止聲。**諸市切。一部。

址 阯或从土。左傳曰。略基址。

陘 山絕坎也。釋山曰。山絕、陘。按今爾雅奪坎字。郭注云。連山中斷絕。非是。陘者、領也。孟子作徑。云山徑之蹊。趙注。山徑、山領也。楊子法言作山[山巠]之蹊。皆卽陘字。凡巠聲之字皆訓直而長者。河北八陘。一曰軹關陘。二曰太行陘。三曰白陘。四曰滏口陘。五曰井陘。六曰飛狐陘。七曰蒲陰陘。八曰軍都陘。戴先生水地記曰。此皆兩山中隔以成隘道也。軹關之山與太行中隔沁水。其山脈自大岳。白陘之山與大行中隔丹水。其山脈自發鳩別而東。井陘滏口之山與白陘中隔漳水。其山脈自淸漳之源沾領別而東。飛狐蒲陰之山與井陘中隔滹沱。其山脈來自北岳。軍都之山與蒲陰之山中隔桑乾水。其山脈自大同府之外陰山

別而東。大行之名尤顯著。故偁大行八陘。元和郡縣圖志引述征記曰。大行山首始於河內。北至幽州。凡有八陘。後代史志地記多本其說。於軹關已北、軍都已南諸山槩目以大行。其亦不達於理矣。先生所論八陘。最爲明析。而山絕坎之訓亦明。凡天下之地勢。兩山之閒必有川焉。則兩川之閒必有山焉。是爲坎象。坎者、陷也。陷者、高下也。高在下閒爲陷。陘者、一山在兩川之閒。故曰山絕坎。絕猶如絕流而渡之絕。其莖理亙於陷中也。**从𨸏巠聲。**戶經切。十一部。

附 附婁、逗。疊韵字。**小土山也。**左傳襄二十四年。子大叔曰。部婁無松柏。杜注。部婁小阜。服虔曰。喻小國。風俗通義引左傳釋之曰。言其卑小。部者阜之類。今齊魯之閒。田中少高卬名之爲部矣。按或作培塿。依許則傳文本作附婁。字从𨸏。其本義也。上蒲口反。下路口反。玉篇曰。說文以坿爲坿益字。从土。此附作步口切。小土山也。玉裁謂土部坿、益也。增益之義宜用之。柎近之義亦宜用之。今則盡用附而附之本義廢矣。**从𨸏付聲。**符又切。按此音非也。當云蒲口切。四部。**春秋傳曰。附婁無松柏。**左氏傳多古文。許所見未誤。

阺 秦謂陵阪曰阺。大𨸏曰陵。坡曰阪。秦人方言皆曰阺也。漢書楊雄解嘲曰。響若坻隤。應劭云。天水有大坂。名曰隴坻。其山堆旁箸崩落作聲。聞數百里。故曰坻隤。按仲遠誤也。依說文則巴蜀名山岸脅之旁箸欲落墯者曰氏。氏崩聞數百里。秦謂陵阪曰阺。其字則氏與阺不同。其語言則秦與巴蜀不同。且氏主謂石。故崩聲聞遠。阺主謂土。陵阪皆土阜也。氏或譌作坻。韋昭音若是理之是。不誤。阺字或作坻。音丁兮丁禮二反。高唐賦。臨大阺之稸水。是其正字也。自仲遠合而一之。古音十六十五部之別亦淆矣。凡氏聲在十六部。凡氐聲在十五部。**从𨸏氐聲。**丁禮切。十五部。

阢 石山戴土也。戴、小徐作載。釋山曰。石戴土謂之崔嵬。然則崔嵬一名阢也。**从𨸏兀聲。**五忽切。十五部。玉篇午回切。

隒 崖也。崖者、高邊也。按今俗語謂邊曰隒。當作此字。王風傳曰。涘者、厓也。漘者、水隒也。葢平者曰厓。高起者曰隒。釋山云。重甗隒。**从𨸏兼聲。讀若儼。**魚檢切。七部。八部。

阸 塞也。塞、先代切。與窒𡫸字別。塞者、隔也。阸之言扼也。**从𨸏戹聲。**於革切。古音在十六部。

隔 塞也。塞、先代切。各本作障。今依西京賦注所引作塞也。與土部塞隔也爲轉注。廣韵亦曰。塞也。西京賦曰。隴坻之隘。隔閡華戎。**从𨸏鬲聲。**古覈切。十六部。

障 隔也。从𨸏章聲。之亮切。十部。

隱 蔽也。艸部曰。蔽、茀小皃也。小則不可見。故隱之訓曰蔽。若孟子隱几字。則當爲㥯。㥯部曰。㥯、有所據也。**从𨸏㥯聲。**於謹切。十三部。

隩 水隈厓也。厓、山邊也。引申之爲水邊。隈厓、謂曲邊也。釋丘曰。厓內爲隩。外爲鞫。毛詩瞻彼淇奧。傳曰。奧、隈也。奧者、隩之叚借字也。又芮鞫之卽。毛曰。芮、水厓也。鞫、究也。鄭曰。芮之言內也。水之內曰隩。水之外曰鞫。漢書作阬。字林作坑。**从𨸏奧聲。**烏到切。按當於六切。三部。

隈 水曲也。各本作水曲隩也。今依西都、海賦二注訂。**从𨸏畏聲。**烏恢切。十五部。

睯 睯商、逗。此葢古語。**小塊也。**塊、俗凷字。**从𨸏从臾。臾、古文蕢字。**見艸部。艸器也。謂一蕢之土而已。去衍切。十四部。

[阝解]

隴　⿰阝衣　陝

水衡官谷也。未詳。水衡官見漢書百官公卿表。又天文志解谷、晉灼曰谷名。葢非此。从𨸏。解聲。胡買切。十六部。一曰小谿。此別一義。兩𨸏閒小谿曰⿰阝解。如小山別大山曰嶰也。谿者、山瀆之無所通者也。

隴　天水大阪也。地理志天水郡有隴縣。郡國志漢陽郡、永平十七年天水郡更名也。隴縣有大阪名隴坻。按坻卽上文阺字也。从𨸏。龍聲。力鍾切。九部。

⿰阝衣　酒泉天⿰阝衣阪也。地理志酒泉郡天⿰阝衣縣。師古曰。此地有天⿰阝衣阪。故以名。从𨸏。衣聲。於希切。十五部。

陝　弘農陝也。地理志弘農郡陝縣。後志同。今河南直隸陝州有廢陝縣。古虢國。王季之子所封也。左傳曰。虢仲、虢叔。王季之穆也。國語稱文王敬友二虢。杜預以爲皆文王母弟。馬融云。虢叔同母弟。虢仲異母弟。今按同母異母不可知。據許祇云王季之子可也。地理志曰。陝故虢國。東虢在滎陽。賈逵曰。虢仲封東虢。制是也。虢叔封西虢。虢公是也。鄭語西有虞虢。韋曰虢叔之後西虢也。又濟雒河潁之閒虢鄶爲大。韋曰虢東虢也。虢仲之後。按地理志及說文皆但云陝故虢國。不目爲西虢者。葢東周時東虢已滅於鄭。不煩分別也。春秋晉滅虢。謂在陝之西虢。王季之子虢叔之後。

⿰阝無　陭　隃　阮

从𨸏。夾聲。十篇亦部下曰。弘農陝字从此。失冄切。八部。

⿰阝無　弘農陝東陬也。陬者。隅也。从𨸏。橆聲。武扶切。五部。

⿰阝卷　河東安邑陬也。从𨸏。卷聲。居遠切。十四部。

陭　上黨陭氏阪也。地理志上黨郡有陭氏縣。葢因有陭氏阪以名也。今本郡國志作猗氏。因河東猗氏而誤。从𨸏。奇聲。於离切。按當依漢書於義切。古音在十七部。

隃　北陵西隃鴈門是也。此八字用爾雅釋地。郭注曰。鴈門山是也。史記趙世家作先俞。古西先同音也。地理志鴈門郡秦置。句注山在陰館。按句注山一名西陘山。一名鴈門山。今在山西代州西北二十五里。有鴈門關。从𨸏。俞聲。傷遇切。古音在四部。

阮　代郡五阮關也。地理志代郡有五原關。阮者正字。原者叚借字也。成帝紀作五阮關。如淳曰。近捲反。从𨸏。元聲。虞遠切。十四部。

⿰阝告　陚　⿰阝貞　⿰阝丁　⿰阝爲　陼　陳

⿰阝告　大𨸏也。前云大𨸏曰陵矣。此云大𨸏曰⿰阝告。未聞。一曰右扶風郿有⿰阝告𨸏。⿰阝告又爲𨸏名。从𨸏。告聲。苦沃切。三部。

陚　丘名。从𨸏。武聲。方遇切。五部。

⿰阝貞　丘名。从𨸏。貞聲。陟盈切。十一部。

⿰阝丁　丘名。从𨸏。丁聲。讀若丁。當經切。十一部。

⿰阝爲　鄭地阪。从𨸏。爲聲。許爲切。釋文于詭切。古音在十七部。春秋傳曰。將會鄭伯於⿰阝爲。於當作于。⿰阝爲今經傳皆作鄬。襄七年十有二月。公會晉侯、宋公、陳侯、衛侯、曹伯、莒子、邾子于鄬。三經同。左氏傳曰。及將會于鄬。子駟相。又不禮焉。句本無鄭伯字。許以此敘鄭事。故增此二字。凡引古書不無異同者例此。

陼　如渚者陼丘。水中高者也。釋水曰。水中可居者曰州。小州曰渚。釋丘曰。如渚者陼丘。謂在水中高而平。如水中小州然也。許本之爲說。今爾雅作小洲曰陼。如陼者陼丘。溷渚通用。从𨸏。者聲。當古切。五部。

陳　宛丘也。韵會有也。舜後嬀滿之所封。毛傳譜曰。陳者、大皞虙戲氏之墟。帝舜之胄。有虞閼父者、爲周武王陶正。武王賴其利器用。與其神明之後。封其子嬀滿於陳。都於宛丘之側。是曰陳胡公。按今河南陳州府治是其地。許必言宛丘者、爲其字从𨸏也。毛傳曰。四方高中央下曰宛丘。卽釋丘之宛中曰宛丘也。陳本大皞之虛。正字。俗叚爲敶列之敶。陳行而敶廢矣。从𨸏。从木。大皞以木德王。故字从木。申聲。直珍切。十二部。

𨻯　古文陳。按古文从申不从木。

陶　陘

陶　再成丘也。在濟陰。釋丘曰。一成爲敦丘。再成爲陶丘。禹貢曰。道沇水東流爲濟。入于河。泆爲滎。東出于陶丘北。地理志曰。濟陰郡定陶縣。禹貢陶丘在西南。按定陶故城在今山東曹州府定陶縣西南。古陶丘在焉。从𨸏。匋聲。徒刀切。古音在三部。夏書曰。東至于陶丘。禹貢文。陶丘有堯城。堯嘗所凥。故堯號陶唐氏。謂堯始居於陶丘。後爲唐侯。故曰陶唐氏也。

陘　耕㠯臿浚出下壚土也。耕謂耕者也。臿當依十二篇甾部作疀。古田器。斗部引爾

阽 除 階 阼 陛 陔 際 隙 陪

雅斛謂之疀是也。郭樸曰。斛疀古鍫鍤字。浚者、抒也。抒者挹也。墟者。黑剛土也。耕者用鍫抒取地下黑剛土謂之陧。釋名曰。鍤。插也。插地起土也。或曰銷。或曰鏵。其板曰葉。鏵卽木部之茉。茉者、兩刃臿也。一曰耕休田也。謂爰田易耕者。从𨸏从土召聲。之少切。二部。

阽壁危也。引申爲凡物之危。漢文帝詔曰、或阽於死亡。如淳曰。阽、近邊欲墮之意。从𨸏。壁高故从𨸏。占聲。余廉切。古音在七部。服虔音反坫之坫。孟康音屋檐之檐。

除殿陛也。殿謂宮殿。殿陛謂之除。因之凡去舊更新皆曰除。取拾級更易之義也。天保何福不除。傳曰。除、開也。从𨸏。取以漸而高之意。余聲。直魚切。五部。

階陛也。因之凡以漸而升皆曰階。木部曰。梯、木階也。从𨸏皆聲。古諧切。十五部。

阼主階也。階之在東者。古者天子踐阼臨祭祀。故國運曰阼。从𨸏乍聲。昨誤切。五部。

陛升高陛也。升登古今字。古叚升爲登也。自卑而可以登高者謂之陛。賈誼曰。陛九級上。廉遠地。則堂高。陛無級。廉近地。則堂卑。獨斷曰。羣臣與至尊言。不敢指斥。故呼在陛下者而告之。从𨸏坒聲。旁禮切。十五部。

陔階次也。近階之處也。小雅有南陔。序曰。南陔、孝子相戒以養也。束皙詩曰。循彼南陔。言采其蘭。是用階次之說矣。而禮經賓出奏陔夏。注曰。以爲行節。以戒釋陔。皆取引申叚借之義。从𨸏亥聲。古哀切。一部。

際壁會也。兩牆相合之縫也。引申之、凡兩合皆曰際。際取壁之兩合、猶閒取門之兩合也。詩菀柳鄭箋。瘵、接也。此謂叚瘵爲際。从𨸏祭聲。子例切。十五部。

隙壁際也。今本際下有孔字。依文選沈約詠月詩注正。左傳曰。牆之隙壞。誰之咎也。際自分而合言之。隙自合而分言之。引申之、凡坼裂皆曰隙。又引申之、凡閒空皆曰隙。叚借以郤爲之。从𨸏𡿪。會意也。𡿪者、際見之白。𡿪亦聲。綺戟切。古音在五部。

陪重土也。左傳曰。分之土田陪敦。注曰。陪、增也。敦、厚也。諸侯之臣於天子曰陪臣。取重土之義之引申也。一曰滿也。从𨸏咅聲。薄回切。古音在一部四部之閒。一曰陪臣。陪、備也。小徐本有

隊 陾 陴 隍 阹 陲 隝 院 陯 陙 ⿰阝戔

此七字。

隊道邊庳垣也。未聞。从𨸏彖聲。徒玩切。十四部。按篇韵皆丈轉切。

陾築牆聲也。从𨸏耎聲。如乘切。六部。詩曰。捄之陾陾。大雅緜文。毛傳曰。捄、虆也。陾陾、眾也。度、居也。言百姓之勸勉也。登登、用力也。箋云。捄、抒也。度、猶投也。築牆者抒聚壤土。盛之以虆。而投諸版中。按箋與傳不異。箋之投卽傳之居。詩之捄謂抒土。度謂投版中。然後乃築之登登。然則毛傳謂陾陾眾也爲長。許謂築牆聲。似非是。又其篆从耎聲。則與如乘切相去甚遠。依玉篇手部作捄之陑陑。則之韵而聲可轉入蒸韵。如耳孫之卽仍孫也。蓋其字从自。故許必云築牆以傳合之。而聲則或譌爲耎聲。

陴城上女牆。俾倪也。土部曰。堞、城上女垣也。凡小者謂之女。女牆卽女垣也。俾倪疊韵字。或作睥睨。或作埤堄。皆俗字。城上爲小牆。作孔穴。可以窺外。謂之俾倪。左傳宣十二年。守陴者皆哭。杜注。陴、城上俾倪。釋名云。城上垣曰俾倪。言於其孔中俾倪非常。亦曰陴。陴、裨也。言裨助城之高也。亦曰女牆。从𨸏卑聲。符支切。十六部。

𩫖籀文陴从𩫖。

隍城池也。池之在城外者也。有水曰池。無水曰隍矣。矣字依水經注補。周易泰上六。城復于隍。虞注曰。隍、城下溝。無水稱隍。有水稱池。从𨸏皇聲。乎光切。十部。易曰。城復于隍。

阹依山谷爲牛馬圈也。司馬相如上林賦、揚雄傳、左思吳都賦皆有此字。郭樸、李奇、劉淵林注皆略同許。从𨸏去聲。去魚切。五部。

陲危也。許義垂訓遠邊。陲訓危。以垂从土。陲从𨸏之故。今義訓垂爲懸。則訓陲爲邊。邊陲行而邊垂廢矣。从𨸏垂聲。是爲切。古音在十七部。

隝小障也。障、隔也。埤蒼云。小障曰隝。通俗文。營居爲隝。一曰庳城也。庳猶卑也。从𨸏烏聲。安古切。五部。

院堅也。从𨸏完聲。王眷切。十四部。按宀部爲寏之或體。

陯山𨸏陷也。今則淪行而陯廢矣。从𨸏侖聲。盧昆切。十三部。廣韵力迆切。

陙水𨸏也。水集韵作小。从𨸏辰聲。食倫切。十三部。

⿰阝戔水𨸏

也。从𨸏。戔聲。慈衍切。十四部。

文九十二　重九

𨺅

𨺅 兩𨸏之閒也。从二𨸏。似醉切。按此字不得其音。大徐依隊讀也。廣韵、玉篇扶救切。又依𨸏音讀也。凡𨺅之屬皆从𨺅。

𨻐

𨻐 𨸏突也。突者穿也。謂兩𨸏閒空闕處也。从𨺅。夬聲。於決切。十五部。

𨼒

𨼒 陋也。𨸏部曰。陋者、阸陜也。阸者、塞也。陜者、隘也。然則四字相爲轉注。从𨺅。𦳋聲。烏懈切。十六部。按此舉形聲包會意。如人之咽喉也。𦳋籒文嗌字。此見口部。隘下各本譌作𦳋。今正。**隘** 篆文𨼒。从𨸏益。篆各本作籒。今正。𨼒籒文也。隘小篆也。先籒而後篆者、爲其字之从兩𨸏也。

𨽖

𨽖 塞上亭守𤇾火者也。注見火部𤇾下。彼云𤇾隧候表也。總釋此二篆。此云塞上亭守𤇾火者、謂邊塞之上守望𤇾火之亭。故其字从𨺅在阸隘之閒也。从𨺅。从火。遂聲。徐醉切。十五部。**𨺅** 篆文𨽖省。此爲小篆、則知上爲籒文矣。

文四　重二

厽

厽 絫坺土爲牆壁。絫者、今之累字。土部曰。一臿土謂之坺。臿者、今之鍫。以鍫取田閒土塊令方整不散。今里俗云坺頭是也。亦謂之版。光累之爲牆壁。野外軍壁多如是。民家亦如是矣。軍壁則謂之壘。象形。像坺土積疊之形。其音力詭切。在古十六部。大徐力軌切。非也。凡古厽聲之字在十六部。畾聲之字在十五部。此必當辨者也。玉篇云。厽、尚書以爲參字。按此謂西伯龕黎乃罪多參在上。或作厽也。凡厽之屬皆从厽。

絫

絫 增也。增者、益也。凡增益謂之積絫。絫之隸變作累。累行而絫廢。古書時見絫字。乃不識爲今之累字。良僞切。亦如是。从厽糸。會意。糸、細絲也。積細絲成縆。積坺土成牆。其理一也。不入糸部。入厽部、重厽也。玉篇乃以入糸部矣。厽亦聲。力軌切。按當云力詭切。在十六部。一曰。二字今增。玉篇作又。絫、十黍之重也。十黍爲絫。而五權從此起。十絫爲一銖。二十四銖爲兩。十六兩爲斤。三十斤爲鈞。四鈞爲石。石、許作祏。

垒

垒 絫墼也。墼者、令適未燒者也。巳燒者爲令適。今俗謂之塼。古作專。未燒者謂之墼。今俗謂之土墼。坺土則又未成墼者。積坺土爲牆曰厽。積墼爲牆曰垒。此音同義異之字也。土部曰。軍壁曰壘。此又音義皆異之字也。玉篇之注甚誤。故辨之。禮喪服翦屏柱楣。注曰。於中門之外。垒墼爲之。今本垒皆譌壘。急就篇墼壘亦當作垒。蓋俗字厽畾之不分者多矣。从厽土。會意。不入土部者、重厽也。厽亦聲。各本無此三字。今依上篆補。力軌切。古在十六部。劣委反。

文三

四

四 侌數也。自一篇列一部、三部。十三篇列二部。二篇列八部。三篇列十部。數未備也。故於此類列之。象四分之形。謂囗像四方。八像分也。息利切。十五部。凡四之屬皆从四。**卯** 古文四如此。小篆略改之。**亖** 籒文四。此筭法之二二如四也。二字兩畫均長、則三字亦四畫均長。今人作篆多誤。覲禮四享。鄭注曰。四當爲三。書作三四字。或皆積畫。字相似。由此誤。聘禮注云。朝貢禮純四只。鄭志荅趙商問。四當爲三。周禮內宰職注。天子巡守禮制幣丈八尺純四咫。鄭志荅趙商問亦云四當爲三。左傳是四國者專足畏也。劉炫謂四當爲三。皆由古字積畫之故。按說文之例。先籒文、次古文。此恐轉寫誤倒。

文一　重二

宁

宁 辨積物也。辨今俗字作辦。音蒲莧切。古無二字二音也。周禮以辨民器。辨具也。分別而具之。故其字从刀。積者、聚也。宁與貯蓋古今字。周禮注作褚。史記作積著。釋宮。門屏之閒曰宁。郭云。人君視朝所宁立處。毛詩傳云。宁立、久立也。然則凡云宁立者、正積物之義之引申。俗字作佇、作竚、皆非是。以其可宁立也。故謂之宁。齊風作著。象形。其旁有欒。其下有阯。其上有顛。辨積之形也。直呂切。五部。凡宁之屬皆从宁。

䍆

䍆𢄙也。所㠯盛米也。今本盛上有載，依廣韵刪。巾部曰：𢄙，載米䍆也。二篆爲轉注。今俗以艸爲之，俗語如遁，卽𢄙字也。以竹爲之，俗語如巨，卽䍆字也。皆所以盛米。从宁甾。甾，缶也。十二篇曰：東楚名缶曰甾。此必著爲缶者，嫌其與艸部从巛田之甾相似也。𢄙之宁物猶甾之宁物也，故从宁甾會意。不入甾部者，重宁也。宁亦聲。陟吕切。五部。

文二

叕

叕綴聯也。以綴釋叕，猶以絫釋厽也。聯者，連也。象形。陟劣切。十五部。凡叕之屬皆从叕。

綴

綴合箸也。玄應書作合令箸也。箸，直略切。古多叚綴爲贅。从叕糸。聯之以絲也。會意。叕亦聲。陟衞切。十五部。

文二

亞

亞醜也。此亞之本義。亞與惡音義皆同。故詛楚文亞駞，禮記作惡池；史記盧綰孫他之封惡谷，漢書作亞谷。宋時玉印曰周惡夫印，劉原甫以爲卽條矦亞夫。象人局背之形。像醜惡之狀也。衣駕切。古音在五部。賈侍中說㠯爲次弟也。此別一義。易上繫言天下之至嘖而不可惡也，荀爽惡作亞，云次也。尚書大傳：王升舟入水，鼓鍾惡，觀臺惡，將舟惡。鄭注：惡讀爲亞，亞，次也。皆與賈說合。凡亞之屬皆从亞。

㠭

㠭闕。謂形音義之說皆闕也。大徐衣駕切。按㠭字讀如晉，則其音傳矣。

文二

五

五五行也。古之聖人知有水火木金土五者，而後造此字也。从二。像天地。侌昜在天地閒交午也。此謂乂也，卽釋古文之意。水火木金土相尅相生，陰陽交午也。疑古切。五部。凡五之屬皆从五。乂古文五如此。小篆益之以二耳。古文像陰陽午貫之形。毛詩

七月鳴鶪。王肅云：當爲五月。正爲古文五與七相近似。

文一　重一

六

六易之數，侌變於六，正於八。此謂六爲陰之變，八爲陰之正也。與下文言七九一例。八篆已見二篇，故類言之。六爲陰之變，九爲陽之變。聖人以九六繫爻，而不以七八。金氏榜曰：乾鑿度謂七八爲彖，九六爲變。故彖占七八，爻占九六。一爻變者以變爻占，是爻占九六也。六爻皆不變及變兩爻以上者占之彖辭，是彖占七八也。公子重耳筮得貞屯悔豫皆八，董因筮得泰之八，穆姜筮得艮之八。凡陰不變者爲八也。从入八。會意。力竹切。三部。凡六之屬皆从六。

文一

七

七昜之正也。易用九不用七，亦用變不用正也。然則筮陽不變者當爲七，但左傳、國語未之見。从一，微侌從中衺出也。謂乚。親吉切。十二部。凡七之屬皆从七。

文一

九

九昜之變也。列子、春秋繁露、白虎通、廣雅皆云：九，究也。象其屈曲究盡之形。許書多作詰詘，此云屈曲，恐後人改之。舉有切。三部。凡九之屬皆从九。

馗

馗九達道也。釋宮曰：九達謂之逵。韓詩：施于中馗。佀龜背，故謂之馗。龜背中高而四下，馗之四面無不可通，似之。龜古音如姬，如鳩；馗古音如求。以疊韵爲訓也。大徐本此下有馗高也三字，非是。从九首。會意。首猶向也，故道字亦从首。九亦聲。古音在三部。今渠追切。逵馗或从辵坴。今毛詩作此字。馗，高也，故从坴。故字今增。徐楚金云：坴，高土也。會意。玉裁按坴亦聲。

文二　重一

禸獸足蹂地也。足著地謂之厹。以蹂釋厹。以小篆釋古文也。先古文後小篆者。上部先二之例也。象形。ㄙ謂九聲。人九切。三部。尒疋曰。小徐作爾雅曰。是也。此蓋後人所改耳。狐貍貛貉醜其足蹞其迹厹。釋獸文。狐貍貛今作貍狐貒。郭注。厹指頭處也。蓋渾言之。凡迹皆曰厹。分析言之則各有名。如爾雅所說。凡厹之屬皆从厹。蹂篆文厹。爾雅音義云。古文爲蹂。由不知說文之例而改之。从足柔聲。

禽走獸總名。釋鳥曰。二足而羽謂之禽。四足而毛謂之獸。許不同者。其字从厹。厹爲獸迹。鳥迹不云厹也。然則倉頡造字之本意謂四足而走者明矣。以名毛屬者名羽屬。此乃偁謂之轉移段借。及其久也。遂爲羽屬之定名矣。爾雅自其轉移者言之。許指造字之本言之。凡經典禽字。有謂毛屬者。有謂羽屬者。有以兼舉者。故白虎通曰。禽者何。鳥獸之總名。从厹象形。厹以像其足迹。凶以像其首。今聲。巨今切。七部。禽离兕頭相佀。此猶魚尾同燕尾、能足同鹿足之意

也。

离山神也。也字今補。獸形。形各本作也。今正。左傳螭魅罔兩。杜注。螭山神。獸形。周禮地示物魅。正義引服虔左傳注。螭山神獸形。上林賦蛟龍赤螭。如淳注曰。螭山神也。獸形。按山神之字本不从虫。从虫者。乃許所謂若龍而黃者也。今左傳作螭字。魅乃俗寫之譌。東京賦作魑。亦是俗字。徐鉉於鬼部增魑字。誤矣。薛綜二京解云。魑魅山澤之神也。與許服說同。本是山神而形如獸。故其字从厹。若今本作神獸則大誤矣。从禽頭。謂凶也。从厹。獸形則頭足皆獸矣。从屮。从屮、若嶲字之首。像其冠耳。竊謂當从山。从山者。謂其爲山神也。音丑知切。古音在十七部。大徐呂支切。歐陽喬說。离、猛獸也。此別一義。西都賦拕熊螭。李注引歐陽尚書說曰。螭、猛獸也。漢書儒林傳。歐陽事伏生。世世相傳。至曾孫高。子陽傳孫地餘。地餘子政。由是尚書世有歐陽氏學。藝文志。歐陽章句三十一卷。許云歐陽喬者。蓋卽高。古喬高通用。許作离。李善作螭者。俗亂之也。此蓋說今文坶誓。史記作如豺如離。可證离離古通用。周禮正義引服氏左傳注。螭山神。獸形。或曰如虎而噉虎。二說

並列。正同許氏。若俗本說文前說改爲山神獸也。則與後說不別矣。

萬蟲也。謂蟲名也。段借爲十千數名。而十千無正字。遂久段不歸。學者昧其本義矣。唐人十千作万。故廣韵万與萬別。从厹。蓋其蟲四足像獸。象形。與虫部蠆同象形。蓋萬亦蠆之類也。無販切。十四部。

禹蟲也。夏王以爲名。學者昧其本義。从厹。蓋亦四足。象形。王矩切。五部。禹古文禹。見漢書。

𥝢周成王時。州靡國獻𥝢𥝢。人身反歱。足跟也。作踵者誤。自笑。笑卽上脣弇其目。食人。巳上見周書王會篇。郭樸云。亦見尚書大傳。北方謂之土螻。博異名。西山經說土螻狀如羊而四角。不同此。爾雅曰。𥝢𥝢如人。被髮。讀若費。一名梟陽。許作梟陽。宋本及爾雅音義可證也。他書多作梟羊者。从厹象形。囟像其首。目像其手。執人。符未切。十五部。爾雅釋文引許扶味反。

禼蟲也。殷玄王以爲名。見漢書。俗改用偰契字。从厹象形。讀

與偰同。私列切。十五部。禼古文禼。

文七　重三

嘼獸牲也。爾雅釋文引字林嘼犍也。說文嘼牲也。今本說文作犍也。乃後人以字林改說文耳。嘼牲二字連文。禮記、左傳皆云名子者不以畜牲是也。牛部犍字下亦曰嘼牲也。圈下曰養嘼之閑。齅下曰讀若嘼牲之嘼。今俗語多云畜牲。嘼今多用畜者。俗書段借而然。爾雅釋獸、釋嘼必異其名者。陸德明曰。嘼是嘼養之名。獸是毛蟲總號。故釋嘼惟論馬牛羊雞犬。釋獸通說百獸之名。按尚書武成歸嘼。今作歸獸。二字不分久矣。凡畜養古作嘼養。象耳、頭、足厹地之形。象耳謂吅。象頭謂田。象足厹地謂古也。許救切。三部。凡六畜當用此音。今專讀丑六切。非也。古文嘼下从厹。謂古文作嘼也。言此者。謂古文本从厹。象足蹂地。小篆雖易其形。特取整齊易書耳。故以古文之形釋小篆。凡嘼之屬皆从嘼。

獸守備者

也。以疊韵爲訓。能守能備、如虎豹在山是也。**一曰兩足曰禽。四足曰獸。**十字見爾雅音義。與釋鳥云二足而羽謂之禽、四足而毛謂之獸合。許於鳥字下曰長尾禽總名也。與此同。與禽字下異。**从嘼。从犬。**少儀有守犬守禦宅舍者也。故从之會意。舒救切。三部。

文二

甲　東方之孟。昜气萌動。史記曆書曰。甲者、言萬物剖符甲而出也。漢書律曆志曰。出甲於甲。月令注曰。日之行。春東從靑道。發生。月爲之佐。時萬物皆解孚甲。月令曰。孟春之月。天氣下降。地氣上騰。天地和同。艸木萌動。今本小篆作甲。古文作甲。今正。說詳戈部戎字下。**从木戴孚甲之象。**孚者、卵孚也。孚甲猶今言殼也。凡艸木初生。或戴穜於顚。或先見其葉。故其字像之。下像木之有莖。上像孚甲下覆也。古狎切。八部。衞風毛傳曰。甲、狎也。言甲爲狎之叚借字也。又大雅會朝清明。毛傳曰。會、甲也。會讀如檜。物之葢也。會朝猶言第一朝。此於雙聲取義。貨殖傳葢一州。漢書作甲一州。**大一經曰。**攷藝文志陰陽家有大壹兵法一篇。五行家有泰一陰陽二十三卷。泰一二十九卷。然則許偁大一經者。葢此類。**人頭空爲甲。**空各本作宜。今依集韵作空。爲善。空腔古今字。許言頭空、履空、頟空、脛空。皆今之腔也。人頭空謂髑髏也。**凡甲之屬皆从甲。**

甲　古文甲。始於一。見於十。歲成於木之象。宋本作始於十。見於千。或疑當作始於下。見於上。

文一　重一

乙　象春艸木冤曲而出。侌气尚彊。其出乙乙也。冤之言鬱。曲之言詘也。乙乙、難出之皃。史記曰。乙者、言萬物生軋軋也。漢書曰。奮軋於乙。文賦曰。思軋軋其若抽。軋軋皆乙乙之叚借。軋从乙聲。故同音相叚。月令鄭注云。乙之言軋也。時萬物皆抽軋而出。物之出土艱屯。如車之輾地澁滯。**與丨同意。**謂與自下通上之丨同意也。乙自下出上礙於陰。其書之也宜倒行。於筆切。十二部。按李善乙音軋。**乙承甲。象人頸。**以下皆彖大一經曰言之。**凡乙之屬皆从乙。**

乾　上出也。此乾字之本義也。自有文字以後。乃用爲卦名。而孔子釋之曰。健也。健之義生於上出。上出爲乾。下注則爲溼。故乾與溼相對。俗別其音。古無是也。**从乙。乙、物之達也。**釋从乙之恉。物達則上出矣。**倝聲。**倝者、日始出光倝倝也。然則形聲中有會意焉。渠焉切。又古寒切。十四部。

乾　籒文乾。乾葢籒文倝。故籒文朝、籒文乾皆从之。

亂　不治也。从乙𤔔。乙、治之也。各本作治也。从乙。乙治之也。从𤔔。文理不可通。今更正。亂本訓不治。不治則欲其治。故其字从乙。乙以治之。謂詘者達之也。轉注之法。乃訓亂爲治。如武王曰予有亂十人是也。𠬪部𤔔。不治也。幺子相亂。𠬪治之也。文法正同。亦爲後人改竄不可讀。郎段切。十四部。

尤　異也。从乙。又聲。羽求切。古音在一部。讀如怡。

文四　重一

丙　位南方。句。**萬物成炳然。**句。**侌气初起。昜气將虧。**鄭注月令曰。丙之言炳也。萬物皆炳然箸見。律書曰。丙者、言陽道箸明。律曆志曰。明炳於丙。**从一入冂。**合三字會意。陽入冂。伏藏將虧之象也。兵永切。古音在十部。**一者、昜也。**釋篆體之一。**丙承乙象人肩。**篆大一經。**凡丙之屬皆从丙。**

文一

丁　夏時萬物皆丁實。丁實小徐本作丁壯成實。律書曰。丁者、言萬物之丁壯也。律曆志曰。大盛於丁。鄭注月令曰。時萬物皆強大。**象形。**當經切。十一部。**丁承丙。象人心。**篆大一經。**凡丁之屬皆从丁。**

戊　成　己　巹　㠱

文一

戊　中宮也。鄭注月令曰。戊之言茂也。萬物皆枝葉茂盛。律曆志曰。豐楙於戊。象六甲五龍相拘絞也。六甲者。漢書曰有六甲是也。五龍者。五行也。水經注引遁甲開山圖曰。五龍見教。天皇被迹。榮氏注云。五龍治在五方。爲五行神。鬼谷子。盛神法五龍。陶注曰。五龍。五行之龍也。許謂戊字之形像六甲五行相拘絞也。莫候切。三部。俗多誤讀。戊承丁。象人脅。冡大一經。凡戊之屬皆从戊。

成　就也。从戊。丁聲。氏征切。十一部。𢦩　古文成从午。

文二　重一

己　中宮也。戊己皆中宮。故中央土。其日戊己。注曰。己之言起也。律曆志曰。理紀於己。釋名曰。己皆有定形可紀識也。引申之義爲人己。言己以別於人者。己在中。人在外。可紀識也。論語。克己復禮爲仁。克己言自勝也。象萬物辟藏詘形也。辟藏者。盤辟收斂。字像其詰詘之形也。此與巳止字絕不同。宋以前分別自明。以來書籍閒大亂。如論語莫己知也。斯己而巳矣。唐石經不譌。宋儒乃不能了。居擬切。一部。己承戊。象人腹。冡大一經。凡己之屬皆从己。𢀳　古文己。己亥譌三豕者。己與三形似也。

巹　謹身有所承也。承者。奉也。受也。按禮記借爲合巹字。巹見豆部。从己丞。會意。丞卽承也。讀若詩云赤舄几几。几几各本作己己。非韵。音義釋文作几几。今據以正之。許讀同几。今居隱切。十五十三部之轉也。

㠱　長居也。居各本作踞。俗字也。尸部曰。居者。蹲也。長居謂箕其股而坐。許云㠱居者。卽他書之箕踞也。玉篇云。㠱卽跽字。長跪也。非許意。許於足部跽下云。長跪也。與㠱別。从己。其聲。讀若杞。暨巳切。一部。按集韵㠱古國名。衛宏說與杞同。蓋衛宏以㠱爲杞。宋之杞。此出唐人所謂衛宏官書。多不可信。卽如此條乃因許語而附會之也。

文三　重一

巴　䖝也。或曰食象它。謂䖝名。山海經曰。巴蛇食象。三歲而出其骨。象形。伯加切。古音在五部。按不言从己者。取其形似而軸之。非从己也。凡巴之屬皆从巴。

䎸　𢪒擊也。𢪒者。反手擊也。今之琵琶。古當作𢪒䎸。从巴帚。闕。闕者。闕其會意形聲之說也。大徐博下切。按此字當是从帚巴聲。

文二

庚　位西方。律書曰。庚者言陰氣更萬物。律曆志。斂更於庚。月令注曰。庚之言更也。萬物皆肅然更改。秀實新成。象秋時萬物庚庚有實也。庚庚。成實皃。服虔漢書注曰。庚庚。橫皃也。字象形。古行切。古音在十部。讀如岡。庚承己。象人齎。冡大一經。按小徐駁李陽冰說。从干。廾象人兩手把干立。不可從。今各本篆皆從陽冰。非也。中口者。象人齎。凡庚之屬皆从庚。

文一

辛　秋時萬物成而孰。律書曰。辛者。言萬物之新生。故曰辛。律曆志曰。悉新於辛。釋名曰。辛。新也。物初新者皆收成也。金剛味辛。謂成孰之味也。辛痛卽泣出。故以爲艱辛字。从一䇂。一者。陽也。陽入於䇂。謂之愆陽。息鄰切。十二部。䇂、辠也。䇂痛泣出。辠人之象。凡辠宰辜辥辭皆从辛者。由此。辛承庚。象人股。冡大一經。凡辛之屬皆从辛。

辠　犯灋也。从辛自。辛自。卽酸鼻也。徂賄切。十五部。言辠人戚鼻苦辛之憂。戚今之蹙字。此釋从辛自之恉。秦㠯辠侶皇字。改爲罪。此志改字之始也。古有叚借而無改字。罪本訓捕魚竹网。从网非聲。始皇易形聲爲會意。而漢後經典多從之。非古也。

辜　辠也。周禮殺王之親者辜之。鄭注。辜之言枯也。謂磔之。按辜本非常重罪。引申之、凡有罪皆曰辜。**从辛。古聲。**古乎切。五部。**古文辜。从死。**从古文死也。

辥　辠也。此字古書內罕見。**从辛。𠂤聲。**𠂤見𠂤部。私列切。十五部。

辤　不受也。聘禮。辭曰非禮也敢。注曰。辭不受也。按經傳凡辤讓皆作辭說字。固屬叚借。而學者乃罕知有辤讓本字。或又用辤爲辭說而愈惑矣。禮經一書多言辭曰。謂其文辭如是也。聘禮之辭曰非禮也敢。則於辭爲逗。謂辤則其辭如是也。故鄭特注之。以別於他處之言辭曰者。哀六年左傳。五辭而後許。釋文曰。辭本又作辤。**从受辛。**會意。**受辛宜辤之也。**釋會意之恉。世說新語。蔡邕題曹娥碑。黃絹幼婦外孫齏臼。解之曰。齏臼所以受辛。辤字也。按此正當作辭。可證漢人辤辭不別耳。似茲切。一部。**辝　籒文辤。**和悅以卻之。故从台。

辭　說也。今本說譌訟。廣韵七之所引不誤。今本此說譌爲訟。訟字下訟譌爲說。其誤正同。言部曰。說者、釋也。**从𤔔辛。**會意。似茲切。一部。**𤔔辛猶理辜也。**釋會意之恉。依小徐本訂正。**𤔲　籒文辭。从司。**易𣪠辭本亦作𤔲。

文六　重三

辡　辠人相與訟也。从二辛。會意。方免切。十二部。**凡辡之屬皆从辡。**

辯　治也。治者、理也。俗多與辡不別。辡者、判也。**从言在辡之閒。**謂治獄也。會意。符蹇切。十二部。

文二

壬　位北方也。侌極昜生。月令鄭注。壬之言任也。時萬物懷任於下。律書曰。壬之爲言任也。言陽气任養萬物於下也。律曆志曰。懷任於壬。釋名曰。壬、妊也。陰陽交。物懷妊。至子而萌也。**故易曰。龍戰于野。**坤上六爻辭。**戰者、接也。**釋易之戰字。引易者證陰極陽生也。乾鑿度曰。陽始於亥。乾位在亥。文言曰。爲其兼於陽。故稱龍。許君以亥壬合德。亥壬包孕陽气。至子則滋生矣。**象人褢妊之形。**如林切。七部。**承亥壬以子生之叙也。**故舉坤上六爻辭。坤上六在亥。**壬與巫同意。**巫像人兩袖舞。壬像人腹大也。**壬承辛。象人脛。脛任體也。**冡大一經。**凡壬之屬皆从壬。**

文一

癸　冬時水土平。可揆度也。揆癸疊韵。律書曰。癸之爲言揆也。言萬物可揆度。律曆志曰。陳揆於癸。**象水從四方流入地中之形。**居誄切。十五部。**癸承壬。象人足。**冡大一經。**凡癸之屬皆从癸。籒文。从𣥠。从矢。**癸像人足。故从𣥠矢聲。癸本古文。小篆因之不改。故先篆後籒。而艸部葵作𦮼。手部作揆。知古形聲兼取二形也。

文一　重一

子　十一月昜气動。萬物滋。律書。子者、滋也。言萬物滋於下也。律曆志曰。孳萌於子。**人㠯爲偁。**人各本譌入。今正。此與以朋爲朋攩、以韋爲皮韋、以烏爲烏呼、以來爲行來、以西爲東西一例。凡言以爲者、皆許君發明六書叚借之法。子本陽气動萬物滋之偁。萬物莫靈於人。故因叚借以爲人之偁。**象形。**象物滋生之形。亦象人首與手足之形也。即里切。一部。**凡子之屬皆从子。古文子。从巛。象髮也。**象髮與囟同意。**籒文子。囟有髮。**巛也。**臂**爪也。**脛**人也。**在几上也。**木部曰。牀者、安身之几坐也。

孕　褢子也。从子。乃聲。乃聲二字各本作从几。誤。今正。艸部芀字、人部仍字皆乃聲。管子孕作䙲。从繩省聲。可證也。以證切。六部。

㝃　生子免身也。从子免。按許書無免字。據此條則必當有免字。偶然逸之。正如由字耳。免聲當在古音十四

字　穀　孿　孺　季　孟　孼　孳

部。或音問。則在十三部。與免聲之在五部者迥不同矣。但立乎今日以言六書。免由皆不能得其象形會意。不得謂古無免由字也。冕則會意兼形聲。亡辯切。十四部。

乳也。人及鳥生子曰乳。獸曰攩。引申之爲撫字。亦引申之爲文字。敘云。字者、言孳乳而浸多也。**从子在宀下。**會意。**子亦聲。**疾置切。一部。

乳也。上文之乳。謂生子也。此乳者、謂既生而乳哺之也。左傳曰。楚人謂乳穀。其音乃苟切。今本左傳作榖。漢書作穀。或作彀。或作穀。皆非也。音亦如構。**从子。殸聲。**大徐古候切。非也。當乃苟、奴豆切。三部。**一曰穀瞀也。**各本刪穀字。今補。此三字一句。穀瞀疊韵。荀子儒效篇作溝瞀。漢書五行志作傋霿。楚辭九辯作怐愗。廣韵五十候作怐愗。又作㲉瞀。又作婺瞀。其字皆上音寇。下音茂。其義皆謂愚蒙也。山海經注穀瞀。穀亦穀之譌。此別一義也。故言一曰。

一乳兩子也。此謂人也。孿之言連也。**从子。䜌聲。**呂患切。十四部。

乳子也。以疊韵爲訓。凡幼者曰孺子。此其義也。爾雅曰。孺、屬也。亦以同音爲訓。屬者、聯也。**一曰輸孺也。輸孺尚小也。**此二孺字各本無。廣韵有之。文義乃完。於此見刪字者之無理。亦周燕也、黃倉庚也之類也。輸孺疊韵字。孺讀如儒。方言十二曰。儒輸、愚也。郭注。儒輸猶愞選也。輸孺卽儒輸也。荀子修身篇。偷儒憚事。偷儒卽輸孺。**从子。需聲。**而遇切。四部。

少偁也。叔季皆謂少者。而季又少於叔。**从子、稚省。稚亦聲。**居悸切。十五部。

長也。从子。皿聲。莫更切。古音在十部。讀如芒。爾雅。孟、勉也。此借孟爲猛。**古文孟如此。**

庶子也。玉藻。公子曰臣孼。鄭注。孼當作枿。聲之誤也。玉裁按。此記文本作枿。注曰枿當作孼。後人因注改經。又因經改注。師古匡謬正俗未之知也。凡木萌旁出皆曰櫱。人之支子曰孼。其義略同。故古或通用。固不必指爲聲誤。何注公羊曰。庶孼、衆賤子。猶樹之有櫱生。得其義矣。**从子。辥聲。**魚列切。十五部。

孳孳、彶彶生也。孳孳二字各本無。今依玄應書補。攴部孜下曰。孜孜、彶彶也。此云孳孳、彶彶生也。孜孳二字古多通用。堯典。鳥獸孳尾。某氏傳曰。乳化曰孳。然則蕃生之義當用孳。故从茲。無怠之義當用孜。故从攴。**从子。茲聲。**按此篆从艸木多益之茲。猶水部之滋也。形聲中有會意。五經文字云从茲。非也。茲本在先韵耳。子之切。亦音字。一部。凡許書茲滋鶿孳慈鎡各本篆體皆謬。今皆更正。**籀文孳。从絲。**謂絲聲也。茲从艸、絲省聲。故小篆茲聲。籀文絲聲。一也。

孤　存　斈　疑　了　孑

無父也。孟子曰。幼而無父曰孤。引申之。凡單獨皆曰孤。孤則不相酬應。故背恩者曰孤負。孤則人輕賤之。故鄭注儀禮曰。不以己尊孤人也。**从子。瓜聲。**古乎切。五部。

恤問也。恤、憂也。收也。爾雅曰。在、存也。在、存、省、士、察也。今人於在存字皆不得其本義。**从子。在省。**大徐本作才聲。今依韵會所引正。楚金注曰。在亦存也。會意。徂尊切。十三部。

放也。放各本譌作效。今依宋刻及集韵正。放仿古通用。許曰。放、逐也。仿、相似也。斈訓放者。謂隨之依之也。今人則專用仿矣。教字學字皆以斈會意。教者與人以可放也。學者放而像之也。放分兩切。**从子。爻聲。**古肴切。二部。按玉篇曰。公孝切。也說文又音交。然則古肴切者出於說文音隱。

惑也。惑、亂也。**从子止匕矢聲。**此六字有誤。匕矢皆在十五部。非聲。疑、止皆在一部。止可爲疑聲。匕部有𠤕。未定也。當作从子、𠤕省、止聲。以子𠤕會意也。語其切。一部。

文十五　重四

尥也。尥、行脛相交也。牛行腳相交爲尥。凡物二股或一股結糾紾縛不直伸者曰了戾。方言。軫、戾也。郭注。相了戾也。淮南原道訓注、楊倞荀卿注、王砯素問注、段成式酉陽雜組及諸書皆有了戾字。而或妄改之。方言曰。佻、縣也。郭注。了佻、縣物皃。丁小反。按他書引皆作了。亦卽許之了尥也。叚借爲憭悟字。**从子無臂。象形。**象其足了戾之形。盧鳥切。二部。**凡了之屬皆从了。**

無又臂也。引申之、凡特立爲孑。詩曰。孑孑干旄。又曰。靡有孑遺。方言曰。戟而無刃、秦晉之閒謂之釨。釨卽孑字。左傳正作孑。**从**

了。𠃌象形。居桀切。十五部。

孓　無ナ臂也。大荒西經。有人名曰吳回。奇左。是無右臂。郭注卽奇肱也。又大荒之山有人焉。是顓頊之子。三面一臂。郭注。無左臂也。廣雅。孑孓。蜎也。郭樸云。井中小蛣蟩赤蟲也。从了。丿象形。居月切。十五部。

文三　宋夢英書說文偏旁五百四十字。有孑部而無亅部。誤也。郭忠恕與夢英書曰。說文字源。惟有五百四十部。孑字後校在子部。按子字乃了字之譌。當云孑在了部。

孨　謹也。大戴禮曰。博學而孱守之。正謂謹也。引申之義爲弱小。史記。吾王孱王也。韋昭曰。仁謹皃。與許合。孟康曰。冀州人謂懊弱爲孱。此引申之義。其字則多段孱爲孨。从三子。會意。服虔音鉏閑反。孟康音如孱湲之孱。見十四部。凡孨之屬皆从孨。讀若翦。言沇切。十四部。

孱　迮也。按此迮當爲窄。今之窄字也。从孨在尸下。士連切。十四部。廣韵又士山切。一曰呻吟也。呻吟見口部。

孴　盛皃。文選靈光殿賦曰。芝栭欑羅以戢孴。李注。戢孴。衆皃。从孨从日。讀若薿薿。一曰若存。今魚紀切。李善乃立切。籀文孴。从二子。句絕。一曰孴卽奇字𡥈。俗本曰多譌日。

文三　重一

𠫓　不順忽出也。謂凡物之反其常。凡事之逆其理。突出至前者。皆是也。不專謂人子。从到子。到今倒字。倒子。會意也。他骨切。十五部。易曰。突如其來如。不孝子突出。不容於內也。此引易而釋之。以明从倒子會意之恉也。離九四曰。突如其來如。焚如。死如。棄如。鄭注曰。震爲長子。爻失正。突如震之失正。不知其所如。不孝之罪。五刑莫大。故有焚如。死如。棄如之刑。如淳注王莽傳亦曰。焚如死如棄如。謂不孝子也。皆與許合。許葢出於孟氏易。子之不順者。謂之突如。造文者因有𠫓字。施諸凡不順者。𠫓卽易突字也。倉頡之𠫓。卽易之突字。非謂倉頡時巳見爻辭。正謂周易之突。卽倉頡之𠫓也。此爻辭之用段借也。突之本義謂犬從穴中暫出。𠫓之本義謂不順。故曰用段借。按小徐本有此六字。大徐本刪之。由其不知許意也。若近惠氏定宇校李鼎祚周易集解。改作𠫓如其來如。則爲紕繆矣。凡𠫓之屬皆从𠫓。

或从到古文子。学古文子也。故𠫓爲倒古文子。大徐於此下安卽易突字四字。惠氏之誤本此。

育　養子使作善也。孟子曰。中也養不中。才也養不才。从𠫓。不从子而从倒子者。正謂不善者可使作善也。肉聲。余六切。三部。虞書曰。虞書當作唐書。說在禾部。教育子。堯典文。今尚書作胄子。攷鄭注王制作胄。注周官大司樂作育。王肅注尚書作胄。葢今文作育。古文作胄也。釋言曰。育。稚也。故史記作教稚子。邠風毛傳亦曰。鬻子。稚子也。稚者當養以正。二義實相因。育或从每。周禮、周易蒙卦皆作此字。每、屮盛也。養之則盛矣。

疏　通也。疋部曰。延通也。疏與延音義皆同。皆从疋者。疋

所以通也。鄭注月令明堂位、薛解西京賦、張注靈光殿賦皆訓疏爲刻鏤。古延疏延三字通用矣。疏之引申爲疏闊、分疏、疏記。从㐬。从疋。疋亦聲。所葅切。五部。

文三　重二

丑　紐也。律曆志曰。紐牙於丑。釋名曰。丑。紐也。寒氣自屈紐也。淮南天文訓、廣雅釋言皆曰。丑。紐也。糸部曰。紐。系也。一曰結而可解。十二月陰氣之固結巳漸解。故曰紐也。十二月萬物動用事。後漢書陳寵傳曰。十二月陽氣上通。雉雊雞乳。地以爲正。殷以爲春。象手之形。人於是舉手有爲。又者手也。从又而聯綴其三指。象欲爲而栗洌氣寒未得爲也。敕九切。三部。日加丑亦舉手時也。上言月。此言日。每日太陽加丑。亦是人舉手思奮之時。各本譌作時加丑。今改正。凡丑之屬皆从丑。

肚　食肉也。食肉必用手。故从丑肉。从丑肉。會意。不入肉部者。重丑也。丑亦聲。女久

切。三部。

羞

羞進獻也。宗廟犬名羹獻。犬肥者獻之。犬羊一也。故从羊。引申之凡進皆曰羞。今文尚書次二曰羞用五事。羞進也。**从羊丑。**會意。不入羊部者。重丑也。**羊所進也。**說从羊之意。从丑者。謂手持以進也。**丑亦聲。**息流切。三部。

文三

寅

寅髕也。髕字之誤也。當作濥。史記淮南王書作螾。律書曰。寅言萬物始生螾然也。天文訓曰。斗指寅則萬物螾。高注。螾動生皃。律曆志曰。引達於寅。釋名曰。寅演也。演生物也。廣雅曰。寅演也。晉書樂志曰。正月之辰謂之寅。寅津也。謂物之津塗。按漢志廣雅演字皆濥之誤。水部曰。濥水脈行地中濥濥也。演長流也。俗人不知二字之別。濥多誤爲演。以濥釋寅者。正月陽氣欲上出。如水泉欲上行也。螾之爲物。詰詘於黃泉而能上出。故其字从寅。律書天文訓以螾釋寅。**正月昜气動。**句。**去黃泉欲上出。侌尚強也。**杜注左傳曰。地中之泉。故曰黃泉。陰上強。陽不能徑遂。如宀之屋於上。故从宀。**象宀不達髕寅於下也。**髕寅字之誤也。當作濥濥。或曰當作螾螾。宀象陰尚強。臾象陽氣去黃泉欲上出。弋眞切。十二部。**凡寅之屬皆从寅。** **古文寅。**下从土。上象其形。

十四篇下　兲

文一　重一

卯

卯冒也。二月萬物冒地而出。律書曰。卯之爲言茂也。言萬物茂也。律曆志。冒茆於卯。天文訓曰。卯則茂茂然。釋名曰。卯冒也。載冒土而出也。葢陽氣至是始出地。**象開門之形。**字象開門也。莫飽切。古音在三部。**故二月爲天門。**卯爲春門。萬物巳出。**凡卯之屬皆从卯。** **兆古文卯。**按十干十二支之字皆古文也。非後人所能造者。而丣爲春門、丣爲秋門尤㬎明。然則兆西皆古文而異者也。

文一　重一

辰

辰震也。三月昜气動。靁電振。民農時也。物皆生。震振古通用。振奮也。律書曰。辰者。言萬物之蜄也。律曆志曰。振美於辰。釋名曰。辰伸也。物皆伸舒而出也。季春之月。生氣方盛。陽氣發泄。句者畢出。萌者盡達。二月靁發聲。始電至。三月而大振動。豳風曰。四之日舉止。故曰民農時。**从乙匕。**匕呼跨切。變也。此合二字會意。乙象春艸木冤曲而出。陰氣尚強。其出乙乙。至是月陽氣大盛。乙乙難出者始變化矣。**匕象芒達。**匕字依韵會補。芒達、芒者盡達也。**厂聲。**鉉等疑厂呼旱切非聲。按厂之古音不可攷。文寛與元寒音轉亦冣近也。今植鄰切。古音在十三部。**辰、房星。天時也。**此將言从二。先說其故也。晶部曟字下曰。房星爲民田時者。从晶辰聲。或省作晨。此房星之字也。而此云辰、房星。曟下云房星爲辰田候也。則字亦作辰。爾雅房心尾爲大辰是也。韋注周語曰。農祥房星也。房星晨正爲農事所瞻仰。故曰天時。引申之凡時皆曰辰。釋訓云。不辰不時也。房星高高在上。故从上。**从二。二、古文上字。凡辰之屬皆从辰。** **古文辰。**

十四篇下　卌

辱

辱恥也。心部曰。恥辱也。此之謂轉注。儀禮注曰。以白造緇曰辱。**从寸在辰下。**會意。寸者法度也。而蜀切。三部。**失耕時。**故从辰。**於封畺上戮之也。**故从寸。**辰者、農之時也。故房星爲辰。**說从辰之意。**田候也。**

文二　重一

巳

巳巳也。律書曰。巳者。言萬物之巳盡也。律曆志曰。巳盛於巳。淮南天文訓曰。巳則生巳定也。釋名曰。巳。畢布巳也。辰巳之巳旣久用爲巳然巳止之巳。故即以巳然之巳釋之。序卦傳。蒙者蒙也。比者比也。剝者剝也。毛詩傳曰。虛虛也。自古訓故有此例。即用本字。不叚異字也。小雅斯干箋云。似讀爲巳午之巳。巳續妣祖者。謂巳成其宮廟也。此可見漢人巳午與巳然無二音。其義則異而同也。廣雅釋言。巳、㠯也。乃淺人所改。近大興朱氏重刻汲古閣說文改爲己也。殊誤。四月昜气巳出。陰气巳臧。今藏字。萬物見。句。成彣彰。故曰巳也。故巳爲它象形。巳不可像也。故以蛇象之。蛇長而冤曲垂尾。其字像蛇。則象陽巳出陰巳藏矣。此六字一句讀。𢀳者蛇象也。汆者古文豕也。此近十二屬之說。而與論衡物勢篇義各不同。祥里切。一部。凡巳之屬皆从巳。

㠯

㠯用也。用者、可施行也。凡㠯字皆此訓。**从反巳。**與巳篆形勢略相反也。巳主乎止。㠯主乎行。故形相反。二字古有通用者。羊止切。一部。又按今字皆作以。由隸變加人於右也。**賈侍中說。㠯意巳實也。象形。**㠯各本作巳。今正。㠯者我也。意者志也。㠯意巳實謂人意巳堅實見諸施行也。凡人意不實則不見諸施行。吾意巳堅實則或自行之。或用人行之。是以春秋傳曰能左右之曰以。謂或ナ或又惟吾指撝也。賈與許無二義。云象形者巳篆上實下虛。㠯篆上虛下實。由虛而實。指事亦象形也。一說象己字之上而實其下。

十四篇下　卅三

文二

午

午啎也。啎者、屰也。**五月侌气啎屰昜。冒地而出也。**啎屰各本作午逆。今正。律書曰。午者陰陽交。故曰午。律曆志曰。咢布於午。天文訓曰。午、仵也。陰氣從下上。與陽相仵逆也。廣雅釋言。午、仵也。按仵卽啎字。四月純陽。五月一陰屰陽。冒地而出。故製字以象其形。古者橫直交互謂之午。義之引申也。儀禮度而午。注云。一縱一橫曰午。**象形。**各本無此二字。今補。**此與矢同意。**矢之首與午相似。皆象貫之而出也。疑古切。五部。**凡午之屬皆从午。**

啎

啎屰也。屰各本作逆。今正。逆、迎也。屰不順也。今則逆行而屰廢矣。相迎者必相屰。古亦通用逆爲屰。攷儀禮之梧受。爾雅釋名之梧丘。太史公書之魁梧。枝梧。漢書之抵梧。皆是啎之譌字。啎、屰也。迎也。遻也。不識啎字。乃多妄改。管子七臣七主篇。事無常而法令申。不啎則失國。勢。戰國策有樓啎。呂覽明理篇。亂世之民長短頡啎百疾。高注。啎、迎也。字皆左吾右午。啎之或體也。姚宏云。字書無之過矣。**从午。吾聲。**五故切。五部。

文二

未

未味也。口部曰。味者滋味也。**六月滋味也。**韵會引作六月之辰也。律書曰。未者言萬物皆成有滋味也。淮南天文訓曰。未者昧也。律曆志曰。昧薆於未。釋名曰。未、昧也。日中則昃向幽昧也。廣雅釋言曰。未、味也。許說與史記同。**五行木老於未。**天文訓曰。木生於亥。壯於卯。死於未。此卽昧薆之說也。**象木重枝葉也。**老則枝葉重疊。故其字象之。無沸切。十五部。**凡未之屬皆从未。**

文一

申

申神也。神不可通。當是本作申。如巳巳也之例。謂此申酉之篆卽今引申之義也。淺人不得其例。妄改爲神。攷諸古說無有合者。律書曰。申者言陰用事。申則萬物。故曰申。律曆志曰。申堅於申。天文訓曰。申者申之也。皆以申釋申。爲許所本。而今本淮南改申之作呻之。其可歎一而已。或曰神當作身。下云陰氣成體。釋名、晉書樂志、玉篇、廣韵皆云。申、身也。許說身字从申省聲。皆其證。此說近是。然恐尚非許意。**七月侌气成體自申束。**韵會無體字。陰气成謂三陰成爲否卦也。古屈伸字作詘申。亦叚信。其作伸者俗字。或以羼入許書人部耳。韓子外儲說曰。申之束之。今本申譌紳。申者引長。束者約結。廣韵曰。申、伸也。重也。**从臼自持也。**臼、叉手也。申與晨要同意。當是从丨以象其申。从臼以象其束。疑有奪文。丨卽余制切之厂字也。失人切。十二部。**吏㠯餔時聽事。申旦政也。**餔者日加申時食也。申旦政者。子產所謂朝以聽政。夕以修令。公父文伯之母所謂卿大夫朝攷其職。夕序其業。士朝而受業。夕而習復也。**凡申之屬皆从申。**

古文申。虹陳篆下如此。

籒文申。小篆改此作申。䢅晨字从此。

十四篇下　卅三

朄

朄擊小鼓引樂聲也。周禮小師鼓朄。鄭司農云。朄、小鼓名。周頌應田縣鼓。箋云。田當作朄。朄、小鼓在大鼓

臾　曳　酉　酒

旁。應鼙之屬也。聲轉字誤。變而作田。从申。柬聲。羊晉切。按依許則古音在十四部。

臾　束縛捽抴爲臾曳。束、縛也。縛、束也。捽、持頭髮也。抴、捈也。捈、臥引也。曳字各本無。今補。束縛而牽引之謂之臾曳。凡史偁瘐死獄中。皆當作此字。臾曳者。臾之本義。周禮臾弓。往體多。來體寡。往多殆卽牽引之意。與凡云須臾者。殆方語如是。不關本義。从申。从乙。乙象艸木冤曲。从申从乙者。引之也。又冤曲之也。羊朱切。古音在四部。

曳　臾曳也。臾曳已見上文。故但云臾曳也。此許之通例也。臾曳雙聲。猶牽引也。引之則長。故衣長曰曳地。从申。厂聲。厂見十二篇。余制切。抴也。象抴引之形。此形聲包會意也。余制切。十五部。

文四　重二

酉　就也。就高也。律書曰。酉者萬物之老也。律曆志曰。畱孰於酉。天文訓曰。酉者。飽也。釋名曰。酉。秀也。秀者物皆成也。八月黍成。可爲酎酒。此舉一物以言就。黍以大暑而種。至八月而成。猶禾之八月而孰也。不言禾者。爲酒多用黍也。酎者。三重酒也。必言酒者。古酒可用酉爲之。故其義同曰就也。凡从酒之字當別酒部。解曰从酒省。許合之。疏矣。象古文酉之形也。古文酉謂丣也。仿佛丣字之形而製酉篆。此與弟从古文弟之形。民从古文民之形。革从古文革之形爲一例。周伯琦乃謂不可解矣。與久切。三部。凡酉之屬皆从酉。

丣　古文酉。从丣。从丣一以閉之。丣爲春門。萬物巳出。丣爲秋門。萬物巳入。一。閉門象也。管子幼官篇。春三卯同事。秋三卯同事。惠氏士奇云。春當作三丣。秋當作三丣。取許書爲說也。虞翻別傳曰。翻奏鄭玄解尚書違失云。古大篆丣字。讀當爲柳。古柳丣同字。而以爲昧。甚違不知葢闕之義。玉裁按。壁中古文尚書作昧谷。鄭注尚書依之。今文尚書作柳穀。鄭注周禮縫人取之。今文古文本有斷雜合一者也。鄭本不誤。而仲翔謂其改丣爲昧。其他三事亦皆仲翔誤會。說詳古文尚書撰異。凡畱柳聊劉字从丣。

酒　就也。所㠯就人性之善惡。賓主百拜者。酒

十四篇下

也。淫酗者、亦酒也。从水酉。以水泉於酉月爲之。酉亦聲。子酉切。三部。一曰造也。造古讀如就。吉凶所造起也。古者儀狄作酒醪。禹嘗之而美。遂疏儀狄。見戰國策。杜康作秫酒。又見巾部。曰少康作箕帚秫酒。少康者。杜康也。按許書事物原始。皆用世本。此皆出世本。

⿰酉冡　醙　醠

⿰酉冡　𥸤生衣也。方言曰。䴵、麴也。郭注云。音蒙。有衣麴。从酉。麴所以爲酒也。故字从酉。冡聲。包會意。莫紅切。九部。

⿰酉甚　孰𥸤也。从酉。甚聲。余箴切。七部。

釀　醞也。作酒曰釀。周禮。酒人掌爲五齊三酒。爲猶作也。从酉。襄聲。女亮切。十部。

醞　釀也。引申爲醞藉。詩小宛箋。禮記禮器注。漢書匡張孔馬傳贊皆曰醞藉。師古云。謂如醞釀及薦藉。道其寬博重厚也。今人多作蘊藉。失之遠矣。毛詩叚借溫字。从酉。𥁕聲。於問切。十三部。

⿱弁酉　酒疾孰也。廣韵云。一宿酒。謂一宿而孰也。从酉。弁聲。芳萬切。十四部。

酴　酒母也。米部。䊭、酒母也。此酴亦訓酒母。則今之酵也。玉篇曰。麥酒。不去滓飲也。从酉。余聲。讀若廬。同都切。五部。

釃　䣶　⿰酉鬲　醴

釃　下酒也。小雅曰。釃酒有藇。又曰。有酒湑我。傳曰。以筐曰釃。以藪曰湑。湑、莤之也。引申爲分疏之義。溝洫志云。釃二渠以引河。是也。司馬相如傳借灑。从酉。麗聲。所綺切。十六部。一曰醇也。不澆酒也。按醇葢誤字。當作淳。水部曰。淳者淥也。淥者浚也。其義與下酒同耳。而分爲二者。言淳言淥。則不專謂酒也。淳見儀禮、攷工記、內則。之純反。

䣶　䤎酒也。玉篇曰。以孔下酒也。按謂涓涓而下也。从酉。肙聲。古玄切。古音在十四部。廣韵去聲。

⿰酉鬲　䣶也。廣韵曰。下酒也。按謂滴瀝而下也。在水部作瀝。在酒部作⿰酉鬲。周禮量人作歷。古文叚借。从酉。鬲聲。郎擊切。十六部。

醴　酒一宿孰也。周禮酒正注曰。醴猶體也。成而汁滓相將。如今恬酒矣。按汁滓相將。葢如今江東人家之白酒。滓卽糟也。滓多故酌醴者用柶。醴甘。故曰如今恬酒。恬卽甛也。許云一宿孰。則此酒易成。與禮經以醴敬賓曰醴賓。注多改爲禮賓。从酉。

十四篇下

醪　醇　醹　酎　醠

豐聲。盧啟切。十五部。醪 汁滓酒也。米部曰。糟。酒滓也。許意此爲汁滓相將之酒。醴爲一宿孰之酒。與鄭異。从酉翏聲。魯刀切。古音在三部。醇 不澆酒也。澆。沃也。凡酒沃之以水則薄。不襍以水則曰醇。故厚薄曰醇澆。醇、襍亦卽此字。一色成體謂之醇。純其叚借字。从酉𦎧聲。常倫切。十三部。醹 厚酒也。大雅。酒醴維醹。傳曰。醹。厚也。此以疊韵爲訓。从酉需聲。而主切。古音在四部。詩曰。酒醴維醹。酎 三重醇酒也。廣韵作三重釀酒。當从之。謂用酒爲水釀之。是再重之酒也。次又用再重之酒爲水釀之。是三重之酒也。杜預注左傳曰。酒之新孰重者曰酎。鄭注月令曰。酎之言醇也。謂重釀之酒也。醇者其義。釀者其事。實金壇于氏明季時以此法爲酒。从酉肘省聲。各本作从時省。誤。紂疛篆皆曰肘省聲。今據正。除柳切。三部。廣韵音胄。李仁甫本同。除宥切。明堂月令曰。孟秋天子飮酎。秋當作夏。天子飮酎。月令孟夏文也。諸侯嘗酎見左傳。醠 濁酒也。

醲　⿰酉耳　酤　⿰酉亍　⿰酉監

醠。周禮作盎。古文叚借也。鄭曰。盎猶翁也。成而翁翁然葱白色。如今鄭白矣。釋文云。鄭白。今之白醝酒也。宜作醝。按鄭曰五齊泛醴尤濁。縮酌者盎以下差清。此非與許不合也。但云差清。則固濁也。盎清於醴而濁於緹沈。卽緹沈亦非全清也。淮南說林訓。清醠之美。高注。醠。清酒。亦與鄭意同。从酉盎聲。烏浪切。十部。醲 厚酒也。鴻範。次三曰農用八政。鄭曰。農讀爲醲。然則凡厚皆得爲醲也。从酉農聲。女容切。九部。⿰酉耳 重釀酒也。从酉耳聲。此篆各本作⿰酉茸。解云。酒也。从酉。茸聲。而容切。廣韵玉篇皆有⿰酉耳無⿰酉茸。解云。重釀也。玉篇列字正與說文次弟相合。然則古本說文作⿰酉耳可知矣。廣雅亦云⿰酉耳。汝吏切。今據以更正。仍吏切。一部。○又按艸部之茸亦耳聲也。則⿰酉耳可而容切。酤 一宿酒也。商頌。既載清酤。傳曰。酤。酒也。小雅。無酒酤我。傳曰。酤。一宿酒也。一曰買酒也。論語鄉黨作沽。从酉古聲。古乎切。五部。亦上聲。⿰酉亍 酒也。玉篇曰。酒厚。从酉⿰酉亐省聲。陟離切。十六部。⿰酉監 泛齊行酒也。

醶　酷　酓　醰

泛齊見周禮酒正。鄭曰。泛者成而滓泛泛然。如今宜成醪矣。行酒未聞。疑是貨物行敞之行。謂行用之酒也。行酒上疑當有一曰二字。从酉監聲。盧瞰切。八部。⿰章⿱夅酉 酒味淫也。淫者。浸淫隨理也。謂酒味淫液深長。从酉竷省聲。古禫切。八部。讀若春秋傳曰美而豔。見左傳桓元年、文十六年。謂讀同豔。酷 酒味厚也。依廣韵訂。引申爲已甚之義。白虎通曰。酷。極也。教令窮極也。从酉告聲。苦沃切。三部。酓 酒味苦也。廣韵、玉篇、集韵、小徐本皆同。汲古閣所據宋本奪此篆此解。而毛扆補之於部末。夏本紀用爲檿字。叚借也。从酉今聲。於剡切。古音在七部。醰 酒味長也。廣韵玉篇皆云。酒味不長也。不是賸字。集韵云。酒味苦也。由宋時說文以酓義系醰篆而奪酓之故耳。汲古初刻時正如此。或曰。古酓覃同部。疑無二字。然小徐本分列畫然。小徐作括長味也。按洞簫賦。良醰醰而有味。李注引字林。醰。括同。長味也。同是賸字。从酉覃聲。徒紺切。古音在七部。按文選注。大含切。

⿰酉朩　配　⿰酉弋　酌　醮　醋

⿰酉朩 酒色也。謂酒之顏色也。廣韵曰。酒氣。从酉朩聲。普活切。十五部。配 酒色也。本義如是。後人借爲妃字。而本義廢矣。妃者。匹也。从酉己聲。己非聲也。當本是妃省聲。故叚爲妃字。又別其音。妃平配去。滂佩切。十五部。⿰酉弋 酒色也。从酉弋聲。與職切。一部。酌 盛酒行觴也。盛酒於觶中以飲人曰行觴。投壺云。命酌曰。請行觴。觶實曰觴。詩曰。我姑酌彼金罍。取行觴之意。曰。洞酌彼行潦。取盛酒之意。从酉勺聲。形聲包會意。之若切。二部。醮 冠娶禮祭也。士冠禮。若不醴則醮用酒。三加。凡三醮。鄭曰。酌而無酬酢曰醮。士昏禮。父醮子。命之迎婦。嫡婦則酌之以醴。庶婦使人醮之。酌之以酒。鄭曰。酒不酬酢曰醮。依鄭說。非謂祭也。而許云冠娶禮祭。事屬可疑。詳經文不言祭也。葢古本作冠娶妻禮也。一曰祭也。轉寫有奪。與祭者別一義。不蒙冠婚。宋玉高唐賦。醮諸神。禮太一。此後世醮祀之始見也。从酉焦聲。子肖切。二部。𥛺 醮或从示。按依此則有祭義審矣。醋 歃酒也。歃歠也。歠歓也。謂小飲之。从酉。朁聲。子朕切。七部。酳 少少歓也。士昏禮注：酳，漱也。酳之言演也，安也。漱所以絜口，且演安其所食。特牲少牢注意略同。曲禮注：以酒曰酳。按禮記皆作酳，許書作酌。王篇云：酌酳同字，是也。攷士虞禮注、少牢禮注皆云：古文酳作酌。特牲注云：今文酳皆爲酌。三酌字必皆酌之字誤。其一云今文者，則古文之誤。許於此字用古文禮，故从酌。禮記多用今文禮，故記作酳。酳从胤省聲。从酉。勻聲。余刃切。十二部。醻 獻醻，主人進客也。楚茨箋曰：始主人酌賓爲獻，賓既酌主人，主人又自飲酌賓曰醻。至旅而爵交錯以徧。彤弓傳曰：醻，報也。謂報客之酢也。瓠葉傳曰：醻，道飲也。謂主人必自飲，如今俗之勸酒也。从酉。壽聲。市流切。三部。酬 醻或从州。州聲。醋 客酌主人也。瓠葉傳曰：酢，報也。彤弓箋曰：主人獻賓，賓酢主人，主人又飲而酌賓，謂之醻。从酉。昔聲。在各切。五部。按諸經多以酢爲醋，惟禮經尚仍其舊。後人醋酢互易，如穜種互易。醠 歓酒

俱盡也。从酉。盜聲。迷必切。十二部。釂 歓酒盡也。酒當作爵。此形聲包會意字也。曲禮注曰：盡爵曰釂。按欠部𣤊，酒盡也，與此音義同。而本部醮釂則各義。水部曰：潐，盡也，謂水也。从酉。爵聲。大徐嚼省聲，非也。子肖切。二部。酣 酒樂也。張晏曰：中酒曰酣。引申爲凡飽足之偁。从酉。甘聲。胡甘切。古音在七部。酖 樂酒也。酒樂者，因酒而樂。樂酒者，所樂在酒。其義別也。毛詩叚耽及湛以爲酖。氓傳曰：耽，樂也。鹿鳴傳曰：湛，樂之久也。引申爲凡樂之偁。左傳曰：宴安酖毒，不可懷也。從來謂卽鴆字。竊謂非也。所樂非其正，卽毒也，謂之酖毒。从酉。冘聲。丁含切。古音在七部。醧 宴厶歓也。厶各本作私，今正。宴私各本作私宴，今正。小雅楚茨：諸父兄弟，備言燕私。傳曰：宴而盡其私恩也。尚書大傳曰：既侍其宗，然後得燕私。燕私者何也？祭已而與族人飲，飲而不醉是不親，醉而不出是不敬。湛露傳曰：夜飲，燕私也。宗子有事，則族人皆侍。不醉而出，是不親也。醉而不出，是渫宗也。特牲饋食禮注曰：尚書傳曰：宗室有事，族人皆侍終日。

大宗已侍於賓，暮然後燕私。燕私者何也？祭已而與族人飲也。皆燕私之證。今湛露傳亦譌爲私燕矣。宴私之飲謂之醧，見韓詩。魏都賦：愔愔醧燕。張載注云：韓詩曰：賓爾籩豆，飲酒之醧。能者飲，不能者已，謂之醧。東都賦：登降飫宴之禮既畢。李善引薛君韓詩章句曰：飫，飲酒之禮，跣而上坐者謂之宴。衍秝䠞上 徐堅初學記引韓詩說取詳曰：夫飲之禮，不脫屨而卽序者謂之禮。齗佝䶊 跣而上坐者謂之宴。能飲者飲，不能飲者已，謂之醧。齊顏色，均衆寡，謂之沈。閉門不出客謂之湎。𩰤婷誸 詩 君子可以宴，可以醧，不可以沈，不可以湎。許云醧宴私之飲也，正謂跣而升堂，能飲則飲，不能則已。本韓詩爲說也。而毛詩常棣醧作飫。釋言曰：飫，私也。毛傳曰：飫，私也。不脫屨升堂謂之飫。飫字於韓爲醧。毛以不脫屨升堂釋飫，韓之分別飫醧之名數典獨詳。以國語攷之：周語彪傒曰：夫禮之立成者爲飫，昭明大節而已，少曲與焉。是以爲之日惕其欲，教民戒也。原公曰：禘郊之事則有全烝，王公立飫則有房烝，親戚燕饗則有殽烝。夫王公諸侯之有飫也，將以講事成章，建大德，昭大物也。故立成禮烝而已。飫以顯物，燕以合好。歲飫不

倦，時宴不淫。成是則飫之禮大於宴醧。故飫主於敬，宴醧主於和。飫必立成，宴醧必坐。飫在晝，宴在夜。飫必屨而升堂，宴醧必跣。飫以建大德，昭大物，公之至者，不得云私。宴醧主飲酒以親親，故曰宴私。且周語分別其禮曰：王公立飫則有房烝，親戚饗宴則有殽烝。是則王公立飫，同異姓皆在焉，不專親戚。宴醧則惟同姓而已。故常棣、湛露、楚茨之燕私皆同姓也。然則常棣當作醧，不當作飫，了然可見矣。故許於醧曰宴私飲也，用韓詩說也，而非與毛說異也。何以言之？葢常棣醧爲正字，飫爲音近叚借字。以韵言之，區聲與豆具孺同部，而芺聲不同部。毛韓各有所受，往往毛多古字，韓爲今字。此一條韓爲正字，毛爲叚借字。如斯干如鳥斯革，革訓翼，韓作鞠，訓翅，亦韓正字，毛叚借也。毛云飫私也者，用爾雅釋言文。葢作爾雅時常棣詩已作飫矣，故爾雅云飫私也，而毛仍之。毛公知詩飫非國語飫也，故足之曰脫屨升堂謂之飫，卽韓之脫屨升坐謂之宴也。宴醧是一事。言宴而醧在其中，言脫屨升堂而能者飲、不能者已在其中矣。以詩爾雅之飫，別國語之飫，以脫屨升堂說爾雅之私，毛義也。下文又曰：九族會曰和，孺屬也。王與

醵　酺

親戚燕則尚毛。是爲燕醧。而非國語之飫可知矣。今毛傳作不脫屨升堂謂之飫者。由不善讀毛者摭取國語及韓詩說妄增不字。自漢已然。鄭君不能辯。乃強爲之說曰。聽朝爲公。於堂爲私。非古燕私之義也。又云圖非常議大疑爲私。非國語說也。且兄弟既具箋云。九族從上至高祖下至元孫之親也。屬者以昭穆相次序。妻子好合箋云。王與族人燕。則宗婦內宗之屬亦從后於房中。是鄭明知詩言燕私。不得參之以立成之飫。揔由此詩字作飫而義實醧。讀者不據韓詩。不攷燕飫之別。莫得其解。許君食部飫下云。燕食也。亦依附毛義而失之。角弓傳曰。饇飽也。饇卽飫。此飫之本義也。从酉。區聲。依據切。古音在四部。讀如謳。玉篇廣韵作醧。於娛切。

醵　會歛酒也。禮器注曰。合錢飲酒曰醵。从酉。豦聲。其虐切。古音在五部。其庶反。

醵　醵或从巨。巨聲也。

酺　王悳布大歛酒也。禮器注引王居明堂禮曰。仲秋乃命國醵。蓋醵酺略同也。漢文帝紀。酺五日。文穎曰。音步。漢律三人以上無故飲酒。罰金四兩。今詔橫賜得令會聚飲食五日也。伏虔音蒲。按周禮族師祭酺注。酺者。爲人物烖害之神。別一義。从酉。甫聲。薄乎切。五部。

醅　醉　醺　醟　酗

醅　醉飽也。後人用潑醅字。謂酒未沛也。與古義絕殊。从酉。咅聲。讀若僰。匹回切。古音在一部四部閒。

醉　卒也。卒其度量不至於亂也。以疊韵爲訓。从酉卒。此以會意包形聲。卒亦聲也。將遂切。十五部。一曰酒潰也。此別一義。潰當爲漬之誤。若今醉蠏醉鰕之類。

醺　醉也。謂酒气熏蒸。从酉。熏聲。聲字當刪。許舉會意包形聲耳。許云切。十三部。詩曰。公尸來燕醺醺。大雅鳧鷖文。今詩作來止熏熏。上四章皆云來燕。則作燕宜也。醺醺恐淺人所改。毛傳熏熏和悅也。許以來燕熏熏釋此篆之从酉熏。正與釋亹釋麓釋荆釋庸之引易同例。此亦引經釋會意之例也。學者不悟久矣。

醟　酗酒也。無逸曰。酗于酒德。从酉。熒省聲。爲命切。十一部。

酗　酒醟也。依尚書釋文訂。書作酗。某氏傳曰。以酒爲凶曰酗。周禮司救注亦云酗醟。从酉。句聲。香遇切。古音在四部。

酲　醫

酲　病酒也。小雅。憂心如酲。傳曰。病酒曰酲。一曰醉而覺也。節南山正義引說文無一曰二字。蓋有者爲是。許無醒字。醉中有所覺悟卽是醒也。故酲足以兼之。字林始有醒字。云酒解也。見衆經音義。蓋義之岐出。字之日增。多類此。从酉。呈聲。直貞切。十一部。

醫　治病工也。周禮有醫師。食醫。疾醫。瘍醫。獸醫。从殹。从酉。四字各本無。今補。許書之例。必先舉篆之从某从某。或从某某聲。而下又釋其从某之故。往往云故从某者是也。蓋人所不憭者。則釋之。此从殹从酉。於六書爲會意。於其切。古音在一部。與翳鷖字在十五部不同。此以殹會意。彼以殹形聲也。殹。惡姿也。此說从殹之故。殳部曰。殹。擊中聲也。初不訓惡姿。而疒部瘢。劇聲也。劇聲謂疲極之聲。此从殹者。瘢之省也。如會下云。會。益也。會卽增。堲下云。王朝廷也。利下。禾卽龢。利下。未卽味。又辛卽辠。尸卽屋。皆叚借之法。醫之性然。得酒而使。謂醫工之性多如是。故从酉。故字今補。此說从酉之故。以醫者多愛酒也。王育說。以上王說也。一曰殹、病聲。亦謂瘢之省。酒所㠯治病也。故从酉殹。前說殹酉各義。後說合酉殹一義。周禮有醫酒。酒人。辨四飲之物。二曰醫。醫非酒也。而謂之酒者。醫亦酒類也。言此者。此亦醫字从酉之一說。醫本酒名也。內則作醷。古者巫彭初作醫。此出世本。巫彭始作治病工。

茜

茜　禮。句祭。束茅加於祼圭而灌鬯酒。是爲茜。像神歆之也。飲字各本作歆。非。今依韵會正。周禮甸師祭祀共蕭茅。鄭大夫云。蕭或爲茜。茜讀爲縮。束茅立之祭前。沃酒其上。酒滲下去。若神飲之。故謂之縮。縮。浚也。故齊桓公責楚不貢苞茅。王祭不共。無以縮酒。許說本鄭大夫也。惟鄭不言是祼儀耳。許云加於祼圭者。謂加於祼圭之勺也。从酉艸。以酒灌艸。會意也。所六切。三部。按周禮禮記內則二鄭所引左傳皆作縮。然則縮者古文叚借字。茜者小篆新造字。故毛公伐木傳曰。湑。茜之也。以藪曰湑。說者謂藪艸也。而周禮蕭茅或作茜。皆漢人所用字。或疑古文酉作丣。則茜卽艸部之茆。故古文尚書以茆爲縮。不知汗簡所載古文尚書皆妄

醨　⿰酉韱　酸　酨　醶

人所爲。好言六書而不知其所以然者也。春秋傳曰。爾貢苞茅不入。王祭不供。無㠯莤酒。春秋僖四年左氏傳文。僃之以證縮酌用茅也。鄭大夫注周禮、鄭注郊特牲引傳皆作縮酒。傳固二本不同。一曰莤榼上塞也。寞各本作塞。乃邊塞字耳。榼、酒器也。以艸窒其上孔曰莤。此別一義。醨薄酒也。薄對厚言。上文醪醇醲酎皆謂厚酒。故謂厚薄爲醇醨。今人作漓。乃俗字也。屈原賦曰。何不餔其糟而歠其醨。从酉。离聲。讀若離。呂支切。古音在十七部。⿰酉韱酢也。二字雙聲。从酉。韱聲。初減切。七部。酸酢也。月令。春三月、其味酸。鴻範曲直作酸。从酉。夋聲。素官切。十四部。關東謂酢曰酸。䤇籒文酸从畯。畯聲也。酨酢漿也。水部漿下曰。酢漿也。酢漿謂酨也。酨漿二篆爲轉注、鄭注內則曰。漿、酢酨也。許書漿下當是酢酨也。後人改之耳。鄭注周禮四飲曰漿、今之酨漿也。絫言之曰酨漿。从酉。𢦏聲。徒奈切。一部。醶酢漿

酢　酏　醬

也。漿酨醶三者同物。从酉。僉聲。魚窆切。七部。今俗作釅。酢醶也。酢本酨漿之名。引申之。凡味酸者皆謂之酢。上文醶、酢也。酸、酢也。皆用酢引申之義也。从酉。乍聲。倉故切。五部。今俗皆用醋。以此爲酬酢字。酏黍酒也。周禮四飲、四曰酏。注曰。今之粥也。酏飲粥稀者之淸也。禮記內則黍酏。注曰。酏粥也。或以酏爲醴。注曰。釀粥爲醴也。按飲非酒也。故五齊三酒掌於酒人。六飲掌於漿人。而許酏下曰黍酒。醫下曰醫酒。葢許意與鄭說不同。故賈侍中酏爲粥。淸爲別一說。賈與鄭合也。从酉。也聲。移爾切。古音葢在十七部。釋文以支反。一曰甛也。謂恬酒。賈侍中說。酏爲鬻淸。鬻、饘也。俗作粥。耳。鄭云。酏飲粥稀者之淸也。本此。凡鬻稀者謂之酏。用爲六飲之一。厚者謂之䬸。取稻米舉糔溲之。小切狼臅膏以與稻米爲䬸。用爲醢人著豆之實。周禮謂䬸爲酏。鄭既援內則以正之矣。醬醢也。从肉酉。从肉者、醢無不用肉也。酒㠯龢醬也。此說从酉之故。爿聲。卽亮切。十部。今俗作醬。𤖣古

醢　醔　⿰酉俞　⿰酉畢　⿰酉喬

文醬如此。𤅊籒文。作之陳之皆必以器。故从皿。醢肉醬也。周禮醢人。掌醢。醢、麋臡、鹿臡、麇臡、蠃醢、蜃醢、蚳醢、魚醢、兔醢、鴈醢。凡醢皆肉也。鄭曰。作醢及臡者。必先膊乾其肉。乃復莝之。襍以粱麴及鹽。漬以美酒。塗置甀中。百日則成矣。此醬从肉从酉之恉也。許訓監云皿醢。訓凡醢曰肉醬。就字形別之耳。从酉。盇聲。大徐作从酉盇。盇者盇之或字。呼改切。一部。䤈籒文。从艸、謂芥醬榆醬之屬也。从鹵、謂鹽也。从盇。猶酒从盇聲也。醔醔⿰酉俞、逗。榆醬也。榆醬用榆人爲之。榆人者、榆子中人也。齊民要術曰。作榆子醬法。治榆子人一升。擣末篩之。淸酒一升。醬五升。合和。一月可食之。景差大招。吳酸蒿蔞。王逸注曰。或云醔⿰酉俞。醔⿰酉俞卽榆醬也。从酉。敄聲。莫候切。三部。⿰酉俞醔⿰酉俞也。从酉。俞聲。田候切。四部。按或音茂逗。或音牟頭。或音模途。皆疊韵也。⿰酉畢揭榆醬也。擣、築也。擣而爲之謂之⿰酉畢。从酉。畢聲。蒲計切。古音在十二部。⿰酉喬醬也。廣雅同。玉篇曰。醢醬也。醢醬亦見廣雅。从

䣼　⿱漸酉⿱舌酉　酹

酉。喬聲。居律切。十五部。䣼襍味也。周禮漿人六飲、鄭司農云。涼、以水和酒也。玄謂涼、今寒粥。若糗飯襍水也。內則有濫無涼。鄭曰。以諸和水也。以周禮六飲校之。則濫、涼也。紀莒之閒名諸爲濫。按許作䣼、卽周官內則之涼字也。襍味者、卽以諸和水說也。乾者爲桃諸、梅諸。水漬爲桃濫。於釋名可得其義也。內則正義曰。諸者、衆襍之辭。又按廣雅云。䣼、醬也。疑襍味下本有醬字。故廁於此。若六飲之涼、則已見水部。从酉。京聲。呂張切。十部。按當呂張切。⿱漸酉闕。慈冉切。八部。⿱舌酉闕。而剡切。七部。按依玉篇、廣韵。上字下當云。⿱漸酉⿱舌酉、味薄也。从酉、漸聲。下字下當云。⿱漸酉⿱舌酉也。从酉。舌聲。二篆疊韵。而今本但注闕字。疑許書本無此二篆。酹餟祭也。食部餟下曰。酹祭也。與此爲轉注。廣韵曰。以酒沃地。史記其下四方地爲餟食。蓋餟酹皆於地。餟謂肉。故漢書作腏。酹謂酒。故从酉。从酉。寽聲。郎外切。十五部。此篆舊在⿰酉俞⿰酉畢之閒。非其次也。故移於此。

文六十七　重八

酋

繹酒也。繹之言昔也。昔、久也。多下曰。从重夕。夕者相繹也。故重夕爲多。然則繹酒謂日久之酒。對酓爲疾孰酒、醴酤爲一宿酒言之。繹俗作醳。周禮酒人三酒注曰。事酒、酌有事者之酒。其酒則今之醳酒也。昔酒、今之酋久白酒。所謂舊醳者也。清酒、今中山冬釀接夏而成。郊特牲舊澤之酒注曰。澤讀爲醳。舊醳之酒、謂昔酒也。玉裁按許云繹酒。葢兼事酒昔酒言之。事酒謂繹酒。昔酒謂舊繹之酒也。酋之義引申之、凡久皆曰酋。酋久則有終。大雅。似先公酋矣。傳曰。酋、終也。从酉。水半見於上。謂八也。酋上與谷上正同。皆曰水半見。繹酒糟滓下湛。水半見於上。故象之。字秋切。三部。禮有大酋。掌酒官也。禮謂明堂月令。仲冬乃命大酋。注曰。酒孰曰酋。大酋者、酒官之長也。凡酋之屬皆从酋。

尊

酒器也。凡酒必實於尊以待酌者。鄭注禮曰。置酒曰尊。凡酌酒者必資於尊。故引申以爲尊卑字。猶貴賤本謂貨物而引申之也。自專用爲尊卑字、而別製罇樽爲酒尊字矣。从酋。廾以奉之。廾者、竦手也。奉者、承也。設尊者必竦手以承之。祖昆切。十三部。周禮六尊。犧尊、象尊、箸尊、壺尊、大尊、山尊。以待祭祀賓客之禮。見周禮司尊彝職。犧作獻。鄭司農云。獻讀爲犧。犧尊、飾以翡翠。象尊以象鳳皇。或曰以象骨飾尊。箸尊、箸略尊也。或曰箸尊箸地無足。壺者、以壺爲尊。春秋傳曰。尊以魯壺。大尊、大古之瓦尊。山尊、山罍也。按毛詩閟宫之犧尊。即獻尊也。故許同大鄭作犧。以待祭祀。司尊彝詳之矣。大行人賓客之祼亦必用彝。饗禮食禮亦必用尊。故約之曰以待祭祀賓客之禮。　尊或从寸。此與寺从寸意同。有法度者也。

文二　重一

戌

威也。九月昜气微。萬物畢成。昜下入地也。威、大徐作滅。非。火部曰。威、滅也。本毛詩傳。火死於戌。陽氣至戌而盡。故威从火戌。此以威釋戌之恉也。律書曰。戌者萬物盡滅。淮南天文訓。戌者、滅也。律曆志。畢入於戌。釋名。戌、恤也。物當收斂矜恤之也。九月於卦爲剝。五陰方盛。一陽將盡。陽下入地故其字从土中含一。五行土生於戊。盛於戌。戊午合德。天文訓曰。土生於午。壯於戌。死於寅。从戊一。戊者、中宮。亦土也。一者、一陽也。戊中含一。會意也。一亦聲。辛聿切。十二部。凡戌之屬皆从戌。

文一

亥

荄也。十月微昜起。接盛会。律曆志曰。該閡於亥。天文訓曰。亥者、閡也。釋名曰。亥、核也。收藏萬物。核取其好惡眞僞也。許云荄也者。荄、根也。陽氣根於下也。十月於卦爲坤。微陽從地中起接盛陰。即壬下所云陰極陽生。故易曰。龍戰於野。戰者、接也。从二。二、古文上字也。謂陰在上也。一人男、一人女也。其下从二人。一人男、一人女。像乾道成男、坤道成女。从乙。象褢子咳咳之形也。咳與亥音同。胡改切。一部。春秋傳曰。亥有二首六身。左傳襄三十年文。孔氏左傳正義曰。二畫爲首。六畫爲身。按今篆法身祇有五畫。葢周時首二畫下作六畫。與今篆法不同也。凡亥之屬皆从亥。　古文亥。各本篆體譌繆。今依宋本舊本更正。希豖字皆與豕形略相似。亥爲豕。猶巳下云巳爲蛇也。與豕同。謂二篆之古文實一字也。豕之古文見九篇豕部。與亥古文無二字。故吕氏春秋曰。子夏之晉。過衞。有讀史記者曰。晉師三豕涉河。子夏曰。非也。是己亥也。夫己與三相近。豕與亥相似。至於晉而問之。則曰晉師己亥渡河也。亥而生子。復從一起。此言始一終亥。亥終則復始一也。一下以韵語起。此以韵語終。

文一　重一

五十一部　文六百三　重七十四　凡八千七百一十七字

說文解字第十四篇下

德清許宗彥校字

說文解字第十五卷

後漢書儒林傳作說文解字十四篇。捨敘而言也。許沖及隨志、唐志皆云十五卷。合敘而言也。大史公自序、班氏序傳皆別自爲篇。

金壇段玉裁注

敘曰。 二字舊在下文此十四篇之上。今審定移置於此。左傳宣十五年正義引說文序云倉頡之初作書。可證。史記、漢書、法言、大玄敘皆殿於末。古箸書之例如此。許書十四篇既成。乃述其箸書之意。而爲五百四十部敘目。記其文字都數。作韵語以終之。略放大史公自序云。

古者庖犧氏之王天下也。仰則觀象於天。俯則觀法 當作灋。**於地。視鳥獸之文與地之宜。近取諸身。遠取諸物。於是始作易八卦。㠯垂憲象。及神農氏結繩爲治。而統其事。** 謂自庖犧以前及庖犧及神農皆結繩爲治而統其事也。毄辭曰。易之興也。其於中古乎。虞曰。興易者。謂庖犧也。庖犧爲中古。則庖犧以前爲上古。黃帝、堯、舜爲後世聖人。按依虞說。則傳云上古結繩而治者。神農以前皆是。云後世聖人易之以書契者、謂黃帝。孝經緯援神契云。三皇無文。是五帝以下始有文字。**庶業其緐。** 其、同荀卿書之綦。猶極也。**飾僞萌生。** 萌生、謂多也。以上言庖犧作八卦。雖卽文字之肇耑。但八卦尙非文字。自上古至庖犧、神農專恃結繩。事緐僞茲。漸不可枝。爲下黃帝造書契張本。**黃帝之史倉頡** 倉或作蒼。按廣韵云。倉姓、倉頡之後。則作蒼非也。帝王世紀云。黃帝史官倉頡。衞恆四體書勢云。昔在黃帝。創制造物。有沮誦、倉頡者。始作書契。以代結繩。蓋二人皆黃帝史也。諸書多言倉頡。少言沮誦者。文略也。按史者、記事者也。倉頡爲記事之官。思造記事之法而文生焉。**見鳥獸蹏迒之迹。知分理之可相別異也。** 分理猶文理。**初造書契。** 高誘注呂覽曰。蒼頡生而知書。寫倣鳥跡以造文章。**百工㠯乂。** 乂、治也。**萬品㠯察。蓋取諸夬。夬、揚于王庭。**

言文者宣教明化於王者朝廷。文卽謂書契也。此引易彖辭而釋之。**君子所㠯施祿及下。居德則忌也。**居德、依許字例當作凥悳。而不必改正者。十四篇皆釋造字之恉。其說解必用本義之字而不用叚借。有爲後人所亂者、則必更正之。敍則許所自製之文。不妨同彼時通用之字。亦使學者知古今字詁不同。故知敍字不必同十四篇字也。施祿及下、謂能文者則祿加之。居德則忌、謂律己則貴德不貴文也。**倉頡之初作書。蓋依類象形。故謂之文。**依類象形、謂指事象形二者也。指事亦所以象形也。文者、逪畫也。逪其畫而物像在是。如見迒而知其爲兔。見速而知爲鹿也。**其後形聲相益。卽謂之字。**形聲相益、謂形聲會意二者也。有形則必有聲。聲與形相軵爲形聲。形與形相軵爲會意。其後、爲倉頡以後也。倉頡有指事象形二者而已。其後文與文相合而爲形聲爲會意。謂之字。如易本祇八卦。卦與卦相重而得六十四卦也。**文者物象之本。**各本無此六字。依左傳宣十五年正義補。

字者言孳乳而寖多也。孳者、汲汲生也。人及鳥生子曰乳。寖猶漸也。字者、乳也。周禮外史、禮經聘禮、論語子路篇皆言名。左傳反正爲乏、止戈爲武、皿蟲爲蠱、皆言文。六經未有言字者。秦刻石同書文字。此言字之始也。鄭注二禮、論語皆云。古曰名。今曰字。按名者自其有音言之。文者自其有形言之。字者自其滋生言之。大行人屬瞽史諭書名。外史達書名於四方。此韵書之始也。中庸曰。書同文。此字書之始也。周之韵書不傳而毛詩及他經韵語固在。周之字書不傳而許君說文可補其闕。○按析言之、獨體曰文。合體曰字。統言之則文字可互稱。左傳止戈、皿蟲皆曰文。是合體爲文也。許君某部言文若干、謂篆文。言凡若干字、謂說解語。是則古篆通謂之文。已語則謙言字也。**箸於竹帛謂之書。**箸、各本作著。今正从竹。此字古祇作者。者者、別事詈也。別之則其事昭焯。故曰者。明而俗改爲著。明別之則詈與事相黏連軵麗。故引申爲直略切之附者、張略切之衣者、而俗亦皆作附著、衣著。或云說文無著。改爲箸。皆未得其原也。者於竹帛、附著而著明之於竹帛也。古者大事書之於冊。小事簡牘。聘禮記曰。百名以上書於冊。不及百名書於方。古用竹木不用帛。用帛蓋起於秦。秦時官獄職務繇初有隸書。以趨約易。始皇至以衡石量書決事。此非以縑素代竹木不可。許於此兼言帛者、蓋槩揩秦以後言之。**書者、如也。**謂如其事物之狀也。聿部曰。書者、者也。謂昭明其事。此云如也。謂每一字皆如其物狀。**㠯迄五帝三王之世。改易殊體。**迄當爲訖。訖、止也。迄、俗。此等蓋皆後人所改。然漢碑多用迄。或許不廢此字。黃帝爲五帝之首。自黃帝而帝顓頊高陽、帝嚳高辛、帝堯、帝舜爲五帝。夏禹、商湯、周文武爲三王。其間文字之體更改非一。不可枚舉。傳於世者槩謂之倉頡古文。不皆倉頡所作也。**封于泰山者七十有二代。靡有同焉。**于當作於。泰當作大。封大山者七十二家。見管子、韓詩外傳、司馬相如封禪文、史記封禪書。封禪書曰。古者封泰山禪梁父者七十二家。而夷吾所記者十有二焉。無懷氏、虙羲氏、神農、炎帝、黃帝、顓頊、帝俈、堯、舜、禹、湯、周成王也。援神契曰。三皇無文。而無懷虙羲在五帝前。曷云有文字乎。五帝以前亦有記識而

已。非必成字。黃帝以下乃各著其字。故槩揩之曰七十二代靡有同焉。**周禮八歲入小學。**大戴禮保傅篇曰。古者年八歲而出就外舍。學小藝焉。履小節焉。束髮而就大學。學大藝焉。履大節焉。盧景宣注曰。外舍、小學。謂虎門師保之學也。大學、王宮之東者。束髮謂成童。白虎通曰。八歲入小學。十五入大學。是也。此大子之禮。尙書大傳曰。公卿之大子、大夫元士嫡子、年十三始入小學。見小節而踐小義。年二十而入大學。見大節而踐大義。此世子入學之期也。又曰。十五入小學。十八入大學者。謂諸子性晚成者。至十五入小學。其早成者、十八入大學。內則曰。十年出就外傳。居宿於外。學書計者。謂公卿以下教子於家也。玉裁按。食貨志曰。八歲入小學。學六甲五方書計之事。白虎通曰。八歲毀齒。始有識知。入學學書計。許亦曰周禮八歲入小學。皆是泛言教法。非專指王大子。內則六年教之數與方名。已識字。已知算矣。至十歲乃就外傳。講求六書之理。九數之法。故曰十年學書計。與他家云八歲入小學異者、所傳不同也。周禮無八歲入小學之文。因保氏倂系之周禮。**保氏教國子。先㠯六**

書。周禮保氏教國子六藝。五曰六書。國子者、公卿大夫之子弟。師氏教之。保氏養之。而世子亦齒焉。六書者、文字聲音義理之總匯也。有指事象形形聲會意。而字形盡於此矣。字各有音、而聲音盡於此矣。有轉注段借、而字義盡於此矣。異字同義曰轉注。異義同字曰段借。有轉注而百字可一義也。有段借而一字可數義也。字形字音之書、若大史籒著大篆十五篇。殆其一耑乎。字義之書若爾雅其取著者也。趙宋以後言六書者匈襍陋隘。不知轉注段借所以包搭詁訓之全。謂六書爲倉頡造字六法。說轉注多不可通。戴先生曰。指事象形形聲會意四者、字之體也。轉注段借二者、字之用也。聖人復起。不易斯言矣。**一曰指事。**劉歆班固首象形。次象事。指事即象事。鄭眾作處事。非也。**指事者、視而可識。察而見意。**見意各本作可見。今依顏氏藝文志注正。意舊音如憶。識、意在古音第一部。以下每書二句皆韵語也。**二二是也。**二二各本作上下。非。今正。此謂古文也。有在一之上者。有在一之下者。視之而可識爲上下。察之而見上下之意。許於二部曰。二、高也。此指事。二、底也。此指事。序復舉以明之。指事之別於象形者、形謂一物。事晐、眾物。專博斯分。故一舉日月。一舉二二。二二所晐之物多。日月祇一物。學者知此、可以得指事象形之分矣。指事亦得稱象形。故乙丁戊己皆指事也。而丁戊己皆解曰象形。子丑寅卯皆指事也。而皆解曰象形。一二三四皆指事也。而四解曰象形。有事則有形。故指事皆得曰象形。而其實不能溷。指事不可以會意殽。合兩文爲會意。獨體爲指事。徐楚金及吾友江艮庭往往認會意爲指事。非也。**二曰象形。**象當作像。像者、侶也。象者、南越大獸也。自易大傳巳段借矣。劉歆、班固、鄭眾亦皆曰象形。**象形者、畫成其物。隨體詰詘。日月是也。**詰詘見言部。猶今言屈曲也。日下曰實也。大陽之精。象形。月下曰闕也。大陰之精。象形。此復舉以明之。物莫大乎日月也。有獨體之象形。有合體之象形。獨體如日月水火是也。合體者、从某而又象其形。如眉从目而以𠃊象其形。箕从竹而以甘象其形。衰从衣而以冄象其形。𤰝从田而以己象耕田溝詰屈之形是也。獨體之象形、則成字可讀。軵於从某者、不成字不可讀。說解中往往經淺人

刪之。此等字半會意半象形。一字中兼有二者。會意則兩體皆成字。故與此別。**三曰形聲。**劉歆、班固謂之象聲。形聲即象聲也。其字半主義、半主聲。半主義者、取其義而形之。半主聲者、取其聲而形之。不言義者、不待言也。得其聲之近似。故曰象聲、曰形聲。鄭眾作諧聲。諧、詥也。非其義。**形聲者、以事爲名。取譬相成。江河是也。**事兼指事之事、象形之物。言物亦事也。名即古曰名、今曰字之名。譬者、諭也。諭者、告也。以事爲名。謂半義也。取譬相成。謂半聲也。江河之字、以水爲名。譬其聲如工可。因取工可成其名。其別於指事象形者、指事象形獨體。形聲合體。其別於會意者、會意合體主義。形聲合體主聲。聲或在左、或在右、或在上、或在下、或在中、或在外。亦有一字二聲者。有亦聲者。會意而兼形聲也。有省聲者。既非會意、又不得其聲。則知其省某字爲之聲也。**四曰會意。**劉歆、班固、鄭眾皆曰會意。會者、合也。合二體之意也。一體不足以見其義。故必合二體之意以成字。**會意者、比類合誼。以見指撝。武信是也。**誼者、人所宜也。先鄭周禮注曰。今人用義。古書用誼。誼者本字。義者段借字。指撝與指麾同。謂所指向也。比合人言之誼。可以見必是信字。比合戈止之誼。可以見必是武字。是會意也。會意者、合誼之謂也。凡會意之字。曰从人言。曰从止戈。人言止戈二字皆聯屬成文。不得曰从人从言。从戈从止。而全書內往往爲淺人增一从字。大徐本尤甚。絕非許意。然亦有本用兩从字者。固當分別觀之。有似形聲而實會意者。如拘鉤笱皆在句部。不在手金竹部。莽莫葬不入犬日死部。𦱐糾不入茻糸部之類是也。**五曰轉注。**劉歆、班固、鄭眾亦皆曰轉注。轉注猶言互訓也。注者、灌也。數字展轉互相爲訓。如諸水相爲灌注。交輸互受也。轉注者、所以用指事象形形聲會意四種文字者也。數字同義、則用此字可用彼字亦可。漢以後釋經謂之注。出於此。謂引其義使有所歸。如水之有所注也。里俗作註字。自明至今刊本盡改舊文。其可嘆矣。**轉注者、建類一首。同意相受。考老是也。**建類一首、謂分立其義之類而一其首。如爾雅釋詁第一條說始是也。同意相受、謂無慮諸字意恉略同。義可互受相灌注而歸於一首。如初

哉首基肇祖元胎俶落權輿、其於義或近或遠、皆可互相訓釋而同謂之始、是也。獨言考老者、其㬎明親切者也。老部曰。老者、考也。考者、老也。以考注老、以老注考。是之謂轉注。葢老之形从人毛匕、屬會意。考之形从老丂聲、屬形聲。而其義訓則爲轉注。全書內用此例、不可枚數。但類見於同部者易知、分見於異部者易忽。如人部但、裼也。衣部裼、但也之類。學者宜通合觀之。異字同義不限於二字、如嬴裎皆曰但也、則與但爲四字。窒窴皆曰𡫳也、則與𡫳爲三字。是也。爾雅首條、初爲衣之始。哉爲才之叚借字、才者艸木之初。首爲人體之始。基爲牆始。肇爲肁之叚借、肁者始開。祖爲始廟。元爲始。胎爲婦孕三月。俶爲始也。落之爲始義、以反而成。權輿之爲始、葢古語。是十一者、通謂之始。非一其首而同其異字之義乎。許云考者、老也。老者、考也。舉其切近著明者言之。其他若初才首基肁祖元胎俶落權輿等字之皆爲始、未嘗不義同爾雅也。有參差其辭者。如初下曰始也。始下曰女之初也。同而異、異而同也。有綱目其辭者。如𧥢爲意內言外。而矤爲兄𧥢、者爲別事𧥢、魯爲鈍𧥢、曾爲𧥢之舒、尒爲𧥢之必然、矣爲語已𧥢、乃爲𧥢之難是也。有云之言者、如孔子云貉之言貉貉、惡也。狄之言淫辟也、是也。凡經傳內云之言、亦云之爲言者、視此。有云猶者、如不下云一猶天也、爾下云麗爾猶靡麗也、夲下云大十猶兼十人也、苟下云勹口猶慎言也、𡫳下云㠭猶齊也、是也。凡傳注中云猶者、視此。有以叚借爲轉注者、如會下云曾益也、曾即增。㠯下云匕合也、匕即比。旞下云允進也。允即兟。是也。凡爾雅及傳注以叚借爲轉注者視此。爾雅訓哉爲始。謂哉即才之叚借也。毛傳訓瑕爲遠。謂瑕即遐之叚借也。故轉注中可包叚借。必二之者、分別其用也。既叚借而後與叚義之字相轉注、未叚借則與本義之字相轉注也。轉注之說、晉衞恆、唐賈公彥、宋毛晃皆未誤。宋後乃異說紛然。戴先生荅江慎修書正之、如日月出矣、而爝火猶有思復然者。由未知六書轉注叚借二者所以包羅自爾雅而下一切訓詁音義、而非謂字形也。玉裁按衞恆四體書勢曰、轉注者、以老注考也。此申明許說也。而今晉書譌爲老壽考也、則不可通。毛晃曰、六書轉注謂一字數義、展轉注釋而後可通。後世不得其說。

六曰假借。劉歆、班固、鄭衆皆作假借。六書之次第、鄭衆一象形、二會意、三轉注、四處事、五假借、六諧聲。所言非其敘。劉歆、班固一象形、二象事、三象意、四象聲、五轉注、六假借。與許大同小異。要以劉、班、許所說爲得其傳。葢有指事、象形、而後有會意、形聲。有是四者爲體、而後有轉注、假借二者爲用。戴先生曰、六者之次第出於自然。是也。學者不知轉注、則亦不知假借爲何用矣。假當作叚。又部曰、叚、借也。然則人部當云借、叚也。叚借者、古文初作、而文不備、乃以同聲爲同義、轉注專主義、猶會意也。叚借兼主聲、猶形聲也。

假借者、本無其字、依聲託事、令長是也。託者、寄也。謂依傍同聲而寄於此。則凡事物之無字者、皆得有所寄而有字。如漢人謂縣令曰令長。縣萬戶以上爲令、減萬戶爲長。令之本義發號也。長之本義久遠也。縣令、縣長本無字、而由發號久遠之義引申展轉而爲之、是謂叚借。許獨舉令長二字者、以今通古、謂如今漢之縣令縣長字、即是也。原夫叚借放於古文本無其字之時。許書有言以爲者、有言古文以爲者、皆可薈萃舉之。以者、用也。能左右之曰以。凡言以爲者、用彼爲此也。如來、周所受瑞麥來麰也。而以爲行來之來。烏、孝鳥也。而以爲烏呼字。朋、古文鳳、神鳥也。而以爲朋攩字。子、十一月陽氣動、萬物滋也。而人以爲偁。韋、相背也。而以爲皮韋。西、鳥在巢上也。而以爲東西之西。言以爲者凡六。是本無其字、依聲託事之明證。本無來往字、取來麥字爲之。及其久也、乃謂來爲來往正字、而不知其本訓。此許說叚借之明文也。其云古文以爲者、洒下云古文以爲灑埽字。疋下云古文以爲詩大雅字。丂下云古文以爲巧字。臤下云古文以爲賢字。旅下云古文以爲魯衞之魯。哥下云古文以爲歌字。詖下云古文以爲頗字。[illegible]下云古文以爲靦字。[illegible]下云古文以爲車[illegible]字。𣪊下云周書以爲討字。此亦皆所謂依聲託事也。而與來、烏、朋、子、韋、西六字不同者、本有字而代之、與本無字有異。然或叚借在先、製字在後、則叚借之時本無其字、非有二例。惟前六字則叚借之後終古未嘗製正字、後十字則叚借之後遂有正字、爲不同耳。許書又有引經說叚借者。如𡚬、人姓也。而引商書無有作𡚬。謂鴻範叚𡚬爲好也。𦸗、火不明也。而引周書布重𦸗席。釋云蒻席也。謂顧命叚𦸗爲蔑也。堲、古文垐、以土增大道上也。而引唐書朕堲讒說殄行。釋云、堲、疾惡也。謂堯典叚埾爲疾也。圛回行也。而引商書曰圛。釋云圛者升雲半有半無。謂鴻範叚圛爲駱驛也。枯槀也。而引夏書唯箘輅枯。釋云木名謂叚枯槀之枯爲木名也。此皆許偁經說叚借。而亦由古文字少之故。與云古文以爲者正是一例。大氐叚借之始。始於本無其字。及其後也。旣有其字矣。而多爲叚借。又其後也。且至後代譌字亦得自冒於叚借。博綜古今。有此三變。以許書言之。本無難易二字。而以難鳥、蜥易之字爲之。此所謂無字依聲者也。至於經傳子史不用本字而好用叚借字。此或古古積傳。或轉寫變易。有不可知。而如許書每字依形說其本義。其說解中必自用其本形本義之字。乃不至矛盾自陷。而今日有絕不可解者。如惪爲愁、憂爲行、和、旣畫然矣。而愁下不云惪也。云憂也。辠爲窒塞、爲隔、旣畫然矣。而窒下不云辠也。云塞也。但爲裼爲衣縫解、旣畫然矣。而裼下不云但也。云袒也。如此之類、在他書可以託言叚借。在許書則必爲轉寫譌字。葢許說義出於形。有形以範之。而字義有一定。有本字之說解以定之。而他字說解中不容與本字相背。故全書譌字必一一諟正。而後許免於誣。許之爲是書也。以漢人通借緐多。不可究詰。學者不識何字爲本字。何義爲本義。雖有倉頡、爰歷、博學、凡將、訓纂、急就、元尚諸篇。楊雄、杜林諸家之說。而其篆文旣亂襍無章。其說亦零星間見。不能使學者推見本始。觀其會通。故爲之依形以說音義。而製字之本義昭然可知。本義旣明。則用此字之聲而不用此字之義者。乃可定爲叚借。本義明而叚借亦無不明矣。

及宣王大史籒著大篆十五篇。與古文或異。大史、官名。籒、人名也。省言之曰史籒。漢藝文志云。史籒十五篇。自注。周宣王大史作大篆十五篇。又云。史籒篇者、周時史官教學童書也。然則其姓不詳記傳中。凡史官多言史某。而應劭、張懷瓘、顏師古及封演聞見記、郭忠恕汗簡引說文皆作大史史籒。或疑大史而史姓。恐未足據。大篆十五篇、亦曰史籒篇。亦曰史篇。王莽傳。徵天下史篇文字。孟康云。史籒所作十五篇古文書也。此古文二字當易爲大篆。大篆與倉頡古文或異見於許書十四篇中者備矣。凡云籒文作某者是也。或之云者、不必盡異也。葢多不改古文者矣。籒文字數不可知。尉律諷籒書九千字。乃得爲史。此籒字訓讀書。與宣王大史籒非

可牽合。或因之謂籒文有九千字。誤矣。大篆之名上別乎古文。下別乎小篆而爲言。曰史篇者、以官名之。曰籒篇籒文者、以人名之。而張懷瓘書斷乃分大篆及籒文爲二體。尤爲非是。又謂籒文亦名史書。尤非。凡漢書元帝紀、王尊傳、嚴延年傳、西域傳之馮嫽、後漢書皇后紀之和熹鄧皇后、順烈梁皇后、或云善史書。或云能史書。皆謂便習隸書。適於時用。猶今人之工楷書耳。而自應仲遠注漢已云史書周宣王大史籒所作大篆十五篇也。殊爲繆解。許偁史篇者三。奭下云。此燕召公名。史篇名醜。匋下云。史篇讀與缶同。姚下云。史篇以爲姚易。知史篇不徒載篆形。亦有說解。班志云。建武時亡六篇。唐玄度云。建武中獲九篇。章帝時王育爲作解說。所不通者十有二三。許葢取王育說與。

至孔子書六經。左丘明述春秋傳。皆㠯古文。六經、易、書、詩、禮、樂、春秋也。始見小戴經解、莊子天運。孔子書六經以古文者、以壁中經知之。左氏述春秋傳以古文者。於張蒼所獻知之。皆見下文。古文、大篆二者錯見。此云皆以古文、兼大篆言之。六經、左傳不必有古文而無籒文也。下文云取史籒大篆或頗省改、兼古文言之。不必所省改皆大篆而無古文也。秦書八體。一曰大篆。二曰小篆。不言古文。知古文已包於大篆中也。王莽改定古文有六書。一曰古文。二曰奇字。即古文而異者。三曰篆書。即小篆。不言大篆、知古文奇字二者內已包大篆也。呂氏春秋云。倉頡造大篆。是古文亦可偁大篆之證。

厥意可得而說。謂雖當詭更正文、玩其所習、蔽所希聞之世。而眞古文之意未嘗不可說也。

其後諸侯力政。不統於王。其後謂孔子殁而微言絕。七十子終而大義乖也。

惡禮樂之害己。而皆去其典籍。見孟子。

分爲七國。韓、趙、魏、燕、齊、楚、秦。

田疇異畮。如周制六尺爲步。步百爲畮。秦孝公二百四十步爲畮。

車涂異軌。車之徹廣曰軌。因以軌名涂之廣。七國時車不依徹廣八尺之定制。或廣或陝焉。涂不依諸侯經涂七軌、環涂五軌、野涂三軌之制。各以意爲之。故曰車涂異軌也。

律令異灋。如商鞅爲左庶長。定變法之令。

衣冠異制。如趙武靈王效胡服。爲惠文冠。前插貂尾。又服鞾。齊王之側注冠。楚王之

解豸冠是也。**言語異聲。文字異形。**謂大行人屬瞽史諭書名聽聲音之制廢。而各用其方俗語言。各用其私意省改之文字也。言語異聲則音韵歧。文字異形則體製惑。車同軌書同文之盛於是乎變矣。**秦始皇帝初兼天下。丞相李斯乃奏同之。罷其不與秦文合者。**以秦文同天下之文。秦文卽下文小篆也。本紀曰。二十六年書同文字。**斯作倉頡篇。**藝文志曰。倉頡一篇。上七章。秦丞相李斯作。**中車府令趙高作爰歷篇。**志曰。爰歷六章。車府令趙高作。車上當有中字。伏儼曰。中車府令主乘輿路車者也。**大史令胡毋敬作博學篇。**志曰。博學七章。大史令胡毋敬作。司馬彪曰。大史令掌天時星麻。胡毋、姓也。公羊音義史記索隱毋皆音無。或作父母字。非也。李之七章。趙之六章。胡毋之七章。各爲一篇。漢志冣目合爲倉頡一篇者。因漢時閭里書師合爲三篇。斷六十字以爲一章。凡五十五章。并爲倉頡篇故也。六十字爲一章者凡五十五。然則自秦至司馬相如以前小篆祇有三千三百字耳。淺人云倉頡大篆有九千字。大篆之多三倍於小篆。其說之妄不辨而可知矣。**皆取史籀大篆。或頗省改。**省同媘。女部曰。媘、少減也。亦作渻。水部曰。渻、減也。省者、減其緐重。改者、改其怪奇。如民弟革酉皆象古文之形。所謂改也。書中載秦刻石乜汥二字。此又刻石與其小篆異者。如古文之有奇字也。云取史籀大篆或頗省改者。言史籀大篆則古文在其中。大篆既或改古文。小篆復或改古文大篆。或之云者。不盡省改也。不改者多。則許所列小篆固皆古文大篆。其不云古文作某籀文作某者。古籀同小篆也。其既出小篆又云古文作某籀文作某者。則所謂或頗省改者也。**所謂小篆者也。**篆者、引書之謂。大史籀作者大篆。則謂李斯等作者小篆以別之。小篆藝文志作秦篆。凡許書中云篆書者小篆也。云籀文者大篆也。**是時秦燒滅經書。滌除舊典。大發吏卒。興戍役。官獄職務緐。**皆詳始皇本紀。**初有隸書。以趣約易。**趣、疾走也。**而古文由此絕矣。**藝文志曰。是時始造隸書

矣。起於官獄多事。苟趨省易。施之於徒隸也。晉衛恆曰。秦既用篆。奏事緐多。篆字難成。卽令隸人佐書。曰隸字。唐張懷瓘曰。秦造隸書以赴急速。爲官司刑獄用之。餘尙用小篆焉。按小篆既省改古文大篆。隸書又爲小篆之省。秦時二書兼行。而古文大篆遂不行。故曰古文由此絕。秦時刻石皆用小篆。漢初人不識科斗。其證也。**自爾秦書有八體。**爾猶此也。藝文志史籀十五篇下。卽次之以八體六技。而不言其篇數。韋昭注八體用許說。**一曰大篆。**不言古文者。古文在大篆中也。上云古文由此絕何也。古文大篆雖不行。而其體固在。刻符蟲書等未嘗不用之也。**二曰小篆。**其時所取重也。**三曰刻符。**魏書江式表符下有書字。符者、周制六節之一。漢制以竹。長六寸。分而相合。**四曰蟲書。**新莽六體有鳥蟲書。所以書旛信也。此蟲書卽書旛信者。**五曰摹印。**卽新莽之繆篆也。**六曰署書。**木部曰。檢者、書署也。凡一切封檢題字皆曰署。題榜亦曰署。冊部曰。扁者、署也。从戶冊。**七曰殳書。**蕭子良曰。殳者、伯氏之職也。古者文既記笏。武亦書殳。按言殳以包凡兵器題識。不必專謂殳。漢之剛卯、亦殳書之類。**八曰隸書。**所以便於官獄職務也。自刻符而下。其漢志所謂六技與。刻符、旛信、摹印、署書、殳書。皆不離大篆小篆。而詭變各自爲體。故與左書偁六技。**漢興有艸書。**衞恆曰。漢興而有艸書。不知作者姓名。至章帝時。齊相杜度號善作之。宋王愔曰。元帝時史游作急就章。解散隸體麤書之。章艸之始也。按艸書之偁起於艸稾。趙壹云起秦之末。殆不始史游。其各字不連緜者曰章艸。晉以下相連緜者曰今艸。猶隸之有漢隸今隸也。漢人所書曰漢隸。晉唐以下楷書曰今隸。艸書又爲隸書之省。文字之變已極。故許蒙八體而附著之於此。言其不可爲典要也。漢趙壹有非艸書一篇。**尉律。**謂漢廷尉所守律令也。百官公卿表曰。廷尉、秦官。掌刑辟。藝文志曰。漢興。蕭何草律。刑法志所謂蕭何捃摭秦法。取其宜於時者。作律九章也。此以下至輒舉劾之。說漢律所載取人之制。**學僮十七巳上。**僮、今之童字。**始試。**句絕。謂始應攷試也。**諷籀書九千字。乃得爲史。**史各本作吏。今依江式傳正。周

禮注曰倍文曰諷竹部曰籀讀書也毛詩傳曰讀抽也方言曰抽讀也抽即籀籀讀二文爲轉注尙書克由繹之由繹即籀繹也史記云紬史記石室金匱之書如淳云抽徹舊書故事而次述之紬亦即籀字也今本說文言部讀下云誦書也不合故訓誦乃籀之誤耳凡古卜筮抽繹卦爻本義而爲辭者因以籀名之今左傳作繇俗作䌛許偁則作卜籀籀之說明而許所謂諷籀書者可明矣諷籀書九千字者諷謂能背誦尉律之文籀書謂能取尉律之義推演發揮而繕寫至九千字之多諷若今小試之默經籀書若今試士之時藝上云始試則此乃試之之事也藝文志試學童諷書九千字以上乃得爲史無籀字得爲史得爲郡縣史也周禮史十有二人注曰史掌書者又史掌官書以贊治注曰贊治若今起文書草也後漢書百官志郡大守郡丞縣令若長縣丞縣尉各置諸曹掾史 **又㠯八體試之** 八體漢志作六體攷六體乃亡新時所立漢初蕭何艸律當沿秦八體耳班志固以試學童爲蕭何律文也自學僮十七至輒舉劾之許與班略異而可互相補正班云大史試學童許則云郡縣以諷籀書試之又以八體試之而後郡移大史試之此許詳於班也班云諷書許則云諷籀書此亦許詳於班也班云六體許則云八體此許覈於班也班云以爲尙書御史史書令史許云尙書史此班詳於許也班云吏民上書字或不正輒舉劾許不言吏民上書此亦班詳於許也班書之成雖在許前而許不必見班書固別有所本矣 **郡移大史幷課** 句絕 **冣者㠯爲尙書史** 大史者大史令也幷課者合而試之也上文試以諷籀書九千字謂試其記誦文理試以八體謂試其字迹縣移之郡郡移之大史大史合試此二者冣讀殿冣之冣冣其冣者用爲尙書令史也尙書令史十八人二百石主書藝文志曰以爲尙書御史史書令史云史書令史者謂能史書之令史也漢人謂隸書爲史書故孝元帝孝成許皇后王尊嚴延年楚王侍者馮嫽後漢孝和帝和熹鄧皇后順烈梁皇后北海敬王睦樂成靖王黨安帝生母左姬魏胡昭史皆云善史書大致皆謂適於時用如貢禹傳云郡國擇便巧史書者以爲右職又蘇林引胡公云漢官假佐取內郡善史書者給佐諸府也是可以知史書之必爲隸書向來注家釋史書爲大篆其繆可知矣石建自詭馬不足一馬援糾繆皋爲四羊其可證也葢漢承秦後切於時用莫若小篆隸書也志兼言御史令史御史之令史即百官志之蘭臺令史許不及之者以下文云字或不正輒舉劾之乃尙書所職非御史所職也○光武紀注引漢制度曰帝之下書有四一曰策書二曰制書三曰詔書四曰誡敕策書者編簡也其制長二尺短者半之篆書起年月日稱皇帝以命諸侯王三公以罪免亦賜策而以隸書用尺一木兩行惟此爲異也制書者帝者制度之命其文曰制詔三公皆璽封尙書令印重封露布州郡也詔書者詔告也其文曰告某官云如故事誡敕者謂敕刺史大守其文曰有詔敕某官他皆倣此按此知漢人除策諸侯王用木簡篆書外他皆用縑素隸書而已絕無用大篆之事也 **書或不正輒舉劾之** 劾者用法以糾有罪也百官志曰民曹尙書主凡吏民今本奪民字上書事然則吏民上書字或不正輒舉劾正民曹尙書事而令史實佐之者也此以上言漢初尉律之法如此 **今雖有尉律不課** 今者許謂當其時也謂不試以諷籀尉律九千字也 **小學不修** 謂不以八體試之也漢志自史籀十五篇下至杜林倉頡故一篇總之爲小學十家四十五篇謂之小學者八歲入小學所教也 **莫達其說久矣** 莫解六書之說也玉裁按漢之取人蕭何初制用律及八體書迄乎孝武依丞相御史言用通一藝以上補卒史乃後吏多文學之士合說文藝文志及儒林傳參觀可見葢始用律後用經而文學由之盛始試八體後不試第聽閭里書師習之而小學衰矣故言今以惜之 **孝宣皇帝時召通倉頡讀者** 句絕此通倉頡讀者齊人而失其姓名藝文志云徵齊人能通倉頡讀者是也張敞從受之謂令張敞從此人學如晁錯之從伏生受尙書張叔等十餘人詣京師受業博士或學律令也 **張敞從受之** 藝文志曰倉頡多古字俗師失其讀宣帝時徵齊人能正讀者張敞從受之傳至外孫之子杜林爲作訓故按云倉頡多古字者謂倉頡篇中大半古文大篆且周秦時所用音義在漢時則爲古字如張揖古今字詁所記者是也俗師失其讀者失其音義也正讀者正其音義張敞字子高河東平陽人子

吉吉子竦字伯松博學文雅過於敞郊祀志曰美陽得鼎獻之有司多以爲宜薦見宗廟張敞好古文字按鼎銘勒而上議曰此鼎殆周之所以褒賜大臣大臣子孫刻銘其先功臧之於宮廟者也不宜薦見宗廟制曰京兆尹議是**涼州刺史杜業**業漢書作鄴似當從許作業杜鄴字子夏本魏郡繁陽人也其母張敞女從敞子吉學問得其家書吉子竦又從鄴學問亦著於世尤長小學鄴子林亦有雅材其正文字過於鄴竦**沛人爰禮**沛依六篇邑部當作郝此亦從俗也亏部平下曰爰禮說其一端也**講學大夫秦近**講學大夫新莽所設官名儒林傳蕭秉陳俠歐陽政爲王莽講學大夫秦近或曰即桓譚新論云秦近君說堯典篇目兩字至十餘萬言說曰若稽古三萬言者也**亦能言之**謂已上共五人皆能說倉頡讀也杜業在哀帝時爰禮秦近皆在平帝及亡新時**孝平皇帝時徵禮等百餘人令說文字未央廷中以禮爲小學元士**孝平紀元始五年徵天下通知逸經古記天文麻算鍾律小學史篇方術本艸及以五經論語孝經爾雅教授者在所爲駕一封軺傳遣詣京師至者數千人王莽傳曰元始四年徵天下通一藝教授十一人以上及有逸禮古書毛詩周官爾雅天文圖讖鍾律月令兵法史篇文字通知其意者皆詣公車令記說廷中紀傳所說正是一事爰禮等百餘人說文字未央廷中正其時也禮等通小學史篇文字者也史篇孟康云史籀所作十五篇也玉裁按楊雄傳曰史篇莫善於倉頡是則凡小學之書皆得偁史篇藝文志曰至元始中徵天下通小學者以百數各令記字於庭中楊雄取其有用者以作訓纂篇**黃門侍郎楊雄**楊从木或从手者誤本傳奏羽獵賦除爲郎給事黃門**采以作訓纂篇**志曰訓纂一篇楊雄作楊雄傳曰史篇莫善於倉頡作訓纂**凡倉頡已下十四篇凡五千三百四十字羣書所載略存之矣**凡者取括也取括者都數也倉頡已下十四篇謂自倉頡至於訓纂共十有四篇篇之都數也五千三百四十字字之都數也藝文志曰漢時閭里書師合倉頡爰歷博學三篇斷六十字以爲一章凡五十五章并爲倉頡篇此謂漢初倉頡篇祇有三千三百字也志又曰武帝時司馬相如作凡將篇無復字元帝時黃門令史游作急就篇成帝時將作大匠李長作元尚篇皆倉頡中正字也凡將則頗有出矣此謂三家所作惟凡將之字有出倉頡篇外者也志又曰至元始中徵天下通小學者以百數各令記字於庭中楊雄取其有用者以作訓纂篇順續倉頡又易倉頡中重復之字凡八十九章此謂雄所作訓纂凡三十四章二千四十字合五十五章三千三百字凡八十九章五千三百四十字也班但言章數許但言字數而數適相合不數急就元尚者皆倉頡中字既取倉頡可不之數也不數凡將者凡將字雖或出倉頡外而必晐於訓纂中故亦不之數也訓纂續倉頡而無復倉頡之字且易倉頡中自復者故五千三百四十字一無重復也然則何以云十四篇也合李斯趙高胡毋敬司馬相如史游李長楊雄所作而言之計字則無復計篇則必備也本祇有倉頡爰歷博學凡將急就元尚訓纂七目又析之爲十四其詳不可聞矣漢初蓋倉頡爰歷博學爲三倉班於倉頡一篇自注云上七章則爰歷爲中博學爲下可知也自楊雄作訓纂以後班固作十三章和帝永元中郎中賈魴又作滂喜篇梁庾元威云倉頡五十五章爲上卷楊雄作訓纂記滂喜爲中卷賈升郎更續記彥均爲下卷人偁爲三蒼元魏江式亦云是爲三倉蓋自張揖作三倉訓詁陸璣詩疏引三倉說郭樸作三倉解詁魏晉時早有三倉之偁韋昭注漢云班固十三章疑在倉頡下篇三十四章之內然則賈魴所作有三十四章而班之十三章在其中許所云五千三百四十字不數班賈所作也楊雄訓纂終於滂熹二字滂熹者言滂沱大盛賈魴用此二字爲篇目而終於彥均二字故庾氏云楊記滂喜賈記彥均隨志則云楊作訓纂賈作滂喜其實一也喜與熹古通用熹者大盛之意彥音盤大也大學人之彥聖彥一作盤是也懷瓘書斷云倉頡訓纂八十九章合賈廣班三十四章凡百二十三章文字備矣按八十九章五千三百四十字又增三十四章二千四十字凡七千三百八十字許全書凡九千三百五十三文蓋五千三百四十字之外他采者三千十三字班賈之篇未嘗不在网羅之內且班賈而外亦且偕歸漁獵之中班前於許賈則同

時。許卽不見班、賈之書。而未央廷中百餘人所說楊雄所未采。凡將所出倉頡外。藝文志所云別字十三篇者具焉。是皆許之所本也。自倉頡至彥均章皆六十字。凡十五句。句皆四言。許引幼子承詔、郭注爾雅引考妣延年是也。凡將七言。如蜀都賦注引黃潤纖美宜製禪、藝文類聚引鐘磬竽笙筑坎侯是也。急就今尙存。前多三言。後多七言。元尙今無考。若隋志所載班固大甲篇、在昔篇、蓋卽在十三章內。崔瑗飛龍篇、蔡邕聖皇篇、黃初篇、吴章篇、蔡邕女史篇皆由其字已具三倉中。故不得一列於三倉也。若藝文志又偁倉頡傳一篇、楊雄倉頡訓纂一篇、杜林倉頡訓纂一篇、杜林倉頡故一篇。此四篇者。又皆漢人釋倉頡五十五章之作。五十五章四言爲句。如今童子所讀千字文。此四篇者。如顏師古、王伯厚之釋急就篇也。自倉頡至彥均漢魏時蓋皆以隸書書之。或以小篆書之。皆閭里書師所教習。謂之史書。**及亡新居攝。使大司空甄豐等校文書之部。**校今之挍字也。古無挍字。借校字爲之。**自吕爲應制作。**王莽傳曰。莽奏起明堂、辟雍、靈臺、制度甚盛。立樂經。自言盡力制禮作樂事。**頗改定古文。**頗者、閒見之詞。於古文閒有改定。如疊字下亡新以爲疊从三日、大盛、改爲三田。是其一也。**時有六書。**與周禮保氏六書同名異實。莽之六書卽秦八體而損其二也。**一曰古文。孔子壁中書也。**下文詳之。秦有小篆、隸書。而古文由此絕。故惟孔子壁中書爲古文。故六書首此。**二曰奇字。卽古文而異者也。**分古文爲二。儿下云古文奇字人也。無下云奇字無也。許書二見。蓋其所記古文中時有之。不獨此二字矣。楊雄傳云。劉歆之子棻嘗從雄學奇字。按不言大篆者。大篆卽包於古文奇字二者中矣。張懷瓘謂奇字卽籒文。其跡有石鼓文存。非是。**三曰篆書。卽小篆。**上文所謂小篆。**秦始皇帝使下杜人程邈所作也。**按此十三字當在下文左書卽秦隸書之下。上文明言李斯、趙高、胡毋敬皆取史籒大篆省改所謂小篆。則作小篆之人旣顯白矣。何容贅此。自相矛盾耶。况蔡邕聖皇篇云。程邈刪古立隸文。而蔡琰、衞恆、羊欣、江式、庾肩吾、王僧虔、酈道元、顏師古

亦皆同辭。惟傳聞不一。或晉時許書已譌。是以衞巨山疑而未定耳。下杜人程邈爲衙獄吏。得罪幽繫雲陽。增減大篆體。去其緐複。始皇善之。出爲御史。名書曰隸書。下杜江式、張懷瓘皆作下邽。庾肩吾書品作下邳。邈說文無此字。蓋古祗作藐。**四曰左書。卽秦隸書。**左今之佐字。小徐本作左。而後大叔佐夏不畫一。蓋許敘從俗作佐。後人或以古字改之。而又不盡改也。左書、謂其法便捷。可以佐助篆所不逮。上文云初有隸書。以趣約易。不言誰作。故此補之曰秦始皇帝使下杜人程邈所作也。**五曰繆篆。所吕摹印也。**摹、規也。規度印之大小、字之多少而刻之。繆讀綢繆之繆。上文秦文八體五曰摹印。**六曰鳥蟲書。所吕書幡信也。**幡當作旛。漢人俗字以幡爲之。書旛謂書旗幟。書信謂書符卩。上文四曰蟲書。此曰鳥蟲書。謂其或像鳥。或像蟲。鳥亦偁羽蟲也。按秦文八體尙有刻符、署書、殳書。此不及之者。三書之體不離乎摹印書旛之體。故舉二以包三。古文則析爲二以包大篆。莽意在復古。應制作。故不欲襲秦制也。**壁中書者。**已下尊崇古籒。述己作書之意。故承壁中書而釋之。**魯恭王壞孔子宅。而得禮記、尙書、春秋、論語、孝經。**劉歆移書讓大常博士曰。魯恭王壞孔子宅。欲以爲宮。得古文於壞壁中。逸禮三十有九。書十六篇。藝文志曰。魯恭王壞孔子宅。欲以廣其宮。得古文尙書及禮記、論語、孝經凡數十篇。皆古字也。景十三王傳曰。於其壁中得古文經傳。按古文傳謂記及論語也。許所謂得禮者、禮古經也。志言禮古經五十六卷出於魯淹中及孔氏與后氏、戴氏經十七篇相似。多三十九篇。十七篇卽唐以後所謂儀禮。多出之三十九篇。漢儒莫爲之注。遂亡。○記者、謂禮之記也。河閒獻王傳禮與禮記爲二。此亦當云禮禮記。轉寫奪一禮字耳。志云記百三十一篇。七十子後學者所記也。明堂陰陽三十三篇。古明堂之遺事也。王史氏二十一篇。七十子後學者也。隋志。劉向考校經籍得記百三十篇。明堂陰陽記三十三篇。孔子三朝記七篇。王史氏記二十一篇。樂記二十三篇。凡五種。合二百十四篇。經典釋文敘錄引劉向別錄云。古文記二百十四篇是也。謂之古文記。則以上皆爲古文可知。○尙書者。志言尙書

古文經四十六卷、爲五十七篇。以考伏生經二十九篇、得多十六篇。劉歆亦云得古文逸書十六篇。要之伏生所有以及所無皆爲古文矣。○春秋、蓋謂春秋經也。志言春秋古經十二篇是也。春秋經傳班志不言出誰氏。據許下云北平侯張蒼獻春秋左氏傳。意經傳皆其所獻。古經與傳別。然則班云春秋古經十二篇、左氏傳三十卷。皆謂蒼所獻也。而許以經系之孔壁。以傳系之北平侯。恐非事實。或曰春秋二字衍文。○論語志云論語古二十一篇出孔子壁中、兩子張篇是也。齊論語則二十二篇。魯論語則二十篇。○孝經者、志云孝經古孔氏一篇、二十二章是也。孝經一篇十八章。漢長孫氏、江翁、后蒼、翼奉、張禹、各自名家。經文皆同。唯孔氏壁中古文爲異。○以上皆古文。以其出於壁中。故謂之壁中書。晉人謂之科斗文。王隱曰。大康元年。汲郡民盜發魏安釐王冢。得竹書漆字科斗之文。科斗文者、周時古文也。其字頭麤尾細。似科斗之蟲。故俗名之焉。據此則科斗文乃晉人里語。而孔安國敘尚書乃有科斗文字之偁。其爲作僞因顯然可見矣。**又北平侯張蒼獻春秋左氏傳。**孝惠三年乃除挾書之律。張蒼當於三年後獻之。然則漢之獻書張蒼最先。漢之得書首春秋左傳。而平帝時乃立博士、何也。秦禁挾書。而蒼身爲秦柱下御史。遂臧左氏。至漢弛禁而獻之。亦可以知秦法之不行矣。此亦壁中諸經之類也。故類記之。論衡說左傳卅篇出恭王壁中。恐非事實。**郡國亦往往於山川得鼎彝。其銘卽前代之古文。皆自相佀。**何休云。亦者、兩相須之意。銘字不見於金部。由古文士喪禮作名。許從古文禮也。而此作銘者、不廢今字也。佀、像也。郡國所得秦以上鼎彝。其銘卽三代古文。如郊祀志上有故銅器。問李少君。少君曰。此器齊桓公十年陳於柏寢。已而案其刻。果齊桓公器。又美陽得鼎獻之。有司多以爲宜薦見宗廟。張敞按鼎銘勒而上議。凡若此者、亦皆壁中經之類也。皆自相佀者、謂其字皆古文。彼此多相類。**雖叵復見遠流。**流、小徐本作沬。葢誤。**其詳可得略說也。**玄應引三倉曰。叵、不可也。許可部無此字。以可急言之卽爲不可。如試可乃已、卽試不可乃已也。而此有叵字者、不廢今字也。雖不可再見古昔原流之

詳。而其詳亦可得略說之。就恭王所得、北平所獻以及郡國所得鼎彝古文。略具於是。故王莽時六書不得古文。便以壁中書爲古文。反古復始之道。莫之能易也。**而世人大共非訾。**禮記鄭注曰。口毀曰訾。**㠯爲好奇者也。故詭更正文。**詭當作恑。恑、變也。**鄉壁虛造不可知之書。**鄉俗用向爲之。**變亂常行。㠯燿於世。**此謂世人不信壁中書爲古文。非毀之謂好奇者改易正字。向孔氏之壁憑空造此不可知之書。指爲古文。變亂常行。以燿於世也。正文常行、世人謂秦隸書也。**諸生競逐說字解經誼。**誼各本譌作諠。今正。誼義古今字。藝文志曰。後世經傳既已乖離。博學者又不思多聞闕疑之義。而務碎義逃難。便辭巧說。破壞形體。說五字之文。至於二三萬言。後進彌以馳逐。故幼童而守一藝。白首而後能言。**稱秦之隸書爲倉頡時書。云父子相傳。何得改易。**謂諸生之爭逐說字解經義也。稱秦隸書卽倉頡書。云此積古以來父傳之子者。安能有所改易。而乃謂其非古文。乃輒別造不可知之書爲古文也。說字以解經。本無不合。患在妄說隸書之字。如下文所舉。**乃猥曰。馬頭人爲長。**謂馬上加人、便是長字。會意。曾不知古文小篆長字。其形見於九篇。明辨皙也。今馬頭人之字。罕見。葢漢字之尤俗者。**人持十爲斗。**今所見漢隸字斗作升。與升字什字相混。正所謂人持十也。斗見十四篇。小篆。卽古文也。本是像形字。**虫者屈中也。**蟲从三虫。而往往叚虫爲蟲。許多云蟲省聲是也。但虫蟲見十三篇。本像形字。所謂隨體詰詘。隸字祇令筆畫有橫直可書。本非从中而屈其下也。如許書於民酉字曰从古文之體。小篆有變古文令可書者。隸書亦有變小篆令可書者。其道一也。**廷尉說律。至㠯字斷法。**猶之說字解經義也。**苛人受錢。苛之字止句也。**通典、陳羣、劉邵等魏律令序曰。盜律有受所監臨、受財枉法。襍律有假借不廉。令乙有所呵人受錢、科有使者驗賂。其事相類。故分爲請賕律。按訶責字見三篇言部。俗作呵。古多以苛字、荷字代之。漢令乙有所苛人受錢、謂有治人之責者而受人錢。故

與監臨受財、假借不廉。使者得賕爲一類。苛从艸、可聲。假爲訶字。並非从止句也。而隸書之尤俗者乃譌爲岢。說律者曰。此字从止句。句讀同鉤。謂止之而鉤取其錢。其說無稽。於字意、律意皆大失。今廣韵七歌曰。岢止也。虎何切。玉篇止部云。岢古文訶。亦皆譌字耳。而不若岢之甚。**若此者甚衆。**不可勝數也。**皆不合孔氏古文。謬於史籀。**文字以倉頡、史籀爲正。故必兼舉之。不曰倉頡古文而曰孔氏古文者、漢時惟孔子壁中書爲倉頡古文也。鼎彝之銘則合於孔氏古文者也。**俗儒啚夫**啚俗本作鄙。非。啚者嗇也。田夫謂之嗇夫。**翫其所習。蔽所希聞。不見通學。未嘗覩字例之條。**字例之條、謂指事、象形、形聲、會意、轉注、叚借六書也。藝文志曰。安其所習。毀所不見。終以自蔽。此學者之大患也。**怪舊埶而善野言。**埶今藝字也。五音韵譜作執。亦通。**目其所知爲祕妙。**妙古作眇。妙取精細之意。故以目小之義引申叚借之。後人別製妙文。蔡邕題曹娥碑有幼婦之言。知其字漢末有之。許書不

十五卷上　廿

錄者、晚出之俗字也。而不廢此字者、可從者則不廢。从女少聲。於古造字之義有合。古好从女子。妥从女爪。安从宀女。晏从女日。周禮媺从女敚。男女者人之大欲存焉。故古造字多有取於此。凡俗字不若馬頭人人持十之已甚者、許所不廢也。**究洞聖人之微恉。**究、窮也。洞同迵。迵者達也。恉者、意也。**又見倉頡篇中幼子承詔。**幼子承詔、葢倉頡篇中之一句也。倉頡篇例四字爲句。今許書言部無詔字。葢許以詔字包之。古曰詔。秦漢曰詔。義同音近。**因曰古帝之所作也。其辭有神僊之術焉。**曰大徐作號。幼子承詔、葢指胡亥即位事。俗儒啚夫既謂隸書即倉頡時書。因謂李斯等所作倉頡篇爲黃帝之所作。以黃帝、倉頡君臣同時也。其云幼子承詔者、謂黃帝乘龍上天而少子嗣位爲帝也。無稽之談。漢人乃至於此哉。**其迷誤不諭。豈不悖哉。**諭猶曉也。悖、亂也。自世人大共非訾以下至此。皆言尉律不課、小學不修、莫達其說之害。葢自不試以諷籒尉律九千字、不課以八體書。專由通一藝進身。而不讀律。則不知今矣。

所習皆隸書。而隸書之俗體又日以滋蔓。則不知古矣。以其滋蔓之俗體說經。有不爲經害者哉。此許自言不得不爲說文解字之故。孟子曰。予豈好辯哉。予不得已也。古聖賢作述皆必有所不得已焉。爾後魏江式亦以篆形謬錯。隸體失眞、追來爲歸。巧言爲辯。小兔爲䨲。神蟲爲蠶。皆不合古文、大篆及許氏說。請撰集字書。號曰古今文字。**書曰。予欲觀古人之象。**虞書臯陶謨文。**言必遵修舊文而不穿鑿。**尚書日月星辰山龍華蟲作會。宗彝藻火黺絲黼黻希繡。以五采彰施于五色作服。日月以下像其物者。實皆依古人之像爲之。古人之像、卽倉頡古文是也。像形、像事、像意、像聲、無非像也。故曰古人之像。文字起於像形。日月星辰山龍華蟲宗彝藻火黺米黼黻皆像其物形。卽皆古像形字。古畫圖與文字非有二事。帝舜始取倉頡依類像形之文用諸衣裳以治天下。故知文字之用大矣。虙羲倉頡觀於天地人物之形。而畫卦造書契。帝舜法伏羲倉頡之像形。以爲旗章衣服之飾。大舜之智。猶修舊不敢穿鑿。況智不如舜者乎。**孔子曰。吾猶及史之闕**

十五卷上　廿一

文。今亡矣夫。論語衞靈公篇文。**葢非其不知而不問。人用己私。**私當爲厶。**是非無正。巧說衺辭。使天下學者疑。**藝文志曰。古制書必同文。不知則闕。問諸故老。至於衰世。是非無正。人用其私。故孔子曰。吾猶及史之闕文也。今亡矣夫。葢傷其寖不正。**葢文字者、經藝之本。**上葢、釋論語之辭。此葢、承上起下之辭。**經藝之本。**六藝字古當祇作埶。埶、種也。六經爲人所治。如種植於其中。故曰六藝。後人種埶字作蓺。六藝又加云作藝。葢皆俗字。許書當是用埶。**王政之始。前人所目垂後。後人所目識古。故曰本立而道生。知天下之至嘖而不可亂也。**上句論語學而篇文。下句易𣪠辭傳文。**今敘篆文。合目古籒。**此目下至葢闕如也。自述作書之例也。篆文謂小篆也。古籒謂古文籒文也。許重復古而其體例不先古文籒文者。欲人由近古以攷古也。小篆因古籒而不變者多。故先篆文。正所目說古籒也。隸書則去古籒遠。難以推尋。故

必先小篆也。其有小篆已改古籀。古籀異於小篆者。則以古籀駙小篆之後。曰古文作某。籀文作某。此全書之通例也。其變例則先古籀後小篆。如一篇二下云古文丄、丅。云篆文上、下。先古文而後篆文者。以旁帝字从二。必立二部使其屬有所从。凡全書有先古籀後小篆者。皆由部首之故也。**博采通人。至於小大。信而有證。**小大、論語云。賢者識其大者。不賢者識其小者。是也。中庸曰。無徵不信。可信者必有徵也。徵、證也。證、諭也。許君博采通人。載孔子說、楚莊王說、韓非說、司馬相如說、淮南王說、董仲舒說、劉歆說、楊雄說、爰禮說、尹彤說、逯安說、王育說、莊都說、歐陽喬說、黃顥說、譚長說、周成說、官溥說、張徹說、甯嚴說、桑欽說、杜林說、衞宏說、徐巡說、班固說、傅毅說。皆所謂通人也。而賈侍中逵則許所從受古學者。故不書其名。必云賈侍中說。**稽譔其說。**稽、留止也。稽留而攷之也。譔、專教也。譔音與詮同。詮、具也。稽攷詮釋。或以說形。或以說音。或以說義。三者之說。皆必取諸通人。其不言某人說者。皆根本六藝經傳。務得倉頡史籀造字本意。因形以得其義與音。而不為穿鑿。**將㠯**

理羣類。羣類、謂如許沖所云天地、鬼神、山川、艸木、鳥獸、蚰蟲、襍物、奇怪、王制、禮儀、世間人事、靡不畢載。皆以文字之說、說其條理也。**解謬誤。**謂說形、說音、說義有謬誤者。皆得解判之也。**曉學者。達神恉。**曉者、明之也。達、猶通也。恉者、意也。達神恉者、使學者皆通憭於文字之形之音之義也。神恉者、指事、象形、形聲、會意、轉注、叚借神妙之恉也。**分別部居。不相襍廁也。**居、當作凥。凡居處字、古用凥、後世乃用居為之。許從俗也。廁、猶置也。分別部居不相襍廁、謂分別為五百四十部也。周之字書、漢時存者、史籀十五篇。其體式大約同後代三倉。許所引史篇三。姚下、匋下、奭下。略如後代倉頡傳、倉頡故。秦之倉頡、爰歷、博學合為倉頡篇者每章十五句。每句四字。訓纂、滂熹同之。凡將篇每句七字。急就同之。其體例皆襍取需用之字。以文理編成有韵之句。與後世千字文無異。所謂襍廁也。識字者略識其字。而其形或譌。其音義皆有所未諦。雖有楊雄之倉頡訓纂、杜林之倉頡訓纂、倉頡故。而散而釋之。隨字敷演。不得字形之本始、字音字義之所以然。許君以為音生於義。義箸於形。聖人之造字。有義以有音。有音以有形。學者之識字。必審形以知音。審音以知義。聖人造字實自像形始。故合所有之字。分別其部為五百四十。每部各建一首。而同首者則曰凡某之屬皆从某。於是形立而音義易明。凡字必有所屬之首。五百四十字可以統攝天下古今之字。此前古未有之書。許君之所獨剏。若網在綱。如裘挈領。討原以納流。執要以說詳。與史籀篇、倉頡篇、凡將篇襍亂無章之體例不可以道里計。顏黃門曰。其書檃栝有條例。剖析窮根原。不信其說、則冥冥不知一點一畫有何意焉。此最為知許者矣。蓋舉一形以統眾形。所謂檃栝有條例也。就形以說音義。所謂剖析窮根源也。是以史篇三倉[illegible]遞至放失。而說文遂溥行於世。如左公毛公之[illegible]傳皆後出而率循獨永久勿替也。按史游急就篇亦曰分別部居不襍廁。而其所謂分別者。如姓名為一部。衣服為一部。飲食為一部。器用為一部。急就之例如是。勝於李斯、胡毋敬、趙高、司馬相如、楊雄所作諸篇無友紀者。故自述曰急就奇觚與眾異也。然不無待於訓詁。訓詁之法。又莫若據形類聚。故同一分別部居而功用殊矣。**萬物**

咸覩。靡不兼載。許沖云天地、鬼神、山川、艸木、鳥獸、蚰蟲、襍物、奇怪、王制、禮儀、世間人事、靡不畢載。蓋史游之書。以物類為經。而字緯之。許君之書。以字部首為經。而物類緯之也。**厥誼不昭。爰明㠯諭。**誼、兼字義字形字音而言。昭、明也。諭、告也。許君之書主就形而為之說解。其篆文則形也。其說解則先釋其義。若元下云始也。丕下云大也是也。次釋其形。若元下云从一从兀。丕下云从一从不是也。次說其音。若兀為聲、不為聲。及凡讀若某皆是也。必先說義者。有義而後有形也。音後於形者。審形乃可知音。即形即音也。合三者以完一篆。說其義而轉注叚借明矣。說其形而指事象形形聲會意明矣。說其音而形聲叚借愈明矣。一字必兼三者。三者必互相求。萬字皆兼三者。萬字必以三者彼此迭遺互求。說其義而轉注叚借明者。就一字為注。合數字則為轉注。異字同義為轉注。異義同字則為叚借。故就本形以說義而本義定。本義既定而他義之為借形可知也。故曰說其義而轉注叚借明也。說其形而指事象形形聲會意明者。說其形則某為指事。某為象形。某為獨體之象形。某為合體某爲合二字之會意。某爲合二字之形聲。某爲會意兼有形聲。皆可知也。說其聲而形聲叚借愈明者。形聲必用此聲爲形。叚借必用此聲爲義。**其偁易孟氏、書孔氏、詩毛氏、禮周官、春秋左氏、論語、孝經。**漢田何以易授丁寬。寬授田王孫。王孫授施讎、孟喜、梁丘賀。喜授白光、翟牧。後漢洼丹、觟陽鴻、任安、范升、楊政皆傳孟氏易。而虞翻自其高祖光至翻五世皆治孟易。故仲翔孟學爲尤邃。孟易者許君易學之宗也。孔氏有古文尚書。孔安國以今文字讀之。因以起其家。司馬遷亦從安國問故。遷書載堯典、禹貢、洪範、微子、金縢諸篇多古文說。孔氏者許書學之宗也。毛公趙人也。治詩爲河閒獻王博士。毛氏者許詩學之宗也。高堂生傳士禮十七篇。而禮古經五十六卷出壁中。有大戴、小戴、慶氏之學。許不言誰氏者。許禮學無所主也。古謂之禮。唐以後謂之儀禮。不言記者。言禮以該記也。周官經六篇。王莽時劉歆置博士。古謂之周官經。許鄭亦謂之周禮。不言誰氏者。許周禮學無所主也。春秋古經十二篇。左氏傳三十卷。出壁中及張蒼家。左氏者許春秋學之宗也。論語不言誰氏者。學無所主也。孝經亦不言誰氏者。學無所主也。許沖以爲魯國三老所獻。議郎衞宏所校。皆上爲班志之六藝九種。而不言樂者。以禮周官該樂也。偁者揚也。揚者舉也。許書內多舉諸經以爲證。以爲明諭厥誼之助。**皆古文也。**此反對上文皆不合孔氏古文謬於史籀而言。所謂萬物兼載爰明以諭者。皆合於倉頡古文。不謬於史籀大篆。不言大篆者言古文以該大篆也。所說之義皆古文大篆之義。所說之形皆古文大篆之形。所說之音皆古文大篆之音。故曰皆古文也。然則所偁六藝皆以言古文大篆。卽六藝之外所偁載籍。如老子、淮南王、伊尹、韓非、司馬法之類。六藝孟氏孔氏毛氏左氏外所偁諸家。如韓詩、魯詩、公羊春秋之類。亦皆以言古文大篆也。且逐字說之。不必有所偁者。無非以言古文大篆之字形字音字義也。上文萬物咸覩靡不兼載。厥誼不昭爰明以諭。正謂全書皆發揮古文。言其偁易孟氏書孔氏詩毛氏禮周官春秋左氏論語孝經。謂全書中明諭厥誼往往取證於諸經。非謂偁引諸經皆壁中古文本也。易孟氏之非壁中明矣。古書之言古文者有二。一謂

壁中經籍。一謂倉頡所製文字。雖命名本相因。而學士當區別。如古文尚書、古文禮。此等猶言古本。非必古本字皆古籀。今本則絕無古籀字也。且如許書未嘗不用魯詩、公羊傳、今文禮。然則云皆古文者。謂其中所說字形字音字義。皆合倉頡史籀。非謂皆用壁中古本明矣。所說字形字音字義。皆合倉頡史籀。則周禮保氏所教六書指事象形形聲會意轉注叚借字例之條。大明於天下。俗儒啚夫迷誤不諭者。可昭然共諭矣。**其於所不知。蓋闕如也。**此用論語子路篇語。蓋闕疊韵字。凡論語言如。或單字。孛如、躩如是。或重字。申申如、夭夭如是。或疊韵雙聲字。踧踖如、鞠躬如、蓋闕如是。蓋舊音如割。漢書儒林傳曰。疑者丘蓋不言。蘇林曰。丘蓋不言。不知之意也。如淳曰。齊俗以不言所不知爲丘蓋。丘蓋或作區蓋。丘區闕三字雙聲。許全書中多箸闕字。有形音義全闕者。有三者中闕其二、闕其一者。分別觀之。書凡言闕者十有四。容有後人增竄者。如單下大也。从吅甲。吅亦聲。闕。此謂从甲之形不可解也。𨛜从反邑。𠨍从卩卪。沝从二水。灥从三泉。皆云闕。謂其音讀缺也。疊下直云闕。謂形義音皆缺也。𢧀下云闕。从戈从音。謂其義及讀若缺也。

說文解字第一

一 部一

二 部二 古文上字。掌一而次之。短畫在長畫之上。有物在一之上也。其別於二字者。二兩畫長短均也。各本二篆作丄。非。

示 部三 次示者。示从二。掌二而次之也。二者。古文上。

三 部四 掌示有三垂。而以三次之。

王 部五 掌三而次之。从一毌三也。

玉 部六 亦掌三而次之。

玨部七 𧗿玨而次之。凡竝之重之而又有屬者則別爲部。如玨之屬有班𤤴是也。竝之重之而無屬則不別爲部。如祘在示部之末是也。

气部八 文象形。而次此者。爲其列多不過三。

士部九 𧗿上以一毌三。次之以十合一。

丨部十 王王中皆有丨以毌之。故次之以丨。

屮部十一 𧗿引而上行之丨也。

艸部十二 𧗿屮而次之。

蓐部十三 𧗿艸而次之。

茻部十四 𧗿艸而次之。

說文解字第二

小部十五 仍𧗿丨而次之。

八部十六 𧗿小从八而次之以八。余居八部而所屬有尒。蓋古本此下有余部。

釆部十七 釆者八之類。皆象分別之形也。故次於此。

半部十八 𧗿八而次之。

牛部十九 𧗿半从八牛而次之。

犛部二十 𧗿牛而次之。

告部二十一 𧗿牛而次之。

口部二十二 𧗿告从口而次之。

凵部二十三 張口也。故次於此。

吅部二十四 𧗿口而次之。

哭部二十五 𧗿吅而次之。

走部二十六 有形不相𧗿者、此是也。

止部二十七 𧗿走从止而次之。

癶部二十八 𧗿止𣥂二文而次之。

步部二十九 亦𧗿止𣥂二文次之。

此部三十 𧗿止而次之。

正部三十一 𧗿止而次之。

是部三十二 𧗿正而次之。

辵部三十三 仍𧗿止而次之。

彳部三十四 𧗿辵从彳而次之。

廴部三十五 𧗿彳而次之。

㢟部三十六 𧗿廴而次之。兼𧗿止。

行部三十七 𧗿彳部彳亍二文而次之。

齒部三十八 仍𧗿止而次之。

牙部三十九 牙之形無所𧗿。而其爲物齒屬也。故次於此。

足部四十 仍𧗿止而次之。

疋部四十一仍蒙止。

品部四十二而遠蒙口。

龠部四十三蒙品而次之。

冊部四十四蒙龠从冊而次之。

說文解字第三

㗊部四十五蒙品而次之。

舌部四十六仍蒙口。

干部四十七蒙舌从干而次之。

㕢部四十八仍蒙口。

只部四十九仍蒙口。

㕯部五十仍蒙口。

句部五十一仍蒙口。

丩部五十二蒙句从丩而次之。

古部五十三仍蒙口。

十部五十四蒙古从十而次於此。

卅部五十五蒙十而次之。

言部五十六仍蒙口。

誩部五十七蒙言而次之。

音部五十八蒙言而次之。

䇂部五十九蒙言从䇂而次之。

丵部六十其形下體類䇂而次之。

菐部六十一蒙丵而次之。

廾部六十二蒙菐从廾而次之。

𠬜部六十三反廾故次之。

共部六十四蒙廾而次之。

異部六十五蒙廾而次之。

舁部六十六蒙廾而次之。

𦥑部六十七蒙舁从𦥑而次之。

䢅部六十八蒙𦥑而次之。

爨部六十九蒙𦥑蒙廾而次之。

革部七十古文革从𦥑故次於此。

鬲部七十一蒙形無所蒙以物可類而次之。

䰜部七十二蒙鬲而次之。

爪部七十三蒙𦥑而次之。

丮部七十四義同爪故次之。

鬥部七十五蒙丮而次之。

又部七十六　臼之形从𠂇、从ナ也。故蒙臼而次之以又ナ。

ナ部七十七

史部七十八　蒙又而次之。

支部七十九　蒙又而次之。

𦘒部八十　蒙又而次之。

聿部八十一　蒙𦘒而次之。

畫部八十二　蒙聿而次之。

隶部八十三　仍蒙又。

臤部八十四　仍蒙又。

臣部八十五　蒙臤从臣而次之。

殳部八十六　仍蒙又。

殺部八十七　蒙殳而次之。

𠘧部八十八　蒙殳从几而次之。

寸部八十九　仍蒙又。

皮部九十　仍蒙又。

㼱部九十一　蒙皮而次之。

攴部九十二　仍蒙又。

教部九十三　蒙攴而次之。

卜部九十四　蒙攴从卜而次之。

用部九十五　蒙卜而次之。

爻部九十六　卦爻之事與卜相近，故次於此。

㸚部九十七　蒙爻而次之。

說文解字第四

旻部九十八　仍蒙攴而次之。

目部九十九　蒙旻从目而次之。

䀠部一百　蒙目而次之。

眉部一百一　蒙目而次之。

盾部一百二　蒙目而次之。

自部一百三　字形略與目字相似，故次之。

白部一百四　白與自一字，如亣與大一字。

鼻部一百五　蒙自而次之。

皕部一百六　蒙白部之百字而次之。

習部一百七　蒙白而次之。

羽部一百八　蒙習从羽而次之。

隹部一百九　羽傳於隹，故次之。

奞部一百十　蒙隹而次之。

雈部一百十一 蒙隹而次之。

丫部一百十二 蒙雈从丫而次之。

苜部一百十三 蒙丫而次之。

羊部一百十四 蒙丫而次之。

羴部一百十五 蒙羊而次之。

瞿部一百十六 仍蒙朋，蒙隹而次之。

雔部一百十七 仍蒙隹。

雥部一百十八 仍蒙隹。

鳥部一百十九 鳥與隹同物，故次之。

烏部一百二十 蒙鳥而次之。

𠦒部一百二十一 形無所蒙。

冓部一百二十二 上體與𠦒相似，故次之。

幺部一百二十三 形無所蒙。

𢆶部一百二十四 蒙幺而次之。

叀部一百二十五 蒙幺而次之。

玄部一百二十六 蒙幺而次之。

予部一百二十七 形略與幺相似，故次於此。

放部一百二十八 形無所蒙，仍遠蒙攴也。

𠬪部一百二十九 遠蒙爪、蒙又。

𣦼部一百三十 蒙𠬪从又。

歺部一百三十一 蒙𣦼从歺。

死部一百三十二 蒙歺而次之。

冎部一百三十三 亦蒙歺。

骨部一百三十四 蒙冎而次之。

肉部一百三十五 蒙骨从肉而次之。

筋部一百三十六 蒙肉而次之。

刀部一百三十七 不必蒙上。

刃部一百三十八 蒙刀而次之。

㓞部一百三十九 蒙刀而次之。

丯部一百四十 蒙㓞从丯而次之。

耒部一百四十一 蒙丯而次之。

角部一百四十二 首與刀相似，故蒙刀而次之。

說文解字第五

竹部一百四十三 不蒙上。

箕部一百四十四 蒙竹而次之。

丌部一百四十五 蒙箕之足而次之。

左部一百四十六遠蒙三篇之𠂇。

工部一百四十七蒙左从工而次之。

㠭部一百四十八蒙工而次之。

巫部一百四十九蒙工而次之。

甘部一百五十不蒙上。

旨部一百五十一蒙甘而次之。

曰部一百五十二蒙甘从口而次之。

乃部一百五十三不蒙上。

丂部一百五十四與乃略相似，故次之。

可部一百五十五蒙丂而次之。

兮部一百五十六蒙丂而次之。

号部一百五十七蒙丂而次之。

亏部一百五十八蒙丂而次之。

喜部一百五十九不蒙上。

壴部一百六十蒙喜从壴而次之。

鼓部一百六十一蒙壴而次之。

豈部一百六十二蒙壴从豆而次之。

豆部一百六十三蒙上次之以豆。

豊部一百六十四蒙豆而次之。

豐部一百六十五蒙豆而次之。

䖒部一百六十六蒙豆而次之。

虍部一百六十七蒙䖒从虍而次之。

虎部一百六十八蒙虍而次之。

虤部一百六十九蒙虎而次之。

皿部一百七十不蒙上。

凵部一百七十一皿之類也。故次之。

去部一百七十二蒙凵而次之。

血部一百七十三蒙皿而次之。

丶部一百七十四不蒙上。

丹部一百七十五蒙丶而次之。

青部一百七十六蒙丹而次之。

井部一百七十七井與丹形似，故次之。

皀部一百七十八不蒙上。

鬯部一百七十九亦从匕，故次之。

食部一百八十亦从匕，故次之。

亼部一百八十一蒙食从亼而次之。

會部一百八十二 蒙亼而次之。
倉部一百八十三 蒙倉而次之。
入部一百八十四 蒙亼而次之。
缶部一百八十五 不蒙上。而首略相似。
矢部一百八十六 略有似缶處
高部一百八十七
冂部一百八十八 不蒙上。以冂之小篆作冂。似高之下體。故次之。
𩫏部一百八十九 蒙高形相似。
京部一百九十 蒙高而次之。

亯部一百九十一 蒙高而次之。
㫗部一百九十二 倒亯而次之。
畗部一百九十三 蒙高而次之。
㐭部一百九十四 仍蒙入。
嗇部一百九十五 蒙㐭而次之。
來部一百九十六 蒙嗇从來而次之。
麥部一百九十七 蒙來而次之。
夊部一百九十八 蒙麥从夊而次之。
舛部一百九十九 蒙夊而次之。

舜部二百 蒙舛而次之。
韋部二百一 蒙舛而次之。
弟部二百二 事近皮韋、故次之。
夂部二百三 形似久、故次之。
久部二百四 形似夂、故次之。
桀部二百五 仍蒙舛。

說文解字第六

木部二百六
東部二百七 蒙木而次之。

林部二百八 蒙木而次之。
才部二百九 不蒙上。以下十餘部皆以艸木之事而類次。
叒部二百十 不蒙上。
之部二百十一 不蒙上。
帀部二百十二 蒙倒之而次之。
出部二百十三 形近之而次之。
𣎵部二百十四 不蒙上。
生部二百十五
乇部二百十六

𠂹部二百十七

𠌶部二百十八蒙𠂹而次之。

華部二百十九蒙𠌶而次之。

𥝌部二百二十仍蒙木而次之。

稽部二百二十一蒙𥝌而次之。

巢部二百二十二仍蒙木。

桼部二百二十三仍蒙木。

束部二百二十四仍蒙木。

㯻部二百二十五蒙束而次之。

十五卷上

囗部二百二十六蒙束从口而次之。

員部二百二十七蒙口而次之。

貝部二百二十八蒙員从貝而次之。

邑部二百二十九仍蒙口而次之。

𨛜部二百三十蒙邑而次之。

說文解字第七

日部二百三十一

旦部二百三十二蒙日而次之。

倝部二百三十三蒙旦而次之。

㫃部二百三十四蒙倝从㫃而次之。

冥部二百三十五仍蒙日。

晶部二百三十六蒙日。

月部二百三十七月者日之類也故次之。

有部二百三十八蒙月而次之。

朙部二百三十九蒙月而次之。

囧部二百四十蒙朙从囧而次之。

夕部二百四十一蒙月而次之。

多部二百四十二蒙夕而次之。

十五卷上

毌部二百四十三不蒙上。

𢎘部二百四十四不蒙上。

𣐺部二百四十五蒙𢎘而次之。

𠧪部二百四十六不蒙上。

齊部二百四十七不蒙上。

朿部二百四十八不蒙上遠蒙木也。

片部二百四十九亦遠蒙木。

鼎部二百五十蒙片而次之。

克部二百五十一不蒙上。

彔部二百五十二　克之類也。故次之。
禾部二百五十三　不蒙上。
秝部二百五十四　蒙禾而次之。
黍部二百五十五　蒙禾而次之。
香部二百五十六　蒙黍而次之。
米部二百五十七　禾之類也。故次之。
毇部二百五十八　蒙米而次之。
臼部二百五十九　蒙毇从臼而次之。
凶部二百六十　形似臼、故次之。

朩部二百六十一　不蒙上。
林部二百六十二　蒙朩而次之。
麻部二百六十三　蒙林而次之。
尗部二百六十四　不蒙上。
耑部二百六十五　不蒙上。
韭部二百六十六　不蒙上。
瓜部二百六十七　不蒙上。
瓠部二百六十八　蒙瓜而次之。
宀部二百六十九　不蒙上。

宮部二百七十　蒙宀而次之。
呂部二百七十一　蒙宮从呂而次之。
穴部二百七十二　蒙宀而次之。
㝱部二百七十三　蒙宀而次之。
疒部二百七十四　蒙㝱从爿而次之。
冖部二百七十五　不蒙上。
𠔿部二百七十六　蒙冂而次之。
冃部二百七十七　蒙冃而次之。
㒳部二百七十八　蒙冂而次之。

网部二百七十九　蒙冂而次之。
襾部二百八十　蒙冂而次之。
巾部二百八十一　蒙冂而次之。
市部二百八十二　蒙巾而次之。
帛部二百八十三　蒙巾而次之。
白部二百八十四　蒙帛从白而次之。
㡀部二百八十五　蒙巾而次之。
黹部二百八十六　蒙㡀而次之。

說文解字第八

人部二百八十七 不蒙上。
匕部二百八十八 倒人而次之。
匕部二百八十九 反人而次之。
从部二百九十 並人而次之。
比部二百九十一 反从而次之。
北部二百九十二 二人相背而次之。
丘部二百九十三 蒙北而次之。
㐺部二百九十四 从三人、故次之。
𡈼部二百九十五 蒙人而次之。
重部二百九十六 蒙𡈼而次之。
臥部二百九十七 仍蒙人。
身部二百九十八 蒙人而次之。
㐆部二百九十九 反身也。故次之。
衣部三百 衣从二人也。故次之。近篆衣者多失其形。
裘部三百一 蒙衣而次之。
老部三百二 蒙人而次之。
毛部三百三 蒙老从毛而次之。
毳部三百四 蒙毛而次之。

十五卷上

尸部三百五 象人臥、故次之。
尺部三百六 蒙尸而次之。
尾部三百七 蒙毛蒙尸而次之。
履部三百八 蒙尸而次之。
舟部三百九 蒙履从舟而次之。
方部三百十 蒙舟而次之。
儿部三百十一 仍蒙人。
兄部三百十二 蒙儿而次之。
兂部三百十三 蒙儿而次之。
皃部三百十四 蒙儿而次之。
𠑹部三百十五 蒙儿而次之。
先部三百十六 蒙儿而次之。
秃部三百十七 蒙儿而次之。
見部三百十八 蒙儿而次之。
覞部三百十九 蒙見而次之。
欠部三百二十 仍蒙儿。
㱃部三百二十一 蒙欠而次之。
㳄部三百二十二 蒙欠而次之。

旡部三百二十三 反欠，故次之。

說文解字第九

頁部三百二十四 蒙儿而次之。

百部三百二十五 蒙頁从百而次之。

面部三百二十六 蒙百而次之。

丏部三百二十七 形似雝蔽其面，故次於此。

首部三百二十八 蒙頁而次之。

県部三百二十九 倒首，故次之。

須部三百三十 蒙頁而次之。

彡部三百三十一 蒙須从彡而次之。

彣部三百三十二 蒙彡而次之。

文部三百三十三 蒙彣从文而次之。

髟部三百三十四 蒙彡而次之。

后部三百三十五 上不蒙。

司部三百三十六 反后，故次之。

卮部三百三十七 形似后而次之。

卩部三百三十八 蒙卮从卩而次之。

印部三百三十九 蒙卩而次之。

色部三百四十 蒙卩而次之。

卯部三百四十一 蒙卩而次之。

辟部三百四十二 蒙卩而次之。

勹部三百四十三 上不蒙。

包部三百四十四 蒙勹而次之。

茍部三百四十五 蒙勹而次之。

鬼部三百四十六 上不蒙。

甶部三百四十七 蒙鬼頭而次之。

厶部三百四十八 蒙鬼从厶而次之。

嵬部三百四十九 蒙鬼而次之。

山部三百五十 蒙嵬从山而次之。

屾部三百五十一 蒙山而次之。

屵部三百五十二 蒙山而次之。

广部三百五十三

厂部三百五十四 蒙屵、广从厂而次之。

丸部三百五十五 蒙厂部仄而次之。

危部三百五十六 蒙厂部厃而次之。

石部三百五十七 蒙厂而次之。

長部三百五十八　不蒙上。

勿部三百五十九

冄部三百六十　不蒙上。

而部三百六十一　不蒙上。

豕部三百六十二　不蒙上。

㣇部三百六十三　豕之類也。故次之。

彑部三百六十四　蒙㣇从彑而次之。

豚部三百六十五　蒙㣇而次之。

豸部三百六十六　足似豕、故次之。

𤉡部三百六十七　足似豕、故次之。

易部三百六十八　亦四足、故次之。

象部三百六十九　亦四足、故次之。

說文解字第十

馬部三百七十　亦四足、故次之。

廌部三百七十一　亦四足、故次之。

鹿部三百七十二　頭似廌、故次之。

麤部三百七十三　蒙鹿而次之。

㲋部三百七十四　足似鹿而次之。

兔部三百七十五　字形似㲋而次之。

萈部三百七十六　足似兔而次之。

犬部三百七十七　形不蒙上。皆四足類也。故次之。

㹜部三百七十八　蒙犬而次之。

鼠部三百七十九　亦四足類、故次之。

能部三百八十　足似鹿。仍蒙鹿而次之。

熊部三百八十一　蒙能而次之。

火部三百八十二　蒙熊从火而次之。

炎部三百八十三　蒙火而次之。

黑部三百八十四　蒙炎而次之。

囪部三百八十五　蒙黑从古文囪而次之。

焱部三百八十六　仍蒙火。

炙部三百八十七　仍蒙火。

赤部三百八十八　仍蒙火。

大部三百八十九　蒙赤从大而次之。

亦部三百九十　蒙大而次之。

夨部三百九十一　蒙大而次之。

夭部三百九十二　蒙大而次之。

交部三百九十三。蒙大而次之。

尣部三百九十四。蒙大而次之。

壺部三百九十五。蒙大而次之。

壹部三百九十六。蒙壺而次之。

幸部三百九十七。蒙大而次之。

奢部三百九十八。蒙大而次之。

亢部三百九十九。蒙大而次之。

夲部四百。蒙大而次之。

夰部四百一。蒙大而次之。

亣部四百二。大之異體也。故次之。

夫部四百三。蒙亣而次之。

立部四百四。蒙亣而次之。

竝部四百五。蒙立而次之。

囟部四百六。不蒙上。

思部四百七。蒙囟而次之。

心部四百八。蒙思从心而次之。

惢部四百九。蒙心而次之。

說文解字第十一

水部四百十。不蒙上。

沝部四百十一。蒙水而次之。

瀕部四百十二。蒙林部涉而次之。

く部四百十三。以下十部皆水之類也。

巜部四百十四。蒙く而次之。

川部四百十五。蒙く而次之。

泉部四百十六。蒙川而次之。

灥部四百十七。蒙泉而次之。

永部四百十八。蒙水而次之。

𠂢部四百十九。蒙永而次之。

谷部四百二十。仍蒙水。

仌部四百二十一。水所成也。故次之。

雨部四百二十二。水之自天者也。故次之。

雲部四百二十三。蒙雨而次之。

魚部四百二十四。水中物也。故次之。

䲆部四百二十五。蒙魚而次之。

燕部四百二十六。尾似魚、故次之。

龍部四百二十七。魚類也。故次之。

飛部四百二十八蒙龍象飛形而次之。

非部四百二十九蒙飛而次之。

卂部四百三十蒙飛而次之。

說文解字第十二

乚部四百三十一以下四部蒙飛皆言鳥事。

不部四百三十二

至部四百三十三

西部四百三十四

鹵部四百三十五蒙卥而次之。

鹽部四百三十六蒙鹵而次之。

戶部四百三十七不蒙上。

門部四百三十八蒙戶而次之。

耳部四百三十九形似戶而次之。

𦣝部四百四十

手部四百四十一

𠦬部四百四十二以上皆人體事。故類次之。

女部四百四十三

毋部四百四十四蒙女而次之。

民部四百四十五

丿部四百四十六

厂部四百四十七

乁部四百四十八反厂而次之。

氏部四百四十九蒙乁而次之。

氐部四百五十蒙氏而次之。

戈部四百五十一

戉部四百五十二蒙戈而次之。

我部四百五十三蒙戈而次之。

亅部四百五十四

珡部四百五十五

乚部四百五十六

亡部四百五十七蒙乚而次之。

匸部四百五十八蒙乚而次之。

匚部四百五十九形似匸而次之。

曲部四百六十

甾部四百六十一

瓦部四百六十二

弓部四百六十三

弜部四百六十四

弦部四百六十五蒙弓而次之。

系部四百六十六

說文解字第十三

糸部四百六十七蒙系从糸而次之。

素部四百六十八蒙糸而次之。

絲部四百六十九

率部四百七十

虫部四百七十一蒙虫而次之。

䖵部四百七十二

蟲部四百七十三

風部四百七十四

它部四百七十五蒙虫而次之。

龜部四百七十六蒙它而次之。

黽部四百七十七蒙它而次之。

卵部四百七十八蒙黽下體之形而次之。

二部四百七十九不蒙上。

土部四百八十蒙二而次之。

垚部四百八十一蒙土而次之。

堇部四百八十二蒙土而次之。

里部四百八十三蒙土而次之。

田部四百八十四里从田、故次之。

畕部四百八十五蒙田而次之。

黃部四百八十六蒙田而次之。

男部四百八十七蒙田而次之。

力部四百八十八蒙男从力而次之。

劦部四百八十九蒙力而次之。

說文解字第十四

金部四百九十不蒙上。

幵部四百九十一不蒙上。

勺部四百九十二不蒙上。

几部四百九十三不蒙上。

且部四百九十四蒙几而次之。

斤部四百九十五不蒙上。

斗部四百九十六不蒙上。

矛部四百九十七上。不蒙

車部四百九十八不蒙上。自勺至此皆器物也。

𠂤部四百九十九上。不蒙

𨸏部五百蒙𠂤而次之。

𨺅部五百一蒙𨸏而次之。

厽部五百二上。不蒙

四部五百三上。不蒙

宁部五百四略似四而次之。

叕部五百五略似宁而次之。

亞部五百六略似叕而次之。

五部五百七四之類也。故次之。

六部五百八五之類也。故次之。

七部五百九

九部五百十

禸部五百十一蒙九而次之。

嘼部五百十二蒙内而次之。

甲部五百十三上。不蒙

乙部五百十四十干爲類。

丙部五百十五

丁部五百十六

戊部五百十七

己部五百十八

巴部五百十九似己而次之。

庚部五百二十

辛部五百二十一

辡部五百二十二蒙辛而次之

壬部五百二十三

癸部五百二十四

子部五百二十五以下十二支爲類。

了部五百二十六蒙子而次之。

孨部五百二十七蒙子而次之。

𠫓部五百二十八蒙子而次之。

丑部五百二十九

寅部五百三十

卯部五百三十一

辰部五百三十二

巳部五百三十三

午部五百三十四

未部五百三十五

申部五百三十六

酉部五百三十七

酋部五百三十八蒙酉而次之。

戌部五百三十九

亥部五百四十

說文解字第十五卷上

受業黟縣胡積城校字

說文解字第十五卷下

金壇段玉裁注

此十四篇。後漢書儒林傳亦云。許慎作說文解字十四篇。傳於世。葢許不云十五卷也。慎子沖乃合十四篇及敘偁十五卷以獻。此後序錄家或云十四篇。或云十五卷。所以不同也。**五百四十部也。**林罕字源偏旁小說。增一部。序云五百四十一字。郭忠恕與夢英書云。見寄偏旁五百三十九字。張美和撰吳均增補復古編序。說文以五百四十二字爲部。容相傳部數稍有異同。要異者甚尠。可存而不論也。**九千三百五十三文。重一千一百六十三。**今依大徐本所載字數覈之。正文九千四百卌一。增多者七十八文。重文千二百七十九。增多者百一十六文。此由列代有沾註者。今難盡爲識別。而亦時可裁僞。去太去甚。略見注中。**解說凡十三萬三千四百四十一字。**今依大徐所載說解字數凡十二萬二千六百九十九。較少萬七百四十二字。此可證說解中歷代妄刪字、奪去字。至於如此之多。篆文多於本始。說解少於厥初。其增損皆由後人。今未可强說耳。大史公自序內云。凡百三十篇。五十二萬六千五百字。實兼自序言之。然則許云解說十三萬三千四百四十一字者、實兼敘言之。**其建首也。立一爲耑。**耑、物初生之題也。引申爲凡始之偁。謂始於一部。**方㠯類聚。物㠯羣分。**類聚、謂同部也。羣分、謂異部也。**同條牽屬。**屬者、連也。**共理相貫。**貫古音冠。其字古作毌。毌者、穿也。同條共理、謂五百四十部相聯綴也。**襍而不越。**辵部曰。越、踰也。引易襍而不越。此作越者、彼依易文。此依俗用也。**據形系聯。**系者、縣也。聯者、連也。謂五百四十部次弟大略以形相連次。使人記憶易檢尋。如八篇起人部、則全篇三十六部皆由人而及之是也。雖或有以義相次者、但十之一而已。部首以形爲次、以六書始於象形也。每部中以義爲次、以六書歸於轉注也。後許爲字書者字林。冣目之先後今不傳。嗣此顧希馮玉篇。其目以義爲次。而乖謬不可通者。如兄弟二目、次於人儿父臣男民夫子我身女諸部之閒。而不知兄之本義訓兹長、不訓罩。弟之本義訓韋束次弟、不訓叔季。訓罩訓叔季者、其引申之義耳。如顧目次、則此二篆失其本義。又如毛部而部次於羽角皮革之閒。而不知毛謂髮之屬、而謂人須。引申乃用於鳥獸。如顧目次、此二篆失其本義。誤以人體系諸物體也。**引而申之。**古屈伸字多作詘信。亦作申。說文人部有伸篆。解云屈伸。近字也。謂由一形引之至五百四十形也。**㠯究萬原。**究者、窮也。謂天地鬼神、山川艸木、鳥獸蚰蟲、襍物奇怪、王制禮儀、世閒人事、莫不畢舉。**畢終於亥。**畢猶竟也。終古作冬。冬者、四時盡也。引伸爲凡盡之偁。後人叚終字爲之。**知化窮冥。**知化窮冥、卽易之知化窮神也。**于時大漢。**于、粵也。**聖德熙明。**毛傳曰。緝熙、光明也。**承天稽唐。敷崇殷中。**謂光武封禪也。冀奉天命。稽攷唐堯故事。巡守至于岱宗。柴望秩于山川。用布尊崇之禮大盛。封泰山。禪梁父。升中于天。刻石紀號也。殷者、盛也。中猶成也。告成功也。**遐邇被澤。渥衍沛滂。**

渥者、霑也。厚也。衍、如水潮之盛溢也。滂者、沛也。沛之義不見於本篆下。而古書多用之。蓋古衹作巿。水之大至如艸木之盛。後人乃叚沛水字爲之。如昷暖字、水突字。後人乃叚温深也。**廣業甄微。學士知方。**謂光武立五經十四博士。初建三雍。明帝卽位。親行其禮。肅宗大會諸儒於白虎觀。考詳同異。又詔高才生受古文尚書、毛詩、穀梁、左氏春秋。以网羅遺逸。孝和亦數幸東觀。覽閱書林。**探嘖索隱。厥誼可傳。**探、取也。嘖、初也。深也。索者、索之叚借字。小徐本作索。誼義古今字。自于時大漢至此。謂當此經學大明之時。而惟小學不修。莫逹其說。詖其所習。蔽所希聞。故作此十四篇也。**粵在永元困頓之季。**漢和帝永元十二年。歲在庚子。爾雅曰。歲在庚曰上章。在子曰困頓。**孟陬之月。**爾雅曰。正月爲陬月。**朔日甲申。**後漢書。賈逵於和帝永元十三年卒。時年七十二。然則許之譔說文解字。先逵卒一年。用功伊始。葢恐失隊所聞也。自永元庚子、至建光辛酉。凡歷二十二年。而其子沖獻之。**曾曾小子。**曾曾猶俗云層層也。曾之言重也。古者裔孫通

曰曾孫。是以詩謂成王爲曾孫。左傳曰。曾孫蒯聵敢昭告皇祖文王。**祖自炎神。**炎帝、神農氏也。居姜水。因以爲姓。亦曰厲山氏。厲山一作列山。其後甫、許、申、呂皆姜姓之後。**縉雲相黃。**黃帝以雲紀官。服虔曰。其夏官爲縉雲氏。賈逵左傳解詁云。縉雲氏、姜姓也。炎帝之苗裔。當黃帝時、任縉雲之官也。按韋昭云。黃帝滅炎帝之子孫而有天下。非滅神農也。**共承高辛。**共音恭。謂共工也。國語。共工虞於湛樂。淫失其身。庶民弗助。禍亂並興。賈侍中云、共工、炎帝之後。姜姓也。顓頊氏衰。共工氏侵陵諸侯。與高辛氏爭王也。淮南原道訓云。共工與高辛氏爭爲帝。宗族殘滅。繼嗣絕祀。高注。共工以水行霸於伏羲神農閒者。非堯時共工也。按共工當高陽高辛嬗代之時。故淮南書或云與顓頊爭爲帝。或云與高辛氏爭爲帝。所云顓頊者、亦謂帝顓頊高陽之後裔耳。高注謂在伏犧神農閒。非也。張湛注列子云。共工氏興霸於伏犧神農之閒。其後苗裔恃其強。與顓頊爭爲帝。然則共工之後皆偁共工矣。國語。堯命禹治水。共之從孫四岳佐之。賈逵曰。共、共工也。許摘共字訓爲共工。實本國語。云承高辛。承者、

奉也。受也。諱其爭帝之事。若言黃帝時有縉雲氏。高辛時有共工。夏禹時有大岳。周時有呂叔。此之謂世祿。**大岳佐夏。呂叔作藩。**佐者、左之俗字。漢碑多作佐。葢既用左爲𠂇、則造佐爲左矣。毛傳曰。藩、屏也。艸部同。屏者、蔽也。國語。大子晉曰。共之從孫四嶽佐禹。皇天嘉之。胙禹以天下。賜姓曰姒。氏曰有夏。胙四岳國。命爲侯伯。賜姓曰姜。氏曰有呂。韋注。以國爲氏也。左傳言大岳、亦言四岳。外傳言四岳、亦言四伯。皆謂一人。非謂四人。毛傳云。堯之時。姜氏爲四伯。掌四嶽之祀。述諸侯之職。於周則有甫。有申。有齊。有許也。按大嶽姜姓。爲禹心呂之臣。故封呂侯。取其地名與心呂義合也。呂侯歷夏殷之季而國微。故周武王封文叔於許。以爲周藩屏。杜預世族譜云。許姜姓。與齊同祖。堯四嶽伯夷之後也。大子晉曰。申呂雖衰。齊許猶在。葢東遷之初。申呂未滅。東遷以後。齊許偁盛矣。此云呂叔。謂文叔也。文叔者、出於呂。故謂之呂叔。**俾侯于許。**許、邑部作𤔲。云炎帝大嶽之嗣甫侯所封。讀若許。然則字當作𤔲。爲叔重氏姓。而此祇作許者、其字葢自詩、春秋已皆叚許爲之。漢時地理亦作許縣。故仍而

不改。不欲駭俗。此所謂本有其字、依聲託事者。依託既久。不便更張。汎覽古書。惟史記鄭世家僅存鄦字。葢司馬所見**載籍**或存古字也。地理志。申在南陽宛縣。王符潛夫論云。申城在南陽宛北序山之下。宛西三十里有呂。按漢宛縣今爲河南南陽府城。漢許縣今在河南許州州東三十里有故許昌城。鄦下言甫侯所封。此云呂叔所侯者。甫卽呂也。故詩言甫不言呂。國語言呂不言甫。尚書呂荆卽甫荆。呂叔甫侯皆謂文叔也。今地理志作大叔。周穆王時呂侯是其胄也。**世祚遺靈。**祚古作胙。漢碑多作祚。許從之。世胙猶世祿也。周語曰。胙四岳國命爲侯伯。許正用此胙字。靈之言令也。令、善也。古鼎彝銘以霝冬爲令終。鄭箋毛詩曰。靈、善也。**自彼徂召。**謂自許往遷汝南召陵縣也。左傳僖四年、昭十四年、定四年之召陵。漢爲縣屬汝南。晉改屬潁川。今河南許州郾城縣東四十五里有故召陵城。漢時召陵有萬歲里。許氏所居也。又有郘里。見於許書。闞駰說召陵自召高也。然則召同郘。卩部曰。郘、高也。是也。**宅此汝瀕。**瀕、厓也。宅、居也。居此汝水之厓。葢自文叔以下二十四世。當戰國初楚滅之後有遷召陵者。爲許君之先。許詳此者、放史記之自序其先也。**竊卬景行。**詩曰。高山卬止。景行行止。八篇云。卬、望。欲有所庶及也。引詩高山卬止。此又檃栝二句而傅之。景行、大道也。**敢涉聖門。**聖門、謂凡造六藝之五帝三王周公孔子、左氏及倉頡史籀之門庭也。**其弘如何節彼南山。**言大道聖門之大。比於南山之高峻也。節、高峻皃。山部曰。岊、高山之卪也。詩之節葢岊之叚借字。**欲罷不能。**罷猶置也。**旣竭愚才。**此六句自言用功等於顏苦孔之卓也。**惜道之味。**甘下曰。美也。从口含一。一道也。**聞疑載疑。**穀梁傳曰。春秋信以傳信。疑以傳疑。少儀曰。毋身質言語。注云。聞疑則傳疑。水經注曰。聞疑書疑。立乎後漢以說古文字之形音義。其不能無疑者眾矣。聞疑而載之於書。以俟後世賢人君子。所以衞道也。如不爲此。則六書之學絕矣。司馬氏不爲史記。則孔子、左氏春秋之學絕矣。皆干城大道。勇敢而爲之者也。皆不以小疵揜其大醇。**演贊其志。**演、長流也。故凡推廣之曰演。文王演周易是也。贊者、見也。易曰。幽贊於神明而

生蓍。孔子贊周易是也。志者、識也。古志識同字。演贊其志、謂推演贊明惜道載疑所知識者也。**次列微辭。**次猶敘也。列猶敶也。微同散。散者、眇也。眇者、今之妙字。凡粗者爲惡。精者爲妙。易曰。眇萬物而爲言。文賦曰。眇眾慮而爲言。辭者、說也。次列微辭、謂敘敶其散眇之說解也。說文解字皆微辭也。於文言說。於字言解者。互言之。說者、說釋也。解者、判也。**知此者稀。**稀猶少也。自許而前。自許而後。知此道味者少矣。劉歆作七略。班固述藝文志。學者所奉爲高山景行者也。而六藝略中以孝經爾雅小爾雅古今字爲孝經家。以史籀八體倉頡凡將急就元尚訓纂別字倉頡傳倉頡訓纂倉頡故爲小學家。於小學家言周官六書象形象事象意象聲轉注叚借是矣。而不知爾雅三卷小爾雅一篇古今字一卷。此與小學家之倉頡傳、揚雄倉頡訓纂、杜林倉頡訓纂倉頡故同爲訓詁之書。皆古六書之所謂轉注叚借者。不當畫而二之。當合此爲小學類。而以孝經、五經雜議、弟子職說合於論語家爲一家。六藝九種。易爲八種。庶經與傳分別井然。不當分合舛繆。一至於斯也。且曰象形、象事、象意、象聲、轉注、叚借六者造字之本。此語實爲巨繆。指事象形形聲會意者。造字之法也。轉注叚借者。用字之法也。有史籀八體倉頡凡將急就、元尚、訓纂、別字等篇。以著指事象形形聲會意之文字。乃有倉頡傳、倉頡訓纂、倉頡故等篇。又自古有爾雅三卷二十篇。小爾雅一篇。古今字一卷。皆所以說轉注叚借之用者。其不當岐視明矣。一而二之。至令學者膠柱鼓瑟。謂小學專爲字形。六書爲六揆字形。而爾雅之學乃別一事。晦盲沈痼。莫能箴其膏肓。起其癈疾。許說之迴異於班者。終古曾莫之知。故知許所云知此者稀也。許以九千三百五十三文當爾雅、史籀篇、倉頡篇之字形。以每字之義當爾雅、倉頡傳、倉頡故之訓釋。以象某形、从某形、从某聲說其形。以某聲、讀若某說其音。二者補古人所未備。其書以形爲主。經之爲五百四十部。以義緯之。又以音緯之。後儒苟取其義之相同相近者。各比其類爲一書。其條理精密勝於爾雅遠矣。後儒苟各類其同聲者。介以三百篇古音之部分如是。爲一書。周秦漢之韵具在此矣。故許一書可以爲三書。○劉班之以爾雅小爾雅古今字別於史籀篇、倉頡篇及釋倉頡篇者。葢謂爾雅小爾雅所言者六

經古字古義倉頡傳倉頡訓纂倉頡故所言者今字今義實有不同不知古今非有異字爾雅小爾雅所列之字未嘗出史籒十五篇倉頡凡將等篇外也但同此字而古今用者不同叚借依託致緐故又有說古今字之書班旣以古今字一卷附於爾雅矣則應合諸小學家顯然也又況爾雅小爾雅古今字三者皆以統攝六藝附之小學則當專附之孝經則不當若五經雜議十八篇弟子職一篇說三篇皆非小學之言亦非孝經之詁孝經於六藝名經而實傳故宜以孝經及說孝經各篇及五經雜議十八篇弟子職一篇說三篇合於論語家爲學者幼少所習之傳

儻昭所尤儻許書無此字漢書黨可微幸叚黨爲之或然之詞也尤者訧之叚借字毛傳曰訧過也許曰訧辠也言此道旣悉知者則稽譔此書雖以自信容或明昭過誤之處莫爲諟正乎**庶有達者理而董之**庶冀也達者通人也理猶治也董督也正也督者如衣之循其裻縫也董與裻雙聲督與裻疊韵非通人不能治之非通人治之不能正其譌缺自有說文以來世世不廢而不融會其全書者僅同耳食強爲注解者往往眯目而道白黑其他字林字苑字統今皆不傳玉篇雖在亦非原書要之無此等書無妨也無說文解字則倉籒造字之精意周孔傳經之大指薶縕不傳於終古矣玉裁之先百三公自河南隨宋南渡居金壇縣十六代至先王父諱文食貧力學善誨後進不倦著書法心得錄生先考諱世續事父母至孝卅二歲喪親終其身每祭必泣以赤貧好學厲行授徒嚴課程善開導謂食人之食而訓其子弟必求無媿於心每誦先王父詩句云不種硯田無樂事不撐鐵骨莫支貧曰是律己教四子務讀經書勿溺時藝嘉慶六年生玄孫義正　恩賜七葉衍祥扁並拜白金黃綴之　賜八年年九十四終於蘇反葬於金壇大坝頭著有物恆堂制義長子即玉裁也年十三學使者博野尹公諱會一錄取博士弟子授以朱子小學生平敬守是書年二十六舉於鄉歷任貴州玉屏四川巫山知縣四十六以父年巳七十一遂引疾歸養五十五避横逆奉父遷居蘇州闇門外下津橋始年二十八時識東原戴先生於京師好其學師事之遂成六書音均表五卷古文尚書撰異卅二卷詩經小學卅卷毛詩故訓傳略說卅卷復以向來

治說文解字者多不能通其條毌攷其文理因悉心校其譌字爲之注凡三十卷謂許以形爲主因形以說音說義其所說義與他書絕不同者他書多叚借則字多非本義許惟就字說其本義知何者爲本義乃知何者爲叚借則本義乃叚借之權衡也故說文爾雅相爲表裏治說文而後爾雅及傳注明說文爾雅及傳注明而後謂之通小學而後可通經之大義始爲說文解字讀五百四十卷旣乃檃栝之成此注發軔於乾隆丙申落成於嘉慶丁卯剖析旣緐疵類不免召陵或許其知己達者仍俟諸後人〇自其建首也至末皆用韵語耑分毌聯原此合古音弟十三十四部也冥朙中滂方此合古音弟九弟十弟十一部也傳年申神辛藩靈瀕門山此合古音弟十二弟十三弟十四部而靈讀爲令善字如易傳之眞清有時合用也能才疑辭尤之此古音之弟一部也漢人用韵自元成至桓靈大氏同此一之下曰道立於一化成萬物亥之下曰亥而生子復從一起於六書每事爲二句亦皆韵語也

召陵萬歲里郡國志一里百家里魁掌之**公乘**漢仍秦制爵一爵曰公士八爵曰公乘公乘者言其得乘公家之車也荀綽曰吏民爵不得過公乘公乘者軍吏之爵祿㝡高者也**艸莽臣沖**士相見禮曰凡自偁於君上大夫則曰下臣宅者在邦則曰市井之臣在野則曰艸茅之臣宅者謂致仕者去官而居宅茅古文作苗孟子作莽沖爵公乘而不仕故自偁艸莽臣**稽首再拜**稽篇末作䭫二徐本同不應一篇而乖異如此蓋沖本从俗皆作稽後人或以古字改之參差不壹凡許自序及沖上書用字皆同漢人不必合於其全書所謂古今字也其全書說解之語必依用本字本義令全書形與義畫一所謂成一家之言也首部曰䭫下首也是本字經傳及漢人多用稽是叚借字凡說解內俗本誤改者如緐調也故調下曰緐也不當作唱和之和穽窒也故窒下曰穽也不當作邊塞之塞但裼也故裼下曰但也不當作綻裂之袒匔帀偏也故帀下曰匔也不當作周密之周ム姦衺也故姦下曰ム也不當作禾名之私飾㕞也故㕞下曰飾也不當作許不錄之拭居蹲也故蹲下曰居也不當作俗用之踞侸立也故立下曰侸也不當作俗逗字之住糠

碎也。故碎下曰糠也。不當作石磑之䃺。縲、縮也。故縮下曰縲也。不當作絹。悟、覺也。故覺下曰悟也。不當作㾓。灸、灼也。故灼下曰灸也。不當作炙。㥑、愁也。故愁下曰㥑也。不當作行和之憂。凡若此類。許必枘鑿相應。斷不矛盾自陷。全書內有似此者。皆淺人所竄改。當從其朔者也。**上書皇帝陛下。**孝安帝也。**臣伏見陛下神明盛德。承遵聖業。上考度於天。**考者攷之叚借字。**下流化於民。先天而天不違。**違古祇作韋。韋、相背也。**後天而奉天時。萬國咸寧。**萬本蟲名。用爲數名。所謂本無其字。依聲託事。而終未製字。終古叚借者。後世乃造万字。寧同寍。寍、安也。所謂本有其字而叚借者。**神人以和。**和當作龢。此從俗作和。**猶復深惟五經之妙。**惟、思也。許云孔子書六經。此云五經者。合樂於禮則爲五經也。故莊子天運篇有六經之目。禮記經解篇列詩、書、樂、易、禮、春秋爲六。大史公自序列易、禮、書、詩、樂、春秋爲六藝。藝文志列六藝略。沖亦云六藝羣書之詁。而漢立五經博士。惟樂無聞。許君以五經傳說臧否不同。於是撰爲五經異義。然則云六經者。古相傳之說也。云五經者。漢人所習也。**皆爲漢制。**謂光武好經術。立五經十四博士。又以李封爲春秋左氏博士。**博采幽遠。窮理盡性。以至於命。**章帝建初中。大會諸儒於白虎觀。考詳同異。親臨偁制。如石渠故事。顧命史臣著爲通義。又詔高才生受古文尚書、毛詩、穀梁、左氏春秋。**先帝**謂孝和帝。**詔侍中騎都尉賈逵。修理舊文。殊藝異術。王教一耑。苟有可以加於國者。靡不悉集。**賈逵字景伯。扶風平陵人也。九世祖誼。父徽從劉歆受左氏春秋。兼習國語、周官。又受古文尚書於塗惲。學毛詩於謝曼卿。逵悉傳父業。尤明左氏、國語。爲之解詁五十一篇。章帝使出左氏傳大義長於二傳者。具條奏之。又詔撰歐陽大小夏侯尚書古文同異。集爲三卷。復令撰齊魯韓詩與毛氏異同。幷作周官解故。和帝永元三年。以爲左中郎將。八年。復爲侍中。領騎都

十五卷下　八

尉。內備帷幄。兼領祕書近署。甚見信用。云修理舊文。殊藝異術。靡不悉集者。和帝紀云。十三年春正月丁丑。帝幸東觀。覽書林。閱篇籍。博選術藝之士以充其官。此皆用侍中說爲之。安帝永初四年。詔謁者劉珍及五經博士校定東觀五經、諸子傳記、百家藝術。整齊脫誤。是正文字。此安帝之繼述先帝也。沖名侍中者。君前臣名也。許六言賈侍中說。不言賈逵說者。弟子不敢名其師也。左傳君子曰。苟有可以加於國家者。棄其邪可也。沖語本左氏。**易曰。窮神知化。德之盛也。**轂辭傳文。**書曰。人之有能有爲。使羞其行。而國其昌。**鴻範文。羞、進也。偁此者。上爲殊藝悉集作證。下爲齎獻父書起本。**臣父故大尉南閤祭酒慎。**故猶今言前任也。閤各本譌作閣。今正。古書閤之誤閣者多矣。閤爲閨閤小門。閣爲庋閣之處。太尉南閤祭酒、謂太尉府掾曹出入南閤者之首領也。百官志。太尉掾史屬二十四人。黃閤主簿錄省眾事。黃閤郎南閤也。沈約宋志。三公黃閤者。天子當陽。朱門洞開。三公近天子。引嫌故黃其閤。陳元爲司空南閤祭酒。見經典釋文。言南閤以別於他曹。今說文各本於弟一行署曰漢太尉祭酒許慎記。太尉祭酒四字相聯不通。如淳曰。祭祠時尊長以酒沃酹。故吳王濞於宗室中爲祭酒。豈太尉有數人而叔重爲之祭酒乎。其不然可知矣。後漢書儒林傳曰。許慎字叔重。汝南召陵人也。性淳篤。少博學經籍。馬融常推敬之。時人爲之語曰。五經無雙許叔重。[illegible]平爲郡功曹。舉孝廉。再遷除洨長。卒於家。初慎以五經傳說臧否不同。於是撰爲五經異義。又作說文解字十四篇。皆傳於世。按史不言其爲大尉南閤祭酒。由郡功曹舉孝廉。郎應劭漢官儀云。世祖詔。自今以後。審四科辟召。及刺史二千石察茂才尤異孝廉之吏。務盡實覈也。凡史云故某官者。皆謂最後致仕之一任。沖云故太尉南閤祭酒。不云故洨長。然則疑洨長落職。又至京師。充三府掾。已而歸里。卒於家。不得云終於洨長也。後漢書獨行傳。魯平先爲陳留大守。後爲博士。亦其證。**本從逵受古學。**古學者。古文尚書、詩毛氏、春秋左氏傳及倉頡古文、史籀大篆之學也。逵卒於

十五卷下　九

永元十三年。許於逵受古學。故江式論書表云。逵郎汝南許愼古學之師也。**葢聖人不妄作。皆有依據。**論語曰。蓋有不知而作之者。我無是也。**今五經之道。昭炳光明。**蒙上深惟五經之妙。博采幽遠。逵復修理舊文。許從賈受古學言之。許於五經既有五經異義。爲今學古學所折衷矣。**而文字者其本所由生。**有文字而後有五經。故曰本立而道生。**自周禮、漢律。皆當學六書。貫通其意。**於經獨言周禮者。舉一以晐六藝也。必兼言漢律者。知古而不知今。不可以爲政。故四科辟召。三曰明達法令。足以決疑。凡尉律之制。諷籒書九千字乃得爲史。又以八體試之。自尉律不課。小學不修。至說律苛人受錢者。妄生繆解。六書不講。以律誤人。猶以經禍人也。**恐巧說衺辭使學者疑。**藝文志曰。後世經傳既已乖離。博學者又不思多聞闕疑之義。而務碎義逃難。便辭巧說。破壞形體。**愼博問通人考之於逵。**折衷於逵也。**作說**

文解字。一書之名。惟見沖奏中。既曰說文。又曰解字者。古曰文。今曰字。言文字以晐古文籒文小篆三體。言說解以全晐指事、象形、形聲、會意、轉注、叚借六書。每字先說解其義。次說解其形。次說解其音。說釋也。解、判也。後世從省。但目爲說文。**六藝羣書之詁。**周禮言三物者、六德、六行六藝也。言六藝者。禮、樂射御書數也。漢人言六藝者。司馬遷、劉歆、班固謂六經也。周之六藝主習其事。漢之六藝主習其文。文與事未有不相兼而習者。抑周時以六藝檃栝技能。爲以六德六行之助。孔子所云志道、據德、依仁、游藝也。漢時以六藝統攝古聖載籍。晐六德六行六藝之大全。漢之有六經。實即周之教民三物也。周人所習之文。以禮樂詩書爲急。故左傳曰。說禮樂而敦詩書。王制曰。春秋教以禮樂。冬夏教以詩書。而周易其用在卜筮。其道精微。不以教人。春秋則列國掌於史官。亦不以教人。故韓宣子適魯。乃見易象與魯春秋。此二者非人所常習明矣。云魯春秋者。獨得周公之法。與晉史不同也。孔子雅言惟詩書執禮。而七十二子身通六藝。謂或通其一二。不必一人而兼六藝也。六藝足以攝羣書。必兼言羣書者。容有不見六藝而見羣書者也。漢律亦羣書之一也。詁者、訓故言也。凡前古所傳曰故言。**皆訓其意。**訓者、順其理。而說之也。**而天地鬼神山川艸木鳥獸蚰蟲。襍物奇怪。王制禮儀。**儀依許祇當作義。此亦從俗用儀。**世閒人事。莫不畢載。凡十五卷。**凡者、冣括之詞也。沖云十五卷。則此敘別爲一卷明矣。許云十四篇者、不數敘言之也。沖云十五卷者、兼舉敘也。**十三萬三千四百四十一字。**不言五百四十部、九千三百五十三文、重千一百六十三者、巳詳於敘矣。十三萬三千四百四十一字、葢兼每篇說解及敘言之。敘亦說解也。自敘凡五千三十字。以今各篇所載說解字數十二萬二千六百九十九。併此爲十二万七千七百二十九。於二許所謂十三万三千四百四十一字、尚不足五千七百十二字。**愼前吕詔書校書東觀。**校者、今之校字。經典祇作校。許以詔書校書東觀。不

見本傳。葢安帝永初四年。詔謁者劉珍及五經博士校定東觀五經、諸子傳記、百家藝術。整齊脫誤。是正文字。儒林傳則云大后詔劉珍與劉騊駼、馬融校定東觀五經、諸子云云。與和帝紀同。馬融傳亦云永初四年。拜爲校書郎中。詣東觀典校秘書。葢此時分司其事者。史不盡載。許亦其一也。許於和帝永元十二年巳㭊造說文。歷十一年。至永初四年。復校書東觀。其涉獵者廣。故其書以博而精也。又十有一年而書成。推詳許之行事。先後葢其官終於大尉南閤祭酒。故沖署曰故大尉南閤祭酒。凡言故者。皆謂方罷之一任。漢詔書皆如此。自祭酒解職而病。而遣沖獻說文。自是而卒於家。曰今愼巳病。遣臣齎詣闕。葢自召陵遣沖也。然則爲洨長必在爲大尉掾之先。而校書東觀。其在爲大尉掾後與。玉海曰。洛陽宮殿名。云東觀在洛陽南宮。**教小黃門孟生、李喜等。**元帝之世。史游爲黃門令。董巴輿服志曰。禁門曰黃闥。中人主之。故曰黃門。宦者傳曰。日。永平中。中常侍四人。小黃門十人。迄乎延平。中常侍至有十一人。小黃門二十人。教小黃門事亦受詔爲之。

孟生、李喜、小黃門二人名也。**㠯文字未定。未奏上。**沖言當其時未奏上者。以文字未定也。既云文九千三百五十三。重千一百六十三。解說十三萬三千四百四十一字。則文字已定矣。何以云未定也。古人著書。不自謂是。時有增刪改竄。故未死以前不自謂成。司馬闕其十篇。班氏或言當考。皆以任重道遠。死而後已。許雖綱舉目張。而文字實緐。聞疑傳疑。不無待於更正。今有由聲片聲免聲而無正篆。以及凡可疑者。皆因未定而未竟也。逮病且死。則自謂不能致力。而命子奏上矣。**今愼已病。遣臣齎詣闕。**齎者持遺也。詣送致也。闕者、東都之兩觀也。東京賦曰。建象魏之兩觀。旌六典之舊章。**愼又學孝經孔氏古文說。**以下至幷上。述附奏古文孝經說之意。**古文孝經者、孝昭帝時魯國三老所獻。**藝文志曰。古文尚書者。出孔子壁中。武帝末。魯恭王壞孔子宅。欲以廣其宮。而得古文尚書及禮記、論語、孝經。孔安國悉得其書。以古文尚書獻之。按志於禮、論語、孝經下皆不言安國獻壁中文。然則安國所得雖多。而所獻者獨尚書一種而已。淹中所出之禮古經。魯國三老所獻之古文孝經。皆即恭王壁中所得、而安國未獻者也。孝經至昭帝時魯國三老乃獻之。**建武時、**建武、光武帝年號。**給事中議郎衞宏所校。**云給事中議郎者、議郎有不給事中者也。百官志。議郎六百石。衞宏字敬仲。東海人。范史言作毛詩序。爲古文尚書作訓旨。而不言其校古文孝經。**皆口傳。官無其說。謹撰具一篇幷上。**撰亦具也。丌部曰。巺、具也。古不从手。此从手者。隨俗也。藝文志。孝經古文二十二章。與孝經十八章異。劉向曰。庶人章分爲二。曾子敢問章分爲三。又多一章。凡二十二章。班固曰。孝經經文。諸家皆同。惟孔氏壁中古文爲異。父母生之。續莫大焉。故親生之膝下。諸君說不安處。古文字讀皆異。桓譚新論云。古孝經千八百七十一字。今異者四百餘字。按衞宏校而爲之說。未著書。僅口傳。故外間有其說。官徒有三老所獻、而無其說也。許學其說於宏。沖傳其說於父。乃撰而上之。如公羊春秋自

子夏至漢景時。胡毋子都乃箸竹帛。而近世有僞造孔安國孝經注者。吁可怪也。惜沖之說不傳耳。許受古學於賈侍中。他經古學皆得諸侍中。孝經學獨得諸衞宏。故必分別言之。亦使孝經古文說官有其書。以扶微學。**臣沖誠惶誠恐、頓首頓首、死辠死辠、䭫首再拜㠯聞皇帝陛下。**起末皆云稽首再拜。而末稽首之上云誠惶誠恐頓首頓首死罪死罪。東漢人文字多如此。見於今者。若蔡邕戍邊上章、蔡質所記立宋皇后儀。皆見漢書注。漢百石卒史碑見隸釋。與此而四。周禮九㩴。一曰稽首。吉拜也。頭至地也。二曰頓首。凶拜。卽稽顙也。頭叩地也。三曰空首。吉凶皆有之。卽拜手也。頭至手也。稽首、頓首、吉凶不相兼。是以周制惟喪稽顙。惟大變用頓首。如左傳穆嬴申包胥之頓首。卽稽顙也。獨斷曰。漢承秦法。羣臣上書皆言昧死言。王莽盜位。慕古法。去昧死。曰稽首。光武因而不改。意非不善也。而仍兼言頓首死罪。爲請罪之辭。遂使一簡一行之閒。吉凶二拜竝出。殊爲非禮。說詳釋拜。**建光元年九月己亥朔。二十日戊午上。**建光元年、安帝卽位之十五年。歲在辛酉。自和帝永元十二年歲在庚子至此。凡廿二年。**召上書者汝南許沖。詣左掖門外會。**宋本無外字。凡言掖門者、謂正門之旁門。手部曰。掖者。一曰臂下也。其字古作亦。今作掖。門之在旁如臂與脅之有閒也。云左掖門者、謂北宮東面掖門、對下朱雀掖門爲南面掖門言也。會者、謂上書者多皆會於此也。**令幷齎所上書。**所上書、謂說文解字十五卷、孝經孔氏古文說一篇。幷齎者、合而齎上之也。九月二十日沖所言先達於上。卽命至左掖門進所上二種。**十月十九日。中黃門饒喜**百官志。中黃門宂從僕射一人。六百石。中黃門比百石。**㠯詔書賜召陵公乘許沖布四十匹。卽日受詔朱雀掖門。**百官志曰。北宮朱爵司馬主南掖門。古今注曰。永平二年十一月。初作北宮朱爵南司馬門。**敕勿謝。**

說文解字第十五卷下

受業壻仁和龔麗正校字

嘉慶二十年歲次乙亥五月刊成

胞弟玉成　男驤　孫男美中　曾孫男義正

玉章　駘　美度　義方

玉立　美製　義曾同校字

美韞

美馘

說文解字注後敘

段先生作說文解字注。沅時爲之校讎。且慫恿其速成。既成。又日望其刻以行也。癸酉之冬。刻事甫就。而沅適游閩。至是刻將過半矣。先生以書告。且屬爲後敘。沅謂世之名許氏之學者夥矣。究其所得。未有過於先生者也。許氏箸書之例以及所以作書之恉。皆詳於先生所爲注中。先生亦自信以爲於許氏之志什得其八矣。沅更何所言哉。先生命序之意。蓋謂沅研誦其中十有餘年矣。作篆以正其體。編音均十七部以諧其聲。必有能以約而說詳者。沅於

是卽所見而敶之曰。許書之要。在明文字之本義而已。先生發明許書之要。在善推許書每字之本義而已矣。經史百家字多叚借。許書以說解名。不得不專言本義者也。本義明而後餘義明。引申之義亦明。叚借之義亦明。形以經之。聲以緯之。凡引古以證者。於本義。於餘義。於引申。於叚借。於形。於聲。各指所之。罔不就理。蓺謚之譌衍。鼏禘之譌奪。罔不灼知。列字之次弟。後人之竄益。罔不畢見。形聲義三者皆得其雜而不越之故焉。繇是書以爲旳。而許氏箸書之心以明。經史百家之文字亦無不由此以明。孔子曰。

必也正名。蓋必形聲義三者正。而後可言可行也。亦必本義明。而後形聲義三者可正也。沅先大父艮庭徵君。生平服膺許氏。箸尚書注疏既畢。復從事於說文解字。及見先生作而輟業焉。沅之有事於校讎也。先徵君之意也。今先徵君音容既杳。先生獨神明不衰。靈光巋然。書亦將傳布四方。而沅學殖荒陋。莫磬高深。瞻前型之邈然。幸後學之多賴。愉快無極。感慨從之。至於許書之例。有正文坿見于說解者。有重文坿見于說解者。此沅之私見。而先生或當以爲然者也。坿于此以更質諸先生。時嘉慶十有九年秋

八月。親炙學者江沅謹拜敘于閩浙節署。

跋

煥聞諸先生曰。昔東原師之言。僕之學不外以字攷經。以經攷字。余之注說文解字也。蓋竊取此二語而已。經與字未有不相合者。經與字有不相謀者、則轉注叚借爲之樞也。先生自乾隆庚子去官後。注此書。先爲長編。名說文解字讀。抱經盧氏雲椒沈氏曾爲之序。既乃簡練成注。海內延頸望書之成已三十年。於茲矣。會徐直卿學士偕其友胡竹巖明經積城力任刊刻。江子蘭師因率煥同司校讎。得朝夕誦讀。而苦義蘊閎深。非淺涉所能知也。敬述先生所示箸書之大要。分贈同人。竊謂小學明而經無不可明矣。乙亥三月。受業長洲陳煥拜手敬書。

說文解字讀序

文與字古亦謂之名。春官外史掌達書名于四方。秋官大行人九歲屬瞽史、諭書名。名者、王者之所重也。聖人曰。必也正名乎。鄭康成注周官、論語皆謂古者謂之名。今世謂之字。字之大端形與聲而已。聖人說字之形。曰一貫三爲王。推一合十爲士。儿象人胻之形。在人下、故詰屈。黍可爲

酒、从禾入水也。牛羊之字、以形舉也。視犬之字、如畫狗也。此皆以形而言也。其說字之聲。曰烏、盱呼也、取其助氣。故以爲烏呼。狗、叩也、叩氣吠以守。粟之爲言續也。貉之爲言惡也。皆以聲而言也。春秋時人亦多能言其義。如止戈爲武、反正爲乏、皿蟲爲蠱、二首六身爲亥。皆見於左氏傳。故孔子曰。今天下書同文。知當時尚無有亂名改作者。自隸書行而篆之意寖失。今所賴以見制字之本源者、惟漢許叔仲說文而已。後世若邯鄲淳、江式、呂忱、顧野王輩。咸宗尚其書。唐宋以來。如李陽冰、郭忠恕、林罕、張有之流。雖未

嘗不遵用。而或以私意增損其閒。則亦未可爲篤信而能發明之者。逮於勝國。益猖狂滅裂。許氏之學寖微。我朝文明大啟。前輩往往以是書提倡後學。於是二徐說文本學者多知珍重。然其書多古言古義。往往有不易得解者。則又或以其難通而疑之。夫不通衆經則不能治一經。況此書爲義理事物之所統彙。而以寡聞尠見之胸。用其私智小慧妄爲穿鑿。可乎。吾友金壇段若膺明府。於周秦兩漢之書無所不讀。於諸家小學之書靡不博覽而别擇其是非。於是積數十年之精力。專說說文。以鼎臣之本頗

有更易。不若楚金爲不失許氏之舊。顧其中尚有爲後人竄改者、漏落者、失其次者。一一考而復之。悉有左證。不同肊說。詳稽博辨。則其文不得不繁。然如楚金之書以繁爲病。而若膺之書則不以繁爲病也。何也。一虛辭、一實證也。蓋自有說文以來未有善於此書者。匪獨爲叔重氏之功臣。抑亦以得道德之指歸。政治之綱紀。明彰禮樂而幽通鬼神。可以砭諸家之失。可以解後學之疑。斯眞能推廣聖人正名之旨。而其有益於經訓者功尤大也。文弨年七十。猶幸得見是書。以釋見聞之陋。故爲之序。以識吾受益之

私云爾。乾隆五十有一年中秋前三日。杭東里人盧文弨書於鍾山講舍之須友堂。

說文部目分韻

說文五百四十部。始一終亥。分屬十四篇。猝難檢尋。宋李仁甫五音韵譜本。改依陸法言二百六韵編次。較原書易得其部首。今先生依始一終亥成注。復命煥用仁甫法始東終乏爲目。所以便學者也。其或與廣韵小異者。徐鼎臣音切用唐韵。或不與廣韵同。仁甫仍之耳。嘉慶乙亥春三月。長洲陳煥編。

一東

東德紅切。六上二。工古紅切。五上五。豐敷戎切。五上二十三。風方戎切。十三下三。蟲直弓切。十三下二。熊羽弓切。十上十二。弓居戎切。十二下二十一。宮居戎切。七下十。

三鍾

从疾容切。八上四。龍力鍾切。十一下十七。凶許容切。七上三十。止。

四江

囪楚江切。十下一。

五支

支章移切。三下十。巵章移切。九上十四。𠂹是爲切。六下八。皮符羈切。三下二十一。乀弋支切。十二下六。䖒許羈切。五上二十四。危魚爲切。九下七。

六脂

隹職追切。四上十二。尸式脂切。八上十九。止。厶息夷切。九上二十五。夊楚危切。五下二十四。奞息遺切。四上十三。龜居追切。十三下五。眉武悲切。四上四。

七之

之止而切。六下二。甾側詞切。十二下十九。而如之切。九下十二。思息茲切。十下二十三。絲息茲切。十三上三。司息茲切。九上十三。𦣝與之切。十二上十。箕居之切。五上二。丌居之切。五上三。犛里之切。二上六。

八微

非甫微切。十一下十九。飛甫微切。十一下十八。衣於希切。八上十四。㫃於機切。七上十三。韋宇非切。五下二十七。囗羽非切。六下十七。

九魚

魚語居切。十一下十四。𩺰語居切。十一下十五。凵去魚切。五上二十九。且子余切。十四上五。疋所葅切。二下十一。舁以諸切。三上二十二。

十虞

亏羽俱切。五上十六。𠌶況于切。六下九。夫甫無切。十下十九。毋武扶切。十二下二。巫武扶切。五上七。須相俞切。九上七。几市朱切。三下十九。殳市朱切。三下十七。

十一模

麤倉胡切。十上四。壺戶吳切。十下十一。虍荒烏切。五上二十五。烏哀都切。四上二十三。止。

十二齊

齊徂奚切七上十七。西先稽切十二上四。𥝌古兮切六下十一。稽古兮切六下十二。兮胡雞切五上十四。

十四皆

𠦬古懷切十二上十二。止

十五灰

嵬五灰切九上二十六。止　𠂤都回切十四上十。止　來洛哀切五下二十二。才昨哉切六上四。止

十七眞

申失人切十四下三十七。身失人切八上十二。辰植鄰切十四下三十三。晨食鄰切三上二十四。臣植鄰切三下十六。人如鄰切八上一。儿如鄰切八下六。辛息鄰切十四下二十二。頻符眞切十一下二。

民彌鄰切十二下三。灥詳遵切十一下七。寅弋眞切十四下三十一。巾居銀切七下二十一。

十九臻

屾所臻切九下二。

二十文

文無分切九上十。彣無分切九上九。雲王分切十一下十三。

二十一欣

斤舉欣切十四上六。筋居銀切四下十六。堇巨斤切十三下十一。㹜語斤切十上九。

二十二元

吅況袁切二上十。言語軒切三上十二。

二十三魂

蚰古䰟切十三下一。門莫奔切十二上八。豚徒䰟切九下十六。

二十五寒

干古寒切三上三。𣦼昨干切四下十。丹都寒切五下一。

二十六桓

丸胡官切九下六。雈胡官切四上十四。萈胡官切十上七。毌古丸切七上十三。𠦒北潘切四下一。

二十七刪

耑多官切七下五。

𠬜普班切三上十九。

二十八山

山所閒切九下一。虤五閑切五上二十七。臤苦閑切三下十五。

一先

先穌前切八下十一。田待年切十三下十三。幵古賢切十四上二。弦胡田切十二下二十三。玄胡涓切四下六。

二仙

次敘連切八下十七。羴式連切四上十八。延丑連切二下六。䇂去虔切三上十五。宀武延切七下九。泉疾緣切十一下六。川昌緣切十一下五。叀職緣切四下五。員王權切六下十八。

三蕭

卤徒遼切。七上十六。県古堯切。九上六。幺於堯切。四下三。垚吾聊切。十三下十。髟必凋切。九上十一。

五肴

爻胡茅切。三下二十七。交古爻切。十下九。包布交切。九上二十一。勹布交切。九上二十。巢鉏交切。六下十三。

六豪

高古牢切。五下十三。毛莫袍切。八上十七。刀都牢切。四下十七。夲土刀切。十下十六。

八戈

戈古禾切。十二下九。禾戸戈切。七上二十三。多得何切。七上十二。它託何切。十三下四。

九麻

麻莫遐切。七下三。巴伯加切。十四下二十。奢式車切。十下十四。車尺遮切。十四上九。牙五加切。二下九。𠌶戸瓜切。六下十。瓜古華切。七下七。

十陽

羊與章切。四上十七。方府良切。八下五。匚府良切。十二下十七。亾武方切。十二下十五。長直良切。九下九。香許良切。七上二十六。畕居良切。十三下十四。王雨方切。一上五。

十一唐

倉七岡切。五下九。亢古郎切。十下十五。尣烏光切。十下十。黃乎光切。十三下十五。

十二庚

庚古行切。十四下二十一。行戸庚切。二下七。明武兵切。七上九。生所庚切。六下六。京舉卿切。五下十六。卯去京切。九上十八。兄許榮切。八下七。

十四清

晶子盈切。七上六。

十五青

青蒼經切。五下二。丁當經切。十四下十七。冂古熒切。五下十四。冥莫經切。七上五。

十六蒸

仌筆陵切。十一下十一。

十七登

能奴登切。十上十一。

十八尤

丠去鳩切。八上七。裘巨鳩切。八上十五。牛語求切。二上五。酉字秋切。十四下三十九。舟職流切。八下四。雔市流切。四上二十。矛莫浮切。十四上八。𢆶於虯切。四下四。丩居虯切。三上八。

二十一侵

心息林切。十下二十四。壬如林切。十四下二十四。先側琴切。八下八。林力尋切。六上三。音於今切。三上十四。㐺魚音切。八上八。金居音切。十四上一。琴巨今切。十二下十三。

二十二覃

男 那含切。十三下。十六。

二十三談

三 穌甘切。一上。四。甘 古三切。五上。八。

二十四鹽

鹽 余廉切。十二上。六。炎 于廉切。十上。十四。

二十七銜

彡 所銜切。九上。八。

二腫

廾 居竦切。三上。十八。

四紙

只 諸氏切。三上。五。氏 承旨切。十二下。七。豕 式視切。九下。十三。是 承旨切。二下。二。沝 之壘切。十一下。一。此 雌氏切。二上。十六、止。惢 才規、才絫二切。十下。二十五、止。豸 池尒切。九下。十七。㸚 力几切。三下。二十八、止。毇 許委切。七上。二十八。

五旨

旨 職雉切。五上。十六。矢 式視切。五下。十二。水 式軌切。十一上。全部。死 息姊切。四下。十二。㣇 徐姊切。九下。十八。黹 陟几切。七下。二十六、止。夊 陟侈切。五下。二十九。履 良止切。八下。三。厽 力軌切。十四下。三。癸 居誄切。十四下。二十五。几 居履切。十四上。四。匕 卑履切。八上。三。

六止

止 諸市切。二上。十三。齒 昌里切。二下。八。耳 而止切。十二上。九。史 疏士切。三下。九。士 鉏里切。一上。九。子 即里切。十四下。二十六。巳 詳里切。十四下。三十四。里 良止切。十三下。十二。喜 虛里切。十上。十七。己 居擬切。十四下。十九。

七尾

尾 無斐切。八下。二。豈 墟豨切。五上。二十。虫 許偉切。十三上。五、止。鬼 居偉切。九上。二十三。

八語

鼠 書呂切。十上。十。黍 舒呂切。七上。二十五。宁 直呂切。十四下。五。呂 力舉切。七下。十一。女 尼呂切。十二下。一。予 余呂切。四下。七。

九麌

羽 王矩切。四上。十一。雨 王矩切。十一下。十二。 知庾切。五上。三十二、止。

十姥

土 它魯切。十三下。九。鹵 郎古切。十二上。五。虎 呼古切。五上。二十六。古 公戶切。三上。九。鼓 工戶切。五上。十九。𠑹 公戶切。八下。十。戶 侯古切。十二上。七。五 疑古切。十四下。八。午 疑古切。十四下。三十五。

十一薺

米 莫禮切。七上。二十七。氐 丁禮切。十二下。八。豊 盧啓切。五上。二十二。匸 胡禮切。十二下。十六。

十二蟹

廌 宅買切。十上。二。

十五海

亥胡改切十四下四十一止乃奴亥切五上十一

十六軫

廴余忍切二下五

十九隱

乚於菫切十二下十四

二十阮

㫃於幰切七上四

二十一混

𣎵胡本切六下十六丨古本切一上十止

二十三旱

厂呼旱切九下五

二十四緩

卵盧管切十三下七

二十七銑

丏彌兗切九上四犬苦泫切十上八𡿨姑泫切十一下三

二十八獮

舛昌兗切五下二十五孨旨兗切十四下二十八㼱而兗切三下二十二辡平免切十四下二十三

㠭知衍切五上六

二十九篠

鳥都了切四上二十二了盧鳥切十四下二十七

三十小

小私兆切二上一𠬪平小切四下九

三十一巧

卯莫飽切十四下三十二爪側狡切三下四

三十二晧

丂苦浩切五上十二夰古老切十下十七夭於兆切十下八冃莫保切七下十六老盧晧切八上十六艸倉老切一下二

三十三哿

可肯我切五上十三我五可切十二下十一𠂇臧可切三下八

三十四果

火呼果切十上十三

三十五馬

馬莫下切十上一冎古瓦切四下十三丫工瓦切四上十五瓦五寡切十二下二十

三十六養

象徐兩切九下二十止㒳良獎切七下十八弜其兩切十二下二十二亯許兩切五下十七网文紡切七下十九上時掌切一上二

三十七蕩

茻模朗切。一下四。止。

三十八梗

丙兵永切。十四下十六。皿武永切。五上二十八。永于憬切。十一下八。囧俱永切。七上十。

三十九耿

黽莫杏切。十三下八。

四十静

井子郢切。五下三。

四十一迥

竝蒲迥切。十下二十一。鼎都挺切。七上二十。壬他鼎切。八上九。

四十四有

有云久切。七上八。九舉有切。十四下十一。久舉友切。五下三十。韭舉友切。七下六。臼其九切。七上二十九。酉與久切。十四下三十八。缶方久切。五下十一。不方久切。十二上三。𨸏房久切。十四下一。𤰈房久切。十四下二十二。丑敕久切。十四下三十。首書九切。九上五。百書九切。九上二。手書九切。十二上十一。九人九切。十四下。

四十五厚

𩫖胡口切。五下十八。后胡口切。九上十二。口苦后切。二上八。走子苟切。二上十二。斗當口切。十四上七。

四十七寑

品丕飲切。二下十二。㐭力甚切。五下二十。㱃於錦切。八下十六。

四十八感

𣐺胡感切。七上十五。𢎘乎感切。七上十四。

五十剡

焱以冄切。十下二。冄而剡切。九下十一。广魚儉切。九下四。

五十五范

凵口犯切。二上九。

一送

㝱莫鳳切。七下十三。

三用

用余訟切。三下二十六。重柱用切。八上十。共渠用切。三上二十。

四絳

𨛜胡絳切。六下二十一。止。

五寘

朿七賜切。七上十八。

六至

至脂利切。十二上三。示神至切。一上三。二而至切。十三下八。四息利切。十四下四。自疾二切。四上六。白疾二切。四上七。希羊至切。九下十四。鼻父二切。四上八。比毗二切。八上五。

七志

異羊吏切。三上二十一。

八未

未無沸切。十四下三十六。气去既切。一上八。旡居未切。八下十八。止。

九御

去丘據切。五上三十。

十遇

句九遇切。三上七。䀠九遇切。四上三。瞿九遇切。四上十九。壴中句切。五上十八。

十一暮

步薄故切。二上十五。素桑故切。十三上二。兔湯故切。十上六。瓠胡誤切。七下八。

十二霽

弟特計切。五下二十八。系胡計切。十二下二十四。止。

十三祭

毳此芮切。八上十八。彑居例切。九下十五。厂余制切。十二下五。㡀毗祭切。七下二十五。

十四泰

大徒蓋切。十下五。貝博蓋切。六下十九。會黃外切。五下八。巜古外切。十一下四。

十五卦

𠂢匹卦切。十一下九。𣏟匹卦切。七下二。

十六怪

丯古拜切。四下二十。

十八隊

耒盧對切。四下二十一。

十九代

隶徒耐切。三下十四。

二十一震

刃而振切。四下十八。舜舒閏切。五下二十六。盾食閏切。四上五。𣎳匹刃切。七下一。囟息進切。十下二十二。

卂息晉切。十一下二十。止。寸倉困切。三下二十。印於刃切。九上十六。

二十八翰

𠦝古案切。七上三。半博幔切。二上四。爨七亂切。三上二十五。止。旦得案切。七上二。

三十一襇

釆蒲莧切。二上三。

三十二霰

見古甸切。八下十三。燕於甸切。十一下十六。片匹見切。七上十九。

三十三線

面彌箭切。九上三。

三十五笑

覞弋笑切八下十四

三十六效

敎古孝切三下二十四　皃莫敎切八下九

三十七号

号胡到切五上十五　告古奥切二上七　冃莫報切七下十七

三十八箇

左則箇切五上四

三十九過

臥吾貨切八上十一

四十禡

襾呼訝切七下二十　亞衣駕切十四下七　匕呼跨切八上二

四十一漾

放甫妄切四下八　鬯丑諒切五下五

四十三映

誩渠慶切三上十三

四十五勁

正之盛切二下一

四十九宥

又于救切三下七　嘼許救切十四下十三

五十候

冓古候切四下二　戊莫候切十四下十八　鬥都豆切三下六　豆徒候切五上二十一

六十梵

欠去劒切八下十五

一屋

哭苦屋切二上十一　谷古祿切十一下十　卜博木切三下二十五　攴普木切三下二十三　木莫卜切六上一　禿他谷切八下十二　彔盧谷切七上二十二　鹿盧谷切十上三　畐房六切又芳逼切五下十

九　目莫六切四上二　尗式竹切七下四　肉如六切四下十五　竹陟玉切五上一　六力竹切十四下

九　𦥑居玉切三上二十三　菐蒲沃切三上十七

三燭

束書玉切六下十五　蓐而蜀切一下三　足卽玉切二下十　曲丘玉切十二下十八　玉魚欲切一上六

四覺

角古岳切四下二十二　珏古岳切一上七　丵士角切三上十六

五質

日人質切七上一　率所律切十三上四　七親吉切十四下十　桼親吉切六下十四　一於悉切一上一　壹於悉切十下十二　乙於筆切十四下十五

六術

出尺律切。十六下四。戌辛律切。十四下四十。聿余律切。三下十二。

八物

勿文弗切。九下十。甶敷勿切。九上二十四。巿分勿切。七下二十二。

十月

月魚厥切。七上七。戉王伐切。十二下十。曰王伐切。五上十。叏火劣切。四上一。亅衢月切。十二下十二。

十一沒

𠫓他骨切。十四下二十九。骨古忽切。四下十四。

十二曷

屵五葛切。九下三。歺五割切。四下十一。宊他達切。十下十八。

十三末

癶北末切。二上十四。𣎵普活切。六下五。

十四黠

㓞恪八切。四下十九。乚烏轄切。十二上一。八博拔切。二上二。殺所八切。三下十八。㕯女滑切。三上六。

十六屑

卪子結切。九上十五。苜徒結切。又讀若末。四上十六。頁胡結切。九上一。穴胡決切。七下十二。血呼決切。五上三十一。丿匹蔑切。又房密切。十二下四。

十七薛

舌食列切。三上二。屮丑列切。一下一。叕陟劣切。十四下六。桀渠列切。五下三十一。止。

十八藥

龠以灼切。二下十三。勺之若切。十四上三。叒而灼切。六下一。辵丑略切。二下三。㲋丑略切。十上五。

谷其虐切。三上四。

十九鐸

𩫏古博切。五下十五。

二十陌

白旁陌切。七下二十四。㡀旁陌切。七下二十三。乇陟格切。六下七。丮几劇切。三下五。

二十一麥

麥莫獲切。五下二十三。冊楚革切。二下十四。止。疒女戹切。七下十四。革古覈切。三下一。畫胡麥切。三下十三。

二十二昔

夕祥易切。七上十一。尺昌石切。八下一。赤昌石切。十下四。炙之石切。十下三。石常隻切。九下八。彳丑亦切。二下四。亦羊益切。十下六。易羊益切。九下十九。辟必益切。九上十九。

二十三錫

糸莫狄切。十三上一。冖莫狄切。七下十五。秝郎擊切。七上二十四。鬲郎激切。三下二。䰜郎激切。三下三。

二十四職

㿟乘力切。五下。六。夨阻力切。十下。七。色所力切。九上。十七。嗇所力切。五下。二十一。力林直切。十三下。十七。亟己力切。九上。二十二。畐彼力切。四上。九。

二十五德

北博墨切。八上。六。黑呼北切。十上。十五止。克苦得切。七上。二十一。

二十六緝

習似入切。四上。十。亼秦入切。五下。七。十是執切。三上。十。入人汁切。五下。十。㗊阻力切。三上。一。立力及切。十下。二十。邑於汲切。六下。二十。皀皮及切。五下。四。

二十七合

卅蘇沓切。三上。十一。帀子荅切。六下。三。雥徂合切。四上。二十一。

二十九葉

㚔尼輒切。十下。十三。𦘒尼輒切。三下。十一。

三十怗

劦胡頰切。十三下。十八止。

三十二狎

甲古狎切。十四下。十四。

說文部目分韻終

韵書始萌芽於魏李登聲類。積三百餘年。至隋陸灋言切韵。櫽括之法乃具。然皆就其時之語言音讀。參校異同。定其遠近洪細。往往有意求密。而用意太過。強生區別。至如虞夏商周之文。六書之假借諧聲。詩之比音協句。以成歌樂。茫乎未之考也。唐初因灋言撰本爲選舉士人作律詩之用。視二百六韵中字數多者限以獨用。字數少者合比近兩韵或三韵同用。苟計字多寡而已。宋吳棫作韵補。於韵目下始有古通某古轉聲通某之云。其分合最爲疎舛。鄭庠作古音辨。僅分陽支先虞尤覃六部。近昆山顧炎武夏析

東陽耕蒸而四。析魚歌而二。故列十部。吾郡老儒江愼修永於眞已下十四韵。侵已下九韵。各析而二。蕭宵肴豪及尤矦幽亦爲二。故列十三部。古音之學以漸加詳如是。前九年段君若膺語余曰。支佳一部也。脂微齊皆灰一部也。之咍一部也。漢人猶未嘗淆借通用。晉宋而後乃少有出入。迄乎唐之功令。支注脂之同用。佳注皆同用。灰注咍同用。於是古之截然爲三者。罕有知之。余聞而偉其所學之精。好古有灼見卓識。又言眞臻先與諄文殷魂痕爲二。尤幽與矦爲二。得十七部。今官於蜀地且數年。政事之餘優而成是書。曰六書音均表。凡爲表者五。撰述之意。表各有序說旣詳之矣。其書始名詩經韵譜、羣經韵譜。嘉定錢學士曉徵爲之序。兹易其體例。且增以新知十七部。葢如舊也。余昔感於其言五支六脂七之有分。癸巳春寓居浙東。取顧氏詩本音章辨句析。而諷誦乎經文。歎始爲之之不易。後來加詳者之信足以補其未逮。顧氏轉矦韵入虞。江氏轉虞韵字入矦。此江優於顧。然顧氏藥鐸有分。而江氏不分。此顧優於江。若夫五支異於六脂。猶淸異於眞也。七之又異於支脂。猶蒸又異於淸眞也。寔千有餘年莫之或省者。一旦

理解。按諸三百篇劃然。豈非稽古大快事歟。時余睪記入聲之說。未暇卒業。今樂覩是書之成也。不惟字得其古人音讀。抑又多通其古義。許叔重之論假借曰。本無其字。依聲託事。夫六經字多假借。音聲失而假借之意何以得。訓詁音聲。相爲表裏。訓詁明。六經乃可明。後儒語言文字未知。而輕憑臆解以誣聖亂經。吾懼焉。段君又有詩經小學、書經小學、說文考證、十七部古韵表等書。將繼是而出。視逃其難相與鑿空者。於治經孰得孰失也。乾隆丁酉孟春月。休寧戴震序。

予友金壇段君若膺六書音均表旣成。有問於予者曰。是書何以作。讀之將何用也。曰是書爲古音而作也。古今語言不同。古音不明。不獨三代秦漢有韵之文不能以讀。其無韵之文假借轉注音義不能知。立乎今日而譯三代秦漢之音。是書爲之舌人也。曰鄭氏庠、陳氏第、顧氏炎武、江氏永之書何如。曰鄭氏諸人之書善矣。或分所當合。或合所當分。得是書而義始備也。曰今官韵依劉淵之一百十七部。而顧氏江氏及是書依陸氏灋言二百六部之舊。何也。曰必依二百六部之舊。而後可由今韵以推古韵也。如支脂

序　三

之分爲三。尤與矦。元與魂痕、各分爲二。皆與三百篇合。而一百十七部者厺之遠也。曰是書何以於顧氏十部、江氏十三部之後確然定爲十七部也。曰詩三百篇之韵確有是十七部。而顧氏江氏分析未備。其平入分配多未審。是書上溯三百篇。下沿廣韵。廣韵分爲數韵。而三百篇合爲一韵者則爲一部。三百篇在此部。而廣韵遂入於他部。是爲古今音轉移不同。是書弟一表及弟四表。古本音之義也。然則一韵而廣韵析爲數韵者、何也。曰音之變也。冬鍾之後而爲東。支脂之之後而爲佳皆咍。耕清之斂而爲青。眞之

斂而爲先。十七部皆有是也。弟二表何以作也。曰今韵於同一諧聲之偏旁、而互見諸部。古音則同此諧聲。卽爲同部。故古音可審形而定也。曰以古之本音正後人合韵協音之說之非矣。而仍言合韵、何也。曰古與今異部、是爲古本音。如丘謀尤古在之咍部、而今在尤幽部。曹萩茅滔古在尤幽部、而今在蕭宵肴豪部。是也。古與古異部而合用之、是爲古合韵。如母字古在之咍部、詩凡十七見、而蝃蝀協雨。興字古在蒸登部、詩凡五見、而大明協林心。是也。知其分而後知其合。知其合而後愈知其分。凡三百篇及三代秦

序　四

漢之音。研求其所合。又因所合之多寡遠近及異平同入之處。而得其次弟。此十七部先後所由定。而弟三表及弟四表古合韵之義也。曰古四聲與今四聲不同、何也。曰古今部分之轉移不同若是。其四聲之轉移不同猶是也。其言表何也。曰暴諸外以示人也。是太史公十表之義也。其言音均、何也。曰古言均、今言韵也。韵韻皆不見於說文。而韵字則見於薛尚功所載曾矦鐘銘是也。其冠以六書、何也。曰知此而古指事象形諧聲會意之文舉得其部分。得其音韵。知此而古假借轉注舉可通。故曰六書音均表也。然則

讀之而苦其難、何也。曰於今韵則依廣韵部分。於字書則宗說文解字。於古音則窮三百篇及羣經有韵之文。於言古音之書則考顧氏音學五書、江氏古韵標準以三百篇及周秦所用正漢魏以後轉移之音。而歷代音韵沿革源流以見。而陸氏部分之故以見。而顧氏、江氏之未協者以見。彼吳氏棫、楊氏慎、毛氏奇齡之書無論矣。問者曰、有是哉。遂書之以爲釋例。

乾隆丁酉五月。南匯吳省欽沖之甫。

六書音均表

四川候補知縣前貴州玉屏縣知縣臣段玉裁記

今韵古分十七部表弟一
古十七部諧聲表弟二
古十七部合用類分表弟三
詩經韵分十七部表弟四
羣經韵分十七部表弟五

凡五萬二千三百二十五字

原序

金壇段君懋堂撰次詩經韵譜及羣經韵譜成予讀而善之。廼序其端曰。自文字肇啟。即有音聲。比音成文。而詩教興焉。三代以前無所謂聲韵之書。然詩三百篇具在。參以經傳子騷類而夘之。引而伸之。古音可僂指而分也。許叔重云。倉頡初作書。依類象形。故謂之文。其後形聲相益。即謂之字。文字者終古不易。而音聲有時而變。五方之民言語不通。近而一鄉一聚猶各操土音。彼我相嗤。矧在數千年之久乎。謂古音必無異於今音。此夏蟲之不知有冰也。然而去古

浸遠。則於六書諧聲之旨漸離其宗。故惟三百篇之音爲最善。而眛者乃執隋唐之韵以讀古經。有所齟齬。屢變其音以相從。謂之叶韵。不惟無當於今音。而古音亦滋茫眛矣。明三山陳氏始知攷毛詩、屈宋賦以求古音。近世崐山顧氏婺源江氏攷之尤博以審。今段君復因顧、江兩家之說證其違而補其未逮。定古音爲十七部。若網在綱。有條不紊。窮文字之源流。辨聲音之正變。洵有功於古學者已。古人以音載義。後人區音與義而二之。音聲之不通而空言義理。吾未見其精於義也。此書出。將使海內說經之家奉爲圭臬。而因文字音聲以求訓詁。古義之興有日矣。詎獨以存古音而已哉。乾隆庚寅四月九日。嘉定錢大昕書。

戴東原先生來書

大箸辨別五支六脂七之。如淸眞蒸三韵之不相通。能發自唐以來講韵者所未發。今春將古韵考訂一番。斷從此說爲確論。然執管欲作序者屢。而苦於心不精。姑俟稍安閒爲之。目近極龢擾也。癸巳十月卅日。震頓首。

寄戴東原先生書　乙未十月

玉裁自幼學爲詩。即好聲音文字之學。甲戌、乙亥閒。從同邑蔡丈一帆遊。始知古韵大略。庚辰入都門。得顧亭林音學五書讀之。驚怖其考據之博。癸未遊於先生之門。觀所爲江愼修行略。又知有古韵標準一書與顧氏少異。然實未能深知之也。丁亥自都門歸。憶古韵標準所稱元寒桓刪山先仙七韵與眞諄臻文欣魂痕七韵、三百篇內分用。不如顧亭林、李天生所云自眞至仙古爲一韵之說。與舍弟玉成取毛詩細繹之。果信。又細繹之。眞臻二韵與諄文欣魂痕五韵、三百篇內分用。而江氏有未盡也。蕭宵肴豪與尤

矦幽分用矣。又細繹之。則矦與尤幽三百篇內分用。而江氏有未盡也。支脂之微齊佳皆灰咍九韵自來言古韵者合爲一韵。及細繹之。則支佳爲一韵。脂微齊皆灰爲一韵。之咍爲一韵。而顧氏、江氏均未之知也。又細繹其平入之分配。正二家之踳駁。遂書詩經所用字。區別爲十七部。既攷其出入而得其本音。又詳其斂侈。而識其音變。又察其高下遲速。而知四聲古今不同。又觀其會通。而知協音合韵自古而有。於諧聲推測其條理。於假借轉注默會其指歸。蘊縕千年。一旦軒露。成詩經韵譜、羣經韵譜各一帙。己丑再

書三

至都門。程蕺園舍人賞之。苐其書簡略。無注釋。不可讀。是年冬寓法源寺側之蓮華菴。鍵戶燒石炭。從邵二雲孝廉假書。竟爲注釋。每一部畢。孝廉輒取寫其福。至庚寅二月書成。錢辛楣學士以爲鑿破混沌。爲作序。三月銓授貴州玉屏縣。壬辰四月三入都。時先生館於洪素人戶部之居。以是書請益。先生云。體裁尚未盡善。玉裁旋奉　命發四川候補。八月至蜀。後署理富順及南溪縣事。又辦理化林坪站務。王師申討金酋。儲偫輓輸。無敢稍懈怠。然每處分公事畢。漏下三鼓。輒篝鐙改竄是書以爲常。今年夏六月。偕同

官朱雲駿入報銷局。與趣略同。暇益潛心商訂。九月書成。爲表五。一曰今韵古分十七部表。別其方位也。二曰古十七部諧聲表。定其物色也。三曰古十七部合用類分表。洽其恉趣也。四曰詩經韵分十七部表。臚其美富也。五曰羣經韵分十七部表。資其參證也。改名曰六書音均表。均即古韵字也。鶡冠子曰。五聲不同均。成公綏曰。音均不恆。陶者以鈞作器。樂者以均審音。十七部爲音均。音均明而六書明。六書明而古經傳無不可通。玉裁之爲是書。葢將使學者循是以知假借轉注。而於古經傳無疑義。而恐非好學深

書四

思尠能心知其意也。抑先生嘗言尤矦兩韵可無用分。玉裁攷周秦漢初之文。矦與尤相近、而必獨用。先生又言十七部次弟不能澂曉。支脂之析爲三部、能發自唐以來講韵者所未發。但何以不移於一處。而以之弟一、脂弟十五、支弟十六。玉裁按十七部次弟出於自然。非有穿鑿。取弟三表細繹之。可知也。之咍音與蕭尤近。亦與蒸近。脂微齊皆灰音與諄文元寒近。支佳音與歌戈近。實韵理分劈之大耑。先生又言顧亭林平仄通押之說未爲非。所定四聲。似更張大甚。玉裁按今四聲不同古。猶古部分不同今。抽繹遺

經雅記。[illegible]可自信其非妄。以上三者皆不敢爲苟同之論。惟求研審音韵之眞而已。夫郭璞爾雅注於烏尤。宋祁唐書修於益州。玉裁入蜀數年。幸適有成書。而所爲詩經小學、書經小學、說文考證、古韵十七部表諸書。亦漸次將成。今輒先寫六書音均表一部。寄呈座右。願先生爲之序。而糾其疵謬。則幸甚幸甚。玉裁頓首。

今韵古分十七部表　六書音均表一

今世所存韵書。廣韵最古。廣韵二百六部。葢放於隋陸灋言。戴東原編修聲韵考曰。灋言書今不傳。宋廣韵卷首猶題云陸灋言撰本、長孫訥言箋注。而集韵韵例曰。先帝時令陳彭年、丘雍因灋言韵就爲刊益。然則廣韵之二百六韵。葢灋言舊目。自唐初有同用獨用之功令。以俾屬文之士。聲韵考曰。唐封演聞見記云。陸灋言撰爲切韵。先仙刪山之類。屬文之士苦其苛細。國初許敬宗等詳議。以其韵窄。奏合而用之。然則廣韵同用獨用之注乃唐初功令。至南宋劉淵新刊禮部韵略。遂併同用之韵爲一韵。而爲部百有七。今取百有七部之書。考求古音今音。混淆未明。無由討古音之源也。宋鄭庠分古韵爲六部。近崑山顧炎武據依廣韵部分分古韵爲十部。而婺源江永又分爲十三部。鄭氏東冬江陽庚青蒸。入聲屋沃覺藥陌錫職爲一部。支微齊佳灰爲一部。魚虞歌麻爲一部。眞文元寒刪先。入聲質物月曷黠屑爲一部。蕭肴豪尤爲一部。侵覃鹽咸。入聲緝合葉洽爲一部。其說合於漢魏及唐之杜甫韓愈所用。而於周秦未能合也。顧氏考三百篇作詩本音。二百六部分爲十。東冬鍾江爲一部。支脂之微齊佳皆灰咍。入聲質術櫛物迄月沒曷末黠鎋屑薛麥昔錫職德爲一部。魚虞模侯。入聲藥鐸陌爲一部。眞諄臻文欣元魂痕寒桓刪山先仙爲一部。蕭宵肴豪尤幽。入聲屋沃燭覺爲一部。歌戈麻爲一部。陽唐爲一部。庚耕清青爲一部。蒸登爲一部。侵覃談鹽添咸銜嚴凡、入聲緝合盍葉怗洽狎業乏爲一部。較鄭氏爲密矣。江氏訂其於三百篇所用有未合者。作古韻標準。二百六部分爲十三。東冬鍾江爲一部。支脂之微齊佳皆灰咍、入聲麥昔錫職德爲一部。魚虞模、入聲藥鐸陌爲一部。眞諄臻文欣魂痕、入聲質術櫛物迄沒爲一部。元寒桓刪山先仙、入聲月曷末黠鎋屑薛爲一部。蕭宵肴豪爲一部。歌戈麻爲一部。陽唐爲一部。庚耕清青爲一部。蒸登爲一部。尤侯幽、入聲屋沃燭覺爲一部。侵、入聲緝爲一部。覃談鹽添咸銜嚴凡、入聲合盍葉怗洽狎業乏爲一部。較諸顧氏益密。而仍於三百篇有未合者。今既泛濫毛詩。理順節解。因其自然。補三家部分之未備。釐平入相配之未確。定二百六部爲十七部。表於左。

弟一部
七之 十六咍
六止 十五海
七志 十九代
二十四職 二十五德

弟二部
三蕭 四宵 五肴 六豪
二十九篠 三十小 三十一巧 三十二晧
三十四嘯 三十五笑 三十六效 三十七号

弟三部
十八尤 二十幽
四十四有 四十六黝
四十九宥 五十一幼
一屋 二沃 三燭 四覺

弟四部
十九侯
四十五厚
五十候

弟五部
九魚 十虞 十一模
八語 九麌 十姥
九御 十遇 十一暮
十八藥 十九鐸

弟六部	弟七部	弟八部	弟九部
十六蒸 十七登	二十一侵 二十四鹽 二十五添	二十二覃 二十三談 二十六咸 二十七銜 二十八嚴 二十九凡	一東 二冬 三鍾 四江
四十二拯 四十三等	四十七寑 五十琰 五十一忝	四十八感 四十九敢 五十二豏 五十三檻 五十四儼 五十五范	一董 二腫 三講
四十七證 四十八嶝	五十二沁 五十五豔 五十六㮇	五十三勘 五十四闞 五十七陷 五十八鑑 五十九釅 六十梵	一送 二宋 三用 四絳
	二十六緝 二十九葉 三十怗	二十七合 二十八盇 三十一洽 三十二狎 三十三業 三十四乏	

弟十部	弟十一部	弟十二部	弟十三部
十陽 十一唐	十二庚 十三耕 十四清 十五青	十七眞 十九臻 一先	十八諄 二十文 二十一欣 二十三魂 二十四痕
三十六養 三十七蕩	三十八梗 三十九耿 四十靜 四十一迥	十六軫 二十七銑	十七準 十八吻 十九隱 二十一混 二十二很
四十一漾 四十二宕	四十三映 四十四諍 四十五勁 四十六徑	二十一震 三十二霰	二十二稕 二十三問 二十四焮 二十六慁 二十七恨
		五質 七櫛 十六屑	

	弟十四部	弟十五部	弟十六部	弟十七部
平	二十二元 二十五寒 二十六桓 二十七刪 二十八山 二仙	六脂 八微 十二齊 十四皆 十五灰	五支 十三佳	七歌 八戈 九麻
上	二十阮 二十三旱 二十四緩 二十五潸 二十六產 二十八獮	五旨 七尾 十一薺 十三駭 十四賄	四紙 十二蟹	三十三哿 三十四果 三十五馬
去	二十五願 二十八翰 二十九換 三十諫 三十一襇 三十三線	六至 八未 十二霽 十三祭 十四泰 十六怪 十七夬 十八隊 二十廢	五寘 十五卦	三十八箇 三十九過 四十禡
入		六術 八物 九迄 十月 十一沒 十二曷 十三末 十四黠 十五鎋 十七薛	二十陌 二十一麥 二十二昔 二十三錫	

弟一部弟十五部弟十六部分用說

廣韵上平七之十六咍、上聲六止十五海、去聲七志十九代、入聲二十四職二十五德爲古韵弟一部。上平六脂八微十二齊十四皆十五灰、上聲五旨七尾十一薺十三駭十四賄、去聲六至八未十二霽十三祭十四泰十六怪十七夬十八隊二十廢、入聲六術八物九迄十月十一沒十二曷十三末十四黠十五鎋十七薛爲古韵弟十五部。上平五支十三佳、上聲四紙十二蟹、去聲五寘十五卦、入聲二十陌二十一麥二十二昔二十三錫爲古韵弟十六部。

五支、六脂、七之三韵自唐人功令同用。鮮有知其當分者矣。今試取詩經韵表弟一部、弟十五部、弟十六部觀之。其分用乃截然。且自三百篇外。凡羣經有韵之文及楚騷諸子秦漢六朝詞章所用。皆分別謹嚴。隨舉一章數句無不可證。或有二韵連用而不辨爲分用者。如詩相鼠二章齒止俟、弟一部也。三章體禮死、弟十五部也。魚麗二章鱧旨弟十五部也。三章鯉有、弟一部也。板五章懠毗迷尸屎葵資師弟十五部也。六章箎圭攜、弟十六部也。孟子引齊人言雖有智慧二句、弟十五部也。雖有鎡基二句、弟一部也。屈原賦寧與騏驥抗軛二句、弟十六部也。寧與黃鵠比翼二句、弟一部也。秦琅邪臺刻石自維廿六年至莫不得意凡二十四句以始紀子理士海事富志字載意韵、弟一部也。自應時動事至莫不如畫凡十二句以帝地懈辟易畫韵、弟十六部也。倘以相鼠齒與禮死成文、魚麗鯉與旨爲韵。則自亂其例而非韵。玉裁讀坊本詩經竹竿二章泉源在左。淇水在右。女子有行。遠父母兄弟。每疑右爲古韵弟一部字。弟爲弟十五部字。二字古鮮合用。及考唐石經、宋本集傳、明國子監注疏本皆作遠兄弟父母。而後其疑豁然。三部自

唐以前分別最嚴。蓋如眞文之與庚青與侵。稍知韵理者皆知其不合用也。自唐初功令不察。支脂之同用。佳皆同用。灰咍同用。而古之畫爲三部始湮沒不傳。迄今千一百餘年言韵者莫有見及此者矣。

古七之字多轉入於尤韵中。而五支六脂則無有。此三部分別之大槩也。

職德爲弟一部之入聲。術物迄月沒曷末黠鎋薛爲弟十五部之入聲。陌麥昔錫爲弟十六部之入聲。顧氏於三部平聲既合爲一。故入聲亦合爲一。古分用甚嚴。卽唐初功令陌麥昔同用、錫獨用、職得同用。亦未若平韵之掍合五支六脂七之爲一矣。

弟二部弟三部分用說

下平三蕭四宵五肴六豪、上聲二十九篠三十小三十一巧三十二晧、去聲三十四嘯三十五笑三十六效三十七號爲古韻弟二部。十八尤二十幽、上聲四十四有四十六黝、去聲四十九宥五十一幼、入聲一屋二沃三燭四覺爲古韵弟三部。詩經及周秦文字分用畫然。顧氏誤合爲一部。江氏古韵標準既正之矣。

顧氏於平聲合二部爲一。故弟二部之字轉入於弟

三部入聲者。不能分別而箋識之也。

弟三部之入聲、顧氏割其半入魚模韵。如屋讀烏、獨讀辻之類。皆漢後之轉音。非古本音。卽以侯合魚之誤也。

弟三部弟四部弟五部分用說

下平十九侯、上聲四十五厚、去聲五十候爲古韵弟四部。上平九魚十虞十一模、上聲八語九麌十姥、去聲九御十遇十一暮、入聲十八藥十九鐸爲古韵弟五部。詩經及周秦文字分用畫然。顧氏誤合侯於魚爲一部。江氏又誤合侯於尤爲一部。皆攷之未精。顧

氏合矦於魚、其所引據皆漢後轉音。非古本音也。矦古音近尤、而別於尤。近尤故入音同尤。別於尤故合諸尤者亦非也。

弟二弟三弟四弟五部、漢以後多四部合用。不甚區分。要在三百篇故較然畫一。載馳之驅矦、不連下文悠曹憂爲一韵。山有蓲之蓲榆婁驅愉、不連下章栲杻埽考保爲一韵。南山有臺之枸楰耇後、不連上章栲杻壽茂爲一韵。左氏傳專之渝攘公之羭、不與下文薌臭爲一韵。此弟四部之別於弟三部也。株林之駒株、不與馬野爲一韵。板之渝驅、不與怒豫爲一韵。

史記甌窶滿溝、不與汙邪滿車爲一韵。此弟四部之別於弟五部也。

古弟二部之字多轉入於屋覺藥鐸韵中。弟三部之字多轉入於蕭宵肴豪韵中。弟四部之字多轉入於虞韵中。弟五部平聲之字多轉入於麻韵中。入聲之字多轉入於陌麥昔韵中。此四部分別之大㮣也。左氏傳鸜鵒童謠。首二句鵒辱及末二句鵒哭、弟三部也。羽野馬、弟五部也。跦矦襦、弟四部也。巢遙勞驕、弟二部也。一謠而可識四部之分矣。

弟五部弟十六部入聲分用說

弟五部入聲與弟十六部入聲、周秦漢人分用。晉宋而下多以弟五部入聲之字韵入於弟十六部。鄭氏合藥陌錫爲一部。未爲審矣。

弟六部獨用說

下平十六蒸十七登、上聲四十二拯四十三等、去聲四十七證四十八嶝爲古韵弟六部。自古獨用無異辭。鄭庠合諸庚青爲一部。其說甚疏。而南宋劉淵併證嶝入徑韵。元陰時夫併拯等入迥韵。爲唐功令所未議合而以臆見誤合之者。

弟七部弟八部分用說

下平二十一侵二十四鹽二十五添、上聲四十七寑五十琰五十一忝、去聲五十二沁五十五豔五十六㮇、入聲二十六緝二十九葉三十怗爲古韵弟七部。下平二十二覃二十三談二十六咸二十七銜二十八嚴二十九凡、上聲四十八感四十九敢五十二豏五十三檻五十四儼五十五范、去聲五十三勘五十四闞五十七陷五十八鑑五十九釅六十梵、入聲二十七合二十八盇三十一洽三十二狎三十三業三十四乏爲古韵弟八部。廣韵平上去入末四韵其次弟本如是。唐功令鹽添同用、咸銜同用、嚴凡同用。上聲琰忝同用、豏檻同用、儼范同用。去聲豔㮇同用、陷鑑同用、釅梵同用。入聲葉怗同用、洽狎同用、業乏同用。宋景德四年。崇文院上校定切韵五卷。明年大中祥符元年。敕改名大宋重修廣韻。同用獨用皆仍唐舊。粤三十一年爲景祐四年。修禮部韻略。以賈昌朝請。韻窄者凡十三處許令附近通用。葢合嚴於鹽添。合凡於咸銜。合儼於琰忝。合范於豏檻。合釅於豔㮇。合梵於陷鑑。合業於葉怗。合乏於洽狎。幷合欣於文。合隱於吻。合焮於問。合迄於物。又合廢於隊代。爲十有三處。今廣韻上去聲末四韻各本改同禮部韻略及集韻。與平入聲齟齬。此係禮部韻略頒行後。檢廣韻者依新例塗改。遂相沿舛謬。幸其參差不治。尚可稽尋。詳見聲韻攷。詩三百篇分用晝然。漢以後乃多合用。非三百篇卽合用也。顧氏合而一之。江氏旣正之矣。

弟九部獨用說

上平一東二冬三鍾四江。上聲一董二腫三講。去聲一送二宋三用四絳。爲古韻弟九部。古獨用無異辭。江韻音轉近陽韻。古音同東韻也。鄭庠以東冬江陽庚青蒸合爲一部。其說疏矣。

弟十部獨用說

下平十陽十一唐。上聲三十六養三十七蕩。去聲四十一漾四十二宕。爲古韻弟十部。古獨用無異辭。

弟十一部獨用說

下平十二庚十三耕十四淸十五靑。上聲三十八梗三十九耿四十靜四十一迥。去聲四十三映四十四諍四十五勁四十六徑。爲古韻弟十一部。古獨用無異辭。

弟十二部弟十三部弟十四部分用說

上平十七眞十九臻。下平一先。上聲十六軫二十七銑。去聲二十一震三十二霰。入聲五質七櫛十六屑爲古韻弟十二部。十八諄二十文二十一欣二十三魂二十四痕。上聲十七準十八吻十九隱二十一混二十二很。去聲二十二稕二十三問二十四焮二十六慁二十七恨。爲古韻弟十三部。二十二元二十五寒二十六桓二十七刪二十八山。下平二仙。上聲二十阮二十三旱二十四緩二十五潸二十六產二十八獮。去聲二十五願二十八翰二十九換三十諫三十一襉三十三線。爲古韻弟十四部。三百篇及羣經、屈賦分用晝然。漢以後用韻過寬。三部合用。鄭庠乃以眞文元寒刪先爲一部。顧氏不能深考。亦合眞以下十四韻爲一部。僅可以論漢魏閒之古韻。而不可以論三百篇之韻也。江氏考三百篇。辨元寒桓刪山仙之獨爲一部矣。而眞臻一部與諄文欣魂痕一部分用。尚有未審。讀詩經韻表而後見古韻分別之嚴。唐虞時明明上天、爛然星陳、日月光華、宏予一人、弟十二部也。南風之薰兮、可以解吾民之慍兮、弟十三部也。卿雲爛兮、禮縵縵兮、日月光華、旦復旦兮、弟十四部也。三部之分不始於三百篇矣。

弟十二部入聲質櫛韻、漢以後多與弟十五部入聲合用。三百篇分用畫然。如東方之日一章不與二章一韵、都人士三章不與二章一韵、可證。

弟十七部獨用說

下平七歌八戈九麻、上聲三十三哿三十四果三十五馬、去聲三十八箇三十九過四十禡爲古韵弟十七部。古獨用無異辭。漢以後多以魚虞之字韵入於歌戈。鄭氏以魚虞歌麻合爲一部。乃漢魏晉之韵。非三百篇之韵也。

古弟十七部之字多轉入於支韵中。

古十七部平入分配說

二十四職二十五德、陸灋言以配蒸登韵。攷毛詩古韵。爲之咍韵之入聲。

一屋二沃三燭四覺、陸灋言以配東冬鍾江韵。攷毛詩古韵。爲尤幽韵之入聲。

十八藥十九鐸、灋言以配陽唐韵。攷毛詩古韵。爲魚虞模之入聲。

二十六緝以下八韵、古分二部。其平入相配一也。

五質七櫛十六屑、灋言以配眞臻先韵。與毛詩古韵合。

六術八物九迄十月十一沒十二曷十三末十四黠十五鎋十七薛、灋言以配諄文欣元魂痕寒桓刪山仙韵。攷毛詩古韵。爲脂微齊皆灰之入聲。

二十陌二十一麥二十二昔二十三錫、灋言以配庚耕清青韵。攷毛詩古韵。爲支佳韵之入聲。

今韵同用獨用未允說

灋言二百六部、綜周秦漢魏至齊梁所積而成典型。源流正變。包括貫通。長孫納言謂爲酌古沿今。無以加者。可稱灋言素臣。如支脂之三韵、分之所以存古。類之所以適今。用意精深。後人莫測也。今韵支脂之同用。佳皆同用。灰咍同用。則弟一部弟十五部弟十

六部之界蕪。尤矦同用。則弟三部弟四部之畧泯。眞諄同用。元魂痕同用。先仙同用。則弟十二部弟十三部弟十四部之區畫靡漫。入聲質術同用。屑薛同用。則弟十二部與弟十五部相紛糅矣。唐初功令。葢沿陳隋之習而不師古。然如支與脂之同用。則唐以前上自商頌、下迄隋季未見有一篇蹈此者。唐之杜甫孰精文選及庾信諸家。故所爲近體詩用五支韵者凡二十七首。不襍脂之一字。其意葢以許敬宗所定未善也。若南宋劉淵併證嶝入徑韵。元陰時夫併拯等入迥韵。則弟六部弟十一部之大閑潰決。唐功令

所未議合而妄合之。又與平聲齟齬。其不學無術之甚矣。唐以前支韵必獨用。隨舉篇章皆足爲證。文選所載不必覼縷。卽如周興嗣千字文。上和下睦。夫唱婦隨。巳下用十韵。不襍脂之一字。庾信楊栁歌用二十七韵。不襍脂之一字。唐人之謹守六朝家法者。惟杜甫近體詩。如陪鄭廣文遊何將軍山林萬里戎王子。憶過楊栁渚二首。重過何氏山雨尊仍在一首。九日楊奉先會白水崔明府一首。贈畢四一首。元日寄韋氏妹一首。秦州襍詩唐堯眞自聖一首。過南鄰朱山人水亭一首。過故斛斯校書莊燕入非傍舍一首。送王侍御往東川放生池祖席一首。宴戎州楊使君東樓一首。雲安九日鄭十八攜酒陪諸公一首。宿昔一首。鸚鵡一首。猨一首。從驛次草堂復至東屯茅屋峽內歸田客一首。孟冬一首。和江陵宋大少府暮雨後同諸公及舍弟宴書齋一首。紫宸殿退朝口號一首。秋興昆吾御宿自逶迤一首。傷春鬭入新年語一首。贈崔十三評事公輔一首。偶題一首。同豆盧峯知字韵一首。復愁江上亦秋色一首。解悶憶過瀘戎摘荔枝一首。承聞河北諸道節度入朝歡喜口號絕句漁陽突騎邯鄲兒一首。凡五支韵必獨用。韓愈答崔立之八十二韵亦獨用五支。

古十七部本音說

三百篇音韵。自唐以下不能通。僅以爲協音。以爲合韵。以爲古人韵緩不煩改字而已。自有明三山陳第深識確論。信古本音與今音不同。如鳳鳴高岡而啁噍之喙盡息也。自是顧氏作詩本音。江氏作古韵標準。玉裁保殘守闕。分別古音爲十七部。凡一字而古今異部。以古音爲本音。以今音爲音轉。如尤讀怡。牛讀疑。丘讀欺。必在弟一部而不在弟三部者。古本音也。今音在十八尤者。音轉也。舉此可以隅反矣。

弟一部之韵。音轉入於尤。弟三部尤幽韵。音轉入於蕭宵肴豪。弟四部矦韵。音轉入於虞。弟五部魚虞模韵。音轉入於麻。弟六部蒸韵。音轉入於侵。弟七部侵

鹽韵。音轉入於覃談咸銜嚴凡。弟二部至弟五部。弟六部至弟八部。音轉皆入於東冬鍾。弟九部東冬鍾韵。音轉入於陽唐。弟十部陽唐韵。音轉入於庚。弟十一部庚耕清青韵。音轉入於眞。弟十二部眞先韵。音轉入於文欣魂痕。弟十三部文欣魂痕韵。音轉入於元寒桓刪山仙。弟十三部弟十四部。音轉皆入於脂微。弟十五部脂微齊皆灰韵。音轉入於支佳。弟十六部支佳韵。音轉入於脂齊歌麻。弟十七部歌戈韵。音轉亦多入於支佳。此音轉之大較也。

四江一韵。東冬鍾轉入陽唐之音也。不以其字襍厠之陽唐。而別爲一韵。繫諸一東二冬三鍾之後。別爲一韵。以箸今音也。繫諸一東二冬三鍾之後。以存古音也。長孫納言所謂酌古沿今者是也。其例甚善。而他部又未能準是例。惟二十幽一韵爲尤韵將轉入蕭之音。十九臻一韵爲眞韵將轉入諄之音。亦用此例之意。

說文而下。字林所載卽多說文所無。苟有合於指事象形形聲會意之法。攷文者所不廢也。三百篇後。孔子贊易。老子言道德五千餘言。用韵卽不必皆同詩。漢代用韵甚寬。離爲十七者。幾不可別識。晉宋而降。

迄於梁陳。音轉音變。積習生常。區別既多。陸韵遂定。皆古今聲音之自然。攷文者不能變今音而一反諸三代也。

古十七部音變說

古音分十七部矣。今韵平五十有七、上五十有五、去六十、入三十有四。何分析之過多也。曰音有正變也。音之斂侈必適中。過斂而音變矣。過侈而音變矣。之者、音之正也。咍者、之之變也。如同一台聲。而怡飴在之韵。咍怠在咍海韵。蕭宵者、音之正也。肴豪者、蕭宵之變也。如同一肖聲。而宵消在宵韵。梢旓在肴韵。同一高聲。敲在肴韵。蒿膏在豪韵。尤矦者、音之正也。屋者、音之變也。入聲沃燭爲正音。屋韵過侈爲音變。魚者、音之正也。虞模者、魚之變也。如都古音豬、荼古音舒之類。蒸者、音之正也。登者、蒸之變也。如去聲韵目證嶝二字。皆登聲。嶝字古音同證。侵者、音之正也。鹽添者、侵之變也。如廉古音林。占古音鍼。嚴凡者、音之正也。覃談咸銜者、嚴凡之變也。嚴凡猶第十四部之元韵。覃談咸銜猶第十四部之寒桓刪山也。侵猶第十二部之眞韵。鹽添猶第十二部之先韵。冬鍾者、音之正也。東者、冬鍾之變也。鍾爲正音。冬韵稍侈。東韵過侈。陽者、音之正也。唐者、陽之變也。耕清者、音之正也。庚青者、耕清之變也。庚音侈。青音斂。眞者、音之正也。先者、音之變也。如田古音陳、塡古音塵之類。諄文欣者、音之正也。魂痕者、諄文欣之變也。如魂云聲、雲芸妘沄在文韵。痕艮聲、垠齦在欣韵。元者、音之正也。寒桓刪山仙者、元之變也。脂微者、音之正也。齊皆灰者、脂微之

變也。支者、音之正也。佳者、支之變也。歌戈者、音之正也。麻者、歌戈之變也。大略古音多斂。今音多侈。之變爲咍。脂變爲皆。支變爲佳。歌變爲麻。眞變爲先。侵變爲鹽。變之甚者也。其變之微者、亦審音而分析之。音不能無變。變不能無分。明乎古有正而無變。知古音之甚諧矣。

古四聲說

古四聲不同今韵。猶古本音不同今韵也。攷周秦漢初之文。有平上入而無去。洎乎魏晉。上入聲多轉而爲去聲。平聲多轉爲仄聲。於是乎四聲大備。而與古不侔。有古平而今仄者。有古上入而今去者。細意搜尋。隨在可得其條理。今學者讀三百篇諸書。以今韵四聲律古人。陸德明、吳棫皆指爲協句。顧炎武之書亦云平仄通押、去入通押。而不知古四聲不同今。猶古本音部分異今也。明乎古本音不同今韵。又何惑乎古四聲不同今韵哉。如戒之音亟。慶之音羌。亯饗之音香。至之音質。學者可以類求矣。古平上爲一類。去入爲一類。上與平一也。去與入一也。上聲備於三百篇。去聲備於魏晉。或謂四聲起於永明。其說非也。永明文章。沈約謝朓、王融輩始用四聲以爲新變。五字之中、音韵悉異。一句之內、角徵不同。梁武帝不好焉。而問周捨曰。何謂四聲。捨曰。天子聖哲是也。謂如以此四字

成句。是卽行文四聲諧協之旨。非多文如梁武不知平上去入爲何物。而捨以此四字代平上去入也。取宋書謝靈運傳論及南史沈約庾肩吾陸厥傳、梁書王筠傳讀之自明。

弟二部平多轉爲入聲。弟十五部入多轉爲去聲。弟二部樂龠爵綽較虐謔藥鑿沃櫟駮的翟濯翯躍蹻熇藐削溺等字。經三百篇皆平聲。漢人不皆讀平矣。至弟十五部古有入聲而無去聲。隨在可證。如文選所載班固西都賦平原赤勇士厲而下。以厲竄穢蹷折噬殺爲韵。厲竄穢噬讀入聲。左思蜀都賦軌躅八達而下。以達出室術駟瑟恤爲韵。駟讀入聲。吳都賦高門鼎貴而下。以貴傑裔世轍設噎爲韵。貴裔世讀入聲。魏都賦均田畫疇而下。以劉翳悅世爲韵。翳世讀入聲。壘首之豪而下。以傑闕設晰裔髮爲韵。晰裔讀入聲。郭璞江賦以駄月聒𪖐豁碣爲韵。駄讀入聲。江淹擬謝法曹詩以汭別袂雪爲韵。汭袂讀入聲。擬謝臨川詩以袂設絕澈晰泬薉汭逝雪穴滅滋說爲韵。晰薉汭逝滋讀入聲。灋言定韵之前。無去不可入。至灋言定韵以後而謹守者不知古四聲矣。他部皆準此求之。

古無去聲之說。或以爲怪。然非好學深思不能知也。不明乎古四聲。則於古諧聲不能通。如李陽冰校說

文於梟字曰自非聲、徐鉉於裔字曰冏非聲是也。於古假借轉注尤不能通。如卒於畢䍐之䍐本程字之假借、顚沛之沛本跋字之假借。而學者罕知是也。

古今不同隨舉可徵說

古音聲不同今。隨舉可證。如今人兄榮字讀入東韵。佳字讀入麻韵。母富婦字讀入虞、遇韵。此音轉之徵也。子字不讀卽里切。側字不讀莊力切。此音變之徵也。上韵內之字多讀爲去韵。此四聲異古之徵也。今音不同唐音。卽唐音不同古音之徵也。

音韵隨時代遷移說

今人槩曰古韵不同今韵而已。唐虞而下。隋唐而上。其中變更正多。槩曰古不同今。尚皮傅之說也。音韵之不同。必論其世。約而言之。唐虞夏商周秦漢初爲一時。漢武帝後洎漢末爲一時。魏晉宋齊梁陳隋爲一時。古人之文具在。凡音轉、音變、四聲。其遷移之時代皆可尋究。

古音韵至諧說

明乎古本音。則知古人用韵精嚴。無出韵之句矣。明乎音有正變。則知古人咍音同之、先音同眞。本無詰屈聱牙矣。明乎古四聲異今韵。則知平仄通押、去入通押之說未爲審矣。古文音韵至諧。自唐而後昧茲三者。皆歸之協韵二字。

古音義說

字義不隨字音爲分別。音轉入於他部。其義同也。音變析爲他韵。其義同也。平轉爲仄聲。上入轉爲去聲。其義同也。今韵例多爲分別。如登韵之能爲才能。咍韵之能爲三足鼈。之韵之台爲台予。咍韵之台爲三台星。六魚之譽爲毀譽。九御之譽爲稱譽。十一暮之惡爲厭惡。十九鐸之惡爲醜惡者。皆拘牽瑣碎。未可

以語古音古義。

古諧聲說

一聲可諧萬字。萬字而必同部。同聲必同部。明乎此而部分音變平入之相配。四聲之今古不同。皆可得矣。

諧聲之字。半主義。半主聲。凡字書以義爲經。而聲緯之。許叔重之說文解字是也。凡韵書以聲爲經。而義緯之。商周當有其書。而亡佚久矣。字書如張參五經文字。爿部、茻部、䆆部以聲爲經。是倒置也。韵書如陸灋言雖以聲爲經。而同部者蕩析離居矣。

古假借必同部說

自爾雅而下。詁訓之學不外假借轉注二耑。如緇衣傳。適之館舍、粲餐也。適之館舍爲轉注。粲餐爲假借也。七月傳。壺瓠、叔拾也。叔拾爲轉注。壺瓠爲假借也。粲、壺自有本義。假借必取諸同部。故如眞文之與蒸侵、寒删之與覃談、支佳之與之咍。斷無有彼此互相假借者。

古本音不同今音。故如夏小正借養爲永。詩、儀禮借蠲爲圭。古永音同養、蠲音同圭也。古音有正而無變。故如借田爲陳、借荼爲舒。古先韵之田。音如眞韵之陳。模韵之荼、音如魚韵之舒也。古四聲不同今韵。故如借害爲曷、借宵爲小、見學記。爲肖。見漢書。古害聲如曷、小肖聲皆如宵也。故必明乎此三者。而後知假借。

古轉注同部說

訓詁之學。古多取諸同部。如仁者人也、義者宜也、禮者履也、春之爲言蠢也、夏之爲言假也、子孳也、丑紐也、寅津也、卯茂也之類。說文神字注云。天神引出萬物者也。祇字注云。地祇提出萬物者也。麥字注云。秋穜厚薶、故謂之麥。神、引同十二部。祇、提同十六部。麥、薶同弟一部也。劉熙釋名一書。皆用此意爲訓詁。

凡八千二百一十二字

表一終

古十七部諧聲表

六書之有諧聲。文字之所以日滋也。攷周秦有韵之文。某聲必在某部。至嘖而不可亂。故視其偏旁以何字爲聲。而知其音在某部。易簡而天下之理得也。許叔重作說文解字時未有反語。但云某聲某聲。卽以爲韵書可也。自音有變轉。同一聲而分散於各部各韵。如一某聲而某在厚韵。媒腜在灰韵。一每聲而悔晦在隊韵。敏在軫韵。晦痗在厚韵之類。參縒不齊。承學多疑之。要其始則同諧聲者必同部也。三百篇及周秦之文備矣。輒爲十七部諧聲偏旁表。補古六埶之散逸。類列某聲某聲。分繫於各部。以繩今韵。則本非其部之諧聲而闌入者。憭然可攷矣。

弟一部

陸韵平聲之咍、上聲止海、去聲志代、入聲職德。

絲聲　台聲　枲聲　里聲
貍聲　來聲　思聲　其聲
𦣞聲　龜聲　𠩺聲　𢾊聲
又聲　有聲　尤聲　右聲
而聲　丌聲　辺聲（與十三部近別。）　㞢聲（隸作之。）
事聲　蚩聲　市聲　某聲
才聲　𢦏聲　在聲　母聲

佩聲　久聲　臺聲　式聲
㠯聲（隸作以。）　能聲　矣聲　疑聲
亥聲　郵聲　牛聲　茲聲
茲聲　畐聲　富聲　不聲
丕聲（石經作丕。）　甾聲　巛聲　甾聲
辭聲　司聲　丘聲　采聲
友聲　否聲　音聲　宰聲
啚聲　止聲　齒聲　巳聲
己聲　耳聲　士聲　喜聲
寺聲　時聲　史聲　吏聲

負聲　畁聲（與十五部畀別。）　𦀚聲　戒聲
婦聲　舊聲　乃聲　異聲
北聲　食聲　戠聲　子聲
啻聲　意聲　再聲　葡聲
備聲　直聲　悳聲　圣聲
弋聲　則聲　賊聲　革聲
或聲　或聲　息聲　亟聲
力聲　阞聲　棘聲　嗇聲
黑聲　匿聲　畟聲　色聲
塞聲　仄聲　夨聲　𠬝聲

服聲 麥聲 克聲 㝵聲
得聲 伏聲 牧聲 墨聲
畐聲 茍聲與四部苟別。

右諧聲偏旁見於今韵他部內者、皆從弟一部轉入。

弟二部 陸韵平聲蕭宵肴豪、上聲篠小巧晧、去聲嘯笑效号。

毛聲 樂聲 皋聲 澡聲
尞聲 小聲 丿聲 少聲
㶾聲隸作票。 麃聲 㬥聲 暴聲二字隸通作暴。
大聲 芺聲 敖聲 卓聲
勞聲 龠聲 翟聲 爵聲
交聲 虐聲 高聲 喬聲
刀聲 召聲 到聲 兆聲
苗聲 䍃聲 要聲 爻聲
肴聲 𡥈聲與三部孝別。 教聲 丵聲
櫜聲 巢聲 弔聲 堯聲
䍜聲 盜聲 勺聲 隺聲
弱聲 皃聲 貌聲 梟聲
号聲 號聲 了聲 𠬪聲
皀聲

右諧聲偏旁見於今韵他部內者、皆從弟二部轉入。

弟三部 陸韵平聲尤幽、上聲有黝、去聲宥幼、入聲屋沃燭覺。

九聲 厹聲 尻聲 州聲
求聲 流聲 六聲 坴聲
鼀聲 休聲 舟聲偏旁石經作月。 𢚧聲
憂聲 汓聲 游聲 曹聲
攸聲 條聲 修聲 脩聲
肅聲 尗聲 叔聲 戚聲
爂聲 秋聲 夲聲平同。 翏聲
舀聲 髟聲 㚘聲 卯聲
丣聲 畱聲 周聲 矛聲
柔聲 敄聲 包聲 匋聲
焦聲 ⿰米焦聲 弓聲 ⿱口弓聲
壽聲 孚聲 𢆶聲 幽聲
酉聲 酋聲 臭聲 叜聲叟同。
牢聲 爪聲 叉聲古文爪。 蚤聲
丩聲 收聲 囚聲 秀聲
冃聲 曰聲 冒聲 好聲
報聲 手聲 老聲 牡聲

畜聲　畱聲　雔聲　帚聲
𦣻聲古文百。　百聲　頁聲亦古文百。　道聲
守聲　𠦒聲　𨸏聲隸作阜。　𢍏聲
缶聲　由聲　宂聲宂散字。與八部宂、十二部穴別。　戊聲
丑聲　丂聲　考聲　保聲
𤓽聲古文保。　簋聲　劉聲　肘聲
叜聲　棗聲　韭聲　夒聲隸偏旁改同憂。
臼聲　咎聲　艸聲　草聲俗作皁。
夰聲　昊聲　孝聲　祝聲
鳥聲　谷聲　角聲　族聲

屋聲　獄聲　哭聲　足聲
束聲　敕聲　匊聲　臼聲
學聲　竹聲　𥷚聲　復聲
肉聲偏旁石經作月。　告聲　育聲　毒聲
𡕥聲　賣聲　辱聲　蓐聲
𠈖聲古文夙。　曲聲　玉聲　奧聲
吉聲　㱿聲　蜀聲　木聲
珏聲　彔聲與十四部彖別。　㯟聲　逐聲
菐聲　豖聲與十五部豕別。　卜聲　攴聲隸作攵。
局聲　夙聲說文作𡖋。　鹿聲　㣎聲

𦏧聲隸作孰。　秃聲　目聲

右諧聲偏旁見於今韵他部內者、皆從弟三部轉入。

弟四部陸韵平聲侯、上聲厚、去聲候。

婁聲　句聲　朱聲　禺聲
壴聲　尌聲　廚聲　區聲
蓲聲　矦聲　几聲與十五部几別。　殳聲
需聲　須聲　俞聲　芻聲
后聲　取聲　冣聲與十五部最別。　聚聲
後聲　臾聲　侮聲　口聲

㫗聲　厚聲　付聲　府聲
𡗜聲　奏聲　丶聲　主聲
斗聲　冓聲　豆聲　具聲
扁聲　寇聲　晝聲　部聲
毘聲　斲聲

右諧聲偏旁見於今韵他部內者、皆從弟四部轉入。

弟五部陸韵平聲魚虞模、上聲語麌姥、去聲遇御暮、入聲藥鐸。

且聲　沮聲　者聲　奢聲
父聲　甫聲　尃聲與十四部專別。　浦聲

亏聲（隸作于。）竽聲 荂聲 夸聲
雩聲 瓠聲 夫聲 牙聲
叚聲（與十四部段別。）豭聲 家聲 車聲
巴聲 吳聲 虍聲 慮聲
盧聲 虘聲 虐聲 古聲
居聲 各聲 洛聲 路聲
瓜聲 烏聲 於聲（古文烏。）与聲
與聲 卸聲 御聲 亦聲
䠶聲（射同。）厺聲 亞聲 惡聲
魚聲 𩺰聲 穌聲 舍聲

余聲 涂聲 素聲 眀聲
瞿聲 襾聲 賈聲 莫聲（俗作暮。）
庶聲 度聲 席聲 麤聲
巨聲 榘聲 壺聲 奴聲
舁聲 圖聲 乎聲 乍聲
土聲 夕聲 無聲 毋聲
巫聲 石聲 疋聲（與三部足別。）馬聲
呂聲 鹵聲 下聲 女聲
処聲 羽聲 兆聲 雨聲
五聲 吾聲 予聲 午聲

許聲 戶聲 雇聲 武聲
鼠聲 黍聲 禹聲 鼓聲
鼔聲 夏聲 宁聲 舄聲
隻聲 蒦聲 旅聲 寡聲
圉聲 蠱聲 若聲 魯聲
豦聲 屰聲 㡿聲（隸作斥。俗作斥。）朔聲
凵聲 兔聲 咢聲 睪聲
擇聲 谷聲（與三部谷不同。）卻聲 𩫖聲（與十三部章別。）
𨛬聲（隸作郭。）𢧢聲（隸作戟。）乇聲 𧮬聲
䅉聲 靃聲 炙聲 白聲

帛聲 尺聲 百聲 赤聲
赦聲 赫聲 咢聲（說文作咢。）壑聲
亰聲 䨜聲 霸聲 叒聲
乇聲

右諧聲偏旁見於今韵他部內者、皆從弟五部轉入。

弟六部 陸韵平聲蒸登、上聲拯等、去聲證嶝。

瞢聲 夢聲 蠅聲 朋聲
弓聲 曾聲 升聲 𤸰聲
灷聲 朕聲 興聲 夌聲

亙聲與十四部亘別。　恆聲　丞聲　烝聲
承聲　徵聲　兢聲　厶聲古文厷。
厷聲肱同。　仌聲隸作冫。　登聲　豋聲說文作𧯠。
椉聲　仍聲　爯聲　稱聲
巹聲　䔲聲

右諧聲偏旁見於今韵他部內者、皆從弟六部轉入。

弟七部陸韵平聲侵鹽添、上聲寑琰忝、去聲沁豔㮇、入聲緝葉怗。

咸聲　鹹聲　㐭聲　林聲
心聲　今聲　念聲　金聲

酓聲　欽聲　歙聲　凡聲
風聲　𢆉聲　南聲　㚔聲與十一部幸別
⿰㚔凡聲　男聲　琴聲　彡聲
㝷聲　甚聲　音聲　兂聲
兓聲　朁聲　侵聲　錦聲
罙聲與十五部突別。　壬聲　任聲　品聲
㸒聲與二部䍃別。　淫聲　占聲　黏聲
𣥂聲隸作乏。　三聲　參聲　㦰聲
韱聲　㔾聲說文作𢎘。　氾聲　从聲
兼聲　廉聲　僉聲　閃聲

㐁聲　甛聲　冄聲　㐭聲
稟聲　審聲　弇聲　猒聲
厭聲　咠聲　戢聲　及聲
立聲　溼聲　亼聲　㬎聲
隰聲　合聲　拾聲　邑聲
雥聲　雧聲　入聲　十聲
叶聲　聶聲　習聲　燮聲
龖聲　劦聲　協聲　㚇聲
廿聲　卅聲

右諧聲偏旁見於今韵他部內者、皆從弟七部轉入。

弟八部陸韵平聲覃談咸銜嚴凡、上聲感敢豏檻儼范、去聲勘闞陷鑑釅梵、入聲合盇洽狎業乏。

函聲　臽聲　⿰舟臽聲　監聲
鹽聲　炎聲　剡聲　熊聲
焱聲　𢽼聲籀文敢字。說文作𠭥。　𠪚聲　嚴聲
广聲　詹聲　斬聲　毚聲
甘聲　奄聲　[illegible]聲　欠聲
冘聲與宂別。古宂在三部。　妾聲　甲聲　枼聲
涉聲　灋聲　業聲　疌聲

[illegible]聲　巤聲　耴聲與四部取別。　夾聲
盇聲　[illegible]聲　臿聲　籋聲
沓聲　帀聲

右諧聲偏旁見於今韵他
部內者、皆從弟八部轉入。

弟九部陸韵平聲東冬鍾江、上聲董腫講、去聲送宋用絳。

中聲　躳聲　宮聲　東聲
重聲　童聲　龍聲　公聲
蟲聲　冬聲　夅聲　降聲
隆聲　丰聲　奉聲　夆聲

逢聲　用聲　甬聲　庸聲
从聲　乑聲　囪聲　悤聲
同聲　農聲　邕聲　雝聲雍同。
宋聲　戎聲　封聲　容聲
工聲　巩聲　空聲　送聲
充聲　共聲　雙聲　冢聲
蒙聲　凶聲　匈聲　兇聲
㚇聲　宗聲　崇聲　嵩聲
豐聲　眾聲　尨聲　厖聲
竦聲　冡聲　茸聲

右諧聲偏旁見於今韵他
部內者、皆從弟九部轉入。

弟十部陸韵平聲陽唐、上聲養蕩、去聲漾宕。

王聲　行聲　衡聲　㞷聲
匡聲　往聲　狂聲　网聲
岡聲　黃聲　廣聲　昜聲
殤聲　陽聲　湯聲　爿聲
[illegible]聲　將聲　臧聲　永聲
方聲　放聲　旁聲　皇聲
亢聲　兵聲　兊聲　京聲

羊聲　羕聲　[illegible]聲　㐮聲隸作襄。
庚聲　康聲　唐聲　皀聲
鄉聲　卿聲　上聲　畺聲
彊聲　強聲　兄聲　桑聲
爽聲　刅聲與十三部刃別。　梁聲　彭聲
央聲　昌聲　囧聲　朙聲
㒳聲　兩聲　倉聲　相聲
亯聲隸作亨、享。　向聲　尚聲　堂聲
象聲　皿聲　孟聲　卬聲
慶聲　丙聲　叜聲　章聲

商聲　亡聲　㠩聲　罢聲隸作喪。
長聲　皀聲隸作良。　量聲　羕聲
誩聲　競聲　香聲　弜聲
秉聲　黽聲　䵷聲　啚聲
竝聲　允聲　匚聲
右諧聲偏旁見於今韻他部內者、皆從弟十部轉入。

弟十一部陸韻平聲庚耕清青、上聲梗耿靜迥、去聲映諍勁徑。

熒聲　丁聲　成聲　亭聲
正聲　生聲　盈聲　鳴聲

殸聲籀文磬。　壬聲與七部壬別。　廷聲　呈聲
戥聲　戴聲　青聲　鼎聲
名聲　平聲　寍聲　甯聲
甯聲　嬰聲　甹聲　敬聲
冂聲　冥聲　鼏聲　爭聲
頃聲　幵聲　并聲　貞聲
霝聲　巠聲　井聲　耿聲
冂聲古文作冋。　䍐聲　㚔聲隸作幸。　晶聲
省聲
右諧聲偏旁見於今韻他部內者、皆從弟十一部轉入。

弟十二部陸韻平聲眞臻先、上聲軫銑、去聲震霰、入聲質櫛屑。

秦聲　卂聲　人聲　儿聲古文奇字人。
粦聲　瀕聲　寅聲　丏聲
㝉聲　賓聲　𠁁聲　身聲
旬聲　粤聲　信聲　辛聲
亲聲　新聲　令聲　天聲
田聲　千聲　年聲　因聲
命聲　申聲　陳聲　電聲
仁聲　眞聲　顛聲　佞聲

匀聲　訇聲　𠕾聲　闐聲
進聲　扁聲　臣聲　臤聲
賢聲　堅聲　辡聲　弦聲
𩫖聲　民聲　隶聲　畜聲
玄聲見一先。　牽聲　引聲　矜聲
胤聲見二十一震。　八聲　佾聲　穴聲
匹聲　必聲　宓聲　瑟聲
㿝聲　普聲从白。與五部普別。今作替。　實聲　吉聲
壹聲　頡聲　質聲　七聲
壺聲　卩聲隸省點。　卽聲　節聲

日聲　疾聲　臬聲　桼聲
漆聲　至聲　室聲　畢聲
一聲　乙聲　血聲　徹聲
逸聲　印聲　𠨘聲隸作抑。　失聲
𠛰聲隸作別。

右諧聲偏旁見於今韵他部內者、皆從弟十二部轉入。

弟十三部陸韵平聲諄文欣魂痕、上聲準吻隱混很、去聲稕問焮慁恨。

先聲　辰聲　晨聲　昏聲
囷聲　㯻聲　屯聲　春聲

門聲　般聲　分聲　釁聲
虋聲　𣅀聲今作民。　西聲　垔聲
免聲　昏聲不从民。　孫聲　奔聲
貟聲　君聲　員聲　𦋹聲
鯀聲　昆聲　𦎫聲　𣪘聲隸作敦。
璊聲　川聲　雲聲　云聲
存聲　巾聲　侖聲　堇聲
壼聲　文聲　彣聲　吝聲
閔聲　豩聲　豳聲　軍聲
斤聲　刃聲　典聲　𥁕聲

溫聲　縕聲　𥁕聲　熏聲
焚聲　彬聲　豚聲　盾聲
㐱聲　舛聲　舜聲　飧聲
寸聲　筋聲　蚰聲　𦣞聲
㥯聲　隱聲　乚聲　圂聲
櫜聲

右諧聲偏旁見於今韵他部內者、皆從弟十三部轉入。

弟十四部陸韵平聲元寒桓刪山仙、上聲阮旱緩潸產獮、去聲願翰換諫襉線。

叀聲　專聲　袁聲　睘聲

釆聲與一部釆別。　𢍏聲　卷聲　𠨎聲
巽聲　厂聲　屵聲　彥聲
雁聲　鴈聲　旦聲　半聲
辛聲　言聲　泉聲　邍聲
歎聲　難聲　灥聲同原。　䜌聲
官聲　㠭聲　襄聲　㞕聲
卵聲　爰聲　反聲　閒聲
亘聲隸作亘。　宣聲　桓聲　見聲
連聲　莧聲　寬聲　丱聲張參曰。說文以為古卵字。
𢍏聲　𢐀聲隸作卷。　夗聲　宛聲

巜聲篆文作畎。　干聲　岸聲　旱聲
罕聲　妟聲　宴聲　匽聲
安聲　旻聲　㫃聲　倝聲
夗聲　亶聲　曼聲　柬聲
闌聲　蘭聲　卵聲　雚聲
單聲　患聲　奐聲　夐聲
肩聲　弁聲覍同。　田聲　貫聲
番聲　潘聲　𤔔聲　閑聲
廛聲　丹聲　焉聲　肰聲
縣聲　然聲　元聲　完聲
冠聲　肙聲　山聲　戔聲
衍聲　憲聲　㪔聲　散聲
潸聲　𣏟聲　樊聲　延聲
鬳聲　獻聲　㳄聲與十五部次別。　羨聲
緜聲　耑聲　段聲　燕聲
丸聲　虔聲　𦰩聲　鮮聲
爨聲　𠔉聲隸作𢍏。　𡨄聲隸作寒。　褰聲
姦聲　面聲　般聲　煩聲
贊聲　祘聲　彖聲　羴聲
㕣聲與九部公別。　沿聲　袁聲　班聲

建聲　算聲　𠦒聲　犬聲
刪聲　片聲　雋聲與十六部巂別。　㚘聲
允聲　爰聲　㒼聲　寽聲
㼖聲从瓦誤。　斷聲

右諧聲偏旁見於今韵他部內者、皆從弟十四部轉入。

弟十五部陸韵平聲脂微齊皆灰、上聲旨尾薺駭賄、去聲至未霽祭泰怪夬隊廢、入聲術物迄月沒曷末黠鎋薛。

妻聲　飛聲　皆聲　𠂤聲
帥聲　歸聲　厶聲與六部厶別。　私聲
夊聲　衣聲　鬼聲　畏聲
甶聲　貴聲　畾聲　眔聲
褱聲　綏聲　枚聲　几聲
禾聲與十七部禾別。　示聲　視聲　祁聲
殺聲　癹聲　豈聲　微聲
非聲　冂聲與四部口別。　韋聲　幾聲
隹聲　崔聲　唯聲　隼聲同鵻。
夷聲　匕聲　尼聲　旨聲
稽聲　耆聲　𦚏聲　尾聲
犀聲　虫聲　屖聲　眉聲

畏聲　希聲　氏聲與十六部氐別。　底聲
厎聲　隺聲　黹聲　夊聲
師聲　威聲　癸聲　比聲
皀聲　米聲　㯻聲　皋聲
罪聲　伊聲　委聲　回聲
囘聲古文回。　尸聲　次聲　戾聲
利聲　𥝢聲古文利。　黎聲　毇聲
毀聲　尒聲　爾聲　𧕧聲
豊聲與九部豐別。　𡕒聲　弟聲　𠂔聲
美聲　耒聲　此聲　火聲

水聲　矢聲　兕聲　二聲
履聲　𨽻聲　棄聲　𠦪聲
𢷎聲　兑聲　气聲　旡聲
既聲　㤅聲　𢖻聲　胃聲
吠聲　四聲　㒸聲　彖聲
季聲　采聲　惠聲　卒聲
未聲　巿聲與一部市別　位聲　率聲
朮聲　𢓊聲古文作退。　出聲　隶聲
彗聲　慧聲　凷聲　尉聲
犮聲　對聲　頪聲　類聲

內聲　孛聲　貝聲　乂聲
砅聲　蠇聲　厲聲　匃聲
曷聲　离聲　𠦬聲　丯聲
㓞聲　契聲　害聲　折聲
哲聲　帶聲　戌聲　歲聲
薉聲　外聲　世聲　貰聲
欮聲　厥聲　烕聲　祭聲
医聲　殹聲　𡿪聲　列聲
大聲　亣聲籀文大。　癹聲　發聲
伐聲　乀聲　戉聲　亅聲

叕聲　寽聲　氒聲　𠯑聲隸作舌。
聒聲　屮聲　𡵂聲　辥聲
薛聲　𣡌聲　𣟴聲　𤅊聲
桀聲　羍聲與七部夅十一部幸別。　達聲　月聲
舌聲口舌字从干。　最聲　奪聲　截聲
𣏟聲　聿聲　律聲　弗聲
㫚聲　乙聲　系聲　衰聲
妃聲　配聲　肥聲　兀聲
自聲　臬聲　白聲亦自字。與五部白別。　矞聲
朮聲𣏟省作朮。　叀聲　𠛱聲隸作制。　鼻聲

旻聲　祟聲　㱿聲　寂聲
竄聲　末聲　叏聲　勿聲
㪚聲　器聲　埶聲與七部執別。　術聲
敝聲　互聲　冏聲　彝聲
蓋聲　繼聲　會聲　巜聲
杀聲　殺聲　介聲　甶聲
畀聲从丌。　苜聲　刺聲與十六部刺別。　賴聲
骨聲　去聲　突聲　乙聲與十二部乙別。
曰聲與十二部日別。　乾聲　曶聲　址聲
㓹聲籀文銳。　罽聲　鬱聲　希聲

毳聲　歺聲　掔聲

右諧聲偏旁見於今韵他部內者、皆從弟十五部轉入。

弟十六部　陸韵平聲支佳、上聲紙蟹、去聲寘卦、入聲陌麥昔錫。

支聲　巂聲　知聲　是聲
智聲　卑聲　斯聲　乁聲
氏聲　祇聲　疧聲　厂聲
虒聲　圭聲　佳聲　厄聲
奚聲　兒聲　規聲　鴂聲
辿聲　彖聲與十四部彖別。　蠡聲从彖非。　㕣聲

𦀚聲　乚聲與十部乚別。　豸聲　麗聲
危聲　兮聲　只聲　鳶聲
益聲　蠲聲　帝聲　啻聲隸作商。與十部商別。
適聲　易聲　析聲　晳聲
朿聲與三部束別。　策聲　速聲籀文迹。　責聲隸作責。
刺聲　辟聲　鬲聲　鬻聲
鷊聲　脊聲　狊聲與三部臭別。　鶪聲
解聲　厄聲　厇聲　狄聲
迹聲　秝聲　厤聲　歷聲
役聲　鬩聲　畫聲　𠂢聲

派聲　冊聲　毄聲　繫聲
系聲　縈聲　買聲

右諧聲偏旁見於今韵他部內者、皆從弟十六部轉入。

弟十七部　陸韵平聲歌戈麻、上聲哿果馬、去聲箇過禡。

它聲　沱聲　佗聲　冎聲
咼聲　過聲　哥聲　爲聲
皮聲　丂聲　可聲　何聲
离聲　離聲　也聲　地聲
施聲　池聲　義聲　儀聲

義聲　加聲　嘉聲　多聲
𡧋聲　奇聲　猗聲　𢀩聲
麻聲　靡聲　我聲　羅聲
罹聲　詈聲　罷聲　羆聲
𠂹聲　𡍮聲　七聲與十五部別。　化聲
吹聲　ナ聲　左聲　沙聲
瓦聲　隓聲　隋聲　㙑聲
遳聲　坐聲　禾聲　和聲
龢聲　果聲　裸聲　朵聲
雈聲　貨聲　瑣聲　惢聲
臥聲　戈聲　贏聲　牛聲
䰛聲鬲同。

右諧聲偏旁見於今韵他部內者、皆從弟十七部轉入。

右十七部諧聲。凡不可知者及疑似不明者、缺之。不以會意淆。不以漢後音韵惑。溯洄沿流。什得其八九矣。　凡四千六百零一字

表二終

六書音均表三

古十七部合用類分表

今韵二百六部。始東終乏。以古韵分之。得十有七部。循其條理。以之咍職德爲建首。蕭宵肴豪音近之。故次之。幽尤屋沃燭覺音近蕭。故次之。侯音近尤。故次之。魚虞模藥鐸音近侯。故次之。是爲一類。蒸登音亦近之。故次之。侵鹽添緝葉怗音近蒸。故次之。覃談咸銜嚴凡合盇洽狎業乏音近侵。故次之。是爲一類。之二類者。古亦交互合用。東冬鍾江音與二類近。故次之。陽唐音近冬鍾。故次之。庚耕清青音近陽。故次之。是爲一類。眞臻先質櫛屑音近耕清。故次之。諄文欣魂痕音近眞。故次之。元寒桓刪山仙音近諄。故次之。是爲一類。脂微齊皆灰術物迄月沒曷末黠鎋薛音近諄元二部。故次之。支佳陌麥昔錫音近脂。故次之。歌戈麻音近支。故次之。是爲一類。易大傳曰。方以類聚。物以羣分。是之謂矣。學者誠以是求之。可以觀古音分合之理。可以求今韵轉移不同之故。可以綜古經傳假借轉注之用。可以通五方言語清濁輕重之不齊。輒依其類。表於左。

第一類

第一部　平聲之咍。上聲止海。厺聲志代。入聲職德、

第二類

第二部　平聲蕭宵肴豪。上聲篠小巧晧。厺聲嘯笑效号。

第三部　平聲尤幽。上聲有黝。厺聲宥幼。入聲屋沃燭覺。

第四部　平聲矦。上聲厚。厺聲候。

第五部　平聲魚虞模。上聲語麌姥。厺聲御遇暮。入聲藥鐸。

第三類

第六部　平聲蒸登。上聲拯等。厺聲證嶝。

第七部　平聲侵鹽添。上聲寑琰忝。厺聲沁豔㮇。入聲緝葉怗。

第八部　平聲覃談咸銜嚴凡。上聲感敢豏檻儼范。厺聲勘闞陷鑑釅梵。入聲合盍洽狎業乏。

第四類

第九部　平聲東冬鍾江。上聲董腫講。厺聲送宋用絳。

第十部　平聲陽唐。上聲養蕩。厺聲漾宕。

第十一部　平聲庚耕清青。上聲梗耿靜迥。厺聲映諍勁徑。

第五類

第十二部　平聲眞臻先。上聲軫銑。厺聲震霰。入聲質櫛屑。

第十三部　平聲諄文欣魂痕。上聲準吻隱混很。厺聲稕問焮慁恨。

第十四部　平聲元寒桓刪山仙。上聲阮旱緩潸產獮。厺聲願翰換諫襇線。

第六類

第十五部　平聲脂微齊皆灰。上聲旨尾薺駭賄。厺聲至未霽祭泰怪夬隊廢。入聲術物迄月沒曷末黠鎋薛。

第十六部　平聲支佳。上聲紙蟹。厺聲寘卦。入聲陌麥昔錫。

第十七部　平聲歌戈麻。上聲哿果馬。厺聲箇過禡。

古合韵說

古本音與今韵異。是無合韵之說乎。曰有。聲音之道。同源異派。弇侈互輸。協靈通氣。移轉便捷。分爲十七。而無不合。不知有合韵、則或以爲無韵。如顧氏於谷風之嵬萎怨、思齊之造士、抑之告則、瞻卬之鞏後、易象傳之文炳文蔚、順以從君是也。或指爲方音。顧氏於毛詩小戎之參與中韵、七月之陰與沖韵、公劉之飲與宗韵、小戎之音與膺弓縢興韵、大明之興與林心韵、易屯象傳之民與正韵、臨象傳之命與正韵、離騷之名與均韵是也。或以爲學古之誤。江氏於離騷

之同調是也。或改字以就韵。如毛詩匏有苦葉改軌爲軌以韵牡、無將大車改疷爲痻以韵塵、劉原甫欲改烝也無戎之戎爲戍以韵務是也。或改本音以就韵。如毛詩新臺之鮮顧氏謂古音徙小雅杕杜之近顧氏謂古音悸是也。其失也誣矣。

古合韵次弟近遠說

合韵以十七部次弟分爲六類求之同類爲近異類爲遠非同類而次弟相附爲近次弟相隔爲遠。

古異平同入說

入爲平委平音十七入音不能具也故異平而同入。職德二韵爲弟一部之入聲。而弟二部弟六部之入音卽此也。屋沃燭覺爲弟三部之入聲。而弟四部及弟九部之入音卽此也。藥鐸爲弟五部之入聲。而弟十部之入音卽此也。質櫛屑爲弟十二部之入聲。亦卽弟十一部之入音。術物迄月沒曷末黠鎋薛爲弟十五部之入聲。亦卽弟十三部弟十四部之入音。陌麥昔錫爲弟十六部之入聲。而弟十七部之入音卽此也。合韵之樞紐於此可求矣。

弟二部與弟一部同入說

弟二部與弟一部合用最近。毛詩儦儦俟俟。韓詩作駓駓騃騃。說文作伾伾俟俟。儦在弟二部。駓伾在弟一部也。史記太史公自序。幽厲昏亂。既喪酆鎬。陵遲至赧。洛邑不祀。祀在弟一部。鎬在弟二部。合韵也。漢書序傳。元后娠母。月精見表。遭成之逸。政自諸舅。陽平作威。誅加卿宰。母宰弟一部。表弟二部。舅弟三部。合韵也。弟二部入音同弟一部。如太史公自序。子羽暴虐。漢行功德。以弟二部之虐、合韵弟一部之德。讀如匿。上林賦以弟二部之約弱削皪藐字、合韵弟一部之飾服郁側字。約讀如意。削讀如息。弱讀如食。皪讀如力。藐讀如墨。此其同入之證也。古音多斂。自音侈變爲肴豪韵。鮮能知其入音矣。

弟六部與弟一部同入說

弟六部與弟一部合用最近。其入音同弟一部。如得來之爲登來。螟蠈之爲螟螣。得蠈在弟一部。登螣在弟六部也。陸韵以職德配蒸登。非無見矣。

弟四部與弟三部同入說

弟四部與弟三部合用最近。其入音同弟三部。

弟九部與弟三部同入說

弟九部入音同弟三部。故陸韵以屋沃燭覺配東冬鍾江也。

弟十部與弟五部同入說

弟十部入音同弟五部。故陸韵以藥鐸配陽唐也。

弟十一部與弟十二部同入說

弟十一部與弟十二部合用最近。其入音同弟十二部。如今文尚書辨秩。史記作平程。屈賦九章亦以程韵匹。又儀禮古文鼏皆爲密。今文尚書惟刑之謐哉。史記作惟刑之靜。程鼏靜在弟十一部。秩匹密謐在弟十二部也。陸韵以陌麥錫昔配庚耕清青。於音理未審。

弟十三部弟十四部與弟十五部同入說

弟十三部弟十四部與弟十五部合用最近。其入音同十五部。如黽勉爲蠠沒。亦爲蜜勿。氤氳爲壹鬱。勉氳弟十三部。沒勿鬱弟十五部也。毛詩以按徂旅。孟子作以遏徂莒。呂刑其罰百鍰。史記作其罰百率。按鍰弟十四部。遏率弟十五部也。

弟十七部與弟十六部同入說

弟十七部與弟十六部合用最近。其入音同弟十六部。

古諧聲偏旁分部互用說

諧聲偏旁分別部居。如前表所列矣。閒有不合者。如裘字求聲而在弟一部。朝字舟聲而在弟二部。牡字土聲而在弟三部。侮字每聲而在弟四部。股羖字殳聲而在弟五部。仍孕字乃聲而在弟六部。參字㐱聲而在弟七部。葉字世聲而在弟八部。送字灷聲而在弟九部。彭字彡聲而在弟十部。嬴字羸聲而在弟十一部。矜字令聲而在弟十二部。存字才聲而在弟十三部。憲字害省聲而在弟十四部。截字雀聲而在弟十五部。狄字亦省聲而在弟十六部。那字冄聲而在弟十七部。此類甚多。卽合韵之理也。

古一字異體說

凡一字異體者、卽可徵合韵之條理。以弟十六部言之。鶂或爲鷊。逖古爲逷。兒聲鬲聲狄聲易聲同在本部也。芰或爲茤。鬄或爲髢。舓或爲䑛。輗或爲𨋵。弛或爲㢮。支聲易聲兒聲虒聲在十六部。多聲也聲它聲在十七部。此可見次弟相近合用之理。鷊或爲鶍、說本相如。速改爲迹、起於李斯。鬲聲朿聲在十六部。赤聲亦聲在弟五部。此可見次弟相遠合用之理。他部皆準此求之。

古異部假借轉注說

古六書、假借以音爲主。同音相代也。轉注以義爲主。

同義互訓也。作字之始。有音而後有字。義不外乎音。故轉注亦主音。假借取諸同部者多。取諸異部者少。轉注取諸同部異部者各半。十七部爲假借轉注之維綱。學者必知十七部之分。然後可以知十七部之合。知其分、知其合。然後可以盡求古經傳之假借轉注而無疑義。異部假借。如常棣借務爲侮、大田借螣爲蟘、文王有聲借減爲洫、雨無正借荅爲對之類。異部轉注。如㤅隱也、曾重也、蒸塵也之類。方言如萌蘖之蘖、秦晉之閒曰肄。水火之火、齊言曰焜。此同部轉注假借之理也。如關西曰迎、關東曰逆。荊郊之鄙謂淫曰遙。齊魯之閒鮮聲近斯。趙魏之東實寔同聲。此異部合韵之理也。

表三　八

六書說

文字起於聲音。六書不外謠俗。六書以象形指事會意爲形。以諧聲轉注假借爲聲。又以象形指事會意諧聲爲形。以轉注假借爲聲。又以象形指事會意諧聲轉注假借爲形。以十七部爲聲。六書猶五音。十七部猶六律。不以六律不能正五音。不以十七部不能分別象形指事會意諧聲四者文字之聲韵鴻殺。而得其轉注假借。故十七部曰音均。均者、勻也。徧也。一部之內其音勻圓如一也。均韵古今字。轉注異字同義。假借異義同字。其源皆在音均。說文解字者、象形指事會意諧聲之書也。爾雅廣雅方言釋名者、轉注假借之書也。陸灋言切韵爲音韵之書。然古十七部藏薶未悟。不可以通古經傳之文。今特表而出之。箸其分合。周秦漢人詁訓之精微。後代反語、雙聲、疊韵、音紐、字母之學。胥一以貫之矣。

凡二千七百七十八字

表三　九

表三終

詩經韻分十七部表　六書音均表四

十七部之分。於詩經及羣經導其源派也。諦觀毛詩用韻。弟一部弟十五部弟十六部之分。弟二弟三弟四弟五部之分。弟十二弟十三弟十四部之分。以及入聲之分配。皆顯然不辨而自明。孟子曰。博學而詳說之。將以反說約也。宋蘇氏之言曰。參伍錯綜。八面受敵。沛然應之。而莫禦焉。顧氏詩本音。江氏古韻標準。雖以三百篇爲據依。未取三百篇之文部分而彙譜之也。玉裁紬繹有年。依其類爲之表。因其自然。無所矯拂。俾學者讀之。知周秦韻與今韻異。凡與今韻異部者、古本音也。其於古本音有齟齬不合者、古合韻也。本音之謹嚴、如唐宋人守官韻。合韻之通變、如唐宋詩用通韻。不以本音蔑合韻。不以合韻惑本音。三代之韻昭昭矣。凡本音、鐵其字之旁以識之△。凡合韻、規其字之外以識之○。

弟一部 陸韻平聲之咍、上聲止海、去聲志代、入聲職德。

絲治訧 邶綠衣三章。 霾來來思 終風二章。 思來 雄雉三章。 淇思姬謀 泉水一章。 異貽 靜女三章。 尤思之 鄘載馳四章○此篇分章從朱。 蚩絲絲謀淇丘期媒期 衛氓一章。 思哉 六章。 淇思之 竹竿一章。 期哉塒來思 王君子于役一章。 佩思來 鄭子衿二章。 鋂偲 齊盧令三章。 哉其之之思哉其之之思 魏園有桃一、二章。 梅絲期之 秦小戎二章。 梅裘哉 終南一章。 思佩 渭陽二章。 梅絲絲騏 曹鳲鳩二章。 貍裘 豳七月四章。 騏絲謀 小雅皇皇者華三章。 疚來 采薇三章。 來疚 杕杜四章。 來又 南有嘉魚四章。 臺萊基期 南山有臺一章。 來期思 白駒三章。 時謀萊矣 十月之交五章。 (膴)謀 小旻五章。 箕謀 巷伯二章。 丘詩之 七章。 來疚 大東二章。 裘試 四章。 梅尤 四月四章。 期時來 頍弁二章。 能又時 賓之初筵二章。 (呶)僛郵 四章。 牛哉 黍苗二章。 (膴)飴謀龜時茲 大雅緜三章。 絲基 抑九章。 富時疚茲 召旻五章。 牛右 周頌我將。 之思哉茲 敬之。 紑(俅)基牛鼒 絲衣。 駓騏伾期才 魯頌駉二章。 ○以上平聲。

采友 周南關雎四章○此分章從鄭。 否母 葛覃三章。 苢采苢有 芣苢一章。 苢苢 二章、三章同。 趾子 麟之趾一章。 沚事 召南采蘩一章。 子子子 殷其靁一、二、三章。 汜以以悔 江有汜一章。 矣李子 何彼禯矣二章。 裏已 邶綠衣一章。 子否否友 匏有苦葉四章。 沚以 谷風三章。 久以 旄丘二章。 子耳 四章。 齒止止俟 鄘相鼠二章。 右母 衛竹竿二章○從唐石經遠兄弟父母今本誤爲遠父母兄弟則非韻。 背痗 伯兮四章。 李玖 木瓜三章。 涘母母有 王葛藟二章。 李子子玖 丘中有麻三章。 子里杞母 鄭將仲子一章。 洧士 褰裳二章。 晦已子喜 風雨三章。 畝母 齊南山三章。 子已止 魏陟岵一章。 屺母 二章。 食食 唐有杕之

杜一、二章。采已涘右沚秦蒹葭三章。鯉子陳衡門三章。已矣
墓門一章。耜趾子畝喜豳七月一章。止杞母小雅四牡四章。杞
母杕杜三章。鯉有魚麗三章。有時六章。杞李子母子已南山
有臺三章。載喜右彤弓二章。沚喜菁菁者莪二章。里子六月二章。有
喜祉久友鯉矣友六章。芑畝試采芑一章。止試三章。有
侯友右子吉日三章。海止友母沔水一章。士止祈父二章。仕
子已殆仕節南山四章。士宰史氏十月之交四章。里痗八章。
仕殆使子使友雨無正六章。止否小旻五章。克富又小宛二章。
采負似三章。梓止母裏在小弁三章。祉已巧言二章。恥久
恃蓼莪三章。子子子子大東四章。紀仕有四月六章。杞子事

母北山一章。止起楚茨五章。理畝信南山一章。畝耔薿止士
甫田一章。止子畝喜右否畝有敏三章。戒事耜畝大田一章。
止子畝喜四章。右有有似裳裳者華四章。友喜車舝一章。否
史恥怠賓之初筵五章。識又同上。食誨載食誨載食誨載
緜蠻一、二、三章。時右大雅文王一章。已子二章。止子四章。涘止子
大明四章。止右理畝事緜四章。母婦思齊一章。造士五章。
悔祉子皇矣四章。芑仕子文王有聲八章。敏止生民一章。
祀子二章。字翼三章。秠芑秠畝芑負祀六章。時祀悔
八章。時子既醉五章。士士子八章。紀友士子假樂四章。里
有公劉六章。饎子母泂酌一章。止士使子卷阿七章。式止晦

蕩五章。時舊七章。友子抑六章。李子八章。否事耳子
十章。子止悔十二章。里喜能忌桑柔十章。紀宰氏右止
里雲漢七章。事式崧高二章。子里韓奕四章。理海江漢三章。子
似祉四章。子已六章。痗寺瞻卬三章。倍事四章。富忌五章。
茂止召旻四章。里里舊七章。鮪鯉祀福周頌潛
雝。祉母同上。以婦士耜畝載芟。耜畝良耜。始有
子魯頌有駜三章。子耳閟宮三章。熾富背試五章。○此篇分章從朱。
喜母士有祉齒八章。有始子商頌玄鳥。里止海同上。子
士長發七章。○以上上聲。
得服側周南關雎三章。革緎食召南羔羊二章。側息殷其靁二章。

側特忒鄘柏舟二章。麥北弋桑中二章。麥極載馳四章。極德
衛氓四章。側服有狐三章。麥國國食王丘中有麻二章。飾力直
鄭羔裘二章。食息狡童二章。克得得極齊南山四章。棘服魏葛
屨一章。棘食國極園有桃二章。輻側直億特食伐檀二章。
麥德國國直碩鼠二章。翼棘稷食極唐鴇羽二章。棘域息
葛生二章。棘息息特秦黃鳥一章。翼服息曹蜉蝣二章。翼服
候人二章。棘忒忒國鳲鳩三章。穋麥豳七月六章。克得伐柯一章。
福食德小雅天保五章。翼服戒棘采薇五章。牧來載棘出車
一章。棘德湛露三章。飭服急國六月一章。則服二章。翼服服
國三章。翼奭服革采芑二章。葍特富異我行其野三章。翼棘

革斯干四章。特克則得力正月七章。輻載意九章。德國雨無正一章。蜮得極側何人斯八章。食北巷伯六章。德極蓼莪四章。載息大東三章。來服四章。息國北山四章。息直福小明五章。棘稷翼億食祀侑福楚茨一章。祀食福式稷敕極億四章。備戒告五章。翼或穡食信南山三章。螣賊大田二章。祀黑稷祀福四章。翼福鴛鴦二章。棘極國青蠅二章。福德賓之初筵四章。息暱極菀柳一章。側極緜蠻三章。翼國大雅文王三章。億服四章。德福七章。翼福國大明三章。直載翼緜五章。載備祀福旱麓四章。德色革則皇矣七章。亟來囿伏靈臺二章。式則下武三章。德服四章。北服文王有聲六章。匐嶷食生民四章。

表四　五

背翼福行葦八章。○此分章從鄭。德福既醉一章。子德假樂一章。克福億二章。翼德翼則卷阿五章。息國極慝德民勞三章。服德力蕩三章。國德德側四章。告則抑二章。賊則八章。國忒德棘十二章。穡食桑柔六章。賊國力七章。極背克力十五章。德直國崧高八章。則德蒸民一章。德則色翼式力二章。棘極江漢三章。德國六章。戒國常武一章。翼克國五章。塞來六章。忒背極慝識織瞻卬三章。稷極周頌思文。德則魯頌泮水四章。德服馘五章。稷福穋麥國穡閟宮一章。忒稷三章。國福商頌殷武四章。翼極五章。○以上入聲。

古本音

訧尤聲在此部。詩綠衣一見。今入尤。尤尤聲在此部。詩載馳、四月二見。周易六見。今入尤。郵郵聲在此部。詩賓之初筵一見。今入尤。謀某聲在此部。詩泉水、氓、皇皇者華、巷伯、緜五見。左傳三見。今入尤。丘丘聲在此部。詩氓、巷伯二見。左傳一見。戰國策齊謠與箕頤能韻。今入尤。裘裘聲在此部。詩終南、七月、大東三見。左傳一見。學記一見。今入尤。疚久聲在此部。詩采薇、杕杜、大東、召旻四見。今入宥。又又聲在此部。詩南有嘉魚、小宛、賓之初筵四見。今入宥。牛牛聲在此部。詩黍苗、我將、絲衣三見。易一見。屈賦二見。今入尤。龜龜聲在此部。詩緜一見。易頤初九與頤韻。漢褚少孫所引古傳下有靈龜與上有免絲韻。今入尤。始見於史記龜策傳、班固幽通賦、李尤辟廱賦、宋讀曲歌。紑不聲在此部。詩絲衣一見。今入尤。富畐聲在此部。詩我行其野、小宛、瞻卬、召旻、閟宮五見。易三見。今入宥。友友聲在此部。詩關雎、匏有苦葉、六月、吉日、沔水、雨無正、車舝、假樂、抑九見。左傳閔二年與右韻。屈賦橘頌與理韻。今入有。否否聲在此部。詩葛覃、匏有苦葉、小旻、甫田、賓之初筵、抑七見。易二見。今入有。有又聲在此部。詩芣苢、葛藟、魚麗、吉日、四月、甫田、裳裳者華、公劉、有駜、閟宮、玄鳥十二見。屈賦一見。今入有。右右聲在此部。詩竹竿、蒹葭、彤弓、吉日、甫田、裳裳者華、文王、緜、雲漢、我將十見。左傳一見。今入有、宥。玖久聲在此部。詩木瓜、丘中有麻二見。說文云讀若芑。今入有。久久聲在此部。詩旄丘、六月、蓼莪三見。

表四　六

易二見。今入有。負負聲在此部。詩小宛、生民二見。周書金縢丕子之責、史記作負子。古負音近丕。今入有。婦婦聲在此部。詩思齊、載芟二見。屈賦一見。今入有。秠丕聲在此部。詩生民二見。今入有。侑有聲在此部。詩楚茨一見。今入宥。舊舊聲在此部。詩蕩、召旻二見。今入宥。服及聲在此部。詩關雎、有狐、葛屨、蜉蝣、候人、采薇、六月、采芑、大東、文王、下武、文王有聲、蕩、泮水十六見。易四見。士冠禮三見。公冠篇一見。武王踐阼篇一見。爾雅釋訓一見。今入屋。輻畐聲在此部。詩伐檀、正月二見。今入屋。福畐聲在此部。詩天保、小明、楚茨、大田、鴛鴦、賓之初筵、文王、大明、旱麓、行葦、既醉、假樂、潛、閟宮、殷武十四見。易五見。士冠禮一見。公冠篇一見。考功記梓人一見。爾雅釋訓一見。今入屋。牧牧聲在此部。詩出車一見。易一見。屈賦一見。今入屋。或或聲在此部。詩信南山一見。公冠篇與祿服德福極韻。今入屋。囿有聲在此部。詩靈臺一見。讀如弋。司馬相如封禪文與喜韻。張衡東京賦與事備韻。讀如以。今入宥韻、屋韻。蓋昉於景差大招、劉向九歎。伏伏聲在此部。詩靈臺一見。易一見。今入屋。葍畐聲在此部。詩我行其野一見。今入屋。匐畐聲在此部。詩生民一見。今兼入屋。祐右聲在此部。易二見。今入宥。○母母聲在此部。詩葛覃、竹竿、葛藟、將仲子、南山、陟岵、四牡、杕杜、南山有臺、沔水、小弁、蓼莪、北山、思齊、泂酌、雝、閟宮十七見。今入厚。畝本作畮。每聲在此部。詩南山、七月、采芑、信南山、甫田、大田、緜、生民、載芟、良耜十二見。今入厚。○能 㠯聲在此部。詩賓之初筵一見。易二見。今兼入登等。○敏 毎聲在此部。詩甫田、生民二見。今入軫。暱 匿聲在此部。詩菀柳一見。今入質。○霾 貍聲在此部。詩終風一見。今入皆。始見於顏延之和謝靈運一首韵迷萋泥淮偕懷等字。鋂 毎聲在此部。詩盧令二見。今入灰。媒 某聲在此部。詩氓一見。屈賦二見。今入灰。梅 毎聲在此部。詩終南、鳲鳩、四月三見。今入灰。龜 龜聲在此部。今又入脂。始見於曹植七啟與歸機飛韵。駓 丕聲在此部。詩駉一見。招魂與騖牛災韵。今入脂。伾 丕聲在此部。詩駉一見。今入脂。否 否聲在此部。今又入旨。悔 毎聲在此部。詩江有汜、皇矣、生民、抑四見。屈賦二見。今入賄、入隊。洧 有聲在此部。詩褰裳一見。今入旨。晦 毎聲在此部。詩風雨、蕩二見。今入賄、入隊。秠 丕聲在此部。今又入脂、入旨。鮪 有聲在此部。詩潛一見。今入旨。佩 佩聲在此部。詩子衿、渭陽二見。屈賦四見。今入隊。痗 毎聲在此部。詩伯兮、十月之交二見。今入隊。戒 戒聲在此部。詩采薇、楚茨、大田、常武四見。易一見。屈賦二見。秦泰山刻石文與治誨志事嗣韵。今入怪。背 北聲在此部。詩伯兮、行葦、桑柔、瞻卬、閟宮五見。今入隊。誨 毎聲在此部。詩緜蠻、瞻卬四見。左傳一見。秦泰山刻石文與治志事嗣戒韵。今入隊。畮 母聲在此部。左傳僖二十八年與謀韵。今入灰。鄙 啚聲在此部。屈賦一見。今入旨。怪 圣聲在此部。屈賦二見。今入怪。

薶 貍聲在此部。左傳一見。今入皆。備 葡聲在此部。詩楚茨、旱麓二見。易一見。屈賦一見。今入至。憊 備聲在此部。易二見。今入怪。○革 革聲在此部。詩羔羊、采芑、斯干、皇矣四見。易三見。秦琅邪臺刻石文與得極福殖賊式韵。今入麥。麥 麥聲在此部。詩桑中、載馳、丘中有麻、碩鼠、閟宮五見。今入麥。馘 或聲在此部。詩泮水一見。今入麥。

古合韵

俅 本音在弟三部。絲衣以韵紑基牛鼒。造 本音在弟三部。乾象傳與道咎（仌）首韵是也。思齊以韵士。此正古合韵。而顧氏云無韵矣。考古弟一部與弟三部合用。不可枚數。如老子持而盈之節已保守咎道爲韵。屈原惜往日佩好代意爲韵。遠遊疑浮爲韵。賈誼鵩鳥賦憂疑爲韵。班彪北征賦憂盬災爲韵。班婕妤自悼賦以時思詩鄙茲滋災期韵周求幽流休。又以綦期之韵流憂浮休。曹全碑以首韵里紀市圮。皆之咍與尤幽合韵。而支脂二部合尤幽者絕少。是以之咍部內字多轉入於尤韵。而支脂二部內字未嘗轉入於尤韵。知古合韵即音轉之權輿也。顧氏之與脂與支三部。尤與蕭二部。皆混合不分。於思齊之造士。召旻之茂止。七月之穋麥。抑之告則。楚茨之備戒告。皆不得其韵。於漢人合用。皆指爲混讀。以爲誤之最多者無若班婕妤自悼賦。蓋惟不知其分。又以不知其合矣。茂 本音在弟三部。詩五見。召旻以韵止。正古合韵。而顧氏亦云無韵。告 本音在弟三部入聲。詩四見。楚茨以韵備戒。抑以韵則。爾雅釋訓以韵忒食則慝。正古合韵。顧氏於抑二章則云無韵。於楚茨五章則以備戒位爲韵。不知備戒字今韵在弟十五部。古韵在弟一部。弟一部與弟三部音近。是以備戒與告合韵。位字古今音皆在弟十五部。與弟一部備戒字次第相遠而少通矣。穋 本音在弟三部。七月以韵麥。閟宮以韵稑福麥國穡。讀如力。祿 本音在弟三部。公冠篇以韵彧服德極。讀如力。毒 本音在弟三部。爾雅釋訓以韵德忒食。讀如極。鞠 本音在弟三部。爾雅釋訓以韵慝職。屈賦懷沙以韵默。讀如亟。○膴 本音在弟五部。小旻以韵謀。縣以韵飴謀龜時茲。古合韵也。韓詩小旻作民雖靡膴。縣作周原膴膴。則用本韵而非合韵。呶 本音在弟五部。賓之初筵以韵傲郵。讀如疑。○螣 本音在弟六部。音賸。大田假借爲螣字。以韵賊。此合韵也。說文引詩作去其螟螣。則在本韻。○急 本音在弟七部。六月以韵飭服熾國。爾雅釋訓以韵福極德直力服息。讀如亟。○用 本音在弟九部。易剝象傳以韵災尤。載豐象傳以韵災志事。讀如以。亦古合韵。○節 本音在弟十二部。離騷合韵服字。讀如側。此今韵即喞字入職韵之所因也。○世 本音在弟十五部。讒鼎銘旦顯爲韵。世息合韵。錢辛楣詹事說。出 本音在弟十五部。屈賦思美人合韵佩異態竢。沫 本音在弟十五部。離騷合韵茲字。○氏 本音在弟十六部。十月之交以韵士宰史。雲漢以韵紀宰右止里。亦古合韵也。荀子寶珍隨珠不知佩兮。佩亦弟十六部字。而以韵異媒之。亦弟一部與弟十六部合韵。

弟二部 陸韵平聲蕭宵肴豪、上聲篠小巧晧、去聲嘯笑效号。

芼樂 周南關雎五章。藻潦 召南采蘋一章。悄小少摽 邶柏舟四章。暴笑敖悼 終風一章。夭勞 凱風一章。籥翟爵 簡兮三章。旄郊 鄘干旄一章。綽較謔虐 衛淇奧三章。敖郊驕鑣朝勞 碩人四章。勞朝暴笑悼 氓五章。刀朝 河廣二章。桃瑤 木瓜二章。苗搖 王黍離一章。樂樂 君子陽陽一、二章。消麃喬搖 鄭清人二章。漂要 蘀兮一章。樂謔藥樂謔藥 溱洧一、二章。倒召 齊東方未明一章。驕忉 甫田一章。（滔）儦敖 載驅四章。桃殽謠驕 魏園有桃一章。苗勞郊郊號 碩鼠三章。鑿襮沃樂 唐揚之水一章。鑣驕 秦駟驖三章。櫟駮樂晨風二章。巢苕忉陳防有鵲一章。皎僚糾悄月出一章。炤燎紹慘三章。搖朝忉檜羔裘三章。膏曜悼飃嘌弔匪風一章。苗膏勞曹下泉一章。葽蜩豳七月四章。譙消翹搖嘵鴟鴞三章。消作脩。譌。○蒿昭恌傚敖小雅鹿鳴二章。郊旄旄出車二章。罩樂南有嘉魚一章。苗囂旄敖車攻三章。嗷勞驕鴻雁三章。苗朝搖白駒一章。沼樂炤虐殽正月十一、十二章。勞囂十月之交七章。盜暴巧言三章。蒿勞蓼莪一章。號勞北山五章。刀毛膋信南山五章。鷮敎車舝二章。的爵賓之初筵一章。藻鎬魚藻一章。二、三章同。敎傚角弓二章。瀌消驕七章。苗膏勞黍苗一章。沃樂隰桑二章。高勞朝漸漸之石一章。燎勞大雅旱麓五章。廟保思齊三章。濯翯沼躍靈臺三章。舟瑤刀公劉二章。寮囂笑蕘板三章。虐謔蹻耄謔熇藥四章。昭樂懆藐敎虐耄抑十一章。○吳棫曰。開元中修五經文字。我心慘慘爲懆。削爵濯溺桑柔五章。藐蹻濯崧高四章。到樂韓奕五章。苗麃周頌載芟。樂樂樂魯頌有駜一、二、三章。藻蹻蹻昭笑敎泮水二章。○以上平聲。

古本音

襮暴聲在此部。詩唐揚之水一見。今入沃。暴暴聲在此部。詩終風、巧言三見。今兼入屋。沃芺聲在此部。詩唐揚之水、隰桑二見。韓詩外傳載夏臣之歌與樂蹻韻。今入沃。熇高聲在此部。詩板一見。今入沃。翯高聲在此部。詩靈臺一見。今入覺。較爻聲在此部。詩淇奧一見。今入覺。駮爻聲在此部。詩晨風一見。今入覺。濯翟聲在此部。詩靈臺、桑柔、崧高三見。爾雅釋魚。蜃小者珧。陸德明曰。珧。衆家本皆作濯。知濯古音同珧也。今入覺。弟二部古多平聲。今多轉入他部爲入聲矣。樂樂聲在此部。詩關雎、

溱洧、唐揚之水、晨風、南有嘉魚、正月、隰桑、抑、韓奕九見。離騷與遊韻。遠遊與撟韻。今入覺。邈貌聲在此部。屈賦一見。今入覺。藐貌聲在此部。詩抑、崧高二見。今入覺。○龠龠聲在此部。詩簡兮一見。今入藥。爵爵聲在此部。詩簡兮、賓之初筵、桑柔三見。今入藥。綽卓聲在此部。詩淇奧一見。今入藥。虐虐聲在此部。詩淇奧、正月、板、抑四見。今入藥。謔虐聲在此部。詩淇奧、溱洧、板四見。今入藥。藥樂聲在此部。詩溱洧、板三見。今入藥。櫟樂聲在此部。詩晨風一見。今入藥。濯翟聲在此部。今又入藥。躍翟聲在此部。詩靈臺一見。今入藥。蹻喬聲在此部。詩板、崧高、泮水四見。今兼入藥。溺弱聲在此部。詩桑柔一見。今入藥。削肖聲在此部。詩桑柔一見。今入藥。鑿鑿聲在此部。詩唐揚之水一見。宋玉九辯與固敎樂高韻。今入鐸。樂樂聲在此部。今又入鐸。熇高聲在此部。今又入鐸。襮暴聲在此部。今又入鐸。○按簡兮三章、淇奧三章、溱洧一二章、唐揚之水一章、靈臺三章、板四章、抑十一章皆弟二部平聲苟列之弟五部入聲。斯鉏鋙而不類矣。○翟翟聲在此部。詩簡兮一見。今入陌。趯翟聲在此部。詩草蟲首二句喓喓趯趯爲韵。今入錫。櫟樂聲在此部。今又入錫。的勺聲在此部。詩賓之初筵一見。今入錫。弔弔聲在此部。詩匪風一見。今兼入錫。溺弱聲在此部。今又入錫。

古合韵

滔本音在弟三部。江漢與浮游求韵是也。載驅四章合韵儦敖字。糾本音在弟三部。月出一章合韵皎僚悄字。蜩本音在弟三部。王褒九懷與州脩牛流休悠浮求幬幬怞韵是也。七月四章合韵葽字。譙本音在弟三部。鴟鴞以韵消翹搖嘵字。保本音在弟三部。詩四見。思齊三章合韵廟字。舟本音在弟三部。公劉二章合韵瑤刀字。○慘本音在弟七部。月出合韵照燎紹字。

弟三部

陸韵平聲尤幽、上聲有黝、去聲宥幼、入聲屋沃燭覺。

鳩洲逑周南關雎一章。流求二章。逵仇兔罝二章。休求漢廣一章。舟流憂游邶柏舟一章。舟游求救谷風四章。漕悠游憂泉水四章。悠漕憂鄘載馳一章。滺舟游憂衛竹竿四章。憂求憂求憂求王黍離一、二、三章。脩歗歗淑中谷有蓷二章。蕭秋采葛二章。潚膠瘳鄭風雨二章。○潚作瀟。譌。休慆憂休唐蟋蟀三章。聊條

聊條椒聊二章。一、周游有杕之杜二章。收輈秦小戎一章。袍矛
仇無衣一章。荍椒陳東門之枌三章。蕭周曹下泉二章。茅綯豳七
月七章。銶遒休破斧三章。裒求小雅常棣二章。柔憂采薇二章。
舟浮休菁菁者莪四章。矛讎節南山八章。憂休十月之交八章。流
休雨無正五章。觩柔敖求桑扈四章。浮流髦憂角弓八章。幽
膠隰桑三章。茅猶白華一章。臭孚大雅文王七章。求孚下武二章。
揄蹂叜浮生民七章。曹牢匏公劉四章。游休酋卷阿二章。休
逑怓憂休民勞二章。柔劉憂桑柔一章。浮滔游求江漢一章。
游騷常武三章。苞流五章。收瘳瞻卬一章。優憂六章。觩柔
敖休周頌絲衣。陶囚魯頌泮水五章。觩搜七章。球旒休絿柔

表四　十一

優酋商頌長發四章。○以上平聲。
昴裯猶召南小星二章。包誘野有死麕一章。冒好報邶日月二章。
手老擊鼓四章。軓牡匏有苦葉二章。○從考工記注、禮記正義、唐石經作軓。改爲軌以韵
牡者、非也。慉讎售谷風五章。埽道道醜鄘牆有茨一章。報好報
好報好衛木瓜一、二、三章。陶翿敖王君子陽陽二章。孚造憂覺
兔爰二章。好造鄭緇衣二章。狩酒酒好叔于田二章。鴇首手
阜大叔于田三章。軸陶抽好清人三章。手魗好遵大路二章。酒
老好女曰雞鳴二章。好報三章。茂道牡好齊還二章。栲杻埽
考保唐山有樞二章。晧繡鵠憂揚之水二章。褎究好羔裘二章。
好好有杕之杜二章。阜手狩秦駟驖一章。阜手小戎二章。簋飽

權輿二章。缶道翿陳宛丘三章。晧懰受慅月出二章。棗稻酒
壽豳七月六章。蚤韭八章。務戎小雅常棣四章。埽簋牡舅咎
伐木二章。壽茂天保六章。留酒魚麗一章。二、三章同。栲杻壽茂南山
有臺四章。草考湛露二章。櫜好醻彤弓三章。讎老猶醜采芑四章。
好阜草狩車攻二章。戊禱好阜阜醜吉日一章。苞茂好
猶斯干一章。卯醜十月之交一章。猶集咎道小旻三章。道草擣
老首小弁二章。醻究七章。好草巷伯五章。受昊六章。酒咎
北山六章。鼛洲妯猶鼓鐘三章。飽首考楚茨六章。酒牡考信南
山五章。阜好莠大田二章。首阜舅頍弁三章。首酒魚藻三章。
首酒瓠葉二章。三章同。首炰酒醻四章。首罶飽苕之華三章。

表四　十二

草道何草不黃四章。槱趣大雅棫樸一章。欲孝文王有聲三章。道草
茂苞褎秀好生民五章。祝究蕩三章。酒紹抑三章。苟讎
報六章。寶好桑柔六章。寶保崧高五章。考保烝民三章。道考
韓奕一章。首休考壽江漢六章。福保烈文。牡考周頌雝。壽
考同上。壽保載見。造疚考孝閔予小子。鳥蓼小毖。糾趙
蓼朽茂良耜。牡酒魯頌有駜二章。茆酒酒老道醜泮水三章。○
以上上聲。
谷谷周南葛覃一、二章。角族麟之趾三章。角屋獄獄足召南行露
二章。樕鹿束玉野有死麕二章。鞫覆育毒邶谷風五章。束讀
讀辱鄘牆有茨三章。祝六告干旄三章。陸軸宿告衛考槃三章。

告鞫齊南山三章。曲藚玉玉族魏汾沮三章。匊篤唐椒聊二章。六燠無衣二章。驅續轂馵玉曲秦小戎一章。薁菽豳七月六章。屋穀七章。蜀宿東山一章。陸復宿九罭三章。谷木小雅伐木一章。穀祿足天保二章。穀玉鶴鳴二章。谷束玉白駒四章。穀椉穀族黃鳥一章。蓫宿畜復我行其野二章。祿僕祿屋正月三章。屋穀祿椓獨十三章。梟獄卜穀小宛五章。木谷六章。鞫畜育復腹蓼莪四章。濁穀四月五章。奧蹙菽戚宿覆小明三章。奏祿楚茨六章。霂渥足穀信南山二章。木附猷屬角弓六章。綠匊局沐采綠一章。束獨白華一章。夙育稷大雅生民一章。俶告既醉三章。祿僕七章。鹿穀谷桑柔九章。迪復毒十一

章。谷穀垢十二章。肅穆周頌雝。角續良耜。〇以上入聲。

古本音

漕𣍘聲在此部。詩泉水、載馳二見。今入豪。歗肅聲在此部。詩中谷有蓷一見。今入嘯。蕭肅聲在此部。詩采葛、下泉二見。九歌山鬼與憂韵。今入蕭。潚肅聲在此部。詩風雨一見。今兼入蕭。膠翏聲在此部。詩風雨、隰桑二見。今入有。慆舀聲在此部。詩蟋蟀一見。今入豪。聊丣聲在此部。詩椒聊一見。戰國策民無所聊與上下相愁韵。今入蕭。條攸聲在此部。詩椒聊一見。今入蕭。袍包聲在此部。詩無衣一見。今入豪。荍收聲在此部。詩東門之枌一見。張參五經文字云勤由反。今入宵。椒叔聲在此部。詩東門之枌一見。今入宵。茅矛聲在此部。詩七月、白華二見。離騷與茜韵。今入肴。綯匋聲在此部。詩七月一見。今入豪。舀舀聲在此部。詩生民或揄、說文引作或舀。今兼入小。曹㯥聲在此部。詩公劉一見。劉安招隱士與茜咆茜韵。今入豪。牢牢聲在此部。詩公劉一見。今入豪。匏包聲在此部。詩公劉一見。今入肴。滔舀聲在此部。詩江漢一見。今入豪。騷蚤聲在此部。詩常武一見。今入豪。苞包聲在此部。詩斯干、生民、常武三見。今入肴。陶匋聲在此部。詩君子陽陽、清人、泮水三見。今入宵、豪。昴卯聲在此部。詩小星一見。今入巧。包包聲在此部。詩野有死麕一見。今入肴。冒冃聲在此部。詩日月一見。今入号。好好聲在此部。詩日月、木瓜、緇衣、叔于田、清人、遵大路、女曰雞鳴、還、羔裘、彤弓、吉日、斯干、巷伯、大田、生民、桑柔十七見。洪範一見。今入晧、号。報報聲在此部。詩日月、木瓜、女曰雞鳴、抑六見。國語一見。今入号。老老聲在此部。詩擊鼓、女曰雞鳴、采芑、小弁、泮水五見。今入晧。埽埽聲在此部。詩牆有茨、山有樞、伐木三見。今入晧、号。道道聲在此部。詩牆有茨、還、宛丘、小旻、小弁、何草不黃、生民、韓奕、泮水九見。洪範一見。易十六見。左傳一見。今入晧。翿𣪘聲在此部。詩君子陽陽、宛丘二見。今入号。造告聲在此部。詩兔爰、緇衣、閔予小子三見。易一見。今入晧、号。鴇𠤏聲在此部。詩大叔于田一見。今入晧。栲考聲在此部。詩山有樞、南山有臺二見。陸璣云許叔重讀若糗。今入晧。考丂聲在此部。詩山有樞、湛露、楚茨、信南山、蒸民、韓奕、江漢、雝、閔予小子十見。易二見。越語上帝不考與時反時守韵。今入晧。保保聲在此部。詩山有樞、崧高、蒸民三見。今入晧。晧告聲在此部。詩唐揚之水、月出二見。今入晧。飽包聲在此部。詩權輿、楚茨、苕之華三見。易一見。今入巧。稻舀聲在此部。詩七月一見。今入晧。覺學聲在此部。詩兔爰一見。左傳哀二十一

年與皋蹈憂韵。今兼入效。慅蚤聲在此部。詩月出一見。今入晧。棗棗聲在此部。詩七月一見。今入晧。蚤叉聲在此部。詩七月一見。今入晧。櫜咎聲在此部。詩彤弓一見。今入豪。茆丣聲在此部。詩泮水一見。廣韵云說文作茆音柳。今兼入巧。草艸聲在此部。詩湛露、車攻、小弁、巷伯、何草不黃、生民六見。左傳襄四年與州道擾獸牡韵。今入晧。禱壽聲在此部。詩吉日一見。今入晧、号。卯卯聲在此部。詩十月之交一見。今入巧。檮壽聲在此部。詩小弁一見。今入晧。昊夰聲在此部。詩巷伯一見。今入晧。鼛咎聲在此部。詩鼓鐘一見。今入豪。皁草聲在此部。詩大田一見。今入晧。炮包聲在此部。詩瓠葉一見。今入肴。孝孝聲在此部。詩文王有聲、閔予小子二見。今入效。寶缶聲在此部。詩桑柔、崧高二見。今入晧。鳥鳥聲蓋在此部。詩小毖一見。今入篠。蓼翏聲在此部。詩良耜一見。今入篠。奧奧聲在此部。詩小明一見。今兼入号。燠奧聲在此部。詩唐無衣一見。今兼入号。告告聲在此部。詩干旄、考槃、南山、既醉四見。今兼入号。擾夒聲在此部。應劭音柔。左傳一見。今入小。皋皋聲在此部。左傳一見。今入豪。蹈舀聲在此部。左傳一見。今入號。竈竈聲在此部。論語與奧韵。周官經大祝二曰造、故書作竈。今入号。巧丂聲在此部。屈賦一見。今入巧。嫂叜聲在此部。屈賦一見。今入晧。〇牡牡聲在此部。詩還、伐木、信南山、雝、有駜五

見左傳襄四年與州道艸擾獸韵。今入厚。**茂**戊聲在此部。詩還南山有臺、斯干、生民、良耜五見。今入候。**戊**戊聲在此部。詩吉日一見。今入候。○**孚**孚聲在此部。詩文王、下武二見。今入虞。**孚**孚聲在此部。詩兔爰一見。今入虞。**務**敄聲在此部。詩常棣一見。今入遇。**鼻**鼻聲在此部。詩小戎一見。集韵三燭內有此字。是也。今入遇。**裕**谷聲在此部。易一見。今入遇。○**逵**坴聲在此部。詩兔罝一見。王粲從軍行與愁丘由流舟游收憂疇休留韵。古馗逵同字。讀若仇。鮑照蕪城賦崢嶸古馗韵塗鹿狐趨雛鳶字。讀如衢。後人誤以爲韵衰感飛依頹摧字。入脂韵。○顧氏以逵在脂韵爲本音。讀仇如其。以合之。誤。**簋**簋聲在此部。詩權輿、伐木二見。今入旨。○**戚**尗聲在此部。詩小明一見。今入錫。**迪**由聲在此部。詩桑柔一見。陸雲王牟二公詩亦音軸。今入錫。**覿**賣聲在此部。易一見。今入錫。

古合韵

久本音在弟一部。詩三見。易二見。而臨象傳韵道。乾象傳韵道咎造首。大過象傳韵醜咎。離象傳韵咎道。凡四見。此古合韵也。聲音之道、隨時變遷。孔子贊易時與三百篇音韵稍異。是以一久字而同詩者二見、異詩者四見也。**福**本音在弟一部。烈文合韵保字。**疚**本音在弟一部。閔予小子合韵造考孝字。**在**本音在弟一部。屈賦天問合韵守字。**稷**本音在弟一部。生民合韵夙育字。○**敖**本音在弟二部。君子陽陽合韵陶翿字。**髦**本音在弟二部。角弓合韵浮流憂字。**趙**本音在弟二部。良耜與糾蓼朽茂合韵。攷工記鄭注引其鎛斯捎、則在本韵。**紹**本音在弟二部。抑與酒合韵。○**揄**本音在弟四部。生民合韵蹂叟浮字。說文引作或舀、則在本韵。**趣**本音在弟四部。棫樸合韵槱字。**苟**本音在弟四部。抑與讎報合韵。**驅**本音在弟四部。小戎合韵續轂馵玉曲字。張衡東京賦亦以驅燭屬爲韵。**附**本音在弟四部。角弓與木猷屬合韵。**奏**本音在弟四部。楚茨合韵祿字。**垢**本音在弟四部。桑柔合韵谷穀字。○**怓**本音在弟五部。民勞合韵休逑憂字。○**軓**本音在弟七部。匏有苦葉合韵牡字。讀如阜。周官經立當前矦、說文作前軓。**集**本音在弟七部。小旻合韵猶咎道字。讀如就。**任**本音在弟七部。屈賦橘頌合韵醜字。讀如蹂。○**戎**本音在弟九部。常棣合韵務字。**龍**本音在弟九部。屈賦天問合韵遊字。讀如霤。

弟四部　陸韵平聲矦、上聲厚、去聲候。

蔞駒周南漢廣三章。**姝偶蹢**邶靜女一章。**驅矦**載驅一章。**殳驅**衛伯兮一章。**濡矦渝**鄭羔裘一章。**樞榆婁驅愉**唐山有樞一章。**芻隅逅逅**綢繆二章。**駒株**陳株林一章。**駒濡驅諏**小雅皇皇者華二章。**隅趨**緜蠻二章。**渝驅**大雅板八章。**隅愚**抑一章。○以上平聲。

笱後邶谷風三章。**咮媾**曹候人三章。**豆飫具孺**小雅常棣六章。**枸楰耇後**南山有臺五章。**餱具**無羊二章。**瘉後口口愈侮**正月二章。**笱後**小弁八章。**樹數口厚**巧言五章。**裕瘉**角弓三章。**駒後饇取**五章。**附後奏侮**大雅緜九章。**禡附侮**皇矣八章。**句鍭樹侮**行葦六章。**主醹斗耇**七章。**厚主**卷阿二章。**漏覯**抑七章。**後鞏後**瞻卬七章。**后後**周頌雝。**后后**商頌玄鳥。○以上上聲。

古本音

咮朱聲在此部。詩候人一見。今兼入宥。**晝**晝聲在此部。易一見。今入宥。○**蔞**婁聲在此部。詩漢廣一見。今兼入虞。**駒**句聲在此部。詩漢廣、株林、皇皇者華、角弓四見。今入虞。**姝**朱聲在此部。詩靜女一見。今入虞。**偶**禺聲在此部。詩靜女、綢繆、緜蠻、抑四見。今入虞。**蹢**廚聲在此部。詩靜女一見。今入虞。**驅**區聲在此部。詩載驅、伯兮、山有樞、皇皇者華、板五見。今入虞、遇。**殳**几聲在此部。詩伯兮一見。今入虞。**咮**朱聲在此部。今又入虞。**濡**需聲在此部。詩羔裘、皇皇者華二見。今入虞。**渝**俞聲在此部。詩羔裘、板二見。今入虞。**樞**區聲在此部。詩山有樞一見。今入虞。**榆**俞聲在此部。詩山有樞一見。今入虞。**婁**婁聲在此部。詩山有樞一見。今兼入虞。**愉**俞聲在此部。詩山有樞一見。今入虞。**芻**芻聲在此部。詩綢繆一見。今入虞。**株**朱聲在此部。詩株林一見。今入虞。**諏**取聲在此部。詩皇皇者華一見。今入虞。**趨**芻聲在此部。詩緜蠻一見。今入虞。**愚**愚聲在此部。詩抑一見。今入虞。**具**具聲在此部。詩常棣、無羊二見。今入遇。無羊具與餱韵。古韵標準云與物韵。謬甚。**孺**

需聲在此部詩常棣一見今入遇
枸句聲在此部詩南山有臺一見今入變
楰臾聲在此部詩南山有臺一見今入變
瘉俞聲在此部詩正月、角弓二見今入變
愈俞聲在此部詩正月一見今入變
侮侮聲在此部詩正月緜皇矣行葦四見左傳一見今入變
取取聲在此部詩角弓一見離騷一見今兼入變
樹尌聲在此部詩巧言行葦二見今入變遇
數婁聲在此部詩巧言一見今入變遇
附付聲在此部詩緜、皇矣二見今入遇
句句聲在此部詩行葦一見今兼入虞遇
主聲在此部詩行葦、卷阿二見易二見今入變
醹需聲在此部詩行葦一見今入變
饇區聲在此部詩角弓一見今入遇
揄俞聲在此部左傳一見今入虞
儒需聲在此部左傳一見今入虞
邾朱聲在此部左傳一見今入虞
跦朱聲在此部左傳一見今入虞
襦需聲在此部左傳一見今入虞
僂婁聲在此部左傳一見今兼入變
傴區聲在此部左傳一見今入變
俯府聲在此部左傳一見今入變
鮒付聲在此部易一見今入遇
誅朱聲在此部易一見今入虞
遇禺聲在此部易一見今入遇
鳧几聲在此部屈賦卜居一見今入虞
軀區聲在此部卜居一見今入虞。〇漢人以弟四部入弟五部合用者
如田於何所之歌以口後斗與所雨黍韵日出東南隅之曲以隅樓鉤襦頭愚躕姝趨須殊駒與敷鋤餘夫居韵

古合韵

飫本音在弟二部。詩常棣合韵豆具孺字。〇裕本音在弟三部。角弓合韵瘉字。〇禡本音在弟五部。皇矣合韵附侮字。〇鞏本音在弟九部。瞻卬合韵後後字。讀若苟。

弟五部

陸韵平聲魚虞模、上聲語麌姥、去聲遇御暮、入聲藥鐸。

砠瘏痡吁周南卷耳四章。華家桃夭一章。罝夫兔罝一章二、三章同。
居御召南鵲巢一章。露夜露行露一章。牙家三章。華車何彼襛矣一章。
葭豝虞虞騶虞一、二章。故露邶式微一章。邪且邪且狐烏車邪且北風一、二、三章。旟都鄘干旄二章。瓜琚衞木瓜一章。
且且王君子陽陽一、二章。蒲許揚之水三章。路袪惡故鄭遵大路一章。
車華琚都有女同車一章。蘇華都且山有扶蘇一章。闍荼且藘娛出其東門二章。著素華齊著一章。圃瞿夜莫東方未明三章。
洳莫度度路魏汾沮洳一章。莫除居瞿唐蟋蟀一章。袪居故羔裘一章。夜居葛生四章。渠餘輿輿秦權輿一、二章。華家檜隰有長楚二章。瓜壺苴樗夫豳七月六章。据荼祖瘏家鴟鴞三章。〇從毛作祖今本多作租。
胡膚狼跋一章。胡膚瑕二章。華夫小雅皇皇者華一章。家帑圖乎常棣八章。固除庶天保一章。作莫家故居故采薇一章。華車四章。華塗居書出車四章。牙居祈父一章。樗故居家我行其野一章。除去芋斯干三章。魚旟無羊四章。
徒夫十月之交四章。圖辜鋪雨無正一章。夫夜夕惡二章。都家七章。且辜幠巧言一章。〇唐石經作憮誤。幠辜同上。舍車

吁何人斯五章。廬瓜菹信南山三章。蒲居魚藻三章。餘旟吁都人士五章。狐車何草不黃四章。徒家大雅緜五章。瑕（入）思齊四章。
椐柘路固皇矣二章。去呱訏路生民三章。〇此分章從朱。呼夜蕩五章。度虞抑五章。去故莫虞怒雲漢六章。祖屠壺魚蒲車且胥韓奕三章。居譽五章。車旟舒鋪江漢一章。惡斁夜譽周頌振鷺。沮魚潛。騢魚袪邪徂魯頌駉四章。〇以上平聲。
楚馬召南漢廣二章。筥釜采蘋二章。下女三章。下處殷其靁三章。渚與與處江有汜二章。茹據愬怒邶柏舟二章。羽野雨燕燕一章。土處顧日月一章。處馬下擊鼓三章。下苦凱風三章。羽

阻雄雉一章。雨怒谷風一章。處與旄丘二章。舞處簡兮一章。俁舞虎組二章。虛楚鄘定之方中二章。雨母蝃蝀二章。組五予干旄二章。楚甫王揚之水二章。滸父父顧葛藟一章。野馬馬武鄭叔于田三章。馬組舞舉虎所女大叔于田一章。射御二章。楚女女揚之水一章。鱮雨齊敝笱二章。岵父魏陟岵一章。鼠黍女顧女土土所碩鼠一章。鼠女女二章。三章同。楚戶者者唐綢繆三章。杜湑踽父杕杜一章。羽栩盬黍怙所鴇羽一章。楚野處葛生一章。苦下與采苓二章。楚虎虎禦秦黃鳥三章。鼓下夏羽陳宛丘二章。栩下東門之枌一章。紵語東門之池二章。顧予墓門二章。馬野株林二章。羽楚處曹蜉蝣一章。股羽野宇

戶下鼠戶處豳七月五章。圃稼七章。雨土戶予鴟鴞二章。馬野下東山一章。宇戶二章。羽馬四章。渚所處九罭二章。湑盬處小雅四牡二章。下栩盬父三章。許藇羜父顧伐木二章。湑酤鼓舞暇湑三章。盬處采薇三章。杜盬杕杜一章。二章同。湑寫語處蓼蕭一章。茹穫六月四章。鼓旅采芑三章。午馬麌所吉日二章。羽野寡鴻雁一章。野渚鶴鳴二章。栩黍處父黃鳥三章。祖堵戶處語斯干二章。雨輔予正月十章。馬處十月之交四章。土沮小旻一章。扈寡小宛五章。怒沮巧言二章。者謀虎巷伯六章。雨女予谷風一章。夏暑予四月一章。下土北山二章。土野暑苦雨罟小明一章。除莫庶暇顧怒二章。處與女四章。

祖祜信南山四章。鼓祖雨黍女甫田二章。湑寫寫處裳裳者華一章。扈羽胥祜桑扈一章。謍躲車舝二章。女舞三章。湑寫四章。楚旅賓之初筵一章。鼓奏祖二章。語殺四章。筥予予馬予黼采菽一章。股下紓予三章。鱮者采綠四章。御旅處黍苗三章。虎野暇何草不黃三章。尋祖大雅文王五章。旅野女大明七章。沮父緜一章。○從漢書、水經注作漆沮。父馬滸下女宇二章。怒旅旅祜下皇矣五章。許武祜下武五章。御斝行葦三章。渚處湑脯下鳧鷖三章。野處旅語公劉三章。怒豫板八章。宇怒處圉桑柔四章。沮所顧助祖予雲漢四章。馬土崧高五章。下甫蒸民一章。若賦二章。茹吐甫茹吐寡禦五章。舉舉助

補六章。土訏甫噳虎韓奕五章。滸虎土江漢三章。土祖父戎常武一章。父旅浦土處緒二章。武怒虎虜浦所四章。女瞽虡羽鼓圉奏舉周頌有瞽。祜嘏載見。馬旅馬有客。筥黍良耜。馬野者馬野者馬野者馬野者魯頌駉一、二、三、四章。下舞有駜一章。武祖祜泮水四章。黍秬土緒閟宮一章。武緒野虡女旅父魯宇輔二章。祖女三章。嘏魯許宇八章。鼓祖商頌那。祖祜所烈祖。武楚阻旅所緒楚殷武一、二章。○以上上聲。

莫濩綌斁周南葛覃二章。石席邶柏舟三章。落若衛氓三章。蓆作鄭緇衣三章。蘀伯蘀兮一章。二章同。薄鞹夕齊載驅一章。碩

獲秦風駟驖二章。澤戟作無衣二章。穫擇貉豳七月四章。駱若度小雅皇皇者華四章。奕舃繹車攻四章。澤作宅鴻雁三章。擇石錯鶴鳴一章。蘀夕客白駒二章。閣橐斯干三章。惡懌節南山八章。作莫度獲巧言四章。踖碩炙莫庶客錯度獲格作楚茨三章。碩若大田一章。洛洛洛瞻彼洛矣一、二、三章。白駱駱若裳裳者華三章。柏奕懌頍弁一章。炙酢瓠葉三章。赫莫獲度廓宅大雅皇矣一章。席酢行葦三章。炙臄咢四章。懌莫板二章。格度射抑七章。作獲赫桑柔十四章。伯宅崧高二章。碩伯八章。貊伯壑籍韓奕六章。業作常武三章。柞澤周頌載芟。駱雒繹斁作魯頌駉二章。博斁逆獲泮水七章。繹宅貊諾若閟宮七章。柏度尺舃碩奕作碩若九章。斁奕客懌舃作夕恪商頌那。○以上入聲。

古本音

莽莽聲在此部屈賦二見今入蕩。○戲虘聲在此部屈賦遠游一見今入支寘。綌谷聲在此部詩葛覃一見今入陌。斁睪聲在此部詩葛覃、振鷺、駉、泮水、那五見今入昔。石石聲在此部詩柏舟、鶴鳴二見今入昔。席庶聲在此部詩柏舟、緇衣、行葦二見禮記三見今入昔。蓆席聲在此部詩緇衣一見今入昔。夕夕聲在此部詩載驅、白駒、雨無正、那四見今入昔。碩石聲在此部詩駟驖、楚茨、大田、崧高、閟宮六見禮記一見今入昔。獲蒦聲在此部詩駟驖、巧言、楚茨、皇矣、桑柔、泮水六見今入麥。澤睪聲在此部詩三見禮記一見今入陌。戟戟字蓋在此部詩無衣一見今入陌。奕亦聲在此部詩車攻、頍弁、閟宮、那四見。舃舃聲在此部詩車攻、閟宮二見今入昔。繹睪聲在此部詩車攻、駉、閟宮三見今入昔。宅乇聲在此部詩鴻雁、皇矣、崧高、閟宮四見禮記一見今入陌。客各聲在此部詩白駒、楚茨、那三見今入陌。懌睪聲在此部詩節南山、頍弁、板、那四見今入昔。炙炙聲在此部詩楚茨、瓠葉、行葦三見今入昔。踖昔聲在此部詩楚茨一見今入昔。格各聲在此部詩楚茨、抑二見今入陌。白白聲在此部詩裳裳者華一見今入陌。柏白聲在此部詩頍弁、閟宮二見今入陌。赫赫聲在此部詩皇矣、桑柔二見今入陌。射射聲在此部詩大叔于田、車舝、抑三見今入昔。伯白聲在此部詩崧高、韓奕三見今入陌。貊百聲在此部詩韓奕、閟宮二見今入陌。籍耤聲在此部詩韓奕一見今入昔。柞乍聲在此部詩載芟一見今讀窄。逆屰聲在此部詩泮水一見今入陌。尺尺聲在此部詩閟宮一見今入昔。舃舃聲在此部詩那一見今入昔。○韓愈諱辨以舃晳同音，不知舃本音雒也。虢寽聲在此部易二見今入昔麥。啞亞聲在此部易一見今入陌。墌庶聲在此部易一見今入陌。索索聲在此部易一見屈賦二見今兼入陌。帛白聲在此部禮記二見今入陌。擇睪聲在此部左傳一見今入陌。釋睪聲在此部屈賦二見今入昔。蹠庶聲在此部屈賦一見今入昔。○按第五部入聲與第十六部入聲分用，漢人十九首中青青陵上柏磊磊磵中石一章與明月皎夜光促織鳴東壁一章可徵也。晉盧諶答魏子悌用第十六部十二字而襍以腋舃字。陶淵明移居以宅夕席舃與役析韵。宋謝靈運南樓遲客詩以迫客夕與適隔擿析韵。謝惠連雪賦以舃索奕隙席白與積璧韵。謝莊月賦以斁與璧韵。梁江淹擬陶潛以陌夕隙與適役積益韵。此第五部入聲入於第十六部入聲之漸，而法言之所因也。○華雩聲在此部詩桃夭、何彼襛矣、有女同車、山有扶蘇、著、萇楚、采薇、出車八見易一見今入麻。家豭聲在此部詩桃夭、萇楚、鴟鴞、常棣、采薇、我行其野、雨無正、緜、行露九見左傳三見今入麻。牙牙聲在此部詩祈父、行露二見今入麻。車車聲在此部詩何彼襛矣、北風、有女同車、采薇、何人斯、韓奕、江漢七見易二見今兼入麻。葭叚聲在此部詩騶虞一見今入麻。豝巴聲在此部詩騶虞一見今入麻。邪牙聲在此部詩北風、駉四見今入麻。瓜瓜聲在此部詩木瓜、七月、信南山三見左傳一見今入麻。且且聲在此部詩北風、山有扶蘇、出其東門、巧言、韓奕、有客八見今兼入馬。罝且聲在此部詩兔罝一見今入麻。荼余聲在此部詩出其東門、鴟鴞、三見今兼入麻俗書減一畫。闍者聲在此部詩出其東門一見今兼入麻。舍舍聲在此部詩何人斯一見易一見禮記一見今入馬、禡。騢叚聲在此部詩駉一見今入麻。馬馬聲在此部詩漢廣、擊鼓、叔于田、大叔于田、株林、東山、四牡、吉日、十月之交、采菽、緜、崧高、有客、駉十八見易一見左傳一見今入馬。下下聲在此部詩采蘋、殷其靁、擊鼓、凱風、采芑、宛丘、東門之枌、七月、東山、四牡、北山、采菽、緜、皇矣、鳧鷖、蒸民、有駜十七見易十八見今入馬。瑕叚聲在此部詩狼跋一見左傳一見今入麻。塗涂聲在此部詩出車一見今兼入麻。若若聲在此部詩七見今兼入馬。

霞叚聲在此部。屈賦一見。今入麻。野予聲在此部。詩燕燕、叔于田、葛生、株林、七月、東山、鴻鴈、鶴鳴、小明、何草不黃、公劉、騶十五見。左傳一見。今入馬。者古文旅聲在此部。詩綢繆、巷伯、采綠、騶六見。今入馬。夏夏聲在此部。詩宛丘、四月二見。今入馬。暇叚聲在此部。詩伐木、小明、何草不黃三見。今入禡。寡寡聲在此部。詩鴻鴈、蒸民、小宛三見。易一見。今入馬。嘏叚聲在此部。詩載見、閟宮二見。今入馬。寫舄聲在此部。詩蓼蕭、裳裳者華、車舝四見。今入馬。夜亦聲在此部。詩行露、東方未明、葛生、雨無正、蕩、振鷺六見。今入禡。炙炙聲在此部。今又入禡。射射聲在此部。今又入禡。柘石聲在此部。詩皇矣一見。今入禡。斝斝聲在此部。詩行葦一見。今入馬。稼家聲在此部。詩七月一見。今入禡。作乍聲在此部。詩七見。今兼入箇。詐乍聲在此部。晉語一見。今入禡。假叚聲在此部。士冠禮一見。今入馬、禡。啞亞聲在此部。今又入禡。〇弟五部之字。漢晉宋人入於弟十七部合用。皆讀如歌戈韵之音。至梁陳閒弟十七部音變析麻韵。而皆在麻韵矣。

古合韵

毋本音在弟一部。詩蝃蝀以韵雨。此古合韵也。謀本音在弟一部。詩巷伯以合韵者虎字。士本音在弟一部。詩常武以合韵祖父戎字。禮記射義引詩以合韵舉處所射譽字。〇奏本音在弟四部。詩賓之初筵以韵鼓祖。有瞽以韵瞽虡羽鼓圉舉。垢本音在弟四部。左傳宣十五年引諺合韵汙瑕字。〇入本音在弟七部。詩思齊合韵瑕字。〇業本音在弟八部。詩常武合韵作字。〇戎本音在弟九部。詩常武合韵祖父字。〇迎本音在弟十部。離騷合韵故字。讀如魚。廣本音在弟十部。樂記合韵旅鼓武雅語古下字。春秋寶乾圖。移河爲界在齊呂。塡閼八流以自廣。

弟六部陸韵平聲蒸登、上聲拯等、去聲證嶝。

薨繩周南螽斯二章。掤弓鄭大叔于田三章。來贈女曰雞鳴三章。薨夢懵齊雞鳴三章。升朋唐椒聊一章。膺弓縢興音秦小戎二章。興陵增小雅天保三章。恆升崩承六章。陵朋菁菁者莪三章。陵懲興沔水三章。興夢斯干六章。蒸雄兢崩肱升無羊三章。蒸夢勝懵正月四章。陵懲夢雄五章。騰崩陵懲十月之交三章。兢冰小旻五章。兢冰小宛六章。弓繩采綠三章。陾薨登馮興勝大雅緜六章。烝烝烝烝烝烝烝烝文王有聲一、二、三、四、五、六、七、八章。登升生民八章。繩承抑六章。崩騰朋陵魯頌閟宮四章。棄縢弓綅增膺懲承五章。勝棄承商頌玄鳥。〇以上平聲。

古本音

弓弓聲在此部。詩大叔于田、小戎、采綠、閟宮四見。左傳一見。考工記一見。今入東。夢夢聲在此部。詩雞鳴、斯干、正月四見。今入東送。馮仌聲在此部。詩緜一見。今兼入東。雄厷聲在此部。詩無羊、正月二見。左傳一見。今入東。

古合韵

陾本音在弟一部。詩緜六章以韵薨登馮興勝字。此古合韵。來本音在弟一部。女曰雞鳴合韵贈字。讀如淩。〇凡古宮徵之爲無徵、得來之爲登來、耳孫之爲仍孫、詩之訓爲承也、上林賦箴持之音鍼徵、陸法言切韵胎字之入四十七證。皆弟一部弟六部關通之義。〇音本音在弟七部。小戎合韵膺弓縢興字。綅本音在弟七部。閟宮合韵崩騰朋陵棄縢弓增膺懲承字。〇凡古曾之爲朁、興之爲厥、堋之爲窆、朋之爲鳳、戴勝亦爲戴鵀、仍叔亦爲任叔。皆弟六部弟七部關通之義。〇文言本音在弟十三部弟十四部。屈賦天問以韵勝陵字。

弟七部陸韵平聲侵鹽添、上聲寑琰忝、去聲沁豔㮇、入聲緝葉怗。

覃覃周南葛覃一、二章。林心兔罝三章。三今召南摽梅二章。風心邶綠衣四章。音南心燕燕三章。南心凱風一章。音心四章。音心雄雉二章。風心谷風一章。甚耽衛氓三章。衿心音鄭子衿一章。風林欽秦晨風一章。林南林南陳株林一章。鬵音檜匪風三章。芩琴琴湛心小雅鹿鳴三章。駸諗四牡五章。琴湛常棣七章。音心白駒四章。簟寢斯干六章。風南心何人斯四章。錦甚卷伯一章。欽琴音南僭鼓鐘四章。琴心車舝五章。林湛賓之初筵二章。煁心白華四章。林興心大雅大明七章。音男思齊一章。心音皇矣四章。林林生民三章。歆今八章。南音卷阿一章。僭心抑九章。風心桑柔六章。林譖九章。風心蒸民八章。深今瞻卬七章。玷貶召旻三章。心南魯頌泮水六章。林黮音琛金八章。○

以上平聲。

揖蟄周南螽斯三章。及泣邶燕燕二章。溼泣泣及王中谷有蓷三章。合軜邑秦小戎二章。隰及小雅皇皇者華一章。合翕常棣七章。濈溼無羊一章。集合大雅大明四章。楫及棫樸三章。輯洽板二章。

○以上入聲。

古本音

覃鹹聲在此部。今入覃。三三聲在此部。詩摽梅一見。今入談。南羊聲在此部。詩燕燕、凱風、株林、何人斯、鼓鐘、卷阿、泮水八見。今入覃。湛甚聲在此部。詩鹿鳴、常棣、賓之初筵三見。今入覃。男男聲在此部。詩思齊一見。史記二百里任國、二百里男邦。今入覃。黮甚聲在此部。詩泮水一見。今入感。合合聲在此部。詩小戎、常棣、大明三見。今入合。洽合聲在此部。詩板一見。今入洽。○風凡聲在此部。詩綠衣、晨風、何人斯、蒸民、谷風、桑柔六見。今入東。

古合韵

興本音在第六部。大明以韵林心字。○耽本音在第八部。詩氓假借作媅樂字。○軜本音葢在第十五部。詩小戎以韵合邑字。

弟八部陸韵平聲覃、談、咸、銜、嚴、凡。上聲感、敢、豏、檻、儼、范。去聲勘、闞、陷、鑑、釅、梵。入聲合、盇、洽、狎、業、乏。

檻菼敢王大車一章。萏儼枕陳澤陂三章。巖瞻惔談斬監小雅節南山一章。涵讒巧言二章。甘餤三章。藍襜詹采綠二章。巖詹魯頌閟宮六章。監巖濫遑商頌殷武四章。○以上平聲。

葉涉邶匏有苦葉一章。葉韘韘甲衛芄蘭二章。業捷小雅采薇四章。業捷及大雅蒸民七章。葉業商頌長發七章。○以上入聲。

古本音

枕冘聲在此部。詩澤陂一見。易一見。今入寑。瞻詹聲在此部。詩節南山一見。今入鹽。襜詹聲在此部。詩采綠一見。今入鹽。詹詹聲在此部。詩采綠一見。今入鹽。葉業聲在此部。詩匏有苦葉、芄蘭、長發三見。今入葉。涉涉聲在此部。詩匏有苦葉一見。今入怗。捷疌聲在此部。詩采薇、蒸民二見。今入葉。接妾聲在此部。易一見。屈賦二見。今入葉。韘葉聲在此部。詩芄蘭二見。今入怗。

古合韵

及本音在第七部。詩蒸民合韵業捷字。○遑本音在第十部。詩殷武合韵監巖濫字。又桑柔以瞻韵相。天問以嚴韵亡饗長。急就章以談韵陽桑讓莊。皆弟八部弟十部合韵也。

弟九部陸韵平聲東、冬、鍾、江。上聲董、腫、講。去聲送、宋、用、絳。

中宮召南采蘩二章。僮公三章。蟲螽忡降草蟲一章。墉訟訟從行露三章。縫總公羔羊三章。東公同小星一章。禯雝何彼禯矣一章。蓬豵騶虞二章。仲宋忡邶擊鼓二章。躬中式微二章。戎東同旄丘三章。中宮中宮鄘桑中一、二章。葑東庸中宮三章。中宮定之方中一章。東蓬容衛伯兮二章。罿庸凶聰王兔爰三章。控送鄭大叔于田二章。松龍充童山有扶蘇二章。丰巷送丰一章。

雙庸庸從齊南山二章。葑東從唐采苓三章。中(驂)秦小戎二章。同功豵公豳七月四章。同功七章。冲(陰)八章。東濛東濛東濛東濛東山一、二、三、四章。螽蝥忡降仲戎小雅出車五章。濃沖雝同蓼蕭四章。(顒)公六月三章。攻同龐東車攻一章。(調)同五章。同從吉日二章。聰饔祈父三章。傭訩節南山六章。誦訩邦十章。從用邛小旻一章。共邛巧言三章。東空大東二章。雝重無將大車三章。同邦瞻彼洛矣三章。同功賓之初筵一章。蓬邦同從采菽四章。中降大雅旱麓二章。公恫邦思齊二章。恭邦共皇矣五章。衝庸七章。樅鏞鐘廱靈臺四章。鐘廱逢公五章。功崇豐文王有聲二章。廱東六章。幪唪生民四章。融終既醉三章。

漈宗宗降崇鳧鷖四章。(飲)宗公劉四章。(諶)終蕩一章。蟲宮宗(臨)躳雲漢二章。邦功崧高二章。邦庸三章。同功常武六章。訌共邦召旻二章。中(弘)躳六章。邦崇功(皇)周頌烈文。工公臣工。雝容振鷺。雝公雝。訩功魯頌泮水六章。公東庸閟宮三章。蒙東邦同從功六章。共厖龍勇動竦總商頌長發五章。○以上平聲。

古本音

降巷雙邦龐厖字，今韵析爲江絳韵，卽弟九部轉入弟十部之音也。

古合韵

調 本音在弟三部。讀如稠。車攻以韵同字。屈原離騷以韵同字。東方朔七諫以韵同字。皆讀如重。此古合韵也。潘岳藉田賦以茅韵農。東皙勸農賦以曹韵農。韓詩橫由其畮、毛詩作橫從。毛詩狃聲之狃，漢書作嶩、史記衞青傳大當戶銅離，徐廣曰一作稠離。汝南鯛陽之鯛，見腫韵、亦見有韵。皆弟三部弟九部關通之義。江氏謂車攻調同非韵，離騷、七諫爲古人相效之誤。其說似是而非。○顒 本音在弟四部。郭璞山海經注亦音娛也。六月合韵公字。○弘 本音在弟六部。詩召旻合韵中躳字。應 本音在弟六部。易蒙彖傳以韵中中蒙功字。比彖傳韵從中窮字。恆象傳韵動字。未濟象傳韵中終字。騰 本音在弟六部。禮記月令孟春以韵降同動字。孟冬以韵降通冬字。○驂 本音在弟七部。詩小戎合韵中字。陰 本音在弟七部。詩七月合韵沖字。飲 本音在弟七部。詩公劉合韵宗字。諶 本音在弟七部。詩蕩合韵終字。臨 本音在弟七部。詩雲漢合韵蟲宮宗躳字。禽 本音在弟七部。易屯象傳以韵窮字。比象傳以韵中中終字。恆象傳以韵中容終凶功字。深 本音在弟七部。易恆象傳以韵中容終凶功字。心 本音在弟七部。易艮象傳合韵躳(正)終字。○皇 本音在弟十部。詩烈文合韵邦崇功字。○正 本音在弟十一部。易豫象傳合韵凶字。艮象傳合韵躳終字。

弟十部

陸韵平聲陽唐，上聲養蕩，去聲漾宕。

筐行周南卷耳一章。岡黃觥傷三章。荒將樛木二章。廣泳永方廣泳永方廣泳永方漢廣一、二、三章。方將召南鵲巢二章。陽遑殷其靁一章。裳亡邶綠衣一章。頏將燕燕二章。方良忘日月三章。鏜兵行擊鼓一章。行臧雄雉四章。涼雱行北風一章。景養二子乘舟一章。襄詳詳長鄘牆有茨二章。唐鄉姜桑中一章。上上上一、二、三章。彊良兄鶉之奔奔一章。堂京桑臧定之方中二章。蝱行狂載馳三章。○此分章從朱。湯裳爽行衞氓四章。廣杭望河廣一章。梁裳有狐一章。陽簧房王君子陽陽一章。牆桑兄鄭將仲子二章。黃襄行揚大叔于田二章。彭旁英翔清人一章。行英翔將姜忘有女同車二章。狂狂褰裳一、二章。昌堂將丰二章。裳

行三章。瀼揚臧野有蔓草二章。明昌明光齊雞鳴二章。昌陽
狼臧還三章。堂黃英著三章。明裳東方未明一章。兩蕩南山
二章。湯彭蕩翔載驅三章。昌長揚揚蹌臧猗嗟一章。霜裳
魏葛屨一章。方桑英英行汾沮洳二章。岡兄陟岵三章。堂康
荒唐蟋蟀一章。二、三章同。行桑粱嘗常鴇羽三章。桑楊簧亡秦車
鄰三章。蒼霜方長央蒹葭一章。堂裳將忘終南二章。桑行
行防黃鳥二章。裳兵行無衣三章。陽黃渭陽一章。湯上望陳宛
丘一章。魴姜衡門二章。楊牂煌東門之楊一章。翔堂傷檜羔裘二
章。稂京曹下泉一章。陽庚筐行桑豳七月二章。桑斨揚
桑三章。黃揚裳同上。霜場饗羊堂觥疆八章。場行東山

二章。斨皇將破斧一章。魴裳九罭一章。簧將行小雅鹿鳴一章。
亨嘗王疆天保四章。剛陽采薇三章。方彭央方襄出車三章。
陽傷遑杕杜一章。桑楊光疆南山有臺二章。瀼光爽忘蓼蕭二章。
藏貺饗彤弓一章。方陽章央行六月四章。鄉央衡瑲皇
玠采芑二章。央光將庭燎一章。湯揚行忘沔水二章。桑粱明
兄黃鳥二章。祥祥斯干七章。牀裳璋喤皇王八章。霜傷將京
痒正月一章。行良常臧十月之交二章。向藏王向六章。盟長
巧言三章。霜行大東二章。漿長光襄五章。襄章箱明庚行六章。
揚漿七章。彭旁將剛方北山三章。牀行四章。仰掌五章。
將湯傷忘鼓鐘一章。蹌羊嘗亨將祊明皇饗慶疆楚茨二章。

將慶六章。亨明皇疆信南山六章。明芉方臧慶甫田二章。
梁京倉箱梁慶疆四章。泱泱泱瞻彼洛矣一、二、三章。黃章
章慶裳裳者華二章。上怲臧頍弁一章。仰行車舝五章。抗張賓之
初筵一章。良方讓忘角弓四章。黃章望都人士一章。藏忘隰桑
四章。梁良白華七章。亨嘗瓠葉一章。黃傷苕華一章。黃行將
方何草不黃一章。常京大雅文王五章。上王方大明一章。商京行王
二章。梁光五章。王京行王商六章。洋煌彭揚王商明八章。
伉將行緜七章。王璋棫樸二章。章相王方五章。兄慶
光喪方皇矣、三章。京疆岡六章。陽將方王同上。王方七章。
○同爾兄弟、後漢書伏湛傳作弟兄入韵。王京下武一章。王京文王有聲七章。

將明既醉二章。皇王忘章假樂二章。疆綱三章。康疆倉糧
囊光張揚行公劉一章。岡京三章。長岡陽五章。糧陽荒
同上。長康常卷阿四章。卬璋望綱六章。岡陽九章。康方
良明王民勞一章。明王板八章。商商商商商商商蕩二、三、四、
五、六、七、八章。明卿四章。螗羹喪行方六章。尙亡抑四章。
章兵方同上。將往競梗桑柔三章。王痒荒蒼七章。(瞻)相臧
腸狂八章。疆粻行崧高六章。將明烝民四章。彭鏘方七章。
張王章衡錫韓奕二章。彭鏘光四章。湯洸方王江漢二章。
祥亡瞻卬五章。罔亡罔亡六章。喪亡荒召旻一章。荒康行
周頌天作。方王饗我將。王康皇康方明喤將穰執競。王

章陽央鶬光享載見。王忘閔予小子。將明行敬之。香光載芟。皇黃彭疆臧魯頌駉一章。黃明有駜一章。皇揚泮水六章。王陽商閟宮二章。嘗衡剛將羹房洋慶昌臧方常四章。嘗將商頌那。疆衡鶬享將康穰享疆嘗將烈祖。商芒湯方玄鳥。商祥芒方疆長將商長發一章。衡王七章。鄉湯羌享王常殷武二章。○以上平聲。

古本音

行行聲在此部。詩卷耳、擊鼓、雄雉、北風、載馳、氓、大叔于田、有女同車、丰、汾沮洳、鴇羽、秦黃鳥、秦無衣、七月、東山、鹿鳴、六月、沔彼流水、十月之交、大東、北山、車舝、何草不黃、大明、緜、公劉、蕩、崧高、天作、敬之三十二見。易四十六見。今兼入庚映。觥觵从角黃聲。俗从光。黃聲光聲在此部。詩卷耳、七月二見。今入庚。泳永聲在此部。詩漢廣三見。今入映。永永聲在此部。詩漢廣三見。夏小正時有養日、時有養夜。卽永日、永夜。同音假借也。今入梗。兵兵聲在此部。詩擊鼓、秦無衣、抑三見。左傳一見。今入庚。景京聲在此部。詩二子乘舟一見。今入梗。兄兄聲在此部。詩鶉之奔奔、將仲子、陟岵、小雅黃鳥、皇矣五見。今入庚。京京聲在此部。詩定之方中、下泉、正月、甫田、文王、大明、皇矣、下武、文王有聲、公劉十一見。左傳一見。今入庚。蝱亡聲在此部。詩載馳一見。今入庚。彭彭字在此部。詩清人、載驅、出車、北山、大明、烝民、韓奕、駉八見。今入庚。英央聲在此部。詩清人、有女同車、著、汾沮洳五見。屈賦四見。今入庚。明明聲在此部。詩雞鳴、東方未明、小雅黃鳥、大東、楚茨、信南山、甫田、大明、旣醉、民勞、板、蕩、烝民、韓奕、敬之、有駜十六見。書一見。易十五見。今入庚。庚庚聲在此部。詩七月、大東二見。今入庚。衡行聲在此部。詩采芑、韓奕、閟宮、烈祖、長發五見。今入庚。珩行聲在此部。詩采芑一見。今入庚。喤皇聲在此部。詩斯干、執競二見。今入庚。盟明聲在此部。詩巧言一見。今入庚。亨亯聲在此部。詩楚茨、瓠葉二見。古亨通烹亯享獻同字。皆在此部。今兼入庚。祊鬃从示彭聲。或从方聲。彭聲方聲在此部。詩楚茨一見。今入庚。慶慶聲在此部。詩楚茨、甫田、裳裳者華、皇矣、閟宮七見。易十二見。士冠禮二見。漢人始有讀入十一部者。如彰皇德兮侔周成、永延長兮膺天慶之類。然尚讀平聲。後此又讀去聲入映矣。怲丙聲在此部。詩頍弁一見。今入映。卿皀聲在此部。詩蕩一見。左傳一見。今入庚。羹羹聲在此部。詩蕩、閟宮二見。漢人急就篇與秔、薑、醬、香、藏、霜、錫、糧韵。今入庚。競競聲在此部。詩桑柔一見。左傳一見。今入映。梗更聲在此部。詩桑柔一見。今入梗。病丙聲在此部。左傳一見。老子得與亡孰病。亡病爲韵。今入映。党尚聲在此部。攷工記一見。今兼入庚。

古合韵

懲本音在弟六部。離騷以合韵常字。○瞻本音在弟八部。詩桑柔合韵相臧狂字。嚴本音在弟八部。天問合韵亡饗長字。○降本音在弟九部。九歌東君合韵裳狼漿翔行字。○古人以弟九部入弟十部用者。如老子五音令人耳聾。聾讀如郎。合韵盲爽狂字。其合用最多者。如東方朔七諫沈江章用弟十部二十四字。而以弟九部龍同降功公矇江聰縱蓬凶容重東豐十五字合韵。莊忌哀時命用弟十部二十字。而以弟九部桐通容忠容凶宮窮匈[illegible]十字合韵。

弟十一部

陸韵平聲庚耕清青。上聲梗耿靜迥。去聲映諍勁徑。

縈成周南樛木一章。丁城兔罝一章。定姓麟之趾二章。盈成召南鵲巢三章。星征小星一章二章同。盈鳴邶匏有苦葉二章。盈鳴同上。旌城鄘干旄三章。青瑩星衛淇奧二章。清盈鄭溱洧二章。鳴盈鳴聲齊雞鳴一章。庭青瑩著二章。名清成正甥猗嗟二章。菁睘姓唐杕杜二章。鳴苹笙小雅鹿鳴一章。平寧生常棣五章。丁嚶伐木一章。鳴聲聲生聽平同上。定聘采薇二章。鳴旌驚盈車攻七章。征聲成八章。庭楹正冥寧斯干五章。定生寧醒成政姓節南山六章。領騁七章。平寧正九章。程經聽爭成小旻四章。令鳴征生小宛四章。冥熲無將大車二章。領屛桑扈二章。營成黍苗四章。平清成寧五章。青生苕華二章。生楨寧大雅文王三章。成生緜九章。屛平皇矣二章。營成靈臺一章。聲聲寧成文王有聲一章。正成七章。靈寧生民二章。涇寧清馨成鳧鷖一章。鳴生卷阿九章。屛寧城板七章。刑聽傾蕩七章。政刑抑三章。盈成十章。牲聽雲漢一章。星嬴成正寧八章。營城成崧高四章。平定爭寧江漢二章。霆驚常武三章。平庭六章。城城瞻卬三章。成禎周頌維清。庭聲鳴聽成有瞽。庭敬閔予小子。馨寧載芟。盈寧良耜。成聲平聲聲商頌那。成平爭烈祖。聲靈寧生殷武五章。○以上平聲。

古本音

平平聲在此部。詩八見。今兼入先。

古合韻

極本音在第一部。易未濟象傳合韻正字。○金本音在第七部。周語引諺合韻城字。○中本音在第九部。訟象傳合韻成正字。○言本音在第十部。萃象傳合韻正命字。乾文言傳合韻情字。○令本音在第十二部。詩小宛以韻鳴征生。左傳所引逸詩以韻挺扃定。士冠禮亦以歲之正、以月之令爲韻。此古合韻也。○領本音在第十二部。詩節南山合韻騁字。桑扈合韻屛字。天命淵賢信民人賓本音皆在第十二部。易象傳合韻形成貞寧生正平精情字。○睘本音在第十四部。詩杕杜合韻菁姓字。一作煢煢。則在本韻。

弟十二部陸韻平聲眞臻先。上聲軫銑。去聲震霰。入聲質櫛屑。

蓁人周南桃夭三章。麟麟麟麟之趾一、二、三章。蘋濱召南采蘋一章。榛苓人邶簡兮三章。淵身人邶燕燕四章。洵信擊鼓五章。薪人凱風二章。人人簡兮四章。天人天人鄘柏舟一、二章。零人田人淵千定之方中三章。人姻信命蝃蝀三章。天人天人天人王黍離一、二、三章。薪申揚之水一章。田人人仁鄭叔于田一章。溱人褰裳一章。

薪人信揚之水二章。顚令齊東方未明二章。田人甫田一章。二章同。令仁盧令一章。粼命人唐揚之水二章。薪天人人綢繆一章。苓顚信采苓一章。顚俗作巓。○鄰顚令秦車鄰一章。天人身天人身天人身黃鳥一、二、三章。榛人人年曹鳲鳩四章。薪年豳東山三章。駰均詢小雅皇皇者華五章。田千采芑一章、二章同。天千三章。淵闐同上。天淵鶴鳴二章。年溱無羊四章。親信節南山四章。電令十月之交三章。天人七章。天信臻身天雨無正三章。天人人小宛一章。陳人人天何人斯三章。翩人信巷伯三章。天人人五章。薪人大東三章。薪人同上。天淵四月七章。濱臣均賢北山二章。塵㊀疧無將大車一章。○一作疷。無此字。宋劉彝臆改疷以韻塵。亦無此字。攷唐石經正作疷。與小雅白華疷字皆甚明畫。顧亭林從劉說。謂石經乃從諱民減畫之例。非也。畫引楚茨六章。甸田信南山一章。賓年三章。田千陳人年甫田一章。㊀岡薪車舝四章。榛人青蠅三章。命申采菽三章。天臻矜菀柳三章。田人白華三章。薪人四章。玄矜民何草不黃二章。天新大雅文王一章。㊀躳天七章。天莘大明六章。天人棫樸四章。天淵人旱麓三章。民㊀嫄生民一章。堅鈞均賢行葦五章。壼年胤既醉六章。人天命申假樂一章。天人命人卷阿八章。旬民塡天矜桑柔一章。翩泯燼頻二章。天人臻雲漢一章。天神申崧高一章。田人三章。身人烝民四章。甸命韓奕一章。㊀卣人田命命年江漢五章。田人瞻卬二章。天人三章。晉引頻召旻五章、六章。人訓刑周頌烈文。人天雝。○以上平聲。

實室周南桃夭二章。袺襭芣苢三章。七吉召南摽有梅一章。曀曀嚏邶終風三章。○從毛作嚏。葛節日旄丘一章。日室桌漆瑟鄘定之方中一章。日疾衞伯兮三章。實噎王黍離三章。室穴日大車三章。桌室即鄭東門之墠二章。日室室即齊東方之日一章。漆桌瑟日室唐山有樞三章。七吉無衣一章。日室葛生五章。漆桌瑟耋秦車鄰二章。穴慄穴慄穴慄黃鳥一、二、三章。鞸結一檜素冠三章。實室隰有長楚三章。七一一結曹鳲鳩一章。子室豳鴟鴞一章。實室東山二章。垤室窒至三章。實日小雅杕杜一章。至恤四章。徹逸十月之交八章。血疾室雨無正七章。恤至蓼莪三章。

珌室瞻彼洛矣二章。設逸賓之初筵一章。抑怭秩三章。實吉結都人士三章。㸚生大雅緜一章。穴室上同。淢匹文王有聲三章。桌室生民五章。抑秩匹假樂三章。密即公劉六章。毖恤熱桑柔五章。挃桌櫛室周頌良耜。○以上入聲。

古本音

即即聲在此部。詩東門之墠、東方之日、公劉三見，易一見，今入職。抑抑聲在此部。詩賓之初筵、假樂二見，屈賦一見，今入職。洫血聲在此部。韓詩築城伊洫與匹韵，今入職。○矜矜字在此部。詩菀柳、何草不黃、桑柔三見，漢韋玄成戒子孫詩韵心，則入侵韵。晉張華女史箴韵興，潘岳哀永逝文韵興、承、升，始入烝韵。○苓令聲在此部。詩簡兮、采苓二見，自漢枚乘七發韵鶗鴂鳴，揚雄反離騷韵榮，今韵乃專入青矣。零令聲在此部。詩定之方中一見，今入青。令令聲在此部。詩東方未明、盧令、車鄰、十月之交四見，今入青。命命聲在此部。詩蝃蝀、唐揚之水、采菽、假樂、卷阿、韓奕、江漢六見，今入映。佞佞聲在此部。晉語一見，左傳佞夫公羋作年夫。

今入徑。壼壼聲在此部。詩既醉一見，今兼入混。○翩扁聲在此部。詩巷伯、桑柔二見，易一見，今入仙。偏扁聲在此部。今入仙。○至至聲在此部。詩東山、杕杜、蓼莪三見，今入至。○杕杜四章來疚弟一部平聲，至恤弟十二部入聲，借近邇弟十五部上聲，凡用三韵。蓼莪三章矣恥久恃弟一部上聲，恤至弟十二部入聲，凡用二韵。顧氏皆合爲一韵，不能分別。恤血聲在此部。詩杕杜、蓼莪、桑柔三見，今入術。設設聲在此部。詩賓之初筵一見，今入薛。徹徹聲在此部。詩十月之交與逸韵，今入薛。毖必聲在此部。詩桑柔與恤韵，今入至。㬱㬱聲在此部。詩召旻與引頻韵，屈賦懷沙與抑韵，莊子則陽篇與世偕行而不㬱與所行之備而不洫韵，其字平讀如親而近汀，入讀如七而近鐵也。張衡東京賦韵結節譎秩，潘岳西征賦韵結節閉，未違古音。十六屑內借字以㬱諧聲，今入霽。○召旻㬱與引頻爲韵，不連粹爲韵。懷沙黙鞫弟一、弟三部合韵，抑㬱弟十二部入聲，鄙改弟一部上聲，非黙鞫抑一韵、㬱鄙改一韵也。噎壹聲在此部。詩終風二見，今入霽。嚏疐聲在此部。詩終風一見，今入霽。

古合韵

子本音在弟一部。詩鴟鴞合韵室字。淢本音在弟一部。詩下武合韵匹字。韓詩作築城伊洫，則在本韵矣。○卣本音在弟三部。詩江漢合韵人田命命年字。○躳本音在弟九部。詩文王合韵天字。○岡本音在弟十部。詩車舝合韵薪字。明本音在弟十部。屈賦惜誦合韵身字。○刑本音在弟十一部。詩烈文合韵人訓字。生本音在弟十一部。詩緜合韵㸚字。讀如瑟。正本音在弟十一部。易姤象傳合韵牽賓牽民命吝字。平本音在弟十一部。書洪範王道平平合韵偏字。倩本音在弟十一部。論語引詩合韵盼絢字。名本音在弟十一部。離騷合韵均字。哀郢合韵天字。程本音在弟十一部。屈賦懷沙合韵匹字。○艱本音在弟十三部。離騷合韵㬱字。學者多不得其韵矣。盼本音在弟十三部。論語引詩合韵倩絢字。○熱本音在弟十五部。詩桑柔合韵毖恤字。葛本音在十五部。詩旄丘合韵節日字。○疷本音在弟十六部。詩無將大車合韵塵字。

弟十三部陸韵平聲諄文欣魂痕，上聲準吻隱混很，去聲稕問焮慁恨。

詵孫振周南螽斯一章。麕春召南野有死麕一章。緍孫何彼襛矣三章。門殷貧艱邶北門一章。洒浼殄新臺二章。奔君鄘鶉之奔奔二章。倩盼衞碩人二章。隕貧氓四章。漘昆昆聞王葛藟三章。

嘽瑞奔大車二章。順問鄭女日雞鳴三章。門雲雲存巾員出其東門一章。鰥雲齊敝笱一章。輪漘淪囷離飧魏伐檀三章。羣鐓苑秦小戎三章。勤閔豳鴟鴞一章。晨煇旂小雅庭燎三章。羣犉無羊一章。鄰云慇正月十二章。先墐忍隕小弁六章。艱門云何人斯一章。雲雰信南山二章。芹旂采菽二章。慍問大雅緜八章。亹熏欣芬艱鳧鷖五章。訓順抑二章。慇辰東痻桑柔四章。川焚熏聞遯雲漢五章。雲門韓奕四章。典禋周頌維清。耘畛載芟。芹旂魯頌泮水一章。○以上平聲。

古本音

詵先聲在此部。詩螽斯一見。今入臻。振辰聲在此部。詩螽斯一見。今入眞。麇囷聲在此部。詩野有死麇一見。今入眞。

緡昏聲在此部。詩何彼襛矣一見。今入眞。痻昏聲在此部。詩桑柔一見。今入眞。貧分聲在此部。詩北門一見。今入眞。巾巾聲在此部。詩出其東門一見。今入眞。囷囷聲在此部。詩伐檀一見。今入眞。晨辰聲在此部。詩庭燎一見。今入眞。辰辰聲在此部。詩桑柔一見。左傳一見。今入眞。先先聲在此部。詩小弁一見。屈賦二見。今入先。墐堇聲在此部。詩小弁一見。今入眞。忍刃聲在此部。詩小弁一見。今入軫。畛㐱聲在此部。詩載芟一見。今入軫。殄㐱聲在此部。詩新臺一見。今入銑。禋垔聲在此部。詩維清一見。今入眞。典典聲在此部。詩維清一見。儀禮古文腆爲殄。今入銑。閔文聲在此部。詩鴟鴞一見。今入軫。○艱艮聲在此部。詩北門、何人斯、鳧鷖三見。今入山。殷㐆聲在此部。詩北門一見。今兼入山。員員聲在此部。詩出其東門一見。今兼入仙。川川聲在此部。詩雲漢一見。今入仙。鰥鰥字在此部。詩敝笱一見。今入山。盼分聲在此部。詩碩人一見。今入襉。○煇軍聲在此部。詩庭燎一見。今入微。旂斤聲在此部。詩庭燎、采菽、泮水三見。左傳一見。今入微。亹亹聲在此部。詩鳧鷖一見。今兼入尾。鐓辜聲在此部。詩小戎一見。今兼入隊。浼免聲在此部。詩新臺一見。今入賄。西西聲在此部。禮記與巡韵。劉向九歎與紛韵。漢魏晉人多讀如下平一先之音。今入齊。賁賁聲在此部。左傳一見。今兼入微。

洒西聲在此部。詩新臺一見。顏師古東方朔傳注音信。今入薺。○洒今又入卦。

古合韵

冰本音在弟六部。屈賦合韵門字。○東本音在弟九部。詩桑柔合韵慇辰痻字。○炳本音在弟十部。易革象傳合韵蔚君字。讀如份。○倩本音在弟十一部。詩碩人合韵盼字。○鄰本音在弟十二部。詩正月合韵云慇字。○苑本音在弟十四部。詩小戎合韵羣鐓字。○蔚本音在弟十五部。易革象傳合韵炳君字。讀如盒。

弟十四部陸韵平聲元寒桓刪山仙、上聲阮旱緩潸產獮、去聲願翰換諫襉線。

轉卷選邶柏舟三章。雁旦泮匏有苦葉三章。干言泉水三章。泉歎四章。孌管靜女二章。展袢顏媛鄘君子偕老三章。反遠載馳二章。僩咺諼僩咺諼衞淇奧一、二章。澗寬言諼考槃一章。垣關關漣關言言遷氓二章。怨岸泮宴晏旦反六章。乾

歎歎難王中谷有蓷一章。館粲館粲館粲鄭緇衣一、二、三章。園檀言將仲子三章。慢罕大叔于田三章。晏粲彥羔裘三章。旦爛雁女日雞鳴一章。言餐狡童一章。壇阪遠東門之壇一章。○壇作墠者誤。漙婉願野有蔓草一章。渙蕑觀觀觀觀溱洧一、二章。還閒肩儇齊還一章。孌丱見弁甫田三章。環鬈盧令二章。孌婉選貫反亂猗嗟三章。閒閑還魏十畝之閒一章。檀干漣廛貆餐伐檀一章。粲爛旦唐葛生三章。旃然言焉旃然言焉旃然言焉采苓一、二、三章。園閑秦駟驖三章。菅言陳東門之池三章。蕑卷悁澤陂二章。冠欒慱檜素冠一章。泉歎曹下泉一章。二、三章同。山山山山豳東山一、二、三、四章。遠踐伐柯二章。原難歎小雅常棣三章。

阪衍踐遠愆伐木三章。嘽瘏遠杕杜三章。汕衎南有嘉魚三章。
安軒閑原憲六月五章。圜檀鶴鳴二章同。干山斯干一章。
山泉言垣小弁八章。幡言遷巷伯四章。泉歎大東三章。熯愆(孫)楚茨四章。翰憲難(那)桑扈三章。霰見宴頍弁三章。樊言青蠅一章。筵(秩)賓之初筵一章。筵(共)反幡遷僊三章。反遠角弓一章。
遠然二章。菅遠白華一章。燔獻瓠葉二章。援羨岸大雅皇矣五章。
閑言連安八章。垣翰文王有聲四章。原鮮宣歎巘原公劉二章。泉原三章。泉單原五章。館亂鍛六章。澗澗同上。
安殘綣反諫民勞五章。板癉然遠管亶遠諫板一章。難憲二章。藩垣翰七章。旦衍八章。顏愆抑七章。言(行)九章。

翰蕃宣崧高一章。番嘽翰憲七章。完蠻韓奕六章。宣翰江漢四章。嘽翰漢常武五章。僩反反周頌執競。渙難訪落。駽燕魯頌有駜三章。
山丸遷虔梴閑安商頌殷武六章。○以上平聲。

古本音

肩肩聲在此部，詩還一見，今入先。燕燕聲字在此部，詩有駜一見，今入先霰。見見聲在此部，詩甫田、頍弁二見，今入霰。
霰散聲在此部，詩頍弁一見，今入霰。宴妟聲在此部，詩氓、頍弁二見，今入霰。駽肙聲在此部，詩有駜一見，今入先。
顯本音㬎在此部，左傳一見，毛詩顯顯令德，中庸作憲憲，今入銑。○弜弜聲在此部，易象傳三見，今入慁。○羨次聲在此部，詩皇矣一見，今兼入脂。○番番聲在此部，詩崧高一見，今兼入戈。皤番聲在此部，易一見，今入戈。鮮鮮聲在此部，詩公劉一見，今兼入戈。獻鬳聲在此部，詩瓠葉一見，今兼入歌。癉單聲在此部，詩板一見，今兼入箇。儺難聲在此部，說文引求福不儺，與翰憲難韵，今入歌。

古合韻

共本音在弟九部，詩賓之初筵合韻筵反幡遷僊字。○行本音在弟十部，詩抑合韻言字。○秩本音在弟十二部，詩賓之初筵合韻筵字。實本音在弟十二部，易蒙象傳合韻(順)弜字，泰象傳合韻願願亂字。翩本音在弟十二部，屈賦湘君合韻淺閒字。進本音在弟十二部，屈賦合韻願字。○孫本音在弟十三部，詩楚茨合韻熯愆字。順本音在弟十三部，易蒙象傳合韻(賁)弜字，渙象傳合韻願字。○那本音在弟十七部，詩桑扈合韻翰憲難字，說文作求福不儺，則在本韵。

弟十五部

陸韵平聲脂微齊皆灰，上聲旨尾薺駭賄，去聲至未霽祭泰怪夬隊廢，入聲術物迄月沒曷末黠鎋薛。

萋飛喈周南葛覃一章。歸私衣三章。嵬隤罍懷卷耳二章。纍
綏樛木一章。枚飢汝墳一章。祁歸召南采蘩三章。薇悲夷草蟲三章。
歸歸歸殷其靁一、二、三章。微衣飛邶柏舟五章。靁懷終風四章。

遲違畿谷風二章。微歸微歸式微一、二章。(敳)遺摧北門三章。
喈霏歸北風二章。(頎)衣妻姨私衛碩人一章。荑脂蠐犀眉二章。懷歸懷歸懷歸王揚之水一、二、三章。懷畏懷畏懷畏鄭將仲子一、二、三章。衣歸丰四章。淒喈夷風雨一章。晞衣齊東方未明二章。崔綏歸歸懷南山一章。萋晞湑躋坻秦蒹葭二章。衣師無衣一章。二、三章同。遲飢陳衡門一章。衣悲歸檜素冠二章。隮飢曹候人四章。蓍師下泉三章。遲祁悲歸豳七月二章。歸歸歸歸東山一、二、三、四章。歸悲衣枚一章。畏懷二章。飛歸四章。衣歸悲九罭四章。騑遲歸悲小雅四牡一章。騑歸二章。威懷常棣二章。薇歸采薇一章。二、三章同。騤依腓五章。依霏遲飢悲

哀六章。遲萋喈祁歸夷出車六章。萋悲萋悲歸杕杜二章。
纍綏南有嘉魚三章。騑歸湛露一章。(煒)靁威采芑四章。飛躋斯干
四章。師氏維毗迷師節南山三章。夷違五章。微微哀十月
之交一章。訛哀違依底小旻二章。威罪巧言一章。麋喈伊幾
六章。頹懷遺谷風二章。嵬萎(怨)三章。凄腓歸四月二章。薇棣
哀六章。喈湝悲回鼓鍾二章。尸歸遲私楚茨五章。凄祁私
大田三章。○從漢書、說文、玉篇、廣韵作凄，今作萋誤。茨師瞻彼洛矣一章。摧綏鴛鴦
四章。幾幾車舝三章。維葵膍戾采菽五章。枚回大雅旱麓六章。
惟脂生民七章。纍歸泂酌二章。萋喈卷阿九章。懠毗迷尸屎
葵資師板五章。壞畏七章。咨咨咨咨咨咨蕩二、三、四、五、六、

七、八章。騤夷黎哀桑柔二章。資(疑)維階三章。推雷遺遺畏摧
雲漢三章。郿歸崧高六章。騤喈齊歸烝民八章。回歸常武六章。
鶌階瞻卬三章。幾悲六章。追綏威夷周頌有客。飛歸魯頌有駜
二章。枚回依遲閟宮一章。違齊遲躋遲祇圍商頌長發三章。○
以上平聲。
尾燬燬邇周南汝墳三章。瀰鷕邶匏有苦葉二章。菲體死谷風一章。
薺弟二章。泲瀰弟姊泉水二章。煒美靜女三章。泚瀰(鮮)
新臺一章。指弟鄘蝃蝀一章。體禮禮死相鼠三章。濟(閟)載馳二章。
藟弟王葛藟一章。二、三章同。唯水齊敝笱三章。濟瀰弟載驅二章。
弟偕死魏陟岵三章。火衣豳七月一章。火衣二章。火葦

三章。尾几狼跋一章。韡弟小雅常棣一章。偕(近)邇杕杜四章。鱧
旨魚麗二章。旨偕五章。泥弟弟豈蓼蕭三章。矢兕醴吉日四章。
匕砥矢履視涕大東一章。穉火大田二章。穉穧三章。旨
偕賓之初筵一章。禮(至)二章。尾豈魚藻二章。濟弟大雅旱麓一章。
葦履體泥行葦一章。弟爾几二章。依濟几依公劉四章。罪罪
瞻卬二章。秭醴妣禮皆周頌豐年。濟(積)秭醴妣禮載芟。○以
上上聲。
掇捋周南芣苢二章。肄棄汝墳二章。蕨惙說召南草蟲二章。伐茇
敗愒拜說甘棠一、二、三章。○張參、徐鉉皆云愒別作憩。塈謂摽有梅三章。
脫帨吠野有死麕三章。出卒述邶日月四章。闊說擊鼓四章。闊

活五章。厲揭匏有苦葉一章。潰肄塈谷風六章。翠邁衛害泉水
三章。逝害二子乘舟二章。紕四畀鄘干旄一章。活濊發揭孽
竭衛碩人四章。說說氓三章。遂悸遂悸芄蘭一、二章。竭桀
伯兮一章。厲帶有狐二章。穗醉王黍離二章。月佸桀括渴君子
于役二章。葛月采葛一章。艾歲三章。達闕月鄭子衿三章。月
闥闥發齊東方之日二章。桀(怛)甫田二章。季寐棄魏陟岵二章。
外泄逝十畝之閒二章。逝邁外蹶唐蟋蟀二章。比佽比佽杕杜
一、二章。棣檖醉秦晨風三章。逝邁陳東門之枌三章。肺晢東門
之楊二章。萃誶墓門二章。○誶今本譌作訊。從王逸楚詞注、引詩誶予不顧、廣韵六至引歌以
誶止改正。發偈(怛)檜匪風一章。閱雪說曹蜉蝣三章。祋芾候人

一章。發烈褐歲豳七月一章。烈渴小雅采薇二章。旆瘁出車二章。涖率采芑一章。二三章同。佽柴車攻五章。艾晣噦庭燎二章。惠戾屆闋節南山五章。結厲滅威正月八章。滅戾勩雨無正二章。退遂瘁誶荅退四章。○誶今本譌作訊。出瘁五章。艾敗小旻五章。邁寐小宛四章。嘒淠屆寐小弁四章。蔚悴蓼莪二章。烈發害五章。律弗卒六章。舌揭大東七章。烈發害四月三章。穗利大田三章。秣艾鴛鴦三章。舝逝渴括車舝一章。淠嘒駟屆采菽二章。愒瘵邁菀柳二章。撮髮說都人士二章。厲蠆邁四章。愛謂隰桑四章。外邁白華五章。卒沒出漸漸之石二章。世世大雅文王二章。妹渭大明五章。拔兌駾喙緜八章。翳栵皇矣二章。

拔兌對季季三章。類比四章。茀仡肆忽拂八章。月達害生民二章。旆穟四章。軷烈歲七章。匱類既醉五章。位塈假樂四章。溉塈泂酌三章。愒泄厲敗大民勞四章。蹶泄板二章。寐類懟對內蕩三章。揭害撥世八章。疾戾抑一章。寐內四章。舌逝六章。僾逮桑柔六章。隧類對醉悖十二章。舌外發烝民三章。惠厲瘵屆瞻卬一章。奪說二章。類瘁五章。活達桀周頌載芟。茷噦大邁魯頌泮水一章。大艾歲害閟宮五章。撥達達鉞發烈截商頌長發二章。旆鉞烈曷櫱達截伐桀六章。○以上入聲。

古本音

哀衣聲在此部。詩采薇十月之交、小旻四月、桑柔五見。今入咍。豈微聲在此部。詩蓼蕭魚藻二見。本亦作愷。今愷入海。愛㤅聲在此部。詩隰桑一見。今入代。僾㤅聲在此部。詩桑柔一見。今入代。溉既聲在此部。詩泂酌一見。今入代。逮隶聲在此部。詩桑柔一見。今入代。○鷕唯聲在此部。詩有瀰濟盈、有鷕雉鳴、瀰鷕爲韻。經典釋文引說文以水反。字林于水反、廣韻注云又羊水切。集韻五旨內有此字。皆本音也。今誤入三十小。○牝匕聲在此部。大戴禮與死韻。老子谷神不死、是謂元牝。今兼入軫。萃采芑一章、二章、三章皆以蒞止萃止爲韻。今兼入質。○竄竄聲在此部。易訟象傳一見。宋玉高唐賦、班固兩都賦、潘岳西征賦、張載七命各一見。說文引虞書竄三苗。今入換。○坻氐聲在此部。詩蒹葭一見。今兼入紙。燬毀聲在此部。詩汝墳一見。今入紙。邇爾聲在此部。詩汝墳小雅杕杜二見。今入紙。凡尒聲字漢人入十六部用。如故人心尚爾韻綺被解此之類是也。瀰镾聲在此部。詩新臺一見。匏有苦葉一見。今兼入紙。泚此聲在此部。詩新臺一見。今兼入紙。凡此聲字漢人多入十六部用。訿此聲在此部。詩小旻一見。今兼入紙。砥氐聲在此部。底或作砥。詩大東作砥、孟子引作底。今分別底在五旨、砥在四紙。濔爾聲在此部。詩載驅一見。今入紙。薾尒聲在此部。詩行葦一見。今入紙。柴此聲在此部。詩車攻一見。今入佳。○火火聲在此部。詩七月、大田

四見。今入果。

古合韻

疑本音在第一部。詩桑柔合韻資維階字。○飽本音在第三部。屈賦天問合韻繼蠻達字。○荅本音在第七部。雨無正合韻退遂瘁誶退字。新序漢書皆作對。則在本韻。○結本音在第十二部。詩正月合韻厲滅威字。疾本音在第十二部。詩抑合韻戾字。至本音在第十二部。詩賓之初筵合韻禮字。屈賦遠遊合韻比厲衛字。闋本音在第十二部。詩載馳合韻濟字。○近本音在第十三部。詩小雅杕杜合韻借邇字。顧氏云近字本在脂微韻。所謂以合韻惑本音也。敦本音在第十三部。詩北門合韻遺摧字。煒本音在第十三部。詩采芑合韻雷威字。漢書韋玄成傳引作推推則在本韻。頎本音在第十三部、詩碩人合韻衣妻姨私字。○或以頎讀本音。衣讀如殷合韻。中庸戎衣、鄭讀爲殷。白虎通云。衣者隱也。裳者障也。微韻與文欣二韻轉移最近。微韻中軍聲翬聲、斤聲、𠂤聲之字皆自文欣韻中轉入。○鮮本音在第十四部。詩新臺合韻泚瀰字。顧氏亦不辨爲合韻矣。怨本音在第十四部。詩谷風合韻嵬萎字。讀如伊。此與北門之敦讀堆、采芑之煒讀推、碩人之頎讀畿、新臺之鮮讀師、杕杜之近讀幾正同。亹亹之字本音敃、而今韻入尾、分聲

之釁本在第十三部。而鄭司農讀徽。於弟五類弟六類觀其會通可矣。怛本音在第十四部。說文怛悬同字。引詩信誓悬悬是也。詩甫田以韵桀字。匪風以韵發偈字。此古合韵。漢書王吉傳引匪風作中心制兮。則在本韵。○積本音在第十六部。詩載芟合韵濟秭醴妣禮字。○蛇本音在第十七部。屈賦東君合韵雷懷歸字。遠遊合韵妃夷飛佪字。歌本音在第十七部。屈賦遠遊合韵妃夷飛佪字。讀如幾。

弟十六部

陸韵平聲支佳、上聲紙蟹、去聲寘卦、入聲陌麥昔錫。

支觿觿知衛芄蘭一章。斯知陳墓門一章。枝知檜隰有長楚一章。斯提小雅小弁一章。伎雌枝知五章。易知祇何人斯六章。篪知斯七章。卑疷白華八章。篪圭攜大雅板六章。○以上平聲。

適益謫邶北門二章。翟鬄揥皙帝鄘君子偕老二章。簣錫璧衛淇奧三章。提辟揥刺魏葛屨二章。甓鷊惕陳防有鵲巢二章。

鵙績豳七月三章。局蹐脊蜴小雅正月六章。帝易大雅文王六章。辟剔皇矣二章。績辟文王有聲五章。益易辟辟板六章。帝辟蕩一章。解易辟韓奕一章。幭厄二章。刺狄瞻卬五章。解帝魯頌閟宮三章。辟績辟適解商頌殷武三章。○以上入聲。

古本音

觿巂聲在此部。詩芄蘭二見。今兼入齊。提是聲在此部。詩葛屨、小弁二見。今兼入齊。攜巂聲在此部。詩板一見。今入齊。髢本作鬄。易聲在此部。詩君子偕老一見。今入霽。揥帝聲在此部。詩君子偕老、葛屨二見。今入祭。帝帝聲在此部。詩君子偕老、文王、蕩、閟宮五見。秦琅邪臺刻石與地解辟易畫韵。今入霽。圭圭聲在此部。詩板一見。今入齊。締帝聲在此部。屈賦一見。今入齊、霽。繫毄聲在此部。左傳一見。今入霽。睍見聲在此部。左傳一見。今入霽。

古合韵

里本音在弟一部。周語富辰引言合韵里字。○翟本音在弟二部。詩君子偕老合韵鬄揥皙帝字。讀如狄。○局本音在弟三部。詩正月合韵蹐脊易字。讀如具。○釋本音在弟五部。屈賦悲回風合韵積擊策蹟適愁適蹟益字。○壞本音在弟十五部。周語彪傒引詩合韵支字。幭本音在弟十五部。詩韓奕合韵軛字。從他經作幦、則在本韵。考車覆笭、既夕禮、玉藻、少儀、公羊傳說文皆謂之幦。毛詩幭厄二字皆屬假借。厄卽軛。毛傳。厄烏蠋也。今譌爲烏蠋。詳見詩經小學。雌本音在弟十五部。詩小弁合韵伎枝知字。爲此聲字入十六部之始矣。○離本音在弟十七部。屈賦少司命合韵知字。老子載營魄抱一能無離乎合兒疵爲雌知韵。又常德不離合雌谿兒韵。離字入支韵葢久矣。螭本音在弟十七部。屈賦涉江合韵知字。

弟十七部

陸韵平聲歌戈麻、上聲哿果馬、去聲箇過禡。

皮紽蛇召南羔羊一章。沱過過歌江有汜三章。爲何爲何爲何邶北門一、二三章。離施新臺三章。河儀他鄘柏舟一章。珈佗河宜何君子偕老一章。皮儀儀爲相鼠一章。猗磋磨衛淇奧一章。

阿薖歌過考槃二章。左瑳儺竹竿三章。離靡王黍離一章。二、三章同。羅爲羅吪兔爰一章。麻嗟嗟施丘中有麻一章。宜爲鄭緇衣一章。加宜女曰雞鳴二章。吹和蘀兮二章。何何齊南山三章。四章同。左我唐有杕之杜一章。何多何多何多秦晨風一、二、三章。差原麻娑陳東門之枌二章。池麻歌東門之池一章。陂荷何爲沱澤陂一章。縭儀嘉何豳東山四章。錡吪嘉破斧二章。何何伐柯一章。鯊多小雅魚麗一章。多嘉四章。椅離儀湛露四章。莪阿儀菁菁者莪一章。駕猗馳破車攻六章。何羆蛇斯干六章。羆蛇七章。地裼瓦儀議罹九章。阿池訛無羊二章。猗何瘥多嘉嗟節南山二章。河他小旻六章。罹何何小弁一章。掎杝佗六章。禍我可何人斯二章。議爲北山六章。左宊裳裳者華四章。嘉儀同上。羅宊鴛鴦一章。何嘉他頍弁一章。俄傞賓之初筵四章。峩宊大雅棫樸二章。阿難何隰桑一章。阿何緜蠻一章。波沱他漸漸之石三章。阿池皇矣六章。賀左下武六章。何嘉儀既醉四章。沙宊多嘉爲鳧鷖二章。阿歌卷阿一章。多馳多歌十章。儀嘉磨爲抑五章。嘉儀八章。寇可詈歌桑柔十六章。皮罷韓奕六章。犧宊多魯頌閟宮三章。河宊何商頌玄鳥。○以上平聲。

古本音

地也聲在此部。詩斯干一見。屈賦天問與歌韻。橘頌與過韻。上林賦與河馳韻。讀如沱。今入至。○考地字周秦人亦入於十六部。如莊子接輿歌禍重如地。莫之知避。秦瑯邪臺刻石文陵水經地韻帝、懈、辟、易、畫字。司馬相如子虛賦揜草蔽地韻絶乎心繫。元命包曰地者易也。皆讀如狄。差差聲在此部。詩東門之枌一見。今兼入皆。○皮爲聲在此部。詩羔羊、相鼠、韓奕三見。左傳一見。今入支。蛇它聲在此部。詩羔羊、斯干三見。屈賦二見。今兼入支。爲爲聲在此部。詩北門、相鼠、兔爰、緇衣、澤陂、北山、鳧鷖、抑十見。易一見。今入支寘。離离聲在此部。詩新臺、湛露二見。屈賦四見。今入支寘。施也聲在此部。詩新臺、丘中有麻二見。屈賦三見。今入支寘。義我聲在此部。書一見。易一見。大戴禮一見。今入寘。儀義聲在此部。詩柏舟、相鼠、東山、湛露、菁莪、斯干、賓之初筵、既醉、抑十見。今入支。宊多聲在此部。詩君子偕老、緇衣、女曰雞鳴、裳裳者華、鴛鴦、棫樸、鳧鷖、閟宮、玄鳥九見。士冠禮一見。易一見。今入支。猗奇聲在此部。詩淇奧、車攻、節南山三見。今入支紙。靡麻聲在此部。詩黍離三見。易一見。今入紙。羅羅聲在此部。詩兔爰、斯干、小弁三見。今入支。吹吹聲在此部。詩萚兮一見。老子或呴或吹與隨嬴墮韻。今入支。差差聲在此部。今又入支佳卦。池也聲在此部。詩東門之池、無羊、皇矣三見。屈賦一見。今入支。陂皮聲在此部。詩澤陂一見。莊子生於陵陂與施爲韻。今入支寘。唐玄宗不知洪範遵王之義義讀俄。而改頗爲陂以合之。又不知陂之本讀坡也。縭离聲在此部。詩東山一見。今入支。錡奇聲在此部。詩破斧一見。今入支紙。椅奇聲在此部。詩湛露一見。今入支。馳也聲在此部。詩車攻、卷阿二見。屈賦二見。今入支。罷罷聲在此部。易一見。今入支、蟹。羆罷省聲在此部。詩斯干、韓奕三見。今入支。議義聲在此部。詩斯干、北山二見。今入寘。掎奇聲在此部。詩小弁一見。今入紙。杝也聲在此部。詩小弁一見。今入紙。詈詈聲蓋在此部。讀如羅。詩桑柔一見。今入寘。哆多聲在此部。詩巷伯與侈韻。今入紙。侈多聲在此部。詩巷伯與哆韻。今入紙。犧羲聲在此部。詩閟宮一見。今入支。墮隓聲在此部。書一見。今兼入支。隨𡐦聲在此部。論語季隨與季騧韻。今入支。騧咼聲在此部。論語季騧與季隨韻。今兼入佳。

古合韻

弱本音在弟二部。易大過傳本末弱也合韻大者過也。○陸本音在弟三部。易漸上九合韻儀字。讀如羅。○宋人改陸爲逵以韻儀。不知今韻逵在脂、儀在支。古韻逵音仇、儀音莪也。○寇本音在弟四部。詩桑柔合韻可詈歌字。讀如科。○路本音在弟五部。大戴禮驪駒詩合韻駕字。讀如羅。爲漢以後弟五部入弟十七部合用之始。虧虍聲字蓋在弟五部。屈賦離騷以韻離字。天問以韻加字。蓋古合韻。○儺本音在弟十四部。詩竹竿合韻左瑳字。原本音在弟十四部。詩東門之枌合韻差麻娑字。古獻尊之爲犧尊、若干之爲若柯、般娑之爲婆娑、嘽嘽駱馬之爲瘏痑駱馬。皆此類。難本音在弟十四部。詩隰桑合韻阿何字。○裼本音在弟十六部。詩斯干以韻地瓦儀議羅字。讀如拕。此爲次弟最近之合韻。江氏改易地字古音。謂地裼一韻、瓦儀議羅一韻。其說疏矣。

凡二萬八千一百七十九字

表四終

羣經韵分十七部表

弟一部

陸韵平聲之咍，上聲止海，去聲志代，入聲職德。

災牛災周易上經无妄六三。龜頤頤初九。來思下經咸九四。期
時歸妹九四。丘思渙六四。治事始象上傳蠱。志富載疑象上
傳小畜。志備祐大有。疑尤喜志賁。災尤載用剝。
志富災之試災无妄。災尤志喜大畜。災志僾事否志
疑象下傳遯。待尤之蹇。志志疑喜祐志損。事來之
志之志辭來益。志喜疑事志富升。之志革。之
尤鼎。災志事用豐。災尤旅。疑治巽。疑志兌。
僾疑時來久既濟。來能謀能繫辭下傳象事知器已下。事試

治災治文言傳乾。時災來怠襍卦傳。○喜起熙尚書皐陶謨帝舜歌。
○時來之士冠禮醮辭。○時財能大戴禮公冠篇祝雍祝成王冠辭。時
財時武王踐阼篇牖銘。○思辭哉禮記曲禮上首節。裘箕學記。○按列子
云古詩言良弓之子必先爲箕，良治之子必先爲裘，知韵語也。○姬旗丘春秋左傳僖十五年
晉嫁伯姬筮辭。每謀二十八年晉輿人誦。思來宣二年宋城者謳。裘駘
襄四年魯人誦。謀志哉昭十二年鄉人言南蒯將叛。薶謀之哀五年萊人歌。
○疑基晉語叔詹引諺。怠來災之越語范蠡引所聞。○基時孟子公孫
丑篇引齊人言。○附能佩離騷。時態同上。茲詞同上。佩詒同上。
之之同上。異佩同上。疑之同上。媒疑同上。茲沫同上。
待期同上。來思九歌湘君。辭旗少司命。貍旗思來山鬼。

謀之天問。牛來同上。尤之期之同上。識喜同上。佑
喜同上。胧之九章惜誦。志咍同上。尤之同上。持之哀郢。
時丘之同上。期志抽思。思媒同上。貽詒思美人。詒志
同上。之旹期同上。能疑同上。詩疑娭治之否欺思之
尤之惜往日。牛之同上。之疑辭之同上。志喜橘頌。右
期悲回風。怪來遠遊。疑浮同上。○以上平聲。
字字周易上經屯六二。否否喜否上九。福母下經晉六二。趾
否子鼎初六。道巳始象下傳恆。子婦家人。起止始襍卦傳。
久止同上。○備字士冠禮字辭。事嗣士昏禮醮子命。○理釐里
始大戴禮保傅篇易曰正其本以下。負趾否曾子制言上篇行則爲人負三句。

疑士五帝德篇其色郁郁四句。○始釐里禮記經解引易。起海子孔子閒居
言五起。○友右春秋左傳閔二年卜辭。子止僖二十五年衛禮至銘。子
使襄四年魯人誦。誨殖嗣襄三十一年鄭輿人誦子產。世息昭三年讒鼎銘。
杞子鄙恥已士昭十二年南蒯鄉人歌。○紀止越語范蠡引所聞贏縮以
爲常節。起始范蠡對越王人事不起弗爲之始。○巳殆論語微子篇楚狂接輿歌。
賫富堯曰篇。○附在茝離騷。畝芷同上。茝悔同上。
醢同上。在理同上。汜里天問。子在同上。在里同上。趾
在止同上。止殆同上。止子同上。子婦同上。市姒佑栻
同上。戒殆同上。恃代九章惜誦。志態同上。以醢涉江。鄙
改懷沙。怪態采有同上。佩異態娭出思美人。佩好代

意置載備異再識惜往日。友理橘頌。恃止同上。紀止悲回風。意事卜居。○以上上聲。

子克周易上經大有九三。纆棘得坎上六。翼食下經明夷初九。食來祀困九二。食惻福井九三。革塞食鼎九三。忒服象上傳豫。忒服觀。革息得革象下傳革。福則震。昃食息豐。克則直克得象上傳同人。牧得服則服得國謙。得德則蠱。食則得意息國則象下傳明夷。得直福困。惻福井。福則震。得戒同上。塞極節。革得極則文言傳乾。食色伏飭襍卦傳。○極極福極極德極尚書洪範五皇極已下。色德福極而康而色已下。側直極極無反無側已下。

德直克克直克克克克福食食食國忒六三德已下。○服德福士冠禮始加緇布冠祝辭。服德福再加皮弁祝辭。服德三加爵弁祝辭。○食福考工記梓人祭侯辭。極國則㮚氏量銘。○司職大戴禮哀公問五義篇若天之司二句。直黑曾子制言上篇蓬生麻中四句。服德武王踐阼篇劍銘。直得子張問入官篇枉而直之二句。祿或服德福極公冠篇孝昭冠辭○或作或誤。○職極服則禮記禮運篇禮行於郊以下。得翼國孔子閒居言五起。○置置德服晉語公子縶引所聞。稷殖叔詹引諺。服國鄭語宣王時童謠。德力食殛越語范蠡對越王王其且馳騁弋獵節。○食食息慝孟子梁惠王篇今也不然節。來直翼得德滕文篇引放勳言。○福極德直力服急息德毒忒食告則慝職鞠爾雅釋訓穰穰福也已下。○附服則離騷。息服同上。節服同上。極服同上。極翼同上。極息側九歌湘君。極識天問。得殛同上。億極同上。極得同上。側佑同上○二句一韻。惑服同上。牧國同上。服直極得九章惜誦。北域側得息抽思。默鞠懷沙。戒得服國橘頌。默得悲回風。得則遠遊。息德同上。食翼卜居。○以上入聲。

弟二部

陸韻平聲蕭宵肴豪、上聲篠小巧晧、去聲嘯笑效号。

咷笑周易上經同人九五。號笑下經萃初六。巢笑咷旅上九。○憍逃大戴禮武王踐阼篇觴豆銘。○巢遙勞驕春秋左傳昭二十五年童謠。○撓逃朝孟子公孫丑篇北宮黝節。濯暴滕文公篇引曾子言。○附遙姚離騷。邈樂同上。笑窕九歌山鬼。到照天問。燿驁遠遊。撟樂同上。○以上平聲。

弟三部

陸韻平聲尤幽、上聲有黝、去聲宥幼、入聲屋沃燭覺。

柔憂求周易襍卦傳。柔憂同上。○游救大戴禮武王踐阼篇盥盤銘。矛羞矛銘。柔求子張問入官篇優而柔之二句。○猶臭春秋左傳僖四年繇辭。湫攸昭十二年。○游休孟子梁惠王篇晏子引夏諺。流憂梁惠王篇引晏子言。○附游求離騷。留茅同上。流湫同上。猶洲修舟流九歌湘君。蕭憂山鬼。龍游天問。流求同上。告救同上。憂求同上。浮懮九章抽思。救告同上。悠憂思美人。流昭幽聊由廚惜往日。憂求游同上。求流橘頌。聊愁悲回風。

游浮遠遊。畱由同上。○以上平聲。
道咎周易上經小畜初九。酒缶牖咎坎六四。首醜離上九。裕
咎下經晉初六。狩首明夷九三。酒咎首未濟上九。道(八)象上傳臨。
道咎造(八)首象上傳乾。咎道同人。考道咎蠱。道醜
道觀。咎道考道復。(八)醜咎大過。咎道(八)離。咎
道象下傳睽。咎道醜咎解。咎道咎夬。咎飽醜道保
漸。咎道節。咎道既濟。保(母)繫辭下傳无有師保二句。○好道
尚書洪範無有作好二句。○晧壽大戴禮將軍文子篇常以晧晧是以眉壽。○雔保春秋
左傳僖五年士蔿引所聞。州道草擾獸牡襄四年周箴。皐覺蹈憂
哀二十一年齊歌。○就憂狃咎晉語引商銘。狃咎輿人誦惠公。報

臭國人誦改葬共世子。考守越語范蠡引所聞上帝不考時反是守。牡道究
范蠡引所聞凡陳之道以下。○奧竈論語爲政篇王孫賈問。○附　好巧離騷。
道考天問。(在)守同上。嫂首同上。仇讎保道九章惜誦。好
就同上。(任)醜橘頌。○以上上聲。
告瀆告周易上經蒙。復輹目小畜九二、九三。○輹作輻譌。肉毒噬嗑
六三。輹逐牿大畜九二、九三、六四。逐復下經睽初九。復夙解。
木谷覿困初六。足餗渥鼎九四。陸復育漸九三。木槲
六四。屋覿豐上六。○族睦尚書堯典以親九族二句。○目腹復春秋左傳
宣二年宋謳。蹴目成十六年筮辭。卜卜昭三年引諺。鵒辱昭二十五
年引童謠。鵒哭同上。○濁足孟子離婁篇引孺子歌。○附　育腹天問。

竺燠同上。欲祿同上。復慼九章哀郢。木足思美人。屬穀
遠游。○以上入聲。

弟四部陸韵平聲矦、上聲厚、去聲候。
須濡周易上經賁六二、九三。○矦矦考工記梓人祭矦辭。○渝揄春秋左傳僖四
年繇辭。儒邾襄四年魯人歌。跦矦襦昭二十五年引童謠。(竇)踰哀十
七年衛繇辭。○附　駒晃軀卜居。○以上平聲。
寇媾周易上經屯六二。寇媾賁六四。寇媾下經睽上九。鮒漏
井九二。主蔀斗豐初九、六二。蔀斗主九四。聚聚象下傳萃。
樹數繫辭下傳不封不樹二句。晝誅遇襍卦傳。○呴口大戴禮武王踐阼篇
機銘。○僂傴俯走侮口春秋左傳昭七年引正考父鼎銘。主藪昭七年引

武王告諸矦。○附　詬厚離騷。(屬)具同上。(屬)數天問。厚取同上。
○以上上聲。

弟五部陸韵平聲魚虞模、上聲語麌姥、去聲御遇暮、入聲藥鐸。
輿廬周易上經剝上九。穫畬无妄六二。牙衢大畜六五、上九。華夫
大過九五。孤夫膚下經睽九四、九五。孤塗車弧弧上九。譽故
蹇初六、六二。膚且夬九四。魚膚且魚瓜姤九二、九三、九四、九五。度
徐車困九四。魚虛象下傳中孚。居虛繫辭下傳變動不居二句。度
懼故其出入以度三句。譽懼二多譽二句。居著襍卦傳。○惡路
尚書洪範無有作惡二句。○魚徒大戴禮子張問入官篇水至清以下。○瑕家春秋左傳
閔元年引諺。去餘　孤僖十五年筮辭。孤弧姑逋家虛伯姬嫁秦筮辭。

汙瑕垢宣十五年伯宗引諺　詐虞宣十五年宋盟楚書　家夫襄四年引
虞箴　豬豭定十四年宋野人歌　虛瓜夫辜哀十七年衛侯夢渾良夫歌　○
吾烏枯晉語優施歌　詐賂晉語輿人誦惠公　○豫助豫度孟子梁惠
王篇引夏諺　○如余且爾雅釋天月名　辜涂同上　○附度路離騷
路步同上　迎故同上　孤家同上　車疏同上　都居同上
華居疏九歌大司命　錯滂故天問　衢居如同上　故懼同上
如居九章涉江　如蕪哀郢　姑徂抽思　故慕懷沙　莫故
同上　錯懼同上　度路思美人　度暮故同上　紆娛居悲回
風　都如遠游　居戲霞除同上　予居都閭同上　路度
同上　顧路同上　○以上平聲

雨處周易上經小畜上九　股馬下經明夷六二　輔序艮六五　處斧
旅九四　下若巽九二　下斧上九　土下象上傳離　下與女
象下傳咸　下與恆　所與艮　下普象上傳乾　與下隨
下與下剝　下與輔下大過　處下象下傳咸　下與困
下舍與井　雨暑女繫辭上傳鼓之以雷霆以下　處語繫辭上傳或出
或處以下凡用三韵　馬下下傳服牛乘馬以下　處宇雨上古穴居以下　虎
覩下文言傳乾　下舍同上　故旅下寡處襍卦傳　○祖社女
尚書甘誓用命賞于祖以下　女女赦湯誓予其大賚女以下　怒戮敘洪範
我聞在昔以下　敘廡五者來備以下　雨夏雨庶民惟星以下　○湑脯序
祜士冠禮再醮辭　楚沮三醮辭　假甫字辭　○所女考工記梓人祭侯辭

○賈野旅大戴禮曾子制言上篇近市無賈三句　馬下五帝德篇春夏乘龍以下
土雨所古祜公冠篇上天祝辭　土雨者下土祝辭　○舍固禮記
曲禮上將適舍二句　戶下將入戶二句　武虎怒前朱鳥節　土戶禮運
後聖有作節　戶下組鼓嘏祖子下所祜禮運玄酒在室節　旅
廣鼓武雅語古下樂記子夏對魏文侯　夏露孔子閒居天有四時以下皆如
詩句　舉士處所射譽射義引詩○大戴禮投壺篇同惟曾孫侯氏下四正具舉上有
今日大射四字又誤衍十一字　○社輔春秋左傳閔二年卜辭　父所筮辭　羽
野馬昭二十五年童謠　褚伍與襄三十一年鄭人誦　○黍廡晉語叔詹引諺
所禦野與越語范蠡引所聞往從其所以下　○夜夏論語微子篇八士二叔
○附與莽序暮離騷　武怒舍故同上　予野同上　輔土

同上　圃暮同上　夜御下予佇妬同上　馬女同上　下女
同上　固惡寤古同上　女女同上　舉輔同上　女下同上
與予同上　渚下浦女與九歌湘君　渚予下湘夫人　浦者
與同上　下女予大司命　下予少司命　鼓箎姱舞東君
渚下浦予河伯　下雨予山鬼　馬鼓壄國殤　鼓舞與古
禮魂　所處羽天問　輔緒同上　怒固同上　下所九章惜誦
雨宇涉江　姱怒抽思　莽土懷沙　下舞同上　莽草思美人
處慮曙去悲回風　語曙遠游　○以上上聲
號啞周易下經震　號啞初九　索矍上六　作坼象下傳解　柝
客繫辭下傳重門擊柝二句　薄射錯逆說卦傳雷風相薄以下　○度索大戴

禮子張問入官篇揆而度之二句。射莫投壺篇命射辭。○席諾禮記曲禮上必愼唯諾與母踏席爲韻。席怍尺將卽席以下韻語也。炙酪帛朔禮運以炮以燔下。席帛炙魄莫腥其俎節。宅壑作澤郊特牲大蜡辭。惡碩大學引諺。○度擇春秋左傳隱十一年引諺。○索獲昭二十七年公子光引上國言。○作客越語范蠡對越王天時不作弗爲人客。○附索妒離騷。錯度同上。追索同上。宅惡同上。若柏作九歌山鬼。度作天問。射若同上。釋白惜誦。薄薄同上。蹠客薄釋哀郢。作穫同上。莫壑遠游。○以上入聲。

第六部陸韻平聲烝登、上聲拯等、去聲證嶝。

陵興周易上經同人九三。陵孕勝下經漸九五。升陵象上傳坎。凝

冰象上傳坤。椉興陵賁。恆承象下傳歸妹。○弓興考工記弓人下柎之弓二句。○興崩大戴禮武王踐阼篇劍銘。○椉弓朋春秋左傳莊二十二年引詩。陵雄襄十年繇辭。澠陵興昭十二年齊侯投壺辭。○登崩周語引諺。懲興晉語輿人誦惠公。○附弓懲凌雄九歌國殤。興膺天問。(言)勝陵(文)同上。膺仍九章悲回風。○以上平聲。

第七部陸韻平聲侵鹽添、上聲寑琰忝、去聲沁豔㮇、入聲緝葉怗。

心金周易繫辭上傳二人同心二句。○黔心春秋左傳襄十七年宋謳。愔音金心昭十二年引祈招之詩。○附心淫離騷。風林九章涉江。心風哀郢。潭心抽思。○以上平聲。附急立離騷。悒急天問。○以上入聲。

第八部陸韻平聲覃談咸銜嚴凡、上聲感敢豏檻儼范、去聲勘闞陷鑑釅梵、入聲合盍洽狎業乏。

坎窞周易上經坎初六。坎枕窞六三。○附敢憺九章抽思。○以上平聲。浛接周易象上傳蒙。○附甲接九歌國殤。接涉九章哀郢。○以上入聲。

第九部陸韻平聲東冬鍾江、上聲董腫講、去聲送宋用絳。

龍用周易上經乾初九。墉攻同人九四。中(應)中蒙功象上傳蒙。窮中功需。從中(應)窮比。通同泰。通邦否。中功坎。動(應)象下傳恆。同通睽。中窮功邦蹇。衆中

功解。窮終夬。中窮困。窮中功凶井。功邦中窮漸。窮同中功渙。中窮通節。中邦中孚。中窮既濟。中終(應)未濟。中窮終象上傳坤。(禽)窮屯。中終需。凶寵邦功師。功邦同上。中(禽)中終比。凶(正)豫。凶功中窮隨。凶中功坎。容公邦離。(深)中容(禽)終凶功象下傳恆。窮中大壯。(心)躳(正)終艮。中窮功中窮凶巽。中窮節。凶功繫辭下傳三多凶二句。終窮襍卦傳。○邦雍尚書堯典協和萬邦二句。○容恭大戴禮武王踐阼篇帶銘。○容恭同(王)禮記曲禮上正爾容節。降(騰)同動月令孟春。(騰)降通冬月令孟冬。從同邦孔子閒居言五起。○中融春秋左傳隱元年鄭莊公歌。茸

公從僖五年士蔿賦。○功庸越語范蠡引所聞聖人之功節皆韵語也。○躳中窮終論語堯日篇。○附庸降離騷。縱巷同上。同調同上。降中窮慵九歌雲中君。堂宮中河伯。功同天問。從通同上。躳降同上。逢從同上。沈封同上。中窮行九章涉江。江東同上。同容抽思。豐容懷沙。江洶悲回風。讒從卜居。忠窮同上。凶從同上。○以上平聲。

第十部陸韵平聲陽唐、上聲養蕩、去聲漾宕。

囊裳黃周易上經坤六四、六五、上六。荒亡行泰九二。亡桑否九五。光王觀六四。亨尚坎。壯罔下經大壯九三。往亨損。良望歸妹六五。筐羊上六。望亡中孚六四。防戕小過九二。疆

疆象上傳坤。行亨往行小畜。剛亨明履。明行亨大有。亨明行謙。亨明章行噬嗑。亨往賁。剛長象行剝。行長復。養養頤。行往亨大過。亨行長象下傳遯。上明行晉。行明行剛睽。上行往亨行損。疆光慶行疆方行益。剛光夬。剛長章行姤。亨慶行升。當亡革。明行剛亨鼎。行明艮。當剛歸妹。剛明旅。行剛巽。亨行小過。亨當既濟。方光象上傳坤。剛常屯。明光長同上。行常需。長明訟。常行當師。傷上比。明行當剛行當慶履。當行當長否。剛行同人。當行剛亡長豫。當

長當臨。行剛當光當明噬嗑。慶行大畜。光上慶頤。罔往當詳長象下傳大壯。行當慶光晉。當剛行慶亡睽。當明光長夬。當光上萃。明慶剛祥困。當行同上。剛當光行喪震。常當行良行筐歸妹。當明行慶翔藏豐。傷喪旅。當慶當光兌。當上當長中孚。當長上亢小過。當行未濟。象像繫辭下傳易者象也以下。彰剛望君子知微三句。方常行初率其辭以下。藏明行文言傳乾。剛方常光行慶殃文言傳坤。剛行襍卦傳。○明良康尚書皋陶謨皋陶賡載歌。喪亡往湯誓時日曷喪以下。黨蕩洪範皇極之敷言。明昌無虐煢獨以下。行光王是訓是行以下。明章康百穀用成以下。○

疆慶儀禮士冠禮三加爵弁祝辭。芳祥忘士冠禮醴辭。慶疆士冠禮三醮辭。○強防黨考工記弓人維幹強之六句。○強亡強枉大戴禮武王踐阼篇丹書。○按今本大戴禮作敬勝怠者吉。怠勝敬者滅。義勝欲者從。欲勝義者凶。學記正義以此四語爲瑞書之辭。引大戴禮敬勝怠者強。怠勝敬者亡。則知今本乃後人所改。從正義所引爲是。凡事不強則枉。不敬則不正。枉古平聲。強枉爲韵。敬正爲韵。傷長楹銘。杖杖觴豆銘。張良常讓讓堂行張投壺篇命射辭。○堂揚小戴禮曲禮上將上堂將入戶將卽席等皆韵語也。仰放檀弓上子貢聞泰山其頹之歌而言。亨羊羹祥禮運然後退而合亨以下。當昌祥當綱樂記天地順而四時當以下。方將明孔子閒居言五起。○鏘姜昌卿京春秋左傳莊二十二年繇辭。亡昌閔二年卜辭。競病僖七年引諺。羊盅筐貺償相僖十五年筮辭。上堂文二

年狼瞫引周志。商亡昭二十六年引詩。翔廣昭五年箋辭。唐常方
行綱亡哀六年引夏書。陽兵姜商十九年辭。○綱上周語單襄公引諺。
嘗傷太子晉引諺。祥殃亡越語范蠡引所聞上帝不考以下皆韵語也。
荒荒常范蠡對越王馳騁弋獵以下皆韵語也。皇常行陽匡常行陽
剛范蠡引所聞。○揚彊張光孟子滕文篇引大誓。○陽明藏英爾雅釋天
祥。相壯陽釋天月名。○附英傷離騷。裳芳同上。荒章常
（懲）同上。殃長同上。當浪同上。桑芊同上。當芳同上。央
芳同上。長芳同上。行粻同上。鄉行同上。良皇琅芳漿
倡堂康九歌東皇太一。芳英央光章雲中君。望張湘夫人。
堂房張芳衡同上。翔陽坑大司命。方桑明東君。裳

狼（降）漿翔行同上。望蕩河伯。行傷國殤。明藏尚行天問。
揚光同上○二句一韵。方桑同上。堂臧同上。尚匠同上。
饗喪同上。臧芊同上。兄長同上。行將同上。方狂同上。
將長同上。亡（嚴）饗長同上。長彰同上。杭旁九章惜誦。糧
芳同上。英光湘涉江。陽傷同上。當行同上。亡行哀郢。
傷長抽思。亡光一作（完）○同上。章明懷沙。量臧同上。強像
同上。將當思美人。揚章同上。長像橘頌。傷倡忘長芳
章芳睨芊明悲回風。湯行同上。行鄉陽英壯放遠游。
行芒同上。涼皇同上。鄉行同上。長明（通）卜居。○以上平
聲。

弟十一部陸韵平聲庚耕清青、上聲梗耿靜迥、去聲映諍勁徑。
盈平周易上經坎九五。井井井井瓶下經井。（元）（天）形成（天）
（命）貞寧象上傳乾。（元）生（天）坤。生貞盈寧屯。（中）成正
（淵）訟。正（賢）（天）大畜。生平象下傳咸。成成恆。正定家人。
（享）正（命）萃。（信）正革。成（命）（人）同上。成（民）節。貞
（天）中孚。正（民）象上傳屯。聽正需。正敬訟。正（命）臨。
（賓）（民）平觀。正（命）正象下傳晉。井正成井。正聽艮。
（極）正未濟。精生繫辭下傳男女構精二句。平傾危者使平二句。（亨）情
正精情（天）平文言傳乾。正定襍卦傳。○姓（明）虞書堯典平章百姓二句。
○正（令）士冠禮三加爵弁祝辭。○敬正大戴禮武王踐阼篇丹書。聲旌投壺

篇命射辭。寧靈公冠篇下士祝辭。經刑易本命篇東西為緯以下。○清省
爭禮記曲禮冬溫而夏凊三句。成貞文王世子篇引語。成生經清平
寧樂記小大相成以下。正定定聲紀綱既正以下。霆形生孔子閒居地載
神氣以下。正清寧成生成政姓緇衣引詩。○挺扃（令）定春秋左傳
襄五年引逸詩。幸幸宣十六年引諺。○城（金）周語伶州鳩引諺。聽誠荆
生貞傾晉語國人誦改葬共世子。成形成榮叔詹引諺。生形征成刑越語
范蠡對越王逆節萌生以下。范蠡引所聞聖人之功節。○清纓孟子離婁篇引
孺子歌。○生贏成寧正爾雅釋天祥。○附情聽離騷。正征同上。
征庭旌靈九歌湘君。青莖成少司命。旍星正同上。冥
鳴山鬼。聽刑天問。營成傾同上。營盈同上。寧情同上。

情正九章惜誦。情路正聽抽思。星營上同。盛正懷沙。征
零成情程遠游。縈人征上同。耕名身生貞人清楹居。
清輕鳴名貞上同。醒清漁父。清纓上同。○以上平聲。

弟十二部陸韵平聲眞臻先、上聲軫銑、去聲震霰、入聲質櫛屑。
田人周易上經乾九二。淵天人九四、九五。䎙鄰泰六四。身人
下經民。人神象下傳豐。身仁象上傳復。牵賓牵民正命吝
象下傳姤。信身繫辭下傳尺蠖之屈四句。天田文言傳乾上不在天二句。天
田人上不在天三句。親新信襍卦傳。進親顚上同。○偏平尚書
洪範。○天田年引少牢饋食禮祝嘏主人。○人淵大戴禮武王踐阼篇盥盤銘。
民年公冠篇祝雍祝成王冠辭。一作近於仁遠於佞。○新新新禮記大學湯盤銘。

○佞田晉語輿人誦惠公。○倩盼絢論語八佾篇引詩。親人人堯曰
篇。○附名均離騷。艱音上同。轔天人九歌大司命。民嬪
天問。鰥親上同。人身九章惜誦。明身上同。天名哀郢。鎭
人抽思。顚天悲回風。○以上平聲。
血穴周易上經需六四。實疾卽下經鼎九二。實血歸妹上六。吉
失象上傳需。吉失訟。吉失比。吉失室小畜。吉失隨。節
失節象下傳家人。實節蹇。實節鼎。吉節未濟。○節
節節春秋左傳成十五年子臧引志。○附節日九歌東君。抑音九章懷沙。
匹程上同。一逸遠游。○以上入聲。

弟十三部陸韵平聲諄文欣魂痕、上聲準吻隱混狠、去聲稕問焮慁恨。

文文周易象上傳賁。君羣象上傳否。炳蔚君象下傳革。焚聞旅。
存門繫辭上傳成性存存二句。緼醇繫辭下傳天地絪緼二句。○訓訓尚書
洪範全篇多用韵語。今略分見之各部中。是彝是訓二語亦疊字爲韵也。○純循大戴禮哀公問
五義篇穆穆純純以下六句三韵。聞孫武王踐阼篇矛銘。門存大戴禮驪駒詩。
見漢書服虔注。○西巡禮記祭義日出於東四句。神先雲孔子閒居清明在躬六句。
○晨辰振旂賁焞軍奔春秋左傳僖五年童謠。外傳同。○附忍隕離騷。
門雲九歌湘夫人。門雲塵大司命。雲先國殤。分陳天問。
賓墳上同。云先同上。先字非。○無貧門九章惜誦。聞忳上同。
忍軫上同。聞患九章抽思。還聞悲回風。雰媛上同。勤
聞遠游。傳垠然存先門上同。門冰上同。天聞鄰上同。○

以上平聲。

弟十四部陸韵平聲元寒桓刪山仙、上聲阮旱緩潸產獮、去聲願翰換諫襉線。
邅班周易上經屯六二。班漣上六。皤翰賁六四。園戔六五。
反連下經蹇九三、六四。變面革上六。干言漸初六。磐衎六二。
順實巽順象上傳蒙。願亂履。實願願亂泰。變巽
象下傳家人。亂變巽萃。巽願亂漸。順願渙。變願
中孚。言蘭繫辭上傳同心之言二句。變倦繫辭下傳通其變以下四句。用二韵。
遠遷易之爲書以下。凡用六韵。言見言遷八卦以象告以下。散烜說卦
傳雷以動之四句。爛反襍卦傳。綏難上同。○言愆聲士昏禮庶母命
女。○然善大戴禮哀公問五義百姓淡然二句。殘然武王踐阼篇楹銘。○安

顔言禮記曲禮上坐必安以下韵語也。斑拳檀弓下原壤登木而歌。旦患
坊記引逸詩。○旦顯左傳昭三年讒鼎銘。愆言昭四年子產引逸詩。○然遷
越語范蠡引所聞得時無怠節。遠反遠范蠡引所聞聖人之功節。○反遠論語子罕
篇引逸詩。○附　然安離騷。反遠同上。遷盤同上。淺翩閒九歌
湘君。蘭言淺湘夫人。閒蔓閒山鬼。反遠國殤。暖寒言
天問。安遷同上。變遠九章惜誦。拌援同上。言然同上。遠
壇同上。愆遷哀郢。霰見同上。反遠同上。願進抽思。摶
爛橘頌。仙延遠遊。○以上平聲。

弟十五部陸韵平聲脂微齊皆灰、上聲旨尾薺駭賄、去聲至未霽祭泰怪夬隊廢、入聲術物迄月沒曷末黠鎋薛。

師尸周易上經師六五。綏維隨上六。稊妻大過九二。咨洟下經
萃上六。藜妻困六三。次資旅六二。○頹壞萎禮記檀弓上孔子歌。
綏衰檀弓下成人語。違遲悲孔子閒居言五起。○水瑰歸懷春秋
左傳成十七年子叔嬰齊歌。淮坻師昭十二年晉侯投壺詞。○懷歸違哀
微依妃晉語國人誦改葬共世子。○衰追論語微子篇接輿歌。○附　幃祇離騷。
雷蛇懷歸九歌東君。歸懷河伯。懷肥天問。依譏同上。○二
句一韵。衰鬼九章涉江。懷悲遠遊。妃歌夷蛇飛佪同上。○
以上平聲。
視履尸周易上經履六三。肺矢噬嗑九四。死棄離九四。藟卼
下經困上六。娣履視娣歸妹初九、九二、六三。濟尾未濟。○死牝大戴

禮易本命篇高者爲生四句。○罪罪春秋左傳桓十年引周諺。尾幾文十七年引古
人言。尾裔哀十七年繇辭。○附　死體天問。底雉同上。涕弭遠遊。
○以上上聲。
大利周易上經坤六二。厲貝震六二。退遂利下經大壯上六。遂饋家人六二。曳
掣劓睽六三。沛沫豐九三。內外義謂象下
傳家人。發大害象上傳坤。外敗需。竄掇訟。外大際
泰。害敗害哲大有。謂內臨。貴類悖頤。際大歲
坎。外害象下傳咸。害大末說同上。位愛謂家人。內貴
蹇。位退悖解。悖貴鼎。位快逮旅。外大位害
渙。契察夬繫辭下傳上古結繩以下。大廢其道甚大二句。位氣說卦

傳天地定位二句。逮悖氣物水火相逮以下。外內類退襍卦傳。○
發綱綱發考工記工人爲柎而發四句。○廢世大戴禮武王踐阼篇丹書。○害
大楹銘。○撥蹶越禮記曲禮上衣毋撥以下。悖佛學記其施之也悖二句。○
外泄春秋左傳隱公元年鄭武姜歌。類異成四年引史佚之志。蔽萃匱成九
年引詩。器罪昭七年楚僕區之法。○骨猾捽晉語伐驪戎兆。蔽察蓺
越語范蠡引所聞贏縮以爲常節。○達适突忽論語微子篇周八士。凡用三韵。○慧
勢孟子公孫丑篇引齊人言。察歠決孟子盡心篇。○附　刈穢離騷。蔽
折同上。艾害同上。枻雪末絕九歌湘君。齎澨逝蓋湘夫人。
帶逝際少司命。繼飽蠥達天問。戫活同上。害敗同上。
摯說同上。會殺同上。○二句一韵。汰滯九章涉江。慨邁哀郢。

歲逝抽思。濟示懷沙。汩忽同上。胃謂愛類同上。發
逢思美人。至比厲衛遠游。○以上入聲。
弟十六部陸韵平聲支佳、上聲紙蟹、去聲寘卦、入聲陌麥昔錫。
儀卦易繫辭傳易有大極四句。○閱里周語富辰引人言。支壞壞支周語
彪傒引詩。危埤晉語醫龢引所聞。○附蘂纚離騷。離知九歌少司命。
知螭九章涉江。○以上平聲。
益擊周易下經益上九。易適繫辭下傳上下無常四句。○晳役春秋左傳襄十
七年宋謳。縈繫睨哀十三年乞糧辭。○附隘績離騷。畫歷天問。
解締九章悲回風。積擊策蹟適愁適蹟益釋同上。輒蹟
卜居。○以上入聲。

弟十七部陸韵平聲歌戈麻、上聲哿果馬、去聲箇過禡。
離歌嗟周易上經離九三。沱嗟六五。陸儀下經漸上九。和靡
中孚九二。罷歌六三。過離小過上六。過弱象上傳傳過。爲嘉
象下傳革。義何鼎。何過何小過。地空繫辭下傳仰則觀象于天四句。
化空神而化之二句。○胜隋墮尚書臯陶謨賡歌。頗義洪範○頗、唐開
元中改爲陂。○嘉空士冠禮字辭。○義過大戴禮武王踐阼篇弓銘。路駕
大戴禮驪駒詩。見漢書服虔注。○皮多挪皮何春秋左傳宣二年宋謳。何多
羅襄八年引詩。○隨騧論語微子篇八士二季。○附他化離騷。娑頗
同上。化離同上。馳蛇同上。離虧同上。可我同上。被離
爲九歌大司命。何離爲同上。池阿歌同上。○或多河波二韵、河伯章語也。

河波螭河伯。阿羅山鬼。爲化天問。加虧同上。施化
同上。多何同上。歌地同上。宊嘉同上。○嘉作喜非。嘉嗟施
何同上。儀施九章抽思。化爲思美人。過地橘頌。○失過一作過失誤。
儀爲悲回風。馳蛇遠游。麾波同上。移波釃爲漁父。○
以上平聲。

凡八千五百五十五字

表五終

乾隆丙申鐫於富順官廨

檢字表說明

一、本表將《說文》所有正文、重文均按楷字畫數順序編列，每字下注明頁數；重文字下并用括號將正文注明。同一畫中各字按《說文》部首篇次排列，並在每篇的第一個字下注名篇數。

二、同一畫中有兩字相同者，凡楷體同而篆體亦同者，每字下除注本字頁數外，并將另一字頁數附注於次；其楷體同或極其相似而篆體不同者，則視需要於字下注明篆作某。

三、表中所列楷字爲段改體者，均將原字按畫數低格附錄於每畫之後，字下用方括號注明段改體；其合體字非必要概不附錄原字；檢字時可於附錄中先查其偏旁所從之段改體，再於表中查出該字。如「鍊」，段改作「銕」，可先於附錄中查出「柬」之段改體爲「東」，再從表中查「銕」字。

四、表中所列楷字爲古體或近似篆體者，均將今體字按畫數低格附錄於每畫之後，字下用尖括號注明古體；非由古體演變之異體字，除少數（如「花」字等）外，一般不附錄。其合體字非必要概不附錄今體，檢字時可於附錄中先查其偏旁所從之古體，再於表中查出該字。如「搜」，古體作「挖」，可先於附錄中查「叟」之古體爲「叜」，再從表中查「挖」字。

檢字

一 部首

【一畫】

一 一上·一上
丨 一上·二〇下
丶 五上·二一四下
く 一一下·五六八上
乙 一二上·五八四上
丿 一二下·六二七上
乀 一二下·六二七下
亅 一二下·六三三下
乚 一二下·六三四上
乙 一四下·七四〇上

【二畫】

二 一上·一下
八 二上·四八下
凵 二上·六二下
丩 三上·八八下
十 三上·八八下
又 三下·一一四下
𠂇 三下·一一六下
九 三下·一二〇下
卜 三下·一二七上
刀 四下·一七八上
乃 五上·二〇三上
丂 五上·二〇三下
亼 五上·二一三下
入 五下·二三四上
冂 五下·二三八上
马 七上·三一六下
冖 七下·三五三上
人 八上·三六五上
匕 八上·三八四上
𠤎 八上·三八四下
儿 八下·四〇四下
卩 九上·四三〇下
勹 九上·四三三下
厶 九上·四三六下
厂 九下·四四六上
巛 一一下·五六八上
𠂆 一二下·六二七下
匸 一二下·六三五上
匚 一二下·六三五下
二 一三下·六八一上
力 一三下·六九九上
几 一四上·七一五下
七 一四下·七三八下
九 一四下·七三八下
丁 一四下·七四〇下
了 一四下·七四三下

【三畫】

三 一上·九上
士 一上·二〇上
屮 一下·二二下
小 二上·四八下
口 二上·五四上
彳 二下·七六上
廴 二下·七七下
干 三上·八七上
寸 三下·一二一上
幺 四下·一五八下
刃 四下·一八三上
丌 五上·一九九下
工 五上·二〇一上
亏 五上·二〇四下
亼 五下·二二三下
夊 五下·二二三下
夂 五下·二三七上
久 五下·二三七上
才 六上·二七二上
乇 六下·二七四下
囗 六下·二七六下
夕 七上·三一五上
宀 七下·三三七下
冂 七下·三五三下
巾 七下·三五七上
尸 八上·三九九下
彡 九上·四二四上
山 九下·四三七下
广 九下·四四二下
丸 九下·四四八上
彑 九下·四五六下
大 一〇下·四九二上
尢 一〇下·四九五上
大 一〇下·四九八下
川 一一下·五六八下
卂 一一下·五八三上
女 一二下·六一二上
亾 一二下·六三四上
弓 一二下·六三九下
土 一三下·六八二上
勺 一四上·七一五上
己 一四下·七四一上
子 一四下·七四二下
巳 一四下·七四五下

【四畫】

王 一上·九下
气 一上·二〇上
牛 二上·五〇下
止 二上·六七下
牙 二下·八〇下
𠬞 三上·一〇三下
𠬜 三上·一〇四下
爪 三下·一一三下
丮 三下·一一三下
支 三下·一一七上
殳 三下·一一八下
攴 三下·一二三下
爻 三下·一二八下
予 四下·一五九下
丰 四下·一八三下
曰 五上·二〇二下
兮 五上·二〇四上
丹 五下·二一五下
井 五下·二一六上
木 六上·二三八下
之 六下·二七二下
帀 六下·二七三上
巿 六下·二七三下
日 七上·三〇二上
月 七上·三一三上
毌 七上·三一六上
片 七上·三一八上
凶 七上·三三四下
朩 七下·三三五下
冃 七下·三五三下
巿 七下·三六二下
从 八上·三八六上
比 八上·三八六上
壬 八上·三八七下
毛 八上·三九八下
尺 八下·四〇二下
方 八下·四〇四上
先 八下·四〇五下
欠 八下·四一〇上
旡 八下·四一四下
丏 九上·四二三上
文 九上·四二五上
勿 九下·四五三下
冄 九下·四五四上
犬 一〇上·四七三上
火 一〇上·四八〇上
夨 一〇下·四九四上
夭 一〇下·四九四上
亢 一〇下·四九七上
夫 一〇下·四九九下
心 一〇下·五〇一下
水 一一上一·五一六上
仌 一一下·五七〇下
不 一二上·五八四下
戶 一二上·五八六下
手 一二上·五九三下
毋 一二下·六二六下
氏 一二下·六二八上
戈 一二下·六二八下
斤 一四上·七一六下
斗 一四上·七一七下
五 一四下·七三八上
六 一四下·七三八下
禸 一四下·七三九上
巴 一四下·七四一下
壬 一四下·七四二上
𠫓 一四下·七四四上
丑 一四下·七四四下
午 一四下·七四六上

【五畫】

示 一上·二下
玉 一上·一〇上
半 二上·五〇上
癶 二上·六八上
正 二下·六九下
疋 二下·八四下
冊 二下·八五下
只 三上·八七下
句 三上·八八上
古 三上·八八下
史 三下·一一六下
聿 三下·一一七上
皮 三下·一二三上
用 三下·一二八上
目 四上·一二九下
白 四上·一三六下
𦍌 四上·一四四下
玄 四下·一五九下
歺 四下·一六一下
左 五上·二〇〇下
甘 五上·二〇二上
可 五上·二〇四上
号 五上·二〇四下
皿 五上·二一一下
去 五上·二一三下
矢 五下·二二六上
出 六下·二七三上
生 六下·二七四上
𥝌 六下·二七五上
旦 七上·三〇八下
禾 七上·三二〇上
瓜 七下·三三七上
穴 七下·三四三下
疒 七下·三四八上
白 七下·三六三下
北 八上·三八六下
丘 八上·三八六下
兄 八下·四〇五下
司 九上·四二九下
后 九上·四三〇上
包 九上·四三四上
屵 九下·四四二上
石 九下·四四八下
本 一〇下·四九七下
夰 一〇下·四九八下
立 一〇下·五〇〇上
永 一一下·五六九下
民 一二下·六二七上
氏 一二下·六二八下
戉 一二下·六三二下
瓦 一二下·六三八上

它 一三下·六七八上
田 一三下·六九四下
且 一四上·七一六上
矛 一四上·七一九下
四 一四下·七三七下
宁 一四下·七三七下
甲 一四下·七四〇上
丙 一四下·七四〇下
戊 一四下·七四一上
卯 一四下·七四五上
未 一四下·七四六下
申 一四下·七四六下

【六畫】

艸 一下·二三上
吅 二上·六二下
此 二上·六八下
㢟 二下·七七下
行 二下·七八上
舌 三上·八六下
𠦬 三上·八九下
䇂 三上·一〇二下
共 三上·一〇五上
聿 三下·一一七上
臣 三下·一一八下
自 四上·一三六下
羽 四上·一三八上
羊 四上·一四五上
丝 四下·一五八下
𠬪 四下·一六〇上
死 四下·一六四上
冎 四下·一六四下
肉 四下·一六七上
㓞 四下·一八三上
耒 四下·一八三下
竹 五上·一八九上
旨 五上·二〇二下
虍 五上·二〇九上
血 五上·二一三下
缶 五下·二二四下
舛 五下·二三四上
㚇 六下·二七二下
㫃 七上·三〇八下
有 七上·三一四上
多 七上·三一六上
朿 七上·三一七上
束 七上·三一八上
米 七上·三三〇下
臼 七上·三三四上
朩 七下·三三六上
网 七下·三五五上
襾 七下·三五七上
从 八上·三八七上
身 八上·三八八下
衣 八上·三八八下
老 八上·三九八上
舟 八下·四〇三上
兜 八下·四〇六下
先 八下·四〇六下
后 九上·四二九下
印 九上·四三一下
色 九上·四三二下
由 九上·四三六下
屾 九下·四四一下
危 九下·四四八下
而 九下·四五四上
亦 一〇下·四九三下
交 一〇下·四九四下
囟 一〇下·五〇一上
𠂢 一一下·五七〇上
至 一二上·五八四下
西 一二上·五八五下
耳 一二上·五九一上
𦣝 一二上·五九三上
曲 一二下·六三七上
弜 一二下·六四二上
系 一二下·六四三下
虫 一三上·六六三上
劦 一三下·七〇一下
幵 一四上·七一五上
𠂤 一四上·七三〇下
厶 一四下·七三七上
戌 一四下·七五二上
亥 一四下·七五二下

【七畫】

釆 二上·五〇上
告 二上·五三下
走 二上·六三下
步 二上·六八下
辵 二下·七〇上
足 二下·八一上
㕡 三上·八七上
㕯 三上·八八上
言 三上·八九下
曰 三上·一〇五下
華 四下·一五八上
叔 四下·一六一上
角 四下·一八四下
巫 五上·二〇一下
豆 五上·二〇七上
皀 五下·二一六下
弟 五下·二三六下
東 六下·二七六上
貝 六下·二七九上
邑 六下·二八三上
囧 七上·三一四下
克 七上·三二〇上
呂 七下·三四三上
㒳 七下·三五四下
身 八上·三八八上
尾 八下·四〇二上
皃 八下·四〇六上
兂 八下·四〇七上
見 八下·四〇七下
次 八下·四一四上
百 九上·四二三上
彣 九上·四二五上
卯 九上·四三三上
豕 九下·四五四下
豸 九下·四五七上
囱 一〇下·四九〇下
赤 一〇下·四九一下
夲 一〇下·四九六上
谷 一一下·五七〇上
我 一二下·六三三下
系 一二下·六四二下
卵 一三下·六八〇上
里 一三下·六九四下
男 一三下·六九八下
車 一四上·七二〇上
辛 一四下·七四一下
辰 一四下·七四五下
酉 一四下·七四七上

【八畫】

珏 一上·一九下
隶 三下·一一七下
臤 三下·一一八上
㸚 三下·一二八下
雈 四上·一四一上
叀 四下·一五九上
放 四下·一六〇上
虎 五上·二一〇上
青 五下·二一五下
京 五下·二二九上
亩 五下·二三〇上
來 五下·二三二上
東 六上·二七一上
林 六上·二七一上
彔 七上·三二〇上
𣏟 七下·三三五下
帛 七下·三六三下
黹 七下·三六四上
臥 八上·三八八上
長 九下·四五三上
㣇 九下·四五六上
易 九下·四五九上
㲋 一〇上·四七二下
㹜 一〇上·四七八上
炎 一〇上·四八七上
炙 一〇下·四九一上
林 一一下·五六七下
雨 一一下·五七一下
非 一一下·五八三上
門 一二上·五八七上
甾 一二下·六三七下
弦 一二下·六四二上
金 一四上·七〇二上
𨸏 一四下·七三一上
叕 一四下·七三八上
亞 一四下·七三八上
庚 一四下·七四一下

【九畫】

是 二下·六九下
品 二下·八五上
音 三上·一〇二上
革 三下·一〇七上
旻 四上·一二九下
眉 四上·一三六上
盾 四上·一三六上
首 四上·一四五上
壴 五上·二〇五上
食 五下·二一八上
亯 五下·二二九上
韋 五下·二三四下
卤 七上·三一七上
香 七上·三三〇上
㡀 七下·三三六下
韭 七下·三三六下
重 八上·三八八上
頁 九上·四一五下
面 九上·四二三下
首 九上·四二三上
県 九上·四二三下
茍 九上·四三四下
龟 一〇上·四七二上
思 一〇下·五〇一下
泉 一一下·五六九下
飛 一一下·五八二下
風 一三下·六七七上
垚 一三下·六九四上
孨 一四下·七四四上
酋 一四下·七五二上

【十畫】

哭 二上·六三上
丵 三上·一〇三上
舁 三上·一〇五下
䰜 三下·一一一上
鬥 三下·一一四上
䀠 四上·一三五下
鳥 四上·一五七上
冓 四下·一五八下
骨 四下·一六四下
豈 五上·二〇六下
鬯 五下·二一七上
倉 五下·二二三下
高 五下·二二七下
㫗 五下·二二九下
畗 五下·二三〇上
桀 五下·二三七下
𣶒 六下·二七四下
員 六下·二七九上
𠦝 七上·三〇八下
冥 七上·三一二下
秝 七上·三二九上
宮 七下·三四二下
髟 九上·四二五下
鬼 九上·四三四下
馬 一〇上·四六〇下
能 一〇上·四七九下
竝 一〇下·五〇一上
素 一三上·六六二下
畕 一三下·六九八上
※ 一四下·七四二下

【十一畫】

殺 三下·一二〇下
教 三下·一二七上
習 四上·一三八上
雈 四上·一四四上
烏 四上·一四八上
麥 五下·二三二下
巢 六下·二七五下
桼 六下·二七六上
朙 七上·三一四上
麻 七下·三三六上
瓠 七下·三三七下

鹿 一〇上・四七〇上
魚 一一下・五七五上
鹵 一二上・五八六上
𠦒 一二上・六一二上
率 一三上・六六三上
堇 一三下・六九四上
寅 一四下・七四五上

【十二畫】
茻 一下・四七下
㗊 三上・八六下
業 三上・一〇三下
異 三上・一〇五上
畫 三下・一一七下
皕 四上・一三七下
雈 四上・一四四上
筋 四下・一七八上
㠭 五上・二〇一下
喜 五上・二〇五上
舜 五下・二三四上
華 六下・二七五上
晶 七上・三一二下
黍 七上・三二九下
黹 七下・三六四上
毳 八上・三九九下

須 九上・四二四上
㣇 九下・四五八下
象 九下・四五九下
萈 一〇上・四七三上
黑 一〇上・四八七下
焱 一〇下・四九〇下
壺 一〇下・四九五下
壹 一〇下・四九六上
奢 一〇下・四九七上
惢 一〇下・五一五下
雲 一一下・五七五上
琴 一二下・六三三下
絲 一三上・六六三上
䖵 一三下・六七四下
黃 一三下・六九八上

【十三畫】
鼓 五上・二〇六上
豊 五上・二〇八上
䖒 五上・二〇八下
會 五下・二二三上
嗇 五下・二三〇下
巢 六下・二七四下
鼎 七上・三一九上
裘 八上・三九八上

辟 九上・四三三下
嵬 九上・四三七上
豩 九下・四五七上
廌 一〇上・四六六下
鼠 一〇上・四七八下
黽 一三下・六七九上

【十四畫】
蓐 一下・四七下
誩 三上・一〇二上
晨 三上・一〇五下
㼱 三下・一二三上
鼻 四上・一三七下
箕 五上・一九九上
𨛜 六下・三〇〇下
齊 七上・三一七下
覞 八下・四一〇上
能 一〇上・四七九上
辡 一四下・七四二上

【十五畫】
犛 二上・五三上
齒 二下・七八下
稽 六下・二七五下
履 八下・四〇二下

㱃 八下・四一四上
𨺅 一四下・七三七上
嘼 一四下・七三九下

【十六畫】
㢸 三下・一二三上
雔 四上・一四七下
虤 五上・二一二下
𩫏 五下・二二八下
毇 七上・三三四上
燕 一一下・五八二上
龍 一一下・五八二下
龜 一三下・六七八下

【十七畫】
龠 二下・八五上

【十八畫】
羴 四上・一四七下
瞿 四上・一四七下
豐 五上・二〇八上
㯻 六下・二七六下
蟲 一三下・六七六上

【十九畫】
瀕 一一下・五六七下

【二十一畫】
㝱 七下・三四七上

【二十二畫】
鱻 一一下・五八二上

【二十四畫】
雥 四上・一四八上
鹽 一二上・五八六上

【二十七畫】
灥 一一下・五六九下

【二十九畫】
爨 三上・一〇六上

【三十三畫】
麤 一〇上・四七二上

二　正文

【一畫】
一 一上・一上
丨 二〇下
𠃌(厷) 三下・一一五上
乁(及) 一一五下
丶 五上・二一四下
く 十一下・五六八上
㔾(雲) 五七五上
乙 十二上・五八四上
丿 十二下・六二七上
㇏ 六二七下
乁 六二七下
亅 六三三下
𠄌 六三三下
乚 六三四上
乙 十四下・七四〇上

【二畫】
二 一上・一下
丄(二) 二上
二 二上
丅(二) 二上

八 二上・四八下
凵 六二下
丩 三上・八八下
十 八八下
又 三下・一一四下
ナ 一二六下
九 一三〇下
卜 一三七上
卜(上) 一三七上
𡿪(殄) 四下・一六三下
刀 一七八上
乃 五上・二〇三上
丂 二〇三下
乙 二〇三下
八 二一三下
入 五下・二二四上
冂 二二八上
𢎘 七上・三一六上
冖 七下・三五三上
人 八上・三六五上
匕 三八四上
匕 三八四下
儿 八下・四〇四下

卪 九上・四三〇下
勹 四三二下
厶 四三六下
厂 九下・四四六上
巜 十一下・五六八上
乂 十二下・六二七上
厂 六二七下
匸 六三五上
匚 六三五下
𠙹(曲) 六三七下
二 十三下・六八一上
力 六九九上
几 十四上・七一五下
㐅(五) 十四下・七三八上
七 七三八下
九 七三八下
丁 七四〇下
了 七四三下

【三畫】
三 一上・九上
士 二〇上
屮 一下・二一下

小 二上・四八下
口 五四上
彳 二下・七六上
亍 七七下
廴 七七下
干 三上・八七上
丈 八九上
千 八九上
㕚 三下・一一五上
𠬪(及) 一一五下
寸 一二一上
幺 四下・一五八下
刃 一八三上
个(箇) 五上・一九四下
丌 一九九下
工 二〇一上
亏 二〇四下
亼 五下・二二二下
夂 二三二下
夊 二三七上
𠦜 二三七上
久 二三七上
才 六上・二七二上

乇 六下・二七四下
囗 二七六下
夕 七上・三一五上
宀 七下・三三七下
冃 三五三下
巾 三五七上
尸 八上・三九九上
兀 八下・四〇五上
彡 九上・四二四上
卪 四三一上
山 九下・四三七下
广 四四二下
丸 四四八上
彑 四五六下
大 十下・四九二上
尢 四九五上
大（作篆）四九八下
川 十一下・五六八下
卂 五八三上
女 十二下・六一二上
弋 六二七下
也 六二七下
亾 六三四上

弓 六三九下
夂(終) 十三上 六四七下
凡 十三下 六八一下
土 六八二上
勺 十四上 七一五上
与 七一五上
且(且) 七一六下
己 十四下 七四一上
子 七四二下
孑 七四三下
孓 七四四上
巳 七四五下
上〈二〉 一下
下〈丅〉 二上
乞(气) 二〇上
廾(収) 一〇三下
于(亏) 二〇四下
亡(亾) 六三四上

【四畫】

弌(一) 一上 一上
元 一上
天 一上
亓(示) 二下
王 九下

气 二〇上
中 二〇下
屯 一下 二二下
少 二上 四八下
尐 四八下
分 四八下
介 四九上
尒 四九上
公 四九下
牛 五〇下
止 六七下
𣥂 六八上
牙 二下 八〇下
协 三上 八九上
廿 八九上
収 一〇三下
戏 一〇四下
爪 三下 一一三上
爪 一一三下
丮 一一三下
厷 一一五上
叉 一一五上
父 一一五上
夬 一一五下
尹 一一五下

及 一一五下
反 一一六上
𠬪 一一六上
友 一一六下
支 一一七上
殳 一一八下
攴 一二三下
爻 一二八下
糸(玄) 四下 一五九下
予 一五九下
幻 一六〇上
切 一七九上
刂(剝) 一八〇下
刄 一八三上
丯 一八三下
互(笠) 五上 一九五上
𢀚(巨) 二〇一上
曰 二〇二下
兮 二〇四上
丹 五下 二一五下
井 二一六上
今 二二三上
內 二二四上
入 二二四上
冘 二二八上

夃 二三七上
木 六上 二三八下
不(欁) 二六九上
出(柙) 二七〇下
之 六下 二七二下
帀 二七三上
市 作篆 朩 二七三下
丰 二七四上
日 七上 三〇二上
冋(日) 三〇三上
月 三一三上
毌 三一六上
片 三一八上
爿 三一九上
凶 三三四下
朩 七下 三三五下
𡧒(宄) 三四二上
廿(疾) 三四八上
冃 三五三下
巿 三六二下
仁 八上 三六五上
仍 三七二下
什 三七三下
仆 三八一上
仇 三八二下

弔 三八三上
化 三八四下
𠤏 三八五上
卬 三八五下
从 三八六上
比 三八六上
壬 作篆 𡈼 三八七下
毛 三九八下
尺 八下 四〇一下
方 四〇四上
允 四〇五上
兂 四〇五下
欠 四一〇上
旡 四一四下
𣄞(旡) 四一四下
丏 九上 四二三上
文 四二五上
卮 四三一上
𠨍 四三一上
勻 四三三上
勼 四三三上
匃 四三三下
仄 九下 四四七下
产 四四八上
勿 四五三下

冄 四五四上
犬 十上 四七三上
火 四八〇上
夨 十下 四九四上
夭 四九四上
亢 四九七上
夫 四九九下
由(囟) 五〇一上
心 五〇一下
水 十一上一 五一六上
太(泰) 十一上二 五六五上
𡿧 十一下 五六九上
川(州) 五六九下
仌 五七〇下
云(雲) 五七五上
孔 十二上 五八四上
不 五八四下
戶 五八六下
手 五九三下
毋 十二下 六二六下
刈(乂) 六二七上
氏 六二八上
戈 六二八下
无(𣞤) 六三四下
匹 六三五下

引 六四〇下
弓(彈) 六四二下
𢆯(系) 十三上 六四三下
卝(卵) 十三下 六八〇下
斤 十四上 七一六下
斗 七一七下
升 七一九上
亖(四) 十四下 七三七下
五 七三八上
六 七三八下
禸 七三九上
尤 七四〇下
巴 七四二下
壬 作篆 [illegible] 七四三上
𠫓 七四四上
丑 七四四下
午 七四六上
歹〈歺〉 一八三上
𠬪〈叓〉 一一六上
尣〈尢〉 四九五上

【五畫】

丕 一上 一下
𥘅 二下
礼(禮) 二下

玊(王) 九下
玉 一〇上
王 二一下
尒 二上 四八下
必 四九下
乎(釆) 五〇上
半 五〇上
召 五七上
台 五八上
右 五八下
一一四下
吝 五九下
吡 六〇上
叫 六〇下
谷 六三上
五二八上
癶 六八上
正 二下 六九下
乏 六九下
疋 八四下
冊 八五下
羊 三上 八七上
只 八七下
句 八八上
古 八八下

世 八九下
㐰(信) 九二下
右 三下 一二四下
五八下
反(反) 一一六上
𠬶 一一六上
史 一一六下
聿 一一七上
夙 一二〇下
皮 一二二上
虍(虘) 一二三上
叶 一二七上
占 一二七下
用 一二八上
目 四上 一二九下
白 作篆 [illegible] 一三六下
芇 一四四下
幼 四下 一五八下
玄 一五九下
步 一六二下
岁(歺) 一六二下
肌 一六九上
扐 一七九上
刨 一七九上
刊 一八〇上

左 五上 二〇〇下
巧 二〇一上
巨 二〇一上
甘 二〇二上
𢎘(乃) 二〇三上
可 二〇四上
乎 二〇四上
号 二〇四下
平 二〇五上
皿 二一一下
去 二一三下
主 二一四下
囙(丹) 五下 二一五下
叨(饕) 二二三上
宂 二二四上
仝 二二四上
矢 二二六上
冋(冂) 二二八上
市 二二八上
央 二二八上
札 六上 二六五下
出 六下 二七三上
𣎵 二七四上
生 二七四上
𥝌 二七五上

回(回) 二七七上
囡 二七八上
四 二八〇下
㠯(邑) 二八六上
邢 二九九下
旦 七上 三〇八下
夗 三一五上
外 三一五下
外(外) 三一五下
禾 三二〇上
朮(秫) 三二二下
瓜 七下 三三七上
宄 三四〇上
宂 三四二上
宊 三四三下
疒 三四八上
冋(网) 三五五上
㐊 三五九上
布 三六二上
白 三六三下
示(保) 八上 三六五上
七四三上
尼(仁) 三六五下
仞 三六五下
仕 三六六上

仜 三六九上
仡 三六九下
仢 三七二上
付 三七三上
代 三七五上
仔 三七七上
仚 三八三下
𠤎(眞) 三八四下
北 三八六下
丘 三八六下
尻 四〇〇上
尼 四〇〇上
反 四〇〇下
兄 八下 四〇五下
弁(皃) 四〇六下
㕘 九上 四二四上
司 四二九下
后 四三〇上
令 四三〇下
包 四三四上
岸 九下 四三八下
户 四四二上
厈(厂) 四四六下
屵 四四七下
厃(仄) 四四七下

石 四四八下
亢(長) 四五三上
帀(豕) 四五四下
七五二下
犯 十上 四七五上
犮 四七五下
夲 十下 四九七下
夰 四九八下
立 五〇〇上
汎 十一上一 五一六上
谷(沇) 五三八上
六二上
氾 十一上二 五四九上
氿 五五二下
氿(涿) 五五八上
汀 五六〇下
汁 五六三上
永 十一下 五六九下
冬 五七一上
㚇(霒) 五七五上
尼 十二上 五八六下
失 六〇四下
扔 六〇六下
扐 六〇七上
毋 十二下 六一四下

妣(妣) 六二五下
奴 六二六下
伮(奴) 六二六下
民 六二七上
㞧(民) 六二七上
弗 六二七下
乜(也) 六二八上
氏 六二八下
戉 六三二下
乍 六三四上
匃 六三四下
匜 六三六上
医 六三七上
瓦 六三八上
弘 六四一上
由(繇) 六四三上
它 十三下 六七八上
弍(二) 六八一上
廾(墣) 六八四上
凷 六八四上
圣 六八九下
田 六九四下
功 六九九上
加 七〇〇下
叶(協) 七〇二下

尻 十四上 七一五下
処 七一六上
且 七一六上
矛 七一九下
防 十四下 七三一上
阝丁 七三五下
四 七三七下
𦉭(四) 七三七下
宁 七三七下
甲 七四〇上
丙 七四〇下
戊 七四一上
己(己) 七四一上
孕 七四二下
𡥞(孟) 七四三上
三六五上
卯 七四五上
㠯 七四六上
未 七四六下
申 七四六下
丣(亥) 七五二下
四五四下
本(杏) 二四八下
末(未) 二四八下
参(凡) 二三〇下

弁(弁) 四〇六下
斥(席) 四四六上
冉(𠕋) 四五四上
以(㠯) 七四六上

【六畫】

吏 一上 一下
弎(三) 九上
玉(玉) 一〇上
玎 一六上
玜 一七上
艸 一下 二二上
艾 三一下
芀 三四上
芋 三六上
卉 作篆ΨΨΨ 四四下
牞 四五上
艿 四六上
牝 二上 五〇下
牟 五一下
名 五六下
吉 五八下
吐 五九上
吃 五九上
吒 六〇上

吁 六〇上
二〇四下
各 六一上
吅 六二下
此 六八下
正(正) 二下 六九下
延 七七下
行 七八上
舌 三上 八六下
屰 八七上
西 八七下
𣎵 八九下
辛 一〇三下
丞 一〇四上
异 一〇四上
共 一〇五上
舁(與) 一〇五下
聿 三下 一一七上
臣 一一八下
杀(殺) 一二〇下
寺 一二一上
收 一二五下
攷 一二五下
兆(𣱼) 一二七下
甫(用) 一二八上

自 四上 一三六下
百 一三七上
羽 一三八上
羊 一四五上
再 四下 一五八下
丝 一五八下
㞢(叀) 一五九上
受 一六〇上
歺 一六三上
朽(歺) 一六三下
死 一六四上
冎 一六四下
肉 一六七上
肌 一六七下
肋 一六九上
肎 一七一上
肍 一七五上
肓 一七七下
列 一八〇上
刖 一八一下
刓 一八一下
㓞 一八三上
耒 一八三下
竹 五上 一八九上
朹(簋) 一九四上

匠(簠) 一九四上
𠀠(箕) 一九九上
𢀜(工) 二〇一上
式 二〇一上
旨 二〇二下
𠄎(乃) 二〇三上
吁 二〇四下
六〇上
虍 二〇九上
血 二一三下
㧢 五下 二一六上
合 二二二下
仝(倉) 二二三下
全(仝) 二二四上
缶 二二四下
目(良) 二三〇上
㠯(良) 二三〇上
舛 二三四上
夅 二三七上
朸 六上 二四四上
机 二四八上
本 二四八下
朱 二四八下
末 二四八下
朴 二四九上

朵 二五〇上
朻 二五〇下
朸 二五三下
朾 二六八下
休 二七〇上
亙(栖) 二七〇上
叒 六下 二七二下
回 二七七上
因 二七八上
叩 二八六下
邙 二八八上
邦 二八八下
邵 二九三上
邛 二九五上
邗 二九七下
邮 三〇〇上
早 七上 三〇二下
旭 三〇三下
旦 三〇五下
㫃 三〇八下
有 三一四上
多 三一六上
夛(多) 三一六上
束 三一七上
東 三一八上

米 三三〇下　臼 三三四上　兇 三三四下　朩 七下 三三六上　宅 三三八上　厇(宅) 三三八上　向 三三八上　宇 三三八下　安 三三九下　守 三四〇上　穴 三四一下　宮 三四五上　同 三五三下　青 三五三下　网 三五五上　襾 三五七上　㒳 三五七下　企 八上 三六五下　伋 三六六下　伉 三六七上　仲 三六七上　伊 三六七上　伃 三六七下　伀 三六七下　份 三六八上

仿 三七〇下　仰 三七三下　伍 三七三下　任 三七五下　价 三七七上　伎 三七九上　伏 三八一下　伐 三八一下　仳 三八二下　攱 三八五上　艮 三八五下　㚘(比) 三八六上　似 三八七上　身 三八八下　衣 三八八下　老 三九八上　考 三九八下　舟 八下 四〇三上　充 四〇五上　兆 四〇六下　先 四〇六下　次 四一三下　后 九上 四二九下　卲 四三〇下　印 四三二下

归 四三二下　色 四三二下　旬 四三三上　匈 四三三下　甶 四三六下　屺 九下 四三九上　屾 四四一下　㞬 四四八下　危 四四八下　而 四五四上　犴(豻) 四五八上　灰 十上 四八二上　光 四八五下　囪(囱) 十下 四九〇下　夸 四九二下　夷 四九三下　亦 四九三下　夾 四九四下　尣 四九五下　尪 四九五下　囟 五〇一上　忕 五〇六下　忏 五〇七下　忍 五一二下　忓 五一四上

忩 五一五下　江 十一上一 五一七下　汝 五二五下　汈 五四四上　汊 五四四下　汗 五四四下　汎 十一上二 五四八上　汋 五五〇上　汜 五五三上　池 五五三下　汕 五五五上　汓 五五六下　休 五五七上　汙 五六〇上　汏 五六一上　汛 五六五上　汘 五六五下　巟 十一下 五六八下　𡿧 五六九上　州 五六九上　𠂢 五七〇上　冰 五七〇下　至 十二上 五八四下　西 五八五下　耳 五九一上

𦣝 五九三上　扛 六〇三下　扺 六〇五上　抏 六〇八上　扚 六〇八下　扜 六〇九下　扞 六一〇下　扣 六一一上　妊 十二下 六一三下　妁 六一三下　妃 六一四上　妖 六一六下　改 六一七下　妴 六一七下　好 六一八上　如 六二〇下　妄 六二三上　奸 六二五下　奻 六二六上　毐 六二八下　戎 六三〇上　成 六三〇下　匠 六三五下　匡 六三六上　曲 六三七上

𠙹(甾) 六三七下　弙 六四一上　弛 六四一上　弱 六四二上　糸 十三上 六四三下　虫 六六三上　亘 十三下 六八一上　地 六八二上　圪 六八五上　在 六八七上　汥(坻) 六八九上　圮 六九一上　圯 六九三下　圭 六九三下　劣 七〇〇上　劦 七〇一下　叶(協) 七〇二下　幵 十四上 七一五上　自 七三〇下　阤 十四下 七三三上　阮 七三四下　厽 七三七上　学(子) 七四二下　字 七四三上　存 七四三下

辰(辰) 七四五下　曳 七四七上　戌 七五二上　亥 七五二下　吖(呀) 六〇上　匽(匽) 二六〇下　㞋(㞋) 四〇〇下　丽(丽) 四七下　囟(囟) 五〇一上　弜(弓) 六四二下　舌(昏) 六一上　巩(巩) 一一三下　夙(夙) 三一五下　年(季) 三二六下　汽(汽) 五五九下

【七畫】

芳(旁) 一上 二上　玒 一〇下　玖 一六下　玗 一七下　玓 一八上　玤 一八下　壯 二〇下　屮(中) 二〇下

於 二一上　每 一下 二一下　芬 二三上　芮 二三上　芋 二三上　芓 二四下　芎(营) 二五上　芃 二五下　艺 二六上　芥 三一上　芳 三五上　芤 三六下　芁 三六下　折(𣂚) 四四下　芭 四六下　余 二上 四九下　釆 五〇上　牡 五〇下　牢 五一上　牣 五一上　告 五三下　吻 五四上　吞 五四下　吮 五五上　含 五五下

吸 五六上　吹 五六上　[illegible] 四〇下　吾 五六下　君 五七上　听 五七上　启 五八上　呈 五八下　周(周) 五八下　吺 五九下　呷 六〇上　吟 六〇下　吪 六〇下　吝 六一上　否 六一上　[illegible] 五八四下　昏 六一上　吷 六二下　局 六二上　走 六三下　起(起) 六五上　步 六六下　辵 二下 七〇上　巡 七〇上　辻 七〇下

迅 七一下　征(延) 七二上　彶(返) 七二上　迆 七二上　达(達) 七二上　迋 七四下　迂 七五上　彶 七六下　衲(復) 七七上　彴 七七上　廷 七七下　延 七七下　延 七七下　足 八一上　谷 三上 八七上　冏 八八上　言 八九下　弄 一〇四上　弇 一〇四下　戒 一〇四下　兵 一〇四下　臼 一〇五下　㚇(鞭) 三下 一一〇下　孚 一一三上　玑 一一三下

屈 一一四上　帝(支) 一一七上　役 一二〇上　敊 一二三上　孜 一二三下　改 一二四上　更 一二四上　攸 一二四下　汝(攸) 一二四下　敀 一二五上　攻 一二五下　攺 一二六下　卲 一二七下　甫 一二八上　旬 四上 一三二下　眀(皆) 一三四下　直(自) 一三六下　百(百) 一三七上　芇 一四四下　芈 四下 一五八上　弃(棄) 一五八下　受 一六〇下　哥 一六〇下　叔 一六一上　𡰣(死) 一六四上

肎 一六八上　肝 一六八下　肘 一七〇上　肖 一七〇下　肒 一七三上　肙 一七七下　冐(冒) 一七七下　肑(筋) 一七八上　刡 一七八上　利 一七八下　初 一七八下　刐(剛) 一七九上　判 一八〇上　刪 一八〇上　制 一八一下　刮 一八二上　角 一八四下　𠀠(箕) 五上 一九九上　迂 一九九下　巫 二〇一下　𠤔(甚) 二〇二上　𣅀(旨) 二〇二下　曶(曶) 二〇二下　粤 二〇三下　𢀖(平) 二〇五上

豆 二〇七上　𧯝(豆) 二〇七下　彤 五下 二一五下　阱 二一六上　𠂤 二一六下　医(矦) 二二七上　矣 二二七下　良 二三〇上　夋 二三二下　麦 二三三上　弟 二三六下　弚(弟) 二三六下　夅 二三七上　夆 二三七上　杏 六上 二三九下　李 二三九下　杍(李) 二三九下　杜 二四〇上　杙 二四三上　杞 二四六上　杒 二四八上　杈 二四九上　杉 二五一上　杕 二五一上　材 二五二下

宋 二五六上　杇 二五六上　杝 二五七上　杠 二五七下　杚 二六〇上　杓 二六一上　杖 二六三下　杘 二六四上　㞷 六下 二七二下　六八上　孛 二七三下　㣇(豕) 二七四下　束 二七六上　囮 二七七上　困 二七八下　囦 二七八下　貝 二七九上　穷(貧) 二八二下　邑 二八三上　邦 二八三上　郊 二八五上　岐(郊) 二八五下　邠 二八五下　邢 二九〇上　邯 二九一上

邦(郢) 二九三上　邟 二九四上　邦 二九四上　郁 二九四下　邺 二九五上　祁 二九五下　邪 二九八上　邦 二九八下　那 二九九下　邩 二九九下　邮 三〇〇上　号 三〇〇下　的 七上 三〇三下　旰 三〇四下　旱 三〇五下　昌(昌) 三〇六下　㫃(於) 三〇九上　𣍧(期) 三一四上　囧 三一四下　夙 三一五下　畀 三一六下　甬 三一七上　克 三二〇上　夾 三二〇下　私 三二一下

宏 七下 三三九上　完 三三九下　㝐(容) 三四〇上　空 三四〇下　宙 三四〇下　宋 三四二上　呂 三四三上　究 三四六下　穽 三四八下　疕 三四九上　疚 三四九下　网 三五四下　罔(网) 三五五上　罕 三五五上　希 三五七下　帔 三六一上　𤼽(白) 三六三下　忎(仁) 八上 三六五下　伯 三六七上　佖 三六八下　伴 三六九下　伾 三七〇上　𠈌(仿) 三七〇下　佛 三七〇下　佗 三七一上

何 三七一上　位 三七一下　作 三七四上　佀 三七五上　佮 三七六下　伸 三七七下　伹 三七七下　佃 三七八下　依 三七九上　佁 三七九下　伿 三七九下　佝 三七九下　佚 三八〇上　㑄(侮) 三八〇下　但 三八二上　佋 三八三下　身 三八八上　求(裘) 三九八上　孝 三九八下　尾 八下 四〇二上　尿 四〇二下　汸(方) 四〇四下　兌 四〇五上　皃 四〇六上　秃 四〇七上

見 四〇七下　吹 四一〇下　五六上　欥 四一一上　欱 四一一上　吹(歡) 四一四上　次 四一四上　百 九上 四二二上　彣 四二五上　卲 四三一上　卯 四三一上　抑(归) 四三一下　卯 篆作 四三二上　岑 九下 四三九下　岊 四四一下　庉 四四三下　序 四四三下　庈 四四四上　戊 四四四下　庇 四四五下　厎 四四六下　居 四四七上　丘 四四七上　镸(長) 四五三上　豕 四五四下

夋 四五六下　豸 四五七上　兕(舃) 四五九上　金(灋) 十上 四七〇上　免 四七三上　尨 四七三下　犷 四七四下　狃 四七五上　犺 四七五上　犻 四七五下　狂 四七六下　狄 四七六下　灸 四八三下　灼 四八三下　灿 四八四上　灾(烖) 四八四下　災(烖) 四八四下　𤆎(烖) 四八四下　囱 十下 四九〇下　赤 四九一下　夾 四九二下　夽 四九三上　夰 四九三上　奄 四九三上　夾 四九三下

吴 四九四上　尪(尢) 四九五上　尬 四九五下　夲 四九六上　志 五〇二上　快 五〇二下　忻 五〇三上　忼 五〇三上　𢙐(怨) 五〇四上　忯 五〇四上　忱 五〇五上　忒 五〇九上　忮 五〇九下　忘 五一〇上　忨 五一〇下　忌 五一一上　怖 五一一下　忧 五一三上　忦 五一三上　忡 五一四上　㤟(恐) 五一四下　忍 五一五上　沅 十一上 五二〇下　沔 五二三下　汾 五二六上

沁 五二六上　沇 五二七下　汩 五二九下　汳 五三五上　沂 五三八下　汶 五三九下　沛 五四二上　沈 五四四上　汭 十一上二 五四六下　汪 五四七下　沖 五四七下　汯 五四八上　沆 五四八上　𡈼(淵) 五五一上　沙 五五二下　沚(沙) 五五二下　汻 五五二下　沚 五五三上　汥 五五四上　決 五五五上　泠(淦) 五五六下　沒 五五七上　沈 五五八上　泜 五五九上　汽 五五九下

汀(汀) 五六〇下　沺 五六〇下　沐 五六三下　汲 五六四上　汩 五六七上　至 十一下 五六八下　昦 五六八下　谷 五七〇上　各(冬) 五七一上　治 五七一上　泠 五七一上　波 五七一下　否 十二上 五八四下　[illegible] 六一上　至(至) 五八五上　𠧪(西) 五八五下　戾 五八六下　耴 五九一上　㔸(配) 五九三下　扶 五九六下　捐 五九七下　把 五九七下　抪 六〇〇下　迮(撫) 六〇一上　投 六〇一上

扴 六〇一下　抰 六〇一下　抎 六〇二上　扮 六〇四上　抒 六〇四下　技 六〇七上　抈 六〇八上　扱 六〇八下　抵 六〇九上　抌 六〇九上　抗 六〇九下　妘 十二下 六一三上　玫 六一三下　妊 六一四上　妣 六一五上　㚼(姼) 六一六下　娗 六一八上　姌 六一九上　妗 六一九下　姘 六一九下　旻 六二二上　妓 六二二下　妝 六二三上　妎 六二三下　佞 六二三下

妨 六二三上　妜 六二三下　妥 六二六上　毒 六二六下　戋 六三一下　我 六三一下　㦰(我) 六三三上　匜 六三五上　医 六三五下　匣 六三七上　系 六四二下　卵 十三下 六八〇上　亟(恆) 六八一上　均 六八三上　坄 六八四下　坐(坐) 六八七下　坁 六八七下　坒 六八七下　𡊓(封) 六八八上　[illegible] 二七二下　坎 六八九上　圻(垠) 六九〇下　坋 六九一下　坏 六九二上　里 六九四下

町 六九五上　[illegible](疇) 六九五下　甸 六九六上　男 六九八下　助 六九九上　劭 六九九下　劫 七〇一上　車 十四上 七二〇上　阪 十四下 七三一下　阬 七三三上　阬 七三三下　防 七三三下　阯 七三四上　址(阯) 七三四上　阮 七三五上　𠁻(甲) 七四〇上　成 七四一上　辛 七四一下　季 七四三下　㐬(𠫓) 七四四下　辰 七四五下　酉 七四七上　丣(酉) 七四七上　芈(芈) 一四五下　秀(秃) 三一〇下

弞(欥) 四一上　芺(美) 四八下　拚(拯) 六〇三上　妒(妬) 六二三下　㝉(宁) 七四〇上　別(剮) 一六四下　亨(亯) 三九上　早(皁) 三九下　那(郍) 二四上　沃(𣳚) 五五五下　沉(沈) 五五八上　妖(媄) 六二三下　虬(虯) 六七〇上　刦(劫) 七〇一上

【八畫】

帝(帝) 一上 二上　祀 三下　祄 五下　社 八上　玠 一二下　玥(瑁) 一三上　玦 一三下　玧(璊) 一五下　玩 一六上

玤 一六下　玲 一六下　珢 一七下　玭 一八上　玫 一八下　玨 一九下　氛 二〇上　芬(芬) 一下 二二上　芝 二三下　芓 二六上　芨 二六下　芇 二九上　芺 二九上　芹 三一下　芸 三一下　芩 三一下　芰 三三上　芡 三三上　茚 三四上　苑 三五下　苠 三五下　芫 三六上　芘 三七上　芽 三七下　芣 三七下

芛 三七下　芮 三九下　芼 三九下　芳 四二上　芠 四二下　芥 四五上　䒧 四五下　尚 二上 四九上　𤰈(番) 五〇上　牬 五二上　牨 五二下　物 五三上　呱 五四下　咀 五五上　味 五五下　呬 五六上　呼 五六上　命 五七上　和 五七上　呭 五七下　咄 五七下　呷 五七下　周 五八下　咈 五九上　呧 五九下

呰 五九下　呶 六〇上　呻 六〇下　咆 六一下　呢 六一下　呦 六二上　走 六八上　疋(正) 二下 六九下　征(延) 七〇下　迪 七〇下　迂 七〇下　徂(退) 七〇下　迎 七一下　延 七三上　返 七三上　近 七四上　岓(近) 七四上　迊 七五下　迺 七五下　往 七六上　彼 七六上　徆 七七上　自(齒) 七八下　享(嗣) 八六上　囪(西) 三上 八七下

拘 八八上　糾 八八下　肸 八九上　曶(謀) 九一下　咏(詠) 九五上　妾 一〇三下　拜(𢱭) 一〇三下　奉 一〇三下　弅 一〇四下　併(兵) 一〇四下　𢍺(兵) 一〇四下　具 一〇四下　[illegible] 三下 一一四上　肱(厷) 一一五上　㕞 一一五下　秉 一一五下　叔 一一六上　叜 一一六上　取 一一六上　㕛(友) 一一六下　卑 一一六下　事 一一六下　隶 一一七下　臤 一一八上　校 一一九上

牧 一一九上　㑐(役) 一二〇上　戾(皮) 一二三上　舡 一三三上　政 一三三上　攽 一三三下　俅(救) 一三五上　牧 一三六下　攷(教) 一三七上　卦 一三七上　兆 一三七下　效 一三八下　盱 一三〇下 四上　旴 一三一下　育 一三五上　隹 一四一上　並 一四五下　全(傘) 一四五下　羌 一四六下　於(烏) 一五七上　叀 一五九上 四下　放 一六〇上　受 一六〇下　爭 一六〇下　歾 一六一下

殁 一六三下　刚 一六四下　肧 一六七下　肫 一六七下　肺 一六八上　肪 一六九上　肩(肩) 一六九下　肤 一七〇上　股 一七〇下　肢(肞) 一七〇下　肥 一七一上　肬 一七一下　朋 一七二上　脊 一七三上　肚(膍) 一七三下　肱(夯) 一七七上　肰 一七七上　肬 一七七上　制 一七八上　刻 一七九下　刽 一八〇上　刷 一八一上　刮 一八一上　刲 一八一下　制 一八二上

刵 一八二上　刑 一八二下　券 一八二下　刺 一八二下　其(箕) 一九九上 五上　典 二〇〇上　畀 二〇〇上　召 二〇二下　沓 二〇三上　卤 二〇三上　奇 二〇四上　虎 二一〇上　盂 二一一下　粤 二一四上　卹 二一四下　音 二一五上　彤(丹) 二一五下 五下　青 二一五下　莱(阱) 二一六上　枊 二一六上　肝(飪) 二一八下　侖 二二三上　舍 二二三上　甸 二二四下　㚡 二二七上

知 二二七下　坰(冂) 二二八上　京 二二九上　亯 二三〇上　來 二三一上　麦 二三二下　妥 二三三上　柵 二三九上 六上　杶 二四二下　杻(杶) 二四二下　柔 二四三上　枇 二四三下　枋 二四四下　枒 二四六上　枌 二四七下　松 二四七下　果 二四九上　枝 二四九上　枚 二四九上　杯 二四九下　杪 二五〇上　枉 二五〇下　杕 二五〇下　杲 二五二下　杳 二五二下

犻 二五七下　枕 二五八上　茉 二五八下　杷 二五九下　杵 二六〇上　料 二六一上　杼 二六二下　柾 二六六上　极 二六六上　柳 二六七上　采 二六八上　柿 二六八上　析 二六九上　杅 二七〇上　東 二七一上　林 二七一上　囷 二七七下 六下　図 二七八上　固 二七八下　朱(困) 二七八下　邸 二八四上　郃 二八五上　郎 二八六下　邮 二八七上　邶 二八八下

邵 二八八下　邲 二八九上　祁 二八九下　邯 二九〇上　鄂 二九二上　郇 二九四上　邴 二九四下　邳 二九七上　郇 二九九上　邱 二九九下　巷(虵) 三〇一上　旻 三〇二上 七上　昔(時) 三〇二下　昒 三〇二下　昕 三〇三上　爬 三〇五上　昏 三〇五上　昌 三〇六上　昄 三〇六下　昔 三〇七下　杳 三〇八上　昆 三〇八上　㫃(旅) 三一三上　明(朙) 三一四下　夜 三一五上

姓 三一五下　佰(𠈌) 三一六上　盻(函) 三一六下　版 三一八上　亨(克) 三二〇上　条 三二〇上　杓 三二四上　籽 三二五上　秅 三二五下　杆(稈) 三二六上　李 三二六下　秏 三二八上　抗(舀) 三三四下　臽 三三四下　林 三三五下 七下　珉(宅) 三三八上　弦 三三九上　定 三三九上　宓 三三九下　宋 三四〇上　宛 三四一上　怨(宄) 三四二上　宕 三四二上　宗 三四二上　宝 三四二下

宙 三四二下　空 三四四下　穹 三四六下　穸 三四七上　疝 三四九下　疛 三四九下　兩 三五四下　罔(网) 三五五上　帗 三五七下　帔 三五八上　帖 三五九上　帙 三五九上　帑 三五九下　帚 三六一上　帑 三六一下　帛 三六三下　侑 三六四上　佼 三六六上 八上　佩 三六六上　佝 三六七下　佳 三六八上　佽 三六八上　侗 三六九上　佶 三六九上　供 三七一上

侸(備) 三七一下　佺 三七二上　侔 三七二上　侙 三七二下　依 三七二下　佽 三七二下　佴 三七二下　侍 三七三上　侒 三七三上　侐 三七三上　侁 三七三上　佰 三七四上　佸 三七四上　佮 三七四上　使 三七六下　侯 三七七上　侜 三七八下　侚 三七八下　侊 三七八下　佻 三七九上　侈 三七九下　侉 三八一上　例 三八一下　咎 三八二下　侘 三八二下

卓 三八五下　杵 三八六上　垔(丘) 三八六下　垂 三八七下　臥 三八八上　衦 三九三上　兖(裔) 三九四上　衦 三九五下　卒 三九七上　㔢 三九八下　居 三九九下　屆 四〇〇上　屍 四〇〇上　屄 四〇〇下　屆 四〇二上 八下　舠 四〇三下　服 四〇四上　舟(服) 四〇四上　抗 四〇四下　兒 四〇五上　㚬 四〇六上　欣 四一一上　欨 四一一下　㰳 四一二上　欥 四一三下

㑒(歛) 四一四上　夘 九上 四三〇下　卷 四三一上　卸 四三二上　匊 四三三上　訇(旬) 四三三下　𠣬(匈) 四三三下　匍 四三三下　匌 四三三下　㽞(畏) 四三六下　岳(嶽) 九下 四三七下　岱 四三七下　岵 四三九上　岨 四三九下　岡 四三九下　岫 四四〇上　岪 四四一上　岸 四四二上　府 四四二下　庖 四四三下　底 四四五上　庋 四四五上　庢 四四六上　匡 四四六下　長 四五三上

豖 四五五下　㣇 四五六上　帚(希) 四五六上　易 四五九上　法(灋) 十上 四七〇上　丽(麗) 四七一下　丽(麗) 四七一下　㲋 四七二下　兔 四七二下　狗 四七三上　往 四七三下　狦 四七四上　狋 四七四下　狀 四七四下　狎 四七五上　狂 四七五上　怯(㹤) 四七五上　戾 四七五下　狙 四七七上　狛 四七七下　狐 四七八上　狀 四七八上　炊 四八二下　炗(光) 四八五下　炅 四八六上

炕 四八六上　炎 四八七上　炙 十下 四九一上　泟(浾) 四九二上　奄 四九二下　奈 四九二下　奆 四九三上　奃 四九三上　奔 四九三上　吷(昊) 四九四上　尬 四九五上　尪 四九五上　臭 四九九上　扶 四九九下　卮 五〇〇下　性 五〇二上　忠 五〇二下　念 五〇二下　怡 五〇四上　怙 五〇六上　怘 五〇六上　怞 五〇六下　忞 五〇六下　怕 五〇七上　怚 五〇八下

怪 五〇九下　怫 五一〇上　忩 五一〇上　忽 五一〇上　怳 五一〇下　怋 五一二上　怓 五一二上　忥 五一二上　忿 五一一上　快 五一二上　怛 五一二下　怮 五一三上　怲 五一三下　怴 五一四下　怖(悑) 五一四下　忝 五一五上　怍 五一五上　河 十一上一 五一六上　泑 五一六下　沱 五一七下　沬 五一九上　沮 五一九下　沽 五二六下　沶 五二八上　油 五三〇上

洽 五三二下　泄 五三四下　泡 五三六下　泗 五三七上　沭 五三八上　治 五四〇上　泜 五四一上　沽 五四二下　泒 五四三上　泥 五四三下　泌 十一上二 五四七上　泫 五四七上　泚 五四七下　況 五四七下　泬 五四八上　波 五四八下　泓 五四九下　㴊(淵) 五五一上　泙 五五一上　泏 五五一上　泆 五五一下　沴 五五一下　沸 五五三上　沼 五五三下　注 五五五上

泭 五五五下　沿 五五六上　泝 五五六上　泳 五五六上　泛 五五六下　泅(汓) 五五六下　泱 五五七上　泑 五五九上　泧 五六〇下　泔 五六二上　𣱵(䘑) 五六二下　洞 五六三下　沫 五六三下　泣 五六五下　泮 五六六下　林 十一下 五六七下　𤰝(く) 五六八上　巠(坙) 五六八下　侃 五六九上　冽 五七二下　雨 五七二下　侌(霒) 五七五上　非 五八三上　乳 十二上 五八四上　到 五八五上

鹵(西) 五八五下　戹(户) 五八六下　房 五八六下　門 五八七上　拇 五九三下　抵 五九六下　拉 五九六下　技(扶) 五九六下　拼 五九六下　拑 五九六下　抪 五九七下　扼(搹) 五九八上　拈 五九八上　拊 五九八下　批 五九九下　抱(捊) 六〇〇下　承 六〇〇下　招 六〇一上　抧 六〇一上　披 六〇二下　拚 六〇四下　抯 六〇五上　拓 六〇五上　抽(擂) 六〇五下　拔 六〇五下

抲 六〇六下　拙 六〇七上　抨 六〇八下　抶 六〇九上　抉 六〇九上　拂 六〇九上　杭(抗) 六〇九下　拕 六一〇上　抴 六一〇上　姓 十二下 六一二上　妻 六一四上　姁 六一五上　姐 六一五上　姑 六一五上　姊 六一五下　妹 六一五下　妥 六一六上　妓 六一六下　妸 六一七上　妵 六一七下　始 六一七下　妿 六一八下　委 六一九上　妮 六一九下　姑 六一九下

妃 六一九下　侑(婧) 六二一下　婓 六二二下　姣 六二三上　妬 六二三下　妯 六二三上　娍 六二四上　妜 六二四上　姍 六二五上　姅 六二五下　姄 六二七上　或 六三一上　戗 六三一上　戕 六三一上　戋 六三一下　武 六三三上　逮 六三三上　直 六三四上　甾 六三七下　瓨 六三九上　弧 六四〇上　弨 六四〇下　弢 六四一上　弩 六四一上　𩰲(粥) 六四三上

弦 六四二上　杼(綱) 十三上 六五五下　蚪 六七〇上　凬(風) 十三下 六七七下　竺 六八一下　坤 六八二上　坶 六八三上　坡 六八三上　坪 六八三上　坴 六八四上　坺 六八四下　坣(堂) 六八六上　坫 六八六上　𡊅 六八七上　坦 六八七下　𡉚(封) 六八八上　坻 六八九上　坿 六八九下　坷 六九一下　坼 六九一下　坱 六九一下　坥 六九二上　垂 六九三下　毗 六九七下　劼 六九九下

券 七〇〇下　劾 七〇一上　協 七〇一下　金 十四上 七〇二上　珇(鈕) 七〇六上　凭 七一五下　斧 七一六下　斨 七一六下　所 七一七上　所 七一七下　軋 七二八上　官 七三〇下　自 十四下 七三一上　阿 七三二下　陂 七三二下　阻 七三三上　附 七三四上　阺 七三四下　阸 七三四下　陣(陳) 七三五下　阽 七三六上　阼 七三六上　陔 七三六下　叕 七三八上　亞 七三八上

禼(禹) 七三九下　庚 七四一下　季 七四三上　孟 七四三上　孤 七四三下　育 七四四下　丣 七四四下　述(遴) 七四下　畀(畀) 一〇四上　履(变) 一二三上　肭(肭) 一三一下　希(豙) 四五六下　奅(奅) 四九三上　奎(奎) 四九六上　沿(㕣) 五二八上　乖(菲) 一四四下　朋(㒳) 一四八下　肯(肎) 一七七下　享(亯) 三九上　花(䔢) 二四下　的(旳) 三〇三下　昃(吳) 三〇五上　函(圅) 三一六下　宜(宐) 三四〇下　表(㐮) 三八九下

导(㝵) 四〇八上　岷(㟩) 四三六下　幸(㚔) 四九四下　昊(昦) 四九八下　並(竝) 五〇一上　坯(坏) 六九二上　阜(𨸏) 七三三上

【九畫】

帝 一上 二上　秀(㚏) 二上　祉 三上　祇 三上　祊(鬃) 四下　祕 五上　祈 六下　皇 九下　珌 一四上　珇 一四下　玼 一五上　珍 一六上　玲 一六上　珣 一七上　珢 一七下　珊 一八下

毒 一下 二二上　芙 二三下　苹 二五上　苺 二六上　苷 二六上　苦 二七上　茅 二七下　苕 二八下　苓 二九下　苗 二九下　茈 三〇下　苞 三二上　茄 三四上　茱 三五下　芙 三六上　苽 三六上　茵 三七下　英 三八上　芟 三八下　茂 三九上　苗 四〇上　苛 四〇上　芝 四〇下　苑 四一上　甾(𠙹) 四一下

茀 四二上　苾 四二上　苫 四三上　若 四三下　苴 四四上　臾(蕢) 四四上　苣 四四下　苟(篆作苟) 四五下　范 四六上　苳 四六下　茗 四六下　彖 二上 四九上　胖 五〇上　叛 五〇下　牭 五一上　牪 五一下　牧 五一下　牲 五一下　牴 五三下　咽 五四下　哆 五四下　咺 五四下　咷 五四下　咳 五五上　孩(咳) 五五上

咦 五六上　咠(君) 五七上　咨 五七上　咥 五七上　哉 五七下　咠 五七下　咸 五八下　哇 五九下　咅 五九下　哀 六一上　咼 六一上　昏(昏) 六一下　味 六一下　哝(呦) 六二上　四一三下　罟 六二下　赴 六三下　赳 六四上　歫 六七下　金 六八上　癸 六八上　是 二下 六九下　延 七〇下　退 七〇下　迷 七〇下

迬 七一上　迪 七一下　迺(遷) 七二上　迟(遲) 七二下　迟 七二下　迡 七三上　迭 七三下　迫 七四上　迩(邇) 七四下　迣 七四下　逃 七五上　迴 七五上　徒 七六下　待 七六下　後 七七上　很 七七上　律 七七下　建 七七下　衎 七八上　跀 八一下　延 八五上　品 八五上　扁 八六上　䞂(碭) 三上 八七上　訂 九二上

訪 九二上　信 九二下　計 九三下　訇 九八上　訆 九九上　訄 一〇三上　音 一〇三上　奐 一〇四上　弇 一〇四上　畀 一〇四上　弈 一〇四下　要(𦥔) 一〇五下　革 三下 一〇七上　采(孚) 一一三上　夌 一一五上　曼 一一五下　村(叔) 一一六上　叚 一一六下　闋(叚) 一一六下　度 一一六下　叓(事) 一一七上　隶 一一七下　殺 一一九上　段 一二〇上　敗 一二三下

孜 一二三下　敀 一二三下　故 一二三上　攸 一二五下　畋 一二六下　貞 一二七下　斛 一二七下　旻 四上 一二九下　面(目) 一二九下　盼 一三〇下　眅 一三〇下　眊 一三一上　眂 一三一上　眈 一三一下　眑 一三一下　相 一三三上　看 一三三下　盼 一三四上　眏 一三四上　眇 一三五上　眄 一三五上　䀑 一三五下　眉 一三六上　省 一三六上　盾 一三六上

皆 一三六下　者 一三七上　首 一四五上　奎 一四五下　美 一四六下　美 一四七上　角 四下 一五八下　幽 一五八下　叀(叀) 一五九上　爰 一六〇上　殂 一六二上　殆 一六三下　殃 一六三下　殄 一六三下　殆 一六四上　胎 一六七下　胃 一六八下　背 一六九上　胂 一六九上　肩 一六九下　胠 一六九下　胑 一七〇下　胤 一七一上　胄 一七一上　胗 一七一下

胝 一七一下
胅 一七二上
胙 一七二下
胣 一七三上
胡 一七三上
胘 一七三上
朐 一七四上
胥 一七五上
胜 一七五下
胆 一七七下
削 一七八上
移(利) 一七八下
則 一七九上
前 一八〇下
剉 一八一下
到 一八二下
剡 一八五下
竿 一九四下 五上
竽 一九六下
畀 二〇〇上
差(差) 二〇〇下
甚 二〇二上
冒 二〇二下
曷 二〇二下
壴 二〇五上

虐 二〇九下
盄 二一二上
盆 二一二上
盈 二一二下
盅 二一二下
盂 二一三下
盇 二一四下
峇(青) 二一五下 五下
穽(阱) 二一六上
卽 二一六下
亯 二一七上
倉 二一八上
給(會) 二二三下
缸 二二五下
矦 二二六下
亭 二二七下
亯 二二九上
厚 二二九下
屋(厚) 二二九下
致 二三二下
夎 二三三下
翌(舞) 二三四上
韋 二三四下
柚 二三八下 六上
柹 二三九上

柰 二三九下
柍 二四〇下
柀 二四一上
梖 二四一下
柞 二四三下
枰 二四三下
柅 二四四下
二六四上
枸 二四四下
枳 二四五下
柜 二四六上
柠(楮) 二四六上
柘 二四七上
柏 二四八上
枯 二四八上
梔 二四八上
某 二四八上
柢 二四八下
枴 二五〇上
柖 二五〇下
枯 二五一下
柔 二五二上
析 二五二上
柴 二五二下
柱 二五三下

柤 二五六下
柵 二五七上
柏 二五九上
枱 二五九上
柃 二六〇上
柫 二六〇上
枷 二六〇上
柶 二六〇下
匿(栝) 二六〇下
柭 二六三下
柯 二六三下
柄 二六三下
柲 二六三下
柅(床) 二六四上
二四四下
柎 二六五上
枹 二六五上
柷 二六五上
柣 二六六上
柧 二六八下
枰 二六九上
柆 二六九上
柮 二六九上
枼 二六九下
麻(休) 二七〇上

柙 二七〇下
南 二七四上 六下
柬 二七六上
剌 二七六下
囿 二七八上
負 二八二上
峀(邦) 二八三上
郊 二八四上
郁 二八六上
郃 二八六下
邽 二八七上
郾 二八九上
邢 二八九下
郇 二九〇上
郅 二九〇下
郎 二九一下
郍 二九二下
郲 二九三下
郝 二九四下
郘 二九五上
郜 二九六下
郈 二九七下
郂 二九九上
娜 二九九下
昧 三〇二下 七上

昭 三〇三上
昫 三〇四上
昴 三〇五下
昨 三〇六上
昪 三〇六上
昱 三〇六下
昵(暱) 三〇八上
施 三一一上
星(曐) 三一二下
朏 三一三下
肉 三一七上
杭 三二三上
秏 三二三上
采 三二四上
秒 三二四上
枇 三二六上
秋 三二七上
科 三二七下
香 三三〇上
粠 三三三下
亩 三三四下
臬 三三五下 七下
耑 三三六下
韭 三三六下
室 三三八上

宣 三三八上
宧 三三八上
宫 三三八上
宋 三三九下
宦 三四〇上
宥 三四〇下
客 三四一上
穿 三四四下
実 三四四下
突 三四六上
窀 三四七上
疦 三四九上
疥 三五〇上
痏 三五一上
疢 三五一下
疷 三五二上
疲 三五二上
疫 三五二上
冠 三五三上
冑 三五四上
冒 三五四下
罜 三五六下
帥 三五七下
帤 三五七下
帨 三五八上

恂 三五八上
希 三六〇下
囪(席) 三六一上
吧 三六四上
保 三六五上 八上
企(企) 三六五下
侎 三六六上
俊 三六六下
㑀(伊) 三六七上
侯 三六九上
俁 三六九上
俚 三六九下
侹 三七〇上
俌 三七二下
俜 三七三上
俠 三七三上
俇 三七三下
侳 三七三下
侵 三七四下
便 三七五下
俔 三七五下
俒 三七六上
俗 三七六上
俆 三七七下
俄 三八〇上

侮 三八〇下
俙 三八〇下
俑 三八一上
促 三八一下
係 三八一下
俘 三八二上
㑰 三八三下
往 三八四上
兟 三八四上
帛(卓) 三八五下
岂 三八六上
重 三八八上
袧 三八九下
衽 三九〇上
袄 三九一上
袂 三九二下
衸 三九二下
衯 三九四上
袓 三九五上
袮 三九七下
耇 三九八下
者 三九八下
眉 四〇〇上
肩 四〇〇上
昏 四〇〇上

屍 四〇〇下
屋 四〇〇下
咫 四〇一下 八下
俞 四〇三上
彤 四〇三上
亮 四〇五上
眡(視) 四〇七下
欨 四一〇下
歃 四一二上
欻 四一三下
六二上
欪 四一三下
厎 四一四下
頁 四一五下 九上
俛(頫) 四二〇上
疣(頄) 四二二下
面 四二三下
首 四二三上
県 四二三下
形 四二四下
彥 四二五上
呫 四二九下
卻 四三一上
甬 四三三上
胞 四三四上

苟 作篆茍 四三四下
㣇(彪) 四三五下
畏 四三六下
禺 四三六下
美(羑) 四三七上
庠 九下 四四三上
庢 四四五上
庤 四四五下
庰 四四六上
庠 四四七上
庯 四四七下
庣 四四七下
厔 四四七下
廼 四四八下
易 四五四上
耏 四五四上
耐(耏) 四五四下
彖 四五六下
㲋 十上 四七二上
狡 四七三下
臭 四七四上
狠 四七四上
狤 四七四下
狟 四七五上
狩 四七六上

犴 四七六下
炟 四八〇上
炪 四八〇下
炥 四八一上
炗 四八一下
炭 四八二上
炦 四八二上
炱 四八二上
炮 四八二下
炳 四八五上
炯 四八五下
炫 四八五下
䞓(經) 十下 四九二上
奎 四九二下
奋 四九二下
契 四九三上
奔 四九四下
旭 四九五上
奓(奢) 四九七上
奏 四九八上
昦 四九八下
奕 四九九上
耎 四九九上
思 五〇一下
恉 五〇二下

昚(慎) 五〇二下
怤 五〇三上
恔 五〇三下
恓 五〇三下
恢 五〇三下
恮 五〇四上
恂 五〇五上
恃 五〇六上
恋(戀) 五〇七上
恤 五〇七上
恖 五〇八上
急 五〇八上
忒 五〇八下
怠 五〇九下
恑 五一〇下
怨 五一一下
㤪(怨) 五一一下
怒 五一一下
恨 五一二上
𢘅(恒) 五一三下
恫 五一三下
恇 五一四下
㤨 五一四下
㤥 五一四下
洮 十一上一 五二一上

汧 五二三下
洛 五二四下
洈 五二八下
洭 五二八下
洵 五三三下
洧 五三四上
洹 五三七下
洙 五三八上
洋 五三八下
洨 五四〇下
泃 五四四上
洇 五四四上
洦 五四四下
洍 五四四下
洪 十一上二 五四六上
洚 五四六上
衍 五四六上
活 五四七上
洸 五四八下
洞 五四九下
洶 五四九下
洌 五五〇上
洔 五五二下
派 五五三上
洼 五五三下

洫 五五四上
洐 五五四下
津 五五五下
洄 五五六上
砅 五五六下
洓 五五七下
洅 五五八上
洽 五五九上
洿 五六〇上
洎 五六〇下
洝 五六一上
洏 五六一上
洒 五六三上
洗 五六四上
染 五六五上
洟 五六五下
畎(𡿨) 十一下 五六八上
邕(邕) 五六九上
泉 五六九下
𦐇(雩) 五七四下
飛 五八二下
屋 十二上 五八七上
扃 五八七上
巸 五九三上
指 五九三下

拱 五九五上
拜(𢷎) 五九五下
持 五九六下
按 五九八上
拓 五九八下
挋 六〇〇下
挏 六〇一上
挑 六〇一下
拹 六〇二上
拲 六〇二下
拯 六〇三上
拾 六〇五上
捆 六〇六下
括 六〇六下
拮 六〇七下
挃 六〇八上
挂 六〇九下
挈 六一〇上
挌 六一〇上
姜 十二下 六一二下
姬 六一二下
姞 六一二下
姚 六一二下
姺 六一三下
姻 六一四上

威 六一五上
姪 六一六上
姨 六一六上
姼 六一六上
娍 六一七上
㛄 六一七下
始 六一七下
㛅 六一七下
姝 六一八上
姣 六一八上
敀 六一九上
姽 六一九上
姡 六一九下
娋 六二一下
姰 六二一下
姿 六二三上
耍 六二三上
娞 六二三上
姸 六二三下
娃 六二三下
姦 六二六上
匽 六二五上
匧 六二六上
匼 六二六下
柩(医) 六二七上

斿 六三八上
瓮 六三八下
瓬 六三九下
瓪 六三九下
弭 六四〇上
弩 六四二下
紗 六四二下
紇 十三上 六四四上
紀 六四五上
紆 六四六上
約 六四七上
紈 六四八上
衹(緹) 六五〇下
紅 六五一上
紃 六五五上
紉 六五七上
紂 六五八下
累(緦) 六六〇下
虵 六六四上
蚩 六六九下
虹 六七三下
風 十三下 六七七上
亟 六八一上
恒 六八一上
垓 六八二下

垣 六八四下
垛 六八六上
封 六八七下
型 六八八下
垎 六八九上
垐 六八九下
垍 六八九下
垠 六九〇下
垑 六九〇下
垝 六九一上
陒(垝) 六九一上
垔 六九一上
陑(垔) 六九一上
垢 六九二上
垤 六九二上
垗 六九三上
垚 六九四上
界 六九六下
畍 六九六下
勉 六九九下
勁 七〇〇上
勀 七〇〇下
勇 七〇一上
㦷(勇) 七〇一上
勃 七〇一上

恊 七〇一下
金(金) 十四上 七〇二上
俎 七〇六下
斫 七一七上
斪 七一七上
料 七一八下
𢦔(矛) 七一九下
矜 七二〇上
軍 七二七上
軌 七二八上
省 七三〇下
限 十四下 七三二上
降 七三二下
陊 七三三下
陖 七三五上
陔 七三六上
𡋯 七三七下
禹 七三九下
戚(成) 七四一上
巹 七四一上
癸(𤼾) 七四二下
孨 七四四上
昌(申) 七四六下
𦥔(申) 七四六下
臾 作篆𠬯 七四七上

酓 七五三上
珇（珇） 一三上
㞑（筤） 一三三上
叜（叜） 一六〇下
痕（痕） 三五一上
彖（彖） 四五六下
恬（恓） 五〇三下
悗（怏） 五〇六下
挐（挐） 五九八上
娄（娄） 六一四上
㞍（民） 六二七上
矜（矜） 七一九下
祆（祆） 八下
苔（落） 三一七上
茌（茌） 三一九下
茀（茀） 四六下
春（萅） 四一七下
前（歬） 六八上
侯（矦） 二二六下
殃（殃） 二三七上
复（复） 二三二下
柿（柹） 二三九上
柳（桺） 二四五上
昆（䖵） 五〇二下
恪（恪） 五〇五下

虹（䖶） 六七五下

【十畫】

旁 一上、二上
祜 二下
祐 三上
祇 三上
神 三上
祕 三下
祡 四上
祔 四下
祖 四下
祏 四下
祠 五下
祝 六下
祓 六下
祟 八下
祘 八下
珦 一一上
珣 一一上
珩 一三下
珥 一三下
珕 一七上
珢 一七上
瑰 一七上

珠 一七下
珕 一八上
珧 一八上
班 一九下
荅 二一下
荏 二三下
莒 二五上
莔 二五下
茪 二六上
茖 二六上
荍 二七上
茥 二八上
荾 二九上
茜 三一上
荑 三一下
苦 三一下
茭（芰） 三三上
莙 三三上
莿 三四上
莖 三五下
栞 三七上
茱 三七上
荆 三七上
荕（荆） 三七上
荄 三八下

兹 三九上
荏 三九下
荒 四〇上
茷 四〇下
茾 四〇下
茱 四一下
荐 四二下
茨 四二下
荎 四三上
茜 四三下
茵 四四上
䓤 四四上
茭 四四上
茹 四四上
菌 四四上
荥（蒸） 四四下
斬 四四下
荔 四六上
葢 四六下
茸 四七上
草 四七上
荼（䔍） 四七下
宷 二上、五〇上
特 五〇下
牷 五一下

㕧（䕻） 五三下
哺 五五下
哲 五七上
唏 五七上
唉 五七下
唐 五八下
哯 五九上
哽 五九上
唊 五九下
唇 六〇上
哤 六〇下
唌 六〇下
哨 六〇下
吰（各） 六一上
唁 六一上
哮 六一下
哭 六三上
赾 六四下
起 六五上
赽 六五上
赶 六七上
䞈 六七下
𧻓 六八上
是（是） 二下、六九下
迹 七〇上

速（迹） 七〇上
迨 七一上
适 七一下
逆 七一下
迖 七一下
迻 七二上
送 七二下
逈 七三下
迷 七三下
逃 七四上
追 七四上
迾 七四下
徑 七六上
程 七六上
徐 七六下
徫 七六下
復 七七上
退（復） 七七上
逡（後） 七七上
㝵（得） 七七上
四〇八上
晉（互） 八〇下
眼（跟） 八一上
䟔（跀） 八四下
訓 三上、九一上

訊 九二上
託 九三上
記 九三上
訖 九三上
訒 九五下
訕 九六下
悖（誖） 九七下
訆 九八下
這（誕） 九八下
訌 九八下
訏 九九下
訐 一〇〇上
討 一〇一上
学 一〇三上
弁 一〇四下
异 一〇五下
鬲 三下、一一一上
釜（鬴） 一二一下
𢪍（巩） 一二四上
五九六上
冄 一二四上
寽（叜） 一二五上
叚（段） 一二六下
書 一二七下
敀 一二九上

殺 一二〇上
專 一二一下
皰 一二三上
效 一二三上
敃 一二四上
敍 一二四上
赦（赦） 一二四下
敉 一二五上
敕 一二六下
眩 四上、一三〇上
眥 一三〇上
窅 一三〇下
眡 一三一上
眓 一三一下
眕 一三一下
罛 一三二上
眛 一三二上
眢 一三二下
眝 一三三下
眙 一三三下
眚 一三四上
眜 一三四下
眣 一三四下
眷 一三五下
眴 一三五下

翁 一三八下
翍 一三八下
𦐒（獗） 一三八下
弱 一三九下
䍶 一三九下
翌 一四〇上
隻 一四一上
非 一四四下
羔 一四五下
羒 一四六上
羘 一四六上
羖 一四六上
隼（鵻） 一四九下
烏 一五七上
冓 四下、一五八下
兹 一五九下
𡔜 一六〇下
殊 一六二下
骨 一六四下
脊 一六九上
胳 一六九下
胯 一七〇下
胻 一七〇下
胲 一七〇下
脅 一七一下

疹（胗） 一七一下
朓 一七二下
胵 一七三下
脡 一七五上
胹 一七五下
脂 一七五下
脃 一七六下
剞 一七八下
刷 一七八下
剡 一七八下
剛 一七九上
剖 一七九下
剟 一八〇上
剝 一八〇下
釗 一八一下
𠛎（制） 一八二上
契 一八三下
栔 一八三下
𦓨 一八三下
耕 一八四上
笎 五上、一九〇下
笵 一九四上
笓 一九五上
笱 一九六上
笑 一九八下

𠀠(箕) 一九九上　匴(箕) 一九九上　差 二〇〇下　𤞞(獸) 二〇二上　卣 二〇三下　哿 二〇四上　哥 二〇四上　粤 二〇四上　登 二〇六下　虔 二〇九下　虓 二一一上　虒 二一一上　虎 二一一上　盌 二一一下　盍(盇) 二一二上　益 二一二上　𥁕(盎) 二一二上　盉 二一二上　𥂕 二一二下　盇 二一二下　盆 二一二下　盟 二一三上　盄 二一三下　𥃍 二一四上　𢍶 二一七上 五下

庸(鬳) 二一七下　秬(鬯) 二一八上　𩚬(飪) 二一八下　五〇八下　䍐(養) 二二〇上　倉 二二三下　缶 二二五下　缺 二二五下　射(躲) 二二六上　高 二二七下　亳 二二七下　隺 二二八下　䯧 二二九下　亯 二三〇上　矦(猴) 二三一下　韋(韡) 二三一下　夏 二三三上　㚔 二三三下　桀 二三七下　乘(椉) 二三七下　桃 二三九下 六上　桂 二四〇上　梠 二四〇下　椃 二四一下　栩 二四三上

桔 二四三下　移 二四五下　桐 二四七上　根 二四八下　株 二四八下　栞(栞) 二四九下　集 二四九下　梴 二五一上　格 二五二下　栽 二五三下　栫 二五四下　栵 二五四下　栭 二五四下　桓 二五七下　栝 二五八下　案 二六〇下　特 二六一下　栱 二六一下　核 二六二下　栫 二六三上　桼 二六三上　梓 二六四下　栝 二六四下　梟 二六四下　校 二六七下

桄 二六八下　桎 二七〇上　桑 二七二下 六下　師 二七三上　索 二七三下　𡴭(南) 二七四上　生 二七四上　𡘋 二七四下　㢁(弩) 二七四下　㝵 二七五下　圁 二七七上　圃 二七八上　圄 二七八下　国 二七八下　員 二七九上　貨 二七九下　財 二七九下　貢 二八〇上　貣 二八〇上　貤 二八一上　郡 二八三上　郛 二八四上　郜 二八四下　郴 二八六下　邾 二八七下

郄 二八八上　郤 二八九上　郟 二九一下　郢 二九二下　郢 二九二下　部 二九五上　郪 二九五下　郰 二九五下　郤 二九六上　郕 二九六下　郎 二九七上　郚 二九八上　郭 二九九上　郲 二九九下　郙 三〇〇上　郙 三〇〇下　時 三〇二上 七上　晃 三〇二下　晉 三〇三下　晏 三〇四上　晐 三〇八上　𣃔 三〇八下　旆 三〇九上　旂 三一〇上　旃 三一〇下

遊(游) 三一一下　旄 三一一下　旅 三一二上　冥 三一二下　朔 三一三下　朓 三一三下　朒 三一三下　㑄(𡕼) 三一六上　函 三一六下　臬(克) 三二〇上　林 三二一下　梲 三二三上　秠 三二四下　秨 三二五上　秩 三二五下　秧 三二六上　租 三二六下　秦 三二七上　秭 三二八上　秝 三二八下　秣 三二九上　兼 三二九下　粊 三三一下　粗 三三二上　氣 三三三上

粉 三三三下　舀 三三四下　技 三三六下 七下　㕞 三三七上　𪒠(㕞) 三三七上　瓞 三三七下　家 三三七下　宸 三三八下　院(寏) 三三八下　七三六下　宦 三三九上　宬 三三九上　宴 三三九下　容 三四〇上　宭 三四〇上　宰 三四〇上　𡧊(宄) 三四〇下　宵 三四〇下　害 三四一上　害 三四一下　宮 三四二下　躳(船) 三四三下　盜 三四三下　突 三四四上　窊 三四五上

窞 三四六上　窈 三四六下　窆 三四七上　窗 三四七上　疾 三四八上　病 三四八上　痾 三四八下　痁 三四八下　疵 三四八下　府 三四九下　疴 三四九下　㱃(瘚) 三四九下　疽 三五〇上　疝 三五〇上　痁 三五〇下　疹 三五一上　㾓(瘁) 三五一上　疸 三五一下　疣 三五二上　疲 三五二上　痱 三五二上　冣 三五三上　冢 三五三下　罠 三五五下　罟 三五五下

罡 三五五下　罠 三五六上　罝 三五六上　罝 三五六下　帨(帥) 三五七下　帬 三五八上　席 三六一上　帆 三六二下　㡊 三六三上　𧶠 三六四上　倩 三六七下 八上　倓 三六七下　倭 三六八下　倞 三六九上　倨 三六九下　俺 三六九下　倬 三七〇上　倗 三七〇上　俶 三七〇下　倫 三七二上　俱 三七二上　併 三七二下　倚 三七二下　倢 三七二下　敓 三七四上

借 三七四下　俾 三七六下　倪 三七六下　倌 三七七上　倍 三七八上　倀 三七八上　倭 三七八下　倡 三七九下　俳 三八〇上　傷 三八〇下　脩 三八一上　俗 三八二下　倠 三八二下　值 三八二下　倦 三八三上　真 三八四下　㞫 三八七上　𡐨(望) 三八七下　般 三八八下　袗 三八九下　表 三八九下　袍 三九一上　衹 三九一下　袪 三九二上　袖(褎) 三九二下

祏 三九二下
祕 三九二下
袑 三九三上
袁 三九四上
被 三九四下
衾 三九五上
衷 三九五上
袓 三九五上
袢 三九五上
袓 三九五下
衺 三九六下
衰 三九七上
被 三九七下
搴 三九八上
者 三九八上
毬 三九九上
屋(居) 四〇〇上
展 四〇〇上
屒 四〇〇下
屖 四〇〇下
屍 八下 四〇二下
屐 四〇二下
朕 四〇三下
舫 四〇三下
般 四〇四上

般(般) 四〇四上
皃 四〇六上
眂(視) 四〇七下
尋 四〇八上 七七上
覓 四〇九上
欯 四一〇下
㰦 四一一下
欱 四一三上
欧 四一三上
欬 四一三上
㳄(次) 四一四上
修 九上 四二四下
弱 四二五上
彭 四二五下
家 四三三下
鬼 四三四下
猖 九下 四三八上
峀(岫) 四四〇上
峻(陖) 四四〇上
峊 四四一上
峨 四四一上
峌 四四一上
庭 四四三下
庳 四四三下

庮 四四五下
厜 四四六下
砥(底) 四四六下
㕓 四四七上
厔 四四七下
厝 四四七下
厞 四四八上
敀 四四八下
砮 四四九上
破 四五二上
砭 四五三上
砢 四五三上
㫚(勿) 四五四上
象 四五六下
豹 四五七下
豺 四五七下
豻 四五八上
馬 十上 四六〇下
駱(篤) 四六四下
冤 四七二下
狢 四七五下
臭 四七六上
狾 四七六下
狌(狂) 四七六下
狻 四七七上

狠 四七七下
蚡(鼢) 四七八下
能 四七九下
烈 四八〇下
烝 四八〇下
烄 四八一下
烓 四八二上
烘 四八二下
衮 四八二下
㶳 四八四上
烖 四八四下
烟(煙) 四八四下
炾 四八四下
炵 四八五上
威 四八六上
烜(爟) 四八六下
洂 十下 四九二上
𡗜 四九三上
亶 四九四上
奊 四九四上
奞 四九四下
皋 四九八上
奘 四九九上
奚 四九九上
竘 五〇〇下

竝 五〇一上
毗 五〇一下
息 五〇二上
恭 五〇三下
恕 五〇四上
恩 五〇四上
悈 五〇四下
悟 五〇六上
悛 五〇七上
悭 五〇八上
恬 五〇八下 二八下
悒 五〇八下
悍 五〇九下
悆 五一〇上
悝 五一〇上
悁 五一一上
恚 五一一下
悔 五一二上
恙 五一三上
悄 五一四上
恐 五一四下
悑 五一四下
恥 五一五上
恧 五一五上

浙 十一上一 五一八上
淺 五二八上
涂 五三〇上
涇 五三一上
浪 五三三下
浯 五三九下
浿 五四二上
浝 五四四上
海 五四五上
涓 十一上二 五四六下
浩 五四八上
浮 五四九上
涌 五四九下
浞 五五〇下
涅 五五二上
浥 五五二上
涘 五五二下
浦 五五三上
涔 五五八下
涀 五五八下
消 五五九下
涚 五六一上
浚 五六一下
涒 五六三上
浴 五六四上

浣(澣) 五六四下
涑 五六四下
泰 五六五上
浼 五六五下
涕 五六五下
流(㳅) 十一下 五六七下
涉(𣻉) 五六七下
邕 五六九上
原(厵) 五六九下
脈(衇) 五七〇上
谹 五七〇下
凍 五七一上
凌(𠖥) 五七一上
凋 五七一上
凊 五七二上
扇 十二上 五八六下
扈 五八六下
扆 五八七上
閃 五九〇下
再 五九〇下
耽 五九一下
耼 五九一下
耿 五九一下
眀 五九二下
聆 五九三上

拳 五九四上
挙 五九六上 一四上
捘 五九六上
挫 五九六下
挈 五九六下
挾 五九七下
挐 五九八上
㧜 五九八上
捋 五九九上
捉 五九九上
挻 五九九上
捊 六〇〇上
挶 六〇一下
捀 六〇三上
振 六〇三下
捎 六〇四上
捝 六〇四下
挹 六〇四下
𢭏(播) 六〇五下
挺 六〇五下
挼 六〇五下
捇 六〇七上
捄 六〇七下
挨 六〇八下

捕 六〇九下
捈 六一〇上
拲 六一〇下
桊(拳) 六一〇下
捐 六一〇下
脊 六一一下
𡜊(妻) 十二下 六一四上
娠 六一四下
娣 六一五下
娒 六一六上
娥 六一七上
娧 六一八下
娙 六一八下
娛 六二〇上
娭 六二〇上
娓 六二〇下
娕 六二〇下
娑 六二二下
娉 六二三上
娟 六二三上
娷 六二四上
娝 六二四下
㚶(婁) 六二四下
娎 六二四下
㛅 六二四下

娗 六二六上
昳 六二八下
匽(匸) 六三五下
匪 六三六下
匫 六三六下
瓬 六三八下
瓷 六三九上
瓵 六三九上
弰 六四〇上
㢸(弼) 六四二上
孫 六四二下
純 十三上 六四三下
紝 六四四下
納 六四五下
紡 六四五下
紓 六四六上
索 六四六下
級 六四六下
紑 六五二上
紘 六五二下
紞 六五二下
紐 六五四上
紟 六五四下
𥿋(紱) 六五八上
紛 六五八上

紖 六五八下　紙 六五九下　峪(綌) 六六〇上　原 六六一下　紕 六六二上　素 六六二下　絆 六六三上　蚺 六六三下　蚓(螾) 六六四上　蚖 六六四下　蚳 六六五下　蚚 六六五下　蚩 六六七下　蚦 六六七下　蚣(蜙) 六六八上　蚗 六六八下　蚵 六六八下　蚑 六六九下　蚌 六七一上　蚨 六七二下　蚤(蚤) 十三下 六七四下　蚊(蟁) 六七五下　蚍(蠶) 六七六下　埒(埂) 六八二下　埓 六八五下

現 六六六下　垔 六六七上　垸 六六八上　埐 六六八下　城 六九〇上　埂 六九一上　埃 六九一下　垐 六九二上　埍 六九二上　珪(圭) 六九四上　垚(堯) 六九四上　畝(畮) 六九六上　畔 六九六下　畛 六九六下　畜 六九七下　畕 六九八上　勑 六九九上　勍 七〇〇上　釘 十四上 七〇三上　鉦(鏗) 七〇四下　剆(斸) 七一七下　料 七一八上　矜 七一九下　軒 七二〇上　軓 七二二下

馴 七二二下　軎 七二五上　軼 七二五下　軔 七二八下　陷 十四下 七三二上　陵 七三三上　陋 七三三上　陝(篆作陜) 七三三上　陟 七三三下　坒(防) 七三三下　陘 七三四上　陝(篆作陜) 七三五上　陪 七三五下　除 七三六上　陛 七三六上　院 七三六下　[illegible] 七三八下　陙 七三六下　禼 七三九上　※ 七四二下　琬 七四二下　晉(晉) 七四四上　兆(卯) 七四五上　辱 七四五下　酒 七四七上

酎 七四八上　配 七四八下　酖 七四八下　酌 七四八下　酏 七五一上　琄(王) 一二下　蒦(苐) 二七上　荇(荇) 三六上　殉(殉) 一六三下　笑(笑) 一九八下　梔(梔) 二四八上　晛(晛) 三〇三下　柬(柬) 三一七上　帘(帘) 三四五下　痁(痁) 三五二下　衮(衮) 三八八下　悃(悃) 五〇三下　洑(洑) 五一八上　拏(拏) 六一〇上　徒(辻) 七〇下　叟(叜) 二一五上　盍(盇) 二一四下　莆(莆) 二一八上　乘(椉) 二三七下　敖(敖) 二七三上

栗(㮚) 三七下　耗(秏) 三三上　候(㑞) 三七四下　肩(肩) 四〇〇上　烏(𠂌) 四三八上　准(準) 五六〇上　畚(𤰈) 六三七下　留(畱) 六九七下　陣(陳) 七三五下

【十一畫】

祥 一上 三上　祭 三下　祡 四上　祫 六上　祏 七上　𥘯(社) 八下　琁(璿) 一一下　球 一三上　珽 一三上　理 一五下　貦(玩) 一六上　琂 一七上　琅 一八下　𤥚(玕) 一八下

琊 一九上　琀 一九上　莊 一下 二二上　莆 二三下　菇 二三上　莠 二三上　莧 二四上　莒 二四下　荵 二六上　堇 二六下　茦 二七上　莞 二七下　莙 二八上　莩 二九上　莃 二九下　莣 三一上　菘 三三下　菻 三四上　荷 三四下　莪 三五上　菌 三五下　菩 三六上　莨 三六下　菉 三七上　莖 三七下

莛 三七下　莢 三八下　菂 三八下　菥 三九上　菏 三九下　莜 四三下　蔓 四四上　萋 四四上　莝 四四上　莎 四五下　菩 四六上　菲 四六下　荼 四六下　莑(蓬) 四七上　莫 四八上　悉 二上 五〇上　恩(悉) 五〇上　牻 五一上　稌 五一上　將 五一下　牽 五二上　牿 五二上　桱 五二下　唴 五四下　啜 五五上

啗 五五下　唾 五六上　涶(唾) 五六上　五四四上　哼 五六上　唫 五六下　悊(哲) 五七上　五〇三下　問 五七上　唯 五七上　唱 五七上　啞 五七上　唪 五八上　啖 五九上　啁 五九下　啐 六〇上　唸 六〇上　啾 六一上　啄 六二上　唬 六二上　容(合) 六二下　趌 六四上　趍 六五上　赽 六五上　赾 六五下

逝 二下 七〇下　造 七一上　速 七一下　逢 七一下　通 七一下　逗 七二下　逡 七三上　連 七三下　逑 七三下　退 七四上　逋 七四上　逐 七四上　逎 七四上　逞 七五上　逖 七五上　後 七六下　得 七七上　徛 七七上　御 七七下　術 七八上　衙(衙) 七八下　跂 八二下　跋 八三上　跀 八四上　趽 八四下

趹 八四下　跛 八四下　篇(册) 八六上　商 三上 八八上　笱 八八上　甚 八九上　斟 八九上　許 九〇上　詩(詩) 九〇下　訪 九一下　訫(信) 九二下　訧 九二下　訡 九三上　訢 九三下　設 九四下　訝 九五下　訥 九五下　唶(諎) 九六上　詡 九八上　訇(訇) 九八上　訬 九九下　訩(詾) 一〇〇上　訟 一〇〇上　訦 一〇一上　章 一〇二下

竟 一〇二下　罨(羿) 一〇五下　靳 三下 一〇八上　勒 一二〇上　粖(鬻) 一二一下　觚 一二四上　俊(夋) 一二五上　曼 一二五下　彗 一二六上　書(畫) 一二七下　畫 一二七下　堅 一二八下　豉 一二九上　殹 一二九下　殺 一三〇下　敥(殺) 一三〇下　將 一三一上　專 一三一下　笈(皮) 一三二上　篗(䉤) 一三二上　啟 一三二下　敏 一三二下　敯 一三二下　敝 一三三下　敕 一三四上

救 一三四下　斂 一三四下　赦 一三四下　敗 一三五上　寇 一三五上　剫(敓) 一三五上 一八〇上　數 一三六上　埶 一三六上　敨 一三六上　敘 一三六下　教 一三七上　庸 一三八上　葡 一三八上　爽 一三八下　眼 四上 一二九下　眮 一三一上　盰 一三一上　眥(盽) 一三一上　遉 一三一下　眽 一三一上　眴(旬) 一三一下　眷(睦) 一三一下　眓(瞋) 一三三上　眘 一三三下

略 一三四上　眕 一三四上　眯 一三四下　眺 一三四下　眚(省) 一三六上　習 一三八上　翖 一三九上　翏 一三九下　翊 一三九下　翇 一四〇上　雀 一四一下　隺 一四三下　雉 一四三下　奞 一四四上　羜 一四五下　羝 一四六上　辈 一四六下　羗(羌) 一四七上　鳥 一四八上　焉 一五七下　畢 四下 一五八上　敖 一六〇上 二七三上　敘 一六一上　寂 一六一上

殀(殂) 一六二下　脣 一六七下　脰 一六八上　脬 一六八下　脟 一六九上　脢 一六九下　脛 一七〇下　脫 一七一上　脉 一七一下　痃(脂) 一七一下　脪 一七三上　脯 一七四上　脩 一七四上　脘 一七四上　垐 一七六下　猒(肰) 一七七上　朘 一七七下　筋 一七八上　剮 一七八上　剬 一七九上　副 一七九下　剫 一八〇上 一三五上　艄 一八五下　船 一八六上

觝(觶) 一八七下　笢 五上 一九〇上　笨 一九〇上　笵 一九一上　符 一九一上　笮 一九一下　第 一九二上　笥 一九二下　匭(簋) 一九四上　筊 一九四下　笠 一九五下　笭 一九六上　笸 一九六下　笪 一九六下　笞 一九六下　筆 一九七上　笛 一九七下　第 一九九上　䀸 二〇二上　曹 二〇三上　桓 二〇七下　虙 二〇九上　虘 二〇九下　虖 二〇九下　彪 二一〇下

號 二一一上　盔 二一三上　瓮(公) 二一三下　欹(音) 二一五上　既 五下 二一六下　飤 二二〇上　飢 二二一下　畣(仝) 二二四上　欫 二二五上　鉆 二二五下　亭(亯) 二二九上　皀(良) 二三〇上　啚 二三〇下　麥 二三一下　夏 二三一下　椃 六上 二三八下　梅 二三九上　桊 二三九下　棖 二三九下　桲 二四一上　梓 二四二上　梭 二四二下　梢 二四四下　桴 二四四下　棱 二四四下

椄 二四五上　梛 二四五上　梂 二四六下　梧 二四七上　梗 二四七下　梆 二四八上　條 二四九上　梃 二四九下　根 二五〇上　桴 二五三下　桷 二五五上　梠 二五五下　梀 二五六上　梱 二五六下　桯 二五七下　桱 二五七下　梳 二五八下　釬(釆) 二五九上　梩(相) 二五九上　梭 二六〇上　梏 二六〇下　梯 二六三上　梲 二六三下　栝 二六四下　桶 二六四下

梐 二六六上　梁 二六七下　梜 二六八上　梡 二六九下　械 二七〇上　梏 二七〇上　梟 二七一上　桑(叒) 六下 二七二下　敖 二七三上 一六〇上　產 二七四上　巢 二七五下　桼 二七六上　國 二七七下　圈 二七七下　貨 二七九下　責 二八一下　販 二八二上　貪 二八二上　貧 二八二下　郵 二八四上　𨛫(郝) 二八五下　扈 二八六上　郰 二八七上　部 二八七上

郪 二九一下　郫 二九三下　郴 二九四下　郰 二九六下　鄃 二九六下　郯 二九八上　郭 二九八下　郹 二九八下　郷 二九九下　郱 二九九下　郤 三〇〇上　晤 七上 三〇三上　晛 三〇四上　晧 三〇四下　晚 三〇五上　晦 三〇五下　晜 三〇六下　晞 三〇七下　旌 三〇九下　旇 三一一下　旋 三一一下　族 三一二上　參(曑) 三一三上　晨(曟) 三一三上　朙 三一三下

朗 三一四上　秚 三一六上　貫 三一六上　宷(齎) 三二三上　移 三二三下　粰(稃) 三二四下　康(糠) 三二四下　案 三二五上　秳 三二五下　梨 三二六上　稅(稯) 三二八上　粘(黏) 三三〇上　粗 三三一下　粒 三三一下　粏 三三一下　舂 三三四上　𦥚(舀) 三三四下　麻 七下 三三六上　豉(枝) 三三六下　𡱂 三三七上　瓠 三三七下　宿 三四〇下　寁 三四一上　寄 三四一下　窐 三四四上

室 三四六上　窕 三四六上　窅 三四六下　窔 三四六下　痒 三四九上　痎 三五〇下　痔 三五〇下　痏 三五一上　痍 三五一下　痕 三五一下　痋 三五一下　𤷒(癃) 三五二上　痑 三五二下　冕 三五四上　㒼 三五四下　罘 三五五上　𠕺(罘) 三五五上　覂 三五七上　帶 三五八上　常 三五八下　帴 三五八下　㠾(幒) 三五八下　帷 三五九上　𠥦(帷) 三五九上　帳 三五九上

袠(帙) 三五九上　崧 三六二上　皎 三六三下　倸(保) 八上 三六五上　𠊾 三六六下　偰 三六七上　偉 三六八上　彬(份) 三六八上　㑜 三六八下　健 三六九上　偲 三七〇上　偫 三七一上　偓 三七二上　偕 三七二上　側 三七三上　俑 三七三下　假 三七四上　候 三七四下　偆 三七六上　偭 三七六上　倓 三七六下　便 三七七下　偏 三七八上　御 三八〇下　偃 三八一上

偶 三八三上　匙 三八五上　頃 三八五上　幽 三八五上　從 三八六上　虛 三八六下　衆 三八七上　量(量) 三八八上　衮 三八八下　袞 三九一下　袌 三九二下　移 三九四上　袷 三九四下　袾 三九五上　袈 三九五下　袺 三九六下　扉 四〇〇下　屋(屋) 四〇一上　屛 四〇一上　船 八下 四〇三上　舳 四〇三上　兠(兜) 四〇六下　兜 四〇六下　毸 四〇九下　欲 四一一上

欸 四一二上　欷 四一二下　欮 四一三上　欶 四一三上　㳄(次) 四一四上　頃 九上 四一六上　脜 四二二下　彫 四二四下　彭 四二四下　㐱 四二五上　艴 四三三上　匐 四三三上　匔(復) 四三三下　匏 四三四上　羕 四三六下　崞 九下 四三九上　崟 四三九下　崒 四三九下　密 四三九下　崛 四四〇上　崇 四四〇上　崝 四四一上　崩 四四一上　𨹹(崩) 四四一上　崴 四四二下

崔 四四一下　崖 四四二上　𡾊(巖) 四四四上　庰 四四四上　庨 四四四下　庛 四四四下　庳 四四五上　庶 四四五下　庵 四四五下　屆 四四六下　砮 四五〇上　硍 四五〇下　硈 四五一上　殸(磬) 四五二上　砦 四五三上　研 四五三下　豝 四五五上　豛 四五五上　豙 四五六上　𧰲(豨) 四五六上　豚(豚) 四五七上　貀(貌) 四五七下　𢒉(馬) 十上 四六〇下　馬 四六〇下　鹿 四七〇上

婏 四七二下　猈 四七三下　猗 四七三下　猝 四七四上　猤 四七四上　奘 四七四下　猜 四七五上　猛 四七五上　倏 四七五上　猲 四七五下　焜 四八〇上　焌 四八〇上　烰 四八一上　羨 四八二上　尉 四八三上　焆 四八四下　焅 四八六上　恖 十下 四九〇下　烾(赤) 四九一下　赧 四九一下　執 四九六下　圉 四九六下　𡘾 四九七下　奞 四九七下　敄(奏) 四九八上

規 四九九下　情 五〇二上　惇 五〇三上　惆 五〇三下　悊 五〇三下　五七上　悰 五〇三下　惟 五〇五上　惀 五〇五下　意(意) 五〇五下　𢜰(悟) 五〇六上　悷 五〇七上　悆 五〇九上　惈 五〇九下　悹 五一〇下　悸 五一〇下　惏 五一〇下　惛 五一一上　惆 五一二上　悵 五一二上　悽 五一二下　惜 五一二下　惔 五一三下　惙 五一三下　惂 五一三下

悠 五一三下　悴 五一三下　患 五一四上　恣 五一四下　悼 五一四下　惕 五一四下　惄(惕) 五一四下　㥌 五一五上　涑 十一上一 五一六下　涪 五一七上　淹 五二〇下　清 五二五上　淇 五二七下　深 五二九下　淮 五三二下　淠 五三三上　淩 五三五下　淨 五三六上　淶 五四三上　涶 五四四上　五六上　洛 五四四上　淔 五四四上　浚 五四四上　淈 五四四上

淉 五四四上　淣 五四四上　漳 十一上二 五四六上　混 五四六下　淲 五四七上　減 五四七上　淪 五四九上　淙 五四九下　涳 五五〇上　淑 五五〇上　淸 五五〇上　淈 五五〇下　淵 五五〇下　淫 五五一上　淺 五五一下　淳 五五一下　溜 五五二上　洪 五五五下　㳮 五五五下　淜 五五五下　涂 五五六下　淒 五五七上　涿 五五七下　淊 五五八下　涸 五五九下

涫 五六一上　涾 五六一上　淅 五六一下　淥(漉) 五六一下　淤 五六二上　淰 五六二上　涼 五六二下　淡 五六二下　液 五六三上　淬 五六三下　淳 五六四上　淋 五六四上　烕 十一下 五六八下　羕 五七〇上　谹 五七〇下　扁 五七三下　雩 五七四下　魚 五七五上　皆 五八三上　鹵 十二上 五八六上　閈 五八七下　閉 五九〇上　聑 五九一下　聃(耼) 五九一下　聆 五九二上

聉 五九二下
耺 五九二下
挛(手) 五九三下
掮 五九五下
推 五九六上
排 五九六下
捡 五九七上
捫 五九七下
捨 五九八上
控 五九八下
掊 五九八下
措 五九九上
掄 五九九上
捽 五九九下
授 六〇〇下
接 六〇〇下
揩 六〇一上
据 六〇二上
掉 六〇二下
掀 六〇三上
掇 六〇五上
探 六〇五下
掎 六〇六上
揞 六〇七上
掘 六〇七下
掩 六〇七下
掕 六〇八上
捲 六〇八下
捭 六〇九上
捶 六〇九上
掫 六一〇下
掤 六一〇下
捷 六一〇下
掍 六一一上
掖 六一一上
挲 六一一上
娸 十二下 六一三下
娶 六一三下
婚 六一四上
嫺(姻) 六一四上
婦 六一四上
婗 六一四下
婢 六一六下
婕 六一七下
婤 六一七下
婠 六一八下
婉 六一八下
婐 六一九下
娄 六一九下
婧 六一九下
婜 六二〇上
婚 六二一上
娽 六二二上
娭 六二二下
婟 六二三上
婞 六二三下
娺 六二三下
嫛 六二三下
婎 六二四上
嬨 六二四上
婪 六二四下
婁 六二四下
婓 六二五上
媕 六二五下
姪 六二五下
姸 六二五下
婥 六二六上
娷 六二六上
悬(姦) 六二六上
戛 六三〇上
戟 六三〇下
戜 六三〇下
域(或) 六三一上
戚 六三一下
羛(義) 六三二上
爽(瑟) 六三四上
望 六三四下
區 六三五上
匿 六三五上
匬 六三六下
弴 六三九下
弲(弭) 六四〇上
張 六四〇下
弸 六四〇下
紙 十三上 六四四上
給 六四五下
紹 六四六上
細 六四六下
紾 六四七上
絅 六四七下
終 六四七下
紬 六四八下
絀 六五〇上
紫 六五一上
紺 六五一上
紭(紘) 六五二下
紻 六五三上
紳 六五三上
組 六五三下
紴 六五五上
絾 六五五上
絘 六五六上
紩 六五六上
絈 六五六上
絇 六五七下
綖 六五八上
絆 六五八下
紲 六五八下
紨 六六〇上
紵 六六〇下
絫 六六一下
紼 六六二上
率 六六三上
蛁 六六四上
蛐 六六五上
強 六六五下
蛄 六六六上
蚳 六六六下
蛅 六六七上
蛤 六六八下
蚼 六七三上
蚺(虹) 六七三下
蛇(它) 十三下 六七八下
埴 六八三下
基 六八四下
堂 六八五下
堊 六八六下
埽 六八七上
埻 六八八下
埤 六八九下
埱 六九〇上
埵 六九〇上
堅 六九〇上
培 六九〇上
埩 六九〇上
非土 六九一下
堋 六九二下
堇 六九四上
野 六九四下
畦 六九六上
時 六九七上
略 六九七上
㚊(黃) 六九八上
務 六九九下
勖 六九九下
動 七〇〇上
悥(勇) 七〇一上
卸 十四上 七〇五下
欽 七〇七下
釬 七一一下
釭 七一一下
鉈 七一三上
釣 七一三上
處(処) 七一六上
斮 七一七下
斛 七一七下
斜 七一八下
軘 七二一上
軟 七二三上
䡊 七二三下
軝 七二五上
䡅 七二六上
軜 七二六上
軖 七三〇上
斬 七三〇上
陵 一四下 七三一上
陰 七三一上
陸 七三一上
陬 七三一下
陮 七三二上
陷 七三二下
隆 七三五上
陭 七三五上
陚 七三五下
陳 七三五下
陶 七三五下
陘 七三五下
陪 七三六上
陴 七三六下
陲 七三六下
陯 七三六下
陖 七三六下
馗 七三八下
禼 七三九下
乾 七四〇下
貫 七四一上
𣧂(辜) 七四二上
着 七四五上
寅 七四五上
啎 七四六上
畣 七四八下
酣 七四八下
酌 七四九上
酖 七四九上
茜 七五〇下
覔(覆) 一三上
脡(脡) 一七上
梴(梴) 二五一上
㝵(导) 二七五下
晢(晢) 三〇三上
栥(柒) 三三二下
脈(廿) 二四八上
焜(焜) 四八四下
捼(捼) 六〇五下
堀(堀) 六八五下
徙(延) 七二上
埶(埶) 一二三下
孰(孰) 一二三下
剪(前) 一七八下
亰(亯) 二二九上
耜(枱) 二五九上
崋(崋) 四三九上
票(𤐫) 四八四下
烽(逢) 四八六下
覓(覛) 五七〇上
雪(䨮) 五七二下
聊(聊) 五九一下
豊(豆) 六三七下

【十二畫】

雱(旁) 一上 二上
祮 四下
禂(禱) 六下
祳 七下
祴 七下
祾 八下
閏 九下
琠 一〇上
琳 一三上
琮 一三上
琥 一三上
琬 一三下
琰 一三下
琫 一三下
瑑 一五下
琱 一五下
琤 一六上
琚 一六下
琟 一七上
琨 一七下
雰(氛) 二〇上
埥 二〇下
婿(壻) 二〇下
牂(莊) 一下 二二下
莛 二三下
萁 二三上
稂(蓈) 二三上
葹 二三上
造 二四上
菊 二四下

蒿 二四下 萉 二五上 萇 二六下 莫 二七上 菩 二七下 营 二七下 菌 二九上 茲 二九上 莽 二九上 荊 三一上 荃 三二下 葵(荄) 三二下 菽 三五上 菻 三五上 菀 三五下 菋 三五下 萎 三六上 菁 三六上 菡 三六下 菭 三七上 萌 三七下 萋 三八上 萃 三八上 棼 四〇上 荸 四〇上

菸 四〇下 菜 四〇下 葑 四一下 萬 四三上 菹 四三上 菰 四三上 華 四三下 萎 四四上 菲 四五下 萊 四六上 菉 四六上 落 四六上 萄 四六下 萑 四七上 菆 四七下 普 四七下 茻 四七下 莽 四八上 曾 四二上 四九上 番 五〇上 犅 五〇下 牨 五一上 犉 五一下 輩 五三下 堅 五三下

犀 五三下 喙 五四上 脗(吻) 五四上 喉 五四下 喗 五四下 啾 五四下 喤 五四下 喑 五五上 喘 五六上 喟 五六上 啞 五八上 啻 五八下 啺(唐) 五八下 舄 五八下 喝 六〇下 喈 六一下 喔 六一下 喁 六二上 單 六二上 喌 六二上 喪 六二上 超 六二下 越 六四上 趁 六四上 趚 六四上

趀 六五上 趆 六五上 趉 六五下 趄 六六上 赾 六六上 党 六七下 叔 六八上 埽(歸) 六八上 登 六八上 啙 六八下 紫 六九上 偉(韙) 六二下 六九下 進 七一上 遣 七一上 逮 七二下 遝 七二下 逶 七三上 逯 七三下 逭 七四上 逋(遂) 七四上 迺 七四下 逷(逖) 七五上 違 七五上 𩠐(道) 七五下 復 七六上

徐 七六上 𨑃(往) 七六上 循 七六上 徥 七六下 徧 七七上 徦 七七上 徸 七七上 馭(御) 七七下 街 七八上 衕 七八上 猗 八〇下 跖 八一上 跋 八一下 跳 八三上 跇 八三上 跛 八三下 跌 八三下 跔 八四上 距 八四上 阺 八五上 噐(作篆) 八五上 𠱠 八三上 八六下 卻(谷) 八七下 [illegible] 八七下 矞 八八上

博 八九上 啇 九一上 訣 九一上 詖 九一上 𧧷(謀) 九一下 詁 九二下 証 九三上 詠 九五上 評 九五上 訹 九六上 詑 九六上 詒 九六下 詛 九七上 䛻 九七上 詍 九七下 訾 九八上 詾(訩) 九八上 詄 九八下 詐 九九下 訶 一〇〇上 訢 一〇〇上 詘 一〇〇下 詉 一〇〇下 詷 一〇〇下 詆 一〇〇下

診 一〇一上 詢(詬) 一〇一下 善(譱) 一〇二上 童 一〇二下 業 一〇三下 算(弇) 一〇四上 異 一〇五上 靳 一〇三下 一〇七上 靬 一〇九下 飦(鬻) 一一三上 爲 一一三上 舀(爲) 一一三下 [illegible] 一一三下 帬(尹) 一一五下 㱿 一一六上 習(友) 一一六下 敔 一一七上 肅(肅) 一一七上 筆 一一七下 畫 一一七下 書(書) 一一七下 [illegible] 一一八下 毅 一一九下 殺 一二〇上 毀 一二〇上

絓 一二〇下 敟 一二一上 敞 一二一下 敊 一二五上 敦 一二五上 斂 一二五上 敜 一二五下 敆 一二六上 敡 一二六上 鈘 一二六下 𢾊 一二六下 敗 一二六下 甯 一二八下 楙 一二八下 夏 一二四上 一二九下 映 一三〇上 睅 一三〇上 睍 一三〇下 晚 一三一上 睭 一三二上 睎 一三二下 睇 一三二下 眼 一三四下 眥 一三四下 睉 一三五下

皕 一三七下 羿 一三九上 翕 一三九上 翔 一四〇上 雅 一四一上 旌 一四一下 焳 一四一下 雂 一四三上 雁 一四三上 雇 一四三 雃 一四三下 雄 一四三下 雈 一四四上 䍬 一四五下 羠 一四六上 集(雧) 一四八上 舄 一五七上 幾 一五四下 一五九上 惠 一五九上 舒 一六〇上 [illegible] 一六〇下 [illegible] 一六〇下 敢(叡) 一六一上 𣪊(叙) 一六一上 㱥 一六一下

殙 一六一下 𣧈(殉) 一六一下 殚 一六一下 殛 一六二下 殏 一六三上 殘 一六三下 殖 一六四上 殑 一六四上 欶 一六四下 腎 一六八上 脾 一六八下 脽 一七〇上 腓 一七〇下 腄 一七一下 隋 一七二下 腆 一七三上 䐆(腆) 一七三上 脼 一七四上 腒 一七四下 腤 一七五上 胾 一七六上 腌 一七六下 腏 一七六下 䐄 一七七上 筋 一七八上

䂊(剹) 一七八上
剅 一七八下
萷 一七八下
割 一八〇下
剩 一八二上
創(刅) 一八三上
耟 一八四上
奧(衡) 一八六上
觜 一八六下
舡 一八六下
觚 一八七下
舿 一八八上
筍 五上 一八九下
等 一九一上
笄 一九一上
筐 一九一下
篖(籃) 一九三上
答 一九三上
筆 一九三下
筊 一九四下
策 一九六上
筙 一九六上
筞 一九六下
筒 一九七上
琯(管) 一九七下

筑 一九八上
巽(巺) 二〇〇上
奠 二〇〇下
琹 二〇二下
朁 二〇三上
喜 二〇五上
尌 二〇五上
彭 二〇五下
登 二〇七下
虖(虐) 二〇九下
虓 二一〇下
虒 二一一上
盛 二一一下
粢(餈) 五下 二一九上
畬 二二〇上
湌(餐) 二二〇下
鉤 二二六上
躰 二二六上
短 二二七上
高 二二七下
就 二二九上
覃 二二九下
畐(畐) 二三〇下
舜 二三四上
喋(諜) 二三五下

棄 二三七下
棃 六上 二三八下
棠 二四〇上
棆 二四〇下
格 二四〇下
椆 二四一上
棳 二四一上
棪 二四一上
椋 二四一上
栟 二四一下
椅 二四一下
棫 二四三上
椐 二四三上
棣 二四五下
棸 二四九上
棺 二五一上
棟 二五三下
植 二五五下
椑 二六一下
棨 二六二上
棚 二六二下
棧 二六二下
棖 二六三上
棓 二六三下
椎 二六三下

棅(柄) 二六三下
棊 二六四下
椄 二六四下
椌 二六五上
栥 二六六上
棡 二六七上
漆(粱) 二六七下
椽 二六八下
棱 二六八下
棆(櫶) 二六九上
椒 二六九下
栖(標) 二七〇上
棺 二七〇下
椁 二七〇下
棐 二七一上
棽 二七一下
棼 二七二上
森 二七三上
賁 六下 二七三下
貀 二七四上
華 二七五上
椒 二七五上
圍 二七八下
賀 二八〇上
貸 二八〇上

賕 二八〇下
貯 二八一上
貳 二八一上
貰 二八一下
貿 二八一下
費 二八一下
買 二八二上
貴 二八二上
貶 二八二上
貾 二八二下
貲 二八二下
都 二八三下
郪 二八四下
郿 二八六上
鄆 二八八上
鄎 二八九上
郲 二八九上
鄃 二九〇上
郯 二九〇下
鄍 二九一下
郹 二九二上
鄂 二九三上
鄄 二九五上
鄀 二九五下
啓 七上 三〇四上

暘 三〇四上
景 三〇四上
暑 三〇五上
晻 三〇五下
晫 三〇六下
腊(昔) 三〇七下
普 三〇八上
朝 三〇八下
旐 三〇九上
游 三一一上
晶 三一三下
覇(霸) 三一三下
期 三一四上
盟 三一四下
虜 三一六下
棗 三一八上
棘 三一八上
稀 三二一下
稂(稷) 三二三上
稌 三二二下
稉(秔) 三二三上
稃 三二四下
程 三二六上
稍 三二六上
稅 三[illegible]下

稍 三二七上
程 三二七下
黍 三二九下
臬 三三三上
酋 三三四下
械 七下 三三六上
冢(家) 三三八上
寓(宇) 三三八下
寏 三三八下
寍 三三九上
寔 三三九上
㝞 三三九下
富 三三九下
寑 三四〇下
惌(宛) 三四一上
寓 三四一下
庽(寓) 三四一下
寒 三四一下
寏 三四四下
窒 三四五上
帘 三四五下
窖 三四五下
窘 三四六上
麻 三四七下
病 三四八上

痛 三四八上
痛 三四八下
痒 三四九上
痟 三四九上
痤 三五〇上
痙 三五一下
痰 三五一下
痞 三五一下
痏 三五二上
痥 三五二下
詑 三五三下
最 三五四下
冐 三五五上
罦(罨) 三五六上
罟 三五六上
詈 三五六下
幅 三五八上
幝 三五八下
㡏 三五九上
崳 三五九上
剳 三六〇上
幃 三六〇下
嵋 三六一上
豨 三六二上
敞 三六四上

黹 三六四上
傑 八上 三六六下
㑺(倓) 三六七下
傛 三六七下
傀 三六八上
偏 三七〇上
傅 三七二下
傆 三七四上
傍 三七五上
傜 三七九下
傞 三八〇下
傸 三八〇下
扆 三八七上
量 三八八上
裁 三八八下
裖(袗) 三八九下
裕 三九五下
裂 三九五下
補 三九六上
裎 三九六上
裋 三九六下
裞 三九七下
䘸 三九七下
毳 三九九下
屆 四〇〇下

屠 四〇〇下
屟 四〇〇下
兟 八下 四〇七上
視 四〇七下
覞 四〇八上
覘 四〇八下
覛 四〇九上
覕 四一〇上
覗 四一〇上
欽 四一〇下
㰲 四一〇下
款 四一一上
欻 四一一下
欿 四一三上
欲 四一三下
欺 四一四上
㯑(次) 四一四上
盜 四一四下
𣨛 四一五上
頊 九上 四一六上
𩑧(頂) 四一六下
項 四一七上
順 四一八下
頌 四二一上
須 四二四上

斐 四二五上
詞 四二九下
卿 四三三上
蒟(苟) 四三四下
嵎 九下 四三八上
嵏 四三八下
崵 四三九上
嵒 四四〇下
嵍 四四一上
庾 四四四上
廁 四四四上
庿(廟) 四四六上
廅 四四六上
厥 四四七上
麻 四四七上
堝 四四八下
硞 四五〇下
硧 四五一下
硪 四五一下
硜(磬) 四五二上
硯 四五三上
跌 四五三下
豠 四五五下
毳 四五六下
貀 四五八上
貥 四五八下
貂 四五八下
舄 四五八下
象 四五九下
𧰼(豫) 四五九下
影(馬) 十上 四六〇下
馵 四六一上
馮 四六六上
逸 四七二下
萈 四七三上
獀 四七三上
猲 四七三下
猜 四七四上
猩 四七四上
猥 四七四上
㺃 四七五下
猭(獯) 四七六上
猶 四七七上
猴 四七七下
猵 四七八上
猋 四七八上
尞 四八〇下
然 四八〇下
閑 四八一上
焥 四八二上
焠 四八四上
焚 四八四上
焦(㸈) 四八四下
焑(煙) 四八四下
焞 四八五上
焯 四八五上
焜 四八五下
粦 四八七下
黑 四八七下
焱 十下 四九〇下
喬 四九四下
絞 四九五上
壺 四九五下
壼 四九五下
壹 四九六上
報 四九六下
奢 四九七上
㚬 四九八上
奡(奏) 四九八上
冥 四九八下
竦 五〇〇上
竢 五〇〇下
竣 五〇〇下
悳 五〇二下
愈(悳) 五〇二下
憧 五〇三上
惲 五〇三上
愊 五〇三下
愃 五〇四下
惨 五〇五下
𢚩 五〇五下
惰 五〇六上
惵 五〇六下
愐 五〇六下
惆 五〇七下
惄 五〇七下
惱 五〇七下
愒 五〇七下
愜 五〇八上
慈 五〇八下
愞 五〇八下
愉 五〇九上
能(態) 五〇九下
惰(惰) 五一〇上
婧(惰) 五一〇上
惕 五一〇上
惑 五一一上
惡 五一一下
愃 五一二上
悶 五一二上
悲 五一三下
惻 五一三下
悠 五一三下
惫 五一三上
惴 五一三上
惶 五一四下
惎 五一五上
惢 五一五下
湔 十一上一 五一九上
渭 五二一下
湟 五二三上
湞 五二九上
湘 五三〇上
渮 五三六下
湡 五四〇上
渚 五四〇下
湳 五四三下
渙 十一上二 五四七上
湝 五四七上
湋 五四九下
測 五四九下
湍 五四九下
湁 五四九下
渾 五五〇上
湜 五五〇上
渻 五五一下
湙 五五三下
湖 五五四上
渠 五五四下
湄 五五四下
渡 五五六上
湊 五五六下
湛 五五六下
湮 五五七上
湨 五五七上
渰 五五七上
湒 五五七下
湶 五五八上
渥 五五八下
渴 五五九下
湆 五六〇上
湫 五六〇上
湯 五六一上
湏 五六一上
湲 五六一下
滑 五六二下
湎 五六二下
豚 五六二下
渳 五六三下
渫 五六四上
湩 五六五下
湅 五六六上
渝 五六六上
減 五六六上
萍 五六七上
衄 十一下 五七〇上
衇(衈) 五七〇上
容 五七〇下
朕 五七一上
滄 五七一上
涵 五七一上
溧 五七一下
雲 五七五上
乩(乙) 十二上 五八四上
珏 五八五上
棲(西) 五八五下
聖 五八五下
扉 五八六下
閎 五八七下
閅 五八八上
閟(闢) 五八八下
開 五八八下
閒 五八九下
閑 五八九下
閔 五九一上
聒 五九二上
聑 五九三上
掌 五九三下
揖 五九四下
揲 五九六下
握 五九七下
提 五九八上
揗 五九八下
掾 五九八下
插 五九九上
揃 五九九下
揤 五九九下
棨(㮚) 六〇〇上
揜 六〇〇下
揣 六〇一上
揞 六〇三上
掔 六〇三上
揚 六〇三上
揭 六〇三上
揳 六〇四上
揄 六〇四下
揆 六〇四下
摳 六〇五上
援 六〇五下
揠 六〇五下
揻 六〇六上
揮 六〇六上
揟 六〇七下
掇 六〇八上
揉 六〇九上
揙 六一〇上
捘 六一一上
換 六一一上
媒 十二下 六一三下
媦 六一五下
嫂 六一五下
媊 六一六下
媧 六一七上
媚 六一七下
媄 六一八上
媌 六一八下
媞 六二〇上
婺 六二〇上
婹 六二〇上
媅 六二〇下
婨 六二〇下
媣 六二〇下
媛 六二三上
媟 六二三下
媢 六二三下
媮 六二三上
娋 六二三上
媎 六二三上
媁 六二四上
媥 六二四上
媐 六二四上
敜 六二五上
媆 六二五下
媸 六二六上
戠 六三二上
琴 六三三下
筐(匡) 六三六上
匽 六三六下
發 六四一下
弼 六四二上
綂 十三上 六四四上
絓 六四四上
絾 六四四下
絭(紝) 六四四下
統 六四五上
絕 六四五下
結 六四七上
絲 六四七下
給 六四七下

絩 六四八上　絇 六四九上　絑 六四九下　絑 六五〇上　綘 六五〇上　絙 六五四下　絝 六五四下　絬 六五六下　絭 六五七下　絥 六五八上　絼(縻) 六五八下　絠 六五九上　絮 六五九上　絡 六五九下　絖(纊) 六五九下　絘 六六〇上　絟 六六〇下　絰 六六一上　絜 六六一下　絲 六六三上　蛔(蠁) 六六四上　蛸 六六四上　蛭 六六五上　蛣 六六五上　畫 六六五上

蚼(蜩) 六六八上　蛚 六六八下　蛬 六六九下　蛘 六六九下　蛟 六七〇上　畣 六七〇下　蛫 六七二上　蛦 六七二下　蜬 六七二下　蛩 六七三上　䖵 十三下 六七四下　蜂(蠭) 六七六下　䵹(鼅) 六七八下　蛛(鼄) 六八〇上　堣 六八二下　壸 六八四上　堳 六八四上　堫 六八四上　堵 六八五上　堨 六八五下　堪 六八五下　堤 六八七下　堲(垐) 六八九下　堋 六九〇下　場 六九三上

堯 六九四上　畬 六九五下　畮 六九五下　畯 六九七下　畱 六九七下　黃 六九八上　甥 六九八下　勛(勳) 六九九上　勝 七〇〇上　勞 七〇〇上　釰 十四上 七〇二上　鈕 七〇六上　鈂 七〇六下　鈐 七〇七上　厥(鋭) 七〇七下　釣 七〇八下　鈀 七〇八下　鈁 七〇九下　鈃 七一〇下　鈒 七一〇下　鈗 七一〇下　鈇 七一三上　鈔 七一四上　鈌 七一四上　鈚 七一四下

鈍 七一四下　釿 七一七上　斯 七一七上　斮 七一七上　斝 七一七下　稂 七一九下　軺 七二二上　軨 七二三上　軫 七二三下　軸 七二四上　軹 七二五上　軛 七二六上　軥 七二六上　軷 七二七上　報 七二八上　軼 七二八下　軻 七二九上　軵 七二九上　梘(輗) 七二九下　軝 七二九下　陽 十四下 七三一上　隅 七三二下　隊 七三二下　隍 七三三上　隄 七三三下

隈 七三四下　隃 七三五上　隕 七三五下　陼 七三五下　階 七三六上　隊 七三六下　陜 七三六下　隉 七三六下　緣 七三七上　逵(馗) 七三八下　禽 七三九上　禼(离) 七三九下　祀 七四一下　幸 七四一下　辝(辤) 七四二上　孱 七四四上　疏 七四四下　畚 七四七下　酤 七四八上　酣 七四九上　䣗(醵) 七五〇上　酌 七五〇上　酢 七五一上　瘖(醫) 七五一上　𢍜 七五二上

尊(尊) 七五二上　祩(袾) 八下　肄(肆) 一二七上　巽(巽) 二〇〇上　胤(胤) 二一七下　臺(臺) 四〇一上　晛(晛) 四〇九上　碫(碫) 四五〇下　晢(晳) 四五三上　硟(硟) 四五三上　欿(欿) 四五八下　影(影) 四六〇下　像(像) 五二一下　湏(頮) 五六四上　閒(閑) 五八九下　菱(蔆) 三一下　啼(嗁) 六一上　粥(鬻) 一三上　尋(㝷) 一三下　智(𣉻) 一三七上　無(𣞤) 二七下　又(𣞤) 六三四下　隆(隆) 二七四上　鄉(鄉) 三〇一上　粟(㮚) 三一七下

湧(涌) 五四九下　【十三畫】　祿 一上 三上　祺 三上　祼 六上　禂 七下　𥙆 八下　禁 九上　瑜 一〇下　𤦺 一〇下　瑓 一一上　瑛 一一上　瑗 一二上　瑒 一二下　瑁 一三上　瑞 一三上　瑑 一四下　瑕 一五下　瑝 一六上　瑀 一六上　瑂 一七上　瑎 一七下　瑚 一九上　琹 一下 二三下

葷 二四下　萱(藼) 二五上　葼 二五上　葰 二五下　萹 二六上　蒾 二六上　葥 二六下　䔡 二七上　萬 二七上　萯 二九上　葍 二九下　募 二九下　葳 三〇上　葝 三〇上　葥 三〇下　葎 三一下　葑 三三上　菽 三五上　葛 三五下　蒋(箸) 三六上　萋 三六下　萸 三六下　葚 三六下　英 三七上　葉 三七下

葩 三七下　萲 三八上　荻 三九下　蒧 四〇上　落 四〇上　葘 四一下　葺 四二下　葢 四二下　葐(菧) 四三上　葟 四三下　菡 四四下　葠 四四下　葦 四五下　葭 四六上　蒈 四六下　葆 四七上　蓱 四七上　詹 二上 四九上　嗌 五四下　菻(嗌) 五四下　嗛 五五上　嗊 五五下　嗔 五八上　喀 五八上　嗢 五九上

嗜 五九上　嗑 五九下　嗙 五九下　韽(吟) 六〇下　嗞 六〇下　嗁 六一上　嗀 六二上　嘄 六二下　獋(嗥) 六二下　䞘 六四下　趙 六四下　䞯 六五上　趍 六五上　趑 六五下　趚 六六上　趌 六六上　趄 六六下　趒 六七上　踵 六七下　歲 六八下　䞭 二下 六九下　過 七一上　艁(造) 七一上　逾 七一上　遚 七一下

遇 七一下
遻 七二下
屎(辵) 七三上
運 七三上
遁 七三上
遴(送) 七三下
違 七三上
達 七三上
遂 七四上
遒(迺) 七四上
過 七四下
遝 七四下
迦 七四下
建 七五上
道 七五下
微 七六下
徬 七六下
徯 七六下
衙 七八上
衕 七八上
稱 八一上
跟 八一上
跪 八一上
跧 八二上
跨 八二上

跳 八三上
跆 八三上
跣 八四上
跰 八四下
路 八四下
桌 八五上
嗣 八六上
啇(商) 三上 八八上
鉤 八八上
詵 九〇上
詩 九〇下
詻 九一下
詳 九二上
詧 九二上
敱(詣) 九二下
試 九三上
詮 九三下
詥 九三下
話 九三下
詡 九四上
詷 九四下
詣 九五下
詶 九七上
該 九七上
註 九七下

詯 九七下
詽 九八上
誂 九八下
誇 九八下
誏 九八下
詵 九九上
詾 一〇〇上
說(詾) 一〇〇上
誯 一〇〇上
誎 一〇〇下
詰 一〇〇下
詭 一〇〇下
誅 一〇一上
詸 一〇一下
詬 一〇二下
該 一〇二下
業 一〇三上
叜 一〇五下
革(革) 三下 一〇七上
靸 一〇八上
靹 一〇八上
靶 一〇九上
靳 一〇九下
靮 一〇九下
靲 一一〇上

䚩 一一一下
賫(鬻) 一一三上
叡 一一五下
㪿 一一五下
肆 一一七上
肅 一一七上
劃(畫) 一一七下
殿 一一九下
殺(殺) 一二〇下
殺(殺) 一二〇下
殼 一二一上
敦 一二五上
敫 一二五上
鼓 一二五下
爽(爽) 一二九上
昔 四上 一三〇上
瞖 一三〇上
睔 一三〇下
睒 一三一上
睌 一三一下
睘 一三一下
睟 一三二上
睢 一三一下
睦 一三一下
晵 一三三上

睗 一三三上
督 一三三下
睡 一三四上
睐 一三四下
睬 一三四下
睸 一三六上
睍 一三六上
翌 一三九下
雉 一四一下
雊 一四二上
雎 一四二下
雒 一四三上
雌 一四三下
翟 一四四上
隽 一四四上
莫 一四五上
羥 一四六上
羣 一四六下
鳩 一四九上
鳸(鳥) 一五七上
棄(弃) 四下 一五八下
敫 一六〇上
骭 一六六上
歃 一六七上
腜 一六七下

腸 一六八下
腹 一七〇上
腴 一七〇上
腳 一七〇下
腨 一七〇下
腤 一七一上
腫 一七二上
腬 一七二下
腯 一七三上
曾 一七三下
腝 一七五上
腥 一七五下
腜 一七六下
脈(肰) 一七七上
羸 一七七上
腱(笏) 一七八上
筋 一七八上
剮(刻) 一七九下
務 一八〇下
剽 一八一上
剹 一八一下
劊 一八二下
勑 一八四下
脅 一八五上
劇 一八五上

觤 一八六上
觟 一八六上
觡 一八六下
解 一八六下
觥(觵) 一八七上
觛 一八七下
筱 五上 一八九上
筡 一八九下
筮 一九一上
筳 一九一下
筦 一九一下
筝 一九一下
筵 一九二上
筥 一九二下
筤 一九三上
筩 一九三下
匴(簋) 一九四上
筲 一九四上
筰 一九五上
鼔(籥) 一九八下
筭 一九八下
猷 二〇二上
卤(卤) 二〇三下
粤(㚴) 二〇四上
號 二〇四下

粵 二〇四下
歖(喜) 二〇五上
鼓 二〇六上
愷 二〇七上
五〇二下
登 二〇七下
豊 二〇八上
虘 二〇八下
虞 二〇九上
虡(虞) 二一〇上
虒 二一〇下
䖑 二一三下
飪 五下 二一八下
飯 二二〇上
餌 二二〇上
僉 二二一下
會 二二三上
瓶(缾) 二二五上
稟 二三〇下
亶 二三〇下
嗇 二三〇下
愛 二三三上
㚔 二三四上
堇(䩏) 二三四下
莫(韋) 二三四下

擊(鬱) 二三六上
六〇二上
楳(梅) 六上 二三九下
楸 二三九下
楷 二三九下
楻 二四〇上
楢 二四〇下
楈 二四〇下
楑 二四〇下
楀 二四一下
櫻 二四一下
楸 二四二上
椽 二四三下
椵 二四四上
楛 二四四上
榭 二四四下
楊 二四五上
楓 二四五下
楮 二四六上
榆 二四七上
楝 二四八上
𣓨(本) 二四八下
梟 二五一下
楨 二五二上
極 二五三下

楹 二五三下
榕 二五四上
椽 二五五上
楣 二五五上
楯 二五六上
椴 二五六上
楨 二五六上
楠 二五六下
楗 二五六下
楔 二五七上
楃 二五七下
椷 二五八上
鉛(枱) 二五九上
楎 二五九上
楢 二六〇下
椷 二六一上
榎 二六二下
椶 二六二下
楀 二六三上
粱 二六六上
椆 二六六下
椶 二六七下
楫 二六七下
楄 二六九下
楅 二六九下

椸二七〇上　楬二七〇下　楚二七一下　楙二七一下　桼(師)六下 二七三上　筭二七四下　棄二七六下　圓二七七上　嗇二七七下　園二七八上　賄二七九下　資二七九下　賁二七九下　賂二八〇下　賈二八一下　賃二八二下　鄏二八七下　鄍二八九上　鄐二八九上　鄌二八九上　鄔二八九下　鄗二九〇上　鄎二九一下　鄓二九二上　鄖二九三下

鄢二九四上　鄠二九五上　鄉二九六上　戡二九九下　鄀三〇〇上　睹七上 三〇二下　暘三〇三下　暈三〇四下　暆三〇四下　暗三〇五下　暇三〇六上　暍三〇六下　暑三〇六下　旒三一一上　盟(盟)三一五上　稟三一七下　腷三一八上　牒三一八下　牑三一八下　牏三一八下　鼎三一九上　稙三二二上　稑三二二上　稠三二二下　稗三二三下

稤三二三下　稛三二五下　稞三二五下　稔三二六下　稘三二八下　粱三三〇下　粲三三一上　奧七下 三三八上　詠(宋)三三九下　寚(寶)三四〇上　寑(寖)三四〇下　寘三四一下　窠三四五上　窞三四五下　窡三四五下　窣三四六上　瘥三四九上　瘀三四九下　瘁三四九下　痱三四九下　痳三五〇下　痿三五〇下　痹三五〇下　瘃三五一上　瘍三五一下

瘤三五二下　絻(冕)三五四上　罨三五五上　罩三五五下　罪三五五下　罧三五六上　罬三五六上　置三五六下　幋三五七下　裛(幂)三五八下　幎三五八下　嵰三五九上　幏三六〇下　幐三六一上　幏三六二上　晳三六二下　傲八上 三六九下　傪三六九下　傭三七〇下　傯三七〇下　備三七一下　傾三七三上　僅三七四下　傳三七七上　僝三七七下

僞三七八上　僄三七九下　僖三八〇上　嫉(疾)三八〇下　傷三八一上　催三八一上　傴三八二上　傅三八二上　僇三八二下　僧三八三上　僊三八三下　教(徵)三八七下　裏三九〇上　裺三九〇下　裎三九〇下　裣三九一下　裯三九一下　裾三九二下　裔三九四上　褌三九五上　裸(贏)三九六上　裼三九六上　裝三九六下　裛三九六下　裘三九八上

覜八下 四〇九下　歇四一〇下　款(款)四一一上　歂四一一下　歈四一二下　歃四一三上　歁四一三上　歆四一四上　㱃(歛)四一四上　羨四一四上　猧四一四下　頌九上 四一六上　煩四一七上　碩四一七上　預四一七下　頒四一七下　頎四一八上　頏四一八上　頖四一八下　頍四一八下　項四一九上　頓四一九上　頄四二一上　煩四二一下　剸(斷)四二三下

頒(髮)四二五下　髡(髠)四二七上　髢四二八下　卻四三一上　辟四三二下　敬四三四下　鬽四三五下　嵬四三七上　嵕九下 四四〇上　嵯四四一上　嵞四四一下　嵟四四二上　廌四四二上　廉四四四下　碑四五〇上　碌四五〇下　碞四五一上　䂮四五二上　碎四五二上　碓四五二下　碏四五三下　豻四五五上　貇四五五下　豢四五五下　虡四五六上

彙四五六下　豚四五七上　貈四五八上　貆四五八上　貉四五八下　馰十上 四六二下　馵四六二下　馳四六七上　馴四六七上　馮四六七下　鳫四六九下　麀四七〇上　麂(麐)四七一上　鼂四七二下　獫四七四上　獄四七八上　鼠四七八下　煦四八一上　煨四八二上　煁四八二上　煎四八二下　煬四八三上　煉四八三下　煣四八四上　煙四八四下

照四八五上　煒四八五上　煜四八五上　煇四八五下　煌四八五下　煖四八六上　煩四八六上　熙四八六下　煔四八七上　熱十下 四九一下　熻四九五上　燋四九五上　睪四九六上　頏(亢)四九七下　竦五〇〇上　竨五〇〇上　竫五〇〇上　靖五〇〇上　䇯五〇〇下　䇭五〇〇下　䇫五〇〇下　意五〇二上　慎五〇二下　愷五〇二下　二〇七上

愿五〇二下　㥲五〇四上　想五〇五下　愭五〇五下　愙五〇五下　愯五〇六上　慆五〇七上　愚五〇九下　愆五一〇下　慊五一一上　惷五一一上　㥏(悁)五一一下　慍五一一下　㥟五一一下　愾五一二上　愴五一二下　愍五一二下　慅五一三上　感五一三上　愼五一三上　愁五一三下　愵五一三下　悳五一四上　惡五一五上　溫十一上一 五一九上

滇 五二〇上　溺 五二〇下　溠 五二八下　溙 五二九上　溧 五三一下　滍 五三二下　湞 五三三上　寖 五四〇上　滮 五四〇下　溳 五四四上　溥 十一上二 五四六上　滔 五四六下　滂 五四七下　溶 五五〇上　溷 五五〇下　滑 五五一上　溽 五五三上　滋 五五三上　溝 五五四上　湛(湛) 五五七上　滃 五五七上　溟 五五七下　滈 五五八上　溦 五五八上　涵 五五八下

滜 五五八下　漼 五五八下　溓 五五九上　溼 五五九下　準 五六〇上　滓 五六二上　滒 五六三上　溢 五六三上　滄 五六三下　塗 五六四下　六八六下　減 五六六上　覛 十一下 五七〇上　脈(覛) 五七〇上　渾 五七一下　電 五七二上　雷(靁) 五七二上　雹 五七二下　零 五七二下　雺(霚) 五七四上　魟 五八一下　犖 五八三上　開 十二上 五八八上　閱(開) 五八八下　問 五八八下

閒 五八八下　閔 五八八下　閑(閒) 五八九下　聊 五九一下　聖 五九二上　聘 五九二上　傜 五九二上　搫 五九四上　擧 五九四上　搯 五九五下　搏 五九七上　搨 五九七下　搤 五九九上　搣 五九九下　搔 六〇一下　搳 六〇二上　挈 六〇二上　搖 六〇二下　搭 六〇二下　敭(揚) 六〇三上　損 六〇四下　搜 六〇五下　搦 六〇六上　搥 六〇六下　揖 六〇六下

掴 六〇七下　搰 六〇七下　搉 六〇九上　搵 六一〇上　搒 六一〇上　嫁 十二下 六一二下　媲 六一四上　嫋 六一四下　媼 六一五上　媾 六一六上　嫉 六一六下　嫄 六一七上　嫆 六一八上　媧 六一九上　嫇 六一九上　嫣 六一九上　媿 六二〇下　媻 六二一下　嫈 六二二上　嫌 六二二上　嫛 六二三下　媸 六二四上　媿 六二六上　愧(媿) 六二六上　殘 六三〇上

賊 六三〇下　戡 六三一上　戢 六三二上　義 六三三上　瑟 六三四上　稟(直) 六三四上　匯 六三七上　罝 六三七下　畬 六三七下　嘗 六三八下　甁 六三九上　瓿 六三九上　甄 六三九下　號(弛) 六四一上　彀 六四一上　覜(靦) 十三上 六四三下　綃 六四三下　經 六四四上　絜(紹) 六四六上　綎(緼) 六四六上　綠 六四七下　綷(繒) 六四八上　綈 六四八下　絹 六四九下　綖 六五四下

絛 六五五上　綅 六五五下　絭 六五七上　綊 六五八上　綵 六五八上　綆 六五九上　絺 六六〇上　綌 六六〇上　綏 六六二上　豹 六六二下　蛹 六六四上　蜓 六六四下　蛵 六六五上　截 六六五上　蜀 六六五下　蛾 六六六上　蜋 六六六下　蛸 六六六下　蜆 六六七上　蛺 六六七下　蜉 六六九上　蜺 六六九下　蜃 六七〇下　蜎 六七一下　蛾(蛾) 十三下 六七四下

夆(蠭) 六七五上　蛋(蚤) 六七六上　蜉(蠹) 六七六上　颮 六七八上　黽 六七九上　塙 六八三下　垟 六八三下　塊(凷) 六八四上　塍 六八四上　塗 六八六下　五六四下　填 六八七下　塒 六八八下　渚(坻) 六八九上　塞 六八九下　塈(墍) 六九一上　塏 六九一上　毀 六九一下　坯(壞) 六九一下　塋 六九二下　畸 六九五下　畹 六九六下　畷 六九六下　當 六九七上　畺 六九八上

舅 六九八下　甥 六九九下　勦 七〇〇上　運(動) 七〇〇上　勡 七〇〇下　勤 七〇〇下　勢 七〇一上　勛 七〇一上　飭 七〇一上　募 七〇一上　鉛 十四上 七〇二上　鉉 七〇四下　鉥 七〇六上　鈹 七〇六上　鋆 七〇六上　鉏 七〇六下　鉊 七〇七上　鈷 七〇七上　鉗 七〇七下　鈴 七〇八下　鉦 七〇八下　鉈 七一一上　鉞 七一二下　鉣 七一三上　鉅 七一四下

鉢 七一五上　鉊(斷) 七一七下　新 七一七下　斞 七一八上　斟 七一八下　斛 七一九上　猎 七一九下　軾 七二三上　輅 七二三上　軧(軝) 七二五上　輈 七二五下　衙 七二七上　輂 七二七上　載 七二七上　軭 七二八下　軨 七二九上　輇 七二九上　輋 七二九下　隗 十四下 七三二上　隙 七三二上　傍(陟) 七三二下　隕 七三三上　隆 七三三上　隒 七三四下　隔 七三四下

隙 七三六上　隝 七三六下　隘(隬) 七三七上　銜 七三八上　萬 七三九下　亂 七四〇下　皐 七四二下　穀 七四三上　拏 七四三上　耆 七四四上　酮 七四八上　酬(醻) 七四九上　酨 七五一上　僞 七五一下　菸(葑) 四一下　腩(腩) 五四上　書(書) 一一七下　啟(啓) 一三六上　嵩(嵩) 一三二下　殙(殙) 一六一下　棟(欄) 二四六下　暉(暈) 三〇四下　寐(寐) 三四七下　聊(聊) 五九一下　颮(颮) 六七八上

輀(轜) 七三〇下　乾(乹) 七四〇下　董(蕫) 三二上　帶(帶) 三八下　農(農) 一〇六上　登(𤼷) 二〇八上　飫(飫) 三二上　幹(榦) 二五三上　壺(壺) 二七七下　鄉(鄉) 三〇〇下　飲(歙) 四一四上　肆(肆) 四五三上　源(灥) 五六九下　雷(靁) 五七一下　蜂(蠭) 六七五上

【十四畫】

禎 三上 一上　福 三上　禔 三上　禋 三下　禬(祡) 四上　禘 五下　祺 七上　禙 七下

禓 八下　禍 八下　瑱 一三下　瑤 一四上　瑮 一五上　瑲 一六上　瑣 一六上　堅 一七上　瑦 一七上　碧 一七下　瑤 一七下　瑰 一八下　瑴(珏) 一九下　熏 二二上 一下　菻 二三下　蔀 二三上　荳 二三下　蒩 二三下　蔽(薇) 二四上　营 二五上　蓡 二六下　蒢 二六上　蒲 二六上　蒻 二六上　蔦 二六下

蒬 三〇下　蒐 三一上　菊(蘜) 三三上　蒹 三三下　莉 三三下　菡 三四上　蓍 三四下　蓂 三五下　幕 三六上　蒟 三六下　蒝 三八上　蒧 三九上　蓁 三九下　蒼 四〇上　蒔 四〇上　蓆 四二上　蒩 四二下　莘 四三下　蔌 四四上　蒸 四四下　蘄(蕲) 四四下　蒜 四五上　萑 四五上　蒙 四六上　蓾 四六上

蒿 四七上　蓄 四七下　蓐 四七下　蓛(薅) 四七下　葬 四八上　桼 四九下 二上　牿 五一上　犖 五一上　犕 五一下　犓 五三上　啐 五五下　噓 五六上　鳴 五七下　嗤 五八上　嘌 五八上　啍 五八上　嗿 五八下　嘐 五九下　嗻 五九下　嘖 六〇上　嗸 六〇上　嘅 六〇下　嘆 六〇下　嗼 六一上　嗾 六一下

趖 六四下　趕 六五上　趙 六五下　趬 六六上　通 六七上　盄 六八上　述(述) 七一上 二下　逞 七一上　遘 七一下　遞 七一下　遜 七二上　遣 七二下　遟(遲) 七二下　逋(逋) 七四上　遠 七五上　䟘(迒) 七五下　衙 七八上　跽 八一上　跧 八二上　踊 八二上　踄 八二下　䟴 八三上　䟺 八三上　跅 八四上　踞 八六下 三上

話 八七上　𧮰 八七上　𥺉 八八下　豭 八八下　語 八九下　誦 九〇上　誨 九一上　暮(謨) 九一下　誠 九二下　誡 九二下　認 九二下　誥 九二下　誓 九二下　誎 九三上　說 九三下　誐 九四下　誧 九四下　詧 九五下　詐 九六下　誑 九六下　誣 九七上　誖 九七下　誤 九七下　誒 九七下　䛼(譀) 九八下

誕 九八下　訟(訟) 一〇〇上　愬(訴) 一〇〇上　誚(譙) 一〇〇下　誩 一〇三上　韶 一〇三下　對(對) 一〇三下　僕 一〇三下　龏 一〇三下　鼎(共) 一〇五上　與 一〇五下　晨 一〇五下　鞄 一〇七上 三下　靶 一〇七下　鞀 一〇八下　鞃 一〇八下　鞑 一〇八下　鞁 一〇九上　鞊 一一〇上　鞅 一一〇下　𩊠 一一一上　敲 一一一上　閔 一一四下　逮(及) 一一五下　緊 一一八上

臧 一一八下　穀 一一九上　殼 一一九下　殼 一二〇上　緻(殺) 一二〇下　叜 一二一上　敷 一二一上　數 一二一下　敹 一二五上　敲 一二五下　辥(敎) 一二七上　爾 一二八下　暖 一三〇上 四上　暉 一三〇上　暗 一三一下　睹 一三一上　睽 一三二上　眷 一三二下　晛 一三三上　暨 一三三上　瞂 一三五上　睃 一三五下　敝 一三六下　鼂 一三六下　鼻 一三七下

翟 一三六下　翡 一三六下　翠 一三六下　翣 一四〇下　雒 一四一上　雁 一四一下　雁 一四一下　雇 一四二上　鳴(唯) 一四三下　奪 一四四上　蒦 一四四下　羧 一四六下　鳳 一四八上　鳴 一五七上　疐 一五九上 四下　叡 一六一上　㕡 一六一上　睿(叡) 一六一下　殟 一六二上　壺(殪) 一六三上　殞 一六三上　殟 一六三下　䏶 一六四下　膏 一六九上　膀 一六九上

膂(胤) 一七一上　腝 一七一下　膍 一七三上　膐(膋) 一七四上　膜 一七四上　膊 一七四上　膃 一七五下　膓 一七六上　腸 一七六上　膗 一七六上　膜 一七七上　腐 一七七下　劃 一八〇下　剩 一八〇下　罰 一八二上　劃 一八二下　精 一八四上　䅽(耨) 一八四下　觤(觿) 一八七下　箇 一八九上 五上　箸 一八九下　箋 一九一上　箅 一九二下　箄 一九三上　箖(箎) 一九四上

箇 一九四下　箈 一九五上　箑 一九五上　箋(箋) 一九五上　箳 一九五下　箠 一九六上　箙 一九六上　管 一九七下　箏 一九八上　箛 一九八上　算 一九八下　箕 一九九上　箕(典) 二〇〇上　渠(巨) 二〇一上　覡 二〇一下　嘗 二〇二下　寧 二〇三下　嘉 二〇五下　盡 二一三下　竭 二一三下　監 二一四上　峪 二一四下　弊 二一六上 五下　餡 二一八下　飵 二二一上

餂 二二一上　飶 二二一上　飽 二二一上　餋(飽) 二二一下　䬷 二二一上　餛 二二一上　餘 二二一下　龠(侖) 二二二上　牄(倉) 二二三下　語 二二五上　餅 二二五上　鍼 二二五下　廎(高) 二二七下　麩 二二一下　對 二二一下　夐(夏) 二二三下　舞 二二四上　麩 二二四下　榟(梓) 二四二上 六上　榛 二四二下　楤 二四三上　榗 二四三下　榪 二四五下　槐 二四六上　轂 二四六上

榮 二四七上　案(松) 二四七下　榕 二四八上　槑(某) 二四八上　尌(樹) 二四八下　樓 二四九上　槇 二四九下　榣 二五〇下　槀 二五二上　槫 二五二下　榔 二五二下　榦 二五三上　構 二五三下　榰 二五四上　榱 二五五上　槐 二五五下　槏 二五五下　槍 二五六下　榯 二五八下　槃 二六〇下　榹 二六〇下　榼 二六一下　槌 二六一下　滕 二六二下　榜 二六四上

楄 二六六上　榷 二六七上　槎 二六九上　榴 二六九下　隆 二七四上 六下　積 二七五上　團 二七七上　圖 二七七上　貼 二七九上　賑 二七九下　賓 二八一上　賓(賓) 二八一上　賖 二八一上　賕 二八二下　賏 二八三上　鄙 二八四上　鄂 二八六上　鄘 二八六上　鄒 二八七下　鄔 二九〇上　鄚 二九〇下　鄉 二九二上　鄞 二九二下　鄢 二九三上　鄜 二九三下

鄞 二九四下　鄌 二九四下　鄣 二九七下　鄐 二九八下　鄏 二九九下　鄝 二九九下　鄣 三〇〇上　鄟 三〇〇下　鄙 三〇〇下　暫 三〇三上 七上　暤 三〇四下　暨 三〇五下　㬎 三〇七上　旗 三〇九上　旖 三一一上　鼂(鼂) 三一二下　甂 三一四下　夢 三一五上　夤 三一五下　夤(夤) 三一五下　募 三一六上　夥 三一六上　寥 三一六上　齊 三一七下　種 三二一上

稬 三二二下　稿 三二四上　稱 三二四上　稭 三二五下　稷 三二六下　稱 三二七上　稷 三二七下　精 三三一上　粺 三三一上　粒(粒) 三三二上　粹 三三三上　粽 三三三下　康 三三九上 七下　察 三三九下　實 三四〇上　窆(乏) 三四〇下　寡 三四一上　寠 三四一下　寢 三四二上　膂(呂) 三四三上　躳 三四三下　窨 三四三下　窬 三四五下　寤 三四七下　寣 三四八上

瘏 三四八下　瘍 三四九上　瘖 三四九上　瘕 三五〇上　瘧 三五〇下　瘺 三五一上　瘦 三五一下　瘌 三五二下　瘉 三五二下　罩(冑) 三五四上　網(网) 三五五上　署 三五六下　罯 三五六下　幣 三五七下　幘 三五八上　裳(常) 三五八下　禪(幝) 三五八下　幒 三五八下　幔 三五八下　幕 三五九上　幓 三五九上　徽 三五九下　幖 三五九下　飾 三六〇上　敱(市) 三六二下

僮 三六五上 八上　僎 三六六上　僚 三六八下　僨 三六八下　僑 三六八下　僤 三六九上　僴 三六九下　僟 三七一上　像 三七三下　像 三七五上　僖 三七六上　僘 三七七下　僭 三七八上　僞 三七九下　僐 三八〇上　儆 三八〇下　僔 三八三上　奭 三八三下　僥 三八四上　聚 三八七上　朢 三八七下　監 三八八上　褕 三八九上　複 三九〇上　褘 三九〇下

褋 三九一下　褚 三九二上　褐 三九二上　褍 三九三下　複 三九三下　褆 三九三下　裻 三九三下　裴 三九四上　褊 三九四下　裹 三九六下　褐 三九七上　褚 三九七上　製 三九七上　壽 三九八下　毽 三九九上　乾 三九九上　膗(屍) 四〇〇上　艒 四〇四上 八下　貌(皃) 四〇六上　覡 四一〇上　歊 四一〇下　歌 四一一下　歍 四一一下　歐 四一二下　歆 四一二下

歙 四一二上　歊 四一二下　歀 四一三上　歈 四一三上　領 四一七上 九上　碩 四一七下　彭 四一九上　頓 四二〇上　頗 四二二上　醧(醜) 四二三下　彰 四二四下　髦 四二六上　髤 四二七下　髡(髡) 四二九上　齝 四三〇上　艴 四三三上　匓 四三三下　復 四三三下　魄(鬼) 四三五上　魂 四三五上　魅 四三五下　魄 四三六上　誘(羑) 四三六下　鼻 四三八上 九下　嗸 四三九下

廞 四四四下
廔 四四五下
廑 四四六上
厫 四四六下
厬 四四六下
廙 四四七上
厭 四四八上
碭 四四九上
碝 四四九上
碣 四四九下
碫 四四九下
碌 四五〇上
碞 四五一下
豧 四五五下
豨 四五五下
豩 四五六上
豪(𧰽) 四五六下
豲(𧲞) 四五六下
貍 四五八上
駁 十上 四六二下
駁 四六四上
駊 四六四上
駉 四六四下
馺 四六六上
駖 四六七下
駟 四六八下
駃 四六九上
豂 四七四上
貚 四七四上
殼 四七七下
獌 四七七下
獄 四七八上
熊 四七九下
熇 四八一下
熄 四八二上
熣 四八三上
熑 四八四上
熅 四八四下
煙 四八七上
黕(黥) 四八九下
熒 十下 四九〇下
𤋁(炙) 四九一上
赬 四九一下
赫 四九二上
戴 四九三上
端 五〇〇上
竭 五〇〇下
普(𣈆) 五〇一上
膟(囟) 五〇一上
愨 五〇二下
慨 五〇三上
愿 五〇三下
慈 五〇四上
慭 五〇四下
愻 五〇四下
惷(篆作𢡱) 五〇五上
憀 五〇五下
愳(懼) 五〇六上
慒 五〇六上
慔 五〇六下
慓 五〇八下
態 五〇九下
慢 五〇九下
慲 五一〇上
寋(愆) 五一一上
慘 五一三下
慇 五一二下
愓 五一三下
慁 五一三下
慽 五一四上
慴 五一四下
慵 五一五上
漾 十一上一 五二一下
漢 五二三下
㵄(漢) 五二三下
漆 五二三下
漨 五二四上
漳 五二七上
漸 五三一上
潡 五三二上
漷 五三六上
漑 五三九上
滹 五四二下
滮 五四三上
漹 五四三下
漠 五四五上
演 十一上二 五四七上
漻 五四七下
漣(瀾) 五四九上
漂 五四九上
滲 五五〇下
漼 五五〇下
滿 五五一上
濬 五五二下
滎 五五三上
潨 五五三下
漥 五五三下
滴 五五五上
遡(泝) 五五六上
漊 五五八上
漬 五五八下
漚 五五八下
滯 五五九上
溓 五五九下
滰 五六一下
漉 五六一下
滫 五六二上
滌 五六三上
漱 五六三下
漕 五六六下
漏 五六六下
鄰 十一下 五六八下
澌 五七一上
霝(靁) 五七一下
𩂣 五七二下
霡 五七三上
需 五七四下
雺 五七四下
魠 五七八上
漁(𩺰) 五八二上
陛 五八三上
臺 十二上 五八五上
閨 五八七下
閤 五八七下
閣 五八九上
閡 五九〇上
慜(閔) 五九一上
聞 五九二上
䎽(聞) 五九二上
聝 五九二下
摳 五九四上
捽 五九五上
摧 五九六下
摛 五九八上
𢸪 六〇〇上
摕 六〇〇上
𢹂 六〇〇下
摜 六〇一上
摽 六〇一下
摘 六〇三上
摺 六〇三上
摟 六〇三上
擊 六〇四下
摭(拓) 六〇五上
摍 六〇五上
摶 六〇七下
摡 六〇七下
摎 六〇八上
摷 六〇八下
摬 六〇九上
摼 六〇九上
摻 六一一上
嫛 十二下 六一四下
嫗 六一四下
嫣 六一九上
嫙 六一九下
嫈 六二〇上
嫡 六二〇下
嫥 六二〇下
嫧 六二〇下
嫢 六二一上
嫪 六二三上
嫭 六二三上
嬒 六二三下
嫖 六二四上
嫚 六二四上
㜗 六二四下
嫫 六二五上
嫯 六二五下
𣦜 六二八下
肇 六二九上
戟 六二九下
戩 六三一下
匰 六三六下
匱 六三六下
匩 六三七上
盧 六三八上
甄 六三八上
甂 六三九上
甃 六三九上
甌 六三九下
彄 六四〇下
彈 六四一下
竭 六四二下
綜 十三上 六四四下
綹 六四四下
𢇍(繼) 六四五下
綷 六四六上
㬥 六四七上
綝 六四七下
綺 六四八上
綮 六四九上
綾 六四九上
緁 六四九下
綠 六四九下
綃 六四九下
綰 六五〇上
綪 六五〇下
綼 六五一上
桼(綼) 六五一下
緇 六五一下
緱 六五二上
緂 六五二上
緌 六五三上
緄 六五三上
綬 六五三下
綸 六五四上
絟(紷) 六五四下
緃 六五五上
網 六五五下
綫 六五六上
緁 六五六上
䋫 六五七下
維 六五八上
緍 六五九上
緒 六五九下
緆 六六〇下
緉 六六一下
綢 六六一下
絣 六六二上
䋓(彝) 六六二下
綽(𦂳) 六六二下
蜥 六六四下
蜭 六六五上
蛢 六六六下
蜸 六六七上
蜾(蝸) 六六七下
蜨 六六七下
蜙 六六八上
蜩 六六八上
蜺 六六八上
蜻 六六八下
蜹 六六九上
蜡 六六九上
蜑 六六九下
蜦 六七〇上
蜧(蜦) 六七〇下
蜪 六七一下
蜮 六七二上
蜽 六七二下
蜼 六七三上
閩 六七三下
蝀 六七三下
蜜(蠠) 十三下 六七五上
蜜(䖶) 六七五下
蜚(蠹) 六七六下
颭 六七七下
颮(飆) 六七七下
颯 六七八上
蝍(鼄) 六八〇上

頚(垣) 六八五上　墐 六八六下　塈 六八六下　墉 六八八下　墊 六八九上　墇 六九〇上　塹 六九一上　毀(毁) 六九二下　埻 六九二下　隫(埻) 六九二下　座 六九二下　塿 六九二下　堅 六九二上　墓 六九二下　暝 六九五上　睬 六九五下　睗 六九八上　瘳 六九九下　勠 七〇〇上　勩 七〇〇下　銀 十四上 七〇二上　銅 七〇三上　銕(鐵) 七〇三下　銑 七〇三下　鉹 七〇三下

銒 七〇三下　鉶 七〇四上　銚 七〇四下　銎 七〇六上　銽 七〇六下　銃 七〇六下　鉵 七〇七上　鋌 七〇七上　銓 七〇七下　銖 七〇七下　鋻(鈞) 七〇八下　銜 七一三上　銘 七一四上　斲 七一七上　斡 七一八上　魁 七一八上　斠 七一八上　斞 七一八下　輕 七二一上　輒 七二二下　輅 七二三下　輔 七二六下　輗(輨) 七二九下　羞 七三〇上　輓 七三〇上

隉(𨸏) 十四下 七三一上　隔 七三三下　隕 七三三下　障 七三四下　際 七三六上　綴 七三八上　孴 七三八上　辡 七四二上　疑 七四三下　毓(育) 七四四下　軸 七四六下　酴 七四七下　酮 七四七下　酷 七四八下　酺 七五〇上　醒 七五〇下　酸 七五一下　酹 七五二下　甍(甍) 一二三上　煬(煬) 三七上　幣(幣) 三七下　規(覞) 四七下　賓(賓) 四六下　碬(碬) 四九下　豪(豪) 四六上

頹(頹) 四八七上　勢(勢) 六二七　槊(槊) 六四　畬(畬) 三五上　僜(僜) 三六八下　兢(兢) 四四五下　廐(廄) 四四三下　塵(麤) 四七二上　獎(獎) 四七四上　漩(淀) 五五〇下　肇(肈) 六二九上　截(截) 六三一上

【十五畫】

禛 二下 一上　禠 三上　禜 六下　禡 七下　瑾 一〇下　璆(球) 一三上　璋 一三下　璂(玫) 一四上　瑧(璪) 一四下　塗 一四下　瑩 一五下

璊 一五下　璓 一六下　璅 一七上　璁 一七上　瑻(琨) 一七下　璉 二〇上　壿 二〇下　蔘 二一下 二三下　蓷 二四上　蓩 二六下　蕖 二八上　蓶 二八上　蓾 二八下　蔗 二九上　黄 二九上　蓨 二九下　菌(蔨) 三〇上　蔞 三〇下　蔁 三一下　蔦 三一下　樢(蔦) 三一下　蔆 三一下　蓮 三四上　蔤 三四下　蔽(蔽) 三五上

蔚 三五上　蔓 三五下　蔣 三六上　蔈 三八上　蓚 三八上　蔕 三八下　蓻 三八下　蔭 三九上　[illegible] 三九上　蔵 三九下　蔦 四〇下　蔡 四〇下　蘄 四二上　蔎 四二上　蓴 四三下　鞇(茵) 四四上　蓴 四四下　蔥 四五上　蕣 四五下　堇 四五下　曹 四六上　蓬 四七上　審(宷) 二上 五〇上　犙 五一上　犗 五一下

犕 五二上　犛 五三上　牻 五三下　㗱 五五上　噍 五五上　嘰 五五下　嘽 五六上　嘳(喟) 五六上　噂 五七下　嘫 五八上　嘾 五九上　噎 五九上　嘮 六〇上　嘀 六〇上　嘵 六〇上　噆 六一上　毄 六二下　毇(毁) 六二下　趣 六三下　趞 六四上　趑 六四上　趜 六四下　趣 六四下　趌 六五上　趠 六五下

趧 六五下　趜 六五下　趛 六六上　趞 六六上　趡 六六下　逵 二下 七〇上　遣(退) 七〇下　適 七一上　遺 七一上　遬(速) 七一下　遭 七一下　遰 七二下　遞 七四上　遮 七四下　遱 七四下　遺(遠) 七五上　德 七六上　徲 七七上　齒 七八下　踝 八一上　踦 八一上　踧 八一下　踖 八一下　踐 八二下　踔 八二下

踤 八二下　踣 八三下　踜 八四上　踞 八四上　𨂥 八四上　貫(𧷫) 三上 八六下　談 八九下　諒 八九下　請 九〇上　諄 九一上　誾 九一下　諏 九一下　論 九一下　諭(訊) 九二上　諗 九二上　課 九二上　調 九二下　諈 九二下　諉 九四上　誼 九四上　諓 九四上　諍 九五上　諎 九六上　諂(讇) 九六上　誹 九七上

縊(縊) 九七下　詢 九八上　諸 九八上　說 九八下　䜕 九八下　諕 九九上　諆 九九下　諲 九九下　誶 一〇〇下　諞(詘) 一〇〇下　誰 一〇二上　樊 一〇四下　辳(農) 一〇六上　鞈 三下 一〇七上　鞏 一〇七下　鞉(鞀) 一〇八下　報 一〇八下　鞘 一〇九上　牽 一〇九下　鞈 一一〇上　[illegible] 二〇六下　鬴(鬲) 一一一上　餌(䰻) 一一三下　燮(燮) 一一五下　隸(肆) 一一七上

豎 一一八下
毆 一一九下
毅 一二〇上
[illegible] 一二二下
徹 一二二下
數 一二三上
敹 一二四上
敶 一二四上
敵 一二四下
戰 一二五下
夐 一二九下、四上
督 一三三上
瞶 一三三上
睹 一三三上
暖 一三三上
翰(看) 一三三下
瞋 一三四上
眭 一三五下
瞥 一三六下
魯 一三六下
甗(齗) 一三七上
奭 一三七下
骫 一三八上
翌 一三八上
翦 一三八下

翱 一三九上
猴 一三九上
翥 一三九上
翬 一三九下
翩 一三九下
鵜(雉) 一四一上
鳫(雇) 一四三下
羕 一四五上
羣 一四五下
羭 一四六上
羯 一四六上
䍶 一四六下
鴃 一五〇下
鴋 一五〇下
鴈 一五二下
鴇 一五三下
鴆 一五六上
鴂 一五六下
鴛 一五七上
殤 一六二上、四下
殣 一六三上
踔(髀) 一六五上
骴 一六六下
膚(臚) 一六七下
腰 一七二上

膘 一七三下
膌(膭) 一七三下
膜 一七六上
膊 一七六下
膠 一七七上
𠟭(則) 一七九上
劊 一七九上
劇 一七九下
劈 一八〇上
剝 一八一下
劍(劒) 一八三上
耦 一八四上
艆 一八五上
艑 一八五上
箭 一八九上、五上
箴 一八九下
箸 一八九下
節 一八九下
篆 一九〇上
篇 一九〇下
篁 一九〇下
箕 一九〇下
箸 一九三上
箈 一九四上
篡 一九四上

篌 一九四上
箱 一九五下
箴 一九六下
箾 一九六下
篕 一九七上
箹 一九七下
箶 一九七下
欲 一九八上
巽(巺) 二〇〇上
鞈(鼛) 二〇六下
 二一〇上
彝 二〇八上
豈(豐) 二〇八下
虓(虎) 二一〇下
號 二一一上
畫 二一四上
餈 二一九上、五下
養 二二〇上
澶(鋪) 二二〇下
餉 二二〇下
餕 二二一下
章(辜) 二二九下
管 二二九下
亯 二二九下
亶(覃) 二二九下

畓(畣) 二三一上
糇 二三一下
麩 二三二上
麪 二三三上
憂 二三三上
鋈(舜) 二三四上
緞(鍛) 二三六上
輦 二三六上
磔 二三七下
槿 二三八下、六上
榴 二四〇上
槭 二四一上
槅(梈) 二四一上
榹 二四一上
槢 二四一上
樣 二四三上
樺 二四四下
樵 二四四下
樗 二四四下
機 二四五上
樾 二四五上
樠 二四七下
樅 二四七下
標 二五〇上
槮 二五一上

樧 二五一下
模 二五三下
樘 二五四上
樀 二五五下
樞 二五五下
樓 二五五下
槾 二五六上
 七〇七下
槩 二六〇上
盤(槃) 二六〇下
槤 二六二上
槶 二六三上
槽 二六四下
樐(櫓) 二六五上
樂 二六五上
槧 二六五下
樔 二六八上
熛 二六九下
構 二七〇下
斢 二七三上、六下
稽 二七五下
賢 二七九下
賚 二八〇下
賞 二八〇下
賜 二八〇下

質 二八一下
賓 二八二上
賤 二八二上
賦 二八二上
賨 二八二下
鄰 二八四上
鄯 二八四下
鄭 二八六下
鄌 二八七上
鄀 二八八上
盩 二八八下
嘗 二八九上
鄲 二九〇上
鄦 二九〇下
鄧 二九二上
鄐 二九四下
鄫 二九四下
鄱 二九八上
鄚 二九九上
鄒 二九九下
鄢 三〇〇上
鄬 三〇〇上
暫 三〇六上、七上
暵 三〇七下
暱 三〇七下

晢 三〇八上
旚 三一一上
棘 三一七上
槖 三一七下
牖 三一八下
鼐 三一九下
鼏 三一九下
稼 三二〇下
稺 三二一上
稹 三二一下
稷 三二一下
稻 三二一下
穊 三二三上
穄 三二五下
稾 三二六上
稖 三二六下
穀 三二六下
稄 三二七上
舂(秦) 三二七上
秎(細) 三三〇上
黎 三三〇上
糂 三三二上
糈 三三三上
熒 三三七下、七下
窵 三三九上

寫 三四〇下
寬 三四一上
寮 三四二上
窯 三四四上
窳 三四五上
窴 三四六上
窮 三四六下
𤴼(疾) 三四八上
瘣 三四八上
瘨 三四八下
瘨 三四八下
瘺 三四九上
瘬 三四九下
瘜 三五〇上
瘞 三五一上
瘢 三五一下
瘝 三五二下
瘥 三五二下
瘵 三五二下
罾(冃) 三五四下
輟(罬) 三五六上
 七二八下
罷 三五六下
罵 三五六下
幣 三五八上

幡 三六〇上
幝 三六〇下
幠 三六〇下
韐(袷) 三六三下
睢 三六三下
皚 三六四上
皛 三六四上
儇 三六七下、八上
僷 三六七下
儆 三七〇上
僾 三七〇下
儋 三七一上
儃 三七三上
儀 三七五上
儉 三七六上
億 三七六下
僻 三七九上
僨 三八〇下
僵 三八〇下
臮(臬) 三八七下
徵 三八七下
暨(監) 三八八上
裌 三九二上
褫 三九六上
褎(衰) 三九七上

礷 三九九上　厲 三九九下　臺(屋) 四〇一上　五九七下　屠 四〇二上　履 四〇二下 八一下　艘 四〇三下　覣 四〇七下　覞 四〇七下　親 四〇七下　覙 四〇八上　覢 四〇八下　靚 四〇九上　獻 四一〇下　嘋(歞) 四一一下　歎 四一二上　歐 四一二上　歔 四一二上　歗 四一四上　歙 四一四上　頟 四一六下 九上　頞 四一六下　頜 四一七上　頡 四一八下　頠 四一八下

頫 四一九下　頣 四二〇上　頡 四二〇上　頪 四二〇下　頛 四二一上　頪 四二一下　頦 四二三上　頔 四二三上　髮 四二五下　髮 四二五下　髲(髮) 四二五下　髳(髳) 四二六下　髯 四二七上　髴 四二七下　鬀 四二八上　鬾 四三一下　魁 四三五上　魄 四三五上　魃 四三五上　魅 四三五下　魅(鬽) 四三五下　骷 四三八下 九下　隋 四四〇上　褸 四四〇上　蔡 四四〇下

嶢 四四一上　巃 四四二下　廧 四四三下　廡 四四三下　廚 四四三下　廏 四四三下　廣 四四三下　廛 四四四上　廑 四四四下　廢 四四五下　廟 四四五下　廞 四四六上　廠 四四六上　廞 四四六下　廥 四四七上　廦 四四八上　磏 四四九上　磒 四五〇上　磕 四五一上　毃(确) 四五一下　磑 四五二下　碻 四五三上　磊 四五三上　隸 四五三上　冪 四五六上　蝟(彙) 四五六下

駒 四六一上 十上　駡 四六四上　駜 四六四上　駕 四六四下　駟 四六五下　駙 四六五下　駭 四六五下　駒 四六六下　毆(驅) 四六六下　駃 四六七上　駐 四六七上　駗 四六七下　駘 四六八上　駔 四六八上　駧 四六八下　麃 四七一上　獢 四七三下　獥 四七四上　獡 四七四下　獦 四七四下　獒 四七四下　獜 四七五上　獠 四七六上　獟 四七六下　熊(羆) 四八〇上

熚 四八〇下　熯 四八一上　熮 四八一上　熲 四八一下　熛 四八二下　熬 四八二下　熜 四八三下　熷 四八四下　熠 四八五上　熱 四八五下　羕 四八六下　熭 四八六下　夔 四九四下 十下　㬥 四九八下　竴(鎮) 五〇〇下　普 五〇一上　毚 五〇一上　虞 五〇一下　憕 五〇三上　慧 五〇三下　憭 五〇三下　憬 五〇四上　慶 五〇四下　憮 五〇六上　懸(悉) 五〇六上

慰 五〇六上　慕 五〇七上　憪 五〇九上　憃 五〇九下　憏 五〇九下　憜 五〇九下　慫 五一〇上　憧 五一〇上　憰 五一〇下　㥩(衍心) 五一一上　憒 五一一上　憎 五一一下　憯 五一二下　慹 五一三下　憚 五一四下　憖 五一四下　慙 五一五上　憐 五一五上　憓 五一五上　憬 五一五下　潼 五一七上 十一上一　澇 五二三下　潩 五二五下　潞 五二六下　潰 五二九下

潭 五三〇下　澗 五三〇下　潓 五三一上　潕 五三二上　潧 五三三下　潁 五三四上　潱 五三五上　潚 五四四上　潒 五四六下 十一上二　漿 五四六下　潏(活) 五四七上　潞 五四八上　滕 五四八上　潏 五四八下　澐 五四九上　澂 五五〇上　潤 五五〇下　瀾 五五〇下　潯 五五一上　潰 五五一下　潢 五五三下　澗 五五四下　潛 五五六上　澍 五五七下　潦 五五七下

澌 五五九下　潐 五五九下　潤 五六〇上　潘 五六一下　漿 五六二下　澆 五六三上　潵 五六四下　潸 五六六上　澒 五六六下　𣻌 五六七下 十一下　㵒 五六七下　濬(容) 五七〇下　霆 五七二上　霅 五七二上　震 五七二上　霄 五七二下　霓(霰) 五七二下　霂 五七三上　霅 五七三上　魴 五七七上　魵 五七九上　鲂 五七九上　魦 五七九下　魿 五八〇下　魧 五八一上

魼 五八一下　靠 五八三上　閭 五八七下 十二上　閬 五八八下　閱 五九〇下　聤 五九二上　聨(聵) 五九二下　頤(匠) 五九三上　撎 五九四下　搴(摔) 五九五下　摰 五九七上　臺(握) 五九七下　四〇一上　撣 五九七下　撩 五九九上　撮 五九九下　撫 六〇一上　撓 六〇一下　撆 六〇二上　摩 六〇二下　摫 六〇二下　撜(拯) 六〇三下　撟 六〇四上　撥 六〇四下　撊 六〇五下

撰 六〇五下　撣 六〇五下　摩 六〇六上　掔 六〇六上　撞 六〇六下　撝 六〇六下　摹 六〇七上　播 六〇八上　撲 六〇八下　撚 六〇九下　撅 六一〇上　嫣 六一三上 十二下　嬈 六一三下　嬔 六一四下　嫥 六一七上　嫽 六一七下　嫵 六一八上　嬒 六一八上　嫿 六一八下　嬌 六一八下　嫺 六二〇上　嫜 六二一上　嫛 六二三下　嬉 六二三下　嫖 六二四上

嫿 六二四下　嬈 六二五上　㦸 六三一上　戮 六三一上　戭 六三一下　篋(医) 六三六上　谻 六三九上　甄 六三九上　彉 六四一下　彈 六四一下　彆 六四一下　彌(弼) 六四二上　緜 六四三上　緒 十三上 六四三下　緬 六四三下　緍 六四四上　緯 六四四下　緷 六四四下　賡(績) 六四五下　縕 六四六上　緢 六四六下　締 六四七下　緝 六四八上　練 六四八下　緹 六五〇下

緺 六五四上　緣 六五四下　緥 六五四下　緟 六五五下　線(綫) 六五六上　緛 六五六上　緱 六五六下　緘 六五七下　編 六五八上　緧 六五八下　緤(紲) 六五九上　緪 六五九上　緝 六五九下　縍(紵) 六六〇下　緫 六六〇下　緰 六六一上　緶 六六一下　[illegible] 六六一下　緩(鬆) 六六二下　蝮 六六三下　蝘 六六四下　蝚 六六五上　蝱 六六五下　蝤 六六五下　蝎 六六五下

蝝 六六六上　蜸 六六六下　蝒 六六六下　蝥 六六七上　蝍 六六七上　蝵 六六七下　六七六下　蝑 六六八上　蝗 六六八上　蛸 六六九上　蝡 六六九下　蝸 六七一上　蝓 六七一上　蚴 六七一下　蝦 六七二下　蝯 六七三上　蝙 六七三下　蝠 六七三下　蝨 十三下 六七四下　蝅 六七四下　[illegible] 六七五下　蝥(蟊) 六七五下　蠺(蠶) 六七六上　[illegible] 六七六下　六六七下

颲 六七八上　墣 六八四上　墩 六八五上　墀 六八六下　墨 六八八上　虢(城) 六八八下　增 六八九下　墠 六九〇下　壇 六九二上　瘞 六九二下　董(堇) 六九四上　壄(野) 六九四下　睉 六九五下　畿 六九六上　蓄(畜) 六九七下　勱 六九九下　勴 七〇〇下　勰 七〇一下　鋈 十四上 七〇二上　鋆 七〇二下　銷 七〇三上　鋏 七〇三上　鋌 七〇三下　鋞 七〇四上　銼 七〇四上

鋗 七〇四下　鋊 七〇五上　鋙(鉚) 七〇五下　鈲 七〇七下　鋭 七〇七下　槾(鏝) 七〇七下　三五六上　鋝 七〇八上　銿(鐘) 七〇九下　鋋 七一〇下　鋻 七一一下　鋃 七一三下　鋂 七一三下　鋪 七一三下　鋙 七一四上　銻 七一四下　斵(斲) 七一七上　豬 七一九下　輜 七二〇下　輧 七二〇下　輬 七二二上　輣 七二二上　輢 七二三下　輪 七二四下　輥 七二四下

輨 七二五下　暈 七二六上　範 七二七下　輖 七二七下　輩 七二八上　輚 七二八下　輟 七二八下　三五六上　輗 七二九上　輐 七二九下　輦 七三〇上　隥 十四下 七三二上　隤 七三二下　墒(陸) 七三三下　[illegible] 七三五上　隝 七三五下　餌 七三七上　瞢 七三九下　辤 七四二上　醇 七四八上　醋 七四九上　酷 七五〇上　醉 七五〇上　醬 七五一上　醇 七五一下

蔔(蔔) 三上　劃(劃) 一二七下　瞀(瞀) 三〇八上　踞(尻) 四〇〇上　厲(厲) 四四六下　駓(騂) 四六二上　減(減) 五三二下　魃(魆) 六二四下　墜(墜) 六八二上　暮(莫) 四八上　衝(衝) 七六上　熟(孰) 一一三下　鼻(鼻) 一三六下　賣(賣) 二七三上　賣(賣) 二八二下　暤(暤) 三〇四下　暴(㬥) 三〇七上　潮(淖) 五四六上　獎(獎) 五六二下　蝕(蝕) 六七〇上　鋤(鉏) 七〇六下　鋒(鏠) 七二一上

【十六畫】

禥(祺) 一上 三上　禦 七上　璙 一〇上　璠 一〇下　璚(瓊) 一〇下　璑 一二上　瑢(瑢) 一三上　璜 一三上　顛(瑱) 一三下　璇 一四上　墊 一六下　璡 一七上　璔 一七上　璒 一七上　璣 一八下　冀 一下 二三下　薵 二五下　營 二七下　蔬 二八下　蕁 二八下　蕕 二九上　蕧 二九下　蕾 二九下　蔌 三一下　蓳 三上

蔆 三三上　蕅 三四下　蕭 三五上　蕎 三五下　蕛 三六上　蕈 三六下　蕣 三七上　蔚 三七下　蕤 三八上　蕕 三八下　薄 三八下　蕪 四〇上　藎 四〇上　蔽 四〇上　蕝 四二下　蕩 四三上　[illegible] 四三上　蕁 四三下　蕡 四四上　蕘 四四下　蕉 四四下　蕫 四五下　蕨 四五下　藋 四五下　蕃 四七上

幘(犆) 二上 五一上　噭 五四上　噣 五四上　噲 五四上　嗀 五五下　噫 五五下　噤 五六下　噱 五七上　嘯 五八上　噦 五九上　噧 五九下　噴 六〇上　噳 六二上　趥 六四下　趨 六五上　趦 六五下　趧 六七上　歷 六八上　發(登) 六八上　邀 二下 七〇下　隨 七〇下　遵 七一上　遷 七二上　選 七二上　遲 七二下

適 七三上
遴 七三上
遺 七四上
運 七四上
遼 七五上
徼 七六上
衞 七八下
踽 八一下
踰 八一下
踵 八二下
踶 八二下
踼 八三下
蹁 八三下
蹃 八四上
篪(鯱) 八五下
器 三上 八六下
噩(古) 八八下
謂 八九下
謁 九〇上
諾 九〇上
諸 九〇上
諷 九〇下
諭 九一上
諜 九一下
諟 九二上
諦 九二上
諶 九二下
諝 九三上
諫 九三上
諴 九三上
諧 九三下
諰 九四下
諺 九五上
諛 九六上
諼 九六上
䛳(詩) 九七下
諞 九八上
諕 九八下
諣 九九上
論 一〇〇上
諢 一〇一上
諳 一〇一上
諱 一〇二下
諜 一〇二下
對 一〇三上
巽 一〇四上
戴(戴) 一〇五上
與 一〇五下
與 一〇五下
鞔 三下 一〇八上
鞅 一〇八上
磬(韶) 一〇八下
鞓 一〇九下
鞘 一一〇上
覦 一一一上
膚 一一一下
融 一一一下
羲 一一一下
弼 一一二上
餗(饗) 一一二下
甑 一一三下
閞 一一四上
隸(隸) 一一八上
臧(臧) 一一八下
導 一二一下
褻(褻) 一二三上
整 一二三上
潄 一二三上
敲 一二四上
敵 一二五上
敷 一二六下
學(斅) 一二七上
瞞 四上 一三〇上
瞟 一三三上
瞭 一三三上
覩(睹) 一三三上
睩 一三三上
鴡 一三三上
瞋 一三五下
衟 一三七上
勳 一三七下
翰 一三八上
翮 一三九上
翱 一四〇上
翯 一四〇上
闍 一四一上
雕 一四二下
鴡(雎) 一四二下
雖 一四二下
鵟(翟) 一四三上
雜 一四三下
奮 一四四上
萑 一四五上
雔 一四七下
鳴 一五〇上
鴞 一五〇下
鴃 一五一上
鳿 一五一下
鴛 一五二上
鴦 一五二上
駉 一五二上
馲 一五三上
駒(鴝) 一五三下
駇 一五三下
鴣 一五四上
鴬 一五四上
鴨 一五四下
駃 一五五上
鴝 一五五上
鴚 一五六上
龍(烏) 一五七下
棄 四下 一五八上
叡 一六一上
殪 一六三上
蓦 一六三上
殨 一六三上
殫 一六三下
骺 一六五下
骹 一六五下
骸 一六六上
骼 一六六下
骫 一六七下
頣(脣) 一六八上
默(肬) 一七二上
膳 一七二下
膫 一七三下
膴 一七四下
膮 一七五下
膩 一七六上
㷷(媵) 一七六上
臇 一七六下
儆 一七六下
劓(則) 一七九上
辦 一八〇上
劑 一八一上
劓(剸) 一八二下
劒 一八三上
頛 一八四上
艗 一八五上
艆 一八五下
衡 一八六上
艑 一八六上
艏 一八六上
艚 一八八上
篾(篾) 五上 一八九下
篘 一九〇上
篠 一九二上
箸 一九二下
篝 一九三上
篧(籗) 一九四下
篚 一九五下
篘 一九六上
巽(巫) 二〇一下
憙 二〇五上
虢 二一〇下
虩 二一一下
盧 二一二上
盬 二一三上
盦 二一三上
盟 二一三上
靜 五下 二一五下
䩙 二一八上
夐(飴) 二一八下
餔 二二〇下
餐 二二〇下
餎 二二一下
餘 二二一下
餧 二二三上
餓 二二三下
餒 二二三下
穀 二二四下
罌 二二五上
螢 二二五下
鍚 二二七上
章 二二八下
臯 二二九下
廩(亩) 二三〇下
麩 二三三上
麪 二三三下
踳(舛) 二三四上
橘 六上 二三八下
橙 二三八下
樿 二四〇上
樻 二四一上
橲 二四二上
樠 二四二下
樍 二四三上
橞 二四四上
樴 二四四上
橪 二四四下
橎 二四七上
樵 二四七下
樹 二四八下
檫 二四九上
橌 二五〇上
橈 二五〇下
樸 二五二上
築 二五三上
橑 二五五上
橝 二五五下
橦 二五七下
橐 二五八下
辝(枱) 二五九上
橢 二六一下
機 二六二上
檿 二六三上
樴 二六三上
橋 二六七上
橃 二六七下
橫 二六八上
㯕 二七〇下
輮 二七一上
菉(麓) 二七二上
麭 六下 二七六上
槖 二七六下
圜 二七七上
圛 二七七下
鼎(員) 二七九上
賫 二八〇上
賴 二八一上
鄴 二九〇上
鄶 二九二下
鄘 二九三上
鄫 二九五下
鄰 二九七下
曉 七上 三〇三上
曀 三〇五下
暨 三〇八下
盥(盟) 三一五上
鼏 三一九下
鼐 三一九下
穋(稑) 三二一上
穊 三二一下
穆 三二一下
穄 三二二下
穎 三二三下
穅 三二四下
積 三二五下
穌 三二七上
黏 三三〇上
糗 三三二下
槃 三三三下
毇 三三四上
縣 七下 三三七下
瓢 三三七下
寰 三四五上
寫 三四五下
窺 三四五下
寮 三四六下
瘽 三四八下

瘵 三四八下
癀 三四八下
瘲 三四九上
瘻 三四九下
瘴 三五〇下
瘇(㾓) 三五一上
瘢 三五二上
瘳 三五二下
買(罶) 三五五下
罷 三五六上
罻 三五六上
羂(罥) 三五六下
罯(罝) 三五六下
幩 三六一上
幦 三六二上
錦 三六三下
黺 三六四下
儒 八上 三六六上
儐 三七一下
儕 三七三上
儗 三七八上
儔 三七八上
僔 三八四上
冀 三八六下
襁 三九〇上

褸 三九〇下
褧 三九一下
褭 三九二下
褱 三九二下
褰 三九三上
褿 三九六下
褔 三九七上
褮 三九七下
褢 三九七下
䫉(皃) 八下 四〇六上
覦 四〇七下
覭 四〇七下
覬 四〇八上
覯 四〇八下
覜 四〇九上
覦 四〇九上
親 四〇九下
歕 四一二上
歜 四一二下
歙 四一三下
頭 九上 四一五下
頯 四一六下
頰 四一六下
頣 四一七上
頸 四一七上

頵 四一七下
顆 四一八上
頲 四一八下
頷 四一八下
靦 四二三下
醐 四二三下
縣 四二三下
頛 四二四上
髮 四二七上
髺 四二七上
髻 四二八上
髆 四三〇上
劉 四三三下
篡 四三六下
誘(羑) 四三七上
嶧 九下 四三八上
嶨 四三九上
嵒 四三九下
皐 四四〇下
嶐 四四一上
廣 四四三下
廦 四四四上
廥 四四四上
磧 四五〇上
暫 四五一上

磬 四五一下
豬 四五四下
豭 四五五上
貒 四五六下
貐 四五七下
貓 四五八上
豫 四五九下
駱 十上 四六一下
騆 四六一下
騂 四六二上
傌 四六四上
駪 四六四上
篤 四六五下
駕 四六七上
駧 四六七上
駭 四六七上
騃 四六七上
駹 四六九上
駮 四六九上
麋 四七一上
塵 四七一上
[illegible] 四七二下
獶 四七三下
獫 四七三下
默 四七四上

獪 四七五上
獧 四七五上
獨 四七五下
獘 四七六上
熜(悤) 四七九上
燉 四七九上
燔 四八〇下
燒 四八〇下
熛 四八一上
燋 四八一下
燀 四八二上
熹 四八二下
燢 四八二下
燗(爤) 四八三上
燎 四八四上
𤏐(煙) 四八四下
燂 四八五上
焱(光) 四八五下
熾 四八五下
戭(熾) 四八六上
㷋 四八七上
畬 四八七上
燅 四八七上
燊(燅) 四八七上
黗 四八八上

黔 四八八下
黕 四八八下
燊 十下 四九〇下
赬(䞓) 四九二上
赭 四九二上
奯 四九三上
尵 四九五下
𡘋(竊) 四九七上
異 四九九上
竱 五〇〇上
暜(普) 五〇一上
憲 五〇二上
慸 五〇三下
愁 五〇四上
憙 五〇五下
懇 五〇六下
憺 五〇七上
憸 五〇七下
憃 五〇七下
懁 五〇八上
懈 五〇九下
憿 五一〇下
憼 五一二下
憒 五一三上
懆 五一三上

𢡃 五一三下
𢝊(患) 五一四上
𢞕(悑) 五一五上
澮 十一上一 五二六上
蕩 五二七下
澧 五三三上
濄 五三四下
澶 五三八上
濁 五三九上
澥 五四四下
潚 十一上二 五四六下
濊 五四七下
激 五四九下
澹 五五一上
濇 五五一上
澤 五五一上
濆 五五二下
澳 五五四下
澨 五五五下
澬 五五七下
濃 五五九上
濂(溓) 五五九上
滭 五六〇下
澱 五六二上
濈 五六三下

頮(沬) 五六四上
澡 五六四上
㵉 五六五下
凝(冰) 十一下 五七一上
霋 五七三上
霖 五七三上
霑 五七三下
霎 五七三下
霓 五七四上
霧 五七五上
魼 五七五下
鮁 五七七下
魩 五七七下
鮒 五七七下
魾 五七七下
鮆 五七八上
鮀 五七八下
鮎 五七八下
鮐 五八〇上
鮊 五八〇上
鮏 五八〇上
鮑 五八〇下
鮯 五八〇下
魶 五八一上
鮅 五八二下

鮌 五八一下
燕 五八二上
龍 五八二下
臻 十二上 五八五上
𡐬 五八五上
閶 五八七上
閻 五八七下
閾 五八八上
閰 五八九下
閼 五八九下
閹 五九〇上
闍 五九〇下
聛 五九二下
𠤷(匝) 五九三上
撿 五九五上
操 五九七上
𢶍(拴) 五九七上
據 五九七上
擇 五九九上
擕 六〇二上
擅 六〇四下
擐 六〇五上
擊 六〇六上
𢿌(播) 六〇八上
撻 六〇八上

嬴 十二下 六一二下
嬌(媧) 六一七上
嬛 六一九上
嬐 六二一上
嬗 六二一上
嬽 六二三下
嬖 六二三下
嬃(婁) 六二四下
嬰 六二五上
嬒 六二五上
戰 六三〇下
匴 六三六上
鑸 六三七下
甋 六三七下
甑 六三七下
甍 六三八上
甌 六三八下
甈(瓬) 六三九上
㼗 六三九下
彊 六四〇下
繇(系) 六四二下
𢇍(絕) 十三上 六四五下
縒 六四六下
縎 六四七上
縛 六四七下

轂 六四八上　縑 六四八下　縞 六四八下　縉 六五〇上　縓 六五〇下　緵 六五二上　縟 六五二上　縌 六五四上　縝 六五五下　縈 六五七下　縋 六五七下　縢 六五七下　褫 六五九下　緆 六六〇上　縼 六六一上　縕 六六二上　縊 六六二上　螣 六六三下　螉 六六四上　螝 六六四上　螟 六六四下　蟦 六六四下　螕 六六六上　螘 六六六下　螷(蚳) 六六六下

螌 六六七下　螇 六六八下　蜋 六六九上　蝙 六六九下　螊 六七〇下　螽 十三下 六七四下　蝨(蠹) 六七五下　颲 六七八上　竈 六七八下　鰕 六八〇下　墬(地) 六八二上　墺 六八二下　墽 六八三下　壁 六八五上　堀 六八五下　臺(堂) 六八六上　𩫖(墉) 六八八下　墷 六八八下　墳 六九三上　壇 六九三上　墐(堇) 六九四上　嘐 六九五下　勳 六九九上　錫 十四上 七〇二上　豎 七〇二下

錄 七〇三上　錮 七〇三上　錪 七〇四上　錠 七〇五上　錯 七〇五下　錡 七〇五下　錍 七〇六上　錢 七〇六下　鋸 七〇七下　錐 七〇七下　錙 七〇八下　錘 七〇八下　錚 七一〇上　錟 七一一上　鋞 七一一下　錔 七一四上　錉 七一四下　錭 七一四下　錗 七一五上　輶 七二一上　輯 七二一上　輹 七二四上　輮 七二四上　輻 七二五下　輝 七二六上

輸 七二七下　險 十四下 七三二上　隩 七三四下　隦 七三四下　韓(陴) 七三六下　隧(閾) 七三七上　蹂(内) 七三九上　辥 七四二上　醮 七四七下　臚(腦) 七五一下　醟 七五一下　醶 七五二下　叡(叡) 一一下　噬(簭) 五五下　謚(謚) 一〇二下　瞲(瞭) 一三三上　燍(廝) 一三七上　曆(曆) 二〇二上　歒(歒) 二〇五上　樊(樊) 四八四上　濦(澮) 五三三下　錞(鐓) 七一一上　劃(劃) 七一七上　蹄(蹏) 八一上　踴(踊) 八二上

霍(靃) 一四、上　辨(辧) 一八〇上　畢(畢) 三〇四下　澣(澣) 五六四下　頻(瀕) 五六七下　擁(擁) 六〇四上　摵(摵) 六〇六上　綦(綦) 六五四下

【十七畫】

禧 一上 二下　齋 三下　𥛱(禋) 三下　禩(祀) 四上　鬃 四下　橐 六下　福 六下　禪 七上　騩(禍) 八上　禫 九上　璬 一〇上　璐 一一上　環 一三上　璥 一三上　璪 一四下

瑟 一五上　琥 一七上　璗 一九上　蔔(毒) 一下 一二上　蒙 二四上　薇 二四上　蔆(蓋) 二五上　薊 二六下　薁 三〇上　薛 三一上　薟 三一下　薢 三二上　藃 三三下　薕 三三下　蘔 三三下　蕭 三五上　薳 三六下　蕎 三九下　薈 三九下　薉 四〇上　藍 四〇下　薄 四一上　蕹 四一下　蕢 四二上　薪 四四下

薔 四六下　蔴 四六下　蘇 四六下　薅 四七下　僵 二上 五一下　嶷 五五上　嚌 五五上　歗(嘯) 五八上　四二上　趨 六三下　趍 六四下　蹇 六四下　趮 六五上　趚 六六上　趤 六六上　趰 六七上　壁 六八上　邁 二下 七〇上　還 七二上　避 七三上　遂 七四下　遽 七五下　𢕁 七六下　德 七六下　蹊(徯) 七六下

衛 七八下　齔 七八下　蹏 八一上　蹌 八二上　蹋 八二上　蹈 八二下　蹃 八三上　䠥 八三上　蹟 八三上　蹐 八三下　跨 八三下　蹇 八三下　龠 八五上　臄(谷) 三上 八七下　謜 九一上　謘 九一上　謚 九四上　謙 九四上　謝 九五上　講 九五下　謄 九五下　謍 九五下　謗 九七上　謣(謣) 九九上　謷 九九上

謰 九九下　謓 一〇〇上　謭(訴) 一〇〇上　斵 一〇一上　謐 一〇一下　謑 一〇一下　謨(謨) 一〇一下　童(童) 一〇三下　𡖐(爨) 一〇六上　鞠 三下 一〇八上　鞔(鞔) 一〇八下　鞞 一〇八下　鞘 一〇九下　鞥 一〇九下　縠 一〇九下　鞑 一一〇下　𠪚(高) 一一一上　鬴 一一一下　燮 一一五上　篲(彗) 一一六下　篸(彗) 一一六下　𨽻(隸) 一一七上　隸 一一七下　隷 一一八上　豎(豎) 一一八下

徽(徽) 一二三下　斂 一二四上　數 一二四下　斆 一二五上　斀 一二六上　闃 四上 一二九下　暿 一三〇上　瞵 一三〇下　瞴 一三一上　瞯 一三一上　瞶 一三三下　瞫 一三三下　瞀 一三四上　瞷 一三四下　鼾 一三七下　奭(奭) 一三八上　翳 一四〇下　鵂(舊) 一四四下　擊 一四六下　羵 一四六下　鸍(鳳) 一四八下　鵃 一四九下　鵅 一五〇上　雞(鷄) 一五〇上　鵠 一五二下

鴿 一五二下　鴻 一五三上　鳺 一五三上　鵝 一五三下　鴰 一五四上　鮫 一五四上　鴯 一五四上　蔦 一五四上　雗(鴿) 一五五下　鴳 一五六下　壑(叡) 四下 一六一上　殬 一六三下　蕘 一六四上　蕘 一六四上　鞕 一六六上　膽 一六八下　膺 一六九上　臆(肊) 一六九上　臂 一六九下　膻 一七一上　膲 一七四下　臊 一七五下　胃 一七六上　臏 一七六上　騰 一七六上

膾 一七六下　艆 一八五上　鮮 一八五下　殼 一八八上　篸 五上 一九〇上　篺 一九〇下　節 一九〇下　簀 一九一上　篵 一九二上　篿 一九二上　篗 一九二上　簋 一九二下　篦 一九四上　篼 一九五下　簞 一九八下　簕 一九八下　曆 二〇一上　義 二〇四上　虧 二〇四下　薹 二〇七下　虡 二〇九下　虧(虎) 二一〇下　䋶 二一一上　盪 二一三上　膿(盥) 二一四上

餅 五下 二一九上　蕃 二一九下　餼 二二一上　餞 二二一下　館 二二一下　餟 二二一下　餕 二二一下　鎛 二二五下　罄 二二五下　矯 二二六上　繒 二二六上　就(就) 二二九上　牆 二三一上　麩 二三一下　韔 二三五下　罬 二三六下　檑 六上 二四一上　檟 二四二上　櫃 二四四下　檗 二四五上　檁 二四五上　檀 二四六下　梛 二四七上　檜 二四七下　橚 二五一上

檥 二五三下　檐 二五五下　檻(植) 二五五下　檈 二六一上　橄 二六四上　檃 二六四上　檢 二六五下　檄 二六五下　橾 二六六下　檇 二六八下　賫 六下 二七三上　韡 二七五上　穜 二七五下　穟 二七五下　橐 二七六下　臏 二八〇下　購 二八二下　幽(邪) 二八五下　鄗 二九三下　鄰 二九四上　㬎 七上 三〇四下　鄱 三〇六上　旚 三一一上　壘 三一二下　㬮 三一三上

鹹 三一四上　穜 三二一上　穗(采) 三二四上　遂(繸) 三二四上　機 三二四上　黏 三三〇上　黏 三三〇上　糝(糂) 三三二上　糜 三三二上　糟 三三二下　糒 三三二下　槩(氣) 三三三下　糙 三三三下　戩 七下 三三七上　寫 三四〇上　營 三四二下　寱 三四三下　寮 三四四下　窩 三四五上　竇 三四五下　竈 三四六下　癝 三四八上　癅 三四八下　癈 三四八下　瘸 三四九上

癘 三四九上　瘤 三五〇上　癉 三五一上　癉 三五一下　瘇 三五二上　療(瘵) 三五二下　癆 三五二下　翼 三五五上　罾 三五五下　罽 三五五下　罶 三五五下　罿 三五六上　嵁 三五八下　嶹 三五八下　嶢 三六三下　嶓 三六三下　嶶 三六四下　儠 八上 三六八下　儦 三六八下　儐(儐) 三七二上　償 三七四下　償 三七四下　優 三七五下　儡 三八二下　臨 三八八上

襞 三八八上　襋 三九〇上　褿 三九二上　褻 三九二上　襍 三九三下　襉 三九三下　鵂 三九四上　褻 三九四上　襌 三九四下　褰 三九四下　襐 三九五上　褻 三九五上　襞 三九五下　襤 三九六上　氈 三九八上　氈 三九九上　屨 八下 四〇二下　覬 四〇七下　覯 四〇八下　覲 四〇八下　覰 四〇九上　覬 四〇九上　覷 四一〇上　歔 四一〇下　謌(歌) 四一一下

歗 四一三上　[illegible] 五八上　歇 四一二下　歙 四一二下　爓(頰) 九上 四一六下　頠 四一七上　頡 四一八上　蘇 四一八上　顆 四一八下　頷 四一九上　頳 四二〇下　顧 四二〇下　頓 四二〇下　頓 四二一上　頰 四二一下　頞 四二二下　頵 四二三上　頌 四二四上　鬀 四二九上　鬂 四二九上　髻 四三一下　醜 四三六上　嶽 九下 四三七下　嶷 四三八上　嶫 四四一上

廡(廡) 四四三下　㞕(届) 四四七上　磧 四四八下　磿 四五一上　磽 四五一下　磻 四五二下　彀 四五五上　豯 四五五上　獂 四五五下　貔 四五七下　駽 十上 四六一下　駟 四六二下　駹 四六二上　駿 四六三上　騃 四六五下　騂 四六六上　駬 四六六下　駮 四六六下　騁 四六七上　駾 四六七上　騂 四六七上　䮄(馬) 四六八上　駼 四六九下　薦 四六九下　麓 四七〇下

麋 四七一上　麠 四七一上　麈 四七二下　鼀 四七二下　獳 四七四下　獲 四七六上　獱(猵) 四七八上　殷 四七八下　谿(豀) 四七九上　飲 四七九上　燬 四八〇上　燭 四八三下　燠 四八六上　燥 四八六上　燮 四八七上　黚 四八八上　黝 四八八上　點 四八八上　黚 四八八上　黜 四八九上　縠 十下 四九一下　鵭 四九二上　盩 四九六下　鼿 四九七下　罧 四九八下

頷 五〇〇下
䁬 五〇一上
應 五〇二下
懃 五〇四上
𢣊 五〇六下
懋 五〇七上
懝 五〇九下
懜 五一〇下
潭 十一上一 五三一下
瀀 五三四下
濮 五三五下
濕 五三六上
濰 五三九上
濟 五四〇下
濡 五四一上
濱 十一上二 五四六上
濞 五四八上
濫 五四九上
濔 五五一上
澤 五五二上
濘 五五三下
濼 五五五上
𦩣(津) 五五五下
濩 五五七下
濛 五五八上

濯 五六四下
谿 十一下 五七〇上
䜸 五七〇下
濬(容) 五七〇下
霝 五七二下
𩁹 五七三下
𩃎 五七三下
䨙 五七三下
霜 五七三下
霞 五七四上
鰤 五七五下
鮪 五七六上
鯍 五七六上
鮥 五七六上
鮦 五七六下
鮮 五七九下
鮫 五八〇上
鮨 五八〇下
鮚 五八一上
鮡 五八一下
闈 十二上 五八七上
闉 五八八上
闍 五八八上
閾(國) 五八八上
闃 五八九下

闌 五八九下
闇 五九〇上
闋 五九〇下
闊 五九一上
聯 五九一下
聰 五九二上
聲 五九二上
𦗭(聵) 五九二下
馘(聝) 五九二下
擪 五九二下
擠 五九六下
擭 六〇四下
擬 六〇四下
擢 六〇五下
擣 六〇五下
擘 六〇六下
擊 六〇八下
擧 六〇九上
擿 六〇九下
嬹 十二下 六一七下
嬮 六一八上
齋 六一九下
嬥 六二〇上
嬪 六二一上
嬰 六二一下

嬖 六二二下
嬬 六二四上
嬉 六二四下
𡤊 六二五下
戲 六三〇下
櫝(匵) 六三六下
匵 六三六下
甑 六三八下
繅 十三上 六四三下
繀 六四四上
繇 六四五上
縱 六四六上
縮 六四六下
總 六四七上
繃 六四七下
縪 六四七下
縳 六四八下
縵 六四九上
縹 六四九下
縷 六五六上
縫 六五六上
𦃇(緁) 六五六上
縭 六五六下
緊 六五六下
縿 六五七上

徽 六五七上
繁(緐) 六五八上
縼 六五八下
縻 六五八下
績 六六〇上
繕 六六〇上
繆 六六一下
蝩 六六三下
螾 六六三下
蝬 六六四上
雖 六六四上
螻 六六六上
𧑛(蚳) 六六六下
蟱 六六八上
螢 六六九下
螫 六六九下
蝕 六七〇上
螭 六七〇上
蟅 六七一上
蟉 六七一下
蟄 六七一下
蟆 六七二上
螹 六七二上
蟈(蜮) 六七二下
蠕 六七三下

螽(𧕦) 十三下 六七四下
蝨 六七五上
蟁 六七五下
蠹 六七五下
飄 六七七下
颸 六七八上
鼂(鼌) 六七九上
鼀 六七九下
𩫖(堵) 六八五上
墼 六八七上
壎 六八七下
壐 六八八上
壖 六八九上
壔 六九〇上
壓 六九一下
壑 六九二下
艱 六九四上
疄 六九七下
疃 六九七下
黇 六九八下
勶 七〇〇上
勳 七〇〇上
錯 十四上 七〇二下
鍊 七〇三上
鍛 七〇三上

鍾 七〇三下
鍑 七〇四上
鍪 七〇四上
鍵 七〇四下
鍓(鏶) 七〇五下
鍱 七〇五下
鍤 七〇六上
鍼 七〇六上
鍥 七〇七上
鍰 七〇八上
鍠 七〇九下
錄(鏦) 七一一上
鍭 七一一上
鍜 七一二下
鍡 七一三下
鎊 七一四上
鍒 七一四下
[illegible] 七一八下
斣 七一九上
輼 七二〇下
輿 七二一下
輦 七二四下
轂 七二四下
轅 七二五下
轄 七二七下

輴 七二八下
轃 七二九下
隰 十四下 七三二下
隱 七三四下
睿 七三四下
𤔲(辭) 七四二上
孺 七四三上
醵 七四七下
醞 七四七下
醹 七四七下
醘 七四八上
𥛯(醮) 七四八下
醯 七四九上
醬 七五〇上
醨 七五一上
醢 七五二下
藹(藹) 二六上
薀(薀) 四三上
壓(壓) 一一八下
餳(餳) 三一八下
餒(餧) 三二三上
雜(雜) 三二四上
懦(愞) 五〇八下
瀵(瀵) 五六三下
擩(㨎) 六〇四上

醋(酣) 七四八上
薔(蘠) 二三下
薏(薏) 二七下
謠(䚻) 九三上
韓(韓) 二三六上
檍(檍) 二四二上
幪(幪) 三六〇下
臂(臂) 四〇〇上
獮(獮) 四七五下
聳(聳) 五九二上
擧(擧) 六〇三上
彌(彌) 六四一上
繇(繇) 六四三上
鐱(鐱) 六七四下

【十八畫】

禮 一上 二下
禬 七上
[illegible] 一〇下
璿 一一下
璧 一三上
璂 一四下
璹 一五上
璲 一七上
璶 一七上

𦼮(𦰩) 一下 二一上
蕢 二五上
藍 二五上
薰 二五下
藒 二六上
藎 二六上
藋 二六下
藪 二八下
蘇 二九上
藇 二九上
夢 二九下
薽 三一下
薺 三二上
蕛 三八上
薿 三八上
藹 三九上
藃 三九上
藥 四〇下
藉 四二下
蘫(菹) 四三上
二四上
[illegible] 四四下
藻 四六上
薵(蕁) 四七下
犢 二上 五二下

簭 五五下 嚛 五五下 嘘 五六下 嚬 五六下 嚞(哲) 五七上 嚖(嘒) 五八上 嚘 五九上 謮(嘖) 六〇上 趩 六四下 趨 六五下 趕 六七上 趣 六七上 歸 六八上 趧 六九下 二下 蹟(迹) 七〇上 遷 七〇上 [illegible](速) 七二下 邇 七四下 過 七五下 衛 七八上 齗 八〇上 齕 八〇上 蹩 八一下 蹣 八二下 蹵 八二下

蹢 八二下 蹠 八三上 嚚 八六下 三上 謦 八九下 謨 九一下 謹 九二上 謳 九五上 謼 九五上 謯 九五下 謷 九六上 謾 九六下 謺 九六下 謰 九六下 謱 九六下 謲 九六下 謫 九七下 謣 九九上 謬 九九上 謵 九九下 謪 一〇〇上 [illegible](業) 一〇三上 叢 一〇三上 [illegible](僕) 一〇三下 戴 一〇五上 闕 一〇六上

鞾 一〇七下 三下 鞸(韗) 一〇七下 鞣 一〇七下 鞮 一〇八上 鞏 一〇八下 鞥 一〇九上 鞴 一〇九下 鞰 一一〇上 鞬 一一〇下 鞭 一一〇下 鬵 一一一下 鬶 一一一下 餰(鬻) 一一三上 [illegible](鬻) 一一三上 闐 一二四下 㲉 一一九下 斀(敗) 一二五上 敳 一二六下 斂 一二六下 瞏 一三〇上 四上 瞳 一三一下 瞻 一三一下 瞢 一三四上 瞽 一三五上 翹 一三九上

[illegible](闠) 一四一上 巂 一四一上 雗 一四一下 雜 一四二上 雛 一四二上 雝 一四二上 魋 一四四上 雚 一四四下 舊 一四四下 翻 一四六上 犨 一四七下 瞿 一四七下 雙 一四八上 舄 一五一上 雞(鷄) 一五一上 鴝 一五一下 鵠 一五一下 鼬 一五一下 鵑 一五二下 鵝(鵞) 一五三下 鵜(鶗) 一五三下 雒(鵅) 一五四上 鵒 一五四上 鵔 一五五下 糞 一五八上 四下

殯 一六三上 殰 一六三下 辭 一六五上 髀 一六五上 髁 一六五上 [illegible] 一六六上 臑 一六九下 齋 一七〇上 [illegible] 一七九上 觴 一八七下 [illegible](觴) 一八七下 簜 一八九上 五上 簡 一九〇下 簞 一九二上 簬 一九二下 簟 一九二下 簠 一九四上 簝 一九五上 簦 一九五下 簣 一九七上 簙 一九八下 [illegible] 二〇一下 虧(虧) 二〇四下 鼖(鼓) 二〇六上 豐 二〇八上

虩 二〇九上 虡 二一〇上 虢 二一一上 蘊 二一四上 四三上 繼 二一四上 臒 二一五下 五下 餳 二一八下 餱 二一九上 餛(饐) 二一九下 糦(饎) 二一九下 餬 二二一上 餜(飽) 二二一下 餫 二二一下 餲 二二三上 [illegible](覃) 二二九下 麵(麩) 二三二上 夒 二三二下 韘 二三五下 [illegible] 二三五下 櫄(杶) 二四二下 六上 橋 二四四上 檏 二四四上 [illegible](梯) 二四五上 檻 二四六上

檿 二四七上 檖 二四八上 檹 二五〇下 [illegible](築) 二五三上 [illegible] 二五四上 檍 二五五上 檇 二五五下 鎒(槈) 二五八下 鎜(槃) 二六〇下 檕 二六二上 檷 二六二上 檮 二六九上 檻 二七〇下 [illegible] 二七一下 櫜 二七六下 六下 贅 二八一下 鄺 二八七上 鄦 二八七下 鄹 二九二上 鄭 二九四上 纍 三〇七上 七上 戳 三〇八下 旞 三一一上 旛 三一三上 鎡(鼒) 三一九下

穡 三一二上 穟 三二四上 穭 三二四下 穦 三二五下 藁 三二六下 糕 三三〇下 糣(糂) 三三一上 [illegible] 三三一下 醩(糟) 三三二下 糧 三三三上 縱 三三五下 七下 竈 三四二下 竅 三四四下 竄 三四六上 邃 三四六下 癘 三五〇下 癑 三五二下 罵 三五六下 覆 三五七上 嶬 三六〇下 曒 三六四上 儲 三七一下 八上 軀 三八八下 襄 三八九上 襘 三九一下

襜 三九二下 襗 三九三上 襛 三九三下 襡 三九四下 雜 三九五下 擷(襭) 三九六下 襚 三九七下 屩 四〇二下 八下 競 四〇五下 簪(兂) 四〇六上 覭 四〇八上 覷 四〇八上 覩 四〇九上 覲 四〇九下 歟 四一〇下 歔 四一三下 顏 四一五下 九上 題 四一六下 顒 四一七下 顡 四一八上 類 四一八下 額 四一九上 顓 四二一上 顑 四二一下 頣 四二三上

辮 四二五下 鬈 四二六上 鬅 四二六下 髻 四二六下 鬄 四二七上 鬆 四二九上 魌 四三六上 巀 四三八下 九下 巘 四四〇下 廫 四四六上 礐 四五一上 [illegible](隸) 四五三下 豵 四五五上 豪 四五六上 貙 四五七下 豶 四五七下 鏞 四五七下 騏 四六一上 十上 騅 四六一下 騂 四六二下 騢 四六三下 騋 四六三下 騎 四六四下 騑 四六四下 駢 四六五上

騊 四六九下　麐 四七〇下　麎 四七一上　獷 四七四下　獵 四七六上　斃(獘) 四七六上　跮 四七八下　跪 四七八下　跑 四七九上　跙 四七九上　跛 四七九上　跋 四七九下　豈 四七九下　豨 四八〇上　齋 四八二下　穚 四八三上　輿 四八四下　燿 四八五下　麃 四八六上　薰 四八八下　黠 四八八下　黟 四八九下　蹒 十下 五〇〇下　羸 五〇〇下　愍 五〇七上

歷 五〇七上　辧 五〇八上　慽 五〇九下　懖 五一〇下　懟 五一三上　憗 五二二上　饐 五二三上　憝 五二四下　縈 五二五下　瀁(漾) 十一上一 五二二下　濼 五三五下　瀏 十一上二 五四七下　瀄 五五一上　瀆 五五四下　瀝(砅) 五五六下　瀑 五五七下　瀀 五五八下　濾 五五九上　滤 五五九下　瀎 五六〇下　瀋 五六三下　濶 五六三下　繆 十一下 五七〇下　瘞 五七一上　霝(雨) 五七一下

霣 五七二上　霢 五七三上　霏 五七三上　霤 五七三上　賈 五七三上　鯀 五七六上　鯉 五七六下　鯈 五七七上　鯁 五七七上　鯉 五七七下　鯇 五七八上　鯫 五七八下　鯷 五七八下　鯢 五七九上　鯁 五八〇上　鰲 五八〇下　翼(𦐇) 五八二下　鵠 十二上 五八六上　鹽 五八六上　闔 五八七下　闕 五八八上　闓 五八八上　闐 五八八上　闇 五八八下　闐 五九〇上

闖 五九一上　職 五九二上　聵 五九二下　聶 五九三上　擘 五九七下　擷 五九七下　擪 五九八上　擿 六〇一上　舉 六〇三上　擊 六〇九下　嫚(婚) 十二下 六一四上　嬛 六一八下　嬻 六二三下　甓 六二八下　琹(琴) 六三四上　甓 六三九上　繇 六四三上　織 十三上 六四四下　繢 六四五上　繖 六四六上　繙 六四六下　繚 六四七上　繞 六四七上　繅 六四八上　繪 六四八上

繟 六五三下　纍 六五四下　繙 六五四下　繕 六五五上　繢 六五六下　繥 六五八下　繐 六五九上　繐 六五九上　彝 六六一上　龣 六六二下　蟊 六六二下　蟯 六六四上　蟣 六六四上　蟫 六六五上　蟜 六六五上　蟜 六六七上　蟥 六六七上　蟠 六六七下　蟬 六六八上　蟨 六七三上　蟲 十三下 六七六上　颺 六七八上　颺 六七八上　鼂 六七九上

鼂 六七九下　龍 六八〇上　壘 六九一上　壙 六九一上　釐 六九四下　勸 六九八下　鞋 六九八下　甥(𡥂) 六九九下　鎔 十四上 七〇三上　鎬 七〇四上　鏈 七〇四下　鍪 七〇五上　鎷 七〇五下　鎩 七〇六上　鎌 七〇七上　鎮 七〇七上　鎛 七〇九下　鎗 七〇九下　鎧 七一一下　鎩 七一三下　鎬 七一四下　䵍 七一六下　轉 七二二上　轆 七二二下　轉(專) 七二五下

轉 七二七下　輦 七二八下　聲 七二九上　陵(陸) 十四下 七三一下　隤 七三三下　巉(子) 七四二下　醪 七四八上　劉 七四八上　醧 七四九上　醫 七五〇下　醪 七五一下　鎡(鎡) 三一九下　禖(禖) 三九二下　瀨(冽) 五七二下　蟥(蟥) 六六四下　爵(爵) 二一七下　額(額) 四一六下　魏(巍) 四三七上　燼(妻) 四八四上　鞠(鞠) 四九六下　奰(奰) 四九九下　擾(擾) 六〇二下　斷(斷) 七一七上　醬(醬) 七五一上

【十九畫】

禱 一上 六下　瓊 一〇下　瑤 一五上　瓅 一八上　璽 一九上　䔊 一下 二五上　鼓 二九上　鶉 二九上　蔓 二九下　曾 三〇上　薷 三〇下　隸 三一上　薦 三一下　邋 三一下　蘢 三六下　藪 四一上　蘗(蘄) 四二上　蘗 四二上　藩 四三上　藻(檮) 四三上　蕢 四六下　藜 四七上　獱 二上 五一上

犢 五一上　犢 五一下　犨 五三上　犧 五三下　嚨 五四上　趫 六三下　趣 六四上　趠 六四上　趕 六五上　趬 六五下　趪 六五下　遭(邁) 二下 七〇上　遺 七一上　遂 七三下　邌 七四上　斷 七六下　齗 七九上　蹻 八一下　蹴 八二上　躄 八二下　蹶 八三上　蹯 八三上　蹲 八三下　蹸 八四下　謨 三上 九一上

識 九二上　譒 九五上　譊 九五下　譆 九六下　譏 九七上　繇 九七下　譆 九七下　譖 九八下　譈 九八下　讀 九八下　譁 九九上　譌 九九上　譎 九九下　譬 九九下　譖 一〇〇上　譙 一〇〇下　證 一〇〇下　譋(讕) 一〇二上　韝 一〇四下　攣(𢎘) 一〇四下　譽(鬻) 一〇六上　鞶 三下 一〇七下　鞢 一〇八上　鞨(韶) 一〇八下　鞹 一〇八下

轉 一〇九下
韡 一二〇上
䪏 一二一上
羹(鬻) 一二三下
鳴 四上 一三〇上
鞸 一三一上
曠 一三二下
曖 一三三下
臨 一三三下
曚 一三五上
疇 一三七上
斟 一三九上
翻 一四〇上
雛 一四一下
離 一四二下
鵰(雕) 一四二下
錐 一四三下
羸 一四六下
羶(羴) 一四七下
鵰 一四九上
雝 一四九下
鴸 一五一上
難(鸛) 一五一上
鵲 一五一下
鶁 一五二上

鮭 一五三上
鶂 一五三下
鶄 一五四上
叡(叡) 四下 一六一下
殯 一六二下
髃 一六五上
臘 一七三上
劖 一八一下
脈 一八五下
膹 一八六下
觶 一八七上
艭 一八八上
簵 五上 一八九上
簬(簵) 一八九上
籀 一八九下
篖(籰) 一九一下
簾 一九一下
簸 一九二上
簏 一九五上
籧 一九六下
簫 一九七上
簿 一九八上
簦 一九八下
籔 一九九上
譌 二〇五上

鼗 二〇五下
鼛 二〇六上
鼘 二〇六下
譬 二〇六下
蠢 二一二下
鬵 二一二下
盬 二一三下
盪 二一四上
餼(饎) 五下 二一八下
饉 二二〇下
饁 二二〇下
饍 二二一上
饈 二二三下
餹 二二四上
韜 二二五上
韝 二二五上
韞 二二六上
韓 二二六上
櫟 六上 二四六上
櫗(櫗) 二五二下
櫝 二五八上
櫛 二五八下
櫌 二五九下
櫡 二五九下
櫑 二六一上

櫎 二六二上
櫓 二六五上
麓 二七一下
橐 六下 二七六下
賵 二七九下
贊 二八〇上
贈 二八〇下
賣 二八二下
竉 二八四下
營 二九四上
鄦 二九九下
鄭 三〇〇上
鄉 三〇〇上
鄺 三〇〇上
曠 七上 三〇三下
曝(暴) 三〇七下
旞 三一〇上
旝 三一〇下
旝(旃) 三一一上
疊 三一三上
曡 三一三上
牘 三一八下
齋 三二二上
穧 三二五上
穫 三二五上

糒 三三一上
糬 三三二上
檾 三三二上
餼(氣) 三三三下
廏 七下 三三六上
辦 三三七下
寴 三三九下
寵 三四〇下
竂 三四一下
癡 三五三上
䍡(巽) 三五五上
羅 三五六上
羆 三五六下
覈 三五七上
幨 三六一上
黼 三六四下
儴 八上 三七八上
儳 三八〇上
襮(表) 三九一下
襤 三九二上
襦 三九四下
䙴(襄) 三九四下
氈 三九五下
羸 三九六上
穨 八下 四〇七上

覶 四〇七下
覵 四〇九上
歠 四一二下
歡 四一四上
顏(顔) 九上 四一六上
頷(頌) 四一六上
顛 四一六上
顙 四一六下
顠 四一七上
顗 四一七下
顡 四一七下
顥 四一七下
顧 四一七下
顛 四一八上
頿 四二〇下
顡 四二三上
頿 四二四上
鬆 四二六下
鬋 四二六下
鬣(鬛) 四二八上
鬐 四二八上
鬌 四二八上
嶭 九下 四三八下
廬 四四三上
龐 四四五上

礐 四四九下
礘(碣) 四四九下
礊 四五一下
礙 四五三上
豶 四五五上
豷 四五五下
貚 四五七下
騢 十上 四六一下
騧 四六二上
騑 四六三上
騇 四六五下
騤 四六六上
騩 四六六下
騖 四六七上
騠 四六九上
麒 四七〇下
麔 四七一上
麕(麇) 四七一上
麖(麠) 四七一上
麑 四七二下
麗 四七二下
類 四七六下
獺 四七八上
鼪 四七八下
羆 四八〇上

爇 四八〇下
爆 四八三上
儵 四八九上
懬 十下 五〇四下
懷 五〇五上
貇 五一二下
𢤄(患) 五一四下
懲 五一五下
瀙 十一上一 五三三上
瀤 五四二上
瀨 十一上二 五五二下
澩(㶅) 五五五上
瀵 五五五下
瀧 五五八上
瀞 五六〇下
瀝 五六二下
瀀 五六三下
瀾 五六五上
瀕 十一下 五六七下
霚 五七二下
霰 五七三上
霸 五七三下
霧 五七四下
鱅(鱅) 五七五下
鰂 五七七下

鯢 五七八上
鯦 五七八下
鯫 五七九上
鯪 五七九上
鯛 五七九下
鯨(鱷) 五八〇上
鮥 五八一上
鯛 五八一下
鯙 五八一下
鯕 五八二下
靡 五八三上
壛(閻) 十二上 五八七下
闞 五九〇上
闚 五九〇上
闛 五九〇下
聸 五九一下
擽 五九四上
攈 六〇五上
撻(撻) 六〇八上
攎 六一〇上
嬇(妘) 十二下 六一三下
嫵 六一七上
嬹 六一八上
嬾 六二四下
繭 十三上 六四三下

繹 六四三下
繰 六四六上
繯 六四七上
繡 六四九上
繪 六四九下
繅 六五一下
繩 六五七上
繮 六五八上
繁 六五九上
縈 六五九上
𦅴(緆) 六六一上
彝(彞) 六六二下
繫 六六二下
繛 六六二下
緜 六六三上
蠁 六六四上
蠆 六六六下
蠇 六六七上
蠃 六六七下
蟰 六六九上
蠉 六六九下
蠣 六七一上
蟺 六七一下
蠏 六七二上
蠡 十三下 六七四下

䍜 六七四下　蝨 六七五下　𪓌 六七八下　黿 六七九上　蠅 六七九下　䵷 六八〇上　𪓓(𪓓) 六八〇上　壚 六八三下　壐(璽) 六八八上　酵(圮) 六九一上　壞 六九一下　壟 六九三上　疇 六九五上　疆(畺) 六九八上　𦗈 六九八上　勞(勞) 七〇〇下　鏈 十四上 七〇二下　鐵(鐵) 七〇二下　鏤 七〇二下　鏡 七〇三下　鏄 七〇四下　鏟 七〇五下　鏇 七〇五下　鏺 七〇五下　鏨 七〇六上

鏝 七〇七下　鏞 七〇九下　鏓 七〇九下　鏜 七一〇上　鏔 七一〇上　鏢 七一〇下　鏦 七一一上　鏠 七一一上　鏐 七一一上　鏑 七一一下　鏊 七一三上　鏃 七一四上　鏉 七一四上　𨏥 七二二上　轐 七二四上　轑 七二六下　轎 七三〇下　隴 十四下 七三五上　闞 七三七上　獸 七三九下　乾(乾) 七四〇下　辭 七四二上　孼 七四三上　醰 七四八下　醮 七四八下

醋 七四八下　酸(酸) 七五一上　醹 七五二下　簹(簹) 二三三上　燻(燻) 四六下　藕(藕) 三四下　藝(蓺) 二三下　雞(雞) 三五上　類(類) 四三下　霧(霧) 五七四上　董(董) 六六五下

【二十畫】

鬵(璿) 一一下 一上　瓏 三一下　蠙(玭) 一八上　蘇 一三下　蘊 二一下　蘆 二五上　蕙 二五上　蘚 二七上　蘄 二七下　藺 二八下　薅(薅) 二八下　藷 二九上

藉 二九上　藾 三〇下　遴(淩) 三一下　蘜 三二上　蘭 三四上　蘢 三四下　蘀 四〇下　蘖 四二上　藻(藻) 四六上　蹯(番) 二上 五〇上　釋 五四上　犨 五五下　犧 五五上　嚳 五五下　嚶 五九下　嚶 六一下　嚴 六二下　趮 六四上　趯 六四上　趣 六四下　趠 六五上　還 七二下 五上　齜 七九上　齞 七九上　齙 七九下

齣 八〇上　齰(齰) 八〇上　齝 八〇上　齛 八〇下　躅 八二下　商(商) 三上 八八上　譬 九一上　議 九二上　譣 九二下　譪 九二上　譮(話) 九三下　警 九四上　譞 九四下　譽 九五下　譔 九六下　講 九八下　譏 九九上　譟 九九上　譯 一〇一下　譜 一〇二上　競 一〇二上　辭 一〇三下　農 一〇六上　鞹 三下 一〇七上　鞳 一〇八上

鬻(鬻) 一一三下　翽 一一三下　斆 一二七上　翾 四上 一四〇下　徽 一四三下　矍 一四七下　鷀(鷀) 一四九上　鵬 一五〇上　鶘 一五一上　鶪 一五一上　鵝 一五一上　鷗 一五一下　鶩(鳩) 一五三上　鶩 一五三下　鶐 一五三下　鵬 一五五下　蟪(惠) 四下 一五九上　髆 一六四下　臚 一六七下　髈(膀) 一六九上　䶨(副) 一七九下　觸 一八五下　犧 一八七下　鐍(饈) 一八八上　鬻 五上 一九〇上

籍 一九〇下　籑 一九一下　籃 一九三上　籥 一九五下　籌 一九八上　鬬 二〇八上　磬 二一一下　盧(盧) 二一三上　饕 五下 二一八上　饌 二一八上　饒(饒) 二二〇上　饕(饕) 二二一上　饉 二二一上　譽 二二二下　嚣 二二五上　磬 二二六上　缺 二二八下　囊 二三三上　夔 二三三下　韗 二三四下　櫝 六上 二四四上　櫞 二四四下　櫨 二五四下　櫱 二五六上　櫪 二五七上

疊(楣) 二六一下　櫱(檗) 二六八下　櫪 二七〇上　櫳 二七〇下　櫬 二七〇下　贍 六下 二七九下　贏 二八一上　酆 二九二下　鄒 二九四下　鄣 二九五上　鄦 二九九下　鵬 三〇一上　替 七上 三〇四上　旟 三〇九下　穮 三一二下　穬 三一三上　穮 三一五上　稗 三二〇上　馨 三二〇下　耀 三二三上　䊙(泉) 七下 三二五下　糯 三二六上　龢 三二六上　縫 三三六下　寶 三四〇上

寳 三四四下　攘 三五二下　巇 三六〇上　獬 三六四下　瓌(傀) 八上 三六八上　儷 三七二上　襮(表) 三八〇上　襮 三八〇上　襩(襱) 三九三上　罌 三九四下　礒 三九六下　齋 三九六下　蠹 三九九下　贍 八下 四〇八下　覺 四〇九上　贅 九上 四一八上　頼 四二四上　贊(参) 四二四下　鬐 四二六上　鬑 四二七上　鬅 四二七下　鬄 四二八上　鬆 四二九上　廮 九下 四四五上　礫 四五〇上

礪 四五二下　獼 四五五上　隲 十上 四六〇下　魄 四六一下　鶱 四六三上　騬(騅) 四六三下　騯 四六四下　騮 四六五下　騫 四六七上　騵 四六七下　騷 四六七下　驅 四六七下　騶 四六八上　騰 四六八下　驊 四六八下　騵 四六九上　騱 四六九下　鵝 四六九下　麔 四七〇上　麠(鹿) 四七〇上　麡 四七〇下　麙 四七〇下　麠 四七一下　獮 四七五下　獻 四七六上

鼲 四七八下
竷 四八〇下
爏 四八三上
爓 四八五下
黤 四八八上
黔 四八八上
黨 四八八下
黬 四八九上
黥 四八九下
𤢖 十下 四九一上
獠 四九二下
貇 五〇二下
聾(懟) 五一〇下
𢡖 五一一上
瀾 十一上二 五四六上
灡 五四九上
瀰 五五〇上
瀳 五五一上
瀸 五五一上
瀝 五五四下
瀨(洄) 五五九下
瀵 五六〇下
瀹 五六二上
羆 五六二上
瀿 五六四下

霝(雹) 十一下 五七二下
靁 五七三下
鰖 五七六上
鰋 五七六上
鯾 五七七上
鯿(鯾) 五七七上
鱠 五七八上
鰋(鮻) 五七八下
鰅 五七九下
鰂 五七九下
鯽(鰂) 五八〇上
鰒 五八〇上
鰕 五八〇下
鯸 五八一下
龕 五八二下
鹹 十二上 五八六上
闠 五八八上
闟 五八八下
闡 五八八下
闞 五九〇下
攕 五九四上
攘 五九五上
嬰 十二下 六一七下
孅 六一九上
嬧 六一九下

孃 六二五上
匶(医) 六三七上
盭 六四二上
辮 十三上 六四七上
纁 六五〇上
繻 六五二上
纂 六五四上
纀 六五四下
緉(紞) 六五八上
繫 六五九下
齍 六六五下
蠖 六六六上
蠓 六六八下
蠗 六七三上
蠡 十三下 六七五上
蠹(螙) 六七五下
飄 六七七下
飂 六七八上
龐 六七八下
壤 六八三上
斆(壞) 六九一下
勸 六九九下
鐐 十四上 七〇二上
鐈 七〇四上
鐰 七〇四上

鐎 七〇四下
鐙 七〇五上
鏶 七〇五下
鑒 七〇六下
鏞 七〇七上
鐖 七〇七上
鐕 七〇七下
鐃 七〇九上
鐘 七〇九下
鐔 七一〇上
鐓 七一一上
鐏 七一一上
鐗 七一一下
鐊 七一三下
鐉 七一四上
鑿 七一四下
斷 七一七上
轖 七一三上
轙 七一六上
轒 七一九下
轘 七二〇上
醴 十四下 七四七下
醲 七四八上
醵 七五〇上
醶 七五一上

驅(驅) 八上
蘁(盇) 四三上
雙(雙) 五二下
羹(羹) 一二三下
圝(圝) 二七八下
繼(𢇍) 六四五下
鼂(鼂) 六八〇上
鐂(鎦) 七一四上
賣(賣) 二八〇上
騮(駵) 四六二下
孽(孼) 七四三上

【二十一畫】

瓔 一上 一七上
靈 一九下
蘧 一下 二四下
蘘 二四下
蘭 二五上
蘪 二五下
蘞(薟) 三一下
蘥 三三上
蘜 三五下
蘠 三五下
蘬 三六上
蘦 三六上

蘁(蒩) 四三上
蘫 四三上
嚼(噍) 二上 五五上
趯 六四上
趰 六四下
𧾧 六四下
趣 六五上
衢 二下 七六上
龢 七九下
齦 八〇上
齥 八〇上
齩 八〇上
齰 八〇上
齧 八〇上
齟 八〇下
齷 八〇下
齬 八〇下
躐 八一下
躋 八二上
躍 八二上
壘(畾) 三上 八六下
囂 八六下
商(商) 八八上
嚳 八九下
護 九四下

譽 九五上
譺 九六下
譸 九七上
譯 九八上
譴 一〇〇上
譚 一〇〇下
嚞 一〇三上
䢉(農) 一〇六上
韇 三下 一〇七下
鬺 一二一上
鬻 一三一上
闢 一四〇上
闥 一四〇下
贛 一三三上
矙 四上 一三〇上
鷄(雞) 一四二上
鶵(雛) 一四二下
𨼆 一四四上
羼 一四七下
鶻 一四九下
雚(鸛) 一五〇下
鶡 一五〇下
鶴 一五二下
鷉 一五三上
鷀 一五三上

鷊(鵙) 一五三下
鶬 一五四上
鷂 一五四下
鶯 一五五上
鶾 一五六下
鷩 一五七上
鶩 一五七上
殲 四下 一六三下
髏 一六四下
髍 一六六上
臕 一七一上
籓 五上 一九〇上
劉 一九〇下
灊 一九二上
𢿦 一九二下
𦦻 二〇〇上
蘮 二〇六上
韡 二〇六上
韢 二〇六下
鐻(虡) 二二〇上
蘊(薀) 二二四上
巇 二二四下
竷 五下 二二七下
饘 二二八下
饎 二二九下

饌(籑) 二二九下
饟 二三〇上
饋 二三〇下
饒 二三一下
饐 二三三上
饑 二三三上
饆 二三三下
牆(墻) 二三一上
夔 二三一下
𡖚 二三二上
鬘 二三二下
䖿 二三五上
欄 六上 二四六下
櫰 二四七上
櫾 二四八下
櫹 二五四上
櫺 二五六上
櫼 二五七上
櫑(櫑) 二六二下
櫱 六下 二七六上
圛(囿) 二七八上
圞(囮) 二七八下
齎 二八〇上
酆 二八六下
酄 二九七上

酅 二九八上
𤕫 三〇〇下
曩 七上 三〇六上
霸 三一三下
穮 三二〇上
穖 三二三上
壁 七下 三三六下
播 三三七上
寷 三三八下
竅(竅) 三四二上
竈(竈) 三四四上
寱 三四七上
寢 三四七下
霰(霩) 三五七上
巎 三六一下
𩕊(噃) 三六三下
儺 八上 三六八下
儹 三七二下
儷 三七六下
襱 三九三上
屬 八下 四〇二上
覽 四〇八上
觀 四〇八下
顥 九上 四一八上
顧 四一八下

躪 四一九上
顬 四三〇上
顯 四三〇上
醮 四三三上
鬗 四三六上
黊 四二七下
纚（色） 四三三上
魖 四三五上
魑 四三六上
魏 四三七上
廱 九下 四四二下
礱 四五二下
獼 四五三下
驄 十上 四六二上
驃 四六二上
騮 四六三上
驐 四六三上
驀 四六四下
驂 四六五上
驅 四六六下
鷙 四六七下
瀍 四七〇上
獲 四七四上
爚 四八一下
爆 四八五下

黯 四八七下
黤 四八八上
黰 四八九上
黮 四八九上
黭 四八九下
懼 十下 五〇六上
懽 五〇七下
懏 五一〇下
屭 五一四下
灊 十一上二 五一九下
灌 五三二上
瀷 五三二上
灈 五三三下
灕 五三七下
灅 五四二下
瀻 十一上三 五四八上
瀿 五四九下
灒 五六一下
霿 十一下 五七三下
露 五七三下
鰤 五七五下
鰨 五七五下
鰫 五七五下
鰥 五七六上
鰜 五七七上

鰟（魴） 五七七下
鰜 五七七下
鰨 五七八下
鰝 五八一上
龔 五八二下
闠 十二上 五八七上
闢 五八八下
闞 五八九下
擢 五九七上
攝 五九七上
攜 五九八上
攖 六〇二下
攑 六〇三上
攦 六〇四上
孀 十二下 六二四上
蠡 六三四下
甗 六三八下
虇 六四〇下
㜺 六四〇下
纅 十三上 六四四上
纇 六四五上
續 六四五下
纏 六四七上
繱 六五一上
纍 六五六下

纊 六五九下
蘚 六六二下
蠝（螺） 六六四下
蠤（蠆） 六六五下
蠜 六六六下
蠵（蠵） 六七三上
蠢 十三下 六七六上
飇 六七七下
黼 六九八下
鐵 十四上 七〇二下
鎖 七〇二下
鑢 七〇四下
鑄 七〇五下
鎸 七〇六上
鐲 七〇八下
鐸 七〇九上
鐺 七一三下
鐘 七一四上
㪽 七二三下
鼙 七二九上
韝 七二九上
轟 七三〇下
鄰 十四下 七三一上
辯 七四二上
䨺（寅） 七四五上

醹 七四八上
醢 七四八上
醻 七四九上
醺 七五〇上
齧 七五二下
趣（趣） 六四下
隸（隸） 一二七上
顏（顏） 四一六上
屢（屢） 四四七上
驚（驚） 四六七下
獾（獾） 四七五下
舉（擧） 六〇三上
蠡（蠡） 六七五下
蠽（蝥） 七〇〇下
蘩（蘇） 四八六下
曝（曝） 二六四上
爛（爛） 四八三上
鹺（鹺） 五八六上
纋（縲） 六五九上

【二十二畫】

禳 一上 七上
瓘 一〇上
瓔 一〇上
瓗（瓊） 一一上

韄 一下 三七下
蘼 四一下
蘱 四七上
蘘 四七上
櫰 二上 五二上
嚴（嚴） 六三下
趲 六五下
趯 六六下
邋 二下 七〇下
邅 七二下
齬 七九下
齪 七九下
躚 八二下
躐 八三上
龢 八五下
讀 三上 九〇下
讅 一〇〇下
讄 一〇一上
響 一〇三上
變 一〇五上
龔 一〇五上
韇（韥） 三下 一〇七下
韄（韒） 一〇九下
醽 一一一下
鬻 一一三上

鬻 一一三下
鬹 四上 一三七下
鷍（雇） 一四三下
鷂（雎） 一四三下
鷰 一四九上
鶒 一四九上
鷚 一五〇上
鵵 一五〇下
鶇 一五一上
鷖 一五二下
鴡 一五三下
鷫 一五三下
鷃 一五五上
鷙 一五五上
鷵 一五五下
鷓 一五六上
㘔 四下 一六五上
髒 一六五下
膗 一七一上
艫 一八五上
艭 一八八上
龕 五上 一九五上
篕 一九五下
籐 一九七上
䵚（鼓） 二〇六上

聾 二〇六下
饑 二〇七上
虤 二一〇下
饡（饒） 五下 二一八下
饘 二一九上
饗 二二〇下
饕 二二一下
饖 二二三上
糴 二二四上
麴 二三一上
翡 二三五下
欅 六上 二四一上
欋 二四六上
槃 二四九下
鞽 六下 二七四下
囊 二七六下
贖 二八一下
鄧 二八四上
磬 二八六下
酈 三〇〇下
廬（廬） 七上 三一〇下
龍 三一四上
癵 三一七下
䆉 三二六上
㯪 三三二下

籀 三三二下
鞠（鞠） 三三三下
瀼 七下 三四七下
癢 三四九上
癬 三五〇上
儼 八上 三六九下
襲 三九一上
顫（展） 八下 四〇二下
㕒 四〇二下
顱 四〇三下
覼 四〇九上
觀 四一〇上
霞 四一〇上
歡 四一一上
歔 四一二下
欃 四一二下
顯（頂） 九上 四一六下
頷 四一七上
顫 四二二下
嘗 四二七下
獵（鬣） 四二八上
觸 四二八上
鶯 四三六上
魑 四三六上
欝 九下 四三九下

驌 十上 四六一上
驕 四六二上
驕（騙） 四六二上
驛 四六二下
驍 四六三下
驕 四六三下
驛 四六九上
麕 四七一上
鼷 四七九下
鼲 四七九下
鬗（熬） 四八二下
爟 四八六上
爝 四八六下
䰜 四八八上
鱉 四八九上
臕 四八九上
爐 十下 四九五下
懿 四九六上
灘（灘） 十一上二 五五五上
灑 五六五上
瀻 五六五下
蘳 十一下 五六九下
霰 五七三上
霽 五七三下
霮 五七四上

霧 五七四上
鱄 五七六下
鱋 五七七上
鰱 五七七下
鰻 五七七下
鰼 五七八上
鰸 五七九上
鱅 五七九下
鰲 五八二上
蘢 五八二下
聽 十二上 五九二上
聾 五九二上
嬻 十二下 六一八下
孌(嬌) 六一八下
六三三上
變 六三三上
六一八下
鑪(盧) 六三八上
鑾 六四〇下
彊 六四一上
纖 十三上 六四五下
纑 六六〇上
蠪 六六六上
蠥 六七三下
蠡 十三下 六七五下
蠹 六七六上
鼉(鼉) 六七九下
鑄 十四上 七〇三上
鑑 七〇三下
鑊 七〇四上
鑿 七一〇上
鑣(鏕) 七一三上
轞(車) 七二〇上
轢 七二八上
續(隫) 十四下 七三三下
孿 七四三上
靃(霍) 一九四下
蠛(蠛) 四四〇下
驪(驪) 四六一下
龕(龕) 五八二下
巒(欒) 六六三上
饕(饕) 二一八下
竊(竊) 三三三下
鰷(鯈) 五七七上

【二十三畫】

䯝(祟) 一上 八下
瓚 一二上
蘺 一下 二五下
蘿 三五上
蘸 三六下
四八〇下
蘼 四二上
嚵 二上 六〇下
邋 六四下
遽 六四下
邐 二下 七二下
齱 七九上
齯 七九下
齮 七九下
齰 八〇上
齚 八〇上
齗 八〇上
躗 八二下
讎 三上 九〇上
讕 九六上
讋 九八上
讐 九九下
韄 三上 一一〇下
鬻(鬻) 一二一下
鬻 一二三上
歠 一三三上
變 一三四上
矔 四上 一三〇下
雞 一四三上
鵝 一五〇下
鷦 一五一上
鷗 一五一上
難(鷬) 一五二上
鷞 一五二下
鷸 一五三上
鸇 一五三上
鷍 一五三下
鷻 一五四上
鷳 一五四下
鷹 一五四下
鷩 一五五下
鷮 一五六上
髑 四下 一六四下
髏 一六六上
體 一六六上
髓 一六七上
巂(脥) 一七五上
鷖 一八六上
籦 五上 一九〇下
籩 一九二上
籢 一九三下
籑 一九五上
籥 一九六上
籤 一九六下
盬 二〇九上
贙 二一二下
饡(餐) 五下 二一九上
饕 二一九下
饞 二二一上
饘 二二一上
韣 二二五下
韏 二二五下
韤 六上 二四一下
欒 二四五下
櫕 二六四上
齍 七上 三〇五上
糴 三〇七上
曬 三〇七下
䍦 三一二下
穳 三一二下
䵑 三二〇上
齋(齌) 七下 三三七上
竉 三三七上
癬 三五〇上
癰 三五一上
襱 三六四下
襛 八上 三九八上
髯(屍) 四〇〇上
歗 八下 四一〇下
顝(頦) 九上 四一六下
顙 四二二下
顯 四二三上
巖 九下 四四〇下
驗 十上 四六四上
驌 四六六上
驚 四六七上
驁 四六七上
驔 四六七下
驛 四六八下
麢 四六九上
麟 四七〇上
麤 四七二下
玃 四七七上
鼷 四七八下
鼸 四七九上
鼵 四七九上
鼲 四七九上
爇(然) 四八〇下
三六下
爢 四八三上
黳 四八八上
黲 四八八上
黴 四八九上
竊 十下 四九六下
戁 五〇三上
灘 十一上一 五四四上
灓 十一上二 五五五上
瀐 五六六上
瀧 十一下 五七〇下
靁 五七二下
鱔 五七五上
鱒 五七五下
鰲 五七五下
鱏 五七八上
鯌 五七八下
鱖 五七八下
鱓 五七九上
鱗 五八〇上
聵 十二上 五九二下
攩 六〇〇下
攫 六〇五上
攣 六〇五下
攬 六〇六下
摩 六一〇下
彏 十二下 六四〇下
纖 十三上 六四六上
纔 六五二下
纓 六五三上
纕 六五五下
纗 六六二上
蠲 六六五下
蠰 六六六下
蠕 六六七下
蠹 十三下 六七五上
蠭 六七五上
蠽 六七六上
蠱 六七六下
鼆 六七九下
囏(艱) 六九四上
鑾 十四上 七〇三上
鑠 七〇三上
鑼 七〇七上
鑢 七〇七下
鑣 七一三上
轡 七二八下
邍(邍) 七〇上
殲(殲) 一六三下
儽(傫) 三七三下
鷽(鷽) 四六六上
鬈(鬈) 一〇九上
髓(髓) 一六六上
蠨(蟰) 六六九上

【二十四畫】

顲 一上 四上
瓛 一三上
靈(靈) 一九下
蘸(芭) 一下 一三上
鬻 三上
鷟 三下
趲 二上 六四下
趝 六五下
趯(逭) 二下 七四上
衢 七八上
齵 七九上
齳 七九下
齰 八〇上
齲(禹) 八二上
囂 三上 八六下
讖 九〇下
讒 一〇〇上
讓 一〇〇上
讕 一〇一上
韇 三下 一一〇下
鬻(䰜) 一一二下
䰞 一一三上
鬭 一一四下
矕 四上 一三〇下
䴗 一三七下
鷹(䧹) 一四二下
靃 一四八上
雥 一四八上
鸏 一四九上
鸒 一五〇上
鷽 一五一下
鸐 一五三上
鸇 一五五上
鸃 一五五下
髕 四下 一六五下
籧 五上 一九四上
匶(匱) 一九四上
鼜 二〇六下
盡 二一四下
犨 五下 二一五上
韤 二三六上
欘 六上 二六八下
贛 六下 二八〇下
贛(贛) 二八〇下
寱 七下 三四七下
癱 三五〇上
羈 三五五上
羇(罵) 三五六下
襺 八上 三九一上
覶 八下 四〇九上

顲 九上 四一六上
顡 四三〇下
鬢 四二五下
鹽 四二六上
鬻 四二六下
鬶 四二六下
魗 四三六上
魕 四三六上
礶 九上 四五二下
矙 十上 四六二上
驟 四六六下
鹺 四七一上
蠺 四七二下
斀 四八九下
羈 十下 四九七上
羼 四九九下
灟 十一上 五四二上
灡 十一上 五六一上
灝 五六三上
艭 十一下 五六七下
霱(賣) 五七二上
褻 五七二下
鱣 五七六下
鱧 五七七下
鰢 五七九上

鱲 五八〇上
鱢 五八〇下
鹼 十一上 五八六上
鹼 五八六下
孎 十二下 六二〇下
艫(盧) 六二八上
纗 十三上 六五五下
䌖(緢) 六五九上
蠸 六六四下
蠵 六七三上
蠏(蟹) 六七三上
蠶 十三下 六七四下
蠹 六七五上
鼊 六七九下
鑣 十四上 七〇三下
鑪 七〇五下
轤(軨) 七一三下
闤 十四下 七三七上
闥 七三九下
醸 七四七下
醻 七四八下
醲 七五一上
戳(戭) 二三六上
蠹(蠹) 六七五下

【二十五畫】
鬹(禱) 一上 六一上
蘼 二下 一五下
蘹 二九上
趯 二上 六四下
趯 六五上
趲 六六上
齲 二下 七九上
齵 七九上
齹 八〇上
齴 八〇上
齸 八〇下
齻 八〇下
齱 八〇下
齳 八一下
躣 八二上
躥 八二上
躪(蹴) 八二上
籥 八五下
讕 三上 九八上
讒 九九上
讙 九九上
譋 一〇〇上
讔 一〇〇上
釁 一〇六上

鞫(鞠) 三下 一〇八下
鬻(鬻) 一二三下
鬭 一二三上
曯 一二四上
鸒 四上 一三一上
鷴 一四八下
騻 一五〇上
髖 一五三上
鬱 四下 一六五下
髗 一七一下
髒 一八五上
籠 一八六下
籫 五上 一九二上
籩 一九三下
鑯 二〇六下
櫺 五下 二一九上
櫰 二五九下
欕 六上 二六七上
糶 二六七下
龝(秋) 六下 二七三上
糷 七上 三二七上
𥨊(寤) 三三三下
觀 七下 三四七下
𧂄(觀) 八下 四〇八上
覽 四〇八上

鱜 四〇八下
顱 四一三上
顴 九上 四一六上
鬣 四二一下
鬤 四二七上
礹 四二七下
䨇 九下 四五一下
麢 四五八上
蹝 十上 四七一下
黐(穩) 四七八下
爤 四八三上
黵 四八三上
黷 四八七下
尷 四八九上
灕 十下 四九五下
靆 十一上 五五五上
鱮 十一下 五七二下
鱯 五七七下
鱛 五七七下
灢 五七七下
闟 五八二上
鼇(系) 十二上 五九〇上
纘 十二下 六四二下
纚 十三上 六四六上
纗 六四七下

纏 六四八下
纚 六五二下
蠻 六七三下
蠺 十三下 六七五上
蠱 六七六上
龕 六七九下
鼉 六七九下
勷 六九九上
鑲 十四上 七〇三上
鑯 七〇五上
鑴 七〇七下
鑮 七〇九上
斸 七一七上
轣 七二四上
醽 十四下 七四九上
鬮(鬮) 五八九下
蠶(蠶) 六七六上

【二十六畫】
虉 一下 四五下
齽 二下 七九上
齸 七九上
躧 八四上
讝 八五下
讛 三下 一一二上

讜 一二三下
䜮(蒦) 四上 一四四下
鸖 一五〇下
騾 一五二下
驖 一五四上
鸕(鶚) 一五五上
鷰 一五六下
籯 五上 一九三下
籬 一九八下
饞 二二〇下
饟 五下 二二〇下
穀 七上 三三四上
竊 七下 三四七下
覼 八下 四〇七下
歡(歎) 四一二上
顳 九上 四一八上
蘆 四二八上
驪 十上 四六三上
驢 四六九上
麤 四八七下
鸌 四八八下
鱳 十一下 五七九下
闢 十二上 五八九下
鹽 十二下 六三六上
蠹 十三下 六七六下

鑴 十四上 七〇四上
鑼 七一三下
釃 十四下 七四七下
蘸(醢) 七五二下

【二十七畫】
孿 一下 二六下
蘱 四三上
犫 二上 五一下
趯 六五下
躩 二下 八三下
鱺 八五下
轥 三下 一一〇下
鬻 一二三下
鬭 一二四上
鸐 四上 一四九下
驛 一五三上
鸕 一五三上
鷤(鶉) 一五三上
讐 五下 二一八下
牆(牆) 二三一上
雥 二三六上
蘸(難) 二三六上
𪉢(鹵) 七上 三一七上
竊 三三三下

齾 九上 四二三下
黷 九下 四五七上
玃 四五八上
驥 十上 四六三上
驤 四六四下
驧 四六七下
戵 四八八上
犢 四八九上
麤 十一下 五六九下
鱭 五七八下
鬭 十二上 五九〇下
鸑 十三下 六七四下
靇 六七五上
龖 六七九下
鑹 十四上 七〇四上
鑽 七〇七下
鑾 七二三上
钀 七二七下

【二十八畫】
蘿 一下 二三上
蘸 二四上
贛 二九下
轣(躧) 二下 八四上
讞(讇) 三上 一〇一下

贛(贑) 三下 一〇九上
䰝(融) 二一一下
闕 二一四下
雧 四上 一四八上
鸙(鳳) 一四八下
鸚 一五六上
豔 五上 二〇八下
麣 二一一上
鬱 五下 二一七上
饡 二三〇上
蘖(臬) 七上 三一七下
驩 十上 四六四上
麢 四七一下
鸌 四八四下
黸 四八七下
戇 十下 五〇九下
鬻(甑) 十二下 六三八下
彊(強) 十三上 六六五下
纞 十三下 六七五上
蠹 六七五下
蠶 六七六下
鼉 六七六下
鑿 十四上 七〇六下
钁 七〇六下
驫(輈) 七三六上

圖書在版編目（CIP）數據

説文解字注/（漢）許慎撰；（清）段玉裁注．—2版.上海：上海古籍出版社，1988.2（2024.4重印）
ISBN 978-7-5325-0487-9

Ⅰ.①説…　Ⅱ.①許…　②段…　Ⅲ.①漢字—古文字學　②説文解字—注釋　Ⅳ.H161

中國版本圖書館CIP數據核字（2008）第07721號

説文解字注

〔漢〕許慎撰　〔清〕段玉裁注

上海古籍出版社出版、發行

（上海市閔行區號景路159弄A座5F　郵政編碼201101）

(1) 網址：www.guji.com.cn

(2) E-mail：gujil@guji.com.cn

(3) 易文網網址：www.ewen.co

上海展强印刷有限公司印刷

開本 787×1092　1/16　印張 66.25　插頁 4

1981年10月第1版

1988年2月第2版　2024年4月第31次印刷

印數：113,401-115,500

ISBN 978-7-5325-0487-9

H·6　定價：198.00元

如發生質量問題，請與承印公司聯系

電話：021-66366565

説　明

東漢許慎《説文解字》與清段玉裁《説文解字注》，是中國語言學史上先後輝映的兩部巨著，既是治文字學者必讀的重要典籍，又是要經常查檢的工具書。

解放以來，中華書局和上海古籍出版社先後出版了附有《筆畫檢字表》的大徐本和段注本的《説文解字》，爲讀者提供了兩個很好的讀本。但其中的檢字以筆畫爲序編製，同畫字按《説文解字》部首五百四十部順序排列，讀者使用仍感不便。爲此，我們編製了這份《説文解字四角號碼通檢》(簡稱《通檢》)，以檢索兩書。

其編輯體例謹説明如下：

一、《通檢》以現在流行較廣的中華書局一九六三年十二月版大徐本《説文解字》和上海古籍出版社一九八三年二月版《説文解字注》爲據，收入兩書所有小篆字頭和古文(包括別體字和段改字)的楷化形體。

二、《通檢》採用新四角號碼查字法排列字序(可參閲商務印書館《現代漢語詞典》卷首所附《四角號碼查字法》或上海辭書出版社《辭海四角號碼查字表》)，同號字則按大徐本和段注本字的先後次序排列。

三、《通檢》每一字頭之後，下行前一數字爲大徐本頁碼，後一數字爲段注本頁碼，使用者可據以直接查閲上述兩種版本。

四、《通檢》編入每個字的篇次和部首，放在字頭後的上行，使用者可以參照查閲其他版本《説文解字》。

五、《通檢》所列字頭與字頭所居部首，其形體處理原則如下：

(一) 字頭，收録盡量求全，並適當採用現今通行體：

1. 以小篆或古文爲據，參照前人《檢字》，同一小篆或古文的不同楷體一並收録。

2. 依據《印刷通用漢字字形表》，對異體字作有限的規範。

規範後號碼不變而不致引起誤會的字或偏旁，取通行體，如"彥"改爲"彦"、"冊"改爲"册"、"亐"改爲"亏"，如影響號碼則按原形體書寫。

規範後號碼不同的，作獨字者，必要時並收原形體；作偏旁時，一律改爲今通行體，如牙(𤘅)、羽(羽)、录(彔)、礻(示)、直(直)、俞(兪)、令(令)等。

(二) 部首，全部採用大徐本、段注本正文所列部首形體。於兩本形體不同的，處理如下：

1. 兩本小篆形體相同而楷化不同的部首，如楷化形體相近而不致引起誤會的，則以小篆形體爲據，或以通行體爲據，選取一種，如(鬻)弼、(几)𠘧、食(㑹)、(宂)宀、石(𥐘)等。如楷化形體不同而可能造成疑問的，則並收兩種形體，如廾𠬞、亡亾、舜䑞、朩市等。

2. 兩本小篆形體不同的部首，其不同楷化形體一並收録，如丄二、卯卵、㚔卒等。

3. "大"部重出，前者爲"$大_1$"，後者爲"$大_2$"。

(三) 大徐本、段注本收字互有參差，字形亦多不同，《通檢》兼收並蓄。此有彼無的字，衹列一個頁碼；形體相近的字，仍列兩頁碼，請參照使用。

0

0002

7 ⿳亠口丂 七上 克 143下 320上

0010

0 疒 七下 疒 154上 348上
2 齍 五上 皿 104上 211下
衁 五上 血 105上 213下
4 主 五上 丶 105下 214下
⿱麤土 十上 麤 203上 472上
⿳亠口土 十三下 土 287上 686上
5 童 三上 辛 58下 102下
⿱䇂重 58下 102下
⿱䇂重 58下 102下
6 亶 五下 㐭 111下 230下
8 立 十下 立 216上 500上

0011

1 痱 七下 疒 155上 349下
2 疕 154下 349上
疵 154上 348下
疽 155上 350上
⿸疒麗 155上 350上
⿸疒盧 155下 351上
痤 155下 351下
⿸疒兒 156上 352下
瘥 七下 疒 156上 352下
⿸疒先 九上 頁 183下 421下
3 瘣 七下 疒 154上 348上
4 痙 155上 350上
瘧 155上 350下
瘞 十三下 土 289下 692下
5 瘽 七下 疒 154上 348下
癰 155上 350上
瘇 155下 351上
癃 156上 352上
6 疸 156上 351下
8 竝 十下 竝 216下 501上

0012

0 瘌 七下 疒 156上 352下
1 疴 154上 348下
⿸疒斯 154下 349上
痺 155下 350下
瘉 156下 352下
2 疹 四下 肉 88下 171下
瘳 七下 疒 156下 352下
7 瘠 四下 肉 87下 169上
痛 七下 疒 154上 348上
病 154上 348上
痡 154上 348下
癇 154上 348下
痈 七下 疒 154上 348下
痟 154下 349上
瘍 154下 349上
⿸疒馬 154下 349上
⿸疒爲 154下 349上
痀 154下 349下
癘 155上 350下
⿸疒扁 155下 351上
痏 155下 351上
⿸疒舄 155下 351上
⿸疒易 156上 351下
⿸疒育 352上
⿸疒弟 156上 352上
⿸疒多 156上 352下
癆 156上 352下
[illegible] 十下 心 223下 515上
8 疥 七下 疒 155上 350上

0013

2 瘃 155下 351上
癑 155下 351下
痕 155下 351下
⿸疒悤 156上 352下
⿸疒褱 156下 352下
3 瘵 154下 349下
6 瘜 155上 350上
痋 七下 疒 155下 351下
蝱 十三下 䖵 284上 675下
8 瘱 十下 心 217下 503下

0014

0 ⿸疒廾 七下 疒 154上 348下
疛 154下 349下
⿸疒付 154下 349下
1 瘁 154下 349上
痔 155上 350下
2 疷 156上 352上
3 ⿸疒复 155下 351上
4 癭 154下 349上
瘻 154下 349下
⿸疒妻 155上 350下
7 癈 154上 348下
⿸疒攴 154下 349下
⿸疒孛 155上 349下
瘕 155上 350上
⿸疒叜 155下 351上
瘢 155下 351下
瘦 155下 351下
疲 156上 352上
⿸疒皮 156上 352上
⿸疒殷 156上 352上
疫 156上 352上
⿰立享 十下 立 216上 500上

0015

1 痒 七下 疒 154下 349上
癬 155上 350上
2 摩 十二上 手 254上 602下
3 ⿸疒或 七下 疒 154下 349上
4 ⿸疒畢 155下 350下
⿸疒夆 156上 352上
6 癉 155下 351下
7 ⿸疒冉 155下 351上

0016

0 痂 155上 350上
痼 352下
1 瘖 154下 349上
痁 155上 350下
2 ⿸疒畐 155上 350上
4 瘏 154上 348下
⿸疒舌 156上
7 瘡 四下 刃 93上 183上
9 痞 七下 疒 156上 351下

0017

2 ⿸疒出 154上 348下
疝 154下 349下

0018

1 瘨 154上 348下

瘲 七下 疒 154上 349上
癡 156下 353上
2 瘶 155上 349下
痎 155上 350下
痍 155下 351下
4 疾 154上 348上
瘼 154上 348下
疦 154下 349上
癭 154下 349下
6 瘨 154上 348下
疻 155下 351上
8 㾜 156上 351下
9 疢 155下 351下

0019

1 瘵 154上 348下
2 瘷 四下 肉 88下 171下
㾓 七下 疒 155下 351下
4 痳 155上 350下
𤵸 156上 352上
㿌 156上 352下
癛 十一下 仌 240下 571上
6 療 七下 疒 156上 352下

0020

0 广 九下 广 192上 442下
1 辛 三上 辛 58下 102下
𦎫 五下 高 110下 227下
𦎫 五下 𦎫 110下 228下
十三下 土 288上 688下
7 亨 五下 亯 111上 229上
享 111上 229上

0021

1 龐 九下 广 192下 445上
靡 十一下 非 246上 583上
2 競 三上 誩 58上 102上
竟 三上 音 58上 102下
充 八下 儿 176下 405上
亮 405上
八下 旡、兂 181上
廬 九下 广 192上 443上
庖 192上 443下
庇 193上 445下
廐 192下 443下
庢 193上 446上
鹿 十上 鹿 202下 470上
麀 203上 470下
麑 203上 471下
麤 十上 麤 203上 472上
巟 十一下 川 239下 568下
㐬 十四下 𠫓 310下 744下
3 魔 九上 鬼 189上
4 宅 七上 宀 150上 338上
廛 九下 广 192下 444下
𢉛 192下 444下
座 192下 445上
麈 十上 鹿 203上 471上
麉 203上 471下
塵 十上 麤 203上 472上
壢 十三下 土 289上 691下
5 𨾴 四上 隹 76上 141下
離 76下 142下
產 六下 生 127下 274上
廱 九下 广 192上 442下
庉 192上 443下
庢 193上 445下
廑 193上 446上
6 麠 十上 鹿 203上 471上
7 羸 四上 羊 78下 146下
臝 四下 肉 90下 177上
椉 五下 桀 114上 237下
贏 六下 貝 130下 281上
𧘝 八上 衣 171下 394上
𧞤 172下 396上
斻 八下 方 176下 404下
驘 十上 馬 202上 469上
麂 十上 鹿 202下 471上
亢 十下 亢 215上 497上
𥪖 十下 立 216下 500下
嬴 十二下 女 258下 612下
蠃 十三上 虫 280下 667下

0022

0 廁 九下 广 192下 444上
2 彥 九上 彣 185上 425上
序 九下 广 192下 444上
廖 193下
廫 193上 446上
3 齋 一上 示 8上 3下
𪗋 四下 肉 87下 170上
齎 六下 貝 130上 280上
齊 七上 齊 143上 317下
𪗆 143上 317下
穧 七上 禾 144下 322上
齏 七下 韭 149下 337上
𧝊 八上 衣 172下 396下
齌 十上 火 208下 482下
𪗈 十二下 女 261下 619下
蠐 十三上 虫 279下 665下
7 帝 一上 丄二 7上 2上
旁 7上 2上
商 三上 㕯 50上 88上
𧷓 50上 88上
𠅿 三上 㕯 50上 88上
𠆤 50上 88上
𧶜 50上 88上
庸 三下 用 70上 128上
鷹 四上 隹 76下 142下
肓 四下 肉 87上 168上
膏 87下 169上
膺 87下 169上
腐 90下 177下
腑 90下 177下
虒 五上 虎 103下 210下
高 五下 高 110下 227下
亳 110下 227下
市 五下 冂 110下 228上
朚 七上 朙 141下 314下
庽 七下 宀 151下 341下
席 七下 巾 159下 361上
帟 160上
裔 八上 衣 171下 394上
方 八下 方 176下 404上
廣 九下 广 192上 443下
庨 192下 444下
廟 193上 446上
庮 193上 446上
廊 193上

𧰲 九下 希 197下 456上
廌 十上 廌 202上 469下
𪊋 十上 鹿 203上 471下
廓 十一下 雨 242上 573下
离 十四下 厹,禸 308上 739上
育 十四下 𠫓 310下 744下
8 𧝫 八上 衣 173上 397上

0023

0 亦 十下 亦 213下 493下
1 廡 九下 广 192上 443下
麃 十上 鹿 203上 471上
應 十下 心 217上 502下
2 麼 四下 幺 83下 158下
𧰥 九下 豕 197上
豪 456上
豪 九下 希 197下 456下
豪 197下 456下
麖 十上 鹿 202下 471上
6 𢉟 九下 广 192下 444下
蠯 十三上 虫 281下 671上
蠯 281下 671上
7 廉 九下 广 192下 444下
庶 193上 445下
8 慶 十下 心 218上 504下

0024

0 府 九下 广 192上 442下
廚 192上 443下
1 庭 192上 443下
庌 192上 443下
廦 192下 444上
庰 192下 444上
庤 193上 445下
廲 十上 鹿 202下 470下
聲 十二上 耳 250下 592下
2 底 九下 广 192下 445上
4 廮 192下 445上
廔 193上 445下
6 庳 193上 445上
麞 十上 鹿 202下 471上
7 度 三下 又 65上 116下
夜 七上 夕 142上 315上
𪎊 七下 麻 149上 336上
廏 九下 广 192下 443下
废 192下 445上
廢 193上 445下
𢈋 193上 446上
廈 193上
㢼 193下
庱 193下
麔 十上 鹿 202下 470上

慶 十下 心 218上 504下

0025

1 庠 九下 广 192上 443上
𢋂 192上 443下
2 摩 十二上 手 255下 606上
麾 257下 610下
3 戊 九下 广 192下 444下
麤 十上 鹿 203上 471下
6 庫 九下 广 192上 443下

0026

0 廂 193下
1 麔 十上 鹿 202下 471上
麕 202下 471上
麢 203上 471下
2 廇 九下 广 192上 443下
3 曆 七上 日 139上 307下
4 庴 五上 竹 96下 193上
庮 九下 广 193上 445下
庿 193上 446上
麐 十上 鹿 202下 470下
麐 203上 471上
5 唐 二上 口 33上 58下
6 廥 九下 广 192下 444上

0027

2 麀 十上 鹿 203上 470上

4 𤯍 五上 甘 100上 202上

0028

1 廙 九下 广 193上 445下
麌 十上 鹿 203上 471下
2 廞 九下 广 193上 446上
4 麇 十上 鹿 202下 470下
麤 203上 471下
6 廎 五下 高 110下 227下
廣 九下 广 192下 444上
纊 十三上 糸 272上 645下
7 庾 九下 广 192下 444上
庚 十四下 庚 309上 741下

0029

3 縻 十三上 糸 276下 658下
4 廪 五下 㐭 111下 230下
庥 六上 木 125下 270上
康 七上 禾 145下 324下
糜 七上 米 147下 332上
麻 七下 麻 149上 336上
麋 十上 鹿 202下 471上
麋 202下 471上
6 麃 203上 471上
9 康 七上 禾 145下 324下
𪎌 七上 桼 146下 330上

0030

9 麤 十上 鹿 202下

0033

1 忘 十下 心 220下 510上
2 烹 五下 亯 229上
4 忞 十下 心 219上 506下
6 意 217上 502上
憃 218下 505下
憃 218下 505下
𢗊 218下 505下

0040

0 文 九上 文 185上 425上
1 𦎫 五下 亯 111上 229下
𦏧 111上 229下
辛 十四下 辛 309上 741下
3 率 十三上 率 278下 663上
4 妾 三上 䇂 58下 102下
妄 十二下 女 263上 623上
5 𡕥 十下 交 214上 494下
6 章 三上 音 58上 102下
7 亭 五下 高 110下 228下
十三下 土 288上 688下
享 五下 亯 111上 229上
𡖃 五下 夊 112下 232下
𡕥 十下 交 214上 494下
8 卒 八上 衣 173上 397上

交 十下 交 214上 494下

0041

5 雜 四上 隹 77上 143下

0044

0 弁 八下 皃 177上 406下
1 辧 四上 目 72上 132上
辨 四下 刀 91下 180上
辨 91下 180上
瓣 七下 瓜 149下 337下
辬 九上 文 185上 425下
𢤧 十下 心 219下 508上
𢤧 219下 508上
辦 十三下 力 293上
辮 十三上 糸 272下 647上
辡 十四下 辡 309下 742上
辯 309下 742上
3 弈 三上 廾收 59下 104下
弃 四下 華 83下 158下
5 棄 83下 158上

0050

3 牽 二上 牛 29下 52上

0060

0 亩 五下 亩 111下 230上
1 言 三上 言 51上 89下
音 三上 音 58上 102上
盲 四上 目 73上 135上
咅 五上 丶 105下 215上
暜 十下 竝 216下 501上
2 啻 二上 口 33上 58下
啇 33下 59下
亯 五下 亯 111上 229下
暜 十下 竝 216下 501上
3 畜 十三下 田 291上 697下
4 吝 二上 口 34上 61上
5 啻 三上 言 51下 91上
害 51下 91上
6 亯 五下 亯 111上 229上
畗 五下 畗 111下 230上
9 曫 七上 日 138下 305上

0061

1 讙 三上 言 55下 99上
2 詤 56上 99上
5 誰 57上 101上

0062

2 諺 53下 95上
7 訪 52上 91下
諦 52上 92上
謗 54下 97上
謧 55上 97下
謫 56下 100上

0063

1 誌 三上 言 55下 98下
譙 57上 100下
2 讓 56下 100上

0064

7 諄 51下 91上
8 誶 57上 100下

0066

1 諳 57下 101上
譶 57下 102上
誩 三上 誩 58上 102上
讟 58上 102上

0068

2 該 三上 言 57下 101下

0069

6 諒 51上 89下

0071

0 亡 十二下 亡亾 267下 634上
4 亳 五下 高 110下 227下
5 毫 九下 㣇 197下 456上

0073

2 哀 二上 口 34下 61上
䙴 三下 䢅䢅 67下 122上
玄 四下 玄 84上 159下
饔 五下 食 107上 218下
衮 七下 巾 154上 359上
衣 八上 衣 170上 388下
衮 170上 388下
袞 170上 388下
褭 170上 389上
表 170上 389下
裏 170下 390上
衺 170下 391下
䙝 170下 391下
褎 171上 392上
褱 171上 392下
裛 171上 392下
裹 171上 392下
襃 171下 393上
褢 171下 393上
裵 172上 394上
褻 172上 394上
襄 172上 394下
䙝 172上 395上
衷 172上 395上
衰 172下 396下
裹 172下 396下
褭 172下 396下
袞 173上 397上
褭 173上 397下
裧 十上 火 208下 482下

0077

2 罋 五下 缶 109下 225上

0080

0 六 十四下 六 307下 738下
2 亥 十四下 亥 314上 752下
4 奕 十下 大₂ 215下 499上
6 賁 六下 貝 131上 282上

0090

3 紊 十三上 糸 272上 646下
4 棄 四下 華 83下 158下
稟 五下 亩 111下 230下
桀 五下 桀 114上 237下
亲 六上 木 115上 239下
槀 119下 252上
宋 121上 256上
稟 121下 258下
稾 七上 禾 145下 326上
5 棄 四下 華 83下 158上
6 京 五下 京 111上 229上

0091

5 雜 八上 衣 172上 395下

0110

4 壟 十三下 土 289下 693上

0112

7 竵 十下 立 216上 500下

0113

6 蠪 十三上 虫 280上 666上

0118

6 顫 九上 頁 183下 421下

0121

1 龍 十一下 龍 245下 582下

龖 245下 582下

6 𩫖 十三下 土 287上 685上

7 瓬 十二下 瓦 268下 638上

0128

6 顏 九上 頁 181下 415下

顡 183下 421下

頏 十下 亢 215上 497下

0140

1 聾 十二上 耳 250上 592上

0141

6 𩫖 十三下 土 287上 685上

7 [illegible] 十二下 瓦 269下 639下

0144

1 龏 三上 廾.収 59下 104下

0148

6 [illegible] 九上 頁 183下 421下

0160

1 讋 三上 言 56上 99下

讟 三上 言 56上 99下

2 礱 九下 石 195下 452下

0161

1 証 三上 言 52下 93上

誹 54下 97上

2 謯 54上 95下

訌 55下 98下

[illegible] 56下 99下

詎 56下 100上

4 誑 54下 96下

謔 55下 98下

6 謳 53下 95上

7 諕 56上 99上

詎 57下

瓿 十二下 瓦 269上 639上

8 誣 三上 言 54下 97上

0162

0 訂 52上 92上

訶 56下 100上

1 謌 八下 欠 179下 411下

7 謣 三上 言 56上 99上

0164

0 訝 53下 95下

訮 55上 98上

訏 56上 99下

訐 三上 言 56上 100上

1 讘 56下 100上

6 譚 六下 邑 136上 299上

9 謼 三上 言 53下 95上

0165

3 諴 55下 99上

0166

0 [illegible] 52上 92上

1 語 51上 89下

譖 56下 100上

0169

1 [illegible] 七下 宀 150下 339下

6 謜 三上 言 51下 91上

0173

2 襲 八上 衣 170下 391上

[illegible] 170下 391上

0180

1 龔 三上 共 59下 105上

0188

6 頦 九上 頁 184上 422上

0190

4 櫳 六上 木 121上 256上

0212

7 端 十下 立 216上 500上

0220

0 剫 三下 攴 69上 125上
四下 刀 91下 180上

劑 92上 181上

0222

7 [illegible] 七上 㫃 140上 309上

0226

2 [illegible] 九上 頁 181下 416上

0228

6 顏 181下 416上

0240

2 彣 九上 彣 185上 425上

0242

2 彰 九上 彡 185上 424下

彣 九上 彣 185上 425上

0260

0 訓 三上 言 51下 91上

詶 54下 97上

訆 56上 99上

剖 四下 刀 91下 179下

0261

2 說 三上 言 56下 100上

3 誂 55下 98下

4 詘 51下 90下

託 53下 95上

5 諈 53上 93下

8 證 三上 言 57上 100下

0262

1 訢 53上 93下

7 讗 55上 98上

譌 56上 99上

諯 56下 100上

誘 九上 厶 189上 436下

0264

0 詆 三上 言 57上 100下

1 誕 55下 98下

訴 56下 100上

4 諉 53上 94上

7 諼 54上 96上

9 評 53下 95上

0265

3 譏 54下 97上

0266

1 詣 53下 95下

詬 57下 101下

2 諧 53上 93下

4 話 53上 93下

[illegible] 九上 厶 189上 437上

9 譒 三上 言 53下 95上

諸 55上 98上

0267

0 訕 三上 言 54下 96下
詾 56下 100上
2 謠 93上
詘 57上 100下

0268

4 謑 57下 101下

0280

0 刻 四下 刀 91下 179下

0292

1 新 十四上 斤 300上 717下

0314

7 竣 十下 立 216下 500下

0318

4 竢 216上 500下

0324

7 [illegible] 十下 亢 215上 497下

0344

0 [illegible] 八上 人 162下 368上

0345

0 [illegible] 十三下 土 288上 688下

0360

0 訃 二上 走 35下 63下
訫 三上 言 52上 92下

0361

2 謚 53上 94上

誼 三上 言 53上 94上
詑 54上 96上
詵 57上 101上

0362

2 診 54下 96下
7 諞 55上 98上
誧 53下 94下

0364

0 試 52下 93上
7 謏 57下

0365

0 讖 51下 90下
識 52上 92上
誠 52下 92下
誡 52下 92下
諴 52下 93上
譏 53上 94下
戠 十二下 戈 266下 632上
3 諓 三上 言 53上 94上

0366

0 詒 54下 96下

0368

4 誒 55上 97下

0369

2 詠 53下 95上

4 訹 三上 言 54上 96上

0391

2 就 五下 京 111上 229上
就 111上 229上
就 111上 229上

0416

1 [illegible] 十下 立 216下 500下

0420

0 [illegible] 十四上 斗 300下 718下
[illegible] 300下 719上

0424

7 [illegible] 一上 示 8上 3下

0428

1 麒 十上 鹿 202下 470下
6 [illegible] 一下 艸 15下 23上

0446

0 [illegible] 十三下 土 287上 685上

0460

0 計 三上 言 53上 93下
謝 53下 95上
討 57下 101上

0461

2 誂 51上 90上
訦 52下 92下
譊 54上 95下

4 詿 三上 言 56上 97下
5 謹 52上 92上
讙 56上 99上
二上 吅 35下 62下
7 詍 三上 言 55上 97下
8 諶 52上 92下

0462

7 訥 54上 95下
誇 55下 98下
[illegible] 55下 98下
[illegible] 56上 99上

0463

1 誌 58上

0464

1 詩 51下 90下
譸 54下 97上
7 詖 51下 91上
護 53下 94下
諄 54下 97下

0465

4 譁 56上 99上
6 諱 52下 101下
譁 57上 101上

0466

0 諸 51下 90上

詁 三上 言 52下 92下
1 誥 52下 92下
諎 54上 96上
譆 55上 97下
詰 57上 100下
4 諾 51上 90上
譇 54上 96下

0468

1 諆 56上 99下
謓 56下 100上
4 謨 52上 91下
謨 57下 101下
6 讀 51下 90下

0469

4 謀 52上 91下
諜 57下 101下

0482

7 劾 十三下 力 293上 701上

0492

7 勍 292上 700上

0510

4 墊 十三下 土 290上

0512

7 靖 十下 立 216上 500上

0514

3 竱 十下 立 216上 500上

0519

6 竦 216上 500上

9 𥫉 216上 500上

0528

0 䪐 五下 韋 111上 228下

0533

1 熟 三下 丮.丮 113下

0541

7 孰 63下 113下

0562

7 請 三上 言 51上 90上

0563

0 謰 54上 96下

7 讉 56下 100上

0564

4 謱 54下 96下

7 講 53下 95下

0566

0 䛆 54下 97上

1 譖 56下 100上

0568

0 詇 51下 91上

詄 55下 98下

訣 58上

6 謮 二上 口 34上 60上

讀 三上 言 55下 98下

0569

0 誅 57上 101上

誄 57下 101下

2 誎 57上 100下

6 諫 52下 93上

諌 52下 93上

0612

7 竵 十下 立 216上 500下

0614

0 竨 216下 500下

0622

7 𦅾 十三上 糸 277上 661上

0644

0 𨺅 十四下 𠂤 306下 736下

0660

0 訁口 三上 言 55下 98下

2 詯 55上 97下

0662

7 謂 51上 89下

謁 51上 90上

0663

0 諰 53下 94下

2 譞 53下 94下

9 譢 三上 言 55上 98上

0664

1 譯 57下 101下

7 謾 54上 96下

0666

0 讄 57下 101上

0668

1 諟 52上 92上

4 譔 54下 96下

誤 56上 97下

6 韻 三上 音 58上

0669

3 讂 三上 言 57下 101下

4 課 52下 93上

譟 56上 99上

0672

7 𢑥 十二下 弦 270下 642下

0691

2 親 八下 見 178下 409下

0710

2 𧗊 五上 血 105上 214下

4 望 十二下 亡 亾 267下 634下

0711

0 颯 十三下 風 284下 678上

7 𥩋 十下 立 216上 500下

0712

0 翊 四上 羽 75下 139下

竘 十下 立 216上 500下

7 鴗 四上 鳥 80下 151下

鴚 81下 154上

鶉 81下 155上

𨝤 六下 邑 136下 300上

竭 十下 立 216下 500下

0715

7 竫 216上 500上

0719

9 𥩟 216下 500下

0721

1 𣄨 四上 烏 82下 157上

0722

0 虝 五上 虎 103下 210下

7 鷛 四上 鳥 81下 155上

𪇆 82上 155下

鷓 82下

鄜 六下 邑 132下 287上

鄗 133下 290上

邟 133下 291上

鄸 134上 292上

鄘 134下 293下

邡 134下 294上

0724

7 毃 三下 殳 66上 119下

毅 66下 120上

0728

2 歊 八下 欠 179下 411下

廞 180下 414上

0733

8 戇 十下 心 220上 509下

0741

0 𦏧 三下 丮.丮 63下 113下

0742

7 郊 六下 邑 132上 284上

鄣 135下 297下

郭 136上 298下

0744

7 竷 五下 夊 112下 233上

0746

4 䤃 十四下 酉 312上 748下

0748

6 贛 六下 貝 130下 280下

0761

0 諷 三上 言 51下 90下

訊 52上 92上

2 詛 54下 97上

䛌 55上 98上

説 三上 言 55下 98下
讒 56下 100上
詭 57上 100下
詑 57上 100下
4 ⿰言望 57上 100下
⿰言朢 57上 100下
7 記 53下 95上

0762
0 調 53上 93下
詡 53上 94上
詷 53上 94下
訒 54上 95下
讇 54上 96上
⿰言匋 55上 98上
⿰言闒 56下 100上
詾 56下 100上
⿰言朔 56下 100上
詗 57上 100下
讕 57上 101上
譋 57上 101上
詢 57下 101下
訽 57下
詞 九上 司 186下 429下
2 謬 三上 言 56上 99上
7 誦 51下 90下

訪 三上 言 52上 92上
諝 52下 93上
誃 54下 97上
⿰言咼 55下 99上
譎 56上 99下
部 六下 邑 132下 287上
鄯 133上 289上

0763
1 誋 三上 言 52下 92下
2 詪 55下 98下

0764
0 諏 52上 91下
1 譬 51下 91上
7 設 53上 94下
⿰言复 57上 100下

0765
0 訮 55上 98上
7 諍 53下 95上

0766
2 詔 52下 92下
謵 56下 99下
韶 三上 音 58上 102下
4 詻 三上 言 51下 91下

0767
2 詘 57上 100下

7 諂 三上 言 54上 96上

0768
0 畝 十三下 田 290下 696上
1 譔 三上 言 51下 91上
譺 54下 96下
2 歆 八下 欠 180下 414上
7 諛 三上 言 54上 96上

0772
7 邛 六下 邑 133上 288上
鄿 134上 292下
褭 八上 衣 171下 394上

0774
7 氓 十二下 民 265下 627上

0782
7 ⿰亥阝 六下 邑 136上 299上

0784
7 殽 三下 殳 66下 120上

0788
2 欬 八下 欠 180上 413上

0791
0 飄 十三下 風 284下 677下

0792
7 鵁 四上 鳥 80上 150下

0798
2 ⿰鄉欠 八下 欠 179上 410下

0810
9 鏊 十四上 金 298下 714下

0813
2 ⿰米食 七上 米 147下 332上
6 蟄 十三上 虫 280上 667上

0816
6 竲 十下 立 216下 501上

0820
0 㫃 七上 㫃 140上 308下

0821
2 施 140下 311上
3 旐 140上 309上
5 旌 140上 309下
旄 141上 311下
6 旜 140下 311上

0822
0 ⿰方介 一上 丨 14下 21上
1 旂 七上 㫃 140下 310上
旖 140下 311上
7 旆 140上 309上
膂 七下 呂 152上 343上
⿸㫃勿 九下 勿 196上 454上

0823
2 旅 七上 㫃 141上 312上
3 於 四上 烏 82下 157上

旞 七上 㫃 140下 310上
8 ⿸㫃賣 140下 310下

0824
0 敵 三下 攴 68下 124下
赦 68下 124下
敷 69上 125上
敲 69上 125下
放 四下 放 84下 160上
4 ⿸㫃婁 七上 㫃 140下 311上
7 旃 140下 310下
旇 140下 311下
8 ⿸㫃夜 140下 311上

0826
6 旝 140下 310下
9 旛 141上 312上

0828
1 旗 140上 309上
旟 140下 309下
旋 140下 311下
4 ⿸㫃叕 140下 311上
族 141上 312上

0829
1 旚 140下 311上

0832
7 鷟 四上 鳥 79下 149上

0833

4 憝 十下 心 221下 511下

0841

2 盭 十二下 弦 270下 642上

0844

0 敦 三下 攴 68下 125上

效 67下 123上

0848

6 贛 六下 貝 130下 280下

0861

1 詐 三上 言 54上 96下

訴 56上 99下

2 説 53上 93下

⿰言差 56上 99下

謚 57下 101下

諡 57下 101下

4 詮 53上 93下

7 訖 53下 95上

0862

1 諭 51下 91上

2 診 57上 101上

7 訡 二上 口 34上 60下

訡 34上 60下

論 三上 言 52上 91下

0863

2 諗 三上 言 52上 91下

訟 56下 100上

7 謙 53上 94上

0864

0 許 51上 90上

譈 55下 98下

0865

1 詳 52上 92上

3 議 52上 92上

7 誨 51下 91上

0866

1 詥 53上 93下

譜 57下

6 譮 53上 93下

譄 55下 98下

8 ⿰言谷 56下 100上

0868

6 譣 52下 92下

0873

2 玈 四下 玄 84上

0874

0 ⿰⿱亠厶攵 三下 攴 68下 125上

墼 十三下 土 289上 691下

0925

9 麟 十上 鹿 202下 470上

0962

0 訬 三上 言 56上 99下

7 誚 57上 100下

0963

1 讜 57下

9 謎 58上

0968

9 談 51上 89下

0972

0 玅 十二下 弦 270下 642下

丨

1000

0 一 一上 一 7上 1上

1002

7 丂 五上 丂 101上 203下

亐 五上 亏 101下 204下

丏 九上 丏 184上 423上

雩 十一下 雨 242上 574下

1005

3 霰 241下 573上

1010

0 二 一上 上.二 7下 2上

丄 7下 2上

二 十三下 二 285下 681上

1 三 一上 三 9下 9上

正 二下 正 39上 69下

正 39上 69下

亖 十四下 四 307上 737下

⿱二己 十四下 己 309上 741上

2 互 五上 竹 97下 195上

工 五上 工 100上 201上

⿴工彡 100上 201上

工 100上 201上

盂 五上 皿 104上 211下

盬 五上 皿 104下 212下

亙 六上 木 125下 270上

巠 十一下 川 239下 568下

亟 十三下 二 286上 681上

亞 十四下 亞 307下 738上

五 十四下 五 307下 738上

3 玉 一上 玉 10上 10上

玉 11下

垔 十三下 土 287下 688上

4 王 一上 王 9下 9下

靈 一上 玉 13下 19下

巠 十一下 川 239下 568下

至 十二上 至 247上 584下

⿱覀王 十二上 西 247上 585下

亟 十三下 二 286上 681上

堊 十三下 土 287上 686下

⿱覀土 287下 687上

垔 287下 688上

⿱覀土 288下 691上

5 至 十二上 至 247上 585上

6 亘 十三下 二 286上 681上

畺 十三下 畕 291下 698上

8 靈 一上 玉 13下 19下

巫 五上 巫 100上 201下

豆 五上 豆 102下 207上

9 丕 一上 一 7上 1下
玉 一上 玉 10上 10上

1011

1 霏 十一下 雨 242上
2 霃 241下 573上
疏 十四下 𠫓 310下 744下
5 琟 一上 玉 13上 17上
雃 四上 隹 77上 143下

1012

7 翨 四上 羽 76上
霶 十一上 水 229下 547下
䨥 十一下 雨 242上 574下

1013

1 璡 一上 玉 12下 17上
2 瓌 八上 人 162下 368上
6 蚉 十三上 虫 281下 669下

1014

0 玟 一上 玉 13下 18下
1 靅 十一下 雨 242下
6 璋 一上 玉 11上 12下

1016

1 琣 13上 17上
霑 十一下 雨 241下 573下
4 露 242上 573下

1017

7 䨮 十一下 雨 241上 572下
雪 241上 572下

1019

4 霂 241下 573上

1020

0 丅 一上 丄、二 7下 2上
丁 十四下 丁 308下 740下
1 亍 二下 彳 43下 77下

1021

1 龗 十一下 龍 245下 582下
2 元 一上 一 7上 1上
死 四下 歺 86上 164上
兀 八下 儿 176下 405上
兀 176下 405上
覭 八下 覞 178下 410上
䨏 十一下 雨 241上 572下
霓 242上 574上
5 雅 四上 隹 76上 141上
雗 76下 142下
霍 四上 雔 79上 148上
靃 79上 148上
靃 十一下 雨 242上 574上
7 殰 四下 歺 85下 163下
殰 85下 163下

1022

0 丌 五上 丌 99下 199下
[illegible] 七上 月 141下 314上
2 雺 十一下 雨 242上 574上
3 霽 242上 573下
7 帝 一上 丄、二 7上 2上
旁 7上 2上
旁 7上 2上
㫄 7上 2上
𣃞 7上 2上
雱 7上 2上
雰 一上 气 14下 20上
𤘴 二下 牙 45下 80下
鬲 三下 鬲 62上 111上
爾 三下 叕 70上 128下
[illegible] 四上 隹 76上 141上
虒 五上 虎 103下 210下
巿 六下 巿 127上 273上
兩 七下 㒳 157上 354下
襾 七下 襾 158上 357上
而 九下 而 196下 454上
𧰨 九下 豕 196下 454下
十四下 亥 314上 752下
雨 十一下 雨 241上 571下
霝 241上 572上
霄 241上 572下
䨞 241下 573下

霧 十一下 雨 242上 574上
需 242上 574下
𨳿 十二上 門 249上 590下
𧖅 十三下 䖵 284上 670下
丙 十四下 丙 308下 740下
8 奡 十下 夰 215下 498下

1023

0 下 一上 丄、二 7下 2上
2 豖 九下 豕 196下 454下
豖 197上 455下
震 十一下 雨 241上 572上
霢 241下 573上
弦 十二下 弦 270下 642上
7 �康 十一下 雨 241下 573上

1024

0 牙 二下 牙 45下 80下
7 覆 七下 襾 158下 357上
霞 十一下 雨 242上
彏 十二下 弓 269下 639下
8 殌 四下 歺 85上 161下
覈 七下 襾 158上 357上
覈 158下 357上
霰 十一下 雨 241上 572下
霰 241上 572下
霚 242上 574上

1026

4 霜 十一下 雨 242上 574上

1028

1 霢 241下 573上
6 霢 241下 573上

1030

2 覂 七下 襾 158上 357上
零 十一下 雨 241下 572下

1032

7 焉 四上 烏 82下 157下

1033

1 惡 十下 心 219上 506上
惡 221下 511下
忑 223上 514下
2 恧 223下 515上
3 慈 219下 508下
8 恴 223上 514上
忝 223下 515上
忝 223下 515上

1035

1 霹 十一下 雨 241下 572下

1040

0 叉 二下 叉 44上 77下
干 三上 干 50上 87上
于 五上 亏 101下 204下
耳 十二上 耳 249下 591上

1 霆 十一下 雨 241上 572上
4 要 三上 臼 60上 105下
霎 十一下 雨 242下
霋 242上 573下
孁 十二下 女 260下 617下
6 覃 五下 𣆪.𣆪 111上 229下
這 三上 言 55下 98下
7 憂 五下 夊 112下 233上
𡕥 112下 233上
𡕥 112下 233上
夏 112下 233上
夒 112下 233下
9 平 五上 亏 101下 205上

1041

2 旡 八下 旡.旡 181上 414下
无 十二下 亡.亾 267下 634下
5 雁 四上 隹 76下 142下
7 ⿱雨執 十一下 雨 242上 574下

1042

7 霩 242上 574下

1043

2 ⿰耳彖 十二上 耳 592下

1044

1 弄 三上 廾.収 59上 104上
𢍰 五上 巫 100上 201下
聶 十二上 耳 250下 593上
7 再 四下 冓 83下 158下
丣 十四下 酉 311下 747上

1048

2 孩 二上 口 31上 55上

1049

6 ⿰旡京 八上 旡.旡 181上 415上

1050

3 戛 十二下 戈 266上 630上
6 更 三下 攴 68上 124上
電 十一下 雨 241上 572上
⿱雨革 242上 573下

1051

3 𩲡 九上 鬼 188下 435上

1052

7 霸 七上 月 141下 313下

1060

1 吾 二上 口 32上 56下
晉 七上 日 138上 303下
雷 十一下 雨 241上 571下
霅 241上 572上
2 百 四上 白 74下 137上
𦣻 74下 137上
九上 百 184上 422上
面 九上 面 184上 422下
石 九下 石 194下 448下
霤 十一下 雨 241下 573下
畱 十三下 田 291上 697下
3 ⿱雨畐 十一下 雨 241下 573上
4 舌 三上 舌 49下 86下
㕯 三上 谷 50上 87下
𧮫 50上 87下
⿱雨各 十一下 雨 241下 572下
西 十二上 西 247上 585下
酉 十四下 酉 311下 747上
8 吞 二上 口 30下 54下
⿱亞日 十四下 亞 307下 738上
9 否 二上 口 34下 61上
十二上 不 246下 584下
⿱不日 七上 日 139下 308上

1061

1 䃺 九下 石 195下 452下
5 碓 195下 452下

1062

0 可 五上 可 101上 204上
1 哥 101上 204上
7 靄 十一下 雨 242下
醨 十四下 酉 313上 751上

1063

1 䩌 九上 面 184上 423上
醮 十四下 酉 312下 748下
2 釀 十四下 酉 311下 747下

1064

7 ⿱雨酸 十一下 雨 241下 573上
醇 十四下 酉 312上 748上
8 碎 九下 石 195下 452上
醉 十四下 酉 312下 750上

1066

1 ⿱雨吅 十一下 雨 241上 571下
霝 241上 572下
醅 十四下 酉 312下 750上
2 磊 九下 石 195下 453上
6 ⿱雨⿱吅田 十一下 雨 241上 572下
靁 241上 571下
⿱雨⿱畕畕 241上 571下

1069

6 ⿰酉京 十四下 酉 313下 751下

1071

0 匸 十二下 匸 267下 635上
2 䙴 三上 舁 59下 105下
雹 十一下 雨 241上 572下
6 電 241上 572上
7 丂 五上 丂 101上 203下
瓦 十二下 瓦 268下 638上
鼀 十三下 黽 285上 679下
⿱酋黽 285下 679下

1072

7 霒 十一下 雲 242下 575上

1073

2 雲 242下 575上
云 242下 575上

1077

2 𠙻 一上 王 9下 9下
7 𤘗 二下 牙 45下 80下
臿 七上 臼 148下 334下

1080

1 𤴓 二下 正 39上 69下
霣 十一下 雨 241下 573上
4 天 一上 一 7上 1上
耎 十下 大$_2$ 215下 499上
6 貢 六下 貝 130上 280上
賈 130下 281下
頁 九上 頁 181下 415下
⿱雨賈 十一下 雨 241上 572上
9 ⿱千火 十上 火 208上 481下

1088

6 ⿱雨叕 十一下 雨 241下 573下
9 𩅰 241上 572下

1090

0 丌 一上 示 7下 2下
不 六上 木 125上 269上

不 十二上 不 246下 584下
1 示 一上 示 7下 2下
票 十上 火 484下
4 櫜 六上 木 118下 249下
栗 七上 卤 143上 317下
䅛 143上 317下
桌 143上 317下
霂 十一下 雨 241下 573下
7 乑 五上 丂 101下 205上

1096

1 霜 十一下 雨 242上 573下

1099

4 霖 241下 573上

1100

0 非 九下 石 194下
十三下 卵 680下

1102

7 弜 十二下 弓 270上 641下

1110

1 韭 七下 韭 149下 336下
4 坒 十三下 土 289上 691下

1111

1 瓏 一上 玉 11上 12下
琲 14上
非 十一下 非 245下 583上

2 玒 一上 玉 10下 10下
玩 12上 16上
瑡 12下 17上
瓪 三下 臣 66上 118下
菲 四上 丫 77下 144下
珏 五上 珏 100上 201下
3 菲 四上 丫 77下 144下
4 玨 一上 玨 14上 19下
班 14上 19下
琎 14上 20上
臸 十二上 至 247上 585上
6 疆 十三下 田 291下 698上
7 琥 一上 玉 11上 12上
瓛 12下 17上
甄 十二下 瓦 268下 638上
珁 269上 639上

1112

0 玎 一上 玉 12上 16上
珂 14上
1 珩 11下 13下
7 翡 四上 羽 75上 138下
巧 五上 工 100上 201上

1113

2 琢 一上 玉 12上 15下
璩 14上

4 瑑 一上 玉 12上 15上
6 蠹 十三上 虫 279下 665下
蠹 十三下 䖵 284下 676下
蜚 284下 676下

1114

0 珥 一上 玉 11下 13下
玗 13上 17下
玕 13下 18下
7 瓔 10上 10下

1116

8 璿 10下 11下
璿 10下 12上

1117

7 瑂 13下 19上

1118

6 頭 九上 頁 181下 415下
頸 182上 417上
項 182上 417上
頊 183上 419上
瀕 183上 420下

1119

4 璪 一上 玉 12上 15上

1120

2 卝 四上 丫 77下 144下
7 琴 十二下 珡琴 267上 633下

1121

1 䶬 十一下 龍 245下 582下
2 麗 十上 鹿 202下 470下
麗 203上 471下
3 莧 十上 莧 203下 473上
彌 十二下 弓 270上 641上
5 雈 四上 雈 77下 144上
6 彄 十二下 弓 269下 640下
彊 270上 640下
7 鬲瓦 三下 鬲 62上 111上

1122

1 彈 五上 丌 99下 200上

7 甭 三下 用 70上 128上
芇 四上 丫 77下 144下
歹 四下 歺 85下 163上
丽 十上 鹿 203上 471下
丽 203上 471下
彌 十二下 弓 641上
8 奰 十下 夰 215下 498下

1123

2 豩 九上 豕 197上 456上
張 十二下 弓 269下 640下

1124

0 豣 九下 豕 196下 455上

弭 十二下 弓 269下 640上
弙 270上 641上

1126

2 弻 十二下 弜 270下 642上

1128

6 頂 九上 頁 181下 416上
頑 182下 418上
預 184上

1129

6 豲 九下 豕 197上 455下

1133

1 鬻 三下 䰜 62下 112下
黨 十上 黑 211下 488下
悲 十下 心 222上 512下
4 慝 223下 515上
瑟 十二下 珡琴 267上 634上

1140

0 斐 九上 文 185上 425上
1 廷 二下 廴 44上 77下
延 44上 77下
延 二下 延 44上 77下
4 婓 十二下 女 264下 625上
6 䁎 四上 目 71下 131下

1142

0 預 十一上 水 235上 560下

7 勥 十三下 力 292上 699下
孺 十四下 子 310上 743上

1144

0 聑 十二上 耳 250下 593上
幵 十四上 幵 299上 715上

1146

0 𦕒 十二上 耳 249下 591下

1147

7 聊 249下 591下

1148

6 頲 九上 頁 182下 418下
頸 182下 418下
頮 十一上 水 564上

1150

1 犕 二上 牛 29下 52下
2 羋 四上 羊 78上 145下
羋 78上 145下
𢱢 十二上 手 606上
6 輩 十四上 車 302下 728上

1158

6 預 九上 頁 182上 417下

1160

1 𥃩 四上 目 71上 130上
2 𦫳 四上 苜 77下 145上
4 𥄎 四上 目 71下 131上

1161

2 翫 四上 習 74下 138上
硜 九下 石 195上 452上
釃 十四下 酉 312上 747下
6 醧 312下 749上
7 𨠫 312下 750上

1162

0 酊 313下
砢 九下 石 195下 453上
7 茍 九上 茍 188上 434下
䃹 九下 石 195下 453上
礪 195下
䣼 十四下 酉 312上 747下
醹 312上 748上

1163

2 醵 312下 750上

1164

0 研 九下 石 195下 452下
䣵 十四下 酉 312上 748上
1 䃐 九下 石 195下 452上
6 醰 十四下 酉 312上 748下

1165

2 𨣐 十三下 土 288下 691上

1166

0 砧 九下 石 196上

1 𨢊 十四下 酉 312下 748下
2 皕 四上 皕 74下 137下
6 𠠍 四下 刀 91下 179下

1168

4 碝 九下 石 194下 449上
6 𩑘 九上 頁 182上 417上
頵 182上 417下
碩 182上 417下
𩕄 182下 418上

1171

2 琵 十二下 珡、琴 267上
5 𣯶 八上 毳 174上 399下
7 𨛓 六下 邑 133上 289上
𩇠 十一下 非 246上 583上
琶 十二下 珡、琴 267上

1173

2 餥 五下 食 107上 219下
裴 八上 衣 172上 394上

1180

9 莧 四上 苜 77下 145上
燹 十上 火 207上 480上

1181

7 甄 十二下 瓦 269上 639下

1188

6 顛 九上 頁 184上 422上

1190

4 棐 六上 木 118下 249上
棐 118下 249下
粊 125下 271上
𣗥 六下 束 128下 276下

1198

6 頛 九上 頁 181下 416下
䪿 182上 417上

1199

1 祘 一上 示 9下 8下

1210

0 瑓 一上 玉 10下 11上
剄 四下 刀 92下 182下
到 十二上 至 247上 585上
4 𡍎 247上 585上
型 十三下 土 287下 688下
8 登 二上 癶 38上 68上

1211

0 玼 一上 玉 11下 15上
玭 13上 18上
北 八上 北 169上 386下
3 珧 一上 玉 13下 18上
5 璀 14上
8 璒 13上 17上

1212

7 瓗 10下 11上

瑞 一上 玉 11下 13上
瑀 12上 16上
琇 12下 16下

1213

0 玜 13上 17上
6 蚤 十三上 虫 283上

1214

0 䎗 四上 羽 75上 138下
1 珽 一上 玉 11上 13上
7 瑗 11上 12上

1215

3 璣 13下 18下

1216

2 瑎 13上 17下
9 璠 10上 10下
䪤 七下 韭 149下 337上

1217

0 𣥂 二上 止 38上 68上
2 瑤 一上 玉 13上 17下

1219

4 璪 12下 17上
瓅 13上 18上

1220

0 列 四下 刀 91下 180上
𠜴 92上 180下

刓 四下 刀 92下 181下
引 十二下 弓 270上 640下

1221

2 ⿰豕巤 九上 髟 186上 428上
7 ⿰弓虒 十二下 弓 270上 641上
8 ⿰歹豈 四下 歺 85下 163下

1222

2 耏 九下 而 196下 454上
7 𤘍 二下 牙 45下 81上
背 四下 肉 87下 169上

1223

0 弧 十二下 弓 269下 640上
弘 270上 641上
2 癶 二上 癶 38上 68上

1224

4 ⿰歹委 四下 歺 85上 161下
7 鬷 三下 鬲 62下 111上
𤿭 三下 㼱.𤿭 67上 122上
弢 十二下 弓 270上 641上
發 270上 641下

1226

2 ⿰丁首 九上 頁 181下 416下
4 殙 四下 歺 85上 161下

1228

4 豯 九下 豕 196下 455上
6 ⿰丁貝 九上 頁 181下 416下

1229

3 ⿰弓絲 十二下 弓 269下 640下

1232

7 ⿱列馬 十上 馬 201上 467上

1233

0 烈 十上 火 207下 480下
9 愻 十下 心 218下 504下

1240

0 刊 四下 刀 91下 180上
剟 91下 180上
刵 92下 182上
刑 92下 182下
1 延 二下 延 44上 77下
7 登 二上 癶 38下 68上

1241

0 孔 十二上 乙 246下 584上
耴 十二上 耳 249下 591上
3 飛 十一下 飛 245下 582下
5 毦 八上 毛 174上

1242

2 形 九上 彡 184下 424下
7 聥 十二上 耳 250上 592上

1243

0 孤 十四下 子 310上 743下

1244

0 𠬜 三上 𠬜 59下 104下
7 癹 二上 癶 38上 68上

1246

4 聒 十二上 耳 250上 592上
⿰耳昏 250上 592上

1247

2 聯 249下 591下
聉 250上 592下

1249

3 孫 十二下 系 270下 642下

1260

0 副 四下 刀 91下 179下
酬 十四下 酉 312下 749上
9 沓 五上 曰 100下 203上

1261

5 硾 九下 石 196上
8 磑 195下 452下

1262

1 斫 十四上 斤 299下 717上

1263

1 醺 十四下 酉 312下 750上
2 砭 九下 石 195下 453上

1264

0 砥 九下 厂 193下 446下
1 ⿰石延 九下 石 195下 452上
6 釂 十四下 酉 312下 749上
9 酹 313下 751下

1265

3 磯 九下 石 196上

1266

4 ⿰舌舌 三上 舌 49下 87上
9 ⿰石沓 九下 石 195下 452下
磻 195下 452下

1268

6 礩 196上

1269

0 砅 十一上 水 233下 556下
4 礫 九下 石 194下 450上

1271

4 瓪 十二下 瓦 269下 639下
7 㼱 三下 㼱.𤿭 67上 122上

1273

2 裂 八上 衣 172下 395下

1277

2 ⿱聯齒 二下 齒 45上 80上

1280

1 冀 八上 北 169上 380下
⿱飛異 十一下 飛 245下 582下
4 癸 十四下 癸.[illegible] 309下 742下
⿱癶矢 十四下 癸.[illegible] 309下 742下

1290

0 剥 四下 刀 92上 180下
剽 92上 181上
水 十一上 水 224下 516上
4 ⿱列禾 七上 禾 145下 326上
粲 七上 米 147下 331下

1291

0 礼 一上 示 7下 2下

1293

0 瓢 七下 瓠 150上 337下

1294

7 ⿰示夒 一上 示 8下 6下

1299

0 𣻈 十一下 沝 239上 567下
⿲水步水 239上 567下
沝 239上 567下
2 淼 十一上 水 238下

1310

4 珌 一上 玉 11下 14上

1311

2 琬 11上 12下
琉 12上 15下
6 瑄 14上

1313

2 琅 一上 玉 13下 18下

1314

0 武 十二下 戈 266下 632上

1315

3 琖 一上 玉 14上

1317

7 琯 五上 竹 98下 197下

1318

4 瓛 一上 玉 11上 13上

1319

1 琮 11上 12上

9 球 10下 12上

1322

7 ⿰鬲甫 三下 鬲 62下 111下

豧 九下 豕 197上 455下

1323

2 ⿰鬲裘 八上 裘 173下 398上

⿰矛良 十四上 矛 300下 719下

6 強 十三上 虫 279下 665下

1325

0 殲 四下 歺 85下 163下

戮 十二下 戈 266下 631上

⿰矛戈 十四上 矛 300下 719下

3 殘 四下 歺 85下 163下

1326

0 殆 四下 歺 85下 163下

5 ⿰矛害 十四上 矛 300下 719下

1328

6 殯 四下 歺 85下 163上

1340

0 恥 十下 心 223下 515上

1342

7 勥 十三下 力 292上 699下

1344

1 ⿰耳卒 十二上 耳 250上 592下

1345

0 職 250上 592上

聝 250下 592下

1360

0 ⿰召卜 三下 卜 70上 127下

1361

2 醢 十四下 酉 312下 749上

1362

7 ⿰面甫 九上 面 184上 422下

酺 十四下 酉 312下 750上

1363

2 硠 九下 石 195上 450下

1364

0 ⿰酉犬 十四下 酉 312下 748下

7 酸 313上 751上

1365

0 硪 九下 石 195上 451下

戩 十二下 戈 266下 631下

⿰酉韱 十四下 酉 313上 751上

3 醆 312下

1385

0 烕 十上 火 210上 486上

戣 十二下 戈 266下 630上

1411

4 璂 一上 玉 11下 14下

珪 十三下 土 289下 694上

5 瑾 一上 玉 10下 10下

瓘 10上 10上

1412

7 珛 10下 11下

璊 12上 15下

琇 12下 16下

珕 13下 18上

功 十三下 力 292上 699上

勁 292上 700上

1413

1 聽 十二上 耳 250上 592上

1414

0 妞 十二下 女 258下 613下

1 璹 一上 玉 11下 15上

7 翄 四上 羽 75上 138下

⿰赤支 七下 朩 149上 336下

1415

3 ⿰王肈 一上 玉 12下 17上

1418

1 瑱 11下 13下

琪 14上

4 瑛 10下 11上

6 瓚 10下 11上

璜 11上 12上

1419

0 琳 10下 12上

3 ⿰王綦 11下 14下

6 璙 10上 10上

1420

0 耐 九下 而 196下 454下

1421

2 殖 四下 歺 85下 164上

弛 十二下 弓 270上 641上

5 殣 四下 歺 85下 163上

⿰弓雚 十二下 弓 269下 640下

8 殪 四下 歺 85上 163上

⿰死壹 85上 163上

豷 九下 豕 197上 455下

1422

1 ⿰牙奇 二下 牙 45下 80下

⿰歺奇 四下 歺 86上 164上

7 ⿰歺肉 85下 163下

⿰豕脩 九下 豕 197上 455上

豨 197上 455下

勵 十三下 力 292上 699上

勠 292上 700上

1424

7 ⿰鬲支 三下 鬲 62上 111上

弢 十二下 弓 270下 642上

1426

0 ⿰歺古 四下 歺 86上 164上

豬 九下 豕 196下 454下

⿰死古 十四下 辛 309上 742上

1 矠 十四上 矛 300下 719下

1428

6 殰 四下 歺 85上 161下

豶 九下 豕 197上 455上

⿰弓黃 十二下 弓 270上 641下

1429

4 韘 五下 韋 113下 235下

1434

7 彠 四上 萑 77下 144下

1441

2 耽 十二上 耳 249下 591下

1447

0 耼 十二上 耳 249下 591下

1460

0 酎 十四下 酉 312上 748上

1461

2 磕 九下 石 195上 451上

磽 195上 451下

酖 十四下 酉 312下 749上

酏 313上 751上

醢 313下 751下

5 確 九下 石 195上 451下

8 醮 十四下 酉 311下 747下

1462

7 劭 十三下 力 292上 699下

1464

1 [illegible] 十四下 酉 312上 748上

醻 312下 749上

7 破 九下 石 195下 452上

1466

0 酤 十四下 酉 312上 748上

1 硈 九下 石 195上 450下

硞 195上 451上

碏 196上

酷 十四下 酉 312上 748下

醋 312下 749上

1467

0 酣 十四下 酉 312下 749上

1468

1 礎 九下 石 196上

6 磺 194下 448下

1474

0 改 十二下 女 260下 617下

1489

4 [illegible] 九上 頁 182下 418上

1491

4 [illegible] 一上 示 9上 8下

[illegible] 9上 8下

1492

7 勳 十三下 力 292下 701上

1501

1 [illegible] 一上 丨 14下 20下

1510

0 玤 一上 玉 12下 16下

6 珅 12下 17上

1511

2 璶 13上 17上

1513

0 璉 六上 木 122下 262上

1515

8 琫 一上 玉 11下 13下

1516

1 [illegible] 一上 玉 12下 17上

1518

0 玦 11下 13下

1 琠 10上 10上

1519

0 珠 13上 17下

4 臻 十二上 至 247上 585上

1520

0 [illegible] 三下 鬲 62下 111下

7 肆 三下 聿 65上 117上

1521

3 虺 十三上 虫 279上 664上

7 [illegible] 十二下 弓 270上 641下

1523

1 甤 六下 生 127下 274上

6 融 三下 鬲 62下 111下

𩰫 62下 111下

1528

0 殃 四下 歺 85下 163下

6 殨 85下 163上

1529

0 殊 85上 161下

9 隸 三下 隶 65上 117上

殔 四下 歺 85下 163上

1540

0 建 二下 廴 44上 77下

1542

7 聘 十二上 耳 250上 592上

1548

6 聵 250上 592下

1561

2 醘 十四下 酉 312上 748上

8 醴 312上 747下

1562

7 [illegible] 312上 748下

1563

2 醲 312上 748上

1566

1 [illegible] 312下 748下

6 醩 七上 米 147下 332下

1568

6 磧 九下 石 194下 450上

1569

4 磔 五下 桀 114上 237下

1610

0 珇 一上 玉 11上 13上

珈 14上

4 聖 十二上 耳 250上 592上

1611

2 琨 一上 玉 13上 17下

覡 五上 巫 100上 201下

3 瑰 一上 玉 13下 18下

4 珵 12上 16上

5 理 12上 15下

1612

7 瑒 11上 12下

1613

0 璁 12下 17上

2 環 11上 12上

1614

1 [illegible] 13下 18下

1615

4 [illegible] 14上

1616

0 瑁 11上 13上

瓃 11下 15上

1619

4 璪 11下 14下

1621

2 殟 四下 歺 85上 162上

[illegible] 八下 見 177下 407下

3 [illegible] 九上 鬼 188下 436上

1622

7 弲 十二下 弓 269下 640上

1623

6 強 十三上 虫 279下 665下

1624

1 殬 四下 歺 85下 163下

7 ⿰歹⿱目又 85上 161下

彏 十二下 弓 269下 640下

1625

4 彈 270上 641下

6 殫 四下 歺 85下 163下

彈 十二下 弓 270上 641下

1628

4 殠 四下 歺 85下 163上

1642

7 勥 十三下 力 292上 699下

1643

0 聰 十二上 耳 250上 592上

1660

2 碧 一上 玉 13上 17下

1661

0 配 九上 面 184上 422下

2 靦 184上 422下

硯 九下 石 195下 453上

醖 十四下 酉 311下 747下

3 醜 四上 朋 74上

九上 鬼 189上 436上

4 酲 十四下 酉 313上 750下

5 醒 313下

1662

7 碭 九下 石 194下 449上

碣 194下 449下

酳 十四下 酉 312上 747下

1664

0 碑 九下 石 194下 450上

8 礹 195上 451下

釅 十四下 酉 313上

1665

4 ⿰酉畢 313下 751下

1668

1 醍 313下

6 磒 九下 石 195上 450上

1671

3 魂 九上 鬼 188下 435上

1681

2 覢 八下 見 177下 407下

1691

2 ⿰录見 177下 407下

⿰票見 178上 408上

3 ⿰示鬼 九上 鬼 188下 435上

1702

7 号 五上 乃 100下 203上

𢎘 七上 𢎘 142下 316下

⿱𢎘丂 142下

弓 十二下 弓 269下 639下

弓 641下

1703

0 乁 三下 又 64下 115下

乀 十二下 丿 265下 627下

乁 十二下 乁 265下 627下

7 己 三下 又 64下 115下

1710

2 盄 五上 皿 104上 212上

盈 104下 212下

孟 十四下 子 310上 743上

丑 十四下 丑 310下 744下

4 ⿰丑丑 二上 釆 28下 50上

⿰丑丑 28下 50上

翌 四上 羽 75下 140上

圣 十三下 土 288上 689下

堅 288下 690上

毀 290上

9 丞 三上 廾,収 59上 104上

鋻 十四上 金 295下 706上

1711

0 ⿰王丮 三下 丮,丮 63下 113下

珮 八上 人 161下 366上

1 歰 二上 止 38上 68上

2 璲 一上 玉 11下 14上

珇 11下 14下

4 ⿰王丑 十四上 金 295下 706上

5 ⿱此毛 八上 毛 174上

7 玘 一上 玉 14上

1712

0 珦 10下 11上

珣 10下 11上

玥 13上

琱 12上 15下

玽 12下 17上

玓 13上 18上

瑚 13下 19上

珝 14上

羽 四上 羽 74下 138上

2 璆 一上 玉 10下 12上

7 璠 10下 10下

瑦 13上 17上

鳿 四上 隹 77上 143下

郖 六下 邑 132下 287下

邶 133上 288下

郅 133下 290下

鄧 134上 292上

那 六下 邑 134上 292下

郵 135上 295上

邛 135上 295上

邳 135下 297上

邪 136上 299下

弱 九上 彡 185上 425上

孑 十四下 孑 310上 743下

1713

2 瑑 一上 玉 11下 14下

琨 12下 17上

6 瑵 11下 14上

蝨 十三上 虫 280下 667下

十三下 䖵 283下 675上

蚤 十三上 虫 282下 673上

蠡 十三下 䖵 283下 674下

蚤 283下 674下

蠡 283下 674下

1714

0 珊 一上 玉 13下 18下

琡 14上

7 瓊 10下 10下

瑕 12上 15下

珉 13上 17下

⿰王殳 13上 17下

⿰豆殳 三下 殳 66上 119上

1715

7 琤 一上 玉 12上 16上

1716

4 璐 10下 11上
琚 12下 16下
7 瑁 13上 17上

1718

0 玖 12下 16下
1 璵 10上
2 歅 五上 丶 105下 215上
4 翄 四上 羽 75上 139上
6 璝 一上 玉 13上 17下

1719

4 琛 14上
璨 14上

1720

2 翏 四上 羽 75下 139下
予 四下 予 84上 159下
7 尸 八上 尸 174上 399下
了 十四下 了 310上 743下

1721

2 殂 四下 歺 85上 162上
豠 九下 豕 197上 455下
弲 十二下 弓 269下 640上
4 殛 四下 歺 85上 162下
𥎵 十四上 矛 300下 720上
5 翟 四上 羽 75上 138下
7 豝 九下 豕 196下 455上
𢀳 十四下 巴 309上 741下
孑 十四下 了 310上 744上

1722

0 翏 四上 羽 75上 139上
歾 四下 歺 85上 161下
殂 85下 163下
刀 四下 刀 91上 178上
虜 五上 虎 103下 210下
弸 十二下 弓 270上 640下
2 矛 十四上 矛 300下 719下
7 矞 三上 㕯 50上 88上
䰛 三下 鬲 62下 111下
䰜 三下 䰜 62下 112上
䰞 62下 112上
䰟 62下 112上
粥 62下 112上
䰠 62下 112上
䰡 62下 112上
䰢 62下 112下
䰣 63上 112下
䰤 63上 112下
䰥 三下 䰜 63上 112下
䰦 63上 112下
䰧 63上 113上
䰨 63上 113上
䰩 63上 113上
䰪 63上 113上
翮 四上 羽 75下 140上
雅 四上 隹 76上
鷽 77上 143下
鷊 四上 鳥 81上 153上
鷊 81下 153下
胥 四下 肉 88下 171下
胥 89下 175上
乃 五上 乃 100下 203上
𠄎 100下 203上
𠄏 100下 203上
鄠 六下 邑 132上 286上
邴 135上 294下
祁 135上 295下
邪 135下 298上
鄝 136下 299下
酈 136下 300下
甬 七上 马 142下 317上
帬 七下 巾 159上 358上
帚 159下 361上
㣇 九下 㣇 197下 456上
彘 197下 456下
豫 九下 象 198下 459下
甗 十二下 瓦 269上 638下
弱 十二下 弜 270上 642上
弼 270下 642上
務 十三下 力 292上 699下

1723

2 聚 八上 㐺 169下 387上
豤 九下 豕 197上 455下
豫 九下 象 198下 459下
承 十二上 手 253上 600下

1724

7 及 三下 又 64下 115下
叚 64下 116下
毅 三下 殳 66上 119下
敢 四下 𠬪 84下 161上
豭 九下 豕 197上 455上
豛 197上 455上

1726

2 弨 十二下 弓 269下 640下
4 殙 四下 歺 85上 161下

1728

2 𣦼 四下 死 86上 164下
弞 八下 欠 179上 411上

1729

4 𣝗 六上 木 124上 266上

1732

0 刃 四下 刃 93上 183上
7 𨛍 六下 邑 133上 288上
鄐 134上 293上

1733

0 刅 四下 刃 93上 183上
1 烝 十上 火 207下 480下
忌 十下 心 221上 511上
恐 223上 514下
2 㤥 219上 507上
忍 221下 511下
忍 223下 515上
勇 十三下 力 292下 701上
3 懇 十下 心 224上

1734

3 叉 三下 又 64上 115上
6 尋 三下 寸 67上 121下

1740

0 又 三下 又 64上 114下
1 雩 十一下 雨 242上 574下
3 叉 三下 又 64上 115上
4 翣 四上 羽 75下 140下
娶 十二下 女 259上 613下

7 廴 二下 廴 44上 77下
孠 二下 冊 48下 86上
翣 四上 羽 75下 140上
夋 五下 夊 112下 233上
子 十四下 子 309下 742下
孕 310上 742下
孑 十四下 孑 310上 743下
孓 310上 744上
8 翠 四上 羽 75上 138下

1741

0 孔 十一下 孔 246上 583上
2 㝃 十四下 子 310上 742下

1742

0 聊 十二上 耳 249下 591下
⿰耳關 250上 592下
⿰耳月 250下 592下
7 鵽 四上 鳥 80下 152上
鳽 81下 154上
邘 六下 邑 133上 288下
邢 133下 289下
鄠 134上 292上
郔 135上 295下
郰 135下 296下
邗 135下 297下
⿰覃阝 136上 299上

旤 八下 旡、旡 181上 414下
豫 九下 象 198下 459下
勇 十三下 力 292下 701上

1744

0 取 三下 又 64下 116上
刅 四下 刃 93上 183上
1 羿 四上 羽 75上 139上
7 叒 六下 叒 127上 272下
叕 十四下 叕 307下 738上
孨 十四下 孨 310下 744上

1745

0 耼 十二上 耳 249下 591下

1746

1 聸 249下 591下

1750

1 羣 四上 羊 78下 146下
2 掔 十二上 手 251上 594上
⿱巩手 三下 丮 63下 114上
十二上 手 251上 596上
6 鞏 三下 革 60下 107下
翬 四上 羽 75上 139下
⿱巩車 十四上 車 302下 727上
7 尹 三下 又 64上 115下

1751

0 丮 三下 丮 63上 113下
⿰手丮 三下 丮 63下 114上
十二上 手 251上 596上

1752

7 那 六下 邑 134下 294上
郠 135上 295下
弔 八上 人 167下 383上

1760

2 召 二上 口 32上 57上
習 四上 羽 74下 138上
⿱羽石 九下 石 194下 450上
3 函 七上 𢎘 142下 316下
4 ⿱羽日 三下 又 65上 116下
⿱孖日 十四下 孨 310下 744上
孴 310下 744上
7 君 二上 口 32上 57上

1761

2 ⿱叒巳 六下 叒 127上 272下
7 配 十四下 酉 312下 748下

1762

0 司 九上 司 186下 429下
卲 九上 卩 187上 431上
砌 九下 石 196上
酌 十四下 酉 312下 748下
酳 312下 749上
⿰酉句 313上 750上
醐 十四下 酉 313下
2 醪 312上 748上
7 咼 二上 口 33上 58下
⿰咼鳥 四上 鳥 80上 151上
郡 六下 邑 131下 283上
邵 133上 288下
酃 134下 294下
鄑 135上 295上
部 135下 298上
确 九下 石 195上 451下
⿰酉喬 十四下 酉 313下 751下

1763

2 硍 九下 石 195上 450下
⿰酉冢 十四下 酉 311下 747下

1764

2 ⿰酉夅 313下 751下
7 碫 九下 石 194下 449下
碬 194下 449下

1766

2 酩 十四下 酉 313下
4 酪 313下

1768

1 礙 九下 石 195上 452上
2 歌 八下 欠 179下 411下
歠 八下 㱃 180下 414上
9 硶 九下 石 195上 450下

1769

9 碌 196上

1771

0 巺 五下 丌 113上 234上
乙 十四下 乙 308下 740上
1 ⿱口己 十三下 田 290下 695下
7 己 十四下 己 309上 741上
巹 309上 741上

1772

7 邔 六下 邑 134下 293上
⿰巷阝 136下 300下

1773

2 帬 七下 巾 159上 358下

1777

2 圅 七上 𢎘 142下 316下
7 㠯 十四下 巳 311上 746上

1778

2 ⿰己欠 八下 欠 179上 411上

1780

1 翨 四上 羽 75上 138上
翼 十一下 飛 245下 582下
㠱 十四下 己 309上 741上
2 疋 二下 疋 48上 84下
8 翜 四上 羽 75下 139下

1782

7 [illegible] 六下 邑 133下 289上

1788

9 [illegible] 三上 丵 58下 103上

1790

3 [illegible] 十三上 糸 272上 646上

4 [illegible] 六上 木 116上 243上

朵 119上 250上

柔 119下 252上

桑 六下 叒 127上 272下

栗 七上 卤 143上 317下

[illegible] 八上 人 161下 365上 十四下 子 310上 743上

9 录 七上 录 144上 320上

[illegible] 九上 鬼 188下

1791

0 飄 十三下 風 284下 677下

1810

9 鏊 十四上 金 294下 704上

1811

2 瑳 一上 玉 11下

1812

0 玠 11上 12下

1 瑜 10下 10下

2 珍 12上 16上

7 玪 一上 玉 12下 16下

1813

1 璑 10下 11上

2 玲 12上 16上

5 蝥 十三上 虫 280下 667下 十三下 蟲 284上 676下

1814

0 璥 一上 玉 10上 10上

璬 11上 13上

政 三下 攴 67下 123上

攻 69上 125下

致 五下 夊 112下 232下

1816

2 琀 一上 玉 13下 19上

7 瑲 12上 16上

1818

1 琁 10下 11下

1821

1 殅 四下 歺 85上 162下

[illegible] 85上 162下

1822

2 殄 85下 163下

7 殤 85上 162上

[illegible] 七下 巾 160上 362上

矜 十四上 矛 300下 719下

1823

2 矜 十四上 矛 300下 719下

1824

0 敄 三下 攴 67下 122下

[illegible] 68上 123上

[illegible] 69上 125下

[illegible] 69上 125下

1826

6 [illegible] 三下 鬲 62下 111下

1828

1 豵 九下 豕 196下 455上

4 [illegible] 五下 矢 110上 227上

1832

7 鶩 四上 鳥 81上 152下

騖 十上 馬 201上 467上

1840

4 婺 十二下 女 262上 620上

1842

7 聆 十二上 耳 250下 593上

1843

2 聆 250上 592上

1844

0 孜 三下 攴 68上 123下

[illegible] 68上 124上

敢 四下 𠬪 161上

1848

4 联 十二上 耳 250上 592下

1850

1 [illegible] 四上 羊 78上 145下

6 鞪 三下 革 61上 108下

1854

0 [illegible] 三下 攴 68下 125上

1860

4 瞀 四上 目 72上 132下

[illegible] 十四下 酉 313下 751下

1861

1 酢 313上 751上

2 [illegible] 312上 748上

1862

1 [illegible] 313下 751下

1863

2 [illegible] 九下 石 194下 450上

7 磏 194下 449下

1864

0 敔 三下 攴 69上 126上

7 [illegible] 四下 𠬪 84下 161上

1866

4 [illegible] 九下 石 195下 452下

1868

6 醶 十四下 酉 313上 751上

1869

4 酴 十四下 酉 312上 747下

1871

2 瓴 十二下 瓦 269上 639下

1874

0 改 三下 攴 68上 124上

1877

2 嵍 九下 山 191上 441上

1882

2 [illegible] 九上 頁 183上 419上

1890

4 楘 六上 木 124上 266上

1914

7 [illegible] 一上 玉 12下 17上

1916

6 璫 14上

1918

6 瑣 12上 16上

9 琰 11上 12下

1924

8 [illegible] 三下 [illegible] 67下 122上

1948

0 耿 十二上 耳 249下 591下

1973

2 褧 八上 衣 171上 391下

1978

5 𤎭 三下 燮.燮 67下 122上

1985

9 ⿰頁粦 九上 頁 183上 419上

2

2000

0 丨 一上 丨 14下 20下

丿 十二下 丿 265下 627上

亅 十二下 亅 267上 633下

2001

2 几 八下 儿 176下 404下

2002

7 乎 二上 釆 28下 50上

㮄 六上 木 123下

2010

0 上 一上 丄.二 7上 2上

2 盉 五上 皿 104下 212下

4 壬 八上 𡈼 169下 387下

𡈼 169下 387下

壬 十四下 壬 309下 742上

5 重 八上 重 169下 388上

垂 十三下 土 289下 693下

2011

2 乖 四上 𦫳 77下 144下

5 ⿰垂隹 四上 隹 76下 142下

雐 77上 143下

2013

6 ⿱𧑅虫 十三上 虫 283上 673下

⿱雔䖵 十三下 䖵 284上 676上

2017

4 𤔕 四下 𠬪 84下 160下

2020

2 彳 二下 彳 42下 76上

彡 九上 彡 184下 424上

3 幺 四下 幺 84上 159下

糸 十三上 糸 271上 643下

2021

2 禿 八下 禿 177下 407上

覓 十一下 𠂢 570上

4 往 二下 彳 43上 76上

佹 八上 人 167下 382下

5 讎 三上 言 51下 90上

隹 四上 隹 76上 141上

雔 四上 雔 79上 147下

雥 四上 雥 79上 148上

僮 八上 人 161下 365上

⿰亻雔 162下 368下

倠 167下 382下

6 儃 164下 373上

7 伉 162上 367上

秃 八下 禿 177下 407上

8 位 八上 人 163下 371下

2022

1 ⿱雥巾 四上 雥 79上 148上

停 八上 人 168上

2 豸 九下 豸 197下 457上

3 儕 八上 人 164上 372上

7 徬 二上 彳 43上 76下

爲 三下 爪 63上 113上

雋 四上 隹 77上 144上

𤔔 四下 𠬪 84下 160下

𤔲 84下 160下

⿱𤔔刀 四下 刀 91下 179上

觷 四下 角 94下 187下

秀 七上 禾 144上 320下

傭 八上 人 163下 370下

仿 163下 370下

傍 165上 375上

⿰豸庸 九下 豸 198上 457下

喬 十下 夭 214上 494下

禹 十四下 厹.内 308上 739下

2023

1 儦 八上 人 162下 368下

鑣 十四上 金 298上 713上

2 依 八上 人 164上 372下

伭 166上 379上

4 㼌 七下 瓜 149下 337上

6 億 八上 人 165下 376下

2024

0 俯 九上 頁 183上 419下

1 僻 八上 人 166上 379上

辭 十四下 辛 309下 742上

7 嬖 十二下 女 259上 614上

8 佼 八上 人 161下 366上

倅 168上

2025

2 舜 五下 舜.舜 113上 234上

2026

1 信 三上 言 52上 92下

倍 八上 人 166上 378上

2028

2 侅 162下 368上

4 ⿰亻矦 166下 380下

2029

6 倞 163上 369上

2030

0 ㄑ 十一下 ㄑ 239上 568上

2 乏 二下 正 39上 69下

2031

2 鵻 四上 鳥 79下 149下

魭 十一下 魚 243上 576上

6 鱣 243上 576下

7 魧 245上 581上

2032
7 鴋 四上 鳥 80上 150下
鷛 81上 153下
魴 十一下 魚 243上 577上
鰟 243上 577下
鱅 244下 579下
鰝 245上 581上

2033
1 熏 一下 屮 15上 22下
鷦 四上 鳥 80上 151上
焦 十上 火 209上 484下
[illegible] 十下 心 219下 507下
3 悠 222上 512下
4 忎 八上 人 161下 365下
6 鱣 十一下 魚 243上 576下
7 [illegible] 十下 心 218上 504下
9 悉 二上 釆 28下 50上

2034
1 鷄 四上 鳥 81上 153上
鸊 81上 153上
4 鯪 十一下 魚 244上 579上
8 鵁 四上 鳥 81下 154上
鮫 十一下 魚 244下 580上
9 寽 四下 受 84下 160下

2039
6 鯨 十一下 魚 244下 580上

2040
0 千 三上 十 50下 89上
1 隼 四上 鳥 79下 149下
2 季 七上 禾 146上 326下
3 繇 三上 言 54下 97下
4 妥 十二下 女 260下 626上
委 261下 619上
7 孚 三下 爪 63上 113上
隻 四上 隹 76上 141上
雙 四上 雔 79上 148上
受 四下 𠬪 84下 160上
爰 84下 160上
受 84下 160下
𤔔 84下 160下
𤔔 84下 160下
愛 五下 夊 112下 233上
奔 十下 夭 214上 494下
季 十四下 子 310上 743上
孼 310上 743上
9 乎 五上 兮 101上 204上

2041
5 雞 四上 隹 76下 142上
[illegible] 十一上 水 233上 555下
7 航 八下 方 176下 404下
䦳 十下 亢 215上 497下

2042
7 舫 八下 舟 176上 403下

2044
1 辭 十四下 辛 309下 742上
5 糞 四下 華 83下 158上
7 爯 四下 冓 83下 158下
9 弄 三上 廾、収 59上 104下

2050
0 手 十二上 手 250下 593下
1 犨 二上 牛 29下 51下
犫 29下 51下

2051
1 魋 四上 隹 144上
九上 鬼 189上
2 魑 189上
5 犍 二上 牛 29下 51下
犝 30上

2053
1 犥 29上 51下

2054
7 犉 29上 51下

2059
6 㹁 二上 牛 29上 51上

2060
1 售 二上 口 35上
4 舌 34下 61下
香 五上 旨 101上 202下
5 看 四上 目 72下 133下
6 𤰈 十二下 曲 268下 637下
9 番 二上 釆 28下 50上
香 七上 香 147上 330上

2061
5 雒 四上 隹 76上 141上
雓 76上 142上

2064
1 辝 十四下 辛 309下 742上
8 皎 七下 白 160上 363下

2070
0 乚 十二下 亅 267上 633下

2071
0 𠃋 三下 又 64上 115上
乚 十二上 乚 246下 584上
乚 十二下 乚 267下 634上
1 氈 八上 毛 174上 399上
4 乇 六下 乇 127下 274下
毽 八上 毛 173下 399上
5 雄 四上 隹 76下 142下
雔 四上 隹 76下 143上
毛 八上 毛 173下 398下
毳 八上 毳 174上 399下

2073
0 厶 九上 厶 189上 436下
2 幺 四下 幺 83下 158下
饕 五下 食 107上 218下
去 十四下 去 310下 744上

2074
1 辥 十四下 辛 309下 742上
6 爵 五下 鬯 106下 217下
7 崞 九下 山 190下 439上
8 齴 二下 齒 45上 80上
齩 45上 80上

2077
2 罄 五下 缶 109下 225上
7 舀 七上 臼 148下 334下

2080
1 乏 二下 乏 39上 70上
4 奐 四下 角 94上 186上
夭 十下 夭 214上 494上
奚 十下 大 215下 499上
9 禾 七上 禾 144上 320下
䙴 十上 火 209上 484下

2081

5 雞 四上 隹 76下 142上

2090

1 𥜶 一上 示 8下 6下
乘 五下 桀 114上 237下
3 系 十二下 系 270下 642下
糸 十三上 糸 271上 643下
4 采 二上 釆 28下 50上
采 三下 爪 63上 113上
集 四上 雥 79上 148上
雧 79上 148上
末 六上 木 118下 248下
采 124下 268上
䄷 125上 269上
禾 七上 禾 144上 320上
禾 144上 320上
采 145上 324上
䊮 七上 米 147下 331下
7 秉 三下 又 64下 115下
9 黍 七上 黍 146下 329下

2091

2 統 十三上 糸 271上 644上
綂 271下 645上
4 纏 272下 647上
5 黐 四下 隹 76下 143上
種 七上 禾 144上 321上
維 十三上 糸 276上 658上
7 秔 七上 禾 144下 323上
纑 十三上 糸 272下 647下

2092

3 穧 七上 禾 145上 325上
7 稊 146上 326下
紡 十三上 糸 271下 645下
締 272下 647下
縞 273上 648下
綪 273下 649下
縭 275下 656下

2093

1 穮 七上 禾 145上 325上
2 穰 145下 326上
絃 十二下 弦 270下 642上
纕 十三上 糸 275上 655下
縗 277上 661上

2094

1 𣗥 六上 木 122上 259上
綷 十三上 糸 273上 648上
7 稃 七上 禾 146下
8 絞 十下 交 214上 495上

2096

1 綰 十三上 糸 276下 659下

2098

6 穬 七上 禾 144下 323上
纊 十三上 糸 276下 659下

2099

3 緜 十二下 系 270下 642下
4 穅 七上 禾 145下 324下
𣝗 七下 朩 149上 335下
縹 十三上 糸 273上 648上

2106

6 牑 七上 片 143上 318上

2108

6 順 九下 頁 182下 418下

2110

0 上 一上 上.二 7上 2上
止 二上 止 38上 67下
2 盨 五上 皿 104上 212上
4 壆 十三下 土 288下 691上
6 䵂 五下 𣆪.㫗 111上 229下

2111

7 歫 二上 止 38上 67下

2112

7 䮰 十上 馬 200上 464上
与 十四上 勺 299上 715上

2118

6 䪼 九上 頁 183上 420下
𩒨 九上 須 184下 424上
頍 十下 立 216下 500下

2119

0 衃 五上 血 105上 213下

2120

1 步 二上 步 38下 68下
7 歺 四下 歺 85上 161下
覃 五下 𣆪.㫗 111上 229下

2121

0 仁 八上 人 161下 365上
1 征 二下 辵 39下 70下
延 40下 72上
俳 八上 人 166下 380上
裶 八上 衣 172上 394上
2 徑 二下 彳 43上 76上
虍 五上 虍 103上 209上
䖑 103上 209下
虎 五上 虎 103下 210上
盧 五上 皿 104上 212上
盧 104上 212上
仜 八上 人 163上 369上
伍 164下 373下
儷 165下 376下
虛 八上 丘 169上 386下
䍠 十四下 酉 313上 751下
4 虐 五上 虍 103上 209下
偃 八上 人 167上 381上
𠌫 168上 384上
5 雁 四上 隹 76下 142下
䧹 76下 143上
6 觛 四下 角 94下 187下
僵 八上 人 167上 380下
傴 167上 382上
貙 九下 豸 198上 457下
貆 198上 458上
7 虎 五上 虎 103下 210上
虤 五上 虤 104上 211下
僊 八上 人 167下 383下
镸 九下 長 196上 453上
甗 十二下 瓦 269上 638下
8 虘 五上 虘 103上 208下
佴 八上 人 164下 373下
9 伾 163上 370上

2122

0 何 163下 371上
1 𦬸 一下 艸 15上 22下
䢊 二下 辵 41下 74上
行 二下 行 44上 78上
術 44上 78上
街 44上 78上
衢 44上 78上

衢 二下 行 44上 78上
衝 44上
衕 44上 78上
衛 44上 78上
衙 44上 78上
衎 44上 78上
衒 44上 78上
衙 44上 78下
衛 44上 78下
衞 44上 78下
衡 四下 角 94上 186上
衍 十一上 水 229上 546上
銜 十四上 金 298上 713上
衛 十四上 車 302下 727上
2 彪 五上 虍 103上 209下
6 傍 十四下 𠂤 305上 732下
7 鬳 三下 鬲 62下 111下
鷹 四上 隹 76下 142下
膚 四下 肉 87上 167下
肯 90下
虧 五上 亏 101下 204下
虜 七上 毌 142下 316下
鹵 七下 网 157上 355上
儒 八上 人 162上 366上
㑂 163下 370下

傌 八上 人 166上 378上
帛 八上 匕 168下 385下
傌 十上 馬 200上 464上
禼 十四下 厹内 308上 739下

2123

2 䚩 四下 角 94上 187下
倀 八上 人 166上 378上
侲 168上
豦 九下 豕 197上 456上
豳 九下 豩.豳 197下 457上
4 虑 五上 虍 103上 209上
6 慮 十下 思 217上 501下

2124

0 鼾 四上 鼻 74下 137下
虔 五上 虍 103上 209下
佴 八上 人 164上 372下
豻 九下 豸 198上 458上
1 儡 八上 人 163下 372上
處 十四上 几 299下 716上
4 併 三上 廾.収 59上 104下
佞 十二下 女 263上 622下
6 倬 八上 人 163上 370上
便 165上 375下
7 優 165上 375下
9 虖 五上 虍 103上 209下

2125

3 歲 二上 步 38下 68下
4 觲 四下 角 94上 185下

2126

1 佋 四下 刀 91下 179上
2 佰 八上 人 164下 374上
偭 165下 376上
3 盧 十二下 甾 268下 638上
4 𠈑 七上 夕 142上 316上
𠊊 142上 316上
8 虘 五上 虍 103上 209下
㽄 十四下 酉 313上 751上

2128

1 徙 二下 辵 40下 72上
虡 五上 虍 103上 210上
虡 103上 210上
2 觼 四下 角 93下 185下
4 虞 五上 虍 103上 209上
瘊 七下 疒 154上 348上
𤺊 154上 348上
侯 八上 人 166上 377下
6 傾 164上 373上
價 168上
偵 168下
䫉 八下 皃 177上 406上

顱 九上 頁 181下 416上
顯 181下 416下
顉 182上 417上
頠 182下 418下
顓 183上 419上
須 九上 須 184下 424上
頻 十一下 頻瀕 567下

2129

1 僄 八上 人 166下 379下
6 傆 164下 374上

2131

2 鸕 四上 鳥 81上 153上
魱 十一下 魚 243上 576上
鱺 243下 577下
鯉 243下 577下
4 鰋 244上 578下
6 鷗 四上 鳥 81上 153下
鰸 十一下 魚 244上 579上
鱣 244下 580上
7 虢 五上 虎 103下 211上
8 鮔 十一下 魚 243上 577上
9 魾 243下 577下

2132

0 鴚 四上 鳥 80下 152上
7 鰤 十一下 魚 242下 575下

鰟 十一下 魚 244上 579上
鮩 245上 581上 十三上 虫 281下

2133

2 愆 十下 心 221上 510下
𢡘 221上 511上
6 𤏩 十上 火 208下 483上
8 懇 十下 心 217上 502下

2134

6 鯾 十一下 魚 243上 577上
鱏 243下 578上
鯁 244下 580上
鯙 245上 581下

2136

0 鮎 244上 578下

2138

2 鱖 244上 578下
6 𩓉 九上 頁 183下

2139

4 鰈 四上 鳥 81上 153下

2140

0 午 五下 夊 114上 237上
6 卓 八上 匕 168下 385下
顰 十一下 頻.瀕 239上 567下
7 支 三下 支 67下 122下
覃 五下 旱.㫗 111上 229下

2141

2 艫 八下 舟 176上 403下
6 軀 八上 身 170上 388下
7 [illegible] 十二下 瓦 269上 639上

2142

0 舸 八下 舟 176下
1 前 四下 刀 91上 178下

2144

2 舁 三上 舁 59下 105下
7 歬 二上 止 38上 68上

2148

6 頨 九上 頁 182上 416下
顡 182下 418下
[illegible] 183下 421上
[illegible] 九上 須 184下 424上
嬃 十二下 女 260上 617上

2150

2 [illegible] 二上 牛 29下 52下

2151

1 魖 九上 鬼 188下 435上
[illegible] 188下 436上
2 牼 二上 牛 30上 52下
魎 十三上 虫 282下
6 [illegible] 二上 牛 29下 51下

2152

7 犡 二上 牛 29上 51上
犓 29下 52上

2154

7 犪 29下 52上
9 [illegible] 29上 51下

2155

0 拜 三上 廾.収 59上 103下
拜 十二上 手 251上 595下

2158

6 頛 九上 頁 183上 420下
[illegible] 183下 421上
[illegible] 九上 須 184下 424上

2160

0 占 三下 卜 70上 127下
卣 七上 卤 143上 317上
卥 十二上 西 247上 585下
[illegible] 247上 585下
[illegible] 247上 585下
鹵 十二上 鹵 247上 586上
1 [illegible] 三上 言 55下 98上
[illegible] 五上 虤 104上 211下
8 [illegible] 二上 口 35上 62下
睿 四下 㕡 85上 161下
容 十一下 谷 240上 570下

2161

2 [illegible] 十二上 匠 250下 593上
[illegible] 十二下 甾 268下 638上
7 瓵 十二下 瓦 269上 638下

2166

1 [illegible] 七上 卤 143上 317上

2168

6 [illegible] 七下 白 160下 363下
頟 九上 頁 181下 416下
頢 182下 418下
[illegible] 九上 須 184下 424上

2171

0 匕 八上 匕 168下 384下
2 [illegible] 二下 齒 44下 79上
既 五下 皀 106下 216下
[illegible] 九下 山 191上 441上
4 [illegible] 二下 齒 45下 80下
6 [illegible] 五上 乃 100下 203上
[illegible] 100下 203下
[illegible] 100下 203下
嶇 十四下 𨸏 305上 732下
7 [illegible] 二下 齒 45上 79下

2172

7 師 六下 帀 127上 273上

2174

0 齗 二下 齒 45上 80上

2176

1 齬 二下 齒 45下 79下

2177

2 齒 44下 78下

2178

6 頃 八上 匕 168下 385上
[illegible] 九上 頁 181下 416上
[illegible] 183上 420上

2180

1 躗 二下 足 46下 82下
4 [illegible] 四下 角 94上 186上
6 貞 三下 卜 69下 127下
贙 五上 虤 104上 211下

2188

1 [illegible] 七上 㫃 141上 312上
6 [illegible] 八下 履 175下 402下
煩 十上 火 208上 481下

2190

1 赤 七下 赤 149上 336上
4 朱 六下 口 129下 278下
㮚 七上 卤 143上 317下
㮚 143上 317下
[illegible] 143上 317下
9 泉 七上 克 143下 320上

2191

1 [illegible] 十三上 糸 276上 658上
緋 278上
2 穊 七上 禾 144上 321下
經 十三上 糸 271下 644上
紅 274上 651上
纚 274下 652下
縆 276下 659上
纑 277上 660上
3 纏 273上 648下
4 絰 277上 661上
6 絙 274下 654下
繮 276上 658上
7 秬 五下 鬯 106下 218上
甄 十二下 瓦 269上 639上
9 秠 七上 禾 145上 324下

2192

7 繻 十三上 糸 274上 652上
緉 277下 661下

2193

6 [illegible] 十上 火 208下 483上

2194

0 秆 七上 禾 145下 326上
紆 十三上 糸 272上 646上
3 縟 274上 652上

6 稉 七上 禾 144下 323上
綆 十三上 糸 276下 659上
緶 277下 661下
綽 十三上 素 278上 662下
7 ⿰赤支 七下 赤 149上 336下

2196

0 黏 七上 黍 146下 330上
1 縉 十三上 糸 273下 650上
2 䄷 七上 禾 146下 328下
緬 十三上 糸 271上 643下
6 ⿰黍畐 七上 黍 147上 330上

2198

4 稬 七上 禾 144下 322下
緛 十三上 糸 275下 656上
6 穎 七上 禾 145上 323下
潁 十一上 水 227上 534上
⿰⿱匕糸頁 十三上 糸 276上 658下

2199

0 紑 274上 652上
1 縹 273下 649下
6 縓 274上 650下

2200

0 ⿰卜刂 四下 刀 92上 180下
⿱山川 十一上 水 231上 551上
川 十一下 川 239上 568下
巛 十一下 川 239下 569下
1 鬥 三下 鬥 63下 114上

2201

0 胤 四下 肉 88上 171上
儿 八下 儿 176下 404下

2202

7 ⿱十⿰㠯乙 四下 叀 84上 159上
片 七上 片 143上 318上
巒 九下 山 190上 439上
彎 十二下 弓 270上 640下

2204

7 版 七上 片 143上 318上

2210

0 剴 四下 刀 91上 178下
1 些 二上 此 38下
2 ⿱幾血 五上 血 105上 214上
4 㞷 六下 之 127上 272下
十三下 土 287下 688上
⿱屮土 六下 之 272下
坒 十三下 土 287下 687下
8 豈 五上 豈 102下 206下
豐 五上 豐 103上 208上
9 崟 九下 山 190下 439下
⿱比金 十四上 金 295下 706上
鑾 298上 712上

2211

0 此 二上 此 38下 68下
3 ⿰糸卝 十三上 絲 278上 663上
5 歱 二上 止 38上 67下
7 鬮 三下 鬥 63下 114上

2212

1 鬭 63下 114上
斷 十四上 斤 300上 717上
7 翦 四上 羽 75下 139下

2213

2 衇 十一下 𠂢 240上 570上
6 蚩 十三上 虫 280下 667下
蠻 282下 673下
蠿 十三下 䖵 283下 675上
⿱此蟲 十三下 蟲 284上 676下
7 ⿱山虫 十三上 虫 281上 669下

2215

3 ⿰豈幾 五上 豈 102下 207上

2217

2 ⿺乚𢇍 十三上 糸 271下 645下

2220

0 剬 四下 刀 91下 179上
⿰耑刂 91下 179上
劌 91下 179下
制 92下 182上
劓 四下 刀 92下 182下
刎 92下
劇 93上
⿰角刂 四下 角 93下 185下
爿 七上 片 319上
⿰亻⿰夕刂 八上 人 162上 367下
側 164上 373上
例 167上 381下
倒 168上
1 屵 九下 屵 191下 442上
⿱屮厂 九下 厂 194上 447下
2 ⿵鬥翏 三下 鬥 63下 114上
7 歺 四下 歺 85上 161下
歺 85上 161下
⿱屮丹 五下 青 106上 215下
岑 九下 山 190下 439下
⿱巛夕 十一下 川 239下 569上

2221

0 仳 八上 人 167下 382下
豼 九下 豸 198上 457下
亂 十四下 乙 308下 740下
2 鬩 三下 鬥 63下 114下
⿱山⿸厂几 四下 死 86上 164上
彪 五上 虎 103下 210下
兇 七上 凶 148下 334下
儠 八上 人 162下 368下
⿱𠂆几 八上 匕 168下 384下
能 十上 能 207上 479下
⿰亻能 十下 心 220上 509下
3 佻 八上 人 166上 379上
4 ⿰舛生 五下 舞.舛 113上 234上
任 八上 人 165上 375下
崖 九下 屵 192上 442上
5 ⿰彳重 二下 彳 43下 77上
催 八上 人 167上 381上
崔 九下 山 191上 441下
⿱山⿸厂隹 九下 屵 192上 442上
7 ⿱山⿸厂几 四下 死 86上 164上
⿰角虒 四下 角 93下 185上
⿱𠂆几 八上 匕 168下 384下
嵐 九下 山 191下
⿱山⿸厂肥 九下 屵 192上 442上
⿱山⿸厂配 192上 442下
凭 十四上 几 299下 715下
⿱𢆶兒 十四下 子 309下 742下

2222

1 斨 十四上 斤 299下 716下
3 ⿰糸斨 十三上 糸 277下 662下
7 ⿱屮分 一下 屮 15上 22上
⿵鬥爾 三下 鬥 63下 114下

鬧 三下 鬥 64上
雟 四上 隹 76上 141上
臠 四下 肉 88下 171下
臠 88下 171下
觽 四下 角 94上 186上
觜 94上 186下
觿 94上 186下
鼎 七上 鼎 143下 319上
耑 七下 耑 149下 336下
僑 八上 人 162下 368下
僞 166下 379下
匔 九上 勹 188上 433下
嵩 九下 山 191下
崙 191下
𢑚 九下 希 197下 456上
貒 九下 豸 198下 458上
禼 十四下 厹.内 308上 739下

2223

0 觚 四下 角 94下 187下
9 𤫵 七下 瓜 149下 337下
僁 八上 人 163下 370下

2224

0 觗 四下 角 94上 187下
低 八上 人 163下
1 侹 163上 370上

岸 九下 屵 191上 442上
4 倭 八上 人 162下 368下
7 彶 二下 辵 40下 72上
後 二下 彳 43下 77上
觼 四下 角 94下 188上
優 八上 人 163下 370下
偁 164下 373下
俘 167上 382上
峻 九下 山 190下 440上
岌 191下
羆 十上 熊 207上 480上
8 巖 九下 山 191上 440上

2225

0 牂 十二上 手 251下 596下
3 僟 八上 人 163上 371上
巀 九下 山 190上 438下
嶻 191上 441下

2226

1 牆 五下 嗇 111下 231上
2 偕 八上 人 164上 372上
4 循 二下 彳 43上 76上
佸 八上 人 164上 374上

2227

2 貀 九下 豸 198上 458上

2228

4 徯 二下 彳 43下 76下
傒 八上 人 165下 376下
嶽 九下 山 190上 437下
5 僕 三上 丵 58下 103下
9 炭 十上 火 208上 482上

2229

0 休 十一上 水 233下 557上
𣶒 236上 562下
3 𤫕 七下 瓜 149下 337下
係 八上 人 167上 381下
縣 十二下 系 270下 643上
4 觻 四下 角 93下 185上
𪏰 七下 麻 149上 336上
傫 八上 人 161下 365上

2230

0 魝 四下 刀 92下 182下
鰂 十一下 魚 244下 579下

2231

0 �

2232

7 鸞 四上 鳥 79下 148下
鴜 81下 154上

2233

1 恁 五下 食 107上 218下
十下 心 220上 508下
熊 十上 熊 207上 479下
黨 十上 黑 211下 488下
態 十下 心 220上 509下
2 鷻 四上 鳥 81上 153上
鴕 81上 153上
3 蟚 四下 叀 84上 159上
4 毖 八上 比 169上 386上
5 巛 十一下 川 239下 569上
6 鮆 十一下 魚 243下 578上
7 巜 十一下 巜 239上 568上

2236

1 鮨 十一下 魚 244下 580下

2237

2 鰩 245下

2238

6 嶺 九下 山 191下

2239

3 縣 九上 𥄉.首 184下 423下
鯀 十一下 魚 243上 576上
4 穌 七上 禾 146上 327上

鱳 十一下 魚 244下 579下

2240

0 劋 四下 刀 92上 181下
舠 八下 舟 176上 403下
1 孛 六下 米.市 127下 274上
乍 八上 匕 168下 385上
嶭 九下 山 191上 440下
4 娑 十二下 女 262下 621下
孌 263上 622上
7 屮 一下 屮 15上 21下
支 三下 又 64下 116上
叓 三下 史 65上 117上
變 三下 攴 68上 124上
夋 五下 夊 112下 233下
㞧 九下 山 191上 438下
孿 十四下 子 309下 742下
孌 310上 743上
8 崒 九下 山 190下 439下
睪 十下 夲夲 215上 497下
9 斆 十四上 斗 300下 718下

2241

0 乳 十二上 乙 246下 584上
3 巍 九上 嵬 189下 437上
7 鼂 十三下 黽 285上 678下

2242

1 蚚 一下 艸 25下 44下
蘄 25下 44下
2 肜 八下 舟 176上 403上

2244

1 艇 176下
7 艸 一下 艸 15上 22上
茻 一下 茻 27下 47下
𦱵 三上 丩 50下 88下
𢍁 三上 廾·収 59上 104上
𦳝 三上 共 59下 105上
艐 八下 舟 176上 403下
8 𢎘 十二上 手 251上 595下

2250

1 羋 四上 羊 78下 146下
2 掔 十二上 手 254上 602下
攣 255上 605下
3 鬩 三下 鬥 64上 114下
4 崋 九下 山 190上 439上
峯 190下
8 崒 190上 439上

2251

0 牝 二上 牛 29上 50下
2 鬽 九上 鬼 188下 435下
3 魅 188下 436上
嵬 九上 嵬 189上 437上

2252

7 岪 九下 山 191上 441上

2254

0 牴 二上 牛 29下 52下
7 牧 29下 51下
9 特 29上 51下

2255

7 𤘪 三下 又 65上 116下

2260

0 刎 四下 刀 91上 178上
刮 92上 181上
刲 92下 182上
1 呰 二上 口 33上 59下
訾 三上 言 55上 98上
眥 四上 目 71上 130上
旨 五上 旨 101上 202下
峕 六下 邑 131下 283上
旹 七上 日 137下 302下
㫷 138下 305下
峇 九下 山 191上 441上
2 皆 四上 白 74上 136下
晳 七上 日 137下 303上
3 菑 一下 艸 24上 41下
甾 十二下 甾 268下 637下
4 呰 二上 口 32上 57上

醬 十四上 酉 313下 751下
6 邕 十一下 川 239下 569上
8 眷 四上 目 72上 132下
睿 72上 132下
9 矕 71上 130下
䜌 十三上 絲 278上 663上

2261

0 毗 十下 囟 216下 501下
8 皚 七下 白 161上 364上

2262

1 斫 十四上 斤 299下 717上

2265

3 畿 十三下 田 291上 696上

2266

1 啙 二上 此 38下 68下
2 䭫 九上 𩠐首 184下 423上
9 皤 七下 白 160上 363下

2269

3 繇 十二下 系 270下 643上

2270

0 齣 二下 齒 45上 80上
丩 三上 丩 50下 88下
𠂇 三下 又 64上 115上
歺 四下 歺 85下 163下
歺 85下 163下

斲 十四上 斤 300上 717下

2271

0 齔 二下 齒 44下 78下
齜 44下 79上
匕 八上 匕 168下 384上
比 八上 比 169上 386上
2 皀 五下 皀 106下 217上
鬣 九上 髟 186上 428上
崑 九下 山 191下
鼠 十上 鼠 207上 479下
巤 十下 囟 216下 501上
3 𢇇 十三上 糸 272上 645下
7 邕 十一下 川 239下 569上
8 齸 二下 齒 45上 80上

2272

1 齗 44下 78下
齘 45下 80上
斷 十四上 斤 300上 717上
7 齲 二下 牙 45下 81上
嶠 九下 山 191下

2273

2 𢆶 四下 𢆶 84上 158下
𢆯 四下 叀 84上 159上
製 八上 衣 173上 391上

2274

1 嶭 九下 山 190上 438下

2276

2 匘 八上 匕 168下 385上
䭫 九上 𩠐首 184下 423下
𩠐 184下 423下
4 䶩 二下 齒 45下 80下

2277

0 凵 二上 凵 35下 62下
幽 四下 𢆶 84上 158下
凵 五上 凵 104下 213下
丹 五下 丹 106下 215下
出 六上 木 125下 270下
十下 囟 216下 501上
豳 六下 邑 132上 285下
凶 七上 凶 148下 334下
山 九下 山 190上 437下
屾 九下 屾 191下 441下
甾 十二下 甾 268下 637下
凷 十三下 土 286下 684上
2 𪗋 二下 齒 45上 80上
出 六下 出 127上 273上
巒 九下 山 190下 439下
7 岜 十四上 𠂤 303下 730下

2278

2 嵌 九下 山 191下

2279

3 緜 十二下 系 270下 643上

2280

0 𡴀 一下 屮 15上 22上
1 鬨 三下 鬥 63下 114上
4 奱 三上 𠬜 59下 105上
6 鬮 三下 鬥 63下 114下
貸 六下 貝 131上 282下
貣 131上 282下
7 仝 五下 入 109上 224上
9 鬭 三下 鬥 63下 114下
炭 十上 火 208上 482上
災 209上 484下

2281

0 [illegible] 八上 匕 168下 384上
7 [illegible] 七上 禾 146上 317上
8 羑 四上 羊 78下 147上

2282

2 艴 九上 色 187下 432上

2285

3 幾 四下 𢆶 84上 159上

2286

9 𤐫 十下 炙 212下 491上

2288

1 芬 一下 屮 15上 22上
嶷 九下 山 190上 438上

8 羑 四上 羊 78下 147上

2290

0 糾 三上 丩 50下 88下
利 四下 刀 91上 178下
[illegible] 92下 182上
[illegible] 十三上 糸 274上 652上
紃 275上 655上
紉 276上 658下
1 祡 一上 示 8上 4上
祟 9下 8下
崇 九下 山 191上 440上
2 𣦶 二上 此 38下 69上
灓 十一上 水 233上 555上
3 [illegible] 九下 山 191上 440下
紝 十三上 糸 271下 644下
紫 274上 651上
纍 274下 654下
4 欒 六上 木 117上 245下
栠 118下 249下
柴 119下 252下
樂 124上 265上
巢 六下 巢 128下 275下
㬥 七上 日 139上 307上
粊 七上 米 147下 331下

2291

0 秕 七上 禾 145下 326上
紕 十三上 糸 277下 662上
2 稅 七上 禾 146下 328上
3 繼 十三上 糸 272上 645下
絩 273上 648上
4 秅 七上 禾 146下 328上
紝 十三上 糸 271下 644下
5 種 七上 禾 144上 321上
秏 144下 323上
[illegible] 十三上 糸 271下 644上
緟 275上 655下
7 [illegible] 277上 659下

2292

2 彩 九上 彡 185上
7 [illegible] 七上 禾 145上 324上
繃 十三上 糸 272下 647下
繑 275上 654下
纗 275上 655下

2293

0 私 七上 禾 144下 321下
紭 十三上 糸 274下 652下
1 纁 273下 650上
2 [illegible] 272下 647下
7 穩 七上 禾 146下

2294

0 紙 十三上 糸 271上 644上
紙 276下 659下
1 綎 274下 654下
4 緌 274下 653上
綏 277下 662上
7 稃 七上 禾 145下 324下
稱 146上 327上
稯 146下 327下
絣 十三上 糸 274上 651上
綬 274下 653下
緩 十三上 素 278上 662下

2295

3 穖 七上 禾 145上 324上
[illegible] 九下 山 190下 440上

2296

2 稽 七上 禾 145下 325下
緒 十三上 糸 271上 644上
3 緇 274上 651下
4 秳 七上 禾 145下 325下
絬 十三上 糸 275下 656下
緍 276下 659上
9 繙 272上 646下

2297

2 [illegible] 六下 出 127下 273上
𢇍 十三上 糸 272上 645下
絀 十三上 糸 273下 650上
7 稻 七上 禾 144下 322下

2298

1 穳 144下 321下
5 纀 十三上 糸 275上 654下

2299

3 䜌 三上 言 54下 97下
孌 十二下 女 261上 618下
纞 十三上 糸 276下 659上
絲 十三上 絲 278上 663上
轡 278上 663上
孿 十四下 子 310上 743下
4 秝 七上 秝 146下 329上
繅 十三上 糸 271上 643下
繰 271下 644上

2300

0 卜 三下 卜 69下 127上

2302

7 牑 七上 片 143下 318下
牖 143下 318下

2310

1 臧 三下 臣 66上 118下
4 臧 66上 118下
㘴 十三下 土 287下 687上
垒 十四下 厽 307上 737下

2313

6 𧒆 十三下 蚰 283下 674下
䖸 283下 674下

2320

0 外 七上 夕 142上 315下
仆 八上 人 167上 381上
2 参 七上 晶 141上 313上
4 佖 八上 人 162下 368下

2321

1 虒 五上 虎 103下
2 𧇡 五上 虘 103上 209上
佗 八上 人 163下 371上
俒 165上 376上
僦 168上
允 八下 儿 176下 405上
貦 九下 豸 198下 458下

2322

1 𦬈 一下 艸 15上 22下
佇 八上 人 168下
2 傪 163上 369下
7 徧 二下 彳 43下 77上
帒 七下 巾 160上
傓 八上 人 163上 370上
俌 164上 372下
偏 166上 378上

2323

8 㒄 八上 人 166上 377下

2324

0 侙 164上 372下
代 165上 375上
2 傅 164上 372下
4 侒 164下 373上
7 傁 三下 又 64上 115上
俊 八上 人 162上 366下

2325

0 臧 三下 臣 66上 118下
侔 八上 人 164上 372上
俄 166下 380上
伐 167上 381下
戲 十二下 戈 266上 630下
戕 266下 631上
3 𢓜 二下 彳 43上 76下
俴 八上 人 166上 378下

2326

3 佁 八上 人 166下 379下
4 倃 167下 382下
8 傛 162上 367下

2327

7 倌 165下 377上

2328

2 貁 九下 豸 198下 458下
4 猒 五上 甘 100下 202上
𢓴 五下 來 112上 231下
俟 八上 人 162下 369上
伏 167上 381下
狀 十上 犬 204下 474下
獻 205下 476上
6 儐 八上 人 163下 371下

2329

3 傺 164下 373下
9 倈 161下 366上

2330

4 鮅 十一下 魚 245上 581下

2331

2 鯇 243下 578上
鮀 243下 578下

2332

7 鯿 243上 577上

2333

4 㤂 十下 心 220上 508下
6 怠 220下 509下
憖 222下 513上
8 然 十上 火 207下 480下

2334

7 鵔 四上 鳥 81上 153下
鵕 82上 155下
鮁 十一下 魚 245上 581下

2335

0 鵝 四上 鳥 80下 152下

2336

0 鮐 十一下 魚 244下 580上
4 鮥 245上 581上
8 鰫 242下 575下

2338

2 鴥 四上 鳥 82上 155上

2340

0 処 十四上 几 299下 716上
7 夋 五下 夊 112下 232下

2341

2 𡘋 十下 夰、夲 215上 498上

2344

0 弁 八下 皃 177上 406下

2350

0 牟 二上 牛 29下 51下

2351

2 牻 29上 51上
4 魃 九上 鬼 188下 435下

2352

2 犙 二上 牛 29上 51上

2354

0 犢 29上 51上

2355

0 我 十二下 我 267上 632下

2356

5 犗 二上 牛 29上 51上

2360

0 台 二上 口 32下 58上
2 昝 五上 曰 100下
3 𢍬 十二下 甾 268下 637下
4 咎 八上 人 167下 382下
醬 十四上 酉 311下 747下
8 畚 十二下 甾 268下 637下

2362

1 𡬞 十四下 宁 307下 738上

2365

0 鹹 十二上 鹵 247上 586上

2371

9 毬 八上 毛 174上

2373

2 厽 十四下 厽 307上 737上

2374

2 䶈 二下 齒 45下 80下
7 峻 九下 山 190下 440上

2375

0 䶢 二下 齒 45上 80上
峨 九下 山 191上 441上

2376

0 齝 二下 齒 45上 80上

2377

2 齾 45上 79下

岱 九下 山 190上 437下

2380

4 矣 五下 矢 110上 227下

6 貸 六下 貝 130上 280上

9 炱 十上 火 208上 482上

2390

3 絫 十四下 厽 307上 737上

4 枲 七下 朩 149上 335下

2392

1 紵 十三上 糸 277上 660下

2 縿 275下 657上

7 編 276上 658上

2393

2 稂 一下 艸 15下 23上

稼 七上 禾 144上 320下

6 繈 十三上 糸 271下 645上

8 繎 272上 646上

2394

0 ⿰糸式 271下 644下

1 綷 278上

2 縛 272下 647下

6 䅲 六下 稽 128上 275下

7 紱 七下 巿 160下 362下

2395

0 織 十三上 糸 271下 644下

纖 272上 646上

⿰糸戊 275上 655上

緎 276上 657下

3 綫 275下 656上

2396

0 紿 271下 645下

1 稽 六下 稽 128上 275下

2 縮 十三上 糸 272上 646下

4 𥡴 六下 稽 128上 275下

綹 十三上 糸 271下 644下

2397

2 嵇 九下 山 191下

7 綰 十三上 糸 273下 650上

2398

2 絘 275下 656上

4 緱 274上 652上

絥 276上 658上

2399

1 綜 271下 644下

4 秫 七上 禾 144下 322下

9 綠 十三上 糸 272下 647下

2408

6 牘 七上 片 143下 318下

2409

4 牒 143下 318下

2411

1 靠 十一下 非 246上 583上

2 豔 五上 豐 103上 208下

2412

7 動 十三下 力 292下 700上

2413

5 蚩 十三上 虫 280上 666下

2414

1 歭 二上 止 38上 67下

2415

3 衊 五上 血 105上 214下

2420

0 付 八上 人 164下 373上

什 164下 373下

⿰亻尌 168上 384上

豺 九下 豸 198上 457下

斛 十四上 斗 300上 717下

2421

0 壯 一上 士 14下 20下

仕 八上 人 161下 366上

化 八上 匕 168下 384下

2 佐 五上 左 99下 200下

侁 八上 人 164下 373上

儦 166上 378上

值 167下 382下

僥 167下 384上

先 八下 先 177上 406下

兟 177上 407上

4 觟 四下 角 94上 186上

佳 八上 人 162下 368上

5 觿 四下 角 93下 185上

僅 八上 人 165上 374下

貛 九下 豸 198下 458上

6 俺 八上 人 163上 369下

7 鼽 四上 鼻 74下 137下

仇 八上 人 167上 382下

2422

1 徛 二下 彳 43下 77上

觭 四下 角 93下 185上

倚 八上 人 164上 372下

7 ⿰彳内 二下 彳 43下 77上

[illegible] 四下 肉 89上 173下

備 八上 人 163下 371下

僃 163下 371下

俙 166下 380下

俻 167上 381上

侉 167上 381上

侑 十二下 女 262下 621下

勳 十三下 力 292下 700上

勴 292下 700下

2423

1 德 二下 彳 43上 76上

2424

0 ⿰歹女 十二下 女 262下 622上

⿰亻女 260上 616下

妝 263上 622上

1 待 二下 彳 43下 76下

偫 八上 人 163下 371上

侍 164上 373上

儔 166上 378上

7 彼 二下 彳 43上 76上

伎 八上 人 166上 379上

⿰危支 九下 危 194下 448下

2425

4 觲 四下 角 94上 185下

6 偉 八上 人 162下 368上

2426

0 佑 三下 又 64上 114下

觰 四下 角 94上 186上

儲 八上 人 163下 371下

貓 九下 豸 198下

1 牆 五下 嗇 111下 231上

牆 五下 嗇 111下 231上
佶 八上 人 162下 369上
借 165上 374下
僖 165上 376上

2428

1 徒 二下 辵 39下 70下
供 八上 人 163下 371上
4 貘 九下 豸 198上 457下
6 觵 四下 角 94上 186下
儹 八上 人 164上 372下
儥 165上 374下
僨 167上 380下
8 俠 164下 373上

2429

0 牀 六上 木 121下 257下
休 125下 270上
4 僷 八上 人 162上 367下
6 僚 162下 368下

2430

0 鮒 十一下 魚 243下 577下

2431

4 ⿰鳥坴 四上 鳥 80下 152上
5 ⿰鳥雚 81下 154下
8 ⿰鳥壴 81上 153上

2432

7 鰿 十一下 魚 242下 575上
魶 242下 575下
鮪 243上 576上
⿰魚幼 243下 577下
勳 十三下 力 292上 699上

2433

0 怤 十下 心 217下 503上
2 魼 十一下 魚 242下 575下

2434

7 鮍 243下 577下
鱯 243下 577下

2436

1 鮚 245上 581上

2438

1 鯕 245上 581下

2439

4 鰈 245上

2440

0 射 五下 矢 110上 226上
升 十四上 斗 300下 719上

2441

2 勉 十三下 力 292上 699下

2444

7 皴 三下 皮 67上
般 八下 舟 176上 404上

2446

1 艁 二下 辵 39下 71上

2451

0 牡 二上 牛 29上 50下
⿰牜土 十三下 土 287下 688上
⿰牜土 287下 688上
魁 十四上 斗 300上 718上
1 ⿺鬼壴 九上 鬼 436上
4 鬾 188下 435下
5 ⿰牜隺 二上 牛 29上 51下
8 魕 九上 鬼 188下 436上

2454

1 特 二上 牛 29上 50下
⿰牜壽 29下 52下

2456

1 牿 29下 52上

2458

6 犢 29上 51上

2460

1 告 二上 告 30上 53下
替 十下 竝 216下 501上

2461

2 䑛 三上 舌 49下 87上
皢 七下 白 160下 363下
5 皠 161上 363下

2462

7 劬 十三下 力 293上

2464

1 ⿰白壽 四上 白 74下 137上
7 [illegible] 十二上 手 256上 608上

2465

4 皣 六下 華 128上 275上

2471

1 毨 八上 毛 174上 399上
2 ⿺毛㒼 174上 399上
嶢 九下 山 191上 441上
7 齛 一下 齒 45下 80下

2472

1 齮 45上 79下
7 幼 四下 幺 83下 158下
帥 七下 巾 158下 357下

2473

2 裝 八上 衣 172下 396下
6 巏 九下 山 190下 440下
巏 190下 440下

2474

7 岐 六下 邑 132上 285下
⿰匕支 八上 匕 168下 385上

2476

0 岵 九下 山 190下 439上
1 齰 二下 齒 45上 80上
⿰齒古 45上 80上

2477

2 [illegible] 44下 79下
6 ⿱山告 九下 山 191上 441上

2478

8 峽 十四下 𠂤 305上 732上

2480

4 奘 十上 犬 204下 474下
奘 十下 大$_2$ 215下 499上
⿱壯女 十二下 女 260下 617下
6 貨 六下 貝 130上 279下
贊 130上 280上

2481

4 燅 十上 炎 210下 487上

2489

6 ⿰炙尞 十下 炙 212下 491下

2490

0 ⿰木寸 三下 又 64下 116上
科 七上 禾 146上 327下
紂 十三上 糸 276上 658下
紨 277上 660上
⿰糸尌 277下 661下

2491

2 稙 七上 禾 144上 321上

稤 七上 禾 146上 327上
繞 十三上 糸 272下 647上
紞 274下 652下
4 稑 七上 禾 144上 321上
絓 十三上 糸 271上 644上
7 紲 276下 658下

2492

1 綺 273上 648上
綍 277上 660下
7 稀 七上 禾 144上 321下
納 十三上 糸 271下 645下
絝 275上 654下
綃 276下 659上
絺 277上 660上
勬 十三下 力 292下 700下

2493

2 紘 十三上 糸 274下 652下
6 繐 274上 651上

2494

1 綷 272上 646上
7 䙴 一上 示 9下 8下
穫 七上 禾 145上 325上
赦 七下 赤 149上 336下
綾 十三上 糸 273下 649上
紴 275上 655上

2495

3 穖 七上 禾 144下 321下
6 緯 十三上 糸 271下 644下

2496

0 黏 七上 黍 146下 330上
緒 十三上 糸 271上 643下
緢 272上 646下
1 穡 七上 禾 144上 321上
結 十三上 糸 272下 647上

2497

0 紺 274上 651上

2498

1 稹 七上 禾 144上 321下
稘 146下 328下
6 穦 六下 禾 128上 275上
續 十三上 糸 272上 645下
纘 272上 646上
8 練 276上 658上

2499

0 � 273上 647下
4 緤 276下 659上
6 繚 272下 647上
8 稼 七上 禾 145上 323下

2500

0 牛 二上 牛 28下 50下

2510

0 生 六下 生 127下 274上

2511

0 甡 127下 274上

2520

0 舛 五下 舛 113上 234上
仗 六上 木 123上 263下
件 八上 人 168上
6 仲 162上 367上
使 165下 376下
伸 165下 377下
7 律 二下 彳 43下 77下
䍃 三下 聿 65上 117上

2521

0 舝 五下 舝、舛 113上 234上
姓 七上 夕 142上 315下

2522

7 徧 二下 彳 43上 76下
倩 八上 人 162上 367下
佛 163下 370下
傳 164下 373上

2524

0 健 163上 369上
3 傳 165下 377上
4 僂 167上 382上

2526

0 䌷 二下 彳 43下 77上
1 僭 八上 人 166上 378上
6 僧 167下 383上
8 倦 165上 376上

2528

0 佚 166下 380上
1 倢 164上 372下
2 徠 二下 彳 43上 76下
6 僨 八上 人 162下 368下
債 168上
積 八下 秃 177下 407上

2529

4 傑 八上 人 162上 366下
9 齂 四上 鼻 74下 137下

2531

0 鮏 十一下 魚 244下 580上
8 鱧 243下 577下

2532

7 鯖 四上 鳥 81下 154上
鯆 十一下 魚 244上 579上

2533

0 鰱 243上 577下

2534

3 鱄 243上 576下
4 鱮 243上 577上

2536

1 鰽 十一下 魚 244上 578下

2538

0 鴃 四上 鳥 80上 151上
鴃 十一下 魚 245上 581下

2541

4 䰲 十二下 女 259上 614下

2546

0 舳 八下 舟 176上 403上

2551

0 牲 二上 牛 29下 51下
6 魋 九上 鬼 188下 435上
8 魅 188下 435上
9 魅 188下 435下

2552

7 犻 二上 牛 29上 51上

2554

0 犍 30上

2560

1 告 二上 告 30上 53下
眚 四上 目 73上 134上

2568

1 䰜 十二下 甾 268下 637下

2570

6 ⿰鬯吏 五下 鬯 106下 218上

2571

7 鼀 十三下 黽 285下 680上

2572

7 崝 九下 山 191上 441上

2576

0 岫 190下 440上

𠚕 十二下 曲 268下 637下

2578

6 ⿰齒責 二下 齒 44下 79上

2580

0 失 十二上 手 254下 604下

7 𦘔 三下 聿 65上 117上

2589

2 ⿰炙束 十下 炙 212下 491上

7 ⿰炙柬 212下 491上

9 肄 三下 聿 65上 117上

2590

0 朱 六上 木 118下 248下

4 桀 五下 桀 114上 237下

6 紳 十三上 糸 274下 653上

2591

7 純 271上 643下

紈 273上 648上

2592

7 秭 七上 禾 146下 328上

繡 十三上 糸 273下 649上

綪 273下 650下

紼 277下 662上

2593

3 穗 七上 禾 145上 324上

繐 十三上 糸 274下 661上

7 縋 278上

2594

3 縛 273上 648下

4 緀 273下 649下

縷 275上 656上

2596

0 紬 273上 648下

2597

7 繕 277上 660上

2598

0 秩 七上 禾 145下 325下

秧 145下 326上

紻 十三上 糸 274下 653上

紩 275下 656上

1 緁 275下 656上

6 積 七上 禾 145下 325下

續 十三上 糸 271下 645上

績 277上 660上

2599

0 絑 十三上 糸 273下 650上

6 練 273上 648下

綀 278上

9 隸 三下 隶 65下 117下

2600

0 自 四上 自 74上 136下

白 四上 自 74上 136下

白 七下 白 160下 363下

甶 九上 甶 189上 436下

囟 十下 囟 212下 490下

囟 十下 囟 216下 501上

2602

7 粵 五上 亏 101下 204下

2610

4 皇 一上 王 10上 9下

皇 10上 9下

2611

2 覬 八下 見 178上 409上

2612

7 甥 十三下 男 291下 698下

2613

6 ⿱鬼䖵 十三下 䖵 283下 675上

⿱鬼虫 283下 675上

2620

0 㐰 三上 言 52上 92下

皁 七下 白 160下 363下

佃 八上 人 166上 378下

2 伯 162上 367上

⿰亻囟 166上 378下

⿱白彡 九上 彡 185上 425上

6 臾 十四下 申 311下 746下

2621

0 觛 四下 角 94上 186下

⿸虎旦 五上 虎 103下 210下

但 八上 人 167上 382上

2 俔 165上 375下

皃 八下 皃 177上 406上

貌 177上 406上

覶 八下 見 177下 407下

覰 178上 408上

貔 九下 豸 198上 457下

侃 十一下 川 239下 569上

3 傀 八上 人 162下 368上

鬼 九上 鬼 188下 434下

傀 188下 436上

4 徎 二下 彳 43上 76上

5 ⿰彳瞿 43上 76上

俚 八上 人 163上 369下

貍 九下 豸 198上 458上

2622

1 鼻 四上 鼻 74下 137下

7 𦣹 四上 自 74上 136下

臱 74上 136下

觸 四下 角 94上 185下

帛 七下 帛 160下 363下

傷 八上 人 166下 380下

偶 167下 383上

顒 九上 頁 181下 416下

2623

0 ⿰角思 四下 角 93下 185上

偲 八上 人 163上 370上

2 ⿰角睘 四下 角 93下 185下

儇 八上 人 162上 367下

2624

0 俾 165下 376下

1 得 二下 彳 43下 77上

7 ⿰彳㝵 43下 77上

貜 九下 豸 198上 458上

8 儼 八上 人 163上 369下

2625

6 觶 四下 角 94上 187上

僤 八上 人 163上 369上

貚 九下 豸 198上 457下

2626

0 倡 八上 人 166下 379下
儡 167下 382下
侶 168上

2628

0 伿 166下 379下
臮 八上 㐺 169下 387上
1 徥 二下 彳 43上 76下
促 八上 人 167上 381下
4 齅 四上 鼻 74下 137下
俁 八上 人 163上 369上

2629

3 儽 164下 373下
4 夥 七上 多 142下 316上
保 八上 人 161下 365上

2630

2 鮊 十一下 魚 244下 580上

2631

5 鯉 243上 576下
鯹 244下 580上
鱹 245上 581下

2632

7 鰨 242下 575下
鰅 244下 579下

2633

0 [illegible] 二上 釆 28下 50上
恖 十下 囟 212下 490下
息 十下 心 217上 502上
[illegible] 219下 507下

2634

4 鰋 十一下 魚 244上 578下
7 鰻 243下 577下
8 鸔 四上 鳥 80下 151下

2635

6 鱓 十一下 魚 244上 579上

2639

4 鱳 243下 577下
鱢 244下 580下
9 鶨 四上 鳥 80下 151下
鰥 十一下 魚 243上 576上

2640

0 皁 一下 艸 27上 47上
卑 三下 𠂇 65上 116下
1 辠 十四下 辛 309上 741下
8 皋 十下 夲.夲 215下 498上

2641

2 覣 八下 見 177下 407下
[illegible] 177下 407下
[illegible] 178上 409上
3 魏 九上 嵬 189下 437上
4 艎 八下 舟 176下

2644

0 畁 三上 廾.収 59上 104上
覍 八下 皃 177上 406下

2646

0 躳 七下 呂 152上 343下

2650

0 牭 二上 牛 29上 51上

2651

3 鬼 九上 鬼 188下 434下

2660

1 [illegible] 三上 言 54上 95下
[illegible] 十下 心 221上 511上

2661

2 [illegible] 八下 見 178上 408下
3 魄 九上 鬼 188下 435上

2662

7 舓 三上 舌 49下 87上

2666

2 皛 七下 白 161上 364上

2671

1 [illegible] 八下 見 178下 409下
2 皀 五下 皀 106下 216下
[illegible] 八下 見 178上 409上
4 皂 一下 艸 27上 47上
7 鼂 十三下 黽 285下 680上

2672

7 齵 二下 齒 44下 79上
崵 九下 山 190下 439上
嵎 190上 438上

2673

7 県 九上 県 184下 423下

2674

1 嶧 九下 山 190上 438上

2678

0 齞 二下 齒 44下 79上

2680

4 [illegible] 四下 角 94上 186上
昦 七上 日 138上 305上
臭 十上 犬 205下 476上
臭 十下 大₂ 215下 499上

2690

0 和 二下 口 32上 57上
稛 七上 禾 145下 325下
黏 七上 黍 147上 330上
細 十三上 糸 272上 646下
緗 278上
2 㳄 八下 次 180下 414上
泉 十一下 泉 239下 569下
4 臬 六上 木 123下 264下

2691

0 組 十三上 糸 275下 656上
2 [illegible] 七上 禾 144下 322上
[illegible] 十三上 糸 271上 643下
緄 274下 653上
緼 277下 662上
4 [illegible] 七上 禾 146上 326下
程 146上 327下
緹 十三上 糸 272上 646上
纆 659上

2692

1 [illegible] 277下 662上
2 穆 七上 禾 144下 321下
7 䅓 145上 324上
稍 145下 326上
緭 十三上 糸 273上 648上
絹 273下 649下
緆 277上 660下

2693

0 總 272下 647上
緦 277上 660下
1 [illegible] 276下 659上
2 繯 272下 647上
6 繩 271下 645上

2694

0 稗 七上 禾 144下 323下

䵗 七上 黍 146下 330上
綼 十三上 糸 274上 651上
縪 276上 658上
1 釋 二上 釆 28下 50上
䆁 七上 禾 145下 326上
繹 十三上 糸 271上 643下
緝 277上 659下
4 纓 274下 653上
7 稷 七上 禾 144下 321下
緵 十三上 糸 273下 649上

2695

4 緈 273上 647下
6 繟 274下 653下

2698

1 緹 274上 650下
6 縜 275上 655下

2699

2 䰞 十一下 䰞 239下 569下
線 十三上 糸 275下 656上
4 稞 七上 禾 145下 325下
繰 十三上 糸 274上 651下
綵 275上 654下

2701

0 九 三下 九 66下 120下

2702

0 卜 三下 卜 69下 127上
甪 三下 用 70上 128上
勹 九上 勹 187下 432下
7 粤 五上 兮 101上 204上
粤 五上 血 105上 214上

2710

2 盁 五上 皿 104上 211下
血 五上 血 105上 213下
盤 六上 木 122上 260下
夂 九下 夂 197下 456下
3 𤩍 一上 玉 13下 19上
4 𣦿 四下 奴 84下 161上
䑞 五下 舜 113上 234上
8 豋 五上 豆 102下 207下
登 208上
9 槃 六上 木 122上 260下
鎜 十四上 金 246下 708下

2711

2 衄 五上 血 105上 214上

2712

0 卹 105上 214下
匀 九上 勹 187下 433上
旬 188上 433下
勺 十四上 勺 299上 715上
7 歸 二上 止 38上 68上
𣥠 二上 止 38上 68上
郵 六下 邑 132上 284上
酆 132下 286下
邛 134上 293上

2713

2 跟 二下 足 46上 81上
6 蟹 十三上 虫 280下 667下
蠏 十三下 䖵 283下 674下
蠁 十三上 虫 278下 664上
蠡 十三下 䖵 284上 675下
蠡 284上 675下

2714

0 𡼏 二上 止 38上 68上

2717

7 衉 五上 血 105上 214下

2718

2 㰿 八下 欠 179下 412上
欪 179下 412上

2720

0 夕 七上 夕 142上 315上
1 厃 九下 厂 194上 448上
7 多 七上 多 142上 316上
伊 八上 人 162上 367上

2721

0 夙 七上 夕 142上 315下
佩 八上 人 161下 366上
1 𢕄 二下 彳 43上 76下
䖕 五上 虎 103下
2 徂 二下 辵 39下 70下
觬 四下 角 93下 185上
觤 94上 186上
夗 七上 夕 142上 315上
佡 八上 人 164下 373上
倪 165下 376下
伹 165下 377下
覺 八下 見 178上 408下
俛 九上 頁 183上 420上
危 九下 危 194上 448下
免 十上 兔 473上
𧆸 十四上 且 299下 716下
3 虪 五上 虎 103下 210下
儳 八上 人 166下 380上
兔 十上 兔 203下 472下
4 𡖍 七上 多 142下 316上
偓 八上 人 163下 372上
7 馗 三下 九 66下 121上

2722

0 彴 二下 彳 43下 77上
御 43下 77下
翻 四上 羽 75下 140上
鶪 四上 鳥 79上 148下
簡 五上 竹 96上 191下
𥳑 96上 191下
外 七上 夕 142上 315下
向 七下 宀 150上 338上
仞 八上 人 161下 365下
侚 162上 367下
侗 162下 369上
僩 163上 369下
僴 163上 369下
倗 163上 370上
仢 164上 372上
仰 164下 373下
佝 166下 379下
𠊪 166下 380下
倜 168上
伺 168上
卿 九上 卯 187上 430下
匍 九上 勹 187下 433上
匐 188上 433下
勿 九下 勿 196上 453下
豹 九下 豸 198上 457下
辭 十四下 辛 309下 742上
2 伃 八上 人 162上 367下
僇 167上 382下

修 九上 彡 185上 424下
7 鵂 四上 萑 77下 144下
鸍 四上 鳥 79上 148下
鶨 80下 151上
鷊 82上 156上
脩 四下 肉 89上 174上
角 四下 角 93下 184下
[illegible] 93下 185下
觴 94下 188上
酅 六下 邑 132下 286上
[illegible] 133上 289上
鄜 133上 289上
[illegible] 135上 294下
鄅 135上 295下
郈 135下 297下
鄬 135下 298上
[illegible] 136下 299下
郙 136下 300上
𨛜 136下 300下
鄉 六下 𨛜 136下 300下
𨞰 137上 301上
幋 七下 巾 158下 357下
帤 159下 359下
仍 八上 人 164上 372下
侈 166上 379下
俑 八上 人 167上 381上
㐆 八上 㐆 170上 388下
㣇 九下 㣇 197上 456上
[illegible] 197下 456上
𧰽 197下 456下
[illegible] 197下 456下
㲋 十上 㲋 203上 472下
8 蠡 十三下 䖵 283下 675上
[illegible] 284上 675下

2723

1 儵 十上 黑 211下 489上
2 很 二下 彳 43下 77上
像 八上 人 167下 375上
[illegible] 九下 㣇 197下 456上
彖 九下 彑 197下 456下
[illegible] 197下 456下
象 九下 象 198下 459下
3 [illegible] 九上 鬼 188下 435下
6 傜 八上 人 166下 379下
鯈 十一下 魚 243上 577上

2724

0 [illegible] 三下 又 64下 115下
𣦼 四下 𣦼 84下 161上
[illegible] 八上 人 163下 370下
[illegible] 166上 378下
[illegible] 八上 人 167下 383下
貈 九下 豸 198上 458上
1 偋 八上 人 165下 377下
[illegible] 十二上 耳 250上 592下
2 將 三下 寸 67上 121上
4 [illegible] 八上 人 163下 371下
6 尋 三下 寸 67上 121下
7 彶 二下 彳 43上 76下
徦 43下 77上
役 三下 殳 66下 120上
伇 66下 120上
[illegible] 三下 [illegible] 67下 122上
[illegible] 四下 角 94下 188上
伋 八上 人 162上 366下
[illegible] 162下 368下
[illegible] 368下
假 165上 374上
侵 165上 374下
仔 165下 377上
殷 八上 㐆 170上 388下

2725

0 侮 八上 人 166下 380下
2 解 四下 角 94上 186下
4 [illegible] 二下 彳 43上 76下
6 [illegible] 八上 人 162上 366下
9 徲 二下 彳 43下 77上

2726

1 詹 二上 八 28上 49上
儋 八上 人 163下 371上
[illegible] 166下 380上
2 佋 167下 383下
貂 九下 豸 198上 458下
4 觡 四下 角 94上 186下
倨 八上 人 163上 369下
貉 九下 豸 198上 458下

2727

7 [illegible] 八上 人 165上 375上

2728

1 僎 161下 366上
俱 164上 372上
儗 166上 378上
2 佽 164上 372下
僛 166下 380下
[illegible] 八下 欠 179上 410下
欣 179上 411上
[illegible] 179下 411下
歔 179下 412上
[illegible] 180上 412下
4 偰 八上 人 162上 367上
候 165上 374下
候 八上 人 165上 374下
侯 五下 矢 110上 226下
矦 110上 226下
[illegible] 十上 犬 204下 474上
倏 205上 475上

2729

2 [illegible] 十一上 水 236上 562下
3 絛 十三上 糸 275上 655上
4 [illegible] 二下 彳 43上 76上
條 六上 木 118下 249上

2730

3 冬 十一下 仌 240下 571上

2731

2 [illegible] 四上 鳥 81上 153下
鶃 81下 153下
鯢 十一下 魚 243下 578上
鮸 244上 579上
鮑 244下 580下

2732

0 鮦 243上 576下
[illegible] 244上 579下
鮣 244下 580上
鯛 245上 581下
勹 十四上 勹 299上 715上
2 鷚 四上 鳥 79下 150上

7 鳥 四上 鳥 79上 148上
鴛 80下 152上
烏 四上 烏 82下 157上
鄔 六下 邑 133下 289下
鄎 134上 291下
鄒 136下 300上
䱬 十一下 魚 243上 576上

2733

1 黛 十上 黑 211下 489上
怨 十下 心 221下 511下
2 忽 220下 510上
4 惄 219下 507下
慇 222上 512下
6 魚 十一下 魚 242下 575上
鱻 243上 577上
鰲 245上 581下
鰲 十一下 鰲 245下 582上
7 急 十下 心 219下 508上

2734

0 魰 五上 竹 99上 198下
鯫 十一下 魚 244上 579上
7 鰕 245上 580下

2735

2 蟹 十三上 虫 282上 672上

2736

2 鰼 十一下 魚 243下 578上
4 鮥 243上 576上

2737

7 鮨 244上 578下

2738

1 鱮 243上 577下
2 歍 八下 欠 179下 411下
歠 180上 413上
4 鯸 十一下 魚 245上 581下
6 鱳 244上 578下

2739

4 鰷 577上

2740

0 夂 五下 夂 114上 237上
身 八上 身 170上 388上
久 十三上 糸 273上 647下
1 処 十四上 几 299下 716上
4 㛮 十二下 女 261上 618下
媻 262下 621下
7 夐 四上 夐 70下 129下
阜 十四下 阜 304下 731上
8 夋 九下 夂 197下 456下

2741

2 免 十上 兔 473上
3 毚 十上 毚 203上 472下
兔 十上 兔 203下 472下
[兔兔兔] 203下 472下
娩 203下

2742

0 翱 四上 羽 75下 140上
𦨴 八下 舟 404上
匔 九上 勹 187下 432下
勼 188上 433上
匍 188上 433下
匐 188上 433下
7 芻 一下 艸 25上 44上
鶵 四上 隹 76下 142下
鵃 四上 鳥 79下 149下
鴝 81上 153下
夃 五下 夂 114上 237上
郛 六下 邑 132上 284上
郗 132下 287上
鄆 134下 293下
𨞂 135上 295上
鄒 135上 296上
躳 七下 呂 152上 343下

2744

0 収 三上 廾.收 59上 103下
舟 八下 舟 176上 403上
1 鼻 五上 豆 102下 208上
2 𢍏 三上 廾.收 59上 104下
3 彝 十三上 糸 277下 662下
6 算 五上 竹 99上 199上
7 艘 六下 木 124下
般 八下 舟 176上 404上
9 彝 十三上 糸 277下 662下

2746

1 船 八下 舟 176上 403上

2750

2 搫 十二上 手 254下 604下
4 夆 五下 夂 114上 237上
夆 114上 237上
九下 山 440下
夅 五下 夂 114上 237上
6 鞶 三下 革 60下 107下
7 争 四下 𠬪 84下 160下

2751

2 魍 十三上 虫 282下 672下

2752

0 犅 二上 牛 29上 50下
牣 30上 53上
物 30上 53上
7 犓 29下 52上

2754

0 叡 四下 𣦼 85上 161上
2 将 二上 牛 29上 51下

2756

4 犃 十上 馬 200下 464下

2760

1 詧 三上 言 52上 92上
詻 52下 93上
誓 57上 100下
響 三上 音 58上 102上
𥆞 四上 目 72上 132下
𤥽 十上 㲋 203下 472下
2 名 二上 口 31下 56下
魯 四上 白 74上 136下
曶 五上 曰 100下 202下
曶 100下 202下
3 魯 四上 白 74上 136下
4 各 二上 口 34下 61上
督 四上 目 72上 132上
督 72下 133下
谷 十一下 仌 240下 571上
醬 十四下 酉 313上 751上
醬 313上 751上

2761

4 璿 一上 玉 11下
叡 四下 𣦼 85上 161下
7 皅 七下 白 161上 364上

⿰句黽 十三下 黽 285下 679下

2762

0 句 三上 句 50上 88上
訇 三上 言 55上 98上
訇 55上 98上
⿹勹目 四上 目 72上 132下
翑 四上 羽 75上 139上
翻 75下
匐 九上 勹 187下 433上
旬 188上 433上
匌 188上 433下
甸 十三下 田 290下 696上
7 鴝 四上 鳥 80下 151下
鵒 80下 151下
鵲 80下 151下
鴰 81下 154上
鴝 82上 155上
邰 六下 邑 132上 285上
郇 133下 290下
郋 134上 291下
鄱 134下 294下
郜 135上 295上
邭 136上 299上

2764

0 ⿰⿱𠂊言又 三上 言 52下 92下

𣦼 四下 𣦼 84下 161上
叡 84下 161上
㕡 85上 161上
一上 玉 10下 11下

2768

1 𤴔 二下 疋 48下 85上
2 欨 八下 欠 179上 410下
欲 180下 413下

2771

0 屼 九下 山 190上 439下
乚 十二上 乚 246下 584上
2 齯 二下 齒 45上 79下
包 九上 包 188上 434上
岨 九下 山 190下 439下
彘 九下 彑 197下 456下
㲋 十上 㲋 203上 472上
7 㼱 三下 㼱 67下 122上
鄨 六下 邑 133上 288下
色 九上 色 187下 431下
屺 九下 山 190下 439上
瓮 十二下 瓦 269上 639上

2772

0 幻 四下 予 84上 160上
卽 五下 皀 106下 216下

匋 五下 缶 109下 224下
⿰𠂹勿 六下 𠂹 128上 274下
卬 八上 匕 168下 385下
𠨰 九上 卪、卩 187上 430下
匈 九上 勹 188上 433下
匔 188上 433下
崩 九下 山 191上 441上
⿰山卩 191上 441下
峋 191下
匃 十二下 亡、亾 267下 634下
7 齺 二下 齒 44下 79上
⿰齒屑 45上 80上
⿰齒骨 45下 80下
鵖 四上 鳥 81上 153下
⿰缶鳥 81下 154下
⿰山㔾 六下 邑 132下 286上
⿰包阝 134下 294上
邖 136下 300上
島 九下 山 190上 438上

2773

2 齦 二下 齒 45上 80上
飧 五下 食 107下 220上
餐 107下 220下
饗 107下 220下
⿱𣦼衣 八上 衣 171下 393下

2774

0 齱 二下 齒 44下 79上
7 𣪘 三下 殳 66下 120上
岷 九下 山 438下

2775

4 峰 190下
6 齳 二下 齒 45上 79下
7 崢 九下 山 191上 441上

2776

2 ⿰𠂤召 十四上 斤 300上 717下

2777

0 齨 二下 齒 45下 80下
䦯 十四下 𨺅 307上 737上
𨻐 307上 737上
𨺅 307上 737上
⿰𨺅羽 307上 737上
2 䍃 五下 缶 109下 225下
㠀 九下 山 190上 438上
崛 190下 440上
7 臽 七上 臼 148下 334下
𨸏 十四下 𨸏 304下 731上
𠂤 十四上 𠂤 303下 730下

2778

1 嶼 九下 山 191下
2 ⿰⿱𠆢吅欠 八下 欠 179下 412上

歔 八下 欠 180上 412下
歃 180上 413上
欿 180上 413上
⿰糹欠 二上 口 35上 62上
八下 欠 180下 413下
⿰山欠 180下 413下

2780

0 久 五下 久 114上 237上
夤 七上 夕 142上 315下
1 ⿱將足 二下 足 46上 81下
2 欠 八下 欠 179上 410上
4 奐 三上 廾.收 59上 104上
奧 七下 宀 150上 338上
獎 十上 犬 204下 474上
夨 十下 夨 213下 494上
5 ⿱⿱𠂊目大 十上 㲋 203下 472下
6 負 六下 貝 130下 281上
⿱夅真 七上 夕 142上 315下
9 灸 十上 火 209上 483下
炙 十下 炙 212下 491上
⿱久黃 十三下 黃 291下 698上

2781

1 韲 七下 韭 149下 337上
4 ⿰𠤕土 十三下 土 289下 692下
7 鼅 十三下 黽 285下 679下

2782
0 勼 九上 勹 188上 433下
7 鷄 四上 隹 76下 142上
酇 六下 邑 131下 284上

2784
0 叡 四下 𣦼 84下 161上

2788
1 疑 十四下 子 310上 743下
2 欵 八下 欠 179下 412上

2790
1 祭 一上 示 8上 3下
禦 9上 7上
2 漿 十一上 水 236上 562下
4 棃 六上 木 114下 238下
臬 119下 251下
[illegible] 119下 251下
槃 122上 260下
梟 125下 271上
粲 七上 米 147上 331上
彙 九下 彑 456下
9 彔 七上 彔 144上 320上
黎 七上 黍 147上 330上

2791
2 秜 七上 禾 144下 323上
租 146上 326下
絻 七下 冃 157上 354上
縕 十三上 糸 272上 646上
組 274下 653下
紐 274下 654上
3 纔 274上 651下
5 糶 六下 出 127上 273上
7 紀 十三上 糸 271下 645上
絕 271下 645下
繩 275下 657上

2792
0 [illegible] 四下 刀 91上 178下
稠 七上 禾 144上 321下
[illegible] 145上 324上
[illegible] 七上 黍 147上 330上
[illegible] 147上 330上
網 七下 网 157上 355上
匊 九上 勹 187下 433上
約 十三上 糸 272下 647上
絅 272下 647下
絢 273下 649上
綱 275上 655下
紉 275下 657上
絇 276上 657下
綢 277下 661下
2 穋 七上 禾 144上 321上
紓 十三上 糸 272上 646上
繆 十三上 糸 277下 661下
7 鶪 四上 鳥 80上 150下
鴂 80下 152上
郤 六下 邑 133上 287下
鄔 133下 290上
鄰 134上 292上
郲 134下 293下
移 七上 禾 144下 323下
縎 十三上 糸 272下 647上
緺 274下 654上
縿 276下 658下
繘 276下 659上
緆 277上 660上

2793
2 [illegible] 十下 心 221下 511下
緣 十三上 糸 275上 654下
3 終 273上 647下
4 [illegible] 十下 心 219上 506下
5 縫 十三上 糸 275下 656上
6 蠭 十三上 䖵 278下 664上
7 縋 十三上 糸 276上 657下

2794
0 [illegible] 三下 又 64下 116上
叔 64下 116上
[illegible] 六下 禾 128上 275上
緅 十三上 糸 278上
1 稗 七上 禾 144上 321上
7 緞 五下 韋 113下 236上
秄 七上 禾 145上 325上
級 十三上 糸 272下 646下
綅 275上 655下
綴 十四下 叕 307下 738上

2795
2 犂 二上 牛 29下 52上
4 絳 十三上 糸 273下 650上
6 緷 271下 644下
7 [illegible] 275下 657下

2796
2 紹 272上 646上
緍 275下 656上
4 絡 276下 659下

2798
2 欶 八下 欠 179下 411下
絘 十三上 糸 277上 660上
4 緱 275下 656下
6 積 七上 禾 145下 325下

2799
1 穄 144下 322下
9 綠 十三上 糸 273下 649下

2802
1 牏 七上 片 143下 318下

2810
2 盭 十二下 弦 270下 642上
9 鋚 十四上 金 294上 702下

2814
0 敳 三下 攴 68上 123下
數 68下 125上
敹 69上 126上

2820
0 [illegible] 八上 人 162上 367上
㐺 八上 㐺 169下 387上

2821
1 作 八上 人 165上 374上
2 傞 166下 380下
[illegible] 十上 鼠 206下 479上
4 佺 八上 人 163下 372上
侳 164下 373下
7 仡 163上 369下

2822
0 价 165下 377上
1 貐 九下 豸 198上 457下
7 鵜 四上 隹 76上 142上
觴 四下 角 94下 187下
[illegible] 94下 187下
虧 五上 亏 101下 204下
份 八上 人 162下 368上

倫 八上 人 164上 372上
傷 167上 381上
侑 168上

2823

2 𧢼 四下 角 94上 186上
伀 八上 人 162上 367下
伶 165下 376下
7 傔 168上

2824

0 徼 二下 彳 43上 76上
微 43上 76下
𢽾 三下 殺 66下 120下
徹 三下 攴 67下 122下
𢖛 67下 122下
傚 68上 123下
敲 68上 124上
攸 68下 124下
𣀒 68下 125上
敫 四下 放 84下 160上
幑 七下 巾 159下 359下
傲 八上 人 163上 369下
儆 163下 370上
𢼸 164下 374上
徵 八上 𡈼 169下 387下
黴 十上 黑 211下 489上
敎 十下 夲 215上 498上

徽 十三上 糸 275下 657上
1 併 八上 人 164上 372下
徣 十二上 耳 250上 592上
6 僔 八上 人 167下 383上
7 復 二下 彳 43上 76上

2825

1 牂 四上 羊 78上 146上
3 儀 八上 人 165下 375上
7 侮 166下 380下

2826

1 𢔩 五下 會 109上 223下
佮 八上 人 164下 374上
僐 166下 380上
4 觰 四下 角 94下 188上
6 僧 八上 人 168上
儈 168上
7 牄 五下 倉 109上 223下
8 俗 八上 人 165下 376上

2828

1 從 八上 从 169上 386上
4 𥎿 五下 矢 110上 227上
俟 八上 人 165下 377上
6 儉 165下 376上

2829

4 徐 二下 彳 43上 76下

俆 八上 人 165下 377下

2832

7 鮷 十一下 魚 244上 578下
鰯 244上 578下
魵 244上 579上
𩵼 244下 580下

2833

2 魿 245上 580下
4 悠 十下 心 222下 513下
懲 223下 515下
7 鰜 十一下 魚 243上 577上
8 慫 十下 心 220下 510上

2834

0 鷩 四上 鳥 81下 154上
6 鱒 十一下 魚 242下 575下
7 鰒 244下 580上

2835

1 鮮 244下 579下
3 𪀧 四上 鳥 81下 154上
鸃 82上 155下

2836

4 鰌 十一下 魚 243下 578上

2840

0 𦨈 八下 舟 176上 404上
1 聳 十二上 耳 250上 592上

2842

7 勶 十三下 力 292上 700上

2844

0 𢽾 三下 殺 66下 120下
敷 三下 攴 69下 126下

2846

8 谸 十一下 谷 240下 570下

2848

4 䠶 五下 矢 110上 226上

2849

4 艅 八下 舟 176下

2850

2 擊 十二上 手 256下 608下

2851

4 牷 二上 牛 29下 51下

2852

7 𤘘 30上 52下

2854

0 牧 三下 攴 69下 126下

2855

3 犧 二上 牛 30上 53上

2859

4 𤙖 29上 51上

2860

1 謷 三上 言 54上 95下
4 督 四上 目 73上 134下

咎 八上 人 167下 382下

2861

2 鹺 十二上 鹵 247上 586上

2864

0 敀 三下 攴 67下 122下
𢾭 69上 125下
皦 七下 白 161上 364上
1 𤮁 十二下 甾 268下 637下
7 馥 七上 香 147上

2866

2 𩠐 九上 省、首 184下 423上

2868

6 鹼 十二上 鹽 247下 586下

2870

0 以 十四下 巳 746上

2871

1 齚 二下 齒 45上 80上
2 齹 44下
齸 45下 80下
嵯 九下 山 191上 441上
7 齕 二下 齒 45上 80上

2872

0 齘 44下 79上

2873

2 齡 45下

7 鹻 二下 齒 44下 79上

2874

0 收 三下 攴 69上 125下

2880

1 ⿱从足 二下 足 46上 82上

2886

8 谿 十一下 谷 240上 570上

2890

3 繁 十三上 糸 276下 659上

2891

1 秨 七上 禾 145上 325上
2 稅 146上 326下
縒 十三上 糸 272上 646下
絁 273上 648下
縊 277下 662上
4 絟 277上 660下
7 秅 七上 禾 145下 325下
紇 十三上 糸 271上 644上
9 絟 275上 654下

2892

1 緰 277上 661上
2 紾 272下 647上
7 綈 273上 648下
綸 274下 654上
紟 275上 654下

紛 十三上 糸 276上 658上

2893

1 ⿰禾羔 七上 禾 145下 325下
2 稔 146上 326下
3 穟 145上 324上
4 縌 十三上 糸 274下 654上
7 稴 七上 禾 144下 323上
縑 十三上 糸 273上 648下

2894

0 敹 三下 攴 68上 124上
繳 十三上 糸 277下
繖 278上
1 絣 277下 662上
6 繜 275上 655上

2896

1 繕 275下 656下
給 273上 647下
4 緧 276上 658下
6 穭 七上 禾 145下 324下
繒 十三上 糸 273上 648上
繪 273下 649下
8 綌 277上 660上

2898

1 縱 272上 646上
縰 275上 655上

縼 十三上 糸 276下 658下
2 ⿰糸羨 272上 646上

2899

4 稌 七上 禾 144下 322下

2910

9 ⿱料金 十四上 斗 300下

2921

2 觥 四下 角 94上 187上
⿸虍騰 五上 虎 103下 211上
侊 八上 人 166上 378下
倦 167下 383上
十三下 力 292下 700下

2923

1 儻 八上 人 168上

2925

0 伴 163上 369下
9 僯 二下 辵 41上 73上

2928

5 侠 八上 人 165上 377上
6 償 165上 374下
9 倓 162上 367下

2929

4 侏 三下 攴 68下 125上

2932

0 ⿰少鳥 四上 鳥 80上 151上

魦 十一下 魚 244上 579下
7 鶖 四上 鳥 80下 152上
鮹 十一下 魚 243下 577下

2933

8 愁 十下 心 222下 513下

2935

9 鱗 十一下 魚 244下 580上

2936

1 鱠 243下 577下

2950

2 拳 五下 韋 113下 236上
十二上 手 254上 602上

2971

7 ⿱炎瓦 十二下 瓦 269上 639上
8 毯 十三上 糸 274上

2975

9 嶙 九下 山 191下

2978

9 燄 十上 炎 210下 487上

2979

4 嶸 九下 山 191上 441上

2991

2 絖 十三上 糸 276下 659下
綣 278上

2992

0 秒 七上 禾 145上 324上
7 稍 146上 327上
綃 十三上 糸 271上 643下

2995

0 絆 276上 658下

2998

0 秋 七上 禾 146上 327上
1 ⿰禾冀 144下 321下
9 緂 十三上 糸 274上 652上

2999

4 絑 273下 649下

3

3000

0 、 五上 、 105下 214下

3002

7 穹 七下 穴 153上 346下

3010

2 盂 五上 皿 104上 212上

宜 七下 宀 151上 340下

宐 151上 340下

𡧯 151上 340下

寍 150下 339上

𥁰 七下 穴 152上 343下

空 152下 344下

䆠 152下 345上

3 瑬 一上 玉 11下 14下

4 室 七下 宀 150上 338上

宔 151下 342下

窐 七下 穴 152上 344上

窒 153上 346上

𡪞 十上 火 209上 484下

𡫒 209上 484下

塞 十三下 土 288上 689下

6 宣 七下 宀 150上 338上

8 寷 150上 338下

3011

2 竀 七下 穴 153上 345下

滰 十一上 水 235下 561下

漉 236上 561下

流 十一下 沝 239上 567下

3 窕 七下 穴 153上 346上

4 注 十一上 水 233上 555上

5 潼 224下 517上

漄 225下 524上

淮 226下 532下

灉 227下 537下

濰 227下 539上

灘 233上 555上

准 235上 560上

6 澶 227下 538上

7 沆 230上 548上

瀛 238上

鼀 十三下 黽 285上 678下

8 泣 十一上 水 237下 565下

3012

3 濟 228上 540下

7 汸 八下 方 176下 404下

涓 十一上 水 225下 525上

滂 229下 547下

滴 233上 555上

滈 十一上 水 234上 558上

3013

0 汴 227上 535上

1 瀌 234下 559上

潐 235上 559下

2 灋 十上 廌 202下 470上

瀼 十一上 水 228上 542上

泫 229下 547上

灢 238上

6 澺 227上 533下

蠹 十三下 䖵 283下 675上

螙 283下 675下

7 濂 十一上 水 234下 559上

3014

0 汶 227下 539下

4 淩 228下 544上

6 漳 226上 527上

7 濅 228上 540上

渡 233上 556上

液 236下 563上

淳 237上 564上

8 洨 228上 540下

淬 236下 563下

3016

1 涪 224下 517上

湆 十一上 水 235上 560上

5 潽 533下

3018

9 竅 十上 火 209上 484下

3019

1 窾 一上 示 8上 3下

6 涼 十一上 水 236上 562下

9 潇 235上 559下

3020

1 寧 五上 丂 101上 203下

宁 十四下 宁 307下 737下

2 寥 九下 广 193上 446上

7 穸 七下 穴 153下 347上

户 十二上 户 247下 586下

3021

1 寵 七下 宀 151上 340下

扉 十二上 户 247下 586下

2 宛 七下 宀 150上 341上

完 150下 339下

宂 151上 340上

3 寬 151上 341上

4 寇 三下 攴 68下 125上

5 雇 四上 隹 76下 143上

7 扈 六下 邑 132下 286上

戹 十二上 户 247下 586下

3022

1 㝁 五上 丌 100上 201下

窬 七下 穴 152下 345下

7 祊 一上 示 8上 4下

禘 8下 5下

扁 二下 冊 48下 86上

甯 三下 用 70上 128下

肩 四下 肉 87下 169下

肩 87下 169下

㝢 七下 宀 150上 338下

穷 六下 貝 131上 282下

寫 七下 宀 151上 340上

宥 151上 340下

宵 151上 340下

寡 151下 341上

寓 151下 341下

窩 152下 345上

寤 七下 㝱 153下 347上

寱 153下 347下

寎 153下 348上

扇 十二上 户 247下 586下

房 247下 586下

扃 247下 587上

3023

0 爪 三下 爪 63上 113下

1 [illegible] 八上 衣 170上 390上
禚 十四下 酉 312下 748下
2 禳 一上 示 8下 7上
家 七下 宀 150上 337下
宸 150上 338下
宖 150下 339上
窊 七下 穴 152下 345上
窳 152下 345上
袨 八上 衣 173上
扆 十二上 户 247下 587上
扂 247下 587上

3024

1 穿 七下 穴 152下 344下
4 寢 七下 㝱 153下 347下
7 寖 七下 宀 151上 340下
𥨍 七下 穴 152上 343下
8 竅 152下 344下
𪓐 七下 黹 161上 364下

3025

3 宬 七下 宀 150下 339上
7 肁 十二上 户 247下 586下

3026

1 寤 七下 㝱 153下 347下
[illegible] 153下 347下
[illegible] 153下 348上

2 宿 七下 宀 151上 340下
[illegible] 八上 衣 171下 393下
7 启 二上 口 32下 58上

3028

4 戾 十上 犬 205上 475下
戾 十二上 户 247下 586下

3029

2 寐 七下 㝱 153下 347下
3 [illegible] 十三上 糸 277下 661下
4 窱 七下 穴 153上 346下
寐 七下 㝱 153下 347下
[illegible] 153下 347下
寱 153下 348上
[illegible] 十二上 户 247下 586下
5 寐 七下 㝱 153下 347下
9 康 七下 宀 150下 339上

3030

1 進 二下 辵 39下 71上
迒 42下 75下
[illegible] 十二上 手 253上 601上
2 適 二下 辵 39下 71上
之 六下 之 127上 272下
窆 七下 穴 153下 347上
3 迹 二下 辵 39上 70上
遮 41下 74下

寒 七下 宀 151下 341下
邃 七下 穴 153上 346下
4 連 二下 辵 39上 70上
这 40上 71下
避 41上 73上

3032

7 鶱 四上 鳥 82下 157上
寫 七下 宀 150下 339上
寫 151上 340下
窵 七下 穴 152下 345下
騫 十上 馬 201上 467上

3033

1 惌 七下 宀 150上 341上
窯 七下 穴 152上 344上
潐 十一上 水 235上 559下
2 窻 七下 穴 152下 345上
4 宓 七下 宀 150下 339下
6 窗 七下 穴 152下 345上
憲 十下 心 217下 503上
[illegible] 218下 505下
7 [illegible] 218下 505下
8 寒 218下 505上
221上 511上

3034

0 守 七下 宀 151上 340上

8 [illegible] 三下 又 64上 115上

3037

0 宀 七下 宀 150上 337下

3040

1 宇 150上 338下
宰 151上 340上
準 十一上 水 235上 560上
4 安 七下 宀 150下 339下
宴 150下 339下
寠 151下 341下
[illegible] 十二下 女 261上 618下
[illegible] 263上 622下
7 [illegible] 三上 臼 60上 105下
叜 三下 又 64上 115上
[illegible] 七下 宀 151上 340下
字 十四下 子 310上 743上
8 窣 七下 穴 153上 346上
窔 153上 346下

3041

7 [illegible] 六下 邑 132上 284下
宄 七下 宀 151下 342上
[illegible] 151下 342上
[illegible] 151下 342上
究 七下 穴 153上 346下

3042

7 窮 七下 穴 153上 346下

3044

6 [illegible] 三上 廾,収 59上 104上
7 窡 七下 穴 153上 345下

3046

6 竆 153上 346下

3048

3 [illegible] 七下 宀 151下 341下
窾 151下 342上

3050

2 牢 二上 牛 29下 52上
[illegible] 三下 革 61下 109下
窜 七下 穴 153下 347上

3055

8 穽 五下 井 106上 216上

3058

7 [illegible] 七下 穴 152下 344下

3060

1 蹇 二下 足 47下 83下
害 七下 宀 151上 341上
窨 七下 穴 152上 343下
窖 152下 345下
2 宕 七下 宀 151下 342上
窗 十下 囪 212下 490下
4 客 七下 宀 151下 341上

宙 七下 宀 151下 342下
[illegible] 九下 山 190下 440上
5 害 七下 宀 151下 341下
6 富 150下 339下
宮 七下 宮 152上 342下
7 [illegible] 七下 宀 150上 338上
宭 151上 340上
窘 七下 穴 153上 346上
8 窅 四上 目 71上 130下
容 七下 宀 150下 340上
9 審 二上 釆 28下 50上

3062

1 寄 七下 宀 151下 341下

3071

2 [illegible] 150上 338上
宧 150上 338上
宦 151上 340上
竄 七下 穴 153上 346上
窀 153上 346下
它 十三下 它 285上 678上
4 宅 七下 宀 150上 338上
5 [illegible] 七下 穴 153上 346下
7 竈 152上 343下
竈 152上 344上
竈 152上 344上

穵 七下 穴 152下 345上
窀 153下 347上

3072

7 宕 七下 宀 151上 340下
窌 七下 穴 152下 345下
窈 153上 346下

3073

2 良 五下 畗 111下 230上
[illegible] 七下 宀 150上 338上
宏 150上 339上
[illegible] 150下 339上
[illegible] 150下 340上
寰 152上
褰 八上 衣 171下 393上
灋 十上 廌 202下 470上

3077

2 [illegible] 七下 宀 151上 340上
窒 七下 穴 153上 346上
密 九下 山 190下 439下
7 窞 七下 穴 152下 345下
[illegible] 152下 345下
官 十四上 𠂤 304上 730下
宁 十四下 甲 308下 740上

3080

1 [illegible] 二上 走 36下 64下

蹇 二下 足 47下 83下
定 七下 宀 150下 339上
寔 150下 339上
寁 151上 341上
寘 152上
窴 七下 穴 153上 346上
2 穴 152上 343下
[illegible] 152上 344上
4 [illegible] 七下 宀 150上 338上
[illegible] 150上 338下
[illegible] 150下 339下
突 七下 穴 153上 346上
5 [illegible] 152下 344下
6 賓 六下 貝 130下 281上
賨 130下 281上
賮 131上 282下
賽 131下
實 七下 宀 150下 340上
寶 151上 340上
竇 七下 穴 152下 344下
寅 十四下 寅 310下 745上
7 [illegible] 七下 宀 151下 341下
9 灾 十上 火 209上 484下

3081

2 窺 七下 穴 153上 345下

3090

1 宗 七下 宀 150下 339下
察 150下 339下
宗 151下 342上
2 永 十一下 永 240上 569下
3 索 七下 宀 151下 341下
4 宷 二上 釆 28下 50上
[illegible] 六上 木 118上 247下
寨 119下
案 122下 260下
[illegible] 七上 禾 145上 325上
宋 七下 宀 150下 340上
宋 151下 342上
[illegible] 152上
窠 七下 穴 152下 345上
6 寮 152下 344下

3091

6 寴 七下 宀 150下 339下

3092

7 竊 七上 米 148上 333下
竊 148上 333下

3094

7 寂 七下 宀 151下 342上

3111

1 泟 十下 赤 213上 492上

洭 十一上 水 226上 528下
瀝 236上 561下
瀧 234上 558上
2 江 224下 517下
沅 225上 520下
涇 225上 521上
溉 227下 539上
[illegible] 228上 542下
洍 229上 544下
沚 232上 553上
灑 237上 565上
瀘 238上
4 汪 229下 547下
湮 233下 557上
溼 235上 559下
涯 238下
5 雁 四上 隹 76下 142下
6 洹 十一上 水 227下 537下
漚 234下 558下
7 淲 229下 547上
[illegible] 234下 559下

3112

0 河 224下 516上
汀 235上 560下
1 [illegible] 231下 551上

洐 十一上 水 232下 554下
渦 236下 563上
涉 十一下 沝 239上 567下
7 馮 十上 馬 200下 466上
沔 十一上 水 225下 522下
濡 228上 541上
漹 228下 543下
濔 231上 551上
漘 232上 552下
濿 233下 556下
洏 235下 561上
瀰 238上

3113

2 沄 230上 548上
澐 230上 549上
涿 234上 557下
8 添 226上 526下

3114

0 汧 225下 523下
汙 235上 560上
湒 236下 563下
汗 237下 565下
3 潯 231下 552上
6 潭 226下 530下
淖 231下 551下

7 溝 十一上 水 234上 558上
瀀 234下 558下
9 泙 231上 551上

3115

3 濊 238上 547下

3116

0 沾 226上 526下
1 浯 227下 539下
2 澑 226下 530下
洦 229上 544下
湎 236上 562下
4 洒 236下 563上
酒 十四下 酉 311下 747上
8 溶 十一下 谷 240上 570下
濬 240上 570下

3118

4 渓 十一上 水 235下 561上
6 瀕 九上 頁 183上 419下
湞 十一上 水 226下 529上
灝 236下 563上
湏 237上 564上
湏 237下 566下
瀕 十一下 頻瀕 239上 567下

3119

1 漂 十一上 水 230上 549上

4 溧 十一上 水 226下 531下
溧 十一下 仌 241上 571下
6 源 十一下 灥 240上 569下

3121

0 祉 一上 示 7下 3上
1 襱 八上 衣 171下 393上
2 䊮 七下 黹 161上 364下
4 禋 一上 示 8上 3下
褗 八上 衣 173上 390上
6 [illegible] 173上 397上
7 甂 十二下 瓦 269上 639上
8 裋 八上 衣 173上 396下

3122

7 禡 一上 示 9上 7下
禰 9下
襦 八上 衣 172上 394下

3123

2 祳 一上 示 9上 7下
裖 八上 衣 170上 389下
禒 十上 犬 205上 476上

3124

0 衧 八上 衣 171下 393上
衦 172下 395下
6 禫 一上 示 9下 9上

3126

2 祏 一上 示 8上 4下
[illegible] 8下 6下
袥 八上 衣 171上 392下
4 禉 六上 木 125上 270上
6 福 一上 示 7下 3上

3128

4 祆 9下 8下
6 禎 7下 3上
禷 8上 4上
襭 八上 衣 172下 396下
顧 九上 頁 182下 418下
顅 183下 420下

3130

1 延 二下 辵 39下 70下
迋 39下 70下
[illegible] 39下 70下
迣 40下 72上
遷 40下 72上
邐 40下 72下
逗 41上 72下
逢 41下 74上
2 邁 41上 72下
邇 41下 74下
遺 42上 75上
迺 五上 乃 99下 199下

3 遯 二下 辵 41下 74上
逐 41下 74上
遽 42下 75下
4 迁 42上 74下
逴 42上 75上
迂 42上 75上
迓 三上 言 53下 95下
5 遽 十二上 手 256下 608上
6 迺 二下 辵 41下 74上
逼 42下
8 [illegible] 42下
9 逮 三下 又 64下 115下

3133

2 憑 十上 馬 200下 466上
6 惉 十下 心 224上

3134

3 潯 十一上 水 231下 552上

3140

4 娑 十二下 女 261下 619下
婆 263下 623上

3148

6 頞 九上 頁 181下 416下

3161

7 甂 十二下 瓦 269上 639上

3168

6 頟 九上 頁 181下 416上

3190

4 渠 十一上 水 232下 554下

3200

0 州 十一下 川 239下 569上

3210

0 瀏 十一上 水 229下 547下
測 230下 549下
洌 230下 550上
淵 231上 550下
洲 十一下 川 239下 569上
冽 十一下 仌 571下
2 濫 一下 艸 24下 43上
4 垽 十三下 土 289上 692上
9 鋈 十四上 金 293下 702上

3211

0 泬 十一上 水 229上 544上
泚 229下 547下
3 兆 三下 卜 70上 127下
洮 十一上 水 225上 521上
4 淫 231下 551上
5 涶 二上 口 31下 56上 十一上 水 228下 544上
濰 231上 550下
湩 237下 565下
7 淲 228上 540下

8 澄 十一上 水 231上 550上

3212

1 淅 224下 518上
漸 226上 531上
沂 227下 538下
澌 234下 559下
淅 235下 561下
凘 十一下 仌 240下 571上
7 湍 十一上 水 230下 549下
涔 234下 558下

3213

0 泒 228下 543上
泓 230下 549下
1 泝 233上 556上
2 派 232上 553上
泛 233下 556下
濛 234上 558上
非 十四下 卯 311上 745上
6 滍 十一上 水 226下 532下
7 濦 227上 534下

3214

0 泜 228上 541上
汙 229上 544下
汦 234下 559上
1 泝 233上 556上

6 濔 十一上 水 230上 548上
7 汳 227上 535上
浮 230上 549上
湲 238上

3216

2 湝 229下 547上
4 湉 229下 547上
活 229下 547上
9 涾 235下 561上
潘 236上 561下

3217

0 汕 233上 555上
2 泏 231上 551上
7 滔 229上 546下

3218

4 湀 232上 553下
沃 233上 555下
5 濮 227上 535下

3219

0 𣻏 十一下 沝 239上 567下
𣸣 239上 567下
冰 十一下 仌 240下 570下
4 濼 十一上 水 227上 535下

3220

0 剜 四下 刀 92下

3221

2 祉 一上 示 8上 5上
3 祧 9下
4 衽 八上 衣 170下 390上
7 禠 一上 示 7下 3上
褫 八上 衣 172下 396上

3222

1 祈 一上 示 8下 6下
2 衫 八上 衣 173上
7 黹 七下 黹 161上 364上
褍 八上 衣 171下 393下
襛 172下 396上
脊 十二上 𠦬 258上 611下

3223

7 𤼾 十四下 癸.𤼾 309下 742下

3224

0 祇 一上 示 7下 3上
祗 8上 3上
衹 八上 衣 171上 391下
袛 十三上 糸 274上 650下
1 䘸 八上 衣 173上 397下

3226

4 祜 一上 示 9上 7上

3230

0 遡 二下 辵 41上 72下

迾 二下 辵 42上 74下
1 遞 40下 71下
逃 41下 74上
邋 41下 74上
進 43上 76上
連 十三下 力 292下 700上
2 逝 二下 辵 39下 70下
遄 40上 71下
近 41下 74上
透 42下
3 巡 39下 70上
迡 41上 73上
4 返 40下 72上
逶 41上 73上
逡 43下 77上
遊 七上 㫃 140下 311下
6 适 二下 辵 40上 71下
遁 40下 72上
逅 42下
7 遥 42下
9 遴 39下 70下
遜 40下 72上

3240

1 丵 三上 丵 58下 103上

3244

7 叢 三上 丵 58下 103上

3260

0 割 四下 刀 92上 180下
4 醬 十四下 酉 313下 751下

3272

1 㫁 十四上 斤 300上 717下

3277

7 𤓽 三下 爪 63上 113下

3280

5 菐 三上 菐 58下 103下

3290

5 業 三上 丵 58下 103上

3300

0 心 十下 心 217上 501下
4 必 二上 八 28下 49下

3310

0 𠧞 三下 卜 70上 127下
沁 十一上 水 225下 526上
2 益 五上 皿 104下 212下
[illegible] 五下 食 107下 220下
4 泌 十一上 水 229下 547上
塗 237上 564下
十三下 土 287上 686下

3311

2 [illegible] 七下 宀 151上 340下
沱 十一上 水 224下 517下
沇 226上 527下
沈 228下 544上
浝 229上 544上
涳 230下 550上
浣 237上 564下
4 滱 228下 543上
漥 232下 553上

3312

1 濘 232上 553上
2 滲 231上 550下
7 浦 232上 553上

3313

2 浪 225下 522下

3314

1 滓 236上 562上
2 溥 229上 546上
4 洝 235下 561上
7 [illegible] 235下 561下
浚 235下 561下
冹 十一下 仌 240下 571下

3315

0 [illegible] 十一上 水 518上
涐 224下 518上
減 229下 547上
瀸 十一上 水 231下 551上
泧 235下 560下
瀐 236下 563下
減 237下 566上
滅 237下 566上
3 淺 231下 551下

3316

0 治 227下 540上
冶 十一下 仌 240下 571上
8 溶 十一上 水 231上 550上
9 瀋 236下 563下

3317

7 涫 235下 561上

3318

2 泬 230上 548上
4 涘 232上 552下
[illegible] 237下 566上
6 演 229下 547上
濱 十一下 頻瀕 239上 567下
9 [illegible] 十一上 水 225下 522下

3319

1 淙 230下 549下
2 泳 233下 556上
4 沭 227下 538上

3320

4 祕 一上 示 8上 3下

3321

2 袉 八上 衣 171上 392下

3322

7 褊 172上 394下
補 172下 396上
黼 七下 黹 161上 364下

3323

6 襁 八上 衣 170下 390上

3324

7 祓 一上 示 8下 6下
黻 七下 黹 161上 364下
袚 八上 衣 173上 397下

3325

0 祴 一上 示 9上 7下

3330

2 逋 二下 辵 41下 74上
[illegible] 41下 74上
4 逡 41上 73上
5 [illegible] 42上 75上
6 迨 40下
7 逭 41下 74上
9 述 39下 70下
[illegible] 39下 71上
逑 41上 73下

3333

1 惢 十下 惢 224上 515下

3350

7 肇 三下 攴 67下
十二下 戈 266上 629上

3380

4 [illegible] 十一上 水 225下 522下

3381

7 鼆 七上 冥 141上 312下

3385

0 戭 十二下 戈 266下 631下

3390

3 繠 十下 惢 224上 515下
4 梁 六上 木 124下 267下
粱 七上 米 147上 330下

3400

0 斗 十四上 斗 300上 717下

3410

0 對 三上 丵 58下 103下
泭 十一上 水 233上 555下
澍 234上 557下
汁 236下 563上

3411

2 池 224下 517下 553下
淔 228下 544上

沈 十一上 水 234上 558上
澆 236下 563上
洗 237上 564上
溘 238下
4 洼 232下 553下
5 [辶雚] 二下 辵 41下 74上
灌 十一上 水 226上 531上
漼 234下 558下
6 淹 225上 520下
7 泄 227上 534下
氿 232上 552下
港 238上
8 湛 233下 556下

3412

7 渤 六下 邑 136上 299上
泑 十一上 水 224下 516下
蕩 226上 527下
洧 227上 534上
湳 228下 543下
汭 229下 546下
瀳 231上 551上
滿 231下 551上
[氵两力] 234下 559上
滯 234下 559上
洿 235上 560上

灡 十一上 水 236上 562上
潸 237下 566上
瀟 238上

3413

1 浾 十下 赤 213上 492上
2 法 十上 廌 202上 470上
濛 十一上 水 234上 558上

3414

0 汝 225下 525下
1 洔 231下 551下
濤 238上
6 淖 229上 546上
7 淩 227上 535下
波 230上 548下
汥 232下 554上
濩 234上 557下
凌 十一下 仌 240下 571上

3415

3 瀸 十一上 水 229下 547下
濺 235下 560下
6 湋 230下 549下

3416

0 渚 228上 540下
沽 228上 541下
瀦 238上

1 浩 十一上 水 230上 548上
澮 231上 551上
[氵昔] 233上 555下
渚 十三下 土 288上 689上

3417

0 泔 十一上 水 236上 562上

3418

0 汏 235下 561上
1 滇 225上 520上
淇 226上 527下
洪 229上 546上
4 漠 229上 545上
渶 233上 555下
5 漢 225上 522下
6 潰 232上 552下
瀆 232下 554下
潢 232下 553下
[氵橫] 233上 555下
濽 237下 565上
8 浹 238下

3419

0 沐 236下 563下
淋 237上 564上
1 溹 234上 558上
4 渫 六上 木 124下 267下
渫 十一上 水 237上 564上
6 潦 234上 557下

8 淶 十一上 水 228下 543上
9 漆 225下 523下

3420

0 祔 一上 示 8上 4下

3421

0 社 9上 8上
4 禥 7下 3上
[示圭] 9上 8下
6 裺 八上 衣 173上 390上

3422

7 [示青] 一上 示 8上 4上
襺 八上 衣 170下 391上
䘥 171上 392上

3423

2 袪 171上 392上

3424

1 禱 一上 示 8下 6下
7 被 八上 衣 172上 394下

3425

6 褘 170下 390下

3426

0 祜 一上 示 7下 2下
祐 7下 3上
褚 八上 衣 173上 397上
1 禧 一上 示 7下 2下

祰 一上 示 8上 4下
袺 八上 衣 172下 396下

3428

1 禛 一上 示 7下 2下
祺 7下 3上
4 [示芺] 9下 8下
6 襩 八上 衣 171下 393上

3429

4 禖 一上 示 9上 7上
褋 八上 衣 170下 391下
[衤葉] 170下 391下

3430

1 迖 二下 辵 39下 70下
迆 41上 73上
迣 41下 74下
逵 十四下 九 308上 738下
2 [艹近] 一下 艸 16上 24上
薖 21下 36下
邁 二下 辵 39下 70上
遰 40下 72下
3 蘧 一下 艸 16上 24下
薳 27上
[辶薑] 二下 辵 39下 70上
遠 42上 75上
4 藗 一下 艸 20上 33下

遘 二下 辵 40上 71下
5 蓬 一下 艸 19下 32下
逢 二下 辵 39上 70上
達 41上 73上
逹 41上 73上
6 造 39下 71上
逪 40上 71上
8 藗 一下 艸 20上 33下
⿺辶賣 二下 辵 39下 71上
达 41上 73上
9 ⿺辶枼 74下
遼 42上 75上
⿺辶兼 三下 又 64下 115下

3433

0 懟 十下 心 221下 512上
2 懣 221下 512上
懘 224上

3440

4 婆 十二下 女 262下

3454

7 皸 三下 皮 67上

3460

0 對 三上 丵 58下 103上

3490

4 染 十一上 水 237上 565上

3510

6 沖 十一上 水 229下 547下
7 津 233上 555下

3511

7 氿 238上
8 澧 226下 533上

3512

7 濴 225上 519下
泲 226上 528上
沛 228上 542上
潚 229下 546下
清 231上 550上
沸 232上 553上
凊 十一下 仌 240下 571上

3513

0 漣 十一上 水 230上 549上
2 濃 234下 559上
3 潓 226上 531上

3514

3 漙 238上
4 淒 233下 557上
漊 234上 558上
7 溝 232下 554上

3516

0 油 226下 530上

1 潛 十一上 水 233下 556上
6 漕 237下 566下

3518

0 泆 231下 551下
決 233上 555上
泱 233下 557上
2 洟 237下 565下
4 湊 233下 556下
6 潰 231下 551下
漬 234下 558下

3519

0 沬 225上 519上
沫 237上 563下
2 涑 234上 557下
4 溱 十一上 水 226下 529上
洙 227下 538上
6 涷 224下 516下
湅 237上 564下
⿰氵⿱襾束 237下 566上
凍 十一下 仌 240下 571上

3520

6 神 一上 示 8上 3上

3521

8 禮 一上 示 7下 2下

3522

7 甯 三下 用 62下 111下

3523

2 襛 八上 衣 171下 393下

3524

4 褸 170下 390下

3525

7 ⿰衤毒 171上 392上

3526

0 袖 171上 392下
6 褿 172下 396下

3528

0 衭 170下 391上
袂 171上 392下
1 ⿰衤疌 170下 390下

3529

0 袾 172上 395上
襋 170下 390上

3530

0 連 二下 辵 41上 73下
⿺辶聿 42上 75上
2 迊 39下 70下 42上 74下
遹 41下 74上
4 遱 42上 74下
6 遭 二下 辵 40上 71下
迪 40上 71下
7 遣 40下 72下
8 迭 41上 73下
遺 41下 74上
9 速 39上 70上
⿺辶東 40上 71下
逮 40下 72下

3533

3 ⿱連心 十下 心 223下 515上

3601

2 覕 八下 見 178下 410上

3610

0 汨 十一上 水 226下 529下
湘 226下 530上
泗 227下 537上
洇 228下 544上
澶 231上 550下
溷 231上 550下
洄 233上 556上
泅 233下 556下
涸 235上 559下
汩 238上 567上
2 盪 五上 皿 104下 213上
洶 十一上 水 227上 533下

泊 十一上 水 235下 560下
3 璗 一上 玉 13下 19上

3611

2 覞 八下 見 178下 409下
温 十一上 水 225上 519上
瀙 226下 532上
混 229上 546下
況 229下 547下
灝 236下 563下
4 湟 225下 523上
灅 228上 541下
涅 231下 552上
5 濯 227上 533下
7 浥 232上 552上

3612

1 淠 226下 533上
濞 230上 548上
瀱 230下 550上
7 渭 225上 521下
濁 227下 539上
湡 228上 540上
涓 229上 546下
渴 235上 559下
湯 235下 561上

3613

2 溼 十一上 水 233下 557上
3 濕 227上 536上

3614

1 澤 231下 551上
湒 234上 557下
滜 235下 560下

3615

2 潔 234下 558下
4 滭 十一下 仌 240下 571下

3618

0 浿 十一上 水 228上 542上
涀 228下 544上
潨 232上 553上
1 潩 225下 525下
湜 231上 550上
浞 234下 558下
6 瀆 226下 529下
溳 226下 533上

3619

3 瀤 228上 542上
4 淉 228下 544上
澡 237上 564上
9 瀑 234上 557下

3620

0 襢 八上 衣 171下 393下

衵 八上 衣 172上 395上

3621

0 袒 172下 395下
2 祝 一上 示 8下 6下
視 八下 見 177下 407下
覰 八下 覞 178下 410上
4 裎 八上 衣 172下 396上

3622

7 禓 一上 示 9上 8下
襡 八上 衣 172上 394下
裼 172下 396上
褐 173上 397上

3623

6 襁 170下 390上

3624

0 裨 172上 395上
1 襗 171上 393上

3625

6 禪 一上 示 9上 7上
襌 八上 衣 172上 394下

3628

1 禩 一上 示 8上 4上
禔 7下 3上
褆 八上 衣 171下 393下

3629

4 祼 一上 示 8下 6上
裸 八上 衣 172下 396上
褓 十三上 糸 275上 654下
9 襮 八上 衣 170下 390上

3630

0 迫 二下 辵 41下 74上
迦 42上 74下
1 遞 42上 74下
逞 42上 75上
遑 42下
邏 42下
2 遇 40上 71下
遻 40上 71下
遏 41下 74下
逷 42上 75上
逿 42下 75下
3 還 40下 72上
8 迟 41上 72下
退 41下 74上
9 遝 40上 71上

3671

2 睍 八下 見 178下 410上

3681

2 覞 178上 408下
覻 178上 408下

3 䰢 九上 鬼 189上 436上

3690

0 昶 七上 日 139下
昶 139下

3702

0 冖 七下 冖 156下 353上
卹 九上 卪 187上 431上
7 邲 六下 邑 133上 289上

3710

2 盪 五上 皿 104下 212下
盜 八下 次 181上 414下
4 𡉏 十三下 土 288上 689下
9 鑿 十四上 金 295下 706下

3711

0 汎 十一上 水 230上 548上
汛 237上 565上
1 澄 238上
2 沮 225上 519下
洈 226上 528下
泡 227上 536下
泥 228下 543下
氾 230下 549上
洫 232下 554上
沑 235上 560下
浼 235上 565下

4 宂 七下 宀 150上 338上
渥 十一上 水 234下 558下
5 濯 237上 564下
7 汜 232上 553上
沉 234上

3712

0 汈 228下 544上
[illegible] 229上 546上
潮 229上 546上
瀾 230上 549上
洞 230下 549下
洶 230下 549下
泃 230下 550上
潣 231上 550下
湖 232下 554上
澗 232下 554下
澗 232下 554下
淜 233上 555下
潤 235上 560上
泂 236下 563下
[illegible] 237上 565上
淍 十一下 仌 240下 571上
2 漻 十一上 水 229下 547下
7 鴻 四上 鳥 80下 152上

鄬 六下 邑 136下 300上
溺 十一上 水 225上 520下
漷 227上 536上
洵 228下 544上
潏 230上 548下
涌 230下 549下
滑 231下 551上
灉 233上 555上
滫 236上 562上
湑 236上 562下
漏 237下 566下

3713

2 濄 227上 534下
潒 229上 546下
6 𤁊 十一下 𩺰 245下 582上
漁 245下 582上
蠭 十三下 䖵 283下 675上
[illegible] 283下 675上

3714

0 汷 十一上 水 229上 544下
十三下 土 288上 689上
淑 十一上 水 231上 550上
[illegible] 235上 559下
6 潯 231上 551上
7 澩 232下 555上

汓 十一上 水 233下 556下
沒 233下 557上
澱 236上 562上
汲 237上 564上
泯 238上
潺 238上
8 濢 231下 552上

3715

0 汷 十三下 土 288上 689上
2 澥 十一上 水 229上 544下
4 洚 229上 546上
6 渾 230下 550上
7 淨 227上 536上
瀞 235下 560下

3716

1 沿 226上 528上
233上 556上
澹 231上 551上
2 溜 232上 552上
沼 232下 553下
洺 238上
3 涵 234下 558下
涵 十一下 仌 240下 571上
4 [illegible] 三上 古 50下 88下
洛 十一上 水 225下 524下

潞 十一上 水 226上 526下
涺 228下 544上
7 湄 232下 554下
涒 236下 563上

3717

2 淈 231上 550下
7 淊 234下 558下

3718

0 溟 233下 557下
1 瀷 226下 532上
潩 238下
凝 十一下 仌 240下 571上
2 [illegible] 八下 欠 180上 412下
次 180下 413下
㳄 八下 㳄 180下 414上
[illegible] 180下 414上
漱 十一上 水 236下 563下
4 渙 229下 547上
澳 232下 554下
6 潢 229上 546上
瀨 232上 552下
澬 234上 557下
瀨 十一下 仌 241上 571下

3719

3 潔 十一上 水 238下

4 深 十一上 水 226下 529下
滌 236下 563上
9 淥 236上 561下

3721

1 [illegible] 七下 非 149下 336下
2 祪 一上 示 8上 4上
祖 8上 4下
袍 八上 衣 170下 391上
袓 172上 395上
覓 八下 見 178上 409上
4 冠 七下 冖 156下 353上
7 祀 一上 示 8上 3下
戺 十二上 𦣝 250下 593下

3722

0 祠 一上 示 8下 5下
礿 8下 5下
禂 9上 7下
翢 四上 羽 75下 139下
初 四下 刀 91上 178下
裯 八上 衣 171上 391下
袀 389下
7 禓 一上 示 8下 6下
[illegible] 9上 7下
禍 9上 8下
鳸 四上 隹 77上 143下

冃 四下 肉 90下 177下

冐 90下 177下

祁 六下 邑 133下 289下

鼏 七上 鼎 319下

寓 七下 宀 150上 338下

冪 七下 冖 156下

袳 八上 衣 171下 394上

袆 173上 397下

3723

2 家 七下 宀 150上 338上

冡 七下 冃 156下 353下

禒 八上 衣 172上 395上

冢 九上 勹 188上 433下

3724

6 襑 八上 衣 171下 393上

7 祲 一上 示 9上 8下

祋 三下 殳 66上 119上

3725

6 褌 七下 巾 159上 358下

3726

1 襜 八上 衣 171上 392下

2 袑 171下 393上

4 裾 171上 392下

3728

4 襖 173下

3729

9 禄 一上 示 7下 3上

3730

1 䢁 二上 走 36下 65上

退 二下 辵 39下 70下

迅 40上 71下

迡 40下 72下

逸 十上 兔 203下 472下

2 過 二下 辵 39下 71上

迎 40上 71下

通 40下 71下

迻 40下 72上

遙 41上 73上

迵 41上 73下

迥 42上 75上

迺 42下 75下

遡 十一上 水 233上 556上

3 退 二下 辵 43下 77上

4 [illegible] 39下 70下

遟 40下 72下

遐 42下

5 逢 40上 71下

運 40下 72上

遲 40下 72下

邂 42下

6 迢 二下 辵 42下

7 追 41下 74上

8 遺 39下 71上

遬 40上 71下

選 40下 72上

9 遂 40下 72下

逯 41上 73下

迹 41下 74下

邌 42上 75上

3732

7 鷸 四上 鳥 81上 153上

3733

1 宓 七下 宀 151下 342上

8 恣 十下 心 220下 510上

3740

1 罕 七下 网 157上 355上

4 姿 十二下 女 263上 623上

7 宴 七下 宀 151上 340下

3741

3 冤 十上 兔 203下 472下

3742

7 鶉 四上 鳥 79下 149上

鶉 82下 156下

郭 六下 邑 133下 290下

3744

6 [illegible] 三上 廾.収 59上 104上

7 冣 七下 冖 156下 353上

3750

6 軍 十四上 車 302下 727上

3752

7 鶤 四上 鳥 80上 151上

鄆 六下 邑 133上 288上

3760

8 咨 二上 口 32上 57上

3761

4 冠 七下 冖 156下 353下

3764

7 殼 三下 殳 66下 120上

3771

2 冟 五下 皀 106下 217上

7 瓷 十二下 瓦 269下

3772

0 朗 七上 月 141下 313下

7 郎 六下 邑 135下 297上

3773

2 餈 五下 食 107上 219上

3777

2 害 七下 宀 151上 340上

3780

0 冥 七上 冥 141上 312下

6 資 六下 貝 130上 279下

9 𤍽 三上 爨 60上 106上

燹 十上 火 210上 486下

3781

7 鼆 七上 冥 141上 312下

3782

7 鄍 六下 邑 133上 289上

3790

3 絘 十三上 糸 277上 660上

4 粢 五下 食 107上 219上

秶 七上 禾 144下 322上

3792

7 鄰 六下 邑 133下 290上

3794

7 糳 七上 毇 148下 334上

3810

0 汃 十一上 水 224下 516上

4 塗 十三下 土 290上

3811

2 溠 十一上 水 226上 528下

濫 230下 549上

涚 235下 561上

溢 236下 563上

7 汽 235上 559下

汔 235上 559下

8 澨 十一上 水 233上 555下
9 淦 233下 556下

3812

1 湔 225上 519上
渝 237下 566上
2 沴 231下 551下
7 汾 225下 526上
滃 230上 548上
淪 230上 549上
汵 233下 556下
潝 233下 557上
𤄊 235下 561下
瀹 236上 562上
涕 237下 565下

3813

1 潕 226下 532上
瀿 237上 564下
2 湌 五下 食 107下 220下
瀁 225上 522下
泠 226上 531下
滋 231下 552上
淰 236上 562上
濦 236下 563下
冷 十一下 仌 240下 571上
3 淤 十一上 水 236上 562上

7 溓 十一上 水 234下 559上

3814

0 潄 三下 攴 68上 123上
汥 68下 124下
滶 十一上 水 226下 532上
激 230下 549下
澂 231上 550上
汻 232上 552下
滸 232上 552下
溦 234上 558上
潵 237上 564下
漱 238上
1 澣 237上 564下
6 潭 226上 531下
渰 233下 557上
潩 236下 563下
7 游 七上 㫃 140下 311上

3815

1 洋 十一上 水 227下 538下
7 海 229上 545上

3816

1 湁 230下 549下
洽 234下 559上
4 活 228下 544上
6 澮 225下 526上

潧 十一上 水 227上 535上
瀶 232下 554下
7 滄 236下 563下
滄 十一下 仌 240下 571上
8 浴 十一上 水 237上 564上
9 瀋 230下 549下

3818

1 瀕 228下 544上
淀 231上 550下
漩 231上 550下

3819

2 漾 225上 521下
4 涂 225上 520上
滁 238上

3821

1 祚 一上 示 9下
四下 肉 89上 172下
2 襤 八上 衣 171上 392上
裞 173上 397下
9 袿 170下 390下

3822

0 衸 171上 392下
1 褕 170上 389上
2 袗 170上 389下
7 膂 四下 肉 90下

黺 七下 黹 161上 364下
衯 八上 衣 171下 394上

3823

3 襚 173上 397下

3824

0 啟 三下 攴 67下 122下
7 複 八上 衣 171下 393下

3825

1 祥 一上 示 7下 3上

3826

1 祫 8下 6上
袷 八上 衣 172上 394下
6 禬 一上 示 9上 7上
襘 八上 衣 171上 391下
8 裕 172下 395下

3830

1 迮 二下 辵 40上 71上
迄 42下
2 逾 40上 71上
[illegible] 五上 竹 97上 194上
3 遂 二下 辵 41下 74上
篴 五上 竹 96上 192上
4 遵 二下 辵 39下 71上
逆 40上 71下
逬 42下

6 迨 二下 辵 40上 71上
遒 41下 74上
道 42上 75下
8 送 40下 72下
遂 41下 74下

3834

3 導 三下 寸 67上 121下

3850

7 肇 三下 攴 67下
十二下 戈 266上 629上

3860

4 䁈 四上 目 72下 133上
晵 七上 日 138上 304上

3890

3 綮 十三上 糸 273下 649上
4 棨 六上 木 124上 266上
[illegible] 七上 木 146上 326下

3911

2 洸 十一上 水 230上 548下
8 溢 233下 557上

3912

0 沙 232上 552下
7 澇 225下 523下
消 235上 559下

3913

0 沘 十一上 水 232上 552下
8 淞 237下 565下

3915

0 洋 237下 566下

3916

2 消 231下 551下

3918

0 湫 235上 560上
1 瀵 235下 560下
6 湞 228下 544上
9 淡 236上 562下

3925

0 袢 八上 衣 172上 395上

3930

2 逍 二下 辵 42下
4 遊 40下 72下
5 遴 41上 73上
8 逖 42上 75上
9 迷 41上 73下

3940

4 娑 十二下 女 262下 621下

4

4000

0 十 三上 十 50下 88下
ナ 三下 ナ 65上 116下
乂 十二下 丿 265下 627上
乂 十四下 五 307下 738上

4001

1 [illegible] 十下 尣尢 214下 495下
2 冘 五下 冂 110下 228上
尤 十四下 乙 308下 740下
5 [illegible] 四上 隹 77上 143下
6 [illegible] 三上 言 57下 102上
7 尢 十下 尣尢 214上 495上
九 十四下 九 308上 738下

4002

0 亣 十下 大2 215下 498上
7 夸 十下 大1 213上 492下
力 十三下 力 291下 699上

4003

0 太 十一上 水 237上 565上

4010

0 士 一上 士 14下 20上
土 十三下 土 286上 682上
2 左 五上 左 99下 200下
盍 五上 皿 104上 212上
盇 104上 212上
盇 五上 血 105上 214下
盍 105上 214下
盍 105上 214下
壼 六下 口 129上 277下
壺 十下 壺 214下 495下
直 十二下 乚 267下 634上
3 [illegible] 一上 玉 10下 10下
4 奎 十下 大1 213上 492下
臺 十二上 至 247上 585上
坴 十三下 土 286下 684上
圭 289下 693下
6 奄 十下 大1 213上 492下
8 [illegible] 四下 歺 85上 163上
壴 五上 壴 102上 205上
壺 十下 壺 214下 495下
壹 十下 壹 214下 496上
9 [illegible] 十二下 珡琴 267上 634上

4011

2 [illegible] 十下 大1 213下 493上
境 十三下 土 290上
4 垚 十三下 垚 290上 694上
5 難 四上 鳥 80上 151上
堆 十四上 𠂤 303下 730下
6 壇 十三下 土 289下 693上
7 坑 十四下 𨸏 305下 733下

4012

7 塙 十三下 土 286下 683下
墉 288上 688下
坊 290上

4013

2 壤 十三下 土 286下 683上
壞 289上 691下
6 蠹 十三上 虫 279下 665上
蟲 十三下 蚰 284上 675下

4014

6 墇 十三下 土 288下 690上
7 鼖 五上 鼓 102上 206上
埻 十三下 土 287下 688下

4016

1 培 288下 690上
5 塘 290上

4018

2 垓 286上 682下
6 壙 288下 691上

4020

0 才 六上 才 126下 272上
1 李 六上 木 118下 248下
夲 十下 夲.夲 214下 496上
7 [illegible] 九下 广 192下 444上
奓 十下 奢 215上 497上

4021

2 克 七上 克 143下 320上
朩 七下 朩 149上 335下
[illegible] 七下 巾 158下 358上
堯 十三下 垚 290上 694上
4 狂 十上 犬 204上 473下
在 十三下 土 287下 687上
5 奞 四上 奞 77上 144上
隺 五下 冂 110下 228下
帷 七下 巾 159上 359上
幢 160上
7 [illegible] 三上 燮燮 67下 122上
犺 十上 犬 205上 475上

4022

0 冋 三上 冋 50上 88上
1 南 六下 𣎵市 127下 273下
7 [illegible] 三下 支 65上 117上
布 三下 殺 66下 120下
布 66下 120下
肉 四下 肉 87上 167上
[illegible] 87下 169上
脊 89上 173上

⿱㚘月 四下 肉 89下 175上

内 五下 入 109下 224上

南 六下 米、市 127下 274上

有 七上 有 141下 314上

鼒 七上 鼎 143下 319下

冋 七下 冂 156下 353下

⿵冂古 156下 353下

巾 七下 巾 158下 357上

布 160上 362上

内 十四下 厹、内 308上 739上

8 ⿱大介 十下 大 213下 493上

夰 十下 夰 215下 498下

4023

1 赤 十下 赤 212下 491下

2 ⿰巾玄 七下 巾 160上 362上

夵 十下 大 213上 492下

4024

7 皮 三下 皮 67上 122上

存 十四下 子 310上 743下

8 狡 十上 犬 204上 473下

猝 204上 474上

4025

3 ⿱夵乑 十下 大 213下 493上

4026

1 猎 十上 犬 204上 474上

4028

6 獷 十上 犬 204下 474下

4030

0 寸 三下 寸 67上 121上

4033

0 忩 十下 心 223下 515下

1 樵 六上 木 118上 247下

志 十下 心 217上 502上

悳 217上 502下

懟 217上 503上

恚 221下 511下

4 燾 十上 火 210上 486上

忞 十下 心 218上 504上

6 憙 五上 喜 101下 205上

熹 十上 火 208下 482下

8 恣 十下 心 223上 514下

4034

1 寺 三下 寸 67上 121上

奪 四上 奞 77上 144上

4040

0 爻 三下 爻 70上 128下

女 十二下 女 258下 612上

1 幸 十下 夭 494下

十下 㚔、㚔 214下 496上

辜 十四下 辛 309上 741下

2 ⿺麥啇 五下 麥 112上 232上

7 友 三下 又 65上 116下

支 三下 支 65上 117上

夐 四上 旻 70下 129下

麥 五下 麥 112上 231下

夌 五下 夊 112上 232下

李 六上 木 114下 239下

孛 六下 米、市 127下 273下

⿱夂子 七下 宀 151下 342上

孷 十四下 子 310下 743下

8 ⿳十从木 六下 帀 127上 273上

夲 十下 夲、本 215上 497下

⿱大卉 215上 497下

4041

4 妊 十二下 女 260下 617下

5 婎 四上 隹 77下 143下

婎 十二下 女 264上 624上

6 嬗 262下 621上

4042

7 ⿰舟鹿 十上 鹿 202上 469下

嫡 十二下 女 262上 620下

妨 263上 623上

劦 十三下 劦 293上 701下

4043

2 ⿰女衣 十二下 女 260下 617下

妶 十二下 女 264上 624上

孃 264下 625上

4044

0 卉 一下 艸 25下 44下

卅 三上 卅 51上 89下

1 ⿱卉廾 三上 廾、收 59上 104下

4 奔 十下 夭 214上 494下

姦 十二下 女 265上 626上

6 ⿳十田廾 六下 米、市 127下 273下

8 姣 十二下 女 261上 618上

4046

1 ⿰耂言 三下 教 69下 127上

嘉 五上 壴 102上 205下

3 ⿰女畐 十二下 女 260下 618上

4048

4 嫉 八上 人 166下 380下

4050

1 羍 四上 羊 78上 145下

3 舝 五下 舛 113上 234上

6 韋 五下 韋 113上 234下

⿱韋土 十三下 土 286下 684上

4051

6 ⿰革亶 三下 革 60下 107下

4052

7 ⿱大帀 十下 大 213下 493上

4055

7 毐 十二下 毋、毋 265上 626下

4060

0 右 二上 口 32下 58下

三下 又 64上 114下

古 三上 古 50下 88下

百 四上 自 74上 136下

1 吉 二上 口 33上 58下

⿱九口 33下 59下

奮 四上 奞 77上 144上

喜 五上 喜 101下 205上

嗇 五下 嗇 111下 230下

4 奢 十下 奢 215上 497上

8 ⿱來田 五下 嗇 111下 231上

⿱大日 十下 心 217上 502下

⿱大曰 217上 502下

9 杏 六上 木 114下 239下

杳 119下 252下

4061

5 ⿰吉隹 四上 鳥 82下 157下

4062

1 奇 五上 可 101上 204上

4064

1 壽 八上 老 173下 398下

4066

1 嚞 二上 口 32上 57上
9 ⿱木品 六上 木 118下 248下

4068

7 畝 十三下 田 290下 696上

4071

0 七 十四下 七 307下 738下
5 雄 四上 隹 77上 143下
6 奄 十下 大 213上 492下
7 ⿱大电 213下 493上
鼀 十三下 黽 285下 679上
⿱坴黽 285下 679上

4072

7 奅 十下 大 213下 493上

4073

2 喪 二上 哭 35下 63上
厷 三下 又 64上 115上
去 五上 去 104下 213下
袁 八上 衣 171下 394上
夽 十下 大 213下 493上

4074

2 奃 213下 493上
6 ⿱𡗗啚 五下 啚 106下 217下
7 ⿰⿱𡗗啚攴 106下 217下

4075

7 毐 十二下 毋毋 265上 626下

4077

7 ⿱大命 十下 大 213下 493上

4080

0 大 三上 𠬞 59下
十下 大 213上 492上
十下 大 215下 498下
1 走 二上 走 35下 63下
⿺走亶 36上 64上
趡 37下 66下
疐 四下 叀 84上 159上
真 八上 匕 168下 384下
⿻大巨 十二下 𤦪琴 267上 634上
3 ⿺走兹 二上 走 36上 64上
4 爽 三下 㸚 70上 128下
⿺夨幸 十下 夨 213下 494上
⿺夨亶 213下 494上
6 ⿺走音 二上 走 37下 66上
⿻大目 四上 明 74上 136上
奭 四上 皕 74下 137下
⿻大𦣝 74下 138上
賣 六下 出 127上 273上
六下 貝 131上 282下
賁 130上 279下
賚 130下 280下
賫 六下 貝 131上 282下
8 夾 十下 大 213上 492下
㚒 十下 亦 213下 493下
9 灰 十上 火 208上 482上

4081

5 ⿰火隹 四上 隹 76上 141下
難 四上 鳥 80上 151上

4090

0 木 六上 木 114下 238下
朩 七下 朩 149上 335下
1 ⿱大木 六上 木 114下 239下
3 索 六下 𣎳 127下 273下
4 ⿱⿵冂乚木 十二下 乚 267下 634上
6 尞 十上 火 207上 480下
8 來 五下 來 111下 231上
9 桼 六下 桼 128下 276上

4091

2 梳 六上 木 121下 258下
4 柱 120上 253下
5 橦 121下 257下
椎 123下 263下
6 檀 117下 246下
7 杭 十二上 手 257上 609下
8 柆 六上 木 125上 269上

4092

3 櫅 六上 木 116下 244上
7 柿 114下 239上
枋 117上 244下
樆 120下 255下
榜 123下 264上
檇 124下 268下

4093

2 榬 120下 255上
6 檍 115下 242上
7 樜 117上 244下

4094

1 梓 115下 242上
4 椄 123下 264下
7 椁 125下 270下
8 校 124下 267下

4096

1 棓 123上 263下
5 ⿰木害 116上 242上

4098

2 核 123上 262下
櫎 122下 262上

4099

4 ⿱大林 六下 林 126上 271下
森 126下 272上
𣞤 十二下 亡、亾 267下 634下

4096

6 椋 六上 木 115下 241上

4101

1 尪 十下 尣 尢 214上 495上
4 尫 214下 495下
7 ⿰乂虎 五上 虎 103下 211上
虓 103下 211上

4108

6 頄 九上 頁 182上 417上
⿰尢頁 183下 421上

4110

4 ⿱獮土 十上 犬 205上 475下

4111

0 址 十四下 𠂤 305下 734上
2 墟 八上 丠、丘 169上 386下
壚 十三下 土 286下 683下
塈 287上 686下
4 垤 289上 692上
6 垣 287上 684下
9 坯 289上 692上

4112

0 坷 289上 691下

4114

6 埂 288下 691上
9 坪 286下 683上
⿰土虖 289上 691下

4116

0 坫 十三下 土 287上 686上

6 堛 286下 684上

4119

0 坏 289上 692上

4121

1 龓 七上 有 141下 314上

2 帆 七下 巾 160上 362下

䞓 十下 赤 213上 491下

3 ⿰犭璽 十上 犬 205上 475下

4 狂 205下 476下

6 狟 205上 475上

7 瓻 十二下 瓦 269下

4122

0 ⿰赤丁 十下 赤 213上 492上

7 獳 十上 犬 204下 474下

獮 205上 475下

4123

2 帳 七下 巾 159上 359上

4124

0 皯 三下 皮 67上 122上

犴 九下 豸 198上 458上

⿰犭幵 十上 犬 205下 476下

7 ⿰巾夒 七下 巾 160上 361下

獿 十上 犬 204上 474上

4126

0 帖 七下 巾 159上 359上

6 幅 158下 358上

4128

6 顤 九上 頁 182下 418上

頗 183下 421上

赬 十下 赤 213上 492上

4129

1 幖 七下 巾 159下 359下

狋 十上 犬 204下 474下

4133

1 ⿱狂心 十下 心 220下 510下

6 ⿰木⿱覀灬 六上 木 125上 269下

4140

2 麪 五下 麥 112上 232上

4141

2 姬 十二下 女 258下 612下

娙 261上 618下

⿰女盧 263上 623上

4 姪 259下 616上

6 嫗 259下 614下

4142

0 妸 260上 617上

7 ⿰女鬲 260上 617上

嫣 261上 619上

嬬 十二下 女 264上 624上

4143

2 妘 258下 613上

娠 259上 614下

4144

0 ⿰女耳 260下 617下

妍 263下 623下

奸 264下 625下

6 ⿰女覃 264上 624下

婥 265上 626上

4146

0 姑 261下 619下

2 姤 263上 622下

9 姡 264上 624下

4148

4 婹 264下 625下

6 ⿰女頁 九上 頁 182下 418下

須 九上 彡 185下 425下

4149

1 嫖 十二下 女 264上 624上

6 嫄 260上 617上

4151

2 ⿰革麗 二下 足 47下 84上

8 ⿰革豆 三下 革 61下 109下

4152

0 靪 三下 革 61上 108上

4153

2 韔 五下 韋 113下 235下

4154

0 靬 三下 革 60下 107上

⿰革于 61下 109下

6 鞭 62上 110下

4156

0 鞊 61下 110上

⿰革面 61下 110上

4158

1 ⿰革徙 61上 108上

4166

9 嚭 五上 喜 101下 205上

4168

6 頡 九上 頁 183上 420上

4171

7 ⿰去虎 五上 虎 103下 210下

4180

1 ⿺走亘 二上 走 37下 66下

⿺走匠 36上 64下

4 趠 37上 65下

⿺走虔 37下 66上

赶 38上 67上

6 ⿺走容 36上

8 ⿺走厥 二上 走 36上 64上

9 ⿺走票 36上 64下

4181

7 ⿰爽瓦 十二下 瓦 269上 639下

4184

0 ⿰真耳 一上 玉 11下 13下

4186

0 黇 十二下 黃 291下 698下

4188

6 顛 九上 頁 181下 416上

頰 182上 416下

⿰樊頁 183上 420下

⿰其頁 184上 422上

4191

1 櫪 六上 木 125下 270上

櫳 125下 270下

2 樝 114下 238下

櫨 120上 254下

杠 121下 257下

桱 121下 257下

概 122上 260上

桓 124上 266上

4 枉 119上 250下

桎 125下 270上

6 橿 六上 木 117上 244下
樞 120下 255下
桓 121上 257下
栕 125下 270上
7 柜 117下 246上
8 梪 五上 豆 102下 207下
柩 十二下 匚 268下 637上

4192

0 柯 六上 木 123下 263下
朾 125上 268下
7 朽 四下 歺 85下 163下
樗 六上 木 117上 241上
栭 120下 254下
杅 121上 256上
檷 123上 262上
柄 123下 263下
槅 124上 266上

4193

2 棖 123上 263上
椽 124下 268下

4194

0 枒 117下 246上
枅 120下 254下
1 梇 118上 248上
梴 119下 251上

3 槈 六上 木 121下 258下
6 梗 118上 247下
橝 120下 255下
7 櫌 122上 259下
𣝔 七下 𣏟 149上 336上
9 𣚍 115下 244下
枰 125上 269上

4196

0 𣠜 116上
枯 118上 248上
𣗥 124上 265上
1 榗 116下 243下
梧 117下 247上
檽 121上 256上
2 柘 117下 247上
6 楅 125上 269下
9 栝 122上 260下

4197

7 柹 117上 245上

4198

6 檟 115下 242上
櫇 116下 244上
楨 119下 252上

4199

1 標 119上 250上

4200

0 刈 十二下 丿 265下 627上

4201

1 尵 十下 尣尢 214上 495上
2 尷 214下 495下
8 𡰪 214下 495下

4210

0 刲 四下 刀 92上 181下
𡏉 十三下 土 288下 690下

4211

3 垗 289下 693上
5 埵 288下 690上
8 塏 289上 691上

4212

1 圻 288下 690下
2 彭 五上 壴 102上 205下
7 圬 十三下 土 286上 682下

4213

1 壎 287下 687下

4214

0 坁 287下 687下
坻 288上 689上
1 坼 289上 691下
埏 290上
7 埈 286下 684上

9 埒 十三下 土 287上 685下

4216

1 垢 289上 692上

4218

5 墣 286下 684上

4220

0 刳 四下 刀 91下 180上

4221

0 帆 七下 巾 159上 359上
2 獵 十上 犬 205上 476上

4222

1 犷 204下 474下
㺜 205下 476下
7 獢 204上 473下

4223

0 瓠 七下 瓠 150上 337下
狐 十上 犬 206上 478上

4224

7 猨 十三上 虫 282下 673上

4226

4 㡉 七下 巾 160上 361上
狧 十上 犬 204下 474下
9 幡 七下 巾 159下 360上
𤢦 十上 犬 204下 474下

4228

5 幞 七下 巾 160下

4230

0 刌 四下 刀 91下 179上

4240

0 荆 一下 艸 22上 37上
嫺 十二下 女 259上 614上
1 麷 五下 麥 112上 232上

4241

0 妣 十二下 女 259下 615上
妃 259下 615下
2 姽 261下 619下
3 姚 258下 612下
4 奼 258下 613下
妊 259上 614上
娙 264下 625下
5 娷 265上 626上
7 妑 261下 619下

4242

7 嬀 258下 613上
嬻 261上 618下
孈 263下 624上
嬌 265上

4243

2 㚸 261下 619下

4244

0 㚲 260上 616下

1 娫 十二下 女 265上 626上
7 媛 262下 622上

4246

1 姤 265上
2 [illegible] 九上 髟 185下 429下
[illegible] 十二下 女 265上 626上
4 婚 259上 614上
姡 261下 619下
9 [illegible] 262下 621上

4247

2 媱 261下 619上
7 [illegible] 264上 624上

4248

4 [illegible] 260上 616下
妖 263上 622下

4250

0 靷 三下 革 61下 109下

4251

3 鞉 61上 108下

4252

1 靳 61下 109下
7 [illegible] 62上 110下

4253

0 鞃 61上 108下
6 [illegible] 61下 109下
[illegible] 三下 革 61下 109下

4254

0 軝 十四上 車 302上 725上
7 [illegible] 三下 革 61下 109下

4256

1 [illegible] 61上 109上

4257

7 韜 五下 韋 113上 235上

4258

4 鞵 三下 革 61上 108上

4260

0 剞 四下 刀 91上 178下
2 晳 七下 白 160下 363下
硩 九下 石 195下 452上

4262

1 [illegible] 三上 言 57上 101上
[illegible] 57上 101上
[illegible] 十四上 斤 300上 717上

4270

0 刦 十三下 力 292下 701上

4276

4 甛 五上 甘 100上 202上

4280

0 赳 二上 走 36上 64上
1 趀 36下 65上
[illegible] 二上 走 37下 66上
趒 37下 67上
2 趫 36上 63下
赾 37上 65下
[illegible] 37上 65下
[illegible] 37下 67上
3 趆 37上 65上
4 [illegible] 37下 66上
5 [illegible] 37上 65下
7 趉 37上 65下
9 [illegible] 37下 66下

4282

1 斯 十四上 斤 300上 717上
7 [illegible] 十三下 黃 291下 698下

4286

2 [illegible] 九上 頁 182上 416下

4290

0 刺 四下 刀 92上 181下
剎 93上
[illegible] 六上 木 116下 244下
朻 119上 250下
栵 120下 254下
1 [illegible] 一上 示 8上 4下

4291

0 枇 六上 木 116上 243下
札 124上 265下
2 栀 118上 248上
3 桃 115上 239下
檵 117下 246上
4 梐 124上 266上
7 榹 122下 260下
梔 126上
8 橙 114下 238下

4292

1 析 125上 269上
[illegible] 125下 270下
2 杉 116上
彬 八上 人 162下 368上
3 [illegible] 十三上 糸 275上 655下
7 [illegible] 六上 木 115下 241上
楀 115下 241下
[illegible] 117上 245上
椯 123上 263上
橋 124下 267上

4293

0 柧 125上 268下
1 [illegible] 116上 242下
2 [illegible] 115下 241上
7 檼 120下 255上

4294

0 柢 六上 木 118下 248下
1 梃 119上 249下
梴 119下 251上
柝 119下 252上
4 桵 116上 242下
7 椶 115下 241下
桴 120上 253下
楥 123上 262下
橃 124下 267下
9 [illegible] 116下 243下
[illegible] 116下 244下

4295

0 [illegible] 125下 270上
3 機 123上 262上

4296

2 楷 115上 239下
4 楯 121上 256上
棔 123下 264下
栝 123下 264下
9 橎 117下 247上

4297

2 榣 119上 250下
柮 125上 269上

4298

4 棪 六上 木 115上 240下
枖 118下 249下
5 樸 116下 244上
檏 119下 252上
6 櫍 126上

4299

3 櫞 118上 248下
4 櫟 117下 246下
櫟 124下 268上
7 楝 123下 263下

4300

0 弋 十二下 厂 265下 627下

4301

2 尨 十上 犬 203下 473下
尤 十四下 乙 308下 740下

4304

2 博 三上 十 50下 89上

4310

0 弌 一上 一 7上 1上
弎 一上 三 9下 9上
卦 三下 卜 69下 127上
式 五上 工 100上 201上
蚮 十三上 虫 279上
弍 十三下 二 285下 681上
圤 十三下 土 286下 684上

2 盇 五上 皿 104下

4311

2 垸 十三下 土 287下 688上

4313

6 蟊 十三下 䖵 284上 675下
蝨 284上 676上

4314

7 坺 十三下 土 286下 684下

4315

0 𢦔 十下 大 213下 493上
𢧵 213下 493上
域 十二下 戈 266下 631上
城 十三下 土 288上 688下

4318

4 埃 289上 691下

4322

2 㺎 十上 犬 204下 474上
7 猵 206上 478上

4323

2 幏 七下 巾 160上 362上
狼 十上 犬 206上 477下
6 幰 七下 巾 160下

4324

2 狩 十上 犬 205下 476上
7 帗 七下 巾 158下 357下

狻 十上 犬 205下 477上

4325

0 胾 四下 肉 90上 176上
戫 七上 有 141下 314上
幟 七下 巾 159下 360上
幟 160上
狘 十上 犬 206上
𢦏 十二下 戈 266下 631上
3 帴 七下 巾 159上 358下
𤞤 十上 犬 204下 474上

4328

4 猒 五上 甘 100下 202上
獄 十上 㹜 206上 478上
獄 206上 478上
6 獱 十上 犬 206上 478上

4330

0 忒 十下 心 220上 509上

4332

7 鸑 四上 鳥 79下 148下
鳶 81下 154上

4333

6 鰲 十一下 魚 242下 575下
8 憖 十下 心 218上 504上

4340

2 麮 五下 麥 112上 232上

5 麱 五下 麥 112上 231下
7 犮 十上 犬 205上 475下
妒 十二下 女 263上 622下
8 麩 五下 麥 112上 232下

4341

2 𣏾 十下 夰.夲 215上 498上
婉 十二下 女 261上 618下

4342

2 嫪 264上 624下
7 媥 264上 624上

4343

2 嫁 259上 613下
8 㜣 258下 613下

4344

0 㚤 260上 616下
7 嫂 259下 615下
妭 260上 616下

4345

0 娍 260上 617上
娥 260上 617上
孅 261下 619上
娀 264上 624上

4346

0 始 260下 617下

4347

7 婠 十二下 女 261上 618下

4348

4 娭 262上 620上
6 嬪 262下 621上

4350

4 鞑 三下 革 61上 108下

4351

2 鞔 61上 108下
鞑 62上 111上

4354

2 鞾 61下 109下
韗 五下 韋 113下 236上
7 韍 七下 巿 160下 362下

4355

0 載 十四上 車 302下 727上

4357

7 鞁 三下 革 61下 109下

4365

0 哉 二上 口 32下 57下
蛓 十三下 䖵 284上 676上
酨 十四下 酉 313上 751上

4373

2 裘 八上 衰.裘 173下 398上

4375

0 𨛫 六下 邑 136上 299下

裁 八上 衣 170上 388下
戡 十二下 戈 266下 631上

4380

0 赴 二上 走 35下 63下
貳 六下 貝 130下 281上
犬 十上 犬 203下 473上
3 ⿺走憲 二上 走 36下 64下
4 ⿺走發 37下 66上
5 越 36上 64上
⿺走韱 36下 64下
6 貣 六下 貝 130上 280上

4385

0 戴 三上 異 59下 105上
烖 十上 火 209上 484下

4388

4 猋 十上 犬 206上 478上
㹜 十上 㹜 206上 478上

4390

0 朴 六上 木 118下 249上
术 七上 禾 144下 322下
4 柲 六上 木 123下 263下
9 求 八上 裘.裘 173下 398上

4391

2 椌 六上 木 124上 265上
梡 125上 269下

椀 十二下 瓦 269上 639上

4392

1 柠 六上 木 117下 246上
2 槮 119下 251上
7 楴 115下 241上
楄 125上 269下

4393

2 桹 119上 250上
7 槌 122下 261下
8 橪 116下 244下

4394

0 弒 三下 殺 66下 120下
杙 六上 木 116上 243上
樲 116下 244上
1 榟 115下 242上
2 榑 119下 252下
7 梭 116下 244下
柭 123上 263下
椶 124下 267下

4395

0 棫 116上 243上
槭 117上 245上
栽 120上 252下
櫼 121上 257上
椷 121下 258上
椷 六上 木 122下 261上
樴 123上 263上
械 125下 270上
3 棧 123上 262下

4396

0 枱 122上 259上
4 格 115上 240下
8 榕 118上 247下

4397

7 棺 125下 270下

4398

4 ⿰來矣 五下 來 112上 231下
櫶 六上 木 125上 268下
猌 十上 犬 205上 475下

4399

3 ⿰木⿱宀糸 六上 木 118下 249上
9 梂 117下 246下

4400

0 ⿰十司 二上 口 32上 57上
廾 三上 廾 収 59上 103下

4401

1 ⿺尢左 十下 尣.尢 214上 495上
4 ⿺尢皮 214上 495上

4402

7 芎 一下 艸 16下 25上

协 三上 十 51上 89上
荂 六下 𠌶 128上 274下
考 八上 老 173下 398下
協 十三下 劦 293上 101下

4410

0 尌 五上 壴 102上 205上
尌 六上 木 118上 248下
封 十三下 土 287下 687下
坿 288上 689下
2 藍 一下 艸 16下 25上
藎 17上 26上
莖 22上 37下
⿱艹盈 23下 40上
蓋 24下 42下
蒀 24下 43上
五上 血 105上 214上
⿱艹衁 一下 艸 24下 43上
五上 血 105上 214上
苴 一下 艸 25上 44上
⿱艹皿 26下 46下
薀 五上 血 105上 214上
一下 艸 24下 43上
⿱艹衁 五上 血 105上 214上
一下 艸 24下 43上
3 ⿱埶玉 一上 玉 12下 16下

4 茥 一下 艸 18上 28上
⿱艹堅 20下 35上
荎 21上 35下
荃 24下 43上
莝 25上 44上
鼟 五上 鼓 102上 206下
葟 五下 䑞.舜 113上 234下
耋 八上 老 173下 398上
基 十三下 土 287上 684下
墓 289下 692下
堇 十三下 堇 290上 694上
𡏳 290下 694上
埜 十三下 里 290下 694下
5 蓳 一下 艸 17上 26下
蕫 19下 32上
董 19下 32上
蓳 26上 45下
堇 十三下 堇 290上 694上
堇 290上 694上
6 薑 一下 艸 16上 23下
萱 16下 25上
8 荳 15下 23下
䔲 五上 豆 102下 207下
9 菳 一下 艸 19下 32下
芝 25下 44下

4411

1 菲 一下 艸 26上 45下
2 茈 19上 30下
薀 23下 40下
菹 24下 43上
蘫 24下 43上
范 26下 46上
蔬 27上
地 十三下 土 286上 682上
埴 286下 683下
壏 290上
3 鞉 三下 革 61上 108下
5 墐 十三下 土 287上 686下
7 茿 一下 艸 16下 26上
⿱艹甄 19上 31下
8 堪 十三下 土 287上 685下
⿰土壹 289上 692上

4412

0 菿 一下 艸 27上 41下
1 蕍 20下 35上
⿱艹洐 21上 36上
菏 十一上 水 227下 536下
7 蒲 一下 艸 17下 28上
蒻 17下 28上
蕅 20下 34下
蒟 一下 艸 21下 36下
⿱艹玽 22下 38下
⿱艹漓 24下 43上
⿱艹鷬 26上 45下
蘬 26下 47上
翥 四上 羽 75上 139上
蕩 十一上 水 226上 527下
坳 十三下 土 290上
勤 十三下 力 292下 700下
⿰土⿱左月 十四下 𨸏 305下 733下
⿱艹⿰酉有 十四下 酉 313下 751下
9 莎 一下 艸 26上 45下

4413

6 ⿱艹⿱田虫 十三上 虫 279下 665下
蠆 279下 665下
⿱萬䖵 279下 665下
蠜 280上 666下
茧 281下 669下

4414

0 葑 一下 艸 19下 32上
1 蓱 26上 45下
塒 十三下 土 288上 688下
壔 288下 690上
2 薄 一下 艸 23下 41上
⿱艹泜 24下 43上
7 ⿱艹浸 17上 26下
蔆 19下 32下
鼓 五上 鼓 102上 206上
坡 十三下 土 286下 683上
8 ⿱艹鼓 一下 艸 24上 41下
9 萍 十一上 水 237下 567上

4415

7 ⿱艹海 一下 艸 16下 25下
⿱艹津 27上 47上

4416

0 堵 十三下 土 287上 685上
1 塔 290上
2 菬 一下 艸 26上 46上
3 萿 22上 37上
4 落 23下 40上
9 藩 24下 43上

4418

1 塡 十三下 土 287下 687下
2 茨 一下 艸 24下 42下
6 墳 十三下 土 289下 693上

4419

4 蒤 一下 艸 17下 28上
藻 26上 46上
藻 26上 46上
墣 十三下 土 288上 688下
6 ⿱艹潦 一下 艸 24下 43上
⿰土尞 十三下 土 287上 685上

4420

1 芓 一下 艸 21上 36上
荹 25上 44上
2 蓼 16上 23下
芧 17上 26上
7 夢 18下 29下
芩 19下 32下
茤 19下 33上
⿱⿱艹罒歺 四下 歺 85下 163上
棽 六上 林 126下 271下
夢 七上 夕 142上 315上
⿱莫夕 142上 316上

4421

1 蘢 一下 艸 20下 34下
莋 27上
2 茹 15下 23上
蒩 16上 23下
莧 16上 24上
蘆 16上 25上
莞 17下 27下
薊 20上 33下
菀 21上 35下
芫 21上 36上
蘢 21下 36下
荒 23上 40上
苑 23下 41上
⿱艹麗 一下 艸 24上 42上
⿱艹麤 25上 44上
蕘 25下 44下
薨 四下 死 86上 164上
⿱⿱艹冖死 86上 164上
麓 六上 林 126下 271下
𣏟 七下 𣏟 149上 335下
兢 八下 兄 177上 405下
獟 十上 犬 205下 476下
堯 十三下 垚 290上 694上
3 莵 一下 艸 19上 30下
萈 十上 萈 203下 473上
4 莊 一下 艸 15上 22上
荏 15下 23下
⿱艹往 23上 39下
⿱艹徃 39下
花 六下 𠌶 274下
5 蘿 一下 艸 15下 23上
蘺 16下 25下
⿱艹萑 17上 26下
萑 17下 47上
蘿 25下 44下
萑 25下 45上
萑 26上 45下
萑 四上 萑 77下 144下

6 蘠 一下 艸 16上 23下

7 萉 15下 23下

芃 22下 38下

葻 23上 40上

梵 六上 林 126下

4422

0 茢 一下 艸 20上 34上

1 葥 17上 26下

芹 19上 31下

荷 20下 34下

八上 人 163下 371上

荇 一下 艸 21上 36上

蒯 22上 37下

蘄 22下 39上

猗 十上 犬 204上 473下

2 茅 一下 艸 17下 27下

3 薺 19下 32上

4 鼖 五上 鼓 102上 206下

7 芬 一下 屮 15上 22上

莆 一下 艸 15下 22下

虋 15下 22下

莠 15下 23上

菁 16上 24下

蘭 16下 25上

萹 16下 26上

蓩 一下 艸 17上 26下

萬 17下 27上

苐 27上

藺 17下 27下

蒚 18上 28下

莃 18下 29下

蓨 18下 29下

蕩 18下 29下

菕 20上 33上

[illegible] 20上 34上

蓾 20上 34上

艻 20上 34上

蕭 20下 35上

蔦 20下 35下

[illegible] 21上 36上

莦 21下 36上

薾 22上 38上

[illegible] 22下 38下

蔕 22下 38下

蒂 22下 38下

[illegible] 23上 39下

芮 23上 39下

芾 23下 40下

芳 24上 42上

蓆 24上 42上

芴 一下 艸 26上 45下

芀 26下 46上

蒿 26下 47上

薌 27下

葡 三下 用 70上 128上

棼 六上 林 126下 272上

[illegible] 七下 网 157上 354下

帶 七下 巾 158下 358上

幕 159上 359上

[illegible] 八上 比 169上 386上

耇 八上 老 173下 398下

[illegible] 八下 見 177下 408上

[illegible] 八下 欠 180下 414上

薦 十上 廌 202下 469下

繭 十三上 糸 271上 643下

[illegible] 十三下 堇 290下 694上

勱 十三下 力 292上 699下

勸 292上 699下

勊 292下 700下

萬 十四下 厹.内 308上 739下

8 芥 一下 艸 25下 45上

4423

1 芐 19下 32上

藨 19下 32下

赫 十下 赤 213上 492上

2 蓏 一下 艸 15上 22下

[illegible] 16上 24上

茲 18上 29上

苽 21下 36上

蔭 22下 39上

蒙 26上 46上

[illegible] 27上

[illegible] 三上 晨 60上 106上

[illegible] 60上 106上

幪 七下 巾 159下 360下

[illegible] 十上 犬 205上 475上

3 菸 一下 艸 23下 40下

7 蔗 18上 29上

蒹 20上 33下

薕 20上 33下

4424

0 蔚 20下 35上

1 薜 19上 31上

芽 22上 37下

幬 七下 巾 159上 358下

2 蔣 一下 艸 21下 36上

薄 22下 38下

4 蕤 17上

7 菔 16上 25上

蔆 16下 25下

茇 一下 艸 17上 26下

蕧 18下 29下

[illegible] 19上 30上

[illegible] 23上 39上

荐 24上 42下

蓡 25下 44下

葭 26上 46上

帔 七下 巾 158下 358上

獲 十上 犬 205下 476上

8 薇 一下 艸 16上 24上

[illegible] 16上 24上

蓛 23上 39下

蔽 23下 40上

莜 25上 43下

4425

2 薢 20上 33上

蕣 21下 37上

3 葴 18下 30上

茂 22下 39上

薉 23上 40上

茷 23下 40下

藏 27下

蕆 27下

蔑 四上 苜 77下 145上

幭 七下 巾 159下 360下

6 幃 七下 巾 159下 360下
7 葎 一下 艸 19下 31下

4426

0 赭 十下 赤 213上 492上
1 莙 一下 艸 20上 33上
薔 21上 35下
⿰巾奮 七下 巾 159下 361上
4 蕕 一下 艸 18下 29上
藸 21上 29上
7 蒼 23上 40上

4427

2 䓛 24下 43上
5 𪋻 十上 麤 203上 472上

4428

2 藃 一下 艸 23上 39上
蕨 26上 45下
4 ⿱艹矦 17上 27上
蔟 25下 44下
茯 十三上 糸 276上 658上
6 蕦 一下 艸 19上 30下
蘱 24下 43上
幘 七下 巾 160上 361上

4429

4 蒢 一下 艸 17下 28上
葆 26下 47上

茠 一下 蓐 27下 47下
6 蒝 一下 艸 22下 38上
獠 十上 犬 205下 476上

4430

2 芝 一下 艸 15下 22下
芩 18下 29下
⿱艹乏 23下 40下
3 苳 26下 46下
蓫 七上 禾 145上 324上
5 蓮 一下 艸 20下 34上
蓬 26下 47上
6 ⿱艹造 22下 39上
9 蒁 17上 26上

4432

0 薊 17上 26下
7 蔦 19上 31下
芍 20下 35上
蔫 23下 40下
驀 十上 馬 200下 464下

4433

1 薰 一下 艸 16下 25下
⿱艹志 19上 31上
蕪 23上 40上
蒸 25下 44下
蕉 25下 44下

爇 十上 火 207下 480下
燕 十一下 燕 245下 582上
2 葱 一下 艸 17上 26上
慸 十下 心 218上 504上
3 慈 218上 504上
4 苾 一下 艸 24上 42上
6 蕙 16下 25上
薏 17下 27下
蒠 25下 45上
惹 十下 心 224上
8 恭 218上 503下
⿱莫心 219上 507上
慕 219上 507上
⿱甚心 223下 515上
9 懋 219上 507上

4434

3 蓴 一下 艸 25上 43下
蓐 一下 蓐 27下 47下
6 蕁 一下 艸 18上 28下
⿱艹⿰爻尋 18上 28下
⿱艹⿰彡尋 18上 28下
蒪 25上 43下

4439

4 蘇 15下 23下

4440

0 艾 一下 艸 19上 31下
麩 五下 麥 112上 232下
1 芋 一下 艸 16上 24下
莛 22上 37下
葺 24下 42下
莘 24下 43下
茸 27上 47上
⿱鼓耳 五上 鼓 102下 206下
2 芊 一下 艸 27下
3 麮 五下 麥 112上 232上
4 荌 一下 艸 18下 29上
葽 19上 30下
⿱艹妾 21上 36上
萋 21下 36下
蔞 22上 38上
萎 25上 44上
婪 十二下 女 264上 624下
⿱莫女 264下 625上
6 蕈 一下 艸 19上 31下
蕈 21下 36下
萆 25上 43下
草 27上 47上
⿱鼓韋 五上 鼓 102上 206上
7 芓 一下 艸 15下 23上
荢 18下 29上

蕧 一下 艸 18下 29下
菱 19下 32下
芰 19下 33上
蔓 21下 35下
葰 22下 38上
茇 22下 38下
芟 24上 42下
⿱艹夏 25上 44上
革 三下 革 60下 107上
蒦 四上 雈 77下 144下
孝 八上 老 173下 398下
孽 十四下 子 310上 743上
孼 310上 743上
8 ⿱艹皋 一下 艸 21上 36上
萃 23上 40上
茭 25上 44上
9 苹 16上 25上

4441

2 芫 20下 35下
姺 十二下 女 258下 613下
嬈 264下 625上
3 菟 一下 艸 19上 30下
4 娃 十二下 女 263下 623下
嬯 264上 624丁
6 媕 264下 625下

7 蓺 一下 艸 22下 38下
艽 25下 45上
8 媅 十二下 女 262上 620下

4442

0 ⿱艹刻 一下 艸 22上 37上
7 藭 16下 25上
藕 20上 33上
菂 20上 33上
荔 26上 46上
婧 十下 心 220下 510上
嫧 十二下 女 260下 618上
婧 262下 621下
勃 十三下 力 292下 701上
募 293上 701上

4443

1 嬿 十二下 女 260上 617上
⿰女恚 264上 624上
2 ⿱艹娠 一下 蓐 27下 47下

4444

0 叕 三下 叕 70上 128下
妓 十二下 女 265上 626上
1 莽 一下 艸 18下 29上
莽 一下 茻 27下 48上
㛹 十二下 女 262上 621上
婞 263下 623下

3 ⿰女蓐 一下 蓐 27下 47下
4 ⿱艹姦 一下 艸 16下 25上
薅 一下 蓐 27下 47下
6 ⿱艹⿰女尋 一下 艸 18上 28下
7 ⿱艹嫂 19下 32上
藂 27上 47上
菆 27上 47下
妓 十二下 女 262下 621下
8 藪 一下 艸 23下 41上
莽 一下 茻 27下 48上

4445

6 韓 五下 韋 113下 236上
媁 十二下 女 264上 624上

4446

0 茄 一下 艸 20下 34上
茹 25上 44上
姑 十二下 女 259下 615上
媌 261上 618下
1 姞 258下 612下
嬙 265上
4 婼 263下 623上

4448

1 娸 258下 613下
4 媄 263上 622下
6 蘈 一下 艸 18下 29下

⿰女贊 十二下 女 261上 618下
嬻 263上 622下
8 ⿰女夾 264下 624下

4449

3 蓀 一下 艸 27上
4 蘇 18上 29上
媒 十二下 女 259上 613下
⿰女染 262上 620下
媟 263上 622下
6 嫽 260下 617下

4450

2 ⿱艹攣 一下 艸 17上 26下
攀 三上 廾.収 59下 104下
摹 十二上 手 256上 607上
拲 257下 610下
3 ⿱艹⿸厂丰 五下 麥 112上 231下
4 菶 一下 艸 26下 47上
華 六下 華 128上 275上
6 萐 一下 艸 16上 24下
芇 18上 29上
莗 25下 45下
⿱艹幸 26上 45下
革 三下 革 60下 107上
輂 十四上 車 303下 729下
7 芛 一下 艸 22上 37下
⿱艹爭 23下 40上

8 蓁 一下 艸 22上 38上

4451

3 蒐 19上 31上
5 蓷 17下 28上
6 鞥 三下 革 61下 109下
7 芄 一下 艸 16下 25下

4452

1 蘄 17下 27下
蔪 24上 42上
7 蘜 20下 35下
苐 24上 42上
勒 三下 革 61下 110上
⿰革焉 62上
⿰革甫 十三上 糸 276上 658上

4454

1 蘀 一下 艸 23下 40下
⿰革咠 三下 革 61下 110上
7 鞁 61下 109上
⿰革蒦 62上 110下

4455

3 莪 一下 艸 20下 35上
韈 五下 韋 113下 236上
⿰革蔑 113下 236上
4 鞾 三下 革 62上
7 ⿱艹廾 二上 口 30下 54下

4458

6 ⿰革贊 三下 革 61上 109上
⿰革賣 62上 110下
⿰革賁 五上 鼓 102上 206上
8 ⿰革夾 三下 革 61上 108上

4459

4 韘 五下 韋 113下 235下

4460

0 ⿱艹固 一下 艸 18上 29上
⿱艹囿 18上 29上
⿱艹⿴囗繇 18上 29上
茜 21上 35下
菌 21下 36下
苗 23上 40上
茵 25上 44上
菡 25下 44下
者 四上 白 74下 137上
1 荅 一下 艸 15下 22下
菩 17下 27下
菡 18下 30上
著 20下 34下
苫 24下 43上
⿱艹吾 26下 46上
薔 26下 46下
蓸 27上 47下

䛫 三上 言 55下 98下
鼖 五上 鼓 102上 206下
昔 七上 日 139上 307下
耆 八上 老 173下 398上
耉 173下 398下
䚂 八下 見 177下 408上
2 苕 一下 艸 26下 46下
茗 27下
瞢 四上 苜 77下 145上
3 蕾 一下 艸 18下 30上
菌 20上 34上
苔 22上 37下
菑 24上 41下
蓄 27上 47下
𣊫 七上 日 133上 304上
4 茖 一下 艸 17上 26上
苦 17下 27上
茜 19上 31上
葀 19下 31下
若 24下 43下
茵 25上 43下
瞽 四上 目 73下 135上
鼛 五上 鼓 102上 206上
莤 十四下 酉 313上 750下
5 菩 一下 艸 17下 27下
苗 一下 艸 18下 29下
苗 25下 44上
6 莒 16上 24下
营 16下 25上
葍 18下 29下
蕌 18下 29下
薈 23上 39下
蓸 26上 46上
萺 26下 46下
7 莙 18上 28上
8 蓉 27上
莫 一下 茻 27下 48上
謩 三上 言 52上 91下
9 莕 一下 艸 21上 36上
蕃 27上 47上

4461

2 蓖 17下 27上
䕰 18上 28下
5 蓶 16上 24上
7 葩 22上 37下

4462

0 蒯 一下 屮 15上 22上
1 苛 一下 艸 23上 40上
7 萌 22上 37下
蕩 22下 39上
苟 一下 艸 26上 45下
蒟 27上
藹 三上 言 52下 93上
耇 八上 老 173下 398下
茍 九上 茍 188上 434下
劼 十三下 力 292上 699下

4463

1 蘸 一下 艸 27下
2 釀 16上 24上

4464

1 蒔 23上 40上
7 藙 18上 28下
蔎 24上 42上
敼 三下 支 65上 117上
鼓 五上 鼓 102上 206上

4465

3 蕺 四上 目 73上 134上

4466

1 藟 一下 艸 21上 36上
4 藷 18上 29上
藍 24下 43上
6 蘬 16下 25下
薑 19上 30下

4469

3 蕬 24上 41下
5 菋 一下 艸 21上 35下

4470

0 卙 三上 十 50下 89上
廿 七下 疒 348上
斟 十四上 斗 300下 718下

4471

0 芒 一下 艸 22下 38下
2 茝 16下 25上
茞 16下 25下
苞 19上 31上
芘 21下 37上
蒐 23上 39下
老 八上 老 173下 398上
耄 173下 398上
也 十二下 乀 265下 627下
乁 265下 628上
5 芼 一下 艸 23上 39下
6 蓲 18上 28下
蓾 26上 46上
7 芑 17上 26上
苣 25下 44下
艺 26下 46下
世 三上 卅 51上 89下
𨛜 六下 邑 132下 286下
巷 六下 䢼 137上 301上
甍 十二下 瓦 269上 638上
8 葚 一下 艸 21下 36下
甚 五上 甘 100下 202上

4472

2 鬱 六上 林 126下 271下
7 蓈 一下 艸 15下 23上
茚 20上 34上
葛 21上 35下
萄 26下 46下
茆 26下 46下
劫 十三下 力 292下 701上
勘 293上

4473

2 蘘 一下 艸 16上 24下
萇 17上 26下
芸 19上 31下
莨 21下 36下
茲 22下 59上
四下 玄 84上 159下
藝 三下 丮 113下

4474

1 薛 一下 艸 17下 27上
2 芪 21上 35下
4 薽 18上 29上
7 菽 20下 35上

[illegible] 五上 去 105上 213下
8 莜 一下 艸 17下 27上

4475

7 每 一下 屮 15上 21下
苺 一下 艸 17上 26上

4477

0 廿 三上 十 51上 89上
𠀠 五上 竹 99上 199上
甘 五上 甘 100上 202上
2 蔤 一下 艸 20下 34下
茁 22上 37下
[illegible] 五上 鼓 102下 206下
[illegible] 六下 邑 132上 285下
4 苷 一下 艸 17上 26上
7 菅 17下 27下
莒 18上 28下
[illegible] 26下 46下
舊 四上 萑 77下 144下

4479

3 [illegible] 一下 艸 26下 46下
9 蕼 19上 31上

4480

0 [illegible] 21上 35下
[illegible] 二上 走 36下 64下
斞 十四上 斗 300下 718下

1 [illegible] 一下 艸 15下 22下
萁 15下 23上
[illegible] 15下 23下
[illegible] 25上 43下
趬 二上 走 36上 64上
[illegible] 37下 66上
[illegible] 37下 66上
共 三上 共 59下 105上
其 五上 箕 99上 199上
[illegible] 99上 199上
楚 六上 林 126下 271下
2 [illegible] 一下 艸 17下 27上
芡 20上 33上
荄 22下 38下
[illegible] 二上 走 36下 64下
趙 36下 64下
4 芺 一下 艸 15下 23下
葵 15下 23下
芙 18上 29上
薁 18下 30上
苵 21上 36上
萸 21下 36下
莫 一下 茻 27下 48上
[illegible] 二上 走 36上 64上
樊 三上 𠬜 59下 104下

5 英 一下 艸 22上 38上
[illegible] 27上
6 蕢 16下 25上
蒷 18上 29上
[illegible] 18下 29上
蕡 23上 39下
[illegible] 24上 42上
[illegible] 25上 44上
[illegible] 26下 46下
趞 二上 走 36上 64上
趌 36下 65上
貰 六下 貝 130下 281下
黃 十三下 黃 291下 698上
7 莀 一下 艸 21下 37上
8 莢 22下 38下
[illegible] 二上 走 37下 67上
9 苂 一下 艸 20上 33下
煑 三下 䰜 63上 113上
燓 十上 火 209上 484上
焚 209上 484上
[illegible] 210上 485下

4481

4 蘳 一下 艸 22上 37下
黊 十三下 黃 291下 698下
5 [illegible] 一下 艸 21下 36下
十上 火 207下 480下

[illegible] 一下 艸 24上 41下

4482

0 萷 19上 30下
[illegible] 20上 33下
7 [illegible] 18上 29上
[illegible] 19下 32下
[illegible] 十三下 黃 291下 698下
[illegible] 十三下 力 292下 700下

4484

7 [illegible] 一下 艸 16下 25上
8 蘞 19下 32下

4486

1 [illegible] 十三下 堇 290下 694上

4488

0 [illegible] 八上 比 169上 386上
1 薿 一下 艸 22上 38上
6 薟 19下 32下
[illegible] 20上 33下
8 [illegible] 十三上 黃 291下 698上

4490

0 樹 六上 木 118上 248下
材 119下 252下
枓 122下 261上
柎 124上 265上
榭 126上

村 六下 邑 136下 300上
1 禁 一上 示 9下 9上
[illegible] 一下 艸 21下 37上
芣 22上 37下
蔈 22上 38上
蔡 23下 40下
2 茦 19下 31下
3 [illegible] 18下 29上
蘻 19下 32上
蘩 26下 46下
綦 十三上 糸 274上 651下
4 [illegible] 一下 艸 16下 25下
茱 21上 35下
葉 22上 37下
蓁 23上 39下
[illegible] 23下 40下
菜 23下 40下
[illegible] 24上 42上
藥 24上 42上
荼 26下 46下
茶 26下 46下
藁 六上 木 115下 241下
某 118上 248上
[illegible] 121下 258下
棊 123下 264下

枼 六上 木 125上 269下
桊 十二上 手 257下 610下
5 茱 一下 艸 21下 37上
茉 24上 41下
8 萊 26上 46上
9 莍 21下 37上
菉 26上 46上
藜 26下 47上
𣚐 六上 林 126下 272上

4491

0 杜 六上 木 115上 240上
2 菹 一下 艸 24下 42下
橈 六上 木 119上 250下
植 120下 255下
杝 121上 257上
枕 121下 258上
榼 122下 261下
4 桂 115上 240上
5 蘿 一下 艸 20下 35上
權 六上 木 117上 246上
榷 124下 267上
7 葩 一下 艸 24下 42下
杋 五上 竹 97上 194上
槸 六上 木 119下 251下

4492

0 莿 一下 艸 19下 32上
1 薪 25下 44下
椅 六上 木 115下 241下
7 菊 一下 艸 16上 24下
⿱艹⿰木匋 17上 26上
⿱艹⿰禾匋 17上 26上
藕 20下 34下
蕛 21上 36上
⿱艹移 22下 38下
樠 六上 木 118上 247下
朸 119下 252下
橢 122下 261下
勑 十三下 力 292上 699上

4493

2 ⿱艹私 一下 艸 20上 33下
⿱艹耘 四下 耒 93下 184下
⿰木去 六上 木 124上 266上

4494

1 ⿰木寺 122下 261下
檮 125上 269上
2 榑 120上 254上
⿱艹榑 120上 254上
7 ⿱艹敉 一下 艸 19下 31下
柀 六上 木 116上 242上
檴 117上 245上

枝 六上 木 118下 249上
栫 123上 263上
棱 125上 268下
8 ⿱艹⿰木攴 一下 艸 25上 44上

4495

6 椲 六上 木 115上 240上

4496

0 楮 117下 246上
枯 119下 251下
1 藉 一下 艸 24上 42下
桔 六上 木 116上 243下
榙 118上 248上
橬 120上 254上
梏 125下 270上
4 楛 116下 244上

4498

0 杕 119下 251上
1 槇 119上 249下
4 模 120上 253下
6 櫝 121下 258上
欑 123下 264上
横 124下 268上
8 梜 124下 268上
9 萩 一下 艸 20下 35上

4499

0 棥 三下 爻 70上 128下
林 六上 林 126上 271上
楙 126下 271下
𣏟 七下 𣏟 149上 335下
1 蒜 一下 艸 25下 45上
4 菻 20下 35上
⿱艹楙 26下 46下
楳 六上 木 114下 239下
6 ⿱艹橑 一下 艸 24下 43上
橑 六上 木 120下 255上
9 ⿱艹啉 二上 口 30下 54下

4510

4 墊 十三下 土 288上 689上
6 坤 286上 682上
9 ⿱埶金 十四上 金 298上 713上

4511

7 埶 三下 丮 63下 113下

4513

6 蟄 十三上 虫 282上 671下

4514

4 塿 十三下 土 289上 691下

4518

0 坱 289上 691下

4522

7 ⿱埶巾 七下 巾 158下 357下
⿱埶巾 158下 357下
猜 十上 犬 205上 475上
⿰犭市 205上 475下

4523

1 ⿰豙生 一下 艸 22上 38上
2 ⿰犭農 十上 犬 204上 473下
6 赨 十下 赤 212下 491下

4528

0 帙 七下 巾 159上 359上
6 幘 158下 358上

4532

7 驇 十上 馬 201下 467下
驇 201下 467下
鷙 四上 鳥 82上 155上

4533

1 熱 十上 火 210上 485下
慹 十下 心 223下 514下

4540

0 姘 十二下 女 261下 619下
4 ⿱埶女 262下 621上
⿱埶女 262下 621上
8 麩 五下 麥 112上 232上

4541

0 姓 十二下 女 258下 612上
1 嬔 259上 614下
6 嫿 261上 618下
7 執 十下 㚔㚔 214下 496下

4542

7 姊 十二下 女 259下 615下
婧 261下 619下
娉 262下 622上
勢 十三下 力 293上

4544

3 嫥 十二下 女 262上 620下
7 媾 259下 616上

4546

0 妯 263下 623上

4548

0 妜 263下 623下
姎 264上 624上
1 婕 260下 617下
2 姨 259下 616上
6 嫧 262上 620下

4549

0 妹 259下 615下
姝 261上 618上
⿰女柬 262下 620下

4550

1 ⿱執羊 四上 羊 78上 146下
2 摯 十二上 手 251下 597上
6 ⿱執車 十四上 車 303上 728下

4553

3 韢 五下 韋 113上 235上

4554

0 鞬 三下 革 62上 110下
韝 五下 韋 113下 235上

4558

0 鞅 三下 革 62上 110下
6 韇 60下 107下

4559

0 韎 五下 韋 113上 234下
2 ⿰𠦝柬 七上 東束 143上 317上
7 ⿰𠦝康 143上 317上

4560

1 謺 三上 言 54上 96下
暬 七上 日 139上 308上
暬 139上 308上

4571

7 ⿱埶瓦 十二下 瓦 269上 639上

4573

2 褺 八上 衣 172上 394上

4580

1 ⿱埶足 二下 足 46下 82下
2 ⿺走办 二上 走 36上 64上
8 趹 37上 65上
9 趚 37下 66上

4590

0 杖 六上 木 123上 263下
3 驇 十上 馬 201下 468上
4 槷 六上 木 119下 251下

4591

7 杶 116上 242下
槸 119下 251下

4592

7 梬 114下 238下
柹 114下 239上
橚 119下 251上
柫 122上 260上
柿 124下 268上

4593

0 槤 122下 262上
3 橞 116下 244上

4594

0 楗 121上 256下
4 樓 120下 255下
棲 十二上 西 247上 585下

7 構 六上 木 120上 253下

4596

0 柚 114下 238下
6 槽 123下 264下

4597

7 ⿰木替 125下 270下
椿 126上

4598

0 柍 115上 240下
枎 119上 250下
2 桋 115下 241下
6 樻 115下 241上
樍 116上 243上

4599

0 株 118下 248下
2 梀 126上
4 榛 116上 242下
櫜 121上 257上
6 楝 117下 246下
棟 120上 253下
楝 121上 256上
9 隸 三下 隶 65下 118上
隷 65下 118上
⿰木隸 六上 木 116下 244下
⿰木隷 116下 244下

棣 六上 木 117上 245下

4600

0 加 十三下 力 292下 700下

4601

0 旭 七上 日 138上 303下

4604

1 ⿰十咠 三上 十 51上 89上

4610

2 垍 十三下 土 288上 689下

4611

0 坦 287下 687下
2 覲 八下 見 178下 409下
垷 十三下 土 287上 686下
3 塊 286下 684上

4612

7 堣 286上 682下
堨 287上 685下
埍 289下 692上
場 289下 693上
塲 290上

4613

3 堀 288上 689上

4614

0 埤 288上 689下

4615

6 墠 十三下 土 288下 690下

4618

1 堤 287下 687下

4620

0 幗 七下 巾 160上

2 狛 十上 犬 206上 477下

4621

2 幌 六上 木 122下 262上

觀 八下 見 177下 408上

5 猩 十上 犬 204上 474上

4622

7 帤 七下 巾 158下 357下

猲 十上 犬 204上 473下

⿰犭昜 205上 475下

獨 205上 475下

狷 206上

4623

0 幒 七下 巾 159上 358下

2 猥 十上 犬 204上 474上

獧 205上 475上

4624

0 猈 204上 473下

7 幔 七下 巾 159上 358下

獿 十上 犬 205下 477上

獶 206上 477下

8 獋 二上 口 34下 61下

4625

0 狎 十上 犬 204下 475上

6 幝 七下 巾 159下 360下

4629

4 幧 160上

4632

7 駕 十上 馬 200下 464下

4633

0 恕 十下 心 218上 504上

想 218下 505下

4640

0 姻 十二下 女 259上 614上

如 262上 620下

婟 263上 623上

4 妿 259下 616上

4641

0 妲 265上

2 媲 259上 614上

媼 259下 615上

3 媿 265上 626上

4642

7 ⿰女鼎 258下 613下

媦 259下 615下

娟 265上

4643

1 嫼 十二下 女 264上 624上

2 嬛 261下 619上

4644

0 婢 260上 616下

7 嫚 264上 624上

4645

6 嬋 265上

4646

0 媢 263上

4648

1 媞 262上 620上

4 ⿰女⿱罒共 261上 618下

娛 262上 620上

4649

4 婐 261下 619下

4650

0 鞇 一下 艸 25上 44上

2 挐 十二上 手 252上 598上

257下 610上

4651

0 靼 三下 革 60下 107下

2 ⿰革見 62上 111上

4652

7 鞙 61下 110上

韣 五下 韋 113下 235下

4653

3 韅 三下 革 61下 109上

4654

0 鞞 61上 108下

4655

4 韠 五下 韋 113上 234下

4658

1 鞮 三下 革 61上 108上

4661

2 覩 四上 目 72上 132上

4662

1 哿 五上 可 101上 204上

4665

6 奲 十下 奢 215上 497上

4671

2 ⿰甚見 八下 見 178上 408下

4672

7 朅 五上 去 104下 213下

4680

0 ⿺走因 二上 走 36下 64下

1 ⿺走瞿 36下 64下

⿺走里 36下 65上

2 ⿺走蜀 36上 64下

⿺走鳥 36下 64下

⿺走曷 二上 走 36下 65上

3 ⿺走瞏 37上 65上

4 ⿺走矍 37上 65下

⿺走曼 37上 65下

5 ⿺走畢 37下 67下

6 賀 六下 貝 130上 280上

8 ⿺走臭 二上 走 36下 65上

⿺走巽 37上 65上

⿺走是 37下 67上

9 趮 36上 64上

4681

2 ⿰樊見 八下 見 178上 409上

覿 178下

4690

0 相 四上 目 72下 133上

梱 六上 木 121上 256下

枷 122上 260上

柶 122上 260下

槶 123上 263上

棝 124下 267上

⿰木圂 125上 269下

2 柏 118上 248上

3 絮 十三上 糸 276下 659上

4691

2 棍 六上 木 120下 255下

⿰木置 六上 木 120下 255下

柷 124上 265上

櫬 125下 270下

親 八下 見 178上 408上

3 槐 六上 木 117下 246上

4 檉 117上 245上

桯 121下 257下

5 梩 121下 259上

4692

7 楊 117上 245上

枵 119上 250上

橋 120下 255下

楬 125下 270下

榻 126上

4693

0 ⿰木息 116上 243上

2 根 121上 256上

檈 122下 261上

3 ⿰木還 117下 247上

9 ⿰木遝 118上 248上

4694

0 椑 122下 261下

1 楫 124下 267下

槔 126上

4 櫻 126上

7 椶 六上 木 118下 249上

槾 121上 256上

十四上 金 296下 707下

4695

0 柙 六上 木 125下 270下

4 ⿰木畢 116下 244下

6 樿 115上 240上

4696

0 梠 120下 255下

⿰木冒 121上 256上

櫑 122下 261上

4698

0 枳 117上 245下

4699

3 樏 124下 267上

4 橾 124上 266下

4701

2 尳 十下 尣、尢 214上 495上

尥 214下 495下

3 ⿺尢艮 214上 495上

4702

7 鳩 四上 鳥 79下 149上

鴆 82下 156下

弩 十二下 弓 270上 641上

4704

7 炈 三下 殳 66上 119上

4711

0 埶 三下 丮 63下 113下

2 垝 十三下 土 288下 691上

坥 289下 692上

7 圮 288下 691上

圯 289下 693下

4712

0 坰 五下 冂 110下 228上

壛 十二上 門 248上 587下

均 十三下 土 286下 683上

堋 289下 692下

7 壻 一上 士 14下 20下

鷬 四上 鳥 80上 151上

⿰式鳥 82下

邽 六下 邑 132下 287上

鄞 135上 294下

⿰壴阝 136下 300上

埽 十三下 土 287下 687上

垑 288下 690下

4713

2 垠 288下 690下

6 鼜 五上 壴 102上 205下

8 懿 十下 壹 214下 496上

4714

0 埱 十三下 土 288上 690上

7 瑴 一上 珏 14上 19下

㱿 三下 殳 66上 119上

坄 十三下 土 286下 684下

埐 288下 690上

4715

0 坶 286上 683上

7 埩 288下 690上

9 墀 287上 686下

4716

4 垎 288上 689上

4717

2 堀 287上 685下

290上

堀 287上 685下

4718

0 塓 290上

2 歖 五上 喜 101下 205上

坎 十三下 土 288上 689上

4 墺 286上 682下

4719

4 垛 287上 686上

4721

0 帆 十上 馬 201上 466下

2 皰 三下 皮 67上 122上

翅 四上 羽 75上 139上

匏 九上 包 188上 434上

狃 十上 犬 204下 475上

犯 205上 475上

猛 205上 475上

狙 205下 477上

5 翟 四上 隹 76下 143上

7 帊 七下 巾 160上

赩 十下 赤 213上

4722

0 ⿰巾勿 七下 巾 158下 357下

⿰巾句 158下 358上

狗 十上 犬 203下 473上

2 𤢸 204上 474上

7 鶴 四上 鳥 80下 151下

⿰赤鳥 81下 153下

郁 六下 邑 132上 286上

郝 132下 286下

郗 133上 288上

酄 135下 297上

帑 七下 巾 160上 361下

獡 十上 犬 204下 474下

4723

2 幒 七下 巾 159上 358下

幏 159下 360下

狠 十上 犬 204下 474上

4724

0 狦 十上 犬 204下 474上
7 𣪊 三下 殳 66下 120上
觳 四下 角 94下 188上
帗 七下 巾 160上 361上
殸 九下 石 195上 452上
豰 九下 豕 196下 455上
獀 十上 犬 203下 473上
𧹛 十下 赤 213上 491下
赧 213上 491下
赮 213上
彀 十二下 弓 270上 641上

4725

6 幝 七下 巾 159上 358下
𤞑 十上 犬 206上

4728

0 幎 七下 巾 159上 358下
2 歓 八下 欠 179上 410下
歡 179上 411上
欷 179下 412下
4 猴 十上 犬 206上 477下
猰 206上
6 獺 206上 478上

4729

1 㡜 七下 巾 159上 359上

4732

7 鶩 四上 隹 76下 143上
鷇 四上 鳥 82下 157上
郝 六下 邑 135下 296下
酀 136上 299下

4733

4 愨 十下 心 217上 502下
怒 221下 511下

4740

0 夊 五下 夊 112上 232下
1 聲 十二上 耳 250上 592上
7 𡕘 五下 夌 112上 232下

4741

2 婗 十二下 女 259上 614下
姐 259下 615上
姽 261下 619上
3 娩 十上 兔 203下 472下
婏 十二下 女 262上 620下
5 嬥 262上 620上
娓 262上 620下
7 妃 259上 614上

4742

0 朝 七上 倝 140上 308下
𢺐 十二上 手 253上 600上
𢺐 253上 600上
妁 十二下 女 259上 613下
姁 259下 615上
婤 260下 617下
嫺 262上 620上
姰 262下 621下
2 嫪 263上 623上
7 婿 一上 士 14下 20下
邚 六下 邑 132上 285上
鄦 134下 294上
郣 136上 299上
娜 136上 299下
鄿 136下 300上
婦 十二下 女 259上 614上
媰 259上 614下
姼 260上 616上
媧 260上 617上
嫋 261上 619上
孎 262上 620下

4744

0 奴 260上 616下
姍 264下 625上
7 報 十下 㚔 215上 496下
好 十二下 女 261上 618上
𡛷 261上 618上
娺 263下 623下
㝅 十四下 子 310上 743上

4745

0 姌 十二下 女 261上 619上

4746

7 媢 260下 617下

4748

0 嫇 261下 619上
1 㢟 二下 延 48下 85上
嬩 十二下 女 260下 617下
嬹 261上 618上
2 嫩 264下 625下
6 嬾 264上 624下

4749

4 㛊 263下 623上
9 娽 263上 622上

4750

2 拏 十二上 手 252上 598上
257下 610上
6 轚 十四上 車 303上 729上

4751

2 鞄 三下 革 60下 107上
鞔 60下 108上
3 𩍐 61上 108下
4 𩋶 62上 110下
7 靶 61下 109上

4752

0 𩊚 三下 革 61上 108上
鞠 61上 108上
靮 62上
𩌏 四上 羽 75上 139上
韌 五下 韋 113下
𥻨 七上 米 147下 332下
鞫 十下 㚔 215上 496下
7 鞹 三下 革 60下 107上

4753

2 鞎 61上 108下

4754

7 靸 61上 108上
𩌸 61下 109下
韕 五下 韋 113下
𩎚 113下 235下
轂 十四上 車 302上 724下

4755

6 𩋲 三下 革 60下 107下
韗 60下 107下

4756

2 鞀 61上 108下
4 𩋾 60下 107上

4758

9 𩏂 61上 109上

4759

4 鞣 三下 革 60下 107下

4760

1 謦 三上 言 51上 89下
2 ⿱殸革 三下 革 61上 108下
硻 九下 石 194下 449上
磬 195上 451下
9 馨 七上 香 147上 330下

4761

2 ⿰胡鼠 十上 鼠 207上 479下

4762

0 ⿰壽羽 四上 羽 75下 140下
胡 四下 肉 89上 173上
7 鶘 四上 鳥 82下
都 六下 邑 131下 283下
⿰壽阝 134下 293下

4764

7 嗀 二上 口 34下 61上
嘏 三上 古 50下 88下
⿰壽殳 三下 殳 66上 119下
⿰⿱士⿱冖石殳 九下 石 195上 451下

4768

2 欯 八下 欠 179上 410下
歖 179下 412上
⿰壽欠 180上 412下

4771

0 ⿰壽丮 三下 丮丮 63下 113下

4772

0 切 四下 刀 91下 179上
7 鷀 四上 鳥 81上 153上
邯 六下 邑 133下 290上
鄚 134下 292下
⿰垂阝 135下 296下

4773

2 裻 八上 衣 172下 395下

4774

7 ⿰⿱士⿱冖缶殳 五下 缶 109上 224下

4777

2 罄 109下 225下
⿱⿰犭出山 九下 山 190上 438上

4778

2 ⿰齒欠 八下 欠 179下 411下
歁 180上 413上

4780

1 趯 二上 走 36上 64上
起 36下 65上
趄 37下 66上
2 趨 35下 63下
⿺走鳥 36下 64下
⿺走勼 36下 65上
趍 37上 65上
趫 二上 走 37上 65下
趜 37上 65下
⿺走甬 37下 67上
4 趣 35下 63下
⿺走臤 36上 64下
⿺走叡 36上 64下
⿺走叡 36上 64下
⿺走夐 37上 65下
6 超 36上 63下
8 ⿺走與 36下 65上
⿺走翼 37上 65上
⿺走契 37上 65下
趑 37下 65下
9 趢 37下 66上

4781

0 飆 十三下 風 284下 677下

4782

0 期 七上 月 141下 314上
7 鷞 四上 鳥 79下 149上
⿰芺鳥 80上 151上
鄭 六下 邑 133下 290下
郟 134上 291下

4783

2 艱 十三下 堇 290下 694上

4784

7 ⿰⿱士⿱冖犬殳 十上 犬 206上 477下

4788

2 ⿰𦰩欠 八下 欠 179上 410下
歎 179下 412上
⿰⿱𦰩黑欠 179下 412上
欺 180下 414上

4790

3 ⿱奴糸 十三上 糸 276下 661下
4 粲 七上 米 148上 333下
9 ⿱殸水 十一上 水 236上 562下

4791

0 楓 六上 木 117上 245下
机 118上 248上
2 杻 116上 242下
柅 116下 244下 123下 264上
桅 118上 248上
楹 120上 253下
柤 121上 256下
枹 124上 265上
⿰桼包 六下 桼 128下 276上
棿 十四上 車 303上 729下
4 極 六上 木 120上 253下
楃 121下 257下
5 櫂 126上
7 ⿰木尻 116上 242下
杞 117下 246上
杷 六上 木 122上 259下

4792

0 枊 115上 240下
椆 115上 241上
栩 116上 243上
枸 116下 244下
柳 117上 245上
欄 117下 246下
⿰木卿 117下 247上
桐 117下 247上
杒 118上 248上
橺 119上 250上
⿰木閒 119上 250上
枃 122下 261上
棚 123上 262下
枊 124上 267上
厀 九上 卩、卩 187上 431上
2 樛 六上 木 119上 250下
杼 123上 262下
7 樢 一下 艸 19上 31下
⿰桼鳥 四上 鳥 80上 150下
⿰黍鳥 80下 151下
橘 六上 木 114下 238下
⿰木那 115上 240下
榗 115上 240下
⿰木乃 116下 244上

枵 六上 木 117上 245下
栘 117上 245下
榔 120上 252下
桷 120下 255上
栯 121上 256下
欘 122上 259下
桶 123下 264下
楇 124上 266下
郴 六下 邑 134下 294下
郲 135下 295下
郝 136上 299下

4793

2 根 六上 木 118下 248下
椽 120下 255上
6 欚 124下 267下

4794

0 柵 121上 257上
棷 125上 269下
3 杈 118下 249上
7 杸 三下 殳 66上 119上
殺 三下 殺 66下 120下
𣏂 66下 120下
𢁥 66下 120下
杼 六上 木 114下 239下
梫 115上 239下

棳 六上 木 115下 241上
椵 116下 244上
榝 117上 245上
榖 117下 246上
椴 122上 260上
极 124上 266上
穀 七上 禾 146上 326下
縠 十三上 糸 273上 648上
9 欙 六上 木 115下 241上

4795

0 枏 114下 239上
4 栙 123下 264下
6 楎 122上 259上

4796

1 檜 120下 255下
2 槢 115上 240上
柖 119上 250下
榴 119上 251上
3 櫓 124上 265上
4 椐 116上 243上
格 119下 251下
7 楣 120下 255上
8 榕 120上 254上

4797

7 梠 121下 259上

4798

2 㰈 六上 木 115下 241上
款 八下 欠 179上 411上
欵 179上 411上
4 楔 六上 木 121上 257上
6 櫝 十二下 匚 268上 636下
7 楰 六上 木 115上 248上

4801

2 尬 十下 尣.尢 214下 495下
3 尲 214上 495上
6 馗 十四下 九 308上 738下

4810

2 盬 五上 皿 104上 212上
盩 十下 夲夲 215上 496下

4811

7 圪 十三下 土 287上 685上

4812

7 坋 289上 691下

4813

6 蟄 十三上 虫 281下 669下

4814

0 鼓 三下 攴 69上 125下
墩 十三下 土 286下 683下
6 墫 一上 士 14下 20下

4815

5 㙛 十三下 土 286下 683下

4816

6 增 288上 689下

4821

2 帨 七下 巾 158下 357下
幨 159上 358下
4 敳 三下 攴 69下 126下
7 𠃵 十四下 乙 308下 740下

4822

1 𢄙 七下 巾 159上 359上
㡊 159上 359上

4823

1 幠 159下 360下
2 幒 159上 358下
7 㡘 159上 359上
㺌 十上 犬 204上 474上

4824

0 赦 三下 攴 68下 124下
𢿤 四上 隹 77上 143下
敖 四下 放 84下 160上
六下 出 127上 273上
𢿮 四下 肉 90上 176下
散 90上 176下
獥 十上 犬 204上 474上

4826

4 猶 十上 犬 205下 477上
6 獪 204上 475上
8 㹶 205上 475下
帢 十三上 糸 277上 660上

4828

6 獫 十上 犬 204上 473下

4832

7 驚 十上 馬 201上 467上

4833

4 憼 十下 心 218上 504上

4840

0 倝 七上 倝 140上 308下
𠦝 140上 308下
1 麧 五下 麥 112上 231下
䴼 112上 232上

4841

2 娧 十二下 女 261上 618下
孄 261下 619下
㜮 264下 625下
4 娷 264上 624上
5 雗 四上 隹 76上 141下
𣯫 八上 毛 174上 399上
7 乾 十四下 乙 308下 740下
乹 308下 740下

4842

0 妎 十二下 女 263上 622下
1 媊 260上 616下
媮 263下 623上
7 翰 四上 羽 75上 138上
鶾 四上 鳥 82上 156下
⿰倝馬 十上 馬 199下 463上
娣 十二下 女 259下 615下
妗 261下 619下

4843

1 ⿰倝赤 十下 赤 213上 492上
嫵 十二下 女 260下 618上
7 嫌 263下 623上

4844

0 ⿰爻攴 三下 教 69下 127上
教 69下 127上
嫩 十二下 女 264下 625下
斡 十四上 斗 300上 718上
1 幹 六上 木 120上 253上
姘 十二下 女 264下 625下
6 ⿰女弇 262上 620下
7 ⿰倝舟 七上 倝 140上 308下

4845

3 ⿰倝戈 十二下 戈 266上 629下
6 韓 五下 韋 113下 236上
7 娒 十二下 女 259下 616上

4846

0 ⿰倝目 四上 目 72下 133下
1 姶 十二下 女 260下 617下
⿰女善 263下 623下
4 ⿰女酓 263下 623下
6 嬒 264下 625上

4848

1 嫙 261下 619下
4 媄 260下 618上
6 嬐 262下 621上

4849

4 榦 六上 木 120上 253上

4852

7 靲 三下 革 62上 110上
皣 六下 𠌶 128上 274下

4854

0 ⿰倝攴 三下 攴 68下 125上
6 鞥 三下 革 61上 109上

4856

1 鞈 61下 110上
五上 鼓 102上 206下
韐 七下 巿 160下 363下

4860

1 警 三上 言 53上 94上

4864

0 故 三下 攴 67下 123上
敼 69下 126下
⿰𡈼攴 八上 壬 169下 387下
敬 九上 茍 188下 434下

4874

0 ⿰也攴 三下 攴 67下 123上

4876

8 谹 十一下 谷 240上 570下

4880

1 趖 二上 走 36下 64下
趛 36下 65上
赺 37上 65上
2 趁 36上 64上
⿺走侖 37上 65下
6 趥 36上 64下

4884

0 ⿰⿱乂火攴 十上 火 208上 482上
⿰⿱乂炎攴 208上 482上

4891

1 柞 六上 木 116上 243下
2 梲 123下 263下
槎 125上 269上
檻 125下 270下
椸 126上

7 杚 六上 木 122上 260上

4892

1 榆 118上 247上
檹 119上 250下
7 棆 115上 240下
椅 116上 242下
枌 118上 247下
櫛 121下 258下
梯 123上 263上

4893

2 椽 116下 243下
松 118上 247下
柃 122上 260上
7 槏 120下 255下

4894

0 救 三下 攴 68下 124下
⿰木救 六上 木 115上 239下
枚 118下 249上
杵 122上 260上
⿰木敲 123下 264上
檄 124上 265下
1 栟 115下 241下
7 椱 123上 262下

4895

1 ⿰木⿱丷午 125上 269上

3 檥 六上 木 120上 253下
7 梅 114下 239上

4896

1 ⿰木合 121下 258下
4 楢 115上 240下
榙 115上 240下
⿰木⿱龹日 122上 259下
6 檜 118上 247下
7 槍 121上 256下

4898

1 樅 118上 247下
4 栚 122下 261下
6 檢 124上 265下

4899

9 樣 116上 243上

4918

9 ⿰炎炎 十上 炎 210下 487上

4925

9 獜 十上 犬 205上 475上

4928

0 狄 205下 476下

4933

8 ⿱狄心 十下 心 223上 514下

4940

8 ⿺麥頁 五下 麥 112上 231下

4942

7 娋 十二下 女 263下 623上

4945

0 姅 264下 625下

4946

2 媘 263下 623上

4952

7 鞘 三下 革 62上

4968

0 肰 四下 肉 90下 177上

4980

2 趙 二上 走 37上 65下

4990

0 朴 六上 木 119上 251上

4991

2 桄 124下 268下

4 樘 120上 254上

4992

0 杪 119上 250上

7 梢 116下 244下

4994

1 橕 120上 254上

4996

2 [illegible] 122上 260下

4998

0 楸 六上 木 115下 242上

9 棪 115下 241上

5

5000

0 丈 三上 十 50下 89上

丯 四下 丯 93上 183下

丰 六下 生 127下 274上

6 吏 一上 一 7上 1下

中 一上 丨 14下 20下

史 三下 史 65上 116下

車 十四上 車 301上 720上

申 十四下 申 311下 746下

曳 311下 747上

7 事 三下 史 65上 116下

𦘒 三下 𦘒 65上 117上

聿 三下 聿 65上 117上

5001

2 先 八下 先 177上 405下

[illegible] 十二上 手 257上 609上

5 推 251上 569上

攡 254下 604上

擁 254下 604上

撞 255下 606下

攤 258上

[illegible] 十四上 車 301上 721上

6 擅 十二上 手 254下 604下

7 丸 九下 丸 194上 448上

抗 十二上 手 257上 609下

8 拉 251下 596下

5002

3 擠 251下 596下

7 甹 五上 丂 101上 203下

[illegible] 七上 马 142下 316下

摛 十二上 手 252上 598上

摘 253下 602上

搒 257下 610上

5003

2 攘 251上 595上

擿 253下 601上

7 摭 255上 605上

5004

4 接 253上 600下

7 掖 257下 611上

8 捽 252下 599下

5006

1 掊 252下 598下

5009

4 [illegible] 255上 605上

6 掠 258上

輬 十四上 車 301上 721上

5010

2 蛊 五上 皿 104上 212上

盡 104下 212下

盅 104下 212下

盡 五上 血 105上 214上

衋 105上 214下

蠱 十三下 蟲 284下 676下

4 [illegible] 八上 尸 175上 401上 十二上 手 252上 597下

[illegible] 八上 尸 175上 401上

6 畫 三下 畫 65下 117下

畫 65下 117下

5011

2 虻 十三下 䖵 284上 675下

4 蛀 675下

5 蜼 十三上 虫 282下 673上

6 蟺 282上 671下

5012

7 螭 281下 670上

5013

2 蠰 280上 666下

6 虫 278下 663上

蠢 十三下 䖵 283下 675上

蠹 284上 675下

[illegible] 284上 675下

[illegible] 284上 676上

蠢 十三下 䖵 284上 676上
蟲 十三下 蟲 284上 676上
蠹 284上 676上
蠹 284上 676上
7 蟅 十三上 虫 280下 668上

5014

0 蚊 十三下 䖵 284上 675下
3 蟀 十三上 虫 280上 666下
8 蛟 281下 670上

5019

4 蝀 280下 667下

5020

7 中 一上 丨 14下 20下
𦘫 三下 聿 65下 117下

5021

7 冟 五下 皀 106下 217下

5022

1 畁 三上 廾、収 59上 104上
7 肅 三下 聿 65上 117上
冑 四下 肉 88上 171上
七下 冃 157上 354上
腸 四下 肉 90下 177上
青 五下 青 106上 215下
市 六下 米、市 127下 273下
朩 127下 274上

市 七下 市 160上 362下

5023

0 本 六上 木 118下 248下

5029

7 柬 七上 東、朿 142下 317上

5032

7 肅 三下 聿 65上 117上
鷫 四上 鳥 80下 152上

5033

1 㤅 十下 心 219上 506上
3 惠 四下 叀 84上 159上
6 忠 十下 心 217上 502下
惷 221上 511上
患 223上 514上
𢙺 十二上 門 249上 591上
7 憃 十下 心 220上 509下

5034

3 專 三下 寸 67上 121下

5040

4 妻 十二下 女 259上 614上
婁 264下 624下

5044

7 冄 九下 冄 196下 454上

5050

6 𩊚 七下 冃 157上 354上

8 奉 三上 廾、収 59上 103下

5055

6 轟 十四上 車 303下 730下

5060

0 由 十二下 系 643上
軎 十四上 車 302上 725上
1 書 三下 聿 65下 117下
畫 三下 畫 65下 117下
6 𡈝 六下 口 129上 277下
8 萅 一下 艸 27上 47下
9 晝 三下 畫 65下 117下

5071

6 黽 十三下 黽 285上 678下
7 屯 一下 屮 15上 21下
𥁕 五上 皿 104上 212上

5073

2 表 八上 衣 170上 389下
囊 六下 橐 128下 276下
6 叀 四下 叀 84上 159上

5075

7 毒 一下 屮 15上 22上

5077

7 舂 七上 臼 148下 334上
𡴋 十四下 𠂤 306上 734下

5080

0 夬 三下 又 64上 115下
央 五下 冂 110下 228上
夫 十下 夫 216上 499下
1 疌 二上 止 38上 68上
2 兂 八下 旡、兂 181上 414下
夷 十下 大 213下 493下
4 爽 三下 㸚 70上 129上
奏 十下 夲、夲 215上 498上
6 責 六下 貝 130上 280上
責 130下 281下
貴 131上 282上
9 𤈦 十上 火 209上 484上

5090

0 耒 四下 耒 93上 183下
末 六上 木 118下 248下
栗 121下 258下
未 十四下 未 311上 746下
2 朿 七上 東、朿 142下 317上
束 七上 束 143上 318上
棗 143上 318上
3 素 十三上 素 278上 662下
素 278上 662下
4 橐 六下 橐 128下 276下
櫜 128下 276下
橐 128下 276下

櫜 六下 橐 129上 276下
秦 七上 禾 146上 327上
6 東 六上 東 126上 271上
柬 六下 束 128下 276上
柬 128下 276上
9 隶 三下 隶 65下 117下
泰 十一上 水 237上 565上

5094

3 𦃃 十三上 素 278上 662下

5099

4 𥟥 七上 禾 146上 327上

5101

1 排 十二上 手 251下 596下
軭 十四上 車 303上 728下
2 䂄 九下 丸 194上 448下
扺 十二上 手 252上 598上
拒 253上 600下
扛 254下 603下
摡 256上 607下
扤 256下 608上
攎 257上 610上
輕 十四上 車 301上 721上
輒 301下 722下
軏 302上 726上
4 握 十二上 手 255上 605下

挃 十二上 手 256上 608上
軖 十四上 車 303下 730上
6 摳 十二上 手 251上 594上
揯 255上 605上

5102

0 抲 255下 606下
打 258上
軻 十四上 車 303上 729上
7 搞 十二上 手 252上 597下
擩 254下 604上
摴 258上
輀 十四上 車 303下 730下
轜 303下 730下

5103

2 據 十二上 手 251下 597上
抎 254上 602上
振 254下 603下

5104

0 搜 255上 605下
扞 257上 609下
扜 257下 610下
軒 十四上 車 301上 720上
1 攝 十二上 手 251下 597上
6 掉 254上 602下
撢 255下 605下
7 擾 253下 601下
擾 十二上 手 253下 601下
9 抨 256下 608下

5106

0 拈 252上 598上
1 搢 258上
⿰車霝 十四上 車 301下 723下
2 㧍 十二上 手 252下 598下
拓 255上 605上
播 255上 605下
4 拪 二下 辵 40下 72上
6 輻 十四上 車 302上 725下

5108

2 撅 十二上 手 257上 610上
4 揳 254下 604上
6 擷 八上 衣 172下 396下

5109

1 摽 十二上 手 253下 601下

5110

9 鏨 十四上 金 297上 710上

5111

2 蚖 十三上 虫 279上 664下
蛵 279上 665上
虹 282下 673下
4 蝘 279上 664下
蛭 279上 665上

5112

7 蝺 十三上 虫 280下 667上
⿰虫丏 281上 668下
蛃 282下 672下

5114

6 蟫 279上 665上

5116

0 蛅 280上 667上
1 ⿰虫霝 280下 667下
2 蝒 280上 666下
6 蝠 282下 673下

5118

4 蝡 281上 669下

5128

6 顑 九上 頁 183下 421下

5151

7 虢 五上 虎 103下 210下

5161

7 虩 103下 210下

5178

6 頓 九上 頁 183上 419上

5184

7 ⿰夫支 十二上 手 251下 596下

5188

6 ⿰𡗗頁 九上 頁 183下 421上

5194

6 繛 十三上 素 278上 662下

5198

6 頛 九上 頁 183下 421上

5200

0 制 四下 刀 92上 181下
捌 十二上 手 258上
⿰車川 十四上 車 301下 722下

5201

0 批 十二上 手 252下 599下
軋 十四上 車 302下 728上
2 攕 十二上 手 252上 597下
3 挑 253下 601下
5 摧 251下 596下
捶 257上 609上
8 撜 254上 603下

5202

1 折 一下 艸 25下 44下
摲 十二上 手 253下 602上
斬 十四上 車 303下 730上
2 彤 五下 丹 106上 215下
7 攜 十二上 手 252上 598上
揣 253上 601上
撟 254下 604上
⿰扌秀 255上 605下
撝 十二上 手 256上 606下

5203

0 ⿰扌㼌 257下

5204

0 抵 251下 596下
扺 256下 609上
軝 十四上 車 302上 725上
軧 303上 729下
1 挻 十二上 手 252下 599上
挺 255上 605上
4 捼 255下 605下
挼 255下 605下
7 捊 253上 600上
授 253上 600下
撥 254下 604下
援 255上 605下
⿰車反 十四上 車 301下 722下
⿰車夒 301下 724上
9 捋 十二上 手 252下 599上

5206

1 指 251上 593下
3 輜 十四上 車 301上 720下
4 揗 十二上 手 252下 598下
捪 253上 601上
括 255下 606下

9 揩 十二上 手 256上 607上
播 256上 608上

5207

2 摇 254上 602下
拙 256上 607上
7 搯 251上 595下
插 252下 599上

5208

4 揆 254下 604下
5 撲 256下 608下
轐 十四上 車 301下 724上

5209

4 擽 十二上 手 256下 608下
轢 十四上 車 301上 721上
轢 302下 728上

5210

0 劃 四下 刀 92上 180下
蚓 十三上 虫 278下 664上
蛚 281上 668下
虯 281下 670上
4 塹 十三下 土 288下 691上
9 鏨 十四上 金 295下 700上
蹔 298上 711下

5211

0 虬 十三上 虫 281下 670上
蚍 十三下 蟲 284上 676下
4 蚝 十三上 虫 283上
8 螘 280上 666下

5212

1 蚚 279下 665下
蜥 279上 664下
蟖 282上 672上
7 蟡 二下 辵 41上 73上
蟜 十三上 虫 279下 665上
蠵 282上 672上

5213

9 蟋 283上

5214

0 蚔 279下 665下
蚳 280上 666下
1 蜓 279上 664下
7 蝯 282下 673上
蜉 十三下 蚰 284上 676上
9 蛶 十三上 虫 281上 669上

5215

3 蟣 279上 665上

5216

9 蟠 280下 667下

5217

0 蠿 282上 671下
2 蚰 十三上 虫 279上 665上

5218

4 螇 281上 668下

5222

2 彭 九上 彡 185上 424下
7 㡛 七下 巾 159下 360上

5230

0 剸 九上𩠐、首 184下 423下

5233

2 悊 二上 口 32上 57上
十下 心 217下 503下
慙 223下 515上

5240

4 [illegible] 十二下 女 264下 624下

5250

2 [illegible] 十二上 手 253下 602上

5260

0 劃 三下 畫 65下 117下
劃 65下 117下
1 誓 三上 言 52下 92下
2 哲 二上 口 32上 57上
晢 七上 日 137下 303上
暫 138下 306上
磛 九下 石 195上 451上
硩 195下 452上

5290

0 刹 四下 刀 92下 182上
刺 92下 182下
刺 六下 朿 128下 276下
1 [illegible] 十二上 手 253上 600上
3 [illegible] 十三上 糸 275下 657上
4 槧 六上 木 124上 265下

5294

7 [illegible] 十三上 素 278上 662下

5300

0 刱 五下 井 106上 216上
戈 十二下 戈 266上 628下

5301

2 抗 七上 臼 148下 334下
控 十二上 手 252上 598下
拕 257上 610上
[illegible] 十四上 車 303上 729下
[illegible] 303下 729下
7 扼 十二上 手 252上 598上
軛 十四上 車 302上 726上

5302

2 摻 十二上 手 611上
7 捕 257上 609下
揙 257上 610上
輔 十四上 車 303下 726下

5303

2 攘 十二上 手 251上 594上
3 攓 255上 605下
5 撼 255下 606上
8 撚 257上 609下

5304

0 [illegible] 254上 602下
拚 254下 604下
軾 十四上 車 301上 722上
2 搏 十二上 手 251下 597上
4 按 252上 598上
7 捘 251下 596上
拔 255上 605下
搜 257下 611上
軷 十四上 車 302下 727上

5305

0 攕 十二上 手 251上 594上
摵 252下 599下
揻 255下 606上
撼 255下 606上
搣 258上
𢦏 十二下 戈 266下 631下
3 戔 266下 632上

5306

2 摍 十二上 手 255上 605上
5 搳 253下 602上

轄 十四上 車 302下 727下
8 搈 十二上 手 254上 602下

5307

7 捾 251上 595下
輨 十四上 車 302上 725下

5308

4 挨 十二上 手 256下 608下
[illegible] 十四上 車 302下 727下
6 擯 八上 人 163下 372上

5309

9 捄 十二上 手 256上 607下

5310

0 或 十二下 戈 266下 631上
2 盛 五上 皿 104上 211下

5311

2 蛇 十三下 它 285上 678下

5312

7 [illegible] 十三下 虫 281下 669下
蝙 282下 673下

5313

2 蜋 280上 666下

5315

0 蛓 279下 665上
蛾 280上 666上
十三下 䖵 283下 674下

蜮 十三下 虫 282下 672上
蝆 十三下 䖵 284上 676下

5318

4 [illegible] 十三下 虫 281下 670下
6 蠙 一上 玉 13下 18上
螾 十三下 虫 278下 663下
蟦 279上 664下
[illegible] 279上 664下

5320

0 咸 二上 口 32下 58下
烕 十上 火 210上 486上
威 十二下 女 259下 615上
戍 十二下 戈 266上 630下
戚 十二下 戉 267上 632下
[illegible] 十二下 我 267上 633上
[illegible] 十三下 力 292下 701上
戊 十四下 戊 308下 741上
成 309上 741上
[illegible] 309上 741上
戌 十四下 戌 314上 752上

5322

7 甫 三下 用 70上 128上
觲 四下 角 94下 188上

5333

0 惑 十下 心 221上 511上
感 十下 心 222下 513上
7 [illegible] 十一下 川 239下 568下

5334

2 專 三下 寸 67上 121下

5335

6 [illegible] 三上 言 54下 97下

5340

0 戒 三上 廾.𠬜 59上 104下
戎 十二下 戈 266上 630上

5350

0 戟 266上 630上

5354

7 [illegible] 十四上 車 302上 726上

5355

3 [illegible] 301上 720上

5365

0 [illegible] 十三下 䖵 284上 676上

5370

0 戉 十二下 戉 266下 632下

5380

0 戴 三上 異 59下 105上
1 蹙 二下 足 48上
9 [illegible] 十上 火 207下 480下

5400

0 拊 十二上 手 252下 598下
拼 十二上 手 254上 603下
轛 十四上 車 301下 722下
軵 303上 729上

5401

2 撓 十二上 手 253下 601下
抌 257上 609上
拖 258上
4 [illegible] 九下 丸 194上 448下
挂 十二上 手 257上 609下
5 [illegible] 253上 600下
擢 257上 609上
6 掩 256上 607下
7 抴 257上 610上
軌 十四上 車 302下 728上
8 [illegible] 十二上 手 251上 594下

5402

1 掎 255下 606上
輢 十四上 車 301下 722下
7 抪 十二上 手 252上 597下
摕 253上 600上
[illegible] 253下 602上
拹 253下 602上
扐 256上 607上
拗 258上
軜 十四上 車 302下 726上

5403

1 捇 十二上 手 256上 607上
2 轅 十四上 車 302上 725下
5 撻 十二上 手 256下 608上

5404

0 較 十四上 車 301下 722上
1 持 十二上 手 251下 596下
擣 255上 605下
揖 255下 606下
7 披 254上 602下
擭 254下 604下
技 256上 607上
捘 256下 608上
8 捧 251上 595上

5406

1 措 252下 599上
拮 256上 607下
轖 十四上 車 301下 723上

5407

0 拑 十二上 手 251下 596下

5408

0 軑 十四上 車 302上 725下
1 拱 十二上 手 251上 595上
轃 十四上 車 303上 728下
4 [illegible] 三上 𠬜 59下 104下

6 轒 十四上 車 303上 729下
8 挾 十二上 手 252上 597下
挾 252上 597下

5409

1 㩒 251下 597上
4 揲 251下 596下
6 撩 252下 599上
轑 十四上 車 302上 726下

5411

2 蟯 十三下 虫 279上 664上
5 螼 278下 663下
蠸 279上 664下

5412

7 蛕 278下 664上
蚋 281上 669上
蟰 281上 669上
蠇 282上 671上
螮 283上 673下

5413

2 蠓 281上 668下

5414

7 蠖 279下 666上
蚑 281上 669下

5415

3 蠛 283上

5416

0 蛄 十三上 虫 280上 666上
1 蛣 279上 665上
蜡 281上 669上

5418

4 蟆 282上 672上
6 蟥 280上 667上
8 蛺 280下 667下

5419

4 蝶 667下

5440

0 斠 十四上 斗 300下 718上

5491

4 ⿰耒圭 四下 耒 93下 184上

5492

7 耡 93下 184下

5496

1 耤 93下 184上

5500

0 井 五下 井 106上 216上

5501

2 兟 八下 先 177上 406上
7 軘 十四上 車 301上 721上

5502

7 抪 十二上 手 253上 600下
拂 十二上 手 257上 609上
弗 十二下 丿 265下 627下
⿱弗弓 十二下 弜 270下 642上

5504

3 摶 十二上 手 256上 607下
轉 十四上 車 302下 727下
4 摟 十二上 手 254上 602上

5506

0 抽 255上 605下
軸 十四上 車 301下 724上

5507

4 轊 302上 725下

5508

0 扶 十二上 手 251下 596下
抉 253下 601下
抶 256下 609上
抶 256下 609上
軼 十四上 車 303上 728上
1 捷 十二上 手 257下 610下

5509

4 轃 十四上 車 303上 729下

5510

0 蚌 十三上 虫 282上 671上
2 豐 五上 豐 103上 208下
3 ⿱曲土 十二下 曲 268下 637下
6 ⿰虫申 十三上 虫 283上 673下
8 豊 五上 豊 102下 208上
豐 五上 豐 103上 208下

5512

7 蜻 十三上 虫 281上 668下
蟰 281上 669上

5513

3 蟪 283上
6 䖵 十三下 䖵 283下 674下
蠶 283下 674下
蠹 283下 675上

5514

4 螻 十三上 虫 280上 666上

5517

4 彗 三下 又 64下 116上

5518

0 蚗 十三上 虫 281上 668下
蚨 282上 671下
1 蜨 280下 667下

5519

0 蛛 十三下 黽 285下 680上
6 蝀 十三上 虫 283上 673下

5521

2 兢 八下 兄 177上 405下

5522

7 鬵 三下 鬲 62下 111下

5523

2 農 三上 晨 60上 106上

5533

7 慧 十下 心 217下 503下

5544

7 冓 四下 冓 83下 158下

5550

6 輦 十四上 車 303下 730上
7 華 四下 華 83下 158上

5560

0 曲 十二下 曲 268下 637上
1 朁 五上 曰 100下 203上
2 䀚 四上 目 73下 135下
4 ⿱⿰東東酉 七上 米 147下 332下
6 曹 五上 曰 100下 203上
8 䏼 四下 肉 89上 173上
替 十下 竝 216下 501上

5580

1 典 五上 丌 99下 200上
6 費 六下 貝 130下 281下
9 ⿱㚘人 八上 人 167下 383下
⿱㚘火 十上 火 210上 486下

5588

0 㚘 十下 夫 216上 499下

5590

0 耕 四下 耒 93上 184上

2 䓂 五下 井 106上 216上

6 [illegible] 十四下 申 311下 746下

5599

2 棘 七上 朿 143上 318上

6 𣗥 六上 東 126上 271上

5600

0 捆 十二上 手 255下 606下

摑 256上 607下

扣 257下 611上

5601

2 [illegible] 255下 606下

搵 257下 610上

掍 257下 611上

轀 十四上 車 301上 720下

輥 302上 724下

5 [illegible] 十二上 手 251下 597上

7 挹 254下 604下

5602

7 揚 254上 603上

揭 254上 663上

捐 257下 610下

畼 十三下 田 291下 698上

5603

0 摠 十三上 糸 272下 647上

2 擐 十二上 手 255上 605上

轘 十四上 車 303下 730上

5604

0 捭 十二上 手 256下 609上

1 揖 251上 594下

擇 252下 599上

輯 十四上 車 301上 721上

7 撮 十二上 手 253上 599下

攫 255上 605上

[illegible] 十四上 車 301上 721下

5605

6 撣 十二上 手 252上 597下

5608

0 抧 253下 601上

軹 十四上 車 302上 725上

1 提 十二上 手 252上 598上

捉 252下 599上

6 損 254下 604下

5609

4 操 251下 597上

[illegible] 256下 609上

5610

0 蟈 十三上 虫 282下 672下

蜘 十三下 黽 285下 680上

5611

2 螕 十三上 虫 279下 666上

蜆 280上 667上

3 螝 278下 664上

4 蝗 280下 668上

5612

7 蝟 九下 希 197下 456下

蝎 十三上 虫 279下 665下

蜎 282上 671下

5613

2 蠉 281上 669下

5615

6 蟬 281上 668上

5618

0 [illegible] 十三下 䖵 283下 674下

5619

4 螺 十三上 虫 280下 667下

5621

2 [illegible] 八下 見 178上 408上

靚 178下 409上

5622

7 [illegible] 三下 鬲 62上 111上

5628

0 [illegible] 三上 只 50上 87下

5641

2 覯 八下 見 178上 408下

覣 十二下 女 262上 620上

5671

2 [illegible] 八下 見 178下 409上

5681

2 規 十下 夫 216上 499下

5692

7 耦 四下 耒 93上 184上

5698

6 [illegible] 93下 184上

5701

0 [illegible] 三下 丮𠃨 63下 114上

扟 十二上 手 255上 605上

軐 十四上 車 301上 721下

2 抱 八上 衣 171上 392下

十二上 手 253上 600下

[illegible] 九下 丸 194上 448下

抯 十二上 手 255上 605上

攬 255下 606下

輗 十四上 車 303上 729上

輓 303下 730上

3 攙 十二上 手 258上

4 握 252上 597下

[illegible] 257上 609上

5 擢 255上 605下

7 艴 九上 色 187下 432上

把 十二上 手 252上 597下

9 拯 254上 603上

5702

0 拘 三上 句 50下 88上

㓞 四下 㓞 93上 183上

刱 五下 井 106上 216上

抑 九上 印 187上 431下

掬 九上 勹 187下 433上

十二上 手 251下 597上

捫 252上 597下

[illegible] 252下 599下

挏 253上 601上

抈 256下 608上

扚 256下 608下

掤 257下 610下

輣 十四上 車 301上 721上

軔 301下 728下

軥 302上 726上

輖 302下 727下

2 抒 十二上 手 254下 604下

摎 256下 608上

7 邦 六下 邑 131下 283上

邦 133下 290上

挶 十二上 手 253下 601下

捌 十二上 手 255下 606上
扔 255下 606上
搰 256上 607下
搰 256上 607下
軫 十四上 車 303上 729上

5703

2 掾 十二上 手 252下 598下
6 搔 253下 601下

5704

0 掫 257下 610下
0 輈 十四上 車 302上 725下
2 捋 十二上 手 252下 599上
7 投 253下 601上
掇 255上 605上
扱 256下 608下
⿰車𠬝 十四上 車 302下 728上
輟 303上 728下
七下 网 157下 356上
轏 十四上 車 303下

5705

0 拇 十二上 手 250下 593下
拼 252上 597下
2 擧 254上 603上
4 捀 254上 603上
6 揮 255下 606上

⿰車軍 十四上 車 302上 726上

5706

1 擔 八上 人 163下 371上
2 招 十二上 手 253上 601上
摺 253下 602上
軺 十四上 車 301上 721上
4 ⿰丯各 四下 丯 93上 183下
据 十二上 手 253下 602上
挌 257下 610上
輅 十四上 車 301下 722上
7 輑 301下 723下

5707

2 掘 十二上 手 256上 607下
7 搯 258上

5708

1 擬 254下 604下
2 掀 254上 603上
4 換 257下 611上
6 摜 253下 601上

5709

4 探 255下 605下
輮 十四上 車 301下 724上

5710

4 ⿱毄玉 一上 玉 10上 10下
墼 十三下 土 287下 687上

7 蛜 十三上 虫 280下 667下

5711

0 ⿰畫丮 十四上 斤 300上 717上
2 蜺 十三上 虫 281下 668上
蛫 282上 672上
蜢 283上
5 蠗 282下 673上
7 蠅 十三下 黽 285下 679下

5712

0 ⿰虫向 十三上 虫 278下 664上
⿰虫卻 280下 667上
蜩 280下 668上
⿰虫㓞 282上 671下
蛧 282下 672下
蚼 282下 673上
2 蟉 282上 671下
7 蛹 278下 664上
蟜 280上 667上
蝑 280上 668上
蝸 282上 671上

5713

2 蝝 279下 666上

5714

0 ⿰虫舟 280下 668上
7 蝦 282上 671下

蝮 十三上 虫 282上 672上

5715

0 蚦 278下 663下
2 ⿰虫𤕦 282上 672上
4 蜂 十三下 䖵 283下 675上

5716

2 蛁 十三上 虫 278下 664上

5717

7 蜭 279下 665上

5718

0 螟 279上 664下
2 ⿰或欠 八下 欠 179上 410下

5719

4 蝚 十三上 虫 279上 665上

5722

7 鷫 四上 鳥 79下 149上
觷 四下 角 93下 185上
⿰巿⻏ 六下 邑 135上 294下
郕 135下 296下
郙 136下 300下

5724

3 繫 十二下 系 270下 642下

5725

7 静 五下 青 106上 215下

5728

2 歗 二上 口 32下 58上
八下 欠 179下 412上

5733

4 ⿱毄心 十下 心 223下 514下

5740

4 ⿱毄女 十二下 女 263上 622下

5742

7 郪 六下 邑 134上 291下
⿰⿱毄女⻏ 134上 292下

5750

2 挈 十二上 手 251下 596下
擊 257上 609下
6 轚 十四上 車 303上 729上

5752

7 ⿰⿱㓞車⻏ 六下 邑 133上 287下

5760

1 ⿱毄言 二下 辵 40上 71下
2 礊 九下 石 195上 451下
4 ⿱㓞各 四下 刀 91上 178上

5762

7 邮 六下 邑 132下 287上

5764

7 ⿰⿱丰口殳 三下 殳 66上 119上

5768

2 ⿰⿱丰口欠 八下 欠 180上 413下

5772

7 邨 六下 邑 136下 300上

5777

2 齧 二下 齒 45上 80上

罊 五下 缶 109下 226上

5780

4 契 十下 大 213下 493上

5 契 四下 㓞 93上 183下

5782

7 鴂 四上 鳥 80上 150下

[illegible] 81上 152下

鶇 81下 153下

[illegible] 六下 邑 132上 284下

邞 135下 298下

5790

3 繫 十三上 系 277上 659下

絜 277下 661下

4 栔 四下 㓞 93上 183下

檕 六上 木 122下 262上

5792

0 [illegible] 十三上 素 278上 662下

7 [illegible] 六下 邑 134下 294上

[illegible] 134下 294下

5797

7 耜 六上 木 121下 259上

5798

2 [illegible] 八下 欠 180上 412下

欶 180上 413上

6 賴 六下 貝 130下 281上

5801

2 擥 十二上 手 252上 597下

搤 252下 599上

挩 254下 604下

4 挫 251下 596下

[illegible] 十四上 車 303上 729上

9 捦 十二上 手 251下 597上

5802

0 扴 253下 601下

1 揃 252下 599下

揄 254下 604下

輸 十四上 車 302下 727下

2 軫 301下 723下

7 掄 十二上 手 252下 599上

扮 254下 604上

輪 十四上 車 303上 724下

5803

1 撫 十二上 手 253上 601上

2 捻 258上

軨 十四上 車 301下 723上

5804

0 撽 十二上 手 256上 608上

勶 十三下 力 292上 700上

轍 十四上 車 303下

1 軿 301上 720下

6 拚 十二上 手 253上 600下

7 輹 十四上 車 301下 724上

5805

3 轙 302上 726上

5806

1 拾 十二上 手 255上 605上

4 括 252上 598上

揂 254上 603上

輶 十四上 車 301上 721上

5808

1 較 302下 728下

6 撿 十二上 手 251上 595上

5809

4 捈 257上 610上

5810

1 整 三下 攴 67下 123上

5811

2 蛻 十三上 虫 281下 669下

5812

1 蝓 282上 671上

7 豑 五上 豊 102下 208上

蚡 十上 鼠 206下 478下

螉 十三上 虫 278下 664上

蜦 281下 670上

5813

2 蜙 280下 668上

蚣 280下 668上

蛉 281上 668下

7 蠊 281下 670下

5814

1 蛢 280上 666下

7 蝮 278下 663下

蝆 282下 672下

5815

1 蛘 281下 669下

5816

4 蝤 279下 665下

5818

1 [illegible] 278下 664上

5820

1 [illegible] 三下 攴 69上 126上

5821

5 氂 二上 犛 30上 53下

釐 十三下 里 290下 694下

5822

7 剺 四下 刀 92上 180下

5823

1 愗 十下 心 222下 513下

5824

0 敹 三下 攴 67下 123上

敖 四下 放 84下 160上 六下 出 127上 273上

[illegible] 九上 文 185上 425下

4 嫠 十二下 女 265上

7 [illegible] 三下 又 64下 115下

5825

1 犛 二上 犛 30上 53上

5826

1 帢 七下 巿 160下 363上

5829

2 漦 十一上 水 229下 546下

8 斄 二上 犛 30上 53下

5833

4 熬 十上 火 208下 482下

5834

0 敹 三下 攴 67下 123上

5840

1 聱 十二上 耳 250下

4 嫯 十二下 女 264下 625下

7 [illegible] 十上 火 208下 482下

5842

7 勢 十三下 力 292下 701上

5844

0 數 三下 攴 68上 123上

5860

1 警 三上 言 54上 96上

4 嗸 二上 口 34上 60上

5871

7 鼈 十三下 黽 285下

5877

2 嶅 九下 山 190下 439下

5880

4 獒 十上 犬 204下 474下

6 贅 六下 貝 130下 281下

顤 九上 頁 182下 418上

5884

0 敷 三下 攴 67下 123上

5894

0 敕 68上 124上

敇 69下 126下

5901

2 捲 十二上 手 256下 608下

5902

0 抄 十四上 金 298下 714上

7 捎 十二上 手 254下 604上

5903

1 攩 253上 600下

5905

9 轔 十四上 車 303下

5908

0 秋 十上 火 209上 484下

5911

4 螳 十三上 虫 283上

5912

7 蛸 280上 666下

5916

2 蜡 281上 669上

5919

6 蟟 281上 669上

6

6000

0 口 二上 口 30下 54上

冂 六下 冂 129上 276下

6001

2 甿 十三下 田 291上 697下

4 暀 七上 日 139上 306下

5 唯 二上 口 32上 57上

睢 四上 目 72上 132下

曈 七上 日 139下

疃 十三下 田 291上 697下

6 䁴 四上 目 71下 131下

7 𤱶 十三下 田 291上 696下

6002

3 嚌 二上 口 31上 55上

7 嗙 33下 59下

啼 34下 61上

嗃 35上

号 五上 号 101下 204下

邑 六下 邑 136下 300下

㬐 七上 日 138上 304下

昉 139下

6003

1 噍 二上 口 31上 55上

2 眩 四上 目 70下 130上

6 噫 二上 口 31下 55下

7 嗻 33下 59下

6004

2 咳 34上 61上

3 𠹻 31上 55下

7 啍 31下 56上

瞕 四上 目 72上 132上

8 啐 二上 口 33下 60上

晬 七上 日 139下

6006

1 喑 二上 口 31上 55上

唁 34下 61上

暗 七上 日 138下 305下

6008

2 咳 二上 口 31上 55上

晐 七上 日 139下 308上

6 曠 137下 303下

6010

0 曰 五上 曰 100下 202下

日 七上 日 137下 302上

旦 七上 旦 140上 308下

1 目 四上 目 70下 129下

目 五下 亯 111下 230上

2 豆 五上 豆 102下 207下

盈 五上 皿 104下 213上

櫑 六上 木 122下 261下

曡 七上 晶 141上 313上

盟 七上 囧 142上 314下

罝 七下 网 158上 356下

罝 158上 356下

置 158上 356下

4 呈 二上 口 32下 58下

罜 七下 网 157下 355下

墨 十三下 土 287下 688上

壘 288下 691上

5 星 七上 晶 141上 312下

曐 141上 312下

𣊫 141上 312下

罿 七下 网 157下 356上

量 八上 重 169下 388上

量 169下 388上

里 十三下 里 290下 694下

8 昱 七上 日 139上 306下

6011

1 罪 七下 网 157下 355下

3 鼂 十三上 黽 285下 680上

4 躔 二下 足 46下 82下

5 雖 十三上 虫 279上 664上

6012

3 躋 二下 足 46下 82上
7 蹄 46上 81上
蹢 47上 82下
趽 48上 84下
⿱曰羽 四上 羽 75下 139下
昴 七上 日 140上
蜀 十三上 虫 279下 665下

6013

1 ⿱罒焦 十一上 水 236上 562上
7 蹠 二下 足 47上 83上

6014

8 踤 47上 82下

6015

3 國 六下 口 129上 277下
罭 七下 网 158上

6016

1 踣 二下 足 47下 83下

6020

2 曑 七上 晶 141上 313上
3 ⿱罒羊 十三上 糸 277上 660下
7 𣆪 五下 旱.㫗 111上 229下

6021

2 晃 七上 日 137下 303下
䍡 七下 网 157下 356上
置 158上 356下
罷 七下 网 158上 356下
兄 八下 兄 177上 405下
見 八下 見 177下 407下
四 十四下 四 307上 737下
4 囮 六下 口 129下 278下
5 䍜 四上 隹 77上 144上

6022

1 畀 五下 丌 99下 200上
罽 七下 网 157下 355下
7 胃 四下 肉 87上 168下
肩 90下 177下
罤 五下 弟 113下 236下
圓 六下 口 129上 277上
囿 129上 278上
圃 129上 278上
鼏 六下 員 129下 279上
曏 七上 日 138下 306上
囧 七上 囧 142上 314下
罵 七下 网 158上 356下
禺 九上 由 189上 436下
昜 九下 勿 196上 454上
㣇 九下 㣇 197下 456上
易 九下 易 198下 459上
8 昦 十下 夰 215下 498下
界 十三下 田 291上 696下

6023

1 杲 七上 日 139上 306下
2 圂 六下 口 129下 278下
晨 七上 晶 141上 313上
曟 141上 313上
罠 七下 网 157下 355下

6024

0 罻 七下 网 157下 356上
7 㞺 三下 皮 67上 122上

6025

1 䍢 七下 网 158上 356下
3 晟 七上 日 139下

6028

0 眾 八上 㐺 169下 387上
⿱罒𠂢 九上 鬼 188下 435下
1 昃 七上 日 138上 305上

6030

2 囹 六下 口 129下 278上

6032

7 鸎 四上 鳥 82上 156下
罵 七下 网 158上 356下

6033

0 恖 二上 釆 28下 50上
思 十下 思 216下 501下
恩 十下 心 218上 504上
慁 十下 心 222下 513下
1 羆 十上 熊 207上 480上
黑 十上 黑 211上 487下
⿱旦心 十下 心 222上 512下
⿱罒焦 十一上 水 236上 562上
2 愚 十下 心 220上 509下
3 㬎 七上 日 139上 307上
4 ⿱日心 十二下 女 265上 626上
6 ⿱罒心 七下 网 158上
7 ⿱日巛 十一下 川 239下 568下

6034

1 㝵 二下 彳 43下 77上
八下 見 177下 408上
⿱見寸 二下 彳 43下 77上
八下 見 177下 408上
3 團 六下 口 129上 277上

6036

1 黯 十上 黑 211上 487下

6039

6 黥 211下 489下

6040

0 旻 七上 日 137下 302上
早 137下 302下
田 十三下 田 290下 694下
1 咠 二上 口 32下 57下
圛 六下 口 129上 277下
旱 七上 日 138下 305下
睪 十下 㚔㚔 214下 496上
圉 214下 496下
4 晏 七上 日 138上 304上
⿱罒晏 七下 网 157下 355下
妟 十二下 女 262下 621上
[illegible] 264下 624下
6 罩 七下 网 157下 355下
7 曼 三下 又 64上 115下
⿱冃又 64下 116上
⿱目夂 四上 旻 70下 129下
㫗 五下 旱.㫗 111上 229下
畟 五下 夊 112下 233下
⿴囗乂 六下 口 129下 278上
罕 七下 网 157下 356上

6041

2 冕 七下 冃 156下 354上

6042

7 男 十三下 男 291下 698下

6044

0 昇 七上 日 140上
3 昪 138下 306上
4 ⿱罒异 三上 廾.収 59上 104上
7 最 七下 冃 157上 354下

罬 七下 网 157下 356上

6050

0 甲 十四下 甲 308下 740上
4 畢 四下 華 83下 158上
曅 七上 日 138上 304下
6 圍 六下 囗 129下 278下
暈 七上 日 139下 304下
輦 十四上 車 302上 726上
7 畢 四下 華 83下 158上

6052

7 羀 七下 网 158上 356下
羈 158上 356下
羈 158上 356下

6060

0 啚 五下 亩 111下 230下
回 六下 囗 129上 277上
昌 七上 日 138下 306上
昌 138下 306下
呂 七下 呂 152上 343上
冒 七下 冃 157上 354下
畾 十三下 畾 291下 698上
1 譽 三上 言 56上 99上
圄 六下 囗 129下 278下
署 七下 网 158上 356下
署 158上 356下

2 畐 五下 亩 111下 277上
罶 七下 网 157下 355下
砉 九下 石 195上 451下
4 圖 六下 囗 129上 277上
固 129下 278下
暑 七上 日 138上 305上
暑 139上 306下
詈 七下 网 157下 355下
署 158上 356下
6 罾 157下 355下
8 𥄉 四上 目 70下 129下
9 罟 七下 网 157下 356上

6066

0 品 二下 品 48下 85上
晶 七上 晶 141上 312下

6069

3 𡈼 六下 囗 129下 278下

6071

1 邑 五上 甘 100下 202上
2 圈 六下 囗 129上 277上
昆 七上 日 138上 305下
昆 139下 308上
罨 七下 网 157下 356上
畏 九上 甶 189上 436下
畏 十下 囟 216下 501下

6 罨 七下 网 157上 355上
7 邑 六下 邑 131下 283上
囚 七上 日 137下 302上
鼂 十三下 黽 285下 680上
鼂 285下 680上

6072

7 曷 五上 曰 100下 202下
昴 七上 日 138下 305下

6073

2 睘 四上 目 71下 131下
圜 六下 囗 129上 277上
园 129上 277上
園 129上 278下
曩 七上 日 138下 306上
曇 139下
畏 九上 甶 189上 436下

6074

7 罠 七下 网 157下 356上

6075

7 罶 157上 355上

6077

2 器 二下 品 48下 85上
櫐 六上 木 122下 261下
嵒 九下 山 191上 440下

6079

3 圝 六下 囗 129下 278下

6080

0 只 三上 只 50上 87下
囚 六下 囗 129下 278下
貝 六下 貝 129下 279上
1 是 二下 是 39上 69下
是 39上 69下
足 二下 足 45下 81上
異 三上 異 59下 105上
羼 七下 网 157上 355上
4 因 六下 囗 129下 278上
吴 十下 夨 214下 494上
昊 十下 夰 215下 498下
㚖 十下 大₂ 215下 499下
臭 十上 犬 204上 474上
6 圓 六下 囗 129上 277上
員 六下 員 129下 279上
買 六下 貝 131上 282上
9 炅 十上 火 210上 486上

6081

5 雖 四上 鳥 79下 150上
曬 七上 日 139上 307上

6083

7 賺 六下 貝 131下

6088

4 㚇 十下 大₂ 215下 499下

6090

0 囟 十下 囟 212下 490下
1 罘 七下 网 157下 356上
眾 八上 㐺 169下 387下
2 囦 十一上 水 231上 551上
3 綦 十三上 糸 272下 647上
纍 274下 654下
纍 275下 656下
4 噪 二上 口 31上 55上
喿 二下 品 48下 85上
果 六上 木 118下 249上
杲 119下 252下
㮚 122下 262上
困 六下 囗 129上 277下
困 129下 278下
罧 七下 网 157上 355上
6 景 七上 日 138下 304上
9 罘 四上 目 72上 132上
眔 72上 132上
暴 七上 日 139上 307上

6091

2 罝 七下 网 158上 356下
5 羅 157下 356上
羅 158上

6093

2 罿 七下 网 157上 355上

6099

4 圞 六下 囗 129上 278上
罧 七下 网 157下 356上

6101

1 嚨 二上 口 30下 54上
曨 七上 日 139下
2 嘘 二上 口 31下 56上
啞 32上 57上
嘅 34上 60下
曬 七上 日 139上 307下
4 咥 二上 口 32上 57上
睚 四上 目 73下
6 咺 二上 口 30下 54下
暱 七上 日 139上 307下
7 唬 二上 口 35上 62上

6102

0 町 十三下 田 290下 695上
7 眄 四上 目 73上 135上
吁 五上 亏 101下 204下

6103

2 噱 二上 口 32上 57上
啄 35上 62上

6104

0 呀 35上
吁 二上 口 33下 60上
五上 亏 101下 204下
盱 四上 目 71上 130下
䀗 71下 131上
盰 71下 131下
旰 七上 日 138上 304下
6 嘾 二上 口 33上 59上
哽 33上 59上
瞫 四上 目 72下 133下
7 嚘 二上 口 33上 59上
9 嘑 32下 58上

6105

3 噦 33上 59上

6106

1 噆 34上 61上
晤 七上 日 137下 303上

6108

4 噳 二上 口 35上 62上
畟 十三下 田 290下 695上
6 顒 九上 頁 183下 420下

6109

0 覛 八下 見 177下 407下
1 嘌 二上 口 32下 58上
瞟 四上 目 72上 132上

6111

1 蹝 二下 足 48上 84上
2 躧 47下 84上
趴 48上 84下
蹮 48上
7 距 47下 84上

6112

1 踄 46下 82下

6113

2 𨂐 47上 83上

6114

0 趼 48上 84下
1 躡 46下 82上
6 𨂤 二下 辵 42下 75下
踔 二下 足 46下 82下

6116

2 跖 46上 81上

6118

2 蹶 47上 83上
6 蹞 二上 釆 28下 50上

6121

7 號 五上 号 101下 204下
8 𧇴 五上 虘 103上 209上

6122

7 𩧋 十上 馬 199下 462上

6128

6 顠 九上 頁 181下 416上
顯 182上 417下

6131

2 黸 十上 黑 211上 487下

6136

0 點 211上 488上

6138

6 顥 九上 頁 182下 418上
顯 184上 422上

6150

6 韅 三下 革 61下 109上

6173

2 饕 五下 食 108上 221下
饕 108上 222上

6178

6 頣 九上 頁 182上 417上

6180

8 題 181下 416下

6181

2 貦 一上 玉 12上 16上

6183

2 賱 六下 員 129下 279上
賑 六下 貝 130上 279下

6186

0 貼 131下

6188

6 顥 九上 頁 182上 417下

6191

7 榹 六上 木 115下 241上

6198

6 顆 九上 頁 182下 418下
顥 183上 420上

6200

0 叫 二上 口 34上 60下
䀏 四上 目 73上 134下

6201

3 咷 二上 口 31上 54下
眺 四上 目 73上 134下
4 吒 二上 口 33下 60上
5 唾 31下 56上
眊 四上 目 71下 131上
睡 72下 134上
7 嗁 二上 口 34下 61上

6202

1 听 32上 57上
昕 七上 日 139下 303上
7 喘 二上 口 31下 56上

6203

0 呱 30下 54下
2 眽 四上 目 72上 132上

矇 四上 目 73上 135上
眨 73下
7 甽 十一下 く 239上 568上

6204

0 呧 二上 口 33下 59下
眂 四上 目 71下 131上
眂 八下 見 177下 407下
1 唌 二上 口 34上 60下
6 嚼 31上 55上
7 ⿰目爰 四上 目 71上 130上
眅 71上 130下
昄 七上 日 139上 306下
9 呼 二上 口 31下 56上

6205

2 瞬 四上 目 73下 135下
3 嘰 二上 口 31上 55下

6206

1 㖃 九上 后 186下 429下
2 喈 二上 口 34下 61下

6207

2 咄 32上 57下
嗂 32下 58上

6208

4 睽 四上 目 72上 132上
6 ⿰口質 二上 口 31下 56下

6209

3 ⿰目縣 四上 目 71上 130上
4 嚛 二上 口 31下 55下

6211

3 躐 二下 足 46上 81下
跳 47上 83上
5 踵 46下 82下
⿰足毛 八上 毛 174上
7 蹏 二下 足 46上 81上
8 蹬 48上

6212

7 踽 46上 81下
蹻 46上 81下
蹐 47下 83下

6214

0 ⿰足氏 46下 82下
4 踒 47下 84上

6217

2 ⿰足䍃 47上 83上
7 蹈 46下 82下

6218

4 蹊 二下 彳 43下 76下
6 ⿰足賣 二下 足 47上 83上

6220

0 別 四下 冎 86上 164下
⿰⿱罒弓刂 四下 刀 91上 178上
⿰鬲刂 四下 刀 91下 179上
删 91下 179下
剈 92上 180下
剔 92下
九上 彡 428上

6221

5 氍 八上 毛 174上

6222

2 ⿰帚彡 十上 馬 199上 460下
⿰昜彡 199上 460下

6223

2 覛 十一下 𠂢 240上 570上

6226

7 ⿱罒皿 四上 䀠 74上 136上

6233

0 ⿱刖心 十下 心 221下 511下

6237

2 黜 十上 黑 211下 489上

6240

0 別 四下 冎 86上 164下

6260

0 罰 四下 刀 92下 182上

6280

0 則 91上 179上
⿰鼎刂 91上 179上
1 匙 八上 匕 168下 385上
4 奰 十下 大₂ 215下 499上

6282

7 ⿰貝為 六下 貝 130上 279下

6283

2 貶 131上 282上

6284

7 販 131上 282上

6290

0 ⿰果刂 四下 刀 92上 181下

6300

0 卟 三下 卜 69下 127上
4 ⿰目必 四上 目 71下 131上
7 昈 七上 日 139下

6301

2 吮 二上 口 31上 55上
哤 34上 60下
睆 四上 目 71上 130下
噈 八下 欠 179下 411下
畹 十三下 田 291上 696下
6 喧 二上 吅 35下 62下
7 咤 二上 口 34下 61下

6302

1 眝 四上 目 73下 133下
7 哺 二上 口 31上 55下

6303

2 眼 四上 目 73上 134下
8 嘫 二上 口 32下 58上

6304

2 噂 31上 55下
7 ⿰口⿱穴叕 31下 55下
睃 四上 目 73下 135下
晙 七上 日 139下
畯 十三下 田 291上 697下

6305

0 哦 二上 口 35上
⿰目戊 四上 目 71下 131下
⿰目戌 72下 133上
⿰目咸 73上 135上
眸 73下

6306

0 咍 二上 口 35上
眙 四上 目 73下 133下
8 瞚 72下 133上

6308

4 唉 二上 口 32下 57下
吠 34下 61下
⿰口矦 35上
畎 十一下 く 239上 568上
6 矉 四上 目 72上 132上

瞚 四上 目 73下 135下

6309

2 咏 三上 言 53下 95上

6310

0 趴 二下 足 46上 81下

6311

2 蹴 46下 82上

跎 48上

6312

7 踊 47下 83下

6314

7 跋 47上 83下

6315

0 ⿰足戈 46上 81下

⿰𤴓戈 十二下 戈 266下 630下

3 踐 二下 足 46下 82下

6331

2 ⿰黑尤 四下 肉 88下 172上

6332

2 黲 十上 黑 211上 488上

6335

0 ⿰黑或 211下 489上

6338

4 默 十上 犬 204上 474上

6345

0 ⿰早戈 十二下 戈 266上 630下

戢 266下 632上

6355

0 戰 266上 630下

6364

7 酸 十四下 酉 313上 751上

6368

4 獸 十四下 嘼 308上 739下

6382

1 貯 六下 貝 130下 281上

6384

0 賦 131上 282上

2 賻 131下

6385

0 賊 十二下 戈 266上 630下

3 賤 六下 貝 131上 282上

6386

0 貽 131下

6389

9 賕 131上 282下

6400

0 旪 十三下 劦 293上 701下

叶 293上 701下

6401

0 吐 二上 口 33上 59上

叱 二上 口 33下 60上

吪 34上 60下

2 嗑 33下 59下

嘵 34上 60上

眈 四上 目 71上 131下

曉 七上 日 139下 303上

4 哇 二上 口 33上 59下

睦 四上 目 72上 132下

眭 73下

畦 十三下 田 291上 696上

5 矔 四上 目 71上 130下

6 晻 七上 日 138下 305下

7 呭 二上 口 32上 57下

8 噎 33上 59上

曀 七上 日 138下 305下

6402

1 畸 十三下 田 290下 695下

7 唏 二上 口 32上 57上

噧 33下 59下

呦 35上 62上

䁪 四上 目 71上 130上

睎 72下 133下

晞 七上 日 139上 307下

8 吙 十下 夨 214上 494上

6403

2 嗞 二上 口 34上 60下

6404

1 時 七上 日 137下 302上

疇 十三下 田 290下 695上

畤 291上 697上

7 哮 二上 口 34下 62下

矆 四上 目 72上 132下

6406

0 睹 72上 132上

暏 七上 日 137下 302下

1 嗜 二上 口 33上 59上

唶 三上 言 54上 96上

瞦 四上 目 71上 130上

晧 七上 日 138上 304下

6408

1 嗔 二上 口 32下 58上

瞋 四上 目 72下 133上

4 嗼 二上 口 34下 61上

5 嘆 34上 60下

暵 七上 日 139上 307下

6 嘖 二上 口 33下 60上

8 唊 33下 59下

䀹 四上 目 71上 130上

6409

1 噤 二上 口 31下 56下

8 睞 四上 目 73上 134下

6410

0 斣 十四上 斗 300下 719上

6411

2 跣 二下 足 47下 84上

7 跇 47上 83上

8 踸 48上

6412

1 踦 46上 81上

7 跨 46下 82上

蹛 46下 82下

⿰足⿱大亏 47下 83下

6414

7 跛 47下

跂 48上 84下

6416

1 踖 46上 81下

踏 47上 83上

6418

1 蹎 47上 83上

6431

2 黕 十上 黑 211下 488下

6 黤 211上 488上

8 黮 211下 489上

6432

7 黝 十上 黑 211上 488上
勰 十三下 劦 293上 701下

6436

1 點 十上 黑 211下 488下

6437

0 黚 211上 488上

6438

6 黷 211下 489上

6462

7 勖 十三下 力 292上 699下
⿰畾力 292下 700上

6480

0 財 六下 貝 130上 279下
5 韙 二下 是 39上 69下

6481

2 貤 六下 貝 130下 281上

6482

7 賄 130上 279下
贎 130上 279下
勛 十三下 力 292上 699上

6484

7 ⿰貝皮 六下 貝 130上 280下

6486

0 賭 131下

6488

6 贖 六下 貝 130下 281下

6491

0 ⿰黑土 十三下 土 289上 691下

6500

6 呻 二上 口 34上 60下

6502

7 嘯 32下 58上
咈 33上 59上
晴 七上 夕 142上 315下

6503

7 嚖 二上 口 32下 58上

6505

8 唪 32下 58上

6506

1 噆 34上 61上

6507

4 嘒 32下 58上

6508

0 眏 四上 目 73上 134上
眣 73上 134下
映 七上 日 139下
昳 139下
咉 八下 㱃歙 180下 414上
1 嚏 二上 口 31下 56下
2 咦 31下 56上

6 噴 二上 口 31下 56上
嘖 34上 60上

6509

0 味 31下 55下
咮 34下 61下
眛 四上 目 72上 132上
眜 73上 134下
昧 七上 日 137下 302下

6512

7 ⿰足弗 二下 足 47上 83上

6516

8 踳 五下 舛 113上 234上

6518

0 跌 二下 足 47下 83下
趹 48上 84下
6 蹟 二下 辵 39上 70上

6531

7 黗 十上 黑 211上 488上

6581

2 贐 六下 貝 130上 280上

6584

7 購 131上 282下

6600

0 咽 二上 口 30下 54下
呬 31下 56上

吅 二上 吅 35下 62下
䀠 四上 䀠 73下 135下

6601

1 嘔 二上 口 33上 59上
哯 33上 59上
睍 四上 目 71上 130下
晛 七上 日 138上 304上
4 喤 二上 口 30下 54下
8 ⿰口豆 32下 58上

6602

7 噣 30下 54上
喟 31下 56上
啺 33上 58下
喝 34上 60下
喁 35上 62上
咢 二上 吅 35下 62下
瞗 四上 目 71上 130上
睗 72下 133上
睊 72下 133上
暘 七上 日 138上 303下
晹 138上 304上
暍 139上 306下
畼 十三下 田 291下 698上

6603

2 睘 四上 目 70下 130上

6604

1 睅 四上 目 71上 130上
4 嚶 二上 口 34下 61下
䁝 四上 目 72下 133上
8 ⿰口嚴 二上 口 34上 60下
嘷 34下 61下
暤 七上 日 138上 304下

6605

0 呷 二上 口 32下 57下
6 嘽 31下 56上

6606

0 唱 32上 57上
⿰目冒 四上 目 71下 131下
4 曙 七上 日 139下

6608

1 睼 四上 目 72下 133上
6 ⿰目買 72下 132下

6610

0 ⿰足困 二下 足 47下 84上
4 嚚 三上 㗊 49下 86下

6611

5 躍 二下 足 46上 81下
7 𨛜 六下 𨛜 136下 300下
𨟰 137上 301上

6612

7 蹋 二下 足 46下 82上

躅 二下 足 47上 82下
踼 47下 83下

6614

0 躩 47下 83下
⿰𧾷卑 四下 骨 86下 165上
4 ⿱吅[illegible] 二上 吅 35下 62下

6618

0 ⿰𧾷貝 二下 足 47上 83上
1 踶 46下 82下

6619

4 躁 二上 走 36上
踝 二下 足 46上 81上

6621

1 ⿱吅⿸厂三 十四下 𨸏 304下 731上
2 覞 八下 覞 178下 410上
5 瞿 四上 瞿 79上 147下
7 𨛜 六下 𨛜 136下 300下
鄉 136下 300下
𨞠 137上 301上

6622

7 ⿱吅鬲 三下 鬲 62下 111下
8 ⿱䀠夰 十下 夰 215下 498下

6624

7 ⿱吅⿸厂敢 二上 吅 35下 62下
8 嚴 35下 62下

6631

0 ⿰黑旦 十上 黑 211上 488上

6632

0 喌 二上 吅 35下 63上
7 罵 七下 网 158上 356下
⿰黑昜 十上 黑 211上 488上

6633

0 愳 十下 心 218下 506上

6640

2 斝 十四上 斗 300上 717下
4 嬰 十二下 女 262下 621下
7 矍 四上 瞿 79上 147下

6650

6 單 二上 吅 35下 63上

6660

1 ⿱䀠言 三上 言 51上 89下
嘼 十四下 嘼 308上 739下

6666

0 㗊 三上 㗊 49下 86下
1 嚚 49下 86下
囂 49下 86下
2 嘂 49下 86下
鸓 四上 鳥 82上 156下
6 櫐 六上 木 115下 241下
罍 122下 261下
靁 十一下 雨 241上 571下
8 囂 三上 㗊 49下 86下
器 49下 86下

6671

7 ⿱吅黽 十三下 黽 285下 679下

6674

4 ⿱吅殳 二上 吅 35下 62下

6677

2 ⿱䀠缶 五下 缶 109下 225上

6680

1 題 八下 見 178上 408上
4 哭 二上 哭 35下 63上
6 ⿱吅貝 三上 㗊 49下 86下

6681

2 ⿰貝兄 六下 貝 131上
覞 八下 見 177下 407下

6682

7 賜 六下 貝 130下 280下

6686

0 ⿰貝冒 131下

6688

0 賏 131上 283上

6699

4 ⿱吅木 六上 木 118上 248上

6700

7 叩 二上 口 34上 60上
吚 34上 60上

6701

0 ⿰日乙 十一上 水 234上 558上
2 咀 二上 口 31上 55上
咆 34下 61下
睌 四上 目 71下 131下
睨 71下 131下
晚 七上 日 138下 305上
昵 139上 308上
3 嚵 二上 口 31上 55下
4 喔 34下 61下

6702

0 吻 30下 54上
啁 33上 59下
嘲 35上
⿰口卸 三上 𧮫 50上 87下
眮 四上 目 71下 131上
⿰目勿 71下 131下
瞤 72上 132上
眴 72上 132下
瞷 73上 134下
瞯 73上 134下
叨 五下 食 108上 222上
昒 七上 日 137下 302下
旳 七上 日 137下 303下
昫 138上 304上
朙 七上 朙 141下 314上
明 141下 314下
2 嘐 二上 口 33上 59下
⿰田翏 十三下 田 290下 695下
7 哆 二上 口 30下 54下
噊 33下 60上
⿰目脊 四上 目 72上 132上
⿰目鳥 72下 133上
眵 73上 134上
鷕 四上 鳥 82上 156上
鳴 82下 157上
嗚 82下 157上
⿰口卩 六下 邑 132下 286下

6703

2 喙 二上 口 30下 54上
眼 四上 目 70下 129下

6704

0 呶 二上 口 33下 60上
⿰口叔 34下 61上
3 ⿰目㕚 四上 目 73下 135下
7 啜 二上 口 31上 55上
吸 31下 56上
吺 33下 59下

眠 四上 目 72下 134上
暇 七上 日 138下 306上
畷 十三下 田 291上 696下

6705

6 喗 二上 口 30下 54下
睴 四上 目 71上 130上
暉 七上 日 138上 304下

6706

1 瞻 四上 目 72上 132下
2 昭 七上 日 137下 303上
4 䀩 四上 目 73上 134上
略 十三下 田 291上 697上

6707

7 啗 二上 口 31上 55下

6708

0 瞑 四上 目 72下 134上
1 㘈 二上 口 31上 55上
2 吹 31下 56上
八下 欠 179上 410下
歐 180上 413上
昳 180下 413下
4 喉 二上 口 30下 54上
喫 35上
喚 35上

6709

1 睩 四上 目 72上 132上
4 噪 二上 口 32上 57下
畼 十三下 田 290下 695下
9 睩 四上 目 73上 134下

6710

2 盟 七上 囧 142上 315上
盥 142上 315上
3 堅 一上 玉 12下 17上

6711

2 跪 二下 足 46上 81上
5 躍 46下 82上

6712

0 蹦 47上 83上
跔 47下 84上
跀 48上 84上
2 野 十三下 里 290下 694下
7 踊 二下 足 46下 82上
踴 46下 82上
鴠 四上 鳥 79下 150上
鄄 六下 邑 134上 292下
郢 134上 292下

6713

1 跽 二下 足 46上 81上
2 跟 46上 81上

6714

0 踧 二下 足 46下 81下
2 跰 47下 84上
7 跛 47上 83上
蹬 47下 84上

6716

4 蹯 47上 83上
踞 47下
八上 尸 174下 400上
路 二下 足 48上 84下

6718

1 蹼 七下 网 157上 355上
2 歜 八下 欠 180上 412下

6719

4 蹂 十四下 厹、内 308上 739上

6722

0 嗣 二下 冊 48下 86上
7 鴞 四上 鳥 80上 150下
鶡 81下 155上
鄂 六下 邑 134上 292上
鄂 134下 293上

6731

3 黮 十上 黑 211上 488上

6732

0 黝 211下 489下
7 鷺 四上 鳥 80下 151下
黟 十上 黑 211下 489下

6733

2 煦 十上 火 207下 481上
6 照 209下 485上

6736

1 黵 十上 黑 211下 489上

6738

1 黰 211下 489上

6742

7 鸚 四上 鳥 82上 156上
鄹 六下 邑 136上 299下

6752

7 鶤 四上 鳥 82下
鄲 六下 邑 133下 290上

6760

4 瞀 四上 目 72下 133上

6762

7 鄙 六下 邑 131下 284上

6772

0 翾 四上 羽 75上 139上
7 鷗 四上 鳥 82上 155下

6778

2 歇 八下 欠 179上 410下

6782

7 鶡 四上 鳥 79下 150上
鄖 六下 邑 134上 292上
鄖 134下 293下

6786

1 贍 六下 貝 131下
4 賂 130上 280下

6788

1 貶 131上 282下

6801

1 昨 七上 日 138下 306上
2 嗌 二上 口 30下 54下
咣 31上 54下
瞷 四上 目 72下 132下
暆 七上 日 138上 304下
瘥 十三下 田 290下 695下
4 睉 四上 目 73下 135下
7 吃 二上 口 33上 59上
8 噬 31上 55下
9 唫 31下 56下

6802

0 畍 十三下 田 291上 696下
2 眕 四上 目 71下 131下
畛 十三下 田 291上 696下
7 吟 二上 口 34上 60下
睔 四上 目 71上 130下

盼 四上 目 71上 130下
睇 73下 133下
盻 73下 134上
曫 七上 日 138上 304下

6803

1 瞴 四上 目 71下 131上
2 唸 二上 口 34上 60上
7 嗛 31上 55上

6804

0 噭 30下 54上
嗷 34上 60上
畋 三下 攴 69上 126下
6 噂 二上 口 32下 57下

6805

7 晦 七上 日 138上 305下
畮 十三下 田 290下 695下

6806

6 噲 二上 口 30下 54上

6808

4 嗾 34下 61下
眹 四上 目 73下
6 噴 二上 口 32下 58下
噞 35上
瞼 四上 目 73下

6811

2 蹉 二下 足 48上
4 跧 46下 82上

6812

1 踰 46上 81下

6814

0 斀 三下 攴 69上 126上
6 蹲 二下 足 47下 83下

6816

1 路 47上 83上
6 蹭 48上
7 蹌 46上 82上

6818

1 蹤 十四上 車 302下 728下

6821

4 覹 八下 見 178上 408下

6824

0 敭 三下 攴 68下 125上
敭 十二上 手 254上 603上

6831

9 𪐺 十上 黑 211上 488上

6832

7 黔 211下 488下

6834

0 𪑹 211下 489下
6 黭 211下 489下

6835

3 黬 十上 黑 211上 488上

6836

6 𪑾 211上 487下

6844

0 𢽤 三下 攴 68上 123下
斁 68下 124下

6854

0 𣀔 69上 125下

6884

0 敗 68下 125上
𣀒 68下 125上

6886

6 贈 六下 貝 130上 280下

6889

4 賒 130下 281上

6894

0 敹 三下 攴 69上 126上

6901

2 晄 七上 日 137下 303下

6902

0 眇 四上 目 73上 135上
7 嘮 二上 口 33下 60上
哨 34上 60下

6903

1 矘 四上 目 71下 131上

6905

0 畔 十三下 田 291上 696下
9 瞵 四上 目 71上 130下
疄 十三下 田 291上 697下

6908

0 啾 二上 口 30下 54下
9 啖 33下 59上
睒 四上 目 71下 131上

6909

4 眯 73上 134下

6915

9 蹸 二下 足 48上 84下

6980

2 尟 二下 是 39上 69下

7

7010

1 𣦢 二上 止 38上 68上
3 璧 一上 玉 11上 12上
4 壁 十三下 土 287上 685上
𨻰 十四下 𨸏 305下 733下

7021

5 雕 四上 隹 76上 142下
脽 四下 肉 88上 170上
陮 十四下 𨸏 304下 732上
6 膻 四下 肉 88上 171上
7 阬 十四下 𨸏 305下 733下

7022

7 肪 四下 肉 87下 169上
膀 87下 169上
髈 87下 169上
臂 87下 169下
臇 90上 176上
劈 四下 刀 92上 180上
幦 七下 巾 160上 362上
防 十四下 𨸏 305下 733下

7023

2 𦡫 四下 肉 88上 171上
胘 89上 173上

⿰阝衣 十四下 𨸏 306上 735上
6 臆 四下 肉 87下 169上

7024

0 腑 九下 广 192上 442下
1 屖 八上 尸 174下 400上
辟 九上 辟 187下 432下
3 脺 四下 肉 89上 173下
6 障 十四下 𨸏 305下 734下
7 腋 十下 亦 213下 493下
8 骹 四下 骨 86下 165下

7026

1 ⿰月咅 四下 肉 89下 175上
陪 十四下 𨸏 306下 736上
9 ⿰月舌 四下 肉 89下 175上

7028

2 骸 四下 骨 86下 166上
胲 四下 肉 88上 170下
陔 十四下 𨸏 306下 736上

7029

4 髍 四下 骨 86下 166上

7031

2 ⿰馬亢 十上 馬 201上 467上
4 駐 201上 467上
5 騅 199上 461下
6 驙 201下 467下
7 驘 十上 馬 202上 469上

7032

7 騯 200上 464下

7033

2 驤 200上 464下

7034

0 馼 200上 464上
8 駮 201下 469上

7038

2 駭 201上 467上

7040

4 ⿱辟乂 九上 辟 187下 432下
嬖 十二下 女 263上 622下

7050

2 擘 十二上 手 255下 606下

7055

4 𨐨 九上 辟 187下 432下

7060

1 譬 三上 言 51下 91上

7071

7 甓 十二下 瓦 269上 639上

7073

2 襞 八上 衣 172下 395下

7076

1 ⿰臣言 三上 言 56下 100上

7077

7 𠃊 十二下 曲 268下 637下

7081

5 ⿰乂隹 四上 鳥 82上 155下

7090

3 櫱 六上 木 117上 245上
糱 七上 米 147下 332上
繴 十三上 糸 276下 659上

7102

7 叵 五上 可 101上

7110

4 ⿱臣壬 八上 壬 169下 387下
6 暨 七上 旦 140上 308下

7113

6 蜃 十三上 虫 279上 664下
⿱⿸厂巳虫 281下 670下
⿱辰䖵 十三下 蚰 284上 675下

7120

0 厂 九下 厂 193下 446上

7121

0 阯 十四下 𨸏 305下 734上
1 歷 二上 止 38上 68上
腓 四下 肉 88上 170下
朧 七上 月 141下
厞 九下 厂 194上 448上
隴 十四下 𨸏 306上 735上
2 臚 四下 肉 87上 167下
脛 88上 170下
厄 九上 卩.卩 187上 431上
⿸厂兒 九下 厂 194上 447上
厖 194上 447下
陋 十四下 𨸏 305上 732上
陘 305下 734上
阢 305下 734下
阮 306上 735上
3 ⿸厂鬼 九上 鬼 189上
4 胵 四下 肉 89上 173下
厓 九下 厂 193下 446下
⿰阝⿱非土 十一下 非 246上 583上
壓 十三下 土 289上 691下
5 雁 四上 隹 76下 143上
厜 九下 厂 193下 446下
6 颭 十三下 風 285上
⿰阝區 十四下 𨸏 305上 732下
7 ⿸厤鬲 三下 鬲 62上 111上
虒 五上 虎 103下 211上
⿱镸儿 九下 長 196上 453上
8 脰 四下 肉 87上 168上
⿸厂豆 九下 厂 194上 447上
9 ⿸厂金 194上 447下

7122

0 ⿸厂則 十四上 金 296下 707下
阿 十四下 𨸏 304下 731下
⿰阝丁 306上 735下
1 胻 四下 肉 88上 170下
陟 十四下 𨸏 305上 732下
7 鴈 四上 鳥 81上 152下
鷹 81下 154下
脣 四下 肉 87上 167下
臑 87下 169下
⿰月兩 89下 174上
胹 89下 175下
厲 九下 厂 193下 446下
⿸厂甫 194上 447下
騭 十上 馬 199上 460下
馬 199上 460下
馬 199下 462下
馬 201下 467下
⿸厂男 十三下 力 292上 699下
隔 十四下 𨸏 305下 734下

7123

1 黶 十上 黑 211上 487下
2 臄 三上 谷 50上 87下
豚 九下 豚.豚 197下 457上
陙 十四下 𨸏 307上 736下

辰 十四下 辰 311上 745下
6 厲 九下 厂 193下 447上
蠇 十三上 虫 282下 673上
8 懕 十下 心 219下 507上

7124

0 骭 四下 骨 86下 166上
肝 四下 肉 87上 168下
1 脁 89下 175上
厈 九下 厂 193下 446下
厗 193下 447上
⿸厂辟 194上 448上
2 厎 193下 446下
4 ⿸厂婁 十二下 女 261上 618上
6 骾 四下 骨 86下 166上
7 厚 五下 㫗.𣆪 111上 229下
8 厰 九下 厂 193下 446下
9 ⿰阝厚 十三下 土 289上 691下

7125

2 ⿸厂拳 十二上 手 252上 598上
3 㕒 九下 厂 193下 446下
7 ⿸厂卑 三下 𠃨.丮 63下 114上

7126

0 ⿸厂囟 七下 巾 159下 361上
石 九下 石 194下 448下
阽 十四下 𨸏 306下 736上

1 譍 三上 言 51下
厝 九下 厂 194上 447下
2 脜 九上 百 184上 422下
靨 九上 面 184上
磿 九下 石 195上 451上
4 厬 九下 厂 193下 446下
⿸厂甾 446下
⿸厂古 193下 447上
⿰阝西 十三下 土 691上
9 曆 七上 日 140上

7127

2 ⿸厂齒 二上 齒 45上 80上
4 ⿱厤甘 五上 甘 100上 202上

7128

0 仄 九下 厂 194上 447下
1 ⿸厂異 193下 447上
2 ⿰骨厥 四下 骨 86下 165上
⿸厂次 八下 次 180下 414下
厥 九下 厂 193下 447上
4 ⿰月厥 四下 肉 89下 175上
⿸厂矢 五下 矢 110上 227上
⿸厂矢 九下 厂 194上 447下
厭 194上 448上
⿰阝厥 十四下 𨸏 306下 736下
6 ⿸厂頁 四下 肉 87上 168上
顧 九上 頁 182下 417下
願 182下 418上
頎 418上
厱 九下 厂 193下 447上
⿰阝⿸厂頁 十四下 𨸏 305下 733下
隕 306上 735下
8 ⿸厂夾 九下 厂 194上 447下
9 ⿸厂⿱隹火 十上 火 207下 481上
灰 208上 482上

7129

0 肧 四下 肉 87上 167下
1 膘 89上 173下
4 ⿱厤木 六上 木 117下 247上
⿸厂⿱林木 123上 263上
厤 九下 厂 193下 447上
6 原 十一下 灥 239下 569下
8 ⿸厂來 二上 犛 30上 53下

7131

1 騑 十上 馬 200下 464下
2 驪 199上 461下
⿰馬凡 201上 466下
驢 202上 469上
6 驅 201上 466下
9 駓 199下 462上

7132

7 馬 十上 馬 199上 460下
驫 202上 469下

7133

1 ⿱医心 十下 心 217上 502下
⿱既心 219上 506上
9 愿 217下 503下

7134

3 辱 十四下 辰 311上 745下
6 驔 十上 馬 199下 462下
9 ⿰馬不 199下 462上

7136

2 騮 199上 461下

7137

7 ⿰馬帀 199上 461下

7139

1 驃 199下 462上

7140

0 午 五下 夊 114上 237上
4 ⿱阿女 十二下 女 263下 623下

7144

2 ⿱馬廾 十上 馬 199下 462下

7160

2 ⿱馬口 201下 467下
3 唇 二上 口 33下 60上
6 ⿱辰會 五下 會 109上 223下

7168

6 頣 九上 頁 183下 421下

7171

0 匚 十二下 匚 268上 635下
1 ⿷匚飤 五上 竹 97上 194上
⿷匚飲 97上 194上
⿷匚軌 97上 194上
匹 十二下 匸 267下 635下
匡 十二下 匚 268上 636上
匜 268上 636上
匪 268上 636下
匯 268上 637上
2 臣 三下 臣 66上 118下
既 五下 皀 106下 216下
𦣝 十二上 𦣝 250下 593上
⿷匚丙 十二下 匸 267下 635上
匠 十二下 匚 268上 635下
匬 268上 636下
4 ⿰鼠匚 十上 鼠 206下 428下
⿷匚垔 十二下 氏 266上 628下
匽 十二下 匸 267下 635上
匴 十二下 匚 268上 636上
⿷匚攸 268上 636下
5 ⿷匚幸 七下 巾 159上 359上
匣 十二下 匚 268上 637上

匰 十二下 匚 268下 637上
6 𠥊 六上 木 122上 260下
𪕒 十上 鼠 206下 478下
區 十二下 匸 267下 635上
匿 267下 635上
𠥂 十二下 匚 268上 636下
匫 268上 636下
7 巨 五上 工 100上 201上
𪖈 十上 鼠 206下 478下
匶 十二下 匚 268上 637上
甌 十二下 瓦 269上 638下
8 医 五下 竹 97上 194上
𠥓 五下 箕 99上 199上
医 十二下 匸 267下 635下
匧 十二下 匚 268上 636上
𠥼 268上 636上
𠥫 268上 636下
匱 268上 636下
匵 268上 636下
匛 268上 637上
9 𠤳 六上 木 122上 260下

7172

7 𨲒 九下 長 196上 453下

7173

2 長 196上 453上

7174

毆 十上 馬 201上 466下

7178

頜 九上 頁 182下 418上
頤 183上 420上
頣 十二上 𦣞 250下 593上

7190

4 𣝋 六上 木 119上 250上
槩 122上 260上
粲 七上 米 148上 333下

7199

2 𤀚 十一下 灥 239下 569下

7210

2 丘 八上 㐀、丘 169上 386下
鬐 九上 髟 185下 426上
鬑 185下 426上
4 𡉚 五下 㫗、畠 111上 229下
𡌈 八上 㐀、丘 169上 386下
髽 九上 髟 186上 429上

7211

2 𩰊 九上 須 184下 424上
8 鬄 九上 髟 186上 429上

7212

1 𨿑 十四上 斤 300上 717上

7213

6 蚳 十三上 虫 280上 666下
蝨 十三上 䖵 284上 675下

7218

2 𩬊 九上 髟 185下 427上

7220

0 剮 四下 冎 86上 164下
刖 四下 肉 88下 172上
劚 四下 刀 91上 178下
剛 91下 179上
刷 92上 181上
刞 92上 181下
厂 十二下 厂 265下 627下
1 𠂤 十二下 氏 266上 628下

7221

0 骴 四下 骨 86下 166下
胔 四下 肉 89上 173下
颲 十三下 風 284下 678上
颲 284下 678上
2 臘 四下 肉 88下 172上
鬛 九上 髟 186上 428上
髡 186上 428下
髡 186上 429上
卮 九上 卮 186下 430上
3 脁 四下 肉 88下 172下 七上 月 141下 313下
4 飪 五下 食 107上 218下

𡍜 五下 㫗、畠 111上 229下
𥓈 九下 石 195上 452下
陛 十四下 𨸏 306下 736上
5 腄 四下 肉 88下 171下
腫 88下 172上
臁 90上 176下
陲 十四下 𨸏 306下 736下
7 虒 五上 虍 103下 211上
8 隥 十四下 𨸏 305上 732上

7222

1 鬋 九上 髟 185下 426下
斤 十四上 斤 299下 716下
斸 299下 717上
所 300上 717上
斦 300上 717下
2 彤 九上 彡 185上 424下
髳 185下 426下
鬄 九上 髟 186上 428上
7 肩 四下 肉 87下 169下
腨 88上 170下
膌 88下 171下
鬗 九上 髟 185下 426上
鬊 185下 426下
鬝 185下 426下
鬜 185下 426下

鬄 九上 髟 185下 427上
鬕 186上 428上
鬜 186上 428上
鬀 186上 429上
𡿪 九上 卮 186下 430上
髵 九下 而 196下 454上
隝 十四下 𨸏 306上 735下
8 髯 九上 髟 186上 427下

7223

0 爪 三下 爪 63上 113上
瓜 七下 瓜 149下 337上
𤓰 149下 337下
2 朦 七上 月 141下
脈 十一下 𠂢 240上 570上
辰 十四下 辰 311上 745下
7 鬑 九上 髟 185下 427上
隱 十四下 𨸏 305下 734下

7224

0 胝 四下 肉 88下 171下
阺 十四下 𨸏 305下 734下
阡 307上
1 脡 四下 肉 89下 175上
斥 九下 广 446上
2 髶 九上 髟 186上 427下
7 反 三下 又 64下 116上

反 三下 又 64下 116上
脬 四下 肉 87上 168下
髮 九上 髟 185下 427上
阪 十四下 𨸏 304下 731下
8 ⿱髟殺 九上 髟 185下 426下
9 脟 四下 肉 87下 169上

7225

3 ⿰月幾 87上 167下
⿱髟截 九上 髟 185下 427上

7226

1 脂 四下 肉 90上 175下
后 九上 后 186下 429下
2 ⿰月皆 四下 肉 88上 171上
階 十四下 𨸏 306下 736上
4 脗 二上 口 30下 54上
盾 四上 盾 74上 136上
骺 四下 骨 86下 165下
腯 四下 肉 89上 173上

7227

2 朏 七上 月 141下 313下
7 臾 十四下 申 311下 746下

7228

2 𠂢 十一下 𠂢 240上 570上
4 膎 四下 肉 89上 174上

7229

3 隰 十四下 𨸏 304下 731上
4 ⿰阝⿱亚木 六上 木 123下 264上

7230

0 馴 十上 馬 201上 467上

7231

3 騛 199下 463上
5 ⿰馬垂 200上 463下

7232

7 驕 200上 463下

7233

9 縣 九上 県 184下 423下

7234

1 ⿰馬岸 十上 馬 199下 462下
7 駿 202上

7236

2 ⿰馬皆 200下 465下

7237

7 騊 200下 465下

7238

1 驥 199下 463上
4 騤 200下 466上
騱 202上 469下

7239

1 騬 201下 467下

7240

0 刪 四下 刀 92上 180上
1 ⿱髟耳 九上 髟 186上 428上
4 ⿱氐十 十二下 氐 266上 628下
7 ⿱镸又 三下 又 64上 115下
⿱髟叏 九上 髟 185下 425下

7241

2 ⿱髟儿 十三上 糸 274下 652下

7242

2 彤 五下 丹 106上 215下

7244

1 ⿱𠂢廾 三上 廾.收 59上 104下
7 ⿱髟般 九上 髟 186上 427下

7252

7 髴 186上 428上

7255

7 髥 九上 須 184下 424上

7260

1 ⿱髟吾 九上 髟 185下 426下
⿱髟者 186下
髻 186下
2 ⿱髟呂 186下
4 ⿱氏口 二上 口 34下 61上
昏 七上 日 138下 305上
髺 九上 髟 186上 427上
8 ⿱髟春 186上 428上

7271

1 鼶 十上 鼠 206下 478下
2 鬈 九上 髟 185下 426上
⿱髟巴 185下 427上
⿱髟亂 186上 427下
5 髦 185下 426上
6 ⿰鼠⿺辶? 十上 鼠 206下 478下
8 鼷 206下 479上

7272

0 卪 九上 卪.卩 187上 431上
2 髟 九上 髟 185下 425下
3 ⿰𢇇斤 十三上 糸 277下 662下

7273

2 ⿱吅衣 八上 衣 172上 394下
鬟 九上 髟 186下

7274

0 氏 十二下 氏 265下 628上
氐 十二下 氐 266上 628下

7277

2 岳 九下 山 190上 437下
4 ⿱氒日 二上 口 34下 61下

7278

5 ⿰昏業 三上 丵 58下 103下

7280

1 兵 三上 廾.收 59上 104下
鬒 九上 彡 185上 424下
4 ⿱髟莫 九上 髟 186上 427下
6 質 六下 貝 130下 281下
鬢 九上 髟 185下 425下
⿱髟賁 186上 427下

7290

4 釆 二上 釆 28下 50上
禾 六下 禾 128上 275上
檃 六上 木 123下 264上
櫽 123下 264上
9 ⿱髟桼 六下 桼 128下 264上
⿱髟彔 九上 髟 186上 429上
⿱髟隶 九下 長 196上 453下

7320

4 ⿰月必 四下 肉 89上 173上

7321

2 肬 88下 171下
脘 89下 174上
腔 90下
院 七下 宀 150上 338下
十四下 𨸏 307上 736下
阬 305上 732上
3 髖 四下 骨 86下 165下
4 ⿺風寛 十三下 風 285上
7 阮 十四下 𨸏 305下 734下

9 颰 十三下 風 284下 677下

7322

7 脯 四下 肉 89上 174上

7324

0 膩 90上 176上

陚 十四下 𨸏 306上 735下

1 ⿰月宰 十下 囟 216下 501上

2 髆 四下 骨 86上 164下

膊 四下 肉 89下 174上

7 瞂 四上 盾 74上 136下

脧 四下 肉 90下 177下

陖 十四下 𨸏 305上 732上

7325

3 ⿰阝戔 307上 736下

7326

0 胎 四下 肉 87上 167下

7328

4 肰 90下 177上

6 髕 四下 骨 86下 165下

7329

9 脙 四下 肉 88下 171下

7330

4 駜 十上 馬 200上 464上

7331

2 駹 199下 462上

7332

2 驂 200下 465上

7334

7 駿 十上 馬 200上 463上

7335

0 驖 199下 462上

駴 200下 465下

駥 202上

7336

0 駘 201下 468上

7338

4 騃 201上 466下

7351

7 䶰 十三下 龜 285上 678下

7370

0 臥 八上 臥 169下 388上

7371

8 ⿰鼠穴 十上 鼠 206下 479下

7378

2 ⿰臼穴 七上 臼 148下 334下

7410

2 ⿱⿰月穴皿 五上 血 105上 214上

4 ⿱陏土 十四下 𨸏 305下 733下

7412

7 助 十三下 力 292上 699上

7413

6 ⿸尉䖵 十三下 䖵 676上

7420

0 肘 四下 肉 87下 170上

㷉 十上 火 208下 483上

尉 208下 483上

⿸厂⿰月斗 十四上 斗 300下 719上

附 十四下 𨸏 305下 734上

7421

2 𩪁 四下 骨 86下 166上

膮 四下 肉 89下 175下

肬 90下 177上

隢 十四下 𨸏 304下 731下

阤 305上 733上

⿰阝差 305下 733上

4 ⿰盾圭 四上 盾 74上 136下

陸 十四下 𨸏 304下 731上

5 ⿰阝雈 四上 隹 77上 144上

⿰月雈 四下 肉 90上 176上

6 腌 90上 176下

7 肍 89下 175上

7422

1 陭 十四下 𨸏 306上 735上

7 肋 四下 肉 87下 169上

胯 88上 170下

脪 88下 172上

隋 四下 肉 89上 172下

肭 七上 月 141下 313下

朒 141下 313下

防 十四下 𨸏 304下 731上

7423

2 隨 二下 辵 39下 70下

肱 三下 又 64上 115上

髓 四下 骨 86下 166上

胠 四下 肉 87下 169下

阹 十四下 𨸏 306下 736下

6 ⿰阝魚 十一下 魚 242下 575下

7424

0 ⿰同女 十二下 女 261上 619上

7 肢 四下 肉 88上 170下

陵 十四下 𨸏 304下 731上

陂 304下 731下

7426

0 陼 306上 735下

1 腊 七上 日 139上 307下

⿰阝告 十四下 𨸏 306上 735下

7428

1 䐜 四下 肉 90下 177上

4 膜 90上 176上

6 膭 90上 176上

⿰阝賣 十四下 𨸏 305下 733下

8 陝 十四下 𨸏 305上 732上

陜 306上 735上

9 ⿰阝⿱夂魚 十一下 魚 242下 575上

7429

4 ⿰月枼 四下 肉 87上 167下

⿰月枼 90上 176下

6 膫 89上 173下

9 膝 九上 卩 187上 431上

7430

0 駙 十上 馬 200下 465下

7431

2 驍 200上 463下

馳 201上 467上

駪 201下 469上

5 驩 200上 464上

⿰馬雈 201下 468下

7432

1 騎 200下 464下

7433

0 慰 十下 心 219上 506上

1 驠 199下 463上

8 ⿰阝黍 十四下 𨸏 305下 733上

7434

0 駮 十上 馬 199下 462下

1 ⿰馬壽 一上 示 9上 8上

[7] 駊 十上 馬 200上 464上
駿 200下 465下

7438

[0] 馱 202上
[1] 騏 199上 461上

7439

[8] 騋 200上 463下

7440

[4] 婈 十二下 女 263下 623下

7441

[2] 隢 十四下 𨸏 304上 731下

7444

[7] 雘 五下 丹 106上 215下

7460

[1] ⿱隋言 三上 言 56下 99下

7473

[2] 褽 八上 衣 170下 395下

7477

[2] 嶞 九下 山 190下 440上
墮 191上 441上

7480

[0] 𣂑 十四上 斗 300上 718上
[9] 熨 十上 火 208下 483上

7520

[0] 阱 五下 井 106上 216上
[6] 胂 四下 肉 87下 169上
陣 十四下 𨸏 306上 735下
⿰阝申 306上 735下

7521

[0] 胜 四下 肉 89下 175下
[4] 蟨 十三上 虫 280上 666下
[7] 骫 四下 骨 86下 167上
肫 四下 肉 87上 167上
肒 88下 172上
[8] 體 四下 骨 86下 166上

7522

[7] 肺 四下 肉 87上 168上
⿰月肅 89下 174下
胇 90上 177上

7523

[2] 膿 五上 血 105上 214上
⿺瓜弗 七下 瓜 149上 337上
[8] 瓞 149下 337上

7524

[0] 腱 四下 筋 91上 178上
[3] 膞 四下 肉 90上 176下
⿰卮專 九上 卮 186下 430上
[4] 髏 四下 骨 86上 164下
膢 四下 肉 88下 172上

7528

[0] ⿰月夬 四下 肉 88上 170上
胅 88下 172上
[1] 腆 89上 173上
[6] ⿰骨貴 四下 骨 86下 165下
隤 十四下 𨸏 305上 732下

7529

[6] 陳 306上 735下

7530

[6] 駛 十上 馬 202上

7532

[7] 騁 201上 467上

7538

[0] ⿰馬失 201上 467上
駃 201下 469上

7570

[7] 肆 九下 長 196上 453上

7571

[6] 鼬 十上 鼠 206下 479上

7578

[0] 镻 九下 長 196上 453下
⿰氐失 十二下 氐 266上 628下

7579

[9] 肄 九下 長 196上 453上

7611

[2] 覞 八下 見 178下 410上

7621

[0] ⿺風巳 十三下 風 284下 678上
[2] 膍 四下 肉 89上 173上
⿰兒見 八下 見 177下 407下
覛 十一下 𠂢 240上 570上
⿺風胃 十三下 風 284下 678上
颺 284下 678上
[3] 颸 285上
隗 十四下 𨸏 305上 732上
[4] 隍 306下 736下
[5] 臞 四下 肉 88下 171上
腥 89下 175下

7622

[7] 髑 四下 骨 86上 164下
髃 86上 165上
⿰骨昜 86下 166上
腸 四下 肉 87下 168下
陽 十四下 𨸏 304下 731上
隅 304下 731下

7623

[2] 隈 306上 734下
[3] 隰 305上 732下

7624

[0] ⿰冎卑 四下 冎 86上 164下
髀 四下 骨 86下 165上
脾 四下 肉 87上 168下
陴 十四下 𨸏 306下 736下

7626

[7] ⿸厂曹 九下 石 194下 449下

7628

[0] 胑 四下 肉 88上 170下
⿰月員 89下 175下
昃 七上 日 138上 305上
[1] 隄 十四下 𨸏 305下 733下
[6] 隕 305上 733上

7629

[4] 髁 四下 骨 86下 165上
臊 四下 肉 89下 175下

7630

[0] 駰 十上 馬 199下 461下
駟 200下 465下
馹 201下 468下

7631

[3] 騩 199上 461下

7632

[7] 駽 199上 461下

7633

[0] 驄 199下 462上

7634

[1] 駻 201上 467上

驛 十上 馬 201下 468下

7635

6 驒 202上 469上

7638

1 騠 202上 469上

7671

2 覞 八下 見 178上 409上
覞 178上 409上

7680

8 咫 八下 尺 175下 401下

7700

1 門 十二上 門 247下 587上

7710

2 皿 五上 皿 104上 211下
盥 104下 213上
盥 五上 血 105上 214上
闔 十二上 門 248上 588上
[illegible] 十四上 金 295上 704下
且 十四上 且 299下 716上
𠀃 716下
4 閏 一上 王 9下 9下
堅 三下 臤 65下 118下
朢 八上 壬 169下 387下
閨 十二上 門 248上 587下
闉 248上 588上
闟 十二上 門 249上 590上
[illegible] 十三下 土 287下 687上
堲 288上 689下
墍 289上 692上
[illegible] 十四下 寅 310下 745上
8 豎 三下 臤 65下 118下
豎 65下 118下
闓 十二上 門 248下 588下
9 鋻 十四上 金 294上 702下

7711

2 屔 八上 丘 169上 387上
閻 十二上 門 248上 588上

7712

7 翳 四上 羽 75下 140下
鴡 四上 鳥 81下 154下
耶 六下 邑 132下 286下
邱 136上 299下
闢 十二上 門 248上 587下

7713

6 蜰 十三上 虫 280下 667上
閩 282下 673下
蟁 十三上 虫 284上 675下

7714

7 [illegible] 五上 鼓 102上 206下
毀 十三下 土 289上 691下
毀 十三下 土 289上 691下

7715

3 闞 十二上 門 248上 588上

7716

4 闍 249上 591上

7720

7 尸 八上 尸 174上 399下

7721

0 [illegible] 三下 九 66下 120下
鳳 四上 鳥 79上 148下
肌 四下 肉 87上 167下
肊 87下 169上
[illegible] 五下 啚 106下 217下
夙 七上 夕 142上 315下
風 十三下 風 284上 677上
凡 十三下 二 286上 681下
几 十四上 几 299下 715下
阢 十四下 𨸏 307上
1 𡰥 八上 人 161下 365下
屝 八上 尸 174上 400下
[illegible] 八下 履 175下 402下
颮 十三下 風 284下 677下
2 胆 四下 肉 90下 177下
尼 八上 尸 174下 400上
屍 174下 400下
兒 八下 儿 176下 405上
兜 八下 兜 177上 406下
覺 八下 見 178下 409上
胞 九上 包 188上 434上
兕 九下 舄 198下 459上
衇 十一下 𠂢 240上 570上
閃 十二上 門 249上 590下
飂 十三下 風 284下 678上
[illegible] 十三下 土 288上 691上
阻 十四下 𨸏 304下 732上
[illegible] 十四下 丑 310下 744下
3 颸 十三下 風 284下 678上
4 屋 八上 尸 175上 400下
屋 175上 401上
隆 十三下 土 286上 682上
隉 十四下 𨸏 305上 733上
隉 306下 735下
5 瞿 四上 隹 76上 141上
鸜 四上 鳥 80上 150下
隆 六下 生 127下 274上
隆 127下 274上
尾 八下 尾 175下 402上
7 肥 四下 肉 90上 176下
肥 90下 171上
尻 八上 尸 174下 400上
[illegible] 八上 尸 174下 400上
閃 十二上 門 249下
凥 十四上 几 299下 715下
[illegible] 十四下 四 307上 737下

7722

0 周 二上 口 33上 58下
周 33上 58下
周 33上 58下
[illegible] 三下 又 64下 116下
用 三下 用 70上 128上
用 70上 128上
朋 四上 鳥 79上 148下
腳 四下 肉 88上 170下
朐 89下 174上
朐 90下
肑 四下 筋 91上 178上
冂 五下 冂 110下 228上
冋 110下 228上
囘 六下 囗 129上 277上
月 七上 月 141上 313上
朋 七上 多 142上 316上
冃 七下 冃 156下 353下
同 156下 353下
冃 七下 冃 156下 353下
㒳 157上 354下

號	字	卷	部	頁
	𠕒	七下	同	157上 354下
	网	七下	网	157上 354下
	罓	七下	网	157上 355上
	罔			157上 355上
	㒺			157上 355上
	𦉳			157上 355上
	罕			157上 355上
	卪	九上	卪、卩	186下 430下
	卯			187上 431上
	岡	九下	山	190下 439下
	朙			191上 441上
	霝	十一下	雨	241上 571下
	陶	十四下	𨸏	306上 735下
1	畀	五上	丌	99下 200上
	閜	十二上	門	248下 589下
2	膠	四下	肉	90下 177上
	屫	八下	履	175下 402下
7	咼	二上	口	34下 61上
	局			35上 62上
	𦥯	三下	爨	60上 106上
	釁			60上 106上
	𠬪	三下	爪	63上 113下
	𦥑	三下	又	64上 115下
	鷽	四上	隹	76下 142下
	鷗	四上	鳥	79下 149上
	鶻	四上	鳥	79下 149下
	鷳			81下 154下
	鵬			81下 154下
	冎	四下	冎	86上 164下
	骨	四下	骨	86上 164下
	腎	四下	肉	87上 168上
	膷			88上 170下
	胷			88上 171上
	𦡀			90上 176上
	臀			176上
	觷	四下	角	94上
	鄙	六下	邑	132上 286上
	鄘			132下 287上
	郳			136上 298下
	邔			136上 299下
	朚	七上	月	141下 313下
	鼐	七上	鼎	143下 319下
	鼏			143下 319下
	屑	八上	尸	174下 400上
	屑			174下 400上
	臀			174下 400上
	臋			174下 400上
	屬	八下	尾	175下 402上
	屩	八下	履	176上 402下
	屚	十一下	雨	241下 573下
	閼	十二上	門	248下 588下
	閒			248下 589下
	闀			248下 589下
	闟			249上 590上
	陊	十四下	𨸏	305下 733下
	隝			306下 736下
	𨼀	十四下	厽、肉	308上 739下
8	閉	十二上	門	248上 588上

7723

號	字	卷	部	頁
1	閈			248下 589下
	閒			248下 589下
2	晨	三上	晨	60上 105下
	農			60上 106上
	腮	四下	肉	90下
	展	八上	尸	174下 400上
	𡰪			174下 400下
	展			174下 400下
	限	十四下	𨸏	304下 732上
	隊			306下 736下
3	闋	十二上	門	248下 589下
6	蝨	十三下	䖵	283下 674下
7	隒	十四下	𨸏	305下 734下

7724

號	字	卷	部	頁
0	㕞	三下	又	64下 115下
	豚	九下	豚、豚	197下 457上
	颮	十三上	風	284下 677下
	陬	十四下	𨸏	304下 731下
1	屖	八上	尸	174下 400下
	屛			175上 401上
	闢	十二上	門	248下 588下
	閉			248下 590下
3	𡰱	八上	尸	174下 400下
4	屨	八下	履	175下 402下
	屢			175上
	屛	十下	夲、夲	215上 498上
7	𠬝	三下	又	64下 116上
	叚			64下 116下
	殿	三下	殳	66下 119下
	股	四下	肉	88上 170下
	腏			90上 176下
	夋	五下	夊	112下 233上
	𡰱	八上	尸	174下 400下
	履	八下	履	175下 402下
	屐			176上 402下
	服	八下	舟	176上 404上
	孱	十四下	孨	310下 744上

7725

號	字	卷	部	頁
1	羼	四上	羴	78下 147下
2	𨽐	十四下	𨸏	306上 734下
3	閥	十二上	門	249下
4	降	十四下	𨸏	305上 732下
7	氓	十二下	民	265下 627上
9	犀	二上	牛	30上 52下

7726

號	字	卷	部	頁
1	膽	四下	肉	87上 168下
	𡰲	八上	尸	174下 400上
2	屑			174下 400上
4	唇	二上	口	30下 54上
	骼	四下	骨	86下 166下
	胳	四下	肉	87下 169下
	腒			89下 174下
	居	八上	尸	174下 399下
	屠			174下 400下
6	層			175上 401上
7	眉	四上	眉	74上 136上

7727

號	字	卷	部	頁
2	屆	八上	尸	174下 400上
	屈	八上	尾	175下 402上
7	脂	四下	肉	90下 177上
	良	五下	畗	111下 230上
	屇	八上	尸	174下 400下
	陷	十四下	𨸏	305上 732下

7728

號	字	卷	部	頁
0	㫃	七上	㫃	140上 309上
1	屣	八上	尸	174下 400上

2 歑 八下 欠 179下 411下
欿 180上 413上
歃 180上 413上
4 ⿸尸奥 八上 尸 174上 399下
隩 十四下 𨸏 305下 734下
7 腴 四下 肉 88上 170上

7729

1 際 十四下 𨸏 306下 736上
2 尿 八下 尾 175下 402下
4 ⿸尸桼 二下 辵 40下 72上
膝 四下 肉 89上 172下
⿸尸来 六上 木 123下 264上
⿰阝来 123下 264上
⿸尸桼 八上 尸 174下 400下

7730

5 闥 十二上 門 249下

7731

0 颿 十上 馬 201上 466下
1 ⿰馬巳 一上 示 8上 8下
2 駔 十上 馬 201下 468上

7732

0 ⿰馬間 199上 461上
駒 199上 461上
馰 199下 462下
駠 200上 464下
⿰馬包 十上 馬 201上 466下
駧 201上 467上
驧 201下 467下
駉 201下 468下
騊 202上 469下
7 ⿰馬⿱日勹 一上 示 9上 8上
鷽 四上 鳥 80上 150上
⿱臼鳥 80上 151上
鷖 81上 152下
舄 四上 烏 82下 157上
⿰舄阝 六下 邑 132下 287下
⿰馬阝 134下 294上
𤉡 九下 𤉡 198下 458下
驈 十上 馬 199下 462上
騧 199下 462上
驁 200下 466上
⿱𦥯馬 200下 467上
騶 201下 468上
闖 十二上 門 249上 591上

7733

1 熙 十上 火 210下 486下
黳 十上 黑 211上 488上
悶 十下 心 222上 512上
⿵門思 223上 514上
2 ⿰馬豕 十上 馬 201上 466下
⿰馬辰 十上 馬 467下
⿰馬彖 202上 469上
4 ⿱冊心 十下 心 219下 508上
⿵門思 223上 514上
閟 十二上 門 248下 588下
6 騷 十上 馬 201下 467下
7 ⿱𦣻心 十下 心 223上 514下
8 惥 219下 507上

7734

0 馭 二下 彳 43下 77下
7 ⿱臼寸 六下 巢 128下 275下
⿱臼寸 128下 275下
騢 十上 馬 199上 461下
駸 200下 466上
馺 200下 466上

7736

2 騮 199上 461下
騽 199下 463上
4 駱 199下 461下

7740

0 閔 十二上 門 249上 591上
1 閈 248上 587下
聞 十二上 耳 250上 592上
4 ⿱𦥑女 三上 𦥑 60上 105下
⿱𦥑衣 八上 衣 172上 394下
婜 十二下 女 259上 614下
嫛 262上 620上
⿱臤女 262上 620上
⿱與女 264下 624下
⿱𦥑⿱殳女 264下 625上
7 ⿱𦥑又 三上 𦥑 60上 105下
叟 三下 又 64上 115上
殳 三下 殳 66上 118下
學 三下 教 69下 127上
闅 四上 𡕥 70下 129下

7742

7 舅 十三下 男 291下 698下

7744

0 册 二下 册 48下 85下
丹 五下 丹 106上 215下
1 弄 三上 廾收 59上 104上
開 十二上 門 248下 588下
3 閞 248上 588上
7 舁 三上 舁 59下 105下
⿱𦥑⿱口廾 59下 105下
⿱𦥑⿱卯廾 59下 105下
叚 三下 又 64下 116下
段 三下 殳 66下 120上
⿵門殳 十二上 門 248下 588下
⿵門叚 248下 588下
8 闞 十二上 門 249上 590下

7748

2 闕 248上 588上

7750

2 掔 十二上 手 254上 603上
擧 254上 603上
擧 254上 603上
擊 257上 609上
4 ⿱臤牛 二上 牛 29下 52下
6 闈 十二上 門 247下 587上
闡 248下 588下
閘 248下 588下
8 舉 十二上 手 254上 603上

7752

7 那 六下 邑 134下 294上

7755

0 冄 九下 冄 196下 454上
毋 十二下 毋·毌 265上 626下
1 羼 四上 羴 78下 147下

7760

1 嚳 二上 告 30下 53下
問 二上 口 32上 57上
闇 三上 言 52上 91下
⿱毋言 52上 91下
譽 53下 95上

罯 五上 皿 104下
闍 十二上 門 248上 587上
閤 248上 587下
闇 249上 590上
2 冒 五上 曰 100下 202下
礜 九下 石 194下 449下
礐 195上 451上
砮 195上 451上
留 十三下 田 291上 697下
4 督 四上 目 71上 130上
睯 72下 133上
闍 十二上 門 248上 588上
閽 249上 590下
醫 十四下 酉 313上 750下
5 詈 三上 言 52上 91下
6 闠 十二上 門 247下 587上
閭 248上 587下
8 閣 248下 589上

7762

1 閜 248下 588下
7 鴡 四上 鳥 80下 151下

7769

3 闞 十二上 門 248下 589下

7771

2 鼠 十上 鼠 206下 478下
鼩 十上 鼠 206下 479上
鼢 206下 479上
3 鼨 206下 479上
4 鼫 206下 479上
5 鼲 207上 479下
6 鼶 206下 478下
閹 十二上 門 249上 590上
7 兆 八下 兆 177上 406下
云 十一下 雲 242下 575上
巸 十二上 𦣝 250下 593上
黽 十三下 黽 285上 679上
黿 285上 679上
巴 十四下 巴 309上 741下
巳 十四下 巳 311上 745下

7772

0 即 五下 皀 106下 216下
印 九上 印 187上 431下
卯 九上 卯卯 187下 432上
十四下 卯 311上 745上
卯 九上 卯卯 187下 432上
卿 187下 432上
卵 十三下 卵 285下 680上
2 鬱 五下 鬯 106下 217上
7 雞 四上 隹 76下 142下
鷗 四上 鳥 80下 151下
鵃 四上 鳥 82上 156上
邸 六下 邑 132上 284上
郢 133上 289上
鄙 133下 291下
郵 134上 293上
郘 135上 295上
闇 十二上 門 248下 589下

7773

2 餐 五下 食 108上 221下
艮 八上 匕 168下 385下
褭 八上 衣 170下 395下
閬 十二上 門 248上 587下
閬 248上 588下
闤 249下

7774

0 臤 三下 臤 65下 118上
2 𢍈 十二下 氏 266上 628下
7 毆 三下 殳 66上 119下
殿 66下 119下
民 十二下 民 265下 627上
毈 十三下 卵 285上 680下

7775

0 毋 十二下 女 259下 614下
毌 十二下 毌.毋 265上 626下

7777

0 臼 二下 齒 44下 78下
臼 三上 臼 60上 105下
臼 七上 臼 148下 334上
归 九上 印 187上 431下
囟 十下 囟 216下 501上
𠚊 十二下 曲 268下 637下
2 嵒 九下 山 190下 439下
嵒 191上 441下
關 十二上 門 249上 590上
4 學 三上 䢅 60上 106上
毌 七上 毌 142下 316上
7 簠 五上 竹 97上 194上
匪 五上 箕 99上 199上
匧 六上 木 122上 260下
閻 十二上 門 248下 587下
匸 十二下 匸 268上 635下
匶 268上 637上
𠂤 十四下 𠂤 306上 734下

7778

2 歐 八下 欠 179下 412上

7779

3 闙 十二上 門 248下 589下

7780

1 具 三上 廾.收 59下 104下
與 三上 舁 59下 105下
興 三上 舁 59下 105下
巽 五上 丌 99下 200上
巽 99下 200上
闠 十二上 門 249上 590上
閃 249上 590下
輿 十四上 車 301上 721下
2 闔 十二上 門 249上 590上
4 闋 249上 590下
闐 249下
6 賢 六下 貝 130上 279下
貿 130下 281下
貫 七上 毌 142下 316上
闠 十二上 門 248上 588上
7 臾 一下 艸 25上 44上
尺 八下 尺 175下 401下
臾 十四下 申 311下 747上
9 爨 三上 爨 60上 106上
焛 十上 火 207下 481上
奧 209上 484下

7781

2 闚 十二上 門 249上 590下

7782

7 鷃 四上 鳥 80上 150上
鄖 六下 邑 134下 294下
鄉 300上

7788

2 歟 八下 欠 179上 410下

7790

2 ⿱𦥯水 十一上 水 232下 555上
3 緊 三下 臤 65下 118上
⿱県系 十三上 糸 272下 647上
繄 275下 656下
4 㮚 七上 𠧪 143上 317下
⿱臼米 七上 米 147下 333上
闑 十二上 門 248上 588上
閑 248下 589下
6 闌 248下 589下

7794

7 毇 七上 毇 148下 334上

7799

3 關 十二上 門 249上 590下
繼 十三上 糸 276下 659上

7810

1 䪢 七下 韭 149下 336下
2 監 八上 臥 170上 388上
鹽 十二上 鹽 247上 586上
盬 247下 586上
4 墜 十三下 土 290上

7821

1 胙 四下 肉 89上 172下
阼 十四下 𨸏 306下 736上
2 脫 四下 肉 88下 171上
覽 八下 見 177下 408上
隘 十四下 𨺅 307上 737上
4 脞 四上 目 73下 135下

7822

1 隃 十四下 𨸏 306上 735上
2 胗 四下 肉 88下 171下
7 肣 七上 𢎘 142下 316下
陯 十四下 𨸏 307上 736下

7823

1 膴 四下 肉 89下 174下
⿰阝無 十四下 𨸏 306上 735上
2 陰 304下 731上
隊 305上 732下

7824

0 肸 三上 十 50下 89上
敶 三下 攴 68上 124上
敫 69下 126下
1 骿 四下 骨 86下 165上
胼 86下
7 腹 四下 肉 87下 170上

7825

7 脢 87下 169下

7826

1 膳 四下 肉 89上 172下
6 ⿰骨會 四下 骨 87上 167上
膾 四下 肉 90上 176下

7828

0 ⿰阝从 十四下 𨸏 305上 732上
4 朕 八下 舟 176上 403下
6 險 十四下 𨸏 304下 732上

7829

4 除 306下 736上

7830

0 ⿰馬八 十上 馬 199上 461上

7831

2 駞 八上 人 163下 371上
駾 十上 馬 201上 467上

7832

0 ⿰馬介 201下 467下
2 駗 201下 467下

7833

4 ⿱臤心 十下 心 222上 512下

7834

0 ⿰馬敫 十上 馬 199下 463上
1 駢 200下 465上

7835

5 騂 202上

7838

0 ⿰馬从 十上 馬 200上 463下
6 驗 200上 464上

7839

4 駼 202上 469下

7844

0 斅 三下 教 69下 127上

7850

2 掔 十二上 手 252上 597下

7860

1 ⿱臥言 八上 臥 170上 388上

7864

0 ⿰臣攵 三下 攴 69上 126上
⿰臣攵 69上 126上

7870

0 臥 八上 臥 169下 388上

7871

1 ⿰鼠益 十上 鼠 206下 479上
2 鼢 206下 478下
⿰鼠令 206下 479上
3 鼸 206下 479上

7873

2 ⿱臥食 八上 臥 170上 388上

7874

0 ⿰臣攴 三下 攴 67下 122下
⿰臣攵 69下 126下

7876

6 臨 八上 臥 170上 388上

7877

2 ⿱欿山 九下 山 190上 438下

7880

9 ⿰阝⿱从火 十四下 𨺅 307上 737上

7921

2 ⿰阝卷 十四下 𨸏 306上 735上
4 塍 十三下 土 286下 684上

7922

7 幐 七下 巾 159下 361上
騰 十上 馬 201下 468下
勝 十三下 力 292上 700上
陗 十四下 𨸏 305上 732上

7923

1 黱 十上 黑 211下 489上
3 ⿰月⿱关仌 十一下 仌 240下 571上
6 螣 十三下 虫 278下 663下

7925

0 胖 二上 半 28下 50上

7926

1 謄 三上 言 54上 95下

7928

6 ⿰月貞 四下 肉 90上 176上
賸 六下 貝 130上 280下

7929

3 縢 十三上 糸 276上 657下
4 榺 六上 木 123上 262下
6 隙 十四下 𨸏 306下 736上
9 滕 十一上 水 230上 548上

7931

2 駫 十上 馬 200上 464上

8

8000

0 八 二上 八 28上 48下
入 五下 入 109上 224上
人 八上 人 161下 365上

8001

7 气 一上 气 14下 20上

8002

7 兮 五上 兮 101上 204上

8010

0 亼 五下 亼 108下 222下
企 八上 人 161下 265下
1 差 五上 左 99下 200下
2 差 99下 200下
盆 五上 皿 104上 212上
益 104下 212下
盫 104下 213上
仺 五下 倉 109上 223下
仝 五下 入 109上 224上
並 十下 竝 501上
羞 十四下 丑 310下 745上
4 [illegible] 四下 肉 90上 176下
全 五下 入 109上 224上
9 釜 三下 鬲 62下 111下

金 十四上 金 293下 702上
金 293下 702上

8011

2 鏡 294下 703下
鏕 295上 704下
5 [illegible] 四上 鳥 80上 151上
鏟 十四上 金 295上 705下
錐 296下 707下
鐘 297上 709下
6 [illegible] 298下 714上
7 [illegible] 294下 704上

8012

7 翦 四上 羽 75上 138下
翁 75上 138下
翕 75上 139上
鎬 十四上 金 294下 704上
鐫 295下 706上
鏞 297上 709下
鈁 297上 709下
鏑 297下 711下

8013

1 鐎 295上 704下
鑣 298上 713上
2 鑲 294上 703上
鉉 295上 704下

6 [illegible] 十三上 虫 281下 670下

8014

7 錞 十四上 金 297下 711上

8016

5 鎕 298下 714下

8018

2 羨 八下 㳄 180下 414上

8019

4 鏶 十四上 金 295上 705下

8020

0 个 五上 竹 194下
2 㐱 三下 九 66下 120下
九上 彡 185上 424下
7 今 五下 亼 108下 223上

8021

1 [illegible] 七下 疒 155下 351上
龕 十一下 龍 245下 582下
龕 245下 582下
乍 十二下 亡,亾 267下 634上
2 羌 四上 羊 78下 146下
兑 八下 儿 176下 405上
尣 十下 尣,尢 214上 495上
5 [illegible] 四上 隹 76下 143上
[illegible] 四上 鳥 81下 154上
7 氛 一上 气 14下 20上

8022

0 介 二上 八 28上 49上
1 前 二上 止 38上 68上
俞 八下 舟 176上 403上
斧 十四上 斤 299下 716下
7 分 二上 八 28上 48下
龠 二下 龠 48下 85上
鬻 三下 䰜 62下 111下
鬻 62下 112下
肎 四下 肉 88上 171上
剪 四下 刀 91上 178下
侖 五下 亼 108下 223上
侖 108下 223上
弟 五下 弟 113下 236下
[illegible] 七下 巾 158下 357下
令 九上 卩,卪 187上 430下
禽 十四下 厹,内 308上 739下
离 308上 739下

8023

2 㒸 二上 八 28上 49上
7 兼 七上 秝 146下 329下

8025

1 舞 五下 舛 113上 234上
3 羲 五上 兮 101上 204上
7 [illegible] 五下 弟 113下 236下

民 十二下 民 265下 627上

8026

7 倉 五下 倉 109上 223下

8028

9 羙 十上 火 208上 482上

8029

4 𪎊 七下 麻 149上 336上

8030

2 令 九上 卪.卩 187上 430下

8031

7 忥 十下 心 221上 511上

8032

7 舊 四上 鳥 81下 154上

鶯 82下 157上

㥤 十下 心 221下 511下

8033

1 羹 三下 䰜 62下 112下

羔 四上 羊 78上 145下

悆 十下 心 217上 502下

無 十二下 亡.亾 267下 634下

2 愈 七下 疒 156下 352下

煎 十上 火 208下 482下

念 十下 心 217上 502下

忩 220下 510上

忿 221下 511上

5 恙 十下 心 222下 513上

6 羔 十上 火 208下 482下

鮺 十一下 魚 244下 580下

9 悆 十下 心 220上 509上

8034

6 尊 十四下 酋 314上 752上

8040

0 父 三下 又 64上 115上

午 十四下 午 311下 746上

1 𢆉 三上 干 50上 87上

4 姜 十二下 女 258下 612下

7 屰 三上 干 50上 87上

夋 三下 革 62上 110下

复 五下 夊 112下 232下

夒 112下 233下

8044

1 并 八上 从 169上 386上

6 弇 三上 廾.収 59上 104上

尊 十四下 酋 313下 752上

8050

0 年 七上 禾 146上 326下

1 羊 四上 羊 78上 145上

羍 78上 145下

6 輦 十四上 車 303下 730上

甲 十四下 甲 308下 740上

8051

2 羌 四上 羊 78下 146下

6 羶 四上 羴 78下 147下

8052

7 羛 十二下 我 267上 633上

8055

1 羴 四上 羴 78下 147下

3 義 267上 633上

8060

0 㕣 二上 口 35上 62上 十一上 水 528上

囟 五上 箕 99上 199上

1 善 三上 誩 58上 102上

善 58上 102上

合 五下 亼 108下 222下

普 七上 日 139下 308上

𪉟 十二上 鹵 247上 586上

2 含 二上 口 31上 55下

首 九上 𩠐.首 184下 423上

3 畚 十三下 田 291上 697下

4 舍 五下 亼 108下 223上

酓 十四下 酉 748下

酋 十四下 酋 313下 752上

6 曾 二上 八 28上 49上

會 五下 會 109上 223上

8 谷 三上 谷 50上 87上

谷 十一下 谷 240上 570上

9 畬 十三下 田 290下 695下

8061

5 雒 四上 隹 77上 143下

8062

7 命 二上 口 32上 57上

8066

1 譱 三上 誩 58上 102上

韽 三上 音 58上 102下

8071

1 企 十上 鹿 202下 470上

2 倉 五下 食 106下 218上

毓 十四下 𠫓 310下 744下

6 饘 五下 食 107下 219上

7 气 一上 气 20上

云 十一下 雲 242下 575上

瓮 十二下 瓦 269下 638下

8072

3 饎 五下 食 107上 219上

7 全 五下 入 109上 224上

8073

2 公 二上 八 28下 49下

食 五下 食 106下 218上

養 107上 220上

饟 五下 食 107下 220下

衾 八上 衣 172上 395上

㱃 八下 㱃.欽 180下 414上

会 十一下 雲 242下 575上

8075

7 每 一下 屮 15上 21下

8076

1 䍃 五下 缶 109下 225上

8077

2 缶 109上 224下

仚 八上 人 167下 383下

嵞 九下 屾 191下 441下

7 舀 七上 臼 148下 334下

8080

0 𠔁 二上 八 28上 49上

仌 十一下 仌 240下 570下

1 疌 二上 止 38上 68上

饌 五下 食 107上 218下

夏 五下 夊 112下 233下

夏 112下 233下

企 八上 人 161下 365下

3 羑 九上 厶 189上 436下

4 羹 三下 䰜 62下 112下

美 四上 羊 78下 146下

奠 五上 丌 99下 200下

矢 五下 矢 110上 226上
5 菐 三上 菐 59上 103下
[illegible] 五下 韋 113上 234下
6 貪 六下 貝 131上 282上
貧 131上 282下
7 羑 四上 羊 78下 147上
九上 厶 189上 437上
9 [illegible] 十上 火 208上 481下

8081

5 雉 四上 隹 76上 141下

8088

6 僉 五下 亼 108下 222下

8090

0 尒 二上 八 28上 48下
2 [illegible] 八下 飲歙 180下 414上
羕 十一下 永 240上 570上
4 余 二上 八 28下 49下
[illegible] 28下 49下

8091

7 氣 七上 米 148上 333上

8111

1 鉦 十四上 金 297上 708下
2 鋞 294下 704上
鑪 295上 705下
鈲 296上 700下
錏 十四上 金 297下 711下
釭 298上 711下
4 銍 296上 707上
7 鉅 298下 714下

8112

0 釘 294上 703上
2 [illegible] 298下 714上
7 鎊 295下 705下

8113

2 鐻 五上 虍 103上 210上
6 鼄 十三下 黽 285下 680上
鑢 十四上 金 296下 707下

8114

0 釫 六上 木 121下 259上
鈃 十四上 金 294下 703下
釾 297下 710下
釬 297下 711下
3 鎒 六上 木 121下 258下
6 鐔 十四上 金 297上 710上

8115

3 鐬 298上 712下

8116

0 鉆 296上 707上
1 鋙 295下 705下
2 鐂 十四上 金 298下 714上

8118

6 顉 九上 頁 183上 419上

8119

1 鏢 十四上 金 297下 710下

8124

7 [illegible] 三下 殺 66下 120下

8128

6 頒 九上 頁 182上 417下
[illegible] 182上 417下
[illegible] 182下 418上
[illegible] 184上 422上

8131

7 瓴 十二下 瓦 269上 639上

8138

6 領 九上 頁 182上 417上
[illegible] 182上 417下

8141

7 瓶 五下 缶 109下 225上

8146

1 啎 十四下 午 311上 746上

8151

2 羥 四上 羊 78上 146上
4 羶 78下 146下

8161

1 [illegible] 十一下 谷 240上 570下
7 甑 十二下 瓦 269上 638下

8162

1 [illegible] 十四下 酉 312上 748上
7 [illegible] 四上 白 74下 137上
[illegible] 74下 137上

8168

6 頜 九上 頁 182上 417上
[illegible] 182下 418下
[illegible] 183上 420上

8171

2 [illegible] 五下 皀 106下 218上
缸 五下 缶 109下 225下
[illegible] 十二下 甾 268下 638上
7 [illegible] 五上 虎 103下 211上
鼅 十三下 黽 285下 679下

8172

1 [illegible] 三下 䰜 62下 112上

8174

0 飦 62下 112上
餌 63上 112下
9 罅 五下 缶 109下 225下

8175

3 饖 五下 食 108上 222上

8176

0 [illegible] 107下 221上
[illegible] 五下 缶 109下 225下
1 [illegible] 五下 缶 109下 225下
2 餾 五下 食 107上 218下

8178

6 頌 九上 頁 181下 416上
[illegible] 183下 421上

8181

8 短 五下 矢 110上 227上

8182

1 [illegible] 七下 疒 154上 348上
[illegible] 十四下 酉 312上 748上
7 [illegible] 四上 白 74下 137上
[illegible] 74下 137上
[illegible] 74下 137上

8188

6 [illegible] 九上 頁 182上 417上

8190

4 榘 五上 工 100上 201上

8210

0 剉 四下 刀 92上 181下
釗 92下 181下
[illegible] 十四上 金 293下 702上
[illegible] 294下 704上
釧 299上

8211

3 銚 295上 704下

5 鍾 十四上 金 294下 703下
錘 296下 708下
7 鍦 295下 705下
8 鐙 295上 705上
鎧 297下 711下

8212
1 釿 十四上 斤 300上 717上
7 鐈 294下 704上
鑴 294下 704上

8213
0 鈲 299上

8214
1 鋌 294下 703下
鋋 297下 710下
4 錗 299上 715上
7 鏺 296上 707上
鍰 296下 708上
9 鋝 296下 708上

8216
2 鍇 293下 702下
3 錙 296下 708下
4 銛 295下 706下
錉 298下 714上
鍲 298下 714下
9 錔 298下 714上

8217
7 鍤 十四上 金 295下 706上

8219
4 鑠 294上 703上

8220
0 創 四下 刃 93上 183上
剃 九上 髟 186上 429上

8221
5 毹 八上 毛 174上
7 龥 二下 龠 48下 85下

8226
2 龤 48下 85下

8229
4 龢 48下 85下

8230
0 𠟍 四下 刀 92下 182下

8233
6 憖 十下 心 221上 510下

8240
1 憗 221上 510下

8251
3 𦍼 四上 羊 78上 145下

8254
0 羝 78上 146上
4 𦏲 78下 146下

8256
9 羳 四上 羊 78上 146上

8260
0 劊 四下 刀 91下 179上

8270
0 刮 91上 178上
刉 91下 179上

8271
4 飪 五下 食 107上 218下
8 饎 107下 221上

8273
2 饛 107下 221上
𦈢 五下 缶 109下 225上
7 𩟄 五下 食 107下 221上

8274
4 餴 107上 218下
餒 108下 222上
餧 108下 222上
7 飯 107上 220上

8275
3 饑 108上 222上

8276
1 缿 五下 缶 110上 226上

8278
4 飫 五下 食 108上 221上

8279
3 緐 十三上 糸 276上 658上
4 餜 五下 食 108上 221下

8280
0 劍 四下 刃 93上 183上
𠛎 五下 矢 110上 227上

8282
7 矯 五下 矢 110上 226上

8284
4 矮 110下

8290
2 𤽈 十一下 泉 239下 569下

8305
0 𢧢 十二下 戈 266下 631下

8311
2 鈧 十四上 金 297下 710下
鉈 297下 711上

8312
7 鋪 298下 713下

8313
2 鋃 298上 713下

8314
2 鎛 297上 709下
7 餕 五下 食 108下

8315
0 韱 七下 韭 149下 337上
鉞 十二下 戉 266下 632下 十四上 金 298上 712下
鐵 293下 702下
鐡 293下 702下
鑯 295上 705上
鍼 295下 706上
3 錢 296上 706下

8316
0 鈶 六上 木 122上 259上
8 鎔 十四上 金 294上 703上

8318
1 錠 295上 705上
4 钀 十四上 車 302上 726上

8319
4 鉥 十四上 金 295下 706上

8325
0 𢦔 十二下 戈 266下 631上

8352
1 羜 四上 羊 78上 145下

8365
0 馘 十二上 耳 250下 592下

8366
5 䜬 十一下 谷 240上 570下

8370
0 𠧩 三下 卜 69下 127下

4 飶 五下 食 107下 221上

8371

7 飢 108上 222上

8372

7 餔 107下 220下

8375

0 餓 108下 222下
⿰缶或 五下 缶 109下 225下
3 餞 五下 食 108上 221下

8376

0 飴 107上 218下

8377

7 館 108上 221下

8410

0 針 十四上 金 295下 706上

8411

0 鈋 298下 714下
2 銑 294上 702下
⿰金曉 294下 703下
鈂 295下 706下
鐃 297上 709上

8412

1 錡 295下 705下
7 鋤 296上 706下
⿰金⿰阝青 296上 707上

8413

2 鉣 十四上 金 298上 713上

8414

1 鑄 294上 703上
2 鎛 297上 709上
7 鑊 294下 704上
鈹 295下 706上

8416

1 錯 295下 705下

8417

0 鉗 296上 707下

8418

0 鈦 296上 707上
1 鎮 296上 707上
4 鏌 297上 710上
6 鐀 294上 702下
鑽 296下 707下
8 鋏 294上 703上

8419

4 鍱 295上 705下
6 鐐 293下 702上

8426

0 ⿰辛古 十四下 辛 309上 742上

8454

7 ⿰飠支 五下 食 107上 220上

8460

0 ⿰酋寸 二下 辵 42上 75下

8464

0 ⿰酋攵 十二下 女 264下 625上

8468

6 ⿰𨸏賣 十四下 𨸏 305下 733下

8471

2 饁 五下 食 107下 220下
饒 108上 221下
5 饉 108上 222上
罐 五下 缶 110上
8 饐 五下 食 108上 222上

8472

7 罏 五下 缶 109下 225下

8474

0 餀 五下 食 108上 221下
7 餕 108下 222下
8 ⿰飠夆 107上 218上
⿰飠夆 107上 218上

8476

1 饎 107上 219下

8478

4 餱 108上 221上
6 饙 107上 218下
饡 107下 220上

8490

0 斜 十四上 斗 300下 718下

8511

7 鈍 十四上 金 299上 714下

8512

7 鈁 299上 715上

8513

0 鏈 293下 702下
6 ⿰金虫 296上 707上

8514

0 鍵 295上 704下
4 鏤 294上 702下

8516

1 鐕 296下 707下

8517

7 鏏 295上 704下

8518

0 鈇 298上 713上
鈌 298下 714上
1 鏔 294下 704上
2 銕 293下 702下

8519

0 銖 296下 707下
6 鍊 294上 703上

8558

2 羠 四上 羊 78上 146上
6 羵 78下 146下

8573

6 蝕 十三上 虫 281下 670上

8574

0 ⿰食建 三下 䰜 62下 112上

8578

0 缺 五下 缶 109下 225下
6 饋 五下 食 107下 220下

8579

0 ⿰飠朱 108下 222下
6 餗 三下 䰜 63上 112下

8610

0 錮 十四上 金 294上 703上
釦 295下 705下
鈿 299上

8611

2 ⿰金罷 296上 707上
4 鍠 297上 709下
鑘 298下 713下
5 鑺 299上

8612

7 鍔 四下 刀 91上 178上
錦 七下 帛 160下 363下
蠲 十三上 虫 279下 665下

鍚 十四上 金 293下 702上
鋗 295上 704下
鐲 296下 708下
鐊 298上 712下
錫 298上 712下

8613

0 鏓 297上 709下
2 鍡 298上 713下

8614

0 錍 295下 706上
1 [illegible] 295上 705下
鐸 297上 709上
7 钁 296上 706下
鏝 296下 707下

8621

2 覦 八下 見 178下 409上
[illegible] 178下 409上

8652

7 羯 四上 羊 78上 146上

8660

0 智 四上 白 74下 137上

8661

2 [illegible] 八下 見 178下 409上

8664

0 朇 五下 會 109上 223下

8671

3 餽 五下 食 108下 222下

8672

7 餳 107上 218下
餳 107上 218下
[illegible] 108上 221下
餲 108上 222上

8680

0 知 五下 矢 110上 227下

8681

2 䂓 八下 見 177下 407下

8682

7 [illegible] 五下 矢 110上 227上

8711

2 鋞 十四上 金 295上 704下
鈕 295下 706上
[illegible] 296上 706下
鉏 296上 706下
3 鑱 296下 707下
7 鈀 296下 708下

8712

0 鉤 三上 句 50下 88上
銅 十四上 金 293下 702上
[illegible] 295下 705下
鈞 296下 708下
鐗 十四上 金 297下 711下
釣 298上 713上
錭 299上 714下
2 鏐 297下 711上
7 鐍 四下 角 94下 188上
[illegible] 六下 邑 136上 299下
鉹 十四上 金 294下 703下
鏞 297上 709下

8713

2 銀 293下 702上
鐌 297下 711上
5 鏠 297下 711上
6 螸 十三上 虫 281上 669下

8714

3 釵 十四上 金 299上
7 鍛 294上 703上
錣 295下 706上
鈒 297下 710下
鍜 297下 711下

8715

4 鋒 297下 711上
7 錚 297上 710上

8716

1 鉛 293下 702上
2 鉊 296上 707上
銘 299上

4 鋸 十四上 金 296上 707下
鉻 298下 714上

8718

1 鐉 298下 714上
2 欽 八下 欠 179上 410下
歙 180上 413下
鏉 十四上 金 298下 714上
4 鍥 296上 707上
鍭 297下 711上

8719

4 鍒 299上 714下
9 鑗 294上 703上
録 294上 703上

8722

7 鶂 四上 鳥 80下 151下
鵜 81下 154上
鶬 81下 154上
鳻 82上 156上
邠 六下 邑 132上 285下
鄃 133下 290上

8728

2 欦 八下 欠 179下 411下
歉 180上 413上
歈 180下

8732

0 翎 四上 羽 75下
7 鄦 六下 邑 133下 290下

8733

2 愬 三上 言 56下 100上
[illegible] 十下 心 222下 513下

8741

7 艴 九上 色 187下 432上

8742

0 朔 七上 月 141上 313下
7 鶵 四上 鳥 79下 149下
鶵 79下 149下
郱 六下 邑 136上 299下

8748

2 欮 七下 疒 155上 349下

8752

0 翔 四上 羽 75下 140上
7 䣡 六下 邑 135下 297下

8754

7 羖 四上 羊 78上 146上

8761

0 [illegible] 三下 [illegible]、丮 63下 114上
7 [illegible] 十三下 黽 285下 679下

8762

0 卻 九上 卪、卩 187上 431上
2 舒 四下 予 84上 160上

豂 十一下 谷 240上 570下
7 鵨 四上 隹 77上 143下
鴿 四上 鳥 79下 150上
鵒 82上 155下
鄯 六下 邑 132上 284下
郃 132下 286下
郤 133上 289上
鄶 135上 295下
鄫 135下 298上
䣁 136下 300上

8768

2 欲 八下 欠 179上 411上
欱 180上 413上
歙 八下 飲歙 180下 414上

8771

0 飢 五下 食 108下 222下
2 飷 107上 220上
飽 108上 221上
7 饇 107上 219下

8772

0 餉 107下 220下
餬 107下 221上
卸 九上 卩、卩 187上 431上

8773

2 餘 五下 食 107下 220上

8774

7 餟 五下 食 108下 222下

8775

6 餫 108上 221下

8778

1 饌 107上 219下
2 欱 八下 欠 179上 411上
飲 八下 飲歙 180下 414上
4 餱 五下 食 107上 219上

8781

2 俎 十四上 且 299下 716下

8782

0 劒 四下 刃 93上 183上
7 鄭 六下 邑 132下 286下

8791

5 糴 五下 入 109上 224上

8792

7 郄 六下 邑 135上 296上

8800

0 从 五下 入 109上 224上
从 八上 从 169上 386上

8802

7 𠌶 六下 𠌶 128上 274下

8810

1 竺 十三下 二 286上 681下
2 籃 五上 竹 96下 193上
篕 97上 193下
簋 97上 194上
筀 97下 195上
4 篁 95下 190下
簺 98下 198上
箽 六上 木 120上 253上
䈞 120上 253上
坐 十三下 土 287下 687下
5 箠 五上 竹 98上 196上
笙 98上 197上
6 笪 98上 196下
8 筮 96上 191上
簦 97下 195下
笠 97下 195下

8811

2 笵 96上 191上
鑑 十四上 金 294下 703下
鋭 296下 707下
4 銼 294下 704上
銓 296下 707下
5 䉶 四上 鳥 80上 151上
7 筑 五上 竹 98下 198上
釳 十四上 金 298上 712上
鎎 298下 713下

8812

3 劉 五上 竹 95下 190下
7 簜 95上 189上
篛 95下 190上
筠 99上
鈐 十四上 金 296上 707上
銻 298下 714下

8813

2 鎡 七上 鼎 143下 319下
鐌 十四上 金 294下 704上
鈴 296下 708下
7 鎌 296上 707上

8814

0 鈙 三下 攴 69上 126下
鐓 十四上 金 297下 711上
6 鐏 297下 711上
7 鍑 294下 704上

8815

3 籤 五上 竹 98上 196下
7 鋂 十四上 金 298上 713下

8816

1 箈 五上 竹 97下 195上
4 簬 95上 189上
7 鎗 十四上 金 297上 709下
8 鎔 295上 705上
9 籓 五上 竹 96上 192上

8817

7 篲 三下 又 64下 116下

8818

1 鏇 十四上 金 295上 705下
鏦 297下 711上
4 鏃 298下 714上

8820

2 篸 五上 竹 95下 190上

8821

1 笮 96上 191下
筰 97下 195上
籠 97下 195上
2 笐 96上 191下
籭 96上 192上
簏 97上 194上
籚 97下 195下
5 籗 97上 194下
篧 97上 194下
7 篪 二下 龠 48下 85下
笎 五上 竹 95下 190下
籯 97上 193下
篼 97下 195下

8822

0 竹 95上 189上

1 箅 五上 竹 96下 192下
箭 95上 189上
3 箾 98上 196下
7 筋 四下 筋 91上 178上
𥯊 91上 178上
笏 91上 178上
篙 五上 竹 95下 190上
篇 95下 190下
籥 95下 190下
簡 95下 190下
簡 95下 190下
笰 96上 192上
篅 97上 194上
簜 97上 194上
筩 97上 194上
籋 97下 195下
笍 98上 196上
籣 98上 196上
簫 98下 197上
筒 98下 197上
篽 99上 198下
笏 99上
篙 99上
第 199上
𥳑 十下 心 222上 513上

8823

2 篆 五上 竹 95下 190上
簝 97下 195上
4 笨 95下 190上
7 簾 96上 191下

8824

0 攸 三下 攴 68上 123下
敓 68上 124下
2 篘 五上 竹 95上 190下
3 符 96上 191上
6 箯 97上 194上
7 笈 三下 皮 67上 122上
笈 67上 122上
篚 五上 竹 98上 196下
篏 98上 196下
8 筱 95上 189上
籔 95上 189下
簸 95上 189下
籨 99上 198下

8825

3 箴 98上 196下
筏 六上 木 124下 267下

8826

1 簷 120下 255下

8828

1 簁 五上 竹 96下 193上

8829

4 篠 96上 192上

8830

2 笭 97下 196上

8832

7 篤 十上 馬 200下 465下

8833

1 黨 十上 黑 211上 488下
憲 十下 心 219上 506下
6 篸 五上 竹 95上 189下

8834

0 敘 三下 攴 69上 125上
1 等 五上 竹 95下 191上
3 簙 96下 193上

8840

1 筳 96上 191下
筵 96上 192上
竿 97上 194下
竽 98上 196下
4 篗 96下 193上
箑 97下 195上
6 簞 96上 192上
箄 96下 193上
7 籆 96上 191下

筟 五上 竹 96上 191下
簍 99上 198下
夎 五下 夂 112下
8 笑 五上 竹 97上 194下
𢪛 十二上 手 250下 593下
𠂢 十二上 𠂢 258上 611上

8842

3 箣 五上 竹 97上 193下
7 鞠 三下 革 61上 108下
鞠 七上 米 147下 332下
鞫 十下 㚔 215上 496下

8843

2 箛 五上 竹 98下 198上

8844

0 敂 三下 攴 69下 126下
1 笄 五上 竹 96上 191上
筭 99上 198下
2 簿 98下 198下
6 算 99上 198下
7 笧 二下 冊 48下 86上
篝 五上 竹 96下 193上
筊 97上 194下
8 籔 96下 192下

8848

3 籒 十下 㚔 215上 497上

8850

3 箋 五上 竹 96上 191上
4 箠 96下 193下
箑 99上 198下
6 篳 96下 192下
𨏥 十四上 車 303上 729上
7 筆 三下 聿 65下 117下
箏 五上 竹 98下 198上

8851

2 範 十四上 車 302下 727下

8852

1 羭 四上 羊 78上 146上
7 羒 78上 146上
箱 五上 竹 96下 192下

8856

1 搢 十二上 手 257上 609下
2 籀 五上 竹 95下 190上
4 籍 95上 189上

8857

4 箝 97下 195下

8860

1 箸 95上 189下
筈 98上 196下
簪 八下 兂 177上 406上
2 箸 三下 又 64下 116下

3 箘 五上 竹 95上 189上
箇 97上 194下
笞 98上 196下
4 箬 五上 竹 95上 189下
箸 96下 193上
笿 96下 193上
5 笛 98下 197下
6 筥 96下 192下
䈞 五下 亯 111上 229下
8 [illegible] 二上 口 31上 55下

8862

3 劄 一下 屮 15上 22上
7 笱 三上 句 50下 88上
筍 五上 竹 95上 189下
篰 95下 190下
笥 96下 192下
9 篎 98下 197下

8864

0 敆 三下 攴 68上 124上
1 籌 五上 竹 98下 198上

8870

0 飤 五下 食 107下 220上

8871

1 篚 五上 竹 97下 195下
飵 五下 食 107下 221上
筐 十二下 匚 268上 636上
2 筵 五上 竹 96上 191下
篦 99上
䬇 五下 食 108下 222下
7 笔 五上 竹 97上 194上
餼 七上 米 148上 333下
8 筤 五下 畗 111下 230上
篋 十二下 匚 268上 636上

8872

2 飻 五下 食 108上 222上
7 節 五上 竹 95下 189下
餳 五下 食 107下 220上
飾 七下 巾 159下 360上
飭 十三下 力 292下 701上

8873

1 餻 五下 食 108下
2 筤 五上 竹 96下 193上
⿱竹襄 97下 195上
⿱竹去 五上 凵 104上 213下
籑 五下 食 107上 219下
篡 九上 厶 189上 436下
6 蝕 十三上 虫 281下 670上
蝕 281下 670上
7 ⿰食兼 五下 食 107下 220下

8874

0 敏 三下 攴 67下 122下
饊 五下 食 107上 219上
1 餅 107上 219上
缾 五下 缶 109下 225上
6 罇 十四下 酋 314上 752上
7 笢 五上 竹 95下 190上

8877

2 ⿱竹缶 五下 缶 109下 225上
7 管 五上 竹 98下 197下

8879

4 餘 五下 食 108上 221下

8880

1 箑 五上 竹 97下 195上
⿱竹是 98下 197上
箕 五上 箕 99上 199上
⿱竹典 五上 丌 99下 200上
4 籅 五上 竹 96下 192上
笑 99上 198下
笑 99上 198下
6 簣 96上 192上
籫 97上 193下
簧 98上 197上

8882

3 ⿱竹剡 98上 196上
7 ⿰矢昜 五下 矢 110上 227上

8884

0 斂 三下 攴 68上 124上
7 簸 五上 箕 99下 199上
8 籢 五上 竹 97上 193下

8886

6 矰 五下 矢 110上 226上

8888

0 ⿱从从 六下 乑 128上 274下

8890

2 策 五上 竹 98上 196上
3 纂 十三上 糸 274下 654上
⿱竹素 十三上 素 278上 662下
4 筡 五上 竹 95下 189下
䈎 95下 190下
⿱竹朵 98上 196上
築 六上 木 120上 253上
[illegible] 126上
5 ⿱竹朱 五上 竹 98上 196下
6 簝 97下 195上
9 篆 97上 194上

8892

7 ⿱竹稍 96下 192下
箹 98下 197下
簃 99上

8894

0 敘 三下 攴 69下 126下

8896

1 籍 五上 竹 95下 190下
3 箱 97下 195下

8898

6 籟 98下 197上
9 篍 98下 198上

8911

4 鏜 十四上 金 297上 710上

8912

0 鈔 298下 714上
7 銷 294上 703上

8916

6 鐺 298上 713下

8918

6 鎖 299上
9 錟 297下 711上

9

9000

0 小 二上 小 28上 48下

9001

5 惟 十下 心 218下 505上

憧 220下 510上

7 忼 217下 503上

9002

7 慵 223下

9003

2 懷 218下 505上

9004

7 惇 217下 503上

愯 218下 506上

8 恔 217下 503下

悴 222下 513下

9006

3 愊 218下 505下

9008

2 㤥 223上 514下

9009

9 ⿰忄隶 217下 503上

9010

4 垐 十下 赤 212下 491下

堂 十三下 土 287上 685下

坣 287上 686上

8 ⿱龹豆 五上 豆 102下 207下

9011

5 [illegible] 四上 鳥 80上 151上

9013

6 ⿱尚虫 十三上 虫 280上 666下

9020

0 少 二上 小 28上 48下

7 ⿱尚多 七上 多 142下 316上

9021

2 ⿱龹米 七上 米 147下 332下

兑 八下 兒 177上 406上

光 十上 火 210上 485下

5 雀 四上 隹 76上 141下

9022

7 尚 二上 八 28上 49上

鬻 三下 䰜 63上 112下

肖 四下 肉 88上 170下

券 四下 刀 92下 182下

觠 四下 角 93下 185上

常 七下 巾 159上 358下

帣 159下 360下

㡀 七下 㡀 161上 364上

9023

2 豢 九下 豕 197上 455下

9024

1 ⿱⺌牙 六上 木 254上

9025

9 粦 十上 炎 210下 487下

9030

0 小 二上 小 28上 48下

9033

1 黨 十上 黑 211下 488下

9040

4 ⿱⺌安 十二下 女 259上 614上

⿱尚女 259上 614上

9042

7 劣 十三下 力 292下 700上

劵 292下 700下

9043

1 [illegible] 五下 韋 113下 236上

9050

0 半 二上 半 28下 50上

2 掌 十二上 手 250下 593下

拳 251上 594上

6 韏 五下 韋 113下 236上

9053

1 [illegible] 113下 236上

9060

0 [illegible] 十上 炎 210下 487上

1 嘗 五上 旨 101下 202下

2 省 四上 眉 74上 136上

𡭽 74上 136上

6 當 十三下 田 291上 697上

8 眷 四上 目 72下 133下

9071

2 卷 九上 卪.卩 187上 431上

7 ⿱尚瓦 十二下 瓦 269上 638下

9073

2 裳 七下 巾 159上 358下

9077

2 齤 二下 齒 44下 79下

9080

0 火 十上 火 207上 480上

1 ⿱⺌疋 二上 止 38上 67下

糞 四下 華 83下 158上

4 尖 十四上 金 295上 705上

6 ⿱⺌貝 六下 貝 129下 279下

賞 130下 280下

9 [illegible] 十上 火 210上 485下

炎 十上 炎 210下 487上

9081

1 爢 十上 火 208下 483上

4 炷 五上 丶 105下 214下

7 炕 十上 火 210上 486上

9082

7 熇 208上 481下

9083

1 燋 208上 481下

2 炫 209下 485下

9084

7 焞 209下 485上

8 烄 208上 481下

焠 209上 484上

9088

9 燚 十下 焱 212下 490下

9090

3 ⿱龹糸 十三上 糸 276上 657下

4 棠 六上 木 115上 240上

桊 123上 263上

米 七上 米 147上 330下

燊 十下 焱 212下 490下

6 ⿱⺌京 七下 白 161上 364上

9091

1 ⿰米靡 七上 米 148上 333下

8 粒 147下 331下

9093

1 ⿰米焦 147上 330下

9094

8 粹 七上 米 148上 333上
9096
5 糖 148上
9101
1 恇 十下 心 223上 514下
悱 223下
2 慨 217下 503上
⿰忄巠 219下 508上
忨 221上 510下
恒 十三下 二 286上 681上
9102
7 懦 220上 508下
怲 222下 513下
9103
2 悵 222上 512上
9104
0 忓 219下 507下
⿰忄于 223上 514上
1 懾 223上 514下
6 悼 223上 514下
9106
1 悟 219上 506上
憯 222上 512下
2 愐 219上 506下

4 恓 十下 心 503下
6 愊 217下 503下
9108
4 愞 508下
9 恢 218上 503下
9109
1 慓 220上 508下
9168
6 顱 九上 頁 183下 421下
9181
2 爐 十四上 金 295上 705下
4 煙 十上 火 209上 484下
6 烜 210上 486下
7 炬 一下 艸 25下 44下
9182
7 炳 十上 火 209下 485上
9184
6 燂 209下 485上
焯 209下 485上
9186
0 ⿰炎占 十上 炎 210下 487上
4 ⿰炎西 487上
9188
4 煗 十上 火 210上 486上
6 煩 九上 頁 183下 421下

類 十上 犬 205下 476下
9189
1 熛 十上 火 208上 481下
9191
2 ⿰米工 七上 米 148上 333下
7 虩 五上 虎 103下 211上
粔 七上 米 148上
9193
2 粻 148上
9194
6 ⿰米覃 147下 332下
9198
6 頪 九上 頁 183下 421下
纇 十三上 糸 271下 645上
9200
0 惻 十下 心 222上 512下
9201
5 性 十上 犬 205下 476下
⿰忄重 十下 心 217下 503上
7 ⿰忄虎 218上 504上
8 愷 五上 豈 102下 207上
十下 心 217上 502下
憕 217下 503上
9202
1 忻 217下 503上

7 懏 十下 心 221上 510下
惴 222下 513上
9204
0 怟 218上 504上
7 悸 221上 510下
9206
1 恉 217上 502下
4 恬 218上 503下
惛 221上 511上
9207
7 慆 219下 507上
9209
4 ⿰忄采 220上 509下
9220
0 削 四下 刀 91上 178上
9223
7 ⿰粦巛 十一下 巛 239上 568下
9250
0 判 四下 刀 91下 180上
2 掣 十二上 手 251上 594上
9254
7 叛 二上 半 28下 50下
9280
0 剡 四下 刀 91上 178下
9281

8 燈 十四上 金 295上 705上
9284
6 爝 十上 火 210上 486下
7 烰 207下 481上
煖 210上 486上
9286
4 ⿰炎舌 十上 炎 210下 487上
9 燔 十上 火 207下 480下
9287
2 炪 207下 480下
9289
4 爍 210下
9293
9 ⿰米悉 七上 米 148上 333下
9294
7 糉 148上
9301
2 怳 十下 心 222下 513上
6 愃 218下 504下
9302
2 慘 222上 512下
7 悑 223上 514下
9304
7 悛 219上 507上
9305

0 悈 十下 心 218上 504下
慽 223上 514上

9306
0 怡 218上 504上

9309
1 悰 218上 503下
4 怵 223上 514下

9313
6 蠿 十三下 蚰 283下 674下

9325
0 𢧵 十二下 戈 266下 631上

9381
7 [illegible] 十上 火 208下 483上

9382
7 煽 210下

9383
8 燃 207下 480下

9384
7 焌 207上 480上
炦 208上 482上

9385
0 熾 210上 485下
[illegible] 210上 486上

9392
2 糝 七上 米 147下 332上

9400
0 忖 十下 心 224上

9401
2 忱 218下 505上
5 懽 219下 507下
8 憘 221下 512上

9402
7 憜 220下 509下
惰 220下 510上
慲 220下 510上
懜 221上 510下
怮 222下 513上
怖 223上 514下
悑 223下 515上
慟 224上
恊 十三下 劦 293上 701下

9403
2 [illegible] 二上 口 34上 61上
怯 十上 犬 205上 475上

9404
1 恃 十下 心 219上 506上
7 悖 三上 言 54下 97下
忮 十下 心 220上 509下

9405
3 懱 220上 509下

6 愇 二下 是 39上 69下

9406
0 怙 十下 心 218下 506上
1 惜 222上 512下

9408
0 忕 506下
1 㤨 223上 514下
慎 217上 502下
4 慔 219上 506下
6 憤 221下 512上
9 恢 218上 503下

9409
0 惏 221上 510下
4 㥐 219上 506下
6 憭 217下 503下

9450
0 𣁋 十四上 斗 300下 718下

9481
2 燒 十上 火 207下 480下
炧 209上 484上
4 烓 208上 482上
5 㸌 208下 483上
爟 210上 486上
8 煁 208上 482上

9482
7 爤 十上 火 208下 483上

9484
1 燽 210上 486上

9485
6 煒 209下 485上

9486
1 焅 210上 486上

9488
1 烘 208下 482下
5 熯 207下 481上

9489
6 燎 209上 484上

9490
0 籿 七上 禾 145下 324下
料 十四上 斗 300上 718上

9491
8 糂 七上 米 147下 332上

9492
7 糲 147上 331上
糒 147下 332下

9494
0 敉 148上

9495
3 [illegible] 148上 333上

9496
0 粘 七上 黍 146下 330上
1 糦 五下 食 107上 219下

9500
6 [illegible] 十下 心 219上 506下
忡 223上 514上

9501
0 性 217上 502上

9502
7 情 217上 502上
怫 220下 510上
[illegible] 221下 511下

9504
4 悽 222上 512下

9506
0 怞 219上 506下
1 憯 222上 512下
6 慒 219上 506上

9508
0 快 217上 502下
十上 馬 201下
[illegible] 十下 心 221下 512上
1 㥏 223下 515上
6 憒 221上 511上

9509
9 [illegible] 219上 507上

9580

7 㶴 十上 火 209上 484上

9581

2 燼 209上 484上

9582

7 炥 207下 481上

9583

6 爞 210下

9586

6 𤏩 209上 484下

9589

6 煉 209上 483下

9592

7 精 七上 米 147上 331上

9596

1 𥻗 147下 332上

6 糟 147下 332下

9599

0 粖 三下 䰜 63上 112下

9600

0 悃 十下 心 217下 503下

悃 217下 503下

2 怕 219下 507上

9601

0 怛 222上 512下

2 怳 十下 心 220下 510下

慍 221下 511下

3 愧 十二下 女 265上 626上

4 惶 十下 心 223上 514下

5 懼 218下 506上

悝 220下 510上

7 悒 220上 508下

9602

7 愒 219下 507下

㥥 219下 507下

愓 220下 510上

悁 221下 511上

惕 223上 514下

9603

2 懁 219下 508上

9604

1 悍 220上 509下

十二下 女 265上 626上

懌 十下 心 224上

7 慢 220下 509下

9605

6 憚 223上 514下

9608

6 愪 222下 513上

9609

4 懆 十下 心 222上 512上

6 憬 223下 515下

9680

0 烟 十上 火 209上 484下

9681

0 炟 207上 480上

2 覢 八下 見 178上 408下

熅 十上 火 209下 484下

𤇾 209下 484下

㷃 209下 484下

焜 209下 485下

4 煌 209下 485下

8 煜 209下 485上

9682

7 煬 208下 483上

燭 209上 483下

焆 209下 484下

爓 209下 485下

9683

0 熄 208上 482上

熜 209上 483下

2 煨 208上 482上

9685

4 熚 207下 480下

6 燀 208上 482上

8 燡 十上 火 209下 485下

9689

4 燥 210上 486上

9 爆 208下 483上

9690

2 粕 七上 米 148上

9691

5 糧 147下 333上

9694

0 粺 147上 331上

1 釋 147下 332上

9698

4 糗 147下 332下

9701

2 恤 十下 心 219下 507上

怚 220上 508下

恑 220下 510下

怩 224上

4 㥛 219下 508上

怪 220上 509下

慳 十二上 手 254上 603上

5702

0 恂 218下 505上

𢢛 219下 507下

憪 220上 509上

憪 220上 509上

惆 十下 心 222上 512上

恫 222上 512下

憫 十二上 門 249上 591上

2 憀 十下 心 218下 505下

7 㦤 五上 兮 101上 204上

㥠 十下 心 219上 506上

憰 220下 510下

愵 222下 513下

9703

2 𢢞 220下 509下

𢢞 221下 511下

𢢞 221下 511下

恨 221上 512上

6 慅 222上 513上

9704

0 㥐 221上 511上

7 怋 221上 511上

惙 222下 513下

9705

2 懈 220下 509下

6 惲 217下 503上

9706

1 憺 219下 507上

2 慴 223上 514下

怊 224上

4 恪 十下 心 218下 505下

9707

7 惂 222下 513下

9708

1 懝 220上 509下

9722

7 ⿱炎龠 二下 龠 48下 85下

鸛 四上 鳥 80上 150下

鄰 六下 邑 131下 284上

⿰肖阝 132上 284下

⿰少阝 135上 295上

⿰尚阝 136上 299下

9762

7 鄱 136下 300上

9781

2 炮 十上 火 208下 482下

5 ⿰火尾 207上 480上

燿 209下 485下

9782

0 爛 208下 483上

燗 208下 483上

灼 209上 483下

炯 209下 485下

爓 209下 485下

2 熮 207下 481上

7 郯 六下 邑 135下 298上

邩 136下 299下

⿰火多 十上 火 209下 485上

9784

7 燬 207上 480上

9785

4 烽 210上 486下

6 煇 209下 485下

9786

2 熠 209下 485上

4 烙 210下

9787

7 ⿰火甬 三下 䰜 63上

9788

⿰火巽 四下 肉 90上 176上

2 欻 八下 欠 179下 411下

炊 十上 火 208下 482下

4 燠 210上 486上

煥 210下

9789

4 煣 209上 484上

燦 210下

9791

2 粗 七上 米 147下 331下

4 粈 147下 333上

5 ⿰米翟 七上 米 147下 333上

9792

7 糈 147下 333上

9798

2 ⿰⿰米焦欠 八下 欠 180上 412下

9801

1 怍 十下 心 223下 515上

4 恮 218上 504上

7 愾 222上 512上

9802

0 忦 222下 513上

1 愉 220上 509上

7 惀 218下 505下

愓 222下 513下

悌 224上

彆 十二下 弓 641下

9803

1 憮 十下 心 219上 506上

2 ⿰忄彖 218下 505下

7 慊 221上 511上

9804

0 憿 221上 510下

9805

7 悔 221下 512上

9806

1 恰 十下 心 224上

6 憎 221下 511下

7 愴 222上 512下

9808

1 ⿰忄從 220下 510上

6 憸 219下 507下

9810

9 鐅 十四上 金 296上 706下

9821

2 斃 十上 犬 205下 476上

9822

7 幣 七下 巾 158下 358上

9824

0 敞 三下 攴 68上 123下

敝 七下 㡀 161上 364上

9832

7 鷩 四上 鳥 82上 155下

9840

4 嫳 十二下 女 263下 623下

9850

2 撆 十二上 手 255下 606上

9860

4 瞥 四上 目 73上 134上

9871

5 氅 八上 毛 174上

7 ⿱敝邑 六下 邑 134下 294上

鼈 十三下 黽 285上 679下

9880

1 蹩 二下 足 46下 82下

4 獘 十上 犬 205下 476上

9882

7 爚 十上 火 208上 481下

9883

7 熑 209上 484上

9892

7 粉 七上 米 148上 333下

9894

0 敉 三下 攴 68下 125上

9902

7 悄 十下 心 223上 514上

9905

9 憐 223下 515上

9908

9 惔 222下 513下

9910

3 瑩 一上 玉 12上 15下

4 塋 十三下 土 289下 692下

9 鎣 十四上 金 295上 705上

9922

7 膋 四下 肉 89上 174上

9923

2 𤬪 七下 瓜 149下 337下

9932

7 鶯 四上 鳥 82上 155上

9933

9 𢡘 十三下 力 292下 700下

9940

4 嫈 十二下 女 263上 623上

7 燮 三下 又 64上 115上

燮 64上 115下

燮 十上 炎 210下 487上

9941

7 𤎐 十一下 卂 246上 583上

9942

7 勞 十三下 力 292下 700上

[illegible] 292下 700下

9950

2 犖 二上 牛 29上 51上

6 輂 十四上 車 302上 724下

9955

2 [illegible] 五下 井 106上 216上

9960

1 謍 三上 言 54上 95下

2 䁝 四上 目 73下 135下

4 醟 十四下 酉 313上 750上

6 營 七下 宮 152上 342下

9973

2 褮 八上 衣 173上 397下

9977

2 罃 五下 缶 109下 225下

9980

9 熒 十下 焱 212下 490下

9982

0 炒 三下 䰜 63上 112下

9990

1 禜 一上 示 8下 6下

2 滎 十一上 水 232上 553下

3 縈 十三上 糸 275下 657下

4 榮 六上 木 117下 247上

9991

2 [illegible] 七上 米 148上 333下

9999

4 [illegible] 七下 林 149上 335下

鑯(䥫) 七三六上

【二十九畫】

虋 一下 二二二下
讟 三上 一〇二上
轝(舁) 一〇五下
爨 一〇六上
鬻(鬻) 三下 一一三上
鑵(鸛) 四上 一五一上
驩 一五四下
麷 五下 二三二上
鬱 六上 二七一下
癵 七下 三四九下
驪 十上 四六一下
驘(羸) 四六九上
麣 十一下 五六九下
鱹 五八一下
[illegible] 十三下 六七六上

【三十畫】

𪚎(齋) 一上 三一下
鬻 三下 一一二下
鬻 一二三上
鸞 四上 一四八下
鑵 五上 一九四下
鹹(鮥) 三四下
𩇔(藥) 六上 二四二下
鸘 十上 四六九下
鱣(鱣) 十一下 五七六下
鱺 五七七下
欒(攣) 十四下 七四三下

【三十一畫】

鬻 三下 一一二下
纝(縲) 十三上 六五九上

【三十二畫】

齾 二下 八〇上
𩕄 三下 一〇九上
雥 四上 一四八上
𨷻(櫺) 六上 二六一下
籲 九上 四二二上
𠪚(靁) 十一下 五七一下
鰽 五七七上
龖 五八二下
闟 十四下 七三七上

【三十三畫】

𪓐(粟) 七上 三一七下
麤 十上 四七二上
鱻 十一下 五八一下
靐 五八二下

【三十四畫】

𪈿 六上 二五〇上

【三十五畫】

齾 二下 七九下

【三十六畫】

𪋻 十上 四七二上

【三十七畫】

𪋿 一下 四四上
鬻 三下 一一二下
𩇔(鸓) 四上 一五六下

【三十八畫】

𩙣 三下 一〇九上
䶩(襲) 八上 三九一上
𩆷(震) 十一下 五七二下

【三十九畫】

讋(讋) 三上 九九下
𪓐(塵) 十上 四七二上

【四十畫】

𩇓(靁) 十一下 五七一下